U0587207

国学经典文库 图文珍藏版

蒙学经典

王书利⊙主编

线装书局

图书在版编目（CIP）数据

蒙学经典：全 4 册 / 王书利主编 .-- 北京：线装书局，2012.10

ISBN 978-7-5120-0598-3

Ⅰ. ①蒙… Ⅱ . ①王… Ⅲ . ①汉语 - 古代 - 启蒙读物 Ⅳ. ① H194.1

中国版本图书馆 CIP 数据核字（2012）第 195363 号

蒙学经典

主　　编：王书利

责任编辑：李　旻

封面设计：博雅圣轩藏书馆 Boyashengxuan Cangshuguan

出版发行：线装书局

地　　址：北京市西城区鼓楼西大街 41 号（100009）

电话：010-64045283

网址：www.xzhbc.com

印　　刷：北京彩虹伟业印刷有限公司

字　　数：1360 千字

开　　本：710×1040 毫米　1/16

印　　张：112

彩　　插：8

版　　次：2012 年 10 月第 1 版第 1 次印刷

印　　数：1-3000 套

书　　号：ISBN 978-7-5120-0598-3

定　　价：598.00 元（全四卷）

三字经

《三字经》是中华民族珍贵的文化遗产，它短小精悍、琅琅上口，千百年来，家喻户晓。其内容涵盖了历史、天文、地理、道德以及一些民间传说，所谓“熟读《三字经》，可知千古事”。

百家姓

《百家姓》是一本关于中文姓氏的书，成书于北宋初年，原收集中文姓氏 411 个，后增补到 504 个，其中单姓 444 个，复姓 60 个。以“赵”姓打头是因为宋代的皇帝的姓是赵氏的缘故。

千字文

《千字文》中共有洁、发、资三字重复，其余全无重复，而且对仗工整，条理清晰，文采斐然，令人称绝。《千字文》语句平白如话，易诵易记，是中国影响很大的儿童启蒙读物。

弟子规

《弟子规》原名《训蒙文》，原作者李毓秀是清朝康熙年间的秀才。以《论语》“学而篇”第六条的文义编纂而成。具体列述弟子在家、出外、待人、接物与学习上应该恪守的守则规范。

幼学琼林

《幼学琼林》是骈体文写成的，全书全部用对偶句写成，容易诵读，便于记忆。全书内容广博、包罗万象，被称为中国古代的百科全书。人称“读了《增广》会说话，读了《幼学》走天下”。

声律启蒙

《声律启蒙》是训练儿童应对，掌握声韵格律的启蒙读物。按韵分编，包罗天文、地理、花木、鸟兽、人物、器物等的虚实应对。这类读物在启蒙读物中独具一格，经久不衰。

笠翁对韵

《笠翁对韵》是明末清初的戏曲学家李渔仿照《声律启蒙》写的旨在作诗的韵书，是训练儿童应对，掌握声韵格律的启蒙读物，声韵协调，琅琅上口。儿童可从中得到语音、词汇的训练。

格言联璧

《格言联璧》一书是集先贤警策身心之语句，垂后人之良范。全书主要内容包括学问类、存养类、持躬类、摄生（附）、敦品类、处事类、接物类、齐家类、从政类、惠吉类、悖凶类。

小儿语

明代的吕得胜所撰，此书是专门写给男孩的，语言浅近，通俗易懂。用四言、六言、杂言（字数不得等）的语言形式，宣传一些做人的道理以及每个人应该具有的良好品德。

续小儿语

此书宣传中庸之道，主张做一切事情都不要过分。所叙述的也完全不是儿童之事，而是大人的处世经验和处世哲学，把这些经验和哲学灌输于儿童，使之从小就有章可循。

女小儿语

《女小儿语》是明代学者吕得胜所编撰。本书是专门写给女孩的，内容浅显易懂、亲切可读，是一部用方言白话、鄙俚的俗语编出的整齐押韵、朗朗上口的儿童启蒙读物。

弟子职

《弟子职》记弟子事师、受业、馔馈、洒扫、执烛坐作、进退之礼，类近今之“学生守则”。清代洪亮吉认为“乃古塾师相传以教弟子者”，清代庄述祖也认为是“古者家塾教弟子之法”。

增广贤文

《增广贤文》为中国古代儿童启蒙书目，以有韵的谚语和文献佳句选编而成，其中一些谚语、俗语反映了中华民族千百年来形成的勤劳朴实、吃苦耐劳的优良传统，成为宝贵的精神财富。

千家诗

《千家诗》是我国旧时带有启蒙性质的诗歌选本。所选的诗歌大多是唐宋时期的名家名篇，较为广泛地反映了唐宋时代的社会现实，所以在民间流传非常广泛，影响也非常深远。

神童诗

《神童诗》以五言顺口溜形式流传于世，是一部影响广泛的启蒙读物。浙江鄞县人汪洙九岁就能写诗，称为神童，后人将他的数十首诗汇成一集，题为《神童诗》，并将李白等诗录入其内。

续神童诗

《续神童诗》是清代江宁书坊针对《神童诗》缺乏对学童道德品行方面的教导，而以“培育性情，开豁心地”为目的编写的。因其通俗易懂，对道德修养、为人处世不乏教益。

龙文鞭影

《龙文鞭影》为明代萧良有撰，主要是介绍中国历史上的人物典故和逸事传说，四字一句，两句押韵，读起来抑扬顿挫，琅琅上口。它问世后，影响极大，成为最受欢迎的童蒙读物之一。

颜氏家训

《颜氏家训》是我国南北朝时北齐文学家颜之推的代表作。其内容涉及许多领域，尤其注重对孩子的早期教育，并对儒学、文学、佛学、历史、伦理等方面提出了自己独到的见解。

前 言

蒙学，就是古代中国儿童启蒙教育之学，它通过《千字文》《三字经》《幼学琼林》《龙文鞭影》等蒙学读物教导孩子们做人的道理，塑造良好的品格，引导他们走上正直、光明的人生道路。中华传统蒙学是中华民族传统文化的一条支流，中华民族之所以历经磨难而不衰，其重要一点便是，源于由蒙学而产生的民族向心力和人文精神。它的精华被世界誉为中华美德。

蒙学读物的一个共同特征就是以伦理道德教育为主，从修身养性、为人处世、言谈举止、交友待人、出处穷达、当家理财等多方面为人们提供极富启迪意义的人生哲理，许多名言警句脍炙人口，令人拍手称绝。

如"一年之计在于春，一生之计在于勤"，"少壮不努力，老大徒伤悲"——劝人惜时勤勉；"由俭入奢易，由奢入俭难"，"常将有日思无日，莫把无时当有时"——劝人勤俭持家；"人老心不老，人穷志不穷"——赞立志之可贵；"天网恢恢，疏而不漏"——劝人去恶从善。这些明白晓畅的句子均来自《增广贤文》。

与《增广贤文》流传同样广泛的是《三字经》。从《三字经》的内容看，可明显分为几部分：首先，讲教与学的重要性；其次，谈遵守礼教规范；再次，是介绍天象四时、五谷六畜等基本名物，介绍《小学》《四书》《五子》《六经》等学问常识；接着是评述了从传说中的三皇五帝一直到明末盛衰兴亡之理；最后介绍了历史上发愤刻苦求学成才的人物故事，对激发儿童克服困难、积极向上具有启迪作用，从而奠定了它在封建时代作为备受推崇的启蒙读物的地位，人们誉它为"袖里通鉴纲目""千古一奇书""若能句句知诠解，子史经书一贯通"。也正是从这点出发，本书在选编时加以详细的注解和编译，期望为读者解开蕴藏于"三字"中的谜底。

《千字文》为南朝周兴嗣撰。它的成书颇具传奇色彩。据传梁武帝命人从王羲之书法作品中挑出一千个不同的字，杂碎无序，然后召见周兴嗣，说：“你才思敏捷，为我将这一千字编成韵文。”周绞尽脑汁，一夜间将它编成四言韵文，除“洁”字重复一次外，其余均无重复，且对仗工整，条理清晰，文采灿然，令人称绝。这一传说虽有些神奇，但它透露出了南朝四六骈文盛行及成功之作屡见的信息。

其他的如《百家姓》《幼学琼林》《声律启蒙》《小儿语》《弟子规》《弟子职》《颜氏家训》《女儿经》《笠翁对韵》《格言联璧》《千家诗》《神童诗》、《国粹品鉴》等都是曾经盛极一时的童蒙读物。它们对培养儿童的品德教育、养成孩子良好的行为准则、开启孩子的智慧等等，都起到了积极的作用。

蒙学经典大都出经入史，集百家之精华，并参以人们从长期生产生活实践中总结出的人生哲学、处世方略等，易学易懂，朗朗上口。重读古代蒙学经典，对于提高当代未成年人的国学素养，促进其道德修养及良好习惯的养成，必然大有裨益。

目　录

三字经

[宋]王应麟

《三字经》常被认为是中国古代一部用于训蒙的教材,这缘于它的形式简单,结构单一,文字浅近,适合学龄前儿童阅读和记诵等特点。而且中国古代教育历来也是这样做的。其实这是对《三字经》的一种误解,它远非现代人想象的那样简单和肤浅。中国古代文化的精髓几乎全部囊括于此,其内容包括了中国所有主要典籍和整个古代史,更有许多名人传说和励志故事。其文字虽然浅近,但每一句却都是“微言大义”。绝不仅仅只是一部启蒙读物就能将其思想涵盖的,值得人们仔细研读和品味。

三字经

人之初,性本善。性相近,习相远。
苟不教,性乃迁。教之道,贵以专。
昔孟母,择邻处。子不学,断机杼。
窦燕山,有义方。教五子,名俱扬。
养不教,父之过;教不严,师之惰。
子不学,非所宜。幼不学,老何为?
玉不琢,不成器;人不学,不知义。
为人子,方少时。亲师友,习礼仪。
香九龄,能温席;孝于亲,所当执。
融四岁,能让梨;弟于长,宜先知。
首孝悌,次见闻。知某数,识某文。
一而十,十而百。百而千,千而万。
三才者,天地人。三光者,日月星。
三纲者,君臣义。父子亲,夫妇顺。
曰春夏,曰秋冬。此四时,运不穷。
曰南北,曰西东。此四方,应乎中。
曰水火,木金土。此五行,本乎数。
十干者,甲至癸。十二支,子至亥。

曰黄道，曰所躔。曰赤道，当中权。
赤道下，温暖极。我中华，在东北。
寒燠均，霜露改。右高原，左大海。
曰江河，曰淮济。此四渎，水之纪。
曰岱华，嵩恒衡。此五岳，山之名。
古九州，今改制。称行省，三十五。
曰士农，曰工商。此四民，国之良。
地所生，有草木。此植物，遍水陆。
有虫鱼，有鸟兽。此动物，能飞走。
曰仁义，礼智信。此五常，不容紊。
稻粱菽，麦黍稷。此六谷，人所食。
马牛羊，鸡犬豕。此六畜，人所饲。
曰喜怒，曰哀惧，爱恶欲，七情具。
青赤黄，及白黑，此五色，目所识。
酸苦甘，及辛咸，此五味，口所含。
膻焦香，及腥朽，此五臭，鼻所嗅。
宫商角，及徵羽，此五音，耳所取。
匏土革，木石金，丝与竹，乃八音。
曰平上，曰去入，此四声，宜调叶。
九族者，序宗亲。高曾祖，父而身。
身而子，子而孙。自子孙，至曾玄。
五伦者，始夫妇。父子先，君臣后。
次兄弟，及朋友。当顺叙，勿违背。
有伯叔，有舅甥，婿妇翁，三党名。
斩齐衰，大小功，至缌麻，五服终。
凡训蒙，须讲究。详训诂，明句读。
礼乐射，御书数，古六艺，今不具。
惟书学，人共遵。既识字，讲说文。
有古文，大小篆。隶草继，不可乱。
若广学，惧其繁。但略说，能知源。
为学者，必有初。小学终，至四书。
《论语》者，二十篇。群弟子，记善言。

《孟子》者，七篇止。辨王载，说仁义。

作《中庸》，子思笔，中不偏，庸不易。

大学者，乃曾子。自修齐，至治平。

此二篇，在《礼记》，今单行，本元晦。

四书通，孝经熟，如六经，始可读。

六经者，统儒术，文周作，孔子述。

易诗书，礼春秋，乐经亡，余可求。

有连山，有归藏，有周易，三易详。

有典谟，有训诰，有誓命，书之奥。

有国风，有雅颂，号四诗，当讽诵。

周礼者，著六官。仪礼者，十七篇。

大小戴，集礼记。述圣言，礼法备。

王迹息，春秋作，寓褒贬，别善恶。

三传者，有公羊，有左氏，有穀梁。

尔雅者，善辩言。求经训，此莫先。

注疏备，十三经，惟大戴，疏未成。

左传外，有国语。合群经，数十五。

经既明，方读子，撮其要，记其事。

古九流，多亡佚，取五种，修文质。

五子者，有荀扬，文中子，及老庄。

经子通，读诸史。考世系，知终始。

自羲农，至黄帝，并项喾，居上世。

尧舜兴，禅尊位，唐有虞，号二帝。

夏有禹，商有汤，周武王，称三王。

夏传子，家天下，四百载，迁夏社。

汤伐夏，国号商，六百载，至纣亡。

周武王，始诛纣，八百载，最长久。

周共和，始纪年，历宣幽，遂东迁。

周道衰，王纲坠，逞干戈，尚游说。

始春秋，终战国，五霸强，七雄出。

嬴秦氏，始兼并，传二世，楚汉争。

高祖兴，汉业建，至孝平，王莽篡。

光武兴，为东汉，四百年，终于献。
魏蜀吴，争汉鼎，号三国，迄两晋。
宋齐继，梁陈承，为南朝，都金陵。
北元魏，分东西，宇文周，与高齐。
迨至隋，一土宇，不再传，失统绪。
唐高祖，起义师。除隋乱，创国基。
二十传，三百载，梁灭之，国乃改。
梁唐晋，及汉周，称五代，皆有由。
赵宋兴，受周禅，十八传，南北混。
辽与金，皆夷裔，元灭金，绝宋世。
莅中国，兼戎狄，九十年，返沙碛。
太祖兴，称大明，纪洪武，都金陵。
迨成祖，迁宛平，十七世，至崇祯。
权阉肆，流寇起，自成人，神器毁。
清太祖，兴辽东，金之后，受明封。
至世祖，乃大同，十二世，清祚终。
凡正史，廿四部，益以清，成廿五。
史虽繁，读有次。史记一，汉书二。
后汉三，国志四。此四史，最精致。
先四史，兼证经。考通鉴，约而精。
历代事，全在兹，载治乱，知兴衰。
读史者，考实录，通古今，若亲目。
汉贾董，及许郑，皆经师，能述圣。
宋周程，张朱陆，明王氏，皆道学。
屈原赋，本风人。逮邹枚，暨卿云。
韩与柳，并文雄。李若杜，为诗宗。
凡学者，宜兼通，翼圣教，振民风。
口而诵，心而惟，朝于斯，夕于斯。
昔仲尼，师项橐。古圣贤，尚勤学。
赵中令，读鲁论。彼既仕，学且勤。
披蒲编，削竹简。彼无书，且知勉。
头悬梁，锥刺股。彼不教，自勤苦。

如囊萤，如映雪。家虽贫，学不辍。

如负薪，如挂角。身虽劳，犹苦卓。

苏明允，二十七，始发愤，读书籍。

彼既老，犹悔迟，尔小生，宜早思。

若荀卿，年五十，游稷下，习儒业。

彼既成，众称异，尔小生，宜立志。

莹八岁，能咏诗。泌七岁，能赋棋。

彼颖悟，人称奇。尔幼学，当效之。

蔡文姬，能辨琴。谢道韫，能咏吟。

彼女子，且聪明。尔男子，当自警。

唐刘晏，方七岁，举神童，作正字。

彼虽幼，身已仕，尔幼学，勉而致。

犬守夜，鸡司晨；苟不学，曷为人？

蚕吐丝，蜂酿蜜，人不学，不如物。

幼习业，壮致身；上匡国，下利民。

人遗子，金满籝。我教子，惟一经。

勤有功，戏无益，戒之哉！宜勉力。

三字经全文解读

【原文】

人之初，性本善[①]。性相近，习相远[②]。

【注释】

①人：泛指众人。初：是有生之初。性：是人的本性。本：根本，原来。②相近：相去不远。习：习染，学习。远：相去甚远。

【译文】

在儒家看来，人在刚出生的时候，本性是善良的；人的本性虽然相近，但由于日后的环境和习染不同而使本性相去甚远。

【故事链接】

晋朝时候，义兴县有个人叫周处，人们都非常怕他。因为他小时候就死了爹，没人管教他。他就凭一身蛮力，到处行凶打人，动不动就把邻居街坊打得头破血流。大家见了他，就像见到洪水一样，躲得远远的，不敢惹他。

有一天，他又到街上闲逛，看到一群人围在一起谈论着什么。他一过去，大伙都不作声了。他一看觉得奇怪，就抓住一个老头问道：

“你们在说什么？为什么我一来，你们就不说了？”

那老头害怕，只好如实说：

“我们这里出了三害，南山上有只跛脚虎，长桥下有蛟龙，害死了好多人……”原来，在当时义兴县的南山出现了一只可怕的跛脚虎，在长桥的水中有一条蛟龙，许多砍柴的樵夫，打鱼的渔夫和玩耍的小孩，都被跛脚虎和蛟龙活活地吞吃了。这样，加上周处，义兴县就有三害了。而且大伙还认为周处是三害中惹祸最多的。

周处还没等老头把话说完便哈哈大笑起来，并说：“老虎、蛟龙就把你们吓成这个样子了？看我周处的厉害。”说完，他就跑到山上去找那只吃人的跛脚虎。他找啊找啊，找了好久才找到它，他见老虎向他扑来，就顺势一闪，然后，一跳就骑到了老虎的背上，再一拳就把老虎打死了。这一下可轰动了全村。接着他又跑到水里去杀那蛟龙，蛟龙见有人来杀它，就拼命地逃窜，游了好几十里路。周处也在水里拼命地追啊追，一直在水里，不眠也不吃地游了三天。最后，蛟龙没有力气了，被周处追上，一刀杀死了。

蛟龙

村里人见周处去杀蛟龙没有回来，以为他一定被蛟龙吃掉了。就高兴地敲锣打鼓，庆祝周处死了，庆祝除了三害。

没想到，周处杀死了蛟龙又回来了。听到大伙都在庆祝除了三害，才明白原来三害之中还有他自己。于是他下决心痛改前非、刻苦学习，以陆云为师，努力识字读书，后来做了大官，为老百姓做了不少的好事。

从前，有一家兄弟两个，父母去世后，由于两兄弟感情好，因此他们没有分家，还是在一起生活，他们同时娶了妻子，又各自有了一个儿子，哥哥的孩子比弟弟的孩子大一天。

刚出生的两个小兄弟虽然不在一间屋子里，但是却好像是互相商量好了一样，这个尿了，那个肯定也尿了；这个哭了，那边肯定也会传来哭声。他们的爸爸妈妈看在眼里，喜在心上，哥哥还说，这两个孩子真像是一母所生，以后肯定也像我们兄弟一样感情好。

两个孩子满月的时候，兄弟俩一起给孩子办满月酒，请了许多的亲朋好友来庆祝。酒过三巡之后，有人提议要请周老先生给两位小少爷看看相，算上一卦。

这个周老先生是两兄弟父亲的好友，由于平时喜欢研究一些相术，因此也喜欢卖弄。兄弟两个想，今天是个好日子，不妨让老先生算上一卦，讨个吉利。于是就让奶妈把两个孩子抱到了周老先生面前。

这周老先生眯着眼，问清了两个孩子的生辰八字，又闭上眼，掐着手指头，嘴里叨咕了半天，然后又睁开眼，拿着两个孩子的小手翻过来倒过去地看，又瞅着孩子端详了半天，然后点了点头，又摇了摇头，最后拉着哥哥儿子的手说："这个大的孩子命好，是文曲星下凡，将来必将高中状元，是个状元命啊！不过，这个小的嘛，唉，这孩子，将来必定穷困潦倒，他，是个乞丐命啊！"

就因为周老先生的这两句话，这两个小孩子的命运可就开始改变了。

从这以后，兄弟两个开始不和睦了，弟弟的儿子成了乞丐命，哥哥两口子就犯了嘀咕了，这挺好的一个家，怎么出了这么个孩子，真是给祖宗丢人！这孩子这命这么不好，将来这家产还不得让他败没了？

弟弟因为这件事情，觉得自己没脸再在家里待下去了，于是就离开家走了，再也没有回来。他这一走，他的媳妇和孩子可就遭殃了。

哥哥一家都非常痛恨弟媳妇，认为全都是因为她生了一个乞丐孩子才把一家人弄成这样的，于是他们让弟媳母子两个住到荒弃的小院里，并且一个仆人都不给他们派，什么事情都是弟媳自己干。

大人们知道的这些事情，小孩子们可是不知道。两个孩子偶尔碰面的时候，都高兴得张着小手互相往一起用力，想要到一起玩儿。可是每当这个时候，小哥哥都会被领回去，因为家里面已经规定了，不许两个孩子在一起玩儿。

后来，两个孩子渐渐地长大一些了，会走了，再偶尔遇到的时候，就会挣脱大人的手，跑到一起，又抱又亲，然后，就又会被大人强行分开。

在两个孩子三岁的时候，有一天，弟媳坐在井边洗衣服，孩子就在旁边的草地上玩儿，这个时候，哥哥家的奶妈带着孩子也路过这里，小哥哥看到弟弟，用力地挣脱了奶妈的手，使劲地往弟弟这里跑，一边跑一边喊："弟弟，弟弟。"眼看着快要跑到井边了，奶妈冲过来，一把抱起了他。

没能和弟弟一起玩儿的小哥哥被强行抱回了家，一路上大哭不止。他的妈妈知道了这件事情，特意跑过来把弟媳娘俩骂了一顿，并警告说以后不准再让两个孩子到一起，别把自己的儿子给害死。

小哥哥也被妈妈训了一顿，小孩子不服气呀，就对妈妈喊："为什么不让我跟弟弟玩儿，妈妈为什么骂婶婶？妈妈坏！”这时，他的妈妈说：“以后不准和他玩儿，他是个乞丐，你以后要当状元的，不能和乞丐在一块儿，他会害死你的！”

在两个孩子六岁的时候，因为弟弟始终没有回家，哥哥和嫂嫂就在院外给弟媳娘俩找了一间破旧的房子，一分钱都没有给他们，就不管他们了。

哥哥的儿子因为被算出了状元命，因此从小受到了状元教育，当然，他的父母不是教育孩子学习状元应该掌握的知识，而是教育孩子怎么享受状元的待遇。他们给孩子吃最好的，穿最好的，弄了好几个仆人伺候着，孩子都好几岁了还不会自己吃饭，要什么给什么，稍不如意，连爸妈都敢打上几巴掌，可是爸妈还不还手，他们觉得，孩子将来可是要当状元的，现在还手了，将来他当了状元，可就了不得了。

最早的时候，小哥哥对于弟弟所受的待遇还有些不满，还很想让弟弟和他一起享受这些好处，可是弟弟走了以后，家里就剩下他一个孩子了，他也逐渐地把这些享受当作理所当然的事情。该读书的时候，爸爸妈妈也不让他读书。状元命嘛，总之命中注定是状元的，还读什么书啊！

弟媳这么多年来受了许多苦，可她就是想不通，好好的一个孩子，怎么就成了一个乞丐命呢？她偏偏不信这个邪，于是她苦心教育自己的孩子，教他读书、写字，她拼命地干活儿挣钱，又去求学堂的先生让孩子念书。孩子也争气，读起书来非常用功，破旧的房子里，常常传出孩子朗朗的读书声。

再后来孩子们长大了，哥哥的孩子长得五大三粗，每天吃喝玩乐，就知道花钱享受，好好的一大份家产，被他挥霍一空，哥哥两口子没能见着儿子当状元，反倒挨了孩子不少的打，没多久，相继死了。这个孩子终于把房子和地卖了个精光，最后分文没有了，只好穿着破衣烂衫，成了乞丐。

弟弟的孩子呢？因为他用功学习，先生和同学们帮他凑了一些钱，又带上母亲多年积攒的一些薄资，进京赶考，竟然高中状元，披红挂彩，骑着高头大马，回乡来接他的母亲了。

在路上，一个乞丐冲撞了他的队伍，被差人一脚踢到了一边，状元连忙制止了，这个乞丐无意间一抬眼，看到了骑在马上的状元，状元正好也看到了乞丐，状元看着看着，突然跳下马来，一把扶住乞丐，“哥哥，你怎么成了这副样子？”乞丐听到状元喊他“哥哥”，他也认出了自己的弟弟，羞愧得差点把头钻到地缝里去。

这两个兄弟，本来是出生在同一个家庭的两个同样可爱的孩子，他们互相想念，也想互相照顾，可是偏偏因为一句“状元命”和“乞丐命”，使这两个好兄弟从小被分隔开了。他们一个被泡进了蜜罐里，一个被扔进了寒窑里，结果到了最后，本来以为是状元的那个孩子成了乞丐，本来以为是乞丐的孩子却成了状元。

其实，根本没有命中注定的事情，人与人之间的不同，不是与生俱来的。因为孩子从小都是一样的，都是非常善良的好孩子。只不过是在他们长大的过程中，由于他们受到了不同的教育，才使他们有了不一样的人生。

【原文】

苟不教，性乃迁①。教之道，贵以专②。

【注释】

①苟，如果。迁：改变，变迁，这里是指变坏。②教：教育。专：有恒心，专一。

【译文】

如果不进行教育，人的本性是会改变的。教育的方法，贵在持之以恒，专心致志。

【故事链接】

唐寅，字伯虎，是明朝的大画家。他擅长画山水，兼善书法，能诗文，但禀性疏朗，放荡不羁，少年时恃才傲物。

他最终能与沈周、文征明、仇英等画家齐名成为“明四家”，全仗母亲的教育和名师沈周的指导。

少年唐寅的画画得不错，富豪人家常请他作画，唐寅也就慢慢骄傲起来了。母亲看在眼里，急在心里。一天，她对唐寅说：“孩子，你学画还只是刚刚起步，有什么值得骄傲的呢？”她随手递给唐寅一卷行李和一包碎银，“当今大画师沈周离此不远，拜他为师吧，画不好就别回来见我！”

唐寅当然知道沈周的画很出名，欢欢喜喜上路拜师去了。

转眼就是一年。在沈周的指点下，唐寅的画技很有长进。这一天，小唐寅拿出自己的画和师傅的画比了比，已经不相上下了，不禁暗暗自喜：我自己已成名手，该出师回家看望母亲了。沈周看出了他的心思，就叫妻子准备饭菜为唐寅饯行。

饭菜摆在后花园东北角的一间小屋里。这间小屋平时紧锁着，谁也不让进去。唐寅一进屋就四处张望，只见有四个门，却没有一扇窗子。他好奇地顺着门格子向外望去，见门外花红柳绿，山鸟飞翔，仿佛那山涧流水声都能听到。他想：“这么好的风景，师傅平时不让我进来，大概是怕徒弟从这里出去游山逛水，无心学画了。”他正看得发呆，听到师傅说话了：“你的画本来不错，又学了一年，现在可以出师了。你想到后花园痛痛快快地玩玩吗？”小唐寅顾不上满桌的饭菜，站起来就去开门，也许是走得急了，让门格子碰了一下；他便去开另一个门，又让门格子碰了一下；再去开第三个门，这回碰得更厉害了。原来，这三个“门”都是沈周画在壁上的！唐寅从兴奋中醒悟过来，他转身“扑通”一声，双膝跪在师傅面前，说：“师傅，我不想回家了，让我再跟您学三年吧！”

从此以后，小唐寅专心致志地跟师傅学画，再也不提出师回家的事了。

三年转眼过去了,冬日将尽。唐寅为感谢师傅的教育,亲自动手烧菜,宴请师傅。当他把烧好的鱼端上桌时,一只大狸猫从门外呼呼地跑进来,跳上桌子就想吃。

唐寅

唐寅急了,骂道:“大胆畜生,师傅还没品尝,哪里轮得到你呀!”“啪”地一掌,那大狸猫“呼”的一声就往窗上跳,跳了一个窗户又一个窗户,就是跳不出去,最后“喵喵”地叫着从门口逃出去了。原来,那窗户是唐寅画在墙上的。

师傅见了这情景,哈哈大笑起来:“唐寅呀,你已经四年没见你娘的面了,要过年了,快回去吧……”

古时候有一对老夫妇,他们一直到晚年才有了一个宝贝儿子,所以把儿子看得非常珍贵。他们的儿子从小就聪明伶俐,老两口是含在嘴里怕化了,捧在手里怕吓着,都不知道怎么疼他好了,对于孩子的要求,他们没有一样不满足他的,孩子犯了错误,他们也舍不得骂,更舍不得打,一切全由着孩子的性子来,他们相信“树大自直”,觉得孩子长大了就自然会懂道理了,根本用不着特意教育他。

有一天,孩子在邻居家玩儿,回来的时候从邻居家拿回一根针来,交给了妈妈,他的妈妈也没有问问孩子从哪里来的这根针,只是高兴地说:“我儿真是聪明,知道把东西给妈妈呢!”孩子看到妈妈这么高兴,于是常常从外面拿点小东西回来,只告诉妈妈说是捡的,妈妈每次都很高兴,于是儿子也很高兴,以后更加乐此不疲了。

后来儿子长成了大人,有一天,儿子从外面牵回了一头牛,他的爸爸妈妈竟然也没有问孩子这头牛是哪里来的,还以为是儿子有本事赚了钱买回来的呢!谁知道没过几天,一个邻居发现自己的牛被偷了,便到处找,找到这对老夫妇家的时候终于发现了自家的牛,于是就要去到官府告状,老夫妇的儿子一听人家要告他,扬起手就打人家,结果一失手,把这个丢牛的邻居给打死了。这下事情可闹大了,当地的人把儿子扭送到了官府,县官当场判决,秋后杀头。

儿子临上刑场的时候,县官问他有什么要求,他说想见见妈妈。

他的老妈妈拎着儿子爱吃的饭菜来给儿子送行,儿子跪到母亲面前哭着说:“儿子受母养育之恩,在临死之前只想再吃一口母亲的奶,儿子就是死了也安心了。”没想到老妈妈刚刚解开衣服,儿子便一头冲过去,一口咬下了妈妈的乳头,然后咬牙切齿地说:“我今天受的惩罚,都是你的错,都是因为我小的时候你不教育我所造成的。”

老妈妈听到儿子的话,大叫了一声,晕了过去。

这个故事里的儿子"幼时偷针",看上去是一件很小的事情,可是他的爸爸妈妈没有问清东西的来源,反而对孩子进行表扬,结果孩子养成了偷东西的习惯,最后因为偷东西被人发现,把人打死了,自己也被处死,后果变得不可收拾。所以说,不受约束的孩子很容易学到不好的习惯,如果爸爸妈妈放松了对孩子的教育,孩子就有可能向着不好的方向成长。

爸爸妈妈教孩子学习知识,学习道理,首先要教会孩子专心致志的学习态度。

古时候有一个棋艺高手,因为技术高超,很多人都想向他学习棋艺。于是,他从许多前来拜他为师的孩子中,选了两个做自己的学生。

有一天,他正在为两个学生授课,忽然,他发现有一个学生抬头望了望天,他注意到,天边刚刚飞过一群大雁。另一个学生却根本没有抬头。

在接下来的授课过程中,那个没有抬头的学生继续聚精会神地听他讲解下棋的技巧,而另一个学生,眼望天空,一只手放在身后,思想早就飞出很远,根本注意不到他的授课。

课讲完了,他叫两个学生对下一盘棋,说以此来巩固讲课的效果。可是,刚刚开局不久,胜负便已见分晓了。那个认真听讲的学生下棋的技巧比那个不认真听讲的学生高明许多,转眼之间便取了胜。

这件事传到了学生父母的耳朵里,那个输了棋的学生家长不高兴了,领着自家的孩子找上门来,用埋怨的语气对他说:"您也是远近闻名的高人了,怎么教授学生还偏向啊,我的孩子也不比别人家的孩子笨,我们也没有对您不恭敬,为什么您为别的孩子单独授课,却对我的孩子那么保守?难道您也是吝啬的人吗?还是您觉得我们亏待了您呢?"

他淡然一笑,叫过那个赢了棋的孩子,说:"你说一下,为什么你会赢了这盘棋呢?"那孩子说:"上课的时候,先生讲授什么,我就认真听什么,一个字也不敢漏下,就是发生了天大的事情,也不敢分心。下棋的时候,我把先生教授的棋艺用上,果真有效。"

那家长还不放过,追问道:"先生没给你单独上课?"那个孩子说:"我们每天一起上学,一起放学,一分钟都没有多在先生家里啊!"

听了这个孩子的话,那个输棋的孩子低下了头,他悄悄地用手拉家长的衣襟,见家长还在和先生理论,便使劲地把家长拉回了家。

第二天,先生吩咐两个学生把家长请来同听一天课。两个家长于是领着孩子一起来到先生家。这一回先生在讲课的时候,那个不太用心的孩子也不敢不听课了,等先生讲完了,再让两个孩子对下一盘,开始的时候两个孩子比得不分胜负,可是最后,那个孩子还是输了。

先生对那个赢了棋的孩子说："你说一下，你今天赢在哪里呢？"那孩子说："就是上次比赛的那天先生讲的技巧。"

回到家以后，输棋的孩子家长问自己的孩子："上次比赛的那天，先生讲的技巧是什么？"孩子支吾着说不出话来。家长一看便明白了，他问孩子："上次先生讲课，你是不是没有认真听讲？"孩子低下头说："是。"

"那你在想什么？"

"天边飞来了一群大雁，我在想，要是大雁再飞过来，我就抽出箭来射它。"

听了孩子的话，他的家长终于明白了原因。于是第二天，他们亲自来到了先生家，给先生道了歉，并对孩子说："不认真听讲，不专心学习，先生讲的技艺当然学不会了，你一定得克服不专心的毛病，否则，跟棋艺再高的先生学习，你也学不到真正的本领。"

一样的老师，一样的授课方法，之所以教出的学生各有不同，都是因为没有专心学习的缘故。可见，"专心"的学习态度对于学生来讲是十分重要的。

所以说，父母对孩子不教育不行，教育不对路也不行，每一棵参天大树的长成，都要有足够的阳光和水分滋养，还要经过不停地修剪才行。如果任由孩子自行发展，或者在教育孩子的过程中不懂得重点，都不可能教育出一个成功的孩子来。

【原文】

昔①孟母②，择③邻④处⑤。子⑥不学，断⑦机杼⑧。

【注释】

①昔：过去、从前。②孟母：孟子的母亲。孟子是战国时代著名的思想家、教育家。③择：选择、挑选。④邻：邻居。⑤处：居住。⑥子：孩子，这里指孟子。⑦断：割断、折断。⑧机杼：织布机。杼，织布的梭子。

【译文】

从前，孟子的母亲对选择好的邻居这一点十分重视，为了挑选到适合孟子学习的居住环境，曾多次搬家。

孟子一开始贪玩不爱学习。有次他偷懒逃学回家，母亲非常痛心，把织布机上的梭子折断了，严厉地训诫孟子："不能认真有恒心地学习，就像这梭子一样，梭子断了，就不能织布了，前面的努力都白费了，这样半途而废是不可能成为有用的人的。"

【故事链接】

孟子并不是一个天生就有学问的人。他三岁时父亲就去世了，只知道嬉戏玩耍，不喜欢读书，后来由于母亲的教育、诱导，才养成了勤学的习惯。

起初，孟家住在一块墓地附近。孟子看葬仪看得多了，就模仿起来，玩耍时常与小

断杼教子

朋友学做丧事、筑坟墓。

孟母说:“这不是我孩子可以居住的地方啊!”于是,就搬到市镇上去住。可是邻居是一个屠夫,整天杀猪宰羊,孟子耳濡目染,也学起做买卖来了。孟母说:“这也不是我孩子可以居住的地方啊!”于是,又搬到一所学校旁边住了下来。孟子接触的是读书人,于是也读起书来,连嬉戏时学的也是进退揖让儒者之礼。孟母见了高兴地说:“这才是我孩子可以住的地方!”

定居以后,孟子上了学。有一次他逃学回家,正在织布的孟母气得折断了织布机的梭子,对孟子说:“学习就像织布一样,始终不渝,日积月累,才能使自己成为有用之才。如果学业半途而废,就像织布把梭子折断一样。”孟子听后深受感触,从此日夜勤学,终于成为一个儒学大家。

孟子在治学方面有许多格言。“心之官则思,思则得之”,就是他说的。意思是,学问之道,最贵用心,用心思索,才能有所收获,不然就不会有所得。他还主张学习要持之以恒,而不能期望一步登天,所谓“一日曝之,十日寒之,未有能至者也”。

【原文】

窦燕山,有义方①。教五子,名俱扬。

【注释】

①义方:指教育子女的好方法。

【译文】

五代时,燕山人窦禹钧教育儿子很有方法,他教育的五个儿子都很有成就,同时科举成名。

【故事链接】

五代十国的时候，有个叫窦燕山的人。他教育子女有一套很好的方法，他所教育的五个孩子，个个都学有所成。在唐朝灭亡之后，中国处于五代十国的混乱局面之中，朝代的频繁更替，使老百姓的生活很苦。然而，即使是在这样的环境中，有一个人也没有放弃对子女的教育，这个人就是窦燕山。他对子女的学习抓得很紧，他的五个儿子都在科举考试中金榜题名，“五子登科”就是从这个典故来的。

窦燕山，原名窦禹钧，五代后晋时期人，他的老家是蓟州渔阳，也就是今天天津市蓟县(1976年划归蓟县，原属河北遵化县治)，目前蓟县境内尚存窦禹钧墓和碑。过去，渔阳属古代的燕国，地处燕山一带，因此，后人称窦禹钧为窦燕山。

窦燕山出身于富裕的家庭，是当地有名的富户。据说窦燕山为人不好，以势压贫，有贫苦人家借他家粮食时，他是小斗出，大斗进，小秤出，大秤进，明瞒暗骗，昧心行事。由于他做事缺德，所以到了30岁，还没有子女。窦燕山也为此着急，一天晚上做梦，他死去的父亲对他说：“你心术不好，心德不端，恶名彰著，如不痛改前非，重新做人，不仅一辈子没有儿子，还会短命。你要赶快改过从善，大积阴德，只有这样，才能挽回天意，改过呈祥。”

从此，窦燕山暗下决心，痛改前非，缺德的事再也不做了。窦燕山还在家里办起了私塾，延请名师教课。有的人家，因为没有钱送孩子到私塾读书，他就主动把孩子接来，免收学费。总之，自那以后，窦燕山就像是换了一个人似的，周济贫寒，克己利人，广行方便，大积阴德，广泛受到人们的称赞。

燕山心地善良。仆人盗钱二百千，担心事发，具字将十二岁的女儿卖给窦宅，以偿负钱，逐遁去。燕山见小女甚怜，收为养女，成年后，为其择配良婿并陪嫁二百千钱。正月初一晚，燕山游延庆寺，拾遗银二百两、金三十两，等候多时，不见失主。次日，持遗金、银复去延庆寺等候失主。燕山家业丰裕，经常救济穷人。资助棺椁埋葬者27户，资助陪嫁者28户，资助做买卖维持生活者数十家，资助柴米而得活者不可数计。

后来他的妻子连续生下了五个儿子。他把全部精力用在培养教育儿子身上，不仅时刻注意他们的身体，还注重他们的学习和品德修养。在他的培养教育下，五个儿子都成为有用之才，先后登科及第。

当时有一位叫冯道的侍郎曾赋诗一首说：“燕山窦十郎，教子有义方。灵椿一株老，丹桂五枝芳。”这里所说的“丹桂五枝芳”，就是对窦燕山“五子登科”的评价和颂扬。

【原文】

养不教，父之过[①]。教不严，师之惰[②]。

【注释】

①教:是为父之教。过:过错。②教:是为师之教。严:严格。惰:怠惰。

【译文】

父母对自己的孩子,应重视对他们的教育。养育子女却不教育子女,这是做父亲的过错。

老师对自己的学生,应多多考虑对他们如何严格教育。学生们荒废学业、学无所成,就是做老师的玩忽职守,这是老师的过错。

【故事链接】

公孙贺是西汉人,由于他勤奋谨慎、老实本分,又参加了许多次作战,立有许多军功,因此在公元前103年被汉武帝任命为丞相。

他的儿子叫公孙敬声,由于父亲是当朝的丞相,母亲又是皇后的姐姐,所以他的姨夫汉武帝封公孙敬声做了太仆,也就是自己车队的队长,这也是一个不小的官职呢!这样,公孙贺父子两个人都成为高官。

公孙贺从儿子小的时候起就对他非常的溺爱,平日里娇生惯养,做了什么错事也不进行管束,结果公孙敬声长大后成为一个不学无术的人,虽然做了官,还是经常和一些江洋大盗混在一起,做一些目无法纪的事情。对于这些,公孙贺虽然心知肚明,但是他总认为儿子犯的都是一些小错,出不了大问题,因此始终对这些事不闻不问,听之任之。

后来,这个公孙敬声终于犯了大错,他贪污了许多军费以后,和一帮狐朋狗友一块吃喝玩乐给挥霍了。这件事情败露以后,汉武帝一怒之下把他抓进了大牢。

公孙贺眼见着自己的儿子马上就要没命了,急得不得了。正好当时朝廷正在追捕一个叫朱世安的人,于是他请求汉武帝让他去抓这个人,为儿子赎死罪,汉武帝念在亲戚的情分上,同意了他的请求。

没想到,当公孙贺利用一切方法,历尽千辛万苦把朱世安抓回来后,却又发生了更可怕的事情。

原来这个朱世安也是以前常和公孙敬声一起鬼混的人,他知道公孙敬声做的许多坏事,如今一看是公孙敬声的父亲亲手把他捉进了大牢,气得牙根直痒,他在牢里给汉武帝写了一封信,把公孙敬声干的坏事全都抖了出来,其中也包括公孙敬声在汉武帝专用的御道上埋了个木人以诅咒他的事情,结果汉武帝看了以后暴怒,不但没放公孙敬声,把公孙贺也抓了起来。

由于公孙敬声罪不可恕,公元前91年,公孙贺父子两个连同整个家族都被汉武帝处死了。

公孙贺做了十多年的丞相，一直勤勤恳恳，小心谨慎，对待汉武帝也忠心耿耿，但就是由于他的溺爱，导致孩子从小没有受到正确的引导，最终成为一个恶人，酿成了灭族的惨祸，不但连累了自己，还连累了整个家族的无辜亲人，这件事情上最大的罪人，恰恰是作为父亲的公孙贺，这就是养子不教所造成的恶果。所以说在孩子小的时候，父母对孩子的教育一丝一毫也不能放松，这是为人父母的责任。

爸爸妈妈虽然是孩子最早的老师，但是孩子到了求学的年纪，都得到学校去读书，这个时候，孩子们就开始从老师那里学习文化知识，学习做人处世的道理了。

有这样一位老师，他在给学生上课的时候，常说这样一句话："我该向你们传授的知识，我一字不落地全会讲给你们，但是听不听在你们自己，我讲课的时候你们喜欢听就听，不喜欢听就不听，想干什么就干什么，你们自己看着办吧。"于是，在他的课堂上，一些懒惰的学生就堂而皇之地不听课，有的玩玩具，有的钻到桌子底下做小动作，还有的窃窃私语。那位老师呢，根本不管学生们在干什么，只顾着自己旁若无人地讲课，就像对牛弹琴一样。

开始的时候，孩子们都非常喜欢这位老师，因为他们觉得不用再害怕老师教训，可以为所欲为了。可是后来，这些孩子们的学习成绩引起了家长们的注意，在问明情况以后，家长们纷纷向校长抗议，把这位老师赶走了。

古人有这样一句话："一日为师，终身为父。"老师对待学生，应该像对待自己的孩子一样严格要求，这样孩子们才能成为一个有知识懂礼数的人，如果对学生不进行纪律上的约束，实际上便是误人子弟，会耽误很多孩子的前途。

作为一个学生，也不应该认为这样的"好"老师真的是好老师，因为这种懒惰的老师不会教学生学到真正的知识和道理，根本就不是一个合格的老师。

【原文】

子不学，非所宜①。幼不学，老何为②。

【注释】

①子：是为人之子。不学：是不肯读书。宜：适宜。恰当。②幼：指年幼。老：指年老衰迈时。为：作为。

【译文】

小孩子不肯好好学习是不应该的，年幼的时候不努力学习，到了年老时能有什么作为呢？

【故事链接】

岳飞是我国历史上著名的民族英雄。十岁那年，他就跟随武林高手周侗读兵法，学武艺。

他练功十分刻苦。无论是夏暑酷热还是三九严冬,他从不间断。有一天早上,北风呼啸,大雪纷飞,和岳飞住在一起的小师弟王贵、张显、汤怀等都因怕冷,不肯起床练功。岳飞却想,功夫就要夏练三伏,冬练三九,若少年不努力,将来用什么去报效国家呢!他一个鲤鱼打挺,从被窝里跃起,穿衣提剑,迎风斗雪,挥剑起舞。早在一边仔细观察的周侗,看在眼里,喜在心中,暗暗称赞:“小小年纪就如此刻苦练武,将来一定能成国家栋梁。”他踏着厚厚的积雪,走到岳飞身后,说:“来,孩子,我再教你几套剑法!”

岳飞

师傅周侗从岳飞手中接过剑舞了起来。只见那剑在飞雪中来回穿梭,犹如一根银丝在飞舞,让人眼花缭乱。

岳飞凝神记下师傅的套路,等师傅练完,就凭着自己的记忆,一招一式、有模有样地练了起来。周侗见岳飞悟性很好,基本功又扎实,非常高兴,说:“这就是我祖传的剑法绝招,叫‘巧女纫针’!”接着,他又教了“暗渡陈仓”“蛟龙过海”等几套素不外传的绝招。

天大亮了,王贵、汤怀、张显等人才慢腾腾地出来练剑。见岳飞练得满面红光,汗流浃背,一个个羞红了脸不敢吱声。

周侗师傅厉声地教训了他们几个:“你们应该好好向岳飞学习。少壮不努力,老大徒伤悲呀!”

“我们今后再也不偷懒了!学好武艺,精忠报国。”王贵几人不约而同地回答。

从此以后,他们也像岳飞一样不分酷暑寒冬,刻苦操练,武艺日高。当北方女真族南侵宋朝时,他们全都毅然投军杀敌。岳飞更成了一员名将,率领“岳家军”驰骋疆场,建立了赫赫战功。

从前有一个老汉,他没有自己的孩子,也没有自己的田地,全靠每天到山上拾柴换些钱生活。

他小的时候,他的爸爸妈妈非常希望他做一个有学问的人,于是就把他送到当地最有名气的一位先生家里学习。

先生有一把长长的戒尺，对于不专心听讲的学生，先生就用那把戒尺打手心，学生们都害怕先生的戒尺，所以每天都乖乖地读书，不敢偷懒。

老汉小的时候非常淘气，突然被送进了严厉的先生家里，很是不习惯，因为常常悄悄地背着先生溜出去玩儿，所以他的小手经常被先生打得肿起来，于是他就跑回了家。

他的爸爸妈妈看到他的小手，非常心疼，但还是忍着对他说："先生打你，是因为你没有认真读书，不认真读书的话，你又怎么能学到真正的学问呢？"于是第二天，爸爸妈妈又一起拉着他的手，把他送了回去。

他刚在先生那里规规矩矩地学了几天，就又挺不住了，一天趁先生不注意，他又溜了出去，跑到外面玩儿了个够，等他回来的时候，先生又打了他的手，并且对他说："你这样不用功，怎么对得起你的父母呢？"

听了先生的话，他又乖了几天，可是他还是坚持不住，他想："每天就这么坐在这里学习，哪有外面轻松？"于是，他又跑回了家。

这一回，任凭父母磨破了嘴，他坚决不再去先生家里了。

没办法，父母一想，孩子不愿意读书，以后还能有什么前途呢？不然，就让他去学习一门手艺吧。于是，便又把他送到了当地最有名的木匠家里，让他跟着木匠师傅学习做木工的手艺。

可是没过几天，他又回来了，说是木匠师傅比先生管得还严，学木匠活儿一点儿都不好。这回他的父亲生气了，把他狠狠地教训了一顿，一定要他继续回去学手艺。

因拗不过父亲，他又去了木匠师傅家里。为了不再回来，他更加不认真，还常常故意惹师傅生气，最后，师傅把他的父母叫来，告诉他的父母说自己教不了这个孩子，让父母把他领回去了。

后来，父母又送他去学过很多的手艺，可是他没有一次能学下去，每次都是到了中途便放弃了。到了十几岁，当年和他一起学习的孩子都已经快学成了，他还是什么也不会。父母很着急，愁得头发都白了，可他却不以为然，他觉得，学东西太辛苦，还不如自由自在地好些。

又过了些年，父母相继去世了，以前还可以靠父母养活自己，可是现在不行了。父母原本就是做小买卖为生的，为了送他学本事，又求先生又交学费，日子本来就过得不富裕，根本没有给他留下什么钱财。所以父母去世不久，他的生活就没有着落了，而这个时候，曾经和他一起学习的伙伴，都已经能凭自己的手艺养家糊口了，有的都已经小有名气了。

怎么办呢？没有知识，又没有手艺，他什么也做不了，没有办法，只好出去卖力气。趁着年轻，他做过很多的苦力活儿，虽然受了很多的累，却没赚到几个钱，日子过得捉襟见肘,连个媳妇都没娶到。

一年又一年,因为小时候的同伴一个比一个有出息,而他却连出头之日都看不到,使他觉得非常难堪,于是他变卖了家里的房子,背井离乡到了别的地方谋生。可是无论他走到哪里,他都只能靠做苦力吃饭,卖房子的钱早早地就用完了,他一天不做工,就一天没有饭吃。

几十年过后,他老了。没有办法做苦力赚钱了,为了能有一口饭吃,他不得不到山上去捡柴,捡一点就到集市上去卖,然后买上一点吃的,就算是过了一天。连他自己都不知道,自己捡柴还能捡多久。

当他在集市上卖柴的时候,看到那些拿着书本去读书的小孩子,他就想起自己小的时候,父母怎样苦口婆心地劝自己不要贪玩,要努力地学些知识,学些本事,可是自己总是不听,现在老了,受了一辈子的苦,终于明白了这里面的道理,但一切都晚了,想到这些,总是禁不住伤心。

一个人在小的时候因为贪玩而不爱学习,是非常不应该的;年少的时候是人一生中学习的黄金时刻,在这个时候如果认真学习,是最能掌握丰富的知识,如果在年少的时候不用功,把大好的时间都用在了玩儿上,那么等到长大了,就会连自己的生活都保证不了,更别提有所作为了。到那个时候,肯定是会后悔的,但是到那个时候再后悔,可就来不及了。所以小孩子必须要趁着年轻努力读书,而孩子的父母也应该认识到这件事的重要性,无论如何不能让孩子错过学习的最佳年龄,如果在这个时候错过了对孩子的教育,那么将会给孩子留下终生的遗憾。

【原文】

玉不琢,不成器①。人不学,不知义②。

【注释】

①玉:指美玉。琢:指琢磨。器:指器皿。②义:指道理。

【译文】

一块玉石质地很好,但是如果不经过琢磨加工,就永远成不了精美的玉器,毫无用处。

人如果不读书学习,就不能知书达理。

【故事链接】

岳飞有五个儿子。作为一位带领千军万马的统帅、一个官高权重的大将,岳飞深明玉不琢不成器的道理,一向严格要求自己的孩子,规定他们只着麻布,不穿丝绸,平时只吃麦面蔬菜,不近酒肉;告诫他们懂得粮食来之不易的道理,还让他们在军队里接受严格训练,掌握杀敌本领,教育他们忠心爱国,投身于挽救民族危亡的斗争。

他的长子岳云，十二岁就被编入部将张宪的队伍中，当一名小军士。在军营里，小岳云同大人一样，披重销，跨战马，疾驰劈杀……有一次，岳云练习骑马下坡，一时兴起，飞奔而下，却没注意坡陡路滑，结果连人带马翻进沟里。岳飞一见，非常生气，怒气冲冲地说："如果同敌人打仗，也能这样吗？"说着就下令按军法处置。将士们上前劝阻，请求原谅岳云年幼。但岳飞坚持不予赦免，硬是打了一百军棍。主帅对公子要求如此严厉，使全军上下大为震动，大家训练得更加刻苦认真了。

岳飞要求岳云平时刻苦训练，战时冲锋在前，做大家的榜样。岳云不负父望，很快成为一位武艺超群、英勇善战的小将。

1134年，岳家军举行一次北伐，十六岁的岳云参加了攻打随州的战斗。他挥舞八十斤重的大锤，勇冠三军，率先登城，"功在第一"。

1140年，金兵统帅兀术以优势兵力围困岳家军驻地河南郾城。岳飞命令岳云带骑兵冲入敌阵，并严厉地对岳云说："不胜，先斩你！"岳云以少击众，奋勇杀敌，鏖战数十个回合，杀得金兵尸横遍野。

郾城之战刚结束，岳飞又命令岳云火速去颍昌增援部将王贵，抗击金兵的反扑。岳云发扬连续作战精神，带兵直奔战场，与数万金兵展开厮杀，负伤一百多处，人成了血人，马成了血马，犹奋然前行，亲手斩了兀术的女婿，再立大功。

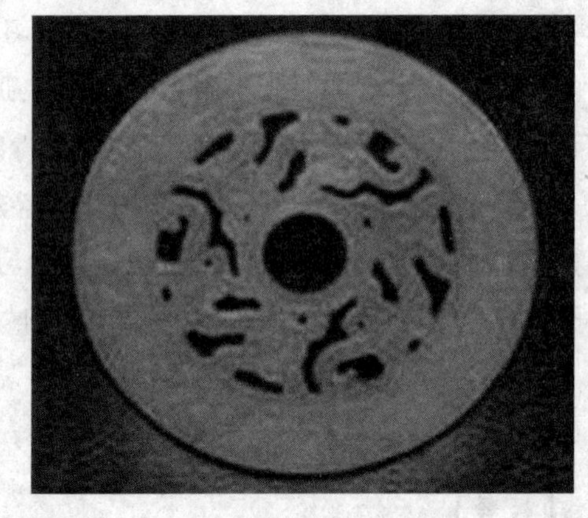
和氏璧

由于岳云每次打仗都冲锋在前，屡建殊勋，岳家军的将士都称他常胜小将军。

岳飞治军，历来赏罚分明，但对岳云则是有功不赏，有过必罚。玉不琢，不成器。岳飞这种严以律子的精神，其实包含了非常深厚的父爱之情。

从前，有一个叫卞和的楚国人，有一天，他在山里找到了一块玉璞，非常高兴，于是便拿着这块玉璞去献给楚厉王，告诉厉王说这里面有宝玉。

楚厉王不懂得玉璞中含有宝玉的道理，于是就把宫里的玉匠叫来进行鉴定，结果那玉匠看到了卞和献来的宝玉后，对楚厉王说："这不是玉，这只是块石头。"

听了玉匠的话，楚厉王勃然大怒，于是斥责道："大胆的卞和，竟然敢用石头冒充宝玉来骗我！推出去，把他的左脚砍了，看他还敢不敢无礼！"

就这样，卞和被砍了左脚，拖着残缺的身体回了家。

后来,厉王死了,武王继了位。卞和又拿着这块璞玉来献给武王,武王也不懂得这里面是否有宝玉,于是也叫了一位宫中的玉匠来鉴定,结果这个工匠看过之后,也说了一句:“这不是宝玉,这只是一块石头。”武王听了,恼羞成怒,大喝道:“大胆的卞和,你先是骗了先王,现在又来骗我,你难道不怕死吗?推出去,把他的右脚也砍了,看他悔不悔改!”

这一回,卞和又失去了他的右脚,连走路都不行了。

再后来,武王也死了,文王继了位。卞和带着那块玉璞,来到了楚山脚下,痛哭了三天三夜,把眼泪都哭干了,他还继续哭,最后眼睛里哭得出了血。附近的人和过路的行人见到了,都感到十分的凄惨,于是一传十,十传百,传得尽人皆知,连文王都听说了这件事情。

于是,文王派了一个差官到楚山去看个究竟,那差官到了楚山后,果真见到了卞和抱着块石头坐在那里哭,于是他走上前问他:“普天之下,有那么多受了砍脚之刑的人,怎么只有你悲伤了这么长时间呢?”

卞和回答说:“你以为我是因为脚被砍断才这么伤心的吗?不是的。我伤心的是,这么好的一块宝玉,为什么就没有人认识它,为什么就会被人说成是一块普通的石头呢?我是一个诚实的人,我忠于我们的大王,我发现了宝物,诚心诚意地想把它奉献给大王,可是我竟然被人说成是一个可耻的骗子,我怎么能不伤心呢?”

差官回宫后向文王汇报了卞和的话,文王觉得非常的诧异,他觉得,应该验证一下卞和所说话的真假,于是便把卞和叫来,命令宫中的玉匠把玉璞拿去仔细地琢磨,玉匠把玉璞的表层小心地敲掉以后,这块被称为石头的玉璞里果真露出了一块稀世美玉。

文王非常高兴,于是给这块宝玉起了个名字,叫作和氏璧,还给了卞和丰厚的赏赐,用来表彰他的忠诚。

许多许多年以后,秦始皇得到了这块和氏璧,命工匠把它雕刻成了一块传国的玉玺,给这块宝玉赋予了更重要的意义。

这就是著名的“和氏璧”的故事。在这个故事中,我们可以看出,一块宝玉,如果不经过工匠的精心打造,在别人的眼中,它就只能是一块石头,是不可能显现出它的实际价值的。

对于孩子的教育也是这样的道理。只有让孩子受到了良好的教育,他们才会懂得做人处世的道理,知道什么事情是应该做的,什么事情是不应该做的,也会知道做一个人最重要的意义在哪里。

父母对孩子的爱,有大爱和小爱之分。所谓小爱,就是让孩子吃饱穿暖,不受教训,心情舒畅,为所欲为,满足孩子的一切要求,但是这种小爱是无法换来一个懂义理的孩子;相反,在这种小爱下长大的孩子会变得娇横无理,不懂礼数,一事无成。而所谓大爱,就是要对孩子进行严格的教育,不注重眼前孩子的安乐,为孩子的长远打算,精心地培养他,让他懂得做人处世的道理,懂得与人融洽地相处,懂得感恩与报恩,懂得学习,懂得认真地对待他所该做的每一件事,这样长大的孩子,将来才会有远大的前程,才会为他人,为国家做出贡献。这种用"大爱"来爱孩子的父母,才是可敬的。

【原文】

为人子,方少时[①],亲师友,习礼仪[②]。

【注释】

①子:是指人之子弟。方:正当,正值。少时:是指年少之时。②亲:亲近。师:老师。友:指朋友。习:学习。礼仪:礼节和仪式。

【译文】

一个人少年时,应该亲近老师,结交良友,学习待人接物的道理和礼节。

【故事链接】

春秋时期的郑国有一位乐师,名叫师文。他听说鲁国出了一位才华出众的音乐家师襄,钦佩极了,于是就离开郑国,去鲁国拜师襄为师。师襄待人严厉,从不轻易收弟子。师文苦苦哀求道:"请老师收下我这个学生吧,我决不半途而废。"师襄终于被师文的诚意和决心感动,收下了这个弟子。

师文很懂礼仪,对师襄十分尊敬,练琴也非常认真,他对师襄示范的每个动作都仔细揣摩。但三年过去了,师襄从未听师文弹过一支完整的曲子。师襄很纳闷,心想:"可能是师文缺乏音乐天赋吧。看来,只有让他回家了。"他真有些舍不得这个勤奋知礼的学生,但他终于开口说:"师文啊,不是老师要赶你走,整整三年了,你连一支曲子都不会弹,你还是回家去吧!"师文恭恭敬敬地回答说:"老师,您传授的技艺我都认真体会,并不是我不能调弦,弹不出一支曲子,我只担心心、手、乐器三者不能协调,发不出和谐美妙的乐音来,让老师失望。请老师允许我留下来学习,看我今后学习的效果再决定吧。"

过了一些日子,师文拜见师襄,说:"我终于悟出曲子中的道理了。请允许我给您弹一支曲子吧!"

师文拨弦弹奏起来。顿时,琴声仿佛带来了一股凉爽的秋风,一会儿又仿佛带来一阵和煦的春风,一会儿琴弦发出急促的乐音,好似天上降下了霜雪,一会儿又像太阳光火辣辣地照射下来,坚冰立即融化了……师襄听着听着,仿佛甜美的甘露从天而降,清冽的甘泉流过心田……他高声赞道:"太妙了,太妙了!你弹奏的乐曲妙极了!我现在就捧琴向你学习!"

尊师习礼的师文连忙说："老师过奖了。弟子这是细心琢磨您教给我弹琴的道理，才有今天的一点长进呀！"

从此以后，师徒两人互相学习，技艺都越来越高。

从前，有一个非常不懂礼貌的孩子，他的父母让他拜一位德高望重的先生为师，跟随先生学习知识和礼数。

有一次，有位客人来拜望先生，他见有人来了，马上跟着进了正厅，不管不顾地坐到了椅子上。先生与客人寒暄，刚刚问了一句从哪里来，他就抢先说："肯定是去过乡下了，鞋子上全是泥，把地都弄脏了。"客人听了，脸色非常不好。先生看了他一眼，没有说话。

先生与客人闲谈了一会儿，便开始说正事了，可是他用手托着下巴，歪着身子坐在椅子上，始终不肯离开。先生又看了看他，对他说："你去吩咐为客人准备一下午饭。"他这才恋恋不舍地离开。

该到吃饭的时候了，饭菜全都摆好了，他一溜小跑来到正厅，扔下一句："先生吃饭了。"然后扭头就跑到了饭桌旁，拿起碗就开始吃饭。

先生生气地对他说："怎么这么没有礼貌，客人还没有落座，你怎么能先吃饭呢？现在你去隔壁把李老先生请过来，和我们一同吃饭。一定要注意恭敬，不得无礼，否则我不轻饶你。"

客人见先生派他去请李老先生，非常诧异地说："这个弟子面生得很，是新收的吧？不怕您生气，我看您这个学生啊，实在是没有礼貌。您的学生也不止这一个，李老先生是讲礼数的人，您为什么不派一个懂礼貌的学生去请李老先生呢？"

先生笑了笑，回答说："就是因为他不懂得礼貌，我才安排他去请李老先生，多与懂礼数的人接触，对他有好处。这是我新收的一个学生，我会慢慢教导他，今天他对几位不恭敬，看在我的面子上，多原谅他吧。"客人们听了，笑着说："您不用客气，小孩子学礼数学得快，有您这样一位老师，他一定会有出息的。"说罢，几个人笑了起来。

后来，先生对这个孩子用心地教导，时常安排他与一些讲礼仪的人接触，平时招待客人的任务也规定由他来做，而先生的客人多是德才兼备之人，所以他逐渐地被影响得谦虚有礼了，他的父母见到了孩子的巨大转变，感到非常的欣慰。

孩子学习知识和礼数，离不开老师的教导，关在家里是没有办法学到人生所需的全部知识和礼仪的，只有走出家门，多亲近品学俱佳的人，才能学到知识和为人处世的道理。

小孩子在成长的过程中，父母不但要为孩子选择有修养的师长，还要教会孩子结交品德高尚的朋友。

管宁和华歆从小就是非常要好的朋友，他们俩每天形影不离，同吃同住，一起学习。但是后来，管宁还是离开了华歆，这是为什么呢？

原来，管宁从小就非常以学修身，不爱名利，可是他通过一些小事发现，华歆的志向与自己不一样，所以才做出了这样的决定。

有一次，两个人一起在菜地里锄草。管宁一锄下去，碰到了一个硬东西，挖出来一看，竟然是一块金子，他自言自语："我当是什么呢，原来是块金子。"接着。他把金子扔到了一边，继续锄草。可是不远处的华歆听到了这句话，赶忙奔了过来，把金子捡到了手中。

管宁见了，一边干活一边责备华歆说："一个有道德的人是不可以贪图不劳而获的财物的，钱财应该是靠自己的辛勤劳动去获得。"

华歆听了，口里说："我知道。"手里却还捧着金子舍不得放下，管宁就一直盯着他，后来，华歆被管宁盯得实在不自在了，这才极不情愿地丢下金子回去干活了。但他心里还在惦记着这块金子，所以干起活来也不卖力了。管宁见到他的样子，心里头很不高兴。

又有一次，他们两人坐在一张席子上读书。正看得入神，忽然外面传来一片鼓乐之声，于是两个人就走到窗前去，看看到底发生了什么事。

原来，有一位大官正乘车从街上经过，一大队人马，威风凛凛。而他的车子更是豪华：车身雕刻着精巧美丽的图案，车上蒙着的车帘是用五彩绸缎制成，四周装饰着金线，车顶还镶了一大块翡翠，显得富贵逼人。

管宁看了看，又回到原处捧起书专心致志地读起来，对外面的喧闹完全充耳不闻。华歆却不是这样，他完全被这种张扬的声势和豪华的排场吸引住了。他嫌在屋里看不清楚。还特意放下书跑到了街上，尾随着车队走出了很远。

管宁看到了华歆的行为，非常生气，也非常失望。等华歆回来后，他当着华歆的面把两个人刚刚坐过的席子用刀割成两半，然后对华歆说："我们两个人的志向不一样，是不能做朋友的，从今天开始，咱们不再是朋友了。"

后来，管宁决定到另外一个地方去读书，虽然他已经和华歆断交，但是在临走之前，他还是前去劝华歆，让他不要太重视那些金钱和名利，但是华歆不听。

最后，华歆终于做了官，却因为做了赃官而被杀了。而管宁在辽东地区住下来，用他所学到的知识和仁德，使得当地的百姓和睦相处，受到了百姓的爱戴。这就是"割席断交"的故事。

人要和与自己有同样志向的人交朋友，两个人互相地学习对方的优点，并且用自己所懂得的礼仪去影响对方，这样才可以共同进步。

所以说，孩子们在小的时候起，就要学会亲近好的老师和好的朋友，并从他们身上学到能使自己终身受益的知识和经验，不断地取人之长补己之短，这样才能不断地丰富自己的头脑，提高自己的道德素质，成为一个德才兼备的人。而父母，更是应该在这方面，对孩子做出好的榜样与引导。

【原文】

香九龄，能温席①。孝于亲，所当执②。

【注释】

①香：黄香，字文强，东汉时代的江夏人。其年方九岁，即明晓事亲之理。每当夏日炎炎之时，则扇父帷帐，使枕席清凉，待父安寝。每当冬日严寒，则以身为父温暖枕席，使之暖卧。龄：岁。温：暖。②亲：指父母。执：遵守。

【译文】

东汉时，有一个叫黄香的人，九岁时母亲去世，他对父亲非常孝顺，在酷暑之日，黄香用扇子扇凉父亲的枕席，赶走蚊虫，让父亲安然入睡。在寒风凛冽的冬夜，黄香自己先上床，用自己的体温把冰冷的被褥焐热，让父亲睡觉时感到温暖。孝敬父母，是每一个做儿女的都应当具备的品德。

【故事链接】

在中国古代的《二十四孝》中，收录了黄香"扇枕温衾"的事迹。

黄香是东汉时期的江夏人，他的母亲在他九岁的时候就去世了，只靠父亲一个人养育他。

黄香非常思念母亲，也体谅父亲的辛苦，母亲去世后，他对父亲愈加孝顺。为了不让父亲太过劳累，他把所有的家务活儿都承担下来，父亲一回到家里，黄香就请父亲去休息，而他则为父亲洗衣做饭，尽心尽力地侍奉父亲。

夏天的时候，天气炎热，为了让劳累一天的父亲能够睡一个又凉快又舒适的好觉，每到晚上，黄香便请父亲到院子里乘凉，而他则拿一把大扇子站到父亲的床边不停地扇，直到把父亲睡觉的席子扇凉了，才请父亲上床睡觉。

冬天的时候，天气寒冷，为了让父亲能够暖暖和和地入睡，每次睡觉前，他都先脱光了，钻进冰冷的被窝里，用体温把被窝暖热之后，再请父亲躺下睡觉。

就这样年复一年，黄香始终如一地对待父亲。后来，黄香的孝行传遍了整个县城，大家都夸黄香是个孝顺的孩子，对他非常地钦佩。

在黄香十二岁的时候，江夏太守刘户知道了他的事迹，便把他召到署门之下，称赞他是"至孝"。刘户还上书给皇帝请求褒奖他的孝行，在书中称他为"门下孝子"。皇帝看到了刘户的上书，也非常的赏识黄香，特意颁旨嘉奖了他。

由于投入了太守的门下，他得以用功地读书，后来成为一个非常有学问的少年。长大后，他成为一个品学兼优的人，当时的人们称赞他“天下无双，江夏黄香”。

由于皇帝赏识他，封他做了官，并特许他到皇宫里去读书，因此，他读到了许多许多常人难以读到的珍贵书籍，更加深了自己的学识。

他品德高尚，对待百姓也非常仁慈，当他所管理的区域发生了水灾的时候，他把自己全部积蓄，连同皇上的赏赐都捐给了灾民，当地的有钱人都纷纷效仿，因此百姓非常爱戴他。为了称赞他的美德，人们还特意为他写了一首诗：“冬月温衾暖，炎天扇枕凉。儿童知子职，千古一黄香。”

黄香之所以成为一名孝子，是因为他能处处替父亲着想，能够用心对待父亲，能够去思考父亲需要什么样的照顾，能够体贴父亲，他的行为非常值得小孩子学习。

在《二十四史》中，还记录了汉文帝“亲尝药汤”的故事。

汉文帝刘恒是汉高祖的第三个儿子，他的母亲薄太后年老以后，患病三年，在这三年间，身为皇帝的汉文帝经常亲自来精心地侍奉母亲，他随时观察母亲的状况，甚至到了眼睛都不眨一下的地步，他常常整夜都不脱衣服地守护在母亲的床边。

在我国古时候，为了保证皇帝的安全，避免有人下毒药来毒害皇帝，每次皇帝吃喝入口之前，都要由别人先尝过才行。可是对于母亲所服的汤药，他却一连三年，坚持亲口尝过之后才放心地让母亲服用，这在当时的风气之下，是非常难得的。由于他的孝行，使得他以仁孝皇帝的名声闻名于天下。

他在位的二十四年间，非常重视以德治国，尊崇礼仪，注意发展农业，使西汉社会稳定，人丁兴旺，经济得到恢复和发展。他与汉景帝的统治时期被誉为“文景之治”。

汉文帝的孝行也是出于为母亲着想，感恩于母亲而为的。他与黄香的经历告诉我们，无论是皇帝还是平民百姓，只要是一个真心实意孝顺父母的人，都会受到他人的拥戴。

中国有句古话，叫作“百善孝为先”，孝敬父母是中国人的传统美德，更是做人的准则。爸爸妈妈在对孩子进行中国传统美德教育时，除了以身作则以外，最好的办法就是经常地给孩子讲这样一些古代孝子的故事，让孩子从古人的故事中明白孝敬父母的道理，明白儿女侍奉父母所应尽的本分。让孩子知道，爸爸妈妈将孩子带到世界上来，为了让孩子健康幸福地长大，为了让孩子受到良好的教育，花费了许多的心血，却从来都不想要孩子回报。也要让孩子知道，自己应该体谅父母的辛苦，凡事多替父母着想，不但在家里面要孝顺父母，在外面无论是说话还是做事，也不能违背父母的教导，不给父母脸上抹黑，这才是真正的孝敬。

用真实的故事感染孩子，用真实的故事教育孩子，才能让孩子形象而生动地体会孝敬父母的重要性和其意义所在。

【原文】

融四岁，能让梨[1]，弟于长，宜先知[2]。

【注释】

①融：孔融，东汉鲁国人，是孔子第二十世孙。②弟：通“悌”，指善事兄长。

【译文】

东汉的孔融四岁时便懂得把大梨让给哥哥。做弟弟的要尊敬兄长，这个道理应该从小就知道。

【故事链接】

孔融是东汉末年的文学家，字文举，鲁国鲁县（今山东曲阜）人，是孔子的二十代嗣孙。曾任北海相，所以世称孔北海，又任少府、太中大夫等职。他所做的散文，犀利简洁，有较多的讥讽言辞。又能写诗，也颇有名气，列为“建安七子”之一。后因触怒曹操，被曹操所杀。

据《后汉书·孔融传》记载，孔融幼有异才。十三岁那年，他跟随任泰山都尉的父亲到京城访友，当时河南尹李膺架子很大，除非是当世名人，一般宾客和读书人一概不接待。孔融出于好奇，一心想看看这个李膺是个什么模样，就到了李府门前，对看门人说：“请报告李大人，我是李大人的通家子弟，有要事求见！”看门人禀报李膺，李膺请孔融进去了，问道：“您的祖父与我有旧交情谊吗？”孔融从容地回答说：“是的。我的先祖孔子与您的先祖老子（姓李名聃）同德比义，互为师友，那么我孔融和您李老先生也算是世交了！”闻听此言，在座的宾客都深表叹服。这时，太中大夫陈炜来了，他听说孔融有这番言辞，很不以为然，冷冷地说：“小时了了（聪明的意思），大未必佳！”孔融当即反唇相讥道：“这么说来，您老先生小时一定是很‘了了’的！”言下之意是陈炜现在是“大未必佳”。李膺听后哈哈大笑，说：“高明如此，将来必成伟器！”

孔融有兄弟七人，他排行第六。他四岁时，就懂得谦让之礼。一天，邻居给他家送来一筐梨，孔融从容地选取一个小梨，把大梨让给哥哥。大人问他为什么挑小的吃，他回答说：“诸兄年长，正宜用大的。我乃小弟之辈，年纪尚且幼小，自应取小。‘犯上’不妥。”在历史上，还流传着另外一个孔融友爱兄长的故事，那就是“兄弟争死”的故事。

在孔融十五岁的时候，朝廷里有一个叫张俭的官员，因为揭发了一些官员的罪恶，受到了陷害，官府要抓他治罪，于是，他便逃到了孔融家。

孔融的哥哥孔褒是张俭的好友，所以孔融对张俭一直很尊敬。张俭来到他家的时候，孔褒正好不在家，孔融见张俭神色紧张，就说：“我哥哥虽然不在家，但您是他的好友，就像我的兄长一样，您有什么难处，就请告诉我吧。”张俭这才把事情说了出来，孔融于是自己做主,收留了张俭,哥哥回来之后,两兄弟又找了个机会,帮张俭安全地逃走了。

后来,有人知道了这件事情,就向官府告发了这件事。官府本来就为抓不到张俭而头疼。一听说张俭是从孔家逃走的,立刻把孔融和他的哥哥孔褒抓了起来。

审问他们的官员对他们说:"你们难道不知道放走了朝廷的要犯是要杀头的吗?说,你们两个究竟是谁把张俭放走的?"

听了这些话,孔融想:哥哥和张俭是好朋友,一定会受到这件事情的牵连,那样一定会没命的。于是他对审官说:"是我收留的张俭,我哥哥当时不在家,你要治罪就治我的罪吧。"

听到弟弟把罪责都承担了下来,孔褒急了,忙喊道:"不,不是这样的,张俭是来投奔我的,是我把他放的,不关我弟弟的事,他还是个孩子,哪懂那么多事。要杀,你们就杀了我吧!"

结果,孔融和孔褒在堂上争了起来,争得面红耳赤,互不相让,都说是自己放了张俭,自己应该被治罪。

审官看看这个,又看看那个,不由得呆坐在那里,没有了主见。他想,从来都是互相推卸罪名,怎么今天这兄弟两个互相抢上罪名了呢?这可怎么办呢?

没办法,只好层层上报,让上司去拿主意。最后,一直报到了皇帝那里。后来,皇帝定了孔褒的罪,处死了孔褒,把孔融放回了家。

孔融虽然没能救得了自己的哥哥,但是他冒死友爱兄长的事迹,却一直流传到了今天。

孔融在四岁的时候,就懂得礼让,恭敬兄长,爱护弟弟,能与兄弟和睦相处,一团和气,是非常难得的。他在十几岁的时候,敢于伸张正义,兄弟俩为了保护对方,甚至敢于相互争死,给后世的许多人做出了榜样。

家长在教育孩子懂得兄弟和睦、手足团结的时候,应该充分注意到榜样的力量,用这些值得敬佩的古代孩子作为榜样,教育自己的孩子向他们学习,兄弟之间应该相互谦让,一团和气,不能计较个人的得失,让孩子明白,这种手足同胞的亲情是每个人都必须具备的。

【原文】

首孝悌,次见闻①。知某数,识某文②。

【注释】

①首:指头,引申为"为首"。孝:侍奉父母。悌:尊敬兄长。次:是指次一等。见:指眼见。闻:指耳闻。②数:指数目。文:指文理。

【译文】

人生第一重要的就是要孝顺父母，尊敬兄长；其次要多见识天下大事以扩大自己的知识面。然后才需要懂得术算，通达文理。

【故事链接】

我国古代有一个叫王祥的人，他的亲生母亲在他很小的时候就去世了，他的继母又对他非常不好，可是他对继母朱氏却非常孝顺。

有一年冬天，他的继母想要为难他，于是对他提出要吃活鱼。当时天气非常冷，河面上都结了冰，根本打不到活鱼，可是为了满足母亲，王祥就跑到河边，脱下衣服，光着身子躺到了冰面上，想用体温把冰焐化，为母亲打鱼。这个时候，冰块忽然自己裂开了，从里面跃出两条活蹦乱跳的鲤鱼来。王祥一见，赶忙把鱼抓住，高兴地带回了家，做好了给母亲吃。当时的人们都说，谁也没见过在大冬天能有人凿开这么厚的冰河捕活鱼的，这是因为王祥的孝心感动了天上的神仙啊！于是。在民间，便留下了“卧冰求鱼”的美谈，王祥的孝行也被收进了《二十四孝》之中。

继母朱氏不但经常刁难王祥，还经常在他的父亲面前说他的坏话，导致父亲也开始不喜欢他，和继母一起把他当奴仆使唤。可是王祥出于对父母的孝心，从不叫苦叫累，对待父母从来都是恭恭敬敬的。如果父母生了病，他还整天衣不解带地左右伺候，汤药熬好了，他必定先亲口尝一尝温度，然后才服侍父母吃药。

王祥的弟弟王览是继母朱氏亲生的儿子。由于哥哥的影响，他从小便很懂事，每次母亲打哥哥的时候，他就抱着哥哥哭，不让母亲打哥哥。等他长大些了，就对母亲说哥哥的种种好处，让母亲对哥哥好些。可是，继母却依然对王祥不好。为了让哥哥少受点委屈，母亲再刁难哥哥的时候，王览就和哥哥一起干这干那。兄弟俩娶了妻后，朱氏又常虐待王祥的妻子，于是王览又告诉自己的妻子，不论母亲让嫂子干什么活儿，她都必须跟着嫂子一起干。朱氏见王览夫妇和王祥夫妇总是同甘共苦，自己为难了王祥夫妇，自己的亲儿子和媳妇就会跟着受罪，所以才有所收敛了。

后来，他们的父亲去世了。而王祥由于品德和学识都高于弟弟，所以在社会上越来越有名气，朱氏怀恨在心，于是决定把王祥害死。有一次，她悄悄地在酒中下了毒，然后把酒拿给王祥喝。王览见母亲对哥哥突然变好了，知道酒里肯定有问题，于是便去抢，王祥一看弟弟去抢，也知道酒肯定有问题，于是也去抢。后来，朱氏一把抢过了酒壶，这件事才算了结。从此以后，朱氏再给王祥吃的，王览就先拿过来尝过了再给哥哥，朱氏怕毒死自己的亲儿子，就不敢下毒了。

但是朱氏还是想杀死王祥，有一次，她见王祥一个人睡在书房的床上，就半夜拿了一把刀摸到了王祥的床边，向着床上狠狠地砍了几刀，没想到王祥正好出去上厕所，回来后，看到被砍破的被褥，知道是继母做的事，于是他就跑到朱氏面前跪下，对朱氏说："母亲，如果您真的厌恶孩儿，痛恨孩儿的话，就把孩儿处死吧。"听到王祥甚至为了自己错误的想法愿意去死，朱氏这才醒悟了过来，从此以后，她就像对亲生儿子一样对待王祥，一家人的日子这才变得和睦了起来。王祥一直都尽心尽力地赡养继母，直到继母去世，他才出去做官，后来他受到了皇帝的赏识，官做得很大。

孝敬父母，尊敬兄长，是我们中华民族几千年来的传统美德，也是做人的最基本原则，如果连这种品德都不具备，即使掌握了再多的知识，也没有办法成为一个真正德才兼备的人，这一点，王祥和他的弟弟王览都做到了。

做人的第二件重要的事情，就是要学习知识，下面我们就来讲一个有关于学习的故事。

古时候有一个地主的儿子，他小的时候，父亲请来了一位先生教他识字，先生教他写"一"，他马上学会了，又教他写"二"，他也马上学会了，等到他学会了写"三"以后，他就说："原来写字这么简单，这根本不用先生教，我自己就会写。"于是他扔了笔，跑去对父亲说："我不要先生教了，先生会的我也会，没有什么了不起的。"

他的父亲说："真的吗？"他说："那当然，不然，你考考我。"父亲说："好吧，那么，你给我写三个字。"他问："是什么？"父亲说："千、百、万。"他扑哧一下笑了，说："这有什么难的，你等着。"然后就一溜烟地跑进了书房。

他拿起笔，一道一道地在纸上画，由于他连数都不会数，也根本不知道这"千、百、万"得划多少道才行，于是就叫来一个仆人帮他数着，他画呀画呀，一边画，一边不时地问仆人："够了吗？"仆人不停地说："不够不够。"

画了整整三天之后，他还是没有画完"千、百、万"，于是他一气之下跑到父亲面前，指责道："父亲真是狠心，考什么字不好，偏要考个'千、百、万'，写得我手都不会动了，也没有写完！"

学习知识，必须要从识数、识字开始，这样才能逐渐地懂得深奥的事理，读懂天下的文章，如果刚刚学了个开始就觉得学会了整个世界，是根本不可能成为一个有学问的人的。

现在每个人都会数数，所以并不觉得算术这门学问有多大！在数字没有发明以前，人类到底是怎样计算东西呢？当夕阳西下，羊群一只只地回到羊圈，每进一只，老祖宗便在绳上打一个结，然后再对照以前的结，看看羊儿有没有少了一只。

到了后来，结绳已经不够用了，于是便发明了一、二、三、四、五、六、七、八、九、十、百、千、万等数目。传说"一"这个字是上古的伏羲氏所发明的，其余的数字则是仓颉造的。伏羲教人民用两块木板，在上面刻几道痕记下数目，两方的人各拿一块，作为凭据，这也是中国最早的契约。“契”是“刻”的意思。

这样算数实在太麻烦，有一个叫隶首的人便发明了十十为百、十百为千、十千为万的“十进位”数数法。之所以用十为基本，是因为人类的手指有十根，计算起来最方便不过了。有些民族并不是以十为基本的，他们计数只到二，“一、二”完后便是很多，有的多一点，“一、二、三、四”然后就是“无数”。以二为进位的，便没有三或四，三是二加一，四是二加二。到现在，非洲还有一些人不愿用两头羊去换四根木棍，而宁愿用一头羊去换两根棍，连续换两次。

从前，有一个愚蠢的富翁，有一次他到另外一个富翁的家里去做客，看见这个富翁家里有一座三层的楼房，富丽堂皇，宽敞明亮，非常羡慕。尤其是那第三层，高高在上，越发显得有气派，他就想：“我也是一个有钱人，我为什么就不能住在那高高的房子里呢？”

于是他找来了一个木匠，对他说：“你能建造楼房吗？”木匠说：“当然了，那位富翁的楼房就是我建的。”听了木匠的话，他说：“太好了，你现在就为我建造同样的一座楼吧。”

第二天，木匠就来到了他家，开始量地基，垒砖了。这位富翁见了，制止了他，说：“你在干吗呢？”木匠说：“建楼啊。”他又问：“那你垒砖干吗？”木匠说：“打地基，开始建第一层啊。”富翁说：“啊呀，不用这么麻烦，我不要下面的两层，我就喜欢最上面的那层，你就给我建最上面的那层就行了。”

木匠说：“哪有这样的事。不造第一层，哪有第二层，没有下面的两层，哪有第三层呢？”

富翁不听，坚持要木匠给他只建第三层楼。木匠说：“这样的楼我没法建。”于是扔下砖，走了。

后来，木匠把这件事传了出去，人们都笑话这位富翁。有一首诗这样讽刺他：“无基不为楼，事无侥幸成。欲证如来果，当把根本修。”

对于现在的小孩子来说，数数谁都会，都觉得算数是一件简单的事情，但是这简单的事情，却不仅仅是数字的递增那么简单的，这里面所蕴含的道理是十分丰富的。

数字像宇宙一样博大，小到无限小，大到无穷尽，但是没有小就没有大，正是因为有了无穷无尽的小，才会积累出无穷无尽的大。任何事物也像数字一样，都是由简到繁，都是从基础而起，一步一步积累而成的。像故事中的这种“空中楼阁”的事情，是根本不存在的，违背了这个规律，是难以成功的，这就是数字告诉我们的意义。

在黄帝的时候有一个叫仓颉的史官，他负责管理国家各种需要记数的事物。他工做得非常认真，开始的时候，他靠在绳子上打结来记数，后来，他又在绳子上打圈，然后在圈里挂上不同的东西来记事。但是需要记录的太多了，所有的办法都难以满足他的需要，于是，他决心创造一种符号，以此来记录这些事情。

仓颉

传说有一次，仓颉到南方打猎，在水边，他看到了一只大龟，龟背上有许多的花纹，他觉得非常的稀奇，于是就仔细地研究。后来，他发现这些花纹竟然是有意义的，于是他就想，如果发明一种有规律的符号，不就能用来记录各种事情了吗？

于是他开始细心地研究天上的星宿分布、地上的山川河流的去向，鸟兽鱼虫的斑纹，以及各种器具的形状，还有人类和动物活动的姿态。反复地揣摩，最后，他终于创造出了各种各样的符号，并且给每个符号都定了意义。他还把各种符号互相拼凑，形成新的符号。当他把这些符号拿给人看，并向人们解说其中的规律，人们竟然能看得明明白白，于是，最早的文字便产生了。

黄帝听说后很高兴，命他到各个部落去传授这种方法，没多久，文字就普及开来了。

【原文】

三才者，天地人①。三光者，日月星②。

【注释】

①三才：指天才、地才、人才。“三才”这个名词出自《易经》，本来是形容《易经》的内容广博。《易经·系辞下传》说：“《易》之为书也，广大悉备，有天道焉，有人道焉，有地道焉，兼三才两之。”②三光：指日光、月光、星光。“三光”这个名词出自班固的《白虎通义》：“天有三光日月星。”

【译文】

古人认为混沌初开时，气之轻清者上浮为天，重浊者下凝为地。乾坤奠定后，世上的一切生物便在天地之间繁衍生长，永无休止。而人类则是最高等的生物。因此古人把构成生命现象与生命意义的基本要素——天、地、人称为“三才”。古代阴阳学说认为，白昼的太阳为“阳气”之精髓，黑夜的月亮是“阴气”的魂魄，而群星则排列在天空中，灿烂辉煌，映衬日月。因此古人把日、月、星称为“三光”。

【故事链接】

传说在很久很久以前，天和地是合在一起的，整个世界昏昏蒙蒙的一片，没有太阳、月亮和星星，也见不到昆虫和野兽。这个时候出现了一个叫盘古的人，他生在天与地的中间，天每日高一丈，地每日厚一丈，盘古为了顶着天贴着地，身体也每天长高一丈。经过一万八千年后，天终于变得好高好高，地也变得好厚好厚，可怜盘古却筋疲力尽。他的泪水变成了江河，呼吸变成风，声音变成雷，血液变成了海洋，头变成了山巅，眼睛变成了日月，毛发变成了草木。盘古开天辟地一万八千年以后，又传说有个叫女娲的女神，用泥巴捏成人的形状，创造了人类。

天体是圆的，所以人的头也是圆的；地是方的，所以人的脚也是方的。天有日月，人有耳朵和眼睛；天有三百六十五度，人有三百六十五块骨头；天有八万四千颗星斗，人也有八万四千根毫毛。

盘古和女娲的故事，虽然只是神话传说，却告诉我们天地形成历经艰苦，人类应好好珍惜这个世界，努力充实自己，做个堂堂正正的人，和天地一样伟大。

要使天下永远安宁，人类生活永远幸福美满，首先就应该建立起君臣、父子、夫妇之间的相处关系。像春秋时的颍考叔舍不得自己独享美食，把国君赐给他的肉留给母亲吃，以及《浮生六记》一书的作者沈复和妻子陈芸和谐融洽的生活，也都值得我们去效法。

春秋时期，楚国在一场战争中获胜，为了庆祝胜利，楚庄王和王妃请大臣们喝酒，刚刚喝到一半，烛火突然熄灭了，黑暗中，只听王妃大叫了一声，吓了大家一跳。楚庄王忙问王妃发生了什么事，王妃告诉楚庄王，有人竟然胆敢趁着黑暗拉了她一下，慌忙中，她扯下了那个人帽上的红缨。

大臣们为了证明自己的清白，忙说："这个人身为臣子，竟然敢对王妃无礼，请求大王命人点亮烛火，立刻查找那个帽上没有红缨的人，并严厉地惩罚他。"

可是楚庄王却说："哎，这都是我的过错啊，如果我不请大家喝酒，又怎么会发生这种事情呢？这个人肯定是喝多了才无意之间触到了王妃，我怎么能因为别人无意间的过错就惩罚他呢？现在，大家都把帽上的红缨解下来吧，来人，把烛火点上，我们继续喝酒。"

烛火重新点亮了，在座的每个大臣，没有一个人的帽子上有红缨的，王妃虽然满腹的委屈，可是也无从查起了，只好作罢。

几年之后，楚国与郑国展开了一场大战，楚国的将军唐狡冲锋在前，勇猛无比，立下了许多战功。

战胜后，楚庄王立刻召见唐狡，要赏赐给他厚礼，以表扬他的勇敢，可是唐狡却说：

"臣受大王的赏赐已经足够丰厚了,今天我所做的一切,不过是为了报答大王的恩德,怎么还敢再领赏赐呢?"

楚庄王惊讶地说:"寡人从来没有记得赏赐过你呀!"

唐狡含泪回答说:"多年之前,大王宴请群臣,烛火突然灭了,那个在黑暗中拉扯王妃,并被王妃拉下帽上红缨的人,就是我啊。多亏大王贤德,不但没有治我的罪,将我杀头,反而命群臣都把红缨解下,保全了我的名声,这种大恩大德,怎能不令我舍命报答呢?"

楚庄王不禁感慨地说:"都过去了,我并不怪你,如今我们君臣情深,才是最可贵的啊!"

这是我国古代非常有名的"绝缨会"的故事,他们这种君臣之义,确实让人由衷钦佩。在这个故事中,君臣间的宽容和尊重,给了后代做皇帝和臣子的人很大的启迪。

祖国是个大家庭,我们和父母所组成的家庭是个小家庭,在这个小家庭里,同样需要彼此之间相互尊敬,和睦相处。

从前有一对知书达理的夫妻,感情非常的融洽,由于两个人都喜欢自然,不喜欢市集之中的嘈杂,就把家搬到了山里,两个人自己种地,自己收获,每天早晨一起出去劳动,晚上一起回家做饭,日子过得虽然不富裕,但是很快乐。

后来,他们的儿子出生了,两个人非常地高兴。从孩子小的时候起,他们就教孩子读书识字,还带着孩子一起下地干活儿,让孩子体会劳动的辛苦。孩子犯了错,父母总是轻声细语地教导他,家里面从来都没有人高声地喊叫过。

有一次,有一位父亲的好友来看父亲,临离开前,对孩子的父亲说,你们两个在这里隐居就算了,可是现在有了孩子,你们得领着孩子到外面去看看啊。不然他长大了,怎么到外面去闯荡呢?

这位好友走后,父亲想了很久,对妻子说:"朋友说得对,孩子长大了,不一定会做和我们一样的选择,我们也得领孩子去看看外面的世界啊。"

于是,两个人带着孩子,又回到了以前生活的地方,靠卖字画为生,赚钱供全家的生活,供孩子读书,日子仍然不富裕,但是两个人还是每天早晨一起去集上,晚上一起回家,还是很快乐。

孩子聪明伶俐,对待父母百般孝顺,小小的年纪,就知道礼让父母,令父母感到十分的欣慰。进了学堂以后,先生非常地喜欢他,尤其让先生感觉难得的是,这个从山里来的孩子竟然懂得许多别的孩子不懂的知识,而且对老师特别地有礼貌。先生问他:"你在山里面的时候,跟哪位老师学习这些知识和礼节呢?"孩子说:"是我爹娘教我的。爹娘说,要懂得尊敬长辈,要努力读书,长大才能有所作为。"先生听了感慨地对其他的孩子说:"你们得多多学习啊!"

慢慢地,孩子长大了,成为远近闻名的才子,一家人仍然其乐融融地过着清贫的日子。后来,孩子对父母说,自己想要求取功名,进朝做官,为百姓做好事。夫妻两个同意了孩子的决定,并送孩子进京赶考。孩子果然考中了,做了官,接了父母上任去了。

在这个孩子为官的半生中,他始终爱民如子,体恤百姓疾苦,从来没有在百姓身上搜刮过一点银子,这使得他管辖的百姓过了好多年平安的日子。百姓感激他,把他称为"清官",百姓说他是个清明的官,也是个清贫的官。他的父母和睦相处,并用实际行动影响、教育出了一位爱民如子的好官,成为许多家庭学习的榜样。

在讲究"男尊女卑",讲究"棍棒底下出孝子"的古代社会,能有这么开明的夫妻,能够相互扶持,能够用自己的和睦影响孩子,并且为孩子着想,不用自己的想法决定孩子的人生,不但成就了家庭的美满,还成就了一个为国尽忠的贤臣,是非常难得的。对于今天的父母和孩子来讲,这也是一个值得学习的榜样。

不仅仅是在君臣之间或者是家庭成员之间,在与任何人接触的时候,都要懂得尊重别人,懂得理解别人,这样才能受到别人的尊重。

【原文】

三纲者,君臣义①,父子亲,夫妇顺②。

【注释】

①三纲:纲,指纲领,法则。"三纲"一词出自班固的《白虎通义》:"三纲者:君为臣纲,父为子纲,夫为妻纲。"②亲:父子天性。顺:和顺。

【译文】

天下主要的道德关系有三种:一是君臣间要仁义,君要圣明,臣要贤良;二是父子间要亲爱,父要慈善,子要孝敬;三是夫妇间要和顺,正是所谓夫唱妇随。

【故事链接】

尉迟恭是唐朝初期一位有名的战将,曾跟随唐太宗李世民南征北战,立下无数战功。

李世民的哥哥太子李建成,很赏识尉迟恭的英勇,暗地里给他写了一封信,同时送他一车金银财宝,却被尉迟恭婉言谢绝:"秦王(指李世民)有恩于我,所以我对他以身殉恩。可我从没为殿下出过力,怎敢收受这样的厚礼?如果收下,我尉迟恭就成了见利忘义的小人了。"李世民听说了此事,感动万分。后来,李世民发动玄武门之变,并在尉迟恭等人的帮助下,登上了皇位。

为了表彰尉迟恭的一片赤胆忠心,李世民想把自己的女儿嫁给他。有一天,他和尉迟恭商议起这件事来。尉迟恭是个武人,隋朝末年,他在山西投奔刘武周出来打天下，一步步出人头地，在唐太宗时官封大将军、吴国公。如果娶了公主，他就是皇亲国戚了。这样的恩遇，别人正求之不得呢。李世民把自己的想法告诉给尉迟恭，可尉迟恭听后却婉言谢绝了。他说："臣的妻子粗鄙丑陋，与公主不可相提并论。但她跟臣吃糠咽菜、生死与共，同甘共苦了几十年。臣虽是个粗人，学问不多，但也曾听古人讲过，富不易妻，糟糠之妻不下堂。臣思忖再三，不敢高攀，实难从命。恭请陛下开恩。"

唐太宗听尉迟恭如此说，便不再提及此事，但他从此更加佩服尉迟恭的为人了。

【原文】

曰春夏，曰秋冬①，此四时，运不穷②。

【注释】

①曰：说，谈到。②四时：一年中春、夏、秋、冬四个季节，又称"四季"。夏历以正月、二月、三月为"春"，分别为孟春、仲春、季春；以四月、五月、六月为"夏"，分别为孟夏、仲夏、季夏；以七月、八月、九月为"秋"，分别为孟秋、仲秋、季秋；以十月、十一月、十二月为"冬"，分别为孟冬、仲冬、季冬。

【译文】

一年可分为春夏秋冬四个季节，春去夏来，秋去冬来，并依此顺序循环不已，运转不息。

【故事链接】

三国时期，在赤壁之战前，周瑜和诸葛亮一致认为应该用火攻对付曹操。火攻需要借助风势，可是当时是冬天，刮的都是西北风，根本就没有东南风，急得周瑜病倒在床上。诸葛亮懂天文知识，他算出来三天之内会刮起东南风。果然不出三天就刮起了东南风。东吴将士火借风势，风助火威，火烧曹军，打得曹操大败而归。

【原文】

曰南北，曰西东①，此四方，应乎中②。

【注释】

①南北、西东：四方的定位，四方也叫方位，是各方向的位置。②应：对应，照应。乎：与。中：南北西东四个方向的聚合点称为中，也指中央。

【译文】

古人把世界分为东、南、西、北四个方位，中央居中，四方相应。

【故事链接】

古时候，我国人民发现有一种石头能吸铁，就把它叫作磁石或吸铁石。后来，又发现磁石能指南，就把磁石磨成一个勺，把勺放在一个光滑的标有方向的铜盘上。这个磁石磨成的勺在铜盘上会旋转，停下来后，勺柄正好指着南方。这是世界上最古老的指南仪器，人们把它叫作“司南”。

后来，人们又学会了人工制造磁铁，制成磁针，这种指南仪器叫作“罗盘”。宋代科学家沈括，又在前人研究的基础上对指南仪器进行了改进，制造出各种各样的指南针。

【原文】

曰水火，木金土[①]，此五行，本乎数[②]。

【注释】

①水火、木金土：即古人所说的五行。五行学说的核心内容就是相生相克。②本：根本，本源。数：天理。

【译文】

中国古代思想家认为，世上阴阳二气生成了水、火、木、金、土五种物质，万物都是由这五种常见的物质构成的。

【故事链接】

古人认为金、木、水、火、土这五种常见的物质是构成物质和滋生万物的基础，而它们之间最基本的关系是相生相克。依照五行法则，相生相克关系是固定不变的，即金生水，水生木，木生火，火生土，土生金；金克木，木克土，土克水，水克火，火克金。

【原文】

十干者，甲至癸。十二支，子至亥。
曰黄道，日所躔。曰赤道，当中权。
赤道下，温暖极。我中华，在东北。
寒燠[①]均，霜露改。右高原，左大海。
曰江河，曰淮济。此四渎，水之纪。
曰岱华，嵩恒衡。此五岳，山之名。
古九州[②]，今改制。称行省[③]，三十五。
曰士[④]农[⑤]，曰工[⑥]商[⑦]。此四民，国之良。
地所生，有草木。此植物，遍水陆。
有虫鱼，有鸟兽。此动物，能飞走。
曰仁[⑧]义[⑨]，礼[⑩]智[⑪]信[⑫]。此五常[⑬]，不容紊[⑭]。

【注释】

①燠：暖，热。②九州：传说大禹治水成功后，把天下分成冀、豫、雍、扬、兖、徐、梁、青、荆九州。一般九州泛指全国。③行省：行政区划，元朝时实行行省制，即后世的省，

民国初年共有二十二个省。④士:指士大夫。⑤农:农民。⑥工:工匠。⑦商:商人。⑧仁:指爱心等善良品德。⑨义:指做应当做的事。⑩礼:指人事礼节。⑪智:同知,指有才识明道理。⑫信:指诚实、信用。⑬常:天道之常。⑭紊:纷乱,混乱。

【译文】

"十干"指的是甲、乙、丙、丁、戊、己、庚、辛、壬、癸,又叫"天干";"十二支"指的是子、丑、寅、卯、辰、巳、午、未、申、酉、戌、亥,又叫"地支",是古代记时的标记。地球围绕太阳运转,而太阳又围绕着银河系中心运转。太阳运行的轨道叫"黄道",在地球中央有一条假想的与地轴垂直的大圆圈,这就是赤道。在赤道地区,温度最高,气候特别炎热,从赤道向南北两个方向,气温逐渐变低。我们国家是地处地球的东北边。气候寒暖均匀,四季更替。地势上西北高,东南低,且东南濒临辽阔的海洋。中国是个地大物博的国家,直接流入大海的有长江、黄河、淮河和济水,这四条大河是中国河流的代表。中国的五大名山,称为"五岳",就是东岳泰山、西岳华山、中岳嵩山、南岳衡山、北岳恒山,这五座山是中国大山的代表。知识分子、农民、工人和商人,是国家不可缺少的栋梁,称为"四民",这是社会重要的组成部分。中国是世界上人口最多的国家。除了人类,在地球上还有花草树木,这些属于植物,在陆地上和水里到处都有。虫、鱼、鸟、兽属于动物,这些动物有的能在天空中飞,有的能在陆地上走,有的能在水里游。仁、义、礼、智、信称为五常,决不允许紊乱。"三纲五常"是封建社会的等级制度和最高道德标准。

【故事链接】

朱晖是东汉南阳人,在太学读书时,即以人品高尚、尊师爱友受到学友们的尊敬。

朱晖有一个同郡好友叫陈揖,他们常在一起谈诗论文,饮酒赏花。陈揖不幸早逝,留下遗腹子陈友,家境很困难。朱晖不仅在经济上经常资助陈家,还着力培养好友之子陈友读书成才。

后来,南阳太守司徒桓虞闻知朱晖的人品,有意提携朱晖的儿子朱撷到府中任职。朱晖想到好友陈揖之子陈友品学兼优、德才俱佳,生活却很困难,便对太守司徒桓虞说:"大人盛情,朱晖深为感激。小儿朱撷无才寡德,难当重任。书生陈友,家贫为学,才识过人,请大人召见!"

太守见朱晖举贤不举亲,深为钦佩,召见陈友之后,发现果然如朱晖所言,于是就委任陈友为府中文案小吏。陈友勤奋努力,廉洁奉公,深得太守赏识。

朱晖热情照顾、提携亡友之子之事传开后,人们都赞扬朱晖是守信笃义的千古良朋。

在十九世纪的英国,有一个最诚实的小伙子,名叫汉斯。他住在一个农舍中,每天都在自己的花园中劳动。整个村庄里,没有哪一个花园可与他的花园相比。

小汉斯有许多朋友,但是"最忠实"的朋友是大个子磨坊老板。"真正的朋友必须分享一切!"磨坊老板经常对汉斯说。于是,这个富裕的磨坊老板每次经过汉斯的花园时,总要摘一大把鲜花。如果碰巧是果季,他就用李子、樱桃把自己的口袋塞得满满的。

看到磨坊老板从来不给小汉斯任何回报,邻居们都感到十分奇怪,但汉斯却从没为这些事情烦恼过。

春、夏、秋三季汉斯都非常幸福,但是每当冬天来临,他便感到饥寒交迫,而且非常孤独,因为这段时间磨坊老板是不会去看他的。

"在冬天去看汉斯是没有什么益处的。"磨坊老板经常对他的妻子这样说,"当一个人正处在烦恼之中时,我们必须让他独自呆一呆,不去打扰他。这是我对于友谊的看法,我坚信我是对的,所以,我将等到春天到来时再去看他。"

"我们为什么不请小汉斯到家里来?"磨坊老板最小的儿子说道,"如果可怜的汉斯正在烦恼的话,我将把我的粥分一半给他,还要拿我的小白兔给他看。"

"好傻的孩子,你真是!"磨坊老板嚷道,"我真不知道送你去读书有什么用,你简直没学到任何东西。我告诉你,如果小汉斯到这里来了,看到了我们温暖的炉火和丰盛的晚餐,还有那红红的葡萄酒,他便会嫉妒我们。嫉妒是一件可怕的事情。而且,如果汉斯到了这里,他将要我赊给他一些面粉,我可不能这样做。面粉是一件事,友谊是另一件事。这两个词拼法就不同。"

冬天结束了,樱草花开了,磨坊老板便去询问汉斯冬天过得如何。"多谢您好意问起这事,"汉斯说,"我度过了一段艰难的时期。但是现在春天来了,我感到相当快乐。我所有的花草都长得很好哩!我准备到市场上卖些钱,以把我的手推车重新买回来。"

"买回你的手推车?这意味着你要把这些花卖掉。这是件多么傻的事情呀!"

"是呀,你不知道,我去年冬天非常难挨。为了吃饭,先是卖掉了礼服上的银纽扣,接着又卖掉了银链子,然后又卖掉了烟斗,最后卖掉了手推车。但是我现在准备把它们都买回来!"

"汉斯,"磨坊老板说,"我将把我的手推车给你。不过它不是很好,车轮子有些毛病。"

"好呀,你对我真是太好了。"汉斯说,"我屋里刚好有一块木料,可以很快把车子修好。"

"一块木料!"磨坊老板惊奇地说,"我正想找块木料去修我的屋顶。我屋顶上有个洞,必须修补。我既然把我的手推车给你了,你就该把木料给我。"汉斯说:"没问题。"

便跑进另一个房间把木料拿了出来。

“现在,既然我给了你手推车,我相信你会给我一些花作为回报。这里有个篮子,把它装得满满的吧!”“满满的?”小汉斯睁大了眼睛问。这真的是非常大的篮子,他要把他所有的花都摘下才能装满它。他看上去很悲伤,想起真正的朋友不应该自私,小汉斯便跑去摘下他所有的樱草花,装到了磨坊老板的篮子里。磨坊老板说了声“再见”,便扛着木料,挎着篮子,爬上山往自己家走去。

故事中的磨坊老板,对待朋友不仁不义不讲信用,只知索取,不知回报,是连一点做人的准则都不具备的人,这样的人非常令人瞧不起,根本不配有朋友。

五常中的“礼”是遵守礼仪和规范的意思,“义”的意思是道义,“仁”的意思是仁爱、仁德,“智”的意思是才识和道理,“信”指的是守信、遵守诺言。小孩子从小就要懂得这五项做人的基本准则,千万不能做一个无礼无智、不仁不义、不讲信用的人。

【原文】

稻粱[1]菽[2],麦黍[3]稷[4]。此六谷,人所食。马牛羊,鸡犬豕[5]。此六畜,人所饲[6]。

【注释】

①粱:粟谷,去皮后叫小米。②菽:大豆。又为豆类的总称。③黍:黍米,有红、白、黄、黑四种,能酿酒、④稷:指高粱。⑤豕:猪。⑥饲:喂养。

【译文】

稻子、高粱,以及各种豆类、小麦、小米、谷子,这六种粮食是人类的主粮。

马、牛、羊、鸡、狗、猪,是人类饲养的六种家畜。

【故事链接】

在很久很久以前,我们的古人还没有学会饲养动物和种植谷物。人们为了生活,就拿着石刀、石斧、弓、箭、绳子到山上去狩猎,或者到山上去采摘野果子吃。后来人们觉得狩猎一次吃一次太麻烦,而且随着狩猎经验的增加,人们狩猎到的动物越来越多,有时还有活捉的动物,一次吃不完,于是人们就想到把这些动物养得肥肥的,等到没有食物的时候再杀了吃。人们还发现有些动物很有力气,像马、牛、狗,于是人们就把它们驯服,用来拉东西或者骑用。这些动物在人们的驯养下,逐渐地脱离了原来的野性,变成现在的家养动物了,我们今天能有肉吃,有马骑,还得感谢我们的老祖宗呢!我们可以用马来拉车,用牛耕地,用狗看家,用鸡啼晓,这些动物是我们生活的财富。

神农氏就是炎帝,他是我们国家农业的创始人。神农氏发明了许许多多的农业生产工具和生活用品。

在他生活的原始社会,人们靠狩猎为生,主要的食物就是野兽的肉,可是随着人口的一天天增加和野兽的一天天减少,神农氏开始担心了:等到有一天没有野兽了,人们吃什么呢?所以他就开始努力地寻找能代替兽肉的食物。

神农氏

在寻找的过程中,他发现了许多植物的种子是可以吃的,于是他就在土地上播种下这些种子,不停地试验,最后,他发现谷物年年可以种植,年年可以收获,于是,他就从中选出了粱、菽、麦、黍、稷这五种最容易成熟,味道也好的谷物,教给人们大面积地种植,后来,"五谷"就代替兽肉,成为人们的主要粮食。

五谷里面,不包括稻,关于稻谷的来历,在我国古代,有这样一个传说。

传说在很久很久以前,地面根本没有房屋,也没有农田,到处都是荒野和野兽。人类每天捉野生的动物吃肉,或者吃野果。可是,一场下了很长时间的大雨使地面上发生了水灾,所有可以捉住的动物都被淹死了,野果也被水泡烂了,人们和一些猛的野兽一起抢食物吃,可是根本抢不过它们,都快要饿死了。

天上的神仙看到人们可怜的样子,非常同情,就聚到一起商量怎么样帮助人类。这时,神农氏说:"教人类种稻谷吧,只要人类勤劳地种植,每年都能有收获,这样就不用跟野兽去抢食物了。"大家都很赞成他的想法。

这时伏羲说:"那我们就再给人类派些助手去帮助他们的生活吧。"大家认为他的意见很好,于是就商定派马、牛、羊、鸡、狗、猪这六种动物到人间去。让牛和马帮人类耕田、拉车,让羊给人类奉献乳汁,让鸡每天高声叫提醒大家早起干活儿,让狗为人类看家,猪没有什么本事,就让它把肉奉献给人类食用。

可是大家遇到了一个难题,从天神所在的地方到人间去,需要经过一片汪洋大海,而稻米是密密麻麻地长在一根稻秆上的,成熟以后的稻谷一不小心就会从稻秆上脱落下来,如果想把稻谷带到人间去,只能是把稻谷从稻秆上剥落以后,粘在谁的身上送过去,可是,如果粘在身上,又怎么越过大海呢?天神们想不出更好的办法,就问那六种动物,谁愿意做这项艰苦的工作。

牛说:"我个子大,只会用力气,这小心的活儿我可干不了,还是让马来吧。"

马一听赶紧说:"我这身上滑,根本粘不住稻谷,还是鸡的毛多,让它来吧。"

鸡听了很不高兴地说:"我可不行,我这么小,能带几粒米?再说,我的毛爱掉,不是连稻米也要掉了吗?"

听了它们三个的话,猪和羊都找了个理由,说自己做不了这件事。

轮到狗说话了,狗本来也不想做,可是一想到人类的痛苦,它的心就软了下来,"那就我来吧,人类太需要帮助了。"

天神们很高兴,于是赶快着手,把狗的身上沾满了稻谷,临送动物们出发前,天神们严肃地对狗说:"你一定要小心,尽量不要让稻谷落下去,因为你身上剩下多少稻谷,以后人类种出的稻秆上就会结多少谷子,一定要尽量保住这些稻谷。"

动物们出发了,它们冲进了大海,努力地向人间游。狗本来是游泳高手,可是它得小心着身上的稻谷,所以根本没有办法全心全力地游泳,即使这样,它还是忙得团团转,这时,一个大浪打来,把狗身上的稻谷冲走了大半,狗急得大叫了一声。

由于记着天神说的话,在剩下的路程里,狗更加小心了,它把身体高高地拱起来,慢慢地向前游。海浪一个比一个大,很快就将它身上的稻谷全都冲走了,只有它高高翘起的尾巴上的稻谷还没有被冲走。狗想:"为了人类,我一定得保住这最后的稻谷。"于是它一边游,一边把尾巴伸得又高又直,不让海浪打到,狗被累得伸出红红的舌头,上气不接下气。可是,即使再累,它还是坚持着。

狗终于游到了岸边,这时,其他的同伴已经等了它很久了,累得头昏眼花的狗用尽了力气上了岸,把尾巴顶端仅剩的谷粒交给了人类。

由于只有狗尾巴尖上的一点稻谷送达了人间,所以人类种出的稻谷便只长在稻秆顶端。人们有了稻谷,就有了米饭吃,不用在外面和野兽打斗了。

由于狗的行为,它成了人类最忠实的朋友,人们常常喂他吃稻米饭,而其他的动物,可就吃不上了。

这是一个有关稻谷和家畜到达人间的传说。在中国,真正开始稻谷种植是在唐朝,那个时候,有人从南方古城国引进了水稻,并在唐朝大地上种植成功,稻米也成为人们的主食,与神农时代发现的五谷一起,被人们称为"六谷"。

这就是"六谷"的来历。一直到今天,我们所吃的主要食物还是这六谷。

六谷成为我们的主要食物来源,它们是农民伯伯用辛勤的汗水换来的。唐朝的诗人李绅写过一首诗:

锄禾日当午,
汗滴禾下土。
谁知盘中餐,
粒粒皆辛苦。

这首诗的意思是说,在中午的时候,火辣辣的太阳挂在天上,农民仍旧顶着烈日在田里挥动着锄头干活儿,汗水流下来也顾不得擦,一滴一滴地落在地上,我们每天所吃的粮食,每一粒都是农民们用辛苦的劳动换来的。

夏天的中午,天气就像下了火一样的热,我们都躲在屋子里乘凉,或者睡午觉,根本不愿意到屋子外面去,可是农民伯伯却在一点遮挡都没有的田里辛苦地劳动,他们的汗水像雨一样往下流,皮肤都被太阳晒得黑黑的。如果他们在这个时候也像我们躲在屋子里,没有人在太阳底下锄庄稼的话,那么我们的粮食从哪里来呢?

农民伯伯种植粮食,从种到收要用一年的时间,等到收割之后,还要经过加工,加工出来干净的米面才会出现在商店里,这是许多许多人共同的劳动换来的。如果我们不知道珍惜他们的劳动成果,就是对他们的不尊敬。

我们现在有许多小朋友,不懂得珍惜粮食,吃饭吃不了就扔掉,白白的馒头和米饭都被浪费掉了。所以说小孩子都应该学会《悯农》这首诗,知道粮食是怎么来的,知道尊重农民的劳动,做一个节约粮食的好孩子。

动物也是有生命、有灵性的,在人们饲养家畜的过程中,和动物建立了深厚的感情。

三国时期有一个叫李信纯的人,他养了一只狗,名字叫“黑龙”。李信纯非常喜爱这只狗,每天和它形影不离,每次吃东西的时候,都要分给黑龙吃。

有一天,李信纯带着黑龙进城会朋友,和朋友在一起喝了酒,喝醉了才回家。

在回家的路上,李信纯因为酒醉走不动路,躺倒在草地上,睡着了。

襄阳太守郑瑕出门打猎,正好来到这片草地旁,由于杂草丛生,根本看不清哪里有猎物,郑瑕一时兴起,命人点火烧荒,要把这片草地烧掉。

郑瑕并不知道,这时候草地里还躺着一个醉了酒的李信纯,当时的风很大,火借着风势越烧越大,没有多大一会儿就蔓延到了李信纯的身边,而李信纯正在昏睡之中,根本不知道。

这时候,黑龙急了。它赶忙在李信纯身边又叫又咬,可是李信纯就是不醒,黑龙又咬着他的衣服使劲地把他往外拖,可是黑龙毕竟只是一条狗,根本拖不动李信纯。

黑龙见救不走主人,急得团团转。这时候,它发现不远处有一条小溪,于是便飞奔过去,把身体整个浸入水里,然后再跑到主人身边,用力地抖动身体,将身上的水抖在主人的衣服和身旁的草地上,抖完了,就再跑到小溪里去往身上浸水,然后再跑回来。

也不知道黑龙到底跑了多少趟,熟睡中的李信纯终于被水淋醒了,而黑龙却因为劳累过度。倒在了李信纯身边,死了。

李信纯看到自己满身是水和身边燃烧的大火,再看了看倒在身边的黑龙,终于明白了是怎么回事,他抱着黑龙,大哭起来。

李信纯的哭声惊动了狩猎的太守,他这才知道,草地上原来还有人,于是赶忙派人来救李信纯。

知道了黑龙救主人的经过后,太守非常的感动,于是下令为黑龙准备了棺木和衣被,厚葬了它。太守为黑龙建的坟高十几丈,人们都将这座坟称为"义犬冢"。

动物助人的故事有很多,下面,我们再来讲一个"老马识途"的故事。

战国时期,齐桓公和丞相管仲去讨伐另外一个国家,打了胜仗返回的时候,却找不到回国的路了。原来,齐国的军队是春天的时候出发的,现在已经到了冬天,草木光秃秃的,和来时有了很大不同。后来,军队走到了一个山谷里,却无论如何也出不了山谷。

管仲派了许多人出去探路,但是这些人全都无功而返,这时,齐桓公和管仲都着了急,如果再不找到出去的路,大军被困在山谷里的时间长了,粮食吃光了,整个军队的兵马就会被饿死,这可怎么办?

管仲皱着眉头绞尽脑汁地思索,忽然,他的脑海中产生了一个想法。于是,他对齐桓公说:"大王,我知道狗即使离家很远也能找到回家的路,那么马应该也具备这种能力。我觉得,年龄比较大的老马识路的能力应该更强,我们不妨挑几匹老马,解开缰绳,任由它们在前面走,我们就在它们的后面跟着,这样,我们不就能走出山谷了吗?"

齐桓公听了,觉得也没有别的办法,试一试也好。于是就派人挑了几匹马放开,结果令人奇怪的事情发生了。那些没了束缚的老马全都向着一个方向走了。齐桓公马上派管仲命令军队紧紧地跟在老马后面,结果,这些老马真的把齐国的军队引出了山谷,并且引到了通向齐国的路上。从此,便有了"老马识途"这个成语。

古往今来,动物就这样和人们生活在一起,为人类做出了许多的贡献。马、牛、羊、鸡、狗、猪这六畜,是人们日常所饲养的最基本的几种动物,它们不但帮了我们许多忙,它们的精神也非常的值得我们学习。比如马又勤劳又有上进心;牛能忍辱负重;羔羊跪乳所表现的孝心;还有狗的忠诚;鸡不但不吃独食,还能每天按时报晓。面对强敌的时候也很勇敢;猪虽然没有什么本事,但是现在,医生们发现了猪对我们还有一个很大的用处,那就是它的器官能够为人类移植,能挽救许多人的生命呢!

【原文】

曰喜怒,曰哀惧①,爱恶欲,七情俱②。

【注释】

①喜:高兴。怒:生气。哀:忧伤。惧:害怕。②爱:倾慕,喜欢。恶:憎恶,讨厌。欲:欲念。俱:具备。

【译文】

古人认为人的七情是与生俱来的,即高兴、生气、伤感、恐惧、喜爱、憎恶以及欲望,这七种情绪人人都有。

【故事链接】

包拯是北宋合肥人，曾做过几任地方官，当过开封府知府，后曾任副宰相，以善于断案而闻名。他每到一地任职，总能清理一些多年积压的冤案，为老百姓做几件大好事。人们称他“包公”“包青天”。

他是非分明，爱憎分明，疾恶如仇，清正廉洁，事涉亲属也不含糊。

宋仁宗时期，包拯被派往庐州做官。庐州是他的家乡，亲戚朋友很多。大家见他做了州官，都来找他。有的想做官，有的想办事情，还有人想从他那里讨点银钱。对于后一种人，包拯总能让他们乘兴而来，满意而归；而对前两种人，他总是严词拒绝，决不干任何以权谋私的事。

为此，他曾得罪了许多亲朋好友，大家都说他是个“黑脸”，翻脸不认人，包拯对此不恼不躁，耐心说服。

也有的亲戚以他堂堂的州官名气做靠山，肆无忌惮，干出了违法的事。对此类人，包拯向来严惩不贷。

有一次，包拯的一个舅舅蛮不讲理，欺压百姓，干了坏事犯了法，被人告到州府。这个舅舅以为当官的外甥一定能替自己开脱，也不当一回事。谁知包拯铁面无私，立刻传来舅舅，像根本不认识他一样，怒斥道：“你知罪吗？”

“我……我是……”

不等他说完，包拯严声喝道：

“你犯罪证据确凿，不容抵赖！来人，拉下去击杖一百！”

包拯公事公办，对亲友不讲情面的办案故事，被庐州百姓广为传颂。

包拯对自己的子孙管教很严。他自己一生俭朴，在他的影响下，子孙们平时也都穿粗布衣裳，只有外出做客或访友，才换较讲究的服饰。晚年时，包拯曾立下一条家训：

“凡是做官的子孙，如果有贪图钱财犯王法的，生前不许回到家乡，死后不许葬在家族的坟地里。不听我的这些话，就不是我的子孙。”

包拯还找来石匠，把这条家训刻在石碑上，竖在堂屋里。包家人都知道，包拯是说话算数的，他们都谨慎行事，决不越雷池半步。后来，包拯的几个儿子都因学业出色，中了科举做了官，他们牢记家训，继承父亲的美德，都成了受人赞赏的清官。

曹操在赤壁之战中，上了诸葛亮和周瑜的当，打了败仗，于是自己烧了剩余的战船，带着剩下的兵士向华容道狂奔。

当他逃到乌林的时候，发现这儿的地形非常复杂，忽然哈哈大笑起来，手下的将士们很纳闷，心里都想，已经失败到这步田地了，还有什么好笑的呢？

这时，曹操说："我笑诸葛亮，他还是不聪明，这么复杂的地方，要是他能事先埋伏一支人马，那他才算厉害呢！"

他哪想到，他哈哈笑的嘴还没有闭上，忽然从树丛中杀出了一支兵马，领头的就是赵云。赵云说："谁说没有，军师早就派我在这里等你了！"

曹操吓得魂飞魄散，差点从马上掉下来。他赶忙派手下的徐晃和张合挡住赵云，自己带着人落荒而逃。

曹操带着人逃到了葫芦口的时候，将士们实在是跑不动了，肚子饿得发慌，连马都走不动了。曹操一看，得让将士们歇息一下了，于是就令人埋锅做饭。

安排完了，曹操四处一看，又哈哈地大笑起来。将士们想，这又是笑什么呢？

曹操边笑边说："我笑那诸葛亮和周瑜啊，那么聪明，怎么不知道在这里也埋伏一队人马呢？要是那样的话，我们还能逃得了？"

他这一笑不要紧，只听耳旁一声大吼，张飞带着一队人马不知从哪儿杀了过来。

这一回，又把曹操吓了个半死。曹操的将士们本来就害怕张飞，这回一看张飞来了，一个个吓得胆战心惊。

为了保护曹操，许褚、张辽、徐晃三个人一起来打张飞，曹操赶忙又带人逃走了。

曹操带人跑着跑着，前面出现了一个十字路口，探路的就来问曹操向哪边走好，曹操想，小路道路崎岖，不好藏人，这里肯定不能埋伏着诸葛亮和周瑜的人。于是就传令说："走小路。"

沿着小路跑了半天，眼前的路渐渐地平坦起来了，这时，曹操又哈哈地笑了起来。众将士一听，知道他又在嘲笑诸葛亮和周瑜了，心里都想，您可别笑了，一会儿再让您笑出一个人来可怎么办！

果然，曹操笑声刚落，只听一声炮响，关羽带着人马拦住了他们的去路。

这一回曹兵害怕也没有用了，因为大家实在是太累了，别说打仗了，连走都要走不动了。眼看着没有人能出战了，曹操的谋士程昱给曹操提了一个建议，让曹操亲自去向关羽求个情，没准他会同意曹操的请求，放曹军过去。

没办法，曹操这回笑不起来了，硬着头皮去求关羽。关羽一看曹军剩下的这些人，一个个丢盔卸甲，浑身是泥，又想起曹操过去对自己有恩，实在下不了手去打曹操，于是叹了一口气，转过身子，让他们走了。

曹军刚刚过去，关羽忽然想起来，自己是在军师那里立了军令状的，要是放走了曹操，自己是要被杀头的，于是又向着曹军大喝一声："你们站住，哪里走！"

曹军一听关羽反悔了，知道大事不好，吓得一个个滚下马来，跪在地上求关羽放他们一条生路，关羽狠了好几次心，到底还是念及曹操的恩情，不忍杀他们，把他们放走了。

等到曹操带人走出华容道，与家中赶来的救兵相遇的时候，身边只剩下狼狈不堪的二十七个人了。这时，曹操忽然哇的一声哭了起来。

将士们感到非常纳闷，逃跑的时候总是哈哈大笑，现在安全了，怎么还哭了起来呢？曹操说："我是想念我的谋士郭嘉啊，如果他不是那么早地病死，一定会为我想出好的计策来对付周瑜和诸葛亮，那样的话，我怎么会打这么大的一场败仗啊！"曹操手下的谋士一听，知道这是曹操在怪他们计谋不高，都臊了一个大红脸。

关羽放了曹操，诸葛亮当然不会饶他，命人把他推出去斩首，最后，蜀王刘备亲自找诸葛亮求情，说了关羽许多的好处，请诸葛亮念在关羽过去所立大功的分上，饶他一次，诸葛亮这才放了他。

曹操在逃跑的过程中，几次大笑，又几次受惊，最后还大哭了一场。高兴、害怕和悲伤这几种情绪，在不同的情况下，出现了好几次。

高兴、生气、悲伤、害怕、喜欢、厌恶、贪恋这七种情绪是人生下来就有的七种感情，人在不同的心情之下，这几种情绪就会相应地表现出来，这是人的本性所在。

【原文】

青赤黄，及白黑，此五色，目所识。

酸苦甘，及辛①咸，此五味，口所含。

膻②焦香，及腥朽，此五臭③，鼻所嗅。

【注释】

①辛：辣味。②膻：羊臊气。③臭：通"嗅"，指气味。

【译文】

青、红、黄、黑、白这五种颜色，人的眼睛可以识别。

酸、苦、甜、辣、咸这五种味道，人的口舌可以分辨。

膻、焦、香、腥、腐这五种气味，人的鼻子可以闻出来。

【故事链接】

晋朝时候，有个小官叫陈遗。陈遗的母亲很节俭，从不肯把剩菜剩饭倒掉，连锅底烧焦的锅巴也好好保存起来，留着自己吃。陈遗在母亲的影响下，从小就养成了节俭朴素、爱惜粮食的好习惯。

有一次，陈遗有事到厨房里去。他看到泔水桶里有好些锅巴，很痛惜地对厨子说："好好的白米饭，怎么烧焦了？再说，锅巴焦黄喷香的，也可以吃嘛，倒掉多可惜呀！"

厨子很不高兴地说：

“这么大个衙门，这么多人吃饭，哪能没有一点锅巴？锅巴又有谁愿意吃呢？”

陈遗说：“没有人吃，你就留着给我吧。”

从此以后，陈遗每天把厨房里的锅巴收起来，晒干了，收藏好。日积月累，居然积了好几口袋干锅巴。

有一年发生了战争。陈遗带兵去打仗，他把几口袋锅巴也随身带到军营。一次，他的军队打了败仗，队伍被冲散了。陈遗和十几个人在野地里躲了整整一天，没有东西吃，大家正在发愁的时候，陈遗突然记起军营里还有几袋锅巴。他想：“锅巴不是什么好东西，敌人一定不会抢走的。”他就带了几个人偷偷地回到军营里去找，果然，锅巴口袋还在。

打开了口袋，只见装得满满的干锅巴，有焦黑的，有嫩黄的。大家把它背到野地里，这些平时被人嫌弃的锅巴，现在吃起来居然喷香可口呢！这十几人在野地躲了几天，就靠这几袋锅巴过日子，一直等到援军到来。

【原文】

宫商角，及徵羽[①]，此五音，耳所取。

【注释】

①宫商角徵羽：我国古代五声音阶的五个音，相当于现代简谱中的1、2、3、4、5。

【译文】

宫、商、角、徵、羽是古代五声音阶的五个音，人的耳朵可以听辨。

【故事链接】

人的耳朵可以辨听乐器演奏出的宫、商、角、徵、羽这五个音，有音乐修养的人，还可从中体会乐曲表达的思想感情。“高山流水”这个典故，讲的是乐曲的高妙，后常用来比喻知音难得。

俞伯牙是春秋时晋国一位擅长操琴的音乐家。有一天，他从楚国乘舟回晋，行至汉阳江口，忽见中秋月圆，就泊船于山崖之下，抚琴遣怀。正当他抚弄得高兴时，“噔”的一声，琴弦断了。

这时，从山崖背后走出一个樵夫打扮的人来。这人名叫钟子期，也精通乐理。他已听了多时，对俞伯牙的演奏很是欣赏。两人见面后，谈起音乐上的事，非常投机，大有相见恨晚之慨。伯牙说：“足下精通乐理，请指点一下我抚琴时的意念吧！”

钟子期说：“不敢，不敢。若是领悟不当，还望大人不要见罪。”

俞伯牙于是重整断弦，沉吟半晌，又抚弄起来。琴弦发出了一连串美妙的乐音，高昂而激越。伯牙刚刚停弦，钟子期就赞道：“美哉！峨峨乎，大人之志在高山。”

伯牙不答,又凝神一会儿,再一次操琴弹奏,其乐音委婉动听,犹如山涧溪泉淙淙作响。一曲刚终,钟子期又赞道:“美哉!洋洋乎,大人之志在流水。”

钟子期的两次赞语都道出了伯牙的心事。伯牙推琴而起,热情地向子期重施宾主之礼,连声说:“失敬失敬!石中有美玉之藏,若以衣貌取人,岂不误了天下贤士!”为不负知音好友,他主动提出,愿与钟子期结为异姓兄弟。

伯牙善鼓琴,子期善听音。当下,两人在船中顶礼八拜,结为兄弟。临别时约定,明年中秋再聚会。

第二年中秋,伯牙如约来访子期。一路上,伯牙兴奋不已,只恨船速太慢。谁知上岸一打听,子期竟在数月之前染病身亡了。

伯牙闻此噩耗,悲伤万分,失声痛哭,一路跌跌撞撞,寻到了子期的墓地。伯牙在子期的墓前哭了很久,然后让童子取来瑶琴,热泪横流地为子期弹奏了一支曲子。曲罢,他从衣夹中取出刀子,割断了琴弦,双手举琴,猛力向祭台摔去……

从此以后,失去了知音的俞伯牙再也不弹琴了。

【原文】

匏[①]土[②]革[③],木[④]石[⑤]金[⑥],丝[⑦]与竹[⑧],乃八音。

【注释】

①匏:一种植物,果实大而扁,类似葫芦,称为匏瓜,古代常用来制作乐器。②土:陶土,这里指埙等陶制乐器。③革:皮革,这里指鼓一类革制乐器。④木:这里指柷、敔等木制乐器。⑤石:玉石之类,这里指磬等石制乐器。⑥金:这里指钟、锣等金属制乐器。⑦丝:这里指琴、瑟、琵琶等丝弦乐器。⑧竹:这里指笛子、管龠等竹类乐器。

【译文】

中国古代统称乐器为“八音”,即根据乐器主体所使用的材料分为八类:匏类(笙等)、土类(埙等)、革类(鼓等)、石类(磬等)、金类(钟、铃等)、丝类(琴、瑟等)和竹类(管、箫等)。

【故事链接】

我国音乐发明很早,那又是谁第一个发明这些乐器的呢?相传伏羲作琴,疱牺作瑟,女娲作箫,伶伦作钟,神农作五弦琴。其中琴瑟是丝类乐器,箫是竹类,而钟则是金属制成的。这些乐器在刚发明之初是十分简陋的,经过人们千百年来的不断改进,才有了今天的模样。今天的乐器都是在八音的基础上不断发展而来的,而且在发展的过程中有的已经与刚发明时完全两样了。

现在瑟是二十五根弦,可在秦之前还是五十根弦呢!为什么呢?这要找当时的暴君秦始皇了。秦始皇虽然很残暴,但很喜欢听音乐。一天,他命一个女音乐家素女弹瑟。素女弹得非常好，只是音调太悲凄，秦始皇听了觉得心里很难受，就叫素女停下，可是素女正陶醉在音乐之中，没有听到他的命令。始皇一看非常生气，皇帝的命令居然敢违抗，就叫人把瑟剖为两半。这就是瑟由五十根变为二十五根的由来。

战国时候，齐国的国王齐宣王非常喜欢音乐，尤其喜欢听吹竽。齐宣王是一个非常喜欢热闹的人，于是他从全国聚集了三百多个吹竽的高手，组织成了一个乐队。一有时间，他就让这三百人一起给他吹竽解闷。

有一个南郭先生，什么也不会，又不热爱劳动，却总是想着坐享其成，盼着什么也不干就能赚钱。他听说了齐宣王的这个爱好之后，就跑到齐宣王面前对他说："大王啊，我是一个有名的乐师，尤其擅长吹竽，我吹竽的声音非常的优美，连花草都爱听我的竽声。您是一个热爱音乐的人，能够使全国这么多高手为您演奏，可以知道您是一位仁德的大王，我希望您能把我收下，让我把我的绝技奉献给您。"齐宣王听了南郭先生的恭维，高兴得心花怒放，也没考察一下，就把南郭先生收下了，编入了他的竽乐队。

从此以后，南郭先生就混进了这三百个乐师之间。其实，他根本不会吹竽，每次演奏的时候，他就学着别人的样子，捧着竽假装鼓着腮帮子吹，别人摆头他也摆头，别人摇晃身体他也摇晃身体，脸上还装出自我陶醉的表情。就这样，他每天和别人一样，吃好的，喝好的，穿好的，用好的，每个月还拿很多的钱，一混就是好几年，心里得意极了。

可是几年以后，齐宣王死了，他的儿子齐湣王继了位。巧的是，这位齐湣王也喜欢音乐，也爱听吹竽，可是听乐队吹了几天，齐湣王就受不了了。

原来，齐湣王和他父亲有个不同的地方，他喜欢听独奏，不喜欢听合奏。在他看来，三百个人一块儿吹，实在是太吵了。于是，他就发布了一个命令，要这些乐师好好准备，然后一个一个地轮流吹竽给他听。

这些乐师本来都是高手，自从进了宫之后，和大家一起吹了好几年，谁的水平也显露不出来，本来就有些着急，这次看到大王的旨意，高兴极了，都没日没夜地加紧练习，准备在大王面前好好显露一下自己的水平。

可是南郭先生却傻眼了，他根本不会吹竽，怎么能给大王去吹竽呢？要是被发现了，是会被处死的。南郭先生急得像热锅上的蚂蚁一样转来转去。

后来他想，这回想混也混不下去了。为了保住脑袋，还是快跑吧。于是，他在一个夜里，收拾了自己的东西，摸着黑逃走了。

这个故事的名字叫"滥竽充数"，原意是告诉我们，做人要凭本事做事。不能用虚假的方式混日子，靠骗人生活。

好的音乐可以调节人的情绪，减轻人们体力上和精神上的劳累，还能催人奋进、表达人的各种不同的心情，喜欢音乐的人往往容易沉浸其中。可是，也有一些音乐，让人听上去无精打采，什么心情都没有，或者让人听上去，头脑昏昏沉沉。小孩子正是长知识，求进取的时候，一定要听一些积极健康的音乐，不要去听没有进取心的音乐。

【原文】

曰平上，曰去入，此四声，宜调叶。

【注释】

①平上去入：古代汉语中四种声调。其中入声在今天普通话中已没有了，仅留存在一些方言中。②叶：同“协”，协调。

【译文】

平、上、去、入是古代汉语的四声，诵读时应加以协调。

【故事链接】

古代汉语有四种高低升降不同的声调，叫作四声。辨别平上去入这四声，是辨别平反和押韵的基础。古时作诗、联对很讲究这一套，因此在启蒙教育阶段，学子们在识字的同时，还要学习四声平仄的知识。

清朝乾隆皇帝的近臣纪晓岚，年幼时就在作诗、联对方面表现出特别的天赋，被称为“神童”。

纪晓岚五岁时进家塾接受训导。先生教他念《三字经》，让他每天识二十个字。以为这样够多的了。谁知他过目不忘，念几遍就会背诵，不到半个月，便把一本《三字经》背诵如流。从此以后，小小年纪的纪晓岚便开始读《四书》《五经》，并练习作诗、联对。

纪晓岚

纪晓岚对对子有一种特殊的天赋。据说有一次，他家的常客慧明和尚见他头上梳着状如蝉头的髻髻，心血来潮，出上联道：“牛头喜得生龙角。”不料纪晓岚立即明白了其中的含义，他白了老和尚一眼，开口对道：“狗嘴何曾长象牙。”此话一出，博得满堂喝彩。因为这对句既回敬了老和尚的笑谑，又对得十分工整，可见这个五龄小童，确实身手不凡。

纪晓岚和他的哥哥纪卓同在家塾受训。有一天。午饭后还不见哥哥回来，他就到家塾去找。原来哥哥对不上老师出的一个对子，被老师留下了。纪晓岚便问是什么对子，老师用手指指门外（那里有个苇垛，怕雨淋了，上面盖着席子），说：“苇子编席席盖苇。”纪晓岚正思考着，忽见一人正持鞭喝牛从门前走过，他心里一亮，有了主意，就对老师说:“先生,要是我能替哥哥对上,您可以放他走吗?”老师说当然可以。于是纪晓岚高声念道:“牛皮拧鞭鞭打牛。”老师听后连声称赞:“对得好! 对得好!”哥俩于是高高兴兴地回家了。

清代的童子试是在春天举行的。童子试是科举考试的第一步。这天,纪晓岚由家人陪同到县学应试。县学院子里桃花盛开,非常诱人。天性好动的纪晓岚进入考场前禁不住折了一枝。恰好这时考官来了。众童子见考官驾到,一个个垂手侍立、十分恭敬。

纪晓岚舍不得丢掉桃花,忙把它藏在袖筒里,侍立一旁,眼睛不停地打量着考官。考官见这孩子胆大机敏,长得清秀,便近前问道:“看你这样子很顽皮,不知书念得如何?”

“等一会儿入场考试,大人就会知道了。”纪晓岚很自信地回答。

“呵,口气不小。”考官很感兴趣地说,“我倒要试你一试,我出一联,你来对吧!”考官随即吟出一句上联——小童子袖里暗藏春色。纪晓岚明白考官看到了自己袖子里藏的桃花,也就眼前事即兴出对,吟出了下联——老宗师眼中明察秋毫。

考官没有料到他应对如此之快,且又工整贴切,大为惊奇,连声称赞:“好,是个小才子,前程无量,前程无量。”县试自然顺利通过。

自此,纪晓岚在乡里的名声越来越大了。

【原文】

九族①者,序②宗亲③。高曾祖,父而身④。

身而子,子而孙。自子孙,至曾玄。

【注释】

①九族:由自己往上推四代,为父亲、祖父、曾祖父、高祖父;再由自己往下推四代,是儿子、孙子、曾孙、玄孙,连同自己共为九代。②序:排列的先后顺序。③宗亲:同一宗族的亲属。④身:自身,自己。

【译文】

按辈分排列。由己而上是父亲,父亲的父亲称祖父,祖父的父亲称曾祖父,曾祖父的父亲称高祖;由己而下是儿子,儿子的儿子称孙子,孙子的儿子称曾孙,曾孙的儿子称玄孙。自高祖到曾、玄孙共为九世,九世之所出称为九族。九族各有亲疏远近。凡此亲族、兄弟、诸父、子侄、诸孙都出自天伦,为一本之源。

【故事链接】

相传西汉时有一位叫伟伯愈的读书人,小的时候,只要他做错了事,他的母亲便拿起竹鞭,狠狠地惩罚他。但是母亲打得越重,伟伯愈越高兴,甚至一边挂着泪水,一边还面露笑容。

后来他长大了，母亲越来越老了，这一天，他又做了一件错事，母亲非常生气，照旧拿起竹鞭打他。打了几下，他不但没有高兴，反而伤心地流下了眼泪。母亲觉得很奇怪，便问他是否打得太疼了。他哭得更厉害了，一边哭一边呜咽地说："以前妈妈打我，打得很重，说明妈身体很好，可如今妈打我，我一点也不觉得疼，说明妈身体已经很衰弱了，想到这些，我怎么能够不痛心，怎么能够不哭泣呢？"说完，又抱住母亲双膝放声大哭。母亲很感动，母子俩抱头痛哭。

伟伯愈对母亲深深的爱，是一种发自内心的真情！

古时候有一个叫李密的人，在他只有六个月大的时候，父亲就去世了，除了祖母和母亲，他已经没有别的亲人了。

在李密四岁的时候，母亲离开了家，嫁到了很远的地方去，从此，就只有祖母一个人带着他艰难地生活。

李密的祖母身体很不好，但是为了把李密抚养长大，她每天都拖着有病的身体，上山砍柴，下田耕耘，她最大的希望，就是盼着李密快点长大。

李密从小就体弱多病，到了九岁还不会走路。但是李密是个聪明的孩子，读书过目不忘，而且非常体谅祖母的辛苦，对于祖母非常的孝顺。长大以后，李密白天劳动，晚上读书，什么活儿也不让祖母做。祖母年纪大了，身体越来越不好，于是李密就愈加周到地服侍祖母，他每天晚上连衣服都不脱地睡在祖母身边，随时准备在祖母需要的时候起来照顾祖母。给祖母喂药、喂饭、喝水，他都先尝尝凉热，温度适口以后才喂祖母，他的孝心，远近的人们都听说了，都对他交口称赞。

在李密四十四岁的时候，他的祖母已经九十六岁的高龄了。当时的皇帝听说李密才高八斗，又因为孝顺而闻名于世，便下旨召他进京做官。可是，由于祖母年世已高，身体又不好，如果他走了，将无人奉养祖母。于是，他给皇上写了一封《陈情表》，说明了自己的困难，拒绝了皇帝。

他在《陈情表》中说："我如果没有祖母，不可能活到今天；如果祖母没有了我，就没有人侍奉她度过晚年。我们祖孙两个相依为命，感情深厚，我无论如何也没有办法抛开她，到遥远的地方去做官。我为您尽忠的日子还长得很，可是我的祖母已经九十六岁了，我只求您能让我为她养老送终。"

皇帝看了他的《陈情表》，被他的孝心感动了，于是同意暂时不让他进京做官。李密的孝心不仅感动了世人，更感动了皇帝，他能够放弃自己的前途留在家里照顾祖母，对于当时想靠做官一步登天的人来说，是很难做到的。

祖母，也就是我们今天所称呼的"奶奶"，就是祖父的妻子。祖父就是我们的爷爷，也是我们爸爸的父亲。祖父的爸爸是我们的曾祖父，曾祖父的爸爸，我们要称呼高祖父。我们是爸爸的儿女，等到我们长大了有了孩子，就是我们的儿女，我们的孩子长大了再有了孩子，就是我们的孙子或者孙女。这些亲属关系，小孩子从小就要知道。我们人类，就是这样一代接着一代地繁衍，永无休止地延续生命，才一代一代地走到了今天，而且还会一直延续下去。

据说在唐朝的时候，有一个九世同堂的大家族，九代人生活在一起，大家相处得十分融洽，唐高宗李治听说后，非常的惊奇，便亲自去了他家看望他们，果然，一家人过得其乐融融，做事井然有序，唐高宗不由得连连称赞。要知道，皇帝家里一向都是明争暗斗，勾心斗角，兄弟们都互相残害，争权夺势，一代人都相处不好，哪见过九代人这样和睦相处的呢？

在闲谈的时候，唐高宗向他们家族中辈分最高的长者请教大家庭融洽相处的秘诀，这位名叫张公艺的老人露出了慈祥的笑容，他兴致盎然地挥笔写下了一百个“忍”字，并给唐高宗具体地讲述了百忍的内容，他说：“不忍小事变大事，不忍善事终成恨；父子不忍失慈孝，兄弟不忍失爱敬；朋友不忍失义气，夫妇不忍多争竞……”

唐高宗听了，终于明白这九世同堂的秘诀就在于相互之间宽容忍让，相亲相爱。他非常的感动，当场就为张公艺和他的长子封了官职，还下令修了百忍义门，唐高宗李治亲笔写下了“百忍义门”四个大字。

后来，张公艺老人去世了，后人为了纪念这位以“忍”治家的贤德老者，特意为他修建了一座“百忍堂”。

从我们自己向上到我们的高祖父，是五代人，我们下面的第四代人，就到了我们的孙子的孙子那一代，这样才算是九代人，唐代的张公艺老人能九代人一同生活确实令人称奇，而他们的九代人能够在一起和睦地相处，更令我们称奇。所以说，我们也要学着这个和睦的大家庭的样子，和我们的家人相互地宽容，不要为一点小事就没完没了地抱怨，一定要相互谦让，这样才能生活得幸福。

【原文】

五伦[①]者，始夫妇。父子先，君臣后。

次兄弟，及朋友。当顺叙，勿违背[②]。

【注释】

①五伦：维持人与人之间正常关系的五种法则，指的是父子有亲，君臣有义，夫妇有别，长幼有序，朋友有信。②违背：背离疏忽。

【译文】

五伦指的是父子、夫妇、兄弟、朋友、君臣的五种道德关系：首先是夫妇有别，父子有亲爱的感情，然后是君臣有义；其次是兄弟之间长幼有序，朋友之间要讲信义。这些道德关系是不可违背的。

【故事链接】

汉朝有个人叫鲍宣，他娶了一个叫桓少君的女子为妻。他们结婚的时候，桓少君带来了非常丰盛的嫁妆和许多仆人，鲍宣看了以后感到很不高兴。桓少君知道以后，就把众多的仆人打发走，让他们回各自的家里，并且把带来的嫁妆也分给了他们。她自己也换上一身朴素的衣服，和鲍宣一起回到了他的家乡。从此他们在一起过着清贫但很幸福的生活。从这可以看出，如果夫妻之间和睦相处，那他们一定会过得很幸福。

人与人之间应该互相尊重、互相爱护，兄弟之间更是应该这样。下面是一个关于兄弟之间友爱的小故事。

在我国汉朝的时候，有一对兄弟，哥哥叫赵孝，弟弟叫赵礼。有一天，兄弟俩都在家里，突然从外面闯入几个面目凶恶的强盗，他们来赵家抢东西吃，但是没有找到，竟然想把长得白白胖胖的弟弟赵礼杀来吃掉。

赵孝看到后，马上跪在强盗的面前，一边给他们叩头一边说："大爷，我弟弟的肉还不如我的肉好吃，如果你们一定要吃的话，那就请你们吃我吧！"当时的场面非常令人感动，几个强盗看到赵孝对他弟弟这样的友爱，为了弟弟甚至可以牺牲自己的生命，他们也很受感动，于是打消了吃他弟弟的念头，放他们兄弟走了。

在封建时代，君和臣之间的关系是很微妙的，他们之间等级森严，有句话"君要臣死，臣不得不死"就说明了这一点。但是作为君主，首先应该尊重臣子，臣子才能为君主效忠。

三国时，刘备尊重人才，亲自三顾茅庐，请出了诸葛亮，并且对诸葛亮十分尊敬，而诸葛亮为了报答刘备，任劳任怨，尽心尽力，最后牺牲了自己的生命。当然现在君臣之间的关系已经不存在，但是我们可以从这则故事中看出，只要你能够尊重别人，那么别人也一定会尊重你。

【原文】

有伯叔，有舅甥，婿妇翁①，三党②名。

斩齐衰，大小功，至缌麻，五服③终。

【注释】

①婿妇翁：岳父。②三党：指父族、母族、妻族。③五服：指古代按照生者与死者亲属关系的亲疏而用丧服的五个等级。斩衰为五服中最重的一种，其次是齐衰，这两种均为三年之丧；然后是大功，九月之丧；小功，五月之丧；缌麻是五种丧服中最轻的，服丧三个月。

【译文】

父族有伯伯、叔叔，母族有舅舅和外甥，妻族有岳父，合称为“三党”。服丧按种类不同分为斩衰、齐衰、大功、小功、缌麻五种，也就是所谓的“五服”。

【故事链接】

在古代，生者要为死去的亲人服丧，形成了一种丧服制度。这种丧服制度按照生者与死者关系的远近亲疏，分为五种等级，即斩衰、齐衰、大功、小功、缌麻。

斩衰，是五服中最重的一种。服丧者穿的丧服分上衣和下衣，上衣叫“衰”，下衣叫“裳”。斩衰用最粗的生麻布制成，衣旁和下边都不缝边。斩就是斩布制成丧服，不缝边。古代之所以用斩布而不用割布，就是要表达“痛之深”的意思。一般都是诸侯为天子，臣为君，子为父等很亲很近的人服的丧。齐衰，五服中次于斩衰的丧服。它因用熟麻布制成，而且缝边也较整齐，所以称之为“齐衰”。

大功、小功是次于齐衰的丧服。这里的“功”，指的是对丧服所用的布的处理。它们都用熟麻布制成，而且都比齐衰用的布要精细。但大功与小功相比，大功所用的布比较粗糙，而且大功的服丧期也比小功的服丧期要长。五服中最轻的一种丧服是缌麻，均用细麻布制成。

“五服”制度说的是古代的一种礼仪规范，现在早已不再通行了。对死者的悼念只要表达自己的哀思就可以了，不必讲究这一套繁文缛节。

【原文】

凡训蒙[①]，须讲究[②]。详训诂[③]，明句读[④]。

【注释】

①训蒙：即启蒙，对儿童进行启蒙教育。训，教诲。蒙，初生之草，比喻幼稚的小孩。②讲：讲解。究：考究。③训诂：即用当代通俗的语言解释古书字句的意义。④句读：一句为句，句中间停顿处为读，这里指给古文断句。

【译文】

启蒙初学者要注重解释字、词含义，古书中词句的意义，弄清文辞语意的停顿和终结，以便他们口诵。

【故事链接】

从前有一个教书先生，因为识字不多，总读白字，所以只敢教一个字还没有学过的小孩子，但即使这样，他还是总被东家辞退。

有一次，他又到了一户人家教小孩子读书，东家怕他不用心，于是和他商定，每年给他三石谷子，四千钱的工钱，但是如果教一个白字，就罚一石谷子，如果教一句白字，就罚两千钱。先生听了暗暗叫苦，硬着头皮答应下来。

有一天,他和东家一起在街上闲走,见到有一块石头上刻着“泰山石敢当”几个字,便随口念道:“秦川右取当。”东家一听,生气地说:“全是白字,罚谷一石。”

先生一路垂头丧气地跟在东家后面,恨不得扇自己几记耳光。回到书馆后,他暗暗提醒自己:“一定要小心,一定要小心。”

这一天的课是教东家的儿子读《论语》,结果他把“曾子曰”读成了“曹子日”,又把“卿大夫”读成了“乡大夫”。东家正好听到了,于是说:“又是两个白字,再罚两石谷。三石谷全没了。”先生听了,心疼得差点晕过去。

第二天,他又教东家的儿子读书,东家特意来陪读,先生拼命地提醒自己:“别读白字,别读白字。”可是,他还是把“季康子”读成了“李康子”,把“王曰叟”读成了“王四嫂”,这回,东家说:“这回读了两句白字,全年的伙食四千钱,全都扣除。”先生痛惜不已。东家又说:“像你这样教孩子读书,纯属误人子弟,你算得什么先生啊！你还是走吧!”

先生无奈,只好叹了一口气,作诗一首:

三石租谷苦教徒,

先被“秦川右”取乎。

一石输在“曹子日”,

一石送与“乡大夫”。

四千伙食不为少。

可惜四季全扣了;

二千赠予“李康子”。

二千给予“王四嫂”。

做完这首诗以后,先生无精打采地收拾了行李,离开了东家的家。

这个故事的名字叫“白字先生”。故事里的东家说得一点都不错,这样的教书先生只能是误人子弟。

刚刚开始读书识字的小孩子,正是为一生的学习打基础的时候,对每一个字都需要知道它的正确读音和它的正确意思,一点儿也马虎不得。如果这点基本的条件都不具备,那么就不可能为以后的学习打下坚实的基础,所以说,在这个时候,尤其需要跟随一位认真负责的老师学习。而小孩子自己在学习的过程中,也一定要注意认真听老师的讲课,把老师讲课的内容参悟明白,千万不要一知半解,以后成为像“白字先生”这样的人。

我国古代的书籍都是不写标点符号的,所以文章的句与句之间没有间隔。古代的教书先生不但要教孩子们认字,还要教孩子们应该在哪里停顿,在哪里断句,并给孩子传授其中的规律。

明代曾发生过一个关于标点符号的趣事。有一天,江南才子徐文长外出时,正赶上梅雨天气,雨下起来没完没了,无法向前赶路,于是徐文长只好吃住在朋友家里,等雨停了再走。

谁知这一等就是好几天,雨一直都不停。徐文长每天在这里吃住,朋友有些不愿意了,可是又不好意思开口赶他走,于是就想了一个办法。

一天早上,徐文长和朋友一家吃饭的中途,朋友借故离开了,悄悄走进徐文长住的房间,写了一张字条放在桌上,希望徐文长看了以后,能知趣地离开。

徐文长吃过早饭回到房间之后,发现了这张字条,拿起来一看,只见上面写了一句话:下雨天留客天留我不留。

徐文长知道,朋友的意思是:下雨天留客,天留,我不留。这是朋友想赶他走了。他心里很是生气,心想,这算是什么朋友啊,我有了困难,他竟然想赶我走!可是他气着气着,忽然从脑子里冒出一个好主意来。只见徐文长提起笔,刷刷地在那纸条上点了几下,然后就把它放回了原处。

第二天,朋友发现徐文长还没有要走的意思,于是又借故去了他的房间。朋友发现,他写的那张字条还摆在桌上,好像没被动过一样,展开字条一看,只见徐文长在他写的字条上加了几个标点符号,字条变成了:下雨天留客天,留我不?留。

朋友叹了一口气说:“唉,天意如此啊!”于是就打消了赶走徐文长的意思。最后,徐文长一直在朋友家住到雨停了、天放晴了才离开。

徐文长巧妙地用了不同的断句方法,靠几个小小的标点符号,打消了朋友想赶他走的企图。看来,是标点符号帮了他的大忙啊。

断句方法的不同,标点符号所处的位置不同,同样的一句话所表达出来的意思是完全不一样的,所以标点符号是不能乱用的。

我们现在的小孩子学习起来非常方便,可以通过学习汉语拼音来学习认字,我们的课文都分好了课次和段落,对于生字生词书上还有特别的解释。可是古时候的人就没有我们这么幸福了,他们所读的书没有段落,没有标点,没有注音,一切都要老师来教,都需要自己按照学习和理解去处理。所以我们应该从小就珍惜我们所拥有的便利条件,用更加认真的态度去对待我们的学习,为以后的学习和工作打下坚实的基础。

【原文】

礼乐射,御[①]书数,古六艺[②],今不具[③]。

【注释】

①御:驾驶车马。②六艺:指礼、乐、射、御、书、数六种才能和技艺。③具:齐全。

【译文】

古代的读书人追求身通六艺，它们分别是礼节、音乐、射箭、驾驶车马、书法、数学。如今已不再有了。

【故事链接】

早在上古先秦时期，古人对于学习已经提出了身通“六艺”的要求了。这“六艺”很贴近他们的生活，后来“五礼”“六乐”“五射”“六书”“五御”“九数”就成了中国古代教育的六种科目。

自古以来中国就是礼仪之邦。从一个国家到一个家庭，上上下下都特别注重礼节。“五礼”就包括吉礼、凶礼、军礼、宾礼和嘉礼五种不同的礼节，分别用于祭祀国家大事，丧葬和天灾人祸的哀悼，天子对诸侯的接见和会盟，战争时各诸侯可以拥有兵力的规定，饮食婚庆等等方面。

除此之外，古人还很重视运用于祭祀等不同场合的各种地方音乐；用心学习各种射箭法和驾驶车马的本领；在学习文字时，要求分析象形、指事、会意、形声、转注、假借六种造字法；在日常生活中，古人还会学习一些必要而实用的数学来为自己服务。

由此看来，古人学习也很不轻松啊！

【原文】

惟书学[①]，人共遵。既识字，讲说文[②]。

有古文[③]，大小篆[④]，隶[⑤]草[⑥]继，不可乱。

【注释】

①书学：研究文字的学术。②说文：即《说文解字》，是我国第一部系统地分析字形和考究字源的字典。③古文：如甲骨文、钟鼎铭文等上古文字。④篆：书体的一种，分大篆、小篆。⑤隶：隶书，书体的一种。⑥草：草体，书体的一种。

【译文】

文字学是人人都要学的。如果要学习文字，那么最好看《说文解字》这本书。先有上古象形文字，后有大篆、小篆，再有隶书、草书，书体演变的历史不可颠倒混乱。

【故事链接】

东汉许慎编写的《说文解字》，可以说是我国第一部考究字源、分析字形的经典之作，对后世文字学的影响很大。

中国汉字的起源，自上古的“结绳记事”到出现简单符号，从刻画符号转化为原始图画，又由象形字进化成甲骨文，经历了一段悠久的历史。从商代甲骨文演变到汉末篆隶草行楷，大体上经历了古文字阶段（甲骨文、钟鼎文、石鼓文）、近古文字阶段（秦篆、秦隶)和今文字阶段(汉隶、楷书和草书、行书)。

(一)古文字阶段。甲骨文字,或称“殷墟文”,是指商代刻在龟甲兽骨上的文字。商朝中期的国王盘庚,迁都到河南安阳一带,当时称“殷”,相传有十二位国王,治理国家二百七十三年。因统治者迷信“神灵”,每逢祭祀、庆典,遇到征战、灾祸以及天象、年景、行猎、出游、婚姻、生育、疾病等,都要占卜以问吉凶,并把占卜日期、名字和内容刻在甲骨上。商朝灭亡后,都城遗址逐渐变为废墟,后来直到十九世纪末才被发现,后人叫它“殷墟”。

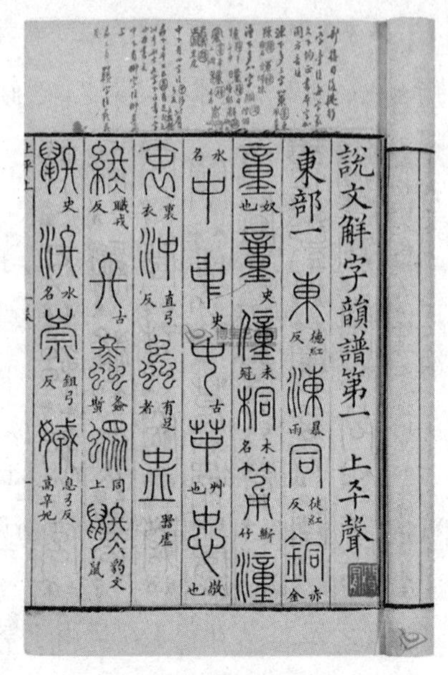
《说文解字》书影

钟鼎文字,又称金文,是指商、周时代刻铸在青铜器上的文字。石鼓文字是我国现存最早的刻石文字,基本用籀文镌刻。

(二)近古文字阶段。秦始皇统一六国后,采纳了丞相李斯的奏议,实施“书同文”的方针。以籀文(包括石鼓文)为基础,创建了比较完整的小篆体系,作为统一的标准文字,并以行政手段在全国推行。这是历史上首次统一进行的文字改革,意义重大。

然而秦代战争频繁,官狱行文非常多,加上篆书笔画复杂,书写费工费时,于是在小篆通行的同时,秦始皇又认准程邈倡议的简易字体,就是将当时民间使用的“草篆”加以变革整理成秦隶。因当时办理公文的小吏俗称“徒隶”或者“隶役”,故此便叫“隶书”。

(三)今文字阶段。刘邦建立汉朝后,基本上承袭秦制,全国普遍推行秦隶。到了东汉中期,刻石之风兴盛,字的点画波磔更加明显,变为纯粹的汉隶。到了汉末,达到了鼎盛,风格多样。从秦隶转变成汉隶,当时称之为“隶变”,它是古今文字的分水岭。隶变前的字体统称作古文字,隶变后的都叫作今文字。隶变是历史上第二次文字改革。

西汉初,在民间流行一种书写更便捷的隶书,史称“草隶”。到了西汉末,史游整理草隶为“章草”,编写《急就章》作为章草文字课本而通行;东汉初的杜度,对章草进一步加工,并以善写章草而闻名于世。

今草,是由章草和草隶演变而来的,其风格简练灵动。后来,又先后出现了行书和楷书。

五种字体共经历了一千八百多年的演变，这是一个不断完善、定型和美化的过程。

【原文】

若广学，惧其繁[1]。但略说，能知源[2]。

为学者，必有初。小学[3]终，至四书[4]。

【注释】

①繁：繁杂、众多。②源：根本。③学：一本古代儿童教育课本。宋人朱熹编写。④四书：《论语》《孟子》《大学》《中庸》四部书的合称。

【译文】

若想广泛学习，会让人担心内容太繁杂，怕一辈子也学不完。但如果概括一下，就可以知道很多学问的根由。

学生读书求学，一定要从头学起，打好基础，先易后难。《小学》读完了，方可接着读四书（《大学》《中庸》《论语》《孟子》）。

【故事链接】

古人学习，就非常强调循序渐进。初学者必须由浅入深，不可乱学，这样才容易进入学习状态。那时候的儿童大约八岁开始入小学，学习洒扫、应对、进退的一些初步礼节，学习音乐、射箭、驾驶车马、书法、数学等方面的知识，懂得事亲敬长的道理。

南宋朱熹为此专门编著了《小学》一书，详细地规定了小学生学习的具体内容。学习了《小学》一书之后，再读《论语》《孟子》《大学》《中庸》"四书"也就不难了。

有一天，孔子正站在庭院里，他的儿子孔鲤从他面前恭恭敬敬地走了过去，他把孔鲤叫住，问他："今天学诗了吗？"孔鲤回答说："没有。"孔子说："不学诗，你怎么能把话说明白呢？"孔鲤说："是。"然后从父亲面前恭恭敬敬地退回了自己的房间，学诗去了。

又有一天，孔子又站在庭院里，孔鲤又恭恭敬敬地从他面前走了过去，他又把孔鲤叫住，问他："你学礼了吗？"孔鲤回答说："没有。"孔子说："不学礼，你怎么能学会做人呢？"孔鲤说："是。"然后，又从父亲面前恭恭敬敬地退回了自己的房间，学礼去了。

孔子有一个弟子对于孔子教育孩子的方法很好奇，于是就问孔鲤，"你父亲平时都私下里教你些什么呢？"孔鲤说："没有啊，父亲从来没有单独教过我。"那个弟子不死心，又接着问："那你父亲平时都对你说过什么呢？"孔鲤想了想说："就是有一次他要我回去读诗，说如果不学诗，就不能把话说明白。还有一次，他要我回去读礼，他说如果不学礼，我将来就学不会做人。"那个弟子听了终于恍然大悟。

这就是论语中的"庭训"的故事，孔子的两次问话，被称为"过庭语"。

古人非常重视对孩子的教育，让孩子从小就知道学诗和学礼的重要性，让他们打好学习的基础，懂得做人的道理。

我国南宋有一位名叫朱熹的哲学家,由于他的名声很大,后来元朝的朱元璋都差一点认他做了自己的祖宗。他和他的弟子刘清之合编了一本书,书名叫《小学》,这本书后来成了小孩子启蒙教育的教材,古人认为,小孩子只有把《小学》这本书学透了,才能去读四书五经。

那么,《小学》是一本什么样的书呢?用朱熹的原话说:"后生初学,且看《小学》书,那个是做人的样子。"这句话的意思是说,刚刚读书的小孩子,应该先学学《小学》,做人就应该按照这本书里所说的标准来做。

在这本书里,对于做人的标准进行了非常简单明了的介绍,甚至连怎样洒水、扫地和什么时候要快走什么时候要慢走的道理都在里面,涉及的范围非常广。

这本书的主要内容就是教小孩子要懂得父子之亲、君臣之义、夫妇之别、长幼之序、朋友之信,强调说如果不明白这些道理,就会把人与人之间的关系弄乱了;另外,还要从行为上和思想上提高自己的修养,不要说不好的话,不要做不好的事。

这本书里面还有一个很重要的内容,就是要让孩子们学习古今的历史,在历史的成败中总结做人的准则。

因为当时是处在封建社会,所以这本书也在向孩子们灌输当时的封建思想,但是这本书里面地做人讲气节、重品德、懂节制、要立志等等内容,一直到今天也是适用的。

古人教育自己的孩子,先要让他明白做人的道理,然后才会让他去学习读书识字。古人认为,一个人只有首先学会了做人的道理,才算是有了一个好的人生开始。这个道理,我们直到今天都是赞同的,所以孩子的爸爸妈妈应该引起充分的重视。

【原文】

《论①语②》者,二十篇。群弟子,记善言。

【注释】

①论:议论,辩论。②语:答语。

【译文】

《论语》共二十篇,是孔子的弟子记录下老师的格言警句而编成的。

【故事链接】

孔子(公元前551~前479年),名丘,字仲尼,春秋时期鲁国人。他是儒家学派的创始人,也是我国第一位伟大的思想家和教育家,对我国思想文化的发展有着巨大而深远的影响。

《论语》这部书其实是孔子用来传道的一部书。他的弟子子夏、子张、子游及曾子、闵子等七十多个学生,经常在鲁国与老师孔子谈论一些关于学习、治国、音乐、礼节等方面的问题。后来他的弟子记录了他的言行、训诲、答述的话,便形成了《论语》一书。

《论语》共分为二十篇二百五十三章,相当于一部语录体散文集,语言简洁凝练,含义深刻,文风雍容、含蓄。

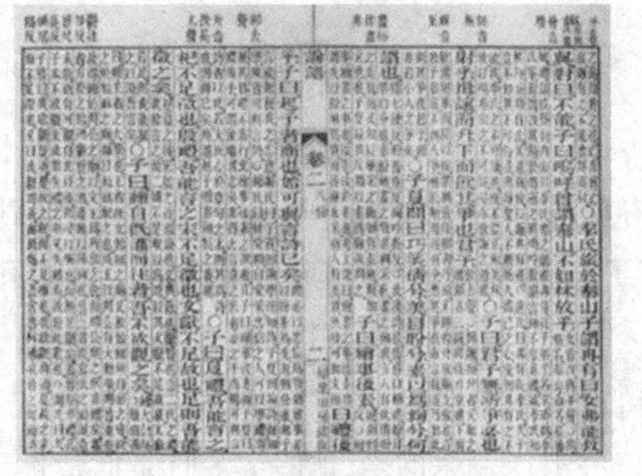

《论语》书影

《论语》在汉代有三种不同的版本,即《古论语》《齐论语》《鲁论语》。《古论语》是用古文字所写,是在孔子住房的墙壁里发现的,有二十一篇。《齐论语》是齐国的学者传授下来的,共二十二篇。以上两本早已失传。《鲁论语》是鲁国学者传授下来的,共二十篇,就是现在通行的《论语》。南宋以后,朱熹把《礼记》中的《大学》《中庸》两篇和《论语》《孟子》合编在一起,号为“四书”。

孔子的父亲在他三岁的时候就去世了,只有他和母亲相依为命,家里面非常的贫穷。但是孔子从小就非常地喜欢读书,也非常地喜欢学习礼教。

孔子是我国古时候非常著名的教育家和思想家。他非常重视对人进行教育。在他生活的年代,除了有权势的人,普通的老百姓根本受不到教育,国家的君主也认识不到让百姓受教育的重要性。但是孔子却主张让每个人都有机会接受教育。孔子一生一共收了三千个学生,其中有七十二个人有了很大的成就,为文化的发展做出了非常大的贡献。

孔子曾经做过官,他非常重视教育百姓,他教人们学习礼仪,还用自己的仁慈影响百姓的想法,在他的带动下,鲁国的社会风气非常好,人人都懂礼貌,互相之间都知道忍让。在那个时候,如果有人丢了东西,不论过多久去找,都能找得到,根本没有人把它拿走。晚上,家家都不用关门,也没有小偷去偷东西,真正是“路不拾遗、夜不闭户”。

可是后来,鲁国的国君不务正业,不管理国家大事,孔子见了非常生气,于是就辞了官,带着自己的学生周游列国去了。

孔子带着学生们去了卫国、晋国、宋国、陈国、楚国等好几个国家。每到一处,他都把自己的主张告诉那个国家的国君,告诉他们只有用仁德的心对待百姓,让百姓都有生活的保障,才能让百姓安居乐业,才能把国家治理好,并希望他们能够采纳自己的思想。

就这样,孔子在外面一直奔波了十几年,可是,这十几年来,他到过的所有国家的国君都不能接受用仁爱治国的主张。人们还讥笑他,说他是“明知道不能做还硬要做的孔丘”。后来孔子对于这些国君失望透了,他知道自己的主张根本不可能受到这些国君的重视,更不可能用来对待百姓,所以他停止了周游列国,又带着弟子们回到了鲁国。

回国后，孔子再也不去想治理国家的事情了，静下心来，开始专心致志地做两件事：一件是培养自己的学生，另一件就是写书。他要把自己的想法全都写到书里去，《春秋》这部书就是孔子写的，他在里面详细地记录了以前的历史，并对国君的功过进行了记录，当时一些国家的国君，就是害怕孔子把他们写进历史，所以才不敢过于争斗。除了《春秋》之外，孔子还整理了《六经》，这都是我国从古代一直到现在非常有影响的书籍。

令孔子高兴的是，他的学生们都非常争气，尤其是其中的七十二位有成就的学生，他们把孔子的思想向世人传播，终于独创一派，就是我们今天所说的儒家学派。自然，他们的老师孔子，就成了儒家学派的创始人。

由于孔子非常重视教育，平时对学生们所说的话，学生们都牢记在心，所以在孔子去世后，他的学生们把他平时对他们所说过的话编成了一部书，这就是"四书"之一的《论语》。论语里边有许多的故事和道理，都是教育人们如何做人，如何处世的良言。

虽然孔子活着的时候，没有一个国君欣赏他，他的思想一直没能再次用于国家的治理，但是在他去世以后，慢慢地有许多人开始从他的著作和这部《论语》里面发现了他的思想的重要性。

《论语》这部书是古代的读书人从小就必须要读的一本书，因为它的语言简练，内容丰富，所讲的道理很深刻，也很容易就能让人明白，比如孔子说："学而时习之不亦乐乎。有朋自远方来，不亦乐乎？人不知而不愠，不亦君子乎？"这句话的意思是说："学习以后时常练习，不是很快乐吗？有志同道合的朋友从远方来，不是很高兴的事吗？别人不懂我，我也不恨他，不也是一个有德的君子吗？"这些用比较浅的语言讲述的道理，也很适合小孩子阅读。如果有机会的话，小孩子也应该学习一下这部作品。

【原文】

孟子者，七篇止[①]，讲道德，说仁义。

【注释】

①孟子：姓孟名轲，字子舆。遵母之教，从学子思，遂成大儒。游于齐、梁列国后，退居邹国，与门徒讲说道德仁义，作《孟子》七篇，共二百五十八章，大约三万五千字。

【译文】

孟子所著《孟子》一书共有七篇，是"四书"之一，它提倡天下人立身处世都要讲究道德伦理，讲究仁爱。

【故事链接】

孟子（公元前372年~前289年），名轲，山东邹县人。据说他是孔子的孙子孔伋即子思的学生,是战国中期儒家学派最有权威的代表人物。他曾到梁国去讲说他的仁义道德,没有被梁惠王引用。于是他又去拜见齐宣王,宣王很尊敬他,封他为客卿,但并没有重用他。孟子非常失意地回到自己的祖国,开始"述孔子之意,明先王之道,以教弟子"。他的学生越来越多,影响也越来越大了。他死后,他的学生万章、公孙丑等记录下他的言行七篇,这就是《孟子》一书的由来。

《孟子》的中心思想是"仁义"两字,这是孔子学说的发展。孟子主张行"仁政"而称王天下。"仁政"具体表现在减轻刑罚、赋税,使老百姓有固定的田产、休养生息等。这些理想化的小农经济思想,就是他的"以民为本"的治国之道。民本思想是孟子的主要政治思想,他曾告诉梁惠王说:"仁者无敌。"又告诉齐宣王说:"保民而王,莫之能御也。"就是说,真正能够爱人民的人,他的力量是不可战胜的。他经常启发国君要爱护自己的百姓,争取人民,主张"民为贵,社稷次之,君为轻"。

孟子虽重视人民,却轻视体力劳动和体力劳动者。如"劳心者治人,劳力者治于人。治于人者食人,治人者食于人"等言论把劳心和劳力对立起来,而且强分高低,为封建统治阶级剥削人民制造了借口。这对后世产生了不良的影响。

《孟子》一书语言形象逼真,感情强烈,笔带锋芒,富于鼓动性。有纵横家、雄辩家的气概,充分反映了战国时期尖锐激烈的阶级斗争。孟子小时候读书非常用功,他长大以后,被孔子的儒家思想深深地吸引了,于是他离开了故乡,到孔子的祖国鲁国去求学。他的老师就是孔子的孙子子思。通过向老师学习儒家思想,他越来越认为孔子是有史以来最伟大的一个人,于是就确定了自己的理想,那就是一定要把孔子的思想发扬光大。

后来,孟子终于有了很大的名气,他的祖国和孔子祖国的国君都经常向他请教如何治国。可是,这两个国家都很小,他的以仁德治国的思想很难实现。所以他就带着弟子们去了当时最大的一个国家齐国。

齐国当时的国君是齐威王。孟子在齐国的时候,得不到齐威王的赏识,他很不高兴,于是带着弟子离开了。离开齐国以后,孟子还去过宋国,在宋国的时候又认识了滕国的太子,滕国的太子非常的欣赏孟子的思想。由于在宋国也没有能够实现他的想法,他只好带着弟子回到了自己的祖国邹国。

滕国的太子做了皇帝以后,孟子来到了滕国,在滕国开始实行自己所主张的用仁德的方法治理国家的思想。但是滕国实在是太小了,随时都有可能被别的国家吞并,想要使他的治国思想传遍天下很难,于是他又离开了滕国。这个时候,孟子已经五十三岁了。

离开滕国以后,孟子又去了魏国,然后又去了梁国,孟子告诉梁惠王说:"有仁德的人,没有人能够胜得过他,用仁德治理国家,就会把国家治理得比任何一个国家都强大。"可是梁惠王不听。梁惠王死后,梁襄王继位,孟子对梁襄王的印象很坏,他觉得他不像个国君,不愿意辅佐他。所以他就又去了齐国。

这个时候,齐威王已经死了,齐宣王做了国君。齐宣王见了孟子以后问他:"商汤流放了夏桀,而周武王去攻打商纣王。桀和纣都是国君,而商汤和武王是臣子,臣子都杀了君主,他们这样做对吗?"孟子回答说:"破坏仁道和毁掉义道的暴君是众叛亲离的人,人人都可以杀他。更何况圣明高尚的人呢?"齐宣王听了孟子的话,非常的尊敬他,于是拜他为客卿。孟子终于受到了这个最大的国家的重视,非常的高兴,迫切地想要在齐国实行他的以仁德治国的思想,可是,齐宣王只是待他当作一位德高望重的学者来尊敬,对于他的以仁德治国的思想却不想实行。孟子的主张是要国君仁慈地对待百姓,让百姓都有田地耕种,生活平安,但当时每个国家都在忙着打仗,齐国也不例外。齐宣王认为,练兵比推广仁德重要。因为这个原因,孟子对齐国死了心,再一次离开了。

离开齐国以后,孟子又去了一次宋国,可是他还是觉得没有希望,只好带着弟子回到了孔子的祖国鲁国。鲁国的国君鲁平公听说孟子回来了,想要去拜访孟子,可是他的一个宠臣在他面前说了孟子的坏话,鲁平公于是打消了去拜访孟子的想法。后来,孟子的学生把这件事告诉了孟子,孟子对于这些国君彻底失望了,决定再也不出游了。他带着学生回了自己的祖国邹国,像孔子一样,回去教育学生和写书去了。这时,孟子已经六十多岁了。

像孔子一样,孟子也非常热爱教育。他觉得,天下最快乐的事情就是能教育一些有贤能的学生。孟子的学生也很多,其中万章、公孙丑、乐正子、公都子、屋庐子、孟仲子等弟子都非常有成就。

《孟子》这本书一共有七篇,是孟子和他的学生万章、公孙丑等人所记载的他平时的言行,里面讲的也全是有关于仁义道德的事情。

孟子学说的中心思想就是"行善"这两个字。他曾经说过:"如果一个孩子快要跌到井里去,不管认识或不认识的人看了,都会有不忍之心,可见人性是善良的,人人都应该以善相待相行。在家里,要父慈子孝,兄友弟恭,敦亲睦邻;在政治上,执政者应爱护人民,即是'仁政'"。

【原文】

作中庸,子思笔①,中不偏,庸不易②。

【注释】

①《中庸》:书名。子思:孔伋,孔子之孙,孔鲤之子。学于曾子,作《中庸》一书,授

于孟子。②偏：偏差。易：改变。

【译文】

《中庸》是“四书”之一，为孔子之孙孔伋所著，共三十三篇。《中庸》主张按天下的正道和天下的定理行事，不要太过分，也不要不及，要不偏不倚，至公至平。

【故事链接】

有一次，陶渊明因为实在太穷了，只好去当官，希望他的俸禄能维持生活。

皇帝给了他一个县令的小官当。因为他喜欢喝酒，所以就命令县里的百姓都种酿酒用的粟米，但他的妻子认为这样会使百姓挨饿，于是他让百姓用一半的地种稻，一半种粟米。

一次，上级官员要来检查他的工作情况，陶渊明的属下提醒他应该穿戴整齐一些，最好能换上比较气派的官服。陶渊明听了，非常感喟。他说：“我不能只是为了那小小的五斗米，就向上级的官员献媚。”于是他就弃官走了，依旧过着乡村农民清苦的生活。

陶渊明在政治上虽然没有多少功绩，但他写了许多优美的诗歌。这些诗歌表现了他清苦的生活和安宁的内心世界。陶渊明不愧是一个具有伟大人格的人。

子思就是孔伋，他是春秋战国时期著名的思想家。子思是孔子的孙子，他的父亲孔鲤在他出生以后不久就去世了。子思的老师是孔子的学生曾子。子思在曾子那里学到了祖父孔子的儒家思想，后来，他又把儒家思想的真谛传给了孟子。

由于子思的父亲去世得早，所以他并没有从父亲那里学到什么知识，关于他的父亲，在历史上也只记载了几件小事，其中最著名的就是他曾说过的两句话。据说子思的父亲曾经对自己的父亲孔子说：“你的儿子不如我的儿子。”他还对自己的儿子子思说：“你的父亲不如我的父亲。”这两句话都是在贬低他自己，可是在贬低他自己的时候，又显示出了他为了自己的父亲和儿子而自豪的那种喜悦。

子思小的时候，受到了祖父孔子的教诲，孔子对于自己唯一的孙子也非常喜欢。

有一次，子思看见祖父正一个人闷闷不乐，于是就问祖父：“您是在担心子孙们不好好做人，将来对不起祖宗呢？还是在担心子孙们羡慕尧、舜这些有大成就的人，而又恨自己做不到呢？”孔子回答说：“你还是个小孩子，哪里能懂得我的想法呢。”子思说：“我曾经听过祖父的教导，现在正在不懈地努力呢！”孔子听到孙子的话，高兴极了。

子思曾经搬到卫国去居住。那时候，他的生活很穷困，穿着乱麻絮成的袍子，连罩衣也没有，还常常吃不饱饭，最惨的时候，二十天才吃了九顿饭。

卫国的田方子知道了这件事以后，派人给他送来了一件精美的白狐裘衣。在派去的人临走之前，田方子想，子思不喜欢接受别人的馈赠，肯定不会接受的，只有找一个借口，才会让他收下这件白狐裘衣。于是，田方子嘱咐派去的人告诉子思，他借给别人东西常常记不得,送给别人就像扔掉一样,也并不希望能再拿回来,所以就请子思收下,不用想着还给他。

可是没想到,子思听了这话以后,更加坚决地不肯接受,他说:"我听说过,随便给人东西,还不如把它扔到山沟里去好些。我虽然穷,但是我也不希望自己变成山沟,总是收别人不想要的东西,所以我不能接受。"

后来,子思离开了卫国,搬到了宋国去居住,一直到了老年的时候,才回到自己的祖国——鲁国。

子思回鲁国以后,鲁国的国君鲁缪公去求见他很多次,还经常派使者去给他送许多礼物,一心想请他做相国,可是子思不喜欢做官,所以总是拒绝。

子思的一生都在授徒和写书,他写了许多著作,还把儒家思想的核心——"中庸"思想总结起来,形成了自己的学说,写下了流传至今的《中庸》。由于子思一生都在写书著述,所以后世的人都非常敬仰他。在元朝和明朝的时候,皇帝都追封他为"述圣"。

《中庸》这本书里所说的道理就是:天下的事情都不是偏于一方永不改变的。比如说我们做人,不能太谦虚,也不能不谦虚;不能没有自己的主见,也不能自以为是。

孔子有一次正在与人探讨学问,有一个弟子进来向他请教自己是不是应该去做一件事,孔子说:"无论做什么事,都要与父母商量,不能自己做决定。"过了一会儿,又有一个弟子来问同样的事情,孔子对他说:"不要什么事情都让别人决定,按照自己的想法办吧。"后来,与孔子探讨学问的人问他:"刚才您的两个弟子问的是同一个问题,您为什么却是两种回答呢?"孔子说:"这两个弟子的性格不一样,先来的弟子性子很急、爱冲动,我让他凡事与父母商量,是为了让他多听听别人的意见,不要自以为是。后来的弟子性格比较软弱,不能相信自己,我让他按照自己的想法去做,是为了鼓励他,让他相信自己。"客人听了,点头称是。

太自大了不好,太不自信了也不好。太自大的人容易犯冲动的错误,而太不自信的人容易什么事情也不敢做。如果能头脑冷静地按照自己的能力去做事,才能做成大事业。两个方向都不过分,就叫作中庸。

《中庸》这本书中的知识对于我们以后做人、做学问都有很大的帮助,是古人留给我们的一部意义非常深刻的作品。它告诉我们凡事都有不变的宗旨,因此不能太过,也不能不足的道理,只有不偏不倚才是中庸之道。

【原文】

作大学,乃曾子[①],自修齐,至平治[②]。

【注释】

①《大学》:书名。曾子:姓曾,名参,字子舆。曾子曾受业于孔子,设教西河,又设

教武城。作《大学》一书，阐述孔子之言，分为十章，三纲领、八条目，共计一万七千余字。②修齐：指修身、齐家。平治：指治国、平天下。

【译文】

《大学》是“四书”之一，为孔子弟子曾参所著，共十章。《大学》的核心思想是修身、齐家、治国、平天下。

【故事链接】

《大学》是儒家经典之一，原是《礼记》中的一篇，为秦汉之际的儒家作品，相传为孔子的得意门生曾参所著。

曾参，字子舆。他主张并传授孔子的一贯之道，后来人们称他为“宗圣”。他写成《大学》一书，分为十章，三纲领，八条目。清代学者认为“大学”即大人之学。三纲领指的是“在明德，在亲民，在于至善”；八条目指的是“格物、致知、诚意、正心、修身、齐家、治国、平天下”。“大学”说得非常明确，若想学得圣人的功夫，必须先从明白事物的道理、分辨善恶的能力开始，学习圣贤的学说，提高自身的素质修养。认为“一屋不扫，何以扫天下？”也就是说一个人必须先有担当一个家庭责任的能力后，才能谈论政治、参与国家大事并治理国家，最后才能一统天下。这就是《大学》学习的程序，告诫初学者切不可颠倒次序，狂妄自大，连自身的修养都不够，就急着想去治理国家。这些内容后来成为南宋以后理学家讲伦理、政治、哲学的基本纲领。

宋代开始把《大学》从《礼记》中单独抽出，与《论语》《孟子》《中庸》相配合。南宋淳熙年间（公元1174年~1189年），朱熹撰写《四书章句集注》，于是，《大学》便成了“四书”之一。

曾子的名字叫曾参，是春秋末期的鲁国人，他的父亲曾点和他都是孔子的学生。

曾子的父亲非常严厉，在曾子六七岁时，父亲就开始教他读书识字。等到曾子年龄稍长，曾点就把自己从孔子那里学来的知识传授给他。曾子学习非常用功，每天除了父亲为他安排的功课以外，他还坚持多读有益的书籍，每天都学习到深夜。

在曾子十七岁时，他的父亲已经把自己所学的几乎全部教给了儿子，所以他决定派儿子去向自己的老师孔子学习更深的道理。孔子刚刚见到曾子的时候，觉得曾子是一个非常质朴、憨厚的年轻人。曾子不是一个很聪明的人，但是在学习的过程中，他最大的优点就是勤学好问，对于老师孔子所讲的道理，他每次都会提出自己的疑问，所以孔子非常器重他，师兄弟们也非常敬佩他。

孔子把自己在儒学方面的心法都传授给了曾子，希望他能够继承自己的事业。孔子评价他说：“孝顺父母是道德的开始，敬爱兄长是道德的延续，信用是道德的深化，忠诚是道德的主旨。曾参是符合这四种道德要求的人啊！”

曾子也曾经出游,到各个国家去推行自己的学说,他最早去的是齐国,可是齐国并没有接纳他,所以他又回到了鲁国。

不久以后,曾子再次出游,这次他去了楚国。楚国的国君热情地接待了他,还封他做了很大的官。曾子原本想在楚国有所作为,没想到楚国的国君经常与他意见不合,于是他在楚国住了不到一年就辞了官,回到了鲁国。

在曾子三十七岁的时候,他又被费国国君请去,可是他在费国住了一段时间以后,发现费国也很难实现自己的主张,所以他就又回到了自己的祖国,从此专门授徒写书,再也不出去做官了。

曾子教育学生非常讲究方法,他不但能和学生平等相处,还能和学生共同探讨一些道理,所以他的学生非常多。在曾子三十多岁的时候,就已经有了七十多名学生了。他的学生中有成就的人也非常多,比如子思、乐正、子春、公明仪、吴起等人都是他的学生。

曾子的著作有很多,《大学》就是他和学生们一起编写的。《大学》这部书中全是教人如何提高自己的道德修养、如何管理好自己的家庭、如何为国家做贡献的大道理。

曾子认为一个人如果想要有大的成就,就得先从自己本身做起,注意自己的道德素质。他曾经说过:“我每天要反省自己很多次,回忆自己今天所做的事情,发现自己的缺点,改正自己的错误。”这就是我们都知道的“吾日三省吾身”的意思。

有一次,曾子的妻子要去集市上买菜,可是曾子的儿子非得要和母亲一起去,母亲不同意,他就哭哭啼啼地拦着母亲。

为了让儿子听话,曾子的妻子对儿子说:“元儿,乖,你在家里玩儿吧,母亲去集市上买东西,回来给你杀猪吃猪肉怎么样?”

在古时候,猪可是普通家庭里面很重要的一个财产,只有养到过年的时候才杀,想要吃肉,得盼上一年的时间。如今还没到过年,母亲竟然要杀猪给自己吃,儿子高兴极了,就同意了母亲的话,不再吵着和母亲到集市上去了。

曾子的妻子从集市上回来,看到曾子把猪已经捆上了手脚,正挽起衣袖,拿着一把刀要把猪杀掉,赶忙制止他问:“你这是要干什么?我那是和孩子开个玩笑,哄着他玩儿的,你干吗当真呀?现在不过年不过节的,哪能把猪杀掉呢?”

曾子非常严肃地说:“我们做父母的,怎么能撒谎来骗孩子呢?做人得守信用,父母的身教胜于言教,如今我们欺骗他,就说明我们就是不守信用的人,又怎么教育孩子将来成才呢?”

他的妻子听了,很是羞愧,于是同意曾子把猪杀掉,他们的儿子高高兴兴地吃上了猪肉。曾子的孩子长大以后,果真像父亲所希望的那样,继承了父亲的许多优秀品格。

《大学》告诉了我们许多有关于治国平天下的道理，而治国平天下的人，首先得要能够分清什么是善恶，坚持用正义去约束不好的行为。

战国时期的秦国在推行了商鞅变法之后，有一些人怕新的法令对自己不好，便说这个法令对国家不利，所以商鞅变法的效果始终发挥不出来。

有一次，太子违反了新法。商鞅作为法令的执行者，在怎么样处罚太子的事情上考虑了很多。他想，现在新法不能在全国实行，就是因为有很多人不支持，知法犯法。一定得让人们都看到犯法的人受惩罚才行，即使是太子也不能例外。可是，在古代，太子将来是要当国君的，如果惩罚了太子，就触犯了国君的威严，所以他说："太子没有做到国家的表率，是因为他的老师没有对他进行好的指导，是太子老师的过错。"

在我国古代，一个人如果犯了错，他的老师是逃脱不了关系的，所以商鞅狠狠地惩罚了太子的老师公孙贾。那些不支持新法令的人一看国家对于执行新法令这么严厉，连太子也不放过，都不敢再违抗法令了。慢慢地，百姓也适应了新的法令，都能够按照新法令办事了。

过了些年，秦国的社会风气大好，人们的生活也安定下来了，国家也就强大了。后来。秦国终于吞并了当时共存的其他六个国家，统一了天下。

我们现在的社会，已经不再像古代那样，会有权位大的人享有不受惩罚的特权，让别人去当替罪羊了。现在，任何人不论官职有多大、成就有多高，只要触犯了法律，就一定会受到法律的惩罚，所以做一个遵纪守法的人，是非常重要的。

《大学》这部书中的道理能适合所有身份的人，不论是小孩子，还是大人，不论是做父母，还是做子女，不论是做官，还是做普通的百姓，都能从这部作品里找到相关的道德标准。所以说做父母的应该在孩子的少年时候，引导孩子学一学这些古代的书籍，只要把其中不适合现代社会的部分向孩子解释清楚就可以了，无论到了什么时候，这部书教我们的修身、治家、平天下的道理都是值得人们研究和学习的。

【原文】

此二篇①，在《礼记②》，今单行，本元晦③。

【注释】

①此二篇：指《中庸》《大学》。②礼记：书名。儒家经典之一，秦汉以前各种礼仪论著的选集。③元晦：南宋哲学家朱熹，元晦是他的字。

【译文】

《中庸》和《大学》本是《礼记》中的两篇，宋朝人朱熹把这两篇单独编成书，连同《论语》《孟子》合称为"四书"。

【故事链接】

朱熹(公元1130年~1200年),字元晦,号晦庵,别名紫阳,后世称他为晦庵先生、朱文公。祖籍江西婺源,后随父亲侨居福建。南宋时期著名哲学家、教育家、文学家。绍兴年间中进士。孝宗初年,他曾上书力求抗金。后曾任秘阁修撰等职,晚年退居福建讲学。

朱熹学识广博,在哲学、经学、史学、文学等方面都有所成就,对当时科学知识也颇有研究。是宋以后儒家理学的大师,在哲学上继承了程颐、程颢理论,建立了客观唯心主义体系,认为"理"是世界本原,提出"未有物,而已有物之理"的命题。他著写的《四书集注》,被明清两代定为学者必读的教科书。他的文学理论也贯穿着唯心主义的哲学观点,强调"道是文章最根本、最本质的东西,而文章本身只是道的枝叶"。他对《诗经》赋、比、兴的阐述颇有可取之处,对古今作家利弊的评价也很中肯。

他在诗歌方面也有所成就,诗歌语言简洁明快。

后世称朱熹"朱子"。作为儒家的最后一位大师,他对后世的影响是极其深远的。

【原文】

四书通,孝经①熟,如六经②,始可读。

六经者,统儒术,文周③作,孔子述。

易诗书,礼春秋,乐经亡,余可求。

【注释】

①孝经:儒家经典之一,为孔门后学者所作。论述封建孝道,宣传宗法思想。②六经:《诗》《书》《礼》《易》《乐》和《春秋》六部经书的总称。③周:指周公姬旦,周文王之子。

【译文】

通晓"四书",熟读《孝经》,就可以开始读像"六经"之类比较深奥的书了,它是集儒家思想大成的书,相传为周公姬旦所著,孔子把它记述成书。"六经"可分为《易经》《诗经》《书经》《礼记》《乐经》《春秋》六部,其中《乐经》已失传,其余的都保存至今。

【故事链接】

《孝经》为古十三经之一。相传孔子当年收了很多弟子,讲学时很重视孝道。他教育学生,孝道是做子女的最起码的礼仪。据说,他的弟子根据孔子的答问,共记录下十八章,这就是今天的《孝经》。古人认为:学生熟读了"四书",对《孝经》也就不难通晓了。学生既知道了为人的道理,也知道了为人子女的礼仪,然后才循序去诵读六经,收获也许更大。这里讲了读书的方法。

"六经"是指儒家的六部经典。《庄子·天运》篇中说"六经"即《诗》《书》《礼》

《易》《春秋》和《乐经》。但后世的学者对已经消亡的《乐经》有两种不同的看法。一种认为因秦始皇焚书而亡佚；另一种认为原本就没有《乐经》，所谓的“乐”即包括在《诗》《礼》两经之中。

《诗经》又称“葩经”，《书经》又称“载经”，《易经》又称“羲经”，《礼记》又称“戴经”，《春秋》又称“麟经”。从这些称呼上我们不难发现六经在古人心目中的地位，而且他们对六经有相当深的研究。

经学对我国封建社会制度的巩固、发展和延续有极重要的关系。对哲学、史学、文学、艺术的影响也很大。这些著作成为我们研究中国封建社会史的重要资料。

孔子曾经说过：“我们的身体，甚至我们的头发和皮肤都是父母给我们的，所以我们一定要保护好自己，不要轻易地让自己受到伤害，否则就是对父母的不孝敬。”他的这种思想对曾子的影响很大，《孝经》这部书就是由曾子根据孔子所传授给他的“孝道”编写而成的。曾子的思想里面，“孝道”占有很重要的位置。曾子主张人必须要讲究孝道，懂得孝敬父母，否则，是很难有大成就的。

曾子认为父母和孩子之间是有心灵感应的。据说，有一次曾子去野外打柴，忽然有一个朋友来家里拜访他，曾子的母亲说：“我儿子去野外打柴了，您等候一会儿，我马上让他回来。”

曾子的朋友想，曾子在野外打柴，他的母亲年纪这么大了，还要到野外去找他，这太劳烦老人家了，于是就说：“不要紧，我改天再来。”

可是他的母亲说：“您来一次不容易，还是见见我儿再走吧。”说完，曾子的母亲把自己的食指放进嘴里，用牙齿咬破了。

没过多久，曾子推门而入，扑到母亲身边说：“母亲，儿在外打柴的时候，突然觉得心口疼得厉害。母亲，您没有事吧？”

母亲说：“我没事，是我故意咬破了手。你的朋友来看望我们，我想要你马上回来。”

曾子听了母亲的话，这才转过身来和朋友施礼交谈。曾子的朋友后来把这件事情传了出去，人们都感叹说：“真是母子连心。父母和孩子之间，确实是心意相通啊！”

《孝经》中讲述了不同身份的人应该如何孝敬父母，从国家元首到平民百姓，每个身份的人都要根据自己的实际情况尽孝道。

古代的圣贤帝王在这一点上为我们做出了榜样。周文王在当皇帝之前，每天早午晚向父母问候一次，对于父母的饮食与饭量的大小都事无巨细地进行关照；如果父母感觉身体不适，他会非常担忧，并且尽心尽力地服侍父母；如果父母的心情不好，他也会想方设法地帮父母分忧。做了皇帝以后，他以德治国，受到了全国百姓的拥戴，开创了周朝八百年的基业,所以人们都把他称为“圣人”。

古代的人对于父母亲的孝敬,不止是在父母在世的时候,即使是父母已经过世了,他们的心里也时刻都想着父母。

曾子很爱吃生鱼,有一次,他的妻子精心地做了两条生鱼,孩子们闻着香味高兴极了,赶忙喊父亲来吃。

曾子听到妻子做了鱼也很高兴,他坐到饭桌前,拿起筷子夹了一块鱼放进汤锅里涮了涮,然后蘸了作料放进了嘴里,可是,还没等下咽,他又把鱼吐了出来,眼里流出了泪水。

他的妻子吃惊地问:“是鱼做得不好吃吗?”

曾子说:“不是,鱼的味道好极了,可是就因为你做的鱼味道太好了,让我想起了母亲,她生前的时候从来没有吃到过这么好吃的生鱼,现在我却一个人品尝这种美味,我真是不孝啊!”

从这以后,曾子一辈子都没有再吃生鱼。

《孝经》这部书告诉了我们“百善孝为先”的道理,认为做一个人,首先要学会孝道,学会孝敬父母,听父母的教导,不让父母担心,不给父母脸上抹黑。只有学会了什么是“孝”,才能去学其他的道理和知识,如果连“孝”都做不到,那么即使学到了再多的知识,也不可能成为一个有德行的人。正是因为曾子本身是这样的一个人,他心中时常想着父母,父母在世的时候孝敬父母,父母过世以后思念父母,所以他才会有许多以德行治国平天下的道理流传到今天。

古人讲究处世先学做人,学做人先要学会“孝”,这个道理一直到今天都不过时,并且永远也不会过时。所以古人在对孩子进行启蒙教育的时候,都是让孩子在识字以后,先学习《孝经》,学完了《孝经》中的道理才去研究四书等更深一些的作品。

《诗经》《书经》《易经》《礼记》《乐经》《春秋》这六部作品被称为“六经”。

古时候的人在学过《孝经》和“四书”之后,都要开始研究这“六经”。了解了这六个方面的内容,会增加人所掌握的知识量,使自己对国家的各个方面都有所了解,并且从中确定出自己最感兴趣的内容,为以后选择努力的方向打下基础。

《诗经》是我们国家第一部诗歌总集,里面一共收录了从西周到春秋大约五百多年的诗歌总计三百零五篇。有的诗歌是民间流传的,有的是批评或者歌颂社会现象的,有的是讽刺统治者的恶行的。它的诗写作手法对今天的文人们都有很大的影响。还有许多的故事融合在诗歌里,所以又给今天的人提供了许多写作素材。学诗固然是好事,但是不能只学着咬文嚼字,写文章、写诗都要有自己的方法,古人的风格只能用做参考。

《书经》就是《尚书》,是我国历史上现存的最早的史书,它记录的内容从上古时期的尧舜到春秋时期的秦穆公,包括了夏、商、周三代的历史。对于我们今天研究古代的思想和政治起到了很大的作用。古人说“疏通知远,书教也”,也就是说,读《书经》,知历史,才会懂得什么是人生、什么是政治,知道了过去发生的事情,就能够使人了解世故人情,能够看到历史的意义和弊端,然后知道该如何去面向未来。但是,历史上有许多的东西,并不是当时的人记录下来的,后世的人记录历史的时候就难免有偏差,所以要研究历史,必须要学会综合各类历史书籍,分辨其中的真伪。

《易经》被推为群经之首,它原是上古时期的一种占卜的学术,但是经过周文王的整理和注述,成为研究人与上天关系的一本著作,到了春秋时期,孔子又对这本书做了详细的注释,让这本书逐渐地被大多数的人所接受。古人说“洁静精微,易教也。”这句话是说易经里面有圣洁的哲学和宗教,也有精微的科学性和严密的逻辑性,是一门很深奥的学科。但是,有的人学了易经以后,就以为自己可以未卜先知,动不动就掐着指头卖弄,这是不应该的。

《礼经》就是《礼记》。中华民族是礼仪之邦,在历史上尤其讲究“礼数”,《礼记》所记录的就是古人讨论礼数、礼节、典礼等内容的文章。古人说“恭俭庄敬,礼教也”。礼教是对培养人的修养、熏陶人的品格的重要条件。懂礼貌、讲礼节是做人非常重要的一种素质,但是也要区分场合、区分对象,礼节恰到好处才好,如果太过分了,就会把人和事变得太拘谨了。

《乐经》是记录礼乐的作品,可惜在秦始皇焚书坑儒以后就失传了。礼乐就是在举行重大仪式的时候,用音乐做背景,让人依着音乐来行礼,又自然,又不约束,还显得非常有规矩。古人说“广博易良,乐教也”。“易良”是由坏变好,也就是说,音乐能改变人的情绪,使不好的情绪变好,变得平和而善良。但是,选择音乐要用心,不要选择那些很不上进的音乐,那会使人的情绪越来越低落,对人的性格和精神没有任何好处。

《春秋》是我国最早的编年体的历史书。古人说“属辞比事,《春秋》教也”。“属辞”是研究历史资料,“比事”是对比现在的人和事。也就是说通过了解历史,并且和现在的一些事物进行对比,可以让我们得到许多做人、处世、治理国家、发展经济的经验。我们的中华文化有几千年的文明历史,荣辱成败尽在其中,有太多的经验可以借鉴。但是需要注意的是,我们在历史中学到的东西应该用来借鉴,吸取好的,抛弃不好的,不要只从历史里面学那些阴谋诡计,学那些不学无术的东西。

古人认为“经”都是圣人的作品,“经”中的每一个字都是千古不变的道理,是无所不知的圣人根据人情世故来写的,对任何人都有作用。因为人们认为这六部作品都是圣人作的,所以把它们统称为“六经”。古人将“经”定义为“雅言”,认为读“经”能让人举止、言辞变得高雅,使人的思想纯净。

我们现在的学校也开设了许多的课程,目的就是要让孩子们从小就受到比较全面的教育,孩子们在学习的过程中,对于这些课程一门也不能松懈,因为这些课程是要让我们知道每一个学科的基础知识,并且在学习的过程中,找到我们自己学习的方向。即使我们的选择只有一个,也不能用偏科的方法来对待其他的学科,因为各种学科都是相通的,任何一个学科都会用到其他学科的知识,对所有的学科都有所了解,才会做到胸有成竹,将来才会成为一个学识渊博的人。

【原文】

有连山①,有归藏②,有周易③,三易详。

【注释】

①连山:书名,相传为伏羲氏著作。②归藏:书名,相传为黄帝著作。③周易:书名,相传是周文王、周公、孔子的著作。

【译文】

《易经》有三种版本:《连山易》《归藏易》《周易》,它们详尽阐述了易理。

【故事链接】

《易》书原有三部。一部是传说中的伏羲著的《连山》。伏羲氏的易,以"艮"开始,艮象征着山,所以他的易叫《连山易》;第二部是黄帝写的《归藏》,黄帝的易,以"坤"开始,坤象征着地,因有"万物莫不归而藏于其中"之说,所以他的易称为《归藏易》。这两部易书,学者很少能通晓其中的文义。

今天通行的《易》,便是《周易》。相传为周文王、周公、孔子三人所著。《周易》由卦、爻两种符号和说明卦的卦辞、说明爻的爻辞构成,分上下两卷,共六十四卦和三百八十四爻。我们经常说的"八卦"即是演化为六十四卦的八种基本图形,即乾、坤、震、艮、离、坎、兑、巽。八卦起源于原始宗教的占卜,它们分别象征着天、地、雷、山、火、水、泽、风八种自然现象,每卦可以象征着多种事物,可以用来占卜与象征自然和社会变化的凶吉。《周易》虽带有宗教迷信的色彩,但也保存了古代社会的一些情况和某些思想认识资料,其中包含着朴素辩证法思想的萌芽。

但《周易》年代久远,文学晦涩,后人多方发挥,众说纷纭,多被后人玄学化、理学化了。

在我国古代,有一位星象预测大师,他的名字叫袁天罡。袁天罡对于易经的研究很深,并且善于在星象的变化中发现宇宙的奥秘,从而预测出即将发生的事情。他还能根据人的相貌,预测出人将会遇到的事情。

据说他在任隋朝的盐官令时,曾经给洛阳的杜淹、王珪、韦挺三个人相过面,他说杜淹将来会因为文采而天下闻名，王琏在十年之内会做五品官，韦挺会做武官，还说三个人将来都会被皇帝怪罪，然后被贬官职，到那个时候他们四个人还能再见面。

后来，杜淹果然入选了天策学士，王琏也当上了五品太子中允，韦挺做了左卫率。可是，就在三个人在各自的职位上发展的时候，突然宫廷发生了政变，三个人一起受到牵连，被皇帝贬到了隽州，并在这里又遇到了袁天罡。

这一次，袁天罡又给他们三个人相面，说他们三个人以后肯定都要做到三品官，不会走下坡路的，过了些年，三个人果然像他说的那样，做了三品官，并且结局都很理想。

唐太宗李世民听说袁天罡预测能力特别强，于是就召见了他，夸赞了他一番以后，唐太宗问："古时候严君平的相术高明，但是也没有什么太大的成就，现在如果你来辅佐我，会怎么样呢？"袁天罡说："严君平生不逢时，我要比他强得多。"后来，唐太宗便让袁天罡给朝廷重臣们看相，袁天罡所说的事情最后都经过了证明。

据说袁天罡还给武则天看过相。武则天小的时候，袁天罡见到了武则天的母亲杨氏以后吃惊地说："夫人的孩子将来不会是一般人啊。"夫人听了，便把两个儿子叫出来让他看，可是袁天罡看了，却失望地说："最多只能做到三品官吧，不算大贵人。"夫人又派人把武则天抱了出来，武则天当时穿着男孩子的衣服，袁天罡一看又吃了一惊，他说："可惜是个男孩子，如果是女孩子的话，肯定会当皇帝。"当时武则天的母亲还说："女孩子怎么能当皇帝呢？"可是后来，武则天果真成为中国历史上的第一位女皇帝。袁天罡的预测又被证实了。

关于袁天罡的历史故事还有很多，民间流传的故事更多。有的人说袁天罡是神仙下凡，所以才能未卜先知，实际上这是不正确的。宇宙间的事物本来就是有规律的，袁天罡是通过对这些规律的观察和对前人留下的知识的研究，综合起来判断出的结果。

据说在五千年前，伏羲发现了许多宇宙的奥秘，他根据对大自然的想象，画出了先天八卦，后来，周文王又根据伏羲的坐标，创立了后天八卦，并推算出了六十四卦，还为每一卦都写了卦辞，这就是《周易》，也是最早的《易经》。

孔子在五十岁的时候开始学习《周易》，他觉得易经讲述的都是宇宙中的真理，所以就对其开始进行深入的研究，最后对《周易》进行了详细的解说，他的解说作品就是《易传》，也被称为《十翼》，一直流传到了今天。由于它的流传时间最长，所以被称为"群经之首"和"中华第一经"。

《易经》里面不仅解释了宇宙万物变化的规律，更包含着一门微妙的占筮学，它可以通过将八卦、五行、天干地支与自然现象及各类事物甚至灾害结合起来，预测将会发生的事情。

因为《易经》认为，万事都是永恒的，总有规律在里面。

我们现在也能看到一些人,说自己未卜先知,能知前世今生,其实,这些都是不能轻易相信的事情。真正像袁天罡那样的人太少了,不对古代的易经进行详细的钻研,不会观察世间的各种现象,是根本无法一夜之间拥有预测本领的。

所以家长们不能做一个迷信的人,去相信那些仙夫或者巫婆,一定要教育孩子靠自己的本领打拼自己的未来,因为不论是做出《易经》的人,还是袁天罡,都是经过对《易经》的刻苦学习,才在自己所有兴趣的领域里获得了成功,想要好的前程,不努力是不行的,一切都得靠自己。《易经》是我国的一部历史瑰宝,如果孩子们长大了对它产生兴趣的话,再去具体地研究也不晚。

【原文】

有典谟,有训诰[1]。有誓命,书之奥[2]。

【注释】

①典:帝王受命之书。谟:大臣出谋献策。训:臣下劝谏君主。诰:晓谕百官和民众的公告。②誓:出师打仗的檄文。命:君主给大臣发布的命令。书:指《尚书》。奥:深奥。

【译文】

《尚书》是由"典""谟""训""诰""誓""命"等组成,它们记载了虞、夏、商、周的政史,其中的文字含义非常深奥。

【故事链接】

《尚书》是我国古代最早的一部记言体文件汇编,儒家经典之一。原先只称《书》,因记录的是上古的事,所以又叫《尚书》(尚,古代通"上"),或叫《书经》。它记载的内容上起原始社会末期的虞舜时期,下至春秋时的秦穆公,按时代先后分为《虞书》《夏书》《商书》和《周书》四个部分。从编书的角度看,这是一部经过长期汇集和流传的书,到春秋战国时才最后定型。

《尚书》的内容非常深奥。书中的篇目有典、谟、训、诰、誓、命等。凡是皇帝的政绩可作常法的记载,叫作典;大臣向皇帝陈述良谋、善策的言辞,叫作谟;陈诫帝王的言辞,称为训;晓谕帝王的言辞,称为诰;出师告诫将士的言辞,称为誓;君王所发的命令,称为命。

相传孔子删选《尚书》成百篇,后遭秦火被毁灭,之后汉文帝下诏书求《尚书》。有一个年近九十的老头伏生口授《尚书》一部,共五十八篇。到了武帝时,宗室的鲁恭王在孔子故宅的墙壁中发现《尚书》一部,与伏生口授的一模一样。但它用古文字写就,因此这部《尚书》又称"壁经"或"古文尚书",后来武帝诏孔安国抄下这部书,全用汉隶写就,史称"今文尚书",定为五十八篇,通计二万五千七百个字。这也是我们今天所看到的《尚书》的文本了。

《尚书》作为一部政治书籍,曾经做过很多古代帝王决策的依据。古时候,智伯瑶曾威胁魏桓子说,如果不给他所想要的土地,他就会进攻魏。魏桓子并不想给智伯瑶土地,因为智伯瑶的要求是非常可耻的。可是他想到《尚书》上说:"要想打败他必须暂且辅助他;想要夺取他,必须暂时给予他。"于是他便思索了一番,他认为,如果自己单独和智伯瑶对抗,肯定会因为势力弱被他给灭掉。如果自己把土地给他,他就会以为别人会怕他,就会向别人索要土地,这样的话,别人都会感到担心,也会感到很生气,如果到那个时候,我再去联合这些人报仇,肯定会成功的。于是,他便把智伯瑶想要的土地划给了他。

结果果真像他想的那样,智伯瑶得到了魏的土地以后,得寸进尺地又去向赵襄子要土地,赵襄子不给他,他就派兵去打赵襄子,这时候,魏桓子走出来,联合了韩康子,配合赵襄子一起把智伯瑶给灭掉了,自己的土地又回来了。

如果当初魏桓子没有考虑到《尚书》中的"欲先取之,必先予之"的道理。恐怕魏国早就不存在了。

《尚书》的名气大,由于受到过彻底的销毁,所以后代存下来的只是一部分,因此引来了许多的人伪造它的原本,甚至连孔子的后人都曾经伪造过,但是不管怎样,真的就是真的,假的就是假的,总会被历史判定的。历史是真实发生过的事情,没有任何人能把它改变。

【原文】

有国风,有雅颂,号四诗①,当讽诵②。

【注释】

①四诗:指国风、大雅、小雅和颂,是《诗经》的四种体裁。②讽诵:诵读。

【译文】

《诗经》分为《国风》《大雅》《小雅》和《颂》,称为四种体裁,应当诵读吟咏。

【故事链接】

《诗经》是我国第一部诗歌总集,共收入自西周初年到春秋中叶大约五百多年的诗歌三百零五篇。

对于《诗经》编集,班固和何休两人很形象地说是采集而成。据说,每年到了孟春之月,聚居在一个地方的人将纷纷出发,手中拿着木铎到各处去采集诗歌,带回来献给太师,太师又按音律的不同把它们分类,然后再告之于天子;凡是地方上男的年龄到了六十,女的年龄到了五十没有子女的,朝廷给他们官服薪水,派他们到民间求诗。他们从一个乡村采到一个都城,从一个城又采到一个国家,最后告之于天子。

虽采集的地域很广,但形式基本上都是用韵一致的整齐的四言诗。统治阶级采集诗歌的目的,除用以教育自己的子弟和娱乐外,主要是为了了解民情,考察其政治得失。

《诗经》共分风、雅、颂三个部分。其中风包括"十五国风",是带有地方色彩的歌谣,"十五国风"就是十五个地方的土风歌谣。雅分"大雅""小雅",雅有"正"的意思,当时人们把朝廷直接统治地区的音乐看成正统的声音,雅就是周王朝直接统治地区的正乐之歌。

颂有"周颂""鲁颂""商颂"三种,是宗庙祭祀用的乐歌。

当时传授《诗经》的有齐、鲁、韩、毛四家。自东汉末年,儒家大师郑玄为毛诗作笺,学习毛诗的人逐渐增多,其后三家诗相继失传。

《诗经》在先秦典籍中只称为"诗",汉代学者奉为经典,才称作《诗经》。

《诗经》是我国文学的光辉起点,值得后人认真诵读吟唱。

孔子对《诗经》进行了删修,经过他删修的《诗经》,既通俗易懂,又包含着许多的哲理与义理,能让人生善心、弃恶念,还能让人说话有条理,善于打动人。所以诗歌还是改变人的气质的一种艺术。

《诗经》总计有三百零五篇,里面最著名的内容就是一些反映普通百姓生活状况和思想变化的诗歌。

比如有一首《硕鼠》是这样写的:

硕鼠硕鼠,无食我黍!
三岁贯女,莫我肯顾。
逝将去女,适彼乐土。
乐土乐土,爰得我所。
硕鼠硕鼠,无食我麦!
三岁贯女,莫我肯德。
逝将去女,适彼乐国。
乐国乐国,爰得我直。
硕鼠硕鼠,无食我苗!
三岁贯女,莫我肯劳。
逝将去女,适彼乐郊。
乐郊乐郊,谁之永号。

这首诗歌用今天的话说是这样的:

大老鼠呀大老鼠,不要吃我种的黍!

多年辛苦养活你，我的生活你不顾。

发誓从此离开你，到那理想新乐土。

新乐土呀新乐土，才是安居好去处！

大老鼠呀大老鼠，不要吃我大麦粒！

多年辛苦养活你，拼死拼活谁感激。

发誓从此离开你，到那理想新乐邑。

新乐邑呀新乐邑，劳动价值归自己！

大老鼠呀大老鼠，不要吃我种的苗！

多年辛苦养活你，流血流汗谁慰劳。

发誓从此离开你，到那理想新乐郊。

新乐郊呀新乐郊，有谁去过徒长叹！

这首诗歌反映的就是普通的百姓对统治者的不满。他们把统治者比做一只大老鼠，指责统治者不顾百姓死活，只知道搜刮百姓，甚至于让百姓产生了想要离开统治者的苛政，去寻找一个没有苛政的乐土的愿望。

还有一首诗歌名字叫《伐檀》，更是指责了一些朝廷官吏的恶行。原文是这样写的：

"坎坎伐檀兮，置之河之干兮，河水清且涟漪。不稼不穑，胡取禾三百廛兮？不狩不猎，胡瞻尔庭有县貊兮？彼君子兮，不素餐兮！

坎坎伐辐兮，置之河之侧兮，河水清且直猗。不稼不穑，胡取禾三百亿兮？不狩不猎，胡瞻尔庭有县特兮？彼君子兮，不素食兮！

坎坎伐轮兮，置之河之漘兮，河水清且涟漪。不稼不穑，胡取禾三百囷兮？不狩不猎，胡瞻尔庭有县鹑兮？彼君子兮，不素飧兮！"

这首诗用今天的话说是这样的：

"砍伐檀树响叮当，放在河边两岸上，河水清清起波浪。不种田又不拿镰，为啥粮仓三百间？不出狩又不打猎，为啥猎獾挂你院？那些大人老爷们，不是白白吃闲饭！

叮叮当当砍檀树，放在河边做车辐，河水清清波浪舒。不种田又不拿镰，为啥聚谷百亿万？不出狩又不打猎，为啥大兽挂你院？那些大人老爷们，不是白白吃闲饭！

砍伐檀树响声震，放在河边做车轮，河水清清起波纹。不种田又不拿镰，为啥粮仓间间满？不出狩又不打猎，为啥鹌鹑挂你院？那些大人老爷们，不是白白吃闲饭！

这首诗的意思就更直接了，就是质问那些官老爷们："你们每天什么活儿也不干，凭什么就能吃喝玩乐、白享清福呢？"

古时候不像现在一样，有公路、铁路，还有电视、报纸，不用出门便能知道国家大事。那个时候想要走遍全国很难,所以君主了解各地的风土人情和政治的兴衰,最好的途径就是采集各地的民歌,因为劳动人民常常用诗歌来抒发自己的感情。君主通过这些诗歌,才可以了解到当地的百姓思想上的变化,以此来判断当地的官员是否有好的政绩。像上面的这两首诗歌,肯定不是心情舒畅的百姓写出来的,所以这两首诗歌出现的时期,百姓肯定是过着受压榨的生活。

在"庭训"的故事中,孔子曾经问自己的儿子孔鲤:"今天有没有读诗?"孔鲤说:"还没有。"孔子说:"不学诗你怎么能把话说恰当呢?"可见古人对诗是非常重视的。古人认为,要提高人的学识,必须要先学诗,把诗学好了,读书的基本功才会练扎实。在诗的境界里,能抒发感情、记录事物、描绘景物、发表看法,能陶冶人的情操,还能使人的性格敦厚。

【原文】

周礼[1]者,著六官。仪[2]礼者,十七篇。

大小戴[3],集礼记。述圣言,礼法备[4]。

【注释】

①周礼:书名,传为周公著。②仪礼:书名,传为周公著。③大小戴:指西汉戴德和他的侄子戴圣。④备:齐全。

【译文】

《周礼》一书把当时的官分为六种。《仪礼》一书共十七篇。大戴和小戴都编录删注过《礼记》,记述了圣人的言论,有关礼乐的内容十分完备。

【故事链接】

《周礼》是儒家三礼之一,是关于先秦官职与各种典辛制度的书,汉初叫《周官》。它的作者及成书年代众说纷纭。相传为周文王的第四个儿子周公旦所著,并把它分为天官、地官、春官、夏官、秋官、冬官六官。六官即六个卿相,天子垂拱在上,六卿相分职在下。法度严谨,国家无事,天下也可太平。《周礼》为记述古代各种制度的必备书,对后世影响很大,最显著的如王莽改制、王安石变法等,都曾以《周礼》为理论依据。

《仪礼》也是儒家三礼之一,是春秋战国时期的一部分礼仪的汇编。《史记·孔子世家》和《汉书·儒林传》都说它是孔子采集周代残留的礼书而编成的书。全书共十七篇,内容包括冠、婚、丧、祭、射、乡、朝聘等方面的基本礼节,为历代王朝制定礼制的重要依据。

《礼记》是一部资料汇编性质的书,为孔子的七十个学生和汉代学者所记。它所记录的都是战国秦汉间儒家的言论,特别是关于礼制方面的言论,内容很丰富。到了西汉有两种编辑本。戴德辑录本叫《大戴礼记》,原有八十五篇,现存三十九篇。戴德的侄子戴圣辑录的叫《小戴礼记》，共四十九篇，就是现在通行的《礼民记》。

《礼记》与《周礼》《仪礼》合称为儒家经典的“三礼”，比较全面地反映了古代社会的伦理观念、宗法制度、阶级关系和儒家各派的思想等，是考察儒家思想与战国前制度器物的重要典籍。

戴德被称为大戴，他是汉代的礼学家，是“大戴学”的开创者，并且是西汉的经学家后苍的弟子。他把老师的曲台记进行了删减，编成了《大戴礼记》。

戴圣是戴德的侄子，曾做过九江太守，他也是后苍的弟子，因为他的叔叔被称为“大戴”，所以他被称为“小戴”，他是“小戴学”的开创者。小戴热衷于研究儒家经典，其中最有兴趣的就是礼学。他曾经与自己的老师和叔叔共同钻研礼学，三个人都各有成就，使得礼学兴盛一时。他把叔叔的《大戴礼记》又进行了一番删减，编成了《小戴礼记》，也就是后来被编入六经之中的《礼记》。

戴圣一生都致力于授徒和著述。他的徒弟们有成就的很多，比如桥仁、杨荣等，这些人也各有礼教方面的作品，也各自教授了不少的学生，为中华礼仪的发展做出了不少的贡献。小戴对礼学的传播立有大功，他的《小戴礼记》也被列为儒家经典，在唐朝的时候还曾经被称为“大经”。《礼记》里面全都是通过散文或者小故事来说明一些道理的。它传述了圣人的言论，并说明了礼的意义。此外，中国古代的各种礼乐制度也包含其中。

《礼记》中有一句话叫作“礼尚往来。往而不来，非礼也；来而不往，亦非礼也。”这句话的意思是说，礼节重在相互往来：有往无来，不符合礼节；有来无往，也不符合礼节。中国传统礼节中都讲究要礼尚往来。别人送你礼物，你也要回赠别人礼物，别人礼貌地待你，你也要礼貌地对待别人。这样和大家相处起来才会融洽。

从前有这样一个小孩子，他的父亲生病了，不能到集上去卖柴，于是便派他担着柴到集上去卖。小孩子第一次担任这么重要的任务，可是他从来也没有去过集上，虽然父亲已经告诉了他路线，可他还是转了好几个圈也没有找到，这时候，他看到前边的一位老大爷正在赶路，于是就赶忙喊：“嗨，老头，老头，我问你，到集上怎么走？”前面的老大爷像没有听见一样，头也不回，继续赶他的路。那孩子追过去，拦在老大爷面前问：“嘿，老头，我问你呢，上集上怎么走？”老大爷看了他一眼，冷冷地说：“不知道！”然后头也不回地就赶路了。

这孩子没有走到集上去，只好回了家，回家以后和父亲讲了这件事情的经过，父亲说：“你对人这么没有礼貌，怎么能让别人理你呢？”第二天，小孩子的父亲还是没有跟他一起去集上，这孩子一个人挑着担子又出门了。他临出门前，父亲告诉他：“路要靠自己走，通往集上的路并不难，你自己想办法吧。记着，和别人说话一定要有礼貌。”他在外面又转了好几圈，还是没有找到路，于是他便又想向别人打听路。

他看到前面走着一位农民模样的人，于是快步赶到农民身边，对着农民深施一礼，问道："伯伯，请问您，我想到集上去，该怎么走呢？"农夫见了，摸着他的头说："呵呵，这个孩子可真是懂事，集市很好走，顺着这条胡同过去，就快要到了。"小孩子高兴地对着农夫鞠了个躬，对农夫说："谢谢伯伯，那我走了。"

这个故事里的孩子开始的时候就没有弄清楚一个道理，那就是人不可能对无理的人表现出赞同，所以他对别人没有礼貌，别人自然不愿意理他。而这回对路人礼貌有加，所以那个人才会热心地为他指路。

【原文】

王迹[①]息[②]，春秋作，寓褒贬[③]，别善恶。

【注释】

①迹：事业。②息：消失。③褒贬：批评好坏。

【译文】

周王朝衰败，于是孔子编写《春秋》一书，内容有褒有贬，寓意各自不同，对忠善奸恶做出了分辨。

【故事链接】

周王室日趋衰微，至周幽王荒淫无度，凶暴无能，残害忠良。他宠信褒姒，罢黜正宫申后，废除宜臼太子之位。为博褒姒一笑，幽王竟命人在烽火台举放烟火。各国诸侯原有约定：凡国家有兵戎之危难，只要看见烟火，各国诸侯就得率兵救援。此时看见西京烽烟四起，各国救兵纷纷出发，等到诸侯齐集，却发现平安无事，虚惊一场。褒姒看到这个情景，不禁大笑。后来，外敌入侵，周幽王举放烟火，各诸侯国一兵不发，幽王仓皇无措，死于乱军之中。众臣迎被废太子宜臼回朝，立为天子，他就是周平王。

自平王东迁洛阳，周朝始终是君弱臣强，还曾有五霸七雄各据一方。周平王虽然有天子之位，但政教不兴盛，号令也不能推行。这时，乐师不再颂诗，所以"风"消亡了；诸侯不再来朝觐天子，所以"雅"消亡了；诸侯不再祭祀供奉周室，所以"颂"也消亡了。"风""雅""颂"都消亡了，诗也消亡了，这标志着周王室已衰败。孔子"伤王政之不行，痛诸侯之专恣"，于是，从卫国返回鲁国编著《春秋》。

《春秋》是我国现存最早的编年体史书，可算是春秋时期鲁国的史记，记载了上自鲁隐公元年（公元前722年），下至鲁哀公十四年（公元前481年）的历史，共二百四十二年，经历了十二公。当时君大夫若能得到《春秋》的褒扬，比得到天子的嘉奖还要荣耀；若是受到《春秋》的贬斥，那比受到天子的刑戮还要羞耻。前人说孔子删修《春秋》，意在"寓褒贬，别善恶"，将对历史人物的褒贬之意寓含在历史事实的记载之中，分别忠善奸恶，做到“微而显”，“志如晦”，“婉而成章”，即所谓的“春秋笔法”。后世学者应从字里行间去搜寻它的微言大义。

孔子为了编写《春秋》，曾经到各国收集过史料，孔子说过：“有些人什么事情也不知道就敢写，我不能这么做，我要多听听多看看，选择最重要的写下来。”

孔子在编《春秋》的时候，由于资料不足，也曾经给他造成很大的困难，为了能够把真正发生过的历史写出来，孔子曾经求教于老子。老子比他的年龄大，所以经验比他丰富，接触过的资料也比他多。孔子向老子请教了许多问题，在老子那里也获得了许多宝贵的知识，并把这些知识用到了《春秋》之中。这就是历史上著名的“孔子修春秋问礼老子”的故事。

孔子时期的东周处于五霸并立时期，但是，由于害怕被孔子把恶行记入历史，所以一些想要把天下搞乱的势力不敢造次。这本书对于当时的国家局面起到了很大的控制作用。

《春秋》里面记载了这样一则故事。鲁定公带着孔子一起出使齐国的时候，齐国的国君为了得到他们的赞赏，为他们准备了一个非常盛大的欢迎宴会。为了显示国家的强大，齐王在宴会上命人为鲁定公和孔子表演兵器舞，哪知道孔子看了以后指责他说：“在宴会上要弄兵器，太不友善了。”齐王听后一愣，赶忙让表演的人停下，换上一群小丑来演出。结果孔子又说：“弄这些粗俗无礼的小丑来戏弄我们吗？”齐王本来想弄个排场讨好孔子，没想到却碰了一鼻子灰，赶忙停止了表演。

《春秋》这部作品文字语言简练，逐年逐月地记录了历史上所发生的事件。由于孔子在这部书中记录的事件完全是以事实为依据，赏罚分明，所以当时的官员们都以在这部书中受到褒扬为荣，也都以在这部书中受到批评为耻，而这种荣辱观念的程度，甚至高于受到天子的赏赐或者惩罚。当时的国君们也怕孔子在《春秋》中给自己写下不好的评语，所以对孔子都是毕恭毕敬的。

据说有一年，有人捉住了一只麒麟，由于不知道是什么，便把它打死了。他觉得孔子见多识广，所以拿来给孔子看，孔子看到了以后哭着说：“这是，这是麒麟啊！麒麟是祥瑞之物，现在降到了乱世之中，又死在了乱世之中，看来，周朝的天下不保了。”当时孔子正在作《春秋》，可是当他看到了麒麟之后，便对周朝的未来感到了绝望，所以便不再记录历史，《春秋》便就此搁笔了。

由于孔子在《春秋》中记录了详尽的历史事件，所以东周的上半个时期，便被后人称为春秋时期。孔子绝笔以后，那些想要争夺天下的人都觉得已经没有什么可怕的了，于是各国便开始急剧地扩张势力，发动战争，经过了一系列的争斗之后，七个国家脱颖而出，并存于东周的土地上。这就是战国七雄——齐、楚、燕、韩、赵、魏、秦。《春秋》这部书被列为六经之一，为后人详细地了解春秋时期的历史做出了不可磨灭的贡献。

【原文】

三传者，有公羊①，有左氏，有穀梁②。

【注释】

①传：注释经义的文字叫传，凡是圣人的著作称经，贤人的著作叫传。公羊：指公羊高，齐国人，作《春秋传》一册，称为《公羊传》。②左氏：即左丘明，作《春秋传》一册，称为《左传》。穀粱：指穀梁赤，作《春秋传》一册，称为《穀梁传》。

【译文】

孔子编写的《春秋》言简意赅，含义深刻，一般人很难读懂，必须对它进行解释才能使人明白。《左传》《公羊传》《穀梁传》就是解释《春秋》的著作，分别由春秋时期的左丘明、战国时期的公羊高和穀梁赤所著。

【故事链接】

周平王迁都洛阳后，到了春秋战国之际，社会急剧变化，奴隶主贵族日趋没落，地主阶级逐渐兴起，阶级矛盾复杂激烈。为了维护各自的利益，他们都很注意吸取历史的经验教训，国家有大事，互相赴告；会盟朝聘，史不绝书；褒扬善行，贬斥恶迹，直笔不隐。因此各国史官便自觉地积累了大量的档案资料，以备编撰之用。这时候，从前专门记载王朝、诸侯的诰命和大事如《尚书》《春秋》之类，已不能满足时代的需要，于是产生了以记载各国卿大夫和新兴阶级言论以及诸侯各国的政治、外交和军事活动为主要内容的历史，其中，“公羊”“左氏”“穀梁”三传是最典型的历史著作。

所谓“传”，就是解释经义的文字。古人将圣人的著作称为“经”，将贤人的著作称为“传”。传《春秋》的人不少，但只有三部传最为有名：一是《公羊传》，是战国时期的鲁国人公羊高所著。二是《左氏传》，即鲁国的贤人左丘明所著。他传《春秋》用编年纪事体。把相关历史详细地记在每处大事之后，凡是天子诸侯之事，兵革礼乐之文，兴衰存灭之故，左氏都做了详尽记载。三是鲁国人穀梁赤所传的《穀梁传》。

孔子著《春秋》以寓褒贬，文字简约，题旨微奥，没有“三传”实在难以明了其中的意思。所以，“三传”与《春秋》共同列入“十三经”中。

春秋时期，晋国向虞国借道去攻打了虢国，结果占领了虢国一座很大的城池。过了三年，晋国又向虞国提出了从虞国穿过去攻打虢国的请求，还给虞国送来很多的珍宝。

虞国有一个叫宫之奇的大臣，在听说了晋国的请求后就去求见国君。他对虞公说：“绝不能再让晋国借用我们国家的道路去攻打虢国了，要不然，咱们虞国也要灭亡了。”虞公不以为然地说：“晋国国君和我都是周朝的后代，我们是一个家族的兄弟，他才不会消灭我的国家呢。”

宫之奇说：“这种事情在历史上见得多了，要小心啊。虢国的开国君主是您父王的弟弟，是周朝的开国功臣。但是一百多年前，周朝皇室的郑武公还是把虢国吞并了，当时的国君根本没为了这件事情责备他，照样把郑武公当作忠臣，周朝兄弟相残的事情是有历史的啊。现在晋国的国君是一个暴君，为了一个妃子的谗言，把自己的太子逼得自杀了，还把另外两个儿子逼得离开了他，就是对自己兄弟的孩子，他也很残忍，就因为他怕侄子们将来对他不利，他把自己兄弟的孩子全杀光了。您想，他虽然和您一样是同一个家族的兄弟，但是还能比得过他和儿子亲近吗？能比得过他和他的亲兄弟的孩子亲近吗？一个连自己的儿子和侄子都杀的人，能念及只是同一个家族的您吗？我们不能相信他会信守诺言啊。”

《春秋》书影

宫之奇还说：“晋国去讨伐虢国，假意说是要报仇，实际上他是想吞并虢国，扩张领土。要是他真的灭了虢国，那么是不会放过我们的，因为我们的土地就隔在晋国和虢国中间，所以说在晋国面前，我们和虢国的命运是相连的，就像人的嘴唇和牙齿一样，如果在暴力打击下，一个人失去了嘴唇，那么他的牙齿还能不受伤害吗？这就叫作唇齿相依，唇亡齿寒啊。虢国的存亡关系到虞国的安危，我们不能帮助他啊。”

宫之奇又说：“一个人就是再渴也不会喝有毒的酒，因为人知道喝了酒会死掉。要是我们贪图他这点珍宝，最后使自己的国家灭亡了，那损失就太大了。”

可是，无论宫之奇怎么劝虞公，虞公就是不听，他就想着能讨好晋国，让晋国以为他很友好。他想，要是晋国把虢国灭了，怎么样也得分给自己些土地。所以他答应了晋国的请求，甚至一点都不进行提防。宫之奇一看实在挽回不了大局了，便带着族人到别的国家去了。

后来，晋军从虞国穿过，灭了虢国，在返回的途中再从虞国穿过的时候，果真顺手灭掉了虞国,虞国的国君做了俘虏,他恨透了自己。如果当时他能听宫之奇的话,又哪至于如此啊,他到这个时候才懂得了唇亡齿寒的道理。

上面是《左传》中所记载的一个故事,这个故事的名字叫"唇亡齿寒"。《左传》据说是和孔子生活在同一个时期的左丘明的著作,是为了给孔子的《春秋》做注解所做的。

袁天罡

左丘明是鲁国的太史官,他是一个非常贤能的人,孔子非常赞赏他。孔子曾经说过:"左丘明觉得,只说别人喜欢的话,对人太过恭敬,是非常可耻的。我也这么觉得。左丘明认为,如果心里头不喜欢某个人,表面上还和这个人做朋友,也是非常可耻的,我也是这么认为的。"

孔子的《春秋》虽然语言简练,但是普通人却不容易看懂,而孔子还没有来得及给《春秋》做出详细的解释就去世了,所以后来出现了许多为《春秋》做注解的书。

传是解释"经"的书,因为孔子的《春秋》被称为"经",所以解释《春秋》的书也便被称为"传"。"三传"对于《春秋》来说,就像是我们平时读书时所用的词典一样,《春秋》中所有令人难以理解的语言都在这三传中有着通俗易懂的解释,有了这些"传"做注解,研究起孔子的《春秋》来,便容易了很多。

【原文】

尔雅①者,善辨言。求经训②,此莫先。

【注释】

①尔雅:书名,周公著,是我国第一部词典。②训:训诂,解释字义叫训诂。

【译文】

《尔雅》一书精于辨解词义,若要寻求对经文的解说,没有比《尔雅》更好的了。

【故事链接】

训诂学萌芽于春秋战国,初兴于西汉,鼎盛于清代,是我国传统的研究古文献语义的一门学科。它的主要任务是研究如何正确解释古文献语言文字因时间、地方的不同而造成的疑难，总结前人注疏训释的经验，阐明训诂的原则、义例、方法及其运用，以便更好地指导训诂以及与此有关的古籍整理、古文教学等工作。综合性和实用性是这门学科的显著特征。因此，训诂学也可以说是汉语言学科中的应用学科。其著作大体可分两类，一类是为解释某部著作的，如《毛诗注疏》《韩非子集释》等；另一类是搜集词语进行解释的，如《尔雅》《释名》等。

《尔雅》是我国最早的一部解释词义的专著，所收集的材料早至西周，晚至西汉，在很长一段时间内，经过许多人不断增补，最后成书于西汉初年。今天的版本共十九篇，前《释诂》《释言》《释训》三篇采用同义类聚的方法解释一般词语，后十六篇解释各类名物专有词，是研究古代词义和古代名物的重要资料，唐宋时被列入“十三经”。

因此，人们说要寻求对经文的解说，没有比《尔雅》更合适的了。

【原文】

注疏[1]备，十三经，惟大戴[2]，疏未成。

【注释】

①疏：指为古书旧注所做的阐述或进一步发挥的文字。②大戴：指《大戴礼记》，汉朝戴德编撰。

【译文】

在被注释完备的书中，共有十三部儒家经典，唯有《大戴礼记》没有注疏。

【故事链接】

儒家奉为经典的十三部古书合称“十三经”，即《周易》《尚书》《诗经》《周礼》《仪礼》《礼记》《春秋左氏传》《春秋公羊传》《春秋穀梁传》《论语》《孝经》《尔雅》《孟子》。

早在先秦时已有《诗》《书》《礼》《乐》四书和《诗》《书》《礼》《乐》《易》《春秋》六经。到汉时，《乐经》亡佚，汉武帝罢黜百家，独尊儒术。规定当时官员必须学习当时剩下的五经，后来就有了“五经”之称。唐初又以《周易》《尚书》《诗经》《周礼》《仪礼》《礼记》《春秋左氏传》《春秋公羊传》《春秋穀梁传》合称为九经。到了唐文宗太和、开成年间（公元827年~840年），又将九经刻于国子学的石碑上，并增加《论语》《孝经》《尔雅》三部，合称为十二经。五代时蜀主孟昶去掉后十二经中的《孝经》，又新增《尔雅》《孟子》，共计十三部，刻于石上。从这开始，《孟子》第一次被列入经书范围。到了南宋，朱熹极力推崇《孟子》，《孟子》在经书中的地位最终确立。

【原文】

左传外，有国语[1]。合群经，数十五。

【注释】

①国语：书名，又称《春秋外传》，相传为左丘明著。

【译文】

左丘明著作除了《左传》外,还有《国语》,《左传》《国语》加上前面所述的经书,共十五部经典。

【故事链接】

《左传》是《春秋左氏传》的简称,又名《左氏春秋》,是我国最早以《春秋》为纲的编年史。《春秋》仅仅是最简洁的历史大事记,《左传》则详细地记载了其事件的始末及有关轶闻琐事。从鲁隐公元年(公元前722年)开始,一直写到鲁哀公二十七年(公元前468年),后附鲁悼公四年(公元前463年)事一条,并述及悼公十四年(公元前454年)晋国韩、魏、赵三家攻灭智伯的事,前后共记叙了春秋时期二百五十多年的历史。

从文学的角度看,《左传》的叙事故事性强,富于戏剧性,并且善于写战争之类的事情,特别是几次大规模的战事写得非常出色。文字、语言,尤其是人物的辞令十分简练、形象。

关于它的作者、年代和真伪,历来争辩不休。近代人认为是战国初期的某个学者根据各国史料编成,清代今文经学家认为是西汉刘歆改编,司马迁则认为是春秋时期鲁国太史左丘明所著。

司马迁说:在左丘明双目失明之后,又著有《国语》一书。后人就以为《左传》《国语》是同一个作者。而且《左传》是传《春秋》的书,所以又称《国语》为"春秋外传"。

从记载事情的时间、内容上看,两书有很多重复甚至相互抵触的地方。因此,说它是"春秋外传"好像有点不恰当。总之,《国语》所反映的进步思想不如《左传》鲜明,在文字上的成就也远不如《左传》,但它也有叙述生动、绝佳的地方。

【原文】

经既明,方读子①,撮其要,记其事②。

【注释】

①方:才。子:指诸子百家的著作。②撮:摘取(要点)。

【译文】

读完了六经,然后再去广泛阅读诸子百家的书籍。阅读时应抓住其中的要领,牢记书中所载事实。

【故事链接】

春秋战国时,随着社会经济的发展,奴隶制度逐渐被封建制度所取代。而社会制度的变革伴随着激烈的阶级斗争,各阶级、各阶层对变革中存在的问题,提出了各自的主张和要求,因而在思想界形成了诸子百家林立的局面,这就是所谓的"百家争鸣"。参与争论的主要有儒、道、法、墨、名、阴阳、纵横、兵、农、杂等家。

到了西汉初期,学者们把春秋末至汉初各学派及其代表人物总称为“诸子百家”。“百家”即指众多学派,“诸子”指各派的代表人物。据《史记·太史公自序》记载,司马谈将诸子百家分为阴阳、儒、墨、名、法、道德六家。西汉末年,刘歆在《七略》中又加上了农、纵横、杂、小说四家,共十家。

因此,诸子百家的书比较复杂,良莠不齐。所以我们在初读诸子百家的书时,只要有选择性地读一些优秀、重要的篇目即可。假如对十五部经典已经熟悉了,不妨再读其他一些诸子百家书,这样才能瑕瑜互见,学问也可日趋渊博。

【原文】

古九流①,多亡佚②,取五种,修文质③。

五子者,有荀扬,文中子,及老庄。

【注释】

①九流:诸子派别分为九流。儒家、道家、阴阳家、法家、名家、墨家、纵横家、杂家、农家,共称九流。②佚:同“逸”,散失。③文质:文辞与气质。指文学和道德修养。

【译文】

古代战国时有九种学术流派的著作,大多已经散失,不过我们还可以选择其中五种来陶冶自己的气质和修养。这五种子书分别是《荀子》《扬子》《文中子》《老子》《庄子》。

【故事链接】

诸子百家流派众多,不可一一胜记,因此我们也只能选择最优秀的几家来读。从各派代表人物的修养、气质及其文章的文采来看,大概有五家最负盛名,他们是:老子,姓李名耳,字伯阳,楚苦县人。东周时曾做过藏室史的官,著有《道德经》一书,又称《老子》。全文只有五千个字,却博大精深,富有朴素的辩证思想的火花。老子不在乎名声,不炫耀才德,以清静无为为最高道德标准。

庄子,名周,字子休,楚蒙城人。曾做过漆园令,是老子道家思想的继承人,著有《南华经》一书,又名《庄子》。

庄子放荡不羁,蔑视礼法和权贵,他的文章文采飞扬,有一种离群脱俗的浪漫主义色彩。他是诸子百家中才华横溢者的典范。

文中子,姓王名通,字仲淹,隋龙门人。著有《元经》《中说》两书。因他死后封谥号为文中子,故后人把他这两部书合称为《文中子》。《中说》模仿《论语》而作,但绝非雷同于《论语》;《元经》模仿《春秋》而写,但它的观点又完全背离了《春秋》的旨意。

扬子,名雄,汉成都人,著有《欠玄经》《法言》两书,合称《扬子》。《扬子》模仿《周易》《论语》,文字醇厚而稍有瑕疵。因此。扬雄和王通对后世文学的影响不大。

荀子，名卿，楚兰陵人。著《荀子》上下两篇。他生于战国纵横之世，学问渊博，善于辩诉，因此其文多长篇大论，发挥尽致、畅所欲言而后才能停笔。论点明确，层次清楚，句法整练，词汇丰富，闪烁着朴素唯物主义色彩。

【原文】

经子通，读诸史[1]，考世系，知终始[2]。

【注释】

①史：指史书。②世系：指帝位、爵位等世代相传。

【译文】

读通了“四书”“六经”以及诸子百家之书，就可以去读各种史书了，阅读中应对史书中所记载的每个朝代和每个国家的治乱兴亡之事进行考究，以便使自己了解历史发展的概况。

【故事链接】

史书分为两种，一是通史，二是断代史。

通史指通贯古今的史书，记载古今往事，如司马迁的《史记》、司马光的《资治通鉴》等。司马迁是西汉夏阳（今陕西韩城）人，曾任汉武帝的侍从，后继承父亲司马谈太史令之职。后来得罪了汉武帝，遭宫刑。遇赦出狱后，奉旨当了中书令，他继续发奋著述，终于完成了纪传体的通史著作《史记》。《史记》所记的史事从传说中的黄帝开始，一直到作者生活的汉武帝时期，上下三千年。全书以“本纪”“世家”“列传”记人物、民族、外国，以“书”记制度，以“表”贯穿史事，这种写法对中国史学和文学的发展起过重要的作用。《资治通鉴》属编年体通史，由北宋司马光主持编撰。全书记载了从战国到五代共一千三百六十年的历史。内容以政治、军事为主，经济、文化较为简略。在书中，司马光常以“臣光曰”的方式，议论封建统治之道。书名“资治”，目的在于供封建统治者从历代治乱兴亡中取得鉴戒。

断代史是以朝代为断限的史书，记载一国一朝的历史，始于东汉班固所著的《汉书》。正史“二十五史”中，除《史记》外，都属于这一类，如《三国志》《晋书》《宋史》《明史》等。

阅读各种史书，能使我们了解历史事件的始末。《三字经》以下部分以较大的篇幅，按中国历史朝代变迁的顺序，叙说历代的治乱兴衰和重大政治事件。诵记这些韵语，阅读编配的历史故事，对于学习历史知识，拓宽视野胸襟，树立和增强民族自信心，弘扬民族的优秀文化，无疑是有积极意义的。

院子里有一口很大的水缸，几个孩子一起在院子里玩耍，这时，有一个要当武士的孩子想让自己显得有威风些，于是他爬到了缸沿上，想在高处站起来，结果一不小心，掉进了水缸里。孩子很小,缸很深,孩子挣扎着出不来。好几个孩子看到出事了,都吓傻了,他们有的愣在那里,吓得一动也不敢动;有的开始大哭着叫大人来救人。可是有一个小孩子突然从旁边拿起了一块石头,用力地向水缸扔去,结果水缸被砸了个大洞,水缸里的水流了出来,缸里的水面渐渐地下降,里面的小孩子得救了。大人赶来的时候,掉进水缸的孩子已经爬出了水缸。

这个砸破了水缸的孩子就是司马光,这个故事就是"司马光砸缸"。

司马光是宋朝著名的历史学家。由于受到了父亲的影响,他从小便非常热爱读书。司马光尤其喜欢史书,他在只有七岁的时候,便能熟练地背诵《左传》,还能把《左传》中所讲的一百年的历史按照时间的先后顺序讲得头头是道。

司马光有一个很大的成就,那就是写了一部《资治通鉴》,为了写这部书,他整整花费了十九年的时间。在写书的时候,他废寝忘食,有的时候甚至忘了回家吃饭,家里人总是得把饭菜给他送到写书的地方去,催很多次才会吃。他写的稿子字体工工整整,内容也简洁易懂。写完这本书后,他对皇上说:"我现在骨瘦如柴,眼睛也看不清了,牙齿也快掉光了,甚至变得很健忘,有些事情一转眼就想不起来了。"

这本《资治通鉴》是我国最大的一部编年史,从战国初期写到了宋朝建立之前,一共写了一千三百六十二年的历史。他按照时间的顺序把所有的历史事件都写得清清楚楚,并且对于事件的前因后果都交代得很明白,所以只要看过的人都能够很轻松地了解到历史的真实因果。

皇帝看了司马光的这部作品,非常高兴,认为他的史书语言简练,非常易于借鉴,于是为他的书赐名为《资治通鉴》。这部作品现在已经成为我们研究古代历史的重要参考资料。清朝的著名学者王鸣成曾经说过:"天下不可以没有《资治通鉴》,求学的人也不可以不读《资治通鉴》。"

司马光写《资治通鉴》的精神非常值得赞赏。读历史就是为了让人了解事物的兴衰原因,并以此为借鉴,避免发生同类的错误。唐太宗就曾经说过:"以铜为镜,可以正衣冠;以人为镜,可以知得失;以史为镜,可以知兴替。"

可是,古人不赞成让小孩子在识字以后直接读历史书,古人觉得只有先读完了四书五经以后才能去学习历史。因为如果没有在四书五经中学到正规的思想,直接去读史书,就容易分不清善恶。

【原文】

自羲农,至黄帝①,号三皇,居上世。

【注释】

①羲:伏羲氏,风姓,号太昊。始画八卦,造琴瑟,教嫁娶,作书契代结绳,造网罟教

捕鱼。农:神农氏,姜姓,号炎帝,兴贷利,制耒耜,尝百草,作医书,制五谷。黄帝:姬姓,名轩辕,其作甲子,造律吕、货币、舟车、宫室等。

【译文】

相传我国上古时期诸部族的首领是伏羲,据说他首创八卦图,初步揭示了万物变化的规律,故此被后人尊为开创中国文明时代的祖先。

伏羲之后有神农氏,也称炎帝,他向人们传播了种植技术。

同时代的黄帝(即轩辕)教会了人们织布做衣,并制定了礼仪,他振兴农兵,战胜了炎帝和蚩尤,一统天下。后人把伏羲、神农、黄帝尊为"三皇"。

【故事链接】

"伏羲氏"是传说中发明结网打鱼、用网打猎的人,他还发明弓箭射杀鸟兽,学会饲养牲畜。

远古时代原始人的生活十分艰苦,工具十分简单。凶猛的虎、豹、狼、熊等野兽出没树林山野中,原始人就凭借最简单的工具经过人工砍削或砸打的木棒和石头,采集果子,挖植物的根茎来吃,还用木棒和石器与野兽搏斗,获取食物。他们还不懂得用火,什么东西都是吃生的,就连打来的野兽,也是生吞活剥,连毛带血地吃了。

后来,为了逃避野兽的伤害,他们就学着鸟儿的样子,在树上做个窝,也就是在树上造一座小屋子,这样野兽就很难伤害他们了,他们的居住安全多了。又不知过了多少时间,原始人偶尔捡到被火烧死的野兽,拿来尝尝,觉得味道比生的香多了。经过不知多少次的试验,他们渐渐学会用火烧东西吃,并懂得把火种保存下来。又过了不知多少时间,他们懂得了人工取火的方法,用坚硬而尖锐的木头在另一块木头上使劲地钻,钻出火星来;或者用燧石互相敲打,敲出火来。后来,人们就把在树上造屋子叫作"构木为巢",把发明这件事的人称为"有巢氏";把发明人工取火的人称为"燧人氏"。

人工取火是个了不起的发明。人们从那时起,就可以随时吃到烧熟的东西,而且食物的品种也增加了。又不知过了多长时间,人们开始用绳子结网,还发明了弓箭。这样就比光用木棒、石器打猎强多了,无论是平地上的走兽,还是天空中的飞鸟、水里游的鱼儿,都能被捕捉起来。捕到的鸟兽多半还是活的,一时吃不完,还可以留着、养着,下次再吃,于是就渐渐地学会了饲养。

这些结网、打猎、养牲口的活,本来是人们在劳动中共同积累起的经验,而传说中却把发明这些事的人称为"伏羲氏"。

人类的文明越来越进步了,人们在渔猎生活中又学会了耕种。开始时,只是偶尔把一把野谷子撒在地上,到了第二年,发现地面上长出苗来,到秋天,又结出了更多的谷子,于是人们就大量播撒起这些种子来。他们用木头制造一种带把的木锨叫耒耜,用它来耕地,种植五谷,收获量就大了。后来传说中把发明农业的人叫作“神农氏”。

传说中神农氏还亲自尝过各种野草野果,有苦的、有甜的,还碰到过有毒的。他不但发现了许多可以吃的食物,还发现了许多可以治病的药材。据说,医药事业就是从那时开始的。

【原文】

尧舜①兴,禅②尊位,唐有虞,号二帝。

【注释】

①尧舜:传说中父系氏族社会后期两个部落联盟的首领。尧为陶唐氏,名放勋,史称唐尧;舜为有虞氏,姚姓,名重华,史称虞舜。②禅:禅让,指古代帝王将帝位让给贤者。相传尧将帝位让给舜,舜又将帝位让给禹。

【译文】

尧舜先后兴起,尧禅让帝位给舜,称为唐尧、虞舜,他们是两代帝王。

【故事链接】

传说黄帝之后,先后出了三个很有名的部落联盟首领,名叫尧、舜和禹。

当时,做部落联盟首领的,有什么大事都要找各部落的首领一起商量。

尧逐渐老了,想找一个继承职位的人。有人推荐尧的儿子丹朱,还有人推荐管水利的共工,但都被尧否定了。尧继续物色他的继承人。

有一次,尧又把四方部落的首领找来商量,到会的一致推荐舜。

尧点点头说:“哦!我也听说这个人挺好。你们能不能把他的事迹详细地说说?”

于是,大家你一言我一语地把舜的情况说开了,舜的父亲叫瞽叟(就是瞎老头的意思),是个糊涂透顶的人。舜的生母早死了,后母很坏。后母生的弟弟叫象,傲慢得不得了,瞽叟却很宠他。舜生活在这样的家庭里,待他的父母兄弟依然很好。所以大家认为他是一个有德行的人。

尧听了很高兴。他把自己的两个女儿娥皇、女英嫁给舜,还替舜筑了粮仓,分给他很多牛羊。那后母和弟弟见了,又是羡慕又是妒忌,和瞽叟一起几次三番地想谋害舜。

有一回,瞽叟让舜修补粮仓的顶。舜用梯子爬上了屋顶,瞽叟就在下面放起火来,想把舜烧死。舜在仓顶看见下面起火了,想找梯子下来,梯子早已不知去向。幸好舜随身带着两顶遮太阳用的笠帽,他就双手拿着笠帽,像鸟张开翅膀一样跳下来。笠帽随风飘荡,舜轻轻地落在地上,一点也没受伤。瞽叟和象并不甘心,他们又叫舜去挖井。舜下井后,瞽叟和象就在地面上把一块块土石扔下井去,想把井填没。他们以为这样一来,一定能把舜活埋在井里,父子俩就能霸占舜的牛羊和粮食了。没想到,舜下井之后,在井旁掘了一个孔道钻出来,又安全地回家了。

经过一段时间的考察，尧认为舜确实是个能干的人，就把首领的位子让给了舜。这种让位，历史上称作“禅让”。

舜接位后，又勤劳，又俭朴，跟老百姓一样劳动，受到了大家的信任。过了几年，尧死了，据说舜还想把部落联盟首领的位子让给尧的儿子丹朱，可是大家都不赞成。舜这才正式当上了部落联盟首领。

【原文】

夏有禹，商有汤①，周文武，称三王②。

【注释】

①夏：国号。禹：姓姒，受虞舜禅位当了皇帝，国号为夏，历史上称为夏禹王。商：国号。汤：汤王，姓子，推翻夏朝当了皇帝，改国号为商，历史上称商汤王。②周文武：文王姓姬名昌，武王是文王的儿子，名发，推翻了商朝当了皇帝，追尊其父为周文王。

【译文】

虞舜之后，出现了夏、商、周三代。夏代的禹、商代的汤、周代的文王和武王，历史上被称为“三王”。

【故事链接】

尧在位的时候，黄河流域发生了很大的水灾，庄稼被淹了，房子冲垮了，老百姓只好往高处搬。有些地方还有毒蛇猛兽，伤害人和牲口，老百姓的日子艰难极了。

尧召开部落联盟会议，商量治水问题。首领们都推荐鲧。尧说：“鲧能治好水吗？”

首领们说：“现在没有比鲧更强的人才啦，你试一下吧！”尧同意了。

鲧治水只懂得用土掩，到处造堤筑坝，拦截洪水，结果洪水冲塌了堤坝，水灾反而闹得更凶了。鲧用了九年时间治水，还是没把洪水制服。

舜接替尧当了部落联盟首领之后，亲自到治水的地方去考察。他发现鲧办事不力，就把鲧办罪杀了。又让鲧的儿子禹去治水。

禹总结了父亲失败的教训，改用开渠排水、疏通河道的办法，经过十三年的努力，终于把洪水引到大海里去了，地面上又可以供人种庄稼了。

据说，禹一心治水，每天到处奔波，几次经过自己的家门都没有进去。有一次，他妻子涂山氏生下了儿子启，婴儿正在哇哇地哭。禹和同伴们在外经过，大家都劝禹进去看看，禹坚决地说：“等我把水治好了，再回家吧！”咬咬牙，狠狠心，就是没进门去探望。

当时黄河中游有一座大山，叫龙门山（在今山西河津市西北），它堵塞了河水的去路，把河道挤得十分狭窄。奔腾东下的河水由于受到龙门山的阻挡，常常溢出河道，泛滥成灾。禹到了那里，观察地形，决定凿开龙门山，便带领人们开山挖土，硬是在这座大山上凿开了一个大口子。这样河水就畅通无阻了。

禹治水全心全意，功勋卓著，受到后人的称颂，人们尊称他为大禹。

舜年老以后，也像尧一样物色继承人。因为禹治水有功，大家都推选禹。舜死后，禹就继任了部落联盟的首领。

【原文】

夏传子，家天下①，四百载。迁夏社。

【注释】

①家天下：尧舜二帝不传子而传贤，就是官天下。夏禹王不传贤而传子，就是家天下。从夏禹王到夏朝覆灭经历十七主，共439年。

【译文】

禹建立了我国历史上第一个奴隶制国家夏朝。夏禹死后，他的儿子启继承了帝位。从此子孙相传，天下成了一家人的天下。夏朝从建立到灭亡共经历了四百多年的时间。

【故事链接】

禹死后，禹所在的夏部落的贵族拥戴禹的儿子启继承禹的王位。这样一来，氏族公社时期的公选制度正式被废除了，夏朝就成了我国历史上第一个奴隶制王朝。

夏启当上国王以后，消灭了反抗他的贵族有扈氏，并把有扈氏部落的老百姓俘虏过来，罚他们做牧奴。为了巩固自己的统治启还筑起城墙，挖了城河，建起军队，盖起监狱。

启认为自己的王位已经坐稳，就沉迷于喝酒打猎，过起荒淫无度的生活。死后，他的儿子太康即位。太康也十分昏庸，有一次他带着家小到洛水北岸去打猎，越玩越起劲，一百多天还没有回家。

这天，太康带着一大批猎获的野兽，兴高采烈地回来。走到洛水边时，只见对岸全是后羿的军队。后羿的军队早就埋伏在这里，挡住了太康的归路。

这是怎么回事呢？原来，当时黄河下游有一个夷族部落的首领叫后羿，本来就野心勃勃，想夺取夏朝的权力，这次看到太康出去打猎，觉得正好是个机会，就亲自带兵守住了洛水。太康明白是怎么回事的时候，已经没有办法了，只好在洛水北岸过起了流亡生活。后羿还不敢自立为王，另立太康的兄弟仲康当夏王，但是把实权抓在自己手里。后羿是一个著名的弓箭手，射出的箭百发百中。传说，古时候天上有十个太阳，地面也被烤焦了，庄稼长不出来。大家请后羿想法子，后羿拈弓搭箭，"嗖嗖"几下，把天空里的九个太阳射了下来，只留下一个。这样，地面上气候适宜，就不再闹旱灾了。又传说，古时候的大河里有许多怪兽，经常兴风作浪，造成水灾，淹没田地庄稼和人畜，也是后羿用箭把这些怪兽射死了,人们才过上安宁的日子。

后羿开始只做仲康的助手,到仲康死去,他就干脆把仲康的儿子相赶走了,夺了夏朝的王位。可惜的是他仗着射箭的本领高强,也作威作福起来。他和太康一样,四处打猎,把国家政事交给他的亲信寒浞。寒浞瞒着后羿,收买人心。有一次,后羿打猎回来,寒浞派人把他杀了。

寒浞杀了后羿,夺了王位,怕夏族再跟他争夺,就想方设法追杀被后羿赶走的相。后来,相的妻子生下了儿子少康。

少康从小在艰苦的环境中长大,练就了一身好本领。他召集同族的人反攻寒浞,又得到邻族部落的帮助,终于把王位夺了回来。

夏朝从太康失政到少康夺回政权,中间经过大约一百年的混战,历史上称为"少康中兴"。

夏朝又往下传了三代人以后,传到了夏桀的手里。由于夏桀不思进取,为人残暴,使百姓都和他离心离德,国家的势力迅速地衰弱了下去。

夏桀有一个爱姬名叫妹喜,夏桀非常宠爱她,她想要什么就满足她什么,她想杀谁就杀谁,她想折磨谁,夏桀就折磨谁。那时候夏桀特意为妹喜建了宫殿,修了瑶池,还建了一座龙舟,两个人每天坐着龙舟在池里面游玩儿。池里面根本没有水,全都是酒,这个酒池竟然能让船在里面行驶,所以说它面积非常大,而且也浪费尽了天下的美酒。这个妹喜有一个不好的爱好,那就是她爱听撕布的声音,把一大匹好好的布帛拿过来,在她耳边慢慢地撕,撕成一条一条的,她就喜欢听这种声音。为了让她高兴,夏桀把全国的布都收到皇宫,天天派人撕给她听,哪怕她只笑一下,夏桀也认为十分值得。

可是,他的做法却害苦了百姓。那个时候,百姓种田非常辛苦,皇帝不管国家的事情,天灾也没有人管,兵乱也没有人管;百姓自己吃不上,却要辛辛苦苦种出粮食酿成酒供夏桀玩乐;辛辛苦苦种棉纺线织出布来,自己穿不上,却要把这些劳动成果送到宫里去让他们撕着玩儿,所以人们都非常恨他们。

夏桀曾经把自己比作太阳,他说:"我和太阳共存亡,只要太阳还在,我就会活着。"

夏朝的百姓由于痛恨夏桀却又没办法解恨,于是常偷偷指着太阳诅咒说:"你这个太阳啊,你怎么还不死啊?我们宁愿和你一起死。"

夏桀的做法不仅引起了百姓的反感,就连全国的各方诸侯都看不下去了,于是纷纷地背叛了他。

那个时候,有一族姓商的人,由于首领成汤用仁德对待百姓,并且广交天下能人,背叛了夏桀的诸侯全都投靠了商族。为了减少百姓的苦难,他们决定灭掉夏桀,建立新的朝代。在选好了时机以后,他们突然出兵,打了夏桀一个措手不及,最后,夏桀终于死在逃亡的路上,夏朝就这样灭亡了。

夏朝的统治一共有四百多年,它最早的首领大禹受到世人的爱戴,夏启也是由于贤德而坐上了王位,可是它却灭亡在了不知道用仁德待人,只顾自己安乐的夏桀手里。

【原文】

汤伐夏,国号商,六百载[1],至纣[2]亡。

【注释】

①六百载:商朝自公元前约16世纪至公元前约1066年,共约六百年。②纣:商朝末代君王。

【译文】

商汤消灭了夏桀,建立了商朝,传二十八代,经历六百四十四年,到商纣王时,因暴虐无道而亡国。

【故事链接】

成汤建立商朝以后,由于亲眼看到了夏朝的灭亡,所以他从中吸取了经验,把夏桀用来欺压百姓的刑罚全都废除了,他用宽容的方法对待百姓,结果百姓的生活逐渐好了起来。

商朝的国力强大了以后,成汤又征讨了周围的一些小国家,都取得了胜利,国家土地越来越多,势力也越来越强了。

成汤在位的时候,朝廷里有两位很贤德的大臣——伊尹和仲虺,他们被任命为左丞相和右丞相,他们为成汤献出了不少对国家发展和人民生活有利的计谋,伊尹后来还辅佐了成汤的孙子。

成汤去世以后,他的孙子太甲继承了王位,按照成汤生前的嘱托,仍然由伊尹来辅佐太甲。据说,伊尹对太甲十分严厉,在太甲继位三年的时候,由于他不明事理,对人残暴,带头不遵守法律,伊尹按照法律,把他放逐到了一个叫桐的地方,三年以后,太甲知道自己错了,诚心诚意地改过。伊尹这才把政权还给了他。从这以后,太甲不仅带头守法,还以修养和德行服人,百姓的生活更加安定了下来。

商朝传到第十七代的君主盘庚时,盘庚把国号改成了殷,所以商朝也叫殷商。那时候又是商朝的政治和人民生活比较安定的时期,当时的文化已经非常进步了,现在我们考古学家发现,殷商时期的一些古物做工非常精美。

商朝的最后一个皇帝是商纣王,他是我国历史上有名的暴君。商纣王是一个非常聪明多才的人,力气也很大,刚刚继位的时候,也曾经扩大过疆土,但是这些都不能掩盖他的残暴。

商纣王每天不理朝政,只顾着自己取乐。当时他有一个宠姬叫妲己,纣王非常宠爱她。每天为了让妲己高兴，他什么都听妲己的，妲己让他杀人他就杀人，让他折磨人，他就折磨人。他们两个发明了许多残酷的暴刑，用来折磨一些犯人，看着犯人痛苦的样子，他们两个可高兴了。有的时候，就为了自己有一点纳闷的事情，他们都会用杀人来看看是怎么回事，根本不管人命是不是重要。

纣王这么对待国家和百姓，当然不会没人提意见。可是，对于向他提意见的人，他总是想办法迫害他们。对于一些专门贪财好利、挑拨离间的大臣，纣王经常派他们做大官，而一些忠心耿耿的大臣，因为不懂得给他拍马屁，让他很不高兴。他的叔叔比干看到他这个样子，想想前面的夏朝灭亡的原因，觉得再这样下去，商朝也不保了。于是就再三地向他劝谏，劝纣王以贤德对待百姓，重用贤臣。没想到，纣王却问他："听说贤人的心是红色的，你的心也是红色的吗？"然后，竟然派人挖了叔叔的心。因为这件事，他的叔叔比干的两个儿子不得不一个逃亡一个装疯，来躲避他的恶行。

商纣王的暴行让大臣们和各位诸侯十分失望，于是许多诸侯都离开了纣王，百姓们也都忍无可忍，纷纷想起来反抗纣王。

周国的周文王仁德地对待百姓，勤劳地处理政事，百姓生活安乐。所以有很多能人都去投奔周文王，纷纷为他出谋划策，周国的势力越来越大。纣王听说后，怕周国将来太强大了自己制服不了周文王，于是就想了个办法。他把周文王骗出来，然后关在了一个叫羑里的地方，还把周文王的一个儿子杀了，用他的肉煮了汤给周文王喝，这种最没有人性的事情他都做到了。周文王为了留住命找他报仇，便忍受了这种耻辱。

周文王临终前，叮嘱自己的儿子周武王说："现在商朝已经到了要亡国的时候了，已经没有人再支持纣王了，一定要积极地准备在合适的时机去讨伐商朝。"周武王继位以后，联合周围的很多个小国家，找准了一个时机，带着五万人突然出兵讨伐纣王。商纣王带了十七万人和周武王对阵，可是，由于商纣王已经不得人心，军士们也巴不得马上把他打倒好松一口气，于是走在前边的士兵在和周兵碰面后，立刻就投了降，然后转回头带着周兵去找纣王，吓得纣王赶忙逃走，后来，他见实在无路可逃，就自杀了。商朝就这样灭亡了。

商朝从建立到灭亡一共经历了六百多年的时间，像夏朝一样，商朝也是由一个仁德的国君建了国，最后却被一个残暴的国君亡了国。

传说在夏朝的最后一个君王夏桀的时候，在褒城这个地方有个神人。一天他分身变成了两条龙，飞到了王宫的庭院之中，它口里流着涎沫，对夏桀说道："我是褒城的两位先君。"

夏桀听了之后，十分害怕，就召来太史官询问，问他该怎么处置这两条龙。太史官马上占卜了一番，然后说："有神人下降人间，这代表着吉祥。大王您不妨把龙的涎沫收藏起来，这样或许可以凭借这个求得福气也说不定。”

夏桀依据太史官所说的话，叫人在龙的面前设一祭坛，取龙的涎沫放在金盘上，再把金盘藏在一个红柜子里。

等这一切事情都处理好了之后，突然间风雨大作，两条龙腾空而起，飞向空中，转眼之间没有了踪影。

时间一年一年过去，没有人敢去打开这个红柜子，当然更没有人知道柜子里面究竟藏着什么宝贝。就这样过了九百多年的时间，一直到周厉王在位的时候，情况才出现了转变。

有一天，有一丝光线从这个红柜子里透了出来。周厉王看见之后，十分好奇，他叫人把红柜子打开，取出了金盘，哪知道一个不小心，金盘被打翻在地，龙涎流满了一地。忽然，地上的龙涎变成了一只小小的蜥蜴，这只蜥蜴慢慢地爬进王宫内院。

这个时候，王宫内院里的一个奴婢，年纪约十二三岁。她不小心踏到了蜥蜴所爬过的足迹，突然感到心里一动，恍惚感觉到了什么。奇怪的是，从此之后，她的肚子一天一天的大了起来，好像怀孕了一样。女子如果没有结婚就怀孕的话是非常丢脸的事，于是周厉王就把她幽禁起来，让她年年见不着天日。

更让人感到奇怪的是，这位女子怀胎四十年，才生下了一个女婴儿。按照当年的风俗习惯来看，发生这样的事情是非常不吉利的。所以等这个女婴一生下来，王妃就赶快叫人把这个女婴带出宫廷，并把她丢到了一条河里。

这个女婴被丢到河里，是不是被河水淹死了呢？没有，她被一对平民夫妇看到，抱回家中喂养，在褒城里渐渐地长大了，这便是中国历史上非常有名的美人褒姒。周幽王听说她美貌异常，就把她选到宫中，并对她宠爱异常，为了她，幽王废去了原来的王后和太子。幽王的做法引起了原王后的父亲的不满，于是他同外族人勾结，里应外合，把幽王和褒姒给杀掉了。外族人侵入周朝国都后，大肆践踏，使国都破败不堪。所以当周平王继位以后，只好把国都迁到别的地方去。

【原文】

周武王，始诛纣[①]，八百载[②]，最长久。

【注释】

①周武王，始诛纣：周武王十一年挥师渡孟津，会诸侯，同纣王的军队战于牧野。纣王因军队倒戈，兵败自焚。②八百载：周朝自公元前约1066年至公元前256年，共约八百年。

【译文】

周武王灭掉商纣王建立周朝，经历八百六十七年，是我国古代历时最长的朝代。

【故事链接】

商朝从盘庚开始传了十二个王,最后一个王叫作纣。

纣和夏桀一样,只顾享乐,根本不管人民的死活。他没完没了地建造宫殿,在别都朝歌(今河南淇县)造了一个富丽堂皇的“鹿台”,把搜刮来的金银财宝都藏在里面;又造了一个极大的仓库,叫作“钜(同巨,大的意思)桥”,把剥削来的粮食堆积起来,还把酒倒在池子里,把肉挂得像树林一样,号称“酒池肉林”,供他和宠姬妲己享用。他还采用各种残酷的刑罚。凡有诸侯背叛或老百姓反对他,他就把人捉来放在烧红的铜柱上烤死,这种刑罚叫作“炮烙”。

纣的种种暴行,加速了商朝的灭亡。这时候,西部的一个部落正一天天兴盛起来,这就是周。周原本是个古老的部落,到了姬昌(后来称为周文王)继位的时候,周部落已经很强大了。周文王是一个很能干的政治家,他不准贵族打猎,糟蹋庄稼。他鼓励人民多养牛羊,多种粮食。他还诚恳对待有才能的人,因此大批有识之士都来投奔他。

周部落强大起来,对商朝是很大的威胁。商纣王下令把周文王抓起来,关在羑里的大牢里。

周部落的人吓坏了,赶快搜罗美女、宝马和珍宝,献给纣王,又送了许多礼物给纣王的亲信。纣王见了美女珍宝,高兴得眉开眼笑,说:“光是一样就可赎姬昌了。”

于是纣王立即便把周文王给放了。

周文王见纣王这样昏庸残暴,下决心要讨伐商朝。他暗暗想办法物色真正有本领的人来帮助他指挥作战。后来,他终于找到这样一个人,叫太公望,姓姜,也叫姜太公。可惜周文王没能完成灭商的事业,在他打算征伐纣王的时候,害了一场病,去世了。

周文王死后,他的儿子周武王即位。周武王拜太公望为师,并且要他的兄弟周公旦、召公奭做他的助手。周武王继续整顿内政,扩充兵力,准备讨伐商纣。

第二年,周武王把军队开到盟津(今河南孟津县),举行了一次大检阅,八百多个小国诸侯不约而同地来到盟津会师。大家拥戴周武王带领各路诸侯讨伐商纣。

大约在公元前1066年周武王发兵五万,请精通兵法的太公望做元帅,渡过黄河,向东挺进。到了盟津,八百诸侯又重新会师在一起。

周武王在盟津举行了誓师大会,宣布纣残害人民的罪状,鼓励大家同心伐纣。周武王的讨纣大军士气旺盛,一路上势如破竹,很快打到离朝歌仅七十里的牧野。

纣王听到这个消息,率领拼凑而成的十七万人马到牧野迎战。

可是,这支十七万人的军队有一大半是临时武装起来的奴隶和从东夷抓来的俘虏。他们平日受尽纣王的压迫和虐待,早就恨透纣王了,谁也不想为他卖命。

在牧野战场上,当周军勇猛进攻的时候,奴隶们纷纷倒戈,掉转矛头跟着周军一起攻打商军。十七万商军,一下子土崩瓦解了。太公望指挥周军,趁势追击,一直追到商都朝歌。

商纣逃回朝歌,眼看大势已去,当夜就躲进鹿台,放了一把火,自己跳进火堆里自杀了。

牧野之战

周武王知道,自己的父亲德高望重,各路的诸侯都心悦诚服,而自己不过是刚刚继了位。在诸侯心中的地位还没有完全树立起来,大家还不知道他的决心。所以他与各路诸侯见了面,并且由姜子牙盟了誓,表明了讨伐纣王的决心,于是各路诸侯一起推举他为盟主,负责带领大家讨伐纣王。

周武王灭掉商朝以后,改国号为周,成了周朝的开国天子。周武王建立周朝以后,把纣王存起来的钱财、粮食、布匹统统地发给了老百姓,还释放了被纣王关在牢里的箕子,也就是纣王的叔叔比干的儿子。当年为了保住一条命,他假装疯了才骗过了商纣王,最后只是把他关在牢里,没有杀他。另外,周武王还到了比干的墓上毕恭毕敬地祭拜了一番,亲自为比干的墓加了土,这是当时的皇帝对死者表示的最大尊敬了。百姓们看到周武王这样的尊重贤臣、宽待百姓,都非常的敬佩他,拥护他们这个皇帝。

周朝是我国历史上统治时间最长久的朝代,一共传了三十七代皇帝,统治时间达到了八百六十七年。

关于周朝持续了八百六十七年的事,在我国,还传说着一个故事呢!

传说在周朝建立以前,周文王在位的时候,有一次文王走到渭水边,见到一位老者正在水边钓鱼。让他惊奇的是,那位老者不像别人钓鱼的时候那样,把鱼钩沉进水里,而是把鱼钩悬在了离水三寸远的地方,而他自己呢?也不关心这样是否能钓得上鱼来,只是悠闲地等在水边。周文王望着这位老者思索了半天,最后终于想明白了其中的道理——愿者上钩,也就是说,鱼儿愿意被钓走的,就自己跃上来,咬住钩;不愿意被钓走的,就不要跃上来。他在等待着愿意跃上钩的鱼儿。

周文王想,这一定是一个贤能的人,只是在等着有贤明的主公来找他,他一定能辅佐自己成就大业。于是周文王上前对那位老者深施了一礼,说:“从我祖父那一辈开始,就在寻找一位真正贤能的人来辅佐我们治理国家。今天我终于找到了您,请您跟我走吧。”

那位老者说:“您肯为我拉车吗?”周文王说:“我肯。”于是那老者坐上车,周文王便在前面当车夫,为他拉车,刚开始的时候还不觉得累,可是周文王越拉越累,最后终于坚持不住了，他对老者说："我实在是拉不动了。"姜子牙说："再试试吧。"周文王又拉了几步，便再也迈不动步了。

老者见周文王拉不动了，叹了一口气说："唉，你实在走不动了，也没有办法了，这是天意啊！"周文王忙问："是什么天意？"老者说："刚刚你一共走了八百六十七步，也就是说，您创下的大业只能坚持八百六十七年。"周文王一听，又赶忙说："那我再继续拉。"老者说："不，再拉，已经没有用了。"

这位老者就是姜子牙，后来被周文王和周武王两代君王拜为军师，为周朝的大业立下了汗马功劳。其实他早就听说了周文王的名声，想要去辅佐他，只是为了试试周文王是不是一位值得他辅佐的人，才故意在水边钓鱼，试验周文王的领悟力，果然，他悬挂的鱼钩为他钓来了一位贤明的君主。于是他又让周文王拉车，想要判断一下创下周朝的基业后，到底能持续多少年，结果周文王拉了八百六十七步，周朝最终持续了八百六十七年。

【原文】

周共和①，始纪年，历宣②幽③，遂东迁④。

【注释】

①周共和，始纪年：周厉王时，平民与奴隶暴动，厉王逃跑，召公与周公共同执政，号共和。共和元年，即公元前841年，是中国历史上有确切纪年的开始。②宣：周宣王姬靖，厉王的儿子，公元前828年至公元前788年在位。③幽：周幽王姬官理，宣王的儿子，公元前781年即位，公元前771年犬戎攻周时，被杀于骊山下，西周灭亡。④遂东迁：周幽王死后，他的儿子宜白即位，为周平王，遂将国都东迁洛邑（今河南洛南），史称东周。

【译文】

从周厉王共和元年起，中国历史开始有了确切的纪年。经过周宣王、周幽王，到周平王时将国都从镐（今陕西长安西北）京迁到东边的洛邑。

【故事链接】

周厉王是周朝一个十分暴虐的君主。他宠信一个叫荣夷公的大臣，实行所谓"专利"，也就是霸占一切湖泊、河流，不准平民利用这些天然资源谋生；他们还勒索财物，虐待人民。

那时，住在野外的农夫叫"野人"，住在都城里的平民叫"国人"。周都镐京的国人对厉王的暴虐措施怨声载道。

大臣召公虎听到国人的议论越来越多，赶快进宫去告诉厉王说："百姓忍受不了啦，大王如果不趁早改变做法，出了乱子就不好收拾了。"

厉王满不在乎地说:“你不用急,我自有办法对付。”

于是,他下了一道命令,禁止国人批评朝政,还从卫国找来一个巫人,要他监视批评朝政的人,说:“如果有人在背后议论指责我,你就立即报告。”

那个卫巫为了讨好厉王,派了一批人到处监听。有些人还趁机敲诈勒索,谁不服他们,他们就随意诬告。

厉王听信了卫巫的报告,杀了不少国人。在这样的重压之下,国人真的不敢在公开场合议论朝政了,即使在路上碰到熟人,也只是交换一下眼色,便匆匆走开,不敢打招呼,更不敢谈话了。

卫巫向厉王报告说:“现在,批评朝政的人越来越少,他们再也不敢诽谤天子了。”

厉王听了十分满意。正好召公虎去见他,他便对召公虎说:“你看,这会儿不是已经没有人议论了吗?”

召公虎叹了一口气,说:“唉,这怎么行呢?堵住人的嘴,不让人说话,比堵住河流还要危险啊!治水必须疏通河道,让水流到大海;治国也一样,要容许老百姓说话,把心中的想法都说出来。硬堵住河流,就要决口;硬堵住人的嘴,是要闯大祸的呀!”

厉王撇撇嘴,不去理他,召公虎只好退去。

厉王和荣夷公的暴政越发厉害了。过了三年,也就是公元前841年,国人忍无可忍,终于举行了一次大规模的暴动,史称“国人暴动”。起义的国人把厉王的王宫团团围住,要杀掉厉王,厉王得知风声,慌忙带一批亲信逃命,一直逃过黄河,到彘(今山西霍县东北)这个地方才停下来。

国人打进王宫,没有找到厉王,得知厉王的儿子靖逃到召公虎家躲了起来,便围住召公虎家,要他交出太子。召公虎没办法,只好把自己的儿子交出来,冒充太子,才算把太子靖的性命保全下来。

厉王流落到彘后,朝廷里没有了国王怎么办?经大臣们商议,就由召公虎和另一个大臣主持贵族会议,暂时代替周天子行使职权,史称“共和行政”,这一年,即公元前841年,就称为共和元年,是中国历史上有确切纪年的开始。

共和行政维持了十四年,流落在彘的周厉王死了,大臣们就立太子靖为王,就是周宣王。宣王在政治上比较开明,得到诸侯的支持。但是经过一场国人暴动,周朝已经外强中干,强盛不起来了。

【原文】

周道衰,王纲①坠,逞②干戈③,尚④游说。

【注释】

①王纲:指周王朝奴隶主的统治制度。纲,纲纪,即国家的政治制度。②逞:显示,

炫耀。③干戈：本指古代的两种兵器，这里指战争。④尚：推崇，崇尚。

【译文】

周朝衰败之后，王朝法制也衰败废弃。诸侯互相征战，门客谋士们纷纷在诸侯间奔走游说。

【故事链接】

周朝的统治一共持续了八百六十七年，传了三十七代皇帝。但是传到第十二代皇帝的时候，周朝就已经开始没落了。

周朝的第十二代皇帝是周幽王。周幽王在位的时候，天下发生了许多自然灾害，旱灾、地震接连不断，这些自然灾害给百姓们辛苦种的庄稼带来了很大的灾难，百姓们吃不饱肚子，更没有粮食上交，而周幽王每天忙着花天酒地，根本不管国家的事情。他唯一做的国事就是：为了自己享受，专门派了最贪财贪利的虢石父去搜刮民财，于是连年遇灾的百姓们遇到了朝廷更重的赋税，生活雪上加霜，百姓们被逼得连活路都找不到，于是人心乱了，国家也十分的不稳定。

周幽王有一个爱妾名叫褒姒，周幽王非常喜欢她，以至于后来周幽王不仅把自己的皇后打入冷宫关了起来，把自己的儿子——太子宜臼也给废掉了，还把褒姒立为了皇后，把褒姒为他生的儿子伯服立为了太子。这让举国上下十分不满，当时专门记录历史的史官伯阳甚至把这件事情记到了历史里面，让后人对周幽王的人品有了很深的了解。伯阳在史书中说："周朝已经酿成了亡国之祸，谁也挽救不了了。"

褒姒是个"冷美人"，因为褒姒从来不笑，为了让她笑一下，周幽王使出了各种招数，可是，不论周幽王想方设法为她弄来什么稀世珍品，或者劳师动众地给她弄出什么花样来，褒姒就是不笑一下。周幽王的心思，全都放在了如何让褒姒咧嘴笑这件事上了。在他的眼中，天下百姓，根本不如一个美人重要。

有一次，那个专门营私利的虢石父对周幽王说："当初，为了防备西戎来侵犯京城，我们建了二十多座烽火台，就是为了敌人来犯的时候，放烽火招邻近的诸侯来帮忙。现在您管理国家有方，烽火台早就没什么用了，不如把它点上火，让诸侯们上一当，娘娘看着这乱乎乎的，肯定会笑的。"

周幽王一听，大喜过望，马上命令点火，还请褒姒到现场观看。

周幽王满心想的都是褒姒那一笑，他根本不管自己犯的是多大的错误。各国的诸侯一看烽火起来了，以为敌人来犯了，于是纷纷从四面八方赶过来。过来了，还不知道敌人是谁，所以一时间混乱不堪，褒姒见了诸侯们一个一个的狼狈相，不由得"扑哧"一声笑了。

这下周幽王可心花怒放了，从那以后，他动不动就点一回烽火，折腾诸侯一回，褒姒就会笑一回，可是接连被骗的诸侯们却不乐意了，所以渐渐地就不再相信他了。

被周幽王关在冷宫里的申皇后每天过着暗无天日的生活，被周幽王废了太子地位的她的亲儿子宜臼逃到了外公家，申皇后的父亲，也就是太子的外公申侯非常不高兴，由于周幽王还总是琢磨着对付他，于是申侯勾结了外族的人，一起杀向周朝的都城镐京，幽王听了这个消息，赶忙派人点燃烽火，急召各方诸侯前来救援。可是，这一回诸侯们以为，周幽王是再一次想为了让褒姒笑一下而折腾自己，所以谁都没理他。

结果幽王自己带着褒姒逃跑，终于还是没有逃掉，被人捉住杀了，连镐京都被烧掉了。到了这一年，周朝才持续了三百五十二年。

周幽王死后，申侯和各位诸侯商议，要把自己的外孙，也就是被废了太子地位的宜臼接回来，让他继承王位，宜臼就是周平王。周平王继位以后，由于都城镐京已经被烧成了废墟，而外族也总是想着进攻他，想把大周朝彻底灭掉，所以他就在各诸侯的帮助下，把都城向东迁到了洛阳。所以，从周平王开始，以后的周朝就是东周了，周平王以前的周朝称作西周。

周平王把都城迁到洛阳以后，由于自己没有什么势力，只靠着几个诸侯国勉强维持。更重要的是，周幽王虽然作恶，但是他毕竟是周平王的父亲，在古代，人们都认为就算父母有再大的错，也不能由子女来进行惩罚，否则就是不孝，所以有许多诸侯都认为周平王和自己的外公一起勾结别人害自己的父亲，是非常大逆不道的行为，因此就对他开始不满起来。

西周的时候，天下的诸侯都归周朝统一管理，周朝的法律规定，诸侯国之间不准互相吞并。可是到了东周的时候，周朝的势力下降，威信也不断地下降，原来臣服于周朝的诸侯国便渐渐地不愿意服从周朝的领导了，于是慢慢地动起了扩张的心思，想要自立为王，成为统一天下的人。为了扩大地盘，他们互相之间刀兵相见，天下又进入了战乱时期，出现了好多个国家共存的局面。当时大的国家不断地扩张，小一点的国家就天天提心吊胆，怕被吞并，所以有一些人在这个时候就有了用武之地了，这些人就是一些说客。这些说客的主张就是要发动战争，他们有的去势力大的国家向国君游说灭掉小国的想法，有的去势力小的国家向国君游说联合起来对付大国的想法，为了让自己的游说能被国君认可，不被别人问得答不出话来，他们还努力地学兵书战法和各种前人的谋略，这里边有两个人是非常著名的，一个是张仪，一个是苏秦。苏秦最早去游说大国秦国没有得到认可，后来他回家又学习了一段时间以后，转向各小国去游说联合起来对付秦国，最后六个小国接受了他的意见，联合起来，他成了六个国家统一的丞相。

在这段时期，还出现了一些热衷于在各国游说的人，他们不主张战争，国君们宣传仁义,宣传以德治国,善待百姓,可是他们总是得不到国君们的认可,所以往往都是游说了一些年以后,便对这些国君失去了信心。孔子、曾子、孟子、墨子都是这个时期的人。

到了这个时候,仁爱的道理无法被接受,只有战争的方法才会受到欢迎,而最普通的老百姓已经不在这些一心想要扩大势力的人心里了。东周也只保留着总领天下的名声,实际上已经领导不了天下的各个诸侯国了。

孔子名丘,鲁国人,父亲是个地位不高的武官。孔子三岁时父亲就死了,母亲带着他搬到曲阜住下来,把他抚养成人。

孔子年轻时,读书用功,对古礼特别熟悉,读书人应当学的“六艺”(礼节、音乐、射箭、驾车、书写、计算),他都十分精通。因此,没到三十岁,他就很有名气了。许多人都想拜他为师,他就索性办了个书塾,收起学生来。鲁国的大夫孟僖子临死时,嘱咐他的两个儿子孟懿子和南宫敬叔到孔子那去学礼。靠南宫敬叔的推荐,鲁昭公还让孔子到周朝的都城洛邑去考察周朝的礼乐。

孔子三十五岁那年,鲁昭公被鲁国掌握实权的三位大夫——季孙氏、孟孙氏、叔孙氏轰走了。孔子就到齐国去求见齐景公。他向齐景公谈了自己的政治主张。齐景公待他很客气,想用他。但是,相国晏婴认为孔子的主张不切实际,使得齐景公没有坚持用他。孔子只好回到鲁国,依然教他的书。

公元前501年,鲁定公让孔子做了中都(今山东汉上县)宰。第二年孔子做了司空,后来又从司空做了司寇(都是官名)。

公元前500年,齐景公和晏婴想拉拢邻国鲁国和中原诸侯,就像当年齐桓公九合诸侯那样大干一番。齐景公就写信给鲁定公,约他在齐鲁交界的夹谷会盟。

鲁定公把这件事告诉了孔子,并决定让孔子担任“相礼”(诸侯开会时的助手)。孔子说:“齐国屡次侵犯我边境,这次约我们会盟,我们得有兵马防备着,希望把左右司马都带去。”

鲁定公认为孔子说得有道理,就按他说的办了。

在夹谷会议上,由于孔子的努力,鲁国取得了外交上的胜利。会后,齐景公退还了从鲁国侵占过来的汶阳(今山东泰安西南)地方的三处土地。齐国的大夫黎钮认为,孔子留在鲁国做官对齐国不利,便想出一条离间鲁定公与孔子关系的计策:让齐景公挑选八十名歌女送到鲁国去。

鲁定公果然中计,天天吃喝玩乐,不管国家政事。孔子想劝说他,他躲着孔子。这件事让孔子很失望。孔子的学生说:“鲁君不办正事,咱们走吧!”

从那以后,孔子离开鲁国,带着一批学生周游列国,希望找个机会实行他的政治主张。可是，那个时候，大国都忙于争霸的战争，小国都面临被并吞的危险，整个社会正在发生变革。孔子宣传的一套恢复周朝初年礼乐制度的主张，当然没有人接受。

孔子在列国奔波了七八年，碰了许多钉子。有一回，还被陈、蔡两国的大夫围困在去楚国的路上，几天吃不上饭，直到楚国派了兵来，才给他解了围。

后来，孔子年纪大了，他回到鲁国，把精力放到编书和教授学生上面。相传他教过的门徒先后共有三千人，其中比较有名的有七十二人。他编了好多古代文化典籍，如《诗经》《尚书》《春秋》。《春秋》是本历史书，记载着公元前722年至公元前48年的大事。

孔子死后，他的门徒继续传授他的学说，形成了一个儒家学派。孔子是儒家学派的创始人。

【原文】

始春秋，终战国①，五霸强，七雄出②。

【注释】

①春秋：公元前722年至公元前481年，因鲁国编年史《春秋》包括这一段历史时期而得名。现在一般把公元前770年到公元前476年，划为春秋时代。战国：时代名称，公元前475年至公元前221年，共二百五十四年。②五霸：齐桓公、晋文公、秦穆公、宋襄公、楚庄王。七雄：齐、楚、燕、韩、赵、魏、秦七国。

【译文】

东周分为春秋和战国两个时期。春秋时期，齐桓王、晋文公、宋襄公、秦穆公、楚庄王相继称霸天下，后人称他们为"春秋五霸"。

战国时期，各诸侯之间互相兼并，战争不断，最后七个较强大的诸侯国秦、楚、齐、燕、韩、赵、魏吞并了其他小国，呈现七国争雄的局面，史称"战国七雄"。

【故事链接】

自从周平王把都城向东迁到洛阳以后，周朝便被称为东周了。而东周时期在历史上也被分成两个时期，那就是春秋时期和战国时期。

东周时期，由于周朝在诸侯之间的威信渐渐地变小，所以一些比较大的诸侯国就开始有了取代周朝总领天下的野心，他们为了争夺土地和人口，就支配其他的诸侯国，不断地发动战争。取得胜利的国家，就会把各路诸侯聚集到一起，强迫大家听他的话，承认他是"霸主"。

在这些诸侯中，最先称霸的是齐国的齐桓公。齐桓公的父亲齐襄王由于特别暴虐，结果被人杀了，为了不被追杀，齐桓公和他的哥哥公子纠便逃到了别的国家。鲍叔牙护着齐桓公去了莒国，管仲护着公子纠去了鲁国。

后来,齐国的叛乱平息了,一些比较亲近齐桓公的人就马上通知了躲在莒国的齐桓公,要迎接他回来继位。在回国的路上,齐桓公遇到了他的哥哥公子纠派来的管仲。原来,公子纠也在往齐国赶,他也想要继承王位。

管仲趁着齐桓公大意,悄悄地射了齐桓公一箭,幸好只是射在了腰带上,没有伤到齐桓公,可是齐桓公唯恐管仲继续射箭伤他,所以就自己咬破了舌尖,口喷鲜血,然后栽倒在地上装死。管仲一看齐桓公中了箭以后口吐鲜血倒在了地上,也认为他死了,高兴地说:"公子纠命中注定要称王啊!"所以就回去向公子纠报喜去了。

管仲一走,齐桓公赶忙爬起来,换上老百姓的衣服,和众人一起快马兼程,没多久,便到了齐国。陪着齐桓公去莒国的鲍叔牙能言善辩,为了让齐桓公登上王位,他特意向齐国的各位大夫游说了一番,说齐桓公人聪明,还很贤德。大夫们听了很满意,所以便推举齐桓公继了位。

齐桓公继位后没两天,他的哥哥公子纠回来了。原来,鲁国派兵护着公子纠回国继位,听说齐桓公也在往回赶,便派人跟着管仲去拦齐桓公,听管仲回来报告说齐桓公已经死了,他们就不担心有人和公子纠抢王位了,因此一路上悠闲自得、溜溜达达,整整用了六天才到齐国。等他们到了齐国一看,齐桓公已经在他前面继了位。

鲁国的军队护着公子纠来到了齐国,原想帮助公子纠登上王位,可是这回正好是和齐桓公做对了,所以齐桓公便派兵和鲁国军队展开了激战,鲁国军队战败了,于是带着公子纠和管仲跑回了鲁国。

因为管仲曾经射了齐桓公一箭,所以齐桓公给鲁国国君写信,让他们交出管仲,不然就发兵讨伐鲁国,鲁国国君不敢惹齐桓公,就把管仲装入囚车,送回了齐国。

齐桓公要拜鲍叔牙做丞相,但是鲍叔牙不同意,他对齐桓公说:"有一个人比我更适合做丞相。"齐桓公问:"是谁?"鲍叔牙说:"就是管仲。"齐桓公说:"管仲和我有一箭之仇,我不能拜他为相。"鲍叔牙说:"管仲是个不可多得的人才,能辅佐您成就大业。他原来辅佐公子纠,所以他才听公子纠的命令,射伤您,也不是他的意思。以后他如果辅佐了您,也一定会忠心耿耿地为您做事的。管仲的才能,辅佐谁都能让他成就霸业,您可不要失去一个人才啊!"

齐桓公听了,觉得鲍叔牙说得有道理,等到管仲来了,他把管仲请过来,和他谈了很长时间,最后,他认为管仲真的像鲍叔牙说的那么有才能,所以就不计前嫌,拜管仲为丞相。管仲原本以为这次必死无疑了,没想到齐桓公并没有计较以前的事情,所以管仲非常感动,从此以后尽心尽力地辅佐齐桓公,使齐国最早从各个诸侯国之前发展了起来,齐桓公也第一个成就了霸业。

在齐桓公之后,宋国的宋襄公、晋国的晋文公、秦国的秦穆公、楚国的楚庄王也先后称了霸。孔子在《春秋》这部作品里面,记录了东周从迁都到这五霸出现这段时间的历史,所以这个时期就被称为春秋时期。齐桓公、宋襄公、晋文公、秦穆公和楚庄王这五位霸主,便被称为“春秋五霸”。

后来,孔子不写历史了,诸侯国间的争斗也越来越严重,全天下的老百姓都生活在动乱之中。在一些实力强的诸侯国不断地吞并之下,有七个诸侯国脱颖而出,这七个诸侯国是齐国、楚国、燕国、韩国、赵国、魏国、秦国,他们的势力都非常大,也都有统一天下的野心。

有一个人为这段历史写了一部《战国策》,所以在春秋时期以后的东周,便被称为战国时期。那七个势力强大的诸侯国,被称为“战国七雄”。后来,这七个国家里的秦国势力进一步扩大,成为这七个国家中最强的国家,并逐渐地吞并了其他的六个国家,推翻了周朝,建立了秦朝。

这就是东周的全部历史。在前半段的春秋时期,孔子曾经带着以仁治国的想法到各国游说,可是当时各国都忙着争斗,根本不采纳他的意见。进入战国时期以后,孟子也曾经带着以仁治国的想法到各国游说,可是也没有得到采纳,那时只有一心鼓动战争的说客们才会受到欢迎。那些说客们在各诸侯国之间相互奔走,最后终于挑起了更加严重的战争,在这场战争中,秦国胜利了,所以秦国便统一了天下。

楚国是南方的一个国家。公元前613年,楚成王的孙子楚庄王即位。晋国趁这个机会,把几个一向归附楚国的国家拉了过去,订立盟约。楚国的大臣们很不服气,纷纷要求楚庄王出兵。

但是,楚庄王不听他们的,白天打猎,晚上喝酒、听音乐,国家大事全不放在心上,就这样窝窝囊囊地过了三年。他知道大臣们对他很不满,就下了一道命令:“谁要是敢劝告他,就判谁死罪。”

有个名叫伍举的大臣,实在看不过去,决心去见楚庄王。楚庄王正在那里寻欢作乐,听到伍举要见他,就把伍举召来,问:“你想来干什么?”

“有人让我猜个谜,我猜不着。大王是个多才多艺的人,请您帮我猜猜。”伍举说。

楚庄王一听是猜谜,觉得很有意思,就笑着说:“你说来,让我听听。”

伍举说:“楚国山上有一只大鸟,身披五彩,样子挺神气。可是一停三年,不飞也不叫,这是什么鸟?”

楚庄王心里明白伍举说的是谁。他说:“这可不是普通鸟。这种鸟,不飞则已,一飞将要冲天;不鸣则已,一鸣要惊人。你去吧,我已经明白了。”

过了一段时间,另一个大臣苏从看看楚庄王没有动静,又去劝说楚庄王。

楚庄王说:“你难道不知道我下的禁令吗?”

苏从说:“我知道。只要大王能够听我的意见,我就独犯禁令,犯了死罪。也是心甘情愿的。”

楚庄王高兴地说:“你们都是真心为了国家好,我哪里会不知道呢?”

从此以后,楚庄王决心改革政治,罢免一批奉承拍马的人,把敢于进谏的伍举、苏从提拔起来,帮助自己处理国家大事;制造武器,操练兵马。楚国当年就收服南方的许多部落。后来又打败了宋国,打败了陆浑(在河南省)的戎族,一直打到周都洛邑附近。

为了显示楚国的兵威,楚庄王在洛邑的郊外举行大检阅。

这一来,可把那个挂名的周天子吓坏了。他派出大臣王孙满到郊外去慰劳楚军。

楚庄王问王孙满周王宫里藏着的九鼎大小轻重怎么样。九鼎是象征周王室权威的礼器。楚庄王问起九鼎,就说明他有夺取周天子权力的野心。

王孙满就劝楚庄王,说:“国家的强盛或衰落,主要靠德行服人,不必去打听鼎的轻重。”楚庄王也明白自己还不具备灭周的条件,于是就带兵回国了。

此后,楚庄王又请了国内有名的隐士孙叔敖当令尹(相当于宰相)。这个人很能干,他当令尹后,开垦荒地,挖掘河道,奖励生产。为了免除水灾旱灾,他还组织老百姓开凿了楚国最大的河道,灌溉着百万亩庄稼,因此每年多打不少粮食。没几年工夫,楚国变得越来越强大了,先后平定了郑国和陈国的两次内乱,开始和中原霸主晋国相抗衡。

公元前597年,楚庄王率领大军攻打郑国,晋派兵救郑。在必城(今河南郑州市东)和楚国发生了一次大战。晋国惨败,人马死了一半,另一半逃到黄河边。船少人多,兵士们争着渡河,许多人被挤到水里去了。掉到水里的人拼命往船上爬,船上的人怕翻船,拿刀砍他们。许多士兵的手指头都被砍下来了,情景惨极了。

有人劝楚庄王追上去,把晋军斩尽杀绝。楚庄王说:“自从城濮失败以来,楚国一直抬不起头来。这一回打了这么大的胜仗,总算洗刷了以前的耻辱,何必多杀人呢?”

说着下令收兵,让晋国的残兵逃了回去。从此,这个一鸣惊人的楚庄王就成了霸主。

【原文】

嬴秦氏①,始兼并,传二世②,楚汉争③。

【注释】

①嬴秦氏:指秦始皇嬴政。公元前221年,嬴政统一了中国,建立起秦朝。②二世:指秦二世,名胡亥,秦始皇的儿子。公元前207年,诸侯并起叛秦,秦相赵高杀胡亥。这时刘邦率军入关,项羽继入咸阳,焚秦宫,杀胡亥兄子公子婴,秦朝灭亡。③楚汉争:指西楚霸王项羽和汉王刘邦争夺天下的战争。

【译文】

秦国(姓嬴)用武力吞并六国,传至秦二世胡亥时,因暴政而引起农民起义,楚汉相争。

【故事链接】

在战国七雄中,秦国在政治、经济、文化各方面都比中原诸侯国落后。比邻的魏国就比秦国强,还从秦国夺去了一大片土地。

公元前361年,秦孝公即位。他决心奋发图强,下了一道命令,说:"不论是秦国人还是外来的客人,只要是能让秦国富强起来的,我就重用他。"

秦孝公这样重视人才,果然吸引了不少有才干的人。卫国有个贵族叫公孙鞅(即商鞅),在卫国得不到重用,就跑到秦国,托人引见,得到秦孝公的接见。

商鞅对秦孝公说:"国家要富强,必须重视发展农业,奖励将士;要想把国家治理好,必须有赏有罚,赏罚分明了,朝廷就会有威信,一切改革也就容易进行了。"

秦孝公完全同意商鞅的主张,但是遭到了一些贵族大臣的竭力反对,秦孝公只好把改革的事暂时搁了下来。

过了两年,秦孝公的君位坐稳了,就拜商鞅为左庶长(官名),说:"从今天起,改革制度的事全由左庶长拿主意。"

商鞅起草了一个改革的法令,在新法令发布之前,商鞅考虑到老百姓还不太信任他,这会影响新法令的执行。为了塑造令出必行的形象,商鞅就先叫人在都城的南门竖了一根木头,下令说:"谁能把这根木头扛到北门去,就赏他十两金子。"

不一会儿,南门口围了一大堆人,大家议论纷纷。有的说:"这根木头谁都拿得动,哪儿用得着十两赏金?"有的说:"这大概是左庶长存心开玩笑吧?"

大伙儿你瞧我,我瞧你,就是没有一个人上去扛木头。商鞅知道老百姓还不相信自己下的命令,便把赏金提高到五十两。没想到赏金提高了,看热闹的人愈觉得不近情理,还是没人敢去扛木头。

正在大伙儿议论纷纷的时候,人群中出来一个人,说:"我来试试。"说着,真的把木头扛起来,一直扛到北门。

商鞅立刻派人传出话来,给扛木头的人五十两赏金,一两也不能少。

这件事立即传开来,轰动了秦国上下。老百姓都说左庶长的命令真不含糊。

商鞅知道,他的命令已经起作用了,于是他把新法令发布了出去。新法令赏罚分明,条条都是奖勤罚懒,有利于发展生产和加强国防,历史上称为"商鞅变法"。

商鞅变法进行了十年,前后实行了两次大的改革,秦国果然越来越富强,连周天子也派使者送祭肉给秦孝公,称他为"方伯"(一方诸侯的首领),中原的诸侯国也纷纷向秦国道贺。

战国时期,秦国位列七雄之一,并在战国后期的时候渐渐强大起来。那个时候有两个最有名的说客——苏秦和张仪。苏秦被秦朝以外的六个国家拜为统一的丞相,给六个国家一起出谋划策,对抗秦国;张仪被秦国重用,为秦国出谋划策。吞并六国,统一天下。

燕国的太子丹原来在秦国做人质,由于秦国夺走了燕国的许多城池,所以太子丹就逃回了燕国,一心想要杀了嬴政报仇。

太子丹找到了一个叫荆轲的勇士,要他去刺杀秦王。荆轲说:“想要靠近秦王,必须得让他很相信我。这样吧,秦王最想得到的就是燕国最肥沃的土地督亢,如果我能拿着督亢的地图去见秦王,就一定能靠近他。”

秦王听说荆轲带来了他最想要的东西,于是高兴地接见了他。秦王命荆轲拿地图给他看,荆轲便拿着那卷藏着有毒匕首的地图走到了秦王身边,慢慢地把地图打开,等到地图全打开了,匕首露了出来,秦王吓了一大跳。就在这个时候,荆轲拉住秦王的衣袖,举起匕首就向秦王的胸口刺了过去,秦王使劲地往后一退,挣断了衣袖,撒腿就跑。荆轲在后边拔腿就追。

荆轲追得紧,秦王跑不出朝堂,于是就绕着朝堂的大铜柱子跑,两个人转着圈跑个不停。当时大家看着秦王和荆轲没命地跑,都慌了神,谁也没想起来去叫武士。就在这时候,朝堂上有一个大臣突然急中生智,随手拿起一件东西便向荆轲扔了过去,荆轲一见有东西过来了,抬手一挡,秦王趁着这个空挡,一剑刺断了荆轲的左腿。荆轲没有了腿,不能再跑了,于是便把手中的匕首使劲地向秦王扔了过去,有毒的匕首贴着秦王的耳朵边飞了过去。秦王一见荆轲没有了武器,连忙冲过去,把荆轲杀死了。

这就是历史上著名的“荆轲刺秦王”的故事。荆轲刺秦王失败以后,秦王大怒,带着军队去燕国报仇,结果燕国被他灭掉了。后来,他觉得不能再留着别的国家了,否则这样的事情还会发生,所以他快速出兵,把其他的国家全都灭掉了,这样,战国时代也就结束了,周朝也彻底地结束了。

秦王嬴政兼并了其他国家以后,终于实现了统一天下的愿望。他建立了一个新的朝代,这就是秦朝。

秦朝以前的朝代,都是做各诸侯国的总首领,各个诸侯国各占着一部分土地,自己管自己的事,只要相安无事就行了,否则的话会受到总首领的处理。可是从秦朝开始就不这样了,天下所有的事情都归朝廷管,哪个地方的土地由谁去管,也是朝廷决定。秦王嬴政还开创了一个新名词,那就是皇帝。秦始皇觉得自己的功劳,比得上三皇五帝,所以就自称皇帝;又由于自己是建国的皇帝,所以他自称为“始皇帝”,后又被称为

"秦始皇"。

秦始皇是一个非常残暴的人。在他兼并了六国,建立了秦朝以后,由于担心那六个国家里活下来的人找他报仇,于是他就把民间的兵器全都没收了,不准民间有兵器。为了不让国家的读书人评论他的行为,他又下令把国家的书籍全烧掉,谁也不准再读书,还下令把提倡儒家思想的人都活埋,想要从此以后天下的百姓什么道理都学不到,都接受他的控制。这就是"焚书坑儒"。他的这个行为毁掉了许许多多的书籍,好多珍贵的古代作品都在这个时候失传了,许多有学问的人都屈死在了他的手里。

为了自己的享受,秦始皇征集了好多百姓,花了好多好多钱建造了一座阿房宫;为了长生不老,他还找了不少说自己会炼丹药的人为他炼长生不老药;为了灭掉对自己有威胁的势力,他不停地发动战争;为了使自己不受到攻击,他又征集了无数的百姓,花了好多好多钱,修建了万里长城,当时不像现在这样,还有车可以运输,我们看到的长城上那一块块巨大的石头,都是靠老百姓的肩膀扛上山的。所以说,万里长城是老百姓劳动和智慧的结晶。修筑长城,百姓家中的劳动力全被征集走了,有的再也没有回家,所以百姓们的生活非常悲惨。

秦始皇死后,秦二世胡亥继位,他比他的父亲还凶残,为了没有人和自己抢皇帝,他杀了自己的亲兄弟姐妹总计三四十人。还下令再从民间调百姓当兵,到塞外去抵抗胡人。

老百姓实在被他们父子压榨得忍无可忍了,于是农民陈胜、吴广首先起义造了反,后来,项羽和刘邦也先后起义。

秦朝的宰相赵高趁着逼死了秦二世,想要自己当皇帝,后来怕众人不服,就把秦始皇的孙子子婴推上了皇位。他本想控制着子婴,自己说了算,可是没想到,子婴设计杀了他全家三代人。

当时刘邦和项羽两路起义的农民队伍从两个方向向秦朝进军,要去讨伐朝廷,结果刘邦先到了,子婴向刘邦投了降,秦朝就这样灭亡了。秦朝从建立一直到灭亡,一共才五十一年。第三代皇帝子婴才做了四十六天皇帝。

刘邦占领了秦朝的都城以后,与城里的百姓约法三章:杀人要偿命,伤了人或者偷东西都要受到处罚。他还废除了秦朝的所有残酷法令,所以百姓们都非常地拥护他。

项羽到了以后,发现秦朝已经向刘邦投了降,并且刘邦连法令都已经颁布了,还派兵把住了关口,他非常的生气,便带兵杀进了关口,把军队驻扎到了鸿门。项羽给刘邦送信,说是要为他摆下宴席,庆祝秦朝投降,刘邦知道,这是项羽想要杀他,可是他又不敢不去,因为他只有十万人的军队,而项羽有四十万人的军队,他根本打不过项羽,所以只好硬着头皮去赴鸿门宴。

在鸿门宴上,刘邦假意哭诉自己的苦处,项羽的军师知道他是在使计策,所以便派项庄为项羽和刘邦表演舞剑,然后让项庄趁机把刘邦杀了。刘邦的军师张良发现了这个问题,便派樊哙闯到鸿门宴闹事,趁机把刘邦救走了。

接着,项羽把秦始皇建的王宫烧了,还杀了投降了的子婴,由于他的人马多,没有人敢惹他,所以只能全听他的吩咐。项羽自立为西楚霸王,把全国又分成了十八个诸侯国,刘邦被他封为了汉王。

刘邦在被封为汉王以后,故意做假象让项羽相信他已经没有了野心,暗地里却不断地积蓄力量,网罗人才。由于刘邦和项羽的矛盾越来越大,最后终于开始了面对面的斗争,中国进入了历史上著名的"楚汉相争"时期。

【原文】

高祖兴,汉业建,至孝平,王莽篡①。

【注释】

①孝平:汉平帝,名衎。汉哀帝的儿子在位五年,王莽假效周公摄政,置毒酒而弑之。王莽:汉朝人,字巨君,是汉元帝皇后之侄,官至大司马,杀害汉平帝,自立为皇帝,改国号为新。

【译文】

汉高祖刘邦在"楚汉之争"中战胜项羽,建立了汉朝,传到汉平帝时,被外戚王莽篡权,他毒死汉平帝,自立为皇帝,建立"新朝"。从刘邦到汉平帝的这段时间,史家称为"西汉"。

【故事链接】

刘邦本来是沛县(今江苏沛县)人,在秦朝统治下,做过亭长(秦朝时,管理十里以内的小官)。

有一次,上司要他押送一批民夫到骊山去做苦工。

他们一天天赶路,每天总有几个民夫开小差逃走,刘邦要管也管不住。但这样下去,到了骊山也不好交代。

有一天,他和民夫们一起坐在地上休息。他对大家说:"你们到骊山做苦工。不是累死也是被打死。即使不死,也不知道何年何月才能回家。我现在把你们放了,你们自己找活路去吧!"

民夫们感动地直流泪,说:"那您怎么办呢?"

刘邦说:"反正我也不能回去,逃到哪儿是哪儿。"

当时就有十几个民夫情愿跟着他一起找活路。

刘邦同十几个民夫逃到芒砀山躲了起来。过了几天,聚集了一百多人。

沛县县里的文书萧何和监狱官曹参知道刘邦是条好汉，很同情他，暗暗地和他有来往。等到陈胜打下了陈县，萧何和沛县城里的百姓杀了县官，派人到芒砀山把刘邦接了回来，请他当沛县的首领，称他为沛公。

刘邦在沛县起兵之后，又召集了两三千人攻占了自己的家乡丰乡。后来他到了留城，正好张良也带了一百多人来，想投奔起义军。两人遇在一起，很谈得来，经过讨论决心投靠项梁。

项梁见刘邦是个人才，就拨给他人马，帮他收回丰乡。从此，刘邦、张良都成了项梁的部下。

公元前 207 年，正当项羽大战巨鹿的时候，刘邦的军队奉命乘虚西进，迂回进入武关，到了成阳附近的灞(岫)水。

那时秦二世已被赵高杀死，继位的子婴贬去帝号，称秦王。他设法杀了赵高，在这一年十月向刘邦投降。子婴脖子上套着绳子(表示请罪)，手里拿着玉玺、兵符和节杖，恭候路旁。

刘邦手下将军主张把子婴杀了，但是刘邦说："当初楚怀王派我攻咸阳，就因为我能宽容人；再说，人家已经投降，再杀他不好。"就收了玉玺，把子婴交给将士看管起来。

这样，秦始皇建立起来的强大王朝仅仅维持了十五年，就在农民起义的浪潮中灭亡了。

刘邦率军接受咸阳后，吩咐将士们封了仓库，然后又带着将士回到灞上。

刘邦召集各县的父老，对他们说："你们吃秦朝的苦头也吃够了。今天，我跟诸位父老约定三条法令：第一，杀人的偿命；第二，打伤人的办罪；第三，偷盗的办罪。除了这三条，其他秦国的法律、禁令，一律废除。父老百姓可以安心做事，不必惊慌。"

百姓听了刘邦的约法三章，高兴得不得了。打那时起，刘邦的军队给关中人民留下了好印象。

公元前 208 年，项羽于巨鹿(今河北平乡西南平乡镇)歼灭秦军主力，取得诸侯上将军地位，实力雄厚。亦率诸侯军四十万、秦军降卒二十万直奔关中。中途，项羽恐秦降卒哗变，在新安(今河南渑池东)将他们全部坑杀。之后，项羽命英布攻破函谷关，进驻鸿门(今陕西临潼东)，意图消灭刘邦集团。刘邦军不足十万，自料力量不敌，竭力拉拢项羽的叔父项伯请为调解，并亲赴鸿门，表示诚意，动摇了项羽决心。战争没有立即爆发。

这年二月，项羽凭借其在军事上的压倒优势，裂土分封 18 个诸侯王，恢复封建割据。自立为西楚霸王，定都彭城(今江苏徐州市)。封刘邦为汉中王，定都南郑(今陕西汉中市城东)。将关中分为三部，封秦降将章邯、司马欣、董翳分别为王，企图通过他们控制关中，将刘邦困锁在边险地区，刘邦采纳萧何建议，确定了收用巴（郡治江州，今四川重庆市北嘉陵江北岸）、蜀（郡治成都，今属四川），还定三秦，东向以争天下的方略。四月，忍忿前往汉中就国。途中烧毁所过栈道，防止诸侯军偷袭，并借此表示无东向之意，以麻痹项羽。项羽亦于同时班师彭城。五月，未被项羽封王的田荣于齐地（今山东大部）起兵反楚，自立为齐王，项羽发兵击齐。刘邦乘项羽无暇西顾和三秦王立足未稳之际，"决策东乡（向），争权天下；"楚汉战争爆发。刘邦的汉军和项羽的楚军打得不可开交。最后一次战争的时候，项羽带着楚军被刘邦追到垓下包围了起来，出也出不去，军士们全靠着信心支持着。

为了彻底打败项羽，刘邦手下的将军韩信让自己的军队在夜里唱楚军家乡的歌，楚军听了，非常伤心，斗志也松懈了。项羽听了歌也大吃一惊，他以为刘邦的军队已经占领了他的地盘，这就是我们常用的成语"四面楚歌"的来历。

第二天，西楚霸王项羽带着剩下的兵士向外突围，刘邦又派人追赶，最后项羽迷了路，被刘邦的军队追了上来。

项羽退到了乌江边上，这时候，有一个人摇了一艘船过来，让他坐船赶快跑，可是项羽想自己带了几千人出来打天下，现在战败了，只有自己一个人回去，哪有脸面回去见父老乡亲呀！于是他说了一句"无颜见江东父老"后，在乌江边上自杀了，项羽的楚国也就灭亡了。

这就是历史上著名的"楚汉之争"。刘邦取得了楚汉之争的胜利以后，乘胜追击，最后终于统一了天下，建立了汉朝，把国都定在了长安。刘邦就是我们所知道的"汉高祖"。

汉高祖刘邦原来就是一个普通的老百姓，所以他自己不论是处理政务还是指挥军队都不是非常的高明，不过，他最大的优点就是会用人才，在他手下有三个人被称为"汉初三杰"，他们是张良、萧何和韩信。有了这几个人的帮助，他才打下了天下。

在汉朝以前的朝代，不论是称王的还是称帝的国君，原来都是有权力有地位的人，汉高祖刘邦是第一个平民百姓做的皇帝。

刘邦只做了六七年的皇帝就去世了，他的儿子汉惠帝继承了皇位。汉惠帝继位的时候年纪小，刘邦的夫人吕雉残忍地用尽了各种手段把国家的权力抢到了自己的手里，并且还想把朝里的文武大臣都变成自己娘家人，想让汉朝变成吕家的。

皇帝的家里忙着争权，国家的建设就没有人管了，所以汉朝刚建立的那些年，国家什么成就也没有。不过，老百姓的日子过得还算好了些，因为总算不打仗了。

后来，夺了政权的吕雉被推翻了，汉高祖的孙子汉文帝继了位。汉文帝继位的时候年纪也不大，但是他的母亲薄太后非常知书达理，她教育汉文帝应该仁慈地治理天下，让百姓平安。

汉文帝是一个非常好的皇帝，他不仅懂得体谅百姓，更懂得孝敬父母，即使是做了皇帝，还是亲自侍奉母亲。母亲生了病，他亲自陪床喂药，衣服都不脱；母亲喝的药他先尝过了才给母亲喝。所以，汉文帝是一位非常难得的孝子皇帝。

当时有一个叫淳于意的人，曾经做过太仓令，因为他喜欢医术，就辞了官去学医，三年以后，他学成了，就告别了老师，回乡为人治病。由于他的医术高，所以名声越来越大，求医的人越来越多。

淳于意每天为好几百人治病，累得不得了，所以他就隔三岔五地出去游玩几天，歇歇身体。可是，有些急着找他治病的人，却因为找不到他耽误了病情。所以病人的家人就怪他不该总是出游。后来，这样责怪他的人越来越多。

有一次，一个病人的家属向官府告发了淳于意，说他不重视人的生命。地方官把淳于意捉进了监狱，并判了肉刑。由于淳于意做过官，所以地方官不敢亲自对他施刑，就上报了朝廷，把他押到了京都。

淳于意没有儿子，只有五个女儿，小女儿缇萦不忍心让父亲受肉刑，所以收拾了行李，随着父亲一起到了京都。

到了京都以后，淳于意被关进了大牢，小女儿缇萦冒死给汉文帝上书，说自己为了替父亲赎罪，愿意进宫当奴婢。

朝廷从来没有接到过少女的上书，所以汉文帝非常惊奇，拿过来一看，只见书中写着："我的父亲做过官，人们很称赞他，说他廉洁，是个好官。现在他犯了错误，应该被判肉刑，可是我想，人死了不能复生，如果受了肉刑，伤害了身体，也没办法复原了，就是想改过自新也不可能了。"

汉文帝看了之后，心里很难过，他想了好久，然后把淳于意放回了家，并且下诏书说："现在人犯了错，我们还没有教育他，就先让他们受了刑，有的想改过，也没有了机会，我心里非常难过。肉刑把人的身体弄成了残疾，终身都恢复不了，给人造成这么大的痛苦，并不是我做皇帝的本意。从今以后，废除肉刑，用其他的刑法代替肉刑。"

就这样，汉朝把一些伤害人身体的刑罚全都改成了其他的方法。汉文帝能用一颗父母之心对待犯了错的人，让百姓非常感动。此后人们对汉文帝都非常尊敬，都说他是最宽厚、最仁慈的好皇帝。

由于汉文帝待百姓仁慈宽厚，自身又注意节俭，起到了很好的带头作用，所以当时整个国家的礼仪之风盛行，国家也进入了昌盛时期。他的儿子汉景帝继位后，由于治理有方，又把国家的昌盛更推进了一步，因而，汉朝的文帝、景帝时期是我国历史上有名的昌盛时期，被称为"文景之治"。

汉朝传到了第九代皇帝汉成帝的时候,他封了自己的母亲为皇太后。由于汉成帝不务正业,不愿意管理朝政,只想玩乐,所以朝廷里有事只能去问王太后,王太后就慢慢地做了汉成帝的主。王太后娘家有一个侄子叫王莽,王莽爱读书,而且做事很小心,生活也很节俭,王太后让他做了官,随着官位不断上升,王莽便开始偷偷地准备自己当皇帝了。

孝平帝是汉朝的第十一代皇帝,他继位的时候才只有九岁,由于他年龄太小,还不能管理国家大事,所以国家的事情都由大司马王莽来做主。由于王莽的威信很好,而且还杀了孝平帝的亲人,所以孝平帝从小就很恨王莽。

有一次,孝平帝过生日,大臣们都给孝平帝祝寿,王莽亲自向孝平帝敬了一杯酒,结果没过几天,孝平帝就死了,原来,王莽敬给孝平帝的是一杯毒酒。

后来,王莽篡了权,自己当了皇帝,把国号改为新。汉朝的统治时期到王莽篡了位为止,一共有二百一十年。

公元8年,王莽正式继皇帝位,改国号为新,都城仍在长安。从汉高祖称帝开始的西汉王朝,统治了二百一十年,到这时候结束了。

由于后来汉朝皇室的后人刘秀又灭了王莽,复兴了汉朝,汉朝才得以又复兴了起来。刘秀复兴汉朝以后把都城向东迁到了洛阳,所以历史上一直把汉朝分为西汉和东汉,王莽篡位前是西汉,刘秀复兴以后便叫作东汉。

【原文】

光武兴,为东汉[①],四百年,终于献[②]。

【注释】

①光武:光武帝,姓刘,名秀,字文叔。东汉;光武中兴之后为东汉,以前称西汉。②献:汉献帝,名协,汉朝最后一位皇帝。献帝时,群雄蜂起。曹操入朝,挟帝至许,自摄汉权,曹操的儿子曹丕废帝为山阳公,至此东汉灭亡。

【译文】

刘邦的后代刘秀不满王莽的统治,起兵反对王莽,经过四年的战争,刘秀灭亡了新朝,重建汉朝,定都洛阳,后人称他建立的汉朝为“东汉”,称他为光武帝。

光武帝之后,东汉传了十一个皇帝,最后一个皇帝被曹丕所废。从汉高祖刘邦建国到汉献帝刘协被魏王曹操之子曹丕所废,汉朝统治中国共四百余年。

【故事链接】

王莽当上皇帝后,加强了对老百姓的盘剥。农民暴动风起云涌。其中以“绿林军”“赤眉军”声势最为浩大。

南阳郡春陵(今湖南宁远北)乡的地主豪强刘縯、刘秀两兄弟,因对王莽废除汉朝宗室的封号,不许刘姓人做官,非常愤恨,就发动族人和宾客在舂陵乡起兵。他们和绿林军的人马联合起来,总共有十多万人,接连几次打败了王莽的大军,声势就强大了起来。

公元22年,绿林军利用当时有些人的正统观念,提出"人心思汉"的口号,正式立刘玄为皇帝,恢复汉朝,改年号为"更始",所以刘玄又叫更始皇帝。刘秀被封为太常偏将军。公元23年,刘秀、王凤、王常很快打下昆阳(今河南叶县),又占领了临近的郾城和定陵。

王莽知道了,吓得坐立不安,立即派大将王寻、王邑率领兵马四十三万,从洛阳出发,直奔昆阳。刘秀带一队人马突围,又从定陵郾城调来了救兵,内外夹攻,消灭了王莽的主力。

胜利的消息鼓舞了各地百姓,他们纷纷起来响应汉军。有不少人杀了当地的官员,自称将军,等待汉军的命令。

不久,汉军攻破长安城,城里的老百姓放火烧了未央宫的大门,大声吆喝着要王莽出来投降。王莽走投无路,带了几名将士,逃进了建在宫里的一座渐台。那座渐台,四面是水,火烧不到。

汉军把渐台一层层围起来,一直围到几百层,等渐台上的兵士把箭都射完了,汉兵冲上台去,结果了王莽的性命。

维持了十六年的王莽新朝,就这样土崩瓦解了。

昆阳大战之后,刘縯和刘秀的名声越来越大。更始帝刘玄害怕了,找借口杀了刘縯。刘秀是个机灵人,一听到他哥哥被杀,自知力量还敌不过刘玄,便立刻动身去宛城,主动向刘玄赔不是。有人问起昆阳大战,他一点不居功,说全是将士们的功劳。更始帝过意不去,封他为破虏大将军,还派他去黄河以北安抚郡县。

这个差事正好让刘秀得到一个独立发展的机会。他一面废除王莽时期的苛刻法令,释放囚犯,在当地地主武装的支持下,铲除了割据势力;另一面毫不留情地镇压河北一带各路农民起义军。整个河北差不多全给刘秀占领了。

公元25年,刘秀和他的随从认为时机成熟,便在高(今河北柏乡县北)自立为皇帝,就是汉光武帝。

汉光武帝接着趁赤眉军进军长安时,占领了洛阳,又派大将军冯异收服了赤眉军,杀了赤眉军首领樊崇。

汉光武帝在镇压了绿林、赤眉两支最大的起义军之后,又消灭了割据陇右和蜀地的两个豪强,统一了中国。

因为汉光武帝定都洛阳,又为了和刘邦建立的汉朝相区别,历史上把这个王朝称为“东汉”,或叫“后汉”。

刘秀平定了天下以后,认真反省了前面一些朝代亡国的原因,考虑到百姓受到了许多年战乱的痛苦,决定采取“休养生息”政策,比如减轻百姓的赋税、减少差役的征用,释放一些奴婢,并且好几次大赦天下,所以百姓得以过上了比以前轻松一些的生活,东汉的经济和文化发展得都很快。

在东汉时期,造纸术已经被发明出来,浑天仪、地动仪等科学仪器也是东汉时期发明出来的,而书法、绘画等作品的艺术地位也越来越高。

东汉从光武帝以后,一直又传了十二位皇帝,在这些年里,东汉逐渐地从兴盛走向了衰落,到了东汉的第十三位皇帝——汉献帝的时候,东汉政权已经有些难以支撑了。

当时的相国董卓很有权位,他想要夺取东汉的政权。董卓废掉了当时的汉少帝刘辩,改立了九岁的刘协为帝,刘协就是汉献帝。

汉献帝在董卓的掌握下登上了皇位,董卓从此掌握了许多的特权,他不仅自己不遵守朝廷的规定,还让自己的家里人全都享有了特权,连亲戚中的小孩子都封了侯。

为了控制小皇帝,董卓胁迫汉献帝下令把都城迁到长安,还利用自己的权势拉拢了许多的亲信,对于不愿和他合作的人,他便想方设法进行迫害。他的手下人在民间横行霸道,到处杀人放火,使百姓怨声载道。由于董卓性情残忍,所以举国上下对他都非常愤恨,常常怨老天不让董卓早死。

东汉的司徒王允为了灭掉董卓,定下了计策,让吕布在长安定计杀掉了董卓,董卓的部下便追杀吕布,要为董卓报仇,从此天下又陷入了混乱,许多州郡的牧守都各守着自己管辖范围之内的地盘,不断地发展自己的势力。

兖州牧曹操同样也在扩大自己的势力范围,他在拥有了一定的实力以后,秘密地去见汉献帝,把汉献帝挟持到了许县,从此以后,他东征西讨,开始统一北方。

曹操把持了朝政以后,挟天子以令诸侯,借皇帝的口去实现自己的想法,并封自己为丞相,名正言顺地管理朝政。

曹操去世以后,他的儿子曹丕认为自己在北方的地位已经非常稳固了,所以他就逼着刘协像尧舜一样,把皇帝的位子禅让给了他,建立了魏国。东汉就这样灭亡了。

东汉和西汉的历史总计有四百四十一年,东汉灭亡以后,天下进入了三国鼎立的时期。

【原文】

魏蜀吴①,争汉鼎②,号三国,迄两晋③。

【注释】

①魏蜀吴:东汉末年群雄纷争,逐步形成三强鼎立之势。曹丕称帝,国号魏;刘备

称帝，国号汉，史称蜀或蜀汉；孙权称吴王，后也称帝。②鼎：古代大型三足铜器，相传夏禹收聚天下之金，铸成九鼎，后称之为传国重器，代指国家政权。③两晋：指东晋与西晋。公元265年司马炎废魏帝曹奂，自称帝，建都洛阳，国号晋，即西晋。公元316年，西晋灭亡。次年，司马睿在建康（今南京）重建政权，史称东晋。

【译文】

东汉末年，董卓挑起内乱，曹操、刘备、孙权等崛起争夺政权。赤壁之战后，魏、蜀、吴三国并立，后来又被西晋取代。之后，又有五胡十六国和东晋。

【故事链接】

在东汉末年的时候，曹操、刘备、孙权都想把汉室的天下争到自己的手里，他们各自在三个地方建立了自己的政权。曹丕建立了魏、刘备建立了蜀、孙权建立了吴。在历史上，把这三个国家并存的时期称为"三国鼎立"时期。

魏国的曹操是一代奸雄，他为人十分的心狠手辣。他曾经说过："宁让我负天下人，不让天下人负我。"他的意思是说，他宁可对不起全天下的人，也不许天下有一个人对不起他。为了实现自己夺取天下政权的野心，他曾经挟持了汉献帝，以汉献帝的名义命令诸侯按照他的意愿办事，并且统一了北方，为魏的建立打下了基础。但是曹操在没有成就事业的时候就去世了，他的儿子曹丕接替了他，结束了汉献帝的帝位，自己建立了魏。

曹丕也是一个很心狠手辣的人，为了能得到最高的权位，他甚至要杀自己的亲弟弟。曹丕的弟弟曹植是一个非常有才气的人，曹操曾经很重视曹植，想要让他继承自己的位置，所以曹丕非常的嫉恨他，想方设法地要杀掉曹植。曹操死后，曹丕派人去曹植那里兴师问罪，没想到曹植却打了曹丕派去的使者。曹丕大怒，派人把曹植抓了起来，想要杀死他。

由于母亲的反对，曹丕不敢直接杀死曹植，于是就采纳华歆的建议，命曹植在七步之内作一首诗。在走七步路的时间里作一首诗，这是非常困难的事情，但是曹植并不害怕，他让曹丕出题。

曹丕说："我们是亲兄弟，就以兄弟为题作一首诗吧，但是不许用兄弟两个字。"

只见曹植思索着走了七步，吟道：

煮豆燃豆萁，豆在釜中泣。

本是同根生，相煎何太急。

这首诗中所含的意思是在谴责曹丕，曹植把两兄弟比做两粒豆子，通过这首诗告诉曹丕："你我本是亲生兄弟，何必要这么急着相互残害呢？"曹丕听到这首诗，非常的羞愧，只好不杀曹植，但还是把他贬到了远处。

蜀国的主君刘备是汉景帝的后代，他与关羽、张飞桃园结义，拜为异姓兄弟，又三顾茅庐请出了智囊诸葛亮，还吸引了不少德才兼备的人来辅佐他，终于有了与曹操、孙权共夺天下的实力。

东吴的主君是孙权，也像刘备一样任用贤才，他的部将周瑜才华横溢，为孙权出了许多的计谋。但是，周瑜非常妒忌诸葛亮，他的那句“既生瑜，何生亮？”就是在问苍天：“你既然生了我周瑜，为什么还要生一个诸葛亮？”

三国时期出现了很多的人才，也留下了很多的典故，我国四大名著之一的《三国演义》中，描写了三国时期的许多精彩故事。

三国时代仅存在了六十年，虽然三国之间互相争斗，都想统一天下，但是最后统一天下的却不是这三国的君主。

北魏传到魏元帝曹奂手里的时候，晋王司马昭已经掌握了北魏的政权，曹奂只是成了一个傀儡皇帝，国事全由司马昭做主。后来，司马昭去世了，他的儿子司马炎逼着曹奂把帝位让给了他，北魏就灭亡了。

司马炎建立了晋朝，他就是历史上的晋武帝。晋朝在历史上分为两个时期——西晋和东晋。司马炎建立的晋朝称为西晋。在称帝以后，司马炎为了实现父亲与他统一天下的野心，开始想方设法地灭掉蜀国和东吴。

蜀国的刘备去世后，把儿子刘禅交给了诸葛亮，让刘禅听诸葛亮的话，可是刘禅贪图享乐，一点儿也不像他父亲一样有才德，诸葛亮为了辅佐刘禅，用尽了最后的心血，可是刘禅依然不能成器。诸葛亮死后，刘禅带领着蜀国根本没有办法抗击别的国家，最后，刘禅向晋朝投降，蜀国也结束了。刘禅的小名叫阿斗，我国民间有一句形容人无论如何也不成器的话叫作“扶不起来的阿斗”，指的就是刘禅。刘禅无德无能，把父亲好不容易建立起来的事业毁在了自己手里，让世人待他当作了一个反面的教材，一直传到了今天。

东吴的最后一个君主孙皓为人非常的残暴，对于批评他的大臣，他甚至用酷刑进行惩罚，他还将大臣灌醉，谁醉了以后说出了对他不满的话，他就杀掉谁。结果大臣们纷纷和他离了心，纷纷投降了晋朝。

司马炎看到东吴的现状，并没有立即进兵攻打东吴，而是采取了各种办法收买东吴的民心，在孙皓彻底没有了亲近之人以后，西晋大军大举进攻东吴，孙皓知道自己无法抵抗，所以主动投了降，这样，东吴也结束了。司马炎灭了三国，终于统一了天下。

司马炎在统一天下以后，却开始过起了贪图享乐的生活，不再专心治理好不容易打下来的江山了。在司马炎临死之前，他没有把自己的帝位传给一个有帝王之才的儿子，而是把帝位传给了自己的“白痴儿子”司马衷。这个晋惠帝司马衷被世人称为“蛤蟆皇帝”。

司马衷是历史上最昏庸无能的皇帝。他从小不爱读书,除了吃喝玩乐什么都不会,就更不会治理国家了。

有一次,司马衷听到池塘边有青蛙的叫声,他就问:“这些青蛙是因为什么叫呢?是为了官事叫,还是为了自己叫呢?”随行的太监们面面相觑。还有一次,地方官员向他报上了民间的灾情,司马衷听说有人饿死了,就问:“人怎么会被饿死呢?”大臣们说:“是因为没有粮食吃啊,没有粮食吃就饿死了。”没想到司马衷说:“没有粮食吃就饿死了?那他们怎么就不知道吃点肉粥呢?”大臣们听了都目瞪口呆。

司马衷这么昏庸,当然不会让别人甘心受他管理,所以一些有野心的人就开始想办法夺取他的政权,于是,西晋爆发了“八王之乱”。国家内部发生了混乱,一些外部的势力就发现了西晋的缺口,纷纷来犯,想要抢下西晋的政权,于是又爆发了“五胡乱华”。

最后,西晋的都城长安被攻陷,西晋的最后一个皇帝被杀,西晋灭亡了。

西晋灭亡以后,北方的贵族们都逃到了南方避难。原来镇守南京的琅琊王司马睿从一些有名望的人里面挑出了一些有识之士,辅佐着他在南京重建了晋朝,司马睿就是晋元帝,他重建的晋朝称为东晋。东晋所管理的地盘只有南方这一部分,因为北方已经随着西晋的灭亡,被外族占领了。

为了收复北方,东晋进行了一系列的努力,闻鸡起舞故事中的祖逖就是东晋人,他为东晋收复北方作了不少的贡献,只可惜,失去的土地太多,他能收复回来的也只是一小部分而已。

东晋末年,晋朝的势力已经减弱了,这时桓玄发动了战争,废掉了东晋的晋安帝,自己做了皇帝,后来,又有一个名叫刘裕的人率兵击败了桓玄,把司马文德推上了皇位,也就是东晋的最后一个皇帝——晋恭帝。最后,刘裕废掉了晋恭帝,建立了宋朝,历史上又把这个朝代称为“刘宋”。

西晋和东晋的历史总计有一百零四年,传了十一代皇帝。东晋灭亡了,晋朝的历史就彻底结束了。

三国时期的魏国,有一位十分有名的将军,他的名字叫司马懿。有一天,放哨的士兵向司马懿报告有关蜀军用木牛流马运送粮食的事情。司马懿听了之后,大惊失色,因此他很快命令两个士兵带人从斜谷小路混入到蜀军运粮的队伍中,抢三五匹木牛流马回来。他的目的,是想看看木牛流马到底是什么东西。

当他看见这样的木牛流马能够活动自如,非常高兴,就马上叫工匠依照抢来的几匹木牛流马重新造了两千多匹来,学蜀军的样子,让它们担负起运送粮食的工作。

当诸葛孔明听士兵报告说，木牛流马被魏军抢走了几匹，他不但一点也不慌张，反而高兴地说："我正是希望他们来抢啊！"

接着，诸葛亮叫来一将，吩咐他说："你带领两千名士兵，打扮成魏军的模样，偷偷混入魏军的运粮队伍中去，然后把运粮的魏兵全都杀死，再把他们的木牛流马赶回来。魏兵听到消息之后，一定会来追赶你们，到时候你们只要扭转一下牛马嘴里的舌头，这些牛马就不会行动了，然后你们就逃。等魏兵赶来时，他们牵不动牛马，肯定会退回去。等到他们回营之后，你们再回去，重新扭转它们的舌头，重新开始大队前进。魏兵见了之后，不知道是什么原因，到时候他们一定会以为是碰上神鬼了。"

然后，诸葛亮又叫来另一将吩咐说："你带领五百名士兵，打扮成鬼兵神将的模样，先在路两边埋伏好。等至大队牛马赶到的时候，你们就放起烟火，一齐拥出来。到时候魏兵一定会以为我们有神鬼相助，不敢前来追赶。"这二位将领按照诸葛孔明的计策分头行动去了。果然他们很轻易地就把魏兵的粮食队给抢夺回来，得到了许多的粮食。与敌作战，不在力拼而在于用智慧取胜，这是一个最佳的例子。但是，能像诸葛亮这样用兵如神的人，古今中外能有几个呢？

【原文】

宋齐[①]继[②]，梁陈承[③]。为南朝[④]，都[⑤]金陵[⑥]。

【注释】

①宋齐（梁陈）：南北朝时期南方的四个朝代名称。②继：继续，继承。③承：承接，承继。④南朝：东晋之后建立于南方的四个朝代的总称，分别是宋、齐、梁、陈四国。⑤都：定都，建都。⑥金陵：地名，即现在的南京。

【译文】

刘裕灭了东晋，改国号为"宋"。六十年后，萧道成灭宋，改国号为"齐"。二十三年后，萧衍亡齐，改国号为"梁"。五十六年后，陈霸先灭梁，改国号为"陈"。三十三年后，陈的国运也最终宣告结束。

宋、齐、梁、陈四朝都把国都设在金陵，国土都局限于长江以南地区，统治时间又都非常短暂，于是历史上合称为"南朝"。

【故事链接】

据说有一天，刘裕正在水边割着芦苇，突然闻到在风中带有一股腥味，紧接着就感到这水也急了起来，而且从四面八方传来一片一片"啾啾"的声音。刘裕心里感到很奇怪，他急忙跑上一块高地上四处张望，突然发现了一条鳞光闪闪的大蛇从芦苇丛中爬了出来。看这蛇，头像个巴斗，身子像车轮一样粗，瞪着眼睛，吐着舌头，非常吓人。刘裕是天生的神力，看到这条蛇之后，拿出弓来，对准大蛇连射了两箭，把蛇射伤了，蛇带着伤灰溜溜地爬走了。

过了一天,刘裕又来到了他前一天用箭射伤大蛇的地方,发现了几个穿着青色衣服的儿童正围着一个石臼在捣药。他便向前走过去,想去打听一下到底是怎么回事。一个儿童告诉他说:“我们的主人昨天被刘寄奴用箭给射伤了,他叫我们来为他采药治疗伤口。”

刘裕问他们说:“你们的主人是谁呢?”儿童回答说:“我们的主人是这个地方的土神。”刘裕又问他们:“你们的主人既然是土神,那他为什么不把刘寄奴给杀死呢?”儿童回答说:“刘寄奴将来一定是要做皇帝的。做皇帝的人不应该死,怎么能把他杀死呢?”

刘裕听完他们这么说,胆子更加壮了起来,于是他大声喝道:“我就是刘寄奴,我就是来除去你们这些妖魔鬼怪的。连你们的主人土神都害怕我,你们难道就对我不感到害怕吗?”

这些青衣儿童听说他就是刘寄奴,吓得立刻抱头逃跑了,连草药也顾不上拿了。

刘裕后来从军,成为东晋北府军的下级军官。

隆安三年(公元399年),孙恩、卢循在会稽起兵反抗晋朝,晋朝廷派前将军刘牢之东来镇压,刘牢之请刘裕为参府军事。刘裕为人机智有谋,勇敢善战,多次克敌制胜,屡立战功。因功升建武将军、下邳太守、彭城内史。刘裕从此起家,成为东晋一员虎将。

元兴三年(公元404年)二月初一,刘裕在家乡京口起兵讨伐篡晋的楚帝桓玄。公元405年,击败桓玄,晋安帝司马德宗复位,任刘为侍中、车骑将军、中外诸军事、徐青二州刺史、兖州刺史、录尚书事。刘裕从此控制了东晋朝政,权倾天下。

刘裕执政晋室后,于公元409年率军灭掉广固(今山东省益都县)的南燕政权,又回师击败卢循。义熙六年(公元412年),又西攻盘踞四川的谯纵,收服巴蜀。义熙九年(公元415年),后秦姚兴病逝,姚泓继位,兄弟相残,关中大乱。元熙元年(公元419年)攻克长安,灭后秦,受封为宋王,受九锡。

元熙二年(公元420年),刘裕迫司马德文禅让,即皇帝位,国号宋,改元永初。东晋灭亡,中国开始进入南北朝时期。刘宋初期,因刘裕在晋朝末期收复北方的青、兖、司三州,大致拥有黄河以南的广大地区,成为东晋南朝时期疆域最大的一个王朝。

刘裕篡了晋朝的帝位,改国号为宋。刘裕就是宋武帝,他所建立的宋国在历史上也被称为刘宋,据说他是南朝时期四个朝代中最有作为的一个皇帝。

刘裕在做了皇帝以后,为了不让名门大族掌握更多的势力,威胁到宋朝的政权,因此他非常重视从贫寒之人中选拔人才,并把兵权交给了自己的皇子。但是,他万万没有料到,他的这个方法避免了被大族夺走政权,却促使他的皇子们之间展开了争斗。

宋武帝刘裕

为了夺取兵权，他的皇子们亲兄弟间自相残杀。

在刘裕之后，宋国又相继传到了宋少帝、宋文帝的手中，这个时期，宋朝的经济和文化发展很快，是宋朝最繁荣的一段时间。后来，宋朝又相继传到了宋孝武帝和宋明帝的手中，这两个人是非常有名的暴君，他们疑心很重，为了抢夺皇位，自己的兄弟之间互相残杀，使国家的政治陷入了混乱状态。这时，南兖州的刺史萧道成趁机悄悄地形成了势力，到了宋顺帝的时候，萧道成推翻了宋朝的政权，当时只有十四岁的宋顺帝被满门抄斩。在临死之前，宋顺帝流着泪说了一句话："但愿我身后的生生世世的人，不要再降生在帝王家里了。"刘裕建立的南宋王朝只存在了六十年，就灭亡了。

刘宋王朝灭亡以后，萧道成称帝，改国号为齐。萧道成就是齐高帝，他在位的时候，反省了南宋灭亡的原因，事事以宽厚为本，在他临死前，他告诉自己的儿子，也就是后来的齐武帝说："一定不要手足相残，兄弟之间要相互忍让。"齐武帝按照他的嘱托治理国家，终于使国家又稳定了一段时间。可是，在他后来的皇帝却又走上了刘宋灭亡的老路，开始在亲人间互相残杀，结果齐国的江山就又要保不住了。最后，雍州刺史萧衍起兵攻入了南齐的国都，结束了南齐的统治。

在灭掉南齐之后，萧衍称帝，改国号为梁。萧衍就是梁武帝。他做皇帝以后，吸取了齐灭亡的教训，从自身做起，处处为国人做表率。他每天五更天起床批改奏章。他还非常的爱听取意见。他在门前设立了两个盒子，一个供没有受到公平待遇的大臣们向他投信，一个供对国家有建议或者批评的百姓向他投信。

萧衍还是一个非常节俭的皇帝，他的衣服从来不随便丢弃，吃饭也是非常简单，而且一顿只吃一碗，有的时候忙不过来了，就喝一点粥充饥。

萧衍非常注意自己的礼仪，即使是在独处的时候也是衣冠整齐，天再热也不脱衣服。他非常信奉佛教，自己从不饮酒，在晚年的时候还好几次进入寺庙当过和尚。

南梁统治的第五十六年，第四代皇帝梁敬帝被陈霸先杀死，南梁灭亡了。

陈霸先在灭掉了南梁以后,自己登了基,改国号为陈。陈霸先就是陈武帝。他勤于朝政,同样崇尚节俭,后宫的皇后和宫女们连金翠的首饰都不让佩戴。他的儿子明帝继承了他的皇位以后,和他的父亲一样,也是清正廉明,崇尚节俭。可是当南陈传到了陈后主手里的时候却迎来了大灾难。

陈后主是一个很著名的文学家和艺术家,可惜他不是一个好皇帝。陈后主不喜欢治理国家,只喜欢文学、艺术与美色,他每天通宵达旦地畅饮,既不治理朝政,又不祭祀天地。所以说,他只能算得上是一个荒唐皇帝。

隋听说了陈后主的昏庸,便派兵来讨伐陈朝,当隋兵攻进了陈朝的都城南京的时候,陈后主把美人张丽华与孔贵人和他一起绑在绳子上,跳进了井里,没想到却被吓坏的太监出卖了,三个人一起被隋兵拉了出来。现在那口水井已经成了南京的一个著名景地。

陈后主被俘后,隋朝彻底占领了陈朝,陈朝灭亡了。陈朝的统治一共持续了三十二年。

南朝的四个朝代——刘宋、南齐、南梁、南陈的都城都设在了金陵,也就是今天的南京。南朝一共经历了一百六十八年的时间。

【原文】

北元魏,分东西①,宇文周,与高齐②。

【注释】

①北元魏:北魏道武帝,姓拓跋,名珪。至孝文帝时,因为仰慕中原文化,改姓为元,因此称北元魏。②宇文周:北周孝闵帝,名觉,宇文泰世子。篡夺西魏恭帝位自立,国号周。高齐:北齐文宣帝,姓高,名洋,因此称高齐。

【译文】

在北方有元魏政权,后来分为东魏和西魏,西魏被宇文觉的北国政权取而代之,东魏则被高洋的北齐所灭。

【故事链接】

南北朝时期的北朝,指的是北魏。北魏的道武帝拓跋珪是鲜卑族人,他是五胡十六国时的代国国君拓跋什翼健的孙子。

拓跋珪六岁的时候,代国内部发生了混乱,他的祖父被杀害了,代国也分成了两个部分。代国分裂后不久,其中的一个部分自己立了国,由于怕拓跋珪复国,所以他们想方设法地要杀掉他。拓跋珪逃到了舅父所在的部落躲了起来。

拓跋珪渐渐地长大了,他的才能在舅父所在的部落慢慢地显露出来,大家都非常拥护他。在十六岁的时候,拓跋珪乘机召集了代国的旧部,复兴了代国,后来又把国号改为“魏”，并统一了北方。拓跋珪建立的魏国，也就是我们今天所说的北魏。

拓跋珪复国以后，非常有远见地以他的文治武功促进了民族的统一，不愧为一位开国明君。但是在他老了以后，却开始变得盲目自信起来。他总是担心别人对他图谋不轨，担心别人要抢他的皇位，所以有人对他稍有不敬，他就要把这个人杀掉，错杀了许多人。更可怕的是，他竟然想要长生不老！他经常地吃些被假称为长生不老的丹药，结果越吃药性格越不好，差一点变成精神病，每天疯狂地杀人，连夫人都差一点给杀了。后来夫人悄悄地告诉了儿子拓跋绍，拓跋绍潜入了皇宫，为了救母亲，把自己的父亲拓跋珪给杀了。

北魏自从太武帝死后，渐渐衰落下来。孝文帝即位，决心采取改革措施。

魏孝文帝规定了官员的俸禄，严厉惩办贪官污吏；实行了“均田制”，把荒地分给农民，还分给桑地，让他们种谷养蚕，但必须向官府交租服役。这样，田地开垦多了，北方农民的生产和生活稳定了，北魏政权的收入也增加了。

孝文帝是一个政治上有才干的人，他认为要巩固魏朝的统治，一定要吸收中原的文化，改革鲜卑族一些落后的风俗。为此，他决心把国都从平城(今山西大同市东北)搬迁到洛阳。

他怕大臣们反对迁都，上朝时，先提出要大规模进攻南齐。大臣们纷纷反对，带头的是任城王拓跋澄。

孝文帝发火了，说：“国家是我的国家，你想阻挠我用兵吗？”

拓跋澄反驳说：“国家虽是陛下的，但我是国家的大臣，明知用兵危险，哪能不讲！”

孝文帝想了一下，就宣布退朝。他回到宫里，立刻召见拓跋澄，跟他说发火的原因，是为了吓唬大家，他说：“我的意思是平城是用武的地方，不适宜改革政治。现在我要移风易俗，非得迁都不行。这回我想借出兵伐齐的名义，带领文武官员迁都中原，你看怎样？”

拓跋澄恍然大悟，非常赞同孝文帝的主张。

公元493年，魏孝文帝亲自率领步兵骑兵三十多万，大举南伐。从平城出发，到了洛阳。正好碰到秋雨连绵，足足下了一个月，到处道路泥泞，行军发生困难。大臣们本来就不想出兵伐齐，趁着这场大雨，又出来阻拦。孝文帝严肃地说：“这次我们兴师动众，如果半途而废、岂不被后人笑话？如果不能南进，也应该迁都到这里。诸位王公认为怎么样？”大家听了，面面相觑，没有说话。孝文帝说：“不能犹豫不决了。同意迁都的往左边站，不同意的站在右边。”

一个贵族说：“只要陛下同意停止南伐，我们也愿意迁都洛阳。”许多文武官员虽然不赞成迁都，但听说可以停止南伐，也都表示拥护迁都。

孝文帝把洛阳一头安排好了，又派任城王拓跋澄回到平城去说服那里的王公贵族，向他们宣传迁都的好处。后来，孝文帝亲自去平城做工作。他说："要治理天下。应该以四海为家，今天走南，明天闯北，哪有固定不变的道理！再说我们上代也迁过几次都，为什么我就不能迁呢？"贵族们被驳得哑口无言，迁都的事就这样定了。迁都之后，孝文帝就颁布一系列政令，改革鲜卑的旧风俗。如以汉服代替鲜卑旧服；朝廷官员一律改说汉语，禁说鲜卑语；鼓励鲜卑人跟汉族的士族通婚；改鲜卑旧姓为音近或义近的汉姓，北魏皇室本姓拓跋，从那时起改姓元……

魏孝文帝大刀阔斧的改革，使北魏的政治、经济有了很大发展，也进一步促进了鲜卑族和汉族的融合。

后来，北魏传到了孝明帝手中的时候，开始衰落了。由于孝明帝年龄太小，所以他的母亲胡太后辅助他处理朝政，胡太后重用自己的妹夫和宦官刘腾，还任用奸臣郑俨、徐纥，不听取忠臣的建议，使朝廷的腐败现象越来越严重。孝明帝十九岁的时候，胡太后怕儿子夺了她手中的大权，竟然杀死了孝明帝，又立了一个三岁的小孩子做皇帝，引起了全天下的不满。胡太后信佛，她动用大量的人力物力开凿石窟，害得民不聊生。胡太后终于犯了众怒，人民纷纷起义。后来，国内的一些强大的势力攻进了洛阳，终于除掉了胡太后。

北魏内乱以后，国家的大权落到了大臣高欢和宇文泰的手里，魏孝武帝被杀后，宇文泰立了魏文帝，都城在长安，高欢同时又立了魏孝武帝，都城设在邺城。从此，北魏分为了东魏西魏，魏文帝所在的北魏为西魏，魏孝武帝所在的北魏为东魏。

东魏有一位孝静帝，他喜欢文学，喜欢射箭，人们说他很像孝文帝，可是他的才学得不到发挥，只能自顾着性命。后来，高欢的儿子逼着孝静帝把皇位让给了他，东魏结束了。高欢的儿子高洋把东魏变成了北周。

西魏的皇帝也过得不好，因为宇文泰掌握着国家的大权，几代皇帝都被宇文泰害死了，最后，宇文泰的儿子终于找了一个合适的时机逼着皇帝把皇位让给了他，自己当了皇帝，于是西魏也结束了。宇文泰的儿子宇文觉把西魏改成了北齐。

当时，北周的百姓为了躲避兵役，许多都出了家，北周的周武帝宇文泰于是强令僧人还俗，把寺院的财产也充了公。北齐的几位皇帝都非常的残暴，传到了齐后主的手里以后，北周的大军灭掉了北齐。北周终于统一了北方。

周武帝的儿子周宣帝死后，把皇位传给了周静帝，但是却被周宣帝的女婿杨坚篡了位，建立了隋朝。

南北朝时期在历史上存在了二百七十多年，二百七十多年后，杨坚建立的隋朝统一了全国。

【原文】

迨至隋，一土宇[1]，不再传，失统绪[2]。

【注释】

①迨：及，等到。隋：隋文帝，姓杨名坚。一土宇：统一天下。②统绪：帝王相传的系统。

【译文】

北周隋王杨坚废北周静帝，建立隋朝。然后发兵南征，俘虏了南朝的陈后主，统一了全国，结束了中国长期分裂割据的局面。

隋文帝杨坚死后，其子杨广继位，由于他荒淫无度，征敛苛重，大兴徭役，筑长城、开运河，入侵高丽，耗资甚巨，最终引发了隋末农民起义，他自己也被部将所杀。隋朝只传一代，仅仅经过三十八年就结束了。

【故事链接】

隋朝初期，经过隋文帝的一番整顿改革，社会经济出现了繁荣的景象。隋文帝是一位十分有作为的皇帝，知道体察百姓的疾苦，爱民如子，减轻了百姓的劳役和赋税，并奖励百姓耕种，百姓过得不好了，他就觉得很对不起百姓。他登基以后，亲手制定了《开皇律》，把以前北周的许多很残忍的法律都废除或者修改了。

在生活上，做了皇帝的杨坚并没有像以前的皇帝一样奢侈，他不沾酒肉，生活非常的朴素。宫内的宫女们穿的衣服都必须经常浆洗，不准穿完就扔，做出了廉洁的表率。

当时隋朝修建了许多的粮仓，存了许多许多的粮食，一直到隋文帝去世后三十三年。那些存起来的粮食都没有吃完，甚至我们国家的考古人员后来挖掘出的一个隋朝时候的粮仓里，还发现了已经变成炭灰的五十万斤谷子。所以说，那个时候的隋朝在隋文帝的治理下是非常富裕的。

隋文帝能体察民情，能用公正的态度处理政事，所以在他的治理下，隋朝的国力逐渐强大起来，后来，终于统一了全国，结束了南北朝分立的时代。他是我国历史上第一个黄袍加身的皇帝，就是从他开始，后世的皇帝们才开始穿黄袍的。

杨坚管教自己的儿子非常严格，他的儿子犯了错，他会处以很重的处罚，有时候，连大臣都觉得有点过分了，可是他却说："我不只是几个孩子的父亲，全天下的百姓都是我的子民，国家的法律对谁都应该一样，像你们这么想，我难道得给我儿子单独制定一部法律？"大臣们听了哑口无言，都很敬佩隋文帝。

但是，这么好的一位皇帝，偏偏有个怕老婆的毛病，就因为他太听老婆的话，才在晚年犯下了大错，严重地影响了隋朝的发展。

隋文帝杨坚和独孤皇后一共有五个儿子，大儿子杨勇被立为太子。独孤皇后是一个很正直的皇后,她教育孩子非常严格,不准孩子走歪路。但是她在处理问题的时候,却不够冷静。由于杨勇没有听独孤皇后的话,独孤皇后很不喜欢他,常常在杨坚面前说杨勇的坏话。杨坚的二儿子杨广是个很有心计的人,他为了能把皇位抢到自己手里,想尽办法给母亲溜须拍马。母亲不喜欢浪费,他就和妻子每天穿着旧衣服;母亲不希望儿子喜欢声色,他就让家里的乐器落满一寸厚的灰摆在厅里,看上去像是多少年没动过一样,还每天只让妻子一个人陪着他。

杨广所做的这些事终于讨得了母亲的欢心,于是,独孤皇后越看杨勇越不顺眼,越看杨广越喜欢。便加紧了鼓动杨坚废掉杨勇,立杨广为太子。

最后,杨坚听独孤皇后的话听多了,就相信了杨勇真是这样的人,就找了个理由把杨勇废了,赶出了宫,把杨广立为太子。杨勇想进宫见父亲说明情况,可是他进不去,他只好爬到宫外的一棵大树上不停地向宫里喊,杨坚听到了,问是什么声音,杨广就告诉他,是个疯子。

独孤皇后去世不到三年,隋文帝杨坚病倒在了床上,杨广的真面目终于露了出来,他甚至等不到父亲去世,就亲手杀死了他。隋文帝杨坚在临死之前,终于认清了杨广,知道杨广骗了他,他后悔听了独孤皇后的话,废掉了杨勇,他想再见杨勇,可是已经不可能了,他病在床上,气得只能捶着床叹息说:“独孤误我,都是独孤耽误了大事呀!”

隋文帝死了,杨广就登上了皇位,杨广就是隋炀帝。他登上皇位的时候,臭美得不得了,他鼻孔朝天的说:“我本来没有心想要这么富贵,谁想到这富贵竟然追着我来了!”

隋炀帝杨广即位后,为了加强对全国政治上的控制,使江南的物资能够更方便地运到北方来,同时也是为了满足个人的享乐,马上办了两件事:一是在洛阳建造一座新城叫东都;二是开一条贯通南北的大运河。

公元605年,隋炀帝派管理建筑工程的大臣宇文恺负责造东都。宇文恺是个高明的工程专家,他迎合隋炀帝追求奢侈的心理,把工程规模搞得特别宏大。建造宫殿需要的高级木材、石料,都是从大江以南、五岭以北地区运来的,光一根柱子就得用上千人拉。为了造东都,每月征发二百万民工,日夜不停地施工。

在建造东都的同一年,隋炀帝下令,征发河南淮北各地老百姓一百多万人,从洛阳西苑到淮水,开通一条运河,叫“通济渠”;又征发淮南百姓十多万人,从淮河边到江都(今江苏扬州)开一条运河,叫“邗沟”。这样,从洛阳到江南的水路交通就便利多了。

以后五年里,隋炀帝又两次征发民工,开通运河,一条是从洛阳的黄河北岸到涿郡(今北京市),叫“永济渠”;一条是从江都对江的京口(今江苏镇江)到余杭(今浙江杭州),叫“江南河”。最后把四条运河连接起来,就成了一条贯通南北,全长四千余里的大运河。这条大运河是我国历史上的伟大工程之一。它对我国经济、文化的发展和祖国的统一起着积极的作用。不用说,这也是我国成千上万劳动人民用血汗甚至生命换来的。

东都到江都的大运河刚刚完工,隋炀帝就带着二十万人的庞大队伍到江都巡游去了。

为了这次出游,隋炀帝派人造了上万条大船。出发那天,隋炀帝与萧后分乘两条四层高的大龙船,船上有宫殿和上百间宫室,装饰得金碧辉煌;接着是宫妃、王公贵族、文武百官坐的几千条彩船;后面的几千条大船,装卫兵和随带的武器、帐幕等。这上万条大船在运河上排开,船头船尾连接起来,竟有二百里长。

这样庞大的船队怎么行驶呢?那些专为皇帝享乐打算的人早就安排好了。运河两岸修筑好了柳树成荫的御道,八万多民工被征来给他们拉纤,还有两队骑兵夹岸护送。河上行驶着光彩耀目的船只,岸边飘扬着五色缤纷的彩旗。一到晚上,灯火通明,鼓乐喧天,一派豪华景象。

江都在当时是个繁华的地方。隋炀帝到了江都,除了尽情游玩享乐,还大摆威风。为了装饰一个出巡时用的仪仗,就花了十多万人工,耗费钱财论万上亿。这样闹腾了半年,才耀武扬威地回到东都。隋炀帝建东都,开运河,筑长城,连年大规模地出巡,后来竟又想起来发兵攻打高丽,所有劳务差役,全由老百姓承担,弄得老百姓苦不堪言。于是,在东北、山东、河北等广大地区,接二连三地爆发了农民起义。隋文帝杨坚建立的隋朝,到他儿子隋炀帝手里就结束了。

【原文】

唐高祖①,起义师。除隋乱,创国基。②

【注释】

①唐高祖:即李渊,字叔德,唐朝的第一个皇帝。唐太宗李世民的父亲。②国基:建立国家的基础。

【译文】

唐高祖李渊举兵起义,灭掉隋朝,建立唐朝,一统天下。

【故事链接】

隋朝末年,暴政苛虐,饥民遍地,反隋烽火燃遍全国。

李渊出身大贵族,袭封唐国公,是隋炀帝任命的军事重镇太原的留守。他看到隋政权在农民起义军的冲击下摇摇欲坠,便找机会扩充自己的军事力量,准备起兵反隋。他令长子李建成在河东广结朋友,次子李世民在太原招揽豪杰。一时间,大批地主官僚投靠了他们。

这时，起兵反隋的马邑人刘武周勾结突厥进逼太原，直接威胁李渊的根基。李渊找到太原副留守王威和高君雅，对他们说："刘武周反抗朝廷，你我之辈若不消灭他，有失职之罪，皇上知道了，定当灭族。"王、高两人一听，大为恐慌，忙问："那我们该怎么办？"李渊说："我们和江都（今江苏扬州）相隔三千里，要从江都发兵来救，是远水救不了近火，不如就地征兵，以除国难。"王、高二人本是隋炀帝派来监视李渊的，事至如今，也只得点头同意了。于是李渊借机招兵买马，不几天就招募了近万人。

李渊的一举一动越来越引起王威、高君雅的怀疑，他俩策划在晋祠求雨时杀死李渊。不料密谋败露，李渊得到密报后先发制人，与李世民内外呼应，把王、高两人擒获。

李渊起兵后的第三天，几万突厥骑兵疾驰而来，围攻太原。面对敌强我弱的形势，李渊下令城内严加守备。

为迷惑敌人，他又令人开城门，城上不插旗，守城人不往外看。突厥兵一看太原城门大开，寂静无声，高深莫测，只好撤回。为解除后顾之忧，李渊又派人员去见突厥始毕可汗，表示愿向突厥称臣，将来共分天下，长安土地和民众归李渊，金玉绢帛归突厥。始毕可汗听后乐不可支，当即表示支持李渊起兵反隋，并送了一百匹马给李渊。

为防止当时威震中原的义军——瓦岗军西入关中捷足先登，李渊写信给瓦岗军首领李密。信中说："当今能当天下之主的，非你莫属。老夫已过知命之年，没有争夺天下的宏愿了。"李密阅毕，心花怒放，说："唐公（李渊）都推崇我，天下肯定是我的了。"从此，他对李渊就不加戒备了。

一切准备就绪后，李渊于公元617年七月率兵三万从太原出发，一路攻城杀将，向西进发。他女儿（后来封平阳公主）率数万人的"娘子军"，在渭北与李世民率领的军队会合。公元617年十月，李渊的二十万大军攻陷了隋京城长安，立隋炀帝十四岁的孙子杨侑为皇帝。公元618年，隋炀帝在江都被杀，李渊登上皇位，改国号唐，定都长安。李渊成了唐高祖。

【原文】

二十传，三百载①，梁灭之，国乃改②。

【注释】

①唐朝传了二十代，共289年。二十位国主是：高祖、太宗、高宗、中宗、睿宗、玄宗、肃宗、代宗、德宗、顺宗、宪宗、穆宗、敬宗、文宗、武宗、宣宗、懿宗、僖宗、昭宗、哀帝。②梁：后梁太祖，姓朱，名温。曾在唐昭宗时做官，封梁王。他废除昭宗而篡夺天下，改国号为梁。

【译文】

唐王朝一共传了二十个皇帝，历时二百八十九年，后来灭于后梁，国家也改朝换代了。

【故事链接】

李渊的皇位坐稳以后，把大儿子李建成立为太子，可是李建成的太子当得很不安稳，他总觉得二弟李世民比自己的功劳大，将来会对自己不利，所以他就和三弟李元吉商量，要把弟弟李世民杀死。但是他万万没想到，李世民平时贤德待人，结交下的能人太多了，没等他们动手，李世民就先把他们两个人杀了。李渊一看也没有办法，要是惩罚李世民，自己就一个儿子也没有了，所以只好把李世民立为了太子。

唐太宗李世民是中国历史上开明的君主之一。他重用人才，能接受大臣直谏，政治开明；也注意减轻百姓的劳役，采取了一些有利于发展生产的措施。在他统治的时期里，生产有了发展，社会秩序安定。根据历史记载，贞观四年，全国大丰收，流散的人都返回乡里。以后又年年丰收：米粟每斗只卖到三四钱，可见粮食之丰盈。历史上把这段时期称为"贞观之治"（贞观是唐太宗的年号）。唐太宗为什么能把国家治理得这样好呢？主要原因之一是他善于纳谏。他选用人才，不记旧恨，任人唯贤，而且鼓励大臣们把意见当面说出来。在他的鼓励下，大臣们也敢于说话了。特别是魏征，对朝廷大事想得很周到，有什么意见就在唐太宗面前直说。魏征原来在太子建成手下干事，还曾劝说建成杀害李世民，但唐太宗不计前嫌，还特别信任他，常常把他召进内宫，听取他的意见。

有一次，唐太宗问魏征："历史上的人君，为什么有的明智，有的昏庸？"

魏征给他举了许多历史上的例子，说："多听听各方面的意见，就明智；只听单方面的话，就昏庸（也就是'兼听则明，偏听则暗'）。治理天下的人君如果能够采纳臣下的意见，那么下情就能上达，谁想要蒙蔽也蒙蔽不了。"

唐太宗连连点头说："你说得多好啊！"

又有一天，唐太宗读完隋炀帝文集，跟左右大臣说："我看隋炀帝这个人，学问渊博，也懂得是非，为何干出事来这么荒唐？"

魏征接口说："一个皇帝光靠聪明渊博还不行，还应该倾听臣子的意见。隋炀帝自以为才高，骄傲自信，嘴里说的是尧舜的话，干出来的是桀纣的事，到后来糊里糊涂就自取灭亡了。"

唐太宗听了，感触很深，叹了一口气说："唉，过去的教训，就是我们的老师啊！"

唐太宗看到他的统治巩固下来，心里很高兴。他觉得大臣们劝告他的话很有帮助，就对他们说："治国好比治病，病虽好了，还得好好休养，不能放松。现在中原安定，四方归服，自古以来，很少有这样的日子。但是我还应该十分谨慎，多听听你们谏言才好。"

魏征说："陛下能够在安定的环境里想到危急的日子(也就是'居安思危')，这使我很高兴。"

打那以后，魏征提的意见越来越多。他看到太宗有不对的地方，就当面力争。有一次，魏征在上朝时，跟唐太宗争得面红耳赤，唐太宗实在听不下去，想要发作，又怕在大臣面前丢了自己肯听意见的好名声，只好忍了。退朝之后，他憋了一肚子气回到内宫，见了长孙皇后，狠狠地说："总有一天，我要杀死这个乡巴佬！"

长孙皇后很少见太宗发那么大的火，问他："不知道陛下要杀哪一个？"

唐大宗说："还不是那个魏征！他总是当着大家的面侮辱我，叫我实在忍受不了啦！"

长孙皇后听了，一声不吭，回到自己的内室，换了一套朝见的礼服，在太宗面前下拜。

唐太宗惊奇地问："你这是干什么？"

长孙皇后说："我听说英明的天子才有正直的大臣，现在魏征这样正直，我怎么能不向陛下祝贺呢！"

这一番话就像一盆清凉的水，把唐太宗满腔怒火浇灭了。后来，他不但不记魏征的仇，反而夸奖魏征说："大家都说魏征举止粗鲁，现在看起来，这正是他可爱的地方哩！"

公元643年，这位直言敢谏的魏征死了。唐太宗很伤心，他流着眼泪说："一个人用铜做镜子，可以照见衣帽是不是穿戴得端正；用历史做镜子，可以看到国家兴亡的原因；用人做镜子，可以发现自己做得对不对。魏征一死，我少了一面好镜子了。"

唐太宗李世民在位的时候，天下太平，百姓安居乐业，国家出现了一派安定的景象，在中国的历史上，这也是一段有名的太平盛世，这段时间在历史上被称为"贞观之治"。

后来，帝位传到了李世民的儿子唐高宗的手里，唐高宗也和李世民一样，是一个有德有才的皇帝，但是他有一个最大的缺点，就是过分地宠爱武则天。

唐高宗的身体不好，自己不能处理政事，他就让皇后武则天帮他处理。他去世以后，武则天把儿子唐中宗李显扶上了王位，过了没多久，她又把李显废了，立了另一个儿子唐睿宗李旦做皇帝，又过了一段时间，她把李旦也废了，自己做了皇帝，把国号改为了"周"。武则天是我国历史上第一个女皇帝。

武则天治理国家的能力很强，也知道重用贤臣，所以在她的管理下，国家始终处于一种强盛状态。她年纪大了以后，他的爱臣狄仁杰建议她，把天下还给李姓子孙，她听从了狄仁杰的建议，又把自己的儿子——唐中宗李显重新推上了帝位。

可是没想到李显无能，而李的夫人韦氏偏偏野心很大，也想象武则天一样当皇帝，为了这个，她竟然毒死了唐中宗李显。

韦氏最终也没能当上女皇。唐朝继续由李姓的子孙称帝，两代以后，传到了唐玄宗的手里。

唐玄宗登基以后做了不少好事，国力越来越强盛，甚至比唐太宗时期还要强，是整个唐朝历史上最强盛的时期，这段时间在历史上叫作“开元盛世”。但是他到老了以后，却一点也不明智了。他迷恋杨贵妃，还轻易地重用了外族的安禄山。最后安禄山发动了长达八年之久的安史之乱，差一点把唐朝灭了。唐玄宗逃到了郭子仪所在的四川，郭子仪出面向外族借来了兵将，这才灭了安禄山。取胜是取胜了，唐朝却被这一段战争给弄得筋疲力尽，受了重伤。

就在唐朝元气大伤，苦苦支撑的时候，国内又爆发了黄巢之乱，百姓的生活更是雪上加霜。黄巢之乱虽然最后打败了，但是跟随黄巢起兵的有一个叫朱温的人，他在跟着黄巢起义之前是个地痞，看到黄巢战败了，他赶紧离开了起义军，做了叛徒，向唐朝投了降，并出卖了起义军。当黄巢的起义被彻底镇压之后，他便有了大功，唐僖宗还特意赐了他个名字叫“全忠”。

唐僖宗的弟弟唐昭宗继位以后，由于采取措施治理一些掌权的宦官，被宦官给软禁了起来，朱温找了个借口把唐昭宗挟持到了洛阳，然后害了唐昭宗，立李家一个十三岁的小孩子做了皇帝，也就是唐哀帝。唐朝到了最后一个皇帝唐哀帝的时候，已经传了二十代人，历史长达近三百年。

可惜唐哀帝只是个小孩子，根本没有任何势力去和朱温斗争，所以唐朝的政权彻底落入了朱温的手里。在朱温认为时机成熟了之后，他废了唐哀帝，自己登上了皇位，把国号改为了“梁”。唐朝彻底结束了。

【原文】

梁唐晋，及汉周①，称五代，皆有由。

【注释】

①梁：后梁太祖朱温，他篡夺唐朝天下，建立梁朝，传了两代，共十七年。唐：后唐庄宗，姓李，名存勖，他消灭后梁当了皇帝，国号为唐，共十四年。晋：晋高祖，姓石，名敬瑭，沙陀人，篡夺后唐而拥有天下，国号为晋。传了两代，共十一年。汉：后汉高祖，姓刘，名知远，侵入中原，当了皇帝，国号为晋，后来改为汉，传两代共四年。周：周太祖，姓郭，名威，篡汉而当了皇帝，传两代共十年。

【译文】

后梁、后唐、后晋、后汉和后周五个朝代的更替时期，历史上称作五代，这五个朝代的更替都有着一定的原因。

【故事链接】

从朱温建立了梁朝开始，中国又进入了混乱之中，朝代更替得很快，短短的五十三年之间，更换了五个朝代——梁、唐、晋、汉、周，历史上把这一段时间称为“五代时期”，因为这五个朝代的国号和历史上的一些朝代重名，因此后世把这五个朝代又称为“后梁、后唐、后晋、后汉、后周”。

朱温建立了后梁以后，由于他本身没有治国之略，只有地痞流氓的作风，因此六年以后便被自己的儿子杀了，他的另一个儿子后梁末帝继位十年以后，一个名叫李存勖的人带兵攻打梁朝，后梁末帝抵抗不住，因此献出了国宝投了降，后梁就灭亡了，前后只存在了十七年。

李存勖是朱温建立梁朝时河东晋王李克用的儿子。李克用临死前，叮嘱李存勖说：“朱温是咱家的冤家，这不用说你也知道；刘仁恭是我保举上去的，后来他反复无常，投靠朱温；契丹曾经跟我结为兄弟，结果毁盟约，翻脸不认人。这几口气没出，我死了也闭不上眼睛。”

说着，他吩咐侍从去拿三支箭来，亲手交给李存勖说：“这三支箭留给你，你要记住三个仇人，给咱家报仇。”

李存勖跪在床边含着眼泪，接过箭，表示一定牢记父亲的嘱咐。李克用这才合上眼睛死了。

李存勖接替父亲做了晋王后，用心训练士兵，整顿军纪，把散漫的沙陀族士兵训练成一支精锐善战的队伍。

他把父亲给他的三支箭，十分慎重地供奉在家庙里。每次出征，都请出三支箭，放在一个精致的丝套子里，带着上阵，打了胜仗才送回家庙。

他出兵跟梁军打了几仗，把朱温率领的五十万大军打得晕头转向。朱温又气又恼，发病死了。

接着李存勖又攻破幽州，把刘守恭和他的儿子刘守光活捉了，押回太原。又过了九年，契丹首领耶律阿保机派兵南下。李存勖大破契丹兵，把耶律阿保机赶回北方去了。

朱温死后，李存勖又跟朱温的儿子梁末帝打了十来年仗。到公元923年，李存勖灭了梁朝，统一北方，即位称帝，改国号为唐。这就是后唐庄宗。

唐庄宗替父亲报了仇，志满意得，认为敌人已经消灭，中原已经安定，就图起享受来了。

他小时候最爱看戏演戏，那时晋王府里有一个戏班子，专给晋王府演戏，庄宗小时候就跟戏班子里的伶人很亲近。后来他在河北战场上拼死拼活地打仗,把演戏的事给搁下了。

现在做了皇帝,天下太平,他又沾上了演戏的癖好,成天跟伶人在一起,穿着戏装,登台表演,把国家大事撂在一边,还给自己取了个艺名叫“李天下”。

伶人们受到唐庄宗的宠幸,在宫里自由进出。他们跟皇帝可以打打闹闹,对一般官员不放在眼里,官员们受了他们的欺负,心里气恼,但谁也不敢拿他们怎么样,有些人还向他们送礼讨好呢。

有个伶人叫景进,专门替庄宗刺探外面的情况,谁不讨好他,他就在庄宗面前说这个人的坏话。所以官员们见了景进,没有不害怕的。

唐庄宗要封两个伶人当刺史。有人劝阻说:“现在新朝刚刚建立,跟陛下一起身经百战的将士还没有得到封赏,反倒让伶人当刺史,只怕大家不服。”

庄宗根本不理这些话,照样让伶人当了官,将士见了,气得要命。不出几年,后唐朝廷内部先乱起来,大将郭崇韬被害,另一员大将李嗣源(李克用的养子)也被猜忌,差点送了命。

李嗣源受到将士的拥戴,决定反唐庄宗。他带兵打进汴京,准备自立为皇帝。

唐庄宗在洛阳听到这个消息,赶快赶往汴京。半路上听说李嗣源已经进了汴京,他知道自己已经完全孤立,垂头丧气地说:“这下我完了!”

唐庄宗回到洛阳,还想抵抗。他的亲军指挥使郭从谦,原来也是伶人,曾认郭崇韬做叔叔。郭崇韬被杀后,郭从谦怀恨在心,趁这个机会,发动亲军叛变,杀进皇宫,庄宗想抵抗都来不及了,被一支流箭射中丧命。

可怜唐庄宗李存勖,因为宠幸一批伶人,把自己辛苦征战几十年得来的皇位断送给他人不算,还搭上了自己的性命。

李嗣源接替唐庄宗做了后唐皇帝,就是后唐明宗。

后唐明宗李嗣源是一个非常高明的人,他每天都在宫中焚香祈祷上天说:“我是因为战乱才被大家推举到了帝位,愿上天早日降生治理天下的圣人,为百姓造福。”

由于李嗣源本来没有心思做皇帝,所以他也不想讨伐别的国家,只是专心地治理国内的事务,他实施了许多利国利民的政策,使百姓过上了几天小康的生活。可是,当后唐的帝位传到了他的儿子唐末帝手里以后,还没到三年,他的女婿石敬瑭就和契丹人勾结起来,许诺契丹人说:“如果你肯借给我兵将让我登上皇位,我就把燕云十六州给契丹。”契丹同意了这个条件,借兵给他,把唐末帝灭掉了,后唐也便结束了十三年的统治。

石敬瑭做了皇帝以后,改国号为晋,也就是“后晋”。石敬瑭就是后晋高祖。建国以后,他竟然拜了比他还小的契丹国国君做“父亲”,向契丹称臣,还履行了诺言,把燕云十六州给了契丹。

由于后晋大把的财富源源不断地流入了契丹,引起了国人的不满,于是有大臣就向皇帝建议逐渐地脱离契丹。他们的这种企图被契丹察觉,契丹大举进兵灭了后晋,后晋只存在了十一年。

契丹人在灭了后晋以后,在开封建立了大辽。由于契丹人长期生活在北方,一时难以在中原立足,所以不久以后契丹人就撤回了北方,立了一个叫李从益的人做中原主。

当时的百姓因为战乱而民不聊生,大家都希望有明君尽快驱逐契丹人,所以便推举了河东节度使刘知远带领大家杀死了李从益,夺回了中原,并推立刘知远做了皇帝,改国号为汉,也就是后汉。刘知远就是后汉高祖。

刘知远登上了帝位以后,并没有什么大的成绩,他的儿子后汉隐帝继位以后,朝廷的大权又到了少数人手里,汉隐帝刘承佑年轻气盛,受不了自己不被重视,所以派人去杀这些掌权的人,没想到大将军郭威没有被杀死,带兵来讨伐他,刘承佑战败逃走,被大臣郭允明杀了,后汉仅传了四年就灭亡了。

郭威灭了后汉,自己建立了周朝,也就是后周,郭威就是后周太祖。郭威是五代时期的一位明君,他崇尚节俭,临死前叮嘱养子柴荣用纸做的棺材为他下葬,不要太奢侈。他去世以后,他的养子柴荣继承了皇位,也就是后周世宗。

柴荣继位以后,亲自带兵讨伐各国,取得了很大的成就。他赏罚分明,还知道体谅百姓的疾苦,因此被称为是五代时期最英明的一位君主。只可惜,他在讨伐辽国的时候生了重病,去世了。柴荣的儿子后周恭帝只有七岁,由于年龄小,父亲又去世得突然,所以他根本没有什么亲信,他和母亲只能是听别的大臣的话。

过了不久,大将赵匡胤在陈桥被手下黄袍加身,发动了兵变。周恭帝孤儿寡母,没法与他抗衡,因此把帝位让给了赵匡胤,后周的政权持续了才九年便结束了。

这五个朝代都是在北方,而同时在中国的南方,也出现了九个各据一方的小国——前蜀、吴、闽、吴越、楚、南汉、南平、后蜀和南唐。

北方的郭威称帝建立后周以后,后汉高祖刘知远的弟弟刘崇在河东十二州称帝,建立了北汉,北汉和南方的九国一起,又被称为十国。所以这一段历史又称为“五代十国”时期。

【原文】

赵宋[1]兴,受周禅,十八传[2],南北混。

【注释】

①赵宋:指宋朝。公元960年,赵匡胤在陈桥兵变时,授意将士们将他黄袍加身,逼

迫年幼的后周恭帝让位给他。②十八传:宋朝从太祖赵匡胤到赵昺,共传了十八代帝王。

【译文】

太祖赵匡胤兵变,逼后周皇帝禅位,建立宋朝,共传了十八代,是北宋、南宋合在一起算的。

【故事链接】

后周恭帝继位的时候只有七岁,他的母亲也是一个没有主意的人,辽国听说后便举兵来犯,由于恭帝母子不会指挥政事,因此把兵权给了大将军赵匡胤,由他随意调动全国的兵马迎战。

赵匡胤通过这件事认清了朝廷的软弱,因此在离开京城以后,悄悄派人返回京城传播了一个谣言,说赵匡胤就要做皇帝了。朝廷中的人听说了这件事情,惊慌极了,立刻变得人心不稳。

赵匡胤带着队伍到了陈桥驿的时候,他的弟弟赵光义和手下的掌书记赵普把手下的心腹叫到了身边,商量了一夜。在他们商量过后的第二天早晨,赵匡胤睡醒了刚要起身,忽然发现床边站着一群人,为首的手捧着一件皇帝穿的龙袍,见他睁开了双眼,这些人一齐跪下,请他披上黄袍,自立为帝。赵匡胤假意推辞不过,穿上了龙袍,然后发动了兵变,开始转头返回国都,要求周恭帝把皇位让给他。周恭帝母子无奈,只好同意了他的要求,这就是著名的"陈桥兵变"。赵匡胤称帝后,改国号为宋,赵匡胤就是宋太祖。宋朝在历史上分为北宋和南宋,赵匡胤建立的宋朝被称为北宋。

赵匡胤黄袍加身之后不出半年,就有两个节度使起兵反对宋朝。宋太祖赵匡胤亲自出征,费了很大劲儿,才把叛乱平息了。

宋太祖赵匡胤

为此,宋太祖心里总不踏实。一次,他单独找宰相赵普谈话,问他说:"自从唐朝末年以来,换了五个朝代,没完没了地打仗,不知死了多少百姓。这到底是什么道理?"

赵普说:"这道理很简单,国家混乱,毛病就出在藩镇的权力太大。如果把兵权集中到朝廷,天下自然太平无事了。"

宋太祖连连点头,称赞赵普说得对。

后来赵普又几次三番对宋太祖说:“禁军大将石守信、王审琦两人,兵权太大,还是把他们调离禁军为好。”

宋太祖说:“你放心,这两人是我的老朋友,不会反对我。”

赵普说:“我并不担心他们会叛变。但据我看,这两个人没有统帅才能,管不了下面的将士。有朝一日,下面的人闹起事来,只怕他们也身不由己啊!”

宋太祖这才恍然大悟,拍着额角说:“亏得你提醒了我。”

过了几天,宋太祖在宫里举行宴会,请石守信、王审琦等几位老将喝酒。

酒过几巡,宋太祖命令身边的太监退出。他拿起一杯酒,先请大家干了,说:“我要不是有你们帮助,也不会有现在这个地位。但是你们哪里知道,做皇帝也有很大难处啊,还不如做个节度使来得自在。不瞒各位说,这一年来,我就没有一天睡过安稳觉。”

石守信等人听了十分惊奇,忙问是为什么。宋太祖说:“这还不明白?皇帝这个位子,哪个不眼红啊?”

石守信等人听出话音来,大家着了慌,跪在地上说:“陛下为什么说这样的话,现在天下已经安定了,谁还敢对陛下三心二意?”

宋太祖摇摇头说:“你们几位我还信不过?只怕你们的部下将士当中,有人贪图富贵,把黄袍披在你们身上,你们想不干,能行吗?”

石守信等听到这里,感到大祸临头了,连连磕头,含着眼泪说:“我们都是粗人,没想到这一点。请陛下可怜我们,指引一条出路。”

宋太祖说:“我替你们着想,你们不如把兵权交出来,到地方上去做个闲官,买点田产房产,给子孙留点家业,快快活活度个晚年。我和你们结为亲家,彼此毫无猜疑,不是更好吗?”

石守信、王审琦等人连声说:“陛下给我们想得太周到啦!”

酒席一散,大家各自回家。第二天上朝,每人都递上一份奏章,说自己年老多病请求辞职。宋太祖马上照准,收回他们的兵权,赏给他们一大笔财物,打发他们到各地去做节度使了。历史上把这件事称为“杯酒释兵权”。

过了一段时间,又有一些节度使来京朝见。宋太祖在御花园里举行宴会。太祖说:“你们都是国家老臣,现在藩镇的事务那么繁忙,还要你们干这种苦差事,我真过意不去!”

有个乖巧的节度使马上接口说:“我本来没有什么功劳,留在这位子上也不合适,希望陛下让我先回乡。”

也有节度使唠唠叨叨地夸说自己的经历,说自己立了多少功劳。宋太祖听了直皱眉头，说："这都是陈年老账了，提它干什么？"

第二天宋太祖把这些人的兵权全部解除了。

宋太祖收回地方将领的兵权后，又从政治、财政等方面采取了巩固中央集权的措施，新建的北宋王朝开始稳定下来。

赵匡胤原来是一个武将，可是自从他当上了皇帝以后，却开始重视以文治国，他对文人非常重视，对文臣非常的尊重，导致宋朝时候的人纷纷热衷于读书，想要通过求取功名来做官。宋太祖赵匡胤去世以后，他的弟弟赵光义继了位，赵光义比赵匡胤还喜欢读书，因而更加重视文人。

赵匡胤的母亲曾经告诉自己的儿子们，将来一定要吸取北周因为小皇帝而亡国的教训，不要只是把皇位传给自己的儿子，如果儿子少不更事，要先把皇位传给自己成年的弟弟，赵匡胤听了母亲的话，把皇位传给了弟弟赵光义，可赵光义却没有听话，他把皇位传给了自己的儿子宋真宗赵桓。

由于国家长期只重文不重武，导致国家的整体力量明显下降，当外族兴兵来犯的时候，总是打败仗。宋真宗不吸取教训，不重视富国强兵，反而软弱无能地对辽、金等国的进犯采取金钱外交的弱国政策，低首自卑，完全没有大国风范。

帝位传到宋神宗以后，神宗很想改变现状，于是便任用了非常有抱负的王安石为相，开始变法，但是王安石对于变法的进程操之过急，导致朝廷内外怨声载道，最终没有使新法走上正轨，草草地以失败收了场。

后来宋朝的帝位又传到了宋神宗的儿子宋哲宗的手中，他为了完成父亲的遗愿做了许多的努力，甚至多次出兵讨伐西夏，迫使西夏向宋朝求和。

但是当帝位传到了宋徽宗的时候，国家彻底开始衰落了。宋徽宗喜欢艺术，他的书画作品至今还收藏在北京故宫博物院里。因为他属狗，所以当时全国都禁止杀狗。

宋徽宗是一位艺术家，但是他做皇帝就不像他做艺术这么出色，他不辨忠奸，还建了许多道宫，浪费了大量的人力物力。对于外族势力，他也是一味地采取巴结的方法，甚至还联合金国去攻打辽国，结果金国自己灭了辽国，宋朝什么功劳也没有。金国灭了辽国以后，转回头来攻打宋朝，宋徽宗吓坏了，赶忙写了一封《罪己诏》向天下谢罪，然后把王位传给了儿子宋钦宗，自己逃跑了。第二年，金国攻下了宋朝的国都，把宋徽宗和宋钦宗都抓了起来，甚至连后宫的妃子与宦官都没有放过，所有的工匠冠服、仪器、珍宝、藏书甚至地图都被洗劫一空，这件事在历史上被称为"靖康之耻"。北宋就这样在经历了一百六十七年的统治之后灭亡了。

宋徽宗有个儿子叫赵构，他的封号是康王。当金兵来攻打北宋国都的时候，宋钦宗曾命他去金国讲和，他在半路上改道去了南京，没有到金国去，北宋灭亡以后，他自己称了帝,这就是历史上的南宋。赵构就是宋高宗。从此以后,中国又进入了南北对立的时期。

宋高宗登基以后,也抵抗了一阵子金军,但是他也和他的父亲一样,只想保着皇位,不想发生动乱,所以也向金军请和。由于他的软弱,金军占领了南宋的许多地盘。

为了躲避金军的进攻,他到处藏身,大臣们劝他留守国都,可是他不听,后来他被金军追得实在没办法躲了,就只好任用岳飞等将军抗金。

可是,正当岳飞等将士们在前线拼杀的时候,他却又害怕了起来,他和主张投降的宰相秦桧又下令让前方的将士们撤兵。岳飞等将士们收复了大量的失地,离国都只有几十里地的时候,收到了他的撤兵命令,只好从命。金军趁机大军压境,宋高宗为了让金军彻底相信他求和的诚意,撤销了所有抵抗金军的将士,而且割地、赔款、称臣,和金朝签订了"绍兴协议",丑态百出,全是一副奴才相。

岳飞带领着岳家军精忠报国,却遭到了秦桧的记恨,岳飞主张抗金不主张投降,和他的政策正好相反,所以秦桧想方设法要杀掉岳飞。后来,他假传圣旨让岳飞进朝见驾,还特意叮嘱岳飞不要摘下兵器,可是等到岳飞进了宫以后便立刻因为佩带兵器被抓了起来。在岳飞被秦桧害死之前,有人质问秦桧岳飞究竟犯了什么罪,有什么证据,有什么事实,秦桧说:"也许有,也许没有。"一代忠臣岳飞就这样被秦桧杀死了。岳飞死后,他又用各种方法杀害了许多忠臣良将。

秦桧作恶多端,留下了千古骂名,人们给秦桧和他妻子各塑了一座跪姿的像,摆在光天化日之下受世世代代的人唾弃。我们今天所吃的油条,就是那个时候发明的,人们因为恨秦桧,就用面做成秦桧夫妻的样子,然后把这两个小人背对背地粘在一起,下油锅炸,最后吃掉解恨。后来总是做成小人的样子太麻烦了,就干脆抻成两根长条粘到一起炸。

南宋统治持续了一百五十年以后,终于被元兵灭了国。南宋的灭亡意味着宋朝的彻底灭亡,整个宋朝一共传了十八代皇帝,经历了三百一十七年的历史。

【原文】

辽①与金②,皆夷③裔,元④灭金,绝宋世。

莅⑤中国⑥,兼戎狄,九十年⑦,返沙碛⑧。

【注释】

①辽:指辽国。公元916年,北方契太族耶律阿保机称帝,国号契丹。公元927年,耶律德光改国号为辽。②金:指金朝。1115年,辽东女真族首领完颜阿骨打称帝,国号金。③夷:指少数民族,后面的"戎狄"也是。④元:指元朝。元朝是蒙古族政权。辽被金灭,金又被蒙古灭,1271年,忽必烈建立元朝,定都大都(今北京)。1279年元灭南

宋。⑤莅:临、至。⑥中国:指中原地区。⑦十年:元朝自1279年至1368年共九十年。⑧沙碛:沙漠。

【译文】

北方在宋之前有辽国、金国,都是少数民族。元后来把金给灭了,把宋朝也灭了。这一时期到中原地区来的,都是少数民族。元朝的统治前后共九十年,后被明所灭。

【故事链接】

唐朝的时候,契丹人耶律阿保机建立了辽国。石敬瑭在得到辽国的帮助后建立了后晋,并把幽州送给了辽国,辽国把国都迁到了幽州。

北宋的时候,辽国是统治中国北部的一个王朝,宋朝和金国联合起来攻打辽国,但是由于宋朝力量薄弱,辽国被金国独力灭掉了。辽国的最后一个皇帝天祚帝被金军活捉,结束了中国北方二百一十年的政权。

辽国的东面有一个女真族,女真族的首领完颜阿骨打非常的善于用兵,他的兵将们个个都是弓箭高手,完颜阿骨打带兵第一次攻打辽国的时候,只带了两千多名将士。在战前,完颜阿骨打对这两千多名将士说,如果有了战功,奴隶可以做平民,平民可以做官,官员可以升官,但是如果贪生怕死,就会立刻被处斩。在战争中,完颜阿骨打始终冲在最前面,他一箭射死了辽军的主帅,两千多名将士一拥而上,把辽军杀得一败涂地。此后,女真人的势力便一发不可收拾。

完颜阿骨打灭了辽国以后,占据了北方,自己称了帝,建立了金国,完颜阿骨打就是金太祖。北宋末期,金军活捉了宋徽宗和宋钦宗,使宋朝蒙受了"靖康之耻",并灭了北宋,势力一天天的强大了起来。

但是,金国在完颜阿骨打以后国势渐弱,这时,金国的一个蒙古族部落渐渐地强大起来,蒙古族的首领铁木真不断地发展势力,统一了蒙古高原,并建立了大蒙古国,铁木真被推举为"成吉思汗"。

蒙古国建立以后,继续发动战争扩大领地,战争甚至蔓延到了今天的欧洲和俄罗斯的境内,国家的土地空前广阔。

铁木真的儿子忽必烈继位后,把国号改为元,建立了元朝,忽必烈就是元世祖。元朝建立以后,和南宋的军队配合,灭掉了存在了一百一十七年的金国。金国被灭后,元朝统一全国的阻碍就只剩下了南宋,元朝当然不可能放过它。

南宋传到了只喜欢酒色、不愿理朝政的宋度宗手里以后,忽然发生了山崩,人们都说南宋要灭亡了,宋度宗赶快把帝位传给了四岁的宋恭帝赵显,自己投降了元朝。

这时候有一位抗元义士名叫文天祥,小皇帝宋恭宗继位以后,下诏让各地军马去支援朝廷,文天祥捐出了全部家产,招募了一万多人的队伍来到了国都。宋恭帝命他带兵到前线救援，结果因为元军攻势太猛，失败了。第二年，元军包围了南宋的国都，宋恭帝的母亲派文天祥与元军谈判，但是文天祥一到元军的大营便被抓了起来。谢太后和宋恭帝的孤儿寡母没有力量跟元军抵抗，所以只好将国都献出，向元军投降，最后被元军带走了。

被元兵带走的小皇帝赵显还有两个小哥哥，一个是六岁的赵昺，一个是九岁的赵罡。赵显投降了元朝以后，九岁的哥哥赵罡即了位，也就是宋端宗，可是在逃难的途中宋端宗死了，于是南宋剩下的大臣又推举赵昺继了位，到广东继续和元军对抗。

由于南宋的领土还有一部分没有被元军攻破，所以元朝企图让文天祥帮助他们收服这些领土，但是文天祥坚决不同意，并找了个机会逃跑了。他来到了宋端宗身边以后，又被宋端宗任命为丞相，继续带兵抗元，逐渐地收回了一些地盘。可是在元军的大举反攻中，文天祥带领的抗元队伍又战败了，文天祥再次被元军抓了起来。

文天祥在狱中写了一首诗，名字叫《过零丁洋》：

辛苦遭逢起一经，
干戈寥落四周星。
山河破碎风飘絮，
身世浮沉雨打萍。
惶恐滩头说惶恐，
零丁洋里叹零丁。
人生自古谁无死，
留取丹心照汗青。

写完这首诗的二十天以后，苦苦支撑的南宋终于敌不过元军，最后一位左丞相陆秀夫背着小皇帝赵昺跳了海，赵昺的母亲也跟着跳了进去，南宋灭亡了。整个宋朝的历史也永远地结束了。

由于当年宋太祖赵匡胤灭北周的时候，也是欺侮北周的孤儿寡母，因此后人都说："当初陈桥兵变的时候，你欺负人家孤儿寡母，没想到二百多年以后，你家的孤儿寡母也被人欺侮。"

南宋灭亡后，文天祥始终不肯屈服，元世祖敬他是一位忠臣，开始的时候不肯杀他，只想让他投降，可是文天祥坚决不投降，他在狱中写了很多的诗句，除了《过零丁洋》以外，还有《正气歌》等。

元世祖忽必烈在治理国家的过程中意识到，以汉族的儒家思想治理国家，才会使百姓安居乐业，使国家强盛起来，这时候，大臣们向他举荐了文天祥。元世祖听取了大家的建议，打算给文天祥授以高官，可是文天祥坚决不同意，见了元世祖连跪也不跪，只说不愿意。元世祖这回生气了，问他："你到底想怎么样？"文天祥说："我是南宋的人，现在国家没有了，我还活着有什么用，我只求一死就足够了。"元世祖听了勃然大怒，下令处死了文天祥。

南宋的最后一个忠臣，在南宋灭亡以后，面向着南方，慷慨就义了。文天祥生前虽然没有大的功劳，但是他的气节，却流传千古。

忽必烈建立元朝的时候，成吉思汗时期建立的庞大蒙古汗国已经分裂成四个汗国，元朝皇帝名义上还是四个汗国的大汗。那时，中国是世界上最强大最富庶的国家，西方各国的使者、商人、旅行家纷纷慕名到中国来观光。其中最有名的要数威尼斯人马可·波罗。

马可·波罗的父亲尼古拉·波罗和叔父玛飞·波罗，原来是威尼斯商人。兄弟俩常常到国外做生意。一个偶然的机会，他们见到了中国的大汗忽必烈。马可·波罗十五岁那年，他父亲和叔父又一次来中国，把他带到中国，路上就走了三年多。

到了中国，忽必烈已经即位称帝，听说尼古拉兄弟来了，派人从很远的地方把他们接到大都。

尼古拉兄弟进宫拜见元世祖。元世祖看到他们身边多了一个少年，诧异地问这是谁。尼古拉回答说："这是我的孩子，也是陛下的仆人。"

元世祖看到马可·波罗英俊的样子，连声说："你来得太好了！"

当晚，元世祖特意在皇宫里设宴招待他们，后来，又留他们在朝廷里办事。

马可·波罗非常聪明，很快学会了蒙古语和汉语。元世祖发现他进步很快，十分赏识，没多久，就派他到云南去办事。马可·波罗每到一处，都留心考察，回到大都，就把那儿的风俗人情向元世祖详细汇报。元世祖听了，直夸马可·波罗能干。以后，凡有重要的任务，元世祖总派他去。

马可·波罗在中国整整住了十七年，被元世祖派到许多地方视察，还经常出使国外，曾到过南洋好几个国家。他在扬州待了三年，据说还在扬州当过总管。

日子长了，他们不免想念家乡了，三番五次向元世祖请求回国。但元世祖宠着马可·波罗，舍不得让他们走。恰好那时候，波斯伊尔汗国国王的一个妃子死了，派使者到大都来求亲。元世祖选了一名叫阔阔真的皇族少女，赐给他做妃子。伊尔汗国的使者认为走陆路太不方便，知道尼古拉熟悉海路，就请元世祖派尼古拉他们护送王妃回波斯。元世祖只好答应了。

尼古拉兄弟和马可·波罗就和伊尔汗国使者一起，乘海船经过印度洋，把阔阔真护送到伊尔汗国后，才回到阔别二十多年的家乡威尼斯。

威尼斯人长久没有听到他们的消息，以为他们死在国外了。现在看到他们穿着东方的服装回来,又听说他们到过中国,带回许多珍珠宝石,都轰动了。他们称马可·波罗为“百万家产的马可”。

后来,威尼斯和另一个城邦热亚那打仗,马可·波罗自己出钱买了一条战船,亲自驾驶着参加威尼斯的舰队。结果,威尼斯吃了败仗,马可·波罗当了战俘,被关进监狱。

热亚那人听说他是著名的旅行家,纷纷到监狱里来访问,请他讲东方和中国的情况。亏得监狱里关着一个作家,名叫鲁恩蒂谦,把马可·波罗的事都记录了下来,编成一本书,这就是著名的《马可·波罗行记》。

在这本游记里,马可·波罗把中国著名城市,如大都、扬州、苏州、杭州等都做了详细的介绍。这本书一出,传遍了欧洲,激起了欧洲人对中国文明的向往。热那亚人也因为马可·波罗出了名,就把他释放回国了。

从那以后,欧洲人、阿拉伯人和中国人的往来更密切了。阿拉伯的天文学、数学、医学知识开始传到中国来,中国古代的三大发明——指南针、印刷术、火药也在这个时候传到了欧洲。造纸术传到欧洲要更早一些。

【原文】

太祖①兴,国②大明。号③洪武④,都⑤金陵⑥。

【注释】

①太祖:这里指明朝开国皇帝——明太祖朱元璋。②国:这里指的是国号。③号:这里指的是年号。年号是中国封建社会皇帝用以纪年的名号,被认为是帝王正统的标志。④洪武:明太祖朱元璋的年号。⑤都:定都,定立国都。⑥金陵:现在的南京。

【译文】

汉族受元统治者的压迫非常严重,于是在政治腐败黑暗的元末时期纷纷起兵反抗。

朱元璋的军队异军突起,扫平各地势力之后,挥军北上,灭了元朝。朱元璋自立为帝,定国号为“明”,以洪武为年号,建都金陵(现在的南京)。

【故事链接】

元太祖忽必烈的父亲铁木真建立蒙古国以后,开始疯狂地扩展疆土。他带兵灭了回回国,又占领了中亚细亚甚至打到了欧洲,破了欧洲的联军,还打到了伊朗的北部,灭了大食国。元朝的版图,东到东海,西到多瑙河,南到台湾,北到广袤的沙漠,兼并了许多的种族部落领土,成了当时世界上领土最大的国家,比汉朝和唐朝的时候还大。我们现在的领土也不如元朝时候的大。

蒙古族是马背上的民族。蒙古族的军队之所以能无往不胜,是因为它拥有当时世界上最先进的兵种——骑兵。对于陆地上的军队来说，骑兵是非常可怕的入侵者。但是元朝在进攻日本的时候遇到了失败，被日本喻为“神风”的台风帮助小小的日本保住了自己的国土。

元朝的时候，中国的文化遭到了很大的破坏。忽必烈在西藏的时候，迷上了藏传的佛教，统一中国以后，他甚至让西藏的喇嘛和他一起治理国家，还在全国范围内大肆地宣扬藏传佛教，搞得百姓非常不满。

忽必烈手下有一个叫耶律楚材的金国人，还有一个曾经当过和尚的汉人刘秉忠，这两个人都是亲近中国汉族文化的人，有着很高的文化修养。由于他们两个人的努力，蒙古族的人逐渐地接触到了中国的儒家思想。忽必烈死后，他的儿子元成宗铁木耳继位。铁木真追封孔子为“大成至圣文宣王”。

元朝传到了元顺帝的时候，由于他不务正业、不理朝政，国势渐渐地衰弱下去，后来，皇室内部发生了混乱。

在元朝以前，统一中国的都是汉族人，其他的少数民族都是外族，元朝统一了中国后，让汉族人感到非常耻辱，也受尽了歧视。

元顺帝对国家毫无建树，却让百姓生活在水深火热之中，百姓们怨声四起，于是纷纷起来抗争。元朝进入了内外混乱的时期。

当时，北方有一个名叫韩山童的人，他是被贬的白莲教主的孙子，他对外宣扬说，现在天下已经大乱了，弥勒佛降生，天下的明君就要出世了。他的徒弟刘福通等人也对外宣扬，说韩山童是北宋徽宗的第八代孙子，应该做中原的国君。一时间鼓舞了许多的人心。后来，黄河发生决口，元朝从百姓中征了十几万人去治理黄河，韩山童师徒趁机鼓动这些百姓起义，组织了“红巾军”，后来，韩山童被元朝杀害了，他的徒弟刘福通再次发动了起义。刘福通领导的起义控制了中原和北方的许多地区，给元朝的统治造成了很大的打击。

元朝为了消灭红巾军，采取了重赏的方法重新组织军事力量，对于镇压起义军有功的首领加官晋爵，鼓舞了元军抗击起义的斗志，使起义军陷入了被动。由于刘福通缺乏统领军队的智谋，起义军将领之间也发生了内乱，最终导致起义的失败。

镇压了北方的农民起义之后，元朝的内部矛盾却加深了，一些有了战功的将领因为被赐予了很大的权力，便逐渐地各自发展起来，并且互相之间展开了争斗，致使北方出现了连年的混战，百姓的生活时刻处于动荡之中。

就在元朝忙着对付北方起义军和内部矛盾的时候，南方的起义军却得到了发展的机会。有一个名叫朱元璋的人借机悄悄地把势力发展了起来，他吸收了大量的人才，招兵买马，然后逐渐地消灭了南方其他的势力。朱元璋虽然发动战争，却能善待所到之处的百姓,所以百姓们都非常的拥护他,后来,朱元璋在南京做了皇帝,建立了明朝。

明朝建立以后,朱元璋下诏讨伐元朝,元顺帝自知抵抗不过,于是带着后宫的妃子们逃跑了,明军攻下了元朝的都城。存在了一百六十二年,统一中国近九十年的元朝就此灭亡了。

明太祖在灭元建明的战争中,依靠了一批英勇善战的起义将领,后来又吸收了一些文人当谋士,帮他出谋划策。他即位后,对这些开国元勋一一论功行赏。这些功臣中,最有名的是大将徐达、常遇春,谋士李善长、刘基(又叫刘伯温)。

明太祖最信任的是刘基,他认为刘基像西汉初年的张良帮刘邦一样帮了他。刘基本是元朝官员,因不满元朝的腐败政治而解职回老家青田。朱元璋的军队打到浙东,把刘基请出来当谋士。刘基反对农民起义,竭力劝朱元璋独立称帝,而不赞成小明王韩林儿当领袖。他足智多谋,在打败陈友谅、张士诚的战争中,出了不少好主意。

刘基不但谋略好,而且精通天文。他对天下形势观察仔细,考虑问题周到。民间传说中,待他当作一个“未卜先知”的人物。

在朱元璋当吴王时,江南发生了一场旱灾,朱元璋很着急,询问管天文的刘基,讨教求雨的方法。刘基说:“天一直不下雨,是因为牢狱里关押的人有冤枉。”

朱元璋相信了刘基的话,并派他去调查。刘基一查,果然有不少冤案。他向朱元璋报告后,平反了冤案,放了许多错抓的人。

不出几天,果然乌云密布,下了一场透雨。其实,求雨和平反是毫不相干的,只是刘基懂天文,他预测到气象会有变化,乘此机会劝谏朱元璋平反冤案罢了。

刘基经常趁朱元璋高兴的时候,劝他制定法律,依法办事,防止错杀无辜。后来刘基在处理一个案件时得罪了明王朝第一号开国元勋李善长,李善长就在朱元璋旁边说刘基的坏话。刘基害怕了,就借妻子在家乡得病的理由请长假回老家,过起了隐居生活。

朱元璋越来越不放心那些跟随过自己的功臣,怕他们对自己不忠。他不但采取了各种集中权力的措施,还设立一个特务机构,叫作“锦衣卫”,专门侦察、监视那些大臣的活动。只要发现谁稍有嫌疑,就把他投进监牢,甚至杀头。闹得大臣们个个提心吊胆,每天离家上朝的时候都愁眉苦脸地向家里的亲人告别,如果这一天平安无事,回到家就庆贺又活了一天。

到后来,事情发展得越来越严重了。有个被朱元璋信任的大臣叫胡惟庸,做了七年丞相,因为权势大了,引起朱元璋的猜忌。朱元璋就用叛国谋反罪,把胡惟庸满门抄斩。此后,凡是他不满意或认为有嫌疑的官员,一律算作胡惟庸乱党处死,被牵连杀死的,前后竟有三万之多,连李善长也被当作胡党杀了。

胡惟庸被杀的第十三个年头，锦衣卫又告发大将蓝玉谋反，明太祖把蓝玉杀了，又牵连到一万五千人被杀。

这两件大案，把明朝一些开国大臣和有才能的人几乎一扫而光，明太祖朱元璋的专制和残暴，在历史上也就出了名。

【原文】

迨①成祖②，迁宛平③，十七世④，至崇祯⑤。权阉肆，流寇⑥起，自成⑦入，神器⑧毁。

【注释】

①迨：等到。②成祖：指明成祖朱棣，朱元璋第四子。③宛平：今北京。明成祖朱棣于永乐十九年（公元1421年），由南京迁都北京。④十七世：明朝自太祖朱元璋到思宗朱由检，共历十七帝。⑤崇祯：明朝末代皇帝朱由检的年号。⑥流寇：到处转移、没有固定地点的盗匪。这里是对农民起义的污蔑性称呼。⑦自成：即李自成。陕西米脂人，明末农民起义军领袖。1664年攻克北京，明朝灭亡。⑧神器：指明朝帝位、皇权。

【译文】

明朝到了明成祖时，迁都北京。明朝前后经历十七代，到崇祯继位时，掌握大权的宦官们肆意横行，农民起义遍及全国。闯王李自成率领起义军攻破京城，明朝灭亡。

【故事链接】

明太祖朱元璋小的时候家里很穷，他的身体也非常不好。他的父母很迷信，认为只有把他送到观音菩萨身边才能治好他的病，所以就把他送到庙里去当了小和尚。过了几年，他的家搬走了，他就离开了寺庙。

后来，他的父母都去世了，由于家里穷，连埋葬父母的坟地都没有，邻居可怜他，送他一块坟地，他安葬了父母之后，又回到了庙里。由于国家不稳定，寺庙里的日子也不好过，于是朱元璋只好出去化缘讨饭，在他四处化缘的这段时间里，他尝到了民间许多的酸甜苦辣。

元朝末年，各地农民起义不断，朱元璋参加了郭子兴领导的抗元队伍，并娶了郭子兴的义女马氏为妻。由于屡立战功，朱元璋的地位逐渐上升，一直坐到了吴王的位置。他召集了许多有识之士，势力逐渐扩大。郭子兴病逝后，朱元璋被推举为主帅。当时的元朝忙着对付北方的叛乱，所以身在南方的朱元璋得以在南方剿平了当时势力很强的一些队伍，并在金陵（南京）称帝，国号为大明，年号为洪武。朱元璋就是元太祖。登基以后，朱元璋下令讨伐元朝，元顺帝逃跑了，元朝便灭亡了。

朱元璋是继刘邦之后，我国历史上第二位平民百姓出身皇帝，也是我国历史上一位杰出的政治家。在建立了明朝以后，他考虑到百姓受了多年的战乱之苦，生活贫困，所以也采取了休养生息的政策,鼓励百姓发展生产,鼓励农民开垦大量的荒地,还减轻了赋税,给垦荒的农民许多的优待。他常常减免受灾地区的赋税,甚至还要发放救济。朱元璋是一位很节俭的皇帝,连他自己所用的物品,都下令用黄铜取代了黄金。在他的带领下,明朝的统治逐渐地稳定起来。

朱元璋在位的时候一共进行了三次大屠杀,包括许多功臣在内的总计几万人在这几次屠杀中丧了命。朱元璋的大儿子劝他不要滥杀无辜,要以仁德待人,可是朱元璋不听,他训斥儿子说:“这些人留着是个祸害,我不杀他们,将来大明的江山就会毁在他们的手里。”

朱元璋本身是和尚出身,他没有受到过很多的文化教育。但是他登基以后,总结了元朝灭亡的原因,他觉得,皇帝本身的素质要提高,民间的素质也必须要提高。所以他兴建了学校,并把教育工作作为考查地方官工作成绩的一条很重要的标准。

为了发展教育,他规定了学校里教课的老师所应该担负的责任。他说:“要搞好教育必须从老师做起,教学要严格,自身要端正。如果老师的形象树立不起来,社会上的风气就不好。”对于治理教育不严的老师,朱元璋坚决罢免,丝毫不讲情面。

朱元璋还有一点与众不同的是,他认为教育不仅仅是要学生学习课本上的知识,还要关心国家大事,有一次,他向一些要升级的老师问到了百姓的生活,结果有的老师说:“不知道,这不是我们的职责,我们的责任就是教学生读书。”朱元璋勃然大怒,他说:“教书育人是为了安定天下,用于百姓,你连百姓过的什么日子都不知道,你还能教出什么好学生吗?”然后,他把说这些话的老师全都流放到了远方。

朱元璋这么重视教育,可是他自己的学问却始终没有太大的上升,而且他对于自己的和尚出身感到非常自卑,甚至在他登基以后,还总是想找一个有成就的姓朱的人做自己的祖宗。于是他想到了朱熹,虽然因为一些原因,朱元璋没有决定对外说朱熹是自己的祖上,但是他却把朱熹的《四书章句》定为了朝廷科考的必考课程。

朱元璋的儿子因为劝说父亲不要滥杀大臣而被父亲斥责,从此变得非常忧郁,后来在忧郁中去世了。朱元璋在重新立太子的时候,本来想立自己的四儿子朱棣,可是他又想到,大儿子不在世了,如果立四儿子的话,那么二儿子和三儿子肯定会有意见,几个儿子都在边疆重地把守,如果兄弟之间起了争斗,对于他的家庭来说不是一件好事,对于国家来说更是一件坏事,所以他把想立四儿子做太子的念头打消了,改立了大儿子的儿子朱允炆为皇太孙。

朱元璋去世以后,朱允炆继承了皇位。朱允炆就是建文帝。建文帝的性格和自己的父亲一样,非常的仁善,他做了皇帝以后,重用了一些文人,还减轻了百姓的赋税,赈济灾民,甚至规定民间的老弱病残都由国家抚养。

为了保证朝廷的威信,他决定将边疆的兵权收回朝廷。当时在边疆掌握重权的人,都是他的叔叔,其中最重要的一个人就是他的四叔朱棣。当时,他的二叔和三叔都已经相继去世了,四叔朱棣是他的叔父里最大的一个了,所以他的势力不断发展,对于建文帝的地位造成了很大的威胁。

朱棣听说建文帝要夺他的权,立刻开始抗争。明朝在与朱棣战斗的过程中,历尽了艰辛,在一大批优秀将领的带领下,给朱棣造成了很大的威胁。这个时候,建文帝本来可以下令灭了朱棣,但是他念及叔叔与他的亲情,始终强调一定要活着的朱棣,不许伤他性命。这就给战争中的将领们带来了很大的麻烦。

后来,朱棣终于决定灭了建文帝,自己取代皇位。他进攻了南京,当时朝廷里面乱作一团,建文帝自知无力抵抗,便逃到了云南,出家当了和尚。朱棣的这次叛乱在历史上被称为"靖难之变"。朱棣攻破了南京以后,登基做了皇帝,他就是明成祖。

明成祖登基以后,把许多忠于建文帝的人灭了门,把南京变成了一片血腥之地,于是他有些不愿意住在南京了。

在选择新都城的时候,他考虑到北方的蒙古人虽然已经躲了起来,但是还总有来犯的可能,决定把都城迁到燕京(北京),并下令修建紫禁城。紫禁城的修建经历了十三年,才算是按照朱棣的要求彻底完工了。紫禁城完工以后,明朝彻底把都城迁到了北京。我们今天所见的故宫、天坛、太庙等珍贵的历史文化遗产,都是那个时候建造的。

明成祖曾经亲自带兵五次出征蒙古,每一次都是大胜而归,由于见识了明朝军队的强大,所以后两次出征的时候,蒙古人一听说他来了,连面都不敢见,吓得听风就跑。在中国历史上,能让外族的势力闻风丧胆的朝代,明朝是第一个。

朱棣在位的时候,对我国的历史文化也做出了很大的贡献,他命解缙等人组织编修了《永乐大典》,对古代的书籍进行了收集、整理和分类,但是并没有进行修改。虽然后来的清代也曾编纂过一部收录古代作品的《四库全书》,但是清代的这部书中所收录的作品已经被改得面目全非了,远没有明代的《永乐大典》更具历史价值。所以,《永乐大典》被称为古代类书之冠。可惜的是,据说现存的这部《永乐大典》仅为当年明朝时期完整的《永乐大典》的百分之三,另外一大部分都失传了。

在这个时期出现了一个叫郑和的人。郑和十六岁的时候就在朱棣身边做事,并立了许多战功。朱棣做皇帝以后,让他做了内宫太监,成为最亲近皇帝的人。建文帝虽然逃走了,但是朱棣却时刻担心他回来造反,于是想方设法地想找到建文帝。为了找到建文帝的下落,明成祖派郑和带着船队到南洋去宣扬国威,暗地里寻找建文帝。

郑和总计七次下西洋,虽然没有找到建文帝,但他经过了三十五个国家,每到一个国家，郑和就向当地人宣传中国的文明和强盛，当时南洋各国都纷纷派使节出使中国，使中国的名声在世界上越来越大。

就这样，三十多年过去了，郑和的年龄也大了，长期的海上生活毁坏了他的健康，最后不幸去世了。郑和是我国古代最伟大的航海家，一直到今天，南洋的人们都在称颂他。

明成祖去世以后，他的儿子朱高炽即位，朱高炽就是明仁宗。为了积蓄国家的实力，他停止了派郑和下西洋，也停止了对外的战争，他在国内采取了很多惠民的政策。明仁宗的儿子明宣宗即位以后，继续以德治国，国家进一步强大了。

帝位到了明英宗以后，朝廷的宦官地位上升，当时的大宦官王振受贿猖獗，他的家产竟然有六十库金银那么多。他把揽朝政，当外族来犯的时候，他强挟着英宗带兵亲征，结果大败而回，半路被外族的军队追上，英宗被抓走了，王振也被杀死了。英宗被抓走后，大臣们拥戴明代宗即位，大败外族军队。过了些日子，明英宗被释放回国，明代宗把他软禁在南宫，代宗还把原来的太子——英宗的儿子废了，立了自己的儿子为太子。后来，代宗病危，忠于英宗的副都御史徐有贞拥戴英宗复了位，英宗的儿子朱见深重新被立为太子。这就是历史上著名的“南宫复辟”。

明英宗去世后，明宪宗朱见深即位。明宪宗去世后，又把皇位传给了明孝宗朱祐樘。孝宗在位的时候把前朝的一些奸佞之臣都治了罪，选举了很多贤能之人担当重任，他每天上朝两次，更是对宦官严加管制，同时，他还推行一夫一妻的制度，他本人一生只有张皇后一个妻子，给全国做出了表率。历史上也把明孝宗评价为一个“恭俭有制，勤政爱民”的好皇帝。他统治的时期正处于明朝的中期，被称为“弘治中兴”。

几代之后，帝位传到了明神宗。明神宗是一位小皇帝，于是他的母亲便帮他治理朝政。任用张居正实行变法。新法令减轻了农民的负担，并严格地治理了吏制，在农业、政治、军事上都起到了很大的促进作用，因此国家又呈现出了兴旺的局面。

张居正死后初期，万历帝尚能保持对朝政的兴趣，但不久就开始怠政。万历十四年后，神宗就开始连续不上朝。万历十七年元旦后，神宗以日食为由免去元旦朝贺，此后每年元旦神宗再也不视朝。由于神宗不理朝政，缺官现象非常严重。御使袁可立借雷震景德门的机会上疏抨击朝政，被震怒的神宗皇帝罢官为民。神宗委顿于上，百官党争于下，政府完全陷入空转之中。官僚队伍中党派林立，互相倾轧，如东林党、宣党、昆党、齐党、浙党等名目众多，但其所议议题却不是如何改良朝政，只是人事布局而已。正是由于这些原因，民间工商业以及文化得到极大的发展，万历年间是明代经济最发达的时期，所谓资本主义萌芽，正是兴盛于此。

万历朝包括援助李氏朝鲜抵抗日本侵略的壬辰倭乱、平定宁夏哱拜之乱、平定贵州杨应龙之乱的万历三大征都取得了胜利。

万历四十六年(1618年),后金汗努尔哈赤以“七大恨”告天,誓师叛明。次年在萨尔浒之战中大败明军,明对后金从此转为战略防御。万历四十八年,神宗病逝。光宗即位,但是仅仅做了三十天皇帝,就驾崩。长子朱由校继位,是为明熹宗,改元天启。

明熹宗是个昏庸透顶的人,他宠信一个很坏的宦官魏忠贤,让魏忠贤掌握特务机构——东厂的大权。魏忠贤结党营私,卖官受贿,干尽了坏事。历史上把他们称作“阉(指太监)党”。

左光斗和杨涟都是一心一意想整顿朝政的忠臣,对阉党的胡作非为气愤不过,杨涟就大胆地上了一份奏章,揭发魏忠贤二十四条罪状,左光斗也大力支持他。

这一下可捅了娄子了。魏忠贤和他的阉党勾结起来攻击他们,说左光斗和杨涟是东林党,罗织罪名,把他俩打入大牢,严刑逼供,活活整死。

杨涟、左光斗死后,朝政大权便落在了魏忠贤手里。

他把迎合他的官员和徒子徒孙统统提拔起来,担任朝廷要职。有的帮他出谋划策,有的专门干特务杀人的勾当。

民间给这些人起了一大串绰号,叫作“五虎”“五彪”“十狗”“十孩儿”“四十孙”。

魏忠贤的权力大得不得了,无论是朝廷还是地方的官员,要想保住位子,就得向他拍马奉承。魏忠贤出门的时候,排场跟皇帝一模一样,大家也把他当皇帝看待。封建时代把皇帝称作“万岁”,魏忠贤不是皇帝,当然不能称万岁,有个官员称他为“九千岁”,魏忠贤听了很高兴,重赏了那人。于是,魏忠贤就成“九千岁”了。浙江有个巡抚,为了讨好魏忠贤,还给他造了祠堂。一般祠堂都为纪念死者造的,魏忠贤还活着,就造起纪念他的祠堂来,所以叫“生祠”。这样的怪事出来,当然有人反对,魏忠贤就把反对的人统统革职。各地官员怕得罪他,纷纷为他造“生祠”。

那个时候,朝廷是阉党和迎合阉党的官员的天下,稍微有点正义感的人,不愿跟他们同流合污,都辞了职。

魏忠贤还以抓捕东林党人为名,滥杀无辜。

魏忠贤的阉党把朝政闹得乌烟瘴气,这样的皇朝哪有不亡的道理?

天启七年,熹宗死去。继任熹宗的是其弟信王朱由检,是为思宗,年号崇祯。他即位后,锐意改革朝政。他首先下令停建生祠,又逼客氏移居宫外。时机成熟后,崇祯帝下令魏忠贤去凤阳守陵。魏忠贤在前去过程中得知被崇祯帝已派锦衣卫来逮捕他,便与党羽李朝钦一起自缢。崇祯帝将其首级悬于河间老家。同时将客氏押到浣衣局处死。阉党其他分子也被贬黜或处死。阉党专权虽然结束,但其后朝中又党争不断,崇祯帝对朝政又开始失望。为中兴国政,他开始加强集权,力图控制百官,任用宦官来贯彻自己的革新意志。

1626年冬,努尔哈赤死,袁崇焕为议和遣僧前去吊孝,遭到时任兵部左侍郎袁可立等人的激烈反对。1629年(崇祯二年)10月,后金汗皇太极由蒙古人做向导亲率大军,通过喜峰口,从龙井关突破长城,攻陷遵化、滦州、永平、迁安四座要塞,直逼帝都。由于人事变动,朝廷一度失去了对辽西边防军的控制,而卫戍帝都之三大营为后金武力威慑,北京城外园亭庄舍被入侵者蹂躏殆尽。同年12月,崇祯帝诏令天下兵马进京勤王。

1630年(崇祯三年),帝以"咐托不效,专恃欺隐,以市米则资盗,以谋疑则斩帅"等罪名将负责辽东军务的袁崇焕处死。同年,后金大军直抵北京城外,明廷大震,重庆女总兵秦良玉挺身而出,率领"白杆兵"主动向八旗军发起进攻。在北京永定门外,皇太极派出多尔衮部迎战秦良玉部。这一仗,秦良玉率白杆兵在孙承宗等老将的配合下战胜铁蹄骑兵。之后,秦良玉又趁风雪之夜成功偷袭后金大汗皇太极的大营,迫使皇太极不得不连弃滦州、永平、迁安、遵化四城,无功而返,退出关外。

1640年,明清松锦之战爆发,1642年洪承畴在松山被俘,祖大寿在锦州投降。松锦之战标志着明朝在辽东防御体系的完全崩溃,在关外只剩下宁远一座孤城。

1641年,李自成攻陷洛阳,杀福王朱常洵。1643年10月李自成攻破潼关,11月占领西安。张献忠领导的农民军先是攻克了湖广地区,后又攻克四川,建立大西政权。1644年李自成在西安建立大顺政权,年号永昌。1644年(崇祯十七年)3月,农民军攻陷大同、宣府、居庸关。18日,农民军攻克北京外城。次日凌晨,崇祯帝在北京煤山自缢,明朝灭亡。

【原文】

清太祖①兴辽东,金之后②,受明封。至世祖③,乃大同④,十二世,清祚终⑤。

【注释】

①清太祖:即努尔哈赤。满族,爱新觉罗氏。1616年建立后金,公开反明。②金之后:努尔哈赤家族原是居住在辽东的女真人,是金人的后裔。③世祖:即清世祖爱新觉罗·福临。清朝的开国皇帝,年号顺治。1644年入关击败李自成起义军,迁都北京。④大同:指天下统一,太平盛世。⑤祚:君位,国统。

【译文】

清太祖努尔哈赤,从辽东起兵反明。他本是金人后裔,曾经受过明朝的册封。到了清世祖时期,天下被统一了。前后历经十二代,清朝灭亡。

【故事链接】

郑成功的父亲郑芝龙贪图富贵,投降清朝。郑成功劝阻无效,气愤之下独自跑到南澳岛,招募了几千人马,坚决抗清,并拒绝弟弟的招降,写信与郑芝龙决绝。

郑成功兵力渐渐强大起来,在厦门建立了一支水师。在广西的明朝大臣又拥立一个皇族桂王朱由榔即位。桂王派使者与郑成功联系,派他做征讨大将军,出师北伐。

郑成功跟另一个抗清将军张煌言联合起来,乘船率领水军十七万开进长江,分水陆两路直攻南京,一直打到南京城下,结果中了清军假投降之计,兵败而归。退回厦门时,清军又占领了福建的大部分地方,企图封锁郑成功。

郑成功处境十分困难,就决定向台湾发展。

台湾自古以来就是我国的领土。明朝末年,欧洲的荷兰人趁明王朝腐败无能霸占了台湾的海岸,修建城堡,向台湾人民勒索苛捐杂税。台湾人民不断反抗,遭到残酷镇压。

郑成功少年时期就跟随父亲到过台湾,目睹台湾人民的苦难,早就想收复台湾。这一次,他下决心要赶走侵略军,就命令将士修造船只,收集粮草,准备渡海。

恰好在这时候,在荷兰军队里当过翻译的何廷斌,赶到厦门见郑成功,劝他收复台湾。他说,台湾人民受够了侵略军的欺压,早就想反抗了。只要大军一到,一定能得到老百姓的响应,把敌人赶跑。何廷斌还送给郑成功一张台湾地图,把荷兰侵略军的一些军事机密,都告诉了郑成功。郑成功有了可靠的情报,进攻台湾的信心更足了。

1661 年 4 月,郑成功让儿子郑经带领一部分军队留守厦门,自己亲率二万五千名将士,分乘几百艘战船,浩浩荡荡从金门出发。

他们冒着风浪,越过台湾海峡,在澎湖休整了几天,准备直取台湾。有些将士听说西洋人的大炮厉害,有点害怕。

郑成功把自己乘坐的战船排在前面,鼓励将士说:“荷兰人的红毛火炮没什么可怕,你们只要跟着我的船前进就是了。”

荷兰侵略军听说郑军要进攻台湾,十分惊慌。他们把军队集中在台湾(今台湾东平地区)和赤嵌(今台南地区)两座城堡里,还在港口沉了好多破船,想阻挡郑成功的船队。

郑成功的船队由何廷斌领航,利用海水涨潮的时机,驶进鹿耳门,登上台湾岛。

台湾人民听到郑成功的部队到了,成群结队地推着小车,提水端茶,迎接亲人。躲在城堡里的荷兰军头目,气急败坏地派了一百多个士兵冲过来。

郑成功一声号令,把这些人团团围住,打得他们如鸟兽散,郑成功的军队还杀掉了一个敌军将领。

侵略军又调了一艘最大的军舰“赫克托”号,张牙舞爪地开过来,想阻止郑军的船只继续前进。郑成功沉着镇定,指挥他的六十艘战船把赫克托号围住。郑军的战船小,行动灵活,郑成功一声号令,六十多艘船一齐开炮,赫克托号被击中了,燃起熊熊大火,把海面照得通红,渐渐地沉下去了。另外三艘荷兰船一看形势不妙,掉头就逃。

荷兰侵略军首战失利,龟缩在城堡里不敢出来应战。他们一面派人去爪哇搬救兵,一面派人向郑成功求和,说只要郑军肯退出台湾,他们宁愿献上十万两白银犒劳郑军。

郑成功扬起眉毛,威严地说:"台湾本来就是我国的领土,我们收回这地方,是理所当然的事。"

郑成功喝退荷兰使者,派兵猛攻赤嵌。敌人还在顽抗,一时打不下来。

有个台湾人提议说:"赤嵌城的水都是从城外高地上流下来的,只要切断水源,敌人必定不战自乱。"

郑成功照他说的去做,不出三天,赤嵌的荷兰人果然乖乖地投降了。

盘踞台湾城的荷兰军还想负隅顽抗,等待救兵。郑成功就把他们团团围住,困了整整八个月之后,下令发起强攻。荷兰军走投无路,只好扯起白旗投降。侵略军头目被迫在投降书上签字,灰溜溜地离开了台湾。

郑成功从荷兰侵略军手里收复了我国神圣领土台湾,成为我国历史上杰出的民族英雄。

【原文】

凡正史①,廿四部②,益③以清④,成廿五。

【注释】

①正史:历代经皇帝批准的纪传体史书。②廿四部:包括史记、汉书、后汉书、三国志、晋书、宋书、南齐书、梁书、陈书、魏书、北齐书、周书、隋书、南史、北史、旧唐书、新唐书、旧五代史、新五代史、宋史、辽史、金史、元史、明史,共二十四史。③益:增加。④清:指《清史稿》。

【译文】

历代官修的正史,共有二十四部。加上《清史稿》共二十五部。

【故事链接】

《史记》是"二十五史"的第一部,鲁迅称其为"史家之绝唱,无韵之《离骚》"。作者司马迁是西汉伟大的史学家、文学家。是"千古文章之祖"。

司马迁,字子长,西汉夏阳(今陕西韩城)人。他出生史官世家,父亲司马谈是汉武帝时的太史令,精通天文,学识渊博,为人正直,对司马迁的影响很深。司马迁年轻时曾从经学大师董仲舒、孔安国学《春秋》和《尚书》,接受了一些儒家思想教育。他曾多次出游。二十岁时南游江淮,考察传说中的"禹穴",凭吊屈原沉水的汨罗,瞻仰齐鲁孔子遗风，又访问了刘邦起兵的沛县和项羽建都的彭城等地，搜集前人事迹。入朝任郎中后，他又多次随汉武帝出巡，足迹遍及全国，有机会接触社会各阶层，搜集了丰富的历史资料，在思想、知识和语言等方面为后来撰写《史记》打下了基础。

三十六岁时，司马谈去世，临终时嘱咐司马迁继承自己的事业。两年后，司马迁继任父职为太史令。从此，他开始阅读皇家所藏史籍，考据《左氏春秋》《国语》《世本》《战国策》《楚汉春秋》和诸子百家之书以及实地采访的资料，积极准备写史。四十二岁时，正式开始撰写《太史公书》，即《史记》。

可是在他四十八岁时，"李陵事件"的灾祸使他在精神上身体上受到了极大打击。

这一年，李陵奉命出征匈奴，率不满五千之卒，对抗十余万之敌，转战千里，在一次战斗中矢尽弦绝，兵败投敌。

消息传来，武帝震怒，群臣随而诋毁李陵。而司马迁挺身为李陵辩护，以致获罪下狱，被处宫刑。在司马迁看来，这是一个人的受辱之极。在狱中，他曾想"引决自裁"，以死向命运抗争。但他以无比坚强的意志和大无畏的勇气，终于选择了一条超世绝俗、充分体现人类尊严的道路：继续写作中国第一部纪传体通史，叙述人类在生存发展过程中的种种苦难，同时张扬为真、善、美而活，为自由和正义而斗争的光辉理性。

出狱后，他做了中书令，继续发愤写作，把心头郁积的愤懑倾注到《史记》的著述中去。他的眼光更为深邃沉痛，他的胸襟更为宽大宏远。

他撰写的《陈涉世家》肯定了陈涉起义的历史作用；《河渠书》《货殖列传》反映了社会经济生活；《匈奴列传》《西南夷列传》记叙了少数民族的活动。他单传苏秦、张仪，洋洋一万多字，篇幅大得异乎寻常；对能凭三寸不烂之舌座谈封土、立取富贵的书生明确予以赞赏；又将首阳山上怀思故国、抗议暴力、采薇果腹，终因不食周粟而死的伯夷、叔齐立为列传之首，敬仰清士之情溢于言表。对不少历史人物的叙述，语言生动，形象鲜明，在文学史上也有很高的地位。

经过八年努力，司马迁终于在五十五岁那年完成了"究天人之际，通古今之变，成一家之言"的辉煌史书。

《史记》全书记事起于传说中的黄帝，讫于汉武帝，首尾共三千年左右，尤详于战国、秦、汉。体裁分传记为本纪、世家、列传，以八书记制度沿革，立十表以通史事的脉络，为后世二十四史所沿用。

【原文】

史虽繁[①]，读有次[②]。史记一，汉书二。

后汉三，国志四。此四史，最精致。

【注释】

①繁：多。②次：次序，顺序。

【译文】

史书虽然繁多,阅读必须有一定的顺序。《史记》第一,《汉书》第二,《后汉书》第三,《三国志》第四。这四部史书,写得最为准确细密。

【故事链接】

魏晋南北朝时期史学发达,读史的人多,各种历史著述也很丰富。其中被后世列为正史的就有:《后汉书》《三国志》《宋书》《南齐书》《魏书》。在这些史书里,以陈寿写的《三国志》和范晔写的《后汉书》最为著名,与《史记》《汉书》一并列为"四史",或称"前四史",是备受推崇的历史著作。

陈寿的《三国志》记载的是三国鼎立、三分天下的史实,所以体例与《史记》《汉书》《后汉书》不同,分为《魏志》《蜀志》《吴志》(又称《魏书》《蜀书》《吴书》三书),而无"志""表",这在正史中有一定的独创性。全书共六十五卷,各卷均按纪传体例以记述人物生平事迹为线索,兼及有关史事。如《魏书》最后一卷即记"乌桓""鲜卑""东夷"三国境外的少数民族与异国历史。这部史书在南北朝时就已享有很高的声誉,人们认为陈寿在史学上的地位可以和司马迁、班固媲美。《晋书·陈寿传》称道他"善叙事,有良史之才"。

陈寿的"良史之才"是在勤奋读史、博学深研中取得的。

陈寿,字承祚,巴西安汉(今四川南充)人。他年轻时好学不倦,博览群书,曾拜同郡人谯周为师。谯周是著名史学家,通经学,善书礼,著有《古史考》等。在名师的指导下,陈寿专攻《尚书》和《春秋》三传等经史著作,又循序研读了《史记》《汉书》《后汉书》,达到精熟的水平,奠定了深厚的史学根底。

在蜀汉时,他曾担任观阁令史,散骑黄门侍郎等官职,掌管文书,治理奏事。蜀汉灭亡后,又在西晋担任过著作郎、治书侍御史等史官,秉承皇帝旨意掌管机要,发布政令,这就有机会阅读皇家史籍,搜集历史资料,结交名儒硕学者。这一时期,他撰写了《三国志》《古国志》《益部耆旧传》等历史著作,又辑有《蜀相诸葛亮集》。他的出众才华,得到当时位高权重的司空张华的赏识,赞扬他是一位难得的优秀史学人才,认为应该把撰写《晋书》的任务交托给他。很有些名望的夏侯湛,当时即将写成《魏书》,读到陈寿的《三国志》后,深深佩服该书叙事条理明晰,剪裁繁简得当,语言质朴畅达,远非己作之所及,羞愧之下,便毁了自己的书,不再继续写作了。由此可见陈寿和他的《三国志》在当时人心目中的地位。

【原文】

先四史,兼证经①。考②通鉴③,约而精。

【注释】

①经:十三经。指儒家尊为经典的十三部古书,即《周易》《尚书》《毛诗》《周礼》《仪礼》《礼记》《春秋左氏传》《春秋公羊传》《春秋穀梁传》《论语》《孝经》《尔雅》《孟子》。②考:参考。③通鉴:指《资治通鉴》北宋司马光领衔编著。我国古代部头最大的编年体史书。

【译文】

先阅读《史记》《汉书》《后汉书》《三国志》这四部史书,再读十三经便很容易理解了。读经书时还应参考司马光主编的《资治通鉴》,它的文字简约而精美。

【故事链接】

北宋治年三年(公元1066年),四十七岁的司马光把他耗时三年多写成的八卷本编年史《通志》敬献给宋英宗。英宗非常赏识,命他亲自挑选人员,并拨给经费,专设书局继续编修。从此,司马光开始实施他宏大的修史计划。

第二年,神宗继位。这位二十岁的小皇帝英锐精明,年少志大,非常看重司马光的工作,并将全书定名为《资治通鉴》,意思是鉴于往事,资以治道。当时司马光精力正旺,心情又好,再加上学识广,阅历深。所以编书进展很快。后来司马光退居洛阳,书局也迁到了洛阳,在刘叙、刘恕、范祖禹等人的协助下,历时十九个春秋,全书于1084年修纂完成。

《资治通鉴》这部编年体通史,记载了十六个王朝、一千三百六十二年的重大史实。全书正文二百九十四卷,共三百多万字,在当时是一部规模空前的史学巨著。

据说全书完成后,仅洛阳一处的底稿,就整整堆满了两大屋子!

《资治通鉴》取材极为广博,除正史以外,采用杂史达三百二十二种之多。编写时先根据大量的材料编出提纲,而后取舍剪裁写成初稿,最后由司马光整理定稿。作为这部巨著的主编,司马光不但详细地规划修史的步骤,物色人选,分配任务,自己主笔,而且亲自核实材料,特别是删减、润色文字。比如范祖禹编写的唐纪长编达七百余卷,经司马光剪裁、提炼、综合、概括,编定为八十一卷,减掉了六百多卷。司马光对全书的编写是十分严肃认真的,对全书的体例,史料的考订,文章的剪裁,乃至句法的锤炼,事事不肯稍有疏忽,因此全书虽由多人集体编写,但前后如出一人之手。

司马光从四十七岁起编撰《资治通鉴》而将近七十岁完稿。在这漫长的岁月里,他谢绝当官,夜以继日,殚精竭虑,穷竭所有。可惜的是,这部著作于哲宗元祐七年(公元1092年)在杭州雕版印成时,司马光已不在人世了。他是在成书一年之后,积劳而逝的,后被追封为温国公,谥号文正。

《资治通鉴》问世后,不仅震动整个史学界,而且广为读书人所喜爱,一直到今天都是如此。当代著名史学家翦伯赞先生曾评价:“《通鉴》叙事则提要钩元,行文则删繁就简,疏而不漏,简而扼要;言必有据,没有空话;事皆可证,没有臆说;文字精练,没有费辞。”

一部《资治通鉴》,字字是司马光的血汗凝铸而成。这部书是司马光鲜活生命的延续,像《史记》那样,世世代代流传下去。

【原文】

历代事,全在兹①,载治乱,知兴衰。

读史者,考实录②,通古今,若亲目③。

【注释】

①兹:此,指上文所说的史书。②实录:编年史的一种体裁,是继位之君命史官为死去的国君所编的编年体大事记。③目:看到。用作动词。

【译文】

历代发生的大事全收在这些史书中。它们记载着各王朝的治乱兴衰。读后便可知道兴衰的道理。读史的人,还应查考历代实录,通晓古今发生的事件,就像亲眼目睹一样。

【故事链接】

司马光主持编撰《资治通鉴》时,深感治史任务的沉重,独力难支,便请求朝廷追加人力和物力的支持。宋英宗答应了这个请求,设立了专门修史的机构,叫作“书局”,并增加协助修史的工作人员,拨给经费。英宗去世以后,继位的神宗也非常重视司马光的修史工作,同意司马光辞去政务,给他封了个“西京留司御史台兼举嵩山宗福官”的虚衔,让他将书局迁到洛阳,专心修史。宋帝王开明之举,很受后人称道。

宋代史学兴盛,主要原因就是皇帝重视吸取前朝治乱兴衰的历史教训,提倡修史。司马光主持编撰的《资治通鉴》只是宋代最著名的史学力作。其他还有多种官修史书和私人修撰的野史、笔记等。这是一个史学繁荣的朝代。

宋朝的修史机构称编修院,俗称史院,后称国史院或实录院。编写国史由宰相主持。修史官分别有编修官、修撰、检讨官等。朝廷还组织撰修前朝史。宋太祖赵匡胤令参知政事薛居正监修五代史,这就是我们现在看到的《旧五代史》。此外,宋仁宗又令宋祁、欧阳修主编《新唐书》二百五十卷。宋太宗、宋真宗还命朝臣编了四部大类书——古代百科全书,即《太平广记》《太平御览》《文苑英华》《册府元龟》,为后人提供了宝贵的史料。

宋代修史的繁荣,还反映在私人修史硕果累累,仅流传至今的编年史就有十多部,如李焘的《续资治通鉴长编》九百八十卷,李心传的《建炎以来系年要录》二百卷,徐梦率的《三朝北盟会编》二百五十卷等等。记述历代典章制度的私家名著有两部，一部是马端临编撰的《文献通考》，一部是郑樵编撰的《通志》。它们和唐朝杜佑编写的《通典》，被后人称为“三通”，历来为学人所推崇。

值得一提的还有为史书作注释、续补、改编、辨误的著作，在宋代也层出不穷，仅胡三省一人为《资治通鉴》作注的，就有《通鉴广注》九十七卷、《通论》十篇以及《校雠凡例》等。胡三省是宋理宗年间的进士，历任县令、府学教授。他遵照父亲的令嘱，为《资治通鉴》作注，但这些著述在元军入侵战乱中都毁失了。宋亡后，他隐居不仕，尽管家境十分贫困，仍然买书读史，发愤重来。前后历时二十九年，三易其稿，终于完成了《资治通鉴音注》，胡三省真可以称为史学迷、《通鉴》魂！

一朝上下的君王臣民都重视修史，其原因就在于史书“载治乱”，读后能“通古今”“知兴衰”。

【原文】

汉贾[1]董[2]，及许[3]郑[4]，皆经师[5]，能述圣。

【注释】

①贾：贾逵，东汉扶风平陵（今陕西咸阳西北）人。著有《春秋左氏传解诂》《国语解诂》等。②董：董仲舒，西汉广川（今河北景县）人。汉武帝时，他建议“罢黜百家，独尊儒术”，开此后两千多年封建社会以儒学为正统的先声。著有《春秋繁露》等。③许：许慎。东汉汝南召陵（今河南国城）人。精于文字训诂，著《说文解字》《五经异义》。④郑：郑玄，东汉北海高密（今属山东）人。他以古文经说为主，兼采今文经说，融会贯通，遍注群经，是汉代经学的集大成者。⑤经师：精于解释或阐述儒家经典的大师。

【译文】

汉代的贾逵、董仲舒以及许慎、郑玄，都是儒家经典的大师，能讲解儒家圣贤的学说。

【故事链接】

董仲舒是汉代群儒之首，尽管他一生当过的官不算太大，只到诸侯王之相，但他最终成为汉代思想界的领袖人物。他提倡儒家学说，禁止其他各家学说的传播。这就是历史上所说的“罢黜百家，独尊儒术”。

董仲舒，广川（今河北景县）人。年轻时研读《公羊春秋》到汉景帝时当了博士。他极富钻研精神，读书时全神贯注，专心致志，留下了“三年不窥园”的美谈。当了博士后，他下帏讲诵《春秋》，弟子们多次来听讲，有的还不能见到他的面。

汉武帝刘彻即位不久，就向全国征求人才，求治国之道。当时董仲舒刚好四十岁，提出贤良对策，主张建立一个新的以儒家思想为主干的思想体系，为汉武帝治理天下提供了一种绝妙的得心应手的武器。

他宣扬天是万物的主宰，皇帝是天的儿子，即天子。天下百姓都要服从皇帝的统治，诸侯王也要听命于皇帝。而且“天不变，道亦不变”，古代有的治国之道，今人遵循就是了，翻不出什么新花样。董仲舒说，这个“道”就是孔子倡导的儒家学说。

董仲舒大力宣扬“天人感应”，把自然界的某些现象，如生长灵芝、稻结双穗等，说成是上天对皇帝善行的表彰；而出现日食月蚀、水灾旱灾等，则是上天对皇帝的谴责和惩罚。这自然是迷信之说，但客观上对皇帝的行为，起到了某些约束作用。

董仲舒又提出了“三纲”，即所谓“君为臣纲”“父为子纲”“夫为妻纲”。这种封建伦理道德观念，对后世造毒极深，维护了封建统治，束缚了人们的思想。

他说，实现大一统是天经地义的，如果当导师的宣传不同的理论，当百姓的各持各的主张，全国就无法大一统了。所以，凡背离孔子之道的诸子百家学说，都应灭绝。

这一条深得汉武帝赞同赏识，于是就有了“罢黜百家，独尊儒术”，本来处于九流十家之一的儒家，得以居于主导地位。

为了提倡儒家学说，朝廷在长安设立了太学，统一采用儒家的经书作为教材教育青年。从此，许多信奉儒家思想的人做了大官，社会上流传“遗子黄金满籯，不如教子一经”的说法。

儒家因董仲舒而后贵，董仲舒也因儒术而名显。他从未在朝廷任职，辞官后只是在家著书立说，朝廷碰到了疑难问题，往往派使者和廷尉张汤登门询问，他都能根据儒家经典做出解答。董仲舒七十六岁时病故。他虽是一位唯心主义哲学家，但在中国思想史上，尤其是在儒家思想发展过程中，占有重要的地位。

【原文】

宋周[①]程[②]，张[③]朱[④]陆[⑤]，明王氏[⑥]，皆道学[⑦]。

【注释】

①周：周敦颐，北宋道州营道（今湖南道县）人。著有《太极图说》《通书》，对以后理学发展影响很大。②程：指程颢、程颐兄弟。北宋洛阳（今属河南）人。均以理学著名，合称“二程”。其学派称为“洛学”。其学说为朱熹所继承。成为“程朱理学”。③张：张载。北宋凤翔郿县（今陕西眉县）人。讲学关中，其学派被称为“关学”。著有《易说》等。④朱：朱熹，南宋徽州婺源（今属江西）人。他集北宋以来理学之大成，毕生著述讲学，著有《四书章句集注》等。⑤陆：陆九渊，南宋抚州金溪（今属江西）人。提出“心即理”说，在治学修养方法上强调明本心。其学说经明代王守仁发展，成为“陆王心学”。⑥王氏：王守仁，世称阳明先生。明代浙江余姚人。著有《传习录》等。⑦道学：宋、明两代儒家的哲学思想体系，也称宋明理学。

【译文】

宋代周敦颐、程颢与程颐兄弟，还有张载、朱熹、陆九渊和明代王守仁，都是儒学哲学思想的大师。

【故事链接】

南宋哲学家朱熹平生宣传“理”是世界之根本，最终落实为治国平天下之道。他说：“圣人千言万语，只是教人存天理，灭人欲。”他以“正心术以立纪纲”为己任，多次提醒宋孝宗，一念之发生，必须谨慎审察，是天理还是人欲。如果合于天理，就加以发扬；如果是人欲，就要加以克制。这种劝人“节欲奉公”的主张是有积极意义的，但用以规范统治者，对官僚乃至皇帝，都作同样的要求，在当时的社会，自然是要四处碰壁的。

淳熙八年(公元1181年)八月，朱熹被任命为提单浙东常平茶盐公事。他在巡视中，发现浙江台州有许多饥民外流。经查是知州唐与正荒年违法限期催税所致。在连年荒旱之时，唐与正擅自将夏税收缴限期提前了两个月，收税时高价折钱，乱设名目和税卡；唐与正还由公使库支钱中饱私囊，用官钱私设印染、酿酒、印刷铺，牟取私利……朱熹对此深恶痛绝，先后六次向宋孝宗递交奏状，要求弹劾唐与正。但当时的左相王淮是唐与正的婺州(今浙江金华)同乡，而且还是姻亲，便扣下了前三次奏状。后来朱熹接连举报弹劾，王淮见纸包不住火，便歪曲事实，说朱、唐之争是学术之争。等到第六状送到宋孝宗手上，宋孝宗认为有理有据，便罢去唐与正江西提刑的新任，又将此任改授朱熹。朱熹感到压力很大，上奏说，我奏劾的赃吏同党星罗棋布，并担当要职；自从此案发觉以来，大到朝廷宰相斡旋其上，下面又有各种人为之奔走，为了少惹是非，以免蔽皇上日月之明，我只得自请弃官回乡。孝宗同意了朱熹的辞官请求，但王淮一伙仍不放过他，每每在皇帝面前攻击朱熹借道学欺世盗名，并建议“摒弃勿用”。孝宗后来果然不再重用朱熹。宁宗时期还有人上书请求斩杀朱熹。可见朱熹的“节欲奉公”主张，在当时受到权臣们的反对。

后来有人劝朱熹说：“皇上讨厌你的‘正心诚意’说，你可千万不要再提了。”朱熹回答道：“我平生所学，唯此四字，我怎么可以隐瞒自己的观点欺骗皇上呢？”他还是照样批评朝政得失，最终被人暗算排斥。

到了宋理宗时期，封建统治者忽然发现朱熹的放弃“私欲”而服从“天理”的主张是个好东西，可以化为政治纲领控制天下，便大加提倡，作为驯服人的工具。明清时期，朱熹理学更被提到儒学正宗的地位，他的著作被当作范本和教条来宣传。这离朱熹思想的原旨已相差十万八千里了。

【原文】

屈原①赋，本风人②。逮③邹枚④，暨卿⑤云⑥。

【注释】

①屈原:战国时楚国伟大诗人,著有《离骚》等诗篇。②风人:诗人。③逮:及,到。④枚:枚乘,西汉淮阳人,著有《七发》等辞赋。⑤卿:司马相如,字长卿,西汉成都人,著有《子虚赋》《上林赋》等辞赋。⑥云:西汉扬雄,字子云,四川成都人,著有《长扬赋》《甘泉赋》等。

【译文】

战国时期的屈原是辞赋作家,到了西汉,则有邹阳、枚乘、司马相如、扬雄等作家。

【故事链接】

中国历史上第一位伟大诗人屈原,名平,字原,生于楚国贵族家庭,老家在今湖北省的秭归县。战国时期,屈氏与景氏、昭氏同为楚国王族的三大姓。屈原从小受到良好的教育。再加上他见闻广博,记忆力强,又熟悉历史,通晓古今治乱的道理。因此在二十岁时,便当了左徒,这是仅次于宰相令尹的官职。他主持楚国的内政外交,对内议论国事,发布政令,对外接待宾客,应对诸侯,深得楚怀王的信任。

屈原改革内政的主张,招致了楚国贵族的强烈反对。上官大夫靳尚在怀王面前诋毁屈原,怀王从此疏远了屈原,将屈原降为三闾大夫,不让他参与议政。但当听说朝廷要讨论怀王去秦国议和的事,屈原生怕怀王再上当,仍然忍不住劝阻怀王。但怀王最终还是听信了小儿子子兰和上官大夫靳尚的话去了秦国,并下令把屈原放逐到汉北荒凉地带。

楚怀王一到秦国的武关,秦国就派兵把他的后路给截断了,然后把他押到咸阳软禁起来。怀王这才后悔没听屈原的劝告,可是已经来不及了。他被软禁了一年多,气恼成疾,最终客死秦国。

屈原听到这个消息,悲愤交加。他既对怀王昏庸无能、被囚而死感到悲痛,又对秦王奸诈凶狠、背信弃义感到愤慨。他把这种感情抒发出来,写成了《招魂》一诗,呼唤怀王的灵魂回到楚国来。他又发愤写下《离骚》《九章》等诗篇,抒发自己忧国忧民的愁思。

继位的顷襄王不问国家大事,任由子兰、靳尚等人把持朝政,国家的命运越来越危急,屈原更是忧心如焚。

他连上几次奏章,劝顷襄王改弦易辙,起用贤人,斥退奸臣,革新内政,抓紧练兵,以图报仇雪耻。但这些奏章都落入了子兰手中。子兰大动肝火,恨不得杀了屈原。可是,屈原声望越来越高,子兰怕引起公愤,不敢轻易下手。于是他又阴谋陷害,派靳尚到顷襄王跟前说屈原的坏话。于是屈原又被流放到南方荒僻之地。

屈原徘徊在汨罗江畔,仍时刻关心着楚国的命运。

得知楚国都城郢都也被秦国攻占时,他更加忧愤了,创作了《天问》《九歌》《哀郢》等震烁千古的不朽诗篇。

屈原眼见国家濒于灭亡,复兴楚国无望,痛不欲生。就在这一年的五月初五,他来到汨罗江畔,面对滚滚江水,心潮汹涌,悲愤难平,为保全自己高洁的人格,抱起一块石头,纵身跳进江里,自溺而亡。

【原文】

韩[1]与柳[2],并文雄。李[3]若杜[4],为诗宗。

【注释】

①韩:指韩愈,字退之,唐代文学家,"古文运动"的倡导者。河南洛阳(今河南孟州市南)人。②柳:指柳宗元,河南解县(今山西运城)人,唐代文学家。③李:指李白,唐代大诗人。绵州昌隆(今四川江油南)人。④杜:指杜甫,字子美,唐代大诗人。巩县(今河南巩义市)人。

【译文】

唐代的韩愈和柳宗元,同为著名的文坛雄才;李白和杜甫,同为诗坛宗师。

【故事链接】

唐代散文有很高的成就。韩愈和柳宗元反对南朝以来流行的形式僵化、内容空洞的骈体文,提倡文以载道,创造新体古文,有理论,有创作,师友门徒纷纷响应,形成了一个声势浩大的"古文运动",对后世影响很大。

韩愈是古文运动的倡导者。他主张继承秦汉散文朴素明朗的文风,写出言之有物的文章来。他的文章气势雄奇奔放,富于曲折变化,而又流畅明快。句子大多参差不齐,有时又间杂骄俪的句式,显得错综多变。他善于吸收古语和口语中表现力强的词语,并自铸新词,词汇丰富而又精炼。《师说》《进学解》《祭十二郎文》等散文内容丰富,形式多样,宛如长江大河,浩瀚、曲折而又明扬。他的《杂说四》讽刺有些人不识贤能,对千里骏马熟视无睹,却闭着眼睛说"天下无马",从而寄寓了作者怀才不遇的不平内心。他以巨大的实绩,名列唐宋八大家之首。

柳宗元是古文运动的另一健将。他的传记散文,往往通过某些下层人物的描写,借题发挥,反映社会的黑暗和人民的悲惨生活。《种树郭橐驼传》《童区寄传》等是久经传诵的名作。特别是《捕蛇者说》蒋家三代以捕蛇为生,祖父和父亲都被毒蛇咬死了,但蒋氏为抵偿租税,仍得冒生命危险继续捕蛇。此作有力地控诉了封建社会苛捐杂税比毒蛇还厉害的现实。最富创造性的是他的寓言,如《三戒》《颇狮传》等。他发展了先秦诸子的寓言,并加入现实生活的内容,使其成为辛辣的讽刺文学,短小精悍,含义深刻。他写山水游记,如《永州八记》,一方面寻找精神解脱,同时也曲折地表达对现实的不满。

【原文】

凡学者，宜兼通[①]，翼[②]圣教[③]，振民风。

口而诵[④]，心而惟[⑤]，朝于斯[⑥]，夕于斯。

【注释】

①宜兼通：指对于上文提及的经、史、子、集各类书籍都应涉猎。②翼：辅助。③圣教：指儒家思想。④诵：诵读，熟读成诵。⑤惟：思考。⑥斯：这，这里。

【译文】

凡是读书的人，都应通晓经、史、子、集，借助儒家思想，振兴民风。要做到口里吟育，心里思考，从早到晚用它约束自己。

【故事链接】

“唐宋八大家”之首是唐代的文学家韩愈。他三岁的时候就失去了父母，靠哥哥嫂嫂抚养长大。韩愈从小就喜欢读书，七岁的时候便能够出口成章。

韩愈不仅是一位文学家，还是一位杰出的教育家。也曾为了勉励自己的学生，写下了《进学解》一文，在文中，他用学生的语气说出了自己用心读书的方法——

对于六经之类的书籍要随时在口里背诵，诸子百家的书籍要经常地翻阅，看记事的书时必须抓住重点，看言论的书要思考它的寓意，对于知识不能满足，要不断地进行多方面的学习，无论是大的或者小的知识都不能放过，白天要刻苦读书，晚上把油灯点燃代替日光照亮，继续刻苦读书。夜以继日地读书，一年到头不休息，这样才能算得上勤奋读书。

学习的道理就是这样的。知识不分大小都要涉足，虽然对各种不同的知识都有不同的学习方法，但是却总离不开心、口、眼、手的勤劳以及夜以继日进行攻读的精神。

明朝有一位名叫张溥的才子，他是父亲的第八个儿子。由于他的母亲原来是府里的仆人，家族里面的人对于他十分蔑视，他从很小的时候起，别人就叫他“塌蒲屦儿”，意思是说他的母亲是没有身份的人，所以他也是下贱的，不会有什么出息。

对于别人的轻视，小张溥十分不服气，他才不相信自己不会有出息。小张溥认为，别人说什么都不要紧，只要自己用功读书，将来就会成为一个有出息的人。

在他六岁的时候，父亲为他请了老师教他读书，从此小张溥开始闭门读书，发奋学习。

到了他七岁的时候，已经每天能读懂上千字的文章了。张溥学习的方法非常令人敬佩，他首先把文章抄一遍，接着再朗读一遍，然后再把这页纸放进火里烧掉，再取一张纸抄一遍，再读一遍，再烧掉。总计这样重复六七次，他便已经能理解并记住文章中的道理了。在张溥成名以后,为了勉励自己坚持这种学习方法,他给自己的书房起名为"七录斋"。

由于他每天这样抄文章,他右手握笔的手指上被磨出了厚厚的茧。每到冬天的时候,因为天气干燥,他的手总会变得皲裂,于是他便时常用温水洗手,洗暖了再接着写字、朗读。夏天的时候,因为蚊虫众多,他的双脚总会被叮出许多的疙瘩,于是他就把脚伸到空坛子里,然后继续读书。

孔子说过:"圣人就是百世师。"这句话的意思是说品德学问可以作为百代人的表率,受到百代人的尊敬。由于张溥能够奋发读书,并且理解了各位名家著作的精华,所以他在长大以后,成了明代的一名非常著名的文学家。他一生刻苦用功的精神,受到了大家的尊敬,人们都称他为"百世师"。

宋代的朱熹对自己的学生说:"如果心不在书里,眼睛就看不仔细,如果心和眼睛不能配合在一起,只是靠用嘴来读的话,就不能记住书里的道理,即便记住了,过一段时间也就会忘了。所以说在这三到之中,心是最重要的,如果心能在书本上,眼睛和口就能和心配合到一起了。"古代的人把学习叫作"读书"。古人读书的时候,不像现在这样,只是捧着书本看,古人学习的时候要心、口、眼、手共同配合,做到心到、口到、眼到、手到。心、眼、口、手配合在一起,在读书的时候,要把心思放在学习上,心里面要想着文章的意思,考虑文章中的道理,不仅用眼睛看,口里也要读出声来,手里还要随时把学的字、读的文章不断地写下来,这样才能越来越熟练,知识才会越积累越多。

学习有两个好方法,除了要聚精会神,做到心、口、眼、手配合以外,还要做到坚持不懈,不能三天打鱼两天晒网,要从早到晚,日复一日地坚持,只有做到这两点,才能不断地进步,成为一个有学问的人。

顾炎武是明末清初有名的大学问家和思想家。江苏昆山人,又称亭林先生。清兵南下时,他的生母、养母及两个弟弟都遇害,因而参加昆山、嘉定一带的人民抗清斗争。失败后他南北漫游,访问民俗,搜集材料,讲学著述,终身以明朝遗民自守,至死不做清朝官。主要著作有《天下郡国利病书》和《日知录》等。这些著作确立了他明末清初思想家的地位。他反对君主专制的"独治",主张吸收更多封建阶级知识分子参加的"众治";反对过分的中央集权,主张一定程度的地方分权,扩大郡县权力;反对空谈"心、理、性、命",提倡"经世致用"的实际学问。他一生勤奋好学,经、史、子、集,无不通晓,还精通天文、历法、数学、地理、音韵、训诂等,一生写了几十部书。

顾炎武求学十分用功,从小时候起,就跟祖父读司马光的《资治通鉴》。这部书有三百五十五卷,他不但全部学懂了,还从头到尾抄了一遍,可见功夫之深。他读的书特别多,不仅有历史书,还有地理书、文学书,还有讲农田水利、矿产、天文仪象、交通等方面知识的科学技术书。到了四十多岁,他把家里所有的书都读完了。于是他就出外旅行,立志把天下的书都读完。

在旅行的时候,顾炎武带着两匹马和两匹骡子,其中一匹马是骑的,另一匹马和两匹骡子都是驮书的。骑在马上赶路时,他也常常默默地背诵读过的书,要是有背不下来的地方,就立刻停下来,翻开书来温习。真可谓"口而诵,心而惟,朝于斯,夕于斯"。

为了确定书的内容是不是正确,他常常进行实地调查,把调查来的知识和书上写的互相对照。每到一个地方,他都忙着向当地的老人请教,问他们哪里有险要的关口,哪里有山脉河流,从一个地方到另一个地方怎么走法,等等。要是从访问中得到材料和书上记载的不一样,他一定要亲自到那里去观察一番,把亲眼看到的情况注在书里,以后再进行研究,写成文章说明自己的见解。这样,他的学问就越来越渊博了。

【原文】

昔仲尼,师项橐①。古圣贤,尚勤学。

【注释】

①仲尼:孔子,姓孔,名丘,字仲尼。春秋时期鲁国人。在其六十八岁时,删《诗》《书》,赞《周易》,定《礼》《乐》,修《春秋》,被尊为"至圣先师孔子"。项橐:春秋时期鲁国人,七岁时为孔子师,十一岁死亡,人称小儿神。

【译文】

从前孔子曾拜七岁的项橐为师,古代的圣贤尚且如此勤学好问。

【故事链接】

春秋时期,孔子为推行自己的政治主张,带领弟子四处游说。传说有一天,一个小孩子坐在道路中央,身体四周是一圈不满尺高的泥墙,挡住了孔子及其弟子的去路。

孔子觉得奇怪,问小孩为何挡道,小孩反问:"是车绕城而行,还是城让车行?"孔子回答说:"当然是车绕城而行。"小孩指着泥墙道:"这是我的城墙,请你的车子绕城而行吧!"孔子被难住了,这时小孩又说:"要我让路。也行,但得回答我几个问题,如何?"孔子只好答应。小孩问:"鹅为什么会叫?"孔子笑了。这个问题太简单了,他答道:"因为鹅的脖子长。"小孩立即反问:"那为什么青蛙没有脖子也会叫?"孔子一时不知说什么,没话可答了。

小孩又提出第二个问题:"初升的太阳离人近,还是中午的太阳离人近。"

孔子回答说:"日出时人有凉意,而中午的太阳却使人感到很热,自然是中午的太阳离人近。"

小孩反问:"那为什么初升的太阳看上去比中午的太阳要大呢?"孔子连连被问住,连忙下车向这小孩求教。这个聪慧过人的小孩就是年方七岁的项橐。

孔子被后人尊为具有高智慧和道德的人，他思想精深，才识广博，但遇有难题，仍不以向比自己学识差或地位低的人去请教为可耻，显示了孔子谦虚好学的研究精神。

孔子曾经说过："三人行，必有我师。"他的意思是说，如果有三个人在一起，其中至少有一个人懂得我所不知道的道理，值得我向他学习，因此可以做我的老师。所以，他教育他的学生们：不要只看到别人的缺点，也要看到别人的优点。对于别人的优点，自己要进行学习；对于他人的缺点，也要对比一下自己是不是也有这样的缺点，如果有的话，就马上改正它。

有一句话叫"圣人无常师"。这句话的意思是说，有学问的人，是没有固定的老师的。因为他们不是只向一个人或者几个人学习，他们能够从每个人身上发现优点，向不同的人学习，这样，他们就能积累许许多多的人的学问了。

【原文】

赵中令①，读鲁论②。彼既仕③，学且勤。

【注释】

①赵中令：指赵普，宋朝任中书令。北宋幽州蓟县(今天津蓟州区)人。②鲁论：即《论语》。古时《论语》有三种本子：古论、齐论、鲁论。前两种早已失传。③仕：做官。

【译文】

北宋的赵普，喜读《论语》，做了中书令，学习仍然很勤奋。

【故事链接】

赵普曾是宋太祖赵匡胤夺取皇位前的军中幕僚，任掌书记。公元959年，担任殿前都点检，掌握了后周政权禁军统帅权的赵匡胤，率部到达汴京东北四十里的陈桥驿。军官们议论："即位的周恭帝年方七岁，我们为他拼命不值得，不如立赵点检为天子。"年初四早晨，掌书记赵普和赵匡胤的弟弟赵光义等军官拥入赵匡胤军帐，对他说："我们大家已商量定了，要顺应天命，拥立点检做天子。"赵匡胤酒还没醒，一时没反应过来，被他们黄袍加身，推上战马。等弄明白了怎么回事，他便非常冷静地挽辔对大家说："你们贪图富贵，立我为天子，我有号令，你们能听从吗？听我的号令，我可以当这个天子，否则，我不能做你们的君主。"所有将领都滚鞍下马，恭顺地说："一定听从您的号令，绝不敢有所违背。"于是赵匡胤"约法三章"，宣布："不得惊犯宫室，不得凌辱朝臣，不得抢掠府库商店。"将领们齐呼："唯命是从！"赵匡胤当机立断，在赵普等的辅佐下登上了皇帝宝座。这就是历史上有名的"陈桥驿兵变"。

赵普策划兵变有功，被宋太祖任命为枢密使、中书令，后又出任宰相。当时，北方的辽国幅员广阔，拥有军队五十万，对新建的北宋政权形成严重的威胁。一个大雪纷飞的夜晚，宋太祖约了皇弟赵光义密访宰相赵普。

君臣共商国策,终于确立了"先南后北、先易后难"统一中国的策略。此后,宋太祖又采纳赵普的建议,选拔各地精兵组成禁军削弱地方武力;实行更戍法,经常变换军队防地,使兵将分离,防止谋反……赵普是宋太祖手下一个很受重用的文臣。

陈桥驿兵变

赵匡胤是中国历史上为数不多的一个军官出身的皇帝,但他治理天下却很懂得依靠文臣。他常叹息:"做宰相大臣须是读书人。"

赵普出身小吏,本来学问很浅,等到做了宰相后,白天处理国家政事,夜间则埋头读书。每天回到家里就关上大门,打开箱子拿出书,整夜整夜地读着。第二天处理政事就非常得心应手。他死后,家里人打开箱子一看,原来是一部《论语》,共有二十卷。他晚年好学,专攻《论语》,手不释卷。宋太祖问他:"为什么特别喜读《论语》?"

他回答说:"齐家、治国、平天下,尽在《论语》中矣!为臣的平生所知,确实没有跳出这个范围,从前以它的一半辅佐太祖定天下,现在想以它的另一半辅佐陛下平太平!"

——这就是"半部《论语》治天下"的出典。

【原文】

披①蒲编②,削竹简③。彼④无书⑤,且知勉⑥。

【注释】

①披:翻开,翻阅。②蒲编:编起来的蒲草,这里指用蒲草编成的书,讲的是西汉路温舒的故事。蒲,草名,又叫草蒲。③削竹简:将竹子削成薄片,编成书册。削,用刀切去或割去;竹简,竹片,战国至魏晋时代用来书写的材料,这里讲的是西汉公孙弘的故事。④彼:他们,指路温舒与公孙弘。⑤无书:意思是贫穷买不起书。无,没有。⑥勉:勤勉,勤奋。

【译文】

纸发明以前,所有的书都是逐字抄录在绢帛、羊皮、竹简和木牍上的,因此价格十分昂贵。西汉路温舒家里很穷,买不起书,但一心上进的他,把向别人借来的书抄在编起来的蒲草上阅读。

西汉还有个名叫公孙弘的人,和路温舒一样穷得买不起书,就把竹子削成薄片,再把文字一个个刻在竹片上,编成书册,供自己平时苦读。

路温舒和公孙弘家境贫寒买不起书,尚且勤勉好学。我们在学习中遇到困难,千万不能放弃,经过不懈的努力,最后定能取得优异的成绩。

【故事链接】

在我国古代,只有有钱人家的孩子才有书读。尤其是在汉代之前,由于纸还没有发明,大多数的书都是抄在竹简上的,而所有的书都藏在有钱人家,如果想有书看,就必须自己动手抄书。那些普通的老百姓,由于家境贫寒,根本就见不到书,也没有钱送孩子到学堂里学习。

路温舒,字长君。西汉巨鹿东里(今河南新郑)人。他少年时代就非常热爱学习,可家里穷,每天都要到野外去牧羊,没机会进学校读书。他常常想,如果我能一边放羊,一边读书,那该多好啊!

有一天,路温舒赶着羊群来到一个池塘边,看见那里长着一丛丛的蒲草,又宽又长。他灵机一动:这种蒲草这么宽,不是像那种抄书的竹木简吗?要是用它代替竹木简,不就可以在上面抄书了吗?这样的书,不仅不用花钱买,而且分量也比用竹木简做成的书轻便得多,放羊就可以带着去阅读了。于是他就采了一大捆蒲草背回家,切成跟竹木简一样长短的片子,编联起来。然后向人家借了书,抄写在加工过的蒲草上面,做成一册一册的蒲草书。

有了蒲草书,路温舒就不愁没书读了。他每次出去放羊,身边都带着这种书,一边放羊一边读,读完一本,再抄一本。这样学习了一段时间,他获得了不少知识,到狱里当了小吏。乘着当小吏的机会,他又刻苦钻研,熟悉了当时的律令,被提升为狱吏。县里的人有什么疑难问题,都找他出主意、想办法。凭着刻苦用功的精神,他终于从一个放羊娃成长为西汉时有名的法律学家。

在西汉,还有一个名叫公孙弘的人。他的家里也是非常贫穷的,他曾经也做过狱吏,可是后来由于不小心犯了错误,被开除回家了。

回到家以后,公孙弘没有了收入,没有办法维持生活,于是只好硬着头皮去给有钱的人家放猪。但是他不甘心就这样一直放猪,他想,我还要读书,还要有更大的成就。

可是,他只是一个穷人,哪里有书可读呢?即使没有书也不能阻止公孙弘想要读书的决心。他在放猪的时候,想到了一个好主意。

公孙弘的家附近有一片竹林,无书可读的他忽然想到,自己可以亲手做书来读。于是他就经常跑到竹林里,把竹子削成竹片,用火烘干了以后,再用绳子穿起来,然后再把《春秋》等书籍抄在上面,这样,书就做好了。虽然在做削竹片的时候,锋利的刀片和竹片把他的手划得全是伤痕,可是他完全顾不上,心里面高兴极了。

就这样，他自己做书来读，五十多岁的时候，他还常常到竹林里去削竹片做书。后来，公孙弘终于一步一步地有了成就，到了七十多岁的时候，他当上了国家的宰相。

公孙弘也曾经是一个穷人，也曾经因为没有书可读而受尽了辛苦，但是他坚持不懈，自己想办法做书来读，终于成为一个有学问的人，并且摆脱了贫穷，做出了一番事业，为国家出了力。

东汉的时候，纸张发明了，人们再也不用像以前那样，去读厚厚的竹简书了。

【原文】

头悬梁，锥刺股[①]，彼不教，自勤苦。

【注释】

①头悬梁：讲的是晋代叫孙敬的人，读书至夜深，为了不让自己瞌睡，就以绳系发，悬于屋梁，如打盹低头时，绳索就会将他拉醒。锥刺股：战国时苏秦，寻求在秦为官，因遭到商鞅忌才，不得任用，回家后受到亲人冷落，于是勤读《六韬》《阴符》等兵法之书，每当夜深昏昏欲睡时，就引锥刺其股，使自己清醒后再读。此二人后来都官至卿相。

【译文】

孙敬和苏秦悬梁刺股发愤苦读，并没有人督促他们学习，他们都是自勤自勉。

【故事链接】

苏秦是战国时东周洛阳人，字季子。他和张仪同学于鬼谷子门下。学到了纵横术以后，他就想凭自己的口才弄个一官半职。他想先去见周显王，可人家不给他推荐，他就改变了主意，去了秦国。谁知秦惠王自从杀了商鞅之后，就不大喜欢外来的客人，挺客气地回绝了他。苏秦碰了钉子仍不死心，仍想得到秦王的重用。他费了好多工夫，写了一封长信，献给秦惠王。秦惠王草草地看了看，就搁在一边不理了。苏秦耐着性子在秦国等了一年多，眼看带来的盘缠要花光了，再待下去连饭也吃不上了，只好扫兴而归。家里人看到苏秦如此憔悴、狼狈，都奚落嘲笑他。妻子不下织机，嫂嫂不给做饭，爹娘也不愿认他这个儿子。

苏秦伤心极了，独自琢磨着："难道我这辈子就永无出头之日了吗？秦国不用我，不是可以去找其他六国吗？我拿利害关系去打动六国君王，难道他们就没有一个肯用我吗？"苏秦一心想施展自己的抱负，就研究起《六韬》《阴符》等兵法书来了。

苏秦从此发愤读书。有时候读书读得累了，困了，上下眼皮直打架，他就拿起锥子往大腿猛刺一下，痛得他一下子精神又振作起来，接着再读下去。苏秦就这样刻苦用功，熬了一年多工夫，读熟了姜太公的兵法，记熟了各国的地形、政治情况和军事力量，并且研究了诸侯的心理状态。

经过一番准备，苏秦于公元前334年开始游说六国，终于得到六国君主的重用，佩挂六国相印。长沙马王堆汉墓出土帛书《战国纵横家书》就保存有苏秦的书信和游说辞十六章。

晋朝的时候,有一个名叫孙敬的人,他从小就非常喜欢读书。他小时候也曾经自己做过书,不过,他的书是用柳树叶做的。

孙敬学习非常的勤奋,常常关在屋子里苦读诗书,整日整夜地不出门,也不接待客人。所以当时有人把他称作"闭户先生"。

他一时一刻也离不开诗书,常常通宵达旦地苦读,甚至还不想睡觉。可是,人不睡觉怎么能行呢?一到了晚上,就会产生困意。所以他有的时候读着读着,就趴在桌子上睡着了。

孙敬对此十分生气,他常常冥思苦想不睡觉的办法。后来,终于被他想出了一个主意。

他在房梁上吊了一根绳子,然后坐直了身子,把垂下来的这一头绑在头发上,实在困了,打了瞌睡,头往下一低,房梁上的绳子立刻就把他的头发扯疼了,他就会惊醒过来,继续读书。

在我国古代的时候,男人都不剃胡子,也不剪头发,因为他们认为,身体上的每一根毛发都是父母给予自己的,如果剪掉了,就是对父母的不尊敬,所以小男孩从小的时候起,就把头发扎起来。孙敬就是在自己的长头发上做了文章,才达到了不让自己睡觉的目的。

就这样,孙敬凭着这种自我约束、刻苦攻读的劲头,终于学得满腹经纶,最后做了大官。

这个故事,就叫作"头悬梁"。孙敬刻苦读书的经历,几千年来都是父母教育孩子所必须讲到的一个故事。

【原文】

如囊萤,如映雪①,家虽贫,学不辍。

【注释】

①囊萤:晋朝有一个叫车胤的人,家贫,夜读无油点灯,就捉了许多萤火虫装在纱袋里,靠萤火虫发出的光来读书。囊:用袋子装。映雪:晋朝的孙康家境贫寒,因为家里没钱买灯油,点不起灯,所以在冬天的时候他就在户外借着大雪的反光来读书。

【译文】

车胤读书用萤火虫作灯,孙康读书以雪光照明,他们虽然家境贫寒,却不中止学习。

【故事链接】

车胤，字武子，晋代南平(今属福建)人。他的曾祖父车浚，三国时做过吴国会稽太守。有一年，吴县(今江苏苏州)一带闹灾荒，老百姓无粮度日。车浚上书吴王孙皓，请求发放救济粮。不料孙皓以为他是“欲树私恩”，下令将他斩首。从此，车胤家里就变得一贫如洗了。

车胤小时候读书非常用功。太守王胡之曾对他的父亲车育说：“此儿当大兴卿门，可使专学。”此后，车胤在父亲的教导下，更加发愤攻读，学习各种知识。家里穷得连买灯油的钱都没有，一到天黑就没法读书了。车胤感到很可惜。一个夏天的晚上，他坐在院子里默诵，看见许多萤火虫一闪一闪地在空中飞舞，发出点点亮光。车胤不由心中一动，他想：要是把这些萤火虫的光聚集起来，不就是一束光亮吗？于是，他捉了几十只萤火虫，把它们装在用白纱布缝制的口袋里，挂在案头。嗬，亮光还不小呢！从此，他每天晚上借着萤火虫的光，夜以继日地埋头苦读。最后，他终于成为一个很有学问的人，大家都很喜欢和他做朋友。当时每有盛会，如果车胤不来参加，人们就会说：“无车公不乐。”车胤一生做过吴兴太守、辅国将军、吏部尚书等官，果然实现了王胡之“大兴卿门”的预言。

在车胤生活的年代，还有一个因为没有钱买灯油而自己想办法读书的人，他的名字叫孙康。

孙康家里面也是很穷困，常常没有钱买灯油，这给爱学习的孙康造成了很大的麻烦。有一年冬天，家里又没有钱买灯油了，而且冬天的黑夜来得特别早，所以他每天都不得不在黑夜来临的时候，早早地爬上床睡觉。可是，孙康却每天都翻来覆去地睡不着，有的时候，就呆呆地盼啊盼啊，一直盼到天亮了，爬起来继续读书。

有一天夜里，孙康和每天一样，躺在床上翻来覆去地睡不着，可是当他又翻了一个身，面向窗子的时候，忽然觉得有些不对劲，窗纸今天怎么这么白呢？他起身来到窗前，下意识地打开了窗，天啊，下雪了！满地的雪，竟然折射出了光线，外面已经不是黑乎乎的一片了！孙康高兴极了，他赶忙摸到床边，拿起了书本，然后又打开门跑到了院子里，他蹲下身，借着雪地反射出来的光，打开书本一看，竟然可以看到字！孙康简直太兴奋了，他赶忙回到屋里拿了一个小凳子，坐到雪地里读起书来。天气寒冷得很，可是孙康却注意不到这些，他的心思，全在书里了。

孙康凭借着自己刻苦读书的精神，和许多处于贫困中却能脱颖而出的人一样，最终成了一位知名的学者，也做了很大的官，为国为民做出了很大的贡献。

【原文】

如负薪，如挂角[①]，身虽劳，犹苦卓[②]。

【注释】

①负薪:负,背。薪:柴。汉代的朱买臣家境贫寒,砍柴为生,每日砍柴,置书树下而读。背柴回家时,就将书置于担头边走边读,后来在汉武帝手下任会稽太守。挂角:隋朝的李密,替人放牛,一心好学,常骑在牛背上读《汉书》,《汉书》有很多本,李密便将其余的书挂在牛角上。②卓:卓绝,超然。

【译文】

西汉人朱买臣家贫,但他酷爱读书,在砍柴时,他将书放在树下,边砍边读;在挑柴回家的路上,他把书挂在柴担上,边走边读。

隋唐时期人李密求学若渴,为了抓紧时间学习,他一边放牛,一边骑在牛背上读《汉书》。《汉书》有很多本,李密便把其余的书挂在牛角上,这就是"挂角"的故事。

他们虽然身体辛劳,苦读的精神却超过常人。

【故事链接】

朱买臣,字翁子,汉朝会稽吴(今江苏苏州)人。他出身贫寒,爱好读书,一天到晚手不释卷。

朱买臣的妻子指望丈夫将来有个出头的日子,很支持他用功读书,主动挑起了家里生活的担子。想不到朱买臣一直读到四十多岁,还是一介穷书生,家里都快揭不开锅了。崔氏断定丈夫这辈子不会有出息了,就对他说:"你读书也读够了,还是趁早扔了你的书卷,去弄些柴米回来吧!"说着给他一把柴刀,让他砍柴去了。可是,朱买臣每次上山,总是带着书卷,一边砍柴,一边读书。

有时挑着柴草,也是一边走,一边摇头晃脑地念念有词,引得路人直发笑。崔氏觉得他这样呆头呆脑,实在丢人,加上日子难熬,就哭哭啼啼地闹着要离婚。朱买臣没有办法,只好让她走了。

崔氏出走以后,朱买臣一个人砍柴、卖柴,日子更艰难了。有一年清明节,崔氏和新夫去上坟,看到朱买臣又冷又饿地蜷缩在山路旁休息,手里拿着书卷,身边搁着一担不大的柴火。崔氏可怜他的处境,就把撤下来的饭、酒送给他充饥。

朱买臣靠着这股坚持不懈的学习精神,终于学业大进,五十岁时,被汉武帝拜为中大夫,不久又当上了会稽太守。据史书记载,朱买臣衣锦还乡,看到崔氏和新夫也在路旁迎候,就把他俩接到太守府中,供应好衣美食。不久,崔氏因羞愧难当而上吊自尽了。

李密是隋朝人,他在少年的时候曾经在皇宫里当侍卫,但是由于他活泼好动,在值班的时候眼睛总向左右张望,结果被隋炀帝发现了,就把他赶回了家。

李密回到家乡以后,为了维持生计,他就去帮人家放牛。李密是一个非常喜欢读书的人，在他看来，生活苦一点没有关系，只要能读书，那就是天下最高兴的事情了。所以每次去放牛的时候，他都把书挂在牛角上，一边放牛一边读书，李密觉得这个办法非常的不错，既丢不了牛，又能读书，这可比把牛放开，而自己坐在一边读书安全多了。

有一次，李密听说山里有一位非常有学问的人，他便想要去向那个人求学，向那位名士请教一些他读书的过程中所不明白的事情，于是他在牛背上放了一个坐垫，把《汉书》挂在牛角上，骑着牛，读着书，出发了。

当李密自得其乐地大声读着书赶路的时候，有一个人骑着马飞快地从他身旁跑了过去，跑出好远，又勒住马，转头跑了回来，到他的面前，停住马赞叹他说："这么勤奋的书生可真是少见啊！"李密抬头一看，这个人他在宫里见过，这是越国公杨素。于是他赶忙从牛背上跳下来，拜见越国公。

后来，越国公杨素把李密收到了自己的身边，一直做到了"蒲山公"。李密对于昏庸的隋炀帝非常不满，曾经写了一篇文章，诉说隋炀帝的十大罪状，让天下的人认清了隋炀帝的恶行。

由于皇帝昏庸，老百姓的日子越来越艰苦，后来，以魏征、秦琼和程咬金一些人为首的农民队伍在瓦岗寨起义，要推翻大隋朝，李密到了瓦岗寨，做了魏王。

【原文】

苏明允[1]，二十七，始发愤，读书籍。

彼既[2]老，犹悔迟，尔小生[3]，宜早思。

【注释】

①苏明允：宋代大文学家苏洵。②既：已经。③尔小生：你们这些后生晚辈。

【译文】

宋代的苏洵，到了二十七岁才开始发愤读书。他因年龄已大而后悔学得太迟，你们年纪轻轻的，应该早早考虑用功学习。

【故事链接】

苏洵，字明允，眉州眉山(今四川)人，北宋著名的散文家，唐宋八大家之一。

苏洵年轻时并不好好读书，而是糊里糊涂地过日子，直到二十七岁才发愤学习。学了一年多，就去考进士、茂才，结果都没有考中。这才使他认识到，学习并不容易，要得到成果非下苦功夫不可。

一天，苏洵的书房里冒出了黑烟，大家都很奇怪，不知道里面发生了什么事情。走进去一看，只见苏洵正把一摞摞文稿往火炉里送。原来，他要把自己过去所有不成熟的作品全部烧掉，决心从头开始。从此，他谢绝宾客，闭门攻读，夜以继日，手不释卷。如此发愤了五六年，终于文才大进，下笔如有神，顷刻数千言。他和两个儿子苏轼、苏辙的文章轰动京师，士大夫争相传阅，学者竞相效法。后来，苏洵被封为秘书省校书郎，修纂礼书《大常因革礼》一百卷，著有《嘉祐集》十五卷等。

三国的时候，东吴有一位名将，名字叫吕蒙。他是一个非常勇敢的人，在战场上，他杀敌勇猛，立下了许多的战功。可是，他有一个最大的缺点，就是不喜欢读书。因为学问低，有许多的事情都弄不明白，所以他的才干就受到了限制，许多知识上的事情，都需要别人帮忙，和他一起做官的许多人都嘲笑他没有学问。

有一次，孙权和吕蒙一起讨论打仗的方案。吕蒙说不出多少自己的见解。孙权想：这些带兵打仗的将领应该多读点书，增长才干，这样才能更好地带兵打仗。于是他对吕蒙说："你现在兵权在握，要帮助我治理军队，身上的担子很重啊！可是你读书少，对于治理军队说不出自己的想法，这对于你自己和国家的军队都不是一件好事情，你得多读点书，努力提高自己的水平啊！"

吕蒙不以为然地说："军队里的事务已经够忙的了，哪里还有时间读书啊。"

孙权说："我要治理整个东吴的事情，再忙，你还能有我忙吗？我小时候读过《诗经》《礼记》《左传》《国语》；管理国家大事以后，又读了许多历史书和兵法之类的书，都觉得受益匪浅。我希望你多学点历史知识，可以读读《孙子》《六韬》《左传》《国语》这些书。像你这么聪明的人，又加上打了许多的仗，很有经验，只要抓紧时间读书，就会有收获的。"

吕蒙又说："我怕自己年龄大了，学习起来会有困难。"

孙权说："学习可不只是年轻人的事，从前光武帝在打仗的时候都手不释卷。还有曹操，年纪越大越爱学习。你有什么可顾虑的！"

吕蒙听了孙权的教导，就开始读书学习。刚刚开始读书的时候，他常常打瞌睡，提不起兴趣来，但他不放弃，仍然坚持读书。学了一段时间以后，他发现自己在看待问题的时候，竟然有了许多的想法，于是非常的高兴，知道了读书的好处，便更加坚定了读书的决心。就这样，吕蒙学习了很多的书籍，成为一个知识渊博、有智有谋的人了。

有一次，鲁肃执行任务，经过吕蒙的驻地，就顺便去看望吕蒙。当时鲁肃和关羽所把守的地方紧挨着，可是两个人又属于不同的国家，所以吕蒙和鲁肃在谈话的时候就提到了这件事，两个人都说："这个人很厉害，可不能小看他啊！"

吕蒙问鲁肃说："你现在离关羽的驻地这么近，责任重大啊！你有什么好办法防止出现不好的事情吗？"

因为吕蒙很没有学问，所以鲁肃一直都很瞧不起他，这些和计谋有关的事情，他觉得根本就跟吕蒙谈不通，于是他就随口说："到时候再说吧！"

吕蒙听了鲁肃回答，就批评他说："你可不能这么漫不经心！关羽是又有智慧又勇敢的大将军,我还听人家说,他特别爱读书,熟读许多兵法。如果现在不经常地提高警惕,万一以后我们两个国家打起来,我们是要吃亏的。"

鲁肃问道:"你有什么好办法吗?"

吕蒙一看鲁肃向自己征求意见,就献上了三条计策,讲得头头是道,鲁肃一听非常吃惊,没有想到吕蒙能说出这么高明的办法来,他连连点头,赞赏地拍着吕蒙的肩膀说:"大老弟啊!我原来以为你只会打仗,谁知道现在你的学问已经这么高了啊,再也不是以前的吕蒙了!"

吕蒙也高兴地说:"士别三日,就当刮目相看嘛!"

后来鲁肃把这件事告诉了孙权。孙权高兴地说:"吕蒙能有这么大进步,真没想到啊!"

从那以后,孙权就鼓励其他的将士们,要以吕蒙为榜样,也要多读点书,抽时间学习,以提高自身的水平。

吕蒙受到了孙权的教育,认识到了读书的重要性,于是持之以恒地读书学习,最后取得了很大的进步,并能把所学到的知识用到管理军队上,当瞧不起他的鲁肃发现了他进步的时候,变得对他非常的钦佩。

【原文】

若荀卿,年五十,游稷下①,习儒业②。

彼既成,众称异,尔小生,宜立志。

【注释】

①稷下:地名,在齐国境内。②儒业:儒家学说。

【译文】

像战国时的荀卿,五十岁时还游学于齐国稷下,学习儒家思想,学成之后,人们都称赞他。你们这些后生晚辈,更应早立志向。

【故事链接】

荀子,名况,字卿,战国末期赵国(在今山西)人,是我国古代杰出的唯物主义思想家。

荀子十五岁时便到齐国游学,在"稷下学宫"学习。

他先后到过齐、秦、赵、楚,五十岁时在齐国"稷下学宫"讲学,并三次被推选为学宫领袖,当时叫"祭酒"。晚年在楚国兰陵著书。

荀子写过著名的《劝学篇》,强调学习的重要。他认为,人的知识才能不是天生的,而是后天勤奋学习的结果。说自己曾经整天苦思冥想,但是不如学习一会儿收获大。他指出,木材经过加工以后就会变直,刀剑在砺石上磨过就会变得锋利,有修养的人广泛地学习，而又能经常自我反省，就会变得聪明。

荀子还生动地阐述了学习要持之以恒、锲而不舍的道理。他说，不积累许多个半步，就不能走完千里；不汇聚许多细小的溪流，就不能形成江海。千里马一跃，不满十步；劣马坚持走十天，却能走得很远。用刀子刻东西，刻了一下就丢开，那么，已经腐烂的木头也折不断；如果坚持雕刻而不停手，那么，坚硬的金石也能刻出花纹来。

荀子把学习的道理说得这样浅近易懂，闪耀着辩证法的光辉思想，值得我们借鉴。

在我国古代，有一个名叫梁灏的人，他是一个非常喜欢读书的人，他在少年的时候就立下了自己的志愿，那就是一定要考中状元。

为了能够考中状元，梁灏读起书来非常的用功。等到了可以赶考的年纪，他便开始进京赶考，可是考一次，落榜一次，考了很多年，都没有中状元。当时有许多人都嘲笑他，说他异想天开，没有那个能力还非得要去考。可是他并不介意，并说："我考一次状元，就离状元更近一步。"

就这样，一年又一年过去了，梁灏读了一辈子书，也考了一辈子状元，最后，梁灏一直考到八十二岁。

在梁灏八十二岁的时候，他再一次进京赶考，因为文章出众，所以被评为第一名。皇帝召见中了前几名的人，对于皇帝提出的问题，梁灏对答如流，令皇帝大为赞赏，当场批为状元。

梁灏直到八十二岁才实现了自己的愿望，他坚持不懈的作风，让许多讥讽了他一辈子的人都反过来开始敬佩他了。

梁灏曾经为自己中了状元这件事写过这样一首诗：

天福三年来应试，
雍熙二年始成名。
饶他白发头中满，
且喜青云足下生。
观榜更无朋侪辈，
到家唯有子孙迎。
也知少年登科好，
怎奈龙头属老成。

这首诗的意思是说，我从天福三年开始考试，到了雍熙二年才考中状元。我长得满头的白发，只高兴自己终于实现了愿望，来看榜的人已经没有了像我这个年纪的人，到了家里，来迎接我的也只有子孙。我也知道年轻的时候考中状元好，但是谁知道，我直到老了才考中了状元啊！

大书法家王羲之的儿子王献之小的时候，看到父亲写的字受到很多人的赞叹，于是便立志说:“我以后也要像父亲那样写出一手好字来!”

为了能写好字,王献之去向父亲请教写字的秘诀,父亲把他领到花园里,指着地上的水缸说:“你如果用完了这么大的十八缸水,就能知道写好字的秘诀了。”

第二天,父亲命人买来了十八只大缸,并把里面装满了水,王献之就开始练字了。为了能把字写得像父亲的字一样好,不管天气有多热或者有多冷,小献之都坚持着写字,父亲见了,感到非常的欣慰。

当王献之练完八缸水之后,看着自己写的字,觉得非常的满意,于是,他开始骄傲了。他想:“现在我才练了八缸水,这字已经写得和父亲一样的好了,我看,剩下的十缸水就不用练了。”

王献之便拿来一张纸,写了一个“大”字,蹦蹦跳跳地拿着去见父亲。到了父亲的书房里,他把字递给父亲说:“父亲您看,我写的字是不是非常好了?”父亲拿过他写的字来,什么也没说,只是随手拿起笔,在上面点了一下。

他见父亲没有说什么,就又拿着那张纸去见母亲,母亲看了他的字说:“我儿用了八缸水,只此一点像羲之啊!”王献之一听纳闷了,我这“大”字里,只有一横一撇一捺,没有点啊?他从母亲手里接过那张纸一看,顿时红了脸,原来母亲指的是父亲随意的那一点。

王献之拿着那张纸回到了自己的房间,端详了半天,他想,我练了八缸水,可是还比不上父亲随便的一点,看来我的字练得还不到家,离着我的志向还很远啊!

从此以后,王献之再也不骄傲自满了,他继续夜以继日地练字,终于把十八缸水全都练完了,父母看到他写的字,都高兴地笑了。

这个时候,王献之明白了一个道理,那就是,自己的成功并不在这十八缸水里,而是在为了志向而坚持不懈的努力里面。所以他并没有因为练完了十八缸水而停止研究书法,而是继续在父亲的教导下学习。

后来,王献之终于实现了自己的志向,以他独具一格的书法技艺,成了著名的大书法家,人们将他和父亲王羲之一起,合称为“二王”。

王献之能从小就立下努力的志向,并为了志向刻苦学习,在自己有了错误的时候,他能及时地反省,最后终于成功。他立志成材的故事,一直流传到了今天。

立下志向,才会有成功的动力。在我国古代,从小立志,努力成材的故事有很多。

西汉时期的陈平,小的时候家里很穷,因为父母很早就去世了,所以他和哥哥相依为命。

在我国古代,人们对祖宗非常尊敬,人们都认为,如果自己有了出息,就会给祖宗争光,别人会对自己的整个家族刮目相看。所以陈平的父亲在世的时候,就勉励陈平说:“一定要用功读书,将来有了成就,光宗耀祖。”陈平把父亲的话记在心里,从小就立下了很大的志向。

陈平读书非常用功,他每天把自己关在屋子里,刻苦攻读。他为了读书,家里的活计全由哥哥和嫂嫂去做,他的嫂嫂非常不高兴,常常背着哥哥斥骂他,对他一点儿也不好。哥哥非常疼他,知道他为了远大的志向才刻苦读书,所以从来都不允许弟弟帮他做事,如果被哥哥知道了嫂嫂对他不好,哥哥嫂嫂之间就会产生矛盾。于是,善良的小陈平就把这些羞辱深深地藏在心里,自己一个人一边忍受着,一边继续读书。

后来,嫂嫂对他越来越不好了,想方设法难为他。陈平终于忍受不住了,于是他便给哥哥留了一封信,说要浪迹天涯,然后就离家出走了。

哥哥看了他的信,又发现自己的妻子躲躲闪闪地不敢抬眼看自己,于是明白了弟弟为什么出走。他千方百计地找到了陈平,把他拉回了家。

兄弟俩回到家以后,哥哥把嫂嫂叫过来,要把嫂嫂赶回家,陈平跪在地上帮嫂嫂求情,这才阻止了哥哥。他的嫂嫂很感动,于是再也不羞辱他了,也开始支持他读书。这件事情,在当地传为美谈。

后来,有一个很有学问的老人,听说了陈平忍辱读书的事情,非常感动,主动来到他家教他读书,一分钱也不收。陈平跟着这位老人,学到了许多的学问。

最后,陈平辅佐刘邦成立了西汉王朝,做了西汉的丞相,不但实现了自己光宗耀祖的志愿,还为天下的百姓做了许多好事。

陈平因为读书,受到了家人的不理解,甚至还受到了很多的屈辱,但是他在这种情况下能坚持求学,并且用自己的高尚品格赢得了家人的支持,还感动了真正有学问的人来教他读书。

【原文】

莹①八岁,能咏诗。泌②七岁,能赋棋。

彼颖③悟④,人称奇。尔幼学,当效⑤之。

【注释】

①莹:北齐祖莹,字元珍。年八岁,好读书,人称小神童。后任秘书监著作郎。②泌:李泌,唐玄宗召试,以赋棋为题,李泌当即做出,被称为神童。后历任四朝宰相。③颖:聪颖。④悟:领悟,领会。⑤效:效仿。

【译文】

北齐人祖莹,年仅八岁便能咏诗成章;唐代人李泌,七岁时就能在唐玄宗前,以棋为题,即席赋诗。两人童年聪明好学,人称神童奇才。你们这些初学的人,应以祖、李二人为榜样而向他们学习。

【故事链接】

北魏时的祖莹,自幼喜爱读书,八岁便能背诵《诗经》《尚书》等经典著作,被人们称为非常聪明的孩子。

祖莹父母担心小祖莹学习劳累过度,藏起了灯火,不让他夜读。聪明的祖莹便在白天把火种藏于火盆灰中。等到晚上父母休息后,重新把火燃着,在火盆旁借火光照明读书。

由于他读书刻苦,所以他在只有八岁的时候,就已经会背诵好多的书籍了。亲戚们都称他为"圣小儿"。

在祖莹十二岁的时候,在学堂里的学习成绩非常突出,先生非常喜欢他,所以常常让他为其他同学讲授课文。

有一次上课的时候,先生点名要祖莹上台诵读《尚书》。祖莹随手拿起一本书,便上了讲台。哪知他到了讲台上翻开书,却发现自己手中的书是一本《曲礼》。先生是一个非常严厉的人,祖莹怕先生批评自己马虎,不敢回到座位去换书,于是就将错就错地打开那本《曲礼》,读起了《尚书》。先生听完祖莹的诵读,非常满意。

可是,正当他在台上读《尚书》的时候,坐在他旁边的同学却发现祖莹的《尚书》还摆在书桌上,而自己早上带来的一本《曲礼》不见了。等到祖莹回了座位,那位同学发现,祖莹手里拿的,正是他的那本《曲礼》。

那位同学非常惊异,下了课以后,他便把这件事情告诉了先生。先生听了感到非常惊讶,一个只有十二岁的孩子,竟然把《尚书》背诵得这么准确,这是他万万没想到的。先生哪里知道呀,祖莹在八岁的时候便已经把整本的《尚书》背熟了。

后来这件事情传了出去,人们都认为祖莹是个天才,可是当人们称赞他的时候,祖莹却总是对人深施一礼,惭愧地说:"哪里,哪里。"

祖莹的名气越来越大,后来竟然传到了皇帝的耳朵里。皇帝召见了他,让他背诵"五经",并讲出其中的含义。祖莹不但背诵流畅,所讲的道理也很有见解,皇帝非常的高兴,就赏赐了他,并拜他为太学博士,祖莹成年后,渐渐地有了很大的成就。

唐朝人李泌极有天赋,七岁便能像成年人一样写文章,唐玄宗听说后便召他进宫相见,并让燕国公张说考考他的才学。

张说指着围棋,说:"方如果是棋局,圆如果是棋子,动可能棋生,静可能棋死。"

然后要李泌作诗一首。李泌随口答道:"方若行义,圆若运知,运若聘材,静若得意。"李泌如此敏捷的思维令唐玄宗和张说大为惊异和赞赏,唐玄宗就立刻给他封了官,还称他为"小圣童"。

李泌做了官,但是还是继续读书。他从许多的儒家书籍中学到了许多治国的道理。后来,由于他的学识与成就突出,又见解独到,常常为皇帝出谋划策,皇帝非常赞赏他,并且和他像朋友一样相处。李泌前后总计辅佐了唐明宗、唐肃宗、唐代宗、唐德宗四位皇帝,是历史上一个对国家非常有贡献的人。

古时候有一个小孩子，名叫方仲永。他出生在一个普通人家，家里世世代代都靠种田为生。

方仲永一直长到五岁，也没有见过笔、墨、纸、砚等学习用具，家里人也没有对他提起过。可是有一天，他突然哭着喊着非得要这些东西。他的父亲感到非常惊奇，他想，从来都没有人告诉过他这笔、墨、纸、砚是什么，小仲永是怎么知道的呢？

看着孩子哭闹个不停，父亲只好去邻居家里说了许多好话，借了一套文房四宝拿给他。更加令父亲惊奇的是，小仲永一看到这些东西，竟然立刻提起笔来，在纸上写了四句诗，诗的内容说的是要赡养父母、团结族人的意思，写完了，他还端端正正地写上了自己的名字。

父亲见了，惊喜异常，高兴地拿着孩子写的诗跑了出去，见到人就告诉人家他的儿子是个天才，然后就把儿子写的诗拿给人家看，大家也都感到很惊奇。

从这以后，不论是谁，只要指定了一件东西给小仲永，他都能立刻写出一首相对应的诗来，而且据有学问的人说，他写的诗，无论是文采还是其中的道理都非常值得一读。于是一传十、十传百，没有多久，全县的人都知道了方家出了个小天才，从没学过写字，竟然天生会写诗。

这一回，他可成了名人。人们为了见识这个天才的本事，纷纷地请他的父亲带他去做客，竟然还有人花钱来求小仲永题诗。他父亲一看，非常高兴，他想，自己种了一辈子的地，现在终于找到了发财之道了。于是，小仲永的父亲每天都带着他到处做客，四处拜访同县的人。

按理说，这个时候，小仲永已经五岁了，应该开始读书了，可是他父亲不这么认为，他觉得，我的儿子是个天才，根本没读过书，不是已经会写诗了吗？所以，他从来都没想过要让小仲永读书的事情。

就这样，七年过去了，有一个在外做官的同乡回到故乡后，让十二岁的方仲永当面写了一首诗，同乡之人一看，文采平常，根本没有什么新意。又过了七年，同乡之人又回故乡，向家里人打听方仲永的情况，家里人说，他已经根本不会写诗了，现在和大家一样，成了一个不识字的耕田人。

这个故事的名字叫“伤仲永”。故事里的方仲永具有与生俱来的天赋，比别的孩子聪明好多倍，可是他的父亲却因为这件事情便以为孩子根本用不着费尽脑筋去学习，结果他只顾着用儿子赚钱，根本不对孩子进行培养，最后，耽误了孩子成才的机会，把一个天才给埋没了，真是可惜。

有一个人说过：“所有的孩子都是天才！”这句话说得很好。不努力的人绝对不会有成功的机会，而努力的人都有成为天才的机会。

“扬州八怪”之一的郑板桥小时候很不聪明，记忆力还不好，记下的东西总是忘掉。

为了让自己能把学的知识记住,他付出了比别人多几倍的努力。别人看一遍就能记住的知识,他就看好多遍,直到记住为止。对于一些理解起来有难度的书籍,他就读上百遍,直到全部理解,并能记在脑子里为止。放下书本以后,他总是呆呆地望着天空,一动不动,别人和他说话他也听不到,大家都以为他呆了,其实,他是在思考书中的知识,思考那些自己没有弄懂的问题。郑板桥相信勤能补拙,因此他勤动手、勤动口、勤动脑,最终成为著名的诗人、画家和书法家。

【原文】

蔡文姬[1],能辨琴。谢道韫[2],能咏吟。

彼女子,且聪明。尔男子,当自警[3]。

【注释】

①蔡文姬:名琰,是后汉著名学者蔡邕的女儿,擅长音乐。②谢道韫:晋朝宰相谢安的侄女。小时聪颖,好读书,能吟诗作对。③警:警觉,警醒。

【译文】

东汉才女蔡文姬,博学通音律,听其父琴声,便知第几根弦断了;东晋女诗人谢道韫能脱口吟出佳句"未若柳絮因风起"。文姬、道韫不过是两位弱女子,尚且如此聪慧、敏捷,你们这些男子汉,难道还不如女子吗?你们应当以此自警自惕啊!

【故事链接】

东汉著名文学家蔡邕之女蔡文姬,从小喜欢听琴,久而久之,她能从琴声中听出弹奏者抒发的心声。有一天,父亲正在屋子里面弹琴,忽然有一根琴弦断了,小文姬从外面走进来说:"父亲,是第一根琴弦断了吗?"父亲听了非常的惊讶,后来一想,也许是凑巧说对了吧,于是又换了一根琴弦。可是没想到,父亲弹了一会儿以后,琴弦又断了一根。这时,正在另一张桌子上读书的小文姬说:"父亲,第四根琴弦也断了啊。"父亲这才知道,原来自己的女儿已经能从音律里面分辨出每一根琴弦的声音了。父亲非常高兴,以后就经常教女儿一些深奥的音乐知识,小文姬的辨音能力也越来越强了。

后来,蔡邕因家族中一人犯罪受牵连而被判死罪,他被允许回家与家人做最后的告别,却又不忍开口,便轮指弹琴,说他的不幸。

蔡文姬从琴声中听出了父亲有杀身之祸,便抱住父亲失声痛哭,蔡邕虽即将离开人世,但却为女儿能从琴声中听出自己的心声而感到欣慰。

东晋宰相谢安的侄女谢道韫,聪明机灵,喜欢读书,从小就能吟诗作对。谢道韫常常认真观察生活中的小事情,并且认真读书,学着自己写诗,对于任何小的事情,都试着做出诗来,如果有不懂的事情,就向别人请教,实在不懂的,就自己仔细地琢磨。慢慢的,她的才华就显现出来了。

寒冬的一天，谢安招集亲友在家中聚会，户外大雪纷飞，谢安随口问道："这大雪像什么呢？"

谢安的侄子谢朗连忙抢着回答："像白盐撒向空中。"谢道韫听后摇摇头，说："你的比喻不恰当，看我这句'柳絮因风而起'比你如何？"众人听后齐夸谢道韫才能和思维都十分迅速，而她也因此成为历史上才女的典范。

谢安

从此以后，他们两个人用来比喻雪景的这两句话就流传开了，人们都知道了宰相谢安的侄女是一个从小就聪慧的小女孩，是一个小才女。当时的大书法家王羲之也非常喜欢这个有才气的女孩子，在谢道韫长大以后，她嫁给了王羲之的儿子王凝之。

宋朝的才女李清照的父亲是苏东坡的学生，在朝廷里做官。她的母亲是一个喜欢文学的人。所以李清照从小在父母的影响下，非常喜欢学习。

李清照的父亲是一位文学家，家里面藏有好多的书籍，李清照从小的时候起，就被这些书籍所吸引，她读书写词，年纪不大，学问却已经很深了。

在李清照十几岁的时候，有一次，才子张文潜为刻《大唐中兴颂》的石碑写了一首诗，李清照听说后，立刻也和了一首诗，诗里面把斗争的场面和历史人物的功过都评述得非常的清楚，文采和著名的李白、辛弃疾不分上下，这让她的父亲大吃一惊。后来这首诗传到了外面，有学问的人都很惊讶，谁都没想到这会是一个小姑娘所写的诗。所以李清照的名气便流传开了。

后来李清照长大了，嫁给了太学士赵明诚。两个人都非常喜欢读书，常常在一起研究古人的词句。

有一次，李清照写了几首词，和赵明诚两个人正在推敲，忽然有几个朋友来看赵明诚，于是两个人就把这几首词塞到了赵明诚学文章的书本里。朋友在闲谈的过程中，随手拿过了赵明诚的书本，见到里面有几首词，看了以后，对其中的一首拍案叫绝。他对赵明诚说："才这么久不见，你的学识大长啊！现在的词已经达到了相当高的水平了。"赵明诚接过来一看，原来是刚刚李清照写的词，于是惭愧地告诉朋友，这是李清照所写的。从此，李清照的名声更大了。

【原文】

唐刘晏[①]，方七岁，举神童，作正字。

彼虽幼，身已仕，尔幼学，勉而致[②]。

【注释】

①刘晏：字士安。童年饱学，七岁考中"神童科"，八岁写了颂扬唐玄宗的文章，被授予捡林院正字。后官至户部尚书平章事。②致：到达，得到。

【译文】

唐朝的刘晏，刚刚七岁便考取"神童科"，被授予翰林正字的官职。他虽年纪幼小，却已提任重要官职。你们作为年幼的学生，应当努力勤学，达到这样的目标。

【故事链接】

战国时秦国有一个名叫甘罗的小男孩，他从懂事起就开始刻苦读书，尤其喜欢研究国家大事。他从小就立下了远大的志向：长大以后，一定要做一个有作为的人。

秦国的丞相吕不韦无意间发现了小甘罗不但十分聪明，而且还对于天下之事有着很好的见解，于是便把他带到了自己的身边。

有一次，小甘罗发现丞相吕不韦从朝廷里回来以后，脸色十分不好看，闷闷不乐的。于是就问他："您有什么心事吗？"吕不韦说："小孩子懂什么，不要问了。"甘罗说："您让我们这些人跟随您，不就是为了让我们为您出出主意吗？您有了困难，我们是理所应当为您排忧解难的。您如果有了难处却不说，我们怎么为您想办法呢？"

吕不韦一看这个孩子说得很有道理，就对他说："我想派张唐出使燕国，可是如果去燕国的话，就要经过赵国，而赵国的人非常恨张唐，想要杀死他。张唐害怕遇到危险，所以不同意到燕国去。"

小甘罗说："这有什么难的，让我去劝劝张唐吧。"

吕不韦不高兴地说："我这个丞相都请不动他，你这么个小孩子还能说服他？不要说大话了！"

甘罗说："想当初，项橐才七岁就被孔子拜为老师了，我现在都十二岁了，你为什么连试都不让我试一下呢？"吕不韦一看甘罗说得很恳切，于是就说："那你就去试试吧。"小甘罗一听丞相答应了，非常高兴地去找张唐了。

张唐发现吕不韦派来个小孩见自己，很不高兴，非常傲慢地对他说："你来干什么？"甘罗一看张唐的态度，就说："你就要出事了，我来看看你。"

张唐说："我能出什么事？小孩子家，连话都不会说！"

甘罗说："我没胡说啊。我问你，你和白起谁的功劳大？"

张唐说："白起立了很大的战功，我可比不上他。"

小甘罗说："那范雎和吕不韦这两位丞相，谁更独断专行啊？"

张唐说道："要说谁更独断专行，范雎可比不上吕丞相。"

小甘罗说："真的吗？"

张唐说："当然是真的。"

甘罗听了张唐的回答笑着说："那你怎么不同意去燕国啊？以前吕丞相想打赵国的时候，白起反对他的想法，结果没过多久就被丞相治了罪。白起那么大的功劳，他反对丞相，丞相都不放过他，你的功劳不如白起，现在你和丞相作对，你就不怕他不放过你吗？"甘罗这句话一说，把张唐吓得冒了一身的冷汗。

甘罗又说："如果你同意的话，我可以帮助你。"

张唐一听甘罗把事情分析得这么仔细，觉得这个孩子不简单，于是对甘罗说："请你转告丞相，我愿意去。"

回到丞相的府里以后，甘罗对丞相吕不韦说："张唐已经同意去燕国了。为了不让张唐在赵国被抓起来，我先替他去赵国看看。"吕不韦一看甘罗连张唐都说动了，于是也不怀疑他年纪小没能力了，立刻就去见了秦王。吕不韦对秦王说："大王，有一个叫甘罗的少年，才十二岁，在我的门下做事。这个孩子非常聪明，口才也好，这次张唐装病不愿意去秦国，我怎么劝也不行，甘罗去了一说张唐就同意了。现在甘罗想去一趟赵国，防止赵国伤害张唐，你看可以吗？"秦王听说这个孩子有这么大的能耐，就说："让他来见我吧。"

甘罗来见秦王，秦王问他："是你想去赵国吗？"甘罗说："是的。"秦王说："那你跟赵王怎么说呢？"甘罗说："我得看着当时的情况，临时决定怎么办。现在我也不知道赵王是个什么样的人，我也确定不了该说什么啊！"秦王一看，这个孩子伶牙俐齿，是个聪明孩子，于是给了他车马和仆人，同意让他去赵国了。

到了赵国以后，赵王问甘罗："你多大了？"甘罗说："十二岁了。"赵王大笑着说："秦国为什么把你派过来？你还是个孩子啊。"甘罗说："我们秦王不按年龄用人，只按才能用人，才能高的就做大事，才能小的就做小事。我是我们那里才能最小的，所以秦王才派我到这里来。"赵王听了甘罗的话，知道这个小孩子很厉害了。

赵王问甘罗："你来我这里有事吗？"甘罗说："您知道燕国的太子在秦国吗？"赵王说："知道啊！"甘罗又说："那您知道秦国的张唐要去燕国了吗？"赵王说："是的，知道。"甘罗说："那您怎么这么轻松？现在燕国和秦国互相派人过去，表示两个国家的交情很好，您正好在两国之间，这两个国家好起来，首先就得打您啊！"赵王问："为什么呢？"甘罗说："他们两个感情好，就是为了攻打赵国，扩大自己的地盘啊！"

赵王问："那你有什么好的办法呢？"

甘罗说："我帮您想了个办法，您可以给秦国五个城，让秦国把地盘扩大了，秦王肯定很高兴,您再趁着他高兴,请他把燕国的太子送回去,这样秦国和燕国的交情就没有了,这时候,燕国没有了秦国的帮助,您就可以去打燕国了,赵国这么强大,小小的燕国算什么?难道连五座城池都夺不到吗?”

赵王听了,非常的高兴,他说:“没想到你小小的年纪,竟然这么有计谋啊!”然后,赵王赏了甘罗很多的金银珠宝,还把献给秦国的五座城的图纸让甘罗带了回去。

后来,赵国按照甘罗说的办法去做,果然打败了燕国,得到了燕国的三十座城,赵王于是便又送给了秦国好几座城。

秦王一看小小的甘罗竟然让秦国没费一兵一卒扩大了国家的地盘,非常赞赏他,当时就封了他做宰相,并且赐给了他许多的田地。

唐朝小神童刘晏七岁时就已经极有才识,极有学问,被唐玄宗封为翰林院正字(校正书籍的官员)。

在刘晏八岁的时候,有一次,当时的皇帝唐玄宗去泰山封禅,刘晏拿着自己写的一篇名叫《东风颂》的文章求见玄宗。玄宗听说一个八岁的孩子来献文章,非常的高兴,于是就接见了他。

小刘晏见到皇帝后一点也不害怕,大大方方地跪在那里把自己所写的《东风颂》大声地读了一遍。玄宗听了非常的惊异,因为小刘晏的文章文采很高,根本不像是一个孩子写的,所以,唐玄宗又派丞相张说去试试他。张说告诉皇帝,刘晏真的是一个有才学的孩子,玄宗这才相信了,立刻命他为正字郎,也就是为国家的藏书和典籍检查正误。当时,这可是一个不小的职务呢!

一天,唐玄宗问刘晏:“你身为正字官职已多日了,不知现在校正了几个字?”刘晏答道:“天下只有一个‘朋’字不正确!”这句话是说当时“朋党”联合不正派的人,结成帮派,谋求私利,明争暗斗,危害国家的现实。唐玄宗听后为小小年纪的刘晏有如此深远的社会观察力而大惊。

唐玄宗一看这么小的孩子竟然能关心天下大事,并且能观察出这么复杂的事情来。因此他知道这是一个很不平凡的孩子,这样的孩子应该得到重用。后来,刘晏的官职不断地提升,为国家做了许多的贡献。

在刘晏长大以后,皇帝派他管理财政,他仔细认真地对待国家的每一分钱,把整个国家的财政治理得井井有条,让许多的老百姓都不用再为了朝廷的苛捐杂税而发愁了,但是刘晏自己却没有多拿一两银子,他最大的财产就是自己经常读的两车书。后人因为他的廉洁非常敬佩他。

【原文】

犬①守夜②,鸡司晨③。苟④不学,曷为人⑤。

【注释】

①犬:狗。②守夜:晚上担任守卫看家。③司晨:早上打鸣报晓。司,掌管。④苟:假如、如果。⑤曷为人:怎么做人呢?曷,如何、怎么;为人:做人。

【译文】

狗会在晚上充当警卫,看守门户,保护主人的安全;公鸡每天清晨都会高声打鸣报晓,催促人们按时起床。

狗和鸡尚且能尽责工作,身为万物之灵的我们如果整天懒惰贪玩,不肯认真学习有用的本领,还怎么做人呢?

【故事链接】

西汉的匡衡是个农民的孩子。他小的时候,家里面很穷,没有钱供他上学,于是他就自己学习,有不会的地方,就向别人请教。由于买不起书,他只好帮有书的人干活儿,然后不要工钱,只要求借书给他看。

由于家里穷,没有多余的钱买灯油,所以匡衡每天晚上都不能读书,这让他很苦恼。

有一天,他正在黑暗里面想着白天读书的内容,忽然他发现从墙壁的缝隙里透过一丝光来,匡衡大喜过望。

原来,匡衡家的邻居是个有钱人,他的家里每天晚上都灯火通明,灯光透过墙壁的缝隙传了过来。

匡衡找来了一个小铁棍,悄悄地把墙壁的缝隙凿大了一些,这样,便有更大的一束光从缝隙里传过来了,匡衡拿过书,坐在缝隙的旁边,把书凑近墙上的缝隙,他惊喜地发现,可以读书了!

从那以后,每天晚上,匡衡都凑在墙缝旁边读书,从夏到冬,从不间断。

凭借着这样勤奋刻苦的努力,匡衡终于从书中学到了许多道理。长大以后,匡衡做了宰相。

在我国古代有这样一首诗:

三更灯火五更鸡,
正是男儿读书时。
黑发不知勤学早,
白首方悔读书迟。

这首诗的意思是说,每天夜深人静的时候和每天早晨天刚放亮的时候,正是孩子们读书学本领的好时候,如果年轻的时候不知道起早贪黑地读书,到老了的时候,就会后悔自己用功得太晚了。

刘琨和祖逖生活在晋朝,都是武艺高强的人。他们年轻的时候,正赶上动乱的年代。晋朝皇族内部为争权夺利发生了持续十六年的“八王之乱”，弄得民不聊生，全国各地都不安宁。那时候，刘琨和祖逖正在司州当小吏。

两人志同道合，形影不离，就像一对亲兄弟。他们经常在一起谈论天下大事，为国家的前途担忧，立志要共同担负起拯救民族危难的重任。

有一天黎明，鸡叫头遍时，祖逖就醒来了。他推了推身边的刘琨说：“你听，雄鸡在报晓了，这声音不正是催促咱们早起练功的信号吗？”刘琨说：“对！咱们起来练武吧！”于是两人披衣起床，带了宝剑，一齐来到屋外的空地上，练起武来。四周是那么的寂静，星星在夜空中一闪一闪地眨着眼睛。两个矫健的身影在空旷的院子里来回晃动，宝剑闪着一道道寒光。他们越练越兴奋，越练越有劲，把满腔的热情全都倾注在一招一式的较量中。就这样，他们每天闻鸡起舞，日久天长，终于练就了一身好武艺。

【原文】

蚕吐丝，蜂酿蜜①，人不学，不如物。

【注释】

①酿：酿造。

【译文】

蚕吐出的丝可为人们织成绢帛，蜜蜂酿出的蜜可供人们食用，蚕和蜂虽为昆虫，却有益于人类。一个人若不好好学习，将来不能为社会出力而成为社会的负担，那就连昆虫都不如了。

【故事链接】

知识是靠勤学苦练、日积月累得到的。唐代著名诗人李贺和北宋著名诗人梅尧臣，其诗名成就靠的就是这个功夫。

李贺为写诗花费了许多心血。他常常吃了早饭，就背个破旧的锦囊，骑着毛驴到外面去游历。途中偶尔想到一句半句好诗，便记在纸条上，装在锦囊中。晚上回到家里，他再把纸条拿出来，进行选择整理，以这些零碎的句子做骨架，精心构思诗篇，并把写成的诗篇集中在另外一个锦囊中。

无独有偶，北宋诗人梅尧臣也很注意搜集创作素材，出门时也总喜欢带个袋子，把偶思妙得的好词、好句写在纸上，然后投入袋中。他把这个用布做成的搜集诗歌素材的袋子叫作诗袋。

一天，梅尧臣约了几位诗友去登鲁山。走一阵子，他就避开大伙一会儿，大家有点奇怪。待到下了山，他的《鲁山行》一诗就已经写好了。大家看了，非常佩服，分别抄去作为这次登山的纪念。

范仲淹是北宋著名的政治家、文学家和教育家。他小的时候家里生活并不是非常艰苦,但是由于他懂得艰苦的生活和勤奋地读书更能成才的道理,执意寄宿到了长白山上的醴泉寺里,每天早晚与书为伴。白天他在自己的房间里读书,晚上他就到佛前的长明灯下读书,寺里的僧人都非常敬佩他。

范仲淹的生活十分的简朴,他每天早上用一点米熬一锅稀粥,等到把粥晾凉了以后,他就用筷子把粥划成四块,就着几根咸菜早上吃两块粥,晚上吃两块粥,吃完以后继续读书。

有一次,一个大官的儿子发现爱学习的范仲淹生活这么艰难,于是便从家里给他拿了些好饭菜送过去,谁知道几天以后,这个大官的儿子再去看范仲淹的时候,却发现先前送来的饭菜还摆在桌上,已经坏掉了,于是非常生气。范仲淹对他说:“我很感激你为我送来这些好吃的,但是,我平时只吃稀粥,已经习惯了,并没有觉得有什么苦,如果我现在吃了这些好吃的,以后我的心里就会总是想着这些好的吃喝,就会吃不下去稀粥了。那么以后的艰苦生活,我怎么能度过去呢?”

后来,范仲淹进了一间免费的学院里读书,这里既有名师,又有同学,还有许多的书籍,范仲淹就像得到了一个大宝贝一样高兴,学习起来更刻苦了。在生活上,他始终保持着每天吃一锅稀粥的习惯,让自己在艰苦的条件下勤奋地学习。

这个故事的名字就叫“划粥断齑”。由于范仲淹读书勤奋,所以学习成绩在书院里名列前茅。

有一次,当时的皇帝路过范仲淹读书的地方,车马浩浩荡荡地从城中走过,人们都争先恐后地去看热闹,同学们也都跑了出去,只有范仲淹仍然坐在桌前苦读。

这时,有一个和范仲淹关系很好的同学发现范仲淹没有出去,就跑回来叫他,“快去啊,皇帝来了。快去看啊!皇帝可是不容易见到呢,有的人一辈子都没有见过皇帝!”范仲淹头也不抬地说:“急什么,反正我总会见到的,以后再见也不晚。”

第二年,刻苦攻读的范仲淹考中了进士,终于见到了皇帝,还参加了皇帝赏赐给大家的御宴。没有多久,皇帝便给他封了官。范仲淹后来做官做到了参政知事,相当于副宰相。

【原文】

幼而学,壮而行①,上致君,下泽民②。

【注释】

①壮:指壮年。②泽:恩惠,施恩。

【译文】

少年时努力学习,成年后便能成为有用之才。对上报效国君,对下泽被老百姓。

【故事链接】

中国历史上有很多读书人,其中有许多都实践了这个道理,尤其是孔子。

孔子从小就与一般的孩子不一样，除了喜欢读书、很有礼貌外，他特别喜好有关礼节的事情。他与小伙伴在一块玩游戏时，总是喜欢玩俎豆祭祀的游戏。俎和豆都是古时候盛祭祀品的礼器。孔子从家中拿来盆子当作放三牲的“俎”，拿碗当作盛肉酱的“豆”。然后大家分头找泥巴，捏成牛、羊、狗三牲的模样，又舀水当成肉酱，一切准备好了以后，孔子就教小伙伴们怎样摆祭品，怎么行礼，一切规矩要按照大人们祭祀时的样子。你知道孔子为什么懂得那么多吗？

原来，人们在祭祀时，他看到每一件事都一一问清楚，记在心中。由这一点可以看出孔子的好学。长大以后，孔子应用所学，做了鲁国的中都宰，管理政事。不到一年，人们晚上睡觉不用关门，也不怕有小偷，真是“夜不闭户，路不拾遗”。老百姓都称颂孔子礼乐的教化。后人称孔子为至圣先师。到今天，孔子的儒教学说仍然影响着人们的言行。

南北朝时期有一位大名鼎鼎的将军，名字叫宋悫。宋悫小的时候，曾经有人问他长大后的志向，他回答说：“愿乘长风破万里浪，做一个有成就的人。”当时的人们都夸奖他说：“宋悫年纪小，但是志向很远大。”

宋悫读书刻苦，学堂里的先生非常喜欢他，常常让同学们以他为榜样，用功读书。除了读书，宋悫还有一个特点，那就是勤练武艺，一心想做一个智勇双全的大将军，长大以后报效祖国、为民造福。

在宋悫十四岁的时候，他的哥哥娶亲，亲朋好友送来了许多的礼品。到了夜里，有好几个强盗翻墙而入，想要把这些礼物抢走，吓得哥哥大声呼救。

宋悫听到哥哥的呼叫声后，抄起一把大刀奔了过来，一个人和强盗们展开了搏斗。他们的搏斗声惊动了邻居们，人们全都跑到了他家的院子里，齐心合力地把强盗都捉住了。

宋悫孤身一个人勇斗强盗的事情传了出去，有一位大官听说以后，非常赞赏宋悫的勇敢，于是把他请到府里来见了一面。那位大官发现，宋悫不仅样貌威武，而且谈吐也非常的有才气，便把他留在了身边，让他做了一个军官。

后来，智勇双全的宋悫立下了许多的战功，受到了皇帝的器重，被封为左卫将军，实现了他从小就立下的“乘长风破万里浪”的远大志向，做了一个能为国分忧、能为百姓造福的大将军。

【原文】

人遗子，金满籝①，我教子，唯一经②。

【注释】

①遗：遗留，留给。籝：竹子编的箱。②经：经书的总称。

【译文】

别人留给子女的财产也许是一筐筐金银财宝，而我教育子女只有一本经书，让子女成为知书达礼的社会有用之才即可。

【故事链接】

汉武帝罢黜百家，独尊儒术，宣扬皇权至尊，天下一统。于是，本来处于九流十家之一的儒家取得了思想界的统治地位。朝廷设立了研习儒术的官职，并且以儒术教育百姓，取舍士人。所以《汉书·韦贤传》有"遗子黄金满籯，不如教子一经"的说法，可见儒家经典在当时显得多么珍贵。

韦贤，字长孺，西汉时期鲁国邹人。他的父亲韦孟曾任楚元王、子夷王和孙王戊的相。孙王戊荒淫不守道，韦孟就作诗讽谏，因此被罢官，全家迁居到邹鲁。韦贤为人质朴，年轻时勤奋好学，精通《礼记》《尚书》等儒家经典，又以《诗经》教授乡人，因此名显当世，号称"邹鲁大儒"。在独尊儒术的年代，他受到朝廷的重用，先后任经学博士、给事中等官职。孝帝即位后，因为他是先帝的老师，所以十分敬重他，任命他为丞相。当他告老还乡时，孝帝还赐给他黄金百斤呢。

韦贤有四个儿子，当时在"以经教子"的家风熏陶下，个个都有出息。长子韦方山任高寝县令，次子韦弘任东海太守，三子韦舜按照儒道留守祖宗坟墓。最受人敬重的要算小儿子韦玄成，从小好学，继承父业，精通经典，尤其能谦逊下士，先是任谏大夫，后升为大河都尉，直至当了丞相。

【原文】

勤有功，戏无益[①]。戒之哉，宜勉力。

【注释】

①戏：玩乐。

【译文】

勤奋学习才能使自己有所成就，懒惰贪玩对自己成才不利。每一个年轻学子，都应引以为戒，努力不懈，自勉自励，成为有益于社会的人才。

【故事链接】

清朝有个大书法家，叫何绍基。何绍基的父亲在北京城里当官，家里只有他和盲了的母亲。何绍基年少时，因为没人管教，常常邀三请四，游山逛水，喝酒猜拳，不思学业。

何绍基二十四岁那年，父亲从京城回家，见他游手好闲，学业荒废，狠狠地教训了他。从此，何绍基收起玩心，努力攻读诗书。他爱好书法，立下誓言，坚持"百字练"，就是每天练一百个字。就连外出访友做客，他的青布褡裢袋里，也少不了要装上笔墨纸砚，见空就补上一百个字。苦练出功夫，何绍基的字渐渐出了名。请他写对联楹匾的人络绎不绝。

一天，他正在书房里反背双手，陶醉于刚刚写成的一幅题额书法，一位精神矍铄的老人拄着佛肚竹杖走了进来。他端详一番题额，悠悠地说道："公子继承父业，练成一手好字，乡邻闻名。老朽说句多余的话，道州的水豆腐细嫩，公子，你可能是吃得太多啰。"何绍基听出老人话中有话，脸一红，急忙问道："请老丈不吝赐教！如何补救柔有余、刚不足的毛病呢？"

老人说道："浯溪风景旖旎，碑刻甚多。颜真卿书《大唐中兴颂》，遒劲有力，公子如欲柔中加刚，不妨去浯溪一游。"何绍基慌忙拜谢，几下撕碎了题额，决定去浯溪临碑。

何绍基收拾了文房四宝，搭了下水船，一路顺风来到浯溪。浯溪大大小小的石碑刻字，从唐、宋、元、明到清代，不下数百块，他看了又看，并用桑皮纸拓下了颜真卿的《大唐中兴颂》。他描了又写，写了又揣摩，玉版纸写了一刀又一刀，松香墨溶了一块又一块。第二年，老人又拄着佛肚竹杖来了，他边看字边说："公子功夫不浅，用笔刚劲有力，力挽千钧，可惜……"

何绍基忙问："请老丈指教有何弊病。"

老人沉吟了一下，说："可惜可惜，这还只是颜字。"

又启发道："蜜蜂酿蜜，广采百花。望公子好自为之！明年，我再来欣赏公子的书法。"

此后，何绍基写字更加刻苦了。他的书桌上除魏碑、颜字外，还有其他许多大书法家的字帖。他有时站着悬腕写字，有时还用铁笔在沙盘上练字。沙盘的沙换了一次又一次。铁笔换了一支又一支。第二年春暖花开时，老人又拄着佛肚竹杖走进何绍基的书房，只见何绍基正在悬腕奋笔疾书，龙飞凤舞，刚柔相济，尽显风采，不禁抱拳称道："恭贺！恭贺！公子掌握了书法的奥妙，写出了自己独特风格的何体字！"

何绍基的成就，都是靠勤学苦练得来的。

三字经全文启示

人生下来原本都是一样，但从小不好好教育，善良的本性就会变坏。所以，人从小就要好好学习，区分善恶，才能成为一个对社会有用的人才。百年大计，教育为本。教育是头等重要的大事。要想使孩子成为对社会有用的人才，必须时刻注意对孩子的教育，专心一致，时时不能放松。孟子所以能够成为历史上有名的大学问家，是和母亲的严格教育分不开的。作为孩子，要理解这种要求，是为了使自己成为一个有用的人才。仅仅教育，而没有好的方法也是不行的。好的方法就是严格而有道理。窦燕山能够使五个儿子和睦相处,都很孝敬父母、并且学业上都很有成就,是和他的教育方法分不开的。严师出高徒,严格的教育是通往成才之路的必然途径。对孩子的严格要求虽然是做父母和老师的本分,但做子女的也应该理解父母和老师的苦心,才能自觉严格要求自己。一个人不趁年少时用功学习,长大后总是要后悔的。每位小朋友都记住这样一句话:"少壮不努力,老大徒伤悲",要珍视自己生命的黄金时刻。

一个人的成才之路如同雕刻玉器一样,玉在没有打磨雕琢以前,和石头没有区别;人也是一样,只有经过刻苦磨炼才能成为一个有用的人。要学会亲近好的老师、好的朋友,并从他们身上学到许多有益的经验和知识。取人之长补己之短,才能不断地丰富自己的头脑。

每个人从小就应该知道孝敬父母,这是做人的准则。要知道父母的甘苦,才能孝顺父母,并激励自己刻苦学习。从尊敬友爱兄长开始,培养自己的爱心。要以友善的态度对待他人,就不应该计较个人得失,才会受到别人的尊敬和欢迎,也才会感受到他人的温暖。孝敬父母,友爱兄弟是做人的基础;能文会算是做人的本钱。要做一个德才兼备的人,就必须从这两点做起。

一到十看来很简单,但变化起来却无穷尽,算术这门学问越来越深奥了。几乎各个科学门类都离不开数学,所以必须认真地从简单的数目学起,为将来学习其他知识打好基础。人类只有认识世界,才能改造世界。

世界太大了。天空中的星辰以及雷、电、风、雨,大地的山川河流、花草树木、鱼虫百兽,而人又是万物之灵。只有不断学习,才能运用掌握的知识去改造世界。

要使人与人之间有一个良好和谐的关系,每个人都要认清自己的地位,人人从我做起,才能天下安宁,人类永远和平。春、夏、秋、冬是因为地球在绕着太阳运转时,有时面向太阳、有时背向太阳、有时斜向太阳,因此有了温度不一样的四季变化。

我们的祖先最早用铁发明了"罗盘",也就是我国四大发明之一的指南针,从而使确定方位变得十分简便,尤其在航海中指南针的作用太大了。在我们人类生活中方向是非常重要的。

"五行"学说包括很深的哲学道理,非常复杂,我们只要知道一些就行了。和"五行"一样,天干、地支在古代人的生活中占有极重要的地位。但今天,人们除了十二支的生肖记年外,记时已不多用了。

地球在不断自转运动中,同时绕着太阳转动,太阳是太阳系的中心。而太阳系又绕着银河系转,而银河系只是宇宙的一个小点点,天地之大实在是不可想象的。我们国家所处的位置在整个地球的东北边,由于面积辽阔,热带、温带、寒带三个温带都有。地大物博、历史悠久,是有五十六个民族的国家。

长江是我国最长的河流,全长五千多公里。我国最闻名的河流是黄河,她是中华民族的摇篮,是五千年文明的发源地。现在我们都知道,我国境内的喜马拉雅山是世界上最高的山,号称世界的屋脊。

中国是五千年的文明古国,每座山都有着许多美丽的神话和传说。

由于社会的发展,今天人民的职业已经不仅仅是士、农、工、商这四种了。俗话说:“三百六十行,行行出状元”,不管从事什么职业,只要对社会有好处,都是光荣的。五千年的中国文明史,有多少仁义之士用他们的生命和热血,谱写了无数可歌可泣的英雄业绩。这些人实在是我们学习的榜样。

人类所食用的“五谷杂粮”就属于植物。人类的生存有赖于大自然。我们应该了解它们,掌握这些知识,以便为人类服务。无论大自然中的植物还是动物,都是人类永恒的财产,我们要爱护周围的环境,保护好我们生存的环境。

人要吃饭就得耕耘播种。当我们吃到香喷喷的饭菜时,千万不要忘了辛勤耕种的农民。“谁知盘中餐,粒粒皆辛苦”,要知道爱惜每一粒粮食。人类真不愧万物之灵,我们的祖先很早就把有些野生的动物,通过驯服和人工喂养成为人类的工具和食品。

七情是人生来具有的,谁也不可能抹杀它,但作为一个有志者,是决不能被感情牵着走的。人的感情是非常复杂的,要学会妥善处理自己的感情,才能活的安乐而有意义。

用色彩学的标准解释,色彩由黄、红、蓝三个原色和橙、绿、紫三个间色组成。五色是我国传统的名称,如黄色已成为我们的民族色彩,据说太阳升起的第一道颜色是黄色,所以黄色代表东方。

我们的嘴巴之所以能分辨出酸、甜、苦、辣、咸,是由于人的舌头上有许多叫味蕾的粒状组织。人身体的结构非常复杂,认清自我也是非常不容易的。我们人类有视觉,可以分辨颜色、形状;有味觉可分辨各种滋味;嗅觉可以辨别气味;触觉可区分冷暖各种刺激。

音乐可陶冶人的情怀,我国文明久远、历史悠久、文化丰富,音乐也非常突出。好的音乐可以增强人的修养,调剂人的身心,优美的东方音乐更具迷人的特色。我国的古代诗词非常优美动人,读起来和谐顺口,这不仅是诗词本身的内容感人,而且是由于诗词运用了平、上、去、入四声的规律变化,所以使我们听起来更加优美动人。

人类的繁衍,一代接着一代,生命的延续永无止境。真是“前不见古人,后不见来者”,我们每个人都担负着承上启下的责任和义务。九族之间的关系不仅是血统的承续关系,更是一种血浓于水的亲情。在家庭中,每个成员都应该认识到自己的长幼尊卑地位,以及自己应负的责任和义务,家庭才能和睦。家庭成员之间要礼貌相待,和睦相处,这样的家庭才是幸福的家庭。

我们中国人很注重家族观念,因为家庭是社会的细胞,每个家庭都能和睦相处,社会也必然安定了。

中国人从古到今,都十分重视礼仪。这就是长幼的次序、朋友之间的信用。中国自古称为礼仪之邦,像“桃园三结义”,至今受到人们的称颂。

社会是复杂的,每人有各种亲属关系和社会关系。古人提出“十义”,这是处理各种相互关系的准则,乃至今日这些准则仍是维持社会安宁、推动社会发展的保证。社会在发展,今天一些古老的丧葬仪式已经见不到了,但人死了以后,活着的人就要为他们送葬,以开追悼会的方式寄托后人的哀思。社会的不断发展,文化科技的门类越来越多。但对于学生来说,要成为德、智、体、美全面发展的人才。语文、数学、外语这三门学科,已经成为各门类的基础学科。它们是深入研究各门专业学科的工具课,所以一定要努力学好,为将来的进一步深造打下良好基础。

我们今天通行的是隶、楷、行、草四种体式,但对于先人留下的古籍也要有所了解。这对于我们学习和继承前人的知识有很大的帮助。现在讲究的是一专多能,对于研究学问也必须做到从大处着眼,要理清思路,提纲挈领,才能抓住问题要害,掌握根本的道理。

人们在开始读书的时候,必须打下一个良好的基础,首先是讲读发音要正确,辞意要清楚,要学会正确划分句子,这样才能领会文章中所表达的含义和观点。

为学必有初始阶段,任何一个大学问家,他的知识都是一点一滴积累的,只有扎扎实实打下良好基础,才能进军更高深的知识。《论语》这本书共有二十篇,是孔子的弟子们,以及弟子的弟子们,记载的有关孔子言论的一部书。孟子,名轲,尊称孟子,也是我国古代的大思想家、儒家思想的代表,是孔子的三传弟子,也同样讲仁义道德。

孔伋是孔子的孙子,《中庸》的作者。《中庸》是关于人生哲学的一本书,它对中国人的人生观影响很大。曾子是孔子的弟子,名曾参。《大学》是四书中的一部书,和《中庸》一样,也是一部修身养性的书。

书有深浅难易的区分,我们读书必须从浅易的开始读起,奠定求知、做人、处世的基础,再进一步学习更深奥的知识。

中国的古代文化是个非常丰富而伟大的知识宝库,世界上有许多国家的学者,从事着这方面的研究和探索。作为一个中国人,我们要爱护祖先留下的遗产,并为此感到骄傲。

《易经》虽是我国古代人占卜的书,但它其中阐述了极为深奥的哲学道理。像阴阳消长,物极必反的论述随处可见。《书经》是一部十分有价值的历史资料,可以使我们了解当时历史,从中学到许多有益的知识。

周公是周文王的四子,在周文王的所有儿子中最有才干,也最有仁慈之心。武王死后,由周公帮助成王辅佐朝政,由于他的贤德,把国家治理得十分富强。中国传统的礼义道德,其中很大部分到今天仍是有益的,我们要从这些有益的成分中吸取营养、身体力行。我国最古老的一本诗集叫《诗经》,共汇集了周代诗歌三百零五篇,所包含的题材非常广泛,有的反映复杂的社会形态,有的反映人民的生活状况及一般百姓的思想和感情等。

我们读《春秋》,除了能够了解当时一般政治和人民生活情况,更重要的是累积前人的经验,成为自己做人处世的借鉴。《春秋》是鲁国的史书,内容十分精彩,但文字记事都非常简洁。加之年代久远,所以必须详读三传,才能研读明白。

学习和掌握各门类的知识都要牢记一条原则,学习历史更是如此,这就是提纲挈领,掌握主要脉络。对于重点历史事件要记住它的起因和结局,才能很好地掌握这门学问。五子当中,我们比较熟悉的,恐怕只有老子和庄子,他们博学广闻,像老子,就连孔子都曾向他请教过礼的问题。庄子则经常用寓言的形式表达思想,是非常有趣的。我国的春秋战国时代,是各种哲学思想百家争鸣的时代。像荀子的人性本恶说、扬子的自利说、老庄的顺其自然说等等,这些思想都是我们宝贵的文化遗产。

历史学家大体把历史分为三个阶段:即上古、中古、近代。中国历史从商代以后才有了较可靠的记载,这以前的历史是个神话和传说的时代,即上古。尧是位很贤德的帝王,他把帝位禅让给有贤能的舜做继承人。当然舜也不负众托。在他们所处的这段历史时期,是中国上古历史上的黄金时代。夏商周,在中国历史上合称三代,每一代的时间都很长,夏朝统治四百年,商朝统治六百年,周朝统治八百年。这一时期的历史,仍然掺杂了许多神话和传说。从禹把帝位传给儿子启之后,一个家族统治国家的历史持续了几千年,一直到辛亥革命推翻了最后一位清朝皇帝,家天下的统治才真正结束了。周朝的历史分为两部分:幽王被杀以前是西周,平王东迁以后是东周。

从各朝各代的兴衰中,我们可以看出“仁政必兴,暴政必亡”的道理。周王室衰落,使各诸侯失去了控制,都想要称王、称霸,战争连年不绝,使老百姓饱受了战争的苦难。东周时期分为春秋时期和战国时期。春秋时期前后出现五个霸主,历史上称为春秋五霸;战国时期有七个诸侯国实力最强,历史上称为战国七雄。

新三字经全文

人之初,如玉璞。性与情,俱可塑。

若不教,有乃偏。教之道,德为先。

昔贤母,善教子。孟断机,岳刺字。

养不教,亲之过。教不学,儿之错。

玉不琢,不成器。人不学,不知理。

为人子,方少时。尊长辈,习礼仪。

能温席，小黄香。爱父母，意深长。
能让梨，小孔融。手足谊，记心中。
孝与悌，须继承。长与幼，骨肉亲。
亲养儿，多苦辛。报春晖，寸草心。
亲有教，儿恭听。做错事，即改正。
亲有过，谏其改。情意切，语和蔼。
家务事，乐担承。洗碗筷，扫门庭。
家爱我，我爱家。推此心，爱中华。
晨早起，理容装。齐抖擞，上学堂。
朝霞艳，国旗升。凝目立，添豪情。
新时代，育新人。德智体，美与劳。
首德育，倡四有。沁心田，新苗秀。
求知识，甘勤苦。昔苏秦，分清浊。
常劳动，多磨炼。经风雨，见世面。
惜校誉，敬师长。爱学友，尊规章。
知而行，可成器。全发展，莫偏废。
求学者，贵恒心。磨铁杵，可成针。
如囊萤，如映雪。家虽贫，学不辍。
海有边，山有路。学无涯，不停步。
人渐长，入社会。我如粟，民如海。
遵法纪，讲公德。勤工作，尽职责。
刘少奇，论修养。身作则，人敬仰。
周恩来，济世穷。甘尽瘁，矢为公。
朱老总，先士卒。扁担情，世传诵。
乐助人，有雷锋。少索取，多奉献。
焦裕禄，好公仆。一身死，万民哭。
人相处，贵诚廉。待人宽，律己严。
笃友谊，管与鲍。重道义，择善交。
三人行，有我师。见人善，即思齐。
己不欲，勿施人。已欲达，则达人。
见危难，勇相帮。救溺童，司马光。
罪与恶，源于贪。种苦果，终自尝。
汉杨震，拒受金。廉洁者，世同钦。

爱公物，重公益。胸坦荡，全大局。
阅古今，国与家。成由俭，败由奢。
青少年，行莫差。纵私欲，等泥沙。
论人际，应知礼。态度好，语言美。
重环保，草芊芊。绿世界，碧云天。
我中华，礼仪邦。讲文明，国运昌。
华夏史，似长河。五千年，豪杰多。
秦始皇，四海一。汉武帝，拓疆域。
唐太宗，贞观治。清康熙，多建树。
苏武节，骨铮铮。直谏镜，有魏征。
范仲淹，怀天下。宋包拯，锄横霸。
岳家军，复河山。文天祥，寸心丹。
戚家军，倭胆寒。郑成功，复台湾。
举先贤，难尽说。如薪火，传不绝。
近百年，列强欺。烧圆明，割我地。
我志士，拍案起。反侵略，雪国耻。
林则徐，销鸦片。三元里，民血战。
冲敌舰，邓世昌。试维新，康与梁。
到近代，出伟人。垂史册，立功勋。
先行者，孙中山。倡民主，帝制翻。
建共和，扶农工。怀博爱，望大同。
毛泽东，闹革命。率工农，奋长缨。
驱日寇，掀三山。新中国，屹东方。
总设计，邓小平。拨乱流，反于正。
倡改革，勇开放。龙腾飞，民安康。
思往事，心潮涌。明国情，知任重。
我传统，最悠久。根基厚，枝叶茂。
孔孟出，儒学立。重教育，说仁义。
老庄起，墨韩兴。曰百家，各争鸣。
孙武子，兵法精。传中外，久弥新。
楚屈原，赋离骚。投汨水，品格高。
司马迁，撰史记。不掩恶，不虚美。
李太白，诗之仙。一斗酒，诗百篇。

杜少陵，诗之圣。民疾苦，寄深情。
苏辛词，关王曲。艺苑花，香馥郁。
曰三国，曰西游。曰水浒，曰红楼。
四小说，誉神州。此瑰宝，流传久。
鲁迅笔，力千钧。震聋聩，醒民魂。
郭沫若，沈雁冰。文坛上，各峥嵘。
我先贤，聪且慧。发明多，功至伟。
造纸术，创在前。印刷术，世局先。
指南针，黑火药。华夏人，首创造。
浑天仪，张衡制。圆周率，祖冲之。
精医道，汉华佗。传织机，黄道婆。
李时珍，编本草。徐霞客，探险奥。
今科技，高尖精。裂原子，放卫星。
研物种，探基因。计算机，妙通神。
加速器，转如电。游太空，光子箭。
学术界，聚群英。如天河，闪银星。
华罗庚，孙冶方。钱学森，李四光。
好榜样，在前头。勇攀登，上层楼。
文化高，虎添翼。求富强，争朝夕。
我疆域，广无垠。黄土地，育斯民。
从昆仑，到海滨。山和水，皆可亲。
有五岳，有五岭。或雄峻，或秀挺。
黄河阔，长江长。珠水秀，龙江壮。
数宝岛，首台湾。连大陆，情相关。
古长城，气势雄。古运河，帆樯通。
都江堰，水患息。丝绸路，连西域。
国境内，多民族。究其数，五十六。
百千年，共一家。同携手，建中华。
龙传人，遍海外。赤子情，终不改。
观风云，看世界。进则昌，退则败。
好儿女，细思量。读此经，当自强。
乘长风，冲天起。振中华，齐努力。

百家姓

《百家姓》是一本关于中文姓氏的书，成书于北宋初。原收集姓氏411个，后增补到504个，其中单姓444个，复姓60个。《百家姓》的次序的形成是有历史原因的，“赵钱孙李”成为《百家姓》前四姓是因为百家姓形成于宋朝的吴越钱塘地区，故而宋朝皇帝的赵氏、吴越国国王钱氏、吴越国王钱俶正妃孙氏以及南唐国王李氏成为百家姓前四位。全文按韵语写成，读来顺口，易学好记。《百家姓》与《三字经》《千字文》并称“三百千”，是中国古代幼儿的启蒙读物。

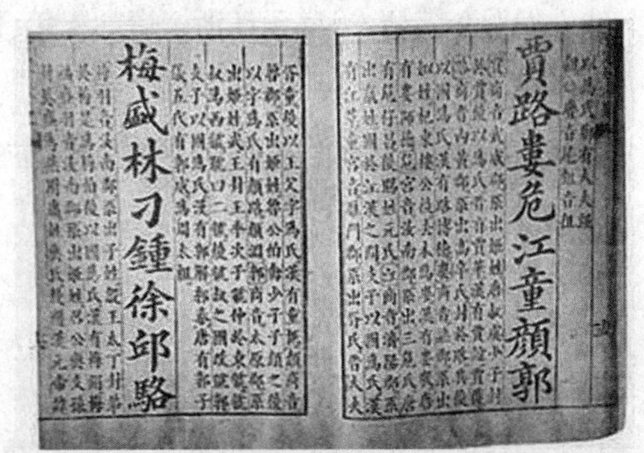
賈路婁危江童顏郭
梅盛林刁鍾徐邱駱

《百家姓》书影

赵

姓氏起源

西周的周穆王时代，有个叫造父的人，善于驯马和驾车。传说周穆王到昆仑山去见西王母，乘坐的是造父驾的八匹骏马拉的车。因为造父驯马驾车有功，周穆王就把赵城（今天山西省洪洞县一带）作为封地赐给他，造父的后代就以封地为姓。春秋时期，造父的第五世孙赵夙做了晋国的将军，而赵夙的后代又建立了赵国。赵国是战国七雄之一。

历史名人

［赵雍］就是赵武灵王，他在战国时期积极倡导国家制度和社会文化习俗的改革创新，推行“胡服骑射”，使赵国成为强国。

［赵云］字子龙，三国时期的蜀汉名将，有胆有识，武艺高强，功勋卓著。刘备称他一身是胆，人称“虎威将军”。

［赵匡胤］宋代开国皇帝，有雄才大略，是卓越的政治家。

钱

姓氏起源

以长寿闻名的彭祖，是远古帝王颛顼的玄孙。传说他活了八百岁，在商、周时都做过官。据说他曾救过尧的命，所以得到了"大彭"封地。到了周朝，彭祖的后代中有个叫彭孚的人，他的官职为"钱府上士"，负责掌管朝廷的钱币，于是以官职为姓就姓"钱"了。钱姓发源于陕西，兴盛于江浙。唐朝末年，钱镠建立吴越国，政绩卓著。

历史名人

[钱起]唐朝诗人，"曲终人不见，江上数峰青"就是他的名句。

孙

姓氏起源

孙姓主要有四个来源。一是周文王的后代惠孙，后人为纪念惠孙，取他名字中的"孙"字为姓；二是春秋时期楚国名相孙叔敖，后人取他的字"孙叔"为姓，演变为"孙"；三是春秋时期的田书，他是商朝君王的后裔，因为有功，被齐景公封赏并赐姓"孙"；四是商朝末年的贤臣比干，他是商纣王的叔父，因正直而被残暴的纣王杀害，他的子孙为避难而改姓，其中有一支姓孙。

历史名人

[孙武]又称"孙子"，春秋时期著名军事家。著有《孙子兵法》，世称"兵圣"。

[孙思邈]隋唐时期著名医药学家，被后人尊为"药王"。

[孙中山]中国民主革命的伟大先行者，领导辛亥革命，建立民主共和体制，被尊为"国父"。

李

姓氏起源

商朝末年，有个叫理徵的人，他是尧舜时期的"理官"（相当于今天的法官）皋陶的后人。为人正直，敢于进谏。纣王一怒之下要杀害他全家。理徵的妻子带着儿子利贞逃难，数日无食，终于找到一种长在树上的果子——"木子"充饥，才没饿死。于是，利贞脱离危险后就把自己的姓改为"李"（"木"加"子"）以示纪念。

历史名人

[李世民]就是唐太宗,是一位杰出的政治家,开创了著名的“贞观之治”。

[李白]唐代伟大的浪漫主义诗人,被称为“诗仙”。

[李自成]明朝末年的农民起义军领袖,又称“李闯王”。

周

姓氏起源

相传黄帝时有一位叫周昌的大将,商朝时有一名叫周任的太史,他们的后代都以“周”为姓氏。

周朝的建立者周文王,姓姬,是黄帝的儿子后稷的后裔。后稷种百谷于周原(今陕西渭河平原),从此称为周族。周朝很多是姬姓国。公元前256年,东周被秦所取代,很多周的子孙以及周朝遗民以“周”为姓。其中周平王的后裔,被认为是我国周姓的主要来源。

周文王

历史名人

[周瑜]三国时期吴国的名将,曾经指挥孙、刘联军火烧赤壁,大败曹操大军。

[周敦颐]北宋著名的哲学家,朱熹曾推崇他为理学的创始人。著有《爱莲说》等。

吴

姓氏起源

远古的时候便有吴姓。颛顼帝时有个叫吴权的,少康帝时有个神箭手叫吴贺。他们的后代有些仍然姓吴。

但吴姓主要来源于姬姓。周太王古公亶父的长子太伯、次子仲雍都自动让贤,想让三弟的儿子姬昌(周文王)继承王位,于是躲到现在的江浙一带,被推为当地的首领，号称句吴。太伯死后，仲雍继位。仲雍的三世孙周章被周武王封为诸侯，国号称吴，并追封太伯为吴伯。后来吴国被越国所灭，王室子孙便以国名为姓。

历史名人

[吴广]秦末反秦起义领袖，与陈胜一起在大泽乡起义，建立了张楚政权。

[吴道子]唐朝著名的画家。后人用“吴带当风”形容他的画，尊称他为“画圣”。

[吴承恩]明代杰出的小说家，著名神魔小说《西游记》的作者。

郑

姓氏起源

西周末年，周宣王把他的弟弟姬友封为郑国的诸侯，这是西周所封的最后一个诸侯，史称郑桓公。公元前375年，郑国被韩国所灭，郑公的子孙流亡，以原来的国名郑为姓氏。

历史名人

[郑和]明朝人，本姓马，因为随明成祖起兵被赐姓郑，七次率领船队下西洋。

[郑成功]明朝末年的名将，率军赶走荷兰殖民者，收复了台湾。

[郑燮]清朝郑板桥，著名的书画家、文学家，“扬州八怪”之一。

王

姓氏起源

王姓起源很多，大多是王族的后代。起源于周朝的姬姓。如周灵王的太子姬晋，因为直言进谏而惹怒君王，被废为平民，一族人迁居琅琊。因原是王族，所以世代都称他们“王家”。

历史名人

[王昭君]名嫱，西汉人，受命与少数民族和亲，被称为中国古代四大美女之一。

[王羲之]东晋人，我国最为著名的书法家之一，世称“书圣”。

[王维]唐代诗人，是田园诗派的代表，也是杰出的画家。

冯

姓氏起源

冯姓来源于姬姓，周文王姬昌的第十五个儿子毕公高，被武王封于冯地，从此以后，他的子孙就用邑名作为姓氏。汉代出现了好几位姓冯的将军，他们的后代居住在河南、山西、河北、福建等地。

历史名人

［冯梦龙］明代著名的文学家，"三言"的编者。

陈

姓氏起源

陈姓主要来源于一个叫妫满的人，他是帝舜的后裔。周武王灭掉商朝后，想要追封前代圣王的后人，妫满于是受封在陈国，被称为胡公。其后人用原来的国名为姓，叫陈完。这便是陈姓的最早来源。

历史名人

［陈胜］秦朝末年著名的起义军首领，他与吴广联合，领导农民反抗秦朝的暴政，建立了张楚政权。

［陈平］汉高祖刘邦的著名谋士，常常献上有智慧的计谋，帮助刘邦夺得天下。

卫

姓氏起源

康叔是周文王的儿子，他的兄弟周武王建立西周以后，把他封在了商朝的首都殷（在今天河南安阳）一带，建立了卫国。秦朝统一天下以后，卫国的王族子孙，就以国名作为姓氏。

历史名人

［卫青］西汉武帝时有名的军事将领，曾七次出击匈奴，维护了边疆安定。

［卫玠］西晋时著名的贵公子，传说因为相貌英俊常被人围观，疲惫而死，因此有"看杀卫玠"的典故。

［卫夫人］卫夫人名卫铄，东晋有名的女书法家，据说是王羲之的启蒙老师。

蒋

姓氏起源

蒋姓的起源很单一，俗称"天下无二蒋"。蒋姓出自姬姓。西周初年，周成王分封诸侯的时候，把周公姬旦的第三个儿子姬伯龄封到了蒋国，他就是蒋姓的得姓始祖。

历史名人

[蒋防]唐代文学家。他年少时就才思敏捷,聪慧过人。他的作品《霍小玉传》是唐传奇的代表作。

[蒋廷锡]清代康熙、雍正年间著名的花鸟画家,开创了“蒋派”花鸟画。

沈

姓氏起源

沈本来是个国名,最早是大禹子孙的封国。周朝初年,周武王死后,年幼的成王继位,成王的叔叔周公旦主持政事。新旧贵族联合一些边远地方的人发生叛乱。成王的另一个叔叔季载,帮助周公旦平定了叛乱,周公旦举荐他做了司空。后来,成王又把季载封到沈国。季载的后人以国为姓。

历史名人

[沈约]南朝齐梁之际的著名诗人和文坛领袖,“永明体”的开创者之一,作诗讲求声韵格律,促进了诗歌由古体向近体的发展。

[沈括]北宋著名的科学家、政治家、军事家和文学家。写有《梦溪笔谈》。

[沈周]明朝中期的著名画家,与文徵明、唐寅、仇英合称“吴门四家”。

韩

姓氏起源

周朝初年,周武王少子叔虞被哥哥周成王分封到唐国(在今天的山西省翼城市)。他的儿子燮继位后改国号为“晋”。山西简称晋,就是由此而来。

但是叔虞的后代万被封到韩原(现在的陕西韩城西南),人们称他为韩万。从此,他的后代便以邑名“韩”为姓。

历史名人

[韩非]战国时期“诸子百家”中法家的代表人物。他有著作《韩非子》。

[韩信]秦末汉初著名的军事家。汉初三杰之一,帮助汉高祖平定天下,被封为齐王、楚王、淮阴侯。

[韩愈]唐代著名的文学家,唐宋八大家之一,又称“韩昌黎”。

杨

姓氏起源

西周末年,周宣王姬静有个小儿子叫尚父。周宣王把他封在杨地(在今天的山西省洪洞县),称为杨侯。后来,杨国被晋国吞灭,杨侯的子孙就依照当初周王的分封姓了杨。

还有一种说法,说杨姓人是唐叔虞的后代。唐叔虞是周武王的第三子,是晋国人的祖先。杨氏源于周朝的王族姬姓。

历史名人

[杨坚]即隋文帝,隋朝的开国皇帝。

[杨贵妃]唐玄宗最为宠爱的贵妃,中国古代四大美人之一。

朱

姓氏起源

朱姓和曹姓都是远古帝王颛顼的后代。颛顼的玄孙叫安,大禹赐其姓为曹。周武王时,曹安的后人有个叫曹挟的,受封在邾国(现在的山东省邹县)。后来,楚宣王率军吞灭了势力弱小的邾国,曹挟的子孙有的继续姓曹,有的为了避难,将"邾"字去掉偏旁,改姓朱。

历史名人

[朱熹]南宋哲学家、教育家,宋代理学的集大成者。

[朱元璋]即明太祖,明朝开国皇帝。

[朱耷]清初的著名画家,自号"八大山人"。他画的鱼鸟都是"白眼向人"的样子,表达了对明朝的怀念,对清朝的不合作。

秦

姓氏起源

秦姓有两个来源:靠北的一支,是颛顼嬴姓的后代;靠南的一支,则是黄帝姬姓的后代。秦始皇姓嬴,是颛顼的后代。秦王子婴投降刘邦以后,子孙开始以秦为姓。另一支秦姓是周公的儿子伯禽的后代。伯禽的后代被封在秦邑(今天的山西境内),于是姓秦。

历史名人

[秦越人]就是神医“扁鹊”,战国时期影响最大的医学家。

[秦琼]唐朝初年的著名将领,又叫秦叔宝。他的故事被编成小说和评书、戏剧等。

[秦观]又叫秦少游,北宋著名词人。苏东坡称他为“山抹微云秦学士”。

尤

姓氏起源

尤姓来源于沈姓。五代时,一个叫王审知的人在福建称王,因为他名字中的“审”和“沈”同音,所以福建姓沈的人都要避讳,把“沈”字去掉偏旁,改为“尤”。这就是尤姓的由来。

历史名人

[尤袤]南宋著名诗人,与杨万里、范成大、陆游齐名,合称“南宋四大家”。

[尤怡]清代名医,著作有《伤寒贯珠集》《金匮要略心典》等。

许

姓氏起源

在尧帝的时候,有一个贤能的人叫伯夷,他辅佐尧帝治理天下,被尊称为“四岳”之一。西周灭商后,周成王把伯夷的后裔封在许国(在今天河南省许昌市东部),称为许文叔。到战国初期,许被楚国所灭,许国的子孙流散在中原和江南各地,以国名为姓。

历史名人

[许行]战国时期“诸子百家”中农家的代表人物。他主张人人都应该劳动,并带着学生穿布衣、织草鞋,干各种活计。

[许慎]东汉经学家、文字学家。他写的《说文解字》是我国文字学的开山之作。

何

姓氏起源

战国末年,韩国被秦国吞灭。秦王下令追捕韩王的后人,有位韩国的贵族逃亡到江淮地区避难。在渡河时,遭到官吏的盘查。当时天气非常寒冷,官吏问他姓什么,他心里慌张,便指了指寒冷的河水,意思是姓韩。官吏误会了,以为他是姓河,从此他以“河”为“何”,便姓了何。

历史名人

[何晏]三国时期玄学家，是魏晋玄学的主要创始人之一。

吕

姓氏起源

炎帝的后裔伯夷，在尧帝时掌管礼仪，在舜帝时被任命为“秩宗”。舜帝晚年赐他姓姜，并封为吕侯。商朝末年就有了吕姓。吕尚是吕侯的后裔，人们仍用他的祖姓“姜”来称呼他，叫作姜尚，又叫姜子牙。他曾辅佐周文王和周武王。这是吕姓之源。

历史名人

[吕不韦]战国末期的大商人。他利用政治投机辅佐了秦王，被封为宰相，并组织门客编写了著名的杂家著作《吕氏春秋》。

[吕雉]就是吕后，汉高祖刘邦的妻子。她是中国古代行使皇帝权力的第一位女子。

[吕蒙]三国时期吴国著名的军事家。

施

姓氏起源

春秋时候有个鲁国君主之子叫施父，他精通音乐，看到曹国太子欣赏音乐的姿态，就断言曹国国君将会很快去世。后来果真如此。施父还很有政治才能，是当时的名臣。他的后人孝叔，把他的名字“施父”作为自己的姓。后来又省去了“父”字，这就是施姓的最早来源。明朝时，名士方孝孺拒绝为朱棣起草登极诏书而被害，族人为了避难，有人改姓施，因为“施”字拆开，恰是“方人也”。这是今天上海施姓的来源。

历史名人

[施耐庵]元末明初人，著名小说《水浒传》的作者。

[施琅]清朝著名的军事家，海军统帅。他率水军出击台湾，为实现国家统一做出了重要贡献。

张

姓氏起源

远古时候，有个人名叫挥。他的父亲和颛顼帝的父亲，都是黄帝正妃嫘祖所生。

挥自幼生活在父亲的封地顿丘。当时的人们以打猎捕鱼为生,挥受到天上星星的启发,折来树枝,发明了弓,用来打猎。黄帝死后,颛顼继位。共工和颛顼争夺帝位。挥率兵迎敌,把弓矢用于战争,打败了共工,使得他撞上不周山而死。因为挥功勋卓著,颛顼帝封他为"弓正",也叫"弓长",赐姓张。挥就是张姓人的祖先。

历史名人

[张骞]西汉时期的外交家。他两次出使西域,开辟丝绸之路,建立起我国与中亚各国的友好往来。

[张衡]东汉科学家、文学家。他绘制星象图,发明了"浑天仪""地动仪"等。

[张仲景]东汉医学家。他写了著名的《伤寒杂病论》,被后人尊称为"医圣"。

孔

姓氏起源

传说中的五帝之一帝喾,是黄帝的曾孙,他的夫人名叫简狄。简狄吞鸟蛋而怀孕,生下一子,取名叫契。因为契是简狄吞吃鸟的子(也就是鸟蛋)而生的,就以"子"为姓。经过十四代的演变,从契传到商朝的开国国君汤。汤字太乙,加上姓便叫"子太乙"。汤的后代把"太"字去掉,以"子乙"为姓,就是"孔"姓。

历史名人

[孔子]名丘,"孔子"是人们对他的尊称。他是春秋时期鲁国人,伟大的思想家和教育家,儒家学派的创始人。

[孔融]汉朝末年的文学家,建安七子之一,后来被曹操杀害。

[孔尚任]清朝初年的诗人、戏曲作家,著名戏剧《桃花扇》的作者。

曹

姓氏起源

曹姓主要有两个来源。一是周文王的第十三个儿子,叫振铎,他被周武王封在曹邑,建立了曹国。曹国后来被宋国吞灭,曹王的后人便以故国的国名为姓。二是颛顼的玄孙陆终。陆终的第五个儿子叫安,安曾经辅佐大禹治水,因为有功,大禹赐姓曹。

历史名人

[曹参]西汉建立时期的功臣之一,与萧何一起辅佐汉高祖刘邦,开国后继任萧何

的宰相职位。

[曹操]三国时期的政治家、军事家、诗人。他“挟天子以令诸侯”,统一了中国北部。

[曹雪芹]清代伟大的文学家,《红楼梦》的作者。

严

姓氏起源

严姓是从庄姓改来的。东汉的汉明帝名叫刘庄。因为避讳,刘庄就下令姓庄的人改姓严。到了魏晋时期,有一部分姓严的人又恢复了原来的庄姓。这样,庄、严两姓就同时存在了。

历史名人

[严光]又叫严子陵,东汉初年人,曾与光武帝刘秀同学。他拒受官禄,是著名的隐士。

[严羽]宋代著名诗歌理论家。他写的《沧浪诗话》对后来的人写诗有很大影响。

[严嵩]明朝嘉靖年间的大奸臣,阉党的领袖,也是一位书法家。

华

姓氏起源

春秋时期,宋戴公的儿子考父,受封于华邑,他的后代就以封地名为姓。

也有一种说法,认为华姓来源于考父的儿子子督。子督字华父,当时担任宋国的太宰职务,他作恶多端,杀死了大夫孔父嘉,并夺其妻,然后又杀死了宋殇公,迎立公子冯为宋庄公,自己做了一国之相。后来,狂妄的子督自己改姓华,他就成了华姓的得姓始祖。

历史名人

[华佗]东汉末年的名医,在中国历史上首次使用麻醉疗法为人治病。

[华罗庚]当代著名数学家、教育家,在数论方面做出了重要贡献。

金

姓氏起源

少昊是传说中的“五帝”之一,是黄帝和正妃嫘祖所生。他在位八十四年,都城在现在的山东曲阜。按照古人的五行学说,西方是属金的,所以少昊又有金天氏的称号。他有一支子孙就以金为姓,一直沿用到现在。

历史名人

[金圣叹]明末清初著名文学批评家。他将《水浒传》《西厢记》等评定为“六才子书”。

[金农]清代书画家,号冬心先生,是著名的“扬州八怪”之一。

魏

姓氏起源

晋献公的大夫毕万受封于魏,他的后代就以魏为姓。毕万有着周朝王族的血统,他的先祖毕公高,是周文王的第十五个儿子。毕公高受封在毕国。后来毕国被西戎攻灭,毕万投奔到晋国,做了大官,因为有功,被赐封在魏地。

历史名人

[魏无忌]又称信陵君,战国时期魏国的贵族,是以供养食客而出名的“战国四公子”之一。

[魏征]唐朝的著名大臣,以敢于直言劝谏唐太宗而闻名。

[魏源]清朝的军事思想家和战略家。他的《海国图志》是我国以及东亚第一本介绍西方文明的著作。

陶

姓氏起源

陶姓的祖先是尧帝和舜帝。尧曾经是个制作陶器的人,现在的山东定陶区就是他当年制陶的地方。因此,他的后代中有的姓陶,有的姓唐。舜有一个叫虞阏的后人,在周朝做“陶飞”的官,负责管理陶器的制作。他的子孙便以官名为姓,改姓陶。

历史名人

[陶侃]东晋的开国功臣,被封为长沙郡公。

[陶弘景]南朝齐梁之际的著名道士、医药学家、炼丹家,编写过《名医别录》。

[陶渊明]东晋人,又叫陶潜,别号五柳先生,是汉魏南北朝时期最杰出的诗人,散文和辞赋成就也很高。

姜

姓氏起源

姜姓是中国最古老的姓氏之一。姜姓人是炎帝的后代。传说中的炎帝,也就是神农氏,是远古时期的“三皇”之一。炎帝出生在姜水(今天的陕西省岐山县),所以就姓姜。

历史名人

[姜尚]又叫姜子牙、吕尚、太公望,俗称姜太公,是周朝初年著名的军事家,先后辅佐周文王和周武王。

[姜维]三国时蜀国后期的主要将领。

[姜夔]南宋词人,又称白石道人。他精通音乐,写词注重格律。

戚

姓氏起源

戚姓来源于地名。在春秋时代,卫国有一位大夫叫孙林父。他本是卫国的贵族,被封在了戚地(今天的河南省濮阳市戚城)。这个地方是一望无际的平原,在当时是晋国、郑国、吴国、楚国等国的交通要道,而且紧挨着黄河,可以作为天然的防御。孙林父的子孙非常喜爱这个地方,就用“戚”作为姓,世代居住在这里。

历史名人

[戚夫人]汉高祖刘邦的宠妃,也是西汉初年的歌舞名家,善于跳“翘袖折腰舞”,会弹瑟唱歌、吹笛击筑。

[戚继光]明朝名将,著名的军事家,率军成功地抗击倭寇的民族英雄。

谢

姓氏起源

周朝的时候有个称为“申伯”的人,他原是炎帝的姜姓后裔,历经了周朝的三代帝王。在周成王时,他被封在申地(在今天河南省南阳市),所以称为“申伯”。周厉王当政后,娶了申伯的女儿,生下了周宣王。后来周宣王继承王位,把母舅申伯封到了谢地。谢地在今天的河南省唐河南部,后来申伯的子孙们流散到其他地方,就把封地谢当作姓了。

历史名人

[谢安]东晋政治家,是一代名士与名相。

[谢玄]东晋著名的将军。他指挥了著名战役淝水之战,被誉为以少胜多战例的典范。

[谢灵运]南朝诗人,谢玄的孙子,又称谢康乐。他的山水诗成就很高,是我国山水诗作的开创者。

邹

姓氏起源

邹姓和朱姓都来源于邾国的王族。当年周武王把颛顼帝的后人封在了邾国。邾国成为鲁国的附庸,被改为邹,后来又被楚国所灭。邾国的子孙一部分姓朱,另一部分就拿后来的国名“邹”作为姓。

历史名人

[邹忌]战国时期齐国的谋臣,以敢于进谏和善于言辞而著称。

[邹衍]战国末年齐国人,著名的哲学家,诸子百家中阴阳家的代表人物。

窦

姓氏起源

窦姓的祖先是四千多年前夏朝帝王相的儿子少康。相在位的时候,有人作乱犯上。相的妻子当时正怀着少康,她在万分紧急的情况下从墙的洞口逃亡,生下了少康。少康后来复兴了夏朝。为了纪念当初母亲带着自己从洞中逃亡的经历,少康让自己的儿子姓窦。窦,就是洞的意思。

历史名人

[窦融]东汉时的著名将领,曾经跟随汉光武帝远征,后来被封为安丰侯。

[窦默]元朝时的著名医学家,是我国针灸史上的名家之一。

[窦建德]隋末唐初人,河北起义军的领袖。

章

姓氏起源

姜太公是西周最大的功臣,在他的辅佐下,周文王、周武王父子推翻了商纣王的统治,建立了新的王朝“周”。周朝建立后,周武王封姜太公做齐国的诸侯。姜太公的一支子孙被封在了鄣国(在今天的山东省境内),是杞国的附庸国。后来,子孙把“鄣”字去掉偏旁,姓章。

历史名人

[章邯]秦朝将领,曾率秦军与项羽所率起义军在巨鹿大战,被击败,后来被刘邦的部下韩信所灭。

[章学诚]清朝著名学者,是乾隆年间的进士,在史学方面造诣很深。

苏

姓氏起源

传说有一个叫祝融的人,是帝喾时候的火正,也就是掌管火的官。祝融的后人昆吾,有四个儿子被封,其中一个封在了苏国(今天的河南、河北一带)。从此以后,这一支子孙就用苏作为姓。

历史名人

[苏武]西汉尽忠守节的著名人物。他出使匈奴被扣留,却决不投降,被流放牧羊十九年,最终回到汉朝。

[苏秦]战国时著名的说客、谋士、纵横家,是“合纵派”的代表。

[苏轼]就是苏东坡,北宋杰出的文学家。他的诗、词、文章、书法、绘画都有很高的成就。

苏轼

潘

姓氏起源

潘姓人的祖先,是一个叫季孙的人。他是周文王之子毕公高的儿子。周武王继承王位后,把毕公高封在了毕地,就是今天的陕西西安和咸阳以北一带。毕公高就是毕国的国君,他把儿子季孙封在"潘"这个地方。季孙的子孙就以这个地名为姓,世世代代姓潘。

历史名人

[潘岳]就是有名的美男子潘安,西晋时的文学家。

葛

姓氏起源

远古时期,我国有一个部落叫葛天氏,相传是北方葛姓人的祖先。北方葛姓的另一个祖先是葛伯,他是颛顼帝的后代,三千多年前,他在今天的河南蔡丘县建立葛国,和商汤是邻居。到商汤灭掉夏朝的时候,葛国也被灭了,子孙就把国名当作姓。

历史名人

[葛玄]三国时期吴国人,人们称他"太极仙翁"。

[葛洪]东晋时期著名的医学家、道教学专家和思想家,在道教史和道教思想史上都占有重要的地位。主要著作有《抱朴子》。

范

姓氏起源

范姓人来源单一,是尧帝的后代。尧的后人有个叫杜伯的,被周宣王杀害。杜伯的儿子隰叔逃到晋国,做了"士师"这个官职。于是就用官名做姓,姓士。他的曾孙叫士会,很有才能和智谋,当上了晋国的大官,被封在了范地(今天的河南省范县)。士会的子孙就改姓了范。

历史名人

[范蠡]春秋时越国大夫。他足智多谋,帮助越王勾践打败了吴王夫差。

[范晔]南北朝时期著名的史学家。他写了有名的史书《后汉书》。

[范仲淹]北宋著名的政治家、文学家,有"先天下之忧而忧,后天下之乐而乐",的

名言。

彭

姓氏起源

据说彭姓和钱姓都是彭祖的后代。在传说中,彭祖很会做一种好吃又有营养的羹汤。尧帝生病的时候,他献上这种羹汤,尧帝的病就好了。所以,后世也认为他是厨师的祖先。尧帝把他封在大彭国。他活了八百多岁,被叫作“人瑞”,表示他的长寿;又被称作“彭祖”,他的后代有的便以彭为姓。

历史名人

[彭咸]商朝著名的贤臣,因为劝谏君王不被接纳,投水而死。屈原曾在《离骚》中反复提到要学习他。

鲁

姓氏起源

周公是西周初期政治家,姓姬名旦,为周成王的叔叔,周武王的弟弟。周公当初被封在东方的鲁国(在今天山东省曲阜市),但是他要留在周朝的首都辅佐周成王,就派儿子伯禽去鲁国。战国时,楚国灭鲁。鲁国王族子孙被迫迁居下邑(国都以外的所属城邑),就以国名为姓了。

历史名人

[鲁仲连]战国末期有名的高士,齐国人。

[鲁肃]三国时吴国将领,足智多谋。他在赤壁之战中促成了孙刘联盟,经周瑜统帅,打败了曹操。

韦

姓氏起源

“豕韦”这个复姓是韦姓的演化来源。夏朝时,大彭国的君主将元哲封到“豕韦”这个地方(在今天江苏省铜山附近)。元哲以豕韦为姓,建立了韦国。后来的王族子孙们就以“韦”字为姓,省去了“豕”字,一直流传到今天。另外一些韦姓人,是西汉初年的大将韩信的后代。韩信的子孙当时避难到广西,为了掩人耳目,取“韩”字的右半边“韦”当作姓。

历史名人

[韦应物]唐朝诗人,有《韦苏州集》。其诗以描写田园风物著名,语言简约恬淡。

[韦庄]晚唐五代时期的诗人、词人。《秦妇吟》是他的名作之一。其词与温庭筠齐名,并称“温韦”。

马

姓氏起源

战国时期,赵国有个叫赵奢的大将,很善于用兵打仗,功勋卓著。他被赵惠文王封在马服(在今天河北省邯郸市西北),称为马服君,死后便葬在了这个地方。他的子孙最初用“马服”两个字作为姓氏,后来又省去“服”字,于是就有了马姓。

马超

历史名人

[马融]东汉文学家、经学家。

[马超]东汉末年著名的军事将领,智勇双全,武功卓越,后来依附了刘备。

[马致远]元朝戏曲家、散曲家,有著名杂剧《汉宫秋》传世。

花

姓氏起源

传说有几种版本:一种是说花姓来源于何姓,而何姓人的祖先是周文王。一种是说华姓分化而出了花姓,因为古时原本没有“花”字,后来从“华”中分化出“花”,专门指花草的花。因此,华姓人的祖先宋微子应该是这部分花姓人的祖先。还有一种说法是金代有个叫范用吉的人改姓花,他的后代便姓花。这也是现在一部分花姓的起源。

历史名人

[花敬定]唐朝上元年间著名的武将。他曾受到诗人杜甫的赞美,非常骁勇善战。

[花云]曾跟随明朝开国皇帝朱元璋东征西战,成长为著名的将领,后成为明朝的开国元勋。

方

姓氏起源

榆罔是远古时代的神农氏的后代,将儿子封在方山一带。这个儿子本来叫“雷”,受封方山后又叫方雷。方雷的子孙就以地名为姓,世代姓方。另外周朝时,南方的诸侯国在周宣王的时候发生叛乱,大臣方叔率领三千辆兵车平定了叛乱,方叔的后代就跟着姓方。方叔的后代当初主要在河南境内活动,后来逐渐南迁,在福建形成了望族。

历史名人

[方孝孺]明代初年的大学问家。他拒绝为篡位的朱棣写即位诏书,被灭了十族,所谓十族就是九族加上他的朋友学生一族。

[方苞]清代“桐城派”散文的创始人,著名的散文家。

俞

姓氏起源

俞跗是黄帝的一个大臣,他医术很高明,通过摸病人的脚就可以诊断病情。他甚至能割开病人的皮肤和肌肉,清洗肠胃等内脏,这在四五千年前是非常了不起的。战国时的名医扁鹊对他十分敬佩,西汉的史学家还把他的事迹写进了史书里。他就是俞姓人的祖先。

历史名人

[俞伯牙]春秋时期人,他和钟子期的“高山流水”的传说是千古美谈,其琴艺非常出众。

[俞大猷]明代抗倭名将,也是诗人和兵器发明家。

任

姓氏起源

禺阳是远古帝王黄帝的小儿子,他受封在任邑,建立起了任国(在今天的山东省济宁市一带)。任国王族的子孙,就以任为姓。还有传说认为,黄帝有二十五个儿子,其中有十二个因为有德,被赐封了姓氏,任姓就是其中之一。像后来的谢、章、薛、舒、吕、祝、终、泉、毕、过这十个姓,最初的时候都是从任姓发源而来。

任姓历史非常悠久,周文王的母亲太任,就是上古时候的任姓人氏。

历史名人

[任不齐]春秋时期孔子的七十二贤弟子之一,楚国人。被唐朝皇帝追封为任城伯,被宋朝天子加封为当阳侯。

[任昉]南北朝文学家,和著名诗人沈约并称“任笔沈诗”。

[任仁发]元朝画家、水利家。《二马图》是他的代表作。曾主持修浚吴淞江等工程。

袁

姓氏起源

周朝时,有个叫诸的贵族,是被周武王分封为陈侯的胡公满的十一世孙,他字伯爰。伯爰的孙子叫涛涂,他把祖父的名字作为姓,就有了爰姓。在春秋时期,“爰”字和“袁、辕、榬、溒、援”等字读音同,意思也相通,所以后来的子孙就分别以这六个字为姓。繁衍到后来,袁姓的子孙最多、势力最大,直到今天仍然是一个大姓。伯爰也就是袁姓的始祖。

历史名人

[袁绍]东汉末年北方的一位军事首领,在官渡之战中被曹操打败。

[袁崇焕]明朝末年著名的边防将领,有勇有谋,威震关东。

[袁枚]清朝文学家,是“江右三大家”之一,人称“随园先生”。

柳

姓氏起源

春秋时候,鲁国有个叫展禽的人,是掌管刑狱的官,被封在柳下这个地方。他很懂得尊重人,也很正直,人们都很尊敬他。有一次,一个女子到他家后门躲雨,他怕女子冷,就用衣服把她裹在怀里,抱在腿上,但是心里没有一点淫乱的念头,真正做到了“坐怀不乱”。孟子称他是贤良君子。他死后,鲁公赠给他“惠”的谥号,人们就叫他“柳下惠”。他的后代也就跟着用柳作为姓了。

历史名人

[柳宗元]唐代著名哲学家、文学家。和韩愈齐名,是唐代古文运动的倡导者,“唐宋八大家”之一。

[柳公权]唐代大书法家。与颜真卿齐名,世人并称“颜柳”,书法界也素有“颜筋

柳骨”之说。

[柳敬亭]明末清初著名的说书人,评书的创造者。

鲍

姓氏起源

敬叔是春秋时期人,他原本是禹的后人、杞国的公子,到齐国当上了大官,得到鲍邑这块封地。敬叔的后代就用鲍作为自己的姓,齐国也就成了鲍姓的发源地。鲍敬叔的儿子叫鲍叔牙,曾孙叫鲍国。

历史名人

[鲍叔牙]春秋时期齐国的大臣,因为举荐管仲有功,被齐桓公封到鲍城。

[鲍照]又称鲍参军,南朝宋文学家,杜甫诗中“俊逸鲍参军”,指的就是他。

[鲍令晖]著名才女,钟嵘在《诗品》中专门称赞过她,南北朝时期人。

史

姓氏起源

史姓人的祖先是传说中汉字的发明者仓颉。黄帝的时候,仓颉任大臣,职务相当于后来的史官。后人就以先祖的官职作为姓,安徽宣城一带是这一支史姓的繁衍发展地。另一支发源于湖北武昌的史姓,他们的祖先是周朝一个被称作太史佚的人。其实太史佚是他的官名,职责是记录天子的言行。太史佚的后代便取“史”字作为姓,世代传了下来。

历史名人

[史达祖]南宋中期的词人,在当时名气很大,尤其善于咏物。

[史可法]明朝末年著名的爱国将领,后英勇就义于清军大举南下时。

唐

姓氏起源

尧帝的后代和周文王的子孙是唐姓人的祖先。尧帝年老时把帝位主动让给舜,舜封尧的一个儿子做了唐侯。唐侯的后人于是用“唐”作为姓流传下来。周成王灭掉唐国以后,把它改封给了自己的弟弟叔虞。唐叔虞的儿子迁居到晋地,一部分子孙就用原来的国号“唐”作为姓。这两支唐姓,都出现在西周初年的时候,均为黄帝轩辕氏的后代。

历史名人

[唐伯虎]明代的著名画家,又叫唐寅,自称江南第一风流才子。和仇英、沈周、文徵明合称“吴门四家”。

费

姓氏起源

姓费的人早在夏朝就有。史书上有记载的费昌、费仲等人,据说都是夏禹的后代。春秋时候,鲁国鲁懿公的孙子、大夫无极被分封在山东费县西北,人们称他为费无极。费无极的子孙就用邑名“费”为姓。所以说,费姓人是鲁国公族的后代。

历史名人

[费直]西汉时著名的易学家,创立了“费氏学”。

[费祎]三国时期蜀国重要的文臣,官至后军师、尚书令、大将军,直至主持相府。

薛

姓氏起源

黄帝有个后裔叫奚仲,是个聪明灵巧的人。最早的马车就是由他发明的,在大禹时期做“车正”的官,他就是薛姓人的祖先。奚仲因为造车有功,被封在了薛国(在今天的山东省滕州市)。薛国历经了夏、商、周朝,直到周朝末年被楚国吞灭。奚仲的后代就用薛作为姓。还有的薛姓来源于战国四公子之一的孟尝君。孟尝君被封在薛国,也就是奚仲曾经受封的地方,人们称他为“薛公”。孟尝君的后代也有的姓薛。

历史名人

[薛烛]春秋时期秦国人。他善于鉴别宝剑,被人称为天下第一相剑大师。

[薛仁贵]唐朝初年著名的将领,在唐王朝开国时期功勋卓著。

[薛涛]唐朝有名的女诗人。曾创制了一种特别精美的信纸,称“薛涛笺”。她晚年居住在成都浣花溪畔。

雷

姓氏起源

相传在黄帝时有一个精通医术的大臣,叫雷公,曾和黄帝一起讨论医学理论,可见雷姓是个古老的姓氏。具体说,雷姓的起源,是来自方雷氏族。方雷氏是炎帝神农氏的九世孙,和黄帝关系密切,方雷氏的女子还曾嫁给黄帝。后来这个氏族因为战功被黄帝封在方山(在河南省中北部的嵩山一带),建立了诸侯国。氏族的子孙就把国名当作姓氏,也就是复姓方雷。后来逐渐又分化为两支,一支姓方,一支姓雷。

历史名人

[雷焕]晋代天文学家。会观天象,曾看出斗牛(星名)间有紫气而断定丰城有宝剑,果然当地挖出龙泉、太阿两把宝剑。

[雷威]唐代著名的古琴制作家,是唐代制琴名手四川雷氏中的杰出者。

贺

姓氏起源

贺姓人本来姓庆。东汉时,汉安帝的父亲叫刘庆,姓庆的人避讳帝王的名字,就改为同义词“贺”了。贺姓人的祖先是庆封。他是春秋时期齐桓公的曾孙,取父亲公孙庆克名字中的庆字为姓,由子孙继承下来。他在齐国做了很多坏事,引起了齐国人的极大不满,儿子被杀死,他逃到了吴国。吴王给他很高的待遇,比在齐国时还要好。庆氏宗族的人听说后,都赶来吴国相聚。直到东汉,贺氏主要在江浙一带繁衍。

历史名人

[贺知章]唐朝著名诗人,生性喜酒,与李白、张旭等并称“饮中八仙”,其号为“四明狂客”。

[贺岳]明朝著名医学家,著有《医经大旨》《明医会要》《药性准绳》等。

汤

姓氏起源

成汤是汤姓人的始祖,他是商朝的开国国君。他本来姓子,叫履,又叫天乙,是帝喾的十五世孙,成汤是他死后人们给他的谥号。成汤最初是夏朝专管征伐的官。夏朝末年,帝桀残暴昏庸,他就开始实行灭夏的计划。经过多年的征战,他终于把夏桀放逐到南巢,建立了中国历史上第二个奴隶制国家——商朝。由于他爱护百姓,施行仁政,很受拥护,死后有了“成汤”的谥号。他的子孙中有一支就以这个谥号为姓。

历史名人

[汤显祖]明朝戏曲家、文学家,《牡丹亭》的作者。

[汤天池]清朝人,铁画的创始人。

罗

姓氏起源

周武王灭商后封了一些异姓的诸侯国,罗国就是其中之一,在今天的湖北襄阳。春秋初期,罗国被楚国所灭,国人就以国名作为自己的姓氏,从此姓罗。他们迁居到今天的长沙、南昌两地,繁衍发展起来。还有一部分罗姓人来自熊姓。他们的祖先重黎,是远古时期管理火种的官员,被称作“祝融”。后来重黎被杀,他的弟弟吴回继任。吴回后人又从熊姓中分化出罗姓来。

历史名人

[罗艺]隋末唐初的著名将领。

[罗隐]唐朝末年的著名诗人,咏物诗写得很有特色。

[罗贯中]元朝末年的著名文学家,中国四大名著之一《三国演义》的作者。

毕

姓氏起源

周朝的王族姬姓是毕姓的来源。周文王的第十五子叫姬高,被封在了毕国(现在的陕西西安、成阳以北),人们叫他毕公高。毕国后来被楚国所灭,毕公高的后人就用国名做了姓,毕姓就这样流传下来。

历史名人

[毕轨]西汉著名的学者,与创立清谈风尚的何晏齐名。

[毕昇]宋朝著名的科学家,是中国古代四大发明之一活字印刷术的发明者。

郝

姓氏起源

商朝的帝乙是郝姓的始祖。帝乙即位后,将他的儿子子期封在了太原郝乡(在今天的山西太原)。大概是在商朝被周朝灭亡以后,子期的后代子孙有的用故国的国名作为姓,姓商;有的就用先祖的地名作为姓氏,姓郝。郝姓是一个比较典型的北方姓氏。从商朝末年到汉代,郝姓人大都活动在今天的山西太原一带。直到宋代,南方一些地方才出现了少数的郝姓人家。

历史名人

[郝孝德]隋末农民起义领袖。他带领好几万人起义,加速了隋王朝的灭亡,转战在黄河下游以北地区。

[郝澄]宋代著名画家。他所画的道佛、人马很有名。

[郝懿行]清代著名的经学家、训诂学家。

安

姓氏起源

安姓人是安息国人的后代。上古时候,黄帝有个儿子叫昌意。昌意的第二个儿子叫安,被封在西戎,后来建立了安息国。东汉时,安息国的王子清,在父王去世后,主动让位给他的叔父,自己出家到河南洛阳,专门从事佛经翻译,为我国早期的佛学做出了巨大贡献。当时,王子清以及和他一起来到中原的安息人,都用国名为姓,这就是安姓的由来。于是,后世的安姓人尊奉安清为得姓始祖。

历史名人

[安清]汉代佛教学者。他本是安息国王子,放弃王位传扬佛法,翻译佛经三十多种。

[安禄山]唐朝人。他和史思明同为著名的"安史之乱"的发动者。

常

姓氏起源

常姓是一个古老的姓氏,早在远古的黄帝时代,就有姓常的人。比如黄帝曾让一个叫常仪的人观看月亮来占卜。当时还有一个叫常先的人,被黄帝任命做大司空。今天河南的常姓人,大多是他们的后人。还有一部分常姓来自周朝的王族、卫国的国君康叔。康叔被周武王封到卫国后,又把自己的儿子封到常邑去。卫国直到秦二世时才被攻灭,经历了春秋战国时代,王族子孙有的姓卫,有的姓常。所以,有的卫姓人和常姓人是有相同血脉的。

历史名人

[常惠]汉代人。他曾随苏武出使匈奴,被拘留十余年而始终不屈。

[常遇春]明朝名将,曾为朱元璋建立明朝立下汗马功劳,能征善战,有勇有谋,因其能率领十万士兵,号称"常十万"。

于

姓氏起源

周朝王族是于姓的来源之一。周武王推翻商朝以后,把王族子弟分封到各地。其中一个儿子分封到于邘国这个地方,被称为于邘叔。后来,于邘国的子孙就以国名为姓氏,姓"于邘",后来又简化为姓"于"。于姓另外一个重要来源是淳于姓。唐宪宗李纯时,为避讳"纯"和"淳"同音,复姓淳于氏改为单姓于氏。到了宋代,有部分于姓恢复淳于姓,也有一部分没有改,仍然姓于。

历史名人

[于禁]三国时期魏国著名的军事将领,跟随曹操,屡立战功,被拜为虎威将军、左将军。

[于谦]明代大臣,以"两袖清风"、正直无私著名。

傅

姓氏起源

黄帝有个后代叫大由,他就是傅姓的祖先。大由被封在傅邑这个地方,后来他的子孙就以地名为姓。傅姓的另外一个主要来源是商朝名相傅说。当时,商高宗武丁想要重振国力,希望找一个得力的大臣。他在一个叫傅岩的地方,找到了一个叫"说"的人,当时他还只是一个筑墙的奴隶。武丁任命他为宰相,结果天下大治。说因此被赐姓为傅,成了傅姓的祖先。

历史名人

[傅玄]西晋时期著名的文学家、哲学家,学问渊博,擅长乐府诗。

[傅山]明末清初著名学者,不但在诗文、书画、医学等领域都有很高造诣,更是精通经史诸子、佛道之学。

齐

姓氏起源

商朝末年有位大才,叫姜子牙,年过七十了仍然没有作为。他就在渭水边用直的鱼钩钓鱼,等待贤明的君主来发现他。周文王知道他与众不同,封他为国师。在他的辅佐下,周文王和周武王推翻了商朝,建立了新政权。因为功劳显著,姜子牙被封到齐国做诸侯。姜姓的后裔有的就以国号为氏，姓齐。

历史名人

[齐德之]元代著名的外科医生，担任过当时的医学博士、御药院外科太医。

[齐召南]清朝人，小时候就被称为“神童”，长大后成为著名的史地学家。

康

姓氏起源

周武王灭商后，把同母的弟弟姬叔封在康这个地方，称为康叔。武王死后，成王继位，商朝的旧臣勾结商纣王的后裔发动了叛乱，最后被贤臣周公平定。然后，周公就把原来商都周围的地区和商朝的旧臣交给康叔管辖，改封康叔到卫国，所以又称卫康叔。康叔把卫国治理得很好，被成王升为司寇，权位比其他诸侯都要高。康叔死后，谥号是“康”，他的后代有的就用谥号作为姓，姓康。

历史名人

[康泰]三国时吴国人，曾出使扶南(今柬埔寨)等国，写有《吴时外国传》，是中国早期的旅行家。

[康昆仑]唐朝时西域康国人，琵琶演奏家，在当时有“长安第一手”之称。

[康有为]近代维新派著名领袖，“公车上书”的主要人物。

伍

姓氏起源

伍胥，黄帝时候人，传说是著名的《玄女兵法》的作者。今天有些伍姓人就是他的后代。春秋末期，楚国有个将领叫伍参。楚庄王讨伐郑国，晋国派兵阻挠。紧急时刻，伍参要求参战，结果立了战功。伍参被封为大夫，就以自己的名字做了姓。从此，伍家在楚国非常显贵，伍参的儿子伍举、孙子伍奢都世袭了大夫这个职位。伍姓就流传下来了。

历史名人

[伍子胥]春秋时期楚国人，帮助吴王实现了富国强兵，先后打败了楚国和越国，成了吴国有名的大臣。

[伍孚]东汉灵帝时的大臣，刺杀奸臣董卓失败，大骂董卓，慷慨就义。

余

姓氏起源

由余，春秋时期人，是余姓人的祖先。由余本来是晋国人，为了避难，逃到我国西北部的西戎，在那里做了大官。西戎王只知道饮酒作乐，昏庸无能，由余多次劝告，都没有效果。有一次，由余代表西戎出使秦国，和秦穆公交谈，十分投机。秦穆公非常欣赏他的才干，劝他来秦国。由余答应了，在秦国大展才华，为秦国称霸做出了很大的贡献。他的子孙把他的名字分作由、余两姓，有的姓由，有的姓余，共同来纪念他。

历史名人

[余象斗]明朝著名的通俗小说编著者和刊刻者。

[余怀]明末清初著名的文学家。笔记《板桥杂记》是其最为出名的著作。

元

姓氏起源

商朝末年，商王帝乙打算废除太子弃的王位继承权，改立另一个儿子受辛。史官元铣极力劝阻，但是帝乙不听。后来受辛继承王位，就是历史上有名的暴君商纣王。贤臣元铣死后，有的子孙就用他名字中的“元”字作为姓，沿袭下来。另有一些元姓是源于春秋时期，魏武侯的儿子被封在了元邑（现在的河北省元氏县），他的后代就用这个地名作为自己的姓。

历史名人

[元稹]唐朝著名的诗人、文学家，和白居易是好朋友，两人文学主张也相近，世人将他们共称“元白”。

[元德昭]五代十国时期著名的将领。他战功卓著，被吴越王拜为丞相。

[元好问]金朝最为优秀的诗人、文学家。

顾

姓氏起源

越王勾践是顾姓人的祖先。汉代时候，越王勾践的七世孙叫摇，曾担任过闽越族（分布在今天福建北部和浙江南部地区）的首领。他因为帮助刘邦打败项羽有功，受封为东海王。他又在自己的诸侯国封儿子为顾余侯。顾余侯的一支子孙就用他封号的第一个字为姓,顾姓由此开始传承。

历史名人

[顾恺之]东晋时期著名画家,对中国画的发展有很大的影响。

顾恺之

[顾宪成]又叫东林先生,明代人,曾在东林书院讲学,议论朝政人物,从而促成了历史上有名的东林党的形成。

[顾炎武]清朝著名的思想家、学者。很有气节,有“天下兴亡,匹夫有责”的名言。

孟

姓氏起源

春秋时期鲁庄公的弟弟庆父据说是孟姓的祖先。鲁庄公死后,子般继位,庆父派人行刺了他。鲁闵公接着做了两年国君,庆父又行刺闵公,想自己做国君。鲁国人非常恨他,说:“庆父不死,鲁难未已。”庆父非常害怕,逃到莒国,改称孟孙氏。但鲁国还是要追究他的罪责,他就在回国的途中自杀了。庆父的子孙都改称孟孙氏,后来又简化为孟,就有了姓孟的人。

历史名人

[孟子]名轲,人称“亚圣”。战国时期的思想家、政治家和教育家,儒家的代表人物。

[孟光]东汉时期的一个女子,是“举案齐眉”这个成语的主人公。

[孟浩然]唐代初期的著名诗人,山水田园诗派的代表人物,对后来的诗人有很大影响。

黄

姓氏起源

黄姓发源于古黄国(现在的河南省潢川县),是中国最古老的姓氏之一。舜帝的时候,东方部落的首领叫伯益,因为帮助大禹治水有功,被舜帝赐姓嬴。传说伯益的后裔有十四支,其中一支就是黄氏。大约商末周初的时候,黄氏子孙建立了黄国,又称黄子国。春秋时期,楚国称霸一方,只有黄国和随国敢于抗衡,但最后还是被楚国灭了。亡国后的黄国子孙,以国名为姓,姓黄。

历史名人

[黄歇]战国时楚国的丞相,被封为春申君,是著名的“战国四公子”之一。

[黄盖]三国时期吴国有名的老将,赤壁之战中用苦肉计假装向曹操投降,帮助孙刘联军打败了曹操。

[黄庭坚]宋代四大书法家之一,也是著名的文学家,所写诗与苏轼并称“苏黄”,开创了江西诗派。

穆

姓氏起源

穆姓是产生较早的一个姓。春秋时期,宋国国君宋宣王死后,由弟弟和继位。和执政九年,临死时遗诏传位给哥哥宋宣王的儿子与夷,而让自己的儿子离开宋国,到郑国去做事。因和做君主的时候贤良和气,所以与夷即位后,给和追加谥号为“穆”,史称宋穆公。后来,宋穆公的子孙们就以祖上的谥号为姓,姓穆。穆姓的另一个主要来源,是北魏孝文帝迁都洛阳时,鲜卑族丘目陵氏改为汉姓,姓穆。

历史名人

[穆宁]唐朝人。他和韩休都以家教严格而闻名,人们用“韩穆二门”形容有家教的人。

[穆修]宋朝人。专心于学问,他的古文造诣受到欧阳修的赞赏。

萧

姓氏起源

宋国的始祖微子启的孙子叫大心，春秋时期，大心的封地在萧邑（今天的江苏省萧县）。当时宋国有个叫南宫长万的大将杀死闵公，发动了叛乱。宋国公子纷纷逃往萧邑。大心把这些王族子弟和他们的随从人员组成一支军队，又从曹国请来援军，消灭了南宫长万，平息了内乱。闵公的弟弟宋桓公即位后，把大心的萧邑封为附属国，称大心为萧叔。萧国后来被楚国所灭，大心的后世子孙就以封地为姓，姓萧。

历史名人

[萧何]西汉著名的大臣，辅佐刘邦建立了西汉王朝。

[萧统]是梁武帝的儿子，又称昭明太子，南朝时梁朝文学家。他编的《昭明文选》是我国现存最早的文章总集。

[萧太后]名叫萧绰，辽景宗的皇后。是著名的女军事家、政治家，她使辽国达到了鼎盛。

姚

姓氏起源

“三皇五帝”之一的舜帝的后人就是姚姓人。传说舜出生在姚墟，他的父亲和继母，以及同父异母的弟弟企图陷害他，但是善良的舜却一直以德报怨。舜的德行渐渐被尧帝知道，于是把自己的两个女儿娥皇、女英嫁给他，又将帝位让给了他。舜治理天下，和尧一样英明贤德，人们都很尊敬他。舜为国操劳，后来死在了南巡的途中。他的子孙以他为骄傲，就用他出生的地名“姚墟”作为姓氏，姓姚。

历史名人

[姚崇]唐朝政治家，曾任武则天、唐玄宗朝的宰相。

[姚广孝]明朝著名的僧人，又叫僧道衍，是明成祖朱棣的心腹，曾参与修纂《永乐大典》等工作。

[姚鼐]清朝文学家，曾参加《四库全书》的编纂，创立了清代散文的重要流派——桐城派。

邵

姓氏起源

周朝王族的后代就是邵姓人。周朝初年,大臣姬是因功被周王封在召地(今陕西省岐山县西南),因而被称为召公。召公曾与周公旦一起平定武庚之乱,是周朝初年的四朝元老。召公的子孙世袭他的爵位,并以"召"为家族的姓氏。由于"召"在古代有"邵"和"召"两种写法,召氏也因此分为邵氏和召氏两支。汉代以后,召姓大多都改为邵姓。

历史名人

[邵雍]北宋著名哲学家。他精研周易,创立了象数之学。

汪

姓氏起源

汪姓也是一个古老的姓氏,有四千年左右的历史。其祖先是夏朝的诸侯防风氏。传说,夏朝的国君禹召集诸侯到会稽山,防风氏因为来得迟了,被禹杀了头。到了商朝,防风氏改为汪芒氏,又称汪罔氏。商朝以后,后代子孙又改为单字"汪"。春秋时代,又出现一支汪氏子孙——鲁国国君鲁成公的儿子,被封到了汪邑,他的后世子孙有的就用地名为姓,姓了汪。这一支汪姓的后裔在隋唐时期成为望族。

历史名人

[汪元量]南宋末年著名的爱国诗人,擅长弹琴,曾是宫廷的乐师。

[汪昂]明末清初的著名医学家,有《医方集解》《汤头歌诀》等著作,非常实用,流传很广,对普及医学有很大贡献。

[汪士慎]清代著名画家,"扬州八怪"之一。

毛

姓氏起源

周文王的第八个儿子名叫叔郑,武王灭商后,把叔郑封在毛国(今天的陕西省岐山、扶风一带),叔郑就被称为毛公。直到西周晚期,毛国还存在。毛公的子孙在周朝世代继承显要的官位,称为毛氏。因此,毛姓也是一个历史悠久的姓氏,今天的毛姓人大多都是他们的后代。

历史名人

[毛亨]西汉著名学者,他注解的《诗经》一直流传到今天,被称为《毛诗》。

[毛晋]明朝藏书家。他有九万八千余册藏书,历代收藏家无能出其右者。

狄

姓氏起源

周武王的儿子孝伯因居于参卢,又被叫作参卢氏。周成王继位后,为巩固统治,分封了十五个同姓兄弟做诸侯,孝伯被封在狄成(今天的山东省高青县南),建立了狄国。狄国灭亡后,子孙便用国名当作姓氏,这便是狄姓的一支。古时常把北方的少数民族泛称为狄族。周代有一支狄族活动在山东、河南、河北、山西东部一带,他们的子孙有的用族名作为自己的姓氏,也姓狄。

历史名人

[狄仁杰]唐朝武则天时的宰相,善于断狱和举贤。

[狄青]北宋靖边名将,熟读兵法,在抵御西夏的战争中功勋卓越。

臧

姓氏起源

春秋时期鲁国公有个儿子名驅,字子臧,他的子孙就以他的字"臧"为姓,称为臧氏;而到鲁惠公时,惠公也有个儿子,名叫欣,字臧,后代也把他的字当作姓氏,这是臧氏的另一个来源。由于鲁国的始创者是周公旦之子伯禽,因此,这两支臧姓子孙其实都是周公的后裔。

历史名人

[臧洪]东汉末年人,在董卓乱政时,他游说各地首领,合力讨伐董卓。

[臧懋循]明朝戏曲家、文学家,编有《元曲选》,对元杂剧的保存和流传贡献颇大。

戴

姓氏起源

戴国是西周初分封的一个小诸侯国。戴国灭亡后,国人以国名为姓,是为戴姓的起源。还有一个说法,春秋时期,宋国第十一位国君死后,谥号为"戴",也就是宋戴公,他的后人有的用他的谥号为姓,这也是戴姓的一个来源。先秦时期,戴姓主要在发祥地河南东部一带发展繁衍，后来迁居到安徽、山东、江苏扬州等地，在那儿成为望族。

历史名人

[戴复古]号石屏，南宋“江湖诗人”代表人物，诗词兼有文采，一生不仕。

[戴名世]清代史学家。康熙年间，他一本《南山集》触怒清廷，株连甚广，自己也被逮捕入狱，为清朝四大文字狱之一。

[戴震]清代思想家、学者。他对经学、语言学贡献颇大，开一代考据之风。

宋

姓氏起源

微子启是商纣王的兄长，周灭商后，周王分封他做了商朝旧都附近的宋国的国君，都城在商丘(现在的河南省商丘市南)。到了春秋时期的宋襄公以后，宋国国势渐渐衰微，后来终于被齐国灭了。宋国国君的后代就姓了宋。宋姓发源于河南境内，经过了几千年的繁衍，已经成为中国古老而又辉煌的姓氏之一。

历史名人

[宋玉]战国时期楚国的辞赋家，相传为屈原的弟子，他以《九辩》闻名后世。

[宋慈]南宋法医学家，曾任提点刑狱官，写了一部世界上最早的法医学专著——《洗冤集录》。

[宋应星]明代科学家，所写的《天工开物》是中国古代科学技术名著。

茅

姓氏起源

周公旦是周武王的弟弟。武王死后，幼子成王即位，周公旦就帮他处理政事。为巩固统治，成王分封王族子孙及一些有功劳的人到各地做诸侯。诸侯管理自己的封地，对王室负责。周公旦的儿子茅叔被封在了茅(今天的山东省金乡县西南)，建立了茅国。茅国是个小国，春秋时期，被相邻的邹国灭掉。茅国的公族子孙就用国名为姓，世代相传。

历史名人

[茅焦]秦朝人，因冒死劝谏秦始皇与太后恢复母子关系，被尊为“仲父”。

[茅星来]清朝著名的学者，著有《近思录集注》《钝望文钞》，是研究经史和宋明理学的大家。

庞

姓氏起源

西周初,周文王的儿子毕公高被封在毕国做诸侯王。毕公高在自己的诸侯国里,继续分封子孙,让他们分别去管辖各个地方。其中一支就被封到"庞"这个地方,庞地的子孙后来就用地名为姓,一直发展到今天。

历史名人

[庞涓]战国时魏国大将,与孙膑一起学兵法,才能不及孙膑,后来战败而死。

[庞统]东汉末年人,因为很有才干,被称为"凤雏"。

纪

姓氏起源

文坚是商纣王时候贤臣比干的儿子。周朝建立后,文坚受到了周武王的接见。周武王看到他左右手掌纹分别像"纟"和"己"字,合在一起就是"纪"字,于是赐他姓纪。还有一种说法,周武王封炎帝后裔于纪国,也就是今天的山东寿光一带,到春秋时纪国灭亡,公族子孙就以国名为姓了。

历史名人

[纪信]刘邦的大将,楚汉相争时,为保护刘邦而被项羽所杀。

[纪君祥]元代戏曲作家,代表作《赵氏孤儿》闻名海外。

[纪晓岚]又叫纪昀,清代著名的学者、文学家,曾任《四库全书》总编纂,并写有短篇志怪小说集《阅微草堂笔记》。

屈

姓氏起源

楚国是黄帝后裔的封地。到楚武王时,他的儿子瑕在朝中政绩显著,楚武王很满意,就封了屈邑这个地方给他,所以后人称他为屈瑕。以后他的子孙世代以屈为姓,这就是屈姓的起源。

历史名人

[屈原]战国时楚国名臣,曾任左徒、三闾大夫,创作了中国文学史上第一首文人诗《离骚》,其他著作如《九问》《湘夫人》等亦是名作。

[屈大均]明末清初著名诗人、文学家,“岭南三大家”之一。曾参与反清,后出家落发为僧。

项

姓氏起源

周成王时分封诸侯,其中将王族中的一支封到项国(今天的河南项城一带)。这是一个小国,到春秋时即为楚国灭掉(有的史书上说是被鲁国灭掉的)。亡国后,项国王族子孙就以国名为姓,这就是项姓的开始。

历史名人

[项橐]春秋时候的神童,传说他善于辩论,七岁时就能让孔子口服心服,被后世称为“圣人之师”。

[项羽]又叫项籍,楚将项燕之孙,自称西楚霸王。后来楚汉相争,于乌江兵败自尽。

祝

姓氏起源

远古时代,有一个官职名叫巫祝,专门负责祭祀,还跟鬼神交流,测问吉凶。由于巫祝是世袭的,传到后来,有的子孙就以官职为姓,祝作为姓氏就诞生了,还有一种说法,黄帝的后裔曾被周武王分封到祝这个地方,建立了祝国(今山东济南),亡国后,祝国的公族子孙就世代姓祝了。

历史名人

[祝融]颛顼帝的孙子,名叫重黎,传说上古时由他掌管火,所以被称为火神。

[祝枝山]又叫祝允明,明朝书法家、诗人,与唐伯虎等人并称“吴中四才子”。

董

姓氏起源

“董”最初是指一种能制绳索的草。远古时候,有一个擅长编制草绳的部落叫惠连氏,他们以草为图腾。

生活在舜帝时代的董父,是惠连的孙子。传说他颇了解龙的习性,擅长驯龙,于是舜帝任命他当专门养龙的官职——豢龙氏。董父工作认真,龙经他的驯养,不但能听懂人话,还很善舞。舜帝看了很高兴,对他进行奖赏,而且赐他姓董,他的后代就以董做了姓氏。这是董姓的开始。

历史名人

[董仲舒]西汉武帝时的大儒。武帝采纳了他提出的“罢黜百家,独尊儒术”的建议。对后世中国影响深远。

[董卓]东汉灵帝朝的权臣。他操持朝政,深为时人痛恨,后为部将吕布所杀。

[董其昌]明朝书画家,“华亭派”的代表人物,精于书画鉴赏及文物收藏。

梁

姓氏起源

秦仲是周宣王时的名臣,也是善于养马的非子的曾孙,他在征讨西戎时,不幸兵败被杀。秦仲的五个儿子十分悲愤,他们率兵继续打仗,终于战胜了西戎。康是秦仲的小儿子,因征伐有功被封在梁,建立了梁国,他就是梁康伯。春秋时,梁国为秦穆公所灭,梁国子孙在亡国后大部分逃到晋国,他们以梁国国名为姓,于是有了梁姓。

历史名人

[梁鸿]东汉时的隐士,妻子名孟光,“举案齐眉”的典故说的就是他们两个。

[梁红玉]宋朝时的巾帼英雄,出身卑微,后成为抗金名将韩世忠之妻。

[梁启超]清末民初的国学大师,康有为的学生,是戊戌变法的参与者之一,著有《饮冰室合集》。

杜

姓氏起源

尧帝的后代中有个叫刘累的人。传说他跟豢龙氏学习驯龙,是夏朝有名的驯龙师,于是被夏王赐为御龙氏。后来,刘累的后代建立了唐国。西周初年,周成王的弟弟叔虞被封在唐,于是唐国国君迁往杜城居住,被称为杜伯。宣王时,杜国因杜伯被杀而亡,公族子孙大都投奔他国,留在杜城的就以杜为姓,成为杜氏先人了。

历史名人

[杜康]传说中发明酒的人,善于造酒,生活在上古黄帝时期。

[杜甫]唐朝大诗人,又称“老杜”“诗圣”。因忧国忧民,他的很多写实诗歌被称作“诗史”。

[杜牧]唐朝著名诗人,晚唐诗歌的代表之一,被称为“小杜”。

阮

姓氏起源

商朝的时候,有个由尧帝后裔建立的诸侯国,名叫阮国,大概在今天甘肃泾川县境内。商朝末年,西伯侯姬昌吞灭了许多小国,其中就包括阮国。亡国后,阮国王族为了避难,分散到了各个地方,并以“阮”为姓开始新的生活,这就是阮姓的起源。

历史名人

[阮瑀]东汉文学家,“建安七子”之一。

[阮籍]三国时曹魏名士、文学家,“竹林七贤”之一,有八十二首《咏怀诗》留世。

[阮咸]魏晋名士,阮籍之侄,“竹林七贤”之一。

蓝

姓氏起源

春秋后期,楚国有个叫亹的大夫,官居蓝县尹,他亦被称为蓝尹亹。蓝尹亹的后人就以他官名中的“蓝”字为姓,蓝姓就此出现。蓝姓还有一个来源,在陕西渭河流域有个盛产玉石的蓝田,它在战国时本是魏国国土。后来秦国贵族秦子向战败于魏国,魏王把他封在蓝田,秦子向的后代就以地名为姓,改姓蓝了。

历史名人

[蓝采和]唐朝末年的逸士,传说中的八仙之一。

[蓝玉]明朝初年著名将领,朱元璋打天下的功臣之一,后因谋反罪被杀。

[蓝瑛]明末著名的画家,工于山水画,是画坛上的“浙派殿军”。

季

姓氏起源

春秋时期,吴国有个叫季札的公子。季札博学且谦虚,曾多次推辞王位,北游齐、鲁、郑、晋等地,有远见卓识。后来,他的后代便以他名字中的“季”为姓,这是季姓的主要来源。另外,春秋时鲁僖公有个宰相名叫季友,他在鲁国劳苦功高。他的后人就用“季孙”或“季”为姓,沿用至今。

历史名人

[季布]秦末汉初人,楚汉战争中的名将。

[季振宜]清初江浙人士,著名的藏书家,以精藏宋元版本而闻名。

贾

姓氏起源

西周初年,身为成王兄弟的叔虞,被分封做了唐国的诸侯王。后来周康王即位,又把"贾"这个地方,也就是现在山西襄汾西南一带,封给了叔虞的小儿子公明,作为唐国的一个附庸,公明就是贾伯。后来,唐叔虞的子孙燮做了唐的国王,把国名改名叫晋国。后来春秋争霸,晋国把同宗的贾国灭掉,贾伯的后裔就以国名为姓,这就是贾姓最主要的来源。

历史名人

[贾谊]西汉文学家,官至长沙太傅。擅长散文,《过秦论》是其代表作。

[贾岛]晚唐苦吟派诗人,早年曾出家为僧。他的诗清峭瘦硬,与孟郊并称为"郊寒岛瘦"。

[贾思勰]北魏农学家,他根据自己的观察实验、搜集到的资料以及对老农的访问,完成了一部农学巨著《齐民要术》。

江

姓氏起源

颛顼帝有个玄孙叫伯益,他的第三个儿子名恩成。后来周朝分封诸侯,恩成做了江国的君主。江国位于楚、宋、齐三国之间,乃大国必争之地,时常为大国操纵,又因为淮水泛滥等自然原因,江国始终很弱小,后来楚国把它灭掉了。而江国王族的后代就把国名当作姓氏,江姓就此出现了。还有一种说法,江姓是从萧姓改来的。唐朝末年,天下大乱,群雄并起,有位姓萧的义军领袖在混战中败给了黄巢,于是他指着江水,把姓氏改成了江。

历史名人

[江淹]南朝时文学家,善于写辞赋,代表作有《别赋》。

[江总]南朝时陈国的宰相、文学家,以写宫体诗闻名。

颜

姓氏起源

邾子挟是传说中的圣王陆终的后人，他在周武王的时候，被分封在邾这个地方，在那儿建立了邾国。又过了五代，邾子挟出了个叫夷父的子孙，因为他字颜，又称为邾颜公。后来邾国为楚国所灭，颜公的子孙就有人把颜作为姓氏。颜姓还有个来源，周成王把伯禽封在鲁国，鲁国有个颜邑后来成为伯禽子孙的领地，子孙就把邑名做了姓氏。

历史名人

[颜真卿]唐朝书法家。他的字被称为"颜体"，擅长楷书，"楷书四大家"之一。

颜真卿

[颜师古]唐代文字学家，著有《五经定本》等。

[颜之推]北齐文学家，《颜氏家训》是其影响后世的名作。

郭

姓氏起源

西周初，周武王的弟弟虢叔、虢仲被分封到西虢、东虢做诸侯。后来，西虢和东虢随着西周的衰亡而湮没。虢国的后代子孙们就把国名做了姓氏。由于古时"虢"和"郭"这两个字是相通的，所以姓氏就称为"郭"。还有个说法，据古书记载，夏商时有两个叫郭支和郭崇的人，他们也是郭姓人的祖先。

历史名人

[郭子仪]唐朝中兴名将，因平定安史之乱有功，被封为"汾阳王"，也称"郭令公"

"郭汾阳"。

[郭守敬]元代天文学家、水利学家、数学家,他主持编制了我国历史上施行最久的历法《授时历》。

梅

姓氏起源

商王太丁有个弟弟,被太丁封在梅(今天的安徽省亳州市东南),他和他的子孙就被称为梅伯。到商纣王时,忠心且正直的梅伯因批评纣王荒淫,被纣王施以酷刑致死。商灭周兴后,周武王把前朝贤臣的后人封为诸侯,于是分封梅伯的后裔到了黄梅,号称忠侯。梅伯的一支子孙就以梅为姓,是为梅姓的起源。

历史名人

[梅尧臣]北宋文学家,与欧阳修一起推动古文运动。擅长写诗,与苏舜臣合称"梅苏"。

[梅文鼎]清代天文学家、数学家。曾考察古今中外历法,又对国内传播了欧洲数学。

林

姓氏起源

商纣王有个叔父名叫比干,是个正直的忠良之才,传说他有七窍玲珑心。纣王昏庸残暴,他把批评自己的叔父杀了,还把他的心剖出来看。比干身怀六甲的夫人陈氏怕纣王斩草除根,逃到树林里躲避追杀,在一个石室里产下了儿子,取名叫坚。后来周武王灭商,他听说了坚的逃难经历,赐他"林"姓,于是名字变成了林坚,而他就是林姓人的得姓始祖。

历史名人

[林禄]第一个把林姓从北方带到南方的人,也是"闽林"(南方林姓中影响最大的一支)的始祖。

[林默娘]宋朝时福建莆田人,相传她慈善好施、泽被苍生,故而百姓尊她为圣母或妈祖,是浙闽一代家喻户晓的保护神。

[林则徐]清末禁烟名臣。他清正廉洁,忧国忧民,一场虎门销烟更是可歌可泣。

钟

姓氏起源

春秋时候,宋国有个叫伯宗的贵族,后来他做了晋国大夫。伯宗这个人很直爽,他因给一位贤臣求情说好话,遭到晋国奸臣陷害致死。而他的儿子州犁为避难也逃到楚国,楚王出于尊重贤人之后,赐他以太宰之职,并把他分封在钟离(今天的安徽省凤阳县一带),他的后人就以封地之名为姓,有的姓钟,有的姓钟离。到了以后,这两个姓氏合并起来都姓钟了。

历史名人

[钟离春]战国时期齐国人,虽相貌丑陋,却贤良有才,后成为齐宣王的王后。

[钟繇]三国时魏国大书法家,官至太傅,他在书法上堪与王羲之齐名。

[钟嵘]萧梁时著名学者,尤善文学批评,最有名的著作当属《诗品》。

徐

姓氏起源

伯益是辅佐大禹治水的功臣,舜帝很赏识他,赐他姓嬴,还为他挑了本族的姑娘姚氏做妻子。他们后来生有二子,其中小儿子叫若木,若木因父亲的功劳而被封在徐地(江苏泗洪一带),建立了徐国。徐国传了四十多代,历经夏、商、周三朝。到春秋时,吴国灭了徐国,徐国的子孙就用"徐"为姓,一直用到现在。

历史名人

[徐渭]即徐文长,明朝著名的文学家、书画家,自称书法天下第一。亦擅长戏曲,《四声猿》是流传后世的名篇。

[徐霞客]明朝旅行家,著有《徐霞客游记》。

[徐光启]明代科学家。他是较早学习并介绍西方科技的中国学者,写有《农政全书》。

邱

姓氏起源

姜太公吕尚是西周开国之相。他凭伐纣兴周之功获封诸侯,成为齐国首位国君,定都营丘。他的后代有的就以国都名字中的"丘"为姓。还有一个来源,春秋时陈国、郏国分别有宛丘、弱丘这两个地方，而那两个地方的人就以“丘”为姓氏了。到了后来，为避孔子之讳，清雍正帝下令把“丘”一律改为“邱”姓，邱作为姓氏才开始出现。

历史名人

[邱心如]清代女作家，善弹词。晚年曾设帐授徒，著有长篇弹词《笔生花》。

[邱远才]清末人士，太平天国“淮王”。因作战勇猛而获“邱老虎”之名，后在冀中饶阳战役中阵亡。

骆

姓氏起源

西周初年，开国功臣姜尚受封于齐地，称为齐太公。齐太公的后代中有个叫公子骆的，其后人便把他的名字作为姓氏，这就是北方骆姓的起源。南方也有一支骆姓，传说他们的始祖是春秋时的霸主越王勾践。

历史名人

[骆俊]东汉末年人，官至陈留相。他为人忠义，因不肯借粮给袁术而招致杀身之祸。

[骆统]三国时期吴国名将。

[骆宾王]初唐诗人，与王勃、杨炯、卢照邻合称“初唐四杰”。

高

姓氏起源

周朝时，齐国有由周天子直接任命的国、高二公，他们地位显赫，可以决断齐国大事。其中高公就是一部分高姓人的祖先。大部分高姓人其实是齐国公子的后代。姜子牙的六世孙齐文公把自己的一个儿子封到了高邑（今天的河南省禹县），这个儿子被称为公子高。公子高的后人就以他的封地名作了姓氏。从此，这个姓就传下来了。

历史名人

[高渐离]战国末燕人，长于击筑（一种乐器），因刺杀秦始皇未遂而被杀害。

[高适]盛唐时候边塞诗人的代表。与岑参齐名，并称为“高岑”。

夏

姓氏起源

大禹凭治水之功获封夏国。他死后儿子启登上王位，建立夏朝，从此王位的继承由禅让变成世袭。夏朝享国十七代，最终亡于桀之手。之后，亡国的夏朝王族后人就把夏作为他们的姓氏了。夏姓还有个来源。西周初年，舜的后代妫满被封在陈国。到春秋时，陈国有位公子名叫子西，字子夏。子夏的孙辈征舒就以祖父的字"夏"为姓，是为夏征舒，而他的后人也将夏姓延续下去。

历史名人

[夏圭]南宋画家，与马远齐称"马夏"，他常以半边或一角景色构图，人称"夏半边"。

[夏完淳]明末诗人、抗清义士。十四岁随父抗清，后不幸被俘，慷慨就义。著有《夏完淳集》。

蔡

姓氏起源

周武王时，文王的第十二个儿子叔度获封蔡地，人称蔡叔。他是"三监"之一，负责跟管叔、霍叔一起监管商之遗民。武王死后，因成王年幼，朝政由周公暂摄。这引起"三监"的嫉妒，于是联合武庚造反。后来蔡叔兵败而遭流放，周公便让他的儿子做了蔡国之君，称为蔡仲。战国时期，楚国灭掉了蔡国，蔡国子孙便散居各地，以国名为姓了。

历史名人

[蔡伦]东汉时人，他用树皮、麻头、破布、旧渔网等为原料造纸，发明了造纸术。

[蔡邕]东汉文学家、书法家，官至左中郎将，故人称"蔡中郎"。

[蔡琰]又叫蔡文姬，东汉蔡邕之女。际遇坎坷，曾被南匈奴掳去十二载，后为曹操以重金赎回。音乐、诗歌造诣颇深，《胡笳十八拍》是其名作。

田

姓氏起源

春秋时，陈国因诸公子争夺王位而内乱不止，陈历公的儿子陈完出于避难，到了齐国,被齐桓公封在了田这个地方。后来,陈完就以齐国的封地为姓,改姓田,他的子孙也效法陈完,一直把田姓延续下去,后来田氏还废了姜氏,成了齐国新主人。

历史名人

[田单]战国时期齐国大将,最早采用火攻之术作战。

[田文]又称“孟尝君”,战国时齐国贵族。他尊贤纳士,手底下有食客三千,是“战国四公子”之一。

[田横]齐国贵族的后裔。汉初,他因不向刘邦屈服,带领五百人逃亡到海岛,全部自杀。

樊

姓氏起源

周文王有个孙子名叫仲山甫,他因在辅佐周宣王开创“宣王中兴”的过程中功勋卓著,被封为樊侯。以后樊姓就为仲山甫的子孙所用了。还有一部分樊姓是有其他来源的。商朝自成汤立国之后,他的子孙形成了陶、施、樊、繁、锜、几和终葵七大族,其中樊族子孙将樊姓沿用下来,一直到今天。

历史名人

[樊於期]战国时秦国名将。后因败给了赵将李牧而逃到燕国,父母宗族皆为嬴政杀戮,最后自捐项上人头助荆轲去刺杀秦王。

[樊哙]西汉初年名将,屡次救高祖刘邦于危难之间。

胡

姓氏起源

西周初年,虞舜的第三十三代孙有个叫胡公满的,他是周武王的女婿,后来周王把他封到陈国。春秋末期,陈国为楚国所灭,陈国后人就以胡公满的姓氏为姓,流传下来。还有个说法,西周时候有一个与王室同姓的胡国,后来被楚国灭掉。另外,春秋时期还有一个王族姓归的胡国,在鲁定公的时候也被楚国吞并。这两个诸侯国王族的后代便以国名为姓氏,胡姓得以光大。

历史名人

[胡安国]宋朝经学家,很受王安石推崇。

[胡宗宪]明中期大臣、抗倭名将,官至兵部尚书,后因“严嵩案”下逮入狱,瘐死牢中。

霍

姓氏起源

叔处是周武王之弟,周文王的第八个儿子。后来武王分封王族做诸侯,叔处被封霍地(今天的山西省霍县西南),人称霍叔,他是负责监管商朝遗民的"三监"之一。后来"三监"勾结武庚造反失败,周公把他废为平民,他的儿子做了霍君。春秋时,霍国被晋献公灭掉。霍君的后人就以霍为姓,叔处就是霍姓祖先。

历史名人

[霍去病]西汉名将,抗击匈奴有功,有"匈奴未灭,何以家为"的名言,死时仅二十四岁。

[霍光]西汉政治家,与霍去病是同父异母的兄弟。他辅佐昭帝,中兴汉室,权倾朝野二十年。

万

姓氏起源

西周时有个大夫被封在芮国,历代国君称为芮伯。春秋时期,有位叫万的君主做了芮伯,他还一度去朝中做官,官至周朝司徒。后来他迷恋女色,母亲芮姜把他赶出芮国。他的子孙就以他的名字"万"为姓,这是万姓的一大来源。万姓的另一祖先是毕万。他身为晋国大夫辅佐晋献公有功,故而获封魏地,人们称他魏万,他的后人就世代以"万"为姓了。

历史名人

[万树]清朝文学家、戏曲作家。编有一部重要的词学著作《词律》。

[万斯同]清朝史学家,人称石园先生。康熙年间,以平民身份参与修撰《明史》。

管

姓氏起源

管叔原名叔鲜,周文王之子,封地是管国,跟蔡叔、霍叔一起监管商朝遗民,并称"三监"。后来侄子成王继位,由周公摄政,"三监"不服气发动了叛乱,失败后管叔被杀。他的后代把封地名"管"作为姓氏沿用至今,所以管姓的祖先就是管叔了。

历史名人

[管仲]春秋时期齐国宰相，他助齐桓公成为春秋第一位霸主。后来人们尊称他为“管子”。

[管道升]元代有名的女画家，乃书画家、诗人赵孟頫的妻子，被封为魏国夫人，又叫管夫人。

卢

姓氏起源

春秋时，有位叫高傒的齐国正卿，他品德敦厚，而且还是姜子牙的十一世孙。齐襄公时，公孙无知勾结边将管至父和连称弑君夺位。齐国上下义愤填膺，高傒施计骗管、连这两个奸臣来家赴宴，伏兵于酒席旁，将二人诛杀。然后，高傒辅佐公子小白做了齐王，小白即是后来的齐桓公。为表彰高傒之功，齐桓公把卢邑封给他。后来他的子孙就以邑名为姓，卢姓就此产生并延续至今。

历史名人

[卢照邻]唐代诗人，“初唐四杰”之一，其作《长安·古意》脍炙人口。

[卢纶]中唐诗人，“大历十才子”之一，代表作有《塞下曲》。

解

姓氏起源

叔虞是周武王之子，他被封在了唐国。后来叔虞分封给儿子们一些领地，其中有个儿子叫良，封到了解地(今天的山西省解县)，被称为良解。他的后人就以“解”这个地名为姓，世代相传。解姓还有个起源。周朝京城镐京分为大解和小解，住在小解的人后来就以“解”为姓，这是解姓的另外一支。

历史名人

[解处中]五代时期南唐画家。长于画竹，尤善雪中之竹，经常冒雪到野外写生。

[解缙]明永乐年间大臣，主编了一部当时世界上最完备的百科全书《永乐大典》。

宗

姓氏起源

“四岳”是尧时掌管地理物候事务的官职。周朝时，四岳的后人中有的做了掌管祭祀典礼“宗伯”，跟后来的礼部尚书差不多。“宗伯”是世袭的，后来的子孙以官职为姓，宗姓就产生了。宗姓还有一支。春秋时期，宋人伯州犁因父亲伯宗遭难，逃到了楚国。后来小儿子连去了南阳居住，就以他祖父的字为姓，后代也一直沿袭下来。

历史名人

[宗炳]南朝刘宋时杰出的书画家和画论家，《明佛论》和《画山水序》是其代表作。

[宗泽]两宋之交的政治家、军事家，官至东京留守，主战派的代表人物。

丁

姓氏起源

商朝原本有个诸侯叫丁侯。他对纣王忠心耿耿，尽管知道商纣昏庸无道，可还是死心塌地地追随。后来周武王伐纣，丁侯被其所灭。丁侯的子孙便以“丁”作为姓氏，散居到各地生活。还有一种说法是大部分的丁姓人的祖先是姜子牙。姜太公有个儿子叫姜伋，死了以后谥号为“丁公”，他的后人就以谥号为姓，沿用至今。另外，还有史书记载说，三国时吴国国主孙权后人改姓了丁，这又是丁姓的一个源头。

历史名人

[丁敬]清代篆刻家，开“浙派”篆刻之先河，是“西泠八家”之首。

[丁谦]清末地理学家，著有《蓬莱轩地理学丛书》。

邓

姓氏起源

商朝时候，商王武丁的叔父曼季被封在曼城，是为曼侯。后来，曼季的后人又被改封在邓国。楚国灭掉邓国后，曼侯的子孙为了纪念故国，以邓为姓。邓姓的来源最主要就是这支了。较晚的一支邓姓，出现在五代十国时期。南唐后主李煜把儿子李从镒封为邓王，后来南唐为赵宋所灭，李从镒之子李天和为躲避追杀改姓邓，他的子孙就此继承了下来。

历史名人

[邓攸]晋朝人，字伯道，战乱中弃子而保全侄子，此后再也没有生儿子。成语“伯道无儿”正出于此。

[邓石如]清代篆刻家、书法家，开创篆刻的一个新派“邓派”，也称“皖派”。

洪

姓氏起源

共工是远古传说中专管水利的人物，他的后代称为共工氏，都做了治水的官。到了后来，共工氏在颛顼和大禹时代谋反，以失败告终，最后被放逐到了江南荒凉之地，并在那儿定居。共工氏的后人为纪念祖先掌管水利的功绩，在“共”旁加上“水”，成了“洪”字，作为自己的姓氏流传下来。

历史名人

[洪迈]宋朝学者，凭四十年之功力写成《容斋随笔》，深为后世推崇。

[洪承畴]明末蓟辽督师。后降清，成为清军南下之重臣。

包

姓氏起源

远古时代有个伏羲，是中华文明的始祖。相传他不但创八卦、造文字，还教人捕鱼和饲养家畜，于是人们的厨房里有了鸡鸭鱼肉，故而他又被叫作庖牺或庖羲。由于庖有厨房、做饭之意，他的后代便以“庖”为姓，后来“庖”字演化成“包”，包姓就出现了。包姓还有个较大分支。春秋时有个大夫申包胥，他曾为救楚国到秦国求援，他的后人为纪念他便以他名字中的“包”为姓，包姓也就流传了下来。

历史名人

[包咸]东汉学者。曾以帝师之身教导汉明帝。

[包拯]北宋直臣。官至天章阁待制、龙图阁直学士，世称包待制、包龙图。为人刚毅廉洁，其事迹流传民间，编成戏曲、小说，还被尊称为“包公”“包青天”。

左

姓氏起源

史书记载，远古黄帝时代有个名叫左彻的小官，他被认为是左姓人最早的祖先。还有个说法，周朝时朝廷和各诸侯派专人记录君王言行和国家大事，这些人就是可以世袭的史官。史官分左、右史：左史记录君臣言论，右史记载国家大事。后来，左史的后人有的就以“左”为姓，流传至今。

历史名人

[左丘明]春秋时期鲁国史官。著有《春秋左氏传》,即《左传》。

[左思]西晋文学家。曾以一篇《三都赋》,惹得洛阳人竞相抄写,一时“洛阳纸贵”。

石

姓氏起源

春秋时期,卫国有个叫公孙碏的王族公子,字石。他为人忠义,他的儿子厚联合恶人州吁刺死了国君卫桓公。公孙碏不但不支持,还暗地里给陈国君主发出密信,把州吁和石厚骗到陈国处死。之后,公孙碏又辅佐桓公之弟做了卫君,公孙碏的孙子骀仲为纪念祖父忠厚,便以公孙碏的字“石”为姓,石姓由此产生并流传至今。

历史名人

[石崇]西晋富豪,曾和贵戚王恺斗富。八王之乱时,赵王将其杀害。

[石介]北宋文学家、理学家。与孙复、胡瑗授书于泰山,并称为“宋初三先生”。

崔

姓氏起源

西周初年,姜子牙受封建立齐国。姜子牙的儿子丁公佶,是齐国第二代国君。其退位时,长子季子没有继位,却让位给弟弟叔乙,自己去了崔邑(现在的山东省章丘市西北)。后来,季子的子孙就用这个地名作为姓氏,于是有了崔姓。

历史名人

[崔颢]唐朝诗人。他写的七言律诗《黄鹤楼》(昔人已乘黄鹤去),连李白都自愧不如。

[崔护]唐朝诗人。他写的《题都城南庄》非常有名,成语“人面桃花”即来源于此。

龚

姓氏起源

龚姓有两个来源:

其一,西周后期,贵族姬和,被封在共地,封位是伯爵,所以又称共伯和。适逢周厉王昏庸异常,京城发生暴乱,他被赶出王宫。于是共伯和被推举暂时代理国事,史称

"共和行政",这一年即共和元年(公元前 841 年),是中国历史有确切纪年的开始。共国在春秋时期被大国吞灭。共伯和的子孙就用国名作为姓氏,写作"龚",继承了下来。

其二,上古时期,黄帝时治水之官,名为共工,共工的儿子就姓"洪"("共"加上"水")。他有一个儿子名叫句龙,句龙的后代就以句龙中的"龙"字与姓氏中的"共"字合而为一,组成"龚"字,作为自己的姓氏。

历史名人

[龚遂]史书上有记载的第一位龚姓名人,西汉时担任渤海太守。后世把他和黄霸作为"循吏"的代表,称为"龚黄"。

[龚自珍]清代著名的思想家和文学家。他的诗和文都有较高的成就。

[龚贤]清代著名的画家,是"金陵八家"之一。

程

姓氏起源

上古时代的程国是远古时期重黎的后代。当时,重黎任"火正"这个官职,管控火,对人们的生活十分重要。此后,重黎的子孙世代都担任这个官职。商朝时,重黎的后人在程地(今天的河南省洛阳市东)建立程国,国君为程伯。从此以后,程伯的子孙就以程为姓了。

周宣王时,程伯的后裔休父做了大司马,他的子孙有的姓司马,有的姓程。

历史名人

[程邈]秦朝人,他把大小篆变化成隶书,使汉字定型,在汉字发展史上有重要地位。

[程普]三国时的著名大将。

[程颐、程颢]北宋人,宋明理学的奠基人,史称"二程"。他们的学说被朱熹发扬光大,后世称为"程朱理学"。

陆

姓氏起源

陆姓有三个来源:

其一,尧帝时,有个"祝融"叫吴回,他儿子名陆终。陆终的后世子孙有一部分以"陆"为姓。

其二,战国时,齐宣王的孙子田通受封在山东平原县陆乡,即陆终原来所在的地方，所以就以“陆”为姓。日后陆姓就在山东发展起来。

其三，春秋时，有一个少数民族国家叫陆浑国，后来晋国将其攻灭。亡国之后，陆浑国的人依照汉人的习惯，以国为姓，世代流传下来。

历史名人

[陆逊]三国时期吴国的名将，曾经打败关羽。

[陆羽]唐代著名的茶道专家。他的著作《茶经》既是关于茶的科学著作，又是关于茶的文化专著。

陆羽

[陆游]南宋著名爱国诗人。他一生中创作了很多诗歌，现存九千多首。

翁

姓氏起源

翁姓有两个来源：

其一，夏朝建立时，有个叫翁难乙的人，据说他就是翁姓最古老的祖先。

其二，周朝时，昭王的儿子，出生时双手握拳，没人能掰开。后来周昭王亲自来掰，一掰便掰开。只见儿子左手的掌纹像“公”，右手的掌纹像“羽”。于是，昭王就给儿子起名“翁”。翁的子孙后代有的就以“翁”为姓，一直流传到今天。

历史名人

[翁方纲]清朝人，著名书法家、金石学家、藏书家、学者，著有《两汉金石记》《复初

堂集》。

[翁同龢]清朝人,官至军机大臣兼总理各国事物衙门大臣,是光绪皇帝的老师。

荀

姓氏起源

荀姓有三个来源:

其一,远古时期,据说黄帝有二十五个儿子,分别有十二个姓氏,荀就是其中之一。

其二,黄帝时的大臣荀始,他是荀姓的另一个祖先。他的后代子孙用他的名字作为姓,传了下来。

其三,西周初期,被分封在古郇国的是周文王的第十七个儿子。古郇国灭亡后,他的子孙以国名为姓,后来又去掉偏旁,加"草"字头,成为"荀"姓。

历史名人

[荀况]战国时期思想家,儒家代表人物,被人们尊称为荀卿,著有《荀子》三十二篇。著名思想家韩非、政治家李斯都是他的学生。

[荀彧]三国时期人,曹操的谋士,官至尚书令。

焦

姓氏起源

焦姓有两个来源:

其一,周朝初年,周武王分封诸侯,王族子弟、有功的大臣及前代圣贤的后人都在分封之列。炎帝神农氏的嫡系后裔,被分封在焦地为伯爵,建立了焦国,人们称这位神农后裔为焦伯。春秋时期,焦国被晋国吞并,焦伯的后人就以国名为姓,称焦姓。

其二,许灵公是春秋时期许国的诸侯,迁居在焦地,后代就以这个地名作为姓氏。

历史名人

[焦遂]唐朝名士,与贺知章、李适之、李白、张旭等人并称"饮中八仙"。

[焦竑]明朝学者,精于文、史、哲学科,著有《澹园集》等。

侯

姓氏起源

侯姓的来源有三个:

其一,有的侯姓是仓颉的后代。仓颉作为黄帝的史官,据说汉字是他发明的。他的后代有一支住在冯翊衙县,称为侯氏。

其二,春秋初期,郑庄公的弟弟共叔段因为谋反被杀。他死后,郑庄公赐他的儿子共仲姓侯,这也是侯姓的一个来源。

其三,春秋时期,晋武公杀害了晋国的哀侯,哀侯的子孙们逃到其他国家。哀侯的爵位是侯爵,所以子孙们都以"侯"字为姓。曾经帮助魏国公子信陵君的侯嬴,就是这一支的后裔。

历史名人

[侯方域]明末清初"复社"名士,明末"四公子"之一,文学家,古文成就很高,是"清初三大家"之一。

班

姓氏起源

以班为姓的人,有的是楚国贵族芈氏的后代,有的是上古颛顼高阳氏的后裔。

说到班姓起源,就不得不说到楚国一个叫斗班的人。他是楚国贵族若敖的孙子,斗伯比的儿子,从小吃老虎的奶长大,而喂他的老虎身上有斑纹,所以人们又叫他"斗斑"。在古代,"斑"和"班"通用。斗斑的孙辈就用祖父的名字为姓,姓了班。

历史名人

[班彪]东汉光武帝时人,史学家。

[班固]班彪的儿子,史学家,继承父亲的事业,用二十年时间写成《汉书》。

[班昭]又名班姬,班固的妹妹,我国第一位女历史学家。

仇

姓氏起源

仇姓有两个来源:

其一,仇姓来源于九吾氏。夏朝诸侯九吾氏,到了商朝,立国号为"九"。后来纣王杀害了九侯。九侯的族人逃难到各地,于是有些人把"九"字加上"人"字偏旁,成为"仇"姓。

其二,春秋时期的仇牧是宋国宋泯公的大夫。宋国奸臣宋万要杀泯公,仇牧得知后,急忙前去搭救。于宫门处遇到宋万,仇牧欲取这弑君的国贼的性命,可惜寡不敌众,被宋万摔死。因为感动于仇牧的忠烈行为,所以仇氏的后人都奉他为仇姓始祖。

历史名人

[仇远]宋末元初人,著名诗人,和诗人白挺齐名,人称“仇白”。

[仇英]明朝大画家,号十洲,画作题材广泛,尤其擅长人物。与沈周、文徵明、唐寅并称“明四家”或“吴门派”。

[仇兆鳌]清朝文学家、学者。他用二十多年的时间编著成《杜诗详注》,是一部关于杜甫诗歌的集大成之作。

祖

姓氏起源

祖姓来源有两个:

其一,“祖”作为一个古老的姓氏,大约有三千多年的历史了。商朝的建立者成汤,其六代孙中有祖甲、祖乙、祖丁三位帝王,后代子孙就以他们的名字为姓,世代相承。

其二,另外,商朝的时候还有叫祖已、祖伊的两位宰相,他们的子孙也用先祖的名字为姓,这也是祖姓的一个来源。

历史名人

[祖逖]晋朝时著名的北伐将领。成语“闻鸡起舞”“击楫中流”都是源自他的故事。

[祖冲之]南朝时期宋朝人,著名的科学家。他首次把圆周率计算到小数点后第六位,在当时是最精密的。

[祖孝孙]唐朝音乐家。他创作了大唐雅乐。

武

姓氏起源

武姓的来源有三个:

其一,西周末年,周平王的小儿子姬武手掌上有一片形状像“武”字的纹路。于是周平王就赐他姓武。后来,姬武做了大夫。他的子孙便继承了“武”姓,他们主要是河南武姓的源头。

其二,还有,商朝国君武丁的后人以“武”为姓。

其三,春秋时的宋武公,死后谥号是“武”,其后人以此为姓。这也是武姓的一个来源。

历史名人

[武则天]中国历史上唯一的女皇帝。她本是唐高宗的皇后,后来自称圣神皇帝,将国号由唐改为周。

[武禹襄]清朝的武术家,创造了武氏太极拳。

[武训]清朝末年人。他靠着乞讨、织麻攒钱,兴办义务学校,受到清政府的奖励,被封为“义学正”。

刘

姓氏起源

刘姓有三个来源:

其一,相传祁姓是黄帝后裔的姓氏之一,后来被封在刘国(今天的河北省唐县)。祁姓后来的子孙就用国名“刘”为姓。

其二,周朝时,刘国的覆灭使得刘姓人曾改为杜唐氏。春秋时,一部分杜唐氏逃到秦国,他们又恢复了刘姓。

其三,秦朝末年,平民刘邦建立汉朝。刘姓子孙被他分封到各地建立诸侯国,于是两千多年来,刘姓几乎遍及全国。

历史名人

[刘邦]即汉高祖。他和项羽经过四年的楚汉战争,最终取得胜利,建立了西汉。

[刘备]三国时蜀国的建立者,和北方的曹操、东吴的孙权形成了三足鼎立的局面。

[刘禹锡]唐代著名文学家、哲学家、诗人。他提出了“天人交相胜”的哲学观点。

叶

姓氏起源

叶姓人的祖先就是成语“叶公好龙”中的叶公。他说喜欢龙,可是真龙来了,他又吓得魂飞魄散。其实,历史上的叶公才能出众,他是颛顼的后人,本名沈诸梁,在楚惠王时,他做了楚国北边叶邑的行政长官。因为楚国县尹通称“公”,所以人们叫他“叶公”。他在叶邑兴修水利,改善环境,深受百姓爱戴。他还平定了白公之乱,功成身退,终老叶邑。他的后裔就以邑名“叶”为姓,叶公也就成为叶氏始祖。

历史名人

[叶适]宋代著名的唯物主义哲学家、思想家。在哲学、史学方面都有成就,是南宋

“永嘉学派”集大成者，其著述自成一家。

白

姓氏起源

白姓来源有两个：

其一，春秋时，一个叫胜的贵族，被楚王封在白羽（今天的河南省西峡县），所以叫白胜。他发动政变，想夺取王位，但最终失败。他死后，子孙以他的封地名为姓，代代相传。唐朝大诗人白居易就是这一支白姓的后人。

其二，春秋名臣百里奚的孙子叫白乙丙。他在秦国做了大官，其后人便以“白”为姓。

历史名人

[白起]战国时期秦国的著名将领，白乙丙的后人。

[白居易]唐代杰出的诗人。他诗歌的风格自成一派，与李白、杜甫一样出名。

[白朴]元代著名的戏曲家。他最著名的杂剧是《墙头马上》和《梧桐雨》。

蔺

姓氏起源

战国时，韩国国君韩献子的玄孙叫韩康，他在赵国做官，获得蔺（在今天的山西省柳林县北）这个封地。韩康的子孙就用封地名作为姓。蔺相如就是这支蔺姓的后裔。

最初，蔺姓主要分布在中山（在今天河北省境内）和华阳（在今天四川省境内），后来向全国扩散，渐渐发展，壮大起来。

战国时期，蔺氏家族出现了文臣蔺相如，后来又出了很多著名的武将。

历史名人

[蔺相如]战国时期赵国的名相。“完璧归赵”“将相和”“负荆请罪”等故事都和他有关。

[蔺钦]南北朝时期的著名将领，被称为“智武将军”。他的父亲蔺子云也是当时的名将。

[蔺亮]隋朝的名将。他曾经在浦口山屯兵，当时的人把山上的岩石叫作蔺将军岩。

乔

姓氏起源

乔姓来自"桥"。相传有座山的名字叫"桥",黄帝死后,就葬在这座山下。守陵看山的子孙,就以山名"桥"为姓。南北朝时,魏孝武帝不堪忍受宰相高欢的专权和压迫,于是同北魏平原内史桥勤一起投奔到西魏。一天,建立西魏的宇文泰突发奇想,叫桥勤去掉木字边改"桥"为"乔",取"乔"的高远之意。桥勤从此姓乔,世代传承下去。

历史名人

[乔吉]元代散曲家、戏曲作家,和张可久并称元散曲两大家。作品有《两世缘》《扬州梦》《金钱记》。

[乔清秀]近代著名河南坠子演员。她创造的表演风格被称为"乔派"。

谭

姓氏起源

相传尧时中原洪水泛滥,尧派鲧治水失败。鲧的妻子生下了禹。舜即位后,任用禹治水。禹治水成功后,舜赐"姒"姓给他。

西周初年,姒姓的一支被封在了谭国。谭国不久就沦为齐国附庸。春秋初期,齐桓公吞并谭国。谭国国君的儿子逃到莒国,而留在故国的子孙就以国名"谭"为姓。

历史名人

[谭元春]明朝文学家,与钟惺同为"竟陵派"的创始人。

[谭鑫培]近代京剧表演艺术家和戏曲革新家,自创"谭派",被誉为清代"同光十三绝"之一。

[谭嗣同]近代改良派政治家、思想家。他在戊戌变法中牺牲,是"戊戌六君子"之一。

郦

姓氏起源

在距今四千多年前,大禹敬重黄帝,把他的后裔涓封在了郦这个地方,并让他们建立郦国。

夏商时期,郦国逐步成为骊戎部落,迁到骊山一带。

商末周初，骊戎部落首领郦山助周灭商，成为十大功臣之一。

春秋时期，骊戎被晋国所灭，王族后裔聚居在新蔡，就用国名作为姓氏，世代相传，称为郦氏。

历史名人

[郦食其]西汉初年人，是帮助刘邦统一天下的功臣之一。

[郦炎]东汉诗人、学者，有文才，精音律，以品行高洁闻名。

[郦道元]北魏时期的地理学家、散文家，作《水经注》四十卷，是中国古代地理名著之一。

温

姓氏起源

周朝时的温国所在地，是郄至的封邑。当时晋厉公对权势很大的郄氏非常不满。一天，郄至打到一头野猪，派人拿给厉公，却被厉公宠幸的宦官孟张夺去，一怒之下郄至射死了孟张。厉公极为恼火，想除掉郄氏。郄至知道后，有人主张先下手杀厉公，但郄至认为宁可被杀也不可犯上，结果郄至被厉公杀死。有些郄至的子孙逃到国外，就以封邑为姓。

历史名人

[温峤]西晋和东晋时期的政治家，是一代名臣、名士。

[温庭筠]唐朝诗人，擅长诗和词，与李商隐并称"温李"。

晏

姓氏起源

颛顼帝后裔陆终的第五个儿子叫晏安。晏安的后代用"晏"为姓。

尧帝时期的大臣晏龙是历史上记载的最早的晏姓人。

春秋时期，晏姓和高、国、鲍姓成为齐国的四大望族，世代做高官。名相晏婴就是这一族的子孙。

在以后的历史中，晏姓从北向南发展、迁移。北宋时，江西晏氏家族曾经很兴盛。

历史名人

[晏婴]春秋时期齐国人。他处理政事很有成就，后人把他的言行编辑成《晏子春秋》一书。

[晏殊]北宋时的宰相,著名的文学家,尤其擅长于写词。有词集《珠玉词》传世。

[晏天章]宋代的棋师。他擅长下棋,著有《元元棋经》。

瞿

姓氏起源

上古时,有个地方叫瞿上。商朝时,有一位大夫被封到那里,人们称“瞿父”。其后代就以这个封地名为姓氏,称为瞿氏。瞿父是瞿姓人最早的祖先。

春秋时,跟孔子学习《易》的一个弟子,姓商。因为他曾居住于瞿上,所以叫商瞿。后来,瞿上这个地方就被人称为商瞿里。以后,居住在这里的人,就分别姓“商”和“瞿”。

历史名人

[瞿佑]明朝初年著名文学家,著有小说集《剪灯新话》。

[瞿式耜]南明文渊阁大学士,抗清志士。他在抗清斗争中就义,被清朝乾隆皇帝追谥“忠宣”。

[瞿秋白]中国共产党早期领导人之一,马克思主义者,无产阶级革命家、理论家和宣传家,是中国革命文学事业的奠基人之一。

文

姓氏起源

文姓有两个来源:

其一,商朝时,纣王的统治非常腐朽。诸侯姬昌在位五十年,渐渐扩充势力,灭掉其他许多诸侯国,举起反商大旗。他死后,儿子姬发建立周朝,自称周武王。姬昌被追封为周文王。在周文王的子孙中,有些用他的谥号“文”为姓。

其二,春秋时,卫国将军孙文子很有声望,他的子孙中有人以他的名字为姓,于是形成了河南的文姓。

历史名人

[文种]春秋时楚国人。他在越国辅佐越王勾践,帮助勾践灭了吴国。后来勾践听信谗言,让他自杀。

[文天祥]南宋大臣,历史上有名的民族英雄。

[文徵明]明代书画家。他与沈周、唐寅、仇英合称“明四家”,又被称为“吴门派”。

聂

姓氏起源

聂姓来源有两个：

其一，周朝第一开国功臣姜子牙，在周成王时被封在齐国。齐丁公时，姜子牙的一些子孙被封到聂国，这些子孙后来就以国名为姓。因此，姜子牙被尊奉为聂姓始祖。

其二，春秋时期，地处中原的聂北归属邢国。邢国灭亡以后，聂北就归齐国所有，住在那里的人就以地名为姓。

历史名人

[聂政]战国时期人，著名的刺客。

[聂夷中]唐朝末年诗人。他的诗篇大多关怀民生疾苦、讽喻时世。代表作有《咏田家》。

[聂耳]现代作曲家，中国共产党早期党员。我国国歌《义勇军进行曲》的作曲者。

曾

姓氏起源

夏朝贤君少康曾经把最小的儿子封在了鄫国(今天的山东省苍山西北)，历经夏、商、周三代，到了春秋时期，鄫国被莒国吞灭。太子巫逃奔到鲁国。他的后代为了纪念故国，把“鄫”字去掉“阝”旁，改姓了“曾”。

原本，鲁国是曾姓人的聚集地。不过，西汉末年，为了躲避王莽乱政，一部分曾姓人南下到了今天的江西吉安，从此曾姓在南方也繁衍起来。

历史名人

[曾参]春秋末战国初人，是孔子最得意的弟子之一。

[曾巩]北宋著名的文学家，散文创作的成就最高，是唐宋八大家之一。

[曾国藩]清朝的封疆大吏，中兴名臣，建立了与太平天国对抗的湘军，是洋务运动的创办者之一。

关

姓氏起源

关姓有两个来源：

其一，远古时代，董父为帝舜养龙，他是颛顼帝的后裔，被封为豢龙氏。因为古时“豢”“关”二字通用，所以后来又写作“关龙氏”。

到了夏朝，贤臣关龙逢因为帝王桀的统治腐朽，他前去劝谏，结果犯上被囚，赐死。于是，关龙逢的后代就改姓关。

其二，春秋时期的尹喜在函谷关任关令。相传尹喜在老子西游出关时，追随他而去。之后，尹喜的后代就以他的官名为姓，也称关氏。

历史名人

[关羽]东汉末年人，刘备的部将，著名的三国人物。

[关汉卿]元朝戏剧家。他所做杂剧有六十余种，现存十三种，包括著名的《窦娥冤》。

[关天培]清朝军事将领。他任广东水师提督，协助林则徐查禁鸦片，在鸦片战争中牺牲。

荆

姓氏起源

荆姓有三个来源：

其一，西周初年，苗人领袖鬻熊在荆山一带建国，称为荆国。春秋时期，荆国改称楚国。在楚文王之前，荆国国君的后人中，就有以国号为姓氏的。

其二，楚国的王族后代，有一些居住在秦国，姓楚，为了避讳秦王嬴子楚的名字，于是改姓了荆。

其三，有些荆姓是从庆姓改来的，比如战国时期著名的刺客荆轲就是由庆姓改做荆姓的后代。

历史名人

[荆轲]战国时期著名的刺客，齐国人，帮助燕太子行刺秦王而牺牲。

[荆浩]五代时期后梁人，画家，擅长山水画。著有《笔法记》，对中国山水画的发展有重要影响。

[荆嗣]宋朝有名的军事将领，一生历经一百五十多次战役，未曾失败。

司马

姓氏起源

周宣王时，重黎(颛顼的后人，帝喾的火正，即掌管火的官)的后代程伯休父做了司马。作为一种官职,司马非常重要,一方面掌管国家的军队,另一方面帮助君王处理国家大事。在征战中,程伯休父立下大功,于是周宣王允许他用官职为姓,让后代一直继承。于是,世上便有了司马这个姓氏。

从春秋一直到秦汉、魏晋时期,作为名门大姓的司马氏出了很多政治、军事、文学方面的名人。

历史名人

[司马迁]西汉史学家、文学家。他写的《史记》是我国第一部纪传体通史,对后世影响很大。

[司马相如]西汉的辞赋家,也是历史上赋这种文体写得最好的人。

[司马光]北宋著名的大臣、史学家。他编撰的《资治通鉴》是著名的史书。

司马光

上官

姓氏起源

春秋时,优秀君主楚庄王重用孙叔敖,兴修水利,发展生产,使得国力强盛。他成为继晋文公之后的春秋五霸之一。楚庄王的小儿子兰被分封为上官邑(今天的河南省滑县东南)的大夫。兰的子孙就用这个邑名作为姓,于是有了“上官”这个姓氏。

战国时期,楚国的公族子弟靳尚担任了上官大夫,他的后代子孙就用官职作为姓,姓上官。

历史名人

[上官桀]汉朝人,汉武帝时候的将军,后来想要造反,失败后被诛灭九族。

[上官仪]唐朝初年的著名诗人。他创造的诗歌风格被称为“上官体”,在当时有很多人模仿。

[上官婉儿]上官仪的孙女,中国历史上有名的才女。

欧阳

姓氏起源

夏朝国君少康把他的一个儿子封在会稽(今浙江省绍兴市),建立越国。战国时期,越王无疆把他的第二个儿子蹄分封在乌程欧余山的南边。古时称山的南边、水的北边为“阳”,所以蹄又称欧阳亭侯。后来,无疆被楚王打败,越国灭亡。欧阳亭侯的后代就以“欧阳”和“欧”为姓。

历史名人

[欧阳生]西汉时候的学者,以研究《尚书》著名。他的后代也有很多人以研究《尚书》为特长,因此,有关《尚书》的学问也被称为欧阳氏学。

[欧阳询]唐朝的著名书法家。

[欧阳修]北宋著名的文学家。他是当时的文坛领袖,在当时和后世都有很大影响。

诸葛

姓氏起源

诸葛姓有两个来源:

其一,葛伯,葛天氏的后裔,在今天的山东省诸城建立封国。封国灭亡后,原来葛姓人中的一部分由琅邪郡诸县迁徙到阳都。由于阳都已有葛姓,为了区分,就称这些来自诸县的葛姓人为“诸葛”姓,意即来自诸县的葛姓。经过代代相传,就成了一个新的姓氏。

其二,有的诸葛姓氏是来自一个口误。春秋时齐国熊氏的后人中有姓“詹葛”的,因为被叫错,遂成“诸葛”。

历史名人

[诸葛亮]三国时期蜀国的政治家、军事家。《三国演义》里将他写成智慧的化身。

[诸葛瑾]诸葛亮的哥哥,是三国时期东吴的重要大臣。

[诸葛高]宋朝的制笔专家。宋朝文学家梅尧臣称赞他说:“笔工诸葛高,海内称第一。”

附录一:《百家姓》原文

赵钱孙李　周吴郑王　冯陈褚卫　蒋沈韩杨　朱秦尤许　何吕施张
孔曹严华　金魏陶姜　戚谢邹喻　柏水窦章　云苏潘葛　奚范彭郎
鲁韦昌马　苗凤花方　俞任袁柳　酆鲍史唐　费廉岑薛　雷贺倪汤
滕殷罗毕　郝邬安常　乐于时傅　皮卞齐康　伍余元卜　顾孟平黄
和穆萧尹　姚邵湛汪　祁毛禹狄　米贝明臧　计伏成戴　谈宋茅庞
熊纪舒屈　项祝董梁　杜阮蓝闵　席季麻强　贾路娄危　江童颜郭
梅盛林刁　钟徐邱骆　高夏蔡田　樊胡凌霍　虞万支柯　昝管卢莫
经房裘缪　干解应宗　丁宣贲邓　郁单杭洪　包诸左右崔吉钮龚
程嵇邢滑　裴陆荣翁　荀羊於惠　甄曲家封　芮羿储靳　汲邴糜松
井段富巫　乌焦巴弓　牧隗山谷　车侯宓蓬　全郗班仰　秋仲伊宫
宁仇栾暴　甘钭厉戎　祖武符刘　景詹束龙　叶幸司韶　郜黎蓟薄
印宿白怀　蒲台从鄂　索咸籍赖　卓蔺屠蒙　池乔阴郁　胥能苍双
闻莘党翟　谭贡劳逄　姬申扶堵　冉宰郦雍　却璩桑桂　濮牛寿通
边扈燕冀　郏浦尚农　温别庄晏　柴瞿阎充　慕连茹习　宦艾鱼容
向古易慎　戈廖庚终　暨居衡步　都耿满弘　匡国文寇　广禄阙东
殴殳沃利　蔚越夔隆　师巩厍聂　晁勾敖融　冷訾辛阚　那简饶空
曾毋沙乜　养鞠须丰　巢关蒯相　查后荆红　游竺权逯　盖益桓公
万俟司马　上官欧阳　夏侯诸葛　闻人东方　赫连皇甫　尉迟公羊
澹台公冶　宗政濮阳　淳于单于　太叔申屠　公孙仲孙　轩辕令狐
钟离宇文　长孙慕容　鲜于闾丘　司徒司空　亓官司寇　仉督子车
颛孙端木　巫马公西　漆雕乐正　壤驷公良　拓跋夹谷　宰父谷梁
晋楚闫法　汝鄢涂钦　段干百里　东郭南门　呼延归海　羊舌微生
岳帅缑亢　况后有琴　梁丘左丘　东门西门　商牟佘佴　伯赏南宫
墨哈谯笪　年爱阳佟　第五言福　百家姓终

附录二:《新百家姓》原文

李王张刘　陈杨赵黄　周吴徐孙　胡朱高林　何郭马罗　梁宋郑谢

韩唐冯于　董萧程曹　袁邓许傅　沈曾彭吕　苏卢蒋蔡　贾丁林薛
叶阎余潘　杜戴夏钟　汪田任姜　范方石姚　谭廖邹熊　金陆郝孔
白崔康毛　邱秦江史　顾侯邵孟　龙万段雷　钱汤尹黎　易常武乔
贺赖龚文　庞樊兰殷　施陶洪翟　安颜倪严　牛温芦季　俞章鲁葛
伍韦申尤　毕聂丛焦　向柳邢路　岳齐沿梅　莫庄辛管　祝左涂谷
祁时舒耿　牟卜路詹　关苗凌费　纪靳盛童　欧甄项曲　成游阳裴
席卫查屈　鲍位覃霍　翁隋植甘　景薄单包　司柏宁柯　阮桂闵欧阳
解强柴华　车冉房边　辜吉饶刁　瞿戚丘古　米池滕晋　苑邬臧畅
宫来嵺苟　全褚廉简　娄盖符奚　木穆党燕　郎邸冀谈　姬屠连部
晏栾郁商　蒙计喻揭　窦迟宇敖　糜鄢冷卓　花仇艾蓝　都巩稽井
练仲乐虞　卞封竺冼　原官衣楚　佟栗匡宗　应台巫鞠　僧桑荆谌
银扬明沙　薄伏岑习　胥保和蔺

千字文

[南朝梁]周兴嗣

《千字文》是南朝梁武帝在位时期(502~549年)编成的,其编者是梁朝散骑侍郎、给事中周兴嗣。据唐代李倬《尚书故实》记载梁武帝命大臣殷铁石模次王羲之书碣碑石的字迹,又要求拓出一千字都不重复,以赐八王。梁武帝又命令周兴嗣将这一千字编成有意义的句子,“卿有才思,为我韵之”。结果周兴嗣用尽心血写成了《千字文》,据说写完以后,头发都白了。

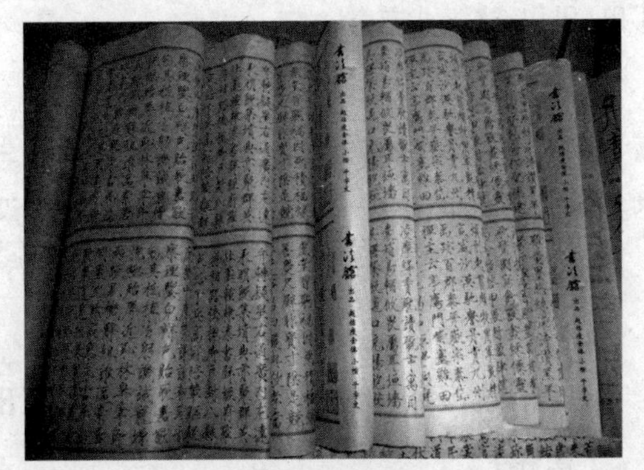

《千字文》书影

【原文】

天地玄黄[①],宇宙洪荒[②]。日月盈[③]昃[④],辰宿[⑤]列张[⑥]。

【注释】

①玄黄:指天地的颜色。玄,黑色,天的颜色;黄,黄色,地的颜色。②洪荒:无边无际、混沌蒙昧的状态,指远古时代。洪,洪大、辽阔;荒,空洞、荒芜。③盈:圆满,这里是针对月亮说的。④昃:太阳偏西。⑤辰宿:星宿,星辰。⑥列张:陈列,散布。列,排列;张,张开。

【译文】

开天辟地,宇宙诞生。天是黑色的,高远苍茫;地是黄色的,深邃宽广。宇宙辽阔无垠、混沌蒙昧。日月在宇宙中运转,日出日落,月圆月缺,周而复始,无数星辰陈列散布,闪闪发光。

【原文】

寒来暑往,秋收冬藏。闰余成岁[①],律吕[②]调[③]阳[④]。

【注释】

①闰余成岁:中国古代历法以月亮圆缺变化一次为一个月,十二个月为一年,但人

们实际经历的一年(地球绕太阳运行一圈所用的时间)和它之间存在差额,这个时间差额被称为“闰余”。为了解决这个问题,古人每过几年,就把积累到一定程度的“闰余”相加,合成“闰月”,插入该年份中,有“闰月”的这一年就是“闰年”。闰,余数;岁,年。②律吕:律管和吕管,中国古代用来校定音律的一种设备,相当于现代的定音器。古人将一个八度分为十二个不完全相等的半音,从低到高依次排列。每个半音称为一律,其中单数各律称为“律”,双数各律称为“吕”,十二律分为“六律”“六吕”,简称“律吕”。古人认为十二音律代表一年的十二个月,分“阴”“阳”两组,所以“律吕”除了用来校正音律,还用来勘测地下阴阳二气的变化,以校正历法节气的偏差。③调:调整。④阳:阴阳,这里指节气。

【译文】

四季气候总是冬夏交替,农事活动总是春生夏长、秋收冬藏。历法上的一年与地球实际上绕太阳运行一周的时间出现误差,就设置闰月和闰年来解决;历法节气上产生偏差,则根据律管和吕管对地下阴阳二气进行勘测的结果进行调整。

【原文】

云腾①致②雨,露结为霜。金生丽水③,玉出昆冈④。

【注释】

①腾:上升。②致:导致,造成。③丽水:就是云南丽江,因为盛产黄金,又名“金沙江”。④昆冈:昆仑山,在新疆维吾尔自治区、西藏自治区一带,古代出产玉石,著名的“和田玉”便产自这里。

【译文】

云气上升遇到冷空气就形成了雨,夜晚气温下降露水就凝结成霜。丽江水中盛产黄金,昆仑山上盛产美玉。

【原文】

剑号巨阙①,珠称夜光。果珍李柰②,菜重③芥姜。

【注释】

①巨阙:古代宝剑名,相传是春秋时期越国铸剑大师欧冶子所铸造的五大名剑之一,其余依次为纯钩、湛卢、莫邪、鱼肠,全都锋利无比,以巨阙为最,后来逐渐成为宝剑的代称。②李柰:两种水果名称,“李”是李子;“柰”,柰子,俗名花红,又叫沙果。③重:重视、看重。

【译文】

“巨阙剑”在宝剑中最锋利,“夜光珠”在珍珠中最明亮;水果里最珍贵的是李子和沙果,蔬菜中最重要的是芥菜和生姜。

【原文】

海咸河淡,鳞[①]潜[②]羽[③]翔[④]。

【注释】

①鳞:鱼的鳞片,这里代指鱼类。②潜:隐藏在水面下活动。③羽:鸟的羽毛,这里代指鸟类。④翔:盘旋地飞而不扇动翅膀。

【译文】

海水咸,河水淡;鱼儿在水中潜游,鸟儿在空中飞翔。

【原文】

龙师[①]火帝[②],鸟官[③]人皇[④]。始制文字[⑤],乃服衣裳[⑥]。

【注释】

①龙师:相传上古帝王伏羲氏所封的官名都带“龙”字,因此被称为“龙师”。②火帝:相传上古帝王神农氏所封的官名都带“火”字,因此被称为“火帝”,又称炎帝。③鸟官:相传上古帝王少昊氏所封的百官都带有“鸟”字,因此被称为“鸟官”。④人皇:人间的皇帝,这里指传说中上古部落的首领,后来被神化,与天皇、地皇合称三皇。⑤始制文字:传说黄帝命一个叫仓颉的史官创造了汉字。⑥乃服衣裳:传说远古时期,人类开始都是用树叶遮蔽身体、抵御寒冷。直到黄帝时,才有一个叫胡曹的人发明了衣裳,上身穿的叫衣,下身穿的叫裳(古代指裙子)。乃,才;服,穿(衣服)。

【译文】

上古时期,伏羲氏以龙来命名百官,被称为“龙师”;神农氏以火来命名百官,被称为“火帝”;少昊氏以鸟来命名百官,被称为“鸟官”。还有传说中远古部落首领人皇,与天皇、地皇合称三皇。

黄帝时仓颉创造了文字,百姓穿上了衣服。

【原文】

推位[①]让[②]国,有虞[③]陶唐[④]。吊民伐罪[⑤],周发[⑥]殷汤[⑦]。

【注释】

①推位:把皇位让给别人。推,推让,把自己的东西送给别人;位,这里指皇位。②让:不争,谦让,这里指古代所说的“禅让”,指君王把帝位让给他人。③有虞:这里指舜,远古部落有虞氏的首领,号有虞氏,史称虞舜,传说中的五帝之一。④陶唐:这里指尧,远古部落陶唐氏的首领,号陶唐氏,史称唐尧,也是传说中的五帝之一。传说尧把

帝位禅让给了舜，舜又禅让给了禹。⑤吊民伐罪：慰问受苦的人民，讨伐有罪的统治者。吊，抚恤、慰问；民，人民；伐，征讨、讨伐；罪，作恶或犯法的行为，这里指有罪的统治者。⑥周发：指周武王姬发，他率军讨伐暴君商纣王，建立了西周。⑦殷汤：成汤率军讨伐暴君夏桀，建立了商朝，历史上商朝又称殷，因此成汤又叫殷汤。

【译文】

贤明的上古君王尧和舜，无私地把帝位让给德才兼备的人。商汤率军讨伐残暴的夏桀，而周武王又率军讨伐残暴的商纣王。

【原文】

坐朝问道[①]，垂拱[②]平章[③]。爱育[④]黎首[⑤]，臣伏[⑥]戎羌[⑦]。遐迩一体[⑧]，率宾归王[⑨]。

【注释】

①坐朝问道：君主端坐在朝堂上，与大臣们共同商讨治国之道。②垂拱：语出《尚书·武成》："谆信明义，崇德报功，垂拱而天下治"。垂衣拱手，形容毫不费力，这里指天子不做什么而使天下安定，多用来称颂帝王无为而治。垂，垂衣，把衣服挂起来；拱，拱手。③平章：太平彰明，指把国家治理得很好。平，平安、太平；章，通"彰"，明显、显著。④爱育：爱护养育。⑤黎首：黎民，指老百姓。黎，黑色的；首，头，因为老百姓脸是黑色的，所以称为"黎首"。⑥臣伏：屈服称臣。⑦戎羌：中国古代西北地区的两个少数民族，这里代指全部少数民族。⑧遐迩一体：指远近地区关系密切，形成一个整体。遐，远；迩，近。⑨率宾归王：出自《诗经·小雅·北山》："普天之下，莫非王土；率土之滨，莫非王臣。"意思是：普天之下的土地都是君王的领土，领土内的百姓都是君王的臣民。率，率领、带领，这里是"自、由、从"的意思；宾，通"滨"，水边，近水的地方。率宾，四海之内。归，归依、归属；王，君王、天子。

【译文】

贤明的君王只要端坐朝堂，和大臣们共同商讨治国之道，无为而治，就能毫不费力地把国家管理好，开创天下太平、政治清明的盛世。

君王体恤爱护百姓，百姓自然会心悦诚服地拥戴他，连边疆的少数民族也会心甘情愿地归顺臣服。远近地区关系密切，国家自然会形成统一的整体，四海之内的百姓都会主动归顺于贤明的君主。

【原文】

鸣凤在竹[①]，白驹食场[②]。化被草木[③]，赖及万方[④]。

【注释】

①鸣凤在竹:凤凰是传说中的珍禽,只吃竹子的果实,只落在梧桐树上休息,它的出现象征着太平盛世。②白驹食场:出自《诗经·小雅·白驹》:"皎皎白驹,食我场苗,执之维之,以永今朝。"这里借白色的小马在牧场自在地吃草,来表现处在太平盛世的人生活非常悠闲。驹,小马。场,牧场。③化被草木:圣君贤王的感化使草木都沾光。化,政教风化。被,覆盖、遮盖。④赖及万方:普天下的百姓都享受到明君的恩泽。赖,幸蒙、依赖。万方,各地、四方,不仅仅指人,还泛指一切生物。

凤凰

【译文】

明君的恩泽覆盖了世间万物:竹林间,吉祥的凤凰在欢快地鸣叫;牧场上,白色的小马驹正悠闲地吃草;草木沐浴着君王的教化,生机勃勃;百姓享受君王的恩泽,生活幸福。

【原文】

盖[①]此身发[②],四大[③]五常[④]。恭惟[⑤]鞠养[⑥],岂敢[⑦]毁伤。

【注释】

①盖:发语词,引起下面所说的话,本身并无意义。②身发:身体和头发。这里代指整个身体。③四大:指地、水、火、风四种元素。④五常:指儒家认为人应具备的五种品德,仁、义、礼、智、信。⑤恭惟:也作"恭维",对上的谦辞,一般用于文章开头。惟,助词,与恭合起来成为表谦虚的专辞。⑥鞠养:抚养,养育。这里"鞠"和"养"意思相同。⑦岂敢:怎么敢,不敢,表示谦虚。岂,助词,表示反问的语气。

【译文】

人的身体发肤,是地、水、火、风四大基本元素构成的;人的思想行为,是受仁、义、礼、智、信五种品德约束的。做儿女的要恭恭敬敬,时刻谨记父母的养育之恩,这样的话,怎么还敢轻易损毁自己的身体呢?

【原文】

女慕[①]贞洁[②],男效[③]才良[④]。知过必改[⑤],得能[⑥]莫忘。

【注释】

①慕:向往,敬仰。②贞洁:纯正高洁,指纯洁的内心和端正的品行。贞,端方正直,形容一个人的意志或操守坚定不移;洁,干净。③效:效法、学习。④才良:德才兼备的人。才,有本领、有才能;良,善良、美好。⑤知过必改:知道自己错了就一定要及时改正。过,过错、过失;必,一定;改,改正。⑥得能:学到了本领。能,才干、本领。

【译文】

女子要崇尚那些内心纯洁、品行端正的人;男子要效法那些德才兼备的人。发现自己错了,一定要及时改正;学到了知识本领,一定不要忘记。

【原文】

罔[①]谈彼短[②],靡[③]恃[④]己长[⑤]。信[⑥]使可复[⑦],器[⑧]欲[⑨]难量。

【注释】

①罔:不,不要,表示禁止、否定。②彼短:别人的缺点。彼,他人、别人;短,缺点、短处。③靡:不,不要,表示禁止、否定。④恃:依赖,仗着。⑤己长:自己的长处。⑥信:诚信,诚实不欺骗。⑦复:实践,履行。⑧器:气度,器量。⑨欲:需要。

【译文】

不要谈论别人的短处,不可炫耀自己的长处。做人要诚实守信,经得起反复考验;器量越大越好,最好大到让人难以估量。

【原文】

墨[①]悲丝染[②],诗[③]赞羔羊[④]。

【注释】

①墨:这里指墨子,名翟,是战国时期著名的思想家、教育家,墨家学派创始人,著有《墨子》一书。②(墨)悲丝染:典故出自《墨子》,说有一次墨子路过染坊,看到雪白的生丝被放在各色染缸里染了颜色,无论怎样漂洗,再也无法将染过的丝恢复生丝的本色了。墨子于是悲叹道:“染于苍则苍,染于黄则黄,不可不慎也。”墨子认为人的本性像生丝一样洁白美好,一旦受到环境的污染,就像生丝被染了色,再想恢复本性的质朴纯洁已经不可能了,因此而感到悲哀。这个故事教育我们要注意抵御不良影响,保持本性的纯正美好。③诗:这里指《诗经》,我国古代第一部诗歌总集,共305篇,又取整数,称为“诗三百”,分为风、雅、颂三部分。④羔羊:《诗经·召南》里有“羔羊”一篇,表面上是赞美羔羊的素白,实质上是称颂穿皮袄的人——士大夫具有羔羊般纯洁正直、不受污染的品德。

【译文】

墨子悲叹白丝被染了色,《诗经》赞美了士大夫纯洁正直的品德。

【原文】

景行[①]维贤[②],克念[③]作圣[④]。德[⑤]建名[⑥]立,形端[⑦]表正[⑧]。

【注释】

①景行:大路,比喻高尚光明的德行,语出《诗经·小雅·车辖》:"高山仰止,景行行止。"意思是贤德的人,德如高山人人敬仰,行如大道人人向往。景,高、大;行,道路。②维贤:要像贤人一样。维,思考;贤,贤人。③克念:克制自己的私欲杂念。克,制服、抑制。④圣:圣人,古代对人格最高尚的、智慧最高超的人的称呼。⑤德:道德品行。⑥名:名声。⑦形端:既包括形体端庄,也包括内在谦虚诚恳。形,这里指人的整体形态,包括外在的言行举止和内在修养两部分。⑧表正:仪表端正。表,仪表,指人的容貌、姿态、风度等。

【译文】

行为光明正大,才能接近贤人;克制私欲杂念,才能成为圣人。高尚的德行建立了,名声自然就会树立;心性举止庄重,仪表自然就会端正。

【原文】

空谷[①]传声[②],虚堂[③]习听[④]。祸因恶积[⑤],福缘[⑥]善庆[⑦]。

【注释】

①空谷:空旷的山谷。②传声:传播声音。③虚堂:高大而空荡的厅堂。虚,空;厅,厅堂,用于聚会、待客等的宽敞房间。④习听:回声引起重听。习,本义是小鸟反复地试飞,这里是重复的意思。⑤积:积累,聚积。⑥缘:因为,由于。⑦庆:奖赏,赏赐。

【译文】

空旷的山谷中,声音传播得很远;空荡的厅堂里,说话会有回声。灾祸是罪恶不断积累的下场,幸福是善行持续增加的奖赏。

【原文】

尺璧[①]非宝,寸阴[②]是竞[③]。

【注释】

①尺璧:直径一尺长的美玉,形容极为珍贵的玉。璧,本义是平滑、中心有孔的圆形玉环,后来将上等的美玉称为璧。②寸阴:一寸长的光阴,形容时间非常短暂。③竞:竞争,争取。

【译文】

直径一尺的美玉还不算真正的宝贝，短暂的时光却要努力争取。

【原文】

资[①]父事[②]君，曰[③]严[④]与敬[⑤]。孝当竭力[⑥]，忠则尽命[⑦]。

【注释】

①资：奉养。②事：侍奉。③曰：本义是"说"，这里是"就是"的意思。④严：严肃，认真。⑤敬：恭敬。⑥竭力：尽力，用尽全力。竭，尽，用完。⑦尽命：忠于君主要不超越本位，一心一意做好本职工作。命，孔子说过"命者，名也"，命就是一个人的本分、名分。做人做事，都不要超越自己的本分，才有功德；越位行事，劳而无功。

【译文】

奉养父母、侍奉君主，就是要严肃而恭敬。孝敬父母应当尽己所能，能做多少就做多少；忠于君主不要超越本位，一心一意，恪尽职守。

【原文】

临深履薄[①]，夙兴[②]温清[③]。似兰斯馨[④]，如松之盛。

【注释】

①临深履薄：语出《诗经·小雅·小旻》："战战兢兢，如临深渊，如履薄冰。"意思是面临深渊，脚踩在很薄的冰面上。比喻小心谨慎，唯恐出现差错。临，面对、面临；深，深渊；履，踩、踏；薄，薄冰。②夙兴："夙兴夜寐"的缩略语，早起晚睡。夙，早；兴，起来、起床。③温清："冬温夏凊"的缩略语，冬天注意防寒保暖，夏天注意防暑降温。温，温暖；清，凉，凉爽。④馨，散布很远的香气，多比喻声誉流芳后世。

【译文】

侍奉君主要像站在深渊边、踩在薄冰上一样小心谨慎；孝顺父母要比他们睡得晚、起得早，冬天注意防寒保暖，夏天注意防暑降温。这种尽忠尽孝的美德，像兰花那样清香远播，陶冶人心；像青松那样傲霜斗雪，苍翠茂盛。

【原文】

川[①]流不息[②]，渊[③]澄[④]取映[⑤]。容止[⑥]若思[⑦]，言辞[⑧]安定。

【注释】

①川：河水，河流。②息：停歇，停止。③渊：深水，深潭。④澄：水静而清。⑤取映：拿来当镜子照。取，拿，拿来；映，反映，因光线照射而显出。⑥容止：容貌仪表和行为举止。⑦若思：像在思考问题一样。若，好像。⑧言辞：言语，所说的话。

【译文】

要像河水那样流淌不息，要像潭水那样清澈照人。仪容举止要像在思考问题时那样沉静安详，言语对答要稳重自信。

【原文】

笃初①诚②美③，慎终④宜令⑤。荣业⑥所基⑦，籍甚⑧无竟⑨。

【注释】

①笃初：以忠实的态度开始做一件事情。笃，忠实，一心一意；初，开始。②诚：虽然，固然。③美：美好。④慎终：谨慎小心直到结束。慎，谨慎、慎重；终，完，结束。⑤宜令：应该美好。宜，应该、应当；令，美好，善。⑥荣业：荣誉与功业。⑦基：基础，根本。⑧籍甚："籍籍之甚"的简称，形容声名盛大。⑨竟：通"境"，止境。

【译文】

以忠实的态度开始做一件事情固然很好，但直到事情结束都保持小心谨慎才更加难能可贵，这是人一生荣誉与事业的基础，有了这个基础，才能声名远扬，没有止境。

【原文】

学优登仕①，摄职②从政③。存④以甘棠⑤，去⑥而益咏⑦。

【注释】

①学优登仕：出自《论语·子张篇》："子夏曰：仕而优则学，学而优则仕。"意思是做了官还有余力就去学习（以便更好地发展）；学习好了就可以去做官（以推行仁政）。学优，学习成绩优异；登仕，当官、做官；登，登上；仕，官员。②摄职：代理官职。摄，代理。③从政：参与政治事务，指做官。④存：保存，保留。⑤甘棠：即棠梨树。典故出自《诗经·召南·甘棠》，相传周武王的臣子召伯巡视南方时，曾在甘棠树下休息、理政，当地人因其勤政爱民感激他，为了怀念他的功绩，一直珍惜这棵甘棠树不忍心砍伐，并做了《甘棠》一诗加以怀念。⑥去：离去，离开。⑦益咏：更加歌颂赞美。益，更加。

【译文】

学问好的人就可以去做官，行使职权、处理政事。周人怀念召伯的德政，不忍砍伐他休息过的甘棠树，召伯虽然离去了，但百姓却作诗歌怀念他。

【原文】

乐①殊②贵贱③，礼④别⑤尊卑⑥。上⑦和下⑧睦⑨，夫唱妇随⑩。

【注释】

①乐：音乐。②殊：不同。③贵贱：身份的高贵和低贱。④礼：礼节，礼仪。⑤别：

差别。⑥尊卑:地位的尊贵和卑贱。⑦上:长辈或地位高的人。⑧下:晚辈或地位低的人。⑨睦:融洽。⑩夫唱妇随:原指封建伦理道德规定妻子必须绝对服从丈夫,后比喻夫妻亲密和睦相处。唱,通"倡",倡导、发起;随,附和。

【译文】

要根据身份贵贱选用不同音乐,要依据地位高低区别使用礼仪。不管地位高低,还是辈分大小,都要和睦相处,丈夫倡导的,妻子要顺从。

【原文】

外①受傅训②,入③奉④母仪⑤。诸⑥姑伯叔,犹子⑦比儿。

【注释】

①外:在外。②傅训:师傅的教诲。傅,师傅,老师;训,教导,教诲。③入:进入家里,在家。④奉:奉行,遵守。⑤母仪:母亲的举止仪表。仪,容止仪表。⑥诸:众,各。⑦犹子:犹如自己的儿子,《礼记·檀弓》:"兄弟之子,犹子也。"就是侄子。犹,如同。

【译文】

在外要接受老师的教导,在家要奉行母亲的礼仪。要像孝顺父母那样对待姑姑、伯伯、叔叔;要像关爱亲生子女那样爱护侄子侄女。

【原文】

孔①怀②兄弟,同气连枝③。交友投分④,切⑤磨⑥箴⑦规⑧。

【注释】

①孔:很,甚,非常。②怀:思念,想念。③同气连枝:兄弟虽然形体不同,但共同承受父母的血气,就像连接在同一树干上的枝条。④投分:投缘,情投意合。投,相合、迎合;分,情分、缘分。⑤切:切磋。⑥磨:琢磨。⑦箴:劝告,劝诫。⑧规:劝告,建议,尤指温和地力劝。

【译文】

兄弟间要互相关爱,气息相通,因为彼此有共同的血缘关系,就像形体不同却同根相连的枝条一样。交朋友要意气相投,要能共同切磋钻研学问,还要能互相劝诫激励。

【原文】

仁慈①隐恻②,造次③弗④离。节⑤义⑥廉⑦退⑧,颠沛⑨匪亏⑩。

【注释】

①仁慈:仁爱慈善。②隐恻:也写作"恻隐",看到人遭遇不幸感到不忍心,即同情、怜悯。③造次:慌忙,仓促。④弗:不。⑤节:气节,操守。⑥义:正义。⑦廉:廉洁。⑧

退:谦让,谦逊。⑨颠沛:困顿挫折。⑩匪亏:不缺少。匪,不;亏,欠缺、短少(应该有的而缺少)。

【译文】

无论多么慌乱紧急的情况,都不可丢失仁爱和同情之心。无论多么颠沛流离的生活,都不能缺少气节、正义、廉洁、谦逊这些美德。

【原文】

性静[①]情逸[②],心动[③]神疲[④]。守真[⑤]志满[⑥],逐物[⑦]意移[⑧]。

【注释】

①性静:心境宁静。性,性情。②情逸:心性安逸。情,情绪、心情;逸,安闲、安适。③心动:心中浮躁动荡,不能安定。④神疲:精神疲倦。神,精神。⑤守真:保持自己纯真的本性和操守。守,保持、卫护;真,这里指人的本性、本质。⑥志满:志向得到满足。志,志气,意愿。⑦逐物:追求物质享受。逐,追求、追逐。⑧意移:意志改变,这里指善良的本性发生变化。

【译文】

心性淡泊宁静,情绪就自在安逸;内心浮躁动荡,精神就疲倦萎靡。保持纯真的本性和操守,志向就能得到满足;一心追逐物质享受,意志就会衰退,善良的本性也会改变。

【原文】

坚持雅[①]操[②],好爵[③]自縻[④]。

【注释】

①雅:高尚,美好。②操:品行,节操。③好爵:代指高官厚禄。爵,古代饮酒的器皿,因贵族的等级不同使用的爵器也不同。后世把爵作为爵位、爵号、官位的总称。④自縻:自己跑来拴住自己,这里是好运自来的意思。縻,本义是拴牛的绳子,这里是拴住、牵系的意思。

【译文】

坚持高尚的节操,高官厚禄自会降临。

【原文】

都邑[①]华夏[②],东西二京[③]。背邙面洛[④],浮渭据泾[⑤]。

【注释】

①都邑:京城。邑,城市,都城。②华夏:原指我国中原地区,后包括我国全部领

土,遂成为中国的古称。③东西二京:中国古代很重要的两座京城,即西汉的都城长安"西京"(现在的西安),东汉的都城洛阳"东京"。④背邙面洛:这里是描述洛阳的地理位置。背邙,背靠邙山。邙,山名,北邙山,位于河南洛阳的北面。面洛,面对洛水。⑤浮渭据泾:这里是描述长安的地理位置。西安的左面有渭水,右面有泾河。渭水发源于甘肃,泾水起源于宁夏,二水在西安汇合后流入黄河。在汇入黄河以前,泾水清,渭水浊,水质完全不一样,这就是成语"泾渭分明"的来历。浮,漂浮;据,凭着、依靠。

【译文】

中国古代的都城宏伟壮观,最古老的要数东京洛阳和西京长安。洛阳背靠北邙,面临洛水;长安左边是渭河,右边是泾河。

【原文】

宫殿盘郁①,楼观②飞惊③。图写④禽兽⑤,画彩⑥仙灵⑦。

【注释】

①盘郁:曲折幽深的样子。盘,盘旋、回旋;郁,是繁盛的样子。②楼观:古代宫殿群里面最高的建筑,这里泛指楼殿等高大的建筑物。观,楼台。③飞惊:(楼阁亭台之势)如鸟儿展翅高飞,令人触目惊心,形容楼殿非常高大。飞,飞檐,中国古代特有的建筑结构,像展翅欲飞的鸟儿;惊,令人触目惊心。④图写:图物写貌,绘画。写,这里是描摹、绘画的意思。⑤禽兽:泛指飞禽走兽。⑥画彩:用彩色绘画。⑦仙灵:天仙和神灵。

【译文】

雄伟的宫殿曲折盘旋,重叠幽深;高大的亭台楼阁凌空欲飞,触目惊心。宫殿里画着各种各样的飞禽走兽,还有彩绘的天仙神灵。

【原文】

丙舍①傍启②,甲帐③对楹④。肆筵设席⑤,鼓瑟吹笙⑥。

【注释】

①丙舍:泛指正室两旁的别室、偏殿。②傍启:从侧面开门。傍,通"旁",侧面。③甲帐:汉武帝时所造的帐幕,用各种珍宝装饰,这里代指豪华的建筑。④对楹:堂前对立的楹柱,这里指宫殿上第一排柱子。楹:厅堂前部的柱子。⑤肆筵设席:在宴会开始之前,进行桌椅的排摆和陈设的准备,这里就是摆设筵席的意思。肆、设,陈列、陈设。筵、席,古代的坐具,在唐朝以前,古人都是在地上铺席子,席地而坐,紧贴地面的那层长席叫筵,铺在筵上的短席叫席。⑥鼓瑟吹笙:宴会中助酒兴的音乐歌舞。鼓,敲击,弹奏;瑟,古代的一种弦乐器,形状像琴,这里代指弦乐;笙,古代的一种管乐器,这里代

指管乐。

【译文】

正殿两旁的偏殿从侧面开启，豪华的幔帐对着高大的楹柱。宫殿里大摆筵席，弹瑟吹笙，一片歌舞升平的欢腾景象。

【原文】

升阶纳陛①，弁②转③疑④星。右通广内⑤，左达承明⑥。

【注释】

①升阶纳陛：指官员们一步步拾级而上，登堂入殿。升阶，走上台阶。升，登、上；纳陛，用脚蹬着台阶一步步走上去；纳，进入；陛，帝王宫殿的台阶。②弁：古代的一种官帽，缝合处常用玉石装饰。③转：转动。④疑：这里是疑似的意思，类似，好像。⑤广内：汉代宫殿名，在长安的建章宫中，是西汉宫廷藏书的地方。⑥承明：汉代宫殿名，在长安的未央宫中，是西汉宫廷著述的地方。

【译文】

文武百官走上台阶，进入宫殿，装饰着玉石的帽子不停转动，疑似天上闪耀的繁星。建章宫右边通向藏书的广内殿，未央宫向左到达进行著述的承明殿。

【原文】

既集①坟典②，亦聚群英③。杜稿④钟隶⑤，漆书⑥壁经⑦。

【注释】

①集：汇集，集中。②坟典：《三坟》《五典》的并称，后来转为古代典籍的通称。坟，《三坟》，传说是记载三皇（伏羲、神农、黄帝）事迹的书；典，《五典》，传说是记载五帝（少昊、颛顼、帝喾、尧、舜）事迹的书，后来都已失传。③群英：众多贤能之士、英雄人物。④杜稿：汉朝杜度善写草书，是中国历史上写草书的第一人。杜度草书的手稿真迹，就是"杜稿"，被唐朝人称为"神品"。⑤钟隶：三国时代的钟繇隶书天下第一，他的隶书真迹，就是"钟隶"。⑥漆书：上古时期还没有笔墨，古人通常用漆在竹简上书写文字。⑦壁经：指在孔子旧宅墙壁中所藏的经书。秦始皇焚书坑儒，把所有的儒书都收缴上来。孔子的后代怕儒学从此失传，就把一部分经书藏在了夹壁墙里边。汉武帝的弟弟鲁恭王，想侵占孔子的旧宅修花园。在拆墙的时候发现了里边的竹简，内有《孝经》《古文尚书》《论语》等。

【译文】

宫殿内既收藏了古今的名著典籍，又聚集了众多的文武英才。不但有书法家杜度的草书手稿和钟繇的隶书真迹，还有历史久远的漆书古籍，以及从孔府墙壁内发现的古文经书。

【原文】

府罗[①]将相[②]，路侠[③]槐卿[④]。户封[⑤]八县，家给[⑥]千兵。

【注释】

①罗：搜罗，招集，聚集。②将相：这里代指文武百官。武官最高级别的是“将”，文官最高级别的是“相”。③侠：同“夹”，处在两旁。④槐卿：三槐九卿的简称。三槐就是三公，代表国家最尊贵的三个职位。《周礼》中记载：周代外朝种植槐树三棵，三公位列其下；左右各种植棘树九棵，九卿大夫位列其下，所以称公卿为“槐卿”。⑤封：分封土地，即帝王把爵位及土地赏赐给王室成员、诸侯及有功的大臣。⑥给：配给，供给。

【译文】

朝廷内聚集着将相百官，宫廷外分列着三公九卿。皇帝给每家都赏赐了八个县之广的封地，还供给他们上千名士兵。

【原文】

高冠[①]陪[②]辇[③]，驱毂[④]振[⑤]缨[⑥]。世禄[⑦]侈富[⑧]，车驾[⑨]肥轻[⑩]。

【注释】

①冠：帽子。②陪：伴随，陪伴。③辇：古代用人拉着走的车子，后来专指帝王与后妃乘坐的车子。④驱毂：驾车的意思。驱，赶马，驱赶；毂，车轮中心的圆木，中有圆孔，可以插轴，借指车轮或车。⑤振：抖动，摆动。⑥缨：这里有两重意义：一是古代帽子上系在颌下的冠带。古人乘车都是站在车厢里，车马一跑起来，帽带就会随风摆动，所以叫作“振缨”。二是套马的革带，驾车用。因此抖动马的缰绳也叫“振缨”。⑦世禄：古代贵族世代享受国家俸禄。⑧侈富：奢侈，富有。侈，奢侈，过分追求物质享受；富，富裕、富足，财产、财物多。⑨车驾：马拉的车。⑩肥轻：肥马轻裘的简称，语出《论语·雍也》：“赤之适齐也，乘肥马衣轻裘。”形容富贵豪华的生活。肥，指肥壮的马。轻，指轻巧暖和的皮衣。

【译文】

大臣们戴着高高的官帽，陪伴皇家的车辇出行，车轮飞驰，缨带飘扬。子孙世代享受优厚的俸禄，过着奢侈豪华的生活，乘高大肥壮的马，穿轻巧暖和的皮衣。

【原文】

策[①]功[②]茂实[③]，勒碑[④]刻铭[⑤]。磻溪[⑥]伊尹[⑦]，佐时[⑧]阿衡[⑨]。

【注释】

姜太公

①策:谋划、策划,出谋划策,指的是文治。②功:武功,上阵杀敌,指的是武功。③茂实:盛美的德业。茂,茂盛、盛大;实,真实不虚。④勒碑:在石碑上刻字。勒,刻,雕刻。⑤刻铭:在金属上刻字。铭,铭文,一种用于歌颂和纪念的文体,多刻在金属器皿上。⑥磻溪:水名,在陕西省宝鸡市东南,这里代指姜太公。传说姜太公一直在这里垂钓,后周文王寻访到此,请他出山,辅佐周王平定天下。⑦伊尹:商朝开国君主成汤的宰相,辅佐成汤灭夏,建立商朝。⑧佐时:应时而生辅佐当朝君王。⑨阿衡:商朝官名,相当于宰相。

【译文】

这些将相大臣的文治武功卓越而真实,他们的丰功伟绩不但被载入史册,还被刻在金石上流传后世。周文王在磻溪寻访到了姜太公,尊他为太公望,周朝在他的辅佐下消灭商朝统一天下;伊尹辅佐成汤推翻夏朝建立商朝,成汤封他为阿衡,他们都是应时而生辅佐当朝君王成就大业的功臣。

【原文】

奄宅曲阜[①],微[②]旦[③]孰营[④]。桓公[⑤]匡合[⑥],济弱[⑦]扶倾[⑧]。

【注释】

①奄宅曲阜:指曲阜,春秋时鲁国的都城,孔子的故乡,今山东省曲阜市。奄宅,奄宅之地,即曲阜一带。②微:要不是,如果没有。③旦:指周公,周武王的弟弟,姓姬名旦,又称周公旦。④孰营:谁来谋划治理。孰,谁;营,筹划、管理、建设。⑤桓公:指齐桓公,春秋时齐国国君,春秋五霸之一。⑥匡合:纠合力量,匡定天下。匡,正,匡正;合,汇合。⑦济弱:帮助救济弱小的诸侯。济,帮助、救助。⑧扶倾:扶持将要倾覆的周王室。扶,扶持、护持;倾,倒塌,这里是倾覆、颠覆的意思。

【译文】

鲁国的都城曲阜,如果没有周公旦,谁还能把它治理得那么好呢?春秋时期,齐桓公多次纠合诸侯,匡定天下,帮助救济弱小的诸侯,扶持将要倾覆的周王室。

【原文】

绮[①]回[②]汉惠[③],说[④]感[⑤]武丁[⑥]。俊乂[⑦]密勿[⑧],多士[⑨]寔宁[⑩]。

【注释】

①绮:绮里季,商山四皓之一,这里代指商山四皓。秦朝末年,有四位高人贤士绮里季、东园公、夏黄公和甪里先生为避乱隐居商洛山,人称“商山四皓”。②回:还,走向原来的地方,这里是挽回的意思。③汉惠:指汉惠帝刘盈。当初,汉高祖刘邦想废掉太子刘盈,吕后非常着急,请张良出谋划策。张良替刘盈出主意,让他请商山四皓出山做老师。刘邦很仰慕这四位贤人,曾想请他们出山,却没请动,此时看到他们竟然愿意辅佐刘盈,很吃惊,认为刘盈羽翼已经丰满,于是打消了废掉太子的念头,刘盈才保住了太子的位子,后来继位当了皇帝。④说:傅说,商王武丁的宰相。⑤感:感应。⑥武丁:商朝的君主。⑦俊乂:人才。在古代“千人之英曰俊,百人之英曰乂”,百里挑一的精英叫“乂”,千里挑一的精英叫“俊”。⑧密勿:勤勉努力。⑨多士:众多贤才。⑩寔宁:所以才安宁。寔,这里通“是”,代词,此、这;宁,安宁。

【译文】

汉惠帝靠商山四皓才挽回了当时的太子地位,武丁通过梦境感应得到了贤相傅说使商朝兴盛。这些贤人们才能出众、勤勉努力,正是依靠了这些众多的贤士,天下才得以太平安宁。

【原文】

晋[①]楚[②]更霸[③],赵魏[④]困横[⑤]。假途灭虢[⑥],践土会盟[⑦]。

【注释】

①晋:晋文公,春秋五霸之一。②楚:楚庄王,春秋五霸之一。③更霸:轮流当霸主。更,轮流;霸,称霸。④赵魏:赵国和魏国,战国七雄中的两个国家。⑤困横:被“连横”政策所困扰。困,困扰,为人所阻遏;横,即连横,是战国时张仪所提出的主张,即破坏秦国以外六国的“合纵”关系,使秦国能够各个击破。连横成功后,秦国首先攻打的就是赵、魏二国,因为这两国距离秦国最近,所以说“赵魏困横”。⑥假途灭虢:春秋时晋国借口征伐虢国,向虞国借路,虞公被晋国丰厚的礼品和花言巧语所迷,遂不听大臣劝阻,就答应了。没想到晋国灭掉虢国后,在班师回来的路上趁其不备,发动突然袭击,把虞国也灭了。假,借;途,道路。⑦践土会盟:春秋时晋文公打败楚国后,周襄王认为他立了大功,就亲自到践土(今河南省原阳县西南)慰劳晋军。晋文公趁此机会在践土召集诸侯会盟,约定共同效命周王朝,他成为继齐桓公之后的第二个霸主。盟,在神明面前发誓结盟。

【译文】

春秋时,晋文公和楚庄王等轮流称霸;战国时,赵、魏两国首先被“连横”政策所困扰。晋国向虞国借路出兵攻打虢国,得胜回来把虞国也一起消灭了。晋文公在践土会盟诸侯,成为新的霸主。

【原文】

何[①]遵约法[②],韩[③]弊[④]烦刑[⑤]。起翦颇牧[⑥],用军最精。

【注释】

①何:指萧何,汉高祖丞相,他制定了汉朝的法律。②约法:汉高祖刘邦攻破咸阳时,曾经与关中的老百姓约法三章:杀人者死,伤人及盗者抵罪。秦朝的其余法律一概废除,受到百姓的热烈拥护。③韩:指韩非,战国时期法家的代表人物,主张严刑峻法。④弊:倒毙,死亡。⑤烦刑:苛刻的刑罚。烦,繁多琐碎,又多又乱。⑥起翦颇牧:指战国时期的四大名将,秦国的白起、王翦和赵国的廉颇、李牧。

【译文】

萧何遵从"约法三章"制定了汉朝法律九章,韩非却死于自己所主张的严刑峻法之下。白起、王翦、廉颇、李牧,是战国时最精通用兵打仗的著名将领。

【原文】

宣威[①]沙漠[②],驰誉丹青[③]。九州[④]禹迹[⑤],百郡秦并[⑥]。

【注释】

①宣威:威名远扬。宣,宣扬,广泛传播。②沙漠:这里代指边疆少数民族地区。③驰誉丹青:他们的肖像被画师用丹青妙笔画下来,永垂青史。丹青,朱红色、青色,本是作画时常用的两种颜色,代指画像,这里指史籍,有载入史册、流芳百世的意思。④九州:传说上古时,中国分为兖、冀、青、徐、扬、荆、豫、梁、雍九个州,后用来代指中国。⑤禹迹:相传大禹治水时,足迹遍布九州,后世因此称中国的疆域为"禹迹"。禹,大禹,是与尧舜并称的贤明君王,相传禹治黄河水患有功,舜将帝位禅让给他,成为夏朝的开国君王,又称夏禹。⑥百郡秦并:秦始皇统一中国以后,废除封建制,设立郡县制,将天下分为三十六郡,汉朝的"百郡"是在秦吞并六国的基础上而来,所以叫作"百郡秦并"。百郡,刘邦建立汉朝以后,将行政区域重新划分为一百零三郡,取整数称为"百郡"。郡,古代行政单位;并,合并、吞并。

【译文】

他们的威名远播至边塞地区,他们的光辉形象将永垂青史、流芳百世。大禹治水的足迹遍布九州之地,天下数以百计的郡县,都是秦始皇统一中国的成果。

【原文】

岳宗[①]泰岱[②],禅[③]主云亭[④]。雁门[⑤]紫塞[⑥],鸡田[⑦]赤城[⑧]。

【注释】

①岳宗:五岳的宗主。岳,这里指五岳,分别是东岳泰山、西岳华山、北岳恒山、南岳衡山、中岳嵩山。宗,尊崇、尊敬。②泰岱:泰山。岱,泰山的别称,叫岱山,也叫岱宗,因为它位于山东泰安州,所以称为"泰岱",又称泰山。③禅:即封禅,中国古代帝王为祭拜天地而举行的活动。举行封禅大典的地方就在泰山、云山和亭山。"封"是祭天的仪式,在泰山举行;"禅"是祭地的仪式,在泰山脚下的云山和亭山举行。④云亭:云山和亭山,都在泰山附近,山很小,都是举行封禅大典的地方。⑤雁门:山的名字,位于山西代县北境,山上有著名的雁门关。⑥紫塞:指长城。《古今注》:"秦筑长城,土色皆紫,故称紫塞。"秦朝修长城,下面土的颜色都是紫的,所以叫"紫塞"。⑦鸡田:古代西北塞外的地名,那里有中国最偏远的古驿站,在今宁夏回族自治区灵武县一带。⑧赤城:古驿站,在今河北省西北部。

【译文】

五岳以泰山为尊,古代帝王就在泰山祭天,在泰山脚下的云山、亭山祭地。中国名胜繁多,有地势险要的雁门关和雄伟的长城,还有古驿站鸡田和赤城。

【原文】

昆池①碣石②,巨野③洞庭④。旷远⑤绵邈⑥,岩⑦岫⑧杳冥⑨。

【注释】

①昆池:即滇池,位于云南省昆明市西南部。②碣石:河北碣石山。③巨野:古代著名的水泊,在山东巨野县,今已干涸。④洞庭:指洞庭湖,古称"云梦泽",中国第二大淡水湖,位于湖南省北部。⑤旷远:广阔辽远,幅员辽阔,没有边际。旷,宽广、宽阔。⑥绵邈:连绵遥远的样子。绵,接连不断;邈,距离遥远。⑦岩:高峻的山崖。⑧岫:山洞。⑨杳冥:昏暗幽深。

【译文】

从西南的滇池到河北的碣石山,从北方的巨野泽到南方的洞庭湖,在中国这片幅员辽阔、连绵遥远的土地上,险峻的高山和幽深的洞穴密布其间。

【原文】

治本①于②农,务③兹④稼穑⑤。俶载⑥南亩⑦,我艺⑧黍稷⑨。税熟⑩贡新⑪,劝赏黜陟⑫。

【注释】

①治本:治理国家的根本措施。②于:在。③务:致力于,从事。④兹:代词,此、

这,代指下文的“稼穑”。⑤稼穑:代指农业劳动。稼,播种;穑,收割。⑥俶载:开始从事。俶,开始;载,从事、施行。⑦南亩:南坡向阳,利于农作物生长,古人多向南开辟田地,故称农田为“南亩”。亩,农田,田地。⑧艺:种植。⑨黍稷:同类异种的谷物,有黏性的是黍,又称黄米,没有黏性的是稷,泛指五谷。⑩税熟:庄稼成熟后,国家向农民征收新打下来的粮食作为税收。税,征收赋税;熟,庄稼成熟。⑪贡新:进贡新粮。贡,上交,献东西给上级;新,新收获的粮食。⑫劝赏黜陟:泛指奖罚措施。劝,劝勉,劝导勉励;赏,奖赏;黜,降职或罢免;陟,晋升。

【译文】

农业是治理国家的根本,一定要做好播种与收割的工作。耕种的季节到来,就要平整土地、种植庄稼。庄稼一成熟,就要进贡给国家当作租税。官府要按照农户的贡献予以奖惩,而国家则根据官吏的政绩进行升迁或罢免。

【原文】

孟轲①敦素②,史鱼③秉直④。庶几⑤中庸⑥,劳⑦谦⑧谨⑨敕⑩。

【注释】

①孟轲:即孟子,名轲,字子舆,战国时山东邹县人,中国古代著名的思想家、教育家,是儒家的“亚圣”。②敦素:崇尚质朴的本色。敦,推崇、崇尚;素,本义是没有染色的丝绸,后引申为质朴,不加装饰。③史鱼:也称史鰌,字子鱼,春秋时卫国大夫、著名史官,以正直敢谏著称。④秉直:坚持正直的品德。秉,保持、坚持。⑤庶几:接近、近似,差不多。⑥中庸:儒家最重要的思想之一,主张待人处事不偏不倚、不过不失,折中调和,不走极端。⑦劳:勤劳。⑧谦:谦虚,谦逊。⑨谨:谨慎,严谨。⑩敕:本义是告诫、嘱咐,这里是检点,不随便的意思。

【译文】

孟子崇尚质朴的本色,史鱼坚持正直的品德,他们差不多达到中庸的高妙境界了。此外,还要做到勤劳、谦逊、严谨、检点。

【原文】

聆①音②察③理,鉴④貌⑤辨色⑥。贻⑦厥⑧嘉猷⑨,勉⑩其⑪祗⑫植⑬。

【注释】

①聆:侧耳细听。②音:这里指人说话的声音。③察:观察,仔细看。④鉴:观察,鉴别。⑤貌:指一个人的容貌和外表,包括言谈举止、动作表情。⑥辨色:辨别脸色。⑦贻:遗留,留下。⑧厥:代词,其,他(们)的。⑨嘉猷:好的计策。嘉,美好;猷,计谋、计策。⑩勉:勉励。⑪其:代词,这里代指子孙。⑫祗:敬,恭敬。⑬植:立,树立。

【译文】

听人说话要审察其中的是非曲直，看人外貌要辨别其人的善恶正邪。要把最好的忠告留给子孙，勉励他们小心谨慎地立身处世。

【原文】

省躬[1]讥[2]诫[3]，宠[4]增抗极[5]。殆辱[6]近耻[7]，林[8]皋[9]幸[10]即[11]。

【注释】

①省躬：反省自己。省，检查，反省；躬，自身，亲自。②讥：讥讽，嘲笑。③诫：告诫，劝告。④宠：荣宠，荣耀。⑤抗极：到达顶点。抗，通“亢”，高；极，极限、顶点。⑥殆辱：将要受到侮辱。殆，将，将要。⑦近耻：接近了耻辱。“耻”与“辱”的意义有区别，内心的羞愧为“耻”，外来的欺凌为“辱”。⑧林：山林，指隐居之地。⑨皋：水边的高地。⑩幸：意外地得到成功或免去灾害，侥幸、幸免。⑪即：接近，靠近。

【译文】

听到别人的讥讽和劝告，一定要认真反省自己，荣宠如果达到极点，就一定要警惕。地位越高越有可能招致灾祸，离耻辱也会越来越近，及时退隐山林或许可以幸免。

【原文】

两疏[1]见机[2]，解组[3]谁逼[4]，索居[5]闲处[6]，沉默寂寥[7]。

【注释】

①两疏：西汉宣帝时疏广、疏受叔侄二人，疏广任太子太傅，疏受任太子少傅。两人同时辞官回家，受人推崇。②见机：看准时机。机，机会、时机。③解组：解下印绶，指辞官。解，解下、解除；组，即组绶，系官印的绳带。④逼：逼迫。⑤索居：孤身独居。索，独自、孤单。⑥闲处：在家闲居，悠闲地生活。处，居住。⑦寂寥：恬静淡泊。

【译文】

西汉的疏广、疏受身居高位，却能看准时机，急流勇退。有谁逼迫他们呢？完全是他们自愿辞官还乡，过着悠闲的独居生活，沉默寡言，宁静淡泊。

【原文】

求[1]古寻[2]论，散虑[3]逍遥[4]。欣[5]奏[6]累[7]遣[8]，戚[9]谢[10]欢[11]招[12]。

【注释】

①求：探索、寻求。②寻：搜寻，研究。③散虑：排遣忧虑、忧愁。散，排遣，驱散。④逍遥：自由自在，不受拘束。⑤欣：欣喜、高兴。⑥奏：本义是奉献、送上，引申为进、进入。⑦累：这里是指心中的牵挂、烦恼。⑧遣：排遣，驱除。⑨戚：忧愁。⑩谢：用言

辞委婉地推辞拒绝,谢绝。⑪欢:欢乐。⑫招:招来,聚集。

【译文】

探求古人古事,阅读至理名言。排遣忧虑,自由自在。喜悦放进来,烦恼就被排出了,忧愁一抛开,欢乐就聚集了。

【原文】

渠[①]荷的历[②],园莽[③]抽条[④]。枇杷[⑤]晚翠[⑥],梧桐蚤[⑦]凋[⑧]。

【注释】

①渠:水塘,池塘。②的历:光明、鲜亮的样子。③莽:草木茂盛的样子。④抽条:草木长出嫩芽新枝。⑤枇杷:即枇杷树,植物学上属于常绿小乔木,果和叶可食用。⑥晚翠:时令已经很晚了,即到了冬天,枇杷叶还是那么青绿,更显得苍翠宜人。⑦蚤:通“早”,早早地。⑧凋:凋谢,凋落。

【译文】

池塘里的荷花开得光艳动人;园里的草木抽出了嫩绿的枝条。到了冬天,枇杷叶子还是那么青翠欲滴;一入秋天,梧桐树叶就早早地凋落了。

【原文】

陈根[①]委翳[②],落叶飘摇。游[③]鹍[④]独运[⑤],凌[⑥]摩[⑦]绛霄[⑧]。

【注释】

①陈根:老树根。陈,旧的,时间久的。②委翳:萎谢,枯萎衰败的样子。委,通“萎”,枯萎,衰败;翳,古同“殪”,树木枯死,倒伏于地。③游;飞行。④鹍:古代指一种长得像鹤的大鸟,可以飞得很高。⑤独运:独自飞翔。运,本义是运动,这里是飞翔的意思。⑥凌:向上升。⑦摩,迫近,接近。⑧绛霄:红色的云气,又叫“紫霄”,指天空极高处。绛,大红色。

【译文】

陈年老树枯萎衰败、倒伏在地,落叶随风飘荡飞扬。鹍鸟独自在天空中翱翔,盘旋上升,直冲九霄。

【原文】

耽[①]读玩市[②],寓目[③]囊箱[④]。易[⑤]輶[⑥]攸畏[⑦],属耳垣墙[⑧]。

【注释】

①耽:沉溺,沉迷。②玩市:这里是指在集市上游逛。③寓目:过目,看一下。寓,观看。④囊箱:书袋和书箱。⑤易:轻慢、轻视。⑥輶:本义是古代一种很轻便的车子,

有轻视、轻忽的意思。⑦攸畏:所畏,有所畏惧。攸,所。⑧属耳垣墙:把耳朵附在墙上窃听。属,连接;垣,矮墙。

【译文】

东汉王充沉醉于读书,因家贫无书,便常常在街市上游览,但眼中只看得到书袋和书箱。对于容易轻视的小事更要警惕,说话小心谨慎,防止隔墙有耳。

【原文】

具[1]膳[2]餐[3]饭,适口[4]充肠[5]。饱饫[6]烹宰[7],饥厌[8]糟糠[9]。

【注释】

①具:准备,备办。②膳:饭食。③餐:吃。④适口:适合口味。⑤充肠:充饥,填饱肚子。⑥饱饫:吃饱。饫,饱食。⑦烹宰:指准备鱼肉之类的荤食。烹,水煮;宰,宰杀。⑧厌:满足,后作"餍"。⑨糟糠:酒渣、谷皮等粗劣食物,贫者用来充饥。糟,酒渣,酿酒剩下的渣子;糠是谷子的外壳,用作饲料。

【译文】

准备饭菜,只要口味合适、能填饱肚子就行。饱的时候大鱼大肉都会生厌,饿的时候吃糠咽菜也能满足。

【原文】

亲戚[1]故旧[2],老少异粮[3]。妾御[4]绩纺[5],侍[6]巾[7]帷房[8]。

【注释】

①亲戚:现代汉语重叠使用,但古文中"亲"和"戚"含义有区别,所谓"内亲外戚",父亲一脉同姓的为"亲",母亲、妻子一脉不同姓的为"戚",在血缘关系上不一样。②故旧:旧友,老朋友。③异粮:不同的粮食,指年长者吃细粮,年幼者吃粗粮。异,差异、不同。④御:治理。⑤绩纺:纺织。绩,把麻纤维披开接续起来搓成线或绳;纺,把丝绵、麻、毛等做成线或纱。⑥侍:服侍,侍奉。⑦巾:指佩巾,手巾、头巾等。⑧帷房:内室,卧室。

【译文】

亲戚朋友来做客要以礼相待,招待老人和孩子的食物应该有所不同。妻妾婢女在家不但要纺纱织布,还要在内室侍奉丈夫的日常起居。

【原文】

纨扇[1]圆洁[2],银烛[3]炜煌[4]。昼眠[5]夕寐[6],蓝笋[7]象床[8]。

【注释】

①纨扇:用细绢制成的团扇。纨,细致洁白的薄绸。②洁:洁白。③银烛:银白色

的火光。烛,本义是古代照明用的火炬,直到唐代才有了蜡烛。④炜煌:辉煌,光辉灿烂。⑤昼眠:白天睡午觉。昼,白天;眠,本义是闭上眼睛,引申为睡觉。⑥夕寐:晚上睡觉。夕,泛指晚上;寐,睡,睡着。⑦蓝笋:青篾编成的竹席。蓝,蓼蓝,晒干后变成暗蓝色,用作染料,可以提取出青色,也可泛指古代用来染青色的草。笋,嫩竹的青皮,柔韧性好,可用来制席,这里指笋席,嫩竹青编成的席子。⑧象床:装饰精美的象牙床。

【译文】

圆形的绢扇洁白素雅,银色的火光明亮辉煌。白天午休,晚上睡觉,青色的竹席铺在装饰精美的象牙床上。

【原文】

弦歌[①]酒宴,接[②]杯举觞[③]。矫[④]手顿足[⑤],悦豫[⑥]且康[⑦]。

【注释】

①弦歌:依琴瑟而咏歌。弦,这里指琴瑟一类的弦乐器。②接:托,手掌向上承受。③觞:古代的盛酒器皿。④矫:举起,抬起来。⑤顿足:以脚跺地,多形容情绪激昂或极其悲伤、着急。顿,用脚(底)使劲往下踩。⑥悦豫:愉快,高兴。悦,喜悦;豫,快乐,安闲。⑦康:健康,安乐。

【译文】

酒宴上有歌舞弹唱,大家高举酒杯,开怀畅饮,随着音乐节拍手舞足蹈,身心既快乐又健康。

【原文】

嫡后[①]嗣[②]续[③],祭祀[④]烝尝[⑤]。稽颡[⑥]再[⑦]拜,悚惧[⑧]恐惶[⑨]。

【注释】

①嫡后:长房子孙。嫡,正妻所生的孩子,非正妻所生的叫庶子。古代只有嫡子才有继承家业的权利。后,后代,子孙。②嗣:本义是诸侯传位给嫡子,引申为继续,承接。③续:继续。④祭祀:以手持肉祭神、祭祖,根据宗教或者社会习俗的要求进行的具有象征意义的一系列行动或仪式。祭,祭祀天神;祀,祭祀地神。⑤烝尝:本指秋冬二祭,后亦泛称祭祀,这里代指四时祭祀。烝,冬天祭祀;尝,秋天祭祀。⑥稽颡:古代跪拜礼中最隆重的一种,屈膝下跪,以额触地,表示极度的虔诚。稽,叩头至地;颡,额头。⑦再:表示又一次,有时专指第二次,有时又指多次。⑧悚惧:恐惧、戒惧,这里指(对神明)敬畏,既尊敬又害怕。悚,恐惧,害怕。⑨恐惶:恐惧不安。惶,恐惧,惊慌。

【译文】

嫡长子继承家业,负责主持一年四季的祭祀仪式,要磕头作揖,一拜再拜,心怀敬畏,诚惶诚恐。

【原文】

笺牒①简要②,顾答③审详④。骸⑤垢⑥想浴⑦,执⑧热愿凉。

【注释】

①笺牒:书信的代称。笺,供写信、题词用的纸张,引申为书信;牒,本义是古代书写用的木片或竹片,后引申为文书、证件。②简要:简明扼要。③顾答:回答问题。顾,回头看,回顾;答,回答,答复。④审详:审慎周详。审,详细周密;详,细密完备。⑤骸:身体。⑥垢:污秽,脏东西。⑦浴:洗澡。⑧执:拿着。

【译文】

给人的书信要简明扼要,回答别人的问题,却要审慎周详。身上脏了就想洗澡,拿着热东西就希望它快点凉。

【原文】

驴骡犊①特②,骇③跃④超骧⑤。诛⑥斩⑦贼⑧盗⑨,捕获⑩叛⑪亡⑫。

【注释】

①犊:小牛。②特:公牛。"驴骡犊特"泛指大小家畜。③骇:本义是马受惊,引申为惊骇、惊动,受到惊吓。④跃:跳起来。⑤超骧:腾跃而前的样子。超,跳过,越过;骧,腾跃,昂首奔驰。⑥诛:本义是声讨、谴责,引申为杀戮,夺去生命。⑦斩:杀,古代死刑的一种,斩首或腰斩。但"诛"偏重于诛心,意即揭露、指责人的思想、用心,"斩"则是杀身,二者的含义是不同的。⑧贼:先秦两汉时期,专指作乱叛国危害人民的人,如乱臣贼子。⑨盗:偷盗财物的人。先秦两汉时期,"盗"多指偷窃者,很少指抢劫者;"贼"多指抢劫财物者,后来才指偷窃者。⑩捕获:缉拿,捉住。⑪叛:叛乱的人。⑫亡:逃亡的人。

【译文】

驴、骡、牛等家畜一旦受惊就会狂奔乱跳。要严厉惩罚盗贼,捉拿叛乱和逃亡的人。

【原文】

布射①僚丸②,嵇琴③阮啸④。恬笔⑤伦纸⑥,钧巧⑦任钓⑧。

【注释】

①布射:典出《三国志·吕布传》,说的是三国时吕布曾用"辕门射戟"的方法替刘备解围。布,指吕布,是东汉末年著名的猛将。②僚丸:典出《庄子·徐无鬼》,春秋时

楚国勇士熊宜僚擅长要弄弹丸。③嵇琴:典出《晋书·嵇康传》,西晋名士嵇康善于弹琴,司马氏当政他坚决不肯出仕,最终被杀害,他临行前弹奏的《广陵散》,成为千古绝响。嵇,嵇康,字叔夜,谯郡(今安徽宿县西南)人,精通音乐,善弹琴赋诗,官居中散大夫,亦称嵇中散,著名的"竹林七贤"(嵇康、阮籍、山涛、刘伶、阮咸、向秀和王戎)之一。④阮啸:典出《晋书·阮籍传》,与嵇康齐名的名士,阮籍善于长啸。阮,阮籍,字嗣宗,陈留郡(今河南开封陈留县)人,曾任步兵校尉,世称阮步兵,"竹林七贤"的领袖人物。⑤恬笔:典出晋朝崔豹的《古今注》,秦始皇的大将蒙恬发明了毛笔。⑥伦纸:东汉蔡伦发明了纸,人称"蔡侯纸"。⑦钧巧:三国时魏国的发明家马钧心灵手巧,曾改进织绫机、发明翻车,还复原了已经失传的黄帝时的指南车。⑧任钓:典出《庄子·外物》篇,任公子善于钓鱼。

嵇康弹琴

【译文】

吕布精于射箭,宜僚善玩弹丸,嵇康长于弹琴,阮籍长于长啸,蒙恬制造了毛笔,蔡伦发明了纸张,马钧心灵手巧善发明,任公子擅长钓鱼。

【原文】

释纷[①]利俗[②],并皆[③]佳妙[④]。毛施[⑤]淑姿[⑥],工[⑦]颦[⑧]妍[⑨]笑。

【注释】

①释纷:解决纷争。释,解除、消除;纷,争执、纠纷。②利俗:便利了老百姓。利,使有利;俗,一般人,百姓。③皆:全、都。④佳妙:美妙。佳,美,美好。⑤毛施:指春秋时两个著名的美女毛嫱和西施。毛,毛嫱,春秋时期越国绝色美女,与西施时代相当,相传为越王爱姬。最初人们对她的称道远远超过西施,当是"沉鱼"的原始形象。施,西施,越国人,原名夷光,春秋末期出生于浙江诸暨苎萝村,为中国古代四大美女之首。⑥淑姿:优美的姿容体态。淑,美丽;姿,容貌姿态。⑦工:善于。⑧颦:皱眉。⑨妍:美丽。

【译文】

他们的技艺或解决纠纷,或造福百姓,都高明巧妙,为人称道。毛嫱和西施都姿容优美,皱眉时都无比俏丽,笑起来更是美艳动人。

【原文】

年矢[1]每[2]催，曦晖[3]朗[4]曜[5]。璇玑[6]悬[7]斡[8]，晦[9]魄[10]环[11]照[12]。

【注释】

①矢：箭。②每：常常、经常。③曦晖：日光。曦，多指早晨的阳光；晖，侧重指太阳周围的光圈。④朗：明朗。⑤曜：照耀。⑥璇玑：北斗七星的前四颗星，即天枢、天璇、天玑、天权的简称，也叫魁，这里代指北斗七星。⑦悬：挂，吊在空中。⑧斡：旋转。⑨晦：农历每月的最后一天。⑩魄：月亮刚出现或即将隐没时的微光。⑪环：循环，周而复始。⑫照：照射，照耀。

【译文】

岁月如箭飞逝，不断催人向老。日光朗照，斗转星移，月光由暗到明，循环照耀，月盈月缺，永无止息。

【原文】

指[1]薪[2]修祜[3]，永绥[4]吉劭[5]。矩步[6]引领[7]，俯仰[8]廊庙[9]。

【注释】

①指：通"脂"，动植物所含的油脂。油脂燃烧的时间比柴草要长得多，所以古代点油灯多用动物脂肪点灯。②薪：就是柴火。③修祜：修福，行善积德，以求来世及子孙之福。修，修行，培养；祜，福，大福。④绥：平安，安好。⑤劭：美好，高尚。⑥矩步：端方合度的行步姿态。形容举动合乎规矩，一丝不苟。矩，本义是矩尺，画直角或方形的工具，后引申为法度。⑦引领：伸直脖子。引，拉、伸；领，颈，脖子。⑧俯仰：低头和抬头。俯，向下，低头；仰，抬头，脸朝上。⑨廊庙：殿下屋和太庙，指朝廷。廊，厅堂周围的屋子；庙，这里指宗庙，供奉祭祀祖先的处所。

【译文】

人的一生只有行善积德，才能求自己及后世之福泽，像薪尽火传那样永久长存，子孙后代平安幸福、吉祥如意。走路姿势端方合度，昂首阔步，心地光明正大、举动严肃庄重。

【原文】

束带[1]矜庄[2]，徘徊[3]瞻眺[4]。孤陋寡闻[5]，愚蒙[6]等[7]诮[8]。

【注释】

①束带：整饰衣冠，表示端庄。束，系，捆绑。②矜庄：严肃庄重。矜，端庄，庄重；庄，谨严持重，表情严肃、容貌端正。③徘徊：欲进又止、小心谨慎的样子。④瞻眺：这

里是高瞻远瞩的意思,站得高,看得远,比喻眼光远大。瞻,向高处看,即“高瞻”;眺,往远处看,远眺,即“远瞩”。⑤孤陋寡闻:形容学识浅陋,见闻不广。陋,浅陋,知识浅薄;寡,少。⑥愚蒙:愚昧不明。愚,天性愚昧、愚蠢;蒙,蒙昧,没有知识。⑦等:等同。⑧诮:讥讽,嘲笑。

【译文】

衣冠端正,矜持庄重,小心谨慎,高瞻远瞩。学识浅陋、见识狭窄的人,与那些愚昧无知的人都是要受人嘲笑的。

【原文】

谓[1]语助[2]者,焉哉乎也。

【注释】

①谓:称为,叫作。②语助:即语助词,表示语气的助词,位于句中或句尾,表示停顿,属于虚词。

【译文】

最后,还有焉、哉、乎、也这些所谓的语助词。

弟子规

[清]李毓秀

清代康熙时山西绛州(今山西新绛县)人李毓秀所作。它是学童们的生活规范,是依据至圣先师孔子的教诲编成的。

李毓秀,字子潜,平生只考中秀才,主要活动是教书。根据传统对童蒙的要求,也结合他自己的教书实践,写成了《训蒙文》,后来经过贾有仁(也作贾存仁)修订,改名《弟子规》。

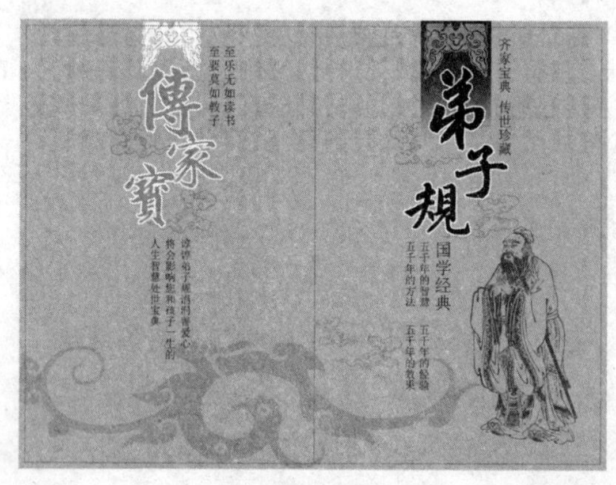

《弟子规》书影

全书以《论语·学而》中的“弟子入则孝,出则弟,谨而信,泛爱众,而亲仁。行有余力,则以学文”开篇,以三字韵语形式,对儿童言语行动提出要求,教以应该怎样待人处世,通篇的核心思想是孝悌仁爱。

一　总叙

【原文】

弟子①规②,圣人③训④。首⑤孝弟⑥,次⑦谨信⑧。泛爱众⑨,而⑩亲仁⑪。有余力⑫,则⑬学文⑭。

【注释】

①弟子:为人弟和为人子。②规:规范。③圣人:品德高超、人格完美的古圣先贤。④训:训示教道。⑤首:第一重要。⑥孝弟:孝顺父母,尊敬兄长。弟,通“悌”,敬重顺从兄长。⑦次:第二重要。⑧谨信:小心谨慎,诚实守信。⑨泛爱众:博爱众人。泛,通“泛”,广泛。⑩而:而且。⑪亲仁:亲近有仁爱之心的人。仁,仁慈宽厚之心,爱人爱物的基本道德。⑫余力:剩余的心力。⑬则:就。⑭学文:研究学问。孔子说:“行有余

力,则以学文。”主张德育重于智育,要先养成良好的品德,还有时间才学习其他各种学问。

【译文】

《弟子规》这本书,是根据圣人孔子的训导编成的。首先,我们在家里要孝敬父母,对自己的兄长要尊敬。其次,在日常生活中,我们的言行要谨慎,对别人要讲求信用。我们要关爱他人,亲近那些有仁德的人,跟他们学习。如果这些我们已经做到了,还有余力的话,就去学习圣贤的经典。

【解读】

《弟子规》的得名就是源自起首的这三个字,这在古书篇章的命名中是很常见的。弟子,这个词汇很常用,有着很多不同的含义,今天比较常用的意思是徒弟、门生,而在过去则常常用来泛指后生晚辈,学生对老师而言固然是弟子,孩子对父亲、叔伯、兄长而言也是弟子,甚至只要年齿辈分较低,哪怕是素昧平生的也应当以弟子自居。规,在今天的语言中人们首先联想到的是规章、法规、规定,似乎是和条文化的东西联系在一起的。所谓弟子规,就是说做孩子、后生、晚辈,必须受到的约束,必须依照的准则,用今天通俗的话说,就是小孩子做人做事的规矩。做规矩要有一个高一点的标准和依据,《弟子规》是根据圣人的训示制定的。

用孔子的名言作为蒙学教材的纲要,当然是一个十分聪明的做法,绝不可能因为原则性的偏差而遭到排斥。同时,孔子的这句话正好非常全面地涉及了弟子处事的各个主要方面,用在这里更是严丝合缝。很多研习《论语》的学者也都认识到这一节对打好扎实的蒙养基础的重要性。

中国是一个农业国,人们的生活方式和范围在很大程度上受到可耕种土地的制约。家庭是社会的基本细胞,且多以大家庭的形式存在,各个家庭的稳定程度决定了社会的稳定程度。于是,以消弭家庭矛盾为主要宗旨的孝和弟(悌)就成了最重要的做人准则。对于年龄不大的弟子来说,他们的生活中主要面对的是辈分在他们之上的父母和年龄在他们之上的兄长,应对这两类人群的准则分别称之为孝和弟。至于“出则孝,入则弟”之说,是文言中常用的“互文”手法,是一种修辞,可以使句式整齐又不至于拖沓冗长,它的意思是出入都要做到孝弟,并不是字面所反映的“孝”是“出”时的事,“弟”只有在“入”时有用。接下来两项是谨和信。谨多体现在自己处事的态度,要谨慎、低调、收敛,不要张扬、冒失;信则体现于和人交往之中,语言上夸诞不实、前说后忘、轻于许诺,这都是不信的表现。如果仅仅以个人为中心来看,这两个项目是最贴近自身的,应该放在最前面;但是就社会意义而言,它们就必须接在孝、弟两项之后,这也

孔子

是中国文化、儒家思想所提出的一个特殊约定,一条独特的"公理"。爱众就不是针对什么明确的对象了,用现代人的话说,叫作善良、有爱心或博爱,大致意思都差不多,不仅中国文化里有这样的主张,几乎所有有影响的宗教或政治理论中都有类似的表述,要想成功地管理好一个人群,不可能去公然主张敌视所有人、消灭所有人,这哪能得到广泛的支持呢?亲仁,就是多接近仁人。这个"仁"又是儒家一个特有的概念,指代一个很高的又比较抽象的道德境界。什么是仁,对于一个能够熟练使用汉语的人来说不难理解,却很难归纳。"亲仁"之说,小则是个人提高品行修养的策略,大则是治理国家、管理百姓的基本技能,多少是属于做事层面的要求,因此顺序上又往后排了。最后一项叫作"行有余力,则以学文",看上去好像是说前面六条忙下来如果还有剩余的精力,那就学文吧,所以被放在最后当作附件。究竟这个"学文"是否真的不重要到如此程度,这是一个对《论语》原文的解读问题,历来研究《论语》的学者大有各种意见,我们现在不讲解《论语》,也不必去深加讨论,至少在《弟子规》而言,这第七个项目肯定不是可有可无的,不是要在前六样做下来还有剩余精力的前提下才涉及的。要说清这一点,首先要说什么叫"学文"。这里的"文"的内涵是多元的,读书认字是学文,进一步追求能写出有文采的好文章也是学文,再深入下去,"文"和"道"互相对应,又在文学、哲理、处世之间构成更大规模的探讨。尽管不识字并不意味着不可能成功地做人、完美地履行圣人的教诲,但对于《弟子规》的对象来说,蒙学的基本内容之一就是读书识字,通过书面的形式把做人的道理深入心中,因此,至少"学文"的事是必需的,"行有余力"不是什么前提或假设。

二 尽孝

【原文】

父母呼①,应②勿③缓④。父母命⑤,行⑥勿懒⑦。

【注释】

①呼:呼叫。②应:回应。③勿:不可以。④缓:缓慢。⑤命:命令、吩咐。⑥行:行

动。⑦懒：懒惰、不努力。

【译文】

父母有事情呼唤的时候，不要慢吞吞的，要立刻答应他们。父母吩咐我们做事的时候，应当马上去做，不能够偷懒。

【解读】

与父母相处时，我们应遵循什么样的原则才能成为一个合格的子女？

首先，父母呼唤时，我们应是有礼貌地应答，而不是缓慢地推脱。其次，父母交代我们的事情，我们也应当马上就行动，而不是偷懒拖延。也许，由于现在的家庭都是一个孩子，父母的娇宠，致使他们不用去劳作，就可以享受到优越的生活。但孩子对父母讲话的态度，对小孩一生的影响将是极其深远的。当孩子在与父母应答之间所形成的是一种孝心、恭敬心时，那么在以后的社会大家庭中，他们就会与众人建立一种友好的关系，恭敬师长、恭敬领导……这样就能保持一种良好的人际关系，就为孩子以后的发展奠定了良好的基础。

孔子与子游的对话就很好地说明了孝的真谛。一次，孔子的学生子游问孔子："子女以很丰厚的生活补助奉养父母亲，这个能不能算是尽孝呢？"孔子否认，他说："至于犬马，皆能有养。不敬，何以别乎？"如果子女对父母没有恭敬之心，那么赡养父母跟养狗、养马有什么分别吗？怎么能叫尽孝呢？因此，孝的重点是要培养的是敬，一切人伦亲情之道都是以爱敬心为起点的，孝必定要跟恭敬心结合在一起。当一个人在家里养成了一种对父母持有一种温和柔顺的态度与恭敬的心理后，将来进入社会，与人相处时，这种修养一定会引起别人对他的重视和尊敬，这种恭敬的心就是他幸福与成功的源泉。

古贤们和现在的孩子在幼年的时候是一样，心灵纯洁，没有一点瑕疵，玲珑剔透。但他们从小就被父母对长辈的孝顺恭敬的行为所熏染，自然而然就养成了一种好的习惯，这就是言传身教的良用。所以，圣贤们不仅熟读诗书，知书达理，还孝顺父母，友爱兄弟。

三国时期，"王裒泣坟"就是最真实的体现。

三国的时候，魏国有一位叫王裒的人，非常孝顺，自幼饱读诗书，所以他的学问、品德都非常好，朝廷也屡屡征召他入朝为官，可是王裒面对金钱与名利的诱惑，不为所动，一生没有做官，而以教书为生。父亲死后，王裒就与母亲相依为命，王裒对母亲也是体贴入微，百般孝顺。只要是母亲吩咐的事情都小心翼翼地去做。他将全部的孝心放到了母亲一人身上。他的母亲特别害怕打雷，每逢雷雨天气，他便把门窗关得严严实实的,坐在母亲床边,握着母亲的手,绝不离开半步。多年后,王裒的母亲去世了。他将父母合葬一处,内心悲痛万分,虔诚恭谨地守丧尽孝,且天天早晚,都到父母坟前祭拜。他惦记着母亲怕打雷的事情,每当雷雨的天气,一听到轰隆隆的雷声,他便狂奔到父母的坟地,跪拜、哭诉:“儿子王裒在此,母亲您千万别怕!”别人看到以后都说,王裒是个大孝子啊!母亲死了还会在雷雨天去母亲坟前跪拜,可想而知,父母在世时,肯定更会呼而必应了!

可见一个人的孝心孝行,他不但能感动天地间万物,更可作为后人学习的典范。现在如果我们看到这样的孝行也是会备受感动的。父母从小把我们抚养长大,照顾我们辛苦劳累。孩子幼时,一旦生病,最着急担心的便是父母;孩子外出时,父母又会担心孩子是否安全;父母出门办事,回到家里的首要任务,就是探望自己的孩子是不是很好……父母的心时时刻刻都记挂在子女身上。想一想父母他们是如何照顾我们的,那么作为子女的我们,今天已经长大成人了,有没有想到父母已经年老,身体衰弱,而我们是否尽到了孝心?“树欲静而风不止,子欲养而亲不待”了!所以孝顺父母要及早,更要从这些每日的应对做起,培养自己的恭敬心。

相较于现在,“父母呼,孩子应”,几乎没有这种情况了,而变成了“孩子呼,父母应”。这主要是现在独生子女的优越感所致,孩子被当成宝贝对待。父母宠,爷爷奶奶、姥姥姥爷宠,集万千宠爱于一身。从小就养成了骄横自私的性格,认为父母为自己做的一切都是应该的。这不但是害了自己,还害了孩子一生的发展。因此,父母作为孩子的启蒙老师,父母要看清情况,从小注意对子女的教育。

【原文】

父母教[1],须[2]敬听[3]。父母责[4],须顺承[5]。

【注释】

①教:教道、训诲。②须:必须。③敬听:恭敬的聆听。④责:责备。⑤顺承:顺从的接受。

【译文】

父母有教诲,要恭敬地聆听。父母责备我们时,要顺从地接受。

【解读】

古语有云:“爱之深,责之切”。这也体现了父母亲情的无价。只有关心、爱护我们的人才会不厌其烦地教我们为人处世的原则,时刻提点我们不要犯错、知错能改。所谓“众人是我师,我是众人师”,人们彼此之间是可以互为老师,相互帮助的,他人可作为一面镜子,照出自己的不足,何况是父母?父母的人生阅历毕竟高于我们,父母说得对,要听从;说得若不合理呢,也可以拿来做参考引以为鉴,提点我们不要犯类似的错误。

因此,对待父母时,子女的一言一行都要有一颗恭敬心,父母的教导与责备,都是为了子女有一个健康的成长环境。子女应当顺从地接受,而不是左耳进右耳出,事不关己一样。子女在对待父母的训诫时,自以为是父母总喜欢拿大道理来教训人。时间久了,进而产生抵触情绪,正如孔子所言:“色难”,在与父母、长辈、领导相处时,最难的就在于永远保持和颜悦色。其实当一个人能深刻体会到父母的恩德,他的心境就会自然柔软,自然恭敬。

《增广贤文》中说:“羊有跪乳之恩,鸦有反哺之义。”自然界的动物都会懂得报答父母的养育之恩,人更应做到:父母的教诲,一定要恭恭敬敬地听,假使父母责备你,一定是有道理的,所以你要虚心接受,不可有所不恭敬。孔子说:“父在,观其志;父没,观其行。三年无改于父之道,可为孝矣。”此句可理解为:父亲在世时,对于家中事务,做儿子的并未拥有决定权,所以只能观察其志向,是否能继承父亲的抱负;父亲过世之后,因为家中事务的决定权已转移到儿子身上,因此就可以直接观察其行为,是否能持续父亲的事业。如果能持续三年,都不违背父亲的规范,那就可以称为孝子了。

三国时期吴国人顾悌,字子通,十五岁,就当上郡里的一个小吏,后又晋升为偏将军。他因为性情刚毅,言事切直,招致同事妒忌而辞官回乡。当时他的父亲还在其他县任县令。顾悌每次接到父亲的家信,一定先洗浴并整理衣帽,重新摆放好桌子,放置好家信,才跪下来恭敬地阅读,读完后再叩拜书信一次。后来他的父亲去世了,顾悌哀恸欲绝。丧事结束后,还悬挂父亲的遗像在墙壁上,下设神座,供奉果品,从未间断,并且早晚跪拜追思。

所谓“母活一百岁,常忧八十儿”,纵使母亲活了一百岁,八十岁的儿子在母亲眼里依然还是小孩子。当子女的内心能感受到一位为人父母的辛苦、辛劳时,子女就绝对不会对父母讲一句忤逆的话,讲一句不恭敬的话,而是一辈子报答父母的恩德。因为有这一份体会,自然而然看到自己的父母就会心生恭敬、心生欢喜。所以很重要,我们要时时把父母的恩德放在心上,自然而然“诚于中,形于外”,我们的恭敬的言语跟行为就会表现出来。

汉高祖刘邦从小就十分孝顺,即使后来做了皇帝仍然像普通人家的孩子一样,每次见到父亲刘太公,都要恭敬地叩拜行礼。后来,刘太公觉得刘邦贵为一国之君,每次见到自己都要行叩拜之礼有失皇帝的尊严。于是,当刘邦又一次来探望父亲时,刘太公就随同所有的仆人一同在院子里迎接他。刘邦见父亲如此,大惊失色,连忙执起父亲说："父亲大人，快快请起，哪有父亲拜儿子的道理，这不是折我的寿吗？"刘太公恭敬地说："你贵为一国之君，我只是普通的臣子，哪有君主拜臣子的道理！"刘邦听后，无可奈何，反复思虑以后，颁布一项法令：尊刘太公为太上皇，太上皇不必对皇帝行君臣之礼。自此以后，各朝各代都沿用这项制度。

顾悌与汉高祖刘邦对其父的恭敬之情使我们深深地折服，但我们看现代的情形，父母训斥一句，孩子可能顶了三四句。父母不说还好，一说孩子还一言九"鼎"，时代完全都变了。为什么？因为从小父母在教导子女的时候，他没有特别注意到他们的礼貌。如果一个人在家里不听从父母的话，将来在社会上与人相处，也可以说很难用虔敬之心去服从、去听从别人或者长辈的话、领导的命令，也就说很难有那种诚敬之心。也就很难成为出类拔萃之人，反之，要想成为一名优秀的人才，最基本的因素就是心存一颗对父母、他人的恭敬心。

【原文】

冬则温，夏则清[①]。晨则省[②]，昏[③]则定[④]。

【注释】

①清：凉。②省：看望、问候。③昏：黄昏。④定：安定，此指整理床铺。

【译文】

冬天天冷的时候，我们要保证父母生活的温暖。夏天天气炎热时，要让他们感到凉爽。早上我们起床后，要问候父母。晚上回家时，我们要先照料父母休息。

【解读】

一年有冬夏，一日有晨昏，这四句都是《礼记》中的科条，概括了日常的侍奉父母的做法。古代人的生活比较"绿色"，很多问题都伤脑筋，冬天太冷，夏天太热，于是就有了冬温夏清的说法。早晚之间探望、问候父母的起居，也是为人子女的常规任务。

据记载，后汉有个黄香，他小时候就实践了这套做法，大冷天先钻进父母的被窝晤暖了再出来，这倒是个可行的做法。夏天呢，他就在父母睡前拿扇子扇席子。这可是要被物理常识嘲笑的，因为扇扇子能凉快是由于空气流动导致水分蒸发带走热量，那席子又不是有汗的皮肤，哪里能靠扇来降温呢？可见实效并不是最重要的，关键是要孩子心里装着父母，哪怕是细微小事，时刻愿意为父母做奉献。不知为什么后人把《礼记》中的"昏定而晨省"归纳为成语之后变成了"晨昏定省"，真正按照应有的词序写成"昏晨定省"或"晨昏省定"的反而非常少见。如其他孝的条例一样，冬温夏清和晨昏定省的做法所追求的并非物质利益而是感情层面上的良性互动。在自然经济的社会中，父母是家庭的经济支柱，提供实质性的物质保障，子女年幼，无法真正参与，那么就通过做一些力所能及的家务来作为回馈。单从家庭的生存而言，父母所做的是必须的，子女所做则可有可无；然而从情感上说，子女的态度对家庭的和谐、进而对整个社会的幸福指数却有着深远的影响。这样的社会约定代代相传，对整个人群的繁衍和发展无疑有着良性的作用。因此，传统中公认的道德楷模都会在孝行方面有良好的记录。古代权力的交接常常以血缘为依据，所以知名的政治家父子都有名望的比比皆是，这样一来，帝王和贵族的孝行就成了一大看点。周文王是周武王和周公的父亲，这个姬姓家族是中国历史上著名的道德标兵，孔子曾经称美周武王和周公"达孝"。而这兄弟俩的孝行又是从父亲周文王那里秉承下来的。文王出身于大贵族之家，他的父亲叫王季。大贵族家的生活比平民优越得多，所以文王倒是不用亲力亲为地温凊，父母的生活自有仆人打理。即便如此，文王还是每天天一亮就穿戴整齐，来到父亲的门口，向仆人打听父亲的状况。如此一日三次，从不间断。一般都是得到父亲状态很好的答复，文王就十分高兴；偶尔得知父亲因身体或情绪的原因有不良反应，文王就会因此失魂落魄、忧心忡忡。这些故事在《礼记·文王世子》中都有着详细的描述，圣贤的示范作用可谓源远流长。

自然经济走向了商品经济，人们的手段高明了，物质丰富了，与其让儿子晤被窝、扇席子，还不如老爸自己掏点钱去买个空调。至于晨昏定省，还是很大程度地保留了下来，不过城市化的生活中，这种活动的方向发生了逆转，常常是父母对子女晨昏定省。成年子女与父母分别居处，这一切就更无从说起了。丧失了某些既有的教条，简单地表示忧虑或归之为"过时了"都是不够理性的。古人推崇孝道，当然会依据其社会实情生成一些相应的做法，今人如果依然推崇孝道，完全可以因时制宜生出新的、合适的权变方法。在中国的传统文化中，孝道只是其组成部分之一。在当代，受西方影响，我们的对应出了问题。凡事一一对应都好办，我们放弃宽袍大袖接受西装革履那很容易，不穿这个穿那个而已，思想观念的不通至多是一两代人的事。但一对多的怎么办？西方人蒙养惯例是把知识养成和人格养成分别开的，前者主要归学校教育，后者多依赖宗教。但中国的传统并没有这个分界，孩子的家庭教育、学校教育历来融合了这两方面的内容。我们现在并入了西式"教育"的轨道，却没办法从头创立一个"宗教"，那么，晨昏定省这样的事暂时迷了路当然也就不奇怪了。

【原文】

出必①告，返②必面③。

【注释】

①必：一定。②返：返回。③面：面见。

【译文】

我们出门时，一定要告诉父母到哪里去。回家后，要当面告诉他们自己回来了，让他们感到心安。

【解读】

出告返面就是外出和回家跟父母打个招呼，这早已经成了一个基本的礼节，几乎是各种文化背景下的人的通例。

从孝道的观点出发，给小孩子确定这样的礼数也是出于融合父母与子女感情的目的。让孩子知道体贴父母的心情，不要让父母无端牵挂。同时，这也蕴含着一种上下尊卑的定位，即家中父母是主，主人必须对大小事宜保证绝对的知情权，无论子女要出去做的事是否有违父母的意志。所谓的“出”情形十分简单，一是普通农耕人家日出而作，扛着锄头去下地，这是日常的“出”；二是游学、经商之类，时日较长的出远门。即便是交通能力日新月异的今天，“出”还是不外乎这两类。对孩子来说，大致都是日常的出入，不过是打个招呼，只是一个习惯性的细节，既罕有刻意与父母捉迷藏的孩子，生活中也不可能屡屡苛求每次常规的出入都保证一个完整复杂的仪式。之所以把这个内容作为一条规矩，实际上是从长远的角度考虑，让孩子心目中确立父母的尊崇位置，在日后出远门时能自然地体谅父母的情感，在日后遇到重大抉择时也自然能照顾父母的意见。由此会涉及成年以后的许多行事准则，有的是道德规范，有的是法律约束。陆游的《钗头凤》家喻户晓，但更多的人此前只知道这是不自由的包办婚姻导致的爱情悲剧，却并没有深思这个事件背后所显示出的以孝为核心的道德约束力——陆游不敢或不能为了一己私爱而公开与社会公认的道德指标宣战，于是只能放弃自己的爱情。在一个孤立的事件中，这种约束力或许是可悲、可恨的，至少对于后世那些道听途说者来说，凭空想来，陆游的表妹总比陆游的母亲更具审美价值。但在更广阔的时空中，社会正是依赖了这样一种力量维系了其绵长而平衡的发展。

在东亚文化圈里，很多国家这个细节做得非常扎实。以前，国人刚接触日剧的时候总会感觉他们的生活很奇怪，从外面一进门，也不管家里有没有人，先喊一声：“我回来了。”很多时候，确实是家里没人的，这一声与其说是说给人听的，不如说是跟“神”在打招呼。在中国的现代家庭中，这样的情形反而不多见。对《弟子规》的这一条人们自然的反应不是抗拒，而是忽视，觉得这一条可有可无，至少没必要把它当成一个要紧的内容，这看上去更像是人际交往中的功利主义——因为这么做没什么“用”，所以做不做都行。父母、家庭并没有在心中列为特殊对象，只是个人的众多关系之一，对父母熟视无睹的固然不常见，但把父母放在一个要紧的心理位置，这也是日渐缺失的。人们的习惯中，无论是交流还是应酬，都有明确的对象和目的，父母太熟以至于根本谈不上和他们交流有何目的。于是，有了《常回家看看》这样的歌来弥缝这样的缺失，希望人们重新找回那温和淡雅的情感依托，而不要总是在浮躁和迷茫中挣扎。今天的启蒙教育是否能在这一点上加强，这已经不是一个教育理论的问题，而是众多为人父母师长的责任。能否自觉、平静地接受这个规矩，并且恒久地坚持执行，包括以身作则和监督子女，这成了现代人切切需要做好的。

陆游

【原文】

居[1]有常[2]，业[3]毋[4]变。

【注释】

①居：居住，指日常起居的礼节。②常：固定不变。③业：次序、顺序。④毋：通"无"，不要。

【译文】

我们平时的生活要有规律，自己所从事的事情不能随意改变，以免父母担心。

【解读】

居，就是平时的生活，可以指居所，可以指生活习惯，也可以指业余爱好等等。日常的生活要有常。业，就是事业，可以指工作，可以指学业，也可以指一种事业方面的大的理想。做事的目标要始终不变。

在一个简单的农业社会中，人和土地几乎是一一对应的，官员、士兵、商人等少量的流动人口在精神的归属感上还是以地域为依据的。因此，日常的居所有常并不难做到，因为种种原因发生的人口迁移，其目的也是为了稳定而长久地居住，流动只是暂时现象。至于其他会影响到日常起居规律的事情，古代都很少见，甚至夜行都需要足够的理由，否则会被当成盗贼盘查。事业和职业也是简单的问题，绝大部分人从事基础的社会生产，其中又以农业为主，一小部分人从事社会管理，主要是官和吏。这一小部分人的社会地位高，是人们努力的方向，而介入的方式基本上就是读书。因此，在那个年代最常见的改变就是从农民变成官吏，而这种"业"的改变又不在被否定之列。所以，对古人来说，这两句倒是不太需要强调的，很少有哪家子弟心太活，一会儿想杀猪，一会儿想卖药,过一阵子又打算做木匠。现实环境不支持这样的心活,除了一心读书,要想把其余的临时想法付诸实践的成本实在太高,和可预期的回报完全不成比例。像刘邦这样既不肯好好务农,又不肯认真读书谋官的,那就真的属于居无常的无业游民,肯定是要挨骂的。不过刘邦是特例,因为他最后居然鬼使神差地鼓捣出一个王朝,他可以理直气壮地反问他爹:"某之产业孰与仲多?"(我的家产和我二哥比,到底哪个更多啊?)道德条款的具体适用最终还是要大多数人说了算,太强的利益驱动足以诱惑所有的人,道德是无可奈何的,即便是铁杆的卫道士,要想批刘邦总不免底气不足。

利益的生成和生产力关系密切,当生产力水平大为提高之后,刘邦式的无常有变几乎成了家常便饭。因为除了做皇帝之外,有很多途径和可能造就大富翁。即便是在重农抑商的古代中国,掌握了足够的财富的大商人也是有办法买到想要的荣誉和社会地位的,在商品经济发达的当代,致富更是成为获取社会认同的首要条件。有人或许还想在留名与牟利之间做一个义和利的选择,但是,仔细想一下,古今中外哪有那么多矛盾的义和利?古人读书走上仕途,他为国为民做了番大事业不假,但做官的俸禄又何尝不比农民的收入高出许多?现实中又哪来那么多空有名望而不附带丰厚物质利益的事业?只不过在生产力不够发达的年代,绝大多数工作带来的物质利益比不上读书做官,而其中的富裕者也不能和官员的收入拉开巨大的差距。社会的价值观早已多元化,居有常、业无变的古训是否能依旧成立便有了一个大大的问号。今天,如果要为了讲《弟子规》而圆了这两句话,大抵可以说居有常是为了保持良好的生活规律,业无变是不要三心二意,要追求个人事业的精益求精。但这似乎更像是养生保健和职场智慧的话题,和孝的关系非常勉强,总是失了古人的本意。在古代常见的农村生活中,安分平和地在家中做好一份事是保证一个家庭在精神、物质层面都相对安稳的好选择,但对于个人的事业来说,有常和无变则不是绝对的好选择,社会活动不允许居有常,而经验的积累也不能业无变,古代的例证就有不少。大圣人孔子就是以周游列国闻名于世,传说中的舜帝至少先后做过农夫、陶匠和渔夫,而大英雄项羽少年时也曾学书不成,学剑又不成,最后要学"万人敌"还是不成。对于今天的孩子来说,想用这样的教条去加以约束,更是非常困难的,至多只能从打井理论的角度提醒他们不要凡事浅尝辄止。

【原文】

事虽小,勿擅[①]为。苟[②]擅为,子道[③]亏[④]。

【注释】

①擅:擅自主张,任性而为。②苟:如果。③子道:为人子之道。道,道理、法则。

④亏：亏损、欠缺。

【译文】

即使是小事情，也要和父母商量，不能够自己擅作主张。如果什么事情都由自己任意而为，就有损于为人子女的本分。

【解读】

刘备训子有句名言：勿以善小而不为，勿以恶小而为之。这里也是这样的意思，大致是说有些事不能做的，从责任的角度说，孩子做了不该做的事无疑是给父母丢脸，那么作为人子就有亏欠了。

究竟什么样的事，这里却没有明说，大致应该是指道德上的禁忌。既然这话的所指比较模糊，那么在实际运用中就可以有较大的套用空间，诸如孩子乱拿别人东西、说脏话、乱花钱之类，凡是不合适的做法都可以用这条规则加以训诫。当然，要孩子将所有的小事一一汇报之后再施行是既不必要也不可能的，生活中大量无关紧要的小事，肯定不会随意被扣上"擅为"的帽子。如此看来，这一条又似乎有很大的随意性，把它列为儿童的行为规范，其用意究竟如何呢？换一个角度想，这里字面上虽然用的是禁止的句式，但重点或许并不是为了告诉孩子不要做某一类事，而是重在一个"擅"字。换句话说，即使是不算很坏的事，凌躐于父母之上自作主张，同样是不可取的。在家庭中应该长幼有序，特别是作为年幼者，应该充分尊重父母的意见。否则，即便是做了有价值、有意义的事，在为子之道上依然是有所欠缺的。如果从这样的角度理解，那么这一条的意义便在于让孩子树立一个基本的敬畏心。古人常说，天地君亲师都是需要敬畏的，天地属于抽象的哲学概念，与自然的、可见的天和地之间还有一段距离，孩子未必能有所体悟，而君和师对年龄较小的孩子来说也还尚未接触，那么，父母便成了第一个要学会敬畏的对象。敬畏不是单靠打骂之类惩罚出来的，那样或许只有畏而没有敬。它应该是一个完整的、长期的习惯养成的过程，一旦有所敬畏，对今后整个人生都有莫大的益处。人的一生总会处于漫长的修炼之中，修炼主要是和自己不良的情绪、欲望、习惯斗争，最终管束好自己走在一条正确的路上。如果没有由衷敬畏的对象，自我管束是不可想象的，也是没有方向的。自我管束的方法因人而异，北宋名臣赵抃的做法是在自己的床头悬挂父母的肖像，每天睡前逐一思索自己一天的所作所为，借助父母的力量为自己做好监督。这对于一个从小深深接受孝道的人来说无疑是一个行之有效的办法。

如果只是说孩子是否听话，那恐怕古今中外并无多大的差异，孩子总有乖巧顺从的，也有调皮顽劣的，有区别的只在父母的教育原则和对原则的坚持程度。今天，凡为人父母者无不可以反思：在我自己受教育的历程中是否树立了明确的敬畏对象？如果有，我是否坚持将其传给子女？如果没有，我是否要给子女寻找一个？当一些可怕、可恨的事件发生时，人们痛心疾首，慨叹现在的孩子无知者无畏。但追根溯源，无知者无畏的孩子从何而来？不要归咎于长辈的溺爱，不要归咎于学校教育的缺失，首先反观一下身为父母的自己吧。大观园里的贾宝玉自有享受不尽的溺爱，但他也有一个让其敬畏的父亲和无条件接受父亲管束的信念，无论他多讨厌这种管束，他被这样有体系的氛围箍住了，他最多只能逃到奶奶那里避风头。同样，无论我们多么讨厌贾政和他的思想理念，也不得不承认他对儿子的约束是必要的，也是有效的。如果我们自以为随着时代的发展而有了更新、更好的观念，随之认为旧式的方法也过时了，连基本的敬畏一并捐弃，这有多么不理智是不难想象的。

【原文】

物虽小，勿私藏。苟私藏[①]，亲心伤。

【注释】

①私藏：私自藏起，占为己有。

【译文】

即使是很小的东西，也不要不经过允许就私藏起来。如果私自藏起来，父母知道了肯定会伤心。

【解读】

这几句的句式和前面完全相同，不过内容上就比较写实了。具体地指到了“物”，也就是在议论一个关于物质利益的问题了。对孩子来说，过早地产生经济独立的意识、有私有财物的观念，在中国的传统观念中不是一件好事。当然，“私藏”还可以从另一个角度理解，就是小孩子常常会“捡”东西，这是一种疑似小偷小摸的行为。

如果是上述后一种理解，那必须对孩子进行行为矫正，经常性地把一些本不属于自己的东西收归己有，对于成年人来说也常常会引出不必要的纠纷，何况儿童判断力、认知力都有限，这样的叮嘱无疑是必要的。历史上不少为人津津乐道的小故事都有着相似的情节，说自己吃到了什么好东西便偷偷藏起一些，被人问及，便说是要回家孝敬父母的。三国时候陆绩“座间怀橘”就是其中比较出名的一个。小陆绩做客，把人家招待用的橘子顺手揣了两个，被人看到质问，便说是要拿回家给娘吃的。这样的事，轻则可以说孩子不懂礼貌，重了能说他手脚不干净，至于他孝敬娘亲的理由，是真是假，是孝心所致还是天性狡黠，那就天知道了。所以诸葛亮舌战群儒的时候，碰到这个陆绩，第一个回合就点出了他这段往事，实际上也是暗含讥讽。尽管如此，这类事件在古代的主流评价还是被当作体现孝心的正面教材。这似乎也说明《弟子规》中的这个“私藏”应该更接近前一种理解，那么这个问题就略显复杂了。中国是一个古老的农耕国度，重农抑商是千年不变的传统，形成这样的观念自有其思想背景，在一些商业意识较强的民族，孩子能够尽早发掘理财意识不仅不是坏事，还值得鼓励，当然，他们也有自己的一套系统，这里就不多加比对了。在中国式的观念里，私藏和不孝的关系可以这样理解：家庭应该是凝聚的、统一的，不论是精神还是物质都应该如此。那么，私藏一些小东西当然就可以看作是家庭分裂的征兆，至少是一种离心离德的苗头。否则，一个尚与家庭经济并无多大关系的孩子，最多私藏些糖果鞭炮之类，是无论如何不至于令父母伤心的。

社会生活模式早已变化的今天，人们已经不太可能过分关注家庭的向心力问题，回家过年更像是一种知其然不知其所以然的习惯，其作用也大多着落在家人亲友之间的感情交流。而平时，各忙各的一份事，在空间距离上各自东西，在实际事务上也全无瓜葛。这样的环境里，如果父母看到孩子藏了点压岁钱又哪里会无端地伤心呢？反之，给孩子买个储蓄罐鼓励他“私藏”的做法倒是已经流行了一段岁月了。现代人面对孩子，展望他的未来时，首先想到的就是他将来要独立，外面的世界是一个私有制的世界，那么，让他学会一些基本的管理财物的法则当然是必需的。既然有着这样的理论，要让人们放弃看起来对孩子很必要的基本训练，而去维护一个小家庭的所谓凝聚力、向心力，恐怕是没有必要也不可能的。这样的例子真的是社会发展带来的古今“代沟”，只好不论谁对谁错，各行其是了。好在汉语有时候能不经意间创造出一些歧义句，这几句我们正有一个古今通用的理解，实在要想以原文为本，不做太多的扬弃，那就委屈一下陆绩这样的孩子做做反面教材了。

【原文】

亲①所好②，力③为具④。亲所恶⑤，谨⑥为去⑦。

【注释】

①亲：父母亲。②好：喜欢。③力：尽力。④具：具备、准备。⑤恶：讨厌。⑥谨：小心谨慎。⑦去：去除。

【译文】

父母喜好的东西，我们要尽自己的力量去准备。父母厌恶的东西，要小心谨慎地去除掉。

【解读】

为人子女的，总一天会变为为人父母。因此，平常与父母相处的时候，我们要随时随地地观察、留意父母的言行举止,想父母所想,从中发现父母的喜好,作为子女就要尽自己的努力去取得,使父母高兴。因为父母是子女睁眼看世界所见到的第一人,是他们最亲的人。再则,父母不喜欢的东西、讨厌的事情,作为子女就要远离、躲避,不去触碰它们,并且改掉自己身上的坏习惯。那样的话,父母就会感到很欣慰。

但父母的喜好的确会影响子女的人生价值观,假如是一个喜好名利的父母,那么导致子女也是一个贪财逐利之人,建立了错误的价值观,影响孩子一生的发展。

在古代,楚王很喜欢腰很细的女子,结果宫中的很多后宫嫔妃都节食,进而很多女子都饿死了。国君有什么喜好,大臣都会去迎合他,从而形成了一种不良风气,导致一国灭亡。一个家带错风气,家会垮,一个国的国君带错风气,国就会垮,所以就有"一家仁,一国兴仁;一家让,一国兴让",一人贪财逐利,一国就会混乱。所以假如一位国君整日贪图享乐,过着骄奢淫逸的生活,到最后的下场很可能是跟人民发生冲突被人民推翻,商纣的灭亡,就是最好的印证。商纣王当时很宠爱妲己,不听信朝中贤臣的忠谏,为满足妲己的欲望对人民不断地压榨,剥削民脂民膏,到最后人民起而跟他对抗,最终得人心的周武王带领人民推翻了商朝。

商纣王

人们往往都在追求"富贵",可对"富贵"的定义确实过于字面话,只认为是有钱有利就是富贵一生,没有想到他的实质。一个人真正知足,他内心常常觉得很充裕,知足者才能够常乐。所以真正的富在知足。而"人敬则贵",当人人看到你都心生欢喜,都打从心里尊敬你、佩服你,那才是实在的贵。只有这样的"富贵"才是人生所追求的。

古代也有许多孝子会常常满足父母的需要。晋朝时期,有个叫王祥的人。心地善良、孝敬父母。幼年时丧母。后来继母朱氏对他不但没有慈爱,还经常虐待他,并且在他父亲面前说三道四,搬弄是非。他父亲对他的态度也逐渐冷淡,然而王祥却一点也不在乎。王祥的继母特别喜欢吃鲤鱼。有一年冬天,天气很冷,冰冻三尺,王祥为了能得到鲤鱼，赤身卧在冰上。他浑身冻得通红，仍在冰上祈祷，希望得到一条鲤鱼。正是由于他的虔诚，他右边的冰突然开裂。王祥喜出望外，正准备跳入河中捉鱼时，忽从冰缝中跳出两条活蹦乱跳的鲤鱼。王祥高兴极了，就把两条鲤鱼带回家供奉给继母。

在这则故事中，我们看到王祥没有记仇，而是以德报怨。

现如今，如果你问一些孩子一个很简单的问题：你知道你父母的生日是哪天吗？回答肯定是：不清楚。为什么会有这样的结果？他们肯定说："父母从来就没有说过，我们怎么知道。"导致这样的情况就是，现在每家几乎都是一个孩子。不是公主，就是王子，他们只知道命令父母，父母也乐意去做。可父母是否想到长此以往，你的孩子就永远以自我为中心，就知道命令别人，从不为他人服务。那样的话，结果就是：子女以后出入社会，缺乏他人的信任、尊敬，遭到排斥、孤立，出现消极、反叛心理，走入极端。不光这样，还会在父母年老之后，被子女所抛弃，无人赡养。

现在，父母在孩子还小的时候，心灵没有受到污染的时候，就应该让子女有一个正确的人生观，多去学习一些古人的智慧良言，因古人的智慧都是在历史的浪潮中，经过数以万计的经验教训锤炼而成的，处处都是精华。

【原文】

身有伤，贻[①]亲忧[②]。德有伤，贻亲羞[③]。

【注释】

①贻：遗留、留给。②忧：担心忧愁。③羞：羞愧、丢脸。

【译文】

假如我们的身体受到伤害，就会让父母亲担心。假如我们的道德品质有欠缺的地方，就会让父母亲感到羞耻。

【解读】

上节说到如何正确处理父母的爱憎事宜，对我们而言，是相当大的考验和磨炼。这种孝心的实践，不仅需要耐心、勇气和毅力，同时也需要智慧。否则一不小心，我们可能把自己陷入不合乎情、理、法的处境里，甚至处于危难中，这样就会有心孝顺，却无力做到了。因为若为了父母的喜好，百般冒险犯难，不惜坑蒙拐骗，甚至通敌卖国。这小则伤身败命，大则足以毁家亡国，不但贻父母以忧虑，更令人讥笑父母于子失教，于己失德，真可谓遗臭万年了！正如《孝经》上亦说："爱是不自私……不做羞耻的事。"但凡自己身体的，心理的损伤，都是会令父母担忧的，所以爱护自己，不做恶事或任何不合情理之事，以免令父母蒙羞，这样，也是间接的孝顺了父母。

《诗经·蓼莪篇》里提到"哀哀父母，生我劬劳"，此句是赞叹父母的伟大，父母在养育我们时，为了我们拥有一个健康的身体，并且接受良好的教育，历尽辛劳。我们回头想一想，今天我们所拥有的每一项难道不都是父母的恩赐吗？所以我们就应该尽自己最大的努力去达到母亲的期望。

孟子说，"事孰为大？事亲为大"，侍奉父母，人生第一大事；"守孰为大？守身为大"，守住自己的品德，绝不做违背道德的事，而让父母难堪。如果我们的行为不符合道德，不符合礼数，就会使父母蒙羞，兄弟姐妹也蒙羞，甚至于连自己的子女也有可能蒙羞。因此，我们的言行举止要合乎礼数。

人们常说饮水思源、吃水不忘打井人。那么我们就应该要想到，我们从哪里来的。父母就是我们的根。所以，我们就要尽到子女应尽的孝道。

晋代有个文学家叫范宣，是出了名的大孝子，虽然家境贫寒但范宣十分好学，精通儒家经典，也恪守礼法道德。小时候的一天，他正在茶园里干活，不小心把手指头弄伤了，不禁难受得哭了起来。有人问他："你哭什么？是不是伤口太疼了？"范宣却说："我不是因为手指疼痛，而是因为伤了父母赐给我的身体，就等于伤了父母的心，因此，我才伤心痛苦啊！"可见，范宣是多么的孝顺。

又如，春秋时期，有一个叫管仲的大政治家，由于家里特别穷，每天衣食难寻，幸得好友鲍叔牙相助，他才得以养家糊口。鲍叔牙与管仲一同做生意，每次分红，管仲都会取走很多，他也没有觉得有什么不妥，可是管仲母亲知道后就训斥他："鲍叔牙是个好人，我们多亏他的帮助，才可以生活，你怎么能欺负他呢？"管仲觉得母亲说得很有道理，不能再这样了，于是他辞别鲍叔牙投靠了齐国公子纠，作为了公子纠的门人。之后，公子纠与公子小白争夺王位的时候，不幸死去，他的门人都自刎殉王了，唯独管仲没有那样做。别人都说他贪生怕死，管仲毫不生气地说："如果我死了，母亲肯定会伤心流泪的，这哪像为人子该做的事情？"后来，管仲又在鲍叔牙的举荐下，做了齐国的宰相，光耀门楣，成为母亲的骄傲。

古人讲到孝顺这个最高的境界，则是他能光耀门楣、光宗耀祖。正如管仲的故事。相较于今天，反而是有些人经常抱怨说：父母什么都要管？实则是父母对你的关怀所致！假如你知道照顾好自己的身体，生活起居饮食有规律，进而让自己更知礼明事，这样父母当然就放心了。现在是信息化时代，人与人之间交流很频繁，也有所虚拟化，假如你没有判断力，缺乏理智，很有可能就会犯下让自己一生遗憾的事情。到时候不但父母家人蒙羞，甚至连下一代也有可能蒙羞，这是大不孝，所以守身很重要。

今天，父母也是希望子女有所作为，有所成就。但是，只要自己尽了努力去追求，即使没有成功，父母也是会感到很欣慰的。只要我们心中时刻想着父母的恩德，做一个对社会有用的人，不违背法律、道德，这样，就是父母眼中的期望。因此我们为人子女的要诚信、要稳扎稳打，不可好高骛远，造成自己犯下了错误，也连累了自己的父母。

【原文】

亲爱我，孝何难①。亲恶②我，孝方③贤④。

【注释】

①何难：有何困难？何，为什么。②恶：讨厌。③方：才。④贤：贤良，品德高尚。

【译文】

父母亲喜爱我们时，我们孝敬父母亲又有什么难处呢。父母亲讨厌我们，我们还是应该孝敬父母，并且反省自己的过失，这样才可以说是在用心地孝敬父母。

【解读】

人与人的感情是互相交流、互相催化的，正常的家庭中父母与子女都怀着与生俱来的挚爱，单方面去强调孝会显得有点多余。但有些不正常的家庭中，父母与子女关系并不融洽，甚至有着比较深刻的冲突，这时候，从做子女的一方来说，能否认清自己的位置，理性地以孝道自处，那就颇能体现其道德水准了。

对不疼爱自己的父母依然尽孝的故事自古就有很多，孔子的学生闵损就以此著名。闵损，字子骞，以有德行而闻名。子骞母亲早逝，小时候随父亲和继母生活。冬天，后母偏心，做棉衣的时候给闵子骞用芦花来代替棉花，自己亲生儿子穿的则是真正的棉衣。棉花和芦花虽然都是白色的，但芦花做的衣服根本不能保暖，闵子骞冷得受不了，缩在角落里直打哆嗦。父亲不知情，以为他是偷懒耍滑，屡次数落不见效，拿起鞭子把他抽了一顿。这一抽，身上的衣服就破了，里面的芦花也散出来飞得到处都是，父亲这才明白是怎么回事。再去看看另外两个孩子身上实实在在都是棉衣，于是一腔愤怒全发到妻子头上，认为她偏心，不配做一个母亲，要赶她走。这时，闵子骞跪下恳求父亲："母亲在，最多我一个孩子受点冻，要是母亲走了，没人照顾，三个孩子怕都要受冻了。"父亲这才原谅了后妻。从此以后，继母对待子骞也不再偏心，一家人和睦无间。在这样一个标本式的故事中，父亲是代表最高权力的仲裁者，继母是怀有私心的反面角色，而闵子骞则是一个用宽容和善良感化继母的小大人。

还有一个生母跟儿子做对的经典案例，那是春秋时候的郑庄公，他的母亲姜氏生他的时候难产，受了惊吓，所以一直不喜欢这个儿子，情感迁移，小儿子共叔段就成了姜氏的最爱。郑庄公即位之后，共叔段总是想把政权从哥哥手里抢过来，而姜氏也不断替共叔段说话、讨要各种利益。手段高明的郑庄公并没有急于处罚蠢蠢欲动的弟弟，手下臣僚一再劝他注意共叔段的动向，他却说出了一句千古名言：多行不义必自毙。结果,在郑庄公的缄默下,缺乏经验的共叔段贸然造反,事败被杀。彻底铲除了这个隐患之后,郑庄公愤怒之余对母亲也发了句狠话:不到黄泉永不相见。但是过了没多久,郑庄公发现自己作为一个政治家,有娘不见实在太有损自己的职业形象,被贴上一个不孝的标签,对自己的处境大大的不利。于是找了个聪明的属下演了出双簧,挖了一条深及地下水的隧道,来了个母子"黄泉相见",算是把先前犯的错误补了回来。

一个是循循儒者的童年故事,一个是精明的政治家利用孝道的高明手段,不管他们各自得到什么样的道德仲裁,总是共同说明了遇到"恶我"的父母是很难处置的事。

家家都有难念的经,父母子女之间感情有缺并非罕见,特别是再婚家庭问题,更是古今中外的民间故事中反复涉及的。对于父母和未成年子女来说,如果彼此感情有所抵触,修补和改善是必须的,但这份工作的主要责任应该落在父母身上,因为成年人具有更多的经验和更缜密的理性思考。偶尔有闵子骞这样的孩子能担当起这样的工作,用合适的方式使家庭氛围变得融洽,那无疑是令人惊喜的。不过,谁也不能期待惊喜常常发生,否则便成了守株待兔的农夫。能做的,只是告诉孩子:要孝敬父母,哪怕你觉得父母对你不那么好,但他们毕竟是父母,你无权选择父母!

【原文】

亲有过,谏[①]使更[②]。怡[③]吾[④]色[⑤],柔[⑥]吾声。

【注释】

①谏:劝告。②更:更改。③怡:温和喻悦。④吾:我。⑤色:脸色。⑥柔:柔和。

【译文】

父母亲有了过错,我们应该小心地劝谏,让他们改过。劝谏父母时,我们脸色一定要和气,语气要舒缓。

【解读】

我们在规劝父母或朋友时应该注意到四点:第一是存心,第二是注意时机,第三是注意态度与方法,第四是注意要有耐性。规劝父母时,我们要给父母一种好的口气,而不是带有谴责的语气,感觉既然父母做错了事情,就得当面指出,令其改过。可是你这样做的时候,会使父母感觉自己很没有面子,还会被自己的子女批评。反而没有要改的心,有时会惹父母生气。《论语》里面也曾提到,"可与言,而不与之言"。我们在劝谏父母与朋友时,也是为了他们能够改掉自己的坏习惯,所以,除了自己的言语态度以外,还得注意场合与时机。并且要有耐心,俗语也有:冰冻三尺非一日之寒。因为父母或朋友的坏习惯有可能不是一天两天才有的。

在古代,很多圣贤哲人都给我们做出了很好的榜样。

从前，有个叫孙元觉的少年，他小时候就十分懂事，也很孝敬父母。但他的父亲却很不孝顺。在孙元觉爷爷年老体弱多病时，他的父亲就用一个竹筐把病弱的爷爷装起来，打算扔到荒野，不再照料。孙元觉跪着大哭祈求父亲不要那样做，可是父亲根本不听他的话，还骗说："人老了不死会变成妖怪的，爷爷老了不死也会变成妖怪的。"他只好随同父亲来到荒野，父亲放下爷爷就要离开。这时，孙元觉却对父亲说："咱们把爷爷扔了，然后把筐子拿回去吧！"父亲不解，孙元觉说："等到父亲老了，如果不死，我也用竹筐装好父亲，把父亲扔到荒野啊。"父亲一听，大吃一惊，最终改变主意，又把爷爷接回了家。

再如明朝时期，有个叫兰姐的童养媳，年方十二，看到她的婆婆老是骂太婆是老不死的讨厌东西。于是，兰姐在一天深夜，悄悄进入婆婆房中，流着泪，跪在婆婆的面前，言辞恳切地说："婆婆和太婆相骂，对于晚辈是一个很不好的榜样啊！倘若将来婆婆年老时，我的儿媳也把婆婆您骂成老不死的讨厌东西，那时婆婆您心里会是什么滋味呢？谁都有年老的时候，长寿与短命都是上天的安排。媳妇我但愿婆婆您以后也能够长寿啊！"婆婆听完之后，羞愧难当，幡然醒悟，自此以后开始孝敬太婆，兰姐的两个儿子在她的教育下，都高中进士。

从以上两则故事中，我们能看到，孙元觉与兰姐小小年纪就深明大义，行孝至孝。我们作为21世纪的子女，接受了优秀的文化教育，更应该明白这个道理，更加要从自身做起，树立一个好榜样，使父母为我们感到骄傲，也可作为以后对子女教育的小故事。

【原文】

谏不入①，悦②复③谏。号泣④随⑤，挞⑥无怨⑦。

【注释】

①不入：不接受。②悦：愉快。③复：又。④号泣：哭泣。号，大哭哀号。泣，低声啜泣。⑤随：跟随、伴随。⑥挞：打。⑦怨：埋怨。

【译文】

如果父母不能接受自己的劝谏，等父母心情好转时，再去规劝他们。我们难免会痛哭流泪恳求父母改过，如果导致父母发怒，鞭打我们，我们也不应该有怨言。

【解读】

我们每个人身上都有优点与缺点，谁也逃不掉，即使那些古圣先贤也不例外。往往人们只能看到自己的优点，忽略了自己的缺点。也就是说："人非圣贤，孰能无过，过而改之，善莫大焉。"所以，需要他人的劝谏，进而改过。当我们与父母相处时，有时也会无意中发现父母的过错与缺点，在这种情况下，子女则要尽到为人子女的责任，使父母改过，如果反复劝谏，父母还是无动于衷，没有改过之意，甚至生气动怒出手打了你，但是你还是要坚持，或者换种方式进行劝谏，直到父母认识到了自己的错误，改过而没有使错误加深。你的任务就完成了。

历史上这样的故事数不胜数，就如唐太宗李世民年轻的时候，随父亲李渊平定天下。在一次战役中，父亲做出一个错误的决定：想乘敌人不备的时候，连夜攻打一座城池。李世民觉得父亲的计策有误，如果敌人在沿途埋伏，不但我们取不得胜利，还会腹背受敌，很不利于我军。于是，他马上把自己的想法告知父亲，可父亲认为自己的计策可行，没有听取他的建议，然而李世民没有灰心，连劝三次。结果父亲还是一意孤行。眼看全军就要拔营出发了，李世民就在父亲的帐篷外号啕大哭，且哭得很伤心，李渊听到后，出了营帐问其原因，李世民心诚地说：“孩儿本打算阻止父亲的错误军事行动，可父亲却不采纳，因此，感觉很伤心，就大哭起来了。”李渊看到李世民如此伤心，就停止了这次行动。正是这次正确的决策，才挽救了一支军队。

随后在唐王朝的建立中，正是有像魏征这样的贤臣辅助，才使唐王朝得以出现“贞观之治”的繁荣盛况。魏征也常常在唐太宗有过失的时候，直言不讳，他也常常提醒唐太宗，“水可以载舟，亦可以覆舟”，人民可以拥护你，成就你的功业，当你不爱惜人民，他同样可以把你推翻。所以，唐太宗也是兢兢业业治理国家，生怕自己的治理有什么不足之处。

有一次魏征进谏得很激烈，使得唐太宗很生气，气冲冲就跑回他的寝宫，并且边走边喊：“气死我了，我一定要杀了他。”他的皇后看到唐太宗生气的样子，就知道谁有这么大的本事。只有魏征办得到。皇后马上就去换了端正、正式的衣服，换好以后就走到唐太宗面前，跪下来说：“恭喜皇上！贺喜皇上！”唐太宗本来已经很生气，对皇后这个举动觉得莫名其妙。然后皇后就说：“皇上，一定有明主出现，明君圣主出现才有臣子敢这样直言不讳。”结果唐太宗一听转怒为喜：“那我是明主！”假如这个时候皇后又进了魏征几句谗言，那么“贞观之

魏征

治”可能就改写了。

后来魏征去世了，唐太宗哭得很伤心，他说：我有三面镜子，“以铜为镜，可以正衣冠”；“以史为镜，可以知兴替”；“以人为镜，可以明得失”。唐太宗说他有这三面镜子，但现在有一面镜子却是已坏，那就是他的良臣魏征过世了。由此可看出，一个贤明的君主一定非常惜才、爱才，他才能够赢得这些大臣对他的信任。

因此，一个国家的兴旺，一个朝代的兴盛，都离不开那些敢于劝谏之人。我们明白了这一点，那么在今后人生当中成就的一些事，一定要把功劳回馈给敢于指出我们错误的人，只有众志才可以成城。

所以，今天的父母们，不仅要时常警诫自己，反省自己有无过失。有无不良的习惯，应当及时地加以改正；对于那些不是一时很容易改正的错误，必须持有恒心、毅力，慢慢戒除掉。这样才能成为子女学习的榜样。

而现在，作为子女的我们，则要时刻严于律己，时常回头去看自己的缺点，改正自己的缺点，才能更好地去规劝他人，之后向古圣先贤们学习。不仅要学习他们的智慧，还要学习他们的处世原则。

【原文】

亲有疾[①]，药先尝[②]。昼夜[③]侍[④]，不离床。

【注释】

①疾：疾病。②尝：用嘴试味道。③昼夜：从早到晚。昼，白天。④侍：侍奉。

【译文】

如果父母生病了，熬制好的汤药我们要先尝，看冷热是否适合。白天黑夜都要在父母身边服侍守候，不要离开他们的病床。

【解读】

生老病死是人生在所难免，生了病就要吃药，侍奉长辈吃药的基本仪节就是自己先尝一下，《礼记》上说：“君有疾，饮药，臣先尝之；亲有疾，饮药，子先尝之。”大概古代以汤药为主，先尝一下以免太烫，古人并无讲卫生的观念。除了吃药之外，病人需要陪护服侍，这也是子女的义务。

侍奉生病的父母的小故事在古代是很常见的，这样的事一般没有什么复杂的情节，基本上都是强调做子女的能够持之以恒，不怕艰苦。汉文帝的事迹是同类故事中比较有代表性的。汉高祖刘邦的妻子吕雉是一个很有手腕的厉害女人，刘邦死后，她实际上操控了西汉王朝的政权，并且想让吕氏家族取代刘氏成为天下之主，最终是一批忠于刘邦的老臣和刘家的年轻人合力铲除了诸吕。但是，吕后在刘邦死后大肆剪除刘邦的女人和孩子,以至于这时要找一个合适的刘邦的继承人都十分困难。最终,大家想到远在北方边境还有一个代王刘恒是刘邦的亲儿子,此时他正和母亲薄氏远离皇朝的政治漩涡。最终,历经了许多周折,刘恒被接到了长安,成了汉文帝。在刘邦的众多女人中,薄氏的身份很低微,他们母子又很早被派到了远方,所以他们最终躲过了灾难,而这段艰辛的生活也使刘恒特别了解民间的疾苦,养成了仁爱慈孝的性格。刘恒在位期间,轻徭薄赋,削减酷刑,惠赐天下孤寡。他崇尚简朴,示范天下,终于使海内殷富,远来近悦,天下大治。对母亲,他则极尽孝子之能,每天向薄氏请安问候,还尽量抽时间陪伴。母亲生病时,他放心不下宫女们的照顾,经常来到母亲寝宫,守护在母亲床前,亲自为母亲端水送药,一心想着让母亲尽快好起来。为了更好地照顾母亲,文帝还亲自了解医理,对所用药物的剂量、服用时间、煎制要领等都能恰当地掌握。母亲每次服药前,文帝必会亲自先尝,品一品熬煮的浓度是否适当,温度是否合适,如有不妥,立即返工,直到适宜母亲服用之后,才放心地端过去。在古人看来,孝是家庭化的仁,仁是社会化的孝,仁和孝本来就是同一种品质的不同侧面,汉文帝是一个孝子,也是一个好皇帝,这两方面是统一的。皇帝只是天下一人,而孝子却是人人应该做的。在这样的思想背景下,古人进行道德评价时,往往习惯性地先看其人在家能否尽孝。在汉代,一个平民要想跻身上流社会,那么通常要先被推举为孝廉——这个名词的取意就是在家能孝悌,在外能廉洁。

今天的医疗卫生状况与古代有着天壤之别,所以,传统孝道中的尝药侍亲大有需要权变的地方。现在基本不用汤药来治病,治疗、护养、观察等一整套医疗手段早已专业化、流程化,子女可做的大抵只有住院陪护和支付医疗费,而前者同样可以雇佣专业人员,后者则大多已纳入社会保障体系,就是说,过去分摊在每个子女身上的这部分任务正在被日趋完善的社会体制消化接受。但有时候也会出现一些古人难以遇到的新问题,比如受医疗制度和技术水平的局限,人们常常会遇到困难的选择,带风险的手术是否接受?只能延命不能治病的昂贵药物是否要用、用到什么程度?这些新问题对旧有的观念产生冲击,人们常常要在彼此并不完全一致的舆论、良心和现实之间做艰难的选择。继承和发扬传统的孝道并没有什么不合适,但任何抽象的大原则总会遇到不特定的现实问题,如何妥当地根据原则解决问题才是最重要的,对于不可避免的父母疾病问题,人们还有很多需要认真权衡的细节。

【原文】

丧三年,常悲咽①。居处②辨,酒肉绝③。

【注释】

①悲咽:悲伤哽咽。咽:声音堵塞。②居处:居住的地方。③绝:阻绝、断绝。

【译文】

父母亲不幸去世了，要守三年的丧，追念父母的养育之恩。居丧时由于思念父母会哭泣，自己居住的地方也要有所选择，生活要俭朴，要戒除酒肉的享受，这样才能表示对父母的哀悼。

【解读】

“丧三年，常悲咽”，它只是形容父母刚过世的时候，我们因为思念他，经常不自禁地眼泪会涔涔下来，这也是子女情不自禁地流露。如果有的父母已经过世多年，怀想到与父母相处的点滴，也不免会伤心落泪。

“居处变，酒肉绝”，这也是对我们在父母过世后，我们的饮食起居的一种约束。面对家中长辈过世，此时我们生活应该要简朴，应该茹素，拒绝酒肉，这也是为父母祈祷。吃饭时，看到曾经父母坐的位子空着，往往是咽不下饭，吃不下食物，怀念父母。

《孝经》里有一段很重要的教诲，提到了“居则致其敬，养则致其乐”，我们用恭敬心，用一种让父母欢喜的心去奉养他；“病则致其忧，丧则致其哀，祭则致其严”，就是在父母生病时，心中也是充满了忧愁，担心父母；在办丧事时，我们要感怀父母的恩德不要铺张浪费，遵从父母的遗愿而行；在祭祀时，要很庄严肃穆，且时时不忘父母的教诲，这才是一个孝子应该尽的本分。

古代，父母不幸过世，走完了人生的最后一程路。子女就要给父母发丧、送终。古礼则有：子女守孝三年，且在这三年中，子女要生活俭朴，放弃以前的富足生活，禁止一切娱乐活动，过着简单的节俭的朴素生活，拒绝酒肉享乐的富足生活。更有极孝顺者，在三年守孝中，身穿粗布麻衣，胡须不剪，还在父母坟前搭一茅草屋，陪伴在坟前。这种丧礼，上至君王，下至平民百姓，都没有例外的。在古代的制度中，人们接受儒学教化，心底单纯、善良、厚道，父慈子孝的传统根深蒂固。所以在父母死后，时时流露出悲痛，日日思念父母，食之无味，夜晚难眠。也可谓是“父母之恩，昊天罔极”，一辈子思怀不忘。

汉代，有一个孝子韩伯俞，生性孝顺。他的母亲对他的管教也是十分的严厉，有时韩伯俞淘气做了错事惹得母亲发火，那时，母亲就会很严厉地用手杖打他。可是，韩伯俞从不辩解，只是低头躬身地被母亲责罚，即使很痛也不会哭，等母亲气消了之后，韩伯俞就会和颜悦色地向母亲认错谢罪。后来，母亲年事已高，体弱多病，当他再做错事时，母亲责罚他，他却大声地哭了出来。母亲很奇怪，不解地问：“以前可没见你哭过，是不是打得太疼了？”韩伯俞忙说：“不是不是，以前母亲责罚孩儿时，虽然很疼，可显母亲身体健康，现在，却一点也不疼，则表示母亲身体削弱，才情不自禁地哭出声。”母亲听后，长叹，没有再说什么。

明朝时期，有一个讲学家叫胡居仁，一直跟着吴与弼读书，他所追求的学问是有的放矢的本心。因此，心中常怀恭敬心，还把敬作为他书斋的名字。胡居仁与妻子相敬如宾，孝顺父母。当他父母去世之后，在守孝的三年里，心情一直处于忧郁中，以至寝食难安，日渐消瘦，到后来只能凭借拐杖行走，且三年中从未走进内室一步。在与家人、朋友交谈时，从未提及功名利禄，也不愿做官。随后一直谨慎自守地在白鹿书院讲道。

韩伯俞与胡居仁的行为体现了孝子的挚诚，父母在世时，时常懂得顺从父母，体谅父母的用心；父母过世多年后，还能保持一直俭朴的生活，实在令人感动。

相较于现在，我们反思子女对待父母的态度，莫不心生惭愧，因为父母为了儿女健康成长耗尽了他们一生的心血。我们作为儿女，当父母去世之后，虽然不用效仿古人那样在父母坟前守孝三年，但我们却可以把它转化为内心常常追照、感怀父母的恩德，一世不曾忘怀。

【原文】

丧尽礼①，祭②尽诚③。事④死者，如事生。

【注释】

①尽礼：遵守礼节。尽，尽力。②祭：祭拜。③尽诚：心意真诚。④事：侍奉。

【译文】

举行父母的丧礼时，要庄严肃穆，按照礼仪，不能够随便，祭拜父母时我们要心诚。虽然父母去世了，我们对待他们要像生前一样恭敬，就像他们还在身边一样。

【解读】

论语云："生，事之以礼，死，葬之以礼，祭之以礼。"子女在办理父母丧事时，要遵从父母生前的愿望，按照应有的礼法进行办理。而不是父母生前，自己没有尽到孝道，怕他人谴责，在父母死后，大肆铺张浪费给父母操办葬礼，以显示自己多么的孝敬。这等举动，可耻亦可悲！在丧礼的时候，我们也要办得庄严肃穆，不要吵吵闹闹，且子女孝敬父母之心理应是生死如一的。自己一生都必须保持恭敬孝顺之心。正如欧阳修有一句很好的教诲，他说"祭而丰，不如养之薄也"，祭祀祭得多好，不如在父母生前好好奉养，更有意义。生前不奉养，死的时候花一大把钱，其实真是太颠倒了，有违人道！

孔子对丧祭之礼的看法是：第一，要依照自己的身份地位，并配合家庭经济状况，毋过与不及，也就是尽礼，合乎礼仪；第二，要存真正的哀伤之情和敬意，也就是尽诚，出乎至诚。古代，子女在祭拜父母灵位或去父母坟前祭拜时，仿佛父母就在自己身旁，恭敬地行礼、问安。

孔子,一生都在宣讲“仁”“孝”“礼”“义”,使得许多人得到了终身受益的智慧。他的母亲去世之后,按照当时的周礼,孔子只要守孝两年就可以了,可两年过后,孔子内心还是十分的悲伤。一天,孔子对弟子子贡说:“我的心还是很悲痛,刚刚我为母亲作了一首哀乐,你来听听吧!”孔子在弹的过程中,子贡情不自禁地流出了眼泪。感慨地说:“老师这是内心思母的最好体现啊!!”

《论语》云:“慎终追远,民德归厚矣。”中国古礼特重葬礼,而重视丧葬之根本目的是在教化活人,以此来培养人们的道德品性和反哺报恩的观念。人与人之间的感情很容易夹杂势利的因素而不纯粹,唯有对死者,没有欲望,只有真情。现在当然可以改革葬礼仪式,不必厚葬,但一定要有对父母的真情,切不可流于形式。

现在,很多人由于工作、求学这样或那样的原因都不在父母身边,即使父母过世,也没能见到父母最后一眼,心中很愧疚。可人只要常常想到就是因为有父母的教养,我们今天才有的成就,时时有这样感恩的心,并时常诚心去父母墓前祭拜,努力完成父母身前的期望,那么父母在地下也会感知到你的孝心。

三　行悌

【原文】

兄道①友②,弟道恭③。兄弟睦④,孝在中。

【注释】

①兄道:为兄之道。道,道理、法则。②友:友爱。③恭:恭敬。④睦:和睦。

【译文】

兄长要爱护弟弟,弟弟要尊敬自己的兄长。兄弟姐妹和睦相处,孝道也就在这之中了。

【解读】

古人说父慈子孝,兄友弟恭,担任不同的家庭角色,便有不同的要求。友就是友爱,恭就是恭敬,年龄的高下决定了他们各自所应有的态度,都能按照这样的要求去做,家庭自然就能和睦,这也是孝道的组成部分之一。

《尚书》说:“惟孝友于兄弟。”后来人们索性截取了“友于”二字作为兄弟的代称。兄弟是一种特定的人伦关系,人们的生活要和谐,便需要关注各种各样的关系,并为之分别做出约定。于是,两代血亲之间便有“孝”的约定,而同辈之间便是“悌”。这个

"悌"也可以写成"弟",所以,弟子的弟在文言文中有时候表示兄弟、子弟,也有时候表示顺从兄长的这种规矩。俗话说,打仗亲兄弟,上阵父子兵。兄弟之间有着最近的血缘关系,又常常是一起长大,往往都有着超乎寻常的感情基础。人们心中的美好愿望之一,便是周围所有的人都能有着兄弟一般的亲密感情,那样的社会多么令人憧憬啊。可惜事实并非如此,这只是一个努力的方向而已。但既然是方向,是本来就令人羡慕的美好的人际关系,那首先就需要加以规范,这样便有了依据人之常情而推出的兄友弟恭。一般情况下,亲兄弟之间年龄差别并不大,在两个人都蒙昧无知的时候常常是这会儿打架过会儿和好,用不上什么友和恭的大道理,而各自成年之后一旦发生矛盾也往往不是靠说教便能解决的,所以,这样的观念一定要在其懂事之初便加以明确。

作为范本的兄弟和睦的故事可以说俯拾皆是,长兄如父、长嫂如母的感人故事在现实中屡见不鲜,这里说一个略带神秘色彩的故事。有田真、田广、田庆兄弟三人,本来共处一个大家庭中,后来想分了家产各自独立生活。别的家产都商议分割停当了,唯独院子里一棵枝繁叶茂的大紫荆花不好处置,三人商量到半夜,终于决定还是用最笨的办法以示公平:届时把紫荆一分为三,一人一份。事情都办完了,兄弟分头去睡觉。天亮后,各自起床准备开始新的生活了,却发现那棵紫荆一夜之间已经完全枯死了!这样的离奇事件一般也就是推出"植物也有灵性"的怪异结论而已,但田真却想得更深刻,他对弟弟们说:这紫荆本是同根生出,现在要分开了,便憔悴枯萎,何况是人呢!我们兄弟要分家,岂不是做人做得尚不如草木吗?于是,兄弟都被感动,决定不再分家,那株紫荆也很快恢复了生机。无论对家庭还是社会,中国传统的观念总是以融合、凝聚为美,而不推崇个性化的独立奋斗,所以兄弟间的分家,特别是由此引起的争讼被认为是丑陋的行为,在这样的信念之下,即使牵强附会地将人和草木鸟兽做比较,进而推出兄弟分家等于人不如草木的结论,也很少有人会较真的。

现代生活的模式与古人有着很大的区别,中国几十年的人口政策引导,使得城市孩子大多没有亲生的兄弟姐妹,尽管还有不少关系上稍远一层的同辈,彼此相处的原则也可以适用"悌",但是,他们毕竟不是自小在同一环境生活成长的亲兄弟姐妹,感情基础肯定淡了一层,相处时多少也会有一些主客关系。同时,塔形结构的大家庭即便在农村也已经不多见,成年子女各自独立生活几乎已成为惯例,另外,老有所养的责任也很大程度上由社会承担而不全落在子女身上。这样一来,悌比孝离现代人的生活更遥远、更无从实践,作为文明的一个符号,人们能接受,能认同,也能从古代的文本中想象它曾有的强大精神力量,但毕竟很难让人们再将"悌"与其他谦逊温和的处世原则区分开来,加以特别的对待。

【原文】

财物轻[1],怨[2]何生[3]。言语忍[4],忿[5]自泯[6]。

【注释】

①轻:看淡、看轻。②怨:怨恨。③何生:从何而生?何,哪里。生,产生。④忍:忍让。⑤忿:愤怒。⑥泯:消除。

【译文】

对钱财看得不重要,兄弟之间自然就没有怨恨,因为纷争常因钱财而起。说话时注意忍让和包容,多为别人着想,愤恨也就容易消除了。

【解读】

人在一生中往往追求两样事物:名与利。在追求这两样事物时,由于利益的驱使,人的双眼看到的往往就是金钱与权力,为了达到目的则会不择手段,六亲不认。俗语有云:"人心不足蛇吞象。"这也是在讽刺人的欲望、贪念永无止境。追其本源,我们会发现这是许多父母在教育子女问题上存在偏差所导致的。

因此,在家庭教育中,父母作为子女的启蒙老师,则要起到一个好榜样。教育子女心存善念,从善事近亲做起,不要把钱财看得很重,虽说,我们需要金钱来购买生活所需,但金钱也不是万能的,亲情、友情、爱情等等是无法用金钱来衡量的。只要够用就可以了,知足者常乐嘛!兄弟姐妹间,从小接受了好的孝悌教育,往往就会把金钱看淡,亲情看重。彼此之间说话时,也会忍让包容对方。孔子也曾说:"言语为福祸之门。"可见言语的重要性,人们也常说:"小不忍,则乱大谋。"忍一时风平浪静,退一步海阔天空。

在元世祖至元年间,有一个叫朱显的人,他的祖父多年卧病在床,感觉自己不久将离开人世,所以在弥留之际,将家产按等份分好,并立下字据,交代了自己的后事。然而,在英宗至治年间,朱显的兄长也去世了。留下几个年幼的孩子,无人照顾。他看到侄儿孤苦无依,心里很难过,就和弟弟朱耀商量:决定不分家,还是生活在一起,全心全意地照顾侄子们,把他们当自己的亲生孩子一样对待,让他们健康成长。随后,兄弟二人一同来到祖父的坟前,把祖父留下来的分产遗书焚毁掉。从此之后,这一家继续其乐融融地共同生活在一起,互相关怀照顾。

现在,许多子女为了父母遗留下来的财产,往往争得天翻地覆,谁都想多得到一些。甚至会对簿公堂。如果父母知道会有这样结果,我想他们就不会遗留下来而是直接捐给慈善机构了。因此,孩子从小就应该建立一种正确的金钱观,父母要多提倡子女勤俭节约,培养一种勤俭节约的好习惯。

【原文】

或[1]饮食,或坐走。长[2]者先,幼者后。

【注释】

①或:或者。②长:长辈。

【译文】

和长辈一起吃饭时,要学会礼让,请长辈先吃。在就座和行走的时候,要给长辈让座,让长辈先走。

【解读】

日常的交往中,不管饮食坐走,先后是表明长幼尊卑的细节,所以一定要讲究长者先、幼者后。

这以下的一些内容其实是泛讲长幼尊卑的规矩,不只是说兄弟之间的关系。所谓先后,通常只是时间、位置上的次序排列,本来是于事情无大影响的。譬如说饮食,好多人一处吃饭,谁先动筷子也不会令其他的人受饿,其余的很多生活细节都是如此——无关紧要。但是,当先后成为一种概念之后,由于词义的延伸,它就会牵扯许多利益。先,被引申为优先,事情就不一样了,因为优先意味着"劣后",涉及了荣誉和尊严。而当供不应求的时候,优先也意味着先者得、后者不得,涉及了利益。凡事关乎名利,那就必须要依靠约定和仲裁来维持秩序,否则必然因抢起来而乱套,在没有现成的约定和有效的仲裁时,那就只能靠个人的道德自律来维护底线了。年幼时没有太多的名利纠纷,而且正处在可塑性强的阶段,所以给孩子规定一个"尊长"的观念,那么,在满眼望去都是"长者"的时候便自然养成了他们谦抑温和的品质。随着年龄的增长,自己的见识、修养也渐渐随之提高,身边也渐渐出现了一些"幼者",渐渐得到一些尊重。每个人都随着时间的推移而逐渐得到别人的仰视,这样便有足够的过程来完善自己的品格,这实在是一个很妙的约定。寻常人家兄弟纷争不过是为些柴米油盐、财帛田产,也足以影响到社会的安定,何况巨富豪门或贵族王室,他们的争执可是直接冲击整个经济、政治体系的大问题,所以在他们身上更能够看出长幼尊卑的深刻用意。

《史记》世家的第一篇《吴太伯世家》说的是吴国的祖先太伯的事,这样的小国之所以能位列第一,是有缘故的。当时的天下之主是周王朝,周朝的开国老祖是文王、武王父子,而这个吴太伯却是文王的伯父。原来,文王的爷爷太王早就看好这个孙子的才能品行,想让他做家族的继承人,但是文王的父亲季历是老三,上面还有两个哥哥:太伯、仲雍。这时候就出问题了,按照长者先、幼者后的原则,当时的"继承法"也是做了相应规定的,如果不"违法",那就轮不到文王,而要是"违法"继承,不管是谁拿的主意,总是季历、文王父子的污点。于是，太伯兄弟在明白了父亲的愿望之后主动逃到偏远的吴地(今天是发达的沿海地区，那时却是极度落后的蛮荒)，断发纹身，以示永不回归，这样才成就了季历的合法即位。而太伯死后没有嗣子，由仲雍及其子孙相传，成为后来的吴国。所以，对周王朝来说，太伯虽然不是他们的直系祖先，却对他们家族有着不可磨灭的大恩，他使季历摆脱了唐太宗式的噩梦而建立了一个伟大的、绵延八百年的王朝，并且可以理直气壮地长期沿用这个简单的维持家庭、社会和谐的法则：长幼有序。

姬昌

长幼，本来就是一个尊卑的标尺，对于深受传统文化影响的人来说，这是深深刻在意识深处、随时会反映在一举一动中的观念。今天，稍微上点年纪的人知道这么一句话："让列宁同志先走！"这是《列宁在1918》中的一句台词，是一个由于其权力和思想而受到尊重的体现。更多的人则听说过一个西方人普遍使用的规则：Lady First，这是对妇女的尊重，基于人权平等的表现。但无论如何，人们总以"先"为尊，只要不是坏事，先者总有一种优越感——还是孔子的话比较全面："有事弟子服其劳，有酒食先生馔。"有什么苦差事，当先的就得是弟子、地位较卑的一方了。对于这样的准则，人们在执行态度上确实已经产生了不小的变化，种种长幼无序的表现并不难罗列。但是，应当继续保留并且坚定执行这个原则的道理应该是很明白的：无论古今，人都是这样群居，由幼到长再到老。每个人生总有屈有伸、有抑有扬、有劳有逸……其中哪些应该在小时候多尝尝，免得全都留到老时一并"还债"，这不会有什么不同的答案吧？

【原文】

长呼①人，即②代③叫。人不在，己即到。

【注释】

①呼：叫。②即：立即、立刻。③代：代替。

【译文】

长辈有事呼唤人时，如果自己听到了，应该马上替长辈去传唤。如果被叫的人不在，自己应当去长辈那里看看，还要询问有没有需要帮忙的事情。

【解读】

长辈在有事的情况下，才会呼唤他人过来，而不是没有缘由就随便呼唤。我们作为晚辈，在听到长辈的呼唤当然有义务去代为找人，假使长辈要找的人不在的话，我们则要回去禀明长辈，然后询问自己是否可以帮忙去做。这样才是一种有头有尾地完成一件事的做法。对长辈对自己也是一种负责任的态度。只有这样，我们才会成为一个有责任感的人，在做任何事时，都不会虎头蛇尾，半途而废。也是别人可以托付重任的最佳人选。有时，人们会认为这只是小事，做与不做无关痛痒，不会影响自己的发展，殊不知，大事都是由小事构成的，大道德也是从微细处实行起的。

饮食与行走，要长幼有序，这其实就是一种生活中的细小礼仪，它的重要之处是可以长养孩子的恭敬之心，因此，它所含的真正用意则是孩子的存心。也在说明教育子女的第一学问则是：为人着想。

曾子曾谈论他的老师孔子的道："夫子之道，忠恕而已矣。"这句话的重点则是"忠"与"恕"，忠，就是在做任何事时，都要有始有终，心存一种敬慎心，平等对待每个人，谨慎行事；恕，就是在做任何事时，要有一种体恤别人的心，慈悲心，也就是"己所不欲，勿施于人"。这也是对原文的进一步阐释。然而这些美好的品德都必须从小就要培养。

在古代，往往都是兄弟姐妹很多人住在一起，前后连起来是一个大的家宅。长辈叫人时，可能要走一段路才能到，如果长辈年老体衰时，要走很久才能到。这样，不仅很耽误时间，还会使长辈劳累，所以子女在听到后，要马上代为传唤长辈要找的人，减少长辈的劳累。如果那个人不在，自己就要代为去做。这种小小的事情，进而映射出了古代子女对父母、长辈的恭敬与孝顺。

有一次，范仲淹让儿子把五百斗麦子从京城运往江苏老家。结果，范纯仁在途中，刚好遇到了他父亲的故友，他父亲的故友就把自己的家庭状况告诉了范纯仁。由于家里十分贫穷，父母去世了，没有钱安葬父母，然后还有女儿都还没有出嫁，生活状况比较窘困。范纯仁听完后，立马就把五百斗麦子全部卖掉，把卖麦子的钱全部拿给了长辈。结果钱还不够。人们常说："帮人要帮到底，送佛要送上西天。"所以，范纯仁当场把运麦子的船也卖了，钱才凑够。处理完父亲好友的事情，范纯仁就马上赶回京城见父亲，刚到家就和父亲坐下来，开始报告父亲说，他在途中遇到了父亲的故友。当说到他把五百斗麦子卖掉去帮助父亲故交时，钱还是不够。范仲淹立马打断儿子的话说，那你就把船也卖了！结果范纯仁说，父亲，我确实已经把船卖了，钱才凑够。听后，范仲淹脸上露出了喜悦之情。

所以，可见父子同心，家道可以长久不衰，范纯仁拥有一颗仁厚之心，才会做出这样的好事。这也说明了范仲淹良好的家庭教育之德。

再如东汉时期，宦官把持朝廷。宦官候览依仗权势，贪污受贿，霸占良田，抢夺民女，干尽了坏事。有一位官员张俭写了一份奏折，揭发候览的罪行，请求皇帝把他杀了，可不想，奏折落入候览手中，候览教唆张俭的同乡上书皇帝，诬告张俭谋反。汉灵帝不明真相，就下令逮捕张俭。当时，张俭与孔融的哥哥是好友。于是，张俭逃亡投奔孔褒。可孔褒不在家，孔融接待了他。孔融看出了他有难事，就对张俭说："先生不要为难，哥哥现在不在，我还是可以做主的。"于是，孔融收留了张俭，留在家中。几天以后，风声减小，张俭谢过孔融，离开了孔家。可是，不想张俭在孔家躲避的消息泄露了出去。官府就派人把孔褒、孔融两兄弟抓了起来。审判时，孔融说是他收留张俭的，他愿意承担所有责任；孔褒说张俭是来找他的，应该由他承担责任；可他二人的母亲说自己是一家之主，理应承担全部责任。审官不知如何处理，只好向朝廷请示。不久，皇上下诏：让孔褒抵罪，孔母与孔融释放回家。孔融不仅友爱兄长，还刻苦读书，最终孝顺父母成为东汉末年最有名的儒生和学者之一。

现在，我们也在接受一些礼仪文化的教育，可是，还是会有一些不文明的现象出现。那是因为人们只注意到了一些外在的、表面的东西，没有从内心改变。只有心变了，行动才会跟着改变。因为，人的行动是由心在支配的。

【原文】

称[①]尊长，勿呼名。对尊长，勿显能[②]。

【注释】

①称：称呼。②显能：显现才能。

【译文】

对长者要尊敬，称呼他们时不能直呼其名。如果有长辈在场，我们应该谦逊，不要卖弄自己的才华。

【解读】

在过去，有文化或有身份的人通常除了有姓名之外还有一个字，诸如杜甫字子美、苏轼字子瞻之类。而真正能用于表示其人的称呼又往往远远不止这两样：杜甫号少陵野老，苏轼号东坡居士，又有杜少陵、苏东坡之称；杜甫做过左拾遗、工部员外郎，又称杜工部、杜拾遗，苏轼死后谥文忠，又称苏文忠；杜甫之后又有杜牧也擅长写诗，所以杜甫又称老杜，苏轼父子三人都有名气，所以苏轼又叫大苏。反正古代人往往一人多名，而且常常是名气越大、别名越多。这许多称呼中只有正规的姓名是最严肃的，对人自称或写文章书信落款时所用，用于对称则只能是尊者对卑者，其他各种情形下，总是要回避姓名以示尊重。所以，古代不仅对孔子、孟子及历代帝王罕有直呼其名的，即便是同时代人、平辈之间甚至道及第三者也多如此。书面表达情况就比较复杂，一般称名见于史书及学术考证这样的严谨文字中，而“我本楚狂人，凤歌笑孔丘”就是对百无禁忌的狂人的生动描写。诗文用典则也比较随意，王勃《滕王阁序》“冯唐易老，李广难封。屈贾谊于长沙，非无圣主；窜梁鸿于海曲，岂乏明时”，全是用的正名。书面称谓要根据语境来权衡是否直称其名，其规律不是一句话能归纳的。现在所说的是指日常的口语规范。北宋著名的文学家、史学家曾巩为人比较傲气，曾任职中书舍人，御史中丞徐禧字德占，比他年辈略晚。一次相遇，徐禧主动过来给曾巩施礼问候，曾巩这时只要随便应付一句“德占不必客气”之类的场面话就行了，可他偏装不认识，故意问了句：“你是谁啊？”徐禧只好按常规回答：“禧姓徐。”曾巩大大咧咧地说：“你就是徐禧啊！”于是徐禧再也压不住火气，当面和他吵了起来，后来还专门在别的事上找曾巩的茬以示报复。这件事中，曾巩的态度固然很傲慢，但当面直呼其名是对徐禧最大的攻击。“见能”的事，诸如淳于缇萦救父之类属于救急的，不能算，像什么曹冲称象、王戎识李、“日近长安远”便都有些在长辈面前故意显露的味道了，但历来人们对这样的故事并不反感。反过来假设一下，要让小小孩子便学会韬晦，明明知道的、会做的都不能显露，很有城府地装傻充愣，这才不是正道呢。所以，“勿显能”显然不是一概而论地在长辈面前不得展现自己的所长，只是在态度上、用意上不可以有一种求胜心，以一种扬才露己甚至压制对方的姿态来展现自己的所长，那就有违做人的基本道理了。

可能是古代人需要记忆的人比较少吧，反正他们熟悉的人（主要指有地位的男性）大多是有多种称呼的，即便如此，记忆库也还装得下。现在人口众多，每个人都有一个不小的熟人资料库，要是也照古人的路子来恐怕要不胜其苦，所以近代人物一般都不讲这一套，毛泽东字润之，但很少用及，同一辈的周恩来以下大量高级领导人几乎都是有字的，但知之者甚少。稍早的孙中山、蒋介石，一直以字号为名，也有不少人称之为孙文、孙逸仙和蒋中正，那只是过渡时代的做法。总之时至今日，大抵总是一人一名。另外，我们还要接触大量的外国人，要想再坚持如此复杂的称谓规矩更是无从谈起，一般来说，在姓氏后面加“先生”“老师”或官职就可以了。至于“勿显能”是一个有弹性的要求，现代人实际上做得并不好，很多孩子说不得，动不动跟长辈顶嘴，年龄稍大之后便任性胡来、难以约束，究其本源，难免与长辈在其儿时无原则地接受、鼓励其漫无章法的“显能”有着密不可分的关系。孩子是可爱的，在父母面前表现一下自己当然也可以鼓励、肯定，但是那种过分轻佻甚至带有一些进攻性倾向的自我表现是否也应该予以适当的压制呢？

【原文】

路遇长，疾[1]趋[2]揖[3]。长无言，退恭立[4]。

【注释】

①疾：快速。②趋：快步上前。③揖：拱手行礼。④恭立：恭敬的站好。立，站立。

【译文】

在路上遇见长辈，要马上走过去和他打招呼。如果长辈没有什么事情吩咐，就恭敬地站在一边，让长辈先走。

【解读】

朱熹的《朱子童蒙须知》杂细事宜第五中记载："凡道路遇长者，必正立拱手。疾趋而揖。"意思就是：凡是在路上遇到长辈，一定要端端正正地站立与长辈行拱手礼问候。如果长辈与自己有一段距离，应马上小快步或小步跑着走到长辈面前作揖问候。

"趋"和"疾趋"在我国古代表示两种程度不同的礼节。"疾"的意思是有一点快步走过去，"趋"也就是小步地走过去，因此，"疾趋"就是小步快跑，"疾趋"相对于"趋"，显示出人的心情更加急切。

在古代，行趋礼是体现一个人的修养，也是约定俗成的一种礼仪。反映到现代社会生活中，体现在我们见到长辈、老师或领导时，理应热情地快步走上前行礼问候。如果见到领导或长者无所谓地视而不见，或到对方跟前问候时还大摇大摆、慢腾腾地，就会被对方视为不礼貌，缺乏修养，从而引起他人的反感。其实，尊卑有别，长幼有序，见到尊长赶紧上前行礼问候，是我国自古以来再正常不过的礼节。

作揖也称为行拱手礼，行揖礼，是我们华夏民族特有的见面问候礼节，这也是一种以自谦的礼节表达自己对长辈的尊敬，对领导的尊重。

据考证这种见面时的礼节，大约起源于三千年前的周朝。其基本手势是：右手握拳，左手成掌，对右拳或包或盖于胸前，并有节奏地晃动两三下。但男子用左手握右手，女子用右手握左手（拱手，男子尚左，女子尚右），这称作"吉礼"，反之则为"凶礼"。

拱手礼左掌右拳表达了古人的尊卑观念，即左手为尊，右手为卑，把右拳掩盖住，以尊贵的一面示人，表示对对方尊敬，但凶伤吊唁右为尊。据说拱手礼有模仿带手枷奴隶的含义，意为愿做对方奴仆，后来逐渐成了见面时的礼节。

因此，即使现时社会，中国流传了几千年的揖礼已经被"问候""点头微笑""轻微鞠躬"或者"握手"所替代了。人们还是有在见面，问候时，注入自己内心中的真挚的情感，让与你交谈的人，感受到你的热情，增强对你的好感、信任度。也是应验了那句俗语："见人先作揖，礼多人不怪。"

【原文】

骑下马，乘下车。过犹[①]待[②]，百步馀[③]。

【注释】

①犹：仍然、还。②待：等待。③馀：通“余”，多出的。

【译文】

不管我们是在骑马还是乘车，只要在路上遇到了长辈，就应该下来向他们问候。等长辈离去有大约一百步的距离，我们才能上车或者上马。

【解读】

《礼记·祭义》：“见老者，则车徒辟。”这也是体现出一种对长辈的恭敬心。礼节作为人们彼此之间的行为规范，可以说是人与人之间所保持的最和谐、最美好的距离，这种自然的秩序法则假如我们遵守的话，人与人相处起来就感觉非常舒服、和谐，不会觉得唐突、产生误会。如果这个礼节，你觉得没有必要存在这种约束，要把它废除，这样才会产生诸多的不愉快跟误会。要知道正是这些的礼节约束、限制，才能培养出一个人的耐心、细心、恭敬之心。这样久而久之养成习惯后，这个人自然就有一种雍容大度之气，即使是在事情很忙、很混乱的情况下，他的礼节都不会方寸大乱，这才是真正有德之人。

在日常生活中，就养成恭敬长者、老师、领导的习惯，锻炼出沉稳、干练的应对谈吐，是做人做事成功的基石。我们自己不可能独立生活，必须融入社会这个大家庭中，才会有所价值。如何与人和睦相处，并获得施展自我才华的机会，以服务大众，这是每个人一生都要努力的课程；这个课程，开始得愈早愈明晰，将来的际遇也愈宽广。因此，孩子的启蒙教育，应以孝悌为先，培养他们对父母、师长的恭敬之心；孩子长大跨入社会，自然就会是个有礼貌的人，这是成功地展开人际关系的第一步。

历史的车轮在向前推进，古代中国的礼节，也因时代、人、事而变化，但礼的精髓不可废。我们在路上遇见了长辈，一定要主动而有礼貌地上前问好；在长辈没有特别指示前，不要心浮气躁地一副恨不得马上一走了之的样子。等长辈先行离去，我们虽不须等待长辈离去百步之远，我们才走，但至少也要恭敬地目送，不能掉头就走。若我们有急事需要马上去办理时，也必须告知长辈，侧身慢慢离去，绝不可大摇大摆地走开，这些细小的礼节都体现了一种谦恭之心。

【原文】

长者立，幼勿坐。长者坐，命[①]乃[②]坐。

【注释】

①命:命令。②乃:才。

【译文】

和长辈在一起时,如果长辈站着,我们就不应该坐着。长者坐下后,让晚辈也坐下来,这时候才能坐下。

【解读】

坐和立又是一组相对的姿态,一个舒逸,一个恭谨,根据长幼尊卑的大原则,如果长者是立姿,那么幼者就不宜以坐姿相对,要让长者先坐,并且由长者发话,幼者才能落座。

这里所说地坐立当然是泛指生活中的细节,而且是专门教孩子用的口吻,因为在年龄稍长之后,这样的规矩几乎已经是条件反射式的,谁都知道以站立示敬,古人在生活中早已养成习惯,所以,除了这种童蒙教材,一般很少有专门的论述,事实上也没有多少理论可言。要探看古时候的情形,需从一些制度化的记载着手,因为制度是明确固定下来的习惯,且往往是有记录的。秦汉以下的中国政治体系中,皇帝只是一个代表、象征,他固然掌有最高权力,但事实上并不能事事躬亲,也不可能事事擅长,实际的大量政务还是交由文官集团来完成,因此,对政治体制的正常运作来说,文官集团的首领,即一般称之为宰相或丞相的那个人,和皇帝有着同样重要的意义。故而君臣上朝议事,宰相是有座有茶的,和招待客人的礼节差不多,所以《千字文》中有“坐朝论道”的说法,延续到唐朝还是如此,但是到了宋朝以后能坐的就只有皇帝自己了。这个变化是从宋太祖赵匡胤时候的宰相范质开始的,按照正史记载,说是范质看到赵匡胤是个很有才能的皇帝,便每件事专门写成文本逐一进呈,事情一多,他就得在边上等皇帝看完这个接那个,慢慢地就不坐了。而野史传闻则说是赵匡胤的鬼主意,有一次他故意说眼花,叫范质拿着文件到身边来,趁机密令下人把座位撤了,范质说完了事回去找不到座位,只好站着,此后成了惯例。不管当初的实情究竟如何,总是宋代的君、相礼仪发生了变化,皇帝更加高高在上,而宰相的地位明显低了,这个变化在中国历代政治制度的演变中有着很重要的意义,也能反映出坐立这样的小节有着很鲜明的符号色彩。

这样的事在今天的生活中仍然十分常见:学生上课,教师自外进入教室,学生当全体起立致敬。不过,一般人习焉不察,不知道这个礼仪在当代中国的教育实践中早已执行得跑调了。现在通行的做法是,教师进教室后喊一声“上课”,或由班长喊“起立”,或自动起立,然后再由教师向同学问好,学生应答——试问,这样的形式体现的究竟是孰尊孰卑?正确的程序应该是:教师进入,学生起立,向老师问候,教师应答。在台湾就是保留着这种正确做法。中国太大,对于这类小问题,不同的地域有着不同的状况,不同的家庭、个人也有着不同的状况,但可以肯定的是,现代人五花八门什么样都有。问题出在哪里?这种本来应该明确告诉孩子的规矩,从书本、从正规的教育规范中消失了或不认真执行了。在一些古风较盛的地方,或许孩子还是从小接受这样的管束的,至少成年人已经养成了这样的习惯,可以给孩子一个身教。身教固然重要,但没有明确的语言告知的身教总是有缺陷的、不力的,何况现代城市生活中家庭一般不作为交际场所,孩子所能得到的身教也就极为有限,往往是要到了一定年龄甚至走上社会之后才像林黛玉进贾府一样偷偷地学习那些本不属于自己的礼数,这是何等的被动啊!

【原文】

尊长前,声要低①。低不闻②,却③非宜④。

【注释】

①低:轻声细语。②闻:听到。③却:反倒、反而。④宜:适当。

【译文】

和尊长说话时,声音要放低,不要大声喧哗。同时要注意声音不要太低了,让长辈听不清楚也是不恰当的。

【解读】

中国人很强调中庸之道,其实中庸之道就表现在一个人的日常生活礼节之中。我们在吃饭穿衣中,时时都体现了中庸之道。在吃饭时,过饱,则会消化不良;过少,则会引起胃痛。在穿衣时,过厚,则会太热;过薄,则会引发感冒。所以,不难看出讲话也是讲求中庸之道的。尤其是在与长辈交谈时,比我们年长的人,往往经历的事情也是多得多,长辈们不是时常教育子女:我吃的盐比你喝的粥还要多,我过的桥比你走的路还要多。是说,前辈的经验、教训远远多于我们。因此,我们在与长辈交谈时,要有一种谦恭之心。

世上有三种人值得我们尊重:第一,品德比我们高尚的人;第二,年龄比我们大的人:第三,学识比我们高的人。这也是说明一个人的学识、品德、年龄是通过时间的沉淀才会变成与众不同的。我们没有达到那种程度,就得尊重他们。尤其是在与长辈交谈,由于长辈的年纪大,相对应的身体机能也在逐步衰退,听觉会有所弱,所以作为晚辈,在讲话时,音调、音色都要适中,这也是一种言语的礼貌。

古人很重视言语的应答。交谈、应答时,除了要有恭敬心之外,谈吐也要大方得体,音调更应高低适中,音色也要柔和圆润;尤其要避免用尖刻的声调讲话,使人感觉你是在卖弄自己的才能或是与人争辩,留下恶劣的影响,甚至因言语惹祸上身。

所以,在实践中懂得了这种礼貌,在与人交谈时,就会言语得体,举止落落大方。得到长辈的喜爱,得到领导的器重。所以,子女的言语教育问题至关重要,要想自己的子女以后能够受人尊重,得人器重,必须从小教育,从点滴做起。

【原文】

进必趋①,退必迟②。问起对③,视④勿移。

【注释】

①趋:快步走上前。②迟:缓慢。③起对:站起来回答。起,起立。对,对答、答话。④视:看、注视。

【译文】

去见长辈的时候,要快步行走,离开时动作要缓慢,要让长辈先走,我们应该跟在后边。长辈和我们说话的时候,我们的眼睛应该看着长辈,不能看别的地方。

【解读】

文中的"趋"是说走路时,要小快步地行进。在以前,长辈对晚辈讲话,如果晚辈没有及时走近聆听,这样会产生一种缺乏对长辈的恭敬心。而"迟"也是同样的道理。如果长辈在对你讲完话后,你马上离开,会使长辈感觉这个晚辈很没有礼貌,缺乏礼仪修养,给长辈产生很坏的影响。

因为,中华民族自古以来民风就是十分的醇厚,大部分人对父母长辈师长,都有一种孺慕的心态。不但乐于效劳,亦且乐于拜见长辈。因此一些晚辈,在晋见长辈时,生怕让长辈久等,想快,又怕大步走或跑步会惊动长辈,所以"其进必趋趋";告退离去时,虽然依恋不舍,想留,又怕麻烦打扰到长辈,所以"其退必迟迟";言行举止懂得进退,付诸行动也是小心翼翼,这也是晚辈们对长辈的真情流露,这本就合乎情理,没有什么矫揉造作。

所谓"发乎情,止乎礼",这本就不是肤浅冒失的人所能理解的,也不是虚伪拘泥的人可以学来的。我们的言行举止,都是自己内在情感的表达,当我们的情感反应和表达不是特别的充足与到位时,就必须通过礼仪这种理性的东西来加以纠正与约束,使人的行为在合情合理下,能够很好地完成。所以说:"礼者,理也。"有时,过于拘泥于形式,而忽略了情感的注入。倒不如抛弃礼仪只强调情感。

《世说新语》中记载:东汉末年,北海人孔融,字文举,是孔子的二十世孙。他从小就特别聪明,尤其长于敕令,小小年纪,就已经很有名气。十岁那年的一天,孔融随父亲去洛阳,当时的河南太守,是很负盛名的李元礼,才名都很有地位。致使来王太守家的人都是很有才学的文人骚客，导致拜访太守必须有拜帖才可以入内。孔融就想着去拜访太守，他来到府门前，对守门人说："我是李太守的亲戚，烦容通报一声。"过了不久，李太守接见了孔融。并问他："你和我有什么亲戚关系呢？"孔融马上跪拜回答道："从前我的祖先仲尼和你家的祖先伯阳有师资之尊，因此，我和你也是世交呀！"当时的宾客很是吃惊，都感叹孔融的聪明才智。不久之后一位中大夫陈韪赶来，在座的宾客把刚才的事讲与他听。陈韪不屑随口说道："小时了了，大未必佳。"聪明的孔融立即反驳道："我想陈大夫小的时候，一定是很聪明的。"一时陈韪语塞，难于回答。这不仅体现了孔融尊敬长辈，恭敬长辈，而且也体现了他的聪明才智。

《礼记·曲礼》："君子恭敬撙节，退让以明礼。""侍坐于君子，君子问更端，则起而对。"也是说君子、古贤们的谦恭退让之礼。

有这样的一则典故充分显示了晚辈的谦恭之礼：孔鲤有一次看见父亲孔子立于庭院中，急忙迈着小步恭敬地走过去时，孔子叫住孔鲤，问他学过《诗经》没有？孔鲤说没有。因为当时的诸侯国间的主宾应答，与上层社会人与人的交谈都是运用《诗经》中的诗句，如果不学习《诗经》则没有办法与人交谈。于是，孔鲤，就慢慢退下去学习《诗经》。过了不久，孔鲤又被孔子叫住，问学习《礼》没有？孔鲤还是没有学习。孔子教育孔鲤说，如果不学习《礼》是很难立身处世的。于是，孔鲤又慢慢退下去专心学习《礼》。

从孔鲤与孔融的故事中，我们可以看到古圣贤们是如何做到对长辈谦恭有礼的。然而，由于缺乏这种传统教育，致使现在的晚辈，在长辈面前，毫无礼貌可言，在与长辈讲话时，也是没有一点尊称，有时则是直呼父母的名字，说话时，也是左顾右盼的，没有一点目光放在长辈身上。长此以往，慢慢长大的子女在社会上，与人交谈时，不懂得应有的谦恭礼貌，人际交往差，缺乏他人对你产生好感，缺乏他人的信任，则会被社会所淘汰。所以这些生活中的小细节，都需要父母、长辈在孩子幼年时，好好地耐心地去教导，慢慢让孩子能循规蹈矩，处处替人着想。将会使孩子与人相处时，心中就会想到去遵守这些基本的礼节，那么回馈给孩子的就是所有人都愿意帮助他、喜欢他。

【原文】

事①诸父②，如事父。事诸兄③，如事兄。

【注释】

①事：侍奉。②诸父：父亲的兄弟，父之兄称伯父，父之弟称叔父。广义指父亲的同辈。诸，诸位、许多。③诸兄：堂兄、表兄。伯叔的儿子称堂兄弟，姑母、舅父、姨母的儿子称表兄弟。"诸父诸兄"指父亲的亲戚，但此原则也适用于母亲的亲戚。

【译文】

对待叔叔伯伯要恭敬，要像对待自己的父亲一样。对待同族的兄长，也要像对待自己的兄长一样友爱。

【解读】

古代宗法社会里，以男性为线索构成的大家庭中，除了亲生的父亲之外，还有伯父、叔父，那都是父亲的兄弟，在礼仪上应该是和父亲同级的。相应的，伯父、叔父的儿子便也是自己的兄弟，跟亲兄弟也要相同对待。

家庭以和睦为本，和睦以谦让为源，稍隔一层的叔伯毕竟是和亲生父亲有所不同的，但是以谦和的原则对待，则敬叔伯如父也不为过。在过去，一个祖父下来都算一家，那么，除了父亲之外往往还有伯父、叔父——姑姑是要嫁到别家的，不在这个家族的序列之中。祖父的每个儿子各算作一房，多子多孙才算是幸福。古代医学条件有限，各种原因的不孕不育很常见，单说没有男孩的话更多。从祖父的角度看，当然是希望各房都有传承，于是往往兄弟之间会过继儿子，即自己有了一个以上的儿子，会将其中之一算到没有儿子的兄弟名下，以传承香火。亲兄弟之间毕竟是一家人，所以这样的做法非常普遍，从外人那里领养一个做传承的相对就少了，是不得已的做法。这样一来，伯父、叔父、堂兄弟在人们的心理感觉中，总是很有亲密感，历史上也有不少著名的叔侄搭档，比如三国时候的荀或和荀攸、竹林七贤中的阮籍和阮咸，至于皇家或著名的望族，本来就是名人辈出，叔侄辈中各有成就的更是不可胜数。又有不少人父亲去世得早，自己尚未成年，便由兄嫂带大，历史上的名人东方朔、韩愈、包拯都是这种情况。既然伯父、叔父应该视之如父，那么堂兄弟视为亲兄弟也就是顺理成章的。在唐诗题目中常常出现十几兄、几十弟的称呼，就是因为唐人算排行的习惯是以同一个祖父为基准，所有的堂兄弟一起算的，并不是那时候的人儿子特别多。

这一则内容移到今日，又不免有难以通行的弊端。首先，不是大家庭聚居的生活方式了，即便有这样的亲属也往往不住在一起，甚至天各一方，仅仅因为血缘关系让小孩子去遵守这样的规矩实在缺乏可行性。其次，由于数十年来的国家人口政策，独生子女很多，并且都已进入育龄，现在的孩子不仅缺少兄弟姐妹，甚至连姑舅叔伯都没有，这是一个社会问题，自有学者研究应对，在这里则至少使得古老的规章无从执行。现实中，一些平素关系密切的朋友会组成过去“通家之好”的交往模式，双方的孩子也会形成密切、良好的关系；一些孩子的父辈并非独生子女的，常常也很渴望和同辈的堂亲、表亲来往。那么，在这一类交往过程中，孩子常常会径以兄弟姐妹相称，这实际上是他们从外界获得的经验与现实生活状况的不对称造成的——为什么书上总说哥哥弟弟、姐姐妹妹，而我却没有呢？以上所说，只是一种现状，无端去评判它的好坏并没有多大意义。孩子们愿意有个兄弟姐妹总不是件糟糕的事，做家长的如果有条件，不妨帮忙建设一下,不是为了凑古老的规矩,而是这可以算作孩子的合理需求。

四 谨言

【原文】

朝①起早,夜眠②迟③。老易至④,惜⑤此时⑥。

【注释】

①朝:早上。②眠:睡觉。③迟:晚的意思。④易至:很快就到。⑤惜:爱惜。⑥时:光阴。

【译文】

清早要早起,晚上要迟些睡觉。因为岁月有限,时光容易流逝,少年一转眼就成为老年人了,我们要珍惜每天的宝贵时光。

【解读】

我们都晓得"一年之计在于春,一日之计在于晨"。经过一夜充足的睡眠,早上起来可谓精力充沛、思维活跃,正是做事的最佳时间,因此一定要珍惜,把握住眼前。陶渊明《杂诗》中也说:"盛年不重来,一日难再晨。及时当勉励,岁月不待人。"人生短短数十载,若是把今生虚度,等到黄粱梦醒时,才发觉自己两手空空往返人世一回,虚度一生,追悔已晚。因此,人生难得,人生短暂,既有幸今生为人,就该好好珍惜有限时光,努力做一番事业,才不枉来人世往返一回!若是日日纸醉金迷,或为三餐忙忙碌碌,其与草木禽兽有何不同!

古语云:"百年三万六千日,蝴蝶梦中度一春。"天地悠悠,时光转世,亘古长存,不知何始何终;而人命无常,长者不过百岁之余,亦是寥寥无几,更何况早逝、夭折者还大有人在。所谓"莫到老年方学道,孤坟尽是少年人"。就是说不要等到暮年,才想起学习,到那时,追悔已晚矣!人生天地间,就好比蜉蝣之于老椿,滴水之于大海,尘埃之于空气,细沙之于大漠,是无法比量的,因此,不要仗恃目前青春年少,碌碌无为,蹉跎岁月。

古者很重视光阴的流逝,也很重视对子女的教育,教育他们要早起把握光阴,及时学习。《曾文正公嘉言集》里曾记载着关于曾国藩教育其子弟要珍惜光阴的言语:要看一个家庭有没有兴盛,就看他的子弟是不是晏起?这个晏起就是很晚才起。他们是不是会早起?早起的家庭,我们感觉这个家庭是一个有朝气、有前途的家庭。如果子弟都睡得很晚,日照三竿才起,这个家恐怕就是没有家教。所以,古人很重视子弟要爱惜时间,爱惜光阴,早上就要早早起床。

在晋代,有一名将祖逖,字士稚,他与刘琨自幼结为好友,年轻时就胸怀大志。且一同出任司州主簿。他俩白天在一起工作,晚上同寝。当时西晋皇族互相倾轧,争权夺利,其他少数民族趁机滋事作乱,虎视中原领土。祖逖与刘琨立志报效国家,心中时时担忧国家的命运。一日半夜时分,祖逖听到鸡鸣,踢醒刘琨,说:“你听到鸡叫没有?”刘琨听罢说:“听到了,半夜鸡叫是恶声!”然而祖逖却说:“这不是令人厌恶的声音,是催促我们赶紧起床练剑。”于是,他二人穿好衣服,来到院中,拔剑起舞,直到天亮才收剑。之后,祖逖担任了司马睿的军咨祭酒,在晋怀帝被匈奴俘虏以后,他主动请缨出战,率领自己私家的军队渡江北上,最终凭借自己的能力收复了黄河以南的诸多州县。

我们每个人虽然生来家境、才干、境遇有所不同,但只要心中存有追求上进之心,拥有远大的志向,懂得从小起早眠迟,从日常的小事上来锻炼,长久之后,必定会有所成就。古贤们之所以能够成就大事,做出一番伟业,使得后人称颂,原因在于他们也是起早眠迟,把握点滴光阴发愤图强而得来的,而不是天上掉馅饼,守株待兔的结果。

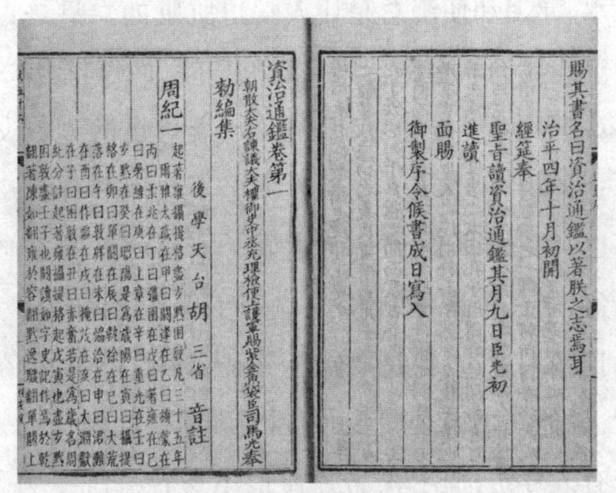

賜其書名曰資治通鑑以著朕之志焉耳
治平四年十月初開
經筵奉
聖旨讀資治通鑑其月九日臣光初
進讀
面賜
御製序令候書成日寫入

資治通鑑卷第一
朝散大夫右諫議大夫權御史中丞充理檢使上護軍賜紫金魚袋臣司馬光奉
勑編集
後學天台胡三省音註
周紀一

《资治通鉴》书影

司马光是北宋时期著名的政治家、史学家和文学家。他从小聪明过人,被誉为神童,但他从不骄傲,学习十分勤奋。司马光奉旨编写《资治通鉴》,他用圆木做了一个枕头,取名“警枕”,意在警惕自己,切莫贪睡。他枕着这个枕头睡觉时,只要稍一动弹,“警枕”就会翻滚,于是立刻坐起来,继续发奋著述。就这样,他花费了十九年的时间完成了《资治通鉴》这部三百多万字的巨著,为后人做出了巨大贡献。他用一生精力,一生心血,记载着一千三百多年的历史,上起战国,下止五代,历代兴亡,善可为法,恶可为鉴,可为后代皇帝治国平天下广泛应用。

正是司马光如此勤奋好学,时时把握光阴,刻苦学习,从而使得他学识渊博,事业上取得了巨大的成就。

当下,人人都抱着明日做事的态度,可是“明日复明日,明日何其多;我生待明日,万事成蹉跎”。我们要马上改掉这种不正之风,紧抱当下,不要“黑发不知勤学早,白发方悔读书迟”。所以为人父母的,孩子在很小的时候,我们就要记得要好好地教导他,以古为鉴。

【原文】

晨必盥[①],兼[②]漱口。便溺[③]回,辄[④]净手[⑤]。

【注释】

①盥:洗脸洗手。②兼:同时、一起。③便溺:指上厕所。④辄:每次。⑤净手:洗手。

【译文】

早上起床后,要养成洗脸的习惯,还要刷牙漱口。平时大小便后,要把手洗干净,注意讲究卫生。

【解读】

早上起来一定要洗漱,大小便之后一定要记得洗手,这都是个人的卫生习惯。

古人和今人,在生理特征上是没有多大差异的,早上醒来多半也是口臭的,别人的口水、涕泪和便溺总是让人觉得肮脏的。只是古人缺乏今天的卫生常识,脏东西并不一定让他们联想到传染疾病的危险,而仅仅是一种厌恶。不过,就是厌恶也足够了,谁喜欢脏臭呢?谁愿意和脏兮兮、臭烘烘的人打交道呢?所以,把自己弄得清洁整齐成了一种礼貌,为了不让别人强忍不快而和你打交道的礼貌。然而,这样的事一旦过了头也会变成神经,被称为洁癖。宋朝著名的书画家米芾就是以洁癖著称,平时洗手不用盆,用一个银壶倒水洗,洗完了也不用毛巾擦,晾干为止。自己的衣服或用过的东西一旦被人碰过,那是要洗了又洗,擦了又擦,实在不放心的,索性扔掉。不过也有人揭发,说他的洁癖是假装的,因为和他一起做官的人看他平时翻阅公文是不洗手的,转回来有人拜访,递了张名片便忙不迭转身洗手去了。米芾是不是真神经恐怕难以考证了,但这却能说明像清洁卫生这样的个人小节其实也是有着很丰富的社会心理基础的:你爱干净,总以清洁的外表待人接物,便受人欢迎,因为人家觉得受到你的尊重;但是,如果你太爱干净了,这便转为一种攻击性的暗示,似乎天下只有你最干净,别人都是脏的,那样别人心里就别扭了。所以,从自我要求来说,尽量想办法让自己干净一些是必要的,而从待人来说,则能宽容就宽容一点。很多民间故事里会出现这样的情节:本事特别大,能给人带来巨大好处或帮助的那个人,往往会把自己打扮得很脏,甚至很恶心,那么,需要接受好处的那位能否通过这个考验,不嫌弃这份脏,就成了最终享受到好处或帮助的重要条件。礼仪上的规矩大多只要通过换位思考就能推知它的本意,如果在接受的同时能稍加思索,便不难举一反三,在为人处事上多有心得。

今人从卫生角度考量,规矩做得更严,漱口变成了刷牙,还一天两次;便后洗手之外,还要求饭前。这都是知识改进了习惯,人们几乎没有什么抵触,无论用古人的心理还是今人的理解,这一条都是能够被很好地接受的。只是站在古人的角度说,个人的整洁是一种礼仪,可以用洗漱这样的事来做代表,而今人又有一些古人没有遇到的新问题,比如须发。男孩子年龄稍大之后,须发都成了仪容的内容。古人不存在这样的问题,但现代人有,而且和卫生的关系并不紧密。有的孩子喜欢任须发散乱滋长,作为一种张扬自我的特定方式,这固然有其特定年龄、个性的背景,但作为家长或教师,应该在出现这个问题之前就告知他社会通行的规范是如何的,在一般的公众场合,什么样的须发是合适的形态。虽然孩子可以在各种经历中自己去学习体会,虽然孩子在某一个时间段可能会故意反其道而行之,但这并不是教育者不告诉他们应该遵从的规范的理由。

【原文】

冠[①]必正[②],纽[③]必结[④]。袜与履[⑤],俱[⑥]紧切[⑦]。

【注释】

①冠:帽子。②正:端正。③纽:同"钮",钮扣。④结:扣上。⑤履:鞋子。⑥俱:都。⑦紧切:绑紧。

【译文】

帽子要戴端正,衣服的纽扣要扣好。袜子和鞋子都要穿得平整,鞋带要系紧,这样看起来才会整洁。

【解读】

"冠"在此处是帽子的意思,就是指我们戴帽子的时候,要特别注意有没有正,假如戴得歪歪斜斜,可以说是一种自我轻率的表现。"纽必结","纽"就是纽扣,在古代,人们的服饰大多是大褂,总是一排纽扣,一时大意就会张冠李戴,扣错位子。导致仪表的失误,丢失应有的威严,失礼于他人。"袜与履",袜就是指袜子,履就是鞋子。"俱紧切","紧"要绑紧,要绑得牢,"切"就是要把它绑紧。人,应注意自己的穿戴。因为,一个人的穿戴表示了他的身份和地位,展示了他的气质和修养,反映了他的爱好和追求。穿戴整洁、优美、高雅还是穿戴脏污、丑陋、庸俗,可不是一件小事情,一个人的仪容仪表不仅关系自身的形象,有时还关系到工作前途,同时也关系到他人对你的尊重。

人的容貌是人与人之间初次见面的第一个印象。平凡的容貌,大众的仪表没有关系,但是你有良好的仪态,你有整洁的穿着,就会使与你接触的人,感觉到你的文雅、端庄、大方,这样不失礼于他人。所以,仪容的整洁也是表现了一个人的威仪,因此,我们要特别谨慎小心自己的仪容。

在古代，人很注重自己的仪容，他们时时提醒自己要做到“三正”：一是帽带要正，二是裤带要正，三是鞋带要正。所以，古人不论在何时都会检查自己的仪容，首先看看自己的帽子有没有戴歪；然后裤子有没有扎好，不然掉下去就会显得尴尬；然后鞋子也要绑好，不要松松垮垮的，走起路来发出声音，他人看见后就会轻视、轻慢于你。

一个人的衣冠必须要整洁得体。这样，不但自己看了欢喜，别人看了也会高兴、舒服。为什么？衣冠不整的话，给人的感觉就是你是一个不懂得尊重自己，同时也是不尊重对方，缺乏修养的人，可以说是一种失礼的表现。要注重服装的整齐，仪容的清洁，帽子要戴端正，扣子要扣好，袜子穿平整，鞋带应系牢等等。只要注重生活的点滴、细节，不仅有助于逐渐养成做事严谨的习惯，还能形成自身的威仪。

在春秋时代，有一个大臣叫赵宣子，他是晋国的大臣。当时的帝王晋灵公很荒淫，但赵宣子很忠诚，时时处处都在劝谏君王，使得君王很不耐烦，心生歹念。于是，派杀手钮麑(一个很有力气的人)刺杀赵宣子。由于当时的早朝时间较早，大臣们都会很早起床，等候上朝，所以钮麑抓住早朝以前的时间来到了赵宣子的家里。结果发现，赵宣子的寝门却已经开了，赵宣子已经把整个朝服穿得整整齐齐，正襟危坐，在闭目养神。而他的这种仪容、威仪，钮麑一看非常感动，敬畏，他想：赵宣子这人平居的时候，都毕恭毕敬，这就是百姓的主人翁，绝对是国家的栋梁，假如我杀了他，这是不忠，对不起国家，对不起人民，失信于天下百姓；假如我不杀他，又失信于君王，这是不信，不忠不信，哪里能够在世上做人存活呢？因此，钮麑为了不陷害忠良，守信于君王，就撞树自杀了。

又如孔老夫子的弟子子路，生性勇猛质朴，心地刚强真率，喜好武力，曾头戴雄鸡样帽子，身佩豭豚长剑，冒犯孔子，可孔子以礼相待，逐渐诱导子路，为他正衣冠，开示他君子之道；经过孔子多年的训诫，子路这块顽石终于成就为一块美玉，脱颖而出，大放光泽。后来子路在卫国的内乱中被围攻致死；因为在战乱中，子路的帽带被打断，致使帽子歪斜，可临死，子路仍牢记老师的训诲，挣扎着把帽子重新戴正，因为君子至死都要衣冠端正。

从这两个故事中，我们可以体会到，当一个人仪容端庄，就会赢得他人的尊敬。也正是这样的一种恭敬态度挽救了赵宣子的性命。也正是这样一种君子的态度，子路至死都在遵守君子的风度，正衣冠。因而，生活中的一些气节我们也不可不谨慎小心，不可不量行而作。

一个人仪容的端庄与否，确实至关重要。当人们重视自己的仪容时，在人际交往中，就会得到他人的进一步尊敬。而当我们的仪容是一种稀奇古怪的感觉时，这样不只会让别人对你产生轻视,更会影响自己的前途发展。

现在,我们在很多场合都会看到衣着得体之人,引来他人赞赏的目光;也会看到一些奇装异服的出现,引来他人轻视、蔑视的眼光。因此,你想获得什么样的关注,这都是取决于你自身内在的修养,取决于你如何正确地接受好的着装理念,取决于你幼小的教育。

【原文】

置冠服,有定位。勿乱顿[①],致[②]污秽[③]。

【注释】

①乱顿:胡乱丢置。②致:导致。③污秽:肮脏。

【译文】

平时的帽子和衣服,要放在固定的位置。不要随手乱放,以免把它们弄脏了。

【解读】

俗话说:“从大处着眼,小处着手,养成良好的生活习惯,是成功的一半。”往往生活中的点滴,就可以折射出一个人真正的修养和品德。只有从小就养成一种干净、整洁的生活作风,且拥有一颗恭敬、谨慎之心。这样,一个人通往成功的道路才会更进一步。

所谓“爱人者人恒爱之,爱物者物恒爱之”,这就是说,一个懂得尊重他人的人,那么他人也会长久地尊重、爱戴你;一个懂得珍惜物品的人,那么任何物品都会延长其寿命对待你。因此,只有真正有修养之人,才会把这种无生命的物体变成有生命的物体来看待,珍惜其价值。那么一个懂得生活品质的有道之士,是不会忽略这些细微之处的。

古圣贤们,在日常生活中,也往往追求那种物我归一的境界,使任何物品都有序地摆放,假使出现了差错,就会觉得有所失礼,是一种不雅的行为,进而想方设法地加以改之。

齐桓公有一次喝醉酒,找不到自己的帽子,感觉这是一件极其耻辱的事,于是,三天没有上朝。后来,管仲知道此事后,对齐桓公说:“这不能成为一国之君的耻辱,您为什么不能依靠自己好的政策,来雪洗当时的耻辱呢?”齐桓公明白了管仲的意思,于是开仓放粮,赈济那些贫苦百姓,并且核查罪案,把那些罪轻之人都释放了,罪重之人则减轻刑罚,过了三天之后,百姓都在歌颂齐桓公说:“国君啊,你难道就不能再在丢一次帽子吗!”

而现在,很多人的习惯确实是很糟,物品随处丢放,没有固定的位置。缺乏应有的正知正见,所以我们要有正知正见,即便在穿衣戴帽这种生活琐事上,也要严谨自持,改变以往的陋习。所谓“小事不察,大事不明”,过去不知今已知,改过即是圣贤;千万不要错拿了“大行不顾细节”或“难得糊涂”当作自己的挡箭牌。

【原文】

衣贵[①]洁[②],不贵华[③]。上[④]循分[⑤],下[⑥]称家[⑦]。

【注释】

①贵:注重、重视。②洁:整齐清洁。③华:高贵华丽。④上:先、前面。⑤循分:遵循自己的本分。循,遵守、依照。分,本分。⑥下:后。⑦称家:与家庭的地位条件相称。称,相称。家,家境。

【译文】

穿衣服重要的是整洁,而不应该讲究华贵。穿衣服要符合自己的身份,也要顾及家里的经济状况,不要提出过分的要求。

【解读】

随着衣着话题的深入,最终讨论到最具社会性的一面了。在古代,用于制衣的材料主要是两类:一类是动物材料,在农耕为主的中原地区以桑蚕的丝织品为主,游牧地区又有皮革制品;另一类是植物材料,棉、麻是其代表。对于古代的中国社会来说,前者的成本明显高于后者,所以,所谓的“华”,大抵是专指绫罗绸缎而言。服饰质地上的差异是可以一目了然的,由于衣物是人的外包装,而且在材料、色彩、款式、花式上都有很大的组合空间,所以人们用它来区分、标识人的不同身份,这不仅仅是中国如此,世界各国的文明几乎都有相似的习俗。在古代的中国,衣着服饰是一个复杂的符号系统,各种衣物都有相应的代表意义。从质地上说,“布衣”指平民百姓,“纨绔”(纨就是白色细绢,绔即裤)则指有钱人家,因为丝绢比布贵得多。从颜色上说,“黄衣”可以指皇帝,也可以指道士,“缁衣”(黑衣)可以指士大夫,也可以指僧人。从款式上说,平民只能“黔首韦带”(黔即黑色,平民用黑布罩头,故称;韦即牛皮。),官员贵族就“峨冠博带”“金冠玉带”了。至于色彩花纹,因为和等级制度有着各种关系,便很难用什么词语归纳了,众所周知的,像龙凤这样的花纹就是皇家专用的。所以,准确地说,衣着并非不以华美为贵,因为穿什么样的衣服本身就反映了人的身份贵贱。只不过在教育孩子的时候只能这样说,因为孩子还不能完全明白如此复杂的社会规则,他们只能通过鲜艳、华丽、柔软、细腻之类的直观感受产生好恶,而越是让人产生良好感觉的衣服,往往在现实中所代表的穿着者的身份、地位越高,那么,孩子不懂事,常常会盲目追求新衣服、好衣服、漂亮衣服,所以,一定要对孩子说清楚,穿衣跟名分、跟家庭背景都有关系,每个家庭、每个人都有属于他自己阶层的服饰，不能随便乱穿。对于孩子来说，穿着打扮首先要关注干净整齐，否则，有钱人家的小少爷把绫罗绸缎的好衣服穿了个又脏又乱，还不如贫家子弟的孩子朴素干净，因为整洁最能反映人的精神面貌。

现代人的衣着和社会地位之间的对应关系宽松了许多，很少再有什么服饰是政要专用、富人专用，只有一些特定的职业所配发的制服普通人不能乱穿，否则难免会影响公务。但是，贵洁不贵华的古训和今日的一个普遍现象相结合又显得有其全新的意义。古代社会，人们以官为贵，今人以财富为贵。所以在古人那里，一般人羡慕的眼神总是盯着那些官服（或许也包括皇帝的龙袍），但是社会制度对此控制得很严，随意逾越是犯法的，于是人们羡慕归羡慕，要穿那梦寐以求的衣服，还要通过合法途径；在现代人就不同了，不管几品官，包括国家元首，都穿一样的西装，没什么区别，有区别的是那些要花很多钱的名牌，而身穿名牌也被认为是富有的象征，也能满足虚荣心，并且只要你买得起，没有名牌不能穿、穿了要犯法的问题。就这样，一个在古代关于遵循礼制的话题，到了现代变成了关于攀比、炫富的问题。虽说是两个不同的角度，但都是针对人的穿衣行为背后的思想品质，而且所得出的结论却是一致的：穿衣服，不必过分讲究。

【原文】

对饮食，勿拣择[①]。食适[②]可，勿过则[③]。

【注释】

①拣择：挑嘴。拣，选择、挑选。择，挑选。②适：相合、相当。③过则：超过标准、过量。过，超过。则，准则。

【译文】

吃饭时，不要随意挑拣。吃要适量，能吃多少就吃多少，不要吃得过多了。

【解读】

老子说："圣人为腹不为目。"饮食是为了填饱肚子，而不是为了满足口目。古贤们，不去追求物质上的享受，粗茶淡饭与山珍海味，在他们看来只是充饥的食物，没有什么可区分的。孔子也说："君子食无求饱，居无求安，敏于事而慎于言，就有道而正焉，可谓好学也已矣。"君子顾不上追求饮食的满足，顾不上追求生活的安逸，而对于学问之事和国家之事能够敏锐地观察和细微地思考，谨慎地发表言论，还能够向品德高尚、学识渊博的老师求教，从而不断修正和提高自己的修养，这样的人可以称得上是好学的了。这也是说，好学者只注重自身品德、修养的提高，而对饮食没有太多的挑剔。

那种追求饮食的挑剔，挑肥拣瘦，饮食无度，不但有失形象，有碍观瞻，亦是贪婪之源,俗语有云:“人心不足蛇吞象。”一个心有贪念之人,他的胃口也会越来越叼,欲望也会逐步膨胀,为了满足自己的私欲,早已把“忠孝节义”这些基本的为人准则,抛到九霄云外去了,更不用谈什么廉耻心了,终会导致自身的伤身送命,沉沦苦海。如今,为了满足贪欲之人而不惜铤而走险,走上犯罪的不归路,最终身败名裂,锒铛入狱之人数不胜数。

所以父母不如趁早好好教育孩子要有正知正见,小则个人后福无尽,中则家庭平安,大则社会安定,国家太平。而教育子女,首要戒贪,消除贪念,增强节约意识。古人说:“食者天也;色者性也。”又说:“民以食为天。”可见饮食本是众生最原始的欲望,所以说,贪食正是贪财贪色之源;岂能以为饮食是小事,而不去理会!

唐代郑浣,一直以勤俭朴素自居,在他出任河南尹的时候,一天,他的叔伯兄弟的孙子来找他。这个孙子在家务农,没有见过世面,也不懂礼节,穿的衣服也很破旧,郑浣的儿子和仆人都嘲笑他粗俗。只有郑浣可怜他。一家人在一起吃饭,吃的东西中有蒸饼,可他的孙子,却将饼皮拔掉,只吃里面的馅,当时郑浣很生气,说道:“饼皮与陷有什么区别吗?他们不过是用来充饥的食物,你怎么会只吃陷却把皮扔掉了呢!你怎么会有这样轻浮狡诈的坏毛病,并且如此的奢侈浪费。你应该保持淳朴的风俗习惯,我可怜你在家乡务农,穿着破旧的衣服,可是你一点都不懂种庄稼的辛劳。没想到你轻浮的行径都快超过那些纨绔子弟了,假如这样长久下去,你就会变成一个贪图富贵之人,有失做人的本质。”说完后,郑浣捡起扔掉的饼皮,并吃了它们,随后就离开了。第二天,郑浣就将这个孙子送回了家乡。

人们常说:“民以食为天。”现在,随着生活水平的不断提高,人们满足了最初的温饱问题后,就在追求更高层次上的享受,天上飞的,水里游的,地上跑的,什么东西都会去尝试,满足自己的虚荣心。可曾想到“血肉淋漓味足珍,一般痛苦怨难伸,设身处地扪心想,谁肯将刀割自身”。我们在享受所谓的山珍海味时,可曾想到我们也然是一个屠户,在残害另一个生命。

嵇康是魏晋时期的文学家、思想家,他一生崇尚老庄学说,生活上清静无为,特别注意养生。他曾经写过一篇文章叫《养生论》。在这篇文章中,嵇康讲述了人要有正确的生活态度,注意养生,应该时常多食一些素食,少食荤菜。因为素食含有人生长发育、健康成长所必需的所有营养成分,而荤菜中过多的是不利于人吸收的且宜囤积的脂肪,影响健康,因此,只有做到这些,才可以达到健康长寿的目的。他在书中还特别提到在饮食上要有节制,如果饮食不节制就会生百病。这些养生常识对我们今天的保健养生仍具有借鉴意义。

随着时代的进步,人们对饮食的追求,越来越高,注重营养的合理膳食,追求精细的食物,往往就是这些过于精细的食物,使人无端生出一些所谓的“文明病”。如癌症、糖尿病等等,这些病症都是因为营养过剩与营养失衡所造成的,因此,在饮食中要注意那些过分加工和太精致的食品,而五谷杂粮本就是最好的食物,要做到“食适可,勿过则”。

【原文】

年方少①,勿饮酒。饮酒醉,最为丑②。

【注释】

①少:年幼的、年轻的。②丑:喝醉酒丑态百出。

【译文】

我们年纪还小时,不应该喝酒。喝醉了后丑态百出,会引起别人的反感。

【解读】

酒,是一种十分奇怪的东西。据说,只有人和猪两种哺乳动物会自愿喝酒,虽不知这个说法是否准确,但至少可以说明酒这种东西的诱惑并不那么“直观”。事实上,一般的孩子对酒也是不太会有兴趣的,因为它第一口感的确不见得好,肯定不如糖果和糕点。大人偶尔会出于好玩给孩子尝尝酒的味道,但对于儿童来说这也不至于上瘾。所以,这一条看起来似乎很简单,在现实生活中人们本来也都是这么做的。可是,要是仔细回味一下这十二个字,却又觉得有什么地方不对。少年人不要饮酒,这没问题,但理由是喝醉了会很丑,问题就来了:第一,喝酒而不至于醉,行不行?第二,少年人喝醉了很丑,成年人呢?在很多宗教中,酒是魔鬼的礼物,是邪恶的东西,禁酒令又是各个不同历史时期世界各地的政府反复颁布得最多的命令之一,中国最早的禁酒令是西周时期的《酒诰》,历史上的昏君诸如夏桀、商纣,无不与酒有着密切的关联。更重要的是,在中国这样一个以农业为本的庞大国度里,酿酒要消耗大量的粮食,但酒却不能当饭吃,这是从政治角度反复禁酒的重要原因。所以,中国人历来的主流观点是:酒有两大问题,一是败德,因为醉酒的人会行为失控;二是浪费粮食。但更令人惊奇的是,不仅是中国,全世界的人不仅没有被不可胜数的禁酒令所制约,反而至今仍不可自制地大量饮酒。除了一些严格禁止饮酒的宗教之外,哪怕是如唐僧一般严格遵守戒律的佛教徒,尚且不免在西天取经的路上一而再、再而三地应酬式地“喝些果酒”,在世俗社会里,就可以说从来没断过酒。入世的儒家当然也无法免俗,孔子也自承能喝一点酒,不过量不大,控制在“不及乱”的程度而已。而儒家根据民间的习俗所制定的礼仪中有大量关于饮酒的内容,甚至专门有所谓《乡饮酒礼》。若是翻检经典的诗文,查询名人的传记，那酒的身影更可谓是俯拾皆是，哪怕是因酒而癫狂痴傻，也往往为人津津乐道，何况这酒也的确成就了李白和杜甫这样的顶尖高手，在酒的魔幻力量之下真的生出了“明月几时有”，生出了《兰亭集序》。数千年的文化积淀，早已使酒有着说不尽的神秘力量，对自己的孩子说：“你不要喝酒啊！”这恐怕只能是心里没底的口头禅而已。

现代人除了酒还多出来一个烟，这都是人的不良嗜好。不过，有“促进血液循环”之类的美词加在酒身上，却没人敢对烟公然说好话，尽管如此，烟酒都是人类重要的产业，没有哪一个政府胆敢去彻底铲除它们——任何政府都要考虑全局，烟酒所带来的维系社会稳定发展的正面价值是大于其负面价值的，若是如毒品一般负面效应过大的，则不妨明确打压的态度。于是，抽烟喝酒成了不犯法的事，甚至在一般场合连道德都不违背。对于十几岁的孩子来说，一定要把非强制性的规则当成强制性规则来执行，那是难度很高的事。几十年来，老师、家长一直面临着这样的困扰：烟酒的事，在生理承受上、心理需求上都有着明显的年龄特征，小学生相对没什么问题，而中学生年龄就很麻烦，无论是想尝试的、想借此调节心情的还是想借此融入他感到好奇的某个圈子的，他们往往有很多的理由去触及。在教师、家长一面，似乎永远不变的理由就是烟酒能让孩子变坏。就这样，世间不断重复着一幕幕雷同的场景，老师和家长在明处抓，孩子在用游击战的方式“以身试烟酒”，最后，经过防御、相持、反攻三个阶段，终于，孩子长大了，是否和烟酒结终身之缘、结多深厚的缘，一切都悉听尊便。在《弟子规》这样的训蒙话题中，酒，恐怕永远是不可说不可说的，勉强说之，也是苍白无力的——大人们自己都管不好自己，怎么管孩子呢？

【原文】

步[①]从容[②]，立[③]端正[④]。揖[⑤]深圆[⑥]，拜[⑦]恭敬。

【注释】

①步：走路。②从容：心情舒缓、不慌不忙的样子。③立：站立。④端正：抬头挺胸。⑤揖：拱手礼。双手抱拳，弯腰行礼。⑥深圆：指弯腰鞠躬的姿势到位。⑦拜：低头行拱手礼，或跪下磕头行跪拜礼。

【译文】

我们走路时脚步要从容，站立时要端正。作揖行礼时，身体要躬下去，跪拜时态度要恭敬。

【解读】

站有站姿，坐有坐姿。古时，有一个很好的比喻：立如松，行如风，坐如钟，卧如弓。其实这样的习惯就是最自然地道法，对身体的正常发展也是最好。我们若能站得像松树一样挺拔，坐得像一口大钟那样四平八稳，自然英姿飒爽，气宇轩昂。可是很多人不论坐着、站着，都喜欢懒散地东倚西靠，或者弯腰驼背；躺着时，又是四脚朝天写“大”字，以为这样才是舒服。其实，莫说这样的姿态丑陋而没精神，久了，脊柱都还会变形。不正确的姿势，不但难看，而且会导致百病丛生。

更何况一个人的外在行为表现反映出了他的素质与修养水平。走路沉着稳重，站立端正大方，说明他具有沉稳、正直、不慌乱、不毛躁的性格；行礼作揖时恭敬、谦和，显示出他是从内心深处尊重对方，使受礼者感到被尊敬，产生好感，很容易形成融洽和谐的气氛，所以不能轻视这些简单的日常行为。《了凡四训》里面讲：“大都吉凶之兆，萌乎心而动乎四体。其过于厚者常获福，过于薄者常近祸。”这是在告诉我们一个人的吉凶祸福，通过一个人身体四肢的礼节、行为就可以预测他的将来如何。如果一个人的行为非常恭敬、厚道，那么他必将获得福报；如果一个人的行为是轻薄、傲慢、懒散，那么这种人必定会惹祸上身的。

古人以“玉树临风”来描绘身量修伟英挺，举止温文有礼的人，真是再贴切不过了！一个人若走起路来不疾不徐，行礼进退又自然合度，那就犹如清风徐来，举手投足间，自见清凉意态。欲显儒雅自在之风！

稽绍是魏晋之际“竹林七贤”之一嵇康的儿子。西晋建立后，稽绍被朝廷征召到京都洛阳做官。有人见了他后，对“竹林七贤”之一的王戎说，我昨天在集市来来往往的人群中，见到了稽绍，看见他气质风度不同凡俗，就像是一只鹤站在鸡群当中一样。王戎说，稽绍确实是一位品格高尚、气宇非凡的青年才俊。一次，几位大臣聚集在一起讨论国事，有一人提议，请稽绍为众人弹奏一曲，展现一下他的音乐才华。可稽绍否决了。稽绍说道，诸位都是朝廷的重臣，肩负辅佐君王，报效国家的重任。我们的一举一动都是世人的榜样。而现在，我们都是身着朝服，且在商讨国家大事，怎可在这样庄重的场合，像歌姬一样当众弹唱呢？如果今天是身着便装，在家里闲聊时，那理当不敢推辞，愿为大家助兴一

竹林七贤

番,何乐而不为呢！如若现在,就会失礼了。

从这则简单的典故中我们不难看出,一个品德高尚之人,他的言行举止都是遵循着一定的礼法的,没有半点逾越之举,是世人学习的典范。

在古代,作揖是一种十分讲究的礼节。由于以前的衣服,往往都是身着长袍,而袖子很长,所以打躬作揖很难,但必须要圆,不能挤在胸口。因为,“圆”代表圆融,代表一种恭敬。现今,人际交往中,不再讲这样的礼节,而是以打招呼代替。打招呼我们也要发自内心,不要皮笑肉不笑,要发自内心跟对方打招呼,从内心展示出你的和颜笑容,一定会让对方感受你尊敬他,跟他作礼,别人也会以礼相待。

我们经常会听到一些长辈在教育晚辈:人,坐要有坐相,站也要有站相,走路也要有走路的样子。但是我们看看今天的社会,这种教育已经逐渐流失掉了。我们也看到有人走在路上,横冲直撞,或是头低得很低,没有目视前方,像是在地上寻找神秘宝藏似的,或是头仰得很高,显示自己的高傲,不可一世。走路的神态,我们也可以感受出来,有的人走路的时候不经意,嘻嘻哈哈;有人站的时候也是很难看,坐的姿势也不好看,也不端庄。这样没有礼节性的仪表,则会反映出你是一个没有涵养的人。这样,在以后的待人接物中,就会出现一些失礼的行为,给他人留下不好的印象。

因此,步伐从容与稳健,站立端正,是对自身的尊重,也是对他人的尊重。作揖行礼的标准,也就是对他人和自己的尊敬。

【原文】

勿践阈①,勿跛倚②。勿箕踞③,勿摇髀④。

【注释】

①践阈:踩门槛坎。践,踩踏。阈,门下的横木。②跛倚:身体歪斜、站立不正。跛,脚有残疾而走路姿势不正。倚,偏斜。③箕踞:张开两腿而坐,形如畚箕,是一种不守礼节或态度傲慢的坐法。箕,簸箕,又称畚箕、畚斗,用来扬去米糠或盛垃圾、尘土的竹器,呈U字形,谷谷物容易进入。踞,伸开腿坐,两腿如八字形。④摇髀:摇晃大腿。髀,大腿。

【译文】

进门时脚不要踩在门槛上,站立时身体不要歪曲倾斜,坐着时双腿不要叉开或向前伸出来,也不要摇晃大腿,这样才是得体的姿态。

【解读】

行为动作也有禁忌,古人有四种不允许的动作:一是踩门槛,二是站立时斜靠在别的物体上或身体重心明显侧重于一条腿,三是像簸箕一样叉开两腿坐着,四是摇晃大腿。

关于踩门槛，是一个由古代建筑学理论衍生出来的民俗，有不少大同小异的解释，大意是说古代宅院越大往往门槛越高，门槛是宅院的重要部分，随便踩踏有破坏与不敬的意思，所以至今还有不少寺庙会提醒游人不要踩门槛。

跛倚是一个和前面所说“立端正”正好相反的立姿，从直觉上说就是不讨人喜欢的，并非古人有什么特别的讲究。积聚的动作需要在平地上才能做出来，而古代恰恰并不是很早就有桌椅的，人们都是席地而坐，所谓坐更像今天的跪，那么，箕踞就是一种相对舒服一点的姿势。这个姿势又涉及一个古代服饰的问题，古人的衣裤也是慢慢发展的，早期并没有类似包裆裤的制式，下身穿得更像是今天的裙子，一旦箕踞，不免形成不雅的裸露，于是这个动作就被认为是对他人的羞辱，所以荆轲刺秦王的时候，身负重伤之后索性就箕踞而坐，破口大骂，以泄心中之愤。

摇髀是一个定义有些含混的说法，摇大腿可以有多种不同的方式，站着可以摇，前后摇容易一点，横向摇别扭一点；坐着也可以摇，摇的方式更加多样，包括今天人们说的二郎腿；走着也可以摇，犹如人们常说的猫步。但不论哪一种，都被认为是不庄重的表现。以走路的摇髀为例，这还是不算是严格的禁忌，因为有性别差异的问题。由于男女生理结构的不同，女性步行更容易伴随以髋关节为支点的摇摆，所以人们不会以此要求女性，相反会觉得女子这样的步态很美，也正因为如此，模特儿展示服装兼风情的时候才会选择这样的动作。不过，这样的宽容是有限的，男子绝对不能如此，即便是女人也不能太夸张。东汉时候有个权势熏天的大将军梁冀，他的妻子孙寿很被人看不起，史书上描写她魅惑的“妖态”时说她作“愁眉、啼妆、堕马髻、折腰步、龋齿笑”：眉毛是画的，细而弯折便是愁眉。啼妆是脂粉描画的美术效果，让人觉得刚哭过就行。堕马髻是偏在一边的发髻款式，用今天的话说叫不对称。折腰步就是我们现在所说的那种动作，大腿不停地摇摆，才会显得腰肢如杨柳一半弯来扭去。还有一个龋齿笑，那是很体现史书作者的挖苦水准的——牙疼一般的笑。

这几条规矩放在今天，有的还算适用，有些则很少遇到。现在的门大多谈不上有槛，即便有也是两三公分的低槛，要去注意不踩它固然不容易，要像几百年前的孩子那样踩在门槛上玩的事也不太会再出现。积聚的事情更难出现，因为日常的生活、工作中坐在地上的机会实在不多，唯有休闲的时候，在草地上、沙滩上会有箕踞的人，但这个动作早已没有了侮辱的含义，人家愿意摆那么个姿势也是不妨的。至多是从动物的本能来说，人摆出这样的姿势实在有些过于放松，一旦遇到事情是最不利于自我保护的，所以，有过特别身体训练的人除非极度疲劳，自然的坐姿仍旧不会轻易选择这个样子。另外两项要求在今天还是通行的，特别是在与人交往的时候一定要注意，肢体语言会传达出特定的信息，虽然不能说哪种肢体语言是绝不可采用的，但我们必须了解其相应含义，并由此注意自己所处的环境、所面对的对象是否适合做出这样的动作。因此，对孩子来说，他们尚不能一下子接受这些复杂的内涵，径直为他们做一些简单的选择，告诉他们哪些动作是不可以的，这也不失为一种有益的指导。

【原文】

缓①揭②帘③，勿④有声⑤。宽⑥转弯⑦，勿触⑧棱⑨。

【注释】

①缓：慢。②揭：掀起来。③帘：挂在门窗上遮蔽风雨、阳光的家饰，通常用竹、布、塑料等材料制成。④勿：不要、不可。⑤声：声音。⑥宽：指距离大。⑦转弯：改变方向。⑧触：碰上。⑨棱：此指墙角，本意是指物体的直角。

【译文】

揭开帘子时动作要轻，不要发出很大的声响。走路转弯时要留有余地，保持一定的距离，这样才不会因为触到棱角而伤了身体。

【解读】

古时候的房屋建筑，它往往每一间房屋之间不是用门间隔就是用一道帘。所以古人在教育自己的子女时，从细微处，从掀帘子的时候，要轻轻地小声，不可以很大声，不可以一拨，后面如果有人刚好走进去，就有可能打到后面的人。这也是在进一步说明，我们在日常生活中，时时都要谨慎小心，要多为他人着想。做任何事情动作要细腻，不可以很粗鲁。细腻的动作就从揭帘做起。并不是只有这个帘子重要，其实还包括很多事情，譬如说搬物品，整理家务等细小的事情，我们都不可以很大声。如果很大声，就会导致动作很大，则表示一个人的行为非常的粗鄙，野蛮，不用心，不专心。所以，此处只是借助揭帘这个点，加以扩大到其他方面，在做任何事，都要想想他人的立场，量行而做。

一个人的动作、行为，不但反映出他的个性特征，也反映了他的道德水平与教育水准。一切诸如开门关门，进出转弯，取物执事等等的行为动作。

在开关门时，轻轻手扶门把手开关门，可显现一个谨慎而负责之人；用力开门，不管门后是否有人，或随后的关门声很响，可显现一个有胆有识，却不计后果之人，但往往也是缺乏责任感，只考虑自己忽略他人感受之人；开门与关门都很谨慎，可显现一个认真负责，但有时过于谨慎，聪明反被聪明误之人。看似一个简单的动作，却真的可以观察一个人的个性和品行，从而衡量出他将来的成就。也许有人认为有点言过其实，实则不然,成大事者都是从细节处着手。

同样的,在穿越房屋或经过转弯处时,不是碰倒那个,就是撞翻这个,甚至损伤自己,总显现出一个莽撞不慎重之人;而小心翼翼地紧贴着桌椅墙壁走,毫无空间于自己,则显现出一个过分拘执之人。只有做到了“缓”与“宽”,正是展现君子自然自在,不卑不亢的潇洒风度。正如《礼记》上有这样一句话:“曲礼日,毋不敬。”就是我们做任何事情,都要用恭敬心去做,专心去做,不能心不在焉地去做任何事情,那样肯定做不好,且会摔得四脚朝天。

宋代名臣韩琦,在镇守大名府时,有人献上两只玉杯,说道:“这是一个种田之人在破坟冢中找到的,杯子的内外都没有瑕疵,可谓是绝世之宝。”于是,韩琦用白金重谢了献杯之人,并对玉杯喜爱有加。只要在召开宴会招待客人时,他都要特别摆放一张桌子,上盖锦缎,把玉杯放在上面。一天,在招待管理水运的官吏时,本打算用这两支杯子装酒。一位侍卒由于不小心竟然撞到了桌子,致使两只玉杯掉落摔碎了。客人都很吃惊,侍卒也吓得脸色苍白,跪在地上等候惩罚。但韩琦脸色却毫无变化,笑着对客人说:“任何物品的毁坏,都是有时机的。”回过头对侍卒说:“你不是故意而为的,失误所致,没有什么过错!”这样,客人对韩琦的宽厚的德行与度量佩服得五体投地。

韩琦的这种宽厚的德行也是通过日常生活历练而成的,人们不是常说:实践出真知!这是在日常小事中,多注意自己的行为,替他人着想,久之,就会有好的德行。

这是告诉我们,做任何事情动作都要细腻、轻柔,不可以很粗鲁、慌忙,要缓缓地做,平常心对待,不能够急躁,急于求成往往容易坏事。特别是大事当前,更要心里安定,这样考虑问题就能够周详,做事就容易成功。

苏嘉是西汉著名大臣苏武的哥哥,曾经负责给皇帝驾车。有一次皇帝外出,苏嘉给皇帝驾车,从都城长安来到郊外的行宫。当皇帝正要下车时,苏嘉因为不小心,一下子把车辕撞到了门前的柱子上。车辕折断了,皇上也受到了惊吓。结果,苏嘉因为自己的过失被判为大不敬的罪责,苏嘉心中十分懊恼,没有办法解决,只好以自杀的方式来谢罪。

由上我们可以看到,做任何事情都应该小心谨慎,看起来一件小事如果处理不好,有时也会酿成大祸。

所以我们要处处提醒自己,在做任何事情时,都要小心谨慎,所作所为都要考虑到他人的感受,正是在日常生活这些小事上,可锻炼出我们的大气质。

【原文】

执①虚②器③,如④执盈⑤。入虚室⑥,如有人。

【注释】

①执:拿。②虚:空的。③器:用具的总称,如仪器、武器、器具、器皿等。④如:好像、就像。⑤盈:充满。⑥室:房屋的内部。

【译文】

手里拿着空的器具,也要像拿盛满的器具一样小心。进入到没有人的房间,行动也不能随便,要像屋里有人在一样。

【解读】

做人诚实,不可拘泥于字面。生活中人们都有这样的经验,拿一只空碗,碗口冲下也不妨,但一碗水断不可这样;进入一个坐满贵宾的会议厅,总要整理一下衣衫,做出一副庄重的样子,但回自己的卧房大可以穿着短裤躺成“大”字。之所以要拿这样的事来做规矩,只是希望孩子能切实履行种种做人的原则,不要把原则变成做给人看的戏法。古人的逻辑是,如果拿个碗都能做到空的满的一样对待,那么其他更重要的事情也绝不会使奸耍滑了。这样推理是否合理姑且不论,人们确实一直是接受这样的理论并以之来评价人品的高下,古人称之为慎独,意思是在独处的时候也能小心谨慎。

北宋有个名臣名叫张方平,从来吃饭的时候都是要穿好正装的。有一次三伏天,他和女婿一起吃饭,对女婿说:“天太热,你把外衣脱了吧。”女婿看丈人还是穿得严严实实,不敢贸然脱衣。张方平道:“我出身贫寒,能有今天的富贵,全是君王所赐,所以,哪怕是吃顿饭也要穿着朝服以示敬意。你现在是吃我的饭,完全没有关系。”或许可以说这个张方平有些做作,但能在这个方面日复一日做作到这种程度,我们也不得不承认他对君主的忠诚是无可挑剔的。还有一个更有名的“四知”故事,东汉的杨震赴任东莱太守,路上,他的学生趁夜给他送了很多钱,杨震不受,学生说:“天这么黑,没人知道的。”杨震说:“天知地知,你知我知,怎么说没人知道!”或许这杨震别有什么心思,但显示出这样的态度,我们同样也不得不承认他的清廉堪称典范。忠和廉都是美德,美德是不是真正牢固地驻扎在一个人的心底,要看的不是他在众人面前的言行,而是他面对自我时能否诚实不欺地坚持。

终于,这变成了一个德育方法的问题:在教会孩子“遵守”的时候是不是要用那些看似全不相干的生活细节——始终如一地拿一个碗,究竟能不能使一个孩子终生得益,同样始终如一地去守望其他种种美德?这很难用语言证实。用“聪明”人的眼光来看,要学会因事制宜,不同的事情要用不同的策略,拿空碗就是不妨省力和便捷,而品行道德上的自律则应该严格,二者并无联系。然而,把二者混为一谈的并不仅仅是清朝的《弟子规》,早在《礼记》中就有这一说了,这也暗示着中国人是历来这么想的。原因何在？看看“聪明”办法，它的着力处事实上在于一个“利”字，端着水的时候，一旦轻忽懈怠，必然把水洒了，那就有损于利；而端着空碗还一本正经，必然比较费力，动作随意一点，既可省力，又无水可洒，没有损失，何乐而不为？思考问题的方法是可以移植的，端水的问题可以只考虑一个“利”，那么，受贿的问题为什么不可以呢？既拿了钱财，又可以因无人知晓而不损名誉、不受法律制裁，何乐而不为？坏就坏在“聪明”上！中国的传统是将科技视为奇技淫巧的，认为机巧之物能生机巧之心，故而素不提倡。到了最后，还是接受了世界潮流，接受了“聪明”的科技所带来的享受，渐渐地，也就忘了在生活中教孩子一些“笨”，直接把无损失或低损失的高效获利当成了人生的第一要义。但愿问题并没有这么严重，但愿“执虚如执盈”还能在人们的观念中有一席之地！

【原文】

事[①]勿忙[②]，忙多错[③]。勿畏[④]难[⑤]，勿轻[⑥]略[⑦]。

【注释】

①事：指人的所作所为以及遭遇到的情况。②忙：本意是事情很多，此处作急促解。③错：差误。④畏：害怕。⑤难：不容易做的事。⑥轻：瞧不起、轻视。⑦略：疏忽。

【译文】

做事要从容，不要匆忙，匆忙容易出差错。遇到事情不要害怕困难，不要轻率地应付。

【解读】

古人时常告诫我们：欲速则不达。往往在做一件事时，只注重了追求速度，却忽略了它的价值，导致没有达到预期的效果，或者是根本没有完成。因此，我们做任何事，假使预先有了一个翔实的计划，如何去一步一步地实施都有框架，对于每个时间段进行什么脑中都有安排；如此，谋定而后动，即使计划赶不上变化，中间有什么突发事件，也不至于慌了手脚，忙中出错。《大学》里面也曾讲：“物有本末，事有终始。知所先后，则近道矣。”此话之意：每样东西都有根本有枝末，每件事情都有开始有终结。明白了这本末始终的道理，就接近事物发展的规律了。也是告诉我们在待人接物上，要看清楚事情的轻重缓急，要懂得处理事情的先后顺序，哪些事应该马上去做，哪些事可以暂时缓一下晚点做，哪些事并不必要去做。所以即使出现临时情况，也可从容不迫。因此，真正能够懂得事情的轻重缓急、先后顺序，那么这就是一个成功的人。

所以说那些性躁心粗，凭冲动，意气用事的人，总是寡德多败，一事无成；沉稳干练，心平气和的人，自然得道多助，百福云集。做人做事是这样，求学修身也是如此，总要以平常心对待，按部就班，才能真正有得于心，成就是急不来的。

《列子·汤问》中记载着这样一则典故：

飞卫是古代的一位神射手。有一个叫纪昌的人，很想学习射箭，于是就向飞卫请教射箭的技巧。飞卫告诉他说："你应该先学习注视目标不眨眼，然后才能学习射箭。"于是，纪昌回到家中，仰面躺在妻子的织布机下面，睁大眼睛注视着梭子穿来穿去。这样重复的动作，纪昌练习了两年。之后，即使有人用锥子刺他的眼睛，他都不眨一下。他把自己训练的成绩告诉了飞卫。可飞卫却说："这样还是不行，你还得锻炼眼力才行。你要能够把一个很小的东西看得很大，把一个细微的东西看得很清楚，到那个时候，你再来找我。"

纪昌回家后，便用一根牛尾毛拴上一只虱子挂在窗口，每天都面向南边目不转睛地望着虱子。这样过了一百天，就把虱子渐渐地看得大了起来，三年后，纪昌已经可以把虱子看得像车轮一样大了，再看稍大一点的东西，则如小山一样。于是，纪昌就用燕山出产的牛角做成弓，用北方出产的蓬竹做成的箭杆射那吊在窗前的虱子，箭穿虱子的中心，而吊着的牛尾毛却完好无损。这样，纪昌就把自己的成绩告诉了飞卫。飞卫高兴地说："你已经掌握了射箭的妙处，经过你艰苦的学习，终于成功了。"

一则简单的故事，却蕴涵着无穷的智慧：任何一件事情都是要经过艰苦的努力才能成功的。不是单单凭借自己一时的冲动、一时的意气用事就可以达到目的的。人们往往也在说：心急吃不了热豆腐。也是一样的道理。只有持一颗平常心，凡事不要心浮气躁，总想在最短的时间内取得最大的收益，这样是形不成正比关系的。

正如日本有个剑道名家，看着自己的儿子总是无所事事，毫无成才的能力。于是，其父就赶他出门，脱离了父子关系。这样，年轻人深受打击，立志决定发愤图强学习一流的剑术，就不辞艰辛深入山林求拜当时的名剑手武藏学习剑术。可是武藏也认为他不能有所成就。年轻人不死心，坚持地问："假使我努力学习，那么我需要多久才能成为一代剑士？"武藏微微颔首："可能十年左右！"年轻人又问："家父年岁已高，我一定要早点学成。假使我加倍努力学习，那么我需要多久才能学成？"武藏摇摇头："那得要三十年啰！"年轻人着急地又问："我不惜任何劳苦，一定要在最短的时间内学成。"武藏不禁大笑："你有这种心态，那恐怕要花七十年才能学成了！"

这个小故事，也是在提醒人们时刻要保持一种平常心，所谓平常心，也就是一个人在日常生活中，不要心中总是刻意地造作；也就是一颗不畏艰险，不怕输的心。这样持续进行一件事，只要努力，下足够的功夫，那么自然水到渠成了。然而急功近利是不能有所成就的。

所以，对于今天的人们来说，时常可以见到很多人自认为自己什么都会，没有什么可以难倒自己的，让他们去做一些简单的事情，往往一脸的不屑，自认为没有挑战性，故而不想做。结果，时间慢慢流逝，最后一事无成，反而埋怨社会的不公，一副怀才不遇，缺乏伯乐的样子。殊不知“三百六十行，行行出状元”，只是今人太眼高手低目空一切，而在困难面前，却是一副畏缩不前的俗人品性。

【原文】

斗[①]闹[②]场[③]，绝勿近。邪[④]僻[⑤]事，绝勿问[⑥]。

【注释】

①斗：相争。②闹：争吵惹事。③场：空地或人多聚集的地方。④邪：指不正当的思想或行为。⑤僻：偏邪的，或不常见的。⑥问：打听或询问。

【译文】

遇到打斗的场合，我们不要靠近，以免发生危险。遇到邪恶的事情，不要好奇地去过问，尽量远离这些事情。

【解读】

斗闹场和邪僻事是有着鲜明的时代特征的，在不同的时空有着不同的所指。古代的斗闹场、邪僻事，要到《水浒》一类有市井生活描写的文字中去找，斗鸡的、斗狗的、唱戏的、喝酒的、耍钱的，总的来说，都是所谓的俗事。近朱者赤，近墨者黑，这是人们熟知的理论，怕孩子沾染不好的习气，当然要告诫孩子什么地方不可去、什么事情不可问。不过，究竟什么是“不好”，在不同的时代是有不同的定义的。古代的读书人，大抵以读圣贤书为根本，所以，教育孩子的时候即便是算术、医术、书画一类实用的技艺都不很提倡，不要说那些市井生活中的种种游戏或传闻。为了培养出一个亚圣孟子，他的母亲让他从小远离墓地、远离商场、远离屠户，有了孟母三迁的美谈，也给后人留下了许多观念上的束缚。直到鲁迅的童年，他的塾师还因为他好奇地问“怪哉这虫”的事而很不高兴，其实，那不过是古代笔记里所提及的一种虫子罢了，只是犹如民间传闻般太过离奇，所以在老师看来是不正当的，因为孔子都不随便谈论“怪力乱神”。假如当时鲁迅是关心《诗经》里的草木鸟兽，那肯定不会遭到反对。其实，所谓的斗闹场、邪僻事本来都是符合人性中的某种固有欲望的，否则它也不会存在，更不需要一本正经地“勿近”“勿问”。成年人的学问事业是一回事，生活娱乐、秉性爱好是另一回事，根本不能用道德来衡量，前面说过宋庠、宋祁兄弟的故事便是如此。然而，对于孩子来说，由于生理成长过程中的阶段特点，的确有些东西不宜过早接触，所以在蒙学实践中便有了这样的戒律。然而，到了现实中，又有太多的孩子喜欢、大人反对的东西很难被一一界定是否“儿童不宜”，那就只好由大人说了算吧，至少在古代，大人不许的东西小孩子要得到也难。

古人可以用信息屏蔽的做法来勉强孩子，那是因为那个时候相对来说难度低一点，特别是孩子，行动能力十分有限，除了书之外又没有其他可以了解外界事物的媒介。即便如此，要真正能够做到完全的屏蔽也很难，《红楼梦》里的贾宝玉照样能搞到《西厢记》，照样能参与各种各样的“邪僻事”。时至今日，人类传播信息的能力获得了爆炸式增长，靠家长、靠学校甚至靠法律的力量去屏蔽某一类信息已经完全不可能了。技术发展了，人们很快学会了去享受其便利，却很慢才能找到对付其副作用的办法，这个问题不仅仅出在信息传播技术的发展上。现在要解决的是：既然不能再蒙住孩子的双眼，那么，如何抵御世俗中的不合适内容给孩子带来的侵害？同时，在教育实践中始终会有一个矛盾：成年人绝大多数不是严格自律的道德家，他们有很多深植于本性之中的爱好或需求是处于道德边缘的。当人们为人父母为人师出现在孩子面前的时候总要打起精神严肃正经，一旦放松下来，在一个只有成人的宽松环境里，他们依然不免要以一些“邪僻事”为乐。接受教育的孩子也不傻，时间长了他们也会发现这个秘密，而作为师长，成年人必须对自己的这种两面三刀做出反应，不是忽略就是无奈地自责，无论是何种反应，对于整个的教育思想体系都是一种考问，现在我们能应对这个问题吗？

【原文】

将入门①，问孰存②。将上堂③，声必扬④。

【注释】

①入门：进门。入，进。②孰存：谁在里面。孰，谁。存，存在。③上堂：进入大厅。上，登上。堂，正房、大厅。④扬：提高声音。

【译文】

要进入别人家门时，要先敲门，问有没有人在家。将要进入客厅时，说话的声调要提高，让别人可以听见。

【解读】

进到门里是房间，常常是无人的所在，如果有人则通常不防备有外人进入，所以要打个招呼，以免贸然相遇发生尴尬；上到厅堂，则一般是有人相聚的地方，他们在说什么、做什么不一定准备好被人听到、看到的，所以也要打个招呼，否则有偷听、偷窥的嫌疑。这样的规矩是出于替对方考虑，如果换一下角色，说到自律，便要以另一种要求。北宋名臣司马光的人品修养在历史上是绝无异词的，他曾说：“吾无过人者，但平生所为未尝有不可对人言者耳。”说来平平淡淡，但扪心自问，恐怕没几个人敢夸口自己做得到,如果谁都能做到,入门、上堂还弄那么些动静出来做什么?这部分的大标题叫"谨",谨的意思就是遇事考虑周密,以避免不必要的祸端。这一节的用意无非是教孩子小心做人,只是将这个大道理落实在了登堂入室的寻常事上。

春秋战国时候,那个名叫重耳的晋国贵族流亡到了齐国,并娶了国君的宗室之女齐姜,过上了安逸的生活。重耳是一个多灾多难的人,他本来有晋国国君的继承权,可是因为家族内部的政治斗争,一直颠沛流离,在齐国,他终于找到了家的感觉。但是,跟随他一起流亡的属下并不希望他就此变成一个失去理想、耽于享受的傻贵族,他们在一片桑树林里开了个会,一致要求把重耳设法弄回去,进而主持国政。但是他们在进树林之前没有注意里面是否有人,他们所说的所有内容都被树上的一个采桑婢女听了去,而这个婢女正是齐姜的手下。很不幸,这个婢女没什么文化,完全不理解贵族们的思路,更不幸的是她的主人齐姜又是一个极富政治头脑的女人,她不仅不希望重耳和他厮守一辈子过他们的小日子,反而决定和他的手下合力挟持重耳逃出齐国,当然,在做这件事之前必定要先杀掉这倒霉的婢女,因为她知道秘密,只有她无法再把秘密说给别人听,才能安心而顺利地实施计划。最后,重耳被灌醉了之后重新送上了流亡的征途,又经过了很多的波折,历史上有了一个著名的春秋霸主晋文公。这是最早的关于偷听惹祸的故事之一,在以后的岁月里,这样的故事多如牛毛,虽然只有很极端的事件中才会让那些偷听或偷看的人丢掉性命,但因为不小心知道了不该知道的事而付出代价却是这类故事的永恒主题。于是,人们便告诫孩子:不要有过分的好奇心,尤其是别人的秘密,即便是登堂入室,也一定要小心。

在这样的问题上,人事、人心千百年来并没有发生本质的变化,"察人隐私者不祥"的古训在今天照样适用。虽说文明程度提高了,除了涉及国家机密的大问题,一般不会因此获罪甚至获死,但人们对自己的隐私还是十分看重的。无论是一些团体或个人出于利益而故意泄露他人的个人信息,还是狗仔队坚持不懈地跟踪打探,这都是会令当事人产生极大反感的。对思想尚未定型的孩子来说,也许最终他们会在一个平庸的环境中长大,终生热衷八卦,做一个包打听,但这绝不应该是教育者为之设定的目标。在高尚的理想和事业面前,鄙陋琐碎的人事本来就是不应该挤占时间的,更何况还可能由此而引发各种人际矛盾,进而造成损失。所以,告诉孩子在生活中主动去注意这方面问题是有必要的,只是登堂入室是古人生活中有代表性的场景,今天的人们可以对此有所置换。

【原文】

人问谁,对以名。吾[①]与我,不分明[②]。

【注释】

①吾:我。②分明:清楚、明白。

【译文】

别人问“是谁”时,告诉别人自己的名字。不要回答“吾”或者“我”,这样人家就不能听明白。

【解读】

前面说过古人对名字很看重,称呼别人时一般要回避姓名而代以字号。那么,反之,自称的时候应该用名以示尊重。但是,人的身份自有尊卑高下,在不同的情形下如何具体处置又是需要艺术的。康熙年间,有一个很有名的徐潮,他曾任户部尚书,退休以后在老家杭州闲居。一次,他在外面散步,附近嬉闹的孩子远远指着他说:“徐潮来了!”徐潮便上前问孩子们:“你们怎么知道我是徐潮啊?”孩子回答他:“曾经听见有人这么称呼你,所以才知道的。”徐潮笑道:“这个潮字是我的名字,你们啊还不能直接地这么称呼我。我的字叫青来,以后你们再遇到我,叫我青来就好!”徐潮是一个有修养的长者,他对这个事件的处置就非常得体。人和人交往本来就有一个尊卑的差异,这种差异一般取决于年龄、性别或社会地位。当尊卑差异不明显的时候,一般就取一种屈己尊人的态度。徐潮与人交往时应该自称其名,但是这些小孩子跟他实在差得太多,并不适合互相称名,所以徐潮就把这个道理教给孩子们,让他们知道对年龄很大的人是不能称名的,如果我对你们自称名的话,你们也担当不起,但是你们可以称我的字。

另一种生活中常见的情况不是在纠缠名和字号的礼节问题,而是人们相遇但没有看清对方的时候往往要开口询问,古人称之为“谁何”。这时候,很多人会自然地拉一个常用的代词作答:“我。”在很多情况下,这个回答跟没回答一样,除非对方很熟悉你的声音,要不然还是不知道,因为这个回答太模糊了。用生活经验体会,这种回答是给人造成了麻烦,如果是在军营之类的特别场合,很可能还会因为误会而产生更严重的后果。

现在的人倒是不讲究名、字、号了,反正一人一个名字,说起来是省了很多事,不必再像徐潮那样费力地给孩子讲自己的字了。但是现代人对尊长的姓名还是有所敬畏的,即便是现在的孩子直接叫人家徐潮也是不对的,起码要叫徐爷爷、徐老师。这个细节一般家庭教育中都会比较注意,孩子不太会愣头愣脑地对长辈直呼其名。反而是在学校教育中,孩子到了一定年龄之后,对自己的老师倒是常常背地里直呼其名,只是当面称呼某老师罢了。这样的风气比较普遍,似乎不宜也不能在教育过程中细究,在稍大一些的孩子心里,总觉得直呼人名比较“爽”,这是一个和心理和语言都有微妙关系的现象。既然直呼人名比较“爽”,直呼己名也就相应地显得“不爽”,现在最常见的是在打电话的事上。中国宅电的普及不过是二十来年的事情,此前多是公用电话、公务电话,那时看欧美电视剧中他们接自己家的来电,拎起来张嘴就报自己的名字总是觉得有些怪怪的,自己也用了多年的宅电之后还是习惯不过来,打电话的时候仍然总是“喂”。更奇怪的是,接电话的人“喂”,来电话的人也有不少跟着“喂”的,常常是一头雾水,谁都不肯报名,直到接电话的听出对方来为止。实在听不出来需要报名的,还要尽量回避,如果是打给晚辈的亲属,自称“舅舅”“姨妈”也还有情可原,偏偏其他的非亲属关系也不肯称名,必定要说“我是王老师”“我是李主任”。本来古人避免称名的本意是为了尊重别人,现在倒成了尊重自己了。通电话已经是人们生活中的常事,常事背后总有特定的文化习俗,这习俗往往就是“礼”,是兼顾实用性和礼节性的固定习惯。像打电话、接电话这样“新生”的常事,其常规尚在生成之中,那么,又该如何去教孩子呢?还是索性等这些规矩在社会上固定下来,到了下一代孩子再教?

【原文】

用人物①,须明求。倘②不问,即③为偷。

【注释】

①用人物:借用别人的物品。用,使用。②倘:如果。③即:就是。

【译文】

用别人的东西,事先要向别人说明。如果没有得到别人的允许就拿去使用,那就是偷窃了。

【解读】

生活中借用东西再平常不过,但要拿别人的东西来用,一定要明确地向主人提出请求,如果不声不响地就拿来用,那和偷是没什么区别的。

自从财产私有制形成之后,人们就很在意各种东西的所有权和使用权了。在古代,没有这样的法律术语,但人们对于偷窃、盗用是十分痛恨的,一旦有类似的行为,将被视为道德品行上的污点。于是,有不少人非常重视自己的名誉,不希望跟偷盗有任何关系,哪怕是被人误解都不行,有“瓜田不纳履,李下不正冠”的格言,就是说走在瓜田,鞋掉了别去提,会被人误解为偷瓜;走在李树下,帽子歪了别去扶,以免被人当作偷李子。误解都如此不能容忍,那真正有偷盗意味的行为就更要杜绝了。别人的东西,可以讨要,可以购买,也可以借用,但这三种情况的含义是不同的,当有不同的约定。其中,自己没有付出的,无论是自己讨来还是别人送来,其中总有缘故,常常和索贿、行贿有着密切的关系,廉政小故事中这样的例子最多。买卖行为是人世间常见的,本没有什么疑义,只是有些人太过看重公平交易,有时显得不近人情。

后汉时候有个叫范丹的,姐姐生病,他去看望,做姐姐的就留他吃了顿饭。结果这个范丹走时在席子底下压了一百文的饭钱。姐姐发现了,派人追着还给他,他却坚决不要。借用的事在下面一则要细说,这里只是提出要“明求”,那么只要开口向人借就可以了。可是,最模糊的莫过于没有主人的东西或闹不清归属的东西。前人记载中,赶路人遇到流水,停下来饮马,完事之后还扔几个铜钱到水里——这样雷同的情节不只是一两个人的事迹,乍听起来有点迂腐或作秀,但也不妨看作是一种做人做事的原则。没主的流水,自己用过了尚要有个交代,何况是有主的东西呢?

古往今来,在教育孩子的问题上,偷盗始终是最大的忌讳之一,一旦发现孩子涉嫌,都是主张以防微杜渐的态度加以严惩的。然而,同样是一个偷字,如果发生在孩子身上,其背后的动因、形成的机理以及可能带来的后果都会因为社会环境的不同而各不相同,这一点却是现代人十分疏忽的。很多人都知道,鲁迅曾经十分神往地提及少年时代的朋友闰土曾经告诉他:在乡下,赶路的人口渴了,路过瓜地摘个瓜吃是不算偷的。或许在鲁迅的思想里,他是将这种态度看作当时民间可爱的淳朴古风,乡下人多一分宽容,多一分友善。那么,那时候至少在鲁迅的城里、乡下已经有了“偷窃观”的差异,有了对不同情况下的偷窃行为的判断标准的差异。

如果站在今天物质富足的城市人的立场上,穷乡僻壤中的孩子衣食堪忧,闲来无事结伴玩耍,偷瓜摘果,不也正是可以原谅的行为吗?而如果自己的孩子从同桌那里攫取了几块钱,被老师同学发现,那倒成了是可忍孰不可忍的大事。为什么?因为人们总是习惯于把“偷”抽象化、概念化:饿了而设法取食可以不算偷,不缺吃不缺穿的偷才叫偷,才是真正的品德问题。可是,现代城市中那些衣食无忧的孩子中偷窃事件也并非罕见,除了真正是出于某种消费欲望而偷的,还有相当一部分动机不详的,而正是这一部分动机不详的,又往往因为其行为诡异而最终成为无头案不了了之。恰恰是这部分事件,其背后却是行为人的心理偏差在起作用,但是,在普通教育活动中,并没有足够的具备心理专业知识的人员对这些事件进行整理、归纳,只是简单地运用惩罚手段加以制裁,不再进行有效的心理疏导,实际上是留下了很大的隐患。当今社会中常常出现青年人心理扭曲导致的恶性案件,从事理上说,恶性的结果总不是一朝一夕形成的,在相当长的时间中其心理问题总会以各种各样的形式表现出来,其中也不乏不以获取财物为目的的偷窃,只是没有被及时发现或只是在发现后简单处罚了事,没有进一步追究其根本。所以,“用人物,须明求”的确仍然要讲,但光讲这个规矩是远远不够的。

【原文】

借人物。及时①还。人借物,有勿悭②。

【注释】

①及时:迅速而不耽搁时间。②悭:吝啬。

【译文】

借了别人的东西,要记得及时归还。别人来借东西,如果有的话就借给,不要吝啬。

【解读】

借了别人的东西要及时归还,这样以后有急用再要借东西就不难了,就是俗话说的“好借好还,再借不难”。

借东西是生活中很常见的事,但须分为两种情况:一是正常的假借,相当于前面一节所说的经过“明求”的“用人物”,这一般都是用得着的实物,如果是农具、器皿之类,借了用了,不出意外总能原样奉还。如果是消耗品,油盐酱醋,用了是会减少的,要是量不大的话一般也默认不必奉还,那么事实上就是讨要。《论语》中有一段没头没脑的话,是孔子评价微生高这个人的,说他并不能算是“直”,理由是别人向他借点醋,他没有回绝,却到邻居家借了之后再转借给他。生活当中人们有时会说“要点醋”,有时会说“借点醋”,《论语》用的是“乞”,属于前者。至于为什么孔子因此说微生高不“直”,前人有很多种理解,这里不加讨论,各种说法并无异议的是,要点醋是小事一桩,不必要考虑回报的。另有一类非正常假借,也可以叫作恶意假借,一般是借钱或借贵重的东西,本来就是以借的名义索取而占为己有。

名画《萧翼赚兰亭》(唐·阎立本)

唐代大画家阎立本有一幅名画《萧翼赚兰亭》,人物栩栩如生,是画中精品。后来这画被当成宝贝辗转流传,到了北宋末年,流入一个叫谢圾的人手中。谢圾带着画到了建康,建康的郡守是当时的大收藏家赵明诚,也就是著名词人李清照的丈夫。赵明诚当然知道这幅画,既然谢圾到了自己的辖区,肯定不能放过,明着讨要没有道理,便向他提出要借来欣赏。就这样,一借不还,这幅画又换了主人。

不过这画赵明诚也没收藏多久，后来金兵入侵，士族南渡，颠沛流离的途中这幅画就丢失了。这样的借便是根本无意归还的恶意假借，文人之间的借书也常常属于这种情形，常常是书的主人只知道自己的书有去无回，而借书的究竟是忘了还、不舍得，还是从头就没想还就很难说了。对于恶意的假借，"好借好还"的道理是没什么用处的，因为它本来就不是借。

对现在的多数孩子来说，正当的实用物品大多能够得到满足，在他们的生活中，向同学朋友借用的情形一般是偶有急用，比如身边没笔要借一下、临时外出借辆自行车骑一下。这犹如过去借个锄头借个碗，只有比较粗心的才会忘了还，这样的孩子需要叮嘱：记住，借了别人东西记得还，不要让人追着讨，要不然下次人家一定找借口不借给你。这样的情形适合于用"再借不难"的道理给孩子做分析，其他的情况就不一定了。例如孩子之间借书、借玩具，这类东西的"用"不是一时半刻的事，而且很可能和主人的使用有冲突，需要互相配合，才能有最佳的使用策略；一本书，你看的时候我做其他事，等你有事了再借我看。这实际上是两个人的合作，在时间上做一个统筹，这时候的"及时还"就体现为良好的合作精神，是做事的艺术和能力，其意义更超越于"再借不难"之上，也是可以跟孩子好好辨析的道理。至于恶意假借，在稍大一点的孩子身上也会发生，主要形式是借钱。既然本来就不是因为疏忽而忘了归还，那也就不属于这一条要讨论的话题了。

五　守信

【原文】

凡出言[①]，信[②]为先。诈[③]与妄[④]，奚[⑤]可焉[⑥]。

【注释】

①出言：说出的话。言，话语、所说的话。②信：信用。③诈：欺骗。④妄：胡说、乱讲。⑤奚：为何、为什么。表示疑问的语气。⑥焉：语气词，置句末表示疑问，相当于"呢"。

【译文】

我们说话要真诚，要把真实可信放在第一位。不应该说欺骗别人的话和不合情理的话。

【解读】

"信"作为一个会意字，左边是个"亻"字旁，右边是个"言"字旁。所以意思就是一个人在待人处事中必须守信，要言而有信，这样，人与人间才能以诚相待。中国古贤们常以“仁义礼智信”为五常，作为人奉行于日常生活中的不变真理。孔子也说：“人而无信，不知其可也。大车无輗，小车无軏，其何以行之哉！”就是人不讲信用，什么都办不成。也好比大车上没有輗，小车上没有轨，那车怎么能行走呢？这正也说明了孔子对“信”的重视：人无信而不立。

《论语》中记：弟子问孔子如何治国，孔子说要做到三点：要“足食”，有足够的粮食；“足兵”，有足够的军队；“足信”，得到百姓足够的信任。弟子问，如果不得已必须去掉一项，去哪一项？孔子回答：“去兵。”弟子又问，如果还必须去掉一项，去哪一项？孔子说：“去食，民无信不立。”可见，在孔子看来，得到百姓的信任比什么都重要。治国如此，其他事何尝不是如此。如果得不到别人的信任，什么事都办不成，无论大事小事都是如此。

信任又是相互的。要得到别人的信任，首先就要自己讲信用。《论语》中多处讲到这一思想。如“吾日三省吾身：为人谋而不忠乎？与朋友交而不信乎？传不习乎？”就是把忠信作为修养的基本内容，要求每天检查反省，是不是做到了忠信。孔子又说，为政要做到恭、宽、信、敏、惠。这样，国家才会长治久安，人民才能安居乐业。

孔子解释“信”时说：“信则人任也。”人生活在社会群体中，与人相处，得到别人的信任十分重要。只有得到人们的信任，办事才能成功；只有自己讲信用，才能得到人们的信任。也就是说，只有人人讲信用，建立起人与人之间的互信，社会生活才能正常地运行、发展。

古代人对言语的态度都是一诺千金、一言九鼎、言出必行。

春秋时期的延陵季子——季礼，是吴国国君的公子。一次，季礼出使晋国时经过徐国，前去拜会徐君，徐君在见到季礼时，就被他腰间的一把闪着祥光的佩剑深深地吸引。季礼的这柄剑铸造得很有气魄，典丽而又不失庄重。只有像延陵季子这等有气质之人才可佩带。因此，徐君虽喜欢但不好意思表达出来，只是目光奕奕，不住地朝它观望。季礼虽心知肚明，但因为有出使晋国的重任，就没有把宝剑献给徐君，但是他内心已暗暗想道：等他出使完晋国，返还时，一定把这把佩剑赠送与徐君。季子在晋国完成了出使任务返还，可是徐君却已经死在楚国。季礼来到徐君的墓旁，把剑挂在了徐君墓前的树上。随从人员阻止他说：“这是吴国的宝物，不是用来做赠礼的，再说徐君已经过世，您将这把剑挂在这里，有什么用呢？”而延陵季子说：“我不是送给他的。前些日子我经过这里，徐国国君观赏我的宝剑，嘴上没有说什么，但是他的神色透露出想要这把宝剑；我因为有出使晋国的重任，就没有献给他。虽是这样，在我心里却早已答应给他了。如今他死了,就不再把宝剑进献给他,这是欺骗我自己的良心。因为爱惜宝剑就使自己的良心虚伪,廉洁的人是不这样的。”后来,徐国人赞美延陵季子,歌唱他说:“延陵季子兮不忘故,脱千金之剑兮带丘墓。”

如今的现代人,都是十分的世俗,总是抱着一种“害人之心不可有,防人之心不可无”的处世态度,因此,都是“逢人便说三分话,不可全掏一片心”。这其实只是一种过于世故的说辞而已。与人相处时,经常性地谎话连篇,殊不知说谎如同吸食鸦片,是会成瘾的,戒之难矣!

假如我们不守信,时时找寻一些借口,为自己的不守信、撒谎做掩饰,这样时间久了习惯成自然。但谎言总是会被戳穿的,到那时你的名声则会越来越坏,众人也会疏远你,使你丢失了做人的本真。当然天有不测风云,人有旦夕祸福。很有可能你确实很想守信,刚好生命当中出现一些状况让你无法实现诺言,这时我们就要开诚布公,当他真正了解了情况、了解到你的诚意后,则必然会谅解你。但是如果你继续掩盖,最后无法自圆其说时,他人就会越来越愤怒,到时候就很难收拾了。所以,与别人的信诺绝不可以拖延,越拖越难解决,一定要把握“诚信”这把戒尺,时刻警戒自己的言行。

【原文】

话说多,不如少。惟[①]其是,勿佞巧[②]。

【注释】

①惟:希望、祈使。②佞巧:善于花言巧语巴结的人。佞,巧言善辩、谄媚。巧,狡诈、虚伪。

【译文】

多说话往往是惹祸的根源,因此还不如少说话。说话要恰当得体,要说些实事求是的话,不要用花言巧语去取悦别人。

【解读】

所谓“词,达而已矣”,是指说话表明其意就可以了,切莫多言,否则,言多必失。太多话往往是惹祸的根源,所谓“病从口入,祸从口出”。话确实不可以滔滔不绝。因为滔滔不绝,人很多话还没有思考清楚就说出口,结果造成不必要的麻烦。正如人们常说的:“说出去的话,就如泼出去的水,是收不回的。”夫子曾说:“三思而后行,三思而后言。”所以言语也要谨慎,才能减少不必要的麻烦。

然而,有时人多口杂,很多话经不同的人传来传去,添油加醋,到最后就变质了,因此,我们最好少说人的是非。花言巧语、不切实际的言语坚决不说,因“舌动是非生”,即使本无心搬弄是非,是非却由他人的口耳相传,而在空气中沉沉浮浮泛滥,成为恶语流言,造成他人的伤害,甚至引发悲剧。

正如《英雄记》记载:曹操与刘备曾说了一些机密的话,但刘备却把它泄露给了袁绍,袁绍就知道了曹操有夺取国家政权的图谋。曹操知道后,后悔得自己咬自己的舌头,直至咬破流出血来,以自己的失言告诫后世。

俗语有云:"是非只为多开口,烦恼皆因强出头。"人与人接触会有是非产生,就是因为话多,所以待人处事要少言、慎行。在讲话之前,我们对自己要讲的话有一定的把握,所说的言语才不会引起他人的误解,并且对所说的话能够负责,这样才能在别人心中建立起一种诚信感,加深他人对你的好感,近而建立良好的人际关系。在《易经》里面有提到"吉人之辞寡,躁人之辞众"。多数在说有智慧的人寡言少语,只说重点的言语,废话,闲言不说,而多言语的人必定是少智慧且性情急躁之人。因为一个人在滔滔不绝地、没完没了地讲不停时,则表明他的心很不安,很急躁,没有安全感。假使一个人时时处在这样一种心境中就很容易说错话、办错事,得罪于人。这往往是心没有主宰,才会一而再、再而三地犯错,所以人们常说"心静自然凉",心静下来,就使思维清晰,可以清楚地去观察、去体会,就不会很容易出错。

春秋战国时期,韩国国君韩昭侯平时说话不太注意,往往在无意间就将一些重大的机密事情泄露了出去,使得大臣们本来周密的计划不能实施。大臣们很伤脑筋,却不好直言上书韩昭侯。有一位叫堂溪公的聪明人,便自告奋勇到韩昭侯寝宫,对韩昭侯说:"假如这里有一只玉做的酒壶,价值千金,但没有底,它能盛水吗?"韩昭侯说:"当然不能盛水。"堂溪公又说:"一只瓦罐,很不值钱,但它不漏,你看它能盛酒吗?"韩昭侯说:"可以。"这样,堂溪公把握时机因势利导,接着说:"一个瓦罐,虽不值几文钱,却可以用来盛酒;而一个玉做的酒壶,尽管十分贵重,却因它无底,连水都不能装。人也是如此,作为一个地位尊贵的国君,如果经常泄露臣子们商讨的有关国家机密的话,就好像那只没有底的玉器。即使是再有才干的人如果他的机密总是泄露出去,那他的计谋也就不能很好地实施。因此他的才干与谋略就不能好地施展。"

一番话说得韩昭候恍然大悟,他连连点头说道:"你说的话真对,你说的话真对。"自此以后,凡是采取重要措施,大臣们在一起密谋策划的事情,韩昭侯都小心保密,慎之又慎,连晚上睡觉都是独自一人,生怕自己晚上在睡梦中说梦话把计划和策略泄露给别人听见,以至于误了国家大事。

尤其今日工商业社会,竞争激烈,人人生活忙碌,时间贵如金钱,时间就是生命,浪费时间就等于浪费生命。彼此间说话简单明了,才不会耽误彼此的时间。然而,现在很多人都被利益冲昏了头脑,抱着一副"笑面虎"的嘴脸,说话口是心非,言不由衷!时常用一些假话、甜言蜜语搪塞他人。

【原文】

奸巧语，秽[①]污词。市井气[②]，切戒[③]之。

【注释】

①秽：肮脏的、不干净的。②市井气：粗俗的口气。③戒：改正。

【译文】

奸猾欺骗的话语、粗俗污秽的脏话，这些都是市井无赖才有的习气，一定要竭力戒除。

【解读】

这里说到的两样不好的语言，一个是关乎品行的，一个是关乎个人形象的。奸巧语大体是指向商业行为中的一些花言巧语，古代重农轻商，对商人和商业行为一向有歧视，特别是看不起商人的人品；污秽词就是脏话、粗口，有一定的教养或社会地位的人都应该避免，这是古今一致的。但是说脏话又和情绪有关，即使平时修养很好的人，一旦情绪失控，爆出粗口也是常见的。上至皇帝宰相，下到普通的读书人，盛怒之下破口大骂，完全不顾自己应有的修养和身份，这种情形在历代的记载中不胜枚举，但这是一个关于制怒，关于自我心理调节的能力问题。对于孩子来说，由于模仿、好玩而去学着说那些粗话、脏话，那是一定要及时制止的，而这也是只有从小养成才能够真正见效的。

汉高祖刘邦出身低微，从小就混迹于市井，所以，即便做了帝王也还是常常冒一些粗鄙的话出来。《史记》之类的文本记载，可能作者多少有些美化，那是书面语言的要求，如果结合刘邦的一些做法来看，什么边洗着脚边接待别人，拿过人家的帽子当尿壶，估计他的粗话脏话远比记载中的“竖子”“竖儒”要污秽得多，从小养成这样的习性，不管什么身份，总是难改了。至于所谓的奸巧语，古代的读书人自己就不少，却总是在教育孩子的时候把脏水全泼到商人头上，似乎只要远离了讨价还价、以次充好的市场就不会受到不诚实的污染。的确，孟子的母亲是领着儿子离开过市场，但市场绝不是奸巧语的唯一来源。曹操领兵出征，军粮不足，只得命粮官暂时削减定量加以维持，导致军心浮动。于是，曹操招来粮官，说：“只好借你的脑袋一用了。”接着，杀了粮官，并昭示全军，说是粮官克扣军粮，现已伏法。这才是典型的奸巧语，只是它并非出自什么奸商，而是做更大买卖的奸雄。后来曹操也算是一代开国之君，在乱世中求生存、求发展，使奸耍滑也是必不可少的手段。后人虽说对曹操这人颇有微词，但总还算给他一定的尊重——凡大人物的奸猾巧诈总是相对受到宽恕的，但这是修身立德者所不能容忍的，生活中不宜随意使用，更不是可以教孩子学的。

无论什么时代，稍有文化水平的师长都会禁止孩子的粗口，这不仅对孩子是重要的，更能通过孩子"有教养"来显示大人的尽责。有些词汇甚至以禁忌的形式融入了民俗，比如一般民间粗鲁的羞辱、咒骂多联系性器官、性行为、排泄物等，所以大量的相关名词都会有相应的替代词，而且往往不止一个，大小便就有更衣、出恭、如厕、解手、蹲坑、上一号、办公、唱歌等等千奇百怪的说法。甚至还有一些名物是遭受无妄之灾的，因为北方俗称睾丸为"蛋"，所以菜肴中凡有"蛋"的往往都有别名，什么木须肉、摊黄菜、卧果子，过去曾有个笑话专门以此为题材，说一个不吃蛋的人在饭店点菜，因为他不知道这些个蛋的别名，结果点来点去上来的都是他不爱吃的鸡蛋。类似这样一些由民间约定俗成的禁忌，往往都是动态的，过个几十年或者换一个地域便有不同的规矩。今天人们更多称上厕所为"去洗手间"，有些地方对饭店的服务员不能称"小姐"，这都是新生的；而过去一度十分遭人痛恨的"反革命""叛徒"等词汇已经并不常用，用起来也是当作调侃，并没有什么杀伤力了。诸如此类又都是家长、老师要及时总结而告诉孩子的。总之，在多数情况下，让孩子的语言更洁净、更文雅是做大人的一致希望，孩子通常也不会有很大的抵触，问题只是在于不同的时空中，各种语言元素会有不同的附加含义，究竟哪些是要禁止孩子用的，哪些无关紧要，必须要有及时的相应判断，即使如此，落实到具体一个词语上还是不免会有理念的碰撞。

【原文】

见未①真，勿轻②言。知未的③，勿轻传。

【注释】

①未：没有。②轻：轻易、随便。③的：的确、真实。

【译文】

对于看得不是很真切的事情，不要轻易发表自己的意见。如果事情还没有了解清楚，就不轻易地到处传扬，这样就不会因此发生不愉快的事。

【解读】

《战国策·魏策二》中记载着这样一则典故：

魏国和赵国订立了友好盟约。为了使盟约更有其效，两国之间决定互有人质作保。因此，魏王就把太子送到赵国的都城邯郸去作人质。为了太子的安全，魏王还派大臣庞恭陪同太子前往。但庞恭却担心魏王不会一直相信自己。于是临行之前，他向魏王提出了一个问题，他说，如果有一个人说在熙熙攘攘的大街上看见一只老虎，大王相信不相信。魏王回答，当然不信，老虎怎么会跑到大街上来。庞恭接着再问，如果有两个人一齐对大王说大街上来了一只老虎,那大王相信不相信呢。魏王回答,如果有两个人都这么说,他就有些半信半疑了。庞恭又说,如果有三个人一齐对大王说大街上来了一只老虎,大王相信不相信。魏王回答,既然这么多人都说看见了老虎,肯定确有其事,所以我不能不信。听魏王这样回答,庞恭深有感触地说,故不出我所料,事实上,人虎相怕,各占几分,具体而言,人怕虎还是虎怕人这要根据具体的力量而论的。一只老虎是绝不会跑到闹市之中的,这是人人皆知的事情。只是因三人说虎即肯定有虎。邯郸离魏国的都城大梁,比王宫离闹市远得多,而且背后议论他的人可能还不止三个。魏王听懂了庞恭的意思,就点点头说,庞恭的心思他知道了,让庞恭只管放心去吧!庞恭陪同魏王的儿子到了邯郸。但不幸的是,庞恭走后不多久,果然有很多人对魏王说起了庞恭的坏话,而且,就像听到三个人说大街上有虎就相信有虎那样,魏王确实相信了一些大臣的话。于是,当庞恭从邯郸回到魏国时,魏王再也不愿接见他。

故事说明,人们往往就是会被流言所迷惑,失去了判断是否的能力,成了流言的傀儡。所谓"谣言止于智者",圣贤们碰到一些是是非非的事情,绝对不会跟着传,因为智者的心在道上,对于那些风吹草动、流言蜚语,通通都能够置之不理,所以,我们也要远离流言,向至圣先师们学习,一定要坚持"眼见为实,耳听为虚"的原则面对谣言。

古人有"一言以兴邦,一言以丧邦"的讲法,可见言语谨慎的要紧。就好像往池塘里丢石头,你丢了,扑通一下,一个小小的漩涡,慢慢就扩散到整个池塘。所以人与人之间,我们在言语方面,一定要特别谨慎小心,以免惹祸上身。

【原文】

事非宜①,勿轻诺②。苟③轻诺,进退错。

【注释】

①非宜:不适当。非,不。宜,适宜。②诺:答应。③苟:如果。

【译文】

觉得不合适的事情,不要轻易答应别人。如果轻易答应了,就让自己陷入了进退两难的境地。

【解读】

言行一致是做人的基本要求之一,所以说话的时候也必须要考虑好它和行动之间的关系。

一诺千金是备受推崇的优良品德,自古流传的大量的故事都是在说人为了履行承诺而历尽千辛万苦,以此来打动读者、教化人群。当言出必践成为无可置疑的处事规则的时候,慎重承诺就成为一个不得不关注的问题,因为一旦承诺了不可做、不能做的事，那么，接下来的处境就麻烦了。《道德经》上说："轻诺必寡信，多易必多难。"明朝中叶，在京任都察院右佥度御史的王守仁被派到江西协助巡抚孙燧剿匪。可是，当时江西最大的"匪"是身为宁王的朱宸濠，一个权势通天又素怀反志的皇亲。这一点，孙、王二人都很清楚，但他们身为政府官员，既不能先下手制住这个王爷，也不能与之沆瀣一气、共同谋反，所以，只能小心提防。一天，朱宸濠突然请他们两个吃饭，席间一番寒暄过后，朱宸濠说："皇上不理国事，国家前景堪忧啊！"宁王的亲信李士实附和道："世上难道就没有汤、武吗？"商汤、周武是推翻旧政、建立新王朝的著名人物，这话的意思已经再明朗不过了。王守仁静静地回答："汤、武再世也需要伊、吕啊。"伊尹和吕望分别是商汤、周武手下的核心大臣，王守仁是在委婉地奉劝朱宸濠：你造反恐怕没人帮你。朱宸濠却听到了合作的希望，进一步试探道："汤武再世，必定有伊吕！"

这时候，朱宸濠已经主动出击，王守仁不接受他的邀请就是他的敌人，可如果答应协助他造反，那又绝对是他不愿做也做不成的。所以，王守仁仍旧平静地回答："有了伊吕，还有伯夷、叔齐呢！"伯夷、叔齐是商朝遗老，曾经拦截武王伐纣，最终饿死在首阳山以示不做周朝的臣子。王守仁话中有骨，严词拒绝了朱宸濠的收买，宴会的气氛也由此变得紧张凝固。这时，孙燧起身感谢宁王款待，二人告辞，但这一场交锋已经把他们二人明确放在了宁王的对立面上。后来，宁王真的反叛，孙燧殉难，王守仁则以他过人的军事天才成了平定叛乱的主要功臣。由此可以看出，承诺是自己的事，无关对方的身份地位，即便王守仁当初敷衍宁王，假意答应他的请求进而获得平定叛乱的机会，日后也必定会因这种承诺而带来处事上的麻烦和个人道德上的污点。

对普通人的生活来说，是否能严格履行自己的承诺通常并不关系到很大的利益、荣誉，更不会轻易涉及个人的安危，这只是一种道德的自律和品德修养的完美追求。当"重然诺"的观念深植于心时，任何并不重要的应允都会使人背上精神的负担，念念不忘去完成自己的允诺，就这个意义而言，不要轻易许诺是很重要的。然而，现在一个比较普遍的现象是，很多人更看重人际交往中的热情、豪爽，在一些接待、应酬的场合，常常故意"轻诺"，更奇怪的事，许诺者和被许诺者之间往往又有一种默契，彼此心里都清楚这样的话是做不得数的，双方日后也不会对承诺的履行与否进行追究，否则就是迂腐和不谙世事。换言之，非正式的随口许诺在某种程度上已经俨然成为一种人际交往的技巧，今天的家长有必要让孩子了解这一社会现实，至于对这样的现象如何评判、如何应对，那又是更进一步的事了。

【原文】

凡①道字②，重③且舒④。勿急疾⑤，勿模糊⑥。

【注释】

①凡:概括词,指所有的、一切的。②道字:说话。道,说。③重:慎重、稳重。④舒:缓慢、从容。⑤急疾:急速。疾,急忙。⑥模糊:不清楚。

【译文】

和别人谈话时,语气要庄重舒缓,不要说得太快,也不能含混不清,我们讲话清晰明白,别人才会理解。

【解读】

人与人在讲话时,吐字要清楚有力,缓缓道来,要讲得很舒畅、放松。讲话不可以太急,每个字都要说得清清楚楚、不模糊,并且要择重点的内容先说,切忌废话连篇,没有一句重点,浪费他人的时间,这样也可使听的人听得清楚明白、心里舒服,避免让人会错意而造成没必要的误会。如果别人讲话太快,吐字又不是很清晰,使听的人似懂非懂,还不小心漏掉了一部分,这样就可能在办某件事情时导致差之毫厘,失之千里。所以,我们不论在说什么话时,都要把握一个要领:口齿清晰,吐字清楚,语速适中,先重点少废话。

西晋的裴楷是中国历史上有名的美男子,当时号称玉人。他不但模样长得好,而且博学多才,对《老子》《易经》等玄学著作深有研究。他那个时代没有科举制度,做官全靠时人的评价和推荐。裴楷得到权臣钟会一句著名的评语:"裴楷清通",所以青云直上,官运亨通,政治上很有作为。但裴楷最出色的才华还是在嘴上。他的嗓音浑厚洪亮,发音标准清晰,而且极善于控制语言的抑扬顿挫,说起话来铿锵悦耳,像奏乐一般。皇帝和朝臣们都赏识他这一特长,经常让他当众宣读各种奏件。裴楷长身玉立,光彩照人,把一段段枯燥乏味的律令、诏书、奏章、文告念得声情并茂。全场的人都忘了疲倦,忘了正在召开的严肃的御前会议,一个个聚精会神,看着裴楷的容貌,听着裴楷的声音,好像在欣赏专门的文艺演出。

从裴楷的故事中我们可以看到:一个人在与人交谈时,口齿清晰、吐字清楚、谈吐得当,会使听者如沐春风,倍感亲切。所以,对于我们今天的人来说,在与人交谈、或交代他人事情时,最好也是遵循一些言语的礼仪,改掉一些坏的习惯。

【原文】

彼说长,此说短①。不关己,莫②闲管③。

【注释】

①彼说长,此说短:指说人是非。彼,那个。此,这个。长,长处、优点。短,短处、缺点。②莫:不要。③闲管:管闲事。

【译文】

遇到别人谈论是非好坏时，自己不要介入其中，不受他们的影响，不要多管闲事。

【解读】

这句话是要根据不同的情境来领会的，这里所说不要多管的，是指那些平素生活中的琐碎的家长里短、是是非非，这中间很少有真是非，所以前人做家诫家训，有“各人自扫门前雪，莫管他人瓦上霜”的说法，这都是经验之语。人和人群居而处，矛盾龃龉是不可避免的，在和平的生活环境中，这些矛盾又主要是小矛盾，甚至完全是出于情绪化的意气之争。这些矛盾冲突首先是要求当事人自己设法消解，进而由具调解职能的相关人员加以调解，实在不行再诉诸司法部门，即便如此，长久以来也有“清官难断家务事”的感慨。正因为有着这样的现实，古人才用经验说话，告诉子弟不要轻易去闲说他人的短长，因为那些事本来就是不干大是大非的，而是各执一词的，作为无关的旁人去插手其中，最终往往是花了不少精力却并不能解决问题，还得罪其中一方，何苦呢？即便是落在自己身上的，有识之士也多主张以退让、化解为主。在过去农村里，最常见的便是造房占地的纠葛。清朝的宰相张英就碰到过一次，他老家造房子时和邻居为了三尺地皮闹了个不可开交，结果家里人写信到京城，想让他这个宰相出面平息此事。张英接到信，看了直摇头，略加思索，回了一首打油诗：“千里修书只为墙，让他三尺又何妨。万里长城今犹在，不见当年秦始皇。”家里人收了信，静心细想，也觉得的确是小题大做了，便放弃了与邻居争执的那三尺地。邻居看到张相爷家主动放下架子不争了，便也反思自己太过冲动，就把自家的院子也缩进了三尺以示歉意。就这样，在张英的老家桐城，至今还有着一条“六尺巷”，还流传着这样一个故事展示着这个乡贤平和淡静的处世哲学。类似的故事在很多名人身上都发生过，但这只是说那些生活中无可无不可的小事，如果是在政治立场、国家利益或道德指标上有鲜明对立的选择，那是绝对要挺身而出维护正义的，绝不能以事不关己的消极态度加以回避。

在现代的城市生活中，大人孩子的活动范围都比农村环境缩减了很多，常常是邻里之间都十分陌生，彼此没有多少了解，自然也无从说什么短长，唯有漏水了、着火了、装修了之类，互相有所骚扰、破坏，这才会引发一些矛盾冲突，一般也都能有效协商，或由相关部门协调解决。所以，孩子们要用这一条，大致又都是在学校生活当中。同学中的交往，常常也是由大量的愉快和不快组合起来的，纯粹鲜明的是非对立自有校方出面调停，孩子们只能去参与那些谁跟谁好、谁跟谁不好的琐事，无论家长还是老师，无法用古训去真正约束他们“莫管闲事”，因为这些本来就是他们学校生活中的一个组成部分，对周围的同学，他们总要表达看法，哪怕沉默也是一种表达，在一个特定的人群中生活,必定会有一个态度。学校这个环境相对来说没有外面的世界那么复杂和险恶,孩子们在其中只是演练日后的生存技能,他们说错的、做错的也会受到惩罚,但这个惩罚远较成年人在社会上犯同类错误所得到的要轻。这样看来,不要轻议他人的短长,这个道理不妨告诉孩子,但未必要去严格禁止,这就犹如告诉他走路小心,但不必紧紧看住决不让他摔一跤。摔了,自己爬起来,他便有了经验的所得,比大人口头上叮嘱的要管用得多。

【原文】

见人善①,即思②齐③。纵④去⑤远,以⑥渐跻⑦。见人恶⑧,即内省⑨。有则改⑩,无加⑪警⑫。

【注释】

①善:好。好人或好事曰善,此处作优点长处解。②思:希望。③齐:一样。④纵:即使。⑤去:相差。⑥以:使、令。⑦跻:赶上,与领先者平齐。⑧恶:坏。善的相反,泛指不善不良的事或人,此处作过失解。⑨省:此处读作"醒",就是检查自己的思想行为。⑩改:改善。⑪加:加倍。⑫警:警惕。

【译文】

看到别人的优点,应该向别人学习,这样才能提升自己。即使和别人有相当大的差距,我们也要坚持努力,争取逐渐赶上别人。看见别人有不对的地方,首先要反省自己,看自己是不是也有这样的过失。如果有,就要马上改正,如果没有,也要引以为戒,提醒自己不要犯类似的错误。

【解读】

古人云:"尺有所短,寸有所长。""金无足赤,人无完人。"我们在看待事物或与他人相处,如果都能多看别人的长处,少揭他人的短处,这样不但和自己相处的人愉悦欢喜,而且最大的受益者就是自己。因为每个人在某个方面肯定都会有比我们做得好、做得出色的地方,如果我们能带着谦卑的心去寻找他人的闪光点,那么即使和有很多缺点的人相处,也能从他人身上受益。就是所谓的"见贤思齐焉,见不贤而内省也"。与此相反,如果我们带着傲慢的心,仗恃自己有那么一点学识,用评判和挑衅的眼光来看待周遭的人与物,那么即使是圣贤的教诲,我们也能找到一些"疏漏"和"失误",最终也无法受益,站在原地踏步不前。

人生百态犹如一面镜子,见人缺点易,不责人缺点难。人的优点与缺点在镜中会表露无遗,无处遁形,但智者可以借之反思警戒,而愚者却入中看戏而沉迷不悟!重要的是自己有无反省的功夫。假使一个人能够处处做到自己的本分,他就不会把时间浪费在指责别人的过失上。如果把别人的缺点、过失放在心上,则会无心看到他人的优点。

鲁国的孔子苦苦钻研"礼"的学问,但耗时耗力却一无所获,为此,他感到十分苦恼。当他听说老子经过多年苦心探索钻研,知识渊博,并著有《道德经》,已经求得天道的消息后,就决定拜访老子。

老子看见孔子,便热情地问道:"你来了,我听说,你现在已经成了北方的贤者,可不知你是否已经懂得了天道?"

孔子回答说:"还不曾弄懂天道。"

老子又问:"那么,你是如何去探求天道的呢?"

孔子回答说:"钻研'礼、仁义',以制度名数来寻求的。到如今已有整整五年的时间了,可是还没有得到。"

老子又问:"你又怎样继续去寻求呢?"

孔子回答说:"我是从阴阳的变化中来寻求,已有十二年了,可仍然没有得到。"

老子说:"是啊。阴阳之道是眼睛不可看到,耳朵不可听到,言语不可表达,是通常的智慧所不能把握的。因此,所谓得道,只能是体道,如果试图向认识有形、有声之物一样去认识道,用耳朵听,那是听不到的,用眼睛去看是看不到的,用言语去表达,也是没有合适的言辞能够表述清楚的。"

老子稍微停了一下,看了看孔子,又继续说:"寻求道,关键在于内心的感悟。心中没有感悟就不能保留住道,心中自悟到道,还需和外界的环境相印证。因此,可以说,得道之人是无为的,是简朴而满足的,是不以施舍者自居,也无所耗费的。自己正的人才能正人,如果自己内心不能正确领悟大道,心灵活动便不通畅。"

临别时,老子对孔子说:"富贵的人用钱财送人,有学问的人用言辞送人,我不算有学问的人,但还是送给你几句话吧。"老子停了一会儿又说:"孔丘啊,你要恢复的周礼已失去生命力了。你时来运转时就驾着车去做官,生不逢时时就像蓬草一般地随风旋转。要知道善于经商的人总是将货物藏起来,好像什么也没有;有高尚道德的人容貌谦虚得像个笨人。抛弃你的娇气和过高的欲望吧!这些东西对你没有什么好处。"

老子的一席话,对孔子触动很大,他对自己的学生说:"鸟,我知道它们善飞;鱼,我知道它们善游;兽,我知道它们善于奔走。对于鸟,可以用箭射它;对于鱼,可以用网捕捉;对于兽,可以用陷阱擒获。至于天上的龙,我不知道龙的形状,也不知道它是怎样乘着风飞上天的。我今天看见了老子,就像见到了龙一样啊!"

"孔子问礼"的典故,则表明伟大的圣人,在看见他人比自己优秀的一面时,会不远万里前去请教,而作为今天的凡夫俗子,更加应该去效仿古人,看见他人的优点,及时地加以学习,使之变为自己的优点;而在看到他人的缺点,也应该马上引以为鉴,反观其身,有之则改过,使其优点的口袋越来越鼓,缺点的口袋越来越瘪。

【原文】

惟[①]德学[②],惟才艺[③]。不如人[④],当[⑤]自励[⑥]。

【注释】

①惟：只有。②德学：品德、学问。③才艺：才能、技术。④不如人：不如别人。⑤当：应该。⑥自励：自我勉励。

【译文】

如果我们在品德、学问和技艺上不如别人，应该勉励自己，加强自己各方面的修养。

【解读】

《中庸》中讲："好学近乎智，力行近乎仁，知耻近乎勇。"一个人真能对德学才艺努力地学习，牢记于心，这才是近乎智慧；而后付诸实践当中，把孔夫子的"温、良、恭、俭、让"的品性体现出来，把"孝、悌、忠、信、礼、义、廉、耻"落实到日常生活当中，对父母、长辈行孝，对祖国尽忠，这才是近乎仁，所以真正的仁，不仅要有好的品德与学识，还要有力行！且在力行中能够察觉到自己的过失，这可谓是知耻，知耻后勇猛改过，这才是近乎勇，这样必定可以向着圣贤迈进，这就是孔老夫子所说的，人一生求学所追求的三件法宝：智、仁、勇。

中国有句成语为"德才兼备"。"德"在前，"才"在后。这也是说一个人有德比有才要重要。正如林散之先生所说："有德有才会爱才，无德有才会嫉才，有德无才会用才，无德又无才会毁才。"所以一个人最起码必须要有德才可以，因为有德行的人，懂得包容，会欣赏他人的才华。而无德却有才华，那必然会嫉妒他人的才华；假如连才都没有，那必定就会毁才。

正如春秋战国时期的李斯，他就是一个有才无德之人，所以当他看到有才华的人心中就会充满妒忌，当时他的师弟韩非子就是一个有德有才之人，却被李斯陷害致死。由于李斯的心胸狭窄，建议秦始皇焚书坑儒，把历代很多圣贤的教诲都统统烧掉了，还陷害了许多读书人。犯下了难以磨灭的罪孽。导致最后李斯也没有什么好的收场，他和他的孩子都受到了腰斩东市的酷刑。这就是所谓的无德有才会嫉才的后果。

由上可见，"德"的重要性。"德"才是一个人一生事业的根基，是万福的根基，根基打不稳很危险。正如建房，根基不稳，建起来的房，经各种自然因素的影响必定会塌陷，这样的情况、实例多得不胜枚举。所以一个人的罪孽都是盛时所造，等到他飞黄腾达，没有德行就会干出很多错误的事情。

因此，人最可宝贵的资产是高尚的品德。

【原文】

若[1]衣服，若饮食[2]。不如[3]人，勿[4]生[5]戚[6]。

【注释】

①若：如果。②饮食：可吃、可喝的食物。③如：比较。④勿：不要。⑤生：感到。

⑥戚:忧伤。

【译文】

如果我们的衣服不如别人的漂亮,饮食不如别人的精美,不必为此而忧愁难过,太注重物质享受并不好。

【解读】

《论语》中讲道:“士志于道,而耻恶衣恶食者,未足与议也。”真正的有志于道的人,他们的快乐不是在追求外在的衣食住行上,而是在从圣贤的书中汲取到知识的快乐之力,落实圣贤的道理在自己的生活中。那种“学而时习之,不亦说乎”的快乐,是追求身外之物的人所不能体会到的。

假使我们看重的是物质的享受,那么我们过惯了奢华的生活,一时满足不了自己的欲望,就会不择手段地去追求,最后走入歧途。所谓“欲是深渊、欲不可纵”。假使任由自己的欲望无限地膨胀、扩大下去,这种外在的魔障,会阻碍我们的本性本善的开启,就会带给我们很大的痛苦,使人堕落于物质的迷宫中,迷失了自我。当想回头时已是相当的困难。因为“由俭入奢易,由奢入俭难”。所以,对于物质上的享受,我们应该结合自身的情况而定,绝对不要去追求、去享受。我们要常常提醒自己回归本性,那么自然而然对于衣物、饮食之类的物质欲望就会降低,只追求品德的自身修养。正如富贵不是可以夸耀的资本,贫寒也不是耻辱,人活着关键在于他的德行和学识。

唐朝的大诗人白居易,曾写了这样的话:“勿慕富与贵,勿忧贫与贱;自问道何如,贵贱安足云?”这与“君子谋道不谋食,君子忧道不忧贫”是一样的道理,都是教人以讲德修道为人生第一要务,没必要为了衣物、饮食这些身为之物去劳心伤神。俗话说:“山珍海味,不过日食三餐;华屋广厦,不过寝时数尺。”这也只是过眼云烟,没有必要汲汲营营去追寻。何况只是为了口腹的满足而去恣杀牲禽,这也是古贤们所不赞同的。正如孔子说自己的弟子颜回:“居陋巷,一箪食、一瓢饮,人不堪其忧,回也不改其乐。”颜回正是不惧贫瘠,只重得道的典范。

相较于现在,社会到处宣扬浮夸的习气,崇尚物质的享受。再说,物质的欲望是没有止境的,人唯有降低自己的欲望,他的生活才会更为舒适、更为快乐。真正的快乐绝不是建立在物质生活上的,而是内心的平静。

【原文】

闻过怒[①],闻誉[②]喜。损友[③]来,益友[④]却[⑤]。闻誉恐[⑥],闻过欣[⑦]。直谅士[⑧],渐[⑨]相亲[⑩]。

【注释】

①闻过怒:听到别人批评自己的过错就很生气。闻,听到。过,错误。怒,生气。②誉:称赞。③损友:对自己有害的朋友。④益友:对自己有帮助的朋友。⑤却:退却。

⑥恐:不安。⑦欣:高兴。⑧直谅士:正直诚实的人。直,正直。谅,诚实守信。士,对人的美称。⑨渐:慢慢。⑩相亲:彼此亲近。

【译文】

听到别人说自己不对的地方就生气,听到别人赞美自己就高兴,坏朋友就会渐渐接近你,好的朋友却会慢慢疏远你。当听到有人赞美我们时,心里应该有恐惧的感觉,因为赞美可能会导致傲慢。听到别人指责我们的缺点,这时候应该高兴,因为这样有助于我们改正错误。这样,良师益友就会和我们接近。

【解读】

古人把朋友定义为五伦之一,是最基本的人际关系之一,只要不是过分另类的人,总会有朋友,而且不止一个两个。站在自己的角度,朋友是可以按"价值"来分档次的:唯利是图的小人会按照利用价值来区分朋友,正人君子则会看是否有助于自己提高道德修养。损友、益友是《论语》提出的一组概念,意思就是说那些只会顺着你、哄你开心的朋友都是没有好处的,因为人都不是完美的,纠正、警醒常常是很必要的。这一点,在身份地位重要的人物身上体现得尤为突出,因为他们肩负的责任和使命万众瞩目,所以他们的朋友是否得力也显得一目了然。

东汉三国时期的曹操和袁绍是当时两个举足轻重的首领,对他们来说,和属下既像君臣关系,又像朋友关系,他们自己的处世方式和价值取向决定了将收获什么样的朋友。在实力上,本来袁绍是占有绝对优势的,但袁绍这个人最要命的缺点之一就是太要面子,外表看上去很宽容,实际上心眼很小,老是喜欢听别人的好话,批评和意见不仅听不进去,还嫉恨对他进行指责的人。在和曹操势力的对抗中,导致他最后一蹶不振的是官渡之战,这场战役表面上看是曹操用奇兵烧了他的粮草,而仔细辨析其前因后果,袁绍一再疏远沮授、田丰、许攸等为他客观分析、献言献策的谋士则是最根本的原因。相反,曹操却能认真分析自己的谋士的建言,无论是更改自己的决定、找回勇气还是克制冲动,凡是有道理的都诚心采纳并付诸实践,绝无半点不愉快的表现。正是这样的风范,最终敌方阵营的许攸都投到曹营,成为转变双方力量对比的重要因素。尽管许攸算不上直谅之士,曹操对许攸的接纳也有着浓重的利用色彩,但如何使有能力准确指出自己的缺点的人成为朋友,又如何使自己身边的朋友愿意坦诚相对,官渡之战的故事实在是最精彩的教材之一。

在称赞和批评之间,现代的教育多少有些迷失与困惑。美国心理学家提出了一种罗森塔尔现象,大意是说心理学家做了个实验,随机抽取了一个班级学生中的某几个人,并使之相信他们已经过专家的鉴定,很有可能是特殊的天才。一段时间之后,班级的教学还是和平常一样进行,但这些学生的成绩却脱颖而出。事实上,这不过是一个心理暗示的小把戏,可是教育界却将其奉为圭臬,几乎所有的教育理论教科书都必定要对此大加渲染,以期告诉所有的教师:对孩子一定要称赞鼓励。然而,学生如果始终在称赞声中成长，一旦闻过，焉能不怒？老师们到底是学生的损友还是益友？如果仅仅把教育看成是一种无关痛痒的行政事务，不分青红皂白地夸学生或许真是一种不错的选择——起码可以最大限度地消弭与学生的矛盾、与家长的矛盾，彼此太平，何乐不为？可是，我们真的能如此认定教育的性质吗？这里隐藏着的，不是一个小问题，"闻誉恐，闻过欣"已经离人们太远了，以至于不少人会不假思索地质疑，这样的古董式教条还用得着吗？日前，教育部发文规定，中小学班主任有权批评学生。这个略带黑色幽默的举措一时惹了不少议论，看看前人的训蒙著作，实在是不得不认真反思一下，是不是已经到了我们自己都必须学着闻过则喜的时候了。

【原文】

无心[1]非[2]，名[3]为错。有心[4]非，名为恶[5]。

【注释】

①无心：不是故意的。②非：过失。③名：称。④有心：故意的。⑤恶：罪恶。

【译文】

无意之中犯了错，这并非是出于有心，这称为过错。故意做坏事，这是有心的，就是罪恶了。

【解读】

在古代汉语中，"错"跟"对"本不是我们今天熟悉的那一对反义词，表示"错误"的有很多其他的词汇，比如讹、谬、舛、误等等，直到很晚人们才渐渐用这个字来表示"错误"。有个成语叫"铸成大错"，出自晚唐五代时候一个军阀罗绍威的口中，他因为担心自己的卫队造反，便邀请他的亲家朱温帮忙，结果朱温不仅消灭了他的卫队主力，还占了他的地盘。罗绍威后悔无比，说："合六州四十三县铁，不能为此错也！"这个"错"字是双关语，字面是锉刀的意思，所以要用铁打造；另一面意思则是错误。再后来，陆游的《钗头凤》也有"一怀愁绪，几年离索，错错错"的句子。这些用例都说明"错"是违背本意的或无可奈何的，跟坏人做的坏事还是有区别的。《弟子规》当然不会在这里突然想起来辨析词义了，这里要说的是：错，可以原谅，但也很容易变为恶。

《聊斋》的第一篇题为《考城隍》，城隍就是城隍庙里那个神，在传说中他是护城的，相当于人间的县太爷。有个人做梦去考城隍——天上人间差不多，做人间的县官要参加科举考试，做神灵的城隍也一样，而且主考官里居然还有一个是关羽。这个人拿到题目之后做得倒是很顺手，其中有一句他这么写："有心为善，虽善不赏。无心为恶，虽恶不罚。"主考的老爷们对这一句赞赏有加。后来这个人通过了考试却没去做城隍，但他的这个故事却被蒲松龄放在了《聊斋》的开头，或许只是一个巧合，或许因为整部《聊斋》寄托了太多蒲松龄的孤愤悲欢和对世事的深刻思索，最终他把带着这样两句话的一个小故事放在了开始。错和恶，就这样一字之差，定性是大不相同，谁都不愿意说自己是恶，但要真正不做恶人恶事又谈何容易。白居易信佛，据说他曾经参拜一位高僧，向他求教佛法的大意，高僧告诉他："诸恶莫做，众善奉行。"白居易想了想，摇摇头道："这八个字，三岁小孩也会说，八十老汉却未必做得到。"为什么？因为人都会有错，错是做事之前所无力辨别的，只有结果来了才知道。但恶和错又是紧挨着的，并非只有处心积虑的谋杀陷害才叫恶，对自己的错稍一不在意，那就是放任自己的错，和恶也是没有什么区别的。

"我不是故意的。"这是很多人做了坏事遭到批评之后的第一句话，也是很多人忏悔时说的一句话；前者多少有点理直气壮，后者则更多的是无可奈何；前者似乎在说"我不是坏人"，后者似乎在说"我错了"。于是"无心非，名为错，有心非，名为恶"这样十二个字就同时具有了两种不同的教化功能，因事制宜正确使用，就能收到最好的效果。首先，姑且假定人性本善的定理是成立的，我们面对的是不愿为恶的孩子。在同一件事上，同样的"我不是故意的"表达的背后，其实有着不同的潜台词，到底孩子的心理处在一种什么样的状态，这就得由老师和家长用心去体会，并没有什么现成的公式可套。要是一定要找一些根据，那只能是长期接触中看孩子是否屡犯同样的错误而又屡用同样的应答，进而明确地告诉他，已有过类似的错误而不加注意，再次"无心"重犯，那么，这次所犯的错误或许还能称为"无心"，而对此类错误的忽略就已经是"有心"的了，有心即恶。在处世规范的教育中，"恶"已经是最高级别的警告了，再发展下去，那就只能用惩罚手段加以应对。这一点，大人孩子都应该很清楚，这一条的重要性也就不言而喻了。

【原文】

过①能改，归②于无③。倘④掩饰⑤，增⑥一辜⑦。

【注释】

①过：过错。②归：返回。③无：没有。④倘：如果。⑤掩饰：隐藏。⑥增：增加。⑦辜：罪过。

【译文】

犯了错能够改正，就不会有过失了，如果去刻意掩饰错误，不让别人知道自己犯了错，那反而是错上加错。

【解读】

战国时候，燕王哙受人怂恿，要学习尧舜，把王位让给宰相子之，结果国内大乱。这时正需要主持正义的国家用武力平定混乱，让燕国百姓重新过上安定的生活。这种期况下，孟子说过一些话，认为燕国可以讨伐。后来，齐国真的去讨伐燕国了，但是齐国的讨伐很快变了味儿，燕国人觉得他们不是来主持正义的，而是一帮烧杀抢掠的强盗，所以起来反抗。齐王很惭愧，觉得没有很好地实行孟子的理念，导致了这样的局面。他的手下宽慰他,并自告奋勇去跟孟子辩理。说周公执政的时候尚且有管叔、蔡叔的叛乱,现在燕国叛乱根本不足影响齐王的英名。孟子对这种不伦不类的强辩很生气,便绵里藏针地说:“古代的君子有错就改,他错了,大家都能看到;改了,大家照样尊重他。现在的君子,错了之后将错就错,而且还要找种种理由来掩盖错误。”

唐玄宗时候有个宰相叫韩休,常常直接指出皇帝的缺点错误。唐玄宗闲暇时候打猎或饮宴,一旦觉得有什么地方过于张扬或不合时宜,也会大为担心地问左右:“韩休知道这件事不?”往往这话问完没多久,韩休的批评奏章就送上来了。为此,唐玄宗常常闷闷不乐——谁愿意老是挨批评呢?身边的近臣就对他说:“自从韩休进朝,陛下没有一天开心的,总是愁眉苦脸,日渐消瘦,既然如此,何不把他撵走呢?”玄宗说:“我瘦了,天下就肥了。另一个宰相萧嵩议事总是顺着我的意思,我回去后仔细想想,往往于心不安。韩休讲论治国的道理从来都是直来直去,根本不给我面子,但事后细想,他往往是对的。所以,我用韩休,不是为了我自己,是为了天下啊!”唐玄宗是个明白皇帝,他深知自己的职责就是治理天下,把自己的错误掩藏起来,跟着倒霉的当然是天下的百姓,那岂不是罪莫大焉!从情感上说,接受批评、改正错误是痛苦的,但从人的修养和事业上说却是必需的,只有如此才能不断完善自我,进而使事业走向新的高度。

唐玄宗

这一节和上一节的关系很紧密,前面说的“我不是故意的”其实也是一种很常见的掩饰错误的方法。然而,在教育实践中,接受批评、改正错误往往是第二义的事,前提应该是认识错误。在现实中,犯了错的孩子争辩也好,掩饰也好,其根本原因往往是对自己的错误缺乏深刻的认识,或者根本不认为自己所作所为是错误的。这样,就必须要有统一的是非观才能谈得上“改过”。平心而论,世间事大多处于是非的边缘,成年人尚且常常碰上公说公有理婆说婆有理的两难之事,孩子无非是学校家庭两个活动空间,哪里能有什么关系到国家民族、伦理道德的大事?所以,在现实中,我们对孩子“能改过”的要求事实上变成了一种态度上的要求,只要孩子肯认错就给予鼓励,下次不再找类似的麻烦那就更要鼓励,这哪里是传统意义上的知过必改?完全是教师降低学生管理成本的技巧,类似于以前公安机关主张的“坦白从宽、抗拒从严”。处在这样的管理手段的诱惑之下,学生倒是很容易学会生存,没有学到改过的真谛,反而会用假改过来达到真掩饰的目的,对教育者来说,这真是一件南辕北辙的事。而像《弟子规》这样有很强可操作性的规范，本来正是最好的界定是非对错的条款，日常起居、同学相处，做法上有哪些要求，不能做到的就是过错，下次遇到要改正，清清楚楚，明明白白，可惜这些却常常被忽略，以至于让孩子学习“改过”变成一件很费力、很混乱的事情。

六　爱众

【原文】

凡是人，皆须爱。天同覆①，地同载②。

【注释】

①覆：遮盖。②载：承受。

【译文】

人与人应该互相关心，和睦相处，就像天和地承载一切一样。人应该有广阔的胸怀，不应该有私心，而应该关爱他人。

【解读】

泛爱众，用今天的话说，就是有同情心、爱心。孟子说：“禹思天下有溺者，由己溺之也；稷思天下有饥者，由己饥之也。”大禹是以治水闻名的，因为他一想到洪水泛滥，有人溺水而死，就好像自己被水溺了一般痛苦，所以全心扑在治水的事业上。后稷是周朝的祖先，是农耕的始祖，他看到有人受饿就如同自己受饿一般，所以他致力于研究、推广农耕，让天下人都能吃上饭。这是对天下众生的大爱，是儒家的悲悯情怀，也是历来受人推崇的处世胸襟。后来的思想家又在此基础上进一步发挥，把这种大公无私的爱心拓展到世间万物上——不仅爱人，而且爱物。北宋的横渠先生张载在他的《西铭》中说：“民，吾同胞；物，吾与也。”意思是说，民众是我的同胞，万物是我的同类，后来被压缩成一个成语，民胞物与。这又是一层更高的境界。我们现在看“凡是人，皆须爱”这话，很容易想到：一个“爱”字有不同的用法，既可以表示去爱别人，也可以表示爱别的事物，人如果没有爱心，将是极易枯萎的生命。同时，“爱”又可以表示被爱，那是每个人至关重要的精神给养。人为什么需要爱，这是一个无法也无需用逻辑去证明的问题，每个人本能地都能感受到爱的力量，唯有心中充满了无私大爱的人，才真正为所有的人所钦佩，这就是仁者无敌。

大禹和后稷这样远古传闻中的首领如此，后来起于草莽的英雄豪杰也是如此，宋太祖赵匡胤身处五代乱世，在北方靠军事政变夺取政权，进而统一天下。在这样充斥着血雨腥风的事业中，他却始终保有着天性中的挚爱，大军平定江南的时候，赵匡胤再三告诫前军主帅曹彬和潘美：江南没有什么罪过，只是我要统一天下，不得不加以讨伐，所以你们一定不要乱杀人。后来，战事胶着，城池久攻不下，潘美请示：攻城不利，不杀人立威无以振作士气。赵匡胤批复道：“朕宁可不得江南，也不许你们胡乱杀人！”

那时候送信效率很低,等这个批复送到军前的时候,战争已经胜利,城池已经拿下。后来人们一算日子,赵匡胤写这个批复的时候,正是城池被攻破的时候,或许,这就是冥冥之中上苍对仁爱之人的报偿吧。宋朝有这样一个太祖,整个宋朝也因此而显得富于仁爱精神,据说是赵匡胤立下的规矩,决不杀士大夫和上书进谏的人,所以后人听杨家将或岳飞之类的故事往往特别着急,怎么潘仁美、张邦昌和秦桧这样的大奸臣就是死不了呢？皇帝真是昏庸！——其实这不是简单的昏庸,宋朝的立国精神本来如此,张邦昌后来因叛国被杀,是整个宋朝唯一被杀的文臣。宋朝的皇帝中有一个以“仁宗”为庙号的(明朝也有一个,不过只做了十个月皇帝,实在看不出太多的“仁”),在过去的宗法制度下,得到这样的庙号是必定有相应的表现才行的。宋仁宗的故事后面还会说到,这里暂且不提。

爱的教育是一桩非常微妙的事情,落实到每个老师、每个家庭都有说不尽的故事,似乎很难有什么统一的条例。爱是一种伟大的精神,爱是必须存于心中的。在相对富足的现代社会中,人们对爱保持着更多的警惕,成年人似乎都懂得要教孩子富有爱心,但是,爱心和安全相比又似乎显得微不足道。如果孩子在街上愿意给乞丐一些零钱,大人往往会怀疑乞丐的真实性;如果孩子愿意帮助健康出了问题的路人,大人首先会想到会不会被对方拖进麻烦的官司。社会是复杂的,人心是不安的,过于丰富的信息总在告诉人们大量极端可怕的事实的存在,你胆敢有爱心吗？你胆敢教你的孩子有爱心吗？那么,躲避复杂的社会现实,缩进自己的家,养个宠物让孩子有点爱心吧。可是,还是有卫生的、健康的担忧,最终,这样的构想多半也是无疾而终。问题恐怕还是出在成年人身上,为人父母、为人老师的,自己心中有多少爱？这爱又是“公爱”还是“私爱”？古今中外所有的爱都有“风险”,米里哀主教的爱会让他为一个逃犯付出价值不菲的银烛台,佛陀的爱会让他为了一只老虎和一只鸽子付出可贵的生命。尽管这些都是宗教色彩浓厚的故事,但尽可以拿来作为反思:我们究竟有没有为爱做好心理准备？

【原文】

行高[①]者,名[②]自高。人所重[③],非貌高[④]。

【注释】

①行高:品德高尚。行,德行。②名:名声。③重:敬重。④貌高:外表比别人好。貌,外表。

【译文】

品德高尚的人,自然会受到别人的推崇和尊重,他的名声也会远扬。人们敬重一个人,并非是因为他的外貌,而在于他的内心修养。

【解读】

一个人为什么受到他人的尊敬？这就是因为他的品德足以服众,人们在看到他的言行举止之后,不由自主地从内心敬仰、尊敬他。这样一个人的品德之风,被人们口耳相传,经过时间的流逝,历史的评断,令人怀念的还是那些品德高尚,替人着想的人。如孔子及其弟子们,虽然一生颠沛流离,可是一直追求品格的完美,为利益天下苍生而周游列国,整理圣贤学问传之后世,至今仍被世人奉为万世师表。

孔子曾说,"君子之德风,小人之德草,草上之风,必偃。"这里的"君子"与"小人"分别是指品德高尚之人与平民百姓。可谓是品德高尚者的道德好比风,平民百姓的言行好像草,风吹在草上,草一定顺着风的方向倒。所有这些平民老百姓都会受到教化,都会跟着学习、跟着效法。因此当然最重要的,这有德行的人一定要有真实的道德学问。

古往今来,圣明的君主,或是侠气仁义的英雄豪杰等,在他们的生活中时时充满着仁爱、谦恭的一面。仁爱、谦恭,便是得人心的根基;圣贤的书籍,其实都只是教我们如何得人心、善用人心罢了!君主的功业,英雄豪杰的成功,也是因德行的高洁,获得人心所致;反之,失败,亡国,也是因为失去了人心,失去了人们的信任。人心所看重和敬畏的非夸大的言辞,堂皇的外表,或厚重的权势,而是真实的德行。

一个人只要有好的修养,好的涵养,好的品德,他的声誉、威望自然就会得到提高,自然就会得到众人不加外力的发自内心的敬仰,可是这种敬仰之情不是你的权势所能左右的。因权势所能左右的只是一个人的外在的虚假的情感,而不能左右内在的真挚情感的流露。再者,就是一个人能够得到众人的敬重,也并不在他的外表容貌上是否长得出众。因外貌只是可以麻痹人的感官,却影响不了人的内心。就好比颜回赞叹其老师孔子"仰之弥高,钻之弥坚"。孔子的品德、修养都是很高,在弟子眼中,都会不由生起敬畏之情。因此,一个人要想得到他人的敬重,就必须要有好的品德,他人就会从内心敬畏你,以德服众,非以权服众,非以貌服众。

俗话说:"人不可貌相,海水不可斗量。"孔子的众多弟子中,宰予的口才可谓一流,能说会道,利口善辩。他开始给孔子的印象很不错,但后来本性渐渐流露,太过恣才任性,太过自大,既无仁德又十分懒惰,大白天不读书听讲,只知躺在床上睡觉。为此,孔子骂宰予"朽木不可雕"。孔子的另一个弟子澹台灭明(字子羽)则是相貌丑恶,初见孔子时,孔子认为他资质低下,不会成才。但子羽从师学习后,致力于修身实践,处事光明正大,不走邪路,后来孔子慢慢发现子羽是个谨守法度,行不由径的侠义君子。

因此孔子才感叹说:"俚语云:'相马以舆,相士以居。'弗可废矣!以容取人,则失之子羽;以辞取人,则失之宰予。"这句话的意思是说,不要废弃了俚语的教训。观察马的优劣,要看它的驾车技能;考察一个人的贤愚,要看他平时的言行举止。假若以容貌取人,则会在子羽那样的人那儿出错;若以言辞取人,则会在宰予那样的人那儿出错。

所以看人不能从他外在的言行,武断地给予第一印象。事实上,像宰予这样聪明有才华,却又志大行疏的,或者像子羽这样其貌不扬,却沉潜有才的人,在我们生活的周围也是很多的，只不过我们很容易犯以貌取人，以言辞取人的毛病，而错失了人才或高估了人才。

正如中庸之道所说：如果我们貌不惊人，长相平庸，就应该加强自身的内在修养，提高自己的品行。这样在和平年代则可以大行于国家民族，在战争年代也可以自保于乡野。如果我们有幸生得一表人才，玉树临风，更加应当充实自己，不要中看不中用，只是一个绣花枕头，或者一味地逞口舌之快，招惹不必要的祸端。

【原文】

才大者①，望②自大。人所服③，非言大④。

【注释】

①才大者：才华很好的人。②望：名气。③服：佩服。④言大：说大话。

【译文】

才学大的人，声望也会提升。人们都服从他，是因为他有真实才学和高尚品德，而不是因为他善于说话。

【解读】

“才”也是指有真才实学，而不是表面的、虚假的、不实的学问。并且这个学是要建立在德的基础之上。这样有德有才之人，在日常的待人处世中，他的学识会让人觉悟、让人受益匪浅，那时人们自然会敬重、佩服他。

这里也是在告诫我们：人要好学，做一个有德有才之人，切莫做有德无才，或是有才无德之人。这样不仅有损你自己的形象与声誉，还会危害社会。所以，真正的人才标准是“德才兼备”。且必须是德前才后。要想做一个有才有德之人，并不是说说那么容易。而要秉着“若要功夫深，铁杵磨成绣花针”的决心才可以作为才德兼备之人。也不是天上掉馅饼或是守株待兔的事情。绝对是有恒心才能成功，人所欣赏的也是广博的才学，高洁的德行，不是自我吹嘘的本领。

正如“伯乐相马”的故事：伯乐是我国古代著名的相马师。有一天，伯乐听说北方来了一匹好马，就急忙赶到马市。买马的人看见伯乐，立马热情地迎上去说，这里有一匹好马，你看它身材壮硕，毛发油亮，叫声洪亮动听。伯乐却说，那可不一定。指着不远处一匹埋头吃草的瘦骨嶙峋的马说：“这才是一匹好马！”买马人不信。认为伯乐是在开玩笑。可伯乐接着说：“相马与相人一样，真正的千里马，是胸有成竹，气势非凡，是不会自吹自擂、嘶叫不休的！”于是伯乐让两匹马赛跑，果不其然，瘦马果然日行千里。

这则故事告诉我们：没有真才实学的人，即使外表如何的华丽，言语如何的自我吹嘘，都不能受到别人的尊重。

相较于现在，很多人自认为自己很有才学，就喜欢在他人面前吹嘘，称赞自己取得过什么什么的成就,实不知人们是十分反感这种自以为是的、虚伪的人,有德有才之人才是他人所敬仰之人,也是众望所归。

【原文】

己有能,勿自私①。人有能,勿轻訾②。

【注释】

①自私:只管自己的利益,不为别人着想。②轻訾:随意批评别人。轻,随便、轻易。訾,批评、毁谤。

【译文】

我们自己有才能,不该自私自利,要多帮助别人。他人有才能,我们不该轻视贬低,而要赞美他人。

【解读】

人和人总有个能力大小的比较,自己有能力,不要只考虑自己的私利而掖着藏着;别人有能力,不要轻易加以诋毁。

这个"能"有不同层面的理解:政治的、军事的、外交的才能当然是"能",各种手艺、技能也是"能",这是就大的方面来说,人们容易想到。另外,碰上灾荒,家里有点存粮那也是"能";发了大水,正巧爬上一个高坡或抓住一根木头也算是"能",但这是临时的、偶然的,人们常常不认为这算是"能"。之所以要特别辨析这个"能",是因为这里讲的是"泛爱众"的道理。爱是抽象的情感,当它外化的时候,通常总是显现为利益的赐予,不管什么样的"能"都是赐予别人利益的基础,没有这个基础也无法显示出爱心。当然,有些"能"特别适合用来显示爱心,古人有一种说法,叫作"不为良相,便为良医",意思是说,宰相这个职业是最能体现大爱的,做好了可以给全国人民带来福祉。不过,要做宰相不是件容易的事,真有这个本事也未必有这个机会,那么,退一步做个好医生,可以为病人祛除疾病、带来健康,同样功德无量。然而,爱心是会受到影响的,尤其是受到私心的影响,私心一重,爱心便找不到了。己有能的时候会体现为不舍得给人利益,而人有能的时候则常体现为嫉妒心,也就是不甘心荣誉和美名归了别人,从而千方百计要去破坏。

姑且不说宰相这样的关乎名利太多的职位,就是退而为之的医生也难免心中不净。在古代,医生是一个受人尊敬的职业,但社会地位并不高,从来名医中也不出产圣人或巨富,而且,由于古代医术理论对个人道德、学识都有特定的要求,真正的名医通常也都是虚怀若谷、仁心济世。即便如此,清初的苏州两大名医叶天士和薛雪之间还有一个互相敌视的传闻,说他们同行相轻,互不买账,以至于薛雪将自己的书斋命名为"扫叶庄",叶天士则还以颜色,给自己的书斋起名"踏雪斋"。关于薛雪的史料保留下来的相对丰富一点,他确实有个扫叶庄,他的朋友沈德潜也为之写过一篇文章,其命名与叶天士毫无瓜葛。从两个人平时的处世风格来看,也不像是能闹到如此地步的,但这个传说能广行于世,至少说明在大多数人看来两个同城名医互相妒忌完全是合情合理、不足为奇的。也正因为如此,给孩子从小强化这样的信条是非常必要的:爱,不是为了回报,特别不是为了自身名利的回报。

在儿童的生活里,良相良医都是遥远的理想,然而正是关于理想的教育,或许正是成年人应该反思的大问题。或许很多家长、老师都问过孩子"你的理想是什么",扪心自问,成年人口中的这个"理想"是什么?多半是职业!所以,孩子如果能回答一个体面的、高收入的职业,大人们会很欢喜,反之会觉得沮丧。这样的反馈至少在两个方面误导了孩子:一是把"理想"这个词的内涵缩小了,并且庸俗化了;二是用名利意识把孩子可能有的源自天性的爱心和良知淹没了,使他们认为名利才是实在的、重要的,爱至多是获取名利的工具,是包装名利的饰品。成年人这样的做法,从某种意义上说也是爱孩子的过程中的"自私",以爱的名义让孩子追名逐利。看起来是常见而平和的事,其深层的负面影响却很值得担忧。

【原文】

勿谄[①]富[②],勿骄[③]贫[④]。勿厌故[⑤],勿喜新。

【注释】

①谄:用言语巴结、讨好别人。②富:富有。③骄:骄傲自大。④贫:贫穷。⑤故:以前的、旧的。

【译文】

对待有钱人,我们不应去巴结逢迎,对于穷人,我们不应表现得傲慢骄横,仗势欺人。不要喜新厌旧,老朋友要珍惜,不能一味贪恋新朋友。

【解读】

谚语有云:"锦上添花时常有,雪中送炭古来稀"。一些凡夫俗子们都会持有一种"喜新厌旧"的心态,不仅对于物品上,对人也是如此。讨好巴结,曲意奉承有钱有势之人,轻视、厌弃穷苦人。更有甚者,为了攀附权贵,趋炎附势,不惜把他人踩在脚下,往上攀爬。看见他人倒霉,不仅不帮忙,反而落井下石。这样说来令人心寒。殊不知人的境遇不可能总是一成不变,而是"十年河东,十年河西"。总是有所变化的。

在《朱子治家格言》里面有一句话说道:"见富贵而生谄容者,最可耻;见贫穷而作骄态者,贱莫甚。"自身贫穷,见到有钱有势的人就露出一副点头哈腰、奉承拍马的卑贱神态,这种向人讨好的人,是最可耻的;而富贵的人如果遇到贫穷的人,就露出一副不可一世,傲视对方的神情,这种人的人格就是最低贱的。

《论语·学而》中:"子贡曰:'贫而无谄,富而无骄,何如?'子曰:'可也。未若贫而乐,富而好礼者也。'"虽然贫穷也不谄媚,虽然富有也不骄傲,这样的人,在孔子看来,可以算是还行,只是应该更上一层楼,贫穷仍能乐道,富贵仍然好礼!可见古代圣贤们对于贫穷与富有没有偏颇的看法:贫穷时,没有怨天尤人,而是安贫乐道,可以乐得做君子;富贵时,没有骄奢淫逸,而是谦恭有礼,不会因有钱而一百八十度地转变对人的态度,也懂得接济一些穷苦的人。因此,我们不管身处富有还是贫穷时,都应该心安理得地去生活。

东汉时期,宋弘做司空的时候,正值光武帝刘秀的姐姐湖阳公主的丈夫刚刚去世,光武帝就和湖阳公主谈论朝里的臣子,试探她的意思。湖阳公主说:"宋公有很威严的容貌和很有道德的品行,在众位臣子里没有一个赶得上他的。"光武帝听了,就去对宋弘说:"俗语说,做了官,好把贫贱时候的朋友换过了;有了钱,好把穷苦时候的妻子换过了,人情上不都是这个样子吗?"宋弘说:"臣闻'贫贱之交不可忘,糟糠之妻不下堂'。"这就是说,凡是贫贱时候交的朋友,是不可以遗忘的,同过甘苦吃着糟糠的妻子,是不可以离异的。光武帝听后,很赞赏他,于是,就取消了给湖阳公主招宋弘为婿的打算,劝说湖阳公主放弃宋弘,另招他人。

宋弘的故事告诉我们,对朝夕相处的妻子念念不忘,而不去讨好巴结富有的人。而现在有些人,富有了,当官了,就不尊重夫妻间同患难的艰难岁月,喜新厌旧,同妻子离婚,这种做法,是很损自己阴德的,让自己的祖宗蒙羞,所以我们应该向宋弘学习,夫妻应该既能共苦,更能同甘,建立一个美满幸福和谐的家庭,夫妻相伴白头偕老,为后代子孙树立一个良好的榜样。

古往今来,假使人与人之间的交往是建立在金钱的关系上,这种所谓的情谊可谓是一击而破,十分的易碎。没有什么价值可言,还有就是一种"喜新厌旧"的心态,拥有了新的事物,就觉得旧的物品很是碍眼,也就是人们常说的"旧的不去,新的不来",这可谓是人的一种通病,但在一些英雄豪杰、至圣先师们身上却没有发生。这是为何?因为他们的身上永远都是把"忠孝仁义"作为自己的人生航标,绝不会贪图一时的满足,阿谀奉承有权势的人。他们把心中的品德看作是人生最大的财富,不是金钱这种外在的事物所能衡量的。永远保持着心中的浩然正气,不为权势、金钱所左右。像文天祥在金钱、权势面前还是信心坚定,丝毫没有动摇自己从容就义的决心,在临死前写下千古名句"人生自古谁无死,留取丹心照汗青"这种不为金钱、权势所诱惑,仍保持一种浩然正气,成为后世学习的榜样,影响着一代又一代人。

所以,这也是在告诫今人,我们生活在世界上,应当心胸坦荡荡,要有气节,要有志气,保持一种素富贵,素贫穷的心态。切勿贪图富贵,攀龙附凤,且懂得珍惜身边的人,不要喜新厌旧。假使你不懂得珍惜,你会轻视别人,同时别人也会瞧不起你。丢失了一份好的友情。这样如果哪一天你落寞了,别人一样的也会瞧不起你。所以人与人之间,我们应该要珍惜。富贵的时候,不忘要多施舍;贫贱的时候,不忘自己要好自为之,要努力自强不息,自然能改造环境,创造好机会。还要珍惜老朋友,毕竟相交多年,最熟悉你的人还是他们,而不是新朋友。

【原文】

人不闲①,勿事搅②。人不安③,勿话扰。

【注释】

①不闲:没空。闲,空闲。②搅:打扰。③不安:不高兴、不舒服。

【译文】

看到别人很忙的时候,不要前去打搅,给别人增添麻烦。当别人不安的时候,我们要避免和他讲话,以免妨碍他。

【解读】

人际的交往,除了语言之外还有很多传递信息的途径,即便是语言也并非都是其表面含义。因此,能否充分接受外来信息,并且由此而采取适当的做法,这是评判一个人处世能力的重要指标,也就是俗常说的乖巧、机灵、会做人,如果用《红楼梦》里那副对联说,就是“世事洞明皆学问,人情练达即文章”。不要去打扰别人,虽说只是被动的做法,但这被动之中也是有理可循的,即必须要站在别人的立场上想到不闲、不安,想到自己的所做所说会产生的影响。人因其身份地位不同,言行产生的影响也不同,普通人家的孩子最多是跟大人们纠缠啰唣,位高权重的要人则远不止于此。

宋仁宗一天早上起来跟身边的人说:“昨天半夜饿了,突然想吃羊肉。”手下说:“那怎么不让厨房去做呢?”仁宗道:“历来皇宫里提出什么要求,外面就会小题大做当成定例。我难得半夜想到这么一次羊肉,开口一提,只怕此后每夜都要杀羊以备不时之需。那样的话,还是我忍一夜的饿和馋吧。”宋仁宗能够称为“仁”,由此事可见端倪。在这个故事中,他身上体现出的不仅是防止滥杀羊的仁慈,更重要的是他深知自己作为皇帝的一个小小举动可能会对其他人造成多大的影响,这是真正难能可贵的。地位高的人往往颐指气使惯了,容易忽视其言行对他人产生的影响,而地位卑贱的人又多认为自己一个小人物,即便给别人带来麻烦也不会很严

宋仁宗

重,所以人能真正管好自己,不要给别人带来无谓的搅扰的,并不多见。

东汉时候有个读书人叫袁安,生活清贫,但品行高尚,有着很好的口碑。这一年洛阳遭遇罕见的大雪,清早,行政长官照例下来视察,慰问百姓。只见各家各户扫雪的扫雪,外出的外出,总算都有活动的迹象,唯独走到袁安家门前却是大雪封门。见此情形,长官吓了一跳,以为袁安出事了,连忙命人除雪进屋,却发现袁安并没有什么大问题,只是蜷缩在床上饥寒交迫。长官问他为什么不外出,袁安说:“我什么也没有,这么大雪,家家户户都有难处,出去求人,不是给人添乱吗?”长官被这个回答深深触动,后来向朝廷推荐袁安为孝廉——这是当时朝廷发现、培养人才的重要途径。后来袁安也不负所望,成为当时颇有政声的名臣。

在成年人眼里,儿童常常很“烦”,一群孩子更是如此,他们可以完全无视你的心情和处境,给你制造很多鸡毛蒜皮。这肯定是需要改变的,因为照这样生活在人群里会很麻烦,首先给别人带来麻烦,然后会遭到别人的反感进而受到别人本能的排斥,最终还是给自己带来麻烦。那么,在我们渐渐改变自己的孩子,使之不要那么“烦”的时候,我们的出发点是什么?恐怕很多人想的是自己要个清静。从教育来说,这样的目的没什么不对,因为这个问题教好了,自己肯定是首先受益的。但是,这样的目的还不够,当只有这样的目的时,孩子若是不来麻烦自己而去麻烦别人的时候就没什么动力去理会,有着很鲜明的自我中心的色彩。而孩子话多、事多得麻烦,其成因往往也是受到过多的关注,被宠出来的,也可以说是一种自我中心的表现。所以,《弟子规》的这一条在生活中常常不是被忽略、就是遭反对的,而我们在执行的时候理念上可能有偏差,看似在这方面对孩子也颇有要求,但往往就是效果不佳。甚至有的家长比较狷介,认为教孩子“察言观色”等于是让他们学会阿谀奉承、溜须拍马,是把他们变成不正直的人,所以他们想说什么、想做什么应该坦诚地表达。这样的想法更是荒诞之极,但生活中还真是有一定的市场。

【原文】

人有短①,切②莫③揭④。人有私⑤。切莫说。

【注释】

①短:缺点。②切:一定。③莫:不要。④揭:公开表露出来。⑤私:秘密。

【译文】

别人的缺陷和短处,不要去揭穿。别人有隐私,要替他保密,不要随意说出来。

【解读】

《太上感应篇》云:“不彰人短,不炫己长。遏恶扬善,推多取少。受辱不怨,受宠若惊。施恩不求报,与人不追悔。”也就是说世上没有完人,每个人的身上或多或少都是会有缺点的。发现他人的缺点过失,尽量要婉转地为他加以掩饰,或者在无人的情况下规劝他人改过。假使在很多人面前,揭发他人的短处不说,还到处宣扬,这不仅伤害他人的自尊心,也证明自己的无知和缺德,是用自己的短处来攻击别人的短处。

中国有句古训:“说人是非者,便是是非人。”其意也是在说在人背后说人是非,张扬他人隐私,实则无异于暗箭伤人,挑拨是非的可耻小人,是一种很损德行的事情。

古人言:“凡一事而关人终身,纵然确见实闻,不可搬上口边;凡一语而伤我厚道,虽然闲谈酒谑,应谨慎不要溜出口。”有时一件简单的事情会影响一个人的一生,即使是自己亲眼所见,也不要拿来到处张扬,并且在闲谈与醉酒之中,也要把好自己的口舌。切忌不可说人是非,招惹不必要的麻烦。

古往今来,人们最烦恼的事情莫过于自己的过失、隐私成为他人闲聊的话题,被流言蜚语所缠绕。过得寝食难安,时时提防他人,丧失了对人的信心。不过,大可不必要,只要自己行得正,坐得端,即使有一些小的过失,成为他人的谈资,也不要放在心上,随着时间的流逝,自然而然这种流言会消失的。何况,那些喜欢到处说人是非的人,往往也会自食恶果,进而遭到别人的排挤。

明代著名文人文征明,天性就不喜欢听取别人的过失。只要一有人想和他说别人的是非长短时,文征明一定会马上巧妙地运用其他话题岔开,使这些人不能说别人的坏话。这样的行为,文征明保持了一生都没有改变。最终成为别人敬重的对象。

因此,己所不欲,勿施于人,做人就应当保持一种隐恶扬善的态度,在发现他人的过失、隐私时,也要守口如瓶,不要四处张扬。

【原文】

道[①]人善[②],即是善。人知之。愈思勉[③]。

【注释】

①道:说。②善:美好的事。③思勉:想要做得更好。

【译文】

宣扬别人的善行,这相当于自己也行善,如果别人知道了,他会更加努力地去做好事,所以我们应该隐恶扬善。

【解读】

宣扬别人的优点和善行是一种美德,尽管在复杂的社会现实中能这么做的人各有其不同的目的,而且未必纯出于品德的高尚,但这样的做法仍然是值得提倡的。《三国演义》中那个神龙见首不见尾的水镜先生司马徽在历史上确有其人,他是东汉末年著名的隐士,胸有雄才大略,特别擅长鉴人,所以在小说里他是早早地预言了诸葛亮和庞统的未来的。他所生活的年代动荡而黑暗,他所处的荆州的主人刘表是一个性格阴暗的人,所以,隐居的司马徽从不评论时政和人物,有人知道他的才能,特地请他点评人物,他就清一色地“好、好”,无论什么人物,在他口中都是好的,绝无优劣之分。司马徽的妻子看不下去了,便正色劝他:“人家真心向你讨教,你应该正经地回答、讨论,哪有像你这样只是‘好、好’地糊弄事的?这不是辜负了人家的信任吗?”司马徽一愣,随即和颜悦色地说:“啊,要是像你这么说呢,也好,好!”所以司马徽得了一个雅号,叫作“好好先生”。

还有一件事是关于著名的文学家、史学家欧阳修的。记载唐、五代史实的正史各有两部,产生年代稍晚的《新唐书》《新五代史》都是欧阳修主持修纂的。修史是一个大工程,必定由官方组织大量的学者,并由德高望重者领衔共同完成。修《新唐书》工作的主力人员除了欧阳修,还有宋祁。欧阳修年龄比宋祁略小,参与修纂工作也较晚,但他的官位更高,名望也更大,是当时的文坛领袖。欧阳修负责的是书中志和纪的部分,而列传则都出自宋祁之手。为了让全书的体例保持一致,皇帝特别关照让欧阳修对列传部分做一些删改,以便让全书的面貌能够显得统一。欧阳修说:“宋公是我的前辈,而且他写东西有他自己的想法,我哪能按照自己的意思乱改?”后来,全书告成,按照惯例,史书的作者应该只题所有编纂人员中官职最高的一个,那显然就应该是欧阳修。但是,欧阳修却坚持说:“宋公编写列传用的时间最久,功劳最大,我不能抢他的功。”于是,后人看到的《新唐书》中的纪和志署名欧阳修,而列传部分则署名宋祁。宋祁听说后也十分感叹:“自古文人相轻,像这样礼让的真是头一次听说啊!”

同样是把夸奖和褒扬送给别人,司马徽的做法是为了在险恶的社会环境中明哲保身,和欧阳修谦逊合作的态度是有所不同的。但无论出于什么样的目的,这种做法都能有效清除自己和别人的矛盾,建立良好的人际关系,进而使自己得到一个没有怨望、嫉妒和争夺的好心态。

无论大人孩子都喜欢听表扬,听好话,刻意去阿谀奉承、巴结讨好,牵强附会甚至无中生有地说人好话固不可取,但是在不违背事实和良心的大前提下能够正确、全面地分析别人也是必需的。不懂道理的人常常有意无意地把夸奖看成是有限的资源,总觉得夸奖给了别人,自己就会少了,于是不仅对别人的长处、可取之处十分吝惜,不肯说出口,就是听到对别人的夸奖也往往要加以反驳,这实在是一种私心作祟。孩子如果沾染了这样的习性,就会变得孤傲、敏感,很难和同伴融洽相处,对今后的发展也会带来很多不利的影响。所以,一定要把如实地宣扬他人的优点提到“善”的高度,让孩子从小就懂得这样做是应该的,也是必需的。如果孩子已经有了不肯说人好处的毛病,那就不妨借实例进行批评教育,姑息纵容则后患不小。

【原文】

扬[①]人恶[②],即是恶。疾之甚[③],祸且作[④]。

【注释】

①扬:宣传。②恶:过错。③疾之甚:因讨厌对方而过度宣传对方过错。疾,憎恨。甚,过分、过度。④祸且作:为自己招来灾难。

【译文】

随意揭露别人的短处，这本身就是一种恶行。如果这样做得太过分了，还会给自己招来祸患。

【解读】

古人讲："口乃福祸之门。"如果时常在背后说别人的过失或缺点，起初可能只是因为一时的私欲，说人是非，贬低他人，提高自己，但久而久之，这就会养成一种坏的习惯。一有闲暇时间，或者与人交谈时，不免就讲起他人的是非、过失来。没有发觉这其实也是在造恶，是一种坏的行为，这样，难免会和很多人结怨，招来祸患，自食恶果。因此，我们应当"静坐常思己过，闲谈莫论人非"，控制住自己的口舌，不该说的话坚决不说。

《论语·泰伯》中，孔子说："一个失去仁爱之心而只知作恶的人，如果过分厌恶他，使他承受不了，他的情绪就会被激怒而变本加厉，造成更严重的后果。"因此平时谨言慎行，隐恶扬善，这样不仅可以避开祸害，更有助于养成淳厚、仁爱的本性。

许攸少时曾与曹操为友，后来做了袁绍的谋士。在官渡之战的时候，因为献计给袁绍而没有被采纳，同时因自己的子侄犯罪被袁绍所抓，遭袁绍训斥，心中甚为不满，遂投靠了曹操。曹操听闻许攸到来，大喜过望，鞋都没穿就跑出来，拊掌大笑说："许攸，你能来，实在是太好了。"正因当时曹操礼贤下士，许攸在官渡之战中献计给曹操，使得曹操大获全胜，袁绍大败。然而，许攸从此认为自己功不可没，到处口无遮拦，口出狂言，说："正是由于我的计策，才使袁绍大败，不然曹军早被灭了，更何况曹操他有什么才华？"正是许攸的这种狂妄，引得曹军将士的反感，最终被许褚一怒之下杀死。

这就是三国时期，有名的"许攸之死"的典故。正是由于许攸的狂妄，自视功高盖主，好大喜功，招致自食恶果。所以，人与人相处，不要瞧不起人，言语也不要过分刻薄，更加不要在背后说人过失，否则会给自己招惹不必要的麻烦。俗话说"狗急跳墙"，当他人被怨恨冲昏了头脑时，就会寻求报复，造成双方的损失。这样就得不偿失了。

【原文】

善相劝①，德②皆建。过不规③，道两亏④。

【注释】

①善相劝：互相劝勉做好。②德：品行、修养。③规：劝告。④亏：损失。

【译文】

朋友之间应该互相劝勉，有了错误就加以规劝，才能促进彼此德行修养的提高。看到别人作恶而不去帮他改正，只会让两个人的品德都留下缺陷。

【解读】

古代最为人称道的朋友之交要算是管仲和鲍叔牙了，管仲后来成为辅佐齐桓公成就霸业的伟人,但一开始却是一个十足的倒霉蛋,幸好他有个好朋友鲍叔牙。早先,他们俩一起和人做买卖,分红的时候管仲老是多拿,鲍叔牙出面替他打圆场,说他不是贪心重,而是家里困难;后来又一起打仗,管仲临阵逃脱,鲍叔牙又替他说话,说他不是怕死,而是家里有老母亲要供养。这样的事出了不少,还不算最要命,最后他们俩各自辅佐了一个齐国的君主继承人,很不幸,鲍叔牙保的才是后来的齐桓公。在双方斗争的过程中,管仲还曾经射了齐桓公一箭,差点取了他性命。最后,齐桓公抓住了管仲,又是鲍叔牙极力说服齐桓公留下了这个难得的人才,而管仲也没有辜负鲍叔牙的相知,做出了一番惊天动地的大事业。这个"管鲍之交"总让人觉得有些做作,但大多数人的心中总还存着这样一种期待,期待遇到一个能纵容自己,并相伴等到自己成功的人。

三国时候的大将张辽在当时战功、人品都可说是上乘,不过人总难免有些毛病、过失,和同僚的交往过程中总会发生一些矛盾、龃龉,张辽的个性有些执拗,处理人际矛盾就稍微差点,他和护军武周之间就因为一些小事互不理睬。后来,张辽又听说胡质是个很不错的人,但自己和他不熟,便通过扬州刺史温恢传话,表示愿意结交,并且还想让胡质替换武周做护军。过了没多久,温恢传回话来,胡质说身体不好,不能相见。事有凑巧,第二天张辽在路上迎面遇到了胡质,身体根本不像有问题的样子。于是,张辽很不愉快,当面质问:"我诚心要与你相交,你装病回绝,未免有点太过分了吧?"胡质说:"古人交朋友讲究相知和信任,像鲍叔牙对管仲那样,友情才会常在。将军你以前对武周赞不绝口,现在因为一点小事就生出这么大隔阂。我胡质才识浅薄,比武周还显得差点,所以实在不敢和将军交往。"这番话不软不硬,又很有道理,一下子让兴师问罪的张辽无话可说,同时他也仔细反省了一下自己和武周产生过节的始末缘由,觉得确实自己在和朋友的交往中有脾气大、气量小的毛病,是处世上的欠缺,但是由于事业上比较成功,威望较高,平时还真没有人指出过,要不是胡质,恐怕这个毛病很难觉察。于是张辽主动找到武周冰释前嫌,对胡质也是越发地敬重。

对于儿童来说,归过劝善并不是能够很好地去把握的事,但完全可以去尝试、去学习,更重要的是要知道这是交友处世的一大条例——道义永远是独立于友情之外的,为了所谓友情而是非不分、善恶不辨,那不仅是自己做人的失败,同时也对朋友没有什么帮助,最终这段情谊也不会长久。年龄太小,无法确立固定的交友之道,那是因为尚未步入社会,尚未开始自己的生活。有的人会为衣食奔忙,有的人会在仕途上追求自己的梦想,也有的人会去经营一份产业,不同的生活需要不同的帮助与合作,这也就使得不同的人对朋友有着不同的要求。然而,人所做的事可以各不相同,不擅长、不喜欢或没条件从事的可以不做,做人却是任谁都回避不了的。所以,具有普遍意义的适用于儿童的规则,往往是就做人的道理来立意的,这看来有些玄远高深,事实上却是最切合实用的。现代人信息多,节奏快,成年人常常疲于奔命地做事,做人的种种问题难免疏于考虑,在教育孩子时也多有这个毛病,这是一个值得反思的现象。

【原文】

凡[①]取与[②]，贵[③]分晓[④]。与宜[⑤]多，取宜少。

【注释】

①凡：概括词，指所有的。②取与：取得和给与。③贵：重要。④分晓：清楚明白。⑤宜：应该。

【译文】

不管是从别人手里取得财物，还是赠予东西给别人，心里一定要清楚明白。给予别人的要多一些，自己占有的要少一些。

【解读】

人与人相处，交往必有"取与"。与，给人；取，人给。取与之道，贵在仁和。若取与不当，彼此间产生怨恨，造成误解，不仅伤及他人的信任，也伤及自己的信心。取与之法，一要分明，二要取少与多。分明，就是以不占他人便宜，不斤斤计较，患得患失。而"取少与多"者，定是明理者。人非草木，孰能无心。与人多者，必取人心。古人云，"得人心者得天下，失人心者失天下"。

今欲得天下之财，而反失利人之心，甚或弄虚作假、沽名钓誉、坑蒙拐骗，何其糊涂。在金钱、权势方面，要懂得取舍，只有懂得舍才会有所得。所以古人有句话说：舍的愈多，所得的也愈多，你得福更多。所以，谁先舍，谁先得；大舍大得，常舍常得，不舍绝无得之理。舍的之得，不仅得利，更得信心、信任、尊严、喜悦。今人取利，取利而损伤信心、信任及尊严，亦损家业，故得不偿失。

但古往今来，还是有那么一些人很怕与，心中觉得如果与了他人，自己就没有了，往往很难摆脱这种错误的心理。这其实是只看到了眼前，没有想到以后，假使你与了，则不仅成全了自己的德行，帮助了他人，给自己积累了福报。当你与的越多福报也越多，自然在往后就会得到回报。这就是有得必有失，有失必有得。"天道无亲，常与善人"，这是亘古不变的真理。

《越中杂识》记载：刘宠，字祖荣，东来牟平人，以明经举孝廉。东汉桓帝时，拜受会稽太守。当时会稽郡地处偏远，地势偏僻荒凉，再者，由于当时的贪官剥削压迫，百姓的生活十分的艰苦。后刘宠担任太守后，改革弊政，减免了苛捐杂税，鼓励人民耕种，为治河患，身先士卒上堤修筑堤坝。视当地百姓为自己的父母亲，为官清正廉洁，为百姓做了许多好事。在《后汉书》中说："宠治越，狗不夜吠，民不见吏，郡中大治。"后来，刘宠离任时，会稽的百姓都依依不舍，成群结队、扶老携幼来给刘大人送行。其中有一位老翁，把一串铜钱送给他，可他坚决不要，后来在老翁的再三恳求下，他才收了一枚铜钱，就和众人挥泪告别。当他走出阴山界至西小江时，投钱于水中，感慨道："为官之道，舍一分则民多一分赐，取一文则官少值一文钱！"后来据说刘宠投钱后，投钱地段的江水更加清澈。为纪念这位勤政清廉、为民造福的太守,人们就称此地为“钱清镇”,称这段江为“钱清江”,并建造了“一钱太守庙”,又在临江构筑一亭,起名“清水亭”。

这就是有名的“一钱太守”的典故。故事告诉我们:只要懂得了取与之道,就会在日常生活中,行善,懂得舍就是得的道理,就会建立正确的人生价值观,为子孙后代造福。

又如安徽省桐城的名胜古迹“六尺巷”的由来:明朝,有两户官宦人家,两家毗邻而居。其中张家有人在朝中当御史,吴家有人在地方当指挥使。平常两家礼尚往来。后来,两家因为院墙的事发生了争执,都说对方侵占了自家三尺宽的地盘。为此,他们两家人都很生气。御史的家人修书一封,想让京城的御史以他的权势来解决这个问题。御史接到信后,很快就回了一封信。信中写着:“千里修书只为墙,让他三尺又何妨?万里长城今犹在,不见当年秦始皇!”家人接到信后,明白了其意,之后就将院墙后撤了三尺。吴家人听闻后,也明白了其意,也后退了三尺,从而形成了一条六尺宽的街道。这样,一条六尺宽的大巷出现在两家宅院外。

安徽桐城“六尺巷”

现在,我们看看周遭的人,对于取与方面,往往不懂得人与人之间要讲义。而懂得讲义之人,他会觉得在取与当中,是不是合宜,这样做对与否,都会量力而行;而不懂得讲义之人,就会在取与当中,根本不顾及这些东西是否可以占为己有,都会中饱私囊,占为已有。这也就是孔子所说的,“君子喻于义,小人喻于利”的道理。

所以在很多生活中的小细节处,我们要明白,与人施的愈多,你所获得的也愈多,广结善缘,这样当你处在危难之时,必定会有无数双手向你伸来。

【原文】

将①加人②,先问己。己不欲③,即④速已⑤。

【注释】

①将:将要。②加人:对待别人。加,施加、置放。③欲:想要。④即:就。⑤速已:赶快停止。速,快速。已,停止。

【译文】

要托人做事或者有话和别人说时,要先想想自己是否能接受,如果自己都不喜欢,那就不要让别人去做,得学会替别人着想。

【解读】

己所不欲,勿施于人,这是出自《论语》中定义“仁”的一句名言,意思是说每个人对人施加影响的时候先从自己的角度出发，考虑一下感受。用古人的话说，这叫“以己度人”，这样的思考方法及处事态度有个专有词汇，叫作“恕”。后来，人们专门把这个字用于宽恕、饶恕，表示原谅，意思上发生了一定的变化。孟子一生致力于推行仁政，齐宣王想不通为什么自己有个方圆四十里的捕猎场老百姓就好大的意见，而据说周文王的猎场方圆要有七十里还能被当作圣人，受到百姓拥戴。孟子就告诉他：“文王七十里的捕猎场是随便人们割草砍柴、捕禽猎兽的。我刚到齐国时，先打听国家的重大禁令，因为我知道国都的郊野有四十里见方的捕猎场，杀死里面的麋鹿，就跟杀人一样要严惩，这四十里的捕猎场如同陷阱一般危险。百姓有意见，不很合乎情理吗？”人都想要去山林砍柴打猎补充生活所需，你不希望被禁止，百姓也不希望，你去禁止百姓，那当然要遭到反对。

还有个更傻的齐景公，连基本的想象力都不够用，连下三天大雪，他裹着狐皮大衣，烤着炭火，说：“怪了，这天怎么下雪也不冷呢？”晏子听到了，很有点生气，反问道：“天不冷吗？”好在齐景公不是天生智商有问题，知道自己的风凉话有点过分，给了一个不好意思的微笑。晏子趁势补充道：“古代的贤明君主，自己饱着，知道别人的饥饿；自己温暖，知道别人的寒冷；自己安逸，知道别人的劳苦。现在的君主啊，似乎不知道！”谁愿意受冻挨饿冷得半死呢？自己没受罪，就不知道别人的苦楚，那是傻；知道却装作不知道，那就是坏了。被晏子这么一讥讽，齐景公开窍了，连忙下令发放粮食衣物赈济百姓。为这件事，孔子把这君臣俩都表扬了一通。政治家，特别是君主，其言行会对众多百姓产生直接影响，所以换位思考的作用显得尤为突出。但具有一颗仁爱的心不只是对帝王将相的要求，只有每个人都向这个方向努力，人生活的世界才会更加美好和谐。

仁爱，是一个很美的词汇，父母大抵都希望子女身上充满仁爱精神，但孩子还不是政治家，甚至不是有着广泛的社会接触的一般意义上的人，他们只是孩子，你让他通过什么渠道去凸现身上的仁爱呢？推行善政、开仓赈灾，这都离他们太遥远。于是，很多为人父母的便觉得仁爱是高深的学问，是成年以后，甚至显赫之后的事，在孩提时代是没什么可做的。果真如此吗？在这个问题上，恐怕人们会有不同的理解，姑且不谈仁爱教育的目的性，假设大家都希望自己的孩子能够真正做到己所不欲，勿施于人，为此，是否在生活中的细节上加以注意，注意对孩子身上天生的仁性加以保护和肯定？一部记不得名字的影片中有这样一个镜头：在寒冷的雪林中，父亲教孩子打猎，枪口瞄准了鹿，孩子突然问父亲：“这样做是不是很残忍？”父亲回答：“如果无缘无故杀死它们，是残忍。但为了生存而杀死它们，不是。”不知道这个回答能否算得上经典，但每个父母都可以比照这个答案进行反思：我们有多少不经意的言行事实上消磨了孩子的仁心仁性，邻里的矛盾、同事的龃龉，是否曾经拿到家里的饭桌上作为谈资，眉飞色舞地述说自己如何英勇地杀灭了对方的威风？路遇褴褛的乞丐或流浪的猫狗，是否曾有过粗鲁的举动以期“保护”自己或孩子？或者，更小一点的事情，如果在夏天你勤奋而有效地大肆消灭蚊蝇，孩子却说：“它们会很痛的。”你又怎么办？生活在城市中的舒适的人们啊，难道真有那么多为了生存而不得不做的不仁不义之举吗？

【原文】

恩[①]欲报[②]，怨[③]欲忘。抱怨短，抱恩长。

【注释】

①恩：恩惠。②报：回报、报答。③怨：怨恨。

【译文】

对我们有恩德的人，我们要报答他，不能忘恩负义。和别人产生了怨恨，要善于忘记它。怨恨忘记得越快越好，别人的恩德却要铭记在心。

【解读】

古人云，“受人滴水之恩，当以涌泉相报”，一个人处于困难中，渴望他人救助的时候，他人向你伸出了援助之手，不求任何报酬，这对于你来说，可谓是雪中送炭，温暖全身，这样的恩惠则要牢记在心，且懂得知恩图报，时时想着回报他人。不要做忘恩负义之人，觉得别人帮自己是应该的，没有什么大不了，也是理所当然，没有任何感激之情，这样，当你再次处于危难时，就不会有人愿意去帮助你。

当他人做了对不起自己的事情，使自己受到了委屈、诬陷，而我们不要想着加以报复，这样冤冤相报何时了呢！更何况，怨恨在心中越积越多，那你就会被怨恨所左右，对自己的身心也绝对是很大的伤害；要用一颗宽容之心，去谅解、去包容对你有所伤害的人，那样长久以后，他人就会被你的宽容之心所感染，从而向善，这样，不仅对自己的修养有所提高，对他人也是有利而无害的。因此，心里若有不平衡之心，有怨恨之气，应该及早地把它扼杀在萌芽状态中。这样，人才会活得轻松愉快。

古往今来，人们常说，人世间有四种恩德是必须要以回报的。一是父母之恩，父母的养育之恩德；二是，老师之恩，师长启发教导我们，增长我们的智慧；三是国家之恩，国家为我们提供安定的学习、生活的环境，免于我们身处战乱；四是众生之恩，就是每个人的衣食住行，都是在他人的努力下才会有结果的，所以人不可能离开群体，独自生存。

因此，我们要心怀感恩之心，感谢父母的养育之恩，尽心尽力地奉养自己的父母亲。在社会中，尽自己最大的能力施展自己的才华，为祖国建设贡献自己的力量，这不仅是回报老师的传道授业之功，也是报国家之恩，众生之恩的最好途径。因为前面我们已经在无数次地说到人生来本是纯真善良的，只是后天的环境所造成的结果，才会出现恶与善的区分，正如孟母三迁，就是为了孟子有一个良好的教育环境，才一次次地搬家。假使父母从小就教育孩子，不忘恩德，不忘父母、不忘师长、不忘众人给予他的恩惠。那么他的精神生活一定是非常的充实,所以幸福的根基在于仁爱与感恩之中。当一个人懂得了爱、懂得了付出,那么就会获得他人的认可、尊重、信任,体会到自己的人生价值,想到施比爱更重要。当一个人能够时时想到他人给予自己的恩惠,那么他就会活在时时要报恩的心境中。于是,当他在报恩的时候,他的内心必然是充实的。

再者,人不可能离群而居,生活在这个社会中,必然要与人相处,难免不发生矛盾、冲突。假使我们总是把他人的过失放在心上,这样积怨愈来愈深,当自己无法承受时,就想着报复他人,结果是损人又不利己。

人与人的相处,可谓是前世修来的福分,善缘也好,恶缘也好,只要我们能以平等心对待,保持慈悲、仁爱的作风,纵使是最大的恶缘也会转变成善缘。因此要做到"怨亲平等"。那时,就会得到世人的敬重。因为一个人只有在逆境中才能获得进步,正是不经历风雨,怎会见彩虹。因此,我们要懂得感谢:感谢牵绊我们的人,正是他们的牵绊才强化了我们的能力;感谢伤害我们的人,正是他们的伤害才磨炼了我们的心智;感谢欺骗我们的人,正是他们的欺骗才增长了我们的眼见。这所谓验证了一句俗语,"不经一事,不长一智"。只有经历了人生的酸甜苦辣,才会体验人生的价值。

三国时期,群雄争霸,为何诸葛亮能够怀有一颗"鞠躬尽瘁,死而后已"的心至死报效蜀国?即使在人人都说刘禅是扶不起的阿斗,也没有改变他的心。我想正是刘备的"三顾茅庐",礼贤下士,对于诸葛亮的恩德,才使他竭尽所能地辅佐刘备父子。再则就是范仲淹在《岳阳楼记》中写到的"先天下之忧而忧,后天下之乐而乐"的胸襟气度。

古人已经给我们做出了如此好的榜样,可是我们现在的人,却是早已把古圣先贤的教诲抛掷脑后了,以怨报德,做出一些有害父母、师长、国家的恶行。不仅使自己受到伤害,还连累他人。此刻,只要我们懂得及早回头,重新学习古贤智慧,亲近德行高尚者,这样一个人的恶念也会被善念所取代的,懂得以德报怨。

【原文】

待①婢②仆③,身贵④端⑤。虽贵端,慈⑥而宽⑦。

【注释】

①待:对待。②婢:指供使唤的丫头。③仆:指供使唤的工役或车夫。④贵:最重要的。⑤端:正直。⑥慈:仁慈。⑦宽:仁厚,器度大。

【译文】

对家里的婢女和仆人,要注意自己的行为举止要端正。虽然端正很重要,但也不能太苛刻,对他们要慈祥宽厚。

【解读】

关于对待下人的故事,北宋的司马光特别多。司马光是历史上优秀的宰相,也是《资治通鉴》的作者,尽管他和王安石在守旧和变法的问题上有着尖锐的矛盾,其中的事非十分复杂,但这并不妨碍司马光作为大政治家的形象,更不影响他方正严谨的人格魅力。司马光曾经叫家人去卖马,特别叮嘱道:"这马夏天生过肺病,卖的时候一定要跟人说清楚。"家人一边答应,一边暗笑主人够迂。仆人中有一个名叫吕直的,人如其名,性子直,有点愚,职责就是看管独乐园。这独乐园是司马光在洛阳造的一个花园,景致很不错,夏天游人进来观赏游玩,吕直因此得了不少小费,前后收罗了十吊钱,他老老实实去交给司马光。结果被司马光生气地撵走了:"这个钱你也赚!"吕直犟脾气发作,也骂道:"就端明(司马光是端明殿学士,所以吕直这么称他)不爱钱!"过了几天,司马光发现园子里多了一个井亭,游人多在里面纳凉,他把吕直叫来问道:"这亭子哪里来的?"吕直说:"拿那十吊钱造的。"过了一会儿,吕直又冒出一句:"端明要做好人,吕直怎么能不做好人。"还有个仆人也是粗率的人,每次见到司马光总叫他"君实秀才",司马光字君实,但秀才是对没有功名的读书人的称呼,而司马光二十岁就已经中进士了,所以当苏东坡来拜访司马光的时候听仆人这么个叫法,觉得实在太别扭,于是,他悄悄把仆人叫到一边,说:"你这个叫法不对,记住,你家主人是大官,下次要叫'君实相公'。"过了几天,仆人改口了,司马光则奇怪了:"谁让你这么叫的?"仆人老实回道:"这是苏学士教我的。"司马光仰天长叹:"唉!我有个好仆人,被苏子瞻教坏了!"

还有一个故事,说司马光没得儿子的时候,仁宗皇帝的张贵妃送给他一个婢女当作小妾,希望他能早得贵子。婢女来到司马光家,没想到司马光总是一如既往地在书房里端坐看书,根本不理她。一天,婢女找了个机会打扮得漂漂亮亮进了书房,司马光看见了她,可也没多大反应,还是自顾看他的书。婢女觉得有点尴尬,为了打破僵局,顺手拿过一本书,娇声问道:"相公,这是什么书啊?"司马光起身拱手,正色答道:"这是《尚书》。"婢女实在没办法,只好告退。

传统意义上的仆婢,即便是古代也只有大户人家才有,一般的孩子是接触不到的。但如果广义地说,有时会遇到一些为自己服务的人,比如家里可能会请钟点工、外出会叫出租车等等,那么,如何对待这样的"下人"也是需要学习的,如果不加指点和约束,孩子很难做到自身的"端",总以为自己出钱了,便可以颐指气使,为所欲为,提出不合理的要求,造成矛盾冲突。有时自己虽然没什么大错,但是态度上苛刻挑剔,同样也会形成不愉快的结局。尽管这样的情形并不多见,但对于孩子来说,还是有可能遇到的,未雨绸缪,把这样的原则告诉他,并让他照此执行,起码是一种有益的告诫。等他长大了,有自己的属下员工,就会知道这样的原则不仅是一种姿态,更有着深刻的实际意义。

【原文】

势①服②人,心不然③。理④服人,方⑤无言⑥。

【注释】

①势:权力。②服:顺从。此处作"使人顺从"解。③不然:不以为然,不服气。④

理:凡合于道、义、性的事就是理。⑤方:才。⑥言:议论。

【译文】

用权势来控制他们,他们也许表面上会服从,但心里并不服。用讲道理的方式让他们服从,他们才会心服口服,乐意为你效劳。

【解读】

华夏五千年渊源悠长的文化积淀,讲求摒除虚假,以德服人,以理服人,真诚待人。假使依靠武力、财势、地位使人信服,让人听从,效果只会是短暂的,不会长久。当你的财势、权利、地位消失时,随之你周围听命于你的人也会纷纷离散。更有甚者,还会见机报复,奚落你。因为这些也只是被你的财势所压迫、所引诱而已。反过来,假使在做任何事之前,都会按照礼数、不违背道德、人心,且讲求真实的道理,用仁德感化对方,这样,做到了以德服人、以理服人,彼此间才会建立深厚的情谊。

理服人,然而何谓理?孔子说,己所不欲,勿施于人。如前面所讲:将加人,先问己;己不欲,即速已。有钱有权者,财大气粗,仗势欺人,自己无力办到的事情就希望凭借自己的财势强加于他人,甚至对人不能办到的事情还会心怀怨恨,责罚他人,从不反思自己的过错。孔子云:"君子之德如风,小人之德如草,草上之风,必偃。"上不行,下无所学。上居权位有势力之人,其做不到,下失其信,何以做到以理服人。

即便在春秋战国这样的乱世,纷纷用武力和强权各求生存,却并不妨碍靠说理混饭吃的纵横家大行其道。到了社会相对稳定的时代,维系社会正常运转的纲绳仍然是事理、人情,武力只是最后一道无奈的防线。在历史故事中,大辩论是十分常见的。政治家要辩论,西汉时期曾经有过一次著名的经济工作会议,主要讨论是否要坚持盐铁官营的问题。此前,汉武帝发动对匈奴的大规模战争,国库空虚,所以把盐、铁、酒等高利润的商品的经营权收归国有来保证财政收入,但这个做法同时也意味着加重了民众的负担,激化了社会矛盾。是否需要调整政策,皇帝和政府本来有决策权,但最终还是以公开辩论的形式召开了盐铁会议。与会者分为两派:一派以法家人物御史大夫桑弘羊为代表,一派则是儒家思想的忠实信徒"贤良""文学"。会议的结果在政治上终止了武帝的战争政策,转入休养生息的和平状态,同时也在思想上开始恢复先秦孔孟思想传统。在地方民事管理中,作为绝对权威的地方官能兼顾事理、人情而做出令人信服的判决,更是被看作政治智慧的体现。

西门豹治邺的故事可谓家喻户晓,他用"以其人之道还治其人之身"的办法重惩了为害乡里的巫觋,虽是属于刚猛的手段,却也有理有据,不得不服。更多的例子是那些本没有多大善恶之别的民间琐事,清朝中叶有个蓝鼎元,曾经在广东普宁做过知县,其间遇到一桩兄弟分田产的争讼案,作为地方官本可以敷衍裁断,一人一半。但是,蓝鼎元没有这么做,他知道几亩田产是小事,兄弟二人的争斗之心才是病根,从小一起长大的亲兄弟不该如此,这个道理一定要让他们真正明白。于是,他下令把兄弟俩抓起来拴在一起,吃喝拉撒睡都必须同步。开始两人互不理睬,背向而坐。一两天后成了面对面,再过两天,开始说话、一起吃饭了。这是,蓝鼎元对他们说:“你们各有两个儿子,以后也一定会像你们一样争田夺地,保不齐还会闹出人命,不如各留一个,将另一个送给没有家财的乞丐。”听得此话,兄弟二人都叩头认罪。蓝鼎元让他们回家和妻子商量,三天后,兄弟二人领着妻子到公堂撤诉。这样的案例在古代比比皆是,司法和教化、人情、道义的完美结合才被认为是善政。这样的意识是自上而下在长期的发展中形成的,造就了中国社会长期的稳固结构。

西门豹治邺

说理,在一般人的意识中是一件很高深的事情,所以我们现在教孩子写文章总是从记叙文开始,要几年之后才让他们尝试议论文。然而在生活中,更多的人却又信奉“讲道理”,遇事总要跟孩子喋喋不休地“因为所以”“假如那么”,这无形中造成了一个很大的反差——孩子很想和你理论,但是他没有够用的论据和适用的套路,年龄稍长或天赋较好的孩子便自己发掘探索,绕了许多弯路去自学说理,也给家长和老师造成了很多麻烦,觉得孩子“顶嘴”,出现情绪上的对抗。这样,就不得不涉及一些教育策略的比较。在古代的童蒙教育中,写文章是很晚的事情,起码是十几岁开始,稍微愚钝一点到二十也行。古人要写的八股文的确很有难度,但这同时说明了写文章是需要准备工作的,读《三字经》《百家姓》乃至四书五经,其实都是在准备理论和论据,有了这些才能有观点、有想法,才能议论。而各种文章中最简单、最基础的其实是议论文,至于借景抒情、以事说理,写出有品位的记叙文和散文,那都是更高一层的要求了。让所有孩子花了很多的心思和时间去创作那些本不属于他们能力范畴的文字,然后平日里又不断地摆事实讲道理去塑造他们,这不是教一样、用一样,有点齐傅楚咻的味道吗?

七 亲仁

【原文】

同是人,类[1]不齐[2]。流俗众[3],仁者[4]希[5]。

【注释】

①类:性情。②齐:相同。③众:很多。④仁者:德行宽厚。⑤希:同“稀”,很少。

【译文】

同样都是人，但人和人之间有差别。流于庸俗的人很多，有仁德的人却很少。

【解读】

"亲仁"，用意在于强调现实中能够真正达到"仁"的指标的人太少了，而人这种动物，不光是疾病能互相传染，情绪、思想同样彼此影响。做一个仁人不易，就是在于自己要和自己不断作战，一方面要克服自己的私欲，另一方面还要控制旁人带来的影响。所以，有意识地多和品行好的正面人物接触交往，对于自己的修行是大有益处的。在古代，"仁"的含义极为广泛，所谓的仁人，类似于今天所说的好人，世上大多数人都是好坏参半，能有一两个方面算得上是可以坚持得住的好品行就很不错了。

汉末时候，管宁和华歆是两个同学的读书人，那时候没有桌椅，都是席地而坐，他们俩就是坐在一张席子上读书，再一起种一块地维持生活。两人一起锄地，管宁刨出一块金子，根本没当回事，拨到一边继续锄地。后面的华歆也看到了，捡起来把玩了一番，扔掉了。区别在哪里？一个没动心，一个动心了，按照仁人的标准，已经出现高下之分了。好在华歆没把金子捡了揣进怀里，事情也就不了了之。后来两人又一起读书，外面有达官贵人路过，好不热闹。管宁自顾读书，不加理睬。华歆坐不住了，跑到外面去看热闹，一副羡慕的样子。等华歆回来，管宁拿出一把刀，把二人坐的席子一割为二，以示绝交。为什么？在管宁看来，华歆虽然也是读书人，但心中还满是物欲，还是贪恋富贵，根本不是一个心志淡泊的人，读书没能改变他平庸的本性，和这样的人保持亲密的交往有害无益。本来，两个人能一起生活、一起读书已经是很不错的缘分了，不该苛求，但管宁站在一个要成为仁者、成为圣贤的高度，就不仅严格要求自己的言行，甚至对朋友也有着同样的要求。这就是亲仁，正因为现实中真正的仁人太少，才会有这么一说。

要是拿管宁这样的标准去教导孩子，恐怕现在做家长的都不会愿意，别人有点小毛病就一本正经地绝交，那还能有朋友吗？其实，这样的困惑不仅现代人有，古人读《论语》也有想不通的：一方面大谈损友、益友，叫人们"无友不如己者"，一方面又要对朋友宽容，说"三人行必有我师"，说"无求备于一人"，到底该怎么样？每个人都是动态的，在不断地学习、提高的过程之中，这阵子你比我好，你不肯和我交朋友；过一阵子，我赶上你了，甚至反超了，我不肯跟你做朋友——那岂不是所有人都面临着没有朋友的危险，品德修养越好的人不是越"高处不胜寒"？这里肯定有问题。那么，要孩子如何对待古人所说的"亲仁"才算合适呢？首先，要矫正错误的交友观。交朋友的目的不应该是粗浅鄙陋的，只为了跟着他有好玩的、好吃的，而应是取其美德，诸如善良、正直、诚实，当然也可以取其次一级的性格或才能优点，诸如幽默、开朗、知识面广或富于艺术天分等。其次，"亲仁"只是自己主观上努力寻求良性影响的一个方向，常常是为了弥补自身的不足或监督自己的疏忽。但同时也必须看到自身相对稳固的品行同样可以给人带来有益的影响,如果别人因此愿意与你交往,那也是来自外界的一种肯定,因为别人不如自己而加以拒绝,反而失去了自己修德立身的意义。最后,亲仁也是一种思辨力的训练。"仁"或"好人"的概念是宽泛而模糊的,不断寻找仁人,不断跟拥有良好品行的人接触、交流,才能通过比较、分析对这样的概念日渐清晰,才能真正形成自己的人生观、世界观。在人群中不断体会、甄别、选择,是自我历练的必由之路。

【原文】

果①仁者,人多畏。言不讳②,色③不媚④。

【注释】

①果:真正的。②讳:把事情隐蔽而不敢宣布。③色:面容。④媚:谄媚,用甜言蜜语讨好。

【译文】

对于那些确实是有仁德的人,人们就会敬畏他。仁者说的都是真话,不会有所忌讳,他们也不会谄媚奉承别人。

【解读】

一个人果真是一位仁者,一般的人见到他都会心生敬畏之情。如《论语》中讲述的孔子的弟子只要远远地看到老师威严的外表,心中就不由自主地生起恭敬之心,这就是所谓的"望之俨然";真正地靠近老师,听求老师的教诲,会觉得老师又是非常的亲切,这就是所谓的"即之也温",因此,孔子讲话的言语绝对不会有所顾虑,都会合乎礼教,都会很正直地讲出来,正如一句格言中提到的"壁立千仞,无欲则刚"。因有仁德之心的贤人在人生的路途中绝对不是为了追求名利,而是为了增长自己的学识,提高自身的修养,所以看到他人不好的地方,才会直言不讳地讲出来,也不会谄媚讨好他人。

古人讲:"良药苦口利于病,忠言逆耳利于行。"也就是说真正能够治病救人的良药往往都是苦涩的,真正能够劝人向善的言语往往都是不好听的,但是假使你真的认真去听,听了之后能够接受、照做必定会有好处。因此,我们要知道忠言必定逆耳,口蜜必定腹剑。也要知道,不敢亲近仁者,就不会提升自己的品德学问,反过来,敢于亲近仁者,聆听教诲,品德学识自然会提升。实则,仁者的话,都是他们对你情感的真实流露,都是真诚的良言。

明朝时期的海瑞是中国历史上有名的清官。他铁面无私,明察秋毫,人称"海青天"。明朝晚年,宦官专权,社会混乱,可是只要海瑞到的地方,人民必定会夹道相迎,因为只要海瑞一来,那些贪官污吏早已夹着尾巴逃跑了。正是这样的好官,时时存在人民的心中,感动着普天下的老百姓。

嘉靖皇帝在位时,听信奸相严嵩,二十多年不上朝处理政务,一心只顾修仙求道,置国家大事于不顾,导致当时国库空虚、社会动荡、民不聊生。海瑞十分着急,就准备了一口棺材，冒死劝谏皇上，惹怒了皇上，被判了死刑。之后幸亏嘉靖皇帝驾崩，海瑞才免于一死，保全了性命。当海瑞去世时，南京万人空巷，人人披上孝衣，送海瑞的棺木离去。只有这样真正的读书人，为人们谋福利，且时时把古贤的教诲付诸在自己的实践中，绝对会使人感动，也能够唤醒每个人的向善好德之心，改正自己的缺点，过失。

海瑞的家门上挂着两行字，是范仲淹的名言："居庙堂之高则忧其民，处江湖之远则忧其君。"这就是说，在朝廷当官的时候，时时想着怎样让人民过上好的、安定的生活，让人民的福利更多；如果到比较偏远的地方工作，也要时时想着怎样做才会对国君、国家有好处。范仲淹的这份真心不仅感动了海瑞，也感动了千千万万的人，所以真诚之心是可以跨越时空的界限，传递给人一种好的教育。

《礼记·礼运》篇云："大道之行也，天下为公。人不独亲其亲，不独子其子；使老有所终，壮有所用，幼有所长，鳏寡、孤独、废疾者皆有所养。"这就是说，大道通达于天下时，把天下作为大家所共有的。人们不只是爱自己的亲人，不只是把自己的孩子当作孩子，要使社会上的老人安享天年，壮年人能贡献自己的才力，年幼的孩童可以得到抚育成长，鳏寡孤独和残废、有病的人都能得到供养。海瑞和范仲淹都拥有一颗关爱天下人的心，可与天地日月争辉。一个真正有德行的人，他们的精神生命是无限延续的，不会被时间所磨灭。

所以，一个正直的人，敢于说真话，没有任何避讳，不会歪曲事实，不会添油加醋，更不会无中生有，去讨好献媚他人，因为他的心是善良的、仁慈的、清澈的，他能宽恕人，包容人，理解人，能够与人和睦相处，只有这样的人才会受到别人的敬佩与尊重。

相较于现在，传统国学教育的逐渐没落，人们思想逐渐被世俗的东西所冲刺，淡忘了人性的本真，如果有更多的人愿意接受圣贤教诲，那么社会上许多错误观念就能逐渐被扭转过来，将会呈现出一个优美和谐的社会环境。那时，我们的国家也会出现"路不拾遗，门不闭户"盛况。

【原文】

能亲仁①，无限好②。德③日进④，过⑤日少⑥。

【注释】

①仁：指德性宽厚高尚的人。②无限好：好处非常多。③德：品德。④日进：一天天进步。⑤过：过错。⑥日少：一天天减少。

【译文】

亲近有仁德的人，对提高自己的修养很有好处。我们的品德会一天天进步，过失会一天天减少。

【解读】

一个人若能够经常接触一些有才德的人，看到他的言行善举，不要只是钦佩，还要向他学习，在有才德者的带动下，你的才德也会日渐提升，过错和不足会慢慢减少。

亲仁，一是内心要接近仁道，二是外身要亲近仁德之人。假使心近仁道，那人就会无忧，不惑，不惧，这样固为好，才能称其为有德之人。孔子云，君子有三德。仁者无忧，智者不惑，勇者不惧。心离仁道，自大，自我，自私。如今仁者稀少，假使有幸遇仁者，时常亲近，聆听教诲，这是何其的有福。心近了仁道，身近了仁者，不自我，不自大，不自私，聆听教诲，学而时习，改过自新，这样自我信心日增，他人信任日盛，因此，自我才德日进，过错日减。

人往往追求完美，亲仁是道。只有亲仁在先，完美才会在后结果，圣贤教诲是仁言，日日诵读则养仁心，也为亲仁。如若想要追求完美，却不亲仁，这样愈求愈失，脱离实际，落入空网，得不偿失。

如何从外表上判断谁具有仁德呢？孔子给了我们一个很好的标准："刚、毅、木、讷、近仁。"意思就是："看上去刚强、果断、质朴、迟钝而说话不多（言语谨慎）的人，接近于仁。"只要懂得用心去发现，在你的周围还是会有许多仁德之人的存在，以及被我们早已淡忘的古贤们的智慧典籍，也是有助于提高我们德才的良药。

为何中国历史上的文化会代代相传？是因为它是圣人的智慧，可提升后人的修养与学识，是后人处世的法宝。尤其是儒学，古往今来，它可以说是我国立国几千年来，所赖以维系社会安定、国家繁荣最主要的命脉。

因而儒学的创始人孔子被世人尊称为圣人，人人都想亲近。就如后来的孟子没有见过孔子，但是孟子还是非常恭敬虔诚地拜孔子为师，他的真诚恭敬心超越了时空界限，刻苦学习圣人的教诲，被尊为"亚圣"，成为仅次于孔子的圣人。司马迁也是以左丘明为师，非常恭敬地拜读他的《左传》，深入学习他写文章的功夫，最终写出了旷世奇书《史记》，成为后人学习的典范。

《南史·吕僧珍传》中讲述了一则这样的故事：南朝时期，有个叫吕僧珍的人，生陛诚实厚道，又很有学问，从不与人计较。吕僧珍的家有很好的家风，他对每一位晚辈都是严格要求，耐心教导，从不偏袒、庇护晚辈的坏习惯，所以，家中的成员都是待人和气，品行端正，以至吕家的好名声远近闻名。而当时的南康郡守季雅也是个正直的人，为官勤政耿直，秉公执法，从来不愿屈服达官贵人势力的威逼利诱，为此得罪了很多人，终于，那些视他为眼中钉、肉中刺的官员诬陷他被免职。季雅被罢官之后，必须搬出府第另寻住所。可是他不愿随便找个地方住下。季雅费了一番心思，打听到吕僧珍家是一个君子之家，家风极好，想与其做邻居，正好吕家隔壁的邻居打算搬到其他的地方居住，于是季雅就用一千一百万钱的高价买下了这座房子。

过后，吕僧珍前来拜访他的新邻居，问季雅："先生买此座宅院，花了多少钱呢？"季雅据实回答，而吕僧珍很吃惊："据我所知，这处宅院已经不是新宅，也不是很大，为何还要出如此高的价格呢？"季雅笑道："我这钱里面，一百万钱是用来买宅院的，一千万钱是用来买您这位道德高尚、治家严谨的好邻居的啊!”

这个故事告诉我们,万两黄金容易得,一个知心最难寻。房、地都是因人而贵的。当然,更重要的是久居芝兰之地,自有芝兰之气。正如荀子所说,“居必择乡,游必择士”。

所以能亲近仁者,对自身是有无可限量的好处。我们内在德行会提高,外在错误行为会减少,让我们能够每天生活在真善美慧的世界中,使我们的人生、我们的社会越来越美好。

因此,现在我们能够处在这样一个国泰民安的时代中,又有许多古贤的智慧流传于今,供我们学习,怎么不快点去亲近他们智慧的结晶呢!

【原文】

不亲①仁,无限害②。小人③进④,百事坏⑤。

【注释】

①亲:接近。②无限害:有许多坏处。③小人:品德恶劣的人。④进:向前。⑤坏:败坏。

【译文】

不亲近有仁德的人,这对我们有很多坏处。一些小人就会乘虚而入,让我们的言行举止受到不良影响,做什么事情都会失败。

【解读】

历代的经验相信,预测一个群体是否成功,除了对其首领的综合能力做一个判断之外,还要看这个群体的主要成员的水平。举凡失败的集团,总能轻易找到很多坏大事的小人。还是说三国时候的蜀国吧,在刘备的时代是一副很阳光的形象,到了刘禅时代便一蹶不振了,其中有着很复杂的原因,但是小说家绝不会忘了添加一个小人来合理体面地阐释其原因,于是便有了那个中常侍黄皓,好像都是因为他跟大将军姜维捣乱,才使得蜀国最终灭亡。真实的情况或不尽然,黄皓固然不是个什么好鸟儿,但他有着生存的土壤而且能生存得很红火也是事实。刘禅并没有做到“亲贤臣、远小人”,其中有他个人的原因,也有蜀国基础的问题,但这都不是适合公然责备的因素,也不容易说得明白,小说家自然地把一切都归咎于黄皓这样的坏蛋了。如果一个人能正确地择人而处,做到“亲仁”的同时,是自然地把小人排除在自己的交往圈子之外的,所以,这个话不是两个不同的方面,而是一个整体,就是说能做到亲仁,那也就不存在不亲仁的害处了。

事实上,很少有典型的事例可以说一个人纯粹是被小人带坏的,必要的前提总是自己的道德意识不够稳固,有可以诱惑的可能,同时,小人还要有足够的利益驱动——哄你吃喝玩乐,总得有点目的吧?就像明朝的太监魏忠贤,本来只是万历年间一个为逃避赌债而进宫做太监的市井无赖，进宫之后，他把宝押在了当时的皇太孙朱由校身上。朱由校幼年丧母，由奶妈客氏带大，客氏又和大太监魏朝关系密切，于是魏忠贤竭力巴结魏朝，通过他的引荐走进了朱由校的生活圈子。后来，朱由校果然做了皇帝，就是天启皇帝。天启一上台，就封客氏为奉圣夫人，而魏忠贤也做到了司礼秉笔太监的宝座。天启不是一个好皇帝，但绝对是一个好木匠，对这份完全文不对题的工作可以废寝忘食、孜孜钻研，他曾亲自在庭院中造了一座小宫殿，形式仿乾清宫，高不过三四尺，却曲折微妙，巧夺天工。魏忠贤则“因材施教”，尽力成全他满足自己的兴趣爱好。然后，专找天启热火朝天地投身于木匠活儿的时候拿过来一堆奏章请他批阅——结果不问可知，天启总是胡乱应付一句：知道了，你们拿去看着办吧。就这样，国政大权不知不觉就到了魏忠贤的手里。经过魏忠贤几年的作威作福、恣意妄为，明朝也就奄奄一息了，等到天启去世，明朝的末代皇帝崇祯虽然结束了魏忠贤的生命，却已经无力回天，只能和大明的江山一起走向灭亡了。朱由校是皇帝，对小人有足够的诱惑力；朱由校又是个天才木匠，跟读书修德的皇帝要求相距太远。于是，小人进，百事坏。

魏忠贤

几乎所有的家长都会担心自己的孩子“被带坏”，同时也会自然地采用逆筛选的办法，总是叮嘱孩子要和好的同学交往，认为用“好的同学”占满了他的交往空间，那坏人自然就挤不进来了。这跟古代的亲仁说很是接近，然而，这里也有着不容忽视的现实问题：孩子会被什么样的人带坏？什么才是“好的同学”？人的交往真的像物理空间占位那样先到先得吗？很多时候，家长会服从来自学校的“官方定义”，认定某个同学是坏的，禁止自己的孩子与之交往，如果他们恰好是朋友，可能会引发很严重的矛盾。要是追根溯源的话，那些“官方定义”当然不乏有理有据的，但也可能是荒唐的，比如那个所谓的坏孩子恰好是受了冤枉而和校方有冲突，而事实上他不过是个秉性耿直的孩子。我们是否去亲自辨析好与坏？我们是否把辨析好与坏的基本准则告诉孩子，并且在实际的判断过程中跟孩子去沟通、探讨？如果完全没有，那么，做家长的恐怕也会因此把事情搞坏的。

八　学文

【原文】

不力行①，但②学文③。长④浮华⑤，成何人。

【注释】

①力行：亲自实践、勉力去做。②但：只有、唯有。③学文：学习书本上的知识。④长：年龄稍大。⑤浮华：不切实际。

【译文】

无论做什么都要有恒心，要努力去实践。只知道一味地读书，就会滋长浮华的习气，这样又有什么用？

【解读】

一个人的学问要提高，必须"力行"与"学文"同步进行，这也叫解行相应。"解"与"行"好比一辆两轮车，只有两个轮子一起很协调地动起来才能前进。假使一个轮子坏掉了，会有什么样的结果？就是原文中所阐释的不力行，只是学文，只是看书，甚至于取得很高的文凭与学历，这样的下场也只是助长了自己浮华不实的习气，变成一个脱离实际的空想主义者。

因而，学与做是不可分割的整体。一个人如若只是一味地死读书，读死书，不去动手、动脑，即使有再高的学识，可是运用到现实生活中也还是一无是处，手忙脚乱，不知从何处着手，这样所学的知识不但毫无用处，反而会助长华而不实的坏习气。

我们人类是要过着群居的生活，不可能离群而居，所以学习如何与人和谐相处，是最基本的常识。因此，从小父母、师长就必须教育孩子学习孝悌、谨信、泛爱众、亲仁等最基本的德行。这样才不会变成一个只知道死读书，应付考试，却不懂得关怀他人、不懂得待人接物的死板者。这好比一棵枝繁叶茂的参天大树，如果盘踞的树根却腐烂变质，必然禁不住风吹雨打而猝然倒下，这样实则可惜。

实际上，如果没有好好地力行，我们所学的也只是一些很肤浅表面的东西而已。这样不仅我们的学问没有得到积累，而且良好的德行基础也没有奠定，那么以后要进一步学习其他的东西，肯定是没有办法学得好的。古谚语说，"台上一分钟，台下十年功"。只有在实践的基础上才能有所收获。

林则徐用他一生的经历写下了人生十件很关键的事情，叫作"十无益"，其中有两点是针对学文的态度提出来的。

其一：行止不端，读书无益。假使一个人生活很没有规矩，对长辈毫无礼貌，他的言语行径跟圣人的教诲背道而驰，那么这样的情况，书读得愈多，自我的浮华心愈大，对他人的危害也就愈大，这样的事例在历代都有很多，历代祸国殃民的人中，有很多也都是饱读诗书的人。而他们读书只是为了追求功名利禄,没有建立德行,从小德行的根基没有扎稳,才会做出有违伦长、祸国殃民的罪责,成为后人唾弃的对象。而一个人德行的根基扎好了,一定会成为一个时时孝顺父母,友爱兄长,服务人民,效忠国家的栋梁之材。所以一定要把圣贤的教诲落实跟生活的行为相应。

其二:心高气傲,博学无益。如果一个人求得了高深的学问,傲慢心却生长出来,即使读再多的书,也是无用的,这样的人只会拿自己的学问衡量他人的过失,但从来看不到自己的过失,时时指责他人的过错,说人是非。这样心高气傲之人,即使拥有再多的学识,也只会空谈理论,毫无施战之能。

战国末年,赵括最擅长"纸上谈兵",从小熟读兵法,讲起战术十分在行,可谓纵横天下无敌手,时常沾沾自喜,可只有他那身经百战的父亲不看好他。一次,秦国攻打赵国,起初,赵国运用大将廉颇阻挡秦国。廉颇凭借经验,根据敌强我弱的形势,采取坚守不出,保存实力的策略,有效地阻止了秦国的进攻,可秦国采取反间计,散布谣言,挑拨赵王与廉颇的关系。果然赵王中计,派赵括替代廉颇,赵括没有分析敌情,轻率出兵迎战,结果导致全军覆没,使赵国提早走向被强秦灭亡的命运。

纸上谈兵,终是空有理论没有实践做基础,最终导致了失败。所以只有德学双修才行。德并不是随口说说,而是要身体力行;学也非是随兴读读,而是要慎始善终。光有学却失行,就如听人说食,终不能饱;光修行却不学,就如盲人摸象,总不能得。

现今社会中,学而不愿行的浮华之人越来越多,时时会有这样的报道"专业的高才生,生活的低能儿"。拥有了高学历,却连最起码的做人品行都没有,这样的人自始至终是会被社会所淘汰的。所以,我们受教育是为了"做人",做一个德才兼备之人,既要有德又要有才,才能在社会中施展自己的才华,实现自己的理想抱负。

【原文】

但力行,不学文。任[1]己见[2],昧[3]理[4]真[5]。

【注释】

①任:听凭。②己见:自己的意思。③昧:糊涂而不明理。④理:事物的规律、意旨。⑤真:纯正的、不虚假的。

【译文】

如果只知道埋头做事,不肯学习思考,凡事凭自己的意思来做,就不符合事理,这样是不对的。

【解读】

书是前人智慧的结晶,读其书就等于吸收前人的经验,可以少走几步错路。本性虽愚而肯读书者,读久也能明理;资质本佳又善读书者,则更如虎添翼。读书可以变化人的气质,心地干净纯正的人,才能把书读通;读通了书的,一定思想超远,气度旷达。

人的学问,随着生活阅历的丰富、人生的历练,相应的提高,才能适应瞬息万变的社会。如果裹足不前,觉得自己已经学得很好,很有成就,只凭自己的想法办事,这样就有可能做出许多不合义理的错事。

因而,在有空闲时,要不忘时时展开圣贤的典籍,从圣贤的典籍中反观自照,找出之间的差距,随顺圣贤的教诲,依教奉行。通过不断的学习,把圣贤的教诲转化成自己对世界的认识,转变成自己的处世之道。当我们真正拥有了这样的智慧,在生活中出现什么难题都可以得心应手、左右逢源地解决掉。如此的人生旅途才会愈来愈幸福。

至于学而不能行的书呆子,古往今来,也是有很多。而另一方面,光行而不愿求新知,处处倚老卖老的老顽固比比皆是,成了社会进步的绊脚石;相反的,不学无术,却自以为是的鲁莽汉也时时可见,犹如社会治安的炸弹。这两种瞎力行的人,也可谓是祸患。只因他们自专自是:鲁莽的,任他见,为无知障;顽固的,任己见,为知识障。都是被偏见蒙蔽了真理,造成心障。

子路曾问孔子:“可不可以不管传统,直接依据心意行事?”孔子说:“不行!以前东方有个夷人,他很仰慕华夏文明的礼法。他女儿死了丈夫,他就依据寡妇不再婚之礼,教女儿不许再嫁,却私下给女儿养了个男人;这说是未改嫁,实则已违贞洁的真谛。南方苍梧有个蛮人,娶了美妇,却让给其兄;这看来好似兄弟相让,实则不合礼让之意义。所以说,若弃置传统,任凭心意行事,就会像这两个例子,做出似是而非之事,就悔之不及了!”

【原文】

读书法[1],有三到[2]。心眼口,信[3]皆要[4]。

【注释】

①法:方法。②三到:指心到、眼到、手到,三者都要具备。③信:确实、真的。④皆要:都重要。皆,都、全。要,重要、需要。

【译文】

读书的方法有三个要领,即心到、眼到和口到,这三个方面都要具备,缺一不可,这样读书才会有效果。

【解读】

“三到”的读书法以及下面的很多条例都是宋代的朱熹提出来的,“三到”之中他又特别强调心到。自古以来,书本学习就是这么一回事:通过视觉接收书本的平面符号,然后将其转化为语音符号加以记忆,然后再脱离书本,把记忆中的内容用平面符号再现出来。这个再现工作完成得越好,就被认为是学习的效果越好,这也就是所谓的记诵之学。人们之所以要通过语音这样一个媒介来完成学习,就是因为长期以来缺乏有效的手段来保存和传播语音,话说过了、听过了就没了,无法核查、无法重复、无法存档也无法复制。而对个人来说，恰恰是口语的使用效率要高得多——读书比抄书快，长期记忆也总是记语音而不是文字符号。这样，人们就选择了这样一个看来很牺牲效率而又是唯一可行的学习法去对付大量的文本。然而，无论是文字还是语音，其实都不是学习的真正对象，人所需要的是前人留下的经验、知识和智慧，文字只是它们的载体。所以，对学习者来说，不管是看、是读，要达到学习的目的还必须有一道重要的工序，就是用"心"去把这些内容加以转译，于是就有了"三到"之说。在一般情况下，眼和口是互相匹配到位的，而心则常常可以游离在外，即俗话所说的小和尚念经，有口无心。

南北朝时候有个陆澄，号称博学，书真的读了不少，最后想写一部《宋书》，居然没憋出来，尤为可笑的是，他花了三年读《周易》，最后人们发现他连文字都没有读通，当然更谈不上理解意思了。所以，陆澄得了一个雅号叫书橱。可能陆澄有点冤，《宋书》这样的史书的确不好写，而《周易》更是出名的难读，但至少可以说明读书"心到"的重要性。读书做不到"心到"不仅仅反映在是否能解文义，更重要的是在于能否把书中的知识和经验合适地用于现实。书是前人智慧的积淀，按理说读书越多的人越是能够站在前人肩膀上俯瞰众生，应该有着超出凡人的能力，可是，历史常常和人开一些不大不小的玩笑。南朝的梁武帝萧衍是历史上少见的读书皇帝，光是经史方面的著述就将近两千卷，虽说身为皇帝有着挂名"主编"的特权，但这样的天文数字也足以说明他读书之多，况且他的建树还广泛涉及佛学、文学乃至琴棋书画。梁武帝是开国皇帝，大半生总算还不丢脸，但他的结局十分窝囊，莫名其妙地养大了一个叛将侯景，最终居然以八十六岁的高龄，在江山稳固的时代被活活饿死，实在是有愧于一代伟人的形象。到了他儿子梁元帝萧绎，爱读书的基因照样保持，挂名的著作虽不及乃父，也要有好几百卷，而且现在可以肯定的是他的文学造诣绝对是一流的。可这个萧绎却是一个残暴的君主，最后，都城被敌人攻破的绝望之际，萧绎将宫中十余万卷藏书付之一炬，还将宝剑在柱上击斫，哀叹道："文武之道，今夜尽矣！"被俘后，敌人问他为何焚书，他说："读书万卷，犹有今日，故焚之。"千百年来，多少人为之感叹不已。

心，是最实在也是最难把握的东西，古人读书关注一个心，今人也是一样。只可惜现代汉语中人们说"用心读书"的时候，"心"字已不再是一个重音，"用心"去读，变成了仔细、认真的同义词，很少有人有能力、有意识去告诉孩子如何用"心"而不只是眼和口去读书。更为不幸的是，人类始终没有找到战胜自我的办法，在甄别人才的时候依然不得不借用记诵能力的高下来评判人才的优劣，或许梁元帝的悲剧不会终止，我们能做的，只是尽力让孩子们学会用"心"去读书。

【原文】

方[①]读此[②]，勿慕彼[③]。此未终[③]，彼勿起[⑤]。

【注释】

①方:正在。②此:这。③慕彼:想另一个。慕,想念。彼,那。④未终:还没完成。未,没有。终,结束、完毕。⑤起:开始。

【译文】

正在读这本书的时候,就不要想到其他的书。一本书没有读完,不要再读另外的书,要学会专注。

【解读】

从古到今,求学问也有一个很大的忌讳:就是不专心深入研究,而是浅尝辄止,这本书没有看完,又拿起其他的书籍。这就是所谓"贪多嚼不烂"的道理。但是世人都很贪,好像觉得多就一定好。这其实是最愚蠢的想法。因为多就会乱。所以在《礼记·学记》里面提到一句教诲"杂施而不孙,则坏乱而不修"。假使一次学一大堆东西,也没有顾虑到自己的接受能力,有可能囫囵吞枣,到最后一定会学不好,甚至于会觉得不想再学了。

因此,一个人无论读书还是做事,都要聚精会神、认认真真、一丝不苟,做到心到、眼到、口到,全身心地投入做一件事,办事的效率才会高,学习的效果才会好。

古人读书,一定是一部书读完之后,再读另外一部。而现在很多人读书时,看到书很厚,就会想何时才能读完,往往就虎头蛇尾,前面看一点,中间翻一些,后面再看几页,这一本书囫囵吞枣就算看完了,或者是走马观花地从头到尾翻一遍,就丢在一旁,再去看其他的书,这样的读书方式,实则根本是在浪费时间,什么都没有学到。

这就是古人和今人做学问的不同之处。古人懂得只要一经通,那么所有的经典都会通达,所以他们有这样的耐心在一部经典上专心用功,这样才会有成就。因而,修学的态度在力行,在于恒心跟毅力。也是在说,当你看一部书的时候,你一定要从头读到尾。正所谓是"读书千遍,其义自见"。

著名政治家赵普,号称北宋第一文臣,一生所读的书也只有一部《论语》。赵普认为齐家、治国、平天下的道理全在这本书中。并以半部《论语》辅助太祖平定了天下,用半部《论语》辅佐太宗,治理天下。

所以学习东西切记不能贪多,还有不能贪快。一个人太躁进,心就会浮动,跟学问不相应。就会样样通样样松,因此多久会乱,杂了就学不踏实,到最后哪一样也没有学精,所以曾国藩也说道心上不可无书,但是桌上不可多书。

【原文】

宽[①]为限[②],紧用功。工夫[③]到,滞塞[④]通。

【注释】

①宽:宽松。②限:限定。③工夫:指所花费的时间和精力。④滞塞:不通。

【译文】

刚开始读书时，时间要放宽些，计划的时间确定后，就要抓紧用功，不能耽误。只要工夫到了，达到一定水平之后，自己觉得疑惑的地方就会迎刃而解了。

【解读】

古人以为，读书不必贪多，只是不能三天打鱼两天晒网，这样日积月累的成就也是很可观的。汉代的东方朔是个生性幽默的人，他二十二岁时给汉武帝上表自荐说："我十三岁开始读书，十五岁又学击剑，十六岁开始读《诗经》《尚书》，读了二十二万字，十九岁学兵法，又读兵书二十二万字，所以我一共读了四十四万字的书……"他这样的口吻当然有点故意搞笑，但是算算他读书的速度，十六到十九、十九到二十二，都是三年，三年读二十二万字，也就是一年七万三千多字，再摊到三百六十天，一天读书不过两百字出头，对谁来说是件难事呢？照这样的速度去读经典原文，所谓的十三经不过是三五年之间的事。当然，经典原文是有难度的，而且光读经书未必够用，又有人用"叶"的算法统计当时常用的经注和史书的总和，然后得出一个算式，说读书人半天读经，半天读史。经书难，只读三叶；史书相对容易，读二十叶。刨去婚丧嫁娶和逢年过节，就算三百天，三年可以完工。如果人愚钝一点，还可以宽限到六年、九年。一叶多少字呢？照《四库全书》算，三百三十六字。之所以古人会不厌其烦地做算博士，用意就在于告诉后人一个道理：饱读诗书并非很难，但贵在坚持。如果把每日的工作量加得太大，那孩子身体上也吃不消，坚持更是无从谈起。过去也有一些不理性的做法，比如宋代的叶梦得就在《避暑录话》中记载当时的江西饶州因为出了个神童，当地百姓都很羡慕，便纷纷想让自己的孩子早中科举，由此催生了一种近乎惨无人道的教学方式。把五六岁的孩子用大竹篮吊到树上，使之与日常的家庭生活隔绝，找来专门做这个生意的教书先生，每天爬上去教学兼催逼，以经书为单位，教完一经结算一次工钱，而孩子就是无休止地日夜苦读。据叶梦得的了解，因为这样而考中的也不是没有，所以当时有饶州盛产神童的说法，但是受不了这份苦而夭折的孩子远远多于金榜题名的。像这样的情形，就是在功利心的驱使下盲目追求读书的量，不仅违背自然规律，也不利于培养做事的恒心。

现在人们也常提减轻学生负担的问题，尤其是面临中考、高考的学生，总是显得压力太重，曾经有不少个案比之叶梦得笔下的饶州神童有过之而无不及，这是一个教育界面临的大问题，各个地区、各个学校甚至同校的各个班级、教师都会给学生不同的学习压力，到底怎样做过重、怎样做合适也很难有一个具体指标。古人还能用字数、页数来算账，现代人的读书就不能这么算了，数学书上一个公式半页解说可能会导致千万道复杂的题目。于是人们常规地会用孩子日常作业做到几点来推论其负担的轻重，并且很多家长会拿自己儿时的情形与之比较。我们现在也无力去解决教育界面临的这道难题，从《弟子规》出发，却可以给家长们提个醒：宽为限，紧用功。特别是年龄比较小的孩子，我们的家长在觉得老师给他的"限"太紧的时候，是否也曾反思一下自己的孩子用功够不够紧？不同的孩子性格禀赋都有差别，在解题做事尚不熟练的时候，动作慢、易分心也是很常见的现象，有时候平心而论，孩子的作业并非多得离谱，不妨也像古人那样做估算博士，给孩子分析一下，某项作业是抄写若干或解题若干，预计总耗时多少，分摊到每个字句或每题又是多少时间，如果孩子真的有做事效率的不足，这是一个很有效的警示办法。当然，辅之以具体做法上的指点传授也是必需的。

【原文】

心有疑，随①札记②。就人问③，求④确义⑤。

【注释】

①随：随即、立即。②札记：笔记，读书时记录的重点或心得。③就人问：找人问，向人请教。就，靠近。④求：找寻、设法得到。⑤确义：真正的意义。

【译文】

如果还有不懂的地方，就要随手做笔记，把它记下来，碰到别人就去请教，来寻求正确的答案。

【解读】

诚如韩愈所说："人非生而知之者，孰能无惑？"一个人在读书的过程中，总是会遇到自己无法解答的疑难杂症，影响学习的深入进行。这样，就要马上做好笔记，继续下面的学习，或许前面的问题会在后面的学习中得以解决，如果实在无法解决，就必须去请教良师益友，熟知此道之人，获得真知灼见，明白真义，正如孔子说："就有道而正焉。"

贾逵是东汉时期的经学家、天文学家。贾逵自小便聪明伶俐，喜欢读书。但家里太穷，买不起纸和笔。读书时，每当遇到好的文章和不懂的词句时，贾逵从不一扫而过，而是借来笔墨将这些内容记在门扇、屏风和自己制作的竹简、木片上，然后找机会向人请教。就这样，一边读，一边记，一年之后，前人写的书籍，他几乎都读遍了。随着不断地学习，他的学识越来越渊博，同他接触过的人都说他是当今奇才，无人能同他相比。

贾逵正是通过这种心有疑，做札记，然后不耻下问地去求知，才有如此高的成就。所以，求学必有疑，有疑贵在问，敢问，会问，不耻下问，这样在问中学，在学中问，相互促进，才能求得真知。因为疑是人进步的阶梯，疑愈深，求愈切，学愈用功，收获愈多。如人饥渴时，求饮寻水，刻不容缓。疑中求知，寻师访友，不耻下问，疑难得解，顿时茅塞顿开，前进有力。

现在，很多人时时会在他人面前摆出一副很有能力、什么都懂的样子。往往使得一些不知真相的人前去向他请教学问，结果往往是此人不懂装懂，信口雌黄，教给他人错误的知识，弄到最后以讹传讹，导致一些人走了许多弯路，错路，危害了一些人。

因此，当我们不能很容易分辨此人是否有真实的学问时，我们可以去寻求古圣贤的智慧典籍，因为，古人的经典哲理，都蕴涵在这些书籍中。通过古人的力量化解自己疑难的阴云，提高自我求知的欲望。

【原文】

房室①清②，墙壁净③。几④案⑤洁⑥，笔⑦砚⑧正⑨。

【注释】

①房室：这里指读书做功课的房间。②清：洒扫整理。③净：干净。④几：长方形的矮桌。⑤案：桌子。⑥洁：清净无垢。⑦笔：作字画的工具。古人把它与墨、砚、纸合称文房四宝。⑧砚：磨墨的工具。⑨正：不偏。

【译文】

自己的房间要注意保持整洁，屋子的墙壁要干净。书桌要洁净，桌上的笔和砚摆放好。

【解读】

古人很善于打造良好的学习环境，往往都是在求知前，使书房干净整洁，窗明几净，文房四宝规放整齐，井井有条，然后，古人才正襟危坐，手捧圣贤的经典，心静下来，学问自然就容易灌输进头脑中。

学问，本就是一种神圣的智慧，在求知时，也应该秉持一种严肃认真的态度，不然，很难学到真正的东西。孔圣人曰："君子不重则不威，学则不固。"也是在强调，如果没有庄重严肃的心态去对待知识，心有旁骛，学习的劲头必然不强，心无法静下来，这样，学到的知识也只是一些肤浅的皮毛，毫无价值。人的心会受到外界环境的影响，所以环境清净，内心也会清净。

因此，书屋清净，几案整洁，是求知之前必备的条件。俗话说："一屋不扫何以扫天下。"整理房间看似是小事、自己的私事，与其他事情没有关系，也不会影响到求知、办大事。但是如果连自己的私事都无法办好，处理得当，又哪有闲时去处理大事。大事往往都是一件件小事的叠加。在日常的小事中，可以培养一个人的责任感、耐心、毅力。任何小事都可以做到井然有序，这样若是一朝风云际会，更能运筹天下于帷幄间而无碍，何愁做不了大事。

现在，我们是否反省过自己的过失。房间脏乱无序，看完的书籍随处扔，明明有书柜却不懂得用，文房四宝，虽说是古人学习的工具，现在我们不再用，但是我们也是会用到一些学习工具，理应在用过之后，收拾停当，下次再用时，就可以随手找到，不用浪费时间随处翻找，如此心才不会纷乱，可以静心学文。

所以，小事之中蕴藏着大智慧，点滴中足见成功之源。

【原文】

墨[1]磨[2]偏[3]，心[4]不端。字不敬[5]，心先病[6]。

【注释】

①墨：书画用的黑色颜料。②磨：转动研磨。③偏：歪斜不正。④心：五脏之一，古人认为心为思想意念的主宰，所以有心想、心思的说法。此处作意念解。⑤敬：慎重。⑥病：瑕疵、缺陷。

【译文】

写字先磨墨，如果把墨磨偏了，说明心思还不够专注。写出来的字如果歪斜走样，那就是自己心里还不宁静，这个时候应当检查一下自己。

【解读】

汉字是传承我们中华文明的重要载体，是我华夏子孙传古颂今的宝贵财富。古人说："意在笔先，心正则笔正。"正如人们常说字如其人，一个人写字心不在焉，不认真，写出来的字必定是乱七八糟、歪斜潦草。也证明了此人心没有专注在写字上，心有杂念，没有静心写字。一个字的一笔一画都要落实在何处？心都要紧随笔动，这样，写出来的字才会不仅工整而且刚劲有力。所以一定要把字写好，这样不仅继承发扬了民族的精华，还能培养自己认真严谨的作风。观察到自己的心态如何，都可从平常的行为造作当中得以体现。

文房四宝

古人讲究的是房室几案之洁，笔墨纸砚之正，行笔作文之端，以及由此生发的心思志气之纯。所以在写字、读书时，书桌旁一定都会备好文房四宝才可以。且古时都是用毛笔写字，都必须要磨墨，如果墨条磨歪了，就表示心有旁骛、不专心。今天我们已经不必磨墨，毛笔也纯粹成了一种艺术工具，但还是可以从一个人写字的姿势、握笔的方法上看出这个人此时的心态，是否心神气定地专攻在习字行文求知上。

这里也是在借古人磨墨习字之法，提醒今人不要丢失这种恭敬、端正之心，仍须时时恪守，一言一行，不可随意。"不必坐关，不必参禅，大智慧原不离平凡。每日谨慎莫懒散，凡事在心不轻慢。入圣无他难，敬字是灵丹。劝君运用，滋味甜甘。"因而，写字的时候也要恭敬去写，如果我们每一次写字心都很散乱，那学问就会在这一颗心的境界中一点一滴地流失。

所以,我们要明白,不能使自己的心生出毛病,生出杂念,假使我们的内心有了浮躁、不恭敬的毛病,这样必定会影响我们的言行举止,再则,言行举止又会影响到内心,这样周而复始,心永远都静不下来,学问就永远不会倾慕你,你也只能是一个凡夫俗子,毫无成就可言。而这里的磨墨也好,写字也罢,目的只有一个:就是安定我们的心,这样做学问才会有成就,心浮气躁永远只能是一事无成。

【原文】

列[1]典[2]籍[3],有定处。读看毕[4],还[5]原处。

【注释】

①列:排列、陈列。②典:重要的书籍。③籍:书本。④毕:终了。⑤还:放回。

【译文】

典籍要放在固定的地方,这样可以方便查找,看完了要放在原处。

【解读】

书籍的摆放要分门别类,各有其一定的位置,用时才方便。读看过后,再归回原处,下次读用时,即时可以找到,节省时间,提高效率。

《宋稗类钞》记载:北宋杰出的史学家司马光,在独乐园的读书堂中,藏有文史类书籍一万多余。其中司马光每天早晨常常阅读的书,虽然读了几十年,看上去都新得像是从没用手摸过一样。

司马光曾经对他的儿子公休说:"商人们爱收藏钱财货物,儒家所收藏的,只是这些书籍,应当知道要珍爱它们。我每年在上伏和重阳日,看到天气晴朗时,就在阳光下放置几案,将那些书斜放在上面,晒书脊。所以年月虽久,书还是保存的完好无损。打开看书,必然先把几案打扫干净,铺上桌布,然后端坐好,才看书。有时候出行带书,那就把书放在方的木板上读,从来不敢直接用手捧着书,这不但是担心手汗浸到书页上去,也是保证书脊不致在移动中损坏。每到看完一页,就用右手大拇指的侧面贴着书页的边沿,再用食指捻起书页,这样翻过一页,因此可以不把纸弄烂。我常看到你们翻书时直接用手指撮起书页,这很不合我的意思。现在佛教道教中人尚且知道尊敬他们的经书,我们儒家怎么能反而不如他们呢?应该要记住我的话。"

司马光在编写《资治通鉴》时,书卷很多,底稿上涂改或删减的许多文字、符号,都是工工整整的,没有一个潦草的字迹,并且所用书籍都是分门别类地放在固定的地方,从没有随处丢放。

所以从司马光诫子惜书中,我们要懂得每次看书,不仅要爱护书籍,要把它放好,而且要放在固定的位置,方便查阅,节省时间,提高效率。这样做事情也就会有始有终、有条不紊。尤其是做父母的从小就要做出很好的榜样,来教导自己的小孩懂得"动物归原"的道理。这样,从小训练孩子做任何事都要做得井井有条,成为一个心灵井然的人;成为一个生活可以自由支配的独立人。

【原文】

虽有急①,卷②束③齐。有缺④损⑤,就补⑥之。

【注释】

①急:急迫的事。②卷:指书籍。③束:捆扎。④缺:缺少。⑤损:毁损。⑥补:修整。

【译文】

虽然有时候很着急,也要把书摆放整齐。看到书有缺损的地方,那就应该把它修补好。

【解读】

书籍是前人的智慧和经验的结晶,是人的良师益友。读书可以增长见闻,开阔眼界,累积他人的知识学问为已用,做起事来就事半功倍;更重要的是可以从中温习,养成正确的观念,良好的品德,好处可谓是数也数不清。

因此理应像爱护自己的身体一样去爱护、珍惜,即使有急事,也要把书整理好,收拾干净,并在读处用书签做好标记,方便下次继续阅读。如果书有破损,就要立刻把它修补好,这样可以延长书籍的使用寿命,否则造成损毁或丢失页码,是对知识的不尊重,同时也是对图书资源的浪费。

古代的书籍,从最早的竹简、苇编、帛书,到后来的线装纸面书,一般都是用线绳装缝在一起,经常翻阅就很容易产生脱线缺页,或磨损模糊的现象;所以取读时必须小心,轻拿轻放,有破损缺页,应马上补修重钉,以免继续散失或损毁。即使是现代的平面精装版,若不加以爱护,也一样会破损脱落或散失流逸,不利于下次的看读。因此,日用间的条理井然,整洁有序,节省的不单是时间,也是金钱。一个人是不是有成就,从他日用间是否爱惜物品,是否条理井然的做事中就可发觉。

古人都深知一书得来不易,都会十分地珍惜,假使有所损坏,必定会修补,保持完整。

《史记·孔子世家》记载:孔子少年时勤奋好学,十七岁时就以学识渊博闻名于鲁国。虽然孔子学识渊博,可他一生都没有松懈过。那时还没有发明纸,书籍都是用竹简做成,然后用牛皮绳编连起来的。据说孔子到了晚年,喜欢阅读《周易》,因为每天翻阅,穿竹简的牛皮绳磨断了三次。而磨断一次,孔子就再整理一次,这样,一连换了三次牛皮绳,孔子才把《周易》研究透,但书却还是保持完好,没有任何缺失。

这一方面反映了孔子的刻苦,但另一方面我们也可以看到,孔子在读书过程中,是十分爱护图书的。

古人对书那样爱护,而我们现在的人虽说书籍得来比较容易,但是也不可不珍惜,不可不怀着恭敬的心对待古人留给我们的智慧典籍,爱惜这些文化遗产。

【原文】

非圣书[①],屏[②]勿视[③]。敝[④]聪明[⑤],坏心志[⑥]。

【注释】

①圣书:圣是“博通事理”,博通事理的人所写的书就是圣书,多半是教人智、仁、圣、义、忠、和等六德之事。②屏:此处读作“丙”,排除的意思。③视:看也。④敝:通蔽,障碍。⑤聪明:指耳目。耳可以听其声察其意,目可以明察事物,所以亦有智慧的意思。⑥心志:善良的本性与志节。

【译文】

如果不是圣贤的著作,就不要去看它,这些书会蒙蔽真知,损害人的意志。

【解读】

天下的书太多太多,人们会笼统地区分出好书和坏书,古人和今人的标准有所不同,但是总会在选择阅读的时候有所取舍。宋太宗是一个爱读书的皇帝,他为了读书方便,专门下令编纂了一千卷的《太平御览》,搜集古今记载,按事类排列;又《太平广记》五百卷,搜集历代奇闻轶事、小说杂谈;又《文苑英华》一千卷,类选前代的优秀文章。宋太宗规定自己每天要读两卷,如果遇到有事不能完成,空闲下来要追补阅读。他说:“开卷有益,我不觉得读书是劳累的事。”于是,后世便传下这样一个成语,多用来劝人读书。而这个成语和读书的取舍又成为一组鲜明的矛盾,到底是否真的“开卷有益”成为长久以来人们辩论的话题,尤其是对未成年人来说,阅读上经常是有禁区的。古人以儒家学问为正宗,所以极度推崇经书,而对其他内容则有些抵触,特别是关于“怪力乱神”的或宣扬爱情的内容,因此,《红楼梦》中的贾宝玉是要偷着才能读《西厢记》的,而《红楼梦》本身在清末也一度成为禁书,寻常人家的子弟是不能随便阅读的。古人的理由很简单,读书这件事说得功利一点是为了通过科举求取功名,进而光宗耀祖;说得冠冕堂皇一点,则是为圣人立言,传播正统的儒家思想。无论从哪个角度说,很多小说都会起到极大的负面作用,尤其是心志未定的孩子,在小说的强大感染力下常常只能看到表层的一些东西,同样是《红楼梦》,儿童只见五光十色的衣食玩好,青少年则不免眩惑于卿卿我我的缠绵悱恻,只有学业有根基、道德意识俱已成型的成年人,才能从中体会更深层的有益的内涵。曾国藩就十分欣赏《红楼梦》,认为它把人情世态写得入木三分,是一本蕴含人生大道的好书,并屡次向弟弟和朋友极力推荐。在儒家学问的轨道上,在人生阅历上,曾国藩的功力都是大学教授级的,所以他可以跳出“禁书”的樊笼,有意识、有主张地去选择阅读,而思想尚未成型的孩子便没有这样的能力,作为师长,为他们的阅读做一些限定、安排也确实是必需的。

在文化日趋多元的背景下,我们早已不可能再单一地以圣贤书为标靶去建立儿童的阅读阶梯,然而这并不意味着就可以采取放任自流的态度,无原则的“开卷有益”肯定不是教育者的最佳选择。这个话题牵涉的面很广,从家庭教育的角度说,我们首先必须认清现实,那就是现代信息传播的效率非常之高,古代人只要管住孩子的阅读文本就可以基本扼制其获取信息的渠道,但现代人却远不是这么回事,就是同一个阅读文本也会有各种不同的形式出现,何况还有电视、网络及其他许许多多的信息渠道,要想用屏蔽的办法来保护孩子的"聪明""心志",让他们在一个近乎"无菌"的环境中长大,再按部就班地进入社会去学习更高级的生存技能,这是不太可能的事。其次必须看到,无论什么时代,凡是用以构筑道德、人格的根基的书都是枯燥乏味的,只要是孩子都会喜欢新奇的、动感的、充满五光十色的诱惑的内容。这些内容就像好吃好玩但不够卫生的食品一样,不许他吃是一种应对策略,同时必须面对的是孩子的反抗和"扼杀儿童天性"的愧疚。在古人的经验中,这是一个可行和必要的做法。时代变化了,社会环境也今非昔比,想扼杀也做不到了,如何制定有效、可行的阅读指导成了一个很重要的课题,对当代生活有着充分了解的中青年人又是建设和完成这个课题的中坚力量。

【原文】

勿自暴[①],勿自弃[②]。圣与贤[③],可驯[④]致。

【注释】

①暴:伤害的意思。②弃:放弃,舍而绝之。③贤:多才有善行的人称贤,次于圣者。④驯:循序渐进。

【译文】

我们要对自己有信心,不要自暴自弃。只要有志向和目标,圣贤的境界才能达到。

【解读】

不管哪一套人生规划的理论,最终都有一个目标,军人要最终做到大元帅,商人最终要做到大老板,佛教徒要最终修成菩萨、成佛,儒家则说要成为圣贤。这些目标都非常的高远,但没有哪一家的理论会说这目标是不可能达到或只有极少数人能达到的——虽然谁都明白这种高级目标确实是极难达到的。

一般来说,各家的宣教总会极力地鼓励人们去好好地做,并从道理上分析高级目标并非遥不可及,否则,谁会愿意投身于一种明显绝望的人生规划呢?儒家说的圣贤是指道德和才能俱佳的理想人物,圣的要求高,必须要达到进入化境的水平,所以历史上公认的圣人大多是半传说的人物,如伏羲、黄帝、尧、舜、禹之类,历代的儒家学者可以根据理论的需要对这些标本进行各种修饰和涂抹。直到最后一个圣人孔子,他作为一个活生生的人的资料还算完整。后来儒生尊孔,孔子被认为是一个不可超越的巅峰,人间便不再有圣人了。孔子之后,圣人一词渐渐被移用到某些具体的行业或领域,用来称呼创始人及有特殊成就者,比如诗圣杜甫、书圣王羲之、茶圣陆羽等。贤人是比圣人略下一个档次的,对于儒学门徒而言,是比较现实的追求目标,但具体的要求其实也很高,大抵是要考察一个人终生对儒学的贡献而做出决断的。在具体形式上,因为历朝都有祭祀孔庙的做法,除了孔子一人为主接受祭献之外,还有一些圣徒是作为随从接受供奉的,过去有四配十二贤之说,四配是孔子成就最高的四个传人:颜回、曾参、孔伋和孟子。十二贤也都是孔子的门徒,除了南宋推行儒学的大功臣朱熹。后来历朝也有将当时的著名学者列为从祀孔庙的对象以作为奖励学术的手段,但能有幸跻身其列的少之又少,整个清朝不过汤斌、陆陇其和张伯行三人而已。所以,儒学和其他门派一样,都是"学者如牛毛,成者如麟角",只不过是在教导初学者的时候要给他们一个必要的信心,使之不要自暴自弃,努力为学,跟"神仙也是凡人做""众生皆可成佛"的说法是十分相似的。而且各种学派总要追求平民化,如果对出身、天赋等有所限制,也是不利于自身发展的。儒家的那些门徒有出身低微的,有父辈做商人甚至强盗的,但跟从孔子认真学习,最终也都能名垂千古。正是这样的实例,代复一代地激励着后学不断求索。《弟子规》也正是在讲清了各种行事处世的规范之后对晚生子弟做一个激励性的总结。

时代不同,风尚不同,儒学早已经不是全社会唯一尊崇地做人模式,现在的孩子人生理想可谓五花八门,但总还不外乎道德名利。古人在儒家学术是强势语言的环境中不能公开宣扬名利,现代人可以不顾及这一点。对道德,要选择的是态度,究竟是阳奉阴违还是直接弃之不顾。事实上,人类社会从来未能真正脱离道德这一意识形态的管束,即便是所谓"礼崩乐坏"的时代,人们共同生活中总有固定的行为准则,它代表着全社会的价值取向,独立于法律之外对各种行为起着判断作用。即便在某一个时段看起来整个社会都醉心于物欲,但物质永远不可能真正取代道德的作用,只是道德在起评判、约束的作用时会有观念上的差异和形式上的变化。同时,每一个时代的道德观都是历史积淀的产物,它不可能凭空生成、异军突起,在中国文化的大背景下,无论社会现实如何激变,道德指标只能是各种观念妥协融合的结果。从这个意义上说,我们今天读《弟子规》应该先以一种平和的心态去看古人是如何说、如何做的,进而再思考一下这些选择和当时的社会环境之间究竟有什么样的因果,然后才是古为今用的问题,思考古今环境的差异,决定扬弃的原则。

国学经典文库　图文珍藏版

蒙学经典

王书利⊙主编

线装书局

幼学琼林

[明]程登吉

旧时人们常说:"读了《增广》会说话,读了《幼学》会看书。"不少读书不多的人,对很多成语典故却很熟悉,讲来倒背如流,用来得心应手,往往是得力于《幼学》一书。

《幼学》是《幼学琼林》的简称,它原名《幼学须知》,又以《成语考》《故事寻源》等异名异本流传于世。在各种本子中,以程、邹本为最佳。《幼学琼林》由明代程登吉(字允升,西昌人)原编(一说为明代景泰年间进士编),后由清代邹圣脉增补。

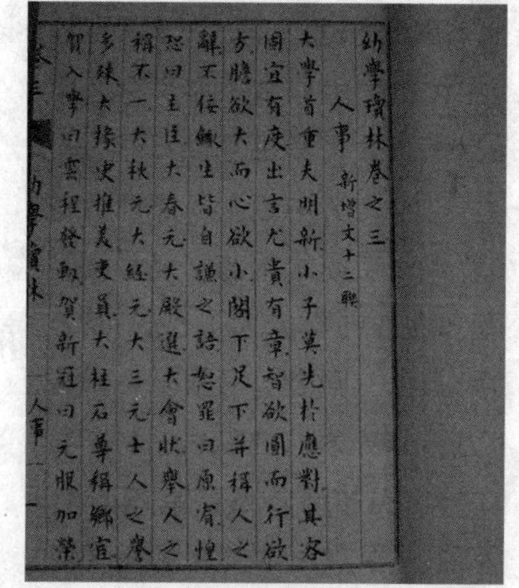

幼學瓊林卷之三

人事 新增文十二聯

大學首重夫明新小子莫先於應對其容固宜有度出言尤貴有章智欲圓而行欲方膽欲大而心欲小閣下足下并稱人之辭不佞鯫生皆自謙之詞恕罪曰原宥悼恐曰主臣大春元大殿選大會狀舉人之稱不一大秋元大經元大三元士人之譽多殊大掾史推美吏員大柱石尊稱鄉宦賀入學曰雲程發軔賀新冠曰元服加榮

《幼学琼林》书影

该书在内容上广泛吸收了多种蒙书的材料,涉及范围很广,包括天文地理、古往今来、人情世故、家庭婚姻、生老病死、衣食住行、制作技艺、鸟兽花木、神话传说以及常见的成语典故,可谓无所不包。它行文的特点是,释文简练而又比较恰当。用语不多却达到了将词语或典故解释清楚的目的,如"无言曰缄默,息怒曰霁威","赞襄其事,谓之玉成;分裂难完,谓之瓦解","不修边幅,谓之不饰仪容;不立崖岸,谓人天性和乐"等等。在内容上,该书还包含了许多神话传说、历史故事、人物典故以及千百年来为人们所喜爱传诵的格言,如"后羿妻奔月宫而为嫦娥,傅说死其精神而托于箕尾","苻坚自夸将广,投鞭可以断流;毛遂自荐才奇,处囊便当脱颖","兼听则明,偏听则暗,此魏征之对太宗;众怒难犯,专欲难成,此子产之讽子孔"等等。

在体例方面,《幼学琼林》打破了四言、五言或七言的限制,长短自然,按内容分类编排,偶句成对。

《幼学琼林》成书于明代,内容中有不少宣传封建思想意识的东西,如"宗藩"为"龙之种""麟之角"之类,另外也有一些庸俗、荒诞的成分。但所有这些在古籍中俱有来源,涉猎此书,对了解我国古代文化和社会意识自有其作用。

卷一

天文

【原文】

混沌初开，乾坤始奠。

气之轻清上浮者为天，气之重浊下凝者为地。

【译文】

模糊一团的宇宙一经开辟，天地从此就奠定了。浮在上面的轻气便是天，凝结在下面的厚重的气体便是地。

【原文】

日月五星，谓之七政；天地与人，谓之三才。

【译文】

日、月和金、木、水、火、土五星，叫作七政；天能够覆盖万物，地能承载万物，人可以创造万物，故天、地、人合称为三才。

【原文】

日为众阳之宗，月乃太阴之象。

虹名蝳蝀，乃天地之淫气；

月里蟾蜍，是月魄之精光。

【译文】

太阳是众阳之主，月亮是太阴的象征。虹又叫蝳蝀，是天空中的水气与阳光交相辉映，形成的彩色晕圈；月宫里的蟾蜍，形成了月球的背景色彩。

月宫蟾蜍

【原文】

风欲起而石燕飞，天将雨而商羊舞。

【译文】

将要起风的时候，零陵山的石燕就飞舞起来；天要下雨的时候，被称作商羊的独足鸟翩翩起舞。

【原文】

旋风名为羊角，闪电号曰雷鞭。

【译文】

屈曲盘旋的风像弯曲的羊角，故旋风又被称为羊角。闪电过后是雷鸣，划破长空的闪电，紧连着雷鸣，故闪电的别名为雷鞭。

【原文】

青女乃霜之神，素娥即月之号。

【译文】

青女是主管霜降的神，素娥是月亮的别号。

【原文】

雷部至捷之鬼曰律令，雷部推车之女曰阿香。

【译文】

雷部里行动敏捷的鬼叫律令，雷部里推雷车的女子叫阿香。

【原文】

飞廉系是丰隆，雪神乃为滕六。欻火、谢仙，俱掌雷火；云师、箕伯，悉是风神。列缺乃电之神，望舒是月之御。

【译文】

丰隆是行云的法师，滕六是掌管降雪的神仙。欻火、谢仙掌管雷火；飞廉、箕伯都是风神。列缺是电神，望舒是月亮上驾车的神仙。

【原文】

甘霖、甘澍，俱指时雨；玄穹、彼苍，悉称上天。

【译文】

甘霖、甘澍都是指久旱之后下得及时的雨；玄穹、彼苍，都是天的别称。

【原文】

雪花飞六出，先兆丰年；日上已三竿，乃云时晏。

【译文】

雪花的花瓣有六瓣，瑞雪是丰年的预兆；太阳升上三根竹竿那么高了，说明时候已经不早了。

【原文】

蜀犬吠日，比人所见甚稀；吴牛喘月，笑人畏惧过甚。

【译文】

蜀地的狗见到太阳狂吠，用来比喻人少见多怪；吴地的水牛怕热，见到月亮怀疑是太阳，气喘吁吁，人们用吴牛喘月来嘲笑过于害怕的人。

【原文】

望切者，若云霓之望；恩深者，如雨露之恩。

【译文】

说人盼望的急切心情，好像是久旱盼望天边的云霓；受人的恩惠很深，就好像雨露滋润万物一样。

【原文】

参商二星，其出没不相见；牛女两宿，惟七夕一相逢。

【译文】

参星在西方,商星在东方,从来不会遇见,用二星比喻彼比隔绝;牛郎星与织女星被银河隔断,只有每年七月七日才能鹊桥相会。

【原文】

后羿妻,奔月宫而为嫦娥;傅说死,其精神托于箕尾。

【译文】

后羿的妻子偷吃了不死药奔向月宫,变为传说中月宫中美丽动人的嫦娥仙子;傅说死后,他的精神存于箕尾二宿之间,后人常用骑箕尾来比喻国家重臣的死亡。

【原文】

披星戴月,谓早夜之奔驰;沐雨栉风,谓风尘之劳苦。

【译文】

披星戴月,早出晚归,是说不分白天与黑夜地奔跑赶路;以雨洗头,以风梳发,是说一个人奔波在外,历尽艰辛。

【原文】

事非有意,譬如云出无心;恩可遍施,乃曰阳春有脚。

【译文】

事情并非是有意做的,比喻云无意中露出藏在云中的山峰;恩泽可以普遍布施,好像春天里的暖风,随处可见。

【原文】

馈物致敬,曰敢效献曝之忱;托人转移,曰全赖回天之力。

【译文】

赠送物品给别人表示敬意,谦说自已像古代的一个穷农夫,想把晒太阳取暖这种方法献给国君取赏;请别人帮助自己斡旋一件事,说全靠他的回天之力。

【原文】

感救死之恩,曰再造;诵再生之德,曰二天。

【译文】

感谢别人的救命之恩,叫作再造之恩;称颂别人再生的德行,称作二天。

【原文】

势易尽者若冰山,事相悬者如天壤。

【译文】

势力很快消逝就像阳光照射下的冰山,事情之间的差距很大,好像天与地一样。

【原文】

晨星谓贤人寥落,雷同谓言语相符。

【译文】

用早晨稀疏的星星来比喻贤人稀少,用打雷时许多东西同时相应来比喻言语一致。

【原文】

心多过虑,何异杞人忧天;事不量力,不殊夸父追日。

【译文】

一个人的心里担心的事太多，同杞人忧天没什么两样；做事情不考虑自己的能力，就与夸父追日一样。

【原文】

如夏日之可畏，是谓赵盾；如冬日之可爱，是谓赵衰。

【译文】

像夏天的炎炎烈日一样，人人惧怕，是说赵盾的严酷；像冬天的太阳一样，给人带来温暖，让人感到舒服，是赞美赵衰的品行。

【原文】

齐妇含冤，三年不雨；邹衍下狱，六月飞霜。

【译文】

东海的孝妇窦氏含冤而死，齐地大旱三年，直到冤情得以昭雪；邹衍是燕昭王重臣，昭王死后，惠王听信谗言，捕邹衍下狱，邹衍的冤情得不到昭雪，炎炎六月忽然下霜。

【原文】

父仇不共戴天，子道须当爱日。

【译文】

杀父的仇人，不可能在同一个天空下生存，肯定要拼个你死我活；做儿子的要遵守孝道，就必须珍惜父母健在的日子，多孝敬父母。

【原文】

盛世黎民，嬉游于光天化日之下；

太平天子，上召夫景星庆云之祥。

【译文】

安定、兴盛时期的黎民百姓，多会在光天化日之下嬉戏游玩，过着逍遥自娱的日子；太平盛世的皇帝，能感召上天，呈现景星庆云的祥瑞之气。

【原文】

夏时大禹在位，上天雨金，《春秋》《孝经》既成，赤虹化玉。

【译文】

夏朝大禹在位执政时，由于有治水土的齐天之功，感动了上天，连降了三日的金子；孔子修成《春秋》《孝经》之后，祷告上天，赤虹自天而下，化为三尺长的黄玉。

大禹治水

【原文】

箕好风，毕好雨，比庶人愿欲不同；

风从虎，云从龙，比君臣会合不偶。

【译文】

箕星好风，毕星好雨，比喻凡人的愿望和私欲各不相同；风从虎，云从龙，比喻君臣相遇是一种缘分。

【原文】

雨旸时若，系是休征；天地交泰，斯称盛世。

【译文】

下雨同日出按时出现，这是吉庆的征兆；天地相交，万物相通，这才能称得上是兴盛的时代。

地舆

【原文】

黄帝画野，始分都邑；夏禹治水，初奠山川。

【译文】

黄帝划分了疆域，才开始区分都城和乡镇；（都邑：古时区域管理办法，八家为井，井一为邻，邻三为朋，朋三为里，里五为邑，邑十为都，都十为师，师十为州。）夏朝时，大禹治住了洪水，才划分了九州，奠定了国土的雏形。

【原文】

宇宙之江山不改，古今之称谓各殊。

【译文】

天地间的河流山脉永远都不会改变，只是古今对相同的地方有不同的称谓。

【原文】

北京原属幽燕，金台是其异号；
南京原为建业，金陵又是别名。

【译文】

北京原来是幽燕的属地，金台是对北京的不同称呼；南京原来焦作碱业，金陵是它的别名。

【原文】

浙江是武林之郡，原为越国；江西是豫章之地，又曰吴皋。

【译文】

浙江是武林的一个郡县，春秋时属越国领地；江西属古柴桑郡地，首府南昌，别号豫章。春秋战国时，是吴楚的交界地，所以又叫吴皋。

【原文】

福建省属闽中，湖广地名三楚。

【译文】

福建省地属闽中，湖广这块地方本名三楚。

【原文】

东鲁西鲁，即山东山西之分；
东粤西粤，乃广东广西之域。

【译文】

东鲁西鲁，就是指山东、山西；东粤西粤，是指广东广西这一地域。

【原文】

河南在华夏之中，故曰中州；
陕西即长安之地，原为秦境。

【译文】

河南在中国的中部，所以河南又叫中州；陕西指长安这块地方，原在秦国的境内。

【原文】

四川为西蜀，云南为古滇。
贵州省近蛮方，自古名为黔地。

【译文】

四川的别号为西蜀，云南的别号是古滇。贵州省地处偏远，与南蛮接近，自古以来都被称为黔。

【原文】

东岳泰山，西岳华山，南岳衡山，
北岳恒山，中岳嵩山，此为天下之五岳。

【译文】

东岳是指泰山，西岳指华山，南岳指衡山，北岳是指恒山，中岳指嵩山，这就是闻名天下的五岳。

【原文】

饶州之鄱阳，岳州之青草，润州之丹阳，
鄂州之洞庭，苏州之太湖，此为天下之五湖。

【译文】

饶州的鄱阳湖，岳州的青草湖，润州的丹阳湖，鄂州的洞庭湖，苏州的太湖，是天下有名的五湖。

【原文】

金城汤池，谓城池之巩固；砺山带河，乃封建之誓盟。

【译文】

城池像金属一样坚固，护城河像开水一样烫，是说城池牢不可破；直到泰山像磨刀石一样小，黄河变得像带子一样细，所封的国也存在，这是汉高祖封功臣为王侯时的誓约。

【原文】

帝都曰京师，故乡曰梓里。

【译文】

皇帝的都城叫京都，百姓的故乡叫梓里。

【原文】

蓬莱弱水，惟飞仙可渡；方壶员峤，乃仙子所居。

【译文】

蓬莱山水，只有仙人能过；方壶、员峤，是仙人住的地方。

【原文】

沧海桑田，谓世事之多变；河清海晏，兆天下之升平。

【译文】

沧海变成农田，农田变成大海，是说世事的变化很大；黄河的水变清了，大海的水平静了，预示着天下将会太平。

【原文】

水神曰冯夷，又曰阳侯；
火神曰祝融，又曰回禄。
海神曰海若，海眼曰尾闾。

【译文】

水神叫冯夷，又叫阳侯；火神叫祝融，又叫回禄。海神叫海若，海眼叫尾闾。是海水下泄的石孔，为传说中海水的归宿之处。

【原文】

望人包容曰海涵；谢人恩泽曰河润。

【译文】

希望别人包容，是说请人像海水一样包涵自己；感谢别人的恩泽，是说自己好像受到了黄河之水的滋润。

【原文】

无系累者，曰江湖散人；负豪气者，曰湖海之士。

【译文】

没有拖累牵挂的人，叫江湖散人；身负豪情壮志的人，叫湖海之士。

【原文】

问舍求田，原无大志；掀天揭地，方是奇才。

【译文】

只是探问安居之宅，求取丰腴之田的人，本来就没有大的志向；声势浩大地去做一番大事，这才称得上是奇才。

【原文】

凭空起事，谓之平地风波；独立不移，谓之中流砥柱。

【译文】

毫无根据地兴起事端，可以说是平地上突然起了风波；独立自主，坚定不移，可以说是河流中的砥柱山。

【原文】

黑子弹丸，极言至小之邑；咽喉右臂，皆言要害之区。

【译文】

黑痣或如同弹子大小的丸，比喻的都是极小的城邑；咽喉、右臂，说的都是要害的地方。

【原文】

独立难持，曰一木焉能支大厦；

英雄自恃，曰丸泥亦可封函关。

【译文】

依靠个人的力量难以支持下去，就说一根木头怎么能支撑一座大厦；英雄依仗自己的才能而独当一面，就说一粒泥丸都可以封住函谷关口。

【原文】

事先败而后成，曰失之东隅，收之桑榆；

事将成而终止，曰为山九仞，功亏一篑。

【译文】

做事情先败，而后取得成功，可以被称为失之东隅，收之桑榆；事情即将成功而终止了，叫作山已经堆得很高，只差最后一筐土。

【原文】

以蠡测海，喻人之见小；精卫衔石，比人之徒劳。

【译文】

用瓢去计算海水的多少，比喻人的见识浅；精卫衔石填海，比喻人无益地消耗劳力。

【原文】

跋涉谓行路艰难，康庄谓道路平坦。

【译文】

爬山蹚水比喻行路的艰难，康庄大道指宽阔平坦的大道。

【原文】

硗地曰不毛之地，美田曰膏腴之田。

【译文】

坚硬贫瘠的土地，叫不毛之地；肥沃的田地叫膏腴之田。

【原文】

得物无所用，曰如获石田；

为学已大成，曰诞登道岸。

淄渑之滋味可辨，泾渭之清浊当分。

【译文】

得到一件东西而没有用，可以被比喻为好像得到一块多石而不可耕种的田地；做学问取得了很大的成就，叫诞登道岸。淄水与渑水的味道可以分辨，清澈的泾水和混浊的渭水即使合在一起，仍然分明。

【原文】

泌水乐饥，隐居不仕；东山高卧，谢职求安。

【译文】

涓流不息的泌水，喝了可以充饥，这是说喜欢过隐居生活，不愿意做官；在幽静的东山过着高枕无忧的生活，是说辞去官职，求得轻松安逸的生活。

【原文】

圣人出则黄河清，太守廉则越石见。

【译文】

有英明的君主出现，黄河水就会变清；太守清正廉明时，隐藏在云雾的越石就会出现。

【原文】

美俗曰仁里，恶俗曰互乡。

【译文】

一个地方有良好的道德风俗，就可以称为仁里；一个地方的道德风俗恶劣，则称为互乡。

【原文】

里名胜母，曾子不入；邑号朝歌，墨翟回车。

【译文】

有个地方叫胜母，孝敬父母的曾子不肯进去，认为地名不合礼仪；一个叫朝歌的地方，墨子听后掉转车头就走，认为名字起得不好。

【原文】

击壤而歌，尧帝黎民之自得；
让畔而耕，文王百姓之相推。

【译文】

拍打土地，歌唱太平盛世，这是尧帝时候的百姓怡然自乐的情景；谦让着田埂而耕田，这是周文王时期百姓互相推让的情形。

【原文】

费长房有缩地之方，秦始皇有鞭石之法。

【译文】

费长房曾经向壶公学法，壶公教他缩地的法术；秦始皇想要渡海看太阳升起的地方，有神仙能架石桥，石走得不快，神人用鞭抽打。

【原文】

尧有九年之水患，汤有七年之旱灾。
商鞅不仁而阡陌开，夏桀无道而伊洛竭。

【译文】

尧帝时，有九年的洪水灾害；商汤时，有七年的旱灾。商鞅不仁慈，在秦孝公时实行变法，废井田，开阡陌；夏桀暴虐无道，天人共愤，连伊河、洛河的水都干涸了。

【原文】

道不拾遗，由在上有善政；海不扬波，知中国有圣人。

【译文】

统治者实施仁政,就会出现"道不拾遗"的良好社会风气;海水平静,没起什么大风浪,便知道中原国土上有圣人。

岁时

【原文】

爆竹一声除旧,桃符万户更新。

【译文】

随着一声声的爆竹响,旧日的痕迹都除掉了,千家万户都换上了避免灾祸的新桃符,迎接新年的到来。

【原文】

履端,是初一元旦;人日,是初七灵辰。

元日献君以椒花颂,为祝遐龄;

元日饮人以屠苏酒,可除疠疫。

【译文】

按年历推算,履端是指正月初一这一天,是新的一年的开始;人日是正月初七这一个好日子。元日这天要献一篇椒花颂给君王,为的是祝他长寿;元日这一天用屠苏酒招待客人,这样可以免除疠疫。

【原文】

新岁曰王春,去年曰客岁。

【译文】

新的一年叫王春,过去的一年叫客岁。

【原文】

火树银花合,谓元宵灯火之辉煌;

星桥铁锁开,谓元夕金吾之不禁。

【译文】

火树银花聚在一起,是赞叹元宵节的灯火辉煌;星桥上的铁锁都打开了,是元夕这一天解除禁令,通宵狂欢。

【原文】

二月朔为中和节,三月三为上巳辰。

【译文】

二月初一这一天是中和节,三月初三这一天是上巳节。

【原文】

冬至百六是清明,立春五戊为春社。

寒食节是清明前一日,初伏日是夏至第三庚。

【译文】

冬至节气过后一百零六天是清明节,立春后第五个戊日是祭祀土神的春社。寒食节在清明节前一天，初伏日是在夏至节气后的第三个庚日。

【原文】

四月乃是麦秋，端午却为蒲节。

【译文】

四月麦子开始成熟，于是成为麦秋；端午节喝蒲酒避瘟疫之气，所以端午节又叫蒲节。

【原文】

六月六日，节名天贶；五月五日，序号天中。

【译文】

六月六日是天贶节，五月五日是天中节。

【原文】

端阳竞渡，吊屈原之溺水；
重九登高，效桓景之避灾。

【译文】

端午节这一天，人们举行龙舟比赛，是凭吊爱国主义诗人屈原投汨罗江殉国这一壮举；重阳节这一天，人们去登高，是效仿桓景借登山饮菊酒，躲避灾难。

【原文】

五戊鸡豚宴社，处处饮治聋之酒；
七夕牛女渡河，家家穿乞巧之针。

【译文】

五戊日这一天，人们杀鸡宰猪，处处设宴结社，招待众人，畅饮可以治疗耳聋的酒；七月七日，牛郎织女渡河相会，家家户户的女孩子都穿针引线，祈求心灵手巧。

【原文】

中秋月朗，明皇亲游于月殿；
九日风高，孟嘉帽落于龙山。

【译文】

中秋节的晚上，月光明朗，传说罗公远曾用道术帮助唐明皇游览月宫。重阳节这一天风势很大，孟嘉随桓温游龙山时连帽子都被风吹落了。

【原文】

秦人岁终祭神曰腊，故至今以十二月为腊；
始皇当年御讳曰政，故至今读正月为征。

【译文】

秦朝人在年终时猎取禽兽祭祀神灵，叫作腊，所以现在把农历十二月称为腊月；秦始皇执政时叫嬴政，秦朝人为了避讳他的字“政”，把“正月”读作“征月”。

【原文】

东方之神曰太皞，乘震而司春，甲乙属木，
木则旺于春，其色青，故春帝曰青帝。

【译文】

东方的神叫太皞，踏震卦位掌管春天的气候，天干中的甲乙与五行的木相对应，因此树木在春天最旺盛，颜色是青色，所以春帝又叫青帝。

【原文】

南方之神曰祝融，居离而司夏，丙丁属火，
火则旺于夏，其色赤，故夏帝曰赤帝。

【译文】

南方的神叫祝融，居在离卦位掌管夏天的气候，天干中的丙丁与五行中的火相对应，所以火在夏天是最旺盛的，颜色是赤色，所以夏帝也叫赤帝。

【原文】

西方之神曰蓐收，当兑而司秋，庚辛属金，
金则旺于秋，其色白，故秋帝曰白帝。

【译文】

西方的神叫蓐收，处在八卦中兑卦的位置，主管秋天的气候，天干中的庚辛与五行中的金相对应，所以金在秋天最旺盛，颜色是白色的，所以秋帝也叫白帝。

【原文】

北方之神曰玄冥，乘坎而司冬，壬癸属水，
水则旺于冬，其色黑，故冬帝曰黑帝。

【译文】

北方的神叫玄冥，处在八卦中坎卦的位置，主管冬天的气候，天干中的壬癸与五行中的水相对应，所以水在冬天是最旺盛的，颜色是黑色的，所以冬帝也叫黑帝。

【原文】

中央戊己属土，其色属黄，故中央帝曰黄帝。

【译文】

中央戊己与五行中的土相对应，颜色是黄色的，所以主管中央的帝叫黄帝。

【原文】

夏至一阴生，是以天时渐短；
冬至一阳生，是以日晷初长。

【译文】

夏至过后，阴气开始生长，所以白昼渐渐变短；冬至过后，阳气开始滋长，黑夜渐渐缩短，白昼一天比一天长。

【原文】

冬至到而葭灰飞；立秋至而梧叶落。

【译文】

冬至节气到了以后，放在十二律管中的芦苇灰开始飞舞，说明冬天即将来临；立秋节气到了以后，梧桐树的叶子开始变黄落下，这说明气候开始变得寒冷。

【原文】

上弦谓月圆其半，系初八、九；

下弦谓月缺其半，系廿二、三。

【译文】

上弦，是说月亮下半部分被遮住，由圆变成半圆的形状，这是每个月农历的初八、初九这一段时间；下弦，是说月亮的上半部分好像缺了一半，只剩下下半部分，这段时间是农历每月的二十二日、二十三日。

【原文】

月光都尽谓之晦，三十日之名；

月光复苏谓之朔，初一日之号；

月与日对谓之望，十五日之称。

【译文】

没有月光，天气变得阴晦，模糊不清，所以叫作晦，晦日是每个月（农历）三十日这一天；月光开始复苏，呈现初露的光芒，开始有一丝的明亮，叫作朔。朔日是指每个月（农历）初一这一天；月亮与太阳相对，阳光普照大地，好像月亮与太阳对望，所以叫作望，望日是农历每月十五日这一天。

【原文】

初一是死魄，初二旁死魄，初三哉生明，十六始生魄。

【译文】

初一那天月光微弱，叫作死魄；初二比较接近初一，叫旁死魄；初三开始，天空渐渐变亮，叫作生明；十六的月亮开始亏缺，叫生魄。

【原文】

翌日、诘朝，皆言明日；谷旦、吉旦，悉是良辰。

【译文】

翌日、诘朝，都是说明天；谷旦、吉旦都是好时辰。

【原文】

片晌即谓片时，日曛乃云日暮。

【译文】

片晌是片刻的意思，日曛是说时间接近黄昏。

【原文】

畴昔曩者，俱前日之谓；黎明昧爽，皆将曙之时。

【译文】

畴昔、曩者都是指对过去的时光的称呼；黎明和昧爽都指天将变亮的时刻。

【原文】

月有三浣：初旬十日为上浣。

中旬十日为中浣，下旬十日为下浣；

学足三余：夜者日之余，冬者岁之余，雨者晴之余。

【译文】

一个月有三次沐浴的日子：每月初的上旬十天叫上浣，中旬十天为中浣，下旬十天为下浣；学问可以在三段剩余的时间里补充：夜晚是白天的剩余时间，冬天是一年的剩余时间，雨天是晴天的剩余时间。

【原文】

以术愚人，曰朝三暮四；为学求益，曰日就月将。

【译文】

耍手段愚弄人叫朝三暮四；做学问要有所收益，要每日每月都有所进步。

【原文】

焚膏继晷，日夜辛勤；俾昼作业，晨昏颠倒。

【译文】

点灯会使白天的光亮延续，可以使读书人夜以继日地不停学习；俾昼作夜，就是把白天当作黑夜，晨昏颠倒，指清晨和傍晚颠倒过来。

【原文】

自愧无成，曰虚延岁月；与人共语，曰少叙寒暄。

【译文】

自己因为一事无成而感到惭愧，便说自己是虚延岁月；同人见面，互相问候，讲一些应酬客套的话，叫作少叙寒暄。

【原文】

可憎者，人情冷暖；可厌者，世态炎凉。

【译文】

最可憎的是人与人之间的感情，随着彼此地位的变化而像天气一样冷热变化无常。最让人讨厌的是有钱有势时，都来巴结，无钱无势时，都很冷淡。

【原文】

周末无寒年，因东周之懦弱；
秦亡无燠岁，由嬴氏之凶残。

【译文】

周朝末年，没有寒冷的岁月，是因为东周的衰落冗弱；秦朝灭亡的时候，没有温暖的岁月，是因为嬴姓统治者的残暴凶狠。

【原文】

泰阶星平曰泰平；时序调和曰玉烛。

【译文】

泰阶六星祥和平稳则可称为天下太平；一年四季风调雨顺，叫玉烛。

【原文】

岁歉曰饥馑之岁，年丰曰大有之年。

【译文】

歉收的年月，人们饥饿不堪，叫饥馑之年，丰收的年月叫大有之年。

【原文】

唐德宗之饥年，醉人为瑞；梁惠王之凶岁，野莩堪怜。

【译文】

唐德宗遇到饥荒的年月，老百姓在街上遇到喝醉酒的人，以为这是祥瑞的征兆；梁惠王遇到灾荒的年月,荒野之中饿死的人很多,实在让人觉得可怜。

【原文】

丰年玉,荒年谷,言人品之可珍;

薪如桂,食如玉,言薪米之腾贵。

【译文】

像丰年的玉石,饥荒之年的稻谷,是用来称赞人品的珍贵的;柴像桂枝一样,吃的东西像玉一样,是用来形容柴米的价格昂贵的。

【原文】

春祈秋报,农夫之常规;夜寐夙兴,吾人之勤事。

【译文】

春天祭祀神灵,祈求丰年,秋天又用丰厚的祭品去报答神灵的恩赐,这是农夫世代相传的做法;晚睡觉,早醒来,是说人们应当勤勉的事情。

【原文】

韶华不再,吾辈须当惜明;日月其除,志士正宜待旦。

【译文】

美好的年华不会再来,我们应当珍惜时光;日月很快便消逝了,有远大抱负的人应该学周公"坐以待旦"的精神,积极进取。

朝廷

【原文】

三皇为皇,五帝为帝。

【译文】

天皇、地皇、人皇称为三皇。少皞、颛顼、黄帝、尧帝、舜帝称为五帝。

【原文】

以德行仁者王,以力假仁者霸。

【译文】

用仁义道德去感化百姓,使人归服的方法叫王道;用武力相威胁,假借仁义道德使人归服的方法叫霸道。

【原文】

天子天下之主,诸侯一国之君。

【译文】

天子是上天的儿子,是天下的主宰,诸侯是一个封国的君主。

【原文】

官天下,乃以位让贤;家天下,是以位传子。

【译文】

五帝时期的官天下,就是把帝位让给有才能的贤人;夏禹、商汤、周文王时期的家天下，就是把帝位传给自己的子孙，把天下当作自己的私有财产。

【原文】

陛下，尊称天子；殿下，尊重宗藩。

【译文】

陛下，指皇宫的台阶，后指对天子的尊称；殿下，是对皇帝同宗诸侯的尊称。

【原文】

皇帝即位曰龙飞，人臣觐君曰虎拜。

皇帝之言，谓之纶音；皇后之命，乃称懿旨。

【译文】

新皇帝继承帝位登基叫龙飞，做臣子的拜见君主叫虎拜。皇帝讲的话、颁布的命令，像纶一样有用，所以叫纶音；皇后的命令，可以说是仁厚美好的旨意，所以称为懿旨。

【原文】

椒房是皇后所居，枫宸乃人君所莅。

【译文】

汉代后妃所住的宫殿，用椒和泥涂墙壁，取其温暖有香气，兼有多子的意思，所以后来皇后所住的地方叫作椒房；汉朝殿前多种枫木，所以君主住的宫殿叫作枫宸。

【原文】

天子尊崇，故称元首；臣邻辅翼，故曰股肱。

【译文】

天子地位崇高，被天下人尊敬，是天下人的首脑，所以叫元首；得力的臣子对君主的辅助正如手足对于人体一样重要，所以被称为股肱。

【原文】

龙之种，麟之角，俱誉宗藩；君之储，国之贰，皆称太子。

【译文】

龙种、麟角都是对皇族血统的美称；君储、国贰都是对太子的称谓。

【原文】

帝子爰立青宫，帝印乃是玉玺。

【译文】

皇太子住在青宫里面；皇帝的印章是用玉做的，所以叫玉玺。

【原文】

宗室之派，演于天潢；帝胄之谱，名为玉牒。

【译文】

宗室的支派是从尊贵的皇族繁衍来的；皇室的家谱，刻在用玉做成的版上，所以取名为玉牒。

【原文】

前星耀彩，共祝太子以千秋；

嵩岳效灵，三呼天子以万岁。

【译文】

前星光彩夺目的时候，是普天共同祝福太子千岁长存的时刻；汉武帝与左右的臣子听到三呼“天子万岁”的声音，这是中岳嵩山的神仙显灵了。

【原文】

神器大宝，皆言帝位；妃嫔媵嫱，总是宫娥。

【译文】

神器、大宝都是指帝位；妃、嫔、媵、嫱都是指宫娥。

【原文】

姜后脱簪而待罪，世称哲后；
马后练服以鸣俭，共仰贤妃。

【译文】

姜后因为周宣王好色荒废了朝政，而脱下簪待罪，以此来劝告周宣王要勤于政事，世人称她为哲后；汉光武帝的皇后身穿粗布衣服表示节俭，大家都敬仰她是有贤德的妃子。

汉武帝

【原文】

唐放勋德配昊天，遂动华封之三祝；
汉太子恩覃少海，乃兴乐府之四歌。

【译文】

唐尧帝功德与天齐，当他巡狩华地时，当地的封人祝他长寿、富贵、多儿男；汉明帝做太子时，他对百姓的恩德像海水一样深，感动了乐人，他们做了乐府四章，以此感谢太子的恩德。

【原文】

德奉三无，功安九有。

【译文】

道德的最崇高的境界，在于天无私覆，地无私载，日月无私照；最大的功绩，在于能够使九州安定。

【原文】

陈桥驿军兵欲变，独日重轮；
春陵城圣哲诞生，一禾九穗。

【译文】

宋太祖在陈桥驿准备发动兵变时，太阳出现了重叠的光圈；圣明贤哲的光武帝刘秀当年在春陵城诞生的时候，田地里的一根禾苗竟然长有九条穗。

【原文】

祥钟汉代，禁中卧柳生枝；瑞霭宋廷，榻下灵芝生叶。

【译文】

汉朝宣帝即位时，宫中倒下的一棵柳树竟长出新枝；宋仁宗诞生时，瑞霭之气聚集在宋朝的宫廷中，宋仁宗母亲的榻下竟长出一棵灵芝草。

【原文】

设鼓悬钟，千古仲夏王之乐善；
释旄结袜，万年钦西伯之尊贤。

【译文】

夏朝禹王善于听取忠告，他在朝中架设谏鼓，悬挂金钟，广听民意，千百年以来他都受到人们的敬仰；周文王礼贤下士，自己解开旗旄、结系袜带，不让下人们动手，他永远受到人民的钦佩和尊敬。

【原文】

信天命攸归，驰王骤帝；知人心爱戴，冠道履仁。

【译文】

三皇五帝兴衰更替，相信这是天命所归；把道德当帽带，把仁义当鞋穿，一定要懂得人心，爱护人民。

【原文】

帝尧用心，哀孺子又哀妇人；
武王伐暴，廉货财还廉女色。

【译文】

尧帝用心治国，既怜爱小孩又爱护妇人；周武王讨伐残暴的商纣王，既不贪财也不好色。

【原文】

六宫无丽服，玄宗罢织锦之坊；
万姓有余粮，周祖建绘农之阁。

【译文】

唐玄宗停止了织锦的作坊的生产，他的六宫佳丽都没有华丽的衣服；周世宗重耕种，建了画有农夫劳作的阁楼鼓励农业生产，百姓因而都有余粮。

宋仁宗

【原文】

仁宗味淡而撤蟹，晋武尚朴而焚裘。

【译文】

宋仁宗保持口味清淡，用餐时撤去了昂贵的螃蟹，晋武帝崇尚俭朴而焚烧了昂贵的裘服。

【原文】

汉文除肉刑，仁昭法外；周武分宝玉，恩溢伦中。

【译文】

汉文帝废除了肉刑，他的仁义昭示于法律之外；周武王把宝玉分赐给伯叔之国，他的恩惠普及同族人。

【原文】

更知唐王颂成功，舞扬七德；
且仰汉高颁令典，约法三章。

【译文】

更加应该知道的是唐太宗颂扬禁暴、戢兵、保大、定功、安民、和众七种功德；并且要敬仰汉高祖颁布了律令法典，立下了明确的章程。

文臣

【原文】

帝王有出震向离之象，大臣有补天浴日之功。

【译文】

震，离是八卦卦名，帝王有如从东方升起的太阳，转向南方到了中天，光照四方。补天浴日之功是赵鼎称赞大臣张浚辅佐君主有缝补苍天，清洗太阳斑点那么大的功劳。

【原文】

三公上应三台，郎官上应列宿。

【译文】

朝中三公的职位，对应天上的三台星的星位；随侍皇帝的郎官，人数很多，但也对应着天上的众多星宿。

【原文】

宰相位居台铉，吏部职掌铨衡。

【译文】

宰相的位置，如同天上的星台和举鼎用的铉一样，关系到天下的安定。吏部的职责是负责掌握天下官吏的评价，举荐有才德的人，起着铨选和衡量的作用。

【原文】

吏部天官大冢宰，户部地官大司徒，礼部春官大宗伯，
兵部夏官大司马，刑部秋官大司寇，工部冬官大司空。

【译文】

称吏部尚书为天官大冢宰，称呼户部尚书为地官大司徒，礼部尚书称为春官大宗伯，称兵部尚书为夏官大司马，称刑部尚书为秋官大司寇，称工部尚书为冬官大司空。

【原文】

都宪中丞，都御史之号；内翰学士，翰林院之称。

【译文】

都宪、中丞，是都御史的称号；内翰、学士，是翰林院的名称。

【原文】

天使，誉称行人；司成，尊称祭酒。

【译文】

天使是对使者的美称；司成是对祭酒人的尊称。

【原文】

称都堂曰大抚台，称巡按曰大柱史。

【译文】

都堂又称为大抚台，巡按又称为大柱史。

【原文】

方伯、藩侯，左右布政之号；宪台、廉宪，提刑按察之称。

【译文】

方伯、藩侯是左右布政使的称号；宪台、廉宪是提刑按察的称号。

【原文】

宗师称为大文衡，副使称为大宪副。

【译文】

宗师又称为大文衡，副使被称为大宪副。

【原文】

郡侯、邦伯，知府名尊；郡丞、贰侯，同知誉美。

【译文】

郡侯、邦伯是对知府的尊称；郡丞、贰侯是对同知的美称。

【原文】

郡宰、别驾，乃称通判；司理、荐史，赞美推官。

【译文】

郡宰、别驾，是指通判；司理、荐史都是对推官的美称。

【原文】

刺史、州牧，乃知州之两号；荐史、台谏，即知县之尊称。

【译文】

刺史、州牧是知州的两个别称；荐史、台谏都是对知县的尊称。

【原文】

乡宦曰乡绅，农官曰田畯。

【译文】

乡宦又叫乡绅，农官又叫田畯。

【原文】

钧座、台座，皆称仕宦；帐下、麾下，并美武官。

【译文】

钧座、台座说的都是仕宦；帐下、麾下都是对武官的美称。

【原文】

秩官既分九品，命妇亦有七阶。

【译文】

官阶分为九个等级，受命的诰命妇人也分为七个阶层。

【原文】

一品曰夫人，二品亦夫人，三品曰淑人，
四品曰恭人，五品曰宜人，六品曰安人，七品曰孺人。

【译文】

一品官的母亲和妻子叫夫人，二品官的母亲或妻子也叫夫人，三品官的母亲或妻子叫淑人，四品官的母亲或妻子叫恭人，五品官的母亲或妻子叫宜人，六品官的母亲或妻子叫安人，七品官的母亲或妻子叫孺人。

【原文】

妇人受封曰金花诰，状元报捷曰紫泥封。

【译文】

妇人受诰封时，在金花罗纸上写上：诰命，所以叫金花诰；唐代士人高中状元，常用紫金泥封书报捷，所以把考中状元的喜报叫紫泥封。

【原文】

唐玄宗以金瓯覆宰相之名，宋真宗以美珠箝谏臣之口。

【译文】

唐玄宗在任命宰相时，用金瓶盖上所选中的人名，以此来保密；宋真宗不想听谏言，就赐给谏臣美珠，阻止别人进谏。

【原文】

金马玉堂，羡翰林之声价；朱幡皂盖，仰郡守之威仪。

【译文】

金马、玉堂是羡慕翰林院的声望和地位；朱幡、皂盖是郡守出巡时令人敬仰的威仪的象征。

【原文】

台辅曰紫阁明公，知府曰黄堂太守。

【译文】

三台的辅佐大臣叫紫阁明公，知府的府衙正堂因涂着雌黄色，所以知府又叫黄堂太守。

【原文】

府尹之禄二千石，太守之马五花骢。

【译文】

府尹的俸禄为两千石，太守的马车由青白相间的马组成。

【原文】

代天巡狩，赞称巡按；指日高升，预贺官僚。

【译文】

代表天子巡视疆土，是对巡按的称赞；加官晋爵指日可待，是恭维官僚升迁的话。

【原文】

初到任曰下车，告致仕曰解组。

【译文】

官吏刚刚上任就职叫下车，官吏告老还乡叫解组。

【原文】

藩垣屏翰，方伯犹古诸侯之国；
墨绶铜章，令尹即古子男之邦。

【译文】

藩垣、屏翰是用来比喻镇守一方的官吏，同古代的方伯那样；墨绶、铜章，是指代县令，他所管辖的区域像古代子男小国那么大。

【原文】

太监掌阍门之禁令，故曰阍宦；
朝臣皆搢笏于绅间，故曰搢绅。

【译文】

太监掌握阍门进出的禁令，所以叫阍宦；古时候，朝中的大臣觐见皇帝时，腰间要插上一块记事的笏，所以叫搢绅。

【原文】

萧曹相汉高，曾为刀笔吏；汲黯相汉武，真是社稷臣。

【译文】

萧何、曹参都曾做过汉高祖的丞相，又都做过刀笔吏这样的小官，汲黯做过汉武帝的宰相，他们真正称得上是国家的重臣。

【原文】

召伯布文王之政，尝舍甘棠之下，
后人思其遗爱，不忍伐其树。

【译文】

召伯实施文王的仁政，曾在甘棠树下休息，后人追思他的恩德，不忍心砍掉这棵树。

【原文】

孔明有王佐之才，尝隐草庐之中，
先主慕其令名，乃三顾其庐。

【译文】

孔明有辅佐帝王的才能，曾在草庐中过着隐居的生活，蜀国的先王刘备仰慕他的声名，曾经三次去他的草庐拜访，请他出来共同谋划国家大事。

【原文】

鱼头参政，鲁宗道秉性骨鲠；伴食宰相，卢怀慎居位无能。

【译文】

鲁宗道生性直率，他做参政时，被人称为鱼头参政；卢怀慎地位显赫，与姚崇共同辅佐唐玄宗，但他自己以为才能比不上姚崇，于是遇事推让，与姚崇共同商量，不敢专制，被人称为伴食宰相。

【原文】

王德用，人称黑王相公；赵清献，世号铁面御史。

【译文】

宋朝宰相王德用很熟悉军队情况，以恩惠安抚属下，他虽然没有亲自督促打仗，但声名已四处传扬，连妇女、小孩子都知道他的名字，被人称为黑王相公；宋朝御史赵清献，上书弹劾官吏，公正无私，不惧权贵，世人送他"铁面御史"的称号。

【原文】

汉刘宽责民，蒲鞭示辱；项仲山洁己，饮马投钱。

【译文】

汉朝的刘宽为人宽厚仁慈，他在做南阳太守期间，对犯有过错的官吏、百姓，只是用蒲鞭象征性地责罚一下，使其意识到羞辱；安陵人项仲山洁身自爱，清正廉洁，每次去渭河饮马都会投下三文钱作为饮马之资。

【原文】

李善感直言不讳，竞称鸣凤朝阳；
汉张纲弹劾无私，直斥豺狼当道。

【译文】

唐朝御史李善性格直爽，说话从不隐讳，被称为鸣凤朝阳；汉朝御史张纲弹劾罪臣公正无私，很直接地斥责当时的奸臣是豺狼当道。

【原文】

民爱邓侯之政，挽之不留；人嫌谢令之贪，推之不去。

【译文】

晋朝吴郡太守邓攸为官廉洁，勤政爱民，深受百姓爱戴，他离开吴郡时，百姓抓住他的船不让走，直到天黑才离去；以前吴郡有个太守姓谢，他做官贪婪，吴人都希望他离去，但是却推都推不走。

【原文】

廉范守蜀郡，民歌五袴；张堪守渔阳，麦穗两歧。

【译文】

廉范做蜀郡太守时，废除过去禁民夜作的习惯，于是百姓们昼夜劳作，生活水平很快就提高了，过去没有衣服，如今连裤子都有了，百姓们都唱歌歌颂他；汉朝张堪任渔阳太守时，鼓励百姓耕作，麦子都能长出两根穗。

【原文】

鲁恭为中牟令，桑下有驯雉之异；
郭伋为并州守，儿童有竹马之迎。

【译文】

汉朝鲁恭做中牟县令时,民风淳朴,桑树下有雉鸡飞落,儿童见后不捕,这种奇怪的现象是鲁恭施行仁政的结果;郭伋做并州牧时,儿童骑着竹马去迎接他。

【原文】

鲜于子骏,宁非一路福星;司马温公,真是万家生佛。

【译文】

宋朝鲜于子骏做转运使时,以贤能著称,如果让他们去齐鲁救灾,难道不是这一地区百姓的福星吗?司马温公做宋朝宰相时,恩德遍及百姓,真是千万人家的活佛。

【原文】

鸾凤不栖枳棘,羡仇香之为主簿;
河阳遍种桃花,乃潘岳之为县官。

【译文】

鸾鸟、凤凰不会停在枳棘上面,这是汉朝王焕形容仇香低就主簿之位;河阳县遍种桃花,这是潘岳做县令时造福百姓的做法。

【原文】

刘昆宰江陵,求神反风灭火;龚遂守渤海,令民卖刀买牛。

【译文】

刘昆做江陵县令时,曾经遇上火灾,他借助神力逆转风向灭了火;龚遂任渤海太守时,让百姓卖掉刀剑,购买耕牛,致力发展农业。

【原文】

此皆德政可歌,是以令名攸著。

【译文】

这些都是可以歌颂的仁德政治,因此会美名永传。

武职

【原文】

韩柳欧苏,固文人之最著;起翦颇牧,乃武将之多奇。

【译文】

韩愈、柳宗元、欧阳修、苏轼四人是文人当中最著名的代表。白起、王翦、廉颇、李牧是武将里屡建奇功的人。

【原文】

范仲淹胸中具数万甲兵,楚项羽江东有八千子弟。

【译文】

北宋范仲淹镇守边疆,足智多谋,西夏人互相告诫说,范仲淹胸中有数万甲兵,不可轻敌;西楚霸王项羽起兵时,只有江东八千子弟。

【原文】

孙膑吴起,将略堪夸;穰苴尉缭,兵机莫测。

【译文】

孙膑、吴起领兵打仗的谋略实在令人夸奖；穰苴、尉缭用兵真是神机莫测。

【原文】

姜太公有《六韬》，黄石公有《三略》。

【译文】

姜太公著有兵书《六韬》即文韬、武韬、龙韬、虎韬、豹韬、犬韬；黄石公著有兵书《三略》即上略、中略、下略。

【原文】

韩信将兵，多多益善；毛遂讥众，碌碌无奇。

【译文】

汉朝韩信带兵，自称兵越多越好；毛遂讥笑众人，说赵国的那些门客庸庸碌碌平凡无奇。

韩信

【原文】

大将曰干城，武士曰武弁。

【译文】

兵权重大的将帅，身负保国安民的重任，叫干城；武士是士兵的头目，叫武弁。

【原文】

都督称为大镇国，总兵称为大总戎。

【译文】

都督又叫大镇国，总兵又叫大总戎。

【原文】

都阃即是都司，参戎即是参将。

千户有户侯之仰，百户有百宰之称。

【译文】

都阃指都司，参戎指参将。千户有户侯的尊称，百户有百宰的别号。

【原文】

以车为户曰辕门，显揭战功曰露布。

【译文】

两车的辕相向交接，成一半圆形的门，叫辕门。后魏每次打胜仗归来，想要天下人都知道战争的功绩，就把战绩写在战旗上，名叫露布。

【原文】

下杀上，谓之弑；上伐下，谓之征。

【译文】

儿子谋杀父亲、臣子谋杀君主，都叫作弑；君主讨伐臣子叫作征。

【原文】

交锋为对垒，求和曰求成。

【译文】

两军交战，相持不下叫作对垒；请求停战，向敌方求和叫求成。

【原文】

战胜而回，谓之凯旋；战败而走，谓之奔北。

【译文】

打胜仗归来，吹着胜利的乐曲，叫作凯旋；打了败仗之后逃走，叫作奔北。

【原文】

为君泄恨，曰敌忾；为国救难，曰勤王。

【译文】

帮助君王对敌人发泄愤恨，叫敌忾；起兵援救王朝，叫勤王。

【原文】

胆破心寒，比敌人慑伏之状；风声鹤唳，惊士卒败北之魂。

【译文】

胆被吓破了，心变得寒冷，比喻对敌人畏惧屈服的样子；听到风的声音和鹤的鸣叫以为是对方的军队杀过来了，形容打了败仗惊魂不定地逃跑的狼狈相。

【原文】

汉冯异当论功，独立大树下，不夸己绩；
汉文帝尝劳军，亲幸细柳营，按辔徐行。

【译文】

东汉光武帝时的征西大将军冯异，在诸将坐下来谈论战功的时候，常退避树下，从不夸耀自己的功绩；汉文帝曾经亲自去周亚夫将军的细柳营慰劳三军官兵，为了遵守军中纪律，他在兵营前收住马缰绳，缓慢行走过去。

【原文】

苻坚自夸将广，投鞭可以断流；
毛遂自荐才奇，处囊便当脱颖。

【译文】

前秦的苻坚形容自己兵多将广，夸张地说："每个士兵把马鞭投入水中，就可以截断长江的水流。"毛遂向别人推荐自己的旷世奇才，说："一个人如果有才能的话就应该显露出来，就好像把锥子放在布袋里一样，遇到机会，便透过布袋显露出来。"

【原文】

羞与哙等伍，韩信降作淮阴；无面见江东，项羽羞归故里。

【译文】

韩信被降为淮阴侯之后，觉得与樊哙之辈站在一起是对自己的羞辱；而西楚霸王项羽兵败之后，羞于回归故里曾说："无颜见江东父老。"

【原文】

韩信受胯下之辱，张良有进履之谦。

【译文】

韩信少年时曾受过胯下之辱，张良曾经有为老人捡鞋、穿鞋的美德。

【原文】

卫青为牧猪之奴，樊哙为屠狗之辈。

【译文】

卫青由于家贫，曾经做过牧猪的奴隶；樊哙少年时家境贫寒，曾经做过杀狗的屠夫。

【原文】

求士莫求全，毋以二卵弃干城之将；
用人如用木，毋以寸朽弃连抱之材。

【译文】

选拔人才没有必要求全，不要因为两个鸡蛋的缘故而放弃一个栋梁之材；用人好像用木头，不能因为一根木头坏了一寸就抛弃了一根合抱的木材。

【原文】

总之君子之身，可大可小；丈夫之志，能屈能伸。

【译文】

总的来说，君子的身价，可以大，可以小；大丈夫的志向，能屈能伸。

【原文】

自古英雄，难以枚举；欲详将略，须读《武经》。

【译文】

从古到今的英雄，难以一一列举，想要知道详尽的统兵作战的谋略，那就一定要读《武经》。

卷二

祖孙父子

【原文】

何为五伦？君臣、父子、兄弟、朋友、夫妇；
何为九族？高、曾、祖、考、己身、子、孙、曾、玄。

【译文】

什么是五伦？是指君臣、父子、兄弟、夫妇、朋友五种关系；什么叫九族？是高祖、曾祖、祖父、父亲、自己、儿子、孙子、曾孙、玄孙等九代亲属。

【原文】

始祖曰鼻祖；远孙曰耳孙。

【译文】

最先得到姓氏的祖先，叫鼻祖，离高祖很远的孙，叫耳孙。

【原文】

父子创造，曰肯构肯堂；父子俱贤，曰是父是子。

【译文】

父亲创造事业，儿子能够继承父亲的事业，这叫作肯构肯堂；父亲与儿子都贤能，就说有这样的父亲，一定有这样的儿子。

【原文】

祖称王父；父曰严君。

【译文】

祖父长过父亲一辈，所以叫王父；父亲治家严谨，所以称为严君。

【原文】

父母俱存，谓之椿萱并茂；子孙发达，谓之兰桂腾芳。

【译文】

父母亲都健在，犹如椿树和萱草一样茂盛，所以叫作椿萱并茂；子孙飞黄腾达，就像兰花和桂树不断散发出芬芳一样，所以叫作兰桂腾芳。

【原文】

桥木高而仰，似父之道；梓木低而俯，如子之卑。

【译文】

桥木高而且挺拔，好像父亲的威仪；梓木低矮而且下垂，好像儿子的卑屈。

【原文】

不痴不聋，不作阿家阿翁；得亲顺亲，方可为人为子。

【译文】

不扮傻扮痴，不装聋作哑，就做不好公公婆婆；能够得到父母的欢心，顺从父母的心意，才可以做好儿子。

【原文】

盖父愆，名为干蛊；育义子，乃曰螟蛉。

【译文】

掩盖父亲的过失，叫作干蛊；抚育别人的儿子，叫作螟蛉。

【原文】

生子当如孙仲谋，曹操羡孙权之语；
生子须如李亚子，朱温叹存勖之词。

【译文】

生子当如孙仲谋，这是曹操羡慕孙权的话；生子须如李亚子，这是朱温赞叹李存勖的言语。

【原文】

菽水承欢，贫士养亲之乐；义方是训，

孙权

父亲教子之严。

【译文】

菽水承欢，是说贫困人家赡养父母的欢乐；教育子女遵守道德规范，这是父亲对子女的严格要求。

【原文】

绍箕裘，子承父业；恢先绪，子振家声。

【译文】

绍箕裘，是说儿子能继承父亲的事业；恢先绪，是说儿子把父亲留下的家业治理得井井有条，重振家族的声誉。

【原文】

具庆下，父母俱存；重庆下，祖父俱在。

【译文】

具庆下，是说父母都健在；重庆下，是说祖父母、父母都健在。

【原文】

燕翼贻谋，乃称裕后之祖；克绳祖武，是称象贤之孙。

【译文】

燕翼贻谋，是称赞祖辈能给后代留下财富，使他们富足；能够继承祖先的事业，是指能够效法贤德先人的子孙。

【原文】

称人有令子，曰麟趾呈祥；称宦有贤郎，曰凤毛济美。

【译文】

称赞人家有个好儿子，叫作麟趾呈祥；称赞官宦人家有个有才干、贤德的儿子，叫凤毛济美。

【原文】

弑父自立，隋杨广之天性何存！
杀子媚君，齐易牙之人心奚在！

【译文】

谋杀父亲，篡夺皇位，隋朝杨广的天性何存！杀掉自己的儿子，向君王献媚，齐国易牙的人心何在。

【原文】

分甘以娱目，王羲之弄孙自乐；
问安惟点颔，郭子仪厥孙最多。

【译文】

把甘美的食物分给孙子，以取得眼前的快乐，这是指王羲之逗孙子玩，从中得到乐趣；郭子仪有八个儿子七个女婿，孙子数十人，每次孙子们向他问安时，他不能全部分辨清楚，只有点头回答。

【原文】

和丸教子，仲郢母之贤；戏彩娱亲，老莱子之孝。

【译文】

和丸教子是称赞仲郢的母亲很贤惠；老莱子七十三岁时还穿着彩色的服装做游戏，以博取父母的欢心，表达自己的孝心。

【原文】

毛义捧檄，为亲之存；伯俞泣杖，因母之老。

【译文】

毛义高兴地捧着檄文应召，是因为他的母亲健在，为了使母亲高兴才这样做；伯俞泣杖，是因为他感到自己的母亲年老了。

【原文】

慈母望子，倚门倚闾；游子思亲，陟岵陟屺。

【译文】

慈祥的母亲盼望儿子从远方回来，常倚在家门口，站在里巷去等待；漂流在外的人思念亲人时，都会登上高山遥望远处的家乡。

【原文】

爱无差等，曰兄子如邻子；分有相同，曰吾翁即若翁。

【译文】

疼爱人没有等级和差别，是说对兄长的儿子和邻人的儿子一样；你我的情分相同，我的父亲就是你的父亲。

【原文】

长男为主器，令子可克家。

【译文】

长子主管祭祀的神器，能干的儿子可以操持家业。

【原文】

子光前曰充闾，子过父曰跨灶。

【译文】

儿子可以光耀祖宗的叫充闾，儿子的能力超过父亲的叫跨灶。

【原文】

宁馨英畏，皆是羡人之儿；国器掌珠，悉是称人之子。

【译文】

宁馨英畏是羡慕人家子弟的话；国器掌珠是称赞人家儿子的话。

【原文】

可爱者子孙之多，若螽斯之蛰蛰；

堪羡者后人之盛，如瓜瓞之绵绵。

【译文】

令人爱慕的是子孙众多，好像螽斯那样蛰居；值得羡慕的是后代的昌盛，如同瓜瓞那样大大小小，连绵不断。

兄弟

【原文】

天下无不是底父母，世间最难得者兄弟。

【译文】

天下没有不是的父母，无论父母如何，都应该尽孝，人世间最难得的是兄弟之情。

【原文】

须联同气之光，毋伤一本之谊。

【译文】

一定要保留兄弟间同根生的缘分，不要伤害兄弟之间的感情。

【原文】

玉昆金友，羡兄弟之俱贤；伯埙仲篪，谓声气之相应。

【译文】

玉昆金友，是羡慕兄弟都谦和贤能；伯埙仲篪，是说兄弟之间同声相应、同气相求的和谐生活。

【原文】

兄弟既翕，谓之花萼相辉；兄弟联芳，谓之棠棣竞秀。

【译文】

兄弟间能够和谐相处，称为花瓣与花蒂交相辉映；兄弟能一起流芳百世，称为棠棣竞秀。

【原文】

患难相顾，似鹡鸰之在原；手足分离，如雁行之折翼。

【译文】

兄弟间在患难时互相照顾，就好像鹡鸰在平地上向同类呼救；兄弟分开，就好像飞行的雁折断了翅膀。

【原文】

元方季方俱盛德，祖太丘称为难弟难兄；
宋郊宋祁俱中元，当时人号为大宋小宋。

【译文】

元方季方兄弟都具有高尚的品德，他们的儿子争论谁的父亲优秀，互不相让，结果问到元方季方的父亲那里，太丘说："元方难做兄，季方难做弟，二人不分高下。"宋郊、宋祁两兄弟都中了状元，当时的人称他们为大宋小宋。

【原文】

荀氏兄弟，得八龙之佳誉；河东伯仲，有三凤之美名。

【译文】

荀做八兄弟，个个都有才干，得到了八龙的美誉；河东的薛攸与从兄元敬、族兄德音三兄弟，有三凤的美名。

【原文】

东征破斧，周公大义灭亲；遇贼争死，赵孝以身代弟。

【译文】

周公出师东征，大义灭亲，杀死管叔、蔡叔以明正典刑；汉朝末年，赵孝的弟弟赵礼被贼人捉住，准备杀掉他煮了吃，赵孝自缚前往，愿意替弟去死，兄弟的深情感动了贼人，贼人把他们都放了。

【原文】

煮豆燃萁，谓其相害；斗粟尺布，讥其不容。

【译文】

煮豆燃萁，指兄弟之间互相残害；斗粟尺布，讥笑兄弟之间互不相容。

【原文】

兄弟阋墙，谓兄弟之斗狠；天生羽翼，谓兄弟之相亲。

【译文】

兄弟阋墙，是说兄弟内部不和；天生羽翼，是指兄弟之间互敬互助。

【原文】

姜家大被以同眠，宋君灼艾而分痛。

【译文】

汉朝姜肱与弟弟仲海、季江三人非常友爱，虽然各自娶妻，却不忍分开睡觉，于是做了一张大被一起睡觉；宋太祖因为弟弟病了而为他烧艾治病，弟弟觉得疼痛，于是宋太祖自灼艾叶，想要替弟弟分担痛苦。

【原文】

田氏分财，忽瘁庭前之荆树；夷齐守义，共采首阳之蕨薇。

【译文】

田氏三兄弟想分祖上的财产，连庭前的荆树都愤愤不平地枯萎了；伯夷和叔齐是商末孤竹君的两个儿子，孤竹君死后，兄弟两人互让帝位，后来周灭商，他们不肯吃周粟，一起到首阳山采蕨薇充饥，后来都饿死在山上。

【原文】

虽曰安宁之日，不如友生；其实凡今之人，莫如兄弟。

【译文】

虽然说在安宁的日子里，兄弟不如朋友；但实际上现在的人，朋友却没有兄弟好。

【原文】

诗歌绰绰，圣训怡怡。

【译文】

《诗经》中"此令兄弟，绰绰有余"一句是称颂兄弟之间关系亲密。孔子用"怡怡"来训诫兄弟要和睦相处。

【原文】

羯末封胡，俱称彦秀；醍醐酪乳，并属可珍。

【译文】

羯、末、封、胡四兄弟都是有才学的人;醍醐、酪乳都属于珍贵的物品。

【原文】

陆机陆云,名共喧于洛邑;季心季布,气并盖于关中。

【译文】

陆机陆云的名声享誉洛邑;季心季布的名气在关中处处可以听见。

【原文】

刘孝标之绶方青;马季常之眉本白。

【译文】

兄弟四人中,系绶的刘孝标独具一格;白眉的马季常是五兄弟中最杰出的。

【原文】

文采则眉山轼辙,才名则秦氏晦通。

【译文】

文采华丽要算苏轼、苏辙兄弟;才气名望要数秦晦、秦景通兄弟,他们都精通《汉书》,号大秦君、小秦君。

【原文】

欲成弟名,虽择肥美而何咎;中分财产,宁取荒顿以为安。

【译文】

许武为了成就弟弟的孝廉美名,自己虽然选择了肥田美宅,让人讥笑,这又有什么罪呢?薛包与弟弟分财产,选择了荒顿的田庐以求得心安。

【原文】

一家之桐木称荣;千里之龙驹谁匹。

【译文】

一家桐木是说韩子华兄弟二人都做了宰相,家庭荣耀,就连家里的桐树也跟着沾光;千里龙驹是称赞北朝的卢思道少年英俊,当时没有人能比得上。

【原文】

上留田何如廉让江;闭户挝亦当唾面受。

【译文】

上留田这个地方的人,父母死后,兄长不抚恤孤弟,是不能与谦让江这个慈爱的地方相比的;缪彤闭门思过、楼师德教弟唾面受之都是说兄弟之间要互相忍让。

【原文】

推田相让,知延寿之化行;洒泪息争,感苏琼之言厚。

【译文】

兄弟互相推让田地,这是百姓明白了韩延寿的教化而被感化的结果;兄弟洒泪停止斗争,是因为苏琼厚言相劝而使得他们知道了亲情的可贵。

【原文】

三孔即推鼎立,五张亦号明经。

【译文】

孔文仲三兄弟以文采名扬天下，被推为鼎立。张知蹇五兄弟以明经科举的科目中式，号称明经高第。

【原文】

爱敬宜法温公，恭让当师延寿。

【译文】

尊敬兄长应该向司马温公学习，因为他侍奉兄长如慈父。对兄长谦让、恭顺应该以杨延寿为师，他每天都要等兄弟到齐才吃饭。

夫妇

【原文】

孤阴则不生，独阳则不长，故天地配以阴阳；
男以女为室，女以男为家，故人生偶以夫妇。

【译文】

孤阴则不会产生生命，独阳则万物不能生长，所以天地要阴阳配合；男人娶了女人为妻就有了内室，女人嫁给男人后就有了家，所以人的一生，男人和女人之间要匹配成夫妇。

【原文】

阴阳和而后雨泽降；夫妇和而后家道成。

【译文】

阴阳调和，才会有甘露降落；夫妇和睦，才能使家道兴旺。

【原文】

夫谓妻曰拙荆，又曰内子；妻称夫曰藁砧，又曰良人。

【译文】

丈夫谦称自己的妻子为拙荆，又叫内子；妻子称丈夫为藁砧，又称为良人。

【原文】

贺人娶妻曰荣偕伉俪；留物与妻曰归遗细君。

【译文】

祝贺别人娶妻，说荣偕伉俪；把食物拿回家给妻子，叫归遗细君。

【原文】

受室即是娶妻，纳宠谓人娶妾。

【译文】

受室就是自己娶妻，纳宠是指别人娶妾。

【原文】

正妻谓之嫡，众妾谓之庶。

【译文】

正妻叫嫡，剩下的小妾叫作庶。

【原文】

称人妻曰尊夫人；称人妾曰如夫人。

【译文】

称呼人家的妻子，叫作尊夫人；称呼人家的妾，叫如夫人。

【原文】

结发系是初婚；续弦乃是再娶。

【译文】

结发的夫妇是指最初结婚的男女；续弦是指男人在妻子死后再娶。

【原文】

妇人重婚曰再醮，男子无偶曰鳏居。

【译文】

女人第二次结婚叫再醮，男子年老没有妻子的叫鳏居。

【原文】

如鼓瑟琴，夫妻好合之谓；琴瑟不调，夫妇反目之词。

【译文】

《诗经》上说："妻子好合，如鼓琴瑟。"这是说夫妻感情和谐；琴瑟不调，指夫妻反目，感情不和。

【原文】

牝鸡司晨，比妇人之主事；河东狮吼，讥男子之畏妻。

【译文】

牝鸡司晨，是指妇人当家主事；河东狮吼，是讥笑男人害怕妻子。

【原文】

杀妻求将，吴起何其忍心！蒸梨出妻，曾子善全孝道。

【译文】

杀妻求将，吴起怎么能够忍心下手！蒸梨出妻，曾子善于顾全孝道。

【原文】

张敞为妻画眉，媚态可哂；董氏对夫封发，贞节堪夸。

【译文】

张敞为妻子描容画眉，这种讨好妻子的媚态实在可笑；董氏当着丈夫的面把头发包封起来，二十年后等丈夫回来才解开，这种坚守贞节的精神值得夸耀。

【原文】

冀郤缺夫妻，相敬如宾；陈仲子夫妇，灌园食力。

【译文】

冀地的郤缺夫妻，彼此恭敬谦让，好像对待宾客一样；陈仲子夫妇不接受高官厚禄，自食其力，靠帮人家种菜度过一生。

【原文】

不弃糟糠，宋弘回光武之语；举案齐眉，梁鸿配孟光之贤。

【译文】

“不弃糟糠”是宋弘回答汉朝光武帝的话；梁鸿的妻子孟光侍候丈夫吃饭的时候，总是把摆饭的案子举到与眉齐的地方，是梁鸿匹配孟光的贤德。

汉光武帝

【原文】

苏蕙织回文，乐昌分破镜，是夫妇之生离；

张瞻炊臼梦，庄子鼓盆歌，是夫妇之死别。

【译文】

苏蕙因丈夫窦滔要远戍边关，把织有《回文旋图诗》的锦送给他，劝他早日归来，词句极凄婉；乐昌公主因为陈国将亡，于是摔破圆镜，与丈夫每人半块，约他早日相见团圆；张瞻梦见自己在臼中做饭，解梦的人说是丧妻的征兆；庄子的妻子死了，惠王前去吊唁，庄子鼓盆唱歌，这两个故事是讲夫妻死别的事。

【原文】

鲍宣之妻，提瓮出汲，雅得顺从之道；

齐御之妻，窥御激夫，可称内助之贤。

【译文】

汉代鲍宣的妻子本是富家子女，她出嫁后换上粗布衣服，提着瓦罐去打水，很懂得做妇人的道理；齐国宰相晏子的车夫，驾车时扬扬得意，他妻子看见后用言语激励丈夫要克制自满情绪，可以称得上是贤内助。

【原文】

可怪者买臣之妻，因贫求去，不思覆水难收；

可丑者相如之妻，夤夜私奔，但识丝桐有意。

【译文】

最怪的是朱买臣的妻子，在他贫穷的时候，要求离开他，当朱买臣富了之后又要求回到他身边，她却不想一想，泼出去的水是很难收回来的；应该觉得惭愧的是司马相如的妻子，她在深夜里与司马相如私奔，这是因为司马相如弹奏了求凰曲挑逗她，她能听出琴中司马相如表达了向她求婚的心意。

【原文】

要知身修而后家齐；夫义自然妇顺。

【译文】

要知道，只有先培养自己高尚的品质，然后才能够去管好家；做丈夫的有情有义，做妻子的自然温顺体贴。

叔侄

【原文】

曰诸父,曰亚父,皆叔父之辈;
曰犹子,曰比儿,俱侄儿之称。

【译文】

诸父、亚父是对叔父辈的称呼;犹子、比儿,都是对侄儿辈的称呼。

【原文】

阿大中郎,道韫雅称叔父;吾家龙文,杨昱比美侄儿。

【译文】

阿大中郎,是道韫对叔父谢安的雅称;吾家龙文,是杨昱赞美侄儿杨愔的话。

【原文】

乌衣诸郎君,江东称王谢之子弟;
吾家千里驹,苻坚羡苻朗为侄儿。

【译文】

乌衣诸郎君,是江东人对王、谢两个大族的称呼;吾家千里驹,是苻坚称赞侄儿苻朗的话。

【原文】

竹林,叔侄之称,兰玉,子侄之誉。

【译文】

竹林是对叔侄的称呼,兰玉是赞美别人子侄的词语。

【原文】

存侄弃儿,悲伯道之无后;视叔犹父,羡公绰之居官。

【译文】

晋朝邓伯道遇上赵石勒叛乱,他用箩筐挑着儿子和侄儿逃难,为了保住弟弟的后代,他抛弃了儿子,留下了侄儿,可悲的是邓伯道,没有了继承人;柳公绰官居要职,把叔父当作是自己的父亲一样奉养,实在令人羡慕。

【原文】

卢迈无儿,以侄而主身之后;
张范遇贼,以子而代侄之生。

【译文】

卢迈没有儿子,认为侄儿跟儿子一样,可以处理自己的身后事;张范遇到强盗,儿子与侄儿都被劫持,他情愿舍弃儿子去换取侄儿的生命。

师生

【原文】

马融设绛帐,前授生徒,后列女乐;

孔子居杏坛,贤人七十,弟子三千。

【译文】

马融在学堂设立紫色的帏帐,前面教授学生诵读经书,后面教授女伶鼓乐;孔子在杏坛讲学,一共有三千弟子,其中德才兼备的有七十个人。

【原文】

称教馆曰设帐,又曰振铎;谦教馆曰糊口,又曰舌耕。

【译文】

称别人设立教馆教学叫设账,又叫振铎;自己开设教馆授徒,谦称为糊口,又叫舌耕。

【原文】

师曰西宾,师席曰函丈;学曰家塾,学俸曰束脩。

【译文】

教书先生叫西宾,先生坐的席位叫函丈;在家设立读书的学校叫家塾,教书先生的薪水叫束脩。

【原文】

桃李在公门,称人弟子之多;苜蓿长阑干,奉师饮食之薄。

【译文】

桃李在公门,是称赞老师的弟子很多;苜蓿长阑干,是比喻老师的生活清苦。

【原文】

冰生于水而寒于水,比学生过于先生;

青出于蓝而胜于蓝,谓弟子优于师傅。

【译文】

冰是由水变的,却比水寒冷,这是比喻学生的能力超过了先生;青是从蓝草中提炼出来的,却比蓝草的颜色更青,这是说弟子胜过了师傅。

【原文】

未得及门,曰宫墙外望;称得秘授,曰衣钵真传。

【译文】

没能到先生的馆里当面请教,叫作在宫墙外面眺望;得到先生的秘密传授,称为衣钵真传。

【原文】

人称杨震为关西夫子,世称贺循为当世儒宗。

【译文】

人们称呼杨震为关西夫子,世人称贺循是当世儒家学派的宗师。

【原文】

负笈千里，苏章从师之殷；立雪程门，游杨敬师之至。

【译文】

东汉的苏章背着书籍，行走千里去求学，这是他拜师殷勤；北宋的游酢和杨时去拜见老师程颐先生，看见先生在闭目养神，不敢惊动，于是二人站在雪地里等候，这足以说明二人对老师的敬爱。

【原文】

弟子称师之善教，曰如坐春风之中；
学业感师之造成，曰仰沾时雨之化。

【译文】

弟子称赞老师善于教导，就好像自己坐在春风中沐浴；自己学业有成，感谢老师的教授，就好像是仰面承接到了及时雨的温润。

朋友宾主

【原文】

取善辅仁，皆资朋友；往来交际，迭为主宾。

【译文】

取得善良的东西来辅助自己的仁爱，靠的是朋友帮助；交际中你来我往，主人与客人的位置是经常相互更替的。

【原文】

尔我同心曰金兰；朋友相资曰丽泽。

【译文】

你我的心相通，叫金兰；得到朋友的帮助，叫丽泽。

【原文】

东家曰东主，师傅曰西宾。

【译文】

古时把东家叫东主，师傅叫西宾。

【原文】

父所交游，尊为父执；己所共事，谓之同袍。

【译文】

父亲的朋友，被尊称为父执；与自己一起做事的，叫作同袍。

【原文】

心志相孚为莫逆，老幼相交曰忘年。

【译文】

彼此心意相通，能互相信任的称为莫逆之交；年老的与年幼的做朋友，叫忘年之交。

【原文】

刎颈交，相如与廉颇；总角好，孙策与周瑜。

【译文】

刎颈之交，指的是蔺相如与廉颇这样的朋友；总角之好，指的是孙策与周瑜的友谊。

【原文】

胶漆相投，陈重之与雷义；鸡黍之约，元伯之与巨卿。

【译文】

胶与漆互相融合，指的是陈重与雷义的友情；不违背鸡黍之约，是元伯与巨卿的友情深厚，能互相信任。

【原文】

与善人交，如入芝兰之室，久而不闻其香；

与恶人交，如入鲍鱼之肆，久而不闻其臭。

【译文】

同善良的人交往，就好像进入了有芝兰的房子，在里面待得时间长了，就闻不出香味了。同坏人交朋友，自己都变坏了，就好像进了卖鲍鱼的市场，时间久了就闻不到臭味了。

【原文】

肝胆相照，斯为腹心之友；意气不孚，谓之口头之交。

【译文】

肝胆相照是指能够推心置腹的朋友；意气不相投，只能称为口头上的朋友。

【原文】

彼此不合，谓之参商；尔我相仇，如同冰炭。

【译文】

彼此性格合不来，称为参商二星，这两颗星是永远都不会走到一起的；你我有了仇恨，就好像冰与炭一样互不相容。

【原文】

民之失德，干糇以愆；他山之石，可以攻玉。

【译文】

人做错了事情，朋友仅仅送去食物安慰他，而不帮助他改正错误是远远不够的；其他山上的石头，可以借来磨制玉器，是说可以借助别人，帮助自己改正错误。

【原文】

落月屋梁，相思颜色；暮云春树，想望丰仪。

【译文】

“落月屋梁”，这是杜甫写自己梦见李白的诗；“渭北春天树，江东日暮云”，是杜甫写的怀念李白的诗句。

【原文】

王阳在位，贡禹弹冠以待荐；杜伯非罪，左儒宁死不徇君。

【译文】

王阳做了官之后,他的朋友贡禹弹冠相庆,等待王阳举荐自己去做官;春秋时期周宣王的大臣杜伯没有犯罪,却要被杀害,他的朋友左儒据理力争,宁死也不阿谀周宣王。

【原文】

分首判袂,叙别之辞;拥彗扫门,迎迓之敬。

【译文】

分首和判袂,都是告别的意思;拥彗和扫门,都是欢迎朋友来访的敬辞。

【原文】

陆凯折梅逢驿使,聊寄江南一枝春;
王维折柳赠行人,遂唱阳关三叠曲。

【译文】

陆凯遇到驿站的差使,折断一枝梅花,托付他用这枝梅花表示江南春色,寄给远方的朋友,聊表思念之情;王维折一枝新柳送给即将远行的朋友,写下了《送元二使安西》,谱成阳关三叠曲为世人传唱。

【原文】

频来无忌,乃云入幕之宾;不请自来,谓之不速之客。

【译文】

谢安与王坦之曾到桓温处讨论事情,桓温命令他的参谋郗超偷听,郗超频繁出入,无所顾忌,被谢安笑为“入幕之宾”。没有被邀请就自己来了,称为不速之客。

【原文】

醴酒不设,楚王戊待士之意怠;
投辖于井,汉陈遵留客之心诚。

【译文】

设宴的时候不再摆下甜酒,是说楚国王戊礼贤下士的心松懈了;将客人的车辖投入井中,是说汉朝陈遵挽留客人的诚心诚意。

【原文】

蔡邕倒屣以迎宾;周公握发而待士。

【译文】

蔡邕听说王粲来访,倒穿着鞋去迎接,宾客都赞叹蔡邕对待少年才子的真情;周公广招天下奇才,曾经在一次洗头的过程中,三次把头发握在手里去见客人。

【原文】

陈蕃器重徐稚,下榻相延;
孔子道遇程生,倾盖而语。

【译文】

陈蕃很器重隐士徐稚,特地设榻给徐稚,以礼相待;孔子在路上遇到程生,将车盖倾折下来与程生亲密交谈。

【原文】

伯牙绝弦失子期，更无知音之辈；

管宁割席拒华歆，谓非同志之人。

【译文】

伯牙失去了善于听琴的朋友子期，于是扯断琴弦不再弹琴，认为世界上再也没有知音了；管宁割断竹席与华歆分席而坐，拒绝与他交往，认为华歆不是志同道合的人。

【原文】

分金多与，鲍叔独知管仲之贫；

绨袍垂爱，须贾深怜范叔之窘。

【译文】

鲍叔与管仲一起经商，鲍叔知道管仲家贫，每次分钱都多分一些给管仲；绨袍垂爱是讲须贾很同情范雎的境遇，以绨袍相赠而范雎也因此不计旧仇，放走须贾。

【原文】

要知主宾联以情，须尽东南之美；

朋友合以义，当展切偲之诚。

【译文】

要知道宾主之间是靠情字来维系的，做主人一定要尽到东南名流的美好品德；朋友结合靠的是义，朋友间应当有恳切的诚意。

婚姻

【原文】

良缘由夙缔，佳偶自天成。

【译文】

好的姻缘一早就缔结了，好的配偶是由上天安排的。

【原文】

蹇修与柯人，皆是媒妁之号；冰人与掌判，悉是传言之人。

【译文】

蹇修、柯人都是对媒妁的称呼；冰人、掌判都是为婚姻中的男女传过情意的人。

【原文】

礼须六礼之周，好合二姓之好。

【译文】

结婚的礼节要经过纳采、问名、纳吉、纳征、请期、亲迎六种礼节才算周全，好合是指男女结婚后把美好的品德结合在一起。

【原文】

女嫁曰于归，男婚曰完娶。

【译文】

女子出嫁叫于归，男子结婚叫完娶。

【原文】

婚姻论财，夷虏之道。

【译文】

婚姻把谈论财产放在第一位，那是夷虏之人落后的习俗。

【原文】

同姓不婚，周礼则然。

【译文】

同姓的不能结婚，周礼上就是这样说的。

【原文】

女家受聘礼，谓之许缨；新妇谒祖先，谓之庙见。

【译文】

女方家接受聘礼，叫许缨；新过门的媳妇拜见祖先，叫作庙见。

“喜”字

【原文】

文定纳采，皆为行聘之名；女嫁男婚，谓了子平之愿。

【译文】

文定纳采，都是指男方给女方下聘的名称；女子出嫁、男子结婚对父母来说是了却了一桩心愿，叫作子平之愿。

【原文】

聘仪曰雁币，卜妻曰凤占。

【译文】

订婚下聘的礼物叫雁币，用卦去占卜妻子叫凤占。

【原文】

成婚之日曰星期，传命之人曰月老。

【译文】

男女结婚的日期叫星期，做媒之人叫作月老。

【原文】

下采即是纳币，合卺系是交杯。

【译文】

下采就是纳币，是一种结婚前的仪式，合卺与喝交杯酒是一回事。

【原文】

执巾栉，奉箕帚，皆女家自谦之词；
娴姆训，习内则，皆男家称女之说。

【译文】

执巾栉，奉箕帚都是女子自谦的说法；熟习《娴姆》，通晓《内则》，都是男家称赞女家的说法。

【原文】

绿窗是贫女之室，红楼是富女之居。

【译文】

绿窗指代穷人家女孩的住房，红楼指代富家女子住的地方。

【原文】

桃夭谓婚姻之及时，摽梅谓婚期之已过。

【译文】

桃夭是比喻婚姻的最佳时期，摽梅是指婚姻的吉时已经错过了。

【原文】

御沟题叶，于祐始得宫娥；绣幕牵丝，元振幸获美女。

【译文】

于祐与宫女韩翠萍在树叶上写诗通过皇宫的水沟传情，最终二人结成了夫妻；唐朝郭元振以绣幕为帐，从绣幕外牵了五条红线中的一条，娶了宰相张嘉贞漂亮的三女儿为妻。

【原文】

汉武对景帝论妇，欲将金屋贮娇；
韦固与月老论婚，始知赤绳系足。

【译文】

汉武帝和汉景帝谈论妇人时说，若能娶阿娇为妻，我将会建一座黄金屋把阿娇藏起来；韦固与月老谈论婚姻的问题，才知道夫妻双方是有一根红绳套在脚上的。

【原文】

朱陈一村而结好；秦晋两国以联姻。

【译文】

朱姓和陈姓在同一个村子里住，两姓世代都互通婚姻；秦国和晋国通过联姻而取得和平。

【原文】

蓝田种玉，雍伯之缘；宝窗选婿，林甫之女。

【译文】

蓝田种玉，是雍伯用玉娶到美妻徐氏，这是他的一段好姻缘；唐末李林甫的女儿曾经通过纱窗选择女婿。

【原文】

驾鹊桥以渡河，牛女相会；射雀屏而中目，唐高得妻。

【译文】

七月七日喜鹊聚在一起架起一座桥，让牛郎织女渡过银河相会；用箭射中了屏风上孔雀的眼睛，唐高祖因此而得到了娇妻。

【原文】

至若礼重亲迎，所以正人伦之始；

《诗》首好逑，所以崇王化之原。

【译文】

至于婚姻礼节中重视新郎亲自去迎接的礼节，这正是因为婚姻是人类延续的基础；《诗经》中的第一首诗是："窈窕淑女，君子好逑。"这是因为夫妻关系是实行教化的根本。

女子

【原文】

男子禀乾之刚；女子配坤之顺。

【译文】

男子本性刚烈，合乎乾卦；女子性格柔顺，合乎坤卦。

【原文】

贤后称女中尧舜；烈女称女中丈夫。

【译文】

贤德的皇后，被称为女人中的尧舜；贞烈的女子被称为女人中的丈夫。

【原文】

曰闺秀，曰淑媛，皆称贤女；
曰阃范，曰懿德，并美佳人。

【译文】

闺秀、淑媛都是贤德的女人；阃范、懿德都是赞美美女的话。

【原文】

妇主中馈，烹治饮食之名；女子归宁，回家省亲之谓。

【译文】

妇女主持中馈，是烹调饮食的名称；女子归宁是指回家探望双亲的名称。

【原文】

何谓三从？从父、从夫、从子；
何谓四德？妇德、妇言、妇工、妇容。

【译文】

什么是三从？即在家从父，出嫁从夫，夫死从子；什么是四德？即德行要贞洁，言语要谨慎，女工要勤快，容貌要整洁。

【原文】

周家母仪，太王有周姜，王季有太妊，文王有太姒；
三代亡国，夏桀以妹喜，商纣以妲己，周幽以褒姒。

【译文】

周朝八个皇后，都可以做天下女人的典范，太王有周姜皇后，太历王有太妊皇后，文王有太姒皇后；夏桀王有妹喜，商纣王有妲己，周幽王有褒姒，三个朝代都是因为女人而使国家灭亡的。

【原文】

兰蕙质，柳絮才，皆女人之美誉；

冰雪心，柏舟操，悉孀妇之清声。

【译文】

像兰蕙一样的优良品质，像柳絮一样的才能，都是对女人的称赞；具有冰雪一样纯洁的心，像柏舟一样沉稳的操守，这都是称赞寡妇有好的名声。

【原文】

女貌娇娆，谓之尤物；妇容妖媚，实可倾城。

【译文】

容貌娇艳妖娆的女子称为尤物；女子的容颜娇媚，确实可以倾国倾城。

【原文】

潘妃步朵朵莲花；小蛮腰纤纤杨柳。

【译文】

南北朝的齐国东昏侯用金子做成朵朵莲花贴在地上，让潘妃按莲花位置步步行走，美其名为步步莲花；唐代大诗人白居易的小妾小蛮的腰像纤纤的杨柳枝随风摇曳。

【原文】

张丽华发光可鉴；吴绛仙秀色可餐。

【译文】

南北朝的陈后主的宠妃张丽华，头发油光可鉴；隋炀帝称赞他的妃子吴绛仙漂亮得让人忘记饥饿。

【原文】

丽娟气馥如兰，呵处结成香雾；

太真泪红于血，滴时更结红冰。

【译文】

汉朝光武帝的宫女丽娟，吐气像兰花一样，幽香可以凝成香雾；唐朝的杨贵妃眼泪比血还红，滴出来能结成红冰。

【原文】

孟光力大，石臼可擎；飞燕身轻，掌上可舞。

【译文】

汉朝梁鸿的妻子孟光力大无穷，可以把舂米用的石臼举起来；汉成帝的妃子赵飞燕身材轻巧，能在手掌上跳舞。

【原文】

至若缇萦上书而救父；卢氏冒刃而卫姑，此女之孝者。

【译文】

汉朝的缇萦向皇帝上书解救父亲；唐朝郑义宗的妻子卢氏冒着杀头的危险保护婆母，差点儿被鞭打死，这些都是女人中懂孝的女子。

【原文】

侃母截发以延宾；村媪杀鸡而谢客，此女之贤者。

【译文】

晋朝陶侃的母亲为了款待儿子的朋友，剪掉自己的头发换取食物去待客；村里的老妇人杀鸡待客感谢客人来访，这些都是贤德的女子。

【原文】

韩玖英恐贼秽而自投于秽，
陈仲妻恐陨德而宁殒于崖，此女之贞者。

【译文】

唐朝韩仲成的女儿韩玖英一次遇上强盗，她怕受到污辱，于是自己跳进粪池中，弄脏了自己才逃过劫难；唐朝陈仲的妻子遇上盗贼，她怕被人毁了自己的清白，跳崖而死，这些都是贞烈的女子。

【原文】

王凝妻被牵，断臂投地；
文叔妻誓志，引刀割鼻，此女之烈者。

【译文】

五代王凝的妻子，被陌生的男人拉了一下手臂，她感到这是莫大的耻辱，就用斧子把被拉过的手臂砍掉扔在地上；汉朝曹文叔的妻子，她丈夫死后，家人劝她改嫁，她用刀子割掉自己的鼻子表明自己不再嫁人的志向，这些都是刚烈的女子。

【原文】

曹大家续完汉帙；徐惠妃援笔成文，此女之才者。

【译文】

汉朝的班固的妹妹班昭帮助哥哥续写完了《后汉书》，因为她曾嫁给曹家，人称曹大家；唐朝徐惠妃八岁就能拿笔写文章，这是女子中有才学的人。

【原文】

戴女之练裳竹笥；孟光之荆钗裙布，此女之贫者。

【译文】

汉朝的戴良为他的女儿挑选女婿，不问贵贱，只问贤能，嫁妆也很朴素；汉朝梁鸿的妻子孟光，她的发钗是用荆条做的，她的裙子是用粗布做的，这是女子中的贫穷的人。

【原文】

柳氏秃妃之发；郭氏绝夫之嗣，此女之妒者。

【译文】

唐朝任环的妻子柳氏，想把唐太宗赐给任环的两个妾的头发剃掉；晋朝贾充的妻子郭氏怀疑贾充与乳母私通，于是杀了乳母，贾充的儿子也因思念乳母而死，贾充因此而绝了后代，这是妇女中的忌妒的人。

【原文】

贾女偷韩寿之香；齐女致祆庙之毁，此女之淫者。

【译文】

贾充的女儿与属官韩寿私通,他女儿偷了武帝赐给贾充的香给韩寿,贾充后来发现女儿的私情,为了避丑,他把女儿嫁给了韩寿;北齐的公主与乳母的儿子私通,约定在祆庙相会,结果导致祆庙被毁,这是女人中淫乱的人。

【原文】

东施效颦而可厌;无盐刻画以难堪,此女之丑者。

【译文】

东施学西施的样子皱着眉头,结果让人觉得更加讨厌;齐国无盐长相丑陋,即使经过精心打扮,仍让人觉得难以忍受,这是女子中的丑陋者。

【原文】

自古贞淫各异,人生妍丑不齐。

【译文】

从古到今贞洁的女人和淫荡的女人各不相同,一个人生下来有美的、有丑的,不会一样漂亮。

【原文】

是故生菩萨、九子母、鸠盘茶、谓妇态之更变可畏;
钱树子、一点红、无廉耻,谓青楼之妓女殊名。

【译文】

所以,生菩萨、九子母、鸠盘茶是说妇女的体态变化很大,令人害怕;钱树子、一点红、无廉耻是对青楼妓女的不同称谓。

【原文】

此固不列于人群,亦可附之以博笑。

【译文】

这些人本来不被列于正常的人群当中,写下来只是为了博取读者一笑。

外戚

【原文】

帝女乃公侯主婚,故有公主之称;
帝婿非正驾之车,乃是驸马之职。

【译文】

皇帝女儿的婚礼由公侯主持,所以皇帝的女儿叫公主;与皇帝同行时,皇帝的女婿不是坐在中间的车驾,只能坐侍从的马车,因此被加封驸马的职务。

【原文】

郡主县君,皆宗女之谓;仪宾国宾,皆宗婿之称。

【译文】

郡主、县君都是对皇室同宗女子的称呼;仪宾、国宾都是对同宗女婿的称呼。

【原文】

旧好曰通家，好亲曰懿戚。

【译文】

旧时把关系好的两家人称为通家，关系好的亲戚叫懿戚。

【原文】

冰清玉润，丈人女婿同荣；泰水泰山，岳母岳父两号。

【译文】

冰清玉润是指丈人、女婿都有好的声望；泰山、泰水是称呼岳父岳母的。

【原文】

新婿曰娇客，贵婿曰乘龙；赘婿曰馆甥，贤婿曰快婿；凡属东床，俱称半子。

【译文】

新女婿叫娇客，尊贵的女婿为乘龙；入赘女方的男子叫馆甥，贤德的女婿叫快婿；东床是对女婿的别称，相当于半个儿子。

【原文】

女子号门楣，唐贵妃有光于父母；

外甥称宅相，晋魏舒期报于母家。

【译文】

唐玄宗册立杨贵妃后，有歌谣称赞杨玉环能像男子一样光耀门楣；外甥又称为宅相，是说晋朝魏舒期报答母亲娘家的养育之恩。

【原文】

共叙旧姻，曰原有瓜葛之亲；自谦劣戚，曰忝在葭莩之末。

【译文】

彼此共同叙说旧的亲戚关系，说原来就有瓜葛之亲；自己谦称自己是无能的亲戚，便说自己像葫芦膜一样，太不起眼了。

【原文】

大乔小乔，皆姨夫之号；连襟连袂，亦姨夫之称。

【译文】

大乔、小乔是称呼姨夫；连襟、连袂也是姨夫的称号。

【原文】

蒹葭依玉树，自谦借戚属之光；

茑萝施乔松，自幸得依附之所。

【译文】

蒹葭依附在玉树上，是自己谦称借了亲戚的光辉；茑萝附在乔松上，是庆幸自己有了依附的地方。

老幼寿诞

【原文】

不凡之子，必异其生；大德之人，必得其寿。

【译文】

不平凡的孩子，他的出身一定与别人不同；品德高尚的人，一定会长寿。

【原文】

称人生日，曰初度之辰；贺人逢旬，曰生申令旦。

【译文】

称颂别人的生日，叫初度之辰；祝贺人家年龄逢十，就说是生申令旦。

【原文】

三朝洗儿，曰汤饼之会；周岁试周，曰晬盘之期。

【译文】

婴儿出生三天时给他洗澡，叫作汤饼会；婴儿周岁时做周，用一些物品预测孩子的志趣，叫晬盘之期。

【原文】

男生辰曰悬弧令旦；女生日曰设帨佳辰。

【译文】

男孩子出生后在门左首挂一张弓，叫悬弧令旦；女孩出生时在门右首挂一条佩巾，叫设帨佳辰。

【原文】

贺人生子，曰嵩岳降神；自谦生女，曰缓急非益。

【译文】

祝贺人家生了儿子，叫嵩岳降神；自己谦称生了个女儿，叫缓急非益。

【原文】

生子曰弄璋，生女曰弄瓦。

【译文】

生了儿子叫弄璋，生了女儿叫弄瓦。

【原文】

梦熊梦罴，男子之兆；梦虺梦蛇，女子之祥。

【译文】

梦见熊罴，这是生男孩的征兆；梦见虺蛇，这是生女孩的征兆。

【原文】

梦兰叶吉兆，郑燕姞生穆公之奇；
英物试啼声，晋温峤知桓公之异。

【译文】

梦见别人送来兰叶，这是吉祥之兆，郑文公的妾生下穆公前就是这样；英雄人物的出生很奇特,温峤在桓公出生之后,一听他的哭声就知道他日后会不同凡响。

【原文】

姜嫄生稷,履大人之迹而有娠;
简狄生契,吞玄鸟之卵而叶孕。

【译文】

姜嫄生下稷,是姜嫄去郊外祭祀神灵求子时,在途中看见一个巨大的足迹,她踩了足迹中的大拇指,回去后就怀了孕;简狄生下契,是她到郊外祭祀求子,看见一个燕子的蛋,她吃了燕子蛋后,就怀孕生下契。

【原文】

麟吐玉书,天生孔子之瑞;玉燕投怀,梦孕张说之奇。

【译文】

孔子未出生时,有一只麒麟口中吐出一块玉书简,上面写着:"水精之子,继衰周为素王。"这是孔子出生时上天安排的瑞兆;梦见玉刻的燕子投入怀中,这是唐朝宰相张说的母亲怀孕时的奇事。

【原文】

弗陵太子,怀胎十四月而始生;
老子道君,在孕八十一年而始诞。

【译文】

汉武帝的太子弗陵,他的母亲怀胎十四个月后才生下他;道家的创始人老子,他母亲怀孕八十一年后才生下他。

【原文】

晚年生子,谓之老蚌生珠;暮岁登科,正是龙头属老。

【译文】

晚年才生儿子,叫老蚌生珠;年老时才登科及第,这正是属于老人的状元了。

【原文】

贺男寿曰南极星辉;贺女寿曰中天婺焕。

【译文】

祝贺男子的寿辰,说他就像南极星一样放出光辉;祝贺女人高寿,就赞她像婺女星那样焕发光彩。

【原文】

松柏节操,美其寿元之耐久;桑榆暮景,自谦老景之无多。

【译文】

用松柏来赞美人的岁数大,能耐住岁月的煎熬;用桑榆晚景来自谦,说自己人生剩下的光景不多了。

【原文】

矍铄称人康健,聩眊自谦衰颓。

【译文】

矍铄是称赞老年人精神好,身体健康;聩眊是自谦精神衰颓,身体差。

【原文】

黄发儿齿，有寿之征；龙钟潦倒，年高之状。

【译文】

老年人头发白了又变黄，牙齿掉了又长出新牙，这是长寿的征兆；老年人身体摇摆不定，精神颓丧，这是年龄大所表现出来的状况。

【原文】

日月逾迈，徒自伤悲；春秋几何？问人寿算。

【译文】

感叹时光流逝不再，这只能是白白伤感的话；春秋几何，是问别人年龄大小。

【原文】

称少年曰春秋鼎盛；羡高年曰齿德俱尊。

【译文】

称赞少年人说他春秋鼎盛；羡慕人年纪大，就说年龄与德行一样，令人尊敬。

【原文】

行年五十，当知四十九年之非，

在世百年，那有三万六千日之乐。

【译文】

人活到五十岁，应当知道前四十九年的过错；人活到一百岁，哪里可能三万六千个日子都过得快乐。

【原文】

百岁曰上寿，八十曰中寿，六十曰下寿；

八十曰耋，九十曰耄，百岁曰期颐。

【译文】

一百岁称为上寿，八十岁称为中寿，六十岁称为下寿；八十岁叫耋，九十岁叫耄，一百岁又称为期颐。

【原文】

童子十岁就外傅，十三舞勺，成童舞象；

老者六十杖于乡，七十杖于国，八十杖于朝。

【译文】

儿童十岁时就外出求学，住在学校读书；十三岁时开始学习舞勺这种舞蹈；老年人到了六十岁应当在乡里受到尊重，七十岁应当受到诸侯国的尊重，八十岁的老人应当受到朝廷上君主的尊重。

【原文】

后生固为可畏，而高年尤是当尊。

【译文】

年轻人虽然值得敬畏，但那些年老的人更应该受到尊重。

身体

【原文】

百体皆血肉所躯，五官有贵贱之别。

【译文】

人体是由血肉组成的躯体，五官有贵贱的区别。

【原文】

尧眉分八彩，舜目有重瞳。

【译文】

尧的眉毛呈八字形，舜的眼睛有一对重叠的瞳孔。

【原文】

耳有三漏，大禹之奇形；臂有四肘，成汤之异体。

【译文】

大禹的体形奇特，耳朵有三个洞；成汤的身体同别人不同，一个手臂有四个关节。

【原文】

文王龙颜而虎眉；汉高斗胸而隆准。

【译文】

周文王有龙一样的额头，虎一样的眉毛；汉高祖胸脯宽广而鼻梁高。

【原文】

孔圣之顶若圩；文王之胸四乳。

【译文】

孔子的头顶中间低，四边高；周文王的前胸有四个乳头。

【原文】

周公反握，作兴周之相；重耳骈胁，为霸晋之君。

【译文】

周公的手能反方向握拳头，后来他做了强盛时周的丞相；晋文公重耳的两块肋骨紧紧地连在一起，他后来成了春秋五霸中的霸主。

【原文】

此皆古圣之英姿，不凡之贵品。

【译文】

这些人都是古代圣人的英姿，不是凡人所能拥有的尊贵的品貌。

【原文】

至若发肤不敢毁伤，曾子常以守身为大；
待人须当量大，师德贵于唾面自干。

【译文】

至于头发、皮肤都来自父母，不能损伤，所以曾子常常把守护自己的身体当作头等大事；娄师德待人接物的气量很大，别人把唾沫吐在他的脸上，他说："让它自己风干。"

【原文】

谗口中伤，金可铄而骨可销；虐政诛求，敲其肤而吸其髓。

【译文】

谗言最能伤人，它可以使黄金熔化，使骨头销蚀；暴虐的政治，像是敲破皮肤吸吮骨髓一样残酷地剥削人民。

【原文】

受人牵制，曰掣肘；不知羞愧，曰厚颜。

【译文】

受到别人的牵制叫作掣肘，不知道羞耻叫作厚颜。

【原文】

好生议论，曰摇唇鼓舌；共话衷肠，曰促膝谈心。

【译文】

喜欢议论别人，叫摇唇鼓舌；一起坦诚交谈，叫作促膝谈心。

【原文】

怒发冲冠，蔺相如之英气勃勃；

炙手可热，唐崔铉之贵势炎炎。

【译文】

愤怒得头发都竖起来了，是形容蔺相如英气勃勃地在秦王面前据理力争的样子；炙手可热是形容唐朝崔铉的权势很大。

【原文】

貌虽瘦而天下肥，唐玄宗之自谓；

口有蜜而腹有剑，李林甫之为人。

【译文】

唐玄宗安慰自己说："我的租税变'瘦'了，但是天下的百姓却变'肥'了。"唐朝宰相李林甫为人狡猾，口里讲的话像蜜糖一样甜，心里想的却像剑一样锋利残忍。

【原文】

赵子龙一身都是胆，周灵王初生便有须。

【译文】

蜀国大将赵子龙胆气过人，周灵王刚生下来就有胡须。

【原文】

来俊臣注醋于囚鼻，法外行凶；

严子陵加足于帝腹，忘其尊贵。

【译文】

唐朝酷吏来俊臣曾经往囚犯的鼻子里灌醋，严刑逼供，这是法外行凶；严子陵与光武帝刘秀小时候同在太学读书，刘秀做皇帝时，严子陵过着隐居的生活，刘秀三次派人寻找邀请才把他请来，刘秀亲自去严子陵住的馆舍里，与他谈了几天，夜晚与他同睡。

睡觉时，严子陵忘了自己的低贱和皇帝的尊贵，把自己的脚放在了刘秀的肚子上。

【原文】

已有十年不屈膝，惟郭公能慑强藩；

岂为五斗遽折腰，故陶令愿归故里。

【译文】

唐朝田承嗣占据魏地，郭子仪做了宰相后，派人去魏地办事，承嗣面向西遥拜说："我这双膝已十几年没向人弯曲了，今天是因为尊重宰相郭子仪才弯曲的。""不为五斗米折腰"，是说晋朝陶渊明不肯下拜衙门的小吏，辞职回家隐居的事。

来俊臣

【原文】

断送老头皮，杨璞得妻送之诗；

新剥鸡头肉，明皇爱贵妃之乳。

【译文】

"断送老头皮"，是说隐士杨璞被宋真宗召去，临行时他妻子送给他的诗句；唐明皇喜欢杨贵妃的乳房，用"新剥鸡头肉"来形容。

【原文】

纤指如春笋；媚眼若秋波。

【译文】

手指纤细，好像春笋一般；眼光妩媚，如同秋天被风吹起的水波一样。

【原文】

肩曰玉楼，眼名银海；泪曰玉箸，顶曰珠庭。

【译文】

道家把肩称为玉楼，把眼睛称为银海；眼泪叫玉箸，有富贵相的人的头顶叫珠庭。

【原文】

歇担曰息肩，不服曰强项。

【译文】

放下担子休息一会儿叫息肩，对人或事不肯屈服叫强项。

【原文】

丁谓与人拂须，何其谄也！彭乐截肠决战，不亦勇乎？

【译文】

宋朝丁谓做参知政事时，在一次朝宴上，他看见宰相寇准的胡须上沾有羹汤，便慢慢站起来轻轻地帮寇准擦去胡须上的羹汤，这种做法是多么谄媚啊！北齐的彭乐与周文交战，彭乐被刺中肚子，肠子都流了出来，他用战刀割断肠子，继续与周文决战，这种行为多么勇敢！

【原文】

剜肉医疮，权济目前之急；伤胸扪足，计安众士之心。

【译文】

剜肉医疮，是说用不当的方法只顾解救目前的困难；伤了胸口却捂着脚叫痛，这是说汉高祖为了安定军心而用的计谋。

【原文】

汉张良蹑足附耳，东方朔洗髓伐毛。

【译文】

汉高祖因为韩信要做齐王而大怒，谋臣张良踩着高祖的脚暗示他不要发怒，并附耳对高祖说，让高祖设计笼络大将。东方朔有仙术，他在海边遇到一个黄眉老头对他说："我不吃东西，只吸气，我已活了九千多年了，我三千年脱骨洗髓一次，二千年剥皮伐毛一次，我现在已经三次洗髓五次伐毛了。"用洗髓伐毛比喻脱胎换骨。

【原文】

尹继伦，契丹称为黑面大王；傅尧俞，宋后称为金玉君子。

【译文】

尹继伦被契丹族人称为黑面大王；傅尧俞被宋后称为金玉君子。

【原文】

土木形骸，不自妆饰；铁石心肠，秉性坚刚。

【译文】

土木形骸是比喻自己不修边幅的形体，像木雕泥塑一样；铁石心肠是比喻人生性坚强刚毅。

【原文】

叙会晤，曰得挹芝眉；叙契阔，曰久违颜范。

【译文】

与朋友见面叙旧情，叫做得挹芝眉；与朋友叙说阔别之情叫久违颜范。

【原文】

请女客，曰奉迓金莲；邀亲友，曰敢攀玉趾。

【译文】

邀请女客人叫奉迓金莲；邀请亲友叫敢攀玉趾。

【原文】

侏儒谓人身矮，魁梧称人貌奇。

【译文】

侏儒是说人身材矮小，魁梧是指人身体强壮高大。

【原文】

龙章凤姿，廊庙之彦；獐头鼠目，草野之夫。

【译文】

龙章凤姿是形容人的相貌像龙凤一样，这种人是朝廷杰出的人才；獐头鼠目是形容那些作奸犯科，相貌猥琐的人。

【原文】

恐惧过甚，曰畏首畏尾；感佩不忘，曰刻骨铭心。

【译文】

非常害怕叫作畏首畏尾；感激佩服别人，永世不忘，叫作刻骨铭心。

【原文】

貌丑曰不扬，貌美曰冠玉。

【译文】

说人相貌丑陋不出众称为其貌不扬，指人相貌美丽叫面如冠玉。

【原文】

足跛曰蹒跚，耳聋曰重听。

【译文】

走路一瘸一拐叫蹒跚；耳朵聋叫重听。

【原文】

期期艾艾，口讷之称；喋喋便便，言多之状。

【译文】

期期艾艾是指说话不清楚，为口讷；喋喋不休地说话，是指说话多。

【原文】

可嘉者，小心翼翼；可鄙者，大言不惭。

【译文】

值得赞扬的是举止小心谨慎的人；说大话而不觉得惭愧的人最让人鄙视。

【原文】

腰细曰柳腰；身小曰鸡肋。

【译文】

腰身细弱像杨柳枝一样，叫柳腰；身体弱小，叫鸡肋。

【原文】

笑人齿缺，曰狗窦大开；讥人不决，曰鼠首偾事。

【译文】

讥笑别人牙齿脱落，叫狗窦大开；嘲笑别人遇事犹豫不决，叫鼠首偾事。

【原文】

口中雌黄，言事而多改移；皮里春秋，胸中自有褒贬。

【译文】

口中雌黄是指对言论有不妥之处，随口加以更改；皮里春秋是说表面上不做评论而心里自有褒贬的标准。

【原文】

唇亡齿寒，谓彼此之失依；足上首下，谓尊卑之颠倒。

【译文】

唇亡齿寒是比喻彼此之间失去了依靠；足上首下，是说尊贵与卑贱颠倒过来了。

【原文】

所为得意，曰吐气扬眉；待人诚心，曰推心置腹。

【译文】

做了得意的事，叫吐气扬眉；对待别人诚心诚意，叫作推心置腹。

【原文】

心慌曰灵台乱，醉倒曰玉山颓。

【译文】

心里慌乱叫灵台乱，酒后醉倒叫玉山颓。

【原文】

睡曰黑甜，卧曰息偃。

【译文】

睡觉香甜，叫黑甜，躺下休息叫息偃。

【原文】

口尚乳臭，谓世人年少无知；三折其肱，谓医士老成谙练。

【译文】

口尚乳臭是说人年少没有见识；三折其肱是说医生看的病多了，有了经验，就会变得老练成熟。

【原文】

西子捧心，愈见增妍；丑妇效颦，弄巧反拙。

【译文】

西施双手捧心皱眉，更加增添了美丽；丑女东施模仿西施的动作，结果弄巧成拙，让人觉得她更丑。

【原文】

慧眼始知道骨，肉眼不识贤人。

【译文】

具有慧眼的人，才能辨别谁能成仙得道，具有成仙的慧根；凡胎肉眼，就是贤人在眼前都认不出来。

【原文】

婢膝奴颜，谄容可厌；胁肩谄笑，媚态难堪。

【译文】

奴颜谄媚的样子，让人生厌；耸起肩膀，谄媚地笑，让人感到羞耻。

【原文】

忘臣披肝，为君之药；妇人长舌，为厉之阶。

【译文】

忠臣肝胆相照，是替君主治病的良药；妇人多嘴多舌，是祸害的阶梯。

【原文】

事遂心曰如愿,事可愧曰汗颜。

【译文】

事情合自己的心意叫如愿,事情做不好,感到惭愧叫汗颜。

【原文】

人多言,曰饶舌;物堪食,曰可口。

【译文】

人的言语太多,叫饶舌;食物的味道好,叫可口。

【原文】

泽及枯骨,西伯之深仁;灼艾分痛,宋祖之友爱。

【译文】

恩惠及至尸骨,这是赞美周文王的深厚仁慈之心;烧艾叶替弟弟分担痛楚,是说宋太祖兄弟间的友爱之情。

【原文】

唐太宗为臣疗病,亲剪其须;颜杲卿骂贼不辍,贼断其舌。

【译文】

唐太宗为了给大臣李勣治病,亲自把自己的胡须剪下来作为药引;颜杲卿被安禄山俘获后,不停地辱骂安禄山,结果被安禄山割掉了舌头。

【原文】

不较横逆,曰置之度外;洞悉虏情,曰已入掌中。

【译文】

不计较横逆的事情,是说把一切置之度外;详细地了解到了敌人的情况叫已入掌中。

【原文】

马良有白眉,独出乎众;阮籍作青眼,厚待乎人。

【译文】

汉朝马良长有白色的眉毛,他的才能超过众人而独树一帜;阮籍用青眼去看自己厚待的人。

【原文】

咬牙封雍齿,计安众将之心;含泪斩丁公,法正叛臣之罪。

【译文】

咬紧牙关,狠心忘掉仇恨,封仇人雍齿为侯,这是汉高祖为安抚众将士的心而用的谋略;含着眼泪斩了恩人丁公,这是汉高祖为了依法惩治叛将采取的做法。

【原文】

掷果盈车,潘安仁美姿可爱;投石满载,张孟阳丑态堪憎。

【译文】

潘安仁慈貌美,姿态可爱,每次坐车出去,妇女们都朝他的车上扔果品;张孟阳相貌丑陋，令人憎恶，每次坐车回来时满车都是石头。

马良

【原文】

事之可怪，妇人生须；事所骇闻，男人诞子。

【译文】

北宋有个妇女长出了胡须，这件事让人觉得奇怪；男人生下孩子，这是让人惊骇的事。

【原文】

求物济用，谓燃眉之急；悔事无成，曰噬脐何及。

【译文】

请求别人用东西来救济自己，叫燃眉之急；后悔事情办得不成功，叫噬脐何及。

【原文】

情不相关，如秦越人之视肥瘠。

【译文】

事情与自己无关，就像越国人看秦国人的肥瘦一样。

【原文】

事当探本，如善医者只论精神。

【译文】

事情应当探求根本，就好比医术高明的医生重视探出病因一样。

【原文】

无功食禄，谓之尸位素餐；谫劣无能，谓之行尸走肉。

【译文】

没有功劳却享受俸禄叫尸位素餐；知识浅薄且无能无才叫行尸走肉。

【原文】

老当益壮，宁知白首之心？穷且益坚，不坠青云之志。

【译文】

年老但精神更好，难道不知道白头人的心思吗？处境穷困但意志坚定，不丧失远大的志向。

【原文】

一息尚存，此志不容少懈；十手所指，此心安可自欺？

【译文】

只要有一口气，就要坚定自己的志向，一点儿也不松懈；十个手指指向你，这颗心是不能够自己欺骗自己的。

衣服

【原文】

冠称元服，衣曰身章。

【译文】

帽子又叫元服，衣服叫身章。

【原文】

曰弁、曰冔、曰冕，皆冠之号；
曰履、曰舄、曰屣，悉鞋之名。

【译文】

弁、冔、冕都是帽子的别称；履、舄、屣都是鞋的别称。

【原文】

上公命服有九锡，士人初冠有三加。

【译文】

在上任的三年，皇帝钦命的服饰有九种器物；士人初次行冠礼，有三加的名称。

【原文】

簪缨缙绅，仕宦之称；章甫缝掖，儒者之服。

【译文】

簪、缨、缙、绅是指仕宦人家穿的服饰，后用以代指仕宦；章甫、缝掖都是儒生的穿戴。

【原文】

布衣即白丁之谓，青衿乃生员之称。

【译文】

布衣是称呼普通老百姓的；青衿是对读书人的称呼。

【原文】

葛屦履霜，诮俭啬之过甚；绿衣黄里，讥贵贱之失伦。

【译文】

古代的人冬天穿草鞋去踏霜雪就不合时宜，这是讥讽过分节俭的人；低贱的人穿绿衣，黄色显示高贵，用绿色做衣服面，黄色做衣服里，这是讥讽那些颠倒贵贱秩序的人。

【原文】

上服曰衣，下服曰裳；衣前曰襟，衣后曰裾。

【译文】

穿在上身的衣服叫衣，穿在下身的衣服叫裳；衣服的前面叫襟，衣服的后面叫裾。

【原文】

敝衣曰褴褛，美服曰华裾。

【译文】

破衣服叫褴褛，华丽的衣服叫华裾。

【原文】

襁褓乃小儿之衣，弁髦亦小儿之饰。

【译文】

襁褓是小孩的衣服，弁髦也是小孩的服饰。

【原文】

左衽是夷狄之服，短后是武夫之衣。

【译文】

衣襟开在左边的是少数民族的服装，衣服前面长后面短的是武夫的衣服。

【原文】

尊卑失序，如冠履倒置；富贵不归，如锦衣夜行。

【译文】

尊贵和卑贱颠倒了秩序，就好像鞋帽的位置颠倒了一样；人富贵了不回到家乡，就像穿了一件华丽的衣服在夜里走路。

【原文】

狐裘三十年，俭称晏子；锦幛四十里，富羡石崇。

【译文】

晏子生活俭朴，一件狐皮衣穿了三十年都不舍得扔掉；人们很羡慕石崇，他曾用丝织品做成四十里的幛子。

【原文】

孟尝君珠履三千客；牛僧孺金钗十二行。

【译文】

孟尝君有门人三千，每个门客穿的鞋都是用珍珠装饰的；唐朝宰相牛僧孺有宠妾十几排。

【原文】

千金之裘，非一狐之腋；绮罗之辈，非养蚕之人。

【译文】

价值千金的裘皮衣，不可能是由一只狐腋下的皮毛做成的；穿着丝绸的富贵人，一定不是养蚕缫丝的人。

【原文】

贵者重裀叠褥；贫者裋褐不完。

【译文】

富贵人的凳子上总要放上几重垫子，睡的床上总要放几重褥子；贫穷人连粗布衣服都破烂不堪，没有一件完好的。

【原文】

卜子夏甚贫，鹑衣百结；公孙弘甚俭，布被十年。

【译文】

卜子夏很贫穷,他穿的衣服很破烂,有很多补丁;公孙弘很俭朴,一床布被盖了十年。

【原文】

南州冠冕,德操称庞统之迈众;

三河领袖,崔浩羡裴骏之超群。

【译文】

司马德操称庞统是南州士人的首领,因为庞统的才智出众;崔浩美慕裴骏智慧超群,称他为三河地区士人的领袖。

【原文】

虞舜制衣裳,所以命有德;昭侯藏敝袴,所以待有功。

【译文】

虞舜根据不同人的德行,制造不同颜色和等级的衣服;昭侯把破裤子藏起来,留着赐给有功的人。

【原文】

唐文宗袖经三浣,晋文公衣不重裘。

【译文】

唐文宗的衣服洗了三次还穿,晋文公从不穿厚的裘皮衣服。

【原文】

衣履不敝,不肯更为,世称尧帝;

衣不经新,何由得故,妇劝桓冲。

【译文】

衣服鞋子破了都不愿意更换新的,世人都称赞尧帝;衣服不经过新的阶段,哪里有旧衣服,这是桓冲的妻子劝他抛弃对新服的偏激观念。

【原文】

姜氏翕和,兄弟每宵同大被;王章未遇,夫妻寒夜卧牛衣。

【译文】

姜氏兄弟和睦相处,每天晚上睡觉都盖一张大被,一起睡觉;王章没有考中时,夫妻两人在寒冷的夜里共盖一张盖牛用的草衣。

【原文】

缓带轻裘,羊叔子乃斯文主将;

葛巾野服,陶渊明真陆地神仙。

【译文】

羊叔子统领襄阳军时,经常扎着宽松的衣带,穿着轻暖的皮裘,他想做一个斯文的主将,用仁义来统领军队;陶渊明戴着用粗布织成的巾,穿上农夫穿的衣服,算得上是陆地的神仙。

【原文】

服之不衷,身之灾也;缊袍不耻,志独超欤!

【译文】

衣服不合身体，会给身体带来灾难；子路穿着用麻织成的袍与穿着皮袍的人在一起，不觉得羞耻，是因为子路的志向与众不同。

卷三

人事

【原文】

《大学》首重夫明新；小子莫先于应对。

【译文】

《大学》的内容，首先要求明白什么是美德，怎样从小培养做一个有美德的人；小孩子应首先学习有礼貌地应答长辈的问话。

【原文】

其容固宜有度，出言尤贵有章。

【译文】

做人的仪表、容貌固然要有法度，但说话则贵在有章法。

【原文】

智欲圆而行欲方，胆欲大而心欲小。

【译文】

人要灵活变通，品行要方正，做事情要胆大心细。

【原文】

阁下、足下，并称人之辞；不佞、鲰生，皆自谦之语。

【译文】

阁下、足下是对别人的尊称；不佞、鲰生都是对自己的谦称。

【原文】

恕罪曰原宥；惶恐曰主臣。

【译文】

宽恕别人犯的过失，叫原宥；惶恐不安，好像臣子见了君主一样，叫作主臣。

【原文】

大春元、大殿选、大会状，举人之称不一；
大秋元、大经元、大三元，士人之誉多殊。

【译文】

大春元、大殿选、大会状，都是对举人的不同称呼；大秋元、大经元、大三元，这是读书人考中之后不同的荣誉称号。

【原文】

大掾史，推美吏员；大柱石，尊称乡宦。

【译文】

大掾史是对官员的赞美;大柱石是对乡官的尊称。

【原文】

贺入学,曰云程发轫;贺新冠,曰元服初荣。

【译文】

祝贺别人进入学校读书,叫云程发轫;祝贺别人刚刚举行了加冠礼,叫元服初荣。

【原文】

贺人荣归,谓之锦旋;作商得财,谓之稛载。

【译文】

祝贺别人衣锦还乡叫作锦旋;在外面经商发了财回来叫稛载。

【原文】

谦送礼曰献芹,不受馈曰反璧。

【译文】

谦称自己送给人家的微薄礼物叫献芹,不接受人家赠送的礼物叫反璧。

【原文】

谢人厚礼曰厚贶,自谦礼薄曰菲仪。

【译文】

感谢人家送给自己丰厚的礼物叫厚贶,谦称自己送的礼物微薄叫菲仪。

【原文】

送行之礼,谓之赆仪;拜见之赀,名曰贽敬。

【译文】

送礼给即将要走的人叫赆仪;初次拜见长者送的见面礼叫贽敬。

【原文】

贺寿仪曰祝敬;吊死礼曰奠仪。

【译文】

祝贺别人过生日送的礼物,叫祝敬;吊唁死者送的礼物叫奠仪。

【原文】

请人远归曰洗尘,携酒送行曰祖饯。

【译文】

邀请从远方归来的人吃饭叫洗尘,拿着酒为远行的人送行叫祖饯。

【原文】

犒仆夫,谓之旌使;演戏文,谓之俳优。

【译文】

犒赏仆役随从叫旌使;演唱戏文的人叫俳优。

【原文】

谢人寄书,曰辱承华翰;谢人致问,曰多蒙寄声。

【译文】

感谢别人给自己寄信叫辱承华翰；感谢别人转达的问候叫多蒙寄声。

【原文】

望人寄信，曰早赐玉音；谢人许物，曰已蒙金诺。

【译文】

盼望别人寄来书信叫早赐玉音；感谢人家许诺物品叫已蒙金诺。

【原文】

具名帖，曰投刺；发书函，曰开缄。

【译文】

准备好名帖去拜访别人叫投刺；开启书信的封函叫开缄。

【原文】

思慕久曰极切瞻韩，想望殷曰久怀慕蔺。

【译文】

唐代的荆州刺史韩朝宗礼贤下士，李白很敬仰他，说："生不愿封万户侯，但愿一识韩荆州。"这是对人思念久而又极想见面时的说法；如果极想见到一个人叫久怀慕蔺，像汉代的司马相如心里很羡慕蔺相如，把自己的名字都改成了相如。

【原文】

相识未真，曰半面之识；不期而会，曰邂逅之缘。

【译文】

认识一个人时间不长，了解不深，叫半面之识；没有约定时间见面，偶然碰到一起，叫邂逅之缘。

【原文】

登龙门，得参名士；瞻山斗，仰望高贤。

【译文】

登上龙门就能够参见有名望的人；瞻仰泰山北斗，就能仰望到有才能的人。

【原文】

一日三秋，言思慕之甚切；渴尘万斛，言想望之久殷。

【译文】

过了一天就好像过了三年那么长的时间，是说对某人思慕的心情急切；口干渴得像积下了万斛灰尘一样，是比喻想念的时间长而且很殷切。

【原文】

睽违教命，乃云鄙吝复萌；来往无凭，则曰萍踪靡定。

【译文】

违背了教训叫作鄙吝复萌，是指那种低下的念头又复生了；来往没有规律，像浮萍一样行踪不定，叫萍踪靡定。

【原文】

虞舜慕唐尧，见尧于羹，见尧于墙；

颜渊学孔圣，孔步亦步，孔趋亦趋。

【译文】

虞舜很仰慕唐尧，吃饭的时候看见尧在碗里，坐下休息时看见尧在墙上；颜渊向孔子学习时，很有诚心，孔子慢走他也慢走，孔子快走他也快走。

【原文】

曾经会晤，曰向获承颜接辞；谢人指教，曰深蒙耳提面命。

【译文】

曾经见过面，就说以前曾经有机会承颜接辞；感谢别人对自己的教诲，叫作深深地感受到耳提面命。

【原文】

求人涵容，曰望包荒；求人吹嘘，曰望汲引。

【译文】

请求别人宽容自己，叫作望包荒；求助别人吹捧自己，叫作望汲引。

【原文】

求人荐引，曰幸为先容；求人改文，曰望赐郢斫。

【译文】

请求别人引荐自己，叫作幸为先容；求别人批改自己的文章，叫望赐郢斫。

【原文】

借重鼎言，是托人言事；望移玉趾，是浼人亲行。

【译文】

借重鼎言，是说请托别人说合事情；望移玉趾，是央求别人亲自走一趟。

【原文】

多蒙推毂，谢人引荐之辞；望为领袖，托人首创倡之说。

【译文】

多蒙推毂，是感谢别人引荐的言辞；望为领袖，是推选某人领头倡议的话。

【原文】

言辞不爽，谓之金石语；乡党公论，谓之月旦评。

【译文】

言辞准确，没有一点儿出入，像金子一样坚硬，永不更改，叫金石语；汉朝的士人们，每月聚在一起，评论世人的贤良和国家大事叫月旦评。

【原文】

逢人说项斯，表扬善行；名下无虚士，果是贤人。

【译文】

唐代的项斯，清奇雅正，超凡脱俗。杨敬之写诗表扬他的好品质，中间一句是："到处逢人说项斯。"北齐薛道衡的诗写得很好，他写的一首《人日诗》，让人看后赞叹不已，果然名不虚传，是个有才干的人。

【原文】

党恶为非，曰朋奸；尽财赌博，曰孤注。

【译文】

与坏人结党去为非作歹，叫朋奸；用尽自己的所有财产下赌注，叫孤注。

【原文】

徒了事，曰但求塞责；戒明察，曰不必苛求。

【译文】

只是想了结一件事，就说自己但求塞责；劝告人们考察事情不要过分仔细，就说不必苛求。

【原文】

方命是逆人之言；执拗是执己之性。

【译文】

方命就是违背别人的意志去做事；执拗是指固执任性，不听从别人的意见。

【原文】

曰觊觎、曰睥睨，总是私心之窥望；
曰倥偬、曰旁午，皆言人事之纷纭。

【译文】

觊觎是希望得到不应该得到的东西，睥睨指两眼斜视，都是因为有私心去窥探；倥偬、旁午都是说人的事情繁多且复杂。

【原文】

小过必察，谓之吹毛求疵；乘患相攻，谓之落井下石。

【译文】

别人犯小错误都要去追究，叫吹毛求疵；在别人有危难的时候乘机攻击，叫作落井下石。

【原文】

欲心难厌如溪壑；财物易尽若漏卮。

【译文】

人们的欲望很难满足，像河沟一样难填平；人的钱财货物很容易耗尽，就像漏酒的器皿。

【原文】

望开茅塞，是求人之教导；多蒙药石，是谢人之箴规。

【译文】

请别人指导自己叫望开茅塞；感谢别人的劝告叫多蒙药石。

【原文】

芳规芳躅，皆善行之可慕；格言至言，悉嘉言之可听。

【译文】

好的行为规范，好的足迹都是指好的品行，值得仰慕；有教益的话，至理名言，都是值得听的美好言辞。

【原文】

无言曰缄默，息怒曰霁威。

【译文】

不开口说话叫缄默,平息怒气叫霁威。

【原文】

包拯寡色笑,人比其笑为黄河清;
商鞅最凶残,尝见论囚而渭水赤。

【译文】

包拯面上少有笑容,人们比喻听到他的笑声就像看见黄河水变清那么难;商鞅性情凶狠,曾经看见他判囚犯死刑,把渭河之水都染红了。

【原文】

仇深曰切齿,人笑曰解颐。

【译文】

因为仇恨愤怒到了极点,叫切齿;人笑的时候,面颊都会舒展开来叫解颐。

【原文】

人微笑曰莞尔,掩口笑曰胡卢。

【译文】

微笑叫莞尔,掩嘴笑叫胡卢。

【原文】

大笑曰绝倒,众笑曰哄堂。

【译文】

大笑时前仰后合叫绝倒,众人一起笑时叫哄堂。

【原文】

留位待贤,谓之虚左;官僚共署,谓之同寅。

【译文】

留一个位置给贤能的人坐,叫虚左;官僚在一个衙门办公叫同寅。

【原文】

人失信曰爽约,又曰食言;人忘誓曰寒盟,又曰反汗。

【译文】

人不守信用叫爽约,又叫食言;违背盟誓叫寒盟,又叫反汗。

【原文】

铭心镂骨,感德难忘;结草衔环,知恩必报。

【译文】

铭心镂骨是感激别人的恩德永远都不会忘记;结草衔环是说对自己有恩的人,一定要想办法回报。

【原文】

自惹其灾,谓之解衣抱火;幸离其害,真如脱网就渊。

【译文】

自己惹来灾祸,就好像解开衣服去抱火焰;侥幸逃过了灾害,就好像鱼儿从网中逃脱，跑进深水里一样。

【原文】

两不相入，谓之枘凿；两不相投，谓之冰炭。

【译文】

枘是方形的，凿是圆形的，枘凿指两个人的思想观点完全不同；性格爱好不合叫冰炭。

【原文】

彼此不合曰龃龉，欲进不前曰趑趄。

【译文】

彼此的意见不合、互相有抵触叫龃龉，想要前进却又前进不了叫趑趄。

【原文】

落落，不合之词；区区，自谦之语。

【译文】

落落是指不适合的词语；区区是自己谦称自己的词语。

【原文】

竣者，作事已毕之谓；醵者，敛财饮食之名。

【译文】

竣是指事情做完了的话；醵是搜到钱财去饮酒。

【原文】

赞襄其事，谓之玉成；分裂难完，谓之瓦解。

【译文】

帮助别人完成某件事情，就像把玉石磨成玉器一样，叫玉成；事物分裂之后，就好像瓦块掉在地上打碎了一样，叫瓦解。

【原文】

事有低昂，曰轩轾；力相上下，曰颉颃。

【译文】

事情有令人沮丧的，有令人兴奋激昂的，像轩轾一样有高低优劣；力量相差不多，叫颉颃。

【原文】

凭空起事，曰作俑；仍前踵弊，曰效尤。

【译文】

凭空想着法子做坏事叫作俑；仍然继承前人的弊病叫效尤。

【原文】

手口共作，曰拮据；不暇修容，曰鞅掌。

【译文】

手中辛勤劳作，口中节省叫拮据；没有时间去修饰自己的容貌叫鞅掌。

【原文】

手足并行，曰匍匐；俯首而思，曰低徊。

【译文】

趴在地上手与脚一起行走叫匍匐；低下头思考徘徊，叫作低徊。

【原文】

明珠投暗，大屈才能；入室操戈，自相鱼肉。

【译文】

把明珠扔到黑暗的地方，比喻怀才不遇，才能得不到发挥；在自己家里拿起武器互相攻击，这是自己与自己为敌。

【原文】

求教于愚人，是问道于盲；枉道以干主，是衒玉求售。

【译文】

向愚蠢的人请教，就好像向盲人问路一样；扭曲道义去附和君主的主张，求得重用，叫衒玉求售。

【原文】

智谋之士，所见略同；仁人之言，其利甚溥。

【译文】

有智慧有谋略的人，见解大体相同；仁德的人讲的话，益处很大。

【原文】

班门弄斧，不知分量；岑楼齐末，不识高卑。

【译文】

在鲁班门前耍大斧，是指那些不知道自己的能力，不自量力的人；用放在岑楼顶上的一块木头与岑楼比高，是不识高低尊卑的表现。

【原文】

势延莫遏，谓之滋蔓难图；包藏祸心，谓之居心叵测。

【译文】

势力发展难以遏制，就像蔓草一样，一旦滋长蔓延就无法根除；心里隐藏着坏念头，是说这个人的居心难以预测。

【原文】

作舍道旁，议论多而难成；一国三公，权柄分而不一。

【译文】

在大路旁边建房子，议论的人多，但很难成功；一个国家有三个主持政事的人，权力分小了决策就不能统一。

【原文】

事有奇缘，曰三生有幸；事皆拂意，曰一事无成。

【译文】

遇到了奇特的缘分叫三生有幸；做每件事都没有达到目的叫一事无成。

【原文】

酒色是耽，就如以双斧伐孤树；力量不胜，如以寸胶澄黄河。

【译文】

沉迷酒色,就好像用两把斧头砍一棵树;力量弱小,就像用一寸胶去澄清黄河水一样。

【原文】

兼听则明,偏听则暗,此魏征之对太宗;

众怒难犯,专欲难成,此子产之讽子孔。

【译文】

听取多方面的意见,才能辨明是非,听信一方的话,就会分不清是非,这是魏征劝谏唐太宗的话;众人的愤怒不可冒犯,只顾自己的欲望,事情很难办成,这是郑国大夫子产讥讽子孔的话。

【原文】

欲逞所长,谓之心烦技痒;绝无情欲,谓之槁木死灰。

【译文】

想要展示自己的长处叫作心烦技痒;对事物的兴趣像枯干的树木和火灭掉后的冷灰一样,叫作槁木死灰。

【原文】

座上有江南,语言须谨;往来无白丁,交接皆贤。

【译文】

如果有江南人在座,说话一定要谨慎小心;交往的没有普通人,都是贤能的名士。

【原文】

将近好处,曰渐入佳境;无端倨傲,曰旁若无人。

【译文】

即将靠近好的地方叫渐入佳境;毫无理由地傲视别人叫旁若无人。

【原文】

借事宽役曰告假;将钱嘱托曰夤缘。

【译文】

有事情宽限劳动的时间叫告假;用钱贿赂权贵,托付他们引荐自己叫夤缘。

【原文】

事有大利,曰奇货可居;事宜鉴前,曰覆车当戒。

【译文】

做一件事情可以赢得很多利益叫奇货可居;做事应当借鉴前面的经验,避免错误重复发生,叫履车当戒。

【原文】

外彼为此,曰左袒;外事两可,曰模棱。

【译文】

因为这一方面而排斥反方叫左袒;处理事情这样也行,那样也好叫模棱。

【原文】

敌甚易摧,曰发蒙振落,志在必胜,曰破釜沉舟。

【译文】

敌人容易被打败叫发蒙振落;下定决心要取得胜利叫破釜沉舟。

【原文】

曲突徙薪无恩泽,不念豫防之力大;
焦头烂额为上客,徒知救急之功宏。

【译文】

事先提醒别人采取措施,预防事故发生,却得不到应有的回报,这是不懂得预先提示的作用有多重要;将救火时熏得焦头烂额的人作为上客,只知道感谢那些帮忙处理事故的人。

【原文】

贼人曰梁上君子,强梗曰化外顽民。

【译文】

贼人叫梁上君子,强横顽固的人叫化外顽民。

【原文】

竹头木屑,皆为有用之物;牛溲马渤,可备药石之资。

【译文】

木屑竹头都是有用的东西;牛溲马渤可以当药物使用。

【原文】

五经扫地,祝钦明自亵斯文;一木撑天,晋王敦未可擅动。

【译文】

唐朝的祝钦明身材肥胖,相貌丑陋。一次睿宗皇帝宴请祝钦明,为了讨好皇帝,他请求为皇帝跳舞,结果丑态百出亵渎了读书人的斯文;晋朝王敦想起兵叛乱,由于他梦见一根木头撑破天,才没有擅自行动。

【原文】

题凤题午,讥友讥亲之隐词;破麦破梨,见夫见子之奇梦。

【译文】

凤(鳳)字拆开就是凡鸟,午字出头就是牛字,如果在门框写上凤或午,就隐含着讥笑朋友或讥讽亲戚的意思;梦见破麦、破梨预示着丈夫可以与妻子、儿子团圆。

【原文】

毛遂片言九鼎,人重其言;季布一诺千金,人服其信。

【译文】

片言九鼎是人们相信毛遂的话;一诺千金是指季布信守承诺。

【原文】

岳飞背涅精忠报国;杨震惟以

岳母刺字

清白传家。

【译文】

岳飞的背上刺上了精忠报国四个字，以此表达自己的忠心；杨震传给后代的只是自己一生清清白白的道义与精神。

【原文】

下强上弱，曰尾大不掉；上权下夺，曰太阿倒持。

【译文】

尾大不掉是指属下的势力强大，上级很难指挥属下；太阿倒持是说轻易授权属下，反被属下加害。

【原文】

当今之世，不但君择臣，臣亦择君；

受命之主，不独创业难，守成亦不易。

【译文】

当今世界不但君主选择良臣，臣子也选择明君；接受天命的君主，创业艰难，守业也很艰难。

【原文】

生平所为皆可对人言，司马光之自信；

运用之妙惟存乎一心，岳武穆之论兵。

【译文】

司马光自信自己生平所做的事都可以对人讲；岳飞认为用兵应该用心把兵法用得恰当巧妙。

【原文】

不修边幅，谓人不饰仪容；不立崖岸，谓人天性和乐。

【译文】

不修边幅是讲人不修饰仪表；不装出一副倨傲的样子，是称赞这个人天性和乐。

【原文】

蕞尔幺幺，言其甚小；卤莽灭裂，言其不精。

【译文】

蕞尔幺幺，是形容小的程度。鲁莽灭裂，是说草率苟且、粗鲁莽撞，不精细。

【原文】

误处皆缘不学，强作乃成自然。

【译文】

有错误的地方都是因为不学习，做事情先要勉强自己去做才能成为自然。

【原文】

求事速成曰躐等，过于礼貌曰足恭。

【译文】

做事情希望快速成功叫躐等，过于讲究礼貌叫足恭。

【原文】

假忠厚者谓之乡愿,出人群者谓之巨擘。

【译文】

假装忠义仁厚的人叫乡愿,才能超过众人的人叫巨擘。

【原文】

孟浪由于轻浮,精详出于暇豫。

【译文】

鲁莽冒失是由于言行不庄重,做事情精细详尽是由于从容不迫。

【原文】

为善则流芳百世,为恶则遗臭万年。

【译文】

做善事就会流芳百世,做恶事就会遗臭万年。

【原文】

过多曰稔恶,罪满曰贯盈。

【译文】

错误多了叫稔恶;罪孽满了,就像用绳子串满了钱一样叫贯盈。

【原文】

尝见冶容诲淫,须知慢藏诲盗。

【译文】

曾经见过女子打扮妖艳,引人犯罪,一定要知道保管财产,不要因疏忽而招致被窃。

【原文】

管中窥豹,所见不多;坐井观天,知识不广。

【译文】

从竹管的小孔看豹子,只能看到豹子身上的一块斑纹;坐在井里看到的只是一块很小的天空,比喻知识不广博。

【原文】

无势可乘,英雄无用武之地;有道则见,君子有展采之思。

【译文】

没有势力可以凭借,就算是英雄也没有施展才能的地方;有道的时代,可以看见有德智的人都会有施展自己才思的机会。

【原文】

求名利达,曰捷足先得;慰士迟滞,曰大器晚成。

【译文】

求取名利,兴旺发达叫捷足先得;安慰读书人取得功名缓慢叫大器晚成。

【原文】

不知通变,曰徒读父书;自作聪明,曰徒执己见。

【译文】

处理事情不知道变通，就像战国的赵括，只知道读父亲赵奢的兵书，却不知灵活运用；自以为聪明的人，总是固执地坚持自己的意见。

【原文】

浅见曰肤见，俗言曰俚言。

【译文】

见识浅陋叫肤浅，民间通俗的方言叫俚言。

【原文】

识时务者为俊杰，昧先几者非明哲。

【译文】

能认清当前的形势或事物发展趋势的人，才称得上是豪杰；不能事先观察细微的先兆变化，算不上是圣明贤哲的人。

【原文】

村夫不识一丁，愚者岂无一得。

【译文】

山野村夫连一个字都不认识，愚蠢之人难道没有一点儿可取之处。

【原文】

拔去一丁，谓除一害；又生一秦，是增一仇。

【译文】

拔去一丁，是说为民除去了一个祸害；又生一秦是说又增加了一个仇敌。

【原文】

戒轻言，曰恐属垣有耳；戒轻敌，曰无谓秦无人。

【译文】

告诫人们不要随便说话，是恐怕隔墙有耳；告诫人们不要轻视敌对势力，是说不要以为秦国无人。

【原文】

同恶相帮，谓之助桀为虐；贪心无厌，谓之得陇望蜀。

【译文】

帮助恶人干坏事，就好像帮助夏桀做残暴的事一样；贪心无比，从不满足，就好像已经得到了陇，还希望占领蜀。

【原文】

当知器满则倾，须知物极必反。

【译文】

应当知道器皿中的东西装满了就会倾斜，应当知道事物发展到了极点，就会向相反的方向转化。

【原文】

喜嬉戏，名为好弄；好笑谑，谓之诙谐。

【译文】

喜欢嬉戏玩耍叫好弄；喜好语言滑稽而略带戏弄叫诙谐。

【原文】

谗口交加，市中可信有虎；众奸鼓衅，聚蚊可以成雷。

【译文】

许多毁谤的话集中到一个人身上，就好像大街上有老虎一样，说的人多了就会有人相信是真的；许多奸猾的人在一起鼓动，挑拨离间，说坏话的人多了就会使人受伤害，就好像许多蚊子聚在一起，发出的声音可以像雷声那样响亮。

【原文】

萋菲成锦，谓谮人之酿祸；含沙射影，言鬼蜮之害人。

【译文】

小草长得很茂盛，一大片像织锦一样，就好像谗人收集人的小错误，到最后形成大错误，造成的伤害同样很大；含沙射影就好像害人的水怪鬼蜮一样，通常在暗地里害人。

【原文】

针砭所以治病，鸩毒必至杀人。

【译文】

针砭是用来治病的，鸩毒则可以杀死人。

【原文】

李义府阴柔害物，人谓之笑里藏刀；
李林甫奸诡谄人，世谓之口蜜腹剑。

【译文】

笑里藏刀是说表面好，而内心阴险，就好像李义府一样容貌温柔，而心里狡猾阴险；李林甫奸诈诡谲，陷害别人，人们说他口蜜腹剑。

【原文】

代人作事，曰代庖；与人设谋，曰借箸。

【译文】

代替某人做事叫代庖；帮助别人设计叫借箸。

【原文】

见事极真，曰明若观火；对敌易胜，曰势若摧枯。

【译文】

对事物的认识非常真切，就像火那样明亮，叫明若观火；同敌人对阵时很容易取胜，像折断枯草一样容易，叫势若摧枯。

【原文】

汉武内多欲而外施仁义；廉颇先国难而后私仇。

【译文】

汉武帝外表要施仁政，但内心却有很多私欲；廉颇先以国家为重，而把私仇抛到脑后。

【原文】

卧榻之侧，岂容他人鼾睡，宋太祖之语；

一统之世，真是胡越一家，唐太宗之时。

【译文】

宋太祖说："自己睡觉的床边，怎么能容忍别人熟睡，鼾声如雷？"唐太宗的时候，国家大统一，北方与南方都成了一家人。

【原文】

至若暴秦以吕易嬴，是嬴亡于庄襄之手；

弱晋以牛易马，是马灭于怀愍之时。

【译文】

至于残暴的秦国本来是姓嬴的，但吕不韦把已怀孕的侍妾献给秦庄襄王，生了秦始皇，秦朝由嬴姓变成了吕姓，这就是说嬴姓是在庄襄王时灭亡的；弱小的晋国本是姓司马的，但晋王的妃子与官员牛金私通，生了个儿子为后来的晋元帝，这时晋朝已姓牛了，这就是说晋朝司马姓在怀帝、愍帝时就已灭亡了。

饮食

【原文】

甘脆肥脓，命曰腐肠之药；羹藜含糗，难语太牢之滋。

【译文】

甘甜酥脆，肥美的食物被叫作腐烂肠胃的毒药；终日用藜藿两种野菜做汤喝，用米麦充饥的人很难与他一起谈论牛、羊、猪肉的滋味。

【原文】

御食曰珍馐，白米曰玉粒。

【译文】

皇帝吃的食物，像豹胎、熊掌、白鹦胸、猩唇、紫驼峰、螭髓、素麟脂、金鲤鱼尾，都是珍贵的食物，所以叫珍馐。白米像玉一样晶莹透亮，所以叫玉粒。

【原文】

好酒曰青州从事，次酒曰平原督邮。

【译文】

好的酒叫青州从事，不好的酒叫平原督邮。

【原文】

鲁酒茅柴，皆为薄酒；龙团雀舌，尽是香茗。

【译文】

鲁酒、茅柴都是薄酒；龙团、雀舌都是指上等的茗茶。

【原文】

待人礼衰，曰醴酒不设；款客甚薄，曰脱粟相留。

【译文】

招待别人礼仪懈怠叫醴酒不设；款待客人食物微薄叫脱粟相留。

【原文】

竹叶青，状元红，俱为美酒；葡萄绿，珍珠红，悉是香醪。

【译文】

竹叶青、状元红都是美酒；葡萄绿、珍珠红都是好酒。

【原文】

五斗解酲，刘伶独溺于酒；两腋生风，卢仝偏嗜乎茶。

【译文】

刘伶只沉迷于美酒，一次要喝五斗酒才能缓解酒瘾；卢仝偏偏爱好喝茶，喝了茶之后觉得腋下生风，十分舒服。

【原文】

茶曰酪奴，又曰瑞草；米曰白粲，又曰长腰。

【译文】

茶名叫酪奴，又叫瑞草；米名叫白粲，又叫长腰。

【原文】

太羹玄酒，亦可荐馨；尘饭涂羹，焉能充饿？
酒系杜康所造，腐乃淮南所为。

【译文】

上古时没有调料和酒，素汤和水同样可以敬奉神祇，一样香气远播；用尘土当饭，泥涂当作汤，怎么能够填饱饥饿的肠胃呢？酒是古时的杜康酿造的，豆腐是汉朝淮南王刘安首先做成的。

【原文】

僧谓鱼曰水梭花；僧谓鸡曰钻篱菜。

【译文】

僧人认为鱼在水里游来游去，像织布用的梭子穿来穿去，所以叫水梭花；僧人说鸡经常在篱笆之间穿来穿去，所以叫钻篱菜。

【原文】

临渊羡鱼，不如退而结网；扬汤止沸，不如去火抽薪。

【译文】

站在深水边，羡慕游来游去的鱼，不如回去编织渔网去捕鱼；把汤舀出来让风吹凉又倒回去，用这种方法阻止沸腾，还不如抽掉锅底下的柴，灭掉火。

【原文】

羔酒自劳，田家之乐；含哺鼓腹，盛世之风。

【译文】

吃着羊肉喝着酒，以此来慰劳自己的劳苦，这是田家的自娱自乐；口里像婴儿一样含着食物，吃饱了像儿童一样鼓着腹，民风淳朴，这是盛世的景象。

【原文】

人贪食曰徒餔餟；食不敬曰嗟来食。

【译文】

人只贪图饮食，不过问其他的事叫徒餔餟；施舍给人食物，但是一点儿也不恭敬叫嗟来食。

【原文】

多食不厌，谓之饕餮之徒；见食垂涎，谓有欲炙之色。

【译文】

吃很多东西都不会感到满足的人叫作贪吃凶恶的人；看见别人吃东西就想流口水的叫作有欲炙之色。

【原文】

未获同食曰向隅；谢人赐食曰饱德。

【译文】

不能与别人同席吃饭叫向隅；感谢别人赐予食物叫饱德。

【原文】

安步可以当车；晚食可以当肉。

【译文】

慢慢地行走当作坐车，悠然舒服；推迟吃饭等到饿了才吃，就算吃很差的食物，味道也像吃肉一样。

【原文】

饮食贫难，曰半菽不饱；厚恩图报，曰每饭不忘。

【译文】

生活贫穷，经常吃不饱，常在米里掺上半数的菽，叫半菽不饱；想要报答别人的大恩大德，时刻都记挂着，叫每饭不忘。

【原文】

谢扰人曰兵厨之扰，谦待薄曰草具之陈。

【译文】

感谢因为饮食带给别人的麻烦叫兵厨之扰，谦虚地说自己招待淡薄叫草具之陈。

【原文】

白饭青刍，待仆马之厚；炊金爨玉，谢款客之隆。

【译文】

用上等的米饭招待客人，用青草喂马，这是很周到地招待客人的方法；用像黄金一样黄的稻，像玉一样白的米去招待客人，这是感谢主人隆重地招待客人的话。

【原文】

家贫待客，但知抹月披风；冬月邀宾，乃曰敲冰煮茗。

【译文】

家里贫穷的人招待客人，只能用风、月做菜肴，这是苏东坡的做法；冬天邀请客人，只能敲开冰块取水煮茶。

【原文】

君侧元臣,若作酒醴之曲糵;朝中冢宰,若作和羹之盐梅。

【译文】

君主身边的大臣就好像酿酒用的酒曲;朝中的宰相好像用来调和汤用的盐和梅。

【原文】

宰肉甚均,陈平见重于父老;戛羹示尽,邱嫂心厌乎汉高。

【译文】

汉朝陈平早年任乡里割肉的人,他分肉很均匀,被家乡的父老乡亲所敬重;汉高祖刘邦的嫂子叫邱嫂,刘邦贫贱时,每次吃饭刘邦都来她家,于是她便把锅敲得叮当响,表示羹汤已吃完。

【原文】

毕卓为吏部而盗酒,逸兴太豪;

越王爱士卒而投醪,战气百倍。

【译文】

晋朝的毕卓生性爱好喝酒,做吏部侍郎的时候,竟然去邻居家偷酒,他清逸洒脱的兴致,很豪爽;越王勾践爱护士卒,在他讨伐吴的时候,有人送酒给他,他把酒倒在河的上游,让军士分享,使士兵的斗志和士气猛增。

【原文】

惩羹吹齑,谓人惩前警后;酒囊饭袋,谓人少学多餐。

【译文】

惩羹吹齑是告诫人们把以往的错误或失败作为教训,遇事要谨慎,不致重犯;酒囊饭袋比喻那些学识浅薄只懂吃喝的人。

【原文】

隐逸之士,漱石枕流;沉湎之夫,藉糟枕麹。

【译文】

漱石枕流是指那些不听世俗言论,吃粗粮淡饭过隐居生活的隐士;藉糟枕麹是指那些沉湎于酒的人。

【原文】

昏庸桀纣,胡为酒池肉林;苦学仲淹,惟有断齑画粥。

【译文】

昏庸的夏桀和商纣王,为什么要用酒做池,把肉堆成林?辛苦求学的范仲淹,少年由于家境贫寒,在寺庙里读书,只能切断齑菜,划分粥块,定量充饥,艰难度日。

宫室

【原文】

洪荒之世,野处穴居;有巢以后,上栋下宇。

【译文】

上古时代，洪水泛滥，人在野外的洞穴里居住；有巢氏教人构架房屋，才有上面的栋梁和下面的屋宇住所。

【原文】

竹苞松茂，谓制度之得宜；鸟革翚飞，谓创造之尽善。

【译文】

像竹根一样结实，像松叶一样茂盛，比喻宫室的制造度量合适；像鸟儿展翅，像五彩羽毛的野鸡那样奋飞，比喻宫室的建造完善，宫室华丽。

【原文】

朝廷曰紫宸，禁门曰青琐。

【译文】

朝廷里皇帝的住所叫紫宸，宫中的禁门叫青锁。

【原文】

宰相职掌丝纶，内居黄阁；百官具陈章疏，敷奏丹墀。

【译文】

宰相住在黄阁内，负责掌管、草拟、传达皇帝的谕旨；文武百官准备好要向皇帝陈述的奏章奏疏，跪在宫殿前台阶下面的空地上奏报皇上。

【原文】

木天署，学士所居；紫薇省，中书所莅。

【译文】

木天署是翰林学士居住的地方；紫薇省是内阁中书办公的地方。

【原文】

金马玉堂，翰林院宇；柏台乌府，御史衙门。

【译文】

金马门、玉堂署是翰林学士住的地方；柏台、乌府是御史官的衙门。

【原文】

布政司称为藩府，按察司系是臬司。

【译文】

布政司又叫藩府，按察司又叫臬司，是执行刑罚的官府。

【原文】

潘岳种桃于满县，人称花县；子贱鸣琴以治邑，故曰琴堂。

【译文】

潘岳做汉阳县令时，全县都种桃树，所以把汉阳县叫花县；子贱做单父县令时，在公堂上用琴声感化百姓，处理事物，所以他的县堂叫琴堂。

【原文】

潭府是仕宦之家，衡门乃隐逸之宅。

【译文】

潭府是仕宦家庭的代称，衡门是隐居人家的住宅。

【原文】

贺人有喜,曰门阑蔼瑞;谢人过访,曰蓬荜生辉。

【译文】

祝贺人家有喜事,就用门阑上有吉祥的云气来形容;感谢人家到门来拜访,就用蓬荜生辉来形容。

【原文】

美奂美轮,礼称屋宇之高华;肯构肯堂,书言父子之同志。

【译文】

美轮美奂是《礼记》里赞美房屋高大华丽的词语;肯构肯堂是说父子志向相同,儿子能够继承父业的词语。

【原文】

土木方兴,曰经始;创造已毕,曰落成。

【译文】

经始是指建筑物刚开始破土动工;落成是指建筑完工,可以使用了。

【原文】

楼高可以摘星,屋小仅堪容膝。

【译文】

形容楼高就说可以摘星星,形容屋小就说刚好可以放下两膝。

【原文】

寇莱公庭除之外,只可栽花;李文靖厅事之前,仅容旋马。

【译文】

寇莱公庭院小,除了厅堂和台阶外,只能够栽种一些花草;李文靖的大门前面地方狭小,只能容下一匹马掉头。

【原文】

恭贺屋成,曰燕贺;自谦屋小,曰蜗居。

【译文】

恭贺人家新屋建成叫燕贺;自己谦虚地说自己住的屋小,就好像蜗牛住的那么大,所以谦称为蜗居。

【原文】

民家名曰闾阎;贵族称为阀阅。

【译文】

普通百姓的家在深巷里,叫闾阎;名门望族通常住在大宅子里,所以叫阀阅。

【原文】

朱门乃富豪之第,白屋是布衣之家。

【译文】

朱红色的门是富豪的宅第,白屋是指老百姓的家。

【原文】

客舍曰逆旅;馆驿曰邮亭。

【译文】

客舍是迎接人住的地方，又叫逆旅；馆驿是传递文书和信件时中途休息的地方，所以叫邮亭。

【原文】

书室曰芸窗；朝廷曰魏阙。

【译文】

读书的地方叫芸窗；宫门外建一些雄伟的楼观，常用来颁布法令，是朝廷的象征，所以朝廷又叫魏阙。

【原文】

成均辟雍，皆国学之号；黉宫胶序，乃乡学之称。

【译文】

成均和辟雍都是指国立学校的名称；黉宫、胶序是古代乡立学校的称号。

【原文】

笑人善忘，曰徙宅忘妻；讥人不谨。曰开门揖盗。

【译文】

嘲笑人容易忘事，好像搬家忘记带走自己的妻子一样；讥笑别人做事不谨慎，好像打开门双手作揖，请盗贼进来一样。

【原文】

何楼所市，皆滥恶之物；垄断独登，讥专利之人。

【译文】

宋代京城一个姓何的人，他家楼下卖的东西都是伪劣产品；登上集市的高土墩，左右窥视谋利，这是讥笑那些专利的小人。

【原文】

荜门圭窦，系贫士之居；瓮牖绳枢，皆窭人之室。

【译文】

用竹子编成门，在墙上挖一个圭形的孔做窗户，这是贫困人家的住处；用瓦瓮做窗户，用绳子做门，这都是指穷人的住处。

【原文】

宋寇准真是北门锁钥；檀道济不愧万里长城。

【译文】

宋朝寇准镇守北方，真可以称为是北方的锁和钥匙；檀道济是国家重臣，不愧是捍卫国家的万里长城。

器用

【原文】

一人之所需，百工斯为备。

【译文】

一个人生活所需要的东西，需要百种工匠才能够为他准备好。

【原文】

但用则各适其用，而名则每异其名。

【译文】

每件东西有每一件东西不同的用途，每件东西都有不同的名称。

【原文】

管城子、中书君，悉为笔号；石虚中、即墨侯，皆为砚称。

【译文】

管城子、中书君都是笔的名字；石虚中、即墨侯都是砚台的称号。

【原文】

墨为松使者；纸号楮先生。

【译文】

古代的墨是用松烟做的，所以叫松使者；纸是用楮树叶做的，所以纸又叫楮先生。

【原文】

纸曰剡藤，又曰玉版；墨曰陈玄，又曰龙剂。

【译文】

纸的别名叫剡藤，又叫玉版；墨叫陈玄，又叫龙剂。

【原文】

共笔砚，同窗之谓；付衣钵，传道之称。

【译文】

共笔砚，是说共用一支笔、一方砚，这是对同窗好友的称呼；付衣钵是说将衣衫和钵盂传给后人，这是师长传道的代名词。

【原文】

笃志业儒，曰磨穿铁砚；弃文就武，曰安用毛锥。

【译文】

坚定自己读书习文的志向，称作磨穿铁砚；放弃学文，改练武艺，认为习文没有用，只有习武才能安邦定国，叫安用毛锥。

【原文】

剑有干将莫邪之名；扇有仁风便面之号。

【译文】

古代的名剑有干将、莫邪两把阴阳剑；古代的扇名有仁风、便面。

【原文】

何谓箑？亦扇之名；何谓籁？有声之谓。

【译文】

箑是指什么？箑是扇的别名；籁是指什么？指声音。

【原文】

小舟名舴艋，巨舰曰艨艟。

【译文】

小船叫舴艋，巨大的舰叫艨艟。

阴阳剑

【原文】

金根是皇后之车，菱花乃妇人之镜。

【译文】

金根是皇后的车，菱花是妇人用的镜子。

【原文】

银凿落原是酒器，玉参差乃是箫名。

【译文】

银凿落是喝酒用的杯子，玉参差是箫的名字。

【原文】

刻舟求剑，固而不通；胶柱鼓瑟，拘而不化。

【译文】

刻舟求剑是比喻那些固执而不知变通的人；胶柱鼓瑟是指那些拘泥死板，不知变化的人。

【原文】

斗筲言其器小，梁栋谓是大材。

【译文】

斗筲是指很小的器物，形容人的器量小；梁栋是大的木材，比喻人的才能大。

【原文】

铅刀无一割之利，强弓有六石之名。

【译文】

用铅铸造的刀连切割一次的锋利都没有，强硬的弓有六石重的盛名。

【原文】

杖以鸠名，因鸠喉之不噎；钥同鱼样，取鱼目之常醒。

【译文】

拐杖的名称叫鸠杖，因为鸠鸟的喉咙不会噎住，取这个意义来祝福老年人饮食不噎；钥匙的形状与鱼一样，是取鱼目经常睁开的意义，提醒人要注意、警醒。

【原文】

兜鍪系是头盔，叵罗乃为酒器。

【译文】

兜鍪是古代武将的头盔，叵罗是用来装酒的器具。

【原文】

短剑名匕首,毡毯曰氍毹。

【译文】

短小的剑又叫匕首,毡毯叫氍毹。

【原文】

琴名绿绮、焦桐;弓号乌号、繁弱。

【译文】

绿绮、焦桐都是琴的名字;乌号、繁弱都是古代弓的名称。

【原文】

香炉曰宝鸭;烛台曰烛奴。

【译文】

装香的炉的形状像鸭子,所以香炉又叫宝鸭;放蜡烛的台子刻成童子的形状,所以烛台又叫烛奴。

【原文】

龙涎、鸡舌,悉是香茗;鹢首、鸭头,别为船号。

【译文】

龙涎、鸡舌都是香的名称;鹢首、鸭头都是船的别号。

【原文】

寿光客,是妆台无尘之镜;长明公,是梵堂不灭之灯。

【译文】

寿光客是不沾染人间尘埃的宝镜;长明公是佛堂是点着的不熄灭的神灯。

【原文】

桔槔是田家之水车,袯襫是农夫之雨具。

【译文】

桔槔是种田人用的水车,袯襫是农夫用来避雨的器具。

【原文】

乌金,炭之美誉;忘归,矢之别名。

【译文】

乌金是对炭的美誉;忘归是箭的别名。

【原文】

夜可击,朝可炊,军中刁斗;云汉热,北风寒,刘褒画图。

【译文】

军营里用的刁斗,夜晚用来打更,白天用来煮饭;刘褒擅长画图,画云汉图时,观看的人觉得热,画北风图时,看的人觉得凉。

【原文】

勉人发愤,曰猛著祖鞭;求人宥罪,曰幸开汤网。

【译文】

勉励人发愤图强，叫猛著祖鞭；请求别人宽恕自己的罪过，叫幸开汤网。

【原文】

拔帜立帜，韩信之计甚奇；楚弓楚得，楚王所见未大。

【译文】

拔掉赵国的旗，树上自己的旗，打乱赵军的阵脚，这是韩信攻打赵军的计谋；楚国的弓仍然是楚国人得到，这是春秋时楚王丢失了乌号弓时讲的话，这显得楚王见识短浅。

【原文】

董安于性缓，常佩弦以自急；西门豹性急，常佩韦以自宽。

【译文】

董安于性子慢，他常常佩着一把弓箭来提醒自己性情急一些；西门豹性情急躁，他常佩带一块熟牛皮来提醒自己性情宽松些。

【原文】

汉孟敏尝堕甑不顾，知其无益；
宋太祖谓犯法有剑，正欲立威。

【译文】

汉朝的孟敏带的陶器掉在地上，他看也不看就走了，这是因为他知道陶器已破，看也没用；宋太祖曾经说无论谁犯法，我有剑在手，这是他想要树立自己的威信。

【原文】

王衍清谈，常持麈尾；横渠讲易，每拥皋比。

【译文】

晋朝的王衍清谈天下事时，手里常拿着一把驼鹿尾做的拂尘；横渠讲授《易经》的时候，每次都坐在虎皮的坐褥上。

【原文】

尾生抱桥而死，固执不通；楚妃守符而亡，贞信可录。

【译文】

尾生思想固执而不知变通，一次，他约一个女子在兰桥下相会，遇上涨水，女子没有按约而来，为了守信用，他手抱着梁柱不肯离去，结果被水淹死；楚昭王的妃子忠贞，实在可以记载：一次，昭王出游，把她留在渐台，后来昭王派人去接她，使者忘了带昭王与楚妃相约的信符，楚妃不肯离去，结果被水淹死。

【原文】

温峤昔燃犀，照见水族之鬼怪；
秦政有方镜，照见世人之邪心。

【译文】

温峤点燃犀牛角，可以照见水中的妖怪；秦始皇有一块方形的镜子，可以照射出世人的心是正是邪。

【原文】

车载斗量之人，不可胜数；南金东箭之品，实是堪奇。

【译文】

用车载、用斗量的人，是没办法数清楚的；南方产的金，东方造的竹箭，都是珍品，实在让人称奇。

【原文】

传檄可定，极言敌之易破；迎刃而解，甚言事之易为。

【译文】

向敌方送去征讨的战书就可以使敌人降服，是说很容易击败敌人；碰上锋利的刀刃就分成两半，是说事情很容易做到。

【原文】

以铜为鉴，可正衣冠；以古为鉴，可知兴替。

【译文】

用精铜做镜子，可以用来整理衣服；用历史做镜子，可以知道国家的兴亡更替。

珍宝

【原文】

山川之精英，每泄为至宝；乾坤之瑞气，恒结为奇珍。

【译文】

山川的精华英气，每次泄出来都会变成最好的宝物；天地间的祥瑞之气，常凝结为奇特的珍宝。

【原文】

故玉足以庇嘉谷，明珠可以御火灾。

【译文】

所以玉器完全可以庇护稻谷等农作物，明亮的珍珠可以防御火灾。

玉器

【原文】

鱼目岂可混珠？碔砆焉能乱玉？

【译文】

鱼目与宝珠相似，但怎么能混在一起，把鱼目当作宝珠呢？碔砆是像玉的石头，但怎么能用碔砆冒充玉呢？

【原文】

黄金生于丽水，白银出自朱提。

【译文】

丽水出产黄金，朱提出产白银。

【原文】

曰孔方，曰家兄，俱为钱号；曰青蚨，曰鹅眼，亦是钱名。

【译文】

孔方、家兄都是钱的称号；青蚨、鹅眼也都是钱的名字。

【原文】

可贵者，明月夜光之珠，可珍者，璠玙琬琰之玉。

【译文】

贵重的东西，常用明月、夜光这样名贵的宝珠来形容；珍贵的东西，常用璠玙、琬琰这样的美玉来形容。

【原文】

宋人以燕石为玉，什袭缇巾之中；

楚王以璞玉为石，两刖卞和之足。

【译文】

宋国一个愚蠢的人，得到一块燕石，把它当作宝玉，用几层缇巾包裹起来；卞和把一块没雕琢的玉石分别进献给楚厉王和武王，两个人都认为卞和进献的没雕琢的玉是石头，认为卞和欺骗了他们，厉王砍下了卞和的左脚，武王砍下了卞和的右脚。

【原文】

惠王之珠，光能照乘；和氏之璧，价重连城。

【译文】

魏惠王的宝珠能够发光照亮车乘的前后；赵惠文王的和氏璧的价值可以换取秦王的十五座城池。

【原文】

鲛人泣泪成珠；宋人削玉为楮。

【译文】

水国的鲛人哭的时候，眼泪可以变成宝珠；宋国有一个人能够把玉刻成楮叶的形状，放在楮叶中难辨真伪。

【原文】

贤乃国家之宝，儒为席上之珍。

【译文】

贤能的人是国家的珍宝，读书的人是席案上的珍品。

【原文】

王者聘贤，束帛加璧；真儒抱道，怀瑾握瑜。

【译文】

国王聘用贤能的人，要捆一束帛加上一块好的璧玉；真正的读书人胸怀真理，就好像怀里抱着美玉，手里握着美玉。

【原文】

雍伯多缘，种玉于蓝田而得美妇；
太公奇遇，钓璜于渭水而遇文王。

【译文】

雍伯总是碰上好的机遇，他受神仙指引，种菜时把一粒种子种在蓝田，这粒种子后来长成了美玉，他用美玉娶了一位美女为妻；姜太公有奇异的经历，在深水钓鱼时钓到一块玉，上面写着“周受命，吕佐子”六个字，他后来知遇文王，做了周朝的宰相。

【原文】

剖腹藏珠，爱财而不爱命；缠头作锦，助舞而更助娇。

【译文】

把肚子剖开去收藏珠子，是指那种不知轻重，只爱财物不爱惜生命的人；把头装饰得像锦一样色彩艳丽，这样既可以显得舞女舞姿优美，又能增加舞女的娇美。

【原文】

孟尝廉洁，克俾合浦还珠；相如勇忠，能使秦廷归璧。

【译文】

汉朝的孟尝为官廉洁，广施仁义，他做合浦县令时，能够使迁徙走的珍珠源源不断地迁回来；赵国的蔺相如为人勇敢忠诚，奉命捧着和氏璧出使秦国，用和氏璧换取秦国的城池，他凭着自己的胆识和机智，使和氏璧完璧归赵。

【原文】

玉钗作燕飞，汉宫之异事；金钱成蝶舞，唐库之奇传。

【译文】

玉钗变成燕子飞走了，这是汉朝宫廷里的奇怪事情；库中的金钱变成蝴蝶在牡丹花丛中飞舞，这是唐朝国库里的奇事。

【原文】

广钱可以通神，营利乃为鬼笑。

【译文】

钱多就能买通鬼神，什么事都能办成。为自己谋求私利，连鬼都会讥笑。

【原文】

以小致大，谓之抛砖引玉；不知所贵，谓之买椟还珠。

【译文】

用小东西引来大东西，就好像抛出砖瓦，引来美玉；只知道外表华贵而不知其中物品的贵重，就好像买了匣子退还珠子一样，舍本逐末，取舍不当。

【原文】

贤否罹害，如玉石俱焚；贪婪无厌，虽锱铢必算。

【译文】

好人和坏人一起遭受灾害，就好像宝玉与石头全部被焚毁一样；贪求财物不知满足，就算锱铢这么小的财物也不放过。

【原文】

崔烈以钱买官，人皆恶其铜臭；

秦嫂不敢视叔，自言畏其多金。

【译文】

崔烈用五百万钱买了一个公卿大官，人们都讨厌他满身的铜臭味；苏秦的嫂子不敢正视他，是因为苏秦位高权重，钱多势大。

【原文】

熊衮父亡，天乃雨钱助葬；仲儒家窘，天乃雨金济贫。

【译文】

熊衮做官时廉洁奉公，贫穷到无钱葬父，上天降下钱雨帮助他埋葬了父亲；仲儒家道窘迫，上天降金子来救济他。

【原文】

汉杨震畏四知而辞金，唐太宗因惩贪而赐绢。

【译文】

汉朝的杨震拒绝别人贿赂，说自己害怕“天知、地知、你知、我知”四知而辞掉别人送的金子；唐太宗因为惩罚长孙顺德的受贿行为而赐给他十匹绢，使他知道羞辱。

【原文】

晋鲁褒作钱神论，尝以钱为孔方兄；

王夷甫口不言钱，乃谓钱为阿堵物。

【译文】

晋朝的鲁褒写了一篇《钱神论》，曾经把钱称为孔方兄；王夷甫口中从来不提钱字，把钱叫作阿堵物。

【原文】

然而床头金尽，壮士无颜；囊内钱空，阮郎羞涩。

【译文】

然而床头的金钱用完了，就算是壮士英雄同样是脸上无光；口袋空了，没有一个钱，阮郎也会觉得难为情。

【原文】

但匹夫不可怀璧，人生孰不爱财。

【译文】

但是普通的人不要拥有璧玉，以免发生危险，人有谁能不贪慕钱财呢。

贫富

【原文】

命之修短有数，人之富贵在天。

【译文】

寿命的长短有定数，人的富贵是由上天决定的。

【原文】

惟君子安贫,达人知命。

【译文】

只有人格高尚的人才能安于贫困的现状,豁达的人才知道自己的命运。

【原文】

贯朽粟陈,称羡财多之谓;紫标黄榜,封记钱库之名。

【译文】

穿钱的绳子都腐烂了,仓里的米粟都陈旧了,这是羡慕别人多财的话语;梁武帝生性爱财,他命人把钱登记,百万一聚,挂上黄榜,千万一库,挂上紫榜,后用紫榜、黄榜作为钱库的标志。

【原文】

贪爱钱物,谓之钱愚;好置田宅,谓之地癖。

【译文】

贪爱钱财的人叫钱愚;喜欢添置田地、建筑房屋的人叫地癖。

【原文】

守钱虏,讥蓄财而不散;落魄夫,谓失业之无依。

【译文】

守钱虏是讥笑那些只积蓄钱财,从来不施舍的人;落魄夫是指那些失去生活来源,无所依靠的人。

【原文】

贫者地无立锥;富者田连阡陌。

【译文】

贫穷的人连立脚的地方都没有;富贵的人购买田地,阡陌相连。

【原文】

室如悬磬,言其甚窘;家无儋石,谓其极贫。

【译文】

房子里好像空磬倒悬,比喻生活极其贫困;家中没有一石的存粮,是说穷到了极点。

【原文】

无米曰在陈,守死曰待毙。

【译文】

没有米吃叫在陈,守在原地等死叫待毙。

【原文】

富足曰殷实,命蹇曰数奇。

【译文】

家庭富足叫殷实,命运多舛、不顺利叫数奇。

【原文】

甦涸鲋,乃济人之急;呼庚癸,是乞人之粮。

【译文】

救济别人的危急，就好像干渴快要死去的鲋鱼求生存一样，这样叫甦涸鲋；向别人乞求粮食叫呼庚癸。

【原文】

家徒壁立，司马相如之贫；扊扅为炊，秦百里奚之苦。

【译文】

家中只有四面墙壁，这是形容司马相如的贫穷；用门闩作为做饭的柴，这是讲秦国的百里奚生活清苦。

【原文】

鹄形菜色，皆穷民饥饿之形；炊骨爨骸，谓军中乏粮之惨。

【译文】

身体瘦得像天鹅的脖子，脸色像菜叶一样黄，这是形容穷人饥饿的样子；用尸骸烧火做饭，是说军中缺乏粮食的悲惨状况。

【原文】

饿死留君臣之义，伯夷叔齐；

资财敌王公之富，陶朱倚顿。

【译文】

商朝的伯夷叔齐宁愿饿死在首阳山上，也不肯吃周朝的饭，把仁臣的大义留在心间；陶朱倚顿两个大富翁的资产足可以与王公比富。

【原文】

石崇杀妓以侑酒，恃富行凶；何曾一食费万钱，奢侈过甚。

【译文】

石崇杀死歌妓来劝酒，这是凭着自己的财富行凶；何曾一餐的饮食费用高达万钱，实在是太奢侈了。

【原文】

二月卖新丝，五月粜新谷，真是剜肉医疮；三年耕而有一年之食，九年耕而有三年之食，庶几遇荒有备。

【译文】

二月里蚕还没有吐丝就预售丝，五月份稻谷还未成熟就预售新谷子，这就好像是剜去好肉去补疮一样；耕种三年一定要留一年的粮食，耕种九年就应该留有三年的粮食，遭遇荒年也许可以有备无患，度过灾荒。

【原文】

贫士之肠习藜苋；富人之口厌膏粱。

【译文】

贫穷人的肠胃习惯的是藜藿苋菜；富贵的人嘴里吃的是肥肉细粮。

【原文】

石崇以蜡代薪，王恺以饴沃釜。

【译文】

石崇用蜡烧饭，王恺用饴糖水洗锅。

【原文】

范丹土灶生蛙，破甑生尘。

【译文】

范丹为官清廉，家小贫穷，做饭的土灶都生出了青蛙，蒸饭的破甑里都积满了灰尘。

【原文】

曾子捉襟见肘，纳履决踵，贫不胜言。

【译文】

曾子安贫乐道，衣服破旧，整理一下衣襟，胳膊肘就会露出来，穿上鞋脚后跟也会露出来，贫困得无以言说。

【原文】

韦庄数米而炊，称薪而爨，俭有可鄙。

【译文】

韦庄做饭时要数数米粒，烧火煮饭要称一下柴的重量，节俭的程度称得上是吝啬了。

【原文】

总之饱德之士，不愿膏粱，闻誉之施，奚图文绣？

【译文】

总之德高望重的人，不愿意过分讲究肥肉细粮的生活，名望很高的人，不会过分追求文采锦绣的衣着。

疾病死丧

【原文】

福寿康宁，固人之所同欲；死亡疾病，亦人所不能无。

【译文】

福寿康宁，本来就是人们希望的事；死亡疾病，也是人的一生中不可避免的。

【原文】

惟智者能调，达人自玉。

【译文】

只有聪明的人才能调养好自己的身体，通达的人才能自己保养好自己。

【原文】

问人病曰贵体违和，自谓疾曰偶沾微恙。

【译文】

问候他人的疾病时应该说贵体违和，自称自己有病叫偶沾微恙。

【原文】

罹病者，甚为造化小儿所苦；患疾者，岂是实沈台骀为灾？

【译文】

患有疾病的人，就说被主宰命运的人所困扰；患了疾病的人，难道是实沈（参星神）、台骀（汾水神）等神作怪所引起的？

【原文】

疾不可疗，曰膏肓；平安无事，曰无恙。

【译文】

病重得没有办法医治，叫病入膏肓；平平安安没有事情发生叫无恙。

【原文】

采薪之忧，谦言抱病；河鱼之患，系是腹疾。

【译文】

采薪之忧就是婉转地说自己有病；河鱼之患指的是腹部有病。

【原文】

可以勿药，喜其病安；厥疾勿瘳，言其病笃。

【译文】

可以不用药了，是庆幸病好了；厥疾勿瘳是说病得很严重。

【原文】

疟不病君子，病君子正为疟耳；
卜所以决疑，既不疑复何卜哉？

【译文】

君子是不会有疟疾的，正因为让君子也患这种病，所以它才是疟疾；占卜是用来解除心中的疑虑的，既然心中没有疑虑，为什么还要占卜呢？

【原文】

谢安梦鸡而疾不起，因太岁之在酉；
楚王吞蛭而病乃痊，因厚德之及人。

【译文】

谢安在病里梦见自己乘着桓温的车走了十六里路，见到一只白鸡就停了下来不前行了。桓温死后，谢安替代桓温做了十六年宰相，第十六年是鸡年，谢安患病时才醒悟，十六里代表十六年，遇鸡停止不前是指这一年是鸡年，这一年太岁在酉，犯了禁忌，于是谢安一病不起而死去；楚王吃东西时发现一条水蛭，他怕下人因此受到责罚，就吞下了水蛭，后来他的病好了，他的厚德遍及他人，得到了好的回报。

【原文】

将属纩，将易箦，皆言人之将死；
作古人，登鬼录，皆言人之已亡。

【译文】

将属纩、将易箦都是说人病重将死；作古人、登鬼录都是说人已经死亡。

【原文】

亲死则丁忧；居丧则读礼。

【译文】

父母死了，儿子就会觉得忧伤；居丧期间，恐怕失了礼节，所以要读有关祭丧的礼书。

【原文】

在床谓之尸，在棺谓之柩。

【译文】

死了之后身体放在床上叫尸体，把尸体放在棺木里叫灵柩。

【原文】

报孝书曰讣，慰孝子曰唁。

【译文】

报告丧事的书信叫讣，安慰孝子的书信叫唁。

【原文】

往吊曰匍匐，庐墓曰倚庐。

【译文】

到有丧事的人家去吊丧叫匍匐，在坟墓旁边搭一间草屋住下守墓叫作倚庐。

【原文】

寝苫枕块，哀父母之在土；节哀顺变，劝孝子之惜身。

【译文】

睡在草垫上，用土块做枕头，这是哀痛父母已经埋在地下；节哀顺变，是劝说孝子要爱惜身体，不要因悲伤而生病。

【原文】

男子死曰寿终正寝，女人死曰寿终内寝。

【译文】

男子死了叫寿终正寝，女子死了叫寿终内寝。

【原文】

天子死曰崩，诸侯死曰薨，大夫死曰卒，
士人死曰不禄，庶人死曰死，童子死曰殇。

【译文】

天子死了叫作驾崩，诸侯死了叫薨，大夫死了叫作卒，士人死了叫不禄，普通百姓死了叫死，未成年的儿童死了叫殇。

【原文】

自谦父死曰孤子，母死曰哀子，父母俱死曰孤哀子；
自言父死曰失怙，母死曰失恃，父母俱死曰失怙恃。

【译文】

自己谦称父亲死了叫孤子，死了母亲叫哀子，父母都死了叫孤哀子；自己说父亲已经死了叫失怙，母亲死了叫失恃，父母都死了叫失怙恃。

【原文】

父死何谓考？考者，成也，已成事业也；

母死何谓妣？妣者，媲也，克媲父美也。

【译文】

父亲死了为什么叫"考"呢？"考"就是"成"的意思，就是说父亲已完成了他的事业；母亲死了为什么叫"妣"？"妣"就是"媲"，原配的意思，就是说母亲能够与父亲的美德匹配。

【原文】

百日内曰泣血；百日外曰稽颡。

【译文】

父母死后百日内的祭祀叫泣血；百日以外的祭祀称为稽颡。

【原文】

期年曰小祥，两期曰大祥。

【译文】

死后一周年的祭祀叫小祥，二周年的祭祀叫大祥。

【原文】

不缉曰斩衰，缉之曰齐衰，论丧之有轻重；

九月为大功，五月为小功，言服之有等伦。

【译文】

用粗麻布做丧服，左右和衣边不缝线叫斩衰，缝起来的丧服叫齐衰，这是说丧服有轻重之分；穿九个月的丧服叫大功，穿五个月的丧服叫小功，这是讲穿丧服也有等级伦次。

【原文】

三月之服，曰缌麻，三年将满，曰禫礼。

【译文】

穿三个月的丧服叫缌麻，三年的丧服期满举行的祭祀叫禫礼。

【原文】

孙承祖服，嫡孙杖期；长子已死，嫡孙承重。

【译文】

孔子认为孙子为祖父服丧，嫡亲长孙要用杖期；长子死了，嫡孙应该承受丧祭的重任。

【原文】

死者之器曰明器，待以神明之道；

孝子之杖曰哀杖，为扶哀痛之躯。

【译文】

死者的陪葬器具叫明器，意为用神明的方式来对待死者；孝子用的丧杖叫哀杖，是用来扶持孝子哀痛的身躯的。

【原文】

父之节在外，故杖取乎竹；母之节在内，故杖取乎桐。

【译文】

父亲的节操体现在外面，所以丧杖是用竹子做的；母亲的节操体现在家里，所以丧杖用桐木做的。

【原文】

以财物助丧家，谓之赙；以车马助丧家，谓之赗。

【译文】

用财物帮助丧家治丧叫作赙；用车马帮助丧家治丧叫作赗。

【原文】

以衣敛死者之身，谓之襚，以玉实死者之口，谓之琀。

【译文】

赠送衣物装殓死者的尸体叫襚，用玉塞实死者的口叫琀。

【原文】

送丧曰执绋，出柩曰驾輀。

【译文】

送死者去安葬叫执绋，灵柩用车送出去叫驾輀。

【原文】

吉地曰牛眠地，筑坟曰马鬣封。

【译文】

吉祥的坟地叫牛眠地，古代的坟都筑成马鬣形，所以修坟墓又叫马鬣封。

【原文】

墓前石人，原名翁仲；柩前功布，今曰铭旌。

【译文】

在坟墓前立一个石人，托物表示对死者的哀悼和思念，取名翁仲；在灵柩前挂一块布，布上记载死者生前的功德，叫铭旌。

【原文】

挽歌始于田横，墓志创于傅奕。

【译文】

哀悼死者的挽歌是从汉朝的田横开始流传的，墓志是汉朝的傅奕首创的。

【原文】

生坟曰寿藏，死墓曰佳城。

【译文】

生前筑的坟墓叫寿藏，用来祈盼自己长寿，装纳体魄死去的人的坟墓叫佳城。

【原文】

坟曰夜台，圹曰窀穸。

【译文】

坟盘像城台一样，所以叫夜台，墓穴叫窀穸。

【原文】

已葬曰瘗玉；致祭曰束刍。

【译文】

已经埋葬叫瘗玉；前去祭奠赞美死者，轻薄的祭礼像青草一样，所以叫束刍。

【原文】

春祭曰禴，夏季曰禘，秋祭曰尝，冬祭曰烝。

【译文】

春天祭祀叫禴，夏天祭祀叫禘，秋天祭祀叫尝，冬天祭祀叫烝。

【原文】

饮杯棬而抱痛，母之口泽如存；
读父书以增伤，父之手泽未泯。

【译文】

用母亲生前用过的杯子喝水，不免怀抱痛苦，因为母亲的味道还残留在上面；读父亲曾读过的书本，又增加了伤悲，因为父亲留在书本上的手迹还没有消失。

【原文】

子羔悲亲而泣血；子夏哭子而丧明。

【译文】

春秋时的子羔，父亲去世后非常伤心，眼睛哭到流血；子夏的儿子死了，他把眼睛都哭瞎了。

【原文】

王裒哀父之死，门人因废《蓼莪》诗；
王修哭母之亡，邻里遂停桑柘社。

【译文】

晋朝的王裒对于父亲的死很哀伤，他每次听到《蓼莪》这首诗时都会感到悲伤，他的门人因此取消了读这首诗；三国时候王修的母亲在社日那天去世，王修非常伤心，痛哭不已。第二年的社日，左右邻居怕王修触景生情，引起伤感，把村里的社祭活动都停止了。

【原文】

树欲静而风不息，子欲养而亲不在，皋鱼增感；
与其椎牛而祭墓，不如鸡豚之逮存，曾子兴思。

【译文】

树要静止下来而风却不停地吹，儿子想要供养双亲，而父母已去世了，这是皋鱼在父母死后说的话；与其宰杀牛到父母的坟前祭祀，还不如趁父母活着时杀鸡、杀猪赡养他们，这是曾子读《礼记》时所引发的联想。

【原文】

故为人子者，当思木本水源，须重慎终追远。

【译文】

所以做儿子的应当知道树木的根本，水的源头，一定要慎重对待父母的丧事，祭祀的礼节。

卷四

文事

【原文】

多才之士，才储八斗；博学之儒，学富五车。

【译文】

才华横溢的士人，夸赞他们才储八斗；博学的儒生，称赞他的学识是学富五车。

【原文】

三坟五典，乃三皇五帝之书；八索九丘，是八泽九州之志。

【译文】

三坟五典是三皇伏羲、燧人神农和五帝黄帝、颛顼、帝喾、尧、舜写的书；八索九丘是记载八泽和九州的山川地理风物的志书。

【原文】

书经载上古唐虞三代之事，故曰《尚书》；
易经乃姬周文王周公所系，故曰《周易》。

【译文】

书经是记载上古唐尧、虞舜及夏商周三代的事情，所以书经又叫《尚书》；易经中的卦辞为周文王所作，爻辞为周公所作，他们都姓姬，所以《易经》又叫《周易》。

【原文】

二戴曾删《礼记》，故曰《戴礼》；
二毛曾注《诗经》，故曰《毛诗》。

【译文】

汉朝的戴德、戴圣曾经删订过《礼记》，所以《礼记》又叫《戴礼》；汉朝的毛亨、毛苌曾经为《诗经》做过注释，所以《诗经》又叫《毛诗》。

【原文】

孔子作《春秋》，因获麟而绝笔，故曰《麟经》。

【译文】

孔子根据鲁国历史，编写了《春秋》一书，后来因为得知吉祥神圣的麟死掉了，他因悲伤而停止写作《春秋》，所以春秋又叫《麟经》。

【原文】

荣于华衮，乃《春秋》一字之褒；
严于斧钺，乃《春秋》一字之贬。

【译文】

得到《春秋》一个字的褒奖、赞美，就好像穿着一件王公贵族才有的华丽服装一样荣耀；《春秋》一个字的贬斥，比遭到斧钺的刑罚还要严厉。

【原文】

缥缃黄卷，总谓经书；雁帛鸾笺，通称简札。

【译文】

缥缃与黄卷，都是经书的称号；雁帛、鸾笺都是简札的别称。

李白

【原文】

锦心绣口，李太白之文章；铁画银钩，王羲之之字法。

【译文】

锦心绣口，是指李白的文章，显示出他的才思横溢；铁画银钩，指王羲之的书法笔画刚劲有力。

【原文】

雕虫小技，自谦文学之卑；倚马可待，羡人作文之速。

【译文】

雕虫小技，是自己谦称自己的文才低下；倚马可待，是羡慕别人写文章的速度很快。

【原文】

称人近来进德，曰士别三日，当刮目相看；
羡人学业精通，曰面壁九年，始有此神悟。

【译文】

称赞别人近段时间德才进步很快，就说士人分别只有三天，就要用新的眼光来看他；羡慕别人学业精通，就说自己面壁潜心奋斗九年才有这样惊人的悟性。

【原文】

五凤楼手，称文字之精奇；七步奇才，羡天才之敏捷。

【译文】

五凤楼手，这是称赞文字的精彩奇妙；七步就可以作一首诗，这是羡慕天才曹植的才思敏捷。

【原文】

誉才高，曰今之班马；羡诗工，曰压倒元白。

【译文】

称誉别人文才高超，把他比喻为班固和司马迁；羡慕别人的诗写得工整，就说他的诗可以压倒元稹和白居易。

【原文】

汉晁错多智，景帝号为智囊；高仁裕多诗，时人谓之诗窖。

【译文】

汉朝的晁错足智多谋,汉景帝称他为智囊;高仁裕写的诗很多,当时的人称他为诗窖。

【原文】

骚客即是诗人,誉髦乃称美士。

【译文】

骚客是对诗人的别称,誉髦是对美士的称呼。

【原文】

自古诗称李杜,至今字仰钟王。

【译文】

自古以来人们称赞的是李白、杜甫的诗;到现在,人们敬仰的是钟繇、王羲之的字。

【原文】

白雪阳春,是难和难赓之韵;青钱万选,乃屡试屡中之文。

【译文】

白雪和阳春曲是难以应和的韵律;青钱万选,是指屡次应试屡次都被选中的文章。

【原文】

惊神泣鬼,皆言词赋之雄豪;遏云绕梁,原是歌音之嘹亮。

【译文】

使神害怕,使鬼哭泣,是说辞赋的雄壮豪放;阻遏云彩,余音绕梁,指的是歌声嘹亮优美。

【原文】

涉猎不精,是多学之弊;咿唔砧毕,皆读书之声。

【译文】

广泛涉猎但不精细,指的是学习贪多所造成的弊病;咿唔砧毕是指读书的声音。

【原文】

连篇累牍,总说多文;寸楮尺素,通称简札。

【译文】

连篇累牍,说的是文章长而且啰唆;寸楮尺素指的是书简、信札。

【原文】

以物求文,谓之润笔之资;因文得钱,乃曰稽古之力。

【译文】

用钱物向人索取文章,称作润笔用的资费;用文章去换取钱物,就说这是读书所取得的效果。

【原文】

文章全美,曰文不加点;文章奇异,曰机杼一家。

【译文】

文章写得完美,就说文不加点;文章写得新颖奇特,叫做文章构思布局自成一家。

【原文】

应试无文，谓之曳白；书成绣梓，谓之杀青。

【译文】

参加考试但写不出文章，叫作曳白；文章写成后拿去刻版印刷，叫杀青。

【原文】

袜线之才，自谦才短；记问之学，自愧学肤。

【译文】

袜线之才，是谦称自己才疏学浅；记问之学，是自己因学得肤浅而觉得惭愧。

【原文】

裁诗曰推敲，旷学曰作辍。

【译文】

对诗句进行修改叫推敲，耽误学业叫作辍。

【原文】

文章浮薄，何殊月露风云；典籍储藏，皆在兰台石室。

【译文】

文章写得浮躁浅薄，同描写月露风云之类的空泛内容有什么不同呢？典籍这些珍贵的东西，都被珍藏在兰台石室里。

【原文】

秦始皇无道，焚书坑儒；唐太宗好文，开科取士。

【译文】

秦始皇残暴无道，焚烧书籍，坑埋儒生，令天下怨声载道；唐太宗喜好文学，开设科举，选取人才。

【原文】

花样不同，乃谓文章之异；潦草塞责，不求辞语之精。

【译文】

文章的写法和风格不同，是说文章新颖独特；潦草塞责，是说文章不追求词语的精练。

【原文】

邪学曰异端，又曰左道；读书曰肄业，又曰藏修。

【译文】

邪说叫异端，又称为旁门左道；读书尚未毕业叫肄业，又叫藏修。

【原文】

作文曰染翰操觚；从师曰执经问难。

【译文】

古代没有纸，都是在木简上写字，所以作文又叫染翰操觚；跟随老师，请教求学，拿着经书向老师请教问题，叫执经问难。

【原文】

求作文，曰乞挥如椽笔；羡高文，曰才是大方家。

【译文】

请求别人写文章，叫乞挥如椽笔；羡慕别人的文章写得高超绝妙，就说这才是具有学问的大方家。

【原文】

竞尚佳章，曰洛阳纸贵；不嫌问难，曰明镜不疲。

【译文】

竞相崇尚好的文章，叫洛阳纸贵；不嫌人家反复提问、请教，好像明亮清澈的铜镜，屡照而不疲乏，叫明镜不疲。

【原文】

称人书架曰邺架，称人嗜学曰书淫。

【译文】

称赞别人的书架叫邺架，称赞别人爱好读书到了极点，叫书淫。

李贺

【原文】

白居易生七月，便识"之无"二字；
唐李贺才七岁，作《高轩过》一篇。

【译文】

白居易生性聪明，他出生才七个月就认识"之""无"两个字；唐朝的李贺七岁时就写了一篇《高轩过》，名震京城。

【原文】

开卷有益，宋太宗之要语；不学无术，汉霍光之为人。

【译文】

打开书卷，就一定会受到教益，这是宋太宗鼓励别人读书而讲的一句重要的话；没有学问，没有能力，用不学无术形容汉朝霍光的为人。

【原文】

汉刘向校书于天禄，太乙燃藜；
赵匡胤代位于后周，陶谷出诏。

【译文】

汉朝刘向元宵节的夜晚在天禄阁校订宫廷书籍，太乙仙人点燃藜杖为他照明；北宋赵匡胤在陈桥驿发动兵变，士兵把黄袍加在他身上，陶谷拿出预先准备禅让的诏书，拥立赵匡胤做皇帝，这样北宋代替了后周。

【原文】

江淹梦笔生花，文思大进；扬雄梦吐白凤，词赋愈奇。

【译文】

南朝梁江淹梦见有人送他一支五色笔，他从此作文才思大发；扬雄梦见自己口中吐出白色的凤凰，从此他写文章的思路大有进步，他的词赋写得更加奇妙。

【原文】

李守素通姓氏之学,敬宗名为人物志;

虞世南晰古今之理,太宗号为行秘书。

【译文】

李守一向精通姓氏家族的学问,被敬宗称作活的人物谱,又叫人物志;虞世南明白古今的很多道理,唐太宗赐给他"行秘书"的称号。

【原文】

茹古含今,皆言学博;咀英嚼华,总曰文新。

【译文】

茹古含今是称赞别人学识广博;咀英嚼华,常用来赞美文章的新奇。

【原文】

文望尊隆,韩退之若泰山北斗;

涵养纯粹,程明道如良玉精金。

【译文】

韩愈的文章很出名,地位很高,人们把他比做文坛上巍巍的泰山、明亮的北斗星;程明道的修养纯正,好像好的玉和精炼的黄金。

【原文】

李白才高,咳唾随风生珠玉;

孙绰词丽,诗赋掷地作金声。

【译文】

李白文才很高,咳嗽时飞出的唾沫随风飘扬,都会生成珠玉;孙绰文辞华丽,他的诗赋扔到地上都会发出金属撞击的声音。

科第

【原文】

士人入学曰游泮,又曰采芹;

士人登科曰释褐,又曰得隽。

【译文】

读书人进入学宫学习叫游泮,又叫采芹;读书人登科考中叫释褐,又叫得隽。

【原文】

宾兴即大比之年;贤书乃试录之号。

【译文】

宾兴指的是三年一次的乡试大考;贤书指的是乡试中考试录取的名册。

【原文】

鹿鸣宴,款文榜之贤;鹰扬宴,待武科之士。

【译文】

鹿鸣宴是款待文科进士的宴会;鹰扬宴是款待武科进士的宴会。

【原文】

文章入式，有朱衣以点头；经木既明，取青紫如拾芥。

【译文】

文章符合考试的格式要求而被选中，就好像有一个穿朱衣的老人在暗中示意；对经书精通的人，获取官职就像拾取芥子一样容易。

【原文】

其家初中，谓之破天荒；士人超拔，谓之出头地。

【译文】

家中有人初次中举，叫作破天荒；读书人出类拔萃，叫出人头地。

【原文】

中状元，曰独占鳌头；中解元，曰名魁虎榜。

【译文】

考中状元叫独占鳌头；考中了解元叫名魁虎榜。

【原文】

琼林赐宴，宋太宗之伊始；
临轩问策，宋神宗之开端。

【译文】

在琼林苑赐宴庆贺新考中的进士，这是从宋太宗才开始有的；亲临轩栏边提问应试的士人治理国家的对策，是从宋神宗开始的。

【原文】

同榜之人，皆是同年；取中之官，谓之座主。

【译文】

在同一榜中取录的人都是同年；录取考中的考生的主考官叫座主。

【原文】

应试见遗，谓之龙门点额；进士及第，谓之雁塔题名。

【译文】

参加应试而未被录取的叫龙门点额；参加殿试而被录取的进士，都会在雁塔题名，所以进士及第又叫雁塔题名。

【原文】

贺登科，曰荣膺鹗荐；入贡院，曰鏖战棘闱。

【译文】

祝贺别人考中登科，叫荣膺鹗荐；进入贡院参加贡士考试，就像参加一场激烈的战斗，所以又叫鏖战，古代试场都要用荆棘围起来，以防喧哗或传递条子作弊，所以还叫棘闱。

【原文】

金殿唱名曰传胪，乡会放榜曰撤棘。

【译文】

殿试结束后，皇帝在金殿上唱读录取的举人名单，这叫传胪，乡试和会试结束后公布录取的名榜叫撤棘。

【原文】

攀仙桂,步青云,皆言荣发;孙山外,红勒帛,总是无名。

【译文】

攀折桂枝、平步青云都是指考试被录取,荣耀发达;名落孙山之外,用大朱笔在锦帛上勾勒批注,总是指那些未被录取,榜上无名的人。

【原文】

英雄入吾彀,唐太宗喜得佳士;

桃李属春官,刘禹锡贺得门生。

【译文】

天下的英雄都进入我设的彀中,这是唐太宗通过科举考试得到人才心情愉悦时说的话;桃李满园都归于礼部春官的名下,这是刘禹锡祝贺考试放榜,又多了一批得意门生时作的诗句"一日声名遍天下,满园桃李属春官"中的话。

【原文】

薪,采也,槱,积也,美文王作人之诗,故考士谓之薪槱之典;

汇,类也,征,进也,是连类同进之象,故进贤谓之汇征之途。

【译文】

薪是采樵的意思;槱是积聚的意思,这是赞美周文王培养人才的诗句,所以士人科举考试的活动叫薪槱之典;汇是同类的意思,征是进取的意思,这表示同类同进的卦象,所以把推荐贤才叫汇征之途。

【原文】

赚了英雄,慰人下第;傍人门户,怜士无依。

【译文】

赚了英雄是安慰科举考试落第士人的话;傍人门户是怜悯那些没考取的士人无依无靠的话。

【原文】

虽然,有志者事竟成,伫看荣华之日;

成丹者火候到,何惜烹炼之功。

【译文】

虽然有志向的人最终能取得事业的成功,站着就可以看到荣华富贵的日子到来;但是炼制丹丸一定要达到一定的火候,不应吝惜烹炼的功夫。

制作

【原文】

上古结绳记事,仓颉制字代绳。

【译文】

上古时代用绳打大小不同的结来记录事情,后来黄帝时的颉创制了文字用来代替结绳记事。

【原文】

龙马负图,伏羲因画八卦;洛龟呈瑞,大禹因列九畴。

【译文】

伏羲氏时有龙马背负一张图从孟河出来,图上有五十五个阴阳点,伏羲根据这些点画出了八卦图;大禹治水时,神龟呈祥,从洛水出来,排列成洪范九畴。

【原文】

历日是神农所为;甲子乃大挠所作。

【译文】

神农根据天气寒暑变化制作了历日,以便于百姓安排农事,所以叫农历;用甲子来纪年是传说中黄帝的大臣大挠所创设的。

【原文】

算数作于隶首,律吕造自伶伦。

【译文】

算数的方法是由黄帝命隶首创设的,审定音乐高低的律吕是由黄帝的乐官伶伦创制的。

【原文】

甲胄舟车,系轩辕之创始;权量衡度,亦轩辕之立规。

【译文】

打仗用来护身的甲胄,运载物品的船、车都是轩辕开始创造的;权量衡度的器械和制度,也是轩辕立下的规则。

【原文】

伏羲氏造网罟,教佃渔以赡民用;
唐太宗造册籍,编里甲以税田粮。

【译文】

伏羲氏制造了网罟,教百姓狩猎打鱼,供百姓享用;唐太宗开始按户口编造册籍,以里甲为编制单位,用来征收粮税。

【原文】

兴贸易,制耒耜,皆由炎帝;造琴瑟,教嫁娶,乃是伏羲。

【译文】

兴起贸易、制造耒耜等农具都是由炎帝开始的;制造琴瑟乐器,教子民婚姻嫁娶,是从伏羲氏开始的。

【原文】

冠冕衣裳,至黄帝而始备;桑麻蚕绩,自元妃而始兴。

【译文】

人们穿衣服,戴冠冕,讲仪表,是到黄帝统治时才开始有的;教会百姓采桑养蚕、种麻织布是从黄帝的元妃开始兴起的。

【原文】

神农尝百草,医药有方;后稷播百谷,粒食攸赖。

【译文】

神农为了医治百姓的疾病,曾经尝遍百草,才学会医治疾病的方法;西周后稷种植各种农作物,收获粮食以供百姓食用,是百姓生存的依靠。

【原文】

燧人氏钻木取火,烹饪初兴;

有巢氏构木为巢,宫室始创。

【译文】

燧人氏教人钻木取火,人类才开始煮熟食物来吃,改变了吃生食的习惯;有巢氏教会人用木材架构房屋,人类才开始学会建造宫室豪宅、屋榭殿宇。

【原文】

夏禹欲通神祇,因铸镛钟于郊庙;

汉明尊崇佛教,始立寺观于中朝。

【译文】

夏禹想要与天神沟通思想,因此在郊外的宗庙里铸造镛钟,在祭祀时敲击大钟呼唤神灵;汉明帝很崇尚佛教,开始在中原的土地上建立寺庙。

【原文】

周公作指南车,罗盘是其遗制;

钱乐作浑天仪,历家始有所宗。

【译文】

周公制作了指南车,罗盘针就是由他的制作演变而来的;钱乐根据天象变化制作了浑天仪,历家推算天象运行秩序和岁时节候才有了依据。

【原文】

阿育王得疾,造无量宝塔;秦始皇防胡,筑万里长城。

【译文】

古印度王国的阿育王得了疾病,为了驱赶病魔,他建造了无数的佛家宝塔;秦始皇嬴政为了防止北方少数民族的侵犯,特地修筑了万里长城。

【原文】

叔孙通制立朝仪,魏曹丕秩序官品。

【译文】

汉高祖刘邦刚夺取天下时,朝政混乱,群臣失礼,为规范朝廷,博士叔孙通主持制定朝廷的各项礼仪规定;三国时的魏国皇帝曹丕为了维护门阀制度而确立了九品官职的等级制度。

【原文】

周公独制礼乐;萧何造立律条。

【译文】

周成王年幼,周公摄政,特地制作了礼乐,使诸侯前来朝见;萧何设立了法律条文,帮助刘邦稳定汉朝。

【原文】

尧帝作围棋，以教丹朱；武王作象棋，以象战斗。

【译文】

尧帝创作了围棋，用来教育他的儿子丹朱；武王制作了象棋，用以模仿战斗。

【原文】

文章取士，兴于赵宋；应制以诗，起于李唐。

【译文】

用八股文章选择士人做官是从北宋开始的；用应对诗赋录取士人做官的制度是从唐朝开始的。

【原文】

梨园子弟，乃唐明皇作始；《资治通鉴》，乃司马光所编。

【译文】

梨园子弟的称呼，是从唐玄宗开始的；《资治通鉴》这本书是司马光编订的。

【原文】

笔乃蒙恬所造，纸乃蔡伦所为。

【译文】

笔是秦朝大将蒙恬发明制造的，纸是东汉蔡伦发明的。

【原文】

凡今人之利用，皆古圣之前民。

【译文】

凡是当今世人所利用的东西，都是古代的圣人所创造的。

技艺

【原文】

医士以岐轩之术，称曰国手；
地师习青乌之书，号曰堪舆。

【译文】

医生学习岐伯和轩辕治病的方法给人治病称作国手；相地、看风水的地师，他们研习青乌书，并根据青乌而相地，所以叫堪舆先生。

【原文】

卢医扁鹊，古之名医；郑虔崔白，古之名画。

【译文】

战国时卢国的扁鹊，是古代很出名的医生；唐代的郑虔、宋代的崔白都是古代著名的画家。

【原文】

晋郭璞得《青囊经》，故善卜筮地理；

孙思邈得龙宫方，能医虎口龙鳞。

【译文】

晋朝的郭璞获得《青囊经》，所以他擅长于卜筮地理；唐朝的孙思邈得到了龙宫中治病的仙方，所以他能够治愈虎口、龙鳞的疾病。

【原文】

善卜者，是君平、詹尹之流；善相者，即唐举、子卿之亚。

【译文】

擅长于占卜的人，是汉朝的君平、战国楚的郑詹尹这一类人；善于看相的，是战国的唐举、春秋郑国的子卿这一类人。

【原文】

推命之人即星士，绘图之士曰丹青。

【译文】

根据命运和星宿位置运行的关系推算人的祸福的人叫星士，用丹砂和青脂绘画的人叫丹青。

【原文】

大风鉴，相士之称；大工师，木匠之誉。

【译文】

大风鉴是称呼相士的；大工师是尊称木匠的。

【原文】

若王良，若造父，皆善御之人；

东方朔，淳于髡，系滑稽之辈。

【译文】

像王良、像造父是比喻善于驾驭车子的人；东方朔、淳于髡都是语言滑稽的人。

【原文】

称善卜卦者，曰今之鬼谷；称善记怪者，曰古之董狐。

【译文】

称赞善于卜卦的人，说他是当今的鬼谷子；称赞善于撰写鬼怪故事的人，称他为古代的董狐。

【原文】

称诹日之人曰太史，称书算之人曰掌文。

【译文】

能够选择吉日到宗庙祭祀的人被称为太史，能够书写计算的人被称为掌文。

【原文】

掷骰者，喝雉呼卢；善射者，穿杨贯虱。

【译文】

投掷骰子的人赌博时发出喝“白”呼“黑”的叫喊声；擅长射箭的人可以百步穿杨，可以射中虱子。

【原文】

樗蒲之戏，乃云双陆；橘中之乐，是说围棋。

【译文】

樗蒲这种游戏叫双陆；在橘中娱乐指的是下围棋。

【原文】

陈平作傀儡，解汉高白登之围；
孔明造木牛，辅刘备运粮之计。

【译文】

陈平曾经制作用人操作的木头傀儡，解除了汉高祖的白登之围；孔明设计了木牛流马的计谋来帮助刘备解决运送粮食的问题。

【原文】

公输子削木鸢，飞天至三日而不下；
张僧繇画壁龙，点睛则雷电而飞腾。

【译文】

公输班削木头做成木鸢，飞在天上三日都不会落下来；张僧繇在金陵的安乐寺墙上画的龙，点上眼睛之后，挟着雷电飞腾上天去了。

【原文】

然奇技似无益于人，而百艺则有济于用。

【译文】

虽然一些奇特的技巧似乎对人没有什么益处，但是许多技艺对人的生活却很实用。

讼狱

【原文】

世人惟不平则鸣，圣人以无讼为贵。

【译文】

世上的人只要遇到不平的事，就会大声呼喊，圣人认为没有争论发生是最可贵的。

【原文】

上有恤刑之主，桁杨雨润；下无冤枉之民，肺石风清。

【译文】

一个国家上有体恤民情、慎用刑罚的君主，就算戴有桁杨（夹颈和脚的木架棍）刑具的犯人也会感到雨露滋润的君恩；一个国家下面没有被冤枉的民众，专为民众洗冤的肺石（形似肺的赤石）只能被风清洗，失去了它的作用。

【原文】

虽囹圄便是福堂；而画地亦可为狱。

【译文】

虽然监狱是用来惩罚用刑的地方，但入狱的人在幽苦中能改过思善，得到宽恕，这里同样是福堂；在上古之世，民风淳朴，惩戒罪人往往只是在地上画个圈作为牢狱。

【原文】

与人构讼，曰鼠牙雀角之争；罪人诉冤，有抢地吁天之惨。

【译文】

与别人发生争执，打起官司，叫作鼠牙雀角的争执；犯罪的人申诉冤屈，用头抢地，口中呼天，境况是十分凄惨的。

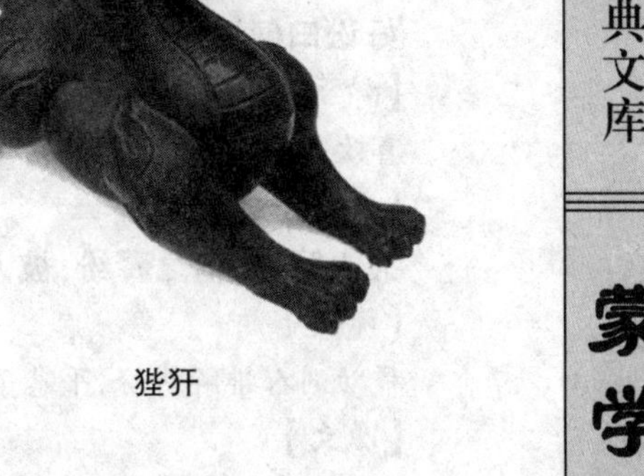

狴犴

【原文】

狴犴猛犬而能守，故狱门画狴犴之形；
棘木外刺而里直，故听讼在棘木之下。

【译文】

狴犴（北方的一种狗，形似狐狸）高大威猛能镇守大门，所以在监狱的门口画着狴犴的图形；棘木外面长着荆棘而里面挺直，所以听取讼词、审理案情是在棘木下面。

【原文】

乡亭之系有岸，朝廷之系有狱，谁敢作奸犯科？
死者不可复生，刑者不可复续，上当原情定罪。

【译文】

乡亭拘捕犯人的地方叫“岸”（同“犴”，意指监牢），朝廷拘捕犯人的地方叫狱，谁还敢为非作歹，违法乱纪？死去的人就不可能再生了，受刑罚斩断肢体也不可能再生了，所以上面量刑的官员，一定要根据案情的实际情况，定罪行的轻重。

【原文】

囹圄是周狱，羑里是商牢。

【译文】

囹圄是周朝时的监狱，羑里是商朝的牢狱。

【原文】

桎梏之设，乃拘罪人之具；缧绁之中，岂无贤者之冤？

【译文】

桎梏（脚镣，古代拘系犯人两脚的刑具），是拘捕罪人用的刑具；用大绳索捆绑的人中，难道没有贤能的被冤屈的人？

【原文】

两争不放，谓之鹬蚌相持；无辜牵连，谓之池鱼受害。

【译文】

双方各执一词，揪住不放，叫鹬蚌相持；无罪的人无端被牵连，就如同在城门失火，祸及护城河里的鱼。

【原文】

请公入瓮，周兴自作其孽；下车泣罪，夏禹深痛其民。

【译文】

请公人瓮，这是酷吏周兴自作自受；夏禹见到罪犯，下车询问并且哭泣，自责自己德行浅薄，不能感化民众。

【原文】

好讼曰健讼，挂告曰株连。

【译文】

喜欢打官司叫健讼，连累没有罪的人叫株连。

【原文】

为人解讼，谓之释纷；被人栽冤，谓之嫁祸。

【译文】

帮助别人排解纠纷，平息争讼叫释纷；被人栽赃诬陷叫嫁祸。

【原文】

徒配曰城旦；遣戍是问军。

【译文】

罪人被发配去服劳役叫城旦；罪犯被遣送去戍守边境叫问军。

【原文】

三尺乃朝廷之法，三木是罪人之刑。

【译文】

朝廷的法律都写在三尺竹简上，枷、钮、镣三种木制刑具是惩罚罪犯的工具。

【原文】

古之五刑，墨、劓、剕、宫、大辟；
今之律例，笞、杖、死罪、徒、流。

【译文】

五代有五种刑罚，即墨（脸上刺字）、劓（割鼻）、剕（砍足）、宫（割去或破坏生殖器）、大辟（杀头）；现代的法律有笞（用竹片或荆条打）、杖（用木棍打）、死罪（杀头）、徒（苦役）、流（流放充边）五种。

【原文】

上古时削木为吏，今日之淳风安在？

【译文】

上古时把木头削成官吏的形象，摆在罪犯家里，审讯时犯人抱着木头到公庭听审判结果，如今这种淳朴的民风哪里还有？

【原文】

唐太宗纵囚归狱，古人之诚信可嘉。

【译文】

唐太宗曾经把死囚从监狱放回家，这些囚犯都能如期归来，古人诚实守信的品质实在值得赞扬。

【原文】

花落讼庭闲，草生囹圄静，歌何易治民之简；

吏从冰上立，人在镜中行，颂卢奂折狱之清。

【译文】

花落在冷清的公堂前的台阶上，监狱异常安静，并且长满了草，这是称赞唐朝何易治理民众的办法简单；审案的官吏如同站在冰上一样清洁无尘，诉讼的人就好像在镜子里行走一样，案情清晰明了，这是歌颂唐朝卢奂断狱公正无私。

【原文】

可见治乱之药石，刑罚为重；兴平之粱肉，德教为先。

【译文】

由此可以看出治理乱世最好的办法，刑罚是最为重要的；太平盛世的治理方法，首先应注重道德感化。

释道鬼神

【原文】

如来释迦，即是牟尼，原系成佛之祖；

老聃李耳，即是道君，乃为道教之宗。

【译文】

如来、释迦就是牟尼佛，他原本是佛教的始祖；老聃、李耳就是道君，他乃是道教的祖宗。

【原文】

鹫岭、祇园，皆属佛国；交梨、火枣，尽是仙丹。

【译文】

鹫岭、祇园都属于佛教徒修炼的国度；交梨、火枣都是指仙家炼成的仙丹。

【原文】

沙门称释，始于晋道安；中国有佛，始于汉明帝。

【译文】

把沙门叫释，是从晋朝道安开始的；佛教开始在中国传播，是从东汉明帝开始的。

【原文】

篯铿即是彭祖，八百高年；许逊原宰旌阳，一家超举。

【译文】

篯铿是中国神话传记中的长寿仙人彭祖，他活到了八百岁的高寿；东晋道士许逊做过旌阳县令，后得道成仙，一家人都超脱成仙了。

【原文】

波罗犹云彼岸，紫府即是仙宫。

【译文】

波罗就是彼岸的意思，紫府就是神仙住的仙宫。

【原文】

曰上方，曰梵刹，总是佛场；曰真宇，曰蕊珠，皆称仙境。

【译文】

上方、梵刹都是佛教徒举行佛事的场所；真宇、蕊珠都是指仙人住的地方。

【原文】

伊蒲馔可以斋僧，青精饭亦堪供佛。

【译文】

伊蒲馔是供给僧徒吃的斋饭，青精饭是供奉佛祖的食物。

【原文】

香积厨僧家所备，仙麟脯仙子所餐。

【译文】

香积厨是僧人准备做饭的用具，仙麟脯是仙人吃的东西。

【原文】

佛图澄显神通，咒莲生钵；葛仙翁作戏术，吐饭成蜂。

【译文】

佛图澄显示自己的法术，烧香念咒，钵中能长出青莲花；葛仙翁施展仙术，口中吐出来的米饭能变成一群蜜蜂。

【原文】

达摩一苇渡江；栾巴噀酒灭火。

【译文】

佛教高僧达摩，曾用一根芦苇渡过江；栾巴道术很高，含了一口酒喷出来，就能扑灭火灾。

【原文】

吴猛画江成路，麻姑掷米成珠。

【译文】

东晋道士吴猛用法术在江中划出一条路，女仙人麻姑把米掷在地上，米可以变成珍珠。

【原文】

飞锡挂锡，谓僧人之行止；导引胎息，谓道士之修持。

【译文】

飞锡挂锡指僧人行走休息；导引胎息是说道士修炼调养生息。

【原文】

和尚拜礼曰和南，道士拜礼曰稽首。

【译文】

和尚拜谒时行尊敬的合什礼叫和南，道士拜时行的礼叫稽首。

【原文】

曰圆寂，曰荼毗，皆言和尚之死；
曰羽化，曰尸解，悉言道士之亡。

【译文】

圆寂、荼毗都是指和尚死亡；羽化、尸解都是指道士死亡。

【原文】

女道曰巫，男道曰觋，自古攸分；

男僧曰僧，女僧曰尼，从来有别。

【译文】

女道士被称作巫，男道士被称作觋，自古以来都是有分别的；男和尚叫僧人，女和尚叫尼姑，从来就有区别。

【原文】

羽客、黄冠，皆称道士；上人、比丘，并美僧人。

【译文】

羽客、黄冠都是对道士的美称；上人、比丘都是赞美僧人的话。

【原文】

檀越、檀那，僧家称施主；烧丹、炼汞，道士学神仙。

【译文】

檀越、檀那是僧人称呼施主；烧丹、炼汞是道士想服之成为神仙。

【原文】

和尚自谦，谓之空桑子；道士诵经，谓之步虚声。

【译文】

和尚自己谦称自己叫空桑子；道士诵读经文，叫步虚声。

【原文】

菩者普也，萨者济也，尊称神祇，故有菩萨之誉。

【译文】

菩是普的意思，萨是济的意思，菩萨是普济众生的意思，被尊称为神祇，有菩萨的美誉。

【原文】

水行龙力大，陆行象力大，负荷佛法，故有龙象之称。

【译文】

在水中行走的龙力量最大，陆地行走的象力量最大，它们负荷着佛家法力，所以才有龙象之称。

【原文】

儒家谓之世，释家谓之劫，道家谓之尘，俱谓俗缘之未脱；

儒家曰精一，释家曰三昧，道家曰贞一，总言奥义之无穷。

【译文】

儒家所说的世，释家所说的劫，道家所说的尘，都是指俗世尘缘没有解脱；儒家所说的精一，释家所说的三昧，道家所说的贞一，说的都是一些深奥无比的道理。

【原文】

达摩死后，手携只履西归；王乔朝君，舄化双凫下降。

【译文】

达摩死了之后，手里拿了一只鞋归西天去了；东汉县令王乔上朝拜见君主时，用法术把鞋变成两只野鸭，他踏着两只野鸭飞临朝廷。

【原文】

辟谷绝粒，神仙能服气炼形；不灭不生，释氏惟明心见性。

【译文】

排除稻谷，拒绝吃五谷，这是说神仙能依靠吸食空气修炼体形；不死亡、不降生，这是佛徒超脱凡尘，主张心境清明以修炼佛性。

【原文】

梁高僧谈经入妙，可使岩石点头，天花坠地；

张虚靖炼丹既成，能令龙虎并伏，鸡犬俱升。

【译文】

梁朝的高僧谈论佛经时深奥微妙，可以使顽石点头，天花坠落到地上；张虚靖仙丹炼成之后，能够使龙降虎伏，鸡犬都随着他一起飞升成仙。

【原文】

藏世界于一粟，佛法何其大；

贮乾坤于一壶，道法何其玄！

【译文】

能把整个世界都隐藏在一粒粟中，这样的佛法是多么宏大；能把天地收藏在一个空葫芦里，道家的法术是何等玄妙！

【原文】

妄诞之言，载鬼一车；高明之家，鬼瞰其室。

【译文】

荒谬不合理的话，就好像载了一车鬼一样虚无；富贵的人家，鬼都要偷窥他的家室。

【原文】

《无鬼论》，作于晋之阮瞻；《搜神记》，撰于晋之干宝。

【译文】

《无鬼论》是晋朝阮瞻写的；《搜神记》是东晋干宝撰写的。

【原文】

颜子渊，卜子夏，死为地下修文郎；

韩擒虎，寇莱公，死作阴司阎罗王。

【译文】

孔子的学生颜渊、卜子夏死后做了阴间掌管文书的官员；隋朝的大将韩擒虎，北宋的大臣寇准，死后都做了阴间的阎罗王。

【原文】

至若土谷之神曰社稷，干旱之鬼曰旱魃。

【译文】

至于掌管土谷的神叫社稷，掌管干旱的神叫旱魃。

【原文】

魑魅魍魉，山川之祟；神荼郁垒，啖鬼之神。

【译文】

魑魅魍魉，都是山村川泽作祟的鬼怪；神荼、郁垒都是专门守在鬼门关吃鬼的神仙。

【原文】

仕途偃蹇，鬼神亦为之揶揄；心地光明，吉神自为之呵护。

【译文】

仕途不顺利，鬼神都会嘲笑他；心地光明磊落，吉神自然会呵护他。

鸟兽

【原文】

麟为毛虫之长，虎乃兽中之王。

【译文】

麟是三百六十种毛虫的首领，老虎是兽类中的大王。

【原文】

麟凤龟龙，谓之四灵；犬豕与鸡，谓之三物。

【译文】

麟、凤、龟、龙，充满人的灵性，叫作四灵；犬、猪、鸡是古人歃血为盟，向神灵立誓用的物品，所以叫三物。

【原文】

騄駬骅，良马之号；太牢、大武，乃牛之称。

【译文】

騄駬和骅骝是骏马的名称；太牢和大武是牛的别称。

【原文】

羊曰柔毛，又曰长髯主薄；豕名刚鬣，又曰乌喙将军。

【译文】

羊叫做柔毛，又美称为长胡须主簿；猪叫刚鬣，有乌喙将军的美称。

【原文】

鹅名舒雁，鸭号家凫。

【译文】

鹅的别名为舒雁，鸭的别称为家凫。

【原文】

鸡有五德，故称之曰德禽；雁性随阳，因名之曰阳鸟。

【译文】

鸡有文、武、勇、信、仁五种品德，所以称鸡为德禽；雁有趋阳避荫的习性，所以把它叫阳鸟。

【原文】

家狸、乌圆，乃猫之誉；韩卢、楚犷，皆犬之名。

【译文】

家狸、乌圆乃是猫的美称；韩卢、楚犷都是狗的别名。

【原文】

麒麟、驺虞，皆好仁之兽；螟螣、蟊贼，皆害苗之虫。

【译文】

麒麟、驺虞都是好仁德的兽类；螟螣、蟊贼都是危害禾苗的害虫。

【原文】

无肠公子，螃蟹之名；绿衣使者，鹦鹉之号。

【译文】

螃蟹又叫无肠公子；鹦鹉号称绿衣使者。

【原文】

狐假虎威，谓借势而为恶；养虎贻患，谓留祸之在身。

【译文】

狐假虎威是比喻借别的势力做坏事；养虎遗患是说纵容庇护敌人，给自身留下祸患。

狐假虎威

【原文】

犹豫多疑，喻人之不决；狼狈相倚，比人之颠连。

【译文】

犹豫多疑是比喻人做事很难做决定；狼狈相倚比喻处境困难、窘迫。

【原文】

胜负未分，不知鹿死谁手；基业易主，正如燕入他家。

【译文】

鹿死谁手是说胜负未分，不知谁能取得胜利；燕入他家是说基业换了主人，就好像燕子飞入别人家里一样。

【原文】

雁到南方，先至为主，后至为宾；

雉名陈宝，得雄则王，得雌则霸。

【译文】

大雁飞到了南方，先到的是主人，后到的成为宾客；秦穆公时，一个陈仓人看见两个童子化为雉，取名陈宝，他去告诉秦穆公说得到雄的可以称王天下，得到雌的可以称霸天下。

【原文】

刻鹄类鹜，为学初成；画虎类犬，弄巧反拙。

【译文】

刻鹄类鹜，仿效虽不算成功，却还相似，这是说做学问刚刚取得点儿成就；画老虎，看起来却像一只狗，本来要打算耍弄技巧，结果却弄巧成拙。

【原文】

美恶不称，谓之狗尾续貂；贪图不足，谓之蛇欲吞象。

【译文】

好的东西与坏的东西不相配叫狗尾续貂；贪心图谋不满足，就好像巨蛇要吞食大象。

【原文】

祸去祸又至，曰前门拒虎，后门进狼。

【译文】

一种灾祸才离去，另一种灾祸又来了，好像前门刚刚拒绝了老虎，后门又引进了豺狼。

【原文】

除凶不畏凶，曰不入虎穴，焉得虎子。

【译文】

驱除凶恶，不畏惧凶恶，就像要得到老虎，不深入老虎的洞穴是不能办到的一样。

【原文】

鄙众趋利，曰群蚁附膻；谦己爱儿，曰老牛舐犊。

【译文】

鄙视那些追逐名利的人，就说他们像群蚁附膻一样，不顾一切；谦虚地说，自己疼爱儿子就说像老牛舐犊一般。

【原文】

无中生有，曰画蛇添足；进退两难，曰羝羊触藩。

【译文】

本来没有的东西，却说存在，就好像蛇本来没有足，却给蛇画上足一样：羝羊触藩是指做事进退两难。

【原文】

杯中蛇影，自起猜疑；塞翁失马，难分祸福。

【译文】

墙上的弓影在酒杯里却说酒杯里有蛇，这是自己无故起疑心；边塞的老翁失去了马匹，是福是祸还不能确定。

【原文】

龙驹凤雏，晋闵鸿夸吴中陆士龙之异；

伏龙凤雏，司马徽称孔明庞士元之奇。

【译文】

龙驹、凤雏是晋朝的尚书闵鸿夸赞吴中的陆士龙有奇异才学时说的话；伏龙、凤雏是司马徽对刘备推荐孔明与庞统的奇才时的称呼。

【原文】

吕后断戚夫人手足，号曰人彘；

胡人腌契丹王尸骸，谓之帝羓。

【译文】

吕后砍断了戚夫人的手脚，这叫做人彘；胡人腌制契丹王的尸骸，叫作帝羓。

【原文】

人之狠恶，同于梼杌；人之凶暴，类如穷奇。

【译文】

凶狠恶毒的人，就好像恶兽梼杌（古代传说中一种似虎的猛兽）一样；凶狠残暴的人，就如同怪兽穷奇一样。

【原文】

王猛见桓温，扪虱而谈当世之务；

宁戚遇齐桓，扣角而取卿相之荣。

【译文】

王猛自恃才高，他见到桓温时，一边抓身上的虱子，一边谈论当今世界上治世经国的事务，旁若无人；宁戚遇见齐桓公时，一边敲打牛角，一边高歌，却获得了卿相的殊荣。

【原文】

楚王轼怒蛙，以昆虫之敢死；丙吉问牛喘，恐阴阳之失时。

【译文】

楚王攻打吴国时向怒蛙致意，用昆虫敢死的勇气来鼓励将士奋勇作战，视死如归；春秋时丙吉忠于职守，询问牛喘气的情形，恐怕阴阳失序而失去治疗的时机。

【原文】

以十人而制千虎，比言事之难胜；

走韩卢而搏蹇兔，喻言敌之易摧。

【译文】

用十个人去制伏千只老虎，是比喻事情难以取胜；驱使名犬韩卢去搏击跛腿的兔子，比喻敌人容易摧毁。

【原文】

兄弟是鹡鸰之相亲；夫妇如鸾凤之配偶。

【译文】

兄弟如同鹡鸰鸟一样，遇到危难，便互相救助；夫妇像鸾凤一样匹配偶合，相亲相爱。

【原文】

有势莫能为，曰虽鞭之长，不及马腹；

制小不用大，曰割鸡之小，焉用牛刀？

【译文】

有势力，但不能办到的事情，就好像鞭子虽然很长，但始终打不到马的腹部；制伏小的东西，不必用很大的东西，就好像宰小鸡，哪里需要用宰牛的刀？

【原文】

鸟食母者曰枭，兽食父者曰獍。

【译文】

鸟类中长大之后吃母亲的鸟叫作枭，兽类中吃自己父亲的叫獍。

【原文】

苛政猛于虎，壮士气如虹。

【译文】

苛刻的治民政策比老虎还凶猛，壮士的豪壮气势像长虹一般绚烂照人。

【原文】

腰缠十万贯，骑鹤上扬州，谓仙人而兼富贵；

盲人骑瞎马，夜半临深池，是险语之逼人闻。

【译文】

腰缠十万贯钱，骑着鹤上扬州去，有人既想飞升成仙又要腰缠万贯；盲人骑一匹瞎马，半夜三更走到深渊旁边，这是指说了一些险象环生的话，让人听了惧怕。

【原文】

黔驴之技，技止此耳；鼯鼠之技，技亦穷乎。

【译文】

黔驴之技，是说有限的本事已经用完；鼯鼠之技，是说技艺已经用到穷尽了。

【原文】

强兼并者曰鲸吞，为小贼者曰狗盗。

【译文】

强行兼并别人的土地叫鲸吞，小偷小摸的盗贼叫狗盗。

【原文】

养恶人如养虎，当饱其肉，不饱则噬；

养恶人如养鹰，饥之则附，饱之则飏。

【译文】

养恶人就像养了一只老虎，应该用肉喂饱它，如果它吃不饱，就要吃人；养恶人就像养鹰，鹰饥饿时就会飞来依附你，吃饱后就会远走高飞。

【原文】

随珠弹雀，谓得少而失多；投鼠忌器，恐因甲而害乙。

【译文】

用贵重的随侯之珠去射杀小鸟，可以说得到的少失去的多；投鼠忌器是比喻想除掉甲又不想伤害到乙。

【原文】

事多曰猬集，利小曰蝇头。

【译文】

事情繁多叫猬集，利益微小得像蝇头，所以利小叫蝇头。

【原文】

心惑似狐疑；人喜如雀跃。

【译文】

心中疑惑好像狐狸一样性情多疑，叫狐疑；人的内心欢喜像鸟雀一样跳跃叫雀跃。

【原文】

爱屋及乌，谓因此而惜彼；轻鸡爱鹜，谓舍此而图他。

【译文】

爱屋及乌是说爱惜房子，连栖息在屋上的乌鸦都受到宠爱，比喻爱某人并推及到爱与之相关的人或物；轻贱黍鸡而喜爱野鸡，是说舍弃自己的风格而学别人的风格。

【原文】

唆恶为非，曰教猱升木；受恩不报，曰得鱼忘筌。

【译文】

唆使恶人为非作歹，就像教猕猴爬树一样容易；接受别人的恩惠而不思图报，就好像捕鱼的人得到了鱼，就忘了用来捕鱼的竹器。

【原文】

倚势害人，真似城狐社鼠；空存无用，何殊陶犬瓦鸡。

【译文】

城狐社鼠是比喻那些依仗权势害人的人；陶犬瓦鸡是比喻空摆设在一边，没有任何用途的东西。

【原文】

势弱难敌，谓之螳臂当辙；人生易死，乃曰蜉蝣在世。

【译文】

势力弱小难以阻挡强大的敌人，就好像螳螂举臂阻挡车轮一样，随时都有危险；说一个人的生命很短暂，就像蜉蝣一样，早上出生傍晚就死去。

【原文】

小难制大，如越鸡难伏鹄卵；

贱反轻贵，似鸴鸠反笑大鹏。

【译文】

小的东西难以使大的东西信服，就好像越鸡难以孵化鹅蛋；低贱的反而轻视尊贵的，就好像斑鸠嘲笑鹏鸟一样。

【原文】

小人不知君子之心，曰燕雀焉知鸿鹄志；

君子不受小人之侮，曰虎豹岂受犬羊欺。

【译文】

小人不懂得君子的志向，就好像燕雀不知道鸿鹄远大的志向一样；君子不会甘心忍受小人的欺侮，就说虎豹怎么会忍受狗和羊的欺侮。

【原文】

跖犬吠尧，吠非其主；鸠居鹊巢，安享其成。

【译文】

春秋战国时期的跖是奴隶起义的领袖，他的狗对着圣人尧叫，吠叫尧不是它的主人；斑鸠霸占了喜鹊的巢穴，安然地享受别人的成果。

【原文】

缘木求鱼，极言难得；按图索骥，甚言失真。

【译文】

爬上树去找鱼，比喻这是极难办到的事；按图索骥是说图上画的东西与现实的东西相差很远，比喻做事情拘泥不变，不懂得灵活变通。

【原文】

恶人借势，曰如虎负嵎；穷人无归，曰如鱼失水。

【译文】

恶人借着有利的形势，就好像老虎背靠山谷，猎人是无法对付的；穷人无家可归，就好像鱼儿离开了水一样，是无法生存的。

【原文】

九尾狐，讥陈彭年素性谄而又奸；

独眼龙，夸李克用一目眇而有勇。

【译文】

九尾狐是讥笑陈彭年生性谄媚而又奸诈；独眼龙是夸赞李克用虽然瞎了一只眼，但仍然勇敢。

【原文】

指鹿为马，秦赵高之欺主；叱石成羊，黄初平之得仙。

【译文】

指鹿为马，讲的是秦朝赵高欺骗君主的事；叱石成羊，讲的是黄初平得道成仙的事。

【原文】

卞庄勇能擒两虎；高骈一矢贯双雕。

【译文】

卞庄很勇猛，一个人能擒住两只老虎；高骈一支箭能射中两只大雕。

【原文】

司马懿畏蜀如虎；诸葛亮辅汉如龙。

【译文】

司马懿惧怕蜀国，就像怕老虎一样；诸葛亮辅助蜀汉像神龙一样威力无穷。

【原文】

鹪鹩巢林，不过一枝；鼹鼠饮河，不过满腹。

【译文】

鹪鹩是很小的鸟，在树林中筑巢，只不过占用一根树枝而已；鼹鼠虽大，到河边饮水，不过喝饱一肚子罢了。

【原文】

人弃甚易，曰孤雏腐鼠；文名共仰，曰起凤腾蛟。

【译文】

孤雏腐鼠，是说抛弃一个人就像抛弃一只孤单的野鸡和腐烂的老鼠一样容易；起凤腾蛟，是指文章和声名都被人共同景仰，就像瞻仰飞起的凤凰和腾云的蛟龙一样。

【原文】

为公乎，为私乎，惠帝问虾蟆；
欲左左，欲右右，汤德及禽兽。

【译文】

为公事还是为私事，这是晋惠帝听到虾蟆的叫声后问左右侍从的话；商汤王主张猎人网开三面，野兽想去左边就去左边，想去右边就去右边，商汤王的恩德遍及到了禽兽身上。

【原文】

鱼游于釜中，虽生不久；燕巢于幕上，栖身不安。

【译文】

鱼在釜中游动虽然活着，但不会太长久；燕雀把巢筑在帐幕上，虽然暂时栖下身，但是不会觉得安稳。

【原文】

妄自称奇，谓之辽东豕；其见甚小，譬如井底蛙。

【译文】

狂妄地称赞自己奇伟不凡，夜郎自大的人，被称为辽东豕；一个人见识短浅，孤陋寡闻，就把他比做井底蛙。

【原文】

父恶子贤，谓是犁牛之子；父谦子拙，谓是豚犬之儿。

【译文】

犁牛之子是指父亲低贱而凶恶，儿子却贤德；父亲谦称儿子笨拙，叫豚犬之儿。

【原文】

出人群而独异，如鹤立鸡群；非配偶以相从，如雉求牡匹。

【译文】

鹤立鸡群是指人的才德和仪表超出普通的人群；雉求牡匹是指不能成为配偶的却互相跟从。

【原文】

天上石麟，夸小儿之迈众；人中骐骥，比君子之超凡。

【译文】

夸奖小孩有奇才，能够超出众人，称他为天上石麟；用人中骐骥比喻才德超众的君子。

【原文】

怡堂燕雀，不知后灾；瓮里醯鸡，安有广见？

【译文】

住在安怡和悦的厅堂的燕雀，不知道身后将要降临的灾难；瓮里的醯鸡，怎么会有广博的见识？

【原文】

马牛襟裾，骂人不识礼义；沐猴而冠，笑人见不恢宏。

【译文】

马牛穿上人的衣服，这是骂人不懂礼仪；猕猴戴上帽子，这是耻笑那些见识不广的人。

【原文】

羊质虎皮，讥其有文无实；守株待兔，言其守拙无能。

【译文】

羊质虎皮，是讥笑人虚有其表而无其实；守株待兔，是指拘泥经验、毫无变通的拙笨无能的人。

【原文】

恶人如虎生翼，势必择人而食；
志士如鹰在笼，自是凌霄有志。

【译文】

凶恶的坏人，得到新的力量帮助，就会像凶恶的老虎生了翅膀，势必会选择人来吃；有志之士像老鹰一样被困在笼里，但依然保持着冲天的宏伟志向。

【原文】

鲋鱼困涸辙，难待西江水，比人之甚窘；
蛟龙得云雨，终非池中物，比人大有为。

【译文】

鲋鱼被困在干涸的车辙沟中，很难等到西江的水救助，比喻人的处境窘迫；蛟龙终究不会甘居小池塘之中，只要遇到云雨就会腾飞而去，比喻人有大的作为，能取得大的成就。

【原文】

执牛耳，谓人主盟；附骥尾，望人引带。

【译文】

执牛耳是帮助别人主持盟誓；附骥尾是期望得到别人提携。

【原文】

鸿雁哀鸣，比小民之失所；狡兔三窟，诮贪人之巧营。

【译文】

鸿雁哀伤的声音充满四野，比喻百姓流离失所；狡兔三窟，是讥诮贪婪的人巧于钻营私利。

【原文】

风马牛势不相及；常山蛇首尾相应。

【译文】

动物牝牡发情，牛和马是不会互相吸引而匹配的；常山蛇，攻击它时，首尾会互相呼应。

狡兔三窟

【原文】

百足之虫，死而不僵，以其扶之者众；

千年之龟，死而留甲，因其卜之则灵。

【译文】

百足虫，死了之后都不会僵硬，因为还有许多只腿支持它不倒下；千年的老龟死了之后会留下甲壳，因为用它占卜是很灵验的。

【原文】

大丈夫宁为鸡口，毋为牛后；

士君子岂甘雌伏，定要雄飞。

【译文】

大丈夫做人顶天立地，宁愿做鸡嘴，给鸡进食，也不愿意做牛后，给牛排粪；士君子怎么会甘心像雌鸟一样伏在草丛间，一定要像雄鸟一样展翅高飞。

【原文】

毋局促如辕下驹；毋委靡如牛马走。

【译文】

不要局促不安，像车辕下的小马驹；不要精神颓废，像替人奔走的牛马。

【原文】

猩猩能言，不离走兽；鹦鹉能言，不离飞鸟。

【译文】

即使猩猩能说话，但还是离不开兽类；鹦鹉虽然能说话，但还是离不开鸟类。

【原文】

人惟有礼，庶可免相鼠之刺；

若徒能言，夫可异禽兽之心。

【译文】

人只有懂得礼节，才可能避免不如老鼠的讽刺；如果能够说话而不受礼节束缚，这样的做法与禽兽又有什么不同。

花木

【原文】

植物非一,故有万卉之名;谷种甚多,故有百谷之号。

【译文】

植物不是单一的,所以有万卉的名称;谷物的种类很多,有百谷的称号。

【原文】

如茨如梁,谓禾稼之蕃;惟夭惟乔,谓草木之茂。

【译文】

如茨如梁比喻禾稼生长茂盛;惟夭惟乔形容草木的茂盛。

【原文】

莲乃花中君子,海棠花内神仙。

【译文】

莲花被称赞为花中的君子,海棠花被称为花里的神仙。

【原文】

国色天香,乃牡丹之富贵;冰肌玉骨,乃梅萼之清奇。

【译文】

国色天香是形容牡丹花的富贵;冰肌玉骨乃是称赞梅花傲寒斗艳,清奇高贵的品质。

【原文】

兰为王者之香;菊同隐逸之士。

【译文】

兰花清雅、幽香,有王者香的称号;菊花傲寒斗霜,如同隐逸的士人。

【原文】

竹称君子,松号大夫。

【译文】

竹被称为君子,松被称为大夫。

【原文】

萱草可忘忧,屈轶能指佞。

【译文】

萱草可以令人忘记忧愁,屈轶草能指出奸佞的恶人。

【原文】

篔筜,竹之别号;木樨,桂之别名。

【译文】

篔筜是竹的别称;木樨是桂花的别名。

【原文】

明日黄花,过时之物;岁寒松柏,有节之称。

【译文】

明日黄花用来比喻时令已过的事物;岁寒松柏,是对有节操的人的赞誉。

【原文】

樗栎乃无用之散材,楩楠胜大任之良木。

【译文】

樗栎是无用的散材,楩楠是可以做栋梁的好木材。

【原文】

玉版,笋之异号;蹲鸱,芋之别名。

【译文】

玉版是笋不同的称号;蹲鸱是芋头的别名。

【原文】

瓜田李下,事避嫌疑;秋菊春桃,时来迟早。

【译文】

魏武帝说过"瓜田里面不纳履,桃李树下不整冠",这是做事避免嫌疑的最好方法;菊花在秋天开放,桃花在春天开,季节各不相同,后用秋菊春桃比喻人时运的到来有早有迟。

【原文】

南枝先,北枝后,庾岭之梅;朔而生,望而落,尧阶蓂荚。

【译文】

大庾岭的梅花,南面的树枝因暖和而先开花,北面的树枝因寒冷而后开花;唐尧阶前的蓂荚初一开始生荚,十五就会落下。

【原文】

苾刍背阴向阳,比僧人之有德;
木槿朝开暮落,比荣华之不长。

【译文】

苾刍生长在背阴向阳的地方,用苾刍来比喻僧人的道德修养高;木槿树早上开花,傍晚凋谢,比喻荣华富贵不会长久。

【原文】

芒刺在背,言恐惧不安;熏莸异气,犹贤否有别。

【译文】

就好像芒和刺扎在背上一样,是说恐惧不安;香花和臭草不会放在同一个器皿里,就好像贤人与不贤的人有区别一样。

【原文】

桃李不言,下自成蹊;道旁苦李,为人所弃。

【译文】

桃李不会说话,当果子成熟时,不用召唤,树下就会踏出一条路来;道路边的苦李,自然会被人遗弃。

【原文】

老人娶少妇，曰枯杨生稊；国家进多贤，曰拔茅连茹。

【译文】

老人娶了个年轻妻子，就说是枯杨生稊；国家进了很多贤能的人才，叫作拔茅连茹。

【原文】

蒲柳之姿，未秋先槁；姜桂之性，愈老愈辛。

【译文】

蒲柳的姿质，等不到秋天就已经枯萎了；姜桂的性格，是越老就越辛辣。

【原文】

王者之兵，势如破竹；七雄之国，地若瓜分。

【译文】

施行王道的军队，攻城的形势像破竹一样，节节胜利；战国七雄，把中原的土地像瓜一样分割了。

【原文】

苻坚望阵，疑草木皆是晋兵；索靖知亡，叹铜驼会在荆棘。

【译文】

前秦君主苻坚在淝水打了败仗后察看敌阵，怀疑草木都是晋朝士兵；李靖很有远识，能预见晋朝将亡，他对官门外的铜驼叹道："再见你时，恐怕在荆棘丛中了。"

【原文】

王祜知子必贵，手植三槐；窦钧五子齐荣，人称五桂。

【译文】

王祐亲手种植了三棵槐树，以此期盼他的儿子将来必定会取得富贵；窦钧的五个儿子都登第了，人们称他们为燕山的五棵桂树。

【原文】

鉏麑触槐，不忍贼民之主；越王尝蓼，必欲复吴之仇。

【译文】

鉏麑（春秋晋国的刺客）撞槐树而死，因为他不忍心把为民治国的功臣当盗贼杀掉；越王勾践每天吃食辛蓼，提醒自己一定要报吴国灭越国的仇恨。

【原文】

修母画荻以教子，谁不称贤；廉颇负荆以请罪，善能悔过。

【译文】

欧阳修早年丧父，家里贫穷买不起纸笔，他的母亲就用荻干在地上教他写字、读书，谁不称赞修母贤惠？廉颇背负荆棘向蔺相如请求宽恕，是善于改正错误，悔过自新的典范。

【原文】

弥子瑕常恃宠，将馀桃以啖君；

秦商鞅欲行令，使徙木以立信。

【译文】

春秋时，卫国的弥子瑕经常依恃国君的宠爱，把吃剩的桃子拿给卫灵公吃；秦国的商鞅想要推行法令，用搬移长木赏以重金的办法来树立自己的威信。

【原文】

王戎卖李钻核，不胜鄙吝；成王剪桐封弟，因无戏言。

【译文】

王戎非常贪鄙吝啬，由于自家的李子好吃，在出卖李子时，恐怕别人得到种子，就把核钻个洞再卖出去；周成王与弟弟叔虞玩游戏，剪桐叶为城册封叔虞，后来果然封他的弟弟为唐侯，因此有君无戏言之说。

【原文】

齐景公以二桃杀三士；杨再思谓莲花似六郎。

【译文】

齐景公用两个桃子杀死了三个勇士；唐朝张昌宗，小字六郎，深得武则天的宠幸，内史杨再思为了向武则天献媚，就说“莲花像六郎”。

【原文】

倒啖蔗，渐入佳境；蒸哀梨，大失本真。

【译文】

倒着吃甘蔗，味道由淡变浓，可以渐渐进入美妙的境界；梨蒸着吃就会失去它原来的味道。

【原文】

煮豆燃萁，比兄残弟；砍竹遮笋，弃旧怜新。

【译文】

煮豆时燃烧豆秆，比喻兄长残害弟弟；砍下竹子来遮掩竹笋，比喻抛弃旧的，喜爱新的。

【原文】

元素致江陵之柑；吴刚伐月中之桂。

【译文】

宋宣宗想吃柑子，董元素用法术招来江陵的柑橘献给宣宗；吴刚有过失，玉皇大帝罚他去砍月宫中永远砍不倒的桂花树。

【原文】

捐资济贫，当效尧夫之助麦；以物申敬，聊效野人之献芹。

【译文】

捐赠资财，救济贫困应当效法尧夫捐助别人麦子；把物品赠送给人表示自己的敬意，不妨效仿山野村夫的献芹。

【原文】

冒雨剪韭，郭林宗款友情殷；踏雪寻梅，孟浩然自娱兴雅。

【译文】

冒着雨去剪韭菜，做汤饼招待客人，这是指东汉郭林宗款待朋友，情意殷切；踏着雪花寻找梅花，这是指孟浩然自娱自乐的雅兴。

【原文】

商太戊能修德，祥桑自死；寇莱公有深仁，枯竹复生。

【译文】

商王太戊能够重新修持德行，使不吉祥的桑树自己枯萎而死；寇莱公有深厚的仁爱之风，感动了枯萎的竹子，又重新生长茂盛起来。

【原文】

王母蟠桃，三千年开花，三千年结子，故人借以祝寿诞；
上古大椿，八千岁为春，八千岁为秋，故人托以比严君。

【译文】

王母娘娘蟠桃园的蟠桃树，三千年才开一次花，三千年才结一次果，所以世人借蟠桃祝福别人福寿延年；上古时的大椿树八千年才算做一个春天，八千年算作一个秋天，所以世人借它来比喻自己的父亲。

【原文】

去稂莠，正以植嘉禾；沃枝叶，不如培根本。

【译文】

除掉稂莠这些危害禾苗生长的杂草，用以扶正禾苗茁壮生长；与其滋润枝叶，不如培养它的根本。

【原文】

世路之蓁芜当剔；人心之茅塞须开。

【译文】

世间道路上的荆棘杂草，是应当铲除的；人的内心像有茅草堵塞着，就应当打开。

声律启蒙

上卷

一　东①

【原文】

云对雨，雪对风。晚照对晴空。来鸿对去燕，宿鸟对鸣虫。三尺剑，六钧弓②。岭北对江东。人间清暑殿，天上广寒宫③。两岸晓烟杨柳绿，一园春雨杏花红。两鬓风霜，途次早行之客；一蓑烟雨，溪边晚钓之翁④。

沿对革，异对同⑤。白叟对黄童⑥。江风对海雾，牧子对渔翁。颜巷陋，阮途穷⑦。冀北对辽东。池中濯足水，门外打头风⑧。梁帝讲经同泰寺，汉皇置酒未央宫⑨。尘虑萦心，懒抚七弦绿绮；霜华满鬓，羞看百炼青铜⑩。

贫对富，塞对通。野叟对溪童。鬓皤对眉绿，齿皓对唇红⑪。天浩浩，日融融⑫。佩剑对弯弓⑬。半溪流水绿，千树落花红。野渡燕穿杨柳雨，芳池鱼戏芰荷风⑭。女子眉纤，额下现一弯新月；男儿气壮，胸中吐万丈长虹。

【注释】

①一东："东"指"东韵"，是宋金时期的"平水韵"（也叫"诗韵"）中的一个韵部。"东"叫韵目，即这个韵部的代表字。东韵中包含许多字，它们的共同点便是韵部相同（当然是指隋唐五代两宋时期的读音），像下面的三段文字中，每个句号之前的那个字，即风、空、虫、弓、东、宫、红、翁、同、童、穷、铜、通、融、虹 15 字，尽管在现代汉语中的韵母并不完全相同，但都同属于东韵，如果是作格律诗，这些字就可以互相押韵。"一"，是指东韵在平水韵中的次序。平水韵按照平、上、去、入四个声调分为 106 个韵部，其中因为平声的字较多，故分为上下两个部分，东韵是上平声中的第一个韵部。后面的"二冬""三江"等情况也相同，不再一一说明。

②这一联是两个典故。上联出自《史记·高祖本纪》。汉朝的开国君主刘邦曾经说：我以普通百姓的身份提着三尺长的宝剑而夺取了天下。下联出自《左传》，鲁国有个勇士叫颜高，他使用的弓为六钧（钧为古代重量单位，一钧三十斤），要用一百八十斤的力气才能拉开。

③清暑殿：洛阳的一座宫殿。广寒宫：《明皇杂录》说，唐明皇于中秋之夜游月宫，看见大门上悬挂着"广寒清虚之府"的匾额，后代便以广寒宫代指月宫。

④次：军队临时驻扎，引申为一般的短暂停留。途次，旅途的意思。

⑤沿：沿袭、遵照原样去做。革：变化、变革。

⑥黄童:黄口之童,即儿童。黄,黄口,雏鸟的喙边有一圈黄色的边,长大就消失,故以黄口喻指年龄幼小。

⑦这是两个典故。上联出自《论语·雍也》,颜指颜回(字子渊),孔子的学生。孔子称赞他说:"一箪食、一瓢饮、在陋巷,人不堪其忧,回也不改其乐。贤哉,回也(吃一竹筐饭食,喝一瓢凉水,住在偏僻的巷子里,别人忍受不了这种贫穷,颜回不改变他快乐的心情。颜回呀,真是个贤人)!"下联出自《晋书·阮籍传》。阮指阮籍(字嗣宗),魏晋时代人,博览群书,好老庄之学,为竹林七贤之一。《晋书》记载,阮籍经常驾车信马由缰地乱走,走到无路可走的时候便大哭而返。穷,到……的尽头,此处指无路可走之处。

《声律启蒙》书影

⑧濯足水:屈原《渔父》中有"沧浪之水清兮,可以濯我缨;沧浪之水浊兮,可以濯我足"的句子,故濯足水指污水。打头风:行船时所遇到的逆风。

⑨梁帝:南朝的梁武帝萧衍。他笃信佛教,经常和高僧们在同泰寺研讨佛经。汉皇:汉朝的开国之君刘邦。他曾宴请群臣于长安的未央宫,接受群臣的朝贺。

⑩尘虑:对尘世间琐碎小事的忧虑。萦:缠绕。绿绮:琴名,据说汉代的司马相如曾弹琴向卓文君求爱,卓文君就用绿绮琴应和他。霜华:即霜花("华"为"花"的古字),借指白发。百炼青铜:借指镜子,古人用青铜镜照面。

⑪皤:白色。绿:这里指青色、黑色。皓:白色,皓首。

⑫浩浩:广阔无边的样子。融融:暖气上腾的样子。

⑬佩剑、弯弓:这两个词组既可看成动宾词组,即佩上剑、拉弯弓;也可看成偏正词组,即佩带的剑、被拉弯的弓。无论是哪种情况,都对仗。

⑭芰:菱角的一种。两角为菱,四角为芰。

二 冬[①]

【原文】

春对夏,秋对冬。暮鼓对晨钟[②]。观山对玩水,绿竹对苍松。冯妇虎,叶公龙[③]。舞蝶对鸣蛩[④]。衔泥双紫燕,课蜜几黄蜂[⑤]。春日园中莺恰恰,秋天塞外雁雍雍[⑥]。秦岭云横,迢递八千远路;巫山雨洗,嵯峨十二危峰[⑦]。

明对暗,淡对浓。上智对中庸[⑧]。镜奁对衣笥,野杵对村舂[⑨]。花灼烁,草蒙茸[⑩]。九夏对三冬[⑪]。台高名戏马,斋小号蟠龙[⑫]。手擘蟹螯从毕卓,身披鹤氅自王恭[⑬]。五老峰高,秀插云霄如玉笔;三姑石大,响传风雨若金镛[⑭]。

仁对义,让对恭。禹舜对羲农[⑮]。雪花对云叶,芍药对芙蓉。陈后主,汉中宗[⑯]。绣虎对雕龙[⑰]。柳塘风淡淡,花圃月浓浓。春日正宜朝看蝶,秋风那更夜闻蛩[⑱]。战士邀功,必藉干戈成勇武;逸民适志,须凭诗酒养疏慵[⑲]。

【注释】

①"冬"和"东"现代汉语普通话读音完全一致,但在中古读音不同(主要是韵腹不

同),所以分属不同的韵部。

②古代寺庙傍晚击鼓、早晨敲钟以报时。

③这是两个典故。上联出自《孟子·尽心下》。冯妇,晋国人,善搏虎,以此为业,后来不再杀虎,被称为善士。有一次在野外偶遇众人逐虎,不觉技痒,又卷起袖子下车打虎,遭到士人的取笑。后代便以"冯妇"代指重操旧业者。下联出自西汉刘向《新序·杂事》。叶公子高自称喜欢龙,房屋四处都雕刻彩绘上各种龙的图形。天龙听说后便现身于他家,叶公看见后吓得魂飞魄散。后代便以"叶公"代指表面爱好而并非真正爱好的人。

④蛩:古代蝗虫、蝉、蟋蟀等类的小昆虫都可叫蛩,此外指蟋蟀。

⑤课:此处是"为……而劳作"的意思,"课蜜"即采蜜。"课"本指收税,古人经常"课""役"连用,故"课"也就带有"役(劳作)"的意思了。

⑥恰恰:象声词,黄莺的叫声。杜甫《江畔独步寻花七绝句》说,"黄四娘家花满蹊,千朵万朵压枝低。流连戏蝶时时见,自在娇莺恰恰啼"。雍雍:象声词,大雁的叫声。《诗经·邶风·匏有苦叶》有"雍雍鸣雁,旭日始旦(大雁雍雍地鸣叫,旭日东升光闪耀)"。

⑦上联源出韩愈《左迁至蓝关示侄孙湘》,全诗为:"一封朝奏九重天,夕贬潮州路八千。欲为圣朝除弊事,肯将衰朽惜残年?云横秦岭家何在,雪拥蓝关马不前。知汝远来应有意,好收吾骨瘴江边。"迢递:遥远的样子。嵯峨:山势高险的样子。危:高。

⑧中庸:本来指做事不偏不倚、恰到好处,这里是中等人才的意思。

⑨奁:镜匣,古代妇女多用来收放梳妆用具。笥:用竹子或芦苇编成的方形的盛物器具,多用来盛放衣物。杵:舂米用的一种木制的棒槌。将稻、粟米等放置在臼中,用杵不停地舂捣,可除去粗皮。舂:此处指臼。

⑩灼烁:联绵词,花盛开的样子。蒙茸:联绵词,草茂盛的样子。

⑪九夏对三冬:夏季有三个月九十天,故称九夏;冬季有三个月,故称三冬。"九"和"三"也可看成虚数,"九夏"与"三冬"都指时间很久。

⑫这是两个典故。上联出自北魏郦道元《水经注·泗水》。戏马,台名,亦名掠马台,在今江苏铜山区南,据说项羽曾于此驰马取乐。下联出自《晋书·卷八十五·刘毅传》。蟠龙(盘龙),书斋名。东晋大司马桓温之子桓玄曾在南州修筑一书斋,上面绘满龙的图案,称为盘龙斋。盘、蟠在此处义同。

⑬这是两个典故。上联出自《世说新语·任诞》和《晋书·毕卓传》。晋人毕卓酒后曾对人说,左手剥着蟹螯,右手拿着酒杯,漂游在酒池中,就足以了此一生了。擘,分开、剥开。蟹螯,螃蟹的两个大前足,是下酒的美味。下联见于《世说新语·企羡》和《晋书·王恭传》。晋人王恭披着仙鹤羽毛做的披风,乘着轩车,在小雪中前行,孟昶在篱间窥见,说:这真是个神仙呀。鹤氅,用仙鹤羽毛制成的外套。

⑭五老:山峰名,在江西庐山的南部,由五座小山峰构成。三姑:山峰名,由三座小山峰组成,在今安徽境内。金镛:一种乐器,青铜铸造的大钟。

⑮禹、舜、羲、农:分别指夏禹、虞舜、伏羲、神农,传说中远古时代的四位圣君。

⑯陈后主:南朝陈的最后一位皇帝陈叔宝。陈叔宝,字元秀,昏庸荒淫,被隋所俘,死于长安。汉中宗:汉宣帝刘询。刘询是汉武帝的曾孙,在位25年,很有作为,班固称之为"功广祖宗,业垂后嗣,可谓中兴"。

⑰绣虎:指三国时魏国曹操的儿子曹植,他文章出众,当时人称绣虎。雕龙:指南朝梁的刘勰(字彦和),他曾作《文心雕龙》一书,十分出名。

⑱更:经历、经受。

⑲藉:通“借”,借助、凭借。疏慵:疏懒适意。

三　江

【原文】

楼对阁,户对窗。巨海对长江。蓉裳对蕙帐①。玉斝对银釭②。青布幔,碧油幢③。宝剑对金缸④。忠心安社稷,利口覆家邦⑤。世祖中兴延马武,桀王失道杀龙逄⑥。秋雨潇潇,漫烂黄花都满径;春风袅袅,扶疏绿竹正盈窗⑦。

旌对旆,盖对幢⑧。故国对他邦。千山对万水,九泽对三江⑨。山岌岌,水淙淙。鼓振对钟撞⑩。清风生酒舍,白月照书窗⑪。阵上倒戈辛纣战,道旁系剑子婴降⑫。夏日池塘,出没浴波鸥对对;春风帘幕,往来营垒燕双双⑬。

铢对两,只对双⑭。华岳对湘江。朝车对禁鼓,宿火对寒釭⑮。青琐闼,碧纱窗⑯。汉社对周邦⑰。笙箫鸣细细,钟鼓响摐摐⑱。主簿栖鸾名有览,治中展骥姓惟庞⑲。苏武牧羊,雪屡餐于北海;庄周活鲋,水必决于西江⑳。

【注释】

①蓉:芙蓉。蕙:又名蕙兰、佩兰,一种兰花。古人认为这两种都是君子所喜欢佩带的香草。

②斝:古代一种铜制的饮酒的器具。釭:灯。依照平水韵,此字还另有一个读音,音“工”,属于东韵字,意思为镶嵌在车毂之中的用来插车轴的铁制套环。

③幢:古代一种用羽毛作装饰的用于仪仗的旗帜。又指佛教用物经幢。经幢有两种:在圆形的长筒状的绸伞上书写佛经叫经幢;在圆形石柱上雕刻佛经叫石幢。此字还另有一个意思,指张挂于车或船上的帷幕,读“壮”,属于去声绛韵。这里是用前者的读音、后者的意思来构成对仗,是“借对”的一种。

④釭:原文作“缸”,疑误。东汉刘熙的《释名》说,函谷关以西的方言,称箭镞为“釭”。金釭,金属铸成的箭镞,只有此义方能与“宝剑”构成对仗。

⑤社稷:国家。社和稷分别指祭祀土神和谷神的庙,是国家最重要的神庙,故用以代指国家。利口:能言善辩的嘴,代指只说不做的清谈家。家邦:国家。邦,国。

⑥这是两个典故。上联出自《后汉书·马武传》。世祖,指光武帝刘秀,因其为首推翻了王莽建立的新朝,建立东汉,恢复了刘姓的天下,故被称为中兴之主。马武,字子张,骁勇善战,刘秀在一次宴会后,曾独自与马武一起登上丛台,延请马武为将军,率领其精锐部队渔阳上谷突骑。马武十分感激刘秀的知遇之恩,所以忠心不二,在战争中功勋卓著。刘秀称帝后,马武被封为捕虏将军扬虚侯,为云台二十八将之一。延,请。下联出自《庄子·人间世》。桀王指夏朝的亡国之君夏桀,据说他十分残暴。龙逄指夏朝的贤臣关龙逄(“逄”为“逢”的俗字)。夏桀荒淫,关龙逄屡次直言进谏,后被囚杀。

⑦黄花:此处特指菊花。扶疏:植物错落有致的样子。

⑧旆:一种旗帜。盖:车盖,古代竖立在车上用来遮阳避雨的器具,形状类似现在的雨伞。幢:张挂于车或船上的帷幕,此处是借对,参考注③。

⑨九泽:指古代分处于九州的九个湖泊,各书记载的名称小有差异,较为通行的说法是:具区(吴)、云梦(楚)、阳华(秦)、大陆(晋)、圃田(梁)、孟诸(宋)、海隅(齐)、钜鹿(赵)、大沼(燕)。三江:古代的三条江,其名称各书记载大不相同。《尚书·禹贡》中的"三江",据唐陆德明《经典释文》的说法,是指松江、娄江、东江。

⑩振:震动,引申为被敲击的意思。

⑪清:凉、寒。原书用"清"字,其实,作"清"也可以,意义相同,在平仄方面对仗更工整。

⑫倒戈:将武器倒过来指向己方的军队,代指叛变。辛纣:即商纣王,商代的亡国之君。据《史记·殷本纪》记载,周武王讨伐商纣王,原来同属商朝的八百诸侯也同时起兵造反,与武王会于盟津,在牧野决战时,商王自己的军队也阵前哗变,商纣王兵败,在鹿台自焚而死。子婴:秦始皇长子扶苏的儿子。据《史记·始皇本纪》记载,秦始皇死后,其少子胡亥继位,称秦二世;后赵高杀胡亥,立子婴,去帝号,称秦王。子婴继位刚 46 天,刘邦的军队即攻至秦都咸阳附近的灞上,子婴便素车白马在道旁向刘邦投降,后被项羽所杀。

⑬营:营造。垒:原义指军营,此处引申指燕子窝。

⑭铢:古代重量单位,二十四分之一两为一铢。

⑮朝:早晨。禁:古代晚上禁止在外边行走,称禁夜。此处引申指夜晚的意思。釭:原文作"缸",疑误,当作"釭"。缸,灯。参考注②。

⑯青琐:一种雕刻在门和窗上的用来作装饰的青色连环状花纹。闼:门,有时特指宫中的小门。

⑰社:社稷的简称。参见注⑤。

⑱摐摐:钟声。

⑲这是两个典故。上联出自《后汉书·仇览传》。东汉仇览(一名香,字季智),先任蒲亭长,后任蒲县主簿(均为县衙的低级官员),能用道德教化民众,政绩显著。当时任考城令的王涣见到后说:荆棘之中并非鸾鸟凤凰栖身的地方。并将自己一个月的俸禄送给他表示鼓励。下联出自《三国志·蜀志》。三国时的庞统与诸葛亮齐名,做耒阳县令却治理不好一县,被免了职。鲁肃向刘备推荐说:庞统不是治理小县的人才,至少让他做个治中、别驾(均为州一级行政长官的助理),才能施展他千里马一样的才干。骥,千里马。

⑳这是两个典故。上联出自《汉书·苏武传》。苏武为西汉武帝时人,奉命出使匈奴,被扣留在匈奴,曾卧冰吞雪,数日不死,后在北海(今俄罗斯贝加尔湖)边上牧羊,历经艰辛,十九年后才回到西汉首都长安。下联出自《庄子·外物篇》中的一个寓言。庄子(名周)在路上遇到一条鲋鱼被困在有少量水的车辙中,已经快要干死了。鲋鱼向庄子求救,庄子说:我将要到吴越(今江浙一带)去,到了以后,我一定修堤坝堵住西江,让西江水倒涨过来救你。

四　支

【原文】

茶对酒，赋对诗[①]。燕子对莺儿。栽花对种竹，落絮对游丝[②]。四目颉，一足夔[③]。鸲鹆对鹭鸶[④]。半池红菡萏，一架白荼蘼[⑤]。几阵秋风能应候[⑥]，一犁春雨甚知时。智伯恩深，国士吞变形之炭；羊公德大，邑人竖堕泪之碑[⑦]。

行对止，速对迟。舞剑对围棋[⑧]。花笺对草字，竹简对毛锥[⑨]。汾水鼎，岘山碑[⑩]。虎豹对熊罴[⑪]。花开红锦绣，水漾碧琉璃[⑫]。去妇因探邻舍枣，出妻为种后园葵[⑬]。笛韵和谐，仙管恰从云里降；橹声咿轧，渔舟正向雪中移[⑭]。

戈对甲，鼓对旗。紫燕对黄鹂。梅酸对李苦，青眼对白眉[⑮]。三弄笛，一围棋[⑯]。雨打对风吹。海棠春睡早，杨柳昼眠迟[⑰]。张骏曾为槐树赋，杜陵不作海棠诗[⑱]。晋士特奇，可比一斑之豹；唐儒博识，堪为五总之龟[⑲]。

【注释】

①赋：我国古代的一种文体，通常是用铺陈的方式来写景叙事，盛行于汉魏六朝。

②落絮：飘落的杨柳花絮。游丝：在空中飘荡的蛛丝。

③四目颉：颉指仓颉（亦作苍颉），传说中创造文字的人，据说他“四目灵光”，创造文字后，“天雨粟，鬼夜哭”。一足夔：此典故有两种说法。其一出自《山海经·大荒东经》，说夔为一种怪兽，似牛，青色的毛，无角，只有一只脚。另一说见于《韩非子·外储说左下》，夔为人名，是尧（一说舜）的乐正（管理朝廷音乐的官员），鲁哀公听说“夔一足”，以为夔只有一只脚，就去问孔子，孔子就说：“夔一而足，非一足也（夔这样的人有一个，就足以将音乐的事管理好了，不是说他只有一只脚）。”但传说既久，慢慢也就衍生出夔是只有一只脚的音乐之神的说法了，长沙马王堆汉墓出土的漆器上就绘制有一只脚的夔的图形。从对仗的角度来看，此处理解为“一只脚的音乐之神”较好。

④鸲鹆：鸟名，俗称八哥。

⑤菡萏：荷花。荼蘼：也写作酴醾，又名木香，一种藤类植物，晚春开白花。

⑥候：气象学名词，五天为一候，一年七十二候。这里是节气、时令的意思。

⑦这是两个典故。上联出自《战国策·赵策一》。智伯是春秋末战国初人，晋国的权臣，由于统治阶级内部权利的纷争，被赵襄子联合韩、魏诛杀。此前，他曾以国士的待遇对待一位侠士豫让，豫让为了报答智伯的知遇之恩，立意替智伯报仇。他将生漆涂在身上使皮肤生疮、剃掉眉毛头发、吞下烧红的木炭改变自己的声音，使别人认不出自己，多次谋刺赵襄子。下联出自《晋书·羊祜传》。羊公，对晋人羊祜的尊称。羊祜主管荆州军务诸事，在任十年，勤政亲民，深得百姓及手下爱戴，死后，襄阳百姓痛哭流涕，为之停止市场交易以悼念他。后来，其部下在羊祜生前游玩休息的地方岘山立碑建庙纪念，每年祭祀，见碑者无不坠泪，后人便称此碑为堕泪碑。

⑧围棋：此处不是名词，而是动宾结构，所以能与“舞剑”构成对仗。

⑨竹简：古代用来写字的一种竹片（也有用木制的），一般都是编连成册使用。毛锥：毛笔，因为毛笔的笔头以毛制成，形状像锥子，故得此名。此名称出自《新五代史·史弘肇传》，史弘肇曾经说：安定国家、平息动乱靠的是长剑大戟，像“毛锥子”有什么用

处呢?

⑩汾水鼎:据《史记·武帝本纪》记载,汉武帝在汾水得到了一个古鼎,因此改换年号为"元鼎"。岘山碑:即堕泪碑,参考注⑦。

⑪罴:一种野兽,俗称人熊。

⑫琉璃:天然形成的各种有光的宝石的统称。

⑬这是两个典故。上联出自《汉书·王吉传》。王吉,字子阳,西汉人,品行高洁。东邻的枣树越过院墙伸到了王吉家,其妻摘树上的枣子给王吉吃。王吉知道枣子的来历后,认为妻子这是偷盗,便将其妻赶出了家门。邻居知道原因后,就要砍掉这株枣树。后经邻里再三劝阻,坚决请求,王吉才让妻子回来。去,离开,此处是"让……离开",即休弃的意思。下联出自《前汉纪·卷十一》。公仪休,春秋时鲁国的相。他很喜欢吃其妻在后园所栽种的葵菜,后来又看见其妻亲自织布,忽然想到这是与靠种菜织布谋生的人争利,便拔掉自家菜园的葵菜,并休弃了他的妻子。出,让……出去,即休弃的意思。葵,冬葵,一种蔬菜,子可入药。

⑭咿轧:摇橹的声音。

⑮李苦:李子很苦。《世说新语·雅量》说,晋王戎小时候,曾和一群小孩在大路边玩耍,看见道边一株李树上果实累累,但无人摘取。小孩们都争着去摘,只有王戎不去。有人问他为什么,他说:李树长在大路边,果实还没被路人摘去,这一定是苦李。小孩们摘下李子一尝,果然苦涩不能入口。青眼:瞳孔是黑色的,正视对方时眼球是黑色的,称青眼,表示重视对方;其旁为白色,斜视对方则白色出现,表示轻视对方。《世说新语·简傲》注引《晋书·阮籍传》说,晋人阮籍不拘于世俗的礼法,看见才干普通的人,就翻着白眼对着他,只有当时的名士嵇康去见他,阮籍才青眼相对。白眉:三国时蜀人马良(字季常)有兄弟五人,都以"常"字排行,其中马良的才学在兄弟当中最为突出。马良眉有白毛,当时有俗语说:"马氏五常,白眉最良。"后世便称兄弟中才干最突出者为白眉。

⑯三弄笛:这是一个典故,见于《世说新语·任诞》。晋人王徽之(字子猷,王羲之之子)曾听说桓伊(字叔夏,小字野王)善吹笛,但互不相识。有一天,王徽之乘船出城,桓伊正驾车从岸上经过,别人告诉王徽之:这个人就是桓伊。王徽之便叫人对桓伊说:"闻君善吹笛,试为我一奏。"当时桓伊已经担任过淮南太守、豫州刺史等高官,但久闻王徽之的名气,便下车替王徽之吹了三支曲子,吹完以后,未交谈一句,便各奔东西了。弄,本为双手把玩宝玉的意思,此处引申为双手持笛演奏,有一支古笛曲名便为《梅花三弄》。

⑰这是两个典故。上联出自《太真外传》。唐明皇(玄宗李隆基)在沉香亭召见杨贵妃,而杨贵妃宿醉未醒。明皇叫侍女将杨贵妃扶至沉香亭,杨贵妃带醉补了一下妆,但不能下拜。唐明皇笑着说:"岂醉?是海棠睡未足耳(怎么是醉了呢?是海棠花还没睡够呀)!"后来宋朝苏轼的《海棠诗》"只恐夜深花睡去,更烧银烛照红妆",用的就是这个典故。下联出自《三辅故事》,据说汉朝宫苑中有株柳树,树形象人,称之为人柳,"一日三眠三起"。清厉鹗的《台城路·蚕》词中写养蚕人"守定芦帘,三眠三起似人柳",用的就是这个典故。

⑱张骏句:据《太平御览》卷124《偏霸部》西梁李暠所云,从前河右地区(今甘肃酒泉一带)无楸树槐树,东晋后期割据于河右地区的前凉国张骏曾从陕西一带弄来一些

树种移栽,都死了。前凉于公元376年被前秦灭掉之后,李暠逐渐占据河右,于公元400年建立西凉。有一天,忽然在酒泉宫西北角上长出了一棵槐树,李暠认为是吉兆,便有感而作了《槐树赋》。原注引自《凉录》说《槐树赋》为张骏所作,与原文所言相合。疑原文及原注均误。杜陵:指唐代诗人杜甫。宋人王禹偁《诗话》说,杜甫的母亲名海棠,杜甫为避讳而从不做吟咏海棠的诗。

⑲晋士句:这句的意思是说,晋代的文士才具奇特,外人只能观察到其中很少的一部分,就如同从竹管中看金钱豹,只能看到它身上的一块花纹一样。此语原出自《世说新语·方正》,说王子敬(即王献之)小时候看人玩一种棋,能看出双方的胜负,游戏者看他年龄小,轻视他,说:"此郎亦管中窥豹,时见一斑。"五总之龟:龟被古人视为长寿的灵物,千年五聚,因而称博学多闻的人为五总龟。《新唐书·殷践猷传》说,殷氏学问淹通,贺知章"尝号为五总龟"。五总,聚集了五次,即经历了千年。

五　微

【原文】

来对往,密对稀。燕舞对莺飞。风清对月朗,露重对烟微①。霜菊瘦,雨梅肥。客路对渔矶②。晚霞舒锦绣,朝露缀珠玑③。夏暑客思欹石枕,秋寒妇念寄边衣④。春水才深,青草岸边渔父去;夕阳半落,绿莎原上牧童归⑤。

宽对猛,是对非⑥。服美对乘肥⑦。珊瑚对玳瑁,锦绣对珠玑⑧。桃灼灼,柳依依⑨。绿暗对红稀⑩。窗前莺并语,帘外燕双飞。汉致太平三尺剑,周臻大定一戎衣⑪。吟成赏月之诗,只愁月堕;斟满送春之酒,惟憾春归。

声对色,饱对饥⑫。虎节对龙旗⑬。杨花对桂叶,白简对朱衣⑭。尨也吠,燕于飞⑮。荡荡对巍巍⑯。春暄资日气,秋冷藉霜威⑰。出使振威冯奉世,治民异等尹翁归⑱。燕我弟兄,载咏"棣棠韡韡";命伊将帅,为歌"杨柳依依"⑲。

【注释】

①朗:月光明亮。

②矶:水边的石滩或突出的大石头。

③朝:早晨。珠玑:珍珠的统称。圆者为珠,不圆者为玑。

④欹:不正、倾斜,这里是斜靠着、斜倚着的意思。念:想着。边衣:供戍守边防的战士穿的衣裳。古代军队战士的衣服(特别是寒衣)要由家中的妻子寄送。

⑤莎:草名,即香附。其块茎叫香附子,呈细长的纺锤形,可入药。

⑥宽对猛:宽指政策宽缓,猛指政策严厉,《左传》昭公二十年说:"宽以济猛,猛以济宽,政是以和(宽缓的政令和严厉的政令互相补充调剂,国家的政局就能上下和谐)。"

⑦乘:乘坐,动词,此处指乘坐的马匹,做名词用。这是一种借代的修辞手法。

⑧珊瑚:海洋中一种腔肠动物的骨骼形成的树枝状的东西,颜色多样,可做装饰品。玳瑁:海洋中的一种动物,形状似大龟,背壳有花纹,四肢为鳍足状,甲片可作装饰,亦可入药。

⑨此联两句均出自《诗经》。上联出自《国风·周南·桃夭》,原文为"桃之夭夭,

灼灼其华(桃树长得多么茂盛呀,它的花开得像火焰一样)";夭,盛貌;灼,鲜明,灼灼,花朵色彩鲜艳如火。下联出自《小雅·采薇》,原文为"昔我往矣,杨柳依依(以前我动身去打仗的时候,杨柳随风飘动)"。

⑩绿暗:指绿叶颜色变深;红稀:指红花凋谢变少。这都是晚春到初夏的景色。绿和红分别代指绿树和红花,是修辞中的借代手法。

⑪这是两个典故。上联出自《史记·高祖本纪》,见上卷一东注②。下联出自《尚书·武成》,书中说周朝"一戎衣,天下大定",传统的解释是:周武王一穿上打仗的服装(戎衣),就消灭了商纣王,建立周朝,天下安定。臻:至、到。

⑫声:特指音乐。色:特指女色,此处指歌女、舞伎等。

⑬虎节:即兵符,古代军队中调兵遣将的凭证。一般为铜铸,虎形,上有相应的铭文,分左右两半,右半留在中央,左半归统兵者掌管。调兵时由使者持右半虎节与统兵者验合,方能发兵。节,符节。龙旗:上面绣有龙的旗子。

⑭白简:古代御史谏官弹劾的奏章称白简,也可用来代指御史等主管监察的官员。朱衣:官员所穿的一种红色的官服,也可代指有资格穿此类服装的官员。汉代祭官、唐宋四品五品的官员都穿朱衣。

⑮此联两句均出自《诗经·国风》。上联出自《召南·野有死麇》,原文为"无感我帨兮,无使尨也吠(不要揭动我的围裙呀,不要让你的猎狗叫起来)"。尨:多毛狗。下联出自《邶风·燕燕》,原文为"燕燕于飞,差池其羽(燕子在飞翔,羽毛参差不齐)"。于飞,飞翔;于,词头,无义。

⑯荡荡:很宽广的样子。

⑰暄:温暖。资:借助。藉:借助、依靠。

⑱这是两个典故,均出自《汉书》。上联出自《冯奉世传》。冯奉世为西汉武帝宣帝时人,奉命出使西域大宛国时,遇上莎车国杀了汉朝使者,他便劝说西域诸国,发兵大破莎车,杀莎车王,威名远扬,得到西域各国敬重。下联出自《尹翁归传》。尹翁归为西汉宣帝时人。曾任东海郡太守,因为政绩卓著而调迁右扶风(官名),为官清廉严正,死后家无余财。异等,与一般人不一样、超出别人一等。

⑲此联两句均出自《诗经·小雅》。上联出自《常(棠)棣》,原文为"常棣之华,鄂不韡韡,凡今之人,莫如兄弟(棠棣树开的花呀,外观不是明艳照人吗?所有现在的人呀,没有人能赶上亲兄弟)",据说这是周公为宴饮兄弟而作的诗。燕,通"宴"。载,发语词,无义。棣棠,树木名,即郁李,也写作棠棣、唐棣。文中将"棠棣"写成"棣棠",是因为服从对仗平仄的要求而改的。华韦,光艳茂盛的样子。下联出自《采薇》,据说周天子派军队征伐入侵的西方少数民族玁狁,戍卒们在征途中作此诗。伊,代词,你、你们。

六　鱼

【原文】

无对有,实对虚。作赋对观书。绿窗对朱户,宝马对香车[①]。伯乐马,浩然驴[②]。弋雁对求鱼[③]。分金齐鲍叔,奉璧蔺相如[④]。掷地金声孙绰赋,回文锦字窦滔书[⑤]。未遇殷宗,胥靡困傅岩之筑;既逢周后,太公舍渭水之渔[⑥]。

终对始，疾对徐。短褐对华裾[⑦]。六朝对三国，天禄对石渠[⑧]。千字策，八行书[⑨]。有若对相如[⑩]。花残无戏蝶，藻密有潜鱼。落叶舞风高复下，小荷浮水卷还舒[⑪]。爱见人长，共服宣尼休假盖；恐彰已吝，谁知阮裕竟焚车[⑫]。

麟对凤，鳖对鱼。内史对中书[⑬]。犁锄对耒耜，畎浍对郊墟[⑭]。犀角带，象牙梳[⑮]。驷马对安车[⑯]。青衣能报赦，黄耳解传书[⑰]。庭畔有人持短剑，门前无客曳长裾[⑱]。波浪拍船，骇舟人之水宿；峰峦绕舍，乐隐者之山居[⑲]。

【注释】

①户：门。宝马：配有用珍宝装饰起来的马具的马。香车：即七香车，用多种香料涂饰的车。车，古有两读，此处的“车”属鱼韵，读“居”；本韵内另两处“车”亦读“居”。

②伯乐：春秋秦穆公时人，以善于相马闻名。浩然：唐代著名诗人孟浩然，喜骑驴，曾说：我的诗都构思于灞陵风雪中的毛驴背上。

③弋：也叫弋射，一种用系有细丝绳的箭射猎飞禽的射猎方式。

④这是两个典故。上联出自《吕氏春秋》(《史记·管晏列传》下《索隐》所引)。鲍叔即鲍叔牙，春秋齐人，与管仲为知交。两人曾在南阳合伙经商，分利润时，管仲私自多取，鲍叔知道管仲家有老母且家境贫寒，不认为是管仲贪财。下联出自《史记·廉颇蔺相如列传》。蔺相如，战国时赵国的大夫。秦昭襄王说要用秦国十五座城换赵国的和氏璧，蔺相如主动请求奉璧前往。秦王收下璧而不给赵国城，蔺相如设计取回和氏璧，终于完璧归赵。

⑤这是两个典故。上联出自《晋书·孙楚传》。孙绰，晋朝人，博学善文，曾作《天台山赋》，其友人范荣期读了以后，盛赞说：您试着将它扔到地下，必将会发出钟磬那些乐器一样的声音。金石，指用青铜铸造的钟和美石雕制的磬，都是乐器。下联出自《晋书·列女传》。窦滔，东晋末人，在前秦苻坚朝作秦州刺史，被调往西北的沙漠，其妻苏蕙(字若兰)就用锦织成一首回文旋图诗(顺读反读皆能成文的诗)寄赠给他，表示自己的思念之情，据说其诗“词甚凄婉”。

⑥这是两个典故。上联出自《史记·殷本纪》。傅说本为犯人，在傅岩服劳役替人筑墙，后来殷高宗武丁做梦得到一个贤臣，访得傅说，正与梦中之人相貌相合，便让他作了商朝的相。傅说竭力辅佐武丁，商朝因而得以中兴。殷宗，商朝的殷高宗。胥靡，联绵词，小的、地位卑微的，此处指服劳役的刑徒傅说。下联出自《史记·齐太公世家》。太公，周初人，姜姓、吕氏，名尚，故也叫姜太公、姜尚、吕尚、太公望，周朝的贤相。传说太公在渭水钓鱼，周文王打猎正好路过，与之交谈，大喜，便同车而归，立为师。既：已经。后，天子、皇帝、国君；周后，周朝的天子。

⑦短褐：古代平民穿的粗毛或粗麻织的衣服。华裾：华美的衣裳。裾，衣袖和衣襟均可叫裾，此处代指衣服。

⑧六朝：有南六朝(指吴、东晋和南朝的宋、齐、梁、陈，它们均建都于今南京)和北六朝(指魏、晋和北朝的后魏、北齐、北周，以及隋，它们均建都于北方)之分，今一般泛指三国至隋这段时期内南北两方的各个朝代。天禄、石渠：均为西汉长安皇宫之内的殿阁名，都是用来收藏国家图书典籍的地方。

⑨策：策论，一种文体。宋代庆历之后考试有策论，字数限为一千字。八行书：旧时信笺每页八行，故称书信为八行。

⑩有若：人名，字子有，孔子弟子。相如：人名。战国时有蔺相如，事迹参见注④。

西汉有司马相如,文学家,以善作赋闻名。

⑪复:又。还:又。

⑫这是两个典故。上联出自《孔子家语》。孔子将出门而天要下雨了,学生们劝孔子向卜商(字子夏,孔子学生)借车盖,孔子说:我听说,要长久地与别人交好,就要表现他的长处而避开他的短处。卜商不富裕,我向他借车盖,他如果不肯的话,就使他吝啬的短处表现出来了,所以我不向他借。见,表现、显示。长,长处、优点。服,叹服、心服。宣尼,孔子字仲尼,西汉平帝元始元年追谥孔子为褒成宣尼公,故可简称为宣尼。假,借。下联出自《晋书·阮籍传》所附之《阮裕传》。阮裕有一辆漂亮的车子,只要有人来借,他总是高兴地答应,从不吝啬。有个人想借车给母亲办丧事,因忌讳不吉利而不敢开口。阮裕听说了,感叹地说:我有好车而使人不敢借,还要这车子干什么?便烧掉了它。彰,使……明显。竞,竟然。

⑬内史:官名,各朝设置略有差别,其职责一般是处理朝廷政务。中书:官名,中书省的首长中书令、属员中书监等均可简称为中书。

⑭耒耜:一种较为原始的翻土用的农具。耒形如木叉,是柄;耜形如铁锹,装在耒的下端,用来掘土。畎:田中排灌用的水沟。据《尚书·益稷》注,水沟深一尺宽一尺为畎。浍:田中排灌用的大水渠。据《周礼·地官》注,浍宽一丈八尺、深一丈四尺左右。郊:城外曰郊墟、村落、集市。

⑮犀角带:用犀牛角作装饰的衣带。

⑯驷马:古代四匹马拉一辆车,故驷马既可指车,也可指拉车的马。此处是指车。安车:一匹马拉的可以坐乘的小车。乘驷是站在车上,乘安车是坐在车上,较为舒适,故称安车。

⑰这是两个典故。上联出自唐代白居易的《白孔六帖》。前秦的苻坚独自在房中起草赦免罪人的文书,有一只青蝇围着书桌飞来飞去,赶也赶不走。赦书尚未公布,外人都传说开了,苻坚追问来源,人们说,有一个穿青衣的人在市场上大声呼喊此事。苻坚说:这个人就是那只青蝇。下联出自《晋书·陆机传》。晋人陆机在洛阳为官,其家在吴中,久不通音讯。他有一只爱犬名黄耳,他开玩笑似的问黄耳:你能否替我传信到家里去呢?狗摇着尾巴叫了几声,好像在回答"能够"。于是陆机写了一封信系在狗脖子上,狗奔跑了数千里,将信送到吴中他家,并将回信带回洛阳,送到陆机手中。解,能够。书,信。

⑱这是两个典故。上联出自《史记·荆轲传》。战国时燕国的太子丹为报仇,想谋刺秦王,用优礼重金聘得刺客荆轲。荆轲便借向秦王献地图的机会,用匕首刺杀秦王,未中,被杀。下联出自《汉书·贾邹枚路传》。西汉初期,各诸侯王都招聘贤人治国,齐人邹阳投于吴王刘濞麾下。吴王因不满西汉中央政权的政策,图谋造反。邹阳便上书劝阻,文中解释自己之所以投奔吴王的原因时说,是因为"说大王之义(仰慕大王您的高义)"才来投奔的,我如果用尽我的才智,则无论哪个地方都能去求得一个职位,"何王之门不可曳长裾乎(哪个诸侯王门前不能让我拖着长袍走来走去呢)"?此联是反用其义,说因为王不贤明,故门前没有贤人来投奔。裾,见注⑦。曳,拖。

⑲骇:使……受到惊吓。乐:使……享受快乐。

七 虞

【原文】

金对玉，宝对珠。玉兔对金乌[①]。孤舟对短棹，一雁对双凫[②]。横醉眼，捻吟须[③]。李白对杨朱[④]。秋霜多过雁，夜月有啼乌。日暖园林花易赏，雪寒村舍酒难沽。人处岭南，善探巨象口中齿；客居江左，偶夺骊龙颔下珠[⑤]。

贤对圣，智对愚。傅粉对施朱[⑥]。名缰对利锁，挈榼对提壶[⑦]。鸠哺子，燕调雏[⑧]。石帐对郇厨[⑨]。烟轻笼岸柳，风急撼庭梧。鸜眼一方端石砚，龙涎三炷博山炉[⑩]。曲沼鱼多，可使渔人结网；平田兔少，漫劳耕者守株[⑪]。

秦对赵，越对吴[⑫]。钓客对耕夫。箕裘对杖履，杞梓对桑榆[⑬]。天欲晓，日将晡[⑭]。狡兔对妖狐。读书甘刺股，煮粥惜焚须[⑮]。韩信武能平四海，左思文足赋三都[⑯]。嘉遁幽人，适志竹篱茅舍；胜游公子，玩情柳陌花衢[⑰]。

【注释】

①玉兔：传说月中有一只捣药的白兔，故以玉兔代指月亮。金乌：传说日中有一只三足乌，故以金乌代指太阳。

②棹：桨之类的划船工具；也可代指船和划船。凫：野鸭之类的水鸟。

③此两联均出自唐诗。上联出自李洞《赠唐山人》"醉眼青天小，吟情太华低"；下联出自卢延让《苦吟》"吟安一个字，燃断数茎须"。

④杨朱：战国时魏人，思想家，提倡"爱己"，为战国诸子中影响极大的学派。杨朱与李白相对，既是人名相对，又是一种借对，"杨"对"李"是植物相对，"朱"对"白"是颜色相对。

⑤岭南：五岭山脉之南，即今广东广西一带。江左：长江下游以东的地区，即今江苏一带。骊龙：黑色的龙。据《庄子·列御寇》说，价值千金的宝珠，一定藏于深渊之中的骊龙的颔下。

⑥傅：涂抹。粉：此处指妇女抹在面部使之白皙的化妆品。施：加上、抹上。朱：红色，红色的化妆品，如胭脂口红之类。

⑦名缰：名声、名誉，因名声太大实际上是对人的一种束缚，故称名缰。利锁：利益，过分地追求利益实际上是对人的一种限制，故称利锁。挈：提着。榼：古人盛酒或贮水的一种器具。

⑧鸠哺子：鸠，鸟名，斑鸠、布谷之类的鸟古人统称为鸠。据《诗经》和《尔雅》的记载，鸠喂小鸟时，第一轮从体形大的喂到体形小的，第二轮则一定从体形小的喂到体形大的，以保持食物的平均分配。燕调雏：雏，幼鸟，此处指小燕子。据说小燕子学飞时，母燕一定在旁边调教。

⑨石帐：石崇的锦帐。石崇为晋代豪富，据《晋书·石崇传》说，他曾在河阳（今河南孟州市）建金谷园，极其奢华，曾作锦丝步帐，长五十里。后以"石帐"代表豪富的装饰。帐，帷帐、帷幕。郇厨：据唐代冯贽《云仙杂记》卷三记载，唐朝的韦陟袭封为郇国公，饮食特别奢靡，时人号之为郇公厨，后人便以"郇厨"作为饮食精美、奢华的代称。

⑩鸜眼：特指石头上的一种像鸜鹆（八哥鸟的古名）眼睛的圆形斑点。方：量词，用

于表示印、砚台等。端石砚：即端砚，一种珍贵的砚台，是用产于广东德庆县端溪之石料制成，上面有“鸜眼”的最为珍贵。龙涎：一种珍贵的香料，为抹香鲸的分泌物，因得之于海上，故称龙涎。博山炉：一种香炉，其表面雕刻成群山重叠的形状。

⑪漫：枉然、白白地。守株：守株待兔的意思。

⑫越：古国名，国都为会稽（今浙江绍兴）。春秋末期，吴国打败越国，越王勾践卧薪尝胆，图谋雪耻，最终灭吴称霸。战国时为楚国所灭。吴：古代以“吴”为国号的国家很多，此处指春秋时期的吴国，统治着淮河以南至浙江太湖以东的大片地区，传至夫差，为越王勾践所灭。

⑬箕裘：能继承父业，引申指能继承父业的后辈。箕，簸箕，用柳条编织而成。裘，皮袍，此处指铁匠系于胸前，防止溅起的火星烫伤身体的皮具。《礼记·学记》上说，冶铁能手的儿子，一定要学习制造防护用的皮具；造弓能手的儿子，一定要学习做簸箕（因为这些工作都是冶铁造弓的基础）。杖履：拄拐杖穿鞋子（的人），代指老人、长辈。杖，手杖，老人所用。履，鞋，古人进房间必将鞋脱于门外，老人则可进入房间后再脱鞋。杞：树名。梓：树名。

⑭欲：将。晡：古代以十二地支来记录一天的时辰，晡指申时，即下午三点至五点，有时也泛指晚间。

⑮这是两个典故。上联出自《战国策·秦一》。苏秦为战国时的纵横家，用连横的外交策略（秦国联合东方某国，对付东方的其他五国）游说秦王，未能成功。归家后发奋学习，想打瞌睡时便用锥子刺自己的大腿，最终学成纵横之术，劝说东方六国君主实行合纵的策略（六国联合，对付秦国），同时担任六国的相。甘，味道好，此处是“认为……味道好”的意思。股，大腿。下联出自《新唐书·李勣传》，唐朝开国功臣英国公李勣天性友爱，他姐姐病了，李勣亲自为姐姐熬粥，不觉被火烧掉了胡须。其姐劝他不必如此，他说：“姊多疾，而勣且老，虽欲数进粥，尚几何（姐姐您多病，而我又年老了，即使我想多给您熬几次粥，又还能熬几次呢）？”

⑯韩信：秦末汉初人，通兵法，为刘邦平定天下屡立战功，封楚王。后被人诬告谋反，为吕后所杀。左思：西晋人，博学能文，以十年时间写成《三都赋》，洛阳豪贵争相传抄，洛阳因之而纸价飞涨。

⑰遯：《易》经卦名，此处只用其字面意思，隐居。遯，“遁”的异体字。幽人：隐居之人。适志：使自己的志向得以满足。玩情：沉溺于感情。柳陌花衢：指妓院聚集之处。陌，街道。衢，四通八达的大道。

八 齐

【原文】

岩对岫，涧对溪①。远岸对危堤②。鹤长对凫短，水雁对山鸡③。星拱北，月流西④。汉露对汤霓⑤。桃林牛已放，虞坂马长嘶⑥。叔侄去官闻广受，弟兄让国有夷齐⑦。三月春浓，芍药丛中蝴蝶舞；五更天晓，海棠枝上子规啼⑧。

云对雨，水对泥。白璧对玄圭⑨。献瓜对投李，禁鼓对征鼙⑩。徐稚榻，鲁班梯⑪。凤翥对鸾栖⑫。有官清似水，无客醉如泥⑬。截发惟闻陶侃母，断机只有乐羊妻⑭。秋望佳人，目送楼头千里雁；早行远客，梦惊枕上五更鸡。

熊对虎，象对犀。霹雳对虹霓[15]。杜鹃对孔雀，桂岭对梅溪。萧史凤，宋宗鸡[16]。远近对高低。水寒鱼不跃，林茂鸟频栖。杨柳和烟彭泽县，桃花流水武陵溪[17]。公子追欢，闲骤玉骢游绮陌；佳人倦绣，闷欹珊枕掩香闺[18]。

【注释】

①岫：山洞。也可指峰峦或山谷。

②危堤：高堤。危，高。

③鹤长：仙鹤的脖子长。凫短：野鸭的脖子短。

④星拱北：群星都环绕着北斗星。拱，拱卫、环绕。流：向下运动、向下滑行。

⑤这是两个典故。"汉露"是说汉武帝之事。武帝迷信神仙之说，在宫内修建承露盘以承接天上降下来的甘露，用它来调玉屑，希望喝了能够长生不老。《三辅故事》说，建章宫的承露盘"高二十丈，大七围，以铜为之，上有仙人掌承露"。"汤霓"的典故出自《孟子·梁惠王下》。夏桀王十分暴虐，天下的百姓都盼望商汤王来解救自己，就像大旱的时候盼望大雨之后的彩虹一样。霓，雨后出现的附于虹旁边的副虹，其成因与虹相同，但是颜色排列的次序相反。此处是泛指虹。

⑥这是两个典故。上联出自《尚书·武成》，周武王灭商以后，将战马放归华山的南边，将运输辎重的牛放归桃林之野，表示不再用它们打仗了。下联见于《战国策·楚四》，千里马在其晚年拖着盐车上太行山，上坡中途已无力再前进，见着伯乐，仰天长嘶。虞坂，地名。

⑦这是两个典故。上联出自《汉书·疏广传》。汉代的疏广和其侄疏受都在朝廷任职，一为太子太傅，一为少傅，官高位尊。疏广对疏受说：知道满足就能不受侮辱，知道适可而止就能避免危险，功成身退是最符合自然规律的。于是两叔侄同时辞官归乡。古人将他们看成明哲保身的典范。去，离开。下联出自《孟子·万章下》。夷齐指伯夷和叔齐，是商代孤竹君的两个儿子。相传孤竹君临死遗命将君位传给小儿子叔齐，孤竹君死后，叔齐要将君位让给哥哥伯夷。伯夷不接受，叔齐也不愿即位为君，于是一起逃到周地隐居。古人将他们看成道德高尚的典范。

⑧子规：杜鹃鸟的别名。

⑨璧：一种扁平的、中间有孔的圆形玉器。玄圭：一种扁平的、上尖下方的黑色玉器，根据等级分为不同的形制，多供帝王举行各种典礼时使用，是很重要的礼器。玄，黑中带红的颜色。

⑩投李：出自《诗经》，《国风·卫风》中有"投我以木李，报之以琼玖"，《大雅·荡之什·抑》有"投我以桃，报之以李"，两者都能与"献瓜"构成对仗。从意义方面来看，后者更为工整。禁鼓：古代禁止夜行，到禁行的时间便击鼓以表示宵禁的开始，这种鼓便称禁鼓。征鼙：出征时敲击的鼓。鼙，军队用的小鼓。

⑪徐稚榻：此典出自《后汉书·徐稚传》。徐稚，字孺子，东汉人，品行高尚，多次谢绝朝廷的征聘，隐居自耕为生。太守陈蕃从不延接宾客，但对徐稚却极为敬重，特为他设置一坐具，徐稚一离开，陈蕃便将此坐具挂起来。榻，一种狭长而矮的家具，可供坐卧。鲁班梯：出自《墨子·公输》。鲁班，也叫公输般，春秋时鲁国人，著名的工匠，他曾给楚王制造云梯以进攻宋国。

⑫翥：高飞。鸾：凤凰之类的神鸟。

⑬这是两个典故。上联出自《汉书·郑崇传》。汉哀帝时，郑崇为尚书仆射，曾多

次向哀帝进谏。哀帝"郜封祖母傅太后从弟",郑崇劝阻,因而得罪傅太后和哀帝。哀帝责问郑崇,说:"你门前来求见你的人多得像市场上的人一样,你凭什么想要阻止我封赏外戚呢?"郑崇回答说:"臣门如市,臣心如水(我的门口人多得像市场,我的心毫无偏私,像水一样洁静)。"下联出自《世说新语·任诞》。晋山涛的儿子山简(字季伦)镇守襄阳时,每次到岘山之南的高阳池,总是喝得大醉而还。襄阳百姓唱道:"山公时一醉,径造高阳池。日莫(暮)倒栽归,酩酊无所知……"唐李白《襄阳歌》,"襄阳小儿齐拍手,拦街争唱白铜鞮。傍人借问笑何事?笑杀山公醉似泥",用的就是这个典故。

⑭这是两个典故。上联出自《晋书·列女传》。陶侃,晋人,曾封长沙郡公,都督八州军事。贫贱时,有鄱阳孝廉范逵来拜访陶侃,寄宿于陶家。当时下大雪,陶侃的母亲湛氏抽出自己垫床的稻草,切碎来喂范逵的马,偷偷地剪下自己的长发卖给邻居,换来酒食招待客人。范逵事后知道此事,说:"非此母不生此子(不是这样优秀的母亲不会生出这样优秀的儿子)。"下联出自《后汉书·列女传》。乐羊为乐羊子的简称,东汉人。他出门求学,一年后因思家辍学而归。其妻便以织布为喻,说所织之布一旦剪断,就前功尽弃,再也不能恢复。乐羊子被感动,又出门学习,七年未归,终成学业。

⑮霹雳:大雷、疾雷。虹霓:参见注⑤。

⑯萧史:据《列仙传·上》记载,萧史为春秋时人,娶秦穆公的女儿弄玉为妻。他善于吹箫,能吹出凤鸣之声。有一天在凤台上吹箫,引来了凤凰,便和弄玉一起乘凤升天成仙而去。宋宗:即宋处宗,晋人,曾任兖州刺史。据明朝廖用贤所辑的《尚友录》卷17《二宋》记载,宋处宗有一只长鸣鸡,养在窗间,能和人交谈,见解十分玄妙。宋处宗经常和它讨论各种问题,因而学业大进。

⑰和:应和,此处指春柳和像烟一样的雾气融合在一起。彭泽县:在今江西省内,晋人陶潜(陶渊明)曾任此县县令,房前有五棵大柳树,自号五柳先生。武陵:地名,在今湖南常德桃源一带。陶渊明曾作《桃花源记》,文中说,武陵渔夫顺着一条溪流进入桃花源,中有桃花流水,遇见很多避秦时战乱的隐居者。

⑱追欢:寻求欢乐。骤:使……奔驰。骢:有青白杂毛的马。绮陌:漂亮的街道。攲:斜靠。珊枕:珊瑚做成的枕头。闺:内室的小门。

九　佳

【原文】

河对海,汉对淮。赤岸对朱崖。鹭飞对鱼跃,宝钿对金钗[①]。鱼圉圉,鸟喈喈[②]。草履对芒鞋[③]。古贤崇笃厚,时辈喜诙谐[④]。孟训文公谈性善,颜师孔子问心斋[⑤]。缓抚琴弦,像流莺而并语;斜排筝柱,类过雁之相挨[⑥]。

丰对俭,等对差。布袄对荆钗[⑦]。雁行对鱼阵,榆塞对兰崖[⑧]。挑荠女,采莲娃[⑨]。菊径对苔阶。诗成六义备,乐奏八音谐[⑩]。造律吏哀秦法酷,知音人说郑声哇[⑪]。天欲飞霜,塞上有鸿行已过;云将作雨,庭前多蚁阵先排。

城对市,巷对街。破屋对空阶。桃枝对桂叶,砌蚓对墙蜗[⑫]。梅可望,橘堪怀[⑬]。季路对高柴[⑭]。花藏沽酒市,竹映读书斋。马首不容孤竹扣,车轮终就洛阳埋[⑮]。朝宰锦衣,贵束乌犀之带;宫人宝髻,宜簪白燕之钗[⑯]。

【注释】

①宝钿:上面镶有宝玉的金银首饰。

②鱼圉圉:此典出自《孟子·万章上》。有人送了一条鱼给郑国的相子产,子产要手下人养在池塘里,手下人将鱼煮着吃了,回来欺骗子产说:刚放下去的时候,鱼慢慢地绕着圆圈游,过了一会儿就自由自在地了,一下子就游得看不见了。圉圉,尚未舒展开来的样子。鸟喈喈:出自《诗经》,《周南·葛覃》有“黄鸟于飞,集于灌木,其鸣喈喈”,《小雅·出车》有“仓庚(布谷鸟)喈喈”。喈喈,象声词,鸟叫声。

③芒鞋:一种草鞋,以芒草织成。

④崇:原书作“尝”,义虽可通(通“常”,经常),但不符合对仗的要求。诙谐:风趣、逗人发笑。

⑤这是两个典故。上联出自《孟子·滕文公上》。滕文公做太子的时候,有一次路过宋国到楚国去,遇见了孟子,孟子以尧舜为榜样与之谈论了性善的问题。训,教育。下联出自《庄子·人间世》。颜回(字子渊,孔子弟子)曾向孔子请教“心斋”的问题。师,名词作动词用,学习。心斋,一种排除一切思虑欲望、保持心境纯洁安静的心态。

⑥挨:一个接一个地排列。

⑦荆钗:用荆棘的刺做成的头饰,贫家妇女用。钗,头饰的一种,可用来簪住头发。

⑧行:行列。鱼阵:为鱼丽之阵的简称,古代兵法中一种车战的阵势。根据《左传》桓公五年杜预的注解,是用25辆战车斜排在前面,后面的步兵五人一组排在正面和战车之间的空隙处。此处只用其字面上意义。榆塞:边塞的通称。

⑨荠:一种野菜,古人多在春天采摘食用,味道甘美。娃:女子的通称。

⑩六义:据《诗经》的《大序》说,诗的“六义”为风、雅、颂、赋、比、兴。前面的三种为诗歌的体裁,即国风(各国的民间歌谣)、大雅和小雅(周王朝王都的歌)、颂歌(庙堂祭祀用的乐歌);后面三种为诗歌表现的艺术手法,即铺叙其事、借物比喻、借他物以起兴。八音:古代的八种乐器,即金(钟)、石(磬,一种石制的敲击乐器)、丝(弦乐器,如琴、瑟之类)、竹(管乐器,如箫、笛之类)、匏(笙、竽之类)、土(埙,一种用陶土烧制而成的吹奏乐器,大小似鹅蛋,形状像中空的秤锤,上尖下平,顶上一孔为吹奏孔,前四孔后二孔可用手指按住或放开发出不同的乐音)、革(鼓)、木(柷、敔之类的木制的打击乐器)。柷(其形像四方形的木桶。敔,音羽,其形像一只伏着的老虎)。谐:和谐。

⑪郑声:春秋时郑国的歌谣。儒家认为郑国的歌谣追求享乐太过分,扰乱了正统的音乐,要除去这不正道的歌谣,所以《论语·卫灵公》说“郑声淫”,《论语·阳货》说它“乱雅乐”,《论语·卫灵公》则说要“放郑声”。哇:指乐声十分靡曼。

⑫砌:台阶。

⑬梅可望:此典出自《世说新语·假谲》。曹操带部队行军,道缺水,士兵口渴走不动了。曹操就说:前边有一个大梅树林,结了很多梅子,又甜又酸可以解渴。士兵听说以后,口里都流出了口水,因而坚持着走出了缺水的地区。橘堪怀:此典出自《三国志·吴志·陆绩传》。陆绩六岁到九江拜见袁术,接见时看见座间有橘子,便偷偷地在怀中藏了三个。告辞下拜时,橘子不小心滚出来掉在地上,袁术问他原因,陆绩说:我想带回去给母亲吃。后来“怀橘”便成了孝敬父母亲的典故。

⑭季路:又叫子路、子由、仲由,孔子的学生。高柴:字子羔,孔子弟子。

⑮这是两个典故。上联出自《孟子·万章下》。孤竹君的两个儿子伯夷、叔齐隐居

周地之后,周武王起兵讨伐商纣王,他们认为这是以臣伐君,不合道义,拦在周武王的马前劝阻。参见上卷八齐注⑦。扣,牵住(马)不让它前进。下联出自《后汉书·张皓传》所附的《张纲传》。东汉安帝派遣八人巡视天下风俗吏治,其中张纲年龄最轻、职位最低。张纲刚出洛阳,就下车将车轮拆下,用土埋上,说:“豺狼当道,安问狐狸(意思是最大的奸臣就在都城洛阳,为什么要到地方上去查那些小贪官呢)!”立即上书弹劾当时官高权重的大将军梁冀及其弟梁不疑,朝野为之震动。

⑯乌犀之带:上有黑犀牛角作装饰的腰带。白燕之钗:原注说,《汉书》记载,汉时修建招灵阁,有神女献了一支上面镶有燕子的发钗。汉成帝赏给了婕妤赵飞燕。后来昭帝时一宫人不小心将其打碎,此钗便化为白燕飞去。今本《汉书》似无此事,但此典故流传已久,唐人诗中屡屡提及,如刘言史《赠成炼师四首》之四“当时白燕无寻处,今日云鬟见玉钗”、张祜《吴宫曲》“玉钗斜白燕,罗带弄青虫”、李商隐《圣女祠》“寄问钗头双白燕,每朝珠馆几时归”、薛逢《夜宴观妓》“纤腰怕束金蝉断,鬓发宜簪白燕高”,就都用了此典。

十　灰

【原文】

增对损,闭对开。碧草对苍苔。书签对笔架,两曜对三台[①]。周召虎,宋桓魋[②]。阆苑对蓬莱[③]。薰风生殿阁,皓月照楼台。却马汉文思罢献,吞蝗唐太冀移灾[④]。照耀八荒,赫赫丽天秋日;震惊百里,轰轰出地春雷[⑤]。

沙对水,火对灰。雨雪对风雷。书淫对传癖,水浒对岩隈[⑥]。歌旧曲,酿新醅[⑦]。舞馆对歌台。春棠经雨放,秋菊傲霜开。作酒固难忘曲蘖,调羹必要用盐梅[⑧]。月满庾楼,据胡床而可玩;花开唐苑,轰羯鼓以奚催[⑨]。

休对咎,福对灾[⑩]。象箸对犀杯[⑪]。宫花对御柳,峻阁对高台。花蓓蕾,草根荄[⑫]。剔藓对剜苔。雨前庭蚁闹,霜后阵鸿哀。元亮南窗今日傲,孙弘东阁几时开[⑬]。平展青茵,野外茸茸软草;高张翠幄,庭前郁郁凉槐[⑭]。

【注释】

①书签:古代卷子装的书籍最右端有一根带子,上系有一象牙做的书签。收藏时,先将书籍卷好,用带子捆紧,然后将书签插入带中,起紧固的作用。笔架:搁毛笔的架子。两曜:太阳和月亮。曜,日、月、星的总称。三台:星宿名,也称三阶、泰阶。分上台、中台、下台,各有两颗星,共六颗。

②召虎:人名,即召穆公,见于《诗经·大雅·韩奕》。据说周宣王曾命令他带兵,沿长江汉水出征当时的少数民族淮夷。桓魋:春秋时宋国人,曾经将孔子围困在宋国的大树下。

③阆苑:传说为昆仑之巅的阆风山中的一座园林,为神仙所居。蓬莱:也叫蓬壶,传说中渤海上的三座神山之一,上有神仙居住。

④这是两个典故。上联说的是西汉文帝刘恒的事。据原注说,《汉书》记载,有人献千里马给汉文帝,文帝想通过此事堵住官员向上级献礼的恶习,下诏退回不收(今本《汉书·文帝纪》未见此记载)。下联说的是唐太宗的事,见于《贞观政要·务农》。唐

贞观二年,关中大旱,蝗灾肆虐,唐太宗视察时抓住几只蝗虫,说:“百姓以农作物为命,你们却去残害,这是危害百姓。百姓的过错是我造成的,你们只应该吞噬我的心肺,不要危害百姓。”说完便要将蝗虫吞入口中。手下人都来劝阻,说吃了会生病。太宗说:“所冀移灾朕躬,何疾之避(所希望的就是将灾难转移到我的身上,怕什么生病)?”就将蝗虫吞下去了。此后蝗虫就都飞走,不再危害庄稼了。冀,希望。

⑤八荒:四面八方荒远的地方。根据西汉刘向《说苑》的讲法,九州之外有四海,四海之外为八荒。赫赫:十分明亮的样子。丽天:附着在天空。丽,动词,附着。

⑥书淫:爱书入迷的人。《晋书·皇甫谧传》说,皇甫谧,字士安,“博宗典籍百家之言(广博地学习古书上各家的说法)”,“耽玩典籍,忘寝与食,时人谓之书淫(沉迷于读书,忘记了睡觉吃饭,当时人称他为书淫)”。淫,过分地(爱好)。传癖:以热爱经典为癖好的人。《晋书·杜预传》说,杜预字元凯,极有政治才干,且“耽思经籍,为《春秋左氏经传集解》(沉迷于阅读经籍,写了流传至今的最早的《左传》注解——《春秋左氏经传集解》)”,“又作《盟会图》《春秋长历》,备成一家之学”。杜预曾说王济善解马性,有马癖;和峤爱钱如命,有钱癖。武帝司马炎问他有何癖好,杜预说:“臣有《左传》癖。”传,解释儒家经典的书,一般认为,《左传》是解释《春秋经》的。癖,已形成习惯的嗜好。浒:水边。隈:大山的弯曲处。

⑦新醅:刚刚酿造出来的酒。醅,未过滤的酒。

⑧此两联均出自《尚书·说命下》,原文为“若作酒醴,尔惟曲蘖;若作和羹,尔惟盐梅(我如果酿酒,你就是发酵的曲蘖;我如果烹煮肉羹,你就是调味的盐和酸梅)”,这是商高宗武丁对其贤相傅说虚心求教,请他尽心辅佐自己的话。曲蘖,酿酒或制酱所用的发酵物,俗称酒母。调羹,动宾结构,调和羹汤的味道,与“作酒”对仗。盐梅,盐和酸梅,用来调配食物的咸淡和酸味的调味品。

⑨这是两个典故。上联出自《世说新语·容止》。东晋庾亮作江州刺史,曾在州治武昌与手下的官吏殷浩等人登南楼赏月,在楼上交谈吟咏一直到天亮。胡床,一种可以折叠的轻便坐具,因由西域传入,故称胡床。玩,欣赏、品味,此字在唐宋时候还有一个读音,属去声换韵,此处便应读成去声,才能与下联的“催”构成平仄对仗。下联出自唐人南卓《羯鼓录》。唐玄宗(明皇)精通音乐,特别喜好羯鼓。曾亲自在内廷临轩击鼓,庭院中柳树杏树的叶苞花苞随着鼓声发芽开放。轰,象声词,鼓声,此处用作动词,使……轰响,即击鼓的意思。羯鼓,古代羯族的一种鼓,形状像漆桶,下有鼓架,用两个鼓锤击打,声音高亢激烈。奚,疑问代词,为什么。

⑩休:美好、喜庆、吉利。咎:灾难、灾祸。

⑪象箸:象牙做的筷子。箸,筷子。犀杯:犀牛角做的酒杯。

⑫荄:草根。

⑬元亮:东晋人陶潜的字,其所作《归去来辞》中有“倚南窗以寄傲”的句子。孙弘:即公孙弘(姓公孙,名弘),西汉武帝时人,汉代儒家学派的代表之一,曾任宰相。据《史记·公孙弘传》记载,公孙弘在东阁中用私人俸禄供养故人宾客,家无余财。

⑭茵:草席子。青茵是说青草平整柔软如席。幄:帐篷。翠幄是说树叶浓荫蔽日如帐篷。

十一 真

【原文】

邪对正,假对真。獬豸对麒麟[①]。韩卢对苏雁,陆橘对庄椿[②]。韩五鬼,李三人[③]。北魏对西秦[④]。蝉鸣哀暮夏,莺啭怨残春[⑤]。野烧焰腾红烁烁,溪流波皱碧粼粼[⑥]。行无踪,居无庐,颂成《酒德》;动有时,藏有节,论著《钱神》[⑦]。

哀对乐,富对贫。好友对嘉宾。弹冠对结绶,白日对青春[⑧]。金翡翠,玉麒麟[⑨]。虎爪对龙鳞。柳塘生细浪,花径起香尘。闲爱登山穿谢屐,醉思漉酒脱陶巾[⑩]。雪冷霜严,倚槛松筠同傲岁;日迟风暖,满园花柳各争春[⑪]。

香对火,炭对薪[⑫]。日观对天津[⑬]。禅心对道眼,野妇对宫嫔[⑭]。仁无敌,德有邻[⑮]。万石对千钧[⑯]。滔滔三峡水,冉冉一溪冰[⑰]。充国功名当画阁,子张言行贵书绅[⑱]。笃志诗书,思入圣贤绝域;忘情官爵,羞沾名利纤尘[⑲]。

【注释】

①獬豸:传说中的神兽,形似羊,有一角,见争讼者,能用角去顶触理屈者。麒麟:传说中的神兽,形似麇鹿,牛尾,狼蹄,有一角,是仁慈吉祥的兽,出现则天下大治。

②韩卢:犬名,又叫韩子卢,是战国时期韩国的一只善于奔跑的猎犬,《战国策》的《秦策》《齐策》中都有记载。此处只用其字面意义与"苏雁"构成对仗。苏雁:苏武用来传递书信的大雁。《汉书·苏武传》记载,汉朝的苏武出使匈奴被扣留了19年,后来两国交好,又互通使者。汉使追问苏武的下落,匈奴诡称苏武已死,汉使知道苏武流放的地方,就假称汉朝天子在长安射到一只大雁,大雁脚上系了苏武亲笔所写的书信。匈奴无法抵赖,只好将苏武叫来,让他归国。陆橘:陆绩所收藏的橘子。参见上卷九佳注⑬。庄椿:庄子在书中所提到的大椿树。《庄子·逍遥游》中说,上古有棵大椿树,"以八千岁为春,八千岁为秋",是长寿的代表。

③韩五鬼:唐代文学家韩愈曾作《送穷文》,文中提到穷鬼有五类,即智穷、学穷、文穷、命穷、交穷。李三人:唐代诗人李白《花下独酌》诗:"花间一壶酒,独酌无相亲。举杯邀明月,对影成三人。"三人指自己、影子和月亮。

④北魏:南北朝时,北朝的一个由鲜卑族建立的少数民族国家,也叫元魏、拓跋魏、后魏。西秦:可指春秋战国时的秦国,因其地理位置在列国之西,故有此名;也可指晋朝时北方十六国之一的秦,为鲜卑族建立的少数民族国家,统治区域在今甘肃一带,史书上称之为西秦。

⑤啭:鸟叫。

⑥烁烁:火光明亮的样子。粼粼:波光闪耀的样子。

⑦《酒德》:即《酒德颂》,晋人刘伶(字伯伦)所作,歌颂饮酒的德行。文中有"行无辙迹,居无室庐"之语。《钱神》:即《钱神论》,晋人鲁褒所作,极言金钱之作用,以讽刺时局。文中有"动静有时,行藏有节(钱的流通与否有一定的时节)"之语。动和行,指钱币在交易过程中流通;静和藏,指商品未流通则钱币被收藏。

⑧弹冠:此典出自《汉书·王吉传》。王吉,字子阳,他与贡禹为好友,互相推举提拔为官,当时人说,"王阳在位,贡公弹冠(王吉做了官,贡禹就弹去冠上的灰尘,准备出

来做官了)”。结绶:此典出自《汉书·萧望之传》所附《萧育传》。萧育和朱博为好朋友,两人互相推荐,都出仕为官。因为以前有王吉和贡禹的事,故当时人说“萧朱结绶,王贡弹冠”。结绶,佩好用来系官印的丝带,比喻准备出来做官。青春:春天。按照五行学说,季节的春和颜色的青是相配的,故称青春。

⑨金翡翠:比金子还宝贵的翡翠鸟的羽毛,代指用其做成的装饰品。唐陈子昂《感遇诗三十八首》中第23首说,“翡翠巢南海,雄雌珠树林。何知美人意,娇爱比黄金”,故称金翡翠。

⑩谢屐:《晋书·谢灵运传》说,南朝宋诗人谢灵运嗜好登山,设计出一种专用的登山木屐,其底部的两道齿是活动的,上山时抽去前边的齿,下山时抽去后边的齿,总能使木屐的底部保持为平面状态。后人称这种木屐为谢公屐,简称谢屐。屐,木底鞋,下有两道齿,用以在泥地上行走。此字在平水韵中是入声陌韵的字,属仄声,故与下联中“陶巾”的“巾”字构成对仗。今读为“机”,则是平声字。漉酒:过滤酒。陶:指陶渊明。陶渊明天性嗜酒,经常亲自酿酒。

⑪松筠:松树和竹子。此两种植物均耐寒,冬季不落叶,故称“傲岁”。日迟:太阳移动得很慢,这是春天的景象。《诗经·豳风·七月》有“春日迟迟”。

泰山的日观峰

⑫薪:柴火。

⑬日观:泰山顶上的一座山峰名,为观日出的最好地点。此处“观”读“惯”,是借用这个去声(仄声)的读音和“天津”的“津(平声)”构成对仗。天津:天津桥的简称,在河南洛阳市西南洛河之上,为隋炀帝所建。此名字面的意思是天河的渡口。

⑭禅:佛教中有些派别讲究坐禅,故以“禅”代指佛教。道:道教。

⑮仁无敌:出自《孟子·梁惠王上》。孟子说,“仁者无敌”,意思是用仁德统治天下的人,没有人能与他对抗。德有邻:出自《论语·里仁》。孔子说“德不孤,必有鄰”,意思是有德行的人一定会有人帮助。

⑯石:重量单位,一说160斤为石,一说四钧(120斤)为石。

⑰冉冉:慢慢漂流的样子。冰:按照此书的体例,处于“冰”字位置的应该是个真韵字,但“冰”是蒸韵字,与体例不合,系作者之误。祝明本此句作“陌陌九街尘”。

⑱充国:赵充国,西汉武帝、宣帝时的著名武将,在讨伐匈奴、西羌的战斗中屡立战功。阁:麒麟阁,汉武帝时在未央宫内所建的一座高阁,汉宣帝在阁中画了汉代十一大功臣之像,赵充国的像便在其中。子张句:此联出自《论语·卫灵公》。孔子学生子张问孔子关于“行”的问题,孔子回答了他,子张当时手上没有记录用的竹简,便写在自己衣裳的大带上。绅,古人衣裳上的大带。行,中古有两个读音,一为平声(行走、行为,庚韵),一为去声(品行,敬韵),此处是用平声字的意义、仄声字(去声)的读音,和下联的平声字“书”构成对仗的。

⑲绝域:最高境界。纤尘:纤维和灰尘,喻指微小的、不值得看重的东西。

十二　文

【原文】

家对国，武对文。四辅对三军[1]。九经对三史，菊馥对兰芬[2]。歌北鄙，咏南薰[3]。迩听对遥闻[4]。召公周太保，李广汉将军[5]。闻化蜀民皆草偃，争权晋土已瓜分[6]。巫峡夜深，猿啸苦哀巴地月；衡峰秋早，雁飞高贴楚天云[7]。

欹对正，见对闻[8]。偃武对修文[9]。羊车对鹤驾，朝旭对晚曛[10]。花有艳，竹成文。马燧对羊欣[11]。山中梁宰相，树下汉将军[12]。施帐解围嘉道韫，当垆沽酒叹文君[13]。好景有期，北岭几枝梅似雪；丰年先兆，西郊千顷稼如云。

尧对舜，夏对殷[14]。蔡惠对刘蕡[15]。山明对水秀，五典对三坟[16]。唐李杜，晋机云[17]。事父对忠君。雨晴鸠唤妇，霜冷雁呼群[18]。酒量洪深周仆射，诗才俊逸鲍参军[19]。鸟翼长随，凤兮洵众禽长；狐威不假，虎也真百兽尊[20]。

【注释】

①四辅：官职名，见于《尚书·洛诰》，指天子身边的四个辅佐大臣。后代帝王的"四辅"所指官员不一，都是依托《尚书》所说而产生的。三军：根据周朝的礼制，天子六军，诸侯大国三军，每军12500人。春秋各大国三军名称不一，如晋国设中军、上军、下军，楚国设中军、左军、右军等，后来三军成为军队的通称。

②九经：儒家的九部经典，各书所说的名称小有不同，宋代刻印的《九经白文》所列的名称为：《易经》《尚书》《诗经》《左传》《礼记》《仪礼》《周礼》《论语》《孟子》，这是唐宋时期形成的名称。到后来再加上《孝经》《尔雅》《公羊传》《穀梁传》，就成为儒家的十三经了。三史：魏晋六朝时以《史记》《汉书》《东观汉记》为三史；唐以后《东观汉记》失传，便以《史记》《汉书》《后汉书》为三史。馥：香。

③此两联均出自《孔子家语·辩乐解第三十五》。书中记载说，"殷纣好为北鄙之声，其废也忽焉（商纣王喜欢唱北边边境地区的歌，所以他的灭亡十分迅速）"。而圣明天子虞舜则弹五弦之琴，唱南风之歌，歌词里唱道："南风之薰兮，可以解吾民之愠兮（南风吹来是多么和煦呀，可以替我的百姓化解愤怒忧愁呀）；南风之时兮，可以阜民之财兮（南风的到来多么按时呀，可以增加我百姓的财物呀）。"鄙，边境上的城邑；北鄙，代指北边边境地方的歌谣。薰，和煦；南薰，南风，代指南风之歌。

④迩：近。

⑤周太保：周天子的太保，召公于周武王时曾任此职。召公，又称召伯，姓姬，名奭，为周的同族，因封于召，故称召公，上卷十灰注②中的召虎即其后人。李广：西汉陇西成纪人，汉文帝、汉武帝时与匈奴作战，屡立战功，擅长骑射，为边郡太守时，匈奴不敢入侵，称之为"汉之飞将军"。

⑥这是两个典故。上联出自《汉书·循吏传》。西汉景帝末年，文翁为蜀地太守，为了改变蜀地少数民族鄙陋的民风，他挑选品质优秀的小吏到京城学习政务，并提倡文教，在当地开办学校，提高文士的地位，结果蜀地百姓都闻风而化，民风大变。班固称赞说："至今巴蜀好文雅，文翁之化也（到现在巴蜀地区喜好文雅之事，这都是文翁教育感化的功劳啊）。"草偃，像草一样随风而倒伏；偃，原意为面朝天向后跌倒，引申指草

的倒伏。下联是说春秋末年，晋国掌握国家大政的六卿之间因为权利的纷争，钩心斗角，最后留下韩、赵、魏三家，到晋定公三十七年（公元前475年），他们三家瓜分了晋国的土地。此事史称“三家分晋”，是战国时期开始的标志。

⑦巫峡：长江三峡之一，在今四川巫山县与湖北巴东县交界处。北魏郦道元《水经注·江水》中说，巫峡中“常有高猿长啸，属引凄异，空谷传响，哀转久绝。故渔者歌曰：巴东三峡巫峡长，猿鸣三声泪沾裳”。衡峰：湖南南岳衡山有峰名回雁峰，据说大雁冬天向南迁徙，至此峰便不再南行。贴：紧挨着。此字在现代汉语中读平声，而中古是个入声字，属仄声，所以能和上联的平声字“哀”构成对仗。楚：春秋战国时江南的一个国家名，南岳衡山在其国土之内。

⑧欹：斜。闻：听见。

⑨偃武：停息武备、停止战争。偃，停息。修文：提倡文教德化（用儒家经典教导百姓，用道德感化百姓）。

⑩羊车：羊拉的小车，多用于宫廷内部或供小儿乘坐。《晋书·胡贵嫔传》记载，晋武帝喜乘坐羊车在宫内游走，羊车停在何处便在何处歇宿，妃子们为了争宠，在自己的门前插上竹叶、洒上盐水来吸引拉车的羊；《晋书·卫玠传》记载，卫玠年幼时乘羊车到市场上去，一城人都跑去观看，认为他漂亮无比。故后人以“羊车”代指君王或美童。鹤驾：题名为西汉刘向所著的《列仙传》上说，周灵王的太子王子乔喜欢吹笙，能吹出凤凰鸣叫的声音。后来有个仙人浮丘生将他接上了嵩高山。三十多年后，有人看见他骑着仙鹤停留在山巅上，几天后拱手与人告别离去。故后人多以“鹤驾”代指仙人或太子。曛：日落时的余光。

⑪马燧：字洵美，唐大历年间人。他先跟从其兄马炫学习文学，后来看到天下动乱，便改学兵书战策，屡立战功，封北平郡王。此处仅以其字面与“羊欣”构成对仗。羊欣：晋和南朝宋之间的人，擅长书法和医术，宋时曾任新安太守。

⑫梁宰相：南朝的陶弘景隐居句容句曲山（即茅山，在今江苏西南部），曾辅佐萧衍夺取齐的帝位，建立了梁。萧衍（梁武帝）称帝后屡次征聘他，而陶氏不肯出山，国家有大事，武帝则人山咨询，时人称之为“山中宰相”。汉将军：东汉的冯异辅佐光武帝刘秀从王莽手中夺回刘氏天下，胜利后诸将争功，只有冯异一人独坐大树下，当时军中称之为“大树将军”。

⑬道韫：指晋谢安之侄女谢道韫。《晋书·列女传》记载说，道韫嫁与王凝之为妻，王凝之的弟弟王献之与客人讨论问题，被客人难住，道韫欲为其解围，便在客人座前设一青色帷帐，坐在帷帐之后申张其小叔的观点，客人都不能难住她。嘉，认为……好，赞赏，此处作动词。文君：西汉蜀地大富翁卓王孙的女儿。《史记·司马相如列传》记载，卓文君寡居，因羡慕司马相如的才学，与相如私奔，开一酒店谋生，卓文君当垆卖酒，司马相如则和雇来的人一起充当酒保。当，面对着。垆，酒店安放酒瓮酒坛的土台子。沽，卖酒。

⑭夏：夏朝。殷：商朝。

⑮蔡惠：汉人。原注引《汉书》说，蔡惠梦见得到一棵谷穗又失去了，郭乔给他圆梦说：“禾”旁加“失”字是“官秩（官爵的等级）”的“秩”，你应当会升官了。后来果真升了官。刘蕡：唐人，据《旧唐书·刘蕡传》记载，他参加朝廷的考试，在对策（一种文体）中极言宦官对国家的危害，考官不敢录取他，同考的人说：刘蕡不能录取，而我们能录

取,这真叫作厚颜无耻。

⑯五典:传说中上古的书名。后人便附会为上古五位贤君少昊、颛顼、高辛、尧、舜之书。三坟:传说中上古的书名。后人便附会为上古三位贤君伏羲、神农、黄帝之书。

⑰唐李杜:唐朝的李白、杜甫,均为著名诗人。晋机云:晋朝的陆机陆云兄弟,均为著名的文人。

⑱鸠唤妇:据清郝懿行《尔雅·释鸟》"隹其,鳺鴀"下引三国时吴人陆玑的《毛诗草木鱼虫疏》说,雄鹁鸠灰色,脖颈上没有彩色的羽毛,天阴下雨时则将身边的雌鹁鸠赶走,天将转晴时又大声鸣叫将雌鹁鸠唤回,俗语讲"天将雨,鸠逐妇",就是指这种鸟。

雁呼群:大雁在群飞迁徙时,经常鸣叫以互相呼应。

⑲周仆射:《世说新语·任诞》中记载,晋人周岂(音奇)很有名气,实际却志大才疏,作了仆射以后,好酒成性,经常一醉则三日不起,时人称之为"三日仆射"。仆射,官名,秦朝始设立,为主管武官骑射之官。后来各朝沿袭此官职名,但职掌不一,宋以后废此官职。鲍参军:南朝宋的鲍照(字明远),擅长诗文,特别工于七言歌行体,因曾任临海王刘子项手下的前军参军,故后人称他为鲍参军。唐杜甫《春日忆李白》诗中说,"白也诗无敌,飘然思不群。清新庾开府,俊逸鲍参军",称赞李白的诗清新得像北朝的庾信,飘逸得像鲍照。

⑳洵:确实、实在。众禽长:众多飞禽的首领。《大戴礼记·易本命》说,长羽毛的飞禽有360种,凤凰是它们的首领。狐威不假:《战国策·楚一》有"狐假虎威"的成语,此联从反面使用它,说老虎不必像狐狸假借老虎的威势那样,是真正的百兽的尊长。东汉许慎《说文解字》中说:虎为"山兽之君"。

十三 元

【原文】

幽对显,寂对喧。柳岸对桃源。莺朋对燕友,早暮对寒暄[1]。鱼跃沼,鹤乘轩[2]。醉胆对吟魂。轻尘生范甑,积雪拥袁门[3]。缕缕轻烟芳草渡,丝丝微雨杏花村。诣阙王通,献《太平》十二策;出关老子,著《道德》五千言[4]。

儿对女,子对孙。药圃对花村。高楼对邃阁,赤豹对玄猿[5]。妃子骑,夫人轩[6]。旷野对平原。瓠巴能鼓瑟,伯氏善吹埙[7]。馥馥早梅思驿使,萋萋芳草怨王孙[8]。秋夕月明,苏子黄岗游绝壁;春朝花发,石家金谷启芳园[9]。

歌对舞,德对恩。犬马对鸡豚[10]。龙池对凤沼,雨骤对云屯[11]。刘向阁,李膺门[12]。唳鹤对啼猿[13]。柳摇春白昼,梅弄月黄昏。岁冷松筠皆有节,春喧桃李本无言[14]。噪晚齐蝉,岁岁秋来泣恨;啼宵蜀鸟,年年春去伤魂[15]。

【注释】

①暄:温暖。

②鱼跃沼:《诗经·大雅·灵台》有"王在灵沼,於牣鱼跃(周天子在灵沼边游玩,群鱼在池中翻腾跳跃)",此联即从此脱胎而来。鹤乘轩:出自《左传》闵公二年。卫灵公喜欢仙鹤,所喂养的仙鹤享受大夫的待遇,可以乘轩车。后狄人入侵,战士们都说:让仙鹤去打仗,它们享受了俸禄,我们怎能打仗呢?后"鹤轩"借指得到的禄位。轩,一种

曲辕有幡的车,按礼制只能由卿大夫或诸侯夫人乘坐,也泛指高大漂亮的车子。

③范甑:《后汉书·独行传》记载,东汉桓帝时,范冉(又作范丹,字史云)因牵连到反对宦官的事件当中,为避祸而逃出京城,靠卖卜为生,家中屡屡断粮,蒸饭的甑中都落满了灰尘,但他怡然自得,根本不放在心上。当时人称赞说:“甑中生尘范史云。”袁门:袁安(字邵公)为汝南汝阳人,立身严谨正直,为州里所敬重。东汉明帝永平年间,曾任楚州太守,平反冤狱,获释者达四百余家。唐人李贤注解《后汉书·袁安传》,曾引用《汝南先贤传》的记载说:有一次洛阳下大雪,深达丈余。洛阳县令晨出巡视灾民,看见别人家都有人出门求食的脚印,只有袁安家门口无脚印。洛阳县令以为袁安已经冻死,推开门一看,见袁安冻得僵直地躺在床上,问他何以不出门求食,袁安答道:大雪天别人都粮食困难,不应当再去麻烦人家。

④诣:往、到。阙:古代宫殿或墓门前大道两旁竖立的建筑物,后用以代指宫殿、皇宫。王通:隋人,唐代诗人王勃的祖父。据杜淹《文中子世家》记载,王通“西游长安,见隋文帝”,献《太平策》十二策,以古论今,推崇用道德统一天下,“恢恢乎运天下于指掌矣(从容自在地,就像将天下放在手掌中玩弄一样)”。老子:春秋战国时楚苦县人,名李耳,字聃,故又叫李聃、老聃。据说他西出函谷关,为关尹(官名)喜(人名)著《道德经》(即《老子》),全文共五千字,此书后成为道家的经典。言,此处是“字”的意思。

⑤邃:深邃、幽秘。

⑥妃子骑:杨贵妃爱吃荔枝,唐明皇令岭南每年用驿骑传送至长安,急如星火。唐杜牧《过华清宫绝句三首》之一曾记其事:“长安回望绣成堆,山顶千门次第开。一骑红尘妃子笑,无人知是荔枝来。”夫人轩:又叫鱼轩,一种用鱼皮装饰的供贵妇人乘坐的车子。《左传》闵公二年记载有齐侯赠送给鲁国国君夫人鱼轩的事。

⑦瓠巴:古人名(据说为楚人),特别擅长弹奏瑟,《荀子·劝学》说:“昔者瓠巴鼓瑟而流鱼出听。”鼓,弹奏。瓠指葫芦类植物的果实,也指用葫芦制成的乐器,为八音之一。伯氏:哥哥、兄长。

⑧此两联出自两首诗。上联出自《太平御览》所引南朝宋盛弘之的《荆州记》。陆凯与范晔交好,特地从江南折一枝梅花托人带给长安的范晔,并附诗一首:“折花逢驿使,寄予陇头人。江南无所有,聊赠一枝春。”馥馥,香气扑鼻的样子。驿,驿站,古代国家设置的负责投递公文、转运国家物资、供来往官员休息的机构。下联出自唐白居易《赋得古原草送别》诗,全文为:“离离原上草,一岁一枯荣。野火烧不尽,春风吹又生。远芳侵古道,晴翠接荒城。又送王孙去,萋萋满别情。”

⑨这是两个典故。上联说的是宋人苏轼(苏东坡)月夜游赤壁的事,见于苏轼《前赤壁赋》。苏轼所游的,实际是今湖北黄冈市长江边上的赤壁山(也叫赤鼻山,下有赤鼻矶),并非三国时东吴周瑜大败曹操处。赤壁之战真正的战场在今湖北蒲圻县境内的长江南岸。下联说的是晋石崇修金谷园的事。石崇(字季伦),曾任晋散骑常侍、荆州刺史等职,家豪富,性奢靡,在今河南洛阳市西北金谷水旁(旧称河阳)修建金谷园,其奢华程度,当时豪贵无人能与之相比。

⑩豚:小猪,有时也泛指猪。

⑪龙池凤沼:皆禁苑中池沼名。

⑫刘向阁:刘向,西汉人,字子政,汉成帝时任光禄大夫。他曾总领一批人整理汉朝宫廷内部收藏的文献典籍,其校阅典籍的地方叫天禄阁,是朝廷的藏书之所。李膺

门:李膺(字元礼),东汉人,桓帝时任司隶校尉。当时宦官专权,李膺与太学生首领郭泰联合起来反对,名气极大,太学生称"天下楷模李元礼",以得到其接见为极为光荣的事,号为"登龙门"。

⑬唳:(仙鹤)鸣叫。

⑭桃李本无言:《史记·李将军列传》说:"谚曰:桃李不言,下自成蹊。"意思是说,桃树李树自己不说话,但(由于其花美、其果甜,)下边自然会因人来人往而形成小路。

⑮齐蝉:晋崔豹《古今注》下《问答释义》说,齐国的王后因与齐王斗气而死,死后变成蝉,飞到庭树上哀鸣,齐王听到后悔恨不已,故后人称蝉为齐女。蜀鸟:相传战国时蜀王名杜宇,称帝,号望帝。后自以为德薄而禅位于鳖冷,逃隐而化为杜鹃鸟。古人有"杜鹃啼血"的说法,认为杜鹃鸟每年春天啼叫,叫到口中流血,便化为杜鹃花。

十四　寒

【原文】

多对少,易对难。虎踞对龙蟠[①]。龙舟对凤辇,白鹤对青鸾[②]。风淅淅,露溥溥[③]。绣毂对雕鞍[④]。鱼游荷叶沼,鹭立蓼花滩[⑤]。有酒阮貂奚用解,无鱼冯铗必须弹[⑥]。丁固梦松,柯叶忽然生腹上;文郎画竹,枝梢倏尔长毫端[⑦]。

寒对暑,湿对干。鲁隐对齐桓[⑧]。寒毡对暖席,夜饮对晨餐。叔子带,仲由冠[⑨]。郏鄏对邯郸[⑩]。嘉禾忧夏旱,衰柳耐秋寒。杨柳绿遮元亮宅,杏花红映仲尼坛[⑪]。江水流长,环绕似青罗带;海蟾轮满,澄明如白玉盘[⑫]。

横对竖,窄对宽。黑志对弹丸[⑬]。朱帘对画栋,彩槛对雕栏[⑭]。春既老,夜将阑[⑮]。百辟对千官[⑯]。怀仁称足足,抱义美般般[⑰]。好马君王曾市骨,食猪处士仅思肝[⑱]。世仰双仙,元礼舟中携郭泰;人称连璧,夏侯车上并潘安[⑲]。

【注释】

①踞:蹲坐。蟠:弯曲着盘伏。

②辇:一种人拉的小车,从汉朝以后成为天子的专用车辆。凤辇,上面雕有凤凰图案的车子。

③淅淅:叠音词,风吹的声音。溥溥:露水很多的样子。《诗经·郑风·野有蔓草》说,"野有蔓草,零露沔兮"。

④毂:车轮上的一个部件,位于车轮中间,圆形,中有孔以贯穿车轴,外边用数根车辐将其固定在车轮的外缘上。引申代指车。绣毂,上面雕有花纹的车子。

⑤蓼:草本植物,叶子略有辛辣的气味,开浅红色或白色的花。种类很多,其中水蓼喜生长在河滩湿地。

⑥这是两个典故。上联出自《晋书·阮孚传》。阮孚为晋散骑常侍,终日饮酒,放浪不羁,曾以所戴的金貂换酒喝,遭到有司的弹劾。貂,金貂,原为汉代武官所戴的一种头饰,后来为皇帝服务的近臣如侍中、中常侍(这是本职之外另加的职衔)之类的官员也常戴它,不过其上加金当,上附有像蝉的花纹,有貂尾作装饰。奚,疑问代词,为什么。下联出自《战国策·齐策》。战国时,齐人冯谖(驩)生活无着,经人介绍做了齐国之相孟尝君的食客。刚到时无人知道他的才干,所以享受的生活待遇很差,冯谖便靠

着柱子，一边弹击着他的宝剑一边唱道："长铗归来兮，食无鱼！（长剑啊回去吧，吃饭没有鱼呀）"后来孟尝君满足了他的各项愿望，冯谖也运用自己的智谋，使孟尝君在齐国的地位得到空前的巩固，安安稳稳地当了几十年的相。铗，剑柄。长铗，一种剑柄很长的剑，考古出土的楚器中常见；一说即长剑。

⑦这是两个典故。上联出自《三国志·吴志·孙皓传》之注所引张勃的《吴录》。丁固字孟仁，在东吴任尚书，忽然梦见腹上长了棵松树，他就对别人说："'松'字拆开是'十八公'，再过十八年我大概会升到三公的位置。"过了十八年，果真做了三公。下联出自《宋史·文同传》。文同，字与可，宋朝人，元丰年间曾任湖州太守，故也称文湖州。他善画山水，特别擅长画墨竹，曾说过"画竹必先胸有成竹，不能节节叶叶为之"。倏（音书）尔，双音词，一下子、飞快地。毫，野兽之毛，代指毛笔。

⑧鲁隐：即鲁隐公，春秋时期鲁国的国君，他是被其同父异母的弟弟鲁桓公杀掉的。齐桓（音环）：即齐桓公，春秋时期齐国的国君，名小白，在争夺、巩固王位的斗争中，曾威逼鲁国杀死了其弟弟公子纠。

⑨叔子带：叔子，晋人羊祜之字。据说羊祜总管荆州军事十年，筹划灭吴，暗中开屯田、储军备，积极做战争准备，表面上却身不披甲，轻裘缓带，和吴将陆抗经常来往，收买江汉一带及吴地的民心。参见四支注⑦。仲由冠：仲由，字子路，孔子的学生。据《史记·仲尼弟子列传》说，"子路性鄙，好勇力，志伉直，冠雄鸡，佩豭豚（子路性格鄙野，喜欢凭武力争斗，性格直爽，头戴雄鸡形状的冠，身佩有公猪图案的饰物）"。雄鸡公猪都是好斗之物，所以子路喜欢佩带。

⑩郏鄏：地名，即周之雒邑。据《尚书·召诰》《史记·周本纪》说，西周的首都本在镐京（今陕西西安一带），周成王亲政之后，命周公营造雒邑（今河南洛阳市一带），成王亦曾到雒邑接受各方诸侯朝见，称其为东都。后来，周平王宜臼为了躲避西北少数民族犬戎的侵害，正式迁都至雒邑，史称东周，这就是春秋时期的开始。东周有十二个王都定都于此。邯郸：地名，故址在今河北邯郸市一带。春秋时为卫地，后属晋，战国时为赵国的首都。

⑪元亮宅：元亮为晋诗人陶潜的字，陶潜在《五柳先生传》中说，他家宅旁有五棵大柳树，所以自号为"五柳先生"。仲尼坛：仲尼为孔子之字。《庄子·渔父》说，孔子曾经在缁帏之林游玩，休息时坐在杏坛之上，弟子们在旁读书，孔子则弹琴歌唱。后人附会庄子的寓言故事，便在山东曲阜孔庙的大成殿前筑坛栽杏、建亭立碑，指认此处即孔子讲学的杏坛。

⑫海蟾：月亮的代称。古人认为月中有蟾蜍（见《淮南子·精神训》），而月亮是从海中升起，故以海蟾代指月亮。

⑬黑志对弹丸：黑志也叫黑子，指人体上的黑痣，弹丸指弹弓射出的泥丸，都是比喻（土地）面积很小的意思。南北朝北周庾信《哀江南赋》中形容梁元帝土地之小，说"地惟黑子，城犹弹丸"。"志"通"痣"。

⑭槛：栏杆。

⑮既：已经。阑：晚，将要完结。

⑯百辟：百位诸侯，很多诸侯。辟，天子和诸侯的通称，因为天子只有一个，而诸侯可以有许多，所以这里的"辟"是诸侯的意思。

⑰足足：象声词，凤凰的鸣叫声，此处代指凤凰。《宋书·符瑞志·中》说："凤凰

者，仁鸟也……雄曰凤，雌曰凰……其鸣，雄曰节节，雌曰足足。"凤凰为传说中的神鸟，为百鸟之王，据说飞行的时候，有数万只鸟跟随着它。般般：形容词，身上有花纹的样子，此处代指麒麟。《史记·司马相如列传》的《封禅文》中有"般般之兽，乐吾君囿，白质黑章，其仪可喜（花纹美丽的仁兽，喜欢我们国君的花园，它白底子上面起黑花，那样子真可爱）"，所谓"般般之兽"即指麒麟。麒麟为传说中的仁义之兽，身子像麇鹿，尾巴像牛，蹄子像狼，头上有一角，为百兽之王。

⑱这是两个典故。上联出自《战国策·燕一》。战国时，燕昭王想延揽人才，问郭隗该用什么办法。郭隗说：从前有个君王想寻求千里马，悬赏千金，三年后，有人送来一匹死了的千里马，君王用五百金买下了死马的骨头。此事传出去以后，不到一年，就有人送来了三匹千里马。于是燕昭王就用重金礼聘郭隗，别国的贤才听到此事，便纷纷来投奔燕国。好，喜欢。下联出自《后汉书》卷53《周黄徐姜申徒列传》。食猪处士指东汉人闵仲叔。他老病家贫，不能每天买肉吃，只好"日买猪肝一片"，屠夫有时嫌他买得太少而不肯卖给他。安邑县令听说后，下令要官吏每天买肉送给他。闵仲叔觉得很奇怪，知道真相后感叹地说："闵仲叔岂以口腹累安邑邪（我闵仲叔难道能因为自己的口腹之欲而连累安邑的百姓吗）？"说完就马上从安邑搬到沛县去了。处士，有气节有才干但不出来做官的人。

⑲这是两个典故。上联出自《后汉书·郭泰传》。郭泰，东汉人，字林宗，学问渊博，善于言谈。他到洛阳拜会当时的大名士、河南尹李膺（字元礼），交谈之后成为知交。后来他回太原介休故乡时，京城的读书人有几千辆车送他，他和李膺同船而渡，送行的人都认为他们是一对神仙。下联出自《世说新语·容止》。潘岳（字安仁）和夏侯湛都很漂亮，喜欢一起出游，当时人称之为"连璧"。连璧，连在一起的两块宝玉，此处喻这两个漂亮的人。

十五　删

【原文】

兴对废，附对攀[①]。露草对霜菅[②]。歌廉对借寇，习孔对希颜[③]。山垒垒，水潺潺。奉璧对探镮[④]。礼由公旦作，诗本仲尼删[⑤]。驴困客方经灞水，鸡鸣人已出函关[⑥]。几夜霜飞，已有苍鸿辞北塞；数朝雾暗，岂无玄豹隐南山[⑦]。

犹对尚，侈对悭[⑧]。雾髻对烟鬟。莺啼对鹊噪，独鹤对双鹇[⑨]。黄牛峡，金马山[⑩]。结草对衔环[⑪]。昆山惟玉集，合浦有珠还[⑫]。阮籍旧能为眼白，老莱新爱著衣斑[⑬]。栖迟避世人，草衣木食；窈窕倾城女，云鬓花颜[⑭]。

姚对宋，柳对颜[⑮]。赏善对惩奸。愁中对梦里，巧慧对痴顽。孔北海，谢东山[⑯]。使越对征蛮[⑰]。淫声闻濮上，离曲听阳关[⑱]。骁将袍披仁贵白，小儿衣着老莱斑[⑲]。茅舍无人，难却尘埃生榻上；竹亭有客，尚留风月在窗间[⑳]。

【注释】

①附：依附。攀：攀附、依附。

②菅：一种茅草，又称菅茅、苞子草。茎可制绳，细叶可盖房顶。

③歌廉：廉指东汉人廉范（字叔度）。据《后汉书·廉范传》记载，他任蜀郡太守的

时候，废除了以前为防火烛而禁止百姓夜晚点灯劳作的命令，只是要百姓多储水以备火灾。百姓觉得方便，都十分感激他，歌唱道："廉叔度，来何暮？不禁火，民安作。平生无襦今五绔。（廉叔度啊，来得为什么这么晚？不禁止夜间用火，百姓安然起居。过去连衣裳都没有啊，现在有五条裤子了。）"借寇：寇指东汉人寇恂。据《后汉书·寇恂传》记载，寇恂为颍川太守，政令平和，百姓安居乐业，后调离此地。有一次寇恂随光武帝刘秀路过颍川，百姓在路上拦住光武帝，说：希望从您那里再借寇先生一年（治理颍川）。此联所说的廉范和寇恂都是能为民办事的好官。习孔：孔指孔子。习孔，学习孔子。希颜：颜指颜回（字子渊），孔门的高足弟子，儒家学派尊之为"复圣"。希颜，希望能学成颜回那样。希，仰慕、企求，这里是希望达到（某种程度）的意思。

④奉璧：这是说赵国蔺相如之事，见上卷六鱼注④。此处只是借用其字面意思和"探镮"构成对仗。探镮：这是晋羊祜之事，出自《晋书·羊祜传》。羊祜五岁时，有天忽然叫乳母去取他平时玩的金镮，乳母说：咱们家没有这个东西呀！羊祜立即跑到隔壁邻居李氏家，探手到东边墙壁边桑树的树洞里，拿出了一个金镮。李家大吃一惊，说：这是我死去儿子丢失的东西，你为何要拿去？乳母赶来，将羊祜讲的话说了一遍，李家十分悲痛，大家也觉得很奇怪，说李家的儿子是羊祜的前身。

⑤公旦：即周公旦（也称周公），名姬旦，周文王之子。他辅佐周武王消灭商纣王，建立周朝。据《史记·鲁周公世家》，周朝的礼乐制度都是周公制定的。仲尼：孔子的字。据《史记·孔子世家》，上古的诗本有三千多篇，传到春秋的时候，孔子对其进行整理删除，挑选出符合儒家道德礼仪且文辞优美的共305篇，就成了流传到现在的《诗经》。

⑥这是两个典故。上联是说唐代诗人孟浩然的事，见上卷六鱼注②。下联出自《史记·孟尝君列传》。战国时，孟尝君在齐国为相，养有很多门客。有一次，孟尝君出使秦国，被秦王扣留，他在门客的帮助下想法脱身逃到了函谷关。但天色尚黑，关门紧闭，无法出关。孟尝君门客中有人会学鸡叫，他一叫起来，关卡周围居民家的鸡也跟着叫起来。守门的关吏以为已到了天明开关之时，便打开了关门，孟尝君就顺利地出关逃回了齐国。

⑦北塞：北方偏远的地方。塞，边界、险要之处。玄豹隐南山：出自西汉刘向《列女传·卷二·陶荅子妻》。陶荅子经营陶器，凭借贪盗致富。他的妻子劝阻他说：我听说南山有一只玄色的豹子，隐息在浓雾之中，七天不吃东西，想要使它的皮毛润泽，形成漂亮的花纹。至于猪狗之类的畜生，不加选择地见东西就吞食，飞快地长肥，就被人吃掉了。陶荅子不听劝阻，其妻便带着孩子离开了他。后来陶荅子果真罪行暴露被杀。

⑧犹对尚：犹和尚作副词用，都有还、尚且的意思。悭：省俭、吝啬。

⑨鹇：又名银雉，形状像山鸡，羽毛多为白色。西汉刘向《西京杂记》说闽越王曾献给高帝白鹇、黑鹇各一双。

⑩黄牛峡：长江上的一个险滩名，在今湖北宜昌境内，滩边有黄牛山，上有黄色巨石，形状酷似人背刀牵牛的样子。北魏郦道元《水经注·江水》说，此处长江河道迂回曲折，当地民谣说："朝发黄牛，暮宿黄牛，三朝三暮，黄牛如故（早上从黄牛山开船，晚上还是看见黄牛，走了三天三夜，黄牛还是像以前那样在眼前）。"金马山：在今云南昆明市附近。清顾祖禹《读史方舆纪要》说，此山"西对碧鸡山，相距五十余里，其中即滇池也"。

⑪结草:事见《左传》宣公十五年。春秋时,晋国大夫魏武子临死前命其子魏颗将其妾殉葬。武子死后,魏颗未听从父亲的遗命而将此妾改嫁他人。后来晋秦交战,魏颗和秦力士杜回相搏,见一老人将地上的草打了个结,绊倒了杜回,魏颗便俘虏了他。后来晚上魏颗做梦,梦见那个老人对他说:我,就是你将其改嫁的那个妾的父亲。衔环:事见南朝梁吴均《续齐谐记》。汉杨宝九岁时,见到一只受伤的黄雀,杨宝将其带回家,精心治疗喂养,过了百多天,才伤好飞去。当天晚上来了个穿黄衣的童子,说自己便是那只黄雀,是西王母的使者,感谢他的救命之恩,并送给他白玉环四枚,说:佩上这玉环,能让您的子孙品质高洁,像这白玉环一样,做到三公这样位置的高官。

黄牛峡

⑫昆山:即昆仑山,位于新疆、西藏之间。古人认为那里是仙人聚居的地方,出美玉。合浦:汉代郡名,在今广东雷州市一带。《后汉书·孟尝传》说,合浦郡不产粮食,但海中盛产珍珠,后来因为官员贪求无厌,珍珠都移往他处。孟尝为合浦太守后,革除弊政,禁止官员搜刮,珍珠又重新回到合浦郡的海中。

⑬这是两个典故。上联阮籍之事见上卷四支注⑮。下联见唐朝徐坚《初学记·十七·孝子传》。老莱子为春秋时楚国的隐士,相传他年龄将近七十时父母还健在,他经常穿着五色的彩衣,学着小孩玩耍啼哭的样子,逗父母开心。"老莱娱亲"是相传的二十四孝之一。著,此处音"浊",穿上、穿着。

⑭栖迟:联绵词,隐居、隐遁的意思。草衣木食:以草为衣,以树上的果实为食。窈窕:联绵词,美好的样子。倾城女:本指能使国君昏乱而导致国家倾覆的漂亮女子,《诗经·大雅·瞻印》有"哲夫成城,哲妇倾城(聪明的贤人能保住国家,狡猾的美妇能使国家倾覆)"。后来也泛指漂亮女子,《汉书·外戚传》引李延年的歌说,"北方有佳人,绝世而独立。一顾(回头)倾人城,再(第二次)顾倾人国"。倾城,使全城人倾心(于她)。

⑮姚对宋:姚和宋分别指唐玄宗开元年间的姚崇和宋璟,两人相继做宰相,史家认为,唐朝开元之治,姚宋二人出力最多。

柳对颜:柳和颜指唐代的两大书法家柳公权和颜真卿。柳擅长楷书,结体劲媚,法度谨严;颜擅长楷书草书,笔力雄健,书法界称之为"颜筋柳骨"。

⑯孔北海:指东汉末年的孔融(字文举),因汉献帝时曾任北海太守,故有此名。孔融门第高贵,擅长文学,为建安七子之一,因对曹操多有讥讽,为曹操所杀。谢东山:指晋朝的谢安。据《晋书·谢安传》记载,谢安很有才干,但隐居东山,多次谢绝朝廷的征聘,四十岁才开始从政,因功绩卓著,做到了尚书仆射,掌管吏部,加封后将军,为晋朝的名臣。但他虽为朝廷重臣,隐居东山的志向始终没有改变,经常在语言脸色上表现出来。

⑰蛮:南方的少数民族。古人对四方的少数民族各有称呼,南蛮、北狄、东夷、西戎。

⑱淫声：超出正常限度的音乐。古人认为导致亡国的靡靡之音和男女幽会时的爱情歌曲都属于此类。濮上：地名，即濮水之上；有时用以代指淫靡歌曲产生的地方。《礼记·乐记》郑玄注说，亡国之君商纣王曾命令其乐工师延作靡靡之音，后来师延投濮水而死；《汉书·地理志下》说，郑、卫两地之间隔着濮水，但青年男女经常在濮水边的桑间（本指桑林之间，后变为地名）幽会，唱爱情歌曲。阳关：汉代设置的关隘，为通向西域的必经之道，因其在玉门关之南而得名，故址在今甘肃省敦煌市西南。唐代著名诗人王维曾作《送元二使安西》："渭城朝雨浥轻尘，客舍青青柳色新。劝君更尽一杯酒，西出阳关无故人。"因此诗情境极为动人，后来被收入乐府，反复吟唱，称之为《阳关三叠》，作为送别专用的曲子。

⑲骁将：勇将。骁，勇敢敏捷。仁贵：即唐太宗时勇将薛仁贵，他骁勇善战。使戟，身佩双弓，穿白衣，在出征辽东的战役中功勋卓著，拜本卫大将军，封平阳郡公。老莱：见注⑬。斑：斑斓、花色漂亮。

⑳却：免除。

下卷

一　先[1]

【原文】

晴对雨，地对天。天地对山川。山川对草木，赤壁对青田[2]。郏鄏鼎，武城弦[3]。木笔对苔钱[4]。金城三月柳，玉井九秋莲[5]。何处春朝风景好，谁家秋夜月华圆。珠缀花梢，千点蔷薇香露；练横树杪，几丝杨柳轻烟[6]。

前对后，后对先。众丑对孤妍[7]。莺簧对蝶板，虎穴对龙渊[8]。击石磬，观韦编[9]。鼠目对鸢肩[10]。春园花柳地，秋沼芰荷天。白羽频挥闲客坐，乌纱半坠醉翁眠[11]。野店几家，羊角风摇沽酒旆；长川一带，鸭头波泛卖鱼船[12]。

离对坎，震对乾[13]。一日对千年。尧天对舜日，蜀水对秦川[14]。苏武节，郑虔毡[15]。涧壑对林泉。挥戈能退日，持管莫窥天[16]。寒食芳辰花烂漫，中秋佳节月婵娟[17]。梦里荣华，飘忽枕中之客；壶中日月，安闲市上之仙[18]。

【注释】

①一先：平声字因为数量较多，所以分为上下两部分。"先"是韵目代表字，"一"是表示先韵的次序在卷下中排在第一位。

②赤壁：见上卷十三元注⑨。青田：山名，在今浙江省青田县西北，林泉优美，道教称之为青田大鹤天，为三十六洞天之一。

③郏鄏鼎：郏鄏，地名，即周朝的东都雒邑，在今河南洛阳一带。鼎，名词用作动词，定鼎，即建都的意思。全句指周成王命周公营建东都雒邑，周平王正式迁都雒邑的事，参见上卷十四寒注⑩。武城弦：武城，地名，春秋时鲁国的一个城邑，故址在今山东费县西南。弦，弦乐器，代指音乐，此处用作动词，用音乐教化百姓。据《论语》中《雍也》和《阳货》的记载，孔子的学生子游为武城宰，孔子到武城时，听到弦歌之声，孔子说

这是杀鸡用牛刀，小题大做。子游解释说：我听您说过，君子学了道（此处指音乐）就仁爱，小人学了道就容易指挥。孔子认为子游说得对，就承认以前的话是开玩笑。

④木笔：又名辛夷，花名，属木本类观赏植物，开紫白色花，因花苞形状像毛笔笔尖而得名。苔钱：苔藓的别名。因其形状呈圆形像铜钱，故有此名。

⑤金城：地名，故址在今甘肃皋兰县西北、黄河北岸。汉朝始设郡。玉井：井的美称。"玉"有美好的意思。唐朝韩愈《古意》诗有"太华峰头玉井莲，开花十丈藕如船"的诗句。九秋：秋季共三个月九十天，故称九秋。

⑥练：一种白色的熟绢，此处指白色的雾气。杪：树梢。

⑦妍：美好、漂亮。

⑧莺簧：簧，某些吹奏类乐器中的有弹性、能振动发出乐音的薄片。莺簧，可指黄莺的鸣叫声，簧用来形容其声婉转美妙，如竽笙吹奏出来一般；也可指能吹奏出像黄莺鸣叫声那样婉转音乐的竽笙类乐器。蝶板：板，乐队演奏中击打出声以控制节拍的一种乐器。蝶板，可指蝴蝶拍击翅膀的姿势，形容其翅膀的拍动像板一样，频率始终保持一致；也可指能像蝴蝶拍击翅膀一样均匀控制节拍的乐器板。龙渊：龙潜藏的深潭。

⑨击石磬：《论语·宪问》记载，孔子在卫国击磬，有个隐者从磬声中听出了孔子的心事。石磬，一种美石制成的形状有点像曲尺的敲击乐器。观韦编：韦编，代指书籍，特指《易经》。古人将文字写在"简"（一种经过特殊加工的专供书写用的细长的竹片或木片）上，然后将数目众多的简按照文字的先后次序用细绳编连起来，编连好以后就叫"册"；韦即指编简成册用的细牛皮绳。《论语·述而》和《史记·孔子世家》记载，孔子读《易经》，反复翻阅，将编连《易经》的细牛皮绳都翻断了几次（这就是成语"韦编三绝"的出处），并说：再多给我五年十年来学《易经》，就可以不犯什么大错误了。

⑩鼠目：形容人的眼睛像老鼠的眼，有神而狡猾。鸢肩：形容人的肩头上耸，像老鹰停歇时的体态一样，古人认为这是阴险凶狠的骨相。鸢，老鹰一类的鸟。

⑪这是两个典故。上联出自晋朝陆机《羽扇赋》：楚襄王在章台上召会各诸侯，宋玉、唐勒等文学之士"皆操白鹤之羽以为扇"。白羽，代指用白色羽毛做成的扇子。下联出自宋欧阳修《醉翁亭记》，文中说，欧阳修为滁州太守，与客游琅邪山饮酒，自己"饮少辄醉（稍微喝一点就醉）"，"苍颜白发，颓然乎其间（容颜衰老，白发苍苍，摇摇晃晃地坐在中间）"，"而年又最高，故自号曰醉翁也（年龄最大，所以自称为醉翁）"。乌纱，代指官帽。

⑫羊角：旋风的别称，因其盘旋而上形状像羊的角，出自《庄子·逍遥游》。旆：旗帜的通称。古代酒店经常悬挂酒旗作为卖酒的标志。一带：此处是说河流长长的，像一条腰带。鸭头：绿色。公鸭头部的羽毛多为深绿色。

⑬离、坎、震、乾：均为八卦名，分别象征火、水、雷、天。

⑭秦川：本为地名，指今陕西甘肃渭水南北两岸的平原地带，为秦国最富饶的土地。此处是词组，意思是秦地的河流，方能与"蜀水"构成对仗。川，河流。

⑮苏武节：据《汉书·苏武传》记载，西汉的苏武出使匈奴，被匈奴流放到北海牧羊十九年，无论睡觉还是劳作，总是拿着象征他外交使臣身份的节，等到他回汉朝的时候，节上的牛毛饰物都掉落光了。后代便以"苏武节"作为爱国、有民族气节的代称。参见上卷三江注⑳。郑虔毡：据《新唐书·文艺传》记载，郑虔字弱斋，唐荥阳人，才学出众，当时读书人都佩服他善于为文，称之为"郑广文"，其诗、书、画被唐玄宗誉为"郑

虔三绝”。他名声极大,为官却极为节俭清贫,杜甫在《戏简郑广文虔,兼呈苏司业源明》诗中说:“广文到官舍,系马堂阶下。醉则骑马归,颇遭官长骂。才名三十年,坐落寒无毡。赖有苏司业,时时与酒钱。”后来便以“郑虔毡”作为文名很高却生活清贫的典故。

⑯这是两个典故。上联出自《淮南子·览冥训》,鲁阳与人作战,打得正激烈时,太阳却快要落山了,鲁阳斗得兴起,便拿起戈向太阳舞动,太阳被震惊了,吓得倒退了九十里,又退回到半空中。据《国语·楚语》,鲁阳即鲁阳文子,为楚国的县大夫,后来楚国僭号称王,县大夫便称公,故鲁阳也叫鲁阳公。下联出自《庄子·秋水》,是魏牟嘲笑名家学派公孙龙子的话,说以名家的思想来讨论庄子的玄学,便如从小小的竹管中去窥视广阔的天空,根本就不可能探测出其中的奥秘。

⑰寒食:节令名,在农历清明前一二日。按习俗,这个节令要禁火三天,吃冷的食物。民间传说这是纪念春秋时期晋国介之推的节日,因介之推死于山火,故这天不能生火。芳辰:美好的时辰。婵娟:美好的样子。

⑱这是两个典故。上联出自唐人沈既济《枕中记》。卢生怀才不遇,在邯郸的旅店中遇到一位有道术的吕翁。卢生自叹穷困,吕翁便交给卢生一个枕头,让他枕着睡觉。卢生睡着以后,在梦中历尽富贵荣华几十年,忽然一下醒来,主人炉灶上的小米粥尚未煮熟。下联出自《后汉书·费长房传》。东汉汝南人费长房担任管理市场的小官吏,市场中有个老翁卖药,其药摊前悬挂着一个葫芦,市场一关门,他就跳进葫芦中不见了。费长房在楼上看见了,觉得十分奇怪,便很恭敬地拜见老翁,并献上酒和下酒的肉干。老翁懂得他的意思,约他第二天再来。第二天一大早,老翁便带他一起跳进葫芦,里边亭台楼阁,富丽堂皇,房中摆满了好酒好菜,两人通饮一番,兴尽而出。老翁说,他是因犯错误而贬谪人间的神仙。

二　萧

【原文】

恭对慢,吝对骄①。水远对山遥。松轩对竹槛②,雪赋对风谣③。乘五马,贯双雕④。烛灭对香消。明蟾常彻夜,骤雨不终朝⑤。楼阁天凉风飒飒,关河地隔雨潇潇⑥。几点鹭鸶,日暮常飞红蓼岸;一双鸂鶒,春朝频泛绿杨桥⑦。

开对落,暗对昭⑧。赵瑟对虞韶⑨。轺车对驿骑,锦绣对琼瑶⑩。羞攘臂,懒折腰⑪。范甑对颜瓢⑫。寒天鸳帐酒,夜月凤台箫⑬。舞女腰肢杨柳软,佳人颜貌海棠娇。豪客寻春,南陌草青香阵阵;闲人避暑,东堂蕉绿影摇摇⑭。

班对马,董对晁⑮。夏昼对春宵。雷声对电影,麦穗对禾苗⑯。八千路,廿四桥⑰。总角对垂髫⑱。露桃匀嫩脸,风柳舞纤腰。贾谊赋成伤鹏鸟,周公诗就托鸱鸮⑲。幽寺寻僧,逸兴岂知俄尔尽;长亭送客,离魂不觉黯然消⑳。

【注释】

①慢:轻慢、轻忽、看不起对方。

②轩:原义为古代贵族所乘的车子,参见上卷十三元注②,此处指长廊上的窗户,也可统称房屋中较大的对外的窗户。

③谣:歌谣、民谣。古代是一种文体,所以它可和另一种文体“赋”构成对仗。

④乘五马:太守的代称。宋人彭乘《墨客挥犀》卷四说,古代一辆车配四匹马,称一乘,按照《汉官仪》的规定,太守出行可增加一马,故以“五马”代指太守(相当于现在省一级的最高行政长官)。但此处仅以字面意义与“贯双雕”构成对仗。贯双雕:一箭射中两只老鹰,形容箭法高超。据《北史》和《新唐书》的记载,隋朝的长孙晟、唐朝的高骈都曾“一箭双雕”。

⑤彻夜:通宵、一整夜。骤雨:急雨、猛雨。终朝:整一个早晨。

⑥关河:据《史记·苏秦列传》,关河本指函谷关、蒲津关、龙门关、合河关等关卡和黄河,后引申泛指一般山河。

⑦鸂鶒:水鸟名。体形略大于鸳鸯,羽毛多呈紫色,雌雄相随,故又名紫鸳鸯。

⑧昭:明亮。

⑨赵瑟:瑟为一种弹奏类的弦乐器,据东汉应劭《风俗通》的说法,瑟为伏羲所作,有四十五弦,每弦各有一柱,上下移动弦柱可调节各弦声音的高低。据《史记》,《廉颇蔺相如列传》说赵国的国君善于鼓瑟、《杨恽传》说“妇本赵女,雅善鼓瑟(我妻子本是赵地的女子,很擅长弹瑟)”,可见赵地有鼓瑟的传统,故称赵瑟。“赵瑟”为乐器,“虞韶”为乐曲,对仗不甚工整。祝明本作“武勺对虞韶”。“武勺”,指周武王之勺舞(《礼记·内则》“舞勺”下,唐孔颖达解释说这是“舞龠之文舞”)正与“虞韶”构成工对。祝明本的文字比较好。虞韶:即韶乐。远古的贤明帝王舜(姓姚,名重华)为有虞氏的后代,故称虞舜,据说韶乐是他创作的,所以称虞韶。

⑩轺车:一匹马驾驶的轻便军车,多供使者乘坐。驿骑:驿站设置的单匹马。参见上卷十三元注⑧。琼瑶:美玉名。

⑪这是两个典故。上联出自《庄子·人间世》,说国君征集武士,而支离(一个形体丑陋的残疾人)也卷起衣袖,露出手臂掺杂于应征者之中。攘,卷起衣袖。下联出自《晋书·陶潜传》。陶渊明做彭泽县县令,上级派官员来视察,手下告诉陶渊明,应穿好官服前去迎接,陶渊明说:我不能为了五斗米的俸禄弯下腰去面对这乡里小人。说完便辞官而去。

⑫范甑:见上卷十三元注③。颜瓢:颜回用来喝凉水的水瓢,代指安贫乐道的生活态度。《论语·雍也》记载,孔子称赞自己的学生颜回说:吃一竹筐饭,喝一瓢冷水,住在偏僻的巷子里,别人都忍受不了这种忧虑,而颜回不改变他快乐的生活态度。颜回真是个贤人!

⑬鸳帐:绣有鸳鸯的帐幕,也指夫妻共居其中的帐幕。凤台箫:见上卷八齐注⑯。

⑭陌:田间小道。

⑮班:指东汉大史学家班固。班固字孟坚,其父亲班彪撰《汉书》未成而去世,班固继承父志,历尽磨难,经二十余年写成《汉书》(其中八《表》和《天文志》由其妹班昭续写完成)。马:指西汉大史学家司马迁。司马迁字子长,继其父司马谈之位为太史令,开始写作《史记》。其间因为替李陵辩护,被下狱,受宫刑,含羞忍垢,发奋著书,终于完成130篇的《史记》,这是我国第一部纪传体史书。董:指西汉著名的儒家学派代表董仲舒。董仲舒精通儒家经典,鼓吹罢黜百家,独尊儒术,为儒家学派成为封建社会的最为正统的学派奠定了基础。晁:指西汉著名的政治晁错。汉文帝、汉景帝时,晁错多次提出自己的治国主张,深得国君信任。后因为主张削除诸侯力量、加强中央权力,触犯

了各诸侯国的利益,吴楚等七国诸侯便以"诛灭晁错,以清除皇帝跟前的小人"为借口起兵造反,晁被诛。

⑯电影:闪电的影子。

⑰八千路:此处是用唐韩愈《左迁至蓝关示侄孙湘》诗中"一封朝奏九重天,夕贬潮州路八千"的意思,全诗见上卷二冬注⑦。廿四桥:出自唐杜牧《寄扬州韩绰判官》诗,全诗为"青山隐隐水迢迢,秋尽江南草木凋。二十四桥明月夜,玉人何处教吹箫"。廿,二十。

⑱总角:代指年幼之时。古代男女未成年时,将头发束为两股,形状似角,分置两旁,故称总角。垂髫:代指儿童或童年之时。古代儿童不束发,头发下垂,故称垂髫。髫,儿童下垂的头发。

⑲这是两个典故。上联出自题名为西汉刘歆所著的《西京杂记》卷五。贾谊担任长沙王太傅,有只鹏鸟停在他家房屋上。长沙的风俗,鸱鸟所停之家,主人死,故贾谊为了排遣忧伤而写了《鹏鸟赋》。贾谊,西汉人,学问渊博,有政治才干,汉文帝召为博士,升太中大夫。后得罪权贵,出任长沙王太傅,死时仅33岁,湖南长沙现还有贾太傅祠。伤鸱鸟,因鹏鸟而悲伤。鹏鸟,一种猫头鹰之类的鸟。下联出自《尚书·金滕》。据《金滕》篇的说法,周武王死后,其子成王即位,成王年幼,周公摄政(临时代理执政),武王之弟管叔、蔡叔、霍叔散布谣言,说周公想篡权,并与商朝的遗民联合密谋造反。周公说:我如不暂时掌握政权,天下就会大乱,我无法向死去的先王先公交代,我宁可灭掉管、蔡,也不能让周朝的天下毁掉。于是发动东征,消灭了叛乱的管蔡集团,并作诗向周成王表白自己的忠心,据说《诗经》中的《豳风·鸱鸮》诗,即是周公为此而作。就,成功,此处指诗写好了。鸱鸮,亦作鸱枭,猫头鹰一类的鸟。

⑳逸兴:清逸脱俗的兴致。俄尔:也作俄而,双音词,忽然、顷刻、一下子。长亭:秦汉五里设一短亭,十里设一长亭,为行人休息及送别饯行之所,故后代以长亭代指送别之处。黯然:双音词,很沮丧的样子。

三 肴

【原文】

风对雅,象对爻[①]。巨蟒对长蛟。天文对地理,蟋蟀对蟏蛸[②]。龙夭矫,虎咆哮[③]。北学对东胶[④]。筑台须垒土,成屋必诛茅。潘岳不忘《秋兴赋》,边韶常被昼眠嘲[⑤]。抚养群黎,已见国家隆治;滋生万物,方知天地泰交[⑥]。

蛇对虺,蜃对蛟[⑦]。麟薮对鹊巢[⑧]。风声对月色,麦穗对桑苞[⑨]。何妥难,子云嘲[⑩]。楚甸对商郊[⑪]。五音惟耳听,万虑在心包[⑫]。葛被汤征因饷饷,楚遭齐伐责包茅[⑬]。高矣若天,洵是圣人大道;淡而如水,实为君子神交[⑭]。

牛对马,犬对猫。旨酒对嘉肴[⑮]。桃红对柳绿,竹叶对松梢。藜杖叟,布衣樵[⑯]。北野对东郊。白驹形皎皎,黄鸟语交交[⑰]。花圃春残无客到,柴门夜永有僧敲[⑱]。墙畔佳人,飘扬竞把秋千舞;楼前公子,笑语争将蹴踘抛[⑲]。

【注释】

①风对雅:见上卷九佳注⑩。象对爻:象和爻都是《周易》中的术语。《周易》中组

成卦的符号叫作爻,如"—"是阳爻,"--"是阴爻。八卦的每卦由三个符号构成,如三个阳爻重叠是乾卦(☰),三个阴爻重叠是坤卦(☷);六十四卦由八卦的两卦分别重叠而成,故每卦由六个符号构成,如坤卦下乾卦上重叠叫否卦(䷋),乾卦下坤卦上重叠叫泰卦(䷊)。《周易》以六爻配合而成象,象即卦所显示出来的形象。总论一卦之象的文辞叫大象,单论一爻之象的文辞叫小象,也可统称为象。大象和小象都是借卦爻所示之象,来推演人事形势变化的文辞。

②螵蛸:螳螂的卵块,此处代指螳螂。

③夭矫:伸展自如、强健有力的样子。

④北学:周朝的学校名。《礼记·王制》说:"周人……养庶老于虞庠。"东汉郑玄解释说:"虞庠,亦小学也。"而《周礼·春官·大司乐》"掌成均之法"一句下,清代的孙诒让解释说:"虞庠有二:一为大学之北学,亦曰上庠;一为四郊之小学,曰虞庠。"据孙氏的解释,北学为周代的大学之一。东胶:周代的大学。《礼记·王制》说:"周人……养国老于东胶。"东汉郑玄解释说:"东胶,亦大学,在国中王宫之东。"

⑤潘岳:字安仁,因曾任晋给事黄门侍郎,故亦称潘黄门。他擅长文学,特别擅长诗赋,文章辞藻艳丽,《秋兴赋》即潘岳因秋日肃杀天气的到来而有所感怀而作。边韶:字孝先,东汉桓帝时人。才思敏捷,出口成章,以文学知名,曾教授生徒数百人。据《后汉书·边韶传》记载,边韶曾白天打瞌睡,学生们便偷偷地嘲笑他说:"边孝先,腹便便(肚子大),懒读书,但欲眠。"

⑥群黎:百姓、庶民。黎,众多。泰:卦名,六十四卦之一,乾下坤上,为上下联系通畅之象,故其象辞说:"天地交(天地沟通),泰(很顺畅)。"参见注①。

⑦虺:毒蛇,有人认为即蝮蛇。蜃:大型的贝类动物。古人认为大蜃吐气,能在海面上形成海市蜃楼。

⑧麟薮:神兽麒麟聚居的地方。薮,本指植物茂盛的沼泽地,引申指万物聚居之处。

⑨桑苞:桑树的根部。

⑩何妥:字栖凤,北朝至隋之间的人。《隋书·儒林·何妥传》说,何妥从小就十分聪明,北周武帝时曾任太学博士。此人学问淹博,口才出众,但不能宽容待人,喜欢品评人物,非难他人。苏夔在太常(掌管礼乐太庙祭祀之事的机关)"参议钟律(参加讨论乐器钟的乐律)",大部分朝臣都同意他的意见,只有何妥不同意,百般指责。皇上让大家讨论,大臣们多支持苏夔,何妥又上"封事(一种密封的奏折)""指陈得失",并指责这些人是互相勾结的朋党。子云:西汉扬雄的字。扬雄为我国古代伟大的文学家、思想家、语言学家,他曾模仿《周易》作《太玄经》,有人嘲笑他说此书不合时宜,扬雄便作《解嘲》以阐述自己的淡泊自守思想。

⑪甸:远郊。据《左传》襄公二十一年的杜预注,郭(外城)之外叫作郊,郊(近郊)之外叫作甸。

⑫五音:音乐中的五声音阶,古代分别以宫、商、角、徵(此字在表达这个意思时不能简化为"征")、羽来称呼,统称之则叫五音。另外音韵学上以喉、牙、舌、齿、唇为五音。此处的五音是指前者。包:包容、包含。

⑬这是两个典故。上联出自《孟子·滕文公上》。据说葛国(诸侯国)与商汤王(天子)为邻,葛国借口没有祭祀用品而不祭祀祖先。商汤王供给它祭祀用的牛羊,葛

国国君将其吃掉；商汤王供给它祭祀用的谷米，葛国国君又将其吃掉，并抢夺商汤王送给老人小孩的食物，如不交出，则杀掉（《尚书》上称之为“葛伯仇饷”）。后来商汤王因葛国国君杀了不肯交出食物的小孩而征伐了葛国。雠，通“仇”。饷，馈赠别人的食物。下联出自《左传》。鲁僖公四年，齐国以管仲为统帅，假借周天子的名义来讨伐楚国，其借口便是楚国未及时向周天子进贡祭祀所用的包茅。责，要求、讨要。包茅，一种茅草。古代祭祀时，将酒倒入捆成小把的竖立的包茅中，让酒从中渗漏下去，代表祖先饮用了此酒，这个仪式叫缩酒，是祭祀的一道程序。

⑭这是两个典故。上联出自《孟子·尽心上》。孟子列举了圣人教导别人的方法五种，其学生公孙丑提出疑问，说：这个办法很高明，很完美，但要求太高，像登天那样，好像不能做到。孟子就说：圣人不能因为学习者做不到就改变自己的原则。圣人只提出最好的方法，能够做到的就跟着来做。洵，确实、实在。下联出自《庄子·山木》，原文为“君子之交淡若水，小人之交甘若醴”，意思是君子相交为道义之交，平淡得像水一样，毫无杂质，能够长久保持纯洁，小人的相交为利益之交，甘美得像美酒一样，但利益是其基础，故利益不存在时交情也就消失了。神交，以精神道义为基础的交往。

⑮旨：形容词，味道美好的。

⑯藜杖：用藜（一种藤状植物）的老茎制作的拐杖。布衣：以麻布制作的衣裳，这是平民的服装。

⑰此两联均出自《诗经》。《小雅·白驹》有“皎皎白驹，食我场苗”“皎皎白驹，食我场藿”“皎皎白驹，贲然来思”“皎皎白驹，在彼空谷”。皎皎，形容词，很白很白的样子。《秦风·黄鸟》有“交交黄鸟，止于棘”“交交黄鸟，止于桑”“交交黄鸟，止于楚”。交交，象声词，黄鸟的叫声。

⑱柴门夜永有僧敲：此联所说之情境出自五代何光蓬《鉴戒录》卷八。据说唐代诗人贾岛骑着毛驴在路上行走，作了“鸟宿池边树，僧推月下门”两句诗，后又想将“推”字改为“敲”字，拿不定主意，便一边做推与敲的手势一边思考，没注意撞到了当时担任京兆尹的韩愈的车前，韩愈问清是怎么回事后，便停下车，考虑了很久，说：还是敲字好。于是就留下了“僧敲月下门”的佳句和“推敲”这个典故。夜永，夜深。

⑲竞：争着。蹴踘：原为古代军队中一种带有习武和锻炼身体性质的游戏，有点类似现代的足球，后来推广到平民之中，成为一种普通的游戏。此处指此游戏用的球。

四　豪

【原文】

琴对瑟，剑对刀。地迥对天高①。峨冠对博带，紫绶对绯袍②。煎异茗，酌香醪③。虎兕对猿猱④。武夫攻骑射，野妇务蚕缫⑤。秋雨一川淇澳竹，春风两岸武陵桃⑥。螺髻青浓，楼外晚山千仞；鸭头绿腻，溪中春水半篙⑦。

刑对赏，贬对褒⑧。破斧对征袍。梧桐对橘柚，枳棘对蓬蒿⑨。雷焕剑，吕虔刀⑩。橄榄对葡萄。一椽书舍小，百尺酒楼高⑪。李白能诗时秉笔，刘伶爱酒每餔糟⑫。礼别尊卑，拱北众星常灿灿；势分高下，朝东万水自滔滔⑬。

瓜对果，李对桃。犬子对羊羔。春分对夏至，谷水对山涛。双凤翼，九牛毛⑭。主逸对臣劳。水流无限阔，山耸有余高。雨打村童新牧笠，尘生边将旧征袍。俊士

居官,荣列灾鷞鸿之序;忠臣报国,誓殚犬马之劳[15]。

【注释】

①迥:遥远。

②峨冠句:峨冠,高冠;峨,原指高山,此处形容高。博带,宽大的衣带;博,宽。峨冠博带是儒生的装束。紫绶:用于系官印或微服装饰物的紫色的丝带。不同品级的官员,所用之印和系印用的丝带不同,像汉朝,相国和丞相这一级的官员便是金印紫绶。绯袍:也叫朱衣,红色的官服。各个朝代的礼制不同,如唐朝规定,官员四品穿深红色,五品穿浅红色。

③茗:茶。据《尔雅·释木》"槚(音甲)"字下晋郭璞的注解,特指晚采的茶。醪(音牢):酒。有时特指里边有渣滓的浊酒。

④兕:犀牛,有时特指雌犀牛。猱:猿类的一种。

⑤攻:从事某项工作或事业,此处指学习、练习。务:努力从事。缫:加工蚕丝的工艺流程之一,即将蚕茧加工以后抽出丝来。

⑥淇澳竹:淇水曲岸边生长的竹子。《诗经·淇奥》有"瞻彼淇奥,绿竹猗猗(看那淇水弯曲的岸边,绿竹长得多么茂盛)"。奥,河流弯曲的地方。后来《礼记·大学》引用此诗,"奥"写作"澳","淇澳"就慢慢变成地名了。武陵桃:晋陶潜作《桃花源记》,说桃花源中,沿溪两岸桃花盛开,"落英缤纷",而发现桃花源的渔人是武陵郡(今湖南湘西常德一带)人,故桃花源也叫武陵源,"武陵桃"即指桃花源的桃子。

⑦螺髻:此处指形状像螺和发髻的山。仞:古代的一个不太精确的长度单位,七八尺左右。鸭头:此处指颜色像公鸭头上的绿毛一样的水。腻:本指肉很肥厚,引申指程度很深。

⑧原书"刑"作"形",按对仗的意义要求,此处当作"刑"。

⑨枳棘:枳木与棘木,均为枝干有刺的树木。

⑩这是两个典故。上联出自《晋书·张华传》。雷焕为晋豫章(今江西)人,精通纬象。晋武帝司马炎时,他看到二十八宿的斗宿和牛宿之间有紫气,便知道江西丰城有宝剑。他将此事告诉张华,张华任命他为丰城县令,后果真在丰城县监狱下挖到龙泉、太阿两把宝剑,雷自留一把,送张华一把。张华被诛,其剑不知所终。雷焕死后,其子佩其剑过延平津,剑忽然从腰间跃出跳入水中,派人下水搜寻,只见水中有两条龙在戏水。下联出自《晋书·王览传》。三国时的魏人吕虔为刺史,他有一把佩刀,曾有精通相术的人说过,这把刀"三公可佩",吕虔认为王祥有三公之相,便将此刀送给了王祥。王祥在魏为司空,转太尉,封睢陵侯,到晋武帝司马炎时被任命为太保,晋爵号为公。王祥临终,将此刀送给了其弟王览,王览做了司徒,晋爵号为即丘子。三公指辅佐天子的掌握国家大权的最高官员,各朝名称不同,通常以太尉、司徒、司空为三公。

⑪椽:放在檩子上架瓦的木条。屋顶上只架一根椽,则房屋很小。

⑫秉:持。刘伶:字伯伦,晋竹林七贤之一。他纵酒放达,逃避乱世,曾著《酒德颂》,说"惟酒是务,焉知其余(只求喝酒,哪里还知道别的事)"。餔:吃、食。糟:带有尚未过滤的渣滓的酒,也指过滤出来的渣滓。

⑬礼别尊卑:礼仪是用来区别地位高低的。拱北:拱卫环绕着北斗星。北,指北辰,即北斗星。势:地形、地势。朝东万水:《荀子·宥坐》记载孔子学生子贡问孔子:为什么见到河流就要观看?孔子讲了河流的几条优秀品质,其中有一条是:河流中途可

以千回百转，但最终总是流向东方，像君子的志向。我国的河流大多都是流向东边的渤海、黄海、东海的。

⑭双凤翼：出自唐人李商隐《无题二首》，全诗如下："昨夜星辰昨夜风，画楼西畔桂堂东。身无彩凤双飞翼，心有灵犀一点通。隔座送钩春酒暖，分曹射覆蜡灯红。嗟余听鼓应官去，走马兰台类断蓬。"九牛毛：为"九牛一毛"的省简，出自西汉司马迁《报任安书》，文中说："假令仆伏法受诛，若九牛亡一毛，与蝼蚁（同蚁）何以异（如果我认罪被杀掉，就好像九头牛掉了一根毛一样，与死掉一只蚂蚁有什么不同呢）？"

⑮俊士：杰出的人才。鹓鸿之序：像鹓、鸿飞翔时排成的行列，喻指官员上朝的队列。鹓，传说中凤凰一类的神鸟，飞行时众鸟追随，排列有序。鸿，大雁，飞行时排成"人"字形，队列井然。殚：尽。

五　歌

【原文】

山对水，海对河。雪竹对烟萝[1]。新欢对旧恨，痛饮对高歌。琴再抚，剑重磨。媚柳对枯荷。荷盘从雨洗，柳线任风搓[2]。饮酒岂知欹醉帽，观棋不觉烂樵柯[3]。山寺清幽，直踞千寻云岭；江楼宏敞，遥临万顷烟波[4]。

繁对简，少对多。里咏对途歌[5]。宦情对旅况，银鹿对铜驼[6]。刺史鸭，将军鹅[7]。玉律对金科[8]。古堤垂亸柳，曲沼长新荷[9]。命驾吕因思叔夜，引车蔺为避廉颇[10]。千尺水帘，今古无人能手卷；一轮月镜，乾坤何匠用功磨[11]。

霜对露，浪对波。径菊对池荷。酒阑对歌罢，日暖对风和[12]。梁父咏，楚狂歌[13]。放鹤对观鹅[14]。史才推永叔，刀笔仰萧何[15]。种橘犹嫌千树少，寄梅谁信一枝多[16]。林下风生，黄发村童推牧笠；江头日出，皓眉溪叟晒渔蓑[17]。

【注释】

①烟萝：像轻烟一样飘动着的松萝。萝，松萝，一种经常寄生在松树上的地衣类植物，外形呈丝状，蔓延下垂，随风飘荡。

②荷盘：荷叶，因形状像盘子而有此名。从：任从。柳线：垂柳的枝条。

③这是两个典故。上联出自《晋书·阮籍传》。阮籍天性率真，其邻家有个漂亮的少妇当垆卖酒，阮籍经常去她家喝酒，喝醉了便毫不避嫌地斜卧其侧，其丈夫也不以为怪。下联出自题名为南朝梁任防的《述异记》。晋人王质入山伐木，看见许多小孩一边唱歌一边下棋，便放下斧头在旁观看，其中一个小孩给了他一粒枣核大小的东西，他含在口中以后便不知饥饿。过了一会儿，小孩催他回家，王质回头一看，身边斧头的柄已经完全腐烂了。回家以后，家里人和亲戚朋友大都已去世，一问，才知道自己离家已经几十年了。柯，斧头柄。

④寻：古代长度单位，八尺为寻。

⑤里：古代的行政单位，据《周礼·地官·遂人》，二十五家为里，引申为街道之类的意思。

⑥宦情：做官的想法、做官的欲望。旅况：旅途的情况。银鹿：颜真卿家僮名银鹿。铜驼：铜铸造的骆驼。《太平寰宇记》卷三《洛阳县》引晋陆机《洛阳记》说：汉朝曾铸造

铜骆驼二只，安置在宫殿南面一处交叉道口。

⑦刺史鸭：原注说，唐朝的韦应物曾任苏州刺史，爱鸭，称之为绿头公子。将军鹅：晋右军将军王羲之为大书法家，爱鹅成性，《晋书·王羲之传》记载，他曾见山阴（今浙江绍兴一带）一道士所养之鹅极美，千方求购，道士不肯，说：替我写《道德经》（即《老子》），我将整群鹅送给你。于是王羲之很高兴地写好，将鹅带回去了。但唐人似乎都认为，王羲之所写的是《黄庭经》，李白《送贺宾客归越》中有"山阴道士如相见，应写《黄庭》换白鹅"、景审《题所书黄庭经后（泥金正书）》有"金粉为书重莫过，黄庭旧许右军多。请看今日酬恩德，何似当年为爱鹅"，唐白居易撰、宋孔传续撰的《唐宋白孔六帖》卷九十五也记载王羲之所写的是《黄庭经》。

⑧律：法令、法律。科：法律，偏重指具体的法律条文。

⑨䰄：形容词，下垂的样子。

⑩这是两个典故。上联出自《世说新语·简傲》。晋人嵇康（字叔夜）与吕安交情很好，每次想见他时，经常驾车千里前去相会，吕安也是这样。下联出自《史记·廉蔺列传》。战国时赵国的蔺相如随赵王出使秦国，临危不惧，立了大功，回国后拜相，官位在将军廉颇之上，廉颇很不服气，经常当众侮辱蔺相如。蔺相如在路上遇到廉颇，总是命令车子绕道而避开他。蔺相如的手下很不理解，蔺相如说：秦国不敢欺负赵国，就是因为赵国有廉将军和我，如果我和廉将军不团结，秦国便会乘虚而入，我要将国家的大事放在前面，而将私人的恩怨放在后边。廉颇听到此番话后深受感动，便亲自到蔺相如家负荆请罪。参见上卷六鱼注④。颇，在中古的平水韵中为平声歌韵字（现代汉语普通话中读上声，属仄声字），故能与仄声字"夜"构成对仗。

⑪月镜：月亮，因月亮似铜镜而得名。磨：古代的镜子是青铜制造的，使用时间一长，便会因氧化生锈而照物模糊不清，需要磨去氧化层才能使用。古代有以此为职业者。

⑫阑：（时间）晚、（某事）快完结了。罢：停止、结束、免除。

⑬梁父咏：即梁父吟，也作梁甫吟，为古代乐府的楚国歌谣的曲名，今所传古辞据说为诸葛亮所作。此处之所以要将"吟"改成"咏"，是因为前者为平声字，后者为仄声字，改成仄声字以后，方能与下联的平声字"歌"形成平仄相对的关系。楚狂：据说是春秋楚昭王时的一位隐士，姓陆名通，《论语·微子》有"楚狂接舆歌而过孔子"，故也有人说其名为接舆。

将相和

⑭放鹤：宋代张天骥驯养了两只白鹤，朝出暮归，张天骥便在江苏铜山县南云龙山下筑亭，苏轼为之作《放鹤亭记》。见于《经进东坡文集事略》卷51。观鹅：晋大书法家王羲之爱鹅成癖，他听说会稽（今浙江绍兴一带）有一老太太善养鹅，所养鹅中有只鹅叫声特别好听，千方求购，老太太不知购主是王羲之，始终不答应。于是王羲之特地带着亲友，驾上马车去老太太家看鹅。老太太听说著名的书法家王羲之要来她家，特地

选了那只会叫的鹅做成菜款待他，王羲之知道后不禁叹惋终日。见于《晋书·王羲之传》。

⑮永叔：宋代大文学家、史学家欧阳修的字。欧阳修曾修撰《新五代史》、与宋祁合修《新唐书》，极有史学才能。刀笔：代指主办文案的官吏。古代的文书是用笔写在简牍上，有错误则用刀削去再写，故以刀笔代指使用刀笔的人。萧何：西汉人，辅佐刘邦建立汉朝，功劳卓著。攻入秦王朝首都咸阳时，萧何尽力收集秦宫内的律令图籍，掌握天下的郡县户口等情况，后来汉朝所有的律令制度，大都是萧何制定的。

⑯这是两个典故。上联出自《三国志·吴志·三嗣主传》孙休注引《襄阳记》。三国时吴国的丹阳太守李衡在住宅边栽种橘树千株，临死前对其儿子说：这千棵橘树就是一千个木奴，不问你要衣穿要饭吃，你每年交一匹绢的赋税，剩下的还足够你使用的。下联见上卷十三元注⑧。

⑰黄发：可指老人的头发或小孩的头发，此处指“村童”的头发。皓眉：白眉，人寿高则眉毛颜色变白。皓，白色。

六　麻

【原文】

松对柏，缕对麻[①]。蚁阵对蜂衙[②]。赪鳞对白鹭，冻雀对昏鸦[③]。白堕酒，碧沉茶[④]。品笛对吹笳[⑤]。秋凉梧堕叶，春暖杏开花。雨长苔痕侵壁砌，月移梅影上窗纱[⑥]。飒飒秋风，度城头之筚篥；迟迟晚照，动江上之琵琶[⑦]。

优对劣，凸对凹[⑧]。翠竹对黄花。松杉对杞梓，菽麦对桑麻[⑨]。山不断，水无涯。煮酒对烹茶。鱼游池面水，鹭立岸头沙。百亩风翻陶令秫，一畦雨熟邵平瓜[⑩]。闲捧竹根，饮李白一壶之酒；偶擎桐叶，啜卢同七碗之茶[⑪]。

吴对楚，蜀对巴。落日对流霞。酒钱对诗债，柏叶对松花[⑫]。驰驿骑，泛仙槎[⑬]。碧玉对丹砂。设桥偏送笋，开道竟还瓜[⑭]。楚国大夫沉汨水，洛阳才子谪长沙[⑮]。书箧琴囊，乃士流活计；药炉茶鼎，寔闲客生涯[⑯]。

【注释】

①缕：丝线。

②蚁阵：蚂蚁迁徙时队列整齐，故称蚁阵。蜂衙：蜂窝中，众蜂簇拥护卫着蜂王，好像下属保护着上级，故称蜂衙。

③赪鳞：红色的鱼。赪，红色。鳞，代指鱼。

④白堕：人名，姓刘，为南北朝时北魏河东（今山西）人，善酿酒，其酒醇美异常，名声远播，高官贵族都以之为馈赠佳品（见于北魏杨衒之《洛阳伽蓝记》卷四）。后便以白堕作美酒的代称。碧沉：即绿沉，凡物之深绿色者均可叫绿沉。碧沉茶，一种绿茶。唐人曹邺《故人寄茶》诗有“半夜招僧至，孤吟对月烹。碧沈霞脚碎，香泛乳花轻。六腑睡神去，数朝诗思清”的句子，就是形容碧沉茶味道之美的。“沈”，古同“沉”。

⑤笳：汉时流行于西域一带的一种管乐器，其声悲怆，为少数民族所习用。初时卷芦苇叶为之，后来以竹管制造。

⑥长：使……扩大、使……生长。移：使……移动。实际上是月亮移动而使梅花之

影映上窗纱。

⑦筚篥:也作觱篥,又叫悲管、笳管,也是笳一类型的管乐器,本出西域龟(音秋)兹国,后传入中国。

⑧凹:四周高中间低。中古此字有两个读音,一个是入声洽韵字,一个是平声爻韵字,此处用的是它另一个后起读音,是个平声麻韵的字。

⑨菽:豆类的总称。

⑩这是两个典故。上联出自《晋书·隐逸传》。陶潜家贫而嗜酒,任彭泽县令后,下令全县的公田都栽上秫谷,说:"令吾常醉于酒足矣(让我经常喝醉酒就足够了)。"其《和郭主簿》诗也说"春秫作美酒,酒熟吾自斟"。秫,带黏性的高粱、粟谷等,可酿酒。下联出自《史记·萧相国世家》。邵平,通常写作"召平"(邵、召古音相同,此二姓都是周武王的大臣召公的后裔),秦朝时广陵(今扬州一带)人,封东陵侯。秦灭亡之后,邵平在长安城东种瓜为生,瓜味甜美,人称东陵瓜。畦,田地、田陇。

⑪竹根:一种盛酒的器具。南北朝时庾信的《奉赵王惠酒诗》中即有"野炉然(燃)树叶,山杯捧竹根"之句。一壶之酒:李白有"花间一壶酒,独酌无相亲"的诗句,参见上卷十一真注③。擎:向上托举。桐叶:一种盛茶的器具。宋程大昌《演繁露》在《东坡后集》卷二《从驾景云宫诗》"病贫赐茗浮桐叶"下注解说,当时皇上赐茶,都不用通常的茶盏,而用一种颜色雪白、形状像桐叶的大瓷碗。啜:饮。卢仝:唐朝人,号玉川子,家贫好读书,隐居不求仕进。《玉川子集》卷二《走笔谢孟谏议新茶》诗中描述饮茶之后的感觉说:"一碗喉吻润;两碗破孤闷;三碗搜枯肠,唯有文字五千卷;四碗发轻汗,平生不平事,尽向毛孔散;五碗肌骨清;六碗通仙灵;七碗吃不得,惟觉两腋习习清风生。"

⑫诗债:别人求诗或索取和诗,自己尚未酬答,如同欠他人之债,故称诗债。

⑬仙槎:在天河中浮游的竹筏木筏。晋张华《博物志》卷三:"年年八月,有浮槎来去不失期(每年八月,天河渡口有一木筏来去凡仙两界,从不误期)。"

⑭这是两个典故。上联出自《梁书》卷五十一《处士》。南朝梁的范元琰(字伯珪,又字长玉)节操高尚,为乡里所敬重。有一次,小偷越过园沟来偷他家的竹笋,元琰发觉了,担心小偷返回时掉到沟里,特地砍了棵树,偷偷地架在沟上,让小偷方便过沟。小偷看到后十分惭愧,从此之后,一乡人再也没有小偷小摸的了。下联出自《晋书·孝友传》。晋人桑虞字子深,有瓜园在宅北几里之外,瓜果刚成熟,有人翻进围墙偷瓜。桑虞知道后,想到墙头插有防盗的荆棘,小偷如果被人发现而逃跑,则有可能被刺伤,便命令看瓜的奴仆挖开墙,替偷瓜的人开出一条逃跑的路。小偷知道后,向桑虞叩头请罪,并归还所偷之瓜,而桑虞却将瓜都送给了偷瓜人。

⑮这是两个典故。上、下联均出自《史记·屈原贾生列传》。屈原,名平,战国时楚国大夫,深受楚怀王信任,任左徒、三闾大夫,后遭小人诬陷,被放逐;顷襄王时再遭谗毁,被贬谪。他看到小人当权,故国日趋衰落,自己却无法挽救,伤心已极,便于农历五月初五在湖南岳阳的汨罗江投水而死。贾谊,河南洛阳人,年少即能精通数家的学说,汉文帝召为博士,号为才子。后因政见不同而遭大臣诋毁,被贬为长沙王太傅,郁郁不得志而死。参见下卷二萧注⑲。

⑯箧:竹制的箱子,古人多用以装书。士流:读书人。活计:借以谋生的用具或手段。茶鼎:唐杜荀有诗"牢系鹿儿防猎客,满添茶鼎候吟僧。"寔:此字有二义,一为"是"(判断词),一通"实"(确实,副词)。单从下联来看,二义均可通;如果结合上联来看,

其相对应位置的"乃"是副词,那么将其解释为"确实"更符合对仗的要求。

七 阳

【原文】

高对下,短对长。柳影对花香。词人对赋客,五帝对三王[①]。深院落,小池塘。晚眺对晨妆。绛霄唐帝殿,绿野晋公堂[②]。寒集谢庄衣上雪,秋添潘岳鬓边霜[③]。人浴兰汤,事不忘于端午;客斟菊酒,兴常寄于重阳[④]。

尧对舜,禹对汤[⑤]。晋宋对隋唐[⑥]。奇花对异卉,夏日对秋霜[⑦]。八叉手,九回肠[⑧]。地久对天长。一堤杨柳绿,三径菊花黄[⑨]。闻鼓塞兵方战斗,听钟宫女正梳妆[⑩]。春饮方归,纱帽半掩邻舍酒;早朝初退,衮衣微惹御炉香[⑪]。

荀对孟,老对庄[⑫]。亸柳对垂杨。仙宫对梵宇,小阁对长廊[⑬]。风月窟,水云乡[⑭]。蟋蟀对螳螂。暖烟香蔼蔼,寒烛影煌煌[⑮]。伍子欲酬渔父剑,韩生尝窃贾公香[⑯]。三月韶光,常忆花明柳媚;一年好景,难忘橘绿橙黄[⑰]。

【注释】

①五帝:传说中上古的五位贤明的帝君,具体之人各书所言不一,如《易·系辞》说是伏羲(太皞)、神农(炎帝)、黄帝、尧、舜,《史记·五帝纪》说是黄帝、颛顼、帝喾、尧、舜,而《帝王世纪》则说是少昊、颛顼(高阳)、高辛、尧、舜。三王:古代三位贤明的天子,一般指夏禹王、商汤王、周文王。

②绛霄句:原注说,唐明皇(玄宗李隆基)有绛宵殿。下联所说为唐裴度之事。唐宪宗时,裴度因平定蔡州刺史吴元济叛乱有功,封晋国公。文宗时,裴度因宦官专权,自知政事已不可为,便请求罢相归隐,于河南洛阳午桥种植花木万株,中建别墅,号绿野堂,与白居易、刘禹锡等饮酒作诗于其中。

③这是两个典故。《宋书·卷二十九·符瑞》说,南朝宋大明五年正月初一,天降大雪,右卫将军谢庄下殿巡查,雪花都堆积在他的衣服上。他上殿报告孝武帝刘骏,皇帝认为这是很吉祥的事,"于是公卿作《花雪诗》"。唐李商隐《对雪诗二首》之一"欲舞定,随曹植马,有情应湿谢庄衣",用的就是这个典故。下联出自晋朝潘岳《秋兴赋·序》:"余春秋三十有二,始见二毛(我32岁那年,头上开始出现黑白相间的头发)。"

④兰汤:用兰草熬出的热水。南朝梁的宗懔所著的《荆楚岁时记》说:"五月五日,谓之浴兰节。"题名为隋杜公瞻的注解说:"按《大戴礼记》曰:'五月五日,蓄兰为沐浴。'《楚辞》曰:'浴兰汤兮沐芳华。'今谓之浴兰节,又谓之端午。"可见古人有阴历五月五日端午节用兰草熬水沐浴的习俗。汤,热水。重阳:农历九月九日,九为阳数,月、日均为九,故称重阳。《荆楚岁时记》"九月九日"下杜公瞻注解说,这天要佩戴茱萸(一种香味浓烈的植物),吃果饼,饮菊花酒,可以"令人长寿"。此习俗的由来,据南朝梁吴均的《续齐谐记》记载,桓景跟随费长房学道多年,一天,费长房对桓景说:"九月九日你家会有灾难降临,你赶快回家,叫家人将茱萸囊系在手臂上,登高饮菊花酒,可免除灾难。"桓景赶紧按照吩咐去做,到晚上回家一看,留在家中的鸡狗牛羊都死光了。于是后来就形成了重阳登高饮菊花酒的习俗。

⑤尧:传说中上古时的一位贤明的帝王,号陶唐氏,故亦称唐尧。舜:传说中上古

时的一位贤明的帝王,亦称虞舜。禹:远古时夏部落的首领,古典籍中认为他是夏朝的开国之君,是一位贤明的帝王,亦称夏禹。汤:商王朝的开国之君,是一位贤明的帝王,亦称天乙、商汤、成汤。

⑥晋:指司马炎取代三国时的魏国而建都洛阳的西晋,以及西晋被前赵灭掉之后,司马睿在建康(今南京一带)即位的东晋。宋:指南朝的宋,它是刘裕取代东晋后所建立的国家,首都亦为建康。为了区别后来赵姓所建立的北宋和南宋,故将南朝的宋称为刘宋。

⑦卉:百草的总名。

⑧八叉手:将两手相拱八次。这是一个典故,宋孙光宪《北梦琐言》卷四说,唐朝的温庭筠才思敏捷,考试做赋,双手互相交叉八次就写好了,当时的人称之为"温八叉"。后代便以此作为才思敏捷的代称。九回肠:因为忧愁而肠子多次为之回转。西汉司马迁在《报任少卿书》中说,自己因替李陵辩白而遭受宫刑,忧伤难已,"是以肠一日而九回,因此肠子一天之内屡次回转"。九,虚数,形容其多。

⑨三径句:此联由晋陶渊明《归去来兮辞》中的"三径就荒,松菊犹存(与贤人交往的小路将近荒芜,但松树菊花还生长着)"变化而来。晋赵岐《三辅决录·逃名》记载,西汉末,王莽专权,时任兖州刺史的蒋诩辞官归隐,在院中开辟了三条小路,只与求仲、羊仲来往。故三径指隐居而只与贤人来往的小路。

⑩鼓:古人行军作战以鼓为号令,击鼓则进军。塞兵:守卫边塞的士兵。钟:佛寺早撞钟、暮击鼓以报时,此处以"闻钟"表示早晨。

⑪衮衣句:此句由唐朝贾至《早朝大明宫呈两省僚友》诗变化而来,贾诗全文为"银烛熏天紫陌长,禁城春色晓苍苍。千条弱柳垂青琐,百啭流莺绕建章。剑佩声随玉墀步,衣冠身惹御炉香。共沐恩波凤池上,朝朝染翰侍君王"。衮衣,古代帝王及公侯所穿的上绣有龙的礼服,此处指官员上朝所穿的官服。

⑫荀:指荀子。荀子名况,赵人,为儒家学派的集大成者,学者尊之为荀卿,西汉时为避汉宣帝刘询的讳,改称孙卿。其思想集中体现在《荀子》一书中。孟:指孟子。孟子,名轲,字子舆,战国时邹人,继承了孔子的学说,在儒家学派中地位仅次于孔子,被称为亚圣。其思想及行为集中体现在《孟子》一书中。老:指老子。老子,名李耳,字聃,故亦称老聃。春秋战国时期著名的思想家,著有《老子》(亦称《道德经》)。老子被道家学派奉为始祖,《老子》为道家学派的重要经典。庄:指庄子。庄子名周,战国时宋国蒙人,著名的思想家,著《庄子》十余万言,借寓言以阐明自己的清静无为思想,尊崇老子,贬斥儒墨,和老子并列,被认为是道家学派的代表。到唐代被尊为南华真人,《庄子》亦称《南华真经》。

⑬梵宇:佛寺。梵,古印度语"清净""寂静"的音译词的简略形式;因佛经都用梵语(古印度语)写成,故凡与佛教有关的事物均可称"梵"。宇,本指屋顶,引申为房屋、庙宇的意思。

⑭风月窟:妓院等男女交欢之处,风月,喻指男女情爱之事。水云乡:水云弥漫的地方,多喻指隐者居住停留的地方。苏轼诗:"方丈仙人出渺茫,高情犹爱水云乡。"

⑮蔼蔼:香气浓烈馥郁的样子。煌煌:明亮的样子。

⑯这是两个典故。上联出自《史记·伍子胥列传》。伍子指伍员(字子胥),春秋时楚国人,其父伍奢、其兄伍尚都被楚平王杀害,他亦遭追杀。伍子胥逃至江边,追兵已

至，江上有一渔父渡他过江，得以逃脱。伍子胥解下宝剑，说："这把剑价值百金，送给您。"渔父说："楚国悬赏追捕你，赏金为五万石粮食，还授予'执圭'的爵位，难道还抵不过这价值百金的剑吗？"没有接受他的宝剑。酬，报答。下联出自《晋书·贾充传》。晋朝的韩寿仪容出众，在贾充手下作司空掾，贾充的小女儿贾午十分爱慕他，并偷了他父亲珍藏的西域奇香赠送给韩寿。韩寿将此香佩带在身上，被同僚们发现，报告了贾充，贾充便将贾午嫁给了韩寿。

⑰韶光：美好的时光，多指春光。橘绿橙黄：这都是秋天的景色，代指秋天。此联出自宋苏轼诗："荷尽已无擎雨盖，菊残犹有傲霜枝。一年好景君须记，最是橙黄橘绿时。"

荀子

八　庚

【原文】

深对浅，重对轻。有影对无声。蜂腰对蝶翅，宿醉对馀酲[①]。天北缺，日东生[②]。独卧对同行。寒冰三尺厚，秋月十分明。万卷书容闲客览，一樽酒待故人倾。心侈唐玄，厌看霓裳之曲；意骄陈主，饱闻玉树之赓[③]。

虚对实，送对迎。后甲对先庚[④]。鼓琴对舍瑟，搏虎对骑鲸[⑤]。金匼匝，玉从琤[⑥]。玉宇对金茎[⑦]。花间双粉蝶，柳内几黄莺。贫里每甘藜藿味，醉中厌听管弦声[⑧]。肠断秋闺，凉吹已侵重被冷；梦惊晓枕，残蟾犹照半窗明[⑨]。

渔对猎，钓对耕[⑩]。玉振对金声[⑪]。雉城对雁塞，柳袅对葵倾[⑫]。吹玉笛，弄银笙。阮杖对桓筝[⑬]。墨呼松处士，纸号楮先生[⑭]。露浥好花潘岳县，风搓细柳亚夫营[⑮]。抚动琴弦，遽觉座中风雨至；哦成诗句，应知窗外鬼神惊[⑯]。

【注释】

①宿醉：醉酒之后经一夜尚未清醒的馀醉。馀酲：残余的醉意。酲，喝醉了酒。

②天北缺：《淮南子·天文训》说，天是由四座大山在东、南、西、北四个方向支撑起来的，西北方由不周山支撑。共工与颛顼争夺天帝的位置，共工发怒而撞垮了不周山，西北方缺了支撑物，所以"天倾西北""日月星辰移焉（日月星辰都从东方升起往西边移动落下）"。

③这是两个典故。上联是说唐玄宗李隆基（即唐明皇）的事。宋代王灼的《碧鸡漫志》卷三记载说，玄宗精通乐律，他曾经将西凉的乐曲《婆罗门》润色改编为《霓裳羽衣曲》，当时宫中经常演奏此曲，杨贵妃善跳《霓裳羽衣舞》。侈，认为……奢侈。下联是

说南朝陈的亡国之君陈后主(名叔宝)的事。陈后主嗜好声乐,曾将吴歌《玉树后庭花》按曲填词,辞藻绮丽,使男女唱和,哀艳委婉。骄,认为……骄。赓,唱和。

④后甲:是《周易》"蛊卦"中的话,原文为"后甲三日",指甲日以后的第三天,即丁日。先庚:是《周易》"巽卦"中的话,原文为"先庚三日",指庚日之前的第三天,亦丁日。

⑤鼓琴:此典出自《列子·汤问》。伯牙为春秋时楚国人,善于鼓(弹奏)琴,钟子期能够理解琴声中所流露出来的心思。舍瑟:此典出自《论语·先进》。子路、冉有、公西华、曾皙(字点,故亦称曾点)四人陪着孔子,孔子问他们的志向。前三人都说了要从政,并说了从政之后自己的打算。此时曾点在弹瑟,孔子又问他,他慢慢地停止了弹瑟,"舍瑟而作(推开瑟站了起来)",说:我和他们的志向不同,我希望"莫春者,春服既成。冠者五六人,童子六七人,浴乎沂,风乎舞雩,咏而归(在晚春,春季的衣服都已经穿定了,和年轻人五六个、小孩子六七个,在沂水中洗洗澡,在高台舞雩上吹吹风,拖长声音唱着而回家)"。孔子对他大加赞赏,感叹说:"吾与点也(我赞同曾点的说法呀)!"

搏虎:即暴虎,空手和老虎搏斗。《诗经·郑风·大叔于田》中有"檀裼暴虎,献于公所",宋代朱熹的《诗集传》说,这句的意思是光着身子(脱下上衣),徒手和虎搏斗,将老虎献给郑庄公。

骑鲸:西汉扬雄《羽猎赋》有"乘巨鳞,骑鲸鱼"的句子,后代便多以"骑鲸"代指仙人、豪客,如唐李白自称"海上骑鲸客",宋苏轼也在诗中说"我是骑鲸手",此处即用此义。但也有用它代指死亡或隐逸的。

⑥匼匝:联绵词,(金制的马络头上金丝)周绕重叠的样子。从琤:联绵词,形容玉撞击之声。

⑦玉宇:华丽壮观的宫殿,有时也指神话中玉帝在天上所居的宫殿。金茎:指用以承托承露盘的金属铜柱。汉武帝迷信神仙之事,认为饮甘露可延年益寿,于是在建章宫铸造承露盘,铜柱高二十丈,粗七人围,上有一仙人,伸开手掌以接受天降的甘露。(见于《三辅故事》。)东汉班固《西都赋》形容它说,"抗仙掌以承露,擢双立之金茎。"

⑧甘:味道好,这里做动词用,意动用法。藜藿:穷人所吃的两种野菜。藜,又名莱,初生时可食。藿,豆类的叶子,嫩时可食。

⑨凉吹:凉风。重:多层、几层。残蟾:残月。古人认为月中有蟾蜍,故以蟾蜍代指月亮。

⑩渔:打鱼,动词。

⑪玉振:玉磬被敲击(发出的美妙声音),多用来喻指名声远播、文章华美或言论正大等。金声:钟被撞击发出的美妙声音,其比喻义和"玉振"差不多。金,代指金属铸造的钟,一种打击乐器。

⑫雉城:城墙。雉,量词,城墙高一丈、宽一丈、长三丈为一雉。"雉"的本义为山鸡之类的鸟,此处借其本义来与"雁"构成对仗,属于借对的一种。雁塞:据唐徐坚《初学记》卷30引南齐刘澄之《梁州记》说,梁州(今四川陕西交界一带)有雁塞山,山中有大湖,雁群迁徙时栖息于此。后来以此泛指北方边塞。

袅:细长柔弱的样子。葵倾:属菊科草本植物的葵类有向日的特性,花总是倾向于太阳的方向。

⑬阮杖:《世说新语·任诞》记载,晋朝的阮脩经常拄杖步行,在杖头挂百钱,遇到酒店便以此钱买酒独自喝得酩酊大醉。

桓筝:东汉桓谭字君山,遍习儒家经典,精通天文,好音乐,琴艺高超。筝,琴瑟一类的弦乐器。

⑭松处士:墨的别名。处士指品行高洁而不出来做官的贤人,而松为岁寒四友之首,品质高洁,再加上古代制墨是以松木烧制的烟灰调上胶而成,故称墨为松处士。楮先生:纸的别名。楮,树名,叶子像桑树,树皮纤维多而韧,古人多用其造纸。唐朝的韩愈在《毛颖传》中采用拟人化的写法,称笔为毛颖(因笔为兔毛制成),称纸为楮先生。

⑮这是两个典故。上联所言为晋朝潘岳之事。潘岳(字安仁)任河阳(今河南境内)县令时,在县中满栽桃李,时人传为关谈。浥,润泽、使……湿润。下联所言见于《史记·绛侯周勃世家》。西汉文帝时的将军周亚夫屯兵细柳(今陕西咸阳市西南)以备匈奴,文帝亲往慰劳军队,无军令而被拒之军营之外,后派使者持皇帝的诏令告知亚夫,才得进入,入军营后,皇帝的行动都必须遵从军礼。出军营后,文帝盛赞其军纪严明,称之为"真将军"。

⑯这是两个典故。上联出自《韩非子·十过》。春秋时,卫灵公去会见晋平公,平公在施夷之台宴请他。两人谈论关于音乐的事情,平公便令晋国最有名的乐工师旷演奏声调最凄悲的清角之声,师旷不肯演奏,平公再三要求,于是"师旷不得已而鼓之"。弹了一曲,便有黑云从西北方涌出;弹第二曲,"大风至,大雨随之",吹裂了帷幕,吹破了盛食物的器皿,摧毁了房上的瓦片,宾客都跑散了,平公也吓得趴在地上。遽,突然、一下子,下联所言为唐李白之事。《唐诗纪事》卷十八记载,李白名声尚不太大时,其所作《乌栖曲》(一种古乐府诗)被唐代著名诗人贺知章看到,贺称赞说:"此诗可以泣鬼神矣!"杜甫《寄李十二白二十韵》中也说李白写诗,"笔落惊风雨,诗成泣鬼神。"这都是说他的诗句感人。泣,使……哭泣。

九　青

【原文】

红对紫。白对青。渔火对禅灯。唐诗对汉史,释典对仙经[①]。龟曳尾,鹤梳翎[②]。月榭对风亭[③]。一轮秋夜月,几点晓天星。晋士只知山简醉,楚人谁识屈原醒[④]。绣倦佳人,慵把鸳鸯文作枕;吮毫画者,思将孔雀写为屏[⑤]。

行对坐,醉对醒。佩紫对纡青[⑥]。棋枰对笔架,雨雪对雷霆[⑦]。狂蛱蝶,小蜻蜓[⑧]。水岸对沙汀[⑨]。天台孙绰赋,剑阁孟阳铭[⑩]。传信子卿千里雁,照书车胤一囊萤[⑪]。冉冉白云,夜半高遮千里月;澄澄碧水,宵中寒映一天星。

书对史,传对经[⑫]。鹦鹉对鹡鸰[⑬]。黄茅对白荻,绿草对青萍[⑭]。风绕铎,雨淋铃[⑮]。水阁对山亭。渚莲千朵白,岸柳两行青[⑯]。汉代宫中生秀柞,尧时阶畔长祥蓂[⑰]。一枰决胜,棋子分黑白;半幅通灵,画色间丹青[⑱]。

【注释】

①唐诗:文学史上,唐代以诗歌著称,故称诗必以唐诗为首。

汉史:在史书中,西汉司马迁的《史记》、东汉班固的《汉书》地位都极高,故称史都以汉史为代表。释典:佛教的经典,即佛经。佛教的始祖为古印度人释迦牟尼,故以其简称"释"代指与佛教有关的事物。

②龟曳尾:此典出自《庄子·秋水》。楚王请庄子出来做官,庄子不愿去,便对楚王的使者说,"听说楚国有只神龟,已经死去三千年了,楚王将它用绸巾包好,箱子装好,用于宗庙的祭祀。你说,这只龟是愿意死去而享受这种待遇,还是宁愿活着而拖着尾巴在泥土中爬行?我是愿意活着而拖着尾巴在泥土中爬行的",委婉地拒绝了楚王的要求。后世便以"曳尾涂(稀泥)中"比喻清贫但自由自在的隐居生活。此处只是用其字面意义和下文构成对仗。曳尾,拖着尾巴。翎:鸟的羽毛。

③榭:在土台上建的高屋。

④这是两个典故。上联山简醉参见上卷八齐注⑬。下联为变化屈原《楚辞·渔父》的诗句而成,《渔父》中有"举世皆浊我独清,众人皆醉我独醒"的句子。醒:清醒、酒醒;此字现代汉语中读上声,但中古时期它有平声青韵、上声迥韵、去声径韵三个读音,此处必须读成平声青韵,方能与上联平仄相对。下面"醉对醒"的"醒"也要读平声。

⑤佳人:漂亮的人,多用于女子。慵:懒散。

文:作动词用,此处是绣出花纹的意思。吮毫:用口含吮毛笔的笔尖,使之湿润,指开始写作或作画。写:描绘、描画。

⑥佩紫对纡青:佩紫,身佩紫色的印绶,参见下卷四豪注②;纡青,身系青色的印绶。两者都是身居高官之位的意思。据《东观汉记》的记载,汉代公侯一级的官员系紫绶,九卿一级的官员系青绶。

⑦棋枰:围棋的棋盘。

⑧蛱蝶:蝴蝶的一种,也可泛指蝴蝶。

⑨汀:水边的小平地或沙洲。

⑩天台:山名,在今浙江天台县北。孙绰:晋人,字兴公,曾作《天台山赋》。参见上卷六鱼注⑤。剑阁:古栈道名,相传为三国诸葛亮所修,在今四川剑阁县大、小剑山之间,当时是连通川、陕两省的主要通道,据说孟阳过此处时曾作铭赞颂其雄伟。铭,刻在金、石上的文字。

⑪这是两个典故。上联参见上卷十一真注②、三江注⑳、下卷一先注⑩。下联出自《晋书·车胤传》。车胤,晋人,字武子,勤学苦读,家贫,晚上经常没有灯油供其照明,他便抓来萤火虫,装在白色的小纱袋中,利用荧光来读书,最后成了博学淹通的学者,担任了晋太学的国子博士。

⑫传:与"经"相对,经为某一学派的经典,而传则是解释经的文章。比如《春秋》是儒家经典,而《左传》《公羊传》《穀梁传》则是解释《春秋》经的,所以被称为"《春秋》三传"。

⑬鹡鸰:鸟名,是一种体态类似麻雀,经常在水边觅食的小鸟。

⑭荻:一种与芦苇同科而异种的植物,叶子比芦苇稍宽,韧性较强。萍:浮萍,亦称水萍。

⑮铎:一种古乐器,形状像铃,后来也称悬挂在亭子或房屋的飞檐上的一种小铃铛为铎,又名铁马、檐铁,到现代演化为风铃。此处指后者。此字现代读阳平,在中古它是入声字,仄声。雨淋铃:本为唐代的乐曲名,相传唐明皇避安史之乱逃蜀时,闻雨中铃声与空谷相应,因思念杨贵妃而作。此处只用其字面意思与上联构成对仗。

⑯渚:水中的小块陆地或水边,此处是指后者。

⑰这是两个典故。《汉书·武帝本纪》记载,汉武帝曾在后元二年“行幸盖厔(今改成周至,陕西的一县名)五柞宫”,唐颜师古注引张晏说:“有五柞树,因以名宫也。”可见汉代有宫中生长出柞树之事,古人认为这是祥瑞的预兆。柞(音坐),一种木质坚硬的树。蓂(音名):又名历荚,传说中的一种瑞草。据《竹书纪年》卷上和《白虎通·封禅》的记载,尧时有萁草夹阶而生,它每月从初一起每天长出一荚,到十五日则长出十五荚,从十六日起每天落掉一荚,到月底三十那天全部落完,周而复始,随月生死,可根据它来确定日期。

⑱间(音建):分开、隔开。丹青:指两种可用作颜料的红色和青色的矿物质,此处代指绘画的颜料。

十　蒸

【原文】

新对旧,降对升。白犬对苍鹰。葛巾对藜杖,涧水对池冰[1]。张兔网,挂鱼罾[2]。燕雀对鲲鹏[3]。炉中煎药火,窗下读书灯。织锦逐梭成舞凤,画屏误笔作飞蝇[4]。宴客刘公,座上满斟三雅爵;迎仙汉帝,宫中高插九光灯[5]。

儒对士,佛对僧。面友对心朋[6]。春残对夏老,夜寝对晨兴。千里马,九霄鹏[7]。霞蔚对云蒸[8]。寒堆阴岭雪,春泮水池冰[9]。亚父愤生撞玉斗,周公誓死作《金滕》[10]。将军元晖,莫怪人讥为饿虎;侍中卢昶,难逃世号作饥鹰[11]。

规对矩,墨对绳[12]。独步对同登。吟哦对讽咏,访友对寻僧。风绕屋,水襄陵[13]。紫鹄对苍鹰[14]。鸟寒惊夜月,鱼暖上春冰[15]。扬子口中飞白凤,何郎鼻上集青蝇[16]。巨鲤跃池,翻几重之密藻;颠猿饮涧,挂百尺之垂藤[17]。

【注释】

①葛:一种多年生的蔓生植物,块茎可入药,也可制成葛粉食用,茎的纤维加工后可制葛布。

②罾(音增):一种渔网,亦名扳罾。网布一般为正方形,四角固定在两根交叉的竹竿的四端,整体呈兜状,网内放入鱼饵,将其沉入水中,待鱼游入网中取食时将网提起捕捞。

③此联出自《庄子·逍遥游》。庄子说,北海中有条大鱼,名字叫作鲲(音昆),一变而成为一只巨大无比的鸟,名字叫作鹏,鹏的背像泰山,翅膀像天边的云彩,它要飞到南海去,先要在水面上拍击三千里,再随着旋风飞到九万里的高空,然后才能凭借六月的大风往南飞;而蓬蒿中有只小小的燕雀,随便一下就可起飞,飞起时高不过几尺,远不过几丈,随时都可停下来。这就是大和小的区别。但庄子认为,大不必羡慕,小不必自卑,它们都各得其自由逍遥,都适应了自己的本性。

④舞凤:飞舞的凤凰,织锦形成的图案。下联是个典故,出自元朝夏文彦《图绘宝鉴》卷二。三国时的吴兴(今浙江湖州市一带)人曹弗兴绘画为当时第一,孙权命令他画一屏风,不小心误掉了一滴墨在屏风上,他便加了几笔,画成一只苍蝇。因为画得太逼真,孙权以为是真苍蝇,想将其赶走,便用手去弹它,蝇却不动,仔细一看,方知是曹

弗兴所画。

⑤这是两个典故。上联是说刘表之事。《太平御览》卷七百六十引魏曹丕《典论》说,三国时的刘表家里人都喜欢喝酒,藏有三种容量的酒爵,大的叫伯雅,能盛七升酒,中等的叫仲雅,能盛六升,小的叫季雅,能盛五升,合称三雅。爵,一种饮酒器。下联是说汉武帝之事。据《汉武帝内传》记载,武帝听说七月初七日王母将降临,故于此日斋戒,"然(燃)九光之灯",穿着礼服在殿前等待,二更之时,王母果然从天而降。九光灯,一根主灯竿上分出九枝灯竿,每枝灯竿端各有一盏灯,故称九光灯。

⑥面友:只是当面交好,并非真诚相交的朋友。心朋:志同道合的朋友。

⑦九霄鹏:能飞到九霄云外的鲲鹏。参见注③。

⑧蔚:云气弥漫。蒸:云气向上蒸腾。

⑨阴岭:北边的山坡。阴,山的北面。泮(音判):分离、溶解,此处是"使……溶解"的意思。

⑩这是两个典故。上联出自《史记·项羽本纪》,在鸿门宴上,项羽的谋士亚父范增极力主张杀掉与项羽争夺天下的刘邦,但项羽迟迟下不了决心,以致刘邦顺利逃脱。范增愤怒至极,接过刘邦托张良送给他的一对玉斗(一种酒器),"拔剑撞而破之"。亚父,对范增的敬称,叔父的意思。下联出自《尚书·金縢》。周灭掉商朝以后的第二年,周武王病重,周公写了向先王祈祷的文书,愿意代替周武王去死,史官将文书放入金属盒中,用绳子封固收藏。武王死后,周公辅佐年幼的成王,平定了危害周朝的叛乱,但成王听信谣言,仍不相信周公,后来得知周公所做的金縢之书的内容,才明白了周公的一片忠心。史官将此事记载下来,写成了《尚书》的《金縢》篇。金縢(音藤),封固了的金属盒子;縢,指用来捆扎的绳子。

⑪此两联的典故均出自《魏书·常山王遵传》所附的《拓跋晖传》,拓跋晖为右卫将军,卢昶(音敞)为侍中,两人都深得朝廷信任,都天性贪婪,当时人们称之为饿虎将军、饥鹰侍中。元晖,即拓跋晖,拓跋为北魏皇族的姓,孝文帝(拓跋宏)迁都洛阳之后,宣布改国姓为"元"。号,被称为、被称作。

⑫规:画圆的工具,即圆规。矩(音举):画直角或四方形的类似曲尺的工具。墨:和后边"绳"的意思相同,都是指木工工具墨斗中拉出的墨线,可用来校正曲直和画出直线。

⑬绕:环绕。襄:升高、上升,多用来指水位升高后将高地环绕,《尚书·尧典》便用"荡荡怀山襄陵"来形容远古洪水的滔天之势。

⑭鹄(音壶):天鹅。古书一般均称黄鹄,此处称紫鹄,可能是指黑天鹅。鹄,现在读阳平,是平声字。中古为入声字,属仄声,故能与平声字"鹰"构成对仗。

⑮惊:因……而受惊。鱼暖句:《礼记·月令》记载,"孟春之月(夏历一月)""东风解冻""鱼上冰"。

⑯这是两个典故。上联出自《西京杂记·卷二》。据说扬雄仿《周易》而著《太玄经》,梦见口吐凤凰停集在《太玄经》之上,一会儿才消失。宋代《太平广记》卷一百六十一所引的《西京杂记》,则说所吐的是白色的凤凰。下联出自《三国志·魏志·方伎传》。魏吏部尚书何晏连着几天梦见青蝇停在自己鼻子上,赶也赶不走,就请当时出名的术数家管辂为之圆梦。管辂分析了梦的象征意义说,现在你位高权重,应当修德行仁,小心谨慎,保持谦虚。何晏不以为然。没过多久,何晏就被朝廷诛杀了。

⑰颠猿：倒挂着的猿猴。

十一 尤

【原文】

荣对辱，喜对忧。夜宴对春游。燕关对楚水，蜀犬对吴牛①。茶敌睡，酒消愁②。青眼对白头。马迁修《史记》，孔子作《春秋》③。适兴子猷常泛棹，思归王粲强登楼④。窗下佳人，妆罢重将金插鬓；筵前舞妓，曲终还要锦缠头⑤。

唇对齿，角对头。策马对骑牛⑥。毫尖对笔底，绮阁对雕楼⑦。杨柳岸，荻芦洲⑧。语燕对啼鸠。客乘金络马，人泛木兰舟⑨。绿野耕夫春举耜；碧池渔父晚垂钩⑩。波浪千层，喜见蛟龙得水；云霄万里，惊看雕鹗横秋⑪。

庵对寺，殿对楼⑫。酒艇对渔舟。金龙对彩凤，豮豕对童牛⑬。王郎帽，苏子裘⑭。四季对三秋⑮。峰峦扶地秀，江汉接天流⑯。一湾绿水渔村小，万里青山佛寺幽。龙马呈河，羲皇阐微而画卦；神龟出洛，禹王取法以陈畴⑰。

【注释】

①燕：本为春秋战国时期一国家名，后泛指今河北省一带。燕关指燕地的关卡。蜀犬：唐柳宗元《答韦中立论师道书》中说，城镇中的狗一起叫，是为自己所认为奇怪的事而叫，我以前听说四川南边经常下雨，很少看见太阳，太阳一出来，狗就都叫起来。后便以蜀犬代指少见多怪的人。吴牛：宋李昉《太平御览》卷三引《风俗通》说，吴地(今江浙一带)气候炎热，夏天的太阳光线十分灼热，所以吴地的牛十分害怕太阳晒，夜间见到月亮，也误以为是太阳，吓得喘不过气来。后便以吴牛代指遇见相似的东西也害怕的人。

②敌：本指势力相当，引申为对抗、抵挡的意思。

③马迁：指西汉有名的史学家、《史记》的作者司马迁。古人写文章时有时因某种原因将人名(甚至包括两个字构成的双姓)省去一字，此处便是将双姓“司马”省掉了一个“司”字。《春秋》：我国流传至今的最早的编年体史书，文字极其简略，据说是孔子根据鲁国的史书修订而成。

④这是两个典故。上联出自《世说新语·任诞》。晋人王徽之(字子猷)住在山阴(今浙江绍兴)，雪夜醒来喝酒，忽然想起他住在剡溪(曹娥江的上游，在今浙江嵊州市)的朋友戴逵(字安道)，便连夜乘船前往。经过一夜赶到剡溪，却未进戴逵门便掉转船头返回了山阴。别人问他为何如此，王徽之说：“吾本乘兴而来，兴尽而返，何必见戴(我本乘着兴致而来，兴致得到满足便回去，何必一定要见到戴逵呢)?”适兴，使自己的兴致得到满足。常，通尝，曾经。棹(音赵)，船桨，此处代指船。下联出自《文选》王粲《登楼赋》注。注解引《魏志》说，王粲(字仲宣)从小就聪明，长大后很有才干，东汉末董卓作乱，他避难逃到荆州投奔刘表，登上江陵城楼，想到自己无家可归，就写了《登楼赋》，抒发自己进退危惧的心情。

⑤罢：完结、结束。金：黄金，代指用黄金打制的头饰。

缠头：古代歌舞艺人表演完毕后，看客以罗锦相赠，名义上是赠给艺人用来缠在头上做装饰，实际上是给他们的报酬。后来也可泛指赠送给女伎的财物。此处是用其字面意义与“插鬓”,构成对仗。

⑥策:本指竹制的马鞭,此处用作动词,用鞭子抽打。

⑦毫:本指野兽的毛,引申为用兽毛(如兔毛、狼毛等)制作的毛笔。

⑧杨柳:杨和柳两种树同科而异属,杨的枝条上扬,柳的枝条下垂而且叶片形状较为狭长,通常将其合称为杨柳。荻芦:荻和芦同为禾本科的植物,但属不同,荻叶比芦叶宽一些,韧性也强一些,因为两者都喜生长在水边沙洲等低温之地,故经常合称芦荻。此处称“荻芦”,是因为要构成“仄平”的形式(荻在中古是入声字,属仄声),方能和“杨柳(平仄)”形成严格的对仗。

⑨金络马:戴着黄金笼头的马,泛指装饰有华丽马具的好马、骏马。络,亦称络头,马笼头。木兰舟:用木兰树的木材制造的船,泛指漂亮的船。

⑩耜:一种古老的农具,形状类似现代的锹,是一种翻土的器具。它可装在犁上,但更多的是装在耒的下端,故经常耒耜合称。

⑪雕鹗:指老鹰一类的猛禽。雕,一种鹰,体型较大,黑褐色。鹗,原指鱼鹰,一种脚长有锐爪,擅长潜水,常栖息于水边以鱼为食的水禽。鹗本不善于在天空飞翔,用在此处无义,只作为一个音节和“雕”配合,构成一个双音节的结构,这是古汉语中的一种修辞手法,叫复合偏义。横秋,在秋天的晴空中横穿而过。

⑫庵:小庙,多为尼姑所居。

⑬豮豕:经过阉割的公猪叫作豮;豕,猪。童牛:头上还未长角的小牛。

⑭这是两个典故。上联出自《晋书·外戚传·王濛》。王濛,字仲祖,容貌秀丽,幼时家贫,帽子破了,自己到市场去买。卖帽子的老太太见他十分可爱,便送给他一顶新帽。下联出自《战国策·秦策一》。苏秦是战国时东周的洛阳人,学习用外交手段争霸天下的纵横之术,开始劝说秦惠王用连横的手段吞并天下,未被秦惠王采纳,所带的钱财都用尽了,“黑貂之裘弊(黑貂皮做的袍子穿烂了)”;后来用合纵的策略游说燕、赵、韩、魏、齐、楚六国,联合以抗秦,取得了成功。参见上卷七虞注⑩。

⑮三秋:此处指秋季的三个月,即农历七月(孟秋)、八月(仲秋)、九月(季秋)。三秋还可指秋季的第三个月,即农历九月;也可代指三年。

⑯扶:攀缘,此处是指峰峦顺地势攀缘升高而秀出天外。

⑰这是两个典故。上联是关于八卦来源的传说。《周易·系辞上》说:“河出图,洛出书,圣人则之(黄河出现了河图,洛水出现了洛书,圣人就效法它们)。”所谓“河出图”,即《礼记·礼运》中的“河出马图”,唐朝孔颖达解释说:是一条龙,而形状像马,所以叫马图。“河出马图”,是说龙马驮着图在黄河中出现。伏羲氏阐发了马图中深奥的道理而创造出了八卦。《尚书·周书·顾命》叙述周成王逝世发丧时陈列的器物中有“河图”,东汉孔安国解释说,河图就是八卦。呈河,在黄河中出现。羲(音西)皇,即伏羲氏,传说中远古时代的圣人,曾创造八卦,教民捕鱼和畜牧。阐微,使精微深奥的道理明显。下联是关于《尚书·洪范》中“九畴”来历的传说。所谓九畴,是指洛书。关于洛书,《尚书·洪范》说,“天乃锡禹《洪范》九畴(上天就赐给夏禹《尚书·洪范》中所说的九畴)”,孔安国解释说:上天恩赐给大禹洛书,有一只神龟出现在洛河中,龟背上有九种花纹,大禹便依照龟文的次序总结出治理天下的九类大法。所以儒家学者认为洛书即《尚书·洪范》中从“初一日五行”到“威用六极”的65个字。取法,从中学习,以之为法则。畴(音绸),类别、品类;九畴,九种类别的法则。

十二 侵

【原文】

眉对目，口对心。锦瑟对瑶琴[①]。晓耕对寒钓，晚笛对秋砧[②]。松郁郁，竹森森。闵损对曾参[③]。秦王亲击缶，虞帝自挥琴[④]。三献卞和尝泣玉，四知杨震固辞金[⑤]。寂寂秋朝，庭叶因霜摧嫩色；沉沉春夜，砌花随月转清阴[⑥]。

前对后，古对今。野兽对山禽。犍牛对牝马，水浅对山深[⑦]。曾点瑟，戴逵琴[⑧]。璞玉对浑金[⑨]。艳红花弄色，浓绿柳敷阴[⑩]。不雨汤王方剪爪，有风楚子正披襟[⑪]。书生惜壮岁韶华，寸阴尺璧；游子爱良宵光景，一刻千金[⑫]。

丝对竹，剑对琴[⑬]。素志对丹心[⑭]。千愁对一醉，虎啸对龙吟。子罕玉，不疑金[⑮]。往古对来今。天寒邹吹律，岁旱傅为霖[⑯]。渠说子规为帝魄，侬知孔雀是家禽[⑰]。屈子沉江，处处舟中争系粽；牛郎渡渚，家家台上竞穿针[⑱]。

【注释】

①瑶琴：用玉作装饰的琴，也可泛指华丽高雅之琴。

②秋砧：此处指秋天漂洗丝絮时在石砧上捶打发出的声音。古代妇女秋季要做寒衣寄给在外的亲人（多为在西北戍边的战士），必须将丝絮漂洗后方能缝制，唐人李中《旅次闻砧》“砧杵谁家夜捣衣，金风淅淅露微微”、李白《相和歌辞·子夜四时歌四首·秋歌》“长安一片月，万户捣衣声。秋风吹不尽，总是玉关情。何日平胡虏，良人罢远征”，描写的都是这种情况。砧，漂洗衣物捶打时垫在下面的石头。

③闵损：孔子学生，字子骞，春秋时鲁国人。后母虐待他和弟弟，父亲知道后要赶走后母，他劝阻说：后母在，只有我们受委屈；后母被赶走，我们及她的两个亲生儿子都将变成孤儿。后母听说之后，后悔不已，对子骞兄弟也一视同仁了。后世便将闵子骞奉为孝子的代表。曾参：孔子的高足弟子，字子与，春秋鲁国人，《论语》中称之为“曾子”，有十余条记载他与别人所谈的话，古代将其看成代表“仁”的典型人物。

④这是两个典故。上联出自《史记·廉颇蔺相如列传》。蔺相如随同赵王出使渑池之会，秦王在宴会上当众侮辱赵王，命赵王为之弹瑟，并令史官记载于册。秦强赵弱，蔺相如不畏强暴，说：听说秦王善于击缶，请秦王击缶。秦王不肯，蔺相如上前，以性命相威胁，秦王不得已击了一下缶，蔺相如回头命令赵国的史官也记下了此事，维护了赵国的尊严。缶（音“否认”的“否”），一种盛水的瓦罐，秦人以之为乐器，演奏乐曲时控制节奏。下联出自《史记·乐书》，书中说，“昔者舜作五弦之琴，以歌《南风》”。参见上卷十二文注③。虞帝，指舜。挥，指弹奏。

⑤这是两个典故。上联出自《韩非子·和氏》。卞和为春秋时的楚人，他发现了一块未经加工的璞玉，便献给楚厉王。厉王使玉工辨认，玉工说是块顽石，厉王认为卞和是骗子，便砍断了他的左脚。厉王死，武王即位，卞和又去献玉，武王让玉工鉴定，玉工仍旧认为是石而不是玉，武王就砍断了他的右脚。武王死，文王继位，卞和抱着这块璞玉在荆山之下哭了三天三夜。别人问他为什么哭泣，他说：“吾非悲伤也，悲夫宝玉而题之以石，贞士而名之以诳（我不是因自己被砍断了脚而悲伤呀，明明是宝玉而被称之为石头、明明是个诚实的人却被认为是骗子，我是为这个而悲哀）。”文王命玉工凿开一

看,果真是块宝玉。这块宝玉后来便被称为和氏璧。泣玉:对着玉哭泣。下联出自《后汉书·杨震传》。杨震,字伯起,东汉人。他任荆州刺史时,有人晚上给他送来十斤金子,并对他说:我是晚上送来的,没有人知道。杨震说:"天知、神知、我知、子知(您知),何谓无知(怎么能说没人知道呢)?"坚决地退给了来人。固,坚决地。

⑥寂寂:形容词,形容秋天气候肃杀、万物凋零的样子。朝(音招):早晨。砌:台阶。

⑦犍:阉割过的牛。也有人将"犍"看成"健"的通假字,健牛则指强健之牛,多数情况下指公牛。牝(音聘):雌性的禽兽。

⑧这是两个典故。上联出自《论语·先进》,见下卷八庚注⑤,下联出自《晋书·戴逵传》。戴逵字安道,晋人,善于弹琴。武陵王司马晞派使者召他去为自己演奏,戴逵当着使者的面摔碎了自己的琴,说,"戴安道不能为王门伶人(我戴安道不能做王侯家的戏子)",十分有骨气。

⑨璞玉:未经雕琢的玉。浑金:未经精炼的黄金。

⑩弄:摆弄、玩弄,此处是显示的意思。敷:铺陈、铺设。

这是两个典故。上联出自《吕氏春秋·季秋纪第九》。商汤王征讨夏桀王而建立商朝以后,连续五年大旱,商汤王就亲自到桑林祷告,说:天大旱,是我的罪过导致的,请天帝不要因为我一人的罪过而伤害到百姓的性命。于是"翦其发,郦其手,以身为牺牲(剪下他的头发,折断他的手指,用自己的身体作为祭祀用的祭品)",向天帝乞求。老百姓看到后十分感动高兴,"雨乃大至"。下联出自战国时期宋玉的《风赋》。赋中说,楚襄王在兰台之宫游玩,宋玉、景差陪侍在身旁,"有风飒然而至,王乃披襟而当之(有一阵风呼呼地吹来,楚王就敞开衣襟对着风吹来的方向)",宋玉便讲了一番王者的雄风和庶民的雌风功效各异的道理来讽喻襄王。

⑪楚子:指楚襄王,因为楚国子爵,故称楚子。

⑫寸阴尺璧:一寸光阴的价值相当于直径一尺的白璧,比喻时光的宝贵。光景:原指日光投射在旧晷(一种根据日光投射影子的长度来测定时间的工具,晷音鬼)上的影子,引申指时间。一刻:原指日影的长度在日晷上移动一个刻度,引申指极短的时间。

⑬丝:代指各类弦乐器,如琴、瑟等。竹:代指各种以竹管制成的管乐器,如笛、箫、笙等。

⑭素志:平素就有的志向。"素"在文中为"平常""素来"之类的意思,此处借用其"白色"的意义,和下面"丹心"的"丹(红色)"构成对仗,属于借对。

⑮这是两个典故。前者出自《左传》襄公十五年。一个宋国人得块宝玉,献给宋国的相子罕,子罕不肯接受。献玉的人说,我请玉工看过,说确实是珍贵的宝玉,所以才敢献给您。子罕说,"我以不贪为宝,尔以玉为宝。若以予我,皆丧宝也,不若人有其宝(我将不贪婪的品质看作宝贝,你将玉看作宝贝,如果你将这块玉给我,我们两人就都失掉了自己的宝贝,还不如让我们都各自拥有自己的宝贝更好)",坚决地拒绝了他。下联出自《汉书·直不疑传》。直不疑为西汉人,文帝时为郎官。有一次,同房的一位郎官回家,不小心拿错了另一位郎官的钱,丢钱的郎官怀疑是直不疑拿了,直不疑没有分辨,只是不停地道歉,并归还了所丢的钱。后来,归家者返京,将错拿的钱还给了丢钱的人,丢钱者惭愧万分,认为直不疑是一位忠厚长者。

⑯这是两个典故。上联说的是邹衍之事。邹衍为战国时的齐人,精通阴阳五行学

说,《论衡》卷十四下说:“燕有寒谷,不生五谷,邹衍吹律,寒谷可种。燕人种黍其中,号曰黍谷。”律,东汉蔡邕《月令章句》说,“截竹为管谓之律”,可见律最早是一种用竹子制成的定音高的竹管。据说古人能用十二根长短不同的律管吹出十二个高度不同的标准音,以确定乐音的高低,这叫十二律。其中阳律阴律各六,奇数六律为阳律,称六律;偶数六律为阴律,称六吕:合称律吕。人们又将十二律和一年的十二个月相配,据说将芦苇中的薄膜烧成灰装在律管里,某个月份到了,与之相应的律管中的芦苇灰便会飞动起来。而邹衍是吹动与温暖月份相应的律管,使气候变暖,所以“寒谷”也能种庄稼了。下联是说商朝傅说的事。《尚书·说命上》说,商汤王得到傅说,让他作相,十分相信他,说:“若岁大旱,用汝作霖雨(如果遇上年成大旱,我将你看成一场消除旱情的大雨)。”霖,大雨。

⑰渠:吴方言中的人称代词,他。子规:杜鹃鸟的别名。帝魄:蜀王杜宇的魂魄。参见上卷十三元注⑮。下联典故出自《世说新语·言语》。梁地杨家有个小孩刚九岁,十分聪明,有一次,孔坦去杨家拜访,正好遇见了这个小孩。小孩摆出一盘杨梅来招待客人,孔坦便拿其姓开玩笑说:“此是君家果(这是您家的果子)。”小孩应声答道,“未闻孔雀是夫子家禽(没听说过孔雀是先生您的家禽)”,也拿孔坦的姓开玩笑回复了他。侬,吴方言中的人称代词,所指范围较为广泛,可代指我、你、他。文中可译为“你”。

⑱上、下联均见于南朝梁宗懔的《荆楚岁时记》。上联见于“夏至节日,食粽”下的注解(作注者可能为隋朝杜公瞻)。注文说,屈原在夏至那天投江自尽,百姓争着将食品投入江中祭祀他,又害怕水中的蛟龙窃食,便“以五色丝合楝叶缚之(用五色的丝线与楝树之叶将食物包住)”。这种食品就是粽子。下联见于“乞巧节”。传说每年阴历七月初七晚上,牛郎渡过天河与织女相会,妇女在此晚要“结彩缕,穿七孔针,或以金、银、鍮石为针,陈瓜果子庭中以乞巧”,如果有蜘蛛结网瓜果之上则认为很吉利。渚,水边。

十三　覃

【原文】

千对百,两对三。地北对天南。佛堂对仙洞,道院对禅庵[①]。山泼黛,水浮蓝[②]。雪岭对云潭[③]。凤飞方翙翙,虎视已眈眈[④]。窗下书生时讽咏,筵前酒客日耽酣[⑤]。白草满郊,秋日牧征人之马;绿桑盈亩,春时供农妇之蚕[⑥]。

将对欲,可对堪[⑦]。德被对恩覃[⑧]。权衡对尺度,雪寺对云庵[⑨]。安邑枣,洞庭柑[⑩]。不愧对无惭。魏征能直谏,王衍善清谈[⑪]。紫梨摘去从山北,丹荔传来自海南[⑫]。攘鸡非君子所为,但当月一;养狙是山公之智,止用朝三[⑬]。

中对外,北对南。贝母对宜男[⑭]。移山对浚井,谏苦对言甘[⑮]。千取百,二为三[⑯]。魏尚对周堪[⑰]。海门翻夕浪,山市拥晴岚[⑱]。新缔直投公子纻,旧交犹脱馆人骖[⑲]。文达淹通,已叹冰兮寒过水;永和博雅,可知青者胜于蓝[⑳]。

【注释】

①道院:即道观,道教徒修炼聚居的场所。

②黛:本指青黑色的颜料,也可指青黑色。此句的意思是山呈青黑色,像被泼上了

青黑色的颜料一样。水浮蓝:水呈绿色,绿得像蓝草的颜色一样。唐朝白居易的《忆江南》词有"春来江水绿如蓝"句。

③潭:河流中的水深之处,此处指云聚集之处。

④翙翙:飞翔时羽毛扇动的声音。《诗经·大雅·卷阿》有"凤凰于飞,翙翙其羽(凤凰飞翔着,翅膀上的羽毛翙翙作响)"的句子。眈眈:威严注视着的样子。

⑤耽:沉溺。酣:喝酒喝得痛快。

⑥白草:秋天的草。按五行学说的讲法,秋天与白色相配,故秋天的露水叫白露、秋天的草叫白草;另一说法是,秋天的草干枯呈白色,故称白草。

⑦欲:作副词用可表时间,与"将"意义相同。堪:能够。

⑧这是两个主谓结构。德被,德行覆盖;被,覆盖。恩覃,恩情深厚博大;覃,深厚、深远。

⑨这是两个状中结构(状语加动词)。权,秤锤,此处代指秤;衡,称;权衡,指用秤来称物体的重量。尺,量长短的工具;度,动词,量长短;尺度,指用尺子来量度物体的长短。

⑩安邑枣:安邑(今山西运城一带)出产的枣子。古代安邑盛产优质枣,唐朝欧阳询等的《艺文类聚》卷87引魏文帝(曹丕)的诏书说:"凡枣,味莫若安邑御枣也(凡属是枣子,味道没有哪一种能像安邑进贡的枣子那样好的)。"《史记·货殖传》记载说:"安邑千树枣……此其人皆与千户侯等(在安邑有一千株枣树……这种人的财富和有一千户家奴的侯爵相等)。"洞庭柑:一种优质的柑橘。宋朝韩彦直《橘录》卷上说:"洞庭柑皮细而味美……熟最早,藏之至来岁之春,其色如丹。"此洞庭指今江苏太湖中的洞庭山,据说此山为洞庭柑的原种地。

⑪魏征:字玄成,唐太宗时人,曾任谏议大夫、秘书监,直言敢谏,前后向太宗李世民陈谏两百多件事,多被采纳,太宗对其十分敬畏。王衍:字夷甫,晋人,有才干,官至尚书令、太尉。他崇尚老庄之学,好谈玄理,所言有不妥之处,随口更改,时人称之为"口中雌黄",是晋人好清谈的代表人物之一。清谈:魏晋间的一种侈谈老庄玄学的风气,亦称玄谈。

⑫紫梨:即紫藤。晋嵇含《南方草木状》卷中说,这种植物叶细长,花是白的,果实是黑色,将其"置酒中,历二三十年亦不腐败";茎像竹子的根,有一层层的皮,极坚实,将其截断放置在烟油灰中,经过一段时间便会变成紫香,"可以降神"。丹荔:即荔枝,因其色红,故称丹荔。

⑬这是两个典故。上联出自《孟子·滕文公下》。孟子提出了治国的建议,戴盈之认为标准太高,一时难以实行,便要求暂时先减轻一点,到第二年再彻底实行。孟子说:"有个人每天偷邻居家一只鸡,别人告诉他,这不是君子应做的事。偷鸡者便说:'请允许我减少一点,改为每月偷一只,等到明年,再完全不偷了。'"孟子评价说:如果知道一件事不合道义,就应该马上停止,为什么要等待明年呢?攘,偷,此处指扣留从别人家跑来的家禽。但,只。月一,每月(偷)一只。下联出自《庄子·齐物论》。山公养了许多猴子,每天喂它们吃橡实。开始,他对猴子们说:"早上三个,晚上四个。"猴子们都吵起来了。他又说:"那么,就早上四个,晚上三个。"猴子们听到早上加了一个,都十分高兴地同意了。狙,猴子类的动物。止,只。朝三,每天早上发三个。

⑭贝母:中药名。宜男:萱草的别名。古人认为孕妇佩带此草就会生男孩,故得

此名。

⑮移山:取自愚公移山的故事,出《列子·汤问》。浚井:取自舜的故事,出《孟子·万章上》。文中万章(人名)讲,舜的父母不慈爱,让舜去淘井,舜下井之后,他们就用土填塞此井,想活埋舜。浚,使(河道、水井、沟渠之类)变深、疏导、疏通。谏:向地位高的人提意见,有时特指向皇上提意见。甘:味道好,引申为说话动听。

⑯这是两个典故。上联出自《孟子·梁惠王上》。孟子说:有万辆兵车的大国,篡夺其国君之位的,一定是有千辆兵车的中等国家;有千辆兵车的中等国家,篡夺其君位的,一定是有百辆兵车的小国家,"万取千焉,千取百焉(有万辆兵车的被有千辆兵车的篡夺,有千辆兵车的被有百辆兵车的篡夺)",在现今是常见的现象。下联出自《庄子·齐物论》,文中有"一与言为二,二与一为三"的句子。

⑰魏尚:西汉文帝时人,为云中郡太守,治军有方,使匈奴不敢入侵,为有名的边将。有一次上报战功时,他所报的杀敌数目多了六人,文帝便命令官吏追究,削除了他的爵位,判了他的罪。后冯唐特地为此向文帝进谏,文帝也接受了冯唐的意见,赦免了魏尚,并任命他重新担任云中太守。周堪:字少卿,西汉人,为大儒夏侯胜的学生,学习《尚书》,在石渠(皇宫藏书阁)讨论儒家经义时,周堪第一,汉宣帝时做过太子少傅(太子的师傅)。

⑱海门:江流入海之处。因江流从此处进入海洋,故称海门。山市:山峰聚集之处;市,形容山峰之多,如市场人群聚集一样。岚:山中吹动的风和漂浮的云雾之气。

⑲这是两个典故。上联出自《左传》襄公二十九年。吴公子季札到郑国行聘问之礼(诸侯国之间互相问候的一种礼节),遇见了郑国的相子产,虽然是初次见面,但"如旧相识,与之缟带,子产献纻衣焉(像老相识一样,送给子产一条丝做的衣带,子产回赠给季札一件苎麻做的衣服)"。新缔,刚刚结识的(朋友),此处指吴公子季札。直,径直。纻,用苎麻为布料制作的衣服。下联出自《礼记·檀弓上》。孔子到卫国去,遇见他以前的仆人死了,家里正在办丧事,孔子进去吊祭这个仆人,哭泣得十分悲哀,出来之后,命令子贡(孔子学生)解下自己驾车的骖马送给他家,作为奠礼。馆人,管理房舍、应接宾客的仆人。骖,古人驾车用四匹马,中间的两匹叫服,旁边的两匹叫骖。

⑳这是两个典故,都是说后辈超越前辈,学生超过老师的事。上联出自《新唐书·儒学上·盖文达传》。盖文达学问淹通,特别精通《春秋》三传。有一次,刺史窦抗召集儒生们讨论儒家经典,盖文达旁征博引,满座人都十分佩服。窦抗很惊奇,问:"安所从学(你是从谁那里学到的)?"此时盖文达的老师刘焯说:"以多问寡,则焯为之师(以博学的资质向学问浅薄的人请教,那么我曾做过他的老师)。"窦抗感叹地说:"冰生于水而寒于水,其谓此邪(冰由水凝结而成,但比水更冷,大概说的就是这个吧)!"下联出自《北史》。永和,后魏人李谧的字。李谧聪明好学,曾拜小学博士孔璠学习经典。几年以后,李谧的学问就超过了他的老师,后来孔璠经常反过来李谧请教学业了。"冰兮寒过水"和"青者胜于蓝"均出自《荀子》,《劝学篇》,原文为:"冰,水为之而寒于水"、"青,取之于蓝而青于蓝"。

十四　盐

【原文】

悲对乐，爱对嫌。玉兔对银蟾[1]。醉侯对诗史，眼底对眉尖[2]。风飘飘，雨绵绵[3]。李苦对瓜甜[4]。画堂施锦帐，酒市舞青帘[5]。横槊赋诗传孟德，引壶酌酒尚陶潜[6]。两曜迭明，日东生而月西出；五行式序，水下润而火上炎[7]。

如对似，减对添。绣幕对朱帘[8]。探珠对献玉，鹭立对鱼潜[9]。玉屑饭，水晶盐[10]。手剑对腰镰[11]。燕巢依邃阁，蛛网挂虚檐。夺槊至三唐敬德，弈棋第一晋王恬[12]。南浦客归，湛湛春波千顷净；西楼人悄，弯弯夜月一钩纤[13]。

逢对遇，仰对瞻[14]。市井对闾阎[15]。投簪对结绶，握发对掀髯[16]。张绣幕，卷朱帘。石碏对江淹[17]。宵征方肃肃，夜饮已厌厌[18]。心褊小人长戚戚，礼多君子屡谦谦[19]。美刺殊文，备三百五篇诗咏；吉凶异画，变六十四卦爻占[20]。

【注释】

①玉兔：代指月亮。玉兔，白兔，传说月中有一只捣药的白兔。银蟾：代指月亮。银蟾，银色的蟾蜍(癞蛤蟆)，《淮南子·精神训》说，“月中有蟾蜍”，而月光是银白色的，故美之曰银蟾。

②醉侯：晋人刘伶嗜酒如命，曾作《酒德颂》说，“惟酒是务，焉知其余(只是追求喝酒，怎么知道其他的事情呢)”，所以唐代皮日休《夏景冲淡偶然作》诗之二说，“他年谒帝言何事，请赠刘伶作醉侯”，故后人便以醉侯称呼刘伶，有时也用以代指好酒而量大的人。诗史：用诗记载历史(的人)。唐代孟棨《本事诗》说，安史之乱时，唐玄宗(李隆基)逃到蜀地，唐肃宗(李亨)在陕西凤翔即位，杜甫在投奔肃宗的过程中颠沛流离于陇蜀之间，将途中所见都一一记载在他的诗中，“故当时号为诗史”。

③飘飘：形容风吹动的声音。

④李苦：参见上卷四支注⑮。

⑤青帘：青色的布帘，此处指高悬在酒店之外的酒旗。

⑥这是两个典故。上联是说曹孟德(即曹操，孟德为其字)的事。宋苏轼在《前赤壁赋》中形容曹操在赤壁之战时的气势时说，“舳舻千里，旌旗蔽空，酾酒临江，横槊赋诗，固一世之雄也(军舰首尾相连有千里之长，飞扬的战旗遮蔽了天空，面对长江斟上一杯滔，横拿着长矛吟诗，的确是当时的英雄豪杰)”。槊，古代一种兵器，即长矛。下联是说晋陶潜的事，参见卷上十一真注⑩、下卷二萧注⑪、六麻注⑩。引，本指开弓，由开弓时弓弦向后移动，引申为拿过来。尚，崇尚、推崇。

⑦两曜：曜本为日、月、星的统称，此处两曜指日和月。迭：更迭着、交换着。五行：古人称构成世间万物的五种基本元素(即金、木、水、火、土)为五行。式序：按照次序(变化运行)；式，发语词，无义。水下润而火上炎：此句出自《尚书·洪范》，原文为“水曰润下，火曰炎上(水之性潮湿而向下，火之性炎热而向上)”。

⑧幕：帐幕。

⑨探珠：《庄子·列御寇》说，九重深渊之下有一条骊龙，其颔下有一颗宝珠，价值千金，但得之甚难。探珠，即指到骊龙颔下去摘取此珠。献玉：此下和事，参见下卷十

二侵注⑤。

⑩玉屑饭:唐段成式《酉阳杂俎·天咫》说,唐太和年间,郑仁本的表弟(姓名不详)曾与一王秀才结伴游嵩山,迷了路,忽然听见鼾声,拨开杂树一看,看见一白衣人睡得正香。叫醒此人后,此人说,月亮缺损之处,“常有八万二千户修之”,他即是其中之一,并从他所枕的包袱中取出两包玉屑饭,分给他两人,说:“分食此,虽不足长生,可一生无疾耳。”给他们指出回家的、路后,此人就不见了。后亦指用洁白如玉的米煮成的饭。水晶盐:亦名水精盐,像水晶一样透明的盐。北齐魏收的《魏书·崔浩传》说,崔浩曾被赐“水精戎盐一两”。

⑪手剑:以手持剑;手,名词作动词,用手持。手剑也可理解为手中拿着的剑。腰镰:腰中悬挂镰刀。腰,用法同“手”,腰中悬挂。腰镰也可理解为腰中悬挂的镰刀。

⑫这是两个典故。上联出自宋李昉《太平广记》卷九十九所引的《独异志》,唐代的尉迟敬德擅长夺取对方手中的槊,唐高祖李渊的儿子齐王李元吉则擅长使槊,于是高祖命令他们在显德殿前比试,并命令元吉去掉槊端的刃以免伤人。尉迟敬德说:“虽加刃,亦不能害(纵使加上刃,也不能伤到我)。”于是没有去掉刃。“顷刻之际,敬德三夺之,元吉大惭(只有一会儿,尉迟敬德就三次夺下了元吉的槊,元吉十分羞惭)”。下联出自《晋书·王导传》所附《王恬传》。书中说王导的儿子王恬“多技艺,善弈棋,为中兴第一(会很多种技艺,特别擅长围棋,棋艺为晋中兴以后的第一人)”。

⑬南浦:面南的水边,因屈原《九歌·河伯》有“送美人兮南浦”的句子,故后代经常以南浦代指送别的地方。浦,水边。湛湛:水清亮深远的样子。

⑭仰:本指人抬头脸向上,引申指敬慕、向往。瞻:本指向前向远看,引申指敬仰、尊仰。

⑮市井:原指众人聚集交换买卖物品的地方,后也可泛指街市。闾阎:泛指街市。闾,里门(里,街道,古代每条街道均有里门);阎,里中之门,即街道之内更小的街道的门。

⑯投簪:扔掉簪子,喻指弃官归隐。簪,古代一种长针状的固定头发的用具。古人有发髻,戴冠时,冠压在发髻上,簪横贯其中,将两者连为一体,簪的两端有缨(绳子),系在下颌上。结绶:系上挂官印的绶带,喻指出仕做官。绶,系官印的丝带。握发:喻指为国家勤于政事、尊重贤才。《韩诗外传》卷三记述周公警戒伯禽要勤于政事,说:“吾于天下,亦不轻矣,然一沐三握发,一饭三吐铺,犹恐失天下之士(我在天下,地位也不低了,但是洗一次澡,要多次握住头发停下来处理政务,吃一餐饭,要多次停下来,吐出嚼碎的食物应对公事,即使这样,还是唯恐失去天下贤士的心)。”此处只取其字面意思,以求与“掀髯”构成对仗。髯:长在两颊的胡须。

⑰石碏:春秋时卫国的大夫。卫国公子州吁与石碏之子石厚纠结,密谋杀害卫桓公而自立,石碏将两人诱至陈国杀掉,然后迎立公子晋为卫君,《春秋》赞美他是大义灭亲的“纯臣”。江淹:字文通,南朝人,历仕宋、齐、梁三代。擅文,其《恨赋》《别赋》脍炙人口。晚年文思枯竭,被称为江郎才尽。

⑱此两联均出自《诗经》。上联由《国风·召南·小星》“肃肃宵征,夙夜在公”“肃肃宵征,抱衾与裯”变化而来。肃肃,很急速的样子。宵征,晚上行路。下联由《小雅·湛露》“厌厌夜饮,不醉无归”“厌厌夜饮,在宗在考”变化而来。厌厌。十分安闲的样子。

⑲这是两个典故。上联出自《论语·述而》,孔子说:"君子坦荡荡,小人常戚戚(君子心胸广阔,小人经常心怀怨恨)。"褊,狭窄、狭隘。下联出自《周易》谦卦,卦上说:"谦谦君子,卑以自牧也(谦虚的君子,用卑谦来守住自己高尚的节操)"。谦谦,谦虚的样子。

⑳上联是说《诗经》中有305篇诗,有赞美贤君后妃、醇厚风气的,也有讥刺昏君荡妇、浇薄民俗的,都采用了不同的文字。殊,不同。下联是说《周易》有64卦,吉卦和凶卦的图像是不同的。爻,组成卦的符号。《周易》中爻有两种,"一"为阳爻,"一一"为阴爻。八卦每卦由三爻重叠而成;以八卦中的两卦交换着重叠,便成64卦,六十四卦的每卦有六爻。占,观察,此处指观察卦爻以判定吉凶。参见下卷三肴注①。

十五　咸

【原文】

清对浊,苦对咸。一启对三缄[①]。烟蓑对雨笠,月榜对风帆[②]。莺睍睆,燕呢喃[③]。柳杞对松杉。情深悲素扇,泪痛湿青衫[④]。汉室既能分四姓,周朝何用叛三监[⑤]。破的而探牛心,豪矜王济;竖竿而挂犊鼻,贫笑阮咸[⑥]。

能对否,圣对贤。卫瓘对浑瑊[⑦]。雀罗对渔网,翠巘对苍崖[⑧]。红罗帐,白布衫。笔格对书函[⑨]。蕊香蜂竞采,泥软燕争衔。凶孽誓清闻祖逖,王家能乂有巫咸[⑩]。溪叟新居,渔舍清幽临水岸;山僧久隐,梵宫寂寞倚云岩[⑪]。

冠对带,帽对衫[⑫]。议鲠对言谗[⑬]。行舟对御马,俗弊对民岩[⑭]。鼠且硕,兔多毚[⑮]。史册对书缄。塞城闻奏角,江浦认归帆[⑯]。河水一源形弥弥,泰山万仞势岩岩[⑰]。郑为武公,赋《缁衣》而美德;周因《巷伯》,歌贝锦以伤谗[⑱]。

【注释】

①启:打开、开启。三缄:原指言语谨慎,据说孔子到了周的太庙,看见庙中有个铜人,嘴上有三道封条,铜象背后刻有"古之慎言人也"六个字(见于西汉刘向《说苑·敬慎》),但此处只用其字面意义。缄,封闭、封上。

②榜:船桨。月榜,用月亮中的桂树做成的船桨。

③睍睆:美好的样子。《诗经·邶风·凯风》有"睍睆黄鸟,载好其音(那漂亮的黄莺啊,唱出的声音多美妙)"的句子,呢喃:本指小声说话,此处指燕子的鸣叫声。

④这是两个典故。上联出自西汉班婕妤的五言古诗《悲歌行》,全诗如下:"新裂齐纨素,皎洁如霜雪。裁为合欢扇,团团似明月。出入君怀袖,动摇微风发。常恐秋节至,凉飚夺炎热。弃捐箧笥中,恩情中断绝。(新裁剪的齐国白绸子,皎洁得像霜雪一般,将其制成象征和合的团扇,圆圆的像天上的明月。时刻伴随在您的身旁,摇动着扇出习习凉风。我经常害怕秋天的到来,凉风驱走了炎热,将我扔置在箱子之中,我们的恩爱之情中途便已断绝)。"悲素扇,为白绢做成的扇子而悲哀。下联出自唐白居易的《琵琶行》,诗中写道,白居易听了弹琵琶女子的凄苦遭遇,再联想到自己被贬九江郡的悲惨境况,十分悲痛,"满座重闻皆掩泣。就中泣下谁最多?江州司马青衫湿"。

⑤这是两个典故。上联是说东汉之事,当时外戚樊氏、郭氏、阴氏、马氏四大家族权势极大,称为"四姓小侯",汉明帝甚至为此四姓子弟专门设置了学校(见《后汉书·

明帝纪》及注)。下联是说周武王灭商以后,将商朝的旧都封给商纣王的儿子武庚,在其周围设立卫、鄘、邶三国,由其三个弟弟管叔、蔡叔、霍叔分别掌管,负责监督商朝的遗民,防止他们造反,称之为三监。武王死后,年幼的成王即位,周公代为处理国政,三监听信流言,勾结商朝遗民造反,被周公平定。参见下卷十蒸注⑩。

⑥上联出自《晋书·王浑传》所附的《王济传》。晋人王济出身豪门,文武双全,豪爽狂傲,"气盖一时"。晋武帝的舅舅王恺有一条牛名八百里驳,珍贵异常,王济用钱千万与王恺用射箭的方式赌胜。王恺让王济先射,王济一箭便射中了靶心。赢得此牛后,他坐在坐床上,大声命令手下人去取此牛的心来,牛心送来后,他"一割便去"。的,箭靶的中心。矜,自大、自夸。下联出自《晋书·阮籍传》所附之《阮咸传》。阮咸是阮籍的侄儿,家境贫寒。七月初七,他的同姓兄弟叔伯辈都在院中晒衣,五光十色,华丽异常。阮咸也竖起竹竿,上边晒着一条短裤。人们觉得很奇怪,问他为什么,他说:"未能免俗,聊复尔耳(不能违背这个风俗,姑且也这样晒晒罢了)。"犊鼻,也叫犊鼻裈,短裤,一说为围裙。笑,自嘲。

⑦卫瓘:字伯玉,魏晋时人,曾任尚书令,才干特出,有勇有谋,工书法,以草书最为出名。浑瑊:原名曰进,唐人。他安史之乱时曾参与消灭安庆绪的叛军,后平定朱泚之乱有功,封咸宁郡王,在文学方面也甚有文名,并精通《左传》《汉书》,是个文武双全的人。

⑧雀罗:捕雀的网。罗,网。巘:山峰。

⑨笔格:搁毛笔的架子。书函:包在线装书之外的起保护作用的函套。

⑩上联出自《晋书·祖逖传》。祖逖为东晋的豫州刺史,率兵渡江北伐前秦的苻坚,行至河心,拍着船楫发誓说:"祖逖不能清中原而复济者,有如大江(我祖逖不能扫清中原叛逆,再渡江回来的话,有此大江作证)!"凶孽,凶徒、叛逆,此处指前秦的苻坚。下联出自《尚书·君奭》,巫咸为商朝殷中宗时的神巫,书中说"巫咸乂王家(巫咸为商朝的王室占卜)"。乂,治理,这里是占卜的意思。

⑪梵宫:庙宇。

⑫冠:古人戴在头上的一种固定发髻的头饰(并非帽子)。参见下卷十四盐注⑯。带:衣带,一种衣饰。

⑬鲠:耿直而不附和他人。

⑭御:驾御(车马)。民岩:民众有不同意见。岩,参差不齐的意思,此处指意见不统一。

⑮此两句均出自《诗经》。《魏风·硕鼠》有"硕鼠硕鼠,无食我黍""硕鼠硕鼠,无食我麦""硕鼠硕鼠,无食我苗"的句子。硕,大。《小雅·巧言》有"跃跃毚兔,遇犬获之(那蹦蹦跳跳的大兔子,遇到猎犬就被抓住了)"的句子。毚兔,狡兔。

⑯上联是从宋人范仲淹的《渔家傲》词变化出来的,此词的上阕是:"塞下秋来风景异,衡阳雁去无留意。四面边声连角起,千嶂里,长烟落日孤城闭。"角,古代乐器,原为西域游牧民族使用,后多用作军队中的号角。下联是从唐人温庭筠《梦江南》词变化而来,全词如下:"梳洗罢,独倚望江楼。过尽千帆皆不是,斜晖脉脉水悠悠,肠断白苹洲。"

⑰此两联都出自《诗经》。《邶风·新台》有"河水弥弥(黄河之水多么辽阔)"。弥弥,水势盛大的样子。《鲁颂·閟宫》有"岩岩泰山,鲁邦所詹(高大雄伟的泰山,是鲁国

瞻望的圣山)”。岩岩，山势高峻的样子。

⑱这是出自《诗经》的两个典故。《郑风》有《缁衣》诗，朱熹《诗集传》说，郑国的桓公和武公相继作周天子的司徒，忠于职守，“周人爱之”，为赞美其德行，“故作是诗”。《小雅》有《巷伯》诗，诗中说“萋兮斐兮，成是贝锦。彼谮人者，亦已大甚(只是有一点小小的花纹呀，就被夸张成有贝形花纹的锦缎。那说人坏话的人呀，也是太过分了)”，朱熹《诗集传》说，巷伯是位蒙受谗言而受宫刑沦为宫廷内侍的贤人，这首诗是说进谗言的人利用贤人的小过错而夸大其罪状，使之遭受了不公正的待遇。

笠翁对韵

[清]李渔

作者李渔，字笠鸿，号笠翁。明末清初著名戏曲家。江苏如皋人，祖籍浙江兰溪。此书按韵分部，包罗天文地理、花木鸟兽、人物器物等，从单字对到双字对、三字对、五字对到十五字对，音韵铿锵，节奏明快，声调和谐，对仗工整，语感强烈，对少年儿童写诗、对句、作文都是大有帮助的。

李渔铜像

上卷

一　东[1]

【原文】

天对地，雨对风。大陆对长空。山花[2]对海树[3]，赤日[4]对苍穹[5]。

【注释】

①一东：这里指“平水韵”上平声第一个韵部。②山花：生长在山上的花儿。③海树：指大海里的珊瑚。④赤日：红太阳。赤，红色。⑤苍穹：青天。苍，青色。

【解读】

“天”和“地”都是大自然的一部分，正好相对。而“雨”和“风”都是自然气象，其实除了“风”，云、霜、雾、雪等表示气象的词都可以和“雨”相对，然而这里要押“一东”韵，因此选择了“风”字。

头两句都是一个字对一个字，称为“一字对”。后面三句都是两个字对两个字，称为“两字对”。“天对地”是由相反的事物所构成的对仗，叫“反对”；而“雨对风”是由同类事物所构成的对仗，叫“正对”。

【原文】

雷隐隐①，雾朦朦②。日下对天中。风高秋月白③，雨霁④晚霞红⑤。

【注释】

①隐隐：隐约，不分明。②朦朦：迷蒙，模糊。③这句的意思是：风在高空吹过，秋天的月亮十分明亮。④霁：雨停天晴。⑤这句的意思是：雨过天晴，晚霞一片红。

【解读】

上面说了“一字对”和“两字对”，以此类推，“雷隐隐，雾朦朦”，三个字对三个字，就是“三字对”。“雷隐隐”描述了打雷时的声音，“雾朦朦”则描述了起雾时的景象。

“日下”对“天中”是时间单位相对。“风高秋月白，雨霁晚霞红”，五个字对五个字，继续类推，就是“五字对”。《诗经中》四个字就可以组成一句诗，不过在格律诗中五个字是基本字数。这两句诗中，“风”和“雨”，“高”和“霁”，“秋月”和“晚霞”，“白”和“红”，实词一一对应，合起来构成了一幅鲜明生动的完整画面。

【原文】

牛女①二星河②左右③，参商④两曜⑤斗⑥西东⑦。

【注释】

①牛女：指牛郎星和织女星。②河：指天河，就是银河。③这句的意思是：牛郎星与织女星在银河的一左一右。传说织女本是天上仙女，她与人间的牛郎相爱，王母娘娘知道后把她捉回天宫。牛郎带着两个儿女追赶上天。王母娘娘拔出金簪划出一条天河，把牛郎和织女二人隔在河的两岸，只有每年的七月七日这一天才容许他们见上一面。④参商：参星和商星，也是天上的两个星宿。⑤两曜：两颗耀眼的星星。曜，日、月、星都叫曜。⑥斗：北斗七星。⑦这句的意思是：参星和商星在北斗七星的一西一东。传说远古时代的帝喾有两个儿子，整天争吵不休，最后竟动起武来。帝喾没有办法，只好把兄弟俩分别派到十万八千里之外。后来他们一个变成天上的参星，另一个变成商星。两颗星星一在天空西，一在天空东，每天你升我落，你落我升，永远都见不着面。

【解读】

继续上面的类推，这个对子就是“七字对”，光看表面，它好像只是在陈述星辰的位置，实际上却有深刻的寓意：牛郎与织女相爱，却被银河分隔两岸，一年只在七夕才能见上一面；参商二星你升我落、你落我升，永远都无法相遇，兄弟俩就是想和好也没有机会了。“牛女”和“参商”“二星”和“两曜”“河”和“斗”都是讲星辰；“左右”和“西东”都是方位名词，互相对得很好。

【原文】

十月塞边[1],飒飒[2]寒霜惊戍旅[3];三冬[4]江上,漫漫朔雪[5]冷渔翁[6]。

【注释】

①塞边:要塞周围。塞,边境险要的地方。边,四侧。②飒飒:形容风雨之声。③戍旅:驻守边防的军队。戍,军队驻守;旅,军旅、军队。这句的意思是:十月的边塞周围,寒霜随风而降,惊扰了驻守的将士们。④三冬:冬天的第三个月,即十二月(腊月)。⑤朔雪:北方的雪。朔,北方。⑥这句的意思是:十二月的江河上空,北方漫天飞舞的雪花让打鱼老人感到十分寒冷。

【解读】

"十月"对"三冬",都表示时间;"塞边"对"江上",都表示地点;"飒飒"和"漫漫",都是形容词,分别修饰"霜"和"雪";"寒霜"和"朔雪"都是在极其寒冷的气候下才会出现的自然景象;"惊"和"冷"都表现了人物对眼前景观的感受和反应。"戍旅"和"渔翁",则分别点明了人物身份。参见上文,这组对句是"十一字对"。

二 冬

【原文】

晨对午,夏对冬。下饷[1]对高舂[2]。青春[3]对白昼,古柏对苍松。

【注释】

①下饷:午后的饮食。②高舂:傍晚时分。一般在傍晚时分,人们开始为第二天舂米,所以用"高舂"代替傍晚。③青春:既指春天,也指少年。

【解读】

在前四句中,"晨""午""夏""冬""下饷""高舂""青春""白昼"都表示时间;而最后一句中"古柏"和"苍松"都是植物名称。纵观整组对句,不仅词组相对,就是拆开来看,构成词组的单个字也能对应:"下饷"与"高舂"中的"下"和"高"都是方位名词,"饷"和"舂"都表示准备食物,很对应;而"青春"与"白昼"中第一个字"青"和"白"在表示颜色上这一点是对应的;"苍"除了表示颜色外,还有"老"的意思,也可以和"古"相对,"柏"和"松"都是高大的树木。

【原文】

垂钓客[1],荷锄翁[2]。仙鹤对神龙。早汤[3]先宿[4]酒[5],晚食继朝饔[6]。

【注释】

①垂钓客:钓鱼的人。②荷锄翁:肩膀扛着锄的老翁。荷,用肩膀扛东西。③早汤:早上的醒酒汤。④宿:隔夜。⑤这句的意思是:前一夜喝了酒,早上要先喝醒酒的汤。⑥朝饔:早餐。饔,做熟的饭。这句的意思是:早餐之后还要吃晚饭。

【解读】

"垂钓客"对"荷锄翁",渔翁对农夫,首先字面上对得很贴切。传说在商朝末年,姜子牙整天举着一根钓竿在渭水边垂钓,周围的人都不能理解他的行为,其实他在耐心等待慧眼识珠的明君,结果,最后周文王寻访贤人到此,请他出山辅佐周王室,这就是俗语“姜子牙钓鱼——愿者上钩”的由来。无独有偶,《论语》中也记载了孔子曾经遇到一个扛着锄头的农夫,经过一番交谈之后,才得知他其实是一个深藏不露的隐士。可见“垂钓客”与“荷锄翁”都是用典,指深藏不露的隐士高人。无论是字面还是寓意都对得工稳。

“仙鹤”与“神龙”都是传说中的珍禽异兽,“神”对“仙”“鹤”对“龙”都是同类事物相对。“早”对“晚”“宿”对“朝”都是时间名词,“汤”对“食”“酒”对“饔”都是可以食用的东西,“先”和“继”则表示时间顺序,可谓一一对应。

【原文】

唐库[1]金钱能化蝶[2],延津[3]宝剑会成龙[4]。

【注释】

①唐库:唐朝的国库。②这句的意思是:唐代国库里的金钱竟能变成蝴蝶。传说唐穆宗在宫殿前栽种了很多牡丹,每天晚上,就会有许多黄色和白色的蝴蝶在花丛中飞来飞去,天亮就飞走了。宫女们捕捉到一些,到天明时却全变成了黄的金子和白的银子,原来这些蝴蝶都是国库里的金银变成的。③延津:即延平津,在今天福建省南平市东南。④这句的意思是:在延平津,雷焕的宝剑竟然会变成龙。传说在晋代时,张华和雷焕在丰城地下挖出一对极为珍贵的宝剑,每人拿了一把。后来,雷焕的儿子佩着剑路过延平津的时候,宝剑忽然跳入水中,变作一条龙潜水而去。

【解读】

作者对这副对子进行了精心设计:“唐库”和“延津”都表示地点;“金钱”和“宝剑”都是贵重物品;“蝶”和“龙”都是动物;除了前面所说的实词,虚词“能化”与“会成”用不同措辞表达相同意思。除了字面上相对,意义上也正好形成对仗:金钱化蝶和宝剑变龙都是用典,而且两个典故都来源于充满神异色彩的传说,富有趣味性。

【原文】

巫峡[1]浪传[2],云雨荒唐神女庙[3];岱宗[4]遥望,儿孙罗列丈人峰[5]。

【注释】

①巫峡:长江三峡之一,在湖北巴东县西,因巫山而得名,风光美丽。②浪传:没有根据地传说。③神女庙:传说楚王在游览高唐时,梦见有一个神女,自称是巫山之女,来和他约会,分别时她告诉楚王,自己白天变为云彩,晚上变为小雨,早早晚晚,都在这里。后来,楚王在此地为她修建了一座庙,就是神女庙。这句的意思是:在巫峡地区,人们传说着楚王与神女幽会的荒唐故事。④岱宗:即泰山。“岱”是泰山的别名。古人认为泰山是万山之主,所以又称“宗”。⑤丈人峰:泰山上的一座山峰,形状像老人。这句的意思是:远远地望泰山,只见别的山峰都如儿孙围在老人跟前一样围在丈人峰的周围。

【解读】

这里两个句子描写了两种截然不同的自然景观,但都极富诗意。“巫峡”与“岱宗”都是地名,而且,峡谷对高山,对得很自然。“浪传”对“遥望”中,“传”对“望”,动词对动词,“浪”对“遥”,副词对副词,而经过副词的修饰后,动词显得更加传神。“神女庙”对“丈人峰”,地点对地点,而且在音韵上,“神女庙”是平仄仄,“丈人峰”是仄平平,正好相对。

三　江

【原文】

奇[1]对偶[2]，只对双。大海对长江。金盘对玉盏[3]，宝烛[4]对银釭[5]。

【注释】

①奇：单数。②偶：双数。③盏：酒杯。④宝烛：非常好的蜡烛。⑤银釭：用白银坐台的灯。釭，指灯。

【解读】

“奇”和“偶”“只”和“双”都是表示数量，两句话表达的实际上是同一个意思，只是措辞不同。在一首诗词或一副对联中，一般不允许出现重复的字词，如果需要表达同一种事物或同样的意思，就必须换一种说法，因此，这种用不同词汇表达相同事物的手法，在中国古代文学中非常重要，很能考验作者的文学功底和掌握的词汇量。

“大海”对“长江”，都是河流。“金盘”对“玉盏”“宝烛”对“银釭”，描述的是同一类事物，不仅词组间对仗工整，而且拆开后，组成词组的单个字相互间也都严格对应，这就是所谓的“工对”。

【原文】

朱漆槛[1]，碧纱窗。舞调[2]对歌腔[3]。兴刘推马武[4]，谏夏著龙逄[5]。

【注释】

①槛：门槛。②舞调：跳舞时伴奏的音乐。③歌腔：唱歌的腔调。④马武：东汉光武帝刘秀的大将，是东汉的开国元勋之一。这句的意思是：复兴刘氏、重建汉朝，功劳最大的应首推马武。⑤龙逄：关龙逄，传说是夏朝最后一个皇帝桀的大臣，他见夏桀残暴无道，曾极力进谏，反而被夏桀处死。这句话的意思是：对夏桀进谏最著名的人是关龙逄。

【解读】

“朱漆槛”对“碧纱窗”，都是房屋的组成部分，而且“朱”对“碧”，红色对绿色，正好在色彩上形成鲜明对比。“舞调”和“歌腔”不仅词组相对，拆开来看“歌”对“舞”“调”对“腔”，一一对应，极是工整。

对两位名臣，作者各选取了一件典型事迹：光武帝信任重用勇将马武，最后建立了东汉；夏桀处死了敢于进谏的忠臣关龙逄，最后当了亡国之君。看上去相似，实际上性质恰好相对。“马武”和“龙逄”都是人名，恰好第一个字都是动物，非常有趣。

【原文】

四收列国[1]群王服[2]，三筑高城[3]众敌降[4]。

【注释】

①四收列国：北宋初年大将曹彬平定南唐、西蜀、南汉、北汉等割据势力，帮助宋太祖统一了天下。②这句的意思是：北宋大将曹彬帮助宋太祖南征北讨，让割据的很多小国都向宋臣服。③三筑高城：唐中宗时，大将张仁愿曾统率军队与突厥族进行战斗，建了三座受降城以威镇北敌，从此边境安宁。④这句的意思是：张仁愿三次建起高高

的受降城，让众多的敌人投降。

【解读】

数字联是在对联中嵌入数字，使数量词在对联中具有特殊的意义，这是一种很常见的对仗形式，此对中的“三”和“四”就是一例。原本略显枯燥的数字嵌入对联后，往往能收到令人意外的效果。但是还必须了解一点，古代的数字在对仗中有两种不同用法：实指和虚指。第二句讲述的故事中，张仁愿确确实实修筑了三座受降城，因而“三筑高城”的“三”是实指。但是在第一句中，曹彬消灭的五代诸国，实际上总数远不止四个，但这里无法说出准确的数字，于是用一个“四”字虚指，代表许多，以达到与下句对应的目的。

【原文】

跨凤登台①，潇洒仙姬②秦弄玉③；斩蛇当道④，英雄天子汉刘邦⑤。

【注释】

①台：凤凰台。②姬：美女。③秦弄玉：春秋时秦穆公的女儿名叫弄玉，非常喜欢求仙之术。当时有一个名叫萧史的人很会吹箫，能吹出凤凰的鸣叫声，弄玉爱上了他，秦穆公便把弄玉嫁给了他，还给他们建了一座凤凰台。后来，萧史教弄玉吹箫，有凤凰飞来，夫妻两人便乘凤凰升天而去。这句的意思是：在凤凰台上骑着凤凰飞走的，是那潇洒的仙女秦弄玉。④斩蛇当道：在路上就把蛇斩了。⑤英雄天子汉刘邦：据《史记》记载，汉高祖刘邦刚要起兵造反时，有天晚上喝醉了酒，看见一条白色的大蟒蛇拦住了道路，他拔剑上前就把蛇斩了。后来有一个老妇人在那里哭，说自己的儿子是白帝的孩子，变成蛇来到这里，却被赤帝的儿子杀了。这可能是刘邦的拥护者编造的故事，来暗示刘邦是赤帝的儿子，应该当皇帝。这句的意思是：在路上斩蛇起义的，是那汉朝的英雄皇帝刘邦。

【解读】

上下两句各讲了一个故事，两个故事虽然都记录在典籍中，却颇富传奇意味和神话色彩，上句的故事中始终离不开百鸟之王——凤凰，下句讲述的故事则与蛇紧密相连，两个动物引发了两个故事，在这个意义层面上对得非常贴切。另外，作者在此有意只选取了弄玉的名字，而没有提到故事中和弄玉同时乘凤升仙的萧史。因为这样在风格上才显得搭配：上句用的是“潇洒仙姬”，轻灵飘逸；下句则是“英雄天子”，浑厚霸气，一柔美，一阳刚，不仅字面上对仗工整妥帖，而且意境相反相成、相映生辉。

四 支

【原文】

泉对石，干①对枝。吹竹②对弹丝③。山亭对水榭④，鹦鹉对鸬鹚⑤。

【注释】

①干：树的主干。②吹竹：用竹子制成的管乐器，用来吹奏。③弹丝：琵琶、琴、瑟一类的弦乐器，用手来弹。④水榭：水面上建的房屋。⑤鸬鹚：一种善于捕鱼的水鸟，多生活在水边，可以驯养。通称鱼鹰。

【解读】

"泉"和"石""干"和"枝"是自然景物,"山亭"和"水榭"是人工景致,"鹦鹉"对"鸬鹚"是动物对动物,而"吹竹"和"弹丝"都是演奏乐器。其中"吹"对"谈",动作对动作,"竹"和"丝"都是一类乐器的总称,也可泛指音乐;"山"对"水""亭"对"榭",是同类事物相对,对得很自然。"鹦鹉"和"鸬鹚"都是联绵词。所谓联绵词,就是由两个音节联缀成义而不能分割的词,如果把词拆开,组成它的单个字本身是没有任何实际意义的。更有趣的是,这些词中的两个字偏旁相同,这叫"同旁",是一种特殊的对仗手法。连字面构思都如此精巧,更充分体现了汉语言文字的独特魅力。

【原文】

五色笔①,十香词②。泼墨③对传卮④。神奇韩干画⑤,雄浑李陵诗⑥。

【注释】

①五色笔:相传南朝梁代的江淹,小时候曾梦见晋代大诗人郭璞赠给他一支五种颜色的笔,此后便才思敏捷,写了许多著名的诗文作品。后来,他又一次做梦,梦见郭璞要回了那支五色笔,从此他再也写不出好文章了,人称"江郎才尽"。②十香词:辽国皇后萧观音才貌双全,很受宠爱,后来因为劝谏皇帝不要打猎而被冷落。此后,朝中有人作《十香词》来诬陷她与戏子私通,皇帝便叫她自杀。③泼墨:绘画术语,是一种专门的绘画技法。④传卮:把酒杯依次传下去让人喝酒。卮,酒杯。⑤韩干画:韩干,唐代著名画家,最擅长画马。传说建中初年,有人牵了一匹脚有毛病的马去看病,这匹马非常像韩干所画的马。牵马的人在街上遇见了韩干,韩干看见也很惊讶,回家去看自己画的那匹马,脚上竟也有毛病。这句的意思是:最神奇的是韩干画的马。⑥李陵诗:李陵,西汉名将李广的孙子,他曾多次建立战功,但在一次出战时,因敌众我寡,主军又不营救,被迫投降匈奴。后来他遇到出使匈奴的苏武,送别时赠了几首诗,悲凉慷慨,十分感人。这句的意思是:最雄浑感人的是李陵送别苏武的诗。

【解读】

"五色笔"对"十香词",对得特别:"五"和"十"都是数字;"色"属于视觉范围,"香"则属于嗅觉范围;"笔"和"词"这里都是与文学作品相关的名词。"泼墨"与"传卮"都是动词加名词,组成结构相同,字面上严格对仗。而且,"泼墨"是一种绘画技法,"传卮"则是一种酒令,意义也非常相称。"神奇"和"雄浑"都是形容词,分别修饰"韩干画"和"李陵诗",其中"韩干"和"李陵"都是历史人物的名字,"诗"和"画"则自然成对。

【原文】

几处花街新夺锦①,有人香径②淡凝脂③。

【注释】

①夺锦:唐代诗人宋之问的故事。据说有一次武则天到洛阳龙门赏花,命大臣们写诗,谁先写成赏赐锦袍一领。东方虬才思敏捷,先写了一首,武则天把锦袍赏给了他。可他刚拿到手,宋之问的诗也写成了,武则天认为比东方虬写得好,宋之问就从东方虬手里把锦袍夺了过去。这句的意思是:有多少条长满鲜花的街道还在上演着夺锦的故事。②香径:花丛间的小路。③凝脂:凝固的油脂,比喻人的皮肤十分细嫩。这句的意思是:那飘散着花香的花间小路上走着一位淡妆美人,她的肌肤就像凝固的油脂

一样细嫩。

【解读】

这组对句中,最值得一提的是"花街"对"香径"。"香径"本应该是"花径",但上下句用字重复,这是对仗的大忌。因此作者巧妙地用另一个字代替——"香径"使用了借代的手法,用鲜花芬芳的气息来代指花,不仅字面对得工整雅致,还显得含蓄蕴藉、余味无穷。

【原文】

万里烽烟①,战士边头②争保塞③;一犁④膏雨⑤,农夫村外尽乘时⑥。

【注释】

①烽烟:指战争。古代在边塞建有烽火台,若有外敌入侵,就点燃烽火,烟气一起,便把消息传送出去了。②边头:边疆。③这句的意思是:烽烟燃烧起来的时候,勇敢的战士们在边疆争先恐后地保卫要塞。④一犁:本来指犁地的印迹,但农夫多在春雨之后犁地,所以,这里用作雨的修饰语。⑤膏雨:春雨。膏,本指肥沃的,此指春雨。俗话有"春雨贵如油"之说。⑥乘时:利用好的时机。这句的意思是:下了一场春雨,农民们都赶快乘着这大好时机到村外干活。

【解读】

两句诗描述了两个反差极大的场景。全句对仗工整,尤其值得一提的是"万里烽烟"对"一犁膏雨",以"万"对"一",数量上的巨大差别直接导致了感情上强烈鲜明的反差:"万"字极言其大,场景雄浑壮阔,能迅速激起人的豪情壮志;"一"字则极言其小,画面清新秀逸,让人的心情瞬间变得平和恬淡。而以"一犁"来形容春雨,引发了人们对田园生活的无限向往,以此来对"万里",越衬得前者轻巧明丽,后者波澜壮阔。

五 微

【原文】

贤对圣,是对非。觉奥①对参微②。鱼书③对雁字④,草舍⑤对柴扉⑥。

【注释】

①觉奥:察觉奥妙。②参微:思考微妙的事情。参,思考。③鱼书:指书信。汉代的一首诗中说"客从远方来,遗我双鲤鱼。呼儿烹鲤鱼,中有尺素书"。就是说有人给她捎来两条鱼,她让人把鱼剖开一看,里面有一封信。此后,人们就把信叫作鱼书。④雁字:也指书信。汉代苏武出使匈奴时被扣留,朝廷多次派人来要,匈奴人骗汉朝使臣说苏武已经死了,后来有人给汉朝使臣出了个主意,说汉昭帝在打猎时打到了一只大雁,雁脚上绑着苏武的信,说明苏武还没有死。匈奴人不敢再隐瞒,便把苏武放了回去。此后,人们也把书信叫作雁书、雁字。⑤草舍:茅草屋。⑥柴扉:用树条编成的门。

【解读】

"圣"和"贤"意思相同,措辞不同,这就是同义对。与此类似,下文中"觉奥"和"参微""鱼书"和"雁字"也是同义对。"草舍"对"柴扉"是同类事物相对,即"正对"。"是"和"非"是一组反义词,"是对非"就是反义对。"鱼书"与"雁字"对得妙绝:二者都化用了典故,而且都是通过借喻的方法,赋予这个词以"书信"的意思。而且,单就字面而言“鱼”对“雁”,“书”对“字”,也很合适。

【原文】

鸡晓唱[①],雉朝飞[②]。红瘦对绿肥[③]。举杯邀月饮[④],骑马踏花归[⑤]。

【注释】

①鸡晓唱:鸡在天一亮就打鸣。晓,天刚亮的样子。②雉朝飞:野鸡一到白天就飞起来了。雉,野鸡。③红瘦对绿肥:这句来自宋代女词人李清照的《如梦令》词,原意是说,下过一场雨之后,花被雨摧残,变得憔悴了;而叶子经雨的清洗,越发青翠起来。红,代指花。绿,代指叶子。瘦,指花被雨打后败落的样子。肥,指叶子被雨水清洗后光鲜的样子。④举杯邀月饮:这句来自李白的一句诗“举杯邀明月,对影成三人”,意思是:举起酒杯来,邀请月亮与我干杯。⑤这句的意思是:骑着马踏着落花回家。

【解读】

第一组对得非常工整,“鸡”和“雉”都是飞禽,“晓”和“朝”都表示时间,“唱”和“飞”都是动词;如果再详细分析,“鸡”是家鸡,“雉”是野鸡,二者组对,别有趣味。“红瘦”和“绿肥”直接引用自李清照的《如梦令》:“知否,知否,应是绿肥红瘦。”“红瘦”是一平一仄,“绿肥”则是一仄一平,“红”对“绿”,色彩反差极大,“肥”和“瘦”是反义对,无论音韵还是词义,都对得天衣无缝,更因为来源于诗词,越显含蓄隽永、余味深长。末句中,“举杯”对“骑马”“邀”对“踏”“饮”对“归”,都是动作对动作,“月”对“花”是名词对名词,不仅对得工整,而且还各自刻画了一个非常类似的洒脱不羁的形象。

【原文】

黄盖[①]能成赤壁[②]捷[③],陈平[④]善解白登[⑤]危[⑥]。

【注释】

①黄盖:三国时期东吴的大将。在赤壁大战前,他根据曹操战船的特点,建议火攻,并与周瑜合演了苦肉计,取得曹操信任,然后大败曹兵。②赤壁:山名。在今湖北省嘉鱼县东北,长江南岸。③捷:胜利。全句的意思是:黄盖能够成全赤壁之战的胜利。④陈平:汉高祖刘邦的重要谋臣,足智多谋,屡出奇策。⑤白登:即白登山。汉初,刘邦出兵攻打匈奴,反被匈奴困在白登山达七天七夜,形势十分危急,后来还是陈平出了妙计,贿赂了匈奴王的妻子,才解围逃回。⑥这句的意思是:只有陈平这样足智多谋的人才善于化解刘邦的白登之围。

【解读】

这是一个将历史人物、历史事件嵌入对联的例子。“黄盖”对“陈平”,都是历史人物,赤壁之战和白登之围都是著名的历史事件,这两个地名正好是都带有颜色,“赤壁”对“白登”,读起来饶有趣味。

【原文】

太白[①]书堂[②],瀑泉垂地三千丈[③];孔明[④]祠庙[⑤],老柏参天四十围[⑥]。

【注释】

①太白:指唐代大诗人李白。李白字太白。②书堂:书屋。③瀑泉垂地三千丈:这句借用了李白《望庐山瀑布》中“飞流直下三千尺”一句,意思是:李白书房面对着的,是那飞流直下三千尺的庐山瀑布。④孔明:即三国时期西蜀诸葛亮。孔明是诸葛亮的

字。⑤祠庙：此指后人建立的祭祀诸葛亮的成都武侯祠。⑥老柏参天四十围：这句借用了杜甫《古柏行》中的“霜皮溜雨四十围，黛色参天二千尺”，意思是：后人为诸葛亮建立的祠庙里，有粗达四十围的参天古柏。

【解读】

在这组对句中，用李白书房对面的景色与武侯祠中的景色对仗，十分生动，如在眼前。还需要指出它的一个隐藏的妙处：作者在描摹这两处景致时，分别化用了唐代两位伟大诗人李白与杜甫的名句，而且前者是“飞流直下三千尺”的瀑布，后者是“黛色参天二千尺”的古树，一“垂地”，一“参天”，对仗工稳而气象开阔，对照着读起来趣味盎然。

六 鱼

【原文】

羹[①]对饭，柳对榆。短袖对长裾[②]。鸡冠对凤尾，芍药[③]对芙蕖[④]。

【注释】

①羹：肉汤。②长裾：下摆比较长的衣服，像裙子之类。裾，衣服的后襟。③芍药：一种花，与牡丹相似，夏秋间开花。④芙蕖：即荷花。

【解读】

“羹对饭”，说白了就是“汤”对“饭”，对仗具体而工整。“柳”和“榆”是两种常见的树木相对。“短袖对长裾”用词比较古雅，但是可以看出古代的服饰之美。在中国传统文化中，“鸡”与“凤”常常是对比着提及的两种禽类，一个地位最低，一个地位最高，有句俗话叫“鸡窝里飞出个金凤凰”，从中就可以看出它们的差别。在人们所熟知的植物中，有一种花叫“鸡冠花”，还有一种草叫“凤尾草”，这是野草与鲜花相对。而下面一句则是著名的芍药与荷花相对。

【原文】

周有若[①]，汉相如[②]。王屋[③]对匡庐[④]。月明山寺远[⑤]，风细水亭虚[⑥]。

【注释】

①周有若：周朝的有若。有若，孔子的弟子。②汉相如：汉代的司马相如，当时著名的文学家。③王屋：王屋山，在山西省。④匡庐：就是庐山，在江西九江，相传商周时期有姓匡的兄弟在这里隐居，所以叫匡庐。⑤这句的意思是：在明亮的月光下，可以隐约看到远处山上寺庙的轮廓。⑥这句的意思是：轻风拂来，水边的小亭一片空虚清凉。

【解读】

“周”和“汉”都是朝代名，“有若”和“相如”都是人名，但这里并非随便选择了两个人名，因为“有若”和“相如”在古代汉语中都是“相似”的意思，是同义对。“王屋”和“匡庐”都是有名的高山。末两句对仗工整，合起来构成了一幅意境淡远的图画。

【原文】

壮士腰间三尺剑[①]，男儿腹内五车书[②]。

【注释】

①三尺剑：指宝剑。古代的剑大多为三尺长。自从刘邦手提三尺剑斩蛇起义后，

后人常用“三尺剑”作为有志男儿的象征。这句的意思是：壮士豪杰的腰间总要佩戴着一把三尺宝剑。②五车书：战国时期有一个学者叫惠施，很有学问，庄子说他有五车书，后人便用“五车书”来称赞读书多、学问大的人。这句的意思是：有抱负的男儿肚子里都有很大的学问。

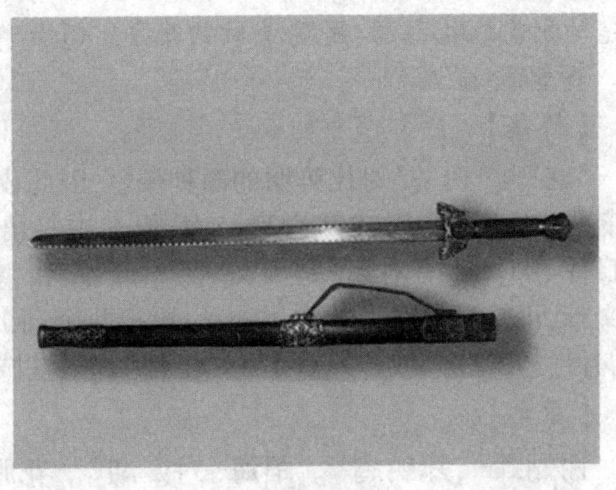
三尺剑

【解读】

“壮士”对“男儿”就是同义对，只是根据对仗的要求，选取了不同词汇，兼顾了声韵相对：两个仄声对两个平声。“腰间”与“腹内”都是人体某一部位。“三”和“五”都是数词，“尺”与“车”都是量词，但“三尺”“五车”在这里并非是确数，而具有指代性；“三尺剑”和“五车书”并不仅仅指“剑”和“书”本身，而是代指抱负和学识。整副对子里最妙的当属这组三字对。

【原文】

疏影暗香[①]，和靖[②]孤山[③]梅蕊放[④]；轻阴清昼[⑤]，渊明[⑥]旧宅柳条舒[⑦]。

【注释】

①疏影暗香：均指梅花。因为林逋曾用“疏影横斜水清浅，暗香浮动月黄昏”的诗句来形容梅花，所以后人就用“疏影”和“暗香”两个词来代指梅花。疏影是说梅花树稀稀落落的枝丫的影子；暗香是说梅花散发出来的香气。②和靖：宋代大诗人林逋，字和靖。他一生非常喜欢梅花。③孤山：山名，在杭州，是林逋隐居的地方。④这句的意思是：那稀疏的树影和浮动的暗香，是林逋所隐居的孤山有梅花开放了。⑤清昼：清凉的白天。昼，白天。⑥渊明：指东晋大诗人陶渊明，他门前有五棵柳树，所以便给自己起了个名号，叫五柳先生。⑦这句的意思是：天稍微有点阴，白天很凉爽，陶渊明老屋前的柳树枝条舒展。

【解读】

此对分别写了两个著名的隐逸诗人：林逋和陶渊明，他们都个性淡泊，鄙弃荣华富贵。林逋一生都非常喜欢梅花与仙鹤，人们都说他是以梅花作为妻子，把仙鹤当成儿子，即“梅妻鹤子”的由来。陶渊明曾写过一篇名为《五柳先生传》的自传，并自称“五柳先生”。因此将“梅”和“柳”与林逋和陶渊明联系起来，联想自然，对得也自然。

七　虞

【原文】

红对白，有对无。布谷[①]对提壶[②]。毛锥[③]对羽扇[④]，天阙[⑤]对皇都[⑥]。

【注释】

①布谷：即布谷鸟，因叫声很像“布谷”而得名。②提壶：一种鸟的名字。③毛锥：

毛笔的别名。④羽扇：用鹅毛做的扇子。⑤天阙：天上的城池，也用来比喻人间的皇城。⑥皇都：皇城。

【解读】

"红"与"白"是对比鲜明的两种颜色，因此成为古诗中常见的对仗。虽然随着读音的变化，这两个字现在都读第二声，但在古汉语中，"白"字是入声，正好和念平声的"红"字相对。"有对无"是反义对。"布谷"和"提壶"都是鸟类。"毛锥"和"羽扇"透着文雅，正好又是文人的常用物品；再把两个词拆开来看，"毛"和"羽"也正好相对，妙手偶得，却浑然天成。"天阙"和"皇都"都指皇城，组对更让人觉得气魄宏大。

【原文】

谢蝴蝶[①]，郑鹧鸪[②]。蹈海[③]对归湖[④]。花肥春雨润[⑤]，竹瘦晚风疏[⑥]。

【注释】

①谢蝴蝶：宋代诗人谢逸爱写蝴蝶诗，人称"谢蝴蝶"。②郑鹧鸪：唐代诗人郑谷有一首《鹧鸪》诗，写得非常好，人们叫他"郑鹧鸪"。③蹈海：跳海自杀。战国时期，秦国兵围赵国都城邯郸，魏王派将军辛垣衍领兵救援。但辛垣衍由于害怕秦国的势力，反而劝赵王承认秦王为帝。这时，同样被围困在城里的齐国义士鲁仲连知道了这个消息，便去见辛垣衍，批评了他的胆小，并说，如果秦王真的称了帝，自己就"蹈东海而死"。这里的"蹈海"就是用鲁仲连的事。④归湖：春秋时，越国谋臣范蠡和美人西施帮助越王勾践打败吴国后，辞别了越王，一起隐居于五湖。⑤这句的意思是：花朵看上去那么新鲜漂亮，那都是因为春雨的滋润。⑥这句的意思是：夜晚的风把竹叶吹得卷了起来，显得竹子更为瘦削。

【解读】

谢逸和郑谷都是诗人，都有一个跟诗有关的外号，恰好这两个外号入对还更妥帖："蝴蝶"和"鹧鸪"都是会飞的动物，单从词形上看又都是联绵词，对得很工稳。

"蹈海"和"归湖"都用了典，而且严格对仗："蹈"有离去之意，"归"有回来之意。"蹈海"讲的是鲁仲连不屈服于秦国的残暴，甚至不惜以死抗争；"归湖"讲的是范蠡与西施为了躲避政治上的杀身之祸，隐居湖海以求生。在这一去一回、一死一生之间，其对仗之工巧已经跃然纸上。

末句中"花"对"竹""春雨"对"晚风"，都是名词对名词；"肥"和"瘦"是反义相对；"润"对"疏"，动词对动词，不仅对得漂亮，所描绘的画面也非常漂亮。

【原文】

麦饭豆糜[①]终创汉[②]，莼羹[③]鲈脍[④]竟归吴[⑤]。

【注释】

①麦饭豆糜：用麦子做的饭、用豆子做的粥，形容很粗糙的饭。这句用的是东汉开国皇帝刘秀的典故。刘秀刚刚起兵时，有一次打了败仗，被围在饶阳，没有东西吃，他的部下冯异给他做了麦饭和豆粥。②这句的意思是：凭着麦饭和豆粥这样粗糙的饭，刘秀终于创立了东汉。③莼羹：莼菜汤。莼，一种水草，又叫水葵，可以吃。④鲈脍：鲈鱼切成的肉丝。脍，肉丝。这里用的是东晋人张翰的典故。张翰本来在朝廷当官，但他厌倦了官场的生活，每次看到秋风起，便思念家乡吴地的美味莼羹和鲈脍，对自己远离家乡深为后悔，于是便辞官回家了。⑤这句的意思是：因为思念家乡的莼羹和鲈脍，

张翰竟然辞官回到家乡吴地去了。

【解读】

"麦饭豆糜"对"莼羹鲈脍",两者都指饭菜,不过前者是极为粗劣的饭菜,而后者是非常精致的饭菜,对比鲜明,还隐藏了两个典故:"麦饭豆糜"说的是刘秀,他在如此艰苦、危险的环境中仍坚持奋斗,最终建立了东汉;"莼羹鲈脍"说的是张翰,他虽然在朝为官,然而最终辞官归隐,但坚持了个人品行。刘秀和张翰的事迹可谓相映成趣。

【原文】

琴调[①]轻弹,杨柳月中潜[②]去听[③];酒旗[④]斜挂,杏花村[⑤]里共来沽[⑥]。

【注释】

①琴调:用琴所弹奏的曲调。②潜:悄悄地。③这句的意思是:在杨柳下、月光中,悄悄地去听有人把琴曲轻弹。④酒旗:卖酒小店门前挂的布做的招牌。⑤杏花村:泛指卖酒的地方。⑥沽:买酒。这句的意思是:杏花村头斜斜地挂着酒旗,大家都来这里买酒。

【解读】

"轻"和"斜",仅仅一个字便将清新淡雅的意境整个都烘托出来了。悠扬动听的琴声,要悄悄地"去"幽雅之处聆听,才能品出韵味;卖酒的小店,要客人络绎不绝一起"来"光顾,才能生意兴隆。上句颇有出尘脱俗的雅士风范,下句则满溢着生活气息,对来别有情味。

八　齐

【原文】

鸣对吠[①],泛[②]对栖。燕语对莺啼。砗磲[③]对玛瑙[④],琥珀[⑤]对玻璃。

【注释】

①吠:狗叫。②泛:鸟飞。③砗磲:一种软体动物的壳,古称七宝之一。《苏氏演义》中记载,曹操"以玛瑙石为马勒,砗磲为酒碗"。④玛瑙:一种矿物,颜色美丽,坚硬耐磨,可以做装饰品。⑤琥珀:古代松柏的树脂落入地下形成的化石。

【解读】

"鸣"和"吠"是同义对,都是叫的意思,不过一个是鸡叫,一个是狗叫。"泛"和"栖"都是描写鸟类的动作,飞翔对休息。"燕"对"莺"是对仗中的典型意象,"语"和"啼"这里都是啼叫的意思,"燕语对莺啼"对得具体而工整。

"砗磲"对"玛瑙",平平对仄仄;"琥珀"对"玻璃",仄仄对平平,声韵两两相对;都是联绵词,拆开后单个字无实义,组合起来却变成了精美的饰品,又用了同旁法,称得上赏心悦目。

【原文】

绛县老[①],伯州犁[②]。测蠡[③]对燃犀[④]。榆槐堪作荫[⑤],桃李自成蹊[⑥]。

【注释】

①绛县老:春秋时期晋国绛县有一个老人,不知道自己有多少岁了,只知道是正月

初一甲子生的,现在已经过了四百四十五个甲子。有一个叫师旷的人说他已经七十三岁了。②伯州犁:春秋时期晋国大夫伯宗的儿子,伯宗被杀,他跑到楚国去,当了大官。③测蠡:蠡是海里的一种蛤,测蠡就是用蠡来测量大海。表示见识狭小,不自量力。④燃犀:犀指犀牛角。传说晋代有个人叫温峤,他路过牛渚矶时,听人说水下有怪物,便点燃了一只犀角往水下照,果然看见了很多奇怪的精灵。⑤堪:可以。荫:树荫。这句的意思是:榆树和槐树都能用树影给人带来阴凉。⑥蹊:小路。古代有句谚语叫“桃李不言,下自成蹊”,就是说因为桃李能给人带来好处,所以,即使它们不说什么,树下也会有人们常来而踩出的小路。比喻有才华和美德的人不用张扬,就会得到别人的尊敬。这句的意思是:桃树和李树下自然会有人们踩出的小路。

【解读】

“绛县老”和“伯州犁”都是晋国人。“绛县”与“伯州”看上去都是地名,可以相对。实际上,“绛县”是地名,“伯州”却是人名,此人姓“伯”,这里就涉及对仗的一种特殊形式:汉字中存在一词多义的现象,某个字在文章中是一个意义,在对仗中则用另一个意义,这就是“借对”。“伯州”的“州”和“县”意义不相关,此处却是借它们在“州县”中的意义来对仗,正是巧用了借对的原理。“榆槐”和“桃李”都是常见的植物,

【原文】

投巫[1]救女西门豹[2],赁浣[3]逢妻百里奚[4]。

【注释】

①巫:用巫术来骗人的人,也称巫人、巫师。②西门豹:战国时期魏国人。他到邺地当官时,发现这里的人非常迷信,因为本地有条河经常发水,巫婆说只有每年为河伯娶一个媳妇才能不发大水。于是,众人每年都会把一个女孩推到河里去。西门豹决心治理这个事情,他把巫婆扔到了河里,让她去给河伯报信,当然,巫婆再也没返回来。这句的意思是:西门豹把巫婆扔到河里,救了很多少女。③赁浣:雇用洗衣服的人。赁,租赁,这里指雇用。浣,洗,这里指代洗衣服的人。④百里奚:春秋时期虞国人,虞国灭亡时被晋国俘虏,后来秦穆公听说他很有才,便用五张黑羊皮把他赎回来并封为大夫。有一次,他雇了一个女子给他洗衣,在他听歌的时候,这个女子自称懂音乐,就唱了一首歌。这时,百里奚才认出,这个洗衣女子竟然是他失散多年的妻子。这句的意思是:百里奚雇人来洗衣服才遇到了他失散多年的妻子。

【解读】

“西门豹”和“百里奚”,这两个历史人物都是复姓,“西门”对“百里”,虽然比不上“西门”对“东郭”,但还算工整。两个人一“救女”、一“逢妻”,一“投巫”、一“赁浣”,构词方式都很相似,其中“巫”与“浣”都是一种职业,从字面到事迹都对得妥帖。

【原文】

阙里[1]门墙[2],陋巷[3]规模原不陋[4];隋堤[5]基址,迷楼[6]踪迹已全迷[7]。

【注释】

①阙里:孔子居住的小巷的名字。②门墙:指孔子门下的学生。③陋巷:孔子的弟子颜回居住的地方,据说很简陋。孔子曾称赞说,颜回只有一碗饭,一瓶水,还住在这么个陋巷,别人都觉得没法活,他却很快乐。④这句的意思是:孔子的弟子颜回住在陋巷里,陋巷因此并不显得简陋寒碜。⑤隋堤:隋炀帝为了到江都游览,开凿了京杭大运

河，全长一千三百多里，两岸栽种柳树，称为隋堤。⑥迷楼：也是隋炀帝所建，据说千门万户，非常复杂，进去的人都会迷失在里面，所以叫迷楼。⑦这句的意思是：隋炀帝建造的庞大的隋堤与迷楼，现在的地址和踪迹已经迷失了。

【解读】

在对仗中，常将同样一个或几个字、词、句子在对联中间隔地或重复地运用，使之既连接紧密，意义又有所不同，以达到增加联意的深度和广度、使所要叙述的事物更加形象生动的效果，这就是反复的手法，又称复辞法，可分为联意的反复和用字的反复。

本联的特色就在于运用了反复的手法。上句着重于"陋"字，颜回生前居住在"陋巷"，但他品行高洁，去世后声名不但不"陋"，还流芳百世；下句着重于"迷"字，隋炀帝生前虽然是帝王，但他奢侈荒淫，他本人以及那些富丽堂皇的宫殿，都早已湮灭在历史的长河中。

九　佳

【原文】

勤对俭[①]，巧对乖。水榭对山斋。冰桃对雪藕[②]，漏箭[③]对更牌[④]。

【注释】

①俭：节俭，节省。②冰桃、雪藕：传说西王母曾多次降临人间，给汉武帝带来了许多礼物，其中就有冰桃、雪藕，就是像冰一样的仙桃，像雪一样的莲藕。③漏箭：漏是古代的一种计时器，在一个容器中装上水，当水慢慢地往外流时，容器上的指针也随着水面的下降而变化，从而显示时间的变更，类似现在的钟表。漏箭即指针。④更牌：夜间报更的竹签，也叫更筹、更签，是古代人晚上报时的一种工具。

【解读】

"勤"和"俭""巧"和"乖"都是同义对。"水榭"和"山斋"，一个有"水"，一个有"山"，又都是深受古代文人雅士喜爱的场所，是珠联璧合的好对。末两句中无论是神话传说里的稀世蔬果，还是日常生活中的报时工具，作者信手拈来，却宛如天造地设。

【原文】

寒翠袖[①]，贵荆钗[②]。慷慨对诙谐[③]。竹径风声籁[④]，花蹊月影筛[⑤]。

【注释】

①寒翠袖：杜甫有一首诗叫《佳人》，写了一个被丈夫抛弃而隐居山谷的美女，其中有"天寒翠袖薄"的句子，这里就是用这个典故。②荆钗：指用荆木做的发钗，是很简陋的饰品。也代指与丈夫同甘共苦的贤惠的妻子。③诙谐：幽默。④这句的意思是：风吹入竹林的小路，竹林发出天籁之音。籁，声音。⑤这句的意思是：月光被花朵筛成了碎点，散落在小路之上。

【解读】

第一对寥寥数字，却包含了令人慨叹的深沉意蕴。"翠袖"在这里代指美人，也特指贵族女性；"荆钗"则代指穷人家的女子。两种价值相差甚大的物品，代指了两类身份、地位差距极大的女性。然而当它们前面各增加了一个字，意义却发生了很大变化："寒翠袖"，化用了杜甫的诗句，代指被遗弃的女人，美貌和财富对改变她不幸的遭遇没有丝毫作用;“贵荆钗”则说明,贤惠的女子或许不够美丽和富有,但她和丈夫美好的感情却是多少财富也换不到的,正应了那句“易求无价宝,难得有情人”。

“慷慨”和“诙谐”是同旁对,都是人的一种典型情绪的表达。“竹”对“花”就是树对花,“径”和“蹊”都是小路,“风”和“月”也是常见的对仗,末句不仅对得工整,还有种宁谧幽静之美。

【原文】

携囊①佳韵②随时贮③,荷锸④沉酣⑤到处埋⑥。

【注释】

①囊:口袋。②佳韵:好的诗句,古代把一句诗也叫一韵。③随时贮:这是用唐代诗人李贺的典故。李贺非常喜欢写诗,外出时总带着一个布口袋,灵感一来,就写下来放到口袋里,晚上回家再细细看,修改成诗。这句的意思是:李贺带着口袋,有了好诗便可以随时存放起来了。④荷锸:背着铁锹。荷,背着。锸,铁锹。⑤沉酣:喝酒喝得大醉。这里用的是东晋刘伶的典故,刘伶非常爱喝酒,每次出去都带上酒,还叫人背着铁锹跟在他后面,说:“我要是喝酒醉死了,埋了我就完了。”⑥这句的意思是:刘伶让人背着铁锹跟着,只要他在沉醉中死去,就随处埋葬。

【解读】

李贺和刘伶都是文士中特立独行的典范。李贺把短暂的一生都放在了作诗上,可谓呕心沥血。他每次出门必定准备一个口袋,一有灵感就写成诗句放进口袋里。刘伶出门时也有一个怪癖——必定要带上酒,并让随从带上铁锹随时准备,一旦自己醉死了,便就地挖个坑埋了。两种不同凡俗的行为对得很妥当,字词选择也有可圈可点之处,如“携囊”对“荷锸”,“携”与“荷”,动词对动词,工稳雅致;“囊”与“锸”正是李、刘二人出门时的独特标志。对照读来非常有意思。

【原文】

江海孤踪①,雪浪风涛惊旅梦②;乡关③万里,烟峦④云树⑤切归怀⑥。

【注释】

①孤踪:孤单的行踪。②旅梦:旅客的梦。指宋代女词人李清照,她早年受丈夫赵明诚影响,热爱收集金石书画,金兵入侵后,她孤单一身漂泊南方,非常痛苦。这句的意思是:茫茫江海,只剩下李清照一个人,生活的风浪惊碎了她平静的生活。③乡关:家乡。④烟峦:烟雾缭绕的山峦。⑤云树:云雾中的树林。这是指南北朝时期的大诗人庾信,他代表南朝出使西魏,却被扣留,虽然在北方做的官很高,但他一直思念着家乡。⑥这句的意思是:庾信在北方,看到烟雾缭绕的山峦和云雾中的树林,便会怀念万里之外的家乡。

【解读】

如果仅仅把这两句看成是对仗的抒情句子,抒发了客居他乡时的一种普遍愁绪,读起来也很通顺。但如果知道这两句没有点明的历史人物分别是李清照和庾信,就能品味出更深沉的内涵:李清照因为战乱被迫从北方迁到了南方,家破人亡,晚景凄凉;庾信恰好相反,从南方出使北方时被扣留不还,北朝为了笼络他赐以高官厚禄。虽然境遇有天壤之别,但两个人思念家乡、追怀故国的哀痛之情是同样真挚深沉的。不同的境遇,相同的感情,如此对比才更显得意味深长。

十 灰

【原文】

春对夏，喜对哀。大手①对长才②。风清对月朗，地辟对天开。

【注释】

①大手：即大手笔，指写文章很高明的人。②长才：有很高才能的人。

【解读】

严格的对仗非常讲求声韵，必须平仄相对。春、夏、秋、冬四个字中，只有“夏”字是仄声，其余三个都念平声，因此四季组对时，“夏”字是不可或缺的。前面“二冬”韵里就有“夏对冬”。不过若是作诗，在某些可平可仄的特定位置，可以不用“夏”字。“喜”对“哀”，反义相对，都表达了一种情绪。“大手”和“长才”都是指有才华的人。“月朗风清”（“朗月清风”）和“开天辟地”本身都是成语，对来自然贴切。

【原文】

游阆苑①，醉蓬莱②。七政③对三台④。青龙壶老⑤杖⑥，白燕玉人钗⑦。

【注释】

①阆苑：神话传说中的仙境。②蓬莱：传说中海上的仙山。③七政：古代金、木、水、火、土合称五行，再加上日、月就是七政。④三台：古有灵台、时台、囿台，合称三台。⑤壶老：传说东汉费长房曾跟随一位在壶中隐身的仙人壶公学仙术，一次他要回家，壶公送他一根竹杖，说骑上它一会儿就可以到家。费长房果然片刻就到家了，他一扔下竹杖，竹杖立刻变成一条青龙腾空而去。⑥这句的意思是：那壶老的竹杖原来是条青龙啊。⑦白燕玉人钗：汉武帝曾建招灵台，想等神仙降临。后有神女飞来，赠给汉武帝一双玉钗，玉钗后来变成白燕飞走了。这句的意思是：那仙女的玉钗竟是一双白燕。

【解读】

“阆苑”对“蓬莱”是同旁对，都是传说中的神仙洞府。“七政”与“三台”是数字对。在严格的数字对中，一般都有“三”字，因为从一到十的数字中，尽管“一、七、八、十”现在都念平声了，但在古汉语中，除了“三”，其他均为仄声字。“壶老”和“玉人”是传说中的神仙，一“青龙”、一“白燕”，一“杖”一“钗”，对得雅致有趣。

【原文】

香风十里望仙阁①，明月一天思子台②。

【注释】

①望仙阁：南朝后主陈叔宝曾经为他所宠爱的妃子张丽华建造了临春、结绮、望仙等楼阁，非常奢华。这句的意思是：那望仙阁里的阵阵香风可以飘出十里远。②思子台：汉武帝逼死了被诬陷的太子刘据，后来又大为后悔，便建了一座台来纪念太子，名叫思子台。这句的意思是：在思子台上，只有满天清冷而明亮的月光陪伴汉武帝。

【解读】

“香风”对“明月”，结构相同，“香”对“明”，形容词对形容词，修饰相对的名词“风”和“月”。“十里”对“一天”，数词对数词、量词对量词。这里的“望”与“思”意思相近,但沾染的感情色彩却正好相反:"望仙"时心情愉悦快乐,"思子"时却只有悔恨痛苦;"望仙阁"飘送着"十里香风","思子台"上只有满地清冷的月光,繁华对孤寂、热闹对冷清,反差极大。

【原文】

绿柳沿堤,皆因苏子[①]来时种[②]:碧桃满观,尽是刘郎[③]去后栽[④]。

【注释】

①苏子:指宋代大诗人苏轼,他到杭州当太守时,曾让人沿着西湖的堤岸种了很多柳树,后人把这个堤叫苏公堤,简称苏堤。②这句的意思是:那西湖岸边,绿柳成荫,都是苏轼来当太守时种的。③刘郎:指唐代大诗人刘禹锡,他因参加革新而被保守势力排挤,贬官到外地,十年后才被召回京师。他写了首诗:"紫陌红尘拂面来,无人不道看花回。玄都观里桃千树,尽是刘郎去后栽。"意思是说,朝廷中很多得势的官员,不过是我走后爬上来的罢了。④这句的意思是:玄都观里那么多桃树,可都是刘禹锡走后栽种的啊!

【解读】

"绿柳"对"碧桃","绿"和"碧"都是绿色,属于同义对,"柳"对"桃"是两种常见的植物相对;"堤"和"观"都是处所;"苏子"和"刘郎"分别指著名大诗人苏轼和刘禹锡;"来"对"去"是反义相对:"种"对"栽",动词对动词,对仗严密。不仅实词对得工稳,虚词同样对得恰到好处:"皆"和"尽",范围副词,全、都的意思;"时"和"后"都表示时间。字面和典故都对得天衣无缝。

十一　真

【原文】

莲对菊,凤对麟[①]。浊富[②]对清贫。渔庄[③]对蟹舍[④],松盖[⑤]对花茵[⑥]。

【注释】

①凤、麟:指凤凰和麒麟,都是传说中吉祥的动物。②浊富:指道德败坏的富人。浊,浑浊、不洁。③渔庄:打鱼人聚居的村庄。④蟹舍:指渔村水乡。⑤松盖:指松树,因为松树形状像古时候马车的篷盖一样,所以叫松盖。⑥花茵:形容花很繁盛,像地毯一样。茵,地毯。

【解读】

"莲"对"菊",植物对植物,"凤"对"麟"就是百鸟之王对百兽之王,都是传说中象征祥瑞的珍禽异兽。"浊富"对"清贫"严格相对,核心词"富"和"贫"反义相对,讲述了人的不同境遇,然而经过了另一对反义词"浊"和"清"的修饰之后,污浊而富贵对清白而贫困,把两种截然相反的品德进行了对比,褒贬分明。"渔庄"对"蟹舍",地点对地点。"松盖"对"花茵",景物对景物,"松"对"花"就是树对花,"茵"和"盖"都是日常用具,而且两个词都用了比喻的手法。

【原文】

萝月叟[①],葛天民[②]。国宝对家珍。草迎金埒马[③],花醉玉楼人[④]。

【注释】

①萝月叟：藤萝月下的老人。②葛天民：葛天氏是传说中的上古帝王，他所治理的国家非常安宁。葛天民就是指葛天氏治理下的老百姓。③金埒马：晋朝的王济特别爱马，给马建了跑马场，并用绳穿钱，沿着跑马场的矮墙围了一圈。埒，矮墙。这句的意思是：用青草来迎接王济的宝马。④这句的意思是：美丽的鲜花让玉楼上的人沉醉。

【解读】

“萝月叟”纯粹是为了与“葛天民”相对而生造的，实际上并没有这样的典故，不过造得很好，还运用了“借对”的手法：“葛天民”的“葛”字本来只是一个姓，并无实际意义；“萝月叟”中的“萝”是藤萝，一种能爬蔓的草本植物，于是，姓葛的“葛”字被借用为另一种草本植物葛藤的“葛”，这样，上下句就对得非常工整了。“国家”和“珍宝”本来就是经常提及的两个词语，“国宝对家珍”自然贴切。

【原文】

巢燕[1]三春[2]尝唤友[3]，塞鸿[4]八月始来宾[5]。

【注释】

①巢燕：巢里的燕子。②三春：阳春三月。③这句的意思是：鸟巢里的燕子每到阳春三月就不停地鸣叫来召唤朋友。④塞鸿：鸿，指大雁，古人认为大雁的家乡是塞北，故称“塞鸿”。⑤宾：宾客。因为每到八月大雁就会往南飞，就好像要到南方去做客一样，所以叫“八月始来宾”。这句的意思是：塞北的鸿雁直到八月才会飞到南方去做客。

【解读】

如前所述，根据声律平仄相对的要求，“夏”在四季组对中是不可或缺的，但春与秋其实才是自然本身所提供的最佳配对：春季温暖，秋季凉爽；春季播种，秋季收获；春季绿叶生发，秋季黄叶飘零……这副对子就是这个“最佳配对”的写照。这里用“三春”与“八月”代指春、秋，主要是为了对仗工整。在“三春”众多景致中，单单选择了巢里的“乳燕”来对“八月”的大雁，一个稚嫩，一个成熟；一个嗷嗷待哺，一个展翅高飞。上句幼嫩轻盈的燕子让人联想到春天的生机勃勃，而下句展翅南飞的大雁让人联想到秋天的硕果累累，既有诗意，又有生气。

【原文】

古往今来，谁见泰山曾作砺[1]；天长地久，人传沧海几扬尘[2]。

【注释】

①砺：磨刀石。汉代建国后，分封功臣，皇帝在给大臣的分爵誓辞中说“使河如带，泰山若砺，国以永宁，爰及苗裔”，意思是即便黄河变得只有一条带子那么宽，泰山变得像磨刀石那么平，我们的国家和后代也永远安宁。这句的意思是：古往今来，谁曾看见过泰山变得像磨刀石那么平了。②沧海几扬尘：传说神仙麻姑曾对王远说，自己已经三次看见东河变成陆地了，而现在东海的水太浅，恐怕又要变了。王远也叹气说，圣人也都说东海要扬起尘上了。这句的意思是：天长地久，人们都传说连大海也已经好几次变成陆地了。

【解读】

起首四字便气势不凡，“古往今来”和“天长地久”，结构相近，都是常用的成语，都形容时间的漫长，堪称天造地设的绝妙好对。两句的句型结构也非常相似：“古”“今”

对“天”“地”，“往”“来”对“长”“久”；“谁见”与“人传”都指“没人看见”，属于流水对。同一联中的两个对句，虽然从形式上看是两句话，但意思并不对立，实际上是一整句话分成两句来说，这两句话在理解时应该如同流水般一口气贯穿下来，所以叫作流水对。不过，“谁见”和“人传”还有细微的区别，前者是从来就没有人见过，后者则表示原本也许是有的，只不过没有亲眼见到。这副对子既气魄宏大，又充满了世事变幻的沧桑感。

十二　文

【原文】

言对笑，绩对勋[①]。鹿豕[②]对羊羵[③]。星冠[④]对月扇[⑤]，把袂[⑥]对书裙[⑦]。

【注释】

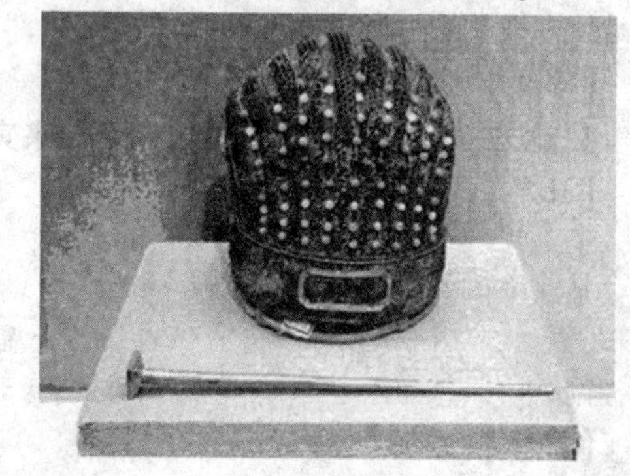

星冠

①绩、勋：都指成就、功劳。绩，成绩；勋，功勋。②豕：猪。③羊羵：春秋时，季康子挖井，挖到一个瓦缸，发现里面竟然有一只羊，去问孔子。孔子说这是土里面的怪物，叫羵羊。④星冠：古人所戴的帽子，上面有些珠宝的装饰，像星星一样，所以叫星冠。⑤月扇：像月亮一样的扇子。⑥把袂：就是拉住袖子，引申为握手。袂，衣服袖子。⑦书裙：晋朝时有一个人叫羊欣，他幼时就很有才华，大书法家王羲之很欣赏他。有一次，王羲之趁羊欣白天睡觉时在他的前襟上写了很多字，羊欣醒来后很高兴，仔细揣摩，书法有了很大长进。书，写；裙，衣服的前襟。

【解读】

“言”对“笑”就是说对笑，一个是动作，一个是表情，单看字面对得并不工整。但是在古代，“言”与“笑”经常放在一起连用，如“不苟言笑”“言笑自若（如）”“言笑晏晏”等，两个字的意思于是就有了联系，用作对仗也说得过去。

“绩对勋”，二者都指功劳、成就，是同义对。“鹿豕对羊羵”，动物对动物。“星冠”和“月扇”对得非常工整，“星”对“月”也是常用对仗。“冠”和“扇”都是服饰器物，而且用了比喻的手法。

“书裙”用了典故，“把袂”却没有用典，但它与“书裙”在字面上对仗非常严整，作者才选用了它。

【原文】

汤事葛[①]，说兴殷[②]。萝月[③]对松云[④]。西池青鸟使[⑤]，北塞黑鸦军[⑥]。

【注释】

①汤事葛：汤，商朝的开国君主成汤；葛，夏朝末年的一个小国。葛国的君主不祭祀，成汤想帮他祭祀，他反而抢掠了成汤，后来，成汤就把葛给灭了。②说兴殷：说指傅说。商王武丁曾梦见一个圣人，名字叫“说”，醒来后四处寻觅，后来终于在傅地找到了

傅说,就是梦里的人,于是便请傅说来做他的相。在傅说的治理下,商朝(也就是殷)兴盛起来。③萝月:穿过藤萝的月光。④松云:飘过青松的白云。⑤西池青鸟使:传说神仙西王母在降临人间前,总是先派一只青鸟来通报。西池,传说西方昆仑山上西王母所住的瑶池。这句的意思是,西方的瑶池有青鸟来当使者。⑥北塞黑鸦军:唐末沙陀国国王李克用的军队全穿黑衣黑甲,人称黑鸦军。这句的意思是,北部关塞李克用的军队叫黑鸦军。

【解读】

首句采用历史人物和历史事件入对,"汤"和"说"都是人名;"事"和"兴"都是动词;"殷"虽然是朝代名,但它开始和"葛"都是夏朝的属国。"萝月对松云"对得工稳,"萝"和"松"都是常见的植物,"月"和"云"都是空中的景观。

末句在结构设计上有意采用了极为鲜明的对比手法。"青鸟"与"黑鸦",首先看字面就能产生强烈的反差:"青鸟"活泼可爱,让人的心情瞬间愉悦;"黑鸦"则让人觉得厌恶,伴随着不祥之感。其次,两个词都用了典,两个典故也是在同样的意义层面上进行对比的:"西池"是传说中令人向往的神仙洞府,"北塞"则是人迹罕至的蛮荒之地;"青鸟"传信预示着幸福欢乐,因而后世推举他担任传递爱情信息的使者,而"黑鸦军"的出现往往宣告残酷血腥的战争和杀戮即将到来。

【原文】

文武成康[①]为一代[②],魏吴蜀汉[③]定三分[④]。

【注释】

①文武成康:指西周初年的周文王、周武王、周成王、周康王。西周在他们的统治下极为安定。②这句的意思是:周文王、周武王、周成王、周康王统治下的西周是一代太平盛世。③魏吴蜀汉:即三国时期曹丕建立的魏国、孙权建立的吴国和刘备建立的蜀国,因为刘备自称是继承了汉朝的正统,所以,蜀国也被称为蜀汉。④定三分:确定了天下三分的格局。这句的意思是:魏国、东吴和西蜀确定了天下三分的格局。

【解读】

这也算是一副巧对了,用历史上的几个朝代入对。上句的"文武成康"是安定幸福的盛世,下句的"魏吴蜀汉"则是群雄割据的乱世。不过,这里要了个小小的花招:上句的"文武成康",一一列举了四个君王,在他们统治期间,确实政治清明、天下太平;按照对仗的要求,下句本来应该也列举四个,"三国"本来就只有三个国家,为了弥补空缺,于是在"魏吴蜀"后加了一个字"汉",从而保持了对仗的工整,这其实是对仗中经常使用的一种技巧。

【原文】

桂苑[①]秋宵,明月三杯邀曲客[②];松亭夏日,薰风[③]一曲奏桐君[④]。

【注释】

①苑:园林。②曲客:酒。曲是造酒的东西。这句的意思是:秋天的夜晚,漫步在长满桂树的园林,邀请明月喝三杯酒。后半句来自李白诗句"举杯邀明月,对影成三人"。③薰风:暖风。④桐君:指琴,因为古代好的琴都是用桐木做的,故称"桐君"。舜曾弹琴而歌"南风之薰兮,可以解吾民之愠兮",意思是说南风多么温暖啊,可以开解我的老百姓的烦恼。这句的意思是:夏天,在四周长满了松树的亭子里,用上等的琴演奏

一曲薰风歌。

【解读】

先看字面，对仗工稳："桂"和"松"都是人们常见的植物；"苑"和"亭"都是人工建筑；"秋宵"和"夏日"都是时间；"明月"和"薰风"都是自然气象；"三"和"一"都是数词；"曲客"对"桐君"实际上就是"酒"对"琴"，用词比较雅致，带着几分文人的气息，与整副对子的风格非常一致。

此对的正常顺序应该是"桂苑秋宵，三杯曲客邀明月；松亭夏日，一曲桐君奏薰风"，但因为在"十二文"里，要押"君"的韵，因此末句必须调整顺序，改为"薰风一曲奏桐君"，于是上句也要做出相应地改动。下句的语序变化不影响意思表达，但是上句改动后，整体意思却显得不太清晰了。这是对仗中经常遇到的问题，一般只能靠阅读者自己努力恢复原来的语序来理解。

十三　元

【原文】

卑对长[①]，季对昆[②]。永巷[③]对长门[④]。山亭对水阁，旅舍对军屯[⑤]。

【注释】

①卑、长：卑，低微；长，长辈，地位高的。②季、昆：季，弟弟；昆，哥哥。③永巷：汉代拘禁宫女的地方。④长门：汉代宫殿的名字，汉武帝的皇后陈阿娇失宠后便居住于这里。⑤军屯：驻扎军队的地方。

【解读】

"卑对长"就是低对高；"季对昆"即弟对兄，就是弟弟和哥哥，都是反义对。"永巷"和"长门"都是汉代特有的宫殿名，都与后宫有关，再看字面，"永"对"长""巷"对"门"，对仗自然稳妥。

【原文】

扬子渡[①]，谢公墩[②]。德重对年尊。承乾对出震，叠坎对重坤[③]。

【注释】

①扬子渡：扬子江的渡口，在江苏江都市南。②谢公墩：山名，在江苏江宁县城北。东晋时谢安曾登临此山，后人称为谢公墩。③承乾、出震、叠坎、重坤：乾、震、坎、坤都是《易经》中八卦的名称。而承乾、出震、叠坎、重坤则指这四卦符号的形象特点。

【解读】

"扬子渡"对"谢公墩"，地名对地名。"谢公墩"这个名字来源于谢安，因此"谢"在这里是一个姓氏；而"扬子渡"的"扬"却是地名，但这里借来和"谢"一样表示姓氏，互为对应。"乾""震""坎""坤"都是用《周易》中八卦的名称入对，"重"和"叠"对得巧妙，字面对仗非常工整。

【原文】

相府[①]珠帘[②]垂白昼[③]，边城[④]画角[⑤]动黄昏[⑥]。

【注释】

①相府：宰相的府第、住宅。②珠帘：珍珠做的帘子。③这句的意思是：在宰相的

府第，那珍珠做的帘子终日静静地垂挂着。④边城：边塞的城池。⑤画角：古代军中的乐器，相当于今天的军号。⑥这句的意思是：在边塞，那吹响的画角打碎了黄昏的宁静。

【解读】

"珠帘"二字便点出了"相府"富贵万千的气象；"画角"之声慷慨悲凉，和烽烟四起的"边城"紧密相连。一个"垂"字就勾勒出了相府宁静悠闲的氛围；"动"字则让人联想到动乱和战争，是和前者完全相反的氛围。事实上，"相府"的"珠帘"白天晚上都低垂着，这里却只选择了"白昼"；同样，"边城"的"画角"未必只有黄昏才吹响，却独独选中了"黄昏"，一来使字面对仗工整；二来，不同的环境再配上不同的时间段，就沾染了不同的感情色彩。一内景、一外景，一"白昼"、一"黄昏"，一安逸闲适、一落寞萧索，对比极为鲜明。

【原文】

远水平沙，有客放舟桃叶渡①；斜风细雨，何人携榼②杏花村③。

【注释】

①桃叶渡：渡口名。相传因东晋王献之在此送其爱妾桃叶而得名。这句的意思是：远处河流有平坦沙滩的地方，那就是桃叶渡啊，有人正在划船而过。②榼：古代盛酒的器皿。③这句的意思是：在这斜风细雨之中，是谁带着空酒壶来到了杏花村呢？

【解读】

"远水平沙"和"斜风细雨"结构相似，"远""平""斜""细"都是形容词，修饰后面的名词，"水"和"沙"是地上的景物，"风"和"雨"则是空中的景象。"有客"是肯定的语气；"何人"虽然表示疑问，但这里事实上也是表示肯定的语气，二者表示的意义相同，又在相同中体现了变化，很有意思。"杏花村"在"七虞"中也提到过，这里"渡"对"村"，地点对地点；"桃叶"对"杏花"，"桃"和"杏""叶"和"花"都是常用对句，声韵上一平一仄对一仄一平，堪称绝佳。

十四　寒

【原文】

家对国，治对安。地主对天官①。坎男对离女②，周诰③对殷盘④。

【注释】

①地主、天官：地主，即东道主，主人；天官，百官之长。②坎男、离女：坎与离都是《易经》卦名，因乾坤代指父母，而坎卦与离卦又是乾、坤二卦派生出来的，故通常说坎是男，离是女。③周诰：中国最古老的历史文献《尚书》中，关于周朝文献资料的名字多有"诰"字，所以称周诰。④殷盘：《尚书》中有关殷商的文献资料有《盘庚》三篇，所以叫殷盘。

【解读】

"国家"虽然是一个词，但"家"和"国"是经常并举的两个字，本来就暗含对比之意，"忠孝两难全"正体现了"国"和"家"之间的矛盾。这里的"治"不是"治理"的意思，而是形容词，有安定、太平的意思，与"安"是同义对。末句源自唐代著名文学家韩愈的《进学解》中的“周诰殷盘，佶屈聱牙”一句，信手拈来，自然贴切。

【原文】

三三暖[1]，九九寒[2]。杜撰[3]对包弹[4]。古壁蛩[5]声匝[6]，闲亭鹤影单[7]。

【注释】

①三三暖：三三指农历三月三日上巳节，从这天开始，天气逐渐变暖。②九九寒：九九指农历九月九日重阳节，从这天开始，天逐渐变冷。③杜撰：指没有根据地编造、虚构。据说宋代杜默写诗常常不合格律，后来便称不合事理的为杜撰。④包弹：宋代清官包拯铁面无私，多次上书弹劾达官贵人，人称“包弹”。⑤蛩：蟋蟀。⑥匝：环绕，围绕。这句的意思是：破败的墙边，到处都是蟋蟀的叫声。⑦这句的意思是：没有人的亭台上，只有一只鹤的影子孤孤单单。

【解读】

“暖”和“寒”是反义成对，修饰它们的数字又采用了叠字法，即把两个相同的字或词重叠使用。叠字可以使韵律协调、节奏明朗，读起来和谐悦耳。对仗之别致新奇由此可见。“杜撰对包弹”字面对得很工整，“杜”和“包”都是姓，“撰”和“弹”都是动词，但“杜撰”已经是一个固定的词语了，“包弹”却不是。“匝”的本意是环绕，想象一下：到处都环绕着蟋蟀的叫声，可见蟋蟀之“多”；“单”就只有一个。仅仅两个字就描绘了两幅截然不同的景象：“匝”对“单”，蟋蟀的喧闹对鹤的孤傲。不仅对得妥帖，而且画面对比鲜明传神。

【原文】

燕出帘边春寂寂[1]，莺闻枕上漏[2]珊珊[3]。

【注释】

①寂寂：形容冷冷清清的样子。这句的意思是：燕子从帘边飞出飞进，春天就这样冷冷清清。②漏：古代计时用的漏壶。③珊珊：形容慢的样子。这句的意思是：靠在枕头上听到外边黄莺的叫声，感觉那漏真是太慢了。

【解读】

下句的“莺闻枕上”本来应该是“枕上闻莺”，然而为了对应上句“燕出帘边”，于是把语序颠倒了一下。“八齐”中已经说过，“燕”对“莺”在对仗中经常使用。“春寂寂”对“漏珊珊”用了叠字法，既对得巧妙，又起到了使意思表达更加完整，舒缓节奏的作用，细致生动地描绘了春日里佳人百无聊赖之态，从而点出了她孤独无依的心情，弥漫着诗的气息。

【原文】

池柳烟飘，日夕[1]郎归青琐[2]闼[3]；阶花雨过，月明人倚玉栏干[4]。

【注释】

①日夕：太阳落下。②青琐：指翰林院晚上值宿的地方，因门上刻有青色的花纹，故名。③闼：门。这句的意思是：池塘边的柳树上，柳絮飘飞如烟，太阳落山了，丈夫前往有青琐门的翰林院值宿。④这句的意思是：阵雨洒过台阶下的花，在月明的时候，寂寞的人独自靠在白玉栏杆上。

【解读】

纵观整副对子，实词多、虚词少，因此它最大的特点就是“密”，不仅意象密集，而且传递的信息量大,语言跳跃性也大。先看“池柳烟飘”,四个字里面就有三个是实词,三个实词就是三种意象,意象间的转换很快。再看它的对句“阶花雨过”,呼应上面,也是三种意象,跳跃性同样很大。接下来,“日夕”与“月明”,字面和意境都很般配;“青琐闼”与“玉栏干”均为实词,对得也很好。

十五　删

【原文】

林对坞[1],岭对湾。昼永[2]对春闲[3]。谋深[4]对望重[5],任大[6]对投艰[7]。

【注释】

①坞:山中四面高、中间低的地方。②昼永:白天长。夏天白天长黑夜短,冬天则相反。③春闲:春天人们一般比较有空闲,叫春闲。④谋深:深谋远虑,比较长远的考虑。⑤望重:有很高的威望。⑥任大:责任重大。⑦投艰:赋予重任。

【解读】

“林对坞”,“岭对湾”都是地点,不过“林”和“岭”都是凸出来的,而“坞”和“湾”则是凹进去,恰好相对。“昼永”与“春闲”只看字面对仗还算工整。但古人说“昼永”,指的是夏季既闷热又漫长难熬的白天,与“春闲”相对其实是不通的,如果写入诗中就会闹笑话了。“谋深”对“望重”对得很工:“谋”是计划、策划;“望”是声望、威望。“深”与“重”都表示程度深。

【原文】

裙袅袅[1],佩珊珊[2]。守塞对当关[3]。密云千里合[4],新月一钩弯[5]。

【注释】

①袅袅:衣裙随风摆动的样子。②珊珊:人身上所佩戴的玉器碰击发出的声响。③当关:把守关卡。④这句的意思是:千里浓密的乌云渐渐聚合在一起。⑤这句的意思是:月初的月亮像个钩子,弯弯的。

【解读】

“裙”和“佩”都是服饰,“袅袅”和“珊珊”都是叠词,一个刻画了女子的姿态,一个再现了饰物的声音。不但对仗贴切,合起来还形成了一幅完整生动的图景:读者仿佛看见一个袅袅娜娜的佳人伴随着环佩叮当声迎面而来。叠字增强了整体修饰效果,使描摹的场景更加形象鲜明。“守塞对当关”有种豪情和气势在内。末两句不仅对得工,而且只用寥寥十字,便描绘了两幅截然不同的图景:在广阔的天空中,浓密的乌云正从四面八方翻涌而来;一钩新月斜斜垂挂在天边,把清辉洒向人间。一暗沉、一明净,一压抑、一清朗。最后一句简直就是一幅淡雅宜人的水墨画,明净优美的意境呼之欲出。

【原文】

陇[1]树飞来鹦鹉绿[2],湘筠[3]啼处鹧鸪斑[4]。

【注释】

①陇:通“垅”,即田埂。②这句的意思是:田埂的树上,飞来了一只绿鹦鹉。③湘筠:即湘妃竹,也叫斑竹、湘竹。相传帝舜南巡苍梧而死,他的两个妃子在江湘之间哭

泣，眼泪洒在竹子上，从此竹竿上都有了斑点。筠，竹子。④这句的意思是：竹林里，密密的叶子中藏着一只斑鹧鸪。

【解读】

"陇树"对"湘筠"，都是高高的树木。"鹧鸪"和"鹦鹉"都是鸟类，而且都是同旁的联绵词。这组对句又颠倒了语序，"陇树飞来绿鹦鹉，湘筠啼处斑鹧鸪"才是正常语序，但要押"十五删"的韵，必须把"斑"字挪到末尾，下句语序的调整势必会影响对句中的"绿鹦鹉"，只有跟着变化，这样对仗才工稳。

【原文】

秋露横江，苏子[①]月明游赤壁[②]；冻云迷岭，韩公[③]雪拥过蓝关[④]。

【注释】

①苏子：指苏轼。苏轼贬官到黄州时，曾在一个月夜划船去游览赤壁，并写了名垂千古的《赤壁赋》，其中有"白露横江，水光接天"一句。②这句的意思是：秋天的露水落在长江上，苏轼在明亮的月光下游览了赤壁。③韩公：指韩愈。韩愈曾因上表劝谏唐宪宗而被贬官为潮州刺史，在赴任途中，路过大雪纷飞的蓝关，侄孙韩湘来相送，他写了首诗给韩湘，其中有"云横秦岭家何在，雪拥蓝关马不前"之句。④这句的意思是：冬天的阴云遮住了秦岭，韩愈在大雪纷飞中路过蓝关。

【解读】

"苏子"和"韩公"就是著名的文人苏轼和韩愈，这又是一个以历史人物、历史事件入对的例子。"秋露横江"和"冻云迷岭"，分别摘引自苏轼和韩愈的诗文片段，再稍加改编，最妙的在于，虽然引自两篇风格不同的作品，放在一起却对得如此工稳，毫不突兀。前者直接点出了"秋"字，有露水落在江上；后者则用"雪"字暗示冬天，天空中的云朵仿佛都要被冻结了。后面的七字句点明了四字句所引诗文的作者与出处，"游赤壁"与"过蓝关"本是苏轼、韩愈二人作品中所写的话，但对得混若天成。而且"赤壁"和"蓝关"第一个字都是颜色，读来饶有趣兴味。

下卷

一 先

【原文】

寒对暑，日对年。蹴踘[①]对秋千。丹山[②]对碧水，淡雨对轻烟[③]。

【注释】

①蹴踘：中国古代一种类似足球的运动。②丹山：秋后山上的树叶变红，所以称秋天的山为丹山。③轻烟：指袅袅升起或飘浮于空中的淡淡烟雾。

【解读】

"寒对暑"，"日对年"都是表时间的词相对，而且"寒"和"暑"还可以表示两种相对的气候。"蹴踘对秋千"在整组对句中最有特色，"秋千"本来写作"鞦韆"，这样一来，不仅都是同旁的联绵词，还是双声叠韵，其中"秋千"是双声，而"蹴踘"是叠韵，读起来清朗婉转。“丹山对碧水”,“淡雨对轻烟”都是写景色的词相对,尤其是“丹山”对“碧水”,“丹”对“碧”就是红对绿,不仅字面对得工,而且与“淡雨轻烟”的清新淡雅正好相反,色彩鲜亮,画面感极强。

【原文】

歌宛转[1],貌婵娟[2]。雪赋[3]对云笺[4]。荒芦[5]栖宿雁[6],疏柳噪秋蝉[7]。

【注释】

①宛转:委婉曲折的样子。②婵娟:姿态美好的样子。③雪赋:南朝诗人谢惠连写过一篇名为《雪赋》的文章。④云笺:唐代韦陟爱用五彩的纸来写信,签名时写的“陟”字像五朵云彩,后来人们便把书信叫作五云笺或云笺。笺,信。⑤荒芦:荒凉的芦苇地。⑥这句的意思是:过夜的大雁栖息在荒凉的芦苇地。⑦这句的意思是:秋天的蝉在枝叶稀疏的柳树中鸣叫。

【解读】

“宛转”和“婵娟”都是叠韵词,而且叠的是同一个韵。“雪赋”“云笺”很有美感。最后两句本来应该是“宿雁栖荒芦,秋蝉噪疏柳”,但这里要押“一先”的韵,于是把“蝉”放在了最末尾,上句为了对仗也必须改动。上句改动后对意思影响不大,下句则要靠读者自己将顺序还原来理解了。

【原文】

彩剪芰荷开冻沼[1],锦妆凫雁泛温泉[2]。

【注释】

①彩剪芰荷开冻沼:传说隋炀帝曾筑西苑,到了冬天,宫里的树木都凋残了,便命人用彩绢剪成荷花的样子,插到池沼之中。芰荷,即荷花。这句的意思是:用彩绢剪成荷花的样子来装饰被冻住了的池沼。②锦妆凫雁泛温泉:传说唐明皇在骊山温泉建华清宫,规模宏大,用锦缎缝成凫雁的样子放在水中。凫,野鸭。雁,大雁。这句的意思是:把锦缎制成的野鸭和大雁放在温泉中嬉戏。

【解读】

这里是以隋炀帝与唐明皇的事迹入对,首先胜在立意的新奇别致,至于字面上的工整反在其次。这两个皇帝都继承了先辈开创的盛世基业,却因奢侈荒淫,给国家和人民招致了不幸——隋炀帝直接亡了国,唐明皇虽没亡国,可他在位期间爆发了“安史之乱”,曾经强盛的唐朝从此一蹶不振。这副对子通过两个具有异曲同工之妙的典型事例:都是用人工制作的花卉动物来充当自然的花卉动物,以小见大,有力地揭露了两人的纵情享乐。

【原文】

帝女[1]衔石,海中遗魄为精卫[2];蜀王[3]叫月,枝上游魂化杜鹃[4]。

【注释】

①帝女:指精卫,传说她是炎帝的女儿。②精卫:据上古神话传说,炎帝有个女儿叫女娃,在东海游玩时不小心淹死了,她的魂魄变成了一只鸟,名字叫精卫,常常用嘴衔了西山的石头来填东海,要把东海填平来报仇。这句的意思是:炎帝的女儿被海水淹死后,魂魄变成精卫来衔石填海。③蜀王:指古蜀国的君王杜宇。④杜鹃:这里用了

杜宇的典故。传说周代末年，杜宇在蜀地称王，后来让位给开明帝，自己隐居山林，死后灵魂变成了杜鹃鸟，常在晚上鸣叫。这句的意思是：那树枝上对着月亮鸣叫的杜鹃鸟是蜀王杜宇死后的灵魂啊。

【解读】

这副对子从字面到感情色彩都对得很和谐：两句讲述的故事都源自神话传说，极富想象力，故事本身又带有浓郁的悲剧色彩。“杜鹃”对“精卫”，都是鸟类，又传说都是主角死后魂魄所化。“海中”与“枝上”“遗魄”与“游魂”也对得很工稳。不过需要指出的是，传说中女娃确实是在海里淹死的，因此“海中”讲的是实情；而“枝上”是生造的词汇，故事中并没有提及杜宇化为杜鹃后的行为和“枝上”有什么关系，不过杜鹃总是要落在树枝上的，所以用它来与“海中”相对。

精卫填海

二 萧

【原文】

琴对管[1]，釜[2]对瓢。水怪[3]对花妖[4]。秋声[5]对春色，白缣[6]对红绡[7]。

【注释】

①琴、管：琴是指琴、瑟一类的弦乐器，管是指笛子一类的管乐器。②釜：古代的炊事用具，相当于现在的锅。③水怪：水中的怪物。④花妖：百花的精怪。⑤秋声：秋天的风声。⑥缣：细致的丝绢。⑦绡：用生丝织成的丝织品。

【解读】

“琴”和“管”是音色不同的乐器。“釜”和“瓢”都是容器。“秋声”对“春色”很工整，“秋”和“春”虽然平仄不对，但在律诗中也是允许的，因为律诗第一个字在声律上一般可平可仄，没有严格要求。“声”诉诸于听觉；“色”则诉诸于视觉。从感情色彩上看，“秋声”给人一种萧瑟寥落的凄凉之感，“春色”却给人一种生机勃勃的明艳之感。“白缣对红绡”，“缣”和“绡”都是丝织品，但经过“白”和“红”这两种反差极大的色彩修饰之后，对比立刻强烈起来。

【原文】

臣五代[1]，事三朝[2]。斗柄[3]对弓腰[4]。醉客歌金缕[5]，佳人品玉箫[6]。

【注释】

①臣五代：这里指的是五代时的冯道，他先后在后唐、后晋、后辽、后汉、后周五朝任职，自号为“长乐老”，一直被当作没有气节的典型。臣，臣服。②事三朝：指南北朝时期的大诗人沈约，他曾先后在南朝的宋、齐、梁三朝中当官，所以说“事三朝”。③斗柄：北斗七星中排成直线的三颗星。④弓腰：跳舞的时候把腰向后弯成弓的形状。⑤金缕：指《金缕曲》，这是一个词牌的名字，也叫《贺新郎》。这里代指所唱的歌。这句的意思是：喝醉的人高唱着《金缕曲》。⑥这句的意思是：美人吹奏着玉箫。品，吹奏。

【解读】

“臣”和“事”都是动词，“五”和“三”都是数词，“朝”和“代”是同义对。上句讲的是冯道：唐朝灭亡后朝代更迭频繁，他却在五个朝代中都能担任高官，一直被人当作毫无气节的典型。下句写的是沈约，他也连续在三个朝廷中做官。从字面到寓意都对得很贴切。

“斗柄”对“弓腰”用了借对的手法：“弓腰”的“弓”这里借为弓箭的“弓”，来对“斗柄”的“斗”。“金缕”对“玉箫”，“金”并没有金子的意思，这里借用与“玉”来对。

【原文】

风定[1]落花闲不扫[2]，霜余[3]残叶湿难烧[4]。

【注释】

①风定：风停下来了。②这句的意思是：当风停下来的时候，有人闲着却故意不扫满地的落花。③霜余：被霜打了之后。④这句的意思是：霜打过的树叶很潮湿，所以很难烧着。

【解读】

“风”对“霜”，都是自然气象；“花”对“叶”，都是植物的一部分；“扫”对“烧”，都是动作，整体上很切合。上句说有人闲着却故意不打扫落花，有种落红满地的狼藉之感，颇具雅致情怀；下句说被霜打过的树叶潮湿难烧，有种秋冬之际特有的寥落之感，生活气息浓郁，画面也很相称。

【原文】

千载兴周，尚父[1]一竿投渭水[2]；百年霸越[3]，钱王[4]万弩[5]射江潮[6]。

【注释】

①尚父：指姜子牙。在商朝末年，姜子牙隐居在渭水钓鱼，周文王来请他出山辅佐周朝。这样，姜子牙就为周文王出谋划策，终于奠定了周朝八百年的基业。后来周武王尊封他为尚父，所以后世也把他叫姜尚。②这句的意思是：那让周朝兴旺了近千年的姜子牙啊，他曾在渭水边上拿一支钓鱼竿钓鱼。③霸越：在越地称霸。越，今天浙江一带。④钱王：五代时期，天下大乱，钱镠于公元896年占据了江浙一带，后称王，建立了吴越国。曾经在钱塘江放御潮铁柱，可柱子还没放好，潮水就来了，他命令军士用弓箭射潮水，潮水果然退了。到了公元978年，他的孙子钱俶归顺宋朝，所以，称其为“百年霸越”。⑤弩：一种用机械方法射击的弓箭。⑥这句的意思是：那在越地割据了一百年的钱王，曾命人用万支弓箭射退了潮水。

【解读】

这副对子的成功固然在于所选的历史人物及事迹有很大的可比性，但最妙的还是运用数字成功展现出厚重的历史感:"千载兴周"与"百年霸越"中,周朝有八百多年的历史,约为千载;越国持续了将近百年,"千"和"百"都是约数,言其多。后七字中,一个"一"字,充分展现了姜太公悠然从容的心态,对以一个"万"字,则完全凸显出钱王超卓不凡的霸气,对比悬殊,反差强烈。整个对子珠联璧合,气魄宏大。

三 肴

【原文】

诗[1]对礼[2],卦对爻[3]。燕引[4]对莺捎[5]。晨钟对暮鼓[6],野蔌对山肴[7]。

【注释】

①诗:指儒家的经典《诗经》,是我国古代第一部诗歌总集。②礼:指儒家的经典《礼记》。③卦、爻:卦是算卦的卦,在《周易》中,共有六十四卦,用来占卜吉凶;爻则是卦的基本符号,每个卦由六个爻组成。④引:引路。⑤莺捎:杜甫《重过何氏》诗中有"花妥莺捎蝶"之句。捎,捎带。⑥晨钟、暮鼓:古代都城用早上敲钟、晚上击鼓来表示时间。⑦野蔌、山肴:都指粗糙的饭菜。蔌和肴都是饭菜的统称。

【解读】

"诗"和"礼"都是儒家经典的名称;"卦"和"爻"则都是儒家的又一经典——《周易》中最基础的占卜符号。"燕引"对"莺捎"对得很工整。"晨钟暮鼓"本来就是一个成语,对仗很自然。"野蔌"和"山肴"都是粗糙的饭菜。

【原文】

雉方乳[1],鹊始巢。猛虎对神獒[2]。疏星浮荇[3]叶[4],皓月上松梢[5]。

【注释】

①雉方乳:东汉鲁恭当中牟县令的时候,把当地治理得非常好,据说连蝗虫都不进县里。他的上司听说后,就派人去看看是不是真的。使者刚到中牟县,就看到有野鸡安静地伏在桑树下,旁边的儿童却不去捉它。他很惊异,问为什么。儿童说:"野鸡正在喂小野鸡,不要伤害。"于是人们都相信鲁恭治理有方了。雉,通称野鸡或山鸡。乳,喂哺幼仔。②神獒:有灵气、善解人意的狗。獒,一种很凶猛的狗。③荇:一种浮在水面上的水生植物。④这句的意思是:荇叶上的水映出了稀疏的星星。⑤这句的意思是:明亮的月亮爬上了松树的枝头。

【解读】

"雉方乳"是有典故的,"鹊始巢"则纯粹是搭配出来的,仅仅与前句在字面上形成对仗,没有更深层的含义。"猛虎"对"神獒"存在一个很大的问题:出韵。"出韵",也叫落韵、窜韵、走韵,指在律诗偶句韵脚上不用本韵之字,而用邻韵或它韵中的字。"獒"字属于"四豪"的韵,作者却误用到了这里。古人作诗,最基本最重要的两点就是押韵和对仗,这里竟然出了韵,犯了诗家之大忌。末两句不但字面对得工整,而且前后贯通,极富画面感。

【原文】

为邦[1]自古推瑚琏[2],从政于今愧斗筲[3]。

【注释】

①为邦:治理国家。邦,国家。②瑚琏:古代宗庙祭祀时用来装祭品的容器,是用玉做成的。这则典故来自孔子与他的徒弟子贡:子贡曾经问孔子他今后能不能成才,孔子说可以。子贡又问能成什么样的才,孔子说瑚琏。意思是说能成为国家的栋梁之材。这句的意思是:自古以来,治理国家就要子贡那样能被称为"瑚琏"的人才。③斗筲:是两种容器,斗能装一斗,而筲装一斗二升,都非常小。这则典故同样来自孔子与子贡:子贡问孔子现在这些做官的人怎么样,孔子说,都不过是些斗筲之人罢了。意思是说都成不了大器。这句的意思是:如今从政当官的人都应当为自己被称为"斗筲小才"而惭愧。

【解读】

这副对子上下句所引用的典故,均出自孔子及其弟子子贡的故事,显得气象开阔。首先,上下一致,两句都在陈述与治国安邦有关的事情;其次,二者在相同中又有不同:上句主要说能治理国家的栋梁之材,而下句主要说无所作为的平庸官吏,这样同而不同,既工整,又灵活,不流于死板。

【原文】

管鲍①相知,能交忘形胶漆②友③;蔺廉④有隙⑤,终为刎颈⑥死生交⑦。

【注释】

①管鲍:指春秋时期齐国的管仲与鲍叔牙。两人年轻的时候就是朋友,曾经一起做生意,管仲偷偷多分了些钱,鲍叔牙知道他不是贪,而是穷,所以就不说什么。后来管仲辅佐公子纠,而鲍叔牙辅佐公子小白。公子小白立为齐桓公后,杀了公子纠,并把管仲逮了起来。鲍叔牙又对齐桓公说,如果仅仅想治理好齐国,我就够了,但如果要称霸天下,那非管仲不行。所以,齐桓公让管仲做齐相,齐国便大为强盛起来。管仲很感激鲍叔牙,说,生我的人是父母,但是最了解我的人是鲍叔牙啊!此后,人们便把朋友关系非常好的称为管鲍之交。②胶漆:形容感情好,像胶和漆一样不能分开。③这句的意思是:管仲与鲍叔牙互相理解,所以能成为如胶似漆的好朋友。④蔺廉:指战国时期赵国的蔺相如与廉颇。蔺相如曾立下大功,赵王封他为相。廉颇是赵国的大将,很不服气,多次想找茬,但蔺相如都以国家为重而忍让了。后来廉颇才知道了其中道理,亲自登门负荆请罪。两人从此成为生死之交,共同为国效力。⑤隙:两人有矛盾,有摩擦。⑥刎颈:自杀的意思。刎,是用利器割。颈,是脖子。这里的刎颈代指朋友关系非常好,可以为对方付出生命,就是人们经常说的"刎颈之交"。⑦这句的意思是:蔺相如与廉颇虽然在开始时有摩擦,但最终还是成了生死之交。

【解读】

"管鲍"就是管仲和鲍叔牙,"蔺廉"就是蔺相如和廉颇,都是人的姓氏。"管鲍之交"和"将相和"两个故事作为友情的典范已经广为人知。这里把两个典故放在一起对比,却是别开生面,又很恰当。管、鲍二人是从小相知,经过众多事件友情逐步升华,最后成为"知己"的代名词;后一个故事中则先是廉颇单方面容不下蔺相如,而蔺相如的宽广胸襟最后感动了廉颇,于是他负荆请罪,二人终成"刎颈之交"。两种不同类型的友谊却能对得工稳妥帖,读来新鲜有趣。

四 豪

【原文】

梅[1]对杏，李对桃。山麓[2]对江皋[3]。莺簧[4]对蝶板[5]，麦浪[6]对松涛[7]。

【注释】

①梅：杨梅。②山麓：山脚下。③江皋：江边的高地。④莺簧：指黄莺的鸣叫声美妙得像笙簧演奏出来的声音一样。簧，笙管中的发声器。⑤蝶板：蝴蝶的双翅一会儿张开，一会儿合上，就像乐器中的板。板，一种乐器，用以控制节拍。⑥麦浪：麦子被风一吹，上下起伏如同波浪一样。⑦松涛：松林被风一吹，发出阵阵响声，如同涛声阵阵。

【解读】

"梅对杏""李对桃"都是水果对水果，当然还可以理解为树对树，很工整，也很简单。"山"对"江"就是山对水，"麓"对"皋"也很相称。"莺簧对蝶板"是一副绝妙好对，其中倾注了极大的气力，"莺"和"蝶"都是会飞的动物，"簧"对"板"是乐器对乐器，这种组合别具匠心，关键得益于比喻的精妙贴切，发人所未发。"麦浪"和"松涛"都是描摹植物被风吹动时呈现的状态，而且这种状态都与海里的事物有关，只不过"浪"主要诉诸于视觉，而"涛"主要诉诸于听觉，对得非常精细。

【原文】

骐骥足[1]，凤凰毛[2]。美誉对嘉褒[3]。文人窥蠹[4]简[5]，学士书龙韬[6]。

【注释】

①骐骥足：比喻很有才华的人。骐骥，非常好的马。②凤凰毛：比喻很有文才的人。据说，南朝宋时，谢凤与他的儿子谢超宗都很有文才，梁武帝后来称赞谢超宗"有凤毛"，意思是说有他父亲的才能。③嘉褒：褒奖。④蠹：一种蛀虫。⑤这句的意思是：文人要去看被蛀虫蚀了的书简。⑥龙韬：姜太公兵法《六韬》之一，泛指兵法战略。这句的意思是：文官也要熟悉兵法战略。

【解读】

"骐骥足"和"凤凰毛"都是赞美之词，表达方式也很类似，即用骏马和凤凰这样珍贵的动物来比拟才华出众的人，入对自然工整贴切、新颖别致。"骐骥"对"凤凰"，二者都是价值珍贵，象征着吉祥的动物；又都是同旁词；"骐骥"是叠韵词，音韵上是一平一仄，恰恰与"凤凰"的一仄一平相对。前两句外在形式赏心悦目，又包含着美好的寓意。本来称赞人很有才华，用"骐骥"一词已经足够，在这里加个"足"，既与"毛"相对，又不影响整体意思的表达。"嘉"就是"美"，"褒"和"誉"都是赞美、赞扬的意思，同义相对，文雅工整。

【原文】

马援[1]南征装薏苡[2]，张骞[3]西使[4]进葡萄[5]。

【注释】

①马援：东汉人，光武帝刘秀的得力大将，拜伏波将军，曾南征交趾。②薏苡：植物名，就是薏米，可以吃，也可当药用。马援南征交趾，听说薏苡能治瘴病，回来的时候，

拉了一车,当时的朝臣们还以为他拉的是珠宝呢。这句的意思是:马援南征交趾的时候拉回来的是薏苡。③张骞:西汉初人,曾两次出使西域,沟通了中西交流,著名的丝绸之路就是他开创的。据说,葡萄也是他从西域引进来的。④西使:出使西域。⑤这句的意思是:张骞出使西域就引进了葡萄。

【解读】

马援和张骞的生平事迹很具有可比性:两个都是汉朝人,一个曾经南征交趾,一个曾经出使西域。二人分别从南方和西方引入中原的作物居然也能入对:"薏苡"和"葡萄"原本都产于边塞,又都是草字头的同旁词,字面上对得很工整。这副对子构思巧妙,别具匠心。

【原文】

辩口悬河[1],万语千言常亹亹[2];词源倒峡[3],连篇累牍[4]自滔滔[5]。

【注释】

①辩口悬河:形容说话像河水奔流,滔滔不绝。②亹亹:本指勤奋,这里形容说个不停。这句的意思是:口才很好,一张嘴就千言万语,口若悬河。③倒峡:水势凶猛能冲毁峡谷。④连篇累牍:形容篇幅长、文辞多。⑤这句的意思是:文笔很好,一下笔便长篇大论。

【解读】

这组对句主要运用了夸张的修辞手法:上句的"辩口悬河",也就是"口若悬河",模拟口才好,尚属常见词汇;倒是下句的"词源倒峡",先把词汇比喻为滔滔不绝的河水,然后说这河水的水势猛烈得好像要把峡谷都给冲毁了,描写文笔好,想象超拔,尤为奇特。"悬"对"倒""河"对"峡",都对得很工;"亹亹"和"滔滔"都是叠字,韵律铿锵、节奏鲜明、气势不凡。

五　歌

【原文】

松对竹,荇[1]对荷。薜荔[2]对藤萝。梯云[3]对步月[4],樵唱[5]对渔歌。

【注释】

①荇:一种水生植物。②薜荔:南方一种蔓生植物,也叫木莲。③梯云:拿云当梯子,形容青云直上的样子。④步月:在月光下散步。⑤樵唱:砍柴的樵夫在干活时唱的歌。

【解读】

因为"松"与"竹"都是常绿植物,所以用来象征坚定不移的品格;而且它们的枝干都非常挺拔,也用来象征正直不屈的节操,可见二者组对非常合适。"荇"和"荷"都是长在水里的植物。"薜荔"和"藤萝"都是蔓生植物,又都用了同旁法——都是草字头。"梯云对步月","樵唱对渔歌",不但对得精细妥帖,还有种淡然悠远的诗意弥漫在字面之外。

【原文】

升鼎雉[1],听经鹅[2]。北海[3]对东坡[4]。吴郎哀废宅[5],邵子乐行窝[6]。

【注释】

①升鼎雉：据说，商朝天子武丁在祭祀开国之君成汤的时候，有一只野鸡飞来，在祭祀用的大鼎上鸣叫，把武丁吓坏了，认为这是一种不祥的兆头。②听经鹅：传说有个和尚叫志伟，他所养的鹅都能听懂佛经。③北海：指孔融，他在汉末时曾做过北海太守，是当时的名士。④东坡：北宋大文豪苏轼曾住在黄州东坡，自己号为“东坡居士”，人称苏东坡。⑤吴郎哀废宅：唐代的吴融写过一首《废宅》诗。这句的意思是：吴融曾经哀叹废宅。⑥邵子乐行窝：宋代道学家邵雍在洛阳隐居了三十年，建座房子起名为“安乐窝”，自己取号叫安乐先生。这句的意思是：邵雍曾经在他的安乐窝中过快乐的日子。

【解读】

“升鼎雉”对“听经鹅”，配上其中的典故，读起来新奇有趣。“北海”对“东坡”，用孔融和苏轼的号能对得如此天衣无缝，让人不由叹服作者眼光犀利独到。末两句一“哀”一“乐”，情感对比鲜明，就连原本不怎么出彩的典故都跟着变得有趣味了。整组对句个个蕴藏典故，不仅用得贴切，而且对得工整。

【原文】

丽水①良金②皆入冶③，昆山④美玉总须磨⑤。

【注释】

①丽水：即金沙江，传说盛产黄金。②良金：含金量高的金矿石。③这句的意思是：金沙江那含金量很高的矿石都需要冶炼。④昆山：即昆仑山，传说盛产美玉。⑤这句的意思是：昆仑山上的美玉总需要琢磨。

【解读】

“丽水”产“良金”“昆山”产“美玉”，地点“山”对“水”，产物“金”对“玉”，堪称门当户对。“皆入冶”与“总须磨”阐述了同一个道理：要提炼出纯度很高、很贵重的金子必须经过精心冶炼锻造；而要得到晶莹剔透的美玉也必须经过认真的打磨雕琢，从字面和寓意两方面看，都堪称珠联璧合。

【原文】

雨过皇州①，琉璃色灿华清②瓦③；风来帝苑④，荷芰香飘太液⑤波⑥。

【注释】

①皇州：皇城，指长安。②华清：指华清宫，是唐玄宗在长安骊山脚下所建的著名宫殿，起初叫温泉宫，后改名为华清宫。③这句的意思是：长安城一阵雨过，华清宫上的琉璃瓦显得更加灿烂。④帝苑：皇帝的园林。⑤太液：汉武帝在皇宫中挖了个人工湖，叫太液池，以后每个朝代都有。⑥这句的意思是：一阵微风吹过皇家园林，那太液池上

华清宫

便飘出了荷花的香味。

【解读】

“雨过皇州”对“风来帝苑”,一一对应,工整妥帖。“琉璃”对“荷芰”,都运用了同旁法,因而显得赏心悦目。“色灿”点明了上句主要是相对于视觉而言,摹画了琉璃瓦经过雨水洗刷后的灿烂颜色;“香飘”则点明了下句主要是相对于嗅觉而言,描绘了荷花被微风吹送时的淡雅清香,对得贴切雅致,明媚精致的画面如在眼前。“华清”宫和“太液”池都是唐代非常重要的皇家建筑,而整组对子也颇具大唐盛世雍容华贵的气息。

六　麻

【原文】

清对浊,美对嘉。鄙吝[①]对矜夸[②]。花须[③]对柳眼[④],屋角对檐牙[⑤]。

【注释】

①鄙吝:吝啬,不大方。②矜夸:夸耀。③花须:花蕊。因为又长又细,就像胡须一样,所以叫花须。④柳眼:刚长出的柳树叶芽,细长像人的眼睛,所以叫柳眼。⑤檐牙:屋檐边的椽子排列得像牙齿一样,叫檐牙。

【解读】

“清对浊”是很传统的对子,因为天地万物,甚至小到一个字的读音,都有清浊之分。前面已经提到过“美对嘉”同义对。“花须对柳眼”和“屋角对檐牙”都用了比喻的手法,“须”和“眼”本来是人体的一部分,这里意思有所变化,成了修饰“花”和“柳”的词汇;“角”和“牙”本来都是动物身体的一部分,用在“屋”和“檐”后,意思同样发生变化,成了建筑的一部分。对仗自然贴切、别致新奇。

【原文】

志和宅[①],博望槎[②]。秋实对春华。班姬辞帝辇[③],蔡琰泣胡笳[④]。

【注释】

①志和宅:唐代文人张志和曾在肃宗朝里当过官,后来便隐居起来了,自称为“烟波钓叟”。“志和宅”就是张志和隐居的地方。②博望槎:汉代的张骞通西域时,曾乘船去探求黄河水的源头。后来张骞被封为博望侯,所以有博望槎的说法。博望,地名。槎,木筏。③班姬辞帝辇:班姬指班婕妤,是汉成帝的妃子。汉成帝有一次想游皇宫的园林,叫班婕妤同去,她推辞并劝谏说,古代圣贤的皇帝都是有名臣在旁边,只有荒淫无道的皇帝才亲近女色。汉成帝很是佩服。辇:多指皇帝、皇后坐的车。这句的意思是:班婕妤推辞了汉成帝同车游玩的要求。④蔡琰泣胡笳:蔡琰即三国时的蔡文姬,是著名学者蔡邕的女儿,博学多才。她曾被匈奴人抢去,嫁给了匈奴的左贤王,生了两个儿子,后来曹操派人把她赎回。相传她曾写过一首《胡笳十八拍》来诉说自己不幸的命运。胡笳,一种乐器。这句的意思是:蔡琰用胡笳来倾诉她的不幸。

【解读】

“志和”是人名,“博望”则是爵位名;“宅”对“槎”,房子对木筏,这都是名词对名词,虽然不是同一类事物,但这样对仗有写意的味道,也是很好的。“秋实”和“春华”是以秋天的果实和春天的花朵相对，很巧妙，而且“春华秋实”又是成语，讲人的文采和德行要兼具。班婕妤与蔡文姬都是历史上著名的才女，这里用她们各自典型的故事作为对仗。

【原文】

深宵望冷沙场[1]月[2]，绝塞[3]听残野戍[4]笳[5]。

【注释】

①沙场：战场。②这句的意思是：深夜里，在战场上望着那清冷的明月。③绝塞：边塞。④野戍：塞外驻兵的地方。⑤笳：即胡笳，一种乐器，这句的意思是：在边塞听着那胡笳声断断续续。

【解读】

这副对子的正常语序应该是“深宵望沙场冷月，绝塞听野戍残笳”，前三字为一拍、后四字为一拍，而七言古诗必须是前四字为一拍、后三字为一拍，因为不符合诗的要求，所以，只能把形容词往前挪。出乎意料的是，语序调整后却有一种新奇感：“望冷沙场月”，好像说主人公一直站在月下仰望，因为时间太久，连月亮都被望冷了；“绝塞听残野戍笳”亦然，胡笳声仿佛都被听得断断续续了。这种修辞效果可算是意外收获吧。

【原文】

珊枕[1]半床，月明时梦飞塞外[2]；银筝[3]一曲，花落处人在天涯[4]。

【注释】

①珊枕：珊瑚做的枕头。②这句的意思是：枕着珊瑚枕躺在床上，看着明朗的月光渐渐入睡，竟梦到了塞外。③银筝：一种弦乐器，也叫秦筝。④这句的意思是：听着那弹奏的银筝，想念在花落时节漂泊在天涯的人。

【解读】

这一组对句中，后七字明显是前三字为一拍、后四字为一拍，否则无法理解。这好像不符合上节说的诗句应该上四下三的规则，但词中却有上三下四的句法，这就是词区别于诗的特别句法。

此对意境优美，清雅悠远，遣字用词上也很讲究：“珊枕”和“银筝”给人一种雍容华贵之感；“月明时”与“花落处”又极富诗意，余韵悠长；结尾“梦飞塞外”与“人在天涯”，不仅字面对得工整漂亮，而且含蓄蕴藉，含不尽之意于言外。

七　阳

【原文】

红对白，绿对黄。昼永[1]对更长[2]。龙飞对鲤跃，锦缆[3]对牙樯[4]。

【注释】

①昼永：白天很长。②更长：夜晚长。③锦缆：用锦缎做的船缆绳。④牙樯：用象牙做的船桅杆。

【解读】

前两句不仅可以拆成两个一字对：“红”与“白”相对，“绿”与“黄”相对，而且又可以合起来看成一组三字对中的上下两句,即上句的“红”与下句的“绿”相对,上句的“白”与下句的“黄”相对。对得非常巧妙。“龙飞”对“鲤跃”,平平对仄仄,又有“鲤鱼跃龙门”这个广为流传的俗语,是顺理成章的好对。“锦缆对牙樯”则是摘自杜甫《秋兴八首》中“锦缆牙樯起白鸥”一句。

【原文】

云弁使[1],雪衣娘[2]。故国对他乡。雄文[3]能徙鳄[4],艳曲为求凰[5]。

【注释】

①云弁使:指蜻蜓,因为蜻蜓头上好像戴了顶帽子似的。弁,帽子。②雪衣娘:指白鹦鹉。据说唐玄宗时,岭南献上白色的鹦鹉,非常聪明,会说话,养在宫中,人们叫它雪衣娘。③雄文:非常好的文章。④徙鳄:让鳄鱼迁走。据说韩愈当年被贬到潮州,得知此地有鳄鱼伤人,便写了一篇《祭鳄鱼文》,告诫鳄鱼要迁徙到别的地方去,别再伤人,后来鳄鱼果然都迁走了。这句的意思是:韩愈的好文章能让鳄鱼迁徙而去。⑤求凰:这里用的是司马相如的典故。西汉文学家司马相如到富商卓王孙家做客,爱上了卓王孙的女儿卓文君,便弹了一曲《凤求凰》来表达爱意,卓文君听后就与他私奔了。这句的意思是:司马相如弹奏深情的曲子,就是为了追求美人啊。

【解读】

“云”对“雪”,“弁”对“衣”,有种洁净文雅之感。其次,“云弁使”和“雪衣娘”都暗指会飞的动物,意义般配。其暗指的“鹦鹉”和“蜻蜓”又都是同旁联绵词,这一点也能相对。整副对子堪称精妙。末两句选取了韩愈和司马相如的典型事迹,正好两个典故中各带有一个动物的名称,精致巧妙。

【原文】

九日[1]高峰惊落帽[2],暮春[3]曲水[4]喜流觞[5]。

【注释】

①九日:指阴历九月九日重阳节。②落帽:这里用了孟嘉的典故。东晋人孟嘉是大将军桓温的参军,在一次重阳节登高时,风把孟嘉的帽子吹掉了孟嘉却不知道,桓温等人都嘲笑他。这句的意思是:在九月九日重阳节登上高峰时,孟嘉的帽子被风吹落了还不知道。③暮春:本指晚春,这是特指农历三月三日上巳节。④曲水:弯曲的流水。⑤流觞:这是上巳节的习俗,即人们围着曲水坐下,把酒杯放在水上漂流,流到谁前边谁就喝酒。觞,古时的酒杯。这句的意思是:上巳节找一处弯曲的流水来喝酒是多么快乐啊。

【解读】

“九日”代指九月九日重阳节,“暮春”则代指三月三日上巳节,于是“九日”对“暮春”中,其实隐含了“九月九日”对“三月三日”这个更精巧的对仗。“惊”对“喜”,都准确地概括了上下两句典故各自所传达的情绪。“落帽”对“流觞”则是用典故对习俗,很有趣味。

【原文】

僧占名山[1],云绕双林藏古殿[2];客栖胜地,风飘万叶响空廊[3]。

【注释】

①僧占名山:佛教认为人的修行应该远离繁华之地,所以,寺庙一般都建立在深山

老林之中,俗话说"天下名山僧占多"就是这个意思。②这句的意思是:天下的名山都被和尚所占据,在云雾缭绕的深林之中,隐藏着古老的寺庙。③这句的意思是:游客来到旅游胜地,空空的走廊中传来风吹叶落的声音。

【解读】

"僧占名山"对"客栖胜地",对得工整;"云绕"对"风飘",非常自然;"藏"对"响",富有韵味。"云绕双林藏古殿"画面感极强,尤其是"藏"字,形象生动,读者完全可以想象出这样一幅图景:空中白云缭绕,地上树木葱郁,其间露出寺庙的一角,隐隐约约间多了几分神秘肃穆。而"风飘万叶响空廊"给原本静谧的画面增添了几许声响,既多了几分鲜活轻快的气息,又越加反衬出此地的寂静空旷,和"蝉噪林逾静,鸟鸣山更幽"有异曲同工之效。此对空灵悠远,颇富诗情画意。

八　庚

【原文】

形对貌,色对声。夏邑对周京①。江云对渭树②,玉磬③对银筝。

【注释】

①夏邑、周京:指夏朝与周朝的京城。②江云、渭树:杜甫《春日忆李白》诗中有"渭北春天树,江东日暮云"一句。③玉磬:玉做的磬。磬,一种打击乐器。

【解读】

"形"和"貌"就是外形、外貌;"色"对"声"就是脸色对声音,对得具体而工整。"夏"和"周"都是朝代,"邑"和"京"都是都城,有种古朴厚重的味道。

"江云"与"渭树"截选自杜甫《春日忆李白》中"渭北春天树,江东日暮云"一句,诗句本身清新流畅,入对自然带着诗的气息。"磬"与"筝"都是乐器,然而经过"玉"和"银"的修饰,立刻多了华贵的气息。

【原文】

人老老①,我卿卿②。晓燕对春莺。玄霜舂玉杵③,白露贮金茎④。

【注释】

①人老老:《孟子》中说:"老吾老,以及人之老。"意思是说尊敬自己的老人,进而要推广到尊敬别人的老人。人老老,意思是人人都尊敬老人。第一个"老"字是尊敬老人的意思。②我卿卿:西晋大臣王衍的妻子叫王衍时就用"卿"来称呼,王衍说:"为什么用这个字来称呼我?"妻子说:"我不卿卿,谁复卿卿?"意思是说:"我不用'卿'字来称呼你,谁用'卿'字来称呼你呀?"后人就用"卿卿我我"作为夫妻恩爱的典故。③玄霜舂玉杵:唐代裴铏写过一篇小说叫《裴航》,说裴航回家时在船上遇到仙人云翘夫人,赠他一首诗,有一句是"一饮琼浆百感生,玄霜捣尽见云英"。后来裴航走到蓝桥,口渴了去一家要水喝,那家的少女就叫云英。裴航向那家的老太婆求亲,老太婆让他找一副玉做的杵臼来为自己捣仙药。裴航千方百计找到了玉杵臼,便娶了云英为妻,后来三人都成了神仙。玄霜,黑色的霜,形容要捣的药。这句的意思是:裴航要用玉做成的杵臼来为人捣药。④白露贮金茎:这是汉武帝的故事。汉武帝以为饮了仙露就可以长生不老,便在长安的建章宫中建造了一尊非常高大的铜仙人,这个铜仙人捧着一个大盘

子，为的是接所谓的仙露。金茎，指铜仙人，古代常用“金”字来代指所有的金属。这句的意思是：汉武帝用铜仙人捧着的盘子来收集天上降下的白露。

【解读】

“人”是别人，“我”是自己，人称上正好相对。“老老”是尊敬老人，“卿卿”是夫妻恩爱，叠词对叠词，读起来朗朗上口，饶有韵味。“老老”和“卿卿”分别摘自两部文学作品《孟子》和《世说新语》，却成就了一副绝妙好对。

“玄霜”对“白露”，是不同颜色的霜和露相对；“玉杵”对“金茎”，将“杵”和“茎”美化为“玉”“金”相对，两对又都是典故，还能如此工稳相称，实属不易。

【原文】

三箭三人唐将①勇②，一琴一鹤赵公③清④。

【注释】

①唐将：唐朝的将军，指薛仁贵。他英勇无敌，率军征辽东时三箭射死了对方三个大将。敌人闻风丧胆，唐军大胜。②这句的意思是：唐朝大将薛仁贵多么勇猛，三支箭就射死了三个敌人。③赵公：指宋代的赵汴。他为官十分清正，去成都上任时只骑了一匹马，平常也只有一张琴、一只鹤相随。④这句的意思是：赵汴多么清正廉明啊，只有一张琴、一只鹤相随。

【解读】

“唐将”指薛仁贵，“赵公”指赵汴，一文官、一武将，一英勇无敌、一清正廉洁。这个对子用了反复的手法，“三”和“一”恰好是典故中本来就有的，又各出现了两次，增强了表达效果。薛仁贵三箭射杀三人，可见箭术高妙；赵汴只有一琴一鹤，可见为官清廉。因此最后一个字“勇”对“清”，准确概括了两人的特点。全对可谓珠联璧合。

【原文】

帝业①独兴，尽道汉高②能用将③；父书空读，谁言赵括④善知兵⑤。

【注释】

①帝业：帝王的基业。②汉高：指汉高祖刘邦。刘邦善于用人，他曾说过，论出谋划策，他不如张良；论治理国家，他不如萧何；论带兵打仗，他不如韩信。但他能识才善用，所以会称霸天下。③这句的意思是：汉高祖刘邦得到天下，人人都说他善于用人。④赵括：战国时期赵国人，他的父亲赵奢是赵国的名将。赵奢死后，赵王想让赵括取代廉颇为将，蔺相如进谏说，赵括只会读他父亲的兵书，但不知道变化，所以不能做将领。赵王不听，结果在与秦国作战时大败，赵括也死在这一战中。这就是“纸上谈兵”的故事。⑤这句的意思是：赵括白白地熟读了他父亲的兵书，谁说他会用兵呢。

【解读】

“汉高”指汉高祖刘邦，他的事迹恰好和“赵括”形成了鲜明对比，耐人寻味。刘邦开始只是个没什么本事的无赖，但他善于用人，身边英才荟萃，最终打败了实力更强大的项羽，建立了汉朝；而赵括熟读兵书，谈论兵法头头是道，上了战场却只懂理论，不懂变通，导致全军覆没。全句对仗很工整，“尽道”，表示肯定语气，都说；“谁言”是反问语气，却是表肯定，没有人说，对得非常贴切。

九 青

【原文】

庚对甲，己对丁[1]。魏阙[2]对彤廷[3]。梅妻对鹤子[4]，珠箔[5]对银屏。

【注释】

①庚、甲、己、丁：均为天干中的字。中国古代用天干地支法纪年，天干十个，包括甲、乙、丙、丁等；地支十二个，包括子、丑、寅、卯等。②魏阙：古代皇宫大门两边高大的楼，用来代指朝廷。③彤廷：古代朝堂上的地面被染成红色，故称彤廷，代指朝廷。④梅妻、鹤子：北宋诗人林逋隐居在杭州西湖的孤山，非常喜爱梅花和鹤，终身未娶，人们说他以梅为妻，以鹤为子。⑤珠箔：珠帘。

【解读】

"庚对甲，己对丁"就是用天干中的字相对。"梅妻鹤子"是成语，来自林逋的隐逸事迹，上卷"六鱼"一节已经提到过；"珠箔银屏"则来自白居易《长恨歌》的"珠箔银屏迤逦开"一句，这里就是把两个现成的典故拆开组对。

【原文】

鸳浴沼[1]，鹭飞汀[2]。鸿雁对鹡鸰[3]。人间寿者相[4]，天上老人星[5]。

【注释】

①鸳浴沼：鸳鸯在池塘里戏水。沼，小池塘。②鹭飞汀：白鹭飞上水岸。汀，水边的岸。③鹡鸰：一种鸟的名字，古人常用来比喻兄弟。④这句的意思是：人间长寿的人在相貌上就看得出来。⑤这句的意思是：天上有个南极老人星，掌管人间的寿命。

【解读】

"鸳"对"鹭"就是鸳鸯对白鹭，都是人们喜爱的水鸟。"浴沼"，在池塘里戏水，"飞汀"，在岸边飞翔；"浴"在下，"飞"在上；"沼"是水中，"汀"是岸边，不仅对仗工整，还符合它们的生活习性。此对还运用了同旁法中的"竖同旁"："鸳"和"鹭"都为鸟字底，"沼"和"汀"同是三点水，光看字面就很有趣味。"人间寿者相，天上老人星"都是讲述与长寿有关的事情，对得整齐。

【原文】

八月好修攀桂斧[1]，三春须系护花铃[2]。

【注释】

①八月好修攀桂斧：桂斧来自道教传说，据说汉代的吴刚学仙时犯了过失，被罚在月亮里砍桂树，那棵桂树边被砍，边复合。这里是借用传说来写考进士的事，古代科举考试一般在八月，人们把考中叫作"攀桂"或"折桂"，所以这里用"好修攀桂斧"比喻好好学习，准备去考试。这句的意思是：到了八月科考的日子，每个人都应该把自己的"斧子"磨一磨。②三春须系护花铃：唐玄宗的哥哥宁王很爱花，所以，在春天的时候，他在花梢上系上金铃，有蜜蜂或鸟雀来了就叫人摇动金铃来吓唬它们。三春，指春天。这句的意思是：春天的时候，要是爱惜花的话，就给花系上护花铃。

【解读】

"八月"和"三春"都指时间，"八月"代指秋天，"秋"恰与"春"相对。"好修"和"须系”既是肯定语气，又带有委婉劝告的味道。不过最独具匠心的还数“攀桂斧”对“护花铃”，蕴含的典故非常有意思。

【原文】

江阁秋登，一水净连天际碧[1]。石栏晓倚，群山秀向雨余青[2]。

【注释】

①这句的意思是：秋日登上江边的阁楼，远远望去，只见一条澄净的水流远远地接着天边，使天边也变得一片碧绿。②这句的意思是：早晨，倚靠着石栏杆，看雨后的青山更加秀丽青翠。

【解读】

“江阁秋登”对“石栏晓倚”隐约透露出萧然自得、悠闲旷达的雅士情怀。“一水”对“群山”中“一”对“群”，对比强烈：一江碧水，群山环抱；而且画面清新鲜亮：上句写一条澄澈的江水远接天际，连天边都映得一片碧绿；下句写群山被大雨洗刷之后，越发显得青翠欲滴。“碧”和“青”虽然都是绿色，但同中有异：“青”是深绿色，山上的树木远远看上去偏于深色，故称为“青山”；“碧”是青绿色，偏于透明，江水清澈，宛如一块“碧”玉。整副对子充满了诗情画意，有种秀逸淡雅、洁净剔透之美。

十 蒸

【原文】

谈对吐[1]，谓对称[2]。冉闵[3]对颜曾[4]。侯嬴[5]对伯嚭[6]，祖逖[7]对孙登[8]。

【注释】

①谈、吐：就是说话。②谓、称：都指称呼。③冉闵：孔子有四大弟子，即冉有、闵子骞、颜回、曾参。这里说的是冉有与闵子骞。冉有性情谦和，擅长政事；闵子骞待人真诚，有德行。④颜曾：孔子四大弟子的另两位。颜是指颜回，睿智好学，是弟子中最贤的一个；曾指曾参，非常孝顺，曾写过《孝经》。⑤侯嬴：战国时期魏国都城大梁的守门人，魏国公子信陵君对他非常好，认为他是个杰出的人，后来在窃符救赵一事中，他以生命报答了信陵君的知遇之恩。⑥伯嚭：春秋时期的楚国人，伯州犁的孙子，他跑到吴国，吴王夫差让他做太宰，所以也叫太宰嚭。他是个贪财误国的奸臣，吴国打败越国时俘虏了越王勾践，但勾践贿赂了伯嚭，伯嚭就劝吴王放了勾践。后来，勾践卧薪尝胆，终于灭了吴国。⑦祖逖：东晋时期人，小时候就为了收复中原而刻苦努力，有闻鸡起舞的故事。⑧孙登：晋初的隐士。

【解读】

“谈”“吐”都是说话，“谓”“称”都指称呼，同义对，后来就合并为一个词了。“冉闵颜曾”是孔子四大弟子的姓氏。

“侯嬴对伯嚭”，“祖逖对孙登”，先看字面，都是历史人物相对；不过他们的姓氏里还另有玄机，是借对法的典型例子：“侯嬴”姓“侯”，“伯嚭”姓“伯”，在这里又借为侯爵的“侯”和伯爵的“伯”来对仗。“祖逖”和“孙登”也是这样，这里把姓氏中的“祖”和“孙”借为辈分中的“祖”和“孙”来相对。读起来趣味性很强。

【原文】

抛白纻[1],宴红绫[2]。胜友[3]对良朋。争名如逐鹿[4],谋利似趋蝇[5]。

【注释】

①抛白纻:唐代裴思谦考中进士后,用红笺纸写名字到处散播。有人写诗说他"利市稠衫抛白纻,风流名字写红笺",意思是说他中了进士便把自己的粗布衣服扔了,把名字写在红笺上以示风流。白纻是白麻布制成的衣服,是普通人穿的衣服。②宴红绫:唐代御膳中以红绫饼最为贵重,有一次进士考试后,皇帝命御膳房给新中的进士一人做一枚红绫饼。③胜友:很有地位的朋友。④逐鹿:《史记》中有"秦失其鹿,天下共逐之"的句子,指在战场上争夺厮杀。比喻争夺天下。这句的意思是:争夺名利就好像在战场上拼杀一样。⑤趋蝇:苍蝇很喜欢往想吃的东西上附,所以把追名逐利的人比喻为苍蝇。这句的意思是:谋算利益就好像苍蝇。

【解读】

"白纻"和"红绫"都是一种丝织品,色彩又对比鲜明;"白纻"是白麻布,代指贫困的生活,"红绫"是红丝绢,是富贵荣华的象征;两则典故还都与科举考试有关,不过前者在中了进士后立刻被抛弃,而后者是中了进士后赏赐的奖励。"胜友"和"良朋"是同义对。末两句对得很工,说的都是追名逐利的事情。

【原文】

仁杰姨[1]惭周[2]不仕[3],王陵母[4]识汉方兴[5]。

【注释】

①仁杰姨:唐代大清官狄仁杰是武则天的宰相,他的姨母卢氏有个儿子,从未到过京城。狄仁杰在假日探望姨母时,曾问表弟有什么要求,他可以帮助,谁知姨母说:"我就这一个儿子,并不想让他去侍奉女皇帝。"狄仁杰大为惭愧。②周:武则天当了皇帝后,把唐朝国号改为周,她死后,又改回为唐。③仕:当官。这句的意思是:狄仁杰的姨母认为武则天的周不好而不让儿子出来当官。④王陵母:在秦末楚汉相争的时候,王陵是刘邦的将军,项羽抓住了王陵的母亲,想让她招降王陵。正好有刘邦的使者来,王陵的母亲就对使者说,回去告诉王陵要好好辅佐刘邦,然后就自杀了。⑤这句的意思是:王陵的母亲在汉刚刚兴起来的时候,就知道汉终会得到天下。

【解读】

这里是用两个贤惠、有气节的母亲来对照。武则天废了儿子,自己当皇帝,建立了周朝,许多人都采取了不合作的态度,狄仁杰的姨母就是其中之一。而王陵的母亲在汉弱楚强的时候,就坚定地让儿子辅佐汉王,甚至不惜以死来激励儿子,更加难得。这里用了上三下四的句法,上三讲的是主人公的身份,下四则叙述主人公的事迹,从字面到事迹都构思巧妙。

【原文】

句写穷愁,浣花[1]寄迹[2]传工部[3];诗吟变乱,凝碧[4]伤心叹右丞[5]。

【注释】

①浣花:成都西郊的浣花溪。杜甫晚年流浪到四川,曾居住在这里。②寄迹:暂寄踪迹。③工部:指杜甫,他曾做官为检校工部员外郎,后人称他为杜工部。这句的意思

是:杜甫曾在浣花溪居住,他的每句诗都是忧国忧民的穷愁之词。④凝碧:这是说唐代诗人王维,"安史之乱"中,王维被乱军抓住,关在洛阳。后来唐朝平定了"安史之乱",凡是被叛军捉去的官员都给定罪,而王维在狱中曾写《凝碧池诗》来思念皇帝,皇帝看到这首诗,就免了他的罪。⑤右丞:指王维,他曾当过尚书右丞的官,所以后世叫他王右丞。这句的意思是:王维那首伤心的《凝碧池诗》是在哀叹战乱啊。

【解读】

"工部"对"右丞"都是官职名,前者指杜甫,后者指王维,二人都是唐代非常著名的大诗人,都亲身经历了"安史之乱"的全部过程,并亲眼见证了唐王朝的由盛转衰,内心深处的哀痛也是一样的。"句写穷愁"和"诗吟变乱",既对得很工,也是对这种哀痛之情的极好概括。"浣花"溪对"凝碧"池,极有美感。

十一 尤

【原文】

鱼对鸟,鸽对鸠。翠馆对红楼。七贤[1]对三友[2],爱日[3]对悲秋[4]。

【注释】

①七贤:指魏晋时期的七位名士嵇康、阮籍、山涛、向秀、刘伶、阮咸、王戎。他们常常聚集在竹林中,所以也叫竹林七贤。②三友:孔子说:"益者三友,友直、友谅、友多闻。"就是说,好的朋友有三种,正直的朋友、宽容的朋友和见多识广的朋友。也有"岁寒三友"的说法,指松、竹、梅。③爱日:指爱惜时光。④悲秋:秋天景色荒凉,容易引起人的悲愁,所以叫悲秋。

【解读】

"鱼对鸟",一个水中游,一个天上飞,自然成对。"鸽"和"鸠"是同旁词。"翠"对"红"就是绿对红,"翠馆"与"红楼"都是贵族女子居住的地方。"七贤"和"三友"都是固定名称了,还用了数字相对。"爱日"对"悲秋",喜爱对悲伤,感情色彩反差强烈。

【原文】

虎类狗[1],蚁如牛[2]。列辟[3]对诸侯。陈唱临春乐[4],隋歌清夜游[5]。

【注释】

①虎类狗:东汉时期的马援曾告诫自己的侄子,要学习龙伯高的行为,不要学习杜季良,学习龙伯高如果学得不好,起码还是个谨慎小心的人,就像学着画天鹅不成还能像个鸭子;而学杜季良不成的话,就可能堕落为流里流气的人,就好比学着画老虎不成,却像狗了。类,就是像的意思。②蚁如牛:晋朝时人殷浩耳朵有病,听床下有蚂蚁的声音,还以为是牛在争斗。③列辟:许多王侯。辟,指国王。④陈唱临春乐:南朝时期陈国的最后一个皇帝陈叔宝,曾经为他所宠爱的妃子张丽华建造了临春、结绮、望仙等楼阁,并日夜在里边嬉戏,唱《玉树后庭花》。这里的"临春乐"就是指临春阁里的乐事。这句的意思是:陈后主在临春阁里唱着《玉树后庭花》。⑤隋歌清夜游:隋炀帝非常喜欢在有月亮的晚上骑马游西苑,冬天就剪彩纸为花,夏天就放萤火,唱清夜曲。这句的意思是:隋炀帝在西苑游玩时爱唱清夜曲。

【解读】

“虎类狗，蚁如牛”都是用了两个动物相对，字面上与“七阳”一节中的“红对白，绿对黄”有异曲同工之妙：不但单句本身是对仗的，上下两句也能成对。但这个对子又不能仅限于字面形式，还都用了典，这才是绝妙之处。最后两句则选取了两个亡国的皇帝来对，也很有可比性。末两句风格工稳流丽，不过典故的含义并不像字面那样美好：“陈”和“隋”都是短命的朝代，陈后主和隋炀帝就是那亡国之君，前者的《玉树后庭花》已经成为亡国之音的代表，后者的清夜曲就正好与它配对。

【原文】

空中事业麒麟阁①，地下文章鹦鹉洲②。

【注释】

①空中事业麒麟阁：汉宣帝为了表彰有功的大臣，便把以前的功臣霍光、苏武等十一个人的图像画在了麒麟阁上。说“空中事业”，是因为麒麟阁很高，好像在空中。这句的意思是：那高高立在空中的麒麟阁上，画上了功臣的图像。②地下文章鹦鹉洲：这说的是汉末的祢衡。祢衡很有才，性格也很刚毅。曹操要召见他，他不去。曹操恨得想杀他，但因为他是个才子，怕杀了会有人反对，便在大宴宾客时让他敲鼓。他当众裸身击鼓。曹操更生气，把他送给刘表。刘表知道曹操想让自己杀了祢衡，便又把祢衡送给了黄祖。黄祖果然杀了祢衡。祢衡曾写过《鹦鹉赋》，所以，江洲也叫鹦鹉洲，祢衡死后被埋在这里。这句的意思是：那写了《鹦鹉赋》的著名才子祢衡啊，就被埋在鹦鹉洲下。

【解读】

“空中”与“地下”，都表示方位，字面很工整。“文章”与“事业”都是古人取得成就的方式。两件事的选择其实就是为了对仗。“麒麟”对“鹦鹉”，都是同旁的联绵词，再配上典故，对得极其巧妙。这副对句经过精心构思，显得工稳别致。

【原文】

旷野平原，猎士①马蹄轻似箭②；斜风细雨，牧童牛背稳如舟③。

【注释】

①猎士：打猎的人。②这句的意思是：在那广袤的平原野地上，猎人的马蹄轻快得像箭一样。③这句的意思是：在斜风细雨之中，放牛孩子骑在牛背上，稳当得像船一样。

【解读】

“斜风细雨”是一个固定词组，“旷野”和“平原”本来是两个词语，这里为了与前者相对而合在一起，对得不错。“猎士”和“牧童”都是人物；“马蹄”对“牛背”，对得很工；“轻似箭”对“稳如舟”，都比喻精准。给读者展示出一幅悠闲自得的乡村生活图景，这副对子不仅属对工切，更胜在意境，为读者描绘了轻快悠闲的生活场景。

十二　侵

【原文】

登对眺[1]，涉[2]对临[3]。瑞雪[4]对甘霖[5]。主欢对民乐，交浅[6]对言深[7]。

【注释】

①眺：从高处往远处看。②涉：徒步地走过，一般指从水上经过。③临：接近，来到。④瑞雪：应时的好雪。⑤甘霖：指久旱以后所下的雨。⑥交浅：交情一般。⑦言深：推心置腹地说话。

【解读】

"登"高才能"眺"望，对得顺理成章。"瑞"对"甘"，吉祥对美好，"瑞雪"和"甘霖"都指非常及时的降雪和降雨，既属对自然，又都是好兆头。"主欢"对"民乐"与前一句类似，"主"对"民"就是皇帝对百姓，"欢"就是"乐"，字面与意义都对得很好。"交浅言深"是成语，跟交情浅的人说心里话，此对就是来源于这个对子，就是交情浅与深的对比。

【原文】

耻三战[1]，乐七擒[2]。顾曲[3]对知音[4]。大车行槛槛[5]，驷马骤骎骎[6]。

【注释】

①耻三战：春秋时期鲁国有一个很勇敢的人叫曹沫，鲁庄公让他当大将与霸主齐国作战，打了三仗都败了。鲁庄公害怕了，便割地求和。在齐桓公与鲁庄公会盟的时候，曹沫突然抓住了齐桓公，并掏出了匕首，威胁他把鲁国的土地还给鲁国，齐桓公只好答应。②乐七擒：三国时，诸葛亮到南方去征伐，七次生擒酋长孟获，七次释放，使他心悦诚服，不再背叛。③顾曲：三国时的吴国大将周瑜精通音律，弹曲的人稍有疏误，他一定会知道，就会回头来看，所以当时有俗话说："曲有误，周郎顾。"④知音：懂得音乐的内涵的人，引申为知心朋友。⑤大车行槛槛：大车，指古代用于载重的牛车。槛槛，形容车走的时候发出的声音。这句的意思是：大车在前进的时候因为装载沉重而发出咯吱咯吱的声音。⑥驷马骤骎骎：驷，指由四匹马来拉的车。骎骎，形容马跑得很快的样子。这句的意思是：四匹马拉一辆车跑得很快。

【解读】

《三国演义》里诸葛亮"七擒"孟获的故事已经家喻户晓，这里用《春秋》中曹沫"三战"的典故和它组对，对得工稳。"耻"对"乐"，羞耻对喜悦，恰当地传达了故事里的情感。"顾曲"对"知音"，不同典故表达的是同样的意思。末两句都是说车行进的状态，"槛槛"和"骎骎"都是叠词，前者模拟声音，后者描述状态。"驷马骤骎骎"五个字都是"马"字旁，是同旁对的绝佳典型。

【原文】

紫电青虹腾剑气[1]，高山流水识琴心[2]。

【注释】

①紫电青虹腾剑气：唐初著名诗人王勃在《滕王阁序》中说："紫电青霜，王将军之

武库。”是夸王将军的兵器库里都是宝剑，闪烁着像紫电青霜一样的光芒。这句的意思是：宝剑的光芒就像紫色的闪电或青色的彩虹一样。②高山流水识琴心：战国时俞伯牙会弹琴，而钟子期很会听琴。伯牙心里想着高山，刚一弹琴，子期就听出来了，说：“好美妙的琴声啊，像那巍峨的高山！”伯牙心中想着流水，子期又说：“好美妙的琴声啊，像那连绵不绝的流水！”后来钟子期死了，伯牙便把琴摔坏，从此再也不弹琴了。这句的意思是：听弹琴的声音就知道他心中高山流水的志向。

诸葛亮七擒孟获

【解读】

全句属对工切，气脉贯通。“紫电青虹”对“高山流水”都用了典，以修饰核心词“剑”与“琴”，前者指宝剑发出的耀眼光芒，后者指琴声悠扬动听，形容贴切，对仗工整。“剑”与“琴”是古人中标榜品位者常用的两件装饰品，前者显豪情侠义，后者显温文儒雅，正是文武双全。末尾“气”和“心”加得很妙：具有传奇色彩的宝剑能发出所谓的“剑气”，而高明的弹琴者能通过琴声传递内心的感情，这就是“琴心”。

【原文】

屈子①怀君，极浦②吟风悲泽畔③；王郎忆友④，扁舟⑤卧雪访山阴⑥。

【注释】

①屈子：指屈原。他是战国时期楚国人，也是中国历史上最早的伟大诗人。曾因奸臣陷害而被楚王流放外地，但他一直怀念着楚王，关心着自己的国家，最后，在楚国被秦国打败时，他跳汨罗江自杀。②极浦：遥远的水边。浦，水边。③这句的意思是：屈原思念楚王，就在那遥远的水边吟诵悲哀的诗句。④王郎忆友：王郎指的是东晋名士王徽之，他是大书法家王羲之的第五个儿子，很有才名。他辞官后居住在山阴，有一天晚上下了大雪，他半夜起来喝酒赏雪，兴致很高，忽然想起了住在郯县的朋友戴逵，便连夜乘小船去拜访。走了一夜才到戴逵家门前，他却没进去就返身回家了。人家问他为什么不进去与主人见面，他说：“我有兴致了就来，没有兴致了就回去，为什么一定要见戴逵呢？”⑤扁舟：小船。⑥山阴：县名，今浙江省绍兴市。这句的意思是：王徽之看着大雪，忽然想念朋友，便乘了小船离开山阴去拜访他。

【解读】

“屈子”是屈原，“王郎”是王徽之。“屈子怀君”对“王郎忆友”，顺畅稳妥。屈原是忠君爱国的典型，就算被贬官了，他依然不停地写诗怀念自己的祖国和君王；王徽之则是魏晋风度的代表，基本上说到魏晋名士风流放诞都要举这个故事作为典型事例。这样两个事例对比，别有韵味。

十三 覃

【原文】

宫对阙，座对龛[①]。水北对天南。蜃楼[②]对蚁郡[③]，伟论对高谈[④]。

【注释】

①龛：供奉神佛的小阁子。②蜃楼：在海洋或沙漠上空，由于水气折射而形成的楼观街市等幻景，叫作海市蜃楼。古人不知道其中的科学道理，以为是一种叫作蜃的巨大动物吐气所化。③蚁郡：出自唐代李公佐的传奇小说《南柯太守传》。故事讲的是淳于棼的家南边有一棵大槐树，他常常与朋友在树下喝酒，一天喝得大醉，睡了过去。忽然有两个使者来，说是奉槐安国王之命来邀请他。他跟着去了，被国王招为驸马，又封为南柯郡的太守。他当了二十年太守，后来回到都城，权力越来越大，国王不满意了，便叫使者把他送回去。他忽然醒来，发现原来是一场梦，太阳还没有落下呢。于是来看那棵大树，下边果然有洞穴，里面有众多的蚂蚁，而所谓的南柯郡，就是槐树向南的一个树枝。④伟论、高谈：都是高谈阔论的意思。

【解读】

"阙"就是"宫"，后来"宫阙"就合成了一个词。"水"对"天"，"北"对"南"很自然。"蜃"和"蚁"都是动物名称，"楼"对"郡"都是建筑物，而且"蜃楼"和"蚁郡"都用了典，都指虚幻的景象。从字面到内涵都对得很贴切。

【原文】

遴杞梓[①]，树楩楠[②]。得一[③]对函三[④]。八宝珊瑚枕[⑤]，双珠玳瑁簪[⑥]。

【注释】

①遴杞梓：选拔人才的意思。遴，选拔。杞、梓，两种质地优良的木材，古人用来比喻优秀的人才。②树楩楠：比喻培养人才。树，种植，培养。楩、楠，两种优良的木材，生于南方。③得一："一"是道家的概念，指代一种道。《老子》说"天得一以清，地得一以宁，神得一以灵"，就是说道这个东西，天得到一个就变清了，地得到一个就安宁了，神得到一个就有灵了。④函三：《易》是儒家经典之一，东汉著名经学家郑玄曾说《易》这个名字有三个意思，所以这里说"函三"。⑤这句的意思是：用珊瑚做的八宝枕头。⑥玳瑁：一种海龟，甲壳可以做工艺品。簪：古代妇女用来绾头发的一种饰品。这句的意思是：用玳瑁做的有两个珠子的簪子。

【解读】

"遴杞梓，树楩楠"，"遴"对"树"就是选拔对培育，"杞梓"和"楩楠"都是同旁词，都是质地优良的木材，都比喻人才。"八宝珊瑚枕"和"双珠玳瑁簪"都是精美贵重的装饰品；"八宝"对"双珠"是数字对，"宝"对"珠"很合适；"珊瑚"和"玳瑁"是同旁词；"枕"与"簪"本来是日常生活用品，但这里经过修饰之后立刻带上了华贵的气息。

【原文】

仪[①]封疆吏[②]知尼父[③]，函谷关人[④]识老聃[⑤]。

【注释】

①仪：春秋时卫国的一个地名。②封疆吏：守卫边疆的官员。③知尼父：理解孔

子。尼父,就是孔子,孔子字仲尼,所以称尼父。他率领弟子到卫国去,卫国守仪地的官员来求见,见过后便对孔子的弟子说:你们不要因为跟随着老师四处奔波而苦恼,上天将让孔子制礼作乐的。这句的意思是:在卫国的仪地当官的人能够理解孔子。④函谷关人:指春秋时期把守函谷关的关令尹喜。⑤老聃:就是老子。老子名叫李耳,字聃。据说老子在周朝居住了很久,认为周朝不行了,便要走。函谷关的关令尹喜看见有紫气从东边而来,知道要有圣人从这儿经过了,不久,果然看见老子骑着青牛来过关。尹喜便要老子给他写本书。于是老子写了上下两篇,共五千个字,就是现在的《道德经》(又称《老子》)。这句的意思是:守函谷关的尹喜能认出圣人老子。

【解读】

"尼父"就是孔子,"老聃"就是老子,两大圣人,分别是儒家和道家的创始人。儒家和道家是对古代社会和传统文化影响最大的两个学派,这里用他们生前被人所赏识的事迹入对,自然工整。

【原文】

贾岛诗狂[1],手拟敲门行处想[2];张颠草圣[3],头能濡墨[4]写时酣。

【注释】

①贾岛诗狂:晚唐诗人贾岛作诗非常用功,所以称为诗狂。②手拟敲门行处想:这是贾岛作诗用心的最为著名的典故,他有一次骑着驴外出,忽然想到了一句诗"鸟宿池边树,僧敲月下门",刚开始想用"僧推月下门",后又想用"敲",于是便在驴背上用手一会儿推,一会儿敲,反复比较,不小心冲撞了韩愈。他告知缘由,韩愈说还是用"敲"字好。"推敲"这个词就是从这儿来的。这句的意思是:作诗入迷的贾岛,骑着驴边走边用手模拟"推"和"敲"的姿势,考虑用哪个字更好。③张颠草圣:指唐代著名书法家张旭。他的草书写得很好,被称为草圣;又因为他往往在大醉后写字,故又叫张颠。颠,同"癫"。④头能濡墨:传说张旭经常用头发蘸墨来写字。濡,蘸。这句的意思是:草圣张旭能用头发蘸墨写字,还写得酣畅淋漓。

【解读】

诗歌和书法是古代文人最基本的功课,也是最重要的活动,于是两个领域中往往会产生很多特立独行之士,对联中的苦吟诗人贾岛和看似疯癫的草圣张旭正是其中的典型。作诗对写字,"狂"对"癫"。作者又精心从典故中各选择了一个身体部位"手"和"头"相对,来展现"狂"和"颠",意趣十足。

十四　盐

【原文】

人对己,爱对嫌。举止对观瞻[1]。四知[2]对三语[3],义正[4]对辞严[5]。

【注释】

①观瞻:指站在高处四下眺望,也指显露于外的形象。②四知:这是汉朝清官杨震的故事,也是古代官吏廉洁的著名典故。据说杨震当青州刺史时,举荐了一个秀才。这位秀才晚上带了金子来酬谢,并说夜间无人知晓,请他收下。杨震说:"天知,地知,你知,我知,怎么能说无人知晓呢!"③三语:晋朝太尉王戎问阮瞻儒家与道家的异同,

阮瞻回答说:“将无同。”意思是说,或许没有什么不同吧。王戎很满意,聘他做了掾,就是幕僚。后人因为他只说了三个字而做了掾,所以叫他“三语掾”。④义正:道理很正确。⑤辞严:语言很严厉。

【解读】

“人对己”就是别人对自己。“举止”对“观瞻”都是人的风姿、外貌。“四知”对“三语”用两个带数字的典故相对,别具匠心。“义正对辞严”就是套用了成语“义正辞严”,对来顺理成章。

【原文】

勤雪案[①],课风檐[②]。漏箭对书笺。文繁归獭祭[③],体艳[④]别香奁[⑤]。

【注释】

①勤雪案:在落了雪的书桌上也要勤奋学习。案,书桌。②课风檐:在刮风的屋檐下也要好好做功课。③獭祭:獭是指水獭,喜欢吃鱼,常把自己逮到的鱼井然有序地摆在岸边,如同陈列祭祀的供品,人们称之为獭祭鱼。后人把写文章喜欢罗列典故的做法叫作“獭祭”。这句的意思是:写文章,用的典故太繁多便叫作“獭祭”。④体艳:文章写得艳丽。⑤香奁:本指妇女的梳妆盒,唐代诗人韩偓喜欢写艳丽的诗,他的诗集名叫《香奁集》,后来人们便把这种诗称为“香奁体”。这句的意思是:文章写得艳丽那就是“香奁体”了。

【解读】

“雪”和“风”都是自然气象,而这里主要是突出条件的艰苦,“勤雪案”和“课风檐”都是说无论在什么样的环境里,都要勤奋努力地学习。最后两句都是在说文章的风格。

【原文】

昨夜题梅更一字[①],早春来燕卷重帘[②]。

【注释】

①昨夜题梅更一字:唐代诗人齐己写了一首《早梅》诗,其中说“前村深雪里,昨夜数枝开”。另一位唐代诗人郑谷把“数枝开”改为“一枝开”,更为绝妙,齐己也大为叹服,当时人称郑谷为“一字师”。这句的意思是:齐己写诗咏昨夜的梅花,经郑谷改动一个字后大为增色。②这句的意思是:春天刚刚开始,就卷起了那重重的门帘,等燕子回来。

【解读】

“昨夜”和“早春”都表时间。而“一”对“重”是全联的点睛之笔。“一”是所引典故的核心,因此对句的同样位置也必须用数字,但是下句此处如果用了数字,无论是“卷一帘”“卷十帘”“卷多帘”还是“卷数帘”,都很生硬。而“重”字虽然不是数字,这里却和数字的用法相同;“重”又有多的意思,与“一”相对正合适,选词之巧令人拍案叫绝。

【原文】

诗以史名[①],愁里悲歌怀杜甫[②];笔经人索[③],梦中显晦[④]老江淹[⑤]。

【注释】

①诗以史名:杜甫是唐代最伟大的诗人,由于他的诗作深刻地反映了当时的社会

现实,可以当作历史来看,因此被后人称为“诗史”。②这句的意思是:被称为“诗史”的杜甫是用悲愁的歌声来反映生活的。③笔经人索:这里用的是江淹的典故,即“江郎才尽”。见前“四支”注。④显晦:显是显达、顺利,指江淹得到五色笔后的文才。晦是阴暗、不顺利,指江淹失去五色笔后也失去了文才。⑤这句的意思是:江淹梦中得到五色笔,从而文才出众,被人从梦中要去五色笔后,他似乎变老了,失去了文才。

【解读】

“诗以史名”和“笔经人索”都是用典。“愁里”对“梦中”,工整妥帖。“杜甫”和“江淹”都是人的名字,一个叠韵,一个同旁;而且两个都是文人,一个以诗歌闻名,一个以辞赋著称。

十五　咸

【原文】

栽对植,薙对芟[①]。二伯[②]对三监[③]。朝臣[④]对国老[⑤],职事[⑥]对官衔[⑦]。

【注释】

①薙、芟:都是拔除、铲除野草的意思。②二伯:指西周初年,代替年幼的周成王掌管国政的周公与召公。伯,诸侯之长。③三监:周武王灭了商朝后,把商纣王的儿子武庚封在商都,并派自己的三个弟弟管叔、蔡叔和霍叔来监督他,称为三监。④朝臣:在朝的大臣。⑤国老:退休的大臣。⑥职事:一个官员所应该管理的事务,这个事务与官衔不一定有直接关系。⑦官衔:一个官员的官位品级。

【解读】

头两句在前文有两个类似的例子:看单句,各自都是一字对;合起来就构成了一组三字对;一字对中“栽”和“植”都是栽种、种植的意思,“薙”和“芟”都是铲除、拔除的意思,都属于正对;而三字对则是种植对铲除,属于反对。

“朝臣”对“国老”,一个还在职,一个已退休。“职事”和“官衔”,二者既有联系,又有区别,一个官员所应该管理的事务与官衔不一定有直接的关系,可能很低的职位管理很多事务,也可能很高的官职管理的事务很少,甚至可能有的官员只有官衔而不管理任何事务,就是“闲职”。

【原文】

鹿麌麌[①],兔毚毚[②]。启牍对开缄[③]。绿杨莺睍睆[④],红杏燕呢喃[⑤]。

【注释】

①麌麌:兽群聚集的样子。②兔毚毚:狡猾的兔子。③启牍、开缄:都是开启信件的意思。牍,本指上面写字的木筒,后指公文与信件。缄,封上信封。④睍睆:明亮美好的样子。这句的意思是:在绿色的杨树下藏身的黄莺是那么美丽。⑤呢喃:形容燕子的叫声。这句的意思是:在结了红杏的杏树旁,有双双燕子在呢喃。

【解读】

整组对句都非常工整别致。“鹿”和“兔”都是四只脚的哺乳动物;“麌麌”对“毚毚”,都是叠词:“鹿麌麌”和“兔毚毚”都用了同旁法,前三个都是“鹿”字旁,后三个都是“兔”字旁,而且都描述了它们的某种情态。“启”就是“开”,“启牍”和“开缄”都是开启信件。“莺”和“燕”都是受人喜爱的飞鸟；“睍睆”和“呢喃”都是同旁词，一个描述外观，一个形容声音。

【原文】

半篱白酒娱陶令①，一枕黄粱②度吕岩③。

【注释】

①陶令：指的是东晋诗人陶渊明。陶渊明曾做过彭泽令，所以称为陶令。他很喜欢喝酒，写过一组著名的诗叫《饮酒》，其中一句说“采菊东篱下，悠然见南山”，最为有名。这句的意思是：有酒有菊，就能让陶渊明感觉到快乐了。②一枕黄粱：唐代有一篇传奇小说叫《枕中记》，讲了卢生被吕翁度化的故事：热衷功名的卢生在邯郸道上遇到了吕翁，并在吕翁给的青瓷枕上入梦，梦中娶了有权有势的妻子，又中了进士，出将入相，享尽了人间富贵，醒来方知是大梦一场，而店主人蒸的黄粱饭还没有熟。③吕岩：指的是传说中八仙里的吕洞宾，也即“一枕黄粱”中的吕翁。这句的意思是：仙人吕岩只用了一枕黄粱梦就把卢生点化了。

陶渊明

【解读】

两句分别说的是陶渊明和吕岩的典故。“半篱”对“一枕”，数字对。“白酒”对“黄粱”可谓珠联璧合：“白”对“黄”都是颜色，“酒”和“粱”，一个是喝的，一个是吃的，两个词从构词方式和意义上都堪称绝配。

【原文】

九夏①炎飙②，长日风亭留客骑③；三冬④寒冽⑤，漫天雪浪驻征帆⑥。

【注释】

①九夏：指夏天最为炎热的九十天。②炎飙：非常热的风。③这句的意思是：炎热的夏天，那整天吹着的热风使得旅客都躲在亭子里不出来。④三冬：冬天最为寒冷的日子。⑤寒冽：寒冷。⑥这句的意思是：冬天最冷的日子，漫天的大雪和水上的大浪让帆船都不敢出行。

【解读】

“九夏”对“三冬”，“夏”对“冬”，一个“炎”热，一个“寒”冷，和春对秋一样，都是自然本身提供的最佳配对。夏天最热的是三伏，冬天最冷的是三九，三伏共有九十天，所以说“九夏”，用来和“三冬”组对，既贴切自然，又不会在数字上重复。“留”和“驻”都有停下的意思。其中“长日”和“漫天”最显功力，都偏口语化，看似不经意间信口说出，实际上是精心打造而不露痕迹。

格言联璧

[清]金缨

《格言联璧》，又名《格言合璧》，是一部格言书。作者金缨，字兰生，清朝后期生于浙江山阴一个颇为富有的书香人家，清末学者、出版家。于道光二十六年，编辑刊印《几希录续刻》之后，他又博览先贤著述，凡遇警世格言，随手抄录，汇成巨帙，编为《觉觉录》一书。“觉觉”者，自觉、觉他、觉悟、觉醒之谓也。盖以金科玉律之言，作暮鼓晨钟之警，以圣贤之智慧济世利人，以先哲之格言鞭策启蒙。其中不乏为人处世的智慧法则，治家教子的谆谆教诲，修身养性的至理箴言，字字珠玑，句句中肯，雅俗共赏，发人深省。其说理之切、举事之赅、择辞之精、成篇之简，皆冠绝古今，堪称立身处世的金科玉律，修身养性的人生智慧，千古不移的至理名言。

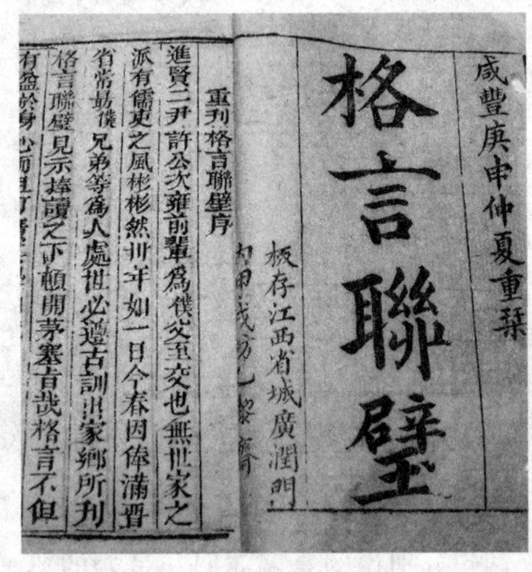

咸豐庚申仲夏重栞

格言聯璧

板存江西省城廣潤門

重刊格言聯璧序

進賢二尹許公次雍前輩爲餞父至交也無世家之派有儒吏之風彬彬然卅年如一日今春因倅滿晉省常勗儀兄弟等爲人處世必遵古訓出家鄉所刊格言聯璧見示捧讀之下頓開茅塞甚哉格言不但有益於身心而且

《格言联璧》书影

《格言联璧》是金缨选录其所辑《觉觉录》中浅近格言另刻之单行本。该书刊行之后，民间有异本流布，“惜坊本刊印草率，讹夺滋多，附刻喧宾夺主，传本各异”。潮阳郭辅庭有感于此，取旧所校定《格言联璧》，“就正通人，复加雠勘，端楷书写，重付精刊”。后人编订《格言联璧》，即以上述郭氏刊本为据，我们此次编订也不例外，参考了此版本。《格言联璧》全书以类编次，包括有学问、存养、持躬、摄生(附)、敦品、处事、接物、齐家、从政、惠吉，共十类。各类之间，并非泾渭分明，而是有所交汇，要领大多为“修己、行仁、省躬、察物为归。”

《格言联璧》现实意义很大，这也是它流传广泛的缘故。《格言联璧》曾被其跋者称为“本世事为学问”。意思是说此书是从社会生活的实践入手，从人情世故中探索正确适用的生存之道。本书的这一特色，对于人们入世、出世有很好的借鉴价值和指导意义，因此实用性很强。全书以儒家修身、齐家、治国的次第为经，以对所收格言的诠释为纬，涵盖了人生从读书修身到处世、理家、治国、平天下的各个方面。生活中，人们如果遇到为人处世的困惑，阅读此书都会受到启示和鼓励。《格言联璧》流传广泛的另一原因是它的语言朴实，结构整齐，易诵易记。这些格言绝大多数都形成工整的对偶句。骈偶句式，结构整齐，易诵易记，读来朗朗上口。语言准确朴实，含义明晰深沉，极少用典，可称为雅俗共赏的醒世恒言，令人回味无穷。

金缨写作《格言联璧》的用意在于用圣贤先哲的至理格言来激励启迪童蒙，从小懂得做人的道理、树立远大的人生志向、勤奋上进、勇于拼搏,长大以后成为家里的顶梁柱、国家的栋梁之材。《格言联璧》说理之切、举事之赅、择辞之精、成篇之简,皆萃古今。每一条事理内涵丰富,广博精微,言有尽而意无穷,先哲的聪明智慧和无限期望尽在这些联珠妙语之中。

学问类

读书即未成名,究竟人品高雅;修德不期获报,自然梦稳心安。

【原文】

古今来许多世家①,无非积德;

天地间第一人品,还是读书。

【注释】

①世家:古代泛指门第高、世代做大官的人家。

【译文】

从古至今许多世家的名誉都是靠积德行善而获取的;天地间最高尚的品质还是通过读书取得的。

【解读】

古往今来的名门望族,之所以能够闻名一世、威震一方,肯定有他们的传家之宝,这个传家之宝,就是"读书积德"。多行善事多积善德,才可以使一个家族繁荣昌盛;要延续家族的美德,必须让子孙读书,修德养性。古人云"读万卷书,行万里路",就是鼓励人们多读书,多出去走走,从而开阔眼界,增长知识和能力。只有德才兼备,才能肩负起传家兴业的家族使命;只有卓尔不群,才能令家业世代兴旺发达。古人有"万卷藏书宜子孙"的座右铭,今人有砸锅卖铁也要让孩子上学读书的感人事迹。重视子孙德学培养的人家大都为忠厚善良之辈。如果热衷于追求纷繁的权势财利,其家业反而像过眼的烟云、划过天幕的流星,很快就消散了。所以,要重视培养道德品质,奠定孝悌和友爱的根基,多做好事,修炼高尚的人品,才能继承祖先大业;要读书修业,传授圣贤经典,方可青云直上,为子孙打算,才会使子孙终身受益。

【原文】

读书即未成名,究竟人品高雅;

修德不期获报,自然梦稳心安。

【译文】

勤奋刻苦读书,即使不能够考取功名,毕竟还可以使人的品行高洁优雅,气度不凡;积德行善,并不是期望获得回报,而是能以时时刻刻恬然安静的生活为目标,自然会心安理得,感到满足。

【解读】

有一句名言说:"人从一生下来到死去,这中间的过程,就叫幸福。"是的,生命只是一个过程,在这个过程中,有高官福禄,也有闲云野鹤;有金榜题名,也有名落孙山;有鲜花和掌声,也有荆棘和泪水;有欢乐,也有痛苦。人们无论是积德行善,还是修身养性,不能是一味地贪图回报,而是应该出自本心。同样,读书求学也不能只是为了博取功名,而是应该以读书明理为本,尊长爱幼、爱家爱国为己任。只有这样才能真正地体验到人生的幸福,自然心安理得,知足常乐。

【原文】

为善最乐,读书便佳。

【译文】

助人为乐做善事,是人生最愉悦的事;勤奋读书求学问,来提高自己的修养和能力,是最让人赞赏的事。

【解读】

人生在世,如白驹过隙,人人都想平安快乐地度过一生,那么,怎样才能让自己的人生充满快乐?俗话说,"送人玫瑰,手留余香","救人一命胜造七级浮屠",由此可见,做好事能使人心情舒畅,能使人修德积善,是人人感到快乐的事情。所以在日常生活中,尽自己最大的能力去助人为乐,"雪中送炭"不但会得到对方的深深的感谢,更能使自己心情舒畅,感到十分的快乐,因为"付出永远比索取快乐",世上没有比帮助他人所得的快乐更多了。假如只是一味地以求得丰盛的宴席和华美的房屋作为回报,才去施善救困,那与自私又有什么区别呢?同样的道理,勤奋刻苦读书钻研学问,应以提高修养和增长学识为目标,这样才是最值得称道的事情。有人目光短浅只是看到有些读书人过着贫困潦倒的生活,而纨绔富豪之辈,不学无术却反而纸醉金迷,多有行为不轨。于是就认为圣贤迂腐,读书无用。越没有文化,见识越浅薄,越不了解读圣贤经典著作的重要,不知道子孙后代都不读书,就会不懂得孝敬长辈,不懂得提高自身修养,不懂得教育子孙后代。代代相传,后世的人就会越来越没修养学识,越来越没有独善其身的品质,又怎么能立足于社会之中,家族又怎么会繁荣强盛呢?所以,我们应当尽自己最大的努力去读书,让子孙后代都成为知书达理有用的人!

【原文】

诸君到此何为,岂徒学问文章,
擅一艺①微长,便算读书种子;
在我所求亦恕,不过子臣弟友,
尽五伦②本分,共成名教③中人。

【注释】

①艺:六艺,即礼、乐、射、御、书、数六种技能。②五伦:即"五常",封建礼教称君臣、父子、兄弟、夫妇、朋友之间的五种关系。③名教:以正名定分为中心的封建礼教。

【译文】

诸位到学院来做什么?难道只是为了求取学问,学习写文章吗?如果只会做学问或写文章的一些雕虫小技,就可以算作是真正的读书人吗?其实没有这么简单,我在此所求的是懂得宽恕,不过是学一学为子为臣为弟为友之道,好尽一尽做人的本分,和大家一起成为恪守礼教的正人君子。

【解读】

范仲淹执掌应天书院时,他的教书育人的思想总的要求是"以天下为己任"。他在应天书院掌教期间,无论在教学内容还是在教学方法上都进行了一系列的改革,总结出一套自己的教书育人的理论和教学方法。在教育这条战线上,他清醒地认识到,教育行业是为社会服务的,是为巩固封建制度和繁荣昌盛封建文化服务的。他的教育理论很明确,就是为封建社会"长养人才,材不乏而天下治,天下治而王室安,斯名著之效矣"。他认为"国家之患莫大于乏人"。意思是人才的培养很重要,关系到国家的存亡与王室的安危。至于人才的标准是什么?他认为培养出来的人,要能"服礼乐之文,游名教之地,精治人之术,蕴致君之方。然后命之以官,授之以政"使他们具有一种本领,"列于朝,则有制礼作乐之盛;布于外,则有遗风易俗之善"。只有培养这样的人才,"国家以之富盛,基业由是绵昌"。由此可见上学读书,不是仅仅为了求学问写文章,更是为了增长自己的才德,使自己拥有为人处世的能力,大的方面说来报国,小的方面来说来爱家。广州香山书院有一楹联。刘直斋云:"士先器识而后文艺。若夫少时无所持养,不为事亲从兄之事,不闻礼义廉耻之说,但为无根浮伪之文,骤登青云之路,其不蔑弃君亲、草菅人命者,鲜矣。"强调读书求学应该有更高的追求,不但要在礼、乐、射、御、书、数六艺上有一技之长,还要尽量拓展自己的学问广度和深度。在五伦之上,不但要遵循父子有亲、君臣有义、夫妇有别、长幼有序、朋友有信的要求,同时,也不能因为五伦而束缚了自己手脚。从一个人的才能(六艺)和为人(五伦)来看,我们的评价标准是先看他的处世为人,再看他的技能才学。

【原文】

聪明用于正路,愈聪明愈好,而文学功名益成其美;
聪明用于邪路,愈聪明愈谬,而文学功名适济其奸。

【译文】

如果一个人的聪明才智用在正道上,那么他越聪明就对自己和社会越有利,而他的学问、功名就越能够帮助他的事业健进美德传颂天下;如果一个人的聪明是用在邪道上,那他越聪明道理就会显得越荒谬,而他所谓的学问和功名就会使他的奸诈恶行更加嚣张。

【解读】

俗话说,物尽其用,人尽其才,就是说,在使用物品的时候就要尽量用尽它的有用之处,而在用人的时候就要让他(她)的才能发挥得淋漓尽致。用人要人尽其才、才尽其用,这可以说是用人的标准,但在这一标准之上还要有一个前提,那就是把自己的聪明才智应用到有益于人类、社会的地方。如果拥有一身好才学好功夫,却走上了邪门歪道,或是逆社会潮流而行,甚至与人民为敌,破坏国家的繁荣与稳定,违背和谐社会,那么这样的才能又有什么用呢?就如同南辕北辙的那则寓言一样,本想往南,却执意往北走,即使付出再多的努力也到达不了目的地,与其适得其反,还不如不做。所以说,人在做事之前要有正确的方向要有明确的目标,首先要明白自己在做什么、怎么做、为什么这样做、结果等问题,只有这样人们才会在反省中发现自己的错误,及时悬崖勒马,避免自己一失足成千古恨。

【原文】

战虽有陈,而勇为本;
丧虽有礼,而哀为本;
士虽有学,而行为本。

【译文】

两军战场交锋,虽然要讲究阵法战术,但是关键要以勇猛的士气为根本;办理丧事,虽然要求礼节周全,但是最重要的要以哀戚为根本;有知识的文人墨客,虽然才高八斗,但是关键要以品行修养为根本。

【解读】

大树底下好乘凉,虽然郁郁葱葱的枝叶十分茂盛,使人感到无限凉意,但是树木的本质是根木,夏日树下的屡屡凉爽,是它默默奉献的功劳。事物的细枝末节当然要注意,但万万不可因此忽略了其本质的东西。一旦舍本逐末,必然遭受失败的痛苦。把自己陷入山穷水尽的险境,只会悔恨万分。古语云:“山不在高,有仙则名;水不在深,有龙则灵。”在看待事物时,千万不要被事物表面的假象所迷惑,关键是要通过事物的现象看到本质。世上有学识才能的人很多,但学识才能的高低与品德修养却是两码事,如果才高德低,我们所看重的只是外在所表现出的“才”,却不去深究内在的“德”,就容易因用人不当而影响到自己的事业。所以在考察人才时应以德为先,才居后,能求到德才兼备的人,是用人者的幸运,因为才学渊博的人也很多,品行高尚的人也不少,德才兼备的人却不多,可以说求得德才兼备的人犹如求得了稀世珍宝。刘备之所能成就蜀汉大业,并非他的能力有多大,品德多高尚,而是他善于用人,求贤若渴,有关张二将,“万人敌”赵子龙,特别是有德才兼备的诸葛亮的辅佐,才成就了他的帝王大业。

【原文】

飘风①不可以调宫商②;
巧妇不可以主中馈③;
文章之士不可以治国家。

【注释】

①飘风:旋风。②宫商:古代五音指宫、商、角、徵、羽,此处泛指音乐。③中馈:饮食家务等事项。旧称妇女之职为主持中馈。

【译文】

飘扬回旋的风不能调和乐器的音调;心灵手巧的妇人未必就能主持好家务;学富五车的学士,只会吟诗作文,是不可以让他来治理国家的。

【解读】

“金无足赤,人无完人”,就是说,世界上本来就没有十全十美的人,金子也没有十足之赤。人,总是既有优点又有缺点的。“尺有所短,寸有所长”,每样事物都有其值得赞赏的地方,优秀的事物同样也有自身的缺陷,而有缺陷的事物也必有自身所擅长的。这就要求人们在实际生活中,要根据具体情况灵活变通,不能拘泥不变。死搬硬套终究是要吃亏的。结果可能把好事变成坏事,贻误大好机会,影响事业前程。

【原文】

经济①出自学问,经济方有本源;
心性②见之事功,心性方为圆满。
舍事功更无学问,求性道不外文章。

【注释】

①经济:经国济世。②心性:佛教称不变的心体为心性。

【译文】

经世济民的才能,从学问中来,这才能才是经世济民的本源;远大的理想,只有体现在事业的成功上,才称得上功德圆满。舍弃了功名利禄就不可能潜心钻研学问,而要想追求自己的理想就不外乎文章了。

【解读】

要有目标地学习,所学知识方可有大用。学有所用,学以致用,这样掌握的东西才有实在的用处,也不枉花费了许多的时间来锻炼学习和准备的才能,而在用的同时,亦在完善所学所备的才能,使之圆满。做事都应该抓住关键位置,只有这样做事才会游刃有余,事半功倍。如果不知道从何下手,只知一味地盲目去做,可能付出了很大的努力也不见成效,更可能适得其反。牵牛要牵牛鼻子,好刀要用在刀刃上,指的就是要善于把握关键点去做事,这样才会少做一些费力不讨好的事。读书立业就是这个道理,做学问不是单纯地为了读书而读书,而是要考虑它的实际作用;追求建功立业,又不能放弃学习经书文章,因为这是道德追求的根本,也是建立事业的根基。

【原文】

何谓"至行"?曰"庸行"。

何谓"大人"?曰"小心"。

何以"上达"?曰"下学"。

何以"远到"?曰"近思"。

【译文】

有人问:"什么是最高尚的品行?"回答说:"平常生活中的言行修养就是";有人问:"什么样的人称得上德高望重的圣人?"回答说:"小心谨慎、知书达理的人就是";有人问:"怎样做学问有所进步?"回答说:"聪明好学,不耻下问";有人问:"怎样做能达到远大的目标?"回答说:"体察人情世故,从近处着想。"

【解读】

大音希声,大象无形,最高的品行是中庸之道,要上知天命必须下学人事,而要远达目标必须首先从近的地方着想,这些都是圣人在经过了实践之后得出的结论。虽然不是一般的人所能理解的,但是一定要牢记于心,当细咀嚼,为己所用。如果通晓了以上道理,推而广之,就会明白:要想品德高尚,从小心谨慎做起;要想学有所成,从敏而好学、不耻下问做起;要想追求高远的精神境界,从细微之处做起。其实人从来没有生而知之,都是学而知之,人刚出生时就如一张洁白的纸,既没有任何污点也没有色彩,而是经过了后天的勾勒描画才成了一幅美丽迷人或污秽肮脏的画卷。就如古今中外很多德高望重的名人志士,他们最初也并非就是一个高尚的人,而是经过了后天家庭、学校、社会的培养教导,最终才成了一名被人尊重的人;还有很多即将走向犯罪道路的青少年,在老师、家长苦口婆心的劝说引导下回心转意,成了一名有益于人民的精英,可见一个人的品行受周围人的影响很大。想让孩子能成为德才兼备的人才,就要努力给孩子创造一个良好的成长环境。

【原文】

竭忠尽孝,谓之人;治国经邦,谓之学;

安危定变,谓之才;经天纬地,谓之文;

霁月光风[①],谓之度[②];万物一体,谓之仁。

【注释】

①霁月光风:霁,开朗;光,与霁同义。霁月光风,比喻心胸光明坦荡。②度:器度,胸襟。

【译文】

能够做到竭尽忠孝,才可称得上仁义的人;能够做到治国经邦,才可称得上有济世之学;能够平定叛乱、扭转乾坤,才可称得上有用之才;能够编织天地自然万物,才可称得上风流文章;能够有豁达宽广的胸怀,才可称得上有儒学大家的风度;能够与自然万物和谐相处,和平共生,才可称得上有君子的仁德之心。

【解读】

什么样的人才称得上仁义之士,能竭尽忠孝的人称为仁。刘备自诩自己以仁为本。他说:"曹操的名言是'宁教我负天下人,休教天下人负我',那么我的名言是'宁教天下人负我,休教我负天下人',我身为大汉王室后裔,却不能为汉除暴安良,不能拯救水深火热之中的皇帝,十分惭愧。"他的忠君爱国之心天下皆知。他提倡仁德思想,为诸多能人志士所赞同,赢得了这些有志之士的拥戴,凤雏庞统为他视死如归,卧龙诸葛亮为他鞠躬尽瘁继承他的蜀汉大业,带病北伐,殉身于前线。由此可见,在许多人眼里,刘备就是仁人之士。刘备就是仁德的化身。

【原文】

以心术为根本,以伦理为桢干,以学问为菑畲[①];
以文章为花萼,以事业为结实,以书史为园林;
出歌咏为鼓吹,出义理为膏梁,出著述为文秀;
以诵读为耕耘,以记问为居积,以前言往行为师友;
以忠信笃敬为修持,以作善降祥为受用,以乐天知命为依归。

【注释】

①菑畲:良田。

【译文】

把认识事物的方法视为根本,把人伦道德之理视为树干,把学问知识视为田地;把文学作品视为花萼,把事业功业视为果实,把经史书籍视为园林;把歌功颂德当作音乐,把仁义伦理当作食物,把著书立说当作彩绣,把诵文读书当作耕耘,把记问之学当作积藏,把圣贤言行当作良师益友,把敬忠笃信当作修身守道,把行善降祥当作享受,把乐天知命当作依托依靠。

【解读】

做学问与植树、养花相似,都要辛勤耕耘都要有计划。春天是耕耘的季节,夏天是生长的季节,秋天是丰收的季节,冬天是休养的季节,一年四季,每个季节有每个季节的特点,要利用每个季节的特点才会获得丰收。育树育人其实道理一样,根须,树干,花朵,都是由不同的时令季节所孕育的,与之相匹配的是人们要学会选择相应适当的心术,伦理,文章,来作为营养成分充实自己,以求得到茁壮成长,成就一番事业。

【原文】

凛闲居以体独,卜动念以知几[①],谨威仪以定命,

敦大伦以凝道,备百行以考德,迁善改过以作圣。

【注释】

①几:几微,先兆。

【译文】

一个人清闲居住时也要小心谨慎,严于律己,来独善其身,勤于思考勤于动脑来了解自己内心的想法,谨慎谦恭待人处世来安于天命,敬伦理道德来成就圣贤之道,把自己的所有的言行举止作为检验道德的标准,及时改正自己的错误,一心向善,来成为德才兼备的圣贤。

【解读】

"静以修身,俭以养德。"就是说,用静来修养自己的身心,用节俭来培养自己的品德。说明恬静、节俭是"修身""养德"必不可少的条件。恬静、节俭可以达到"修身""养德"的目的。一个人恬静、节俭,就没有私心杂念,不计名利,索取的少,消费的少,一心为民,一心为国,他的道德也必然高尚。"由俭入奢易,由奢入俭难",就是说,由节俭到奢侈很容易,由奢侈到节俭就很困难。说明节制物欲、保持节俭的重要。"俭"与"奢"在人的生理直觉上,后者确实比前者感到"舒服""痛快",所以"奢易","俭难"。正是"由俭入奢易",所以要节制物欲,严于律己,见到奢侈行为不动心,不眼红,不追求,而以俭为美。正因为"由奢入俭难",所以奢侈行为沾不得。如果奢侈成习,一旦失去奢侈的条件,就会感到苦不堪言,甚至导致犯罪,落到身败名裂的地步。人的品德是由一言一行凝聚而成,要想拥有高尚的品德,就要注意自己的一言一行,严于律己。如果懒散怠慢,就会功亏一篑,失去成为圣贤的机会。

【原文】

收吾本心在腔子里,是圣贤第一等学问;

尽吾本分在素位①中,是圣贤第一等工夫。

【注释】

①素位:现在所居之职位。

【译文】

把良心放在心中是圣贤之士的最高学问;尽自己的本分为人处世,是圣贤之士的最高工夫。

【解读】

没有良心的人,等于一无所有,可见良心的重要。做人做事要凭良心,对得住自己的良心,是为人处世的底线。一个有原则的人才会赢得别人的尊重。才会得到人们的拥护爱戴。损人利己得来的东西,必然不会长久的。要想守住属于自己的天地,就要学会行善积德,活得清清白白,做得问心无愧。如《三字经》中所说:"人之初,性本善。"其实每个人的本心都是积极向上向善的,只不过在后天的成长中因种种诱惑不能够坚持自己的本心,才有了善恶之别,好坏之分,君子和小人之分,圣贤和愚钝之分。总之,能多做善事则多做,因为多做善事心情好,多做好事睡得香。做人做事要对的起别人,要对得起自己的良心。

【原文】

万理澄澈,则一心愈精而愈谨;

一心凝聚，则万理愈通而愈流。

【译文】

能够悟透万物的事理，心里就会越显得明白而专一；能够专心致志于一处，心里对万物的事理就会越明了畅达。

【解读】

能够全神贯注研究事理、学问，就越能全面了解事理、学问的，越能明白它的道理、本质。做学问要专心致志，一心一意，才能学到真正的东西。有一首佛教偈语："身是菩提树，意为明镜台，朝朝勤拂试，勿使惹尘埃。"如其所说，心灵是做人处世的根本，只有在心清性明的基础上，才能够使自己在所从事的事业上有所作为。如果能够把精力专注于一，定会学有所成；如果做事朝三暮四，没有持之以恒的精神，很可能半途而废，碌碌无为，甚至一事无成。

【原文】

宇宙①内事，乃己分内事；

己分内事，乃宇宙内事。

【注释】

①宇宙：指上下四方，古往今来。

【译文】

如果能够把宇宙间的万事万物当作自己的事，那么自己的事也就成了宇宙间的万事万物了。

【解读】

宇宙是天地万物的总称。语出战国时《庄子·齐物论》："旁日月，挟宇宙。"在空间上无边无垠，在时间上无始无终。宇宙是物质世界，其中的物质处于不断的运动和变化之中。宇宙包括天体的无限空间，代表人宽广的胸怀。"宇宙内事，乃己分内事"是说世间之人应有乐观豁达的博爱胸怀，能够以天下为己任，与自然相连相通。

【原文】

身在天地后，心在天地前；

身在万物中，心在万物上。

【译文】

身体虽然处在天地万物的后面，但心灵却要凌驾在自然万物的前面。身体虽然处在天地万物中，但心灵却要在天地万物之上。

【解读】

在芸芸众生的万物世间为人做事，要保持自我，需要很高的修养。身处喧嚣的红尘中，如果能保持一颗纯洁宁静的心，就如同出淤泥而不染，濯清涟而不妖的莲花一样，这便是最高尚的追求，最完美的生活。如今的人们整天忙忙碌碌，每天穿梭于灯红酒绿的都市，为了衣食住行，为了功名利禄，难于远离尘嚣，难于保持本真，有些人更是迷失了本心，失去了真正的自我。一心只知追逐金钱方面的利益，沉迷于酒色财气之中不能自拔。而那些能修身养性的人，满足于过田园生活的人，真是让人羡慕，因为他们不被世间的物流横欲所迷惑，能一心追求超然物外的精神境界，让人觉得是那么的潇洒。能保持“出淤泥而不染”的淡泊心境,十分难能可贵。

【原文】

观天地生物气象,学圣贤克己工夫。

下手处是自强不息,成就处是至诚无息。

【译文】

观察天地万物自然的景象,学习先哲圣贤严于律己的工夫。在实践中身体力行,自强不息,最终必会在学海无涯的道路上成就一番事业。

【解读】

人生是一个不断学习不断奋斗的过程,“读万卷书,行万里路”多读圣贤典籍,多实践,才会得到自己需要的东西。要有理想,有了理想,才有方向。一个人只要心中有了坚定的信念,有追求的目标,能够自强不息、坚持不懈地追求事业,就会有成功的希望。只要肯奋斗不管遇到顺境也好逆流也罢,都不改变自己的前进方向,就离成功更近了。只要下定决心,坚持不懈,战胜一切挫折,就会前程似锦。如果不能潜心钻研学问,不能持之以恒,这就如同逆水行舟,丝毫懈怠,都可能被水流冲回来,只有奋力划动船桨,才能保证人生的风帆一直向前,才能成就一番大业。

【原文】

以圣贤之道教人易,以圣贤之道治己难;

以圣贤之道出口易,以圣贤之道躬行难;

以圣贤之道奋始易,以圣贤之道克终难。

圣贤学问是一套,行王道必本天德;

后世学问是两截,不修己只管治人。

【译文】

用圣贤的道理教导别人容易,自己实践却是件困难的事。把圣贤的道理表达出来容易,但是要身体力行地实践就困难了。按照圣贤的道理开始奋斗容易,但是要坚持到底就困难了。圣贤的道理与实践相结合,施行仁政必须从自己的品德性情做起。后世则相反,学问与实践不能统一,不知道修养自身的品德,而只管治理别人。

【解读】

做学问最基本的目标是提高自己各方面的修养,最高的目标才是管理别人。古人说:“一言学问,治人便当修己。不修己而治人,真谓之未尝学问。”可见,做学问首先要提高自己的涵养,使自己德才兼备,受人尊重,然后才有能力管制别人,使别人心服口服。俗话说,说着容易,做着难,同理圣贤君子的道理教导别人表面看起来容易,其实实施起来很困难。首先自己要遵守圣贤道理,只有自己做到了,才有资格去教导他人。如果自己都不能遵循圣贤道理,却指责他人的过失,表面说一套,背后又做一套,像这样言行不符的人,只能算作是打着行圣贤之道的幌子招摇过市,本来想为自己求取美名,结果却是搬石头砸自己的脚,落了个虚伪小人的臭名。

【原文】

口里伊周[①],心中盗跖[②],

责人而不责己,名为挂榜圣贤;

独凛明旦,幽畏鬼神,

知人而复知天，方是有根学问。

【注释】

①伊周：伊尹、周公。两人都曾摄政。史并称伊周，视为圣贤。②盗跖：相传春秋末期起义领袖，后引申为强盗。

【译文】

口中说着伊尹和周公的名字，满口仁义道德，但内心想着偷盗的事，只知指责别人，从不严以律己，这样的人被称为"挂榜圣贤"，但本人却是虚伪之士。在白天能谨慎谦恭，行光明正大之事，在黑暗中仍能够震慑鬼神，通晓人事又知天命，方是有根学问。

【解读】

大千世界，鱼龙混杂，想要立身其中，谋得一席之地，人们可谓绞尽脑汁使出了浑身解数，有些人运用君子之道，有些人玩弄小人之计。有些人为了一粥一羹或一官半职不惜做违背良心的事。当着人说好话，暗中却是诽谤；见到比自己地位高的就说些阿谀奉承的话，遇到比自己地位低的就自命不凡。表面一套，暗中一套，这样的人在社会中可谓屡见不鲜。而真正的圣贤君子却是通过直言来抒发自己的情怀，表达自己的意见，他们从不因外界的诱惑而改变自己的本性，更不会看别人的眼色行事。宁为玉碎，不为瓦全，是他们的精神追求，他们坚持的道义是"头可杀，血可流，士可杀，不可辱"。

【原文】

无根本的气节，如酒汉殴人，
醉时勇，醒来退消，无分毫气力；
无学问的识见，如庖人炀灶，
面前明，背后左右，无一些照顾。

【译文】

没有立身处世的高尚气节，就像同醉汉打人，醉的时候勇猛彪悍，可等醒来后勇气就消失到九霄云外了，就如没有了丝毫的力气；没有学问做后盾的见识，就像厨师在炉火前面烹饪，面前是明亮，而左右背后没有火光，都是黑暗。

【解读】

没有气节的人难以立身，气节是指志气、节操。做人就要重气节、讲立身、脊梁直、骨头硬，只有自己严格要求自己，方可有所成就，才会得到别人的尊重。没有气节的人，就如寄生虫，永远不能自立。不懂事理的人如果一时教导他理解了某方面的知识，他最终也会因只知其一而不知其二陷入歧途，关键的还是要让他从根本做起，立德求信，树立自己的气节。如果能及早立志，培养自己的性情，坚持自己的道义，即使是小人也能有君子所为。如果因一念之差，很可能会沦落为欺祖盗名的小人。有些人之所以无法独善其身，就是因为最初邪念的误导，使自己不能做出正确的决断，最终没有形成自己的雅趣和气节。能够防患未然，从容不迫，愤然而起，坚持自己的追求，就能冲破世事的迷惑与束缚，只有如此，才能求得圣贤的学问与精神。

【原文】

理以心得为精，故当沉潜，不然，耳边口头尔；
事以典故为据，故当博洽，不然，臆说杜撰也。

【译文】

用心体会事情中所蕴含的道理才能领悟精确得当，这就要求人们做事要沉着稳重，如果凡事不用心，事过之后就会忘得干干净净了。事理要以典故为解说的依据，这就要求人们必须博览群书，知识渊博，否则就会主观臆断，随意编造。

【解读】

要想自己知识渊博，就需要勤奋，博览群书，学习圣人的经典，丰富自己的大脑，提高自己的修养。有些典籍只可意会不可言传，所以要想让它为己所用，就要有很深的文化底蕴。有些道理用语言形容不出来，必须用心去领会其中的奥妙。如果骄傲自大，自认为知识渊博，不专心致志地学习，学问势必浅薄，即使得出了新的结论也是浅显的，甚至庸俗的。所以要想学习到圣贤的精华，必须养成良好的学习习惯，勤奋读书的习惯。只有专心致志地学习，抱着严谨的治学态度，才会从学问中凝练出独特而新颖的真知灼见来。

【原文】

只有一毫粗疏处，便认理不真，所以说惟精。

不然，众论淆之而必疑。

只有一毫二三心，便守理不定，所以说惟一。

不然，利害临之而必变。

【译文】

即使有一丝的粗心疏略之处，便可导致认识真理不准确，所以才有了精确的要求。不然，众说纷纭的时候便会产生疑惑。哪怕有一点三心二意，就可能会动摇坚守事理的决心，所以要求专心致志。不然，面临利害关系时就必然会发生动摇。

【解读】

《礼记·经解》："《易》曰：'君子慎始，差若毫厘，缪以千里'。""失之毫厘，谬以千里"的出处，它的意思是开始稍微有一点差错，结果会造成很大的错误。在日常生活中要严格要求自己，对自己的不良习惯要防微杜渐，决不能姑息。譬如今天的"小问题"，如果不加以重视，就会成为未来的"大问题"。因为一个人的细心、严谨是从小、一点一滴培养起来的；一个社会能否发展，一个民族能否振兴，往往都决定于这些"小问题"能否在早期就被发现。所以要严格要求自己，养成细心、严谨的习惯。佛教中认为万物由心造，世间的一切事物都是因心而生，因心而灭。虽然这句话有浓重的佛教色彩，但其中蕴含的道理是深刻而广博的。心是成事的根本，如果只知埋头去做事，却不用心去思考，就如同死读书的书呆子，虽然付出了不少的辛苦，但几乎徒劳，所谓的"学而不思则罔"就是这个道理。由此可见，做任何事都要专心致志地投入和坚持不懈地追求。如果有丝毫的动摇，就可能会关系到整个事业的成败。为人处世如此，对真理的追求更是如此，就如同哥白尼坚持"日心说"一样，虽然在发现真理的那一刻不可能被所有的人接受，甚至遭到讥笑与迫害，但只要是真理就坚持下去，真理总会有被认可的那一天。

【原文】

接人要和中有介，处事要精中有果，认理要正中有通。

【译文】

待人接物要平和而有气节，处理世事要精明而果断，认识事理要正直诚实而通情达理。

【解读】

社会太复杂，做什么都不能主观臆断，随波逐流，为人处世要有原则。为人要严谨谦恭，有礼有节，这样才会赢得他人的尊重与爱戴，因为尊重别人就是尊重自己，你怎样对待别人，别人反过来就会怎样对待你。“赠人以花，手留余香；赠人以情，温暖荡漾；掷人泥巴，先脏己手。”形象地说明了这个道理。处理事情要有果断干练的风格，这样才会抓住机遇，成就大事，如果遇事总是犹豫不决，优柔寡断就可能会错过成事的大好时机，结果需要付出更多的努力去挽回。对待事理就要有坚定的信念，是金子总会发光的，是真理就要坚持到底。

【原文】

在古人之后，议古人之失则易；

处古人之位，为古人之事则难。

【译文】

生在古人之后的人议论古人的过失就容易，若是处在古人的位置上做古人之事就比较困难。

【解读】

人们博古通今，为的是汲取古人的精华为己所用，即所谓的取其精华去其糟粕，从而提高自己的个人修养，并不是去挑古人的毛病，议论古人的过失。俗话说，人非圣贤孰能无过，智者千虑必有一失，我们在博览古书的过程中要客观地评价古人。人们在古代每位先哲圣贤的身上都能找出他们各自的得失优劣，可对于自身，人们却很少能够做出客观而公正的评价，发现自己的毛病认识自己的缺点；批评他人总能说得头头是道，可每到进行自我认识时，总是不能切中要害，原因就是我们不能够抱着公正的态度去自我反省，这样我们就无法认识到自身的缺陷，无法使自己日趋完善，达到更完美的结果。而在批评他人时，往往会吹毛求疵，过于严厉，这样就可能深深地伤害他人的感情，甚至使自己陷入孤独无助的绝境。对待他人，我们应该积极发现优点，这样才能找到志同道合的知己；对于自己，我们应该善于发现缺点，并努力改正，这样才能够使自己进步。

【原文】

古之学者，得一善言，附于其身；

今之学者，得一善言，务以悦人。

古之君子，病其无能也，学之；

今之君子，耻其无能也，讳之。

【译文】

古代的学者，得到一句善言便会身体力行；而如今的学者，得到一句善言必定要先用来取悦他人。古代的君子，害怕别人耻笑自己无能，就勤奋地学习，来增长自己的知识；如今的君子，对于自己的无能也是感到菲常羞耻，但他们不是努力求学问，而是极力地掩饰避忌。

【解读】

古人的求知精神令人十分敬佩,如:凿壁借光、牛角挂书、负薪挂角,这种刻苦求知的精神仍然值得我们借鉴。书到用时方恨少,所以要养成勤奋读书的习惯。当然光从书本里求知,所学到的知识总是有限的,长此以往,也会使自己思想狭隘。如今人们都知道,读书破万卷远远比不上行万里路的收获丰富,所以除了勤奋读书,同时鼓励大家多从生活中汲取知识的养料,多出去开阔自己的视野,从大自然中收获真知灼见。俗话说,知识好比宝石,求知如同采金。在人们的成长过程中,求知的体验常伴随左右:悬梁刺股、囊萤映雪是一种求知,李白、徐霞客漫游名山大川是一种求知,陈景润攻克哥德巴赫猜想是一种求知,学生学做家务事是一种求知,甚至五岁的小孩趴在地上观察蚂蚁搬食也是一种求知。求知的方法、途径很多,我们一定要打破光从书中求知的观念,保持与时俱进的思想,让自己的知识丰富起来,自己的能力提高起来。

【原文】

眼界要阔,遍历名山大川;

度量要宏,熟读五经[①]诸史。

【注释】

①五经:即《诗经》《尚书》《礼记》《易经》《春秋》五部儒家经典。

【译文】

若是要有开阔的眼界,则需要游览名山大川;若是想要有宽宏的气度,则需要熟读四书五经这些经典史书。

【解读】

读书固然很重要,勤奋读书,博览群书,学习圣贤的精髓,来提高自己的学识,陶冶自己的情操,从而使自己成为一个的德学兼备的人。读书的好处大家皆知,但是读书也有其局限性。长期呆在书房里读书,会使人的见识短浅,思想狭隘,所以鼓励大家深入实践,在实践中锻炼自己,提高自己。实践出真知,从书本中学习到的知识,不去在社会生活中加以运用,不通过实践来检验,是难以获得真知的。

【原文】

先读经,后读史,则论事不谬于圣贤;

既读史,复读经,则观书不徒为章句。

【译文】

先读经书后读史籍,那么议论起事理来就不会与圣贤的观点相悖,已经读过史籍然后又去读经书,那么读书就不能仅仅为了摘章引句。

【解读】

封建社会科举选仕,试卷命题无他,必出自《四书》《五经》足见其对人们为官从政之道、为人处世之道的重要程度。如今,《四书》《五经》所载内容及哲学思想对我们现代人仍然具有积极的意义和极强的参考价值。《四书》《五经》是儒家思想的集大成,经书多是讲义理的,而史籍则是记载史实的,两种书可谓相辅相成,互相诠释,互相推动着不断进步。按一般的读书方法应该是先明白了事理之后再去阅读史书,这样才会对史事做出客观的评价。如果不先学习伦理道德的行事准则就去拜读史书,可能会判断错误。对于经史两类书籍,最好的方法要根据实际需要有选择地阅读,史书中不明白的事例要用经书中的道理去解释，经书中难以明白的道理就用史书中的事例去阐述，只有把两类书有机地结合起来阅读，我们才会从中获得独到的见解。

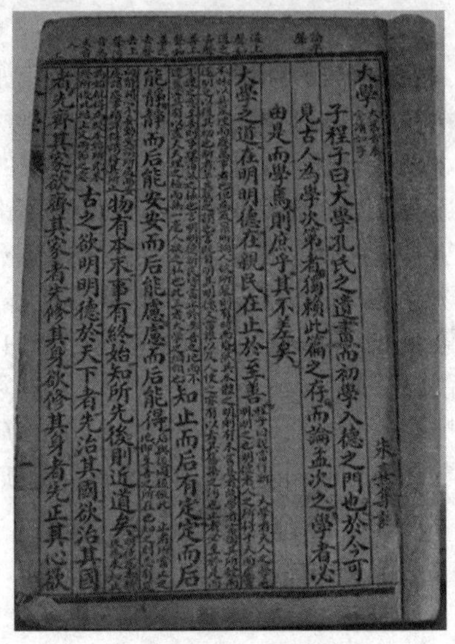

《四书》书影

【原文】

读经传则根底厚，看史鉴则议论伟；

观云物则眼界宽，去嗜欲则胸怀净。

【译文】

读经书阅传注，就是为治学打下坚实的基础；看史籍鉴古今，就能使宏论滔滔切中要害；游山川看圣景，就会使志气凌云眼界宽阔；戒嗜好弃私欲，就会使胸广心净一尘不染。

【解读】

《四书》《五经》是中国传统文化的重要组成部分，是儒家思想的核心载体，更是中国历史文化古籍中的宝典。博览经书阅读传注，可以丰富自己的文化，就能给治学打下坚实的基础；只有拥有了雄厚的文化底蕴，阅览史籍鉴古今时，才能准确地理解，正确的判断，客观地评价，获得独到的见解。儒家经典之作是研究学问的基础，通古辨今是言论宏韬伟略的基础，游览灵山秀水是开阔眼界的基础，摒弃恶习私欲是胸怀坦荡的基础。不良的嗜好会使人误入歧途，私欲杂念会让人变得唯利是图、争权夺利，只有戒掉这两方面，才有可能做好其他的。

【原文】

一庭之内，自有至乐；

六经[①]以外，别无奇书。

【注释】

①六经：指《诗》《书》《礼》《乐》《易》《春秋》。

【译文】

小小的庭院之内，自有令人赏心悦目的乐事；诸书中除了六经之外，就没有更奇特的书了。

【解读】

家中的小庭院是人们的乐园，虽然小，但这个小庭院可以包容我们，是我们无拘无束的心灵家园，无论庭院之外是多么的喧嚣，无论你工作多疲惫，回到家里就会放松，就会释然。因为有了自己的庭院之家，我们不畏艰辛，在外面拼搏，哪怕身体疲惫不堪，但是心里仍然会充满激情，付出再多的血汗也愿意，因为这是为了温暖的家。当我们在外面拼搏不动了，我们就会在温馨的家中，舒服地休息。因为有庭院之家，在无边无际的大海上我们才不会绝望。在人生的旅途中，我们既需要冒险，又需要休息，家就是供我们休憩的温暖的港湾。家是一只船，它带给我们温馨。家是温暖的港湾，带给人们温暖。家是永远的岸，带给人们梦魂萦绕和永远的牵挂。当我们老了拼搏不了的时候，如果能拥有庭院之家，炎热的夏天坐在树下乘凉，挥动着芭蕉扇看云卷云舒；严寒的冬天在阳光明媚的日子里,坐在庭院中接受温暖的阳光。如有闲情雅致,在院中养花种草,在花草丛中看蝶飞蜂舞,这是何等的惬意!

【原文】

读未见书,如得良友;

见已读书,如逢故人。

【译文】

阅读没有见过的书,就像认识一位良师益友;重温读过的书,就像重逢老朋友。

【解读】

喜欢阅读的人,当他阅读未见过的好书,就如同遇到了良师益友,喜悦的心情可想而知。从古至今,人们一直都对慨叹良友难寻,能交到知心交谈的良友,是人生的一大幸事。热爱阅读的人,能读到一本如此好的新书,真是如饮蜜汁。可见读书对人的影响很重要。关于读书古人曾说:"书非借不能读也。子不闻藏书者乎?七略四库,天子之书,然天子读书者有几?汗牛塞屋,富贵家之书,然富贵人读书者有几?""书非借不能读也。"意思为书不是借来的就不能好好地去读。书不是借来的,就不能静心阅读。借来的书读来有紧迫感,更会认真尽心的阅读,如果用买的,就不会很紧迫地读,效果自然不如前者。重温过去的书,犹如重逢故友,此时更多的是心得体会,虽然没有了结识新朋友时的激动之情和新鲜感但是很有默契。这就如同故友相逢后,无须用过多的言语来表达离别之情,一个眼神,或是一个微笑,就足以达到心灵间的和谐。

【原文】

何思何虑,居心当如止水;

勿助勿忘,为学当如流水。

【译文】

为什么有那么多的思虑,心境应当平静如水;不要冒进不要忘记,读书应当似流水永不停息。

【解读】

大千世界,红尘滚滚,自然界的现象是千变万化的,人世间的事情更是繁缛复杂,一定要头脑清醒、要淡定,方可保持良好的心态,拥有恬静的心情。心情受情绪的影响,所以要学会控制自己的情绪,不要让情绪泛滥,导致自己成为情绪的奴隶。要学会用理智控制情绪,理智之面对生活中的纷纷扰扰,该思虑的事情思虑,但不要陷入思虑的迷宫。无论是求学问的问题,还是面对生活和工作中的问题,都要保持沉着冷静的心态,凡事都要深思熟虑,万万不可急躁冒进,否则就可能会因一失足成千古恨,导致满盘皆输的后果。求知做学问则要孜孜不倦,坚持不懈,因为始终如一地坚持下去,才会学有所成,获得真知。如中途有丝毫的倦怠,学问的长进就可能停止不前,甚至倒退。

【原文】

心不欲杂,杂则神荡而不收;

心不欲劳,劳神则疲而不入。

【译文】

心境不要杂乱,杂乱就会精神恍惚而不能专心;心不能劳累,心太劳累则精神疲倦，就没有任何收获。

【解读】

无论工作还是学习都要讲究效率，怎样才能提高办事学习的效率，这是我们一直所关注的。劳逸结合对提高工作效率和学习效率有很大的作用。劳逸结合的方法之一就是要培养兴趣，不能把学习工作当作是一种负担，而要当作是一种乐趣，要把精力投在学习工作上，而不是别人推一下，你才下一点功夫。劳逸结合的好处就是不仅可以使自己的目标事半功倍，还可以避免不必要的劳苦，保持旺盛的学习、工作热情。

【原文】

心慎杂欲，则有余灵；

目慎杂观，则有余明。

【译文】

心中的私欲杂念不要过多，那么自然清明；眼睛不看过多杂乱的东西，那么自然明亮。

【解读】

内心谨慎私念杂欲，就会心如明镜，开阔坦荡，做事情就会条理清楚，一气呵成。如果能保持心明眼亮，就没有办不好的事情。如果能做到心明眼亮，就会看问题敏锐，就能辨别是非。人生在世，潮起潮落，要掌握好人生的舵，在顺风的时候不得意忘形，在惊涛骇浪中处变不惊，镇静自如，保持平静的心。面对世俗的功名利禄，不要痴迷，坦然面对，保持“任凭弱水三千，我只取一瓢饮”的心态，这样你才会生活的幸福快乐。古人云：知足常乐。人的欲望是无止境的，只有知道自己想要什么，执着地追求，得到了就知足，才会感到快乐，如果不知足，即使得到了也不会快乐。做一个心明眼亮的人，明白自己的需要，追求到了，就要懂得满足，做个知足常乐的智者。

【原文】

案上不可多书，心中不可少书。

鱼离水则身枯，心离书则神索。

【译文】

书桌上不能放太多的书，但心中的书则不能少。鱼离开水就会干渴而死，心里离开书就会神思枯竭。

【解读】

读书的人会有这样的感受，借来的书，就会抓紧时间，认真阅读，因为借来的书，有时间限制，别人的书是要还的，还是趁着书在自己手边尽快看完才是。这样读书的效率会比看自己书高很多。要是自己买来的书，总是阅读的很慢，甚至有这样一种心理——自己的书，想什么时候看就可以什么时候看，不着急。所以自己买的书往往会束之高阁，甚至落满了尘土，还没有开始阅读。其实古人也有这样的感受，“书非借不能读也”出自《黄生借书说》，黄生允修借书，随园主人授以书而告之曰：“书非借不能读也。子不闻藏书者乎？七略四库，天子之书，然天子读书者有几？汗牛塞屋，富贵家之书，然富贵家之书，然富贵人读书者有几？其他祖父积、子孙弃者无论焉。非独书为然，天下物皆然。非夫人之物而强假焉，必虑人逼取，而惴惴焉摩玩之不已，曰：‘今日存明日去，吾不得而见之矣。’若业为吾所有，必高束焉，庋藏焉，曰：‘姑俟异日观’云尔。”作者的本意是劝勉人好学读书,话说得出人意表而又在情理之中,不利因素可以转化为有利因素,外界的压力可以变为前进的动力。作者讽刺那些只会藏书、吝书而不知爱书、读书的守书奴,绝不是反对人买书来读,更没有嘲讽博览群书、广为搜集、潜心研究的学者的意思。

【原文】

志之所趋,无远勿届①,穷山距②海,不能限也;

志之所向,无坚不入,锐兵精甲,不能御也。

【注释】

①届:到达。②距:通“巨”,巨大。

【译文】

志向所指的地方,就没有到达不了的,即使到了高山大海的地方也是不能阻拦的;志向所指的地方,就没有攻破不了的,即使装备精良的军队也是无法抵御的。

【解读】

做任何事情都要有目标,有了目标才会有方向,才不迷茫。人的一生,求学、参加工作、干一番事业等等,都要有明确的目标,否则就会感到行驶在无边无际的海洋上,却迷失了航向。求学要有远大的志向,有了远大的志向,学习就不会盲目,学习起来也会有条不紊。弄清楚哪些应该了解哪些应该掌握哪些应该烂熟于心,这样就会提高学习效率。刚刚参加工作的人,如果没有自己的职业规划,就会感觉工作没有意义,也不知道自己能干什么,适合干什么。这样的后果就是频繁更换工作,没有了发展方向。总之,一个人如果要干事业,除了需要从小事做起外,重要的是对自己的人生有一个规划。因为有了规划,就会一点点地朝目标靠近,一点点去改变自己的现状。每一点细小的变化,都是一种进步;每一点细小的进步,都是一种成功。社会上的行业千千万,不是每一行都适合自己,但总有适合自己的行业。要好好去选择,终究会找到自己的最佳位置。

【原文】

把意念沉潜得下,何理不可得!

把志气奋发得起,何事不可做。

【译文】

若能使意念沉静下来,有什么事理不可通达明彻呢!若能把意志振奋起来,有什么事情不可做成功呢!

【解读】

烦恼皆由心生,所以一定要内心淡定。黄河水也有清澈的时候。有一年夏天,俞敏洪老师沿着黄河岸边旅行,他用随身拿的矿泉水瓶子灌了一瓶黄河水。泥浆翻滚的水,被灌到瓶子里十分浑浊。可是过了一段时间,他猛然发现瓶子里的水开始变清,浑浊的泥沙沉淀下去,上面的水变得越来越清澈,泥沙全部沉淀后只占整个瓶子的五分之一,而其余的五分之四都变成了清清的河水。他透过瓶子,悟到了很多:生命中幸福与痛苦也是如此,要学会沉淀生命。学会沉淀生命学会沉淀心情,你的人生就会收获更多的幸福快乐。做学问也是如此,一定要静心,要专心致志。心浮气躁,自以为是,那么对事物蕴含的真理也只能是一知半解,只有抱着一颗沉稳谦虚的心态,才会得到深刻的道理。真正的求学之人表面虽然沉默寡言,但是内心却是洞晓事理,潜心研习,使自己的学问日有长进。

【原文】

不虚心,便如以水沃石,一毫进入不得;

不开悟,便如胶柱鼓瑟[①],一毫转动不得。

【注释】

①胶柱鼓瑟:指调节音节。比喻拘泥而不知变通。

【译文】

学习不虚心,犹如用水去浇灌石头,一点水也吸不进去;学习不开窍,犹如用胶柱鼓瑟,固执拘泥,一点也不知变通。

【解读】

取人之长补己之短,虚心请教天天进步。学习态度对学习效果很重要,没有谦虚的学习态度,就如同用水浇石头,水一点也渗不进去,学不到真知灼见。读书最怕骄傲自大的心态,人无完人,"三人行必有我师也",骄傲使人落后,谦虚使人进步,只有虚心地敞开心扉接纳知识接受指导,才会提高学习的效率,收获真知灼见。骄傲之心令人厌恶,这样的人自大,而且还不时向他人炫耀自己。读书首先要明白出入之法,有亲切之感,这是入书之法,能看透其中玄机,这是出书之法。就如同一只气球,当气小时就需要补充,当自满之气过盛时就要释放。读书不能用心去领悟,死板不知变通,就如同胶柱鼓瑟一样,一点也转不动。求学虚心才会有所收获,用心才会融会贯通。

【原文】

不体认,便如电光照物,一毫把捉不得;

不躬行,便如水行得车、陆行得舟,一毫受用不得。

【译文】

读书如果不体验认识,犹如闪电照物,一照而过,一点要点都抓不到;读书如果不身体力行,犹如走水路却得到车,走陆路却得到船一样,一点也用不上。

【解读】

读书要专心致志,思考才使我们阅读的东西成为自己的成果。读书如果不用心体会,就会理解肤浅,事隔几日就如浮云过眼,虚无缥缈。要想把书读透、记牢,必须高度集中注意力。古人早就说过:"读书有三到:心到、眼到、口到。心不在此,则眼看不仔细。心眼既不专一,却只浪漫诵读,决不能记,记亦不能久也。三到之中,心到最急。心既到矣,眼、口有不到者乎?"所以读书要专心致志,同时应是在接人待物中详细观察,认真体会。读书是用来修身治人的,学到的东西,要利用起来,不加以利用,就是读死书,就是白受苦。读书如果不能身体力行,就如同走水路使用马车、走陆路使用轮船,一点用处也没有。学习任何东西,都要学以致用,不要盲目跟风,学无所用。譬如有些学生选专业,盲目跟风,不从实际出发,最后导致学无所用,学的东西和工作没有联系,参加工作了,又得从头学起,又吃力又花费时间。

【原文】

读书贵能疑,疑乃可以启信[①];

读书在有渐,渐乃克底[②]有成。

【注释】

①启信：引起思考。②克底：能弄清道理的究竟。克，成；底，底理。

【译文】

读书时最可贵的在于能提出疑问，有了疑问就可以启发思考、获得真知；读书贵在循序渐进，只有循序渐进，才能坚持到底、终有所成。

【解读】

热爱读书是件令人赞许的事情，善于提出问题是值得鼓励的事情。读书的过程中能够发现问题就是收获，能够提出问题就是进步。死板地读书是不会有多少收获的，顶多多认得几个字；专心致志地读书就会发现问题，产生怀疑的精神，怀疑的精神是觉悟的先机，有了疑问就会产生思考和寻问，才会去探究学问，才会得出独到的见解。读书需要循序渐进，俗话说："一口吃不成胖子，胖子是一口一口吃出来的。"正是体现了循序渐进的方法。如果只是略懂皮毛，却不求甚解，停止了进一步探索的脚步，就会与真知失之交臂。这就如同一个人行走在沙漠中，只要他再多坚持一会儿，就可以看到前面的水源，挽救自己的生命，可惜的是在最后一刻他放弃了前行，失去了生命。生死与成败往往都在一步之间造成的，积聚力量迈出最后一步，你可能就会胜利成功，幸运地活下来，否则，就是失败甚至死亡。读书求学要坚持不懈、点滴积累，这样才能继承和发扬先哲圣贤的精华。读书求学贵在有怀疑的精神，坚持到底，这样才能学有所成。

【原文】

看书求理，须令自家胸中点头；

与人谈理，须令人家胸中点头。

【译文】

读书求得的道理，必须让自己认可信服；与别人谈论道理，必须叫人家点头心服。

【解读】

读书要明辨是非，要有正确的判断力，这样才能做到取其精华去其糟粕，这样才能学习到先哲圣贤的精髓。读书使人进步，读书使人通情达理。读书就是为了明理，如果看过之后不解其中道理，对自己没有任何收获，自己又怎会满意呢？所以说读书的目的就是心有所得，学习到令自己心服口服的道理才会满意。与人谈论道理，要讲自己真正相信的道理，有些人整天讲一些自己都不相信的话，希望别人相信，李敖先生把这种人称为"放屁狗"。他们这么做的成功概率事实上并不低，甚至可能很高；但是，万一被揭穿了的话，风险也很大，名誉扫地只是起点而已，还可能有万劫不复的各种可能性。尽管"自己真正相信"与"事实上真正正确"并不总是一回事儿，但是毕竟因为"自己真正相信"所以必然身体力行；于是，那些自己真正相信的道理会因为自己已经反复实践过而更可能是正确的、或起码真的有一定道理的。总之，讲道理的关键是自己所说的道理能够让对方接受，所说的言辞不能空穴来风，毫无根据，而是言之有理，言之有据，道理讲得透彻明白，使人心服口服，这样才算是达到了说理的目的。

【原文】

爱惜精神，留他日担当宇宙；

蹉跎岁月，问何时报答君亲！

戒浩饮，浩饮伤神。戒贪色，贪色灭神。

戒厚味，厚味昏神。戒饱食，饱食闷神。
戒妄动，妄动乱神。戒多言，多言伤神。
戒多忧，多忧郁神。戒多思，多思挠神。
戒久睡，久睡倦神。戒久读，久读枯神。

【译文】

珍爱自己的精神，留待以后担当宇宙、人生的重任；虚度光阴，将来拿什么报答君王、父母的恩情？戒酗酒，酗酒导致精神受伤。戒好色，好色导致精神灭绝。戒美味，美味导致精神昏沉。戒过饱，过饱导致精神烦闷。戒多动，多动导致精神错乱。戒多话，多话导致精神受损。戒多忧，多忧导致精神郁结。戒多思，多思导致精神受扰。戒多睡，多睡导致精神疲倦。戒久读，久读导致精神劳苦。

【解读】

紧张的生活，使人渐渐忽视了生活的目的，除了工作就是工作，难得去放松。所以，如何解脱身心，换来精神的愉悦，便成了许多人的渴求。早出晚归地工作，很难看到日出日落，与家人一起感受一下阳光雨露，看百花争艳简直是一种奢望。生活就是这样，我们要学会享受生活。我们将体会到生活原本是美好的，只是我们没有找到享受生活的方式罢了。

存养类

谦退是保身第一法，安详是处事第一法，涵容是待人第一法，洒脱是养心第一法。

【原文】

性分不可使不足，故其取数也宜多；
曰穷理，曰尽性，曰达天，曰入神，曰致广大、极高明。
情欲不可使有余，故其取数也宜少；
曰谨行，曰慎行，曰约己，曰清心，曰节饮食、寡嗜欲。

【译文】

充分发挥人的本性禀赋，因为人的天性良知是不可缺乏的，这样就会有很多可取之处：譬如穷究事理，尽其本性，明白自然规律，全神贯注，就可使身心收放自如，造就宽广的胸怀和高尚的品德。人的情欲不可以太盛，所以可取之处也有许多：如谨慎言行，严以律己，清心寡欲，节俭衣食，减少嗜好与欲望等等。

【解读】

勤奋努力充分发挥自己天赋和潜能的人可谓人才；吃喝玩乐白白浪费自己天赋和潜能的人实乃蠢材。这就是人才与蠢材的区别。人的天赋都差不多，主要靠后天的培养和努力。每个人的本性中都蕴含着一些优秀的禀赋，利用好这些优秀的禀赋就可以逐渐通晓事理，培养自己乐观豁达的情怀和超然世外的精神境界。人们对人生一般抱有两种心态：一些人是享受主义者，认为人活着就应该及时行乐，享受生活。甚至有些人纵情放任，一味地索取，为了自己的享乐，贪赃枉法，杀人放火，最终走向犯罪，后悔莫及。另外一些人是拼搏主义者，认为人活着就是要做一些有意义的事情，人生短暂，光阴如梭，稍纵即逝；他们会珍惜时光勤奋学习，奋力拼搏，追求自己的事业。事业的成就，就是他们最大的乐趣。

【原文】

大其心，容天下之物；
虚其心，受天下之善；
平其心，论天下之事；
潜其心，观天下之理；
定其心，应天下之变。

【译文】

心胸宽广，便会包容天下事物；拥有虚心严谨的态度，便会接受天下的真知美德；心态平和，才能谈论天下的优劣得失；潜心钻研，才能探讨天下的学说事理；坚定信念，才能应对天下的风云变幻。

【解读】

俗话说："大人不计小人过，宰相肚里能撑船。"人生在世，既有快乐又有烦恼，如何使自己幸福快乐，一定要有宽广的胸怀，要心地宽厚，沉淀烦恼痛苦，享受幸福快乐。为人处世要豁达大度，要宽厚仁慈。炼心如炼金，百炼而后为真金，百炼而后为真心。修身养性要从净化心灵做起。让内心宁静安适，不要有杂念。正如禅师所说，眼睛里容不得沙子，也容不得金属。总之，要多读圣贤书，多行善积德，修身养性，让自己生活得心安理得。

【原文】

清明以养吾之神，湛一以养吾之虑，
沉警以养吾之识，刚大以养吾之志，
果断以养吾之才，凝重以养吾之气，
宽裕以养吾之量，严棱以养吾之操。

【译文】

神志清楚来培植我们的神思，用心专一来培养我们的思虑，深沉警惕来培养我们的胆识，刚正大度来培养我们的志气，办事果断来培养我们的才干，端庄稳重来培养我们的气质，胸怀开阔来培养我们的抱负，严峻肃然来培养我们的节操。

【解读】

办事果断，是人人都想拥有的才能，是成大事者的一种必备的品质。但这都不是唾手可得的，需要勤奋苦练，才可以修炼出这种品性。优柔寡断是修炼果断品质的大敌，所以首先要克服优柔寡断的弱点，才能步入果断的大门。时时刻刻提醒自己要冷静果断，做了就不后悔，后悔就不做。其次是在决定之前考虑要周全，但不是瞻前顾后，缩首畏尾。不要有太多顾虑，即使错了，也是对你的帮助，怕什么？没有失败，哪来成功！人在处理问题时所表现的这种拿不定主意、优柔寡断的心理现象是意志薄弱的表现。在日常生活中要多加锻炼，早日克服这种弱点，让自己变成一位意志坚强，办事果断的智者。

【原文】

自家有好处，要掩藏几分，这是涵育以养深；
别人不好处，要掩藏几分，这是浑厚以养大。

【译文】

自己的优点长处不要都显露出来要掩藏几分，这是通过涵养化育来培养深沉的品格；别人有缺点短处，要替他遮掩几分，这是用淳朴敦厚来培养自己宏大的风度。

【解读】

中国有句俗语：枪打出头鸟。所以人出名容易被攻击。所以行事不要太声张，低调一些，以保护自己。某地有一名医，医术甚佳，医德又好，求医问病的人络绎不绝，门庭若市。之后，有同行者出了怪招，说某医生最近得了绝症，瘦去二十多斤，命不久长，风声一出，问病者犹豫不敢前往。不久，群众见到实状，并非谣传所述，是无中生有，造谣中伤，坏他名气医风，究其根底是他在当地医疗效应太过出名了。人出名了，就会被关注，甚至被一些小人嫉妒，难免被使坏。所以，功成名就之士还是保持低调一些妥当。

【原文】

以虚养心，以德养身，以仁养天下万物，以道养天下万世。

【译文】

用谦虚清静来养护自己的心性，用品行道德来养育自己的身心，用仁爱之心爱戴天下万物，用道德来教导子孙后世。

【解读】

谦虚是使人进步的法宝，一位谦虚的人请教他人，才会得到他人的真心解答，耐心指导，才会得到圣贤的真知灼见，才会高人一筹。一位懂得谦虚的人，才会得到他人的接纳，才会得到他人的尊重，才会在生活中树立起自己的威望。谦虚是修身养性的好品质，谦虚的人肯学别人的好处，学别人友善的行为，那么就会得到善行，日积月累，就会形成自己的高尚品德。尤其是进德修业的人，一定要学会谦虚为人，这样自己的德业才会迅速进步。

【原文】

涵养冲虚①，便是身世学问；省除烦恼，何等心性安和！

【注释】

①冲虚：比喻怀抱淡泊空虚。

【译文】

涵养虚心便是安身立命的学问；排除烦恼心性便自然安静祥和。

【解读】

一个人的涵养，需要日积月累地修炼。有涵养的人，就是能够控制自己的情绪，能够沉淀自己的心情，把烦恼痛苦控制到生活的小小角落里。涵养是一个人在道德、学问上的一种素养。古人说："言少不更事之人，无所涵养。"当你阅历丰富，心态渐宽的时候，自然而然会形成一种气质，这是由内而外的。因为人情世故皆在你胸。那些浮云般的世事无非是扰你心弦而已。不乱心者是为涵养。阅历也不一定是岁月才能沉淀出来的，这也是可以修出来的。修身养性，无非如此。所以，除了阅读，还得感悟，还得遵守。是谓，修。当修养达到一定的程度，才会摆脱烦恼的困扰，才会拥有豁达的心态。

【原文】

颜子四勿，要收入来，闲存工夫，制外以养中也。

孟子四端，要扩充去，格致工夫，推近以暨远也。

【译文】

颜子的勿意、勿必、勿固及勿我四勿应牢记于心，在悠闲无事的时候，要克服外在的诱惑，培养心中的正气。孟子的仁、义、礼、智四端也要尽力补充，下功夫研究事物的原理而获取知识，并影响他人。

【解读】

颜子四勿是非礼勿视，非礼勿听，非礼勿言，非礼勿动。语出《论语·颜渊》。子曰："克己复礼为仁。一日克己复礼，天下归仁焉。为仁由己，而由人乎哉？"颜渊曰："请问其目。"子曰："非礼勿视，非礼勿听，非礼勿言，非礼勿动。"颜渊曰："回虽不敏，请试斯语矣。"意思是颜渊向孔子请教"仁"的含义，孔子说："克制自己的私欲，回复传统的礼仪，这就是仁的内容。在人人都能够克己复礼的那天，天下就是仁义道德的理想社会了。实践仁的内涵，只能从自己做起，如果自己不做，而要求别人去做，那怎么行得通呢？"颜渊又请教说："请问具体的做法是什么呢？"孔子回答说："不合乎礼节的就不要看，不合乎礼节的就不要听，不合乎礼节的就不要说，不合乎礼节的就不要做。"颜渊说："颜回我虽然不聪明伶俐，请您关照我按照您说的去做吧。"如能做到不合乎伦理道德的就不看、不听、不说、不做，那他就是一个真正的仁人志士。此外，孔子两千五百多年前提倡的"从我做起"，在今天仍然具有其伟大的现实意义。

颜子（前521~前481），即颜渊，名回，字子渊。春秋末期鲁国人。父亲颜繇，也称季路，是孔子最早的弟子之一。在孔门弟子中，颜子品德与学业均翘居群首，是孔子多次赞许的弟子。在孔子教学的四科之中，颜子的"德行"科列孔门七十二贤之首。在《论语》中有六处孔子赞扬颜子的句子，这在孔门和《论语》中也只有他一人。如在《论语·雍也》中孔子说："贤哉回也！一箪食，一瓢饮，人不堪其忧，回也不改其乐。贤哉回也"。颜子去世时，孔子悲恸欲绝。

【原文】

喜怒哀乐而曰未发，是从人心直溯道心①，要他存养；

未发而曰喜怒哀乐，是从道心指出人心，要他省察。

【注释】

①道心：道德之心。

【译文】

喜怒哀乐的情绪能不表现于外，这是由人性的自然而直接追溯圣贤克己的工夫，要他学习克制人性的涵养。没有表现出人的本性却说出了喜怒哀乐之情，这是由圣贤克己的功夫指出人性的缺失，要他学会反省检查自己。

【解读】

有涵养的圣贤，喜怒哀乐不表现出来，这是一种修养，不是什么人都可以做到的。有的人能把情感的变化深藏于心底，从不轻意向外表露，这是因为他们能够控制住自己的情感。有的人喜怒哀乐皆挂在脸上，一点情感也隐藏不住，沉不住气。性情浮躁，做事难免要吃亏。所以一定要提高自己的修养，让自己变得沉着冷静。有些人没有表现出喜怒哀乐的情绪，但对于情绪的变化却是用言语表达得十分贴切，这是因为他们从多变的情绪中早已悟出了感悟的丰富性，并时刻反躬自问，从而使自己能更加通晓世事。

【原文】

存养宜冲粹，近春温；省察宜谨严，近秋肃。

【译文】

存心养性宜谦虚专一，像春天一般温和；反省检查自身宜谨慎严格，像秋天一般肃然。

【解读】

多读圣贤典籍，学习圣贤的真知和品行，来提高自己的品德修养。修身养性，要明舍得之理，取人之长补己之短，取其精华去其糟粕。处世能够灵活应对，这才算是修身养性的最高境界。待人要心胸宽广，严于律己，宽以待人，时常反省自己。《论语·学而》："曾子曰：'吾日三省吾身。'"孔子的学生曾参勤奋好学，深得孔子的喜爱，别人问他为什么进步那么快？曾参说："我每天都要多次问自己：'替别人办事是否尽心尽力？与朋友交往有没有不诚实的地方？先生教的是否有学好？如果发现不妥就立即改正。'"我们若有"一日三省"的精神，思想品德一定会有很大提高。

【原文】

就性情上理会，则曰涵养，
就念虑上提撕[①]，则曰省察。
就气质上销镕，则曰克治。

【注释】

①提撕：提醒。

【译文】

对性情上的领会便是修身养性，对每一个念头提醒就是反省明察，在气质上的修炼融汇就是克治自己。

【解读】

一个人要学会控制住自己的情绪，做到凡事处之泰然，方可提高自己的涵养。自省克治能够使人冷静，这就是涵养，修炼高深的涵养就能够洞晓事理，从而进一步自省以求长进，两者是相辅相成的，互为因果，相互促进。涵养与克治是人心的两位得力助手。在开始的时候，克活力居多，取得进步之后，涵养力居多。达到一定境界时，就能动用自如，毫不费力了。前代的儒家名士经常提及修身养性、反省自察，如果做不到反省自察，就无所谓修身养性了。诸葛亮说："夫君子之行，静以修身，俭以养德，非淡泊无以明志，非宁静无以致远。"诸葛亮注重修炼涵养，成了一位令人仰慕的高人。古人云：治心如治病。自省明察，就如同切脉问疾，克治自己，就如同服药除病；修身养性，就是在保护血气，来抵御外界任何疾病瘟疫的攻击。

【原文】

一动于欲，欲迷则昏；一任乎气，气偏则戾。

【译文】

一旦动了欲念，被欲望所迷惑就会变得昏庸，一旦任性动气，气盛就会变得暴戾。

【解读】

人心不足蛇吞象,人的欲望是无止境的,不要让自己成了贪欲的牺牲品。怎么才能使自己不贪婪,这需要自己的不断修养。性情的修养,不是为了别人,而是为自己增强生活能力。难道有人不愿意成为生活中的强者吗?过度贪婪会断送人们的前程甚至是生命。所以要从小就培养人们克制贪欲的品质,远离贪欲,就会免受贪欲的害处,让自己做一个清心寡欲的人。放纵任性是没有教养的表现,脾气暴躁是一种卑劣的品质。管仲说:“善气迎人,亲如弟兄;恶气迎人,害于戈兵。”所以性格暴躁就容易惹是生非,越烦恼人就越爱生气,内心难于平静,充满了烦躁,生活中没有快乐没有幸福,痛苦的终究是自己。

【原文】

人心如谷种,满腔都是生意,物欲锢之而滞矣。

然而生意未尝不在也,疏之而已耳。

人心如明镜,全体浑是光明,习染熏之而暗矣。

然而明体未尝不存也,拭之而已耳。

【译文】

人心好像是谷种,满腔充满着盎然的生机,只因物欲或心中的欲望禁锢了生机的发展,而使之停滞了。然而生机不是不在了,只不过是距离远了一些罢了。人心好像明镜一样,全身都是光明,只因沾染了污垢而使之变暗了。然而光明之体不是不存在了,只因少了擦拭而已。

【解读】

俗话说,近朱者赤,近墨者黑。人的心本来是纯净美好的,受环境的影响而改变。如果在一个良好的生长环境中成长,可能越来越高尚;如果在一个恶劣的环境中生长,可能越来越卑劣。这是外因对人们成长的影响,人的成长是外因内因共同作用的结果。社会是一个大染缸,有的人在这个大染缸里能像莲花一般,出淤泥而不染;有的人在这个大染缸里却像布一样,进去的是白的出来的时候就面目全非。之所以会这样,是因为人的自身品质的作用。意志坚定,有主见的人,就会利用社会的有利因素,让自己发展壮大;意志软弱,没有主见的人,就会被社会中的有害因素侵害,导致自己越来越弱小,最终被有害的社会因素所吞噬。

【原文】

果决人似忙,心中常有余闲;

因循人似闲,人中常有余忙。

【译文】

办事果断的人外表看起来好像忙碌,其实心中常有悠闲的时候;疏懒闲散的人外表看好像很清闲,其实心中常有许多顾虑。

【解读】

俗话说,当断不断,反受其乱。在日常生活中,我们一定要注重培养自己果断的品质,克服优柔寡断的缺点。办事果断的人,工作效率高,心里悠闲;办事拖沓的人,工作效率低,心里劳碌。工作效率高,就会有更多的时间从工作中解放出来,用于给自己充电用于享受生活。工作效率低的人,就会被缠入工作中出不来,哪有时间来享受?甚至心系一些庸人自扰或是能力之外的事，只会让自己累得疲惫不堪。所以要努力学习办事果断的品质，争取时间，好好享受生活。

【原文】

寡欲故静，有主则虚。

【译文】

欲望少因此能恬淡平和，有主见因此处世谦虚。

【解读】

在复杂的社会里，人们越来越浮躁，人们似乎很难静下心来去干一件大事。而成就一番事业的往往是能静下心来的人，这也算是一个客观规律。人为的静心颇不容易，它需要一个人有坚定的目标，坚忍的意志。或许每个人都有自己"远大的目标"，有些人缺乏持之以恒的耐性，导致一事无成。而缺乏耐力的原因就是静不下心来，禁不住来自外界的诱惑。不为外界的事物所诱惑就称为心静，不为外界的事物所张扬就称为谦虚。心情要保持平和，为人处事要做到谦虚，就需要刻苦修炼自己的涵养。

【原文】

无欲之谓圣，寡欲之谓贤，多欲之谓凡，徇欲之谓狂。

【译文】

没有欲望的人称为圣人，欲望少的人称为贤人，欲望多的人称为凡人，纵欲的人称为狂人。

【解读】

保持心地清净减少欲念，是人们修身养性所追求的目标。佛教说人应该无欲无求，四大皆空，没有七情六欲，以得到心灵的平静。人生本来就有喜怒哀乐，修身养性是为了让自己人生的幸福快乐多一些，痛苦烦恼少一些。要使自己的内心平静，必须清心寡欲。清心寡欲需要刻苦修炼。如果心上打扫不净，就无法穷通事理，易被身外之物所扰，产生过多的私心杂念，而使自己为利益所驱，不能自主行事。总之，要求人们做到清心寡欲，无欲无求，最终目的让人们知足常乐，拥有幸福远离痛苦。

【原文】

人之心胸，多欲则窄，寡欲则宽。

人之心境，多欲则忙，寡欲则闲。

人之心术，多欲则险，寡欲则平。

人之心事，多欲则忧，寡欲则乐。

人之心气，多欲则馁，寡欲则刚。

【译文】

人的心中欲念多心胸就会变得狭窄，欲念少心胸就会变得宽广。人的心境欲念多就会变得忙乱，欲念少心境就会变得悠闲。人的内心欲念多就会变得险恶，欲念少内心就会变得平和。人的心事多欲就会变得忧愁，欲念少内心就会变得快乐。人的心气欲念多就会变得软弱，欲念少内心就会变得刚强。

【解读】

"将军额上能跑马，宰相肚里能撑船。"古人有如此宽宏大量的胸怀，我们应该以此为榜样,努力提高自己的涵养。人们心中的欲望私念多,心胸就会变得狭窄;人们心中的欲望私念少、无欲无求,心胸就会变得宽广。人人都不愿意自己变成心胸狭窄的鼠辈,可是有时候无意识地养成了这种缺点,想改变,又无从下手。心胸狭窄,极为自私,生活态度消极悲观,什么事都往坏处想,而且喜欢胡思乱想,胡乱猜疑他人,如此小气狭隘,自己都感觉不争气,自己都替自己羞愧。但是就是不知道如何改变这种心理。其实自己越着急想改变这种心理,越会心烦,就会造成欲速则不达的后果。其实每个人都有自私贪婪的缺点,只要自己正确看待,努力去战胜,会有成效的。持之以恒,必然会成为一个心胸开阔的人。

【原文】

宜静默,宜从容,宜谨严,宜俭约,四者切己良箴。

忌多欲,忌妄动,忌坐驰[①],忌旁骛,四者切己大病。

常操常存,得一恒字诀;勿忘勿助,得一渐字诀。

【注释】

①坐驰:身不动而心有旁骛。

【译文】

宜安静沉默、从容不迫、严谨及勤俭节约,这些都是监督自己的良言。忌多欲、盲目行事、心不专一,以此避免自己的缺失。在实践这些修养的过程中,能体会到"恒"字的秘诀。而在不间断的过程里,能体验出"渐"字的秘诀。

【解读】

安静沉默、从容不迫、谨慎严肃及勤俭节约是规谏劝诫自己的良言,也是一种优秀的品质。在喧嚣的社会中能够保持安静的心态,在快节奏的工作中保持从容不迫的品质,在生活水平提高中保持勤俭节约的美德,真的很可贵。希望人人都能过上舒适的生活,不为世俗的纷扰所困惑。其实过什么样的生活,都是自己选择的,要使自己生活幸福,一定不随波逐流,要有坦然淡定的心态。人生本来就有喜怒哀乐、聚散离合,好好修炼自己的涵养,追求幸福快乐,远离烦恼痛苦。

【原文】

敬守此心,则心定;敛抑其气,则气平。

【译文】

严格谨慎坚守善良的本性,就会心灵安定;收敛抑制浮躁的脾气,就会心气祥和。

【解读】

积德行善是教育子孙后代的好方法,但是要身体力行,并不是一件容易的事情。人之初性本善,每个人的心都是积极向善的,但是由于自身的修养浅,意志力弱,犯了一些错误,导致违背了善良的初衷。积德行善是人人都喜欢做的事情。现在很多富豪都喜欢为贫困的地方捐善款,村里下海致富的人积极为家乡的学校盖教学楼,捐奖学金,这些都是积德行善的表现。这些人为什么掏钱这么慷慨?因为他们在捐助的过程中得到了用金钱买不到的珍贵东西——乐观的心态、宽容的心境、坚强的意志。慈善是一种高尚的精神境界,需要点滴善行的积累,需要时间的考验。有些富豪的捐赠是为了拯救自己。无论哪种捐款心理,都是利己利人,所以,值得人们提倡、学习。

【原文】

人性中不曾缺一物，人性上不可添一物。

【译文】

人性的内涵中不能缺少一分善性，而人性的需求中不能多添一分欲念。

【解读】

“人之为善，百善而不足；人之为不善，一不善而足。”这是杨万里的名言，意思是做好事，做一百件也不够；人做坏事，做了一件就足够了。做善事应该像学习一样，活到老学到老，活到老行善到老，这是一种人生的修养。真善美是人类所向往的，追求真善美，是人生修养的一种境界。在修炼自身涵养时，能够在某一方面修得良好品德，就意味着我们向真善美前进了一步，虽然真善美的地步很难达到，但是我们可以通过自己的勤奋接近她。人性的欲望是无止境的，要想拥有淡定的心态，就要学会抛弃欲望，学会淡定。“宁静以致远，淡泊以明志。”心中的烦恼才会被自己控制。冲动、争强好胜的攀比、对荣华富贵的追求等等，这些都是我们心中的欲望所导致的。只有学会舍弃，我们才会得到好心情，拥有好心态。

【原文】

君子之心不胜其小，而气量涵盖一世；

小人之心不胜其大，而志意拘守一隅。

【译文】

君子心中的欲望很小，但气量宏大可以涵盖一切；小人心中的欲望很大，但因心胸狭窄却拘泥一角。

【解读】

君子是才德出众的人。宋代王安石在《君子斋记》说：“故天下之有德，通谓之君子。”严以律己、宽以待人是君子的品质，君子之所以气度宏大因为他心中的私欲杂念很少，能够宽容理解他人，宽容理解可以使人们的关系和谐。宽容是人类性情的空间，这个空间很宽广。小人与君子恰恰相反，纵容自己，苛求别人。小人心中的欲望膨胀，心胸狭窄。如果为人过于苛刻，过于自私，那么使他走上绝路的必定是他自己；如果处世精明太甚，一心想占尽天下好事，那么孤立他的也必定是他自己。每个人都有缺点，一定要正视自己的缺点，积极努力改正。

【原文】

怒是猛虎，欲是深渊。

【译文】

愤怒犹如猛虎伤人，欲望犹如无底深渊。

【解读】

愤怒是无助无能的表现，是心情烦躁的表现，于人于己都是百害无一利的事，经常愤怒会使人的身体受害，引发疾病，如心慌、气短、胸闷等。俗话说，怒伤肝，恐伤肾，思伤脾，忧伤肺。可见愤怒会伤害身心，所以要学会控制情绪，遏制愤怒。欲望是人性的劣根，金钱权利的欲望大，就会使自己变成拜金主义者，沦为金钱权利的奴隶。甚至会因为追求金钱权利，不择手段，违法犯罪。从古至今，这样的人屡屡被惩罚，自己毁灭了自己。我们要引以为鉴。

【原文】

忿如火,不遏则燎原;

欲如水,不遏则滔天。

【译文】

愤怒的情绪好像火焰,不及时阻挡就会燃烧掉一切,欲望好像洪水,如果不遏制就会淹没一切。

【解读】

梁实秋说:“怒气沸腾之际,理智不太清醒,言行容易逾分,于人于己都不宜。”没有理智的人就容易动怒。或许每个人在生活中都曾有过愤怒的时刻,或是抱怨他人,或是虐待自己,给自己的生活带来了许多的麻烦。正常的时候人的心态是平和安静的,理智控制着人的心态,愤怒被驱赶到了心底的一角,不敢出来。理智是愤怒的天敌,努力使自己保持理智,才可以免受愤怒的伤害。愤怒消磨人们的斗志,影响人们做事的效率。动辄发怒是没有教养的表现,要想控制住发怒,就要刻苦修炼自己的德行,努力提高自己的学识品德,提高自身的涵养。

【原文】

惩忿如摧山,窒欲如填壑。

惩忿如救火,窒欲如防水。

【译文】

控制愤怒要像摧毁山陵般坚定,救火一样迅速,斩断欲念要像填塞深沟般努力,阻挡洪水一样急切。

【解读】

愚公移山讲述了愚公不畏艰难,坚持不懈,挖山不止,最终感动天帝而将山挪走的故事。它告诉人们做事情要有毅力,有恒心,不怕困难。控制愤怒的情绪就像摧毁一座大山那样困难,就像填平一条深沟那样艰难。所以需要坚强的意志、坚持不懈的精神。在愤怒的情绪下人们往往容易失去理智,做出一些过激的事来,结果会伤人伤己。所以说,当心头有愤怒的苗头时,要及时地扑灭,否则,等到火势扩大时,再想补救就来不及了。

【原文】

心一模糊,万事不可收拾;

心一疏忽,万事不入耳目;

心一执著,万事不得自然。

【译文】

若心里糊涂,什么事都做不好。若用心疏忽,什么事都不能专心致志。若用心固执,什么事都不可见其本来面目了。

【解读】

粗心大意,就会造成遗憾,譬如“失之毫厘,差之千里”的沉痛教训。要想取得成就,就要努力改掉粗心大意的毛病,因为三心二意,心乱如麻,做事情就容易错误,甚至会造成生命财产的损失。如果想在广袤的知识海洋里寻找到自己的目标,作为自己的奋斗的方向就需要专心致志,心无旁骛,把大量时间和精力用于学习和工作,坚持不懈,勇往直前。只有这样,才能保证自己专一而精深,不断取得成功。一个人如果不能专心于某件事,就不会获得真知灼见,最终会导致自己无所作为,没有一技之长,到处碰壁。在现实的社会中,没有一技之长,是难于生存的,所以奉劝人们能专心致志地学习一技之长,以应付生活中的困难。

【原文】

一念疏忽,是错起头;
一念决烈,是错到底。

【译文】

一念粗心大意就会导致错误的开始,一念不能善始善终就会一错到底。

【解读】

粗心大意常常会使自己犯错,“失之毫厘,差之千里。”就是因为粗心疏忽造成的。做事情一定要态度端正,一心一意,方可取得成果。如果心乱如麻,就先平静自己的心情,然后再做手里的事情。俗话说,磨刀不误砍柴工,就是告诉我们做事情不能急于求成,要注重提高工作效率。无论是高深精密的科学研究,还是平常生活中的小事,都要认真地对待,如稍有疏忽就可能会影响到整个事情的进程,甚至会半途而废。做事不但要专心,而且要有恒心。如果不能战胜挫折,不能坚持到底,将永远与成功失之交臂,遗憾终生。

【原文】

古之学者,在心地上做功夫,
故发之容貌,则为盛德①之符;
今之学者,在容貌上做功夫,
故反之于心,则为实德②之病。

【注释】

①盛德:美德。②实德:实际的道德品行。

【译文】

古时候的学者在内心涵养上下功夫;所以表现在容貌上便是德高望重的标志。现在的学者只在外表下功夫;对于内心涵养而言便是德性的缺失。

【解读】

一个注重自己德行修养的人,才会提高自身的涵养。一个人之所以人人敬仰尊重,是因为他的品德才华,并不是他的外貌。俗话说,人不可貌相,海水不可斗量。毕竟,单凭一个人外表来无法评判他的能力或人品。不要盲目崇尚华丽的外表,内在的德才才具有真正的价值。

【原文】

只是心不放肆,便无过差;
只是心不怠忽,便无逸志。

【译文】

只要心不放纵便不会犯错误;只要心不懈怠不疏忽,就没有不能坚持的志向。

【解读】

有人说:“加紧学习,抓住中心,宁精勿杂,宁专勿多。”其实学习需要专心致志,一心一意,做别的事情也需要如此。做任何事情都要态度端正,做就要用心,否则就别做,心里糊涂,勉强去做,也是做不好的,甚至还会造成惨重的损失。严格要求自己,用心做事,就可以避免人为的错误,提高办事效率。专心致志做事,将来必有所成。

【原文】

处逆境心,须用开拓法;

处顺境心,要用收敛法。

【译文】

身处逆境时,就要开拓思维开动脑筋;身处顺境时,就要收敛言行约束自己。

【解读】

要学会正确看待人生的顺境与逆境。尤其在遇到逆境的时候,一定要淡定,不能悲观畏惧,要乐观面对,发散思维,变不利因素为有利因素。自己超群的才华和荣华富贵,都要收敛隐藏,且不可炫耀;生活中遇到逆境,是对我们意志的磨炼与考验。要想成就大事,必先苦其心志,劳其体肤,铸就钢铁般的意志,才能发挥其最大的潜能。

【原文】

世路风霜,吾人炼心之境也;

世情冷暖,吾人忍性之地也;

世事颠倒,吾人修行之资也。

【译文】

人生仕途的沧桑是磨炼我们的意志的环境;世情的冷暖炎凉是锻炼我们克制性情的时机;人情世故的是非颠倒是磨炼我们修身实践的依据。

【解读】

人生充满了酸甜苦辣,人生要经历春夏秋冬,人生需要经历炎热的夏天和严寒的冬天。人生就是磨炼心智的过程。譬如,温室中的花经不起风吹雨打,生命脆弱;梅花香自苦寒来,梅花独傲寒霜中,还能够绽放精彩的生命,生命坚强。要使自己变成生活的强者,就必须在挫折中磨炼坚强的意志。挫折是每个人生活中都会遇到的,只是形式、大小不一而已。只有经历过挫折才能激发勇气,才能像雄鹰一样勇敢地在天空中翱翔。我们要学会正视挫折,在挫折面前不能畏惧,而应该用“吃一堑,长一智”的心态鼓舞自己,在挫折面前勇往直前,这样我们才会成为生活的强者。

【原文】

青天白日①的节义,自暗室屋漏中培来;

旋乾转坤的经纶,自临深履薄②处得力。

【注释】

①青天白日:比喻清白、光明磊落。②临深履薄:比喻小心谨慎。

【译文】

光明正大的行为,是从拒绝诱惑克服困难中得来,扭转天地的治世能力,是从如履薄冰谨慎挫折中得来的。

【解读】

邹韬奋有句名言是:"我以为挫折、磨难是锻炼意志、增强能力的好机会。"告诉人们,在挫折面前不要畏惧,既然躲不过,就要变不利因素为有利因素,为己所用。挫折是生活中的障碍,挫折是生活中的困难,每战胜一次挫折,就是磨炼一次意志。能够勇敢面对挫折,敢于挑战挫折,就是磨炼意志的表现,长此以往就可以锻炼出坚强的意志。人们刚开始遭遇挫折时,或许想到过放弃,但是心里不甘心,因为放弃了,就证明了承认自己的脆弱。正因为不甘心,才激发了内心的勇气,才有了挑战挫折的念头,有想法才会有行动,坚强不屈就会战胜挫折。

【原文】

名誉自屈辱中彰,德量自隐忍中大。

【译文】

人的名望与声誉,在委屈侮辱中才能得以显扬,德行与度量在强力克制忍耐中才能得以发扬光大。

【解读】

郁离子说:人和人度量的大小,好比大江大海和时有时干的泉水一样差距甚大。时有时干的泉水,是那样渺小,但它汇集成浩瀚的大海,就没有什么东西可以和它比试大小了。但是大海并不炫耀自己的博大,正因为它不炫耀自己的博大,所以才不停地汇集众流,因此天下才没有什么东西可以超过它的博大。要想成为宽宏大量的人,就需要有宽大的胸怀,很强的忍耐性,包容常人不能的屈辱,忍受常人不能的委屈。只有这样才能磨炼出自己宽大的胸襟,高尚的品德。从古至今有大智大勇的人,必能忍受小的耻辱与愤怒,并能够享尽福寿,恩泽后世。能够担当天下大事者,也一定是那些有容忍之心、沉默济世的人。

【原文】

谦退是保身第一法,安详是处事第一法,
涵容是待人第一法,洒脱是养心第一法。

【译文】

谦虚礼让是保护自身的最佳方法,安静祥和是立身处世的重要方法,涵养宽容是屈己待人的最好方法,潇洒脱俗是培养心境的重要方法。

【解读】

谦虚使人进步,骄傲使人落后。道理很简单,但是做起来不容易。屈原说:"尺有所短;寸有所长。物有所不足;智有所不明。"告诉人们任何事物都有自身优点同时也存在缺点。为人处事要学会谦虚忍让,如果喜欢炫耀权力或卖弄学问,就会招来一些人的嫉妒,甚至一些小人的谋害,所以做人要学会保护自己,要懂得待人谦恭。人们应该用诚实、谦虚的态度去对待知识,对待别人。要有包容的胸怀,批评他人时,要给人留有余地,不过于严厉苛刻,而应抱着宽容的态度耐心劝导,达到教导的效果就可以,给对方一次改过自新的机会,得饶人处且饶人,才是待人之道。

【原文】

喜来时,一检点。怒来时,一检点。
怠惰时,一检点。放肆时,一检点。

【译文】

沾沾自喜的时候要对自身检查约束，愤怒的时候要对自身检查约束，懒惰的时候要对自身检查约束，放纵肆意的时候要对自身检查约束。

【解读】

一位哲人曾经说："人，一撇，一捺，说起来容易，做起来难。""金无足赤，人无完人。"说的就是这个道理。既然人无完人，人就需要不断自我完善，才会随时代一起创新，一起进步。为了不断完善自己，人们就需要学会自我反省。喜怒无常，粗心大意，放纵任性是心浮气躁的表现，如果这方面的缺陷不矫正，必会后患无穷。如果想要消除这种浮躁之气，就要在心平气和时反省自身、扪心自问，寻找出自身的缺陷及时改正，经常如此才能锻炼出沉着稳重的性格，遇事时才能控制自己的情绪，理智地对待，果断地处理。

【原文】

自处超然，处人蔼然，
无事澄然，有事斩然，
得意淡然，失意泰然。

【译文】

个人独处时能超然世外，与人共处时能和蔼可亲，无事可做时能宁静，有事的时能果断，得意时能淡泊，失意时候能顺其自然。

【解读】

一个人居住的时候，要体验孤独寂寞，同时也是享受宁静；身处繁华的都市，喧闹的街巷，耳目里全是嘈杂。在宁静的环境中可以陶冶人平和的心性，与人相处时就会显得和蔼可亲。享受宁静，与人和睦相处有利于修养心性，是对生活的无限热爱与追求。得意时能够淡然，不张扬炫耀，失意时不绝望，不气馁，这是为学成事的最佳状态。

【原文】

静能制动，沉能制浮，
宽能制褊，缓能制急。

【译文】

安静能克服妄动，沉稳能克服浮躁，宽和能克服偏狭，舒缓能克服急躁。

【解读】

世间万事万物都是有联系的，或是相互促进的，或是互相牵制的。沉稳是克服轻率的根基，静定是防止浮躁的主宰。所以君子待人接物，终日宽厚稳重，虽处富贵荣华，仍能保持静定，这是一种崇高的人生境界。静定就是安然对待，很平静地对待它。因为荣华富贵不过是轻浮的东西，如过眼烟云，转眼即逝，而心灵的稳定、安静才是最重要的东西，所以不要痴迷追求荣华富贵，做一个超脱的智者。当成功与自己擦肩而过时，庸人埋怨命运不济，苦恼自己得不到机会，其实并非没有机会，而是因为内心充斥了自以为是、猜疑臆断，将机会挤挡在了命运之外。俗话说机会只光顾那些有准备的人，想要在机遇出现时及时抓住，不仅需要平常锻炼掌握机遇的能力，还需要不断地剔除心中的浮躁、狭隘、自大。给机遇扎根的空间，才会把握机遇取得成功。

【原文】

天地间真滋味,惟静者能尝得出;

天地间真机括①,惟静者能看得透。

【注释】

①机括:括,矢末。机括本言张弩发矢,以括入机,机动即发。这里指奥妙、自然规律。

【译文】

天地间万事万物的真谛,只有心静的人才能品出;天地间蕴含的玄机奥妙,只有心静的人才能悟透。

【解读】

俗话说:"灯动就不能照物,水动就不能鉴物。"灯光晃动就影响照亮物体的效果,甚至会看不清楚事物;水面波涛翻滚,就会变得不清澈,就看不到水底的东西。平静的湖水犹如一面镜子,可以清楚地照出万物。人的本性亦是如此,如果浮躁轻狂,心情就会波涛汹涌,就不能鉴别事理,只有保持心平气和才能心清性明,洞晓万物之理。要时常反省自己,如果办事离开"静"字,就可能留下后遗症。上午掀开窗帘,接受阳光的照耀,时光的变迁在静中交替往复;百花齐放,繁花似锦,美丽的景色在静中盛败相交;每日为事务奔波应酬,但仍能保持一颗淡泊安然的心,是难能可贵的。静中蕴含着动,有静才有动,如果在寻求真理盲目草率,就难以对事理探究清楚。睡觉亦是如此,心静便能睡个好觉。只有心静,才能悠然自得。

【原文】

有才而性缓,定属大才;

有智而气和,斯为大智。

【译文】

有才能而且性情舒缓的人,将来一定能成为有用的人才;有智慧而且心性平和的人,就可称得上大智慧者。

【解读】

有才干性情沉稳的人,将来一定会有所作为的。俗话说:"大勇若怯,大智如愚"。有智慧的人都很沉稳,比较内敛。沉着稳重的性格,是从经历的一件件事情中锻炼出来的,不是心里想变得沉着稳定,就可以迅速拥有沉着稳定的品质。所以,无论做小事还是做大事要都要提醒自己要沉着要镇定,切忌操之过急,克制忧心过分。如果一遇到问题就慌了手脚,不知从何处着手,或者是为了追求速度盲目从事,不注重效果,结果很可能把事情越办越糟。人人都知道,心急吃不了热豆腐,因此,要冷静、心平气和地去考虑事件,寻求解决问题的最佳方法。有大智慧的人懂得何时当进,何时当退,所以能表现得胸有成竹。

【原文】

气忌盛,心忌满,才忌露。

【译文】

脾气忌讳过于旺盛,心志忌讳过于自满,才情忌讳过于外露。

【解读】

与人交往要忌讳盛气凌人。盛气凌人就是逞强一时,痛苦一世。盛气凌人的人别人敬而远之,所以就没有人来归附自己,没有人愿意与己交往,长此以往,就会成为孤家寡人,只能孤芳自赏,孤独无助。没有利益关系的时候与人交往,依然盛气凌人,只会尝到别人的盛气凌人,"以其人之道还治其人之身"说的就是这个道理。要想得到别人的友好相待,就要学会自己先以礼待人。尊重别人就是尊重自己,同样的道理,与人友善就是于己友善。要学会收敛盛气凌人,学会敞开胸怀宽以待人,不断地提高自己的涵养,完善自己的人格。

【原文】

有作用者,器宇[1]定是不凡;

有智慧者,才情决然不露。

【注释】

①器宇:人的仪表。

【译文】

一个有作为的人,他的外表和风度一定与众不同;一个有智慧的人,他的才华和思想一定深藏不露。

【解读】

心里藏不住话,就会口无遮拦,图嘴巴上的一时痛快,却忽视了祸从口出的道理。心里有什么就说什么,这样的人不是豪爽洒脱之人,是没有思想没有头脑的人,属于缺少涵养的平庸之辈。心里只能容得下自己一个人,无法包容他人,喜欢沾沾自喜,是心胸狭窄,气量短小之辈,不会有多大作为的。三国演义中,杨修恃才放旷甚至自作聪明而招来杀身之祸;周瑜嫉妒心太强,欲与孔明试比高,临终也是空发"既生瑜、何生亮"感慨,可惜他一世文韬武略,却不知道自己聪明才智更胜孔明一筹,性情胸怀却远远不及孔明,但是究其结果,与自身气量的狭小有关系。诸葛亮先隐居修身养性,后来被刘备的爱国之心感动,出山建功立业,位及宰相,身在一人之下万人之上,依然能保持高风亮节,可见他的涵养很高,这也是得益于他早年隐居于山水田园之中的勤奋修炼。

【原文】

意粗性躁,一事无成;

心平气和,千祥骈集[1]。

【注释】

①骈集:聚集。

【译文】

意念粗疏,性情急躁,将来一事无成;心态平淡,脾气温和,所有的吉祥就会汇聚。

【解读】

大千世界,鱼龙混杂,是很复杂的,所以要学会圆融处世,变通地处理问题,遇到事情不能一意孤行,刚愎自用,如果一意孤行就会使性情越来越急躁放肆,不仅对身体有害,对解决事情更是没有好处。人的性情偏急就会盛气凌人,心气过盛就会导致思维混乱失去理智,进而做出些糊涂事来。无论是治家,还是处世,动辄发怒,怎么能担当起兴家济世的大任呢？做事情沉着稳重，统筹安排，就会达到良好的效果。做起事情毛毛躁躁，盲目激进，就会造成欲速则不达的后果。可是，心平气和的心态说起来容易做起来难，没有涵养的人是不可能做到的。而涵养的锻炼又非一朝一夕就能够实现的，只有工夫下到了一定火候，才能够百物兼照，成事得理。如果火候不到，就动辄发怒，怒而生事，从而祸害自己，所以说，要想拥有心平气和的心态，关键要在修炼涵养上下功夫。

【原文】

世俗烦恼处，要耐得下。
世事纷扰处，要闲得下。
胸怀牵缠处，要割得下。
境地浓艳处，要淡得下。
意气忿怒处，要降得下。

【译文】

处于世俗烦恼中，要能忍耐；处于世事纷扰中，要能清闲；处于心胸牵挂中，要能割舍；处于境地浓艳中，要能淡定；处于情绪愤怒中，要能镇定。

【解读】

生活中人人都会烦恼，面对烦恼要沉着冷静，想办法化解烦恼，驱赶烦恼，远离烦恼，把烦恼抛到九霄云，学会坦然面对生活中的纷纷扰扰。面对生活，要明白舍得之理：先有舍才有得，不舍不得，小舍小得，大舍大得，舍即是得。舍是得的基础，欲得之必先予之，譬如，春天播种要舍得种子，秋天方可收获硕果。无舍尽得谓贪，人生之大害也。领悟了舍得之道，对于为人处世都有莫大的益处。事物究竟是什么，不在于身外的影响，关键的是看我们怎样去看待它。喜可以看成忧，忧也可以看成喜。凡事拿得起，放得下，你才会发现幸福的所在。犹如命运是掌握在自己的手里，而不是被他人操控一样。俗话说，日出东海落西山，愁也一天，喜也一天；遇事不钻牛角尖，人也舒坦，心也舒坦。

【原文】

以和气迎人，则乖沴[1]灭。
以正气接物，则妖氛消。
以浩气临事，则疑畏释。
以静气养身，则梦寐恬。

【注释】

①乖沴：狂暴、乖戾。

【译文】

用心平气和待人，便不会有不顺心的事；用公平正直对待万事万物，便不会有不祥之气；用浩然正气处理事情，便不会有疑难恐惧的事；用恬静安然养身，便睡觉做梦也会甜美安详。

【解读】

恭敬可修身，平静可消躁。对人要以诚相待，热情相迎，就会给人留下好的印象，得到别人的肯定、敬仰、欣赏等，成为人们乐于交往的朋友。建立深厚的友谊或合作的关系。和气迎人是一个人对待别人应具备的基本态度。所谓和气，就是态度温和、言语谦逊、关系融洽、待人宽厚，传达的是善意，表现的是友好。自古迄今，人们对“和气”倍加推崇、竭力赞美，比如，“和气生财”“和为贵”“和气好比修条路、惹人等于筑堵墙”等等。和气能化干戈为玉帛，和气待人是一种智慧。对于别人的非议不理不睬，能够坦然地继续自己的事情，有此心态者，在动心忍性处必能窥见其高尚的人格和品质。

【原文】

观操存在利害时，观精力在饥疲时，

观度量在喜怒时，观镇定在震惊时。

【译文】

看一个人的气节操守，在其利害得失的时候；看一个人的精神气力，在其饥饿疲倦的时候；看一个人的胸怀度量，在其喜怒哀乐的时候；看一个人的沉着镇定，在其遇到惊险恐惧的时候。

【解读】

古人云，家贫出孝子，国乱识忠臣；国乱思良将，家贫思贤妻。家庭贫困的时候越能显示出儿孙的孝顺或者不孝，国家动乱的时候越能显示出臣民的忠诚或者不忠。国家动乱的时候国君才想起了忠良将臣，家庭贫困的时候丈夫才会想起贤惠的妻子。贫困的时候，儿孙自身难保，食不果腹，如果还能惦记着父母的温饱，努力侍奉父母不挨饿不受寒，难道这不是真正的孝子吗？国家大难当头，甚至危系到社稷江山，如果有文臣武将仍旧争着当先锋勇猛地去杀敌平乱，忠心耿耿地保护着濒临覆灭的王朝，难道这不是真正的忠臣吗？同样的道理，观察一个人的气节高下、精力盈亏、度量大小等等，不能只在处于顺境时考查，更要在逆境中观察，这样才能比较全面地了解人的德才品性。

【原文】

大事难事看担当，逆境顺境看襟度。

临喜临怒看涵养，群行群止看识见。

【译文】

遇到大事与难事，可以看出一个人担负责任的能力；经历顺境和逆境，可以看出一个人的胸襟气度的宽广与狭窄；遇到喜事怒事，可以看出一个人的涵养的深浅；与同辈相处，可以看出一个人的学识见解。

【解读】

喜怒爱恨的时候更能体现一个人的涵养。时常说话小心谨慎还容易做到，为什么呢？是因为有心收敛的缘故。只有在喜怒哀乐时讲出的话很有分寸，没有让人厌烦的地方，才看得出一个人的涵养。信口开河，行为不检点，都是粗心疏忽、考虑不周的缘故。因此君子在未做事前已有定见，遇到事情又认真思考，假如是见识有所看不到的，力量有所达不到的，即使出现失误，也会问心无愧了，因为自己尽力了。挫折是一种考验，身处逆境时，该如何面对呢？逆境虽然会带来麻烦，但是更能磨炼人的意志。能够利用逆境修炼自己的心志，提高自己感悟世界的能力，就是一种进步。

【原文】

轻当矫之以重，浮当矫之以实，

褊当矫之以宽，执当矫之以圆，
傲当矫之以谦，肆当矫之以谨，
奢当矫之以俭，忍当矫之以慈，
贪当矫之以廉，私当矫之以公，
放言[1]当矫之以缄默，好动当矫之以镇静，
粗率当矫之以细密，躁急当矫之以和缓，
怠惰当矫之以精勤，刚暴当矫之以温柔，
浅露当矫之以沉潜，溪刻[2]当矫之以浑厚。

【注释】

①放言：纵情谈论。②溪刻：言辞刻薄。

【译文】

轻佻要用稳重矫正，浮躁要用踏实矫正，偏狭要用宽宏矫正，固执要用圆润矫正，傲慢要用谦虚矫正，放肆要用谨慎矫正，奢侈要用勤俭矫正，残忍要用慈祥矫正，贪心应用廉洁矫正，自私要用大公无私矫正，话多要用缄默矫正，好动要用镇静矫正，粗心要用细心矫正，急躁要用舒缓矫正，懈怠懒惰要用勤劳矫正，刚强暴躁要用温柔矫正，肤浅暴露要用沉着矫正，尖酸刻薄要用淳朴宽厚矫正。

【解读】

我们要学会取人之长，补己之短，只要有改掉自己缺点的决心，就会有进步的希望。一个正常的人，谁会拒绝进步呢？改掉自己的缺点犹如有病就医，关键是要做到对症下药。如果胡乱投医或用药的话，就会错过最佳的治疗时间，甚至延误病情。矫正自身的缺点，也有最佳的时间，关键是要看方法。有的人思想狭隘，矫正的方法就是让他多去见识一些宏大的场面，来开阔自己的眼界；有的人好逸奢侈，让他多了解一些贫苦人的生活状况，来时常反省；有人看问题过于肤浅简单，就要让他多与思维缜密的人交往攀谈，来增长自己的见识、提高自己的思维能力。总之，一个有决心改变自己缺陷的人，一定会取得进步的。

持躬类

留有余不尽之巧，以还造化。
留有余不尽之禄，以还国家。
留有余不尽之财，以还百姓。
留有余不尽之福，以贻子孙。

【原文】

聪明睿知，守之以愚。
功被天下，守之以让。
勇力振世，守之以怯。
富有四海，守之以谦。

【译文】

聪慧通达的人，保持着敦厚拙朴的态度，不可锋芒外露；功高盖世的人，要保持谦

逊礼貌的态度,不可居功自傲;勇猛无敌的人,要保持谨慎的态度,不可无所忌惮;拥有巨财的人,要保持不足的态度,不可张扬放肆。

【解读】

古人云:“得江山容易,守江山难。”一个人要把自己的事业继续下去光凭勇气是不够的,还需要智谋需要度量。有些国君可以稳坐江山百年,有些国君却坐得岌岌可危,江山摇摇欲坠,究竟为什么呢?皇帝虽然贵为九五之尊,掌握着臣民的生死之权,但是要懂得恰当运用权力。滥用权力,表面上伤的是臣民,实际上害的是皇帝本人,因为这样做是自己挖自己的墙脚。对于人的性情来说,也是这样的道理。聪明而通情达理的人不在少数,但能够始终保持明智却是很难的。有的人年轻的时候浴血奋战,取得了无数的功名,但是自恃功高,目中无人,结果很可能因自己的轻狂落个身败名裂的下场。现实生活中,经常见有的家庭经过艰辛的打拼,摆脱了贫困,而且过上了富裕的日子。在富裕的日子里,逐渐产生了好逸恶劳的坏毛病,抛弃了勤俭节约的好习惯,家族渐渐衰败,入不敷出,直到负债累累,使偌大的家业中道败亡。这样的遭遇我们不得不警惕!

【原文】

不与居积人争富,不与进取人争贵。

不与矜饰人争名,不与少年人争英俊,

不与盛气人争是非。

【译文】

不和囤积钱财的人争较财富多少,不和热心仕途的人争较地位高下;不和骄傲自夸的人争较名声大小;不和年轻力壮的人争较仪容风度,不和逞强好胜的人争较胜负高低。

【解读】

争强好胜,要把握度,不是什么事情上什么时候都可以争强好胜。为人处世一定要把握好争强好胜的尺度。俗话说,忍一时风平浪静,退一步海阔天空。与人相处不盛气凌人,不与人争是非短长,并不是说不与人讲道理,并不是说一味地软弱忍让,而是说当对方以盛气对待我们时,我们能以心平气和的心态应付。宋朝的程明道与王安石因变法一事产生了分歧,王安石勃然大怒。但是程明道和颜悦色地说:天下的事不能只凭某一人的观点来评定,希望你能够以公正平和之心对待。王安石为之深深屈服。不与盛气之人争,恰恰是运用和气克制住了对方的盛气,让对方心服口服,甘拜下风。

王安石

【原文】

富贵,怨之府也。才能,身之灾也。

声名,谤之媒也。欢乐,悲之渐也。

【译文】

钱财地位,往往成为存集怨恨的温床;才华能力,常常就是招致灾祸的根由;名望声誉往往成为引来谤毁的媒介;欢心快乐常常就是走向悲凉的开始。

【解读】

木秀于林风必摧之,行高于人众必非之,所以身居高位时要学会收敛,荣华富贵的时候要学会内敛,来避免因为才能出众引起小人的嫉妒,甚至谋害;避免因为荣华富贵引起盗寇的抢劫,甚至谋财害命。"满招损,谦受益。"意思是自满会招致损失,谦虚可以得到益处。告诫人们要养成谦虚的美德,杜绝骄傲。做事情要深思远虑,为人处世要谦虚谨慎,切不可得意忘形。如果在顺境中能居安思危,好运来临时能想到他的反面,不沉醉于喜悦中,仍然要保持理智的头脑。

【原文】

浓于声色,生虚怯病。

浓于货利,生贪饕病①。

浓于功业,生造作病。

浓于名誉,生矫激病。

【注释】

①贪饕:贪得无厌。

【译文】

迷恋歌舞女色的心太浓重了,就会生出虚怯的毛病来;追求钱财利益的心太浓重了,就会生出贪得无厌的毛病来;热衷功名成就的心太浓重了,就会生出造作的毛病来;追求声誉名望的心太浓重了,就会生出言行偏激的毛病来。

【解读】

欲望是罪恶的深渊。要学会克制心中的欲望。沉迷于声色会使人虚弱,沉迷于钱财就会使人变得贪得无厌,沉迷于功名会使人矫揉造作,沉迷于名誉会使人言行偏激。人心不足蛇吞象,形象地告诫人们贪婪会导致自己灭亡的,只有放下心中的欲念,保持淡泊名利的心态,方可体会到生活的快乐与情趣。鱼之所以被捉住,是因为它只看到了鱼饵,没有看到钓钩;老虎之所以落入陷阱,是因为它只看到了奔跑的羊群,没有看到脚下的陷阱。都是贪吃的欲望迷失了理智,忽视了不利因素。如果能有忧患意识,不得意忘形,就不会被外物所扰了,所以说即使在功成名就的时候,也要保持淡定。

【原文】

想自己身心,到后日置之何处;

顾本来面目,在古时像个甚人。

【译文】

揣摩自己的身心,在百年后,将被后人安放在什么位置上?省察自己的本来面目,在历史上,和哪一位古代人物相似?

【解读】

人赤条条来赤条条去，什么也不带来什么也带不走，何必一味地追逐功名利禄，金银钱财。活着的时候醉心于利益的追求，一辈子也难得清闲几天，死时才恍然大悟：即使生前辛辛苦苦积攒下万贯钱财，死后分文带不去，还不如活着的时候享受生活乐趣呢！《红楼梦》中贾宝玉曾说：人是赤条条地来，赤条条地去。人生短暂，一定要珍惜年华，抛弃贪欲，活出真实的自己。重视别人对自己的看法，那是替别人生活，其实别人自己的事情都关注不过来，哪有时间关注你呢？每一个人都有自己的感叹，尽自己最大的努力，快快乐乐过好每一天。

【原文】

莫轻视此身，三才①在此六尺②；
莫轻视此生，千古在此一日。

【注释】

①三才：即天、地、人。②六尺：指身躯。

【译文】

不要轻视自己的身体，所有的才智都能在我们身上得到表现；不要轻视自己的生命，千古的功德都会在此生中得以建立。

【解读】

要爱护自己的身体，身体是父母给的，不爱惜自己的身体就是对父母的不孝。要珍惜自己的身体，身体是革命的本钱，不珍惜自己的身体怎么能担当建功立业的大任？身体是一切才华道德、荣华富贵的载体，没有身体的存在就不会拥有才华道德、荣华富贵。所以要爱护和珍惜自己的身体，为报答父母之恩，为建功立业。要想建功立业就要珍惜时间，勤奋学习，艰苦奋斗，积累德学。如果从某日积德行善的话，则可能就会在一生中建立不朽的功业。只要活着的时候多做有益于社会的事，我们就会从中得到无比的快乐，离开人世的时候才能无怨无悔。如果蹉跎岁月，即使活到百岁也是行尸走肉，也会愧对此生。

【原文】

醉酒饱肉、浪笑恣谈，却不错过了一日？
妄动胡言、昧理从欲，却不作孽了一日？

【译文】

喝酒吃肉胡言浪笑，岂不白白浪费了一天的时光吗？毫无顾忌地言行举止，肆意放纵的欲望，岂不度过了罪恶的一天吗？

【解读】

时间如梭，要想自身有所成就，就要好好把握时间，不要虚度年华。日子像念珠一样，一天接着一天滑过，串成周，串成月。酗酒食肉中时间从嘴边溜走了，胡言狂笑中时间从声音中飘走了。俗话说，浪费时间就等于慢性自杀。时间是短暂的，生命是宝贵的，如何利用时间是人生的一大课题。古人云："黑发不知勤学早，白首方悔读书迟。"珍惜时间最好的方法就是及早立志，从而争取早日成为社会的栋梁之材，而且不要虚度年华，别把时间都浪费在无所谓的事情上，以免到了老时空悲伤，后悔不已。要想好好利用时间，就要学会统筹安排时间，提高办事的效率。在生活中我们就要学会同时间赛跑，而且要努力赶到它的前面，至少要同它齐肩并进，但绝对不能落在后面，否则就会失败。

【原文】

不让古人，是谓有志；

不让今人，是谓无量。

【译文】

敢于在有功德的古人面前一争高下，这是有志气；在今人面前卖弄文采，这是没有气量。

【解读】

学习古代圣贤经典，不能死读书，要有自己的思想，要有质疑精神。古代的先哲圣贤是我们学习的榜样，敢于对他们流传下来的言论学说产生疑问，就是一种进步，在他们的基础上提出自己新的观点或看法，就是一种独到的见解。敢于挑战古人的德才，就是有远大的志向和卓越的精神的人，只有这样才能超越古人。

【原文】

一能胜千，君子不可无此小心；

吾何畏彼[1]，丈夫不可无此大志。

【注释】

①吾何畏彼：《孟子·滕文公上》："彼丈夫也，吾丈夫也，吾何畏彼哉？"

【译文】

一个人的力量有时可能超过千百人的力量，作为君子不能没有这种戒心；我何必畏惧他人，大丈夫不能没有这种志向。

【解读】

无论做什么事情都要勇敢，不要畏惧。勇气是自信的坚强后盾，有勇气，做起事情来就不会缩手缩脚，才能克服困难，勇往直前。战场上的将军百战百胜，除了武艺高强，还要勇猛过人。三国时期的吕布，武功高强，勇猛过人，凭借方天画戟和赤兔马，杀敌如砍草，一人能敌千人。战场上一对一挑战是很正常的现象，并不能体现他的勇敢与强大，如果能够以一抵百，甚至凭一人之力胜过千人，这才能真正称得上勇敢与强大。譬如考试评级别，分为优、良、中、差四等，许多人都在为得到"良"这一等级而兴奋，却没有看到比自己更高一级的"优"等。没有最好，只有更好，人生在世要不断地追求进步，向更高的目标迈进。

【原文】

怪小人之颠倒豪杰，不知惟颠倒方为小人；

惜君子之受世折磨，不知惟折磨乃见君子。

【译文】

责怪小人做颠倒豪杰之事，而不知只有颠倒豪杰的人才是小人；怜惜君子受尽世事折磨，而不知只有在磨炼之中才能见到君子。

【解读】

人的一生当中挫折和困难固然是有的，但请不要消极和恐惧，因为这样既解决不了问题,又会浪费了你的时间。挫折算得了什么呢,机遇是公平的,而且特别偏爱那些倒霉的人。所不同的是消极的人在机遇出现时手忙脚乱,优柔寡断,让机会一次又一次白白错过,恶性循环,以至一事无成。而积极的倒霉人会越挫越勇,去寻找去发现,用尽全力抓住机会。这样的人才会成功!经历挫折是一种历练,凡古今成大事的圣贤君子,无一不是经过一番挫折后有所成就。

【原文】

经一番挫折,长一番识见;
容一番横逆,增一番器度;
省一分经营,多一分道义;
学一分退让,讨一分便宜;
去一分奢侈,少一分罪过;
加一分体贴,知一分物情。

【译文】

经历一番挫折,就会增长一分见识。容耐一番横行逆流,就会增加一分度量。节省一分利益的经营,就会增长一分道义。学习一分退让,就会得到一分好处。去掉一分奢侈,就会减少一分罪过。增加一分认识,就会多懂一分人情世故。

【解读】

要成为生活的强者,就要学会面对挫折和容忍灾难。现实生活中,人人都可能因为某种原因而遇到各种各样的挫折,它是每个人都无法避免的。挫折虽然会给我们带来精神上的烦恼和痛苦,但能使我们适应困难,经受挫折,得到锻炼,适应社会能力。生活中的挫折与逆境是对人们的考验,这些不幸的遭遇虽然让人们受到了伤害,却铸造了人们的坚强;虽然让人们遭受屈辱,却使人们更加珍惜自尊……所以,当生活中遇到挫折的时候,千万不要心生怨恨,因为那是人生的一种考验,只要能坚持下去,就是向精彩的人生迈进了一步。

【原文】

不自重者取辱,不自畏者招祸;
不自满者受益,不自是者博闻。

【译文】

不懂得自爱自尊就是自取其辱,没有畏惧心的人常常会招惹祸害,不骄傲自满的人就能受益匪浅,不自以为是的人才能拥有渊博的知识,高深的见识。

【解读】

自尊自爱是一种对自我的关注与肯定,是一个人的快乐之源,更是成功之始。自尊自爱就是要肯定自己,认同自己。就是要告诉自己"我能行",就是要表现出自信。自信是自尊自爱的前提,有了自信,你会更加有激情,也就更快乐。当然,自信也是成功的一半。我们不难看到,不管是下海的弄潮儿,或是政界的叱咤风云人物,或是奥运会领奖台上的运动健儿,他们的成功之花都少不了自信的浇灌。人要自尊自爱,在鲜花与赞美中保持清醒的头脑,不能迷失方向。人要有傲骨,更要虚心。保持一颗平常心,正视自己的成绩,发现自己的不足,才能让自己取得更大的进步。

【原文】

有真才者，必不矜才；

有实学者，必不夸学。

【译文】

真正有才能的人不依恃才能，真正有学问的人不夸耀文采。

【解读】

一个真正有才能的人，不会觉得自己知识很渊博，因为他明白学海无涯，要想成为真正才华横溢的人，就要活到老学到老，与时俱进。真正有学问的人，往往是虚心谦恭的人，喜欢夸夸自谈，没有耐心的人，是求不到真才实学的。只有谦虚的人，才能得到高人的真诚指导，刻苦钻研，从而获得真知灼见，逐渐修炼成真正有学问的人。生活中要学会谦虚的态度求学处世。谦虚是一种美德，有真才实学的人往往虚怀若谷，谦虚谨慎；而不学无术、一知半解的人，却常常骄傲自大，自以为是，好为人师。

【原文】

盖世功劳，当不得一个矜字；

弥天罪恶，当不得一个悔字。

【译文】

即使有盖世的功劳，也不能居功自大，骄傲自满；即使犯了滔天大罪，只要及时悔改也是可贵的。

【解读】

真正功高盖世的人往往懂得矜持，懂得自尊自爱。强者之所以谦虚，是因为他博大。他能让对手心悦诚服，得到更多的人喜欢、尊敬和拥护。在现实生活中，当我们取得出色的成绩时，应勉励自己再接再厉，不可浅尝辄止，更不能骄傲自满，骄傲就会使自己心浮气躁，不求进取，甚至还会使勤奋刻苦所取得的成就付之东流。

【原文】

诿罪掠功，此小人事。

掩罪夸功，此众人事。

让美归功，此君子事。

分怨共过，此盛德事。

【译文】

争功诿过是小人的卑劣行径，掩藏过失、夸耀功劳是凡人的本色，把好事和功劳谦让给他人，这是君子的高尚品德，为他人排忧解难，分担过错，这就是成就美德善行的事情。

【解读】

小人往往重视自己轻视别人，争功诿罪是小人的卑劣行为，是令人深恶痛绝的。生活中有不少小人，他们看到好处便趋之若鹜，碰到责任就推得一干二净，生怕与自己有联系；有了过错极力掩盖，有了功劳就到处炫耀，这是庸人的表现。小人、庸人都不懂得谦虚处世，不懂得谦虚是缺乏修养的表现。谦让的美誉与功劳表面看起来自己吃亏，其实我们获得了更多的赞誉与利益，提升了自身的品德修养；与他人共同分担烦恼与过错,这不但对自己没有多大的损失,而且还可以减轻他人的痛苦,这样的好事何乐而不为呢?

【原文】

毋毁众人之名,以成一己之善;

毋没天下之理,以护一己之过。

【译文】

不要诋毁众人的成就,来成就自己一点好处,不要埋没天下的事理,以遮掩自己的过失。

【解读】

不要让自己的良心不安,为了一点便宜,做违背良心的事,灵魂不会安宁,终究会受到惩罚。君不知,天网恢恢,疏而不漏,不是不报,只是时间不到。世上有人把好事让给他人,而自己甘愿落个不肖的名声;也有的为了获得个好的名声,却不惜诋毁他人也落了个不肖的名声,两者相比,真是有天壤之别呀!其实前一种人,暂时受到别人的冷嘲热讽,自己心里很坦然;后一种人,表面上很得到了别人的羡慕,但是心里的煎熬会随时折磨他。如果不能从内心深处去反省自身,即使付出再多的心计也是无济于事的,长此以往倒变成了小人。

【原文】

大著肚皮容物,立定脚跟做人。实处著脚,稳处下手。

【译文】

宽宏大度地包容一切事物,脚踏实地地为人处事。脚踏实地,沉着做事。

【解读】

人非圣贤,孰能无过。对于犯罪有过失的人,不能一味地责备指责,应当给他们一些宽恕,给他们改正错误的机会。对于犯过失的人,他们应得到应有的惩罚,但视情况而定,不能一味地惩罚,给他们几次悔过自新的机会。对于那些有良知的人,决心悔过自新的人,我们要给予宽容,给予他们提供重新做人的机会。宽容还可以化干戈为玉帛,如果用宽容的心态对待仇视自己的人,就能够化解仇恨。这样的人才是高尚的人,才是一个伟大的人。

【原文】

读书有四个字最要紧,曰阙疑好问;

做人有四个字最要紧,曰务实耐久。

【译文】

读书最重要的就是能阙疑好问,做人最重要的就是踏踏实实持之以恒。

【解读】

读书勤为先,只有勤奋读书,才能博览群书,才有机会学到古圣贤的精华。读书除了勤奋,而且还要有怀疑精神。学习有了怀疑精神,才能有创新才会得到真知灼见。读书更可贵的精神是虚心请教,只有虚心请教他人,才能获得书中的精髓,自然提高了学习效率,自己的学识也会更上一层楼。治学贵严,读书是为了明理求知,只有勤奋好学不耻下问,才会见解独到。总之,认认真真做事,明明白白做人,定会活得坦然快乐。

【原文】

事当快意时须转,言到快意时须住。

【译文】

事情在最得意时要警惕乐极生悲,话说到最得意时要警惕言中有失。

【解读】

一切美好的事情不要直冲顶峰,口舌之快亦当削减适度。物极必反,过犹不及,做事情要懂得掌握分寸,把握好度。祸从口出,往往是话说到得意忘形的时候,没有了警惕,说话失去了分寸。过失的产生,灾祸的来临,无一不是在得意忘形时产生的,所以君子在得意是往往想到忧虑,遇到喜事时就想到恐惧,来提防自己乐极生悲。许多人在得意的时候就沉浸于喜悦当中,甚至放松了警惕、滋生了骄逸情绪、产生了懈怠心理,都可能导致陷入困境。

【原文】

物忌全胜,事忌全美,人忌全盛。

【译文】

事物忌讳到达顶点,事情避免极其完美,人则忌讳飞黄腾达。

【解读】

物忌全胜,所谓树大招风。事忌全美,所谓乐极生悲。人忌全盛,所谓名高遭谤。如果不切实际地过分追求完美,就可能陷入两难的境地,不但达不到目的,自己还会付出许多徒劳的精力。金无足赤,人无完人,想象中的完美是不存在的,实际生活中的完美多是以达到我们的满意度为标准的,所以做事的最好标准是得到社会公众的认可和支持,切不可为了哗众取宠或攀比付出不必要的牺牲。做人也是如此,如果过分享受安逸的生活,就会消磨奋斗的意志,长此以往就会失去前进的动力;过分地指责批评他人,就会失去良好的人际关系;过分地追逐功名利禄,就会忽略法律准绳的约束,甚至不择手段,把自己推向犯罪的深渊。总之,为人处世要明白一个道理:物极必反,过犹不及,要学会把握分寸。

【原文】

尽前行者地步窄,向后看者眼界宽。

【译文】

一味前行的人路途会越来越狭窄,常常回头看的人眼界会越来越宽阔。

【解读】

盲目地前行,很可能会走进死胡同里。这样的事情或许有些人在生活中经历过。俗话说,欲速则不达,只追求快、前进,而不经过周密的考虑,结果往往不如意。在正常情况,勇往直前是一种执着和顽强的可贵精神,可当环境发生变化时,它很可能就转化为固执和盲目。如果路的尽头是悬崖峭壁或刀山火海,人们也要坚持前进吗?当此路不通时,我们应该灵活变通,不可一条道走到黑。

【原文】

留有余不尽之巧,以还造化[①]。
留有余不尽之禄,以还国家。

留有余不尽之财，以还百姓。

留有余不尽之福，以贻子孙。

【注释】

①造化：创造化育，即自然。

【译文】

把一些多余的技巧归还给大自然，把一些用不完的俸禄奉献给国家；把一些用不完的财富馈赠给百姓，把一些用不尽的福泽遗留给子孙。

【解读】

乐善好施，自己用不了的东西送给需要的人，君不知付出永远比索取快乐。自己可以获取快乐，别人可以获取生活必需品。只想占便宜的人，不会得到别人的真心帮助的。朋友之间总是担心自己吃亏，友谊是不会长久的。如果不愿让对方分享你的成果，就不能要求对方分担痛苦，那就相当于没有朋友。坐享其成会让自己变得一无所有。我们要通过自己的奋斗去创造生活，与人分享自己的快乐。为人处世要敢于吃亏，交朋友敢于吃亏，总会交到真朋友的，与人合作，敢于吃亏，多干活，时间长了，就会积累好人缘，人人愿意与你合作，这样的人生才是有价值的。肯吃亏表面看来是一种损失，其实那是一种投资，时间可以证明一切。

【原文】

四海和平之福，只是随缘；

一生牵惹之劳，总因好事。

【译文】

四海之内太平和谐，这样的幸福只是可遇不可求、随缘而得的；一生牵挂招引烦恼的辛苦，总是因为好生事端。

【解读】

世上有些事有些人是可遇不可求的，用一颗平常心去面对世间不平凡的事，一切随缘。《佛经寓言故事》中有如下一偈："钱财身外物，悭求无益处，纵积千百万，身死带不去。"金钱是身外之物，没有身体的存在就享受不到锦衣玉食，没有身体的存在，就不能建功立业，对于其他的事物也是这样。俗话说，有心栽花花不开，无心插柳柳成荫，所以，有些世事不得不相信缘分，有些事得随缘而定，有些人得随缘而遇。

【原文】

花繁柳密处拨得开，方见手段；

风狂雨骤时立得定，才是脚跟。

【译文】

面对花繁柳密的诱惑而能拨的开，这才是聪明之举；面对艰难坎坷而能脚踏实地，这才是意志坚定之人。

【解读】

心中的欲望太多，就会引火烧身。在看不到的欲望时，每个人都可以说是正人君子，一旦欲望表现出来后，有些人就站不住脚跟现了小人的原形，就像披着羊皮的狼，原形毕露。在欲望和是非面前能够坚持原则，正大光明行事的人才是正人君子，但这样的人又是少数。沉迷于欲望之中的人，难以自拔，难以坚守自己的道德情操，明知事不可为而为之，结果导致自己身败名裂。身处花繁柳密处，拿得起放得下才不会被荣华富贵所拖累，狂雨骤风时，站稳脚跟，才不会被伤害。

【原文】

步步占先者，必有人以挤之；

事事争胜者，必有人以挫之。

【译文】

做任何事情都要争先的人，必定会遭受他人排挤；做任何事情都要争强好胜的人，必定会遭受他人打击。

【解读】

木秀于林，风必摧之；堆出于岸，流必湍之；行高于人，众必非之。太显露了就容易遭到外物的伤害，人出名了，就会引起众人的关注，甚至小人的嫉妒、谋害。有些人为了达到自己的目的攻于心计、玩弄权术，甚至在暗中做些见不得人的勾当。有些人为了显示自己的才华或能力，证明自己高人一筹，进行人身攻击，所有的这些，提醒人们要警惕。

【原文】

能改过，则天地不怒；

能安分，则鬼神无权。

【译文】

能改过自新，天地都不会动怒；能安分守己，鬼神也是无可奈何。

【解读】

生活中不要害怕犯错误，如果害怕犯错误，就会缩手缩脚，裹足不前。俗话说，浪子回头金不换。人不怕犯错误，怕的是知错不改，可贵的是知错能改。知错能改的人有两方面的进步，一是认识到了自己的错误，明白了错在什么地方，这是一种醒悟；二是改正，是心灵觉悟后的具体行动，只有改正才能看出一个人更上一层楼的地方，才是惊喜所在。

【原文】

言行拟之古人，则德进。

功名付之天命，则心闲。

报应念及子孙，则事平。

受享虑及疾病，则用俭。

【译文】

一言一行都效法古代圣贤，就会道德长进；功名利禄，听任天命安排，就会心意闲适；因果报应，考虑子孙福祸，就会办事公正；口体之享，考虑疾病袭来，就会生活勤俭。

【解读】

圣贤前辈的学识德行，是我们学习的榜样，效法古代圣贤的言行就会增进道德。圣贤前辈的言行是我们为人处事的行为准则，虚心向其学习，必能增进我们的学识德业。关于功名利禄，如能顺其自然不极力攀缘，便能获得一份温馨恬静。要重视因果报应，当自己所做的事危害到他人或社会时，就要学会换位思考，想到同样的事情可能有一天会降临到自己的子孙身上，从而教育世人要多做善事，多积善德，荫庇子孙。过度享受安逸的生活会使我们乐不思蜀，忘却了幸福生活源于辛苦，甚至自身还滋生了许多弊病，如散漫懈怠、空虚乏味、懒惰等等，这些都提醒我们要迷途知返，养成勤俭节约的良好习惯。从生活中渐渐养成勤奋刻苦、俭朴节省的习惯。

【原文】

安莫安于知足，危莫危于多言。

贵莫贵于无求，贱莫贱于多欲。

乐莫乐于好善，苦莫苦于多贪。

长莫长于博识，短莫短于自恃。

明莫明于体物，暗莫暗于昧己。

【译文】

最大的安逸莫过于知足常乐，最大的危险莫过于言语过多。最可贵的莫过于无欲无求，最卑贱的莫过于欲望过多。最快乐的事情莫过于乐善好施，最苦恼的事情莫过于贪得无厌。最大的长处莫过于博学多识，最大的缺点莫过于骄傲自大。最明晰的事莫过于能体察物情，最大的昏暗莫过于违背自己的良心。

【解读】

知足常乐，说起来容易做起来难，不经历一番刻苦的磨炼，是做不到的，没有恒心是实现不了的。心中没有杂念，没有过多的要求，安然享受生活的快乐趣味，便是最安然的事情。多做行善积德，广结善缘，心底便会坦然宁静，生活也会因此而快乐无比。过分追逐名利，贪婪没有止境，往往会导致自己的生活疲惫不堪，哪里会有什么快乐可言？做事光明正大，评论事情公正无私，便能体察万事万物之理，如果违背自己的良心，做些徇私舞弊、独断专行之事，必会造成许多冤假错案，导致自己寝食难安，甚至落个奸佞小人的臭名。

【原文】

能知足者，天不能贫。

能忍辱者，天不能祸。

能无求者，天不能贱。

能外形骸者，天不能病。

能不贪生者，天不能死。

能随遇而安者，天不能困。

能造就人材者，天不能孤。

能以身任天下后世者，天不能绝。

【译文】

懂得知足的人，上天不会使他陷入贫困的。能忍辱负重的人，上天不会让他遭受祸害的。能够无所无求的人，上天不会让他沦于贫贱的。不重视外在华丽表现的人，上天不会让他遭受疾病折磨的。不贪生怕死的人，上天不会让他去世的。能够随遇而安的人，上天不会让他生活拮据困顿的。能够成为栋梁之材的人，上天不会让他孤独无靠的。能够担负天下重任的人，上天不会让他失去子孙后代的。

【解读】

人通常满足了,还想要自己没有得到的,这就是贪欲在作怪,贪欲是人性的卑劣品质,应该努力去克服它。每个人的人生之舟都并非是一帆风顺的,需要经历了风风雨雨才能到达目的地,所以,一定要艰苦拼搏做一位坚强勇敢的舵手。风雨中的苦难磨炼了我们的意志,虽然一些人遭遇挫折,但是他们在跌倒中强健自己的双腿;虽然一些人忍受屈辱,但是他们在泪水中铸造了自己的坚强;虽然让一些人品尝失败的苦涩,但是锻炼了他们坚强的意志……所以,我们应该珍惜苦难的历练,正是这些历练让我们领悟了人生的真谛,变得更加坚强,找到了塑造完美人生的航标。

【原文】

天薄我以福,吾厚吾德以迓[①]之。

天劳我以形,吾逸吾心以补之。

天危我以遇,吾享吾道以通之。

天苦我以境,吾乐吾神以畅之。

【注释】

①迓:迎接。

【译文】

如果上天给我的福分浅薄,那么我就多做善事来培养高尚的道德去迎接它。如果上天让我的身体遭受辛苦,那么我就放松自己的身心去保养身体。如果上天降灾祸于使我遭受困窘,那么我就修养道德打开困窘使心境顺畅。如果上天使我的境遇苦不堪言,那么我就力求精神愉快去疏导它。

【解读】

尺有所短,寸有所长。每个人有自己的长处和优点,每个人也有自己的短处和缺点,要学会善于利用自己的长处,要学会正视自己的缺点,并且努力去克服自己的缺点。俗话说,车到山前必有路。天无绝人之路。兵来将挡,水来土掩。不管遇到什么困境就要采取积极的措施去解决。境遇坎坷、生活困苦也要积极追求幸福快乐,而不是消极对待生活对生活失去信心,不能沉沦下去,要学会勇敢地挑战生活中的艰难困苦。在现实生活中,空虚乏味的时候,去读书,在精神生活中追求更多的情趣与快乐。寂寞时到乡村听鸟儿歌唱,看花开花落,会有一种莫名的感动,会有一种宁静悠闲的心情,这或许是我们排忧解难、领悟生活的一种好方式吧。

【原文】

吉凶祸福,是天主张。

毁誉予夺,是人主张。

立身行己,是我主张。

【译文】

人的吉凶祸福,是由上天主宰的。人事的毁誉和予夺,是由别人决定的。立身的言行和道德,是由我决定的。

【解读】

谋事在人,成事在天。事物的成功失败得到失去,事物的吉凶祸福,都是由三个方面的因素决定的:上天、他人、自己。上天和他人都是客观因素,自己是主观因素。外部因素我们要利用有利于我们的,克服有害于我们的。上天方面能顺其自然最好,且不可轻易冲撞。由别人决定的事,我们最好要顺其所为,错误的就要给予纠正;由自己决定的事,最好是集思广益,考虑周到后再下决定,且不可盲目武断。

【原文】

要得富贵福泽,天主张,由不得我;

要做贤人君子,我主张,由不得天。

【译文】

想要得享富贵和福泽,这要看天意,由不得自己;要想成为贤能君子,主要靠自己,由不得天意。

【解读】

只要符合客观事物发展规律,我们依然可以发挥人的主观能动性。"生死由命,富贵在天。"是封建社会人们的看法,是某些人为了维护自己的利益,而宣扬的一种天命思想。这种思想有其局限性,有迷信色彩。荣华富贵可以通过自己的双手去创造,命运掌握在自己的手里。诸子百家中的荀子就曾提出过"人定胜天"的观点,值得我们学习。对于自身的道德培养主要还是靠我们的刻苦修为,能勤学好问,具有高尚的情操和博学多识的才能,就可与圣贤君子试比高。

【原文】

富以能施为德,贫以无求为德,

贵以下人为德,贱以忘势为德。

【译文】

富裕的人以舍得施恩为美德,贫穷的人以无所欲求为美德,显贵的人以平易近人为美德,平凡的人以蔑视权贵为美德。

【解读】

"富以能施为德"是一种富贵当仁的高尚品德,也是富人获取幸福快乐的一种方式。俗话说,付出永远比索取快乐。助人为乐,是一种高贵的品德。人生在世,要有高尚的精神境界,"富贵不能淫,贫贱不能移,威武不能屈,此之谓大丈夫。"就是古代圣贤君子坚持的道德标准。意思是富贵不能使我放纵享乐,贫贱不能使我改变志向,威武不能使我卑躬屈膝,这样的人才够叫大丈夫。虽然身份高贵,但是不仗势欺人,恃强凌弱;虽然生活贫困,但是要志向坚定;虽然身份低微,但是不向恶势力卑躬屈膝,虽然生活富裕,也不忘救济他人,这样的人都可以说是时代精神的实践者和倡导者。

【原文】

护体面,不如重廉耻。

求医药,不如养性情。

立党羽,不如昭信义。

作威福,不如笃至诚。

多言语,不如慎隐微。

博声名,不如正心术。

恣豪华,不如乐名教。

广田宅,不如教义方[1]。

【注释】

①义方:义,法度;方,道理。

【译文】

爱护自己的体面不如注重廉耻。求医用药不如培养性情。结党营私不如昭示信义。作威作福不如诚恳笃实。过多的表白不如谨慎小心。巧取声名不如矫正心念。恣意于奢侈淫逸,不如从名教中自取其乐。广置田宅不如给儿孙多积善存德。

【解读】

人要自爱自尊自强。爱护自己的面子就要注重廉耻。俗话说,药补不如心补,想要拥有健康的体魄,关键在于健康的心态。病从口入,祸从口出。言语过多没有什么好处,当讲则讲,不到开口时就保持沉默,如果胡言乱语,就可能会给自己带来不必要的麻烦。空有好声,却无善行,终有一天会遭到众人的疏远。为子孙广积钱财田产,不如教给他们谋生的技能,这样就能保证维持生计,使家道持久殷实。

【原文】

行己恭,责躬[1]厚,接众和,立心正,进道勇,

择友以求益,改过以全身。

【注释】

①躬:身。

【译文】

行为恭敬谦虚,待人亲切宽厚,与人处事平和,心意公平正直,学圣贤之道勇于进取,择友要对自身有益,改过自新来完善自己的身心。

【解读】

德才兼备是一种崇高境界。德才兼备的人为人恭敬谦逊,做事正直敦厚,交往的是志同道合的朋友,追求学问孜孜不倦,十年磨一剑。

【原文】

敬为千圣授受真源;

慎乃百年提撕紧钥[1]。

【注释】

①紧钥:关键。

【译文】

恭敬乃是处事圆满的根源,谨慎方为百年警觉自身的关键。

【解读】

"提撕"在此为教导、警觉的意思。《颜氏家训·序致篇》中有:"吾今所以复为此者,非敢轨物范世也,业以德齐门内,提撕子孙。"意思是说,现在我之所以要重新编写此书,并不敢要以此来规范世人的言行,只是用来整顿家风,提醒和教导子孙后代罢了。

人往往对自己要求松懈,对别人要求很严格。因为发现别人的缺点容易,发现自己的缺点难。好比没有镜子看不到自己的脸,到镜子跟前看自己就看得很清楚。因为看别人不用镜子也能看得全面看得清楚，看自己没有镜子，看得不全面看得不清楚。自己的缺点都改不了，又有什么资格责备别人呢？因此当看到别人的错误时，需要冷静客观的态度，先自省然后再作决定，这才是明智之举。

【原文】

度量如海涵春育，应接如流水行云。
操存如青天白日，威仪如丹凤祥麟。
言论如敲金戛石，持身如玉洁冰清。
襟抱如光风霁月，气概如乔岳泰山。

【译文】

度量要犹如大海一样能容纳一切，犹如春风一样润育万物，待人接物犹如行云流水一样清白；情操犹如青天白日一样光明，威仪犹如丹凤呈祥；言论犹如敲金石一样响亮，持身犹如玉洁冰清一样纯洁；胸襟抱负犹如和风明月一样和蔼，气概犹如泰山一样崇高。

【解读】

严以律己，宽以待人是为人处世的基本原则。度量要如大海般容纳一切，如春风般滋润万物，处事应当如行云流水般明朗。一个宽容的人，到处可以契机应缘，和谐圆满，笑对人生。宽容也是一种无声的教育，常言道：强闯少不免逆流，柔弱似水的人却可以载舟。俗话说，以柔克刚。因为柔弱之人以宽容之心可以化解诸多的矛盾与仇恨，以博大的胸怀容忍了生活中的不平遭遇，胸襟抱负像和风明月般和蔼，气概像泰山般崇高，就可以赢取美好的人生。

【原文】

海阔从鱼跃，天空任鸟飞，
非大丈夫不能有此度量！
振衣千仞[①]冈，濯足万里流，
非大丈夫不能有此气节！
珠藏泽自媚，玉韫[②]山含辉，
非大丈夫不能有此蕴藉！
月到梧桐上，风来杨柳边，
非大丈夫不能有此襟怀！

【注释】

①仞：古代以七尺或八尺为仞。②韫：蕴。

【译文】

辽阔的大海任鱼儿畅游，高远广袤的天空任鸟儿翱翔，不是大丈夫是不会拥有这般气量的。在千尺高山上弹去衣服上的尘埃，在万里河流中清洗自己的脚，不是大丈夫是不会拥有这种气节的。珍珠藏于水底自会显露它的光彩，玉石置于山中自会彰显它的光辉，不是大丈夫是不会拥有这种蕴涵的。观赏梧桐树上的月亮，倾听风吹杨柳的声音，不是大丈夫是不会拥有这种襟怀的。

【解读】

“海阔凭鱼跃，天高任鸟飞。”因为找到了自己的合适位置，才会逍遥自在。只要我们有着不懈的动力和追求精神,就一定会战胜所有的困境,找到一片属于自己的天空,并在这片天幕中挥洒出属于自己的生命彩影,勾勒出自己的人生蓝图。相信自己,只要付出努力,就一定会有收获。如果你真是一个有才华的人,就不要害怕找不到用武之地,就如那钻石一样,黑暗的埋没总有一天会结束,尽管黑暗的日子是煎熬的,但只要有坚定的信念,等待太阳的希望之光出现后,便可以绽放精彩的人生了。

【原文】

处草野[1]之日,不可将此身看得小;

居廊庙[2]之日,不可将此身看得大。

【注释】

①草野:指民间。②廊庙:指朝廷。

【译文】

身处乡间野外时不要把自己看轻了,身处朝廷府第之中时也不要把自己看高了。

【解读】

以上这句格言与范仲淹的"处庙堂之高则忧其民,处江湖之远则忧其君"有异曲同工之妙。当身处民间时且不可小瞧了自己,只要肯为百姓多做善事,多谋幸福,无论身份多低微都不会影响自己名垂千古,流芳百世。在朝廷之上为官从政,也不能自高自大,轻视百姓。如果不能为百姓排忧解难、秉公办事,而是利用手中权力为非作歹,徇私舞弊,即使地位再高也终会落个千古骂名,即使是皇帝,如果滥用权力,奢侈浪费也会受到应有的惩罚,如果不听忠良之臣的劝谏,迟早会丢了江山,忍受亡国之君的耻辱。

【原文】

只一个俗看头,错做了一生人;

只一双俗眼睛,错认了一生人。

【译文】

只因为一个庸俗的念头,一生所做的事就全部错了;只因为一双庸俗的眼睛,一生中就把敌人错当成朋友。

【解读】

庸俗不利于人的全面发展,在生活中要学会努力摒弃它,不要让它成为我们生活中的障碍。古语云:凡病皆可医,惟俗不可医。"庸俗"代表着愚钝、落后、顽固等等,庸俗的人多因思想僵化而因循守旧,不思进取,对待问题不懂灵活变通。所以,庸俗的人常常因禁锢的思想而束缚了手脚,做起事来缩手缩脚,裹足不前。更让人可悲的是有时忠奸不分、好坏不辨,没有主见、没有思想。做了一辈子的错事,到结局还不明白其中原委,真可谓糊涂一辈子!

【原文】

心不妄念,身不妄动,口不妄言,君子所以存诚。

内不欺己,外不欺人,上不欺天,居子所以慎独。

不愧父母,不愧兄弟,不愧妻子,君子所以宜家。

不负国家,不负生民,不负所学,君子所以用世。

【译文】

心中没有非分的念头，自身不做胡乱的动作，嘴上不胡言乱语，所以君子的一切言行都存诚信。对己不欺骗自己，对外不欺侮他人，对上不欺瞒君主，所以君子能做到谨慎独处。不愧对父母、兄弟、妻子、儿子，所以君子也就无愧于家人了。不辜负国家重托，不辜负平民百姓的拥戴，不辜负所学得的知识，所以君子一定能承肩负起社会重大的责任。

【解读】

什么样的人才能称之为君子呢？古人认为，君子者，权重者不媚之，势盛者不附之，倾城者不奉之，貌恶者不讳君子之，强者不畏之，弱者不欺之，从善者友之，好恶者弃之，长则尊之，幼则庇之。为民者安其居，为官者司其职，穷不失义，达不离道，此君子行事之准。孟子曰："穷则独善其身，达则兼济天下"。总之，在个人言谈举止上不胡言乱动，在思想上始终保持正直的想法；对待他人公平诚实，不欺骗不侮辱，对待君王忠心不二；对待家人要孝悌两全，孝敬父母，爱护兄弟，对妻子儿女要体贴爱护；对国家所托付的重任要鞠躬尽瘁地去完成，对得起国家百姓和自己的才能。能做到以上这些事情的人，可以说都是具有高尚道德高贵的情操，都是君子所为。

【原文】

以性分言，无论父子兄弟，即天地万物，皆一体耳！
何物非我，于此信得及，则心体廓然矣。
以外物言，无论功名富贵，即四肢百骸，亦躯壳耳！
何物是我，于此信得及，则世味淡然矣。

【译文】

就天性来说，无论父子兄弟还是天地万物，都是一体存在的，什么东西与我不同呢？能相信这一点的人，他的身心自然明朗。就身外之物来说，无论是功名利禄荣华富贵还是身体四肢，只不过是躯壳罢了，有什么东西是我们自身的呢？能够领悟得到，就会淡定安然处事了。

【解读】

人类社会的发展过程中，我们的生命显得是那么短暂那么的渺小，在浩瀚的宇宙中，我们也好像沧海一粟，微不足道。生命结束之后，拥有的一切荣华富贵都会随之烟消云散，最终一无所有，回归大自然。可世间还有那么多人在极力追求功名利禄和金银财富，虽然得到了一时的享受，可付出的却很可能是多半生的疲惫苦劳。如果能够看透生命的本源，珍惜短暂的生命，倒不如放下妄念，坦然地去享受生活中的幸福与快乐。

【原文】

有补于天地曰功，有关于世教曰名，有学问曰富，
有廉耻曰贵，是谓功名富贵。
无为曰道，无欲曰德，
无习于鄙陋曰文，无近于暧昧曰章，是谓道德文章。

【译文】

对天地万物有所增益弥补称为功，对世道有所说教教导称为名，有学问称为富，有礼义知廉耻为贵,这就是所谓的功名富贵。无所求称为道,无所欲称为德,没有世俗的恶俗陋习称为文,处事有准则称为章,这就是所谓的道德文章。

【解读】

要想知足常乐,多看看道家思想。道家提倡自然无为,提倡与自然和谐相处。如果追求自然无为,就不会为功名利禄这些身外之物所苦累,如果追求自然和谐,就会陶冶心情,心情就会恬静舒畅。心情好了,烦恼就会消失,就会感觉满足,就会实现知足常乐。平常人多怀着一种不求有功、但求无过的处世态度,虽然这种观念有一些消极,但确实可以让自己活得坦然自在。这样的人表面看似无功,其实他们的无过也是一种功劳。拥有无数的钱财可以满足物质上的需求,但无法添补精神上的空虚,只有勤奋读书虚心做学问才可以使精神世界变得充实。

【原文】

困辱非忧,取困辱为忧;

荣利非乐,忘荣利为乐。

【译文】

困难受辱不值得担忧,而自取困辱才值得担忧;荣华利禄不是快乐,忘记荣华利禄才是真正的快乐。

【解读】

人人都知道,金钱买不来快乐。穷人有穷人的不幸,富人有富人的苦恼。人之所以痛苦,是因为太贪婪。圣贤君子看来,人的欲望是痛苦的源泉,天理才是最让人心情愉悦的事。小人却正好相反,把追求自己心中的欲望当作快乐,而对天理却熟视无睹,经常做些违背天理之事。这也就是君子与小人的天壤之别,君子心中无欲无求,心无牵挂,所以生活得快乐轻松,而小人则一心算计着心中的欲望,整天生活于争名夺利之中,少有宁日,身心疲惫不堪,有何快乐可言?

【原文】

热闹荣华之境,一过辄生凄凉;

清真[①]冷淡之为,历久愈有意味。

【注释】

①清真:性情真挚纯洁。

【译文】

热闹华贵的生活过后便是凄凉冷清的感觉。淡泊洒脱的行为才能持久而令人回味无穷。

【解读】

能够悟透万物的规律,其中的快乐便会自然显露。除去事物外在华美的粉饰,就能看到它的本质规律,从而进一步掌握事物发展的规律。花开花落,云卷云舒,都是自然界本身的变迁,人们是没有办法左右的,为花开而喜悦,为花落而忧伤,只能是庸人自扰,学会用淡然的眼光和超然物外的情怀去审视大自然,我们才会品出神秘世界的乐趣,不再为之感伤忧虑。

【原文】

心志要苦,意趣要乐,气度要宏,言行要谨。

【译文】

要有辛劳的心志，乐观的意志，宽宏的气度，谨慎的言行。

【解读】

要想成就一番大事业，就要磨炼坚定的意志，坚强的毅力，宽广的胸襟，严格要求自己的行为举止。古人云：天降大任与斯人也，必先劳其心志，苦其体肤。拥有顽强而又百折不挠的意志是一个人成事的前提。乐观是面对人生的最好态度，塞翁失马，焉知非福？不经历风雨，又怎能看到炫丽的彩虹。人生的路不会总是一帆风顺的，只要坚强不屈，虽然脚下的路崎岖不平，但是前途永远是光明的。宽宏大量体现的是一个人的胸怀气度，忍别人所不能忍，容别人所不能容，你就比别人高一筹，因为忍耐使你避免了许多麻烦，而宽容使你的襟怀变得更为开阔。小心谨慎的言行表现的是为人处事的一种方法，它并不代表遇事缩手缩脚，优柔寡断，而是深思熟虑后的胸有成竹。

【原文】

心术以光明笃实为第一，
容貌以正大老成为第一，
言语以简重真切为第一。

【译文】

用心最重要的是要光明诚实，外貌最关键的是要正直稳重，说话最重要的是要简洁诚恳。

【解读】

人之初性本善，人的性情随着环境的变化会改变的。俗话说，近朱者赤近墨者黑，可见环境对人品德影响很大。心术有正邪之分，能正直敦厚、坦然诚恳地运用心术定会得到社会民众的认可和支持。如果心术不正，暗中使用一些危害社会的心术，必然会遭到抵制和打击。如果一个人外表显得正直稳重，定会给人留下良好的印象，如果举止轻浮，行动邋遢的话，那么就会认为缺少教养，从而让人产生厌恶之情。言辞是一个人道德修养的重要表现之一，如果言语简洁明了，而且显得和蔼可亲，定会给人良好的印象，如果话说吞吞吐吐或是故弄玄虚，必会让人怀疑到能力不够或是人品不可靠。

【原文】

勿吐无益身心之语，
勿为无益身心之事，
勿近无益身心之人，
勿入无益身心之境，
勿展无益身心之书。

【译文】

不说对自己身心有害的话，不做对自己身心有害的事，不交往对自己身心有害的人，不走进对自己身心有害的场所，不阅读对自己身心有害的书籍。

【解读】

俗话说，人生得一知己足矣。可见知己难觅。知己和朋友不一样。人的一生中可以交往很多的朋友，有些朋友可以使自己受益匪浅，有些朋友却使自己染上了许多坏毛病，甚至会把自己带坏。所以说，朋友有好坏之分，如能交些志同道合的高雅儒士，必能使我们的品德与学问得到进步,如果交往的是些狐朋狗友,必会使自己落于庸俗,深受其害。因此,交朋不如择友,朋友多不如朋友精。外界环境对一个人的影响也是巨大的。孟母三迁,才成就了孟子这位著名的儒学大家。如果成天生活于灯红酒绿之中,醉心于对欲望的追求,必会使自己沉沦颓废下去。书籍也有优劣之别,读一本好书就如同交到了一位高雅之士,寻访到了一位名师,必会让自己终生受益;如果读有害于身心的书,就会引导自己误入歧途,走上邪路。

【原文】

此生不学一可惜,
此日闲过二可惜,
此身一败三可惜。

【译文】

人生有三件事最为可惜:第一是不学习,第二是虚度光阴,第三是败坏身心。

【解读】

少壮不努力,老大徒伤悲。这是千年的警钟,有的人能把它牢牢记在心上,有的人偏偏把它当作耳边风!每个人都要经常检讨自己的行为,最好的办法就是一天的事做完后,回想自己所说的话,哪些关系到身心的利害,回想自己所做的事,哪些符合处世之道,自慊、自愧、自悟都能使我们得到深刻的教训。人如果能够从内心反省到这种地步,就决不会虚度年华了。年少任性之时,如能经常检点一下自己在干些什么,到头来成个什么人,就会少做错事,少走弯路。少壮不努力,不仅会浪费大好时光和精力,而且愧对亲人的期望。

【原文】

君子胸中所常体,不是人情是天理;
君子口中所常道,不是人伦是世教;
君子身中所常行,不是规矩是准绳。

【译文】

君子心中常常体会到的不是人情而是天理,君子口中常常提到的不是人伦礼教而是世间法理。君子常常有的行为不是规则而是行为所依据的准绳。

【解读】

在古代君子就是人们效仿的榜样。君子都品德高尚,君子正直、大度。现在很少有人去身体力行地做修身养性的事了,更多的时间是聚拢在一起闲谈,很少能够听到他们议论国家大事之类的话题。一天到晚也没有消停的时候,满口都是胡言乱语。如果我们以此自省的话,那些天地间所谓的士人君子难道都是这样度日的吗?出自儒家之门的真正君子是重天理不重人情,他们秉公办事,正直宽厚地做人。为人处世心中有所依据的准绳和世间的公道之理,而不是受规矩的束缚和人伦礼教的影响。

【原文】

休诿罪于气化[①],一切责之人事;
休过望于世间,一切求之我身。

【注释】

①气化:气运造化,即命运。

【译文】

不要把过错推归罪于气愤，应平息一切责难他人的事；不要对世人抱有过高期望，一切事情应求助于自己的解决。

【解读】

为人处世，有付出才会有收获，付出几分努力就会有几分收获，无论遇到什么样的结果，都是由自己一手造成的，怨不得他人。做事最主要的还是要靠自己的力量，而不是只想着依靠他人的帮助，因为有些事是别人无法代替的，所以我们要养成自力更生的好习惯。

【原文】

自责之外，无胜人之术；

自强之外，无上人之术。

【译文】

除了反省之外，没有能胜过他人的策略了；除了自强不息之外，没有能超过他人的策略了。

【解读】

反省是一面镜子，帮你找出自己的不足；反省是好友的一句鼓励自己的话，鼓舞你不断前进；反省是前进的动力，推动我们走向成功。自责是反省的一种方式，自责对自身来说是一种警惕，一种认识错误后的悔过与改正，他能够使自身完善，提高道德修养与思想水平。自强不息代表着一种勇于攀登、不肯服输的奋斗精神，唯有这种精神才可以激励自己去战胜挫折与困难，使自己取得比他人更辉煌的成就。

【原文】

书有未曾经我读，事无不可对人言。

【译文】

有未曾阅读过的书，却没有不可以对他人讲的事情。

【解读】

“事无不可对人言。”意思是自己经历的事情都可以对别人讲述，形容胸襟坦荡，一生没有做缺德的事情，任何事都可以对别人坦诚相告。“书有未曾经我读”，学海无涯，学无止境，世间的知识无穷无尽，所以求取学问要持之以恒，稍有松懈，就会落到他人后面，所以说有不懂的学问，有未曾读过的书。而实际生活中的事情正是如此，那些行得正、做得端的人，什么事情都不害怕他人知晓，什么事情都可以开诚布公，而不像那些心术不正的人，经常做些见不得光之事，用尽心思隐藏，害怕被人发现而带来麻烦。

【原文】

闺门①之事可传，而后知君子之家法矣；

近习②之人起敬，而后知君子之身法矣。

【注释】

①闺门：私室。②近习：亲近。

【译文】

家中的事情可以向他人言传，然后才知道君子的家法是如何光明端正；对待周围的人恭敬谦逊，才能够了解君子的规矩与修养。

【解读】

家法家风对子孙后代的影响很深远，开明的家法良好的家风能够陶冶子孙的道德情操，提高自身的修养。君子之家的家法开明公正，家风淳厚朴实，堪称他人学习效仿的模范之家，什么事情都可以与人言传与人交流。君子的品德修养是高是低，是在与他人的交往中得以表现的，如果一味地闭门家中坐，两耳不闻窗外事，表面是清高之士，但与真正的君子之风还是不能同日而语的。

【原文】

门内罕闻嬉笑怒骂，其家范可知；

座右遍陈善书格言，其志趣可想。

【译文】

几乎听不到家门中的嬉笑怒骂，就能知晓这家的家风端正严明；书房书桌满是座右铭和格言，就能想到此人定是个兴趣高雅、志向远大之人。

【解读】

寻常百姓居家，买一些教导人的书籍，在桌案上最好有几本劝善书，像圣贤格言之类的书籍，最好每天都能看上几页，以收摄自己的身心，增加自己的善行，然后教导子孙后代，要世世代代传承发扬下去，这才是最关键的。作为子女弟妹的父兄，就应当把格言作为育人之论，每天使他们盈耳充腹，陶冶自己的性情，这样必能使子女弟妹的志向远大，有所成就。

【原文】

慎言动于妻子仆隶之间，

检身人于食息起居之际。

【译文】

对待妻室子女和仆人，应该说话谨慎稳重；日常饮食起居生活中，要随时检点言行举止。

【解读】

俗话说，一口吃不成胖子，胖子是一口一口吃出来的。一个人的道德的形成亦是如此。人的道德涵养是一点一滴积累起来的，要从生活中的琐事做起。即使对待妻子子女和仆人，也要时刻谨慎自己的言行，力求不做伤害他们的言行；在饮食起居的日常琐事中，也要时刻反省自己的行为举止。言语不慎，自检不到，这两件事往往是常人忽略的两个方面。言语过多，经常会惹出许多事端，自检不到，经常犯下一些过失。所以人们应当时刻警惕这两方面，平时在言辞上要多加谨慎，对于生活中微不足道的小事也要反躬自省，切不可因小失大。

【原文】

语言间尽可积德，妻子间亦是修身。

【译文】

与人交谈时候都可以积德，与妻子儿女相处时也可以修身养性。

【解读】

只要自己下决心要修身养性，提高自己的涵养，就可以渐渐完善自身。在与别人交谈对话时都可以积累善德,在与妻子儿女相处的时候也可以修身。总的来说,提高自身修养是无处不在的。有修养的人与无修养的人是截然不同的两种人。同样是一件事,有人可以把它说得清晰透彻、鞭辟入里,而有人说来则词不达意,让人不知所云;同样是赞美,有人说来让人心花怒放,而有人说来则使人如食蝇蚊,使人有恶心的滋味。同样是批评,有人说来可以使人心悦诚服,甚至感激涕零,而有人说来则会让人勃然大怒,甚或拳脚相向。所以说,言辞运用好了,就能积聚德行,运用不好,就会带来灾祸。

【原文】

昼验之妻子,以观其行之笃与否也;

夜考之梦寐,以卜其志之定与否也。

【译文】

白天从妻子儿女的反应来检点自己的行为,来看其是否纯厚诚信;晚上可以考察睡梦,来推断其志向是否坚定。

【解读】

人往往伤害的是自己至亲至爱的人,究其原因,就是因为在亲人面前不能约束自己的言行,放纵了自己的言行,可见这样的人自身的修养比较浅薄。最了解自己的还是家人,如果能够得到妻子儿女的称赞,那就证明此人必定在品行道德方面修养很深,如果连至亲至爱的家人都指责疏远他,也就表明此人必定有诸多缺陷。所以当妻子指责的时候应当及时地检点自身,发现错误及时改正。一个人行事光明磊落,无愧良心,晚间必能安然入睡,一夜好梦。如果做了违背良心的事情,即使侥幸逃过法律的惩罚,晚上也会寝食难安,噩梦不断。

【原文】

欲理会七尺,先理会方寸①;

欲理会六合②,先理会一腔。

【注释】

①方寸:指人的心。②六合:天地四方。泛指天下大事。

【译文】

想要端正自身的行为,首先要端正自己的内心;想要处理好天下大事,首先要处理好自身的小事。

【解读】

古人云,欲正人者必先正己,己身不正何以正人?人们佩服的都是强者,确切地说是比自己强的人。作为领导者,一定要拥有值得属下佩服的本领或者品德。有些事情自己都做不到,却一味地强求别人去完成,这样只会失去人心,让人无法信服。只有自己做到了,我们才有资格向别人提出要求。一屋不扫,何以扫天下?连自己身边简单的事情都做不好,却一心想着成就大的事业,这无异于隔着梯子上楼,最终会摔伤了自己。

【原文】

世人以七尺为性命,

君子以性命为七尺。

【译文】

世俗的人把自身身体视为性命，而君子则把万物的性命视为自身的身体。

【解读】

世俗之人目光短浅，只知追求自己生活领域内的快乐，珍惜自己的生命，却不知自己的生命是寄于万物之中的，所以被动地珍惜万物。君子则正好与凡夫俗子的看法相反，他们把自然界万物的生命视为自己的生命，懂得爱惜万物就是在爱护自己，也正是这种博爱的胸怀才成就了君子的美名，这种高尚的品德成就了君子的卓越。

【原文】

气象要高旷，不可疏狂。

心思要缜密，不可琐屑。

趣味要冲淡，不可枯寂。

操守要严明，不可激烈。

【译文】

为人的气度要高大深远，但不可以疏忽狂妄，心思要严谨周密但不可以琐碎，趣味要淡雅但不可索然无味，操守要严明但不可以过于激烈。

【解读】

对人对事都能淡然洒脱，不为之彷徨失措，不为之失去主见，确是一种高雅的生活境界。但如果面对什么事都是一副无所谓的样子，甚至不理不睬，认为天下之事都与己无关，这就是一种消极的人生态度了。严守自己的道德情操固然是件好事，但如果过于激励，也可能会出现过犹不及的恶果。

【原文】

聪明者戒太察，

刚强者戒太暴，

温良者戒无断。

【译文】

聪明的人戒过于明察，刚强的人戒过于暴躁，温和的人戒过于优柔寡断。

【解读】

聪明的人有时过于精明算计，结果很可能会聪明反被聪明误。譬如画蛇添足中的主人公不可谓不聪明，因为他最先画完了蛇，看到别人还在埋头画画，就想高人一等，便又想起为蛇画脚来，结果失去了那壶酒。刚强的人正直勇敢，但性格有时过于鲁莽暴躁。譬如三国名将张飞的死亡与其暴躁过度的脾气有莫大的关系。温和的人多慈祥仁义，但在遇事时易优柔寡断，瞻前顾后，不能果断行事，从而错失去了大好时机。真可谓：当断不断，反受其乱。

【原文】

勿施小惠伤大体，毋借公道遂私情。

以情恕人，以理律己。

【译文】

不要因为给予小的恩惠而伤害到集体，不要借公道遂私情，要依人情道理宽恕他人,用道理约束自己。

【解读】

为了达到自己不可告人的目的,在暗中向他人施以小恩小惠,虽然使某些人得到了好处,但从大局来看伤害的是更多人的利益。明里打着为公众谋利益的幌子,暗中却捞取个人私利,损人利己和假公济私这两类人是最为可耻的。宽容他人要有原则,如果不分青红皂白地宽恕,时间长了就容易助长一些坏人的恶势力,危害到社会的安宁。只有根据具体情况而定,当宽则宽,当严则严,才能让人心服口服,产生威信。

【原文】

以恕己之心恕人则全交,

以责人之心责己则寡过。

【译文】

用宽恕自己的想法宽恕别人,那么就会交到越来越多的知己好友,用责备他人的心责备自己,那么自己的过错就会减少。

【解读】

生活中,能够严以律己,宽以待人,就会活得洒脱,就会拥有好人缘。有容人之量,方显君子之风,能容纳自己的错误那是偏爱,是自私。能容下他人的错误,这才是有度量,是宽容。宽容就要学会设身处地为他人着想,与人分享快乐分担痛苦,只有共同把蛋糕做大,才能分得更多的食物。人与人之间相处,就应该多一些宽容和谦让。在互不相让中争得你死我活,实在是人生的悲哀。

【原文】

力有所不能,圣人不以无可奈何者责人;

心有所当尽,圣人不以无可奈何者自诿。

【译文】

尽力而为所不能够做到的事情,圣人是不会用无可奈何的事情去责备他人的;本该尽心但是没有尽到责任的地方,圣人是不会用无可奈何的道理来推托自己责任的。

【解读】

无论做什么事情只要我们尽全力去做,即使结果不理想或者最终失败,心中也会无怨无悔的。人的能力是有限的,不可能什么事情都可以胜任。世上本无完美的事物,求全责备只会招来他人的怨恨,只有理智地审视问题,我们才能客观公正地做出评价。本来有能力做好的事却因一时的疏忽而错失了良机,当面对这种情况时,有的人故意躲避推卸责任,而真正的君子则是勇于面对,敢与承担责任。

【原文】

众恶必察,众好必察易。

自恶必察,自好必察难。

【译文】

观察他人的好恶缺点就容易观察得到,但是观察自身的好恶缺点就难发现了。

【解读】

金无足赤,人无完人。每个人都有优点也都存在缺点,所以要客观地看待他人,不能看别人只看缺点，看自己只看优点。应该严以律己，宽以待人，这样才能与人和睦相处。发现别人的缺点容易，发现自己的缺点难。评价他人能够详细具体，但公正地评价自己就困难了。路遥知马力，日久见人心。他人的好坏优劣，时间长了，总能通过日常生活中的一言一行表现出来。可对于自身来说，因个人的偏爱、纵容，甚至是包庇隐瞒，能够客观公正评价自我的人却是很少的。人贵要有自知之明，一个不愿看清楚自己的人是难于进步的，是无法在世上立足的。

【原文】

见人不是，诸恶之根。

见己不是，万善之门。

【译文】

眼里只看到别人的缺点看不到自己的毛病，这是万恶之源。眼里能看到自身的缺点，这才是善良美德的根本。

【解读】

庸人的眼光，看别人浑身是缺点，看自己全身是优点。而圣人恰恰相反，看别人力求发现别人的优点，看自己力求发现自身的缺点。圣人能够严以律己，宽以待人。这就是圣人的高明之处。大多数人只能看到别人的过失，看不到自己的过错，这是为学之人的通病，也是制约自身难有突飞猛进的原因。只见他人短处，就无法虚心学习他人的长处，只见自身的长处，就无法改正自身的缺陷取得进步，这样又怎能使自己的学问德业更上一层楼呢？

【原文】

不为过三字，昧却多少良心！

没奈何三字，抹去多少体面！

【译文】

“不为过”这三个字使多少人为此昧了良心；“没奈何”这三个字使多少人为此失去了体面。

【解读】

人非圣贤，孰能无过，要学会正视自己的错误，敢于面对自己的过失，敢于承担责任，亡羊补牢为时不晚。人可贵的是知错能改，这样才会吃一堑长一智，才会有进步。其实每个人都不愿意做错事、都不想犯错误，可是生活中很难避免错误，所以要正视错误，勇于面对，逃避是解决不了问题的。犯了错误，也不要惊慌失措，更不要隐藏，应该冷静地想想解决的方法。面对过失，有不少人是极力地掩饰，甚至不择手段地嫁祸他人，这样虽然暂时逃避了责任，表面得到了他人的称赞，但是实际上是自己给自己良心上抹黑了，暗中却使自己遭受良心上的谴责。爱慕虚荣，贪图好的名声，其实都是为了获取个人利益，这些虚伪的举动是无法欺骗世人的，即使能够瞒过一时，也不能够瞒人一世。

【原文】

品诣常看胜如我者，则愧耻自增；

享用常看不如我者，则怨尤自泯。

【译文】

常常看修养品德胜过自己的人，那么惭愧耻辱油然而生。常常看物质享受不如自己的人，那么埋怨情绪自然消失。

【解读】

“品诣常看胜如我者，则愧耻自增”意思是经常看到修养品德盛过自己的人，就会增加羞耻愧疚之心。对人们的学习工作事业有鞭策的作用，值得人们好好品味。“享用常看不如我者，则怨尤自泯。”意思是经常看到物质生活不如自己的人，埋怨之意自然就会消失。保持心安理得的心理状态，对于贪婪的人有遏制的作用。近朱者赤，近墨者黑。经常与道德高尚的人接触，定能提高自己的修养，经常与鸡鸣狗盗之士为伍，也必会沾染许多不良习气。与品德高尚之人相处，让我们看到了自身的不足时会心生羞愧之感，从而使自己立志上进，追赶强者。当对生活不满足的时候，就要体味一番贫穷人的生活，从而使自己珍惜来之不易的幸福生活。

【原文】

家坐无聊，当思食力担夫红尘赤日。

官阶不达，尚有高才秀士白首青衿[①]。

【注释】

①青衿：代称学子。

【译文】

家中闲坐无聊的时候，不妨冷静思考一下，有人为了自己的生计而在烈日暴晒下忙碌。做官不能飞黄腾达的时候，要想到还有很多怀才不遇的秀才白了头依然是平民百姓。

【解读】

当心中滋生懒散的念头时，就要想想天下还有很多的人在为生活奔波忙碌着，甚至有些人是为了生存，生活十分艰难，连自己的衣食之需都得不到满足，甚至有些人饥肠辘辘风餐露宿。想想这些，我们就会保持一股昂扬的激情去面对生活，为天下百姓谋利益。当自己失意的时候，就不妨想想从古至今那些怀才不遇的人，世上有很多千里马，而伯乐却很难得，不能把自己的前途都寄托伯乐的身上，即使没有伯乐，依然要为自己的理想奋斗不息。虽然没能走上仕途，没有获得显赫的权势，但通过自己的奋斗依然能够流芳百世，受到后人的推崇，为什么呢？因为人一生中所取得的成就不在于拥有的权势和地位，关键还是在于自身的努力。

【原文】

将啼饥者比，则得饱自乐；

将号寒者比，则得暖自乐；

将劳役者比，则优闲自乐；

将疾病者比，则康健自乐；

将祸患者比，则平安自乐；

将死亡者比，则生存自乐。

【译文】

与饥饿难耐的人相比，那么能解决温饱的人是快乐的；与忍受寒冷的人相比，那么能得到温暖的人是快乐的;与吃苦力的人相比,那么悠闲的人是快乐的;与身患疾病的人相比,那么健康的人是快乐的;与遭遇灾祸的人相比,那么平安的人是快乐的;与死亡的人相比,那么生存的人是快乐。

【解读】

人心不足蛇吞象,人要学会知足,这样才会幸福快乐。要学会控制贪欲,贪得无厌的人得到的多,失去的也多,到头来只是竹篮子打水一场空。知足是人生中最大的快乐,它可以让你年轻,也可以让你幸福,更重要的是,能让你心胸宽广。以上都是养生之法,说的就是如何知足常乐。在现实生活中,如果我们不去与人攀比,不去一心谋算职位的升迁,不那么过分地计较得与失、付出与回报,那么幸福就会围绕在你身边。只要放宽心昂首向前走,幸福就会一直跟着你。

【原文】

常思终天抱恨,自不得不尽孝心。
常思度日艰难,自不得不节费用。
常思人命脆薄,自不得不惜精神。
常思世态炎凉,自不得不奋志气。
常思法网难漏,自不得不戒非为。
常思身命易倾,自不得不忍气性。

【译文】

常想到会遗憾终生,就不得不尽孝心。常想到度日的艰辛,就不得不节省费用。常想到人的生命脆弱,就不得不珍惜心神。常想到世态炎凉,就不得不立志奋发自强不息。常想到法网恢恢,疏而不漏,就不得不禁忌自己胡作非为。常想到生命容易逝去,就不得不忍气耐性。

【解读】

俗话说,只言片语悟前生,反躬自省重做人。经常反省可以让人受益匪浅。一个人如果能够时常反省自身,检点自己的所作所为,一定会少犯错误。在艰难的生活中才能够养成勤俭节约的好品质,懂得了生命的短暂和时光的易逝,才会珍爱自己的生命和宝贵的时间,明白了天道好还的道理,才会使自己在为人处事时能谨慎小心,不做违背天理的事。

【原文】

以媚[①]字奉亲,以淡字交友,
以苟字省费,以拙字免劳,
以聋字止谤,以盲字远色,
以吝字防口,以病字医淫,
以贪字读书,以疑字穷理,
以刻字责己,以迂字守礼,
以狠字立志,以傲字植骨,
以痴字救贫,以空字解忧,
以弱字御侮,以悔字改过,
以懒字抑奔竞风,以惰字屏尘俗事。

【注释】

①媚:爱。

【译文】

用媚字赡养亲人父母,用淡泊之心结交朋友,用苟字节约花费,用补拙免去劳苦,用聋字消除诽谤,用盲字远离美色,用吝字戒防言语过多,用病字治疗淫欲。用贪字勤奋读书,用疑字追究事理,用苛刻责备自身,用迂字遵循礼仪,用狠字树立志向,用傲字树立风骨,用痴字救济贫穷,用空字解脱烦恼,用弱字防御侮辱,用悔字改正过失,用懒字抑制奔走竞争,以惰字隔除凡人庸俗之事。

【解读】

君子之交淡如水,小人之心常戚戚。一颗淡泊宁静的心,无欲无求,结交朋友完全凭借纯洁的情谊,这样才能得到真挚的友情。同样道理,用勤奋就能够弥补笨拙带来的贫穷落后;对非礼之人装聋作哑,不予理睬,反倒能消除对我们的诬陷诽谤;用不满足的心态读书,带着怀疑的精神追求真理,定能学有所成,得到独到的见解。同理可得,对自己应严格要求,对强者以柔弱视之,对错误痛改前非,对志向坚定不移,对礼节入乡随俗,这所有的一切都会使我们受益良多。

【原文】

对失意人,莫谈得意事;

处得意日,莫忘失意时。

【译文】

对失意的人不要谈论春风得意的事;处于得意的时候也不要忘记失意的日子。

【解读】

打人不打脸,说长不揭短。是与人和睦相处的方法,一定要牢牢谨记。面对失意的人万万不能谈论自己的得意的事情,这样只会增加对方的伤心还会引起人们的反感。得意的时候不能忘形,得意时不忘乎所以,不被眼前一时的喜悦冲昏了头脑,而是能够始终保持冷静清醒的头脑,就会减少犯错。不忘曾经所遇的苦难,懂得失意打击是人生必要经历的事情。时常提醒自己要居安思危,心存忧患意识,这样才会时刻督促自己谨慎行事,从而使事业通达顺畅。

【原文】

贫贱是苦境,能善处者自乐;

富贵是乐境,不善处者更苦。

【译文】

贫贱是一种苦难的境界,如果能够很好地处于其中的人便会在苦中也可品尝到一丝乐趣;富贵是一种快乐的境地,如不能很好地对待富贵的人也会乐极生悲。

【解读】

身处幸福生活之中,说自己活得很快乐,这是天经地义的事,因为幸福是人人都向往的,是人生中最大的梦想。如果生活是贫穷卑贱的,那又当如何呢?是沉沦颓废,还是苦中作乐?这就完全取决于人的心态了。悲观之人想到的是再无出头之日了,于是便得过且过起来,失去了上进的动力。而乐观之人想到的是车到山前必有路,只有自己能忍一时之苦，将来必能出人头地。越王勾践卧薪尝胆，忍辱负屈，为越国增强国力赢得了宝贵时间，最终报仇雪耻，实现了越国的独立强大。

【原文】

恩里由来生害，故快意时须早回头；

败后或反成功，故拂心[1]处莫便放手。

【注释】

①拂心：不顺心。拂，逆。

【译文】

恩泽之中容易生出怨恨祸害，所以高兴得意的时候须及早回头；失败后有可能转向成功，所以不顺心的时候切记不可轻易放手。

【解读】

被当政者垂恩任用往往会招来抱怨祸害，所以一个人在从政前不可过分贪恋权位，应该抱着“见好就收”“急流勇退”的明哲保身态度，遭受小小的挫败，或许会使一个人走向成功，因此遭受不如意的事打击时，千万不可就此罢休，不能停止继续奋斗。过分对他人施恩，会害人害己，受恩的人更不愿意自力更生，依赖性更强了，施恩的人如果停止了施恩，就会遭到受恩的人的抱怨。自己有恩于别人，本应得到感谢，但得寸进尺的人则认为这是你应尽的责任，甚至期盼你更多的救助，于是施恩的人与受恩的人之间便产生了恩恩怨怨。物极必反，月盈则亏。成败之间的关系也是如此，要想成功就不能害怕失败，人生中所取得的成功是建立在不断失败的基础之上的，失败是在一次次地夯实地基，只有地基牢固了，我们才能建立起稳定的事业。

【原文】

深沉厚重，是第一等资质。

磊落雄豪，是第二等资质。

聪明才辩，是第三等资质。

【译文】

深沉稳重，忠信笃行，是最好的品质。光明磊落，豪迈雄健，是二等的资质。聪明伶俐，雄才多辩，是三等的资质。

【解读】

为人、处世、才能，三者的重要性各有不同。为人是一门很深的学问，做人沉稳老练，忠厚诚实，即使才能一般，依然能够得到众人的认可与任用，因为人品是成事的最好保证。做事果断利落，有胆有识，性情豪迈奔放，这样的人办事效率高，也深得领导器重，下属的佩服。还有一类人聪明绝顶，才思敏捷，雄才善辩，但是往往并不被他人看好，因为说与做是两码事，更何况能言善辩再加上争强好胜，就是锋芒毕露，会伤人的感情。更何况过于精明之人往往会束缚了自己的手脚，结果也只能是聪明反被聪明误了。

【原文】

上士忘名，中士立名，下士窃名[1]。

上士闭心，中士闭口，下士闭门。

【注释】

①上士、中士、下士:官名,周朝官制。

【译文】

上等的士人能够忘记名誉,中等的士人能够建立名誉,下等的士人则窃取名誉。对于繁杂之事,上等的士人心中无欲无求,中等的士人则是保持沉默不语,下等的士人则是闭门不出。

【解读】

心是人行为处世的根本,心到才会意到,意到而后支配自身的行动。佛教教义讲求的就是不立文字、直指人心。通过对心性的观察,便能得出士人自身修养的高低来。上等士人心清性明,不为外物所扰,在他们心中世间万物没有区别,对名誉这虚无缥缈的东西更不会记在心上。那些对荣华富贵有牵挂的人,则是极力追求功名利禄,还有一些人甚至采取卑鄙的手段窃取,即使得到了一时想要的名誉,但失去的却是道德与人品,最终只会臭名昭著。

【原文】

好讦[①]人者身必危;自甘为愚,适成其保身之智;

好自夸者人多笑;自舞[②]其智,适见其欺人之愚。

【注释】

①讦:揭发别人的隐私。②舞:舞弄、玩弄。

【译文】

喜欢攻击诽谤他人的人必遭祸患,大智若愚恰恰是保全其身的智慧;喜欢自夸的人多遭人嗤笑,自以为智慧的人恰恰表现出他自欺欺人的愚蠢。

【解读】

与人交往不能斤斤计较,斤斤计较的人,没有人愿意与其交往,就会失去人缘。俗话说,吃亏也是一种投资。敢于吃亏的人,老天是不会亏待他的。一项集体劳动,自己比别人多干了一些,等到利益分享时,自己又少得了一些。表面看起来我们吃亏了,其实不然,我们用自己的忠厚与宽容得到了更多人的尊重与爱戴,甚至打动了上级领导的心,以后所得的将会是失去的数倍。无论干什么工作,都要能沉下心来,脚踏实地地去做,你需要的是耐心而不是吹嘘。自以为精明能干,便想玩弄手段不劳而获,虽然会得逞一时,但也总有露出狐狸尾巴的时候,到那时失去的很可能就是全部。

【原文】

闲暇出于精勤,恬适出于祇惧。

无思出于能虑,大胆出于小心。

【译文】

悠闲从勤劳中得来,安逸舒适从小心谨慎中得来。无忧无虑是源于善于思考,果敢有为是来自小心翼翼。

【解读】

要想让生活过得悠闲轻松,就要趁年轻的时候,勤奋学习,勇于上进。有付出才会有收获。一个勤于思考的人,能够居安思危,在做事之前便已经预料到可能出现的困难与挫折,并且事先想好了解决困难的措施与方法。周密的安排,充分的准备,即使有麻烦也会不慌不忙应对如流。做事胸有成竹的人,表面给人的感觉是胆量过人,其实他的心里是小心翼翼的。正是因为小心谨慎,做起事情来,就会减少错误,不至于犯大的过错,才会在做事时有把握,有胆识。

【原文】

平康之中,有险阻焉。
衽席[1]之内,有鸩毒焉。
衣食之间,有祸败焉。

【注释】

①衽席:卧席,引申为睡觉的地方。

【译文】

平静安康中往往掩藏着危难险阻,床褥卧席之上也可能有剧毒,衣食住行这样的小事,也有可能造成意想不到的祸害。

【解读】

在《庄子·达生》中有:"人之所取畏者,衽席之上,饮食之间,而不知为之戒者,过也。"生活中的祸患,往往不是因为自己的能力不够或者意识不强造成的,关键还是因粗心大意造成的。圣贤之士,往往注重自身的修养,无论多么细微的事情都不放松自我要求,所以才能始终洁身自好,不犯过失。要想提高自己的修养一定要"勿以恶小而为之,勿以善小而不为",道德的提高也是一点一滴积累起来的。

【原文】

居安虑危,处治思乱。

【译文】

身处安逸的生活中要考虑到危险的处境,身处治世的时候要考虑到祸乱随时有可能发生。

【解读】

不能严格要求自己的人,心里对犯法的认识淡薄,长此以往容易形成莽撞暴躁的性情。对自己将来的发展大大有害。所以要想成就一番事业的人一定要严以律己。凡是那些自我约束不严的人,即使触犯了刑法也不会感到忧虑,逃过了法律的追究也不知道悔改,这样的人终究会因自己的疏忽遭遇更多的苦头。每个人都是有欲望的,如果任欲望蔓延,不加制止的话,必然给自己带来祸患。只有学会控自己的情绪,才能约束行为少犯过错。想要保持长治久安的局势确实是世人的共同梦想,但平安无忧的生活、稳定的时局是不会永恒的,这就要求我们要时常心存忧患意识,且不可因一时的顺境便产生松懈放松警惕。要学会居安思危,深谋远虑,这样困难来临,就会胸有成竹,应对如流。

【原文】

天下之势,以渐而成;
天下之事,以积而固。

【译文】

天下太平盛世或动荡不安的局势,是逐渐形成的;天下的所有大事,都是从点点滴滴的小事积累成的。

【解读】

荀子曾说:"不积跬步,无以至千里;不积小流,无以成江海。骐骥一跃,不能十步,驽马十驾,功在不舍。"意思是不积累一步半步的行程,就没有办法达到千里之远;不积累细小的流水,就没有办法汇成江河大海。骏马一跨越,也不足十步远;劣马拉车走十天也能走得很远,它的成功就在于不停地走。告诉人们做事防微才可杜渐,只有严格防止小过错的产生,才能保证自己将来少犯错误,不犯大过失。回顾历代帝王的兴衰荣辱,无一不与"积渐"二字有着密切的联系。君子对自身小的过失都不放松检点,而是谨慎小心地对待,以防因小失大,这样才会学有所成,事有所就。所以说,做事不从一点一滴中做起,那就不可能成就大事业。

【原文】

祸到休愁,也要会救;

福来休喜,也要会受。

【译文】

遭遇祸患不要发愁,关键是要学会积极补救;遇到幸福不要窃喜,关键是要学会尽情享受。

【解读】

面对不幸的遭遇和意外的好运,都要冷静对待。遭遇祸患的时候不要一味地怨声载道、愁眉不展,更不能借酒消愁、自暴自弃,对生活失去信心。而是应该挺起胸膛坚强地面对,沉着冷静地想办法解决,相信自己一定能够战胜道路上的一切困难。面对好运降临的时候也不要沾沾自喜、得意忘形,更不能滋生骄傲卖弄之心,只有安危处之,珍惜福分,才会使福泽恩禄保持长久。

【原文】

天欲祸人,先以微福骄之;

天欲福人,先以微祸儆之。

【译文】

上天要使一个人遭受灾祸,必先给他一点小小的恩泽使他轻信。上天要想使人幸福,先要给他一点小小的灾祸告诫他。

【解读】

花花世界,鱼目混珠,一定要保持理智的头脑,才能看到事物的本质,才能做出正确的判断。要经得起诱惑,禁得起打击,方为真英雄。事关生死存亡的天下大事,是不可轻易交由他人去办理的。如果想寻找担当天下重任者,必先对他的意志和能力进行一番考验,让其经历一番困难,在困难面前不畏手畏脚,沉着冷静地从容面对,这样的人才能承担天下的大任,拯救国家危难。

【原文】

傲慢之人骤得通显,天将重刑之也;

疏放之人艰于进取,天将曲赦之也。

【译文】

傲慢的人突显富贵,上天将会重重地惩罚他;疏忽放纵的人能迷途知返,勇于进取，上天也会赦免他的过失。

【解读】

人生短暂一定要珍惜时光，勤奋刻苦修身修德，与时俱进。俗话说，善有善报，恶有恶报，不是不报，时候未到。任何事情都是有因果关系的，做好事就会得到人们的尊重，做坏事就会得到应有的惩罚。不劳而获是一种不公平，暂时会得到一点好处，但是从长远看他必将损失的更多。守株待兔的愚夫虽然意外白捡了一条撞死在树上的兔子，但他失去的却是一年的收成。亡羊补牢，犹时未晚。人生中错误是难免的，关键是要看如何对待错误，如能及时改正，就会使大事化小，小事化了。如果不知悔改，一意孤行，必将因小失大，遗憾终生。

【原文】

小人亦有坦荡荡处，无忌禅是已；

君子亦有长戚戚处，终身之忧是已。

【译文】

小人也有心胸坦荡的时候，正在于他无所忌讳和肆意妄为。君子也有忧虑不安的时候，正是因为他们有忧国忧民的意识。

【解读】

生活中很多事情，是不能光从它的表面现象来考到他的本质的。比如看一个人的品行，单单从他的外表的丑俊是不能断定的。所以，不能以貌取人。同理。事物也是如此。许多事物在形迹上十分相似，但实质上却有根本的不同。小人的坦荡是无所顾忌，肆意妄为，而君子的坦荡则是光明磊落，问心无愧。君子的戚戚是忧国忧民的思绪与壮志未酬的感叹，小人的戚戚是背后的嘲笑讥讽、侮辱诽谤。只有透过表相，看到本质，才能分清君子与小人的界限。

【原文】

水，君子也。

其性冲①，其质白，其味淡。

其为用也，可以浣不洁者而使洁。

即沸汤者投以油，亦自分别而不相混，诚哉君子也。

油，小人也。

其性滑，其质腻，其味浓。

其为用也，可以污洁者而使不洁。

倘滚油中投以水，必至激搏而不相容，诚哉小人也。

【译文】

君子像水，性情谦虚冲淡，本质洁白，味清淡，但他的用途却可以使不干净的东西变得干净，即使在滚烫的热水中放入油，二者依然不会混淆，这就是君子的本性所在。小人像油，性情狡猾，本质油腻，味浓重，他的用途可以使干净的东西变得肮脏，如果在滚烫的油中放入水，二者必然会激烈排斥而无法兼容，这就是小人的本性所在。

【注释】

①冲：虚。

【解读】

终日勤奋的人,并不少见;自立勤奋的人,则是极少的。漫漫人生,大概喜欢享受的人总是多过学习劳动的人。在《论语》里,有文质不可偏执一方的辩证。在寺院里,也有“一日不作,一日不食”的门规,其用意的深远,很多人以为只是满足人生在世的衣食住行,生活上的一些用度。但是,一个真正严以律己的君子,是文质双全、福慧双修的。忘却学习劳动,就是忽略了生活中的进取。君子是要德才兼修。好高骛远,只空谈品格,不注重于度世的才能,于己落于无用,后果是不能自给自足。虽然学习了才能,但是不注重品格的修养,以才自傲,与人落于无用,后果是徒有才学,独生独死。现在有一些人,贪图眼前利益者多,不惜伤及他人,满足一己之私。社会风气渐渐败落,人人身心俱难安宁,实在可悲。希望有识之士多学习君子的品行,来提高自己的德才。

【原文】

凡阳必刚,刚必明,明则易知;

凡阴必柔,柔必暗,暗则难测。

【译文】

凡属阳性的事物必然刚强,刚强就一定光明,光明就容易让人明白。凡属阴性的事物必然隐秘,隐秘就难以让人看清,难以预测其后的变化。

【解读】

《易经》书影

君子和小人不能简单地从外表识别,要通过他们的为人处世来判断。君子一般心地宽厚,心宽就会光明,小人一般心胸狭窄,狭隘就会隐晦。君子与小人在这两方面是正好相反的,这就是古代圣人在《易经》中用阳来形容君子、用阴来形容小人的原因。在生活中观察实在的人,为人光明正大,通情达理,做事干脆利落,深得人心者,必是君子的行为。为人虚伪狡诈,阿谀奉承,做事圆滑世故,让人难以捉摸,这样的人多是些小人。

【原文】

称人以颜子,无不悦者,忘其贫贱而夭;

指人以盗蹠,无不怒者,忘其富贵而寿。

【译文】

称人为颜子,没有不高兴的,虽然颜回是个贫贱早逝的人。称人为盗拓,没有不愤怒的,虽然盗拓是个发不义之财而且长寿的人。

【解读】

每个人的内心都是向往善良、厌恶凶恶的。人之初性本善,人生来是心地善良的,由于生活的经历,一些人意志薄弱,被迫违背了自己的本心,逐渐变得奸诈险恶。孔子的弟子颜回虽然一生贫穷低贱,寿命极短,但他不坠青云之志,安辱不惊,始终保持君子之风,坚定自己的志向不动摇,从而深受后人的推崇与敬仰,永远活在人们的心中。

盗拓是古代的一名盗贼,后来泛指偷窃的人。虽然盗拓一生凭借不义之财生活得很安逸,而且还是个长寿的人,因为偷盗这一恶名而使其遭受后人的唾弃。所以,世上的君子宁愿如颜回那样贫贱一生,也不愿像盗拓因不义之财留下千古骂名。

【原文】

事事难上难,举足常虞失坠;
件件想一想,浑身都是过差。

【译文】

凡事都有困难的地方所以应考虑周详,行动上要顾虑缺失,想想自己的行动,便会发现到处都有差错。

【解读】

生活不是一帆风顺的,所以要居安思危。做任何事情之前都要考虑周全,来减少失误。俗话说,家家都有一本难念的经,事事都有一个解不开的结。居家过日子,繁琐的事情很多,一定要认真思考,冷静处理,才会家庭和睦,其乐融融。大凡家庭的争吵都是因为意气用事所酿。为人处世,困难是在所难免的,如果能够事先防范,做好应对准备,很可能就会迎刃而解,即使有过失,我们也尽可把过失降到最低点。有些事情虽然达到了预期的目的,但回头审视自己的所作所为,也会发现有许多不当之处,如果能够将这些环节处都理好,我们便会做得更加完美。

【原文】

怒宜实力消融,过要细心检点。

【译文】

有愤怒的情绪要及时消除,有过错的言辞要细心检讨。

【解读】

愤怒是一种冲动的海啸般的情绪。众所周知,欢乐使人身心健康,而愤怒会影响人们的健康,损害身心健康。这种情绪是普遍的,不局限于任何性别,男女老少都会有这种情绪的。在人类的最早期,也就是说有人类,就会有这种情绪,发生愤怒是多方面的,例如:烦恼、刺激、仇恨、嫉妒、阶级差别、肤色、信仰等方面都能引起愤怒。俗话说,怒从心头起,恶向胆边生。愤怒是把火焰,在烧伤别人的同时,也会灼伤了自己。过错是身上的毒瘤,只有时常检察自身,有病早医治,才会健康长寿。如果自身的错误得不到及时改正,任其泛滥下去,将来带给我们的很可能是生命的威胁。

【原文】

探理宜柔,优游①涵泳②,始可以自得;
决欲宜刚,勇猛奋迅,始可以自新。

【注释】

①优游:悠闲自得的样子。②涵泳:沉溺,指潜心。

【译文】

探讨事理方法要循序渐进,细细品味参悟才会心有所得。断决欲望要果断坚决,做事勇猛迅速,才能有所创新。

【解读】

探求事理方法要有一个从低到高、由浅入深的过程,就如同建设高楼大厦,总要一层层的来,这样才会打下坚实的基础,终究学有所得。俗话说,一口吃不成胖子,胖子是一口一口吃出来的。如果总想一下吃个胖子,总想瞬间便有突飞猛进的发展,势必会欲速则不达。

【原文】

惩忿窒欲,其象为损,得力在一忍字;

迁善改过,其象为益,得力在一悔字。

【译文】

控制恼怒的情绪,抑制庸俗的念头,卦象上为"损",关键在于一个"忍"字。弃恶从善,卦象上为"益",关键在于一个"悔"字。

【解读】

自己生气常常会伤害到家人,所以当你发脾气的时候,一定要讲分寸讲方式,不然,你是无意的,也会深深伤害家人的。如果你觉得生气,而你了解到它将会对你和对别人有所伤害,那么你就微笑,表现出一个虚假的脸,然后进入你的房间,关起门来,打你的枕头,将那个人的名字写在枕头上,做任何你想要对他做的事。这样既发泄了坏情绪,又不会伤害家人、亲人。能够克制自己的愤怒,抑制庸俗的念头,就是在努力改正自己的错误。错误改正后,自身的缺陷就会越来越少,而做善事的行动就会越来越多。

【原文】

富贵如传舍①,惟谨慎可得久居;

贫贱如敝衣,惟勤俭可以脱卸。

【注释】

①传舍:驿舍、客舍。

【译文】

富贵犹如投宿旅店,只有小心谨慎勤劳才可以久居。贫贱犹如破旧的衣服,只有勤劳节俭才能脱掉贫穷的破衣。

【解读】

生活中有幸福有苦难。选择过什么样的生活,都是自己决定的。要想过上舒适幸福的生活,就要勤劳能干,细心谨慎为人。好吃懒做就会一辈子吃苦受罪,永远不会有舒适的时候。谨慎细心的人,即使鬼神也找不到可以侵犯的间隙,这便是圣贤之人成就大学问的关键。勤劳与节俭是持家生存的原则,不勤劳就会收获少,收获少但花费不少,就会使财物匮乏,财物匮乏就会采用一些苟取之法,甚至会导致犯罪。身为一家之主,如果不能成为妻子儿女勤俭的表率,而使家人趋于奢侈懒惰,这无异于自取灭亡,自绝生路。平时多想想这些,来激励自己做个勤劳节俭的人。

【原文】

俭则约,约则百善俱兴;

侈则肆,肆则百恶俱纵。

【译文】

勤俭就会有约束,有了约束就会去做各种好事。奢侈就会导致放纵,放纵就会使各种坏事泛滥成灾。

【解读】

鸟儿向往自由的天空，鱼儿向往自由的海洋，马儿向往自由的草原，人们向往自由的生活。但是不能想干什么就干什么，如果干违法的事情，就会伤害到他人。所以追求自由的时候，要把握好原则。法律的约束是条准绳，它告诉我们什么事该做，什么事不该做。做好事会让我们得到赞誉与利益，做坏事会让我们得到批评与惩罚，所以有了约束，人们才会控制自己不干伤害他人的事情，才会争先恐后去做善事。生活骄溢放纵，随心所欲，便会使人无视法律的存在和道德准绳的约束，如此一来，就会扰乱社会秩序，就会受到应有的惩罚。

【原文】

奢者富不足，俭者贫有余；
奢者心常贫，贫者心常富。

【译文】

奢侈的人即便富裕也感到不满足，勤俭的人即便贫困也有所余藏；奢侈的人心里常常感到贫困，贫穷的人心里常常感到富足。

【解读】

需求分为三类，首先是生活需求，例如食和衣，如果不能满足，便会导致痛苦，这类需求在当今社会容易得到满足。第二类的需求虽然合乎自然，但并非必要的，例如我们所追求的声乐之乐。第三类需求既非自然也非必要，这些需求包括讲究排场、攀比和炫耀，这是没完没了的，是难以于满足的。奢侈之人从不感到满足，原因就在这里。

【原文】

贪饕以招辱，不若俭而守廉。
干①请以犯义，不若俭而全节。
侵牟②以聚怨，不若俭而养心。
放肆以遂欲，不若俭而安性。

【注释】

①干：求取。②侵牟：掠夺。

【译文】

贪得无厌容易招致耻辱，不如勤俭而坚守廉洁之风。寻求功名而冒犯节义，不如勤俭而保全节义。巧取豪夺容易积怨，不如勤俭而培养心性。放纵自己而满足欲望，不如勤俭而安定性情。

【解读】

贪得无厌，便会极力追求，不择手段，永无止境，结果必将损害到他人利益，招来祸端。唯有勤俭节约才能赢得他人的尊重和认可。留下廉洁美名。经历过贫困的人比较不贫困，因而比起那些生于富贵人家、对穷苦没有亲身经验的人，更容易挥霍奢侈。自小环境美好的人，一般都对未来谨慎小心，比那些突然暴富的人，较为节俭。这似乎是说，贫穷从远处看来，并不是那么可怕。真正的答案却是：生来就有钱的人，已经把钱等同空气，没有它不能生存呼吸；他牢牢地看着钱，像保护生命一样，为人小心谨慎而勤俭节约。

【原文】

静坐然后知平日之气浮；

守默然后知平日之言躁；

省事然后知平日之心忙；

闭户然后知平日之交滥；

寡欲然后知平日之病多；

近情然后知平日之念刻。

【译文】

静坐的时候才明白平时的心浮气躁；独自沉默不语的时候才明白平时暴躁多语；反省自身才明白平时心情过于忙乱；闭门谢客才明白平时交友过于泛滥；减少欲望才明白平时欲望过多的毛病；亲近人情才明白平时为人处事的苛刻。

【解读】

人生是一个不断追求、自我完善的过程。怎样才能让自己有所进步？自省是提高修养的最好方式。现实生活中有许多人无法用客观的眼光来看待、分析自己，对事物的看法全凭主观认识，无法认清自己在他人眼中的形象和地位，想法单纯而直接。这类型的人主观地认为自己无所不能，即使犯了错也不会承认，甚至将错就错。总是觉得自己高人一等，当看到有人犯错时便会毫不留情当面指责，而自己却从不知道自我反省，依然我行我素、充耳不闻。所以这样的人不合群，在群体中早晚要被孤立。只有那些在日常生活中时刻懂得自省的人，才会修炼自己的性情，才会使自己逐渐完善。

【原文】

无病之身，不知其乐也，病生始知无病之乐。

无事之家，不知其福也，事至始知无事之福。

【译文】

身体没有疾病痛苦折磨的时候感受不到快乐，等到生病卧床的时候才明白无病无灾的快乐。家中平安无事的时候感受不到生活的快乐，等到灾难降临时候才体会到平安无事的快乐。

【解读】

一般的世人，都是身在福中不知福，所以让快乐溜走了。要学会身在福中要知福，才会感受到知足常乐。不经历挫折所取得的成就，在脑海中留下的印象是平淡无奇、索然无味的，只有历经磨难后的成功，才会让人们记忆深刻，永生难忘。如想要体味生活中的快乐，首先就要品尝生活带给我们的诸多滋味，不管是悲欢离合，还是酸甜苦辣，都要铭记于心，当尝遍了生活的诸多滋味后，我们才会辨别出什么是快乐，什么是甜蜜，才会真正感受生活的幸福和快乐。

【原文】

欲心正炽时，一念着病，兴似寒冰；

利心正炽时，一想到死，味同嚼蜡。

【译文】

欲望的心正处于旺盛的时候，一想到能引起疾病，情致便会像寒冷的冰霜；利益的心正处于旺盛的时候，一想到死亡，味道便会像嚼蜡索然无味。

【解读】

人心不足蛇吞象，苦，那是因为有欲望。如果你不求，何来苦。你无欲无求，心无所念，自然就没有苦了。当心胸被欲望之火填充时扑灭火焰的最好方法便是从思想上根除，如果能够想到因病卧床时的痛苦，到那时又怎能顾及欲望的诱惑呢？如果能够想到身死之后所拥有的一切都将化为乌有，那些追逐的功名利禄又有什么意义呢？与生命相比简直显得微不足道。

【原文】

有一乐境界，即有一不乐者相对待；
有一好光景，便有一不好的相乘除。

【译文】

有快乐的境界出现，就有不快乐的方面与其相对立；有一处优美风景的出现，就立即有一处不好的风景被抵销。

【解读】

人生得意如沐春风，如逢艳阳。人活着都希望自己永远得意而不失意。因为人生得意常常给人带来物质上的丰富，精神上的满足。但人生总得意就会使人失去魅力，感觉不到得意的快感，人的意志因此而变得脆弱，更主要的是容易使人陷入误区，看不到旅途的坎坷。平日生活中的粗茶淡饭才是我们生命中最美好、最实在的风光。生活中有一些不如意的地方反倒是好事，这样才会使人们有了对完美生活的不懈追求，才会使我们变得坚强起来。如果事事都顺心如意的话，一旦产生了许多不如意的事来，脆弱的意志，可能会让我们更痛苦。

【原文】

事不可做尽，言不可道尽，
势不可倚尽，福不可享尽。

【译文】

事情不能做过了头，说话不要一点余地不留，不要完全依靠权势做事，有福也不能享尽。

【解读】

凡是都要留有余头。邵康有诗云："美酒饮教微醉后，好花看到半开时。"喝酒如果达到烂醉如泥、不省人事的地步，又怎能品尝到美酒的味道和微醉的情趣呢？繁花似锦，最美的赏花时节当在含苞欲放时，此时看到的是希望，给人无限遐想的空间。如果盛开之时观赏，接下来看到的便是败落，必会给人一丝伤感。平日生活中的说话做事也是如此，如果说话做事过了头，一点余地也不留，往往会把人逼上绝路，也会使自己无路可退，最好还是留些情面、留条后路给别人，也给自己。总之，凡事不要做绝，留有余地；凡事无法做绝，事物层出不穷；凡事不必做绝，凡事没有必要做绝，有些事留给后人去做。

【原文】

不可吃尽，不可穿尽，不可说尽；
又要懂得，又要做得，又要耐得。

【译文】

生活中不可全部吃了，不可全部穿完，说话时要留有余地；处事上不但要懂得分寸，还要做得得体，遇逆境要忍耐得住。

【解读】

做事情要留有余地。吃饭也要掌握好量，如果因为好吃而贪吃，就会憋得慌。穿衣服，穿暖和穿得体即可，切不可贪荣华，披金戴银，会招来坏事。说话更要掌握分寸，说出去的话泼出去的水，祸从口出。做其他的事情也是如此，事业的成功往往在于比别人多看半拍，多走半步。一些人总希望自己能够长命百岁，整天担心自己会离开人世，一些企业家总希望能够把事业持续到永远。但事实却并非如此，人总有一天会死去，企业经营不善也总有一天会破产，没有做好撤退的准备就开始创业是一件非常冒险的事。无论是在个人生活中，还是在开创事业中，最好还是给自己留有后路，如果竭尽全力追求想象中的完美，势必得不偿失。

【原文】

难消之味休食，难得之物休蓄。

难酬之恩休受，难久之友休交。

难再之时休失，难守之财休积。

难雪之谤休辩，难释之忿休较。

【译文】

难以消化的食物不要贪吃，难以获得的财物不要储蓄，难以报答的恩惠不要接受，难以长久相处的朋友不要交往，难以再现的时光不要失去，难以守住的财产不要积聚，难以辩明的诽谤不要争辩，难以消除的愤怒不要计较。

【解读】

生活中要学会选择，懂得放弃。跳出烦恼，换个角度看待问题，心情就会豁然开朗，没有困境烦恼。这里所说的放弃并不是一味地丢弃，而是有选择、有目的、有条件地放弃。对于小人的诽谤，在我们没有掌握确凿的证据前就针锋相对地与其争辩，这样很可能使自己陷入被动，显得理屈词穷，倒不如静观其变，等到有可乘之机时再澄清自己。古人云：塞翁失马，焉知非福。选择是量力而行的睿智和远见，放弃是顾全大局的果断和胆识，人生如戏，每个人都是自己生命唯一的导演，只有学会选择和放弃的人才能彻悟人生，笑看人生，拥有海阔天空的人生境界。

【原文】

饭休不嚼便咽，路休不看便走，

话休不想便说，事休不思便做，

衣休不慎便脱，财休不审便取，

气休不忍便动，友休不择便交。

【译文】

吃饭不能不嚼就咽，走路不能不看便走，说话不能不考虑就信口雌黄，做事不能不准备就付诸行动，衣服不能因不小心就脱掉，钱财不能随便据为己有，怒气不能不控制而任其发作，朋友不能不选择就滥交。

【解读】

聪明的人一般事先考虑清楚事情的结果，然后才去做。做什么事情都应该有所准备，考虑周全，做起来才会心中有数，才能防患于未然。很多人总是埋怨没有成功的机会，其实是因为他们没有发现机会的眼光，没有为迈向成功做好准备。机会总是存在的，它往往就在你周围，只要你善于捕捉。在成功的道路上，如果你没有耐心去等待，没有做好准备迎接成功的到来，那么，只好用一生的耐心去面对失败了，因为机会总是青睐那些有准备的人。

【原文】

为善如负重登山，志虽已确，而力犹恐不及；
为恶如乘骏走坡，鞭虽不加，而足不禁其前。

【译文】

做善事就犹如负重登山，志向虽然确定，但是总是担心力量不够不能坚持下来；做恶事就犹如骑马下山，虽然没有快马加鞭，但是就是想停止也难以控制。

【解读】

做好事容易，但是能够坚持不懈地做好事就困难了，这就如同逆水而行的独木舟，开始还可能感觉到应付过来，但随着时间的推移，我们会感到越来越吃力，甚至有点力不从心了，后来就会划不动放弃。而作恶事却正好相反，这就如同我们顺流而下，不用挥动船桨就可以快速行驶，想停下来还需要费很大的力气。有时候连我们自己都控制不了，所以说作恶容易行善难呀！

【原文】

防欲如挽逆水之舟，才歇手，便下流；
力行如缘无枝之树，才住脚，便下坠。

【译文】

谨慎防止欲念就如同牵拉逆水之舟，一旦停下手来，就会往后倒退；着力行善就如同攀缘一棵无枝节的树，一旦停下来脚来，便会往下坠落。

【解读】

人生要学会奋斗，更要懂得学会放弃欲望。人的生命是有限的，欲望是无限的。大千世界，金钱、地位、美女无不引诱人、腐蚀人。如果对所有的一切都产生欲望而不学会放弃，那么背在自己身上的负荷就会愈来愈重，当它超出自身承受能力时，就会被欲望压倒，失去做人的机会。胸中的私心杂念多是因外物的诱惑而产生的，想要扑灭胸中的欲火，首先就要斩断内心对外物的贪恋。人们行善更多是出自道德的规范和个人的自愿行为，有些人在看到行善后却得不到回报，便往往放弃了行善的念头。因此，能够坚持一辈子行善者方为真善人。

【原文】

胆欲大，心欲小；智欲圆，行欲方。

【译文】

胆量要大，心思要缜密；智慧要圆融，行为举止要方正。

【解读】

生活中要学会从容自如，克服胆怯的弱点。只要我们决心要克服自身的弱点，可定会有收获的。摒弃胆怯并不是要自己变得胆大包天,胆大包天的人往往有勇无谋,做事莽撞草率,不考虑后果,所以办事效率不高,容易做错事,甚至做出一些重大的错误决定。如果有胆识之人行事再心思细密一些,考虑问题周全,方能减少过失,提高办事效率。虽然有智慧,但是一味地死守教条,不懂灵活运用,势必被一些教条束缚了手脚,难以形成创新意识,因为没有创新就谈不上发展。

【原文】

真圣贤,绝非迂腐;

真豪杰,断不粗疏。

【译文】

真正的圣贤之士绝不会不知变通;真正的英雄豪杰绝不会粗鲁疏忽。

【解读】

古圣贤是我们学习的榜样,他们才学渊博,品德高尚。特别是圣贤之士心地明澈,胸怀宽广,为人公正无私,做事光明磊落,明白什么事可以做,什么事不能做。他们的德才值得我们勤奋学习。真正的英雄豪杰是人人向往的,他们勇敢有为,富有正义,能够惩恶扬善。真正的英雄豪杰行侠仗义,敢作敢当,行事果断干练,对事理能了然于胸,所以处理公平而不徇私妄情。

【原文】

龙吟虎啸,凤翥[①]鸾翔,大丈夫之气象;

蚕茧蛛丝,蚁封蚓结,儿女子之经营。

【注释】

①翥:飞举。

【译文】

龙吟虎啸,凤鸾翱翔才是大丈夫的气象。像蚕茧、蜘蛛丝,蚂蚁筑巢、蚯蚓纠结,这都是小人的经营。

【解读】

大丈夫,是有志气,有品德,有作为的男子的美称。真正的大丈夫志向远大,不拘小节,不斤斤计较,表现出宏大的气量,目光久远,与众不同。生活中有些人目光短浅,只顾眼前小利,对琐事斤斤计较,虽然做事也很勤奋努力,但终因思想狭隘而不能取得卓越的成就。还有一些人整天只知道坐享其成,自以为凭借殷实的家业便可衣食无忧,其实这是些幼稚的想法,入不敷出,再多的财物也有用完的一天。只有保证稳定的收入来源,才能维持正常的生活开销,才不害怕有坐吃山空的那一天。

【原文】

格格不吐,剌剌不休,

总是一般语病,请以莺歌燕语疗之;

恋恋不舍,忽忽若忘,

各有一种情痴,当以鸢飞鱼跃化之。

【译文】

说话口齿不清或喋喋不休,都是一般说话的病态,请用莺歌燕语般的悦耳之声去治疗此病。心中难以割舍或有所忘记，都是为情所迷的表现，要以鹰击长空、鱼翔浅底的气势来化解。

【解读】

不管解决什么问题，都要有针对性，抓住问题的关键，针对事物的问题所在，采取有效的措施。针对病症用药，才能药到病除，如果有病乱投医，乱用药的话，不仅会浪费钱财而且会延误最佳治疗时机，只能使病情更为严重，病人更加痛苦。有人说话吞吞吐吐，就让他多听一些委婉悦耳的声音，从而使其在对比中认识到自己的差距所在，以便激励自己努力矫正。有人对往事恋恋不舍难以忘怀，导致整日心力交瘁，此时就需要让他在轻松的环境中放松一下身心，才能消除烦恼，振作精神。

【原文】

问消息于蓍龟①，疑团空结；
祈福祉于奥灶②，奢想徒劳。

【注释】

①蓍龟：古代占卜用具，筮用蓍草，卜用龟甲。②奥灶：奥，房屋西南角曰奥。古时尊长居的地方，祭神方位。灶，神所居住的地方。

【译文】

想要占卜未来的吉凶祸福只会使心里空结疑惑；想要向鬼神祈祷福祉，那样就是白白浪费时间的奢想。

【解读】

人生充满了酸甜苦辣，想让生活变得美好，就要学会积德行善。多读圣贤典籍，读书使人向善。书会教我们什么是爱和善，就是让我们的胸怀变得开阔，很多烦恼的事情自然就消失了。家庭生活里需要和谐，一个村里邻里间需要和谐，工作上人与人间需要和谐，只有这样，我们在这社会里才能万物和谐，幸福快乐地共同成长。如果人人心地善良，那么所遇百事便会相安无事。古人认为行善积德的人是吉祥之人，他们不会遇到任何困难，就连世间的凶神恶煞也伤害不了他们。《易经》中认为：如果人们想要趋吉避凶，最好的方法是做善事，远离邪恶，但现在许多人却向上天乞求福分的降临，真是迷信思想。

【原文】

谦，美德也，过谦者怀诈；
默，懿行也，过默者藏奸。

【译文】

谦虚是一种美德，但是过于谦虚的人往往胸怀奸诈；沉默是美好的品行，但过于沉默的人暗藏杀机。

【解读】

谦虚是一种美德，但是过于谦虚，就会过犹不及，就会让人感觉是作秀。谦虚不是一种装模作样，更不是贬损自己、矮化自己。说白了，谦虚就是实事求是。虽然谦虚但是不注重礼节，所损失的必会少不了。如果能够在“礼”字上多下一些功夫，不但拥有谦虚这一美德，还能够平易近人，恭敬和蔼，这样的人才会没有过失和缺陷，赢得人们的尊重。凶猛的鹰站立时就好似睡着了一样，残忍的老虎行走时就好像得病了一样，其实这只是表面的姿态,在其背后隐藏的是置人于死地的心机。

【原文】

直不犯祸,和不害义。

【译文】

正直不会招惹祸害,谦和不会损害正义。

【解读】

刚正不阿的人秉公办事,不徇私忘情,能够主持公道,替受委屈的人平冤昭雪,让有罪的人绳之以法,得到法律应有的制裁,所做之事无愧于自己的良心,受到了世人的尊重与拥护,又哪里来的祸患呢?古语云:“其身正,不令而行;其身不正,令而不行。”如果想成为别人的楷模,首先自己必须正直地生活,正直地走路,才能去教导带动他人。为人谦逊和气,是一个人气度宏大的外在表现。拥有了这种胸襟和气度,即使是面对敌人也会化敌为友,也不吝赞美之辞,并且在行为上予以宽大。当报复的机会来临时,这种胸襟最见精彩。它并不规避可施报复的情况,而是善加运用,去消除矛盾,化解仇恨,这些行为倡导的正是人间正道,难道会损害道义?

【原文】

圆融者无诡随[①]之态,精细者无苛察之心,
方正者无乖拂[②]之失,沉默者无阴险之术,
诚笃者无椎鲁之累,光明者无浅露之病,
劲直者无径情[③]之偏,执持者无拘泥之迹,
敏炼者无轻浮之状。

【注释】

①诡随:不顾是非妄随人。②乖拂:乖戾不正。③径情:肆意,任性而为。

【译文】

圆滑融通的人没有欺诈虚伪的神态,精明细心的人没有苛刻繁琐的心思,正直端庄的人没有乖戾忤逆的缺点,沉默寡言的人没有阴险狡猾的心术,诚信笃行的人没有愚钝的牵累,正大光明的人没有轻浮的毛病,刚强正直的人没有性情上的偏颇,果断干练的人没有拘泥的毛病,灵活练达的人没有轻浮的外表。

【解读】

人人都有自己的长处也有自己的短处。俗话说,尺有所短,寸有所长。说的就是这个道理。每个人也都有自己的长处,长处利用不好就可能成为短处;每个人也都有自己的短处,短处能够及时得以改正,也能成为长处。一般的人们不可能什么都精通,学有一技之长,不能算是完美,一般在长处中也潜藏着一些缺点,所以要学会精益求精,即使矫正长处中的弊病,这才可称得上全才。

【原文】

才不足则多谋,识不足则多事,
威不足则多怒,信不足则多言,
勇不足则多劳,明不足则多察,
理不足则多辩,情不足则多仪。

【译文】

才能不足的人计谋多,见识肤浅的人爱惹是生非,威信不足的人容易愤怒,信义不足的人容易多言,勇气不足的人容易多劳,智慧不足的人容易多体察,道理不足的人容易多辩,情分不足的人容易多礼节。

【解读】

学海无涯,人只要活着就要学习,只有不断学习,才能更上一层楼。取人所长,补己之短。只有这样,我们才能逐渐完善自己的才学和品行。哪一方面的才能不足。就会显露哪一方面的外在缺陷。缺少见识的人在不明事理的情况下容易下错误的结论,所以经常惹出一些事端。过于胆怯的人因做事瞻前顾后,不敢果断从事,经常错失机会,付出一些徒劳的努力。智谋不足的人经常疑神疑鬼,对任何事情都想寻根问底,生怕属下有不忠于自己的,所以这类人心胸狭窄,往往会失去人心,陷入孤立无援的境地。

【原文】

私恩煦[①]感,仁之贼[②]也;

直往轻担,义之贼也;

足恭伪态,礼之贼也;

苛察歧疑,智之贼也;

苟约固守,信之贼也。

【注释】

①煦:恩惠。②贼:伤害。

【译文】

恩惠施予个人,是对仁的伤害;草率行事而又缺少责任,这是对义的伤害;伪装成恭敬的仪态,这是对礼的伤害;细察而多疑,这是对智的危害,不能坚守自己的承诺,这是对信的伤害。

【解读】

做什么都要有规矩,没有规矩不成方圆。古代君子都是以三纲五常来约束自己的行为。如果做些借公肥私的事情,就等于违背了“仁”字的要求;如果推脱自己理应肩负的责任,就等于违背了“义”的要求;如果对人口是心非,表面一套,背后一套的话,就算是违背了“礼”的要求;如果事必躬亲,疑心重重,就等于违背了“智”的要求;如果背信弃义,忘恩负义,失信于人,就等于违背了“信”的要求。

【原文】

有杀之为仁,生之不为仁者。

有取之为义,与之为不义者。

有卑之为礼,尊之为非礼者。

有不知为智,知之为不智者。

有违言为信,践言为非信者。

【译文】

有以成全仁而牺牲的,那些苟活的就是不仁之人。有以自取为义的人,那些给予就成为不义的事了。有以卑微为礼的人,那些位尊者就成为背礼的人了。有以不知为智的人,那些知道者就成了不智的人。有以违背约定为信的人,那些付诸实践的就成了不信之人。

【解读】

如果以传统的义理来衡量事物的轻重大小,事物之间的区别并不是那么明显,界限也不很清晰,可能稍有变化,就会转向反面。有的人以卑微为礼,在他的眼中尊崇就成了非礼的行为;有的人以不知道为智,那在他的心中知晓的人就成了糊涂人。权衡义理的真正标准是要以天下众人的见解为准绳,又岂能被狭隘片面的观点所左右。

【原文】

愚忠愚孝,实能维天地纲常,
惜不遇圣人裁成,未尝入室;
大诈大奸,偏会建世间功业,
倘非有英主驾驭,终必跳梁。

【译文】

愚忠愚孝真能维系天地间的伦理吗?可惜没有圣人栽培,不能够登堂入室;狡猾奸诈之徒,偏能建立天下的大功业,倘若没有有英明君主的统治,他们必将成为跳梁小丑。

【解读】

做事情要从实际出发,愚忠愚孝,并不值得提倡。如果遇到一个昏庸暴躁国君,固执地维护,就是愚忠,如果父母不讲理犯错误,子女仍然顺从,就是愚孝。从古至今,良禽择木而栖,贤臣择主而侍。如果发现自己所辅佐之人将来不足以成事,与其誓死效忠,留下愚忠之名,不如另投明主,施展自己的才华。一山还比一山高,能人背后有能人。有些小人虽然为非作歹,能逞一时之快,但关键还要看他背后的主人,因为他的一举一动,其实都是按照主人的意图去做的。如果离开了主人的指挥,这些小人也就不敢横行霸道。

【原文】

知其不可为而遂委心任之者,达人智士之见也;
知其不可为而犹竭力图之者,忠臣孝子之心也。

【译文】

知道事情做不成就听天由命,听之任之,这才是练达明智人的做法;知道事情做不成还要尽心竭力去做,这是忠臣孝子的行为。

【解读】

做事情要根据实际出发,讲究方法,不能蛮干。聪明的人不会白白浪费时间,更不会付出无谓的牺牲,当事情无可挽回时或是达不到目的时,他们会果断地放弃。当一条路行不通时,他们会另辟蹊径,不停地探索,寻找到通往成功的路,绝不会一条道走到天黑。有些人却正好相反,明知道不可为的事情,还要投入全部的精力去做,结果只会白白浪费精力,而且会大失所望。明知所行的路是条死胡同,还要继续走下去,真可谓不到黄河不死心,不撞南墙不落泪!

【原文】

小人只怕他有才，有才以济之，流害无穷；

君子只怕他无才，无才以行之，虽贤何补！

【译文】

小人就害怕他有才能，有才能相助的小人，其危害更大，后患无穷；君子就害怕他没有才干，无才而处事，虽然贤德又有什么益处呢？

【解读】

小人，把计谋都用在了做坏事情上，所以最好不要让他有才能，有才能对社会、对他人的危害更大。最怕小人有才能，是因为才能帮助小人为非作歹，对他人带来更大的伤害，对社会带来更严重的损失。君子，把心思都用在了积德行善和拯救苍生上，如果只有一心向善的仁义之心，不能付诸实践，就是浪费。最怕君子没有才能，是因为君子虽然贤惠，但无才也就注定他们寸步难行，对世事也不能有所帮助。

摄生（附）

闹时炼心，静时养心，坐时守心，行时验心，言时省心，动时制心。

【原文】

慎风寒，节饮食，是从吾身上却病法；

寡嗜欲，戒烦恼，是从吾心上却病法。

【译文】

注意风寒，节制饮食，这是从自己的身体上祛除疾病的方法；减少嗜好欲念，戒除烦恼，这是从自己的内心上消除疾病的方法。

【解读】

老子在《道德经》中说：“致虚极，守静笃。万物并作，吾以观其复，夫物芸芸，复归其根。归根曰静，是谓覆命。”意思是尽力使心灵的虚寂达到极点，使生活清静坚守不变。万物都一齐蓬勃生长，我从而考察其往复的道理。那万物纷纷芸芸，各自返回它的本根。返回到它的本根就叫作清静，清静就叫作复归于生命。他告诉人们所有的奇妙变化都是由心神的中和虚静而产生的。倘若在身体内产生变化时而妄动意识，那就必然会导致“元气”的妄动而对身体带来新的不和谐。人们想要获得持久的健康，就应该经常归复于生命本源的虚静状态。老子的这些思想或为养身运动防病治病的重要原理。养生以养心为主，而养心的关键又在于聚神静气，而后才能够放松身心。如果每天都沉浸于繁扰的事物中，搅得自己魂不守舍，心力交瘁，势必会遭遇疾病。如果心无杂念，安然自在，没有丝毫的杂思妄念，才会神清气爽，气与神合，心清性明。

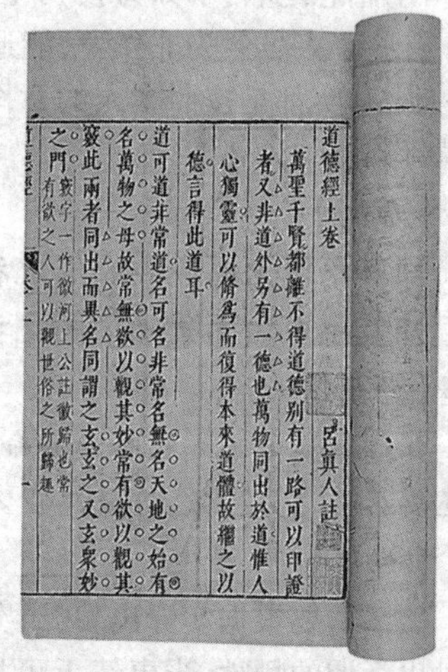
道德經上卷　呂真人註
萬聖千賢都離不得道德别有一路可以印證
者又非道外另有一德也萬物同出於道惟人
心獨靈可以脩爲而復得本來道體故繼之以
德言得此道耳
道可道非常道名可名非常名無名天地之始有
名萬物之母故常無欲以觀其妙常有欲以觀其
竅此兩者同出而異名同謂之玄玄之又玄衆妙
之門 竅字一作徼河上公註徼歸也常有欲之人可以觀世俗之所歸趣

《道德经》书影

【原文】

少思虑以养心气,寡色欲以养肾气,
勿妄动以养骨气,戒嗔怒以养肝气,
薄滋味以养胃气,省言语以养神气,
多读书以养胆气,顺时令以养元气。

【译文】

减少思虑烦恼来调养心气,减少色欲来调养肾气,不轻举妄动来调养骨气,戒掉愤怒来调节肝气,饮食清淡来调节胃气,少些言语来调节精神,勤奋读书来培养胆气,顺应时令来调节元气。

【解读】

养生必先养心,心脏强健是整体各个脏腑都能健康正常的基础,如果心不处于正常状态,血脉闭塞不通,便会影响各个脏腑而受损,损伤形体,达不到养生长寿之目的。所以保养心神的健康是养生长寿的首要问题。凡事要看得开,不要患得患失,要有退一步海阔天空的良好心态及怡养浩然之正气,所谓"恬淡虚无""积精存神""节戒色欲""饮食有节"等都是至理名言,实养生长寿之道也。一般人当元气兴盛之时,血肉之躯便会显得十分健壮,即使有外部的邪气侵袭,也会被其压制抵御。以上所说的人体"八气"各有养生之法,如果一气遭侵袭,便会气气受损,所以必须要各方兼顾。

【原文】

忧愁则气结,忿怒则气逆,恐惧则气陷,拘迫则气郁,急遽则气耗。

【译文】

忧愁会使人心气郁结,愤怒会使人气血逆反,恐惧会使人心气低落,拘束会使人心气郁闷,仓促会使人心气耗尽。

【解读】

忧愁是一种消极的情绪,每个人都有忧愁,就算是世界上最乐观,最开心的人,也少不了忧愁。有的人整天愁眉不展,心事重重,这样的人容易使心气郁结,多灾多病。《红楼梦》中的林黛玉便属于此类人。林黛玉就是因忧愁这两个字把自己年轻的生命回归给了大自然,想起来确实令人可惜,尤其可怜的是在她的心中老是想着春天的花开了,而花开了还要落下,与其花开花落还不如不开,按她的道理年年的花开都是多余的,最后就这样搭上了自己年轻的宝贵生命,她对世间事物的看法就是这样,其他人看着也只有无可奈何,真是天要下雨娘要嫁人,只有随她去吧。忧愁是有害身心的情绪,我们一定要努力克服忧愁带给我们的坏处,远离忧愁。

【原文】

行欲徐而稳,立欲定而恭,
坐欲端而正,声欲低而和。

【译文】

行动要徐缓而稳重,站立要坚定而恭谨,坐姿要端庄正直,声音要委婉温和。

【解读】

善于养气的人,常常习惯于动中习静,使身体常处于太和元气中,时间长了定会培养出圣贤的气质来，此处讲到的就是动中习静。人的气质是一言一行长期的积累形成的。通过修炼自己的言行，就会慢慢形成自己的气质精神面貌。俗话说坐有坐相，站有站相。就是通过训练举止行为，来实现端庄贤惠的品质。如果站立时摇摇晃晃，坐下时蜷缩或是歪歪斜斜，都证明此人内心的定力不够，这对身体的健康也是颇多危害，也影响精神状态。

【原文】

心神欲静，骨力欲动。
胸怀欲开，筋骸欲硬。
脊梁欲直，肠胃欲净。
舌端欲卷，脚跟欲定。
耳目欲清，精魂欲正。

【译文】

心神要平静，骨骼体力要运动。心胸要开阔，筋骨要强健。脊梁要挺直，肠胃要清洁，舌尖要卷起，脚跟要稳定，耳目要清静，精神要端正。

【解读】

有句话说：静时养气，动时练神。意思是静的时候练气，可以磨炼我们的气质与品德；动的时候就要专一精神，将心念统摄为一。心神平定祥和，恬静淡定，身体也会轻松舒畅。胸怀坦荡无私，志向高远宏大，身体便会健康强壮。行走时昂首挺胸，神采飞扬，才会显得精神饱满。走路脚踏实地，步步留声，才能使步伐稳当，身体健康。耳聪目明，才显得机智伶俐，保证处事公正。

【原文】

多静坐以收心，寡酒色以清心，去嗜欲以养心，诵古训以警心，悟至理以明心。

【译文】

时常静坐就能够收敛内心，少沾酒色就能够清心寡欲，除掉嗜好欲望就能够培养身心，诵读古人遗训就能够警示自心，通晓事理就能够心底明白。

【解读】

常常静坐对身体有好处，可以消除各种不良刺激，克服紧张、焦虑、急躁等情绪，培养乐观豁达、平和、开朗的性格。平时有时间可以闭目养神，练练气功，舒缓工作节奏，对身体挺有好处的。时常静坐，反思一天的所作所为，便会使我们心里的欲望少一些，来收敛那些不切实际的奢望。远离酒色财气，戒除嗜好欲望，便斩断了侵袭身心的祸端，从而让身心变得更加清醒专注。用古人的千古良训时常提醒自己，修身养性，对不明白的道理积极追求探索，能够让自己洞晓事理。

【原文】

宠辱不惊，肝木[①]自宁。
动静以敬，心火自定。
饮食有节，脾土不泄。
调息寡言，肺金自全。
恬淡寡欲，肾水自足。

【注释】

①肝木：五脏与五行相配，肝属木，故云“肝木”。下文“心火”“脾土”“肺金”“肾水”同理。

【译文】

遇到恩怨荣辱不惊慌，则肝宁。行动静坐都能够保持恭敬的心态，就会使心火安宁。饮食有节制就会使脾胃少生病。调气养神少说话对肺有莫大益处。淡泊少气就会使肾水充足。

【解读】

《幽窗小记》中一副对联：宠辱不惊，看庭前花开花落；去留无意，望天空云卷云舒。此联的意思是说，为人做事能视宠辱如花开花落般平常，才能不惊；视职场去留如云卷云舒般变幻，才能无意。一副对联，寥寥数语，却深刻道出了人生对事对物、对名对利应有的态度：得之不喜、失之不优、宠辱不惊、去留无意。这样才可能心境恬静、淡泊自然。看到山珍海味便狼吞虎咽，没有节制，遇到粗茶淡饭便难以入口，甚至饿着肚皮也不过问，这种偏食的食用恶习对身体百害而无一利。清心寡欲，淡泊宁静，外在的表现是志趣高雅，内在修为便是培养身心，这种做法可长命百岁。

【原文】

道生于安静，德生于卑退，

福生于清俭，命生于和畅。

【译文】

道是从安静中悟得的，德是从卑微谦让中培养来的，福是从贫穷廉洁中得来的，命是在和平顺畅中保全的。

【解读】

寺庙道观都是清静之地，充满了鸟语花香，甚至都能感觉到香烟袅袅的声音。参禅悟道要从宁静的环境中做起，首先要做到心静，心静才能头脑理智，头脑理智才能悟出蕴藏于万事万物中的玄机与奥秘。良好的道德品质是从忍让、卑微中培养起来的，只有经历到了生活的苦难和谦让后所获得的尊敬，才会明白高尚道德所换来的珍贵回报。福分是在清贫节俭中赢得的，遭遇到了贫苦的生活的艰苦，才会激励自己奋不顾身去追求幸福，才会珍惜来之不易的幸福生活。

【原文】

天地不可一日无和气，

人心不可一日无喜神。

【译文】

天地不可一日无太和元气，人心不可一日无喜悦情绪。

【解读】

俗话说：“笑一笑，十年少，愁一愁，白了头。”这句话形象地说明了心理与生理健康的关系。笑，有助于预防疾病的发生，笑还可以治疗某些疾病。因此，笑可以说是一种愉快的治疗方法。人如果时常心情愉悦，心气就会恬静自然，五脏也会相安无事。在古书中曾看到过这样一个故事：一位老人年过百岁，有人问他长寿的方法。老人答道：

"我只是一个乡村野夫,什么道理也不懂,一生只求快乐高兴,从不知道忧愁烦恼。"由此看来,拥有一个快乐的心态是养生的要诀!如果每天能够生活得快快乐乐,祥和平安,疾病也会绕着你走开。

【原文】

拙字可以寡过,
缓字可以免悔,
退字可以远祸,
苟字可以养气,
静字可以益寿。

【译文】

"拙"字可以使人少犯过失,"缓"字可以使人免去事后的遗憾,"退"字可以使人远离灾祸,"苟"字可以使人培养福泽,"静"字可以使人长生不老。

【解读】

延年益寿有妙招。首先要心理平衡,情绪开朗、宁静淡然、无忧无虑。其次要适当运动。运动是健身的良药,现在提倡有氧运动,早九点以后晚饭后半小时是适合运动健身的好时光。其三是饮食平衡。膳食营养以清淡为主,三餐多样化要少油少盐。有个俗话说,葱蒜姜汤不离口,一些疾病绕道走;冬吃萝卜夏喝汤,不找医生开药方;五谷杂粮多入口,医生改行拿锄头;多吃蔬菜喝绿茶,大夫急得满地爬。这是古人传下的饮食秘诀,都是宝贵的养生保健经验。

【原文】

毋以妄心戕真心,勿以客气①伤元气。

【注释】

①客气:与元气相对,指伤害身体的邪气。元气为正气。

【译文】

不要让虚妄之心戕害了自己的本心,不要让外在的因素损伤了自己的元气。

【解读】

做人要正直,要光明磊落,才会活得幸福快乐。为人处世口是心非,表里不一,对自己对别人都不负责任。孔老夫子说:"知之为知之,不知为不知,是知也"。意思是知道的就是知道的,不知道的就是不知道的,这就关于知道的真谛。人们认为,知之为不知,不知为不知,是学你自己所不知道的东西而改善你自己所知道的东西,那就会趋近完美了,也会更完美了!昨天的喜怒哀乐只不过是划过天幕的颗颗流星,今天的辛勤努力才能创造出明天硕果累累的丰收。过去的就让它离我们远去吧,不要再对那些虚无缥缈的东西流连忘返。保持一颗真诚的心,为理想去奋斗,才是实实在在的人生。

【原文】

拂意处要遣得过,
清苦日要守得过,
非理来要受得过,
忿怒时要耐得过,

嗜欲生要忍得过。

【译文】

遇到不如意的事时要能排遣，清贫艰苦的日子要能守得住，无道理的事打击要能忍受得住，愤怒的时候要忍耐得住，嗜欲产生时要及时克制。

【解读】

面多烦恼疑惑，要冷静思考，沉着应对，无缘无故地遭到别人的无理对待，其中必有缘由，且不可不问青红皂白，轻易动怒，一定要冷静地了解事情的原因，再下决定。所谓小不忍则乱大谋，如果连微小的屈辱都不能忍受，则必会有招致祸患的一天。众口铄金，积毁销骨。他人的流言蜚语确实对人伤害很大，但不要忘了清者自清，浊者自浊，只要自己清白无瑕，就不用担心他人的诋毁与侮辱。

【原文】

言语知节，则愆尤①少；
举动知节，则悔吝少；
爱慕知节，则营求少；
欢乐知节，则祸败少；
饮食知节，则疾病少。

【注释】

①愆尤：过失、过错。

【译文】

说话知道分寸就能少得罪人，举动知道分寸就能少些悔恨，爱慕知道节制就会少些欲望，欢乐知道节制就会少些失败，饮食之道节制就会少些疾病痛苦。

【解读】

人人都知道：病从口入，祸从口出。告诉人们，吃东西一定要讲卫生，说话一定要掌握分寸。说话没有禁忌，胸中藏不下言语，有什么就说什么，必然会因言及他人的短处而得罪人。对好的事物有爱慕或敬仰之心是很自然的，如果过于溺爱，甚至沉迷其中不能自拔，就会在心底萌生贪念欲望，扭曲了心性。快乐是生活中的基本色调之一，但它并不代表全部，如果只知安逸享乐的生活，就很可能会乐极生悲，遭到生活的无情打击，一定要居安思危，深谋远虑。

【原文】

人知言语足以彰吾德，而不知慎言语乃所以养吾德；
人知饮食足以益吾身，而不知节饮食乃所以养吾身。

【译文】

人都知道说话可以表现自己的品德，但不知道谨慎的言语可以培养自己的品德。人都知道饮食可以养育生命，但不知道节制饮食可以保养身体。

【解读】

尺有所短，寸有所长。意思是，尺虽比寸长，但也会有它的短处；寸虽比尺短，但也有它的长处。这句话是说任何人都各有长处，也各有所短。我们要善于取人之长，补己之短。其实任何事物都具有两面性，对同一事物而言，既有好的方面，又有坏的方面。较强的语言表达能力固然能够博得更多人的青睐,可要是无所顾忌地夸夸其谈,故弄玄虚、不分场合、不看对象地胡乱发言,也必会招来一些人的讨厌或嫉妒。每个人都知道饮食是维系生命的根本,却忽略了没有节制的暴饮暴食也会损害健康,甚至给生命带来威胁。

【原文】

闹时炼心,静时养心,坐时守心,

行时验心,言时省心,动时制心。

【译文】

吵闹时要锻炼心境,平静时要培养身心,静坐时要守护身心,行动时要检验内心,说话时要反省内心,行动时要控制内心。

【解读】

在安静的环境中锻炼自己的心境,一般的人都可以做到,但是能够在吵闹喧嚣闹场合依然能安养身心,一定能做到沉着镇静,一定能够成为真正修行高深的人。如想检验一个人在某方面是否达到要求,关键是要放在合适的场合、地点和时间去考察。做事情的时候谨慎小心,公众场合说话有理有据,谈吐不凡,空闲时候能够适应寂寞,并且能培养闲情逸致,这才是真正有修为的人。

【原文】

荣枯倚伏,寸田[①]自开惠逆,何须历问塞翁;

修短参差,四体自造彭殇[②],似难专咎司命。

【注释】

①寸田:道家指心为心田、心位于胸中方寸之地,又称寸心。②彭殇:寿夭。彭,指彭祖;殇,指未成年而夭亡。

【译文】

繁荣枯萎相互依存,心田开合一切由己顺逆听天由命,何须再问边塞的老翁?长短参差不齐,身体决定了寿命的长短,一切都是由自然而定,何必去专门怪罪司命呢?

【解读】

"寸田"俗称丹田。"彭殇"指的是古代祝融氏的后人陆终氏的第三子,后建国于彭地,其后子孙便以国为姓。传说中彭祖寿命极长,所以后人多以其来形容长寿者。"司命"即掌管人的生命的神。历史的繁荣与衰败是相互依存的,盛到极点就会转向衰败,衰败到低谷又会朝繁荣的方向发展。人生亦是如此,由弱小的孩童成长为国家的栋梁之材,经过几十年的艰苦拼搏,到了退休的时候,又变成虚弱的老人,需要子孙的照顾的老年人。

【原文】

节欲以驱二竖,修身以屈三彭,

安贫以听五鬼,息机以弭六贼。

【译文】

节制欲望来保持身体康泰,修身养性来保持良好的心境与品质,安贫乐道来保持人生的顺利,摒除心机来防止六贼招惹灾祸。

【解读】

“竖”是古时对人的蔑称，贱称，此处指不好的人或物，对身体而言也就是疾病。“三彭”也叫“三尸”“三虫”，指在人体内作祟，影响人修炼的三种神。是道家用语，传说中三尸姓彭，常居人身中，伺察功罪。“五鬼”比喻不顺利的事。民间传说的五鬼即瘟神，又称五瘟——春瘟张元伯、夏瘟刘元达、秋瘟赵公明、冬瘟钟士贵、总管中瘟史文业。韩愈的《送穷文》中把智穷、学穷、文穷、命穷、交穷称为五鬼。“六贼”是佛教用语，佛经中称人体的眼、耳、鼻、舌、身、意为六贼。

【原文】

衰后罪孽，都是盛时作的；

老来疾病，都是壮年招的。

【译文】

衰败后忍受的罪孽，都是因强盛时不知修持而造成的；老年后的体弱多病，都是因年轻时不知保养而落下的。

【解读】

事物都有因果关系的，一个朝代的盛衰变迁，也是有原因的，繁荣的时候，安享繁荣，忽视了存在的问题，时间长了，问题越来越多，就会影响到社会的发展，直到问题积累到不能解决的时候，就会导致衰败。其实有什么样的结果都是我们一手造成的，怨不得别人，怪就怪我们不相信古人所说的“天道好还”的道理，也就是所谓的种瓜得瓜，种豆得豆。今天我们所遭遇的磨难，都是以前遗留的问题所致。老年后疾病缠身，大都是因为我们年轻时不注意锻炼身体造成的。

【原文】

败德之事非一，而酗酒者德必败；

伤生之事非一，而好色者生必伤。

【译文】

败坏道德品行的事情有很多，但酗酒必定败德；伤害生命的事情也有很多，但好色之徒必定伤身。

【解读】

酒是穿肠毒药，色是刮骨钢刀，财是惹祸根苗，气是下山猛虎。这话说明酒色财气皆不是好东西，是毒药，是钢刀，是猛虎，是祸根，然而这四样皆是世人之所爱，真正修身养性的人，就会努力克制这些。譬如，酒色之类的东西，只会使人消耗志气，伤害身体性命，败坏德行。如每天沉醉于酒色之中，醉生梦死，不知所终，又有何快乐可言呢？只有那些清心寡欲的人才会气性平和，心宽体胖，感受到生活中的乐趣。

【原文】

木有根则荣，根坏则枯；

鱼有水则活，水涸则死；

灯有膏则明，膏尽则灭；

人有真精，保之则寿，戕之则夭。

【译文】

树木有根就能茂盛，无根就会枯萎而亡；鱼有水才能活下去，水干涸了就会死去；

灯有油才会明亮起来,油尽便会熄灭。人有充沛的精气,才能够保持生命的长寿,伤害到精神就会夭折。

【解读】

做任何事情都不能舍本逐末。树木的枝叶可以剪掉,树皮损伤了也不会死,但是树根没有了,就会枯死。在严寒的冬天当看到一丝温暖的阳光时,会使人生机勃勃;在炎热的盛夏,吹来一丝凉风,会让人精神振奋。人的生命就如同这草木的繁盛与凋零一样,如果在一个健康的环境中成长,不近声色,就会容光焕发,精神饱满充盈,精力充沛。如果整天被酒色财气所缠绕,势必会精神疲惫,残害身心和性命。

敦品类

人以品为重,若有一点卑污之心,便非顶天立地汉子;品以行为主,若有一件愧怍之事,即非泰山北斗品格。

【原文】

欲做精金美玉的人品,定从烈火中锻来;
思立揭地掀天的事功,须向薄冰上履过。

【译文】

想要修得精金美玉般的人品,一定要从烈火中锻造得来;想要成就惊天动地的伟业,一定要如履薄冰般地行事。

【解读】

任何事情都是有来龙去脉的,不会凭空产生,不会无中生有。譬如没有春的耕耘,就没有秋的收获;没有冬的孕育,就没有春的复苏。一个人要想铸就金子般的完美性情,就要经得起烈火的考验,正所谓真金不怕火炼,经过烈火考验之后,才能证明我们的品德是高尚还是低俗。同样道理,想要成就一番事业,只有志向却不努力行动,这无异于空中楼阁,永远不能实现,只有付诸行动,脚踏实地去做,才会使理想变成现实。

【原文】

人以品为重,若有一点卑污之心,便非顶天立地汉子;
品以行为主,若有一件愧怍之事,即非泰山北斗品格。

【译文】

人要以品行为重,倘若有一点卑贱污秽的念头,便不能称为顶天立地的男子汉大丈夫。品德要以行为为主,倘若有一件惭愧的事情,就不能铸就泰山北斗般的高尚品德。

【解读】

为人处世要做到严以律己,重视修炼自己的品德,做事情要养成小心谨慎,考虑周到的习惯,待人要养成谦虚恭敬,平易近人的美德。一定要摒弃鲁莽草率、骄傲自大的坏习惯。

人生如棋,一着不慎,满盘皆输。人生中许多事常常因为一个微不足道的细节或是小的疏漏,就破坏了事情的整个进程。人到晚年,或是马上就要离开官场生涯了,本以为可以成就一世功名,没想到会因此刻的一时私心糊涂而以权谋私,从而使一生的名誉毁于一旦,难道不可惜?

【原文】

人争求荣,就其求之之时,已极人间之辱;

人争恃宠,就其恃之之时,已极人间之贱。

【译文】

人们争相求取荣华富贵,然而就在他追求之时,已经蒙受了世间最大的耻辱;人们争相攀附权贵以求宠幸,然而就在他得到宠爱之时,已经表现出世间最大的下贱。

【译文】

有人知道趋炎附势,攀附权贵,阿谀奉承,都是为了追求个人利益,从不反省自己的行为是好是坏。等到事情真相大白后,却毁了声名,甚至自己的性命都搭了进去,真是可怜呀!即便侥幸地逃跑了,一生的名节也只能是以臭名昭著结尾。行事不辨善恶,不懂人情世故,只知奔走徒劳,即使得到了想要的,但等醒悟后才明白,在追逐的过程中我们失去了更多。总之,要明白高官厚禄,都是身外之物,适可而止,千万不要贪恋。

【原文】

丈夫之高华,只在于道德气节;

鄙夫之炫耀,但求诸服饰起居。

【译文】

男子汉大丈夫的高贵品质,重在自己的道德气节;见识浅薄的人炫耀自夸,表现的只是衣食住行的华丽。

【解读】

大千世界,无奇不有,与人攀比,就会失去自我。庸人经常与人攀比,尤其爱拿自己的弱处与他人的长处比较,所以总是很失落很痛苦。有的人为此不择手段,追求那些浮华的东西来与人攀比。俗话说得好,人比人得亡,货比货得扔。但比较又分高尚的比与庸俗的比,圣贤君子与人比的是品德才华,他们通过比较来取人之长,补己之短。庸俗小人比的是华美的衣食住所和钱财名利,虽然让人的外在感官得到享受,但因内在的无知和品德低下,最终也只能是碌碌无为、行尸走肉般地苟活一生。

【原文】

阿谀取容,男子耻为妾妇之道;

本真不凿,大人不失赤子之心。

【译文】

阿谀奉承来讨好他人,男子汉是耻于做这种妇人的事情的,真正的大丈夫是不失淳朴善良的赤子之心的。

【解读】

庸俗的人都喜欢别人对自己阿谀奉承,却不知道无事献殷勤,非奸即盗的道理。无论做什么,都要保持清醒的头脑,千万不能得意忘形。高尚的人宁愿被小人所妒忌诽谤,也不愿为小人所奉承取悦;宁肯被君子所责备,也不愿让君子包容自己的过失。地位尊贵而别人奉承自己,其实他们奉承的是我们的权势与财富;我贫贱而受人欺侮,他们欺侮的是我们贫穷低贱。他们原本奉承的就不是我们本身，是冲着权势与财富的，我们又有什么值得高兴的呢？所以说夸大其词的奉承话是不能听的，真正的君子对奉承话敬而远之，更不会因他人献媚而扭曲自己的志向。

【原文】

君子之事上也，必忠以敬，其接下也，必谦以和。

小人之事上也，必谄以媚；其待下也，必傲以忽。

【译文】

君子对待比自己强的人是忠诚而恭敬，对待不如自己的人是谦虚而和蔼。小人对待比自己强的人是阿谀奉承，对待不如自己的人是傲慢又鄙视。

【解读】

居高位不易其本，是君子为人的高明之处。对于强于自己的人，有君子作风的人怀着敬仰的心情向其谦虚请教，而小人则是阿谀奉承或是嫉妒诋毁；对于不如自己的人，有君子作风的人是谦逊而和气地给予教导，而小人则是摆出一副趾高气扬的姿态，在人前卖弄炫耀，自以为十分威风，其实在君子眼中是显得多么的无知可笑，简直是马戏团的小丑。每个人都有自己的长处也有自己的短处，为人处世要懂得，学人之长补己之短。

【原文】

立朝不是好舍人[1]，自居家不是好处士；

平素不是好处士[2]，由小时不是好学生。

【注释】

①舍人：古代官职名。②处士：未仕或不仕的读书人。

【译文】

身处朝廷中不能做个公正廉洁的官员，在乡里也不会是个好相处的人；平常生活中不是好德行的人，小时候必定不会是个好学生。

【解读】

想要了解一个人品行，可以从多方面入手。了解一个人可由小到大，也可由粗到细。比如，一个人在朝中不能廉政做官，不能忠心耿耿侍奉君王，而是仗势凌人，鱼肉百姓，借公济私，这样的人在乡里一定不会拥有什么好名声。因为他的品德决定他的所作所为，他的所作所为反映了他的品德。才能学问是道德修养高低的基础，如果一个人在日常生活中肆意妄为，危害社会，就可推断此人小时候绝不会是个遵守纪律的好学生。

【原文】

做秀才如处子，要怕人；

既入仕如媳妇，要养人；

归林下如阿婆，要教人。

【译文】

勤奋求学的人要像闺门不出的小姐一样，小心谨慎待人。为官从政要像刚过门爱子女的媳妇一样，体恤爱护百姓。隐居山林要像慈祥教导子孙的老太婆一样，教育世人。

【解读】

修炼自己高尚的品德,要从生活中的一点一滴做起,要抱着"不以善小而不为"这种态度。在家如能积德行善,便可以感化乡里,风行郡县,感化扶正无数子孙后代,可说比士人强上百倍。所以圣贤君子提倡发扬善行,维护风俗礼节。如果个人只知正身率物,恬静自守,那就比不上圣贤之人了。为官从政要体恤爱护百姓,为百姓谋生计。如果得势后便横行乡里,恃强凌弱,必会招致百姓的怨恨与反对,最终将身败名裂。士大夫喜欢听风俗不好的言论,这样他们便可宣扬自己所坚持的风俗,归隐山林、与世隔绝的那些清高的居士就属此类,他们讲风俗时从自己身上说起,认为自己便是纠正世风日下的最好人选。

【原文】

贫贱时,眼中不著富贵,他日得志必不骄;

富贵时,意中不忘贫贱,一旦退休必不怨。

【译文】

贫穷卑贱的时候能够把荣华富贵不放在眼里,将来得志后必定不会骄傲自大;荣华富贵的时候心中不忘贫贱时的遭遇,有朝一日退休后必定没有怨言。

【解读】

人往高处走,水往低处流。人人都向往富贵平安,但是人们追求的方法不一样。有些人,身处贫困中,虽然渴望高官富贵,但他们并不会为了过上幸福的生活而向他人摇尾乞怜,阿谀奉承,丢掉自己的尊严与荣辱。如果有朝一日这样的人拥有了荣华富贵,也定不会忘记曾经所遭受的苦难,对有恩于自己的人,必会以博爱的胸怀与他们分享富贵,想法报答。有朝一日富贵不在,他们也不会怨天尤人,因为在他们心中荣华富贵犹如过往云烟。

【原文】

贵人之前莫言贱,彼将谓我求其荐;

富人之前莫言贫,彼将谓我求其怜。

【译文】

在高贵之人面前不要说自己低贱,否则他会认为我们在要他推荐;在富有之人面前不要说自己贫苦,否则他会说我们在乞求他们的可怜。

【解读】

人间冷暖自知。有些身居高位,有权势有地位的人,瞧不起不如自己的人、鄙视不如自己的人。每当那些地位低下、生活贫穷的人出现在他们面前时,便以为是来请求帮助的,于是经常摆出一副骄傲自大、高高在上的姿态。正因如此,才无意中伤害了不少仁人志士的感情。所以,在无意寻求帮助的时候,还是少与那些富贵之人来往,即使对方不是那种恃强凌弱、仗势欺人的人,别人也多会这么认为的。总之,在有地位的人面前不要诉说自己的贫苦,否则他会认为要求他推荐。在富有的人面前不要说自己的贫困,否则会被认为在求他施舍。

【原文】

小人专望受人恩,受过辄忘。

君子不轻受人恩,受则必报。

【译文】

小人一心希望得到他人的施舍恩惠,得到后便忘得一干二净。君子不轻易接受他人的恩泽,如果接受后必定想法报答。

【解读】

小人自私贪婪,多有着唯利是图、贪得无厌的本性,对于他人的恩惠,不惜卑躬屈膝,还不惜耍阴谋手段,都想极力据为己有。因为他们的目的只是为了个人私利,当满足自己的需要后便会过河拆桥,卸磨杀驴,把有恩于自己的人忘得干干净净。君子则正好相反,对于他人的恩惠一般不轻易接受,因为他们明白受人之恩当以涌泉相报的道理,受他人之恩就等于欠下了一份人情,如不报答便会寝食难安,所以当接受他人的恩惠,一定会想方设法地去报答,这样才会心安理得。

【原文】

处众以和,贵有强毅不可夺之力;

持己以正,贵有圆通不固执之权。

【译文】

与众人相处要以和为贵,贵在有坚强不移的意志力;对待自己要公正严谨,贵在要有灵活处事变通不顽固的能力。

【解读】

生活中、工作中难免与人打交道,与人打交道,要以和为贵,只有彼此友好相待,才会建立起和谐的关系,才会有利于彼此的生活和工作。要学会外柔内刚,与他人交往能够以和为贵,就会建立良好的人际关系。身处世俗中而不流于时弊,洁身自好而不被外物所扰,这都是君子刚毅性情的表现。处事最忌墨守成规,死板硬套,如果不懂变通掌握,灵活运用解决问题的方法,就会被传统束缚手脚,裹足不前,难有创新意识和卓越成就。

【原文】

使人有面前之誉,不若使人无背后之毁;

使人有乍处之欢,不若使人无久处之厌。

【译文】

在他人面前求得赞许,不如让他人在背后别诋毁我们;与人相处能使人获得短暂欢乐,不如在与人长久相处时不使对方心里产生讨厌之感。

【解读】

要想得到别人的尊重和爱戴,就要先学会去尊重和爱戴别人,当你学会了如何尊重和爱戴别人的时候,别人也就会尊重和爱戴你了。与人和睦相处,要懂得多一分理解,多一分宽容。有句话说,乍变不为小人所悦,久习不为君子所厌,如此才能体现一个人的真正品质。为了博得他人的赞美而阿谀奉承,不如自己谨守操行。与其寻求短暂的快乐,不如在与众人相处时保持长久而和谐的人际关系。

【原文】

媚若九尾狐,巧如百舌鸟,哀哉羞此七尺之躯;

暴同三足虎，毒比两头蛇，惜乎坏尔方寸之地。

【译文】

谄媚如同九尾狐，花言巧语如同百舌鸟，可悲呀！这样简直侮辱七尺之躯。残暴如同凶猛的三足虎，狠毒如同两头蛇，可惜呀！人们的良心变坏了。

【解读】

九尾狐，古代东亚神话传说中的奇兽。古典传说中，九尾狐乃四脚怪兽，通体上下长有火红色的绒毛。善变化，蛊惑。性喜吃人，常用其婴儿哭泣声引人来探也。九尾狐出，乃世间将有大乱之象。三足虎，有三足虎毒似两头蛇的说法，传说里的形象。两头蛇系大恶之物。

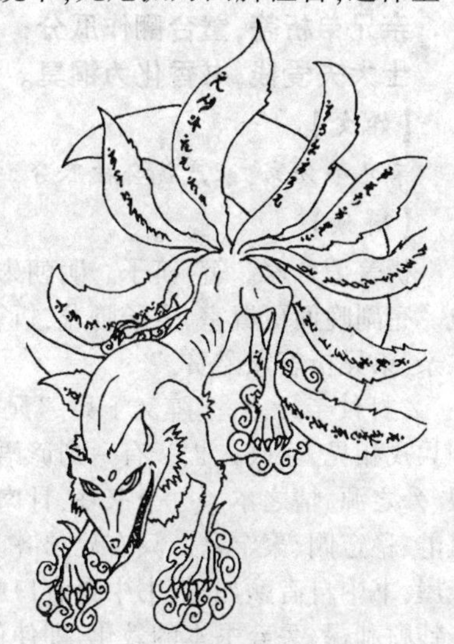

九尾狐

对一个身处领导阶层的人来说，最大的危险之一就是他的属下都是一些唯命是从的庸人。精明的领导人知道，需要在他周围有一批敢于发表不同意见的人。作为一个领导必须保持清醒的头脑，善于洞察那些卑躬屈膝，阿谀奉承的人。要明白哪些人是在为自己真心实意地出谋划策，哪些人是在为个人利益而围着自己溜须拍马。如果善恶不辨、是非不分的话，必会因听进谗言而做出错误的决定。

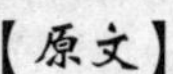

【原文】

到处伛偻，笑伊首何仇于天？何亲于地？

终朝筹算，问尔心何轻于命？何重于财？

【译文】

到处奴颜婢膝地生活，可笑的是你的头为什么于天有仇、与地有恩而抬不起来呢？整天玩弄阴谋手段，扪心自问为什么会如此不重视生命而看重钱财呢？

【解读】

做人一定要好好修炼自己的品德。一个人无论出生贫穷还是出生显赫，人格是平等的。要想堂堂正正做人，一定要光明磊落，自力更生，只有这样才不需要求于他人，无所畏惧，开开心心做人。俗话说，生前枉费心千万，死后空持手一双。许多人都是在生命的弥留之际才看透生命真谛的。钱财身外物，纵使一生积上千百万，身死之后也是分文带不走的。如果能早日看透这些，我们便会让身心少受一些世事的磨难与煎熬，多享受一些生活的快乐与幸福。

【原文】

富儿因求宦倾赀，污吏以黩货失职。

【译文】

官宦富商子弟常常因为谋求官位而倾家荡产，贪官污吏常常因为以公谋私失职而身败名裂。

【解读】

刚刚做官的人，经济基础微薄，收入也少，有些人很需要钱财，于是就经不起不怀好意之徒的贿赂,受了一次贿赂,就像吸毒上瘾一样,就会接受多次的贿赂,直到东窗事发,才醒悟,可是已经晚了,大错已铸成。做生意亦是如此,开始的时候总嫌自己贫困无助,于是便极力追逐功名利禄,虽然白手起家,振兴了家业,光宗耀祖了,但最后又因为贪得无厌的索取而丧失了一切,原因很简单,就是因为自己那颗难以满足的贪欲的心。只知得寸进尺,不懂适可而止,早晚有一天会赔了夫人又折兵的。

【原文】

亲兄弟析箸,璧合翻作瓜分;
士大夫爱钱,书香化为铜臭。

【译文】

亲兄弟分家,家产就会被瓜分。士大夫贪求钱财,就会使书香味化为铜臭味。

【解读】

析箸谓分家。箸,筷子。明朝朱元弼《犹及篇》:"沉益川腾蛟者,宪副秦川公伯子也。宪副晚而更置室,生子腾龙,析箸别居。"清朝方文《寄怀齐方壶》诗:"可怜半载丧二亲,弟兄析箸家酷贫。"

"打仗亲兄弟,上阵父子兵。"兄弟不和睦,小则吵吵闹闹,瓜分家产,形同陌路,大则兵戎相见,家破人亡。有一则谚语曰:"家有一条心,黄土变成金。"家是人之巢、心之根、爱之源、情之本。一个家庭,骨肉缘、血乳恩、手足情、嫡系亲。家是一个安乐窝、避风港、稳定阀、聚宝盆。只有兄弟齐心协力,才能使家业兴盛,发展壮大。"书中自有黄金屋,书中自有颜如玉,书中自有口中粟。"才能学问是通过读书求知中得来,如果醉心于钱财利禄,丢弃书本的教化,即使偶有所得,也是肤浅的,不能保持长久。

【原文】

士大夫当为子孙造福,不当为子孙求福。
谨家规、崇俭朴、教耕读、积阴德,此造福也。
广田宅、结姻援、争什一①、鬻功名,此求福也。
造福者澹而长,求福者浓而短。

【注释】

①什一:指利益。

【译文】

士大夫应当为子孙后代造福,不应当为子孙后代求福。严谨家风家规,崇尚勤俭节约,教育耕田读书,广积善德,这就是造福。广置田产庭院,暗中拉拢关系,争名夺利,买卖功名,这就是求福。造福可以使子孙平淡而长久,求福可以使子孙奢侈又短暂。

【解读】

士大夫旧时指官吏或较有声望、地位的知识分子。在中世纪,通过竞争性考试选拔官吏的人事体制为中国所独有,因而形成了一个特殊的士大夫阶层,即专门为做官而读书考试的知识分子阶层。士大夫是中国社会特有的产物,"士大夫"出现于战国,在中国历史上形成一个特殊的集团。他们是知识分子与官僚相结合的产物,是两者的胶着体。

为子孙后代广积田产与钱财,而不教子孙勤习德业,是不会使家族事业保持长久,而子孙后代没有一己之长，入不敷出，总有坐吃山空的一天。唯有教子孙持家之法，比如勤俭节约、行善积德，才能使家业兴盛不衰。这就好比腰缠万贯不如一技在手的道理，只享受不创造，终将一无所有，一技在手则可即用即得。

【原文】

士大夫当为此生惜名，不当为此生市名。

敦诗书，尚气节，慎取与，谨威仪，此惜名也。

竞标榜，邀权贵，务矫激，习模棱，此市名也。

惜名者，静而休；市名者，躁而拙。

士大夫当为一家用财，不当为一家伤财。

济宗党，广束修[①]，救荒歉，助义举，此用财也。

靡苑囿，教歌舞，奢燕会，聚宝玩，此伤财也。

用财者，损而盈；伤财者，满而覆。

【注释】

①束修：十条干肉。修即脯。后来多指送教师的酬金。

【译文】

士大夫当珍惜自己一生的功名利禄，不应该沽名钓誉。研究诗书，推崇气节，谨慎取舍，严肃威仪，这就是珍惜名誉。标新立异，攀附权贵，公众场合哗众取宠，习惯于模棱两可，是非不分，这就是购买名誉。珍惜名誉的人清静无为，追逐名利的人浮躁愚拙。士大夫应正当使用自己的财物，而不是随意地浪费。周济乡邻，提倡教育，赈济天灾人祸，扶助义举，这才是正当的用财。广置田产园艺，沉醉歌舞，积聚珍宝古玩，这就是浪费钱财。正当用钱的人花了钱但收益颇丰，浪费钱财的人虽然花费了很多，但终将一无所有。

【解读】

只有学会尊重自己，珍惜自己的名誉，才会得到别人的尊重。一个人如果连自己都不爱，他还会爱谁呢？要尊重自己的人格，珍惜自己的名誉，使自己的言行与自己的身份相符合，要做到宁静致远。懂得珍惜自己名誉的士大夫会潜心研读圣贤典籍，崇尚个人的气节，陶冶自己的情操，不贪恋荣华富贵，不徇情枉法，小心谨慎做事，考虑周全，懂得放弃贪欲，做人谨慎威严，光明磊落。

【原文】

士大夫当为天下养身，不当为天下惜身。

省嗜欲，减思虑，戒忿怒，节饮食，此养身也。

规[①]利害，避劳怨，营窟宅[②]，守妻子，此惜身也。

养身者，啬而大；惜身者，膻而细。

【注释】

①规：规避。②窟宅：房舍。

【译文】

士大夫应为担当天下大任而修养身心，不应只是为了个人私欲而珍惜身心。去除嗜好欲望，减少忧虑，戒掉愤怒，节制饮食，这就是修身养性。规避利害，躲避仇怨，营造住宅房舍，守在妻儿身边，这就是因私利珍惜身心。真正会修养身心的人，不胡乱花费但又显大方;不懂惜身的人则既俗气又琐碎。

【解读】

真正懂得修炼自己品行的人,是把天下大任作为自己的责任的人。只有这样,才能修炼出崇高的品德。爱护身体,提升品质的同时也要注重有所作为,有些人表面上也像在修养身心,但在无意中却将自己置身于无用的处境。原因就是他们只在个人利益的圈子里旋转,而忽略了公众的利益,甚至徇私枉法,侵害公众的利益,这样的行为对社会是有害无益。只局限于自己的天地中,容易使人迷失本性,使人变得心胸狭窄。不辨是非,做事独断专横,很难集思广益。只有冲破牢笼,思齐内省,明白何事当为,何事当禁,才可称为有益于社会之人,才能真正塑造出自己高尚的品质。

处事类

谋人事如己事,而后虑之也审;

谋己事如人事,而后见之也明。

【原文】

处难处之事愈宜宽,处难处之人愈宜厚,

处至急之事愈宜缓,处至大之事愈宜平,

处疑难之际愈宜无意。

【译文】

处理困难的事情时候更应该心胸开阔,与难以相处之人在一起的时候更应该淳厚朴实,处理紧急的问题时候更应该轻舒和缓,处理重大事情时候更应该平和,处理疑难问题时候更应该胸无成见,心有所持。

【解读】

要成大事业的人,需要克服困难,心情宜缓不宜急,需要默默留意,从生活的点点滴滴中慢慢去积累,时间长了才能见到成效。天下所有的事情,都是有理有势的,理要顺势而为,才能够自然顺心。如果势与理不合,就要徐缓而行,见机行事。如果急功近利,很可能偷鸡不成反蚀一把米。天下大事,关键在于紧要处的那一时刻,只要留心用力,相机而动,主要细节能够看得明,守得定,不失轻重之衡,便可功成名就。如果处处兼顾,时时关注,很可能会顾此失彼,因小失大。君子做事,谨慎谦恭,都带着疑问的态度对待,小心翼翼生怕出了差错,只有等到深思熟虑的时候才会采取行动。这时候即使偶有失败,也不会损失太大,也会被世人归于命运不济或是事与势不相符,而且君子之名不会因此而受到损害。

【原文】

无事时,常照管此心,兢兢然若有事;

有事时,却放下此心,坦坦然若无事。

无事如有事提防,才可弭意外之变;

有事如无事镇定,方可消局中之危。

【译文】

空闲的时候,要深谋远虑,小心翼翼如同有事要发生一样;有事的时候,要坦然自如，能够像无事一样泰然处之。没事的时候要提防有事的发生，以防意外事情的发生。有事的时候就像没事一样镇定，这样才可以解决危难的局势。

【解读】

要学会即使在悠闲的时候，也提高警惕，要学会深谋远虑，这样即使意外事故发生的时候，也能从容应对。遇事时能保持镇定自若，便可力挽狂澜，缩手缩脚只会错失良机，使事情变得更糟。学会居安思危，就会临危不惧，胸有成竹，“人无远虑、必有近忧”说的就是这个道理。

【原文】

当平常之日应小事，宜以应大事之心应之。
盖天理无小，即人事观之，便有一个邪正，
不可忽慢苟简[①]，须审事之邪正以应之方可。
及变故之来处大事，宜以处小事之心处之。
盖人事虽大，自天理观之只有一个是非，
不可惊惶失措，但凭理之是非以处之便得。

【注释】

①忽慢苟简：疏忽怠慢，苟且敷衍。

【译文】

处理平常生活中的小事要像应对大事一样谨慎细心。一般来说天理是不分大小的，就人们来看待它，却有一个邪与正的区别，且不可苟且简略，认真分辨事情的正邪才能找到应对的办法。等到事故来临时，处理大事时能够像处理小事般的坦然心态对待。一般来说虽然人事很大，但从天理来看就微不足道了，只有是非之别，不必为此惊慌失措，只凭天理的是非来对待处理就可以了。

【解读】

凡事如有远见卓识，即使遇到困难也能想出来办法解决的，快人一拍，先人一步，便胜过千万人，失去这一步，可能满盘皆输。俗话说：多事不如少事，少事不如无事。圣贤之士讲究炼心之法，遇到大事就如同胸中无事一样，心中无事倒能冷静，冷静镇定便会一切事情迎刃而解，这便是主静工夫的效果。

【原文】

缓事宜急干，敏则有功；
急事宜缓办，忙则多错。

【译文】

适宜迟些处理的事情应当及时办完，动作快就能提高效率；急事处理起来应当缓慢一些，匆匆忙忙容易出错。

【解读】

生活中，该珍惜时间的事情一定要抓紧时间快速完成，不仅提高了效率，而且减轻了一些负担。所以事情有能够即时办完的就要趁早去做，如果一天天地拖延下去，很可能就会错过时机，日后难以完成。面对复杂的事情，不能急于求成，一定要先弄明白条理，再动手做也不晚。俗话说，欲速则不达，磨刀不误砍柴工，说的就是这个道理。事情凡是符合道义的方可去做，但需要的却是宽阔细密的心思，坚韧的性情，必须要从头到尾一步步做起,循序渐进,缓急有章。如果急于求成,就会因匆忙疏忽导致问题很多,反而深受其害。

【原文】

不自反者,看不出一身病痛;
不耐烦者,做不成一件事业。

【译文】

不自我反省的人,是不能看到自身的病痛的;没有耐心的人,是不能成就大事业的。

【解读】

反省是一面镜子,帮你找出自己的不足;反省是好友的一句鼓励自己的话,鼓舞你不断前进;反省是前进的动力,推动我们走向成功。越王勾践被俘虏以后,每天都反省自己,发现自己的不足,不断总结,激励自己奋发图强;反省自己应该怎样才能够再一次成为王者。通过几年的反省后,他卧薪尝胆,积蓄力量,终于战胜了吴国,成就了梦想,他也因此成为一名贤能的君王。为了不断完善自己,我们需要学会自我反省。

【原文】

日日行,不怕千万里。
常常做,不怕千万事。

【译文】

天天走路,就不害怕路途遥远,常常做事,就不害怕处理千万件琐事。

【解读】

俗话讲,"业精于勤荒于嬉","拳不离手,曲不离口。"渊博的知识高超的技艺,绝非一朝一夕之功,需要平时刻苦地磨炼,需要长期的积累,唯有如此,才能使自己的学识技术达到炉火纯青的地步,才能在关键时刻大显身手。有的人之所以能取得好成绩,与日常勤学苦练是分不开的。除了勤奋还要谦虚,遇到不懂的问题,请教别人,请教书本,直到把问题弄懂为止。拥有这种锲而不舍的精神,才能在攻克难关的道路上不断迈上新的台阶。勤能补拙,熟能生巧。做事如能坚持不懈、循序渐进,便可战胜一切困难。

【原文】

必有容,德乃大;必有忍,事乃济。

【译文】

必须要有宽容之心,才能把德业发扬光大;必须要有忍耐之心,才能够把事情做得周到。

【解读】

宽容,对于别人而言得到的是一次悔过自新的机会,对于自己而言则是提高修养的好时机。人们应该常常听听不同人的意见观点,当我们遇到相反意见时,应该心胸放宽,耐心听,兼听则明。当自己的意见不被别人接受采纳时,完全可以平心静气地保留意见,用不着大吵大闹,更不必勃然大怒,甚至伤害别人。

【原文】

过去事丢得一节是一节。

现在事了得一节是一节。

未来事省得一节是一节。

【译文】

过去的事能忘记就忘记，现在的事能做多少就做多少，将来的事不必自寻烦恼。

【解读】

"我有一言君记取，世间自取苦人多！"世上有许多人整天烦恼不已，对曾经的过错念念不忘，遗憾终身，对未来的好坏忧心忡忡，而对眼前的事情却不知如何下手，其实这无异于杞人忧天。其实，人生可以总结为一句话：前半生不要怕，后半生不要悔。年轻时就要勇往直前地开创事业，等到年老后回头审视时，也不要为曾经心生悔恨，人非圣贤孰能无过。后悔过去于事无补，只会增添烦恼，摒弃烦恼，珍惜眼前，才是最明智的做法。

【原文】

强不知以为知，此乃大愚；

本无事而生事，是谓薄福。

【译文】

强装不知道为知道，这是最愚蠢的事；本来无事却故意惹事，这样要减少福分的。

【解读】

为学求知是来不得半点虚假，如果不懂装懂，不会装会，不但自己得不到真学问，还会贻笑大方。没事找事，惹是生非，必会招致一些灾祸，小则伤害身心，重则可能危及性命，哪里还有福分可言？

【原文】

居处必先精勤，乃能闲暇；

凡事务求停妥，然后逍遥。

【译文】

为人处世必须先精于勤奋，而后才能获得悠闲的生活；凡事必须处理妥当才能逍遥自在地生活。

【解读】

一分耕耘一分收获，有付出才会有收获。一年之计在于春，一天之计在于晨。只有在年轻力壮的时候勤奋耕耘，创造财富积累财富，才能老了坐享晚年。不少人有这样的通病，当无事可做时便产生懒惰，终日显得昏昏沉沉。一旦有事时便惊慌失措，由于思想上一直处于混乱的状态，没有条理，使万事万物难以圆满解决，这不可不警惕。凡事欲则立，不欲则废。事前做好准备，遇事时才能妥善处理，生活得轻松愉快。

【原文】

天下最有受用，是一闲字，闲字要从勤中得来；

天下最讨便宜，是一勤字，勤字要从闲中做出。

【译文】

天下最让人受用的是"闲"这个字，悠闲要从勤奋中得来；天下最讨得便宜的是"勤"这个字，勤奋要从悠闲中得来。

【解读】

人要学会高瞻远瞩，居安思危。悠闲的时光是通过勤奋努力换来的，即使身处悠闲的时候，也不要心生懈怠。人如果产生哪怕丝毫的怠慢心理，都可能使诸事都半途而废。平日处事中，心中又难免有些牵挂，从而拖累身心，什么地方才能求得一点空闲呢？空闲时挤出来的，要学会忙里偷闲，注意保养身体。遇事也不可有半点慌乱，如果慌乱，那么一出手就会犯错误，想完成一件事必会费尽周折，即使再勤奋也可能无济于事。

【原文】

自己做事，切须不可迂滞，不可反覆，不可琐碎；

代人做事，极要耐得迂滞，耐得反覆，耐得琐碎。

【译文】

自己处理事情，切记不可踌躇不前，翻来覆去，更不可太过啰唆；代人做事要耐得住迟缓拖沓，耐得住反复与繁琐。

【解读】

待人处事最忌讳的是暴躁鲁莽，暴躁就会使自己首先处于忙乱之中，失去理智，又哪能想出合理的方法处理事情呢？所以做事应该沉着冷静，胸有成竹。对自己的事要做到心中有数，冷静处理，及时解决。如果推托敷衍，事情便会越积越多，越来越复杂，最终被琐事缠身，增加了难度。处理他人的事情要有耐性，能够经得起重复、杂乱等枯燥环节的考验，才能受人重用，成就一番大事业。

【原文】

谋人事如己事，而后虑之也审；

谋己事如人事，而后见之也明。

【译文】

给别人谋划的事就像给自己谋划事一样用心，这样事情便能考虑周到；谋划自己的事就像谋划他人的事一样，这样才能把世事看得明白。

【解读】

“当事者迷，旁观者清。”意思是说，当事人容易糊涂，而局外人往往清楚。人最怕的是在处事中不明事理，胡乱行事，明明解决问题的关键就在眼前，可惜就是把握不住，而旁观者却看得一清二楚。当事者沉迷不醒，即使再聪明的人也会显得糊里糊涂，胆子再大的人也不知从何下手。因为当事者看到的是得失，旁观者看到的为是非，得失更多的是个人私利，是非则是公理所在，正是因为当事者得失之心过重，才会迷乱了方寸。

【原文】

无心者公，无我者明。

【译文】

没有私心的人处事公正，心中无我的人处事才明察秋毫。

【解读】

心无牵挂，不贪图功名利禄，不为荣华富贵所诱惑，胸中装有的只是顺应天地自然万物的公理,这样的人必会秉公办事,不徇私情。这样的人,从政一定是百姓心目中的好官,一定能体恤百姓,爱民如子;断案一定公正廉洁,不贪赃枉法,不徇私忘情,如青天老爷包拯。只有心中不存在任何成见,更无一己私利,做事就回彰显光明磊落,公正严明。

【原文】

置其身于是非之外,而后可以折是非之中;

置其身于利害之外,而后可以观利害之变。

【译文】

使自己置身于是非之外,才能客观公正地辨别是非;使自己置身于利害之外,才能洞晓利害的变化莫测。

【解读】

立场不同,看法必然不同。自家丢了东西首先怀疑的是邻里街坊,而不是怀疑自己的家人,这就是感情用事,判断难免有错误的时候;一般人评判用人,在不了解的情况下多是以貌取人,而不能从品行道德上下功夫了解;对颁布的法律条文是支持还是反对,多是从个人的利害关系出发,而不是站在更广泛的民众立场上去客观看待。与自身没有利害关系的事便能客观公正评价,不参与是非争斗的人群中,便能看清双方谁是谁非。

【原文】

在事者,当置身利害之外;

建言者,当设身利害之中。

【译文】

当事人应当置身于利害之外,提供建议的人应当舍身于利害之中,才能知道厉害得失才能设身处地着想。

【解读】

现实生活中,很多人都明白,"当局者迷,旁观者清"这个道理,但是真正能做到的人并不多。面对切身利害,沉迷其中就会偏执矫揉,歪曲事理,除却利害便能心地坦然,便能看透得失利弊,公正无私地处事。想让他人采纳自己的意见,就要身处利害之中,明白利在何处,有害于谁,这样便可见机行事,使提到的建议起到立竿见影的效果。

【原文】

无事时,戒一偷字;

有事时,戒一乱字。

【译文】

没事的时候要戒掉一个"偷"字,有事的时候要戒掉一个"乱"子。

【解读】

一个真正有涵养的人,见到有价值的文物或艺术品,会由衷地喜欢,会产生审美的愉悦感;面对美丽的自然风光,会情不自禁地称赞;面对深陷困境的人,会设身处地地为那个人着想,了解那个人,帮助那个人,而不是流露出粗鲁冷淡幸灾乐祸或者嫉恨。涵养不仅仅在于知识,还在于理解别人。有涵养的人细心体贴,细致入微,即使有意外事故的发生,也能沉着冷静,而不会乱了手脚。平时做事没有头绪、丢三落四,证明学问不高,修养不深,往往因疏忽导致诸多过失,甚至危害生命。

【原文】

将事而能弭,遇事而能救,既事而能挽,此之谓达权[1]、此之谓才。

未事而知来,始事而要终,定事而知变,此之谓长虑、此之谓识。

【注释】

①达权:通晓权宜,能应变。

【译文】

能平息将要发生的事,遇到事情能够有拯救之法,已经发生事情能挽救回来,这就叫达权,也就是所说的有才能。能预知没发生的事情,事情开始后便能知道它的结局,做事懂得其中的变数,这就叫深谋远虑,也就是所说的有见识。

【解读】

一个胸怀大略的人,往往遇事不慌,能够掌控事态的发展变化。遇到变故能够应对自如,或是及时想出补救的办法,或是力挽狂澜,都显示的是一个人高超果断的办事能力,但在智谋与精明方面,还稍有差距。能够深谋远虑,未卜先知,对隐患事先做好准备,对事情的前因后果有准备的预判能力,这才是更高一层的人才。他们做事更多凭借的是精明的头脑和便捷的方法,而并不是一味埋头苦干。

【原文】

提得起,放得下,算得到,

做得完,看得破,撇得开。

【译文】

有头脑的人做事情能提得起,放得下,算得到,做得完,看得破,撇得开。

【解读】

真正的智者,能够摒弃烦恼,追求快乐。人人都有烦恼,一定要控制烦恼,不要让它为所欲为搅乱我们快乐的生活。拿得起是一种浩然正气,对理应肩负的责任或困难不寻找理由推托,而是勇敢地面对,这便是大丈夫。放得下是一种解脱,摒除心中的妄念与欲望,放弃遥不可及的梦想,这是智者的选择。事先能猜测到结局,做事时能考虑周到,看得破功名利禄,撇得开荣华富贵,这便是神通广大的圣贤君子。

【原文】

救已败之事者,如驭临崖之马,休轻策一鞭;

图垂成之功者,如挽上滩之舟,莫少[1]停一棹[2]。

【注释】

①少:暂。②棹:船桨。

【译文】

挽救已经失败的事,就好比是驾驭走到悬崖边上的马儿,千万不要轻易挥动马鞭;要办理将要成功的事,就如同拉船上沙滩一样,千万不可少划一浆。

【解读】

有些事情表面看好像到了无路可走的地步,但是实际上还存在着一线生机,可是一些人此时为了补救败局，便慌了手脚，总想尽快扭转局势。正是因为急迫地采取行动，才使最后的一丝转机化为乌有，使希望变成了绝望。在通向成功的道路上，也有许多人犯下类似的错误，看到胜利就在眼前，便以为十拿九稳，于是便心生怠慢，放松警惕，从而使到嘴的肥肉飞走了。可见，即使近在咫尺的东西也不可掉以轻心，只有握到手中的才能大功告成。

【原文】

以真实肝胆待人，事虽未必成功，日后人必见我之肝胆；

以诈伪心肠处事，人即一时受惑，日后人必见我之心肠。

【译文】

用真诚的心接待人，事情虽然不能保证一定成功，但是日后他人必定明白我的真心诚意。以欺骗虚伪的心肠处事，别人虽然受一时迷惑，但是时间长了一定发现我的心肠狡诈。

【解读】

乐于助人是一种美德，乐善好施的人是高尚的人。帮助他人，完全是出自真心实意，不要斤斤计较结果的成败，只要我们尽心尽力，也就会感到问心无愧了。以虚伪之心处事，就算使他人受到一时的蒙蔽，自己得到一时的利益，但终究会真相大白。受蒙蔽的人总有看清我们本质的时候，等到狐狸尾巴露出来的时候，也就是我们一无所有的时候，甚至是名誉毁于一旦，永远被人唾弃。

【原文】

天下无不可化之人，但恐诚心未至；

天下无不可为之事，只怕立志不坚。

【译文】

天下没有不可以教化的人，关键是看我们的诚心有没有用足；天下没有不可以做到的事，关键是看志向坚定不坚定。

【解读】

“精诚所至，金石为开。”意思是人的诚心所到，能感动天地，使金石为之开裂。比喻只要专心诚意去做，什么疑难问题都能解决。常言道，天下无难事，只怕有心人。只要有志向，有毅力，没有办不到的事情。生活中只要我们诚心待人，耐心劝导，时间长了，就算铁石心肠的人，也能被我们的诚心打动。有志者，事竟成。人只要立定志向，坚持不懈，无论多困难的事都能够迎刃而解。

【原文】

处人不可任己意，要悉人之情；

处事不可任己见，要悉事之理。

【译文】

与人相处，不能任性固执己见，要洞悉人情世故；处理事情不能刚愎自用，要通晓事理。

【解读】

世界上的万事万物都是相互联系的，生活于世上的每个人每种事物都不是独立存在的,如果与他人交往只按个人意志行事,不能替他人着想,就会失去人心,不能合群,陷入孤立无援的处境。在现实生活中,要学会入乡随俗,与人和睦相处,设身处地为他人着想,才能建立一个美好而和谐的人际关系。劈木看纹理,做事凭道理。如果遇事不假思索,鲁莽行事,必会错误不断,害人害己。

【原文】

见事贵乎理明,处事贵乎心公。

【译文】

看待事情的可贵之处在于明白事理,处理事情的可贵之处是要有公平合理。

【解读】

要做一个有威望的人,一定要明白事理,处理事情一定要大公无私。如果对事理不明,就不能辨别是非,就不能准确地评判事理,做事时便失去了所依据的标准;如果处事内心不公正,就不能秉公办案,或是徇私枉法,或是颠倒黑白,甚至造成错案冤案。只有明白事理,内心刚正不阿,才能公正无私,才能看透世事,不被私心杂念侵扰身心,只知一心为公谋求福禄。

【原文】

于天理汲汲①者,于人欲必淡;

于私事耽耽②者,于公务必疏;

于虚文熠熠③者,于本实必薄。

【注释】

①汲汲:欲速之意。《汉书·扬雄传》:"少嗜欲,不汲汲于富贵,不戚戚于贫贱。"②耽耽:同眈眈,垂目下视貌。专注之意。《易·颐》:"虎视眈眈然,威而不猛也。"③熠熠:光彩闪烁貌。阮籍《清思赋》:"色熠熠以流烂兮,纷杂错以葳蕤。"

【译文】

急于追求天理的人,对人的私欲就淡薄了;忙于私事的人,对处理公务必然有疏漏之处;忙于矫揉造作的人,对内在的真我本性必然浅薄。

【解读】

鱼与熊掌不可兼得,有所得必有所失,有所失必有所得。但是在实际生活中,人们常常苦恼于鱼与熊掌不可兼得。当自己遇到这种情况,觉得苦恼,那是因为太贪心,鱼和熊掌都想占有。而那些忙于为正义奔走呼号的人,又岂会顾及个人的私利与欲望?那些一天到晚沉醉于人情世故的人,又哪有时间享受一下生活的快乐情趣?那些只知装扮自己华丽外表的人,又岂会体味到获得道德学问后的充实与雅致?

【原文】

君子当事,则小人皆为君子,至此不为君子,真小人也;

小人当事,则中人皆为小人,至此不为小人,真君子也。

【译文】

君子执政时候,那么小人都能变成君子,在这种情况下还不能成为君子的,那就是真正的小人了。小人执政时候,那么一般的人都能堕落为小人,在这种情况下仍能远离小人的,那一定是真正的君子了。

【解读】

近朱者赤，近墨者黑。比喻接近好人可以使人变好，接近坏人可以使人变坏。指客观环境对人有很大影响。与品德高尚的君子相处，一些为非作歹的小人也可能弃恶从善，改邪归正。如果品德高尚的君子都不能教化的人，那么必定是货真价实的小人了。与小人相处，一般的人因修养能力不深往往与小人为伍，日渐沦落。如果真能有始有终保持洁身自好、不落俗套的人，那必定是道德高尚的君子。

【原文】

居官先厚民风，处事先求大体。

【译文】

为官从政要先使民风淳朴敦厚，处理事情要先通晓事情的本质所在。

【解读】

古代的谋士谏臣提倡三种主要的治国思想：仁政、法治、仁德与法治结合。在不同的历史环境里要采用相应的统治思想。此处所说的厚民风便可视为行仁政，以高尚的道德情怀去感召教化平民百姓，以树立良好的风气。处理事情首先要去了解事情的原委，而后才能判定是非，明辨是非后再去寻找解决的办法。如果不深入了解事情的内幕就胡乱下结论，必会歪曲事理，冤枉他人。

【原文】

论人当节取其长，曲谅其短；
做事必先审其害，后计其利。

【译文】

评价一个人首先要看到他的优点，原谅他的缺点；做事必须首先想到他的利害关系，这样才能避害就利。

【解读】

人非圣贤孰能无过，人犯了错误不能就妄下结论去否定，一棍子打死，如果给予宽容和谅解，很可能便会弃恶从善，重新做人，塑造新生的自我。但处理一件事却正好相反，任何事情中所包含着利害两个方面，如果对有害的方面不加以遏制防范，它将永远存在，日久天长，给我们带来很大危害。所以做事要先看到利弊得失，懂得如何从事情中获得利益，消除弊端，这才是成事的关键。

【原文】

小人处事，于利合者为利，于利背者为害；
君子处事，于义合者为利，于义背者为害。

【译文】

小人做事，于自己的利益一致为利，于自己的利益相冲突为害；君子做事，与义相一致的为利，与义相冲突的为害。

【解读】

义利二者的区别，也是君子与小人的分界线。义是天下的公理，利是一己私利。为了个人私利，人往往生出许多占便宜的心思来，但是为了天下公理，却少有带头呼应之人。这并不是因为世道变了，而是面前的这个公理损害到了自己的利益。如果心存私利孝敬父母，此孝必不真；身为人臣，如果心存私利效忠主子，其忠必不至，其最终结果很可能是弑父与君。坚持公理有三：有利于自己，但也无害于他人，此为最下等；有利于自己，也有利于他人，此为中等；有损于自己，但有利于他人，此为上等君子所为。

【原文】

只人情世故熟了，什么大事做不到？
只天理人心合了，什么好事做不成？
只一事不留心，便有一事不得其理；
只一物不留心，便有一物不得其所。

【译文】

只要熟知了人情世故，还有什么大事做不到呢？只要符合天理人心，还有什么好事做不成呢？如果有一件事不留心，便有一件事不能通晓其中道理；如果有一物不留心，这一物也不能尽其所用。

【解读】

社会是复杂的，要想成为社会中有名望的人，一定要懂人情世故！这是个最基本的要求。如果不懂人情世故，一个人还想在社会上独当一面，是不能的，因为从一开始就没有掌握社会的规则，就注定了没有成功的可能，这样折腾下去也只是白白浪费精力。洞晓人情世故，并不是为了徇私妄情，袒护自己的亲近的人，目的是为了更好地为人处事，与人建立和谐的人际关系。如果不揣摩世故，便有可能曲解人情，因错怪好人而招致祸害。做事要谨慎细心，经常反省自己，正所谓心头有一分检点，便自有一分收获。唯有事事留心，一丝不苟，才能增进德业。

【原文】

事到手，且莫急，便要缓缓想；
想得时，切莫缓，便要急急行。

【译文】

面临紧急的事情时候，不能心急火燎，要沉着冷静地想方法。想到解决的方法时候，千万不能怠慢，一定要抓紧时间果决执行。

【解读】

“缓”在此是详细谨慎，并非怠慢放纵。俗话说，磨刀不误砍柴工。做事情前，把准备工作做充足了，不仅不会浪费时间，还可以提高工作效率。认真地观察事情，小心谨慎地处理，便能做到稳中求胜，如果单纯地追求速度，便容易忽略完成的质量。“急”在此是果敢锻炼，而不是急于求成。做事要善于把握机会，当好的时机来临时就紧紧抓住，促成质的飞跃。一旦错失良机，将悔恨终生。对于手中急待处理的事情，且不可急于求成，最好冷静应对；对于已经考虑成熟的问题，千万不可错失良机，而应抓紧时间果断地出手。

【原文】

事有机缘，不先不后，刚刚凑巧；
命若蹭蹬[①]，走来走去，步步踏空。

【注释】

①蹭蹬：失事貌。《文选·海赋》：“或乃蹭蹬穷波。”

【译文】

事情的成败是有机遇缘分的，这种机缘不能早不能晚，要恰到好处，才能促成成功；人的命运充满了困顿坎坷，一生忙忙碌碌地奔走，没有追求，必将步步踏空，一事无成。

【解读】

人生充满了酸甜苦辣，有的人只盯着自己的苦，而不懂得享受自己的乐，于是抱怨自己的命苦。有些人能够摒弃痛苦，抓住快乐，所以感觉自己的人生充满了幸福。人生的祸福、荣辱、得失，都有一定的命数，有些是我们所追逐的，但费尽心思也无法得到，有些是我们所厌恶的，但却又偏偏让我们碰上了，可谓是福不是祸，是祸躲不过。古人常说生死由命，富贵在天。虽然这话有些偏颇，但也并非毫无道理，这种乐观豁达的心态值得我们学习。人生的福祸都是无法预料的，倒不如归于天命的安排，但幸福却是我们个人创造的，不应妄想着上天降临福分。

接物类

待己当从无过中求有过，非独进德，亦且免患；待人当于有过中求无过，非但存厚，亦且解怨。

【原文】

事属暧昧，要思回护他，著不得一点攻讦的念头；

人属寒微，要思矜礼他，著不得一毫傲睨的气象。

【译文】

关系到他人隐私的事情，要考虑怎样维护，不能有半点想对其攻击陷害的念头；对于贫寒卑微的人，要想到尊敬礼待他们，不能有一点傲慢无礼、骄傲自大的姿态。

【解读】

每个人都有不想让他人知晓的隐私，所以我们应当懂得维护他人的隐私权力，只要是合法的，是正当的，我们是不能随意泄露的。如果想通过泄露别人的隐私陷害他人，谋取私利，必将遭到道德的惩罚，必将遭到法律的制裁，落个搬起石头砸自己的脚的结局。对不如自己的人，不要轻视羞辱，而应以诚相待，如果用有分别的眼光看待人情世故，便会沦落为阿谀奉承、献媚奸诈之人。

【原文】

凡一事而关人终身，纵确见实闻，不可著口；

凡一语而伤我长厚，虽闲谈酒谑，慎勿形言。

【译文】

如果有事情关系到他人的一生的荣誉，即使亲眼所见，也不能说出去；如果一句话有损于自己敦厚的品格，那么即使在喝酒闲谈的时候，也要谨慎自己的言行不说出来。

【解读】

每个人都有自己的弱点，我们不断学习，就是为了取长补短，使自己的德行逐渐完善。自身的弱点往往成为他人攻击的突破口，而关系到切身利害的地方便常常被他人利用，以作为战胜我们的资本。因此，自身的弱点要及时弥补，这就像切磋武术一样，没有破绽，就会让对手无懈可击，便能取得胜利。塑造自己的德行也是如此，如果不谨慎自己的言行，在不经意间就可能因为一句粗俗或不切实际的话而有损于自己的名誉。

【原文】

严著此心以拒外诱，须如一团烈火，遇物即烧；

宽著此心以待同群，须如一片春阳，无人不暖。

【译文】

严密守着自己的良心以抗拒外界的诱惑，就像一团烈火一样，遇到外界的污秽杂物时能将其烧毁；对于身边的人要心存宽容，就像一片阳光，使每人都能感到温暖。

【解读】

宽以待人，严以律己是为人处世的原则。对人宽容，并不是不分对象，更不是纵容包庇，而是根据情况，给有挽救希望的人一次重塑新生的机会，给犯过错情节不严重的人，给予改过自新的机会。而对于那些顽固不化，屡教不改的人，则绝不能姑息。对己要严，是因为一些人在处理个人得失时往往带有私情，不能全面客观地评价自己，不能严格要求自己。志向不坚，便会一味地放纵沉沦，致使自己无所事事地浪费一生。

【原文】

待己当从无过中求有过，非独进德，亦且免患；

待人当于有过中求无过，非但存厚，亦且解怨。

【译文】

对待自己应当在没有缺点的时候寻找缺陷，不能只是修身养德，还要避免祸患；接物待人应当从对方的缺点中找到优点，这不只是厚道，还能够消解恩怨。

【解读】

自己不犯错误，并不代表自己没有缺点，所以要时时反省，以追求卓越，逐渐完善自己。修养德行，不能只是为了赢得他人的赞誉与尊重，更重要的是让自己生活的潇洒快乐。对待他人不能只是盯在缺点上，这样往往会犯以点概面的错误，产生偏见与误解。对待他人更不能吹毛求疵。只有严以律己，宽以待人，全方位审视，才能客观公正地评价他人，才能拥有和谐的人际关系。

【原文】

事后而议人得失，吹毛索垢，不肯丝毫放宽，

试思己当其局，未必能效彼万一；

旁观而论人短长，抉隐摘微①，不留些须余地，

试思己受其毁，未必能安意顺承。

【注释】

①抉隐摘微：挑出隐秘的、选取细微的。这里形容故意挑剔别毛病、寻找差错。

【译文】

事后又去议论他人的得失，吹毛求疵，寻找差错，不肯放过丝毫，试想自己如果是对方，可能连对方的万分之一都做不到。在一旁评论他人的短处长处，对他人的隐私寻根问底，不留一点余地，试想自己如果受了这样的诋毁，又能甘心忍受吗？

【解读】

苏东坡有首古诗《题西林壁》:横看成岭侧成峰,远近高低各不同;不识庐山真面目,只缘身在此山中。其大意:庐山是座丘壑纵横、峰峦起伏的大山,游人所处的位置不同,看到的景物也各不相同。为什么不能辨认庐山的真实面目呢?因为身在庐山之中,视野为庐山的峰峦所局限,看到的只是庐山的一峰一岭一丘一壑,局部而已,这必然带有片面性。看问题的立场、角度不同,看到的结果往往不同。只是站在自己的立场看问题,必有许多偏颇处。如果能设身处地站在他人的位置上换位思考,我们才能更好地理解他人,考虑问题也能更周到、更客观。事后论人,局外论人,是学者的一大弊病。事后论人,总是将智者说得愚笨无能,局外论人,总是将事情看得轻松简单。

【原文】

遇事只一味镇定从容,虽纷若乱丝,终当就绪;

待人无半毫矫伪欺诈,纵狡如山鬼,亦自献诚。

【译文】

遇到事情能够始终保持镇定自如,就算事乱如麻,最终也能分清头绪;待人没有丝毫的矫揉造作、虚情假意,即使狡猾如同山鬼的人,也会对我们以诚相待。

【解读】

俗话说,大事化小,小事化了。不管多庞大多复杂的事情,都遵循这个原则去解决,一定会迎刃而解的。遇到事情一定要把握好心态,从容不迫,不管多么繁杂困难的事情都能应对自如,即使琐事缠身,也能来去自由;就算事理玄机深奥,也能通晓事理。待人接物真心实意,对权贵之人不卑躬屈膝、阿谀奉承,对卑贱之人不显趾高气扬、骄傲自大,这样的人必能得到世人的尊重,即使鬼神恐怕也要礼让三分。

【原文】

公生明,诚生明,从容生明。

【译文】

公正、诚实、从容不迫都能使人明白事理。

【解读】

一个人要学会讲道理,必须先明白道理。公正无私的人一定会在辩明是非黑白后再去行事,绝不会不分青红皂白,绝不会因一己私利而歪曲事实。以诚待人者,言辞举止皆是出于本心,从不故意修饰伪装自己。从容不迫的人不畏权势,不落俗套,更不会见风使柁,一切行为都以公理为尺度。由此可知,对是非曲直都看得十分透彻明了,所以日常的所作所为也必为光明正大之举。

【原文】

人好刚,我以柔胜之。

人用术,我以诚感之。

人使气,我以理屈之。

【译文】

别人的性格刚强,我们就用温柔战胜他。别人使用诡计,我们就用诚心感化他。别人愤怒,我们就用道理说服他。

【解读】

人在斗争的时候总是紧握了拳头，以待随时出击，保护自己，但是拳头放开后却可以拥抱四周。常言道，强闯少不了逆流，少不了苦头，但柔弱似水的人却可以载舟。碰到什么性格的人就要采取相应的对策，刚强之人如果以柔弱视之，倒有可能战胜对手。他人如果处在愤怒的气头上，是好用道理来开导他，一味地责备批评只会使其处境更尴尬，一味地责怪无异于火上浇油。

【原文】

柔能制刚，遇赤子[1]而贲、育[2]失其勇；

讷能屈辩，逢喑者而仪、秦[3]拙于词。

【注释】

①赤子：指婴儿。②贲、育：指孟贲、夏育。战国时期著名的勇士。传说孟贲力大能生拔牛角，夏育能力举千钧。③仪、秦：指张仪、苏秦。战国时期著名的游说家。

【译文】

柔能克刚，所以即使像古代孟贲、夏育那样的大力士，在遇到小孩子时，勇力也会失去发挥之地。木讷可以制服能言善辩的谋士，遇到木讷、沉默之人，即使像苏秦、张仪这样的游说名家也无济于事、无计可施。

【解读】

每个人都有自身的优点，也有自身的不足，历史上不乏以少胜多，以弱胜强的例子，譬如，巨鹿之战、官渡之战和赤壁之战等等。现实生活中柔弱之人如想取胜，只可智取，不可强攻。面对强敌，明知势单力孤，还硬着头皮出战，结果必败无疑。如能以哀兵的姿态迎战，或是以弱小麻痹敌人，倒有可能创造出取胜的战机。说话要看对象，如果对方是个无知之人，我们还要表现自己伶牙俐齿，让其听了不知所云，这无异于对牛弹琴，对着聋子发感慨。

【原文】

困天下之智者，不在智而在愚；

穷天下之辩者，不在辩而在讷；

伏天下之勇者，不在勇而在怯。

【译文】

使天下有智慧的人感到困惑的，不是聪明是愚钝；使天下有雄辩口才的人感到理屈词穷的，不是善辩者而是木讷的人；使天下勇敢的人感到屈服的，不是勇猛而是怯弱。

【解读】

真正的精明聪慧的人，不嫉妒比自己更聪明的人，如果遇到，反倒能进一步学习他人的智慧，他们怕的是遇到那些愚昧之人。因为愚昧的人往往使他们无从下手，更不知如何面对，头脑中的智慧竟没有发挥的余地。勇敢的人遇到懦弱之辈也是这样，面对同样的强者他们可以痛痛快快地较量一番，可对手如果是懦夫，还没有出手便使对方得以屈服，不但觉得胜之不武，更觉得有劲使不出，让人心里不自在，真谓英雄无用武之地。

【原文】

以耐事了天下之多事，
以无心息天下之争心。

【译文】

用忍耐之心了解天下的烦琐事，用淡泊之心平息天下的勾心斗角。

【解读】

忍是一种包容，忍不但是一种外在的涵养和品德，更多的时候带给我们的是宁静与祥和。家庭成员之间如果能相互忍让，相互包容，便可家庭和睦，生活幸福。朋友同事间如能相互忍让，互相包容，便可多交一些志同道合的朋友，少一些不必要的争端和伤害。拥有一颗淡泊之心，不过分计较成败得失，不被荣华富贵迷失本性，就能使生活逍遥自在，身心恬静自然。

【原文】

何以息谤？曰无辩。
何以止怨？曰不争。

【译文】

用什么才能平息诽谤呢？保持沉默。用什么才能停止怨恨呢？不去争辩解释。

【解读】

生活是丰富多彩的，也复杂多变的。生活中有快乐也有烦恼，一些诽谤与诬陷，更是令人烦躁，诽谤与诬陷都是小人凭空捏造的，这些虚假的言行总有水落石出、真相大白天下的时候。有些人面对诽谤则是极力地辩解，总想及时澄清自己，事情往往欲速则不达，结果倒使更多的人对诽谤信以为真，把合理的争辩当成了狡辩。聪明人则是保持沉默，沉默是金，因为他们明白实情不会被歪曲，过多的辩解在流言蜚语蔓延时候是起不了作用的，与其徒劳地辩解，不如静待真相大白。

【原文】

人之谤我也，与其能辩，不如能容；
人之侮我也，与其能防，不如能化。

【译文】

对于诽谤自己的人，与其和他争辩，不如给予宽容；对于羞辱自己的人，与其时刻提防，不如及时消除怨恨。

【解读】

喜欢诽谤他人的人往往心胸狭窄，或是带着仇恨，或是带着嫉妒对人展开攻击，只会使局势进一步恶化。如果保持沉默，甚至更多地给予诽谤者宽容和退让，倒有可能以博大胸怀感化对方，为自己求得清白。对于侮辱自己的人也遵循同样的道理，时刻防范只会累及身心，只有从根本上化解仇恨才能求得远离是非，安然自得。

【原文】

是非窝里，人用口，我用耳；
热闹场中，人向前，我落后。

【译文】

在是非的争论的窝里，别人用嘴说，我就用耳朵听；在热闹的场所中，别人争着前进，我却向后退一步。

【解读】

“观棋不语真君子”，回味其中的道理，与如何处理是是非非有异曲同工之妙。虽然不语，但眼睛看到了胜负的局势，虽然不开口，但从所听到的是非争论中，知晓了谁对谁错。一言不发，就能看透世事中蕴涵的道理，这才是真正有智慧的人。为人处世也要学会经常站到局外看事情，这样就会看得全面，看得清楚。

【原文】

观世间极恶事，则一眚一慝，尽可优容；
念古来极冤人，则一毁一辱，何须计较！
彼之理是，我之理非，我让之；
彼之理非，我之理是，我容之。

【译文】

看世间那些罪大恶极的事，那么我们受一点责备、一点攻击又算得了什么，尽可给予更多的包容；想起古往今来那些蒙受极深冤屈的人，我们所遭遇的一些诽谤和侮辱，又算得了什么呢？何必去计较你有理，我无理，我忍让着你；你无理，我有理，我包容着你。

【解读】

与人相处多一些谦让就会赢得友谊。君子之间没有争斗，是因为相互忍让的结果。君子与小人相处也没有争斗，是因为君子对小人的包容所致，真正存在争斗的情况只会在小人之间发生。小人谁也不忍让，只会激化矛盾，引起争端。小人之间发生争斗，只会使两败俱伤，惹下祸端。一时之名利得失，一事之意见取舍，有些事不一定要分出成败得失来，心中有评判的标准，行动的指南，便可在世间屹立不倒，顶天立地。

【原文】

能容小人，是大人；
能培薄德，是厚德。

【译文】

能宽容小人的人，才是胸怀宽大的人；能培养微小德行的人，才是厚德之人。

【解读】

自古就有鸡肠小肚之人和大度包容之人，这是两种截然相反的人，世人都向往大肚能容的人，但是往往都变成了鸡肠小肚之人，不是人们不愿意成为大度的人，而是成为大度之人，需要有牺牲精神。常言道，路遥知马力，日久见人心。观察一个人胸怀是大是小，关键要看他所容之人，对亲朋好友的容忍可谓人之常情，不能凭此便认为其胸怀宽广。如果能够容下小人，甚至是自己的仇敌，这才称得上是真正的胸怀宽广。

【原文】

我不识何等为君子，但看每事肯吃亏的便是；
我不识何等为小人，但看每事好便宜的便是。

【译文】

我不知道什么样的人是君子，但只要看到每件事都肯吃亏的人就是君子；我不知道什么样的人是小人，但只要看到事事好占便宜的人就是小人。

【解读】

从古至今教育子孙后代做好人，只有简单的十四个字，显得简妙真切：君子落得为君子，小人枉费为小人。不管是富贵，还是贫贱，都要自强自立，自尊自爱。做君子的天生不比别人多什么，小人也不少什么，但成就的名望与事业却截然相反，归根还是自己一手造成的。小人一心想着谋取利益，不愿吃亏，于名声事业不顾，但君子却甘愿忍受屈辱也要顾全节义，两者的区别自然很明显了。

【原文】

律身惟廉为宜，处世以退为尚。

【译文】

严于律己只有廉正最好，为人处世则是谦让最高尚。

【解读】

为官从政要学会为百姓着想，百姓就是饮食父母。俗话说，当官不为民做主，不如回家卖红薯。为官就要公正廉洁，为民造福。如果作为一方百姓的官，只知以权谋私、搜刮钱财，使老百姓怨声载道的话，那就枉对为官的称号了。这样的贪官污吏终究会遭遇报应，早晚会受到法律制裁的。如想修得公明廉正的好名誉，就要从勤俭中做起，爱民如子，体恤百姓，官爱民，民一定会爱官。

【原文】

以仁义存心，以勤俭作家，以忍让接物。

【译文】

以仁义居心，以勤劳节俭持家，以忍让待人接物。

【解读】

用讲究仁义道德为做人标准，以勤俭节约为立家之道，以忍让为待人接物的风格。古人提倡这样做，自有它的道理。俗话说，终身让路，不失尺寸，忍让是德行的根本。自古以来，忍让就可以消除无穷的祸害，还没有听说因忍让而招来无穷灾祸的。如果想要行忍让之道，首先要从生活中点滴的小事做起，培养自己坚韧的品质。每当想到天下大事时，能够受得小气，就不会遭受大气，能够吃得小亏，就不至于吃上大亏。如果总想着占人便宜，必会用尽心计，与他人产生争端，因为便宜是天下人共同追逐的。如果有人想据为己有，就会招致怨恨和祸害，只有放弃，才会消除众怨。

【原文】

径路窄处，留一步与人行；

滋味浓处，减三分让人尝。

任难任之事，要有力而无气；

处难处之人，要有知而无言。

【译文】

道路狭窄的地方，留一步让给他人借过；味道浓烈的时候，分三分给他人品尝。碰到难处理的事情时，要有力量而不能发怨言；与难以相处的人在一起时，要心知肚明但保持沉默。

【解读】

与人分享快乐，快乐就会变双份，这就是为什么提倡与人分享快乐的缘故。学会与他人分享我们的快乐和利益，把他人当成自己的伙伴。相应地，他们也会把你当成伙伴，而后与所有人以诚相待，团结合作，就能够做出更好的业绩。独自占有意味着死亡，因为生存的基本法则是："不是你死，就是我亡"。从实际利益和长远利益上来看，单赢策略毫无益处，因为它最后的结果是——赢得凄惨。

【原文】

穷寇不可追也，遁辞不可攻也，贫民不可威也。

【译文】

穷途末路的敌人不可追赶，隐约含糊的话不可穷究，在贫穷的人面前不能作威作福。

【解读】

尽量不要做赶尽杀绝的事情。常言道，狗急跳墙，兔急咬人。对无路可走的敌人要放一条生路，求生是人的本能，如果欺人太甚、逼之过急，处于死亡线上的人会为了生存爆发出惊人的能力，这种能力是常人难以想象的，甚至是无法抵抗的，甚至可以反客为主，反败为胜。同样道理，说话故意含混其词，证明背后定有隐情，不愿向他人提及，如果再三追问，刨根究底，必会招致厌恶之情。

【原文】

祸莫大于不仇人，而有仇人之辞色；
耻莫大于不恩人，而诈恩人之状态。

【译文】

最大的祸患是与他人无仇，但表面却是一副仇人似的言辞面色；最大的耻辱是不曾有恩于人，但却做出一副恩人似的姿态。

【解读】

与人相处，以和为贵。一个和蔼可亲的人，就会广结善缘，使人愿意亲近。一个爱甩脸色的人，就会孤立无缘，使人敬而远之。本来没有仇敌，但整天带着一副报仇雪恨的样子，必会使常人心生恐惧，不敢接近，如果真到了这种地步，好像天下人都成了自己的敌人。从来没有施恩于人，但每天都摆出一副行善积德的姿态，好像全天下的人都欠自己似的，这必会引起他人的厌恶之情。

【原文】

恩怕先益后损，威怕先松后紧。

【译文】

恩惠怕的是先对人有益后对人有害，威严怕的是先松后紧，不能持之以恒。

【解读】

对人先伤害后施恩，我们可能被视为改邪归正、弃恶从善的浪子，这样的人往往意志坚强。如果先有恩于人，后来又因一些事伤害了他人的利益，就会导致反目成仇，那么先前的恩惠就会前功尽弃，化为乌有，还会使恩人变成仇敌。威严松缓是为了给要悔过的人一次机会，严厉是为了对待那些敬酒不吃吃罚酒的人。如果一味地保持宽松或严厉，就会放过不少罪不可赦者，或是冤屈了有良知的人。

【原文】

善用威者不轻怒，善用恩者不妄施。

【译文】

善于使用威严的人不能轻易动怒，善于使用恩惠的人不能胡乱施恩。

【解读】

恩威是治世的两大基本手段，一个有威望的领导，往往会采取“恩威并重”来管理员工。现实生活中，从上到下，离此二字将会一事无成。如果运用不当，威严招来的将是怨恨，恩惠也不可能得到他人的感激，而被对方认为是理所当然的，一旦停止恩惠，还会遭到抱怨，到时必会后悔不已。多数人只知道过于威严带来的弊端，却没有看到过于施恩也会带来危害。乱施恩惠，如果不加节制，很可能会使受恩者得寸进尺，未得到的则愤愤不平。总之，施恩要每次点点滴滴，并且经常为之。不要一次给得太多，对方吃得过饱，下次你还能拿什么满足他呢？

【原文】

宽厚者，毋使人有所恃；
精明者，不使人有所容。

【译文】

宽厚的人，不使他人有所依赖；精明的人，不使他人无地自容。

【解读】

宽恕敦厚的人，心地善良，乐于助人，手中的权威常在，能使他人有所依靠；精明的人体贴理解人情，决不会对他人不留情面。对待不同的人要用不同的方法，如果对顺从的人过于苛刻威严，自己根本不会得到真正的权威，那只是强迫威逼，别人不会心服口服。人都是有尊严的，教导批评别人一定要注意方法，决不能有意伤害别人的自尊。如果批评他人毫不留情，甚至伤害到自尊，这无异于把人逼上绝路，不但达不到批评的效果，而且会遭到怨恨。

【原文】

事有知其当变，而不得不因者，善救之而已矣；
人有知其当退，而不得不用者，善驭之而已矣。

【译文】

预料到事情有变化，但不得不顺其自然，善于及时补救就行了；知道有些人应该离开，但不得不用他，善于驾驭他们就可以了。

【解读】

深谋远虑的人，往往能预料到未来的形势变化。能预知未来的人，分析能力很强，判断能力很强。预判能力强的人，可以预测到未来可能出现的不利局面，事先做好应对的策略，当事情发生时，就会沉着冷静，应对如流，并可以及时补救。刘备三顾茅庐，赵匡胤雪夜访赵普，都证明这些人善于用人，对于那些隐居山林的贤人志士，他们都能想办法请其出山效力，由此可知他们驾驭人才的能力了。

【原文】

轻信轻发，听言之大戒也；

愈激愈厉，责善之大戒也。

【译文】

轻易相信他人，轻易愤怒，这是听人说话的最大禁忌；劝人做好事不能过于激烈，过于严厉，这是劝人向善的最大忌讳。

【解读】

古人云："水激横流，火激横发，人激乱作。"在生活中做事且不可言行过激，因为言行过激，不但不能帮助我们解决生活中的问题，而且还给我们增添一些不必要的麻烦。言行过激不但于事无补，还会祸及他人与自身。与教导他人，一定要动之以情，晓之以理，言行要以使对方感到惭愧为目的，这样小人就可成为君子；如果用言行激怒对方，则君子就有可能成为小人。如果有些人激之不怒，也并不一定就证明其胸怀坦荡，很可能是别有用心，暗中使诈。

【原文】

处事须留余地，责善切戒尽言。

【译文】

做事要留有余地，不可太过苛责，劝人行善最忌讳把话说尽。

【解读】

曲木恶绳，顽石恶攻，劝勉他人行善的言辞，一定要小心翼翼。劝人行善要看对象讲究方法，首先要了解对方是什么人，有行善意思的人方可规劝。进言时要牢记不能提及他人的忌讳与过失，言辞中肯，不责备，不奉承，不矫揉造作，不吞吞吐吐，而是以理服人，以情动人，用诚信打动对方的内心。俗话说：论人须带三分浑厚，如果言语过多，或是说些华而不实的话，不仅达不到劝勉的目的，而且很可能会使对方产生厌恶之情，对劝善反倒有害无益。

【原文】

施在我有余之惠，则可以广德；

留在人不尽之情，则可以全交。

【译文】

将我所有的恩惠施于需要帮助的人，那么可以发扬我的德业；将人情留给朋友，那么朋友之问的交情能够天长地久。

【解读】

积德行善是一种美德，积德行善不仅可以广结善缘，而且能教导子孙后代。施恩于人，是行善积德的最好行动。施恩也要看对象，对那些需要我们帮助的人施恩，施恩要出于真心实意，不能带有个人功利目的，施恩也不能是为了炫耀自己、贬低他人，更不能把施恩变成施舍或侮辱。如果对别人吹毛求疵，不讲情面，很难广泛地结交朋友。

【原文】

古人爱人之意多，故人易于改过，而视我也常亲，我之教益易行；

今人恶人之意多，故人甘于自弃，而视我也常仇，我之言必不入。

【译文】

古人教导他人多发自爱意，所以才使别人易于改过自新，和我的关系也亲近，所以教导易于推行;现在的人教导他人多出自恶意,所以使人甘心自暴自弃,仇视教诲之人,则教育之言必不会被接受。

【解读】

宣扬教化,规劝他人,不能只是披露社会和他人的弊端,必须懂得赞美他人长处,才能打开进言的钥匙。当别人高兴的时候,可视为进言的好时机,但是别人发怒的时候就难以听进我们的劝说了。可见,言辞要随时开导,随事讲说,切忌不分场合、时间、地点。

【原文】

喜闻人过,不若喜闻己过;

乐道己善,何如乐道人善。

【译文】

喜欢听到别人的过失和缺点,不如喜欢听别人说自己的过失和缺点;喜欢炫耀自己的长处,不如赞许说别人的长处。

【解读】

庸人都是碌碌无为,整天繁忙不堪,多是为别人的事情瞎忙。庸人关注他人胜过自己,尤其对别人的缺点能了解的详细具体,而且愿意花心思。庸人喜欢听说别人的过失缺点,但讨厌别人说自己的不足,这表明庸人没有追求进步、完善德行的精神。庸人不敢正视自己的缺点,害怕别人知道自身的短处,于是想通过长处来掩饰隐藏,岂不知缺点不除将危害终生,只是掩藏,这就好比治标不治本,如果日积月累,总有纸里包不住火的时候,爆发的时候,危害将更加严重。

【原文】

听其言,必观其行,是取人之道;

师其言,不问其行,是取善之方。

【译文】

不但要听他人的言辞,还要观察他人的行为,这才是选用人的基本方法;只师从别人的言论,不过问他的行为,这才是择善的重要方法。

【解读】

作为管理者,会用人,可以说成功了一半。选择人才,既要重视他的言辞,又要重视他的行为举止,才能全面地了解其人。聆听他人言辞的人,往往以其言是否有益于自身为标准,有利则采之,有害则忤之。如果人人都以个人利害择言,那人的贤能与公正又去何处寻呢?能够选择善言从之,多是停留在思想认识上,更重要的是要以正确的言辞来指导行动,做到言行一致,才能证明这是一个真正有进取心的人。

【原文】

论人之非,当原其心,不可徒泥其迹;

取人之善,当据其迹,不必深究其心。

【译文】

议论他人的错误,应当探究他人的本心,不能只是局限于他外在的行为表现;学习他人的优点,要首先观察他的行为表现,不必深究他的本心。

【解读】

俗话说,不可以貌取人。不能光靠外在的表现,就对人下结论,这样往往会看错人。一定要观察他的言行举止,了解他的道德品质,方可评价其人。论人情,只向薄处求;说人心,只从恶边想。他人所犯的过失,主要由两方面导致的,一是因为自身失误,或者说是一时的疏忽;另一方面是因为自身的私心,为了谋求个人利益。前者根据实际情况可以给予一定的谅解,后者就应给予严厉的责罚。

【原文】

小人亦有好处,不可恶其人,并没其是;

君子亦有过差,不可好其人,并饰其非。

【译文】

小人也有优点,不能因讨厌小人,而将其优点一律抹杀;君子也有过错,不能因为喜欢君子,就把他的过错隐藏不提。

【解读】

尺有所短,寸有所长。每个人都有自己的优点,也存在一些缺点。小人确实可恨,但并不是一无是处,小人变坏并不都是自己想学坏,父母、老师、社会都有责任,所以评价小人不能全盘否定,在否定其行为的同时,也应看到他自身的个别优点,能给予积极教导,给予改过自新的机会。君子之名人人爱好,但君子也并不是完美无缺的,他们同样存在着缺陷,不能盲目追求崇拜,忽略个人的缺陷,一定要取其所长,补己之短。

【原文】

小人固当远然,断不可显为仇敌;

君子固当亲然,亦不可曲为附和。

【译文】

小人固然应当远离,但断不可把他视为仇敌;君子固然应该亲近,但也不可以曲意奉承。

【解读】

社会是复杂的,为人处世难免要与形形色色的人打交道。在不得已的情况下与小人打交道,必须要外表和颜悦色,内心平静自然,决不能视若仇敌,故意发难责备,不然就会招致小人的怨恨或报复。生活中当然要远离小人,但是千万不能把小人当作敌人,因为谁也不愿意为自己多树立敌人。在生活中发现了对方是狡诈之徒,但不在言语上表示出来;受到了他人的侮辱,但不在面色上表示出来,这样不但可修养心性,还会避免不必要的当面冲突。

【原文】

待小人宜宽,防小人宜严。

【译文】

对待小人适宜包容,提防小人应该严密。

【解读】

生活中,要与各种人打交道,面对不同的人要用不同的处世之道,才会拥有和谐的人际关系。待君子易,待小人难,待有才的小人则更难,待有功的小人则是难上加难。

与小人相处，要宽容要谨慎，如果小人有功，可以优厚地奖赏他，但不可以虚情假意欺骗他。害人之心不可有，但防人之心不可无。小人常在暗中耍阴谋诡计，使人防不胜防，如不时加防备，很可能就会成为被算计的对象。

【原文】

闻恶不可遽怒，恐为谗人泄忿；

闻善不可就亲，恐引奸人进身。

【译文】

听到厌恶的事情不能马上就愤怒，以免被喜欢谗言的人利用来发泄心中的怨恨；听到讨人欢心的好事也不能一味亲近，以免给奸诈之人可乘之机。

【解读】

怒从心头起，恶向胆边生。遇到不公平的事情，不随便表露自己的感情，一定要保持冷静的头脑，才不会乱了方寸。处于愤怒中的人最容易在失去理智，如果做出一些过激行为，而事后又追悔不已，所以培养自己的忍耐性，节制愤怒是减少祸患的重要途径之一。要防止遇喜则得意忘形，遇忧则忧心忡忡。

【原文】

先去私心，而后可以治公事；

先平己见，而后可以听人言。

【译文】

先去除私心，而后才可以处理好公事；先平息个人偏见，而后才可以听进他人的言论。

【解读】

为官从政，要大公无私，绝不能徇私忘情，如果私心太重就会断送了自己的大好前程。常言道，私心不除，偏见不灭，做事情就难以秉公办理，很可能根据个人利益的得失来评判事情，那么结果肯定不会公平。看问题便会主观臆断，固执偏激，一意孤行，无法博采众议。俗话说：三个臭皮匠，顶个诸葛亮。个人的力量毕竟是有限的，即使再有远见，也难敌众人多角度的看法，能够取人之长，补己之短，才会德有所进，业有所成。

【原文】

修己以清心为要，涉世以慎言为先。

【译文】

修身养性应以清心寡欲为要点，为人处世应以谨慎言行为前提。

【解读】

心无牵挂是一种觉悟，又是一种境界；心无牵挂是一种智慧，也是一种思维。心无牵挂，是童心无邪，是朴质的智慧，更是平凡的生活；它是生命的原点，是一种至高的人生境界。身居吵闹的都市亦不为万念所动，心平气和、心明如镜，清新自然、诙谐幽默，这就是清心寡欲的魅力所在！

【原文】

恶莫大于纵己之欲，祸莫大于言人之非。

【译文】

最大的罪恶莫过于放纵自己的私欲，最大的祸患莫过于诉说他人的短处。

【解读】

罪恶有大有小，但究其根源，还是与自己的欲望有关。欲望是罪恶的深渊，欲望是陷阱，欲望是人作恶的驱动力，它得寸进尺，永不满足，欲望不除，作恶的脚步就难以停止，轻则可使君子丧德，重则带来难以预料的灾祸。

【原文】

人生惟酒色机关，须百炼此身成铁汉；

世上有是非门户，要三缄其口学金人[1]。

【注释】

①金人：铁、铜等金属铸成的人像，这里指慎言之人。

【译文】

人生路上遍布美酒女色的机关，必须努力修行成为经得起诱惑的铁汉；世上有许多的是非之事，要保持沉默向慎言之人学习。

【解读】

金人：指慎言之人，出自《孔子家语·观周》："孔子观周，遂入太祖后稷之庙，庙堂右阶之前，有金人焉。三缄其口而铭其背曰：古之慎言人也。"一张嘴巴用好了可以建功立业，抵得上千军万马，可以贵极人臣；稍有不慎也可能招致满门抄斩的祸患。春秋战国的纵横名家各方游说，真可谓：三寸不烂之舌，可敌百万之师。不伤一兵一卒，可以夺得他人的城池，为自己的国家创下赫赫业绩。曹操手下的杨修才学出众，可惜最后因恃才放旷而被杀身。

【原文】

工于论人者，察己常阔疏；

狃[4]于讦直者，发言多弊病。

【注释】

①狃：习以为常，不复措意。

【译文】

爱好议论他人是非的人，省察自己常常粗心疏忽；习惯于攻击正人君子的人，说话常常有弊病。

【解读】

一个人只顾盯着别人的缺点，又怎能顾及自身的不足？邪不压正，经常攻击那些正人君子，必会使自己处于理屈词穷的地步，即使再能强词夺理，由于公理不在自己这边，也终将失败。学会把眼光放在自己的身上，多花心思反省自己的缺点过失，才会日有所进，逐渐完善自我。

【原文】

人情每见一人，始以为可亲，久而厌生，又以为可恶，

非明于理而复体之以情，未有不割席[1]者；

人情每处一境，始以为甚乐，久而厌生，又以为甚苦，

非平其心而复济之以养，未有不思迁者。

【注释】

①割席：古称朋友绝交为割席。

【译文】

人情常常如此：当初次见到某人的时候，总是觉得很亲切，时间长了便心生厌倦之感，甚至认为对方十分可恶，不是洞晓事理又能体察人情的人，必然会断绝交往；人情常常如此：当第一次身处某一境地时，开始总觉得很快乐，时间长了便产生厌倦，甚至感到十分苦恼，不是心平气和又不断修养德行的人，没有不考虑迁移到别处去的。

【解读】

“淡中交耐友，静里寿延长。”真正的朋友是志同道合，但又平淡如水，常言道，君子之交淡如水，而不像饭桌上的酒肉朋友，表面称兄道弟，背地里相互利用诋毁。朋友之间有一点距离才显得美好，就像“朋”字一样，距离太近了，便成了“用”字，那就失去了朋友的意义。淡中交往，应取一个“志”字和“净”字。志趣相投，或以志同而交，或以趣和而往，不蔓不枝；或诗文唱和，或相濡以沫，貌似相忘江湖，实则心心相融，即所谓的“神交”。与人相交，就应突出一个“净”字，心底纯净，无私无欲，不以相交为饵，这就是俞伯牙、钟子期的高山流水之交。同时，淡中还需要“真”字，淡中存真，方是真淡。虚伪的平淡，无异于固门封户，绝交于人。

【原文】

观富贵人，当观其气概，如温厚和平者，则其荣必久，而其后必昌；

观贫贱人，当观其度量，如宽宏坦荡者，则其福必臻，而其家必裕。

【译文】

观看富贵的人，应当观察他的态度，如果性情温厚和平，那么其荣华富贵必会保持长久，而其子孙后代也必会繁荣昌盛；看贫贱之人，就应当看其度量，如果性情宽宏坦荡，那么其福气必将马上到来，而其家境也定会宽裕起来。

【解读】

性格决定命运，是有道理的。一个人性格好，就可以广交朋友，为成功积累了人脉；一个人性格暴躁凶残，就会树立敌人，令人敬而远之，甚至会遭到报复。性情温和，可保养身心、益寿延年。如果教传给子孙后代，形成良好的家风，便能世代繁荣昌盛。有些人虽然经济方面贫穷，但他们并不低贱，甚至比富贵之人有更显高尚，更令人尊崇。

【原文】

宽厚之人，吾师以养量；缜密之人，吾师以炼识。

慈惠之人，吾师以御下；俭约之人，吾师以居家。

明通之人，吾师以生慧；质朴之人，吾师以藏拙。

才智之人，吾师以应变；缄默之人，吾师以存神。

谦恭善下之人，吾师以亲师友；博学强识之人，吾师以广见闻。

【译文】

宽容敦厚的人，我们就学习他的修养度量；文思缜密的人，我们就学习他的练达与见识。慈祥聪明的人，我们就学习他的领导才能；勤俭节约的人，我们就学习他持家的能力。明智通晓事理的人，我们就学习他的智慧；质朴无华的人，我们就学习他的深藏不露。有才智之人，我们就学习他的应变能力；沉默寡言的人，我们就学习他的修养身心之道。谦虚恭敬之人，我们就学习他亲近师友的做法；博闻强识之人，我们就学习他的远见卓识。

【解读】

孔子云："三人行，必有我师焉。"如能敏而好学，不耻下问，便能增进才识，成就一番事业。有的人文思缜密、聪慧，我们便学习他的理解辨析能力；有的人德高望重，我们便学习他的德行与涵养；有的人善于处理人际关系，我们便学习他的交际与沟通能力。认识到别人的长处，同时也要发现自身的缺点，向比自己强的人学习，这样才能提高自己，与人交往要学会取长补短，逐渐完善自我。

【原文】

居视其所亲，富视其所与，达视其所举，

穷视其所不为，贫视其所不取。

【译文】

居家时看他所亲近的人，富贵时看他所施予的人，显达时看他所推荐的人，窘迫时看他所不做的事，贫穷时看他所不取的行为。

【解读】

以上五条箴言，可以当作评价他人的标准。选择朋友也可以参考它。结交志同道合、志向远大的朋友，拜德高望重的人为老师，推荐德才兼备的人才，这些都是具有高尚道德品质之人的行为。小人与之正好相反，结交的是狐朋狗友之徒，拜认的是善施阴谋手段的狡诈之辈，任人唯亲，推举的都是自己的亲朋好友。其实，想成为高尚的人还是卑鄙的人，都由自己的一言一行决定。

【原文】

取人之直，恕其戆①；取人之朴，恕其愚；

取人之介，恕其隘；取人之敬，恕其疏；

取人之辩，恕其肆；取人之信，恕其拘。

【注释】

①戆：愚而刚直。

【译文】

学习他人的直率，就要宽容对方的憨厚；学习他人的质朴，就要宽容对方的愚笨；学习他人的耿介，就要宽容对方的狭隘；学习他人的恭敬，就要宽容对方的疏忽；学习他人的雄辩，就要宽容对方的放肆；学习他人的诚信，就要宽容他人的拘谨。

【解读】

每个人都有自己的长处也有自己的短处，要客观地看待他人。人有所长，必有所短，而且长处与短处往往体现在同一个方面。比如，做事小心谨慎的人，有时显得犹豫不决；处事大公无私的人，就会铁面无私，有时显得不近人情；为人诚实有信的人，有时显得过于木讷呆板；相处礼节过繁者，有时显得矫揉造作。所以，要宽以待人，多学习他人的长处。

【原文】

遇刚鲠人，须耐他戾气；遇俊逸人，须耐他妄气；

遇朴厚人，须耐他滞气；遇佻达人，须耐他浮气。

【译文】

遇到刚强耿直的人，需要忍耐住对方的暴戾；遇到俊逸洒脱的人，需要耐得住对方的胆大妄为；遇到朴实敦厚的人，需要耐得住对方的迟钝缓慢；遇到轻浮戏谑之人，需要耐得住对方的虚浮之气。

【解读】

凡是与人相交时，不可求全责备，最好忽略他人之短，去学习对方的长处。就像提取沙子炼金一般，目的是为了得到金子，不要太过计较沙子的好坏。这样与人相处，不会不融洽的。生活中的烦恼、事端，冷静处理就会烟消云散，如果斤斤计较，就会越来越复杂。

【原文】

人褊急，我受之以宽宏；

人险仄，我待之以坦荡。

【译文】

遇到心胸狭窄、急躁冒进之人，要以宽宏大量的胸怀接受他；遇到阴险邪恶之人，要以坦荡的心胸对待他。

【解读】

对待不同性格的人，要用不同的方法。器量小且性情急躁的人容易对待，因为他们只是在德行方面修养不够，并没有什么邪恶的念头，只要我们有宽宏的气量，不与他争执计较就可以了。但用心险恶的小人就不好对付了。如果一味造就忍让，给予宽容，很可能会使对方得寸进尺，甚至向我们展开进攻，所以，要及时地给予反击，给予一定的制裁，打击其嚣张的气焰，才不会让我们受其伤害。

【原文】

奸人诈而好名，他行事有确似君子处；

迂人执而不化，其决裂有甚于小人时。

【译文】

狡诈之人虚伪而爱好名声，在做事时也的确有像君子的地方；迂执的人顽固不化，与他们的决裂有胜过与小人决裂的时候。

【解读】

在外君子表现，在内小人表现，实际是伪君子。披着狼皮的羊，容易麻痹人。一些狡猾之辈往往会穿着君子的外衣去迷惑他人，来谋取自己的利益，求得功名利禄。虽然小人善于伪装，但即使再完美，也难逃那些善辨真伪之人的眼睛。小人可怕，是源于他们背后巧无声息的攻击，但只要我们学会提防，便会让对方无从下手。但生活中遇到的迂腐固执之人有时更难对付，他们的危害在于错失良机和扰乱思想，虽然本心没有恶意，但往往导致事业的停滞不前。

【原文】

持身不可太皎洁，一切污辱垢秽，要茹纳得；

处世不可太分明，一切贤愚好丑，要包容得。

【译文】

修身不能太洁白纯净，最好能容纳所有的污秽诟病；处世不能太过分明，最好能够包容所有的贤愚美丑。

【解读】

凡事过犹不及，人太过精明，不是好事，反而会树立敌人，遭来横祸。人太过精明需要暗藏在深厚中才能收到成效。古人所遭遇的祸患，精明人占了十之七八，比如，杨修之死。但敦厚之人却很少有遭遇灾祸的。三国时期，吴国派了两位辩士去蜀国，这二人相互争辩起来，诸葛亮对此深感忌讳，后来二人都因罪被杀。原因就是两人对某些事的黑白太过分明。

诸葛亮

【原文】

宇宙之大，何物不有，使择物而取之，安得别立宇宙，置此所舍之物？

人心之广，何人不容，使择人而好之，安有别个人心，复容所恶之人？

【译文】

宇宙之宏大，什么东西没有呢？如果只选择对自己的有用之物，怎么能另外建立一个世界，放置自己不需要的东西呢？人心之宽广，什么人不能容呢？如果只选择对自己好的人与之交往，那么又怎能有另一个心，去容纳自己所厌恶的人呢？

【解读】

心胸坦荡，气量宏大是伟大之人的气概。剖去胸中荆棘，以便与人没有隔阂地坦然交往，这便是天下第一宽闲快乐的世界。处世不可太过严苛，过分挑剔，麒麟凤凰，虎豹蛇蝎，都是自然界生命的一分子，只要它们不危害我们，为什么非要有不同的心对待呢？如果我们能用宽容的胸怀看待万物，就更能感受世界的博大与美好。

【原文】

德盛者，其心和平，见人皆可取，故口中所许可者多；

德薄者，其心刻傲，见人皆可憎，故目中所鄙弃者众。

【译文】

德行高尚的人，其心气平和，觉得每个人都有可取之处，所以他口中称赞的人多；德行浅薄的人，心存刻薄傲气，见谁都觉得憎恨，所以眼中鄙视的人多。

【解读】

与人相处，可贵之处在于，能包容他人的缺点，欣赏他人的优点。对于他人的优点，适时地给予诚恳的赞许，不仅是对他人的一种鼓励，而且可以增进友谊。圣人之所以被崇敬，因为圣人看人，觉得人人都是圣人；圣人之所以被顶礼膜拜，因为贤人看人，觉得不是贤人就是不肖之人;不肖之人看人,则皆是不肖者。世人喜欢说天下没有好人,其实是因为他们不能够忠心待人,不能够宽恕他人所致,所以眼中看到的只是坏人。

【原文】

律己宜带秋气,处世须带春风。

【译文】

严于律己要像秋风扫落叶一般严肃,为人处世要像春风拂面一样温暖。

【解读】

平易近人是与人友好相处的前提。人人都渴望有良好的人际关系,但是维护良好的人际关系,需要有坚持不懈的精神,需要有付出精神。对待他人,要态度温和谦逊,言辞和缓,语气委婉。对待自己,则要严明公正。

【原文】

善处身者,必善处世,不善处世,贼身者也;
善处世者,必严修身,不严修身,媚世者也。

【译文】

善于修身养性的人,必定善于处世,不善于处世的,就容易伤害身心;善于处世的人,必定严于修身养性,不严于修身的人,定是看风使舵的人。

【解读】

修身养性是游刃有余处世的基础,修身养性是为了更好地处世,不善处世的人必定在身心方面的修养不够。所以,在日常生活中,需要下一番功夫修炼自己的身心。善于处世的人在日常生活中特别注重身心的培养,如不注重修养身心,就会定力不够,遇事惊慌失措,难有所持。可见,两者互为因果,相互促进,如果一方出现差错,另一方必会有所反应。只有统筹兼顾,才会相辅相成。

【原文】

爱人而人不爱,敬人而人不敬,君子必自反也;
爱人而人即爱,敬人而人即敬,君子益加谨也。

【译文】

爱戴别人而别人不以爱心待自己,尊敬别人而别人对自己不以礼相待,这样的情况君子必须自我反省;爱戴别人而别人就会以爱心对待自己,尊敬别人而别人就会尊敬自己,此时的君子应更加谨慎自己的言行。

【解读】

人与人之间的尊重是相互的,尊重别人其实是尊重自己。一个人不懂得尊重自己,简直无药可救,不与这样的人来往是明智的选择。常言道,人敬我一尺,我敬人一丈。如果与人相交能心平气和,有了矛盾争端能互相体谅一番,就会小事化了,对双方来说皆大欢喜。如果争执不休,互不相让,就会徒增烦恼,伤害的也必是双方,谁都不得好过。

【原文】

人若近贤良,譬如纸一张;以纸包兰麝,因香而得香。

人若近邪友，譬如一枝柳；以柳贯鱼鳖，因臭而得臭。

【译文】

人如果多与贤良之人亲近，就如同用一张纸包住了兰花、麝香，纸也会因包住了香料而有香味。人如果与奸佞之人亲近，就如同用一枝柳条串鱼、鳖，柳条也会因此而散发腥臭。

【解读】

社会是一个大熔炉，里面有形形色色的人，每个人都要经历社会的考验，那些意志脆弱的人，经不住考验就会变得低俗，那些意志坚强的人，经得住考验就会变得高雅。俗话说，近朱者赤，近墨者黑。可见客观环境对一个人的影响很大的，社会的大环境对人的影响更大。经常与圣贤之人相处，即使小人也可能会被转化成君子；经常与虚伪之徒为伍，即使君子也可能会被转化成小人。那些平凡的人将来能成为君子还是小人，就在一步之间，选择圣贤为师，便可成就功业与美名，如果亲近小人，就可能走上邪路。

【原文】

人未己知，不可急求其知；
人未己合，不可急与之合。

【译文】

对不了解自己的人，不可以急于让其了解；对与自己意见不合的人，不可以急于让他顺从自己的意见。

【解读】

人与人之间的关系不是一成不变的，朋友之间也有摩擦，处理不好，就会毁掉经营多年的友谊；亲人之间也有利害，处理不好，就会成为陌路人。日久见人心，了解一个人是需要一段过程的，如果争于相知相交，反倒使对方认为我们有着不良的企图。只有交给时间，才能全面而客观地相互了解。与自己意见不合，不要总认为自己的正确，对方的错误，公说公有理，婆说婆有理。只有兼顾双方的意见，经过长时间的实践检验，才能明白谁的更完善。

【原文】

落落者难合，一合便不可离；
欣欣者易亲，乍亲忽然成怨。

【译文】

孤独的人难与之交往，一旦交往便不可分离；喜欢热闹的人容易亲近，贸然亲近也可能会突结仇怨。

【解读】

博弈之交不终日，饮食之交不终月，势利之交不终年，只有道义之交，才可相伴终身。因为利益而结识的朋友过不了一天，因为声色酒肉结交的朋友过不了一月，因为权势攀附结识的朋友过不了一年，只有因为真理道义结交的朋友才可以伴随一辈子。喜欢热闹的人虽然容易亲近，但遇到利害关系时就可能会迅速破裂。这就像一群聚在一起嬉戏的狗，俯仰跳跃显得很是快乐，如果扔一块骨头给它们，便会争先恐后地去争抢，都想叼到骨头，甚至斗得互相撕伤。

【原文】

能媚我者，必能害我，宜加意防之；

肯规予者，必肯助予，宜倾心听之。

【译文】

能向我献媚的人，一定能伤害于我，最好加以提防；肯规劝我的人，必定肯帮助我，最好用心倾听他的话。

【解读】

俗话说得好，无事献殷勤非奸即盗。如果有人向我们献媚，一定有求于我们或者有害于我们，一定要保持头脑清醒，不要被谗言麻痹。平时爱好直言进谏的人，在患难时定不会弃主而去，卖主求荣，做不仁不义之事。献媚之人善于巧饰，所以花言巧语往往会迷惑他人，这样的人定要严加防范。有些人忠心直言，陈说利弊，虽然言辞显得激烈，但忠言逆耳，真心实意地想帮助对方。

【原文】

出一个大伤元气进士，不如出一个能积阴德平民；

交一个读破万卷邪士，不如交一个不识一字端人。

【译文】

培养一个伤害人世元气的进士，不如栽培一个能积荫德的平民百姓；结交一个读书万卷的邪恶之人，不如结交一个一字不识的端庄之人。

【解读】

世上有才能的人很多，但是德才兼备的人很稀少。有才的人不一定都是有用的人，有才的人不一定都是好人。加害与国家社稷的有才之人，是百姓和国家的不幸。有人精明强干，但误入歧途，为非作歹，欺骗百姓，这才能又有何用，还不如做一个才智一般、安分守己的平民百姓，不求有功但求无过。

【原文】

无事时，埋藏着许多小人；

多事时，识破了许多君子。

【译文】

太平无事的时候，隐藏的小人是不会露出真面目的；有事发生的时候，许多所谓的君子却被识破了。

【解读】

风平浪静的大海给人一种博大安详的感觉，惊涛骇浪的大海给人一种危险不祥的恐惧。生活中不与哑巴交谈就不知道对方不能言语；不与聋子交谈就不知道对方没有听觉。如果想辨别小人与君子，最好的方法是放在功利场中，小人对利益会趋之若骛，卷入私囊，君子则是保持淡泊宁静的心态，此时谁是伪君子，谁是真小人，就不言而喻了。

【原文】

一种人难悦亦难事，只是度量褊狭，不失为君子；

一种人易事亦易悦，只是贪污软弱，不免为小人。

【译文】

有一种人既难以取悦又难以与其相处，只是度量小，但这并不能证明他们就不是君子；有一种人既容易相处又容易取悦，但却贪污软弱，这样的难免是小人。

【解读】

有的人整天都是笑容可掬、和颜悦色，但内心却充满着无限的苦涩；有的人说话吞吞吐吐，口齿不清，但内心却能洞察事理，明白无误；有的人表面呆板严肃，令人畏惧而难以接近，但交往起来却是和蔼可亲，谦恭慈祥。人在为人处事的各方面并非都是表里如一的，有的甚至正好相反，如果单凭外在的表象去断定一个人，必有出现偏颇甚至会有看错人的时候。

【原文】

大恶多从柔处伏，须防绵里之针；

深仇常自爱中来，宜防刀头之蜜。

【译文】

大的罪恶多潜藏在柔弱的地方，要小心提防藏在丝绵里的针；深仇大恨常因爱而生，最好严防刀刃上的蜜汁。

【解读】

错误或过失常常发生在不起眼的地方或是由个人的疏忽所造成，让人难以预料，防不胜防。诸葛亮命令马谡守街亭，本以为会稳操胜券，结果才知用错了人，失去了北攻曹魏的最好机会。龟兔赛跑，谁都认为兔子必胜无疑，却因骄傲自大而失去了绝对优势，把胜局拱手相让。做事不能刚愎自用，由不得半点马虎，更不能有百分之百的把握，最好留下百分之一的不确定因素，提醒自己不要放松警惕，以免因小失大。

【原文】

惠我者小恩，携我为善者大恩；

害我者小仇，引我为不善者大仇。

【译文】

施恩惠给我的是小恩，教我从善的才是大恩；伤害我的人是小仇，引诱我为恶的是大仇。

【解读】

授人以鱼不如授人以渔。给人物质上的帮助，不如教其学会经营生活的一技之长。拿对贫困人口的扶助来说，钱财物品虽然能解一时的燃眉之急，但无法从根本上消除贫困。最好的方法还是让他们自力更生，寻找从根本上解决贫困的途径，或是因地制宜发展生产，或是依靠科技开辟新的致富手段。支援是输血，但不稳定，失去了血液来源就会死亡；自力更生是造血，虽然辛苦，但可以维持长久。

【原文】

毋受小人私恩，受则恩不可酬；

毋犯士夫公怒，犯则怒不可救。

【译文】

不接受小人的恩惠，一旦接受了就难以报答；不要冒犯士人的公愤，触犯了就难以平息挽救。

【解读】

小人的贿赂不能轻易接受，一旦接受可能后患无穷。小人的恩情必是不怀好意，如果接受了他们的恩情，就等于拥有了制约我们的把柄，到时便会被其牵制，受其利用。成为某人攻击的目标并不可怕，因为我们可以防备，如果成为众矢之的，恐怕就防不胜防了，犹如过街老鼠，人人喊打。俗话说：恶虎难敌群狼，好汉难敌四手。以一己之力与众人争，必败无疑。这就告诉我们：与人民大众为敌，必定没有好的下场。

【原文】

喜时说尽知心，到失欢须防发泄；

恼时说尽伤心，恐再好自觉羞惭。

【译文】

高兴的时候把知心话说尽，到失意的时候就应防止对方以此泄愤；生气的时候说尽了伤人的话，事过之后反省自身，必会羞愧不已。

【解读】

兴奋时谨慎言行，失意时抑制愤怒。酒逢知己千杯少，话不投机半句多。人往往会得意忘形，尤其是在高兴的时候，一般人往往会侃侃而谈，无所顾忌，很可能会无意说出伤害他人的话。人往往愤怒的时候，就会失去理智，无所顾忌，怒火中烧的人往往无法控制情绪，而易做出过激的事，说出过激的话，深深伤害到一些人。等事过之后，又常常后悔难当，真可谓自作自受。

【原文】

盛喜中勿许人物，盛怒中勿答人言。

【译文】

非常高兴的时候不要对别人有所许诺，盛怒之下不要回答他人的提问。

【解读】

人往往高兴的时候，也是心情十分舒畅、精神十分放松的时候，如果有人此时提出要求，很可能便会考虑不周到，不假思索地应承下来。但事过后冷静地考虑，又觉得挺为难，因为我们无法兑现承诺，结果反倒落个不守信用的恶名。盛怒之时最好能耐得住，不要做任何决定，切不可胡言乱语，如若不然，很可能就会因为一个平常的问题而节外生枝，惹下祸患。

【原文】

顽石之中，良玉隐焉！寒灰之中，星火寓焉！

【译文】

顽石之中隐藏着美玉，寒灰之中闪烁着星火。

【解读】

山重水复疑无路，柳暗花明又一村。遇到困难，不要气馁，更不能绝望。车到山前必有路。在挫折面前，我们可以失望，可以埋怨，但绝对不可以绝望，因为人生并不是你我想象的那样一帆风顺，只要我们保持积极向上的动力，不轻言放弃，不妄自菲薄，不自暴自弃，就一定能够战胜所有的困难，就会获取我们想要的一切。明天的幸福总要靠今天的努力，只要我们把握当下，利用自己的青春年华去努力开创一番事业，而不是将自己的生命浪费在碌碌无为中，我们就能如愿以偿。

【原文】

静坐常思己过，闲谈莫论人非。

【译文】

一个人静坐时要时常考虑自己的过失，闲谈时千万不要议论他人的是非。

【解读】

静处思过。懂得修身养性的人，都是从容而纯朴的，因为在他们看来，一切暴戾、一切怨恨、一切偏激、一切极端，都远离了智慧的本源，都想投身大千世界，建功立业。静坐之时，是一个人心底最宁静、头脑最清醒的时候，如果能时常反省自身，知错就改，必能增进德行。闲谈时经常有因言语不慎而惹是生非的，指责他人的错误，揭露他人的隐私，甚至恶语中伤诽谤，都会在无意中提及，给自己带来一身是非。

【原文】

对痴人莫说梦话，防所误也；
见短人莫说矮话，避所忌也。

【译文】

对痴迷之人不要胡言乱语，以防他有所误会；对矮小之人不说他所忌讳的话。

【解读】

与人相处，要讲相处之道。人与人之间相处“和”字最可贵。生活中与糊涂之人相处，尽量少说话。对方无法理解，使我们多费些口舌倒还无所谓，怕的是让对方产生误会，曲解了我们的意思，使我们蒙受不白之冤。说话看对象是语言艺术的一个重要方面。当着矮人不说短话，如果为了显示自己，而故意揭露对方的缺点，不但伤人，还可能给自己树敌。

【原文】

面谀之词，有识者未必悦心；
背后之议，受憾者常至刻骨。

【译文】

当面奉承的话，有见识的人未必就会为此而高兴；背后议论他人的是非，被议论者听到必会恨之入骨。

【解读】

祸从口出，奉承话少说，诽谤话勿言。对于一些爱听拍马溜须之言的人来说，阿谀奉承确实能够起到一定的作用。而对于那些洞晓事理、通情达理的人来说，奉承话未必就管用，甚至还会使人生厌。背后议论他人是非多为小人之举，如果让他人听见，必会结下仇怨，甚至遭到报复。谨慎言行，才是为人处世的基本准则。

【原文】

攻人之恶毋太严，要思其堪受；
教人以善毋过高，当使其可从。

【译文】

指责他人不要太过苛刻，要想想他是否能承受；教人行善不要要求太高，应以使其能够接受、听从为准。

【解读】

对待他人要宽容,要心平气和。一定要注意,批评别人是想让其改正错误,不是为了攻击。批评指责他人不可以太苛刻,如果求全责备,逼之过急,很可能会使其丧失生活的希望,产生绝望的心理,或者变本加厉,一错再错。只有晓之以理,动之以情,良言相劝,给予其改过自新的机会,才会使他们悔悟。教人行善要依据他人的天性本能,切不可急于求成,所谓欲速则不达,如果操之过急,可能会适得其反。

【原文】

互乡④童子则进之,开其善也;

阙党②童子则抑之,勉其学也。

【注释】

①互乡:古地名,无可考。《论语·述而》中有"互乡难于言"之语。据说那里的孩子缺乏教养。②阙党:相传春秋时期孔子授徒的场所。

【译文】

对于缺乏教养的孩童要教育他上进,开导他做好事;教养好的孩童要抑制他的骄横之气,以鼓励其再接再厉。

【解读】

阙党:相传为春秋时孔子授徒的场所,在洙泗之间。一个人的品德从孩童时候就在逐渐形成,不要总认为孩童小,不重视他们道德品行的培养。孩童作恶要及时教导,如果不严加管教,甚至纵容庇护,就会染上恶习,必会贻害终生。孩童好比是一棵小树苗,如果长歪了就要及时扶正,否则就会越扭曲。即便长大了,因为不是参天大树,而是弯弯曲曲,也是没有多大用途,成不了栋梁之材。

【原文】

不可无不可,一世之识;

不可有不可,一人之心。

【译文】

不认为没有什么是不能完成的,这是人一生高明的见识;不认为有些人和事不对,是一个人的偏见。

【解读】

武术的最高境界是以无限为有限,以有限为无限,充满了哲理性。举一反三,任何事都是如此,只要肯去做,敢去做,定有成功的一天。三天打鱼,两天晒网,做事情不能专心致志,不能持之以恒,那么必败无疑。有了不同的看法,不要总是以为自己正确,他人错误,有此想法的人是因心存偏见导致的,看问题就不全面,不利于解决问题。评判是非对错,最好放在更广泛的人群前,由大家下结论。

【原文】

事有急之不白者,缓之或自明,毋急躁以速其戾;

人有操之不从者,纵之或自化,毋苛刻以益其顽。

【译文】

事情有急切之下不能理解的,静下心来慢慢想就可能会明白,急躁的心情只会加速事情的覆灭;人有不听从教导的,故意放纵他有可能会使其醒悟,如果急于责备强硬制止,反会进一步增加他的顽劣。

【解读】

欲速则不达,急于求成会导致最终的失败。做人做事都应放远眼光,注重知识的沉淀积累,厚积薄发,自然会水到渠成,实现自己的目标。许多事业都必须有一个痛苦挣扎、奋斗的过程,而这也是将你锻炼得更坚强,使你成长、使你坚强的过程。着急达到目的的人,眼中只有速度,但忽略了效率,甚至连一些基本的事理都忽视了,所以经常犯些幼稚的过失。越是关键或临近终点的时候,越要集中精力缓慢行事,如果此时出现失误,将会使先前的一切努力付之东流。

【原文】

遇矜才者,毋以才相矜,但以愚敌其才,便可压倒;

遇炫奇者,毋以奇相炫,但以常敌其奇,便可破除。

【译文】

遇到骄傲自大的人,不要与他比较才能,只有用勤奋刻苦的方法与他抗衡,才可以制服他;遇到夸耀自己特别才能的人,不要用自己的特别才能与他较量,而是以常识来对比他的奇特,便能消除对方的炫耀之心。

【解读】

俗话说,两虎相争,必有一伤。以硬碰硬,以强制强,并非是取胜的最好方法。世上总是一物降一物,没有哪种事物是打不败的,每种事物都有自己的弱点,要想制服对方,就要从他的弱点入手。能够以柔克刚,以静制动,才是克敌的上乘功夫。自以为是的人缺少的是挫折和打击,以强取胜,对方可能不服,如果用常人认为比较笨拙的方法战胜他,必会使其有深受羞辱的感觉,从而使其自醒。

【原文】

直道事人,虚衷御物。

【译文】

用坦诚直率待人,用虚怀若谷之心驾驭万物。

【解读】

世事沉浮,变幻莫测。人有好坏之分,事有虚实之分。做人一定要胸怀宽广,意志坚定。胸中一定要有主见,不通晓事理,就会处事不公,以致颠倒是非、黑白不分、冤屈好人。不管是闲居家中,还是有事在外,要养成就事论事,就人论人的习惯,宁可少一事,不能多一事。心中切不可沾染俗念尘垢,保持心地纯洁,才可虚中悉理,不会被他人言语所惑,不会被他人牵着鼻子走。

【原文】

岂能尽如人意,但求不愧我心。

【译文】

为人处世岂能让人人都满意?但求无愧自己的良心就该心满意足了。

【解读】

完美的人,完美的事物是不存在的,为人处事又怎能得到所有人的认可呢?最好的处世之道还是不要违背自己的良心,能够得到多数人的支持我们就可以大胆地进行了,不要在意那些个别人的闲言碎语。在现实生活中,人和人交往,不求无愧于天下,但求无愧于心。因为每个人的衡量标准不一样,所以不管做什么事,只要对得起自己的良知就行。

【原文】

不近人情,举足尽是危机;

不体物情,一生俱成梦境。

【译文】

不通晓人情世故,走到那里都是充满危机;不体察自然万物,一生就像是海市蜃楼的梦境。

【解读】

生活中有些人对别人特别严厉,甚至到了不近人情的地步,以至于无人敢和他亲近。要想建立良好的人际关系,说话要懂得给人留情面,做事要懂得给人留余地,这样才会让人感到有度量,心胸宽广,成为人们愿意交往的良师益友。反之,必会四面树敌。不通自然性情,不晓万物之理,就不会获得前进的动力和奋斗的精神支柱,一生浑浑噩噩,庸庸碌碌,到头来就像做了一场梦。

【原文】

己性不可任,当用逆法制之,其道在一忍字;

人性不可拂,当用顺法调之,其道在一恕字。

【译文】

自己的性情不可放任,制止任性适宜用逆反的方法,其方法在于"忍"字。别人的性情不可违背,最好用疏导的方法来调理,其原则在于一个"恕"字。

【解读】

放纵任性之人,缺少耐心,要注重培养他的忍耐性。治人如治水,不能强迫阻挡,应该采取疏导的方法,对于性格不好的人,要给予善意的规劝,不能一味地责怪惩罚。静可修身,俭可养德,忍可避祸。保持祥和的心态,便能让我们求得内心的宁静愉悦,享受生活的悠闲自得,这不仅可以修身养性,还可以健康长寿。

【原文】

仇莫深于不体人之私,而又苦之;

祸莫大于不讳人之短,而又讦之。

【译文】

最大的仇恨是莫过于不能体谅别人的隐私而又使其痛苦不堪;最大的祸患是莫过于不避讳他人的短处而又对其揭发攻击。

【解读】

做人不能乘人之危,乘人之危非君子,容易给自己结下私怨,树立敌人。俗话说,多一个敌人不如多一个朋友,多一事不如少一事。抓人小辫子是小人,利用他人的隐私或短处做手脚,以乘人之危的方式制服别人,这是最令人仇恨的行为了。喜欢揭发别人的隐私或攻击别人的短处,会令人恨之入骨,甚至会遭到报复。以公平的决斗取胜,才会让人佩服得五体投地。

【原文】

辱人以不堪必反辱;伤人以已甚必反伤。

【译文】

侮辱别人太过分必定会反受其辱;伤害别人太过分必定会反受其伤。

【解读】

羞辱人之事少为之,为之则深受其害。为人处世害人之心不可有,每个人都有忍耐性,但容忍性又是有限度的,如果对他人侮辱太过分、伤害过深,必会招致激烈的报复。常言道,兔子急了也会咬人,在我们平常看来逆来顺受的人,惹急了也会伤人,此时会有惊人的爆发力,做出让人难以想象的反击行动。所以,为人处事还是给人留些余地好,以减少事端和仇恨。

【原文】

处富贵之时,要知贫贱的痛痒;
值少壮之日,须念衰老的辛酸;
入安乐之场,当体患难人景况;
居旁观之地,务悉局内人苦心。

【译文】

身处荣华富贵的时候,要知道贫贱人的痛楚;正值身强力壮的年龄时,要想到年迈衰老后的心酸;身处平安快乐的时候,应当体恤苦难人的情况;站在旁观者的立场上,一定要懂得局内人的苦衷。

【解读】

曾经有一位富豪在温馨的家里饮酒,对他人说:“今年的冬天异常暖和,看来这节气很不稳定呀!”一位贫穷之人在门外听到此话后,愤愤不平地说:“外边天气与往常没有什么区别。”由此可见,富贵人只知享受自己的温室般的生活,又怎能明白贫苦人对时令的真实感受呢?范仲淹在《淮上遇风》一诗中说:“一棹危于叶,旁观欲损神。他年在平地,毋忽险中人。”一叶扁舟行驶在惊涛骇浪里,他人看了都心惊胆战。等到在平坦的大地上时,却又时常忽略了扁舟在水中的危险。这就是立场不同对事物的看法也不同。

【原文】

临事须替别人想,论人先将自己想。

【译文】

遇到事情必须多替他人着想,议论别人是非得失时先要想想自己。

【解读】

生活中时常与人打交道,一定要学会全面考虑问题,处理事情也要尽量周到。自私自利之人遇事总是先为自己打算,推卸责任。如能遇事深谋远虑,考虑周详,先替他人着想,必会使人因自己大公无私的精神而感恩戴德。议论别人时能够先想想自己在这方面是否也有不足之处,如果同样存在着缺陷,就应先要求自己纠正,后真诚教导他人改正。只有自己做到了,才会令别人心悦诚服地接受我们的批评或教诲。

【原文】

欲胜人者先自胜,欲论人者先自论,欲知人者先自知。

【译文】

要想战胜别人必须要先战胜自己,要想评价他人需要先评价自己,要想了解别人需要先了解自己。

【解读】

为人处世要从严格要求自己做起,只有努力修身养性,提高自己的修养,才会在世俗的惊涛骇浪中,镇定自如。无论追求成功的事业,还是寻求平凡的生活,道路上最大的敌人不是来自外部的恶劣环境或他人的阻隔,而是自己的意志和决心。不自信,不坚强,或是心态过于紧张,或是情绪过于激动,都是不能战胜自己的表现。所以说,人最大的敌人不是别人而是自己,只有战胜自己,才能无敌于天下。同理,评论他人得失前要先客观公正地评价自己,了解他人前要先知道自己的性格如何。

【原文】

待人三自反,处世两如何。

【译文】

与人相处要时刻反省自我,处世时要反复体察自己的行为。

【解读】

只有时常自我反省,才会体悟到生活真谛,明白舍得之理,进退之机;才会品得酸甜苦辣的人生滋味,懂得如何摆脱狂躁、迷惘与空虚,求得淡定、清醒与充实。自省心明后,便会有一泉沁心的溪水,为我们带来无尽的快乐。

【原文】

待富贵人,不难有礼而难有体;
待贫贱人,不难有恩而难有礼。

【译文】

对待富贵的人做到有礼不难,但做到得体就比较困难了;对待贫贱人施恩惠容易,但做到以礼相待就比较困难了。

【解读】

对待富人与处理平常事务没有什么太大差异,就如批评教诲他人一样。如果把话说得过于严厉,可能会伤害到别人的自尊心,达不到教诲的效果;如果用无关痛痒的几句话敷衍了事,那么对方便会无动于衷,就无法起到教育的目的。因此,能够把话说得恰到好处,把事做得天衣无缝,才能达到最佳效果,可惜的是如此准确的尺度是难以把握的。

【原文】

对愁人勿乐,对哭人勿笑,对失意人勿矜。

【译文】

面对愁苦之人不要表现出欢乐的样子,面对伤心哭泣之人不要表现出笑容,面对失意之人不要表现出骄傲得意的神态。

【解读】

满脸忧愁的人一定有烦心事,如果在其面前尽显开心欢乐的神情,必会使对方愁上加愁,心里更不是个滋味,不能安慰其,就避而远之。痛哭流涕的人一定遇到的伤心事,此时他们最需要的是安慰,如果我们举止言谈间还带有几分欢喜的笑容的话,就可能会使对方产生误解,以为我们幸灾乐祸,甚至会记恨我们。

【原文】

见人背语,勿倾耳窃听。

入人之室,勿侧目旁观。

到人案头,勿信手乱翻。

【译文】

看到有人背着众人议论,不要侧耳偷听。进入别人的房间中,不要东张西望到处窥探。来到他人的桌案前,不要随手乱动。

【解读】

眼不见心不烦,耳不听心不乱。他人暗中的闲言碎语,多是诽谤诬陷的话,听其言对我们有害无益,所以最好远离那些背语之人,自己的耳根倒也清静。来到他人的家中,要显得举止大方,彬彬有礼,如果目光游弋,左顾右盼,这鬼祟的行为就易引起他人的顾忌与猜疑,甚至成为误解。他人的东西在未经许可的情况下不要随便翻动,这既是对他人的尊重,也有利于自己养成良好的生活习惯。

【原文】

不蹈无人之室,不入有事之门,不处藏物之所。

【译文】

不踏进没有人的房间,不接近是非之地,不停驻于藏有宝物的地方。

【解读】

大千世界,变化万千,非常复杂,一定要小心认真处世。即使身处在平静稳定的环境中,也要时刻想着躲避灾祸,要学会居安思危,才会临危不惧。哪怕是走近寺庙道观,也要小心翼翼,断不可走入深处及僻静之所。在现实中从天而降的祸患并不是没有,像风霜雨雪的自然灾难,常人是始料难及。如想抵御这些自然灾害,也没有太多的好办法,只能是加强戒备,提高警惕了。

【原文】

俗语近于市,纤语近于娼,诨语近于优[①]。

【注释】

①优:优伶。古代以舞乐戏谑为业的艺人的统称。

【译文】

低俗的话语接近于市井中人所言,纤细柔媚的话语接近于娼妓所说,嬉戏逗趣的话语接近于唱戏人所说。

【解读】

什么样的人说什么样的话,一个人的言行举止体现了他的品质和生长环境。庸俗不堪的话不要讲,说这样话的人必定为市井小人,自私狭隘,思想低俗;慢声细语的话不要讲,说这样话的人一定为轻薄无礼之人,任性放荡,阿谀奉承;嬉笑怒骂的话不要随便讲,随便说这样话的人便为戏子游艺之辈,不懂得严以律己。因此,出言要慎,稍有不慎，便可使名誉毁于一旦。

【原文】

闻君子议论，如啜苦茗，森严之后，甘芳溢颊；

闻小人言语，如嚼糖霜，爽美之后，寒沍[1]凝胸。

【注释】

①沍：冻结。

【译文】

听君子的议论，如同饮苦茶，虽然开始苦涩难耐，但是过后便会流溢出甜美的滋味；听小人的谄言非语，就如同嘴里吃了块糖一般，但事过之后，便会有冰冷寒霜之感袭击心头。

【解读】

良药苦口利于病，忠言逆耳利于行。君子之言诚恳直爽，虽然有时让我们难以接受，但确实可以扶正我们的言行，提高我们的道德修养，促使我们进步。小人的阿谀奉承就如蜜桃糖果一般，虽然可以让我们得到精神上的一时兴奋和喜悦，但是对于道德修养没有任何的益处。如果听惯了拍马溜须之言，便会对他人善意的批评熟视无睹，甚至导致我们是非不分，正邪难辨。

【原文】

凡为外所胜者，皆内不足；

凡为邪所夺者，皆正不足。

【译文】

凡被外在的事物战胜的人，都是因自身修养不深厚导致的；凡被邪恶压倒的人，都是因自身正直不够导致的。

【解读】

一个把喜怒哀乐都挂在脸上的人，看到他人的热情款待或冷落怠慢后，就会立刻表现出喜悦或愤怒的神色，这都是修养不深的外在表现。宠辱不惊，遇事沉着冷静，碰到喜事不张扬卖弄、得意忘形，碰到悲伤不沉沦颓废、苦大仇深，这才是有修养的人。邪不胜正，不能战胜奸诈的人，就证明自己还不够正直，还存在让邪恶可乘虚而入的空子。提高自己的修养，抵御一切邪恶。

【原文】

存乎天者，于我无与也，穷通得丧，吾听之而已；

存乎我者，于人无与也，毁誉是非，吾置之而已。

【译文】

命由天定的事，自身无法参与干涉，穷困显达得失，我都听天由命；由自己决定的事，与别人没有什么关系，诋毁赞许是非，都是我自己该得的。

【解读】

身正不怕影子斜，我们没有作恶，即使遭受到诽谤，又有什么好内疚的呢？我们没有做善事，却得到了称赞，这又有什么好高兴的呢？自古以来的圣贤君子，没有不遭受诋毁的。所以说：君子的行为是小人所讨厌的，如果不为小人所厌恶，这样的人定不能成为真正的君子。如果听到流言蜚语,一定要察明这流言蜚语从何而来,更要明白这诽谤之人是君子还是小人,以上就是判断诽谤者和被诽谤者人品的方法。

【原文】

小人乐闻君子之过,君子耻闻小人之恶。

【译文】

小人喜欢听说君子的过失,君子则耻于听到小人的罪恶。

【解读】

君子追求的是高尚的品德,耻于有过,但不齿于改过。对于他人的过失,君子虽感到羞耻,但并不是置之不理,而是给予善意劝勉与积极指导。君子与小人的区别,由此可见一斑了。

【原文】

慕人善者,勿问其所以善,恐拟议之念生,而效法之念微矣!

济人穷者,勿问其所以穷,恐憎恶之心生,而恻隐之心泯矣!

【译文】

羡慕别人的善良品行,就不要问对方为什么善良,以免心生猜疑而使学习他人行善的想法减少。救济穷困潦倒的人,不要问其为什么贫困,以免产生了厌恶之感而泯灭了恻隐之心。

【解读】

品德高尚的人,积德行善,是不图回报的,是心甘情愿的。生活中行善不要问原因,真心诚意行善,一切出自本心即可。如果心里想行善又究其缘由,便会因一些假行善之人的思想所误导,从而对行善失去信心。救济贫穷的人,一切皆是出于怜悯与同情心,不要问对方为何沦落到如此窘境。否则,就不是真心帮助,我们也很可能会因为受到了一些人的欺骗而对救济贫穷心灰意冷。

【原文】

时穷势蹙之人,当原其初心;

功成名立之士,当观其末路。

【译文】

对于穷困没有权势的人,应当理解他的初衷是好的;对于功成名就的人,要观看他最后的结局。

【解读】

有的人生活贫苦,地位低下,但却志向远大、野心勃勃,总是梦想干一番惊天动地的事情。而有的人生活富裕,位居他人之上,甚至胸中充满阴谋诡计,伺机谋取个人利益。有不少事业有成之的人,在身退后认为没有了约束与监督,便开始凭借关系或威望贪赃枉法,以身示法,受到应有的惩罚,结果使多半生的功业名望付之东流,毁于一旦。

【原文】

踪多历乱,定有必不得已之私;

言到支离,才是无可奈何之处。

【译文】

经历了数不尽的苦难，一定有迫不得已的苦衷；话还没有说完便戛然而止，这才是最无可奈何的表现。

【解读】

同样的事情，用不同的角度去看，给人的利害关系也是不一样的。悲观的人对苦难的看法：苦难使人们遭遇伤害与痛苦；乐观的人对苦难的看法：苦难给人们提供了经验与教训。言不能尽，虽有苦衷，但乐观的人认为把不能说的话藏在心底，未必有害身心，如果说出去可能会惹是生非，害已害人。而悲观的人对此表现出的只是无奈，甚至绝望，让自已陷入难以自拔的痛苦境地。

【原文】

惠不在大，在乎当厄；怨不在多，在乎伤心。

【译文】

恩惠不在大小，而在于它是否救济了处于困难中的人；怨恨不在多少，关键看它是否伤害到了别人的内心。

【解读】

救人施恩要看对象看时机，千万不可心血来潮、胡乱救济。明明对方不需要周济，我们却施以恩惠，这很可能会使对方产生误解，甚至伤了对方的自尊心，以为我们在炫富，把自已一片好心当成了别有用意。只有对身处窘迫中的人施以恩惠，才会使我们的施恩起到作用，才会体会得到助人的快乐。怨恨也是如此，无论是亲朋好友，还是素不相识之人，玩笑中的几句怨言是不会结下怨恨的，如果有意言及他人的忌讳，故意伤害别人的自尊，就会遭到他人的记恨。

【原文】

毋以小嫌疏至戚，毋以新怨忘旧恩。

【译文】

不要因为小小的嫌隙而疏远亲友，不要因为新近的怨恨而忘记了过去的恩情。

【解读】

与人相处，好好修炼自己博大的胸怀，胸襟宽广，烦恼就少。成大事业者，不拘小节，因为要想成大事业，斤斤计较，就会裹足不前，不能成就大业。庸俗之人常常因为一些无伤大雅的矛盾或过失便有意疏远怀恨他人，长此以往必会为自己狭隘的心胸付出代价，把自己推入孤立无援、孤家寡人的地步。有仇可以报仇，有恩也要报恩，但不能因为有仇恨便抹杀了恩情，而使自己背上不仁不义的恶名。

【原文】

两惠无不释之怨，两求无不合之交，两怒无不成之祸。

【译文】

双方都想到施以恩惠，即使再大的抱怨也能消除，双方都有所探求，便没有不能友好相处的朋友，双方都怒不可遏，便没有酿不成的祸害。

【解读】

交朋友要志趣相同的，拜老师要授业解惑的，结夫妻要相亲相爱的。化解恩怨也需要双方的努力,只有相互退让,就能大事化小,小事化了。如有一方不肯善罢甘休,仇恨便不能消解。如果双方都愤怒不已,就会使仇恨进一步加深,矛盾进一步激化,酿成两败俱伤的惨剧。这就如同在独木桥上相遇的两个人一样,只要有一方肯退让一步,矛盾就会迎刃而解。

【原文】

古之名望相近则相得,今之名望相近则相妒。

【译文】

古时候名望差不多的人能够友好相处,而今天名望相当的人却相互嫉妒。

【解读】

物以类聚,人以群居。一般情况下,名气威望不差上下的人,往往聚在一起,时间久了也可以成为关系很不错的伙伴、朋友。自古至今,能相互包容、相互忍让的人,便可相得益彰,各得其所,共同进步。如果只想个人利益,而不肯谦让,便会将道路封死。自己退却了,并没有吃亏,目的是为了让道路变得更畅通,行进速度更快。

齐家类

治家严,家乃和;居乡恕,乡乃睦。

治家忌宽,而尤忌严;居家忌奢,而尤忌啬。

【原文】

勤俭,治家之本。

忠孝,齐家之本。

谨慎,保家之本。

诗书,起家之本。

积善,传家之本。

【译文】

治家的根本是勤劳节俭。齐家的根本是和顺忠孝。保家的根本是谨慎。兴家的根本是读诗书。传家的根本是积善。

【解读】

勤劳节俭是劳动人民的美德,勤俭是养生治家的基础,这不仅是一种美德,也是所有家庭成员一致承认的规则。四体不勤则收获稀少,奢侈浪费则无以厚积丰家。所以我们在生活中要克服享乐主义和拜金主义的诱惑,清心寡欲,做一个克勤克俭、教子有方的好家长。无论是持家、经营企业,还是治理国家,学会理财是成功与否的关键因素。因为事业的成功仅靠良好的人际关系、先进的管理方法和熟练的业务能力是不够的,理财是其中的基础环节,学会理财才能积累财富。

【原文】

天下无不是的父母,世间最难得者兄弟。

【译文】

天下没有不好的父母,世间最难得的是兄弟之情。

【解读】

人人都说,天下父母之爱是最无私、最伟大的。无论贫穷还是富贵的父母,都会义无反顾地给子女无微不至的照顾。可怜天下父母心,无论父母的言行多么不合情理,但其用心是好的,绝对是为了使自己的子女生活得幸福。只不过有时他们爱之过切,所用的方法不妥,急于求成,或是遭遇了一些失误。打仗亲兄弟,上阵父子兵。兄弟如同手足,相互之间无须过多语言来表露,那份亲情浓浓地融入血液中,常人不知,但彼此都明白血浓于水的亲情。

【原文】

以父母之心为心,天下无不友之兄弟。

以祖宗之心为心,天下无不和之族人。

以天地之心为心,天下无不爱之民物。

【译文】

以父母的爱子之心作为自己的心,天下便没有不可以友好相处的兄弟。以祖宗之心为自己的心,天下便没有不和睦的族人。以天地之心作为自己的本心,天下便没有不值得去关爱的百姓和事物。

【解读】

父母的爱子之心最纯正真实,虽然儿女无法用言语尽情表达,但心灵的感受却永生难忘。有没有父母之爱,向来是衡量人们童年是否幸福的重要内容。这不仅是因为父母亲是生育的恩人,更重要的是有着一份博大而深厚的父母之爱,温暖了儿女的心,使其感到幸福甜蜜。不管自己的儿女是贫穷还是富贵,父母都会当成是自己的心肝宝贝,不管自己的儿女是在身边还是不在外,父母都会时时刻刻挂念儿女。

【原文】

人君以天地之心为心,人子以父母之心为心,天下无不一之心矣。

臣工以国家之事为事,奴仆以家主之事为事,天下无不一之事矣。

【译文】

作为君主以天地之心为己心,作为子女以父母之心为己心,如此天下就没有不一致的心了。臣子以朝廷之事为大事,奴仆以主人之事为大事,这样天下就没不成功的事了。

【解读】

一位明智的国君,就会苦心经营自己的江山,就会励精图治实现民富国强。要想成为开明的国君,首先要有天地的博爱胸怀,不但要爱民如子,还要关心江山社稷,国事兴衰。身为儿女,如能以父母待己之心去待人,则天下必会大同如一,其乐融融,没有任何私怨仇恨。大臣人民以国家大事为重,奴仆以主人之事为重,万众一心,齐心协力,天下还有什么困难不能克服的呢?

【原文】

孝莫辞劳,转眼便为人父母;善毋望报,回头但看尔儿孙。

子之孝,不如率妇以为孝,妇能养亲者也,公姑得一孝妇,胜如得一孝子;

妇之孝,不如导孙以为孝,孙能娱亲者也,祖父得一孝孙,又增一辈孝子。

【译文】

孝敬不要怕辛劳而推却，转眼间自己便会为人父母了；做善事不要期望回报，回头间便看到了自己的儿孙。儿子孝敬不如引导媳妇孝敬，媳妇孝敬能够赡养双亲。公婆如能得到一个孝敬媳妇，胜过得到一个孝敬儿子；媳妇孝敬不如教导孙子孝敬，孙子能够使父母快乐，而祖父得到一个孝敬的孙子，便又增添了一辈孝子。

【解读】

不养儿不知父母恩，不养女不知父母心。只有自己亲身体会了，就会刻骨铭心。父母应该从小培养孩子尊老爱幼、孝敬父母的美德，让孩子从小就明白他的责任，一个有责任的人，做事情才会有担当，才会成为家族的顶梁柱，才会成为国家的栋梁之材。

【原文】

父母所欲为者，我继述之；父母所重念者，我亲厚之。

【译文】

父母想要做的事，我继承努力去做；父母所尊重怀念的人，我视为亲人厚待他。

【解读】

父母一心想做的有意义的事情，作为子女应该积极支持。凡是父母生前想要完成的事但没有完成的，子孙后代应该继承，继续完成。如果有年幼、不能自食其力的兄弟姊妹，父母临终前放心不下，身为兄长就要细心照顾关爱他们，以告慰父母在天亡灵。有年老体迈，不能劳作的叔伯、宗族，我们后辈应当周济他们，以使祖上泉下有知。有贫穷、窘迫的亲戚、邻居朋友，都是祖上力求扶贫之人，我们应当给予援助，以无愧于祖上遗训。

【原文】

婚而论财，究也，夫妇之道丧；
葬而求福，究也，父子之恩绝。

【译文】

婚姻之事论钱财，毕竟丢掉了夫妻之道；丧葬讲求祈福，毕竟断绝了父子之间的恩情。

【解读】

现代人的婚姻常常追求奢华，没有多少实际的好处。希望婚龄的人士量力而行，切不可盲目攀比。道德比不上人家而追求衣饰的奢华，家道不能治理而竞相追求攀比，因此而败德蠹家、离间骨肉的不在少数。古人云：先有人而后有地，先有德而后有人。总想通过找风水宝地乞求荫德，岂不知福分靠的是积善。

【原文】

君子有终身之丧，忌日是也；
君子有百世之养，邱墓[1]是也。

【注释】

①邱墓：坟墓。

【译文】

君子应终身哀悼怀念亡故的父母，在忌日要祭奠亡灵；君子应世代侍奉供养亡故的父母,在墓前刻碑铭记。

【解读】

孝悌是中国文化的基础,古人云:"百善孝为先。"一个人能够孝顺,他就有一颗善良仁慈的心,有了这份仁心,就可以利益许许多多的人。古人有守孝三年之说,"三年"守孝中不能参加宴会应酬,夫妇不能同房,家属不能生孩子,否则经人告发就要办罪。民间虽没有这许多限制,但在守孝中是不能婚娶的,周年之内也不喜欢参加喜庆。如遇必须婚娶的,可在百日之内操办,叫作"借孝"。志石墓碑,不在禁例。树碑一通,不必过于高大,只要所葬之人生前是可亲可敬之人。碑面上不一定具有显赫的记录,只要所葬之人生前安守本分。

【原文】

兄弟一块肉,妇人是刀锥;
兄弟一釜羹,妇人是盐梅①。

【注释】

①盐梅:或咸或酸的调味品。

【译文】

兄弟好比是一块肉,妻子好比一把刀或一根锥,随心所欲剜割;兄弟好比一锅汤,妻子好比是调味品,随意调配。

【解读】

封建社会妇女的地位很低,处于被歧视被虐待的地位,就连自己的亲生父母也是重男轻女。剜割也好,调配也罢,都有不当之举。那时人们多认为妇人的眼光见识短浅,丈夫才胸怀大略,因为他们是平日素明义理之人,所以少有一家之主为女性的,她们的责任也只是局限在操持家务这一方面。明朝郑濂就曾对明太祖朱元璋说过如下一言:"治家之道,惟不听妇人言而已。"这也印证了中国封建社会女性地位低下。

【原文】

兄弟和,其中自乐;子孙贤,此外何求?

【译文】

兄弟亲密无间,便会自得其乐;子孙贤良,还有其他的要求吗?

【解读】

家和万事兴。家人亲密无间,和睦相处,其乐融融,是世人所追求的幸福,但是世事难料,何况团结家人不是一个人的努力就能做到的。兄弟间的手足之情无法割舍,以亲情为基础的兄弟如能和睦相处,只要团结起来,拧成一根绳,多大的困难也能克服。如果兄弟不睦,就可能家庭分裂、家道败落。子孙后代都能行孝悌之举,孝敬父母,兄弟姐妹互相帮助关心,这便是对祖宗最大的慰藉和回报。

【原文】

心术不可得罪于天地,言行要留好样与儿孙。

【译文】

用心不能够违背天地之理义,言谈举止要留心给儿孙做好榜样。

【解读】

使用计谋,不能伤天害理。用心计,要手段要在大的前提下实行,那就是不能违背天理和人伦道德,否则必会遭到上天的惩罚和世人的抗议。在一个家族里身为父兄,就要做好榜样,教育子弟要言传身教,以身作则。所谓有其父必有其子,如果父兄自己都做不到还要求子弟去做,能让子弟心服口服地去做吗?岂不可笑吗?如果父兄不能起到表率作用,在为人处事方面不守规则,也必会使子弟沾染上不良风气。

【原文】

现在之福,积自祖宗者,不可不惜;

将来之福,贻于子孙者,不可不培。

现在之福如点灯,随点则随竭;

将来之福如添油,愈添则愈明。

【译文】

现在的福分是祖宗遗留下来的,不能不珍惜;将来的福分是留给子孙的,不能不培养。现在的福分就好像在点灯,随着燃烧将会渐渐枯竭;将来的福分就如同添加灯油,越多越明亮。

【解读】

经营生活如同学习,停止了就会落后。世上那些居高位的人,自以为多读了几本书,而后能学以致用,便可拥有一切,不再勤奋读书。其实不然,虽然有才智和权势,但恣意傲慢,骄傲自大,无所忌讳,不知积德行善,家道就不能保持长久兴盛。一点一滴的小福分也都是从祖父勤劳得来,如果不知道积累德行,继承发扬祖上名望恩泽,兴盛的家道又岂能保持永久?

【原文】

问祖宗之泽,吾享者是,当念积累之难;

问子孙之福,吾贻者是,要思倾覆之易。

【译文】

祖宗留下的恩泽在哪里呢?我们现在享受的就是,所以应当体会怀念当初祖宗积累的艰难;子孙享受的福泽在哪里呢?我们遗留下来的就是,所以要想尽办法保持长久。

【解读】

幸福的生活来之不易,一定要珍惜。我们今天所享受的幸福生活,都是由祖上世世代代创造积累的,祖辈所付出的艰辛与磨难,是我们后人无法体会的,所以只有继承祖宗之志,弘扬家道之遗风,才能告慰祖宗在天之灵。子孙后代的幸福同样也离不开我们的积累,如想造福子孙后代,让后辈生活轻松美满,我们不能只知享受祖上的财富,还要努力造福后代。

【原文】

要知前世因,今生受者是,吾谓昨日以前,尔祖尔父,皆前世也;

要知后世果,今生作者是,吾谓今日以后,尔子尔孙,皆后世也。

【译文】

现在我们所蒙受的就是前世之因,我说从前祖父、父亲都是前世;如今我们所做的就是后世之果,从今往后,你的儿子、孙子都是后代。

【解读】

无论是古代的圣贤之士，还是后世的年轻晚辈，所走的都是一条路。不同的是前人开拓了路更辛苦，我们走起来更为平坦顺利了，为了感念前人恩德，也为了使子孙后代走得更为平稳顺畅，我们的任务就是进一步拓宽加固道路。如果一条道只知行走，而不知道维修，路就会变得越来越坎坷，越来越窄，越来越崎岖，甚至寸步难行。

【原文】

祖宗富贵，自诗书中来，子孙享富贵，则弃诗书矣；

祖宗家业，自勤俭中来，子孙享家业，则忘勤俭矣。

【译文】

祖宗的富贵，来自诗书里，子孙享受富贵，便会遗弃诗书了；祖宗的家业来自勤俭，而子孙在享受家业时，却常常忘了勤俭。

【解读】

祖上留下的家产，我们要好好珍惜。积累财富艰辛，挥霍财富容易。挥霍和浪费是积累财富的大敌。祖上留给我们家产，这是我们的福分，一定要善加利用。祖上积累留下的富贵，如果我们只知享用，不懂得与后人分享，不懂得通过更多的途径去获取、去保持，总会有坐吃山空的一刻。

【原文】

近处不能感动，未有能及远者。

小处不能调理，未有能治大者。

亲者不能联属，未有能格疏者。

一家生理不能全备，未有能安养百姓者；

一家子弟不率规矩，未有能教诲他人者。

【译文】

连身边亲近的人都不能感化，更不会感化其他人。小事都不能够处理好，更不会处理好大事。亲密的人都不能够和睦相处，就更不要说那些关系疏远的人了。自家的生活都打理不好，更不能安养百姓；自家子弟缺少规矩，更不能够教诲他人。

【解读】

俗话说，干大事业者，要从身边小事做起。亲朋好友都不能够被自己感化号召，却妄想感召万民，拯救天下，这简直就是天方夜谭。小事都做不好，却妄想成就天下大业，名垂千古，这简直让人贻笑大方。常言道，一屋不扫，又何以扫天下？持家理财，有一处不谨慎，就可能会使家道衰落。由小及大，统治天下，就不能不奉养国民，使社稷稳固。

【原文】

至乐无如读书，至要莫如教子。

【译文】

天下最快乐的事莫过于读书，天下最重要的事莫过于教育好子女。

【解读】

勤奋读书可以培养人的才智。如果不能安心读书，就会心意颠倒，产生妄想，不管遇到逆境还是顺境，都难以体会到快乐的情趣，这些都是不读书的后果。读书不但可以继承家族声誉，还可以使人对我们心生敬重。翻看历代仕宦显赫之家，不管是隐退还是遭遇变故，但其家声却依然兴盛，如果后代没有了读书之人，则家族声誉便会逐渐失去。如果想教育好子孙后代，首先要把邪正两途的利害给他们讲明白，使之找准方向。

【原文】

子弟有才，制其爱毋弛其诲，故不以骄败；
子弟不肖，严其诲毋薄其爱，故不以怨离。

【译文】

子弟有才能，要控制对他们的爱，不能放松对他们的教诲，以免因骄傲自大而失败；子弟不成才，要严加教诲，但也不能减少对他们的关爱，以免使他们因怨恨而远离。

【解读】

娇贵之人容易养成颐指气使的坏习惯，如果没有严父贤师的共同勉励管束，将来难成大器。要让子女知晓贫贱的滋味，从而激励他们勤奋上进。看看自古以来的圣贤，哪一位不是从贫贱中来呢？从贫贱中才会想到自立，自立之后，才能成就大事。为官从政，定要赏罚分明，秉公办事。只有奖罚并重，仁政与法治结合，才能促进社会和谐发展。

【原文】

雨泽过润，万物之灾也；
恩宠过礼，臣妾之灾也；
情爱过义，子孙之灾也。

【译文】

雨下太多，不仅不能滋润万物，反而造成灾害。恩宠泛滥，超过礼仪，是臣妾的灾祸。溺爱多于原则，则成为子孙的灾难。

【解读】

自古以来就有“慈母败子”的说法。所谓“慈母”指的是一种过分的母爱，也就是溺爱。从字面上看，溺爱的“溺”字兼有过分和淹没的意思，过分地疼爱孩子等于淹没他们。古人云：“虽曰爱之，其实害之；虽曰爱之，其实仇之。”这是对“溺爱”一词最好的注释。韩非子有句话：“人之情性莫爱于父母，皆见爱而未必治也。”这是说人与人之间的感情没有比得上父母爱子女之情的。但是只有宠爱，不见得就能教育出好子女来。对子女过于溺爱，姑息迁就，就容易导致他们伤风败俗德行败坏。

【原文】

安详恭敬，是教小儿第一法；
公正严明，是做家长第一法。

【译文】

安静祥和、恭敬慈爱是教育小孩的首要方法；公平正直、奖惩分明是做家长的首要准则。

【解读】

判断子女能否成才，除了看他才华是否有过人之处外，关键还是要看他有没有谦虚谨慎的作风和勤奋上进的精神。现实中有些家长在面对自己的子女时,爱多而义少,容易偏心而不容易公正,显然是不可取的。

【原文】

人一心先无主宰,如何整理得一身正当?
人一身先无规矩,如何调剂得一家肃穆?
融得性情上偏私,便是大学问;
消得家庭中嫌隙,便是大经纶。

【译文】

人心中一开始时没有主见,又怎能够使自己行为刚正呢?人的言行如果没有规矩,又怎能把家治理得威严庄重呢?能消除性情上的偏私,便是大学问;能够消除家庭中的嫌隙,就是治家的大学问。

【解读】

做人要有主见,倾听别人的建议,最重要的是听过之后,自己还要动脑筋分析对不对,不要别人怎么说了,就怎么做,这样我们就会变得没有思想,随波逐流。常言道,没有规矩,无以成方圆。一个家庭里要有一家之主,一家之中,老幼子女,如果没有一个规矩家法,是无法治理好家的,即使眼前有一时兴旺,但衰败的忧愁早晚会来到。父子、兄弟、夫妇,家中只有这三亲,如果一处不驯服、不讲情理,就会影响到全家人的和睦。自古以来的家族的兴衰、国势强弱,无不与规矩的把握有关系。

【原文】

遇朋友交游之失,宜剀切①,不宜游移;
处家庭骨肉之变,宜委曲,不宜激烈。

【注释】

①剀切:切实。

【译文】

看到朋友有过失,应切实地指出规劝,不要犹豫不决;遭遇家庭的变故,应当委婉平和处理,不要过于激烈。

【解读】

指出朋友的缺点,有利于朋友进步,但是一定要注意方式方法,应该友好地指出,切忌用责怪的口气,这样才能无话不谈,相互取长补短,共同进步。如果一方有缺点,另一方必会想办法指出错误,帮助其纠正改进。有些人碍于情面而包庇纵容朋友的缺点,这不是真诚的友谊。家庭成员间有了隔阂和冲突,一般都毫无顾忌地发脾气伤害家人,其实虽然家人是最爱自己的人,更不能轻易地去伤害,不要轻易对家人动怒,最好等自己冷静下来与家人说明原委求取圆满。古代的大舜、闵子之所以能够成为有威望的孝子,就是因为他们在艰难的困境中能够委曲求全。

【原文】

未有和气萃焉,而家不吉昌者;
未有戾气结焉,而家不衰败者。

【译文】

从来没有家庭气氛和睦而家道不兴旺发达的;从来没有家庭暴恶聚集而家道不衰

败的。

【解读】

家庭和睦,是世人一直想要拥有的,父慈子孝,兄友弟恭,夫义妇顺,能够拥有如此和睦的家庭是最可贵的。古人云:来到某人家中,如听到老人的感慨声、子弟的骄纵声、妇女的诟谇声、幼子的娇宠声、奴仆的哗笑声、婢媪的惨切声,但主人却是昏昏沉沉,显得兴奋不已,就像梦中呓语一般,这样的家庭必定不能长久兴盛。有的家庭狭窄简陋,但光洁可爱;供具粗浅,但朴素可观。主人举止厚道,子弟彬彬有礼,桌案摆放好书,屋内有纺织之声,夙兴夜寐,不失常态,蔬食菜羹,各有来源。虽然此时门寒族薄,但很快就会繁荣昌盛起来。人观庭户知勤惰,一出茶汤便见妻。父老奔驰无孝子,要知贤母看儿衣。走进他人家中,从以上几个方面就可以了解一个家庭的情况。

【原文】

闺门之内,不出戏言,则刑于之化行矣;

房幄之中,不闻戏笑,则相敬之风著矣。

【译文】

如果夫妻之间不说轻薄非礼之言,夫妻关系就会融洽和睦;如果家庭之中听不到嬉笑,相敬如宾的家风就会逐渐形成。

【解读】

十年修得同船渡,百年修得共枕眠。夫妻的关系最亲近,在一起的时间最多,过日子"勺子没有碰不到锅沿的",难免有些摩擦和矛盾。遇到这些情况,彼此应学会谦让、体谅、包容,否则就得吵嘴、闹别扭,两人都不顺心。夫妻既然有缘走到了一起,就当好好珍惜,相扶到老,短短几十年转眼就过去,别等失去了,才懂得珍惜,那时后悔也晚了。亲情是博大的,友情是真挚的,而夫妻之情是纤细柔腻的,也是回味无穷的。夫妻一条心,黄土也能变成金,共抗患难,共享幸福,这才是最恩爱的夫妻。如果夫妻间整天怒目而视,找不到共同话语相互倾诉心中苦闷,又怎能执子之手,白头偕老?拥有时不觉得珍贵,失去了才懂得珍惜,这是一般人都容易犯的错误。夫妻之恩失去不可回,所以劝天下所有夫妻彼此相爱、互相尊重、共同珍惜。

【原文】

人之于嫡室也,宜防其蔽子之过;

人之于继室也,宜防其诬子之过。

【译文】

对于结发的妻子,应该防止她庇护包容子女的过失;对于继室的妻妾,应该防止她们诬赖前室子女的过失。

【解读】

人世间最伟大的爱是母爱,也正因如此,许多母亲把对孩子的关爱变成了溺爱,甚至对孩子的过失包庇纵容,从而使他们一步步走向罪恶的深渊。千万不要把"母爱"变成"母害",母亲经常溺爱孩子,会使母爱变成"母害"。母亲对孩子的过度保护,就会使孩子失去了自我保护、独立生存的能力,结果成了一种伤害。孩子的成长需要经历风吹日晒的磨炼,这样孩子才能成长为坚强的栋梁之材。母亲要替孩子的未来着想,不要过度保护孩子。关爱孩子是必需的,但关爱中的教育才是最重要的,在呵护下让孩子健康茁壮地成长,光明磊落地做人,才是父母爱孩子的最好方法。

【原文】

仆虽能,不可使与内事;

妻虽贤,不可使与外事。

【译文】

仆人即使能干,也不能让他参加家庭内部的事;妻子即使贤惠,也不能让她干预家中以外的事。

【解读】

在封建制度下,居家以内以外界限讲究很严谨。“外言不入于阃,内言不出于阃,”原指,男职官政,女职织纴,各有司事,不得互相干预。后以“出阃”指后宫越职参预官政。“阃”即门限。这就是古代圣贤防微杜渐的地方。仆人虽然才能具备,但终究不是家庭中的成员,主人还是会心存防备。封建妇女的任务就是操持家务,她们多是把持家务的能手,如过问家外之事,就会被认为是好事,不贤不惠。如同即使是国家的嫔妃,也是不能干预朝之政事的。

【原文】

如仆得罪于我者尚可恕,得罪于人者不可恕;

子孙得罪于人者尚可恕,得罪于天者不可恕。

【译文】

如果我的仆人得罪了我,尚且可以宽恕,但要是得罪了别人,就不能宽恕了;如果子孙得罪了外人,那么还可以宽恕,如果违背了天理,那么就不能包容了。

【解读】

如果自己的仆人冒犯了自己,可以根据实际情况,能宽恕就宽恕,其中难免有主仆之间的感情。如果仆人出了家门依仗主人的威望随意冒犯他人,是绝对不能饶恕的,因为他的行为对整个家族造成损失,他理应承担责任,不严加管教,恐他不知悔改,甚至被他误认为是主人的纵容。对待子孙的过失,亲情更为可贵,小的过错可以原谅,如果做出了违背天理的大逆不道之事,决不能包容,包容就会害了孩子,一定要严惩不贷。

【原文】

奴之不祥,莫大于传主人之谤语;

主之不祥,莫大于行仆婢之谮语①。

【注释】

①谮语:进谗言;说别人的坏话。

【译文】

奴仆品德不善,没有比得上向别人传说对主人的诽谤之语了;主人的品性不善,没有比得上按奴仆的谗言行事了。

【解读】

家人之间的矛盾,有不少是因为仆人的谗言导致的,他们有的是为了阿谀奉承、取悦主人,有的是为了贪图私利。但是,一些不明事理的妇人竟然还帮腔助势,使家中闹得乌烟瘴气，家人心神不定。更严重的是一些不辨是非的糊涂主人偏听偏信，宠信小人之心的奴仆，致使家人不和，相互勾心斗角，甚至家庭分崩离析。奸臣之言都可以迷惑君王达到国破家亡的结局，就更不要说恶奴去破坏一个小小的家庭了。

【原文】

治家严，家乃和；居乡恕，乡乃睦。

治家忌宽，而尤忌严；居家忌奢，而尤忌啬。

【译文】

治家严明，家庭才能和睦；在生活中能够做到宽恕，乡邻才能和睦。治家最忌讳太宽厚，更忌讳过于严厉；在生活中最忌讳奢侈，更忌讳太吝啬。

【解读】

没有规矩，不成方圆。治理家庭是人人都会遇到的事情，人人都想让自己的家庭健康和谐，兴盛发达。怎样才能治理好家庭？古圣贤的经验告诉我们：治家最基本的要求要严谨、要宽恕。有亲情对家人的严厉可以使他们更容易接受，而在非亲非故关系上对他人的宽容更容易赢得尊重与支持。治家贵严是根本，但也不能过分严厉，过分严厉就会淹没亲情；留有回旋的余地，才有峰回路转的时机。贤能兴家，廉可避祸。持家要以勤俭节约为本，但也不能过于吝啬，吝啬会慢慢将自己的退路堵死，如果走上了绝路就会进退两难。

【原文】

无正经人交接，其人必是奸邪；

无穷亲友往来，其家必然势利。

【译文】

没有正派人愿意与之交往，这样的人必定是个奸诈之徒；没有贫穷的亲友与之来往，这样的家庭必定是个势利眼。

【解读】

所谓的正派人，乃是敦厚谦恭的君子。但在世俗人的眼里，这样的君子与众人又没有什么区别。哪些不与正人君子交往的人，与之来往的必定是些奸诈之辈或是市井小人。君子往往能“达则兼济天下，穷则独善其身。”我们应该学习这种品质。俗话说，皇帝都有穷亲戚何况其他人了，寻常的亲友故人，不可能都是名门望族，不管是贫穷，还是富贵，最好都能以诚相待、以礼相待，切不可嫌贫爱富、赴炎趋势。人生在世，世事难料，要给自己留条后路。

【原文】

日光照天，群物皆作，人灵于物，寐而不觉，

是谓天起人不起，必为天神所谴。

如君上临朝，臣下高卧失误，不免罚责；

夜漏三更，群物皆息，人灵于物，烟酒沉溺，

是谓地眠人不眠，必为地祇所诃，

如家主欲睡，仆婢喧闹不休，定遭鞭笞。

【译文】

阳光普照，万物生机勃勃，人为万物之灵，如果睡到天明还不醒，这就是天起人不起，必会遭受上天的迁怒。如同国君上早朝，臣子睡过头却迟到误事一样，必要受到惩罚担当责任。三更半夜，万物都休息，如果还沉迷于酒色财气中，这就是地眠人不眠，必要受到土地神的责骂，如同家中的主人要睡觉，但仆人却还在不停地吵闹，必会遭到主人的鞭打。

【解读】

人人都有自己的作息规律。按时劳作，有利于精力的恢复，从而不影响劳作。在古代白天休息晚上劳作，就违背了自然规律，如今上夜班的人都是白天休息晚上劳作。俗话说早睡早起精神百倍，黎明即起，开始一天的辛勤劳作，因为这是最清明的时刻，办起事来精力十足，也游刃有余。如果酣睡不起，就会昏庸懒惰，致使家事废弛、学业荒废。在古代，想了解某人的家道是兴是衰，只要观其家人起卧的早晚就知道了。一些纨绔子弟，沉溺于嗜好欲望之中，每晚在灯红酒绿中度过，等到鸡鸣之时才入寝，这种违反天地规律和阴阳循环的行为，必会给身体带来不少的危害。

从政类

刑罚当宽处即宽，草木亦上天生命；
财用可省时便省，丝毫皆下民脂膏。

【原文】

眼前百姓即儿孙，莫谓百姓可欺，且留下儿孙地步；
堂上一官称父母，漫道一官好做，还尽些父母恩情。

【译文】

做官的对待百姓应该像呵护自己的子孙一样，不要认为百姓软弱好欺，而应想到多为自己的子孙留些阴德；坐在大堂上的官称为父母官，不要以为官好当，同时还要尽到父母的责任与恩情。

【解读】

七品芝麻官，想欺压百姓还是造福百姓，全在一念之差。为害乡里，祸害百姓，不但自身难保，还会累及子孙。为百姓排忧解难，伸张正义，才会造福子孙后代。当官不为民做主，不如回家卖红薯。作孽可以随心所欲，造福一方可需要下一番功夫。天下没有不劳而获的好事，要想做一位有所成就的官员，就要励精图治。为官要清正廉洁，如果作为一方百姓的父母官，只知以权谋私、搜刮民膏民脂，使民怨沸腾的话，那就枉对为官的称号了。天网恢恢，疏而不漏，这样的贪官污吏终究会遭到报应，早晚会受到正义的制裁。

【原文】

善体黎庶情，此谓民之父母；
广行阴骘[①]事，以能保我子孙。

【注释】

①阴骘：即"阴德"，古代指暗中有德于人的行为。

【译文】

能体恤百姓的疾苦，这才是百姓的父母官；多做积德行善的事，来保护子孙后代平安健康。

【解读】

为官一方,治理管辖一方百姓,要眼光长远,管理百姓的时候要应当多考虑到家中子孙,把百姓当作自己的子孙,给予关爱。对待百姓,就要想到终有一天百姓会反过来对待子孙。做官厚待百姓,百姓必会感恩戴德地回报给子孙,如果以权谋私,搜刮百姓,终有一天百姓也会从子孙后代身上寻求报复。做事情一定要想到有因必有果,努力追求公正廉洁的官风。

【原文】

封赠父祖易得也,无使人唾骂父祖难得也;
恩荫子孙易得也,无使我毒害子孙难得也。

【译文】

为祖父、父亲求得封赏容易,要使别人不唾骂祖父、父亲就难得了;使子孙得到自己的庇护容易,但不使我毒害子孙就难得了。

【解读】

为自己的祖父、父亲向皇帝求得奖赏容易。有的通过光明正大的途径取得,还有的则是通过阴谋诡计取得,但不论哪一种,却都避免不了招致一些对立之人的讥讽与谩骂。不要期望让每个人都称赞你,但求每个人都不骂你,就真了不起了。生活中往往正直之人遭受狡诈之人的咒骂,狡诈之人又遭受平庸之人的唾弃。一生能够名利双收的人,实在难得。为子孙后代造福不是件困难的事,良田千顷,家财万贯,很多人可以做到。但是,让子孙在享受遗留下的福禄时不沾染好吃懒做等恶习就很难。

故宫“正大光明”匾

【原文】

洁己方能不失己,爱民所重在亲民。

【译文】

廉洁才能不失自己的本色,爱护民众关键在于亲近民众。

【解读】

做父母官,最重要的是爱护百姓。经常深入百姓之中了解百姓的真正疾苦,为百姓排忧解难,就会赢得百姓的拥护爱戴,官民一条心,才能创造繁荣昌盛的景象。官爱民在于能体恤百姓的苦衷,爱惜民力,能节约百姓的钱财,为百姓办实事,不摆官架子,不在百姓面前作威作福。做官的人爱护百姓,要从以下三方面做起:平息诉讼、减轻赋役、振兴教育。此外,还要通过勤学提高自身的道德修养,通过奖惩建立赏罚分明的制度。

【原文】

朝廷立法不可不严;有司行法不可不恕。

【译文】

朝廷立法不可以不严明,官署执法不可以不宽恕。

【解读】

严恕两字,是千古立法的两个极限,偏离了哪一方都会影响治理效果。偏向了严,就会束缚国民的思想与行动,使氛围显得死气沉沉,没有生气,百姓在高压下生活,总有崩溃的一天。偏向了恕,有些人就会不把法规放在眼里,为所欲为,甚至为非作歹,伤害人民的财产和生命。这样便会使国民散漫,容易产生祸乱,不利于维护社会的安全稳定。只有把严恕巧妙地结合起来,适时地高速侧重点,才会使国家长期太平。

【原文】

严以驭役而宽以恤民,
极于扬善而勇于去奸,
缓于催科①而勤于抚字②。

【注释】

①催科:指催收租税。②抚字:对子女的爱护养育。古时也用来称颂官吏治理民政。

【译文】

做官对手下的差役要严厉,对百姓要宽容体恤。积极宣扬善行,勇敢地铲除邪恶,要缓和地催缴赋税,要勤于安抚百姓。

【解读】

想成为好官,就要设身处地为民着想,为百姓办实事做好事,百姓的眼睛是雪亮的,就会得到拥护爱戴。为官从政要为民做主,这是对官员的基本要求。但在处理政事的过程中,却出现了不少阳奉阴违的下司,上级官员是公正断案的,但在传达过程中便被一些势利之人动了手脚,或是置之不理,或是欺骗隐瞒。就像顺流而下的千里大堤,在下流出现了一个小小的决口,便会影响到全局的利益。所以,处理政事对各级官员都要严格要求,某一级出现差错,便会使上下多层官员都受到名誉的损害。

【原文】

刑罚当宽处即宽,草木亦上天生命;
财用可省时便省,丝毫皆下民脂膏。

【译文】

处以刑罚能宽恕的地方就宽恕处理,普通民众也是上天赋予的生命;财政的开销用度能节省的就尽量节省,一丝一毫都是民脂民膏。

【解读】

人最宝贵的是生命,所以在处罚他人时要尽量争取宽大处理,只要对方有改过自新的表现,我们就应该给予其重新做人的机会。处以刑罚能宽恕的地方就宽恕处理,俗话说,救人一命胜造七级浮屠。为官从政,财政开销用度,都来自民膏民脂。一粥一饭,当思来之不易;半丝半缕,恒念物力维艰。挥霍浪费,花天酒地的生活历来被人们所唾弃，所以我们后人应该以节俭为荣，以奢侈为耻。现在我们的物质生活条件虽然好多了，但勤俭节约的光荣传统是永远不能丢弃的，因为只有勤俭节约才会使生活富裕，勤俭节约是积累财富的有效方法。否则，又怎对得起为我们提供衣食之需的天下百姓？

【原文】

居家为妇女们爱怜，朋友必多怒色；
做官为衙门人欢喜，百姓定有怨声。

【译文】

在家中为了爱怜妻妾而疏远朋友，那么朋友大都不高兴；做官只为了让衙门中人喜欢而疏远百姓，那么百姓定会有所怨言。

【解读】

在家里为了顾及妻儿，而疏远了朋友，朋友多会不高兴；做官只对衙门里的人好，就会引起人民群众普遍强烈不满。古代官宦之家的妇女多是大门不出、二门不迈的，在不得已的情况下被传问时，多是用小轿抬到衙门前问话，是不能让其出轿被人观看的。如果居官之人被这样的妇女爱怜，别人会深以为耻的。做官为民做主，才会赢得人民的拥护爱戴。如果只是在官场中留有好名，阿谀奉承，趋炎附势，笼络下属，必会做出一些营私舞弊之事，侵害到百姓的利益，引起民愤沸腾。

【原文】

官不必尊显，期于无负君亲；道不必博施，要在有裨民物。
禄岂须多，防满则退；年不待暮，有疾便辞。
天非私富一人，托以众贫者之命；
天非私贵一人，托以众贱者之身。

【译文】

做官不需要一定尊贵显达，期望的是不辜负国家父母；不必广施道义，要紧的是对百姓有益。为官不需要俸禄太多，够养老了就应及时退还；不需要等到年老，有疾病了就应辞官返乡。上天不会偏心只让一人富有，而让更多的人贫穷；上天也不会偏心只让一个人显贵，而让更多的人贫贱。

【解读】

即使自己做官了，要明白为官从政不是为了追求尊贵的身世与显达的权位，而是把做官从政当作自己毕生的事业，以为百姓做更多的贡献为荣；做官也要谨慎使用手中的权力，道义不必乱施，关键是有益于人民。有德而富贵的人，会凭借富贵之势造福更多的人；无德而富贵的人，则是凭借富贵之权危害更多的人。

【原文】

住世一日，要做一日好人；
为官一日，要行一日好事。

【译文】

在这个世上，活一天就要做一天好人；在朝廷，当一天官就要做一天的好事。

【解读】

善良的人大多能宽以待人，心胸宽广。做好人，心情舒畅，血气和平，梦里清静，有说不尽的妙处。《小窗幽记》中有："人生一日，或闻一善言，见一善行，行一善事，此日方不虚生。"一个人如想积德行善，身居官位是最容易达到的，手中有权利，可以呼风唤雨。正所谓顺风之呼，响应自捷，居家行一善事，很可能会使成千上万人受益。所以任职朝廷之位者，要时刻想着为民请命，为百姓排忧解难，行一善事便等于种下永远的福田，不但给子孙后代积阴德，还可恩泽一方百姓。

【原文】

贫贱人栉风沐雨[①]，万苦千辛，自家血汗自家消受，天之鉴察犹恕；

富贵人衣税食租，担爵受禄，万民血汗一人消受，天之督责更严。

平日诚以治民，而民信之，则凡有事于民，无不应矣。

平日诚以事天，而天信之，则凡有祷于天，无不应矣。

【注释】

①栉风沐雨：风梳头，雨洗头，形容旅途奔波的辛劳。

【译文】

贫贱之人经常在外不顾风雨地奔波，历经千辛万苦，自己食用以血汗钱换来的衣食，上天对他们比较宽容；而做官的富贵显达之人接受朝廷俸禄，衣食住行都是百姓用血汗钱供养的，因此上天对他们的监督更加严厉。平常以诚对待百姓，百姓就会信任你，如果有事有求于百姓，必会一呼而应。平常以诚对待上天，上天必会信任你，只要有事祈祷上天，上天必会满足我们。

【解读】

只要方向正确，付出就会得到回报。当官对百姓体恤爱护，就会赢得拥护和爱戴。如果遇到患难，百姓一定会伸出援手，一定会雪中送炭地报答。为官从政一定要有原则，遵守规律办事，不触怒刑法和道德，生活就会无忧无虑，甚至会得到上天的赐福与眷顾。为官从政不能太看重功名利禄，有的人身居陋室，但却可以成就丞相之位所做的功业；有的人虽然身居高官，但到头来落了个身败名裂，一贫如洗。

【原文】

平民肯种德施惠，便是无位的卿相；

士夫徒贪权希宠，竟成有爵底乞儿。

【译文】

平民若肯积德行善，他便是没官位的士大夫丞相；做官的只是一味贪图权势，希望得宠，就会成为有爵位的乞丐。

【解读】

官位的高低不代表威望的高低，有的人官位显赫，但是尽做丧尽天良的恶事，在人民的心中这样的人活着就是行尸走肉，死了就会遗臭万年。有的人虽然没有什么爵位，做的是日常生计的事情，但是品德高尚，能够尽自己的能力帮助需要帮助的人。这样的人，虽然没有顶戴花翎，但是人人爱戴。人生的爵位高低，也得靠运气，有时候即使强求也难以如愿。与其追求得身心疲惫，不如停下匆忙的脚步另辟蹊径。是你的别人抢不走，不是你的自己留都留不住。有的人一生没有走上仕途，但却可以成就丞相之位所做的功业；有的人虽然拥有高官厚禄，但到头来落了个身败名裂，甚至丢掉性命。

【原文】

无功而食，雀鼠是已；

肆害而食，虎狼是已。

【译文】

对百姓没有功劳，却食用俸禄，这样的当官者如同老鼠、麻雀；肆意残害百姓而食用俸禄，这样的当官的人就如同残忍的虎狼。

【解读】

要想收获，就要懂得辛勤劳动，努力付出。一个人的贡献与回报也是这样，做官要想建立丰功伟绩，就要精图理智，忧人民之忧，想人民之想。如果不能为民做出贡献，却食用着从百姓手中得来的俸禄，就是不劳而获，愧对君王的信任和父母的养育之恩，更愧对自己的天地良心。更甚者，一些贪官污吏不但空食俸禄，还变本加厉地搜刮民脂民膏，真可谓虎狼之辈。

【原文】

毋矜清而傲浊，毋慎大而忽小，毋勤始而怠终。

【译文】

不能孤芳自赏、傲视天下，不能只谨慎大事而疏忽小事，做事要有始有终，不能半途而废。

【解读】

清廉正直是做官最高的境界，清心寡欲，谨慎勤恳，是做官的根本。依仗权势，欺压百姓，为恶官；搜刮民脂民膏，见利忘义，唯利是图，为贪官。

【原文】

勤能补拙，俭以养廉。

【译文】

勤劳能够弥补愚笨，勤俭节约能够培养廉洁的品行。

【解读】

为官从政谨记"廉关顶不住，不算好干部"的警言，常修为政之德，常思贪欲之害，常怀律己之心，始终坚守廉政阵地，保持淡泊之心，抵御各种诱惑，做到两袖清风。

【原文】

居官廉，人以为百姓受福，予以为锡①福于子孙者不浅也，

曾见有约己裕民者，后代不昌大耶？

居官浊，人以为百姓受害，予以为贻害于子孙者不浅也，

曾见有瘠众肥家者，历世得久长耶？

【注释】

①锡：赐给。通"赐"。

【译文】

做官廉洁，人们说百姓因此得福，我以为为子孙造福更是不浅，谁见过约束自己造福百姓的人，他的后代不发达的？做官污浊，人们说百姓深受其害，我以为他贻害子孙不浅，谁见过剥夺百姓养肥自家的人，他的子孙能长久富贵的？

【解读】

一贪生百酷，一酷吏又生百爪牙。如果有一个贪官，手下之人便都会转向贪婪恶毒，压榨百姓欺压百姓，结果遭殃的只能是老百姓。从古至今，朝代更替，大都是由于从上到下官员贪污腐败所致，所以给我们后人很深刻的启示，治理国家一定要反对腐败，提倡廉洁，从而树立爱民新风，造福百姓。在每个人的家庭生活中，持家要勤俭，节俭才会积累财富，节俭便会使家庭富裕起来，勤奋上进才能让生活变得越来越美好。

【原文】

以林皋[1]安乐懒散心做官，未有不荒怠者；

以在家治生营产心做官，未有不贪鄙者。

【注释】

①林皋：山林水泽，借指退隐之地。

【译文】

以山林隐居的安逸懒散的心态来做官，政事没有不荒废懈怠的；以自家经营的理念去做官，没有不贪婪鄙诈的。

【解读】

为官当勤政爱民，有归隐之心的人多厌倦世事看破官场沉浮，想寻求逍遥自在的生活方式，如果让这样的人做官，必会荒废政事。自家经营者的目的就是为了盈利，如果为官者把处理政事当作生产经营，必会借公谋私，一心只想谋利。俗话说。夜路走多了总会碰到鬼。回顾一下古往今来的贪官，他们钻营大半生换来的政治前途全都毁于一旦。手莫伸，伸手必被捉。只有廉洁爱民，勤政为公，不盘剥百姓谋取私利，才是人民心中的父母官。

【原文】

念念用之君民，则为吉士。

念念用之套数，则为俗吏。

念念用之身家，则为贼臣。

【译文】

一心只想为君王和百姓尽力，就是好官。一心只想循规蹈矩，就是庸官。一心只想着自己，就是奸臣。

【解读】

为官从政应经常扪心自问，整天奔波忙碌，是为了国家社稷，还是为了自家妻小？时局的治乱，百姓的生死，国家的安危，这几个问题自己有没有真正记在心头了呢？当官的越贪越恶，那么世事就会越来越苦；当官的越显赫越富贵，那么平民百姓越卑微越穷困。一些为官者不问是否尽心尽力为民办事了，不问做了多少兴利除害的事，却动不动就是升迁轮转的问题，这些官难道会是两袖清风的好官吗？如果官途走到这个份上，真是让百姓寒心呀！

【原文】

古之从仕者养人，今之从仕者养己。

古之居官也，在下民身上做工夫；

今之居官也,在上官眼底做工夫。

【译文】

古时候做官的人体恤百姓,现代做官的人却只知关心自己。古时候做官的人在百姓身上下功夫,现代做官的人则是在上司眼里做工夫。

【解读】

从古至今就提倡做官要廉洁公正,但是每个朝代都有贪官搜刮民膏民脂,每个朝代都有恶官欺压百姓,清官好官才是百姓渴望的父母官。要将纱帽看得破,做一天官,就要办一天事,绝不能够做违背良心的事。官位得做便做,不得做便不做,只有来去自如,才会心地坦然,如果有患得患失的想法,甚至通过对上司的拍马溜须来保位争功,独私垄断,即使一时有所得,也不能保持长久,终将在幻境中覆灭,岂不是自讨苦吃?

【原文】

在家者不知有官,方能守分;在官者不知有家,方能尽分。

君子当官任职,不计难易,而志在济人,故动辄成功;

小人苟禄营私,只任便安,而意在利己,故动多败事。

【译文】

在家的人不知道去求官,才能安分守己;做官的人不知道自己有家,才能尽职尽责。君子做官任职,不计较事情的难易,志在帮助贫困的百姓,所以常常能够取得好的功名;小人多无功受禄营私舞弊,只做容易的事,目的是为了图谋私利,因此常常身败名裂。

【解读】

无论做什么,一定要尽到自己的职责,全心全意为自己的职责奋斗。无论是持家,还是为官,都要一心一意,只有珍视自己的地位和所从事的事业,忘掉一切私心杂念,才能做好自己的分内事,尽到自己的责任。为官从政,君子为的是帮助贫困的百姓,小人则是为了图谋私利,功名的成败和付出的努力有关系,只有尽自己最大的努力付出了方可成功。

【原文】

职业是当然底,每日做他不尽,莫要认作假;

权势是偶然的,有日还他主者,莫要认作真。

【译文】

靠职业谋生是理所当然的,天天做都做不完的事,切不可认为它是假的;权势是偶然的,终有换主的一天,切不可把权势看得太认真。

【解读】

世上有不少的人把天地间真实的道理当作虚假之事不予理睬,而把虚无缥缈的事物当作正事来干。主次颠倒,甚至本末倒置,这样是不可能成就一番事业的。荣华富贵、功名利禄犹如过眼云烟,生不带来,死不带去。对其追求无可厚非,如果不择手段地索取,必会深受其累,害人害己。克勤克俭,无怠无荒。健康的简朴的物质生活,有利于崇高的精神生活。简单淳朴的生活,无论在身体上,还是精神上,对每个人都是有益的。

【原文】

一切人为恶,犹可言也,惟读书人不可为恶,

读书人为恶,更无教化之人矣。

一切人犯法,犹可言也,惟做官人不可犯法,

做官人犯法,更无禁治之人矣。

【译文】

任何人做坏事都情有可原,只有读书人不可以作恶,如果读书人作恶,那么就没有可以教化百姓的人了。百姓犯法还说得过去,但是做官的人不可以犯法,如果做官的人犯法,那么就没有执法治世的人了。

【解读】

大教育家孔子教学生,很重视道德,很重视学问。但道德学问,要落实到当官。孔子曰:“仕而优则学,学而优则仕。”他说得很清楚,德行好了,有余力,要做学问。学问好了,有余力,要当官。归根结底读书要当官。他的典型说法是,“君子谋道不谋食”“君子忧道不忧贫”,在他看来,种地,只会饿肚子;读书,才能吃官饭。长远看,吃官饭,肯定比种地划算。孔子虽然提倡做官,但是做官有做官的原则。孔子做官,是要劝说当时的统治者,让他们接受他的治国方略,挽救日益衰败的东周世界,不像他的后继者,光是投其所好。

【原文】

士大夫济人利物,宜居其实,不宜居其名,居其名则德损;

士大夫忧国为民,当有其心,不当有其语,有其语则毁来。

【译文】

当官的人救世济民,应该看重实效,不能只图虚名,只图虚名就会损害德行;当官的人忧国为民,应该尽心尽责,不能到处夸耀,夸耀必会招来诋毁。

【解读】

做官成功与否与在位的业绩有莫大的关系,要想流芳百世,就要勤奋努力从政,为百姓造福。名位与业绩是两码事,有的官员爱追求显赫的名声与地位,有的官员则是勤政爱民,为国为民排忧解难,救助困难的人,创造实实在在的业绩。有的官员在业绩面前被冲昏了头脑,忘乎所以,开始骄傲自满、不思进取,有的官员在业绩面前谦虚谨慎、积极进取,当作鼓励再接再厉。官员做的是对是错,最有评判资格的就是其治理下的老百姓了。

【原文】

以处女之自爱者爱身,以严父之教子者教士。

执法如山,守身如玉,爱民如子,去蠹如仇。

【译文】

自爱如同处女洁身自爱,教人如同严父教子。执法严如山,守身犹如玉,爱民犹如子,去害犹如仇。

【解读】

做官要爱惜自己的名节,像处女爱护自己的身体一样,只有懂得自尊自爱的人才会得到别人的爱护和尊重。做官自爱自尊,才会得到百姓的拥护和爱戴。做一个廉洁公正的官,就要勤俭节约、大公无私,为民造福、为百姓当家做主,秉公执法。

【原文】

陷一无辜,与操刀杀人者何别?

释一大憝[1],与纵虎伤人者无殊!

【注释】

①憝:坏,恶。

【译文】

诬陷无辜的人,与持刀杀人者又有什么区别?释放一个恶人,与纵虎伤人者又有什么区别?

【解读】

作恶之人是平民百姓要铲除的恶贼,只有将他们铲除了,百姓生活才能和平稳定。还有一些欺诈诬陷良民的恶徒因多在暗中行事,为官者需明察暗访才能发现端倪,这一点居官者不可不居安思危呀!做官一定要秉公办事,执法如山,不能冤屈好人,以公报私,徇私妄情。

【原文】

针芒刺手,茨棘[1]伤足,举体痛楚,刑惨百倍于此,可以喜怒施之乎!

虎豹在前,坑阱在后,百般呼号,狱犴[2]何异于此,可使无辜坐之乎!

【注释】

①茨棘:蒺藜和荆棘,泛指有刺的植物。②狱犴:牢狱。

【译文】

针尖刺手,荆棘扎足,都会全身疼痛不已,而酷刑又比这疼痛百倍了,怎能凭自己的喜怒就乱施刑罚呢?虎豹在前,陷阱在后,不停地呼叫,这与身处牢狱又有何区别呢?怎能使无辜的人坐牢呢?

【解读】

断案不能带有私情,否则就会错判冤判,害人害己,有损自己的名誉,伤害了百姓。断案如果带有私情就会滥施酷刑。断案的时候切忌发怒,一定要保持冷静,如果发怒等到心平气和后再从头开始。如果判案不仔细分析案情,只凭主观臆断,或是依靠酷刑,就会造成无数屈打成招的冤假错案,这不但灾及其身,还会祸延子孙,一定要引以为戒。

【原文】

官虽至尊,绝不可以人之生命,佐己之喜怒;

官虽至卑,绝不可以己之名节,佐人之喜怒。

【译文】

官位即使再高,也决不能拿别人的性命成全自己的喜怒之情;官位即使再卑贱,也决不能拿自己的名誉气节去附和他人的喜怒情绪。

【解读】

法官的过失,主要不是因为错判了几件案子,而是自己对案情研究不够。如果判决一人入狱，却引来多人的痛哭哀号；如果判决一人有罪，却累及妻儿老小，如此冤案，还自以为对得住自己的良心，自以为断案大公无私，实在太可悲了。有的官员甚至因钱财的诱惑和权势的压力糊涂判案，冤屈清白之人，替有权有势的人出气，这样官员没有不贻害子孙的。

【原文】

听断之官，成心必不可有；

任事之官，成算必不可无。

【译文】

断案的官吏绝不可以有成见；担任大事的官吏一定不能没有打算。

【解读】

判官要保持公平正直，立场中立。所谓法官中立，是指法官审案具有独立性，既不受诉讼当事人意见的支配，也不受社会舆论的控制，更不能成为政府权力的附庸。具体地说，就是要求法官在审理过程中必须做到不偏不倚，不倾向于任何一方当事人，不对任何一方存有偏见，而应当在控辩双方之间保持中立。在司法机关的中立性体现中，法官起着重要的作用。对法官的中立要求法官在对当事人进行诉讼指导，诉讼活动的主持，案外权力干扰的处理及利益分配，纠纷裁决等方面要始终保持不偏不倚，不带任何倾向性，不被权力的压制、亲情友情和利益诱惑所困扰。法官不能基于亲戚、朋友，或者是个人的一已之私，或者为了金钱，主动去启动纠纷的诉讼程序，从而使一方当事人得到偏袒，而使另一方当事人的利益受到不当损害。断案之官要以理判决，决不能徇私妄情，甚至依附势力权贵，否则就妄对自己所处的判决之位了。任事的官员做事要有主见，要果断，否则就容易受他人摆布，错断糊涂案子，冤枉无辜之人。

【原文】

无关紧要之票，概不标判，则吏胥无权；

不相交涉之人，概不往来，则关防自密。

【译文】

无关紧要的公文，一律不签发，这样衙役就不会欺上瞒下；没有关系的人，一律不来往，这样官署内的防范体系就能严密。

【解读】

历史上有些官员，向外诉说无稽之谈，以迷惑他人的视听，在内泄露机密之语，以显示自己的交游能力。甚至以假当真，欺骗他人来获取个人利益，或是为了争夺权位，或是为了赢得更大的权贵。还有一些人以权术之变与仕宦相亲密，以溜须拍马的形式乘机谋求利益。为官从政应该忌讳这些！要经常提醒自己保持公正清明，就会避免小人的迷惑。要经常深入实际明察暗访，就会避免小人的蒙蔽。

【原文】

无辜牵累难堪，非紧要，只须两造对质，保全多少身家！

疑案转移甚大，无确据，便当末减从宽，休养几人性命。

【译文】

连累无辜，造成难堪，这并不要紧，要紧的是双方对质，就可保全许多清白之人！疑案问题很多，没有确凿证据，就应当从轻论罪、从宽处理，这才可多保住几个人的性命。

【解读】

不管是普通百姓还是当官的,被牵扯在是非之中,不能怒火冲天,一定要冷静头脑,想办法排忧解难。只要自己行得正,就要胸有成竹地维护自己的名誉。自古以来的清官断案,都会根据事实,依法断案,都认为不连累他人的裁决是最好的结局。像古代那些抄其全家、灭其九族的酷刑,不知使多少人蒙受不白之冤,枉送了性命。有些当监狱长的,还有一些命官一心想抓到案犯,为奉承上司,甚至错抓,见死不救,实在让人可憎可恨。

【原文】

呆子之患,深于浪子,以其终无转智;
昏官之害,甚于贪官,以其狼藉及人。

【译文】

痴呆的人带来的祸患远远大于浪子,因为他毕竟没法变得聪明、理智;昏官所造成的危害远远大于贪官,因为他可使民不聊生。

【解读】

呆子傻子,是智力低下,不明事理的人。昏官与呆子傻子有相似的地方,不明事理,胡作非为,对案情不深入调查,断案不分青红皂白、是非曲直。这样就不只导致冤假错案,而且还会扰乱时局,不利于社会的长期稳定,使百姓怨声载道。贪官看重的是钱财名利,但他们并不糊涂,只不过一时财迷心窍,凭借一些卑劣的手段谋取私利,如果及时地监督、警告,就可以改过自新。在没有利益关系时,他们在为政始终保持着一条底线,那就是不会把百姓逼入水深火热的绝境,不会导致造反起事的。

【原文】

官肯着意一分,民受十分之惠;
上能吃苦一点,民沾万点之恩。

【译文】

做官的人肯关心百姓一分,百姓就会得到十分的恩惠;做官的人肯吃一点苦,百姓就会得到无穷的恩泽。

【解读】

勤政为民的好官是百姓的福气。勤政为民是为政之要,是从政人员不可缺少的价值取向,是为官者的立身之本。自古以来,无论官员还是老百姓都把勤政为民的官员视为好官。做官的人疏于政务,就不能了解百姓的疾苦,不能做到为百姓排忧解难,反而会祸及百姓,这样的官员比贪官酷吏还可恶。懒惰的官员往往急需解决的案情,他们推诿拖延,百姓遭遇横逆,却无处申冤;百姓即便告官,又迟迟得不到答复,这样只会受到百姓的怨恨,何谈百姓的拥护与爱戴。

【原文】

礼繁则难行,卒成废阁之书;
法繁则易犯,益甚决裂之罪。

【译文】

礼节过多就难以推行,最终将成为束之高阁的书籍;法律过繁,百姓就容易触犯,比严刑死罪还要残酷。

【解读】

礼为六艺之一,“六艺”指中国古代儒家要求学生掌握的六种基本才能:礼、乐、射、御、书、数。礼不可不讲求,因为中华民族自古以来就是个礼仪之国。但是,礼节如过于繁缛复杂,就会使人没有时间来管,往往顾此失彼。所以礼节贵在以实用为佳,一些装模作样之态,甚至是无伤伦理的琐屑礼节,不必去刻意地讲求效仿。为官从政制定法律条文也是如此,贵在实用有效,目的是要使法律逐步完善,当严则严,当宽则宽。如果一味地增加条文规定,就会对民众的束缚越来越多,在失去更多自由的情况下必然会使民怨沸腾。

【原文】

善启迪人心者,当因其所明而渐通之,毋强开其所闭;

善移易风俗者,当因其所易而渐反之,毋强矫其所难。

【译文】

善于启发人心的人,就会用循序渐进的方法从他人知晓处因势利导,而不会强迫其接受自己的意见;善于改善风俗的人,就会从容易处渐渐引导,而不会用强制手段使别人改变自己的风俗习惯。

【解读】

俗话说,治人如治水,适合疏通。教育他人,要因材施教,切不可千篇一律地采用传统的教育方法或是固执己见。每个人的天资不同,兴趣和爱好更有差异,分析每个人自身的具体条件去制定相应的施教之法,才会提高学习效率,才会使之学有所成。为官从政,如想改善一方风俗,意图是好的,也要讲究方法,首先就要以身作则,起到良好的榜样作用,这样百姓才会纷纷追随效仿。如果强行改俗易风,不仅很难达到目标,而且会激起百姓的抵触,甚至官位不保。

【原文】

非甚不便于民,且莫妄更;

非大有益于民,则莫轻举。

【译文】

不是非常不利于百姓的法令,不要轻易更改或废除。不是非常有益于百姓的法令,也不要轻易实施。

【解读】

做官治理一方的时候,推行新的政策法规,一定要深思熟虑,小心谨慎。身为地方父母官,必须深入实际,了解当地民情。要推行新的政策法规,必须对症下药,才会收到良好的效果。根据地方民风习俗来施教治理,体察疏漏之处以防意外之灾,这才是从政施教的根本。认为有利于民,便不惜财力物力地操办,等事成之后才知得不偿失,为民所谋之利远比不上浩大的投入,所以要深谋远虑。认为某事对百姓有害,便立即制止废除,后来才知侵害的是更多人的利益,而维护的只是少部分人的权益。可见,为官从政只有高瞻远瞩、眼光长远,才能多为百姓办实事。

【原文】

为前人者,无干誉矫情,立一切不可常之法,以难后人;

为后人者，无矜能露迹，为一朝即改革之政，以苦前人。

【译文】

作为前人，不要为了名誉而有矫揉造作的举动，制定许多不切实际的法规，使后人难以推行；作为后人不要骄傲地炫耀自己的才能，去施行短时间就要改革的法令，去挖苦前人。

【解读】

古代的开国君王为了巩固自己的地位，制定了严刑酷法来统治天下，而不是采取休养生息的缓和政策，结果致使王朝迅速灭亡，断送在子孙手里。纵观中国封建社会的短命王朝，秦朝、西晋、隋朝的灭亡，都与严酷的刑法有着莫大的关系。后人在制定法规时也有不足之处，有的官员为了炫耀自己，竟借助推出一些规章制度来显示自己的高明之举，这不但束缚了人们的思想与行动，还辱没了先人的遗志，落个不肖的恶名。为官从政应该“德法并重”，“严宽并重”，太严了就会走向专横，太宽了，就会被一些小人利用。

【原文】

事在当因，不为后人开无故之端；
事在当革，毋使后人长不救之祸。

【译文】

事情应当沿袭古法的，不要轻易改变，以免为后人开了无故的事端；必须废除的腐朽制度，应当及时改革，不要给后人增添难以补救的祸患。

【解读】

为官从政，推行新的政策一定要考虑周密。往往新的法令颁布，都是利害相交的，有利也有弊，对一些人有害，对一些人有利，受益的人们肯定会大力支持，受害的人们就会反对，设法阻止。但不能因为有弊就不立新法，更不可因为有弊端而轻易废除一些存在很久的法律。没有弊端的法令非尧舜不能颁布，所以常人在制定法律时错误是难免的，只要新法有利于人民群众，就应该坚持推行。颁布法律的目的是为了趋利避害，利多害少就应当继续执行，害多利少，就应当及时废弃。

【原文】

利在一身勿谋也，利在天下者谋之；
利在一时勿谋也，利在万世者谋之。

【译文】

如果所做的事情只有对自身有利就不要设法寻求，只有对天下苍生有利的事我们才去谋划；如果所做的事情只在短时间有利就不要设法去做，只有对千秋万世有利的事情我们去谋划。

【解读】

为官从政，要以国家社稷为大，要以天下苍生为重。自私自利之事少做，自私自利的事情多会损害到他人的利益，甚至是在众目睽睽下谋夺人民大众的利益，这无异于以一己之力与天下为敌，其结果必然以失败告终。不图谋策划短暂的利益，图之将得不偿失、后患无穷；鼠目寸光害人害己。谋大事者，要深思熟虑，高瞻远瞩，才会成就造福人民大众的大事业；目光短浅，只重眼前，虽偶有所得，但从长远来看，害大于利。

【原文】

莫为婴儿之态,而有大人之器。

莫为一身之谋,而有天下之志。

莫为终身之计,而有后世之虑。

【译文】

不要耍小孩子脾气,而应有成年人的气度。不要只是为个人谋私利,而应该是志在四方。不要只是为自己的一生谋划,同时也要为子孙后代的利益深谋远虑。

【解读】

气量恢宏,胸怀宽广,是成就大事的必备气质。大公无私,志向远大,是建功立业的德行根基。拥有博爱胸怀,为子孙后代造福,为天下大计着想,而不是只为一己私利,这便是为官从政者长久保持官位之法。好官贵在能勤政为民。勤政为民、廉洁从政的更高工作标准,要对新任职官员的关爱和提醒,要多对新任职官员谈珍贵的从政经验。值得所有为官者三思:始终做到勤政为民,既是对国家、对事业负责,也是对家庭、对自身负责。勤政为民者,才能得到广大人民群众的真心拥护和爱戴。

【原文】

用三代以前见识,而不失之迂;

就三代以后家数,而不邻于俗。

【译文】

可以借用三代以前的知识,但不可迂谬守旧;可以借用三代以后的治家之法,但不可落入俗套。

【解读】

后人认为此处的“三代”有三种解释。第一种解释一是:夏、商、周。《荀子·王制》中有就有:“道不过三代,法不贰后王。”第二种解释是祖、父、子三辈人。第三种解释是曾祖、祖父、父亲三代长辈。

学习圣贤前辈持家治国之道,不可因循守旧,更不可过于迂腐。我们无论向前辈学习还是向晚辈学习,都要本着一条原则,取其精华去其糟粕,取长补短。要用心理解,融会贯通,不能断章取义,根据实际情况随时易俗,除弊兴利,才能求得一番援古证今、变通官民的新道理来。

【原文】

大智兴邦,不过集众思;

大愚误国,只为好自用。

【译文】

有大智慧的人能够兴邦立国,是因为能够集思广益;愚蠢之人治国必定祸国殃民,原因就是他们喜欢刚愎自用。

【解读】

为官从政一定要明白“兼听则明,偏信则暗”这个道理,对实现自己公正廉洁的目标大有帮助。愚蠢之人多是固守己见,容易感情用事,在任何事情上他们都可能挑起事端。如果把国家交给他们治理,就会祸国殃民。

【原文】

吾爵益高，吾志益下。
吾官益大，吾心益小。
吾禄益厚，吾施益博。

【译文】

我的官位越高志气就应越低，我的官位越大心念就应越少，我的俸禄越丰厚施舍就应越广泛。

【解读】

知足常乐是一种难得的生活情趣。贪得无厌地追逐钱财名利的人，就是因为对所得到的永远不满足，所以胸中的欲望之火便无法熄灭，无法控制，最终会伤害自己甚至吞噬了自己。知足常乐的人，乐天知命，安于现状，与世无争，悠然自得。知足之人往往能轻松自在地享受生活，他们不会独自受用劳动成果，而是心甘情愿拿出来与人分享，他们想要的不是金钱，更不是名誉，而是简单快乐的生活。

【原文】

安民者何，无求于民，则民安矣。
察吏者何，无求于吏，则吏察矣。

【译文】

怎么样才能使百姓安居乐业呢？不向百姓搜刮财物，那么百姓便能享受平安了。怎么样才能使官吏廉洁呢？不向官吏提出太多的要求，那么他们就可以廉洁了。

【解读】

历史上的贪官污吏连百姓最低的要求都要剥夺，才致使民不聊生，天下大乱。对官员的监督无须耳提面命，更不可过于严厉苛刻，只要让他们按理行事就足够了。这就像给人施恩，施恩太多会让人无法回报，心里不安；不施恩会落下无情无义的恶名，只有给最需要帮助的人们施恩，能解决实际困难的恩惠，才会让受恩者喜欢。

【原文】

不可假公法以报私仇，不可假公法以报私德。
天德只是个无我，王道只是个爱人。

【译文】

不能以国家法律来报复私人的仇怨，也不能以国家法律来报答私人的恩德。公德在于无私，王道在于爱民。

【解读】

做官一定要大公无私，两袖清风；要努力做到办事公平正直，不徇私情；要全心全意为人民群众的利益着想，毫无自私自利之心。无论是报仇，还是报恩，都要局限在受恩与施恩之间。借他人之手报仇，以国家的财物来报恩，这不但违背了社会公德，也违背了国家的法律，更重要的是给他人和自己带来危害，伤害了别人的身心、名誉，也损害了自己的形象。总是妄想利用他人，自己坐收渔翁之利，如果稍有疏忽，就可能自食恶果。

【原文】

惟有主，则天地万物自我而立；

必无私，斯上下四旁咸得其平。

【译文】

只要有主见，对待天地万物便会有自己遵循的原则；绝对没有私心，就能大公无私地对待周围一切事物。

【解读】

做好官要有主见，要集思广益，要善于纳谏。做官要先学做人，做人是做事、做官的基础，正所谓“做官一阵子，做人一辈子”。做好官就要做一个开明的人。“开明”就是开通、明白事理、舍得利益。开通的人能够听进逆耳忠言，可以接受他人批评，并加以指导和完善自己的言行；明白事理的人能够在大事面前坚定立场，可以在矛盾困难中镇定自如、从容应对；舍得利益的人，才能够取得更大的发展，才可以获得各方的肯定。就像种瓜得瓜、种豆得豆。除此之外，做好官要有创新精神，要勤政为民，要宽容大度。

【原文】

治道之要，在知人。君德之要，在体仁。

御臣之要，在推诚。用人之要，在择言。

理财之要，在经制。足用之要，在薄敛。

除寇之要，在安民。

【译文】

治国的关键在于知人善任，君王的德行关键在于体恤和仁爱，驾驭臣子的关键在于以诚相待，用人的关键在于善于纳谏，理财的关键在于经理节制，丰衣足食的关键在于减轻徭役和降低赋税，消除盗贼的关键在于使人民安居乐业。

【解读】

无论学习还是做官都要学会做事情抓重点、抓主要矛盾。凡事抓住重点，就离成功不远了。许多人只见树木，不见森林，甚至走向相反的方向，找错了对象。喋喋不休的谈论成了无用的推理分析，无法抓住事物的核心问题。他们在边缘上徘徊，让自己受累，也让他人受累，却看不到事物本来面目，自己解决问题没有一点头绪。不懂得如何整理混乱的头绪的人大多是这样的。该放弃的他们不懂得放弃，结果浪费了大量的时间和精力，导致没有更多的时间和精力来处理那些关键的问题。必须善于分析矛盾、善于抓重点，因势利导，掌握方法，学会放弃，才会成功。

【原文】

未用兵时，全要虚心用人；

既用兵时，全要实心活人。

【译文】

战争没有开始时，要虚心地任用人才；战争已经发生，要心存仁慈且不可滥杀无辜。

【解读】

唐太宗即位初期，因隋鉴不远，故能励精图治。随着功业日隆，生活渐加奢侈，挥霍无度，“喜闻顺旨之说”，“不悦逆耳之言”。魏徵为此十分担忧，多次上疏切谏，魏徵以“思国之安者，必积其德义”的主旨，规劝唐太宗在政治上要慎始敬终，虚心纳下，赏罚公正;用人时要知人善任,简能择善;生活上要崇尚节俭,不轻用民力。这些主张虽然以巩固李唐王朝为出发点,但客观上使人民得以休养生息,有利于初唐的强盛。战争的胜败靠的是将领的指挥和士兵的勇敢拼命,所以战争前一定要选拔好精兵强将,精壮的士兵,有谋略的将领,才是制胜的保障。两军交兵,不斩来使。行军打仗也是有原则的,且不可乱杀无辜。秦国名将白起坑杀四十万投降赵军,表面铲除了强敌,但其残忍无道的本性促使其他六国众志成城,决定联合抗秦。

【原文】

天下不可一日无君,故夷齐[①]非汤武[②],明臣道也。
不然,则乱臣接踵而难为君;
天下不可一日无民,
故孔孟是汤武,明君道也。
不然,则暴君接踵而难为民。

【注释】

①夷齐:夷、齐商末孤竹君之子伯夷、叔齐。反对周武王讨伐商王朝,不食周粟而饿死。②汤武:汤,商朝的建立者;武,周武王姬发,西周王朝的建立者。

武王伐纣

【译文】

国家不可一日没有君王,所以夷齐等圣贤之士否定商汤和周武,以此来阐明为臣之道。不然,乱臣贼子就会接踵而来,使君主痛苦不堪。国家也不可一日没有百姓,所以孔孟等儒家名流肯定商汤和周武,以此来阐明为君之道,不然,暴君就会不断涌现,使百姓苦不堪言。

【解读】

《史记·伯夷列传》:"伯夷、叔齐,孤竹君之二子也。"夷齐,比喻有气节,不接受敌人施舍。为臣之道在于忠心耿耿,虽然在商汤、周武的治世年代也有奸臣出现,但不能凭此就否定太平盛世的明君贤臣。国以民为本,民以食为天。平民百姓是国家的根本,虽然在商汤和周武统治下的百姓也都经历了不少患难,但不能凭此就说商汤与周武王不是贤德爱民之君。

【原文】

庙堂之上,以养正气为先;
海宇之内,以养元气为本。

【译文】

朝廷之上要以培养刚正的气节为先;一国之中要以培养人才为根本。

【解读】

能使贤人君子不口是心非,就是浩然正气;能使黎民百姓不怨声载道,就是纯正元气。这也是万世帝王得以保天下的关键所在。朝廷中刚正之气不失,百姓身上的纯正元气就不会丢。所以说,国家的稳定发达,百姓的安居乐业,完全掌握在朝廷中的君臣手里。当今时代，人才强国已成为国家战略。为官从政要将人才作为科学、经济发展最宝贵的资源，把人才的引进、培养作为工作的重要项目，高度重视人才。然而，在实际工作中，有些地方和单位或存叶公好龙之心，或有求全苛责之意，人才工作华而不实，不能称心如意。对待人才正确的态度和办法，应该是既要重视，更要重用。

【原文】

人身之所重者元气，

国家之所重者人才。

【译文】

人的身体最重要的是保持元气，国家最重要的是培养人才。

【解读】

“元气”指人的精神，精气；中医学名词，人体的正气，与“邪气”相对。如今的社会，人才就是生产力。人才兴则民族兴，人才强则国家强。历史和现实表明，人才是社会文明进步、人民富裕幸福、国家繁荣昌盛的重要推动力量，人才是社会进步的助推器，人才是经济社会发展的第一资源。当前，世情、国情正在发生深刻变化，人才发展面临新形势新任务新挑战。世界正处于飞速发展大变革大调整时期，世界多极化、经济全球化深入发展，科技进步与日俱进，知识经济方兴未艾，国力的综合竞争归根结底反映在人才竞争之上，人才已经成为一个国家的核心竞争力。这就要求国家负责人要善于发现人才，而后去培养人才，把他们放在各自相应的岗位上为国奉献，为民造福，才会推动社会的进步，国家的发展。

惠吉类

善为至室，一生用之不尽。心作良田，百世耕之有余。世事让三分，天空地阔。心田培一点，子种孙收。

【原文】

圣人敛福，君子考祥；作德日休，为善最乐。

【译文】

圣人并不仅仅知道追求个人幸福，君子还想着成就吉祥。积德如同每日休息，休息好了，就会心安理得，施恩积德，就会每天生活得坦荡安然，做好事是最快乐的事情。

【解读】

要想真正地积德行善，就要努力做到“勿以恶小而为之，勿以善小而不为”。不要认为坏事小就去做，不要认为好事小就不去做。在日常生活中要求自己弃恶扬善。弃恶扬善、惩恶扬善是中国传统的宝贵品德，在历史上起到过积极作用，今天我们要继续继承和弘扬它，同时要为之赋予新的时代精神。弃恶扬善要培养我们明辨是非、爱憎分明、积德行善的情感和意志，使我们的行为达到善的标准。弃恶扬善首先要学习前人的善良品质和高尚人格，学会发掘生活中的闪光点，明辨善恶，择善而为。其次要心存善念，这是使我们弃恶扬善的情感和意志变为行为的关键。善念是万善之门，从这里可以走向人生的制高点；善念支配人们的行为，能使良好的道德行为通过善念的心理活动得以实现；善念是善行的先导，一种心理状态，一种思想感情，也是一种道德情感;善念是道德行为实施的内在动因,是指导人们去行动的无形的内趋力。

【原文】

开卷有益,作善降祥。

【译文】

读书总是有好处,做好事上天就会赐予吉祥。

【解读】

读书之于心灵,犹如锻炼之于身体。读好书,就像在同历史上最杰出的人交谈。从古至今,知识改变着人类的命运,让我们的人生变得富有。而书籍是知识的一种载体,许多圣贤智者将自己的智慧融入书中,供无数人后人借鉴,得以启迪和领悟,从无知与愚昧中走出来。书籍是获取知识的重要来源,可以开阔人的眼界。大家都知道读书的目的不仅仅是为了获取知识,更重要的是通过书中的知识来培养高尚的道德和优秀的品行,实现修身养性的效果,这样才会真正受益。要与时俱进,人贵有活到老学到老的精神。

【原文】

崇德效山,藏器①学海。

群居守口,独坐防心。

【注释】

①藏器:收藏才能。《易·系辞下》:"君子藏器于身,待时而动,何不利之有。"器,引申为才能。

【译文】

修养自身的品德要效法高山,内心宽广要像海一般辽阔。与他人在一起要谨慎言行,自己独处要防止胡思乱想。

【解读】

胸怀宽广指有气魄、有气度,需要慢慢修炼才能够做到,不计较眼前得失。古人有"塞翁失马,焉知非福"之说,要知道,眼前的损失,可能就是将来的报酬。何况任何个人的状况总是比上不足,比下有余的。所以,遇事要换位思考,不能总从个人利益出发,也要多从他人立场考虑。想通了,自己宽心,大家宽松。所以,不计较包含了感恩的思想,助人的意识。俗话说得好,"宰相肚里能撑船"。对于微不足道的小事,大家各让一步就平安无事。没有必要小事化大事,大动干戈一场。做一个心胸开阔的人,努力修炼大海一样的胸怀。日常生活中发生误会甚至是矛盾冲突是常有的事,关键是如何化解矛盾。宽容的人会主动原谅他人的过失,一笑而过;宽容的人能化敌为友,用宽容征服敌人。宽容有利于解决问题消除矛盾,使人们之间的关系变得融洽。

【原文】

知足常乐,能忍自安。

【译文】

知道满足的人就能够经常感到快乐,能够包容的人自然会平安。

【解读】

忍一时风平浪静,退一步海阔天空!容忍是一种高尚的人格修养,一种"宰相胸襟”，一种大将风度。能忍自安，容忍要心怀坦荡，宽容他人。要实现容忍，就必须做到互谅、互让、互敬、互爱。互谅就是彼此理解，不斤斤计较个人恩怨。人人都是有感情和尊严的，既需要他人的体谅，又有义务谅解他人。有了相互之间的谅解，就能保持平静的心境和宽容的品格。互让，就是彼此谦让，不计较个人的名利得失。心底无私天地宽，自觉做到以集体利益为重，把好处让给别人，把困难留给自己，互相之间的矛盾容易化解；对个人得失斤斤计较是难以和他人和睦相处的。互敬，就是彼此尊重。尊重别人是一种美德，“敬人者，人自敬之”。如果无视他人的存在，视他人为空气，他人会视其为灰尘，避而远之。互爱，就是彼此关心，不计较品质气质的差异，爱能包容大千世界，使千差万别迥然不同的人和谐地融为一个整体；爱能化解矛盾，消除猜疑、嫉妒和憎恨，使人们之间变得更加和谐。

【原文】

穷达有命，吉凶见人。

【译文】

一个人的一生是穷困潦倒还是富贵显达，都是由命运决定的，但是一生的吉凶祸福却是由个人造就的。

【解读】

“谋事在人，成事在天”说的是自然界的生存法则，任何存在的事物都需要具备主观和客观丽个方面的条件。“谋事在人”强调的是主观方面的条件，要想成就一番事业，首先要自己努力付出，自身起主要作用。“成事在天”强调的是客观方面的条件。也就是外部因素。“谋事在人”与“成事在天”，是对立统一的。也就是说，宇宙是个微观有序而宏观混沌系统，万事万物的发生有其必然性同时也都有概率性，这种有概率的必然性的事件必须用有概率的竞争性机制来处理。总之，要明白一个道理，命运主要掌握在自己手里。

【原文】

以镜自照见形容，以心自照见吉凶。

【译文】

自己照镜子可以看到五官容貌，用心做镜子可预知吉凶祸福。

【解读】

人说，最能看清自己的是镜子；镜子说，最难看清自己的是人。照镜子是为了看清自己模样的，如果没有镜子我们便无法看清自己的模样，照镜子可以打扮自己的容貌衣冠。有镜子，我们就可以穿戴得体，能使自己给别人留下良好的印象。每个人的眼睛都是一面小镜子，可惜这个镜子只能照别人却不能照自己。心镜是用来明察、反省自己德行的。自己用心反省言行可以明白自己的得失，预测吉凶，从而及时地改正，完善自我，避免祸患。

【原文】

善为至宝，一生用之不尽。心作良田，百世耕之有余。

世事让三分，天空地阔。心田培一点，子种孙收。

【译文】

善良是一个人最宝贵的品质，一辈子受用无穷；如以善心作良田，后代子孙绵延耕种不完。凡事能退让三分,这样就会使天地更宽广;心中培养一点善念,子孙就会收获不完享受不尽。

【解读】

时间如流水一去不复返,聪明的人会努力适应现实而注意时刻调整自己,无论是思想还是外表都要与时俱进。这一法则放之四海而皆准,唯有"善"字除外,因为行善之事要贯穿人生始终。善良是人最宝贵的品德,讲真话、守诺言都是看似陈旧的东西,善良似乎也只属于过去,但善良的人却常常受人尊重、爱戴。善良本身就是一种爱,做善事的人,一定是有爱心的人,给陌生人一些帮助,这是一种大爱!就像我们都祈祷世界和平,所有人都幸福快乐一样!善良的力量可以打败一切邪恶,使我们生存的环境变得更美好。

【原文】

要好儿孙,须方寸中放宽一步;

欲成家业,宜凡事上吃亏三分。

【译文】

要想有贤能孝顺的子孙,做事时就需要宽宏大量。要想成家立业,凡事都要肯吃亏。

【解读】

要想成就一番事业,首先就要懂得;肯吃亏,会吃亏,不怕吃亏!目光远大者能吃小亏,有勇气的人敢于吃小亏,有智慧的人懂得吃小亏。

【原文】

留福与儿孙,岂必尽黄金白镪;

积德为产业,由来皆美宅良田。

【译文】

留福分给子孙后代,不一定尽是些黄金白银。把积德行善作为祖业,胜过给子孙后代良田美宅。

【解读】

积德行善也不是件容易的事,它不仅仅要求我们多做好事,多帮助别人,少作损人利己的事,它还要求我们多爱自己的国家多关心社会,做自己力所能及的事奉献社会!

【原文】

存一点天理心,不必责效于后,子孙赖之;

说几句阴骘语,纵未尽施于人,鬼神鉴之。

【译文】

心存一点天理良心,不必苛责子孙学习效仿,到时子孙自会依靠其谋求福分。说几句积阴德的话,即使没有完全施恩于他人,上天自会知道。

【解读】

有些人对别人过于苛刻,总是把原本芝麻大小的事说得比西瓜还要大。并以此来否定一切。他们的怨愤能把事情推向极端,有时候他们也确实是出于善良的本意,但因为鲁莽或是急于求成而造成过失。

【原文】

非读书，不能入圣贤之域；

非积德，不能生聪慧之儿。

【译文】

不肯读书，便不能达到圣贤的境界；不肯积德，便不能养育出聪明的子女。

【解读】

"玉不琢不成器，人不学不知道。"只有勤奋读书，才能获得渊博知识，才能得到真知灼见，才能明白事理，才能发挥自己的才干为家为国尽自己的薄力。不管家境如何困难，我们都不要忘记以书籍充实自己的生活，更不能剥夺孩子受教育的权力。

【原文】

多积阴德，诸福自至，是取决于天。

尽力农事，加倍收成，是取决于地。

善教子孙，后嗣昌大，是取决于人。

事事培元气，其人必寿；念念存本心，其后必昌。

【译文】

多做积德行善的事情，福分就会不请自来，这一切取决于上天。辛勤劳动努力耕种，就会有更多的收获，这一切取决于天地。教导子孙后代积德行善，便能儿孙满堂光宗耀祖，这一切取决于人。凡事都能够培养元气，这样的人必能长寿；心思能够以善为本，后代便能兴旺发达。

【解读】

谋事在人，成事在天；种植在民，收获靠地。天地我们无法左右，但教导子女如何为人处事，是每一位父母应尽的职责。父母是子女的榜样，父母的所作所为就是最好的教科书，父母积德行善，孩子自然会效仿，子女也会贤能孝顺。所以，行善为立身持家之本。善行使我们无愧于心，得到更多人的信任与尊重。教导子孙积德行善，就能使他们在未来的社会中行得正，站得稳，也能使家业繁荣昌盛。

【原文】

勿谓一念可欺也，须知有天地鬼神之鉴察。

勿谓一言可轻也，须知有前后左右之窃听。

勿谓一事可忽也，须知有身家性命之关系。

勿谓一时可逞也，须知有子孙祸福之报应。

【译文】

不要有一丝欺人的念头，要知道天地鬼神能明察秋毫。不要说一句轻狂之言，要知道左右之人会偷听到。不要疏忽了身边小事，要知道一些小事也会关系到一家人的性命。不要随便逞威风，要知道子孙后代会遭到祸福的报应。

【解读】

他人指出我们的缺点，处于自尊心的驱使我们不愿意承认；意识到自己懒惰，却为自己寻找各种借口……都是自欺欺人的表现。自己欺骗自己，导致我们丧失自省能力，偏离人生方向，所以要避免这种情形的发生。

【原文】

人心一念之邪，而鬼在其中焉，因而欺侮之，播弄之，

昼见于形像，夜见于梦魂，必酿其祸而后已。

故邪心即是鬼，鬼与鬼相应，又何怪乎！

人心一念之正，而神在其中焉，因而鉴察之，呵护之，

上至于父母，下至于儿孙，必致其福而后已。

故正心即是神，神与神相亲，又何疑焉！

【译文】

人心中如有一丝邪念，鬼怪就会在心中产生，因而去欺侮你，挑拨玩弄你，使你白天精神恍惚，晚上噩梦不断，一定酿成祸害后才会停止。所以邪恶之心就是魔鬼，魔鬼和魔鬼互相呼应，又有什么好奇怪的呢？人心中如有刚正之气，神仙就会在心中产生，因而有了神仙的体察和保护，上到父母，下到子孙，也都会受到神仙的恩赐。所以说心中有刚正之气就是神仙，神仙与神仙相亲相爱，又有什么可质疑的呢？

【解读】

中国有句俗话："得人心者得天下。"我们应该对我们的朋友以诚相待，不管对方怎样对你，不要以害人开始害己告终，如今有些人不再留恋良好的品行，知恩图报的事也是鲜有发生，礼尚往来也变得罕见了。他们担心自己的正直在别人眼中不名一文。其实，高尚的人不会因为别人的想法或行为而改变自己的正直，因为他们确信，光明正大是为人的美好品德之一。

【原文】

终日说善言，不如做了一件；

终身行善事，须防错了一件。

物力艰难，要知吃饭穿衣，谈何容易；

光阴迅速，即使读书行善，能有几多？

【译文】

每天只知说好听的话，不如做一件善事；做了一辈子善事，要时刻防备着做错一件事。人力、物力都十分艰难，所以吃饭、穿衣谈何容易。时光飞逝，即使读书、行善，又能做到多少呢？

【解读】

做人不能光站着说话不干活呀！纵观古今，伟人圣人大多办实事，而那些天生花言巧语者却不一定能成贤才，于是发现，做人不能纸上谈兵。在如今的社会上，能言善辩之人数不胜数。他们善于包装自己，善于用言语去说服别人，要知道，在当今竞争如此激烈的社会，懂得包装自己是十分重要的。但是，这些人往往很少能取得成功，甚至会一败涂地，这又到底是为什么呢？原因就在于他们纸上谈兵，不愿意甚至不能办实事。这些人大多都只能夸夸其谈，缺乏实际经验。

【原文】

只字必惜，贵之根也；粒米必珍，富之源也；

片言必谨，福之基也；微命必护，寿之本也。

【译文】

爱惜书本，是富贵显达的根本；珍惜每一粒米，是富裕的源泉；说话要小心谨慎，这就是获得福分的根基；对于小人生命都倍加爱护，这便是益寿的本源。

【解读】

“书山有路勤为径，学海无涯苦作舟”，学习的道路上没有捷径可走，没有顺风船可驶，想要在广博的书山、学海中汲取更多更广的知识，“勤奋”和“潜心”是两个必不可少的。只有勤奋读书，才能获得浩瀚如海的知识，才能丰富我们的精神生活，圣贤前辈没有不勤奋读书的，都把读书当作快乐的事情，因为书是人们的精神食粮，生活中没有它，如同失去了光明；智慧中没有它，如同失去了动力。快乐与幸福本是一种心灵的感受，读书可以将我们引入这种高尚的心灵境界。

【原文】

作践五谷，非有奇祸，必有其穷；

爱惜只字，不但显荣，亦当延寿。

【译文】

浪费粮食，虽然不会造成从天而降的大灾祸，但是也会导致极端贫穷；爱惜书本，不但能荣华富贵，而且能延年益寿。

【解读】

“谁知盘中餐，粒粒皆辛苦”教育人们要珍惜节约粮食，所以我们要做到“一粥一饭，当思来之不易；半丝半缕，但念物力维艰。”勤俭节约是一种美德，节约粮食是每个人应该做的事情。浪费粮食是一种可耻的行为。只要心存节约粮食的意识，其实做起来很简单：能吃多少盛多少，就不用扔剩饭；在餐馆就餐时点菜要适量。吃不完的饭菜就打包带回家。

【原文】

茹素，非圣人教也；好生，非上天意也。

【译文】

吃素的行为，不是圣人所教的，爱惜生命也不是上天的意思。

【解读】

年年生机依旧盎然，万物都尽情地勃发着，仿佛明白自己只有这一次生命，不可有一丝一毫的浪费。草木尚且如此，何况人呢？既然我们的人生一去不复返，就要努力珍惜每一天。那些不懂得真正地珍惜生命和善待自己的人，及早醒悟，亡羊补牢为时不晚。努力向上并非仅仅为了换取舒适和利益，更重要的是活得坦然，只要我们懂得珍惜，生活就会积极引导我们。

【原文】

仁厚刻薄，是修短关。谦卑骄满，是祸福关。

勤俭奢惰，是贫富关。保养纵欲，是人鬼关。

【译文】

仁厚或刻薄，关系到人修长寿或修短命。谦虚或骄傲，关系到人的福分或祸患。勤俭节约或奢侈懒惰，关系到生活的富裕或贫穷。保养或纵欲，关系到人的生存或死亡。

【解读】

待人要仁慈宽厚，不要轻易愤怒，否则就会使自己和他人都处于难堪的境地。

【原文】

造物所忌，曰刻曰巧；万类相感，以诚以忠。

做人无成心，便带福气；做事有结果，亦是寿征。

【译文】

上天忌讳的是苛刻与取巧，使万物相互感化，凭借的是诚实和忠厚。做人没有成见和私心，便会带来福气，做事有好成果，便是长寿的征兆。

【解读】

在拜访命运之门时，前门快乐，后门必然悲哀；前门悲哀，后门必然快乐。所以凡事结局必须小心翼翼。圆满的结局胜过满堂华彩的开场。开头很红火的人并不一定是幸运儿，如果骄傲自满，他们的结局便会让人遗憾。你到场时大家鼓掌欢迎并不重要，这是很常见的事；重要的是在你走后，人们仍对你念念不忘。若你走后人们还希望你再次光临，那才是你过人的能力。

【原文】

执拗者福轻，而圆通之人其福必厚；

急躁者寿夭，而宽宏之士其寿必长。

【译文】

固执任性的人福分浅薄，而处世融会贯通不偏执的人福分就会浑厚；性情急躁的人容易夭折，而宽宏大量的人一定会长寿。

【解读】

固执之人多性格偏执、心胸狭窄、顽固不化，脾气暴躁，这不但会惹下祸患，还会危害身体甚至性命。明慎之人行事必明察秋毫、小心翼翼，做事都要有所防备，他们总是三思而后行，以避免不必要的过失。虽然命运之神有时会倍加爱护，但明慎之人知道冲动暴躁必然会导致不必要的过失。

【原文】

谦卦①六爻皆吉，恕字终身可行。

【注释】

①谦卦：六十四卦之一。艮下坤上。

【译文】

谦卦六爻都是吉祥的卦象，而恕字可以终身受益。

【解读】

为人谦逊会给自己带来吉祥，消除烦恼，所以谦卦六爻都是吉祥的卦象。明察、谨慎、宽恕的人总是善于控制自己。由此表现出真正的人格和真正的心性修养，这是因为心胸宽广的人不会轻易被情绪左右。冲动会使情绪动摇不定，我们的判断力就会受到很大的影响。口舌相传，你的名誉便会受到影响。你要完全彻底地把握住你自己，如果在事情一帆风顺或波涛汹涌之时都没有人能批评你过于激动，那么人人都佩服你沉着冷静。

【原文】

作本色人,说根心话,干近情事。

【译文】

做自然真实的人,说真心话,干符合情理的事。

【解读】

认真做事,本分做人,这是为人处事的基本原则。诚实善良是人类最高尚的品德,虽然有时候我们会为此吃些亏,但收获却是更丰厚的。有理走遍天下,无礼寸步难行。无论做任何事情,都要心存理解,处处为别人所想,遇到无理争三分者,要以理服人。为人处世切记要做通情达理之人,行事要光明磊落,无愧于心,从而坦然地享受生活。

谦卦

【原文】

一点慈爱,不但是积德种子,亦是积福根苗,试看哪有不慈爱的圣贤;

一念容忍,不但是无量德器,亦是无量福田,试看哪有不容忍的君子。

【译文】

有一丝慈爱之心,不但是积累德行的种子,也是积累福气的根苗,看看哪有不慈爱的圣贤之士?有一点容忍的念头,不但有宽宏大量的气度,也有享不尽的福泽,看看哪有不容忍的君子?

【解读】

包容朋友、家人和相识的人的缺点和习惯,和包容丑陋的面孔是一样的道理。有求于人的时候,只要不违背良心,不妨迁就一下,有利于事情的发展,有利于问题的解决。但是,有些品质不好的人,尽管与之相处很难,却又不能避免与他们见面,要天天和他们见面,所以我们必须巧妙地应付。就像初次见到一个相貌丑陋的人,感觉难以接受,但是当熟悉了,感觉也不难看,很容易接受他的外貌。对于性格暴躁的人,刚开始觉得他们很可怕,渐渐地,就不再像先前那样可怕了。我们要小心谨慎与他们相处,最大限度地容忍他们令人不快的地方。常言道,能容天下之事,便可享尽天下福分。

【原文】

好恶之念,萌于夜气,息之于静也;

恻隐之心,发于乍见,感之于动也。

【译文】

人的善恶的念头,萌芽于晚上静思所产生的良知善念,在心平气和中平息。同情之心,多在一瞬间萌发,从而使人有所感动。

【解读】

常言道,善恶都是一念之差,你要一心向善,并付诸实践,就会走上向善的道路,坚持不懈,就会修炼出高尚的品德。

【原文】

装塑栖神,盍归奉亲;造院居僧,盍往救贫。

【译文】

塑造佛像,供奉神灵,何不去侍奉双亲?建造庙宇,施舍僧侣,何不去救济贫穷?

【解读】

俗话说,世间第一好事,莫如救难怜贫。在家只知参神拜佛,好似在行善积德,但在实际行动上竟连双亲也不顾,这岂不是舍本逐末?积德行善,还是从身边做起,从孝敬父母做起,逐渐发扬光大。

【原文】

费千金而结纳势豪,孰若倾半瓢之粟,以济饥饿;

构千楹而招徕宾客,何如葺教椽之屋,以庇孤寒。

悯济人穷,虽分文升合,亦是福田;

乐与人善,即只字片语,皆为良药。

【译文】

与其耗费大量金钱结交大官富豪,不如贡献半瓢的粮食,去周济饥饿的穷人;与其建筑大量房屋招揽宾客,不如修几间茅屋,去收容孤苦寒冷的人。救济穷人,即使一点点钱,也是积累福田;乐于助人,即使只言片语,也是上等良药。

【解读】

助人为乐,是正直善良的人怀着道德义务感,主动去给他人以无私的帮助,并从中感到幸福愉快的一种道德行为和道德情感。我国古代圣贤前辈有许多关于助人为乐、成人之美的处世格言,如"忽已之慢,成人之美","贵人而贱已,先人而后已","趋人之急,甚于已私","悯济人穷,虽分文升合亦是福田;乐与人善,即只字片言皆为良药"。两千年前墨子就倡导:"摩顶放踵,利天下为之。"其意思是说,对别人有利的事,即使从头顶到脚跟都受到损伤,也要干。这种精神发扬到现在,就是我们所提倡的"毫不利己、专门利人"的精神。

【原文】

谋占田园,决生败子;尊崇师傅,定产贤郎。

【译文】

如果一心想着占领他人的田园,一定会产生败家之子;如能尊敬崇拜老师,一定会培养出贤良子孙。

【解读】

古人云:一派青山景色幽,前人田土后人收。后人收得休欢喜,还有收人在后头。从古至今,创业容易守业难,"富不过三代"。祖宗辛辛苦苦创下的家业,为什么儿孙不但不能发展壮大反而挥霍一空,难道祖宗不想让自己的家业繁荣昌盛吗?一味地为子孙置办美宅良田,不如教会子孙贤能贤德。祖宗造福子孙要深谋远虑,要让子孙根本上受益。如果只知为子孙积累财富,却不教他们勤俭持家之道,这样的人本意是心甘情愿为子孙奉献,实际上却是贻害了子孙!

【原文】

平居寡欲养身,临大节则达生委命;

治家量入为出,干好事则仗义轻财。

【译文】

平日清心寡欲来修身养性,面临大事时则通达生命寄托性命;治理家业需要勤俭节约量入为出,做好事时则仗义疏财。

【解读】

俗话说,吃不穷,穿不穷,算计不到要受穷。不懂得理财,挣得再多都经不起挥霍。要学会理财,养成记账的习惯,只要认真计划开支,即使你收入不高,也可以让生活过得有滋有味,关键是你要懂得把钱花在该花的地方,不该花的地方坚决不花。

【原文】

善用力者就力,善用势者就势。

善用智者就智,善用财者就财。

【译文】

善于用力的人就发挥力量,善于造势的人就去制造声势,善于运用智慧的人就要利用自己的机智,善于管理钱财的人创造财富。

【解读】

一个善于理财的人,成不了富豪,至少也能经济宽裕。人们可以通过投资理财,来实现致富梦想。富人为什么能成为富人?因为他们拥有正确的金钱观念,懂得科学管理金钱,善于利用钱去赚钱。而穷人呢,即使三更眠五更起地忙碌,如果不善于管理金钱,不懂得拿辛辛苦苦挣来的血汗钱去赚钱,反而随意拿去消费,最终的结果只能是——继续贫穷。要摆脱贫穷,就一定要学会富人的投资智慧,理财技能,让手中的钱动起来,以钱赚钱,为自己"生"出更多的财富。

【原文】

身世多险途,急需寻求安宅;

光阴同过客,切莫汩没①主翁。

【注释】

①汩没:犹沉沦也。

【译文】

人生在世多遇险途,这就需要我们寻求平安的住所;光阴如同匆匆而去的过客,且不可浪费时间让此生沉沦下去。

【解读】

要把握世界,先把握个人行动;要把握个人行动,先处理好内心的平衡。那个"旗动、风动、心动"的著名故事也说了这个道理。人生的路上,我们要时刻保护自己那颗纯真之心。怀有一种警戒心是每个人都应必备的,它能让事情进展顺利,也能在身处逆境时,让我们的心灵得以慰藉。如果你对挫折早已有所准备,那么,当遭遇挫折时,你就会沉着冷静,应对自如。

【原文】

莫忘祖父积阴功,须知文字无权,全凭阴骘;

最怕生平坏心术,毕竟主司有眼,如见心田。

【译文】

不要忘记祖父先辈留下的阴德,要知道在考场里文字没有权力,靠的全是阴德。人最怕的是有不正的心术,毕竟主考官有明辨真伪的眼力,看透每个人的心田。

【解读】

俗话说,一命二运三风水四积德五读书。可见要想通过读书改变命运、飞黄腾达,首先要积德,修炼自己的品德,积极向善。文章写得再精妙,话语说得再动听,但落不到实际行动上,就是纸上谈兵,也只是徒劳。唯有把善言善语落到实践生活中,才能得到他人的信任、尊重、敬仰,才算是真正的积德行善。善于用花言巧语伪装的人,总是有露出破绽的时候。常言道,路遥知马力,日久见人心。只要我们认真观察,总能透过现象发现其虚伪的本质,因为再狡猾的狐狸也逃不过猎人深邃的目光。

【原文】

天下第一种可敬人,忠臣孝子;

天下第一种可怜人,寡妇孤儿。

孝子百世之宗,仁人天下之命。

【译文】

天下最值得尊敬的人是忠臣孝子;天下最值得同情的人是寡妇孤儿。孝子是百代宗师,而仁人则是天下之本。

【解读】

百善孝当先,万恶淫为首。行孝之道必须是顺亲之意,恩情当先,隐忍体谅,心、行并重才可,这是我们每个人皆必须时时提醒自己注意的问题,这是一个很容易在世俗事务的纷纭杂乱之中被忽略的问题。人的天良本性只有从这个地方去寻找才可以回归善正,所以才说是“百善孝当先”。如果在这个地方做不好,善正之天良本性就会留下永难弥补的遗憾。这个孝道尊亲的首善,无论在任何境界皆不会变易其位置,这是恒定之理体的元首先事。恪尽职守,精忠报国,也是我们心底不可缺少的浩然正气,而尽力而为。

【原文】

形若正,不求影之直而影自直。

声若平,不求响之和而响自和。

德若崇,不求名之远而名自远。

【译文】

形体倘若端正,不必去求影子正,影子自然会正。声音倘若平和,不必去求音律和谐,音律自然就会和谐。道德倘若崇高,不必去求名声远扬,名声自然就会远扬。

【解读】

“蓬生麻中,不扶自直。”意思是蓬昔日长在大麻田里,不用扶持,自然挺直。比喻生活在好的环境里,得到健康成长。环境对一个人的影响很大,好的环境中可以培养出人好的品德,恶劣的环境往往容易使人变坏,所以在成长中,要学会利用好的环境,修炼自己高尚正直的品质,要努力克服不良环境对自己成长的负面影响,磨炼坚强的意志,抵御一切不良思想对自己的腐蚀。无论在什么样的环境中,都要坚持正直的做人原则。

【原文】

有阴德者,必有阳报,有隐行者,必有昭名。

【译文】

积累阴德的人,一定有好的回报;暗中做好事的人,一定会使名声远扬。

【解读】

常言道,付出永远比索取快乐。施恩比报答显得高贵,尽最大的努力帮助需要帮助的人们,会让你的人缘如虎添翼。主动及时地去帮助别人,会让受助的人心里更加感到温暖,更加感激你,也使你的善心得到了最大的发扬。就好比,最初是你在偿还债务;后来却是你在收债。这只适用于有穷困而善良的人,对于那些穷困麻木的人来说,一味地施恩不是鼓励,反而是一种毒害,使他们逐渐丧失了独立生存能力。

【原文】

施必有报者,天地之定理,仁人述之以劝人;

施不望报者,圣贤之盛心,君子存之以济世。

【译文】

施恩必有回报,这是天地间一成不变的定理,有仁心的人用此劝告他人;施恩不求回报的,具有圣贤之士的高尚胸怀,君子怀有此种胸怀来救济世人。

【解读】

孔子说:"有品德的人不会感到孤单,因为必定有人帮助他。"把恩德施给别人的人要不求别人报答,接受别人恩德的人一定要报答;所以大臣勤劳是为着人君,而不求人君的赏赐;人君把恩德施给臣下而不求他们报答。古语说得好,一个真正的君子应当施恩不图回报。给了别人帮助,不要天天老想着人家欠你的人情,连做梦都想着回报,甚至有的人付出一次,想从人家那里挽回十次,这种贪婪的做法,永远交不到真正的朋友,换不来真诚的友情,严重的还导致朋友之间的决裂。行善的人获得福分,但他们最初的目的并非为求得回报行善的。

【原文】

面前的理路要放得宽,使人无不平之叹;

身后的惠泽要流得远,令人有不匮之思。

【译文】

面对眼前的事要放得开手脚,不要使人有慨叹不公的怨言;留给后世的恩泽要源远流长,使人产生无尽的怀念。

【解读】

人生就像惊涛骇浪中的一场帆船比赛,有很多时候我们要懂得急流勇退。急流勇退是一种人生智慧!做官不要一心想着在位一生,应该有忧患意识,应时刻提防着离去之日的到来。做人不能总是想着长命百岁,而是要明白总有离开人世的一天,这是生命的自然规则,越早明白活得越洒脱。看透以上两点,便会倍加珍惜自己的官职和生命,就会提醒自己珍惜岁月,在有生之年应多做有意义的事情,多给后代积几分阴德。

【原文】

不可不存时时可死之心,不可不行步步求生之事。

作恶事,须防鬼神知;干好事,莫怕旁人笑。

【译文】

不能不想到时时会有丧生的可能，不能不时时想到谋生之计。做坏事时，要提防鬼神的发现，做好事时；不要怕旁人的讥笑。

【解读】

常言道，人生一世，草木一秋。不要把人生看得太重了，人终究会死，但是也不要把人生看得太轻了，因为在活的时候把人生过得轰轰烈烈，这样死又何妨？能够把生命的死亡看得开，就会感到身体很是轻松，而头脑自然也会十分清醒。做事能够时时想到保全自己的性命，就会远离罪恶之源，使自己洁身自爱，保持高尚的情操。能够真心真意地追求善行，就不怕人耻笑。总之，对待生命，应该失之坦然，得之淡然，争其必然，顺其自然。

【原文】

吾本薄福人，宜行惜福事。

吾本薄德人，宜行积德事。

薄福者必刻薄，刻薄则福愈薄矣。

厚福者必宽厚，宽厚则福益厚矣。

【译文】

自己如果是天生薄福的人，就应该做积累福分的事。自己如果是德行浅薄的人，就应该多做些积德行善的事。薄福的人多尖酸刻薄，越是尖酸刻薄福分就越浅薄。多福之人必定心胸宽厚，越宽厚福气就越浑厚。

【解读】

常言道，土薄则易崩，器薄则易坏。酒越纯正越能保藏的久远，布帛越厚穿的时间就越长。同样道理，一个人的品德越高尚，他的福气就越浑厚；一个人积德越真诚越勤快，他的福分就越绵长。不要忘了，明天的幸福总要靠今天的勤奋努力，切不可被眼前迷人的风花雪月冲昏了头脑。

【原文】

有工夫读书，谓之福。有力量济人，谓之福。

有济世著述，谓之福。有聪明浑厚之见，谓之福。

无是非到耳，谓之福。无疾病缠身，谓之福。

无尘俗撄[①]心，谓之福。无兵凶荒歉之岁，谓之福。

【注释】

①撄：缠扰。

【译文】

有时间读书是福，有能力帮助别人是福，有著述传世的是福，有聪明浑厚的见识是福，不听是非之争是福，没有疾病缠身是福，没有烦心的俗事打扰身心是福，没有战争与灾荒是福。

【解读】

贪婪自私的人往往身在福中不知福，所以贪婪自私的人感受不到幸福。做一个平常人，拥有平常心，懂得身在福中要知福，不要总是怨天尤人。上天其实是很公平的，它让城市喧嚣,却让乡村宁静;它让名花香飘万里,却让野草坚忍不拔;它让明月照耀大地,也让星星点缀天空。天道的变化总是祸福相依的,祸事降临不必惊慌恐惧,自救之后得来的便是幸福;得到福分不必得意,如果不知珍惜灾祸便会袭来。人生虽然没有一帆风顺,但也不会一辈子坎坷。失意与得意总是交替出现,身处幸福时要想到防患未然,遭遇祸患时要学会积极地走出不幸的包围。就像老子所说:"祸兮福之所倚,福兮祸之所伏。"不必太在意一时的成败得失,因为世事无常,要学会随缘而定,随遇而安,就能够寻找到真正的幸福。

【原文】

从热闹场中,出几句清冷言语,便扫除无限杀机。

向寒微路上,用一点赤热心肠,自培植许多生意。

【译文】

在复杂的场合中说几句清淡冷静的话,便能化解无数的争端矛盾。面对穷困的人,付出一份热心肠,便能培植许多有用的人才。

【解读】

好言一句三春暖,恶语伤人十冬寒。语言是一门艺术,利箭可以刺透人的身体,恶言恶语却能刺透人的心脏。让别人接受自己的言语需要很高的技巧,把握分寸,察言观色,晓之以理。现实生活中,摆脱困境不一定需要暴力,有的时候,几句好听的话就能够完成。花言巧语可以用来对付那些骄傲自大或不切实际的人。王者的言语具有独特的说服力。

【原文】

入瑶树琼林中皆宝,有谦德仁心者为祥。

【译文】

进入藏有奇珍异宝的山林中看到的都是珍宝,有谦虚的品德、仁义的心肠的人,一辈子会吉祥如意。

【解读】

谦虚使人进步,骄傲使人落后。谦虚并不是要求我们一味地隐藏才华,而是才华横溢亦能从容淡定,适时地展示。这样做需要技巧,要在适当的时候展现自己的才华,时机不成熟时就展现,那么会被认为卖弄文采。在展示才华的时候不可装腔作势,那样容易导致自负,而自负则会招致轻蔑。展示才华时应该不自大,不自大则不会粗俗。圣贤之士不屑与锋芒毕露的人为伍,应该在漫不经心的状态下展现自己的才华。赢得赞扬的最好途径就是把你的表现行为巧妙地掩饰起来。要逐渐地展现你的才华,逐渐增加机会。走好每一步,获得热烈的掌声后再期待更大的成功。

【原文】

谈经济外,宁谈艺术,可以给用。

谈日用外,宁谈山水,可以息机。

谈心性外,宁谈因果,可以劝善。

【译文】

除了谈论经济钱财之外,还应常常谈谈艺术,以满足身心的享受。除了日常生活的俗事外,还应谈谈自然山水,以平息自己的心机。除谈性情外,还应谈些因果报应,以达到规劝行善的作用。

【解读】

人既有物质需要,又有精神需求。钱财是物质上的追求,而音乐之类则是精神上的追求,是精神食粮,愉悦人的身心,陶冶人的性情。人只有物质文明与精神文明并举,才能经营健康、完美的生活。修身养性,培养身心,只知诵经念佛是不够的,还应宣扬一些善恶到头终有报的道理,来规劝走上邪路的浪子弃恶扬善。

【原文】

艺花可以邀蝶,垒石可以邀云,载松可以邀风,
植柳可以邀蝉,贮水可以邀萍,筑台可以邀月,
种蕉可以邀雨,藏书可以邀友,积德可以邀天。

【译文】

养花可以吸引蝴蝶,堆石可以凝聚云雾,种植松树可以招风,植柳可以吸引蝉,贮水可以育出浮萍,建筑楼台可以赏月,种植芭蕉可以遮雨,收藏书籍可以招来朋友,积德可以得到上天赐福。

【解读】

常言道,种瓜得瓜,种豆得豆。有什么样的付出,就会有什么样的收获。有什么样的想法,就会有什么样的结果。凡事都有好坏之分,应三思而后行。是药三分毒,切不可乱服。做事就如同用药一样,不要什么事都做,什么药都吃。做事要抓住关键,治病要对症下药。如果做事不考虑方法和后果,只知一味地埋头苦干,就可能会在一些无关紧要的环节上付出了许多无用的精力,而忽略了一些关键处,这种本末倒置的做法必然难以成功。

【原文】

作德日休,是谓福地;居易俟命,是谓洞天。

【译文】

每天都能够修养德行,这就是造福,就会走入了福地;顺应天命行事,这就是洞晓天理,就会进入美好的境界。

【解读】

大千世界中,只要我们仔细观察,并综合分析,总结经验,任何事情都有其一定的规律和运行方式。所以做事要顺应天命,且不可逆天而为。一些固执己见的人往往感情用事,把自己的想法强加给别人,要求别人和自己保持一致,结果肯定会受挫。他们忽略了人与人相处的原则,需要积极沟通,互相理解,如果不能理解就难于有一致的看法、思想。因此,在任何事情上他们都能自寻烦恼。他们根本就不知道顺其自然的好处。所以行事的结果大多没有收获。他们总是为了这样那样的事而烦恼,别人却因此感到高兴。他们的判断力和他们的心灵,都会因为他们的顽固不化而受到伤害,同时也会被苦恼和祸患缠绕。

【原文】

心地上无波涛,随在皆风恬浪静;
性天中有化育,触处见鱼跃鸢飞。

【译文】

心平气和，所处之地都会风平浪静；天性得到教化，就会随处可见鱼在水里游，鹰在天上飞的景象。

【解读】

能够控制自己的情绪是一种能力。自制力强的人，才能够做到胸有成竹，最后的胜利来自一路的缄默。内心平和、有所节制是明慎处世的根本。现实中，如果有人想要了解你的心思，那么他企图控制你，你就要提高警惕，没有人会愿意被他人控制。即使是那些最精明的人也难免泄露自己的秘密，这是对你的一种威胁。在此时你如能保持清醒的头脑，不轻易言语，就能保证自己的心思不会泄露，便不会受他人的控制，并且坚持自己掌握主动权。

【原文】

贫贱忧戚，是我分内事，当动心忍性，静以俟之，更行一切善，以斡转之；

富贵福泽，是我分外事，当保泰持盈，慎以守之，更造一切福，以凝承之。

【译文】

贫贱忧虑是个人的分内事，要有容忍之心去静待机遇的来临，更应该尽自己最大的能力行一切善事，来改变自己的命运。富贵福气不是我们分内的事，应该保守成业，小心谨慎守护，更要尽自己最大的努力去造福，使荣华富贵长盛不衰。

【解读】

贫穷卑贱忧愁是个人的事情，只要自己想抛弃这些包袱就可以凭借自己的努力实现，切不可心生怨恨，把这一切归于上天的不公。怪上天不公的人，都是些庸人，都是庸人自扰，自己不懂得自力更生，自己没有把握住成功的机会，没有通过双手为自己创造幸福。追求荣华富贵并非是人生的全部，不能只为自己造福，应该为天下众生谋福利，才可保持家道永远昌盛。

【原文】

世网那时跳出，但当忍性耐心，自安义命，即网罗中之安乐窝；

尘务不易尽捐，惟不起炉作灶，自取纠缠，即火坑中之清凉散也。

【译文】

人世如网，怎么能跳得出来？只要能够忍耐，并心安理得，这就是生活之网中的安乐窝。尘世间的事务，哪能全部置之不理？只有不另起炉灶，不自寻烦恼，这就是火坑中的清凉剂。

【解读】

人生短暂，人生在世，要耐得住寂寞与烦恼，千万不要铤而走险，要勇敢对待失败，不要遭遇挫折一蹶不振。日中天、吉星高照不可能天天陪伴在你左右，因此，自己要学会坚强学会奋斗，要给自己创造一个重来的机会，提供一个弥补错误的机会。初试成功，也能为第二创造一个好的开端。俗话说，留着青山在，不怕没柴烧。

【原文】

热不可除，而热恼可除，秋在清凉台上；

穷不可遣，而穷愁可遣，春生安乐窝中。

【译文】

无法避免炎热,但可以驱除心头的火气、烦恼,那么清凉的秋意便在清凉台上。无法消除贫穷,但可以排遣无穷的忧愁,那么保持安乐之心便能生机勃勃。

【解读】

生活中人人都会碰到烦恼,要学会摆脱烦恼,学会寻找快乐,无事可做时不要独守空房,无事不要对着残花败柳空悲叹,这是自然规律。最好是出外散散心,看鱼翔浅底、鹰击长空,看广阔的天空、广袤的大海,听鸟鸣虫叫。或是站在喧闹的街市上观赏熙熙攘攘的人群,商贩的叫卖,泥土的气息,都会给我们带来意想不到的喜悦。所以说,烦恼忧愁并不可怕,怕的是我们不知如何摆脱困境。

【原文】

富贵贫贱,总难称意,知足即为称意;

山水花竹,无恒主人,得闲便是主人。

【译文】

富贵贫贱总是让人难以满足的,能够知足便会感到称心如意;山水花竹等自然景物没有永恒不变的主人,有闲情逸致观赏的人便是他们的主人。

【解读】

任何事情都有有利的一面也有不利的一面。孑然一身会寂寞恐惧也会自由自在。虽孤身一人却不感到寂寞,相反,还有一种"随缘而定""无拘无束"的满足感,这就是乐观豁达的高尚境界。世界本来就有太多的不完美,所以我们要学会在不完美中追求完美,在难以满足中学会易于满足,只有这样,我们的心境才会不断升华,变得从容不迫、坦然豁达、简单快乐,所以"知足常乐"也是我们必要领悟的生活真谛。

【原文】

要足何时足,知足便足;求闲不得闲,偷闲即闲。

知足常足,终身不辱;知止常止,终身不耻。

【译文】

人什么时候才能得到满足呢?能知足便能得到满足;想悠闲但没有闲工夫,能忙中偷闲便能得闲。知足便能常常满足,知进退便能急流勇退,这样便会终身不受耻辱。

【解读】

大智若愚是一种智慧。木秀于林,风必摧之。太招摇就会引来不必要的攻击,太锋芒毕露就容易得罪人。所以,做人做事要低调要糊涂一点。大智若愚的人表面上吃了不少亏,但实际上得到了更多帮助和快乐。这样的人从不为未来担心,也不丧失自己的品行,他们内心宽广而使脚下的路也宽阔。他们虽然不在乎自己的形象,但是不会忘记关心弱者。他们明白人生何处不休闲,只有自由价最高的道理。他们才是真正的智者。

【原文】

急行缓行,前程总有许多路;

逆取顺取,命中只有这般财。

【译文】

不管行走得是快还是慢,前方总有那么多路要走;无论是取之有道的钱财还是不义之财，命中注定了就有这么多的钱财。

【解读】

现实生活中，保持一颗淡泊的心十分可贵。成功了不沾沾自喜，失败了不垂头丧气。俗话说，车到山前必有路，船到桥头自然直。天无绝人之路，当我们遇到艰难困境时，可以失望，甚至可以嚎啕大哭，但绝对不可以绝望。困难还是要努力克服的，路是还是要继续走的，生活还得继续，而绝望不但对于事情毫无益处，还给我们带来许多的痛苦。金银钱财乃身外之物，沉浸在铜臭之中必会受其毒害，只有取之有道，用之有度，才会获得真正的幸福。

【原文】

理欲交争，肺腑成为吴越①；

物我一体，参商②终是兄弟。

【注释】

①吴越：春秋时期的吴国和越国，因互有攻伐，后来以此比喻冤家对头。②参商：参星与商星。参星在西，商星在东，此出彼没，彼出此没。比喻亲友隔绝不能相见。

【译文】

公理与私欲论辩争斗，最近的亲人朋友却成了仇家；外物与自我浑然一体，隔绝从不见面的也是手足兄弟。

【解读】

参：星名，二十八宿之一。《吕氏春秋·孟春纪》："孟春之月，日在营室，昏参中，旦尾中。"高诱注："参，西方宿。"商：星宿名，二十八宿之心宿，又叫"辰"和"大火"。曹植《浮萍篇》："何意今摧颓，旷若商与参。"参星与商星。辰星也叫商星，因此也叫"参辰"。参指西官白虎七宿中的参宿，商指东官苍龙七宿中的心宿，是心宿的别称。参宿在西，心宿在东，二者在星空中此出彼没，彼出此没。辰星也叫商星，因此也叫"参辰"。以词语使用时喻彼此对立，不和睦、亲友隔绝，不能相见、有差别；有距离。

太看重个人私利，过于斤斤计较得失，就会失去亲人和朋友，致使自己众叛亲离。拥有恢宏宽广的胸怀、超然物外的情趣，即使仇敌也能变成亲如手足的兄弟。

【原文】

以积货财之心积学问，以求功名之心求道德，

以爱妻子之心爱父母，以保爵位之心保国家。

【译文】

用积累财物的心去求取学问积累知识，用求取功名的心去修养品德，用爱抚妻儿的心去关爱父母，用保护官位的心去保卫国家。

【解读】

只要一心一意做每件事，即使不能取得成功至少不会留下遗憾。思维精密，行为明慎。心灵空明则心旷神怡，这样的心态永远不会感觉到紧张，讨厌之事必然会烟消云散，心灵就会生机勃勃。有些人深思熟虑却步步出错；另有一些人毫无远见，却样样都干得顺手。有的人容易在逆境中有所作为，困难越大，他反而更能迎难而上，斗志越高。他们都是怪才，其成功好像是上天注定的，有所顾虑，反而阻碍重重，裹足不前。机灵的人总是能赢得别人的赞许，这其中包含一种天资不凡的东西，能够专心找到解决问题的关键环节。

【原文】

移作无益之费以作有益，则事举；
移乐宴乐之时以乐讲习，则智长；
移信邪道之意以信圣贤，则道明；
移好财色之心以好仁义，则德立；
移计利害之私以计是非，则义精；
移养小人之禄以养君子，则国治；
移输和戎之赀以输军国，则兵足；
移保身家之念以保百姓，则民安。

【译文】

把浪费的钱财用在有益的事情上，便能成就一番事业；把宴席上的乐趣用在追求学问上，便能增长自己的智慧；把信奉歪理邪说的热诚用在尊崇圣贤上，便能使事理更加明察；把追求金钱女色的心思用来行仁义之举，便能树立高尚的德行；把计较利害的私心改为明辨是非，就能明确义理了；用供养小人的俸禄来培养君子，国家就能够得以治理；把进献给异族求和的资财用在充实国防上，就会使军队兵精粮足；把保护自己身家性命的思想用在保护百姓身上，百姓就能够安居乐业。

【解读】

择业有术。选择职业对一个人的成功失败影响深远，职业是伴随成人一生的事情，职业选择的得当，就会成就一番事业，职业选择不当，就会碌碌无为一生。成败之事有赖于他人是否感到满意。赞美可以辅助完美，如同花朵需要春风的吹拂一样。有的职业是人见人爱，有的职业尽管非常重要，却往往引不起人们的注意。前者人人喜欢；后者却比较罕见，而且需要更深的造诣才可完成。深山中的奇珍异果虽然珍贵，却难以为人所知。名扬千古的君王是道德高尚的、成功的、获得胜利的君王。普天称颂阿拉贡诸王，是因为他们是战场上的勇士、征服者，是生活中的领导者。享有盛名的职业最能成就伟人，如果他能赢得大家的赞扬，他必能获得名垂青史的名誉。

【原文】

做大官底，是一样家数。做好人底，是一样家数。

【译文】

做大官有做大官的规矩风格，做好人有做好人的信条原则。

【解读】

当官要从做人开始。从好人做起，将来才有可能做出大官的事业，做大官而又不失好人的本色，这便是最上乘的家教。人不可能一辈子当官，但却要一辈子为人，所以说做人是做官的基础。如果连做人都做不好，又怎么能做好官呢？在日常生活中首先要求自己做一个有原则的好人。

【原文】

潜居尽可以为善，何必显宦！躬行孝悌[①]，志在圣贤。
纂辑先哲格言，刊刻广布，行见化行一时，泽流后世，事业之不朽，蔑以加焉；
贫贱尽可以积德。何必富贵！存平等心，行方便事。

效法前人懿行，训俗型方②。自然谊敦宗族，德被乡邻，利济之无穷。孰大于是。

【注释】

①孝悌：孝顺父母，尊敬兄长。孝，孝顺父母；悌，尊敬兄长。②训俗型方：训导教化世俗。

【译文】

过隐居的生活也可以行善，这不需要显赫的爵位，身体力行孝顺父母、关爱兄弟，志向在于努力向圣贤之士学习。编纂先贤的名言，出版传播流传，教化子孙后代，恩泽流芳百世，这才是不朽的事业，没有比这更崇高的了。即使身处贫穷卑贱的时候也可积德，没有必要等到荣华富贵的时候，只要内心保持正直为人的原则，做事为人多行方便。效法前人美好行为，去劝世化俗，便能促进宗族的和睦，德泽也会广布乡里，济世利人无穷无尽，还有什么比这些事更宏大的呢？

【解读】

获得大多数人的尊敬是很重要的，也是难得的事，但善心对于一个人来说更加重要。要想实现这些愿望，自身的勤奋刻苦比运气重要多了。运气只能作用一时，大成功须靠自身的勤奋刻苦，坚持不懈的精神。世人一贯认为只要有了名声，就容易获得人们的好感，事实上只靠出众的才华、如雷贯耳的名声是远远不够的。有善行方有善心。做任何事都坚持善言和善行。尊重别人就是尊重自己。圣贤前辈总是靠讲礼节来吸引众人。行在前，言趋后；先解甲，后为文，讲德操是文人雅士之间的一种共鸣，且这种情操永远延续。

【原文】

一时劝人以言，百世劝人以书。

【译文】

用言语规劝别人行善只能起一时的作用，用圣贤书籍教化世人则可影响百世。

【解读】

古人读书，更重学养。诵诗读书以养心缮性，为古代读书人之共识。民国时期教育家钱基博先生继承了古代的读书精神。现代语言学家陈寅恪先生也特别重视学养，曾言："学德不如人，此实吾之大耻。"先哲曾云：流通善书，贻泽最远。

【原文】

静以修身，俭以养福，入则笃行，出则友贤。

【译文】

静心可以修养身心，勤俭可以培养福气，在家中专心致志，出外广交圣贤之士。

【解读】

人生一知己足矣，但是知己难觅，真正的友谊更是可遇而不可求。我们可以通过一个人的朋友来判断这个人的为人。有时候喜欢和某人在一起，并不表示他是自己的知己。有时我们不肯定一个人的才华，而是欣赏他的幽默感。怀有动机的友谊有时候也能让自己快乐；而真挚的友谊却有着更丰富的内涵。朋友的见识比众人的祝福更加可贵。所以，择友时要经过全面考察，而不能够随意结交。聪明的朋友能够为你排忧解难,可愚蠢的朋友只会给你制造麻烦,所以交友需强己,至少某方面的才能胜过自己的人。

【原文】

读书者不贱,力田者不饥,积德者不倾,择交者不败。

【译文】

读书之人不会品德卑贱,辛勤耕耘的人不会挨饿,积德行善的人不会扭曲自己的品格,谨慎选择朋友的人不会失败。

【解读】

交际能力强有助于成功。善于交往能创造奇迹,尤其是在选择朋友这一方面,能够扩大交友范围,增加觅到知己的机会。办事迅速的人应和容易犹豫的人结交;同样,其他性格的人应和相反性格的人结交。那么,你做事就会做得不愠不火、恰到好处。自我调节是有着相当技巧可循的。对立面的交替使宇宙平衡并使之不断运转,从而得以稳定发展。而这种交替在人们的交往中甚至造成了比在自然界中更大的一种和谐。所以,在选择朋友时不妨让自己遵循这一忠告,多交一些知心的好友。

现代语言学家陈寅恪先生

【原文】

明镜止水以澄心,泰山乔岳以立身,

青天白日以应事,霁月光风以待人。

【译文】

心地清澈透明得像明亮的镜子、平静的水面,人格犹如泰山般崇高,做事如青天白日光明磊落,待人如霁月光风般宽广高洁。

【解读】

彬彬有礼,显现出了你的高贵和宽广的胸怀,是一种超凡脱俗的风度。待人要有包容心,不要轻易批评、责怪或抱怨他人。因为批评不但不会改变事实,反而会招致愤恨。因批评而引起的羞愤,常常使员工、亲人和朋友的情绪大为低落,并且对应该矫正的现实状况,一点好处都没有。尽量去了解别人,而不要用责怪的方式;尽量设身处地去想想他们为什么要这样做,这比起批评责怪要有益,而且让人心生同情、忍耐和仁慈。

【原文】

省费医贫,弹琴医躁,独卧医淫,随缘医愁,读书医俗。

【译文】

节省花费可以救济贫困,弹琴可以消除枯燥,独自沉睡可以医治淫乱,一切随缘而定可以医治忧愁,读书则可摆脱庸俗。

【解读】

做任何事情要抓住事物的问题所在,然后才能采取有效的措施。有病就医,切不可乱投医乱用药,治病的关键是对症下药。同样道理,贫穷的人,光靠别人的救济,是不能除穷根的,摆脱贫困的最佳良药就是勤俭节约。贫困并不可怕,可怕的是明知贫困还乱花钱,这无异于雪上加霜,使处境更艰难。做事情如果明知不可为,就应学会放弃。如果顽固地坚持,只会白白浪费时间和精力。

【原文】

以鲜花视美色,则孽障自消;

以流水听弦歌,则性灵何害?

【译文】

如能知道美色就像鲜花一样终会凋零败落,不能保持长久,这样罪恶就会自然消除了;如能把流水的声音当作悦耳动听的音乐,还有什么会污染我们的心灵?

【解读】

人人都有自己的爱好和兴趣。有人喜欢生机勃勃的春天,有人喜欢阳光灿烂的盛夏,有人喜欢硕果累累的金秋,有人喜欢万物沉睡的冬天。孩子喜欢热闹,老人喜欢宁静;男人容易冲动,女人容易唠叨……所有的一切,构成了这丰富多彩的世界。但是有不少的人沉迷于个人的嗜好,把个人的嗜好当成了生命的全部。世界是充满五颜六色,是多姿多彩的,这些人偏偏只选择一种色调,于是才感到生活枯燥单调、没有乐趣。去留无意,漫随天边云卷云舒;宠辱不惊,闲看庭前花开花落;鲜花可爱过目不留,流水可听过耳不恋。人生难得如此洒脱。

【原文】

养德宜操琴,炼智宜弹棋,遣情宜赋诗,辅气宜酌酒,

解事宜读史,得意宜临书,静坐宜焚香,醒睡宜嚼茗,

体物宜展画,适境宜按歌,阅候宜灌花,保形宜课药,

隐心宜调鹤,孤况宜闻蛩,涉趣宜观鱼,忘机宜饲雀,

幽寻宜藉草,淡味宜掬泉,独立宜望山,闲吟宜倚楼,

清淡宜剪烛,狂啸宜登台,逸兴宜投壶,结想宜欹枕,

息缘宜闭户,探景宜携囊,爽致宜临风,愁怀宜伫月,

倦游宜听雨,玄悟宜对雪,辟寒宜映日,空累宜看云,

谈道宜访友,福后宜积德。

【译文】

修养德行应弹琴,修炼智慧应下棋,排解情绪应赋诗,维系气氛应当饮酒,明白事理应该阅读史书,得意时最好临摹毛笔字帖,静坐时最好焚香祈祷,睡醒后最好品一品名茶,体验物情最好观览一番画卷,在舒适的环境里适合轻声歌唱,观察天气应当亲手浇花,保养身体安康应当学习药学,有隐居之心应当逗鹤,孤单时应当听一听虫鸣,游玩逗趣时应当观赏游鱼,遗忘心机最好饲养雀鸟,寻找幽静最好在草丛中,品尝淡雅之味宜掬饮泉水,独自站立时最好登山望远,悠闲吟诗当倚楼而作,傍晚清淡应当点灯,狂啸应登上高台而喊,有闲情雅致时就应当嬉戏玩耍,聚精会神地思考时应当依靠着枕头,不想交往就应当闭门不出,寻找美景应当携带食物,欲清爽兴致应当临风,满怀忧愁时应当伫望月亮,游玩疲倦时应当倾听雨声,悟透事情的玄机应当对雪,驱除寒冷应当晒太阳,劳累时应当看飘逸的白云,谈禅论道应当拜访好友,造福后代应当行善积德。

【解读】

本节格言可以说是对本书的一个总体概括，包括了《格言联璧》所涉及的“诚意”“正心”“格物”“致知”“修身”“养性”“积德”等多方面的内容。可以说，圣贤之士的聪明才智和伟大智慧尽在这联珠妙语之中，只要我们用心揣摩，细心品味，必能汲取到人生的真谛，在生活中游刃有余，既能修身养性，又能齐家兴国，真是宝贵的济世良药，值得收藏的人生指南。这也就是《格言联璧》这本书为何刚刚问世就被皇宫王室收藏，而后又广为民间流传，漂洋过海远播国外，并成为博大精深、影响广泛、读者众多、历久弥新的蒙学读本的缘故吧。

国学经典文库　图文珍藏版

蒙学经典

线装书局

王书利⊙主编

小儿语

[明]吕得胜

吕得胜，号近溪，宁陵(今河南省宁陵县)人。主要活动于明嘉靖年间。其编撰《小儿语》《女小儿语》，欲"以立身要务，谐之音声"，"使童子乐闻而易晓焉"。这篇小儿语其实就是教给孩子们的行为规范，直至今天仍然是有用的。

四言

【原文】

一切言动，都要安详；十差九错，只为慌张。

【译文】

一切言语行动，都要安定从容；做事情凡是出了差错，十件有九件都是由于慌张造成的。

【故事链接】

诸葛亮摆空城计

三国时期，诸葛亮败于街亭之战后，司马懿率大队人马，浩浩荡荡兵临西城门外，蜀军主力当时不在。大家都着急地在大殿上踱来踱去，因为在很短的时间内是无法把在外的大军调回来的。当时蜀城内是一片空虚。诸葛亮摇着鹅毛扇冷静地分析了双方的形势，他想如果和他们硬拼，蜀军肯定会寡不敌众，最终导致全军覆灭，只有出其不意，冒险斗智，才有可能挽回败局。

于是，诸葛亮把身边的将士，派出城外埋伏，等待伏击司马懿。然后他命几个老兵打扫街道，而自己则安坐在城楼抚琴观景，装出满不在乎的样子。司马懿领兵到达西城墙下，看到诸葛亮神情自若的样子，急令撤军，途中突然受到西蜀伏兵的袭击，损失惨重。

后来，司马懿才知道中了诸葛亮的空城计，大叹诸葛亮的聪明，也很佩服他临危不乱，沉着冷静，处变不惊的本领。

【原文】

沉静立身，从容说话；不要轻薄，惹人笑骂。

【译文】

沉静安稳才能安身立命，说话要从容，言语不能放荡轻薄，让人嘲笑讥讽。

【故事链接】

苏东坡的教训

渴望被人喜欢、受人尊敬、受人崇拜,这是人类的本性,但只有付出才会有回报,所以要想获得他人的尊重,必须先学会尊重他人。北宋著名文学家、书画家苏轼就曾因为没有尊重别人而得到了教训。

有一次,苏轼又来拜访佛印禅师,佛印禅师带他一同到寺庙参禅打坐。苏轼静坐一阵,突然脑中灵光闪动,决意与佛印禅师一争高下。苏轼转身问佛印禅师说:“你现在看我是什么?”佛印禅师却淡然一笑说:“你还是先说说你看到的我是什么吧!”苏轼得意扬扬地说:“用我的天眼看,大师是团牛粪。”佛印禅师没有恼怒,而是一如既往平静地说:“用我的天眼看,先生你是如来。”

苏东坡

苏轼内心窃喜。他兴冲冲回到家,得意地将这件事告诉了妹妹苏小妹,并说今天终于让佛印落了下风。苏小妹天资聪颖,才学不在苏轼之下,她听后大笑说:“哥哥,这回你可输惨了!修行得道的人,一切外在事物都是自己内心的投射。内心是牛粪的人看别人是牛粪,内心是如来的人看别人才是如来。”

苏轼听罢,内心深觉惭愧,更加佩服起佛印禅师来。

【原文】

先学耐烦,快休使气,性躁心粗,一生不济。

【译文】

先要学会耐心不要烦躁,不要无故生气,如果性情急躁做事粗心大意,就会一生时运不济。

【故事链接】

韩信胯下受辱

古话有云:忍一时之气,免百日之忧。不要在无端的争闹面前逞能耐,因为那不是真正的有能耐。

韩信年少时喜欢随身佩剑。一天,一个杀猪的少年向他挑衅,说道:“你长大了,还总带着剑,这说明你很胆小。你若敢刺我,就算你有胆量,如果不敢刺,你就从我的胯下钻过去。”

韩信瞪了瞪他,忍着气从他胯下爬了过去。围观的人都笑话他,说他是胆小鬼。

后来，韩信投靠刘邦，战功赫赫，当了楚王。他把当初侮辱他的那个杀猪的人召到自己的跟前，任他为中尉，并跟诸将说："这个人是个勇士，当初侮辱我，我为什么没有杀了他呢？(因为我)没有理由杀他，就把他留在这里(时时提醒我)。"

【原文】

能有几句，见人胡讲，洪钟无声，满瓶不响。

【译文】

一个人能有多少学问，看见人就胡吹乱说？洪钟平时都是默默无声的，半瓶水晃得响，而满瓶的水反倒没有声音。

【故事链接】

自充行家的魏人

从前，一个楚丘人得了一个形状像马的古物，造得十分精致，颈脖与尾巴俱全，只是背部有个洞。楚丘人怎么也想不出它究竟是干什么用的，就到处打听，可是问遍了街坊远近许多人，都没一个人认识这是什么东西。

这个时候，一个魏人听说了这件事情，就自告奋勇地来到了这个楚丘人家里，打算鉴赏一下这个古物。他研究了一番这个东西，然后慢条斯理地说："古代有犀牛形状的酒杯，也有大象形状的酒杯，这个东西大概是马形酒杯吧？"楚丘人一听大喜，把它装进匣子收藏起来，每当设宴款待贵客时，就拿出来盛酒。

这天，仇山人偶然经过这个楚丘人家，正好魏人也在，仇山人看到他用这个东西盛酒，便惊愕地说："你从什么地方得到的这个东西？这是尿壶呀！也就是那些贵妇人所说的'兽子'，怎么可以用来做酒杯呢？"

魏人听了这话，脸一下红到了耳朵根，羞惭得恨不得立刻在地上挖个洞钻进去。

【原文】

自家过失，不消遮掩，遮掩不得，又添一短。

【译文】

自己的过失，要勇于承认，不必遮遮掩掩的，一旦遮掩，反倒又加上一条过失。

【故事链接】

田稷勇于退贿

田稷是战国时齐国的相国，他办事认真负责，深得齐王的信任。齐王任命他统领百官，总揽政务，他在当时权倾朝野。于是，有人给他送去贿金，希望得到他的帮助。

一天，田稷手下的一名官员给他送了黄金百锭。这的确是个不小的数目，面对这么多金子，他无法抵挡这突如其来的诱惑，在经历一番心理斗争后，还是收下了。母亲一见这么多金子，十分吃惊，急忙询问田稷金子的由来。田稷是个孝子，他不想欺瞒母亲，于是就将受贿一事告诉了母亲。母亲听后气不打一处来，教训他说："为官就应该清正廉洁，不能见钱眼开，而且应该注重自己的道德修养，要有高尚的行为，不应该收受不义之财。"母亲越说越生气，最后竟要把田稷赶出家门。

田稷听了母亲严厉的训斥，感到十分羞愧和自责，急忙原数归还了金子，随后又主动跑到齐王面前去请罪。

田稷没有对齐王隐瞒自己的过失反而很勇敢地承认。这是需要勇气的。

【原文】

无心之失，说开罢手；一差半错，哪个没有！

【译文】

别人无心犯下的过错，能说清楚就尽量放过人家，大家都不是圣贤，谁能避免不犯个一差半错的？

【故事链接】

宋神宗"辨龙"

宋神宗年间，王安石在神宗的支持下推行变法。苏轼因反对变法，以"乌台诗案"获罪，被贬为黄州团练。过了一些日子，宋神宗想念苏轼的旷世奇才，想召他回京。但是一个叫王禹玉的官员对神宗说："苏轼曾有过这样的愿望，希求地下蜇龙，他的诗句中有'惟有蜇龙知'。皇上您就是真龙天子，他却不敬重您，反而祈求地下的蜇龙。这是什么意思？"枢密院事官章子厚说："所谓龙，不光是用来指代君主的，臣民也可以用龙来做称代。"神宗说："自古以来称龙的人多着呢，比如后汉时期荀淑的八个儿子人称为'八龙'，诸葛亮号称'卧龙'，难道他们都是君主吗？"

一时的言语失误没有什么大不了的，只要不是有意将事情扩大，那么就是可以原谅的，因为我们毕竟不是圣贤之人，错误是在所难免的。

【原文】

宁好认错，休要说谎；教人识破，不当人养。

【译文】

犯下错误宁可认错，也不要用谎言来掩饰；一旦被别人识破，还会有谁来原谅你呢？

【故事链接】

北人食菱

一个人犯错不可笑，可笑的是用荒唐的谎言掩盖他的错误。

从前有个北方人，他一直在北方居住。突然有一天，皇帝派他到南方去做官，他担心因为没有去过南方，对那里不熟悉，害怕会做错事或说错话而被人耻笑。

北方人怀着忐忑不安的心情来到了南方。他到任这天，当地的几位同僚都非常热情，专门为他大摆宴席。大家都知道他是第一次来南方，估计他平时很少吃到南方特产，所以在席上特别准备了一盘菱角请他品尝，希望他能喜欢。

北方人一看，以前根本没见过这东西，也不知道怎么吃，但他又不愿说出来，只好硬了硬头皮，一闭眼，随手拿了一只菱角，壳也不剥，急忙就放进嘴里去嚼。他一边嚼一边说："不错，味道很好。"有位同僚见了，忙对他说："吃菱角要先把壳剥掉，壳是不能吃的。"北方人却死要面子。硬充内行，笑了笑，指着菱角说："我当然知道大家都是这样吃的。可我这种吃法是有我的道理的，你们想知道吗？"一位同僚说道："愿闻其详。"北方人接着说："这菱角壳虽然嚼着发硬不好吃，可是它却有一定的药效，那就是它可以清热解毒。这几天舟车劳累，路上饮食不好，觉得有些上火，于是我连壳一起吃，就是为了清热解毒。"同僚听后都点头，表示自己都是第一次听到菱角还有这样的用处。

北方人见第一招已把别人蒙住了，心中自然有些得意。他又拿起一只菱角，指着它说："这玩意儿我们那里可多了！要不我怎么知道它的壳能吃呢？在我家那边前山后山，漫山遍野的都是，哪个地方没有菱角树啊！"

错误是在所难免的，但是明明自己不知道却假装知道，这其实是一种自欺欺人的行为；如果这种行为被人们所识破，还有什么人会相信你呢？所以我们做人一定要诚实，否则就会犯下更大的错误。

【原文】

要成好人，须寻好友；引酵若酸，那得甜酒。

【译文】

要想成为一个好人，必须寻找好的朋友；就像酿酒一样，如果用来发酵的酒药是酸的，又怎么能酿出甜酒来呢？

【故事链接】

嬴氏半途反归

交朋友要选择德行好的人。不然很可能会害了自己。

晋国阳处父到卫国去，回国时经过宁地，住在嬴氏的族店里，嬴氏与他交谈，发觉此人像个君子，值得跟他相交，便对他的妻子说："吾求君子久矣，今乃得之。"便决定追随阳处父，同他一起上路。嬴氏在路上与阳处父谈话，了解久了后，到达有山的地方就回来了。他的妻子问他为什么回来了，嬴氏说："从与阳处父的谈话中，发现这个人刚愎自用，言过其实。这种人易招致怨恨，是难得善终的，跟这种人交朋友是没有好结果的，所以决定不跟随他。"

过了一年，阳处父的结局果然如嬴氏所料的那样，他被贾季杀死了。贾季为什么要处死阳处父呢？贾季是狐假的儿子，原任中军统帅，后因误用了阳处父的建议而犯了错误，被降职为中军副帅，贾季因此怨恨阳处父，便叫人将他杀了。

嬴氏看人非常准确，并且有自己的择友标准。在与阳处父的交往中及时发现了他的缺点，所以才保住了自己的性命。如果他在交朋友时不慎重的话，很可能就会后悔终生。所谓"近朱者赤，近墨者黑"的意义就在于此吧。

【原文】

与人讲话，看人面色，意不相投，不须强说。

【译文】

跟别人讲话，要学会察言观色，如果彼此的意见不能统一，就不必再勉强说下去。

【故事链接】

淳于髡察言观色得善终

淳于髡是齐国人，博闻强记，善于谏说。不过他善于分析人的思想活动，你心不在焉时，他就闭口不说。淳于髡曾两次经人引荐见梁惠王，惠王让左右侍从退下，独自一人召见淳于髡，但淳于髡却一句话都不说。

惠王很不满意，责备引荐人说："你说淳于髡先生比管婴更有学问，见到寡人，寡人并没有这样的感受。难道是寡人没有诚意吗？那是为什么呢？"引荐人将此话告诉给淳于髡。他说："是这样的。我上次见惠王，惠王的心思并不在听我讲话，而是尽快听我说完好办其他的事。后来又一次见惠王，惠王的心思在听音乐上。所以我不说话。"引荐人将他的话转告惠王，惠王大惊说："淳于先生真是神人！上次有人献了一匹马给我，我急着去试骑。后来第二次见淳于先生，刚巧有人献歌。这两次寡人虽然让旁人退下，但心思却在马和歌上。"后来淳于髡又一次见惠王，只见惠王聚精会神没有其他杂念，便与他谈话，二日三夜一点儿倦意也没有。惠王想以卿相位封给他，淳于髡没有接受。

淳于髡因能了解人的思想活动，言必多中，能帮助国君改恶从善。因他不受官，也不受官场之累，避开是非之地，故能自身免祸。

【原文】

当面证人，惹祸最大；是与不是，尽他说罢。

【译文】

当面指正别人，一定会埋下祸根；是非长短，还是让他们自己去说好了。

【故事链接】

"清官"难断家务事

从前，一对兄弟因为一点儿小事闹别扭，两人吵得不可开交，甚至打起来了。这时，一个邻居看见了，就跑过来劝阻。他对哥哥说："这点儿小事，你做哥哥的宽容一些。"哥哥见他这么说，很不服气，生气地说："你这是什么意思，难道是说我很不宽容吗?”邻居见劝阻不成,反而把自己给搅和进去了,连忙对弟弟说:“你做小弟的,应该谦让一点儿嘛!”弟弟又不舒服了,反问道:“你自己怎么一点也儿不谦让,上次跟你兄弟分田的时候为了多分一点儿田,还让我跟你多丈量一点儿呢。”邻居见自己的小秘密被揭穿了,心想这架劝得真不值,然后红着脸走了。

【原文】

造言起事,谁不怕你;也要提防,王法天理。

【译文】

捏造谣言,挑起事端,这样的人谁不怕你三分?要小心,人间自有王法天理,不会让你胡作非为。

【故事链接】

纣王胡作非为终亡国

商汤建立了商朝,这是一个庞大的奴隶制国家,出现了华夏最早的文字——甲骨文。

商朝传到第三十一位国王——纣王手中时,天下的人民都对商王朝,怨声载道。因为这个纣王非常残暴,常常发动战争,搞得民不聊生。他还宠幸一个叫妲己的妃子。妲己不断用美色诱惑纣王,使他远离忠良贤德的大臣,亲近无德无能的小人。很多忠良之士不是被纣王杀害,就是辞官归隐。纣王越来越昏庸,他甚至发明了各种酷刑以取悦妲己,还修筑各种宫殿和妲己过着十分奢华的生活。老百姓却衣不蔽体、食不果腹。

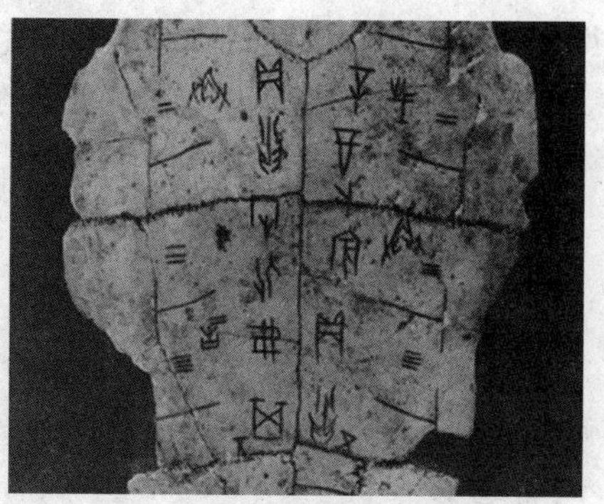

甲骨文

与此同时,一个英明的部落的王——周文王及他的儿子周武王开始替天行道,讨伐纣王。很快,大军压进了朝歌,此时的纣王已经众叛亲离了。但他还不死心,在慌乱之中纠集了七十万大军与武王在牧野展开了大战。没想到,纣王的士兵突然都调转矛头,临阵倒戈。因为他们都恨透了这个昏庸残酷的皇帝。最后,这个历史上有名的暴君被迫自杀了。

【原文】

我打人还,自打几下;我骂人还,换口自骂。

【译文】

你打别人,别人一定会还手,等于自己打了自己几下;你骂别人,别人一定会还口,等于换了一个嘴巴来骂自己。

【故事链接】

张飞之死

三国时期,刘备的结义兄弟张飞脾气暴躁,经常动不动就鞭打士兵。当他听到关公被害后,日夜哭泣,眼泪把衣服都弄湿了。

有一天,张飞下令,限三天内置办白旗白甲,三军挂孝去讨伐吴国,为关羽报仇。第二天,张飞手下两名将领范疆、张达告诉张飞:“白旗白甲,一时间不可能筹备齐全,须宽限几天才可以。”张飞听后大怒,喝道:“我急着想报仇,恨不得明日便到逆贼之境,你们怎么敢违抗我作为将帅的命令!”说完就让武士把二人绑在树上,每人鞭打五十下,打得二人满口出血。打完之后,张飞用手指着二人说:“明天一定要全部弄齐!如果违了期限,就杀你们两个人示众!”

二人回到营中商议。范疆说:“今日受了刑责,让我们怎么能够筹办完整?这个人性暴如火,如果明天置办不齐,你我都会被杀啊!”张达说:“他杀我,不如我杀他!”范疆说:“只是没有办法走近他。”张达说:“我们去他的账中看看情况吧。”张飞这天夜里又喝得大醉,卧在帐中。范、张二人探知消息后,半夜各怀利刃偷偷溜进账中把张飞给杀了。当夜,他们就拿着张飞的首级,逃到东吴去了。

【原文】

既做生人,便有生理;个个安闲,谁养活你。

【译文】

一个人既然活在了世上,就要找一份正当的事情来干;个个贪图安闲,又有谁来养活你呢?

【故事链接】

一日不劳动,一日不吃饭

唐代百丈怀海禅师小时候跟随自己的母亲一起到寺院里去拜佛,看见寺院里有很多佛像,他便指着佛像问母亲:“这是什么?”母亲告诉他:“这是佛。”百丈怀海禅师说:“佛的体态容貌与人没有区别,我长大了以后也要成为佛。”

长大后他果然做了和尚,百丈怀海禅师做事、劳动,总是抢在别人的前面。院主不忍心,暗暗地把他的劳动工具藏起来了,要求他休息。禅师说:“我没有什么德行,怎么能不比别人劳累些呢?”接着他到处找自己的劳动工具,但却没有找到,于是他就不吃饭。所以就有了“一日不劳动,一日不吃饭”的话广为流传。

【原文】

世间生艺,要会一件,有时贫穷,救你患难。

【译文】

世上能够谋生的技艺，你一定要会一件，在你贫困的时候，你所学的技艺会帮你渡过难关。

【故事链接】

周公劝谏

周公制礼作乐的第二年，他把王位彻底交给了成王。在国家危难的时候，不避艰辛挺身而出，担当起王的重任；当国家转危为安，走上顺利发展的道路的时候，又毅然让出了王位，这种无畏无私的精神，始终被后代称颂。但是，周公并没有因退位而放手不管国事，他会不断向成王提出告诫。

周公说，父母辛勤务农，而他们的子弟却不知道种地的艰辛，只会贪图安逸，甚至侮辱他们的父母。作为一个最高统治者要知道下边的隐情疾苦，否则就会做出荒诞的事情来。周公接着还举了殷王等人的例子，生下来就安逸，不知道务农的辛劳，只是贪图享乐，因而他们统治国家也都不长久。

【原文】

饱食足衣，乱说闲耍；终日昏昏，不如牛马。

【译文】

吃得饱，穿得暖，只会吹牛胡说；整天稀里糊涂，还不如能出力干活的牛和马。

【故事链接】

寇准"不学无术"

宋代的寇准当上宰相以后，张咏曾经评论他说："寇公是个人才，可惜在学术方面还欠缺一些。"后来两人相遇，寇准说："你总该向我提点儿意见吧。"张咏愣了一下，然后说："《霍光传》不可不读。"寇准不懂他的意思，等他走后，便取《汉书·霍光传》来读，读到霍光"不学无术，放纵家族胡作非为，终使霍家落个满门抄斩的结局"时，哈哈大笑说："张公批评我的原来是这个！"他虚心接受了张咏的意见，平时加强自身的学习，终于成为一代名相。

【原文】

担头车尾，穷汉营生；日求升合，休与相争。

【译文】

挑担推车做小生意，这都是穷人为谋生所干的事，他们每天只求一点儿微薄的收入，应当学会尊重他们。

【故事链接】

郭进尊重劳动

劳动无贵贱，对于劳动者，我们要尊重。

郭进，宋代博野人。先在五代后周做官，有政绩。后来跟随宋太祖赵匡胤征战，破敌有功。这个人很有才干，善谋略，在宋代开国战争中屡建奇功。他曾经做过邢州的刺史，现在邢州城的城墙就是那时候郭进主持修筑的。

郭进对铠甲兵器很讲究，制作精巧，并且他贮存保管这些兵器的规章制度也很严明。他曾在城北建造自己的府第，房子造好了，他招聚同族的人和亲戚朋友举行落成典礼，把那些土木工人也都请来了。郭进在东厢房设置土木工人的宴席，而在西厢房摆设他儿子们的宴席。按传统习俗，东厢房比西厢房要尊贵些。于是就有人说："你的儿子们怎么能与那些低贱的工徒们并列呢？"郭进指着那些工匠说："他们是修房子的。"又指着他的儿子们说："这帮人是卖房子的，当然他们只能坐在造房子人的下首了。"郭进死后不久，他的府第果然属于别人了。

【原文】

兄弟分家，含糊相让；子孙争家，厮打告状。

【译文】

兄弟分家时，要尽量清楚，没有必要含糊谦让而失去原则；免得以后子孙再来争家产时纠缠不清，甚至闹到打架告状的地步。

【故事链接】

苏琼劝和

北齐的时候，一个叫苏琼的人升官到清河去做太守。那个地方的盗贼很多，苏琼上任以后，盗贼和那些作奸犯科的人便渐渐没有了。清河地方上的百姓中有个叫乙普明的人和他的弟弟为了争夺田产打起官司来。好几年了，这桩官司还没有判决，因为他们的父亲去世前什么遗嘱也没有。兄弟两人各找见证人，证人一共有一百个。苏琼就把乙普明兄弟两人和这些证人都叫来，并对他们说："天下所最难得的是兄弟，最容易求到的是田地。假使得到了田地，失去了兄弟。你们心里觉得怎么样呢？"说完话，他眼泪就掉了下来。这些证人也都感动了，大家流着眼泪。乙普明兄弟两人叩了头，请求到外面和解去了。这样，争吵了十年的兄弟，又生活在一起了。

【原文】

强取巧图，只嫌不够；横来之物，要你承受。

【译文】

靠势力去抢，用诡计去占，总是嫌自己的财物不够多；用这种不正当的手段得来的东西,犯下的罪孽将来还得自己去承受。

【故事链接】

和绅偷壶

清朝乾隆时期,有个大官叫和绅。他很得乾隆皇帝的宠信,因此在朝廷中的势力越来越大。和绅非常贪财,他常常把地方官员献给皇帝的宝物用不正当的手段据为己有。

有一次,一个叫孙士毅的大臣从南方带回一只玉鼻烟壶,准备献给皇帝。这件事被和绅知道了,他私下里找孙士毅,要他把玉鼻烟壶送给他。孙士毅没有答应。后来,和绅竟然买通了宫里的一个太监,将那只玉鼻烟壶偷了出来。

由于和绅的贪欲越来越大,连一些地方的救灾款都被他吞食。以致一些闹荒灾地方的老百姓对朝廷越来越不满,甚至有了小规模的农民暴动。后来,嘉庆皇帝即位后,和绅被杀,并把他的家产查抄了。

六言

【原文】

儿小任情骄惯,大来负了亲心;

费尽千辛万苦,分明养个仇人。

【译文】

孩子小的时候随他们的性子娇生惯养,长大以后就会辜负父母的心愿;费尽了千辛万苦,却明明养了一个仇人。

【故事链接】

孟母断织

孟子小的时候,有一次逃学回家,他的母亲正在织布,母亲见他回来便问道:“学习怎么样了?”孟子漫不经心地回答说:“跟过去一样。”孟母二话没说就用剪刀把织好的布剪断。孟子见此害怕极了,忙问母亲:“为什么要发这样大的火?”孟母说:“你荒废学业,如同我剪断这布一样。有德行的人学习是为了树立名声,增长才干。所以平时能平安无事,做起事来就可以避开祸害。如果现在荒废了学业,就难免做下贱的工作,而且难于避免祸患。”孟子听后非常惭愧。自此,他从早到晚勤学不止,再也没有逃过学。

【原文】

世间第一好事,莫如救难怜贫;人若不遭天祸,舍施能费几文。

【译文】

人世间第一等的好事，莫过于帮助穷苦的人渡过难关；人们如果没有遭遇灾祸，帮助别人又能花去几个钱呢？

【故事链接】

沈道虔乐善好施

南北朝末吴兴武康人沈道虔，为人安贫乐道，把钱财看作身外之物。一天，他外出回来时，看见有一个人正在偷他家菜园里的蔬菜。他就一声不响地躲起来，一直等到那个人偷够了，离开菜园后，他才出来。又有一次，有个人偷拔他屋后的竹笋，他叫人去劝阻那个人不要拔，并传话说："我珍惜这些竹笋，是想让它们长成竹林，我还有比这更好的竹笋送给他。"随即，他叫人去买了一些大竹笋送给那个偷拔竹笋的人。那个人感到非常羞愧，没有要竹笋就走了。沈道虔便派人把竹笋送到了那个人的家里。

其实，沈道虔家里并不宽裕。他常常靠拾人家收割后漏掉在田里的禾穗过日子。有一次，同他一道去拾禾穗的人互相争抢禾穗。沈道虔上前劝阻，他们还是互不相让。见此，他就把自己拾得的禾穗全部给了他们。争抢禾穗的人感到十分内疚，以后有人发生争执时，就说："不能让沈居士知道了。"冬天，沈道虔没有棉衣穿，著名画家戴颙知道后，便把他接到家中，替他做了一些衣服，并送给他一万文钱。他回到家后，又把戴颙为他做的衣服和送给他的钱全部分送给了他兄弟家中没有衣服穿的子女。

【原文】

乞儿口干力尽，终日不得一钱；败子羹肉满桌，吃着只恨不甜。

【译文】

叫花子费尽力气，口干舌燥，一天也要不到几个铜板；败家子满桌的大鱼大肉，吃腻了还嫌口味淡。

【故事链接】

石崇因奢引祸

西晋时有一个士大夫，名叫石崇。他富可敌国，为了显示自己的财富，石崇用蜡烛当柴烧，用贵重的织锦铺路。在与另一个贵族斗富的时候，他还令美人劝酒，劝不成者就把她杀掉。而那时候人民却处在因连连战争带来的穷困中，甚至发生人食人的惨剧。

石崇的富贵引来了另一些人的妒忌，他们联合起来诬陷石崇，官府把他逮捕起来，然后查抄了他的家财。最后，这个奢侈至极的石崇连命也丢了。

石崇斗富

【原文】

蜂蛾也害饥寒，蝼蚁都知疼痛；谁不怕死求活，休要杀人害命。

【译文】

一只小小的飞蛾也会担心饥寒，蝼蚁都晓得疼痛，生命对于每一个人来说都是最宝贵的。谁不想好好生存，千万不能去做杀人害命的事情。

【故事链接】

赵简子杀骡救士

生命是没有贵贱的，这和地位、名声没有关系。

晋国大夫赵简子有两头白色的骡子，他非常喜爱。阳城胥渠病了，他的家丁夜里到简子处叩门，并要小吏转告简子说："您的臣民胥渠有病，医生说必须用白骡的肝方能治愈，否则就会死去。"门吏为他通报。此时简子的家臣董安正在简子身边，董安怒骂起来："小小的胥渠还想要我们大夫的骡子，请马上用刑。"简子说："杀人来救一头牲口这太不仁慈了吧？而杀掉一头牲口救活一个人，这不是极大的仁慈吗？"于是便叫厨师杀掉白骡，取出骡肝给阳城胥渠治病。

生命是宝贵的，所以我们应该珍惜每一人的生命。简子的做法体现了他对下属的仁慈，如果为官能像简子那样，真是天下之福，百姓之福。

【原文】

自家认了不是，人可不好说你；自家倒在地下，人再不好跌你。

【译文】

自己先认错，别人就不好再指责你了；自己先跌倒在地，别人也就不好再踢你一脚了。

【故事链接】

刘备失言笑赔礼

犯错后，赶紧承认错误，别人不仅不会笑话，而且也不好再责备犯错人。

建安十七年，刘备攻克了益州牧刘璋的涪陵后，设宴作乐。宴会上，刘备对庞统说："今日的宴会，可以说是快乐极了啊！"庞统说："把攻打别人的国家当作快乐的事，不是仁义之师啊。"这时，刘备已醉，听了庞统的话后，发怒说："从前武王讨伐纣王，百姓载歌载舞，难道不是仁义之师吗？此话不妥。"

于是庞统迟疑不决地退出宴席。不一会儿，刘备又后悔起来，请庞统重新入席。庞统回来坐在原席上，起初并不回头向刘备表示歉意，吃喝如常。这时刘备对庞统说："刚才我们的议论，是哪个有过错？"庞统回答说："君臣都有过失。"刘备听后大笑起来。宴会欢乐的气氛又恢复到像开始时一样。

【原文】

气恼他家富贵，畅快人有灾殃；一些不由自己，可惜坏了心肠。

【译文】

人家富贵你气恼，人家有灾难你高兴；其实祸福根本不会由个人的意愿来决定，你有这样的想法只能说是你的心肠太坏了。

【故事链接】

塞翁失马，焉知非福

战国时期，靠近北部边城，住着一个老人，名叫塞翁。塞翁养了许多马，一天，他的马群中忽然有一匹马走失了。邻居们听说这件事后，跑来安慰，劝他不必太着急，年龄大了，多注意身体。塞翁见有人劝慰，笑了笑说："丢了一匹马损失不大，没准会带来什么福气呢。"没想到过了几天，丢失的马不仅自动返回家，还带回一匹匈奴的骏马。

邻居听说了，对塞翁的预见非常佩服，向塞翁道贺说："还是您有远见，马不仅没有丢，还带回一匹好马，真是福气呀。"塞翁听了邻人的祝贺，反而一点儿高兴的样子都没有，忧虑地说："白白得了一匹好马，不一定是什么福气，也许会惹出什么麻烦来。"塞翁有个独生子，非常喜欢骑马。他发现带回来的那匹马顾盼生姿，身长蹄大，嘶鸣嘹亮，剽悍神骏，一看就知道是匹好马。他每天都骑这匹马出游，心中扬扬得意。一天，他高兴得有些过火，打马飞奔，一个趔趄，他从马背上跌下来，摔断了腿。邻居听说后，纷纷来慰问。塞翁说："没什么，腿摔断了却保住了性命，或许是福气呢。"

不久，匈奴兵大举入侵，青年人都被应征入伍，塞翁的儿子因为摔断了腿，不能去当兵。入伍的青年都战死了，唯有塞翁的儿子保住了性命。

杂言

【原文】

老子终日浮水，儿子做了溺鬼；老子偷瓜盗果，儿子杀人放火。

【译文】

父亲如果成天游手好闲，这样就会带坏了孩子；父亲小偷小摸，孩子长大了可能会去杀人放火。

【故事链接】

王羲之教子习书法

王羲之的第七个儿子王献之，自幼聪明好学。王羲之曾夸赞他："此儿后当复有大名。"小献之听后心中沾沾自喜。还有一次。王羲之的一位朋友让献之在扇子上写字，献之挥笔便写，突然笔落扇上，把字污染了，小献之灵机一动，一只小牛便栩栩如生于扇面上。再加上众人对献之的书法绘画水平赞不绝口，小献之滋长了骄傲情绪。

一次，王献之把一大堆写好的字给父亲看，希望听到几句表扬的话。谁知，王羲之一张张掀过，一个劲儿地摇头。掀到一个"大"字时，父亲现出了较满意的表情，随手在"大"字下添了一个点，然后把字稿全部退还给献之。小献之心中仍然不服，又将全部习字抱给母亲看，并说："我苦练了五年，并且完全是按照父亲的字样练的。您仔细看看，我和父亲的字还有什么不同？"母亲认真地看了三天，最后指着王羲之在"大"字下加的那个点，叹了口气说："只有这一点像你的父亲呀。"

母亲见他的骄气已经消尽了。就鼓励他说："孩子，只要功夫深，就没有过不去的河、翻不过的山。你只要像这几年一样坚持不懈地练下去，就一定会达到目的的！"献之听完后深受感动，又锲而不舍地练下去了。功夫不负有心人，献之练字用尽了十八大缸水，书法上的技艺突飞猛进。后来，王献之的字也到了力透纸背、炉火纯青的程度，他的字和王羲之的字并列，被人们称为"二王"。

王献之的成才，在很大程度上便是由于其父亲王羲之给其树立了一个良好的榜样，正是这个榜样给他指明了一个前进的方向，也成为其不断努力奋进的动力之源！

【原文】

休着君子下看，休教妇人鄙贱。

【译文】

不要让君子看轻你，不要让妇人看不起你。

【故事链接】

晏子的车夫

有本事、有志向的人,大都谦虚谨慎;而那些骄傲自满、趾高气扬的人,大都眼光短浅、志向不高。

一天,晏子乘车外出,马车正好从车夫的家门前经过,车夫的妻子从门缝里偷偷地往外看,只见自己的丈夫正替相国驾车,坐在车上的大伞盖下,挥鞭赶着高头大马,神气活现,十分得意的样子。车夫回到家里,妻子就要跟他离婚。车夫大吃一惊,忙问什么原因。他妻子说:"晏子身为齐国宰相,在诸侯各国中很有名望。可我看他坐在车上,思想是那样深沉,态度是那样谦逊。而你呢,只不过是给相国赶赶马罢了,却趾高气扬,表现出一副很了不起的样子。像你这样的人还会有什么出息呢?"车夫仔细思量着妻子的这番话,既受了教育又感到惭愧,便向妻子认错。自此以后,车夫变得谦逊谨慎起来。

车夫的这一变化,使晏子感到奇怪,就问车夫原因,车夫把妻子的话如实地告诉了晏子。晏子认为车夫的妻子很有见解,也对车夫勇于改过的态度感到满意,便推荐车夫做了大夫。

【原文】

人生丧家亡身,言语占了八分。任你心术奸险,哄瞒不过天眼。

【译文】

家破人亡,十有八九是由言语引起的。任凭你如何奸邪狡猾,都瞒不过上苍的眼睛。

【故事链接】

英明的汉昭帝

汉昭帝十四岁那年,有一次,辅政大臣霍光出去检阅禁卫军时,把一名校尉调到他的大将军府里。朝廷中反对他的人抓住这个机会,假造了一封燕王的信,派了一个心腹冒充燕王的使者,向汉昭帝告发霍光。汉昭帝接到那封信,看了又看,想了又想,然后把它搁到一边。

第二天,霍光检阅回来,听到燕王告发他,就躲在偏殿里,不敢去见昭帝。昭帝让内侍召霍光上殿,霍光一上殿,就脱下帽子,伏在地上请罪。汉昭帝说:"大将军不要惊慌,我知道是有人有心想害你。"霍光磕了个头说:"陛下怎么知道的?"汉昭帝说:"这不是很清楚吗?大将军检阅御林军就在长安附近,调用校尉还是最近的事,一共不到十天,燕王远在北方,怎么能知道这些事?就算知道了,马上写信送来,也来不及赶到京城。再说大将军如果真要谋反,也用不着调一个校尉,这明明是有人想陷害大将军。"

霍光和满朝文武大臣听了都很佩服这个小皇帝的英明。

【原文】

使他不辩不难,要他心上无言。

【译文】

和别人辩论的时候,让别人不再争辩不难,重要的是让他心服口服。

【故事链接】

杨修之死

三国时期,魏王曹操得知大将夏侯渊被黄忠所杀,便亲率大军二十万为他报仇,不想屡遭挫败。一天,曹操看到厨房送来的鸡汤,觉得目前的战局很像啃鸡肋骨,丢掉舍不得,吃却没什么肉。此时,大将夏侯惇来请示夜间口令,曹操随口而答:“鸡肋!鸡肋!”

行军主簿杨修听到这一口令,随即吩咐随行军士收拾行装,准备归程。夏侯惇惊讶地问缘故,杨修说:“从今夜口令便知魏王将要退兵。鸡肋,食之无味,弃之可惜。现在的战局也正是这样,进不能胜,退恐遭人笑,不如早归。我料定魏王明天必要班师回朝,所以先收拾行装,免得临行时慌乱。”夏侯惇听了觉得有道理,于是也收拾起来。曹操知道后大怒,以“乱我军心”之名定杨修死罪。

杨修的死还有其更深层次的原因,他恃才傲物,在没有主帅命令的情况下随便散布一些消极言论,正好被曹操抓住把柄将他斩杀了。这真是祸从口出的典型。

【原文】

人言未必皆真,听言只听三分。

【译文】

别人说的话未必都是真的,不要全部相信,只要相信十分之三就可以了。

【故事链接】

诸葛亮巧赢孟获心

三国时期,蜀国的南中地区发生了叛乱,一个叫孟获的人成了南中叛军的统帅。于是,诸葛亮带兵前去平乱。

有一次,叛军和蜀军展开了激战,蜀军败退,孟获带领叛军乘胜追击,想一举击溃蜀军。殊不知,他已经中了诸葛亮的诱兵之计,结果被俘虏了。

诸葛亮并没有杀死孟获,反而以礼相待。他劝说孟获归降蜀国,并给他分析了种种有利于南中的好处。但是孟获并不服气,他说:“我只是不小心中了你们的埋伏,如果让我重来一次,我不会输给你的。”诸葛亮笑着对孟获说:“既然这样,咱们来个约定,如果我能抓到你七次,你就归顺蜀国,怎么样?”孟获爽快地答应了。

就这样，孟获回去整顿兵马又来挑战。可是，七次交战，孟获都被诸葛亮活捉。此时，孟获对诸葛亮心服口服，感叹地说："丞相七擒孟获，信守诺言，说到做到，待我可以说是仁至义尽了。我打心底里佩服丞相。哪里能不遵守当初的约定呢？从今以后，不敢再反了。"

就这样，诸葛亮以他的诚信和卓越的才干，赢得了孟获的心，亲近了南中的黎民百姓，使南中成了蜀汉的强大后盾。

【原文】

休与小人为仇，小人自有对头。

【译文】

千万不要和人格卑鄙或见识短浅的人结仇，小人自己就有对头。

【故事链接】

王守仁不与小人结怨

宁王朱宸濠叛乱失败被王守仁拿获后，明武宗正德皇帝朱厚照忽然又决定要巡游南方，一些奸臣蒙骗皇上，居心叵测，王守仁对此十分忧虑。恰好这时有两个宦官到了浙江省，王守仁在镇海楼设宴招待他们。酒宴进行到一半，王守仁打发走其他人，拆掉上楼的梯子，取出两箱书信给两位宦官看。原来都是他们勾结叛逆分子宁王朱宸濠的书信。王守仁将这些书信全部交还给他们，两个宦官感激不已。

王守仁后来能免于遭祸，多亏了这两个宦官从中调解维护。假如当时王守仁抓住他们的把柄，对他们进行打击，那么仇恨和隔阂就会加深，灾祸就会没完没了。

【原文】

干事休伤天理，防备儿孙辱你。

【译文】

做事情千万不要伤天害理，以防将来儿孙做出不好的事情来辱没你。

【故事链接】

窦燕山改错

五代时期，有个人叫窦禹钧，因为他的家乡在燕山一带，因此也叫他窦燕山。他为人不好，以势压贫，有贫苦人家借他家的粮食时，窦燕山是小斗出，大斗进，小秤出，大秤进，明瞒暗骗，昧心行事。由于他做事缺德，所以到了三十岁，还没有子女。窦燕山也为此着急，一天晚上做梦，他死去的父亲对他说："你心术不好，心德不正，恶名已经传到阴曹。如不痛改前非，重新做人，不仅一辈子没有儿子，也会短命。你要赶快改过从善，大积阴德，只有这样，才能挽回天意，改过呈祥。"

从此，窦燕山暗下决心，痛改前非，缺德的事再也不做了。不仅如此，他像变了一个人似的,专门帮助有困难的乡亲。慢慢地,人们改变了对他的看法。后来,窦燕山的妻子为他生了五个儿子,而且每个儿子长大后都考得了功名。

【原文】

你看人家妇女,眼里偏好;
人家看你妇女,你心偏恼。

【译文】

在你眼中,别人家的女子都是好的;可是,当别人看你家的女子时,你却心生懊恼。

【故事链接】

秦罗敷严词拒太守

从前,有一个女子,名叫秦罗敷,长得非常美丽。每天当太阳从东南角出来的时候,她就梳妆打扮得漂漂亮亮,到城南陌上去采桑。路上,人来人往。挑担的少年、耕田的农夫和锄地的农人都看罗敷看得呆了。大家都为她的明艳照人而倾倒,忘记了自己正在干的活儿。

有一天,罗敷照常到陌上去采桑叶。这时候,前方有一群骑着高马,身穿锦裘的公子正奔这边来。为首的人细细打量着罗敷,并且前来询问罗敷,看起来像个官员的人又来到罗敷面前说:“我乃太守,你可愿意跟我一起回府。”罗敷听后很生气,心想一定要教训他一下。打定主意后,罗敷就把自己的丈夫很好地夸奖了一番,并且还诘问这个太守已经有夫人,为何还调戏别家女子。荒淫无道的太守受到了一个女子的严词批评,红着脸赶紧离去了。

【原文】

恶名儿难揭,好字儿难得。

【译文】

不好的名声很难被消除掉,好的名声却很难得到。

【故事链接】

周处自新

晋朝时,有一个人叫周处。他年轻时粗暴强悍,喜好争斗。左右的乡邻都很怕他,把他与河里的蛟龙、山中的猛虎并称为“三害”。后来,有人怂恿周处去杀蛟龙和猛虎,周处竟答应了。过了三天三夜,人们见周处没有回来,以为他死了。于是奔走相告,互相庆祝。不久,周处杀死了蛟龙和猛虎,回到了乡里。他见人们把自己当成祸害,心里十分难过。因此萌发了改过自新的念头。

他找到当时的名士陆机和陆云,跟随他们潜心学习。从此,周处洗心革面,再也不做危害乡邻的事了。后来,他当了大官。

【原文】

大嚼多噎，大走多蹶。

【译文】

大口大口地嚼东西容易噎到，走路时步子太大容易摔跤。

【故事链接】

唐伯虎认错门

唐伯虎从小就很聪明，尤其擅长作画。家人见他很喜欢画画，就让唐伯虎拜了沈周为师。一天，唐伯虎把自己的画和师傅的画比了比，觉得自己不比师傅差了。于是他跟师傅说要回家看望母亲，不能再学画了。沈周看出了唐伯虎的心思，决定教育一下他。于是，他就叫妻子准备饭菜为唐伯虎饯行。

饭菜摆在后花园的一间小房里。这间小房平时总是锁着的。唐伯虎跟着师傅走进屋里，好奇地向四周张望。他看见外面景色很美。正当他看得入神之时，沈周说："别光看，想去就去吧。"唐伯虎立刻抬手开门，可他怎么也打不开。这时他才发现，原来这扇门是师傅画的。唐伯虎觉得很惭愧，原来自己的画艺比师傅差远了，却急着辞师回家。从此，唐伯虎更加刻苦地学画，一步步成长为一个有名的画家。

【原文】

为人若肯学好，羞甚担架卖草；为人若不学好，夸甚尚书阁老。

【译文】

做人只要肯一心向善，即使干的是挑柴卖草的营生，也没有什么可觉得羞耻的；如果做人心术不正，即使做了大官也没什么可值得夸耀的。

【故事链接】

李谦行善

隋朝时代，有一位虔诚的佛教居士，姓李，名谦，他对父母很孝顺，自幼丧父，在他母亲去世以后，三年丧服期满，他便捐舍了自己的私宅给寺院。他继承了祖上巨大的遗产，所以家中很富裕，可是他的私生活，比穷人还要节俭，穿的是布衣旧衫，吃的是粗茶淡饭，终日以救济无衣无食的穷人为急务。邻里中有因丧事无法殓葬的，他施以棺木。有兄弟因分财不均而争讼的，他就出钱补助不足的一方，以致感动他们兄弟，让他们心生惭愧，也都成为善人。

有一天，他看见贼在他的田中偷割稻谷，李谦不但不喊捉贼，反而不声不响地避开了，人家觉得很奇怪，他解释说："俗语有言：树树要皮，人人要脸。人谁不要脸皮呢？人谁自愿为贼呢？都是因为天灾人祸，逼得没有办法，应该宽恕他呀！"

【原文】

慌忙倒不得济，安详走在头地。

【译文】

慌慌张张不能够飞黄腾达，安安稳稳能够出人头地。

【故事链接】

王羲之沉着处世

东晋太尉郗鉴是个很爱才的人，为了给女儿选择一个合适的对象，郗老大人动了不少脑筋。后来，他打听到丞相王导家的子弟一个个相貌堂堂，才华出众，于是便派一个门客到王家去选女婿。

消息传来，王家子弟一个个兴奋而又紧张，他们早听说郗小姐人品好，有才学，谁不想娶她做妻子呢？再说要是攀上太尉郗鉴做岳父，以后飞黄腾达就不愁了。于是，他们一个个精心修饰一番，规规矩矩地坐在学堂里，表面上是看书，心早就飞了。可是东边书案上，有一个人却与众不同。只见他还像平常一样随便，好像压根儿没有这回事似的，仍在聚精会神地挥笔写字。这天，天气并不热，可是这个青年人却热得解开了上衣，露出了肚皮，也许是早上没来得及吃饭吧，他一边写字，一边抓起冷馒头咬一口，无拘无束地咀嚼着，眼睛还一个劲儿地盯着面前的毛笔字，那紧握毛笔的右手，一时一刻也没有松开，有时还悬空比画着写字，那副认真的神态，使人禁不住发笑。

郗鉴派采了自己的代表，他在学堂进行了一番观察了解后，就回去报告去了。郗大人听了回报，恰恰对那位举止“随便”的青年有兴趣。他详细问了情况，高兴地将两个手掌一合，说：“这就是我要找的女婿。”这是怎么回事呢？郗老大人认为，这个青年不把个人的事儿放在心上，而是集中精力于书法事业，这正是有出息的表现。有这样的钻劲儿、迷劲儿，是不愁不成才的。那么这个被太尉郗鉴选中的人是谁呢？他就是大书法家王羲之。

【原文】

话多不如话少，语少不如语好。

【译文】

话说得太多不如少说点儿，话说得少不如话都说到点子上。

【故事链接】

晏子谏齐景公

齐景公是个残暴的君主，很多人都不敢劝谏他，晏子却总是能用很精当巧妙的几句话就劝谏成功了。

有一次，一个人得罪了齐景公，齐景公很生气，命左右的人把他绑在大殿上，准备处以分尸的极刑，并且下令谁敢劝阻，一律格杀勿论。

这时，晏子走过来，左手抓住犯人的脑袋，右手磨着刀，抬头问齐景公："不知道古代圣明的君主肢解人时从哪个部位开始下刀？"

齐景公知道是晏子用古代贤明的君主来劝说自己不要滥杀无辜，就离开座位说："放了他吧，这是寡人的错。"

晏子明知齐景公残暴，却总能劝谏成功，可见他的话总能点中要害。

【原文】

小辱不肯放下，惹起大辱倒罢。

【译文】

若是不能把小的耻辱放下，很可能最终会引起大的耻辱。

【故事链接】

勾践卧薪尝胆

春秋末年，南方的吴越展开了战争。起初，吴国比较弱小，越国取得了胜利。吴王死后，他的儿子夫差继承了皇位。

越王勾践

夫差抱着为父报仇的决心晨起夕归地操练士兵、演练战射。在越王勾践在位的第三年，吴王夫差领着大军进攻越国。由于上次的胜利，越王的军队没有把吴军放在眼里。结果，勾践大败。失败之后的勾践来到吴国当了吴王夫差的马夫。每当夫差乘车出游，勾践就手执鞭杖，徒步跟随在车左车右，任凭吴人恶语讥笑，只把耻辱藏在心中。

后来，吴王夫差渐渐放松了对勾践的戒备之心，把他放回了越国。回到越国的勾践奋发图强，每晚都睡在草薪上，还在自己的头顶悬一颗苦胆，时不时舔一下，以此来勉励自己。后来，越国在勾践的治理下渐渐富强起来，之后又开始了跟吴国的争夺，而且越来越占据上风了。

【原文】

天来大功，禁不得一句自称；海那深罪，禁不得双膝下跪。

【译文】

即使立有天大的功劳，也不能自己妄自夸耀；即使是有像海一样深的罪过，若一方肯双膝下跪来诚恳谢罪，也就烟消云散了。

【故事链接】

冯异不居功

更始元年,西汉宗室刘林率兵马数百入邯郸,拥立王郎建立割据政权,自称天子。光武帝刘秀率部将从蓟东向南逃走,日夜兼程,到了饶阳境内的无蒌亭时,天气异常寒冷,人马饥饿、疲惫,冯异给刘秀送上豆粥果腹。第二天,刘秀对将领们说:“昨天吃了冯异的豆粥,饥饿和寒冷都得到了解除。”到南宫时,风雨大作,刘秀停车进入路边的一处空房舍内,冯异抱来柴禾,邓禹烧火,让刘秀对着灶火烘干湿衣。冯异又让刘秀进食麦饭。后来冯异跟随刘秀打败王郎,被封为应侯。

冯异为人谦虚礼让,在路上与将领相逢,便引车避开让路。进退都有规矩,有标示,军队号令整齐。每每停下来休息,将领坐下来谈论自己的功劳时,冯异都躲到树下,军中称他为“大树将军”。破了邯郸后,更换部分将领,军士重新分配时,大家都说愿意分配到“大树将军”冯异那里做部下。

冯异在光武帝刘秀危难时不离左右,服侍周到,可谓立了很大的功劳。但他并不张扬,反而事事谦让,后来果然受到了刘秀的重用。

【原文】

一争两丑,一让两有。

【译文】

如果双方互相争执不休,那么两个人都会出丑;若双方都肯互相谦让,那么两人都会拥有美名。

【故事链接】

将相和

战国时,蔺相如因保护和氏璧同时维护了赵王的颜面而立功,被拜为上卿,官位在大将廉颇之上。廉颇为此很不服气,扬言要羞辱蔺相如。

蔺相如听说后,决定避免冲突,尽量少和廉颇见面。经过三番五次地躲避,他的舍人以为主人害怕廉颇,便联合起来对他说:“我们所以离开亲人来伺候您,只是因为仰慕您崇高的道义!您现在和廉颇的地位相同,廉颇放出恶言恶语,您却因为害怕而躲避他,怕得太厉害了吧。再说这样的事,普通人尚且感到羞耻,何况对于将相呢?我们不才。但羞为你府上的门客,请允许我等离开。”相如坚决挽留他们,并对他们说:“先生们认为廉颇与秦王相比谁厉害?”大家回答:“廉颇比不上秦王。”相如于是说:“以秦王那样的威风,我都敢在大庭广众之下斥责他,并羞辱他那帮大臣。我再不中用,难道就单单害怕廉将军吗?我认为,强大的秦国之所以不敢用兵进犯赵国,只是因为赵国文有蔺相如,武有廉将军罢了。如今我们不和,就像两虎相斗,必有一伤。这样的话就正合了秦国的意。我之所以这样做,是想保存我国的实力。不让秦国有机可乘。”

廉颇听说了这些话以后,深感惭愧,觉得自己不如蔺相如识大体、顾大局。于是登门负荆请罪,从此以后,两人终于彼此友好,结成生死之交,同为赵国效力。

续小儿语

[明]吕坤

吕坤(1536~1618年),字叔简,号心吾(一作新吾)。吕得胜之子,明代著名思想家。万历二年进士,官至刑部侍郎。承其父命,作《续小儿语》。吕坤一生有好几部流传于世的贤文著作,这部《续小儿语》要与其父的《小儿语》合看。

四言

【原文】

心要慈悲,事要方便。残忍刻薄,惹人恨怨。手下无能,从容调理。他若有才,不服事你。遇事逢人,豁绰舒展[①]。要看男儿,须先看胆。休将实用,费在无功。蝙蝠翅儿[②],一般有风。一不积财,二不结怨,睡也安然,走也方便。要知亲恩,看你儿郎;要求子顺,先孝爷娘。别人情性,与我一般,时时休悉,件件从宽。都见面前,谁知脑后,笑着不觉,说着不受。人夸偏喜,人劝偏恼,你短你长,你心自晓。卑幼不才,瞒避尊长,外人笑骂,父母夸奖。仆隶纵横[③],谁向你说,恶名你受,暗利他得。从小做人,休坏一点。覆水难收,悔恨已晚。贪财之人,至死不止,不义得来,付与败子。都要便宜,我得人不,亏人是祸,亏己是福。怪人休深,望人休过[④],省你闲烦,免你暗祸。正人君子,邪人不喜,你又恶他,他肯饶你?好衣肥马,喜气扬扬;醉生梦死,谁家儿郎?今日用度,前日积下;今日用尽,来日乞化。无可奈何,须得安命;怨叹躁急,又增一病。仇无大小,只恐伤心;恩若救急,一芥千金[⑤]。自家有过,人说要听;当局者迷,旁观者醒。丈夫一生,廉耻为重,切莫求人,死生有命。要甜先苦,要逸先劳,须屈得下,才跳得高。白日所为,夜来省己,是恶当惊,是善当喜。人誉我谦,又增一美;自夸自败,还增一毁。害与利随,祸与

吕坤

福倚，只个平常，安稳到底。怒多横语，喜多狂言，一时褊急，过后羞惭。人生在世，守身实难，一味小心，方得百年。慕贵耻贫，志趣落群[6]；惊奇骇异，见识不济。心不顾身[7]，口不顾腹[8]。人生实难，何苦纵欲。才说聪明，便有障蔽，不著学识，到底不济。威震四海，勇冠三军，只没本事，降伏自心。矮人场笑[9]，下士涂说[10]，学者识见，要从心得。读圣贤书，字字体验；口耳之学，梦中吃饭。男儿事业，经纶天下，识见要高，规模要大。待人要丰，自奉要约；责己要厚，责人要薄。一饭为恩，千金为仇。薄积成喜，爱重成愁。鼷鼠杀象[11]，蜈蚣杀龙，蚁穴破堤，蝼孔崩城。意念深沉，言辞安定，艰大独当，声色不动。相彼儿曹，乍悲乍喜，小事张皇，惊动邻里。分卑气高[12]，能薄欲大，中浅外浮，十人九败。坐井观天，面墙定路[13]，远大事业，休与共做。冷眼观人，冷耳听话，冷情当感，冷心思理。理可理度，事有事体，只要留心，切莫任己。

【注释】

①豁绰：豁达，宽容。②蝙蝠翅儿：一种折扇。③纵横：强横。④望人：指望别人。⑤一芥千金：意谓恩虽小而价无比。芥，一种小草。⑥落群：意谓不高尚、低下，与“超群”相对。⑦心不顾身：指多欲损身。⑧口不顾腹：指多食伤腹。⑨矮人场笑：朱熹《朱子语类》：“如矮子看戏相似，见人道好，他也道好。”这里比喻己无主见，随声附和。⑩下士涂说：下愚之人只会道听途说。涂，通“途”。⑪鼷鼠：一种最小的老鼠。⑫分卑：指人的天分低下。⑬面墙：面对着墙，一无所见，比喻不学无术。

六言

【原文】

修寺将佛打点[1]，烧钱买免神明[2]，灾来鬼也难躲，行恶天自不容。贫时怅望糟糠，富日骄嫌甘旨，天心难可人心[3]，那个知足饿死。苦甜下咽不觉，是非出口难收，可怜八尺身命，死生一任舌头。因循惰慢之人，偏会引说天命，一年不务农桑，一年忍饥受冻。天公不要房住，神道不少衣穿，强似将佛塑画，不如救些贫难。世人三不过意[4]，王法天理人情，这个全然不顾，此身到处难容。责人丝发皆非，辨己分毫都是，盗跖千古元凶[5]，盗跖何曾觉自？柳巷风流地狱[6]，花奴胭粉刀山[7]，丧了身家行止[8]，落人眼下相看。只管你家门户，休说别个女妻，第一伤天害理，好讲闺门是非。人悔不要埋怨，人羞不要数说，人极不要跟寻[9]，人愁不要喜悦。大凡做一件事，就要当一件事，若是苟且粗疏，定不成一件事。少年志肆心狂，长者言必偏恼；你到长者之时，一生悔恨不了。改节莫云旧善，自新休问昔狂，贞妇白头失守，不如老妓从良。自家痛痒偏知，别个辛酸那觉，体人须要体悉，责人慎勿责苛。快意从来没好，拂心不是命穷，安乐人人破败，忧勤个个亨通。儿好何须父业，儿若不肖空积，不知教子一经[10]，只要黄金满室。君子名利两得，小人名利两失，试看往古来今，惟有好人便益。厚时说尽知心，提防薄后发泄；恼时说尽伤心[11]，再好有甚颜色。事到延挨怕动，临时却恁慌忙[12]，除却差错后悔，还落前件牵肠。往日真知可惜，来日依旧因循，若肯当年一苦，无边受用从今。东家不信阴阳，西家专敬风水，祸福彼此一般，费了钱财不悔。德行立身之本，才识处世所先；孟浪痴呆自是，空生人代百年[13]。谦卑何曾致祸，忍默没个招灾；厚积深藏远器[14]，轻发小逞凡才[15]。俭用亦能够用，要足何时是足？可怜惹祸伤身，都是经营长物[16]。未来难以预定，算够到头不够，每事常余二分，那有悔的时候？火正灼时都来，火一灭时都去，炎凉自是通情，我不关心去住。何用终年讲学，善恶个个分明，稳坐高谈万里，不如蹉跎一程[17]。万古此身难再，百年转眼光阴，纵不同流天地，也休涴了乾坤[18]。世上第一伶俐，莫如忍让为高，进履结袜胯下[19]，古今真正人豪。学者三般要紧，一要降伏私欲，二要调驯气质，三要跳脱习俗。百尺竿头进步，钻天巧智多才，饶你站得脚稳，终然也要下来。莫防外面刀枪，只怕随身兵刃，七尺盖世男儿，自杀只消三寸。

【注释】

①打点：这里是装点佛像，表示修德礼敬之意。②买免神明：意谓烧化纸钱，乞求神明宽免罪过恶根。③难可：难以使人满足，满意。④三不过意：三个方面不恣意行事，指王法、天理、人情。⑤盗跖：相传为春秋时大盗。⑥柳巷：指妓院。⑦花奴：这里指娼妓。⑧行止：品行。⑨人极不要跟寻：人到急处不要穷逼不舍。极，急。⑩教子一经：教育后代学成儒业。《汉书·韦贤传》："遗子黄金满籝，不如一经。"⑪恼时说尽伤心：恼怒时说尽了伤人的话。⑫恁：如此、这样。⑬人代：人世。⑭厚积深藏：指学识渊博富厚而又深藏不露。远器：具有远大抱负和才能的人。⑮轻发小逞：学识浅薄而轻露，喜欢在人前炫耀。凡才：凡庸之才。⑯长物：多余之物。⑰堪踔：跛者行路貌。⑱涴：沾污。⑲进履：西汉张良在下邳桥上遇一老翁，老翁有意把鞋踢落桥下，令张良拾起来为他穿上。张良忍怒从命。后老翁授以《太公兵法》，张良藉以辅佐刘邦平定天下。履，麻鞋、草鞋。结袜：西汉张释之为朝廷重臣，一次隐士王生当庭要释之为他结好袜带。释之不以为辱，跪而结之。因而名望益重。胯下：西汉韩信未成名时，在淮阴市上为人所辱，要他从一恶少胯下爬过。韩信忍辱，匍伏从其胯下穿过。后投刘邦，拜为大元帅，立功封王。

杂言

【原文】

创业就创干净，休替子孙留病。童生进学喜不了，尚书不升终日恼。若要德业成，先学受穷困；若要无烦恼，惟有知足好；若要度量长，先学受冤枉；若要度量宽，先学受懊烦。十日无菽粟身亡，十年无金珠何伤？事只五分无悔，味只五分偏美。老来疾痛，都是壮时落的；衰后冤孽，都是盛时作的。见人忍默偏欺，忍默不是痴的。鸟兽无杂病，穷汉没奇症。闻恶不可就恶，恐替别人泄怒。休说前人长短，自家背后有眼。湿时捆就，断了约儿不散[1]；小时教成，殁了父兄不变。说好话，存好心，行好事，近好人。算计二著现在，才得头著不败[2]。君子口里没乱道，不是人伦是世教。君子脚跟没乱行，不是规矩是准绳。君子胸中所常体，不是人情是天理。好面上灸个疤儿，一生带破；白衣上点些墨儿，一生带涴。恩怕先益后损，威怕先松后紧。饥勿使耐，饱勿使再。热勿使汗，冷勿使颤。未饥先饭，未迫先便。久立先养足，久夜先养目。清心寡欲，不服四物[3]；省事休嗔，不服四君[4]。酒少饭淡，二陈没干[5]；慎寒谨风，续命无功[6]。线流冲倒泰山，休为恶事开端。才多累了己身，地多好了别人。白首贪得不了，一身能用多少？趁心要休欢喜，灾殃就在这里。未须立法，先看结煞[7]。休与众人结仇，休作公论对头。做第一等人，干第一等事，说第一等话，抱第一等识。欺世瞒人都易，惟有此心难昧。暗室虽是无人，自身怎见自身？兰芳不厌谷幽，君子不为名修。触龙耽怕，骑虎难下。焚结碎环，这个不难；解环破结，毕竟有说[8]。无忽久安，无惮初难。处世怕有进气，为人怕有退气。乘时如矢，待时如死。毋贱贱，毋老老，毋贫贫，毋小小[9]。欲心要淡，道心要艳。上看千仞，不如下看一寸；前看百里，不如后看一𨃞[10]。将溢未溢，莫添一滴；将折未折，莫添一搦[11]。无束燥薪，无激愤人。辩者不停，讷者若聋；辩者面赤，讷者屏息；辩者才住，讷者一句；辩者自惭，讷者自谦。积威不论从违，积爱不论是非[12]。一子之母余衣，三子之母忍饥。世情休说透了，世事休说够了。盼望也不来，空劳盼望怀。愁惧也须去，多了一愁惧。贪吃那一杯，把百杯都呕了；舍不得一金，把千金都丢了。怪人休怪老了[13]，爱人休爱恼了。侵晨好饭[14]。算不得午后饱；平日恩多，抵不得临时少。祸到休愁，也要会救；福来休喜，也要会受。不怕骤，只怕辏[15]；不怕一，只怕积。声休要太高，只是人听的便了；事休要做尽，只是人当的便好。要吃亏的是乖，占便宜的是呆。雨后伞，不须支；怨后恩，不须施。人欺不是辱，人怕不是福。刚欲杀身不顾，柔欲杀身不悟。当迟就要宁耐[16]，当速就要慷慨。回顾莫辞频，前人怕后人[17]。歇事难奋，玩民难振[18]。穷易过，富难享，宁受疼，莫受痒。一向单衫耐得冻，乍脱绵袄冻成病。无医枯骨，无浇朽木。

【注释】

①约儿：绳束。②著：围棋下子谓著。此二句意谓事先想好下一著，才能立于不败之地。③四物：即四物汤，中药方剂名，功能补血，滋养脏腑。④四君：即四君子汤，中

药方剂名，功能益气健脾。⑤二陈：即二陈汤，中药方剂名，功能燥湿化痰，理气和胃。⑥续命：即续命汤，中药方剂名。治中风不省人事，神气溃乱。⑦结煞：结束，结果。此二句意谓立法（规矩、约法）之前先要看能否做到。⑧有说：有讲究。⑨“毋贱贱”四句：意谓不要鄙视下贱之人，不要侮视年老之人，不要漠视贫苦之人，不要轻视年幼之人。⑩靴：鞋子。一靴，犹言一步。⑪搦：捏、按、抑。⑫“积威”二句：谓要树立威信，对服从者和违抗者就不能在态度上有所分别；要施行仁爱，对拥护者和反对者也就需一视同仁。⑬怪人休怪老了：此句意谓埋怨、责备别人要适可而止，不要没完没了。老，指时间长久。⑭侵晨：清晨、清早。⑮辏：聚集、集中。⑯宁耐：忍耐。⑰“回顾”二句：意谓要经常回顾借鉴前代的经验教训，免得让后人耻笑讥诮。⑱歇事：指半途而废。玩民：轻慢偷惰之人。

女儿经

[清]贺瑞麟

贺瑞麟,号清麓,陕西咸阳人,清代中叶教育家。著有《清麓文集》,编有《西京清麓丛书》。这篇《女儿经》流传很广,是一篇很好的女子行为规范集大成,对于培养女子良好的言行和成为淑女有很好的参考价值。其中难免有封建意识,现代人自会根据时代需要去取舍。

大纲

【原文】

女儿经,女儿经,女儿经要女儿听。第一件,习女德[①];第二件,修女容[②];第三件,谨女言[③];第四件,勤女工[④]。我今仔细说与你,你要用心仔细听。

【注释】

①女德:指妇女应具备的德行。②女容:指妇女的服饰打扮。③女言:指妇女的言语。④女工:指妇女所做的纺织、缝纫、烹饪等事。

贺瑞麟

细目

【原文】

习女德,要和平[①],女人第一是安贞[②]。父母跟前要孝顺,姐妹伙里莫相争。父母教训切休强[③],姐妹吃穿心要公。东邻西舍休轻去,早晚行时须点灯。油盐柴米当爱惜,针线棉花莫看轻。莫与男人同席坐,莫与外来女人行。兄弟叔伯皆避忌,惟有亲娘步步从。若有丫头听使唤,使唤亦须谅人情。外奶舅妗或看望[④],看望亦须不久停。坐立行走须庄重,时时常在家门中。但有错处即认错,总有能时莫夸能。出嫁倘若遭不幸,不配二夫烈女名。此是女儿第一件,听了才是大聪明。我今仔细说与你,你要用心仔细听。

修女容,要正经,一身打扮甚非轻。搽胭抹粉犹小事,持体端庄有重情。莫要轻薄闲嘲笑,莫要恼怒好相争。身歪脚斜伤体面,抛头露面坏声名。光梳头发净洗脸，整洁自是好仪容。衣服不必绫罗缎，梭棉衣服要干净[5]。油水柴面容易染[6]，做时须要小心行。箱柜桌炕勤打扫，自无半点尘土生。有时出外看亲戚，先须腹内要安宁。吃喝宁著不尽量，莫贪饭碗与酒钟。衣枷衣服须搭整[7]，衣箱叠板莫乱拥。此是女儿第二件，听了才是理性通。我今仔细说与你，你要用心仔细听。

谨女言，要从容，时常说话莫高声。磨牙斗嘴非为好，口快舌尖不算能。莫要半晌说闲话，莫要无故冒搔风[8]。父母使唤休强嘴，姐妹言语要和平。但遇面生莫开口，休要轻易冒答应。家中总有不平话，低声莫教外人听。好翻舌头多惹事，好说谎的落骂名。有该说处休多说，不该说处且消停。姑姨妗婶当问候，也要沈重莫发轻。闲言破语休细整，七嘴八舌莫乱争。正正经经说几句，止须说个理儿明。此是女儿第三件，听了不是木蛊虫[9]。我今仔细说与你，你须用心仔细听。

勤女工，要紧情，早起莫到大天明，扫地梳头忙洗脸，便拈针线快用功。织纺裁剪皆须会，馍面席桌都要经。件件用心牢牢记，会做还须做得精。不要闲立又闲坐，不要西来又往东。临明莫要贪睡觉，到晚莫要空点灯。殷勤女儿终须好，懒惰女儿总无成。百拙一件不会做，临了落个败家名。何不上紧细用心[10]，要在女中做英雄。虽好不快跟不上，虽快不好不为赢。描花绣彩皆女事，不可一件有不通。此是女儿第四件，听了便是大才能。我今仔细说与你，你须用心仔细听。

【注释】

①和平：和顺。②安贞：安顺和贞洁。③强：固执、不顺从。④外奶：外祖母。舅妗：舅母。⑤梭棉：即土布。⑥染：沾染、污染。⑦衣枷：即衣架。⑧搔风：犹风流。⑨木蛊虫：一种毒虫。⑩上紧：加紧、抓紧。

合总

【原文】

信手编成《女儿经》，女德、女容、女言、工。当做曲儿要记熟，句句还要懂得清。后来若到公婆家，仍是这般一样行。自然到处都夸好，万古千秋有令名。君子莫嫌多俗语，文话女儿不会听。且再从头仔细看，那件不在经史中。《小学》《内则》并《左传》[1]，君子再去看分明。只为女儿容易晓，且把俗言当正经。

朱熹

【注释】

①《小学》：宋代朱熹所编的一部儿童教育课本。《内则》：《礼记》篇名，记载妇女应尊敬丈夫，侍奉父母公婆的规矩。《左传》：即《春秋左

氏传》,为春秋时期的编年史。

广义

【原文】

更有古今贤德女,我再说来你再听。举案齐眉是孟光[1],上书救父有缇萦[2]。令女断鼻不忘夫[3],少君汲水乡邦称[4]。养舅卫姑娘子军[5],画荻和胆夫人城[6]。子贵纺麻文伯母[7],十岁织机吾母行。奉姑存殁皆尽孝,难处更在姑失明。善行一一数不清,助夫成家子孙荣。此是古今名节事,也要用心仔细听。更有古今不贤女,我再说来你再听。打公骂婆人人恨,搅家不良有丑名。偷吃怕做常受气,抛撒柴面太无情。收拾脚首不谨慎,串门搭户任意行。多说丑话太村粗,好讦人短少涵容[8]。闲耍不管正经事,翻梁绞舍懂不清。黑了熬油明不起,一日活做七八更。猪狗鸡鸭不照管,三家厮靠坏门风。盆罐碟碗多毁坏,男儿骂是破败星。偏他还有多心病,不是嗔西就恼东。但动跳崖又落井[9],时常拿刀又弄绳。究竟死了竟白了,枉把公婆男儿坑。何如夫妻同年老,子女儿孙闹轰轰。热热闹闹过光景,一生受用尽无穷。手搭心前自己想,那个糊涂那个明。此是古今笑骂事,也要用心仔细听。听了学好莫学瞎,不枉听了《女儿经》。

【注释】

①举案齐眉:后汉梁鸿的妻子孟光给丈夫送饭时,总是把端饭的盘子举到和眉毛一样齐。后人用以形容夫妻相互敬爱。②上书救父:西汉缇萦为救父淳于意,上书汉文帝,愿卖身为官婢以赎父罪。汉文帝为她的孝心所感,废除肉刑,父得免罪。③令女断鼻:三国时魏国女子夏侯令女丈夫早死,她把头发剪掉,把两耳和鼻子也割掉,以示决不改嫁。④少君汲水:西汉女子桓少君嫁给穷书生鲍宣为妻,与宣共挽鹿车归乡里,拜见婆婆毕就提瓮出门汲水。她不以鲍宣贫穷而有怨言,受到乡人的称赞。⑤养舅卫姑:舅指公公,姑指婆婆。养舅卫姑谓供养公婆。娘子军:唐高祖第三女平阳公主,嫁柴绍。高祖举事起义,公主起兵响应,号称娘子军。⑥画荻:宋朝欧阳修的母亲郑氏亲自教子读书,家贫无钱买笔墨,便用芦苇画地教欧阳修识字。荻,芦苇。和胆,唐朝柳公绰妻韩氏善教孩子,她用熊胆和成苦味的药丸让孩子夜读时咀嚼,以此激励他们勤奋学习。夫人城:东晋时,前秦将领苻丕攻襄阳城,守将朱序母韩氏率城中妇女加固城墙,保全城池。人们称之为夫人城。⑦子贵纺麻:春秋时公父歜的母亲敬姜早寡。公父歜做了鲁国大夫,她仍旧操劳纺织,以示富贵而不忘艰苦。文伯,公父歜的字。⑧讦:揭发别人的隐私。涵容:宽容、包涵。⑨但动:即"动不动"之意。

女小儿语

[明]吕得胜

吕得胜,号近溪,宁陵(今河南省宁陵县)人。主要活动于明嘉靖年间。其编撰《女小儿语》,欲"以立身要务,谐之音声","使童子乐闻而易晓焉"。这篇女小儿语其实就是教给女孩子们的行为规范,对于女子的德、容、言、行等方方面面都提出了具体的要求,直到今天都是有益于女子教育的。

女德

【原文】

少年妇女,最要勤谨,比人先起,比人后寝。剩饭残茶,都要爱惜,看那穷汉,糠土也吃。安分知足,休生抱怨,天不周全,地有缺欠。古分内外,礼别男女,不避嫌疑,招人言语。孝顺公婆,比如爷娘,随他宽窄,不要怨伤。事无大小,休自主张,公婆禀问,夫主商量。夫是你主,不可欺心,天若塌了,那里安身。相敬如宾,相成如友[①]。媟狎儿戏[②],夫妇之丑。长者当让,尊者当敬,任他难为,只休使性。大伯小叔,小姑妯娌,你不让他,那个让你。看养婴儿,切戒饱暖,些须过失,就要束管。水火剪刀,高下跌磕,生冷果肉,小儿毒药。邻里亲戚,都要和气,性情温热,财物周济。手下之人,劳苦饥寒,知他念他,凡事从宽。门户常关,箱柜常锁,日日紧要,防盗防火。也要仔细,也要宽大,作事刻薄,坏心惹害。三婆二妇[③],休教入门,倡扬是非,惑乱人心。不积钱财,只积善行,儿孙若好,无钱何病。

【注释】

①相成如友:像朋友一样相互依赖,相互帮助。②媟狎儿戏:谓夫妇相处过于亲昵而近于放荡。③三婆二妇:三婆指师婆(女巫)、媒婆、卖婆(即牙婆,贩卖货物的妇女)。二妇指娼妇和卖唱妇。

女言

【原文】

笑休高声,说要低语,下气小心,才是妇女。房中说话,常要小心,傍人听去,惹笑生嗔。母家夫前,休学语言,讲不明白,落个不贤。休要搬舌,休要翻嘴,招对出来,又羞又悔。只夸人长,休说人短,人向你说,只听休管。

女容

【原文】

口要常漱，手要常洗，避人之物，藏在背里。脚手头脸，女人四强[①]，身子不顾，人笑爹娘。妇女妆束，清修雅淡，只在贤德，不在打扮。不良之妇，穿金戴银，不如贤女，荆钗布裙。偷眼瞧人，偷声低唱，又惹是非，又不贵相。衣服整齐，茶饭洁净，污浊邋遢，猪狗之性。

【注释】

①女人四强：四强即指脚、手、头，脸。意谓女人要注意保持自己脚手头脸的干净。

女工

【原文】

一斗珍珠，不如升米，织金妆花，再难拆洗。刺凤描鸾，要他何用，使的眼花，坐成劳病。争着做活，让着吃饭，身懒口馋，惹人下贱。米面油盐，碗碟匙箸，一切家伙，放在是处。也休心粗，也怕手慢，不痒不疼，忙时莫干。

通论

【原文】

三从四德[①]，妇人常守，犯了五出[②]，不出也丑。妇人好处，温柔方正，勤俭孝慈，老成庄重。妇人歪处，轻浅风流，性凶心狠，又懒又丢[③]。贤妻孝妇，万古传名；村婆俗女，枉活一生。

【注释】

①三从四德：封建时代妇女必须遵守的三种道德规范与应有的四种德行。三从指未嫁从父，既嫁从夫，夫死从子。四德指妇德、妇言、妇容、妇功。②五出：古代男子休弃妻子有七种情况：无子、淫佚、不事舅姑、口舌、盗窃、妒忌、恶疾，称为七出。此言五出，因无子与恶疾非人为之过，故排除在外。③丢：丢脸。

杂言

【原文】

买马不为鞍镫，取妻却争赔送[①]。新来媳妇难得好，耐心调教休烦恼。家教宽中有严，家人一世安然。人有廉耻好化[②]，面色甚似打骂。打骂休得烦恼，受些气儿灾少。谁好与我斗气,是我不可人意[3]。只怨自家有不是,休怨公婆难服事。公婆夫婿掌生死,心高气傲那里使。妇人声满四邻,不恶也是凶神。妇人口大舌长,男儿家败人亡。絮聒老婆琐性子[4],一件事儿重个死[5]。美女出头,丈夫该愁。妇人好吃好坐,男子忍寒受饿。孤儿寡妇,只要劲做。大妇爱小妻,贤名天下知;继母爱前男[6],贤名天下传。

【注释】

①赔送:即陪嫁物品。②化:教化,改变。③可人意:使人满意。④絮聒:唠叨不止。琐性子:性格琐碎。⑤重:重复。⑥前男:前妻的孩子。

补遗

【原文】

休要张皇[1],休使腔调,鬼气妖风,真见世报。安详沈重,休要轻狂,风魔滥相[2],娼妓婆娘。尊长叫人,接声就叫,若叫不应,自家先到。也休要强,也休撒暴,惧内凌夫,世人两笑。夫不成人,劝救须早,万语千言,要他学好。久不生长[3],劝夫取妾,妾若生子,你也不绝。家中有妾,快休嚷闹,邻里听得,只把你笑。好听偷瞧,自家寻气,装哑推聋,倒得便益。件件要能,事事要会,人巧我拙,见他也愧。妇人不明,鬼狐魔道[4];簇箸下神[5],送祟祷告[6]。拨灶相面,回避安胎[7],哄将钱去,惹出祸来。邪书休看,邪话休听,邪人休处,邪地休行。男子积攒,妇人偷转[8]:男子没吃,妇人忍饥。

妇人败说夫婿[9],开口没你是处。

一言半语偏生恼,朝打暮骂也罢了,妇人动了邪情,横死还留骂名。

【注释】

①张皇:夸张炫耀。②风魔:疯癫。滥相:虚浮的品相。③生长:指生育。④魔道:旧时迷信,用祈祷鬼神、暗中诅咒等方法害人的巫术。⑤簇箸下神:一种祈求神灵下界现灵的巫术。下神,降神。⑥送祟:即送鬼。⑦拨灶相面,回避安胎:都是古代的迷信活动。拨灶,一作拨龟,一种占卜术。⑧偷转:指偷偷转移钱财。⑨败说:说坏话。夫婿:丈夫。

弟子职

[春秋]管仲

管仲(? ~前645),名夷吾,字仲,春秋齐国政治家,曾辅弼齐桓公成王霸之业。本篇原载于《管子》,或谓为战国、秦、汉人托名之作。本篇对于青少年的日常行为提出了具体的要求,在学习、言行、道德、容止、服饰、礼貌等方面都提出了可行的标准。

【原文】

先生施教,弟子是则[①]。温恭自虚[②],所受是极[③]。见善从之,闻义则服。温柔孝悌,毋骄恃力。志毋虚邪,行必正直。游居有常[④],必就有德[⑤]。颜色整齐,中心必式[⑥]。夙兴夜寐,衣带必饬[⑦]。朝益暮习[⑧],小心翼翼。一此不解[⑨],是谓学则[⑩]。

管仲

少者之事,夜寐蚤作[⑪]。既拚盥漱[⑫],执事有恪[⑬]。摄衣共盥[⑭],先生乃作。沃盥撤盥[⑮],汛拚正席[⑯],先生乃坐。出入恭敬,如见宾客。危坐乡师[⑰],颜色无怍[⑱]。

受业之纪[⑲],必由长始,一周则然,其余则否[⑳]。始诵必作[㉑],其次则已。凡言与行,思中以为纪[㉒],古之将兴者,必由此始。后至就席,挟坐则起[㉓]。若有宾客,弟子骏作[㉔]。对客无让[㉕],应且遂行。趋进受命,所求虽不在,必以反命[㉖],反坐复业。若有所疑,捧手问之[㉗]。师出皆起。

至于食时,先生将食,弟子馔馈[㉘]。摄衽盥漱[㉙],跪坐而馈。置酱错食,陈膳毋悖[㉚]。凡置彼食,鸟兽鱼鳖,必先菜羹[㉛]。羹胾中别[㉜],胾在酱前,其设要方[㉝]。饭是为卒,左酒右浆[㉞]。告具而退[㉟],捧手而立。三饭二斗[㊱],左执虚豆[㊲],右执挟匕[㊳],周还而贰[㊴],唯嗛之视[㊵]。同嗛以齿[㊶],周则有始[㊷],柄尺不跪[㊸],是谓贰纪[㊹]。先生已食,弟子乃彻,趋走进漱,拚前敛祭[㊺]。

先生有命,弟子乃食,以齿相要[㊻],坐必尽席[㊼]。饭必捧擥[㊽],羹不以手[㊾]。亦有据膝[㊿],毋有隐肘[51]。既食乃饱,循咡覆手[52]。振衽扫席,已食者作。抠衣而降[53],旋而乡席[54],各彻其馈,如于宾客[55]。既彻并器[56],乃还而立。

凡拚之道,实水于盘,攘臂袂及肘,堂上则播洒,室中握手[57]。执箕膺揲,厥中有帚[58]。入户而立,其仪不忒[59]。执帚下箕[60],倚于户侧。凡拚之纪,必由奥始[61],俯仰磬折[62],拚毋有徹[63]。拚前而退[64],聚于户内,坐板排之[65],以叶适己[66],实帚于箕。先生若作,乃兴而辞[67]。坐执而立[68],遂出弃之。既拚反立,是协是稽[69]。

暮食复礼[70],昏将举火,执烛隅坐[71]。错总之法,横于坐所[72]。栉之远近,乃承厥火[73],居句如矩[74],蒸间容蒸[75],然者处下[76],捧椀以为绪[77]。右手执烛,左手正栉,有堕代烛[78],交坐毋倍尊者[79]。乃取厥栉,遂出是去[80]。

先生将息,弟子皆起,敬奉枕席,问疋何趾[81],俶衽则请,有常则否[82]。先生既息,各就其友,相切相磋,各长其仪[83]。周则复始,是谓弟子之纪。

【注释】

①弟子是则:意谓学生应以老师的教导作为行为的准则。②自虚:谦虚谨慎。③所受是极:谓接受师教当穷其本原。极,穷尽。④游居:外出与居家。常:纲常,法度。⑤就:趋从,接近。有德:有道德的人。⑥中心:内心。式:尊敬。⑦饬:端正。⑧朝益:古时,学生对老师前一天的讲授有所不解,第二天早上进一步请教,叫朝益。暮习:晚上复习一天的功课。⑨一:专一,坚持。解:同懈,懈怠。⑩学则:学习的准则。⑪蚤:同早。作:起身。⑫拚:扫除。盥漱:洗手与漱口。⑬执事:从事工作,干活。有恪:谨慎、恭敬的样子。语本《诗经·商颂》:"温恭朝夕,执事有恪。"⑭摄衣:提起衣服的前襟,以示恭敬。共盥:谓侍奉先生盥漱。共,同供,供奉。⑮沃盥:浇水洗手。撤盥:沃盥毕撤去盥具。⑯汛拚:洒水打扫。正席:摆正先生座席的方向。古人礼制。先生的座席有一定的朝向,在南北向的屋内朝西,东西向的屋内朝南。⑰危坐:端坐。乡师:面向老师。乡,同向。⑱作:改变。⑲受业之纪:从师学习的次序。纪,次序。⑳一周则然,其余则否:谓受业由长及幼以轮流一周为限,以后则不从此例。㉑始诵必作:首次诵读必起立。古人以此表示对凡事开端的恭敬。㉒中:中和,不偏不倚。纪:法则。㉓后至就席,挟坐则起:古人席地而坐,一席可容四人,有后至者,席狭无座,则受业先毕者起而让之。挟,同狭。㉔骏作:速起迎客。㉕对:应对,酬答。让:辞让。㉖反命:返回覆命。反,同返。㉗捧手:两手掌心朝上交叠,是一种对长者表示恭敬的姿势。㉘馔:安排食物。馈:为人进食。㉙摄衽:犹言摄衣。㉚置酱错食,陈膳毋悖:置放各种食品及调料,先后左右都有一定次序。酱,古人称醋一类的调味品,也指用鱼、肉等捣烂制成的酱糜。错,陈、置。㉛鸟兽鱼鳖,必先菜羹:谓荤食一定要放在菜羹前面。一说"必先菜羹"即菜羹必先,因古人进食先素菜后肉食。㉜胾:大块肉。中别:内外分别置放。古人进食胾陈放在羹的外边。㉝其设要方:食具要摆放成方正之形。要,成为。㉞饭是为卒,左酒右浆:古人饭毕,或用浆荡口,叫漱,或用酒荡口,叫酳。酒,浆分别置放在左右。浆,泛指饮料或淡酒。㉟告具:报告先生食器俱备。㊱三饭二斗:意谓进餐时弟子应为先生添益饭菜。三饭,三度食饭。二,同贰,添加。斗,饭斗,盛饭的器具。㊲虚豆:备添饭之用的空的盛器。豆,古代食器。㊳挟:筷子。匕:勺、匙。㊴周还而贰:巡行席间添食。贰,增益、添加。㊵唯嗛之视:意谓只要见到有人吃完,就为之添益。嗛,不满,指吃完了。㊶同嗛以齿:意谓同时有人吃完了,视年龄大小先后添益。齿,年龄。㊷周则有始:周而复始。㊸柄尺不跪:柄尺,指匕柄长一尺。意为以匕为人

添加食物可以不跪。㊹贰纪:添益饭食之法。㊺拚前敛祭:把座席前的脏物打扫干净,并把祭品收起来。前,席前。敛祭,收拾祭品。古人饮食必祭。㊻以齿相要:此言弟子进食时要以年龄长幼排定座次。要,约束,规约。㊼坐必尽席:古人地上铺席,食具列于席前,坐下时应尽可能靠近席前,以免玷污座席。㊽捧擥:用手捧抓。擥,抓捏。古人吃饭用手抓。㊾羹不以手:吃羹不能用手抓,而应用筷子或匕。㊿据膝:古人两膝着地而坐,端坐时重心在脚踝部,若重心前移至双膝,即为据膝。这是一种比较随便的坐姿。㉛隐肘:以肘支撑,斜倚着身子,叫隐肘。这是一种不庄重的坐姿。隐,同稳。㉜循咡覆手:古人饭后用手抹嘴以去不洁,表示餐毕。循,沿着,顺着。咡,口耳之间。覆手,抬手。㉝抠衣而降:提起衣服退下。㉞旋而乡席:古人坐上或退下座席均由席后上下,上句言退下座席,此句言从席后转向席前。㉟各徹其馈,如于宾客:古人进食若无宾客,则食毕由一年少者负责撤去食具。若有宾客,则各人自撤其具。此言弟子食毕当各自撤去食器,如有宾客一样。㊱并:收藏。㊲堂上则播洒,室中握手:堂上宽大,故可以用手广为布洒;室中隘狭,故以手掬水近洒。握手,以手掬水而洒。㊳执箕膺揲,厥中有帚:拿畚箕时应以箕舌向着自己,把帚放在箕中。膺,胸口。揲,箕舌。㊴仪:仪容,举止。忒,差误。㊵下箕:放下畚箕。㊶奥:室内西南角。㊷磬折:弯腰如磬。磬,一种曲尺形的古代乐器。㊸拚毋有徹:打扫时不得触动他物。徹,动。一说微为中止义,谓打扫时不得中途停止。㊹拚前而退:意谓打扫时应由前而后退行。㊺聚于户内,坐板排之:把秽物聚集在门口,跪下用手把秽物推入箕内。㊻以叶适己:叶,箕舌。适己,向着自己。此句意同"执箕膺揲"。㊼先生若作,乃兴而辞:先生若偶有事而起,弟子应起而告之秽物尚未清除,请先生止步,以免弄脏鞋子。辞,告、言。㊽坐执而立:跪下取箕然后起立。㊾是协是稽:然后再同同伴们一起研习学业。协,协同。稽,考索。㊿暮食复礼:晚饭时复行朝食之礼。㉛执烛隅坐:烛,古时没有蜡烛,烛即火炬,须人执之。隅,指席角。㉜错总之法,横于坐所:置放未燃火炬的方法,是把它们横放在弟子坐前。错,放、置。总,同熜,火炬。㉝栉之远近,乃承厥火:视火炬烧余部分的长短,换上新的。栉,火炬的烧余部分。远近,犹言长短。㉞居句如矩:意谓点火时两烛之间要成直角。居句,即倨句,曲折。矩,方。㉟蒸间容蒸:意谓点火时两炬之间应留有空处,以利火焰上燃。蒸,细木柴,此指火炬。㊱然者处下:燃烧的火炬应在下方。然,同燃。㊲捧椀以为绪:用盘子来承接火炬的灰烬。椀,盘子。绪,火炬的残烬。㊳有堕代烛:燃烛有脱落者及时更替。一说,残烬脱落,火炬渐短而手不能执,则由别人以新烛代之。㊴交坐毋倍尊者:弟子执烛与师俱坐,不能背对老师。交,俱。倍,背。不能背对尊者。㊵去:丢掉。㊶问疋何趾:问先生就寝在什么地方。疋,脚。趾,同止,止息。㊷俶衽则请,有常则否:初次安设卧席,一定要询问清楚,若已有常例则可不问。俶,始、初次。衽,卧席。㊸各长其仪:各自增益自己良好的行为。仪,善。

增广贤文

"读了《增广》会说话"是旧时的一句口头语,可见它在民间流行之广,影响之深。《增广贤文》不知编者姓氏,书名最早见于明代万历年间的戏曲《牡丹亭》,据此可推知此书最迟写成于万历年间。后来,经过明、清两代文人的不断增补,日渐丰富,称《增广昔时贤文》,通称《增广贤文》。作者一直未见任何书载,只知道清代同治年间儒生周希陶曾经进行过重订,很可能是民间创作的结晶。

《增广贤文》以有韵的谚语和文献佳句选编而成,其内容十分广泛,从礼仪道德、典章制度到风俗典故、天文地理,几乎无所不含,但主旨是讲人生哲学、处世之道。虽然部分章节不可避免地打上了封建社会的印记,但具有反映时代风云的历史作用。全书以韵文的形式,将格言排列在一起,句法交错,灵活多变,读起来抑扬顿挫,朗朗上口。而那些精辟的格言警句绝非凭空而出,它们或来自古代文化典籍,或源于民间俚谚俗语,是对中国人处世经验、智慧和原则的总结,含有深刻的哲理,读来发人深省。尤其值得注意的是,这是一部老幼皆宜的著作,其中的许多格言至今仍在广为流传。《增广贤文》是一部既能教你会说话,又能教你会做人的国学入门之书。读了《增广贤文》,你可以从中领会到中华民族几千年的灿烂文化,学习到历代中国人的处世经验、智慧和原则。

贤文集韵　观古鉴今

【原文】

昔时贤文,诲汝谆谆①,集韵增广②,多见多闻。观今宜鉴古,无古不成今。

【注释】

①诲:教诲,教导。汝:你。谆谆:恳切而不厌倦地。②集韵:联集一起的押韵的文句。增广:增加我们知识阅历的广度。

【译文】

古代圣贤的名言,谆谆教诲着我们。经过大量地搜集,扩大篇章,使我们的见闻有所增加。把总结古人的经验教训作为我们今天处世行事的指导,因为古今是一个传承关系,今天是古代的延续。

【解读】

与古人相比,现代人的生存环境已经发生了翻天覆地的变化,人们的处世观念更是有了全新的改变,但是中国古典文化作为世界思想史和艺术史上的奇葩,其对国人几千年来潜移默化的影响确是一以贯之的,从来都不曾中断。不管你承认不承认,当你在中国这片国土上成长起来以后,你的身上自然会散发着中国的气息。而这种气息是用五千年的厚重堆积起来的,是用五千年的广博成就起来的。

《增广贤文》是一部集思广益的人生智慧全书,是历代文人学者总结前人的处世智慧,以合辙押韵的形式表达出来,从而形成了一部指导人们为人处世的精华之作。书中多是一些言简意赅的名言警语,读起来朗朗上口,使人们得以在寓教于乐的状态下学习昔日圣贤留下的至理名言,聆听古人的谆谆教诲。对于古人留给我们的文化遗产,现代人应当以虔敬之心予以珍视,人性亘古未变,人性的指导法则也就有了千年不变的理论基础。这是一部融入古人心血和智慧的圣贤之书,人们若能从中汲取精华,便能提高自己处世行事的能力。把它作为自己为人处世的原则,更能使人生旅途中少走一些弯路和险路。

【故事链接】

唐太宗的三面镜子

唐太宗即李世民(599~649),太宗是他死后的庙号,谥号为"文皇帝"。他是一个在隋末乱世中成长起来的文治武功卓著的封建名君,受到历代帝王将相和百姓的推崇与赞美,堪称中国历史上最杰出的帝王之一。正是由于他的努力,才使唐朝在当时的世界政治、经济、文化各方面都处于领先地位,而他自己也被北方诸民族誉为"天可汗"。唐太宗在位时年号贞观,所以,后来人就用"贞观之治"来表达对唐太宗政绩的肯定和对贞观时期太平盛世的景仰、赞誉和向往。

唐太宗李世民

唐太宗为什么能取得这么大的成就?主要得益于他真正吸纳了中国古代智性文化的精髓,善于借鉴历史,体己知人,广纳谏言。

唐太宗曾经对他亲近的臣下说:"夫以铜为镜,可以正衣冠;以古为镜,可以知兴替;以人为镜,可以明得失。朕常保此镜,以防己过。"意思是说:"拿铜作镜子,可以端正自己的衣服、帽子;拿历史作镜子,可以知道国家的兴衰规律;拿别人作镜子,可以明了自己的优缺点与对错。我常保存这三面镜子,用来防备自己的过失。"唐太宗的话指导人们:要善于吸纳历史经验,常将人比己,相互比照优缺点,理解学习别人的长处,体察戒除别人的缺点。太宗的话内含中国文化的智慧和历史的真理,因而成了千古名言。他的三面镜子:铜镜、史镜、人镜,作用巨大:铜镜明,人就可以正形知礼;史镜明,国家就富裕兴盛;人镜明,人心就仁良淳善。

唐太宗把魏徵比作是一面“人镜”，魏徵死后，唐太宗到灵堂放声大哭了很久，并亲笔撰写碑文，认为自己损失了一面镜子。魏徵是一位历史学家兼政治家，他远见卓识，总揽梁、陈、北齐、北周、隋五朝史的编撰，并亲自主编《隋书》，前后达16年之久。唐太宗之所以采纳魏徵提出的二百多条“谏议”，其中主要的原因是魏徵所提的“谏议”，言之有据，据之源史，绝不是信口开河。唐吴兢撰《贞观政要》记述了贞观年间唐太宗与魏徵等45位大臣的问答，也有大臣的劝谏奏疏及政治、经济上的重大措施，对唐太宗君臣以史为鉴治国安邦的经验进行了全面总结。

铜镜、史镜、人镜这三面镜子是中国几千年优秀文化熔冶打磨出来的，铜镜人人常用，但是史镜、人镜却往往被人忽视，唐太宗作为古代圣君的这一哲言，是对我们很好的警示。

友谊可贵　知己难寻

【原文】

知己知彼，将心比心。酒逢知己饮，诗向会人吟[①]。相识满天下，知心能几人？相逢好似初相识，到老终无怨恨心。

【注释】

①会人：能够理解的人。会：领悟，理解。

【译文】

遇到事情应该了解自己还要了解别人。对他人应设身处地去体谅。酒应当与知心朋友一起饮，诗应当对能理解的人吟诵。认识的人很多，但是称得上是知心朋友的又能有几个呢？与人相处总像初次相见那样谦恭，不论多久，也不要产生怨恨的心情。

【解读】

人的感情生活，除去与生俱来的亲情外，爱情和友情就像鸟儿的双翅，使人的情感能够得以飞翔和丰富多彩。在这个喧嚣、浮躁的社会，能够有几个可以称得上朋友的人相伴，那真的是太幸福的事了。

历史上有过不少交友的故事，有郭解的刎颈之交、桃园的结义之交、伯牙向子期的知音之交等等，人生真正结交一个志同道合、推心置腹、患难与共、生死相依的朋友谈何容易，也正因为如此，才有“人生难得一知己”的感叹！

朋友，也是多种多样的。玩友、棋友、球友，琴棋书画，花鸟虫鱼，乐趣相伴，然而事过境迁，如风中柳絮，聚散淡然；畏友，会时刻提醒警钟长鸣，或谆谆告诫，或指点迷津，久而久之，顿生敬君远之意；诤友，披肝沥胆，秉性忠纯，见你有错直言相斥，毫不留情，纵然撩起你的雷霆之怒，也决不后退，此友难能可贵；挚友，情投意合，患难与共，生死相依，把唯一生的希望留给你，而将危难留给自己。与之相处。无须掩饰，不必顾忌，这种朋友肝胆相照、荣辱与共，得此挚友，一生足矣！

【诗歌征引】

偈颂二百零五首之一

宋·宏智正觉

恁么去底错，恁么去底亲。
错时错到底，亲时亲见真。
相识满天下，知心能几人。

【故事链接】

生死知交

后汉时，有一个人叫朱晖，他读太学期间，结识了朝廷重臣张堪，两人甚为投机。

张堪对朱晖的才学和人品非常赏识，又恰好是同乡，有意提携他，被朱晖婉言谢绝了。但张堪一心待他当作知己，推心置腹地对朱晖说："你真是一个自持的人，值得信赖，我愿把身家与妻儿托付给你。"面对张堪待他当作生死之交的话语，朱晖心里非常感动，却只是恭敬地答道："岂敢，岂敢。"

朱、张二人挥手作别后，便失去联络，再没有碰面。后来，张堪死了，他为官清廉，死后也没有什么丰厚的遗产，家人的生活顿时变得窘迫起来。朱晖知道后，便全力接济张堪的家人。

朱晖的儿子不解："我们以前没有听说过你与张堪有什么深交，你为什么如此厚待他的家人？"朱晖说："张堪生前，曾对我有知己相托之言，我嘴上虽然未置可否，心中已经答应了。""既然你们互为知己，为何常年不见往来？"朱晖答道："当初他身居高位，并不需要我的帮助。如今他离去了，家人生活得很不好，才需要我这个朋友出面帮忙呀。"

二鬼战荆轲

故事发生在列国年间，那个年代里战乱连年，各国诸侯求贤若渴。地处南方的楚国贴榜招贤纳士。有位贤士名叫左伯桃，有治世之才，冒着严寒风雪奔向楚国，途中求宿于羊角哀，受到羊角哀的热情接待。

左伯桃比羊角哀长着几岁。当夜，两人抵足而眠，谈得十分投机。左伯桃发现，这个羊角哀的才学绝不在自己之下，比自己还要强一些，真是深山藏虎豹，绿野埋麒麟。就有意说服羊角哀和自己双投楚王。羊角哀也被左伯桃的才学和雄心所打动。羊角哀就想，要是我二人双保楚王，何愁楚国不强盛啊？所以就答应了左伯桃，与他结伴同行。

第二天。他们就结为兄弟，并决定结伴同往楚国求功名。谁知天不作美，一路上，先是阴雨作难,后风雪又来拦路,他们身上衣服单薄,所带干粮又不多。在这种情况下,如果两个人都去楚国,那就都去不成,一个人单独去,那还有希望。于是,左伯桃就把衣服脱给羊角哀,逼他独自走。羊角哀坚决不肯,也要脱下衣服给左伯桃,让左伯桃独自去楚。左伯桃一看,再这么下去两个人都活不了,怎么办?他对羊角哀说:“咱们都不用死,我这有引火的东西,我走不动了,你去找些干柴来,我们点着了取暖,天好了我们再走。”羊角哀一听也同意了。羊角哀就去树林里面找干树枝。回来一看大吃一惊!左伯桃赤身裸体,只穿着内衣已冻死多时了,羊角哀怀着无限悲痛,取了衣粮,悲伤哭泣着离去。

羊角哀在楚国得官之后,立刻回到左伯桃冻死之处,挑了个风水好的地方埋葬了左伯桃。不久,左伯桃托梦于羊角哀,说自己的埋骨之处离荆轲之坟不远,总受荆轲欺辱,羊角哀醒来之后,便自刎于左伯桃墓前,与他合葬在一起,赴阴间共战荆轲。于是留下了“二鬼战荆轲”这千古传颂的动人故事。

坚守追求　等待机会

【原文】

近水知鱼性,近山识鸟音。易涨易退山溪水,易反易复小人心①。运去金成铁,时来铁似金。读书须用意,一字值千金②。

【注释】

①复:翻倒过来。小人:目光短浅、贪图小利的人。②一字值千金:语出《史记·吕不韦列传》。吕不韦使其门客著成《吕氏春秋》,“布咸阳市门,悬千金其上,延诸侯游士宾客有能增损一字者,予千金。”后人用“一字千金”来形容一部书具有极高的价值,或比喻诗文精美。

【译文】

接近水才能知道鱼的习性,靠近山才能识辨鸟的声音。山中的溪水时涨时退,卑鄙的人经常反复无常。机遇走了,黄金也会变成烂铁;时来运转的时候,即使生铁也会贵如黄金。读书应当用心去体会,每一个字都价值千金。

【解读】

这段话从表面上看似乎不存在什么内在的联系,其实只要细细品味,就能发现其中蕴涵的真意。它们都是在告诉你要学会把握事物的规律,抓住每一次机遇。

干柴遇不到火,永远无法燃烧;千里马碰不到伯乐,只能拉车。因此平时便经常听到不少人在哀叹生不逢时,没遇上“伯乐”以至于难以施展胸中抱负。其实,并不是世上没有“伯乐”,只是人们经常没有善待“伯乐”,没有很好地把握机会。善待伯乐的同时还要远离小人。小人的心里就像溪水一样易涨易退、反反复复。而君子必然是“言必信,行必果”的。只要看透了这一点,就可以了解周围的人哪一个是伪君子真小人,对其敬而远之,尽量避免与之共事。

善于把握机会的人,到处是机会;不善于把握机会的人,即使再好的机会来了也会错过。机会是在人生原野上驰骋的烈马,你把握住了它,就能在未来的开拓中留下延伸的脚印;你没把握住它,那只能对着远去的机会独自品尝错过的苦涩。这就是为什么对有些人来说,机会是引火的火种,可以借助它点燃人生道路上的熊熊大火;而对另外一些人来说,它不过是一堆灰烬,只能随着飘散。

俗话说得好:"弱者等待时机,强者创造时机。"因循等待是人们失败的最大原因,徘徊观望是成功最大的敌人。许多人都因为对已经来到面前的机会没有信心,因而就在犹豫不决的时候,把机会给错过了。记住"机不可失,时不再来",千万别让机会像流云一样从你面前飘然而过,以至于到老仍然两手空空。机会来时要当机立断充分把握住机会,这样人生才会充实,才不会留下遗憾。

【诗歌征引】

养心歌

宋·邵雍

得岁月,延岁月;得欢悦,且欢悦。
万事乘除总在天,何必愁肠千万结。
放心宽,莫量窄;古今兴废如眉列。
金谷繁华眼底尘,淮阴事业锋头血。
陶潜篱畔菊花黄,范蠡湖边芦絮白。
临潼会上胆气雄,丹阳县里箫声绝。
时来顽铁有光辉,运退黄金无颜色。
逍遥且学圣贤心,到此方知滋味别。
粗衣淡饭足家常,养得浮生一世拙。

【故事链接】

一字千金

战国末期,大商人吕不韦做了一笔中外历史上最大的投机生意。他不惜巨资,把作为人质的异人立为秦国国君。异人当了秦王之后,为报答吕不韦的恩德,封吕不韦为丞相,吕不韦由一个商人摇身一变,成为一人之下,万人之上的显赫人物。

朝中的大小官员嘴上不说,心里却很不服气。吕不韦也知道他的政治资望太浅,人们可能在私下议论,他觉得提高声望是让人们服气的最好办法。但怎样才能迅速提高声望呢,他一时竟想不出什么好办法来。吕不韦为这件事大伤脑筋,召集门客进行商议。有的门客建议吕不韦统兵出征,灭掉几个国家,立下赫赫战功,以此来树立威信。有人立即反对说:"这办法有百害无一利,即使把仗打胜了,回来也升不了官,因为没有比丞相还高的职务了。重要的是战争风险大大,谁也没有必胜的把握,万一战争失利,结果会适得其反。”有人说:“我们知道孔子的名声很好,那是因为他写了部叫《春秋》的书,孙武能当上吴国的大将,是因为吴王先看了他写的《孙子兵法》,我们为什么不能写部书,既能扬名当世,又能垂范后代呢?”吕不韦认为这个办法很好,命令门客立即组织人员撰写。

吕不韦当时有三千门客,很快写出26卷,160篇文章,书名叫作《吕氏春秋》。书写成后,吕不韦命令把全文抄出,贴在咸阳城门上,并发出布告:“谁能把书中的文字增加一个或减少一个,甚至改动。一个,赏黄金千两。”

布告贴出许久,人们畏惧吕不韦的权势,无人来自讨没趣。于是“一字千金”的佳话便流传至今。

话留三分　多留余地

【原文】

逢人且说三分话[①],未可全抛一片心。有意栽花花不发,无心插柳柳成荫。画虎画皮难画骨,知人知面不知心[②]。钱财如粪土,仁义值千金[③]。

【注释】

①且:暂且,暂时。②面:外表。③仁义:儒家的伦理道德范畴,仁指的是爱人的善心,义指的是立身处世应当秉持的道德原则,如诚实、守信、正直、谦恭等。

【译文】

与他人说话时,要留有余地,别把心里想说的全部讲出来。用心栽的花往往并不开,无意插的柳树却常常能够长成绿荫。画虎的形态很容易,但画出骨骼却很难,熟悉人的面貌很容易,但了解一个人的内心却很难。钱财犹如粪土,仁义才价值千金。

【解读】

此段是在告诫初涉人世的人如何去面对纷繁复杂的人际关系。人生往往会遭遇一些挫折,包括人与人之间相处中的摩擦与对抗等烦心事。在社会生活中,形形色色的人们,总有一些不以真诚面对世人,而是戴着一副假面具示人。每当我们在最失意的时候,有时会把心中的怨气发泄迁怒于他人,没想到,竟会遭受他人的怨恨甚至仇视。结果,一来大家互相伤害;二来,我们在这样的旋涡里,人人为了自清,痛苦挣扎,无法友好相处,甚至无法享受愉快生活。

“人不可太直,也不可口太快。”自古就是人生名言。正直的人虽是值得称赞的,可是,倘若人太直了,反而会招惹一些不好惹的人,麻烦就自然源源不断涌来。与其结怨的人,也必定被抓住把柄。若有一丝风吹草动,他们就想办法找各种冠冕堂皇的理由,在众人面前给你难堪。想来,确实令人寒心!

只有站在局外人的立场,能心平气和,不愠不怒,微笑着面对种种流言蜚语,坦然一笑,与他人保持一定的距离,敬而远之,才能避免自已被牵连进更多的旋涡里。

【故事链接】

冯谖买义

孟尝君的门客冯谖，为人机智，工于心计，恃才傲物。他早年丧父，与母亲相依为命，虽贫寒而志不移，为人孤傲。后为生计寄食于孟尝君门下。他们第一次见面时，孟尝君询问冯谖有什么爱好及特长，与多数夸夸其谈的食客不同，冯谖淡然地说没有什么喜好，也没有什么才能。孟尝君素以慷慨著称，大笑之余还是留下了他。其他门客却因此有些轻视冯谖，可他却依旧我行我素。

不久，冯谖觉得孟尝君给自己的伙食很差，于是便靠着柱子弹击着自己的长剑唱道："长铗归来乎！食无鱼。"侍者将此事禀告了孟尝君，孟尝君说："给他吃鱼，待遇按中等门客标准。"不久冯谖又弹剑而歌："长铗归来乎！出无车。"左右都笑他不知足，如实报告了孟尝君。孟尝君说："那就给他配车，按上等门客的规格待遇。"又过了一段时间，冯谖再次敲起他的长剑："长铗归来乎！无以为家。"周围的人都很讨厌他，认为他是一个贪得无厌、不知自重的人。可孟尝君却颇有度量，派专人为冯谖老母送去了衣食。从此，冯谖不再发牢骚了。

又过了许久，孟尝君想从门下宾客中挑选懂会计的人代他到薛邑收债，冯谖主动申请说自己愿意前往。孟尝君很高兴，便同意了。冯谖收拾停当之后，向孟尝君辞行，并请示"收完债，您需要买些什么东西吗？"孟尝君顺口答道："先生看我家里缺什么。就买些什么吧！"

冯谖驱车来到薛邑，派人把所有负债之人都召集到一起，核对完账目后，他便假传孟尝君的命令，把所有的债款赏给负债人，并当面烧掉了债券，百姓感激，皆呼万岁。

冯谖随即返回，一大早便去求见孟尝君，孟尝君没料到他回来得这么快，半信半疑地问"债都收完了吗？"冯谖答"收完了。""那你给我买了些什么回来呢？"孟尝君又问。冯谖不慌不忙地答："您让我看家里缺少什么就买什么，我考虑到您有用不完的珍宝，数不清的牛马牲畜，美女也站满庭院，缺少的只有'义'，因此我为您买'义'回来了。"孟尝君不知所云，忙问"买义"是什么意思。冯谖就把以债款赐薛民的事说了，并补充说："您以薛为封邑，却对那里的百姓像商人一样盘剥刻薄，我假传您的命令。免除了他们所有的欠债，并把债券也都烧了。"孟尝君听罢心里很不高兴，只得悻悻地说"算了吧！"

一年后，孟尝君由于失宠被新即位的齐王赶出国都，只好回到薛邑。往日的门客都各自逃散了，只有冯谖还跟着他。当车子距薛邑还有上百里远时，薛邑百姓便已扶老携幼，夹道相迎。孟尝君好生感慨，回头对冯谖说："先生您为我所买的'义'，今天终于看见了！"冯谖却说："狡兔有三窟才仅能幸免而已，您现在只有一条退路还不能忘忧，让我再为您凿两窟。"

在冯谖的活动下，秦、魏等国虚位以待，以重金厚礼聘孟尝君作相国，齐王听说后追悔不已，连忙赐物谢罪，恢复了孟尝君的相位。冯谖让孟尝君乘机请求齐王赐先王礼器并在薛地建立宗庙。等一切就绪后，冯谖向孟尝君回报道“三个洞穴都已凿成，您姑且高枕而卧，过安乐的日子吧”。孟尝君后来又做了几十年的相国，没有丝毫的过失，全仗冯谖的计谋。

时间考验　真心乃见

【原文】

流水下滩非有意，白云出岫本无心[1]。路遥知马力，事久见人心。马行无力皆因瘦，人不风流只为贫。

【注释】

①白云出岫本无心：语出东晋陶渊明《归去来兮辞》：“云无心以出岫，鸟倦飞而知还。”岫，山洞。

【译文】

流水从滩头流下并不是有心之举，白云从山峰飘然而出也是无心之举。走的路途遥远才能知道马的气力大小，经过的事情多了才能知晓人心的好坏。马太瘦就跑不起来，人穷了就不能扬眉吐气。

【解读】

“路遥知马力，事久见人心”，人心的真伪需要长时间的考验才能现出本来面目：不要被事物表面的现象所蒙蔽，一个人的好坏并不会总能通过外表和一时的行为传递出来，就如同只有路途的遥远才能看出马的优劣一样，人也只有在日常的交往中通过各种事件的检验才能增进彼此的了解，看清对方的真面目。

然而马的优劣与它本身的资质固然有关，但是能否日行千里也要看能不能得到足够的粮草，物质条件没有保障，身体瘦弱无力又怎么可能成为千里良驹呢？人也是一样，虽然一个人的才华和品质源自自身的努力。但是客观的经济条件对身心塑造的作用也是不容忽视的。“马行无力皆因瘦，人不风流只为贫”，想要成才就需要有一定的物质做基础，因为成才必须学习知识，学习知识离不开读书，可是如果连“书”这种最基本的物质基础都没有的话，“风流”又从何谈起？

【诗歌征引】

颂古二十八首之一

宋·宏智正觉

将杖探其水，方知水浅深。
路遥知马力，岁久辩人心。
子不孝，父不慈。

恭而无礼，亲而有疏。

不入惊人浪，难逢称意鱼。

【故事链接】

路遥知马力

相传路遥和马力是好朋友，路遥父亲是富商，马力的父亲是路遥家的仆人。虽然是主仆关系，两人的关系很好。他们一起读书，一起玩耍。

到了该谈婚论嫁的年龄了，路遥有钱有势，不愁没老婆。而马力贫困潦倒，一直没人提亲。有一天有媒人给马力提亲，马力大喜，但是对方却要昂贵的彩礼。马力只好请同学路遥帮助。路遥说："借钱可以，但是结婚入洞房我来替你前三天。"马力怒火冲头，但是又没有办法，总不能光棍一辈子，只好答应。于是选择好日子结婚。

马力煎熬过痛苦的三天，第四天该他进洞房了，心里这个懊恼呀！天一黑就一头栽进洞房拉被子蒙头就睡觉。新娘子就问："夫君，为何前三夜都是通宵读书，今天却蒙头大睡？"马力这才知道路遥给他开了个大玩笑，真是又喜又恼。恼的是，这回被有钱的朋友给耍了。于是发誓好好读书，考取功名。后来还真考上了，并在京城做了大官。

路遥性情豪放，侠肝义胆，最后却坐吃山空。看到自己一家实在无法度日，想起自己曾经资助过的朋友马力，于是就和老婆商量自己进京找他帮助。马力见到路遥很是高兴，热情款待，路遥说明来意，马力却说："喝酒！喝酒！"根本没有帮助他的意思。路遥很恼。

过了几天，马力说："路兄，你回家吧，免得嫂夫人牵挂！"路遥只得气愤沮丧地回家。还没进家就听见家里哭成一片，急忙进门。看到妻儿守着一口棺材痛哭，一见路遥进来，家人又惊又喜。原来是马力派人送来棺材说："路遥到京城后，生了重病，医治无效而死！"路遥更加恼怒，打开棺材一看里面是金银财物，还有一纸条上写：你让我妻守三天空房，我让你妻痛哭一场。

真正的朋友不在巧言令色，贵在心灵相通，人生短短数十载，认识的朋友又有多少，真正能懂你心的朋友有几人，能真心疼惜你的朋友又有几人？

若是你很幸运，已经有这样真挚的好友，珍惜吧！

别因为一些琐碎的误会而轻言舍弃，真心的朋友是你一生之中最珍贵的财富，让你人生的路上不再孤寂。

乡人邻里　皆是亲人

【原文】

饶人不是痴汉[①]，痴汉不会饶人。是亲不是亲，非亲却是亲[②]。美不美，乡中

水;亲不亲,故乡人。相逢不饮空归去,洞口桃花也笑人。

【注释】

①饶:宽恕,原谅。痴汉:偏执或没有理性的人。②此二句,第一个"亲",指亲戚;第二个"亲",指亲人。

【译文】

能宽恕别人的人不是傻瓜,而傻瓜总是斤斤计较,从来不知道宽恕别人。有些人是亲戚却不像亲人,而有的人不是亲戚却比亲人还亲近。无论甜不甜,家乡的水总是最好喝;不管是不是亲戚,家乡的人总是最亲近。朋友相逢如果不饮酒畅谈,空空而归,就连洞口的桃花也会笑话。

【解读】

许多人不愿意搬家或者换一个环境生活并不一定是新家或新的环境不好。只是割舍不了那份已经建立起来的深厚友情和邻里关系。现实社会里,邻居间家长里短的事是不可避免的,但处好邻里关系也并不是件复杂的事。在相处中,希望和要求别人做到的事,自己应先做到;小事不可计较,心胸不可狭隘,要学会宽容;对事对人首先严于律己,做人品格应高尚。特别是在处理共性问题时,不可只顾自己的利益而不顾他人的感受。

实际上,在信息时代,仍然有乡愁如月,仍然有乡情似酒。从远行的游子谈起故乡时的自豪中,从皓首老人带着子孙回乡认祖的行列中,从归来的亲人寻找煎饼卷盐豆时的急切中,从团圆的餐桌上飞扬的笑语和模糊的泪眼中,我们都能够感受到,原来那乡情是如此执着地蕴藏在每一个平凡或非凡的游子的内心深处。

乡情如酒,不论你离开家乡有多久,不论你离开故土有多远,那乡情就像芬芳的美酒那样,历久弥香,甘醇醉人。如酒的乡情源自执着的乡心,执着的乡心源自对故乡的热爱,而报答故乡养育之恩的最好办法,不是沉湎于无边乡愁中的嗟嗟叹叹,不是清点他乡和故乡之间的车票、邮票或电话账单,而是要通过自己的努力,让故乡为你而自豪。

【故事链接】

死灰复燃

汉景帝时,梁孝王刘武的中大夫韩安国,才识过人,深受梁王的器重。梁王因和皇上一母同胞,又深得窦太后的疼爱,加上平定七国之乱有功,获得天子赏赐的旌旗,出入警卫森严,比拟天子,皇上与太后非常不满,多亏韩安国西进京城求长公主代为说情,方保梁王平安无事。

以后不久,韩安国因受人诬陷被判罪入狱。狱吏田甲向韩安国索贿不成,恼羞成怒,对韩安国百般侮辱刁难,恨不能把韩安国置于死地。韩安国说:"死灰难道就不能复燃了吗?"田甲狞笑道:"死灰复燃怕什么?要是复燃,我就撒尿浇灭它!"

过了月余,梁国的内史职位空缺,窦太后命令梁孝王任命韩安国为内史。韩安国从囚徒一跃而成为食俸两千石的官员,田甲听说后,吓得弃职逃跑了。

韩安国下令道:"田甲如不回来就任原职,我就灭他宗族。"田甲只好投案自首,裸露着胸脯向韩安国叩头请罪。韩安国笑着说:"你可以撒尿了。"田甲自言罪该万死,叩头如捣蒜。韩安国厉声道:"我岂能与你这样的人一般见识,像你这样的人值得我去治罪吗?以后要好好做人。"

韩安国对曾经羞辱过他的田甲不仅没有治罪,还让他恢复原职并很友好地对待他。韩安国胸怀大度,备受世人称颂。

齐心协力　其利断金

【原文】

为人莫做亏心事,半夜敲门心不惊。当时若不登高望,谁信东流海洋深。两人一条心,有钱堪买金[①]。一人一条心,无钱难买针。

【注释】

①语出《易·系辞上》:"二人同心,其利断金;同心之言,其臭如兰。"堪:能够。

【译文】

平日如果不做亏心的事情,深夜听到敲门声就不会害怕。倘若不是登高远望百川归海,谁又能知道东流的水会聚得像海一样深。两个人一条心去努力,就可以得到买黄金的钱,假如一个人一个心眼,那么什么事也干不成,日子也会越过越穷。

【解读】

有这样一种说法,世上什么东西最长,人心;什么东西最短,也是人心;什么东西最好,人心;什么东西最坏,还是人心!人心乃两部分组成,"一半是天使,一半是魔鬼"。天使的善良将带来温馨与和谐,魔鬼的残忍则带来冷漠与灾难,可见人心之复杂。

在这复杂的世上,我们不能奢求人人坦诚相见,也不能让人们丢掉防人之心,只愿这世界能少一分算计,少一分伤害,人们在努力追求自己所向往的东西的同时能保持纯洁的心灵,用乐观的心情处事,用善良之心待人,面对卑琐小人且以宽厚忍让,微笑,宁静,善意容之。

人若能放心安心就能不畏艰险、经受考验,就能精诚合作、共创辉煌,就能光明磊落、自由洒脱。没有躁心、没有私心、没有妄心、没有亏心,自然能够拥有恒心、拥有公心、拥有平心、拥有安心。心是指导人们前进的路标,它指向哪,人就会走向哪。因此,此心必须澄净明澈,才不会使人生迷失方向、走上不归之路,修心是每个人人生的必修之课。

【故事链接】

饮醇自醉

三国时吴国的名将周瑜，年轻时就才华出众，仪表堂堂，容貌美好。他自小与孙策结下了深厚的友谊，后来帮助孙策向江东发展，建立了孙氏政权。公元198年，周瑜来到吴郡。孙策亲自迎接，并封他为建成中郎将。这一年周瑜才24岁。当地百姓见他年轻有为，英俊大方。都亲热地称他为“周郎”。不久。周瑜跟随孙策攻克了皖县。皖县的乔公有两个非常美丽的女儿，孙策娶了大乔，周瑜娶了小乔。由此可见两人关系之密切。一年后孙策遇刺身亡，他的弟弟孙权统理政事。

从此，周瑜辅佐孙权，帮助掌管军政大事，在朝中获得了很高的声望。周瑜性格开朗，气度宽宏，待人接物谦虚和气。为此，朝中文武大臣都爱和他交往，只有程普对周瑜不满。程普也是东吴的名将，很早就跟随孙权的父亲孙坚，后来又帮助孙策经营江南，是孙氏政权中的元老。他见周瑜年纪轻轻，地位却处于自己之上，内心不服，所以常常倚老卖老，给周瑜看脸色，借以抬高自己身价。周瑜是个宽宏大量的人，不愿和程普闹矛盾，所以处处克制，事事谦让，始终不与程普计较，更不与他发生冲突。

公元208年，曹操率兵二十余万南下，结果在赤壁之战中被东吴和刘备的联军击败。在这次战争中，周瑜和程普分任吴军左右都督，但战斗的策略主要是周瑜制定的。事后，程普却贬低周瑜，夸耀自己。周瑜知道后不仅不予辩白，反说指挥这次战斗时自己还年轻，没有程公的帮助是不能取胜的。周瑜一再谦逊忍让，终于使程普有所触动。为了消除隔阂，周瑜又多次拜访程普，表达了自己对他的良好愿望。在这种情况下，程普终于抛弃偏见，对周瑜非常敬服，并与他融洽相处。

后来，程普对别人感叹说：“跟周公瑾相交，好比饮味道浓厚的美酒，不知不觉就醉了。”

青春易逝　珍惜年华

【原文】

莺花犹怕春光老[①]，岂可叫人枉度春[②]。红粉佳人休使老[③]，风流浪子莫教贫[④]。

【注释】

①犹：尚且。②岂：怎么。枉：白白地，徒然。③红粉：妇女化妆用的胭脂和粉，旧时指年轻妇女，美女。④风流：才华出众，举止潇洒，放荡不羁。浪子：不受习俗惯例和道德规范约束的放荡不羁的人。

【译文】

黄莺和鲜花都唯恐春天离去太快，人们怎么能随意虚度青春呢？不要让美丽的女子衰老,不要让风流倜傥的才子贫穷。

【解读】

大自然的春天是美好的,春光明媚,蓝天白云,万紫千红,给人以美的感受。春天,一年四季之首,充满了活力,孕育着生机。而人的一生也有美好的春天,那就是青春。一个人生命里最生机勃勃的一段。而青年就是最幸福的人群。

青春的意义在于雄飞。在人生的舞台上,要朝气蓬勃,要奋发向上,要摆脱迷惘和彷徨,要克服一切的困难,让青春释放熊熊的火焰,燃烧起对生活的激情和斗志。李大钊在《"晨钟"之使命》中讲:"青年之字典,无"困难"之字;青年之口头,无"障碍"之语;唯知跃进,唯知雄飞,唯知本身自由之精神,奇僻之思想,锐敏之直觉,活泼之生命,以创造环境,征服历史。"

青春是短暂的,她不可能像大自然里的春天可以年复一年,有重来的可能。人生只有一次,青春只有一回。请珍惜自己的青春时光,时间稍纵即逝,不要蹉跎自己的岁月。古语云,"莫等闲,白了少年头,空悲切"。"劝君莫惜金缕衣,劝君惜取少年时"。人生不能虚度,一定要爱惜自己的青春。

【故事链接】

凿壁偷光苦读书

西汉时候,有个农民的孩子,叫匡衡。他小时候很想读书,可是因为家里穷,没钱上学。后来,他跟一个亲戚学认字,才有了看书的能力。

匡衡买不起书,只好借书来读。那个时候,书是非常贵重的,有书的人不肯轻易借给别人。匡衡就在农忙的时节,给有钱的人家打短工,不要工钱,只求人家借书给他看。

过了几年,匡衡长大了,成了家里的主要劳动力。他一天到晚在地里干活,只有中午歇晌的时候,才有工夫看一点书,所以一卷书常常要十天半月才能够读完。匡衡很着急,心里想:白天种庄稼,没有时间看书,我可以多利用一些晚上的时间来看书。可是匡衡家里很穷,买不起点灯的油,怎么办呢?

匡衡凿壁偷光

有一天晚上,匡衡躺在床上背白天读过的书。背着背着,突然看到东边的墙壁上透过来一线亮光。他霍地站起来,走到墙壁边一看,啊!原来从壁缝里透过来的是邻居的灯光。于是,匡衡想了一个办法:他拿了一把小刀,把墙缝挖大了一些。这样,透过来的光亮也大了,他就凑着透进来的灯光,读起书来。这就是凿壁偷光的故事。

匡衡就是这样刻苦地学习,后来成了一个很有学问的人。

真诚待人　广交朋友

【原文】

黄金无假,阿魏无真[①]。客来主不顾,应恐是痴人[②]。贫居闹市无人问,富在深山有远亲[③]。

【注释】

①阿魏无真:语出宋代释可封《颂古三首》:"阿魏无真,水印无假。老倒南泉,可知礼也。"阿魏:一种中草药,为伞形科植物。由于只产于西域一带,所以严重缺货,几乎没有真的。②语出白居易《春游》:"逢春不游乐,但恐是痴人。"③富:富贵。远:既指地理也指血缘上的远。

【译文】

贵重的黄金难造假,阿魏之类的药材却很少有真货。有客人光顾时主人不予招呼,这样的人恐怕是个傻瓜。贫穷时,即使住在闹市也是无人理睬;人富贵了,住在深山也有人登门认亲。

【解读】

中国人讲究礼尚往来,热情好客的人往往相识满天下,而怠慢朋友的人自然就会缺少朋友。人的交往是一个互动的过程,"投之以桃,报之以李",投之以冷眼,当然报之以冷遇。人的心理是需要得到平衡的,不懂得付出,自然难以得到回报。虚情假意的客套同样得不到以诚相待的真心。感情是需要交流的,并且是一种长期的过程。否则你会发现朋友用时方恨少。交朋友是如此,做生意也是如此,现代社会要求微笑服务,顾客就是上帝,没有人愿意花钱找气受。一个会做生意的商家是不会冷落自己的衣食父母的。利益是一种令人难以抗拒的诱惑,常常使人趋之若鹜,除非商家是个笨蛋,否则没有哪一个不懂得迎合顾客之道。

当然,有时亲朋之间的关系往往也建立在利益之上。虽然"贫居闹市无人问,富在深山有远亲"不是一种值得人们效仿的行为,但却也是一个不争的事实。趋利避害是人之常情,你不能责怪人情冷暖、世态炎凉,不是每一个普通人都能达到无私高尚的境界。因此,无论你是那个身居闹市却无人问津的贫民,还是那位躲入深山都不得清静的富翁,只要保持一种体谅的平静心态,大可以去享受闹市中的清净和深山中的繁华,世态人情既是如此,又何必劳心伤身呢?无须耿耿于怀,顺其自然就好!

【故事链接】

一杯羊羹亡中山

战国时代有个名叫中山的小国。有一次,国君设宴款待国内的名士。当时羊肉羹不够,无法让在场的人全部喝到。其中有个叫司马子期的正巧没喝到羊肉羹,因此对中山君怀恨在心,认为自己没有受到足够的尊敬和重视,发誓要伺机报复。后来司马子期到了楚国,就极力谏劝楚王去攻打中山国。随后,中山国很快就被攻破,中山君逃到了国外。他逃走时,大臣官兵们都已降服于楚,只有两个人不离不弃的一直跟随着他,保护他顺利逃走。中山君好奇地询问:"别人都离我而去,为什么你们两个人如此忠心耿耿地保护我?"两人回答:"从前有一个人,曾因获得您赐予的一碟食物而免于饿死,我们就是他的儿子。父亲临死前嘱咐,中山君是我们家的大恩人,中山国有任何事变,我们都必须竭尽全力,甚至不惜以死报效国王。"

中山国君听后,感叹地说:"给予不在乎数量多少,而在于别人是否需要。施怨不在乎深浅,而在于是否伤了别人的心。我因为一杯羊肉羹而亡国,却由于一碟食物而得到两位勇士。"

趋炎附势　语多不真

【原文】

谁人背后无人说?哪个人前不说人。有钱道真语,无钱语不真。不信但看筵中酒①,杯杯先敬有钱人。

【注释】

①但:只要。筵:古时铺在地上供人坐的垫底的竹席,后泛指酒宴。古人席地而坐,设席往往不止一层,紧靠地面的一层称筵,筵上面的称为席。

【译文】

有谁背后不被他人议论,又有谁在他人面前没议论过别人?有钱人不管说什么,别人都奉承他说的是真的,而穷人说的话,别人都不相信他说的是真话。如果不相信请看宴席上的美酒,每一杯都先敬有钱的人。

【解读】

我们议论别人,别人也议论我们;你不议论我,可能会议论他。议论是非短长,可以说是人的通病。不可否认,"背后议论"肯定有其局限性,有的是嘴闲,随口说说;有的是牢骚怪话;有的是在捕风捉影;有的是以讹传讹。

有些人是"只许州官放火,不许百姓点灯",自己可以随便议论别人,而经不住别人的"背后议论",尤其是涉及自己的短处,听到了就不管三七二十一,首先气愤,然后反对。凭什么?为什么?谁在嚼舌头?

心里恼火,有的耿耿于怀,自己生闷气;有的暗中调查或者盯梢,结果是费心劳神,无济于事;有的则在大庭广众面前骂骂咧咧,既有损于自我形象,又被人耻笑。

我们何不把这"背后议论"当作是对自己的考验、磨炼,以积极的阳光的心态来对待。和自己无关的,不必大惊小怪,不理睬最好最正确,"不做亏心事,不怕半夜鬼叫门"。面对错误的或者别有用心的"背后议论",姿态高一点,大家自有公论。真正的强者一定相信，自己不倒别人推不倒。

属于确实事出有因的议论，特别是由于自己疏忽而产生的，就该果断地去端正自己的言行，或改进、或改正、或完善、或收敛、或警醒、或检讨……聪明的人由此拯救了自己，改变了自己，完善了自己，提高了自己，丰富了自己，重塑了良好的公众形象。

当然言论也有贵贱之分，"有钱道真语，无钱语不真"这句话虽然市侩，但是，生活中人们却每天都在这么做，人们往往更愿意相信成功者的话，身份地位越高发表的言论似乎就越确凿、越是真理。这种心态。是因为受不良世风的熏染，还是人们的自卑心理在作祟，就不得而知了。

【故事链接】

正直李垂两遭贬

宋真宗时期，宰相丁谓靠阿谀奉承深得皇帝欢心。他依仗权势，排挤所有跟自己作对的人，朝中许多官员为了免遭迫害，都去巴结讨好他。

当时有一名正直的官员，名叫李垂。他才华出众，秉性耿直，对逢迎拍马的人非常反感，一直得不到重用。有人劝他拜见丁谓，李垂回答："丁谓身为宰相，不去秉公办事，反而仗势欺人，有负于朝廷对他的重托和百姓对他的期望。这样的人我为什么要去拜见他呢？"

这话传到丁谓耳朵里，他非常恼火，借故把李垂贬到外地去了。后来宋仁宗即位，丁谓因犯事被贬，李垂又被召回京都。又有一些朋友对他说："你很有才学，大臣们都想保举你担任重职，新任宰相那里你应该去拜见一下！"

李垂说："如果30年前我去拜见丁谓，早就当上翰林了。现在年纪这么大了，怎么能再去趋炎附势呢？"这句话被新任宰相知道了，就把李垂又一次贬出京城。

易牙烹子趋炎附势

齐桓公称霸之后逐渐开始昏庸起来，身边的奸臣越来越多。

一次，他与一个叫易牙的御厨聊天，开玩笑说："我吃尽了天下的山珍海味，就是人肉没吃过。听说人肉滋味十分鲜美，不知道是不是真的？"

易牙此时正为得不到提拔而犯愁，听到这话，心想：这正是我表现忠心的大好机会。回到家中，看到自己三岁的儿子皮肤细嫩，就杀死了他，做成一盘蒸肉，送给齐桓公。

杀子烹煮，非一般人所能做到。齐桓公觉得易牙忠君之心超过了爱子之情，从此对他十分宠信。

易牙为了趋炎附势，竟然丧尽天良地杀子取宠！

把握机遇　随遇而安

【原文】

闹里有钱，静处安身。来如风雨，去似微尘。长江后浪推前浪，世上新人赶旧人。近水楼台先得月，向阳花木早逢春[①]。

【注释】

①语出宋代苏麟《献范仲淹诗》："近水楼台先得月，向阳花木易为春。"

【译文】

喧闹繁华的地方有钱可赚，偏僻幽静的地方最适宜安身。来势像狂风暴雨，退去似微尘飘落。长江水总是后浪推涌着前浪，世上新人层出不穷。接近水的楼台最早映照到月亮的倒影，朝着阳光的花树最早接受春天的滋润。

【解读】

环境如一只大染缸，人处于某种环境，时间长了，就会慢慢地发生改变。从头到脚，从内心到外表，从灵魂到思维，不断地变化着，最后融于环境，淹没在环境中。

繁华的地方适合发展，清净的地方适合生活。因此，人们往往在年轻的时候选择在繁华的大都市谋求出路，人越多的地方越容易积累财富，生活的繁忙是一种自我价值的证明。而到了叶落归根之时。人会选择一个适宜生活的地方颐养天年，生活需要在沉静中才能品出真味。由此看来，环境是一个很重要的东西，它可以改变人生的际遇和生活的轨道。就像"近水楼台先得月，向阳花木早逢春"一样，有利的条件，会增加成功的砝码。虽然成功来源于自身的努力，但环境不同依然会影响甚至改变努力的结果。而人类是一种趋光度很强的动物，有着敏感的趋利避害的神经，哪里适合生存自然就会向哪里靠拢。

至于人在繁华落尽，归于平淡之后。应该保持一种怎样的心态，就需要提前有一个心理准备。人不可能总是处于风口浪尖之上，再辉煌的时代都会有过去的一天，人生总是要面对风平浪静、尘埃落定的结局。有些人欣然接受归于平淡，将精彩留给后辈；有些人不肯面对现实，苦苦挣扎，结果依然回天无术。盛衰本是再自然不过的规律，不自然的是人们的心态。若能在繁华中保有一颗平常的心，那么在繁华过后你至少还能享受生活和回忆。而如果过于执着，那么在繁华过后你就只能面对落寞和失意。若有"闹里有钱，静处安身"的心境，那么无论环境怎样改变，到处都能找到生命中的近水楼台！

【故事链接】

苏麟巧献诗

北宋的时候，有位著名的政治家和文学家叫范仲淹。范仲淹不仅很有才华，而且为人正直,非常善于推荐和使用人才。

范仲淹在杭州做知府的时候,总是留心观察自己手下的官员,看到有能力的人,就尽力向朝廷推荐。当时有一个叫苏麟的巡检官,在离杭州很远的县里工作。因为路途遥远,见到范仲淹的机会很少,所以一直没有得到范仲淹的重视和推荐。

有一次,苏麟因为公事要去杭州城见范仲淹,他很想趁着这个机会引起范仲淹的注意,于是就写了一首诗献给范仲淹。诗中有两句就是“近水楼台先得月,向阳花木早逢春”。苏麟用这两句诗表达了他因为离得远,所以到现在都没能被范仲淹了解的意思。范仲淹看了,立刻明白了这两句诗的含义,于是留心观察了苏麟。后来,他发现苏麟果然是个有才能的人,就为苏麟推荐了合适的职位。

先人一步　抢占先机

【原文】

古人不见今时月,今月曾经照古人①。先到为君,后到为臣。莫道君行早,更有早行人。莫信直中直,须防仁不仁。

【注释】

①语出唐李白《把酒问月》:“今人不见古时月,今月曾经照古人。”

【译文】

古人不会看到今天的月亮,而这月光却曾经照射过古人。抢先一步能当君主,后到一步只有称臣。不要觉得你走得早,还有比你走得更早的人。不要轻易相信那些表面十分正直的人,更要提防那些假仁假义的人。

【解读】

时间是一个独裁者,它能改变一切。也能决定一切。就像它已经决定了古今,已经决定了历史。人不能穿越时空去改变什么。我们不能要求前无古人,后无来者,世上也没有谁能真正做到前无古人,后无来者,时间颠覆着人类所创造的任何奇迹。天外有天,人外有人。争先的脚步赶不上时间的翅膀,总会有人走在你的前面,比你先到一步。因此,人生无须那么失意,毕竟有许多事情不是只通过努力就能办到的。谋事在人,成事在天,只要尽了人事,结果就不必在意。再说成败得失要讲缘分,是你的跑不掉,不是你的也苛求不来。不要对成败耿耿于怀,那样除了让自己痛苦之外什么用处也没有。

人类对很多事情的发展都很难掌控,因为人生之中看不清楚的东西太多。世界上有许多假象时刻欺骗着人类的双眼。庀们以一种美丽的外表迷惑着人们,影响着人们的正确判断,生活中有许多人和事并不像所看到的那样光彩美好。世界上到处都有貌似正直却假仁假义的伪君子。有时候越是表现刚正不阿的人越是奸诈狡猾,越是表面道貌岸然的人越是卑鄙无耻,他们华丽的外衣只是为了掩藏他们内心的罪恶。所以,千万不要轻信那些看起来像极了正人君子的人,凡事都要通过时间和事件的考验,才能得出结论，不过结论也不要下得过早，隐藏极深的人有的是。

【诗歌征引】

把酒问月

唐·李白

青天有月来几时？我今停杯一问之。
人攀明月不可得，月行却与人相随。
皎如飞镜临丹阙，绿烟灭尽清辉发。
但见宵从海上来，宁知晓向云间没？
白兔捣药秋复春，嫦娥孤栖与谁邻？
今人不见古时月，今月曾经照古人。
古人今人若流水，共看明月皆如此。
唯愿当歌对酒时，月光长照金樽里。

【故事链接】

成功属于先想一步的人

两个青年一同开山，一个把石块砸成石子运到路边，卖给建房的人；一个直接把石块运到码头，卖给杭州的花鸟商人。因为这儿的石头总是奇形怪状，他认为卖重量不如卖造型。3 年后，他成为村上第一个盖起瓦房的人。后来，不许开山，只许种树，于是这儿成了果园。每到秋天，漫山遍野的鸭梨招徕八方客商，他们把堆积如山的梨子成筐成筐地运往北京和上海，然后再发往韩国和日本。因为这儿的梨，汁浓肉脆，纯正无比。

就在村上的人为鸭梨带来的小康日子欢呼雀跃时，曾卖过石头的那位果农卖掉果树，开始种柳。因为他发现，来这儿的客商不愁挑不到好梨子，只愁买不到盛梨子的筐。5 年后，他成为村里第一个在城里买房的人。再后来，一条铁路从这儿贯穿南北，这儿的人上车后，可以北到北京，南抵九龙。小村对外开放，果农也由单一的卖果开始谈论果品加工及市场开发。就在一些人开始集资办厂的时候，还是那个村民，在他的地头砌了一垛 3 米高、百米长的墙。这垛墙面向铁路，背依翠柳，两旁是一望无际的万亩梨园。坐车经过这儿的人，在欣赏盛开的梨花时，会突然看到四个大字：可口可乐。据说这是五百里山川中唯一的一个广告，那垛墙的主人凭这垛墙，第一个走出了小村，因为他每年有 4 万元的额外收入。

20 世纪 90 年代末，日本丰田公司亚洲区代表山田信一来华考察，当他坐火车路过这个小山村时，听到这个故事，他被主人公罕见的商业化头脑所震惊，当即决定下车寻找这个人。

当山田信一找到这个人的时候，他正在自己的店门口与对门的店主吵架，因为他店里的一套西装标价800元的时候，同样的西装对门只标价750元，当他标价750元时，对门就标价700元。一个月下来，他仅批发出8套西装，而对门却批发出800套。

山田信一看到这种情形，非常失望，以为被讲故事的人欺骗了。当他弄清真相之后，立即决定以百万年薪聘请他，因为对门的那个店也是他的。

反躬自省　不怨他人

【原文】

山中有直树，世上无直人。自恨枝无叶，莫怨太阳倾[①]。大家都是命，半点不由人。

【注释】

①倾：偏。

【译文】

山里有长得笔直的树，世上却罕见真正的正直之人。树木只应抱怨自己的枝上无法长出叶子，别抱怨太阳太偏心。一切都是命里安排，由不得自己控制。

【解读】

人的能力是有大小的，每个人的能力也都有限，可这并不妨碍我们向自身完满进发，因为人都有着改造世界、改造自身的能力。在改造世界的过程中，我们发现了自身的不足，提高了自己的能力，缩短了与别人的差距，创造着全新的自我。自身最大可能地接近完满了，最大化地创造了自己的价值，别人才会认可你，尊重你。因此与其整天悲观、埋怨、假想、期待，不如自己振作起来，从改造自己、提高自身能力做起。

世上的事难以预料，世上的人心更加难以看透。人是一个矛盾的统一体，我们不能强求千人一面，连我们自己都无法要求自身保持一种绝对稳定不变的性格。“世上无直人”的言论有些偏颇，但却是中肯之语，人不可能做到十全十美，没有，必要因为有一些缺点就对人类悲观失望，生活依然是美好的，做人应该乐观一些，将眼光放远一些，这样才不会因为时运不济、人心难测而对生活失去希望和热情。日子也才能过得轻松一些。人类因有瑕疵才变得可爱，真正完美的人是高不可攀的，也是难容于世的。人只要努力使自己接近完美就已经非常难能可贵了，没有必要因为有一些缺点就对人类悲观失望。

【诗歌征引】

啰唝曲六首

唐·刘采春

其一

不喜秦淮水，生憎江上船。载儿夫婿去，经岁又经年。

其二

借问东园柳，枯来得几年。自无枝叶分，莫恐太阳偏。

其三

莫作商人妇，金钗当卜钱。朝朝江口望，错认几人船。

其四

那年离别日，只道住桐庐。桐庐人不见，今得广州书。

其五

昨日胜今日，今年老去年。黄河清有日，白发黑无缘。

其六

昨日北风寒，牵船浦里安。潮来打缆断，摇橹始知难。

【故事链接】

苏秦不怨天尤人

苏秦向鬼谷子学艺出师以后，一心想有所作为。在倾心研究了当时的局势之后，苏秦认为只有秦国才有实力影响整个天下。于是他变卖家产，还借了些盘缠，向秦国进发。终于，他见到了当时秦国的国君秦惠王，并向秦惠王提出了以强大的国力"并诸侯，吞天下，称帝而治"的整套构想与主张。这些构想与主张很有道理，也是后来秦始皇走的路线。只可惜不合秦惠王的口味，秦惠王认为这些主张不合时宜，未予采纳，并委婉地下了逐客令，说："你不远千里来到我的国家，肯这样当面教导我，非常感谢。希望将来有这么一天，我来向你专诚请教。"

苏秦还不死心，回到旅店里连续写了十个奏章请人送给秦惠王，可秦惠王丝毫没有礼贤下士的意思。此时的苏秦，带来的黄金全都用完了，他再也无法在秦国待下去了，只得收拾行囊打道回府。

他没有钱租车马，只好用裹腿布把自己两只小腿包起来，以利于长途跋涉；他的鞋子破了，买不起新的，只好穿上草鞋。他没有钱雇人搬运行李，只好自己把带来的书背在肩上，把行李做成担子自己来挑，从秦国的首都咸阳回到他的洛阳故乡。

苏秦进得家来。他妻子正在织布，看到他的落魄模样，当着家人的面，没有勇气迎接他，只是不停地做手里的活计，显出一副冷漠的表情。他的嫂嫂更是见如未见，爱理不理。父母大人见了他这副模样，一句话也不想和他讲。苏秦枵肠辘辘，饥不可堪，但没有一个人问他是不是吃过了饭，更不用说为他到厨房里去做饭。面对家人的冷漠，苏秦只是轻轻地叹了一口气，说："妻不以我为夫，嫂不以我为叔，父母不以我为子。皆秦之罪也。"

苏秦不怨天，不尤人，通过一番认真的检讨之后，他认为自己功夫还不到家，是自己的无能导致了自己的蒙垢受辱。于是从自己的藏书中找出姜太公所著的《阴符经》，关起门来昼夜苦读，读到深夜想睡觉时，就用锥子来刺自己的大腿，以警醒自己。一年之后，他又对自己充满了信心，开始了第二次游说。

苏秦悬梁刺股

苏秦上一次游说，走的是强国吞天下的路线。这一次他吸取教训，走的是弱国联合的路线，他要用他的"合纵"主张，说服秦国以外的六国南北联合起来与秦国抗衡。

他先后十分成功地说服了燕文侯、赵肃侯、韩宣王、魏襄王、齐宣王、楚威王。这六国的国君都愿意把国事全部托付给他，于是"六国纵合而并力焉"，成功地实施了"合纵"战略，苏秦当上了"纵约长"，并且"并相六国"，同时兼任当时燕韩赵魏齐楚六国的辅相职务。合纵战略的成功实施，使秦国不敢轻易侵犯其他六国，为老百姓争取到了十五年的和平时光。

勤能补拙　宽以待人

【原文】

一年之计在于春，一日之计在于寅[①]。一家之计在于和，一生之计在于勤。责人之心责己，恕己之心恕人[②]。守口如瓶，防意如城[③]。

【注释】

①计：计划、谋划，希望。寅：寅时，指凌晨三点到五点，这里代指清晨。②责：责备。恕：宽恕，原谅。③防意：防止产生邪念。城：古代军事防御建筑。

【译文】

在春天就应该为一年的事情做打算，黎明时分就该为一天的事情做打算。一个家庭要想幸福首先要和睦相处，一个人的一生要成功首先要勤奋努力。应该用责备别人的态度来责备自己，用宽恕自己的态度去对待别人。控制自己不随便讲话就如同塞紧的瓶口,摒除私心杂念就像坚守城堡防备敌人。

【解读】

一个人的成功是有法则的,它是各种力量共同作用的结果,需要人从多方面去提升自己才能获得。

首先,勤奋对于个人成长更具有重要意义。一个人若想成为一个有用之才就绝不能离开勤奋。因为勤奋是一切成就的基础,勤奋能使学业和事业有所成就,嬉戏只会使学业和事业遭到失败。大凡有作为的人,无一不与勤奋有着难解难分的缘分。陶渊明诗曰:“盛年不再来,一日难再晨。及时当勉励,岁月不待人。”就是教育人们要养成一种今日之事今日完的好习惯。勤奋实际上是一种习惯的养成,而关键有两个:一是要及时,不能将能在今天完成的事推到明天、推到将来去做;二是要科学,要从小事做起,从脚下做起,循序渐进,由浅入深。

其次,要严于律己,宽以待人。对于别人的过失和错误应该采取宽恕的态度,而如果错误在自己那么就不能宽恕;对于自己遇到的困境和屈辱应当尽量忍受,如果困境和屈辱在别人身上就不能袖手旁观,忍心不顾。如果一个人能对自己严格要求,凡事身体力行,那就没有过不去的坎,攻不克的难关!另一方面,当我们遇到别人陷入困境中,而自己又可以举手帮助的时候,切不可袖手旁观、做冷冰冰的无情路人。如果自己确实有能力,就尽量伸手扶一把;没能力帮,也尽可能分担他人精神上的痛苦。今天我们能感同身受,给予别人最大的支持,明天当我们落难时,他人就会慷慨解囊,以同样的真情回报我们。才能塑造高尚的人格,为成功打下坚实的基础。

【故事链接】

宰相肚里能撑船

王旦,宋朝人,字子明,自幼沉静好学,其父王祐曾说:“此子将来必定官至三公宰相。”宋太宗时中举进士,起初任平江知县,当时县府内传说常闹怪物,不得安宁,王旦将到任前一夜,看守官听到群鬼在大声呼叫说:“宰相公要来了,我们应该避开,离去了。”于是怪物从此绝迹。

宋真宗时王旦连升至枢密院,又任宰相,进封太保。受朝廷重用,居相位最久,凡事不固执己见,受人毁谤不与计较,军国大事都参与决策,常为国家荐引贤才,却不让其人知道。

当王旦任宰相时,寇准屡次在皇上面前说王旦的短处,然而王旦却极力称赞寇准的长处。有一天真宗笑着对王旦说:“卿虽然常称赞寇准的长处,但是寇准却专说卿的短处呢!”王旦回答说:“臣居相位参与国政年久,难免有许多缺失,准事奉陛下无所隐瞒,由此更见寇准的忠直,臣所以一再保荐。”真宗由此更赏识王旦。当寇准任枢密院直学士时,王旦在中书有事送枢密院,偶尔不合诏令格式,寇准便上奏皇帝,王旦因而受到责问,但是王旦并不介意,只是再拜谢而已。不到一个月。枢密院有事送中书,也不合诏令格式,堂吏发现后,很高兴地呈给王旦,认为这下逮到机会了,可是王旦却命送回枢密院更正,并不上奏。寇准大为惭愧,见王旦说:“同年怎么有这样大度量呢?”王旦不答。

当寇准被免去枢密职位后,曾私下求王旦提拔他为相,王旦惊异地回答说:“国家将相重任,怎可求来的?”寇准心中很不愉快。其后皇上果然授予寇准节度使同平章事。寇准入朝拜谢说:“臣若不是承蒙陛下知遇提拔,哪有今日?”皇上便将王旦一再推荐之事告知,寇准非常惭愧感叹,自觉德量远不及王旦。后来寇准终于不负王旦,成为宋朝贤相。

薛奎初任江淮转运使,将赴任前,来向王旦辞行,王旦不谈其他,只说:“东南地方,民生非常困苦啊……”薛奎退出后说:“听宰相的话,可见他时刻都在关怀百姓啊!”

王旦居家,未曾发过脾气,家人要试验他,在他食用的肉羹内,投入尘灰,王旦只吃饭而已,家人问他何以不吃肉羹,旦说:“偶尔不想吃肉。”其后连饭也将它弄脏,王旦也不责问只说:“今天不想吃饭,可以另外弄些稀饭来。”家中不购置田宅,说:“子孙应当自立,何必田宅,田宅会让子孙因争财而做出不义之事呢!”临终时召集子弟到跟前咐嘱说:“我们家世清白,不要遗忘往日槐庭阴德,今后大家应当守持勤俭朴素的美德,共同保持我王家的门楣。我死后,可为我削发,披穿缁衣,依照僧道例殓葬即可。”说完便瞑目而逝。真宗临丧哀恸。追赠为尚书令魏国公,赐谥号文正。

真诚待人　决不欺心

【原文】

宁可人负我,切莫我负人①。再三须重事,第一莫欺心。虎生犹可近,人毒不堪亲。来说是非者,便是是非人。

【注释】

①语出《三国志·魏书一·武帝纪第一》:“继而凄怆曰:‘宁我负人,毋人负我!’”负,亏待。

【译文】

宁肯让别人辜负我,也决不让自己去辜负别人。做事要再三考虑,慎重对待,做人最重要的是不要欺骗自己的良心。活生生的老虎可以靠近,恶毒的人千万不能亲近。前来对你议论别人是非的人,其实他就是一个制造是非的人。

【解读】

一个人只有具备了高尚的人格,保持了坦坦荡荡、堂堂正正地做人心态,才会被人所认可、所赞扬,才会被人所景仰、所称颂。

人可以聪明,不可以奸诈,可以精明,不可以龌龊。无论是谁都要讲究光明正大,堂堂正正。诚实守信,与人为善,不做昧良心之事,是一个人必须具备的心理品质,这也是我们平时所说的底线。如果一个人到处欺骗,手脚不干净,必定为人所抛弃。因此,做人做事一定要名正言顺,昭然天下。切不可存在侥幸心理,做一些给心灵留下污点的事情。损人利己的事为什么要做呢?奸诈小人总是让人感到可怕,无论你有怎样的美丽的外表。太精明算计的人是不会有结果的,做事应讲究诚信,老老实实做事,快快乐乐挣钱,是金子的终究会发光。否则上对不起头顶上的蓝天,下对不起脚下踏着的土地。

人生的许多恩怨情仇有时不是来自客观环境,而是由那些爱搬弄是非的是非之人凭空杜撰出来的。"人毒不堪亲""来说是非者,便是是非人",就是要人们警惕那些搬弄是非、挑拨离间的人,这种人将大家的生活搞得乌烟瘴气。使人心难得一刻安宁。只不过,有时自己也会不自觉地担任这种角色。本来一个善良的人因为管不住自己的嘴,成了罪恶的传声筒,听起来多么可悲。所以,莫道是非、守口如瓶,不仅是个人的一种道德修养,更需要人们的共同努力。

【诗歌征引】

掩关铭

唐·卢仝

蛇毒毒有形,药毒毒有名。
人毒毒在心,对面如弟兄。
美言不可听,深于千丈坑。
不如掩关坐,幽鸟时一声。

【故事链接】

曾巩真诚待人

曾巩是宋朝的一位大诗人。他为人正直宽厚,襟怀坦荡,对朋友一贯真诚相待,直来直去。他和宋代改革家王安石在年轻的时候就是好朋友。王安石二十五岁那年,当上了淮南判官,他从淮南请假去临川看望祖母,还专门去拜见曾巩。曾巩十分高兴,非常热情地招待了他,后来还专门赠诗给王安石,回忆相见时的情景。

有一次神宗皇帝召见曾巩,并问他,"你与王安石是布衣之交,王安石这个人到底怎么样呢?"曾巩不因为自己与王安石多年的交情而随意抬高他,而是很客观直率地回答说:"王安石的文章和才能确实不在汉代著名文学家扬雄之下;不过,他为人过吝,终比不上扬雄。"

宋神宗听了这番话,感到很惊异,又问道:"你和王安石是好朋友,为什么这样说他呢?据我所知,王安石为人轻视富贵,你怎么说是'吝'呢?"

曾巩回答说:"虽然我们是朋友,但朋友并不等于没有毛病。王安石勇于作为,而'吝'于改过。我所说的'吝'乃是指他不善于接受别人的批评意见而改正自己的错误,并不是说他贪惜财富啊！”

宋神宗听后称赞道：“此乃公允之论。”也更钦佩曾巩为人正直，敢于批评。

人情淡薄　世事常新

【原文】

远水难救近火[1]，远亲不如近邻。有茶有酒多兄弟，急难何曾见一人？人情似纸张张薄，世事如棋局局新。山中自有千年树，世上难逢百岁人。

【注释】

①语出韩非子《说林上》：“失火而取水于海，海水虽多，火必不灭矣，远水不救近火也”。

【译文】

相距很远的水源无法扑救近处的烈火，住得很远的亲戚不如近处的邻居。当你有茶有酒的时候，很多兄弟朋友围着你，可是当你遇到紧急危难的时候，却连一个人也看不到了。人的情意像纸一样都是很薄很薄的，世上的事像棋局一样，每一局都不同。山中有生长千年的古树，世上难遇活了百岁的老人。

【解读】

“人情似纸张张薄，世事如棋局局新”，形容人际交往的困难和世事的难以预料。人情薄如纸，来自世人冷漠的内心。人们往往更关注自身，而以自我为中心的结果是很难体会到人间真情。其实，感情是相互的，你没有丝毫的付出，又怎能期许得到丰厚的回报？茶酒不等于真情，它为你招来那些所谓的兄弟，也许更多的只是一些唯利是图的小人，真正能为你两肋插刀的友情不是在觥筹交错中获得的。而且感情的付出也并不能一蹴而就，它需要长时间的积累，无论是邻里间的和睦，还是朋友间的情谊，都是在岁月的流淌中沉积下来的。因此，所谓的人情薄如纸只是相对的，如果你薄人，人又如何不薄你呢？若能真心付出，自然会有近邻为你排忧解难、至交为你赴汤蹈火。

至于世事多变，如棋局般常新那是必然的，人生本来就如同一场戏，每个人都有自己的舞台，也都有自己的精彩。不同的人在各自的人生中扮演着不同的角色。然而，不同的人生又不是孤立的，戏与戏之间是相互交叉的，因此，结局的变数就越来越难以预料，又何止像棋局那样简单明了？每一个人对于自己的结局都难以把握，至于何人能够笑到最后，成败得失、富贵生死，都是一个未知数。人生如此短暂，算算不满百年，既然结果已不得而知，人们所能做的就是把自己的人生导演好，扮演好自己的角色，至少在曲终人散时不会留下太多的遗憾！

【诗歌征引】

西阁

宋·僧志文

杨柳蒹葭覆水滨，徘徊南望倚阑频。
年光似鸟翩翩过，世事如棋局局新。
岚积远山秋气象，月升高阁夜精神。
惊飞一阵凫鹭起，莲叶舟中把钓人。

西江月

宋·朱敦儒

世事短如春梦，人情薄似秋云。
不须计较苦劳心，万事原来有命。
幸遇三杯酒好，况逢一朵花新。
片时欢笑且相亲，明日阴晴未定。

【故事链接】

人间冷暖

电影《落叶归根》里，老赵与老王一同在外打工，老王死了，老赵承诺要将老王的尸体送回老家，谁想老赵在这一路上尝尽了人间辛酸坎坷——老赵是个五十多岁的农民，他南下到深圳打工，却因为好友老王死在工地上，决定把老王带回乡安葬。老赵先把老王伪装成醉鬼，混上了长途车，却不幸在途中遇上劫匪。老赵誓死保护老王的补偿金，赢得劫匪敬重之余，还救了一车人的财物。但他因为暴露了尸体，结果反而给乘客赶了下车。老赵在路上拦车，把老王假装成急救病人，并遇上好心人把他们送到医院。晚上住店钱被偷了，老赵不禁悲从中来，但这未能动摇他的决心。要解决钱的问题，他把老王装成乞丐；要解决吃饭的问题，他到别人的葬礼哭丧；要掩盖尸斑，他请妓女为老王化妆。一路上，老赵遇到形形色色的中国人。家乡在望之际，他遇上泥石流，只能靠意志力战胜大自然。老赵被村民捧为英雄，在医院中苏醒后，发现自己上了电视，但他要做的第一件事，还是用非常规办法，把老王的尸体偷回来。当老赵带着老王回到故乡时，却发现故乡已变成水库，村庄都埋在水底了。此时，一段回忆涌现老赵眼前……小酒馆里，大醉的老赵向老王抱怨生活艰辛，身体衰竭、他极害怕自己客死他乡、同样大醉的老王对他说："你死了，我就是背也要把你背回家乡。"每一个情节都令人深思、感慨。

量力而行　错事莫为

【原文】

力弱休负重[①],言轻莫劝人。无钱休入众,遭难莫寻亲。平生莫作皱眉事,世上应无切齿人[②]。士者国之宝,儒为席上珍[③]。

【注释】

①休:不要。负:背。②皱眉事:害人的事情。切齿:咬牙切齿,形容非常痛恨。③士:指有一定政治地位的有特殊才能的人。儒:儒家学着,代指读书有文化的人。席上珍:宴席上的珍品。比喻儒生具有美善的才能。

【译文】

身体单薄无力就不要去背负重物,说话没有分量就不要去规劝别人。没有钱就不要到人群中去,遭遇困难之际千万别去寻求亲戚的帮助。一生当中不做自己不应当做的事情,就不会有痛恨你的人。读书的有识之士是国家的栋梁、财富,儒家学者就像宴席上珍贵的美味一样。

【解读】

为人处世应该量力而行,做事之前先要考虑自己是否有能力承担这样的责任,如果承担不起,就不要去做,免得为难自己也为难别人。人微言轻就不要去做别人的说客,也许人家根本没把你放在眼里,你的言辞没准只会令人厌烦,自己也会因为不受尊重而心中难平;同样,金钱在人际关系中起着很大的作用,虽然它未必高于一切,但是如果自己不具有这个实力,还是不要打肿脸充胖子,在人前摆阔却背后受穷,最后弄得大家都难堪。总之,如果不做令自己也令他人为难的事,凡事量力而行,那么自己就不会因为无法实现诺言而苦恼,别人也就不必承担因你的自不量力带来的困扰,当然对你的怨言也会消失。

社会的发展需要人才,古人也说"我劝天公重抖擞,不拘一格降人才"。看来人才对于一个国家的兴衰是至关重要的,不论古今。不过只是古人比今人更有先见之明,更早就懂得人才的重要性。他们将"士""儒"视为国之珍宝、席之珍馐。古人都懂得尊重知识、尊重人才,而在科技发展日新月异的今天,人才当然更值得、更需要被当作国之珍宝了。只不过,也许在现代人心目中,"人才"这个词的含义似乎已经变得很模糊。什么人才算是真正的人才,需要仔细权衡一下。并不是只要一张文凭就能应付了事的,必须有真才实学才行。

【诗歌征引】

诏三下答乡人不起之意

宋·邵雍

生平不作皱眉事，天下应无切齿人。
断送落花安用雨，装添旧物岂须春？
幸逢尧舜为真主，且放巢由作外臣。
六十病夫宜揣分，监司无用苦开陈。

【故事链接】

量力而行

一位武术大师隐居于山林中。人们都千里迢迢来跟他学武。人们到达深山的时候，发现大师正从山谷里挑水。他挑得不多，两只木桶里水都没有装满。

人们不解地问："大师，这是什么道理？"大师说："挑水之道并不在于挑多，而在于挑得够用。一味贪多，适得其反。"

众人越发不解。

大师笑道："你们看这个桶。"

众人看去，桶里画了一条线。大师说："这条线是底线，水绝对不能超过这条线，否则就超过了自己的能力和需要。开始还需要画一条线，挑的次数多了以后就不用看那条线了，凭感觉就知道是多是少。这条线可以提醒我们，凡事要尽力而为，也要量力而行。"

众人又问："那么底线应该定多低呢？"

大师说："一般来说，越低越好，因为这样低的目标容易实现，人的勇气不容易受到挫伤，相反会培养起更大的兴趣和热情。长此以往，循序渐进，自然会挑得更多、挑得更稳。"

济人急难　来往适度

【原文】

若要断酒法，醒眼看醉人。求人须求大丈夫，济人须济急时无[①]。渴时一滴如甘露，醉后添杯不如无。久住令人贱[②]，频来亲也疏。

【注释】

①济：帮助，救济。②贱：看不起。

【译文】

倘若想得到最好的戒酒方法，就要用清醒之人的眼光看看醉酒人的行为。向人求助之时应该去求真正的男子汉，接济别人时一定要接济需要救济的人。干渴的时候一滴水也会像甘露一样甜美，酒醉之后，再喝酒就不如不喝。长期寄住在别人家里会遭到人家的嫌弃，亲戚间频繁的往来反而会导致关系的疏远。

【解读】

这几句主要讲人情往来。对于维系亲友间的关系，有人喜欢雪中送炭，有人喜欢锦上添花，有人喜欢保持距离，有人喜欢亲密无间。至于哪一种方式更好，那就要看自己如何理解了。

锦上添花固然好，雪中送炭却更加珍贵。对于一个志得意满的人来说，他什么都不缺，他的生活已经丰富多彩，别人的锦上添花，对他而言并不会带来什么实质性的改变；因此产生的效应也许只是一笑而过。而雪中送炭则不同，人们在危难之时最需要的就是来自外界的支持，无论是物质的还是精神的。你的滴水之恩也许正是别人的救命甘露，受到涌泉相报也就不足为奇了。凡事皆有度，不可过分。即使再亲密的朋友和亲人，也不可能对自己是毫无保留的。生活本来是自己的，谁又愿意交给他人去掌管呢？人需要有属于自己的私人空间，频繁的往来和长期的居住会给别人带来心理负担，使亲朋好友失去保留隐私的权利和处理私人事务的时间。亲密固然是好，只不过过于亲密就会失去自我，这是谁也不愿意接受的。适当地保持距离能给双方都留有思考的余地，更能产生一种神秘感，不论友情、亲情还是爱情，才能长久地保持新鲜。

【故事链接】

吕蒙正讽世对联

吕蒙正(946~1011)，字圣功，河南洛阳人。宋太宗太平兴国二年(977)状元，皇帝为状元写诗赐宴，据说就是从他为例。此君为人胸怀宽广，素有众望，以正道自持，遇事敢言。

吕蒙正不喜欢记着别人的过失。初任参知政事进入朝堂时，有一位中央官员在朝堂帘内指着吕蒙正说："这小子也当上了参知政事呀？"吕蒙正装作没有听见而走过去了。与吕蒙正同在朝班的同事非常愤怒，下令责问那个人的官位和姓名。吕蒙正急忙制止，不让查问。下朝以后，那些与吕蒙正同在朝班的同事仍然愤愤不平，后悔当时没有彻底查问。吕蒙正则说："一旦知道那个人的姓名，则终身不能忘记。不如不知道那个人的姓名为好。不去追问那个人的姓名，对我来说又有什么损失呢？"当时的人都佩服吕蒙正的度量。

大臣中有收藏古镜的，自己说能照见两百里远的地方，想把镜子送给吕蒙正寻求升官。吕蒙正笑着说："我的脸只不过有碟子那么大，哪里用得着能照见两百里的镜子？"听见他这番话的人都惊叹佩服。

还有某人献上一方古砚，那人当场打开，呵上一口气，砚台便湿润可以研墨了。吕蒙正不屑一顾，他说："就是一天能呵上一担水，也只不过值几文钱罢了。"献砚者十分沮丧，从此，再无人自讨没趣了。

吕蒙正乃地地道道的穷苦出身，中举前极其贫寒，据说某年贴一春联于大门：

二三四五；

六七八九。

横额：南北

吕蒙正

此副由数字组成的怪联张贴出来后，便围了一群人。大伙儿莫名其妙，不知其意。此乃漏字联，漏字联是对联的一种特殊创造方法。作者选用人们的通常用语，有意漏掉一两个字，让读者去猜想。

上联"二三四五"缺"一"，下联"六七八九"，少"十"。这缺一少十。其意就是"缺衣少食"。"一"与"衣"，"十"与"食"谐音，而横批"南北"，不正是"没东西"吗？其意即为"缺衣少食没东西"。

相传吕蒙正中举后亦题写一联，联曰：

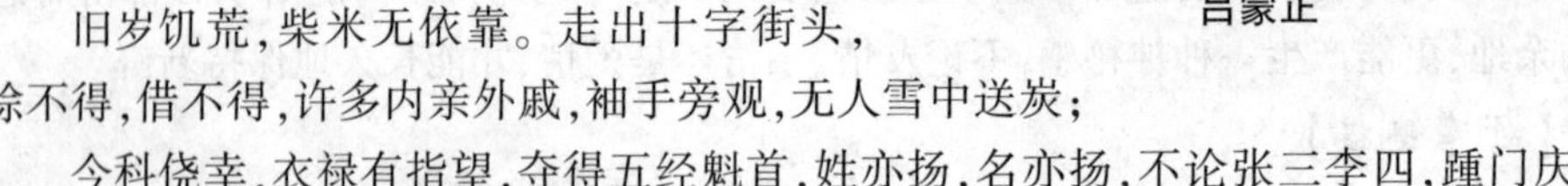
旧岁饥荒，柴米无依靠。走出十字街头，赊不得，借不得，许多内亲外戚，袖手旁观，无人雪中送炭；

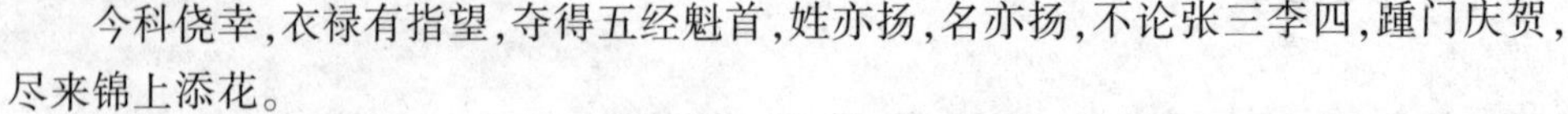
今科侥幸，衣禄有指望，夺得五经魁首，姓亦扬，名亦扬，不论张三李四，踵门庆贺，尽来锦上添花。

此联另一种流传版本为：

回忆去岁饥荒，五六七月间，柴米尽焦枯，贫无一寸铁，赊不得，欠不得，虽有近戚远亲，谁肯雪中送炭？

侥幸今朝科举，一二三场内，文章皆合式，中了五经魁，名也香，姓也香，不拘张三李四，都来锦上添花。

吕蒙正之所以题写这些对联，是因为当他金榜题名，当了大官以后，过去那些有钱的邻居，便纷纷携带财礼前来贺喜巴结他。吕蒙正见了，百感交集地说道："诸位乡亲请先在中堂就座，然后我到我的书斋一观。"酒足饭饱之后，他们陆续来到吕蒙正的书房，吕蒙正笑着说："晚生草就一联，呈请诸位一阅。"只见他在纸上书就此联。这些来客看罢，羞得无地自容。不一会儿，便一个个灰溜溜地走出了吕府。

钱财分明　家教从严

【原文】

酒中不语真君子，财上分明大丈夫。积金千两，不如明解经书[①]。养子不教如

养驴，养女不教如养猪。

【注释】

①积：存储。经书：经典好书。

【译文】

饮酒的时候做到不胡言乱语才是真正的君子，在钱财上一清二楚才是真正的男子汉。积蓄很多金钱，不如多买几本书留给后代，使他们明白事理。养儿子不教育同养驴没有什么区别，养女儿不教育和养猪没什么区别。

【解读】

这段话总的来讲是一个关于修养的问题。无论是入世还是出世。也无论是齐家还是教子，都离不开身心的修养，这是一件关系到自身和后代发展的大事。

对于身处社会之中的人，应该注意自己的一言一行，只有时时不忘检点自己的行为才能获得别人的尊重。一个能够做到酒后不胡言乱语的人，才是个有修养的人。而在钱财方面能够不拖泥带水，做到清楚分明的人，才能真正令人敬佩。人们更愿意跟这样的人相处共事。因此若想在事业前途上更加顺利，就要不断规范自己的言行，提高自身的修养。

在教育子女方面，与其为他们创造优越舒适的生活条件，为他们积累丰厚的物质财富，不如给予他们及时和适当的教育。读书明智给他们的保障远比让他们衣食无忧更加牢固。钱财总有花完的一天，而学识和教养却会跟随他们终生，作为取之不尽用之不竭的人生财富，一辈子都会受益无穷。因此，从小就使子女接受教育、树立正确的人生观是非常必要的。就如同小树需要修剪一样，修养就是对子女品行的修剪，只有去掉旁逸斜出的枝杈才能长成一棵参天大树。所以说，修养是一个很重要的问题，关系到每一个人的将来，应该引起大家的注意。

【故事链接】

“不能搞特殊”

李讷是毛泽东的小女儿，1940 年 8 月出生在陕北延安。当时尽管正处在艰苦的战争年代，但毛泽东还是坚持把女儿留在自己的身边。毛泽东虽然格外疼爱自己的小女儿，但他并没有因此而放松对女儿的严格要求。

1947 年，转战陕北期间，毛泽东率领的中央纵队生活极端艰苦。由于粮食供应困难，大食堂每天两顿都是盐水煮黑豆。有一次吃饭，李讷看到大家的嘴是黑的，好奇地笑了，她对毛泽东说：“爸爸你看，阿姨、叔叔的嘴都是黑的。”毛泽东对她说：“你不要笑，前方解放军叔叔就是靠吃黑豆打胜仗的呀。黑豆好吃，吃了黑豆也能长胖长高。你也应该带上碗筷和阿姨一块去吃黑豆饭。听爸爸的话，你将来一定是个好孩子。”当时，李讷只有 7 岁，还是个小孩子，但毛泽东并没有因为女儿年龄小就允许别人对她格外照顾。在毛泽东的严格要求下，小李讷没有同爸爸妈妈一起吃饭，而是同卫士、保姆、战士们一起吃大食堂的盐水煮黑豆,从小就经受了艰苦生活的考验。

新中国成立后,毛泽东作为党和人民共和国的领袖,不但没有利用手中的职权为子女提供任何方便,反而更加严格要求他们,哪怕是在乘车、吃饭这样的日常小事上,毛泽东也从不放松对他们的要求。20世纪60年代初,李讷正在北京大学读书,她和普通学生一样吃住在学校,只有星期六才回家一次,回家时,她也是和大家一样挤公共汽车,从不乘小卧车。正因为如此,刚上学的一段时间里,同学们都不知道她是毛泽东的女儿。寒冷的冬天来临后,由于天黑路远,卫士长担心李讷一个女孩子晚上回家路上不安全,就瞒着毛泽东派车去学校接李讷。此事被毛泽东觉察后,严厉地批评了卫士长,并说:"别人的孩子就不是孩子了,别人的孩子能自己回家,我的孩子为什么就不行?"不管卫士长如何解释,毛泽东还是不容置辩地命令道:"不许接,说过就要照办,让她自己骑车子回来。"

李讷在北大上学初期,正赶上严重的经济困难,当时国家所面临的最大困难就是粮食奇缺。李讷认为自己是共青团员,应该为国家分担困难,于是在学校报口粮时,只报了17斤。毛泽东听说此事后,非常高兴,并说就应该这样做。由于定量不够吃,李讷经常饿肚子。有一次,李讷从家里拿了一袋奶粉,毛泽东知道后很不高兴,说这样做影响不好,以后,李讷就再也没有从家里带过任何吃的东西。困难时期,李讷很少回家。一次,卫士尹荆山去学校看望李讷,发现她饿得脸发黄,心里很难过,回来后向卫士长做了汇报。卫士长是看着李讷长大的,李讷从小就和战士们一起行军,风餐露宿,一样吃盐水煮黑豆,如今成了共和国主席的女儿还要挨饿,想到这些,卫士长心里很不是滋味。于是,他瞒着毛泽东给李讷送去了一包饼干,李讷怕别人发现影响不好,见附近没有人,才大口地吞下两块饼干。

这件事被毛泽东知道后,批评卫士长:"三令五申,为什么还要搞特殊化?"卫士长解释:"别的家长也有给孩子送东西的。"听到这话,毛泽东更是生气,他说:"别人可以送,我的孩子一块饼干也不许送!谁叫她是毛泽东的女儿!"

此事过后不久的一个星期天,李讷从学校回家。卫士趁倒茶的机会,向毛泽东提议:"主席,李讷回家了,两三个星期没见了,一起吃顿饭吧?"按常规毛泽东是不允许女儿和自己一起吃饭的,他总是让她在大食堂吃饭,但这次,毛泽东理解卫士的心意。同时他也确实心疼女儿,便笑着回答:"那好,那好。"

饭前,李讷向爸爸汇报了自己的学习情况。尔后,她委婉地对爸爸说:我的定量老不够吃,菜少,全是盐水煮的,一点油水也没有,上课肚子老是咕咕叫。听后,毛泽东语重心长地对女儿说:"困难是暂时的,要和全国人民共渡难关。要带头,要做宣传。要相信共产党……"

饭准备好了,饭桌上摆着四菜一汤,还有辣子、霉豆腐等四个小菜,主食是热气腾腾的红糙米掺芋头的米饭。毛泽东拉着女儿的手说:"今天一起吃饭。"李讷随爸爸来到饭桌前,一股饭香扑鼻而来,李讷将头伸过去嗅了嗅:"啊,真香啊。"说罢抬头冲父亲调皮一笑,显得那么天真可爱。

“吃吧，快吃吧。”毛泽东爱怜地望着女儿。话音未落，李讷已开始向嘴里扒饭，饭太烫，她不时咝咝地向外吹着热气。毛泽东在旁边劝女儿慢点吃，可李讷慢吃不了几口，又开始狼吞虎咽起来，因为她实在是太饿了。看到女儿饿成这个样子，毛泽东脸上露出了几分苦涩，他再也无心吃饭了，转身拿起报纸看起来，以掩饰自己的情绪。李讷看到父亲不吃了，望着他问道：“您怎么不吃了？”毛泽东说道：“老了，吃不多，我很羡慕你们年轻人。”李讷信以为真，于是就将桌上的饭菜一扫而光。后来，卫士又从伙房找来两个白面掺玉米面的馒头，李讷又将这两个馒头连同盘底的菜汤一同吞下了肚。

饭桌上的情景令卫士们感慨万千。饭后，他们走进毛泽东的房间，想说服毛泽东给李讷一点优待：“主席，李讷太苦了，是不是可以……”话没说完，毛泽东便坚定地说：“不可以，和全国老百姓比起来，她还算好的。”卫士长刚想说什么，毛泽东又接着说道：“不要说了，我心里并不好受。她是学生，按规定不该享受的就不能享受，还是各守本分的好。我和我的孩子都不能搞特殊，现在这种形势下尤其要严格。”

读圣贤书　做智慧人

【原文】

有田不耕仓廪虚，有书不读子孙愚。仓廪虚兮岁月乏①，子孙愚兮礼义疏。听君一席话，胜读十年书。人不通古今，马牛而襟裾②。

【注释】

①廪：米仓。兮：句中语气助词。乏：匮乏。②襟裾：这里指穿上衣服。襟，衣服的前面部分。裾，衣服的前襟。

【译文】

有田地不耕种，粮仓必定空虚，有书籍而不阅读，子孙必定愚蠢。粮仓空虚生活就无法保障，子孙愚蠢就会不晓礼义。与您畅谈一次，收益胜过读上十年书。一个人不能博古通今，就像牛马穿着衣服。

【解读】

知识就是财富，这种财富不一定以物质和金钱的形式表现出来，却是比任何物质金钱都要宝贵的。古人将读书看成是摆脱愚昧、明白事理的一种途径。所谓“知书识礼”，便是从读书开始的。不学无术的人，是人们永远鄙夷的对象，没有良好的教育，愚昧无知，就同穿着衣服的动物没什么两样。人是需要有内涵的支撑才能屹立不倒的，一个空壳子如何经受得起生活的磨砺？为人父母者，能为后代留下的最宝贵的财富不是金钱，而是文化。因为黄金有价，知识无价。

读书又分读有字书和读无字书，有字书能给人们提供具体的和系统的知识体系，而无字书却能吸取别人的经验、增加人生的阅历。“读万卷书，行万里路”“纸上得来终觉浅，绝知此事要躬行”以及“听君一席话，胜读十年书”讲的都是读无字书的重要性。只有知识渊博、博古通今，才能在生活中游刃有余。当今社会，虽然读书的初衷和目的与古人有所不同,但同样是为了充实自我、适应时代的发展,成为一个对社会有用的人。努力让子女成为一个有知识、有素质的人才是每一位家长共同的心愿。只不过,在灌输知识的同时,更要注意发现孩子的潜质,懂得因材施教,才能使其茁壮成长,成为栋梁之材。

【故事链接】

听君一席话,胜读十年书

很久以前,有个穷秀才进京赶考。他只顾赶路,错过了宿头。眼看天色已晚,他心里非常着急。正在这时,一个屠夫走过来,邀他到自己家里去。屠夫与秀才谈得很投机。于是屠夫随口问秀才说:“先生,万物都有雌雄,那么,大海里的水哪是雌,哪是雄?高山上的树木哪是公,哪是母?”秀才一下被问呆了,只好向屠夫请教。屠夫说:“海水有波有浪,波为雌,浪为雄,因为雄的总是强些。”秀才听了连连点头。又问:“那公树母树呢?”屠夫说:“公树就是松树,‘松’字不是有个‘公’字吗?梅花树是母树,因为‘梅’字里有个‘母’字。”秀才闻言,恍然大悟。

秀才到了京城后,进了考场,把卷子打开一看,巧极了,皇上出的题,正是屠夫说给他的雌水雄水、公树母树之说;很多秀才看着题目,两眼发呆,只有这个秀才不假思索,一挥而就。

不久,秀才被点为状元。他特地回到屠夫家,奉上厚礼,还亲笔写了块匾送给屠夫,上面题的是“听君一席话,胜读十年书。”

从此,这句名言便传开了。

博览群书终成举人

杜元春,字恺庭,广西扬美古镇人。生于清咸丰八年(1858)十月二十日亥时,终于光绪二十三年(1897)十月二十日申时,享年40岁。

杜父绍龄,对他钟爱异常,虽然是独子,仍督责倍严,唯让杜元春闭门读书,足不出户。亲友有时心疼杜元春,有点责怪杜父之过于苛刻,杜父不以为然,理直气壮地用诸葛亮的《诫子书》来辩解:“‘夫君子之行,静以修身,俭以养德。非学无以广才,非静无以成学,浮慢则不能研精,险躁则不能理性’。冰冻三尺,非一日之寒,若想不负儿孙辈,唯此法矣!”亲友一时语塞。

杜元春整日充塞头脑的唯有杜父的修身、治家、处世、为学、立志、气节、为政等等诲导,心机无他用。杜元春稍有疏懒,杜父就以唐高宗永徽七年登第的苏瑰和咸亨四年登第的郭之振为榜样来勉励他。因为苏瑰和郭之振都是十八岁中的状元。

杜父还用讲故事来谆谆告诫儿子要勤于读书,莫负青春,日有进益,才能成为博学有识之士,取得功名。他举例说,宋代时,有个靠门路中了解元的人,学识浅薄却骄妄。

一次，见书中有"蔡中郎"一词，这个解元不懂"中郎"一词，却讥笑古人才疏学浅，连"郎中"都不懂。有人写了首诗戏谑这个解元的无知，诗中说："改行当郎中，大门挂牌招。为何作元解，归去学潜陶。"此诗颠倒中郎、招牌、解元、陶潜等词，挖苦嘲笑，淋漓尽致。杜元春听后既有趣味，又悟出读书学习的重要性，从此益发努力。"学而优则仕"成了杜元春的座右铭，饱读"四书""五经"，究史穷志，寻章摘句，夜以继日，孜孜不倦，呕心沥血，都为有朝一日金榜题名。

杜父文才很好，有次写了首赞美扬美八景之一"江滩夜月"的七绝诗，其中有两句是："雷峰月照一江水，映对翠薇紫红间"。杜元春建议将"一"字改为"半"字，杜父究问缘由。杜元春说："雷峰遮住月色，江水半明半暗，画面美，意境也深远些。"杜父叹服，开怀大笑："吾儿长进了！"

有次古镇"孔子诞辰"节，四乡文人聚集扬美，以"诗钟"比试文才，格式为"笼纱"，分咏"夕阳"与"蜻蜓"。将一个铜钱用线系于竹香上，下承以铜盘，短短时间，香焚线断钱落，就得把做好的诗句上交。杜元春才思敏捷，他旋即将写好的诗句交给词宗(阅卷人)，好一会铜钱才落盘中，铿然作响。他的诗句"翠竹楼西红一抹，碧荷风外立多时"分别隐喻"夕阳"和"蜻蜓"，刻画有神，且来得快捷，举座叹服。

清光绪年间，时任左江道总兵的孙楫曾在游玩扬美时，闻杜元春解元的名气，便会见他，并以本地景点出上联"晓日蓬莱紫气重"试之，话刚落音，杜元春即接对道："春潮尖顶浪云开。"总兵十分佩服和赏识，欲举荐杜元春到南宁府谋个差事，但杜父一心想要杜元春攀龙附凤，不愿他早日当差，杜元春孝顺，听父命，婉辞了总兵。

杜元春含辛茹苦，博览群书，满腹经纶，但自光绪八年(1882)他 24 岁那年登壬午科，得授"举人"匾牌一块，大振家声之外，却因体格羸弱，无法穿州过省，舟车劳累到京城参试，一生与状元无缘，并英年早逝。不过，究其学识，不愧是古镇文人学士中的佼佼者。

做真男儿　行真善事

【原文】

茫茫四海人无数，哪个男儿是丈夫！美酒酿成缘好客，黄金散尽为收书。救人一命，胜造七级浮屠①。城门失火，殃及池鱼。

【注释】

①浮屠：梵语音译，即塔、佛塔，俗称宝塔。佛塔的层次一般为单数，如五、七、九、十三等，而以七级为最多，故有"七级浮屠"之说。

【译文】

广阔的四海之内有不计其数的人：哪个男人称得上是真正的男子汉？酿成美酒是因为喜欢与朋友欢聚，花掉全部钱财是为了购买书籍。挽救别人一条性命，胜过建造七层宝塔的功德。城门口失火，池中的鱼也无端遭受祸害，无水而死。

【解读】

世上的人浩如烟海,但是真正称得上男子汉的却不多,再坚强的人都有软弱的一面,即使刀枪不入、金刚不坏之身也有自己的死穴和软肋。但也正是因为他们身上的这些缺点才使他们显得不是那么高不可攀、不近人情。因此,无须对世人失望悲观,只要看到生活中还是好人多,人们身上的一些无伤大雅的缺点是应该被原谅的,因为自己的缺点同样需要被别人包容和谅解。

人们的执着和热情有时真的不得不令人敬佩,"美酒酿成缘好客,黄金散尽为收书",都是那样洒脱和旷达。人需要一种精神来支撑,不理会别人的目光,不在意钱财的散尽。有些东西是不能用金钱来衡量的,比如友情和智慧。

"救人一命,胜造七级浮屠",讲的是做好事,救人于危难,为人雪中送炭,比修建佛塔宝刹的功德要高得多。当然不仅只包括救人之命,日常生活中的点滴小事,都可以为自身高尚品德的建立增砖添瓦。做好事,不仅给他人带来幸福与欢乐,自己也会从中得到愉悦和满足。但是还要记住一点,做好事的出发点是为了帮助别人,是不求回报的。不仅如此,也要不连累无辜,否则"殃及池鱼"就会变成好心办坏事,那么做好事的价值和意义就会大打折扣了。

【诗歌征引】

绝句

唐·吕岩

独上高峰望八都,黑云散后月还孤。
茫茫宇宙人无数,几个男儿是丈夫?

熙宁元年八月十九日过湖州

唐·吕岩

西邻已富忧不足,东老虽贫乐有余。
白酒酿来缘好客,黄金散尽为收书。

【故事链接】

殃及池鱼

"城门失火,殃及池鱼"出自北齐·杜弼《檄梁文》:"但恐楚国亡猿,祸延林木,城门失火,殃及池鱼。"

据说这几句话是从一个故事中衍化出来的。从前,有个地方,城门下面有个池塘,一群鱼儿在里边快乐地游着。突然,城门着了火,一条鱼儿看见了大叫说:"不好了,城门失火了，快跑吧！"但是其他鱼儿都不以为然，认为城门失火。离池塘很远，用不着大惊小怪。除了那条鱼儿之外，其他鱼都没有逃走。这时，人们拿着装水的东西来池塘取水救火。过一会，火被扑灭了，而池塘的水也被取干了，满池的鱼都遭了殃。

这个故事告诉人们：火、水、鱼是有联系的，池塘的水能灭城门的火，这是直接联系，鱼儿与城门失火则是间接联系，它是通过池水这个中间环节而发生联系的。

苏州多书痴

苏州自明清以来，文才独多，名流辈出，称冠全国。明清时期私家藏书达到鼎盛，私家藏书的人数空前增多。全国藏书的中心区域在江浙两省，而江苏的中心区域在苏州。苏州的私家藏书为后世保存了丰富的典籍，在推动学术研究，促进文化繁荣上，作用不可低估。

苏州的藏书活动之所以历代相袭、绵绵流传，与藏书活动中形成的吴地人文精神是分不开的。明清两代的苏州藏书家，大都有嗜宋元、癖珍秘之尚。他们对藏书狂热和执着已到了非同寻常的地步。他们不畏艰难，甚至不惜倾家荡产，奋力搜寻各种孤本秘籍，为后人留下了许许多多的书林佳话。

明代进士王世贞（苏州太仓人），官至刑部尚书，又以诗文名于世，与著名文学家李攀龙同为"后七子"之首领。但对于藏书界来讲，津津乐道的是他曾经不惜以一座庄园的代价去换一部宋刻《两汉书》。当时王世贞遇到书商出售宋刻《两汉书》，欣喜异常，但是书商要价特别高，王世贞一时无足够现金，又唯恐如此好书为他人所得，竟与书贾商定以自己的一座山庄换取这部秘刻。此事曾轰动一时，许多人讥笑他有点傻，王世贞却以为物有所值，因为他认为自己虽然藏有《周易》《礼经》《毛诗》《左传》等宋刻善本三千多卷，但都不及这部《两汉书》精美。王世贞的藏书常以"伯雅""仲雅""季雅"各印区别藏宋本的品级，这部《两汉书》自然就成了他的"伯雅"级收藏。后来王世贞处境困窘，身居茅屋，"六体之外无长物"，却依然念念不忘曾经拥有过的这部宝籍。

明末清初的"绛云楼"主人钱谦益（常熟人），酷爱古书，几近成癖。为了访录宋元珍异，他殚精竭虑，遍访书肆，不惜挥洒万金。他的藏书数量庞大、版本精良、种类繁多，而他的藏书活动也开启了常熟一地的藏书风气，形成了常熟的地方特色。陈揆在《稽瑞楼书目序》中曾说："吾乡藏书家，以常熟为最。常熟有二派，一专收宋椠，始于钱氏绛云楼……一专收精抄，始于钱氏遵王……"。

宋刻本《两汉书》是稀世珍品，（上面说到藏书家王世贞曾以一座庄园的代价买回），后因王氏家道败落，此书流落于世间。为了找到这部书，钱氏用了几年的时间查询、探访，最后终于以一千二百金的高价买回，宝之如拱璧。崇祯十一年（1638），年过半百的钱谦益还带着家人到广陵去购书，在一位贵戚家发现了思慕已久的《祝枝山书格古论卷》。见到此书，他心痒神飞，爱不释手。但主人不愿出卖此书。他多方托人说合，数次登门求购，最后用家藏的稀世珍宝——两个古彝宣炉换回这部书。

钱曾是清代藏书史上的善本收藏大家。其藏书富且精，其精在于多善本，善本又集于多宋版。他非常喜爱宋本，自言“生平所嗜者，宋椠本为最。”他的好朋友冯定远经常戏称他为“佞宋刻”，虽有时不免带有讽刺，他则以笑置之，而对宋版书终“不能已于佞也”，真是到了如痴如醉的地步。对于宋刻，钱曾从不论索价，花钱再多，也一定要买。因此其述古堂藏宋版书之多，是当时诸大家中不可相比的。钱谦益曾记述过钱曾述古堂早年所藏宋版书的情况：“辛丑暮春，过遵王述古堂，观所藏宋刻书，缥青朱介，装潢精致，殆可当我绛云楼之什三。纵目浏览，如见故物，任意渔猎，不烦借书一瓻，良可喜也。”这是顺治十八年时钱谦益之所见，此时他绛云楼的藏书已被庚寅大火烧毁十年多了，他在述古堂观宋版书时，钱曾才32岁。而此后的40年里钱曾又收藏了大量宋版书，恐怕已经超过钱谦益绛云楼所藏了。钱谦益对钱曾十分赏识，曾又人说过，只有钱曾能继承他的藏书事业。所以。到了晚年，他便把绛云楼火劫后的图书，全部送给了钱曾。这些图书大部分是钱谦益收藏的明赵琦美脉望馆所藏旧本，是一批无价之宝。钱曾《读书敏求记》共载录图书六百多种，大部分为宋元旧刻、旧抄，即是那些少量的明刻、明抄，在当时说来已经都是鲜见之善本了。

藏书家毛晋（苏州常熟人），他的“汲古阁”藏书前后达84000余册，平均每册以五卷计，则毛氏藏书总数约42万卷。绛云楼火灾之后，钱谦益曾说：“自是江左藏书之家，遂以先生汲古阁及钱曾述古堂为巨擘矣。”其实，毛氏私人藏书之富，不仅在江左，而且在明代全国藏书家中也是独一无二的。从版本看，毛晋收藏了大量宋刻本、元刻本、元抄本、名家抄本、孤本等。

为了求购好书，毛晋在自己家门前揭一榜招贴，上写：“有以宋椠本至者，门内主人计页筹钱，每页出二百；有以旧抄本至者，每页出四十；有以时下善本至者，别家出一千，主人出一千二百。”高昂的价格，使得书商们和古书出售者闻风而来，湖州贩书的车辆、船舶络绎不绝地停泊于七星桥毛家门前。当时流传着一句谚语：“三百六十行，不如鬻书于毛氏。”由于毛晋购书独具慧眼，不仅买全帙，就连一般藏书家轻视的残本，也绝不轻易放过，大力收藏，使很多世无二帙的残书免于绝亡。

清乾嘉时期学者辈出，文人荟萃，是清代学术发展的高峰，苏州私家藏书也在这一时期达到了历史的巅峰。苏州私家藏书之所以在这一时期大盛，一方面是因为藏书家对收藏古籍善本书的爱好，这也是历代藏书家的共同特点。为了搜罗典籍，藏书家们不辞劳苦，许多人为聚书节衣缩食，甚至倾家荡产，才达到藏书富极一时的程度。另一个重要的方面则是因为皇帝提倡“稽古古文”，下令编撰《古今图书集成》《大清一统志》《续三通》《清三通》《四库全书》等大规模书籍，因而在全国范围内调集资料。进献图书的人大多受到了不同程度的礼遇，这就使乾嘉时期的典籍异常丰富，藏书家也异常繁多。在此背景下苏州出现了以黄丕烈为代表的藏书家。黄丕烈不仅藏书有特色，而且因他注重版本校勘，编写目录题跋，并且出版图籍、整理文献，故其藏书为世所重，就是家刻图书也是质量上乘。

黄丕烈是清代四大藏书家之首，平生酷爱藏书，尤喜宋版书，购得宋刊百余种，其友顾莼为他的书室题名“百宋一廛”，顾广圻为他作《百宋一廛赋》，并称之“佞宋主人”,他欣然接受,亦常自署。他自称是“书魔”“痴绝”“惜书不惜钱”。他家遭大火后,财物尽毁,两天后有书商拿着一部宋刻《北山小集》来找,黄仍愿出一两黄金购买,买到后在跋文中写道:“亲朋见者,无不笑余痴,余曰:天灾忽来,身外之物俱尽,所不尽者,唯此书籍耳。则书籍之待储于余者,亦急也。余曷敢不竭尽心力以为收藏计?”他还说:“顾念余平生无他嗜好,于书独嗜好成癖,遇宋刻苟力不可勉致,无不致之以为快……钱物可得,书不可得,虽费当勿较耳。”

黄丕烈收藏图书的内容范围很广,可说是兼收并蓄,广求异本,但广而不杂,都是有目的的,诸如天文、术数、医学、堪舆、小说、词曲等,只要珍贵、重要,都在收藏之列。对同一著作,注意兼收不同版刻,有时一书三四种,多到五六种者。甚至残本他也注意搜罗,认为古书中残本最易被湮没,而其中寄托古人的可贵精神并不因书残而废,尤应珍惜。他自嘲抱残守缺,遂号“抱守老人”。黄丕烈汇集了明清诸多著名藏书家的书籍。其中包括毛晋汲古阁、钱谦益绛云楼、钱曾述古堂、季振宜静思堂、徐乾学传是楼、怡府乐善堂等藏书。当时的著名书商多善于鉴别版本,因而能投其所好,常上门送书。当时藏书家又能互通有无,每当得到好书,其乐无比,总要请好友一起欣赏,并请他们为之赋诗作画,以寓乐志盛。

欲求富贵　需要勤奋

【原文】

庭前生瑞草,好事不如无。欲求生富贵,须下死功夫。百年成之不足,一旦败之有余。人心似铁,官法如炉[①]。

【注释】

①官法:国家的法律。

【译文】

庭院生长出吉祥的草招致别人的注意,这样的好事不如没有的好。要想求得生前的富贵,必须拼命地付出努力。想做成功一件事,花费百年恐怕还不够,而在一瞬间毁掉它,却会有余力。若说人心像铁,那么国家的法律就像冶炼的熔炉不讲情面。

【解读】

好事不会从天而降,所谓的祥瑞吉兆只是人们的一种美好愿望,并不会带来实质性的好处。“庭前生瑞草”未必真的会带来好运,反而会因为看热闹的人太多而给自己的生活带来许多不必要的麻烦。想要得到成功和富贵需要靠自己的双手去努力和拼搏,同时还要具备持之以恒的毅力,善加利用,勤于维护,成功才能保持得持久。做什么事情都要考虑周全,不能因为自己的一时疏忽而功亏一篑,使一切的努力付之东流。没有人愿意看到这样的结果,只不过有的时候人们的思想容易懒惰,一时的怠慢往往会导致终身的遗憾。

当然,成功除了需要努力以外,还不能得来不义,不义之财莫取、不义之事莫为,否则最终将受到惩罚。所谓“人心似铁,官法如炉”,法律是不徇私情的,人若为了一己私利违法乱纪,为了谋取成功和富贵不择手段,那就必将受到法律的惩处。做人唯有通过自己的辛勤汗水和诚实努力,并且做到合情合法,获得的成功和富贵才是实实在在的,才能保持得长久。

【故事链接】

坎坷路上奋斗着的农家孩子

在浙江省宁波市庆元籍优秀创业人物群落中,有一个很不起眼的青年人。他为人低调、待人以诚;在不显山不露水中悄然潜行,成就自己的事业。

他叫吴应高,来自庆元东部最偏远的乡镇——江根乡。39 岁的吴应高,经过 10 年的打拼,如今是一家贸易公司和一个家电大卖场的“掌门人”。

只要勤奋就无难事

吴应高家里有 6 个兄弟姐妹,他排行老三,父母均是老实巴交的农民。1987 年,吴应高刚读初中的时候,父亲因病去世。自此以后,家里经济更是雪上加霜,吴应高也辍学回家务农。

由于大哥是个地道的农民,二哥、二嫂身患残疾,下面还有一个年龄最小残疾聋哑的弟弟,懂事早的吴应高深知要改变家里的命运,自己绝不能再待在一亩三分田上了。为此,吴应高向亲戚朋友借钱先后开办了一家塑料颗粒厂和冰菇厂。因吴应高年纪轻不善经营,冰菇厂连续亏损,欠下老家许多农户共二十多万元的货款。

面对周围亲人朋友的叹息和质疑,吴应高也痛苦万分,他立誓一定要在 10 年内将所有的欠债还清。1997 年,吴应高身揣 200 元钱,一路搭车到了宁波,投靠先期来甬打工的老乡。起初吴应高在一家香菇公司当送货员兼打包工,每月只领 500 元的工资。

在外最头疼的是住宿问题,吴应高不想给老乡添太多麻烦,一到晚上,他就在公司的仓库或车棚睡觉,吃的也是最廉价的饭菜。每月留足自己的生活费后,吴应高将剩下的工资全部都寄回家里。

后来,吴应高跳槽到调味品公司为超市送起了货物。为做好业务,吴应高天天骑着摩托车穿梭于宁波大大小小超市,每天要跑上二百多公里的路程。最远一次,吴应高骑着摩托车从宁波江东区到位于杭州湾的慈溪市庵东镇送货,并在当天晚上又骑着回来,一个来回骑了将近 300 公里。

天道酬勤。吴应高的勤奋和诚恳,赢得了许多超市的信赖,他为公司新开辟了一百多家超市业务,自己有了很大的送货网络。吴应高在宁波也稳定了下来。

一双鞋垫成就事业

“在宁波十几年,要是没有一双鞋垫,我就没有今天。”拿出一双“包不臭”鞋垫,吴应高对记者说。

在调味品公司期间,吴应高总共操作了上百万的送货生意,这也让他萌生了自己创业的想法。得知吴应高的想法后，同伴们都非常支持他："你出去干吧，我们帮助你。"然而，尽管吴应高有送货网络，但缺乏资金。这时，龙泉有家企业生产的鞋垫要打开宁波市场，老板得知他的为人，就找到他："你办个送货站，开办费由我们出。你有网络，我有货，会成功的。"

凭着价值 20 万元的鞋垫和 4000 元资金，吴应高办起江源商行送货站。然而，产品要打进超市谈何容易。几位送货员为了打进当地的一家知名超市，连续跑了 5 趟。还是无法谈进。最后，他亲自出马，向超市店主讲了民工创业的艰难，感动了对方。就是这样，他靠一双鞋垫打进宁波近 300 多家超市。

送货工作，只要有电话，就得随时外出。有一年冬天，他骑摩托车从宁波到余姚、慈溪往返，在雪地里竞跑了 260 公里路程，冻伤了手指和脸。但在他的带领下，送货站培养出了一批受欢迎的送货员，"江源送货"牌子也越叫越响，他们配送的货物也越来越多。

在大家的共同努力下，吴应高的事业慢慢有了起色。2006 年，他注册成立宁波市鄞州江之源贸易有限公司。

两年后，吴应高看准国家家电下乡政策的实施，在鄞州区姜山镇开起了第一家"江之源家电商场"。"我的家电商场最大优势就是能让农民最快速度拿到家电下乡补贴。"吴应高说，他来自农村，知道农民的苦，他以后要在农村开更多的家电商场，能更好地服务农民。

滴水之恩涌泉报

"滴水之恩，当涌泉相报。"多少年来，吴应高总是忘不了在他最艰难时，每个给予他帮助的人。2006 年，吴应高向朋友借来钱，回到老家，还清了当初欠农户的所有货款。吴应高说，当初，是乡亲们支持他开始创业的，他一直心存感激。

吴应高是这样说，也是这样做的。

老家的村民纷纷出山投靠他，而他总是来者不拒，热情接待远道而来的乡亲们。许多村民一到宁波，便"窝"在站里不走了。吴应高干脆腾出床来让村民睡，自己与妻子打地铺，并嘱托妻子：你每天要多做一点饭，让乡亲们别在家里饿着。妻子说，他是把送货站办成民工接待站了。

老乡吴建友就是这样来到送货站的。他告诉记者，吴哥真是全体村民的管家。没饭钱的，他给饭钱；没工作的，他帮助找工作。走到今天，吴应高虽没赚到多少钱。但为了同村兄弟，责任却是尽到了。

"人世间条条路坎坷，勇往莫退缩谋富贵。"这是一个朋友送给吴应高的十字绣上写的，正如他的奋斗之路，虽充满艰辛坎坷，但勇往直前，必能成功。

谨守中庸　莫太聪明

【原文】

善化不足，恶化有余。水至清则无鱼，人太察则无谋。知者减半，愚者全无。

在家由父，出嫁从夫。痴人畏妇[1]，贤女敬夫。

【注释】

①妇：妇人，这里指老婆。

【译文】

倘若善意对你的感化不够，那么恶意对你的改变就会变本加厉。水过分清澈就不会有鱼，人过分明察就没有人为你出主意。世上的聪明人若减少一半，那就找不到一个愚蠢的人了。女子在家要听从父命，出嫁之后要服从丈夫。愚笨的傻人会怕老婆，贤惠的女子懂得尊敬丈夫。

【解读】

儒家讲究中庸，中庸之道也是中国人历来遵循的一种做人准则，已经深深植根于中国人的思想之中，成为一种思维定式。凡事不可走极端、绝对化，不论是自然界还是人类社会都是如此。过犹不及，什么东西一旦太过分了，就会朝着它的相反方向发展。"善化不足，恶化有余"，身心如若不能被善良感化，那么邪恶就会乘虚而入，不接受善意那就只有走向邪路了。

当然，做人也不能太过要求完美，所谓"金无足赤，人无完人"，如果对人对己过于严苛，身边就会失去许多朋友，因为没有人是完美无缺的，一个不能容纳别人缺点的人会给别人的行为和心理带来压力，过于苛刻的人身边是没有朋友的。因此做人清净、明察虽然好，但还需要有容人之量才能使生活和谐美满。

至于"在家由父，出嫁从夫。痴人畏妇，贤女敬夫"，是典型的封建道德规范。它要求女子三从四德，反映的是封建社会男尊女卑的夫权思想，是一种对女性思想和行为的禁锢，是束缚妇女的精神枷锁，并不符合现代社会的发展观念，应该摒弃。无论男女都在社会和家庭生活中都扮演着不可替代的角色。他们所起的作用是同等重要的，厚此薄彼终会造成社会发展的失衡。

【故事链接】

河东狮吼

宋朝有一位文学家苏轼，又叫苏东坡。他擅长诗词，文章也写得很好，是朝中重臣，皇帝非常看重他。不过有一次，有人参奏他写诗讥刺朝政，皇帝很生气，就把他从朝中贬到黄州，也就是现在的湖北黄冈。

苏东坡在黄冈有个好友陈慥，号季常。他们两人的爱好差不多，都喜欢游山玩水，写诗作赋，喜欢研究佛教的道理，还喜欢在一起饮酒。他们饮酒的时候，都有一个习惯，就是喜欢请来一些歌女舞女，在一边歌舞助兴。可是陈慥的夫人柳氏很有个性，而且最爱吃醋，很不满意陈慥的行为，尤其不满意的就是陈慥喝酒时找美女来斟酒夹菜，跳舞唱歌。有时，舞女、歌女正唱着歌、跳着舞，柳氏就来了，把美女们全都赶走，还说："你们喝酒就好好喝酒，弄这些女孩子来，给你们斟酒夹菜，跳舞唱歌。有什么好的？

是酒会多出来，还是菜会多出来？”后来，陈慥跟苏东坡两人在喝酒的时候，就既不敢用伴舞，也不敢用伴唱了。

一天晚上，苏东坡又到陈慥家来。陈慥说：“今儿晚上，咱们两个好好地喝酒。”

“好啊。”苏东坡对酒向来不拒绝。

陈慥把苏东坡留下，吩咐下人做了一桌丰盛的菜，搬上好酒。两个人一边喝着酒。一边谈佛论道。佛教重点讲的是一个“空”字，两人讲来讲去，越讲越泄气。陈慥说：“我们两个讲来讲去，把情绪搞坏了。我知道有两个美女歌唱得非常好，今晚干脆请她们给咱们唱两首歌。咱们边听边喝，不是挺好吗？”

“嫂夫人要是听见，还不得急了啊？你就注意点吧。”

“她已经睡着了。况且，她也就是闹一阵子，过后就没事。不用管她。”陈慥立刻吩咐手下人把那两个歌女找来，还说：“不要唱激昂的，要抒情一点的，声音不要太大。”这下两个歌女明白了，他原来还是害怕夫人柳氏听见。

陈慥和苏东坡端着酒杯，听着两位歌女给他们唱歌，又觉得人世并不全都是空，也有美好的东西。比如现在喝着酒听着歌，这就挺好嘛。没料到夫人的丫鬟听见客厅里边有唱歌的声音，赶紧向夫人禀报，“今天老爷改了方子，白天不唱，改成晚上唱了。”夫人穿好衣服，从屋里出来一听，真是在那唱呢，顿时怒火中烧，“好啊。晚上你也不歇着，在这唱什么。”一边说，一边“啪、啪”地拍窗户。两人赶紧说：“打住打住，咱别唱了。”只好便这么散了。

第二天，苏东坡写了首诗，送给陈慥。这首诗是：“龙丘居士亦可怜，谈空说有夜不眠。忽闻河东狮子吼，拄杖落手心茫然。”意思是说，您这位居士真是挺可怜哪，又说空又说有，晚上不睡觉。说了半天，护法的狮子来了，这么一叫唤，吓得您连拄杖都掉了，心里空空荡荡的。这话语带双关，另外一层意思就是说您这位夫人嗓门太大，都要赶上狮虎之声了。说河东狮子，是因为柳氏老家是河东人。

“河东狮吼”这条成语，就是说好吃醋，在家里边管着男人的女人。苏东坡写诗的时候，还带一点褒义，因为狮子是佛教的护法神，现在则基本属于贬义了，有时候也拿来开玩笑这么说。

是非常有　谨慎处事

【原文】

是非终日有，不听自然无。宁可正而不足①，不可邪而有余②。宁可信其有，不可信其无。

【注释】

①正：做正直的人。不足：才能低或生活贫困。②有余：才能出众或生活富足。

【译文】

是非每天都会有，不听就都不存在了。宁肯做正直的人而生活贫困，不要作奸邪的人而去过富足的生活。有些事最好相信它存在,不要轻易相信它没有。

【解读】

生活中更需要正直和诚实的人。作为社会中的一员,人们应该谨守本分,不要去做一些让他人受损也令自己难堪的事情。宁可做一个坦坦荡荡的穷人,也不要做一个昧着良心的富翁。对于是非不要理会,更不要轻信,说人是非的人往往都有一颗搬弄是非的心,对于那些空穴来风的事还是让它随风而去的好。

为人正派,不走邪路,即使受穷也是暂时的,不要为了眼前的利益而改变你善良的本性,机遇不会弃正直的人于不顾。而为达目的不择手段的人也不可能总是一帆风顺,自己种下的恶果迟早都得自己承担,为富不仁总是要得到应有的惩罚。

对于道听途说的无稽之谈,不要轻易相信,没有调查就没有发言权。“宁可信其有,不可信其无”,只是教人们提高警惕,处世谨慎。但是对于是非还是不要“信其有”的好。是非天天都有,如果每一个都相信,那你的生活中就不会有安宁的时候。再说,无论是非是真是假都不要去理会,以免给别人造成伤害,也给自己带来麻烦。

【故事链接】

负荆请罪

“负荆请罪”出自《史记·廉颇蔺相如列传》。战国时期,廉颇是赵国有名的良将,他战功赫赫,被拜为上卿,蔺相如“完璧归赵”有功,被封为上大夫。不久,又在渑池秦王与赵王相会的时候,维护了赵王的尊严,因此也被提升为上卿,且位在廉颇之上。廉颇对此不服,扬言说:“我要是见了他,一定要羞辱他一番。”蔺相如知道后,就有意不与廉颇会面。别人以为蔺相如害怕廉颇,廉颇为此很得意。可是蔺相如却说:“我哪里会怕廉将军?不过,现在秦国倒是有点怕我们赵国,这主要是因为有廉将军和我两个人在。如果我跟他互相攻击,那只能对秦国有益。我之所以避开廉将军,是以国事为重,把私人的恩怨丢一边儿了!”这话传到了廉颇耳朵里,廉颇十分感动,便光着上身,背负荆杖,来到蔺相如家请罪。他羞愧地对蔺相如说:“我真是一个糊涂人,想不到你能这样地宽宏大量!”两个人终于结成誓同生死的朋友。

负荆请罪

这个故事也称之为“将相和”。后人利用这个故事,对主动向认错、道歉,自请严厉责罚的人,就称其为“负荆请罪”。

巧识投鼠屎的小人

三国时期,吴国的国君孙亮非常聪明,观察和分析事物都非常深入细致,为一般人所不及。

一次,孙亮想要吃生梅子,就吩咐黄门官去库房把浸着蜂蜜的蜜汁梅取来。这个黄门官心术不正又心胸狭窄,是个喜欢记仇的小人。他和掌管库房的库吏素有嫌隙,平时两人见面经常口角。他怀恨在心,一直伺机报复,这次,可让他逮到机会了。他从库吏那里取了蜜汁梅后,悄悄找了几颗老鼠屎放了进去,然后才拿去给孙亮。

不出他所料,孙亮没吃几口就发现蜂蜜里面有老鼠屎,果然勃然大怒:"是谁这么大胆,竟敢欺到我的头上,简直反了!"心怀鬼胎的黄门官忙跪下奏道:"库吏一向不忠于职责,常常游手好闲,四处闲逛,一定是他的渎职才使老鼠屎掉进了蜂蜜里,既败坏主公的雅兴又有损您的健康,实在是罪不容恕,请您治他的罪,好好儿教训教训他!"

孙亮马上将库吏召来审问鼠屎的情况,问他道:"刚才黄门官是不是从你那里取的蜜呢?"库吏早就吓得脸色惨白,他磕头如捣蒜,结结巴巴地回答说:"是……是的,但是我给他……的时候,里面……里面肯定没有鼠屎。"黄门官抢着说:"不对！库吏是在撒谎,鼠屎早就在蜜中了!"两人争执不下,都说自己说的是真话。

侍中官刁玄和张邠出主意说:"既然黄门官和库吏争不出个结果,分不清到底是谁的罪责,不如把他们俩都关押起来,一起治罪。"

孙亮略一沉思,微笑着说:"其实,要弄清楚鼠屎是谁放的这件事很简单,只要把老鼠屎剖开就可以了。"他叫人当着大家的面把鼠屎切开,大家仔细一看,只见鼠屎外面沾着一层蜂蜜,是湿润的,里面却是干燥的。孙亮笑着解释说:"如果鼠屎早就掉在蜜中,浸的时间长了,一定早湿透了。现在它却是内干外湿,很明显是黄门官刚放进去的,这样栽赃,实在是太不像话了!"

这时的黄门官早吓昏了头,跪在地上如实交代了陷害库吏、欺君罔上的罪行。

茅屋藏雅　篱院蕴贵

【原文】

竹篱茅舍风光好,僧院道房终不如。命里有时终须有,命里无时莫强求。道院迎仙客①,书堂隐相儒②。庭栽栖凤竹③,池养化龙鱼④。

【注释】

①道院:道士居住的院落。仙客:像仙人一样高雅脱俗的宾客。②相:做官的人。儒:读书人。③栖凤竹:竹的美称,相传凤凰以竹实为食物。④化龙鱼:鲤鱼的美称,相传鲤鱼越过龙门就变化为龙。

【译文】

简朴的竹篱茅草屋景色很好,寺院再好怎么能比得上它。命里该有的迟早会到。

命里没有的别去强求。寺院迎接的是仙游四方的客人，书斋里隐居的是未来的高官或学者。庭院里栽种凤凰休息的树，池塘里养育将化为龙的鱼。

【解读】

对于生活和环境的选择，每个人都有自己的主张。平凡的人选择简单朴素，看破红尘的人选择青灯古佛，风雅的人选择芸窗竹院。

"茅檐低小，溪上青青草，醉里吴音相媚好，白发谁家翁媪？大儿锄豆溪东。中儿正织鸡笼。最喜小儿无赖，溪头卧剥莲蓬。"辛弃疾的一首《清平乐》将农家纯朴自然的田园生活展现在人们面前，清新之气扑面而来。竹篱简陋、茅屋低小，但毕竟是自己的家，生活清苦平淡，却能与家人一起劳作，共享天伦之乐。这些是雕梁画栋、青砖碧瓦、庄严肃穆的寺院道观所无法比拟的。僧道们在晨钟暮鼓、黄卷青灯、千篇一律的枯燥生活中看不到未来。这样的日子即使高墙大院、衣食无忧，又有什么意义，哪里比得上安居乐业的寻常百姓家？至于文人雅士的庭院，栽花种竹、养鹤赏鱼，处处都要体现一个"雅"字。环境的幽雅清静，是为了营造出一种安静恬淡的读书氛围。也许只有在这样的环境中，才能陶冶人的身心、塑造文人气质。

因此，环境对人的身心是有不可低估的影响的，无论是农家小院还是清庭雅舍，抑或是佛门圣地，人们或许不能决定自己的命运，但至少还可以选择自己的生活方式。"命里有时终须有，命里无时莫强求"，是否真正有命运这种东西，人们不知道，也无须太在意，只要懂得如何选择自己的生活方式并且能够快乐地生活就好。

【故事链接】

同舟共济

雏鹰从窝里探出头来，见到众多的禽鸟在山岩间飞翔。

"妈妈，这些鸟是干什么的？"雏鹰问。

"是我的朋友，"雌鹰回答自己的孩子。"鹰是独居的猛禽，这是大自然赋予的天性。不过，鹰有时需要同别的鸟儿交往。否则，它怎么能算得上鸟中之王呢？你看下面飞翔的禽鸟都是我们忠实的朋友。"

雏鹰对妈妈的解释颇感满意，便继续饶有兴味地观看禽鸟的翱翔。往后它也把这些鸟儿当作自己忠实的朋友了。

突然，雏鹰又喊了起来："哎呀，它们偷吃我们的东西了！"

"别喊了，好孩子！它们没偷我们的东西。是我亲自请它们吃的。你要永远记住我嘱咐你的话，这没有错。鹰不论多么饥饿，也一定把捕获的食物，分给自己的邻居一部分。在这么高的地方生活，它们无法觅食，要帮助它们。"

每个希望有忠实朋友的人要心地善良，豁达大度，关心他人疾苦。赢得荣誉和尊敬不是凭借势力，而是靠豁达大度，随时准备和患难者同舟共济。

三顾茅庐

汉末,黄巾事起,天下大乱,曹操坐据朝廷,孙权拥兵东吴,汉宗室豫州牧刘备听徐庶(三国时豫州长社人,为著名谋士)和司马徽(三国时豫州阳翟人,也是著名谋士)说诸葛亮很有学识,又有才能,刘备很仰慕诸葛亮的才干,想请他帮助自己统一国家。就和关羽、张飞带着礼物到隆中(现今湖北襄阳区)卧龙岗去请诸葛亮出来帮助他替国家做事。恰巧诸葛亮这天出去了,他们只好失望而归。不久,刘备听说诸葛亮回来了,叫人立即备马,和关羽、张飞冒着大风雪第二次去请。到了草屋,书童说诸葛亮出外闲游去了。张飞本不愿意再来,见诸葛亮不在家,就催着要回去。刘备只得留下一封信,表达自己对诸葛亮的敬佩和请他出来帮助自己挽救国家的意思。

时间过得很快,刘备打算三访孔明。关羽说诸葛亮也许是徒有虚名,未必有真才实学,不用去了。张飞却主张由他一个人去叫,如他不来,就用绳子把他捆来。刘备把张飞责备了一顿,又和他俩第三次拜访诸葛亮。到时,诸葛亮正在睡觉。刘备不敢惊动他,恭敬地在台阶下等候,一直站到诸葛亮自己醒来,才彼此坐下谈话。谈论起国家大事,诸葛亮见刘备三顾茅庐,诚心诚意请他帮助,便答应与刘备共图大业。

“三国演义”把刘备三次亲自请诸葛亮的这件事情,叫作“三顾茅庐”。

友不贵多　需强于己

【原文】

结交须胜己,似我不如无[①]。但看三五日,相见不如初[②]。人情似水分高下,世事如云任卷舒。会说说都市,不会说说屋里。

【注释】

①句出《论语·学而》:“子曰:子曰:‘君子不重则不威,学则不固。主忠信,无友不如己者,过则勿惮改。’”②但:只要。初:刚相识时。

【译文】

交朋友最好交在各方面都胜过自己的人,与自己差不多的朋友还不如没有。往往同友人交往三五天后,见面的印象就没有刚见到时那么好了。人的情意像水一样有高有下,不必去计较,世上的事像云一样,任凭它变化多端。会说话的人讲的事情都是大都市的事情,不会说话的人讲的都是屋里屋外的琐事。

【解读】

本段谈的是交友和识人,如何选择朋友、分辨人的高下是人们涉世和提升自我所必须掌握的一门学问。

交朋友要有选择性,不能泛滥。“狐朋狗友”与“良师益友”当然有着天壤之别,对自己人生的影响更加不可同日而语。即使是跟自己水平相当的人,也不需多交,因为那对你自身的提高不会有什么帮助,人以群分的结果是每个成员都原地踏步,不会有任何进步而言,因为每个人都差不多,从别人身上你很难发现自己的短处。人只有在仰望时才能发现自己的渺小。因此,多结交那些能让你仰望的人才能使你不断发现自己的不足,并且迎头赶上。当然,这也不是绝对的,如果人人都只结交胜过自己的人,那么所有的人都不会有朋友了。再说“三人行,必有我师焉。择其善者而从之,其不善者而改之”,每个人身上都有自己的闪光点,懂得欣赏别人长处也是一种善于交友的表现。同时,善于交友还是不够的,“但看三五日,相见不如初”,友情是一种美酒,只有懂得储藏的人才能获得陈年佳酿。

人情如流水,总有高低险滩;世事如浮云,总会风吹云散。人世的纷纭变化虽然令人眼花缭乱,但也并非全无规律可循。一个人是肤浅还是深刻,可以从言谈中看出端倪。思想深刻、知识渊博的人往往视野开阔,他们的话题和关注点常常是国家天下、国计民生,同时见解独到。而思想贫乏肤浅的人则往往把话题带入柴米油盐、家长里短。当然,这跟个人的知识水平、社会阅历、人际交往以及思维能力、语言表达技巧等各方面的因素都有关系。因此,如果不想被人当作一个肤浅的人。就要学会说话,学会表达自己的思想,这就需要加强多方面的修养和锻炼,不断给自己充电,只有肚子里面是满的才能倒得出东西来。

【诗歌征引】

和张王臣登清斯亭韵三首·其一

宋·廖行之

一年好景负黄花,洗眼江梅傲岁华。
把酒欲从天问月,知时谁解营飞葭。
人情似水多泾渭,世味如禅说蜜樝。
只可高吟酬节物,莺声早晚又天涯。

【故事链接】

刘邦交友

刘邦,30岁时当了沛县泗水亭一个小小的亭长,这是秦朝最基层的小吏。家境贫寒却好美食,特别爱吃狗肉。除在家中做着吃外,还常到街上和卖狗肉者家去吃。他家乡沛县有好几家卖狗肉的,他都去吃过,他特别喜欢到樊哙家去吃。无资付狗肉钱,就赊欠。樊哙几乎天天向他要狗肉账。

赊欠久了,就成了白吃。为躲避这个无赖食客,樊哙曾把狗肉铺子从护堤河的这边搬至护堤河的另一边。不到两天,刘邦度过河,找来吃,由于常吃常欠,刘邦欠了樊哙一大笔狗肉钱。樊哙的狗肉铺子,因亭长带头吃,生意更兴隆了。后来,他们倒成了一对好朋友。

大泽乡起义

秦二世元年(前209)七月,陈胜、吴广率领900名戍卒在宿县的大泽乡举起了反秦的义旗,各地受秦暴政压迫的群众纷纷起而响应。这时沛县的主吏萧何、沛县狱椽曹参策动当时的沛县令,派人去找刘邦,派谁去呢?卖狗肉的樊哙和逃亡在外的刘邦暗中有联系,所以就派樊哙去找刘邦,这时候刘邦在芒砀山一带已经聚集了几百人的起义队伍了。当樊哙领着刘邦的队伍返回沛县的时候,沛县令把权让给了刘邦。刘邦起兵,樊哙跟随。

刘邦在秦二世二年(前208)闰九月,向秦地进军,直捣关中。进入咸阳秦的宫室以后,被富丽堂皇的宫殿,五光十色的财宝,美丽多姿的宫女所吸引,就想住在宫室里,享受这帝王生活。樊哙看出刘邦眷恋帝王生活,就问他:“你是想取得天下,还是想当一个富翁?”刘邦回答说:“我当然想取得天下。”樊哙接着说:“依我看秦王迷恋豪华的宫室,沉湎糜烂的生活,醉心于妖丽的宫女,导致了王朝的灭亡。你想取得天下,就不要留恋这些东西。”刘邦听不进樊哙的劝告,樊哙就把刘邦信任的张良找来,要张良再劝说刘邦。张良说:“樊哙的话是对的,我们现在刚推翻暴秦的统治,你就追求享受,不是‘助桀为虐’吗?”刘邦终于接受了他们的劝谏,把秦宫室府库中的财宝都封存起来,只是萧何带走了“秦丞相御史律令图书”,一齐还军霸上(在今陕西西安市东)。

还军霸上这一决定救了刘邦的命,使其在项羽的鸿门宴中得以逃脱。所以,樊哙是刘邦真正的朋友。

财多伤人　知止不殆

【原文】

磨刀恨不利,刀利伤人指。求财恨不多,财多害人子。知足常足,终身不辱;知止常止,终身不耻①。

【注释】

①语出《老子》第四十四章:“知足不辱,知止不殆。”

【译文】

磨刀时唯恐不锋利,而刀太锋利却容易伤人手指。追求钱财时唯恐不多,可是钱财多了反会害了自己。懂得满足现状就会感到满足,懂得适可而止就不会招来耻辱。

【解读】

生活中很多事情都是矛盾的,就像《红楼梦》中的风月宝鉴,一面可以治病但却吓人，另一面令人销魂却会亡身。钱财就是这种东西，人们无止境地追求它，生怕少了。因为，没钱的日子是痛苦的，谁都不愿意过那种朝不保夕的生活。但是。钱多了也未必是好事，人心总是贪婪的，所谓“人心不足蛇吞象”，贪得无厌的下场往往是消化不良。而且，钱多了麻烦也就会跟着多起来，树大招风，钱多了很容易成为一些别有用心者的目标，同时自己的纵情挥霍对身体的健康也是没有好处的。所以，做人不要那么贪婪，钱够用就好，再说钱财也不是人生的唯一目的，人应该有更高的精神追求。当然如果你已经很有钱了，可以拿出一些来回报社会，这会使你的生活更有意义。

对于钱财的追求应该知足常足、当止则止，对于其他事情也是一样。对于财富和荣誉要懂得适可而止，知道满足，就不会受辱，知道见好就收，就不会有危险。月满则亏，花开则谢，事情做过了头就会走向它的反面。欲壑难填，利欲熏心，为所欲为，必遭大祸。人们对名利、金钱、地位等各种欲望的追求都要有个限度，否则弓拉得太满，迟早会断掉，到时候人财两空就得不偿失了。

【诗歌征引】

寒山诗

唐·寒山

贪人好聚财，恰如枭爱子。
子大而食母，财多还害己。
散之即福生，聚之即祸起。
无财亦无祸，鼓翼青云里。

不知足歌

清·无名氏

终日忙忙只为饥，才得饱来便思衣。
衣食两般皆具足，房中又少美貌妻。
娶下娇妻并美妾，出入无轿少马骑。
骡马成群轿已备，田地不广用不支。
置得良田千万顷，又无官职被人欺。
七品五品犹嫌小，三品四品仍嫌低。
一品当朝为宰相，又慕称王做帝时。
心满意足为天子，更望万世无死期。
总总妄想无止息，一棺长盖抱恨归。

【故事链接】

要钱不要命

永州这个地方河多江多，所以永州人大都善于游泳。五六岁的小孩便能在河里嬉水抓鱼，大人们的水性更是了得。

有一天，几个永州人同乘一条小船过江去。一路上，大家谈笑风生地聊着天。其中的一个人说自己出门去做生意几年了，现在回来看看家人。他带了一个包袱在身边，时刻不离左右。

船到江心，麻烦的事情发生了。因为前些时一连下了好几天的暴雨，使得江水猛涨，现在忽然起了风，江面上掀起了巨浪。一个浪头打过来，小船承受不了，船尾破了一个大洞，江水猛地灌了进来，小船很快就沉了。船上的人见势不妙，纷纷跳下水，游泳逃命，奋力地向前划去。那个先前一直带着包袱的人喘着气，两手上上下下地拼命划水，可是尽管他卖力地划水，还是游得特别慢。他的同伴觉得很奇怪，就问他说："咦，你一向非常擅长游水，怎么这一次用尽全力，却还是落在后头呢？"

那人气喘吁吁地回答说："我跳下水之前把包袱里的一千枚大钱取出来缠在腰里，特别沉重，所以游起来分外吃力。"

又过了一会儿，这个人越来越划不动了，眼看有沉底的危险了。他的同伴为他着急，提醒他说："你把钱解下来扔掉吧！"那人累得话也说不出来，只是拼命地摇了摇头。

工夫不大，那人实在游不动了，就快要沉下去了，而其他的人都已经游到了对岸，看着他干着急，又蹦又跳地对他大声喊道："你怎么这么糊涂哇，眼看命都快保不住了，要钱还有什么用呢？现在丢掉钱还来得及，快扔掉钱，快扔掉钱呀！"那人还是一个劲地拼命摇头，怎么也不肯把他的钱丢掉。最后，他终于精疲力竭了，和他的钱一起沉到了江底。

钱是身外之物，怎么会比命还重要呢？再说，命都丢了，拿什么去享受钱呢？把金钱看得高于一切，实在是要不得啊！

细处做事　适可而止

【原文】

有福伤财，无福伤己。差之毫厘，失之千里。若登高必自卑，若涉远必自迩①。三思而行，再思可矣②。

【注释】

①语出《尚书·太甲》："若升高，必自下，若陟遐，必自迩。"卑，低。迩，近。②语出《论语·公冶长》："季文子三思而后行，子闻之曰：'再，斯可矣。'"

【译文】

遇到为难时有福的人只损失钱财，没有福的人就会伤害到自己。事情出了一毫一厘的差错，离正确的目标会远之千里。如果要登到高处，必定是从低处开始，如果要走向远处，必定是先从近处起步。人们常说思考三次而后行事，其实思考两次就足够了。

【解读】

此篇告诉人们做事情首先要深思熟虑，接着做出周密的计划，然后脚踏实地、一步一个脚印地去朝着目标前进。

“三思而行，再思可矣”取自《论语》，作为一句儒家经典，是要告诫人们做事情之前先要考虑事情的可行性，以及会造成什么样的后果和影响。不论是思考两次抑或三次，总之是希望人们能够在做出决定之前慎重思考，以免因一时冲动或考虑不周而做出令自己后悔的事情。将一切可能的因素都考虑进去，做出严密周详的计划，才能保证事情的顺利进行。“差之毫厘，失之千里”。周密的部署是成功的前提和保证，正确的指导思想是必不可少的，真理和谬误之间只有一步之遥，一时的大意可能让你功败垂成、追悔莫及。

而在事情的进展当中更需要扎实的努力，“不积跬步无以至千里”，成功是需要从头做起的，只有按部就班、锲而不舍，才能磨炼出精深的修养，成就伟大的事业。如果好高骛远，妄想一蹴而就，只能收一时之效，绝不能成大功，立大业，正是“欲速则不达”。所以，做^做事必须踏实做好基础的工作，所谓“千里之行，始于足下”，这与“若登高必自卑，若涉远必自迩”的道理相同，只有一步一个脚印，才能建立宏大的功业。

【故事链接】

王子选妻

从前在夏威夷有一对双胞胎王子，有一天国王想为儿子娶媳妇了，便问大王子喜欢什么样的女性。王子回答：“我喜欢瘦的女孩子。”而知道了这个消息的年轻女性想：“如果顺利的话，或许能攀上枝头做凤凰。”于是大家争先恐后地开始减肥。

不知不觉，岛上几乎没有胖的女性了。不仅如此，因为女孩子一碰面就竞相比较谁更苗条，甚至出现了饿死的情况。

但后来事情的变化急转直下，大王子因为生病一下子就过世了，因此仓促决定由弟弟来承王位。于是国王想为小王子娶媳妇，便问他同样的问题。“比起这样的女孩子，我比较喜欢丰满的女性。”小王子说。

而知道消息的岛上年轻女性，又开始大吃大喝以求增肥，不知不觉间，岛上几乎没有瘦的女性了。岛上的食物被吃得乱七八糟，为预防饥荒而储存的粮食也几乎被吃光了。而最后王子所选的新娘，却是一位不胖不瘦的女性。王子的理由是：“如果是不瘦不胖的女性，不必担心她会饿死，永远都能保持健康。”

欲速则不达

有一位老果农已是癌症末期，知道自己不久于人世。一日，他说要验收两个儿子在他养病期间栽种水蜜桃的成品,借此决定遗产分配的比例。

大儿子秉性忠良温厚。做事光明磊落,脚踏实地,精挑细选了不大不小却色泽漂亮,坚实饱满,整整一箩筐的水蜜桃。小儿子向来好动,有些好高骛远,尽挑硕大。甚至略呈烂熟的水蜜桃,装盛得像一座小山。

两兄弟开心地要把水蜜桃运下山,弟弟超载的水蜜桃不堪山路颠簸,倾覆而全毁;反观哥哥则是一路安稳,完好地呈献给父亲,因此获信任,分得六成的田地。

故事乍看似有些老掉牙,然而却有很深的道理和智慧在里面,用在任何一个人身上,都是受益无穷的法则。所谓“贪小失大”,对任何人来说,都要时时惕厉。有些人,常常急于求表现为争取高业绩,赚得高薪,不择手段遂“欲速则不达”,很可能“偷鸡不着蚀把米”,无形中造成很大损失。

有句名言说:“人的一生就像背负着沉重的行李走路,急躁不得。”希望人们谨记在心。

亲力亲为　莫怨他人

【原文】

使口不如自走,求人不如求己。小时是兄弟,长大各乡里。嫉财莫嫉食,怨生莫怨死。

【译文】

用嘴去支使别人不如自己去做,求别人办事不如自己去努力。小时候是亲密的兄弟,长大后各住他乡,互不往来。可以怨恨钱财不要厌恨食物,可以抱怨生者不要抱怨死者。

【解读】

“使口不如自走,求人不如求己”具有两方面的含义,一种是要告诉人们什么事情都不要依赖别人,自己的事情自己做,无论是在生活中还是在学习上都要发挥自身的主观能动性,不要什么事情都指望他人帮你解决,何况许多事情只有通过自己的实践才能真正掌握;另一方面求人做事莫如亲力亲为。求人并不是一件让人感觉舒服的事情,它可能会为你提供一些方便,让你更快地达到目的。但是同样也是一种交换,求人的同时也需要你付出一定的代价,不管是金钱的还是感情的,这些总归是让人有一些心理压力的。因此,在能力所及的情况下还是事必躬亲的好,既能锻炼自己的能力又能减轻自己的心理负担,何乐而不为呢?

另外,做事情不要埋怨别人,生活中总有一些事情不能如己所愿。在结果与初衷相背离的时候,不要怨天尤人,也无须悲观失望。人生不如意的事十之八九,“小时是兄弟,长大各乡里”,童年时形影不离的朋友如今各奔东西、形同陌路是常有之事,事与愿违也很正常,失落总是会有的,但是却没有必要失望,更不能因此而产生怨恨之心。“怨生莫怨死”应该改为“莫怨生莫怨死”,对于生者莫怀怨恨,对于死者更应如此,怨恨非但不能解决问题,还会使问题变得更加复杂,更何况逝者已没怨恨,再行抱怨不仅毫无意义,而且会显示出自己的狭隘和自私。做人应该豁达一些。生活才会舒心一些。

【故事链接】

包拯巧断割牛舌案

范仲淹的新政失败以后,北宋的朝政越来越腐败,特别是在京城开封府,权贵大臣贪污受贿的风气十分严重;一些皇亲国戚更是肆无忌惮,不把国法放在眼里。后来,开封府来了个新任知府包拯,这种情况才有了点改变。

包拯是庐州合肥人,早年做过天长县(今安徽天长市)的县令。有一次,县里发生一个案件,有个农民夜里把耕牛拴在牛棚里,早上起来,发现牛躺倒在地上,嘴里淌着血,掰开牛嘴一看,原来牛的舌头被人割掉了。这个农民又气又心痛,就赶到县衙门告状,要求包拯为他查究割牛舌的人。这个无头案该往哪里去查呢?包拯想了一下,就跟告状的农民说:“你先别声张,回去把你家的牛宰了再说。”农民本来舍不得宰耕牛,按当时的法律,耕牛是不能私自屠宰的。但是一来,割掉了舌头的牛也活不了多少天;二来,县官叫他宰牛,也不用怕犯法。

那农民回家后,果真把耕牛杀掉了。第二天,天长县衙门里就有人来告发那农民私宰耕牛。包拯问明情况,立刻沉下脸,吆喝一声说:“好大胆的家伙,你把人家的牛割了舌头。反倒来告人私宰耕牛?”那个家伙一听就呆了,伏在地上直磕头,老老实实供认是他干的。原来,割牛舌的人跟那个农民有冤仇,所以先割了牛舌,又去告发牛主人宰牛。

打那以后,包拯审案的名声就传开了。包拯做了几任地方官,每到一个地方,都取消了一些苛捐杂税,清理了一些冤案。后来,他被调到京城做谏官,也提出不少好的建议。宋仁宗正想整顿一下开封的秩序,才把包拯调任开封府知府。开封府是皇亲国戚、豪门权贵集中的地方。以前,不管哪个当这差使,免不了跟权贵通关节。接受贿赂。包拯上任以后,决心把这种腐败的风气整顿一下。

按照宋朝的规矩,谁要到衙门告状,先得托人写状子,还得通过衙门小吏传递给知府。一些讼师恶棍,就趁机敲诈勒索。包拯破了这条规矩,老百姓要诉冤告状,可以到府衙门前击鼓。鼓声一响,府衙门就大开正门,让百姓直接上堂控告。这样一来,衙门的小吏要想做手脚也不敢了。

有一年,开封发大水,惠民河河道阻塞,水排泄不出去。包拯一调查,河道阻塞的原因是有些宦官、权贵侵占了河道,在河道上修筑花园、亭台。包拯立刻下命令,要这些园主把河道上的建筑全部拆掉。有个权贵不肯拆除。开封府派人去催促,那人还强词夺理,拿出一张地契,硬说那块地是他的产业。包拯详细一检查,发现地契是那个权贵自己伪造的。包拯十分生气,勒令那人拆掉花园,还写了一份奏章向宋仁宗揭发。那人一看事情闹大,要是仁宗真的追究起来,也没有他的好处,只好乖乖地把花园拆了。一些权贵听到包拯执法严明,都吓得不敢为非作歹。有个权贵想通关节。打算送点什么礼物给包拯,旁人提醒他,别白操心了,包拯的廉洁奉公是出了名的。他原来在端州(今广东肇庆)做过官。端州出产的砚台,是当地的特产。皇宫规定,端州官员每年要进贡一批端砚到内廷去。在端州做官的人往往借进贡的机会,向百姓大肆搜刮,私下贪污一批,去讨好那些权贵大臣。搜刮去的端砚比进贡的要多出几十倍。后来,包拯到了端州,向民间征收端砚,除了进贡朝廷的以外,连一块都不增加。直到他离开端州,从没有私自要过一块端砚。那权贵听了,知道没有空子好钻,也只好罢休。后来开封府的男女老少,没有人不知道包拯是个大清官。民间流传着两句歌谣:"关节不到,有阎罗、包老。"

包拯

包拯对亲戚朋友也十分严格。有的亲戚想利用他做靠山,他一点也不照顾。日子一久。亲戚朋友知道他的脾气,也不敢再为私人的事情去找他了。

宋仁宗很器重包拯,提升他为枢密副使。他做了大官,家里的生活照样十分朴素,跟普通百姓一样。过了五年,他得重病死了,留下了一份遗嘱说:后代子孙做了官,如果犯了贪污罪,不许回老家;死了以后,也不许葬在咱包家的坟地上。

由于包拯一生做官清廉,不但生前得到人们的赞扬,在他死后,人们也把他当作清官的典型,尊称他"包公",或者叫他"尤图阁学士"的官衔。民间流传着许多包公铁面无私、打击权贵的故事,还编成包公办案的戏曲和小说。虽然其中大都是虚构的传说,但是也反映了人们对清官的敬慕心情。

选择

几个学生向苏格拉底请教人生的真谛。

苏格拉底把他们带到果林边,这时正是果实成熟的季节,树枝上沉甸甸地挂满了果子。"你们各顺着一行果树,从林子这头走到那头,每人摘一枚自己认为是最大最好的果子。不许走回头路,不许作第二次选择。"苏格拉底吩咐说。

学生们出发了。在穿过果林的整个过程中,他们都十分认真地进行着选择。

等他们到达果林的另一端时,老师已在那里等候着他们。

"你们是否都选择到自己满意的果子了?"苏格拉底问。

学生们你看着我,我看着你,都不肯回答。

"怎么啦?孩子们,你们对自己的选择满意吗?"苏格拉底再次问。

"老师,让我再选择一次吧!"一个学生请求说,"我走进果林时,就发现了一个很大很好的果子,但是,我还想找一个更大更好的,当我走到林子的尽头后,才发现第一次看见的那枚果子就是最大最好的。"

另一个学生紧接着说:"我和师兄恰巧相反,我走进果林不久就摘下了一枚我认为是最大最好的果子,可是以后我发现,果林里比我摘下的这枚更大更好的果子多的是。老师,请让我也再选择一次吧!"

"老师,让我们都再选择一次吧!"其他学生一起请求。

苏格拉底坚定地摇了摇头:"孩子们,没有第二次选择,人生就是如此。"

难得长寿　头白见喜

【原文】

人见白头嗔[1],我见白头喜。多少少年亡,不到白头死。

【注释】

①嗔:怒,生气。

【译文】

别人发觉自己生了白头发就生气,我见到自己生了白头发却很高兴。世界上有许多人年纪轻轻就死了,他们没有等到头发白就离开了人世。

【解读】

人生苦短,上天赐予人类的时间不过短短几十个春秋,岁月常常在人们还未做好准备时,便毫无预警地爬上大家的头顶,肆意的招摇着年华的老去。从两鬓斑白到满头银丝,人们的心态也跟随着身体的变化逐渐衰老、低落,生命走到尽头的恐惧时刻啃食着人们的脑神经,生活也因此变得黯淡。其实,大可不必如此,人只要保持乐观的情绪,生活中依然阳光灿烂。作为一种自然现象,身体的衰老虽然无法抗拒,但人们的心态却可以不受自然规律的左右。想想那些未及白头便英年早逝的人,能够白头而亡是应该感到庆幸的。满头华发正说明了老天对自己的眷顾,并不是每个人都能拥有寿终正寝的幸运。就像不同的季节有不同的韵味,人生只有每一阶段都经历过才算得上完整。

更何况,最美不过夕阳红,人通常在有了一定年纪之后,智慧和见解才会日臻成熟,做人做事各方面也才更显稳重老练,不像年少时似懂非懂、易逞一时血气之勇。"老骥伏枥,志在千里",只要拥有不老的灵魂,同样可以收获属于自己的辉煌。

【故事链接】

孔子游泰山

孔子到泰山游览,途经郕(今山东汶上县北)这个地方,有个叫荣启期的人,其貌不扬，衣衫不整，只见他身披鹿裘，以带系之，不修边幅，在田野中鼓琴放歌。孔子见后，不禁心中暗问："此人衣尚不能蔽其体，如此穷困潦倒，能有什么幸事值得这样高兴呢？"

于是，孔子上前问道："先生有什么喜事，值得一人如此高兴呢？"荣启期头也不抬，手不离琴，不假思索地回道："令我高兴的事很多，且听我一一道来：天生万物，走兽飞禽何足道哉，只有人是最尊贵的，我的为人，此其一乐；人世之间，男女有别，男尊女卑，也就是说男人比女人尊贵，我有幸成为一名七尺男儿，这岂不又是一乐？人的寿命有长有短，有的人生下来就死了，更有甚者，在母亲的腹中尚未足月即死于胎中，我活到现在已经九十岁，可以算是长寿的啦，难道不值得高兴吗？此其三乐。贫寒，是士人最平常的事；死亡，是人的寿限之终。一个人能在贫寒之中寿终正寝，还有什么值得忧虑的呢？"

孔子听后，欣然首肯，"先生讲得太好了，你是一个善于自己宽慰自己的人，真是知足常乐也。"

隔墙有耳　诸恶莫为

【原文】

墙有缝，壁有耳。好事不出门，恶事传千里①。

【注释】

①语出《管子·君臣下》："古者有二言：'墙有耳，伏寇在侧。'墙有耳者，微谋外泄之谓也。"

【译文】

墙壁会有缝隙，墙壁后面也会有耳朵在偷听。好的事情不容易传出家门，坏事却容易传出千里。

【解读】

不要以为自己把事情做得很隐秘就会神不知鬼不觉，世上没有不透风的墙，纸里终究包不住火，任何坏事总会有暴露的一天。暗室私语，天若闻雷，欺瞒得过世人，却无法欺骗自己的内心，隔墙无耳心有耳，也许将事情败露出去的正是你自己的良心。

至于为什么"好事不出门，恶事传千里"，那可能是出于人们的两种心理。一种是因为世上好人多，做好事实属正常，没有传扬的价值，而坏事则是人们的善良无法容忍的，希望通过传扬得到共鸣，使自己的内心获得慰藉；还有一种心理是因为自私空虚之人喜欢扬恶隐善，他们以此来贬低别人抬高自己，以求在心理上获得满足。但是不论人们是出于哪一种心态，做坏事总是没有好下场的，也不可能瞒过众人的双眼，做人还是谨慎安分一些的好。

【故事链接】

一个富人的故事

很久以前,有个很穷的年轻人,从小就失去了父母,有一天,他到寺院里拜佛,他虔诚地跪在地上,向菩萨祈求:“菩萨啊,请您告诉我吧!我要怎么做,才能成为富翁?”

良久,他终于听到一个声音说:“如果你要成为富翁,就必须懂得感恩生命,重视发生在你身边的每一件小事,珍惜与你有缘的任何事物,这样,你就可以成为富翁了。”

年轻人一听,兴奋地跳起来:“这还不简单?我一定会努力的!”

他一阵风地跑出寺庙,一不小心给石头绊倒在地上。他正要爬起来,却发现地上有一块巧克力糖,还有一棵稻草,他想起了菩萨的忠告,就把巧克力糖和稻草一同捡起来,再往前走。

走了一阵,他看到路边有位年轻的母亲在哄着一个正在大哭的小孩,可她无论怎么哄。孩子也不肯停下来。青年人想起了菩萨的忠告,就把巧克力糖和稻草一同送给小孩。并哄着他说:“小弟弟,快别哭了,你看这稻草多好玩啊!”

也许是小孩看到那棵稻草很有趣,哭声小下来了,拿起稻草“玩耍”起来,并把巧克力糖送到嘴里。年轻的母亲看到孩子不哭了,心里很感恩那青年,拿出三个包子送给青年,年轻人舍不得马上吃,又继续往前走。

过了一阵,年轻人看到路边有一个男人和一匹马倒在地上,眼看要奄奄一息了,他使劲地摇了摇那男人,那人睁开眼睛,原来人和马都饿倒了,年轻人想到了菩萨的忠告,就把三个包子送给了男人吃,他还找来一点水给男人喝下去。男人恢复了体力以后,就对他说:“小兄弟,这匹马也饿得快不行了,我也没办法照顾它了,我就把他送给你吧。”那人说完就走了。

年轻人耐心地喂水给马喝,等马醒过来以后,还找来一些草慢慢地喂它吃,使马恢复了体能,可以站起来走路了。青年人又牵着马往前走,当他们走到一个大宅院的门前,突然走出一个穿得漂亮的富翁来,对那年轻人说:“小兄弟,快,请把马借给我用,我马上要外出办一件很急的大事,那可是千百万元的生意啊!”没等年轻人回应,他又说:“如果我这一走不回来了,这大宅院,还有里面的财富,通通都送给你吧。”说完,就一去不回头。

后来,那年轻人成了这大宅院的主人。

故事启示人们:一个人想要成功,不是单靠梦想和理想,重要的是要落实在行动上,要懂得付出,懂得关怀你身边的人和事。握住自己命运的钥匙,不要总期待别人能给你什么。

君子爱财 取之以道

【原文】

贼是小人，智过君子。君子固穷，小人穷斯滥矣①。贫穷自在，富贵多忧。不以我为德，反以我为仇。宁可直中取，不向曲中求②。

【注释】

①语出《论语·卫灵公》："君子固穷，小人穷斯滥矣。"斯：则。②直：正当手段。曲：歪门邪道。

【译文】

做贼的人是卑贱的小人，但他们的智能却可能超过君子。有高尚情操的君子能安守贫困，卑贱的小人在贫穷时就会胡作非为。贫穷的人知足常乐，自由自在，富贵的人却有无穷的忧虑。做了好事不对我心存感激，却把我看作仇人。情愿按正当的方式取得少点儿，决不以卑贱的方式求得多点儿。

【解读】

这是一个关于君子与小人、贫穷与富贵的论题。君子能安贫乐道，小人则人穷志短。同样是面对贫困，却能看出一个人的道德是否真正高尚。小人与君子的区分并不取决于他们智商的高低，小人的才智未见得不如君子，只是没有高尚的道德作为保证，一旦将这些智慧用在邪路上，便会给人们带来很大的伤害。贫穷并不可怕，可怕的是不甘贫穷，并且为了摆脱它而做出种种有违伦常、道德败坏的事情。追求富贵本来是一种光明正大的行为，但是如果利用的是旁门左道，那么得来的富贵也就变了质。对此，有道德、有气节的君子是不屑接受的。

至于贫穷与富贵，要看人们用什么立场来界定，这完全是观念问题，例如安贫乐道的颜渊"一箪食，一瓢饮，在陋巷，人不堪其忧，回也不改其乐"，或许在外人看来他是穷困的，但他自己却感到充实而富裕，原因正是其心不为贫穷所累，精神充实，内心才能常保安乐。所谓"贫穷自在，富贵多忧"，贫穷有贫穷的好处，富贵也有富贵的烦恼，财富本来是人们用于生存和生活的工具，拥有的太多反而会为其所累。生活得快乐充实而有意义是比任何财富都珍贵的。

【故事链接】

捞金鱼的生意人

有一个做捞金鱼的生意人，在村口摆了个摊子，立了块牌子——优胜者将获得一枚金币。村民见了就问生意人："怎样才算优胜者？是按捞鱼的数量，还是按鱼的个头大小评判？"生意人得意地说："这个嘛，你们自己判断！"善良的村民参加了游戏，但是发现无论捞多少、捞多大，生意人总有借口判定你为出局者。慢慢地，村民开始反感生意人了，也不再光顾他的铺子了。眼看着生意一天天淡下去，生意人着急了，于是他公布了优胜者评判标准——能在3分钟内捞到10条金鱼者，就能获得优胜！消息一出，善良的村民立刻积极投入捞鱼比赛中了。但是村民的技巧在不断进步中，获得优胜的人越来越多。无奈之下，生意人只好提高标准。同时也提高了奖金——能在2分钟之内捞到10条鱼的，将获得优胜并得到2枚金币！于是村民投入更多的热情来参与捞鱼比赛，生意人不亏，反而赚到更多的钱了。

随着比赛标准的不断提高，最终在这群村民中诞生了"捞金鱼冠军"！当初那个门庭冷落的捞鱼摊也因此一夜成名，变成全国著名的冠军诞生地，每年都吸引了全国各地的优秀捞鱼者前去参观。

而捞鱼摊的生意人现在已经成为万贯富翁。直到现在，每当他回想起当年的行为时，仍心有余悸。现在这位功成名就的生意人正着手把自己的故事编写成警世寓言，流传给自己的子孙后代。

当机立断　莫要迟疑

【原文】

人无远虑，必有近忧①。知我者谓我心忧，不知我者谓我何求②？晴天不肯去，直待雨淋头。成事莫说，覆水难收。

【注释】

①语出《论语·卫灵公》："人无远虑，必有近忧。"②语出《诗经·王风·黍离》："知我者谓我心忧，不知我者谓我何求？"知，了解。谓，说。

【译文】

人没有长期打算，很快就会遇到困难和问题。理解我的人能说出我心中的忧伤，不理解我的人还说我在追求什么。在晴天时不肯出行，而到出行时赶上大雨淋头。已经成为现实就不要再去劝说，已经泼出去的水绝对收不回来了。

【解读】

人若想成就一番事业，必须要有深谋远虑的智慧和高瞻远瞩的眼界以及有英明果敢的决断。做大事如果没有远见就会盲目，大处着眼小处着手是做事的原则，只有对全局有了深刻的理解和把握才能确定事情的发展方向。同时，也要把握好时机，当机立断才不会错过最佳的时机。关键时刻千万不能优柔寡断，所谓"当断不断，反受其乱"，天晴的时候犹豫不决，出门的时候遭雨淋也是在所难免的事情。一个人的发展是如此，一个国家的发展也是如此，作为心怀天下的有志者，应该为国家的前途和命运做出正确的判断，不放过任何一个有利于自身发展的机遇，才能使国家繁荣昌盛、人民安居乐业。

当然，人的生活状态和能力水平是不尽相同的，不可能要求人人都做到深谋远虑。但是每个人至少都应该为自己的将来有一定的规划，人生如果没有远大抱负，只顾为眼前一些琐碎的小事庸庸碌碌，不去考虑自己的处境和将来的发展，那么就会被眼下这些小事带来的烦恼耗尽青春和精力，每天忙着生活的人往往更容易为生活所迫。

【诗歌征引】

黍离

《诗经·王风》

彼黍离离，彼稷之苗。
行迈靡靡，中心摇摇。
知我者谓我心忧，不知我者谓我何求。
悠悠苍天，此何人哉！
彼黍离离，彼稷之穗。
行迈靡靡，中心如醉。
知我者谓我心忧，不知我者谓我何求。
悠悠苍天，此何人哉！
彼黍离离，彼稷之实。
行迈靡靡，中心如噎。
知我者谓我心忧，不知我者谓我何求。
悠悠苍天，此何人哉！

涉世

宋·许月卿

涉世如溪谷，只宜在浅处。
一生如一日，未暮早归去。
君不见伟哉男子韩淮阴，往往正坐涉世深。
功成身退岂不好，当时何事归不早。
人生少年须立事，生我不应负天地。
了却君王事便休，去时莫待雨淋头。
如今版图丰烟雾，眼看流离无限子。
取将旧物还君王，襁褓赤子寝之床。
青天白日正亭午，归去弹琴鹤对舞。
静与贤传不□□，春风吹袂浴沂天。

沁园春·次强云卿韵

宋·蒋捷

结算平生,风流负债,请一笔句。盖攻性之兵,花围锦阵,毒身之鸩,笑齿歌喉。岂识吾儒,道中乐地,决胜珠帘十里楼。迷因底,叹晴干不去,待雨淋头。

休休。著甚来由。硬铁汉从来气食牛。但只有千篇,好诗好曲,都无半点,闲闷闲愁。自古娇波,溺人多矣,试问还能溺我不。高抬眼,看牵丝傀儡,谁弄谁收。

明哲保身 不欺众人

【原文】

是非只为多开口,烦恼皆因强出头[①]。忍得一时之气,免得百日之忧。近来学得乌龟法,得缩头时且缩头。惧法朝朝乐,欺公日日忧[②]。

【注释】

①为:因为。强:勉强,强要。②惧:惧怕。欺:欺辱。公:官府、民众、集团。

【译文】

招惹是非都因为讲话太多,遇到烦恼都是因为逞强出头。能忍住一时的气,就能避免百天的忧愁。近来学了一种乌龟缩头法,该缩头时就缩头。知道惧怕刑法的人每天都会过得很快乐,损公肥私的人每天都会过得忐忑不安。

【解读】

本段讲述的是一种功利性很强的自保哲学。告诫人们不要强出头,不要惹麻烦,不要自讨苦吃。对于身处社会之中的人们,这些处世哲学既有它的积极意义,又有它的消极色彩。

生活中有很多是非都是因为多事而自找的,所谓"病从口入,祸从口出",人们往往因为管不好自己那张嘴而给自己招来许多不必要的麻烦。"是非只为多开口,烦恼皆因强出头",逞强出头的人总会成为别人的攻击目标。规范自己的言行,懂得进退有度也是对自身的一种修炼。"忍一时风平浪静,退一步海阔天空",人若能忍得住一时之气,便能省去许多是非,化解许多矛盾。冲动是魔鬼,不要因为自己的意气用事而使自己陷入万劫不复的境地。

但是,这种处世哲学并不是完全的真理,还需要辩证地去对待。对于一些无谓的琐事和别人的私事当然不应该多嘴出头,但是当看见别人遇到难题,而对于自己又是举手之劳时,当然不能袖手旁观,所谓"遇人痴迷处,出一言提醒之,遇人急难处,出一言解救之,亦是无量功德"。对于涉及人民利益和大是大非的问题当然更加应该冲锋陷阵。而与人发生争执,如果在不涉及原则问题和人格没有受到侵犯的前提下,能忍则忍便是一种美德。但是对于一些无耻之徒,你的忍耐在他眼里只是一种软弱的表现,你的退让只会让他得寸进尺,据理力争有时候比忍气吞声的效果要好得多。所以,对于“忍耐”这个问题应该辩证看待,情况不同,采取的方式自然就应有所差别。

【故事链接】

唾面自干

唐朝是中国历史上屈指可数的昌盛王朝之一,人才辈出,强手如云。因此,意气风发、飞扬跋扈之人俯拾皆是;而忍让谦和、宁静淡泊之士,却如同稀有动物,难得一见。在凤毛麟角的后一类人物中,娄师德可谓出乎其类,拔乎其萃。

先讲几个《隋唐嘉话》《朝野佥载》、新旧《唐书》《资治通鉴》等史书里记载的有关他的故事:

一次,他跟李德昭一同入朝。娄师德因为身体肥胖,行动缓慢。李昭德多次等他,他都不能跟上,于是很不耐烦,怒骂道:“真受不了你这个杀千刀的乡巴佬。”娄师德听后,不但不生气,反而笑着从容回答道:“如果我娄师德都不算乡巴佬,那还有谁是乡巴佬呢?”

娄师德升为纳言平章政事(宰相)后,一次外出巡察屯田。下属都已先行启程,娄师德因为脚疾,便坐在光政门外的大木头上等待坐骑马匹的到来。这时,有个县令因为不认识他,自我介绍后,就跟他并排坐在大木头上。县令的手下人远远瞧见,赶忙跑过去告诉县令,那人是纳言。县令大惊失色,赶忙站起来赔不是,口称:“死罪!”娄师德不但没有跟他计较,反而跟他开了几句轻松的玩笑。

到灵州(在今天宁夏灵武西南)后,娄师德在驿站吃完饭,便让人牵马过来。娄师德手下判官对驿站的接待很不满意,发牢骚说:“想要点喝的东西都不给,招待太差了。”娄师德就对他说:“我虽然已经上马了,但是还要帮你收拾一下他们。”于是叫来驿长,批评道:“判官跟纳言有什么分别呢?你们为什么不给他汤水喝?拿棒子来。”吓得驿长连忙叩头。娄师德说:“我真想打你一顿。大使打驿将,小事一桩,你挨了打,只是名声不太好听。我若是告诉你们州县长官,你就性命难保了。这一次便宜你,先放过你。”驿长叩头如捣蒜,汗流满面,狼狈而去。娄师德望着他的背影,对判官说:“帮你收拾过他了。”众人见状,感慨不已。

娄师德的弟弟被任命为代州(今山西代县)刺史,将要赴任时,娄师德问他:“我没有什么才能,却占着宰相的位置。现在你又被任命为一州的长官,我们兄弟俩得到的荣耀宠爱实在是太多了,这容易引起他人的嫉妒,你用什么办法避免祸害呢?”他弟弟就跪下说道:“从今往后,如果有人向我脸上吐唾沫,我就自己擦干唾沫,不跟他们计较。这样大概可以不让哥哥担忧了吧?”不料,娄师德听后却说:“你这样做更加叫我担忧!别人唾了你的脸,是因为生你的气,你擦了唾沫,这违反了他人的意愿,只能加重他人的愤怒。应该这样,他人朝你脸上吐唾沫,你不要擦,让它自己风干,并且还要笑着接受他人的唾沫。”——“唾面自干”这个成语便来自这里。

一言取仕

据《宰昌府志》记载,有一次明太祖朱元璋考问一批准备重用的官吏:“天下什么样的人最快乐?”众臣各抒己见,互不相让。有人以拥有财富而快活,认为“富甲天下”最为快乐。有人认为权力至上,认为“高官厚禄”最为快乐。有人以求道升天而快乐,认为“得道成仙”最为快乐。朱元璋听众臣的议论都不以为然,有个名叫万钢的人回答:“畏法度的人最快乐。”朱元璋连声称赞,立即任命他为广平府佐官。“一言取仕”虽有轻率之嫌,但万钢所说的“畏法者快乐”却很有道理。

读书趁早　到老已迟

【原文】

人生一世,草生一春[①]。黑发不知勤学早[②],转眼便是白头翁。月过十五光明少,人到中年万事休[③]。

【注释】

①一春:一年。②黑发:年轻时。③休:停止、中止、结束。

【译文】

人只能活一辈子,草木也只能生长一个春天。年轻时不知勤奋学习,转眼间就成老年人。月亮过了每月的十五就一天比一天暗淡,人到了中年就没什么事业可谈了。

【解读】

“对酒当歌,人生几何?譬如朝露,去日苦多。”曹操在《短歌行》中如此慨叹人生的短促。生命如同朝露般短暂,转瞬即逝,不会留给人们过多的时间去思考人生的去向,更不会任凭人们去挥霍。人的生命最多不过百年,而百年的时间转瞬即逝,既然有幸生存在天地之间,岂能不好好地生活,让自己的生命发光发热?若想不使人生虚度,就需要珍惜每一天的时间,通过学习不断地充实自我。

人的一生之中最美好的时光莫过于青少年时代,这个时候人们风华正茂、春风得意,正是学习和创业的大好时机。如果错过了,等到年老体衰,记忆力减退之时再从头学起,恐怕已经力不从心了。所以,人们应该珍惜自己的青春年华,在它还属于你的时候去爱护它、善待它,那么当它离你而去时才不会使自己的内心留有遗憾。

当然,说青年时期是人生中最美好的时光,并不代表只有年轻时才能学习和创业,人应该活到老学到老,只有不断汲取知识的养分,才能跟上时代的步伐。而且“月过十五光明少,人到中年万事休”,这句话太过悲观也并不合理,人到中年同样可以有所作为,而且可能比少年得志的人成就更大。因为他们已经过了血气方刚的年龄,虽然在他们身上可能少了年轻人的热情,但是却多了一份沉稳与老练,做事情更加懂得深思熟虑,因此成功的几率也就越大。

所以，无论是人生的哪一个阶段都是人的生命中绝无仅有的一部分，都不应该在浑浑噩噩中虚度，只有对得起自己的生命才能获得精彩的人生。

【诗歌征引】

劝学

唐·颜真卿

三更灯火五更鸡，正是男儿读书时。
黑发不知勤学早，白首方悔读书迟。

【故事链接】

好读书的名人故事

俗话说，三更灯火五更鸡，正是男儿读书时。黑发不知勤学早，白首方悔读书迟。少壮不努力，老大徒伤悲，读书宜早不宜迟，名人年少好读书的故事俯首皆是。

闻一多读书成瘾，一看就"醉"，就在他结婚的那天，洞房里张灯结彩，热闹非凡。大清早亲朋好友都来登门贺喜，直到迎亲的花轿快到家时，人们还到处找不到新郎。急得大家东寻西找，结果在书房里找到了他。他仍穿着旧袍，手里捧着一本书入了迷。怪不得人家说他不能看书，一看就要"醉"。

华罗庚

小时候，华罗庚家境贫寒，初中未毕业便辍学在家，辍学之后。他对数学产生了强烈的兴趣，而且也懂得用功读书，他从一本《大代数》，一本《解析几何》及一本50页从老师那儿摘抄来的《微积分》开始，勤奋自学，踏上了通往数学大师的路。

华罗庚辍学期间，帮父亲打理小店铺。为了抽出时间学习，他经常早起。隔壁邻居早起磨豆腐的时候，华罗庚已经点着油灯在看书了。伏天的晚上，他很少到外面去乘凉，而是在蚊子嗡嗡叫的小店里学习。严冬，他常常把砚台放在脚炉上，一边磨墨一边用毛笔蘸着墨汁做习题。每逢年节，华罗庚也不去亲戚家里串门，埋头在家里读书。

白天，华罗庚就帮助他的父亲在小杂货店里干活与站柜台。顾客来了，帮助他父亲做生意，打算盘，记账。顾客走了，就又埋头看书或演算习题。有时入了迷，竟然忘记了接待顾客。时间久了,父亲很生气,干脆把华罗庚演算的一大堆草稿纸拿来就撕,撕完扔到大街上。有时甚至把他的算草纸往火炉里扔。每逢遇到这种时候,华罗庚总是拼命地抱住他视之如命的算草纸,不让他的父亲烧掉。

华罗庚的志气与行径,几乎没有人能够理解。华罗庚和全世界无数的杰出人才一样,困难愈多,克服困难的决心也愈坚。他克服了常人难以想象的困难与阻力。不断前进,这倒反而锻炼了他。没有时间,养成了他早起,善于利用零碎时间,善于心算的习惯。没有书,养成了他勤于动手,勤于独立思考的习惯。这种习惯一直保持到他的晚年。

相声语言大师侯宝林只上过 3 年小学,由于他勤奋好学,使他的艺术水平达到了炉火纯青的程度,成为有名的语言专家。有一次,他为了买到自己想买的一部明代笑话书《谑浪》,跑遍了北京城所有的旧书摊也未能如愿。后来,他得知北京图书馆有这部书,就决定把书抄回来。适值冬日,他顶着狂风,冒着大雪,一连 18 天都跑到图书馆里去抄书,一部 10 多万字的书,终于被他抄录到手。

活在当下　不虑远忧

【原文】

儿孙自有儿孙福,莫为儿孙作马牛。人生不满百,常怀千岁忧。

【译文】

子孙后代们自会有他们的福分,不要为子孙们过于操劳,甘当牛马。人的一生活不到一百岁,却往往为千年后的事担忧。

【解读】

人生短短几十年,却有一半以上的时间是在为儿孙的操劳中度过的。“可怜天下父母心”,没有生儿育女的人是很难体会其中的真意的。因为孩子的出生打破了原来的生活状态,从此父母的启上便背上了一个幸福的包袱,即使再辛苦也心甘情愿,孩子成了生活中唯一的圆心,从蹒跚学步到成家立业,他们的一举一动都是父母关注的主题。儿女还有儿女,因此为人父母者总是有操不完的心,时刻都在为子孙后代计划打算着,“人生不满百,常怀千岁忧”就是指此。

其实,“儿孙自有儿孙福”。每个人都有属于自己的路要走,父母是不可能永远陪在子女身边为他们挡风遮雨的,自己的路还是需要自己去走完。因此。做父母的只要尽到自己的责任就足够了,不需要为儿孙的将来担心,他们人生的方向盘毕竟是他们自己在掌握,担心是没用的。指导当然可以,但更重要的是让他们知道父母对他们的信心。学会对他们放心,对他们放心不仅能减少自己的烦恼,同时也是对他们人生的一种肯定。

【诗歌征引】

西门行

汉乐府

出西门,步念之。
今日不作乐,当待何时。
夫为乐,为乐当及时。
何能坐愁怫郁,当复待来兹。
饮醇酒,炙肥牛。
请呼心所欢,可用解忧愁。
人生不满百,常怀千岁忧。
昼短而夜长,何不秉烛游?
自非仙人王子乔,计会寿命难与期。
人寿非金石,年命安可期。
贪财爱惜费,但为后世嗤。

【故事链接】

安于现状的和尚

从前,有两个和尚,他俩分别住在两座相邻的山上。在这两座山的中间,是一条清澈的溪流。两个和尚每天都会在同一时间到山下的这条小溪里挑水,久而久之,他俩就成了每天必见的好朋友。这样一直持续了五年。

突然有一天,左边山上的和尚挑水时没有等到他的老朋友,他心想,或许他今天有别的事。但连续五天过去了,他仍没看见他的朋友下山来挑水。他有点着急了:他一定是生病了,我必须去探望探望他。

等他急匆匆赶到右山和尚的寺院时,只见他的老朋友正在悠然地打太极拳,全然不像五天不喝水的样子。他惊奇地问:“你已经五天没下山挑水了,难道你可以不喝水吗?”

他的朋友拉着他的手高兴地说:“来看我的水。”呵!禅堂后一座新砌的井台,井里可见清凉的水!

“这五年来,我每天做完功课后都要来这儿挖井,不论多少,从不间断。看,现在我再也不用费力到山下挑水了。我可以有更多的时间来研究我喜爱的太极拳了。”

顺其自然　酒不消愁

【原文】

今朝有酒今朝醉，明日愁来明日忧。路逢险处须回避，事到头来不自由。药能医假病，酒不解真愁。

【译文】

今天有酒今天就喝个一醉方休，明天的愁事明天再去考虑好了。人在遇到险阻的时候应当回避，事情临到头上就由不得自己了。药物可以医治假病，饮酒却无法消解真愁。

【解读】

“一醉解千愁”的话是骗人的，酒只能麻醉人的神经，让人们暂时忘记心中的烦恼，但同时也会使人忘记一切，醉得不省人事的人当然记不起明天要面临什么样的困境。但是该来的总会来，并不是几杯酒就能解决问题的。生活中的难题是逃避不了的，一味逃避的结果可能只会让事情变得越来越复杂，而错过了最佳的解决时机。正确的处世态度不是逃避而是面对，问题摆在那里总是需要解决的，不要等到事情发展到不可收拾的地步才去想解决的对策。“路逢险处难回避，事到头来不自由”，面对困境还是早做打算的好。

况且，喝酒非但不能解决问题，而且还会酒后误事、酒多伤身。“举杯消愁愁更愁”，烦恼不会因喝酒消失，而只会越来越多，醉生梦死的人是堕落的、是不健康的。喝多了会呕吐，酒醒了会头痛，除了折磨人的胃就是折磨人的头，甚至伤害人的心和肝，总之不会有任何好处，还是少碰为妙。要解决问题需要的是冷静的思考，喝酒只会使思维更混乱，更容易冲动。人需要保持一种健康向上的心态，遇到问题才能从容面对，有了烦恼才能自我排解。积极乐观的处世态度能帮助人化险为夷，只有从容面对才能使问题迎刃而解。

【诗歌征引】

自遣

唐·罗隐

得即高歌失即休，多愁多恨亦悠悠。
今朝有酒今朝醉，明日愁来明日忧。

【故事链接】

顺其自然

禅院的草地上一片枯黄，小和尚看在眼里，对师父说：“师父，快撒点草籽吧！这草地太难看了。”

师父说：“不着急，什么时候有空了，我去买一些草籽。什么时候都能撒，急什么呢？随时！”

中秋的时候，师父把草籽买回来，交给小和尚，对他说：“去吧，把草籽撒在地上。”起风了，小和尚一边撒，草籽一边飘。

“不好，许多草籽都被吹走了！”

师父说：“没关系，吹走的多半是空的，撒下去也发不了芽。担什么心呢？随性！”

草籽撒上了，许多麻雀飞来，在地上专挑饱满的草籽吃。小和尚看见了，惊慌地说：“不好，草籽都被小鸟吃了！这下完了，明年这片地就没有小草了。”

师父说：“没关系，草籽多，小鸟是吃不完的，你就放心吧，明年这里一定会有小草的！”

夜里下起了大雨，小和尚一直不能入睡，他心里暗暗担心草籽被冲走。第二天早上，他早早跑出了禅房，果然地上的草籽都不见了。于是他马上跑进师父的禅房说：“师父，昨晚一场大雨把地上的草籽都冲走了，怎么办呀？”

师父不慌不忙地说：“不用着急，草籽被冲到哪里就在哪里发芽。随缘！”

不久，许多青翠的草苗果然破土而出，原来没有撒到的一些角落里居然也长出了许多青翠的小苗。

小和尚高兴地对师父说：“师父，太好了，我种的草长出来了！”

师父点点头说：“随喜！”

这位师父真是位懂得人生乐趣之人。凡事顺其自然，不必刻意强求，反倒能有一番收获。

为求一份尽善尽美，人们绞尽脑汁，殚精竭虑。而每遇关系重大、情形复杂的状况，更是为之寝食难安。

故事告诉人们：遇上难越的坎儿，与其百般思量，不如顺其自然，反倒能够柳暗花明又一村。

因必有果　醉看乾坤

【原文】

人贫不语，水平不流。一家养女百家求，一马不行百马忧。有花方酌酒，无月不登楼。三杯通大道，一醉解千愁。

【译文】

人穷了就不讲话，水平了就不乱流动。一家养了女儿，很多人家都想来求婚，一匹马无法行走，百匹马都忧愁。有了鲜花才会有饮酒的兴致，月亮不出现就没有登楼的雅兴。饮酒三杯自能通晓高深的道理，只有醉了才能消解无数的忧愁。

【解读】

佛家讲究因果报应，因必有果、果皆有因，任何事情都有它形成的原因。贫民通常保持缄默是因为他们没有趾高气扬的资本,人们排队来提亲是因为你家里养了一个好女儿,饮酒的雅兴需要鲜花美景来激发,人间的大道理需要微醉后的半梦半醒才能通晓。人们总是需要一些原因和借口,才能让自己活得心安理得。

"人贫不语,水平不流",水面如果平静就不会到处流动,因为它没有冲破堤坝的动力。同样,生活贫困的人,由于生活负担的压力使他们形成了在苦难中默默挣扎的心态,他们所要承担的痛苦是无法用语言去表达的,即使表达出来别人也无法真正体会,更不可能替他们分担,因此他们选择了沉默。在沉默中独自承受生活的磨难。

"一家有女百家求",求亲是封建社会的事,古代女人因为家教森严,通常是大门不出,二门不迈,人们无法知道她们的真实面目和才德。想要为自己的儿孙讨一个贤内助自然是一件十分困难的事情。而一旦听说"秦氏有好女",提亲的人自然会踏破门槛。当然在现代社会,提亲的方式已经作古,人们通过自主婚姻,选择自己的配偶。但是,出色的女子依然是人们心仪的对象。

文人雅士喝酒也是有讲究的,良辰美景能助酒兴,醉里乾坤似乎才能显出生活真谛。在微醉之中更能激发对人生的感悟,也更能使文思泉涌、妙语连珠。但是,什么事情都要有个度,过犹不及,"花看半开,酒饮微醉,此中大有佳趣。若至烂醉如泥,便成恶境矣。"至于要靠酒来解愁,更是不切实际的,醉后固然能暂时逃避烦恼的侵袭,然而醒来之后又当如何面对呢?

【诗歌征引】

颂古·其一

宋·释宗演

动弦别曲,落叶知秋。
人平不语,水平不流。
只因脚底无羁绊,去住纵横得自由。

月下独酌·其二

唐·李白

天若不爱酒,酒星不在天。
地若不爱酒,地应无酒泉。
天地既爱酒,爱酒不愧天。
已闻清比圣,复道浊如贤。
贤圣既已饮,何必求神仙。
三杯通大道,一斗合自然。
但得酒中趣,勿为醒者传。

【故事链接】

人穷志不短

春秋时候,吴国的公子季礼一人出外漫游。这天,他来到一个地方,正走着,忽然发现不知谁遗失的一串钱躺在路中央。季礼想把钱拾起来,但又觉得弯腰去捡钱有失身份,这种事不应该由我这样的贵公子去做。他一边想着一边朝四面张望,看有没有人走过来。

刚巧,当时正有一个打柴的人担着柴火从前边过来了。季礼心想,叫这人把钱捡去,他一定会十分感激,他挑的那两捆柴还未见得值得这么多钱哩。

等那打柴人走到跟前,季礼看清了他身上竟然还穿着冬天的皮袄,而眼下正是初夏五月,虽还不十分炎热,但穿着皮袄也是够呛的,季礼认为这人一定很贫穷,让他把钱捡去正好。

于是季礼大声朝打柴人喊道:"喂,你快来把地上的钱捡起来。"

打柴人一看季礼那个样子,感到很生气,他把镰刀往地上一扔,摆着手,朝季礼瞪大眼睛说:"你是谁?凭什么居高临下看不起人?我既然能在炎热的夏天穿着皮袄去打柴,难道我会是个贪图钱财的人吗?"

季礼一听打柴人的话,心里不免有几分敬意,连忙向他道歉说:"实在对不起,是我错看了人,请不要见怪!请问先生高姓大名?"

打柴人鄙夷地朝季礼淡淡一笑道:"你这人见识短浅,只会从表面上看问题,还那么盛气凌人,我有什么必要对你说出我的姓名呢?"说着,打柴人头都没回,也不再理睬季礼,拿起镰刀,对地上的钱连看都没看一眼就走了。

季礼看着打柴人渐渐远去的背影,惭愧不已。

有些人常常凭自己的浅薄见识去衡量别人,实在未免有点"以小人之心度君子之腹"了。

清水芙蓉　悦人心性

【原文】

深山毕竟藏猛虎,大海终须纳细流①。惜花须检点②,爱月不梳头。大抵选他肌骨好③,不擦红粉也风流。

【注释】

①终:终究、最终。②检点:行为谨慎。③大抵:大概、大致、大约。肌骨:肌肤和骨头,代指人的身体容颜,也代指事物的质地。

【译文】

深山里总是隐藏着猛虎,大海总会容纳细小的溪流。爱惜鲜花就要注意自己的行为,不要乱采摘它,喜欢月亮就不能把它作为镜子去梳头。主要是她的肌肤体态好,不用搽脂抹粉也是俏丽风流。

【解读】

海纳得细流才能宽广无垠,人容得他人意见才能心胸开阔。俗话说"水清无鱼",一个人如果想创造一番事业,就必须要有清浊并容的气度,吹毛求疵的人容易陷入孤立无援的境地。不能因己洁而责人污,亦不能因己污而讥人洁。能容天下的人才能为天下人所容,在对人性的教化与提升方面,在不可能使之皆趋于善的现实情况下,人们就必须培养包容万物的胸怀,诚如史臣所说:"容得几个小人,耐得几桩逆事,过后颇觉心胃开豁,眉目清扬;正如人啖橄榄,当下不无酸涩,然回味时满口清凉。"何况,坦荡的胸襟如天朗气清能悦人心性,自己的雅量不仅能使别人感到舒服,也会令自己神清气爽。

"清水出芙蓉,天然去雕饰",品质出众的东西不需要刻意的包装,便自然能够体现出自身的优点。人也是一样,越是自然、真实的东西才越能显现出天然的美,人的皮肤就是最好的化妆品,何必再去给它涂上一层厚厚的面具呢?物出天然、人出自然,若自己是一个美丽的女子,那就不要用胭脂水粉将自己的美丽遮盖起来,"不擦红粉也风流"是对爱美者的美丽忠告。

【故事链接】

令吕布赏心悦目的貂蝉

传说貂蝉降生人世,三年间当地桃杏花开即凋;貂蝉午夜拜月,月里嫦娥自愧不如,匆匆隐入云中;貂蝉身姿俏美,细耳碧环,行时风摆杨柳,静时文雅有余,貂蝉之美,蔚为大观。正是因了这种芙蓉般的美貌,令人人都赏心悦目,让弄权作威的董卓、勇而无谋的吕布反目成仇,使得动乱不堪的朝野稍有安宁之象。

貂蝉,是我国民间传说中人物,拥有闭月羞花之容,芙蓉出水之貌,为东汉末年司徒王允家的义女,为拯救汉朝,由王允授意施行连环计,使董卓、吕布两人反目成仇,最终借吕布之手除掉了恶贼董卓。之后貂蝉成为吕布的妾,董卓部将李傕击败吕布后,她随吕布来到徐州。下邳一役后,吕布被曹操所杀,貂蝉跟随吕布家眷前往许昌,从此不知所踪。

月盈则亏　当止则止

【原文】

受恩深处宜先退,得意浓时便可休。莫待是非来入耳,从前恩爱反成仇。

【译文】

受到恩惠太多,最好自己主动退让,事业上正得意时就该适可而止。不要等到矛盾是非都传到你耳朵里，那时往日的恩爱反而都变成仇恨。

【解读】

天地间万事万物在达到极致之后，紧接着就会开始走下坡路，所以俗话说“花无百日红，人无千日好”，《易经》也提出了“日中则昃，月盈则亏”的观点。天道忌盈，太完满的东西往往不会长久。由此来看，盛极而衰似乎是必然之结果。因为人在志得意满之际，大多会生出骄傲的心态，出现狂妄、轻佻的言行举止，这样就等于为日后种下衰败的祸根。由此可见，一个人事业失意后还被罪孽缠身，可能是在得志时埋下祸根之说也深具道理。因此，“进步处便思退步，庶免触藩之祸；着手时先图放手，才脱骑虎之危”，懂得适可而止，才能知足常乐。

而夫妻之间也是如此，彼此应该在日常的生活中相互信任、相互尊重，多一些沟通、少一些猜忌。不要等是非铺天盖地而来之时措手不及，伤害彼此的感情。只有以平时积累起的丰厚感情作为基础，彼此以诚相待，才不会让闲言碎语有可乘之机。

【故事链接】

功成名就之后急流勇退的楷模

范蠡，字少伯，生卒年不详，春秋楚国宛（今河南南阳）人。春秋末著名的政治家、军事家和实业家。后人尊称“商圣”。他出身贫贱，但博学多才，与楚宛令文种相识、相交甚深。因不满当时楚国政治黑暗、非贵族不得入仕而一起投奔越国，辅佐越国勾践。帮助勾践兴越国，灭吴国，一雪会稽之耻，功成名就之后急流勇退，化名姓为鸱夷子皮，变官服为一袭白衣与西施西出姑苏，泛一叶扁舟于五湖之中，遨游于七十二峰之间。期间三次经商成巨富，三散家财，自号陶朱公，乃我国儒商之鼻祖。世人誉之：“忠以为国；智以保身；商以致富，成名天下”。

西元前494年吴王夫差为报父仇与越国在夫椒（今江苏太湖中洞庭山）决战，越王勾践大败，仅剩5000兵卒逃入会稽山。范蠡遂于勾践穷途末路之际投奔越国，“人待期时，忍其辱，乘其败……”“持满而不溢，则于天同道，上天会佑之；地能万物，人应该节用，这样则获地之赐；扶危定倾，谦卑事之，则与人同道，人可动之。”他向勾践概述“越必兴、吴必败”之断言，进谏：“屈身以事吴王，徐图转机。”被拜为上大夫后，他陪同勾践夫妇在吴国为奴三年，“忍以持志，因而砺坚，君后勿悲，臣与共勉！”

三年后归国，他与文种拟定兴越灭吴九术，是越国“十年生聚，十年教训”的策划者和组织者。为了实施灭吴战略，也是九术之一的“美人计”，范蠡亲自跋山涉水，终于在苎萝山浣纱河访到德才貌兼备的巾帼奇女——西施，在历史上谱写了西施深明大义献身吴王，里应外合兴越灭吴的传奇篇章。范蠡事越王勾践二十余年，苦身勠力，卒于灭吴，成就越王霸业，被尊为上将军。

范蠡认为在有功于越王之下，难以久居，“飞鸟尽，良弓藏；狡兔死，走狗烹”。他深知勾践为人“长颈鸟喙”，可与共患难，难与同安乐，遂与西施一起泛舟齐国，变姓名为鸱夷子皮,带领儿子和门徒在海边结庐而居。勠力垦荒耕作,兼营副业并经商,没有几年,就积累了数千万家产。他仗义疏财,施善乡梓,范蠡的贤明能干被齐人赏识,齐王把他请进国都临淄,拜为主持政务的相国。他喟然感叹:"居官至于卿相,治家能致千金;对于一个白手起家的布衣来讲,已经到了极点。久受尊名,恐怕不是吉祥的征兆。"于是,才三年,他再次急流勇退,向齐王归还了相印,散尽家财给知交和老乡。

错过昨天　还有来日

【原文】

留得五湖明月在①,不愁无处下金钩。休别有鱼处,莫恋浅滩头。

【注释】

①五湖:太湖及附近四湖,春秋末年越国大夫范蠡,辅佐越王勾践灭亡吴国,功成身退,乘轻舟隐居五湖。

【译文】

只要能留得住五湖上的明月,就不愁没有地方隐居垂钓。不要轻易离开有鱼可钓的地方,不能贪恋水浅安全的滩头。

【解读】

钓鱼之理亦是人生之理。钓鱼要有去处,也要有选择。有五湖明月的地方就不怕无处下金钩,这是一种乐观的人生态度,与"留得青山在,不怕没柴烧"有异曲同工之妙,人生中总有一些起起伏伏,碰到困难,遇到挫折都是正常的,要坚定信念,将眼光放远些,要有一往无前、万难不屈的精神。"山重水复疑无路,柳暗花明又一村",有时候危机恰恰正是一种转机,人若能时时抱定一种乐观的信念,便五湖四海皆有明月,人生处处有青山。

同时,如果有选择的机会当然应该选择有利于自己、适合自己发展的条件。浅水滩头固然安全但是却不是钓鱼的好去处。鱼可能是有的,但是也只能是小鱼小虾,要获得更大的收获就不要贪恋安逸的生活,没有一点魄力和一些吃苦的精神便得不到丰厚的回报。因此,不要放过适合自己发展的有利时机,人生中可以收获的地方固然多,但是收获的多少却是有天壤之别的。

所以,面对人生中的机遇和有利条件就应该牢固把握,而如果错过了也无须追悔莫及,眼界放高一些,也许便会发现虽然错过了落日余晖,却还有繁星满天在前面等待。

【故事链接】

陶朱公泛舟五湖

范蠡侍奉越王勾践,辛苦惨淡、勤奋不懈,与勾践运筹谋划二十多年,终于灭亡了吴国,洗雪了会稽的耻辱。越军向北进军淮河,兵临齐、晋边境,号令中原各国,尊崇周室,勾践称霸,范蠡做了上将军。回国后,范蠡以为盛名之下,难以长久,况且勾践的为人,可与之同患难,难与之同安乐,写信辞别勾践说:“我听说,君王忧愁臣子就劳苦,君主受辱臣子就该死。过去您在会稽受辱,我之所以未死,是为了报仇雪恨。当今既已雪耻,臣请求您给予我君主在会稽受辱的死罪。”勾践说:“我将和你平分越国。否则,就要加罪于你。”范蠡说:“君主可执行您的命令,臣子仍依从自己的意趣。”于是他打点了细软珠宝,与随从从海上乘船离去,始终未再返回越国,勾践为表彰范蠡把会稽山作为他的封邑。

范蠡

范蠡乘船漂海到了齐国,更名改姓,自称“鸱夷子皮”,在海边耕作,吃苦耐劳,努力生产,父子合力治理产业。住了不久,积累财产达几十万。齐人听说他贤能,让他做了国相。范蠡叹息道:“住在家里就积累千金财产,做官就达到卿相高位,这是平民百姓能达到的最高地位了。长久享受尊贵的名号,不吉祥。”于是归还了相印,全部发散了自己的家产,送给知音好友同乡邻里,携带着贵重财宝,秘密离去,到陶地住下来。他认为这里是天下的中心,交易买卖的道路通畅,经营生意可以发财致富。于是自称陶朱公。又约定好父子都要耕种畜牧,买进卖出时都等待时机,以获得十分之一的利润。过了不久,家资又积累到万万。天下人都称道陶朱公。

去者自去　我自心安

【原文】

去时终须去,再三留不住。忍一句,息一怒;饶一着,退一步。

【译文】

该失去的东西终究要离去,怎么挽留也是留不住的。少说一句话,压住千次怒气,下棋时让人一着,遇到争执时退一步。

【解读】

做人应该经常保持一种平和的心态,如此生活中的不如意才能少一些。人生中有许多事情是人们无法控制和改变的,就像无法阻止青春逝去,就像不能左右生老病死,就像难以控制天灾人祸。与其因此而痛苦不如试着去接受。“去时终须去,再三留不住”,既然知道是无法挽留和改变的,就要对得失有个正确态度,有得必有失,已经得到的要学会珍惜,不该得到的也不必强求,自然的规律不能改变,人事的苛求只是徒劳,不如顺其自然,反能落得轻松自在。

个人的得失不必耿耿于怀,生活中的细枝末节也不必斤斤计较。人与人之间有接触就会有摩擦,有了摩擦一笑而过会使关系更加融洽,而若大动干戈就会弄得两败俱伤。所以人们常说“忍一时风平浪静,退一步海阔天空”,忍让可能会使自己吃一点小亏,但是却也能避免更大的损失,甚至还会为自己带来巨大收获。凡事多为别人想一些,多一些理解,便能少一些矛盾。

【诗歌征引】

忍耐歌

唐·寒山、拾得

寒山拾得笑呵呵,我劝世人也像我。
忍一句,祸根从此无生处;
饶一着,切莫与人争强弱;
耐一时,火坑变作白莲池;
退一步,便是人间修行路。
任他嗔,任他怒,只管宽心大着肚。
终日被人欺,神明天地知。
若还存心忍,步步得便宜。
世人欺我、害我、打我、骂我、骗我,如何处之?
禅师答曰:只管任他、凭他、远他、莫要理他。
再过几年,看他。
看穿破衲袄,淡饭随时饱,涕唾在脸上,不弃自干了。
有人来骂我,我也只说好。
有人来打我,我自先睡倒。
他也省气力,我也无烦恼。
这个波罗蜜,就是无价宝。
能浓这“忍”字,一生过到老。
听!听!听!堂前父母须当敬,兄弟同胞要一心,枕边谗言休要听。
天!天!天!天意与人无两般,为人莫做亏心事,举头三尺有青天。
由!由!由!也有欢喜也有愁,世间苦乐不均事,万物从天不自由。
命!命!命!五行八字皆前定,切莫算计他人有,富贵贫穷都是命。
安!安!安!夜间一宿日三餐,非干己事休招惹,身得安时梦也安。
分!分!分!今生衣禄前生定,休将巧计害他人,儿孙自有儿孙分。

守！守！守！命里有时终须有，莫恨贫苦怨爹娘，儿孙兄弟长相守。

己！己！己！别人闲事不要理，休言长短笑他人，何不将心谅自己。

【故事链接】

“和”“合”二仙

寒山、拾得皆为唐朝贞观年间人，二人佛法高妙，更兼诗才横溢，佛门弟子认为他们分别是文殊、普贤菩萨转世。而且，寒山、拾得二人踪迹怪异，其典型形象总是满面春风，拍掌而笑，民间奉为“和”“合”二仙。旧时婚礼上，喜堂高挂二仙神像，寓意和气好合。乾隆的父亲雍正皇帝敕封寒山为“和圣”，拾得为“合圣”。唐代丰干禅师，住在天台山国清寺，一天，在松林漫步，山道旁忽然传来小孩啼哭声音，他寻声一看，原来是一个稚龄的小孩，衣服虽不整，但相貌奇伟，问了附近村庄人家，没有人知道这是谁家的孩子，丰干禅师不得已，只好把这男孩带回国清寺，等待人家来认领。因他是丰干禅师捡回来的，所以大家都叫他“拾得”。

拾得在国清寺安住下来，渐渐长大以后，上座就让他担任行堂(添饭)的工作。时间久后，拾得也交了不少朋友，尤其其中一个名叫寒山的贫子，相交最为莫逆，因为寒山贫困，拾得就将斋堂里吃剩的渣滓用一个竹筒装起来，给寒山背回去用。

有一天，寒山问拾得说：“如果世间有人无端地诽谤我、欺负我、侮辱我、耻笑我、轻视我、鄙贱我、恶厌我、欺骗我、我要怎么做才好呢？”

拾得回答道：“你不妨忍着他、谦让他、任由他、避开他、耐烦他、尊敬他、不要理会他。再过几年，你且看他。”

寒山再问道：“除此之外，还有什么处事秘诀，可以躲避别人恶意的纠缠呢？”

拾得回答道：“弥勒菩萨偈语说：老拙穿破袄，淡饭腹中饱，补破好遮寒，万事随缘了；有人骂老拙，老拙只说好，有人打老拙，老拙自睡倒；有人唾老拙，随他自干了，我也省力气，他也无烦恼；这样波罗蜜，便是妙中宝，若知这消息，何愁道不了？人弱心不弱，人贫道不贫，一心要修行，常在道中办。如果能够体会偈中的精神，那就是无上的处事秘诀。”

有人说寒山拾得乃文殊、普贤二大士化身。台州牧闾丘胤问丰干禅师，何方有真身菩萨？告以寒山、拾得，闾丘胤就去礼拜二人，二人大笑曰：“丰干饶舌，弥陀不识。”意思是说丰干乃弥陀化身，可惜世人不识。说完以后，二人隐身岩中，人不复见。闾丘胤遣人录其二人散题石壁间诗偈，流行于世。

人生短暂　珍惜韶华

【原文】

三十不豪，四十不富，五十临近寻死路[1]。生不认魂，死不认尸。一寸光阴一

寸金[2]，寸金难买寸光阴。

【注释】

①有版本作："五十全仗子来助。"②光阴：日阴，太阳光照射的阴影。一寸光阴：古代计时器日晷盘上晷针的影子移动一寸距离所耗费的时间，泛指极端少的时间。

【译文】

三十岁不能成英豪，四十岁不能成巨富，五十岁时基本就没什么希望了。活着不认识魂魄，死了不认识尸体。时间比黄金珍贵，因为时间是黄金买不到的。

【解读】

人生很漫长，漫长到人们看不到它的尽头；人生又很短暂，短暂到眨眼间人们就失去了那么多的青春年华。人往往还在来不及思考、没学会珍惜之时，它就已经悄然而去了。青春是留不住也买不来的，人类可以花大量的时间、金钱和心思去保养，但是也只能暂时延缓自己的衰老，自己究竟失去了什么，没有人比自己更清楚。当生命中最灿烂的时光离自己远去时，究竟带走了什么又留下了什么？"三十不豪，四十不富，五十临近寻死路"的说法虽然悲观，却也是肺腑之言，是蹉跎青春之人对年轻人的一句诚恳的忠告。

"一寸光阴一寸金，寸金难买寸光阴"。时光如此宝贵，而且不会重来，拥有它的人应当自勉，无论是三十、四十还是五十，珍惜你现在所有的，才不会等到七老八十还在追悔中度过。

【诗歌征引】

白鹿洞二首·其一

唐·王贞白

读书不觉已春深，一寸光阴一寸金；
不是道人来引笑，周情孔思正追寻。

【故事链接】

只要健康就很快乐

每个人呱呱坠地的时候，貌似很健康地来到这个世上，但若干年之后，自己却会莫名其妙地被宣判患了绝症。真是晴天霹雳，犹如五雷轰顶。

篮篮的一个很好的朋友兜兜，在高三的时候被诊断出得了白血病。大家都呆住了，真不敢相信平时征战于各种体育运动赛场上的兜兜会得了这种穷人得不起的病。于是，兜兜修学了。在大家的帮助下，兜兜做了骨髓移植手术。

兜兜在手术后，经过艰辛努力，终于还是考上了大学。大学同学的聚会，兜兜也来了。兜兜给人的感觉是更加积极了，更加善良了，更加真诚了。说起他的病情，兜兜说,他也不知道自己什么时候会突然离开这个还让他留恋的世界。现在虽然看起来表面很健康,但他的生命时刻都面临着死亡的危险。这是一个多么恐怖的事情。

手术虽然成功了,但如果5年内病情复发了,那他的生命就会立刻走到尽头,只有顺利走过10年才算是真正的康复痊愈。篮篮本想,这些日子要背着这样的定时炸弹是多么让人可恼的事情。但兜兜却是看破命运,不再想明天,只会在乎今天,因为,兜兜知道,只有今天才真正属于他的。他已经不再奢望明天的太阳还能继续看到。

在兜兜身上,篮篮也找到了更加积极生活的勇气。优化香港公司年审年报,香港公司离岸账户,香港公司股东变更,注册BVI公司工作,每天反反复复,让篮篮烦闷,总觉得生活没意思,现在篮篮想了想,这样的生活比兜兜不知道好了多少倍,至少,还有生命,还可以继续改变自己的命运。

其实,只要健康就会很快乐!这是哪些没病没痛的人不能领悟的心情。生命不在于有多长,重要的是你是否享受生命的每一天!

感情无常　劳燕分飞

【原文】

父母恩深终有别,夫妻义重也分离。人生似鸟同林宿,大限来时各自飞[①]。

【注释】

①大限:生命的极限。指死期。

【译文】

父母的恩情再深最终都会与你分别,夫妻的情意再重难免一朝分手。人们的生活像鸟儿在一个树林中居住,大难来临时就会逃离分散。

【解读】

人生无常,有时候我们认为最牢固、也是我们最能依赖的感情也会离我们而去。因为生存,因为死亡,因为各种各样的利益关系,我们不得不面对一次次的生离死别和情感考验。生活在感情的建立、崩塌、再建立中继续,痛苦的伤口在时间的治疗下愈合。人生总要面对许多无奈和困惑,心中难过是免不了的,但难过之后还要继续生活。

"父母恩深终有别",父母是我们永远的心灵归属,但是父母不可能伴随我们一辈子,为了生存和生活,有时我们不得不离开父母,我们要求学、工作、成家,分离是难以避免的现实;可是我们也知道这些只是暂时的,心里的难过毕竟要少得多。然而人事有代谢,父母也会生老病死,这些是人类无法改变的现实,永久的分离便成了莫大的悲痛,因为我们失去了生命中最安全最可靠的码头。

如果说父母之恩是我们前半生的情感依托,那么夫妻之情便是我们后半生的感情归宿。生活中相互扶持、共同承担,夫妻的感情更多了一份患难与共。然而由于各种来自自身或者外界的原因,我们也可能在不经意间失去它,于是便多了"人生似鸟同林宿,大限来时各自飞"的感慨。其实劳燕分飞的结果是可以避免的,只要懂得如何去维系。

感情是一种脆弱的东西,需要人们的悉心呵护,无论是亲情、友情还是爱情。一个在拥有时不懂得珍惜和爱护的人,失去它也是在所难免的事。当父母还在身边时懂得体谅和孝敬他们,当他们离开时才不会有过多的遗憾;当夫妻感情融洽时学会沟通和关怀,才不会使它轻易失去。珍惜眼前的人就是珍惜自己的美好生活。

【故事链接】

“破茧而出”看世界

佛祖说,众生的“未知”永远大于其“已知”。当一个人说“不可能”时,只是代表在其“已知”内的方法都已经试过却没有奏效而已。

静林禅师曾讲过这样一个故事。有一个走夜路的人由于碰在了一块石头上,所以重重地跌倒了。他爬起来后,揉着疼痛的膝盖继续向前走。走着走着,他走进了一个死胡同。只见前面是墙,左面是墙,右面也是墙。前面的墙刚好比他高一头,他费了很大力气也攀不上去。这时他忽然灵机一动,想起了刚才绊倒自己的那块石头,心想为什么不把它搬过来垫在脚底下呢?想到就做,他折了回去,费了很大力气才把那块石头搬了过来,放在墙下。踩着那块石头,他轻松地爬到了墙上,轻轻一跳就越过了那堵墙。

在人生路上,谁都有可能碰到“绊脚石”,都可能会遇到“墙”。有些人被“绊脚石”绊倒以后就再也爬不起来了;有些人则突破自限,打开思路,化不利为有利,把“绊脚石”变成了“垫脚石”,从而翻越了那堵阻碍自己的“墙”。

有个人在河边钓鱼。每当钓到一条大鱼时,他就会把它扔回河里;钓到小鱼时,他就留下来。有一位过路人看到这一情形后觉得很奇怪,就问他:“为什么不要大鱼,只要小鱼呢?”

这个钓鱼者回答说:“因为我家只有一口小锅,没有大锅呀!”

有些人在做人做事上,都容易像钓鱼者那样自我限制,固执于某种行为或处事模式而同时又对结果不满意。当你去做某件事情时,有些人可能会急忙忙地跑来“提醒”你:“这种事是没有办法做到的……”“这是不可能的……”从而令你“未战先怯”。

佛教里有这样一个寓言。有一天,毛毛虫问蝴蝶:“我要怎么样才能变成一只蝴蝶?”

“要成为蝴蝶,首先要有飞行的渴望,其次要有勇气冲出束缚你的茧。"

“那不就是死亡吗?”

“表面上看是死亡,实际上是新生。在现实生活中,这就是差别。有的成了蝴蝶,有的则因逃避而死亡。”

善恶有报　不可欺心

【原文】

人善被人欺①，马善被人骑。人无横财不富，马无夜草不肥②。人恶人怕天不怕，人善人欺天不欺。善恶到头终有报，只争来早与来迟③。黄河尚有澄清日，岂可人无得运时④？

【注释】

①善：善良、软弱。②横财：指非法或侥幸获得的钱财。③报：因果报应。争：相差。④尚：尚且。岂：怎么。古人传说黄河变清就会天下太平。

【译文】

人太善良容易被人欺负，马太温顺了就会被人来骑。人如果没有不义之财就不会暴富，马要肥壮就必须夜里也要喂草。一个凶恶的人会让人害怕，而天不怕他；一个善良的人别人可能欺负他，天却不会欺负他。不管行善还是作恶，到最后都会有所报应，只是有早有迟罢了。黄河之水还会有澄清的那一天，人也不会总不顺利。

【评析】

做人应该善良一些，还是邪恶一些？善良与邪恶到底哪一个才更适合人类的生存？如果是善良，那么为何"人善被人欺，马善被人骑"？如果是邪恶，又为何"恶有恶报"？其实，答案是，做人还是善良一些的好，因为这个世界上还是好人多，要想在这个好人的世界中生活得好一些，自然需要先做一个好人。更何况"为善不见其益，如草里冬瓜，自应暗长；为恶不见其损，如庭前春雪，当必潜消"。也许做好人暂时看不到什么好处，但是做人本来就是一个积累的过程，一点一滴的善行都会成为你时来运转的契机；做坏人也是一样，为恶之人如同庭前春雪，表面看不到什么损失，但是消耗却是潜移默化的，有谁看到积雪能长存到炎夏？

因此，好人不用担心自己的一时失意，只要循序渐进、不断积累，机遇总会降临到你的头上；恶人也不用得意于暂时的嚣张，天网恢恢是没有人可以逃脱的，现在手中的行凶利器正是将来铸就你镣铐的最好材料。

【故事链接】

年轻天使的疑惑

两个天使到一个富户家借宿。这家人拒绝让他们在卧室过夜，而是在地下室给他们找了一个角落。当他们铺床时，老天使发现墙上有一个洞，就顺手把它修补好了。年轻的天使问为什么，老天使答到："有些事并不像它看上去那样。"

第二晚，两人又到了一个贫穷的农家借宿。主人夫妇俩把仅有的一点点食物拿出来款待客人，然后又让出自己的床铺给他们。第二天一早，两个天使发现夫妇俩在哭泣,他们唯一的生活——一头奶牛死了。年轻的天使非常愤怒地质问老天使为什么会这样,第一个家庭什么都有,老天使还帮助他们修补墙洞,第二个家庭尽管如此贫穷还是热情款待客人,而老天使却没有阻止奶牛的死亡。

"有些事并不像它看上去那样。"老天使答道,"当我们在地下室过夜时,我从墙洞看到墙里面堆满了金块。因为主人被贪欲所迷惑,不愿意分享他的财富,所以我把墙洞填上了。昨晚,死亡之神来召唤农夫的妻子,我让奶牛代替了她。"

居安虑危　未雨绸缪

【原文】

得宠思辱①,居安思危②。念念有如临敌日③,心心常似过桥时④。英雄行险道,富贵似花枝。人情莫道春光好,只怕秋来有冷时。送君千里,终须一别。

【注释】

①宠:受到偏爱。辱:遭受凌辱。②居:处在某个位置。安:平安。③念念:时时的思虑。④心心:每时每刻的心理。

【译文】

得到宠爱时要想到可能有受侮辱的时候,处在平安的境地要想到也有可能处于危险的情况。始终应像大敌当前那样慎重,心情永远要像过独木桥时那样谨慎。英雄一直在艰险的路上闯荡,富贵却像花儿一样在花枝上难以长久。人与人之间的情谊不会永远像春天时那么美好,只怕有时会如秋天来临之际那样感觉寒冷。送人送得距离再远,最后还是要分别。

【解读】

常言道,"人无远虑,必有近忧"。一个只知耽于享乐,而不知在闲散之时也要存有应变之心的人,一旦遭逢变故肯定会不知所措、自乱阵脚,又有什么能力从容化解危机呢?更何况人有旦夕祸福,人生的境遇变化无常,如果不能退一步想、往远处看,他朝时移事易,就只能凄凉以对了。"念念有如临敌日,心心常似过桥时"的说法虽然有些夸张,但是在安逸的生活中做好面对突变的准备还是必要的。大到国家民族,小到家庭个体,只有居安思危、未雨绸缪才能在大敌当前、大难临头时从容面对。

"人无千般好,花无百日红"。人世的荣辱富贵转眼就会逝去,无论是非、人情,还是财富、功名,该来的都会来,该去的总会去,一切都是再自然不过的事情。该拿起时就拿起,该放下时便放下。"送君千里,终有一别",只有那些既拿得起又放得下的人,才能心无牵挂,快乐长存。英雄行险道可成可败,富贵似花枝有开有落,也只有那些能够将生死看破,将成败看透的人,才能获得非凡的智慧和心灵的永生。

【诗歌征引】

赠郭道人

宋·戴复古

灭性能安乐，深居绝是非。
英雄行险道，富贵隐危机。
纸被如绵软，藜羹胜肉肥。
苍苔满山径，最喜客来稀。

【故事链接】

野狼磨牙

有则寓言故事叫野狼磨牙：有一天，一只野狼卧在草上勤奋地磨牙。狐狸看到了，就对它说："天气这么好，大家在休息娱乐，你也加入我们队伍中吧！"野狼没有说话，继续磨牙，把它的牙齿磨得又尖又利。狐狸奇怪地问道："森林这么静，猎人和猎狗已经回家了，老虎也不在近处徘徊，又没有任何危险，你何必那么用劲磨牙呢？"野狼停下来回答说："我磨牙并不是为了娱乐，你想想，如果有一天我被猎人或老虎追逐，到那时，我想磨牙也来不及了。而平时我就把牙磨好，到那时就可以保护自己了。"

做事应该未雨绸缪，居安思危，这样在危险突然降临时，才不至于手忙脚乱。"书到用时方恨少"，平常若不充实学问，临时抱佛脚是来不及的。

蚂蚁的忧乐情怀

未雨绸缪一直被人类视为难能可贵的精神。其实，这种忧乐情怀并不是人类独有的专利。在蚂蚁的身上，也同样具有。每当大雨来临之前，蚂蚁们总会群策群力地将自己的家搬到最安全的地带。在每年冬天降临的时候，蚂蚁还懂得储备粮食，以备找不到食物的时候，就可以高枕无忧地安心享用。

日常生活中所能看到的微小生命莫过于蚂蚁了。无论你站在哪块土地上，只要你俯下身来留意脚下，总会搜索到蚂蚁的身影。蚂蚁是勤劳的象征，和人类一样，似乎一生都在忙碌着，永不停歇地辛苦劳作。从蚂蚁身上反映出的忧患意识和忧乐情怀，也常常令人叹为观止。蚂蚁的忧患意识，主要表现在"下雨搬家"和"粮食储备"上。风雨来临时，蚂蚁会提前搬家，从低处搬到高处，个个脚步匆匆。有的带着乳白色的蚂蚁卵，有的带着灰褐色的蚂蚁蛹，有的带着老蚁、伤蚁，还有的带着各种各样的食物……

蚂蚁为什么要赶在下雨之前紧急搬家呢？原来，这是蚂蚁忧患意识的使然。蚂蚁怕水，一到下雨季节，它们就得经常搬家。如果在下雨之前，蚂蚁不能及时地将家搬到较高的地方去,整个蚁群就有可能被突如其来的大雨冲走,或是长期受到雨水的浸泡。所以,当它们感到空气中的湿度增高,地底下渐趋潮湿时,蚂蚁就会团结一致地进行集体动员,紧急搬家,以避免暴雨带来的灾难。蚂蚁的忧患意识除了表现在"下雨搬家"上,在粮食储备的运作上更有体现。

《伊索寓言》里面有一个关于"蚂蚁和蝈蝈"的故事,反映了蚂蚁居安思危,未雨绸缪的意识。

在一条弯曲的小路上,一群蚂蚁忙得热火朝天,他们干劲十足,忙着搬运食物,舍不得休息。而在路边凉爽的树荫里,一只蝈蝈却悠闲自得地唱着自编的歌儿,陶醉在自己的歌声中。他看见蚂蚁这么辛苦,整天劳碌,觉得他们很傻,就问道:"你们这是为什么呢?大热天的,不休息,不喝水,不唱歌,搬来搬去,瞎忙活什么呀!"蚂蚁说:"我们在夏季辛苦劳作,为的是冬季里有足够的粮食。"

蝈蝈很奇怪:"冬季的粮食?用得着搬运吗?这儿有的是食物,青草、露水,可以充饥,又能解渴,怎么会挨饿?再说,冬季还早着呢!现在就动手,何必呢!你们太傻了,这么热的天,也不懂得休息、娱乐、享受生命!"

蚂蚁听了很不高兴:"冬天来了,大雪纷飞,到时候再找食物就来不及了!现在你贪图玩乐不劳动,不居安思危,就等着冬天挨饿吧!"说罢,背着粮食走远了。蝈蝈看蚂蚁走远了,心里嘀咕着"我才不担心呢"又继续唱起歌来,快活自在地歇着。

就这样,日子一天天过去了,夏天结束了,秋天来临了,转眼秋天也即将过去了,可蝈蝈仍唱歌玩乐,不肯准备过冬的食物。他总是说:"还早呢,早着呢!"

冬天来了,树叶落尽,小草枯黄,一场大雪过后,大地白茫茫一片,蝈蝈再也找不到食物了。寒风吹来,冷飕飕的,蝈蝈饥寒交迫,不停地打着哆嗦,他想,还是到蚂蚁那儿要点食物过冬吧!他挣扎着来到蚂蚁的家门口。向蚂蚁求援道:"蚂蚁大哥,我快饿死了,给我点粮食吧!"蚂蚁开门出来,看了蝈蝈一眼说:"你怎么不准备过冬的粮食呢?夏季里你光顾唱歌,不准备粮食,到了现在,才知道没有食物过冬。告诉你,不懂得居安思危,永远不可能得到长久的安乐!"

居安思危

宋、齐等国联合攻打郑国,弱小的郑国知道自己兵力不足,于是请晋国做中间人,希望宋、齐等国家能够取消攻打的念头。其他国家因为害怕强大的晋国,并不想得罪晋国,于是纷纷决定退兵。为了答谢晋国,于是郑国国君就派人献给晋国许多美女与贵重的珠宝作为贺礼。

收到这份礼物之后,晋悼公十分高兴,就将一半的美女赏给这件事的大功臣魏绛。没想到正直的魏绛一口拒绝,并且劝晋悼公说:"现在晋国虽然很强大,但是我们绝对不能因此而大意,一定要居安思危。因为人在安全的时候,一定要想到未来可能会发生的危险,这样才会先做准备,以避免失败和灾祸的发生。"晋悼公听完魏绛的话之后,知道他时时刻刻都在牵挂着国家与百姓的安危,从此对他更加敬重。

全身远害　保护自己

【原文】

但将冷眼观螃蟹，看你横行到几时。见事莫说，问事不知，闲事休管，无事早归。

【译文】

只用冷眼看螃蟹，看那些横行霸道的人能横着爬到什么时候。看见什么与自己无关的事情，不要随便去说，如果有人问与自己无关的事情，就当做什么都不知道。不要去管任何闲事，没有事情做就尽早回家。

【解读】

“见事莫说，问事不知，闲事休管，无事早归。”表现了人们一种自保的心态，明哲保身，全身远害，尽量避免去蹚浑水，省得惹祸上身。“事不关己，高高挂起”，这种思想是极端自私和狭隘的。人需要有些正义之心，否则一旦自己落单，便会发现世界上全都是同你一样的冷漠者，深陷叫天天不应、叫地地不灵的境地。有些事情该说就得说，该管就得管，不要怕惹麻烦，不要怕得罪人。自己的举手之劳也许能给别人带来莫大的帮助。

当然，在人的社会生活中，有些事情是自己能力所不能及的。在这种时候自然不需要以卵击石，恶人自有恶人磨，有时候以一种“但将冷眼观螃蟹，看你横行到几时”的心态去面对也不失为一种明智之举。现在暂时的低头是为以后的反击储备能量，将来终有一天会将其征服。面对人的社会生活，尤其自身的跌宕起伏、狂风骤雨，明智的办法是躲避在一个平静的港湾里，静待惊涛骇浪自己消退。你的应变措施也许只能使事情变得更糟。不论是天道还是人道，一切应顺其自然。有时袖手旁观是平息尘世风波的最好方法。因此，人类应该以一种辩证的态度去处理问题，既要心存正义，又要懂得保护自己。

【故事链接】

事不关己，高高挂起

故事是讲发生在一只小猴子和一只老猴子身边的一件事。一天，小猴子正在认真地写作业，突然“啪”的一声，一只刚出壳的小喜鹊从树上掉下来了。小猴子见小喜鹊怪可怜的，就从地上拣起小喜鹊，爬上树把小喜鹊送回了鸟窝里。这时，老猴子大声说：“喂，小猴！和你无关的事情你不要管。”小猴子问：“为什么呢？”老猴子扬起脸说：“事不关己，高高挂起。别人的事你不要管。”说着就到树下的椅子上休息了。这时正好小喜鹊想拉屎，撅起屁股，屁股正好对着老猴子的脸…小猴子正想提醒老猴子，但想起刚刚老猴子的话又没有叫出声来，小猴子偷偷捂着嘴乐呵……

就在小猴子偷笑的时候，一坨鸟屎从天而降，正好落在老猴子的脸上，他不知道是什么东西，就用手擦了擦，弄得脸上手上都是鸟屎。老猴子醒了，他火了，问："小猴子！你看见了鸟拉屎也不叫一下我？"小猴子振振有词地说："事不关己，高高挂起嘛！"老猴子被说得哑口无言……

这个故事指导人们，与人相处，要互相关心、帮助，不要别人需要帮助时不理不睬。

爱管闲事的陆游

1191年，南宋爱国诗人陆游因为力主抗金而得罪了权贵们，被免职后隐居山阴三山。他乐于助人，同情百姓，深得当地群众的拥护。两年后，他被推荐为地方上的甲长。从此，只要村庄里有什么事，大伙儿都愿意来找他商量，要他帮忙解决问题的人也很多。特别是老百姓怕打官司，要是遇到邻里之间的纠纷，百姓总爱让陆游解决。而陆游总能断得一清二楚，令双方心服口服。

有一天，陆游正在自家屋里饮酒，一群人急匆匆地来找他。一问，方知鉴湖村的陈大与塘湾村的赵四因为搭建猪棚闹意见，不知怎的打了起来。当时有的人手里还操着棍子、扁担之类的器械。陆游自然不敢马虎，他看到气势汹汹的人群中有人受伤了，头上直流血，显然是受了重伤。陆游马上将那名伤员扶进屋里，叫人去请医生，并亲自取来清水和毛巾，料理伤员。

陈大和赵四都等在外头，想请陆游马上解决问题。陆游叫他们说清了事情的原委。原来陈大在建猪棚时，不小心弄碎了隔壁赵四猪棚的瓦片，赵四要赔，陈大就是不情愿。于是赵四推翻了陈大的墙，接着双方打了起来，而陈大的兄弟因此受了伤。陆游听后，叫双方回家去安心地等着。

第二天一大早，陈大和赵四又来到陆游家，要求陆游评理。而陆游只是一个劲地询问伤员的情况，谈论双方以前友好相处的事情，而对于打架伤人之事，则闭口不谈。

这样过了几天，陈大兄弟的伤势好转，而赵四也心生悔恨。赵四主动地买了一些东西上门去看望陈大兄弟，陈大也愿意赔偿赵四的损失。就这样，一场官司风平浪静了。

事后陈大和赵四问陆游为什么不当场解决问题。陆游笑笑说："我当时不急于调解纠纷，就是为了让你们两家人回去消消气，这样也好大事化小，小事化了……"

听了陆游的一番话，陈大和赵四感激得说不出话来，长跪在陆游面前不肯起来。

信守承诺　不违己心

【原文】

假缎染就真红色，也被旁人说是非。善事可作，恶事莫为。许人一物，千金不移①。

【注释】

①语出《资治通鉴·唐纪》："大丈夫一言许人，千金不易。"许：答应、许诺。移：改变、反悔。

【译文】

假的绸缎就算染成真的红色，也会遭到人们的非议。行善的事要做，作恶的事不可干。许诺给别人一件东西，即使有人出高价钱来买也不能改变诺言。

【解读】

做人应该善良真诚，虚伪的假面不可能总是骗过别人的双眼，骗人的谎话也得不到永久的信任。

"假缎染就真红色，也被旁人说是非"，假的就是假的，即使披上再华丽的外衣也不会改变本质。就像一匹凶恶的狼，就算披上了温柔的羊皮也不可能改变它的残暴本性。一个虚伪的人若想通过包装来改变自己在他人心目中的形象，就算能得到别人的信任，这种信任也是不会长久的。想要真正改变别人的印象，首先是要找回自己善良和真诚的本真，如果自己心地纯正，别人的流言蜚语又何必去在意呢？

一个信守承诺的人是不会因为利益的诱惑而改变自己的诺言的，"许人一物，千金不移"是一种高贵的品质，也是每一个想要成功的人所必须坚持的信条。无论想成就什么样的事业，都要懂得一诺千金的重要性。没有人愿意将自己的利益托付到一个背信弃义的小人身上。违反约定也许会让你尝到暂时的甜头，但却是以你长远的利益为代价的。"人无信不立"，一个人一旦失信，则威信全无，在同事、朋友之间也就难以立足了。"言必信，行必果"是处世和做人成功的前提。

【故事链接】

季札献剑

季札，春秋时期因贤能而著名，吴王寿梦的四公子。关于季札，《左传》还专门列了一篇予以记载：季札观乐（襄公二十九年）。正是由于他对周礼的精通和独到理解，赢得了鲁人的敬重，甚至得到了孔圣人的推崇。公元前561年，吴王寿梦眼看自己的时日不多了，想传位给贤能的季札，但季札却坚持礼法而不受。寿梦只好遗命："兄终弟及。"寿梦去世后，长子诸樊继位，丧期满后让位季札，季札再次坚辞不受，并舍掉了优裕的王室生活去乡下种田了。

有一次，季札要到西边去访问晋国，佩带宝剑拜访了徐国国君。徐国国君观赏季札的宝剑，嘴上没有说什么，但脸色透露出想要宝剑的意思。季札因为有出使上国的任务，就没有把宝剑献给徐国国君，但是他心里已经答应给他了。季札出使在晋国，总想念着回来，可是徐君却已经死在楚国。于是，季札解下宝剑送给继位的徐国国君。随从人员阻止他说："这是吴国的宝物，不是用来作赠礼的。"季札说："我不是赠给他的。前些日子我经过这里，徐国国君观赏我的宝剑，嘴上没有说什么，但是他的脸色透露出想要这把宝剑的表情;我因为有出使上国的任务,就没有献给他。虽是这样,在我心里已经答应给他了。如今他死了,就不再把宝剑进献给他,这是欺骗我自己的良心。因为爱惜宝剑就使自己的良心虚伪,廉洁的人是不这样的。”于是解下宝剑送给了继位的徐国国君。徐国国君说:“先君没有留下遗命,我不敢接受宝剑。”于是,季札把宝剑挂在了徐国国君坟墓边的树上就走了。

寒窗苦读　终有回报

【原文】

龙生龙子,虎生虎儿。龙游浅水遭虾戏,虎落平阳被犬欺[①]。一举首登龙虎榜[②],十年身到凤凰池[③]。十载寒窗无人问,一举成名天下知。

【注释】

①平阳:地势平坦明亮的地方。②龙虎榜:亦即英雄榜,科举考试公布中举者的榜。③凤凰池:魏晋时代的中书省,掌管机要,因为接近皇帝,所以叫凤凰池,后来代指朝廷。

【译文】

龙生龙,虎生虎。龙游到浅水滩就会遭到小虾的戏弄,虎到了平原上也会受到狗的欺负。虽然抬头之间就名登龙虎榜,科举得中,可这却要经过十年苦读,才能来到皇帝身边啊!十年在寒窗下苦读时没人理睬,一旦榜上有名,天下就都知道你了。

【解读】

古人读书多半是为了获得功名利禄,摆脱生活的困境。吃苦算不得什么,只要有收成就行。为了金榜题名、名扬天下,受再多的苦都是值得的。凭借自己个人的努力不仅可以改变自身的命运,同时能为家族带来荣誉,使子孙摆脱寒门出身,跻身仕族子弟之列。因此,读书人对功名的热衷矢志不渝,为了龙虎榜上的名字又何止耗去区区十年青春,即使青丝白发也在所不惜。一旦做官,为了获得相应的心理补偿,颐指气使、贪赃弄权也是很平常的,至于圣贤书中的教诲早已抛到九霄云外去了,哪里还顾得上什么礼义廉耻?当然,若有一天虎落平阳被犬欺,也怨不得别人。

因此,读书应该明确读书的目的,读书要读书的精髓,若把读书当成攀龙附凤的工具,那就是读书人真正的悲哀。古人读书的目的是不足取的,但是他们的精神还是值得学习的。现代的年轻人往往没有恒心和毅力,更没有刻苦钻研的精神。要知道,无论做什么事情都必须是要下一番苦功夫的,耐不住寂寞的人终究难以获得更大的成就。

【故事链接】

虎落平阳被犬欺

从前,有一个新上任的知县,一个即将告老还乡的知府和一个农民在船上相会,三人设酒助兴,酒过三巡,知县说:“今天我们三人同船畅饮,真乃三生有幸,永世难得,为了我们的雅兴,我提议,我们来讲四言八句怎样?”经他一提议,知府和农民欣然同意。

知府说:“以什么为题?”

知县说:“每人必须讲这样一个字,有偏旁是读那个音,无偏旁仍读那个音,去掉偏旁再添一偏旁,读另一个音,然后读上两句诗文,这两句诗文的末尾一字要用上新添偏旁的字。”又补充说:“谁不能按要求讲,认酒钱。”知府和农民都表示赞同。

于是经过一番推辞谦让,知县仗着血气方刚,满腹诗文率先讲了:

有水是读溪,无水也读奚,去掉三点水,加鸟变成鸡,猫儿得志雄如虎,凤凰脱毛不如鸡。

知府一听,气得五官变形,七窍生烟,心里暗骂,好个杂种毛,做了几天知县,竟这样目中无人,欺我退休的老知府。于是接道:

有水是读淇,无水也读其,去掉三点水,加欠变成欺。龙游浅水遭虾戏,虎落平原被犬欺。

农民听出知县、知府两人在斗气,横了两位大人一眼也讲道:

有水是读湘,无水也读相,去掉三点水,加雨变成霜。各人自扫门前雪,莫管他人瓦上霜。

知县知府听罢,各自面带愧色,只顾埋头吃酒。

忆苦思甜　有备无患

【原文】

酒债寻常行处有,人生七十古来稀。养儿防老,积谷防饥。当家才知盐米贵,养子方知父母恩。常将有日思无日,莫把无时当有时。

【译文】

欠下酒钱这样平常的事随处可见,人活到七十岁却古来少有。生养儿子为了预防日后衰老,积蓄粮食为了防备饥荒。理家主事之后才知道钱财的来之不易,生儿育女之后才理解父母的养育之恩。应该常常在有吃穿的时候想到没有吃穿的日子,别等到没有吃穿的时候才想念有吃穿的日子。

【解读】

“人生七十古来稀”,生命是很短暂的,而生活却在随时发生着变化。人生无常,人们有时很难判断前方等待自己的是什么。生活比人们想象的要善变得多,若安于现状,不做长远打算,就会使自己在变故发生时变得很被动。“养儿防老,积谷防饥”的思想虽然保守,但是却也能给人一些善意忠告。养儿防老的观念随着时代的发展已经过时,儿女都有赡养年迈父母的责任,并不是只有儿子才能作为后半生的保证;积谷防饥也在农业告别了自然经济发展成为现代化的同时,大大削弱了原来的意义。但是,人们的忧患意识是不应该削减的,尤其像我们这样一个还是以农业作为基础的人口大国，想要人民安居乐业、衣食无忧，对于吃饭问题还是不能有丝毫怠慢的。

作为社会个体的人们同样应该具备"常将有日思无日，莫把无时当有时"的素质。过日子要有长远的打算才不会坐吃山空。人的体力、精力和财力都是有限的，一旦透支过度，不仅威胁自己的健康也影响自身的前途和幸福。人需要保持清醒的消费意识，对于生活和物欲有所节制才不会令自己陷入进退维谷的境地，更不要等陷入困境时才追悔莫及。

【诗歌征引】

曲江二首

唐·杜甫

其一

一片花飞减却春，风飘万点正愁人。
且看欲尽花经眼，莫厌伤多酒入唇。
江上小堂巢翡翠，苑边高冢卧麒麟。
细推物理须行乐，何用浮名绊此身。

其二

朝回日日典春衣，每日江头尽醉归。
酒债寻常行处有，人生七十古来稀。
穿花蛱蝶深深见，点水蜻蜓款款飞。
传语风光共流转，暂时相赏莫相违。

【故事链接】

积谷防饥的田鼠

秋天，丰收的季节到了，一只田鼠忙着储备粮食，它不停地把粮食一点点地搬到它的洞穴里，从天亮一直工作到天黑。蟋蟀却整天"叽里叽里"地唱着歌，过着游手好闲的日子，它问田鼠："冬天还早着，为什么要那么辛苦呢？像我这样唱歌不是很好吗？"田鼠说："要及早准备，多做储备，不然冬天那么长，要挨饿的。"

很快，冬天来了，北风呼呼地吹着，大雪纷纷扬扬落下，满山遍野到处覆盖着皑皑积雪。蟋蟀到处奔波，却找不到一点食物，只能饿着肚子。蟋蟀禁不住唉声叹气："早知今日，我也要像田鼠一样，在秋天里贮存食物，那样该有多好啊！"不久蟋蟀就在风雪中饿死了。

故事给人们很深的启迪：田鼠这种提前规划，积谷防饥的思路值得学习。当今环境和社会的变化让人们不再像前辈们那样能享受稳定的大锅饭，未来是不确定的，也许一场大病或者意外就能让人类及家庭风雨飘摇，人们还要面对子女教育和退休养老的沉重压力。人们要居安思危,只有平时注重节俭和储蓄,才能有所积蓄,以备不时之需,以应对未来各种人生需求。

叶落知秋　看透人心

【原文】

时来风送滕王阁[①],运去雷轰荐福碑[②]。入门休问荣枯事[③],观看容颜便得知。官清书吏瘦,神灵庙祝肥[④]。

【注释】

①滕王阁:位于江西省南昌市,始建于初唐,贞观十三年唐太宗之弟李元婴受封为滕王,他在洪州都督任内营造此阁,并以其封号命名。与黄鹤楼、岳阳楼并称为江南三大名楼。历代才人多于此吟赏放歌。②荐福碑:江西鄱阳湖县荐福寺碑,李北海撰文,欧阳询书。③荣:荣耀、光彩。枯:失意沮丧,不光彩。④清:清廉。书吏:管文书工作的小官。庙祝:寺庙里管香火的人。

江西省南昌市滕王阁

【译文】

交好运的时候,风会送你到滕王阁扬名,没运气的时候,要临摹碑,碑却被雷轰毁。进别人家门,无须问日子过得怎么样,只要观察他们的容颜气色就知道了。为官的清廉,他的下级吏员都很清瘦,供奉的神仙如果显灵,看管香火的人一定肥胖。

【解读】

人的时运有的时候的确令人难以琢磨,好像是冥冥之中注定的,但是更是个人努力的结果。初出茅庐的王勃因为偶然途经滕王阁,又逢宴请天下文人墨客之机,以一篇《滕王阁序》扬名天下,其中一句“落霞与孤鹜齐飞,秋水共长天一色”更是成为千古绝唱。王勃恰逢天时、地利、人和,不可不称为幸运。但是不可否认的是,当时具备这些条件的不止王勃一人,然而为何只有他能够脱颖而出呢?这当然与他自身的才华是分不开的,可见机遇总是留给那些有准备的人的。至于《荐福碑》中那个时运不济的落魄书生若是真有一技之长,相信也会有意气风发的一天。一个人的成败、进退、荣辱、贫富都是由各种主客观条件共同促成的,而关键的是要靠自己去努力、去争取、去奋斗,同时当机遇来临时一定不要错失。

要想了解一个人的时运、际遇如何,无须多问,只要看他的气色和身体状态就可以掌握了。气色是人内心世界的一面镜子,所谓察言观色,就是为了窥视人的内心世界。而“官清书吏瘦,神灵庙祝肥”,同样只需看下属的外表,你就可以对其上司的清廉与否略知一二。虽然,祸福兴荣不能只看表面,但是我们却可以通过表面现象去了解事物内涵。

【故事链接】

时来风送滕王阁

王勃出身于书香门第，其祖父王通是隋末之大儒，也就是文中子。其叔祖王绩乃初唐的著名诗人，王勃幼年即有神童之誉，实因其有深厚的家学渊源。他6岁能文，9岁时曾著书十卷，10岁通六经，14岁应举，对策及高第，授朝散郎，为沛王府修撰。由于他写了一篇游戏文章，触怒了唐高宗，因而被放逐，流落到四川。27岁时去海南省亲，渡海时溺水而死，旷世高才就此英年早逝。

才高命短的王勃虽然只活到27岁，但却留下了许多传世的作品，在中国文学史上有很显要的地位。他与同时代的杨炯、卢照邻、骆宾王并称初唐四杰，他们的诗对五七言律体的形成及七言古体的完善，做出了很大的贡献。他们对扭转六朝以来的颓靡之风，开创唐代的诗文鼎盛，是功不可没的先驱，而四杰之中要数王勃的成就最高。"初唐才子，以王为冠"的说法，使排在第二的杨炯很不服气，曾言"耻居王后，愧在卢前"，但从作品对后世的影响来说，王、杨、卢、骆的排法还是恰当而公允的，仅一篇《滕王阁序》就足以保住王勃的冠军地位。

王勃写《滕王阁序》确实事出偶然，据《唐摭言》所载：他14岁时到江苏去探望父亲，路经南昌，适逢洪州都督阎伯屿重新修缮了滕王阁，并于重阳节在阁中大宴宾客，他也有幸出席。当时，宴饮作序是文人们的时尚，阎都督为夸耀其婿之才，事先就拟好了稿子，席间故作谦让。众宾客皆敬谢不敏，而居于末座的少年王勃却并不推辞，于是他便当众挥毫，果然是文思喷发，速如涌泉，集胸中之灵秀而落笔惊人，座上之宾客无不叹服。宴会的主人见他小小的年纪竟敢如此狂妄，故而十分恼火。开始听来，斥为老生常谈，再听下去便沉吟不语，待听到"落霞孤鹜"之句时，乃惊叹说："此真天下奇才也，当永垂不朽矣！"从此，滕王阁与王勃一起名扬天下。

随着《滕王阁序》的不胫而走，王勃即席赋序之事也被广泛传扬，并且传得神乎其神。都说他所以能摇笔散珠，落墨凝霞，非凡人之所能，必有神仙相助。到了明代，这故事则被演化为传奇，那就是冯梦龙的著名作品《醒世恒言》第四十卷，题目叫作《马当神风送滕王阁》。书中说在重阳宴会的前一天，王勃尚在离南昌很远的马当山下，他夜梦水神相告：愿助好风一帆，使君一夜赶到南昌，以成就千古高名。果然，王勃的船夜行七百里，清晨已停在章江渡口。关于王勃后来渡海遇难的事，则被说成是由于他才冠古今，所以被海神请去为蓬莱作序，以述仙境之妙。因此，王勃并没有死，而是成仙得道了。这些传说都成为后世的佳话美谈，这足以说明人们对王勃的钦敬和喜爱。

运去雷轰荐福碑

鄱阳县城东湖东岸，有一座荐福寺，它在历史上曾经享有鼎鼎大名，因为在宋朝有个“运去雷轰荐福碑”的故事。

北宋名臣范仲淹在“庆历新政”失败后贬知饶州，有个书生自称天下最穷，请他帮助。范仲淹告诉穷书生，荐福寺有块唐代名书法家欧阳询写的碑，我送你些钱买纸墨，你去拓些碑帖卖。书生满怀希望告辞，谁知当晚一阵雷雨把碑轰坏，人们都说这书生时运不好。由于范仲淹是杰出的政治家和文学家，因此这故事流传很广，“时来风送滕王阁，运去雷轰荐福碑”也一不留神就成了千古名言。

在元代，马致远将其衍化为《半夜雷轰荐福碑》的杂剧，名噪一时。故事梗概是：汴京书生张镐贫困无依，流落至潞州长子县张浩处，靠教书度日。老友范仲淹劝其谋取功名，并写三封书信令其投奔宋庠等人。张镐持信赴洛阳寻访黄员外求其资助，黄患病身亡。又去黄州投奔团练使刘仕林，刘亦亡故。由于范仲淹中举，朝廷授张镐吉阳县令，因张镐已离去，张浩便冒名接旨，赴吉阳任。途中与张镐相遇，欲将其害死，所遣刺客悯张镐不幸，私放其脱难。至荐福寺，长老欲赠其颜真卿真迹碑文法帖，然碑为雷轰碎。张镐见无有出路，欲撞槐寻死，恰范仲淹将其救下，携往汴京求取功名。张镐状元及第，与宋庠之女成婚。

宽以待人　莫中伤人

【原文】

息却雷霆之怒[1]，罢却虎狼之威[2]。饶人算之本[3]，输人算之机[4]。好言难得，恶语易施[5]。一言既出，驷马难追[6]。

【注释】

①息：停息。却：消除，除去。②罢：停止。③饶：宽恕。④输：捐献（财物）。机：有重要关系的环节。⑤施：施行，说出。⑥驷马：同拉一辆车的四匹马。

【译文】

平息雷霆般的愤怒，收敛起虎狼般的威风。宽恕别人是处世的根本，捐助别人是处世的关键。对人有益的话不容易听到，伤害别人的坏话则很容易说出。一句话说出去了，四匹马拉的车子也追不回来。

【解读】

本段主要讲在人与人的交往中应该注意的言行。温暖的春风化育万物，寒冷的冰雪使万物枯萎。为人行事也是如此，一个气度恢宏的人，无论到哪儿都受人欢迎；反之，为人如果心胸褊狭、尖酸刻薄，则会被人当成是难缠的人，大家躲避都唯恐不及，更别说还有人愿意接近了。人们常用“面恶心善”“刀子嘴豆腐心”来形容一个人的心地不坏，只是待人比较严肃苛刻，在你我身边随处可见这类拙于表达温情的人，他们必须要经过相处，而且信赖对方时，才会释放出温情。然而，常言道“恶语伤人六月寒”，有时候无心的一句话，往往极具杀伤力，说出的话是不能收回的。对方还来不及发现原来你有一颗善良无比的“豆腐心”时，就已被“刀子嘴”伤害得遍体鳞伤了。试问，他还愿意再接近你吗?

人与人之间的关系是相互的。用雷霆之怒、虎狼之威这些强迫的手段可能使他人做出屈辱的选择,也可能激起他人做出强烈的反抗,矛盾激化不可调和,甚至势不两立,最后两败俱伤。改善人际关系,应该从我做起,以平等、友善的态度对待每一个人。将心比心,善待每一个人,其实是善待自己。人没有理由虐待自己,也同样没有理由轻视每一个同类,不管他是谁,也不论他是不是你的朋友。在尊重他人中获得他人的尊重,在善待别人中提升做人的境界。

【故事链接】

邻居争吵

一个人因为一件小事和邻居争吵起来,争论得面红耳赤,谁也不肯让谁。最后,那人气呼呼地跑去找牧师,牧师是当地最有智慧、最公道的人。

"牧师,您来帮我们评评理吧!我那邻居简直是一堆狗屎!他竟然……"那个人怒气冲冲,一见到牧师就开始了他的抱怨和指责,正要大肆指责邻居的不对,就被牧师打断了。

牧师说:"对不起,正巧我现在有事,麻烦你先回去,明天再说吧。"

第二天一大早,那人又愤愤不平地来了,不过,显然没有昨天那么生气了。

"今天,您一定要帮我评出个是非对错,那个人简直是……"他又开始数落起别人的劣行。

牧师不快不慢地说:"你的怒气还是没有消除,等你心平气和后再说吧!正好我的事情还没有办好。"

一连好几天,那个人都没有来找牧师了。牧师在前往布道的路上遇到了那个人,他正在农田里忙碌着,他的心情显然平静了许多。

牧师问道:"现在,你还需要我来评理吗?"说完,微笑地看着对方。

那个人羞愧地笑了笑,说:"我已经心平气和了!现在想来也不是什么大事,不值得生气的。"

牧师仍然不快不慢地说:"这就对了,我不急于和你说这件事情就是想给你时间消消气啊!记住:不要在气头上说话或行动。"

怒气有时候会自己溜走,稍稍耐心地等一下,不必急着发作,否则会惹出更多的怒气,付出更大的代价。

结交诤友　谦虚从师

【原文】

道吾好者是吾贼,道吾恶者是吾师。路逢险处须当避,不是才人莫献诗①。三

人行，必有我师焉。择其善者而从之，其不善者而改之[②]。

【注释】

①语出宋代释道宁《偈六十九首》之一："路逢剑客须呈剑，不是才人莫献诗。"②语出《论语·述而》。

【译文】

说我好话的人是害我的人，讲我缺点的是我的老师。行路遇到危险之处应当避开，不要向没有才学的人吟诗。三人同行，其中一定有能做我老师的人。对他们的长处要虚心学习，对他们的缺点也可借鉴改正。

【解读】

从师学艺要有选择性，同时在学习的过程中还要虚心。

俗话说"良药苦口，忠言逆耳"，千万别因为别人的称赞和恭维就得意忘形，因为那会影响你的自我评价，而只懂得对你甜言蜜语的人不是对你有所图就是对你有所谋，这样的人不会对你的学习和生活有任何帮助，还是少与之接触为妙；而那些能指出你缺点，并给予你忠告的人，才是对你有帮助的人，这样的人才能担当起为人师的责任。

然而光有一个好老师还是不够的，最重要的是自己要有一颗虚心学习的心。目中无人的人又怎么会听得进去别人的劝告呢？因此，不论你的目标是什么，如果你想要追求成功，谦虚都会是你必要的素质，只有谦虚的人才能得到智慧。"三人行，必有我师焉。择其善者而从之，其不善者而改之"。以人之长补己之短，观人之短改己之过，不失为一种充实自我的好方式。我们也只有虚怀若谷、不断更新自己的知识，才能在激烈的竞争中不被社会所淘汰。

【故事链接】

权龙襄无才强献诗

唐代有个左卫将军叫权龙襄，性情急躁而肚量窄小，经常自夸能写诗。通天年间，被任命为沧州刺史。刚刚上任，便写诗拿给州官们看。诗写道："遥看沧海城，杨柳郁青青。中央一群汉，聚坐打杯觥。"各位官员都称赞道："你有超群的才华。"权龙襄说："不敢当，不过是凑韵而已。"

后来到了秋天，又作《述怀》诗道："檐前飞七百，雪白后园强。饱食房里侧，家粪集野螂。"参军不明白，请他解释一下，他说："鹞鹰在屋檐前飞旋，能值七百文钱。洗过的衣衫晾挂在后园里，晒干后洁白如雪，吃饱了饭就在房子里侧身躺卧，家里的粪便，必然会召集来许多野泡子里的屎壳郎。"谈到这件事的人没有不嘲笑他的。

一日皇太子赐宴，正好是夏天，他赋诗写道："严霜白浩浩，明月赤团团。"皇太子提笔"赞"道："龙襄才子，秦州人士。明月昼耀，严霜夏起。如此诗章，趁韵而已。"

他曾因张易之事的牵连，被从京城里派出去做了容山府折冲，到神龙年间又被调回京师，于是给皇上写诗道："无事向容山，今日向东都。陛下敕进来，今作右金吾。"又作《喜雨》诗道："暗去也没雨，明来也没云。日头赫赤出，地上绿氤氲。"

任瀛洲刺史时，有一年春节刚过，京城中几个人都捎来书信说："改年多感，敬想会同有此心的。"他误解了这句话的意思，正月里他把所有官员都召集来说道："皇上下的命令，改年号为多感元年。"并把京城人的来信拿给判司等官兄们看，众人大笑。他侧耳听到人们的哄笑时，又怪敕书迟迟不到。

高阳、博野两县为了争夺其地的管辖权，都状书各自的理由，权龙襄判状道："两县争地盘，不是本州府不予裁决，既是两个县的事，按理应交付主管部门去裁判。"最后署名"权龙襄示"。典吏说："近来长官判事，皆不署名。"龙襄曰："本人不解。若不署名，知道我是谁家的浪驴呀！"

权龙襄不知道什么叫忌日，问府史道："什么叫私忌？"府史道："父母死亡时，要告假在家，独坐房中不能出门。"后来在他遇上丧忧之时，便在房中一人静坐，不巧有只黑狗突然闯入，权龙襄大怒，道："冲破我的忌日！"于是重写书札，改为明天再作忌日。谈论的人莫不大笑。

天佑善人　年少勤学

【原文】

欲昌和顺须为善[1]，要振家声在读书。少壮不努力，老大徒伤悲[2]。人有善愿，天必佑之。

【注释】

①欲：想要。昌：兴盛。为：做。②徒：白白地。

【译文】

想要家庭和顺美满，就要多做好事，要想振兴家声，就要刻苦读书。年少力壮的时候不知道努力，到年老体衰的时候只能空自伤心了。人如果有善良的愿望，上天也会帮助他。

【解读】

本段主要讲行善和读书，这两者又可以统一到一个家庭当中。"家和万事兴"，而一个家庭要和睦，首先需要家庭成员间的和平共处，家庭之中消除肃杀之气才能招得祥和美满。"欲昌和顺须为善"，和气出于善心，有了善心，肃杀之气才能被驱散。心存善念是一种爱心的体现，家庭成员之间只有发自内心的无私的爱才会使关系融洽。同时，心存善念是一种蕴藏在人内心深处的珍贵感情，它是对人生的一种理解，对行为的一种保证，善心如水，能泽被后世。若能懂得"善为至宝，一生用之不尽，心作良田，百世耕之有余"的道理，就会在冥冥之中受到上天的保佑，合家幸福安康也就成了自然而然的事。

读书同样需要心存善念，"心地干净，方可读书学古"是古人的名训。古人以读书作为振兴家业的资本。读书就有机会做官，做官就能封妻荫子、光耀门楣，振兴家业自然不在话下。作为一个现代人,这种思想虽然已经落伍,但是读书却变得更加重要,时代发展如此之快,知识就是财富,不读书就会被社会淘汰。而且要读书就要趁年少之时,因为这时年轻体壮,精力充沛,接受新知识、新事物快,不迷信,敢创新,正是学知识、长本领的大好时机。知识是一个积累的过程,只有不放弃任何一个积累的机会,才能使自己越来越充实。

【诗歌征引】

长歌行

汉·无名氏

青青园中葵,朝露待日晞。
阳春布德泽,万物生光辉。
常恐秋节至,焜黄华叶衰。
百川东到海,何时复西归?
少壮不努力,老大徒伤悲。

【故事链接】

孙叔敖路打两头蛇

春秋时代,楚国有一个很有礼貌的好孩子叫孙叔敖。有一天,他在路上看见一条两头蛇,因为他曾经听人家说:“看见两头蛇的人,一定会死。”他想:我今天看见了两头蛇,不久一定会死去了,当他想到这里,心里立刻联想起一件比自己死去更加重要的事情来,这就是那条蛇还在那里,每天从这条大路经过的人很多,一定还有很多人会看到,那么就有很多人会因此而死亡了。

孙叔敖为了要救很多人,避免很多人因此死亡,他便把那条两头蛇打死,然后在路边地上掘一个洞,把蛇埋了。他做了这件事以后,回家告诉他的母亲道:“妈!我今天不幸看见一条两头蛇,不久一定会死了。”他的母亲问:“为什么?”孙叔敖答道:“人家都说,看见两头蛇的人,一定会死。”母亲又问:“那么,那条两头蛇现在在哪里?”孙叔敖说:“孩儿怕过路的人看到,也和孩儿一样会一个个死去,所以就把那条两头蛇打死,而且把它埋了。”母亲听了这一句话,微笑着安慰他道:“好孩子!你存心救人,一定不会死。”

果然,孙叔敖后来不但得到长寿,而且做了楚国的宰相。

因果相应　莫存侥幸

【原文】

莫饮卯时酒[①],昏昏醉倒酉。莫骂酉时妻[②],一夜受孤凄。种麻得麻,种豆得

豆。天网恢恢[③],疏而不漏[④]。

【注释】

①卯时:早晨五点到七点。②酉时:下午五点到七点。③恢恢:形容非常广大。④疏:事物之间的空隙大。

【译文】

不要在清晨时饮酒,那样会昏昏沉沉直到傍晚;不可在傍晚骂妻子,那样一夜都会孤独凄凉。种下麻籽会收获到麻,播下豆种会收获到豆。天的眼睛像宏大的网,虽然网眼稀疏却不会漏掉一切坏人坏事。

【解读】

胡适说过:“要怎么收获先得怎么栽。”这句话不仅适用于做学问,也适用于生活中的各个方面。

卯时指的是早上六七点钟,正是一天的开始,清早起来就喝得烂醉如泥,一天的工作都会被耽误下来,再说酒能乱性,酒大伤身,酒也能误事,甚至误人一生。清早喝酒如同年少时对青春和财富的挥霍,少壮之时不努力,焉能老大不伤悲?一天之中,只有一个清晨,一生之中也只有一个青春,把最美好的时光错过了,等于浑浑噩噩过了一辈子。傍晚打骂老婆,同样是要付出代价的,起码一晚上都进不了屋,受一夜的冻是避免不了的。因此,夫妻之间有了矛盾要心平气和,不要动不动就恶言相向,如此会伤害彼此的感情,使生活失去原有的光泽甚至导致家庭破裂。

所以说,种什么样的因就会得什么样的果,自己种的苦果就得自己去咽,“天网恢恢,疏而不漏”,生活说到底是公平的。其实,只要不违背生活的原则,按照规律办事,自然会收到好的效果。否则,必然会受到惩罚。

【故事链接】

因果故事

有一位名医医术高超医德高尚,曾救治过不少病人。在他40岁时听闻佛法,于是顿感人生苦短,乃遁入空门,80岁圆寂。圆寂后见到菩萨,便向菩萨询问,自己修行多年是否可得正果?菩萨说:“不可”并告诉他:“你此生本应救人性命一千,救治人病痛三万六千,如果是这样可在80岁时,于家中入灭得成正果。而你40岁就出家了,结果只救了三百人性命,救治人病痛一万,功德未足,所以无法得成正果。不过他下一世可投胎富贵人家,如果下一世能修行精进,就可得成正果了。”此世无法得成正果都是因他攀缘之故。

有一高僧,自小出家,佛法精通,修为颇高,但是从未下山去宣讲佛法。有一次,一农夫上山为寺院送菜,见到了高僧。农夫说:“现在世道混浊,人心不古,世风日下,法师学问那么高,为何不下山劝人行善,普度众生”高僧听了农夫的话之后,感觉农夫谈吐不俗,但还是对农夫说:“老衲修行多年才得清净,如果下山难免会生妄念,妄念一生不免又会遁入轮回。"后来高僧圆寂,圆寂后见到菩萨,便菩萨问极乐世界的路怎么走。菩萨说:"你无法去极乐世界,不仅如此,下一世还将会投生为牛,耕作一生。"高僧不解问道:"我一生精修佛法,为何无法得成正果,还要转世为牛?"菩萨说:"你一生只吃不做,临终还念念不忘得成正果,所以终究无法超脱轮回,还要转世为牛以补今生之受报。"高僧问:"从来没有人告诉我这些,错也不在我啊?"菩萨说:"怎么没人告诉你?我曾经化身为农夫点化与你,只是你执着于清净,听不进去。"

有一年适逢水灾,某地便有无数人沦为灾民。有一寺中僧人下山,见到此情景,便在回寺后问寺院的主持:"我们寺中余粮不少,是否可以开设粥场救济灾民。"主持说:"灾情难测,如果我们救济灾民,恐怕到时候寺中僧众也要挨饿,此外灾年乃是众生造业所致,又岂可违背天道,更何况佛门本为清净之地,那么多灾民涌入寺中,如有行为不检者四处遗便,恐对佛祖不敬。"多年后主持圆寂,在圆寂后见到菩萨,于是便问道:"小僧一生清修,六根清净,可得正果吗?"菩萨说:"不可,不可,你一生并无功德,且缺乏慈悲之心,来世将转为乞丐,并最终会冻饿而死。"

有一居士精修佛法,某日在研读经书时,深感轮回之可怖,于是发大善心假托佛言,著得因果之经,且印制万卷广布民间。一日居士外出,于酒肆间见得三个无德小子,酒后失德妄议此间一寺中主持。一子说:"老僧念经像狗叫唤。"另一子说:"老僧吃饭像牛吃草。"第三子口业最重说:"老僧坐禅像一大坨屎。"居士听闻忙去斥责三子:"寺中的主持乃是得道高人,你们造此口业会得恶报的,还不快去佛祖面前忏悔自己的过错。"三子不解,第一子问居士:"我会得何恶报?"居士说:"你来世会投生为狗。"第二子问居士:"我会得何恶报?"居士说:"你来世会投生为牛。"第三子闻言大笑道:"如此,依你所说,我来世一定会投生为屎了?"居士想了半天,也不知该如何回答。回家后此问题一直困扰着居士,居士终日郁郁不欢,没过几年便离世了。离世后,居士见到了菩萨,回想前事,居士不解,便问菩萨:"我著因果之经劝世人弃恶从善,为何自己反终日郁闷,来世又会得何果报?"菩萨说:"因果之道玄奥,岂凡夫所能尽知。你著经本意虽善,然经传至今,已有九个心量狭小之人,在观此经后,心生恐惧而致癫狂,并有三人因此而自杀,此九人虽有小恶,下世本还会投生为人,但是他们因看了你所著之经,而入魔将于下世沦为恶道。此皆因你伪称佛言著经之故。你下世将投生为犬,且最终会发狂咬人,并因此被世人乱棍所杀,而你所咬之人正应是那第三子。"

一渡口有人落水,围观众人之中有一年轻人,跳入水中救起落水之人。落水之人酬谢青年一锭黄金,青年本欲接受,人群中有一僧对青年说:"佛家最讲不着相布施,救人性命不应图回报的。"青年闻言便没有接受。此僧乃此间寺中一法师,佛法精通,且广布佛法,很是有德。数十年之后,法师圆寂。圆寂后得遇菩萨,便询问菩萨,自己应往何处。菩萨说:"你此生广布佛法,有大功德,来世会投生富贵之家。"法师问:"弟子此生不得正果吗?"菩萨说:"你本应于此生成正果,只因你修行尚有缺憾,故无法得成。"法师不解问道:"不知弟子修行有何缺憾,还请菩萨明示。"菩萨问:"你还记得渡口之事吗?"法师说:"记得。"菩萨说:"那个落水之人本为我化身,因观世心冷漠,故老衲化身为落水之人,如世人见到救我之人可得厚报,便会有更多的人去行救人之事。你当时也在围观人群之中,只因你当时一念因执着于仪容,恐救人后河水湿衣会有不雅,故此未去救人。青年救人后,你又因一念执着于操守,使得老衲此举无功。只因此二者故,你今生未可得成正果”法师幡然醒悟,接着又问道:“那救人的青年此生会得何报?”菩萨说:“此人心怀善念,时常助人,在渡口之时又得你点化,悟得不着相布施之道,现宿缘尽了,已往生极乐世界了。”

天网恢恢,疏而不漏

随州大洪山镇有个叫李遥的人,他杀了人后就逃亡外地。过了一年,李遥来到秭归县城,在城中的集市上,他看到有人在出售拐杖,因为价格便宜,就花几十枚铜钱买了下来。当时秭归城中恰好也出了一桩人命案,官府正在急于抓捕凶手。被害人的儿子在街上看见李遥,认出他手中的拐杖是自己父亲的,于是就向衙门报了案。衙役们把李遥逮住,经验证,果然是被害人的拐杖。李遥称自己是买拐杖之人,并非凶手。但是差官们在市场上没有找到那个卖拐杖的人。于是又对李遥进行审问,问李遥是哪里人,李遥知道无法隐瞒,就说出自己的真实住址。秭归县衙与随州地方官府取得联系后,得知此人就是大洪山杀人潜逃的嫌犯,于是大洪山杀人案告破。李遥受到了应有的惩罚。

待人得体　进退有度

【原文】

见官莫向前,做客莫向后。宁添一斗,莫添一口。

【译文】

见长官时不能靠前,以免被挑剔,做客时不能靠后,以免被冷落。宁愿多添一斗粮,也不要多生一个人。

【解读】

这两句反映的是封建社会为人处世的原则标准。君权至上的封建社会是一个金字塔式的结构,由高到低形成了一种一层压另一层的状态,百姓作为社会的最底层,所受的压迫是最重的。官府是封建权力的象征,对于普通百姓而言,得罪官府无疑就等于断送了自己的身家性命,对当官的还是躲得远一些为好,省得一不小心为自己惹上麻烦。而出门做客,就不能畏畏缩缩、躲躲闪闪,待人接物应该大方得体,如此才能受到别人的尊敬。进退有度,是为人处世的基本常识,只要拿捏好分寸就能游刃有余。

另外,在封建社会百姓除了要应付官府盘剥外,还要经受住天灾的考验,靠天吃饭的老百姓只能勉强糊口,如果再增添一两口人,生活可能就无法维持下去。因此,“宁添一斗,莫添一口”,人们宁愿祈求老天给个好年景多收一些粮食,也不愿意多一张嘴吃饭。其实现代社会也存在同样的问题,资源短缺、人口压力过大,再多的国民生产总值也经不起庞大人口基数的平均。所以,若想国富民强、经济快速发展,控制人口增长依然是我国目前一项十分艰巨和紧迫的任务。

【故事链接】

进退有度的蜂鸟

蜂鸟家族在蜂鸟国王的带领下成为森林里最强大的家族。因为它们身体太小,所以每只蜂鸟必须依赖家族才能够得以生存。蜂鸟家族有一个规矩,就是只能前进不准退后,谁退后就啄死谁。凭着这样的规矩,它们的家族甚至战胜了猩猩、熊和老虎们的家族。它们眼里,只要在蜂鸟国王的指挥下,蜂鸟家族是无所不能的。

有一天,森林发生了一场大火。这场大火在森林里四处肆虐,其他家族都纷纷逃出森林以躲避这场大火。而蜂鸟国王相信,它的蜂鸟王国一定能够扑灭这场大火,于是国王就号令所有的蜂鸟去扑火。成群的蜂鸟向大火扑去,火却越来越大,无数的蜂鸟化成了灰烬。

蜂鸟群中,突然有一只蜂鸟开始退缩,它的翅膀振动着往后飞了。在它倒退飞的时候,有些蜂鸟也跟着这只蜂鸟倒着飞,一只、两只、三只,越来越多……

几天以后,一场大雨终于把大火熄灭了。整个蜂鸟家族就剩下了那些会倒着飞的蜂鸟了,后来,蜂鸟家族慢慢又变得强大了;不过蜂鸟家族多了一种新本领,就是会倒着飞。

启示人们:进,势如破竹。很多时候,退即是海阔天空。古人有云,善知进退、厚德载物。成功的人懂得进退之间,化解困境。

琴瑟调和　儿孙贤能

【原文】

螳螂捕蝉,岂知黄雀在后[①]。不求金玉重重贵,但愿儿孙个个贤。一日夫妻,百世姻缘。百世修来同船渡,千世修来共枕眠。

【注释】

①岂:怎么,哪里,表示反问。

【译文】

螳螂只顾捕捉眼前的蝉,没想到黄雀正在它身后准备吃它。不追求家中有贵重的金银珠宝,只愿家中的儿孙个个贤能。能成为夫妻,是百世的缘分。一百世修来的缘分才能同乘一条船,一千世修来的缘分,才可以做同床共枕的夫妻。

【解读】

这里主要讲家庭,儿孙贤良、夫妻和美,是所有人的愿望。其实要获得这些也并不困难,就看人们如何去做了。如果你是一个通达明智之人,自然知道如何使自己的家庭更加幸福。

"儿孙个个贤",光想是没用的,想来想去也只是美好的愿望而已,它需要你去做才能实现。因此,对子女的教育是必需的,没有良好的教育一切只是空谈。除了给他们提供学习的条件以外,还要注重对他们思想品德的培养。同时,良好的家风也是必不可少的,父母是孩子模仿的对象,一言一行都会影响到他们的成长,所谓"言传身教"就是这个道理。所以,孝子贤孙的培养不仅需要物质基础,更需要精神投入。

家庭是一个有机的整体,夫妻作为家庭的两大支柱,起着十分重要的作用。何况,能结成一生的伴侣是要讲缘分的,自然应该珍惜。夫妻间感情的维系是需要双方共同做出努力的。举案齐眉、相敬如宾是理想的生活状态,吵吵闹闹、磕磕碰碰也是生活中不可缺少的小插曲,只要不伤害感情自然也无伤大雅。然而家庭是两个人的,日子也是两个人过,两个人在生活中虽然扮演着不同的角色,但是都是同样重要的,不存在从属关系。夫妻间更需要理解和沟通,有了矛盾就要及时解决,否则时间越久问题越多,解决起来就越麻烦,很容易导致感情的不和,甚至破裂,到那时一切都晚了。所以,光有美好的愿望是不够的,幸福需要靠自己的双手去创造!

【诗歌征引】

知足歌

清·奕譞

财也大,产也大,后代子孙祸也大;
借问此理是若何?儿孙钱多胆也大,
天般大事都不怕,不丧身家不肯罢!
财也少,产也少,后来子孙祸也少;
若问此理是如何?子孙钱少胆子小,
些微产业知自保,省吃俭用也过了!

【故事链接】

螳螂捕蝉,黄雀在后

吴王准备出兵攻打楚国,遭到了一些大臣的反对。大臣们认为,攻打楚国虽然取胜的希望很大,但如果其他诸侯国乘虚而入,后果将不堪设想。可是吴王固执地说:"谁敢来劝阻我,我就处死他!"

有一位侍奉吴王的少年,听了大臣们的议论,想去劝说吴王。可是吴王已经下了死命令,怎么办呢?

第二天清晨,他拿着一只弹弓,在王宫花园里转来转去。露水沾湿了他的衣裳和鞋子,他也毫不介意。就这样,一连转了三个早晨。少年终于被吴王发现了,吴王问道:“你早晨跑到花园里来干什么?看你的衣裳都被露水打湿了!”

少年回答说:“禀报大王,我在打鸟。”

吴王问:“你打着鸟了吗?”

少年说:“我没有打着鸟,却见到一件挺有意思的事。”

吴王来了兴趣,问:“什么事啊?”

少年说:“花园里有一棵树,树上有一只蝉。蝉高高在上,悠闲地叫着,自由自在地喝着露水,却不知道有只螳螂在它的身后。那螳螂弓着身子,举起前爪,要去捕蝉,却不知道有只黄雀在它的身后。”

吴王夸奖说:“你看得真仔细!那黄雀要捉螳螂吗?”

少年接着说:“是的,黄雀伸长脖子正要啄食螳螂,却不知道我拿弹弓在瞄准它呢。蝉、螳螂、黄雀,它们都一心想得到眼前的利益,却没顾到自己身后正隐伏着祸患呢!”

听了少年这番话,吴王恍然大悟,连声说:“对!对!你讲得太有道理了!”于是打消了攻打楚国的念头。

伤人伤己　未雨绸缪

【原文】

杀人一万,自损三千。伤人一语,利如刀割。枯木逢春犹再发[①],人无两度再少年。未晚先投宿,鸡鸣早看天。

【注释】

①犹:还。再:两次。

【译文】

杀死一万敌人,自己一方也损失三千。一句伤人的话,就像用刀砍人一样锋利。枯萎的树木一到春天就会再发绿叶,人却不会有两次年少时期。旅途中不到晚上就该去找住宿的地方,听到鸡叫就即刻起来看看天气。

【解读】

本段的前两句告诉人们,要与人为善,不要去伤害别人,后两句旨在提醒人们要珍惜时光,为将来早做打算。

首先,切莫存害人之心,因为伤害他人的人往往自己也要承担很大的损失,损人不利己的事还是少做为妙。“杀人一万,自损三千”,企图伤害别人的人,手中拿着的通常是一把双刃剑,在攻击别人的同时,一不小心就会将自己也弄得遍体鳞伤。恶意伤人同样会使自己陷入仇恨的旋涡中不可自拔,并且要承担所有造成的恶果,得不偿失。其次,不仅在行为上,在语言上也要得饶人处且饶人,“良言一句三冬暖,恶语伤人六月寒”,即使是出于无心的话也要少说。说者无心,听者有意,你的戏言也许会给别人带来很大的伤害。因此,一定要注意自己平时的措辞方式。

人生短暂，要珍惜自己的青春时光。青年时期朝气蓬勃、风华正茂、精力充沛，应该好好把握大好时光，早立志，立大志，勤奋学习，艰苦奋斗。趁年轻早做准备，打好基础才能干出一番事业来。人要有先见之明，未雨绸缪，省得青春不再时后悔莫及，所谓"少壮不努力，老大徒伤悲"就是这个道理。"未晚先投宿，鸡鸣早看天"，也是要人们早做打算，古代交通不便，为了安全要在天黑前就找好落脚之处。虽然现代社会交通便利，这句话似乎已经失去了原来的意义，但是它的精神还在，毕竟人还是需要这种先见之明的。

【故事链接】

鸬鹚罢工

一群鸬鹚辛辛苦苦跟着一位渔民十几年，立下了汗马功劳。不过随着年龄的增长，腿脚不灵便，眼睛也不好使了，捕鱼的数量越来越少。不得已，渔民又买了几只小鸬鹚，经过简单训练，便让新老鸬鹚一起出海捕鱼。很快，新买的鸬鹚学会了捕鱼的本领，渔民很高兴。

新来的鸬鹚很知足：只干了一点微不足道的工作，主人就对自己这么好，于是一个个拼命地为主人工作。而那几只老鸬鹚就惨了，吃的住的都比新来的鸬鹚差远了。不久，几只老鸬鹚瘦得皮包骨头，奄奄一息，被主人杀掉炖了汤。

鸬鹚

一日，几只年轻的鸬鹚突然集体罢工，一个个蜷缩在船头，任凭渔民如何驱赶，也不肯下海捕鱼。渔民抱怨说："我待你们不薄呀，每天让你们吃着鲜嫩的小鱼，住着舒适的窝棚，时不时还让你们休息一天半天。你们不思回报，怎么这么没良心呀！"一只年轻的鸬鹚发话了："主人呀，现在我们身强力壮，有吃有喝，但老了，还不落个像这群老鸬鹚一样的下场？"

乱发脾气是对自己的惩罚

一位禅师在旅途中，碰到一个不喜欢他的人。连续好几天，那人用尽各种方法污蔑他。

最后，禅师转身问那人："若有人送你一份礼物，但你拒绝接受，那么这份礼物属于谁呢？"

那人回答："属于原本送礼的那个人。"

禅师笑着说："没错。若我不接受你的谩骂，那你就是在骂自己。"

位高胸宽　好人难做

【原文】

将相顶头堪走马[1]，公侯肚内好撑船。富人思来年，贫人思眼前。世上若要人情好，赊去物件莫取钱。死生有命，富贵在天。

【注释】

①堪：可，能。

【译文】

将军宰相应能承担大事，头顶宽绰得可以跑马；王公贵族应当宽宏大量，肚里宽广得可以撑船。有钱人总考虑明年的事，穷人却只能顾及眼前的温饱。在世上要想取得好人缘，除非赊给别人东西不要钱。人的生死是命中注定的，能不能富贵全在天意。

【解读】

人若乐天知命，心胸自然开阔。钱财身外物，世人何必那么执着？如果对这一点看开了，也许每个人都会变得胸怀宽广。只是做到这样似乎很难。人生活在世界上，大部分的时间其实是在为生存奔忙。而供人类生存的物资是有限的，于是便免不了争抢竞逐、斤斤计较，财富这种东西总是能让人趋之若鹜，要人不去在意似乎是不可能的事。因为，能做到将相公侯这个级别的人毕竟不多。但是，反过来想一想，那些将相公侯若无容人雅量，恐怕也不可能使自己的事业如此辉煌。宽宏大量，的确是一种做人的好品质，只有能体谅别人、理解别人、容纳别人的人，才能化解各种矛盾，才能将自己前进道路上的沟沟坎坎铺平，才能使自己的事业一帆风顺。

不过这都是同平时努力锻炼自己，加强个人思想修养分不开的。至于穷人和富人目光长短的问题，那就要取决于自己的经济状况。一个吃不饱穿不暖的人，身无分文，你如何去要求他憧憬自己的投资会获得怎样大的收益呢？古人云"仓廪实而知礼节"，温饱问题不解决，其他的所谓宏图大业都是空谈，要人不去斤斤计较都难，更别说走马撑船了。自己若已经很富有，当然可以为了获得好人缘"赊去物件莫取钱"，就当是助人为乐也好。但是，如果没那个能力就不要硬撑，毕竟真正的友情不是建立在金钱的关系上的，富贵荣华并不是靠人们焚香祷告就能获得的，但是它也并不是人生的唯一追求，如果你能在保证自己生活的前提下又有凌云之志，大可不必为了金钱浪费生命，应该放开胸怀去实现更高的人生理想。

【故事链接】

大将军蒋琬宽恕直言下属

蒋琬是三国时期的蜀汉名臣，深得诸葛亮的信任。诸葛亮临终前对后主刘禅说：

"我死以后,后事可以交付蒋琬。"诸葛亮病死五丈原后,蒋琬身兼大将军、尚书、大司马等职,辅佐后主刘禅,统驭蜀军将士。蒋琬辅政后,朝中杨戏等人对其不甚信服,常有贬词相加。一天,蒋琬和侍卫单镐一同散步,蒋琬问:"我辅政至今,在治军理国方面有什么差错吗?"单镐答道:"大司马日理万机,功高盖世,世人敬仰。""依你之言,我的施政措施都是正确的了?"蒋琬追问道。单镐略加思索答道:"不足就是您对下属太宽容了。"蒋琬问:"此话怎讲?"单镐说:"您身为大司马,位尊言重,连后主对您都礼遇有加,但杨戏对您却傲慢无礼,对您说话也怠慢得很,您却对他不治罪,这难道不是太宽容了吗?长此以往,何以树威!"蒋琬说:"人心如其面,各有不同。面从言后,古人所诫。我了解杨戏的为人,他从不说违心恭维别人的话。我的话也并非句句箴言,如果我说错了,让他赞同,是违背其真心;他若反驳,又当人扬我之非。他为照顾我的脸面,所以默然不答。而我也正是从他沉默不语中发现了自己的过错,这有何不好?为何要治他的罪呢?"单镐闻听颇受启益。

不久,又有一位将官杨敏私下散布蒋琬"做事糊涂,实不及前人"。单镐又向蒋琬进言:"大司马您功德无量,老少咸知,可杨敏却说您做事昏庸,不及前人。"蒋琬反问单镐:"你看杨敏说得对否?"单镐激愤地答道:"纯属不实之词。大司马聪颖过人,料事如神,岂有愦愦之状。杨敏恶意诽谤您,一定居心不良,应治他死罪,方能警戒他人。"蒋琬听完却说:"杨敏言之有理,无罪可治。"又说道:"世人皆知前丞相诸葛亮深沉大略,韬略无穷,功高德著,我怎么能赶得上他呢?我本无丞相之才,却身居丞相之职,处事不当,自然会有昏庸之相了。"

这两件事被人知晓后,无不为其宽宏大度所感动,杨戏、杨敏二人羞愧地跪在蒋琬面前,乞求宽恕。蒋琬搀扶起二人,说道:"我理国治军,不靠个人树威,全凭恩德待人,你们逆耳直言,正是我梦寐以求的。"

学乃有得　和睦邻里

【原文】

击石原有火,不击乃无烟。人学始知道,不学亦枉然[1]。莫笑他人老,终须还到老。和得邻里好[2],犹如拾片宝[3]。但能依本分[4],终须无烦恼。

【注释】

①枉然:得不到任何收获。②邻里:古代五家为一邻,五邻为一里。③犹如:好像。④但:只要。

【译文】

敲打石头就会产生火花,不敲打连烟也不会冒出。努力学习才会懂得道理,不去学习什么知识也得不到。不要去笑话别人衰老,自己也有衰老的一天。同邻里相处好,如同捡到一块宝贝一样可贵。只要能本分做人,一生都不会有烦恼。

【解读】

做人要守本分，人人各司其职，首先要搞清楚自己的立场，明白自己的职责，专心致志才能把事情做好。踏踏实实做事，老老实实做人。也只有把分内的事做好了才能问心无愧、坦荡做人。

但是"本分"并不等于墨守成规、毫无创新。做好本职工作，包括将事情做完和将事情做好，而做好的含义就是要在完成的基础上超出规定的标准，这当然也包括了创新，而现代社会离不开创新。同样，"本分"也不等于"各人自扫门前雪，哪管他人瓦上霜"的自私，做好本职工作有时候并不是一个人就能完成的，它是一个合力作用的结果，需要齐心协力的团队精神。这同样是现代社会不可缺少的一种做事态度。

所以，守本分并不是一件单纯的事情，并不像看起来那样简单，需要每个人用心、专心、齐心去做。做一个守本分的人也是让自己做一个堂堂正正的人，做一个快乐的人。

【诗歌征引】

劝学

唐·孟郊

击石乃有火，不击乃无烟。
人学始知道，不学非自然。
万事须已运，他得非我贤。
青春须早为，岂能长少年。

【故事链接】

与邻友爱的杨翥

相传明朝礼部尚书杨翥居住在京城，喜欢骑驴代步。他对驴子特别偏爱，每天上朝回家，他常常不顾家人劝阻，亲自为驴子擦洗梳理，给驴子喂上等饲料，关驴子的房子就在他的住房旁边，有时半夜还要起床一两次，生怕那宝贝驴子受什么委屈。杨翥的邻居是一位老头，快六十岁了，竟然生了一个儿子，老来得子，自然倍加疼爱。可是，这孩子有个毛病，一听到杨翥的驴子叫就哭个不停，搞得全家不得安宁，眼看孩子一天天消瘦下去，父母伤透了脑筋，就把这件事告诉了杨翥。杨翥二话没说，忍痛把自己的心爱的驴子卖了。从此，外出或上朝都靠步行。

杨翥虽官至礼部尚书，地位显赫，但他却一向宽厚待人，颇有长者风范，有一次杨翥家宅院的地基被人占去三尺，家人为此与对方发生争执，并希望杨翥利用职权夺回宅地，而杨翥一笑了之，并提笔写诗作答：

余地无多莫较量，一条分成两家墙，普天之下皆王土，再让三尺又何妨。

杨翥的礼让，谦和的气度，与人为善的精神令对方大为感动，非但不再争执，反而主动多让三尺，形成一条六尺宽的胡同，后人称为“六尺巷”，从此“六尺巷”的传说一直流传至今。

杨翥的邻居丢失一只鸡，说被姓杨的偷去了，大骂，家人告知杨翥。杨说：“又不是我一家姓杨，随他骂去。”又一邻居每遇下雨天，便将自家院中积水排放进杨翥家中，使杨家受脏水潮湿之苦，大骂，家人告知杨翥，他却劝解家人：“总是晴天干燥的时日多，落雨的日子少。”久而久之，邻居们被杨翥的忍让所感动，有一年，一伙贼人密谋抢杨家财宝，邻人们得知后，主动组织起来，帮杨家守夜防贼，使得杨家免去一场灾祸。

礼义教子　大方治家

【原文】

大家做事寻常，小家做事慌张。大家礼义教子弟，小家凶恶训儿郎。

【译文】

大户人家做起事情来处之泰然，小户人家遇到事情慌里慌张。大户人家用礼义教育子女，小户人家却用粗暴言行训斥子孙。

【解读】

做事的方式能看出一个人的涵养和智慧。人们经常说某某人做事有大家风范或者小家子气，就是从他们处理问题的方式方法中看出这个人是否真的有才智有能力。当然这里的“大家”与“小家”已经超出了传统意义上的大户人家与小户人家，它是不以钱财和地位为划分标准的。虽然家庭出身和家族传统对一个人的行为和思想有一定的影响，但是关键的还是看一个人的后天教育是否成功。家教是启蒙教育，也是奠基教育，一个人一生的习惯和品质往往是在家庭的教育中获得的，有些可能会影响他的一生。

因此，家庭教育是不可忽视的主要教育环节。子女是否能具有大家风范就要看父母以何种方式对其进行教育。小家之气的人对子女的教育往往是粗暴严厉的，那么教育出来的子女很可能不是畏首畏尾，就是无知无行；而大方之家教育子女则往往言传身教，晓之以理、动之以情，用礼义廉耻来教育后代，效果自然不同。所谓家庭传统是会一脉相承的，教育方式通常也会被继承下来。因此，便产生了“大家”与“小家”的代代相传，小家之人行事拘谨小气，大家之人为人大方得体，而这种家族传统是可以改变的，只要肯对自己的后代用心。

【故事链接】

曾国藩教子

曾国藩出身低微，然而他不仅学识渊博、见识阔宏、文武兼备，而且当时的朝廷信赖他，满朝文武官员钦佩、尊敬他。他死后被谥为“文正”、被誉为“中兴第一名臣”。曾国藩的一生，谦虚诚实教子有方。他的儿子曾纪泽诗文书画俱佳，又自修英文，成为清末著名外交家；曾纪鸿研究古算学也取得了相当的成就，但他不幸早逝；他的孙辈也出了曾广钧这样的诗人；曾孙辈又出了曾昭抡，曾约农这样的学者和教育家。

曾国藩在教子方面有三个地方给人启迪：

教育子孙读书的目的在于明白事理。他致力于培养孩子们读书的兴趣，注意观察他们的天赋、潜能，在此基础上再进行培养、雕塑。他认为一个人只要身体好，能吟诗作文，能够明白、通晓事理，就能有所作为，就不愁没有饭吃，就会受到人们的尊敬。他认为当官是一阵子的事，做人是一辈子的事；官衔的大小不取决于自己，而学问的多寡则主要取决于自己。

教育子孙要艰苦朴素。曾国藩在京城时见到不少高干子弟奢侈腐化，挥霍无度，胸无点墨，且目中无人。因此，他不让自己的孩子住在北京、长沙等繁华的城市，要他们住在老家。并告诫他（她）们：饭菜不能过分丰盛；衣服不能过分华丽；门外不准挂“相府”“侯府”的匾；出门要轻车简从；考试前后不能拜访考官，不能给考官写信等等。因此，他的子女因为自己的父亲是曾国藩反而更担心自己的言行不够检点、学识不够渊博而损害自己的父亲的声誉。所以他们磨砺自己，迎难而上、奋发图强。

身教重于言教。曾国藩很重视自己的一言一行对孩子的影响，凡要求小孩子做到的、先要求自己做到，他生活俭朴，两袖清风。传说他在吃饭遇到饭里有谷时，从来不把它一口吐在地上，而是用牙齿把谷剥开，把谷里的米吃了，再把谷壳吐掉。他要求纪泽、纪鸿也这样。他日理万机，但是一有时间，就给小孩子写信，为他们批改诗文，还常常与他们交换学习、修身养性的心得体会。在教育孩子的过程之中，曾国藩既是父亲又是朋友；既是经师又是人师。他赢得了孩子们的尊敬和爱戴，他的孩子们都非常钦佩、崇拜他，把他视为自己的人生偶像和坐标。

有些家长往往忽视了对孩子的教育：有些家长自己游山玩水、挥霍浪费、嫖赌逍遥，却要求孩子好好学习、艰苦朴素、勤俭节约；有些家长自己看不起读书人，却要自己的小孩子学有所成；有些家长只关心孩子的学习，却不关心孩子的操行；等等。其结果往往事与愿违，其子女反其道而行之，主要是因为他们只注重言教，而不注重身教；或者只注重孩子的学习，而忽视孩子的德行。

毛泽东教子

1927 年，毛泽东为组织秋收起义而离开家乡，那时他的儿子毛岸英只有 5 岁。三年后，杨开慧同志不幸被国民党逮捕，8 岁的岸英也被带入了监狱。不久，杨开慧被杀，毛岸英被折磨得骨瘦如柴，放出监狱。出狱后的毛岸英像“三毛”一样在上海街头到处流浪。不同的是，他没有偷过东西，没有当过人家的“干儿子”。1936 年，上海地下党组织找到毛岸英，设法把他送到了苏联学习。后来，毛泽东同志听说儿子学习认真，进步很快，甚为高兴。他专门给儿子写了一封信，鼓励他的进取精神，建议他趁着年纪尚轻,多向自然科学学习,少谈些政治。政治是要谈的,但目前以潜心多学习科学为宜,社会科学辅之。将来可倒置过来,以社会科学为主,自然科学为辅。总之,注意科学,只有科学是真学问,将来用处无穷。

毛泽东同志不希望孩子有依赖父母的思想。他对岸英兄弟说:你们有你们的前程,或好或坏,决定于你们自己的努力及你们的直接环境,我不想来干涉你们。我的意见只当作建议,由你们自己考虑决定。

1946年初,毛岸英从苏联回到延安。离别18年的父子团聚,当然是很高兴的。可是毛泽东同志并没有把岸英留在身边。他对岸英说:"你在苏联大学毕业了,还参加过苏联卫国战争,可是你还没有上过中国这个革命大学。你对中国的情况了解得很少。缺乏实践,这一课应当补上。你应该到农村去拜农民为师,在那里可以学到在外国学不到的许多有益的东西。"

按着父亲的意见,毛岸英带上小米、菜种和行李,来到了吴家枣园。在这里,他住在农民家里,和农民一起吃饭,一起劳动,学会了许多农活。回延安的时候,毛泽东见到岸英高兴地说:"白胖子变成黑胖子了,身体结实了。"他一握岸英结满老茧的双手,又说:"你的学习成绩不错嘛!不过,今后还得继续锻炼。"

以礼处世　但行好事

【原文】

君子爱财,取之有道[①];贞妇爱色,纳之以礼[②]。善有善报,恶有恶报;不是不报,日子未到。万恶淫为首,百行孝当先[③]。

【注释】

①君子:有德行的人。道:正当的途径。②贞妇:贞节的女子。纳:娶。③行:行为。

【译文】

品德高尚的君子也喜欢钱财,但要用正当的手段去求取;女子都喜欢美丽,但要按照礼仪规范来打扮。做善事就一定有好报,做恶事应会有恶报;不是不报,只因时机不到。各种罪恶之中以淫乱为罪魁祸首,各种行为当中孝顺最为重要。

【解读】

中国人做事讲究一个"道"字,礼、义、廉、耻均离不开这个"道"。一旦背离就会使自己万劫不复,遭报应是迟早的事。即使不是肉体的惩罚,也会是精神上的折磨。

人们常说"盗亦有道",做什么事情都要讲原则,不能破坏规矩、损害道义。"君子爱财",并不是什么见不得人的事,钱财本来就是生活的必需品,喜欢钱也是无可厚非的。但是喜欢归喜欢,却不能得不义之财,要"取之有道",通过诚实劳动、合法经营取得的钱财才能来得长远,花得安心。同时,还能不失君子风范。女子也是如此,虽然现代社会很开放,可以随心所欲地打扮自己,但是也还是要讲究得体,否则,难免会给人留下轻浮的印象。

“万恶淫为首,百行孝当先”,更能体现出道德和道义的标准。作为人类品行的两个极端,“淫”代表了人的欲望,而欲望的泛滥往往是一切罪恶的根源;“孝”是正统的儒家思想,是所有善行的表率,一个连生养自己的父母都不能善待的人,又如何期望他会去善待别人呢?

至于脱离道义的事情,必然会遭到世人的谴责,受到应有的惩罚。“善有善报,恶有恶报;不是不报,日子未到。”虽然听起来有些宿命论的意味,但是却是导人向善的警世名言。人们的心目中总是有一杆秤,这就是道德,它是衡量一个人的行为是否合乎规范的准则。多行不义必自毙,即使不道义的行为没有被人们发现,自己内心的那杆秤也已经失去平衡,七上八下地搅得你寝食难安,最终还是躲不过良心的谴责。

因此,与其为了利益而不择手段,做一些违背良心、离经叛道的事情,不如在道义的规范和保护下坦坦荡荡地享受属于自己的那一份果实。

【故事链接】

心生贪念人财两空

明神宗万历年间,湖北省孝感县有两个人,一位姓刘名尚贤,一位姓张名明时。他们两人非常友善,甚至还发誓要同生共死。

有一天,他们行走时,看见地上闪闪发光,挖掘到竹笋形状的银块。于是,他们便互相约定,祭祷神明之后才能取用。

等祭祷完毕,他们在一起饮酒。刘尚贤暗地将毒药放入酒器中,敬张明时干杯。张明时也在腰部暗藏斧头,想趁刘尚贤酒醉时,动手砍杀他。

结果刘尚贤先被斧头砍死,张明时不久也毒发身亡。他们两家的妻子知道缘故,挖掘地下,始终没有找到银块。

止恶修善自利利他

明世宗嘉靖六年,全国闹饥荒,新建县有一家百姓快要饿死了。家中穷得只有一个木桶,卖掉后得到三分银子。于是用两分银子买米,一分银子买毒药,准备与妻子儿女吃一顿饱饭后再死。饭刚煮好,正好里长来他家索取丁粮。

这个人说:“没有。”

里长说:“我自己走了很远的路才到这里,想在你家吃一顿饭后再走。”

这人又推说“没有。”

里长来到厨房,见饭已煮好,责骂他撒谎欺骗。

这个人急忙摇手说:“这饭你不能吃!”里长越发感到奇怪。这时这人才流着泪把实情告诉了里长。

里长吓坏了,急忙把下了毒药的饭倒掉,埋在泥土中,说:“你不要这样,我家中还有五斗米,你跟我到家中去拿,可以吃上几天,说不定还有别的办法可以活命。怎么去寻短见呢?”这人感激地跟随里长去了。

回到家中后,那人把米倒了出来,发现有五十两银子在米中。他惊奇万分地说:“这一定是里长用来缴纳给官府的税钱,放在这里面了。他救了我一命,我怎能忍心去害他呢?”便立即把钱拿去还给里长。

里长说:“我也很穷,哪会有这笔钱?这大概是上天赏赐给你的。”这人坚持不肯接受。最后,两人平分了这笔钱。两家从此都衣食充足。

诚信为人　和睦亲友

【原文】

人而无信,不知其可也[①]。一人道虚,千人传实[②]。凡事要好,须问三老[③]。若争小可,便失大道。家中不和邻里欺,邻里不和说是非。

【注释】

①信:信用。其:他。可:能做什么事。②虚:虚假。实:真实。③三老:是古代掌管教化的乡官。战国时,闾里及县,均有三老,汉初乡、县也有三老,由年级在五十岁以上的人担任。

【译文】

人如果不讲信义,那么还有什么事情做不出来呢!一个人说的话可能没人相信,上千人传播时人们就会相信它是真的。要想办好一切事情,必须请教德高望重的老人。如果只计较细枝末节,必定会背离大道理。家庭内部不和睦就会受到邻里的欺负,邻里之间不和睦就会经常发生口角。

【解读】

人、言结合是为“信”。因此,人们说话一定不能不着边际、信口雌黄,说出的话如泼出去的水一样,是不能收回来的。如果想得到别人的尊重和信任,就必须言而有信。同样,无论是一个企业、一个商家,还是一个人,若想获得成功,都离不开“诚信”这块金字招牌,信誉是成功者必备的素质。靠欺诈取得的收获只能是一时的,不会长久,也必将受到惩罚。同时,对于一件事情的转达,要做到事实是怎样就是怎样,不能随意篡改,更不能造谣生事,否则会造成十分不良的影响。三人成虎,一个人说的话也许人们还不相信,说的人多了就会把子虚乌有的事情做实,所以对那些道听途说毫无把握的事情不要轻易相信,也不要到处张扬。

当然,“千人传实”并不是要你不去相信任何人的话,对一切都持怀疑的态度,只是不要去做一些无聊言论的传声筒。很多时候多听听别人的建议还是很有必要的。毕竟“三个臭皮匠能顶诸葛亮”,集思广益才能更快更好地解决问题。尤其多向比自己有经验的长辈求教更是受益良多。闭门造车,造出来的也许只会是一些废铜烂铁,适当的请教并不会影响你的创造力，而只会让你少走弯路、不耻下问是一种美德，你不会因此而比别人矮一截。所以，不必在这些细枝末节的事情上较真，做大事要不拘小节，能够获得真知灼见，取得成功才是最关键的。

【故事链接】

尼罗鳄和燕千鸟

一天，尼罗鳄去捕捉食物，忽然眼前一亮，因为它看见了许多羚羊在水边喝水。“今天的成果可真大呀！”尼罗鳄看着捕到的一大堆猎物，高兴极了。它准备慢慢享受这些食物。可是当它刚吃下半只羚羊时，突然感到牙齿一阵疼痛，“真是牙疼不是病，疼起来要人命啊。”于是尼罗鳄张大嘴巴，等待着燕千鸟来为它剔牙。可是尼罗鳄左等，燕千鸟没来，右等，燕千鸟还是没来，没办法，尼罗鳄只好游上岸，再次张大嘴巴，继续等待燕千鸟。尼罗鳄等啊等，终于等来了三四只燕千鸟，来给尼罗鳄剔牙。可能因为嘴巴张开的时间太长，尼罗鳄的下颚累极了，于是尼罗鳄大骂：“你们这些燕千鸟，动作这么慢，我实在不能坚持了，我也不用你们给我剔牙了，你们走吧！”但是燕千鸟还是不肯走，因为燕千鸟还没吃饱。可是眼看鳄鱼的嘴要闭拢了，燕千鸟只好飞了出去。到了晚上，尼罗鳄的牙齿越来越痛，痛得使它睡不着觉，正准备去找燕千鸟，“可是，今天早上我骂过燕千鸟，它们会原谅我吗？”尼罗鳄想“可是不管怎样，我还要去试一试。”于是尼罗鳄再一次游到岸上，去找燕千鸟。燕千鸟早就不计较早上的事，又马上飞来给鳄鱼剔牙，感动得尼罗鳄连声说：“谢谢。”燕千鸟说：“如果我不给你剔牙，我就没有食物吃，我也会饿死，我也要感谢你给我送来美食。”就这样，尼罗鳄的牙齿胀了，痛了，就去找燕千鸟，并给燕千鸟带来食物，而燕千鸟也会主动替鳄鱼“洗牙”让它的牙齿保持干净，卫生。于是，它们俩就互存互利，互相依赖，和睦相处。

远见卓识　豁达豪放

【原文】

年年防饥，夜夜防盗。好学者如禾如稻，不学者如蒿如草。遇饮酒时须饮酒，得高歌处且高歌。因风吹火①，用力不多。

【注释】

①因：凭借。

【译文】

年年都要预防饥荒，夜夜都须防备盗贼，凡事都要有备无患。爱好学习的人就像田里的禾苗与稻谷，总是有用的。不爱学习的人恰似田里的蒿草一样，只能当柴烧。遇到有酒饮时就饮酒，能高歌时就放声歌唱。凭借风势吹火，不需要太多力气。

【解读】

一件事情的成功是内因和外因共同作用的结果,内因为本,外因为辅,两者相辅相成产生合力才能发生变化。自然界是如此,人类社会亦是如此。

为生活做好充足的准备就不怕临时遭遇变故。"民以食为天",要想使自己的生活得到保证,除了靠自己的辛勤劳作外,还要有忧患意识,预防外界的天灾和人祸。只有内外兼顾才能衣食无忧,安居乐业。

读书也是如此,光有良好的外部条件是远远不够的,还需要看个人的素质和努力。就好像石头无论你怎么加热都孵不出小鸡一样,一个如同野草一样的人是长不成庄稼的。内因的作用才是最关键的,想要成才首先要端正自己的思想和态度,读书的环境和教师的水平都需要通过自身的努力才能转化成动力。只有善于利用客观条件,在充分发挥内因作用的前提下,要积极利用外因。在时代的激烈竞争下也只有通过内外因的结合不断提升和优化自我,才能不被社会所淘汰。同样,不论办任何事情,都要考虑到主客观两方面条件,把主观能动性与客观可能性结合起来,才能收到事半功倍的效果。

【诗歌征引】

莫愁诗

清·石天基

人生在世如蜉蝣,转眼乌头换白头。
百岁光阴能有几,一场扯谈没来由。
当年楚汉今何在,昔日刘项尽已休。
身沐红尘烦恼雨,青山偏会笑人愁。

【故事链接】

塞翁失马,焉知非福

古时候在边塞地区,有一个老头儿,人称塞翁。一次,他养的一匹好马突然失踪了,邻居和亲友们听说后,都跑来安慰他。他却并不焦急,笑了笑说:"马虽然丢了,怎么知道这就不是一件好事呢?"

几个月过去了。有一天,老头儿丢失的那匹马居然回来了,还意外地带回来一匹好马。

这事轰动了全村,人们纷纷向老人祝贺。可是老头儿并不高兴。他对大家说:"这有什么可以祝贺的呀,谁能料到这不是一场灾祸呢!"

几天之后,老人的独生子骑着那匹好马玩,这匹马不熟悉它的新主人,乱跑乱窜,将小伙子摔了下来,把腿摔瘸了。人们听说了,又来安慰老人。可是老人仍然不焦急,他说:“说不定还是件好事呢!”

后来,边境上发生了战争,很多青年人被征调入伍,上了前线,伤亡了十之八九,只有老头儿的儿子因为身体残废,留在家里,才侥幸活了下来。

“塞翁失马”的成语就是从这个故事来的。它常常与“焉知非福”连在一起使用,意思是老翁丢失了马,哪里知道就不是福气呢?这个成语现在往往用来比喻坏事可以转化为好事,或者用来形容虽然暂时受了损失,也可能因此得到好处。

有远见的周公旦

周武王攻灭商朝后,留下了纣王的儿子武庚没有杀掉。武王不放心,就派自己的三个叔叔管叔、蔡叔和霍叔对其进行监视,称为“三监”。武王去世后,周成王继位,而武王的弟弟周公旦则总揽了政权。周公旦的摄政,引起了管叔等人的不满。他们便造谣说周公旦企图篡位。成王听到这些流言蜚语后,也产生了怀疑。周公旦为了避嫌,就离开镐京,前往东都洛邑。武庚不甘心商朝灭亡,想卷土重来。他见到周氏兄弟之间有矛盾,便派人勾结“三监”起兵反叛。周公旦得知此事后,便写了一首诗《鸱》送给了成王,讲述了未雨绸缪的意思。诗的大意是:“猫头鹰啊猫头鹰!你已夺走了我的儿子,不要再破坏我的家。趁着天还未下雨,我就忙着剥下桑根,抓紧修补好门窗。”诗中猫头鹰是指武庚,哀鸣的母鸟则是周公旦自己,反映了周公旦对国事的关切和忧虑。后来,成王明白了周公旦的意思,便派人杀了武庚、管叔和霍叔,后蔡叔也死于流放途中。周王朝也因此得以巩固。

人际简单　是非不扰

【原文】

不因渔夫引①,怎得见波涛。无求到处人情好,不饮任他酒价高。知事少时烦恼少,识人多处是非多。世间好语书说尽,天下名山僧占多。入山不怕伤人虎,只怕人情两面刀。

【注释】

①引:引导。

【译文】

没有渔夫的指引,又怎么能见到江河波涛。不到处求人的人,人缘就好,不饮酒的人,就不管酒价的高低。知道的事情少,烦恼也就会少,认识的人多,招惹的是非也一定多。人世间的好话都被书籍写尽了,天下有名的山多数被和尚居住了。进山不怕伤害人的老虎,生活中就怕人情险恶、两面三刀。

【解读】

世事纷纭,人心难测,生活中处处都充满了陷阱。这话听起来有些危言耸听,不过有时候也确实如此。毕竟人心隔肚皮,知人知面不知心,别人心里想什么自己不可能总是猜得到。尤其是身处繁华中的人们,由于认识的人多,两面三刀的人就多,是非也会跟着增多。如果再加上求人办事,那欠下的人情、落下的把柄就更多了,难免会让人头昏脑涨。因此,尽量少惹是非,少惹是非之人,少些交往就会少些烦恼。

但是,这种观点并不能完全成立。社会本来是一个整体,人与人之间有着千丝万缕的联系,万事不求人是不可能的事情。人生本来就有那么多的不可预知,是非并不是你一厢情愿就能躲得过的,你不找它它也会来找你。就如同“不因渔夫引,怎得见波涛”,人们在生活中不可能完全不需要别人的指导和帮助。再说,人情好坏并不一定在于求不求人,真正的感情是建立在真诚的基础上的。何况,有的时候帮助你的人比受你帮助的人更能成为你的朋友,因为帮助你刚好证明了他的价值和能力所在,当然前提必须是在不给别人造成困扰的情况下。至于认识人越多的确可能事情越多,但未必都是坏事,也未必都是烦恼。如果真的断绝了与人的交往,烦恼也许会减少,但快乐的来源同时也会因此被切断。任何事情都是相对的,还是顺其自然的好。

“世间好语书说尽,天下名山僧占多”。读书就要读好书,书中的锦绣美言固然是多,但也不排除一些污言秽语,因此,书也有好坏之分,读书要有选择性,不能盲目。同时还要明白,知识与文化源自生活,人群中有更加丰富的语言,并不是书中所能全部涵盖的。读书除了要分好坏,更要深入生活,在实践中获得更丰富的知识。读书要分好坏,其他事情也是如此。

【诗歌征引】

偈颂二首·其一

宋·释齐己

荐得是,移华兼蝶至。
荐得非,担泉带月归。
是也好,郑州梨胜青州枣。
非也好,象山路入蓬莱岛。
是亦没交涉,踏着秤锤硬似铁。
非亦没交涉,金刚宝剑当头截。
阿呵呵,会也吗?知事少时烦恼少,识人多处是非多。

醒世歌·其廿十

明·罗洪先

为人不必苦张罗,听得僧家说也吗?知事少时烦恼少,识人多处是非多。
锦衣玉食风中烛,象简金鱼水上波。
富贵欲求求不得,纵然求得又如何?

【故事链接】

“扇坟”的故事

这个故事的主人公有两个,一个是庄子,一个是少妇。

庄子不喜欢做官,而乐于到处游走。至于他是想要多了解社会,还是要以云游这个方式宣传他的主张,我是说不清楚的。当然,我也不想说清楚,甚至,觉得没有必要搞清楚说清楚。

庄子

有一天,庄子云游到一处小小的荒山,看见那里到处都是坟,也就是我们俗称的“乱坟岗子”。

庄子正在感慨着人世的无常,忽见一新坟,坟上的土还没干。一年少妇人,浑身穿着白色的孝服,坐在坟旁,手中拿着一把白色的扇子,向着那坟一下接一下地扇着,庄子觉得很奇怪,问道:“娘子,坟中所葬何人?为何举扇扇土?必有其故。”那妇人并不起身,仍然继续扇着,口中说道:“坟中乃妾之拙夫,不幸身亡,埋骨于此。生时与妾相爱,死不能舍。遗言教妾如要改嫁他人,直待丧事毕后,坟土干了,方才可嫁。妾思新筑之土,如何得就干,因此举扇扇之。”庄子含笑,想道:“这妇人好性急!亏他还说生前相爱。若不相爱的,还要怎么?”于是问道:“娘子,要这新土干燥极易。因娘子手腕娇软,举扇无力。不才愿替娘子代一臂之劳。”那妇人方才起身,深深道个万福:“多谢官人!”双手将素白纨扇,递与庄生。庄生行起道法,举手照坟顶连扇几扇,水气都尽,那坟上的土完全干透了。那少妇谢过庄子,欣然离去。

看着少妇那远去的背影,庄子叹道:画虎画皮难画骨,知人知面不知心。

天外有天　人和为贵

【原文】

强中更有强中手,恶人终受恶人磨①。会使不在家豪富,风流不在着衣多。光阴似箭,日月如梭②。天时不如地利③,地利不如人和④。

【注释】

①磨:对付。②梭:织布机的构件。③天时:时机。地利:地理条件好。④人和:人

心团结。

【译文】

本领高强的人中间必定会有更强的对手，作恶多端的人最后也会受到恶人的折磨。善于使用财物不在于家中富有，风流潇洒不在于穿衣服的多少。光阴快似箭，日月往来像穿梭。时机好不如地形有利，地形有利不如人心和睦。

【解读】

这是一组很通俗的处世哲学，道理浅显易懂，而寓意深刻。

“强中更有强中手，恶人终受恶人磨”，是告诫人们不要骄傲自大、得意忘形。人贵有自知之明，不要因为一时的成功而趾高气扬，也不要因为奸计的一时得逞而沾沾自喜。人外有人，天外有天，总会有强过你的那个人在等着你，骄傲的结果只会使自己飞得越高，摔得越重；而那些恶贯满盈的人也总会有自己的冤家对头，多行不义最终是不会有好结果的。所以，做人还是谦虚、本分一些的好。

过日子要学会理财，生活井井有条、舒适惬意的人并不一定都是有钱人。能够将自己打理得神采奕奕的人，并不是靠几件好衣服就能办到。舒心的日子不是靠挥霍钱财得来的，风流潇洒的气质也不是靠几件名牌衣服就能包装出来的。因此，若想学会过日子，要先学会理财，若想拥有潇洒的气质，需要先丰富自己的内涵。

“光阴似箭，日月如梭”，时间永远以它飞快地步调一刻不停地前进着，它并不会回过头来照顾一下掉队的人。因此，若想不被别人落下或遗弃，就要跟上时代的脚步。

国人讲究天时、地利、人和，三者具备才称得上完美。而如果不能兼得，取舍的顺序就会变成人和、地利、天时。因为天时是一个很虚无的东西不如地利那样实在，而地利同样比不上人们的齐心协力，“众志成城”之城要比城墙之城坚固得多。

【故事链接】

骗人钱财受惩罚

《阅微草堂笔记·如是我闻》曾记载这样一个故事，新城人王符九说：“他的朋友被任命为贵州的一个县令，向一个陕西商人借债。商人趁机盘剥勒索。朋友迫于启程期限已到，只好委屈迁就。而商人越发节外生枝。二人争执到深夜，后来朋友只好忍痛写了借据。借据上写的是一百两银子，实际上拿到的却不足三十两。商人离去后，朋友坐在那里唉声叹气，但又无计可施。这时忽听房檐上有人说道：‘世上竟有这样不平之事！我本来是想偷您的财物，现在怎能乘人之危，再给您增添损失呢？不过您请放心，我一定为您出这口气，今天我要惩罚一下那个家伙，这也叫替天行道吧！，朋友听了，未敢搭腔。第二天，果然听说那商人被盗，箱中新旧借据钱财被席卷而去。朋友的损失也得到偿还。”

读书最高　为善最乐

【原文】

黄金未为贵，安乐值钱多①。万般皆下品②，唯有读书高。为善最乐，为恶难逃。

【注释】

①安乐：平安快乐。②品：种类，等级。

【译文】

黄金并不算贵重，安乐的价值更高。世间万事都是卑下的，只有读书才是高尚的事业。做善事是十分快乐的，做坏事难逃惩罚。

【解读】

对于人生价值的衡量，每个人都有自己的标准。至于孰轻孰重、孰好孰坏只有靠自己去体会。判断的标准不同，得到的答案自然也不一样。

是黄金珍贵还是安乐值钱，要看自己是一种什么样的人生态度。一个对金钱欲望过高的人并不清楚什么才算真正的安乐，对他而言，安乐的定义也许就是更多的金钱。只是是否真正有过安乐的感受，那就要看他的欲望是否真正得到过满足了。

对于古人而言，读书是一件高尚的事业，不为别的，只因为读书是可以获得知识，知识可以当作敲门砖，这块敲门砖可以敲开存有颜如玉、千钟粟的黄金屋的大门。寒门士子为了摆脱贫困，获得富贵而读书，仕族子弟也要为了维护已有的富贵和权势而读书。总之这项高贵的事业把人格模式化了，而人们的思想也将这项高贵的事业世俗化了。读书失去了它本来的意义。而"唯有读书高"这是一种官尊民贱的"官本位"思想，同样禁锢了人们几千年的生活。读书只为做官的思想当然是要不得的。况且，现代社会无论从事什么职业都离不开读书，没有知识，什么事情都做不好。至于"万般皆下品"那就更加无从谈起了。

行善与作恶都是人的处世方式，但是两者却会产生截然不同的结果。"为善最乐，为恶难逃"，行善之人往往有一颗善良而快乐的心，不管命运如何捉弄，他们的生活都不会失去灿烂的阳光；而作恶之人即使一时得逞，也终难逃脱生活的惩罚，是非善恶总有尘埃落定的一天。

【故事链接】

范蠡拯救儿子

《史记·越王勾践世家》记录了一则陶朱公范蠡拯救儿子的故事。

范蠡,就是协助越王勾践灭吴称霸之后又遁入江湖的智者。在功成身退后,出海去了齐国。在海边耕种为生,父子整治家产,没几年便积聚了数十万财产,齐国人听说他有才能,想请他做相国,范蠡以为长久的接受尊贵的称号是不吉利的,广散财产后,只藏着重要珍宝来到定陶,再一次发家致富,积累了上亿的财产,天下称陶朱公。

范蠡在定陶的时候,小儿子出生了,等到小儿子长大的时候,范蠡的二儿子在楚国杀了人,收在监牢里。范蠡得知消息后说:“杀人者死,这是本分。不过我听说千金之子不会在大庭广众之下被处死。”就命令小儿子带了千镒黄金,坐牛车去楚国解救,就要出发时,范蠡的长子拼死拼活的不同意,说家里出了事应该由长子出面。父亲不派我去,这是对我的不信任,说明我不孝顺,我不如死了算了。范蠡给搅得没有办法,只好派长子去,范蠡写了一封信给楚国的故交庄生,让长子带着信直接去找庄生,又再三叮嘱长子,到了后不论任何事情都要任由庄生安排,千万不要与之争执。长子答允出发,又私自带了几百溢黄金。

长子到了楚国找到庄生,发现庄生穷得一塌糊涂,住所利用城墙作为后墙,门前满是杂草。长子按照范蠡的交代,把千镒黄金交给庄生。庄生听明来意,便说:“你现在赶快离开,千万不要逗留,即使弟弟放出来了,也不要问所以然!”然而长子并没有离开楚国,而是用私自带的黄金献给楚国的权贵,以求门路。

庄生虽然贫穷,但廉洁正直闻名天下,从楚王以下都把他当老师一样尊崇。至于范蠡送来的黄金,他并不想接受,想要等事成以后归还,表明信誉。庄生对妻子说“这是陶朱公的钱财。如果我病死了,来不及事先交代你,记得以后归还他,不要去动用。”但是范蠡的长子不明所以,以为给这样的人黄金毫无用处。

庄生找了一个适当的时机见楚王,说:“某星宿移动到某个位置,对楚国有危害。”楚王向来相信庄生,问庄生如何是好。庄生说只有做好事才能消除,楚王表示明白了。然后命令使者去将钱财物资的府库严密封起来。

楚国接受贿赂的官员听说消息后惊喜地告诉范蠡长子,说:“楚王就要大赦天下了。”长子不解,官员说:“每次王实施大赦,怕人乘机在大赦前抢劫。所以常常先把府库封闭,昨晚楚王已命令封闭府库了。”长子以为楚国即将大赦,他的弟弟自然会放出,那么千镒黄金岂不是白白便宜庄生了?不行,长子立刻去见庄生。

庄生见到长子,大惊说:“你怎么还没有离开呀?”长子十分不客气地说:“当然没有离开!当初是为了弟弟的事情,现在弟弟的罪,大家都知道会自动赦免了,所以特来向先生辞行!”庄生这下明白他的意思,往里面一指说“钱都在里面,你自己拿走吧。”长子拿回财物,心下窃喜。

庄生被长子的做法激怒，又去见楚王说："我上次说星宿的事情，王说要用修德的方法来回报，这当然很好。但现在我在街市上听很多人说，陶有一位富人叫朱公，他的儿子杀了人被囚在楚国，他的家人拿了许多金钱贿赂了王的左右，所以王并不是为了体恤国民而实行大赦，而是因为朱公儿子的缘故！"楚王一听，大怒说："胡扯！我虽然没什么德行，但怎么会因为朱公儿子的缘故而特别施恩大赦呢？"就命令杀掉了范蠡的儿子，第二天才下达赦免的命令。范蠡的长子最终带着他弟弟的尸体回来。

到家以后，家人都很悲伤，范蠡独自好笑："我就知道他一去必然会杀死他弟弟的！他不是不爱他的弟弟，只是舍不得花钱呀！这是因为他年少时和我一起经营，知道谋生的困难，历尽艰苦，所以不轻易花钱。至于小儿子，生来就看见我很富有，坐着好车，骑着良马，去追逐狡兔，哪里懂得钱财是怎样积聚的，所以不会吝惜。我原想派小儿子去，就是因为他能舍弃财物呀！而大儿子是做不到的，所以最后必然杀死他的弟弟，这是合乎常理的，没什么好悲伤！我本就日日夜夜在等着丧车的到来！"

忠义孝顺　家教当先

【原文】

羊有跪乳之恩，鸦有反哺之义。孝顺还生孝顺子，忤逆还生忤逆儿[①]，不信但看檐前水[②]，点点滴滴旧窝池。隐恶扬善，执其两端[③]。妻贤夫祸少，子孝父心宽。

【注释】

①忤逆：违反，抵触。②檐：屋顶伸出的边沿。③执：判断，权衡考虑。

【译文】

羊羔有跪下接受母乳的感恩行为，小乌鸦有衔食反喂母鸦的情义。孝顺的人生的孩子也孝顺，忤逆不孝的人生的孩子也会是逆子，如果不相信只要看看屋檐滴下的水，一点一滴都流进了旧坑里。不应该揭露别人的短处，应多宣扬别人的好处，尽力掌握好这两个问题。妻子如果贤惠，丈夫就少遭祸患，儿子如果孝顺，父亲就心情舒畅。

【解读】

中国人重视孝道，在君权至上的传统思想中，人们将它与精忠报国摆在同一个层次，可见它地位的超然。子事父以孝，臣事君以忠，历代统治者都把提倡孝道作为立身教民的根本和建国治邦的基础。元代甚至出版《二十四孝》，作为宣传孝道的工具。今天，虽然作为封建思想的护身符它已经失去了原来的意义，但是作为一种高尚的人文精神它依然具有自身的价值。人应当懂得感恩，受人滴水之恩，还要涌泉相报，更何况是父母深广如海的养育之恩。羊跪乳，鸦反哺，动物尚且知养育之恩，人又岂能不为父母尽孝？当今社会不赞成愚忠愚孝，但是孝敬老人还是值得现代人去继承和发扬的。同时，这种思想又是一脉相承的，下一代是否能继续保持这种优良传统需要为人父母的言传身教，自己对老人的一言一行都会成为后代模仿的对象，不孝之人得不孝之子也是很正常的事情。想要妻贤子孝、和乐美满，自己就要先做好榜样。"孝顺还生孝顺子,忤逆还生忤逆儿,不信但看檐前水,点点滴滴旧窝池”,就是这个含义。

“隐恶扬善,执其两端”,同样是中华民族的传统美德,体现的是儒家思想的中庸之道。当然,扬善不是曲意奉承,隐恶也不等于包庇坏人坏事。它指的是称赞别人的优点,不揭露别人的短处。人人都喜欢赞美,人人也都需要赞美,因为人人希望获得肯定。所以,对于别人的长处和成绩我们要学会赞扬。同时还要懂得“打人不打脸,揭人不揭短”,对于别人的缺点和错误应给予善意的忠告而不是大肆宣扬。每个人都有自尊,谁都不希望把自己丑陋的一面暴露在阳光下。使别人难堪的结果不仅不能帮助别人改正错误,还会招来对方的嫌恶。处世应该把握好这两种尺度,持一颗真诚包容之心去对待他人。

【故事链接】

救人一命延后嗣

明代崇祯末年,河南、山东连遭旱灾、虫灾,最后连草根树皮也吃光了,人们不得不以人肉为粮食,甚至连官府也管不住。妇女小孩被绑到市场上去买卖,称作“菜人”。有一个周姓商人自东昌做生意回来,在景城一家酒店进餐。店主说“客官,肉没了,请稍等。”一会儿,他叫屠夫拉了两个女子进了厨房,这时店主喊道:“先砍个蹄膀来。”周某还没弄清是怎么回事,只听一声惨叫,一个女子的右臂已经落地,疼得在地上打滚。另一个则吓得面无人色。见了周某,两人一起哀叫,一个求屠夫赶快杀了自己,一个央求救命。周某痛心不已,赶紧出资要赎回这两个女子。断臂女子痛不欲生,冷不防夺过屠夫的刀自刎而死。另一个则被周某带回家去,收他为妾。周某没有儿女,这个女人为他生了个儿子,后来传了三代香火。

青山常在　随遇而安

【原文】

人生知足何时足,到老偷闲且自闲。处处绿杨堪系马,家家有路通长安。既坠釜甑[①],反顾何益?已覆之水,收之实难。

【注释】

①釜:古代的炊事用具,相当于现在的锅。甑:古代炊具,底部有许多小孔,放在鬲上蒸食物。

【译文】

人一辈子也没有知足的时候,老了挤点时间清闲一下吧。只要有杨柳树就可以拴马,处处都有路通向长安。既然釜和甑都已经碎了,再回头看它还有什么用处?泼出去的水,想全部收回来根本不可能。

【解读】

生活中有许多事情是无法挽回的,人要是不把心胸放开,那日子只有在每天的追悔中度过,人生还有什么快乐可言呢?“既坠釜甑,反顾何益。已覆之水,收之实难。”就是要告诉人们既然事情已经发生、错误已经铸成,后悔和自责是毫无价值、毫无意义的。人的目光应该朝前看,不要总盯在过去的失误上,如此是不会取得进步的。“前事不忘,后事之师”,但“不忘”不等于懊悔,若能从中吸取教训、知错能改,想办法弥补造成的恶果,就是最大的收获。何况人生中遗憾的事情随时都会发生,自怨自艾只是在浪费生命而已。做人还是达观一些,一切顺其自然,才能活得轻松自在。

人生的欲望是没有止境的,人心想要得到满足恐怕也是一种奢求。也正是人心不足、欲壑难填才使自己在每天的奔波劳累中疲惫不堪地度过。人对“满足”这个词的体会似乎总是没有那么深刻。因此为了知道它是何种滋味,人们孜孜不倦、日夜兼程企图能够使自己得到“满足”。殊不知那本是自身拥有的珍宝,在追逐时却被当作废物丢掉了,结果当然是离它越来越远。所以,人的心里永远不会觉得满足,于是就千方百计用名利物欲来填充,最后却反而更加空虚,因为那些本来都是美丽的泡沫,空虚而易碎,随时都会破灭。其实,只要生活过得去,大可不必把自己搞得如此狼狈,物质不应该是生活的目的,知足者方能常乐。

因此,人不妨活得潇洒一些,不要对那些得不到和已失去的东西耿耿于怀。若能随遇而安,那么人生中便能“处处绿杨堪系马,家家有路通长安”了。

【诗歌征引】

世上吟

宋·邵雍

世上偷闲始得闲,我生长在不忙间。
光阴有限同归老,风月无涯可慰颜。
坐卧边身唯水竹,登临满目但云山。
醉眠只就花荫下,转破花荫梦始还。

【故事链接】

覆水难收

姜子牙半生贫寒,学艺下山后,前往商朝首都朝歌,投靠义兄宋异人,当时太公已72岁。太公在宋家庄安顿下来后,宋异人为媒,娶得68岁马氏为妻。唯夫妻二人靠义兄生活,过意不去,马氏劝太公贩商。

但太公自32岁起始学道,不识时务,只会编织笊篱。于是便劈篾子,编笊篱往市场贩卖,却由早到晚无人光顾。笊篱卖不成,转而卖面粉,岂料遇着武成王黄飞虎操练人马，放散营炮，一军马受惊，冲上街拖翻两箩面粉于地上，被一阵狂风吹掉。

两番营贩不成，连遭马氏啐骂无用，宋异人见状乃将毗邻校场，人流甚众的南门张家酒饭店交太公打理。可是，太公年庚不利，从早晨到巳时无客上门，及至午时，更大雨倾盆，无客上门，再加上天气炎热，猪羊肴馔被这一阵暑气一蒸，登时臭了，点心馊了，酒都酸了。

卖笊篱、卖面粉及经营酒饭店均失败，难得宋异人结义情深，又再打本给太公贩卖牲口。岂料当时朝歌半年不曾下雨，天子百姓祈祷，于各门张贴告示禁止屠沽，但太公失了打点，仍把牛、马、猪、羊赶运入城售卖时，被看门人役逮着，牛马牲口，悉数充公。

太公营商头头碰着黑，马氏不肯谅解他，二人闹翻，马氏遂下堂而去。姜子牙与马氏分手后，前往西岐，在渭水垂钓。

姜太公获文王拜相，文王去世后，武王继位，得太公相助伐纣，战于牧野灭商，建立了中国历史上长达八百余年的周朝。

马氏见姜子牙既富贵又有地位，后悔当初离开姜子牙，便找到姜子牙希望恢复夫妻关系。姜子牙看透了马氏的为人，伤心透了，不愿意与其生活在一起，便将一壶水倒在地上，叫马氏把水收起来。马氏立即趴在地上，用手使劲划拉，弄得满身都是泥水，却只收到一些泥浆。姜子牙冷冷地说："你已经离开了我，就不能再回来了，这就好比倒在地上的水，再也收不回来了。"

朱买臣衣锦还乡

汉朝有个人，名叫朱买臣。此人和姜子牙一样，年轻的时候，郁郁不得志，做什么小生意都赔本。到了他40岁的时候，他妻子终于耐不住清贫，要求"下堂求去"。也就是在封建社会女子主动要求丈夫休了自己，而在现代社会，则称为离婚。朱买臣劝他的妻子说，相士说过我到50岁就可以发达了，你都守到现在了，再等几年何妨？他妻子不相信他能发达，坚持要求离婚，于是朱买臣只好遣他妻子回娘家，任凭改嫁。

之后，朱买臣的妻子改嫁了另外一个条件好一点的男子。一日，落魄的朱买臣在郊外躲雨，遇到前妻夫妻，其妻子念及旧情，还分了好些饭菜给朱买臣吃。

再之后，朱买臣到了50岁，真的如相士说的，否极泰来，入朝为官，成为汉武帝手下的红人。朱买臣衣锦还乡，碰到前妻夫妻在旁观看，他想起那日前妻送他饭吃，便把前妻夫妻置于车后，带回府邸供养。其前妻求跟他再续前缘，他命人取了一盆水来，泼到土地上，叫他前妻拾起来，如能拾起，便可重娶她为妻。其前妻忙活半天，只弄到些泥巴浆子。这就是"覆水难收"典故的来源。他前妻没过多久就羞愧自尽了。

道路各别　为学最难

【原文】

见者易，学者难。莫将容易得，便作等闲看[①]。用心计较般般错，退步思量事

事宽。道路各别,养家一般。

【注释】

①等闲:平常。

【译文】

看着容易,要学会就很难。不要把容易得到的东西,看得平凡不知珍惜。过于用心计较就会认为每件事都做得不对,退一步想想,一切事情都很容易处理了。道路各有不同,治家的道理却都是一样的。

【解读】

看着容易做起来难,生活中有许多事情事实上远比想象的要复杂得多。做任何事情都需要一定的技巧,而这些技巧是在长时间的操作中慢慢磨合出来的,所谓熟能生巧就是这个道理。所以,不要瞧不起生活中看起来微不足道的一些小事和一些普通人,他们的工作并不像我们想象的那样简单。自以为是的聪明人没有必要总是昂着骄傲的头,只有自己亲自去尝试一下才会知道"钢铁是怎样炼成的"。精湛的造诣是在苦练中得来的。因此,对于那些看来简单、得来容易的事情,人们应该学会尊重和珍惜,要看到平凡的外表下蕴涵着的伟大。

当然,有些事情的确需要珍惜,而有些事情还是要等闲看的。比如一些鸡毛蒜皮的小事,一些关系到个人的小利,就不必那么斤斤计较。而且斤斤计较的结果往往会使事情变得更复杂,最终不仅无法解决,还会将矛盾激化,破坏人际关系。退一步海阔天空,以退为进反而会收到意想不到的效果。学会换位思考、转换立场能让你的眼界更加开阔,发现更多新的契机,问题处理起来自然能够得心应手。处世治家都是相同的道理,处理矛盾是门艺术,若能将心比心,掌握其中的诀窍,不管用什么样的方式,都能殊途同归。

【诗歌征引】

颂古二十四首·其一

宋·释宗演

摩尼珠人不识,如来藏里亲收得。
收者易,见者难。见者易,用则难。
见得用得,二无两般。
闲把一枝归去笛,夜深吹过汨罗湾。

【故事链接】

雄鸡与鸿雁

春秋时期有个叫田饶的人,在鲁哀公身边做事已经好几年了,可是鲁哀公并不了解田饶的远大志向,总是把田饶当作一个普通臣子对待。田饶的才智得不到施展,他决意离开鲁哀公到别国去。

田饶对鲁哀公说:“我打算离开您,像鸿雁那样远走高飞。”鲁哀公不明白田饶的意思,问道:“你在这里不是很好吗?为什么要走呢?”田饶说:“大王您经常见到那雄鸡吧!你看它头上戴着大红的鸡冠,非常文雅;它双脚长有锋利的爪子,十分英武;它面对敌人时毫不畏惧,敢斗敢拼,格外勇敢;它看见食物时总是‘格格’叫着招呼同伴们一起来享用,特别仁义;它还忠于职守,早起报时从不误事,极其守信。尽管雄鸡有着这么多长处,可是大王还是漫不经心地吩咐把它煮了吃掉。这是什么原因呢?因为雄鸡经常在您身边,您每天见惯了它,习以为常,它的光彩在大王眼里便黯然失色,大王感觉不到它的那些杰出的优点与才能。而那鸿雁,从千里之外飞来,落在大王的水池边,它啄吃大王池中的鱼鳖;落在大王的田园里,毁坏大王的庄稼。鸿雁尽管没有雄鸡的那些长处,可是大王依然很器重鸿雁。这又是为什么呢?因为鸿雁是从遥远的地方来的,大王对它怀有一种神奇感,它的一切作为,大王都认为是非常伟大的。所以,请大王让我也像鸿雁一样远走高飞吧。”

鲁哀公说:“请你别走,我愿意把你说的这些话都记下来。”田饶说:“您认为我平淡无奇,并不觉得留下我有什么大用,即使写下我的话,也不起什么作用。”于是田饶就离开鲁国前往燕国去了。

燕王让田饶做了相国,田饶从此有了机会施展自己治国安邦的本领。三年以后,田饶把燕国治理得井井有条,国内富足安定,边境平安没有盗贼。田饶名声大振,燕王也十分得意。

鲁哀公知道了这些情况后,万分感叹,对当年没能留下田饶真是后悔莫及。为此,他一个人独居三个月,深刻反省;又降低自己的衣食标准,以示自责。鲁哀公发自内心地慨叹道:“以前由于不能知人善任,才使得田饶离我而去,以至于造成了今天的悔恨。真希望田饶能再回到我身边,可是,我知道已经很难了。”

口腹之欲　欲壑难填

【原文】

从俭入奢易,从奢入俭难①。知音说与知音听,不是知音莫与弹。点石化为金,人心犹未足。信了肚,卖了屋。

【注释】

①语出宋代司马光《训俭示康》:“由俭入奢易,由奢入俭难。”

【译文】

从节俭到奢侈容易做到,从奢侈到节俭就十分困难了。领悟音乐的话只有对能领悟音乐的人说,对方不懂得欣赏音乐就不要对他弹琴。即使有了点石成金的法术,人的贪心依然不会满足。只为填饱肚子,结果卖掉了房子。

【解读】

节俭是中华民族的传统美德,然而这种美德虽然在贫困的生活中容易做到,但是一旦生活富裕了就变得很难坚持下去了。因为贫困的日子没有经济能力,节俭无须提倡,人们自然能够艰苦朴素。物质条件一旦成熟,人们便会经不起物欲的诱惑,铺张浪费的心理便会抬头,于是节俭便失去了它的市场。而当习惯了这种生活,想要重新再过节俭的日子就不是一件容易事了。即使变得落魄也很难改变大手大脚的坏毛病。人之欲望最是难平,并不会因为贫困而有所收敛。因此,司马光说"由俭入奢易,由奢入俭难",就是这个道理。

当然,为了满足自身的私欲,人们往往也会做出一些得不偿失的蠢事。点石成金并不能满足,还想要点石成金之手。结果触物皆金,饭不能食、衣不能着,甚至连自己也变成金子的时候,金子还有什么价值?自己的贪婪不仅害人而且害己,与飞蛾扑火无异。为了一时的口舌之欲,而放弃长远的生存条件是十分愚蠢的行为,可是却有很多人在继续重复着这样的蠢事。"信了肚,卖了屋",眼前的欲望是得到满足了,只是却忘记了吃饱了还会饿,下一顿拿什么来换取呢?小到个人,大到国家,如果不管好自己的嘴,再丰厚的家产都会被吃光。连安身立命的凭借都失去了,生存都成问题,还拿什么来谈发展?

【故事链接】

高山流水遇知音

春秋时期,俞伯牙擅长于弹奏琴弦,钟子期擅长于听音辨意。有次,伯牙来到泰山(今武汉市汉阳龟山)北面游览时,突然遇到了暴雨,只好滞留在岩石之下,心里寂寞忧伤,便拿出随身带的古琴弹了起来。刚开始,他弹奏了反映连绵大雨的琴曲;接着,他又演奏了山崩似的乐音。恰在此时,樵夫钟子期忍不住在临近的一丛野菊后叫道:"好曲!真是好曲!"原来,在山上砍柴的钟子期也正在附近躲雨,听到伯牙弹琴,不觉心旷神怡,在一旁早已聆听多时了,听到高潮时便情不自禁地发出了由衷的赞赏。

俞伯牙听到赞语,赶紧起身和钟子期打过招呼,便又继续弹了起来。伯牙凝神于高山,赋意在曲调之中,钟子期在一旁听后频频点头:"好啊,巍巍峨峨,真像是一座高峻无比的山啊!"伯牙又沉思于流水,隐情在旋律之外,钟子期听后,又在一旁击掌称绝:"妙啊,浩浩荡荡,就如同江河奔流一样呀!"伯牙每奏一支琴曲,钟子期就能完全听出它的意旨和情趣,这使得伯牙惊喜异常。他放下了琴,叹息着说:"好呵!好呵!您的听音、辨向、明义的功夫实在是太高明了,您所说的跟我心里想的真是完全一样,我的琴声怎能逃过您的耳朵呢?"

二人于是结为知音,并约好第二年再相会论琴。可是第二年伯牙来会钟子期时,得知钟子期不久前已经因病去世。俞伯牙痛惜伤感,难以用语言表达,于是就摔破了自己从不离身的古琴,从此不再抚弦弹奏,以谢平生难得的知音。

点石成金

晋朝的旌阳县曾有过一个道术高深的县令，叫许逊。他能施符作法，替人驱鬼治病，百姓们见他像仙人一样神，就称他为“许真君”。一次，由于年成不好，农民缴不起赋税。许逊便叫大家把石头挑来，然后施展法术，用手指一点，使石头都变成了金子。这些金子补足了百姓们拖欠的赋税。成语“点石成金”据此而来。

而另一个版本的故事则称，有个穷困潦倒、沿路求乞的书生遇到了一位仙翁，书生向仙翁祈求帮助，仙翁欣然答应，叫书生看看地上的石块，接着用右手食指轻轻一点，石块立即变成了黄金。仙翁叫书生拾起黄金变卖为生。书生俯身拾起了黄金，恭恭敬敬地交还给仙翁，说：“这块黄金我不要，我要你的手指头。”

富贵天成　庸人勿扰

【原文】

谁人不爱子孙贤？谁人不爱千钟粟[1]？奈五行不是这般题目[2]。

【注释】

①千钟粟：指有很高俸禄的官员。钟是古代的一种容器，千钟粟是做官后朝廷给的大量的粮食俸禄。②五行：金、木、水、火、土五种基本物质的运动特性与相互关系，汉代董仲舒又将其比附为仁、义、礼、智、信五种德性。在传统的迷信说法中，五行也指人的命相，看先天八字是否缺五行的项目，如缺项，就应该采取措施补救。

【译文】

没有人不喜欢子孙后代贤能，没有人不喜欢无比优厚的俸禄，只是无奈五行八字中没有那样的运气。

【解读】

这段话体现的是一种很消极的人生观。用一种很冷漠的处世态度面对身边的人和事，对一切都漠不关心，事事听天由命，这显然是不足取的。

“谁人不爱子孙贤？谁人不爱千钟粟？奈五行不是这般题目”，是一种宿命论的观点。他告诉你“命里有时终须有，命里无时莫强求”，虽然这种观点可以让你在失意时暂时得到一些安慰。但是，如果它一旦在你的思想中生根发芽，就会让人失去生活的热情和斗志。随遇而安能使人变得洒脱超然，但是听天由命却会让人变得悲观厌世。它会消磨人的进取心，既然一切都是命中注定的，该来的终会来，该有的总会有，那就不需要努力了，如果命里注定没有，再怎么努力也是白费，因此，人只要坐享其成就好。这种观点显然是不切实际的。努力也许得不到自己想要的结果，但是不努力就一定没有结果。

【故事链接】

庸人自扰

陆象先是唐朝一个很有气量的人。当时太平公主专权，宰相萧至忠、岑义等大臣都投靠她，只有像先洁身自好，从不去巴结。先天二年，太平公主事发被杀，萧至忠等被诛。受这件事牵连的人很多，象先暗中化解，救了许多人，那些人事后都不知道。

先天三年，象先出任剑南道按察使，一个司马劝象先说："希望明公采取些杖罚来树立威名。要不然，恐怕没人会听我们的。"象先说："当政的人讲理就可以了，何必要讲严刑呢？这不是宽厚人的所为。"六年，象先出任蒲州刺史。吏民有罪了，大多开导教育一番，就放了。录事对象先说："明公您不鞭打他们，哪里有威风！"象先说："人情都差不多的，难道他们不明白我的话？如果要用刑，我看应该先从你开始。"录事惭愧地退了下去。象先常常说："天下本来无事，都是人自己给自己找麻烦，才将事情越弄越糟(庸人自扰)。如果在开始就能清醒一点，事情就简单多了。"

交好亲友　与人和气

【原文】

莫把真心空计较，儿孙自有儿孙福。天下无不是的父母，世上最难得者兄弟。与人不和，劝人养鹅；与人不睦，劝人架屋。

【译文】

不要一门心思空打算，子孙自然会有他们自己的福分。天下没有不好的父母，人生最难得的是骨肉兄弟。如果有人与别人合不来，请劝他去养一群鹅。如果有人与别人不和睦，请劝他想想古人盖房子通力合作的精神。

【解读】

这段话讲居家生活，告诉人们父母亲情的可贵，以及邻里之间应该如何和睦相处。

中国人有很强的家族观念，血浓于水的骨肉亲情是任何东西都无法替代的。孩子永远都是父母生活的重心，从呱呱落地到咿呀学语，从蹒跚学步到成家立业，子女的一举一动都牵动着父母的心，没有谁比父母给自己的爱更多、更无私。父母为儿女操劳一生却心甘情愿、毫无怨言，只要儿女幸福就是他们的幸福。因此，世上的父母都是伟大的，需要儿女的体谅和尊敬。不要因为他们爱你而对他们予取予求，更不要因为观念的不同而对他们横加指责。只有他们是你永远的港湾，无论风雨都会迎接你的靠岸。而为人父母者也要懂得，疼爱子女固然重要，但是也不要让自己太过操心，"儿孙自有儿孙福"，就像每个小鸟都会有属于自己的一片天空，做父母的需要对子女适当放开，才能给儿女更广阔的发展空间。不要担心他们的将来，任何风雨都经历过才能拥有精彩的人生。

在家庭生活中,邻里的关系占有着很大一部分空间。即使身处现代社会的高楼大厦之中,人们的交往虽然少了,但是依然是低头不见抬头见。有了交往就会有摩擦。不论谁对谁错,摩擦的产生双方都需要负责任。古代邻里若有了摩擦,就会有人劝你去养鹅架屋,不为别的,只因为鹅群的吵闹能让你体会争吵是一件多么令人头痛的事,而盖房子则需要通力协作,让人们明白合作的重要性。虽然今天人们没有人再去养鹅架屋,但是这句话的寓意和精神还是存在的,人们依然可以从中体会邻里之间和睦相处的意义。

【故事链接】

做人要和气

道光年间,山东日照涛雒镇。这一天镇上逢大集。集上有很多人,做生意的山南海北的都有。

丁家大少爷刚刚 16 岁,他闲来无事干。就带上几个护院赶集去。集的北面是一片麻地。丁大少爷走累了,坐在麻地边上看来往的人。正在这时,一个青年汉子急急忙忙地跑进麻地。丁大少爷就说:"去看看,"几个护院过去一看,回来就说晦气。丁大少爷一问原因就火了。让几个护院把那个人抓过来。那个人一脸的病容,趴在地上直求饶。丁大少爷生气地说:"你跑到我家麻地里拉屎,这不是想让我难堪,想让我家败运吗?""实在不知道是你家的麻地,小子是四川人,来这里卖调料,今天是内急,对不住少爷了。我去打扫干净。""打扫干净,你要是坐不回去,就把它吃了。"丁大少爷的几个护院,不分青红皂白就把那个汉子强行抓了过去。那个汉子被逼着硬是把自己的屎吃掉了。

完了还不罢休。丁大少爷还下令,不许有人买那个汉子的调料。那个汉子的调料又被几个护院扔进水里泡了,发了霉。那个汉子只好讨着饭回四川去了。

丁大少爷渐渐长大了。也继承父业做起了生意。时值太平军造反。丁大少爷的生意越来越差。有人提议,让大少爷带着一批干的海货去四川。那样可以赚很多钱。

丁大少爷就带上很多海货出发了。到了成都,丁大少爷也像当年的那个汉子一样,水土不服病倒了。他的海货也被人强行杀价,不卖就没人买。丁大少爷是内外交困。最后落得被客店赶出门去,流浪街头。随行的人把他的海货偷卖了,都鸟兽散了。丁大少爷孑然一身,了无分文。他游荡到一处稻田,痢疾的厉害让他赶紧跑到稻田里。刚解完手,就有人大喝一声:"你这龟儿子,怎敢在我家稻田里拉屎,这不是坏了我家的运气吗?"丁大少爷怎么求饶,人家也不愿意。那几个汉子对他说:"按照规矩,你得把屎吃掉。要不就打死你喂狗。"丁大少爷吓得直喊救命。一个络腮胡子说:"你这人很窝囊,先把他带回去。等庄主发落。"

丁大少爷提心吊胆的住进了庄园。等着受苦。可是,到了晚上有人过来给他看了病,熬了药。他一咬牙喝了等死。第二天早上,他的病竟然好了许多。又有人给他送了早饭、午饭、晚饭。到了第三天,他的病全好了,饭食也改成了鸡鸭鱼肉。丁大少爷实在憋不住了,强烈要求会见庄主。

丁大少爷以绝食为理由要挟会见庄主。庄主答应晚上和他一起饮酒。

到了晚上。庄主准备了一大桌好酒席。丁大少爷终于等来了庄主。丁大少爷一跪到地,连声称谢。庄主和他饮到半酣。丁大少爷问:“仁兄,你对我如此厚爱,兄弟一定厚报。只是我还不知道你为什么对我这样好,”庄主笑着问他:“你好好看看我,应该认识。”丁大少爷看了一半天,摇头说不知。庄主突然大怒说:“来人,把这个丁大少爷拉去稻田,让他吃自己的屎。”丁大少爷一下子想起了20年前的事。羞红脸的他,赶忙跪地请罪。庄主赶紧拉起他来说:“兄弟,做事莫要过头啊。谁出门在外遇不到困难啊。”

丁大少爷和庄主结为了兄弟。从此,丁家的祖训里就有了这一条:对人要和气,只为留后路。

谨慎交友　多行善事

【原文】

但行好事,莫问前程。不交僧道,便是好人。

【译文】

一心去做好事,不计较前途怎么样。不与僧道打交道,就是好人。

【解读】

此语劝人向善。同时不要去计较结果。做好事的初衷是为了给别人提供帮助,急人之难是一种高尚的情操,如果其中掺杂了私心的成分,动了希望得到别人回报的念头,那么好事就不能称其为好事,而是变成了一种交易。当自己的私心得不到回报时,心理必然不能得到平衡,而心理补偿得不到满足必然会让人产生一种怨恨甚至气愤的情绪。这样做好事非但没有为自己带来快乐反而让自己情绪低落,这又何苦来哉?因此,我们的祖先很明智地告诉后代“但行好事,莫问前程”,少一分斤斤计较就多一分怡然自得。

至于“不交僧道,便是好人”,这句话让人有些匪夷所思。僧道本是出家之人,行善惩恶是他们的本分。按理说结交僧道应该受益良多才是,怎么反而成了坏事了呢?古人大抵是这样认为的,许多僧道在出家之前可能是大奸大恶之徒,为了逃避罪责,掩盖身份才出家,并非真的良善之辈,与之结交可能会误入歧途;还有一种原因可能是为了防止人们结交僧道听信他们的说教,而看破红尘、遁入空门,最终抛家弃子、自毁前程。不管是什么原因,其实只要人能够坚定自己的立场,坚持做一个好人,就足够了!

【故事链接】

多行善事，德荫瓜绵

都说“种瓜得瓜、种豆得豆”，世人都知晓行善的意义，也明白为善最乐的道理，然而许多人不知道行善的方法、更不知道该从何着手。其实如果方法得当、用心良善，常行善事所带来的影响是深远的。

清朝康熙时代开始，大陆即有大量唐山过台湾的移民，一直到乾隆后期，这些来台开垦的“罗汉脚”开始因为种种因素而有冲突，或因宗教分歧、团体结盟，立场不同；或有同乡移民相近聚集，与外乡移民产生利益之争；或是先来后到的土地分配：如灌溉水权、争取垦地、建屋盖庙等等纷争。加上离乡背井，身处陌生而偏远的异域，心情苦闷无处发泄，很容易因小事而相互纠结，逞凶斗狠。

咸丰年间，在台湾北部，便常有漳州与泉州两派人动辄因事争执而大动干戈。两路人马持着器械相互砍打是常有的事。每一次有时达数百人之多。时日一久，两派人的积怨也越深了，如此冤冤相报不知何时能了。

当时北部地区有一姓许的长者，是地方上素为人所尊敬的大老，许先生平日喜欢见义勇为，遇有不平之事常会出面处理，因为他待人和气，心胸宽大，加以向来处事圆融，公正不阿，邻近里民有大小纷争都愿意听他安排，他也抱着人溺己溺的精神自勉，生平愿以大家的福祉为己任。

许先生看到乡民争斗，心里甚为忧伤，无论如何都是自己同胞，万里漂泊远离家乡只为糊一口饭吃，本应互相安慰提携，如此自相残杀不仅损兵折将令人不忍，何况每一位移民都是家里魂萦梦牵的游子，家中老父老母妻儿正等着他们平安返乡团聚，怎可轻易地打杀而冤死异乡，断了这条思念与归乡的路？而这等冤冤相报的情况又几时能了？因此许先生每每想起便寝食难安。遂效法秦朝鲁仲连排难解纷的勇气，不顾自身生命安危，挺身奔走于两派之间，在两方主要人士之前仗义执言力陈利弊得失，劝解双方放下恩怨仇恨，息事宁人。

尽管屡次慷慨陈词之际遭双方误解，认为是对方派来的奸细而险遭不测。而许先生认为上天有好生之德，为了劝解两方爱惜身家性命，面对再大的危难也不曾稍有畏缩。依然三番两次的登门造访，苦口相劝、废寝忘食，日夜奔忙。

许先生的仁义与勇敢无私的精神，终于渐渐让双方感动而答应各退一步、化戾气为祥和。漳泉争斗的惨烈情况至此获得改善，许先生努力奔走的苦心没有白费。漳泉逐渐恢复往来、双方和好如故，并协议彼此相让互助之策，让两派移民都能在这块土地辛勤开垦、乐业安居。这些移民来台的异乡人能够从此安身立命，拥有一方水土，养活家小并开拓更美好的远景，都拜许老之善行义举所赐也。

许老仅有一子，平日虽教以诗书，可惜自小就不甚聪明，许老本以为其子资质平凡，必定功名无望，恐怕此生也庸庸碌碌而过吧！哪知事情出人意料之外。其子竟然一试中的，科场之路不但顺遂无比，尚且到处逢源，时有贵人相助。当时的人都说许老先生生平行善事，为人排难解纷、解救生灵无数，为子孙积下阴德，其子方能受其庇荫、平步于青云之上。

前人常道：古来科第之事，首重在阴骘而学问次之。俗语说："一运二命三风水，四积阴德五读书"古时有书生因一念之慈为蛇埋葬，而能在日后享宰相之荣、风雨中搭救蚂蚁过河，而一举高中状元之选。

故事中许大老能奋不顾已、劝导双方息事，免去漳泉双方自相戕害、伤害生命，功劳不可说不大，再者许老所做功德又岂止劝阻漳泉械斗之事而已？他一生所作所为皆为利人助人，义举善行无数。生前死后将余荫留其子孙，恰如那瓜藤果实连绵不断。许老先生不但留与子孙良好的言教身教，平生功德并能余荫后代。

愿世人多仿效许老先生的慈悲心肠，尽一已之力成人之美。不仅使自已内心充实欢喜，也可使子子孙孙也得以享善报也。

唐宰相裴度

唐朝中书令晋国公裴度，长得又瘦又小，没有贵相，屡屡在功名场上受挫，他自已颇为疑惑。当时正好有个相面的人在洛中，很为士大夫们所推崇。裴度特意拜访了他，向他询问自已的命运，相面的人说："郎君你的形神，与一般人稍有不同。如果不作达官贵人，就会饿死。现在我还看不出来贵处，可再过些天来访，我给你细细看看。"裴度应允了。有一天，他去游览香山寺，徘徊于走廊和侧房之间。忽然看见一个穿素衣的妇女，把一个提袋放在寺庙的栏杆上，祈祷祝愿了很长时间，瞻仰拜谢之后就离去了。过了一会儿，裴度才看见提袋还在原处，知道是那个妇女遗留下来的，遂考虑追上送给她，可已经来不及了，于是就将提袋收起来，等待那妇女再返回来时还给她。太阳落山了，仍不见那妇人回来寻找遗物，裴度就带着它回到旅馆。第二天早晨，裴度又带着那提袋去香山寺，寺门刚开。他看到昨天那个妇女急急忙忙跑来，茫然失措，那惋惜长叹的样子，好像有什么意外的灾祸。裴度就迎上去问她出了什么事。那妇女说："我的父亲没有罪被拘押起来，昨天有个贵人给我两条玉带，一条犀牛带，价值一千多串钱，打算用它来贿赂主管的人，不幸丢失在此，看来我老父亲就要大祸临头了。"裴度很同情她，又仔细地追问那东西的颜色，她都说对了，裴度遂将那提袋还给了她，那妇女哭着拜谢，请裴度留下一条玉带，裴度笑着回绝了她。不久，他又回到相面人那里，相面人仔细审看之后，声色大变，惊叹说："你一定做了善事，积了大德，前途不可限量，这不为我所知了。"裴度即将前几天的事告诉了他。裴度后来果然位极人臣。

选择益友

有一次，许伟和妈妈一起去菜市场买菜，途中经过一间卖鱼店，鱼台上面放着一堆鱼，旁边摆着一束用来绑鱼的茅草。许伟的妈妈就叫许伟拿起那束茅草，在手中捏一捏,然后,再闻一闻手掌,看看有什么味道。结果许伟觉得又腥又臭,真是难闻。接着,他们又经过一间香料店,许伟的妈妈又叫他去摸一摸包着香料的纸,然后再闻闻手上是什么味道。结果许伟觉得芬芳好气味。于是,许伟的妈妈就告诉他一个卖煤炭商人的故事,让许伟知道选择益友的重要。从前,有一个卖煤炭的商人,每天从城外运煤炭到城里去卖,由于卖煤炭的利润不高,所以生活过得很清苦。他心里想:如果我在运煤炭的同时,也帮别人运送别的东西,就可以多赚一些钱了。有一天,在路上遇到了一个漂布夫,就跟他聊了起来。卖煤炭的商人说:"你和我一样,每天都要进城一趟,浪费时间也浪费力气,为什么我们不合作,一起搬运呢?这样一来,你就不必这么辛苦了,而且我也只要收你一点费用就好了。"

但是,漂布夫看了看全身脏兮兮的煤炭商人之后,用非常有智慧的口气对他说:"是啊!如果我的布拜托你搬运,的确可以省下不少工夫,但是,我的布却会被你的煤炭弄得脏兮兮,而没人敢买。这重大的损失和你给我的那一点点好处比起来,是绝对不值得的。"

许伟的妈妈说完故事后,又告诉许伟说:"结交朋友的道理,就和你刚才摸茅草和摸包香料的纸是一样的,如果和好朋友接近,就可学习到他的好处,得到进步,好像你摸过香料一样,染有香气。但是,如果结交坏朋友,就会感染坏习惯,得到坏结果,好像你摸了绑鱼的茅草一样,沾染了鱼腥的臭味。妈妈告诉你卖煤炭商人的故事,是希望你能像漂布夫一样,懂得去分辨益友和损友。"

大家都听过"近朱者赤,近墨者黑"这句话,这就是说明结交朋友,要小心谨慎。要多接近努力善良、忠诚的朋友,而远离那些懒惰、贪心、暴躁的朋友。

欲成大事　不畏艰险

【原文】

河狭水激,人急计生。明知山有虎,莫向虎山行。路不行不到,事不为不成。人不劝不善,钟不敲不鸣。

【译文】

河道变窄,水流就会湍急;人在紧急关头,就会想出好的对策。明知道山中有老虎,就不要向有虎的山中去了。道路不铲修就不会平坦,事情不去做就不能成功。人不劝导教育就不会成才,钟不敲击就不会鸣响。

【解读】

人的身体里面存在着自己都难以相信的潜能,只是这种潜能往往只有在受到巨大压力的时候才能被激发。人在危机之时思维会高度集中,大脑会高速运转,迅速调动起自己的各种知识储备,以应对突如其来的变故。因此,每个人都不要低估自己的能力,更不要说自己做不到,人没什么是做不到的。不过,生活中人们不可能也不能总是处于这种紧张的状态,脑神经如果时刻这样紧绷着迟早是会崩溃的。只有在平时的放松中积累知识和经验才能在下一次危机来临时以更机智和敏锐的思维去面对和处理。如果能够适时地发现危机,并能避免,当然更好,没有必要“明知山有虎,偏向虎山行”,不直面危险而能达到目的的人,才更加明智。

人的潜力是巨大的,但是如果我们自己不去挖掘,就永远也不会知道自己身上到底蕴藏着多么丰富的宝藏。因此,人必须在实践中才能发现自身的价值。就像钟不敲不鸣的道理一样,人不去朝着自己的目标努力,就永远也别想到达理想的彼岸。事在人为,前提是人必须去“为”才行,事情不做是不会成功的。“路不行不到”“人不劝不善”都是同样的道理。

【故事链接】

成功源于艰苦奋斗

元代有个叫宋濂的人,他酷爱读书,由于家中贫寒,只得借书博览,随着书越读越多,宋濂越觉得需要老师指点,于是他当掉衣服,千辛万苦来到城中,考上学馆,不料学官的脾气古怪,宋濂历经曲折,最后终于苦学成才。范仲淹两岁的时候死了父亲。母亲很穷,没有依靠。就改嫁到了常山的朱家。范仲淹长大以后,知道了自己的身世,含着眼泪告别母亲,离开去应天府的南都学舍读书。他白天、深夜都认真读书。五年中,竟然没有脱去衣服上床睡觉。有时夜里感到昏昏欲睡,往往把水浇在脸上。范仲淹常常是白天苦读,什么也不吃,直到日头偏西才吃一点东西。就这样,他领悟了六经的主旨,后来又立下了造福天下的志向。他常常自己讲道:“当先天下之忧而忧,后天下之乐而乐。”

预见未来　秉持操守

【原文】

无钱方断酒,临老始看经。点塔七层,不如暗处一灯。堂上二老是活佛,何用灵山朝世尊。万事劝人休瞒昧,举头三尺有神明。但存方寸土①,留与子孙耕。

【注释】

①方寸:一寸见方。

【译文】

有些人悔悟得太晚,没有钱了才不喝酒,到了老年才读佛经。为七层佛塔都点上灯,不如在暗处点一盏灯对人更加有益。家中的双亲就是活菩萨,何必非要去灵山朝拜如来佛祖。劝人做事不要隐瞒真情,其实你头顶上就有神灵看着你。存下一片善良的心,留给子孙去继承吧。

【解读】

人们应该心存善念、多行好事。行善积德在什么时候都不会过时。“举头三尺有神明”固然是种迷信的说法,不足为信,但是劝人向善的宗旨是没错的,人若想作恶又想瞒过世人终究是很难办到的。虽然没有神灵察看,但若要人不知,除非己莫为。做了坏事,总要留下痕迹,迟早会露馅儿。因此,一个人要善于把握自己,严格要求自己,况且为善比作恶要幸福得多。

所谓身教重于言教,为人长辈者日常生活中的一言一行,都是下一代学习效法的对象。对于子孙人格的形成影响甚巨,“无钱方断酒,临老始看经”,坏的习惯会影响下一代的成长,喝酒喝到倾家荡产是可悲的,荒废青春也是可耻的,如果上梁不正,下梁必然就会歪。而一个心地善良的人,其日常言行都是以善为出发点,“堂上二老是活佛”,儿女子孙经过长时间的耳濡目染,自然而然就学得了善良处世的家风。而以良善传家者,待人诚恳、做事踏实,自然都能创下一番事业,所以常言道“积善之家庆有余”。由此看来,留给后代子孙最珍贵的宝藏并不是财富名位,而是心存善念的价值观,使良善之心代代流传,这样才能为儿孙种下幸福的根苗。

【故事链接】

舍巨鳖厨婢愈疾

程氏夫妇平素喜吃鳖肉。有一次偶然买回一只大鳖,吩咐厨婢宰割烹煮,当时夫妇有事暂时外出。厨婢心想:“由我亲手宰杀的鳖命,已经不可计数。今日我决定要释放这只大鳖,甘愿接受鞭打,不忍心再宰杀了。”于是偷偷地将鳖放生于池中。

主人回来索取鳖肉,厨婢告诉主人说:“刚才不留意,竟被它走失了。”主人非常愤怒,执起鞭子狠狠地毒打厨婢,直到气消才罢休,可怜厨婢,遍体鳞伤,始终忍痛不说。

后来有一次,厨婢感染瘟疫,发高烧,病得奄奄一息,主人怕她死在屋里,把她抬到池中水阁里,等待命终。

当晚,忽然有一动物从池中爬出,身上负有湿泥,在厨婢身上涂敷,使她顿觉凉爽,高烧因而解退,于是疾病痊愈,得以更生。

主人惊奇她病得如此沉重,没有吃药,怎能好转,厨婢便将事实经过相告。主人不信,到了晚上,隐藏暗处偷偷看,果然是从前失踪的那只大鳖来救她。全家惊奇感叹,从此永远不吃鳖肉了。

消除嗜欲　兄贤弟友

【原文】

灭却心头火,剔起佛前灯[①]。惺惺常不足,懞懞作公卿[②]。众星朗朗,不如孤月独明。兄弟相害,不如友生。

【注释】

①心头火:欲望。剔:挑。②惺惺:聪明。懞懞:懵懂糊涂。

【译文】

灭掉心头的欲火,剔亮佛前的明灯,多做好事,常常警觉。绝顶聪慧的人往往得不到施展才能的机会,昏庸愚蠢之辈却总能做朝廷高官。群星闪闪发光,不如一个月亮那么明亮。兄弟间若互相伤害,还不如好朋友。

【解读】

无论是古是今,社会中总是存在着一些不公正的令人灰心的现象,天道似乎泯灭了。

“惺惺常不足,懞懞作公卿”,有“才”莫若有“财”。怀才不遇的人随处可见,可是“怀才不遇”的情况却很少发生。有才能的人得不到重用,而那些昏庸愚蠢之辈却能飞黄腾达,命运是不公平的。“有钱能使鬼推磨”,金钱的魅力总是令人无法抵挡,卖官鬻爵、子承父职是封建社会的潜规则,钱权交易是再正常不过的社会现象。于是有钱的有了权,有权的更有钱,至于是否能胜任自己的职责通常是不会有人去过问的。而那些无权无钱的正人君子也成了无用武之地的可怜人。即使是在政治清明的朝代,因为人情、喜好,也同样会出现用人不当的问题。竞争的法则从一开始似乎就是有失公允的,但是也正是如此,人们才希望能改变它,随着社会的进步,社会制度也在逐步完善。

至于亲情,同室操戈的事情也是屡见不鲜,人们往往为了利益而手足相残,在得失面前忘记血浓于水。古代君王为了权力地位而“兄弟相害”,现代人也会为了财富家产而反目成仇。“不如友生”,友情之所以能超越亲情,是因为其中的利益关系要少得多。人有时真的是一种很糊涂和狭隘的动物,难道权力和财富真的比亲情还要贵重吗?

【故事链接】

“难得糊涂”的故事

有一年,郑板桥到山东莱州云峰山观摩郑公碑,晚间借宿在山下一老儒家中,老儒自称糊涂老人,言谈举止,高雅不凡,两人交谈十分投契。老人家中有一块特大砚台,石质细腻,镂刻精美,郑板桥看了大为赞赏。老人请郑板桥留下墨宝,以便请人刻于砚台背面,郑板桥感到糊涂老人必有来历,便题写了“难得糊涂”四字,并盖上了自己的名章“康熙秀才雍正举人乾隆进士”。砚台有方桌大小,还有很大一块余空,郑板桥也请老人题写一段跋语,老人没加推辞,随手写道:“得美石难,得顽石尤难,由美石转入顽石更难。美于中,顽石外,藏野人之庐,不入富贵之门也。”写罢也盖了方印,印文是:“院试第一,乡试第二,殿试第三”郑板桥看后,知是一位情操高雅的退隐官员,顿生敬仰之意。见砚台还有空隙,便又提笔补写了一段文字:“聪明难,糊涂尤难,由聪明而转入糊涂更难。放一着,退一步,当下安心。非图后来报也。”

后来这段文字传了出来,人们感慨其中富含的哲理,便写成横联挂起来,“难得糊涂”一词也就越传越广。

诚实在我　得失由天

【原文】

合理可作，小利莫争。牡丹花好空入目，枣花虽小结实成。欺老莫欺少，欺少心不明。随分耕锄收地利，他时饱暖谢苍天。

【译文】

符合情理的事情就可以去做，蝇头小利不要去争。牡丹花开得艳丽却只能观赏，枣树的花虽小却能结出果实。不要去欺骗和欺负年纪小的人，那样做就太不明事理了。发挥地利，按照节令耕作农田，收获时还要感谢苍天的保佑。

【解读】

这段话告诉人们两个道理：其一，做事要符合事物发展的规律；其二，要脚踏实地，不昧己心。

一个人若想收获成功，不下一些苦功是不行的，但是下苦功的同时还要遵守社会和自然的规律。逆潮流而动的人精神固然可嘉，但方向错误往往不仅得不到想要的结果，同时还会使自己陷入困境。“合理可作”，事情若是合情合理的，成功自然也是水到渠成的。天道酬勤，但前提是要符合天道。人们的耕耘和收获都要受到季节变化的控制，只有按节气的运动耕作才能获得丰收。“随分耕锄收地利，他时饱暖谢苍天”，种田是如此，做任何事情也都是如此。

规律不会自动为人们带来财富，它需要人通过自身的掌握才能发挥作用，只懂得纸上谈兵的人不一定真的能打胜仗。成功来自实践中的不断努力，只有通过不断努力得来的果实才是最甜蜜的，成功太容易获得就会变得廉价了。华而不实的人只能看到短暂的虚荣而体会不到收获的馨香，所以说“牡丹花好空入目，枣花虽小结实成”。若能做到不欺人不自欺，抛弃那些虚无的空话，多一些实际的行动，自然能更多地收获成功和喜悦。

【诗歌征引】

咏牡丹

宋·王溥

枣花至小能成实，桑叶虽柔解吐丝。
堪笑牡丹如斗大，不成一事又空枝。

【故事链接】

一家当铺

明清时期一个商人办了一间当铺，但有一天遭强盗抢劫，不但一命呜呼，连典当的物品、凭证、家产也被一抢而光，只留下了妻子和一个儿子。有人劝她死不认账，对上门要求赔偿银子的不要搭理或者逃往外乡。但她说："我的丈夫是一个口碑极好的人，做人经商讲信用，人也诚实，我不能玷污他的名声。"于是这个妻子一边借钱一边到处劳动，历经十年终于把当铺的债务还清了。方圆百里的人听到这件事无不称颂，以后到她这个当铺来做生意的人越来越多。

故事给人们这样的启示：诚信不仅挽救了这家当铺的声誉，十年后当重新经营时生意规模更大了，这就是诚信的作用，它体现了个人的精神素质。诚信作为一笔精神财富、优良传统，每个人都要做到诚实，讲信用，让社会处处盛开文明之花。

脚踏实地

现在日本有 1 万家麦当劳店，一年的营业总额突破 40 亿美元大关。创造这一辉煌业绩的藤田田，年轻时有一段不凡的经历。

1965 年，藤田田毕业于日本早稻田大学经济学系，毕业之后随即在一家大电器公司打工，1971 年，他开始创立自己的事业，经营麦当劳生意。麦当劳是闻名全球的连锁快餐公司，采用的是特许连锁经营机制，而要取得特许经营资格是需要具备相当财力和特殊资格的。而藤田田当时只是一个才出校门几年、毫无家庭资本支持的打工一族，根本无法具备麦当劳总部所要求的 75 万美元现款和一家中等规模以上银行信用支持的苛刻条件。

只有不到 5 万美元存款的藤田田，看准了美国连锁快餐文化在日本的巨大发展潜力，决意要不惜一切代价在日本创立麦当劳事业，于是绞尽脑汁东挪西借起来。事与愿违，5 个月下来只借到 4 万美元。面对巨大的资金落差，要是一般人也许早就心灰意冷了。然而，藤田田却偏有对困难说不的勇气和锐气，偏要迎难而上，遂其所愿。

于是，在一个风和日丽春天的早晨，他西装革履满怀信心地跨进住友银行总裁办公室的大门。藤田田以极其诚恳的态度，向对方表明了他的创业计划和求助心愿。在耐心细致地听完他的表述之后，银行总裁说："你先回去吧，让我再考虑考虑"。

藤田田听后，心里即刻掠过一丝失望，但马上镇定下来，恳切地对总裁说了一句："先生可否让我告诉你，我那 5 万美元存款的来历呢？"回答是"可以"。

"那是我 6 年来按月存款的收获，"藤田田说道："6 年里，我每月坚持存下工资奖金，雷打不动，从未间断。6 年里，无数次面对过度紧张或手痒难耐的尴尬局面，我都咬紧牙关，克制欲望，硬挺了过来。有时候，碰到意外事故需要额外用钱，我也照存不误，甚至不惜厚着脸皮四处告贷，以增加存款。这是没有办法的事，我必须这样做，因为在跨出大学门槛的那一天我就立下宏愿，要以 10 年为期，存够 10 万美元，然后自创事业，出人头地。我坚信，在小事情上过得硬的人才干得成大事情。现在机会来了，我一定要提早开创自己的事业。"

藤田田一口气讲了 20 分钟，总裁越听神情越严肃，并向藤田田问明了他存钱的那家银行的地址，然后对藤田田说："好吧，年轻人，我下午就会给你答复。"

送走藤田田后，总裁立即驱车前往那家银行，亲自了解藤田田存钱的情况。柜台小姐了解总裁来意后，说了这样几句话：

"哦，是问藤田田先生啊。他可是我接触过的最有毅力、最有礼貌的一个年轻人。6年来，他真正做到了风雨无阻地准时来我这里存钱，老实说，这么严谨的人我真是佩服得五体投地！"

听完小姐介绍后，总裁大为动容，立即打通了藤田田家里的电话，告诉他住友银行可以毫无条件地支持他创建麦当劳事业。藤田田追问了一句："请问，您为什么要决定支持我呢？"

总裁在电话那头感慨万千地说道："我今年已经58岁了，再有两年就要退休，论年龄我是你的两倍，论收入我是你的40倍，可是，直到今天我的存款却还没有你多……我可是大手大脚惯了。光说这一点，我就自愧不如，敬佩有加了。我敢保证，你会很有出息的，年轻人，好好干吧！"

由此可见，大的成功都是由小的成功积累而成的。不经过程而直奔终点，不从卑俗而直达高雅，舍弃细小而直达广大，跳过近前而直达远方，都是一种误区。心性高傲、目标远大固然不错，但目标好像靶子，必须在你的有效射程之内才有意义，如果目标太偏离实际，反而于事无益。同时，有了目标，还要为目标付出努力，如果你只空怀大志。而不愿为理想的实现付出辛勤劳动，那"理想"永远只能是空中楼阁。

忍得一时　方得长久

【原文】

得忍且忍，得耐且耐，不忍不耐，小事成大。相论逞英豪，家计渐渐退。贤妇令夫贵，恶妇令夫败。

【译文】

能忍就忍，能耐就耐。倘若不忍耐，小事就会酿成大灾。假如同别人争强比富，家产必定会逐渐败坏掉。贤惠的妻子能帮助丈夫成功，不好的妻子只会使丈夫失败。

【解读】

每个人都有自己的情绪，而情绪是一种很滑溜的东西，有时滑溜得让人难以捉摸。但是，无论如何你都要想办法将它捏得紧紧的。因为这关系到自己能否在社会上游刃有余地生存。有时候掌控不住情绪，不管三七二十一发泄一通，结果搞得场面十分难堪。生活中难免会碰到这种擦枪走火的状况。学会忍耐，"小不忍则乱大谋"，能够将情绪收放自如的人才能掌握大局。

自古以来，评价人的标准，只看一个人的涵养和行事风格，就知道他是否可以成为可塑之才，是否有大将之风。因此，若想成为人上之人，除了能力与知识之外，还要看这个人是否能将自己的情绪把握好。情绪处理得好，可以将阻力化为助力，帮你化解危机、政通人和。家庭也是相同，莫与他人争一时之气，与街坊四邻少一些争执，日子自然会和顺，心情舒畅，做事才能更轻松，与人为善，才能获得更多的帮助和支持。所以，“相论逞英豪，家计渐渐退”，“贤妇令夫贵，恶妇令夫败”，还是有一些现实意义的。

【故事链接】

僖负羁妻助夫避难

晋公子重耳在逃亡列国时，有天来到了曹国，曹国国君原本不打算接待他。大夫僖负羁进谏，说重耳每只眼睛有双瞳仁，肋骨合生为一，有异人之相，应该好好招待。曹共公这才来了兴致，想亲眼目睹一下。

重耳来到曹国的都城，被驿馆的人请入馆中。接待人员只送上简单的水饭，重耳非常生气，就没有吃。驿馆的人又来叫重耳洗澡。重耳由于连日奔波，身上很脏，也确实想洗洗澡，就进了浴室。正洗着，浴室门突然大开，曹君率着宠幸的几个大臣，穿着便服走了进来，到重耳跟前，去看他的肋骨，还指手画脚，嘻嘻哈哈。重耳的随从问了驿馆的人，了解到是曹国国君，没有不为之愤怒的。

大夫叔瞻知道这件事后，赶忙进见曹共公，劝他杀掉重耳，以绝后患。曹共公没有听从他的建议。

僖负羁让曹君厚待重耳，意见也没有被采纳，他回到家中，闷闷不乐。他妻子问他是怎么回事。他就向妻子讲了实情。他妻子就劝他说：“我早就听人家说，晋公子重耳将是万乘之主，身边的随从，也都是些万乘之国的将相之才。现在他们处于穷困境地，外出逃亡，在这儿受到侮辱，一旦返回晋国主政，一定会伺机报复的。您若不提前与之结交，将来一定要跟着遭殃。”

僖负羁听了夫人的话后，马上派人连夜送了些金银珠宝和好酒好饭到重耳的旅馆中。这时候重耳他们还没吃晚饭，正感到饥饿难耐，接到僖负羁送来的饭菜，十分高兴，就吃掉了饭菜，但把黄金和白璧悉数退了回去。僖负羁见后，更加佩服重耳的贤德。

后来，重耳终于在秦穆公的帮助下，回到晋国做了国君，这就是后来赫赫有名的晋文公。他即位刚刚三年，就起兵伐曹报仇。曹被攻破，叔瞻被杀，曹共公被抓，曹国也灭亡了。只有僖负羁受到了晋军保护。

志存高远　情理难犯

【原文】

一人有庆，兆民咸赖[①]。人老心未老，人穷志不穷[②]。人无千日好，花无百日红。杀人可恕，情理难容。

【注释】

①语出《尚书·吕刑》：“一人有庆，兆民咸赖。”兆民：万民，百姓。兆，古代计数单

位。咸:都。②化自于唐代王勃《滕王阁序》:"老当益壮,宁移白首之心;穷且益坚,不坠青云之志。"

【译文】

把握权力的人,他一个人有了值得庆贺的事情,很多百姓都会从中得到好处。人的年纪老了,思想不应当随之衰老,人即使生活贫穷,但志气却不应穷尽。人不可能总是一帆风顺,花不可能百天都红。杀了人有时还可以宽恕,如果违背了人情常理,就不能容忍。

【解读】

君子立志往往是"穷则独善其身,达则兼济天下"。"一人有庆,兆民咸赖"语出《尚书》,手中把握权力的人,自己有了值得庆贺的事情,老百姓也会跟着沾光。虽然它强调了封建社会权力的魅力,但是能够得到一位兼济天下的统治者也不失为人民之福。尤其是作为一个领导人,他一个人的成功常常能给更多的人带来好处。因此,带头人的作用是不容忽视的,所谓"为官一任,造福一方",能够为人民造福是当政者的准则。

贫穷、富贵也好,青春、苍老也罢,无论处于人生的哪一种状态,人都应保持一种健康的心态。"人老心未老"便能在年老时再创人生的辉煌,"人穷志未穷"就能在失意落魄时保持昂扬的斗志。"人无千日好,花无百日红",没有什么是永恒不变的,人若不能拒绝改变,那么何不使自己豁达一些,坦然接受比消极抵抗来得更加现实一些。

【故事链接】

马革裹尸,老当益壮

"马革裹尸"是激励历代将士的一句豪言壮语,不知有多少军人在它的激励之下舍身赴死、为国捐躯。这句话的作者——东汉伏波将军、新息侯马援,更是一位充满传奇色彩、令人敬佩的一代名将。在两汉交替之际,马援以自己出色的将才为这副壮丽的历史画卷添上了浓墨重彩的一笔。

马援,字文渊,扶风茂陵人。据传说,其祖先乃是大名鼎鼎的战国名将马服君赵奢,子孙以封号为姓。公元35年,来歙举荐马援为陇西太守,先是在该年夏季大败先零羌,斩首数百,降服八千余人。冬季,又和马成联手,深入险阻,斩首千余,缴获牛羊不计其数。公元36年,参狼羌部落和其他羌人部落联合侵犯武都,马援大败羌军,降服万人。陇右安定,王莽末年以来兴起的羌乱至此平息。公元40年,征侧、征二姐妹在交趾反叛,九真、日南、合浦等郡的蛮族群起响应,整个交趾地区有脱离汉帝国的危险。刘秀于是封马援为伏波将军,扶勒侯刘隆为副将,讨伐交趾。经过两年征战,马援斩首数千,大破征氏姐妹,公元43年,马援诛灭二征,传首洛阳,受封为新息侯。之后,马援继续追击征侧余党,斩首五千余人,全部平定交趾地区。战事平息后,马援又果断地采用了民族和解政策,以原有的制度约束越人,自此以后,南越土著一直奉行马援的规定。

一般的开国元勋们，在功成名就之后，想得更多的是怀抱娇妻，尝齐人之福；膝绕幼子，享天伦之乐。但是马援并不这么想，他的高尚之处也在于此。他从交趾返回时，平陵人孟冀迎接慰劳他。马援说："方今匈奴、乌桓尚扰北边，欲自请击之。男儿要当死于边野，以马革裹尸还葬耳，何能卧床上在儿女子手中邪！"忧国忧民之心，溢于言表。

公元48年，南方武陵五溪蛮（武陵有五溪，即雄溪、门溪、西溪、潕溪、辰溪，为少数民族聚居之地，故称"五溪蛮"）暴动，武威将军刘尚前去征剿，冒进深入，结果全军覆没。马援时年62岁，请命南征。光武帝考虑他年事已高，而出征在外，亲冒矢石，军务烦剧，实非易事，没有答应他的请求。马援当面向皇帝请战，说："臣尚能被甲上马"。光武帝让他试试，马援披甲持兵，飞身上马，手扶马鞍，四方顾盼，一时须发飘飘，神采飞扬，真可谓烈士暮年，老当益壮。光武帝见马援豪气不除，雄心未已，很受感动，笑道："矍铄哉，是翁也"！于是派马援率领中郎将马武、耿舒、刘匡、孙永等人率四万人远征武陵。

公元49年，马援率军到达临乡，老将军虎威犹存，斩杀、俘获蛮兵二千余人。在继续征讨的过程中，遇到了困境。当时面前有两条道路，一条路近但很险恶，另一条坦荡，但是太长。副将耿舒主张保险，走坦荡的路。作为老将的马援自然期望兵贵神速，坚持走险路。于是汉军按马援的意思行军。当时天气酷热，很多士兵患瘟疫而死，马援自己也被传染。可他依然蹒跚跛脚察看敌情，左右随从也无不感动落泪。终于，马援因为老迈体衰，没能逃过瘟神的魔爪，一代名将陨落在蛮荒之地，真正实现了自己"马革裹尸"的誓言。

积习难改　直面灾祸

【原文】

乍富不知新受用，乍贫难改旧家风。座上客常满，杯中酒不空。屋漏更遭连夜雨，行船又遇打头风。

【译文】

生活刚刚由穷变富时还不会享受，刚刚由富变穷时还改不掉挥霍浪费的旧习气。宴会上的客人经常满座，杯中的美酒总也不空。屋顶漏了却又遇上连夜大雨，船正行驶却遭遇逆风。

【解读】

一个人的生活习惯和行事方式不是一朝一夕就能改变的。长期处于贫穷状态下的人很难一下子适应富有的生活状态和社交环境，难免会有刘姥姥进大观园的感觉。反过来，荣国府里的各位老爷夫人在告别了"座上客常满，杯中酒不空"的日子之后，同样受不了朝不保夕、贫困枯燥的生活状态。生活方式的转变是一个过程，人的心理需要有一定的适应时间，我们要认清自己的处境，转变自己的心态。改变生活习惯和交际方式。

同时，它还告诉人们，面对倏忽万变的人生际遇，人们应该懂得调适自己的心态，生活中的不如意，并不会因为你的悲哀而有稍微地改变，正确健康的心态是一个人能够常保人生快乐的法宝。“屋漏更遭连夜雨，行船又遇顶头风”，是谁都有可能遇上的倒霉事，老天爷最喜欢玩雪上加霜的把戏来作弄世人，只要你面不改色地应对灾难，老天又能耐你何？它一旦发现自己的把戏不起作用，就会索然无味，而将注意力转移到另一个倒霉者的身上。所以，做人要时刻注意调整自己的心态，才不会让命运的“诡计”得逞，否则，你将很难获得翻身的机会。

【故事链接】

心态决定成败

创业过程中，人们随时会碰到困难和挫折，甚至还会遭遇致命的打击。在这时候，心态的积极与消极会对创业的成败产生重大影响。这倒让人想起了两则有趣的寓言故事：

古时有一位国王，梦见山倒了，水枯了，花也谢了，便叫王后给他解梦。王后说：“大势不好。山倒了指江山要倒；水枯了指民众离心，君是舟，民是水，水枯了，舟也不能行了；花谢了指好景不长了。”国王惊出一身冷汗，从此患病，且愈来愈重。一位大臣要参见国王，国王在病榻上说出他的心事，哪知大臣一听，大笑说：“太好了，山倒了指从此天下太平；水枯指真龙现身，国王，你是真龙天子；花谢了，花谢见果子呀！”国王全身轻松，很快痊愈。

有这样一个老太太，她有两个儿子，大儿子是染布的，二儿子是卖伞的，她整天为两个儿子发愁。天一下雨，她就会为大儿子发愁，因为不能晒布了；天一放晴，她就会为二儿子发愁，因为不下雨二儿子的伞就卖不出去。老太太总是愁眉紧锁，没有一天开心的日子，弄得疾病缠身，骨瘦如柴。一位哲人告诉她，为什么不反过来想呢？天一下雨，你就为二儿子高兴，因为他可以卖伞了；天一放晴，你就为大儿子高兴，因为他可以晒布了。在哲人的开导下，老太太以后天天都是乐呵呵的，身体自然健康起来了。

看来，事物都有其两面性，问题就在于当事者怎样去对待它们。以积极的态度去分析事物；顶住压力，坚持到成功。

岁月倥偬　自强不息

【原文】

笋因落箨方成竹[1]，鱼为奔波始化龙。曾记少年骑竹马，看看又是白头翁[2]。

【注释】

①箨：笋壳。②语出元代戏文《张协状元》第四十八出：“记得少年骑竹马，看看又

做白头翁。”

【译文】

笋因为外壳层层脱落才逐渐长成竹子，鱼由于经历了奔波才变成蛟龙。还记得少年时骑马游戏的情景，转眼之间现在已是白发苍苍的老人。

【解读】

“天行健，君子以自强不息”，时间是不知疲惫的机器，人只有马不停蹄才能跟上它的脚步。岁月能给人的时间并不充裕，“曾记少年骑竹马，看看又是白头翁”。人的生命不能重来，所以要珍惜，活在当下，让自己过得充实。可惜的是，人往往不能及时把握自己，总在蹉跎有限的生命。自古以来，对于短暂的人生存在不同的价值取向。人的生命最多不过百年，而百年的时间转瞬即逝，既然有幸生存在天地之间，岂能不好好地生活，让自己的生命发光发热。

“笋因落箨方成竹，鱼为奔波始化龙”，人生要获得更大的发展还需要不断的成长，而成长是需要代价的，竹笋如不层层褪去保护自己的外衣就不能参天，鲤鱼也只有经过长途跋涉才能跳过龙门化身为龙。人也是一样，一个人要学有所成，在事业上获得成功。就要舍得下一番苦功夫，就要有百折不挠的精神。所以，人们应该时刻不忘提醒自己要珍惜光阴，要在有限的人生中去发掘生命的价值与乐趣，让自己拥有无憾的人生。

【故事链接】

孩子当自强

康熙年间，贵州巡抚刘荫枢告老回乡后，想用一生的积蓄为家乡建一座桥。但是子女却反对：“您当了一辈子高官，我们没沾到一点光，好容易盼到您回家，你却如此不顾我们。”刘荫枢很伤心，他觉得自己虽然一身清白，但忽视了对子女的教育。于是，他用尽积蓄，历时五年，修成大桥，取名“毓秀桥”。桥修好后，他对子女说：“我之所以用全部积蓄修桥，就想用事实告诉你们，自己的路自己走，自己的生活自己创，靠天、靠地、不如靠自己。”为了彻底消除孩子们依赖父母的心理，他以十五两白银的价钱把桥卖给了官府。刘荫枢的所作所为深深地打动了他的子女。他的孩子日后都成了国家的栋梁之材。应该说，刘荫枢注重孩子自强精神的培养是具有远见卓识的，而他用毕生的积蓄来教育孩子，可谓用心良苦。古人尚且如此，今日的父母应该怎样看待孩子的自强精神的培养，父母应该从中扮演怎样的角色呢？

君子自强不息

天行健，君子自强不息；滴自己的汗，吃自己的饭。自强不息的名人故事更是令人敬佩。

华罗庚家境贫穷,决心努力学习。上中学时,在一次数学课上,老师给同学们出了一道著名的难题,华罗庚正确地回答出来,使老师惊喜不已,并得到老师的表扬。从此,他喜欢上了数学。华罗庚上完初中一年级后,因家境贫困而失学了,只好替父母站柜台,但他仍然坚持自学数学。经过自己不懈的努力,终于成为我国杰出数学家。

任伯年,清朝后期著名画家,上海人。他能成为一个大画家,完全是靠他刻苦勤奋得来。任伯年的父亲也是一位画家,在父亲影响下,他从两三岁开始读书时,就喜欢看父亲作画。12岁时,父亲不幸过世,家中也随之贫寒,任伯年因此也失学了,到一家扇子店当学徒。一天干活下来很累,但不管多累,他每天仍坚持画上几笔;没有钱买纸,他就用废纸作画。店中老板知道后,看他的画也的确不凡,让他专门为扇面作画。从此,任伯年学有所用,画画的积极性更高了。最后终于成了一位著名画家。

车胤囊萤夜读

车胤,生于晋朝,本是富家子弟,后来家道中落,变得一贫如洗。可是,他在逆境中却能自强不息。

车胤年轻时就很懂事,也能吃苦耐劳。他因为白天要帮家人干活,就想利用漫漫长夜多读些书,好好充实自己;然而,他的家境清贫,根本没有闲钱买油点灯,有什么办法可以突破客观条件的限制呢?最初,他只得在夜间背诵书本内容,直到一个夏天的晚上,他看见几只萤火虫在飞舞,点点荧光在黑夜中闪动。于是,他想出了一个好法子:他捉来许多萤火虫,把它们放在一个用白夏布缝制的小袋子里,因为白夏布很薄,可以透出萤火虫的光,他把这个布袋子吊起来,就成了一盏照明灯。车胤不断苦读,终于成为著名的学者,后来还成了一名深得人心的官员。

孙康映雪读书

晋朝有一个叫孙康的人,他生性聪敏,读书过目不忘,与人交谈则对答如流。孙康酷爱读书,在他很小的时候,就常常手不释卷,夜以继日,乐书不疲。尽管家境不好,他也时常面有菜色,但却难掩他目光中发自内心的光辉和热情,可是后来,随着他年龄的增长,对读书沉迷愈深,他的家境却每况愈下,家人说再也供不起他狂读不止、耗费灯油了,也就是说他夜里不能读书了。

孙康不是书呆子,他也不认为书中果然有千钟黍或颜如玉,只是读书实在是一件太快乐的事情,它给他带来了完全不同的世界,使他体会到思想的乐趣,让他的心境变得明净高远,完全超脱了眼前困窘的处境,可是眼下没有书读的日子,让他觉得每一个夜晚都令人难以忍受。那是一个寒冷的冬夜,他离开破败冷清的家,来到月华普照的雪原,冥思苦想,一筹莫展,心中悲苦,不知所从。然而,就在他彷徨复彷徨之际,一个念头击中了他,原来,在这皎洁的月光下,雪原反射着无边的银光,塑成了一个清亮又辉煌的世界,周围的景物十分清晰,似乎是上天悲悯感动于他苦苦向学的挚诚,特意将这天地都化作了他读书的好场所，他欣喜异常，奔回家去，取出书来，映着雪光一看，果然分明异常，他在心中欢喜不止："我又可以读书了，我又可以读书了！"

从此以后，每一个月色皎洁的夜晚，孙康都捧一本书来到雪地，利用雪的反光来读书，后来，他成了一个名重一时的大学者。他的"映雪读书"的故事也被传为佳话，成为勤奋好学的典范。

坚强的吕氏姐妹

江阴吕氏姐妹，姐姐叫吕娟、妹妹叫吕营，她们同患进行性肌肉萎缩症。此病的发病率只有五万分之零点三。此病的症状是肌肉萎缩、全身无力、绵软如婴儿。生活完全需要别人照顾。

尽管如此，她们俩却从不抱怨命运、不向病魔低头。她们积极乐观地生活。尽管从没进过学校的大门，却自学完了中小学的课程，还自修了大专课程等。

每天，她们只能固定地坐在特制的椅子上，在特制的桌子上学习，一坐就是十几个小时。因为没有别人帮助，她们自己就不能躺下，每天冬天脚肿得连鞋子都穿不进去。即使这样，她们也从没放弃对生活的追求。她们阅读了大量的中外名著，写了几万字的读书笔记。她们的文字也经常在各级报纸杂志上发表。她们乐观、进取，热爱生活的态度感染了一批年轻人。经常有人给她们写信、打电话或上门谈心。她们谈理想、谈未来。他们从她们这里汲取生活的信心和力量。受此启发，她们决定开办热心电话，用自己的知识及坎坷的人生来启迪、帮助那些人生迷惘的青年人。

1996 年 7 月，她们开办了江阴市首家私人热线电话——"姐妹爱心热线"。这条热线受到了青年朋友的欢迎。短短几个月就有杭州、常州、张家港、如皋、镇江等八九个城市的来话一千多个。他们涉及的问题有：工作、就业、学习、恋爱、家庭等方方面面。许多人在她们的开导、鼓励、帮助下，摆脱了心理压力，调整了自己的心态、找回了自信，重新愉快地生活和学习了。当有人问她们为什么要这么做时，她们的回答是能够帮助别人，让别人快乐、幸福，才是自己最大的幸福，才能体现出自己的人生价值。现在，她们已接到全国各地的热线电话四千多个。

1998 年，她们还成立了"姐妹爱心服务社"。许多有爱心的朋友常跟她们在一起探讨如何帮助需要帮助的人。现在，她们已帮助八九个贫困学生与有爱心的人士结成对子。她们自己也资助了失学儿童重返校园。现在，她们被十几所学校聘为校外辅导员，被江阴市团市委评为"十大杰出青年""优秀青年""新长征突击手"等。

富足礼仪　贫穷盗窃

【原文】

礼义生于富足，盗贼出于赌博[①]。天上众星皆拱北[②]，世间无水不朝东。君子

安贫，达人知命。

【注释】

①语出南朝宋范晔《后汉书·王充王符仲长统列传》："是故礼义生于富足，盗窃起于贫穷；富贵生于宽暇，贫穷起于无日。"②前一句语出《论语·为政》："子曰：'为政以德，譬如北辰，居其所而众星拱之。'"

【译文】

礼义是在富足生活中形成的，往往因为赌博才使人沦为盗贼，走上犯罪的道路。天上的众星都朝向北斗星，地上没有一条江河不向东流。品德高尚的君子能安于贫困的生活，通达道理的人会听凭命运安排。

【解读】

自然有自然的规律，社会有社会的法则。

"天上众星皆拱北，世间无水不朝东"，自然界遵循着自己的规律运行，也只有遵循自身的规律才能使世间万物并行不悖。人类社会也只有遵循自身的法则才能健康发展。礼义廉耻是人们生活中的行为规范，而它的形成也是一个逐渐发展的过程。人类社会在茹毛饮血的时代，生存是最紧迫的问题，决不会有时间和精力去研究什么道义和礼法。"仓廪实而识礼节，衣食足而知荣辱"，经济基础打不牢，上层建筑就不会坚固、稳定。无论是个人还是社会，人们只有吃饱穿暖了之后才会有精力去思考更深远的人生社会哲理。社会的文明程度与它的物质积累通常是成正比的。

一个高尚的人能够安贫乐道是因为虽然他们生活清贫，但是他们更懂得人生和社会的哲理，他们懂得财富对生活的重要性，更懂得对生活条件的追求要从实际情况出发，盲目追求和攀比是毫无意义的。因此，安贫知命不是对社会规律的背离，而是对其更高层次的认识和领悟。

【故事链接】

叔向贺贫

叔向是晋国大夫，韩起是晋国正卿。

一日，叔向去见韩起。韩起正为清贫发愁，叔向却向他道贺。韩起说："我有卿大夫之名，却无卿士财富，无法和各位卿大夫交往，所以我很忧愁。你为什么却向我道贺呢？"

叔向回答说，从前，栾武子家中没有多少田产，家里祭祀的礼器都不齐备，但能发扬德行，遵守法度，从而诸侯亲近他，戎狄归附他，最终治理好了晋国。到他的儿子桓子就骄奢淫逸，贪欲没有止境，违法乱纪，任意而为，放债取利，聚敛钱财，结果祸延子孙。他的儿子虽然没有沿袭他的行为，而是继承祖父德行，本该免于祸难，却因受他的牵累，以至流亡到楚国。还有晋国正卿昭子的家私抵得过晋国的一半，武力有晋国军队的一半，倚仗着财富和势力在晋国骄横异常。他们家有五人做大夫，三人做上卿，权倾一时。然而昭子被杀,却没有人哀怜他们,就因为他们无德啊！现在,你有栾武子的清贫,也能继承栾武子的德行,所以向您祝贺。如果你不担忧自己道德不立,只担心钱财不足,那我要哀悼都来不及,还有可庆贺的吗?”

韩起幡然醒悟,跪拜道:“我本来要亡的,多亏您开导我,不但我韩起要感谢您,从我始祖桓叔以下,都感谢您的恩赐!”

孟母三迁

孟子是战国时期的大思想家。孟子从小丧父,全靠母亲倪氏一人日夜纺纱织布,挑起生活重担。倪氏是个勤劳而有见识的妇女,她希望自己的儿子读书上进,早日成才。一迁,孟母看到孟轲在跟邻居家的小孩儿打架,孟母觉得这里的环境不好,于是搬家了。又一天,孟母看见邻居铁匠家里支着个大炉子,几个满身油污的铁匠师傅在打铁。孟轲呢,正在院子的角落里,用砖块做铁砧,用木棍做铁锤,模仿着铁匠师傅的动作,玩得正起劲呢！孟母一想,这里环境还是不好,于是又搬了家。二迁:孟家原住在乡下一块坟茔旁,门口常有哭哭啼啼、吹吹打打的送葬人路过,孟轲便模仿,孟母认为这样下去不利于儿子成长,就将家迁到了城里。三迁:城中无墓地,但处于集贸闹市,叫卖喧嚣声不绝于耳,孟轲于其间耳闻目染,又开始模仿。孟母认为这样还是不利于孩子成长,于是将家迁到了城东的学宫附近。学宫附近环境高雅肃穆,读书声不绝于耳,孟母决定在此安定下来,让孟轲接受学校文化的熏陶,以成大器。

遵循天道　共创和谐

【原文】

良药苦口利于病,忠言逆耳利于行。顺天者存,逆天者亡。人为财死,鸟为食亡。夫妻相和好,琴瑟与笙簧。

【译文】

有效的药物吃着虽然苦,却对治病有利,批评的话语尽管听着刺耳,却对自己行事有所帮助。顺从自然规律的才能生存,违背自然规律的人和事必然灭亡。人为生计、钱财而死,鸟为觅食而亡。夫妻之间亲密和睦,就像琴瑟笙簧一样和谐弹奏。

【解读】

天指自然,天道指自然规律。“顺天者存,逆天者亡”,无论是人类还是自然万物,要想生存下去就要顺应自然界的规律。逆天而行的教训往往是惨痛的。人类作为万物的主宰、宇宙的灵长,更应该懂得这个道理,但是人类却为了争夺眼前的利益而忽略了观察自己的处境,没有发现自己在不知不觉中已经脱离了规律的轨道,若不及早回头势必要撞得头破血流。“人为财死,鸟为食亡”,人为了满足自己的贪欲,一刻不停地掠夺着数量有限的财富,大大小小的战争此起彼伏,人类社会从没有享受过真正的安宁。而争夺的结果又能怎样？无数的生灵涂炭、资源匮乏，人类的生存和生命更加没有保障。人类在挖掘大自然财富的同时，也为自己挖掘了坟墓。天灾人祸都是人类自找的，自己种下的苦果也只有自己吞下。

然而，"亡羊补牢，为时未晚"，只要人类认识到自己的错误并能及时改正，后果还是可以挽救的。共建和谐社会就是一种解决的方案，人与自然、人与社会、人与人之间只要遵循规律、和谐相处，就能拯救自然、拯救社会、拯救人性，就能像"琴瑟与笙簧"那样弹奏出优美和谐的旋律。说到底都是一个"和"字，"和气生财""和衷共济""家和万事兴""和为贵"，我们的祖先在很早以前就已经认识到它的巨大威力，只不过这些哲理都被自以为是的现代人丢到了一边。"和"曾经作为古人处世与发展的工具发挥了积极的作用，今天它成为拯救人类生存的法宝是否还能再现辉煌，就要看人类是否能够珍惜和善加利用了。

【故事链接】

给爱一个台阶

幸福有时候只需要一个台阶，无论是他下来，还是你上去，只要两个人的心在同一个高度和谐地振动，那就是幸福。

那年，她刚刚25岁，鲜活水嫩的青春衬着，人如绽放在水中的白莲花。唯一的不足是个子太矮，穿上高跟鞋也不过一米五多点儿，却心高气傲地非要嫁个条件好的。是相亲认识的他，一米八的个头，魁梧挺拔，剑眉朗目，她第一眼便喜欢上了。隔着一张桌子坐着，却低着头不敢看他，两只手反复抚弄衣角，心像揣了兔子，左冲右撞，心跳如鼓。两个人就爱上了，日子如同蜜里调油，恨不得24小时都黏在一起。两个人拉着手去逛街，楼下的大爷眼花，有一次见了他就问：送孩子上学啊？他镇定自若地应着，却拉她一直跑出好远，才憋不住笑出来。

他没有大房子，她也心甘情愿地嫁了他。拍结婚照时，两个人站在一起，她还不及他的肩膀。她有些难为情，他笑，没说她矮，却自嘲是不是自己太高了？摄影师把他们带到有台阶的背景前，指着他说，你往下站一个台阶。他下了一个台阶，她从后面环住他的腰，头靠在他的肩上，附在他耳边悄声说，你看，你下个台阶我们的心就在同一个高度上了。

结婚后的日子就像涨了潮的海水，各自繁忙的工作，没完没了的家务，孩子的奶瓶尿布，数不尽的琐事，一浪接着一浪汹涌而来，让人措手不及。渐渐地便有了矛盾和争吵，有了哭闹和纠缠。第一次吵架，她任性地摔门而去，走到外面才发现无处可去。只好又折回来，躲在楼梯口，听着他慌慌张张地跑下来，听声音就能判断出，他一次跳了两个台阶。最后一级台阶，他踩空了，整个人撞在栏杆上，"哎哟哎哟"地叫。她看着他的狼狈样，终于没忍住，捂嘴笑着从楼梯口跑出来。她伸手去拉他，却被他用力一拽，跌进他的怀里。他捏捏她的鼻子说，以后再吵架，记住也不要走远，就躲在楼梯口，等我来找你。她被他牵着手回家，心想，真好啊，连吵架都这么有滋有味的。第二次吵架是在街上，为买一件什么东西，一个坚持要买，一个坚持不要买，争着争着她就恼了，甩手就走。走了几步后躲进一家超市，从橱窗里观察他的动静。以为他会追过来，却没有。他在原地待了几分钟后，就若无其事地走了。她又气又恨，怀着一腔怒火回家，推开门，他双腿跷在茶几上看电视。看见她回来，仍然若无其事地招呼她：回来了，等你一起吃饭呢。他揽着她的腰去餐厅，挨个揭开盘子上的盖，一桌子的菜都是她喜欢吃的。她一边把红烧鸡翅咂得满嘴流油，一边愤怒地质问他：为什么不追我就自己回来了？他说，你没有带家里的钥匙，我怕万一你先回来了进不了门；又怕你回来饿，就先做了饭……我这可都下了两个台阶了，不知道能否跟大小姐站齐了？她扑哧就笑了，所有的不快全都烟消云散。这样的吵闹不断地发生，终于有了最凶的一次。他打牌一夜未归，孩子又碰上发了高烧，给他打电话，关机。她一个人带孩子去了医院，第二天早上他一进门，她窝了一肚子的火噼里啪啦地就爆发了……这一次是他离开了。他说吵来吵去，他累了。收拾了东西，自己搬到单位的宿舍里去住。留下她一个人，面对着冰冷而狼藉的家，心凉如水。想到以前每次吵架都是他百般劝慰，主动下台阶跟她求和，现在，他终于厌倦了，爱情走到了尽头，他再也不肯努力去找台阶了。

那天晚上，她辗转难眠，无聊中打开相册，第一页就是他们的结婚照。她的头亲密地靠在他的肩上，两张笑脸像花一样绽放着。从照片上看不出她比他矮那么多，可是她知道，他们之间还隔着一个台阶。她拿着那张照片，忽然想到，每次吵架都是他主动下台阶，而她却从未主动去上一个台阶。为什么呢？难道有他的包容，就可以放纵自己的任性吗？婚姻是两个人的，总是他一个人在下台阶，距离当然越来越远，心也会越来越远。其实，她上一个台阶，也可以和他一样高的啊。她终于拨了他的电话，只响了一声，他便接了。原来，他一直都在等她去上这个台阶。幸福有时候只需要一个台阶，无论是他下来，还是你上去，只要两个人的心在同一个高度和谐地振动，那就是幸福。

家和万事兴

林肯的妻子玛丽·托德·林肯做了总统夫人之后，脾气愈来愈暴躁。她不但随意挥霍，还常对人大发淫威，一会儿责骂做衣服的裁缝收款太多，一会儿又痛斥肉铺、杂货店的东西太贵。

有位吃够了玛丽苦头的商人找林肯诉苦。林肯双手抱肩，苦笑着认真听完商人的诉说，最后无可奈何地对商人说："先生，我已经被她折磨了 15 年，你忍耐 15 分钟不就完了吗？"

这个故事告诉我们，在家庭里，和自己的亲人相处时，必须要学会忍耐！这是做人的另一个原则。清官难断家务事，家庭里没有绝对的对和错，即使你贵为总统，可以号令天下，但在家里，你也只不过是一名家庭成员而已。

忠言逆耳利于行

路边有一堵破墙，墙上爬着一些藤，藤上开着米黄色的小花。藤对自己的处境很满意，对自己的女儿——花也很满意。藤的根日益扎深，她要保住自己的一片立锥之地。

一天，风从这里经过，藤就向风吹嘘自己有多伟大，自己的女儿有多美丽。风不屑地瞥了藤一眼，说："藤啊，你如果把根继续扎下去，这堵墙就会倒塌，这堵让你自豪的墙，以后很可能成为你的坟墓。""不可能！"尽管风说明白了道理，倔犟的藤仍认为墙永远为她服务。风摇了摇头，叹了口气说："唉，可怜的藤啊，你的好日子不长了。"说完，风就走了。

风走后，藤觉得风只是在吓唬她，根本不把风的话当一回事，照样无忧无虑地生活。藤继续把根扎深，突然有一天，藤感觉墙有点松动，藤想起了风的话，不由得吓出了一身冷汗。藤马上克制内心的恐惧感，想："这不过是我的幻觉，都是那该死的风的原因，我千万不能听信他的谗言。"

又过了几天，风又经过这里，藤骄傲地对风说："你看，我不是还好好地吗？幸亏我没有听信你的鬼话，终日惶惶，不得抑郁症才怪呢。"风听了很不高兴，心想："我好心劝她，她却这样对我，我一定要给她点颜色看看，证实我的话，让她后悔都来不及。"风稍稍策划了一下，就走了。藤见风一言不发地走了，以为风认输了，高兴极了，却不知灾难将降临了。

风来到雨家，告诉雨事情的来龙去脉和他的计划，雨决定帮风一把，为风出出气。他俩精心策划，决定制造一次暴风雨，松动的墙一定会倒塌。风和雨约定的日期到了，他们在藤所在的小镇上肆虐，想把藤处死。再说藤，藤紧紧抱住墙，希望墙保护她。在这紧急关头，藤发现墙已经摇摇欲坠了。藤终于相信了风的话，但她由于不听忠告，连命也不能保了。不一会儿，只听"轰"的一声，墙倒了，藤也随之丧命。风和雨听到这声音，才心满意足地回去了。

俗话说：忠言逆耳利于行，良药苦口利于病。藤的下场给了人们最好的解释，不听别人的忠告，只有悲惨的下场。

富贵当仁　乐极生悲

【原文】

有儿穷不久，无子富不长。善必寿考，恶必早亡。爽口食多偏作病，快心事过恐生殃。富贵定要依本分，贫穷不必再思量。

【译文】

有了儿子，日子就不会永远贫困，没有儿子，富裕也不会长久。好人是会长寿的，恶人一定早死。美味可口的食物吃多了反而会得病，高兴的事情过多恐怕灾难要临头。富贵之后还须遵守本分，贫穷了也不要胡思乱想。

【解读】

这段话总体是在讲富贵、贫穷的问题。当然其中一些观点是偏颇的，比如说"有儿贫不久，无子富不长"就是典型的重男轻女思想，认为一家的香火只能靠男子才能继承下去，当然在男女平等的现代社会是不能成立的。其他三句虽然有或多或少的封建残余，但是基本指导思想还是正确的。主要是要告诉人们应该安贫乐道、行善积福，富要富得本分，穷要穷得厚道。

对于生活在富贵丛中的人们切莫为富不仁，更要注意节制，什么都不要做得太满。"爽口之味，皆烂肠腐骨之药，五分便无殃；快心之事，悉败身丧德之媒，五分便无悔。"可口的佳肴美馔，吃多了便不觉味美；治病的良药，服用过量也可能成为致命毒药。一个深明养生之道的人是懂得节制的，绝对不会以这种方式来摧残自己的健康。同样，人在得意的时候也不可过于狂喜，否则也会损身败德，俗话说"乐极生悲"，人往往容易在得意忘形的状态下发生意外，因此凡事当适可而止。何况，一个人如果贪图物质享受，他的心志必将为物欲所役使，精神生活也将空虚不堪。"藜口苋肠者，多冰清玉洁；衮衣玉食者，甘婢膝奴颜。盖志以淡泊明，而节从肥甘丧也。"为了满足私欲，有人不择手段去钻营谋利，有人甘愿卑躬屈膝去奉承权贵，有人不惜触法去作奸犯科，不管是哪一种，其背后的动机都是为了追求享乐。虽然衮衣玉食者，未必个个是奴颜婢膝，但是一个过度追求物质享受的人就不会有高尚的节操，因为他的价值观已经被物化了。

所以，无论是贫穷还是富贵，都不要迷失自己的本心，人生最宝贵的不是财富而是精神。

【诗歌征引】

养生诗

宋·邵雍

闲居慎勿说无妨，才说无妨便有妨。
争先径路机关恶，退后语言滋味长；
爽口物多终作疾，快心事过辄为殃。
与其病后须求药，不若病前能自防。

【故事链接】

穷人和富人

古时候，上帝在那时还习惯于亲自与地球上的凡人打交道。有一次，天已经黑了。他还没有找到一家酒店。这时他发现前面有两栋房子面对面地竖立在路的两边：一栋大而漂亮，另一栋小而破旧，大的属于一个财主，小的属于一个穷人。上帝暗想："如果我住在财主家，是不会给他增加负担的。"

当财主听到有人敲门时，他打开窗户问陌生人想要什么，上帝回答："我就想住一晚上。"

财主上上下下将来人打量了一番，见上帝衣着平凡，不像兜里有什么钱的人，他摇摇脑袋说道："不行，我不能让你住，我的屋子里堆满了草药和种子，如果凡是敲门的人我全接待的话，用不了多久，我就得出门要饭了。到别处找地方住吧。"说完，他关上窗户，把上帝搁在了外边。

于是上帝转身离开了财主，走到对面的小房子前敲门。刚刚敲了门，那穷人就打开了那扇小门并把来人请了进去。"留下同我一起过夜吧，天已经黑了，"他说："今晚你不能再赶路了。"

上帝被感动了，他走进屋来。穷人的老婆握着他的手表示欢迎，并让他别客气，就像到家一样，有什么就用什么，说虽然他们拿不出很多，可是他们会真心实意地用所有的东西招待他。女主人把土豆放在火上煮，同时又去挤羊奶，这样他们就有些奶喝了。铺上桌布后，上帝和主人两口子坐了下来，虽然饭菜不精美，可上帝很欣赏，因为大家都喜气洋洋地坐在餐桌旁用餐。晚饭后该上床睡觉了，女主人把她的丈夫叫到一旁说："听着，亲爱的夫君，今天晚上咱们自己铺张稻草床吧，让那可怜的客人在咱们的床上好好睡一觉，他走了一整天，一定累了。""我完全同意。"他答道，"我这就去告诉他。"他过去邀请这陌生的客人说，如果不嫌弃的话，就请睡在他们的床上好好地休息。可是上帝定然不肯睡在两位老人的床上。无论上帝如何拒绝，他们就是不同意，直到最后，上帝接受了，睡在了床上，他们自己在地上铺了些草躺在了上面。

第二天，天刚亮，他们就起床为客人做了一顿他们所能做的最好的早餐。当阳光穿过了小小的窗户时，上帝起了床，又和他们一起吃了饭，然后准备起程赶路。

他站在门前，回过身去说道："你们是善良的人，请为自己许三个愿吧，我会恩准的。"于是穷人说："我希望我们两口子一辈子幸福健康、每天都有面包吃，这第三个愿望么，我不知道还需要什么。"上帝对他说："难道你不想用一座新房子替换你这旧房子吗？""噢，对，"穷人道，"我非常高兴，如果我也能有座新房子的话。"上帝实现了他的愿望，将他们的破旧房子变成一座新房，然后再次向他们表示了祝福，便上了路。

太阳高高升起了，财主起了床，从窗户探出身子向外望，看见路对面原来破旧小棚子的地方，出现了一栋崭新的红砖房，窗户很明亮。他不禁大吃一惊，忙把他的老婆叫来问道："跟我说，出了什么事？昨晚上还是那个可怜巴巴的小棚子，今天怎么就成了一栋崭新漂亮的大屋子，赶紧过去看看那是怎么了。"

于是他的老婆过去问穷人，原来的穷人告诉她："昨晚上，有个过路的来要求住一宿，今天早上走的时候让我们实现了三个愿望——一辈子幸福健康和天天有面包，另外还用一栋崭新漂亮的大房子代替了我们的旧棚子。"

富人的老婆听后，赶紧跑回来告诉她丈夫事情的经过。富人叹道："我真恨不得撕了我自己！我怎么早不知道！那过路的先来的我们家，想在这儿借宿，是我把他轰走的。”“那你还不快点儿！”他老婆督促道：“骑马去追。你还能赶上他，你必须让他也让你实现三个愿望。”富人觉得这主意不错，骑上马飞奔而去，一会儿就追上了上帝。他对上帝轻声细语地道歉，请上帝别因为没让他直接进屋而生气，说他当时是在找前门的钥匙，没想过路人已经走了；如果他还回来的话，他必然会让他住在一起。“好吧，”上帝说：“如果我还回来，我就这么做。”然后富人问他是否也能许三个愿，就像他的邻居一样。“行啊，”上帝回答，但是显然这对他可能没什么好处，他最好还是别许愿。可富人却暗想，只要你让我实现愿望，我就许愿让我的日子过得更舒心。上帝没有办法，只得告诉他：

“回家去吧，过会儿你许的三个愿会实现的。”

富人的要求得到了满足，在回家的路上，他一边骑着马，一边想他该许什么愿，想着想着，缰绳掉了，这时马便开始不老实走路了，边走边跳，搅乱了他的思维，使他根本无法集中思想。他拍拍马的脖子说：“轻点儿，丽萨。”可是那马又开始玩新花样。最后他实在忍不住了，大声吼道：“我希望摔断你的脖子！”话音刚落，那马立刻倒地，一动不动地死了。就这样，他的第一个愿望实现了。由于他生性吝啬，舍不得把马鞍子给扔了，所以他把马鞍子卸了下来，扛在肩头。现在他不得不走着回家了。“我还剩下两个愿望。”他自己安慰自己。

他在沙漠上缓慢地走着，中午的太阳跟火炉一样热，他的火气越来越大。马鞍硌着肩膀疼，他还没想出要许个什么愿。“如果我想得到世界上所有的财富，”他自言自语：“我肯定不会一次想全了，得事先都意料到，想方设法一次成功，不漏掉任何东西。”然后他叹了口气：“唉，我要是个巴伐利亚的农民的话，许三个愿是件很容易的事啦，第一个愿是要大量的啤酒，第二个愿是自己能喝多少就要多少啤酒，第三个愿是再多要一桶啤酒。”

有好几次他觉得他已经想好了，可是过会儿，他又觉得太少啦。这时他脑子里想的是他老婆过得多舒服，待在屋子里凉凉快快地，说不定正在吃什么好吃的。这么一想不要紧，自己就别提多恼火啦，糊里糊涂地说出：“我真希望她坐在这马鞍子上下不来，省得我一路上老扛着它了。”他话还未说完，肩上的马鞍子就没了，他这才明白第二个愿望也实现了。他立刻感到热得受不了啦。他开始跑了起来，想快点儿回到家中，一个人待在屋子里好好地想些真正的大事可以许愿。谁知道等到了家，打开房门，他看见他老婆正骑在房子中间的马鞍上，又哭又闹，怎么也下不来。他安慰道：“忍受一会儿，等会儿我许愿把世间所有的财富都给你，你就待在那儿别动。”然而，她却骂他是个傻瓜：“如果我老是骑在这马鞍子上下不来，那么世间的所有财富对我又有什么用？是你许愿把我给许上去的，你得给我弄下来。”这样一来，富人没有办法了，无论他愿意还是不愿意，他都不得不许第三个愿让他的老婆从马鞍子上下来。这个愿望也马上灵验了。

最终，富人除了烦恼、劳累和羞辱，并且还损失了他的马外，一无所获；而那一对穷人却快乐、宁静、守本分地生活了一辈子。

勤恳务实　不贪小利

【原文】

画水无风空作浪，绣花虽好不闻香。贪他一斗米，失却半年粮；争他一脚豚，反失一肘羊。龙归晚洞云犹湿，麝过春山草木香。

【译文】

画上的水即使有风也不会突起波浪，绣出的花尽管好看却没有花香。贪图别人一斗米，却失掉了自己吃用的半年粮食；为了与别人争一只猪脚，反而丢掉了半边羊。龙在晚上返回洞里时，云还是湿的，麝跃过春天的山上时，草都带着香气。

【解读】

俗话说“雁过留声，人过留名”，这与“龙归晚洞云犹湿，麝过春山草木香”的意思基本相同，人若能在自己的一生中做那么一两件让后世怀念的事，才算是不枉此生。而人若想流芳千古，就需要经得起时间的磨炼和考验。首先做事要扎实，其次做人要无私，一个心中只有自己，华而不实、空洞贫乏、见利忘义的小人又怎能成为后世学习的楷模？

“画水无风空作浪，绣花虽好不闻香”，人们讽刺徒有其表却不学无术、胸无点墨的人为绣花枕头。“生就一副好皮囊，腹中原来草莽”，没有真才实学的人迟早都会在实践和时间的双重考验下原形毕露。做人只有脚踏实地，才能有所收获。

做人勤勤恳恳、扎扎实实，收获的果实才能甜蜜馨香。而贪图小利的人往往被眼前的利益迷住了双眼，反而使自己错失了更多天赐的良机。“贪他一斗米，失却半年粮；争他一脚豚，反失一肘羊”，贪小便宜吃大亏的事时常都在发生。而一个贪小便宜的人，是不会有什么高远的目标的，更不会将人民的利益放在首位，又怎能希求他能做出什么伟大的事业去泽被后世呢？

【诗歌征引】

颂古·其六

宋·释咸杰

有问冬来事。京师出大黄。
贪他一粒米。失却半年粮。

题崔处士山居

唐·许浑

坐穷今古掩书堂，二顷湖田一半荒。

荆树有花兄弟乐，橘林无实子孙忙。

龙归晓洞云犹湿，麝过春山草自香。

向夜欲归心万里，故园松月更苍苍。

【故事链接】

蒋煜智断裁赃案

常州进士蒋煜任麻城县令。一次有个卖豆腐的人，在路上捡到五两银子，带回家拿给妻子，妻子说："去捡银子的地方等著，就可以找到失主还给他。"他家的邻居目睹了这件事，很敬佩他们的品行。

不一会儿，丢钱的书生果然回来找银子，双方对证后，卖豆腐的人把银子全部还给了失主。旁观者都称赞他，并劝书生拿出五钱银子作为酬谢。书生不肯，卖豆腐的人也生气了，双方竟然争吵起来。一气之下，书生状告到县里，谎称自己丢失了十五两银子，被卖豆腐的捡去现在却只还了五两，剩下的私藏了，恳求官府追回。蒋煜对案情进行了调查，初步了解了情况，又把卖豆腐人的妻子和邻人，以及路上劝书生给酬谢费的人一起召来。再次进行核实，结果与初步调查的结论相吻合。

于是蒋县令责问书生："你果真丢了十五两银子吗？"书生仍然一口咬定。蒋煜果断地说："你丢失的银子的数目，与他捡到的不合，你的银子肯定被其他人捡到了，可再去寻找，这五两银子不是你的。"

于是县令把银子赐给了卖豆腐的人，书生只得目瞪口呆告退，县里的人都称赞县令断案公正。

真假诗词

唐代李播以郎中掌管蕲州。一天，有个自称举子的姓李的读书人来拜见，正巧李播生病，就派子弟去会见，李播的子弟接过书生呈上的诗卷一看，正是李播当年参加科举时做的文章。

书生走后，弟子把诗卷呈给李播，李播也非常惊讶。第二天，李播叫儿子把书生请来，慢慢盘问。

书生说："诗文的确是我平生苦心所作，不会有错。"

儿子说："这是我父亲过去写的，你不要瞎说了。"

书生听后，脸色一下子就变了，急忙解释说："我确实在瞎说，我花了一百钱在京城书铺中买来的，真不知道是您家大人亲笔所写。"儿子把这事转告了父亲。

李播笑着说："这种无能的人，实在可怜呀！"于是把书生留下来吃住几天，临走时又送给他一些绸缎。

书生礼谢后又恳求道："我带着您的诗文在江淮一带已经有二十多年了。我冒昧地请求您老人家，把您的诗文赠还给我，以使我的旅途增添光彩，可以吗？”

李播说：“这些诗文是我过去当举子时所做的，在旅馆投宿时就丢失了。现在我是个年老的郡官，诗文也没什么用，完全可以赠送给你。”书生高兴地把诗文塞入袖子里。

李播问他：“你现在要去哪儿？”

书生回答说：“准备去江陵投奔岳丈卢尚书。”

李播继续问：“你岳丈现在任什么官职？”

书生说：“现在是荆南节度使。”

李播追问道：“什么名字？”

书生答：“卢弘宣。”

李播听了禁不住拍掌大笑着说：“秀才，你又错了，卢尚书是我的岳丈。”书生羞得无地自容，狼狈地叩头告退，仓皇而逃。

李播感叹道：“天下居然有这种无耻的人，这就是自欺欺人的因果报应呀！”

秀才讨钱

一位秀才正在书房里读书，突然听见敲门声。开门一看，原来是位白发苍苍的老翁。相貌长得很古怪。让进屋后，秀才问老者姓名，老人说：“我姓胡，名叫养真，其实是千年修炼得道的狐仙。因为仰慕您秀才的高雅，愿和您做个朋友，谈谈学问和诗文。”

秀才从来豁达随和，听了并不以为怪，于是便同老翁谈古论今起来。老翁十分博学，谈吐极为精彩风雅，叩问他经史百家的经典要义，居然能理解深透，解释精妙，真是出口成章，气度不凡。秀才感到很出乎意料，因此对老翁十分佩服，从此结为知交。

有一天，在交谈中秀才小声地请求老翁道：“您对我很好，可是，您看我这么穷，有时连饭都吃不饱。您是得道仙人，只要费举手之劳金钱肯定会马上到手。真对我好，何不给我一点小小的周济帮助呢？”老翁一听，沉默了一会儿，有点不以为然的样子。

稍后又笑道：“这是很容易的事，但需要十几个钱作母钱，好生许多子钱。”秀才照办了。老翁于是同秀才来到一间密室，一边慢慢踱步，一边嘴里念咒语。忽然，只见无数的钱哗啦啦地从房梁上下雨似的往下落，转眼之间钱就堆了半屋，足有三尺高。

老翁问秀才：“您看够了吗？”“够了够了。”秀才喜不自禁。于是两人先后出来，把门关好。

送走老翁后，秀才就进密室去取钱。可开门一看，满屋的钱顷刻都不见了，只剩下原来作母钱的十几个钱，还稀稀落落地丢在地上。秀才大失所望，气呼呼地去责问老翁为何欺骗和戏弄自己。老翁淡淡地对秀才说：“我本来是要和您结个文字之交，相互切磋，并没想到跟您合谋去广积钱财。刚才满屋子钱都是我临时从别人那里借来的，为了清白，只好又还给人家去了。如果您还想发分外之财，就请您去找会偷盗的‘梁上君子’做朋友吧！老夫不能成全您了。”说完，老翁拂袖而去。

精神生活也要以物质为基础，读书人也需要钱，可“君子爱财，取之有道”，不可借旁门左道大发横财，否则即使不招致横祸，也会“竹篮打水一场空”。

严于律己　明辨善恶

【原文】

平生只会说人短，何不回头把己量。见善如不及，见恶如探汤。人穷志短，马瘦毛长。

【译文】

一生只会议论别人的缺点，为什么不回头找自身的毛病。见到好人好事唯恐自己做不到，见到坏人坏事就像把手伸进沸水一样，立即躲开。人穷志气就不高，马瘦毛就显得长了。

【解读】

常言道：“见人之过易，见己之过难。”每个人都难免犯错，只是人们往往对自己采取了宽容或视而不见的态度，而对别人则过于认真苛刻。完全忘记了“严于律己，宽以待人”的做人准则。因此，当发现他人犯错时，应设身处地为他人着想，以宽容之心予以看待、劝导，使之后不再犯即可，切勿责之过严，以致对方心生怨恨，那就有违规劝他人的初衷了。而看待自己则应力求严谨，正因为一个人要觉察自己的过失比较困难，因此更应时时谨慎。如此，对自己的品德修养和人格塑造才能有益。

“见善如不及，见恶如探汤”，是非分明，明辨善恶自然是好的，但同时也应该见贤思齐、见义勇为。对于善举当然应该虚心学习，对于恶行却不能避之唯恐不及，那样只会使罪恶更加猖獗。生活中人们越来越缺乏与恶势力做斗争的勇气，明哲保身也许暂时能使自己全身而退，但是邪恶却会因此而愈见壮大，将来对人们的威胁也是可想而知的。

【诗歌征引】

偈颂四十二首·其一

宋·释祖先

达摩西来事，今人谩度量。
天河争起浪，月桂不闻香。
达摩西来事，今人谩度量。
人贫智短，马瘦毛长。
天气或晴或雨，白云乍卷乍舒。
行脚汉奔南走北似信不信，老臊胡游梁历魏似有似无。

【故事链接】

有心计的狼

有一只很有心计的狼懂得人性的弱点，为了得到口味鲜美的羊，它决定实施一个阴险的计划。

它对牧羊人说："我以前的确是干了许多坏事，但我已经决定改头换面，做一个有良心的狼了，请宽恕我吧，让我们把恩怨都一笔勾销吧。如果可以，我愿意做您忠实的仆人，像狗一样跟随在您的左右。对于您的羊，我更会像亲兄弟一样对待它们，我要保护它们，绝不让任何动物伤害它们。听说，狐狸一直在觊觎您的羊群，您放心，只要有我在，狐狸是不会得逞的……"

狼一边忏悔着自己以往的过错，一边流下了悔恨的泪水，接着信誓旦旦地保证。牧羊人感动了，以为狼真心悔改了，便收留了它。接下来的日子里，狼老老实实地守护着羊群，并且一点坏事也没干。牧羊人开始还对它小心防范，提心吊胆，十分警惕地看护着羊。狼始终一声不吭地守护着羊群，丝毫没有要伤害羊的迹象。后来，牧羊人不再提防狼。

一次，牧羊人因事进城去，使把羊留下交给狼独自守护。于是，狼乘此机会，咬死了大部分的羊。牧羊人回来，看见羊群被咬死了，十分后悔，并说道："我真活该，我为什么把羊群托付给狼呢？"

求人求己　沉着镇定

【原文】

自家心里急，他人未知忙。贫无达士将金赠，病有高人说药方。触来莫与竞，事过心清凉。

【译文】

家里有事，自己心里焦急不安，别人仍旧会不慌不忙。人穷时不会有人来给你送钱财，但患病时，倒有人来告诉你治病的药方。有人触犯你时，不要在火头上与他争执，等事情过去了，你的心情就会舒畅了。

【解读】

"自家心里急，他人未知忙"，自己的痛只有自己能体会，自己的事不如自己去解决。有这样一个小故事：一天，一个佛教徒走进庙里，跪在观音像前叩拜，他发现身边有一个人也跪在那里，那个人长得和观音一样。于是，他便忍不住问道："你怎么这么像观音啊？""我就是观音。"那个人回答。他很奇怪："既然你是观音，那你为何还要拜呢？""因为我也遇到了一件非常困难的事，"观音笑道，"但我知道，求人不如求己。"很多时候人们希望通过别人的帮助为自己解围，然而别人永远不会像你想的那样能体会到你心中的焦灼和痛苦。

"贫无达士将金赠,病有高人说药方",别人对你的帮助往往也是有前提和标准的,如果是涉及个人利益的问题,也许人们就不会那么热心了。所以,更多的时候应该从自己身上找出路,自己身上有很多可开发的潜力,为什么不去自己主宰命运,却要祈求别人的怜悯和帮助呢?如果人们都拥有遇事求己的那份坚强和自信,也许每个人都会成为自己的观音。

【故事链接】

晏婴两度使楚

春秋时代,齐国的晏婴是一位很有才干的国相。他第一次出使楚国的消息传出后,楚王对身旁的谋士们说:"晏婴在齐国是有名的能言善辩之人。现在要来楚国,我想当众羞辱他一番,你们看有什么好办法呢?"于是他们商议出了一个坏主意。

这天,晏子如期而至,楚王设宴款待。当酒兴正浓时,忽见两个差役押着一个被缚之人来见楚王,楚王假装不知地问道:"这人犯了什么罪?"差役赶紧回答:"他是齐国人,到我们楚国来偷东西。"楚王于是回过头去看着晏婴,故作惊讶地说:"你们齐国人都喜欢偷东西吗?"晏婴早已看出了楚王是在演戏,这时便站了起来,极其郑重而严肃地对楚王说:"我听说橘树生长在淮河以南时就结橘,如果将其移栽到淮河以北,结的果实就变成又酸又苦的枳子。它们只是叶子长得十分相似而已,所结果实的味道却大不相同。这是什么原因呢?原来是水土不同的缘故啊!眼下这个人在齐国时不偷盗,到了楚国后却学会了偷盗,莫非是楚国的水土会使人变成盗贼吗?"一席话噎得楚王尴尬极了,只好赔笑收场。

时隔不久,晏婴又被派往楚国公干。楚王没有忘记上次宴会上的难堪,总想伺机报复。他知道晏婴的身材十分矮小,于是就吩咐在城门旁边另外凿开一扇小门。当晏婴到来之后,侍卫便让他从小门进去,晏婴见状,立刻正色道:"只有出使狗国的人,才会从狗洞中爬进爬出。我今天是奉命出使楚国,难道也要从这狗洞中进去吗?"侍卫们理屈词穷,只好眼睁睁看着晏婴从大门正中昂首阔步地进了城。接着,晏婴在拜见楚王时,楚王又用嘲讽的语调说:"齐国大概没有多少人吧?"

晏婴

晏婴闻言,迅速予以纠正:"我们齐国仅都城临淄就有居民七八千户,街上行人摩肩接踵,人人挥袖就可遮住太阳,个个洒汗即如空中落物,您怎么能说齐国无人呢?”

楚王听罢,进一步用挑衅的口吻发问:“既然齐国人多,为什么总是派遣你这般矮小的角色做使臣呢?”

晏婴对楚王的无礼早有思想准备,他冷笑了一下应道:“我们齐国派遣使臣的原则是视出使国的情况而定,对友好的国家就派好人去,如果出使国的国王粗野无礼,就派丑陋无才的人去。我在齐国是最丑陋无才的人,所以总是被派做出使楚国的使臣。”一席话再次使楚王无言以对,从此他再也不敢小看晏婴和齐国了。

晏子使楚的故事说明:许多自以为聪明的人,其实是愚蠢透顶;一心想侮慢他人的人,到头来必然会使自己的尊严扫地。

人各有长　不可貌相

【原文】

秋至满山多秀色,春来无处不花香。凡人不可貌相,海水不可斗量。

【译文】

秋天到时,满山一片秀丽之色,春天来临时,到处一片花香。对所有的人都不能只凭外貌去判断,大海的水也无法用升斗来衡量。

【解读】

“春有百花秋有月,夏有凉风冬有雪”,每一个季节都有自己的特色和风韵,人也是一样,每一个人都有自己的春花秋月,而人们的美好一面却不能像“秋至满山多秀色,春来无处不花香”那样显而易见。一个人的才华往往是蕴藉于胸中的。做人能够秀外慧中当然是难能可贵的,但是以貌取人的行为却是要不得的。伟大蕴藏于平凡之中,其貌不扬的人也许正是那个超尘绝世的世外高人。

事物不能只看表面,表面的现象通常会是假象。想当然地做出判断往往吃亏的会是自己。骗子们正是靠人们的直觉和肤浅的认识得逞的。“凡人不可貌相,海水不可斗量”的道理谁都会说,但是却很少能够按照它去做,人们更愿意相信自己的感觉,而感觉是会骗人的。知人善任需要时间和考验作为基础,只看人的表面是很难得出正确结论的。无论是对于人们的优点还是缺点,只有通过长时间的接触才能充分掌握和认识,不要急于做出判断。否则对别人是不公平的,心中的好感和成见都会让你戴上有色眼镜,从而看不到别人身上的阴影面和闪光点。而善恶不辨的人通常会受到深刻惨痛的教训。

【故事链接】

钟馗因貌丑被辱自杀

钟馗,字镇南,唐代人,后世以为捉鬼之神。他本满腹经纶、才华横溢,却因天生的豹头环眼、铁面虬髯，丑陋得令人可怕。状元及第也因貌丑而被夺，因而激愤之下血溅金銮殿。

唐德宗登位后，开科取士，钟馗到长安应试。他进考场后，看到试题是《瀛洲侍宴》应制五首、《鹦鹉赋》一篇，这正合他的意，提笔一挥而就，最早交卷。这次主考官是大文学家韩愈与陆贽，他俩阅读到钟馗的答卷时，同声赞叹，谓为李白再世、杜甫复生，遂取钟馗为第一名魁甲——状元，听候德宗金殿传胪。

到了开朝之时，钟馗等人俯伏金阶，听候佳音。只听鸿胪寺正卿高声唱道："第一甲第一名钟馗。"钟馗听了大喜。德宗要钟馗抬起头来，闪眼一望，不觉大吃一惊，心中不悦，暗道：我朝取士全在文貌兼优，这人如此丑陋，如何做得状元！主考官韩愈一见德宗面有愠色，伏阶奏道："钟馗面貌虽丑，但诗赋字字珠玑、句句锦绣，不可因貌丑弃其才。况且人才优劣本不在貌，晏婴身矮而能相齐，周昌口吃而能辅汉，若必以貌取人，我朝张易之、张六郎岂非明鉴也！岂可以貌而废其才？"

德宗说道："我太宗皇帝，十八学士登瀛洲，至今传为美谈。若以此人为状元，恐四海百姓，皆讥笑寡人不知取才，将如之何？"言犹未了，只见宰相卢杞奏道："陛下之言甚是。状元必须内外兼优，三百人中岂无一人，何不另选一人，而烦圣心踌躇也。"

钟馗本来是个火暴性子的人，听德宗唠叨早已不悦，今又听卢杞火上加油的话语，心中大怒，舞笏便向卢杞打去，骂道："人言卢杞奸邪，今日一见果然！"立时轰动金殿，混乱了朝仪。德宗大怒，喝令武士将钟馗拿下，钟馗如何受得如此侮辱，气得暴跳如雷，竟抢过武士的宝剑，自刎于金銮殿。这时副主考陆蛰上前奏道："宰相不知怜才，反而害才，他说钟馗丑恶做不得状元，他被称为蓝面鬼，岂可做得宰相！奸邪误国，孰大于是？祈陛下察之。"

此时德宗后悔莫及，说道："卿言极是。"着将卢杞发配岭外，以正媚嫉之罪。钟馗无罪受屈，可封为驱魔大神，遍行天下，以斩妖邪，乃以状元官职厚葬。

说来也真可惜，满腹经纶的状元钟馗，竟因面貌丑陋而当众受辱自尽，但也正是因为这一悲剧情节，才给后世留下了"钟馗捉鬼"之类的传说。

望天树与铁刀木

有这样一则寓言故事：

望天树与铁刀木都生长在云南热带雨林。望天树高极了，你要抬头看它，帽子准会掉到地上。它高得连灵敏的测高器也无法测量，测了上部顾不到下部，远远望去，像一个傲然屹立的巨人。铁刀木矮极了，谁也没有注意过它。它长了一年又一年，身高却一直在一米以下。它在望天树的对面，相比之下，简直成了侏儒。

望天树用枝条抚摸着云彩，嘲笑铁刀木："可怜的铁刀木啊，你只配到小人国里去生活。"铁刀木不卑不亢地说："你是比我高得多，可是我的生命力却要比你强。""什么？什么？"望天树怒视着它，气得大声喊叫起来："天大的笑话！我这么高这么壮，生命力难道还比不过你这个矮子？"

生活并不像人们所希望的那样,天天有和风,天天有阳光,平静而舒适。在一个阴霾的日子里,林中突然闯进一伙凶残的家伙,砍走了望天树和铁刀木,只剩下两个矮矮的树墩。几天后,奇迹出现了,只见铁刀木的树墩上抽出了许多新的枝条,向上伸展,碧绿碧绿——它是一种永远也砍不死的树。望天树的树墩,一天比一天枯朽。上面长满了霉菌。

从此,在这片林子里,人们再也见不到望天树的高大身影了,矮小的铁刀木却充满着活力。

陶罐和铁罐

国王的御厨里有两只罐子:一只是陶的,一只是铁的。骄傲的铁罐看不起陶罐,常常奚落它。

"你敢碰我吗?陶罐子!"铁罐傲慢地问。

"不敢,铁罐兄弟。"谦虚的陶罐回答说。

"我就知道你不敢,懦弱的东西!"铁罐摆出一副轻蔑的神气。

"我确实不敢碰你,但不能叫作懦弱。"陶罐不卑不亢地说,"我们的任务是盛东西,并不是来互相碰撞的。在完成我们的本职任务方面,我不见得就比你差。再说……"

"住嘴!"铁罐愤怒地喝道,"你怎敢和我相提并论!你等着吧,要不了几天,你就会破成碎片,完蛋了!我却永远在这里,什么也不害怕。""何必这样说呢"陶罐说,"我们还是和睦相处好,吵什么呢!"

"和你在一起我感到羞耻,你算什么东西!"铁罐说,"我们走着瞧吧,总有一天,你要变成碎片的!"

陶罐不再理会。

时间不断地向前推移,世界上发生了许多事情,王朝覆灭了,宫殿倒塌了。两只罐子被遗落在废墟里。历史在它们的上面积满了渣滓和尘土,一个世纪连着一个世纪。

也不知过了多少年月。终于有一天,人们来到这里,掘开厚厚的堆积,发现了那只陶罐。

"哟,这里头有一只罐子!"一个人惊讶地说。

"真的,一只陶罐!"其他的人也跟着高兴得叫起来。

大家把陶罐捧起,把它身上的泥土刷掉,擦洗干净,和当年在御厨的时候完全一样:朴素、美观、釉黑锃亮。

"一只多美的陶罐!"一个人说,"小心点,千万别把它弄破了,这是古代的东西,很有价值的。"

"谢谢你们!"陶罐兴奋地说:"我的兄弟铁罐就在我的旁边,请你们把它掘出来吧,它一定闷得够受了。"

人们立即动手,翻来覆去,把土都掘遍了。但,一点铁罐的影子也没有。——它,不知在什么年代便氧化了。人们只发现几块锈蚀不堪的铁片,而且不能断定那是否是铁罐的残余。

故事告诉人们:用自己的强点去比人家的弱点是不应该的,人家也会有比你强的地方。

蒿下有兰香　白屋出公卿

【原文】

清清之水为土所防,济济之士为酒所伤。蒿草之下或有兰香,茅茨之屋或有侯王。无限朱门生饿殍,几多白屋出公卿。

【译文】

清清的河水被土堤拦挡,众多有才学的人被酒伤身。蒿草的下面可能有芳香的兰花,住在茅屋里的人也能出达官贵人。有许多豪门大户子弟最后成了饿死鬼,有许多平民百姓家中培养出了高官。

【解读】

生活中总有一些事情不能尽如人意。“清清之水为土所防”,但是作为济济之士却没有必要借酒消愁,“茅茨之屋或有侯王”,暂时的际遇并不能决定一生的命运。孟子说过“天将降大任于斯人也,必先苦其心志,劳其筋骨,饿其体肤,空乏其身”,只有能经受起考验的人才能成为人上之人。而“无限朱门生饿殍,几多白屋出公卿”,不仅是对逆境中奋斗的人们的勉励,也是对生活在幸福中的人们的忠告。

贫穷有贫穷的幸运,富贵有富贵的不幸。贫穷的幸运在于没有负担,人生中得到的永远大于失去的;而富贵的不幸在于,富家子弟从一开始就是背负着财富的包袱在赛跑,他们总是不能抛开物质的诱惑。因此,富贵并不是贫穷的对手。成功的人大多是从困乏与需要的学校训练出来的,因为成功本身就是排除困难的结果,不经过艰难挫折的拼搏而要想锻炼出能耐来,是不可能的。富家子弟同贫家儿女相比,就像温室中的幼苗和饱经风霜的松柏一样。所以,朱门生饿殍的事情不足为奇,白屋出公卿也是很自然的事情,成功跟血统和出身没有必然的联系,贫者应自勉,贵者须自励。

【故事链接】

禹王戒酒

夏朝开国的时候,夏禹王一直都很俭朴。他为了治水,曾经三过家门而不入,一心为了老百姓。

大禹外出治水期间,有一年春天,他的女儿游春,半路上闻到一股特别的香味。她顺着香味一找,便找到了一个叫仪狄的人家里。这仪狄,原来是个酿酒师傅,会用各种果品、粮食酿造出又香又醉人的美酒。仪狄见禹王的女儿来了,就请她喝酒。禹王的女儿一喝,不由感到浑身舒畅,便把仪狄请到王宫里去酿酒,说是等她爹大禹回来好喝。仪狄到王宫酿起酒来。由于仪狄酿的酒好,王宫里的人没一个不想喝的。有些人趁大禹不在,便经常饮酒作乐,好些事情都被耽搁了。

后来,大禹疏通了9条大河回来,他的女儿立即把仪狄的酒献给大禹喝,想讨父亲的欢心。大禹一喝,也觉得味道可口,便接连喝了好几碗,不一会儿就喝醉了。这一醉,就昏昏沉沉地睡了两天,什么也不想干。大禹酒醒之后,猛然觉得这事情有点不对。他感到酒喝多了会误事,便马上把臣子们召集起来说:"酒虽好喝,但难免会误事。"又断言:"后世必有以酒亡其国者!"于是,他下了一道戒酒令,不准人们再酿酒、饮酒。这便是中国历史上的第一道戒酒令。

可是,仪狄回家后,舍不得他那套酿酒技术,便仍然偷偷地酿酒,并一代一代传了下来。到了商朝纣王的时候,这个暴君为了饮酒作乐,专门把仪狄的传人喊到王宫大量酿酒,把酒装到花园里的大池中,把肉挂在树枝上,成天沉浸在酒色中,史书上说是"酒池肉林"。结果,商朝不久就亡国了。人们这才感到大禹断言"后世必有以酒亡其国者"的英明。后人说:"禹王戒酒传天下,纣王酗酒失天下。"

子反嗜酒败身

春秋时期,楚共王和晋厉公在鄢陵大战,楚军失败,共王伤了眼睛。战斗激烈之时,楚军司马子反口渴要水喝,侍仆谷阳拿了一筋酒来给他。子反说:"嘿!一边去,这是酒。"谷阳说:"不是酒。"子反接过来喝了。子反这个人,喜爱喝酒,觉得酒味甜美,不能停下来,结果醉了。战斗已经结束,共王想再战,派人召司马子反,司马子反以心病为由推辞不去。共王乘车亲自前往,进了子反帐中,闻到酒气而返回,说:"今天的战斗,我自身受了伤。依靠的是司马,司马却又醉成这样。这是忘了楚国的神灵而不关心我的民众。我不能继续战斗了。"于是把军队撤离鄢陵,把司马子反处以死刑。侍仆谷阳献酒,并不是因为仇恨子反,他的内心是忠爱子反的,但却恰好是杀了子反。

创业精英李嘉诚

李嘉诚3岁时家道中落,后来父亲得了重病,不久离开人世。刚上了几个月中学的李嘉诚就此失学。在兵荒马乱的年月,李家孤儿寡母生活艰难。李嘉诚是家中长子,不能不帮母亲承担家庭生活的重担。一位茶楼老板看他们可怜,收留16岁的小嘉诚在茶馆里当烫茶的跑堂。茶楼天不亮就要开门,到午夜还不能休息,小嘉诚也抱怨过自己命不好,甚至希望哪天日本鬼子的枪走火,把他打死算了。直到一次偶发事件,才使他不再自怨自艾。

有一天,因为太疲倦,他当班时一不小心把开水洒在地上,溅湿了客人的衣裤。李嘉诚很紧张,他等待着客人的巴掌、老板的训斥。但让他没想到的是,那位客人并没有责怪他的意思,反而为他开脱,一再为他说情,让老板不要开除他。并告诉他:"没关系的,我看这孩子挺有出息的。只是以后要记住,做什么事都必须谨慎,不集中精力怎么行呢?”

李嘉诚把这些话记在了心间,之后,他把“谨慎”当成了自己的人生信条。久而久之,竟使他练出了一种眼光,一个人是什么职业,性格特征、生活习惯、为人处世,一见面就能猜个八九不离十。这一切对他后来的事业起到了很大作用。

不久,李嘉诚辞掉跑堂的工作,从塑胶厂推销员开始,一直干到了业务经理。3年后,20岁的他做好了准备,要大干一番。白手起家的他,在维多利亚港附近的一条小溪旁,租了一间灰暗的小厂房,买了一台老掉牙的压塑机,办起了“长江塑胶厂”。随后,经过反复考察,他认为塑胶花市场需求很大,于是大量生产,这为他带来了可观收入。30岁的李嘉诚,已成了千万富翁。正在塑胶花畅销全球时,李嘉诚却敏锐意识到,越来越多的人拥入这个行业,“好日子很快会过去”。如果再不调整,引起的后果不只是“溅湿衣裤”了。有人认为他太保守了,但他认为这是经商中必须具备的素质,那就是谨慎和预见性。

李嘉诚

这之后他涉足的是房地产行业。1960年代中期,内地的局势令香港社会人心惶惶,富翁们纷纷逃离,争着廉价抛售产业。李嘉诚正在建筑中的楼房也被迫停工,如果按当时的地产价格来算,他简直可说是全军覆没了。但他沉着应变,仔细分析局势。认为内地肯定会恢复安定,香港将进一步繁荣发展。在别人大量抛售房地产时,李嘉诚却反其道而行之,将所有资金都用来收购房地产。朋友们纷纷劝他不要做傻事,他说:“我看准了不会亏本才敢买,男子汉大丈夫还怕风险?”

李嘉诚又一次成功了。1970年代初,香港房地产价格开始回升,他从中获得了双倍的利润。到1976年,李嘉诚公司的净产值达到5个多亿,成为香港最大的华资房地产实业。

世事未卜　沉淀生命

【原文】

醉后乾坤大,壶中日月长。万事皆已定,浮生空自忙。千里送毫毛,礼轻仁义重。世事明如镜,前程暗似漆。

【译文】

醉酒以后觉得世界比平时要广大，进到神仙的酒壶里又是另一番天地。许多事情都是命中注定的，人们奔波一生却可能是空忙了一场。不远千里送一根毫毛，礼物尽管轻，情义却很重。世上的事如镜子一样清楚，但对自己的前途却看不清楚。

【解读】

本段有些劝导人们及时行乐的意味，万事都是命中注定，一切都身不由己。造化弄人、前途黑暗，不如醉生梦死、无所事事的好。这种观点消极悲观，当然是不可取的。面对人生的灾难，人们当然需要"醉后乾坤大，壶中日月长"的豁达胸襟，但是却不能以此作为生活的方式。对于生活中一些事情自己固然无能为力，但是生活的态度却是可以调整的。

就像在一个故事中所讲的那样，有一位大师经过几十年的潜心苦练，终于练就了一身"移山大法"。有人虔诚地请教："大师以何神力，才得以移山？我如何才能练出如此神功？"大师笑道："练此神功其实很简单，只要掌握一点：山不过来，我就过去。"当然，世上本无移山之术，但现实世界当中却有太多的事情就像大山一样，是自身暂时无法改变的。对于"前程暗似漆"的现实，世人也许无能为力，但是人们却可以改变自己的心态和做事的方式，"山不过来，我就过去"，人生的法则有时候就是这么简单。

【诗歌征引】

何处是仙乡

宋·邵雍

何处是仙乡，仙乡不离房。
眼前无冗长，心下有清凉。
静处乾坤大，闲中日月长。
若能安得分，都胜别思量。

后园即事三首·其二

宋·邵雍

天养疏慵自有方，洛城分得水云乡。
不闻世上风波险，但见壶中日月长。
一局闲棋留野客，数杯醇酒面修篁。
物情悟了都无事，未觉颜渊已坐忘。

晚坐新亭对溪山有感二首·其二

宋·钱时

莫道壶中日月长，壶中日月只寻常。
乾坤今古无穷妙，是我庭前一草芒。

【故事链接】

缅伯高千里送鹅毛

唐朝贞观年间，西域回纥国是大唐的藩国。一次，回纥国为了表示对大唐的友好，便派使者缅伯高带了一批珍奇异宝去拜见唐王。在这批贡物中，最珍贵的要数一只罕见的珍禽——白天鹅。

缅伯高最担心的也是这只白天鹅，万一有个三长两短，可怎么向国王交代呢？所以，一路上，他亲自喂水喂食，一刻也不敢怠慢。这天，缅伯高来到沔阳河边，只见白天鹅伸长脖子，张着嘴巴，吃力地喘息着，缅伯高心中不忍，便打开笼子，把白天鹅带到水边让它喝了个痛快。谁知白天鹅喝足了水，合颈一扇翅膀，“扑喇喇”一声飞上了天！缅伯高向前一扑，只捡到几根羽毛，却没能抓住白天鹅，眼睁睁看着它飞得无影无踪，一时间，缅伯高捧着几根雪白的鹅毛，直愣愣地发呆，脑子里来来回回地想着一个问题：“怎么办？进贡吗？拿什么去见唐太宗呢？回去吗？又怎敢去见回纥国王呢！”思前想后，缅伯高决定继续东行，他拿出一块洁白的绸子，小心翼翼地把鹅毛包好，又在绸子上题了一首诗：“天鹅贡唐朝，山重路更遥。沔阳河失宝，回纥情难抛。上奉唐天子，请罪缅伯高，物轻人意重，千里送鹅毛！”

缅伯高带着珠宝和鹅毛，披星戴月，不辞劳苦，不久就到了长安。唐太宗接见了缅伯高，缅伯高献上鹅毛。唐太宗看了那首诗，又听了缅伯高的诉说，非但没有怪罪他，反而觉得缅伯高忠诚老实，不辱使命，就重重地赏赐了他。从此就有了千里送鹅毛的典故，缅伯高也就因此名扬千古了！

后来，人们便用“千里送鹅毛”这一谚语来说明礼物虽然微薄，但情意深厚。

沉淀生命，沉淀自己

麦克失业后，心情糟透了，他找到了镇上的牧师。牧师听完了麦克的诉说，把他带进一个古旧的小屋，屋子里的一张桌上放着一杯水。牧师微笑着说：“你看这只杯子，它已经放在这儿很久了，几乎每天都有灰尘落在里面，但它依然澄清透明。你知道是为什么吗？”

麦克认真思索后，说：“灰尘都沉淀到杯子底下了。”牧师赞同地点点头：“年轻人，生活中烦心的事很多，就如掉在水中的灰尘，但是我们可以让他沉淀到水底，让水保持清澈透明,使自己心情好受些。如果你不断地振荡,不多的灰尘就会使整杯水都浑浊一片,更令人烦心,影响人们的判断和情绪。”

有一年夏天,俞敏洪老师沿着黄河旅行,他用瓶子灌了一瓶黄河水。泥浆翻滚的水,被灌到水瓶里十分浑浊。可是一段时间后,他猛然发现瓶子里的水开始变清,浑浊的泥沙沉淀下来,上面的水变得越来越清澈,泥沙全部沉淀只占整个瓶子的五分之一,而其余的五分之四都变成了清清的河水。他透过瓶子,想到了很多,也悟到了很多:生命中幸福与痛苦也是如此,要学会沉淀生命。

人生苦短　孝悌为先

【原文】

架上碗儿轮流转,媳妇自有做婆时。人生一世,如驹过隙。良田万顷,日食三升;大厦千间,夜眠八尺。千经万典,孝悌为先。

【译文】

厨架上的碗碟轮流转用,再年轻的媳妇也有当婆婆的时候。人活一辈子,就像白驹过隙般转瞬即逝。有万顷良田的人,每天也不过吃三升米;有大厦千间的人,每晚也不过睡八尺的地方。千万种经典讲的都是一个道理,孝顺父母、友爱兄弟应是最先做到的。

【解读】

人情伦常虽然难料,却也脱离不了其内在的规律,人类只是将目光注视在了自己感兴趣的事物上面,从而忽视了本来简单的道理。

“架上碗儿轮流转,媳妇自有做落时”,想来没有人不懂得这个道理,只是人们将还没有发生在自己身上的事情忽略不计了而已。其实只要有人就会有矛盾,婆媳之间并没有什么养育之恩作为牵绊,她们之间更多的是生活方式和物质利益的冲突。无论是生活的节奏,还是思维的模式都存在着分歧。婆媳关系自古以来就是很难处的,然而无论是何种矛盾都不是无法调和的,人若能学会换位思考、将心比心也许就能相互体谅。因为,婆婆也是当过媳妇的,因此对于媳妇不应过于苛责;而媳妇总有一天也会变得老迈,因此对于婆婆应该以“孝悌为先”,尊敬、奉养老人的原则在什么时候都是适用的。

人生有追求固然不错,只是不要贪心才好。“良田万顷,日食三升;大厦千间,夜眠八尺”,人所能享受的只是如此少的一部分,过多的占有只会给自己的身心带来负担。人不是因为拥有的越多才越富有,心中的欲壑总是很难填满的,只有真正理解了知足常乐的含义,你的心灵才会充实起来。

【故事链接】

文本乞恩

唐朝时候，有一个大臣姓岑，名叫文本，做了右丞相的官。他的弟弟岑文昭，做了校书郎。可是岑文昭来往的朋友，多是些轻薄的人，太宗皇帝心里很不高兴。就对岑文本说道：你的弟弟事故很多，我要把他调到外边去。岑文本就叩着头，回对太宗皇帝说：我的弟弟，因为从小时候就没有了父亲，所以我的老母非常的宠爱他。现在皇上要叫他出外，那么我的母亲一定是要忧愁劳瘁的。倘若没有了这个弟弟，就等于没有了我的老年母亲了。让我回到家里，竭力地去劝诫他。岑文本说完话，就流着眼泪，呜呜咽咽哭起来了。太宗皇帝很可怜他爱惜弟弟的情谊，也就不调他的弟弟外出了。

磨刀劝妇

文安县有人娶得一妇，貌虽美但强悍凶狠。每当其丈夫归家，必要哭泣诉告婆母如何虐待她。其夫经常默不作声。有一天晚上，丈夫在灯下拿出一把利刀给妇人看，妻子惊吓地说："你拿刀干什么？"丈夫说："你说母亲虐待你，现在拿刀去杀了她，如何？"妻子说："同意。"丈夫说："你暂且好好孝敬她，要让四邻都认为你是勤劳而母亲暴虐，然后才去行事。"妻子按丈夫的话办，对婆母低声下气，和颜悦色，起早摸黑地侍候着。

将近一个月了。丈夫又拿出刀对妻子说："母亲近日来对你如何？"妻子说："不可以与从前相比了。"

又过了一个月，丈夫又问，妻子高高兴兴地说："婆母好得多了。从前所说的事，干不得了。"

丈夫握着刀怒目而视，说："你见过世间有丈夫杀妻子的吗？"

"有啊？"

"有见过儿子杀母亲的吗？"

"没有听说过。"

丈夫说："父母之恩，杀身难报。娶媳妇正是为了侍奉父母。我发觉你不能孝顺我的母亲，反要我行大逆不道。拿出此刀，实际上是想砍你的头，以使母亲快慰其心。姑且等你两个月，使你能改过，好好孝顺母亲。事实证明我的母亲对你好了，当然你也就不会受我一刀之苦了。"

妻子战战兢兢哭泣拜倒在地，说："请饶恕我。我终身不敢对不起婆母了。"跪着恳求了很久。

从此之后，婆媳之间十分和睦，成为婆慈媳孝的一对好婆媳。

富靠积累　贫因无算

【原文】

一字入公门，九牛拔不出。八字衙门向南开，有理无钱莫进来。富从升合起，贫因不算来。家无读书子，官从何处来。

【译文】

一张即使只有一字的状纸被送入衙门，也要身遭讼累，难以脱身。八字形的衙门口朝向南方，有理没钱的人别想在那胜诉。财富是一点点积蓄起来的，贫穷是因为不会算计造成的。家中若没有读书的子弟，又怎么能出做官的人呢？

【解读】

中国的"官本位"思想一直流传了几千年，"官"作为执法者和权力的拥有者总是给人高高在上的感觉。在君权时代，除皇帝之外最有权威的恐怕就是"官"了。因此，人们想做官，无论是通过读书、金钱还是权力，只要能达到目的，付出怎样的代价都在所不惜。做官的途径是很多的，但是对于无权无钱的平民来说读书则是唯一的方法，"家无读书子，官从何处来"，学而优则仕，科举制度为庶民做官带来了希望和曙光，读书成为平步青云的垫脚石，即使是出身豪门的贵族子弟也是要靠读书来装点门面的，当然一旦做了官就可以为所欲为、作威作福，至于是不是能够做到为官清廉，那就要看个人的思想和觉悟了。

在封建社会，老百姓作为被压迫的对象是尽量不想同官府打交道的。因为一旦惹上官司就很可能倾家荡产，甚至无故受牢狱之灾。"一字入公门，九牛拔不出"，因此普通百姓是不愿意轻易打官司的。至于官司能否胜诉，就要看金钱的魅力了，没有钱的人是打不起官司的。"八字衙门向南开，有理无钱莫进来"，吏治腐败，贪污受贿是官场的普遍现象，真正能为百姓做主的官少之又少，即使为官清廉，也未必就能明察秋毫。皮肉之苦是难免的，耽误时间是必然的，而对于平民百姓来讲耽误时间就等于剥夺他们的生计。因此，古代百姓是轻易不打官司的，因为打不起。当然，现代人就不必有太多的顾虑，学会拿起法律的武器来保护自己，是一种现代文明的标志。

【故事链接】

陆游教子

陆游要求儿子们要时常检查自己，有错必改；看到别人有好的行为，要主动自觉地学习。他的二儿子陆子龙要到吉州去任地方官，他特意写了一首长达52句的诗来为儿子送行。诗中说："汝为吉州吏，但饮吉州水；一钱亦分明，认能肆馋毁！"就是要求要清清白白地做官，做一个受民众欢迎的清官。他还告诫儿子说，在吉州有我的一些朋友,他们不但有学问,而且品德也好。你到那里后,可以去拜访他们,但不要向他们提出什么要求,可以同他们相互勉励。

知书达理是陆游在子女教育上十分注意的一点。他说:“古人学问无遗力,少年功夫老始成;纸上得来终觉浅,觉知此事要躬行。”更告诫子孙“学贵身行道”“字字微言要力行”。这里所说的力行,就是要学习古人的高风亮节,不媚权贵。不干利禄,不污大节,廉洁自守,处处谨慎,时刻想着报效祖国。教育孩子为人要发奋、沉着、正直、诚恳。

莫为做官而读书

郑板桥(1693~1765)是清朝“扬州八怪”之一。他在山东潍县当县官时,儿子小宝留在兴化乡下的郑墨弟弟家。

小宝六岁时上学了。为了教育儿子,郑板桥专门给他的弟弟郑墨写了一封信,信中写道:“余五十二岁始得一子,岂有不爱之理!然爱之必以其道,以其道是真爱,不以其道是溺爱。”

他的“道”是什么呢?他说:“读书中举,中进士做官,此是小事,第一要明理,做个好人。”

郑板桥自己是个读书人,他并不是看不起读书人,他看不起的是:读书就是为了做官。

郑板桥自己最重视的还是儿子的品德。他对弟弟说:“我不在家,儿便是由你管束,要须长其忠厚之情,驱其残忍之性,不得以为犹子而姑纵惜也。”

他主张,他的孩子和仆人的儿女应平等对待。他说:“家人儿女,总是天地间一般人,当一般爱惜,不可使吾儿凌虐别人。凡鱼餐果饼,宜均分散给,大家欢喜跳跃。若吾儿坐食好物,令家人子远立而望,不得一沾唇齿,其父母见而怜之,无可如何,呼之使去,岂非割心头肉乎!”

为了教育儿子“明好人之理”“爱天下农夫”,郑板桥还抄录了使小宝且念且唱、顺口好读的四首五言绝句:

二月卖新丝,五月粜新谷;
医得眼前疮,剜却心头肉。
锄禾日当午,汗滴禾下土;
谁知盘中餐,粒粒皆辛苦。
昨日入城市,归来泪满襟;
遍身罗绮者,不是养蚕人。
九九八十一,穷汉受罪毕;
才得放脚眠,蚊虫跳蚤出。

后来,郑板桥不放心小宝的成长,就把他接到身边,经常教育小宝要懂得吃饭穿衣的艰难,要同情穷苦的人。由于郑板桥的严格教育和言传身教,小宝进步很快。当时潍县正值灾荒,郑板桥一向清贫,家里也未多存一粒粮食。一天,小宝哭着说:“妈妈,我肚子饿!”妈妈拿出一个用玉米粉做的窝头塞在小宝手里说:“这是你爹中午省下的,快拿去吃吧!”小宝欢跳着走到门外,高高兴兴地吃着窝头。这时,一个光着脚的小女孩站在旁边,看着他吃,小宝发现了这个用饥饿眼光看他的小女孩,立刻把窝头分给小女孩一半。郑板桥得知小宝的举动,高兴地对着小宝说:“孩子,你做得对,爹爹喜欢你。”

私语如雷　暗室明察

【原文】

万事不由人计较,一生都是命安排。人间私语,天闻若雷。暗室亏心,神目如电。

【译文】

凡事不要太计较,许多事情都是命里安排好的。人们之间的私房话,在上天听来也像雷一样响亮、清晰。在暗室所做的亏心事,神的眼睛会像电光一样看得清清楚楚。

【解读】

“万事不由人计较,一生都是命安排”是一种宿命论思想,人当然能掌握自己的命运,也能改变自己的命运。但是同时人也是应该有自己的信仰的,没有信仰,人的思想和行为就没有约束力,当然这种信仰未必就是指神灵佛道这些虚无的东西,它可以是道德、良知和爱,等等。人们的思想只有受到了某种规范才能保持自身行为的正确。才不会做出逾矩的举动。

“人间私语,天闻若雷。暗室亏心,神目如电。”人在私下无人的时候往往容易放纵自己,生活中总是有一些不光彩的行为需要被掩盖。可是我们的行为并不可能是神不知鬼不觉的,中国人常以“四知”来告诫人们不要做出什么越轨行为,它指的是“天知、地知、你知、我知”,既然有人知道就有不稳定的因素存在,就终有大白于天下的一天。你可以欺瞒过别人,却不能欺骗自己的良知,自己的信仰一旦有了动摇就可能导致心理防线的崩溃,最后受煎熬的是自己的心灵。所以,人不可做亏心事,即使在无人察觉的情况下也不行。人在独处时更应该学会自律、自重。

【故事链接】

做亏心事的人

从前,有五个秀才上京赶考,半路忽然下起大雨。不得已,他们躲到附近一个山神庙。眼看着雨越来越大,狂风大作,雷电交加。他们很害怕,跪着祈求山神保佑。但雷声还是一个接一个炸在头顶,门前,闪电排着队经过,他们吓得脸色苍白。

此时,一个人说了:“我们之间肯定有一个人做过亏心事,老天爷在找他的麻烦。俗话说一颗老鼠屎坏了一锅粥,现在请那个人自己走出去,不要连累大家。”当然,谁也不是傻瓜。他们你推我,我推你,闹成一团。

又一人说了:“不如咱们抽签吧,抽到‘出’字的人,就不好意思了。”都同意了。

读书人办事就是利落,很快他们抽签完毕。

一个不是。

一个不是。

一个不是。

一个不是。

一个——一打开纸条,顿时屁滚尿流。

其他几人立刻把他往外掀。掀出去后马上“砰”的关闭大门。

那个倒霉鬼站在风雨里痛哭:“老天爷啊,你可不要冤枉我啊——”正说着,突听身后一声巨响,那座山神庙轰然而倒,四壁向内,恰似包了个硕大的人肉饺子。

恶有恶报

从前,在一片森林里住着许多动物。有大象、灰熊、孔雀、恶狼和狐狸……还有慈祥的狮子大王。

有一次,狮王去打猎。不小心中了猎人的埋伏,胸部中弹了。由于失血过多,生了一场大病,奄奄一息地躺在床上。所有的动物们都在场为狮王悲鸣,唯独狐狸没有来。经常被狐狸讥笑的狮王“忠实”的大臣——恶狼对狮王说:“尊敬的大王,今天狐狸没有来,我想他一定是躲在家里偷笑!”

狮王大怒,吼道:“把狐狸给我抓来,我要吃了它!”正在这时,狐狸在洞口出现了。狮王问:“你去哪里了,是不是在家里偷笑?”狐狸不慌不忙地说:“尊敬的狮王,我去找医生给你开药方去了。”狮王大喜说:“快说说,这病怎么治!”狐狸说:“这需要一张刚扒开的狼皮披在您身上。”之后的事就不用说了吧!

当然是恶有恶报了。

宽以待人　吃亏是福

【原文】

一毫之恶,劝人莫作;一毫之善,与人方便。欺人是祸,饶人是福;天眼昭昭,报应甚速。

【译文】

一丝一毫的坏事,劝人们也不要去做。再微小的好事,也会给别人带来方便。欺骗别人迟早会有灾祸,宽恕他人早晚会带来幸福。苍天的眼睛十分明亮,报应来得极为神速。

【解读】

善良是一种心理素质,并不是每个人时刻都能保持善良的品质。有的时候人们会经受不住心头杂念的啃食,做出一些令自己心灵蒙尘的事情。不要瞧不起那些不起眼的善行,它可能会改变一个人的命运。

人们常说:"勿以恶小而为之,勿以善小而不为。"小小的善可以拯救一个人甚至很多人的生命;小小的恶也能摧毁一个人的良知和最后的生机。有时候,生命中唯一的一丝希望正是被人类自己的私心和邪恶斩断的。

【故事链接】

自私自利丧失生机

一日,佛祖从花园的井边向下望去,看到生前作恶多端的人正因自己的邪恶饱受地狱之火的煎熬。

此时,一个江洋大盗无意间发现了佛祖慈悲的注视,于是他向佛祖呼救。睿智的佛祖发现他虽然作恶多端、十恶不赦,但是却并没有完全泯灭自己的良知,生前曾因自己的一念之慈放过了一只自己差点踩到的蜘蛛,这也是其一生中罕见的善事。

于是,佛祖大发慈悲,决定用那只小蜘蛛的力量来救他脱离苦海。很快,一根蜘蛛丝从井口垂了下去。大盗发现后立刻抓住游丝向上爬去。其他恶人看到了也蜂拥而上抓住了游丝,完全不理会大盗的恶声大骂。大盗担心游丝不堪重负,毁了自己脱离苦海的唯一希望,于是便将身后的游丝砍断。结果原本可以承担所有人重量的蜘蛛丝却突然崩断了,大盗的最后一丝良知也被自己斩断了,跌入了万劫不复的地狱。

圣贤之言　心各有见

【原文】

圣言贤语,神钦鬼服。人各有心,心各有见。口说不如身逢,耳闻不如目见。养军千日,用在一时。

【译文】

圣贤讲的话,连神鬼都钦佩。每个人都有自己的心,每颗心都会有自己的见解。只是嘴里说不如亲身去经历,耳朵听见的不如亲眼所看到的。培养士兵需要很多年,使用士兵却只在一时。

【解读】

人的语言须有魔力。不论是生活中的闲言碎语,还是圣者贤人留下的圣言贤语。对于自己所听到的东西,每个人都会有自己的看法,因为人们的思维方式不同,看待问题的角度自然也不同。但是对于圣言贤语,人们往往奉若至理,因为它经过了时间的洗礼,通常遗留下来的都是精华,这些精华对后人的影响是巨大的。然而,并不是每句圣言贤语都是真理,既然时代是发展的,人们的社会生活和生存状态都在发生着翻天覆地的变化,对于圣言贤语也应该以发展的眼光来看待,要想保持它的新鲜就要为其不断注入新的活力。

至于那些闲言碎语,人们愿意相信它往往是出于自己的猎奇心理。没有亲见的事物更能激起人们的好奇心。而是非的曲直和事件的原委还是需要人们通过事件去判断的。"口说不如亲逢,耳闻不如目见",社会上的事情是复杂的,有些事情只听传言不行,要了解事情的真相,必须亲自调查了解一番,人们应该重事实、重实践。然而也不是所有的事都需要人们亲自去考察和证实的,对于一些已经既定的科学成果,人们只要学会运用就可以了,没有必要去浪费时间和精力。

【故事链接】

诸葛亮贤能得奇书

诸葛亮(181~234),字孔明,琅琊阳都(今山东沂南县)人,是三国时代一位杰出的政治家和军事家。他智慧过人,深谋远虑,曾帮助刘备建立蜀国,任丞相职,长期主持蜀汉的军政事务,对于西南地区政治、经济的发展起过重要的作用。

一提起诸葛亮和司马懿,人们都知道是三国时的冤家对头,可传说他们小时候还是同窗学友。那是东汉末年,朝政腐败,群雄竞起,天下大乱。他们的老师是个极有才学的人,不愿意在朝里当官,隐居在僻野山林,一心想教出几个好学生,将来好安邦定国,拯救天下百姓。诸葛亮和司马懿的父亲都和这位老师相好,各将自己的孩子托付给了他。这两个孩子聪明伶俐、勤奋好学,又得老师悉心指教,因此他俩的学业进展很快,不相上下。

这位老师有一部奇书,是先人秘传。这书里天文地理、行兵布阵、定国安民等奇策,样样俱全,谁得到了它就能干一番惊天动地的大事业,是天下第一奇书,因此人们又叫它"天书"。这位老师年逾花甲,膝下又无一男半女,为此就打算把此书传给一个心爱的学生。可两个学生究竟传给谁呢?因为当时诸侯割据,群雄纷争,要是传错了人,岂不误国害民,违了自己的心愿。因此老师一直犹豫着,没有决定究竟传给哪个学生,却更细心地观察着两个学生的品德志向。诸葛亮和司马懿也都知道老师有一部奇书,都很想得到这部书,为此也都更加殷勤待师,苦学苦读,以求老师喜爱,赐赠奇书。

一天,老师领着他俩到房后的小山头上,指陈山川地理、行兵布阵之法。对面的山崖上有个樵夫在砍柴,不慎跌下了山崖。师徒三人一见同吃一惊。老师猛一闪念,继续不动声色地讲述。司马懿也就安然地听着。可诸葛亮却飞步跑下山坡,扶起受了重伤的樵夫,察看了伤势,迅速在周围找了几样草药,嚼碎后敷在伤口上,又把自己的衣襟撕下来,扎好了伤口。这时,老师若有所悟地点了点头,才领着司马懿下山,帮助诸葛亮把樵夫送回了家。

又过了一段时间,诸葛亮接到一封家书,说是他父亲病重,想让他回家去看看。诸葛亮随即含泪辞别了老师学友,匆匆回家去了。归家不久,父亲就去世了。他含悲忍痛,细心料理了父亲的丧事,才回到老师的身边。说来也巧,几天以后,司马懿也接到一封家信，说是他母亲病重，思子心切，想让他回家见一面。可司马懿怕他走后老师把奇书传给诸葛亮，就推三推四回了一封信，终于没有回家去。老师叹息地摇了摇头，心里也就暗暗地拿定了主意。

一个多月后，老师偶感风寒病倒了。两个学生守在床前，煎汤熬药，细心照料。怎奈老师年迈体弱，病势越来越沉重了。一天，诸葛亮出外给老师挖草药，司马懿在床前侍候。他见老师昏迷不醒，就偷偷溜进老师的书房，东扒西找，终于找到了一个小箱子，他偷着打开一看，果然是那部奇书。正在这时，听到老师在喊他，他来不及细看，心想，老师近来更偏爱诸葛亮了，要是等下去，这部奇书肯定到不了自己手里。无毒不丈夫，此时不走更待何时？他没理老师的呼喊，偷偷地背起箱子逃跑了。

等诸葛亮采药回来，老师睁开了双眼，让诸葛亮把自己扶下病榻，揭开下边的夹层，取出一个黄包袱，双手交给诸葛亮，又深情地看了诸葛亮一眼，轻声嘱咐道："我死后，房尸同焚，速走他乡。"说罢，就安然地闭上了双眼。诸葛亮遵照老师嘱咐，忍痛烧了房子和老师的尸体，背起黄包袱，立即归家，随叔父到了南阳，隐居在隆中，潜心攻读起来。

再说司马懿逃回家里以后，打开箱子细看盗来之书。翻到后边一看，只见上面写着四句话；"定国须爱民，尽孝奉双亲，两者皆相悖，怎做传书人？"这才知道盗来的原来是部假书。他恼羞成怒，随即带人赶到老师的住地，谁知这里早已变成一片瓦砾了。

李世民背后的女人

唐太宗大治天下，盛极一时，除了依靠他手下的一大批谋臣武将外，也与他贤淑温良的妻子长孙皇后的辅佐是分不开的。长孙皇后知书达理、贤淑温柔、正直善良。对于年老赋闲的太上皇李渊，她十分恭敬而细致地侍奉，每日早晚必去请安，时时提醒太上皇身旁的宫女怎样调节他的生活起居，像一个普通的儿媳那样力尽孝道。对后宫的妃嫔，长孙皇后也非常宽容和顺，她并不一心争得专宠，反而常规劝李世民要公平地对待每一位妃嫔，正因如此，唐太宗的后宫很少出现争风吃醋的韵事，这在历代都是极少有的。长孙皇后凭着自己的端庄品性，无言的影响和感化了整个后宫的气氛，使唐太宗不受后宫是非的干扰，能专心致志料理军国大事，难怪唐太宗对她十分敬服呢！虽然长孙皇后出身显贵之家，又贵为皇后，但她却一直遵奉着节俭简朴的生活方式，衣服用品都不讲求豪奢华美，饮食宴庆也从不铺张，因而也带动了后宫之中的朴实风尚，恰好为唐太宗励精图治的治国政策的施行做出了榜样。

长孙皇后不但气度宽宏，而且还有过人的机智。一次，唐太宗回官见到了长孙皇后，犹自义愤填膺地说："一定要杀掉魏徵这个老顽固，才能解我心头之恨！"长孙皇后柔声问明了缘由，也不说什么，只悄悄地回到内室穿戴上礼服，然后面容庄重地来到唐太宗面前，叩首即拜，口中直称："恭祝陛下！"她这一举措弄得唐太宗满头雾水，不知她葫芦里卖的什么药，因而吃惊地问："什么事这样慎重？"长孙皇后一本正经地回答："臣妾听说只有明主才会有直臣，魏徵是个典型的直臣，由此可见陛下是个明君，故臣妾要来恭祝陛下。”唐太宗听了心中一怔，觉得皇后说的甚是在理，于是满天阴云随之而消，魏徵也就得以保住了他的地位和性命。

婚姻决定一个人的成败。一个成功的人，老婆的支持很重要。自古常言，一个成功的男人背后站着一个伟大的女性。这个女人有可能是老婆，但也有可能是其他女人。所以，领导者在择妻的时候，也不得不慎重呀。拥有一个好妻子，胜过一切荣华富贵，妻子内心的财富胜过身外的财富。娶妻求淑女，勿计厚奁。

贫富各有忧　岁月不饶人

【原文】

国清才子贵，家富小儿娇。利刃割体疮犹合，恶语伤人恨不消。有人堪出众，无衣懒出门。公道世间唯白发，贵人头上不曾饶。

【译文】

国家政治清明，有才学的人就会受到尊重，但家庭富裕了，小孩子就会娇生惯养。利剑割破皮肤，伤口会渐渐愈合，恶毒的语言伤害了人，积下的仇恨很难消失。有的人相貌出众，但是没有像样的衣服连门也不愿意出。只有衰老是人世间最公道的，即使达官贵人也改变不了。

【解读】

人无论贫穷、富贵都有自己烦恼的事情，只是烦恼不同罢了。

“国清才子贵，家富小儿娇”。国家的政治清明，自然藏污纳垢的概率就会小得多，那么贫穷而才高的读书人晋升的机会就会增加。无论古今，国家的发展都离不开人才，能够任人唯贤、唯才是举，是人才们的幸运，更是一个国家的幸运。古人都懂得尊重知识、尊重人才，何况是科学发展的今天呢！现代社会人民生活相对富足，这当然是今人的幸运，但是随之带来的社会问题也是不容忽视的。对于生活安逸中的子女教育问题已经成为社会一大关注的焦点。生活条件的改善为子女的发展提供了更多的空间和机会，然而在富足的生活中，再加上独生子女家庭的增多，后代的教育便成了一大难题。子女成为家长们生活的中心，变得越来越娇贵。而温室中的花朵又怎能经得起社会生活的考验？看来物质的丰富并不能解决所有的问题，吃苦耐劳、艰苦奋斗的精神是不能丢的。

人在贫穷中往往不愿意抛头露面，尤其是相貌出众的人。没有像样的衣服来衬托就没有自信。因为他们信奉“人靠衣装”的教条。当然，生活中人们的确需要得体的穿着为自己的生活增添信心，使自己的生活看起来更有质感。但是如果没有条件也没有必要强求，“贫家净扫地，贫女净梳头，景色虽不艳丽，气度自是风雅”，生活毕竟不是过给别人看的，不凡的气度更能体现一个人的高贵。因此，无论穷富都不要成为自身的困扰，功名利禄终成过眼云烟，人生逃不过生老病死的自然规律，唯有一颗豁达的心胸才能笑看风云、宠辱不惊。

【诗歌征引】

送隐者一绝

唐·杜牧

无媒径路草萧萧，自古云林远市朝。
公道世间唯白发，贵人头上不曾饶。

【故事链接】

两个富翁与一个穷人

两个富翁闲来无事，正在打一个赌。

甲富翁说："假如我们让一个穷人搬进我那幢豪华别墅，突然过上荣华富贵的生活，你说他会有什么感觉？"

乙富翁说："哈哈，他肯定以为自己成仙上天堂了。"

甲富翁说："我却认为他觉得自己下了十八层地狱。"

于是他们用各自的一幢豪华别墅作为赌注。恰好，有一个穷苦的老农，虽然他每天都很勤劳地耕作，日子依然很清苦。但是，老农每天都梦想着自己能够发财，然后过富翁的生活。于是，老农搬进了甲富翁的豪华别墅。不到半年，老农来找两个富翁了。

乙富翁微笑着问："红光满面的，神仙般的日子过得不错吧？"老农回答："开始搬进那幢豪华别墅时，我以为突然走进了天堂。那是一段多么美好的日子呀！每天都有仆人伺候着，什么珍奇珠宝都有，吃的都是山珍海味。有兴致的时候我就在那个美丽的后花园散步，困了就和金银珠宝一块睡觉。"

甲富翁狡黠地问："后来呢？"

老农沮丧地回答："但是过了不到三个月，我突然感觉自己下了十八层地狱！事情是这样的：有一天，我突然想到外面去逛逛，看看我的邻居和地里的庄稼。可是仆人们告诉我，我可以在别墅里过富贵的生活，要任何想要的东西，但唯一的条件就是不能走出别墅半步，要不所有的荣华富贵都将成为天上的云。那时我真的很矛盾。平静下来，我想，每天都吃美食，身边到处是珠宝，但是这些东西对我到底有什么实质性价值呢？难道我就这样生活一辈子？有时觉得，自己就是一头被豢养的猪。越想越痛苦，越想越觉得自己不能再过这种富贵、安逸、悠闲、无所事事的日子了。经过痛苦的抉择，我决定还是做一个农民！"乙富翁叹息地问道："如果放弃了荣华富贵，它将永远也不会回来了，你愿意吗？"老农回答道："通过半辈子的奋斗和几个月的煎熬，我真正地感悟了生活：人在世界上的真正意义，并不是他拥有多少财富或用这种财富过怎样奢侈的生活，而在于生活的奋斗过程，并在奋斗中得到那种充实和快乐。显然，那种被豢养的、猪的生活并不能带给我充实和快乐也不能激发我为某种目标而奋斗的动力。这种生活让我失去了目标,也没有了激情,所以,我愿意放弃荣华富贵,选择离开。"

甲富翁赢了,他得到了乙富翁的豪华别墅。

树由枝分　父子同心

【原文】

为官须作相,及第早争先。苗从地发,树由枝分。父子亲而家不退,兄弟和而家不分。

【译文】

做官应努力做到宰相,考中科举也要越早越好。禾苗在土地里发芽,大树是由枝干上分杈。父子亲近,家道就不会衰退;兄弟和睦相处,家庭就不会分裂。

【解读】

中国人的家族观如同中华文化一样具有一种传承的传统。在国人心中,家族就如同一棵大树,只有开枝散叶才能称为繁茂昌盛,也只有保持一个统一的整体才不会分裂衰落。"父子亲而家不退,兄弟和而家不分",所要表达的就是这个道理。当然,随着社会生活和生产方式的转变,这种大家庭的生活方式已经失去了原有的生存土壤,"分家"已经成为一种新的生活观念,现今的三口之家代替了原来的四世同堂,然而家和万事兴的思想却并不过时,家庭和睦是事业成功的有力保障。

传统的家族观念还体现在家族的荣誉上,古人读书是为做官,做官是为光宗耀祖,当然官做得越大就越能光耀门楣。不过"为官须作相,及第早争先"还有另外更深一层的含义,就是告诫读书人要有远大的志向,莫要蹉跎青春。尽管这志向在现代人看来的确有些肤浅,然而它鼓励人们要努力上进的一面还是可取的。人要取得优异的成绩就要首先具有力争上游的精神和高远的目标。只有具备了坚定的信念和敢为天下先的精神,才能成就辉煌的事业。

【故事链接】

田真哭荆

隋朝时有一户田氏人家,住着田真、田庆和田广三兄弟。自他们分别成家之后,兄弟三人就想要各自发展,所以他们就决定要分家,把家产分成了三份。

分到最后,只剩下庭院中,那棵遍满紫红色花朵的紫荆树了,几十年来,她一直是欣欣向荣,象征着这个家庭的兴旺。一代又一代的田氏子孙,就是在紫荆树默默地俯视中,成长起来的。他们和乐融融地在这块土地上,生活了好多代人。老树蕴涵着人们不尽的追忆和缅怀。

哥哥田真叹息着说道:"田家的历史有多长,紫荆树就有多老。"

田庆不以为然地说:“我们家产都分完了,留着这棵树也没什么用了,不如也把它给分了。”

幼弟田广精打细算地说:“有理有理,紫荆树的树皮和木材都可以入药,我们干脆直接把它砍掉,一人分一份,还能卖个好价钱呢。再说,我们分了家之后,都要各奔前程,谁还顾得上照顾它啊?”

田真说:“使不得,使不得。我们怎么忍心伤害这些美丽的花朵和润泽的叶子呢?它鲜活的生命力,伴随着一代又一代人的成长。眼见那翠绿的色泽,谁不发自内心地赞美它的生命?家族有多兴旺,紫荆树就有多美。这是我们家族繁盛的见证,怎能如此伤害于它呢?”

田庆说:“哥哥,您别犯傻了,谁还会注意到这棵老树?您要是不肯,那我就和弟弟对半分了。”

两位弟弟那样坚持,哥哥也爱莫能助,于是他们决定将紫荆树砍成三段。田真仰望着昔日的故宅,和茂盛的老树,内心十分地伤感,但也无可奈何。

隔天,原本茂盛挺拔的紫荆树,一夕之间突然全部枯萎凋零。原本壮硕挺直的枝干,翠色可人的叶子,顷刻间仿佛成为枯死的紫荆,看到的人无不大惊失色,疑惑地想到:难道紫荆树也伤心欲绝,知道自己的生命将被截成三段,不如先自行了断吧。

三兄弟见到这个情形,首先大吃一惊,此时开始痛切地忏悔:为什么手足之情要这样分离?连树都觉得伤心,连树都为之涕泣,连树都不想再活下去。昨天热火朝天的砍斫计划,一时间令两位弟弟感到万分地沮丧和羞愧。

哥哥神情肃穆地说:“树木原本就是同气连枝的,正是因为听说将要被砍成三段,它们才会如此悲伤,我们人竟然连树木都不如啊!”

田庆看到这番景象,非常有体悟,他追悔不已地说:“当我们还非常小的时候,我们同吃同住,同出同息。那种在父母身旁承欢膝下、同舟共济的幸福生活,现在想起来还那么令人怀念。”

弟弟伤感地说:“现在父母都不在了,我们兄弟就是最亲最亲的人了,如果连我们都不肯团结友爱的话,那父母在天之灵一定会天天流眼泪,一定会比紫荆树还要伤心的。”

田真说:“我们为什么不能继续从前的生活呢?‘三人同心,其利断金’。我们是同一个生命共同体,要想重振家业,就要通力合作,和睦共处,团结一心。”

兄弟三个人的手紧紧地握在了一起。他们把分家的契约,在紫荆树面前烧毁,决定继续同舟共济,共同经营幸福的生活。兄弟三人默默地祝祷着,感恩祖先留下的这棵紫荆树,是她及时的枯萎,让他们深深体会到,连树木都有真情,难道人连树木都不如吗?

第二天,当太阳早早地爬上枝头的时候,弟弟打开窗户时,惊讶地喊了起来:“哥哥,哥哥,快来看看,叶子绿了,紫荆树的头抬起来了,叶子变绿了。”

鸟儿听到他的叫声,也不由自主地朝着紫荆树那片绿油油的枝头望去。两位哥哥惊讶地探出了头，紫荆花那片殷红的色彩，湿润了他们的眼睛……

从此之后，他们兄弟更加友爱，他们相互扶持，相互帮助，再也不提分家分财产的事情了。美丽的紫荆树，也繁茂如初，就像这个团结如故的家庭一样，欣欣向荣，充满无限生机。

天下太平日　养精蓄锐时

【原文】

官有公法，民有私约。闲时不烧香，急时抱佛脚。幸生太平无事日，恐逢年老不多时。国乱思良将，家贫思贤妻。

【译文】

国家有国家的法律，民间有私人之间的契约。在空闲的时候不做准备，危急的时候却临时抱佛脚寻求帮助。有幸生在太平无事的年月，恐怕没多久就会衰老。国家发生战乱时，才想到有名的将领，家庭贫困时才希望能有个贤惠的妻子。

【解读】

社会生活有一定的法则，不管是国法还是民约，其实都是对人们行为的一种约束。这是社会和人类发展的前提，“无规矩不成方圆”。人类通过几千年的发展，经历了无数的腥风血雨才总结出来的经验教训。规矩一旦被打破，就会带来动荡和不安。公法也好，私约也罢，其职责都是要维护人民的生活不受侵害，在现代的法制社会，也只有具有法律意识，知法、守法、维护法律的尊严，才能受到法律的保护。

对于一个国家而言，在太平无事之日要做好多事之秋的打算，所谓“生于忧患，死于安乐”，只有平时做好充足准备，才能从容面对重大的变故。不要去做“闲时不烧香，急时抱佛脚”的傻事，因为那是丝毫没有用处的。不在平时养精蓄锐，壮大自己的实力，到了国破家亡、危在旦夕之时才想到临时去找一个岳飞、戚继光出来，恐怕是很难办到的。大至国家，小到家庭，道理是一样的。夫妻之间，同享福易，共患难难。家有贤妻，富日子能越过越好，穷日子也能过得安宁、和睦。因此，无论是国家还是家庭都应该在平时打好基础，如此才不会在发生变故时一筹莫展。

【诗歌征引】

清风短吟

宋·邵雍

清风兴况未全衰，岂谓天心便弃遗？
长具斋庄缘读易，每嘶疏散为吟诗。
人间好景皆输眼，世上闲愁不到眉。
生长太平无事日，又还身老太平时。

白头吟

宋·邵雍

五福虽难备，三殇却不逢。
太平无事日，得作白头翁。

【故事链接】

临时抱佛脚

古时候，在云南的南面有一个小国家，这个小国家的民众都是信仰释迦牟尼的佛教徒。有一次，一个被判了死刑的罪犯在深夜挣断了锁链和木枷越狱逃跑了。第二天清晨，官府发现后即派兵丁差役四处追捕。那个罪犯逃了一天一夜后已精疲力竭，眼看追兵已近，他自知难以逃脱，便一头撞进了一座古庙。

这座庙宇里供着一座释迦牟尼的坐像，佛像高大无比。罪犯一见佛像，心里悔恨不已，抱着佛像的脚，号啕大哭起来，并不断用磕头表示忏悔。这个罪犯一边磕头，一边嘴里不停地说："佛祖慈悲为怀，我自知有罪，请求剃度为僧，从今往后，再也不敢为非作歹！"不一会儿，他的头也磕破了，弄得浑身上下都是鲜血。正在这时，追兵赶到。兵丁差役见此情景，竟被罪犯的虔诚信佛、真心悔过的态度感动了，便派人去禀告官府，请求给予宽恕。官府听后，不敢做主，马上禀告了国王。国王笃信佛祖，赦免了罪犯的死罪，让他入寺剃发当了和尚。

后来，当这个国家的一些和尚到中国传播佛教时，将这个故事及因故事产生的"临时抱佛脚"的俗语带入了中国。

积水防旱　深耕养家

【原文】

池塘积水须防旱，田土深耕足养家。根深不怕风摇动，树正何愁月影斜。

【译文】

池塘里应提前储水预防干旱，田地应该深耕细作才能养活家庭。树根扎得深就不用怕狂风，树干长得直就不怕月影倾斜。

【解读】

做人需要为自己做些未雨绸缪的准备，以便防患于未然。天有不测风云，人有旦夕祸福。如果能够在无事时做好有事时的准备，平时打好基础，自然能够潇洒应对突如其来的变化。池塘在雨季积满水就不怕旱季无水灌溉，平时懂得积累财富的人就不会面对变故手足无措。积累和筹备是一个过程，它不是一蹴而就的，需要从现在做起从点滴做起。参天大树不是成材于一夜之间，而是从种子萌芽植根于泥土，根深蒂固方能经受风雨的洗礼而屹立不倒。做人也是如此，人生是一个积累的过程，无论是财富还是知识都是铸就人生的基石。而只要有了正直的品格作为坚实的根基，就不怕来自各方的非议和责难，身正不怕影子斜，外在的东西又怎能轻易动摇一颗坚毅的心？因此，只要勤于积累财富、智慧，善于积累人格、品德，德才兼备自然能够做到处事泰然、临危不惧。

【故事链接】

鼹鼠未雨绸缪

鼹鼠是完全生活在地下的地鼠，它们擅长在地底挖洞，挖的不只一条，而是四通八达、立体网状的坑道。要挖出这样的坑道当然很辛苦，但一旦完成，就可以守株待兔地等食物上门。同样在地底钻土而行的蚯蚓、甲虫等等，常会不知不觉闯进鼹鼠的坑道中，被来回巡逻的鼹鼠捕获。鼹鼠在自制的网状坑道里绕行一周（有时要花上几个钟头），就可以抓到很多掉进陷阱的猎物。如果俘获的昆虫太多，吃不完的就先将它们咬死，放在储藏室里。有人就曾在鼹鼠的储藏室里发现数以千计的昆虫尸体。

鼹鼠

故事告诉人们：先多花些时间，做好完善的硬件设施，未雨绸缪，这样才有安逸清闲的日子可过。

一字为师　虚心受教

【原文】

学在一人之下，用在万人之上。一字为师，终身如父。忘恩负义，禽兽之徒。劝君莫将油炒菜，留与儿孙夜读书。书中自有千钟粟，书中自有颜如玉。

【译文】

从一个人那里学到的知识，可以运用在成千上万人的身上。只要从别人那里获得过点滴知识，就要终身像尊敬父亲那样尊敬他。忘恩负义的人，如同禽兽一般。奉劝父母不要将油用来炒菜，而要留给儿孙们夜间点灯读书。书中有功名利禄，书中有娇妻美妾。

【解读】

此篇讲为学读书，古人将读书当成一种事业，尊师重道是中华民族的传统美德，做人应该懂得感恩。当你从另外一个人那里获得了你不具备的一些知识的时候，即使是一字之师，也应该对别人心存感激，更不要说在你成长过程中悉心教导过自己的老师们了。尊师重师如今更具现实的意义，虽然如今讲究师生平等，提倡以一种朋友的关系去调和师生之间的矛盾。但是，有的时候这种做法反而会放纵学生，甚至对老师不敬。当然其中不排除老师自身的一些原因，但是"严师出高徒"的说法并不完全过时，只有双管齐下才能收到更好的效果。做学生的更要懂得，老师之所以可以成为你的老师，他身上必定有你所不具备的长处和优点，只有虚心受教才能获得真知。现代人读书已经不需要用油来点灯了，"劝君莫将油炒菜，留与儿孙夜读书"这句话是在告诫父母，要为孩子的将来打算，下一代的教育需要一笔数目不小的资金，为人父母的要有长远的计划，不要因为自己生活的挥霍无度而使孩子没钱读书。作为子女在铭记师恩的同时，也不要忘记父母的养育之恩和良苦用心。刻苦读书、学到真本领就是对他们最好的回报。同时，还要明确自己读书的真正目的，确立人生努力的方向，有了远大的理想才能使前进的步伐更有动力。至于"书中自有千钟粟，书中自有颜如玉"的言论已经过时，不足为信。

【诗歌征引】

励学篇

宋·赵恒

富家不用买良田，书中自有千钟粟。
安居不用架高楼，书中自有黄金屋。
娶妻莫恨无良媒，书中自有颜如玉。
出门莫恨无人随，书中车马多如簇。
男儿欲遂平生志，六经勤向窗前读。

【故事链接】

一字师佳话传今古

据元朝辛文房《唐才子传·卷九》记载：唐末五代有个诗僧叫齐己，喜欢赋诗。一日听说住在袁州的郑谷很有才学，于是携带诗卷前往拜谒。郑谷盛情款待了齐己，两人相见如故，互相切磋。郑谷见齐己的《早梅》诗有"前村深雪里，昨夜数枝开"，便对他说，数枝已不是早，还不如一枝好。这样一改就使诗意更为精妙深微，和诗题更为切合了。齐己听了深为钦佩，当即拜郑谷为师。时人于是称郑谷为"一字师"。这件事在陶岳《五代史补·卷三》、魏庆之《诗人玉屑·一字师》中也有记载。一般认为，"一字师"

就是出典于此。

但事实上的“一字师”肯定早已有之，甚至可以说它是伴随着先民们运用文字进行创作的历史而来的。就拿在齐己之前同是诗僧的贾岛来说，就有一则广为人知的“推敲”佳话。一天，贾岛骑着毛驴去拜访一个叫李凝的朋友，半途中突然得到一句诗：“鸟宿池边树，僧敲月下门。”初拟用“推”字，想想又改为“敲”字，拿不定主意，于是在驴背上用手比画着做推敲的姿势，不觉一头撞到时为京兆尹的韩愈的仪仗队，左右把他押到韩愈的马前。贾岛只好如实地向韩愈说了驴背得句炼字未定的事情。韩愈听了，不仅没有责备，反而立马沉思良久，对贾岛说：“敲字好。”其后两人谈诗论道，结为布衣之交。这事在《唐才子传·卷五》中可见记载。

上面是两个大家比较熟悉的“一字师”故事，自唐五代以降，“一字师”佳话可以说历代都有。据宋朝周紫芝《竹坡诗话》载：汪内相将赶赴江西临川，曾吉父以诗相送，有“白玉堂中曾草诏，水晶宫里近题诗”之句。韩子苍见了，把它改为“白玉堂深曾草诏，水晶宫冷近题诗”。这样把原诗句中直白平淡的“中”“里”改成蕴涵浓郁情感的“深”“冷”，使诗句的表现力大为增强。曾吉父听了，以韩子苍为一字师。

元朝诗人萨都剌，一年漫游江南，在杭州千年古刹天竺与法善寺长老结为诗友。后来写成一诗给长老，此诗有情有景，广为嘉赏，特别是诗中的“地湿厌闻天竺雨，月明来听景阳钟”两句，萨都剌更是自鸣得意。就在萨都剌高兴之时，收到一乡村老者的来信。老者在信中认为，诗中的“闻”与“听”两字语义重复，希望能改一下。萨都剌认真考虑，觉得有理，但想改却总不如意，于是只好登门求教。老者深为感动，热情款待，并讲了自己的意见。他说，可以把“闻”改为“看”，这样就不仅能解决语义重复，还能拓宽诗句的表现范围，更有诗意。萨都剌于是把诗句改为“地湿厌看天竺雨，月明来听景阳钟”，并拜老者为师。

明朝张岱在他那册搜罗广泛、内容纷杂的《夜航船》中，也载有一个“一字师”的故事：张咏曾写有诗句“独恨太平无一事，江南闲杀老尚书。”萧楚见了，说：“恨字未妥，应改幸字。”天下太平，家国祥和，不是正好吗，又有何恨？确实应该改为“幸”才更为恰当。张咏听了，也是赞许，说：“你，就是我的一字师了。”

然而，并不是所有的人都能像上面的诗人那样谦虚好学，苦心深求，更不要说“一字为师，终身如父”了。《阅微草堂笔记》就记了这样一个可笑的事情：有个在西湖扶乩的人，降坛时做了个诗：“我游天目还，跨鹤看龙井，夕阳没半轮，斜照孤飞影，飘然一片云，掠过千峰顶”。还没来得及题名，下面就有议论说，夕阳半没，乃是反照，也就是司马相如所说的“凌倒景”，怎么说是斜照呢？这扶乩者听了一惊，转而心中恼怒，于是写几个大字：“小儿无礼”，就不再动了。纪晓岚评说，议论者说得有理，这扶乩者又何必太护短，难道没有听过古时候有“一字师”吗？

不报恩惠遭殃

有位士人任县尉，办理盗贼的案件。有一个盗贼戴着枷锁到堂前，士人独自坐在厅上，盗贼乘机告诉他说："我其实并不是强盗，先生若肯放过我，日后必然报答你。"尉官见他相貌不凡，而且惊异他能说出这种话来。于是晚上叫守狱兵将他放了，并让守狱兵和他一齐跑掉。

天亮以后，狱中犯人不见了，守狱兵也逃了。尉官只受到谴责的处罚而已。

数年后，尉官任满，旅游经过一县，听说县官的姓名与跑掉的盗贼相同。去拜访，果然是那个人。于是他留尉官在官衙中厅一同吃饭休息，整整十几天不到内卧室去住。县官的妻子感到奇怪，问是怎么回事。县官说："我受人活命之恩，很惭愧没有报答。"他妻子说："你没听说过大恩是不报答的吗？恐怕泄露出去就麻烦了，为什么不抓住时机除掉他呢？"县官沉默了很久，才说："你说得很对。"

尉官恰好在隔壁听到这些话，急忙叫上仆人逃跑，连衣服都未来得及取。到晚上，已跑了五十多里，在村店投宿，喘息平定下来，才与仆人详细说明前后经过，正相对流泪。忽然有个人从床底下持匕首出来，主仆二人都惊骇得倒下，那个人说："我是义士，县官派我来杀害你，正好听到你说的话，方才晓得县官忘恩负义。要不然，冤枉杀死长者。先生不要睡，我要去取他的人头来为你雪恨。"

于是捧宝剑而去，出门像飞的一样。回来时喊道："现在是二更天，贼头取来了！"尉官叫人点上灯火一看，对着头大骂而笑。然后与义士作揖告别，义士已不知去向何方了。

莫羡莫怨　知足常乐

【原文】

莫怒天来莫怒人，五行八字命生成。莫怨自己穷，穷要穷得干净。莫羡他人富，富要富得清高。别人骑马我骑驴，仔细思量我不如，等我回头看，还有挑脚汉。

【译文】

不要去怨天尤人，每个人的遭遇与命运都是上天注定。不要埋怨自己贫穷，穷要穷得清清白白；不要羡慕他人富有，富要富得纯洁高尚。别人骑马我骑驴，仔细想想我是比不上人家，但当我回过头来看看后面，原来还有不如我的徒步挑担之人。

【解读】

此篇教人们应该学会乐天知命，虽然有些宿命论的消极因素在里面，同时也不乏阿Q精神，但是更多的却是一种对人生的旷达心态。

人们是应该有追求，但是也不要贪得无厌。常言道"人心不足蛇吞象"，贪乃人性之一大痼疾，源于人对物质的强烈占有欲。人的欲望有如无底洞，"分金恨不得玉，封公怨不受侯"，这似乎是人的通性，只有少数胸襟豁达的人才能领略知足常乐之理。其实，山珍海味和粗茶淡饭一样都能让人吃饱，穿粗布棉袍和狐袄貂裘也同样能让人保暖。只要基本的生活需求可以满足就已足够，又何苦得寸进尺。人的能力有限，而欲望无穷，如何能争得万物呢？一个乐天知命的人，会懂得繁华到头终是空的道理，所以无论是住在高楼大厦还是简陋茅屋，对他来说都只是形式的不同，而无实质上的差别。如果贪得无厌，即使拥有金屋也仍是欲求不满。

当然，贫穷和富有其实都并不可怕，穷要穷得有气节，富要富得有道德，但无论穷富都要学会享受生活。享受生活的关键是懂得知足，知足的人着眼于自己所拥有的事物，并善加利用且珍惜它；不知足的人则在意自己所欠缺的事物而执意强求，结果非但未必能获得，还可能失去原本所拥有的。知足、懂得享受人生乐趣的人，才能拥有快乐的人生。

【诗歌征引】

诗

唐·王梵志

他人骑大马，我独跨驴子。
回顾担柴汉，心下较些子。

【故事链接】

获罪于天无可补救

乔龟年替人家写字，赚一些钱来给母亲买些好吃的。经常仰天痛哭，自恨家贫对母亲缺少供养。一年夏天，他到井边去打水，忽然有一个穿青衣的人从井中跳出来说："贫穷是前生注定的，为什么这样怀恨痛苦呢？"乔龟年向他拜了两拜，说："我感到痛苦的是，有母亲不能好好奉养，我不管怎样努力替人写字，钱也不够啊！"青衣人说："你的孝心，上天已经知道了。你可以从井中拿到百万钱。"说完便消失了。

乔龟年汲水时，果然得到这笔钱，于是每天买回美味，供养母亲。三年以后，母亲死了，他又用剩下的钱安葬母亲，便又像过去那样过着贫困的生活。

一天，他走到井边，叹息着说："过去上天认为我有孝心，赏赐给我一笔钱，难道今天我因不孝而该重新贫困吗？"立即，穿青衣的人又从井中出来了。责备他说："你今天已经没有供给你母亲美味的那笔费用，你还有什么可抱怨的呢？"乔龟年惊愕地拜谢。青衣人说："你过去的孝心上天是知道的，今天你抱怨贫穷上天也知道。一句话获罪于天，不能挽回来了。"不久，乔龟年死于贫困。

行善积德　福及子孙

【原文】

路上有饥人，家中有剩饭。积德与儿孙，要广行方便。作善鬼神钦，作恶遭天谴。积钱积谷不如积德，买田买地不如买书。

【译文】

路上有饥饿的乞讨之人，家里有剩余的饭菜。不如拿来积德行善，将食物送给他们，行些方便。做善事能使鬼神钦敬，做坏事必会遭到老天的惩处。积攒钱粮不如多做善事广积阴德，买田置地不如多买书籍。

【解读】

中国人提倡积德行善，认为善恶有报，"作善鬼神钦，作恶遭天谴"，善良的人会得到神佛的眷顾，罪恶的人会受到上天的惩罚。同时行善会为儿孙积福。虽然这些观点里面不乏一些宿命论的成分，但是总的指导思想还是可取的，并且也能从生活中得到一些印证。

说到善恶到头终有报，这种思想也是不无道理的。一个心地善良的人，他在生活中通过一点一滴的善行在人们心目中逐渐树立起一种高大慈悲的形象，无论是否受过他恩惠的人，在他需要帮助之时都自然会伸出援助之手，能够在危难之中逢凶化吉也并不奇怪。同时，一个真正善良的人，他的心中往往是满腔和气，暴戾之气很容易轻松化解，试问一个内心和平、处世泰然的人又怎么可能不健康长寿呢？同样，一个作恶多端的人，身边树敌自然就多，即使没有受到法律制裁，也会受到敌人的报复，就算没有受到敌人报复，也终有一天被自己的灵魂出卖，总之是不会有好结果的。

至于说到行善能为儿孙积福，也不是没有依据的。中国人重视家族、家教和家风的传统，家教的高低和家风的好坏对个人的一生有至关重要的影响。生活在心地善良、讲究礼义、重视文化的家庭，在日常的生活中必然会受到身教和言教的双重教导，家长的善行良举必然会对儿女起到耳濡目染、潜移默化的作用。于是，家庭上下，良言善举蔚然成风。善根代代相传，儿孙自然能够享受到心存善念带来的益处。因此，福及子孙的说法并不迷信，而是一种美德的传承。

【故事链接】

医德沦丧，家破人亡

《阅微草堂笔记·如是我闻》记载，肃宁的王太夫人曾经讲过这样一件事：

家乡有个寡妇，由于有几分姿色，做媒的人经常登门，但她表示不再改嫁。她同婆婆抚养着一个七、八岁的孩子。不料儿子出了天花，病情危急，就请医生治疗。这个医生却乘人之危，丧心病狂地对她的婆婆说："这孩子的病我保证能治好，但有个条件，除非她陪我睡个晚上，不然我是不肯治的。"寡妇和婆婆气愤地责骂这个医生。

过了一段时间，这个孩子病情更加危险，寡妇和婆婆急得要死，最终只得哭着屈从了那个医生。想不到由于医治太晚，孩子最后还是没有救活，寡妇看着儿子的尸体，想着自己被医生凌辱，怨愤交加，自缢而死。人们都以为她是痛失孩子才上吊的，婆婆也对此事深藏未露。

不久那个医生突患暴病而死，其子也相继夭亡。接着他的住房着了一把大火，烧得财产殆尽。他的妻子流落妓院，偶然才把此事传了出去。此事虽未必尽信，却表达了人们对医德沦丧的医生的谴责，和对作恶遭天谴观念认同的朴素的情感。

阴谋害人，老年丧子

康熙年间，河北献县人胡某，擅弄阴谋诡计。他想娶邻村老儒生张月坪之女为妾，张月坪坚决不同意。为达到目的，胡某就请张月坪来他家教书。

张月坪父母的灵柩留在辽东很久，因未能运回原籍，常为此事伤心，胡某便分一块坟茔给他，帮他运回并埋葬了其父母。张月坪田里发现了一具尸体，死者恰是张家的仇人。官府以谋杀立案，胡某又为他申辩，张月坪得以释放。

某日张月坪的妻子携女儿回娘家，三个儿子还年幼，张月坪留在家中照看幼子。胡某看到时机成熟，便暗中指使其同党，夜间反锁张家的房门，残忍地放火烧死了张家父子四人。胡某表面却伪装同情，帮助安葬了张月坪。并时常周济张月坪遗下的妻女，取得了她俩的好感和信任。有人要娶张的女儿，这娘俩必与胡某商量，胡某就私下借口阴拦，使婚事不能成功。时间长了胡某在言谈中流露出要娶张女的意愿。张妻因常得到胡某的资助，想答应其要求。张女开始虽不同意，后来拘于母命，只好嫁给胡家。

一年后，生了儿子，取名胡维华，不久张氏母女先后病逝。胡某年老时，胡维华聚众谋反，委任官吏，准备占据京城。因走漏风声，遭到官府围剿及火攻，胡维华被活活烧死。

勤俭满仓　兄弟财清

【原文】

一日春工十日粮，十日春工半年粮。疏懒人没吃，勤俭粮满仓。人亲财不亲，财利要分清。

【译文】

春耕至关重要，一天的春耕能多收可供十天的粮食，十天春耕能多收可供半年的粮食。人如果懒散就会缺吃少穿，如果勤俭就会钱粮满仓。亲人虽亲但钱财不亲，因此即使是亲人之间钱财利益也要分清楚。

【解读】

人们常说"一分耕耘,一分收获",想要收获成果就要先播种耕作。"人勤地不懒",懒惰之人的土地是荒芜的,荒芜的土地收获不了粮食,挨饿是必然的;而以勤俭持家的人往往能抓住春耕的最好时机,从播种到施肥,从除虫到灭草,每一个环节都尽心尽力,辛勤的汗水自然会获得丰厚的回报。不仅是种地,做其他事情也是一样,成功并非轻而易举之事,没有一点勤奋的精神是不行的。另外,抓住时机也是十分重要的。一个人其实就如同一片田地,少年时代的学习就是播种灌溉。青年时代的奋斗就是灭草除虫,中老年时期的事业有成是秋季的收获。"一日春工十日粮,十日春工半年粮",耕种的时机是至关重要的,如果错过了春耕的最佳时机,那么收获就会大打折扣,因此能否抓紧自己的青少年时期至关重要,只有在这时打好基础才能在将来收获更多的果实。

"人亲财不亲,财利要分清",人有情,钱无义。对于钱财的问题不应该看得太重,但是也要分得很清。"亲兄弟,明算账",亲人之间也是一种社会关系。正是因为多了一条血缘纽带,使得它比其他的社会关系要紧密得多,也复杂得多。钱财的介入可能把原本复杂的关系搅得更乱,因为钱财伤害骨肉亲情的事屡见不鲜。因此,若想关系和睦,钱财上还是分清的好。弟兄们在成家立业以后,尤其在父母去世以后,各自有自己的家庭需要照顾,有自己的创业计划。他们经济上互相独立,不宜干扰。兄弟姐妹关系仍然很亲密,经常会有经济上的往来。这时如果有哪一位仍然认为我的就是你的,你的就是我的,需要钱随便张口,借了钱不知道及时还。时间长了比如遭到对方尤其是对方的配偶的反感,从而影响兄弟之间的感情,轻者伤了彼此间的和气,重者反目成仇。所以为了同胞兄弟之间的骨肉情谊。所以,一定要在钱财上分清你我,亲兄弟,明算账。

【故事链接】

羽·泉亲兄弟明算账

"酒中不语真君子,财上分明大丈夫。"有修养的人,一般会饮酒有度,颇有绅士风度。在钱财上,过分痴迷则成贪,毫不在意则虚伪,有修养的人一般是亲兄弟明算账,明明白白做事,通情达理做人。

羽·泉是深受人们喜爱的内地创作型歌唱组合。来自北京的陈羽凡和来自沈阳的胡海泉,两个热爱音乐的人,因为创作上的合作契机偶然结识,并因为相似的音乐观,开始了共同创作。他们创作演唱的歌曲以清新灵动的曲风、激情感性的演绎在音乐圈内引起广泛关注。

在创作方面,羽·泉具有不可忽视的全面才华,在他们的作品中,羽凡的音乐灵感与海泉的文学功底,羽凡热情激烈的个性与海泉温和恬静的气质都得到了完美的体现。其中常出现不经意流露的神来之笔,令人惊叹。

在经济上,二人也达成共识。既然是组合,那么日常生活中在一起的时间就会比较多,所以,从成为组合起,两人就"约法三章",确立"亲兄弟明算账"的规则。从工作收入到日常生活中的花销,二人都根据个人的具体情况做了详细的规划。坚决不让经济问题影响音乐的质量和两人的感情。能在乐坛占一席之地,还因为羽凡和海泉有这样一个观点:稳固一个歌唱组合,最重要的是承认对方的价值,并不断展示自己的价值。

智者自知足　聪明糊涂心

【原文】

十分伶俐使七分,常留三分与儿孙。若要十分都使尽,远在儿孙近在身。君子乐得做君子,小人枉自做小人。

【译文】

十分的聪明只要用上七分就可以了,剩下三分留给子孙。如果要将十分聪明全都使出来,反而会适得其反,近的害了自己,远的害了儿孙。高尚者以高尚为乐,卑鄙者自甘卑鄙。

【解读】

中国人有句话叫"聪明反被聪明误",人如果太聪明了,时刻都不忘算计,什么事情都不肯让步,做事不留余地,生怕自己吃一点亏,机关算尽,终有一天会掉进自己的机关,吃亏的是自己,连累的是子孙。因此,无论什么事情都不要做得太绝,否则自己也会失去退路。做人"难得糊涂",糊涂有时候也是一种智慧的表现,它是聪明的更高境界。真正聪明的人会经常适当地让自己糊涂一下,事事都精明的人每天都要动用大量的精力去处心积虑,而人的精力是有限的,耗费在脑力劳动上的过多,身体自然会透支,因此聪明人早夭,"天妒英才"其实往往都是自己招的,与老天没有必然的关系。

真正的智者君子既能够明察秋毫,又懂得适可而止。既能够善待自己又懂得善待他人。正因为他们有一颗聪明糊涂心,能够大事清楚小事糊涂,才使自己的事业稳步发展、修养日益高深,而生活轻松自在。想要获得既有智慧又有质量的人生,就要懂得让自己的身心劳逸结合。至于那些斤斤计较,只会在个人利益上要些小聪明的人,当然人人敬而远之,能贪小便宜,却不会有大发展。

【故事链接】

小人孟黄鼬

有一个游手好闲的人,姓孟,好吃鸡,自己又没钱买,就来到别人家偷鸡,坑害良民。有人想把他告到官府,他听说后赔偿了人家一只肥鸡表示谢罪,才得到饶免。从此,他却得了个外号——孟黄鼬。

这孟黄鼬后来做了平原郡的教官，他善于抓住秀才们心肠软的弱点，哄骗着他们给他送礼，表面上还不能说是送礼，而是说成缴学费。有些秀才，知道孟黄鼬的德行，就躲着他，不想见他的面，但孟黄鼬脸皮厚，自有办法，就逐个逐个三番五次地派守门人去请。这些秀才见实在躲不过，只好硬着头皮去见孟黄鼬。每次和秀才见面，孟黄鼬都是满脸堆笑，频频拱手作揖，还说："久仰盛德，特请您来会一会。"并让守门人去买来酒菜，留下款待一番。孟黄鼬如此这般无休无止地折腾，搅得这些秀才们，勤学的不得安心读书，懒惰的也不得自在，少不得送些礼物给他，再穷的至少也送上一只鸡。送一次，就会清闲一阵子。孟黄鼬就这样积了些钱钞，然后打点上司往上爬，被委任为高城县的代理县令。

他上任之后，见了吏书们，便拐弯抹角地说："你们这些小子们，没把我这个寒官放在眼里吧。"众吏书们商议："这个孟黄鼬本来就是个偷鸡摸狗的脏东西，听他这话的意思，是让我们送钱给他。"于是大家就凑了些银子送给他。孟黄鼬以后见了吏书们，既客气又和气，如同爷儿父子一般。可是他却对那些衙役们吆来呵去，平日无故地就大声训斥说："可恶，该打。"这些人背后议论："我们有什么可恶，只是不曾送钱给他，他就这样恶声恶气地对待我们。"大家商议了一下，还是凑了些银钱送上，作为见面礼。这孟黄鼬见到衙役们送礼，眉开眼笑，以后就不无故训斥衙役们了。

不久，孟黄鼬又生出新花招，阴阳怪气地说："我听说高城风俗淳厚，话不虚传。"有些衙役在衙门做事久了，也学坏了，其中奸猾的，还乐意为孟黄鼬办事敛钱。百姓中有打官司告状的，孟黄鼬不问青红皂白，令衙役把原告、被告和涉及讼案的有关证人捉来，一齐问罪，要赎罪必须送钱银，而且追银急如星火。这么一搞，老百姓谁也不敢告状了。孟黄鼬还不时派人暗中查访，但凡街坊中有吵嘴打架和小偷小摸的，统统都捉来问罪，要折罪须交钱银。

孟黄鼬千方百计敲诈勒索正在得意之时，新官将到，要来替换他。被他缉拿的百姓，听说孟黄鼬要离任，也不愿意交钱折罪了。但孟黄鼬毕竟是孟黄鼬，他用甜言蜜语对衙役们连哄带骗，也送些酒食财物对衙役们进行笼络，他不间断地督促衙役们替他捉人、催钱。穷百姓没钱，孟黄鼬就说："折合物品交来也行。"就这样，钗环首饰、红裙绿袄等，但凡一切能用的东西，衙役们都搜刮了来，衙门不再像官府，简直成了典当铺子。

等到新官到任的时候，孟黄鼬催交的赎金也分毫不少地都催上来了，全部入了自己的腰包。他临走时又将县内床帐桌椅、壶瓶碗盏、炊帚马勺、匙筷罩篱等等家具器物，用骡车一股脑儿装载而去。高城百姓，满街围看。其中有个人说："孟黄鼬原来是高城一个女子。"旁人问："这话怎么讲？"此人说："这许多东西，都是他的嫁妆。"

大财主与穷理发师

从前，城里住着一位大财主，他拥有十多间店铺，乡下有几百亩出租的田地，又有百多头牛羊，还有十多艘捕鱼船，这财主家大业大，真是"猪笼入水"，可以说得上是腰缠万贯。在他隔壁有一间小木屋,住户的主人是以理发为生,名字叫阿欢。财主各方面的生意都有掌柜帮或其他人帮助打理,根本不用财主自己操心。财主平时穿的是绫罗绸缎,吃的是山珍海味,住的是大屋阔院,睡的是宽床高枕,盖的是罗帐锦被,但财主从来没感到快乐,他整天还为家族的产业人息不理想、赚钱太少而烦恼和唉声叹气,经常坐立不安,有时甚至饮食不思,经常睡不着,时间长了,他精神十分疲惫。而隔壁住的阿欢三十出头仍没有妻儿,每天只能赚到“几个银钱”(几块钱的意思)的理发钱,但也够日常的生活费用和小小开支,生活虽然过得清淡一点,但天天无忧无虑十分潇洒,每晚饭后便在小木屋里躺着放声地唱曲,直到午夜唱累了便喝一杯白开水。然后一觉睡到第二天的九点钟后才起床,又开始干他那快乐的理发工作。

财主可能是因为过分忧虑生意上的利润,或者因为阿欢晚上唱歌的声音太大了,让他更加难以入睡。有一天早上,财主叫掌柜过来问道:“隔壁的‘剃头欢’文钱都没有,吃不饱、住不好,又没有妻儿,为什么能够这样开心,每天晚上都在唱歌呢?而我这么多钱仍快乐不起来?我真是不明白。”掌柜微笑地对财主说:“因为他知足,所以他常乐!”财主听了沉默了一下便点了点头,然后对掌柜说:“怎样才能够让‘剃头欢’不会唱歌呢?”掌柜微笑地回应财主,说:“这很容易,只要你能借给他十两银子就可以了。”“行吗?不行我就扣你的人工钱。”财主带着怀疑眼光问掌柜。“行!”掌柜很有信心地回应了财主。“那你明天就借十两银子给他,由你办理。”财主说完就走开了。

第二天中午,掌柜借口到阿欢的理发店刮胡子,跟阿欢聊了一下天后便特意地问:“阿欢,你剃了二十多年的头,仍然赚不了钱,现在三十出头,连老婆都没有,怎么不改行去做一些小生意呢?”阿欢笑着对掌柜说:“我每天只能赚‘几个银钱’的理发钱,那有本钱去做生意呢。”“你想不想做生意?”掌柜很认真地问阿欢。阿欢又重复地说:“我想,但的确是没有本钱!”“如果你想做生意,我可以帮你向我老板借十两银子给你做本钱,利息比别人借钱的稍低一点。”掌柜胸有成竹地对阿欢讲。阿欢喜出望外,惊讶地问掌柜:“当真吗?”“绝不会假的。”掌柜斩钉截铁地说。这时,阿欢着急地追问:“什么时候可以借钱给我?你快说,你快说!”“明天上午就可以”掌柜蛮有把握地说。“好吧,大丈夫一言为定,我今天帮你刮胡子的钱就不收了,以后还要请你喝酒呢!”掌柜刮完胡子后,阿欢便十分高兴地送掌柜出到木门口时说:“那我明早上去找你。”“好的”,掌柜边说边走了。

这天晚上阿欢特别激动。他想:借到了这十两银子后,可以去做生意,以后赚很多的钱,有了钱可以盖房子,可以娶一个妻子,以后有人做家务了,还可以让她生儿育女,传宗接代……想着,想着,这个晚上阿欢彻夜难眠,他干脆不睡觉了,一直唱歌唱到天亮。

第二天天还没亮,阿欢就到了财主店铺的门口等开门。直到八点多,财主的店铺开了门,他马上进去找到掌柜,掌握也很爽快帮他办完了借款手续,然后借了十两的银子给阿欢。从这天上午开始,阿欢真的不理发了,白天他连门都不开了。也就是从这个晚上开始,阿欢的小木屋再也没有了嘹亮的歌声。而财主这晚也好奇地找掌柜一起到阿欢小木屋隔壁的墙边,特地来听阿欢是否还会唱歌,他们听了很久都没听到阿欢唱歌的声音时,就互相对视递了一个眼色,然后大笑着回去睡觉。不知道财主是因为真明白了“知足常乐”的道理,还是他妒忌阿欢快乐的心态取得了胜利?从这天晚上开始也渐渐地可以入睡了。

十天后的一个晚上,掌柜又到阿欢的小木屋里找阿欢聊天。掌柜说:“阿欢,这段时间怎么没听到你唱歌呢?”阿欢苦恼地低声回答:“唉!自从你借那十两银子给我之后,我真的不知道用来做什么生意才好?钱又不多,又不懂生意行情,到期后又要归还本息,以后真是不知怎么办呢?现在真烦死我了!那还有心情唱歌呢?”“哈!哈!哈!”掌柜听了捧腹大笑,得意地走出阿欢的屋子。

这故事说明了“知足者贫穷亦乐,不知足亦富贵亦忧”的道理。这个财主本来应该是快乐的,就是因为他不知足,所以他快乐不起来。阿欢本来生活艰苦,但他能知足自乐。后来的情形却不同了。

勤奋能成才　不教者无术

【原文】

好学者则庶民之子为公卿,不好学者则公卿之子为庶民。惜钱莫教子,护短莫从师。记得旧文章,便是新举子。

【译文】

爱学习的人即使是平民之子,也可以做大官;不爱学习的人即使是官宦子弟,日后也会落魄成为平民。吝惜钱财就不要教育子女,袒护缺点就不要从师学习。记得住过去圣贤们的文章,就能够考取今天的举人。

【解读】

学习是通往成功之门的金钥匙,无论有什么样的宏图大志,也不管以后会从事什么样的职业,都要从眼前做起,从学习中获得真知。财富固然可以继承,但是财富却有用尽的一天;知识不能遗传,但是知识可以受用终身。一个人的出身也许会为他的事业和前途带来很大的影响。出生在一个富贵之家的确可能会使你的事业顺利起航,但是一个没有真才实学的人如同一个不懂技术的舵手,经不起狂风巨浪的考验,所继承的财富也许正是让自己葬身的罪魁祸首。而一个根基扎实的舵手即使没有豪华的游轮,没有金钱的护航,只凭一叶扁舟和坚强毅力,照样能够到达理想彼岸。可见,学习是至关重要的。

因此,父母在教育孩子方面不要舍不得投入,目光短浅的父母只看到眼前利益,却忽略了子女的长远发展。同时,教育子女,为人父母往往容易护短,因为儿女是父母的杰作,孩子总是自己的好,批评自己的孩子比批评自己往往更加令人难受。但是,玉不琢不成器,总是生活在父母羽翼保护下的小鸟同样不能展翅高飞。若想让孩子在身体、智力和心理上都健康发展,就不能包庇、袒护他们的缺点。

【故事链接】

孔子学琴

一天，夕阳已经西下，天色渐渐暗了下来。孔子还依然毕恭毕敬地盘坐着，一遍又一遍地弹奏着同一首曲子，兴致勃勃，丝毫没有厌倦的样子。他的老师师襄子对他说："这首曲子，你已经练了足足十天了，可以再学一首新的曲子了！"

孔子站起身来，认真地说："我虽然练了这么长的时间，可只学会了曲谱，还没有真正弄懂其中的技巧啊！"

好多天以后，师襄子看到孔子的指法更加熟练了，乐曲也弹奏得更加和谐悦耳了，便说："你已经掌握了弹奏的技巧，可以再学一首新的曲子了！"

可孔子又说："我虽然掌握了这首曲子的弹奏技巧，可还没有真正领会这首曲子的思想感情呢！"

又过了许多日子，师襄子来到孔子家里听他弹琴。一曲终了，师襄子已经完全被孔子那洋溢着激情的弹奏所吸引，听得出神入味。曲毕，才深深吸了一口气说："你已经弹奏出了曲子的思想感情，可以再学一首新的曲子了。"

可是，孔子还是像第一次那样认真地回答说："我虽然弹得像点样子了，可我还没有体会出作曲者是一位怎样的人啊！"说完，孔子还像开始学习时那样，一点儿也没有厌倦，又毕恭毕敬地盘坐下来，一个音符一个音符地弹奏起来。

不知又过了多少日子，孔子又邀请师襄子来验听曲子。孔子弹完后，师襄子对他说："功到自然成，这次你应该知道作曲者是谁了吧！"

孔子眼睛一亮，兴奋地说："我已经知道作曲者了。此人魁梧的身躯，黝黑的脸庞，两眼仰望天空，一心要感化四方。此曲非文王莫属，不知对否，还请老师指教。"

师襄子脸上浮起了微笑，激动地说："你说得很对，我的老师讲过，这首曲子的名字就叫'文王操'。你勤学苦练才能达到如此境界啊！"

铁杵磨针

李白小时候，读书不太用功，有一次上学，见老师不在，就偷偷地溜回家。

在回家的路上，他看见一位白发苍苍的老妈妈，手里拿着一根铁杵，正在一块大石头上来回地磨。李白觉得很奇怪，连忙上前去问道："老妈妈，您磨这个干什么？"

老妈妈回答说："我想要把它磨成针啊！"

李白又问："这样一根铁杵，得多少时间才能磨成针呢？"

老妈妈说："铁杵磨锈针，功到自然成。"

李白听了恍然大悟。第二天，他又到塾里读书去了。从那以后，他再也不旷课了。不论老师留下多少功课，他总是认真地按时完成它。

唐朝开元十一年间，年轻的李白在蜀中已经相当有名了。他渊博的学识，使许多人尊敬他。但他并没有满足，经常外出寻师访友，游览名山胜地，观察大自然的美丽景色，开阔眼界，丰富知识，提高艺术素养。这年刚立春不久，李白便带着书童，身佩宝剑，从绵州来到万县。一住下，李白就向人们打听这里谁的学问高，谁藏的书多等情况；并不辞路远，常常去拜访一些饱学之士。李白怀着谦虚求知的态度，从一些有学问的人那里，学到了不少东西；同时也得到了不少罕见的书籍，于是就拿回客栈如饥似渴地学习。尽管这样，他还是不满足，认为住在客栈里，往来客人较多，影响他的学习，很想找一个安静的环境用心读书。

一天，李白散步来到一座山下，看见山的四周都是陡壁，只有一条能过一个人的石梯，斜着向山顶伸去。李白看了一会儿，就试着用手扶着石壁，慢慢地向上爬去。只听见书童在下面让他快下来，李白往下一望，只觉心头发慌，两脚无力。

李白雕像

李白回到客栈，一夜不能入睡，隔壁间又不时传出一两声吵骂。李白想，这里如此不安静，怎能学习呢！山上的路既然很难走，必定没有多少人上去。如果能在上面找一个适当的地方学习，那真是太好了！第二天一早，李白又来到山下，当他上到山顶时，看到一块平台，他端详了一会，感到非常满意。李白就请人在这山腰上搭起草庐，然后把所有书籍、行李都搬到这里，专心致志，认真攻读。

后来，李白成了唐代著名的诗人。当地的人们为了纪念李白这位伟大的诗人和他那种刻苦学习的精神，就把这座山改名为"太白崖"，并在山下建立了一所书院，取名"白崖书院"，老师们经常用李白刻苦勤学的精冲，鼓励学生努力学习。

富人教子

苏轼的《艾子杂说》记载：齐国有个富人，家里有很多钱，但是他的儿子很笨，当父亲的也不知道怎么教育他。

一天，儿子的老师对富人说：您的儿子虽然长得很美，但却不通事务，以后又怎能接管您的家产呢？富人大怒道：我的儿子很聪明，而且很乖巧。怎么会不通事务呢？老师说：我们来试一下他，问他米是从哪里来的，如果知道，我甘愿受罚。富人便把儿子找来问他，米是从哪里来的。儿子笑嘻嘻地说：怎么不知道，米是从布袋里来的。富人改变面容说：你这笨儿子，难道不知道米是从田里来的吗？老师叹口气说：唉，有这样的父亲，儿子又能怎么样呢？

问心无愧　与人和睦

【原文】

人在家中坐，祸从天上落。但求心无愧，不怕有后灾。只有和气去迎人，那有相打得太平？

【译文】

足不出户端坐家中，大祸却从天而降。只要问心无愧，就不怕日后招来灾祸。只有待人和气才能生活和美安宁，怎么可能在经常吵闹打骂中过上太平日子？

【解读】

常言道"祸福无常，唯人自招"，荣辱祸福并不会无缘无故加在任何人身上，大多都是世人自己招致的。当然，"人在家中坐，祸从天上落"的偶然事件也并不是完全没有可能，毕竟"天有不测风云，人有旦夕祸福"。但是，任何事情都是事出有因的，灾难也不会无缘无故降临到一个人的头上。面对突如其来的灾祸不必惊慌，追本溯源找出症结的所在，并从容的解决才是明智之举。如果平时没有做过什么昧良心的事，就更加不必惊慌失措，自己问心无愧就不怕面对考验。

人的祸福也跟一个人的心境和为人处世有莫大的关联，所谓"福不可徼，养喜神，以为招福之本而已；祸不可避，去杀机，以为远祸之方而已"。就是说福分无法祈求得来，只有常保喜乐、满腔和气，才是获得幸福的根本；灾祸无法避免，只有消除杀机、心无怨恨，才是远离灾祸的方法。想要获得太平安宁的日子，首先需要保持一颗祥和宁静的心态，只有心境平和的人才能避免与人发生争执，没有了争执生活自然安宁。

【故事链接】

不求事事如愿，但求问心无愧

一位记者问某走红国际的女影星，是否觉得自己长得很完美，女影星回答道："不，我长得并不完美，我觉得正因为长相上的某些缺陷才让观众更能接受我。"

还有一个小故事，讲的是有个圆被切去了好大一块三角，想让自己恢复完整，没有任何残缺，于是四处寻觅失落的部分。因为它残缺不全，只能慢慢滚动，所以能在路上欣赏野花，能和毛毛虫聊天，享受阳光。它找到各种不同的碎片，但全不合适，所以只能把它们留在路边，继续往前寻找。

有一天，这残缺的圆找到了一个非常合适的碎片，开心得很。它把那碎片拼上，开始滚动。现在它是完整的圆了，能滚得很快。结果不用说了，它终于发觉因为滚动太快，它看到的世界好像完全不同，便停止滚动，把补上的碎片丢在路旁，慢慢地滚走了。

能认识到自己有种种遗憾，勇于放弃不切实际的梦想而坦然无愧的人，可以说是完整的。知道自己够坚强，熬得过悲伤而幸存，丧失至爱而觉得自己并非残缺的男男女女,可以说都是完整的。你已经历了最坏的境遇,而依然是完整的。

人生并非上帝为人类设计的陷阱,好让他谴责我们的失败。人生也不是一盘棋,如果走错一步那么步步皆错。我觉得人生比较像足球赛,即使最强的队也会在比赛中失手,即使最差的队也有扬眉吐气的一天。我们的目标是所获多于所失。每一个人天生都有这样或那样的不足,能如残缺之圆继续在人生之途滚动并细尝沿途滋味,就能达到其他人只能渴望的完整。相信这就是生命所能赋予人们的:不求事事如愿,但求问心无愧。

善恶有报　修身积德

【原文】

忠厚自有忠厚报,豪强一定受官刑。人到公门正好修,留些阴德在后头。

【译文】

忠厚老实的人自然会得到好的报应,横行霸道的人必定会受到法律的制裁。人做了官正好可以多做好事,为日后积些阴德。

【解读】

"忠厚自有忠厚报,豪强一定受官刑",忠厚善良的人,不欺人、不昧心,做人老实、做事踏实,安守本分、不生祸端,自然能保全自己,安度此生;而横行霸道的人,欺男霸女、作恶多端、损人利己、祸害乡里,惹得怨声载道,虽然得一时之意,却终要受到法律的制裁。善恶有报,虽然善与恶有时不是马上可以见到结果,但是"多行不义必自毙"是肯定的。忠厚的人做善事不求回报,但每件善事犹如种子一般落入人的心里,伺机便会发芽;同样,天网恢恢,恶人也终难逃脱法网人情的制裁。

修身种德,是世人都应去做的,而身在公门,身负公务的人更应如此。官场是一个利益争夺最为激烈的地方,处处充满着诱惑,更是一个大染缸,想要出淤泥而不染,需要有很强的定力。但是有弊就有利,人生需要修炼才能达到一个更高的境界,而"人到公门正好修"就是指此。品德的修养是人生的基础,决定一个人是善是恶是美是丑。一个品行不端的人,很难在事业上有所成就,即使可能荣耀一时,但终究会因贪赃枉法、误国误民而锒铛入狱,爬得越高摔得越重。只有德才兼备才能大展宏图,也只有修身种德才能安享天年。

【故事链接】

毗陵富翁积德行善

毗陵一位有钱的富翁,平日里多行善事,但是一直没有孩子。

街坊有位姓喻的老汉,当时被人逼债,老汉因无力偿还而被关进了衙门,不能回家。家里的妻女受冻挨饿,没有办法来到富翁家,求借钱粮。富翁见状如数接济,借多少就给了多少,也不让这娘儿俩打“欠条”。喻老汉官司打完之后,事情得到了解决,回到家,见妻女安然无恙,听完事情原委感恩不尽。

于是,带着妻女来谢富翁。富翁的妻子,见喻老汉的女儿很漂亮,起了一个念头,想让丈夫纳她为妾而续子。喻老汉夫妇听了,当然很愿意。可是,老富翁却说道:“乘人之难,不仁！本意是为了做一件善事,这样一来,以贪欲不善而告终,不义！我宁可无子,也决不做这种不仁不义的事!”喻老汉夫妇,感动得拜泣而退。

富翁妻子,于当天夜里,梦见神来说:“你家丈夫,阴德隆重,应当赐你‘贵子’。”一年后,果然生了一个儿子,起名“天赐”,到 18 岁时,考试联捷,官至“都御史”。

安徽仁商王志仁

安徽商人王志仁先生,30 岁时尚且无子。

有一天,一位他认识的看相算命先生告诉他:“今年十月,你要有一大难,必须小心才是!”王先生一向佩服和深信这位算命先生的预测能力和灵验度,所以听到这句话,就从安徽急奔苏州,收回买卖货款,并在苏州租借了一座房子,临时入住避难。

有一天晚上,王先生偶然出来散步,见有一妇女投水自杀。王先生遇此,急忙掏出十两银子,急呼旁边的打鱼船,请求赶快救这个落水妇女。妇女被救之后,王先生问她:“为什么要跳水?”妇女说道:“丈夫给人打工,雇主手头银两不宽余,就用一头猪来抵工钱。昨天我把这头猪给卖了,不曾想,卖猪收回的银子竟然是假的！我怕丈夫回来后会责怪我,又觉着这种苦日子活着没意思,所以就想到寻死算了!”

王先生听完,恻隐之心油然而生,随又拿出了几倍于卖猪的银子送给了这位妇女,让她回家好好过日子。妇女拿着银子回到家,把事情原委告诉丈夫,丈夫不信,于是夫妻二人就赶往王先生的住处对质。此时,王先生已睡觉,听见有人敲门,且有女人大声说道:“投水妇来谢王先生!”

王先生听罢,厉声回答:“你是少妇,我是孤客,深更半夜怎能相见?!”

其丈夫悚然说道:“我们夫妇二人都在这里。”

一会儿,王先生披衣而出,刚把门打开,卧房的墙忽然倾倒！床榻已被砸得粉碎！夫妇二人见状感叹而别。

十月过去后,王先生赶回安徽老家,又见到了那位算命看相先生,先生见到他,惊骇不已,说道:“你满面‘阴德’皱纹出现,想必一定是救了人的命,后福不可限量啊!”

王先生后来,连生 11 子,寿命 96,一生身体康健少病。

心比天高　贪心不足

【*原文*】

为人何必争高下,一旦无命万事休。山高不算高,人心比天高,白水变酒卖,还

嫌猪无糟。

【译文】

做人何苦非要争个高低上下,一旦丢掉性命就什么都没有了。山再高也不能算高,因为人心比天还高,将白水当成酒卖给别人,还埋怨自家猪没有酒糟吃。

【解读】

此段充分体现了什么叫作"人心不足蛇吞象",唯利是图者贪得无厌的嘴脸跃然纸上。人活一世,不足百年却非要在你争我夺中度过,无论是功名、利益、荣誉,甚至只是一口气,胜负的结果又能怎样,人到了入土盖棺之时还不是一样也带不走?至于贪心不足的人根本只是在算计中耗尽了一生,损人不利己,亏心事做多了夜里真的能睡得安稳吗?"白水变酒卖,还嫌猪无糟"是应该可笑还是可悲?做人为了争名、争利、争气耗费了多少青春?处心积虑的结果不过是来也空空去也空空。

因此,做人要想活得轻松快乐一些,就要宽容洒脱一些。心比天高的结果,往往会落得命比纸薄。人心少一分贪念才能多一分自由,贪图的越多身上所要背负的东西就越重,其中包括钱财也包括世人的指责和心理的负担。凡事不如看开一些,放下一些,人生才能自在一些。

【故事链接】

人心无底

宋朝时,汴京城外有一位老太太只身一人,孤苦伶仃,靠卖自家一口甜水井中凉水度日,生计艰难。有一天,来了一位头戴华阳巾,长髯童颜,眉清目秀的道士讨水喝,老太太给了他一碗水。道士一面喝水一面问老太太:"如果有人帮你解除困境,你需要什么?"老太太说:"我还能需要什么呢?能吃饱饭就足矣。"这位道士说:"我可以帮你。"

原来这位道士不是别人,正是八仙之一的吕洞宾。吕洞宾走到井边,从身上解下自己的酒葫芦,向井中滴入几滴酒,瞬间,水井变成了酒井。

从此,老太太天天从井中打酒卖,做的是无本生意。很快,老太太发财了,瓦房盖起来了,门店也变阔了,老太太衣着也讲究了,吃的也排场了。这些变化吕洞宾看的真真切切。

时过三年,吕洞宾有意来到老太太这里,问老太太生意如何,对目前的状况可满意否?老太太告诉吕洞宾:"很好。"吕洞宾为了试探人心能否满足,又说:"你如果还需要什么,我还可以满足你。"老太太说:"由于这酒非我所做,所以不能产生酒糟,我家里养了几头猪,没有酒糟吃。所以想请你给我变些酒糟,我好喂猪。"

吕洞宾听后异常吃惊,三年前只求温饱的孤身老人今天变得如此贪婪。看来人心确实难以满足啊。

他走到井边,运用法力,酒井又变回到三年前的水井。然后他拿起笔在粉墙上题诗一首:

天高没多高，人心比天高。

凉水当酒卖，还嫌猪无糟。

题完，长叹一声，飘然而去。

贫寒莫怨　祸福自招

【原文】

贫寒休要怨，富贵不须骄。善恶随人作，祸福自己招。奉劝君子，各宜守己，只此呈示，万无一失。

【译文】

贫寒不要怨天尤人，富贵也不要骄纵狂妄。好事坏事都随人去做，不管祸福都是自己招来的。奉劝各位有才德的人，各自坚守本分。只要按照以上的准则行事，就不会有闪失。

【解读】

"贫寒休要怨，富贵不须骄"，是告诫人们无论身处富贵还是贫寒都要保持一颗平常心。贫穷时不要怨天尤人，正所谓"横逆困穷，是锻炼豪杰的一副炉锤，能受其锻炼，则身心交益；不受其锻炼，则身心交损"，只有经得起贫穷考验的人才能获得更大的成功；富贵后也不要骄奢淫逸、得意忘形，胸中的欲火不灭、贪得无厌，最终会引火自焚。因此，贫寒考验着人是否具备不向命运低头的勇气；富贵则考验人是否意志坚定，不因富贵腾达而蒙蔽本心。时刻保持平和的心态无论对贫者还是富翁都是一剂良药，"天薄我以福，吾厚吾德以迓之；天劳我以形，吾逸吾心以补之；天厄我以遇，吾亨吾道以通之。天且奈我何哉？"若能拥有如此的胸襟，则无论贫穷富贵都于己无碍，无论祸福都能潇洒应对。

到此为止，增广贤文已经将它的人生法则全部摆在了世人面前。有心之人自然能够领会其中的机宜。作为一篇文字浅近却寓意深远的通俗读物，它把对人生的理解和处世的本分悉数教给了人们。只要人们能够汲取其中的精华，并能为我所用，相信一定能够在日常工作、生活和待人接物中受益良多。

【故事链接】

恶贯满盈必自毙

《阅微草堂笔记·滦阳消夏录》记载：沧州城南上河涯有一个叫吕四的无赖。他素日横行霸道，无恶不作，人们无不痛恨，但又畏之如虎。

某日黄昏，他与几个同伙在村外游荡，忽闻雷声大作，风雨骤然而至。他远远地望见好像有一位少妇娉娉婷婷地走来。这伙恶棍大喜过望，他们急忙躲到附近一条必经之路的古庙里。这时，阴云密布，大雨倾盆，天地昏黑。等那女人走进庙内避雨时，这群恶棍便猛扑上来,对她进行百般凌辱。不一会儿,一道电光穿窗而过,吕四借着电光,忽见这女人好似自己的妻子。他急忙放手,并喝住众人,一问果然不错。吕四勃然大怒,要将妻子扔到庙前的河里面。其妻大呼道:“你这丧尽天良的坏家伙!本来你想玩弄人家的女人,结果反而让别人侮辱了我,这是天理昭然,恶有恶报,现在你竟然还有脸要杀我!”

吕四被其妻斥责得张口结舌,无话可说,急忙找衣服,却早被大风吹到河里去了。吕四没法,只好把赤身裸体的妻子背回家中。这时风雨骤停,阴云散去,明亮的月光照着大地。全村人闻听此事,都争先出来观看,并交头接耳,议论纷纷。吕四羞愧难当,竟投河自尽了。

原来其妻回娘家,说好一个月才回来。不料娘家遭了火灾,无处可住,只好提前回家。吕四不知此情,结果弄出使自己大出其丑的蠢事。人们都说他这是恶有恶报。

秋胡戏妻

有个叫作秋胡的男人,辞别了妻子和家人,进京求取功名。赶考归来,已是榜上有名,功成名就了。一想到回家经过一段休假之后,便可去上任,春风得意,一路乐得屁颠儿屁颠儿往回走,快走到家门口的时候,却鬼使神差地生出了一点儿不大不小的岔子。

在家乡田野里,秋胡远远地望见了一位楚楚动人的女子,正在陌间采桑。秋胡死死地盯了那女子看,简直都看得有点儿呆怔了,于是便忍不住走上前去,立在那女子的旁边,嬉皮笑脸地向那个俏女子求起爱来了……

没想到那个能采桑的女子,不但偏偏是个已嫁了个人的女子,而且还是个挺要面子的女子。更要命的是,她学那《素女经》学习得很好。“饿死事小,失节事大”。一口将他顶撞回去,可是采桑的女子是极美的——“容仪婉美,面如白玉,颊带红莲,腰若柳条,细眉段绝,”可谓光彩照人,谁见了也得动三分凡心的。更何况是正在春风得意劲儿上的知识分子秋胡呢!

可秋胡却不怕她的回避,一再地从她的这一边绕到另外一边去窥视,为的是将那女子的妖媚容颜看得清楚些。

秋胡的调情话说得文绉绉的:“哎呀,在下请娘子片时在于怀抱,未知娘子赐许以不?”调情的意思已经直露得不能再直露了,秋胡自然是结结实实地碰了一鼻子灰。

接下来的问题就变得加倍的严重了——那田间采桑的女子并不是一个陌路的女人,恰恰是秋胡的结发妻子!

等两人先后都回到家里之后,不管是他,还是她,一切都明白了。一场天大的尴尬!她劈头盖脸便是一句:“一马不配两鞍,单牛岂有双车并驾?”秋胡说:“嗯,不错,你这女人家很能经得起考验的,要是换了旁的什么女子,就不会像你那么坚决果断地断然拒绝啊。”可是,他的妻子不饶他了,不饶自己轻薄的丈夫了!

最后秋胡蓬头垢面的妻子在众目睽睽下直直地奔出家门去了。直直地往家门前的那条水流湍急的河奔去了！她嘴巴里喊着：此时顾恩不顾身，念君此日赴河津。

一个不该发生的悲剧。这便是传统的贞节观的艺术化体现。但是，比这个悲剧更大的悲剧则是：从那以后，许多地方就建起了一座座“秋胡庙”。名字叫“秋胡庙”，却不是纪念秋胡的，而是纪念秋胡的妻子的。因为秋胡的妻子没有名字，所以秋胡的名字就成了那颇为死心眼儿的可怜女人的名字了。故事起源于山东。但是后来流传得却极广，据考，全国有不少地方都有“秋胡庙”。于是这可怜而蒙昧的贞节烈女，至少拥有九州十八县的籍贯。

附录:增广贤文(重订本)

昔时贤文,诲汝谆谆。
集韵增广,多见多闻。
观今宜鉴古,无古不成今。
贤乃国之宝,儒为席上珍。
农工与商贾,皆宜敦五伦。
孝弟为先务,本立而道生。
尊师以重道,爱众而亲仁。
钱财如粪土,仁义值千金。
做事须循天理,出言要顺人心,心术不可得罪于天地,言行要留好样与儿孙。
处富贵地,要矜怜贫贱的痛痒;当少壮时,须体念衰老的酸辛。
孝当竭力,非徒养身。
鸦有反哺之义,羊有跪乳之恩。
岂无远道思亲泪,不及高堂念子心。
爱日以承欢,莫待丁兰刻木祀;椎牛而祭墓,不如鸡啄建亲存。
兄弟相害,不如友生;外御其侮,莫如兄弟。
有酒有肉好兄弟,急难何曾见一人。
一回相见一回老,能得几时为兄弟。
父子和而家不败,兄弟和而家不分,乡党和而争讼息,夫妇和而家道兴。
祇缘花底莺声巧,遂使天边雁影分。
诸恶莫做,众善奉行。
知己知彼,将心比心。
责人之心责己,爱人之心爱人。
再三须慎意,第一莫欺心。
宁可人负我,切莫我负人。
贪爱沉溺即苦海,利欲炽燃是火坑。
随俗莫起趋时念,脱俗休存矫俗心。
横逆困穷,直从起处讨由来,则怨尤自息;
功名富贵,还向灭时观究竟,则贪恋自轻。
昼坐惜阴,夜坐惜灯。
读书须用意,一字值千金。
酒逢知己饮,诗向会人吟。

相识满天下，知心能几人。

相逢好似初相识，到老终无怨恨心。

平生不做皱眉事，世上应无切齿人。

栖迟蓬户，耳目虽拘而神情自旷；结纳山翁，仪文虽略而意念常真。

萤仅自照，雁不孤行。

苗从蒂发，藕由莲生。

近水知鱼性，近山识鸟音。

路遥知马力，事久见人心。

运去金成铁，时来铁似金。

马行无力皆因瘦，人不风流只为贫。

近水楼台先得月，向阳花木早逢春。

饶人不是痴汉，痴汉不会饶人。

不说自己桶索短，但怨人家箍井深。

美不美，乡中水；亲不亲，故乡人。

割不断的亲，离不开的邻。

相见易得好，久住难为人。

客来主不顾，应恐是痴人。

在家不会迎宾客，出路方知少主人。

群居守口，独坐防心。

志从肥甘丧，心以淡泊明。

有钱堪出众，遭难莫寻亲。

远水难救近火，远亲不如近邻

两人一般心，有钱堪买金；一人一般心，无钱堪买针。

力微休负重，言轻莫劝人。

听话如尝汤，交财始见心。

易涨易退山溪水，易反易覆小人心。

画虎画皮难画骨，知人知面不知心。

谁人背后无人说，哪个人前不说人。

但行好事，莫问前程。

笨鸟先飞，大器晚成。

千里不欺孤，独木不成林。

贫居闹市无人问，富居深山有远亲。

人情似纸张张薄，世事如棋局局新。

世人结交须黄金，黄金不多交不深。

纵令然诺暂相许，终是悠悠行路心。

当局者昧，旁观者明。

河狭水急，人急计生。
饱暖思淫佚，饥寒起盗心。
飞蛾扑灯甘就镬，春蚕作茧自缠身。
江中后浪催前浪，世上新人赶旧人。
人生一世，草生一春。
来如风雨，去似微尘。
闹里有钱，静处安身。
明知山有虎，莫向虎山行。
莺花犹怕风光老，岂可教人枉度春。
相逢不饮空归去，洞口桃花也笑人。
昨日花开今日谢，百年人有万年心。
北邙荒冢无贫富，玉垒浮云变古今。
悖名无德非佳兆，乱世多财是祸根。
世事茫茫难自料，清风明月冷看人。
劝君莫做守财奴，死去何曾带一文。
血肉身躯且归泡影，何论影外之影；
山河大地尚属微尘，而沉尘中之尘。
速效莫求，小利莫争。
名高妒起，宠极谤生。
众怒难犯，专欲难成。
物极必反，器满则倾。
欲知三岔路，须问去来人。
三十年前人寻病，三十年后病寻人。
大富由命，小富由勤。
自恨枝无叶，莫谓日无阴。
一年之计在于春，一日之计在于寅，一家之计在于和，一生之计在于勤。
择婿观头角，娶女访幽贞。
大抵取他根骨好，富贵贫贱非所论。
无限朱门生饿殍，几多白屋出公卿。
凌云甲第更新生，胜概名园非旧人。
众口难辩，孤掌难鸣。
当场不战，过后兴兵。
一肥遮百丑，四两拨千斤。
无病休嫌瘦，身安莫怨贫。
岂能尽如人意，但求不愧我心。
雨露不滋无本草，混财不富命穷人。

慢藏诲盗，冶容诲淫。
偏听则暗，兼听则明。
耳闻是虚，眼见是实。
一犬吠影，百犬吠声。
莫信直中直，须防仁不仁。
虎生犹可近，人毒不堪亲。
来说是非者，便是是非人。
世路由他险，居心任我平。
惺惺常不足，蒙蒙作公卿。
遍身罗绮者，不是养蚕人。
毋私小惠而伤大体，毋借公论而快私情。
毋以己长而形人之短，毋以己拙而忌人之能。
勿恃势力而凌逼孤寡，勿贪口腹而恣杀牲禽。
倚势凌人，势败人凌我；穷巷追狗，巷穷狗咬人。
见色而起淫心，报在妻女；匿怨而用暗箭，祸延子孙。
先到为君，后到为臣。
莫道君行早，更有早行人。
灭却心头火，剔起佛前灯。
平日不做亏心事，半夜敲门心不惊。
牡丹花好空入目，枣花虽小结实成。
众星朗朗，不如孤月独明；照塔层层，不如暗处一灯。
鼓打千椎，不如雷轰一声；良田百亩，不如薄技随身。
富厚福泽，不过厚吾之生；贫贱忧戚，乃是玉汝于成。
命薄福浅，树大根深。
非上上智，无了了心。
护疾忌医，掩耳盗铃。
烈士让千乘，贪夫争一文。
气是无明火，忍是敌灾星。
汝惟不伐，天下莫与汝争功。
明不伤察，直不过矫。
仁能善断，清能有容。
不尽人之欢，不竭人之忠。
不自是而露才，不轻试以倖功。
受享不逾分外，修持不减分中。
待人无半毫诈伪欺隐，处事只一味镇定从容。
肝肠煦若春风，虽囊乏一文还怜茕独；

气骨清如秋水，纵家徒四壁，终傲王公。
急行缓行，前程只有许多路；逆取顺取，到头总是一场空。
生不认魂，死不认尸。
好言难得，恶语易施。
美玉可沽，善贾且待；瓦甑既堕，反顾何为。
英雄行险道，富贵似花枝。
人情莫道春光好，只怕秋来有冷时。
父母恩深终有别，夫妻义重也分离。
人生似鸟同林宿，大限来时各自飞。
早把甘旨勤奉养，夕阳光景不多时。
人善被人欺，马善被人骑。
人恶人怕天不怕，人善人欺天不欺。
善恶到头终有报，只争来早与来迟。
龙游浅水遭虾戏，虎落平阳被犬欺。
但将冷眼观螃蟹，看你横行到几时。
黄河尚有澄清日，岂有人无得运时。
十年窗下无人识，一举成名天下知。
燕雀哪知鸿鹄志，虎狼岂被犬羊欺。
事业文章，随身销毁，而精神万古不灭；
功名富贵，逐世转移，而气节千载如斯。
得宠思辱，居安思危。
国乱思良将，家贫思良妻。
荣宠旁边辱等待，贫贱背后福跟随。
成名每在穷苦日，败事多因得意时。
声妓晚景从良，半世之烟花无碍；贞妇白头失守，一生之清苦俱非。
闲事休管，无事早归。
假缎染就真红色，也被旁人说是非。
常将酒钥开眉锁，莫把心机织鬓丝。
为人莫作千年计，三十河东四十西。
秋虫春鸟，共畅天机，何必浪生悲喜；
老树新花，同含生意，胡为妄别妍媸。
许人一物，千金不移；一言既出，驷马难追。
鄙啬之极，必生奢男；厚德之至，定产佳儿。
日勤三省，夜惕四知。
博学而笃志，切问而近思。
少年不努力，老大徒伤悲。

惜钱休教子，护短莫从师。
须知孺子可教，勿谓童子何知。
一举首登龙虎榜，十年身到凤凰池。
进德修业，要个木石的念头，若稍涉矜夸，便趋欲境；
济世经邦，要段云水的趣味，若一有贪恋，便堕危机。
官清书吏瘦，神灵庙祝肥。
若要人不知，除非己莫为。
静坐当思己过，闲谈莫论人非。
友如作画须求淡，邻有淳风不攘鸡。
小窗莫听黄鹂语，踏破荆花满院飞。
平生最爱鱼无舌，游遍江湖少是非。
无事常如有事时提防，才可以弥意外之变；
有事常如无事时镇定，才可以消局中之危。
三人行，必有我师焉，择其善者而从之，其不善者改之。
养心莫善于寡欲，无恒不可作巫医。
狎昵恶少，久必受其累；屈志老成，急则可相依。
心口如一，童叟无欺。
人有善念，天必佑之。
过则无惮改，独则毋自欺。
道吾好者是吾贼，道吾恶者是吾师。
入观庭户知勤惰，一出茶汤便见妻。
父老奔驰无孝子，要知贤母看儿衣。
入门休问荣枯事，观看容颜便得知。
养儿代老，积谷防饥。
常将有日思无日，莫待无时想有时。
守己不贪终是稳，利人所有定遭亏。
美酒饮当微醉候，好花看到半开时。
当路莫栽荆棘树，他年免挂子孙衣。
望于天，必思己所为；望于人，必思己所施。
贪了牲禽的滋益，必招性分的损；占了人事的便宜，必受天道的亏。
出家如初，成佛有余。
三心一净，四相俱无。
着意于无，即是有根未斩；留心于静，便为动芽未锄。
鹬蚌相持，渔人得利。
城门失火，殃及池鱼。
人而无信，百事皆虚。

言称圣贤，心类穿窬。
学不尚实行，马牛而襟裾。
欲求生富贵，须下苦功夫。
既耕亦已种，时还读我书。
结交须胜己，似我不如无。
同君一夜话，胜读十年书。
求人须求大丈夫，济人须济急时无。
渴时一滴如甘露，醉后添杯不如无。
做事唯求心可以，待人先看我何如。
害人之心不可有，防人之心不可无。
酒中不语真君子，财上分明大丈夫。
白酒酿成缘好客，黄金散尽为收书。
笮篱茅舍风光好，道院僧房总不如。
炮凤烹龙，放箸时与盐齑无异；悬金佩玉，成灰处于瓦砾何殊。
先达笑弹冠，休向侯门轻束带；相知犹按剑，莫从世路暗投珠。
厚时说尽知心，恐防薄后发泄；少年不节嗜欲，每致中道而殂。
水至清，则无鱼；人至察，则无徒。
痴人畏妇，贤女敬夫。
妻财之念重，兄弟之情疏。
宁可正而不足，不可斜而有余。
认真还自在，作假费工夫。
是非朝朝有，不听自然无。
久住令人贱，频来亲也疏。
但看三五日，相见不如初。
人情似水分高下，世事如云任卷舒。
百年成之不足，一旦坏之有余。
训子须从胎教始，端蒙必自《小学》初。
养子不教如养驴，养女不教如养猪。
有田不耕仓廪虚，有书不读子孙愚。仓廪虚兮岁月乏，子孙愚兮礼义疏。
茫茫四海人无数，那个男儿是丈夫。
要好儿孙须积德，欲高门第快读书。
救人一命胜造七级浮屠，积金千两不如一解经书。
静中观动物，闲处看人忙，才得超尘脱俗的趣味；
忙处会偷闲，闲中能取静，便是安身立命的工夫。
子教婴孩，妇教初来。
内要伶俐，外要痴呆。

聪明逞尽，惹祸招灾。
能让终有益，忍气免财伤。
富从升合起，贫因不算来。
暗中休使箭，乖里放些呆。
衙门八字开，有理无钱莫进来。
天灾不时有，谁家挂得免字牌。
用人不宜刻，刻则思效者去；交友不宜滥，滥则贡谀者来。
财是怨府，贪为祸胎。
乐不可极，乐极生哀；欲不可纵，纵欲成灾。
百年容易过，青春不再来。
欲寡精神爽，思多血气衰。
一头白发催将去，万两黄金买不回。
略尝辛苦方为福，不做聪明便是才。
终身疾病，恒从新婚造起；盖世勋猷，多是老成建来。
见者易，学者难。
莫将容易得，便作待闲看。
万恶淫为首，百善孝为先。
妻贤夫祸少，子孝父心宽。
事亲须当养志，爱子勿令偷安。
不求金玉重重贵，但愿儿孙个个贤。
却愁前面无多路，及早承欢向膝前。
祭而丰不如养之厚；悔之晚何若谨于前。
花逞春光，一番雨一番风，催归尘土；
竹坚雅操，几朝霜几朝雪，傲就琅歼。
言顾行，行顾言。
为事在人，成事在天。
伤人一语，痛如刀割。
杀人一万，自损三千。
击石原有火，逢仇莫结怨。
有容德乃大，无欲心自闲。
瓜田不纳履，李下不整冠。
误处皆缘不学，强作乃成自然。
将相顶头堪走马，公侯肚内好撑船。
贫不卖书留子读，老犹栽竹与人看。
不做风波于世上，但留清白在人间。
勿因群疑而阻独见，勿任己意而废人言。

路逢险处，为人辟一步周行，便觉天宽地阔；
遇到穷时，使我留三分抚恤，自然理顺情安。
事有急之不白者，宽之或自明，勿操急以速其忿；
人有切之不从者，纵之或自化，勿操切以益其顽。
道路各别，养家一般。
逸态闲情，惟期自尚；清标傲骨，不愿人怜。
他急我不急，人闲心不闲。
富人思来年，穷人顾眼前。
忙中多错事，醉后吐真言。
上山擒虎易，开口告人难。
不是撑船手，休要提篙竿。
好言一句三冬暖，话不投机六月寒。
知音说与知音听，不是知音莫与谈。
谗言败坏真君子，美色消磨狂少年。
用心计较般般错，退步思量事事难。
但有绿杨堪系马，处处有路到长安。
人欲从初起处剪除，如斩新刍，工夫极易，若乐其便，而姑为染指，则深入万仞；
天理自乍见时充拓，如磨尘镜，光彩渐增，若惮其难，而稍为退步，便远隔千山。
风息时，休起浪；岸到处，便离船。
隐恶扬善，谨行慎言。
自处超然，处人蔼然。
得意欿然，失意泰然。
老当益壮，穷且益坚。
榜上名扬，蓬门增色；床头金尽，壮士无颜。
由俭入奢易，由奢入俭难。
少成若天性，习惯成自然。
自奉必须俭约，宴客切勿流连。
枯木逢春犹再发，人无两度再少年。
少而寡欲颜常好，老不求官梦亦闲。
书有未曾经我读，事无不可对人言。
兄弟叔侄，须分多润寡；长幼内外，宜法肃词严。
一饭一粥，当思来之不易；半丝半缕，恒念物力维艰。
人学始知道，不学亦徒然。
愚而好自用，贱而好自专。
有书真富贵，无事小神仙。
出岫孤云，去来一无所系；悬空朗镜，妍丑两不相干。

劝君作福便无钱，祸到临头使万千，善恶关头休错认，一失人身万劫难。
积德若为山，九仞头休亏一篑；容人须学海，十分满尚纳百川。
为善最乐，为恶难逃。
养兵千日，用在一朝。
国清才子贵，家富小儿骄。
士为知己用，节不岁寒凋。
不因渔父引，怎得见波涛。
但知口中有剑，不知袖里藏刀。
春蚕到死丝方尽，恶语伤人恨难消。
入山不怕伤人虎，只怕人情两面刀。
世间公道惟白发，贵人头上不曾饶。
无求到处人情好，不饮随他酒价高。
书画是雅事，一贪痴便成商贾；山林是胜地，一营恋便成市朝。
情欲意识属妄心，消杀得妄心尽，而后真心现；
矜高倨傲是客气，降伏得客气平，而后正气调。
因风吹火，用力不多。
光阴似箭，日月如梭。
吉人之辞寡，躁人之辞多。
黄金未为贵，安乐值钱多。
儿孙胜于我，要钱做什么？儿孙不如我，要钱做什么？
会使不在家豪富，风雅不用着衣多。
强中更有强中手，恶人自有恶人磨。
知事少时烦恼少，识人多处是非多。
世间好语书说尽，天下名山寺占多。
积德百年元气厚，读书三代雅人多。
上为父母，中为己身，下为儿女，做得清方了却平生事；
立上等品，为中等事，享下等福，守得定才是个安乐窝。
一念常惺，才避得去神弓鬼矢；
纤尘不染，方解得开地网天罗。
富贵是无情之物，你看得他重，他害你越大；
贫贱是耐久之交，你处得他好，他益你必多。
谦恭待人，忠孝传家。
不学无术，读书便佳。
男以女为室，女以男为家。
根深不怕风摇动，表正何愁日影斜。
能休尘境为真境，未了僧家是俗家。

成家犹如针挑土,败家好似水推沙。
池塘积水堪防旱,田地深耕足养家。
讲学不尚躬行,为口头禅;立业不思种德,如眼前花。
一段不为的气节,是撑天立地之柱石;
一点不忍的念头,是生民育物之根芽。
早起三光,迟起三慌。
顺天者存,逆天者亡。
世路风波,炼心之境;人情冷暖,忍性之场。
爽口食多终作疾,快心事过心生殃。
汤武发谔谔而昌,桀纣以唯唯而亡。
量窄气大,发短心长。
善必寿考,恶必早亡。
与治同道罔不兴,与乱同事罔不亡。
富贵定要依本分,贫穷不必枉思量。
福不可邀,养喜神以为招福之本;祸不可避,去杀机以为远祸之方。
贪他一斗米,失却半年粮;争他一脚豚,反失一肘羊。
不贪为宝,两不相伤。
画水无风偏作浪,绣花虽好不闻香。
贫无达士将金赠,病有高人说药方。
三生有幸,一饭不忘。
见善如不及,见恶如探汤。
隐逸林中无荣辱,道义路上泯炎凉。
秋至满山皆秀色,春来无处不花香。
恶忌阴,善忌阳。
穷灶门,富水缸。
家贼难防,偷断屋粮。
坐吃如山崩,游嬉则业荒。
居身务期质朴,训子要有义方。
富若不教子,钱谷必消亡;贵若不教子,衣冠受不长。
能师孟母三迁教,定卜燕山五桂芳。
国有贤臣安社稷,家无逆子恼爹娘。
说话人短,记话人长。
平生只会说人短,何不回头把己量。
言易招尤,对亲友少说两句;书能化俗,教儿孙多读几行。
施惠勿念,受恩莫忘。
刻薄成家,理无久享;伦常乖舛,立见消亡。

触来莫与说，事过人清凉。
君子不可貌相，海水不可斗量。
蓬蒿之下，或有兰香；茅茨之屋，或有公王。
一家饱暖千家怨，万世机谋二世亡。
狐眠败砌，兔走荒台，尽是当年歌舞地；
露冷黄花，烟为绿草，悉为旧日争战场。
拨开世上尘氛，胸中自无火炎水竞；
消去心中鄙吝，眼前时有鸟语花香。
贫穷自在，富贵多忧。
既往不咎，覆水难收。
人无远虑，必有近忧。
勿临渴而掘井，宜未雨而绸缪。
宁向直中取，不可曲中求。
驭横切莫逞气，止谤还要自修。
忍得一时之气，免得百日之忧。
是非只为多开口，烦恼皆因强出头。
酒虽养性还乱性，水能载舟亦覆舟。
克己者，遇事皆成药石；尤人者，启口即是戈矛。
以直报怨，以义解仇。
庄敬日强，安肆日偷。
惧法朝朝乐，欺公日日忧。
晴干不肯去，只待雨淋头。
儿孙自有儿孙福，莫与儿孙作马牛。
人生七十古来稀，问君还有几春秋。
当出力处须出力，得缩头时且缩头。
生年不满百，常怀千岁忧。
逢桥须下马，有路莫登舟。
路逢险处须当避，事到头来不自由。
吴官花草埋幽径，晋代衣冠成古丘。
功名富贵若长在，汉水亦应西北流。
青冢草深，万念尽同灰冷；黄粱梦觉，一身都似云浮。
人平不语，水平不流。
便宜莫买，浪荡莫收。
不以我为德，反以我为仇。
有花方酌酒，无月不登楼。
人有三句硬话，树有三尺绵头。

一家养女百家求，一马不行百马忧。
深山毕竟藏猛虎，大海终须纳细流。
到此如穷千里目，谁知才上一层楼。
欲知世事须尝胆，会尽人情暗点头。
受恩深处宜先退，得意浓时便可休。
莫待是非来入耳，从前恩爱反为仇。
贫家光扫地，贫女净梳头。
景色虽不丽，气度自优游。
器具质而洁，瓦缶胜金玉；
饮食约而精，园蔬愈珍馐。
无益世言休著口，不干己事少当头。
留得五湖明月在，不愁无处下金钩。
休向君子谄媚，君子原无私惠；
休与小人为仇，小人自有对头。
名利是缰锁，牵缠时，逆则生憎，顺则生爱；
富贵如浮云，觑破了，得亦不喜，失亦不喜。
若登高，必自卑；若涉远，必自迩。
磨刀恨不利，刀利伤人指；求财恨不多，财多终累己。
有福伤财，无福伤己。
病加于小愈，孝衰于妻子。
居视其所亲，达视其所举，富视其所不为，贫视其所不取。
知足常足，终身不辱；知止常止，终身不耻。
君子爱财，取之有道；小人放利，不顾天理。
悖人亦悖出，害人终害己。
人非善不交，物非义不取。
身欲出樊笼外，心要在腔子里。
勿偏信而为奸所欺，勿自任而为气所使。
差之毫厘，谬以千里。
使口不如自走，求人不如求己。
为富兼为仁，愿生莫愿死。
人见白头嗔，我见白头喜，多少少年郎，不到白头死。
贼是小人，智过君子。
君子固穷，小人穷斯滥矣。
壁有缝，墙有耳。
好事不出门，恶事传千里。
之子不称服，奉身好华侈，虽得市童怜，还为识者鄙。

天下无不是的父母，世间最难得者兄弟。
青出于蓝而胜于蓝，冰生于水而寒于水。
不痴不聋，不作阿姑阿翁；得亲顺亲，方可为人之子。
处骨肉之变，宜从容不宜激烈；当家庭之衰，宜惕厉不宜萎靡。
是日一过，命亦随减。
务下学而上达，毋舍近而求远。
量入为出，凑少成多。
谿壑易填，人心难满。
用人与教人，二者却相反。用人取其长，教人责其短。
打人莫伤脸，骂人莫揭短。
仕宦芳规清慎勤，饮食要诀缓缓软。
水暖水寒鱼自知，花开花谢春不管。
蜗牛角上校雌雄，石火光中争长短。
留心学到古人难，立脚怕随流俗转。
凡是自是，便少一是；有短护短，更添一短。
洒扫庭除，要内外整洁；关锁门户，必亲自检点。
天下无难处之事，只要两个如之何；天下无难处之人，只要三个必自反。
凡事要好，须问三老。
好问则裕，自用则小。
勿营华屋，勿作淫巧。
若争小可，便失大道。
但能依本分，终须无烦恼。
有言逆于汝心，必求诸道；有言逊于汝志，必求诸非道。
吃得亏，坐一堆；要得好，大做小。
志宜高而心宜下，胆欲大而心欲小。
学者如禾如稻，不学者如蒿如草。
唇亡齿必寒，教弛富难保。
书中结良友，千载奇逢；门内产贤郎，一家活宝。
一场闲富贵，狠狠挣来，虽得还是失；百年好光阴，忙忙过去，纵寿亦为夭。
事事有功，须防一事不终；人人道好，须防一人着恼。
宁添一斗，莫添一口。
但行放心，休夸利口。
要学好人，须寻好友。
引酵若酸，那得好酒。
宁遭父母手，莫遭父母口。
狗不嫌家贫，儿不嫌母丑。

勿贪意外之财，勿饮过量之酒。
进步便思退步，着手先图放手。
不嫌刻鹄类鹜，只怕画虎成狗。
责善勿过高，当思其可从；攻恶勿太严，要使其可受。
享现在之福如点灯，随点则随灭；培将来之福如添油，愈添则愈久。
恩里由来生害，得意时须早回头；败后或反成功，拂心处莫便放手。
多交费财，少交省用。
千里送毫毛，礼轻仁义重。
骨肉相残，煮豆燃萁；兄弟相爱，灼艾分痛。
以身教者从，以言教者讼。
厚积不如薄取，滥求不如减用。
一字入公门，九牛拖不出。
理字不多大，千人抬不动。
两人自是，不反目稽唇不止，只温语称他人一句好，便有无限欢欣；
两人相非，不破家亡身不止，只回头认自己一句错，便有无边受用。
和气致祥，乖气致戾。
玩人丧德，玩物丧志。
福至心灵，祸至心晦。
受宠若惊，闻过则喜。
创业固难，守成不易。
门内有君子，门外君子至；门内有小人，门外小人至。
东海曾闻无定波，北邙未肯留闲地。
趋炎虽暖，暖后更觉寒增；食蔗能甘，甘余便生苦趣。
争名利，要审自己分量，休眼热别个，辄生嫉妒之心；
撑门户，要算自己来路，莫步趋他人，妄起挪扯之计。
家庭和睦，疏食尽有余欢；骨肉乖违，珍馐亦减至味。
观过知仁，投鼠忌器。
爱而知其恶，憎而知其善。
贫而无怨难，富而无骄易。
晴空看鸟飞，流水观鱼跃。
识宇宙活泼之机；霜天闻鹤唳，雪夜听鸡鸣，得乾坤清纯之气。
先学耐烦，切莫使气，性躁心粗，一生不济。
举世好承奉，承奉非佳意。
不知承奉者，以尔为玩戏。
得时莫夸能，不遇休妒世。
物盛则必衰，有隆还有替。

路径仄处，留一步与人行；滋味浓的，减三分让人嗜。
为人要学大，莫学小，志气一卑污了，品格难乎其高；
持家要学小，莫学大，门面一弄阔了，后来难乎其继。
争斗场中，出几句清冷言语，便扫除无限杀机；
寒微路上，用一片赤热心肠，遂培植许多生意。
一日为师，终身为父。
衣不如新，人不如故。
忍一言，息一怒；饶一着，退一步。
三十不立，四十见恶，五十相将寻死路。
爱儿不得爱儿怜，聪明反被聪明误。
心去终须去，再三留不住。
非意相干，可以理遣；横逆加来，可以情恕。
贫穷患难，亲戚相顾；婚姻死丧，邻保相助。
亲者毋失为亲，故者毋失其为故。
得意不宜再往，凡事当留余步。
宁使人讶其不来，勿令人厌其不去。
有生必有死，孽钱归孽路。
不怕无来处，只怕多去处。
务要见景生情，切莫守株待兔。
丧家亡身，多言占了八分；
世微道替，百直曾无一遇。
得忍且忍，得耐且耐，不忍不耐，小事变大。
事以密成，语以泄败。
相论逞英雄，家计渐渐退。
贤妇令夫贵，恶妇令夫败。
一人有庆，兆民永赖。
富贵家，且宽厚，而反忌克，如何能享；
聪明人，宜敛藏，而反炫耀，如何不败。
一正压百邪，少见必多怪。
君子之交淡以成，小人之交甘以坏。
视寝兴之早晚，知人家之兴败。
寂寞衡茅观燕寝，引起一段冷趣幽思；
芳菲园圃看蝶忙，觑破几般尘情世态。
言忠信，行笃敬。
君子安贫，达人知命。
惟圣罔念作狂，惟狂克念作圣。

爱人者，人恒爱；敬人者，人恒敬。
好讼之子，多致终凶；积善之家，必有余庆。
损友敬而远，益友亲而近。
善与人交，久而能敬。
过则相规，言而有信。
贫士养亲，菽水承欢；严父教子，义方是训。
不为昭昭信节，不为冥冥堕行。
勤，懿行也，君子敏于德义，世人则借勤以济其贪；
俭，美德也，君子节于货财，世人则假俭以饰其吝。
欲临死而无挂碍，先在生时事事看得轻；
欲遇变而无仓忙，须向常时念念守得定。
识得破，忍不过；说得硬，守不定。
笑前辙，忘后跌。轻千乘，豆羹竞。
子有过，父当隐；父有过，子当诤。
木受绳则直，人受谏则圣。
良药苦口利于病，忠言逆耳利于行。
家丑不可外传，流言切莫轻信。
下情难于达上，君子不耻下问。
芙蓉白面，不过带肉骷髅；美艳红妆，尽是杀人利刃。
读书而寄兴于吟咏风雅，定不深心；
修德而留意于名誉事功，必无实证。
一人非之，便立不定，只见得有是非，何曾知道理；
一人不知，便就不平，只见得有得失，何曾知有命。
智生识，识生断，当断不断，反受其乱。
人各有心，心各有见。
有盐同咸，无盐同淡。
人间私语，天闻若雷；暗室亏心，神目如电。
一毫之恶，劝人莫作；一毫之善，与人方便。
终身让路，不枉百步；终身让畔，不失一段。
难合亦难分，易亲亦易散。
口说不如身行，耳闻不如目见。
只见锦上添花，未闻雪里送炭。
传家二字耕与读，防家二字盗与奸；
倾家二字淫与赌，守家二字勤与俭。
做种种之阴功，行时时之方便。
不汲汲于富贵，不戚戚于贫贱。

素位而行,不尤不怨。
先达之人可尊也,不可比媚;权势之人可远也,不可侮谩。
祖宗富贵,自诗书中来,子孙享富贵而贱诗书;
祖宗家业,自勤俭中来,子孙得家业而忘勤俭。
以孝律身,即出将入相,都做得妥妥停停;
以忍御气,虽横祸飞灾,也免脱千千万万。
善有善报,恶有恶报。若有不报,日子未到。
水不紧,鱼不跳。
年年防饥,夜夜防盗。
祸福无门,唯人自召。
好义固为人所钦,贪利乃为鬼所笑。
贤者不炫己之长,君子不夺人所好。
受享过分,必生灾害之端;举动异常,每为不祥之兆。
救既败之事,如驭临岩之马,休轻加一鞭;
图垂成之功,如挽上滩之舟,莫稍停一棹。
窗前一片浮青映白,悟入处,尽是禅机;
阶下几点飞翠落红,收敛来,无非诗料。
种麻得麻,种豆得豆。
天网恢恢,疏而不漏。
见官莫向前,做客莫在后。
会数而礼勤,物薄而情厚。
大事不糊涂,小事不渗漏。
内藏精明,外示浑厚。
佳人傅粉,谁识白刃当前;
螳螂捕蝉,岂知黄雀在后。
天欲祸人,必先以微福骄之,所以福来不必喜,要看会受;
天欲福人,必先以微祸儆之,所以祸来不必忧,要看会救。
算甚么命,问甚么卜。
欺人是祸,饶人是福。
鹪鹩巢林,不过一枝;鼹鼠饮河,不过满腹。
大俭之后,必有大奢;大兵之后,必有大疫。
天眼恢恢,报应甚速。
人欺不是辱,人怕不是福。
人亲财不亲,人熟礼不熟。
百病从口入,百祸从口出。
片言九鼎,一公百服。

点石化为金，人心犹未足。
不肯种福田，舍财如割肉。
临时空手去，徒向阎君哭。
积产遗子孙，子孙未必守；积书遗子孙，子孙未必读。
莫把真心空计较，唯有大德享百福。
不作无益害有益，不贵异物贱用物。
谁人不爱子孙贤，谁人不爱千钟粟，奈五行不是这般题目。
恩宜自淡而浓，先浓后淡者，人忘其惠；
威宜自严而宽，先宽后严者，人怨其酷。
以积货财之心积学问，则盛德日新；
以爱妻子之心爱父母，则孝行自笃。
学须静，才须学。
非学无以广才，非静无以成学。
行义要强，受谏要弱。
生于忧患，死于安乐。
闲时不烧香，急时抱佛脚。
不患老而无成，只怕幼而不学。
咬得菜羹香，寻出孔颜乐。
富贵如刃兵戈矛，稍放纵便销膏靡骨而不知；
贫贱如针砭药石，一忧勤即砥节砺行而不觉。
送君千里，终须一别。
不矜细行，终累大德。
亲戚不悦，无务外交；事不终始，无务多业。
临难毋苟免，临财毋苟得。
气死莫告状，饿死莫做贼。
醉后思仇人，君子避酒客。
智者千虑，必有一失；愚者千虑，必有一得。
千年田地八百主，田是主人人是客。
良田不由心田置，产业变为冤业折。
真士无心邀福，天即就无心处牖其衷；
险人着意避祸，天即就着意处夺其魄。
权贵龙骧，英雄虎战，以冷眼观之，如蝇竞血，如蚁聚羶；
是非蜂起，得失蝟兴，以冷情当之，如冶化金，如汤消雪。
客不离货，财不露白。
谗言不可听，听之祸殃结。君听臣遭诛，父听子遭灭。
夫妇听之离，兄弟听之别，朋友听之疏，亲戚听之绝。

鬼神可敬不可谄，冤家宜解不宜结。
人生何处不相逢，莫因小怨动声色。
心思如青天白日，不可使人不知；
才华如玉韫珠含，不可使人易测。
性高澄澈，即饥餐渴饮，无非康济身肠；
心地沉迷，纵演偈谈玄，总是播弄精魄。
芝兰生于深林，不以无人而不芳；
君子修其道德，不为穷困而改节。
满招损，谦受益。
百年光阴，如驹过隙。
世事明如镜，前程暗似漆。
有麝自然香，何必当风立。
良田万顷，日食三餐；大厦千间，夜眠八尺。
救生不救死，寄物不寄失。
人生孰不需财，匹夫不可怀璧。
廉官可酌贪泉水，志士不受嗟来食。
适志在花柳灿烂，笙歌弗腾处，那都是一场幻境界；
得趣于木落草枯，声稀味淡中，才觅得一些真消息。
贤圣言语，雅俗并集，人能体此，万无一失。

千家诗

《千家诗》旧时与《三字经》《百家姓》《千字文》合称“三百千千”，流传极广，版本繁多，今天所见的本子，都不是它的原始面貌。最早的本子，一般认为是南宋刘克庄所编，全名为《分门纂类唐宋时贤千家诗选》，选了唐宋诗人565家的近体诗1 281首，大部分是宋诗。全书分二十二卷，依时令、节候、天文、地理、器用、禽兽、昆虫、人品等十四门分类。从清初以来流行的《千家诗》，题《增补重订千家诗》，翟灏《通俗编》记云：“今村塾所诵《千家诗》者，上集七言绝八十余首，下集七言律四十余首，大半在后村选中，盖据其本增删之耳。”这个本子，署谢枋得选，王相注。谢枋得为宋末人，今本《千家诗》收其诗多首。王相是明末清初人，字晋升，江西临川（今抚州市）人。他编过多种蒙学读物，不仅为七言《千家诗》作注，还另外选了本五言的《新镌五言千家诗》，后人将其合刊，就成了今天我们见到的《千家诗》，共收诗226首。

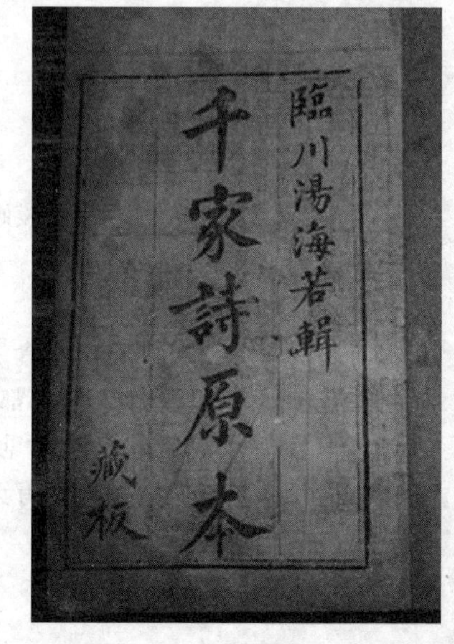

《千家诗》书影

今天时代已经变了，《千家诗》已不再是单纯的启蒙读物，转而拥有更广大的读者群，读者可通过本书，由浅入深，步入更为璀璨的古典诗歌宝库，因此整理出版本书仍是一件很有意义的事。本书在整理时，一般都校核了所选诗原文，改正了一些错误。对每首诗除了加以注释外，并做了今译，附以简单的评析。这些工作，希望对读者阅读能有所帮助。

七言绝句

春日偶成[1]

程颢

云淡风轻近午天，傍花随柳过前川[2]。时人不识余心乐[3]，将谓偷闲学少年。

【作者简介】

程颢(1032~1085),字伯淳,洛阳(今属河南省)人。宋仁宗嘉祐二年(1057)进士,历官上元主簿,太子中允等。他是宋著名理学家,以讲学闻名,与弟颐并称"二程",世称明道先生。后人辑其著作为《二程遗书》。

【注释】

①偶成。偶然所作,即兴之作。②川:原野。③时人:当前的人。

【译文】

天空中飘着淡淡的云朵,风儿轻吹,已经是将近中午的时间。我依傍着花丛,沿着柳林,走过了前面的平川。见到我的人,不知道我心中无比的快乐。将会说我是忙里偷闲,在郊外癫狂,强学少年。

【解读】

春天最宜人的是温暖的太阳,和煦的微风,诗人此刻正沐浴在春日春风中,向大自然敞开自己的胸怀,所以心情格外悠闲舒畅。于是,诗人就即目所见,即时所感,抒发自己的情怀。前两句直述生气勃勃的春景,及自己惬意的投入。第三句将前两句的意思直接陈述。言人不识,加一层曲折,突出自己的快乐,使诗味益发浓厚。末句是总结,强调自己的满足。诗前两句以景衬情,后两句以议论写情,表现得纡徐平淡,但感情很丰富,充满真率与恬逸,没有一般道学家诗的鄙俚与陈腐。

春日

朱熹

胜日寻芳泗水滨①,无边光景一时新②。等闲识得东风面③,万紫千红总是春④。

【作者简介】

朱熹(1130~1200),字元晦,一字仲晦,号晦庵,徽州婺源(今属江西省)人。宋高宗绍兴十八年(1148)进士,历官秘阁修撰,宝文阁待制。卒谥文。他是宋代大理学家,著作等身,诗格清新,富有理趣。著有《晦庵先生朱文公文集》等。

【注释】

①胜日:此指温暖和煦的春日。寻芳:游览赏花。泗水:在今山东省中部,流经曲阜、济宁,循运河入淮。②一时:一下子,同时。③等闲:不经意,随便。识得:见到。东风面:指春景。④总是:都是。

【译文】

在这风和日暖的日子,我漫步寻芳在泗水之滨。无边无际的风光景色,生机勃勃,焕然一新。没想到就在这无意之中,我领悟了春天的真正面目。万紫千红,百花齐放,这一切不就是所谓的春？

【解读】

这首绝句写春天蓬勃向上、绚丽多彩的景象。历来写春的诗，有细写，具体描摹花草风月；有浑写，浓笔涂抹，铺设感受。这首诗用的是后一种写法。前两句，写投入到春景中所见，点出寻芳的气候、地点，以“胜日”“寻芳”“无边”“新”数字，移步换景，不断把春天欣欣向荣的景物粗略而又形象地展示。后两句述说春天的感受，“万紫千红”四字，高度概括了美妙的春景，通过议论与渲染，勾勒了一派繁花似锦的景象，充满浓浓的春意，使人奋发开朗。朱熹是一个著名理学家，诗中所写的泗水当时沦入金人之手，他不可能纵步游览，而泗水正是孔子居住讲学的地方。因此，人们演绎出诗外之意：诗是以游春暗指自己探索孔门之道，豁然开朗，因此感到触处是春，无比喜悦；诗人是以春天的生意喻指孔学的仁爱育物。于是全诗更显得情景交融，富有理趣而不坠理障。

春宵[①]

苏轼

春宵一刻值千金[②]，花有清香月有阴。歌管楼台声细细[③]，秋千院落夜沉沉[④]。

【作者简介】

苏轼（1037~1101），字子瞻，号东坡居士，眉州眉山（今属四川省）人。宋神宗嘉祐进士，历官翰林学士，杭州、颍州知州，官至礼部尚书。卒谥文忠。他是宋代最杰出的文学家，诗豪放雄健，汪洋恣肆；文列入“唐宋八大家”。著有《东坡七集》。

【注释】

①诗题《东坡七集》作“春夜”。②一刻：古人将一昼夜分成一百刻。一刻指时间很短暂。③歌管：歌声与音乐。管，管状乐器，如箫、笛。细细：指声音悠扬清晰。④院落：院子。

【译文】

春天的晚上，即使是短暂的一刻，也珍贵得价值千金；散发着清香的花儿，在月光中，投下了重重身影。远处华丽的楼台上，传来了清雅悠扬的乐曲歌声；悬挂着秋千的小院，夜色是那样地深沉。

【解读】

首句是全诗的提纲。诗将“一刻”这短暂的时间与“千金”这巨大的价值作鲜明的对比，强调了春宵的可贵，虽以议论出之，说得直截浅显，但含蕴丰富，因此受到人们的激赏。脍炙人口的好诗，流传久了便成为格言成语，这句诗后来即演化成成语“一刻千金”。以下三句，铺写春晚景色。诗先将春天的代表——花做一番描绘，因为是夜晚，便带出月，突出花香与花影，把夜色写得分外绮丽可人。然后，诗写楼上飘出悠扬的歌声、乐曲及沉沉夜色中的秋千院落，在寂静中点化热闹，以游春表示惜春，突出春宵可贵这一主题。全诗从不同的角度写出春夜的美好，声色俱茂；用语又紧密结合场景，婉约清新，不仅再现了春夜迷人的景色，也深沉地表达了诗人对春光的眷恋。

城东早春[①]

杨巨源

诗家清景在新春，绿柳才黄半未匀。若待上林花似锦[②]，出门俱是看花人。

【作者简介】

杨巨源(755~?)，字景山，河中(今山西省永济市)人。唐德宗贞元五年(789)进士，历官太常博士、国子司业、河中少尹。诗学白居易，清新明丽。著有《杨少尹诗集》。

【注释】

①城东：指长安城东。②上林：上林苑，本秦旧苑，汉武帝增而广之，故址在长安西北。这里泛指花园。

【译文】

诗人最喜欢的清丽景色，正在这万象更新的早春；那垂柳刚吐出黄色的嫩芽，一半深一半浅尚不均匀。如果等到春色浓艳，上林苑中繁花似锦；你才走出门去观赏，见到的只能是游人如云。

【解读】

这首七绝写对早春的喜爱，好在不从普通人的角度来写，而从“诗家”的情趣上来定位，诗便境界全新。诗人采用边议论边写景的手法，前两句强调早春的风光是如何好，以嫩柳吐黄作象征，“才”字及“半未匀”，都突出早春的“早”字，显得生机勃勃，把早春的“清”与“新”表现得很饱满。后两句改变着眼点，从对面着笔，写春光浓艳时的不堪。“花似锦”便过于热闹，无新鲜之感；而满眼游人挨挤，更以环境的嘈杂，点出难以赏玩。这样一对比，反衬了早春的可爱。全诗笔墨轻快，绘景写情中富有情趣：这早春既为诗家钟情，不正是在说诗境及诗句也应该摒除浓妆艳抹，归于平淡清新吗？

春夜[①]

王安石

金炉香烬漏声残[②]，剪剪轻风阵阵寒[③]。春色恼人眠不得[④]，月移花影上栏杆。

【作者简介】

王安石(1021~1086)，字介甫，号半山，临川(今属江西省)人。宋仁宗庆历二年(1042)进士。神宗时拜相，推行新法。封荆国公。诗风格雄健峭拔，句锻字炼，对偶工整;尤长七绝,被推为宋朝第一。著有《临川先生集》等。

【注释】

①诗题原作“夜直”。夜直,即在朝中值宿。宋制,翰林学士每夜轮流一人在学士院值宿。这首诗作于熙宁二年(1069),王安石时迁翰林学士。②金炉:铜制的香炉。烬:成灰。漏声:古代用来计时的漏壶中滴水的声响。残:将尽。此指天快亮。③剪剪:风轻微而有寒意。④恼人:引逗、挑动人。

【译文】

铜制的香炉中香已燃成了灰烬,叮叮咚咚的夜漏也将近尾声。阵阵清风吹进窗户,带来了丝丝侵人的寒冷。明媚的春光挑逗着我,使我整夜难以入睡;明月西下照着窗外的花枝,在栏杆上投下了浓郁的花影。

【解读】

前两句写夜直,形象地交代了时间地点。金炉、漏声,说明是在宫中;香销、漏残,说明天快亮了;轻风带来寒意,说明是春天。诗结集了各种带有显著特点的事物,表现出诗人造句绘景的精湛技巧。知香销漏残,感受到天亮前的寒冷,诗人自然没有睡着,第三、四句就改变前两句以景作暗示的写法,直接说自己因为春色的逗引而睡不着,痴痴地看月影、花影。第三句是总结上半首,第四句补足第三句。一夜未眠,所以能注意到月光的移动;花本身不高,只有月亮西坠时的斜照,才能使花影投上屋子的栏杆,又暗点天快亮。诗人为什么会感到“春色恼人”以致“眠不得”呢?原来当时正是神宗决定采用新法时,王安石的政治抱负终于将要实现,他对未来充满着信心,处于紧张而又兴奋的等待中。因此,他借夜直时的情况,隐曲地表达自己的心理,很含蓄细腻。

初春小雨①

韩愈

天街小雨润如酥②,草色遥看近却无。最是一年春好处,绝胜烟柳满皇都③。

【作者简介】

韩愈(768~824),字退之,南阳(今河南孟州市)人。郡望昌黎,故世称韩昌黎。贞元八年(792)进士,历官监察御史、刑部侍郎,官至吏部侍郎,谥文。他是唐代著名古文家,为“唐宋八大家”之一。诗奇绝宏伟,又好以散文句法入诗,对宋诗影响很大。著有《昌黎先生集》。

【注释】

①诗题为编者所拟,原集题为“早春呈水部张十八员外”。张十八即诗人张籍,时官水部员外郎。②天街:京中的街道。酥:乳酪。③烟柳:指柳条浓绿。皇都:京城。

【译文】

一场小雨滋润了京城中的道路,雨点儿细细,仿佛给大地撒上一层嫩酥。春草已经悄悄地萌芽，远看一片淡黄，近看若有若无。我最欣赏的就是这种景色，它是一春中最好的时刻；远远超过阳春三月，满城烟柳低拂，游人无数。

韩愈

【解读】

春夏秋冬，四时之景不同；就春天来说，初春与仲春、暮春，也各有一番风味。韩愈生性兀傲脱俗，勇于进取，所以他特别喜欢初春，在这首诗中特意赞扬初春那奋发的初生的朦胧美，那未被人深刻领会的勃勃生气。在诗中，他撇开了人们历来写早春所涉及的垂柳啼莺、呢喃双燕，着眼于滋润万物的细雨及最富有生命力的小草。首句以“润如酥”概括小雨的柔和轻细，非常形象，可与杜甫《春夜喜雨》“随风潜入夜，润物细无声”比美，也使人想起王维《渭城曲》“渭城朝雨浥轻尘”这一名句。次句写小草在雨露滋润下初生时若有若无的情景，刻绘细腻，形神兼备。黄叔灿《唐诗笺注》赞云：“写照工甚，如画家设色，在有意无意之间。”三、四句由写景转入实赞，对上两句总结，以“最”“绝”二字领句，通过对比，强烈表现自己对早春的喜爱。全诗写得工细清通，景情相间，体现了诗人铸词炼句的高超技巧。

元日[①]

王安石

爆竹声中一岁除[②]，春风送暖入屠苏[③]。千门万户曈曈日[④]，总把新桃换旧符[⑤]。

【注释】

①元日：即正月初一，春节。②除：逝去。③屠苏：用屠苏、肉桂、山椒、白术等药浸泡的酒。古人在正月初一饮屠苏酒，相传可以预防瘟疫。④曈曈：形容太阳初升，由暗转明的样子。⑤“总把”句：句中“新桃”“旧符”是桃符的互文省略。桃符是古代挂在门边的桃木板，左右各一，上画神荼、郁垒二神，用以驱邪，一年一换。

【译文】

阵阵轰鸣的爆竹声中，旧的一年已经过去；和暖的春风吹拂，大伙儿畅饮着屠苏酒，分外快乐。金色的太阳冉冉升起，照耀着千家万户；人们都忙忙碌碌，把旧的桃符取下,换上新的桃符。

【解读】

诗写的是过年时常见的情景:人们辞旧迎新,欢快忙碌。诗人捕捉到这一热闹场面,倾注进自己的感情,把各种新事物、新气象引入诗中,于是爆竹迎新,风是新春的风,酒是新酒,连太阳也是初升的,人们忙着换新的桃符。古人说欢乐之辞难工,这首诗恰恰把欢乐的场面很形象地描绘出来,所以特别难能可贵,几乎受到了所有选家的青睐。不少论诗者还注意到,王安石这首诗充满积极向上的奋发精神,是因为他当时正出任宰相,推行新法。他对新政充满信心,所以反映到诗中就分外开朗。诗是通过元日更新的习俗来寄托自己革除旧政、施行新政的喜悦心理,但表现得含而不露,令人回味。

上元侍宴①

苏轼

淡月疏星绕建章②,仙风吹下御炉香③。侍臣鹄立通明殿④,一朵红云捧玉皇。

【注释】

①上元:农历正月十五日,又称"元宵"。侍宴:参加皇帝举行的宴会。②建章:汉宫名,在长安城外。这里代指宋皇宫。③御炉:皇宫中使用的香炉。④鹄立:恭敬整齐地排立。鹄即天鹅,飞行及站立时秩序井然。通明殿:传说中天上玉皇大帝的宫殿。此指举行宴会的宫殿。

【译文】

淡淡的月亮,稀疏的星星,围绕着建章宫;御炉中飘溢的香气,随清风到处吹扬。侍臣们像鹄鸟一样,整齐地肃立在通明殿上;仿佛是一朵红云,簇拥着玉皇。

【解读】

这首陪侍皇帝开宴的诗,写得场面十分盛大。诗人为表现升平气象,歌颂皇帝的高贵,别出心裁,将富丽堂皇的宫殿比作天宫,将人间的帝王比作天上的玉皇大帝,既达到了歌功颂德的目的,又不显得谀媚。诗属应制诗范围,这类诗照例要说皇上的好话,很难表达自己的真情实感,苏轼这首诗也受到这一局限,因此在他的诗集中算不上佳作,但仍具有一定的写作技巧,除比喻恰当外,诗前两句由高处往下写,由星、月、缥缈御香,衬出宫殿的高大;后两句由底下往上看,以红云拥帝暗示红云拥日,比喻帝王的高贵清明,都收到了很好的艺术效果。

立春偶成

张拭

律回岁晚冰霜少[①],春到人间草木知。便觉眼前生意满[②],东风吹水绿参差[③]。

【作者简介】

张栻(1133~1180),字敬夫,一字乐斋,号南轩,汉州绵竹(今属四川省)人。历官吏部侍郎兼侍讲。他是南宋著名理学家,与朱熹、吕祖谦齐名。诗多淡雅之作。著有《南轩集》。

【注释】

①律回:传黄帝时伶伦把竹子截成十二支竹管,以比拟一年十二个月。春夏六月属阳,称“律”,秋冬六月属阴,称“吕”。立春是一年之首,阳气回生,故云“律回”。②生意:生机勃勃。③参差:不齐貌。这里形容水波起伏不定。

【译文】

一年过尽,阳气回转,冰霜渐渐稀少;春天悄悄地来到人间,草木感觉到了它的生机。我也领略到眼前的春意,到处洋溢着勃勃生气。那和暖的东风吹拂着绿水,水面上泛起了阵阵涟漪。

【解读】

这首诗写立春景色。诗人从自己的感受出发,尽力捕捉了种种典型景物,为人们描摹出一幅完整的初春画图。首句写气象物候,通过大地回暖,冰霜稀少,说明春天的到来。次句以拟人化手法,说草木感到了春天的到来,潜意识地展示草木萌芽变绿的状况,使人倍感亲切。第三句用抒情浑写,由物及己,包融深厚。末句用素描写东风吹拂绿水,景中带情,平淡中透出喜悦。诗写得十分活泼跳荡,本身似乎也充满了春天般的勃勃生机,读后令人振奋向上,而“春到人间草木知”又以其平和细腻而成为家喻户晓的名句。

打球图[①]

晁说之

阊阖千门万户开[②],三郎沉醉打球回[③]。九龄已老韩休死[④],无复明朝谏疏来[⑤]。

【作者简介】

晁说之(1053~1139),字以道,号景迂生,济州巨野(今属山东省)人。宋神宗元丰五年(1082)进士,官著作郎、徽猷阁待制。他能诗善画,为时所重。著有《景迂生集》等。

【注释】

①诗题原集作“明皇打球图”。此诗原误题晁补之作,今改正。明皇,即唐玄宗李隆基,在位四十四年(712~756),前期励精图治,使唐朝中兴,后信任奸邪,宠爱杨贵妃,酿成“安史之乱”。打球,即蹴踘,古代流行的一种游戏。球用皮革缝成,中实以毛,用足踢或骑在马上用棒打。②阊阖:古代神话传说中天宫的门。此代指唐长安的宫殿。千门万户:形容宫殿规模盛大,屋宇众多。语出《史记·孝武纪》:“于是作建章宫,度为千门万户。”③三郎:唐玄宗,他是睿宗第三子。④九龄:张九龄,字子寿,曲江(今属广东省)人。玄宗开元中任相,后为李林甫嫉害贬官。唐玄宗初对张九龄很赏识,九龄多直谏论朝事,曾上“事鉴十章”。韩休:京兆长安(今陕西西安市)人。历官礼部侍郎,开元末任相,敷陈治道,多鲠直。玄宗左右的臣子曾说:“自休入朝,陛下无一日欢,殊瘦于旧,不如去之。”玄宗回答说:“吾虽瘠,天下肥,吾用休为社稷耳!”⑤谏疏:臣子劝谏皇帝的奏章。

【译文】

深沉的宫殿中,千门万户,次第打开;原来是三郎喝得醉醺醺,打完了球,刚刚归来。张九龄已经衰老,忠鲠的韩休也已去世;明早再不会有谏疏,奉劝皇上收敛悔改。

【解读】

唐玄宗晚年昏聩糊涂,宠用李林甫、杨国忠,沉溺声色玩乐,置国事不顾,终于酿成大乱。这首诗通过题画,对唐玄宗的荒淫进行讽刺,以作后人借鉴。诗前两句吟咏画面。第一句写背景,描绘皇宫的深邃;次句写主人公唐玄宗打完球喝醉归来的状况。两句将画面写尽,诗中“开”“回”二字,给画面赋予动态活趣,使形象更为生动真切。后两句即画面展开议论,由唐玄宗荒废朝政,导致国家大乱,诗人想到了玄宗前期的清明,想到了张九龄及韩休两个忠诤直谏的大臣,因而得出结论:祸乱的产生,是由于朝廷无人。表面上直指奸臣误国,实质上把矛头指向唐明皇,起到了一石二鸟的效果。诗虽是题画,同时也具有咏史的性质,这是宋诗长于议论的表现。

宫词[①]

王建

金殿当头紫阁重[②],仙人掌上玉芙蓉[③]。太平天子朝元日[④],五色云车驾六龙[⑤]。

【作者简介】

王建,字仲初,颍川(今河南许昌市)人。唐宪宗元和年间,官昭应县丞、渭南尉,后官陕州司马。擅乐府诗,风格清新流畅,与张籍齐名。所作宫词百首,为世传诵。著有《王司马集》。

【注释】

①官词:写宫内琐事的诗歌,一般为七言绝句。此诗原误题林洪所作。②金殿:皇帝的宫殿。此指唐朝建于骊山的华清宫。紫阁:指华清宫中的朝元阁,是唐代皇帝祭祀道教太上老君(即老子)处。③仙人掌:朝元阁外有数丈高铜柱,柱上有仙人像,手捧承露盘接天露。玉芙蓉:指承露盘。盘作荷花(芙蓉)状。④朝元:朝拜太上老君。唐崇道教,封太上老君为玄元皇帝。⑤五色云车:指皇帝乘坐的装饰华丽的车。六龙:皇帝车驾用六马拉,马八尺以上曰龙。

【译文】

金碧辉煌的宫殿前,朝元阁层叠高耸;阁旁竖立的金铜仙人,掌上高擎着玉芙蓉。太平无事的年代,天子前来朝拜玄元皇帝;华丽的车驾像五色云彩,拉车的马儿神骏似龙。

【解读】

这首宫词记帝王朝见老子的盛况。前两句写朝元的环境,说金殿巍峨,紫阁重叠,仙人矗立,手擎玉盘,写得既华丽富贵,又雍容肃穆。且以"紫阁""仙人掌",暗点宫中崇尚道教,为下朝元做伏笔。三、四句正面写朝元,通过"五色云车""六龙",写出皇帝车驾的金碧辉煌,而又暗与天神所驾云车相契合,渲染神秘虚无的气氛,与朝元这一宗教仪式合拍。王建的宫词以婉转清丽著称,内容与所咏对象丝丝入扣,这首诗便具有这一特点。全诗只有第三句直写,其余三句从各个角度进行铺设点染,烘托主题,使诗面十分热闹,画面格外鲜明,其为《千家诗》所选中,也许缘由便在此。

廷试[1]

夏竦

殿上衮衣明日月[2],砚中旗影动龙蛇[3]。纵横礼乐三千字[4],独对丹墀日未斜[5]。

【作者简介】

夏竦(984~1050),字子乔,江州德安(今属江西省)人。历仕数朝,官至枢密使,封英国公,罢知河南府,迁武宁军节度使,进郑国公。文章典雅藻丽,著有《文庄集》。

【注释】

①《千家诗》原题作"宫词",署林洪作,现依《宋诗纪事》卷九改正。廷试,会试中式的举子再由皇帝殿试定名次,称廷试。各特科、保荐之士由皇帝一一面试,亦称廷试。②衮衣:古代天子所穿礼服。日月:衣上绣的日月图案。③龙蛇:指旗子翻动映在砚水中的影子。也可理解为旗子上画的龙蛇图案映在砚水中。④纵横:指才气横溢,随笔挥洒。礼乐:《礼记》《乐记》,这里指国家典章制度。⑤丹墀:宫中涂成红色的

石阶。

【译文】

庄严肃穆的金殿上高坐着天子，衮龙袍上的日月图案光辉灿烂。砚水中倒映着面面旌旗，仿佛龙蛇在飞舞摇晃。我文思如涌，奋笔直书，转眼草就了三千字的文章；独自站在丹墀上回答皇上的提问，太阳还没西斜，尚是中午时光。

【解读】

关于这首诗写作背景，《宋诗纪事》引《青箱杂记》云：夏竦应制科，廷试结束后，大臣杨徽之见他年龄很轻，对他说："老夫他则不知，惟喜吟咏，愿乞贤良一篇，以卜他日之志。"夏竦忻然提笔，作了这首诗。诗是实写方才经历的廷试事。前两句把重点放在"廷"上，一是抬头看，殿上庄严肃穆，天子神圣威严；一是低头看，见到砚水中倒映着旌旗。后两句把重点放在"试"上，说自己才华横溢，文思敏捷，对策殿上，从容不迫。诗写得才气纵横，前两句构思尤其巧妙，以衮龙代指帝王，以衣上日月光辉暗颂帝王的威仪贤明，都堂皇得体。"砚中"句取境奇巧，新人耳目，又无意中以"砚"暗逗廷试，造意细密。后两句虽是实写，但沾沾自夸，不免少年气盛，陷入刻露浮躁，是诗家一病。

咏华清宫[①]

杜常

行尽江南数十程[②]，晓风残月入华清[③]。朝元阁上西风急[④]，都入长杨作雨声[⑤]。

【作者简介】

杜常，字正甫，卫州（治所在今河南省汲县）人。宋神宗元丰三年（1080）以太常寺官权发遣陕西秦、凤等路提点刑狱公事。官至工部尚书。

【注释】

①诗原误题唐王建作，据《宋诗纪事》引《河上楮谈》改正。《宋诗纪事》题作"题华清宫"。华清宫：唐宫殿名，在今陕西临潼区骊山上，是唐玄宗、杨贵妃经常游乐的地方。②数十程：数十个驿站的路程。古代道路上每隔一段路设一驿站，供来往官员及旅人住宿。③晓风残月：描摹秋天清晨萧瑟气象，与柳永《雨霖铃》词"今宵酒醒何处，杨柳岸晓风残月"名句同一机杼。④朝元阁：在华清宫内。⑤长杨：长杨宫，汉宫名，在今陕西省周至县东南。宫中种白杨数亩，故名。按：唐朝元阁在长安城东，汉长杨官在长安城西。因此有人认为朝元阁上的西风不能逆转再吹向西面的长杨宫，如《唐诗别裁》误将杜常当唐人，收入本诗，评说："末二句写荒凉之状，不求甚解。"也有人认为是"互文见义"，即两地同刮西风，同下冷雨。实际上，雨在此是借指风吹落叶声。

【译文】

我从遥远的江南来到长安，走过了无数山水，一程又一程；进入这废弃冷落的华清宫,正是冷风扑面、残月在天的清晨。登上高耸山顶的朝元阁,阁上紧峭的西风阵阵;全都吹向了那长杨宫,树叶沙沙作响,仿佛萧萧雨声。

【解读】

诗前两句交代游华清宫的背景,以凄清的格调,为后两句作衬垫。"晓风残月"四字,构筑了孤寂冷淡、令人低回怅惘的意境,邈远落寞,中人肺腑。后两句是登高怀古,通过蒙浑的景语,寄托兴衰的感叹。诗没有正面叙述世事的沧桑变幻,而是以朝元阁上猎猎西风,联想到长杨宫的萧瑟秋景,推论这风吹到荒凉的宫苑废墟中,定会掀起一片如雨声般的落叶声。诗写得含融蕴藉,意味无穷,很容易使人想到古诗"白杨多悲风,萧萧愁杀人"那样令人伤怀的句子,想到诗人此刻登临怀古的幽思与悲从中来的无尽感慨。落叶萧萧,令人疑为冷雨,与唐无可《秋寄从兄贾岛》"听雨寒更彻,开门落叶深"取径相仿,诗人正是通过幻觉,寄托自己渺渺情思。全诗四句二十八字,地域则从江南到陕西,时间则逆唐达汉,纵横挥洒,毫无局促之感,取景深沉,气势宽广。咏华清宫的诗,唐人便多名篇,本诗虽晚出,却以其独特的意境,为历来评家所脍炙。

清平调[①]

李白

云想衣裳花想容[②],春风拂槛露华浓[③]。若非群玉山头见[④],会向瑶台月下逢[⑤]。

【作者简介】

李白(701~762),字太白,号青莲居士。先世徙西域,其父迁绵州彰明(今四川省江油市)。少年漫游,唐玄宗天宝初供奉翰林,不久遭谗去职。后因入永王磷幕,流夜郎,中途遇赦。诗风格奔放自然,色调瑰玮绚丽,想象丰富,意境奇特,与杜甫齐名。著有《李太白集》。

【注释】

①原作共三首,这里选的是第一首。韦叡《松窗杂录》载,开元中禁中重木芍药(即牡丹)。花开时,玄宗与杨贵妃共赏,歌手李龟年等侍。玄宗云:"赏名花,对妃子,焉用旧乐词为!"命宣李白作《清平调词》三章。白欣然承诏旨,援笔赋之。②"云想"句:言见到云彩便想到贵妃的衣裳,见到鲜艳的花便想到贵妃的容貌。③槛:栏杆。露华:露水的光华。④群玉山:西王母所住的仙山。⑤会:应。瑶台:即瑶池,西王母所住之处。

【译文】

看到了绚丽的彩云,便使我想到了你的衣裳;看到了娇妍的鲜花,便使我想到了你的面容。和煦的春风吹拂着,栏杆内的花儿沾润着露水,分外艳浓。美人啊,如果不是在那仙境,在群玉山上与你相见,那么一定是在昆仑瑶台,你站在朦胧的月光中。

【解读】

李白的三首《清平调》,都是夸赞杨贵妃的美貌,用笔则有偏重,这首诗以人为重点,以花烘托衬映。首句七字,写贵妃的衣饰与美貌,着二"想"字,回环交互。见到云、花,令人想到贵妃的衣服、面容,同样,见到贵妃,也令人联想到云、花,二者浑涵相通。次句承"花想容"来,不写人,极力写花。花在春风露华的滋润中盛开,是花最鲜艳、风韵的时候;同样,花美即是人美,从春风拂槛可想见贵妃身姿的绰约,从露华浓可想象出贵妃容貌的芳艳。这样写,把"花想容"三字写得极为酣满。贵妃如此美貌,人间罕见,诗人便把思绪引向仙境,说只能在群玉山、瑶台遇到这样的绝色美人,既赞了贵妃的美,又把她比作仙女,倍加称扬。诗写得浓艳绮丽,音调和畅。把人与花融合在一起,处处用旁衬比拟,在空灵中透出实意,得应制之正。后人认为诗意含讽,恐是附会。

题邸间壁①

郑会

荼蘼香梦怯春寒②,翠掩重门燕子闲③。敲断玉钗红烛冷④,计程应说到常山⑤。

【作者简介】

郑会,字有极,号亦山,南宋时人,生平不详。

【注释】

①本诗原署唐郑谷作,据《宋艺圃集》改正。邸:客邸,旅馆。②荼蘼:落叶灌木,花有清香,春末开。怯:畏怯,害怕。③翠:指绿色的花、树。闲:闲散,无聊。④玉钗:妇女的首饰。⑤常山:今属浙江省。

【译文】

夜晚,荼蘼花香在空气中弥漫,她一觉醒来,感受到阵阵春寒。紧闭的重门被浓郁的绿色掩映,梁上的燕子也无聊散漫。她敲着玉钗,不觉已把钗敲断,眼前的红蜡烛忘了剔,分外黯淡。口中念叨着远出在外的我,算着行程,今夜该住在常山。

【解读】

旅人思家,一般有两种写法:一是直接叙述自己思乡思人;一是从对面说起,言家人思己,翻过一层,加深自己思亲情感。这首诗用的是第二种写法,通首从对方着笔,结合自己的感受,写妻子在家睡不着,在烛下思念自己的情况。诗前两句通过凄迷幽寂的景物,烘托春愁。后两句刻绘动态、心理。无意识地敲着玉钗,活现出她心中的烦闷,钗断了,烛花不能剔,烛光便分外黯淡凄冷,绘事绘景,与宋赵师秀《约客》"有约不来过夜半,闲敲棋子落灯花"句相仿佛,含蓄而耐人寻味。末句写妻子计算行程,是全诗主句,是情意深到极处的表现。唐白居易有《同李十一醉忆元九》诗云:"花时同醉破春愁,醉折花枝作酒筹。忽忆故人天际去,计程今日到梁州。"诗写自己思念在外的朋友,也说到计程事。将两诗对照,白诗质直简朴、真率自然,郑诗设色秾丽、构思灵巧,唐诗与宋诗的风格,于此可以悟出。

绝句[1]

杜甫

两个黄鹂鸣翠柳,一行白鹭上青天。窗含西岭千秋雪[2],门泊东吴万里船[3]。

【作者简介】

杜甫(712~770),字子美,祖籍襄阳,迁巩县(今属河南省巩义市),晚自号少陵野老。早年漫游,肃宗朝官左拾遗。后避乱入川,佐严武幕,官检校工部员外郎,世称杜工部。诗与李白齐名,多伤时忧国、描绘乱离之作,被称为"诗史"。风格沉郁顿挫,苍凉雄浑。著有《杜工部集》。

杜甫

【注释】

①诗为杜甫《绝句四首》之三。②西岭:即西山,亦名雪岭,为岷山主峰,在成都西,峰顶积雪,终年不化。③东吴:今江苏省南部一带。杜甫在成都的草堂位于万里桥西,濒江。万里桥一带是船舶集中处。

【译文】

两只黄鹂在翠绿的柳荫中欢鸣,一行白鹭振翅飞上蓝天。窗口对着西岭能见到峰顶千秋积雪,门外泊着万里外东吴驶来的舟船。

【解读】

这首诗打破绝句的常格,全首用对,且一句咏一景,合成一幅完整的春景图,表现出勃勃的生机。首句写黄鹂在绿柳中鸣唱,次句写白鹭飞上蓝天,一近一远,一高一低,一动一静,配合对称,十分完美;且将绿柳衬黄鹂,以青天衬白鹭,着色很鲜明,述景很工致,历来受到人们赞叹。宋曾季貍《艇斋诗话》引韩子苍云:"老杜'两个黄鹂鸣翠柳,一行白鹭上青天',古人用颜色字,亦须匹配得相当方用,'翠'上方见得'黄','青'上方见得'白'。"三、四句,一写窗中所见的远山,寄托自己悠然之思及对景物的热爱,一"含"字,使雪岭似乎成为一幅画,镶嵌定格在窗户这一画框中,格外神似;一写门外东吴来的船只,引发自己远游情怀。虽然都是写景,但均蕴有丰富的感情。诗写于杜甫乱后回家时,生活初步安定,因此他的心情比较愉快,在诗中便将景与心境融成一片,表现一种怡然欢快的氛围,且写得工整而又自然,因此成为千古绝唱。

海棠[1]

苏轼

东风袅袅泛崇光[2]，香雾空濛月转廊[3]。只恐夜深花睡去[4]，故烧高烛照红妆[5]。

【注释】

①海棠：蔷薇科植物。春天开粉红色花。②袅袅：微风吹拂的样子。二字一作"嫋嫋"，《楚辞·九歌·湘夫人》有"嫋嫋兮秋风"句，当从。崇光：绚丽的光泽。③香雾：充满香气的雾。空濛：迷茫朦胧。④花睡：杨慎《升庵诗话》卷一"月黄昏"条说，花卉午后转为萎缩，至半夜后才渐渐舒展。因此苏轼以花睡喻指花无力萎缩。⑤故烧：一作"更烧""高烧"。高烛：一作"银烛"。红妆：指海棠。

【译文】

东风轻轻地吹拂着，到处洋溢着绚丽的春光；充满香气的烟雾朦胧迷茫，一轮明月悄悄地转过了画廊。我心中深深地担忧：夜深了花儿也会安睡进入梦乡；因此上点起了明亮的蜡烛，在烛光下观赏这艳丽的海棠。

【解读】

诗作于元丰七年(1084)，时诗人贬官黄州。他的住所在定惠院东，山上长着一株名贵的海棠，他常在花下小酌。这首绝句，即抒发对海棠深切的眷恋。前两句写伴随着海棠的环境，说海棠在春风中摇荡，在迷漾的雾气中散发着清香，渲染出一派幽静美妙、温馨清丽的氛围。后两句，诗忽发奇想，以夜深执烛看花，吐露自己对海棠的痴迷，想象新颖，构思奇特，比喻脱俗，令人击节称叹。后两句是众口称赏的名句，《冷斋夜话》卷一推为"造语之工""尽古今之变"的例证，符合黄庭坚"句中眼""妙语"的标准。《冷斋夜话》还指出，此事本《太真外传》：杨贵妃喝醉了，唐明皇召见，"命力士从侍儿扶掖而至。妃子醉颜残妆，鬓乱钗横，不能再拜。上皇笑曰：'岂是妃子醉，真海棠睡未足耳。'"苏轼在此做变化，改以花喻美人为美人喻花，翻出新意。此外，李商隐《花下醉》有云"客散酒醒深夜后，更持红烛赏残花"，冯浩《玉溪生诗集笺注》以为即苏诗之本。将二诗对比，不难品味出苏诗比李诗更富变化，且韵味深醇。

清明

杜牧

清明时节雨纷纷，路上行人欲断魂[1]。借问酒家何处有？牧童遥指杏花村。

【作者简介】

杜牧(803~852),字牧之,京兆万年(今陕西省西安市)人。唐文宗大和二年(828)进士,历官校书郎、监察御史、司勋员外郎、湖州刺史、中书舍人。诗长于七言近体,骨气豪宕,神采艳逸,与李商隐齐名。著有《樊川集》。

【注释】

①断魂:指人感情凄伤痛苦的状态。

【译文】

清明时节,雨下个不停;我行走在路上,愁肠欲结,魂断神昏。打问一声什么地方有酒店?牧童指点着远处开满杏花的小村。

【解读】

清明是家家户户踏青扫墓的日子,诗人独自一个,远游在外,自然触景生情,更加思念家乡的亲人。这时候,纷纷春雨又下个不停,更给人增添了无限愁绪。何以解忧呢?诗人想到了酒,于是向人发问,牧童遥指,杏花盛开处,酒店在望,诗人也就振奋了起来。诗的内容很浅显,但笔下所现的春雨、行人、牧童、杏花村,无一不是清明时节的典型景物,这些景物合在一起,凸现了清幽凄迷而又含蕴无穷的境地,令人神往。因此,本诗成为千古流传的名篇,杏花村也与酒结下了不解之缘。

清明①

魏野

无花无酒过清明,兴味萧然似野僧②。昨日邻家乞新火③,晓窗分与读书灯。

【作者简介】

魏野(960~1019),字仲先,号草堂居士,陕州(今河南省陕县)人。野处不仕,宋真宗曾遣使召之,不应。卒赠秘书省著作郎。诗风清苦,有唐人风格,多警句。著有《草堂集》,其子重编为《巨鹿东观集》。

【注释】

①此诗原误题作王禹偁作。②兴味:意趣与兴致。萧然:凄清寂寥。二字一作"都来"。野僧:居住在山野僻地的僧人。③邻家乞新火:向邻家乞新火。新火,新的火种。旧俗在清明前的寒食禁火,家家将火种熄灭。到清明前一天重新钻木取火,称"新火"。普通百姓往往一家取火,分给亲邻。

【译文】

没有鲜花欣赏,没有美酒浇愁,我就是如此凄凉地度过这清明。我的意念与趣味,竟然寂寞如同山野小庙中的老僧。昨天送走了寒食,我向邻家求来了新火;今天天蒙蒙亮,就赶快点着了窗前读书用的油灯。

【解读】

清明是古人十分注重的节日,可是魏野这年的清明却过得很不堪,无花也无酒,躲在家中,寂寥孤凄。诗人要想说出这番滋味,可又不想明说,便拈出“野僧”二字作譬,渗透了无可奈何的兴味,又带有几分不忿与调侃。诗人毕竟不是一般的人,他便在孤单贫困、百无聊赖中寻觅慰藉与乐趣,于是举出点燃读书用的油灯一事。“晓窗”二字,内涵丰富,既是说自己爱惜光阴,刻苦读书,表现自己高洁孤清的品格;又说自己碰到清明,无法排解愁闷,只好早早起床,借读书来熨平心中的不平。诗写寒士过节,选取了典型的事例,稍做点染,便再现了自己的清苦与情趣,切合自己隐士身份,用笔很传神。魏野诗学晚唐,这首诗便很能代表他的风格。

社日①

王驾

鹅湖山下稻粱肥②,豚栅鸡栖对掩扉③。桑柘影斜春社散④,家家扶得醉人归。

【作者简介】

王驾,字大用,号守素先生,河中(今山西省永济市)人。唐昭宗大顺元年(890)进士,官至礼部员外郎。原集已佚,《全唐诗》录存其诗六首。

【注释】

①此诗一作张演所作。社日:古代祭祀土地神的日子。有春、秋二社,这里指春社。在社日,村民要团聚祭神,演社戏等。②鹅湖山:在江西省铅山县。本名荷湖山,晋末有龚氏养鹅于此,因名鹅湖山。③豚栅:猪圈。鸡栖:鸡舍。扉:门户。④桑柘:均为树名,叶可喂蚕。桑柘影斜,谓太阳西下,投下的树影斜长。

【译文】

鹅湖山下的稻粱,长势喜人,又壮又肥;庄院里布满了猪圈鸡窝,关掩着柴扉。桑柘在夕阳中投下斜影,春社开始散场;家家户户笑声喧哗,把醉酒的人儿扶归。

【解读】

这首诗写丰年农民欢度社日的情景。诗全从侧面入笔,先以简约隽永的笔墨,写丰收景象,烘托社日的欢娱。首句点出时间地点,并以“稻粱肥”三字,预示新的一年庄稼长势喜人,丰收在望;次句带出农民家中的猪圈鸡舍,暗示禽畜兴旺,用意同陆游《游山西村》“丰年留客足鸡豚”句,说明农民生活的富足,又以“对掩扉”说明家中无人,都去参加春社祭典去了。三、四句,诗一下子跳过春社,而写夕阳西下,春社已散,家家扶着喝醉的人回家这一幕,具体而细微地写出农民的满足,不写春社的热闹而庆典的欢乐气氛已被渲染得淋漓尽致。诗全用白描,写出乡村景物与朴实的世风,反映历来描写农家苦的诗未接触到的另一方面,含蓄有味,意蕴深永,正如沈德潜《唐诗别裁集》所评:“极村朴中传出太平风景。”

寒食[1]

韩翃

春城无处不飞花，寒食东风御柳斜[2]。日暮汉宫传蜡烛[3]，轻烟散入五侯家[4]。

【作者简介】

韩翃，字君平，南阳（今河南省沁阳市附近）人。唐玄宗天宝十三载（754）进士，历官驾部郎中、中书舍人。他与钱起等称"大历十才子"，诗婉丽清妙。有《韩君平诗集》。

【注释】

①寒食：在清明节前一日或二日。这天民俗禁止生火。②御柳：皇帝宫苑中的柳树。③"汉宫"句：《西京杂记》："寒食日禁火，赐侯家蜡烛。"④五侯：西汉成帝封诸舅王谭为平阿侯，王商为成都侯，王立为红阳侯，王根为曲阳侯，王逢时为高平侯，五人同日封，世称五侯。东汉桓帝也曾同日封宦官单超等五人为侯，亦称五侯。此泛指贵族近臣。

【译文】

春意洋溢的京城中，到处都飞舞着落花；寒食节日，东风轻吹，皇宫内苑的柳树迎风夭斜。黄昏时分，汉家的宫殿里，正向近臣们颁赐着蜡烛；一缕缕轻烟升起，飘荡在五侯之家。

【解读】

诗写寒食节在京城所见。前两句写景，"春城""寒食"点明时间、地点，"飞花""御柳"总括春城景色，写得非常浓烈热闹。后两句写事实，说宫廷中向权贵们颁赐蜡烛，用笔轻灵，补足上两句。诗不仅气骨高妙，且针线绵密，既紧密围绕寒食，又相互映带，如飞花、柳斜，是东风吹拂的结果，御柳引出汉宫，又作为传蜡烛的先导。从表面上看，诗全写景记事，描摹帝城春浓，宫廷闲暇，帝王大度，臣子霑恩，歌颂了升平气象，所以后来唐德宗见了非常欣赏，特地点名起用韩翃作知制诰。但细品全诗，结合当时社会状况及韩翃生平，可以发现诗实际上是借汉言唐，含蓄婉转地对朝廷进行讽刺。正如贺裳《载酒园诗话》指出的："此诗作于天宝中，其时杨氏擅权，国忠、铦与秦、虢、韩三姨号为五家，豪贵盛荣，莫之能比，故借汉王氏五侯喻之。寓意远，托兴微，真的风人之遗。"

江南春[1]

杜牧

千里莺啼绿映红[2]，水村山郭酒旗风[3]。南朝四百八十寺[4]，多少楼台烟雨中。

【注释】

①杜牧集中题作“江南春绝句”。②绿映红：指绿叶红花，互相辉映。按：明杨慎《升庵诗话》认为“千里”当作“十里”，他指出：“千里莺啼，谁人听得？千里绿映红，谁人见得？若作‘十里’，则莺啼绿红之景，村郭、楼台、僧寺、酒旗皆在其中矣。”这样解释，排斥诗的想象，胶柱鼓瑟。所以多被后人批驳，如何文焕《历代诗话考索》说：“此诗之意既广，不得专指一处，故总而命曰‘江南春’，诗家善立题者也。”并挖苦杨慎说：“即作十里，亦未必尽听得着，看得见。”③酒旗：古代酒馆用作标志的旗帜。又称酒帘、酒望子。④南朝：指建都于南京的宋、齐、梁、陈。南朝帝王多好佛，如梁武帝时，仅南京佛寺便有五百余所。这句中“四百八十”是概举其多。

【译文】

江南千里，到处有黄莺儿婉转啼唱，绿的柳，红的花，满眼是艳丽春光。水边的村庄，山下的城镇，都可见到酒旗儿迎风招展。南朝时弘扬佛法，修建四百八十所寺庙道场；还有数不清的亭台楼阁，都笼罩在朦胧的烟雨中，缥缈苍莽。

【解读】

绝句要在短短的四句中包融很大的信息，措笔很难，这首诗描写了整个江南的春景，非大手笔难以做到。诗人将眼光尽量放开，把江南的黄莺啼鸣、绿树红花、水村山郭、酒旗佛寺、亭台楼阁全都收入诗中，不求一时，不限一格，不拘一地，全面地再现了春景，气势开阔，格调明快，色彩鲜明，造成了尺幅千里的效果。因此，历来评家都以“似画”来评论这首诗，如周敬《唐诗选脉会通》云：“小李将军画山水人物，色色争妍，真好一幅江南春景图。”宋顾乐《唐人万首绝句选》说：“二十八字中写出江南春景，真有吴道子于大同殿画嘉陵山水手段，更恐画不能到此耳。”

上高侍郎[1]

高蟾

天上碧桃和露种[2]，日边红杏倚云栽[3]。芙蓉生在秋江上[4]，不向东风怨未开。

【作者简介】

高蟾，河朔（今河北省一带）人，一云渤海（今山东省北部）人。唐僖宗乾符三年（876）进士，官至御史中丞。《全唐诗》录其诗一卷。

【注释】

①诗题原作“下第后上永崇高侍郎”。永崇为长安坊名。高侍郎，不详。②碧桃：一名千叶桃，春天开花，花瓣重叠。传仙界有碧桃花。③日边：太阳边，比喻皇帝。④芙蓉：荷花。

【译文】

天上的碧桃沾润着雨露种植，日边的红杏倚傍着云霞栽培。芙蓉生长在秋天的江上，开得虽迟，却不向东风抱怨伤悲。

【解读】

据《唐才子传》载，高蟾屡举不第，心怀抑郁。这年又下第，作了这首诗给主考官高侍郎，表示不满。诗采用借花设譬的手法。前两句以“天上碧桃”“日边红杏”喻进士及第的那些人都是权贵子弟、门阀高贵；以“和露种”“倚云栽”，暗指这些人得到考官的援引曲循，所以才平步青云。写得富丽堂皇，不仅切花的艳丽，更切入的得意。后两句是自我写照。诗人把自己比作寒江中的荷花，与上述人处境有天渊之别，强调了自己的品格，又反映自己生不得地，开不逢时，不怨主考不取中自己。不难看出，诗人在此抒发的是心中的不满，有强烈地希望得到高侍郎援引赏识的意思，但写得含意深微委婉，比喻切当妥帖，没有低声下气的乞求，也没有剑拔弩张的宣泄，得温柔敦厚、婉而多讽之旨。

绝句

僧志南

古木阴中系短篷①，杖藜扶我过桥东②。沾衣欲湿杏花雨，吹面不寒杨柳风。

【作者简介】

僧志南，南宋诗僧，生平不详。《娱书堂诗话》载朱熹曾跋他诗卷，谓其诗“清丽有余，格力闲暇，无蔬笋气”。

【注释】

①古木：古树。系：拴住。短篷：小船。篷指船上的船篷。②藜：一种草本植物，其干坚硬，古人用来做手杖。杖藜，即拄着藜杖。

【译文】

我在高大的古树荫下，拴好了小船；拄着藜杖，慢慢地走到桥东，欣赏着春光。丝丝细雨，飘洒在艳丽的杏花上，淋不湿我的衣衫；阵阵微风舞动着细长的柳条，吹着我的脸，已不觉寒。

【解读】

诗前两句写游春，款款道来，纡徐容与，使人可以想见诗人从容不迫、恬淡轻松的心情。次两句通过感觉来写景。眼前是杏花盛开，细雨绵绵，杨柳婀娜，微风拂面。诗人不从正面刻绘花草春景，而是把春风春雨与杏花、杨柳结合，展示神态，重点放在“欲湿”“不寒”二词上。“欲湿”表现濛濛细雨似有似无的情况，又暗表细雨滋润了云蒸霞蔚般的杏花，花显得格外娇妍红晕。“不寒”二字，点出季节，说春风扑面，带有丝丝暖意，连缀下面风吹动细长嫩绿的柳条的轻盈多姿的场面，让人越发感到春的宜人。这样，诗既有细微的描写，又有蒙浑而又深切的感受，色彩缤纷，生气蓬勃，读来使人感同身受。因此“沾衣欲湿杏花雨，吹面不寒杨柳风”二句成为妇孺皆知的名句。

游园不值[1]

叶绍翁

应怜屐齿印苍苔[2]，小扣柴扉久不开[3]。春色满园关不住，一枝红杏出墙来。

【作者简介】

叶绍翁，字嗣宗，号靖逸，南宋龙泉（今属浙江）人，一说为浦城（今属福建）人。约宋理宗时（1225~1264）在世。诗入江湖诗派，尤工七绝，清新工稳。著有《靖逸小集》。

【注释】

①不值：不遇。指主人不在家。②怜：爱惜。这是从诗人的角度来揣测。一作"嫌"，似少韵味。屐：木鞋，鞋底前后有齿。苍苔：碧绿的青苔。③小扣：轻轻地敲。柴扉：柴门。简陋的门。此句一作"十扣柴扉九不开"，当为传写之误。

【译文】

想来是主人爱惜园内小径的苍苔，怕我的屐齿把它踩坏；我轻轻地敲响园门，许久，许久，也没个人来理睬。那满园热闹的春色，一道柴门又怎能隔得开？你看，一枝繁花似锦的红杏，斜斜地伸出墙来。

【解读】

诗人去友人家花园游玩，正碰上主人不在，园门紧闭，于是写了这首诗。诗抓住被阻隔在园门外时所见发挥想象。前两句说主人是怕客人的脚印踩坏青苔，所以把门紧闭，不放人进来，说得很有趣，不仅交代了诗题，又写出园主的高情雅致。后两句在出墙红杏上做文章，猜测园内春光洋溢的情况，是"游园不值"的余波，表明自己的心态与情趣。后两句脱胎于陆游《马上作》："平桥小陌雨初收，淡日穿云翠霭浮。杨柳不遮春色断，一枝红杏出墙头。"唐吴融《途中见杏花》也有"一枝红杏出墙头，墙外行人还独愁"句。但叶绍翁选取了小园外的局部来写，比陆游诗取景小而意境深。且诗先叙无法入园以作衬垫，然后写红杏出墙；在此前，又串入"春色满园关不住"句，以一"关"字突出春意盎然的活泼景象，与"出墙来"的"出"字呼应，更显得精神百倍。因此，此诗一出，不胫而走，后世因有了"关不住的春光"这一说法，而"红杏出墙"在文人笔下又常赋予多层与原诗不相干的新意。

客中行[1]

李白

兰陵美酒郁金香[2]，玉碗盛来琥珀光[3]。但使主人能醉客[4]，不知何处是他乡。

【注释】

①诗题一作“客中作”。②兰陵:今山东省峄县,以产美酒闻名。郁金香:草名,古代用作香料。酿酒时放入郁金香,使酒呈金黄色,具有特殊香味。③琥珀:一种树脂化石,呈蜡黄或赤褐色,透明而富有光彩。④但使:只要。

【译文】

兰陵美酒调入了郁金香,散发着迷人的香味;用名贵的玉碗盛着,呈现出琥珀般美丽的光泽。只要主人殷勤好客,我决不推辞而开怀一醉;这样,我再也无法分辨,故乡与他乡的差别,苦思求归。

【解读】

在中国古代诗歌中,旅居在外的人思乡是一个永恒的主题。李白这首诗有意翻案,说在外旅行,遇上了盛情款待自己的主人,开怀畅饮,便再也不感到故乡与他乡有什么不同。诗写得豁达开朗,一泻无余。看似脱口而出,不经斟酌,实际上仍有章法脉络可寻。诗前两句极力写酒与酒具的美,是为下句主人的殷勤醉客作衬。第三句的“能醉客”即承上“美酒”,又点醒题目“客中”,从而逼出末句。“不知何处是他乡”,切合诗人奔放的感情与豪迈的精神,也可视作是有意作旷达语,实际上他仍然思念着故乡,因为欲归不得,所以强作宽解,借酒遣怀,更加表现出心中的深重。

题屏①

刘季孙

呢喃燕子语梁间②,底事来惊梦里闲③。说与旁人浑不解④,杖藜携酒看芝山⑤。

【作者简介】

刘季孙,字景文,祥符(今河南省开封市)人。宋神宗时曾任两浙兵马都监,有贤声。苏轼任杭州地方官时,曾上表推荐他,除知隰州,官至文思副使。

【注释】

①诗题《宋诗纪事》卷十作“题饶州酒务厅屏”。饶州,治所在今江西省鄱阳县。②呢喃:燕子鸣叫声。③底事:什么事。④浑:全。⑤芝山:在鄱阳县北。

【译文】

那栖息在梁上的双燕,低声地鸣叫个不停;燕子啊,你究竟有什么事,把我悠闲的好梦吵醒?我心中有无限的情趣,说出来谁也不能理解;不如拄着拐杖,带上酒菜,到芝山去观赏美妙的春景。

【解读】

诗人好梦初醒,听见梁上燕子呢喃,不禁怀疑是它们惊醒了自己,深深地责备起来,回想梦中佳趣,对俗人难以说清,于是只有携酒扶杖,到芝山中去与大自然对话去了。诗写春天的感受,表示自己迥异俗人、寄情山水的闲情逸趣。在诗中,诗人把自己的身心投入自然,通过责燕、看山,把心中那种难以名状的感觉作朦胧的暗示,让读者通过自己的想象来进入诗中的境界,享受淡泊典雅的意趣。据《石林诗话》,这首诗是刘季孙任饶州酒务时所作。时王安石为江东提刑,巡历至饶州酒务厅,见诗后大为称赏,召刘季孙与语,赞叹不已,不再问酒务事。正巧州学官出缺,王安石即令刘季孙暂摄,一郡大惊,刘季孙因而名声顿起。

漫兴①

杜甫

肠断春江欲尽头②,杖藜徐步立芳洲③。颠狂柳絮随风舞,轻薄桃花逐水流。

【注释】

①这首诗是杜甫晚年寓居成都时所作《绝句漫兴九首》中的第五首。这组诗多即景率意所作,表现一时感慨,故名“漫兴”。②欲尽头:将到尽头之地。③芳洲:长满花草的小洲。

【译文】

我满怀忧思,愁肠欲断,来到了这春江的源头;扶着拐杖,缓缓地走着,又伫立在花红草绿的小洲。癫狂的柳絮铺天盖地,随着风儿上下飘舞;轻薄的桃花落英缤纷,追逐着水波向下漂流。

【解读】

诗人写这首诗时又老又病,穷苦潦倒,又逢春天,满腔愁思被春光激起,愈加难堪,因此在这首诗中记下了这一重伤时叹已的心态。诗前两句叙事。春光美好,自己却很衰落,只能拄着拐杖,缓步游春,来到了江尽头的小洲。“江尽头”“徐步”“立芳洲”,都将惜春、爱春与伤春的感情糅合进去,表现得很深沉。后两句写景。柳絮飞舞,落花逐水,是暮春实景,诗人更在这景物中注入主观感情,说柳絮癫狂,桃花轻薄,诗人便不单是欣赏春光、惋惜春尽,而夹杂了鄙薄之意。他在叹时光蹉跎的悲伤中,显然注以强烈的批判心理,所以仇兆鳌注说“颠狂轻薄,是借人比物,亦是托物讽人。”好在诗人没有明说,使诗具有含蓄的余地。

庆全庵桃花①

谢枋得

寻得桃源好避秦②,桃红又是一年春。花飞莫遣随流水,怕有渔郎来问津③。

【作者简介】

谢枋得(1226~1289),字君直,号叠山,弋阳(今属江西省)人。宝祐四年(1256)进士,历官抚州司户参军、江西招谕使知信州,率兵抗元。宋亡,变姓名隐居建宁山中。后被元朝迫至大都,绝食死。诗多寄托亡国之恨,感情深厚。著有《叠山集》。

【注释】

①庆全庵:诗人避居福建建阳时给自己居所所取的名称。②"寻得"句:晋陶渊明《桃花源记》载,有个渔夫,见到一条小溪,夹岸长满桃花,落英缤纷。他顺溪行,忘路之远近。最后到了一个地方,人民男耕女织,安居乐业,自称是避秦乱时到此,遂与世隔绝,不知外面朝代变更。渔夫回家后,告诉了当地太守,再去找那个地方,却再也找不到了。③问津:询问渡口。这里用陶渊明《桃花源记》中"无人问津"意,指寻访。

【译文】

我找了一块桃花源那样的地方,像躲避暴秦一样躲避新朝;见到门前桃花又一次盛开,才知道又一年的春天来到。桃花的花瓣纷纷飘落,切莫让它飘进溪水;恐怕有多事的渔郎见了,找到这里,把我骚扰。

【解读】

宋亡后,谢枋得避居建阳,卖卜论学。这首小诗借自己门前桃花盛开一事,结合自己逃难现状,抒发避世恐人知晓的心理,表示与新朝的决绝。诗首句便宕开,由门前桃花想到桃花源,借此典说明自己避世的心情;第二句陈述自己已没有时间概念,只从桃花的盛开,知道又一年春天来到。这两句写得很平,却隐含着诗人无数伤心血泪。他的避世,完全是不得已,他何尝不是天天盼望有人起来推翻元蒙统治,恢复宋朝河山呢?三、四句,基调更降低,担心地提出,自己隐居的地方,可千万不要让人发现。全诗随手设譬,既符合自己的身世与当时社会现实,又明白地表示自己的志向,自然熨帖。不过,他最后还是被人发现,押赴元朝都城,不屈而死,实现了自己与新朝不两立的誓言。

玄都观桃花[①]

刘禹锡

紫陌红尘拂面来[②],无人不道看花回。玄都观里桃千树,尽是刘郎去后栽[③]。

【作者简介】

刘禹锡(772~842),字梦得,祖籍中山(今河北省定县),迁洛阳(今属河南省)。唐德宗贞元九年(793)进士,历官渭南主簿、监察御史,坐王叔文党贬连州刺史,改贬朗州司马。官至检校礼部尚书。诗沉郁委婉,韵味深醇,尤擅七绝。著有《刘宾客集》。

【注释】

①原集诗题作"元和十年自朗州召至京师戏赠看花诸君子"。玄都观:长安道观,

在崇业坊。②紫陌：京城的街道。红尘：都市的尘埃。③刘郎：诗人自指。

刘禹锡

【译文】

京城大道上尘土扑面而来，人人都说看花回返，笑逐颜开。玄都观里盛开着千棵桃树，全都是刘郎我离开后所栽。

【解读】

永贞元年(805)，刘禹锡被贬官朗州司马。过了十年，被招回朝。他到京后，见到新贵充斥朝廷，趋炎附势之徒，纷纷奔走他们门下，心中感慨愤怒，因借咏观玄都观桃花事，对此进行讽刺。诗表面咏观花场面。京城道路，尘土飞扬，写出来往人之多；“无人不道看花回”，只写回而不写去，强调看花人的满足，也暗点花的繁盛美丽，不直接写看花，但已把看花写足，构思巧妙。“玄都观里桃千树”明说一句，渲染气氛，而后迅跌，这样由花及人，吐露自己的失落感。诗人在此的用意很明显，诗是借桃比新贵，以看花人比阿附新贵的小人，虽然没有正面的嘲讽，但讥刺得很辛辣，使局中人一下子即能体会出来，所以他的政敌见了，“白于执政，又诬其有怨愤，不数日，出为连州刺史”(《本事诗》)。

再游玄都观

刘禹锡

百亩庭中半是苔，桃花净尽菜花开。种桃道士归何处？前度刘郎今又来。

【译文】

百亩大小的庭院，一半长满了青苔；桃花早已不见，只有菜花盛开。种桃的道士不知到什么地方去了，前次来过的刘郎，今天旧地重来。

【解读】

这首诗是前首的续篇。诗前原有小序，说自己作了游玄都观诗后，触犯权贵，被贬到连州；十四年后，再次回京任主客郎中，重游玄都观，原先如云似霞的桃花已荡然无存，只有兔葵、燕麦在春风中摇曳，因此作了此诗。诗人的用意很明白，他写这件事，是有意重提旧事，表示对打击他的权贵绝不屈服妥协。诗仍然用比体，从表面上看，是写玄都观桃花的盛衰。前两句着力表现玄都观的荒凉，与当年的繁华作鲜明对照；后两句由花事的变迁，引出人事的变迁，结合进自己，寄托世事变化与漂泊颠沛的感慨。诗以桃花比新贵，以种桃道士比扶持新贵的权臣，而这些人都不在了，自己却又回京城。这样，诗以冷眼旁观的态度，对自己的政敌投以蔑视，进行嘲笑，格调诙谐轻快。

滁州西涧[1]

韦应物

独怜幽草涧边生[2]，上有黄鹂深树鸣。春潮带雨晚来急，野渡无人舟自横[3]。

【作者简介】

韦应物(737~789)，京兆长安(今陕西省西安市)人。少豪放不羁，唐玄宗时为三卫郎，后中进士，历官滁州、江州、苏州刺史。诗以五言见长，多写山水田园，七绝淡远秀朗。著有《韦苏州集》。

【注释】

①滁州：治所在今安徽省滁县。韦应物于唐德宗建中二年(781)任滁州刺史，诗即作于任内。西涧：在州城之西，俗名上马河。②怜：爱。③野渡：郊外的渡口。

【译文】

我最喜爱那郁郁葱葱的春草，因此上，在西涧边徘徊游赏；那溪上枝叶茂密的树丛深处，传来了黄鹂阵阵悦耳的鸣唱。春天的潮水，夹带着阵雨，在黄昏时分快速地上涨；郊野的渡口，静悄悄没人，只有那渡船独个儿横在水上。

【解读】

诗写雨中春景。前两句点染暮春景物，绿肥红瘦，黄莺啼鸣，一片幽静。因为诗人心中十分恬淡，所以对这景色格外会心怜爱，在涧边来往徘徊。这两句是写雨前，点出“涧边”，为后两句蓄势。后两句接写雨中，黄昏时分，春潮涨得很快，郊外没有一个人，只见到小船悄悄地横在渡口。这两句造景极其优美，使人如临其境，从心底赞叹诗人运思用笔之妙。后来宋寇准《春日登楼怀归》“野水无人渡，孤舟尽日横”，宋苏舜钦《淮中晚泊犊头》“晚泊孤舟古祠下，满川风雨看潮生”这些名句，都从此化出。全诗在沉密中寓意娴雅，通过景物，充分吐露自己淡泊容与的情感，因此顾乐《唐人万首绝句选》评云：“写景清切，悠然意远，绝唱也。”

花影[1]

谢枋得

重重叠叠上瑶台[2]，几度呼童扫不开[3]。刚被太阳收拾去，却教明月送将来。

【注释】

①诗原署苏轼作,实见《叠山集》卷一,因改正。②瑶台:神话传说中西王母所居仙宫。此代指精巧的露台。③扫不开:扫不去。

【译文】

花影儿重重叠叠,投满了这华美的露台;多少次,我呼唤童儿去扫,可怎么也扫它不开。它刚随着西下的太阳,收敛了自己的踪迹;那东边升起的明月,又把它悄悄送来。

【解读】

这是首咏物诗,咏的是花的影子,题目很新颖。首句便著题,说花影密集重沓,把整个露台都投满了。次句承上,点出花影的性质,说它无法扫去,角度新奇别致,令人击节赞叹。通过欲扫去一事,表明自己对花影的厌恶,给全诗定调。三、四句讲花影始终存在,太阳下山,刚刚消除,明月东升,又映现地面。"收拾""送将"二词,虽是口语,却十分形象,补足"扫不开"。诗全面描绘了花影,工整妥帖。咏物诗一般都有寄托,这首诗应当也不例外。结合诗人所处时代及他一贯思想,他应当是见到国家日益倾颓,而奸邪小人蒙蔽皇上,蠹政误国,因以花影作比,斥责他们朋比为奸,对他们进行尖锐的讽刺。同时,诗人虽则想扫除他们,可力又未逮,因此,在诗中又流露出无可奈何的悲哀。

北山①

王安石

北山输绿涨横陂②,直堑回塘滟滟时③。细数落花因坐久,缓寻芳草得归迟。

【注释】

①北山:即钟山,在江苏南京市北。王安石晚年筑室隐居北山。②陂:池塘,也指水边堤岸。③堑:直沟。滟滟:水光闪烁貌。

【译文】

北山把浓郁的绿色映照在水面,春水悄悄地上涨;直的沟堑,曲折的池塘,都泛起粼粼波光。我在郊野坐得很久,心情恬淡,细细地数着飘落的花瓣;回程中,慢慢地找寻芳草,到家时,已经天色很晚。

【解读】

王安石的绝句最喜欢将自然界的景物拟人化,让万物都富有生机与活力,这首诗前两句亦是如此。山本是无情的,但春天到来,山上一片浓绿,映现在满陂春水中也是一片绿色,似乎是山主动把自己的绿色输给水塘,又随着水的上涨,仿佛要把绿色满溢出来;水呢,也很多情,或直或曲,以种种秀姿,带着波光,迎接着山的绿色。这联诗,把绿色通过动态写活,十分生动,后来杨万里专学此种。后两句写自己的感情,通过数花、寻草二事，吐露淡寂安闲的心理，虽然写得很平静，但意境很深邃，历来为评家关注。吴开《优古堂诗话》说："前辈读诗与作诗既多，则遣词措意，皆相缘以起，有不自知其然者。荆公晚年闲居诗云'细数'云云，盖本于王摩诘（王维）'兴阑啼鸟唤，坐久落花多'，而其辞意益工也。"吴可《藏海诗话》云："'细数落花'、'缓寻芳草'，其语轻清；'因坐久'、'得归迟'，则其语典重。以轻清配典重，所以不堕唐末人句法中，盖唐末人诗轻佻耳。"

湖上[①]

徐元杰

花开红树乱莺啼[②]，草长平湖白鹭飞[③]。风日晴和人意好[④]，夕阳箫鼓几船归[⑤]。

【作者简介】

徐元杰（？~1245），字仁伯，上饶（今属江西省）人。南宋理宗绍定五年（1232）状元，历官国子祭酒、工部侍郎。卒谥忠愍。诗自然流畅。著有《楳埜集》。

【注释】

①湖：指杭州西湖。②红树：开满红花的树。乱莺啼：莺乱啼，即到处是黄莺啼鸣。③长：茂盛。④人意：游人的心情。⑤箫鼓：吹箫击鼓。此指游船上奏着音乐。几船归：意为有许多船归去。

【译文】

湖边的群树，开满了红花，到处有黄莺在啼唱；波平似镜的湖面，湖边绿草繁茂，白鹭在水上翩翩飞翔。在这风和日丽的天气中，游人们个个兴致酣畅；直到傍晚，成群的画船才回返，载满着箫鼓，沐浴着夕阳。

【解读】

诗写杭州西湖风光。前两句写景，岸上红花满地，黄莺乱啼，湖中水平无波，绿草繁茂，白鹭低飞。描写了一幅十分繁荣的景色，有静有动，有高有低，声色俱全，五彩绚烂，一股浓厚的春天的气息仿佛扑面而至，令人振奋，使人不由得想起南朝丘迟《与陈伯之书》中有名的景句："暮春三月，江南草长，杂花生树，群莺乱飞。"后两句转到写人。诗捕捉了夕阳西下，游船群归的一个场面，辅以风和日暖的点缀，把游人的勃勃兴致与快心畅意写足写满。全诗以精练的词句概括了西湖自然景物，又刻绘了游人之乐，意境优美，情调欢快，是历来写西湖诗中的上乘之作。

漫兴[1]

杜甫

糁径杨花铺白毡[2]，点溪荷叶叠青钱[3]。笋根稚子无人见[4]，沙上凫雏傍母眠[5]。

【注释】

①本诗是杜甫《绝句漫兴九首》之七。②糁：饭粒。此指白色的杨花洒在地面如饭粒般。③点：指零星分布。青钱：青铜钱。④稚子：指芦笋根上长出的嫩芽。⑤凫雏：乳鸭。

【译文】

飘飞的杨花洒满了小径，好像铺上了一条白色的地毯；圆圆的荷叶散布在溪中，犹如重重叠叠绿色的铜钱。笋根上长出了一个个小小的嫩芽，没有什么人注意到；沙滩上那幼小的野鸭，依傍着母鸭甜甜地安眠。

【解读】

这首绝句写暮春景色。诗人选择了河边林下一个幽静的场所加以描绘，表现自己恬淡宁静的心情。四句诗分写四个场面。前两句用对句，分别以“糁”“点”领句，给安静的画面添上动趣。“糁”字状白色的杨花洒在路上，富有新意，道人所未道；以白毡形容满地杨花，以青钱形容初生的荷叶，都十分形象传神。后两句写笋根生出的嫩芽与傍母而眠的小鸭，二者都是暮春特有景物，可见诗人匠心，而以稚子喻嫩芽是活用，与“凫雏”相对，十分工整。全诗是诗人带着平静的心情细致观察的结果，所以四个画面所表现的内容虽异而境界相同，显得凝练而充满趣味。

春晴[1]

王驾

雨前初见花间蕊，雨后全无叶底花。蜂蝶纷纷过墙去，却疑春色在邻家。

【注释】

①诗题原作“雨晴”，一作“晴景”。诗中“全无”原作“兼无”，“蜂蝶纷纷”作“蛱蝶飞来”，“却疑”作“应疑”。宋胡仔《苕溪渔隐丛话》说王安石集中亦有此诗，想来是王安石爱此诗，“因为改七字，使一篇语工而意足，了无镵斧之迹，真削鐻手也。”《丛话》所引王诗，除首四字作“雨来未见”外，余同《千家诗》所录。

【译文】

雨前才见到花间的新蕊，雨后只见到绿叶，全然无花。蜜蜂和蝴蝶纷纷飞过墙去，不禁怀疑无边春色藏在邻家。

【解读】

这是首立意十分新颖的小诗。前两句写雨前与雨后花的变化。雨前见花蕊,雨后已无花,"初见""全无"对举,表示春天就在雨中匆匆过去,诗人自然难免产生失望与惋惜,对着园内凋残春景,徘徊感喟。后两句捕捉了一件小事,抒发感想。诗人正在园内踟蹰,忽见一群蜂蝶飞来,见园内无花可采,又纷纷飞过院墙去。"却疑春色在邻家",是蜂蝶疑,也是诗人见到蜂蝶飞向邻家而生疑。这样一写,顿起波澜,令人耳目一新。诗写得纤巧细致,意新语工,充满活力。后来宋诗人王安石、杨万里等人的绝句常从此入手,予景物以人性,通过生活中的小事小景抒发情趣。王安石集中收此诗,并非偶然。

春暮[①]

曹豳

门外无人问落花,绿阴冉冉遍天涯[②]。林莺啼到无声处[③],青草池塘独听蛙[④]。

【作者简介】

曹豳,字西士,号东圳,瑞安(今属浙江省)人。南宋宁宗嘉泰二年(1202)进士,历官秘书丞、左司谏、浙东提点刑狱,以宝章阁待政致仕。

【注释】

①诗题一作"暮春"。②冉冉:柔弱下垂的样子。③莺:黄莺。黄莺在春天啼叫,到暮春初夏,叫声便渐渐稀疏。④青草池塘:池塘中长满了绿色的水草。化用谢灵运《登池上楼》"池塘生春草"句。

【译文】

没人去注意门外纷纷飘扬的落花;浓郁的绿荫,无边无际,直铺向海角天涯。林丛里黄莺的啼声已渐渐停下;唯独在青草池塘,传来阵阵蛙鸣,一片喧哗。

【解读】

这首绝句写的是暮春三月的景象:繁花凋谢,树荫绿浓,莺啼渐歇,蛙声喧闹。诗人选择四组物象,都是暮春的典型景况,通过这些,组成一幅丰富多彩、热闹非凡的全景。最富有特点的是,历来写暮春的诗都不免带上些惜春的愁怨,本诗却一改常格,格外开朗。诗人对逝去的春光不存在伤感,对将来的初夏,充满喜悦。于是,诗人说对落花不必过问,于莺声的消失也不必放在心上,因为繁花有绿荫来代替,莺啼有蛙鸣来代替。这四种景象在暮春是同时存在的,诗人不是把它们简单地列举,而是两两相对,在情感上侧重对后者的赏鉴,诗人的心情便和盘托出,情趣横溢。宋秦观《三月晦日偶题》云:"节物相催各自新,痴心儿女挽留春。芳菲歇去何须恨,夏木阴阴正可人。"通过议论,表现对节物转换所采取的态度;曹豳这首诗则把这一情感通过写景来表达。宋诗的理趣,正是在这两种艺术手法中得到充分体现。

落花[1]

朱淑真

连理枝头花正开[2],妒花风雨便相催[3]。愿教青帝常为主[4],莫遣纷纷点翠苔[5]。

【作者简介】

朱淑真,北宋末人,号幽栖居士,钱塘(今浙江省杭州市)人。自幼才情横溢,工书画,擅诗词。因婚姻不幸,诗多凄苦之音。著有《断肠集》。

【注释】

①诗题《断肠集》作"惜春"。②连理枝:两株树木枝条相连。古人常用以比喻夫妇恩爱。③催:同"摧",摧残。④青帝:传说中司春之神。⑤点:点染。

【译文】

那枝条相连的树上,美丽的花朵正在盛开;生性妒花的风雨,便急着把它们摧残伤害。我衷心向青帝祈愿,请您长久地为花儿做主,别让它们遭受风雨,纷纷飘坠,点染翠苔。

【解读】

诗人见到满树的花儿被风雨摧残,纷纷飘落在地上,产生了无尽的惋惜与伤感,于是她诅咒风雨,说风雨生性妒忌。她祈求青帝,为花做主,让花常开。深情的语言,凄绵的哀伤,将惜花的情感表现得无比细腻,深切地体现出女子之笔特有的风味。诗人是惜花,但不写别的花,特意注目"连理枝头"的花,这份伤怀,又显然与诗人自己不幸的婚姻有着必然的联系,惜花正是伤己,因此诗格外地苦闷、消沉。愿花长久,追求爱情的美满,是朱淑真咏春诗经常流露的真情,如《恨春》云:"惆怅东君太情薄,挽留时暂也应难。"《春归》云:"凭谁碍断春归路,更且留连伴翠微。"立意都与本诗三、四句仿佛。

春暮游小园

王淇

一从梅粉褪残妆[1],涂抹新红上海棠。开到荼蘼花事了[2],丝丝天棘出莓墙[3]。

【作者简介】

王淇,《千家诗》原注云:"字菉漪,宋人。"宋有王淇,字君玉,华阳(今属四川省)人。仁宗时官集贤校理、礼部侍郎。或非同一人。

【注释】

①一从：自从。②荼蘼：蔷薇科植物，春末夏初开花。③天棘：即天门冬，一种草本攀援植物，叶退化为丝状小枝。莓：苔藓。

【译文】

自从梅花悄悄地凋谢，宛如美人洗去脂粉卸下残妆；春君又把那鲜艳的红色，涂上了盛开的海棠。满架的荼蘼花开了，春天的花事也就过去；只有那伸展着新丝的天棘，把枝儿探出了长满苔藓的矮墙。

【解读】

诗写游小园所见。时令已是暮春，小园中百花都已凋谢，只有荼蘼开着小花，天棘分外茂盛，已从墙上探出头去。但诗人不是直写所见，而是奋笔追述春景。从早春的梅花写到仲春的海棠，然后才接以暮春的荼蘼与天棘，通过花事的盛衰荣替，衬托暮春的萧条，从而锲入自己惜春的情思。这样的构思，新鲜奇巧，不写情而情自现。宋人的绝句最喜欢采用拟人化手法，赋予自然界以人的感情，这首诗前两句就成功地运用了这一手法。诗说梅花凋谢如同粉褪残妆，说海棠盛开是用新红涂抹，把花比成美女，又通过美女化妆，形象地展现春天百花争奇斗妍的景象，生动隽永，饶有趣味。

莺梭

刘克庄

掷柳迁乔太有情[①]，交交时作弄机声[②]。洛阳三月花如锦[③]，多少工夫织得成？

【作者简介】

刘克庄（1187~1269），初名灼，字潜夫，号后村居士，莆田（今属福建省）人。以荫补官，历真州录事参军、江东提刑等，官至工部尚书兼侍讲，以焕章阁学士致仕。他是“江湖诗派”大家，诗风轻快流利；写战乱诸作，笔力雄迈。著有《后村先生大全集》。

【注释】

①掷柳迁乔：谓黄莺在柳树中穿行，飞上高大的树木。“迁乔”二字出《诗·小雅·伐木》：“伐木丁丁，鸟鸣嘤嘤，出自幽谷，迁于乔木。”②交交：鸟鸣声。《诗·秦风·黄鸟》：“交交黄鸟，止于棘。”③洛阳：今河南洛阳市。宋时洛阳多园林，尤以牡丹花名闻天下。

【译文】

你在柳枝中树梢头飞快地来往，是那么地一往情深；不时地婉转鸣叫，犹如一连串织布机声。这洛阳城中三月里，百花盛开，灿烂似锦；不知道你施展妙技，用了多少工夫织成？

【解读】

咏物诗到了宋代，争新出奇，所咏物体，也越来越向细微处着笔。这首诗咏黄莺，但不做泛咏,而是抓住黄莺在绿柳大树中穿行犹如织布机上的梭子的形象,进行描摹,立意新颖,构思别致。诗将实写与想象相结合,层层深入,不断变化角度来写。前两句着题。首句写黄莺穿行树中,用一"掷"字,既写莺飞的迅速,又与掷梭织布相关联;而从柳丝又使人想到织布用的丝,出齐题面。次句即从"梭"字上做文章,将莺啼声比拟成织布声,是艺术上的通感。三、四句拓开,由莺梭想到洛阳的大好春光,于是发问黄莺如何将其织成,想象十分奇特,不写春而春意顿现。全诗四句,有直写、有铺垫、有虚拟、想象,从主体黄莺的吟咏中衬出了热闹春景,生动逼真,令人耳目一新。

暮春即事

叶采

双双瓦雀行书案[①],点点杨花入砚池[②]。闲坐小窗读周易,不知春去几多时。

【作者简介】

叶采,号平岩,邵武(今属福建省)人。南宋理宗宝庆二年(1226)任秘书监。

【注释】

①瓦雀:指跳跃在屋瓦上的麻雀。这里指麻雀投下的影子。②砚池:砚台。

【译文】

成双成对的小麻雀在屋上跳跃,把它们的影子投上我的书案;满天飞舞的柳絮,有几朵飘进了我的砚池。我悠闲自得地坐在小窗下,津津有味地研读着《周易》;心中全然不曾知道,那缤纷的春光已离开多时。

【解读】

诗人悠闲自得、全神贯注地研读《周易》,对窗外的春光漠不关心。偶然见到自己书案上小麻雀的影子跳动着,朵朵柳絮飘落在砚池中,分外醒目,这才意识到春天已经过去了。"闲坐小窗读周易"是全书主句,诗人读得那么专心,心情又是那么闲适,所以不知春天过去,有待于柳絮的提醒。诗虽是将即目所见随手牵入,但已把自己足不出户、埋头书案、淡泊名利的形象和思想活生生地向人们展示出来,写得十分清新别致。一心研读《周易》的诗境与叶采同时的诗人魏了翁的《十二月九日雪融夜起达旦》也曾写到,诗云:"远钟入枕雪初晴,衾铁棱棱梦不成。起傍梅花读周易,一窗明月四檐声。"二诗可合在一起读。

登山[①]

李涉

终日昏昏醉梦间,忽闻春尽强登山[②]。因过竹院逢僧话[③],又得浮生半日闲[④]。

【作者简介】

李涉，号清溪子，洛阳(今属河南省)人。唐宪宗元和年间官太子通事舍人，文宗大和中为太学博士，后流放南方。诗多七绝，清新有致。《全唐诗》录存其诗一卷。

【注释】

①《全唐诗》题作"题鹤林寺僧舍"。鹤林寺，原址在今江苏省镇江市。②强：勉强。③过：游览。竹院：寺庙。④浮生：世事无定，人生短促，因称浮生。

【译文】

我整日无所事事，昏昏沉沉，在醉乡梦境中打发时光；忽然听说春天即将过去，才勉强出门，登山游览。因为赏玩了这座寺庙，与庙中的高僧随意闲谈；才觉得在浮荡扰攘的人生中，享受到了这半天的清闲。

【解读】

李涉所处的年代，藩镇割据，朝政混乱，他郁郁不得志，多次遭贬，心中十分压抑，所以这首诗首句便说自己终日昏昏沉沉，靠饮酒来自我麻醉，打发时间。次句承接首句，写登山。因为终日昏昏，所以春天不知不觉地过去，诗用了一"忽"字，概括这一情况，用一"强"字写登山时的心情，都很切合。三、四句写山中，因逢僧闲话，所以得到半天的清闲。诗首句便说出终日昏昏，无事可做，这里又说得"半日闲"，可见后者的闲是心情的闲，与前不惟含意不同，正成为鲜明的对照；也以此反衬出诗人对世间扰攘肮脏的厌恶，显示出他心情的沉重。当然，这区区半日之闲，对诗人来说又何济于事呢？正如他在《重过文上人院》中所说"无限心中不平事，一宵清话又成空"，他只是在苦恼中寻找到一丝慰藉而已。以平淡悠闲的笔墨道出心中无限烦恼，这就是本诗的成功之处。

蚕妇吟

谢枋得

子规啼彻四更时[1]，起视蚕稠怕叶稀。不信楼头杨柳月，玉人歌舞未曾归[2]。

【注释】

①子规：即杜鹃。杜鹃喜欢在夜间啼鸣。②玉人：如白玉一样皎洁的美女。此指歌女舞妓。

【译文】

子规鸟彻夜不停地鸣啼，天色刚到四更时；蚕妇赶快起床探看，怕蚕儿稠密桑叶太稀。她怎么也不敢相信，明月已经西坠到楼头的柳梢，楼中歌舞的美人们，竟然还没有回归。

【解读】

这首诗采用古乐府的表现手法，即在同一时空中，通过不同的人物的境地遭遇的对比,强烈地表现主体。诗说子规在晚上不停地悲啼,蚕妇挂念着蚕儿,睡不稳觉,四更天就起床去探视,但却发现歌女舞妓还在楼上歌舞卖笑。这样写,蚕妇的辛勤操劳与"玉人"的奢侈享乐成为鲜明的对照,诗人对前者的同情赞美、对后者的厌恶诛伐便十分清楚地表现出来。当然,诗人批判的不仅仅是后者,主要的目标在于那些花天酒地、征歌买笑的贵人们。"不信"二字是诛心之笔,唯其不信眼前的事实,两者的差距就显得更大,不合理现象就更为突出,批判的力度也更为深刻。

晚春[①]

韩愈

草木知春不久归,百般红紫斗芳菲[②]。杨花榆荚无才思[③],惟解漫天作雪飞[④]。

【注释】

①诗题一作"游城南晚春"。②芳菲:花木芬芳艳丽。③榆荚:榆树的果实,俗称榆钱。④解;知道,会。

【译文】

草木知道春天不久就要归去,万紫千红,竞相开放,展示着风华。杨花和榆荚没有才思,只知道铺天盖地,像雪花般飞洒。

【解读】

这首诗用拟人化手法,活泼跳荡地展示了眼前虽近尾声却热闹非凡的春色。诗人把自己沉浸到自然之中,与万物同思同想,于是草木被赋予诗人的自身感受。那繁花似锦的草木,似乎知道春天即将逝去,正抓住最后时机,呈现芳姿,争奇斗妍;连没有才思芳菲的杨花与榆荚,也不甘寂寞,像雪花般漫天飞扬。这样从两面写,"晚春"二字跃然纸上,使人感受到强烈的自然界气息。诗人想通过诗反映什么,没有明说。因了诗中"惟解"二字,引来后人各样的猜测。有人以为诗含讽刺,是嘲弃"杨花榆荚"般无才思之人,挖苦他们文章低劣;也有人认为诗劝人要珍惜光阴,以免像杨花榆荚,白首无成。诗无达诂,于此可见。

伤春[①]

杨万里

准拟今春乐事浓[②],依然枉却一东风[③]。年年不带看花眼,不是愁中即病中。

【作者简介】

杨万里(1127~1206),字廷秀,号诚斋,吉州吉水(今属江西省)人。宋高宗绍兴二十四年(1154)进士,历官零陵丞、太常博士、秘书监。他与陆游、范成大、尤袤并称南宋四大家，诗从江西诗派人，但摆脱江西诗派束缚，讲究活法、诗趣，跳脱清新，号“诚斋体”。著有《诚斋集》。

【注释】

①诗原误署杨简作，今改正。诗题《诚斋集》原作“晓登万花川谷看海棠”。万花川谷为杨万里家花园名。②准拟：本打算，事先断定。浓：多。③枉却：辜负。东风：代指春天。

【译文】

原先总以为今年春天，快乐的事定会纷至沓呈。没想到和往时一样，辜负了这和煦的东风。年复一年我都是如此怨苦，似乎没生就一双看花的眼，不是愁绪萦绕，便是疾病缠身。

杨万里

【解读】

这首诗是典型的“诚斋体”诗，坦白地陈诉心中凝聚的情愫，语言浅近如话，意思却曲折新奇。诗原题“晓登万花川谷看海棠”，但诗人却完全撇开诗题，既不写登川谷，也没一句描写海棠，只是写对花产生的感叹，出人意料，怪不得《千家诗》的编者要把题目改作“伤春”。即使从“伤春”的角度来看，诗也表现得异常地活。诗人要倾吐的是自己逢到春天多愁多病，无法尽情领略春光的愁苦，但诗起首说自己安排好今年要好好看花，次句写辜负春风便更显得失意伤感。第三句又把诗意扩大，由一年到年年，这份伤感就越发得到深化。在造句上，诗力求新奇脱俗，没能赏花，以“枉却一东风”来表达；伤心看到花，以“不带看花眼”作调侃，都似乎脱口而出，实际上极见功夫。

送春[1]

王令

三月残花落更开，小檐日日燕飞来[2]。子规夜半犹啼血[3]，不信东风唤不回[4]。

【作者简介】

王令（1032~1059），字逢原，广陵（今江苏省扬州市）人。他富有经世济时的抱负，深为王安石所赏识，但穷困潦倒，青年早逝。诗风格雄健，构思奇特，追步唐李贺。著有《广陵先生文集》。

【注释】

①此诗《广陵先生文集》卷十题作“春晚二首”。此为第二首。②小檐:犹“矮檐”,低矮的屋檐。③子规:即杜鹃。传为蜀望帝失国后所化。于暮春啼叫,声音悲凄,传其不啼到口流血不止。④东风:代指春天。

【译文】

暮春三月,百花凋谢,可又有新的花朵绽开;低矮的屋檐底下,燕子天天飞去飞来。半夜里子规鸟仍然鸣着,直流出点点鲜血;它是那么地执着,仿佛深信能把春天唤回。

【解读】

诗前两句具体描摹晚春景物。第一句写春的代表——花,但与一般强调花落的暮春诗不同,说花虽然大部凋残,却又有新开的,在写残败中呈现生气。次句写春燕飞来飞去,忙忙碌碌,又为画面增添了勃勃活力。写暮春而又不伤悲,戛戛独造,把自己欣欣向上的情感注入景中,不写情而情自现。后两句转换角度,从哀啼的子规上生发议论。写子规啼,密合时令,诗人又把子规人性化,说它的悲鸣是想把春天唤回,在低迷的气氛中,在惜春的缠绵外,仍透出诗人对暮春的喜爱。王令性格奇崛,感情异于常人,因此王安石《思王逢原》说他“妙质不为平世得,微言唯有故人知”,这首诗表现对暮春的情思,就颇能体现他与众不同的标格。

三月晦日送春[①]

贾岛

三月正当三十日,风光别我苦吟身。共君今夜不须睡,未到晓钟犹是春。

【作者简介】

贾岛(779~843),字阆仙,范阳(今河北涿州市)人。曾为僧,法名无本。还俗后应进士试,不第。唐文宗时任遂州长江主簿。他是著名的苦吟诗人,诗风清奇僻古,尤工五言。著有《长江集》。

【注释】

①诗题贾岛集作“三月晦日赠刘评事”。晦日:农历每月的最后一日。

【译文】

今天是三月里的最后一日,春光将要告别我这苦吟的诗人。我们俩今夜用不着睡觉,没到晨钟敲响,还算是春。

【解读】

诗起得很平拙板重。首句说明时间。次句点出春去,以“苦吟身”表明自己在整个春天的所作所为;也因为耽于苦吟,所以春光不知不觉地流逝,猛然发现今天已经是最后一天了。由此,他产生了惜春之情,起了送春之念,便招呼朋友彻夜不眠,因为在明天晨钟敲响以前，还算是春天。“犹是春”三字郑重磨砺而出，呼应前两句浪掷春光，如今最后一点春光就格外显得珍贵，他对春天逝去的惋惜与留恋也就表现得很充分。对此，黄叔灿《唐诗笺注》评说：“用意良苦，笔亦刻挚。”明王世贞《艺苑卮言》以为这首诗写顾况的《山中》诗一样，“以拙起唤出巧意，结语俱堪讽咏”。

客中初夏[①]

司马光

四月清和雨乍晴[②]，南山当户转分明[③]。更无柳絮因风起[④]，惟有葵花向日倾。

【作者简介】

司马光(1019~1086)，字君实，夏县(今属山西省)涑水乡人，人称涑水先生。宋仁宗宝元元年(1038)进士，历官天章阁待制兼侍讲、翰林学士，哲宗时拜相。卒赠太师、温国公，谥文正。他是宋著名史学家、文学家，诗简朴而见才情。著有《资治通鉴》《司马文正公集》。

【注释】

①宋蔡正孙《诗林广记》收此诗，题作“居洛初夏作”，知诗作于他熙宁中反对王安石变法退居洛阳时。②清和：清明和暖。乍：刚，初。③当户：对着门户。④“更无”句：用《世说新语》中谢道韫咏雪句“未若柳絮因风起”。

【译文】

四月里天气和暖清明，一场雨下过，天刚放晴。巍巍南山正对着我的窗户，雨后的山色格外地葱青。那随风飞扬的柳絮，早已消失了踪影；眼前只有茁壮的葵花，从早到晚朝着太阳，格外殷勤。

【解读】

时逢初夏，雨后乍晴，天气和暖，诗人满怀对生活的热爱，写下了这首诗。诗首句点明节令气候，下三句便写景，点出南山与葵花。诗不仅将这两种景物写得密合初夏、雨后，同时将远景的南山与近景的葵花相参差，将虚景的柳絮与实景的葵花做对比，用笔灵活，形象鲜明，通过恬静的场景表达心中的意趣。司马光在熙宁四年(1071)，因反对王安石新法，退居洛阳，这首诗是退居期间所作。因为司马光居洛期间，仍然对国家前途表示忧虑与关心，所以有的论者认为这首诗表面是写景，实际上是表达自己不像柳絮一样，华而不实，癫狂阿附，而是像葵花向日一样，对皇帝一片忠心，“其爱君忠义之志，概见于此”(《东皋杂记》)，因而诗含蓄委婉，自然天成。

有约[1]

赵师秀

黄梅时节家家雨[2]，青草池塘处处蛙[3]。有约不来过夜半[4]，闲敲棋子落灯花[5]。

【作者简介】

赵师秀（？~1219），字紫芝，号灵秀，温州永嘉（今浙江温州）人。南宋光宗绍熙元年（1190）进士，官高安推官。“永嘉四灵”之一，诗学晚唐贾岛、姚合一派，瘦劲清苦。著有《清苑斋集》。

【注释】

①诗题一作“约客”。②黄梅时节：江南春夏之间阴雨不断，正是梅子成熟的季节，因称其时为“黄梅天”，称其时所下的雨为“梅雨”。家家：与下句“处处”为互文，犹言到处。③青草池塘：指池塘里长满了绿色的水草，化用谢灵运《登池上楼》“池塘生春草”句。④夜半：即半夜。⑤灯花：灯快熄时，灯芯燃烧得犹如开放的花朵，因称“灯花”。

【译文】

黄梅时节，家家雨下个不停；青草池塘，处处是热闹的蛙鸣。约好的人儿，半夜还没有来到，我等着，无聊地敲打着棋子，震落了烧尽的灯芯。

【解读】

诗前两句，以连绵的雨声与喧闹的蛙鸣，一下子摄住读者的心，把人们的思绪引入江南的梅雨季节，一向为评者津津乐道。家家雨，处处蛙，是自然界的天籁。与外面的繁声比，室内却是无比的静寂，只有等客不至，无聊地敲动棋子的单调的声音。前者写闹，闹中显静；后者写静，静中有闹。“闲敲棋子”，写一个小动作，入木三分地表现等人时的心情，是焦急意识不经意地表露。“落灯花”是敲棋子的结果，又与上文“过夜半”呼应，把落寞、不平静的心情细腻地刻画出来，含蓄蕴藉。全诗由黄梅天这一季节缩小到某天的半夜，由家家、处处这些大环境缩小到室内灯下，广泛与局部的有机结合，辅以闹与静的烘托反衬，写尽了诗人待客不至的心理活动。

初夏睡起[1]

杨万里

梅子留酸溅齿牙[2]，芭蕉分绿上窗纱。日长睡起无情思[3]，闲看儿童捉柳花。

【注释】

①本诗原为杨万里《闲居初夏午睡起二绝句》之一,此诗题为编者所改,并误署作者为"杨简"。②溅齿牙:一作"软齿牙",指牙齿因为梅子酸味而难受。③无情思:指无所适从,不知做什么好。

【译文】

酸酸的梅子,吃了很久,还使我牙齿难受非常;窗外的芭蕉叶,一片浓绿,染映着我卧室的纱窗。夏日漫长,午睡方醒,什么也不去想;看着院子里儿童捕捉柳絮,来来往往不停地奔忙。

【解读】

诗从初夏时令谈起:诗人吃过杨梅,嘴里还带着酸味,芭蕉叶十分肥大,满院浓绿,映照得窗外也一片绿色。这两句以小见大,下语凝练,一个"溅"字,把食梅后牙齿难受劲形象地点明;一个"分"字,变静为动,色彩鲜明。三、四句重点写闲。午睡是闲;睡醒无所事事,便更见闲。于是看着儿童捉柳絮玩来打发时间。这两句,前是因,后是果,一排比,诗人毫无机心、热爱生活的状况,便体现出来。末句尤为人称道。一个"捉"字,把儿童嬉闹稚气的动作再现,密合眼前情态,杨万里对此很自负,认为"功夫只在一捉字上"(周密《浩然斋雅谈》)。杨万里论诗,认为要有味外之味,"诗已尽而味方永"。所以他的一些小诗,善于摄取自然与日常生活中小景,捕捉住稍纵即逝的情感,灵活透脱,逗人喜爱,这首诗是他的代表作。

三衢道中[①]

曾幾

梅子黄时日日晴,小溪泛尽却山行[②]。绿阴不减来时路,添得黄鹂四五声。

【作者简介】

曾幾(1084~1166),字吉甫,号茶山居士,原籍赣州(今属江西省),迁居河南(今河南省洛阳市)。以恩起家,历官江西提刑、秘书少监、敷文阁待制。他是江西诗派作家,讲究活法与顿悟,但不为江西诗派家法所囿。著有《茶山集》。

【注释】

①三衢:山名,在今浙江省衢州市。②却:又。

【译文】

杨梅已经泛黄,正该阴雨绵绵,我却意外地碰上连日天晴。乘着小舟走完了水路,我又行走在山间的小径。路旁的绿荫没有减少,还和来时一样浓郁喜人;只多了婉转的莺啼,一声又是一声。

【解读】

黄梅天是多雨的日子,曾几却碰上了难得的好天,更何况是在旅途中,因此诗首句便以欢快的语言记下了这少见的天气。接着,诗写旅途经历及所见景物。"来时路"的"来"是关键字,因了"来"字,我们知道诗人此刻是在回家途中,由此,他为什么碰到晴天便于走路会异常高兴就有了着落,对黄莺的啼鸣会产生兴趣也就容易理解了。全诗通过对比,融入情感。将往年的阴雨连绵的黄梅天与眼下的晴朗对比,将来时的绿树及山林的幽静与眼前的绿树与黄莺叫声对比,于是产生了起伏,引出了新意。诗又全用景语,浑然天成,再现了浙西山区的秀丽景色,同时在景物中锲入了自己愉快欢悦的心情。曾幾虽然是江西诗派的一员,但这首绝句写得清新流畅,没有生吞活剥、拗折诘屈的弊病。他的学生陆游便专学这种,蔚成大家。

即景[①]

朱淑真

竹摇清影罩幽窗,两两时禽噪夕阳[②]。谢却海棠飞尽絮[③],困人天气日初长[④]。

【注释】

①诗题《断肠集》作"清昼",《宋诗纪事》《宋诗钞补》作"初夏"。②时禽:正当这一节令而鸣叫的鸟。③谢却:全都凋谢。④困人:使人感到困倦。张先《八宝妆》词:"正不寒不暖,和风细雨,困人天气。"日初长:指初夏。自农历立夏后,白天逐渐增长。

【译文】

绿竹在微风中摇动着,把它的清影映照在幽静的纱窗;成双成对的鸟儿喧闹着,对着那一抹金色的夕阳。海棠花都已经凋谢,柳絮儿也不再飞扬;唉,这天气多么使人感到困倦,白天的时间却越来越长。

【解读】

长夏来临,诗人独处深闺,百般无聊,默默地打发着时光。窗外,绿色的竹林在风中摇动着,把那翠色映上了纱窗,十分幽静寂寥;夕阳中,鸟儿吵闹着,增加了幽寂,也使诗人烦躁不安。春天已经过去,和暖的气候,令人懒洋洋地,可夏日越来越长.叫人如何打发?诗借景写情,自然流走,情寄词外,缠绵不尽。从诗中,我们可以深切地体会到诗人处在孤寂的环境中,心情无比空虚,无可排遣,又无可寄托,充满伤感,不是长期受到索寞抑郁的心情折磨的人,无法表达得如此深至。明钟惺《名媛诗归》评曰:"语有微至,随意写来自妙,所谓气通而神肖也。"

夏日[①]

戴复古

乳鸭池塘水浅深[②],熟梅天气半晴阴。东园载酒西园醉,摘尽枇杷一树金[③]。

【作者简介】

戴复古(1167~?),字式之,号石屏,台州黄岩(今属浙江省)人。终身未仕,浪游江湖,卒年八十余。他曾受学于陆游,诗风清健轻快,是“江湖诗派”中重要作家。著有《石屏集》。

【注释】

①诗题一作“初夏游张园”,或署戴复古之父戴敏作,题作“小园”。②乳鸭:小鸭。③金:指枇杷的颜色。

【译文】

在那有深有浅的池塘里,小鸭子欢快地嬉游;正是梅子成熟的时候,天气总是忽晴忽阴。我带上酒去东园畅饮,又往西园中陶然一醉;满树金黄色的枇杷,为下酒不知不觉已被摘尽。

【解读】

这首诗,写诗人在夏天纵情自然,欢饮陶醉的生活。首两句写景,那水中嬉戏的小鸭,熟梅,半阴半晴的天气,逼真地描绘出初夏的景致,令人如置身画中。后两句写饮酒,但不具体铺设,只以东园、西园作点缀,见诗人饮酒之多,兴致之高;末句写枇杷照应节令,而枇杷又是下酒之物,摘尽枇杷,又反衬饮酒之多。诗用词浅显,色调明快,意境含蓄优美。尤其令人叹赏的是“熟梅天气半晴阴”句,平平而出,却高度概括了江南春夏之交梅雨季节的天气特点,因此与杜牧的“清明时节雨纷纷”、赵师秀的“黄梅时节家家雨”成为人们形容节气气候特点时引用最为频繁的诗句。

鄂州南楼书事①

黄庭坚

四顾山光接水光,凭栏十里芰荷香②。清风明月无人管③,并作南楼一味凉。

【作者简介】

黄庭坚(1045~1105),字鲁直,号山谷,分宁(今江西修水县)人。宋英宗治平进士,历官泰和令、校书郎,贬涪州别驾,因自号涪翁;后又流放宜州(今广西宜州市)。他是“苏门四学士”之一,又创江西诗派。诗力求避熟就生、夺胎换骨,要求“点铁成金”,所作奇崛瘦硬。著有《山谷集》。

【注释】

①鄂州:今湖北武昌。南楼:在武昌南。晋庾亮曾在此赏月,因成登临名胜。②芰荷:已出水的荷花。③“清风”句:惠洪《冷斋夜话》曾引黄庭坚一段话,大意说:“天下的景色,本意并不选择贤人或愚人予以展现,但是我常常怀疑正是为我们一类人所安排的。”这段话正可作为“无人管”的注解。这一思想,也与苏轼《赤壁赋》所述相同:“天地之间,物各有主,苟非吾之所有,虽一毫而莫取。惟江上之清风,与山间之明月,

耳得之而为声，目遇之而成色；取之无禁，用之不竭，是造物者之无尽藏也。"

【译文】

我登上南楼向四面瞭望，眼前是山光接着水光。我悄悄地凭倚着栏杆，晚风吹来一阵阵荷花的清香。我禁不住感叹：这清风明月没有人去拘管，一起来到南楼，化作了这一味清凉。

【解读】

崇宁二年(1103)，黄庭坚被贬官鄂州，登南楼，作诗四首，这是第一首。诗首句直接入题写自己登楼眺望所见。诗将眼前景色做一浑写，布局十分宏大广阔，密合夜景。次句写登楼的感受，也是浑写，说扑鼻而来的是荷花的清香，与上句山水清晖与朦胧的月光组成一个优美静谧的世界。于是诗人深深被陶醉，一切名利得失都抛到了脑后。下半首转入议论，密切关合上半首的景色，感叹自然界赋予人的启示。诗中的"一味凉"的"凉"字，固然是清风明月给人造成的直感，也是诗人抛弃烦恼、融入自然的心境的反映。有的论者以为黄庭坚在这里又接受了佛家以清凉指摆脱俗事缠绕而进入无烦恼的境界的意趣，也有一定的道理。黄庭坚诗以杜甫为标的，讲究章法及用典，但这首诗全用散句，平铺直下，同时又回还照应，与他的其他作品风格迥异，因此被求俗求清的《千家诗》编者选人。

山亭夏日

高骈

绿树阴浓夏日长，楼台倒影入池塘。水晶帘动微风起①，满架蔷薇一院香②。

【作者简介】

高骈(821~887)，字千里，幽州(治所在今北京市)人。历官安南都护、剑南西川节度使、淮南节度使。黄巢起兵，他坐守扬州，割据一方，后为部将所杀。《全唐诗》录存其诗一卷。

【注释】

①水晶帘：亦作水精帘，比喻精莹华美的帘子。②蔷薇：花名，茎长似蔓，花红、白色。

【译文】

绿树的树荫是那么浓郁，夏季的白天又是那么地悠长。层叠的楼阁亭台，把自己的倒影映入了清澈的池塘。一阵微风悄悄地吹过，水晶帘儿轻轻地摇晃；满架繁花似锦的蔷薇，使院子里弥漫着淡淡的幽香。

【解读】

谢枋得《唐诗绝句注释》说："此诗形容山亭夏日之光景，极其妙丽，如图画然。"确实，诗前两句便给人们勾勒了一幅色彩浓郁、景物繁富的图画。因为是夏天，树木特别茂盛，树荫浓密，绿得抢眼，而日光照着楼台，把楼台及周围的树木的影子倒映在水中，格外清晰。这样组合，岸上景与水中景连成一片，把夏天静穆庄重的气氛渲染得十分逼真。前两句是诗人在山亭所见，后两句是诗人把自己置入这似画的景中的感觉。他站在亭阁中，见到悬挂的帘子微微晃动，这才感觉到吹来了一阵清风；由于微风的吹起，满架的蔷薇香气弥漫开来，令人心旷神怡。诗刻绘入微至细，全是夏日独有的感触，在写景中带出了情，写静中渗入了动，读后令人陶醉，丝毫没有暑天的烦闷之感。

田家①

范成大

昼出耘田夜绩麻②，村庄儿女各当家③。童孙未解供耕织④，也傍桑阴学种瓜⑤。

【作者简介】

范成大(1126~1193)，字致能，号石湖居士，吴县(今属江苏省苏州市)人。绍兴二十四年(1154)进士，历官处州知州、成都知府、参知政事。他与陆游、杨万里、尤袤合称南宋四大家，所作平淡自然、温丽清新；一些新乐府与田园诗，成就很高。著有《石湖集》等。

范成大

【注释】

①诗原为范成大《四时田园杂兴》中《夏日田园杂兴》之七，此题为编者所拟改。②耘田：除草。绩麻：搓麻线、织布。③当家：担当家务。④供：从事，参加。⑤傍：依傍，靠着。

【译文】

白天出门下田除草，晚上在家织布搓麻。村户人家的儿女就是如此，个个勤劳，节俭持家。你看，那稚气未脱的小孙子，还不懂得耕田织布.也在那浓郁的桑阴下，学着挖土种瓜。

【解读】

一、二句写农民们白天黑夜都在劳作，赞扬了他们的勤劳持家。三、四句由正面转向侧面，写小孩子的勤劳，更衬托正面。全诗用笔朴实，风格与内容完美地统一。尤其是后两句，在原本很平淡的气氛中增入童孙天真的形象，在农家苦的主题中渗入几分乐趣，是神来之笔。汉乐府《相逢曲》有“大妇织绮罗，中妇织流黄，小妇无所为，挟瑟上高堂”

句，范成大这首诗先写农家中的成年人，次及未解事小孩，吸取了乐府民歌体的长处，推陈出新，意趣俱到。宋词人辛弃疾《清平乐·村居》下半阕云："大儿锄豆溪东，中儿正织鸡笼。最喜小儿无赖，溪头卧剥莲蓬。"手法与范成大这首诗相同。

村居即事①

翁卷

绿遍山原白满川②，子规声里雨如烟③。乡村四月闲人少④，才了蚕桑又插田⑤。

【作者简介】

翁卷，字续古，一字灵舒，温州乐清（今属浙江）人。约生活于南宋理宗时，终身未仕。他与徐照、徐玑、赵师秀合称"永嘉四灵"，以苦吟出名，讲究修辞，一些绝句，清新自然。著有《苇碧轩诗集》。

【注释】

①这首诗原误题范成大作。翁卷集中诗题作"乡村四月"。②绿：指绿色的植物。川：河流。③子规：即杜鹃，在春末夏初时啼叫，声音凄凉。④闲人：有空闲的人。⑤了：做完。插田：插秧。

【译文】

绿色染遍了平原与山峦，河水映着天光，一片白茫茫。濛濛细雨飘洒着，如烟似雾，杜鹃的叫声，是那么凄伤。农村里四月份是繁忙季节，又有谁会闲散？农民们刚忙完采桑养蚕，又急着下田插秧。

【解读】

诗写江南景色，坐实在乡村的四月。首句大开大阖，用浓笔涂抹。江南四月，红芳消歇，一片浓绿；正逢雨季，水田湖港，水光渺茫，所以诗用绿、白两种颜色来分染画面。尽管颜色很单调，但具有代表性，且绿后加一"遍"字，白后加一"满"字，不仅切合时地，也扩大了画面，增加感染力。次句点时令，通过有代表性的禽鸟与气候，补足题面，衬出山村的恬淡幽静。三、四句转笔写人，从上文的写景中度出，写农民的忙碌，表现的是一种旁观者的心理。诗人欣赏的是没有被紧张的农活所打破的宁静，肯定紧张的生活也是和谐，是与山光水色相默契的，所以说得很平淡。诗人是把自己沉入到景与事中，所以写得分外传神。

题榴花①

韩愈

五月榴花照眼明，枝间时见子初成②。可怜此地无车马③，颠倒苍苔落绛英④。

【注释】

①这首诗原署朱熹作,实为韩愈《题张十一旅舍三咏》之一《榴花》,因改正。②子:指石榴。③可怜:这里是可惜之意。④颠倒:杂乱无章。绛英:指榴花红色的花瓣。

【译文】

五月里的榴花红得似火,映入眼中,格外鲜明;那茂密的枝条中间,可见到不少初生的石榴结成。可惜它生长在荒僻之地,没有车马往来经过;只好纷纷地随风飘落,杂乱地洒满长着苍苔的野地荒径。

【解读】

诗写长在荒凉偏僻之地的石榴花,因为没有人赏识,自开自落,抛洒地上,与苔藓为伴。诗人采用前后对照的写法,先将榴花写得格外地美好,它红得似火,令人分外眼明,那枝间的石榴正在结子;然后感叹它长得不当其地,没人欣赏,纷纷飘落的凄凉景况。这样先扬后抑,诗人的感情更深深地表现了出来,无限低回伤心。诗是写石榴,也是在感伤自己满腹经纶而无人赏识,所以格外地感人。托物言志是中国诗歌的传统之一,如左思著名的《咏史》诗"郁郁涧底松,离离山上苗,以彼径寸茎,荫此百尺条",就是以松自比,说才高位卑的寒士屈于下僚。韩愈这首诗用的也是这一手法。

村晚

雷震

草满池塘水满陂[①],山衔落日浸寒漪[②]。牧童归去横牛背[③],短笛无腔信口吹[④]。

【作者简介】

雷震,宋代人,生平事迹不详。

【注释】

①陂:水岸。②寒漪:带有凉意的水波。③横:横骑。④腔:曲调。

【译文】

绿草长满了池塘,池塘里的水,几乎溢出了塘岸。远远的青山,衔着彤红的落日,一起把影子倒映在水中,闪动着粼粼波光。那小牧童横骑在牛背上,缓缓地把家还;拿着支短笛,随口吹着,没有固定的声腔。

【解读】

这首诗给人们展示的是一幅牧童骑牛晚归图。前两句写背景,春草池塘,绿水满溢,落日衔山,倒影荡漾。诗以池塘为中心,以池塘中的绿草与清碧的池水,带出青山与落日,中间以一"浸"字作维系,使池塘显得很热闹,色彩也很绚丽。在这样宁静的背景中,主人公小牧童登场了。诗写得很生动活泼,牧童骑牛,不是规规矩矩地骑,而是

"横牛背";吹笛也不是认真吹,而是"无腔信口吹",活画出牧童调皮天真的神态。全诗摄取的画面充满乡村气息,又紧扣题"村晚",令人神往。在此之前,张舜民《村居》诗有"夕阳牛背无人卧,带得寒鸦两两归"句,与雷震诗比,画面中少了个牧童,代之以牛背双鸦,以显出村晚的萧瑟。同样写农村晚景,因诗人的心境不同,摄取的画面便不同,一是充满情趣,一是惆怅落寞,因此诗家有"一切景语皆情语"的说法。

书湖阴先生壁[①]

王安石

茅檐长扫净无苔[②],花木成畦手自栽[③]。一水护田将绿绕[④],两山排闼送青来[⑤]。

【注释】

①这首诗是王安石《书湖阴先生壁二首》中的第一首。湖阴先生即杨德逢,是王安石住在金陵钟山下时的邻居。②茅檐:茅屋的檐下。长:常常。③畦:田园中分隔开的土垅。④护田:形容流水环绕着田地。⑤排闼:推门闯入。

【译文】

茅屋的檐下经常打扫,干净得没有一点绿苔杂草。小园里的花木,整整齐齐,是先生亲手栽培灌浇。门外,一湾碧水维护着农田,将绿色的庄稼环绕。那两座青山,似乎推门直入,把苍翠送进你的怀抱。

【解读】

这首题壁诗写湖阴先生家的景色。前两句是近景,写庭院内;后两句是外景,写远处。诗以茅舍为着眼处,内容很丰富,设色很鲜明,充满农村生活的情趣。最被人称道的是后两句,诗中用了"护田""排闼"两词,把自然风景人格化。河水绕田,说成是有意保护农田;青山对门,说成是青翠的山色推门闯入。通过拟人化手法,把不动的景变成了富有感情的动态的形象,诗便富有勃勃生气,带有浓重的主观性。王安石对自己这诗很看重,曾抄给黄庭坚看。吴曾《能改斋漫录》说"一水"两句本五代沈彬"地限一水巡城转,天约群山附郭来",又本许浑"山形朝阙去,河势抱关来"句,可见王安石饱读诗书,经常融化前人句意,密切眼前景物,而无生造硬扯的痕迹。至于有人因为王安石学识渊博,诗中"护田"二字见《汉书·西域传》,"排闼"二字见《史记·樊哙传》,遂指实这是以汉人语对汉人语,是王安石用典用事高妙的例子。这就太过执着,近于生吞硬剥了。

乌衣巷[①]

刘禹锡

朱雀桥边野草花[②],乌衣巷口夕阳斜。旧时王谢堂前燕,飞入寻常百姓家。

【注释】

①本诗是作者《金陵五题》中的第二首。乌衣巷:在今江苏南京市秦淮河南岸。此地原为三国吴国戍守石头城的军营,军士都穿黑衣,故名乌衣巷。东晋初年,豪门贵族王导、谢安都住在这里。②朱雀桥:一名朱雀航,在乌衣巷附近,是一座浮桥。野草花:野草开花。

【译文】

朱雀桥边,遍地的野草开着小花;乌衣巷口,只见到黯淡的夕阳西斜。当年在王谢堂前飞舞的燕子,如今出入的都是普通百姓人家。

【解读】

这是首怀古绝句。诗前两句通过环境的转变,突出主题,写当年极其煊赫的贵族所居之地,早已繁华消歇,只见到野草开花,凄凉的夕阳照射着这荒凉破败的巷子。诗中"朱雀桥""乌衣巷"是互文,写两地实为一地。通过反映荒芜的"野草花"与象征没落的"夕阳斜",暗示时代变迁,那炙手可热的贵族,早已烟飞云散。后两句,诗人忽发奇想,在燕子身上做文章,说昔日在王、谢家中筑巢的燕子,如今都飞到寻常百姓家去了。诗即小见大,对比鲜明,通过燕子的归宿,概括荣华的结束;燕飞入寻常百姓家,王、谢等贵族的后代沦落为寻常百姓,也就不言而喻了。全诗用笔曲折,将怀古之思、沧桑之感融入眼前的平常景物,着意新奇而托兴玄妙,精炼含蓄地表达了自己的感情,因而成为传颂人口的名篇,后人化用其诗句人诗词的,不下数十篇。

送元二使安西[①]

王维

渭城朝雨浥轻尘[②],客舍青青柳色新[③]。劝君更尽一杯酒,西出阳关无故人[④]。

【作者简介】

王维(701~761),字摩诘,太原祁(今山西省祁县)人。其父迁于蒲(今山西省永济市)。唐玄宗开元九年(721)进士,历官给事中、尚书右丞。他工诗善画,诗与孟浩然齐名,尤善写山水田园,清幽恬淡,超妙自然。著有《王右丞集》。

【注释】

①元二:作者友人,生平不详。安西:唐安西都护府,治所在龟兹(今新疆库车县)。②渭城:在今陕西省咸阳市东北,渭水北岸。浥:湿润。③客舍:驿站,旅馆。④阳关:故址在今甘肃敦煌西南,是唐时通往西域的要道。

【译文】

清晨的一场小雨,滋润了渭城大道上的轻尘;旅舍四周一片葱绿,杨柳抽出嫩芽,空气清新。我举起了酒杯,奉劝你再一次喝尽:从此后你向西行,过了阳关,就再也没有一个熟人。

【解读】

这首诗是万口传诵的名作,曾被谱入乐曲,称为《渭城曲》或《阳关曲》,专门在送别时演唱。诗前两句写送别的景色与地点,说清晨的小雨滋润了路上的尘土,客舍四周的杨柳格外葱翠。古人送别有折杨柳的习惯,取其与"留"谐音。诗以清新的环境,与依依杨柳,暗点对分别的眷恋,表现得十分蕴藉,气度从容,风味隽永,为后两句抒情做了极好的铺垫。后两句直接说出,殷殷劝酒,款款叮咛。一个"更"字,写尽了留恋与关切。全诗以浅显的语言,道出心中无比的深情,写得十分感人。因此赵翼《瓯北诗话》评云:"人人意中所有,却未有人道过,一经说出,便人人如其意之所欲出,而易于流播,遂足传当时而名后世……王摩诘'劝君更尽一杯酒,西出阳关无故人',至今犹脍炙人口,皆是先得人心之所同然也。"

与史郎中钦听黄鹤楼上吹笛①

李白

一为迁客去长沙②,西望长安不见家③。黄鹤楼中吹玉笛,江城五月落梅花④。

【注释】

①史郎中:名钦,生平不详。黄鹤楼:故址在今湖北武昌蛇山,因传说仙人王子乔在此乘鹤升天而得名。②迁客:有罪被流放远方。李白当时因参加永王璘集团以"附逆"罪流放夜郎。去长沙:西汉贾谊因上书论朝政得罪权贵,被贬长沙王太傅。这里是以贾谊被贬自比。③长安:唐都城,今陕西西安市。当时李白家属留在长安。④江城:指鄂州(今武昌),城在长江边。落梅花:即"梅花落",笛曲名。

【译文】

自从获罪流放往海角天涯,西望长安见不到我的家。黄鹤楼上不知谁在吹着笛子,五月的江城回荡着一曲《落梅花》。

【解读】

诗人在流放夜郎的途中,经过鄂州,与友人登上黄鹤楼。想到自己迁客的身份,他引颈向西面长安的方向眺望,只见到云雾缭绕,见不到自己的家。诗写离家去国之情,流露出心中无限感慨。望长安既是想念留在那儿的妻子,也是眷恋朝廷,希望再次获得报效国家的机会。正在他怅望沉思时,有人吹起了笛子,他听出来吹奏的是《梅花落》曲。于是他眼前似乎浮现出梅花纷纷坠落的情景,听觉与想象融成了一片,飘零之思、迟暮之感,都借诗含蓄地表现出来,词语蕴藉。正如钟惺《诗归》所评:"无限羁情,笛里吹来,诗中写出。"《唐宋诗醇》则云:"凄切之情,见于言外,有含蓄不尽之致。"

李白还作有《春夜洛城闻笛》一首云:"谁家玉笛暗飞声,散入春风满洛城。此夜曲中闻折柳,何人不起故园情。"都是通过闻笛,巧用笛曲名,寄托自己的情思,因此一向被评家相提并举。黄生《唐诗摘抄》云"黄鹤楼闻笛诗前思家,后闻笛,前后两截,不相照顾,而因闻笛益动乡思,意自联络于言外,与《洛城》作同。此首点题在后,法较老”。

题淮南寺[①]

程颢

南去北来休便休[②],白蘋吹尽楚江秋[③]。道人不是悲秋客[④],一任晚山相对愁。

【注释】

①淮南寺:地处淮南的寺庙,具体所指不详。②休便休:有能歇息的机会就歇息。③白蘋:开白花的水上浮萍。楚江:长江中下游的别称。④道人:有道之人,修道之人。这是作者自称。悲秋客:因秋天到来而引发悲伤的人;宋玉《九辩》有“悲哉秋之为气也”等句,后人因称其为悲秋客。

【译文】

南去北来,疲于奔走,今天能休息就抓紧时间休。水面上的白蘋已经凋残,正逢上楚江的深秋。道人我随遇而安,不是见到秋景而悲伤的旅客;任凭那两岸的青山,在夕阳中相对发愁。

【解读】

诗人行旅在外,经过淮南的一处寺庙,在寺中休息,题了这首诗,抒发旅途中的感受,表明自己的处世观。诗人在诗中自称是学道之人,即看破红尘名利,追求崇高道德境界的人,所以诗起句便讲自己随遇而安,能休则休,既表白了自己的豁达,又切题寺,说明自己在旅途之中。次句补满行旅,描写寺庙所在地点及节令景物,写得平稳沉郁。三、四句,就萧瑟秋景,强调自己的旷达,复述江边景色,并赋予晚山以情感,寄托自己的心绪。诗写得抑扬顿挫,一句写情,一句写景,而景中又带情。通过足以表现愁思的秋景,与表示疏放豪迈的情语构成矛盾,在深处暗示自己在怡然中仍挥抹不去的羁旅愁思。

秋月[①]

朱熹

清溪流过碧山头,空水澄鲜一色秋[②]。隔断红尘三十里[③],白云黄叶共悠悠[④]。

【注释】

①此诗《千家诗》编者原署程颢作,实为朱熹《入瑞岩道间得四绝句呈彦集充父二兄》之一,因改正。②空水:天空与溪水。③红尘:热闹的人世间。此指有人居住的地方。④黄叶:原作“红叶”,与上句“红”字重,据朱熹集改。

【译文】

一道清澈的溪水，流过了碧绿的山头；天空与溪水澄碧鲜明，凝成了这一派美丽的清秋。这清幽的佳境，远离人烟三十里；只有白云与黄叶，远远近近，飞扬飘悠。

【解读】

这首诗的诗题是《千家诗》的编者所拟，所谓"秋月"就是"秋日"的意思。诗写的是深山中秋天的景色，写得繁富多味，不带有寻常写秋景诗的萧瑟与牢愁。诗人仿佛挥动着一支巨大的画笔，为人们涂抹出一幅空阔明净的画面。在画中，有淙淙的溪水，碧绿的群山，有湛蓝的天空，飘浮的白云，金黄的树叶，渲染得十分传神。诗人还把远景与近景相连，清晰与蒙浑交错，静态与动态互配，使景物幽雅多趣。诗别出心裁地将"隔断红尘三十里"镶嵌在三句景句中间，承上启下，看似漫不经意，实际上正突出了诗人欣赏景物的旨趣，是点睛之笔。

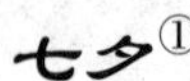

七夕[1]

杨朴

未会牵牛意若何[2]，须邀织女弄金梭[3]？年年乞与人间巧，不道人间巧已多[4]。

【作者简介】

杨朴(约921~约1003)，字契元，号东野逸民，新郑(今属河南省)人。五代时隐居嵩山，宋初被荐，太宗授以官，旋辞归。

【注释】

①七夕：农历七月初七。传这天晚上被分离在银河两岸的牵牛和织女星渡鹊桥相会。②未会：不理解，不知道。③须：应当。④不道：不知。这里是反诘，谓可曾知道。

【译文】

我不明白牛郎你究竟想些什么？定要邀请织女织锦，抛掷金梭。年年都大度地让人们求得许多灵巧，你可曾知道人间的机巧已经太多。

【解读】

杨朴是位隐士，崇尚远离红尘、与世无争的生活，厌恶人世间的机变巧诈。他处在动乱多变之世，因此高蹈遁世，所作诗多抒写隐趣及生活琐事。唐宋时七夕乞巧的风气很盛，每到七夕，富贵人家张灯结彩、盛设肴馔，贫家也陈列瓜果，开乞巧会，向织女乞巧。诗人有感于世风不淳，遂从七夕乞巧，想到人们逞智弄巧、尔虞我诈，因此作此诗进行责难，借以抒发胸中的感慨。诗构思新颖，由节日乞巧引出人间的巧，顺理成章；以设问起，以反诘结，前后呼应，使诗的力度加强，这都是本诗的优点。但诗在追求新意的同时又流于浅俗，含蓄不够，五代、宋初学白居易体的诗人，常犯有此病。

立秋[①]

刘翰

乳鸦啼散玉屏空[②],一枕新凉一扇风[③]。睡起秋声无觅处,满阶梧叶月明中[④]。

【作者简介】

刘翰,字武子,长沙人。约宋光宗绍熙前后在世。工诗词。著有《小山集》。

【注释】

①诗题《宋百家诗存·小山集》作“立秋日”,三、四句略有不同。②玉屏:像玉一样洁白的屏风。③一扇风:一阵风。也可实解为摇动纨扇,享受清风。④“睡起”两句:境同欧阳修《秋声赋》:“欧阳子方夜读书,闻有声自西南来者。悚然而听之,曰:异哉!初淅沥以萧飒,忽奔腾而澎湃,如波涛夜惊,风雨骤至……余谓童子:‘此何声也?汝出视之。’童子曰:‘星月皎洁,明河在天,四无人声,声在树间。’余曰:‘噫嘻悲哉!此秋声也。’”

【译文】

门外的小鸦啼罢散去,眼前的玉屏,分外令人感到凄空。我躺在床上,新凉逼人,窗外又吹来阵阵清风。一觉睡醒,步出门外,想寻那秋声又无处寻觅;只见到满阶洒落着梧桐树叶,万物沉浸在明亮的月光中。

【解读】

这首七绝,以清丽明净的语句,着力渲染了初秋夜晚的萧瑟冷清。第一句是从听觉、视觉上写凉,乳鸦停止了啼叫飞去,夜静无声,使人产生凉意;见到屋中洁白如玉的屏风,又使人油然产生空寂凄清的感觉。这句是采用通感的写法,淳净有味。次句从感觉上写凉。初秋之夜,新凉已生,又吹来阵阵清风,便倍感舒适。三、四句故弄狡狯,听到门外秋天的种种声响——风声、落叶声,出门一看,难觅秋声,唯见明月在天,落叶满阶,而实际上,这落叶便是秋声的结果。这样写,诗便平添波折,音在弦外。全诗写得空灵剔透,将初秋的自然景观与自己的感受细腻曲折地表现出来,境界高迥,清新隽永,充满雅趣。

秋夕[①]

杜牧

银烛秋光冷画屏[②],轻罗小扇扑流萤[③]。天阶夜色凉如水[④],坐看牵牛织女星[⑤]。

【注释】

①诗题一作“七夕”。②银烛:白蜡烛。秋光:月光。③轻罗:细绢。轻罗小扇,即团扇。流萤:飞来飞去的萤火虫。④天阶:宫中的石阶。二字一作“瑶阶”。⑤坐看:一作“卧看”。

【译文】

秋夜,银白色的烛光与月光,照映着冷冷清清的画屏;她拿着把轻罗小扇,扑打着闪亮的流萤。宫中的石阶夜色迷朦,凉意像水一般凄清;她呆呆地坐着,仰望着隔着银河的牛郎织女星。

【解读】

诗用白描为我们展示了这样的一幅幅画面:秋夜,烛光高照,月光皎皎,画屏冷落,一个少女拿着小扇扑打着萤火虫;夜深了,她还不想睡,坐在石阶上,仰望着天上的牛郎织女星。诗没说少女是谁,也没说她想什么,但通过“天阶”二字,我们知道她是一位幽闭深宫的女子,她得不到应有的爱情,在深夜,孤独幽怨,只好注目星空,羡慕一年一度相会的牛郎织女。诗自初夜写到夜深,层层绘出,含蓄深挚。末句是点睛,看似写一动作,实质上从侧面衬出了她浓重的愁思。通过这样暗示,前三句所写的凄凉冷清的环境,少女伤怀愁苦与无聊,都有了答案,正如顾乐《唐人万首绝句选》所评:“诗中不着一意,言外含情无限。”孙洙《唐诗三百首》评论本诗特点说:“层层布景,是一幅着色人物画;只‘坐看’二字,逗出情思,便通身灵动。”

中秋月[①]

苏轼

暮云收尽溢清寒[②],银汉无声转玉盘[③]。此生此夜不长好,明月明年何处看?

【注释】

①本诗为诗人熙宁十年(1077)中秋在徐州所作《阳关词三首》中第三首。②溢:满溢。这里是散发的意思。清寒:指清幽寒冷的月光。③银汉:银河。玉盘:指月。李白《古朗月行》:“小时不识月,呼作白玉盘。”又李群玉《中秋君山看月》:“汗漫铺澄碧,朦胧吐玉盘。”

【译文】

黄昏时的云彩都已消散,月光洒向大地,散发着幽寒。银河横亘天空寂静无声,月亮升起,像转动着一只玉盘。我这一生遇到过多少个中秋月晚,可大多浪迹江湖,心中不安;明年的今日明月依旧,不知我又在何地把月赏玩。

【解读】

宋人的绝句,往往两句写景,两句抒情,苏轼这首绝句也是如此。前两句擒题写月,但写得很活,在不即不离间。先说云散风轻,清辉满地,铺叙月夜的天空;然后写银汉无声，月轮东上。这样一虚一实，逐次渐进，便使月亮格外精神。“转玉盘”三字，变直述为譬喻，赋予月以形象与动态，十分细致真实。后两句写自己对月情怀，说一生坎坷，颠沛流离，多少次遇上中秋，都心境不好，展望未来，明年的今天，又不知流落何地。苏轼在熙宁四年(1071)至写这首诗的熙宁十年，先后任杭州、密州、河中、徐州等地地方官，漂泊不宁，正如他在次年所作《中秋月寄子由》中所说“六年逢此月，五年照离别”，所以感慨极深。由于在前两句竭力描绘的月夜美景的烘托下，这两句便显得格外深沉，使人一唱三叹。同时诗用当句对，更加加重语气，增添曲折，渲染出缠绵哀怨的情致。

江楼感旧

赵嘏

独上江楼思悄然[①]，月光如水水如天。同来玩月人何在，风景依稀似去年。

【作者简介】

赵嘏，字承祐，山阳(今江苏省淮安县)人。唐武宗会昌四年(844)进士，官渭南尉。他的诗以情致见长，笔力纵放，尤工七言近体。著有《渭南集》。

【注释】

①悄然：忧愁怅惘意。一作“渺然”。

【译文】

我独自一人登上临江的高楼，思潮滚滚，忧愁无边。月光洒向大地，明净似水，水光澄清，又如同青天。去年同来赏月的朋友，如今不知道流落在何处；眼前所见的空灵明丽的景色，仿佛还是那样，不改当年。

【解读】

这首诗写登楼思人，笔调纡徐舒缓，语浅情深，婉约感人。首句破题写登楼，“独上”二字点睛。因为独上，又情有所钟，所以思绪翩翩，迷蒙惘然，为后面思人做伏。次句写楼上所见，以月、水、天三者交相辉映，一片空灵明丽，描摹出秋色的感人，秋夜的宁静，反衬登楼时思绪的绵邈。后两句入“感旧”，着重写物是人非，以景的相同与人的不同做对比，诗人抚今感昔之情，便流露无遗了。诗以前后各两句对照，独上之时，便思同来之人；见水月连天，风景依旧，便思去年登临所见。诗就是如此，看似简单，实际上结构绵密，令人一唱三叹。

题临安邸[①]

林升

山外青山楼外楼，西湖歌舞几时休[②]？暖风熏得游人醉，直把杭州作汴州[③]。

【作者简介】

林升，南宋人，生平不详。宋蔡正孙《唐宋千家联珠诗格》收本诗，题作“西湖”，署“林梦井”，或名升，字梦井。明田汝成《西湖游览志余》卷二谓字梦屏，于孝宗淳熙年间(1174~1189)曾旅经临安。

【注释】

①临安：南宋都城，即今浙江省杭州市。邸：旅店。②休：停止，休止。③直：简直。汴州：北宋都城，今河南省开封市。

【译文】

青山连着青山，高楼接着高楼；西湖内外，这喧嚣的歌舞什么时候才能消停罢休？扑面的暖风熏得游人昏昏如醉，简直把杭州当作了汴州！

【解读】

宋南渡后，偏安一隅，上自帝王将相，下至士子商人，沉沦奢侈享乐，在西湖上买醉歌乐，一时西湖有“销金锅”之号。一些爱国志士，对此义愤填膺，纷纷指责统治者醉生梦死，不顾国计民生。这首诗的作者是个默默无闻的读书人，由于诗辛辣讽刺了时政，引起了很多人强烈的共鸣，成为传诵最广的咏西湖的诗。原诗题在旅舍壁上，没有诗题，现题为后人所加。诗以景起兴，首句用粗笔浓墨涂抹出西湖天然景色与人工建筑，概括了当时的繁荣景况，被后人指为西湖象征性的品题。“楼外楼”三字，点出了繁盛，因而次句接写人，写山中、楼中、湖中人的歌舞享乐。诗以“几时休”设问，便包括进了自己的爱憎。后两句进一步写人，结合议论。“暖风”是实指，也是影射上句靡靡腐败之风，因此诗人认为，正是此等风使人把杭州当作汴州，忘了国耻；同时也忧虑，这风吹下去，杭州难免会落得与汴州一样的下场。诗虽然具有强烈的讽刺意味，但毫不刻露，巧妙地通过提问、旁述、对举等手法，使诗的底蕴十分深厚。

晓出净慈寺送林子方[1]

杨万里

毕竟西湖六月中[2]，风光不与四时同。接天莲叶无穷碧，映日荷花别样红[3]。

【注释】

①此诗原题作“西湖”，署苏轼作，现据杨万里《诚斋集》改正。净慈寺：位于浙江杭州西湖的南面，南为南屏山，北为夕阳山，是杭州名刹之一。林子方：名枅，莆田(今属福建)人。绍兴进士，历任秘书省正字、监司、福建路转运判官。②毕竟：到底。③别样：非同一般，特别。

【译文】

到底是西湖的六月里，风光与四季中任何时候都不相同。满湖碧绿的荷叶密密地直排到天边，荷花在初阳的照耀下，又是那么地红。

【解读】

六月的清晨,诗人送好友林子方离开临湖的净慈寺。一到湖边,他被自己素来喜爱的西湖景色所深深陶醉,写了这首诗。诗前两句看上去很率意,几乎像是未经思考,脱口而出,却为后两句做了铺垫,提供了强烈的悬念,又点明了时地。三、四句铺陈不同于四时的六月的独有景色——满湖的荷花。在写时又将叶与花分开写,叶是“无穷碧”,花是“别样红”,以鲜明的色彩,勾成浓艳的画面,表现欢快的心情。尤为可贵的是,诗不仅写出六月与四时的不同,因诗写的是清晨,更有其清晨的特点:太阳刚出来,光线还不强,西湖就显得格外广阔;清晨的荷叶,也比白天更为碧绿、挺拔;初阳的光辉,本带微红,照在红色的荷花上,又布上了一层红晕,便红得“别样”。从这些,都可看出杨万里的匠心。

饮湖上初晴后雨

苏轼

水光潋滟晴方好①,山色空濛雨亦奇②。欲把西湖比西子③,淡妆浓抹总相宜。

【注释】

①潋滟:水光闪动貌。②空濛:形容雨中雾气迷濛。苏轼很喜欢用“潋滟”“空濛”概括西湖湖山之美,如《次韵仲殊雪中游西湖》:“水光潋滟犹浮碧,山色空濛已敛昏。”③西子:即西施,春秋时越国著名的美女。苏轼对此比喻很得意,多次运用,如《次韵刘景文登介亭》:“西湖真西子,烟树点眉目。”《次韵答马忠玉》:“只有西湖似西子,故应宛转为君容。”

【译文】

晴天,阳光在水面上跳跃闪烁,是多么迷人;雨天,朦胧的雾气在山峦中回旋,又是那么地奇妙。我禁不住把西湖与西施做一番比较:不管是淡妆还是浓抹,都是那样婀娜,那样多娇。

【解读】

诗前两句分写西湖晴与雨的景色:阳光普照着西湖的水面,波光粼粼,有一种静态的、开朗的美;雨丝风片,雾气缭绕着远近山峦,又是一派动态的、朦胧的美。诗把西湖最有特色的现象摄入了诗中,所以查慎行《初白庵诗评》说:“多少西湖诗被二语扫尽,何处着一毫脂粉色。”后两句由湖光山色的美,想到人的美,便将二者并列,说西湖与西施一样,不管是浓抹,还是淡妆,都是那么的迷人。诗中“淡妆浓抹”用拟人化手法,比喻很贴切,同时又与前两句呼应:水光潋滟的晴是淡妆,形象鲜明;山色空濛的雨是浓抹,形象朦胧。这样,写情的后两句又与写景的前两句串成一气,滴水不漏。因了诗人的高度概括,杭州西湖便多了个响亮的名称——西子湖。

入直[1]

周必大

绿槐夹道入昏鸦[2]，敕使传宣坐赐茶[3]。归到玉堂清不寐[4]，月钩初上紫薇花[5]。

【作者简介】

周必大(1126~1204)，字子充，又字洪道，自号平园老叟，吉州庐陵(今江西省吉安市)人。绍兴二十一年(1151)进士，历官中书舍人、枢密使，孝宗时拜相。封益国公，卒谥文忠。著有《玉堂类稿》等。

【注释】

①诗题原集作“入直召对选德殿赐茶而退”。②昏鸦：黄昏时归巢的乌鸦。③敕使：传达皇帝令旨的中官。④玉堂：翰林院的别称。⑤清：指神志兴奋，对昏昏欲睡而言。⑤紫薇花：花名，夏季开。唐中书省栽紫薇，详后白居易《紫薇花》诗注。

【译文】

道路两旁绿槐森森，聚集着傍晚归巢的乌鸦；敕使传旨皇上召见，赐我座位，又赐饮香茶。回到翰林院里，我兴奋得难以入睡，只见那一钩新月升起，照着满院的紫薇花。

【解读】

这首诗写自己在翰林院夜值时的奇遇。首句描绘宫中黄昏景色，是夜值开始；次句写受到皇上召见宠爱，记事；第三句写回翰林院后兴奋的心情；末尾再次描写景物，以衬托心中的激动。诗在内容上没什么可取，因为入宫夜值、接近帝禁是文人艳羡的事，蒙皇帝召见赐座赐茶又是不世之优典，所以《千家诗》的编者予以选人，有激励后生小子好好读书，“书中自有千钟粟”的意思。不过，诗在艺术上不无可取之处。诗以景起，以景结，中两句写情，是绝句常用手法，可供仿效。末句暗用紫薇花典，含蓄双关，也非俗手能到。同时，诗以清丽的景物、清幽的境界，与自己不平静的心情相映照，衬托心中的喜悦，颇见匠心。

夏日登车盖亭[1]

蔡确

纸屏石枕竹方床[2]，手倦抛书午梦长。睡起莞然成独笑，数声渔笛在沧浪[3]。

【作者简介】

蔡确(1037~1093)，字持正，泉州晋江(今属福建省)人。宋嘉祐四年(1059)进士，历官御史丞、参知政事，元丰中拜相。后遭贬，安置新州卒。

【注释】

①车盖亭：在今湖北安陆市。②纸屏：用皮纸制成的屏风。竹方床：竹榻。③"睡起"二句：暗用《楚辞·渔父》：渔父莞然而笑，鼓枻而去，乃歌曰："沧浪之水清兮，可以濯吾缨；沧浪之水浊兮，可以濯吾足。"莞然，微笑的样子。沧浪，水名，在湖北。这里指流经安陆的涢水。

【译文】

用纸做的屏风遮挡，枕着石枕，躺上竹床。看书看累了，便顺手放下，安然入睡，午梦悠长。一觉醒来，心情舒畅，不禁独自莞然微笑：远远听见数声渔笛，回荡在宽广的江上。

【解读】

元祐年间，蔡确贬官安州（今湖北安陆），夏日登车盖亭，作了十首诗，这里选的是第三首。诗着意刻画贬官后的闲散与对隐居生活的向往，是看破世情的味道语。登车盖亭是夏天，但诗起首却以纸屏、石枕、竹床勾出一个清幽的环境，使人顿觉气爽神清，也写出了诗人自己的意趣。在这样的环境中，他看了会书，倦了便安然入睡。这第二句，逼真地写出了自己的惬意恬适。三、四句，直写醒后。醒后莞然微笑，可见睡得很舒服，呼应睡前；末句则以一个象征性画面，暗用《楚辞》典切眼前景，寄托对人生的认识，表明自己淡泊名利及对自由自在的生活的赞羡。沈义父《乐府指迷》说："结句要放开，含有余不尽之意，以景结情最好。"这首诗即以景结情，含蓄有味，达到了沈义父所说的标准。

直玉堂作

洪咨夔

禁门深锁寂无哗[①]，浓墨淋漓两相麻[②]。唱彻五更天未晓[③]，一墀月浸紫薇花[④]。

【作者简介】

洪咨夔（1176~1235），字舜俞，号平斋，临安（今浙江省杭州市）人。宋嘉定元年（1208）进士，历官刑部尚书、翰林学士、知制诰。卒谥忠文。著有《平斋文集》。

【注释】

①禁门：皇宫的门。②相麻：任命宰相的旨令。此令照例写在黄麻纸上。③唱：指宫中报晓的鸡人大声报晓。④墀：宫中的台阶。

【译文】

皇宫的重门紧紧地闭锁，四周一派寂静无哗；我蘸着浓墨，挥笔疾书，撰写着任命左右丞相的黄麻。鸡人高声传唱五更已到，可天还没有完全亮；那洁白的月光似水，照着玉阶和紫薇花。

【解读】

这首诗的内容与周必大的《入直》诗内容相仿,都写受到皇帝优遇后的心情。不同的是,周必大写的是抑制不住的兴奋,洪咨夔表现的是心中的得意;周必大写的是夜的片段,洪咨夔写的是整晚。诗与所有夜值诗相同,先写宫中的沉寂,不过变写景为直述,质朴无华。次句写撰拜相诏令,说自己奋笔直书,笔墨淋漓。草黄麻是莫大的荣誉,所以诗自夸文思敏捷,妙笔生花,得意之情溢于言表。第三句写天尚未明,补足前句。末句写院中景物,将情藏景中,收得纡徐舒缓。诗娓娓道来,清通简捷,是典型的翰苑之笔。

竹楼①

李嘉祐

傲吏身闲笑五侯②,西江取竹起高楼③。南风不用蒲葵扇④,纱帽闲眠对水鸥⑤。

【作者简介】

李嘉祐(719~781?),字从一,赵州(今河北省赵县)人。唐玄宗天宝七载(748)进士,历官台州、袁州刺史。诗擅近体,精炼清婉。著有《台阁集》。

【注释】

①诗题原集作《寄王舍人竹楼》。②傲吏:指为官而傲世不羁之人。五侯:见前韩翃《寒食》诗注。③西江:即江西。南风:指暑天之风。④蒲葵扇:即蒲扇。蒲葵是一种状如棕榈的乔木,叶可制扇。⑤纱帽:乌纱帽,官员所戴。

【译文】

你虽然官品低下,但品格傲岸,轻视五侯;从西江伐来竹子,盖了座高高的竹楼。南风徐徐吹来,用不着摇动蒲扇驱暑;连乌纱帽也懒得脱,闲躺楼上,对着水中的白鸥。

【解读】

这首小诗是题王舍人竹楼的,实质是为王舍人写照。王舍人虽然是个官员,但身居闲职,蔑视功名富贵,过着随心所欲,脱略形骸的生活。诗首句写明王舍人的身份性格,以下三句,便为首句做注脚。身为官员,却伐竹造楼,可见其"身闲",造的又是竹楼,点出他与众不同的意趣。在竹楼上享受清风,高卧避暑,又是"闲"的表现;"对水鸥"暗用《列子》中"鸥鸟忘机"典,说明他心志恬淡;而连纱帽也不脱就躺下,更见豪爽放荡,呼应"傲吏"二字。诗写得意象丰富,全面勾勒出王舍人的行事、心志。这位王舍人看来是得罪了权官而遭贬谪的人,所以能如此闲散,从诗人对其赞赏中,也可见诗人自己的品格。

直中书省[①]

白居易

丝纶阁下文章静[②]，钟鼓楼中刻漏长[③]。独坐黄昏谁是伴？紫薇花对紫薇郎[④]。

【作者简介】

白居易(772~846)，字乐天，晚号香山居士，下邽(今陕西省渭南县)人。唐德宗贞元进士，历官翰林学士、左拾遗，贬江州司马，复由中书舍人出为杭州、苏州刺史，官至刑部尚书。他提倡诗歌反映现实，以今乐府及歌行著名，语言通俗浅近。著有《白氏长庆集》。

白居易

【注释】

①诗题白居易集作“紫薇花”。中书省是代皇帝拟定政策诏令的机关，因省院中多植紫薇，曾改名紫薇省。②丝纶阁：指皇帝颁发诏书之处，即中书省。丝纶二字出《礼记》“王言如丝，其出如纶”，意为帝王极细微如丝般的话也会产生巨大的作用。文章：白居易集作“文书”，当从。③钟鼓楼：官中击钟敲鼓来报清晨、夜晚到来的小楼。刻漏：有刻度的漏壶，漏水以计时辰。④紫薇郎：中书舍人。白居易时官中书舍人。

【译文】

中书省里没文书要草分外宁静，钟鼓楼中的刻漏是那么悠长。黄昏中独个儿坐着有谁做伴？只有紫薇花对着我这紫薇郎。

【解读】

这首诗写诗人在内阁当值时的感受，总体突出一个“静”字。署内没有作文书诏令的任务，十分空闲，是心情娴静；百官早已退朝，只听见漏壶滴水声，是以声音衬静；黄昏独坐，对着院中的紫薇花，则物我俱入静态了。而在写静时，诗人的寂寞也从语句中流出。诗在白居易绝句中只能算中下之品，仅仅末句“紫薇花对紫薇郎”叠用两个“紫薇”，人服其工巧，遂成夜直典故。平心而论，此句已带有纤巧求新之病，开宋诗风气。《千家诗》因为是给儿童读的，追求劝进、激励的功用，所以选了这首诗，同时还选了周必大《入直》、洪咨夔《直玉堂作》等值夜绝句，将三诗合在一起读，可以看出白诗对周、洪之作的影响。

观书有感[1]

朱熹

半亩方塘一鉴开[2]，天光云影共徘徊[3]。问渠那得清如许[4]？为有源头活水来[5]。

【注释】

①这是朱熹《观书有感》二首中的第一首。②鉴：镜子。开：打开。古代镜子用铜铸成，镜面磨光，平时用锦袱盖上，用时打开。③徘徊：来回走动。此指倒影不停地荡漾晃动。④渠：它。指方塘。如许：如此，这么。⑤活水：流动的水。

【译文】

半亩大小的方塘犹如一面明镜打开，水光里荡漾着蓝蓝的天空，白白的云彩。我忍不住动问：池塘啊，你怎么会如此清澈见底？喏，因为上游不断有活水灌注进来。

【解读】

清澈的池塘荡漾着波光云影，这一派美妙的景色，令人陶醉。于是，诗人抓住景色的特点——水清加以发挥，唯有水清才会如镜，才能倒映变化无穷的天象。可水何以清呢？是因为上流不断有活水补充。从字面上来看，这是写景诗，以轻松活泼的语言，对明澈似镜的方塘进行赞美。可是当你注意到诗题后，方领会到这位大哲学家原来是借自然界的实例阐明一个道理：一个人要心地澄明，知识渊博，才能如实地对各种事情做出反应和判断，才能充分认清各种道理；而要做到这点，就得不断地学习，补充新的知识，犹如水塘不断注入活水才不会积滞混浊。

泛舟[1]

朱熹

昨夜江边春水生，艨艟巨舰一毛轻[2]。向来枉费推移力[3]，此日中流自在行。

【注释】

①诗原为朱熹《观书有感二首》之二，诗题为编者拟改。②艨艟：古代巨型战舰。此指大船。③向来：原先。推移力：用人工推挽牵拉。

【译文】

昨晚江中春潮悄悄地上涨，那巨大的船舶像一根鸿毛飘浮水上。原先白白地对它推拉牵挽，如今它在江心自在地航行来往。

【解读】

这首诗与前一首一样，也是阐述自己读书的心得。诗用涨水前后船行水上的情况作比,说明一个人解决问题的能力与知识的积累有重要关系。诗人在诗中解说,当一个人书读的少时,就如水枯时,那些艰深的问题,犹如水中的巨舰,你费尽了力气,仍然无法解决;但一旦掌握了丰富的知识,就如船行深水,来往自如,原先束手无策的问题,如今解决时游刃有余。诗与上一首相合,从不同的角度上论证了读书的重要性。虽然是讲理,由于是诗人自己深有感触而后发,且通过具体而又形象的比喻来阐发,所以表现得很生动,很容易为人所接受,并产生共鸣。

冷泉亭①

林稹

一泓清可沁诗脾②,冷暖年来只自知③。流出西湖载歌舞④,回头不似在山时⑤。

【作者简介】

林稹,字丹山,南宋时人,生平不详。

【注释】

①诗题一作"冷泉"。冷泉亭,在浙江杭州灵隐寺前飞来峰下。亭前有冷泉,流入西湖。"冷泉"二字为唐白居易书,"亭"字为宋苏轼书。②诗脾:犹"诗肠",指诗思、诗兴。③只自知:用佛家语"如鱼饮水,冷暖自知"(《传灯录》)意,表示别人无法理解。④流出:一作"流向",当从。载歌舞:载着歌舞的游船。⑤这两句用杜甫《佳人》诗"在山泉水清,出山泉水浊"意,说冷泉一旦与西湖水同流合污,便失去了在山时的清澄。

【译文】

一泓清澄的山泉,沁人心脾,引起诗人无尽的诗思;年复一年,泉的冷暖,除了自己,又有谁知?它流呀流呀,流入了西湖,浮载着歌舞画舫;那时候,它的情况,已不同于在山之时。

【解读】

这首题冷泉亭的诗,在"冷"字上做文章,发表心中的感慨。前两句赞扬在山泉水的清澈。冷暖只自知,切"冷泉",固是从水温而言,更多的注意力在乎世情的冷热。后两句即写世情的热,以西湖上的歌舞繁华作代表,将出山之水与在山之水比较,表示惋惜。全诗是以冷泉作譬,一方面有感于当时官僚富户穷奢极侈,对"暖风吹得游人醉,直把杭州作汴州"的腐朽现象不满;一方面以此揭示处世的准则,劝勉人们要慎始慎终、洁身自好。在题写山水名胜时,不忘警醒世人,把说理与写景结合,是本诗的特点,也是宋人绝句经常采用的手法。唐白居易有首《白云泉》诗云:"天平山上白云泉,云自无心水自闲。何必奔冲山下去,更添波浪向人间。"赞叹泉水在山时的悠闲,以出山之水喻世路坎坷,用意与林稹诗差不多,可以合在一起参读。

赠刘景文[1]

苏轼

荷尽已无擎雨盖[2],菊残犹有傲霜枝。一年好景君须记,最是橙黄橘绿时[3]。

【注释】

①刘景文:刘季孙。见前刘季孙《题屏》诗"作者简介"。②擎雨盖:指伞形的荷叶。③最是:一作"正是"。橙黄橘绿时:指初冬。

【译文】

荷花已经凋残,失去了那雨伞般高举的荷叶;菊花已经枯谢,仍剩下凌风傲霜的花枝。一年中景物无数,那最好的季节你要牢记:就是初冬——这橙子黄了橘子绿了之时。

【解读】

读这首诗,我们很明显可以感受到,诗与前面已入选的韩愈《初春小雨》构思造句完全相同。诗前两句用流水对,重点写初冬景物,选取了荷花与菊两种花作代表,说明时令,写得很具体细微,且同中有异,"已无"与"犹有"对举,使写实与写意兼备。后两句通过议论,表达对初冬季节的赞美。"橙黄橘绿",既是作为初冬季节的代词,又以其丰富的意象作上两句景物的补充。苏轼这首诗作于元祐五年(1090),他当时任杭州知州,刘季孙任两浙兵马都监。刘季孙生平慷慨大度,但失意潦倒,苏轼作过多首诗对他推许并为他抱不平。在这首绝句中,苏轼是借菊花宁可枝头抱香死、残枝傲霜的精神,及橙橘在冬天常绿的品格,称赞刘季孙,并勉励他在逆境中要继续奋斗,显示自己豁达开朗的襟怀。全诗融写景、咏物、赞人于一体,有明写,有暗喻,情景俱胜,所以《苏诗选评笺释》评为"浅语遥情"。

枫桥夜泊[1]

张继

月落乌啼霜满天,江枫渔火对愁眠[2]。姑苏城外寒山寺[3],夜半钟声到客船。

【作者简介】

张继,字懿孙,襄州(今湖北襄阳市)人。唐玄宗天宝十二载(753)进士,历官盐铁判官、祠部员外郎。诗清迥深秀,天然淳朴。著有《张祠部诗集》。

【注释】

①枫桥:亦名封桥,在今江苏省苏州市西郊。②江枫:一作"江村"。③姑苏:苏州的古称,因西南有姑苏山而得名。寒山寺:在枫桥附近,始建于南朝,相传唐高僧寒山

居此，因得名。

【译文】

月亮西落，栖鸦阵阵啼鸣，寒霜无声地下降，弥漫了夜天；我对着江边的枫树，眼见渔火点点，满怀着忧愁，彻夜难眠。我乘坐的小舟悄悄地停泊着，在那姑苏城外，寒山寺前；半夜里寺中敲响了阵阵钟声，悠悠荡荡，传到了我的耳边。

【解读】

这首诗写诗人在深秋夜晚经过枫桥时的所见所感，随手拈来，得自然趣味。首句以月落言天将亮，乌啼衬夜静，霜满天表明季节，渲染出凄清的氛围。暗点诗人愁思萦绕，彻夜未睡。第二句追叙天明以前的事，以江枫、渔火，概指夜来所见，"对愁眠"三字直点，倾吐羁旅愁绪。三、四句转写景为叙事，通过写钟声，既打破了半夜的寂静，又增加了半夜的寂静，反衬出诗人心中深刻的感触。描写景物的诗，当然应该生动逼真地重现景物，更重要的是要通过景物表现人物的内心活动，所谓"一切景语皆情语"，就是这个道理。这首诗，首句是天将晓时所见所闻，次句是整夜所对，末句是夜半所听，都以因愁而难眠贯穿，一切景色便都带上了诗人的感情色彩，蒙上了浓重的愁绪。从此出发，诗人又有意将时序倒置，突出一夜愁情。于是，诗以融浑的意境，奇妙的章法，具有撼人心魄的魅力，成为千古绝唱。

寒夜

杜耒

寒夜客来茶当酒①，竹炉汤沸火初红②。寻常一样窗前月，才有梅花便不同③。

【作者简介】

杜耒，字子野，号小山，盱江（今江西省抚州市）人。南宋宁宗时为淮东安抚制置使许国幕僚。宝庆元年（1225）许国为义军杀，杜耒亦死于战乱。

【注释】

①当：当作。②竹炉：一种烧炭的小火炉，外壳用竹子编成，炉壁用泥，中间有铁栅，隔为上下。古人常用来烹茶。汤：即水。③才有：同"一有"。

【译文】

寒冷的夜晚，客人来了，我冲上杯清茶权当作酒；竹炉上水在沸腾，炭火烧得正红。照在窗前的月光，与往常没有什么两样；可今儿添上了梅花的清香，便使人觉得大不相同。

【解读】

前两句写诗人与来客夜间在火炉前向火深谈，喝着清茶；屋外是寒气逼人，屋内却温暖如春，诗人的心情也与屋外的境地迥别。后两句换个角度，以写景融入说理，说主客两人交谈得很投机，有意无意地牵入梅花，以作暗示。诗人写梅，固然是赞叹梅的高洁,更多的是称赞来客,看似随意而出,却很形象地反映了诗人喜悦心情。所以黄升《玉林清话》对之赞不绝口,并指出苏洞《金陵》诗“人家一样垂杨柳,种在宫墙自不同”与杜耒诗意思相同,都意有旁指。“寒夜客来茶当酒”在今天已成熟词,人人会说,如细细品味,意思很深厚。首先客人来了,主人不备酒,这客人定是常客,熟客,主人不必过分拘泥礼节;其次,在寒夜有兴趣过访的,一定不是俗人,他与主人一定有共同的意趣,所以煮茗清谈,最为适合,不在乎有没有酒。可见,好诗要多品,不要因其琅琅上口,似乎很浅显,就一读而过。否则,哪天来了贵客、稀客,必须执礼盛待,你也来句“寒夜客来茶当酒”恐怕效果会适得其反。

霜月

李商隐

初闻征雁已无蝉[①],百尺楼高水接天。青女素娥俱耐冷[②],月中霜里斗婵娟[③]。

【作者简介】

李商隐(812~858?),字义山,号玉溪生,河内(今河南省沁阳市)人。唐文宗开成二年(837)进士,官秘书省校书郎,后历入郑亚、柳宗郢幕,官检校工部员外郎。诗与杜牧齐名,尤工七言,构思缜密,想象丰富,语言优美,用典工稳。著有《李义山诗集》。

【注释】

①征雁:此指南飞的大雁。②青女:司霜雪的仙女。素娥:即嫦娥。③婵娟:美好的姿容。

【译文】

繁噪的蝉声已经消歇,空中传来阵阵南飞的雁鸣;我站在高楼上远眺,烟波浩渺,远与天连。天上的青女与嫦娥,都经得起寒冷的考验;她们在月宫里,在浓霜中,正展露芳姿,争美斗妍。

【解读】

诗咏霜与月,首句便勾勒伴随霜月的节物:鸿雁南飞,鸣蝉断声。一实一虚,点出秋令,又以鸿雁的鸣声,衬托环境的安静。次句写夜景,水天相接,澄净空明,创造了清幽、冷寂的氛围。诗没有写霜与月,但霜月已包含其中,令人可以想见。正如《李义山诗集辑评》引何焯语所云:“第二句先写霜月之光,最接得妙。”纪昀也赞道:“次句极写摇落高寒之意,则人不耐冷可知。妙不说破,只以对面衬映之。”三、四句咏霜月,但又不从正面绘形,而从环境的凄冷联想到传说中的青女与嫦娥,于是产生了她们不怕冷的奇思;更由夜色的皎洁,推断她们正在天上比试姿容。通过想象,既描绘了夜景,又暗示了自己的寒寂。李商隐的小诗善于创造朦胧幽幻的世界,这首诗用笔空灵玄妙,以缥缈的诗境寄托自己高洁的品格,情深意永,不露迹象,历来为人赞赏。

梅

王淇

不受尘埃半点侵①，竹篱茅舍自甘心。只因误识林和靖②，惹得诗人说到今。

【注释】

①侵：沾染。②林和靖：林逋，以咏梅出名。详本书七律中林逋《梅花》诗。

【译文】

不受半点尘埃的沾染，心甘情愿在竹篱边茅舍旁生长。只因为不幸得到林和靖的欣赏，惹得诗人们直到今天还说个没完。

【解读】

这首咏梅诗，前两句从正面讲。梅花遗世独立，不沾染人间的灰尘浊气，心甘情愿地伴着竹篱茅舍，傲雪凌霜，默默开放。这两句，通过梅花所处的环境，高度赞扬了梅花的高标绝俗。后两句从侧面烘托。梅花甘于寂寞，不求人知，但误被林和靖所赏识，被他一宣扬，引起了人们的注意，惹得诗人纷纷作诗赞赏。这两句实质仍是赞梅，但用调侃诙谐的手法，加深了读者对梅的高雅品格的认识。诗用拟人化手法写梅，同时也是以梅来比拟隐士高人的清高品质，倾吐自己的志向，这样双向结合，使本诗在众多的咏梅诗中独居一格。

早春

白玉蟾

南枝才放两三花①，雪里吟香弄粉些②。淡淡著烟浓著月，深深笼水浅笼沙。

【作者简介】

白玉蟾，即葛长庚，字如晦，号海琼子，南宋道士，闽清（今属福建省）人。曾过继给白氏。工诗善画，著有《海琼集》。

【注释】

①南枝：向南的枝条。诗用《白孔六帖》九九"大庾嶺上梅，南枝落，北枝开"典，以南枝强调早梅。②弄粉：欣赏花的颜色。些：语助。

【译文】

那朝南横斜的枝干，刚刚开放了两三朵梅花；我在雪中吟咏它的芬芳，欣赏它红色的花瓣。那淡淡的香气在烟雾中弥漫，那艳丽的花儿在月光中灿烂。月光把树影投在水中是那么深郁，投在沙滩上又显得朦胧浅淡。

【解读】

诗题是“早春”,而最能体现春天预兆的是梅花,所以诗人便通过咏梅来展现春的到来。诗前两句写“早”,朝南的枝条刚开了几朵花,在白雪中暗香袭人,容光焕然。这两句,活现了梅的神采,可媲美唐诗人齐己的《早梅》诗“前村深雪里,昨夜一支开”,提供了丰富的意象,给人以美的感受。三、四句以工整的当句对,用素描手法刻画梅花在月夜的神韵。“淡淡著烟”承“吟香”,说在烟雾中梅花散发着幽香;“浓著月”承“弄粉”,说梅花色彩鲜丽,在月光下清晰可见。末句又承第三句的“月”,写月光下的树影在水中与沙上的不同。诗分述烟、月、水、沙中所见之梅,生动逼真,细致工巧,构成了一幅意境优美的月夜早梅图。

雪梅(其一)

卢梅坡

梅雪争春未肯降①,骚人阁笔费平章②。梅须逊雪三分白,雪却输梅一段香。

【作者简介】

卢梅坡,宋朝人,生平事迹不详。

【注释】

①降:降服,认输。②骚人:诗人。平章:品评。

【译文】

梅雪争春,谁也不肯认输退让;诗人我难下结论,放下笔反复思量。梅确实比雪少了三分洁白,雪却比梅少了一段清香。

【解读】

这是一首说理诗。诗首先揭出梅雪争春,提出问题,说要将二者定出优劣,十分困难。梅与雪都以自己各自的特点,迎接着春的到来,历来受到诗人的赞扬,因此诗人为之踌躇了许久。然后,诗人补足“费平章”的原因:梅与雪比,在洁白上输了一筹,但却比雪多了迷人的清香。这是客观的分析,也是对梅与雪的考评,既然它们各有所长,还争竞些什么?诗虽然全是议论,但能抓住雪、梅的同异,说得妙趣横溢,如将这意思引申到生活中去,想必也会给读者以深刻的启示。

雪梅(其二)

卢梅坡

有梅无雪不精神①,有雪无诗俗了人。日暮诗成天又雪,与梅并作十分春②。

【注释】

①精神：神采风韵。②十分春：完美无缺的春色。

【译文】

有梅花，没有飞雪，显不出梅的神采风韵；有飞雪，没有诗篇，也使人感到浅俗粗恶。傍晚时写好诗，天又下起了大雪，与盛开的梅花一起，凑成了十分的春色。

【解读】

这首诗是上首的继续。梅雪既然各有特色，都为春色增加了风采，诗人因此进一步思考：有梅无雪，固然不佳；有雪无梅，也难令人满意。而自然界一切景物都是以人为中心，受人的意志情调所支配，没有雅人的赏鉴，便失去了意义。于是他将自己融入诗中，以吟诗作为高洁傲岸的梅雪的陪伴，说自己做完了诗，天正好下起了大雪，梅花冲寒盛开，于是三美俱齐，合成了十分春意。诗不但说明好的事物和能相互配合陪衬便具有更高的价值，又进一步否定了上首所述的梅雪的相争，表达自己爱梅雪、具有梅雪般高雅纯洁的标格。诗仍以议论出之，但在风格上比上首更为跳脱畅快。

答钟弱翁[1]

牧童

草铺横野六七里[2]，笛弄晚风三四声[3]。归来饭饱黄昏后，不脱蓑衣卧月明。

【注释】

①钟弱翁：钟傅，字弱翁，北宋饶州乐平（今属江西省）人。历官集贤修撰、龙图阁直学士。②横野：广阔的原野。六七里：约指，意为宽广。③弄：吹笛。

【译文】

茂盛的青草长满了原野，远远近近，绿意宜人；我吹奏着短笛，晚风中缭绕着悠扬的乐声。回到家中饱餐一顿，时间刚过了黄昏；就这样和着蓑衣躺下，明亮的月光照着我身。

【解读】

这首诗的作者不详，诗人以牧童自称，写的也是牧童的生活。诗要告诉别人自己是那么悠闲自得、无忧无虑，便摄取了一天中最有韵味的傍晚时分的所作所为来说明。前两句说旷野草长，一片葱青，自己在晚风中吹着笛子回家。诗没写牛羊，自然令人想见《诗经》中“日既夕矣，羊牛下来”的场面，静穆清新，充满乡村气息。后两句写夜晚饭饱，无所事事，和衣卧月，在从容不迫、惬意自适中透出自己的隐趣。诗全从自己一方面写，但回照诗题所答的是一位朝廷大臣，便自然令人想到朝臣听鼓入朝，沉浮官场的局促，加深了诗人啸傲山林、自我满足的意趣。

泊秦淮[1]

杜牧

烟笼寒水月笼沙，夜泊秦淮近酒家[2]。商女不知亡国恨[3]，隔江犹唱后庭花[4]。

【注释】

①秦淮：河名。发源于江苏溧水区东北，西流经南京入长江。②酒家：秦淮河为当时游览胜地，两岸酒楼妓馆林立。③商女：歌女。④江：即指秦淮河。后庭花：《玉树后庭花》的简称。陈后主荒于声色，日与狎客、妃嫔饮酒取乐，导致亡国。《玉树后庭花》为陈后主所作，词甚哀怨，有"玉树后庭花，花开不复久"，人以为失国之谶。后世均以此曲为亡国之音。

【译文】

淡淡的烟雾，朦胧的月光，笼罩着凄冷的河水，寂寥的沙滩。晚上我的小船停泊在秦淮河边，靠近那一座座酒楼娼馆。歌女们不知道六朝亡国遗恨，只知道卖笑追欢；隔江传来了阵阵歌声，正在把《玉树后庭花》演唱。

【解读】

金陵为六朝旧都，历代繁华之地；秦淮河又是著名的歌舞欢场。诗人晚上泊舟此地，怀古悠思，油然而生，即事寓意，写了这首深婉含蓄的名作。六朝豪华，已成云烟，配合伤悼思绪，诗首句便勾勒了一个朦胧迷离的境界。"烟笼寒水月笼沙"，烟、月是互文，诗用两个"笼"字，生动地将水、沙在轻烟冷月笼罩下的景色融合在一起，然后点出时、地，以"近酒家"逗起下文。三、四句即事生感。酒家中卖唱的女子，不知六朝亡国之恨，还在唱着《玉树后庭花》这亡国之音，写实事。"亡国恨"是诗中主脑，既点明上两句写景实寓怀古，又寄托对今事的忧虑。唐朝当时已走向没落，诗人表面上是说商女，实质上斥责纵情声色的达官贵人。言外有意，象外有旨，表达了他深沉的哀痛。全诗音节流利，韵味深至，所以被沈德潜叹为绝唱。

归雁

钱起

潇湘何事等闲回[1]？水碧沙明两岸苔[2]。二十五弦弹夜月[3]，不胜清怨却飞来[4]。

【作者简介】

钱起(722~780)，字仲文，吴兴(今浙江省湖州市)人。唐玄宗天宝十载(751)进士，历官校书郎、考功郎中、翰林学士。他是"大历十才子"之一，诗讲究锤炼，洗练清丽,饶有韵味。著有《钱仲文集》。

【注释】

①潇湘:潇水与湘水。都在今湖南省境内,此即代指湖南一带。传湖南衡阳有回雁峰,北雁南飞,至此即返。等闲:随便,无端。②水碧沙明:指潇湘在夜间水清沙白。《湘中记》载:"湘水至清,虽深五六丈,见底了了然……白沙如雪。"③二十五弦:指瑟。传说舜南巡不归,其妃娥皇、女英追寻到潇湘,投水而死,成为湘水之神,称湘妃、湘灵。每到月白风清之夜,便在湘水上鼓瑟,声音凄凉哀怨。④不胜:不堪,受不了。

【译文】

北归的大雁啊,你们为什么轻易从潇湘离开?那儿的水是那么清,沙是那么白,还有两岸可爱的青苔。哦,是因为湘妃在朦朦月光下,不停地把瑟鼓弄;我们再也忍受不了那清怨的曲调,只好飞回你这里来。

【解读】

这首诗写见到归雁后引起的联想,写得清新俊逸,珠圆玉润。前两句是发问,通过雁北归,联想到雁所处的潇湘幽静美丽的景色,加深疑惑。后两句是回答,即在潇湘上注目,引入湘灵鼓瑟的典故,突出清幽环境中的凄迷哀怨的气氛,说明雁北飞的原因。全诗以奇特的构思与丰富的想象,组合出哀丽凄凉的境界,加上空灵清致的笔墨,表现自己见归雁的感受。诗避开了历来写归雁直接抒发思乡情感的写法,把羁旅情怀在环境的衬托下婉转地在言外予以暗露,所以分外蕴藉感人。

题壁

无名氏

一团茅草乱蓬蓬①,蓦地烧天蓦地空②。争似满炉煨榾柮③,漫腾腾地暖烘烘。

【注释】

①乱蓬蓬:杂乱蓬松。②蓦地:一下子,突然。③煨:用小火烧烤。榾柮:树根。

【译文】

一团茅草又乱又松,一下子烧得很旺,一下子又熄灭成空。怎么比得上满炉里煨烧榾柮,火苗慢腾腾,满屋暖烘烘。

【解读】

这首诗见宋张端义《贵耳集》,原题在嵩山极峻法堂的墙壁上。诗以中空蓬乱的茅草与坚实的榾柮出在燃烧时不同的情况做对比,暗喻势焰熏天的权贵往往转眼摧败成空,不如安贫乐道、不求闻达的人能得长久。诗的作者不详,看来是个修行隐者,见惯了世间的翻云覆雨、变幻如棋,作为一个翻过筋斗来的人,即事设譬,用通俗的口语,写下了这首寓意深刻的小诗,用以警醒世人。

七言律诗

早朝大明宫①

贾至

银烛朝天紫陌长②，禁城春色晓苍苍。千条弱柳垂青琐③，百啭流莺绕建章④。剑珮声随玉墀步⑤，衣冠身惹御炉香。共沐恩波凤池上⑥，朝朝染翰侍君王⑦。

【作者简介】

贾至(718~772)，字幼邻，洛阳(今属河南省)人。唐肃宗时官中书舍人，历官汝州刺史、右散骑常侍。诗风清丽，《全唐诗》录其诗一卷。

【注释】

①诗题原作《早朝大明宫呈两省僚友》。大明宫，又名蓬莱宫，是皇帝接见大臣朝见的地方。②朝天：朝见皇帝。③弱柳：嫩柳。青琐：宫门刻作连环花纹的装饰。此代指宫门。④流莺：飞动的黄莺。建章：汉宫名。此指大明宫。⑤剑珮：朝臣上殿例挂剑带玉珮。⑥恩波：皇帝的恩泽。凤池：凤凰池，中书省的别称。⑦染翰：以墨染笔。此指写诏令文书。

【译文】

手持银晃晃的蜡烛入宫早朝，行走在京城长长的街上；满城的春色朦朦胧胧，天空在拂晓前一片青苍。千万条柔弱的嫩柳。无力地垂拂在宫门两旁；成群的黄莺百啭千鸣，围绕着建章宫飞翔。朝臣们快步走上玉阶，宝剑和玉珮不时发出叮咚的轻响；个个衣冠整齐，神态肃穆，身上沾染着御炉中飘出的奇香。我们中书省的官员们，沐浴着皇上的恩泽，天天在官署执笔挥毫，侍奉着圣明的君王。

【解读】

唐肃宗登基后，平定安史之乱，收复了长安，唐室呈“中兴”气象。当时朝中文臣，身罹战乱又复归和平，无不欢欣鼓舞，作诗歌颂升平。贾至这首诗，写早朝的盛况及自己感恩之情，语句工整富丽，杜甫、王维、岑参都有奉和，四人都是当时著名诗人，所以这组诗成为唐诗中最著名的朝省诗，是后人评论的热点。诗前四句写早朝之早及大明宫中的春色，以景物的点缀，表现诗人心中的兴奋；以勃勃春意，暗示国运昌盛与帝王的圣明，写得光明正大，密切时事。第三联正式写朝见，玉墀、御炉，点出地点，应“大明宫”；剑珮、衣冠，写官员服饰，合原题中“两省僚友”，概括得很全。诗又通过剑骊声与御炉香，描绘了早朝的庄严肃穆与臣子的紧张与兴奋。尾联归到自己，顺带“僚友”，写自己的心情，又对帝王进行歌颂。纪昀《瀛奎律髓》评说，朝省诗“无性情风旨可言”，但此诗写得“色较鲜明,气较生动”,所以“不失本质”,可谓的评。毛先舒《诗辨坻》认为这首诗“况婉秾丽,气象冲逸”,与同时诸人倡和之作比“自应推首”。

和贾舍人早朝[1]

杜甫

五夜漏声催晓箭[2],九重春色醉仙桃[3]。旌旗日暖龙蛇动[4],宫殿风微燕雀高。朝罢香烟携满袖,诗成珠玉在挥毫。欲知世掌丝纶美[5],池上于今有凤毛[6]。

【注释】

①诗题杜甫集原作《奉和贾至舍人早朝大明宫》。贾至时官中书舍人。②五夜:即五更。漏声:古代用来计时的漏壶的滴水声。箭:置于漏壶中表示时辰的竹筹,上有刻度。③九重:《楚辞·九辩》:“君之门以九重。”后因以代指帝王所居的宫殿。仙桃:即桃花。④龙蛇动:谓旌旗如龙蛇般摆动。⑤世掌:世代执掌。贾至父贾曾也曾任中书舍人。丝纶:皇帝的诏书。详前白居易《直中书省》注。中书舍人专司制诰敕诏令。⑥池:凤凰池,即中书省。凤毛:指继承了父亲的才能。《宋书》载,谢凤子超宗文辞华美,颇有父风,帝谓谢庄曰:“超宗殊有凤毛。”

【译文】

五更时分,夜已将尽,叮咚的漏声催动着清晨来到。深深的皇宫中,春色无限,开遍了红如醉颜的仙桃。和暖的太阳升起,照着宫廷,旌旗如龙蛇般蜿蜒招展;高大的宫殿中微风拂拂,燕雀迎风冲起,飞向云霄。你早朝结束,退回省寮,两袖浸满了御炉的香气;乘兴挥笔作诗,诗句如珠玉般美妙。要知世代得到皇上宠遇,负责起草诏书重任的有谁?人们会告诉说,中书省里,你是继承父才的俊髦。

【解读】

朝省应制类诗最讲究高华典雅,面面俱到,因此也最容易流入肤廓板滞;和作又要求既能体现原唱的旨意,又能有所创新。杜甫这首诗受朝省与和作双重限制,但能在布局宏阔、气象森严中,着力于纵深变化,显示出杜甫熔词铸句的高超技巧。诗首联呼应贾至诗前两联,写早朝的早,“醉”字是句眼,形象地点出清晨沾润露水的桃花的艳丽。次联呼应贾至诗第三联,写在宫中朝见,但变换角度,改实写为比拟,通过景物来象征早朝的庄重、帝王的威严,深微婉曲,既写了景,又以旌旗飞舞、燕雀冲飞,暗示臣子见帝时的心情。第三联,转入对贾至原唱的赞颂,末联进而对贾至本人赞美。无论是直颂还是用典,都贴切巧妙;且写贾至的半首与前写朝省的半首在风格及用词上浑然一致,使全诗在布局、格律上都高于原诗,因此受到了苏轼等人的称赞。

和贾舍人早朝[①]

王维

绛帻鸡人报晓筹[②]，尚衣方进翠云裘[③]。九天阊阖开宫殿[④]，万国衣冠拜冕旒[⑤]。日色才临仙掌动[⑥]，香烟欲傍衮龙浮[⑦]。朝罢须裁五色诏[⑧]，珮声归到凤池头。

【注释】

①诗题原作"和贾舍人早朝大明宫之作"。②绛帻：红色的头巾。鸡人：春官之属，专司报晓。据《汉官仪》，宫中不畜鸡，鸡鸣时，卫士候于朱雀门外，戴红头巾，专传鸡唱。晓筹：指黎明时分。筹为置漏壶中的竹筹。③尚衣：掌管皇帝衣服的女官。翠云裘：绣有绿色云纹的裘袍。④九天：九重天。这里指皇帝所住之处。阊阖：传说中的天门。此指宫门。⑤万国衣冠：指入朝的各少数民族的属国及四方国家的使臣。冕旒：帝王的冠冕。此代指皇帝。⑥仙掌：仙人掌。以铜铸仙人手掌擎盘以承天露。汉建章宫、唐华清宫均有仙人掌。⑦衮龙：天子礼服上绣的云龙。⑧裁：写。五色诏：皇帝诏书。后赵石虎曾以五色纸作诏书。

【译文】

戴着红头巾的鸡人，高声呼叫天已破晓；尚衣局的女官们，向皇上呈上了绿色云纹的皮袍。深沉高大的宫殿中，千门万户次第开启；各国的朝臣纷纷齐集，向圣明的君王叩拜早朝。太阳刚刚升起，仙人掌在日光中摇动；御座前香烟缭绕，龙袍上的云纹似乎在浮飘。朝会结束，百官退下，马上要颁布五色诏书；在琮琤的珮玉声里，你回到中书省磨墨挥毫。

【解读】

唐人的和作，和意不和韵，且在和意上也多有变化。这首诗与杜甫的和作又不同，全诗紧紧围绕"早朝"的过程写，即使是尾联归结到对贾至的赞扬，也是作为早朝的余波，所以在结构上格外紧凑。诗首联写宫中清晨的情况，突出肃静，为早朝的热闹拉开序幕。中四句正面写早朝，通过细节的描写，表现场面的壮丽及帝王的庄严尊贵。宫门重叠，次第打开，万国官员，俯伏下拜，这两句从大处着墨，歌颂鼎盛气象，气魄雄壮。日光东射，仙掌摇动，香烟缭绕，龙袍飘浮，这两句从细微处下笔，渲染富贵雍容景况。尾两句写散朝后。全诗分写早朝前、早朝中、早朝后三个阶段，用语华丽典雅，第二联气势尤为宏大，历来为人称赞。但全诗过多描写衣饰，显得碎杂，确是一病。

和贾舍人早朝[1]

岑参

鸡鸣紫陌曙光寒，莺啭皇州春色阑[2]。金阙晓钟开万户[3]，玉阶仙仗拥千官[4]。花迎剑珮星初落，柳拂旌旗露未干。独有凤凰池上客，阳春一曲和更难[5]。

【作者简介】

岑参(715~770)，南阳(今属河南省)人，迁居江陵(今属湖北省)。天宝初进士，历官右率府兵曹参军，充安西节度使府掌书记、判官，官至嘉州刺史。他与高适齐名，为唐著名边塞诗人。诗想象丰富，色彩绚丽，明快感人。著有《岑嘉州集》。

【注释】

①诗题原集作"奉和中书贾至舍人早朝大明宫"。②皇州：京城，指长安。阑：阑珊，接近结束。③金阙：宫门的楼观，此代指宫殿。④仙仗：皇帝的仪仗。⑤阳春：古歌曲名。宋玉《对楚王问》："有歌于郢中者，其始曰《下里》《巴人》，国中属而和者数千人……其为《阳春》《白雪》，国中属而和者不过数十人。"后因以指高雅的乐曲。此指贾至原唱。

【译文】

曙光熹微，鸡鸣阵阵，大路上泛着轻寒；黄莺儿不住地啼唱，京城的春色已经阑珊。巍巍宫阙，晨钟敲响，千门万户，次第开放；洁白的阶除上仪仗摆开，簇拥排列着朝臣众官。百花盛开，仿佛迎接着官员的剑珮，清晨的启明星刚刚沉落；柳丝飘扬，似乎拂动着五彩旌旗，晶莹的露水还未晒干。只有你这位中书舍人，压倒群侪，意气高扬；一曲阳春白雪，叫我们和答，难上加难。

【解读】

岑参这首和作，历来评家最为赞赏，认为超过了杜甫等人所作。吴汝纶评说："庄雅秾丽，唐人律诗以为正格。"施补华《岘傭说诗》推岑诗为第一，并云："摩诘'九天阊阖'一联失之廓落，少陵'九重春色醉仙桃'更不安矣。诗有一日短长，虽大手笔不免也。"诗前六句写早朝，依顺序展开，由远及近，章法井然。首联写早朝路上，曙光鸡鸣，莺啭皇州。次联写早朝所在，宫门晨开，仙仗陈立。第三联正式写进宫早朝，星刚落，露未干，写早；花迎剑珮，柳拂旌旗，写朝。末联点题"和"字，盛赞原倡。因是朝省诗，作者极力在辞藻的典丽上花工夫，注重气氛的渲染烘托。紫陌、皇州、金阙、玉阶、仙仗等词，莫不切合都城皇宫，华美工雅。第三联是名句，将花柳赋予人性，说花儿迎接朝臣，柳丝多情地拂动旌旗，热闹肃穆中带出臣子朝见时的欣喜，秀丽工整，鲜明绚烂。

上元应制[1]

蔡襄

叠耸青峰宝炬森[2],端门方伫翠华临[3]。宸游不为三元夜[4],乐事还同万众心。天上清光留此夕,人间和气阁春阴[5]。要知尽庆华封祝[6],四十余年惠爱深[7]。

【作者简介】

蔡襄(1012~1067),字君谟,兴化仙游(今属福建省)人。宋仁宗天圣进士,历知谏院、知制诰、翰林学士、三司使,出知杭州,卒谥忠惠。善诗文,尤工书法。著有《蔡忠惠集》。

【注释】

①诗题一作"上元进诗"。②宝炬:华美巨大的灯烛。森:罗列。③端门:宫殿的正门,即宣德门。翠华:皇帝的仪仗。此代指皇帝。④宸游:皇帝出游。三元:正月十五为上元,七月十五为中元,十月十五为下元。⑤阁:阻阁,收取。⑥华封祝:《庄子·天地》载,唐尧游于华州,华州守封疆的封人向他祝颂多福、多寿、多男子。⑦四十余年:宋仁宗在位四十二年,这首诗作于仁宗末年,故云。

【译文】

层层叠叠的灯烛高耸,像千万座山峰罗列,百姓们正伫立盼望,等候着皇上的车驾驰出端门。皇上亲自出来观赏,不只是为了庆祝上元佳节,为的是与民同乐,与百姓心心相连,情深意淳。天上的月亮似乎也被感动,今晚显得格外地明亮;人间一派祥和的气氛,摒去了春天的荫翳浮尘。要知道天下的百姓,为什么都仿效华封人祝颂天子,是因为皇上君临四十余年,对百姓广施仁惠,恩泽宏深。

【解读】

上元是重要节日,在唐宋时尤被重视。在这天,家家点彩灯,搭彩楼、鳌山,举行灯会,表演百戏。这天晚上,皇帝也乘辇出宣德门观灯,表示与民同乐。蔡襄这首诗是应皇帝命令而作,所以与一般写上元的诗不同,把重点放在描写升平气象,对皇帝歌功颂德上。诗只用首句铺写灯山彩楼的繁盛热闹,接着便紧紧围绕皇帝写。先写百姓等待皇上驾临,表示百姓对皇上的崇敬。然后解释皇上出游是与民同乐。接着,诗以眼前的清晖及节日气氛,从两个侧面写,以象征朝政的清明,皇上的贤明。最后,诗借百姓之口,对皇上祝颂,表示对皇上感恩戴德。诗是应制体,内容很空洞,但诗人能抓住眼前事做譬发挥,且写得流动不滞,颇多可借鉴之处。

上元应制①

王珪

雪消华月满仙台②,万烛当楼宝扇开③。双凤云中扶辇下,六鳌海上驾山来④。镐京春酒沾周宴⑤,汾水秋风陋汉才⑥。一曲升平人共乐⑦,君王又进紫霞杯⑧。

【作者简介】

王珪(1019~1085),字禹玉,华阳(今属四川省)人。宋仁宗庆历二年(1042)进士,历官翰林学士、参知政事、尚书左仆射兼门下侍郎,封岐国公。卒赠太师,谥文。他善文能诗,以辞藻华丽著称。著有《华阳集》。

【注释】

①诗题原集作"依韵恭和御制上元观灯"。②华月:月亮的光华。仙台:指宫中的楼台。③宝扇:皇帝仪仗中用以遮阳蔽尘的大扇。④"六鳌"句:神话传说海上蓬莱等仙山是由鳌负载的。宋时元宵堆叠彩灯为山形,称鳌山,故此云山为海上移来。这两句,范晞文《对床夜语》认为是点化李商隐《新创河亭》"河蛟纵玩唯为室,海蜃遥惊耻化楼"句意。⑤镐京:西周京城,在今陕西西安市长安区附近。⑥汾水:河名,在今山西省中部。秋风:汉武帝曾巡游至汾水,在宴会上作《秋风辞》。⑦升平:指李德升所作《万岁升平》,宋时教坊逢节日演奏,以歌颂天下太平。⑧紫霞杯:刻有紫色霞纹的玉杯,是当时高丽国所进贡。

【译文】

冬天的积雪已经消融,明亮的月光照着华丽的楼台;楼上千万盏灯烛一齐点燃,日月宫扇分左右张开。双凤夹侍着天子的车辇,恍如从云端中飘飘飞下;五彩缤纷的鳌山,犹如六鳌从海上负来。臣子们聚集欢宴,恰似周武王在镐京大会群臣;皇上所做的锦词华章,远超过吟咏《秋风辞》的汉武文才。这时候歌颂太平的《升平》曲奏起,百姓们个个兴高采烈;君王也喜气洋洋,再次祝酒,举起了紫霞杯。

【解读】

元宵佳节,皇帝登上宣德门城楼观灯,即兴作诗一首,命王珪和作。因此,王珪这首诗除了写元宵赏灯的热闹盛况,又以各个角度写帝王的雍容华贵及辞章高妙,歌颂皇恩浩荡,天下太平。王珪长期担任馆臣,诗文多富贵气,工丽堂皇,犹如金玉珠玑,五彩缤纷,当时被号为"至宝丹",这首应制诗便是典型。首先,诗将皇帝观灯与天堂神仙相联系,构筑富丽缥缈的氛围。于是观灯之处犹如仙台;皇帝驾临,辇车犹如双凤夹侍的仙车,从云中飞下;辉煌的灯海鳌山,又如同蓬莱仙岛,呈现眼前。一切都显得超尘绝俗,雍容华贵。其次,诗着力对皇帝进行歌颂,但不直接措辞,而是巧妙地用典,恰到好处地赞扬。侍臣陪宴,便以西周武王春宴群臣作比,既赞帝如武王般贤明,又说国势如周初一样鼎盛;对皇帝所作诗,又以汉武《秋风辞》比不上作赞美。这样写,都加深了诗的底蕴,颂而不谀,深曲不露。

侍宴①

沈佺期

皇家贵主好神仙②,别业初开云汉边③。山出尽如鸣凤岭④,池成不让饮龙川⑤。妆楼翠幌教春住⑥,舞阁金铺借日悬⑦。敬从乘舆来此地⑧,称觞献寿乐钧天⑨。

【作者简介】

沈佺期(656? ~713),字云卿,相州内黄(今属河南省)人。唐高宗上元二年(675)进士,历官员外郎、中书舍人、太子少詹。他与宋之问齐名,诗格律精工,词句绮丽。原集已佚,明人辑有《沈佺期集》。

【注释】

①诗题原集作"侍宴安乐公主新宅应制"。安乐公主为中宗女,时与韦后专擅朝政,后被唐玄宗杀。②贵主:即公主。③云汉:云端、银河。此形容别墅高耸入云。④鸣凤岭:即岐山,在今陕西岐山县。传周兴时,有凤鸣于此山。⑤饮龙川:当指长安附近的渭水。或云《尸子》有"有龙饮于沂"句,谓指山东的沂水。⑥翠幌:绿色的帘幔。⑦金铺:门上衔门环的底座,常铸作虎头或龙、蛇状。⑧乘舆:皇帝的车驾。⑨称觞:举起酒杯。钧天:即钧天广乐,传说中仙宫所奏的音乐。钧天是天帝宫殿所在地。

【译文】

帝皇家高贵的公主,喜爱供奉天上的神仙;新建的别墅高高耸立,仿佛上与白云银河相连。一座座山峰矗立,犹如鸣凤岭般挺拔秀丽;凿成的池水绿波荡漾,也不亚于饮龙川深澄清涟。妆楼中飘拂着绿色的帷幔,好像把春光永久地留住;舞阁上悬挂的金铺,犹如从太阳借来光辉,闪闪耀眼。我们这些臣子们,恭敬地跟随皇上来到这里,聆听着这一派钧天广乐,举杯祝贺皇上福寿绵绵。

【解读】

这首应制诗是陪侍中宗到安乐公主新建别墅游玩时奉命所作。由于安乐公主是中宗爱女,权倾朝野,诗人紧紧把握住这一点,将侍宴作为次要内容,主要写安乐公主新宅,以博公主欢心。在具体写宅时,诗又宕开一步入笔,从人写起。安乐公主好神仙,诗便从仙宫仙境的角度入手描绘,围绕"仙"字做文章,写别墅的华丽、气势,非人间凡宅可比。说宅中所见山峰如鸣凤岭,祥云缭绕;所凿新池,似饮龙川,清气笼罩;绿幔留春,金铺借日。通过比拟与夸张,赞赏了别业的秀丽与宏壮,也暗表了游览时惊羡的心情。最后,诗将游庄、侍宴作双收,表示对皇上及安乐公主的祝颂,收得平稳郑重。

沈佺期以应制诗闻名,这首诗典雅庄重,措辞得体,正体现出他应制诗的特点。

答丁元珍[1]

欧阳修

春风疑不到天涯,二月山城未见花[2]。残雪压枝犹有桔,冻雷惊笋欲抽芽[3]。夜闻归雁生乡思,病入新年感物华[4]。曾是洛阳花下客[5],野芳虽晚不须嗟[6]。

【作者简介】

欧阳修(1007~1072),字永叔,别号醉翁,庐陵(今江西省吉安市)人。宋仁宗天圣八年(1030)进士,授西京推官,贬夷陵令。后历官枢密副使、参知政事。他是北宋诗文革新的领袖,提倡古文,为“唐宋八大家”之一。诗承韩愈,雄健而具有散文特点。著有《欧阳文忠公文集》。

欧阳修

【注释】

①诗题原集作“戏答元珍”。丁元珍,名宝臣,景祐元年进士,时官峡州判官。②山城:指欧阳修当时任县令的峡州夷陵县(今湖北宜昌)。夷陵面江背山,故称山城。③冻雷:天尚寒冷时的雷声。④物华:美好的事物。⑤洛阳:今河南洛阳市。宋为西京。欧阳修曾官西京推官。洛阳是著名牡丹产地,所以欧阳修在这里自称“洛阳花下客”。⑥嗟:叹息。

【译文】

我真怀疑,温暖的春风,吹不到这遥远的天涯;已经是早春二月,这山城居然还见不到一朵花。有的是未融尽的积雪压弯了树枝,枝上还挂着去年的橘子;寒冷的天气,春雷震动,似乎在催促着竹笋赶快抽芽。夜间难以入睡,阵阵北归的雁鸣惹起我无穷的乡思;病久了又逢新春,种种景物都触动我思绪如麻。我曾在洛阳做官,见够了如锦似荼的牡丹花;这里的野花开得虽晚,又有什么可以感伤嗟呀?

【解读】

诗作于宋仁宗景祐四年(1037),欧阳修当时任峡州夷陵县令。诗写夷陵节令风物,借以遣发贬官远谪的牢骚。诗以调侃起,起得很巧,一问一答,用倒装法。欧阳修在《笔说》中认为是自己的得意之笔,有了下句,上句才显得工稳。方回在《瀛奎律髓》

评中也说有了这两句,“以后句句有味”。接着,诗承“未见花”写山城早春,夷陵盛产笋、橘,诗便从此二者刻绘,结合“残雪”“冻雷”,说明节气来得晚,解释二月不见花的原因,“春风疑不到天涯”也就疑得突兀中有情理。以下,诗转入春思,听雁思归,病后感物,直接流露伤情,格调沉重凄怆。最后,诗又翻过一层,写自己不伤愁,而更让人感他伤愁的分量,又使诗不致过分沉闷低落。全诗写得抑扬顿挫,将景色与感情相互交错,有景语,有情语,也有议论,而布局自然绵密,陆贻典评说:“句法相生,对偶流动,欧公得意作也。”

插花吟①

邵雍

头上花枝照酒卮①,酒卮中有好花枝。身经两世太平日②,眼见四朝全盛时③。况复筋骸粗康健④,那堪时节正芳菲⑤。酒涵花影红光溜⑥,争忍花前不醉归⑦?

【作者简介】

邵雍(1011~1077),字尧夫,自号安乐先生、伊川翁,范阳(今河北省涿州市)人,迁卫州共城(今河南省辉县)。他是宋代著名理学家,多次被召,称疾不赴,后隐居洛阳苏门山,卒谥康节。著有《伊川击壤集》等。

【注释】

①卮:古代的一种酒器。②两世:六十年。古以三十年为一世。③四朝:邵雍身历真宗、仁宗、英宗、神宗四朝。④筋骸:筋骨,身体。粗:大致。⑤芳菲:草木芬芳茂盛。⑥溜:闪动。⑦争:怎么。

【译文】

头上的花枝映照入酒卮,酒卮中现出了美丽的花枝。我已经历了六十年太平日子,亲眼见到四朝皇帝的全盛时期。再加上我身体还算安康壮健,岂忍心放过百花开放的时节。酒中带着花影红光浮动,怎舍得不在花前喝醉方归?

【解读】

这首诗是一个老人对升平盛世的歌颂。他身经两世太平,享受四朝繁华,加上身体康健,家境富裕,因此对花饮酒,流连忘返,敞开心扉,赞颂着美好的生活。诗写得十分活泼跳荡,以花、酒为全诗脉络,反复吟咏。先写对花饮酒,酒中有花;次写心情愉快满足,身体壮健,对着百花盛开的春景,开怀畅饮;最后又写酒涵花影,醉饮花下,与首联呼应。诗不依格律,自由放浪,首尾还有意重复“花”“酒”二字,显得流畅自然,活现出一个喝醉酒的老人表露的天真的醉态,洋溢着浓厚的欢乐气氛。全诗纯用口语,活泼浅俗,是邵雍诗的典型风格,被后人称为“击壤体”,在宋诗中自成一派。

寓音[1]

晏殊

油壁香车不再逢[2]，峡云无迹任西东[3]。梨花院落溶溶月[4]，柳絮池塘淡淡风[5]。几日寂寥伤酒后[6]，一番萧索禁烟中[7]。鱼书欲寄何由达[8]？水远山长处处同。

【作者简介】

晏殊(991~1055)，字同叔，抚州临川(今属江西省)人。宋真宗景德年间进士，庆历中官至集贤殿学士，同中书门下平章事兼枢密使。诗词婉丽典雅，为时所称。原集已佚，仅存《珠玉词》及清人所辑《晏元献遗文》。

【注释】

①寓意：有所寄托，但在诗题上又不明白说出。这类诗题多用于写爱情的诗。②油壁香车：古代妇女所乘坐的轻便车。车壁用油漆涂刷，装饰精美。③峡云：巫峡上空的云彩。宋玉《高唐赋》记载，有巫山神女，与楚王相会，说自己住在巫山南，"旦为行云，暮为行雨，朝朝暮暮，阳台之下"。后常以巫峡云雨指男女爱情。④溶溶：形容月光清淡如水。⑤淡淡：形容春风和煦；⑥伤酒：中酒，即喝醉。⑦萧索：冷落、空虚。禁烟：指寒食禁火。⑧鱼书：古乐府有"客从远方来，遗我双鲤鱼，呼儿烹鲤鱼，中有尺素书"句，后因以"鱼书"代指书信。

【译文】

你乘坐的油壁香车辘辘远去，我们再也无缘重逢；像是巫峡的彩云倏忽飘散，你向西，我向东。你是否记得，盛开着梨花的小院里，似水的月光照着我们幽会；柳絮飘扬的池塘边上，我们在和煦的春风中倾吐情衷。往事如烟，我喝着酒打发走一天又一天，是那么伤怀寂寞；眼前凄凉的寒食节，怎不令我加倍地思念你的芳踪？想写封信告诉你我的心意，又有什么办法到得了你的手中？这层层的山，道道的水，阻隔着你我，处处使人忧愁哀痛。

【解读】

这是一首情歌，诗人与情人由于某种原因分离，留下了无穷无尽的相思。面对寒食春景，他思绪起伏，写了这首勾心摄魄的感叹诗。诗从回忆入笔，想起当年相会时情景，而以"不再逢"三字，密合现状，借巫峡云雨典，感叹分离。接着，诗借景抒情。小院中梨花飘落，月光似水；池塘边，风儿轻拂，柳絮纷飞。这小院，这池塘，正是诗人与恋人相会的地方。这一派凄清的景象，正是诗人孤寂心情的吐露，写景正是为了写情，情与景在这里融成了一片。同时，梨花、柳絮，这些春天归去的象征物，也暗示了爱情的过去。两句十四字，包含了很丰富的底蕴。面对这眼前景，诗人进一步点破，写心中事。说自己借酒浇愁但无法排遣;又是寒食,所思不见,想写封信,可水远山高,阻隔重重,何由到达?诗便在这无力的呻吟中结束了,留下了一大片遗憾的空间,让人去愁思苦想。这首诗一名"无题",在风格上学李商隐的无题诗,运用含蓄的手法,表现自己伤别的哀思。诗在表现手法上,则将思想藏在诗的深处,通过景语作暗示,然后在景语中注入强烈的主观色彩,使诗显得格外幽迷怨旷。与李商隐诗风不同的是,晏殊这首诗清而不丽,也没有堆砌典故,呈现出一派淡雅与疏宕。

寒食书事

赵鼎

寂寞柴门村落里,也教插柳纪年华[①]。禁烟不到粤人国[②],上冢亦携庞老家[③]。汉寝唐陵无麦饭[④],山溪野径有梨花。一樽竟藉青苔卧,莫管城头奏暮笳。

【作者简介】

赵鼎(1085~1147),字元镇,解州闻喜(今属山西省)人。宋徽宗崇宁进士,绍兴中两度任相,后受秦桧排挤,贬官,谪居潮州,绝食死。著有《忠正德文集》。

【注释】

①插柳:宋时民俗,寒食节插柳枝于门上。②粤人国:指岭南地区。时赵鼎谪居吉阳军(今海南崖县)。③上冢:上坟,扫墓。庞老:东汉隐士庞德公,他曾在寒食日上坟去,司马徽来找他,他不在家。④麦饭:麦粒煮成的饭,旧时作为祭品。

【译文】

冷清寂寞的小村庄,茅屋的柴门紧关;门上也依俗插着柳枝,标志着岁月的更新往返。岭南的风俗与中原不同,没有寒食禁烟的习尚;但也像当年庞德公一样,带着家人扫墓进山。汉唐遗留的高冢大坟,见不到子孙供奉的麦饭;山中的小溪,野外的小路,到处是白色的梨花开放。我饮完一樽浊酒,就在青苔上随意一躺;不去理会那城头上,胡笳在苍茫暮色中悲响。

【解读】

这首寒食诗,前三联写景,采用抑扬映照的手法,突出景物的冷清与心中的不堪。寂寞柴门,荒凉萧瑟,是抑;柴门插柳,普度节日,是扬。粤地俗荒,不事禁烟,是抑;村民携家上冢踏青,是扬。古代陵墓,荒无人迹,是抑;山溪野径,梨花满树,是扬。诗全是低格调,在扬时所写也不过是山野景物的热闹,且无不带有凄凉气氛。最后诗以情结,说自己醉酒高卧,无视哀怨暮笳,是放达的低沉。这首诗是诗人被贬谪岭南时所作,诗描写岭南的偏僻闭塞与中原文明之地不同的习俗,点明自己的身世处境。从表面看,他是就事记事,感叹世事茫茫,表白自己随遇而安;实际上,诗人是对被放逐僻远荒地表示强烈的不平与悲哀,因此显得曲而多讽,意兴无穷。

清明

黄庭坚

佳节清明桃李笑，野田荒冢只生愁[①]。雷惊天地龙蛇蛰[②]，雨足郊原草木柔。人乞祭余骄妾妇[③]，士甘焚死不公侯[④]。贤愚千载知谁是，满眼蓬蒿共一丘[⑤]。

【注释】

①荒冢：无主的坟墓。②龙蛇：指各种爬行动物及虫类。蛰：蛰伏冬眠。③"人乞"句：《孟子·离娄》载，有个齐国人，家有一妻一妾。他每天吃得醉醺醺地归来，说是富人请他喝酒，妻妾怀疑他，悄悄跟在他后面，发现他原来是向人乞讨祭礼用过的酒肉。④"士甘"句：《左传》载，介子推随晋文公出走，历尽艰辛。文公即位，凡跟随出亡的人都封高官，独忘介子推。介子推不愿表功，与母隐于绵山。后晋文公想起了他，多次派人征召，介子推不肯出山。晋文公令人放火烧山，企图逼他出来，不料他宁死不出，被烧死。传后世寒食节禁火即为纪念介子推。⑤蓬蒿：均为草名，此泛指杂草。丘：指坟墓。

【译文】

逢上了清明佳节，桃李盛开，仿佛在东风中含笑；郊野中，无人祭扫的坟墓，笼罩着一片凄愁。轰鸣的雷声震天动地，把蛰伏的动物纷纷惊醒；春雨滋润了大地，草木欣欣向荣，格外娇柔。卑鄙的齐人乞求祭祀的酒肉，回家还要向妻妾夸口；志士介子推藐视高官厚禄，宁愿烧死也不肯低头。贤明的君子，愚蠢的俗人，千年以后又有谁来评论？只剩下满眼丛生的杂草，一堆堆荒凉的土丘。

【解读】

这首诗是黄庭坚晚年所作，所以在表现手法上格外苍劲成熟，是典型的江西诗派诗。诗写清明节所见所思。首联一句述春天桃李烂漫、春意盎然的景象，一句写郊野荒冢、凄凉愁怨的氛围。两句都切合清明，但一句欢快，一句低沉，对比强烈。在一联中创造两个截然不同的意境，是黄庭坚诗的特色，极易使人通过大起大落，转入深层的思考。以下两联，分别承"佳节清明"与"野田荒冢"写，一联写景，一联议论，纵横变化，仍在一联中分写两个景象，合成一个整体。次联描摹春雷震动，万物复苏，春雨滋润万物，草木葱绿。出句气势刚健，对句绮丽清柔，各切所写。颈联抒发由清明扫墓产生的联想，分评无耻小人与忠臣节士，带有批判现实与自我表白的成分。尾联双收，议论与写景结合，以苍凉的笔墨，表达对世事的愤慨，吐露悲愤压抑。黄庭坚作诗，力戒平庸，用笔盘旋挺拔，富于跳跃，音节顿挫，这首诗便充分显示了这一特点。

清明日对酒

高翥

南北山头多墓田，清明祭扫各纷然。纸灰飞作白蝴蝶，泪血染成红杜鹃[1]。日落狐狸眠冢上，夜归儿女笑灯前。人生有酒须当醉，一滴何曾到九泉[2]。

【作者简介】

高翥，字九万，号菊礀，余姚（今属浙江省）人。终生隐居未仕。他是南宋江湖诗派重要诗人，著有《菊礀集》，已佚，后人辑所作为《信天巢遗稿》一卷。

【注释】

①杜鹃：杜鹃花。传杜鹃悲鸣，直啼到口流血方止，所流血染红杜鹃花。此借用这一传说，形容上坟的人悲哀啼哭。②九泉：地底下。

【译文】

南边北边的山头，到处可见到一处处墓地；清明时节来到了，家家户户祭祀在坟前。烧化的纸钱灰随风飞扬，仿佛白蝴蝶在起舞盘旋；祭扫人所流的血泪，染红了满山的杜鹃。太阳落山，一片空寂，狐狸在坟冢上公然安眠；扫墓的儿女们回到家中，在灯前欢笑聊天。人生在世是多么短暂，有酒在手应当开怀一醉；死后儿女祭祀的酒浆，一滴也到不了长眠的九泉。

【解读】

这首清明对酒诗，前三联纪事写景，扣题“清明”，末一联抒情感叹，扣题“对酒”。诗人主要想表达的是“今日有酒今日醉”“对酒当歌，人生几何”的思想，因此通过清明上冢一事，进行映照衬托，为立论提供坚实的基础。诗步步深入，首联勾勒清明扫墓的盛况，次联写死者家人焚钱哀哭的状况，把气氛推向高潮。第三联陡跌，极写墓地的荒凉及子女祭祀完后聚集灯下欢笑的场面，以鲜明的对比，推出尾联人死以后，万物皆空的感受。全诗写得结构井然，起承转合十分分明。在写景时，以大笔浑写与工笔描写相结合，实写与虚写互为交错，使景物生动逼真，历历在目；尤其是“纸灰”一联，以其细微贴切而历来被人赞赏。

郊行即事

程颢

芳原绿野恣行时[1]，春入遥山碧四围[2]。兴逐乱红穿柳巷[3]，困临流水坐苔矶[4]。莫辞盏酒十分醉，只恐风花一片飞。况是清明好天气，不妨游衍莫忘归[5]。

【注释】

①恣:随意,无拘无束。②遥山:远山。③柳巷:长满垂柳的小路。④矶:水边大石。⑤游衍:随意游玩,语出《诗·大雅·板》:"吴天日旦,及尔游衍。"

【译文】

原野上遍布着红花绿草,我漫步闲游,无拘无束;四周的山峰,远远耸立,在春风的熏染下一片碧绿。我兴致勃勃地追逐着落花,穿行在长满垂柳的小路;困倦了便坐在青苔斑驳的石上,对着淙淙流水,默默无语。一杯又一杯喝酒毫不推辞,一直到喝醉还不肯停住;心中却挂念着芬芳的花儿,只怕它们随风飘坠,纷纷似雨。更何况今天是清明佳节,又碰上晴朗的天气,因此上不妨纵情游乐,只要别快活得忘了归去。

【解读】

这首清明出游即事诗,描绘了一派令人陶醉的春日郊外风景图,抒发了自己沉湎美景中的喜悦欢快的心情。诗首联出齐题面,点出节令景物,一句写"郊行",一句以远景概括郊外春色。颔联承首联的"恣行",写得很活泼自由。高兴时追逐落花,穿行柳巷;困倦时坐在水边石上休息。既写了情,又写了热闹的景。颈联以情为主,用饮酒惜花,表明对景物的留恋。尾联既承颈联,又遥应首联,以恣意游春、乐而忘返作结。诗写得轻快浅俗,即带有人们常说的"宋气"。如诗后四句都以虚字置于句首,增加了轻巧转折;颈联已写出不愿回家的心情,尾联又加深、明点,不怕重复。这些,都是宋诗,尤其是理学家的诗常有的风格,好在本诗没有理学家的酸腐气。

秋千

僧惠洪

画架双裁翠络偏[①],佳人春戏小楼前。飘扬血色裙拖地[②],断送玉容人上天[③]。花板润沾红杏雨[④],彩绳斜挂绿杨烟。下来闲处从容立[⑤],疑是蟾宫谪降仙[⑥]。

【作者简介】

僧惠洪(1071~1128),字觉范,后改名德洪。俗姓彭,筠州新昌(今江西省宜丰县)人。宋哲宗元祐四年(1089)出家,历住汴京天王寺、庐山及江宁清凉寺。他是著名诗僧,又善画梅竹。著有《林间录》《冷斋夜话》等。

【注释】

①画架:指绘有彩纹的秋千架。裁:截断,制作。翠络:绿色的绳索。②血色:鲜红色。③断送:打发。这里指秋千上扬。玉容:容貌美丽。④花板:雕花的踏脚板。⑤闲处:空地,清幽之处。⑥蟾宫:指月宫。传月中有蟾蜍,因称月宫为蟾宫。谪降仙:谓月宫嫦娥被贬谪下凡。

【译文】

画有彩饰的秋千架高耸,悬挂着两根绿色的绳索;春日里,一个漂亮的姑娘,在小楼前欢乐地荡着秋千。鲜红的裙子飘舞着,长长地拖到了地上;秋千高高地上扬,美丽的姑娘仿佛飞上蓝天。雕着花儿的秋千踏板,被飘坠如雨的红杏沾润;彩色的绳索倾斜着,似乎就挂在如烟的绿杨树巅。她玩够了,走下架来,从容悠闲地站在空地,我真怀疑是嫦娥,从月宫里贬谪到了人间。

【解读】

这首诗描写春天里美人打秋千,在细微的刻画中,表达自己对美人的赞美与欣赏。诗大概是诗人少年还未出家时所作,否则一个和尚写这样的诗,似乎有些不可思议。诗首联拉开序幕,交代秋千架及玩秋千的美人。次二联具体写荡秋千,每联都一句写上,一句写下,合着秋千的节奏,产生动感。颔联写美人在秋千上的情景,以“拖地”“上天”,写出秋千的起伏低昂。颈联着眼于秋千本身,以杏雨洒红、柳烟飘绿作背景。写得十分繁富热闹,又通过沾花、挂树点出秋千的上下。尾联写美人玩毕秋千后的姿态,并直接以神仙作比,不仅赞人之美,也暗中挽合上文的荡秋千。诗写得精巧细微、浓艳绮丽,堆砌代词、形容词及比喻,是宋人学晚唐温、李及香奁体的结果。

曲江[①](其一)

杜甫

一片花飞减却春,风飘万点正愁人[②]。且看欲尽花经眼[③],莫厌伤多酒入唇。江上小堂巢翡翠[④],苑边高冢卧麒麟[⑤]。细推物理须行乐[⑥],何用浮荣绊此身[⑦]。

【注释】

①曲江:在长安杜陵西北五里,是当时游览胜地,有紫云楼、芙蓉园、慈恩寺等名胜,花卉环列,烟水明媚。②万点:指众多的落花。③经眼:经过眼前。④翡翠:即翠鸟,一种水鸟。红色羽毛的叫翡,绿色羽毛的叫翠。⑤苑:指芙蓉苑,在曲江边。麒麟:传说中的神兽,古代帝王大臣墓前常列石人石马及石麒麟。⑥物理:事物变化的道理。⑦浮荣:虚浮的名声与荣华。

【译文】

一片花瓣飞落,便带走了一分春天;眼前风儿飘落了万点花瓣,怎不使我忧愁万分?赶紧抓住时间欣赏花儿,它们不久就要凋尽;放开量喝着美酒,用不着担心喝得过度会伤人。江边精巧的小堂,有翡翠在那里筑巢;华丽的苑边高大的冢墓,如今倒卧着麒麟。细细推算万物变迁的道理,正应该及时行乐;用不着让浮名荣华,牢牢地羁绊此身。

【解读】

长安恢复后,杜甫随唐肃宗回到长安,官左拾遗。不久,他因上疏救房琯被肃宗疏远,因此心中闷闷不乐。这二首作于乾元元年(758)春天的《曲江》诗,反映的就是这一情况下的放浪消沉心理。这首诗首写自己见到春天的逝去产生了强烈的惜花心情,然后由春的逝去,进入伤时,从而不惜以醉消愁。下半首,先明写江边小堂及芙蓉苑,通过景物反映人事的变迁。原先热闹繁华之地,如今成了禽鸟栖息之场;富贵人家冢墓前的石麒麟,也倒卧在地。于是在一派衰景中,诗人产生了富贵如云过眼,人生几何,应及时行乐的消极颓丧心情。全诗主题突出,惜花与惜时、春事与人事前后贯穿。前三句全写落花,反复旋折,大违常规,却将第四句的伤愁衬得更加深沉。尾联的伤今惜时,稍嫌圆熟,为后来宋理学家诗人所模仿。

曲江(其二)

杜甫

朝回日日典春衣[1],每日江头尽醉归。酒债寻常行处有[2],人生七十古来稀。穿花蛱蝶深深见[3],点水蜻蜓款款飞[4]。传语风光共流转[5],暂时相赏莫相违[6]。

【注释】

①朝回:早朝归来。典:典当。②酒债:赊欠的酒钱。行处:所到之处。③蛱蝶:蝴蝶。④款款:形容蜻蜓上下缓飞之状。⑤传语:寄语。流转:运行。⑥违:躲避。

【译文】

天天早朝回来,我都到当铺去典当春衣;为的是天天能在这曲江边,尽情地喝酒,一醉方归。欠人酒债是寻常小事,我所到之处都是如此;一个人能寿登七十,从古到今都是稀见罕事。一对对蝴蝶在百花深处,来来去去,时隐时现;一只只蜻蜓点着江水,上上下下,缓缓而飞。我想告诉这明媚的春光,且与我一起相从相伴,让我充分赏玩消愁,暂时不要急着流逝。

【解读】

这首诗是上首的继续,写自己如何“行乐”。仍借酒为媒,说自己朝回典衣喝酒,欠下酒债,不以为怀,想到人生短暂,因而不把贫困得失放在心上。这是“行乐”之一。“行乐”之二是徘徊江边,欣赏美景,满足于心灵的陶醉,因此由恋慕春光进而希望春光长在,使自己能满足地赏玩。诗的第二联常被后人引为巧对的典例,诗本身是流水对,音节流荡,又以“八尺为寻、倍寻为常”这一度量,借来对下句的“七十”,出人意表。第三联是名句.写得很细,兴致高融,妙趣横生,缘情体物,已入化境,宋江西诗派的景联,专学此种。叶梦得《石林诗话》评此联锻炼之工说:“‘深深’字若无‘穿’字,‘款款’字若无‘点’字,亦无以见其精微。然读之浑然,全似未尝用力,所以不碍其气格超胜。使晚唐人为之,便涉‘鱼跃练川抛玉尺,莺穿柳丝织金梭’矣。”

黄鹤楼[1]

崔颢

昔人已乘黄鹤去[2]，此地空余黄鹤楼。黄鹤一去不复返，白云千载空悠悠。晴川历历汉阳树[3]，芳草萋萋鹦鹉洲[4]。日暮乡关何处是[5]？烟波江上使人愁。

【作者简介】

崔颢（？～754），汴州（今河南省开封市）人。唐玄宗开元十一年（723）进士，官司勋员外郎。早年为诗浮艳，后转为雄浑豪宕。《全唐诗》录存其诗一卷。

【注释】

①黄鹤楼：旧址在今武汉市蛇山的黄鹤矶上，现已重建。传说古仙人王子安乘黄鹤过此，因而得名。又说是费文祎乘黄鹤登仙，曾在此休息。②昔人：指乘鹤的仙人。③历历：清楚，分明。汉阳：在黄鹤楼西，武汉三镇之一。④萋萋：茂盛貌。鹦鹉洲：本为汉阳西南长江中的小洲，后沉没。东汉末黄祖为江夏太守，有人献白鹦鹉于此，祢衡因作《鹦鹉赋》，洲因以名。⑤乡关：家乡。

【译文】

当年的仙人早已乘着黄鹤离去，这里仅仅留下这座黄鹤楼。黄鹤飞去后不再回返，千年以来，只见到白云飘浮荡悠。晴朗的江边汉阳的树木看得清清楚楚，茂盛的春草长满了鹦鹉洲。在暮色苍茫中我的家乡究竟在何处？江上浩渺的烟波撩起我无尽的忧愁。

【解读】

《唐才子传》载，李白登黄鹤楼，见崔颢这首诗，为之敛手，说："眼前有景道不得，崔颢题诗在上头。"后来李白作《登金陵凤凰台》诗，就全仿崔诗。由此，这首诗受到众口交誉，严羽《沧浪诗话》认为"唐人七言律诗，当以崔颢《黄鹤楼》为第一"。诗写登楼眺望时所见所思。起首从楼名生发，将仙人乘鹤事坐实了写，以仙人不返，人去楼空，寄托怀古之思，从而引出世事变幻、白云悠悠的感叹，盘旋回互，荡人心肺。前半首，诗借鉴辘轳体，打破律诗限制，以气为使，情融景中，因此被沈德潜《唐诗别裁集》赞为："意得像先，神行语外，纵笔写去，遂擅千古之奇。"后半首，诗转就整饬，工笔绘景，描写晴朗江面、历历绿树、茂盛春草，衬托上半苍茫缥缈的情景；然后因沉沉暮色、浩荡烟波，引出思乡怀归之情。这四句，工稳中显得流转自然，笔法与前截然不同，感情却与前密勿紧连。全首诗顺笔而下，曲折变化，情由境生，既展示了黄鹤楼上所见丰富瑰丽的景色，又表露了自己复杂寂寥的情绪，构筑了优美动人的艺术意境。

旅怀①

崔涂

水流花谢两无情，送尽东风过楚城②。蝴蝶梦中家万里③，杜鹃枝上月三更④。故园书动经年绝⑤，华发春催两鬓生⑥。自是不归归便得⑦，五湖烟景有谁争⑧？

【作者简介】

崔涂，字礼山，江南人。唐僖宗光启三年(887)进士。多年漂泊各地，诗多写乱离羁旅之愁。《全唐诗》录其诗一卷。

【注释】

①诗题一作“春夕旅怀”，一作“春夕”。②楚城：指湖南、湖北一带原楚国的城市。③蝴蝶梦：《庄子·齐物论》说庄子梦见自己化成一只蝴蝶，醒来后仍为庄子。后多以“蝴蝶梦”指虚幻的梦境。④杜鹃：一名子规，叫声凄惨，声作“不如归去”。⑤动：时常，往往。经年：一年或超过一年。⑥华发：白发。⑦归便得：要回去即可回去。⑧五湖：即太湖。春秋时越大夫范蠡辅勾践灭吴后，退位泛游五湖。后常以五湖指隐居之地。

【译文】

春水流逝，春花凋谢，两般儿都是那样的无情；我又一次送走了东风，漂泊在这楚地的小城。晚上我做了个梦，梦中回到远隔万里的家乡；梦醒后只有三更，月亮高照，耳边传来树上杜鹃凄厉的叫声。天天盼望故乡亲人的来信，可是往往音讯一断就是一年；春愁苦苦地缠绕，催逼我两鬓白发丛生。只是自己不想归去，归去便什么都迎刃而解；那烟雾弥漫的五湖景色，又有什么人会与我相争？

【解读】

这首诗写旅途中的感受。诗逐次展开。春末，面对着逝水落花，使他深感岁月无情；又一次送春归去，而自己未归，于是激起了怀乡之思。思乡的情绪是那么浓，便形之于梦寐，可梦醒后，更加感到愁思难以排遣。家乡如何，无法知道，连书信也难以收到，在期待中，愁白了双鬓。想归又不能决断，因而只能从心底发出感叹。诗前四句将情与景一起写，渲染旅愁春伤；后四句直抒胸臆，凄婉含蓄。尤其是尾联，在自责中，道出自己不得意而欲归隐，却又不甘心就此一事无成而归去的心理，道人所未道。第二联是评家交口称赞的名句，格调和谐，对偶工整。“蝴蝶梦”对“杜鹃枝”是巧对。“蝴蝶梦”一典，又写出了梦境的迷离，因此梦醒以后，见到三更明月，听到凄凉的杜鹃啼声，便分外空虚失望，痛苦哀伤。

答李儋元锡[1]

韦应物

去年花里逢君别，今日花开又一年。世事茫茫难自料[2]，春愁黯黯独成眠[3]。身多疾病思田里[4]，邑有流亡愧俸钱[5]。闻道欲来相问讯[6]，西楼望月几回圆。

【注释】

①李儋：武威（今属甘肃）人，官殿中侍御史。元锡，字君贶，曾任淄王傅。韦应物这首诗约写于兴元元年（784）春，时诗人由尚书比部员外郎刺滁州（今安徽滁县）已历一年。②"世事"句：当时长安发生着朱泚叛乱，德宗仓皇出逃。韦应物曾派人去探听消息，当时还未回报，所以他心中十分焦虑。③黯黯：心情低沉不快。④田里：家乡。⑤流亡：离乡逃难的百姓。⑥问讯：这里指探望。

【译文】

去年百花开放的日子里，我与你们殷殷挥手告别；如今又是百花开放，我与你们分手已过了一年。世界上的事混混茫茫，有谁能够预先料到；在这春天我心神黯然，独个儿整天昏昏卧眠。疾病缠身令人格外难受，因此想早日辞官归去；辖下的百姓还有逃难在外的，实在有愧于朝廷赐予的俸钱。听说你们最近要到滁州来，特地写了诗给我；我在这西楼盼着你们，已不知见了几回月缺月圆。

【解读】

这首诗是回答友人寄诗问候的，所以从怀友写起，但具体入笔又宕开，由去年见面分手说到今天，道出离别后的思念，而以春花作维系，写得自然流转。以下两联，打破一般赠答怀友诗格局，将视线怀抱扩大，写国家动荡，将自己的感情与国家命运结合在一起。世事茫茫，春愁黯黯，一是客观，一是主观，看似浑写，却是实事，充满沉郁与伤感。而个人的"身多疾病"又因"春愁"而来，"邑有流亡"又因"世事茫茫"而起，自己欲离官而又因对百姓的疾苦不忍去，各类矛盾交织缠绕，诗人辗转伤感的情形便被突出了。尾联归结全诗，以盼望朋友到来，寄托自己沉挚深厚的友情。"身多疾病"一联一直被赞为一个好官的良心话，宋黄彻《䂬溪诗话》说："余谓有官君子当切切做此语，彼有一意供租，专事土木而视民如仇者，得无愧色乎？"

江村[1]

杜甫

清江一曲抱村流[2]，长夏江村事事幽。自去自来堂上燕，相亲相近水中鸥。老

妻画纸为棋局[3]，稚子敲针作钓钩。多病所需惟药物，微躯此外更何求？

【注释】

①江村：指杜甫在成都浣花溪边的草堂所在的村庄。②一曲：一弯。抱：环绕。③棋局：棋盘。

【译文】

一道清澈的江水，环抱着小村缓缓流淌；夏季的白天格外悠长，村中每件事都显得清幽娴旷。堂上梁间栖息的燕子，自由自在地上下飞翔；沙边水中嬉闹的鸥鸟，相亲相近，互相依傍。老妻拿出了纸张，悠闲自得地画着棋盘；小孩子正在做钓钩，把铁针又敲又打真忙。我近来疾病缠身，所需要的只是与药为伴；一个微不足道的人这样已经足够，难道还能有什么别的奢望？

【解读】

诗人在安史之乱后，来到成都，在浣花溪边建屋定居。环境清幽，生活相对稳定，他暂时得到了一分宁静，但贫困交加，身体多病，再加上为国效力的希望落空，又使他悲伤忧焚。这首诗表现的就是这一矛盾心理。诗首句写居处的环境，次句点出时间，强调江村的幽趣，呼应诗题，起领下两联。诗语调流走欢快，一个"抱"字练得极工，后来王安石等人学杜便专学此种，如"一水护田将村绕"句即是。二、三联铺写"事事幽"，通过自由自在的燕子、无忧无虑的沙鸥，表现和谐的幽趣，寄托与世无争的闲适心情；通过老妻画棋局、稚子敲钓钩，写与家人团聚之乐，与江村环境紧密相合。四句各写一景一事，而又连成一气；琢磨而出，又趣味天然，无迹可寻，是杜诗锻句的典型，成为宋江西诗派效仿的样板。末尾归到自身，写乐境中的悲苦，感叹穷愁多病，句意平直，情调则转入苍凉沉郁，这种结法，也很受后人赞许。

夏日[1]

张耒

长夏江村风日清[2]，檐牙燕雀已生成[3]。蝶衣晒粉花枝舞[4]，蛛网添丝屋角晴。落落疏帘邀月影[5]，嘈嘈虚枕纳溪声[6]。久判两鬓如霜雪[7]，直欲樵渔过此生[8]。

【作者简介】

张耒（1054~1114），字文潜，自号柯山，祖籍谯县（今安徽亳县），迁淮阴（今属江苏省）。宋神宗熙宁进士，历官太常少卿。他是"苏门四学士"之一，诗学白居易、张籍，平淡自然，多反映现实之作。著有《柯山集》。

【注释】

①诗为张耒《夏日三首》中第一首。②江村：二字原作"村墟"，也许是近似杜甫《江村》"长夏江村事事幽"句而误改。③檐牙：屋檐下垂如牙障护屋檐的瓦。这里指屋

檐下。④蝶衣:蝴蝶的翅膀。⑤落落:稀疏状。邀:邀请。这里是诱人的意思。⑥嘈嘈:杂乱的声音。虚枕:中间空心的枕头。⑦判:原误作"斑",据《柯山集》改。判,同"拚",甘心。⑧直欲:但愿,真心向往。

【译文】

我居住在江边的小村庄,夏日漫长,风清日爽。屋檐下的燕巢中,小燕儿羽翼已经丰满。五彩的蝴蝶在花丛中飞舞,采晒着花粉,伸开美丽的翅膀;阳光照射着屋角,蜘蛛正忙着牵丝结网。稀疏的帘子,仿佛邀请着月光透进小窗;倚靠着枕头躺在床上,耳边传来小溪流水哗哗乱响。很久以来,我已把世事看得很淡,不理会两鬓白发,似雪如霜;一心要做个樵夫或是渔翁,悠闲自得地打发剩余的时光。

【解读】

这首诗是诗人闲居乡村时作。夏日悠长,他无所事事,便细心地观赏起身边的景物,抒发对隐逸闲旷的生活的热爱。首句提纲挈领,振起全篇。日长风清,不仅是对夏景的总结,也是心情的流露。此后,檐下嬉闹的乳燕,花间翩飞的彩蝶.屋角忙碌的蜘蛛,都是在恬静的心情下观赏所见,所以格外精微细腻,泛动着生活的情趣。在这里,诗人已经把自己与自然融成一体,因此充分地感受着景物的静谧与和平。第三联,诗转写晚上,通过月光透进窗帘,枕上卧听溪声,写夜的安静,反衬心的平静。诗用"邀""纳"二字,把月影写成有情之物,把溪声变成有形物质,都表达得轻巧绵密,充满理趣。于是诗人想到与眼前幽寂自在的生活相对立的红尘扰攘、官场险恶,由衷地感叹,自己早就不在意时光催人老去,决心过着这陶然愉悦的隐居生活,直到生命终结。吴之振《宋诗钞》说张耒近体诗"蕴藉闲远,别有神韵",这首诗正具有这一特点,尽管诗在表面上幅度不大。

辋川积雨[1]

王维

积雨空林烟火迟,蒸藜炊黍饷东菑[2]。漠漠水田飞白鹭,阴阴夏木啭黄鹂[3]。山中习静观朝槿[4],松下清斋折露葵[5]。野老与人争席罢[6],海鸥何事更相疑[7]?

【注释】

①题王维集作"积雨辋川庄作"。辋川:在陕西蓝田县终南山下,王维在辋川置有庄院,晚年即隐居庄内。②藜:一种野菜。东菑:耕种一年的田名菑,此泛指田地。东菑即东面的田。③阴阴:茂密幽深。按李肇《国史补》说此二句袭取李嘉祐"水田飞白鹭,夏木啭黄鹂"句。然宋人所见李嘉祐集即无此诗,且李较王维年辈为晚。④习静:指坐禅之类,用以澄心息虑。朝槿:即木槿,落叶灌木,花朝开暮谢。此言观朝槿的开落从而悟到世事的无常。⑤清斋:素食。露葵:带有露水的葵菜。葵是多年生草本植

物,茎可食。⑥“野老”句:《庄子·寓言》记,阳子居南到沛地去,途遇老子,教导他要去除骄矜。他去时,旅舍之人见他骄矜威容,先坐为之避席。回来时,他受老子教,和光同尘,人们毫不客气地与他争席而坐。这里用此典,表示自己心无名利,随俗不拘。⑦“海鸥”句:《列子·黄帝》说,海上有个人喜欢鸥鸟,鸥鸟围绕他周围达数百。后来他父亲叫他捕鸥鸟,鸥鸟就再也不肯飞到他身边来。此用此典,说自己毫无机心,村民们请不要猜疑他。

【译文】

绵绵雨天后,空疏的林中,炊烟升起,缓缓低低;是村民们在烧煮饭菜,准备送往东面的田地。苍茫广阔的水田上空,翩飞着点点白鹭;夏天浓密的树荫中,黄莺儿正在宛啭娇啼。我住在山里修养静寂的心性,从槿花的开落参悟了人生的妙谛;在松树下采摘带露的葵菜,作为自己清淡的斋食。山野村民已把我当作同类,与我争席,毫不客气;海鸥还有什么不放心,再对我猜测生疑?

【解读】

这首诗是王维七律的代表作。诗描绘辋川清幽的景物与村民淳朴的生活,表达自己心情闲旷,通过习静,参悟了世事的无常,从而与自然相融合,随俗返真,毫无机心。诗将理趣与景观结合在一起,绘景抒情,自然流畅,造句炼字,精妙工稳。如首句,以“空”字状久雨后林中疏朗迷濛,以“迟”字状雨天空气潮湿、炊烟散开缓慢,都很传神。次联由白鹭、黄鹂、水田、清阴构成一幅优美的图画,复以“漠漠”“阴阴”一对双声字点染,动静相映,声色并茂,屡为后人称道。三、四联,或将理融入景中,或将典化入句中,委婉含蓄地表达自己厌恶红尘官场的浊秽,抒发回归自然、返璞归真的淡泊闲适的情趣,都颇具特色。

新竹①

陆游

插棘编篱谨护持②,养成寒碧映涟漪③。清风掠地秋先到,赤日行天午不知。解箨时闻声簌簌④,放梢初见叶离离⑤。归闲我欲频来此,枕簟仍教到处随⑥。

【作者简介】

陆游(1125~1210),字务观,号放翁,越州山阴(今浙江省绍兴市)人。孝宗时进士,历官建康、隆兴通判。乾道八年(1172)入四川宣抚使王炎幕,从军南郑。后历官礼部郎中、宝谟阁待制。陆游是南宋最伟大的爱国诗人,“南宋四大家”之一,诗多写爱国激情,豪迈激荡,亦时有清新婉丽之作。著有《剑南诗稿》《渭南文集》。

【注释】

①诗题陆游原集作“东湖新竹”。东湖在今浙江绍兴市东南。②谨:小心。③寒

碧:指清凉碧绿的竹子。④箨:竹壳。解箨指竹子生长时将层层竹壳脱落。⑤离离:枝叶茂盛的样子。⑥簟:竹席。

【译文】

插上了荆棘,编好了竹篱,细心地保护着初生的竹子;新竹长成后,清凉绿碧,映照着水中的涟漪。清风阵阵吹进林中,使人感到新秋提前来到这里;炎炎赤日当头照射,中午来临,坐在林中也不觉不知。新竹脱下那层层笋壳,时常能听到簌簌的声响;刚展开梢头的新叶,便显出一派欣欣向荣的生机。今后离开官场赋闲归来,我要经常陪伴着你;在这浓郁的林翳中休息,随身带着枕头与竹席。

【解读】

陆游的七言律诗以气势排荡、雄浑悲壮为世所称,他的一部分写日常生活情趣的诗,又以清新工巧、轻柔绮丽著名。这首写新竹的诗是后一种,在陆游"六十年间万首诗"中属于不起眼的作品,由于描写细微具体,可作初学者入门的样板,所以被《千家诗》的编者选入。诗是咏物抒情,注意了对新竹环境的烘托,如把竹的绿称为"寒碧",并把它置于清澈的水边,使之相得益彰,突出表现了竹子青翠、生凉的特点。诗还通过清风吹过,林中生凉,似乎秋天提早到来;赤日当空,午时也不感到炎热,来具体赞颂竹的特点,引出自己对竹林的喜爱。在描写上,诗不断变化角度,有外形勾勒,有自我感觉,还用了"解箨""放梢"等十分形象的动词,写竹子成长时期的状态,扣住题中的"新"字。这些,都表现出诗人高超的写作技巧。

夏夜宿表兄话旧

窦叔向

夜合花开香满庭[1],夜深微雨醉初醒。远书珍重何由答[2]?旧事凄凉不可听。去日儿童皆长大,昔年亲友半凋零[3]。明朝又是孤舟别,愁见河桥酒幔青[4]。

【作者简介】

窦叔向,字遗直,扶风(今陕西省凤翔县)人。唐代宗时官左拾遗、内供奉,后官至工部尚书。诗工七言,原有集已佚,《全唐诗》辑存其诗九首。

【注释】

①夜合花:即夜来香,多年生植物,花香浓郁,入夜尤甚;②远书:寄往遥远的地方的书信。③凋零:凋谢零落。此指去世。④酒幔:即酒幌、酒旗。

【译文】

夜合花盛开着,把浓郁的香气播满空庭;夜深人静,雨丝飘洒,我刚从浓重的醉意中清醒。山遥水远,多少次想给你寄信,可又怎么能到达你的手中?提起那些凄凉的往事,令人心碎,不堪卒听。我们分别时的那些孩子,如今都已长大成人;往时一起生活的亲友,半数却已经去世凋零。明天天一放亮,我又要乘上孤舟远去;心中有无限惆怅,不忍见河桥的酒旗青青。

【解读】

这首诗写与亲人久别重逢时的情感,先把人导入花开满庭、夜深酒醒、冷雨凄风这样宁静的环境,然后以顺畅朴素的语言,道出对床夜语话旧的内容。说的都是家常话,诸如音信隔阻,往事凄凉,人事变化等,与杜甫《赠卫八处士》"少壮能几时,鬓发各已苍。访旧半为鬼,惊呼热衷肠"等铺叙一样,有异曲同工之妙。所说的都密切生活,所以读来很容易引起人们的共鸣。尾联极富情感,通过想象明早的分别,反衬今夜话旧的可贵;"又是孤舟别",一个"又"字,道出无限惜别情意,感人肺腑。唐诗人还有两首极负盛名的离别诗,所写情境都与本诗相仿。一是司空曙《云阳馆与韩绅宿别》,以"孤灯寒照雨,深竹暗浮烟"句,由景衬情;以"更有明朝恨,离杯惜共传"句,展望翌日的别离。一是李益的《喜见外弟又言别》,其话旧言别之句云:"别来沧海事,语罢暮天钟。明日巴陵道,秋山又几重。"这三首诗,都把重逢的欣喜与复别的悲伤写得入木三分,可合在一起读。

偶成

程颢

闲来无事不从容,睡觉东窗日已红[①]。万物静观皆自得[②],四时佳兴与人同[③]。道通天地有形外[④],思入风云变态中。富贵不淫贫贱乐[⑤],男儿到此是豪雄。

【注释】

①睡觉:睡醒。②"万物"句:这句是程颢主要思想的阐述。程颢认为"天下万物皆可以理照""万物皆备于我"(《两程遗书》),因此"天理二字都是自家体贴出来"(《上蔡语录》)。③佳兴:美好的兴致。④"道通"句:在程颢看来,道即理,理既能生物,又能统辖万物,无所不在,"天有是理,圣人循而行之,所谓道也"(《两程遗书》)。⑤"富贵"句:《孟子·滕文公下》:"富贵不能淫,贫贱不能移,威武不能屈,此之谓大丈夫。"淫,惑乱。移,改变。

【译文】

空闲时对待万物都十分从容,一觉醒来,东窗已是日光通红。静观万物,都从自己心中得到体会;四时美好的兴致,我与人们相同。道理贯通天地与有形物质之外,思维深入宇宙风云变幻之中。富贵不能淫,贫贱不改乐,男子汉能做到这点,便是豪杰英雄。

【解读】

诗人是位理学家,主张天人合一,世间万物都是理所派生。这首诗即宣扬他的观点，是人们常说的道学家的语录体，随手挥洒，通俗圆活，充满议论。诗尾联是主旨，即提倡大丈夫要做到“富贵不能淫，贫贱不能移”。做到了这一点，便能修身养性，达到上述三联所说的，身闲心闲，一枕高卧；领略大自然的变化兴衰，知天命，乐大道，能以道观察万物，使自己顺应时世，适应自然。作为一首诗，在艺术上自然算不上上乘，但就其说理施教的功能来说，诗能将深奥的道理寓于对日常生活的态度中，简捷扼要，浅俗易懂，不能不说是成功之作。

游月陂①

程颢

月陂堤上四徘徊，北有中天百尺台②。万物已随秋气改③，一樽聊为晚凉开④。水心云影闲相照⑤，林下泉声静自来。世事无端何足计⑥，但逢佳节约重陪⑦。

【注释】

①月陂：堤岸似月的湖。所在不详。②中天：半空。③秋气：指秋天肃杀之气。④开：指斟酒、饮酒。⑤水心：水中。⑥无端：变化多端，没有穷尽。⑦陪：陪伴。此指赏玩。

【译文】

我在月陂堤上，四面眺望，来往徘徊；在那湖水的北边，耸立着一座高达云天的楼台。眼前的各种景物，都随着肃杀的秋气而改变；对着阵阵晚间的凉风，我喝上杯酒，聊以开怀。天上的白云缓缓地飘荡，影儿映在水中，分外悠闲自在；在寂静的夜色中，林间泉水的轻响，悠悠地传来。世间的事变化无常，不值得去认真计较；我只想碰上美好的节日，约上好友，重赏这清景天籁。

【解读】

这是首写景抒情诗，写游览月陂时所见所感。首联依游览诗惯例破题，写自己来到月陂，流连徘徊，并大略点出月陂景物。下两联写“游”，颔联说游时的气候节令，为下联作逗，一个“改”字，囊括了秋天的萧瑟景象，又逢夜晚，凉气袭人，更显出水面的空寂。颈联便着意刻绘水心云影、林下泉声，带出自己恬淡娴静的心情，与景相合。尾联因景的肃杀冷漠想到世事的盛衰变化，因为诗人心灵空寂，所以没有历来文士悲秋的情感，反生再游的向往。诗环环相扣，清新平淡。诗人毕竟是位大哲学家，在观景时带有自己的理趣。他曾说：“万物皆备于我，不独人尔，万物皆然，都自这里出去。”（《两程遗书》）所以能以自己的心支左景物，而不为景物所移。

秋兴（其一）[①]

杜甫

玉露凋伤枫树林[②]，巫山巫峡气萧森[③]。江间波浪兼天涌[④]，塞上风云接地阴[⑤]。丛菊两开他日泪[⑥]，孤舟一系故园心[⑦]。寒衣处处催刀尺[⑧]，白帝城高急暮砧[⑨]。

【注释】

①本诗是杜甫《秋兴八首》中的第一首。诗作于唐代宗大历元年（766），写客居他乡之感和怀念长安之情。②玉露：洁白的露水。秋天，白露凝结为霜，故凋伤树木。③巫山：在今重庆巫山县东长江沿岸。巫峡：长江三峡之一，在巫山边。巫峡两岸皆山，水流湍急。萧森：阴晦萧条。④兼：连接。⑤塞：关塞。此指夔州（今重庆奉节）。⑥两开：再次开放。杜甫自永泰元年（765）离开成都，经云安至夔州，至此已前后两年。“开”在这里双关，既指菊花开，也指引起泪下。他日泪：因思念往事而流下眼泪。⑦孤舟一系：谓归舟长系。“系”在这里双关，既指舟系，又指心被牵系。⑧刀尺：剪刀、尺子，缝纫的工具。⑨白帝城：在奉节县东白帝山上。砧：捣衣用的石头。此指捣衣声。

【译文】

晶莹而寒冷的露水，摧残了火红的枫树林；远处的巫山与巫峡，更显得气象萧条阴森。江中的波涛翻滚，远远地与天相接；关隘上风云变幻，连接着大地一片阴沉。我在夔州已见到菊花两度开放，使我想起往事伤心地流泪；归舟长系，不再远去，也牢牢牵系住我思念故园的心情。寒衣还未做成，催着人赶快动起刀尺；站在高高的白帝城上，晚风传来了阵阵捣衣的砧声。

【解读】

这首诗是组诗的总纲，以下七首，都由本诗引发。诗从眼前的秋景写起。第一联点出时间是秋天，地点是夔州附近的巫山巫峡，以“露凋伤”“气萧森”形象地展示萧瑟而引人伤神的秋意。次联进一步写秋景，以“江间”句承“巫峡”，“塞上”句承“巫山”，用波浪连天、风云匝地显示景色的阴晦，把上句的“气萧森”具体化。这四句表面是写景，又体现了诗人对家国的忧伤，“影时事，见丧乱凋残景象”（《杜臆》）。第三联转到自己，点明羁旅乡思，写出心中的沉重。尾联把身世之感与客观景物紧密联系，因砧声想到寒衣，又以客地无衣想到做客的难堪。这四句表面写情，但情中有景，因为将景融入了情中，所以极为含浑。全诗情意深挚，气势磅礴。音节舒促相间，富有变化。用字造句，密散结合，有顺述，有倒装，有明舒，有暗点，使诗意象飞动，蕴含无穷，是杜甫七律的代表作。

秋兴(其三)

杜甫

千家山郭静朝晖[1],日日江楼坐翠微[2]。信宿渔人还泛泛[3],清秋燕子故飞飞[4]。匡衡抗疏功名薄[5],刘向传经心事违[6]。同学少年多不贱,五陵裘马自轻肥[7]。

【注释】

①山郭:山城。此指夔州城。②翠微:山色青翠。此即指青山。③信宿:再宿,一连两夜。泛泛:在水面漂浮的样子。④故:仍然。⑤"匡衡"句:这句与下句都是四、三句格,前四字用典,后三字写自己。匡衡是汉著名经学家,曾任博士给事中,屡次上疏论事都得皇帝嘉赏,而杜甫却因上疏救房琯几乎被杀,因此感叹自己功名低微,不得重视。抗疏,上疏论事。⑥"刘向"句:刘向是汉著名学者,成帝时被任命校中五经秘书,讲论五经于石渠阁。杜甫也曾有任中秘传经的心愿,但没能实现,所以感叹自己"心事违"。⑦五陵:在长安西北的汉长陵、安陵、阳陵、茂陵、平陵。五陵一带是汉贵族集中地,贵族少年常于五陵聚会游冶。轻肥:轻裘肥马。

【译文】

这千家万户,这山城,静静地沐浴着初升的阳光;我每天都是这样,坐在江楼,面对着缭绕的青山。渔民们在江上度过了一晚又一晚,小船儿仍然在波中自在地漂荡;清秋已经来临,燕子却没有离开,依旧在我面前,得意地飞翔。我想学匡衡上疏劝谏,没想到人微言轻,险遭不测;又想同刘向一样传授经书,可又难实现,前程渺茫。当年和我一起游学的少年们,如今个个春风得意,厚禄高官;在五陵聚会放达,穿轻裘骑骏马,意气高扬。

【解读】

这首诗写夔州清晨的景色与因此而引起的身世之感。与上一首一样,前四句写景,后四句写情,但用笔铸词各有千秋。首句写清晨日出,用一"静"字突出气氛,展现静态的人家、山城、初日这一系列景象,构成宁静冷寂的环境,为第二句蓄势。第二句在第一句的景中加入了江楼与人,说自己每天独坐江楼,面对青山,与上句组成一幅丰富的江楼独眺图,而诗人的寂寞低回也由场景的烘染得以体现。次联写眼中之景,捕捉动态,写渔人泛泛,表现自己对自由的羡慕;写燕子飞飞,当秋该去不去,又暗勾起难归的忧烦。这些曲折的心理,通过"还""故"二字,入微入妙地表达出来,令人击节赞叹。三、四联写身世之感,先以匡衡、刘向事,抒发感慨,表达自己追求济世匡时、致君泽民的不朽事业难以满足的失落,最后以同学少年做对比,又暗透对富贵利禄的鄙夷。全诗讲究辞藻工丽与用典的工切,将景与情完美结合,融华赡与沉郁于一炉,成为后人模仿的典范。

秋兴(其五)

杜甫

蓬莱宫阙对南山[①],承露金茎霄汉间[②]。西望瑶池降王母[③],东来紫气满函关[④]。云移雉尾开宫扇[⑤],日绕龙鳞识圣颜[⑥]。一卧沧江惊岁晚,几回青琐点朝班[⑦]。

【注释】

①蓬莱宫:唐宫殿名,原名大明宫,高宗时改蓬莱宫。南山:终南山。在长安南。②承露金茎:承露金盘。金茎,指承露盘下的铜柱。承露盘是汉武帝建章宫中建筑,这里代指唐宫中建筑。霄汉:天空。汉,银河。③瑶池:见李白《清平调词》注。《汉武帝外传》载西王母曾在七月七日降汉殿与武帝相会。钱谦益认为这里的西王母是影射杨贵妃。④"东来"句:函谷关在长安东,《列仙传》载,老子西游,函谷关关令尹喜望见紫气东来,曰:"应有圣人经过。"果见老子。⑤雉尾:雉鸡的尾羽。唐宫扇用雉尾制,称雉尾障扇。开宫扇:玄宗时定制,群臣朝见,皇帝上座前用宫扇遮蔽,坐定后撤扇露形。⑥龙鳞:皇帝所穿衮龙袍上的龙纹。⑦青琐:宫门。点:同玷,玷污。是诗人自谦之词。朝班:群臣朝见时排成的行列。

【译文】

雄伟壮丽的蓬莱宫阙,面对着巍峨的终南山;宫中矗立的承露金茎,高高地耸入霄汉。朝西望那缥缈的昆仑瑶池,那儿住着的西王母曾经下降;东边那一片蒸腾的紫气,是老子曾经路过的函谷关。带雉尾的羽扇缓缓移开,像缤纷的彩云飘动;龙袍闪耀似日光缭绕,我遥望着圣明的君王。自从我离朝卧病在江边,总是对深秋的景物无限感叹;有多少回,在梦中,进入宫门,加入朝班。

【解读】

这首诗是诗人在夔州回忆长安战前的繁盛。前六句写长安,通过回忆,写景、叙事、抒情。首联写宫殿的雄伟,重点放在高大的蓬莱宫与矗立的金茎,分别以"对南山"写巍峨,以"霄汉间"表其高耸。这样,整个长安宫殿的宏丽辉煌便如在眼前,足见诗人剪裁之功。次联选用两个神仙故事来进一步描绘宫殿的华丽,有意引导人们联想到仙宫神殿,浮想富贵豪华盛景。这四句,手法不同,但秩序井然,从面对南山写到西望瑶池、东眺函关,从宫外写到宫内,从顶端写到基脚,将宫殿的方位、气势写得十分完整。第三联由宫殿写到人,以朝会来表现,极写帝王威仪、臣子心理。这朝会众臣中,自然也包括了诗人自己,因此诗马上从回忆中拉回,以目前卧病沧江,无法再与朝会,感叹自己的孤寂,表达自己的伤愁,紧扣题"秋兴"。这首诗,前三联气象恢宏广大,尾联陡收急挽，有千钧之力。诗重笔写宫阙朝仪盛况，渲染升平，因为是写在乱后，更衬托出自己的悲哀。

秋兴(其七)

杜甫

昆明池水汉时功[①]，武帝旌旗在眼中[②]。织女机丝虚夜月[③]，石鲸鳞甲动秋风[④]。波漂菰米沉云黑[⑤]，露冷莲房坠粉红[⑥]。关塞极天唯鸟道[⑦]，江湖满地一渔翁[⑧]。

【注释】

①昆明池：在长安西南，为汉武帝元狩年间因伐昆明国而练习水战时所凿，周围四十里。②旌旗：武帝操练水师，建楼船，高十余丈，上插旗帜。③织女：指昆明池边的织女石像。为了使昆明池上应天象，在池左右立牵牛、织女，以像天河。机丝虚夜月：说织女像虽设有机丝，但不能织，只是徒对夜月。④石鲸：昆明池有玉石刻的鲸鱼。⑤菰米：水生植物，俗称茭白。秋结实如米，可煮食。⑥莲房：即莲蓬。⑦关塞：指巫山、夔州。鸟道：只有飞鸟能飞越的险道。⑧江湖满地：指到处漂泊。

【译文】

长安西南的昆明池，是数百年前汉代所开凿；遥想当年武帝练兵时的旌旗，似乎还在迎风招展，映入眼中。织女的石像机丝横陈，徒然对着这淡淡的夜月；石鲸在秋风的吹拂下，身上的鳞甲好似片片飞动。水面上漂浮着黑沉沉的菰米，活像是铺压着一片云彩；露水沾湿了湖中的莲蓬，粉红色的莲花已坠落无踪。遥望远方关塞连天，只有飞鸟才能度越；我在江湖漂泊，无休无止，如同是出没波间的渔翁。

长安西南的昆明池

【解读】

这首诗与上一首一样，也是前六句写长安，后二句写眼前。首联点明昆明池的来源，写得很壮美。但从诗人作此诗已在战后，长安已经破败，便很能理解诗人写昆明池，怀汉武帝，正是对盛世的怀念与向往。第二、三联写昆明池景物。一联写池畔，选取夜月下的朦胧景色，衬点出景物的宁静空灵。一联写水面，以“漂”“冷”状动态，以“云”“粉”拟多艳，以“黑”“红”渲染色调，全面绘出秋天水面宽广优美的景色。最后，诗回到现实，注入“秋兴”，眼中所见是连天关塞、重重阻隔，心中想到的是江湖浪迹、无地容身，满腔苦闷与沉痛，强烈地充溢于字里行间。正如杨伦《杜诗镜铨》所评:“极天’、‘满地’乃俯仰兴怀之意,言江湖虽广,无地可归,徒若渔翁之漂泊,昆明盛事,何日而能再睹也哉!”诗借汉言唐,是唐诗常用的手法。中四句分写两小景两大景,笔墨灵活,妙趣纷呈。末归结到自己,点明了前六句忆长安时的心情,顿变情调,将情与景、国家与个人的不幸融成一片,足称扛鼎之笔。

月夜舟中

戴复古

满船明月浸虚空[1],绿水无痕夜气冲[2]。诗思浮沉樯影里[3],梦魂摇曳橹声中。星辰冷落碧潭水[4],鸿雁悲鸣红蓼风[5]。数点渔灯依古岸,断桥垂露滴梧桐。

【注释】

①虚空:广阔的空间。②无痕:没有波浪。冲:逼人。③樯:桅杆。④冷落:稀疏冷清。⑤红蓼:草本植物,生长水边,秋天开红花。

【译文】

小船洒满了皎洁的月光,沉浸在浩瀚缥缈的空间;碧绿的江水,水波不兴,夜间的寒意是那么深重。高高的桅杆投下浓郁的阴影,我的诗思随着阴影起伏不定;摇曳的橹声悠悠扬扬,我的梦魂跟着橹声摇荡浮动。稀疏清冷的星星,倒映在深澄的潭水;一阵秋风掠过远处的红蓼,鸿雁悲怆的鸣声,响彻夜空。那古老的堤岸边,几点渔船的灯火闪烁不定;岸上梧桐凝结着露水,滴向断坍的小桥,叮叮咚咚。

【解读】

诗描写的是在秋天月夜泛舟所见,紧紧围绕“月”“舟”二字,结合秋令,勾勒了一幅凄清静寂的画图,表现自己羁旅伤愁。首联“满船明月”直接点出“月”,“绿水无痕”暗示在舟中,出齐题,为全诗做好铺垫。颔联写自己在船上睡而复醒,诗思浮沉,将自己的情感与船的摇曳起伏、月的清辉联系在一起,构成蒙浑的诗境。颈联与尾联是月夜行船所见,采入一连串秋景,“碧潭”“鸿雁”“红蓼”“垂露”“梧桐”,均与秋天密切相关。四句分写上下左右,视听交互,以舟为中心,以月光为背景色,景物丰富而格调荒凉凄冷。戴复古是江湖诗派重要作家,由于他长期浪迹江湖,对景物感受特别深刻,所以能将景物精练生动地组织在一起,通过细致入微的白描手法,使之惟妙惟肖地呈现在人们面前,不言情而情意深浓,达到了写景诗的很高境界。

长安秋望[1]

赵嘏

云物凄凉拂曙流[2]，汉家宫阙动高秋[3]。残星几点雁横塞[4]，长笛一声人倚楼。紫艳半开篱菊静[5]，红衣落尽渚莲愁[6]。鲈鱼正美不归去[7]，空戴南冠学楚囚[8]。

【注释】

①诗题一作“长安晚秋”。②云物：犹言云气。凄凉：一作“凄清”。③汉家宫阙：借汉言唐，指长安的宫殿。动高秋：言宫阙高耸，掩映在云气中，随云流动而荡漾。④残星：天亮前残余的星星。⑤紫艳：艳丽的紫色。⑥红衣：红色的花瓣。⑦鲈鱼正美：《晋书·张翰传》载，张翰见秋风起，乃思吴中菰菜、莼羹、鲈鱼脍，叹道：“人生贵得适志，何能羁官数千里外以要名爵乎？”于是弃官回乡。这里用以指思乡之情。⑧“空戴”句：《左传》成公九年载，晋侯观于军府，见钟仪，问道：“那个戴南方式样发冠的人是谁？”看守答道：“是郑国所献的楚国囚犯。”楚囚南冠表示不忘乡土，诗人是南方人，思乡而不得归，羁留长安，故云“空戴南冠”。

【译文】

凄凉清淡的云气，在曙光中飘浮；汉代修建的巍峨的宫阙，似乎随着秋天的流云晃悠。天空中残留着几点星星，一行大雁横飞掠过了关塞；远处传来一声长笛的声音，有个人儿独自倚在高楼。紫色的菊花半开着，靠着篱笆，一片幽静；水中的莲花落尽了红色的花瓣，泛漾着无边的忧愁。家乡的鲈鱼正是肥美的时候，我却羁留在这里不能归去；空怀有思乡的激情，处境局促，仿佛楚囚。

【解读】

这首诗写晨起登高所见的长安秋色。诗人满怀寂寥与伤愁，于是笔下的景物，莫不带上了惨淡惆怅的色彩。清晨的曙气飘浮，宫殿掩映在云气中，显得那么萧索凄清；天幕上还挂着几颗残星，闪着黯淡的光芒；大雁南飞，激起人无限的思乡情感，这时候又飘来一阵哀怨的笛声，令人触景生愁。紫菊幽静地开放，荷花已经凋谢，使人感伤，撩起无尽的愁思。于是诗人回思自已，欲归不得，又是那么地令人怅惘难受。工整的对偶，情景的交融，虚实的结合，典故的活用，使诗在即情绘景上取得了很高的成就。诗的第二联，以传神之笔写出苍凉恢廓的意境，又寓以凄凉深沉的情怀，景为人设，人在景中，承上文望中寥渺秋气，引下文的秋思羁愁，声色俱齐，收放无痕，《唐诗纪事》说杜牧对之“吟味不已，因目嘏为赵倚楼”。

新秋[1]

无名氏

火云犹未敛奇峰[2]，欹枕初惊一叶风[3]。几处园林萧瑟里，谁家砧杵寂寥中[4]。蝉声断续悲残月[5]，萤焰高低照暮空。赋就金门期再献[6]，夜深搔首叹飞蓬[7]。

【注释】

①诗原署杜甫作，但杜甫集中未见。②火云：炎夏日落时出现的火红色云彩。奇峰：指火云的形状。③一叶风：吹落第一张树叶的秋风。④砧杵：捣衣的工具。⑤残月：天亮前的月亮。⑥金门：金马门，汉宫门名。汉时征召人才，集金马门，由皇帝召见选用。⑦飞蓬：蓬草为多年生草本植物，花如絮，成熟后随风而飞。此指生活如蓬草飘忽不定。

【译文】

如同山峰般变幻的火云，还没有完全收敛；我斜靠着枕头养神，忽然听到那初次吹下落叶的秋风。在这萧瑟的秋声中，此时有多少园林花树正在凋谢；寂静的夜幕里，谁家的捣衣声，传入我的耳中。一钩残月悄悄照着，树上的知了发出断续的悲鸣；萤火虫高低乱飞，划破了深沉的夜空。我写好了诗赋，想再次去金马门献给皇上；在这深夜，伤心地搔着头，感叹一生漂泊，犹如飞蓬。

【解读】

诗题是“新秋”，诗便不仅仅写秋，还处处照顾到“新”字。首联欲擒故纵，先从夏日炎热的火云写起，然后说到第一阵秋风，益显出秋之“新”，且以“初惊”二字，突出了气候变化之快。以下四句，着力渲染秋色。诗人是在家中“欹枕”，所以大多从听觉上来写。耳听着秋风萧瑟，刮遍园林；寂静的夜色中，传来阵阵捣衣声；残月下，秋蝉断断续续地悲鸣；萤火虫在窗外飞过，划破暮色。这四句，除了末句是眼中所见，其余都是从风中飘来的各种声响，都是由“一叶风”延伸出来。有实事，有想象，有远声，有近音，共同构成寂寞萧条的秋景，形象感人。尾联是由秋景而产生的悲伤情绪，低沉索寞，与前三联景句连成一气。全诗情景交融，结构严谨，风格沉郁，与杜甫诗风相近，其误题杜甫作，原因或即在此。

中秋

李朴

皓魄当空宝镜开[1]，云间仙籁寂无声[2]。平分秋色一轮满[3]，长伴云衢千里

明[4]。狡兔空从弦外落[5]，妖蟆休向眼前生[6]。灵槎拟约同携手[7]，更待银河彻底清。

【作者简介】

李朴，字先之，虔州兴国（今属江西省）人。宋哲宗绍圣年间进士，官虔州教授、秘书监。著有《章贡集》。

【注释】

①皓魄：皎洁的光华。此代指月亮。②仙籁：天上仙界的声音。③平分秋色：七、八、九月为秋，八月十五为秋的中间，故云平分秋色。④云衢：云路。此指云在空中飘动所经之路。⑤狡兔：指传说中居住在月亮中的玉兔。弦：月有上弦月、下弦月，这里指月的边缘。空从弦外落，即让月不亏。⑥妖蟆：传月中有蛤蟆，能食月，使月亏。⑦灵槎：槎即木筏。《博物志》载，有个住在海边的人，常见每年八月有槎来。一次他乘了上去，到达天河，见到牛郎织女。

【译文】

皓洁的月亮升上天空，宛如打开了一面玉镜；万籁俱寂，月明风息，连云间的仙乐也悄然无声。今天正是平分秋色的日子.月亮如车轮般圆满；它久久地伴随着空中的云彩，把千里大地照得通明清澄。那狡黠的玉兔空白跳出弦外，月亮仍然是那么团圆；那妖异的蛤蟆也不要出现，以免月亮蚀去它的光明。我准备约上几个朋友，乘上通到天堂去的灵槎；但是还须耐心等待，等到那银河彻底澄清。

【解读】

这首诗的诗题是“中秋”，而把笔墨主要集中在写中秋的月亮。首句写月亮出来，用“皓魄”“宝镜”二代词，一形容其亮，一形容其色与形，是咏物诗惯用的手法。次句写天空静寂，益显出月的精神，这就是所谓的烘云托月法。第三句点题，揭出时令；第四句烘染月光的皎洁。前四句全作具体描写，将月色写得很饱满，因此后四句转入虚写，化用神话，从侧面写满月。狡兔落去，蟾蜍不生，既写了月的圆，又寄托但愿月长圆的向往；因此最终用乘槎上天的传说，扣紧八月十五，又引发由月色美好而产生的漫游天宫的愿望。诗形象地描绘了月的形与色，又通过浮思遐想，加倍写出月夜的迷人，因此读来清气袭人，趣味深长。

九日蓝田崔氏庄[1]

杜甫

老去悲秋强自宽[2]，兴来今日尽君欢[3]。羞将短发还吹帽[4]，笑倩旁人为正冠[5]。蓝水远从千涧落[6]，玉山高并两峰寒[7]。明年此会知谁健？醉把茱萸仔细看[8]。

【注释】

①九日:指九月初九重阳节。民俗于此日登高,插茱萸辟邪。这里指乾元元年(758)九月初九,时杜甫任华州(今陕西华县)司功参军。蓝田:今陕西蓝田县,去华州八十里。崔氏庄:崔氏东山草堂。崔氏即王维表弟崔兴宗,是位隐士。②强:勉强。③尽君欢:为君而尽欢。指登高痛饮。④"羞将"句:用孟嘉事。《晋书·孟嘉传》:孟嘉为桓温参军。九月九日,桓温设宴龙山,席上风将孟嘉帽子吹落,孟嘉在酒酣中竟不知觉。⑤倩:请。正冠:把帽子戴正。⑥蓝水:即灞水。源出蓝田县蓝田水,合溪谷之水,流入灞水。⑦玉山:即蓝田山,因产玉而名。山在县东,与华山云台峰并峙,故云"两峰寒"。⑧茱萸:亦名越椒,味辛,可入药。周处《风土记》载俗以九月九日"折茱萸房以插头,言辟恶气而御初寒"。又,吴均《续齐谐记·九日登高》:"汝南桓景随费长房游学累年,长房谓之曰:'九月九日汝家当有灾,宜急去,令家人合作绛囊,盛茱萸以系臂,登高饮菊花酒,此祸可除。'"

【译文】

老来对秋天更感到伤悲,只能勉强振作,自我放宽;今天偶然兴致勃勃,登高饮酒,为君尽欢。头发稀疏令我羞愧,最怕山风吹落帽子;因此含笑央求旁人,时时注意,为我正冠。蓝水冲出千山万涧,潺潺地流到跟前;玉山与云台峰并矗,高入云端,隐隐生寒。明年今日重阳佳会,不知道我们是否都还健在?想到这,喝醉了酒,把茱萸看了又看。

【解读】

这首诗写贬官华州时的心情。首句是总摄,全诗都围绕"老""悲愁""强自宽"来写,笔力矫健,盘旋变化,是杜甫七律中的名作。"蓝水"一联,忽于写情叙事中夹入写景,看似与前后不相统属,实质借景移情,关联全篇,尤见作意。这种写法,被宋江西诗派诗人奉为不二法门。宋诗人杨万里对这首诗创意结构最为欣赏,在《诚斋诗话》中做了精细的分析,对赏鉴本诗很有帮助,因引于此:"唐律七言八句,一篇之中,句句皆奇,一句之中,字字皆奇,古今作者皆难之……老杜《九日》诗云:'老去悲秋强自宽,兴来今日尽君欢。'不徒入句便字字对属,又第一句顷刻变化,才说悲秋,忽又自宽,以'自'对'君'甚切……'羞将短发还吹帽,笑倩旁人为正冠。'将一事翻腾作一联,又孟嘉以落帽为风流,少陵以不落为风流,翻尽古人公案,最为妙法。'蓝水远从千涧落,玉山高并两峰寒。'诗人至此,笔力多衰,今方雄杰挺拔,唤起一篇精神,自非笔力拔山,不至于此。'明年此会知谁健,醉把茱萸仔细看。'则意味深长,悠然无穷矣。"

秋思

陆游

利欲驱人万火牛[1]，江湖浪迹一沙鸥[2]。日长似岁闲方觉，事大如天醉亦休。砧杵敲残深巷月，井梧摇落故园秋[3]。欲舒老眼无高处，安得元龙百尺楼[4]？

【注释】

①火牛：战国时，燕国伐齐，连下七十余城，仅留即墨一城未攻下。齐将田单集中了千余头牛，角上绑尖刀，尾上系着浸过油的芦苇，夜间点火烧着芦苇，牛受惊冲人燕营，齐兵随之，大败燕兵。②沙鸥：一种水鸟。③井梧：井旁所种的梧桐。④元龙百尺楼：《三国志·陈登传》载，陈登字元龙，有大志。名士许汜去看望他，他不予理睬。独自睡床上，让许汜睡床下。后来许汜把这件事告诉刘备，刘备说："方今天下大乱，你只知求田问舍，不以国家利益为怀，元龙当然不理你。如果我是陈元龙，就让你睡地下，我睡在百尺高楼上。"

【译文】

尘世间的利欲，像万头火牛驱赶着人东奔西走；我却浪游江湖，犹如水边自由自在的沙鸥。过一天如同过一年，这滋味只有空闲无事才能体会；如天般大的事，喝醉了酒也一样被抛在脑后。深巷中阵阵捣衣声，到月亮快要落下时方才停止；井边的梧桐叶纷纷飘落，我知道家乡也已是新秋。我想用昏花的老眼尽力远眺，可找不到可以登高的地方；心中止不住感叹，到哪里去寻觅陈元龙的百尺高楼？

【解读】

诗前两联叙事，写自己远离利欲，自在闲适，随心所欲，浪迹江湖，空闲无事，饮酒作达。这两联写得疏放豪爽，尤其是首联，通过自己犹如沙鸥般自由自在，与被利欲所驱的人做对比，突出了自己的清闲。第三联转入写景。陆游以工于对偶闻名，这联不仅字句声调对得极工，且将秋景分解到二句中，使诗连成一气，通过凄凉萧条的声色，隐喻自己的心情，自然过渡到尾联想登高望远的伤愁中。尾联是全诗点睛，元龙百尺楼，从诗面上看是供登临用，实际上诗人是通过典故，以元龙自况，表达自己英雄失路、报国无门的悲伤，写得十分含蓄。由此而反观前几联，便能品味出诗人所做的达语，所写的景物，包含寄托着无数的苦闷与牢骚。

与朱山人[1]

杜甫

锦里先生乌角巾[2],园收芋栗未全贫[3]。惯看宾客儿童喜,得食阶除鸟雀驯[4]。秋水才深四五尺,野航恰受两三人[5]。白沙翠竹江村暮,相送柴门月色新。

【注释】

①诗题一作“南邻”。朱山人:杜甫在乾元、上元年间居住成都草堂时的邻居。②锦里先生:指朱山人。锦里是成都地名,因成都为锦官城而得名。角巾:四方有棱角的头巾,为平民所戴。③芋栗:芋头、栗子。④阶除:门前的台阶。驯:指见人不惊飞。⑤野航:乡村的小船。受:容纳。

【译文】

锦里先生戴着顶乌角巾,田园里能收获芋栗算不上很贫。儿童见惯了宾客个个笑脸相迎,在阶除上啄食的鸟儿遇人不惊。门前的小河秋天水深才四五尺,小小的渡船正好坐上两三个人。江村的傍晚沙滩洁白竹林深翠,送客走出柴门,月光是多么皎洁澄清。

【解读】

诗赞扬邻居朱山人淳朴好客的高贵品质,可分前后两段。前四句写朱山人的品格。他布衣潇洒,安贫乐道,家中儿童见惯了客人来往,门前的鸟雀也习惯于人来人往而驯熟不惊。这样写,把朱山人淡泊名利与好客的性格写得具体而生动。后四句从好客写到送客,意脉流畅而跳脱自然。五、六句写秋水、野航,使空间拓展,逆摄七、八两句月下送客,写得静谧安详。诗疏散流荡,顺着朱山人的身份品格展开,写其迎客与送客的过程,变化转折而内容丰富。三、四句用倒装,于齐整中变化,使节奏加快。五、六句又极纡徐,嵌入虚词“恰”“才”,与数字结合,叙事中渗入主体感觉,表出事外意象。末两句,则通过景色的清丽幽静,衬托主人的淡泊。这些,都表现出诗人剪裁之功。

闻笛[1]

赵瑕

谁家吹笛画楼中[2],断续声随断续风。响遏行云横碧落[3],清和冷月到帘栊[4]。兴来三弄有桓子[5],赋就一篇怀马融[6]。曲罢不知人在否,余音嘹亮尚飘空。

【注释】

①此诗《千家诗》题赵嘏作,但今存赵嘏集无此诗。②画楼:装饰华美的楼阁。③

响遏行云:谓声音美妙嘹亮,使流动的云彩停止。语出《列子·汤问》:"(秦青)抚节悲歌,声振林木,响遏行云。"碧落:天空。④帘栊:窗户。帘指帘子,栊,窗棂。⑤桓子:东晋桓伊,字叔夏,号子野,擅吹笛。《世说新语》载,王徽之与桓伊素不相识,一次相遇于清溪,王徽之遣人求桓伊奏笛。桓伊不以为忤,下车踞胡床吹三曲而去,二人不交一言。弄,曲一支曰弄。⑥马融:东汉人,字季长,官南郡太守。博学多才,是著名经学家。擅文知音,曾著有《长笛赋》。

【译文】

不知道是谁吹起了笛子,在那远处华丽的小楼;断断续续的笛声,追随着断断续续的清风。声音高昂时直冲云霄,连浮动的云彩也被止住;声音清幽时伴着清冷的月光,悄悄地透进了我的帘栊。兴致到来时连吹了三曲,就像是晋代的名士桓伊;我草就赞赏的诗歌,不禁追思作《长笛赋》的马融。这时候笛子已经停下,不知道那人是否还在楼上;那嘹亮清越的余声,仍然久久地回旋在空中。

【解读】

这首闻笛诗,经诗人精心结撰,写得首尾整饬,绵密工稳,意味悠长。笛声与琴曲相同,随着人的心境改变,很难描绘具体。诗人却化难为易,先说明是听远处的笛声,次将笛声与风声的断续结合,留下很大的刻画余地。然后,通过"响遏行云"突出它的高昂激荡,以"清和冷月"象征它的低幽婉转,都十分形象,给人以巨大的想象的空间。第三联,诗人转换角度,改用典虚写。先把吹笛人与桓伊相比,说明吹笛人的技术高超、乐声感人,又用马融作《长笛赋》事,说出自己的赞美。结尾用宕笔,勾勒一派沉浸在乐曲中的神飞意驰的状况,使诗意也与笛声一样回荡不定,余韵袅袅。值得一提的还有,诗是赞笛声,同时也通过听笛与吹笛人做思想上的交流,但诗始终将吹奏者隐在幕后,使诗蒙上一层与夜间笛曲同样缥缈神奇的色彩。

冬景

刘克庄

晴窗早觉爱朝曦[1],竹外秋声渐作威。命仆安排新暖阁[2],呼童熨帖旧寒衣。叶浮嫩绿酒初熟,橙切香黄蟹正肥。蓉菊满园皆可羡[3],赏心从此莫相违。

【注释】

①觉:睡醒。朝曦:清晨的阳光。②暖阁:设有火炉的小阁。③蓉:木芙蓉,秋末开花。

【译文】

清晨一觉醒来,我特别喜爱那透进窗来的晨曦;竹林外寒风萧瑟,是肃杀的秋气正在作威。我赶忙叫来了仆人们,去收拾好过冬的暖阁;又谆谆叮嘱小童儿,熨烫好旧的棉衣。刚酿好的美酒,浮动着嫩叶一样的碧绿;煮熟的肥壮的螃蟹,颜色金黄,犹如橙子,散发着香气。满园开遍了芙蓉和菊花,令人爱美把玩不已;真应该尽情地欣赏,切莫错过了大好时机。

【解读】

这首诗写的是秋末的景色,诗题作“冬景”或有误。一般写秋天的诗歌,总着眼于萧瑟冷清的景物,借以抒发悲秋之感。这首诗一反常格,充满朝气。诗着眼于日常闲适的生活,说天气变寒,秋风作威,诗人便安排暖阁,准备寒衣,饮酒持蟹,赏菊观花,表现了自己对生活的热爱,大有魏晋名士之风,写得清新活泼,情趣盎然。宋诗人喜欢刻绘细小景物,对色彩的运用尤为经心。这首诗就成功地运用色彩,反映心理动态,搭配得十分和谐。特别是颈联,将新酿的酒比作碧绿的嫩叶的颜色,把螃蟹的蟹黄比作切开的橙子,都神似新异。而尾联黄色的菊花又与秋气中凋零的黄叶相浑,强调了季节色,也颇显匠心。

小至[①]

杜甫

天时人事日相催,冬至阳生春又来[②]。刺绣五纹添弱线[③],吹葭六管动飞灰[④]。岸容待腊将舒柳[⑤],山意冲寒欲放梅[⑥]。云物不殊乡国异[⑦],教儿且覆掌中杯[⑧]。

【注释】

①诗题原作“冬景”,据杜甫集改。小至,冬至后一日。②阳生:阳气初生。古人将季节的转换视为阴阳二气的消长,夏属阳,冬属阴,冬至为阴气已尽,阳气将生。③五纹:五彩花纹。此指五色丝线。弱线:短短一根线。④葭:芦苇。此指葭灰。六管:管,杜甫集作“琯”。古人以玉制成十二管,分六律、六吕,以应节令,管中置葭灰,至某一节气,相应的管中灰便会飞出。⑤岸容:水边景象。腊:十二月。⑥山意:山中景物意态。⑦云物:云烟景物。乡国:家乡。⑧覆:倾倒。即饮尽。

【译文】

自然界的变化与人世间的事,生生不息,逐日相催;冬至到了,阳气复生,春天不久也要回归。白天变长,女工们忙着刺绣,五色丝线天天可增添一段;象征节气的六吕管内,飞出了代表冬至的葭灰。岸边的杨柳正等候腊月过去,将吐出嫩黄的新芽;山里的梅花冲破寒冷,马上要绽开满树的花蕊。眼前这烟岚景物,与我家乡没有什么两样;吩咐小儿对景开怀,把手中的酒再干上一杯。

【解读】

诗写晚冬,扣题很紧。首联点出时令已届冬末,春天即将到来,以时事代序、日月相催,暗示今年时日无多,以“冬至阳生春又来”将“日相催”具体化,写得一气流走,内容与形式完美地统一。次联应首联的“人事”,表现得很细微。冬至后,白天渐长,诗人以刺绣每天可多绣一小段线来表达,机杼旁运,道人未道;玉管飞灰,是很微末的感受,诗人用以说明气候变更,也立意新颖。第三联应首联中的“天时”,写冬至时自然界变化,但又化实为虚,用“将舒柳”“欲放梅”六字,准确地表达时令,透出春意。尾联写自己的感受,是一般写景纪事诗常格,但杜甫结得沉稳,以勃勃兴致,照应前面所写春天将到时大地微露的生机。全诗层层紧扣,脉络分明,尤其在虚字的把握上极为准确,使全诗境界顿开,情景皆到。

梅花①

林逋

众芳摇落独暄妍②,占尽风情向小园③。疏影横斜水清浅④,暗香浮动月黄昏⑤。霜禽欲下先偷眼⑥,粉蝶如知合断魂⑦。幸有微吟可相狎⑧,不须檀板共金樽⑨。

【作者简介】

林逋(967~1028),字君复,钱塘(今浙江省杭州市)人。终身未仕未娶,隐居孤山,植梅养鹤,人称“梅妻鹤子”。卒后赐谥和靖。他的诗出入晚唐而平淡清隽,在宋初别具一格。著有《林和靖诗集》。

【注释】

①诗题一作“山园小梅”。②众芳:百花。摇落:凋谢。暄妍:明媚艳丽。这里形容梅花开得很盛。③占尽:即“尽占”,独占。④疏影:指梅的枝干。⑤暗香:指梅花清淡的香气。黄昏:指月光朦胧昏暗。⑥霜禽:寒天的禽鸟。也可解作白色的鸟,以与梅花的白相衬。⑦合:应该。断魂:伤感悲切。⑧微吟:低声吟诵。狎:亲近。⑨檀板:用檀木做成的拍板,歌唱时用来打拍子。这里代指音乐唱歌。金樽:名贵的酒杯。这里代指酒。

【译文】

百花早已凋谢,只有你,还是那么地明媚烂漫;小园中美丽的风光,全都被你独揽。你那疏朗的树枝,横斜着,倒映在清澈的水面;月色朦胧,一味幽香,弥漫了整个空间。寒天的鸟儿,想飞落枝头,又止住冲势,频频偷看;春天的彩蝶,倘若知道你的芳郁,岂不要为自己深深伤惋?幸而有我,低吟着诗儿,与你相亲相伴;又何须俗人打着檀木拍板,高举金樽,把你赏玩?

【解读】

这首咏梅诗,前六句着题写梅,后两句抒发情感。首联作概括性描写,用一个“独”

字、一个“尽”字,将梅花的天姿及引人入胜的神韵呈现出来,点出梅的高洁傲岸的品格。次二联放手写梅,描摹梅花的形态、香气,又通过霜禽、粉蝶作衬,一实一虚地写出梅的迷人。末联是对梅的赞赏,铺叙感受。“疏影”一联是传颂的名句.普遍认为代表了咏梅诗的最高成就。诗把梅花置身于水边、月下两个与梅花色彩、香气相得益彰的环境中,将梅的形态、清香写深写透,且韵味无穷。因此,“疏影”“暗香”二词后来成为咏梅的固定语,姜夔创新调咏梅,即以之作词牌名。陈与义《和张矩臣水墨梅》云:“自读西湖处士诗,年年临水看幽姿。晴窗画出横斜影,绝胜前村夜雪时。”认为压倒了唐齐已《早梅》诗名句“前村深雪里,昨夜一枝开”。细心的评论家中也不乏挑刺的人,如有人认为林逋这诗是抄袭了五代时江为的“竹影横斜水清浅,桂香浮动月黄昏”句。王诜甚至说这诗移到咏桃李或杏花都可以。不过这些非难,丝毫没有影响林逋这首诗的传布及成就。

左迁至蓝关示侄孙湘[①]

韩愈

一封朝奏九重天[②],夕贬潮州路八千[③]。欲为圣明除弊事[④],敢将衰朽惜残年[⑤]!云横秦岭家何在[⑥]?雪拥蓝关马不前。知汝远来应有意,好收吾骨瘴江边[⑦]。

【注释】

①左迁,降职。韩愈于元和十四年(819)正月上书谏迎佛骨,触怒唐宪宗,由刑部侍郎贬官潮州刺史。这首诗是南行途中作。蓝关:蓝田关,在今陕西省蓝田县南。侄孙湘:韩愈之侄韩老成的长子,字北渚。②朝奏:早晨进奏的谏章。九重天:指深宫。此代指皇帝。③潮州:州治在今广东省潮阳。离长安八千里。④圣明:皇帝。弊事:有害的事。指迎佛骨劳民伤财。⑤敢:岂敢,一作“肯”。⑥秦岭:指长安南面的终南山。⑦瘴江:指岭南一带的江河。南方湿热多瘴气,故云。此即指潮州。

【译文】

早晨把一封奏章呈达皇上,晚上就被贬官潮州,路隔八千。本意是想为朝廷革除有害的政事,岂敢因为身老多病顾惜晚岁余年!云雾横锁着秦岭家乡不知在何处?大雪封阻了蓝关马儿踟蹰不前。知道你远来相送自有深情厚谊,你准备好收拾我的骸骨,在那瘴江边。

【解读】

诗写遭贬途中的感慨。首联破题写被贬缘由,气势磅礴。以“朝奏”“夕贬”,“九重天”“路八千”,进行鲜明对比,写遭贬得罪之快及贬所之远,概括力极强。次联写对现状的不满,用流水对,说自己为除弊事,死犹不悔,一气而下,呼应上联。李光地《榕树诗选》云"尤妙在许大题目,而以'除弊事'三字了却",称赞了诗的含蓄不露。第三联转接,一句写远眺,一句写眼前,"云横""雪拥",境界雄阔,状出广与高,通过景物,表达心中的不平。尾联即景叙事,扣紧诗题,交代后事,低回凄恻,令人不堪卒读。全诗将深沉的感情与悲壮的景象结合在一起,既得杜诗沉郁顿挫的特点,又如吴汝纶所评,"大气盘旋,以文章之法行之","开宋诗一派"。

干戈[1]

王中

干戈未定欲何之[2]?一事无成两鬓丝[3]。踪迹大纲王粲传[4],情怀小样杜陵诗[5]。鹡鸰音断人千里[6],乌鹊巢寒月一枝[7]。安得中山千日酒[8],酩然直到太平时[9]。

【作者简介】

王中,字积翁,宋末人,生平不详。

【注释】

①干戈:两种兵器名,此代指战争。②之:去,至。③丝:蚕丝。形容头发白。④踪迹:此指生平经历。大纲:大致相同。王粲:汉末人,建安七子之一,他生当战乱,漂泊无依,曾去荆州依附刘表。⑤小样:略微相似。杜陵:指杜甫。杜诗多反映战乱及忠君报国之作。⑥鹡鸰:鸟名。亦作脊令。《诗·小雅·常棣》有"脊令在原,兄弟急难"句,后因以之比拟兄弟。⑦"乌鹊"句:化用曹操《短歌行》"月明星稀,乌鹊南飞,绕树三匝,无枝可依"句,及《庄子·逍遥游》"鹪鹩巢于深林,不过一枝"句。⑧中山千日酒:《搜神记》载,中山人狄希能造千日酒,人饮后千日不醒。⑨酩然:大醉的样子。

【译文】

战争尚未结束我能到哪里去?一件事也没做成,已经两鬓如丝。生平经历大致与王粲一样,心中情思约略和杜甫相似。兄弟间音讯全无,远隔千里;我暂住这儿,如寒月下的乌鸦栖息一枝。从什么地方可觅来中山人酿的千日酒,酩酊醉去,醒来已是天下太平之时。

【解读】

这首诗是诗人自述身遭战乱,颠沛流离的悲伤,语语沉痛,字字不堪。这样的诗,在《千家诗》中是比较少见的。首句"干戈未定"是对大环境的描述,次句"一事无成"是对自身的总结,开门见山地说明下面所述种种凄惨遭遇的原因,起得十分沉痛压抑。以下两联,分述自己的苦难。颈联用王粲及杜甫事,一说明自己漂泊无依的身世,一表明自己关心国家而报国无门的情怀,用典十分贴切,加深了诗的意蕴。颈联变换手法。

用比喻写自己的目前处境，说自己远离家乡，与亲人音讯隔断，如栖于寒枝的乌鸦，凄凉孤独。尾联用中山千日酒事，表达自己向往太平，更衬出眼前的悲伤痛苦。宋末时，一部分诗人身罹战乱，纷纷以诗歌描写现实，抨击黑暗，抒发爱国热忱，涌现了一批具有真情实感的好诗。王中是宋末不起眼的小诗人，而通过这首诗，我们仍然能直接感受到那个时代的文学气息。

归隐

陈抟

十年踪迹走红尘[1]，回首青山入梦频。紫绶纵荣争及睡[2]，朱门虽富不如贫[3]。愁闻剑戟扶危主[4]，闷听笙歌聒醉人[5]。携取琴书归旧隐，野花啼鸟一般春。

【作者简介】

陈抟(906~989)，字图南，号扶摇子，真源(今河南省鹿邑县)人。五代中曾应进士举不第，归隐武当山，又移华山修道。宋太宗时曾入朝，赐号希夷先生。著有《指元篇》等。

【注释】

①红尘：人世。此指奔走于功名利禄。②紫绶：系在官印上的紫色丝带。此代指做官。争及睡：陈抟以爱睡闻名，他常一睡百余日不起。③朱门：用朱红漆漆的大门，代指富贵人家。④剑戟：均为兵器。此代指战争。危主：政权将不保，处于危难中的君主。⑤聒：喧扰。

【译文】

我为了追求功名利禄，在人世间奔波了十年；如今醒悟，常常梦到，当年隐居的青山云岭。做大官虽然荣耀，怎比得上一枕高卧；住在深宅大院固然富贵，还是不如安心清贫。辅佐着朝不保夕的君主，难免听到战争便忧心如焚；喝醉了酒，昏昏沉沉，喧闹的笙歌更使人烦闷。带上了琴背上了书，我回到旧时隐居之地；那儿的野花啼鸟，仍然和原先一样春色迷人。

【解读】

陈抟在五代乱世中追求名禄多年，一事无成，终于幡然醒悟，决心回山隐居，作了这首诗表明自己的志向，也对世人进行劝诫。诗通过自身的经历，向世人披露做官的种种不堪，阐明隐居之乐。中国古代崇尚隐居避世，因为隐士多看破名利，远离红尘，恬淡安闲，多味道之语，所以隐士又往往被人与神仙相联系。陈抟就是个著名隐士而被人传为成仙的人物，所以这首诗多豁达超脱之句。诗的主题很明确，即宣扬避世高蹈、逍遥度日的乐趣。在具体写时，通过与忙于功名利禄的人对比，结合自身体会，所以格外令人信服。诗纯用议论,已开宋以议论为诗的风气,好在诗在议论中多方举例,使诗活泼流利,无沉闷腐气。

时世行赠田妇[①]

杜荀鹤

夫因兵死守蓬茅[②],麻苎衣衫鬓发焦[③]。桑柘废来犹纳税,田园荒尽尚征苗[④]。时挑野菜和根煮,旋斫生柴带叶烧[⑤]。任是深山更深处,也应无计避征徭[⑥]。

【作者简介】

杜荀鹤(846~904),字彦之,号九华山人,池州石埭(今属安徽省)人。曾官宣州田颓从事,晚年依朱温。诗专攻近体,语言浅近,诗意平易。著有《唐风集》。

【注释】

①诗题一作"山中寡妇"。②蓬茅:犹蓬居,茅草屋。③麻苎:大麻和苎麻。此指用粗麻织的布。④征苗:唐德宗时实施的青苗税。此借指田赋。⑤旋斫:现斫,现砍。⑥征徭:赋税和徭役。

【译文】

丈夫战死她独守着简陋的茅屋,穿着粗麻衣服,鬓发枯焦。桑蚕荒废仍然要纳丝税,田园无收田赋必须照交。时常挑些野菜连着根儿煮食,现砍了湿柴带着叶子焚烧。尽管她住在深山最幽深的地方,还是没法逃避重税苦徭。

【解读】

这首诗是诗人代寡妇控诉悲惨的遭遇,反映唐末民不聊生的情况。以七律写乐府题材,是杜荀鹤的创举。首联概括出寡妇的身份及憔悴的外貌。次联写她的处境,说明贫困的原因。第三联具体写寡妇生活的艰苦,选用了有代表性的细节,用"加一倍"写法,说她吃野菜已够苦,尚"和根煮";刚砍下的柴难以燃烧,还要"带叶烧",突出强调了寡妇种种不堪之处。尾联采用一般乐府手法点题明义,对寡妇进行同情感叹,并一针见血地指出官府对人民的沉重压迫及社会制度的不合理,扩大了诗的意蕴。诗写得很精练,以短篇代替了乐府歌行的长篇叙事,却又面面俱到。这种流丽古朴而又通俗无华的诗体,便是后来宋严羽《沧浪诗话》所称的"杜荀鹤体"。

送天师[①]

宁献王

霜落芝城柳影疏[②],殷勤送客出鄱湖[③]。黄金甲锁雷霆印[④],红锦韬缠日月

符[5]。天上晓行骑只鹤[6]，人间夜宿解双凫[7]。匆匆归到神仙府，为问蟠桃熟也无[8]。

【作者简介】

宁献王，即朱权（1378～1448），明太祖第十七子，封宁王，卒谥献。他是明代著名戏曲家，著有戏曲十二种及《太和正音谱》等。

【注释】

①天师：张天师。为天师道开创者张道陵的后代，居江西贵溪市龙虎山，世代承袭，元时累加褒封，掌天下道教事。②芝城：江西鄱阳县别称，以县北芝山得名。③鄱湖：鄱阳湖，在江西省北部。鄱阳县在湖西岸。④黄金甲：指盛放印章的金匣。雷霆印：能招呼雷霆的金印。⑤红锦韬：用红绸做的口袋。日月符：能驱遣日月的符箓。⑥骑只鹤：传古仙人多骑鹤，如王子乔曾骑鹤驻嵩山。⑦双凫：《后汉书·王乔传》云：王乔有仙术，常从所官县赴朝。每次去时。人们总见有双凫从东南飞来，有人张网捕之，但得一双鞋，这鞋正是朝中赐予王乔的。⑧蟠桃：仙桃，传三千年一熟，西王母曾以之赐汉武帝。

【译文】

秋天到来，白霜降落，波阳城中的杨柳影儿稀疏；天师你今天要离开这儿，我殷勤地把你送出鄱阳湖。你随身带的黄金装饰的匣中，盛着能招呼雷霆的金印；那红色的锦袋里边，放着能驱使日月的仙符。清晨，你上天去漫游，骑着的是仙禽白鹤；晚上，你回到人间住宿，解下鞋子变化的双凫。如今你匆匆忙忙地离开，是要回到你的神仙洞府；为的是去查问一下，那天上的蟠桃是否成熟。

【解读】

朱权崇奉道教，与龙虎山张天师过从甚密。这首送张天师的诗，以布局严密、内容贴切见长。诗在首联写出送行的时间地点后，便围绕张天师的身份，化用典故、传说，驰骋想象，对张天师进行颂扬。于是张天师所佩金印被称为“雷霆印”，威力无边；所带的符箓被赞为“日月符”，妙用无穷。他成为骑鹤来往、化鞋为凫的仙人，所居为神仙府，所吃为仙桃。一词一句，都与仙家道术有关，使诗带有缥缈迷离之况。送行诗贵在切合行者身份，有真情实感，否则便易堆砌常词，落入俗套。这首诗虽然内容空洞，也无感情可言，但在掌握张天师身份上还是成功的。

送毛伯温[1]

明世宗

大将南征胆气豪，腰横秋水雁翎刀[2]。风吹鼍鼓山河动[3]，电闪旌旗日月高[4]。

天上麒麟原有种[5]，穴中蝼蚁岂能逃[6]。太平待诏归来日，朕与先生解战袍。

【作者简介】

明世宗，即朱厚熜(1507～1566)，庙号世宗，建元嘉靖，在位三十余年。登位初尚能努力治国，后宠用严嵩，迷信道教，政治腐败。

明世宗朱厚熜

【注释】

①毛伯温：字汝厉，吉水(今属江西省)人。正德进士，嘉靖时官至兵部尚书兼右都御史。②雁翎刀：宋乾道年间所制形如雁羽的刀。此代指宝刀。③鼍鼓：用鼍皮蒙的鼓。鼍即鳄鱼，皮坚韧，做鼓面声音特别洪亮。④日月：指旌旗上所绘日月图案。⑤麒麟：传说中瑞兽。后多以喻杰出的人物。《晋书·顾和传》："和二岁丧父，总角便有清操，族叔荣雅重之，曰：'此吾家麒麟，兴吾宗者，必此子也。'"杜甫《徐卿二子歌》："孔子释氏亲抱送，并是天上麒麟儿。"⑥蝼蚁：蝼蛄与蚂蚁。此指安南的叛军，喻他们微不足道。

【译文】

大将军出师南征胆壮气豪，腰间挂着秋水般明净的宝刀。风声中战鼓咚咚震得山河颤动，绘着日月的旌旗招展似电光闪耀。你似天上的麒麟下凡才能出众，敌人如洞穴中的蝼蚁厄运难逃。战争结束你奉命凯旋的日子，我亲手为你脱下沾满尘灰的战袍。

【解读】

这首诗是嘉靖帝送毛伯温南征安南时所作。嘉靖帝虽然在历史上是一个昏庸的君主，但这首诗仍具有帝王气度，恢宏广大，语气不凡。诗以送别原因入题，然后由此生发，层层深入。先写其人的英武，通过写刀来烘托；次写军队的雄壮，通过鼓声、旌旗渲染。然后，诗由毛伯温及其所率军队，引出此次南征的必然胜利，但仍不直写，而是通过贴切的比喻来说明。最后呼应起首的送，写胜利归来。诗对联工整，笔墨凝练，气势壮阔，出自帝王之手，确是难得。

五言绝句

春晓

孟浩然

春眠不觉晓，处处闻啼鸟。夜来风雨声，花落知多少[①]？

【作者简介】

孟浩然(689~740)，襄阳(今湖北省襄阳市)人。一生未仕。诗多写山水，清旷冲淡，天然洗练，与王维齐名，世称王、孟。著有《孟浩然集》。

【注释】

①知多少：犹云不知多少，极言其多，是唐人常用句法。

【译文】

春宵梦酣，不知不觉，清晨早到；一觉醒来，到处是鸟儿在鸣叫。昨晚曾听见风声雨声，不知道花儿被吹折打落多少？

【解读】

这首五绝是家喻户晓的名作，写的是诗人在春天的早晨睡醒时片刻间的感受，表现得起伏跌宕，兴味横生。一、二句写睡醒之初，两句互为补充。"不觉晓"说春宵好睡，也衬托鸟鸣之多，因为正是这处处啼鸟，此起彼伏，唤醒了他的好梦。三、四句是醒后的回顾，鸟啼说明天已放晴，便令人想起昨晚听到的风雨声，因此关心起门外的花。末句以问句而出，活泼空灵，加深了对花的关切。全诗罩住一个"晓"字写，全用听觉，虽有惜花之思，但情调清新，洋溢着欢快的生活情趣因此唐汝询《唐诗解》评说："如此等语，非妙悟者不能道。"

访袁拾遗不遇[①]

孟浩然

洛阳访才子[②]，江岭作流人[③]。闻说梅花早，何如此地春！

【注释】

①诗题一作"客中访袁拾遗不遇"。袁拾遗，不详。②"洛阳"句：是实写，又暗用潘岳《西征赋》称贾谊为洛阳才子典。贾谊为汉著名政治家，文学家，曾因直谏贬长沙王

太傅。③江岭：指江西与广东交界处的大庾岭。岭上多种梅，因地暖，开放很早。流人：被贬谪流放的人。唐岭南地区是专门流放罪臣的地方。

【译文】

来到洛阳访问袁才子，没想到已被流放远赴岭南。听说那儿的梅花开得很早，可又怎么比得上这里的春光。

【解读】

诗写访友不遇，因为不遇不是不在家而是遭流放，所以诗充满伤感与不平。诗看上去很平稳，直写其事，实际上很见锤炼之功。首句切题“访”，暗用贾谊典，是赞袁拾遗，又暗逗遭贬。次句点题“不遇”，交代友人已被流放。才子而为流人，愤激已蕴句中。第三句由次句生发，写袁拾遗所处岭南，梅花早放，似有慰意；但末句一收，说异乡不如故乡，波澜顿起，益显深沉。诗两句写人，两句写时地，分别一扬一抑；全首用对偶，内容也互为对比，精神发越，含意深挚。

送郭司仓[1]

王昌龄

映门淮水绿[2]，留骑主人心。明月随良掾[3]，春潮夜夜深。

【作者简介】

王昌龄(698~757?)，字少伯，长安(今陕西西安市)人，一说太原(今属山西)人。唐玄宗开元十五年(727)进士，历官校书郎、江宁令，晚年贬龙标尉。诗以七言绝句成就最高，句奇格俊，雄浑自然。原集已佚，明人辑有《王昌龄集》。

【注释】

①郭司仓：管粮仓的官吏，名不详。②淮水：即淮河。③掾：府州县属官通称。这里指郭司仓。

【译文】

绿色的淮水照映着屋门，殷殷挽留征骑是主人的一片诚心。明月伴随着你程程远去，思念你，如春潮一夜更比一夜深。

【解读】

王昌龄的绝句以俊逸含蓄著称，胡应麟《诗薮》说他的诗“言情造极”，这首诗便集中反映了这一特色。诗写依依惜别之情。前两句写留客，淮水映门，暗示深情，又点出送别之处；留骑即留人，作一转折，方为不直。后两句写送，一句写郭司仓远去，一句写自己别后对郭司仓的思念，以明月、春潮作比，意味深长；春潮又呼应首句。前两句是实写，后两句是虚写，虚实结合，把别情写透。第三句写明月伴随郭司仓远去，化用齐瀚《长门怨》"将心寄明月,流影入君怀"句,衬入景语,是说月随人而入孤寂,更是说诗人的思念伴随其远去,含蕴无限。有趣的是,后来李白送王昌龄贬官龙标时也如此述说:"杨花落尽子规啼,闻道龙标过五溪。我寄愁心与明月,随君直到夜郎西。"

洛阳道①

储光羲

大道直如发②,春日佳气多。五陵贵公子③,双双鸣玉珂④。

【作者简介】

储光羲(707~760),兖州(今属山东省)人。唐玄宗开元十四年(726)进士,官监察御史。因受安禄山伪职,乱平后贬死岭南。他是著名山水田园诗人,诗思缜密,风格质朴,远中含淡。著有《储光羲集》。

【注释】

①本诗是诗人《洛阳道五首献吕四郎中》之三。②"大道"句:用鲍照《代陆平原君子有所思行》句:"驰道直如发。"③五陵:见杜甫《秋兴》(其三)注。④玉珂:马勒上的玉石装饰品,行走时碰击作响。

【译文】

大道宽阔,笔直如发,春天天气和暖晴朗。居住五陵的贵族公子,双双骑着骏马,玉珂叮当。

【解读】

这首诗写豪富公子冶游的情况,是诗人即目所见。诗前两句写明时间地点。大道宽广笔直,春天到来,和风拂人,风景秀丽。这样的地方,这样的气候,自然最适宜跑马游赏,于是人物出现了,那些贵族公子,骑着骏马,驰骋道上,传来阵阵清脆的玉珂声。这一形象,在春的背景中,格外令人瞩目。《洛阳道》是乐府"横吹曲辞",这首诗即带有明显的乐府特点,写得截决爽朗,节奏很强。值得注意的是诗人注目豪富公子,绝不是单纯地写实,而带有强烈的批判意识,正如唐汝询《唐诗解》所说"盖有(左思《咏史》)'世胄蹑高位,英俊沉下僚'之意"。

独坐敬亭山①

李白

众鸟高飞尽,孤云独去闲②。相看两不厌,只有敬亭山。

【注释】

①敬亭山：一名昭亭山，在今安徽省宣城市北。②孤云：指天上唯一的一片云彩。

【译文】

众多的鸟儿都已远飏高飞净尽，一片云彩飘飘而逝，是那么悠闲。彼此之间看着，谁也不觉得谁讨厌，只有我和你——凝然伫立的敬亭山。

【解读】

诗人坐在敬亭山中，面对幽静的青山，感到无比适意。这时候，飞鸟已经高飞，连天上唯一飘浮的云也飘走了，一切都仿佛是凝固静止的，只剩下他与青山相对。于是他把自己与青山融合，把山也看作有情之物，相互交流着情感。渐渐地，他把一切世情名利都抛到了脑后，心中一片空明，变得与山一样无情无感。诗看似流走自然，正体现了李白诗“清水出芙蓉，天然去雕饰”的特点。细味全诗，针线绵密，“尽”字、“闲”字，实与“不厌”相维系；而鸟、云尽去，又为“独坐”张本；前两句写出“独坐”神理，后两句是“独坐”所感，偏说“两不厌”，不言“独”，都使人感到警妙异常。

登鹳雀楼[1]

王之涣

白日依山尽[2]，黄河入海流。欲穷千里目，更上一层楼。

【作者简介】

王之涣(688~742)，字季凌，并州晋阳(今山西省太原市)人，迁绛州(今山西省新绛县)。曾官衡水主簿、文安县尉。他是盛唐著名边塞诗人，与高适、王昌龄齐名，作品多散佚。

【注释】

①鹳雀楼：一名鹳雀楼，旧址在今山西永济市。共三层，前瞻中条山，下临黄河，因时有鹳雀栖其上，因名。②依：靠，傍。

【译文】

太阳依傍着群山已经西沉，滔滔黄河向着海口汹涌奔腾。要想把千里内的景物尽收眼底，就得再登上这高楼的上一层。

【解读】

王之涣的诗仅流传下来六首，但大都脍炙人口，这首诗是其中佼佼者。诗前两句写登楼所见，一句写远景，遥望群山，白日西坠；一句写近景，俯视楼下，黄河东流。景象壮阔，气势雄浑，高度概括了万里河山的壮伟。后两句即景生意，以虚托实，反点前两句还只是在第二层所见，把人们的思绪推引到更高的境界，把景物在想象中加倍地扩大,诗人积极进取、高瞻远瞩的胸襟也表现了出来。此外,又阐述了“站得高望得远”的道理。这样,诗不仅把景物写深写活,且将理与景物、情事融化在一起,紧密无痕。在创作艺术上,全篇用对,一为工对,一为流水对,互相配合,一气流走,所以沈德潜《唐诗别裁集》赞说:“四语皆对,读去不嫌其排,骨高故也。”

观永乐公主入蕃①

孙逖

边地莺花少②,年来未觉新。美人天上落,龙塞始应春③。

【作者简介】

孙逖(696? ~761),河南(今河南省洛阳市)人。唐玄宗开元中官中书舍人、典制诰,官终太子少詹事。《全唐诗》录其诗一卷。

【注释】

①永乐公主:东平王外孙杨氏。开元五年(717)契丹王季失活人朝,玄宗封杨氏为永乐公主,嫁季失活。蕃:同“番”,指西域少数民族。这里指契丹。②边地:边塞。③龙塞:即龙城。此泛指少数民族居住之地。

【译文】

边塞上黄莺鲜花稀少,新年到来,不见有新春气象。美人入蕃仿佛从天而降,龙城才开始让人感觉到春光。

【解读】

这是首应制颂圣诗。公主和蕃,对朝廷来说常被称作盛事,实际上是种不得已的政策,所以写这事的诗,多立足于称扬公主,歌颂朝廷,同时暗表对公主的同情。孙逖这首诗没有什么新意,但结撰颇巧。诗紧扣“入”字写,前两句极摹边塞的荒凉,莺花稀少,逢春而不见春的气象,是实写,也表同情。后两句全从“未觉新”上翻出,说公主到了边地,为边地带来了春光。诗语义双关,“天上”既是形容称赞公主之美,又暗点唐朝,“春”既指人之美致使春意盎然,又指唐朝对边邦的怀抚。这样写,便得应制诗之正。

伊州歌①

盖嘉运

打起黄莺儿②,莫教枝上啼。啼时惊妾梦,不得到辽西③。

【作者简介】

盖嘉运，生平不详，《全唐诗》收《伊州歌》十首，注云“西凉节度盖嘉运所进”，内不见本诗。本诗《全唐诗》署金昌绪作。金昌绪，生平不详，余杭（今浙江杭州市）人。

【注释】

①题一作“春怨”。伊州，乐曲名，属商调。②打起：指赶走。③辽西：辽河以西地区，是当时东北边重地。此指其夫征戍之处。

【译文】

赶走你这讨厌的黄莺儿，不让你在枝上吵闹鸣啼。你啼时惊醒了我的好梦，使我不能做梦远赴辽西。

【解读】

这首小诗，写一个思念丈夫的女子，清晨被莺啼吵醒，便把丈夫不归的怨气，发泄到鸟儿身上。诗突兀而起，说要赶走黄莺，令人不知所云；次句说明赶走的目的，是不让它啼。何以如此呢？三、四句接着回答，是因为莺啼惊醒了好梦，使自己梦不到在辽西戍守的丈夫。诗用的是民歌体，爽朗活泼，一气而下，句句相扣，把闺中少妇思念丈夫的心情淋漓尽致地表现了出来。对此，历来评家都赞赏备至，尤其着意于布局上的特点，如张端义《贵耳集》说：“作诗有句法，意连句圆，‘打起黄莺儿’云云，一句一接，未尝间断。作诗当参此意，便有神圣工巧。”王世贞《艺苑卮言》也说：“‘打起黄莺儿’云云，不惟语意之高妙而已，其句法圆紧，中间增一字不得，着一意不得，起结极斩绝，而中自纡缓，无余法而有余味。”

左掖梨花①

丘为

冷艳全欺雪，余香乍入衣②。春风且莫定，吹向玉阶飞。

【作者简介】

丘为，嘉兴（今属浙江省）人。唐玄宗天宝年间进士，曾官太子右庶子。卒年九十六岁。诗以五言见长，多写田园风物。原集已佚。

【注释】

①左掖：宫廷的左边，即门下省所在。②乍：忽而。

【译文】

梨花的冷艳完全超过了雪花，它的余香飘散，倏忽浸染了人们的衣衫。春风啊，你暂时不要停止，吹向皇宫的玉阶，洒下那片片花瓣。

【解读】

这是首咏物诗,描绘宫中的梨花。第一句写梨花的色与光彩,梨花色白,故以"冷艳"形容,梨花盛开,满树堆锦,因以"欺雪"二字描绘。第二句写梨花的香,用"余香""入衣",组成动感,让读者自己去体会。风吹梨花是极绮丽的景色,三、四句便写落花,变换手法,说希望春风不要停住,把花瓣吹落阶砌。这样写,不仅表示对落花的欣赏,又切合诗题咏宫中梨花。大凡咏物诗,贵在不仅仅表现所咏对象的体态习性,同时要得其神,并要求在咏物外有所寄托,即物达志。这首诗从各个角度描摹了梨花,不即不离,精彩辈出,允称合作。同时,诗人以梨花自喻,表示自己有高洁的情操,又以希冀春风暗指自己希望得到皇帝的赏识,表现得含蓄蕴藉。

思君思

令狐楚

小苑莺歌歇,长门蝶舞多①。眼看春又去,翠辇不曾过②。

【作者简介】

令狐楚(766~837),字谷士,宜州华原(今陕西省铜川市)人。唐德宗贞元七年(791)进士,元和中官至中书侍郎同平章事。诗以绝句见长,含蓄精练,尤善写宫怨闺情及边塞从军事。《全唐诗》收其诗一卷。

【注释】

①长门:汉宫名。汉武帝陈皇后宠衰后居长门宫中,后多以指失宠宫女所住处。
②翠辇:皇帝乘坐的小车,饰有翠鸟的羽毛。

【译文】

小园里黄莺的歌声已经停歇,长门宫外对对蝴蝶翩翩起舞。眼看着又一个春天已经逝去,君王乘坐的车子不曾在这里暂住。

【解读】

这首绝句写失宠的宫女寂寞哀怨的心情,极力描摹她的凄凉来突出她的"思"。前两句渲染环境,点明所咏者身份。小苑中黄莺的歌唱已经停止了,宫门外,对对蝴蝶飞舞着。这是实写,十分凝练。莺歌歇,即春已去,暗点帝王的恩泽宠爱已成过去;莺歌、蝶舞,在句中是一虚一实,诗人又以之作昔日承恩时宫女歌舞欢乐的反照,这样,宫女现今的孤独无聊就很深刻地表现了出来。三四句即景起兴,写她的"思",直述她因春已去而皇帝的车驾却未曾来过,可见其哀哀欲绝,以眼泪洗面的情形。诗的潜台词很清楚,她天天盼着君王来,从初春盼到春归,始终没能如愿;一个"又"字,更把一年的春扩展为多年的春,多年的四季,她的哀怨绝望便被无限量地放大与加深了。

题袁氏别业[1]

贺知章

主人不相识，偶坐为林泉。莫谩愁沽酒[2]，囊中自有钱。

【作者简介】

贺知章（659～744），字季真，晚号四明狂客，越州永兴（今浙江省萧山区）人。武后时进士，官至秘书监。天宝初请为道士，求还乡里，玄宗诏赐镜湖一曲。诗以绝句见长，清浅自然。著有《贺秘监集》。

【注释】

①诗题一作“偶游主人园”。别业：即别墅。②谩：空自，多余。

【译文】

我与主人素不相识，偶尔来此一坐，是为了观赏林木山泉。今天用不着为买酒而发愁，我的口袋里正巧装满了铜钱。

【解读】

贺知章性格旷达，又喜饮酒，杜甫《饮中八仙歌》有“知章骑马似乘船，眼花落井水底眠”句。这首小诗是他生活的一个片段的自我写照。诗说自己见到一素不相识的人家林泉优美，便径自进入坐着玩赏。对着美景，自然想到了杯中物，这位有“金龟换酒”逸事的诗人今天恰恰又用不着为酒钱发愁，于是更加兴致勃勃起来。诗以短短数句将自己豪放洒脱的性格展示出来，写得直接明快，形式与内容结合完美。读这首诗，很容易使人想到晋王徽之的故事：王徽之爱竹，有一次在江南见到一家人家园中的竹林长得很好，他便旁若无人地走入，坐在竹林前赏玩起来。贺知章事与王徽之事相类，由此可见唐名士对魏晋风度的继承关系。

夜送赵纵

杨炯

赵氏连城璧[1]，由来天下传。送君还旧府[2]，明月满前川。

【作者简介】

杨炯（650？～692），华阴（今属陕西省）人。幼有文名，举神童，历官校书郎、宏文馆学士、盈川令。他与王勃、卢照邻、骆宾王合称“初唐四杰”，诗多五律，才气宏放，语言精严。著有《盈川集》。

【注释】

①连城璧:价值抵得上好几座城的玉璧。此指战国时赵国得到的和氏璧,秦王曾表示要用十五座城与赵国交换。②旧府:家乡的故居。

【译文】

你如同赵家价值连城的和氏璧,一向为人珍视,天下敬仰。今天我送你回你的故乡,眼前的平川,洒满了明亮的月光。

【解读】

诗题是“夜送赵纵”,诗便竭力写“夜”及“送”。前两句写明送的对象,故意用曲笔,不做正面介绍,而以战国时赵国的连城璧作譬,既切合赵纵的姓及籍贯,又带出对他的推崇,次句赞璧就与赞人浑和一气。这样运笔用典,经盛唐诗人们琢磨,渐成固定修辞手法,如杜甫《送张司马南海勒碑》“不知沧海上,天遣几时回”,便用张骞泛槎事切其姓与出使事。后两句具体写夜送,“明月满前川”是实况,好在语意双关,用平淡凄清的景语,表达了自己依依惜别的心情,有有余不尽之味。

竹里馆[①]

王维

独坐幽篁里[②],弹琴复长啸[③]。深林人不知,明月来相照。

【注释】

①竹里馆:王维辋川别业中一处。②幽篁:幽深的竹林。③啸:撮口作声。

【译文】

独自一人坐在幽深的竹林里,弹了会琴,又发出阵阵长啸。在这深林中,没有什么人知道;只有天上的明月,把我照耀。

【解读】

诗人独自坐在竹林深处,陪伴着他的是幽篁、明月,他便弹琴、长啸。四句诗句句是白描,似乎随意写出,甚至于将“深林”与上“幽篁”重复,既不着意写景,更不刻意写独坐时的情思。但将四句诗合在一起品味,便使人觉得诗呈现出一派清幽绝俗的意境,体会到诗人布局的匠心。诗的背景是幽林,因此诗人安排了月光,人不知而月相照,又扣紧“独坐”二字;写静夜而以弹琴、长啸来衬托,更显得竹林的静谧。音响与幽静的交互,光影明暗的衬映,都蕴含着令人自然而为之感叹的美感,诗人淡雅澄净的心灵也就与景悠然相会,融合为一了。黄叔灿《唐诗笺注》说诗“妙绝天成,不涉色相”,可谓点睛之论。

送朱大入秦[1]

孟浩然

游人五陵去[2],宝剑值千金[3]。分手脱相赠[4],平生一片心。

【注释】

①朱大:作者的友人,生平不详。②五陵:见前杜甫《秋兴》(其三)注。③“宝剑”句:用曹植《名都篇》句。千金,极言价值昂贵。④脱:解下。

【译文】

老朋友出游前往五陵,腰间宝剑价值千金。分手时解下赠我,以表平素肝胆相照,无限深情。

【解读】

这首送别诗,写朱大的豪侠与自己与朱大的情谊。王士源《孟浩然集序》说孟浩然“救患释纷,以立义表”,《新唐书》也说他“少好节义,喜振人急难”,因此,这首诗又是孟浩然任侠之气的体现。诗首句破题,“游人”点朱大;五陵在长安,切“入秦”,又因五陵是游侠浪游之地,隐指朱大的为人,引出第二句“宝剑值千金”。第二句为朱大占身份,又强调剑的价值,三、四句写赠剑便显出朱大的豪气与二人之间的深厚感情。诗层层展开,慷慨激宕,正如宋顾乐《唐人万首绝句选》所评:“从‘入秦’生出首句,字字有关会,一语不泛说。落句五字,斩绝中有深味。”

长干曲[1]

崔颢

君家何处住?妾住在横塘[2]。停船暂相问,或恐是同乡。

【注释】

①原诗共四首,这里选的是第一首。长干曲,乐府《杂曲歌辞》旧题,来源于长干当地的民歌,多半写情。长干,在今江苏省南京市秦淮河之南。②横塘:在今南京市西南,近长干里。

【译文】

喂,小伙子,你住在什么地方?姑娘我就住在长干附近的横塘。把船儿停下来问你一声,也许我们俩是同乡。

【解读】

崔颢这组《长于行》是联章体,一问一答,这首是姑娘的问语。这女子以船为家,长年漂泊,内心寂寞,也许是听见了邻船小伙子的话带有自己家乡的口音。顿感亲切,便主动去问对方,并先作了自我介绍。诗纯用白描,活泼生动,全用口语表达,读来亲切感人。通过这一问,主人公的形象与内心活动,都呼之欲出。清王夫之《夕堂永日绪论》称赞说"墨气所射,四表无穷,无字处皆其意也",是绝句中"咫尺有万里之势"的佳例。

咏史

高适

尚有绨袍赠[①],应怜范叔寒[②]。不知天下士[③],犹作布衣看[④]。

【作者简介】

高适(702? ~765),字达夫,一字仲武,渤海蓨(今河北省景县南)人。早年浪游,唐玄宗天宝中及第授封丘尉,历官淮南节度使、西川节度使,终散骑常侍。他是著名的边塞诗人,与岑参并称,所作音节嘹亮,气势奔放,风骨遒劲。著有《高常侍集》。

【注释】

①绨袍:用粗丝织成的较厚的衣服。②范叔:战国时范雎。范雎本是魏大夫须贾门客,后须贾在相国魏齐前说范雎坏话,魏齐怒,差点将范雎打死。范雎更名张禄,逃到秦国,官至宰相,威震天下。后须贾出使秦国,范雎故意穿破衣服去见他,须贾可怜范雎,送给他一件绨袍。及知范雎即张禄,大惊,托人谢罪。范雎因绨袍事,终于没杀须贾。③天下士:指能治理天下的奇士。④布衣:普通人。

【译文】

须贾还能够送给范雎一件绨袍,完全是因为可怜他贫寒。可笑他不知道面对的是能治理天下的奇士,仍然把范雎当作普通百姓相看。

【解读】

诗前两句写史事,后两句因事而议论,这是咏史绝句的习惯写法。诗咏范雎、须贾事,妙在抓住送绨袍一事做文章,起得突如其来,概括力极强,然后才一针见血地指出,须贾的送衣,只是恻隐之心的偶然发露,并不是欣赏范雎的才能;由此出发,他为"天下士"被埋没而表示深深的愤慨。诗写得浑成一气,足抵一篇史论,吴逸一《唐诗正声》特别指出:"'尚有'、'应怜'、'不知'、'犹作'八字,俱下得有力。"而"尚有"与"犹作"前后呼应,"绨袍""寒""布衣"又自然贯串,可见章法。高适年轻时落魄不遇,这首诗又是借范雎事发端,抒发世人轻才、不识贤达的感慨,有无限身世遭遇之叹。

罢相作

李适之

避贤初罢相[①],乐圣且衔杯[②]。为问门前客,今朝几个来[③]?

【作者简介】

李适之(?~747),一名昌,唐宗室。开元中官刑部尚书,天宝元年(742)拜相,遭李林甫陷害罢免。后出为宜春太守,自杀。《全唐诗》录存其诗二首。

【注释】

①避贤:避位让贤。语出《史记·万石君传》:石庆自惭不任职,上书曰:"愿归丞相侯印,乞骸骨归,避贤者路。"②乐圣:谓爱酒。《三国志·徐邈传》说徐邈称清酒为圣人,浊酒为贤人。衔杯:指饮酒。李适之好饮,《旧唐书》说他"雅好宾客,饮酒一斗不乱"。③"为问"二句:汉翟公为廷尉,宾客盈门,及罢官,门可罗雀。此即用此典意。

【译文】

避位让贤我刚被免去宰相职务,喜爱饮酒如今正可尽情喝个够。我要问那些曾经奔走我门前的客人,今天又有几个前来登门问候?

【解读】

孟棨《本事诗》介绍这首诗写作缘起说:"宰相李适之,疏直坦夷,时誉甚美。李林甫恶之,排诬罢免。朝客来,虽知无罪,谒问甚稀。适之意愤,且为诗曰'避贤初罢相'云云。"可见诗为抒发满肚子不平与牢骚所作。前两句写自己免相后,借酒浇愁。"避贤"二字是堂皇话,实为讥刺、愤慨。后两句写当年门下客人裹足不来,妙在以反问出之,写出世态炎凉、人情冷暖。诗写得坦露质朴,后人多嫌其不够"雅",即不够含蓄敦厚。杜甫《饮中八仙歌》这样写李适之:"左相日兴费万钱,饮如长鲸吸百川,衔杯乐圣称避贤。"末句即用本诗前两句。诗的出名,原因恐即为此。

逢侠者

钱起

燕赵悲歌士[①],相逢剧孟家[②]。寸心言不尽[③],前路日将斜。

【注释】

①"燕赵"句:语出江淹《诣建平王上书》:"燕赵悲歌之士。"燕赵,燕国与赵国,地当今河北、山西一带。悲歌士:慷慨悲歌的豪侠之士。②剧孟:汉代著名的侠士,洛阳

人。此借指洛阳人家。③寸心:方寸之心。即内心、心事。

【译文】

与你这位燕赵来的悲歌慷慨之士,相逢在大侠剧孟的家乡洛阳。心中无限不平匆匆诉说不尽,转眼夕阳西下,依依分别,各奔前方。

【解读】

诗人在洛阳与这位豪侠之土相逢,二人相见恨晚,互相倾吐着心事与抱负,可是转眼红日西斜,分手在即,他无限留恋,写下了这首小诗。诗写得斩截铿锵,前两句化用有关侠客的典故,说明对方气格,对侠士作了侧面的烘染,起了不赞而深赞的作用。后两句写惜别,情景交融,流露深沉的感慨,蕴藉感人。“寸心言不尽”是全诗主句,使前两句既写侠士,也成为自己的写照;二人各抱不平,所以“言不尽”,因为“言不尽”,才觉得日斜到来的快,更突出离别的惆怅。吴逸一《唐诗正声》评说:“多少感慨,不是莽莽作别者。”道出了诗的主旨。

江行无题[1]

钱珝

咫尺愁风雨[2],匡庐不可登[3]。只疑云雾窟[4],犹有六朝僧[5]。

【作者简介】

钱珝,字瑞文,吴兴(今属浙江省)人。钱起曾孙。唐昭宗乾宁五年(898)进士,官中书舍人,贬抚州司马。诗以绝句见长,精炼秀朗。《全唐诗》录存其诗一卷。

【注释】

①诗原署钱起作,据《唐音癸签》改正。诗为《江行无题》一百首第六十九首,为诗人贬官抚州途中所作。②咫尺:形容距离很近。八寸为咫。③匡庐:即庐山,在今江西省九江市南。传殷时有匡姓兄弟结庐山上,因名匡山、庐山、匡庐山。④云雾窟:云雾环绕遮蔽的洞穴。⑤六朝:指建都于南京的吴、东晋、宋、齐、梁、陈六个朝代。庐山在历代多僧人隐修,东晋时高僧慧远曾讲道山中,盛极一时。

【译文】

这满眼的风雨令我发愁,庐山近在咫尺,却不能去攀登。我只怀疑那云雾遮蔽的洞窟,还栖息着六朝的高僧。

【解读】

诗写舟行经过庐山脚下时的感想。前两句说遇上了风雨天,因而庐山虽近,却无缘一登。一个“愁”字,道出心中无限遗憾。无法登,诗人便只能远望,从望中表现对山的神往,因此后两句自然地由实写转入虚写。诗人由山下所见云遮雾绕的景象,想到山中幽寂深邃的洞穴,联想山中栖息的高僧,于是设疑这些高僧是否还在。这两句,不仅写出庐山的特点,又表达了自己超凡出尘的情趣。“疑”字下得神妙,使诗更觉缥缈虚幻,与景相扣,且拓展了诗的内涵,引导人们发挥想象。

答李浣①

韦应物

林中观易罢②,溪上对鸥闲。楚俗饶词客③,何人最往还④?

【注释】

①李浣:生平不详。从诗中看,刚从楚地回来。②易:指《易经》。③词客:诗人。楚地是屈原的故乡,所以作者说该地多诗人。④往还:交游往来。此指相互唱和。

【译文】

坐在树林里看了会《易经》,又悠闲地来到溪边,与鸥鸟相伴。楚地自古以来诗人最多,不知道你与谁唱和最为频繁?

【解读】

李浣从楚地回来,写诗给韦应物,询问他的近况,韦应物便写了这首诗回答。前两句是诗人自己生活的写照,读读书,欣赏溪上风光,淡泊名利,悠闲自在。诗人摘取了两个片段,概括了自己生活的舒适容与,道出自己的满足与隐趣。后两句是问对方楚地的生活,不问其他事,单问交游作诗,问得不俗,既推崇对方的人品,又表明了自己的胸襟,一石二鸟,含意丰富。诗写得很平淡,但境界深远,清幽消散,无纤毫烟火气,正表现了韦诗的本色。

秋风引①

刘禹锡

何处秋风至?萧萧送雁群②。朝来入庭树,孤客最先闻③。

【注释】

①秋风引:为乐府琴曲歌辞。②萧萧:风声。③孤客:独居他乡的人。

【译文】

秋风啊,你从什么地方吹来?你萧萧作响,送来了南下的雁群。清晨,你又吹动了庭院中的树木,是我,独居异乡的人最早听闻。

【解读】

诗首句即题设问,下得飘忽突兀,振起全篇,暗点诗人对时序暗换、秋季突来的惊悸与伤悲。秋风从何来，无人能答，诗人也不答，直接宕开，说萧萧秋风送来了南下的雁群。雁在古代的诗词中总是与寄书信连在一起，带出思亲情绪，这句也隐含此意，逗起思归。第三句又接首句，由天上拉回到眼前，写秋风吹动庭树。诗用浑笔写景，隐括草木枯黄、落叶飞坠的景象，含意丰富。结句以淡语述深情，强调自己独在异乡，归思缠绕，黯然销魂。这句历来为评家注目，如黄叔灿《唐诗笺注》说："谁不闻而曰'最先闻'，孤客触绪惊心，形容尽矣。若说不堪闻，便浅。"李锳《诗法易简录》说："妙在'最先'二字为'孤客'写神。无限情怀，溢于言表。"全诗都用偏笔，始终在秋风上做文章，用笔曲折，语意深厚，将孤客思归写得淋漓尽致。

秋夜寄丘二十二员外[①]

韦应物

怀君属秋夜[②]，散步咏凉天。空山松子落，幽人应未眠[③]。

【注释】

①丘二十二：丘丹，嘉兴（今属浙江省）人。他是诗人丘为的弟弟，官仓部员外郎。二十二是他在族中排行。②属：正当，在。③幽人：隐居避世的人。这里指丘丹，时隐居临平山中学道。

【译文】

在这深秋的夜晚，我苦苦地把你思念；一边走一边吟着诗句，凉气袭人，寒风拂面。你住的空山定然也是如此幽静，松子开裂坠落声响在耳边；而你，此时此刻，也一定在想着我，难以入眠。

【解读】

这首诗写得语浅意长，韵味隽永，被施补华《岘佣说诗》赞为"清幽不减摩诘（王维），皆五绝之正法眼藏"，历来被作为韦应物五绝的代表作。诗用了对照并举的办法，由此及彼。前两句写自己秋夜怀丘员外，后两句写丘员外思念自己。诗人是由己度人，以一根感情的线索，把两个远隔的地方统一到一个时空中来，使眼中景与意中景并连，将自己的情与对方的情相融，加深了自己怀人的感情。在取景上，诗特别注意了景与情的配合，秋夜、凉天、空山一起构成幽静清旷的环境，在这样的环境中，诗人与友人一散步，一未眠，暗点怀人情思。于是景与情会，情因景生，使诗含蓄不尽，令人玩味。

秋日

耿沣

返照入闾巷[①],忧来谁共语?古道无人行,秋风动禾黍[②]。

【作者简介】

耿沣,字洪源,河东(今山西省永济市)人。唐代宗宝应二年(763)进士,官大理司法、左拾遗。他是"大历十才子"之一,诗洗练工稳。原集已佚,明人辑有《耿沣诗集》。

【注释】

①返照:夕阳的余晖。闾巷:里中小巷。②禾黍:均为农作物,此泛指庄稼。

【译文】

夕阳的余晖照射着里中的小巷,忧愁萦绕,可谁能共诉衷肠?古老的道路上没人行走,秋风吹动着田里的庄稼,无限凄凉。

【解读】

诗人离群索居,无限凄凉。眼前是淡淡的夕阳照着空巷,一片冷寂;村外,古老的道路无人行走,荒凉不堪,萧瑟的秋风吹动着庄稼,不禁使人悲从中来,无法排遣。可叹的是,他连一个可以交谈的朋友也没有,只好把心中的压抑着的伤感,借这首小诗倾吐一二。诗尽力描摹景物的衰败寂寥,用以衬托渲染自己的心事,格调伤婉低沉,读后使人黯然神伤。唐汝询《唐诗解》评说:"模写索居之况,情景凄然。"刘永济《唐人绝句精华》也对本诗十分推崇,认为"二十字中有一片秋天寥沉之气"。

秋日湖上

薛莹

落日五湖游[①],烟波处处愁。浮沉千古事[②],谁与问东流[③]?

【作者简介】

薛莹,生平不详,唐文宗时人。《全唐诗》录存其诗十首。

【注释】

①五湖:太湖的别称。②浮沉:指世事兴衰变化。③谁与:即"与谁",有谁。

【译文】

夕阳西下,我在太湖中泛舟漫游;烟波浩荡,处处勾起我心中牢愁。千古以来,人世间兴衰变化不定,有谁去询问那东去的滔天洪流?

【解读】

这首诗是诗人抒发游太湖所产生的感慨,是写景抒情,也可看作凭吊怀古。诗人在太阳下山时泛舟湖上,眼前是烟雾迷濛、波涛滚滚。处在这样广袤的境界中,人便自然会觉得自己渺小,从而产生人生短暂,世事如过眼云烟的思想,激起无边的愁绪。太湖是古时吴越争战之地,最出名的事是范蠡功成名就后携西施隐居湖上的事。因此,诗人由自身进而推溯千古,那古代豪杰,如今安在?唯见烟波浩荡,逝水东流,谁去关心呢?从而更增重了愁绪。诗借景抒情,自然流转,概括了古今游太湖人的共同情感,所以特别感人。明代唐寅有首《泛太湖》诗,后半云:"鸱夷(即范蠡)一去经千年,至今高韵人犹传。吴越兴亡付流水,空留月照洞庭船。"可作本诗后两句的注解。

宫中题

文宗皇帝

辇路生秋草[1],上林花满枝[2]。凭高何限意[3],无复侍臣知。

【作者简介】

文宗皇帝,唐文宗李昂(809~840),公元827~840年在位。他力图改变宦官专权的局面,起用李训、郑注等人谋诛宦官,事败被软禁。

【注释】

①辇路:皇帝车驾行走的道路。②上林:上林苑,汉宫苑,此代指唐宫中园林。③凭高:登高望远。

【译文】

宫中的辇路上长满了秋草,上林苑里花儿开遍了花枝。登高远望我有无限的心思,可叹再没有一个侍臣得知。

唐文宗李昂

【解读】

《明皇杂录》载,唐玄宗从蜀中回京,皇位已被儿子夺去,他被幽居南内,曾登勤政楼,见烟云满目,不胜欷歔。无独有偶,过了八十年,唐文宗被宦官软禁,登高凭眺,也激起无穷感慨,写了这首绝句。诗前两句写景。首句说自己来往的辇路,已经长满了秋草。路上长草,说明没有人行走,暗示了自己失去了自由。第二句说上林苑中花开满枝,又用繁华景象作对,花好而人不好,花虽好而无人赏,通过强烈的反差,表达自己心中的难受与愤怒。后两句直抒心意。"凭高何限意”，浑说一句，含蓄深厚。无人知，是感叹自己被隔绝，无人告诉，也是叹臣子对他的处境无能为力，满含凄伤。诗写得委曲周转，细致地反映了一位至高无上的皇帝沦为任人摆布的傀儡的复杂心理，很耐咀嚼。

寻隐者不遇[1]

贾岛

松下问童子[2]，言师采药去。只在此山中，云深不知处。

【注释】

①这首诗《全唐诗》一作孙革作，题作“访羊尊师”。②童子：指隐士的家童。

【译文】

在松树下我问遇到的童子，童子说他师父已经出门采药去。就在眼前这座山中，白云深重，不知在哪一处。

【解读】

这首诗写诗人去拜访一位隐居山中的朋友，朋友正巧采药去了，没能碰到。诗的情节非常简单，但写得意味深长，读后令人神往。诗用问答体，首句直述，省却问语，下三句全是童子的回答，用语浅显，但一波三折。诗人一问，童子告知师父采药去了，诗人一失望；既而童子又告知在山中，诗人以为可找到，振奋起来；童子又说“云深不知处”，诗人再次失望。这样层层深入，把“不遇”二字写深写透，而隐者超凡脱俗的气度也仿佛呈现在读者面前了。读中国古代访友诗，我们可以发现，诗人对访友往往是由兴致而发，有时候并不在乎主人在不在，因此，形诸于诗，遇有遇的乐趣，不遇有不遇的情趣，对扑空很少有抱怨的。贾岛这首诗也是如此，没找到人，产生失望，但马上被另一种兴致所代替，津津乐道起不遇而望云的趣味来。

汾上惊秋[1]

苏颋

北风吹白云，万里渡河汾[2]。心绪逢摇落[3]，秋声不可闻。

【作者简介】

苏颋（670~727），字廷硕，武功（今属陕西省）人。武后时进士，历官监察御史、紫微侍郎，封许国公。唐玄宗开元中为相。以文名，与张说齐名。诗典雅秀赡。著有《苏许公集》。

【注释】

①汾上：汾水之上。汾水源出山西宁武县，西南流经河津市入黄河。汉武帝时，汾阴发掘到上古黄帝时所铸宝鼎，武帝大喜，行幸河东，祠后土，作《秋风辞》："秋风起兮白云飞，草木摇落兮雁南归。""泛楼船兮济汾河，横中流兮扬素波。"这首诗首二句即化用《秋风辞》句。②河汾：指汾水流经山西西南入黄河的一段。③摇落：宋玉《九辩》："悲哉秋之为气也，草木摇落而变衰。"指草木枯黄凋落。

【译文】

北风劲吹，白云飘飞，我行程万里，渡过河汾。满怀伤情正碰上这草木凋伤的季节，满耳萧瑟秋声，令我不忍听闻。

【解读】

诗写渡过汾水时的感触。前两句化用汉武帝《秋风辞》，密切眼前景物，紧扣题"秋"字，写得萧瑟凄凉，中人肺腑。"万里"二字，加入行程的遥远与艰辛，诉出自身的不堪，点出"惊秋"的原因。后两句主要写"惊"。行程万里，心绪不宁，正逢草木摇落，心情更为萧索黯伤。"摇落"二字是写草木，更是写心绪，互为感触，突出了秋声有情，难以听闻。诗急起急收，一气而下，但含蓄不尽。宋顾乐《唐人万首绝句选》赞为"大家气格，五字中最难得此"。沈德潜《唐诗别裁》也评说："一气流注中仍复含蓄，五言佳境。"前选刘禹锡《秋风引》以"孤客最先闻"作结，曲折地道出听秋声引起的思乡之情；这首诗结句直说"秋声不可闻"，也令人倍感萧瑟。二诗分别从正反两方面说，都取得了很好的艺术效果。

蜀道后期[1]

张说

客心争日月[2]，来往预期程[3]。秋风不相待，先至洛阳城。

【作者简介】

张说(667~730)，字道济，洛阳(今属河南省)人。武后时举贤良方正第一，历官中书侍郎、中书令、尚书右丞相，封燕国公。以文名，诗工五言，高华精整。著有《张燕公集》。

【注释】

①后期：到预定的日子没能回归。②日月：指时间。③预：算定。

【译文】

漂泊异乡，珍惜每一天时间，来往都预先安排好日程。偏偏秋风不肯等我，竟抢先到达了洛阳城。

【解读】

这首五绝写自己出使四川归程耽搁后的思归情绪。本来算好了到家的日子,如今不能实现,诗人心中自然不快,更何况碰上了秋风萧瑟的日子,于是对“后期”加倍抱怨。诗前两句将游子思归的情绪很形象精辟地写出来,前是因,后是果,突出一个“争”字,加深了因“后期”而产生的焦急心理。三、四句,如果直叙,便应讲到“后期”,可是诗人避直为曲,转过一层,不写自己落后滞留,却去埋怨秋风捷足先登,早早吹到自己家所在的洛阳。这样一转,含蓄婉转地把迟归的埋怨与无可奈何的惆怅更为深刻地表现了出来,因此吴逸一《唐诗正声》评说:“诗意巧妙,非百炼不能,又似不用意而得者。”

静夜思

李白

床前明月光,疑是地上霜。举头望明月,低头思故乡。

【译文】

床前洒满了皎洁的月光,使人几乎错认是地上的浓霜。抬起头凝望着那一轮明月,低下头思念起远方的家乡。

【解读】

诗人旅居外乡,半夜醒来,忽见月光照在床前,几乎错认是皑皑白霜;继而明白过来是月光,便不由自主地抬头望月,转而触动愁思,低下头想念起家乡来。诗写半夜里偶然的触动,景情天然凑拍。诗以月光为中心,先引出“疑”而举头,后激发“思”而低头,极其细腻地刻画出客子的心理活动,既明白如话,又蕴藉感人。前人指出,李白这首诗是脱胎于南朝民歌《子夜秋歌》:“秋风入窗里,罗帐起飘飏。仰头看明月,寄情千里光。”不难看出,李白诗保存了民歌流利圆转的语调,但在摹情绘景上胜过前人许多。所以黄叔灿《唐诗笺注》说:“即景即情,忽离忽合,极质直却自情至。”胡应麟《诗薮》则推为“妙绝今古”之作。

秋浦歌[①]

李白

白发三千丈,缘愁似个长[②]。不知明镜里,何处得秋霜[③]!

【注释】

①这首诗是李白在天宝十三载(754)在宣州所作《秋浦歌》十七首中的第十五首。

秋浦,唐县名,在今安徽省贵池区西。②缘:由于。个:这样。③秋霜:形容头发白。

【译文】

我的白发竟然长有三千丈,这是因为愁也和白发同样的长。真不明白在那明镜中,怎么会照出我鬓发如同秋霜。

【解读】

诗通过写白发,表达壮志未酬的惆怅。在结构上用倒装,突出白发、愁思。诗人是因为照镜,见了白发,分外惊讶,产生种种感想,因此逆折而上,抓住主体,劈首写白发竟然有三千丈,以奇怪震人。为什么会如此呢?诗第二句就做出回答,是因为愁之多之长。这样一写,读者的心便被紧紧抓住了。因而王琦说:“起句怪甚,得下文一解,字字皆成妙义,洵非老手不能。寻章摘句之士,安可以语此!”李白诗以夸张为特色,带有强烈的主观色彩。一般诗写愁,都喜用比喻,李白在这里却抛开了任何比喻,直接以“长”来说缘愁而生的白发,形成了奇特而令人不敢想象的夸张,取得了振聋发聩的效果。

赠乔侍御①

陈子昂

汉庭荣巧宦②,云阁薄边功③。可怜骢马使④,白首为谁雄?

【作者简介】

陈子昂(661~702),字伯玉,梓州射洪(今属四川省)人。武后光宅中进士,历官麟台正字、右拾遗。他作诗力倡汉魏风格,所作高峻雄浑,寄兴遥深,尤以五言见长。著有《陈拾遗集》。

【注释】

①乔侍御:乔知之,时任侍御史。②巧宦:在仕宦中善于钻谋取巧的人。③云阁:即云台。东汉明帝建云台,绘功臣二十八人像于台中。边功:在边疆所立战功。④骢马使:东汉桓典官侍御史,刚正不阿,权贵畏惮。他常骑骢马,京中为之语云:“行行且止,避骢马御史。”但他因此而受压制,久未升迁。骢马,毛色白与青相间的马。

【译文】

汉廷中推赏的是那些善于钻营的官员,云台绘像鄙薄的是立功边塞的战将。可怜刚正不阿骑着骢马的御史,头发花白,一片雄心,为谁逞扬?

【解读】

陈子昂与乔知之曾经一起参加远征契丹的战斗,但是二人都屈在下僚,前途渺茫。因此,陈子昂在这首诗中,借汉言唐,对乔知之的遭遇表示不平,也抒发自己身世之感。

诗前两句即隐指北征往事，皇上不重视边功，只欣赏那些善于钻谋的小人，因此乔知之落落不遇。这意思，在陈子昂《西还至散关答乔补阙知之》诗中也表示过："功业云台薄，平生玉佩捐。"可见感慨之深。后两句，从乔知之官职上生发，用桓典比乔知之，十分贴切，既表达了对乔知之的推崇赞扬，又暗中追本迦源，指摘使乔知之不得意的奸臣权宦。诗虽全用汉事，却句句与现实切合，在同情中，不难看出诗人还饱含着对国家前途的忧虑，正如唐汝询《唐诗解》所说："此见时不可为，故白首沦落，非拙于用世也。"诗写得气格雄浑沉着，悲愤之气充斥字里行间，正是陈子昂诗风的具体反映。

答武陵太守[1]

王昌龄

仗剑行千里，微躯敢一言[2]。曾为大梁客[3]，不负信陵恩[4]。

【注释】

①诗题原集作"答武陵田太守"。武陵，今湖南常德市。②微躯：微贱的身躯。谦词。③大梁：战国时魏国的国都，在今河南省开封市西。④信陵：信陵君，魏国公子，名无忌。为人仁而下士，士无贤不肖皆谦而礼交之。不以富贵骄人，士争归之，门下食客有三千人。

【译文】

我凭仗着一把宝剑行走天下，太守啊，请允许我临别时说上一句话：曾经在好客如信陵君的您门下做客，对您的大恩大德我一定会好好报答。

【解读】

诗的内容很简单：诗人在武陵太守那儿作了一阵客，受到太守的礼遇，心中非常感激，因此在告别时，特意作了这首诗，表达由衷的谢意。这样的诗，很容易写得俗媚。好在诗人是位绝句圣手，又擅写边塞义侠，便借游侠起兴，突兀一句，豪放雄奇，大有睥睨天下之气，诗便超出常格，紧摄人心。以下，诗拈出信陵君好客典与首句呼应，拳拳设誓，增加了诗的力度与涵容，转折自然。通过这样表达，诗人自己与武陵太守的形象在简洁的语言中凸现纸上，分外饱满，情感也充溢回荡，新人耳目。

行军九日思长安故园[1]

岑参

强欲登高去[2]，无人送酒来[3]。遥怜故园菊，应傍战场开。

【注释】

①诗原有注云:"时未收长安。"知作于至德二载(757)秋,时岑参官右补阙,从肃宗于灵武、凤翔。行军:行营。长安故园:岑参为南阳人,久居长安,故称为故园。②强:勉强。登高:古时重阳节有登高饮菊花酒的风俗。③送酒:《南史》载,陶渊明曾九月九日无酒,出宅边丛菊中坐,正好太守王弘送酒来,遂畅怀大醉而归。

【译文】

勉强想要去登高,没个人儿给我把酒送来。怜爱远在长安故园的菊花,应该是依傍着战场盛开。

【解读】

这首重阳诗,将节日思家与对国事的忧虑合在一起写,朴素质实中包蕴无限情韵,耐人咀嚼寻味。首句想去登高是对重阳的自然反应,但加了个"强"字,便道出在战乱中的凄清情怀。由欲去登高,诗人便想到了酒,非但无酒,且无人送酒,就愈加显得孤寂无聊。诗用陶渊明重阳节无酒而王弘送酒典,十分切合,又不露痕迹。由送酒,诗人又想到赏花,好在又与佳节思乡连在一起,想起故园的菊花;由故园的菊花,逼出末句长安被陷的情况,深痛之至。"遥"字在诗中起强调作用,加意渲染自己远离家园及对家园的思念,振起下句的推测。"战场"二字,扣题"行军",点出战乱,是加倍写法,感叹尤深。

婕妤怨①

皇甫冉

花枝出建章②,凤管发昭阳③。借问承恩者④,双蛾几许长⑤?

【作者简介】

皇甫冉(722~767),字茂政,其先安定(今甘肃省泾川县)人,后避地寓居丹阳(今江苏省镇江市)。唐玄宗天宝十五载(756)进士,历官无锡尉、右补阙。诗擅近体,风格清迥。著有《皇甫补阙诗集》。

【注释】

①婕妤怨:古乐府曲名。婕妤是汉宫中女官名,此指汉成帝时的班婕妤。她贤而有文才,初有宠,后赵飞燕得宠,她退侍太后于长信宫,作赋自伤。后世多借其事写宫怨。②花枝:指打扮得绮丽多姿。建章:建章宫,汉宫名。③凤管:箫,其制长短不齐,形如凤翼。或云其声如凤,故名。此泛指乐声。昭阳:昭阳宫,汉成帝时赵飞燕之妹赵合德所住。④承恩:受到皇帝恩宠的人。⑤蛾:蛾眉。古代重细而长的眉,因以蛾的触须来形容眉的美丽。

【译文】

那人儿出了建章宫打扮得花枝招展，昭阳宫传来阵阵乐声，悦耳悠扬。我想问一下那受到皇上恩宠的人儿，她的蛾眉究竟画得有多长？

【解读】

这是首宫怨诗，借班婕妤之口，写失意宫人见到别人得宠时心中的幽怨。“怨而不怒”是中国诗歌的准则之一；尤其是牵涉到君王，更要求如此，这首诗便很好地把握了这一尺度。诗前两句是看别人得宠，分写两个场面。第一句写打扮得花枝招展的宫女走出皇帝所住的建章宫，第二句写住在昭阳宫中的赵合德正在歌舞欢乐。这样从对面写，曲折错落，含蓄有致，她自己心中的失落与怨愁便得到了充分流露。后两句写怨切题，如直接指责，诗就流于刻露，好在诗人抓住一个细节，以问语出之：那新承恩露的宫人，眉毛究竟画得多长？言下之意很明白：那美人究竟有多美，君王如此喜欢她？完全是不服气的醋话，往深处想，显然还带有鄙薄对方不完全是由于美貌而是靠献媚得宠的意思在内。问得新鲜蕴藉，语浅意深，隐而不露，尤见作者巧思。

题竹林寺①

朱放

岁月人间促②，烟霞此地多。殷勤竹林寺③，更得几回过？

【作者简介】

朱放，字长通，襄州（今湖北襄阳市）人。曾隐居镜湖、剡溪间。唐代宗大历中，为曹王节度参谋。《全唐诗》编存其诗一卷。

【注释】

①竹林寺：所指不详。江西庐山、江苏丹徒、河南辉县等地均有竹林寺。②促：短暂。③殷勤：此指留恋不舍。

【译文】

岁月匆匆，人生是那么短暂；而这里的风光无限，令人叹赏。我在竹林寺里流连忘返，今生今世，还能来几次游览？

【解读】

诗人在幽静的竹林寺中徘徊游览，无边的景物纷至沓来，使诗人深深陶醉，流连忘返。由景的迷人，他不禁感叹人生短暂，不能长留此间，将来是否还能来到这里又属未卜，因此心潮翻涌，题了这首小诗。诗人是因为景物繁富，从而产生人生短暂的想法，但诗用倒装，将感情提前，强调岁月匆促，景物之美及诗人的留恋就更被突出，同时他寄情山水的孤高品格，也从诗中流出。后两句抒发感叹，与前两句密切相连，自然流转，更加深了前两句的留恋之意。诗结构绵密，句随意出，一气呵成，感人至深。

三闾庙[1]

戴叔伦

沅湘流不尽[2]，屈子怨何深[3]！日暮秋风起，萧萧枫树林。

【作者简介】

戴叔伦(732~789)，字幼公，润州金坛(今属江苏省)人。唐德宗贞元进士，历官东阳令、抚州刺史、容管经略使。他是唐德宗朝著名诗人，清词丽句，为时传诵。有《戴叔伦集》。

【注释】

①诗题一作"过三闾庙"。三闾庙即三闾大夫屈原庙。屈原投汨罗江死后，后人建庙纪念他。②沅湘：二水名，均在今湖南境内。屈原自杀前作《怀沙》，中有"浩浩沅湘，分流汩兮，修路幽蔽，道远忽兮"句。③屈子：即屈原。《史记·屈原贾生列传》云："信而见疑，忠而被谤，能无怨乎？屈平之作《离骚》，盖自怨生也。"是本句所本。

【译文】

沅水与湘水滔滔不尽，屈原的怨恨似水一般深沉。傍晚袅袅的秋风吹起，摇动着落叶飘飞的枫树林。

【解读】

这首诗是历代诗人凭吊屈原作品中的名篇。诗首句借景起兴。沅湘是屈原被放后游历之地，也是三闾庙所在，诗人既写实景，又以江水的深长，暗示屈原含冤投江的深沉的哀愁亘古不尽。次句以浑重的语气，直抒胸臆，寄托心中悲慨。后两句宕开，写眼前秋景，说秋风吹起，枫林萧萧。这一派景色，正浓缩了屈原《九歌·湘夫人》中"袅袅兮秋风，洞庭波兮木叶下"及《招魂》"湛湛江水兮上有枫，目极千里兮伤春心"句，由今景追思当年，感叹景物依旧，人事不长。全诗处处用典用句，但含浑不觉，一缕幽思，缭绕回互，言外自有一种悲凉感慨之气。李锳《诗法易简录》云："咏古人必能写出古人之神，方不负题。此诗首二句悬空落笔，直将屈子一生忠愤写得至今犹在，发端之妙，已称绝调。三、四句但写眼前之景，不复加以品评，格力尤高。"

易水送别[1]

骆宾王

此地别燕丹，壮士发冲冠。昔时人已没[2]，今日水犹寒。

【作者简介】

骆宾王(640? ~?),婺州义乌(今属浙江省)人。历官武功、长安主簿,迁侍御史,谪临海丞。从徐敬业起兵讨武后,兵败后不知所终。他与卢照邻、王勃、杨炯同为初唐四杰,工七言歌行与五律。著有《骆临海集》。

【注释】

①诗题骆宾王集作"于易水送人"。易水,在今河北省易县。《史记·刺客列传》载,荆轲为燕太子丹刺秦王,临行,太子丹及宾客送于易水,高渐离击筑,荆轲和而歌,为变徵之声,士皆垂泪。荆轲又歌道:"风萧萧兮易水寒,壮士一去兮不复还!"复为羽声慷慨,"士皆瞋目,发尽上指冠"。②没:死去。

【译文】

就在这里,荆轲告别了太子丹,他慷慨激昂,怒发冲冠。当年的勇士早已死去,眼前的易水,仍然是刺骨的寒。

【解读】

诗人送别的也许是一位远赴沙场、视死如归的勇士,而送别的地方恰巧是战国时太子丹送别荆轲的地方,因此诗前两句干脆直接怀古,追述往事,写得悲壮激烈。"此地"二字,语意双关,既吊古,又括今,因此诗面不写今日送别,已为今日送别增色。三、四句一收,感叹往事已矣,易水犹寒。"水犹寒"借"易水歌"词,含蓄不尽,同陶渊明《咏荆轲》"其人虽云没,千载有余情"一样,赞壮士精神,千古不灭,又借以勉励对方。诗通篇浑成,凝练含蓄,苍凉劲达。清毛先舒《诗辩坻》对之极为推崇道:"借轲、丹事,用一'别'字映出题面,余作凭吊,而神理已足。二十字中游刃如此,何等高笔!"

别卢秦卿[①]

司空曙

知有前期在[②],难分此夜中。无将故人酒[③],不及石尤风[④]。

【作者简介】

司空曙,字文明,广平(今河北省永年区)人。唐德宗时官水部郎中。他是"大历十才子"之一,诗长于抒情,五律精练蕴藉,绝句清畅婉转,为时所称。著有《司空文明诗集》。

【注释】

①诗题一作"留卢秦卿",作者一作郎士元。卢秦卿,生平不详。②前期:后会之期,即预期、预约。③无将:不要使。④石尤风:《江湖纪闻》载,有石氏女嫁为尤郎妇。尤郎出外经商不归,石氏忆夫而死。临死发誓要化作大风,阻止商旅远行,让天下妇人

免除丈夫远行之苦。后商旅遇打头逆风即称为石尤风。

【译文】

我明知道咱俩后会有期,但今夜里还是难舍难分。你不要使我这杯挽留的美酒,比不上那阻止商旅远行的石尤风。

【解读】

这首留别诗,构思十分奇特。诗起得很突兀,后会有期,本是离别时的安慰话,诗人特意把这意思提到句首,作为陪衬,然后句句深入。后会有期,还是不能相舍,惜别的情意更加深厚了。后两句明知不可留,但希望友人暂时不要走,再留一会儿,化直说为曲说,化庄语为谐语,反激对方,不要让自己这挽留的酒比不上石尤风,转折有味,将“难分”写透。诗一翻历来送别诗祝对方一帆风顺、多多保重的常格,把力气用在“留”上,更见恋别情深。全诗没有一句景语,单写情事,绵密真至。黄生《唐诗摘抄》认为“精切灵动”,“中唐第一”。方南堂《辍锻录》云:“仅二十字,情致绵渺,意韵悠长,令人咀含不尽。似此等诗,熟读数十百篇,又何患不能换骨。”

答人

太上隐者

偶来松树下,高枕石头眠。山中无历日,寒尽不知年。

【译文】

偶然来到松树底下,枕着块石头安然入眠。山里没有计时的日历,只知寒天将尽,不知今日何年。

【解读】

据《古今诗话》载,这位诗人不知姓名,隐居终南山中,自称太上隐者,有人问他来历,他不予答复,却写下了这首诗。诗是为自己写照,说自己无拘无束,自由自在,随意行到松树下,要睡了就枕石而眠,只知道寒来暑往,不知道何世何年。诗随口而出,但含意丰富,既写出了自己旷然淡逸的胸怀,又写出了山中的隐趣。读这首诗,很容易使人想起南朝著名隐居诗人陶弘景的《答诏问》诗:“山中何所有?岭上多白云。只可自怡悦,不堪持寄君。”二诗都形式活泼,语浅意深。

五言律诗

幸蜀回至剑门[①]

唐玄宗

剑阁横云峻[②]，銮舆出狩回[③]。翠屏千仞合[④]，丹嶂五丁开[⑤]。灌木萦旗转[⑥]，仙云拂马来[⑦]。乘时方在德[⑧]，嗟尔勒铭才[⑨]。

【作者简介】

唐玄宗，即李隆基(685~762)，睿宗延和元年(712)即位，励精图治，使唐中兴。后任用奸邪，沉湎声色，酿成“安史之乱”，逃往四川，传位肃宗。《全唐诗》辑其诗为一卷。

唐玄宗李隆基

【注释】

①幸蜀：天宝十四载(755)安史乱起，翌年玄宗逃往四川。至德二年(757)十月，唐军收复两京，玄宗由蜀回长安，经过剑门，写了这首诗。剑门：县名，在今四川省剑阁县东北，因剑门山得名。②剑阁：剑阁县大小剑山间的栈道，亦称剑门关。③銮舆：帝王车驾。狩：打猎。这里是说出外避难。④翠屏：形容山势陡峭壁立，犹如绿色屏风。合：重叠回环。⑤丹嶂：紫红色的高山。五丁：传蜀郡本与中原隔绝，秦惠王许嫁五美女给蜀王，蜀王派五丁力士开山去迎接。见《华阳国志》。⑥萦：环绕。⑦仙云：指变化莫测的彩云。⑧“乘时”句：用《史记》中吴起谓魏国之宝“在德不在险”典。张载《剑阁铭》：“兴实在德，险亦难持……勒铭山阿，敢告梁益。”诗即用铭中句。⑨勒铭才：指张载。晋安平人，官中书侍郎，博学善文。

【译文】

剑阁高峻，远望如云横长空；我的车驾出狩，如今在还京途中。青山陡峭壁立，犹如一道道重叠的屏风；紫红色的峰峦，是古代五丁开凿的遗踪。旌旗在丛生的林木环绕中曲折前进，五色彩云在我的马头边飘动。顺时立势唯有以德服人，张载这话说得多好，我禁不住感叹无穷。

【解读】

这首诗写道路中所见所感。因为此行是结束逃难的生活回长安去，心中自然有如释重负、轻松自如的感觉；又因为国难刚过，自己的皇位已被儿子夺去，心里又有说不出的沉重。诗便把这些复杂的心理，寄托在景中。首联照题，写自己在巍峨险陡的乱山丛中向长安行去。起得高屋建瓴，笔势斩绝，然而从“出狩回”三字，仍可揣测他自我掩饰时的难受。中两联写剑门的险要难行。一联写静，一联写动，互相映衬，把剑阁的高峻与曲折写得十分逼真饱满。蜀道之难，又象征着国运之艰；旗转云拂，又显出归程中悠然的快意。最后，由山的险，及张载的《剑阁铭》，他发出了治国所凭依的在于德而不在于险的感叹，表明了自己帝王的身份。全诗写得兴象融浑，尤其是中间两联四个动词“合”“开”“转”“来”，将自然界的景物与行进中的感觉密切相合，使人读后有身临其境的感觉。

和晋陵陆丞早春游望①

杜审言

独有宦游人②，偏惊物候新③。云霞出海曙④，梅柳渡江春。淑气催黄鸟⑤，晴光转绿蘋⑥。忽闻歌古调⑦，归思欲沾巾⑧。

【作者简介】

杜审言（约645~708），字必简，祖籍襄阳，迁巩县（今属河南省巩义市）。唐高宗咸亨年进士，官至修文馆直学士。他是杜甫的祖父，是今体诗的奠定者之一，所作气魄宏伟，风格高古。与李峤、崔融、苏味道共称“文章四友”。原集已佚，明人辑有《杜审言集》。

【注释】

①晋陵：唐县名，故址即今江苏省常州市。陆丞：晋陵县丞，名不详。②宦游：在外乡做官。③偏：特别，最。物候：指自然界的景物随季节推移而发生的变化。④海曙：此指东方破晓时的曙光。⑤淑气：温暖和煦的春气。⑥晴光：晴朗的阳光。这句话用江淹《咏美人春游》“江南二月春，东风转绿蘋”句。⑦古调：格调高古的作品。此指陆丞原作。⑧沾巾：泪湿衣巾。这里代指流泪。

【译文】

唯独是离乡背井在外做官的人，对季节的转换，万物的变化特别敏感注意。海边清晨的云霞五彩缤纷，似乎与旭日同时升起；梅柳枝头喧闹的春意，由江南渐渐向江北推移。温暖和煦的春天的气息，像是催促着黄鸟尽情地鸣啼；晴朗的阳光普照着大地，使绿蘋的色彩越来越浓丽。忽然见到你格调高古的诗篇，激起我无尽的乡思，泪下沾衣。

【解读】

诗写游春时所产生的旅愁乡思。首联不写景，由自身对春光的感受入笔，为下文蓄势，纪昀评为：“起句警拔，入手即撇过一层，擒题乃紧，知此自无通套之病。”以下二联，铺写“物候”之“新”，组织了清丽的辞藻、工整的对偶，写出江南早春繁富绮丽的风物,同时与自己游春的心情相结合,观察入微,绘笔传神。尾联切题"和晋陵陆丞",点明诗旨"归思",挽合首句"宦游"。全诗写得抑扬顿挫,首尾二联遥相呼应,中二联开阖变化,都表现了诗人高深的写作技巧。诗在炼字上尤见功夫。如首联的"独""惊"二字,富有浓厚的感情色彩,为全诗定调。次联的"出"字、"渡"字,一状云霞与海日同时展现,一状春天到来物象由南向北逐渐变换,都很传神。第三联的"催"字、"转"字,更为人赞赏,巧妙地写出物态的变化,体现了诗人精细的创意。因此,胡应麟《诗薮》认为初唐五言律,当以此首为第一。钟惺《唐诗归》指出,像这样格律严谨、工于炼字的诗,"开诗家齐整平密一派门户"。

蓬莱三殿侍宴奉敕咏终南山[①]

杜审言

北斗挂城边[②],南山倚殿前。云标金阙迥[③],树杪玉堂悬[④]。半岭通佳气[⑤],中峰绕瑞烟[⑥]。小臣持献寿[⑦],长此戴尧天[⑧]。

【注释】

①诗题杜审言集作"蓬莱三殿侍宴奉敕咏终南山应制"。蓬莱三殿:指大明宫中的麟德殿,殿三面,南有阁,内宴多于此举行。奉敕:奉皇帝命作诗。终南山:在长安南五十里,宫中可望见。②北斗:北斗星。此语双关,据《三辅黄图》,长安城南为南斗形,城北为北斗形,因此长安又号斗城。③云标:云端。④玉堂:汉殿名。此代指宫殿。⑤佳气:吉祥的云气。⑥瑞烟:五色祥云。⑦持献寿:以终南山向皇帝祝寿。语本《诗·小雅·天保》:"如南山之寿。"⑧尧天:盛世。语出《论语·泰伯》:"唯天为大,唯尧则之。"意为天最高大,只有尧能以天为准则推行教化。后多用以称颂帝王功德及太平盛世。

【译文】

北斗星高高地垂挂在城边,终南山紧紧地倚傍在蓬莱殿前。巍峨的金阙像是在云端飘浮,高耸的宫殿恍如在树梢挂悬。氤氲佳气在半山腰浮动游荡,五色祥云在峰顶上回绕盘旋。小臣我以终南山来向皇上祝寿,但愿永远沐浴圣恩,感戴尧天。

【解读】

诗首联破题,采用双起式,用北斗垂挂城边,衬出蓬莱殿、长安城的雄伟,从而引出次句终南山的高峻。两句各有主体,但写宫殿同时又是为写山作铺垫,写山时又不忘结合宫殿,结构十分绵密。以下两联,一联写殿,一联写山。写殿时,以云天这一广阔背景作衬,显出其高;又以树梢作参照,形出其广。写山时,则纯用白描,注目山上瑞气祥云,从而引出尾联的祝寿颂德的主旨,暗用"南山"典而妙合无痕。诗在内容上无足取,但诗人以娴熟的技巧弥补了内容的空泛,写得高华秀赡,句律森严。胡应麟《诗薮》说此诗"气象冠裳,句格鸿丽,初学必从此入门,庶不落小家窠臼"。

春夜别友人[①]

陈子昂

银烛吐清烟，金樽对绮筵[②]。离堂思琴瑟[③]，别路绕山川[④]。明月隐高树，长河没晓天[⑤]。悠悠洛阳道[⑥]，此会在何年？

【注释】

①诗原有两首，这里选的是第一首，约作于武后光宅元年(684)春。当时陈子昂离开家乡四川射洪，准备赴洛阳谋取功名。②绮筵：丰盛的宴席。③离堂：饯别的地方。琴瑟：朋友间的友情与聚会的欢乐。语出《诗·鹿鸣》："我有嘉宾，鼓瑟吹笙……我有嘉宾，鼓瑟鼓琴。"④以上数句，化用谢朓《离夜》诗"离堂华烛尽，别幌清琴哀"句。⑤长河：银河。⑥洛阳：今河南省洛阳市，为唐东都。

【译文】

银烛升起了袅袅青烟，我高举起酒杯，对着丰盛的别宴。在这离别之处，眷恋着彼此的情意；分手后，我将跋涉在迂回的道路山川。明月已悄悄西坠隐入高高的树后，耿耿银河也在曙光中消失不见。到达洛阳的路程是那么漫长，我们再次相会不知在哪一年？

【解读】

诗写别离，从别离的筵席上落笔。首联以工整的对偶、华丽的辞藻，写出筵席的丰盛隆重，既赞美了朋友的深情，又衬托出离别的不堪。次联即由此生发，即景传情，一句表达对主人感情的珍惜，一句想象别后的凄凉，准确地传达出自己惜别的情怀。随后，诗转入室外，写明月、银河，关合夜宴，度出留恋不舍，通过饮宴时间之长，暗示别情之深；通过天将晓，暗示离别在即，含蓄而耐人寻味。最后，诗直陈别离，展望将来，沉郁厚重，缴足全篇。整首诗回环感染，虚实相间，风格深厚和雅。不追求一字一句之警策，注重情景的浑融，婉曲而深切地道出离愁，正如纪昀《瀛奎律髓》评所说："此种诗当于神骨气脉之间得其雄厚之味，若逐句拆开，即不得佳处。如但摹其声调，亦落空腔。"

长宁公主东庄侍宴[①]

李峤

别业临青甸[②]，鸣銮降紫霄[③]。长筵鹓鹭集[④]，仙管凤凰调[⑤]。树接南山近[⑥]，烟含北渚遥[⑦]。承恩成已醉[⑧]，恋赏未还镳[⑨]。

【作者简介】

李峤(645~714),字巨山,赵州赞皇(今属河北省)人。弱冠登进士,历官监察御史、麟台少监同凤阁鸾台平章事、地官尚书,官至同中书门下三品,封赵国公。后遭贬卒。他以文名,诗精五律,对偶工整,刻画精微,典丽高雅。集久佚,明人编有《李峤集》。

【注释】

①诗题原作"侍宴长宁公主东庄应制"。长宁公主,唐中宗韦后所生,嫁杨慎交。其庄规模巨大,华丽峻伟,帝及后多次临幸。这首诗作于景龙四年(710)四月。②青甸:京城近郊为甸。青为东方之色,长宁公主的别墅在东郊,故称青甸。③鸣銮:指皇帝出行。銮,帝王车驾所用的铃。紫霄:此指皇宫。④鹓鹭集:鹓鹭群飞有序,因此喻朝官班列。⑤仙管:指箫管。凤凰调:传萧史善吹箫,引来凤凰,萧史与妻弄玉乘凤凰仙去。此喻音乐美妙动听。⑥南山:指终南山。在长安南。⑦北渚:指渭水。渭水在长安之北。⑧承恩:承受皇上的恩典。此指赐宴。⑨镳:本为勒马的工具,俗称马嚼子。此借指马。

【译文】

公主的别墅坐落在东郊外,君王离宫临幸,一路鸣响着车铃。长长的筵席上朝臣整齐地排列,管弦吹奏着乐曲,悠扬动听。高大的树木与南山相连相近,烟气笼罩,遥接着渭水之滨。承受皇恩臣子们个个尽情喝醉,留恋着美景,还不肯上马返程。

【解读】

李峤是律诗圣手,所作中规合矩,格律森严,为时人称道。这首诗因为是应制诗,更注意形式上的严整,写得庄重华丽,面面俱到,可作学诗样板。诗依时序展开,先写皇帝临幸东庄,次应题写侍宴,再次照应东庄景物,最后总结全诗,环环相扣,紧密工到。应制诗照例要称颂皇上,诗在措笔时时刻把握住自己臣子的身份,诗面所用均是堂皇正大的词语,如鸣銮、紫霄、长筵、仙管,都很富丽得体。因为东庄的主人是位得宠的公主,诗又通过对东庄的描写,暗寓对公主的赞颂。"树接南山""烟含北渚",极写东庄景致,气势壮阔宏大;末句"恋赏未还镳",一语双关,既赞东庄,又颂皇恩。

恩赐丽正殿书院宴应制得林字[①]

张说

东壁图书府[②],西园翰墨林[③]。诵诗闻国政[④],讲易见天心[⑤]。位窃和羹重[⑥],恩叨醉酒深[⑦]。载歌春兴曲[⑧],情竭为知音。

【注释】

①丽正殿书院:即丽正书院,是唐玄宗开元十三年建,聚四方学士于此著述研讨。

当时张说以宰相掌院事。这首诗是在建院庆典上奉帝命所作。得林字：分到以"林"字作为韵脚。②东壁：即壁星，二十八宿之一，在东，故名东壁。相传主文章及图书。陶弘景《星经》："东壁天下图书之秘府也。"③西园：在邺都，三国时曹丕、曹植常在此招集文士饮酒赋诗，后世称为"西园雅集"。翰墨林：笔墨如林，即人才济济，名士荟萃。④诗：即《诗经》。古人以诵《诗》作为人仕前必修，通过习《诗》而理解治国之要，所以孔子曾令子孔鲤学《诗》，又有"登高能赋可以为大夫"的话。⑤易：即《周易》。天心：指阴阳五行及天道运行的规律。⑥和羹：用调味品调和羹汤。语出《书·说命》："若作和羹，尔惟盐梅。"是商王武丁命傅说为相时所说的话，意谓要求他治理国家如调鼎中之羹，使之协调。后因用此比喻宰相辅佐君王治理国家。⑦叨：谦词。⑧载歌：乃歌。春兴曲：充满春意的曲子。指本诗是出于内心欢欣而作。

【译文】

书院的兴建，上应主管人世文章图书的东壁星；这里聚集着天下的英才，如同曹氏兄弟的西园，名士如林。大众诵读着《诗经》，明白了治理国家的道理；研讨讲习着《周易》，揣摩阴阳五行和天意天命。我窃居着宰相的高位，心中惭愧没有什么建树；受到皇帝的赏识，现在又蒙赐宴，恩如海深。在这欢乐的时刻，我做了这首充满春兴的诗篇；为的是竭尽我感激的心情，呈献给皇上，我的知音。

【解读】

这首应制诗分前后两段。前四句写丽正殿书院，后四句写侍宴作诗。丽正殿书院是皇帝与大臣讲经研习学问的地方，所以前四句称扬书院为天下文章图书的藏府，上应天星；是文人荟萃的场所，英才济济。帝王与臣子在这里通过研习，讨论国政的得失，更好地治理国家。这四句全用对句，平稳工整，通过用典记事，突出书院的性质，渲染祥和气氛。后四句，风格转为轻快，写出自己身膺重责，得到皇上的信任赏识，因而作诗歌颂，表白心中对皇帝的感戴。这四句，在凝练的笔墨中透出自己欢乐的心情，但写得含蓄隽永，无谀媚低俗之态。全诗叙事井井有条，用典用事贴切自然，在记事抒情中处处不忘颂扬帝德，因此在应制诗中一向被认为是成功的作品。

送友人

李白

青山横北郭[①]，白水绕东城[②]。此地一为别，孤蓬万里征[③]。浮云游子意，落日故人情。挥手自兹去[④]，萧萧班马鸣[⑤]。

【注释】

①郭：外城。②白水：指流水清澄。③蓬：蓬草，枯后根断，随风飘飞。征：远行。

④自兹:从此。⑤萧萧:马鸣声。班马:分道离群之马,离别的马,此指友人所骑的马。

【译文】

葱郁的群山绵亘在城北,清澈的河水环绕着东城。我们在这里分别以后,你就像一棵蓬草,飘飞向万里远程。你的行踪犹如天上的浮云聚散无定,我的情谊就像西坠的太阳难舍难分。我们挥动着手就此告别,马儿也依依不舍,发出萧萧悲鸣。

【解读】

这首诗,通过环境的描写,气氛的渲染,表达依依惜别之情。首联用工对,依送别过程展开。诗人送友人出城,眼前是青山绿水,在清丽跳脱的画面中,隐以山长水远寄托绵绵离情,丝丝怅惘。次联转写情,以孤蓬远飞,表达对友人此去的关心,自然而诚挚。第三联是名句,将情与景糅合在一起写。浮云、落日,是实景,分别接以"游子意""故人情",便将景带上了主观情感,于是浮云便象征着友人漂泊生涯,落日徐徐下降,又暗道自己凄凉心情。最后,诗直接写离别,又随手牵入马鸣萧萧作衬,写尽苍凉凄苦心意。诗以自然明快的语调写凄凉别情,措辞迥出人表。在整个有声有色、有动有静的画面中,洋溢着无限深意,令人一唱三叹,这就是大家的大手笔。

送友人入蜀

李白

见说蚕丛路[①],崎岖不易行。山从人面起,云傍马头生。芳树笼秦栈[②],春流绕蜀城[③]。升沉应已定[④],不必问君平[⑤]。

【注释】

①见说:听说。蚕丛:传说中古代蜀国的开国君王,此代指蜀地。②秦栈:自秦(陕西)入蜀的栈道。③蜀城:成都。④升沉:仕途的得意与失意。⑤君平:汉严遵,字君平,隐居不仕,卖卜成都。日阅数人,得百钱足以过日,则关门下帘读《老子》。

【译文】

听人说起四川的道路,崎岖不平,难以通行。山迎着人面重叠而起,云靠着马头不断涌升。茂盛的绿树笼罩着栈道,春水上涨,围绕着成都城。咱们的前途都已成定局,用不着再去询问严君平。

【解读】

这首送别诗,集中描绘蜀道的艰险与优美,将惜别与安慰相融合,同时寄托自己不得志的感慨。首联以"见说"起,扩大想象虚拟的成分,起得雄浑平正,为下奇崛之笔打下基础。以下两联,一写蜀道难,一说蜀中风景佳处。写艰难时,生动地突出蜀道陡峭、险峻的特点,点出友人此行的不易,高步瀛《唐宋诗举要》引吴汝纶评说:"能状奇险之景,而无艰深刻画之态。”恰如其分地道出了这联的特点。写风景宜人时,通过茂盛的林木、春天的江水,在写景中注入畅快顺意的心情,令人神往。这两联,一联奇险,一联浓丽,对偶又很工整,把劝与慰都表现得很婉转。尾联折入议论,说仕途失意,是写友人,也是自诉,用成都严君平典,贴切“入蜀”,是牢骚话,但又抑遏不露。诗写得一张一弛,以平实起,转入奇险,又归纡徐,最后又呈平实;于工丽中见神运之思,一向被推为“五律正宗”。

次北固山下[①]

王湾

客路青山外,行舟绿水前。潮平两岸阔[②],风正一帆悬[③]。海日生残夜[④],江春入旧年[⑤]。乡书何处达?归雁洛阳边[⑥]。

【作者简介】

王湾,洛阳(今属河南省)人。武后先天年间(712~713)进士,官荥阳主簿,调洛阳尉。他是开元年间著名诗人,作品已佚,《全唐诗》录存十首。

【注释】

①诗题一作“江南意”。北固山:在今江苏省镇江市北。山临大江,林木葱郁,是登览胜地。②潮平:即平潮,潮涨满而未退一段时间。③风正:风顺而平和。④残夜:天将明未明时。⑤“江春”句:谓立春在腊月。⑥“归雁”句:暗用鸿雁传书典,说欲托雁给家乡洛阳的亲人送信。

【译文】

我行进在江南的水路,依傍着葱郁的青山。我的船飘飘荡荡,眼前是碧绿的水湾。江中的潮水已经涨满,两岸显得分外开阔宽敞;风儿也正顺,船儿稳稳向前,鼓着风帆。残夜还未过尽,一轮红日从海面上喷薄而出;立春节令已到,虽是腊月,江面已感到春暖。想给家乡的亲人寄封信,可又没有办法投送;遥望着一行大雁往北飞去,飞向我的家乡洛阳。

【解读】

诗人远离家乡,新年将尽,眼见江南的青山绿水,油然而产生思乡羁愁,写下了这首五律。首联以工对起,青山、绿水,是触目所见,诗人用此概括大环境,辅以“客路”“行舟”,将景、情、事包揽一尽,起得工稳流丽。次联承上写江上景象,远近结合,恢宏疏阔而又纡徐从容,观察入微,描写神似,是著名的景联。第三联点明行旅时间,以“海”“江”对举,切合北固山地点,一句写夜色未尽的黎明,一句写立春已过尚未到除夕的时节;写景则气势磅礴,纪时则微妙细致;同时贯以深沉的情思,使诗蕴含丰富,意味悠长。尾联述客愁乡思，寄意归雁，直中用曲，又与首联呼应，余情不尽。本诗是王湾的代表作，“海日”一联，是被誉为“形容景物，妙绝千古”（胡应麟《诗薮》）的名句。唐殷璠《河岳英灵集》说张说曾“手题政事堂，每示能文，令为楷式”。唐郑谷也有诗赞说：“何以海日生残夜，一句能令万古传。”可见诗在当时影响之大。

苏氏别业

祖咏

别业居幽处，到来生隐心①。南山当户牖②，沣水映园林③。竹覆经冬雪④，庭昏未夕阴。寥寥人境外，闲坐听春禽。

【作者简介】

祖咏，洛阳（今属河南省）人。开元十二年（724）进士，未入仕。他一生贫病，与王维交谊最深，诗风亦相近，清新洗净，颇见锻炼之功。诗集已佚，明人辑有《祖咏集》。

【注释】

①隐心：隐居的念头。②南山：终南山，在长安南。户牖：门窗。③沣水：发源于秦岭，北流经长安，入渭水。④经冬：过了整个冬天。

【译文】

别业的环境幽僻雅静，我来到这里，顿生隐居之心。终南山正对着门户，沣河水映照着园林。竹梢上覆盖着经冬的白雪，庭院里还未傍晚就昏暗阴沉。人烟稀少犹如在尘世之外，我闲坐着听着春禽啼鸣。

【解读】

诗写苏氏别业的景象，首句就入题写别业的大环境，用一个“幽”字，包融全篇；次句写自己的感受，以“生隐心”呼应环境的幽，表达自己对别业的喜爱。这样写，起得广阔，精神发越，是唐人律诗常用的手法。以下两联，具体写别业的“幽”。一联写外景，门窗对着远处的巍巍终南山，园林映照着清澈的沣水，绘出别业的清幽，“当”“映”二字均下得沉稳。一联写内景，竹梢上覆盖积雪，花木丛生，庭院未到黄昏便阴暗，进一步说明别业的幽深沉寂。尾联具体写“生隐心”，以在人烟稀少、红尘之外，听春禽鸣啼，寄托自己依依不舍之情。诗层次分明，锤炼工稳，由浑写入白描，由外景入内景，又通过景物的描写，表达内心的宁静闲逸，写意传神，精深绵邈。

春宿左省[1]

杜甫

花隐掖垣暮[2],啾啾栖鸟过[3]。星临万户动[4],月傍九霄多[5]。不寝听金钥[6],因风想玉珂[7]。明朝有封事[8],数问夜如何[9]。

【注释】

①左省:门下省。这首诗作于乾元元年(758),当时杜甫随驾回到长安,官左拾遗。左拾遗掌供奉讽谏,属门下省,官署在殿庑之东,因称左省。②掖垣:门下省与中书省分列左右,如人的两掖,故又称左掖、右掖。此即指门下省。③栖鸟:归巢的鸟。④万户:指宫中众多的建筑。⑤九霄:九重天,极言其高。此指高耸的宫殿。⑥金钥:此指开宫门的锁钥声。⑦玉珂:马勒上玉制的铃。此指马铃声。⑧封事:密封的奏章。⑨数:多次。全句暗用《诗·小雅·庭燎》"夜如何其,夜未央"句,写寝卧不安的心理。

【译文】

黄昏,日光渐渐暗淡,官署中的花儿隐隐约约;一阵啾啾的鸣声响起,是归巢的鸟儿从低空掠过。灿烂的群星照耀着,宫中的千门万户似乎随着星光闪烁;高耸的殿阁就像依傍着明月,照临的月光仿佛格外地多。我翻来覆去怎么也睡不着,耳边好似听见有人开启门锁;一阵风儿吹动檐间的铃铎,又误以为上朝的官儿轻响着玉珂。明天天亮早朝开始,我就要奉上草就的封事;一次又一次地揣摩:这沉沉宵夜,时辰已是几何?

【解读】

杜甫的律诗以格律细密、章法严谨著称,这首带有应制性质的诗,在章法上格外讲究,被推为杜律的典范。首先,诗紧紧围绕"左省"这一地方来写。掖垣的花儿在晚色中隐约,星临万户,月傍九霄,都切宫中,"听金钥""想玉珂""有封事"都是宫中事,一丝不走。其次,诗在写景记事时又处处照应"宿左省"的心理。题是写宿,实写不寐,于是能细微地观察宫中景物,铺设心理活动:见星光闪烁,似乎听见开宫门声,朝臣上朝声,挂念明天要上封事,无法入睡,将对皇上的崇敬忠爱及自己精忠报国的心情委婉表露。诗前四句写宿省之景,后四句写宿省之情,自暮至夜,自夜至将晓,又延伸至天明,逐次道来,详细而富有变化,整饬而含有灵动。不唯在篇法句法上出类拔萃,在炼字上也精到工稳。如次联的"动""多"二字,便被后人称为句眼,使全联情景交合,境界全出。

题玄武禅师屋壁[1]

杜甫

何年顾虎头[2],满壁画沧洲[3]?赤日石林气,青天江海流。锡飞常近鹤[4],杯渡不惊鸥[5]。似得庐山路,真随惠远游[6]。

【注释】

①玄武禅师:住在玄武山上的一位高僧。玄武山在四川玄武县(今中江县)东,一名宜君山,一名三蜗山。②顾虎头:晋画家顾恺之,小字虎头。③沧洲:水边陆地。此指山水画。④"锡飞"句:《高僧传》载,梁武帝时高僧宝志与白鹤道人争居安徽舒城的潜山。梁武帝令二人各在山上树立标记。宝志放出锡杖,白鹤道人放出白鹤,鹤先飞而杖先到。武帝乃在锡杖、白鹤所立处分建佛寺、道观。这里分别以"锡"指寺庙、"鹤"指道观,说画中有庙、观,隐合玄武山。玄武山有玄武真人庙,与玄武禅师所居相近。⑤杯渡:《高僧传》载,南朝宋时,有高僧常乘一木杯渡水,来去如飞,时人称之为杯渡僧。⑥惠远:东晋高僧,住庐山东林寺,曾与陶渊明等人结白莲社。

【译文】

不知道是哪一年,画家顾虎头,在这屋壁上绘上了这一片沧洲。红日照耀中石林里云气蒸腾,青天覆盖下江海浩荡奔流。高僧在此住锡,与仙观相邻;他乘着木杯渡水,没惊动沙鸥。对着画我仿佛来到了庐山,跟随着惠远到处漫游。

【解读】

杜甫来到玄武禅师的禅房,见到墙壁上所绘山水,惊叹不已,因此在旁题了这首诗。诗是题画,却先退一步,从绘画者入笔,惊叹画必出自顾虎头这样的名家之手,这样欲擒故纵,制造悬念,为下着手赞画做了铺垫,又以"沧洲"二字带出画的内容,起得精炼简捷。接着,诗具体描绘画的内容,说阳光下石林中云气渺茫,青天下江海浩渺,切定"沧洲"二字,将画面的瑰丽壮阔,形象地展现。以下,诗化用典故,写出景物的秀美,包涵很广;既写了画中的佛寺、道观及高僧,又暗扣玄武禅师及所居之处,褒扬赞赏,却全无痕迹。最后,诗人仍然以画与人双收,通过感受,对画景、画技及玄武禅师进行赞美,构思十分巧妙,所以冯舒《瀛奎律髓》评说:"若大历以还,决以画结。此诗亦同结到画,却潇洒摆脱,不可及也。"全诗写得圆浑奇杰,虚实结合,画中景与画外人兼顾,成为后来题画诗所模仿的样板。

终南山

王维

太乙近天都[①],连山到海隅[②]。白云回望合[③],青霭入看无[④]。分野中峰变[⑤],阴晴众壑殊[⑥]。欲投人处宿,隔水问樵夫。

【注释】

①太乙:终南山的主峰,也是终南山的别名。近天都:谓高与天连。天都,天帝所居之处。也有人认为指长安。②连山:山脉绵延。海隅:海角,海边。③回望合:四面望去,连成一片。④霭:雾气。⑤分野:古人将天上的星宿与地上的区域相联系,某地区划在某一星空范围,称某星的分野。⑥壑:山谷。

【译文】

终南山高耸与天相连,山脉绵延不绝,直到海边。满山的白云弥漫,四望连成一片,青色的雾气到近处又消失不见。山区广阔中峰南北的分野已变,众多的山谷,在阳光照射下,阴晴相间。想找有人居住的地方投宿,细细向樵夫打听,隔着一道山涧。

【解读】

这首五律,极力向人夸示终南山形胜。首联高屋建瓴,气势非凡,直从山主峰入笔,实见与想象相结合,"近天都"写其高,"到海隅"写其广,只两句便囊括了终南山重峰高耸、蜿蜒不绝的景象,境界广阔雄浑。以下二联,移步换景,从山下、途中、主峰、下山的游山次序中所见的各个角度写山。次联"白云""青霭"是互文,写山中云雾缭绕,远看群山沉没在白云雾气的怀抱中,近看却不见青霭,景物清嘉,将实景与感觉结合,描绘入微。张谦宜《絸斋诗谈》说:"看山得三昧,尽此十字中。"颈联写在山顶的感受,分野不同,再度写山的广;阴晴不同,展示山的重叠萦回。尾联隔水一问,看似闲笔,实点峡谷环境深幽,山中空寂少人,增添游山的情趣。全诗写得宏肆壮阔,以精练准确的语言,写出终南山的壮丽景色,富有画意,是王维五律代表作之一。

寄左省杜拾遗[①]

岑参

联步趋丹陛[②],分曹限紫薇[③]。晓随天仗入[④],暮惹御香归[⑤]。白发悲花落,青云羡鸟飞。圣朝无阙事[⑥],自觉谏书稀。

【注释】

①左省:见前杜甫《春宿左省》注。杜拾遗:杜甫。诗作于乾元元年(758),时杜甫

官左拾遗，岑参官右补阙。②趋：小步而行，表示对君王的敬意。丹陛：官殿前涂红漆的台阶。③分曹：分班。杜甫是左省官，岑参是右省官，故排班时分列左右。限：界限。紫薇：此同"紫微"，星座名。形如屏藩，因以之指皇帝朝会时的大殿。④天仗：皇帝的仪仗。⑤惹：沾染。御香：宫中焚的香。⑥阙事：欠缺的政事。

【译文】

我们排着队走着小步先后登上殿阶，按着官署，分列在殿庑的东西。清晨时随着皇上的仪仗入朝，黄昏时衣上沾着宫中的香气回归。满头白发，见到花落不由得悲伤难受；仰视鸟飞青云，羡慕朝中显贵济济。皇上圣明没有什么缺失可补，自己感到能上呈的谏书日益见稀。

【解读】

岑参经过多年战乱颠沛，年已四十多岁，这时候好不容易谋到了右补阙一职，虽属朝官，但人微言轻，无可建树，心中充满牢骚，所以写了这首诗给予自己经历地位及处境相同的杜甫。在诗中，岑参通过自己官场生活的写照，用堂正的语言，宣泄自己的不满。前半，诗铺叙天天入朝伴君，表面上似乎在炫耀朝官的荣华，但空虚与无奈的心情，已从中透出。后半感慨年龄老大、一事无成，空羡别人青云得路；而皇上圣明，自己又无事可做。看上去是自我感叹，又兼对朝廷进行颂扬，说得冠冕堂皇，骨子里是对朝政讽刺，痛惜自己报国无门，因而愤慨愁闷。诗用笔隐折婉曲，意在言外，令人寻思。这一苦衷，杜甫也深有体会，所以他见了岑参诗后，引起共鸣，回诗赞道"故人得佳句，独赠白头翁"（《奉答岑参补阙见赠》）。

登总持阁①

岑参

高阁逼诸天，登临近日边。晴天万井树②，愁看五陵烟。槛外低秦岭③，窗中小渭川④。早知清净理⑤，常愿奉金仙⑥。

【注释】

①诗题岑参集作"登总持寺阁"。总持寺在长安南面的终南山上。②万井：即万家，极言居家之多。井，古以八家为井，此泛指人家。③秦岭：即终南山。④渭川：渭水，在长安北。⑤清净理：清静无为、远离尘寰的道理。⑥金仙：道教的神仙及佛教的佛都称金仙。

【译文】

总持阁高耸逼近青天，登上阁中，仿佛站在太阳旁边。晴朗的天气万家树木历历在目，愁怀缭绕，不忍见五陵云烟。栏杆外秦岭显得分外低矮；窗中望去，渭水变得仅如一线。要是早懂得清静无为的禅理，我就会发愿常来这里礼奉金仙。

【解读】

诗写登临所见所感，开门见山，略去登阁等事，直写站在高阁，简捷明快；且以“逼诸天”“近日边”形象地表出寺阁之高。以下两联，便写登阁所见。一联是长安景色，千家万户的树木历历在目，五陵地区烟云缭绕。一联是写山川风景，寺在山上，四周的山便显得矮小，渭水也变得细微。这四句，紧密结合眺望的角度，通过“万井”“五陵”这一广大画面，反证总持阁之高，所望之远；又通过“低”“小”二字，从比较上反映阁之高，营造“登泰山而小天下”的气势。同时，诗人不是单纯绘景，而是将登临时的心情与景相联系：天晴，心情好，见万家树木而爽朗；心情愁苦，便不由自主地留意烟云笼罩的五陵。尾联归到登临，切合总持寺，以味道语结，从景到情的过渡很自然；又用“早知”“常愿”二词自相呼应，强调景的动人。全诗总揽长安附近景物，写出登高的胸怀，角度多变而有序，意境阔大，气势鼓荡，笔力奇恣，体现的正是人们常说的“盛唐气象”。

登兖州城楼①

杜甫

东郡趋庭日②，南楼纵目初③。浮云连海岱④，平野入青徐⑤。孤嶂秦碑在⑥，荒城鲁殿余⑦。从来多古意⑧，临眺独踌躇⑨。

【注释】

①兖州：治所在今山东省兖州区。②东郡：东方之郡。指兖州。趋庭：指探望父亲。典出《论语·季氏》“鲤（孔子的儿子）趋而过庭”句。趋，小步快走，表示恭敬。③南楼：指兖州城楼。④海岱：指渤海与泰山。⑤青徐：青州与徐州，地当今山东东部及江苏北部。《书·禹贡》：“海岱惟青州。”“海岱及淮惟徐州。”⑥孤嶂：独立的高峰。此指峄山，在今山东邹县东南。秦始皇曾登峄山，命丞相李斯以大篆勒铭山上。⑦荒城：指山东曲阜。鲁殿：指汉景帝之子鲁恭王所建的灵光殿，在曲阜城内。余：残余。⑧古意：这里指古迹。⑨踌躇：徘徊不前。这里形容感慨沉吟的样子。

【译文】

我到兖州城来探望父亲，初次登上南楼，纵目眺望。天上的浮云与东海、泰山相连，辽阔的平野与青州、徐州接壤。独立的山峰还立着秦始皇所建的石碑，荒城中保留着鲁殿的断垣残墙。这儿的古迹一向很多，我远远望着，不免独个儿沉吟伤感。

【解读】

开元二十五年(737)，杜甫考试落第后到兖州去看望担任兖州司马的父亲，登兖州城楼，作了这首诗。诗首联以“东郡趋庭”引出“南楼纵目”，实事直说，便利之极，是杜诗出手不凡处。以下两联写景。一联侧重于景物的描写,承上"纵目",写得雄浑开阔;一联由景寄托怀古之思,启下"古意",写得沉郁精壮。最后诗以写情作结,回应首联,表达自己对大好河山的热爱及对人事沧桑的感喟;又以"独"字,言平昔怀抱,别的登临者未必会知。全诗写得章法谨严,气象宏壮,是杜甫早年律诗的代表作。查慎行《瀛奎律髓》评说:"此杜陵少作也,深稳已若此。五、六每句句尾下字极工密,所谓'诗律细'也。"查慎行是宋诗派作家,所以对五、六句拗折劲削表示赞赏。实际上诗三、四句,纵横千里,一天一地,阔大沉雄,浑然一气,鲜明地概括了兖州一带景物,成就更大。

送杜少府之任蜀州[①]

王勃

城阙辅三秦[②],风烟望五津[③]。与君离别意,同是宦游人[④]。海内存知己,天涯若比邻[⑤]。无为在歧路[⑥],儿女共沾巾[⑦]。

【作者简介】

王勃(650~676),字子安,绛州龙门(今山西省稷山县)人。十四举幽素科,历官沛王府修撰、虢州参军。他与杨炯、卢照邻、骆宾王并称"初唐四杰",诗流丽婉畅中有宏放浑厚的气象。著有《王子安集》。

【注释】

①杜少府:不详。唐人称县尉为少府。蜀州:一作"蜀川",指四川。②城阙:指长安。宫门前的望楼称阙。三秦:今陕西省关中地区。项羽灭秦后,分秦地为雍、塞、翟三国。故称三秦。③五津:蜀中长江自湔堰至犍为一段,有白华津、万里津、江首津、涉头津、江南津,合称五津。这里代指杜少府要去的四川。津,渡口。④宦游人:在外做官的人。⑤"海内"二句:化用曹植《赠白马王彪》"丈夫志四海,万里犹比邻。恩爱苟不亏,在远分日亲"句。比邻,近邻。古代五家相连为比。⑥无为:不要。歧路:岔道。指分别之地。⑦儿女:青年男女。沾巾:沾湿衣巾。

【译文】

雄伟的长安城以三秦为辅,我们遥望着风烟迷濛中的五津。我和你离别时心情彼此相近,因为我们都是离乡奔波仕宦的人。四海之内到处都有知己朋友,即使是远隔天涯也如同近邻。请你不要在分手时过分伤心,像青年男女一样把眼泪沾湿衣巾。

【解读】

这是首离别赠行诗,一扫历来写别离诗文悲伤愁闷的风格,分外爽朗开阔,因而受到历代评家推崇。诗首联以对偶起,出句写送别之地长安,突出宫阙的巍峨壮观,为下作衬;对句写杜少府要去的蜀地,以“风烟”暗点僻远,流露惜别关切之情。第二联承上,改用流水句法,似对非对,将分别之间推进一层,寓同情、安慰于一体,暗逗“知己”二字,通过议论,交流彼此之间的感情。然后,诗凭空挺起,转向勉励。“海内”二句,气度开阔,意致深远,以超凡的襟度,逼出结句的慰藉。全诗开合顿挫,而又一气贯之,读之令人胸怀顿开。在声律上,诗也平仄协调,对偶灵活,章法井然,标志着五律当时已进入了成熟阶段。

送崔融①

杜审言

君王行出将②,书记远从征③。祖帐连河阙④,军麾动洛城⑤。旌旗朝朔气⑥,笳吹夜边声⑦。坐觉烟尘扫⑧,秋风古北平⑨。

【注释】

①崔融,字安成,齐州全节(今山东省章丘市)人。历官崇文馆学士、凤阁舍人、国子司业。能诗善文,与杜审言同列“文章四友”。②出将:遣将出征。③书记:指崔融。时为梁王武三思掌书记。④祖帐:饯别时在野外道旁所设帷帐。祖,古人出行时祭祀路神,引申为送行,也指送行的酒筵。河阙:即伊阙,在今河南洛阳市西南。⑤军麾:指挥军队的旗帜。此代指军队。洛城:洛阳。时杜审言任洛阳丞。⑥朔气:北方的寒气。⑦笳:胡笳。一种近似于笛的管乐器,古人军中用以发布号令。⑧坐觉:顿觉。烟尘:喻敌人。⑨北平:古郡名,地当今河北省东北部。

【译文】

君王即将派遣大将远征,你作为书记也要随军同行。送别的帷帐连接着伊阙,雄壮的军威震撼着洛阳城。清晨旌旗在北方的寒气中飘扬,夜晚冷寂的边塞传来哀怨的笳声。我顿时感到转眼便能把敌尘扫尽,凯歌将回荡在秋风中的北平。

【解读】

武后万岁通天元年(696)夏,营州(今辽宁省朝阳市)契丹松溪都督李尽忠等起兵攻陷营州,杀都督赵文翙。秋七月,武后令春官尚书梁王武三思出兵以备契丹。当时崔融被征人幕掌书记,杜审言作此诗送别。诗前半写眼前送别盛况。前两句点明崔融此行是随军东征契丹。次两句便极力渲染大军上路时送行典礼的隆重及军威的雄壮,写得气势磅礴,排荡开阖,后来杜甫继承祖父诗法,常学此种。后半是想象大兵到达边境的情况,展现寒冷、悲壮的场面,最后预祝崔融旗开得胜,及早凯旋。末尾是虚写,但已预伏征兆于“军麾”句,可见诗格的细密。全诗密切战事,闳逸浑雄,开诗家齐整平密一派门户，奠定了初唐律体。

扈从登封途中作[①]

宋之问

帐殿郁崔嵬[②]，仙游实壮哉[③]！晓云连幕卷，夜火杂星回[④]。谷暗千旗出，山鸣万乘来[⑤]。扈游良可赋[⑥]，终乏掞天才[⑦]。

【作者简介】

宋之问（约656~712），一名少连，字延清，汾州（今山西省汾阳市）人。唐高宗上元二年（675）进士，武后时官尚方监丞、左奉宸内供奉。后遭贬流放，被杀。诗与沈佺期齐名，所作精丽缜密，尤工五律。明人辑其作品为《宋之问集》。

【注释】

①扈从：侍从皇帝出巡。登封：在今河南省。境内有嵩山：②帐殿：围成宫殿状的帐幕。形容其高广。崔嵬：高大。此指四周的高山。③仙游：此指皇帝为封禅而出游。④回：指星斗运转。⑤山鸣：《史记·封禅书》载，汉武帝登嵩山，山中有声，三呼万岁。⑥良：值得、实在。⑦掞天才：语出《汉书·扬雄传》"摛藻掞天庭"，谓文才照耀天庭。

【译文】

高大华丽的帐幕架在巍巍群山，皇上出游，确实是壮丽非凡。清晨云气与帷幕一起飘动舒卷，晚上灯火与群星一起在高空亮闪。千百面旌旗蔽空使山谷变得昏暗，天子车驾到来，喧腾声使群山鸣响。我侍从皇上出游实在应作诗赋颂扬，可惜缺少高超的文才，束手长叹。

【解读】

天册万岁二年（696），武后到嵩山祭祀，宋之问随驾前往，作此诗以表颂扬。诗组织了"帐殿""仙游""千旗""万乘""扈游"等专用词，紧紧扣题"扈从"，又密切"途中"二字，展示壮丽开阔的景象，得应制体之正。同时，诗又通过"晓云""夜火"等表明时间的词语，及"千旗出""万乘来"等状动态的词，写出行进，使诗流转飞动。宋之问的诗很少用典，善于将眼前景物组织在一起，构成带有典型意味的艺术境界。因此，尽管他的大部分应制诗都如本诗一样内容空洞，然而在艺术上也大多如本诗一样格律精工，稳顺声势，清通圆美，富于韵致，为人们所喜爱，"所有篇咏，传布远近"（《旧唐书·宋之问传》）。

题义公禅房[1]

孟浩然

义公习禅寂[2],结宇依空林[3]。户外一峰秀,阶前众壑深。夕阳连雨足[4],空翠落庭阴[5]。看取莲花净[6],应知不染心[7]。

【注释】

①义公:一位僧人。禅房:僧人居住的房屋。②禅寂:即佛理。禅是梵语“禅那”“禅定”的省称,意为通过静思,集中心虑,摒弃俗念。③结宇:建屋。空林:空寂僻静的树林。④雨足:指下雨时与地面连接的雨线,也称“雨脚”。⑤空翠:明净的绿色。⑥莲花:即青莲花。佛家以莲花洁净清香比喻清净的境界。⑦不染心:心不为俗尘所染。

【译文】

义公参禅研习佛法,把禅房造得靠近一片空寂的树林。门外正对着一座秀丽的山峰,台阶前是众多的山谷,陡峭幽深。一阵大雨过后,夕阳显得格外绚丽,明净的绿树把影子投满了中庭。看到这里的莲花是那么洁净,就可推知主人那一尘不染的禅心。

【解读】

这是首题壁诗,是赞禅房环境,更是赞主人义公的品格,情调雅净,语句疏朗清秀,是孟浩然五律的代表作之一。诗首两句双起,点出义公的为人及禅房的位置。下两联着力描写禅房的景色。开门见到的是秀丽的山峰,台阶前是纵横的山谷,雨后夕阳,山峦清秀,禅房中庭,绿树阴凉。诗人以清词丽句,淡抹素描,为人们展示了一幅清嘉明亮的山水图。从这样的景物描写中,不难使人想见义公居住其中,与山水交流,襟怀冲淡,尘虑皆除;也使人味出诗人对义公的倾倒。最后,诗人由赞景自然地转到赞人,妙在不用直笔,而是从义公身份出发,巧借佛语,由景物的洁净,赞誉人的超俗空寂。诗结构井然有序,在写景时,将空间与特定的时间结合,将远景与近景交叉,前后呼应,情趣盎然。闻一多《唐诗杂论》说:“孟浩然不是将诗紧紧地筑在一联或一句里,而是将它冲淡了,平均分散在全篇中。”这首诗就是如此。

醉后赠张九旭[1]

高适

世上漫相识[2],此翁殊不然[3]。兴来书自圣,醉后语尤颠。白发老闲事[4],青云

在目前[5]。床头一壶酒,能更几回眠?

【注释】

①张九旭:张旭,字伯高,排行第九,吴县(今属江苏省)人。官常熟尉、右率府长史。他是著名书法家,以草书著称,人称"草圣"。②漫相识:轻易地相交结识,谓结交中多虚伪欺诈,不真率。③殊:完全。④老:习惯。⑤青云:指荣华富贵。全句谓张旭对荣华富贵不放心上,近而不取。有的解释说时玄宗令张旭为书学博士,从此青云直上。这样解释不仅与上句意不合,且书学博士官品不高。同时李颀作有《赠张旭》诗"微禄心不屑,放神于八纮"可证。

【译文】

世上的人交友常常虚伪欺诈,只有先生你从不这样。兴致勃发时书法超凡入圣,喝醉了酒说话更加癫狂。白发满头,过惯了闲散的日子,对高官厚禄你从不放在心上。床头摆着一壶美酒喝了就睡,这样的日子,还能维持多长?

【解读】

张旭是唐代著名书法家,《新唐书》说他"嗜酒,每大醉,呼叫狂走,乃下笔,或以头濡墨而书,既醒自视,以为神,不可复得也。世呼张颠"。高适也是一位使气慷慨之士,辛文房《唐才子传》说他"少性落拓,不拘小节",因此与张旭相得甚欢,这首醉酒后写的诗,便将张旭的狂态写得淋漓尽致。前四句直述,说张旭交友直率真诚,兴来挥毫,醉后语颠,写尽他异于常人的狂态。后四句写张旭的平生遭际,说他悠闲自得,不求进取,表示赞赏;又对他入朝为官,不能再如往常一样率意表示惋惜。全诗挥洒跳脱,自然传神,虽为一时兴到之作,实为神来之笔。诗作于开元二十四年(736),时高适三十六岁,出手已如此不凡;史称高适五十岁才学作诗,恐未必可靠。

玉台观[1]

杜甫

浩劫因王造[2],平台访古游[3]。彩云萧史驻[4],文字鲁恭留[5]。宫阙通群帝[6],乾坤到十洲[7]。人传有笙鹤[8],时过北山头。

【注释】

①玉台观:在阆州(今属四川省)城北七里,唐高祖子滕王李元婴造。②浩劫:道教指宫观的阶级,表示历久不坏。此指宫观规模巨大。③平台:西汉时梁孝王所造台名,高大华丽。此指观中的玉台。④萧史:传秦穆公女儿弄玉善吹笙,有仙人萧史善吹箫,秦穆公招为婿,并为他们建凤台居住。后萧史跨龙,弄玉乘凤,一起升天仙去。⑤鲁

恭:鲁恭王刘余,汉景帝之子。他在扩建宫室时拆孔子旧宅,在夹壁中获得《古文尚书》等典籍。⑥群帝:天上各位天帝。道家以为天有多重,各有帝;五方亦有帝。⑦乾坤:天地。此指观内殿宇。十洲:传说中的仙境。东方朔《十洲记》言海中有十洲,为祖洲、瀛洲、玄洲、炎洲、长洲、元洲、凤麟洲、聚窟洲、流洲、生洲。⑧笙鹤:据《神仙传》,周灵王太子王子乔好吹笙作凤鸣,后骑白鹤在缑氏山成仙而去。

【译文】

这座宏伟的道观是滕王建造,我来到这一古迹,随意漫游。宫上彩云缭绕疑是萧史曾经居住,观里的文字稿古像是鲁恭王当年所留。巍峨的宫阙上与天宫相接,宽广的台殿与海上仙岛一样清幽。人们传说常有仙人骑鹤吹笙,经过这里北面的那座山头。

【解读】

诗是题道观,所以诗人尽量发掘有关神仙的典故与传说,加以丰富的想象,来全方位地塑造玉台观的形象;同时,因为造观人的身份是王子,诗在用典用事时,又尽量用王子典以相切。诗首联起得平稳庄重,点明观的性质,交代自己前来游赏,分别以“浩劫”说明所游为道观,“平台”一典暗赞观的华丽。颔联具体写玉台观,由外至内,一说明其华丽,一说其高古。颈联又纵深一步,一句写宫阙的高大,以上通天帝所居形容;一句写观的宽广深幽,以十洲作譬。最后,诗以王子乔典,赞赏观是人间仙境,总收前三联。用典而不为典用,这才是用典的高手。杜甫这首诗,几乎句句用典用事,且莫不与所题对象玉台观密切结合,又紧紧掐合建观的人,显示了杜甫趋使典故的娴熟技巧。这样的艺术手法,经李商隐加以光大,到了宋初的西昆体,发挥到极致。

观李固请司马弟山水图[1]

杜甫

方丈浑连水[2],天台总映云[3]。人间长见画,老去恨空闻。范蠡舟偏小[4],王乔鹤不群[5]。此生随万物,何处出尘氛[6]。

【注释】

①诗题《千家诗》原误作“观李固言司马题山水图”,据杜甫诗集改正。原题共三首,这里选的是第二首。李固,生平不详。司马弟,杜甫的表弟,姓王,官司马。②方丈:传说中的海外三神山之一。浑:完全。③天台:山名,在今浙江省东部。为佛教名山,又传刘晨、阮肇曾在此遇仙女。古人写佳山水,常以海外仙山与天台并举,起自孙绰《天台赋》:“涉海则有方丈蓬莱.登陆则有四明天台。”④范蠡:春秋时越大夫。他辅

佐越王勾践复国灭吴后，携西施驾小舟隐居五湖。⑤王乔：即王子乔。见上首注。⑥尘氛：混浊的人间。

【译文】

那小岛大概是方丈，完全环绕着海水；那高山大概是天台，总是缭绕着烟云。这样美妙的地方只是常在画中见到，一直到老也只能白白限于听闻。范蠡的船儿偏窄，无法让我存身；要追随骑鹤的王乔，我也没有缘分。今生今世我只能随着世俗进退浮沉，还有什么办法能远离这滚滚红尘？

【解读】

这是首题画诗，画面是烟云缭绕的高山、浩瀚无际的海水及海中缥缈的小岛。诗因为是组诗中的一首，所以不像其他题画诗一样面面俱到，只用首联写画面，但连用了两个比拟，使人对画中隐约浮现于海中的孤岛及水边云雾笼罩的高山产生了直接深刻的印象。以下三联，便针对画中的岛与山抒发自己的感想，感慨见画而无缘亲临其地，舟小难载，又无骑鹤的缘分，即使想去也去不成，因此只好随着万物浮沉，无可奈何地待在这浊世嚣尘中。后三联全是心中感情的流露，但又紧紧围绕画中内容，在赞美画的精工微妙时沉入了自己主观思想，反映对隐逸生活的向往。题画而不被画面所囿，善于从题外发掘新意，使诗与画相得益彰是杜甫题画诗的特点，这一写法，到了宋元人题山水画强调主观及人的趣味后，几乎奉为楷模。

旅夜书怀[1]

杜甫

细草微风岸，危樯独夜舟[2]。星垂平野阔[3]，月涌大江流，名岂文章著，官应老病休[4]。飘飘何所似？天地一沙鸥[5]。

【注释】

①旅夜：旅途的夜晚。诗作于代宗永泰元年（765）夏，当时杜甫由成都携家至云安（今四川云阳县）。②危樯：孤单而高耸的桅杆。③垂：悬挂。④“官应”句：“老病应休官”的倒装。当时杜甫因病辞去检校工部员外郎的官职。⑤沙鸥：一种水鸟，栖息在沙洲上。

【译文】

微风吹拂着岸上的细草，我的船孤独地停泊着，高耸桅杆。广阔的原野上空，四边的星星仿佛垂向地面；月亮倒影入江，在翻滚的浪花中跳荡。我难道是因为文章写得好而著名？又老又病，正该被罢职免官。四海飘零，无依无靠，用什么可以比拟？就像是天地间一只沙鸥，渺小孤单。

【解读】

这首诗写旅途中所见所思，被纪昀评为“通首神完气足，气象万千，可当雄浑之品”。上半写“旅夜”。第一联写近景，夜色迷蒙中，诗人的船孤零零地停泊着，微风吹拂着岸边的细草。诗写得很细微，以凄清的氛围，为全诗定调。次联将视野放开，写广阔的平野星空，奔流的江水夜月，以“垂”“涌”二字，上下对照，呈现动静相间、旷远浩渺的世界。下半写“书怀”。第三联以揶揄自嘲的口吻道出老病失意的苦闷，一句是自负，一句是抱怨。末联自况，以沙鸥作比，又切江边，道出漂泊无依的痛苦，浦起龙《读杜心解》解说：“即景自况，仍带定风岸夜舟，笔笔高老。”“星垂平野阔，月涌大江流”是杜诗名联之一。诗说夜色中的平野更见广袤无垠，天犹如穹庐，覆盖四野，天边的星星便似乎悬挂向地面；月光倒影在水中，随着江水的澎湃，上下腾涌闪烁。十个字，简洁准确而又鲜明生动地勾画出一派寥廓深沉而静谧的境界，深沉雄健，正是杜诗凝练的风格的体现。

登岳阳楼①

杜甫

昔闻洞庭水②，今上岳阳楼。吴楚东南坼③，乾坤日夜浮④。亲朋无一字，老病有孤舟⑤。戎马关山北⑥，凭轩涕泗流⑦。

【注释】

①岳阳楼：在今湖南岳阳市西门上，唐开元中张说建，下临洞庭，远眺君山，为游览胜地，杜甫这首诗作于大历三年(768)冬，当时他漂泊在湖湘一带，未曾定居。②洞庭：湖名，在今湖南省北部。③吴楚：长江中下游地区古代为吴国与楚国的国土，吴在洞庭之东，楚在洞庭之西。坼：开裂。这里指隔断。④乾坤：日月。⑤老病：杜甫时年五十七岁，又患肺病、风痹。⑥戎马：指战争。关山北：北方边境。⑦凭轩：靠着窗。涕泗：眼泪。

岳阳楼

【译文】

过去老是听人谈论洞庭胜景，今天终于登上了岳阳楼。吴国和楚国在这里被天然隔断，太阳和月亮日夜在湖水中沉浮。亲戚朋友互相不通音信，我又老又病，住在这孤独的小舟。北方战争接连不断，不禁使我靠着窗口，滚滚泪流。

【解读】

大历三年，杜甫漂泊在湖湘一带，又老又病，前途渺茫。这一年，吐蕃又从西北入侵，郭子仪将兵五万屯守奉天，朝野骚乱。在这样的情况下，他登上了岳阳楼，洞庭湖的壮丽景色使他震撼不已，国事家事自身事也一起涌上心头，便写了这首浑融壮伟、沉郁苍凉的五律，被推为历史上吟咏洞庭湖最杰出的篇章。诗中间两联，一写景，一抒情，又联络贯通，历来脍炙。“吴楚”二句，切定洞庭湖形势，在水上做文章。出句说洞庭湖为吴楚分界，在地域上肯定湖的广大；对句说水势浩荡无垠，概括洞庭湖负载万物、吞吐乾坤的气势。全诗写洞庭的仅此一联，但已尽其大观，正如黄生《唐诗摘抄》所说：“虽不到洞庭者读之，可使胸襟豁达。”五、六抒情，风格转为暗淡落寞。“亲朋”句承“吴楚”句来，因至吴楚而想到亲朋阻隔，不通音讯；“老病”句承“乾坤”句来，在壮阔的景色中更使人感到漂泊无依，凄凉愁苦。这样引出最后的忧国，激出滚滚热泪，诗便显得波澜顿挫。

江南旅情

祖咏

楚山不可极①，归路但萧条②。海色晴看雨③，江声夜听潮。剑留南斗近④，书寄北风遥⑤。为报空潭橘⑥，无媒寄洛桥⑦。

【注释】

①楚山：安徽、江西、湖南、湖北一带的山，这些地区战国时属楚国地盘。极：尽头。②但：只。③海色：江边的景色。长江中下游水面宽广，古人因其近海，常称之为海。④剑留：指人留。古代书生出游常佩带长剑。南斗：星座名。楚地是斗、牛的分野。此句又暗用《晋书·张华传》典：张华见斗牛间有剑气，嘱雷焕去寻觅，后在江西丰城市掘得宝剑。⑤北风：此代指北方，暗用古诗“胡马依北风”句，写思乡。⑥为报：请人转告。潭橘：湖南湘潭市北昭潭所产的橘。⑦媒：媒介，此指可托之人。洛桥：洛阳桥，在河南洛阳市西南洛水上。此即代指洛阳。

【译文】

楚地的山路漫漫，走不到尽头，回望归途，满目萧条。江边水汽蒸腾，晴天也像细雨弥漫，夜晚听到的是澎湃的江潮。我携剑漂流在这南斗的分野，听到北风，想寄封信，却又路远山高。我要告诉你们我徒有这里特产的橘子，但是没有人带往家乡洛阳桥。

【解读】

诗题是“江南旅情”,便依自己北方旅客的身份,着力于描写江南风景节物,抒发情感。诗首联写楚地山路绵绵回亘,归路萧条,暗寓家乡阻隔,游子思家。次联写景,由山转到水,以江边水汽弥漫,晴空细雨,夜间潮声震荡,这些江南特有景色,既扣题,又暗示旅途的颠沛寂寥,境界很雄阔。第三联进一步写客游,身处南斗星下,心思家乡洛阳,欲归不得,音信难通,“旅情”激荡而出。由此,诗以欲寄潭橘,无人托付作结,表示对亲人的想念。诗左右盘旋,句句紧扣诗题,句琢字炼而不露痕迹,在淡荡精微的描写中寄托深切的感情,所以一向受到选家的青睐。

宿龙兴寺[1]

綦毋潜

香刹夜忘归[2],松清古殿扉。灯明方丈室[3],珠系比丘衣[4]。白日传心净[5],青莲喻法微[6]。天花落不尽[7],处处鸟衔飞。

【作者简介】

綦毋潜(692~约749),字孝通,虔州(今江西省赣州市)人。唐玄宗开元十四年(726)进士,历官右拾遗、著作郎。诗多写方外幽隋及山林隐趣,清淡隽峭。《全唐诗》录其诗一卷。

【注释】

①龙兴寺:具体所指不详。②刹:佛寺。③方丈:方丈之地。指禅房,也指寺主持所居或寺主持僧。④比丘:僧人。⑤心净:心地洁净,无杂念。⑥青莲:青莲花,佛教用以象征佛法。微:精妙深奥。⑦天花:《维摩诘经》载,维摩诘室有一天女,见诸大人闻说法,便现其身,以天花散在诸菩萨大弟子身上。又《心地观经》说佛祖说法,感动天神,天雨各色香花,于虚空中缤纷乱坠。

【译文】

我留恋着寺中清幽的景色,到了晚上忘了回归;寺前的松林苍翠茂密,把影子投向了这古寺的殿堂门扉。那精致的禅房里,点上了明亮的灯烛,僧人们正在做着夜课,念珠儿挂在他们的衲衣。他们清静无为的心境,可与澄净的青天白日相比;精微深奥的佛法,又如同青莲花一般明洁清奇。我想寺中的高僧讲到妙处,一定会有天女不停地撒下花朵;缤纷的花儿四处飘洒,一定会被成群的鸟儿飞来衔起。

【解读】

诗首联破题,直接说出“夜忘归”,点出题中“宿”字,而以寺中的环境清幽,说明忘归的理由。颔联承前写夜间的景象，因是“宿”，所以全写寺内，不及外景，着意于僧人的夜课。颈联转而由景及僧人做夜课，写心中的感受，赞叹寺僧的清静无为，佛法的深微奥妙。尾联便进一步发挥想象，把境与情浑在一起，说寺僧的修为达到极高境界，在阐扬佛法时必然会感来天女散花；而山中多鸟，一定又会将花片衔去。诗在结构上井然有序，起承转合痕迹明显；铸词造语密切所处环境，一派清深幽静的景象，读之如身临其境。

破山寺后禅院①

常建

清晨入古寺，初日照高林。曲径通幽处②，禅房花木深。山光悦鸟性，潭影空人心。万籁此俱寂③，惟闻钟磬音④。

【作者简介】

常建，长安（今陕西西安市）人。唐玄宗开元十五年（727）进士，曾官盱眙尉。后隐居鄂渚（今湖北）。他的诗多山林清气，善于用幽深的笔意写孤介的情怀。《全唐诗》存其诗一卷。

【注释】

①破山寺：即兴福寺，在今江苏省常熟市虞山上。原为南齐倪德光住宅，后舍宅为寺。②曲径：一作“竹径”。③万籁：自然界一切音响。凡能发出声响的孔窍皆称籁。④钟磬音：僧侣念经时敲击钟磬的声音。磬，用玉或石制成的打击乐器。

【译文】

清晨我进入这古老的寺院，初升的太阳照着高高的树丛。弯弯曲曲的小路通向幽深的地方，一排排禅房掩映在浓密的花木中。山中的风光使鸟儿怡然自乐，潭水的倒影令人杂念消逝一空。所有的声音全都寂然停歇，只听见僧人敲着玉磬，撞响铜钟。

【解读】

诗题注明写的是破山寺的后院，所以不写寺庙的庄严雄伟，着意表现环境的深幽寂静。首联交代游寺，点出时间、地点，以“初日照高林”这一开敞明朗的景象，为下作衬。以下，诗便逐步推入，引进后院，写小路的曲折幽深，禅房的深寂。“山光”二句，既写景，又写情。鸟声潭影，都从正面写幽静；鸟悦山光，人心空寂，又点出诗人心无尘垢，与景俱化。最后，诗又为画面配上音响，以钟磬声反衬寺中安静，密切关合寺庙，带有悟道惮悦之味。诗写得层次分明，韵味深醇，纪昀《瀛奎律髓》评说：“兴象深微，笔笔超妙，此为神来之候。”宋欧阳修特别赞赏诗的三、四句，他说自己想“效其语作一联，久不可得,乃知造意者为难工也”(《题青州山斋》)。

题松汀驿[1]

张祜

山色远含空[2],苍茫泽国东[3]。海明先见日,江白迥闻风。鸟道高原去[4],人烟小径通[5]。那知旧遗逸[6],不在五湖中[7]。

【作者简介】

张祜,字承吉,清河(今属河北省)人。为人狂放不羁,性爱山水,以诗名,风格爽利,杜牧对他极推重。传被元稹排挤,遂终身未仕,晚年隐居丹阳,卒于唐宣宗大中年间(847~859)。著有《张承吉文集》。

【注释】

①松汀驿:具体所在不详,据诗描绘,当在今江苏省境内。②含:连接,衔接。③泽国:多水的地方。④鸟道:只有飞鸟才能通过险峻小路。⑤人烟:有人居住的地方。⑥遗逸:高人隐士。⑦五湖:太湖。这里暗用范蠡功成名就携西施隐五湖事。

【译文】

无边的山色,连接着远方的天空;东南水泽,旷远无际,一片迷蒙。海色明亮,一早便能见到初升的红日;江湖泛白,远远就听到风涛汹涌。崎岖的山道,直达山顶,只有鸟能飞越;曲折的小路,与山中的人家相通。人们不知道,旧时的高人隐士,并不一定都隐居在五湖之中。

【解读】

这首诗是题在松汀驿的,写的是松汀驿周围的景色。驿站所在一面靠山,一边是浩瀚的湖泊。诗首联便给人们再现这一景色,写远山及泽国。“远含空”写出山的高远,“苍茫”绘出水面的浩渺。以下两联,各承首联,一联写水,一联写山。第二联的“海”是言水旷远,“海明”写水光,因其广,所以见日出之早;“江白”说湖通大江,浪涛无边,远远便能听见激荡之声。这两句气势宏大,声色并茂。第三联通过“鸟道”“小径”,写出山的险,带出山中的居民,勾出自己对景观的向往。这样,尾联感叹古来隐士不一定隐于五湖,便很自然。诗写得错落有致,绘景精微,将自己的感情恰到好处地注入景中,有有余不尽之意。

圣果寺[1]

释处默

路自中峰上，盘回出薜萝[2]。到江吴地尽[3]，隔岸越山多。古木丛青霭[4]，遥天浸白波。下方城郭近，钟磬杂笙歌。

【作者简介】

释处默，晚唐诗僧，居吴越一带，与贯休、罗隐交好。《全唐诗》录存其诗八首。

【注释】

①圣果寺：在今浙江杭州市南凤凰山上。②薜萝：皆为藤蔓植物。③江：指钱塘江。④青霭：青色的云气。

【译文】

我从凤凰山的中峰攀登，小路崎岖曲折，两边满是薜萝。到了钱塘江已是吴国的尽头，对岸的越地，青山重叠众多。古木丛生笼罩着青色的云气，远处的天空连接着白色的江波。山下的城市如同就在眼前，寺中的钟磬声夹杂着山下的笙歌。

【解读】

首联写登山入寺，极写寺的高迥幽僻，为全诗定格。以下三联，全从此联生发。因寺在吴越分界处，所以第二联从大处落笔，写山的地理位置，尽写物之妙，是神来意到之笔。第三联承第二联而参差其句，一写山上草木葱茏，具有向上的气势；一写江水奔腾，与远天相接，具有横向的动态。上下结合，境界开阔壮丽。结尾呼应首联，高下形成对比，以山下的扰攘，反衬寺中的幽静，意味无穷，为罗隐极口赞赏。三、四句是名句，“到江吴地尽”已写尽山的形势、方位，几疑无可措笔，忽接“隔岸越山多”，于意象外再造意象，自然缥缈。后来宋陈师道将二句缩为“吴越到江分”一句，被赞为点化旧句的神品，但在诗旨意味上反而减少了许多。

野望

王绩

东皋薄暮望[1]，徙倚欲何依[2]？树树皆秋色[3]，山山惟落晖。牧人驱犊返[4]，猎马带禽归[5]。相顾无相识，长歌怀采薇[6]。

【作者简介】

王绩（585～644），字无功，号东皋子，绛州龙门（今山西省稷山县）人。隋大业年间举孝悌廉洁科，历官秘书省正字、六合县丞，后弃官归隐。诗多写田园隐趣，诗风清新朴素。著有《王无功集》。

【注释】

①东皋：王绩隐居之地，在他的故乡龙门。皋，水边高地。薄暮：黄昏。②徙倚：徘徊，心神不定。③秋色：草木枯黄衰落之色。④犊：小牛。⑤禽：指猎获的禽兽。⑥采薇：《史记·伯夷列传》载，殷商灭后，伯夷、叔齐隐居首阳山，不食周粟，采薇而食，作歌曰："登彼西山兮，采其薇矣。以暴易暴兮，不知其非矣！神农虞夏，忽焉没兮，我适安归矣？吁嗟徂兮，命之衰矣！"薇，羊齿类草本植物，嫩叶可以食用。

【译文】

黄昏时我步上东皋眺望，心中无所凭依，徘徊怅惘。树木萧瑟，一片枯黄；空山寂寥冷寞，映照着夕阳。放牧的人驱赶着牛儿回返，猎手带着猎物归来，意气飞扬。回顾左右没有一个朋友，想念着采薇的古人，我放声歌唱。

【解读】

这是最早出现的成熟的五言律诗之一，写得凝练工稳，对律诗的发展起了很大的作用。诗首联交代"野望"的地点与时间，托出内心的惘然与苦闷，为全诗定调。中间两联写景。颔联是远眺所见，在黄昏中，在心情不宁的情况下，诗人便勾勒一幅浑然萧索的景象，给景蒙上一层苍凉沉郁的色调。"山山唯落晖"一句，将人的感情寄入景中，愈显冷寞，后来王维《归嵩山作》"落日满秋山"、刘长卿《移使鄂州次岘阳馆怀旧居》"千峰共夕阳"等句，都写这一意境，无疑受王绩诗影响。颈联写近景、动态，与《诗经》"日之夕矣，羊牛下来"所构景相仿，处处泛出恬淡悠然的意味。在这样的环境中，诗人举目无亲，便分外孤寂，于是"与古为友"，伤时感世，怀念起伯夷、叔齐来。全诗把心中的惆怅忧郁与秋原傍晚深远的景物相结合，复于闲适的气象中寄托隐逸避世的情感，这样措笔谋篇，几乎成为后来田园隐逸诗的模式。

送别崔著作东征[①]

陈子昂

金天方肃杀[②]，白露始专征[③]。王师非乐战[④]，之子慎佳兵[⑤]。海气侵南部[⑥]，边风扫北平[⑦]。莫卖卢龙塞[⑧]，归邀麟阁名[⑨]。

【注释】

①崔著作：崔融。见杜审言《送崔融》诗注。崔融时以著作郎掌书记，随军东征契丹李尽忠。②金天：秋天。秋在五行中属金，主刑杀。③白露：秋天的节气之一。专

征:将帅受帝命全权指挥军队进行征伐。④王师:王者之师。对本国军队的美称。乐战:好战。⑤之子:指出征的将帅。语出《诗·小雅·鸿雁》:"之子于征。"佳兵:上好的兵器。语出《老子》:"夫佳兵者,不祥之器也。"又:"兵者不祥之器,非君子之器,不得已而用之。"故诗云"慎佳兵"。⑥海气:瀚海之气。指边师军势浩大。南部:指契丹南部部落。⑦边风:边塞之风。喻军力强盛。北平:见前杜审言《送崔融》注。⑧"莫卖"句:谓不要出塞后邀功大肆斩杀。卢龙塞在今河北省遵化市,即喜峰口,是北平的边境要塞。《三国志》载:曹操北征乌丸,田畴献策从卢龙进军。曹操从之,大获全胜。曹操要赏田畴,田畴不受,曰:"岂可卖卢龙塞以易赏哉!"⑨麟阁:麒麟阁。汉宣帝时曾画霍光等功臣像奉阁中,以表彰他们的功绩。

【译文】

秋天是肃杀的季节,到白露君王才令大将远征。王者之师从不好战,你此次前去要慎于用兵。军威壮大令南部契丹胆战心惊,兵力雄厚将北平敌人一扫而净。切莫要出主意出卖卢龙塞,为的是归来请功邀名。

【解读】

这首诗与前杜审言《送崔融》同时作,都是送崔融随军东征契丹的。但本诗表现的不是依依惜别,而是通过议论,表示对战争的态度。诗首先在出师的节令上做文章,说秋天出兵是合乎天道,但替天行道杀伐是不得已,王者之师不以杀戮为事。然后表示东征必胜,并劝告崔融不要大肆追杀,以邀功赏。陈子昂是初唐人,当时律诗尚未完全定型,所以本诗带有古体兴味,平仄不黏,引散入律,风格独特。同时全诗语气恳切,层层深入,议论与叙述相结合,使诗显得平稳深淳。只是尾联用田畴事,似与全诗不协调,且慎杀意前面已经提到,此联又直接申诉,一无含蓄,重叠直露。

陪诸贵公子丈八沟携妓纳凉晚际遇雨二首[1]

杜甫

落日放船好[2],轻风生浪迟。竹深留客处,荷净纳凉时。公子调冰水,佳人雪藕丝[3]。片云头上黑,应是雨催诗。

雨来沾席上,风急打船头。越女红裙湿,燕姬翠黛愁[4]。缆侵堤柳系[5],幔卷浪花浮。归路翻萧飒[6],陂塘五月秋[7]。

【注释】

①丈八沟:沟渠名,在长安南。②放船:行船。③佳人:即题中的妓女。雪:擦拭。藕丝:即藕。因中空多丝,故称。④翠黛:女子的眉。翠黛本为画眉的颜料。⑤侵:靠

近。⑥翻:反而。萧飒:同“萧瑟”,寂寞凄凉。⑦陂塘:池塘。指丈八沟。

【译文】

太阳落山正是泛舟的好时候,轻风阵阵吹来,水面波纹细细。幽深的竹林是留客憩息的佳地,我们在这里纳凉,空气中泛着荷花的香气。公子调和好冰水饮用,美人拭干了嫩藕切食。一大片乌云飘到了我们头上,也许是大雨赶来催我快作好诗。

大雨袭来淋湿了座席,急风挟着浪花打向船头。越女穿的红裙被雨淋湿,燕姬皱起了眉头深深发愁。船缆牢系在堤边的垂柳上,船上的帷幔随着浪头高低飘浮。回去的路上凉风萧飒一片凄寂,陂塘边虽是五月却像已到深秋。

【解读】

这两首诗是连章体,写陪贵公子游丈八沟纳凉遇雨一件事。第一首写雨前,第二首写雨中。第一首娓娓道来,以古风形式,交代出游、泊船、纳凉,然后以大雨将来作结,句句应题,面面俱到。第二首从雨开始下写起,雨大风骤,切合夏夜的阵雨。以下越女、燕姬的神态,是互文,承首句写雨;系船堤柳,幔卷浪拍,承第二句写风,又遥与第一首的首联相应,成为对比。尾联以雨后回家作结,缴足全篇。诗写得井井有条,以欢乐起,以失意归收,隐喻乐极生悲之意。方回《瀛奎律髓》评认为两首诗“皆尾句超脱”。这是因为第一首在极热闹畅心之时,倏然雨来,本是扫兴之事,但诗人作达语出之,说成是雨特地来催诗,陡增兴会,遂成一代故实,尤为江西诗派诗人所效仿。而第二首的结句,在写雨乱聚会,寂然回家时,忽点天气凉快,所谓求凉得凉,在失意中又含快意,也很含蓄有味。

宿云门寺阁[①]

孙逖

香阁东山下[②],烟花象外幽[③]。悬灯千嶂夕[④],卷幔五湖秋[⑤]。画壁余鸿雁,纱窗宿斗牛[⑥]。更疑天路近,梦与白云游。

【注释】

①云门寺:在浙江绍兴市南云门山麓。②东山:云门山的别名。③烟花:春天浓艳的景色。此泛指美景。④千嶂:群山。⑤五湖:太湖的别称。此泛指江南的湖泊。⑥斗牛:二十八宿中的斗、牛二宿。江南为斗、牛二宿分野。

【译文】

寺阁坐落在云门山下,风景秀丽,清幽绝俗,远离尘寰。傍晚悬挂灯火,打量着环绕的群山;为眺望五湖秋色,又把帷幔高卷。寺内的壁画仅剩下一角鸿雁,天上的星星傍着纱窗，照我入眠。我不由得怀疑上天的道路离我很近，梦中乘着白云，遨游青天。

【解读】

诗依题“宿”的过程展开。首联写将宿之地，用浑笔说出云门阁的位置，“烟花”二字强调景色之美，“幽”字肯定环境之清，切合寺庙。在叙事时淡淡地渗入绘景，为“宿”做好衬垫。次联写到达宿处。用工稳的对句，写出宿处的景色，且一句实写看山，一句虚写想象中的五湖，山水对照，意境优美，气势宏阔；又在写景中加入动作，表达自己对山水的欣赏，并带出秋天与傍晚这节令时间，逼近“宿”字。第三联紧接悬灯、卷幔。悬灯故见墙上残余的壁画，卷幔而星光入室，暗示云门寺的古老与阁之高。然后，诗自然进入“宿”，直写入梦，圈定“宿斗牛”，写得朦胧缥缈，与境地及梦乡丝丝入扣。全诗结构十分严密，写事则以时序为纲，写景则由远入近，圆满浑融，意深味长。

秋登宣城谢朓北楼①

李白

江城如画里②，山晚望晴空。两水夹明镜③，双桥落彩虹④。人烟寒橘柚⑤，秋色老梧桐。谁念北楼上，临风怀谢公？

【注释】

①宣城：今安徽省宣城市。谢朓：南齐诗人，字玄晖，陈郡阳夏人。历官骠骑谘议、宣城太守。北楼：一称谢公楼，谢朓官宣城太守时建。②江城：指宣城。因城三面临水，故云。③两水：指宣城东郊的宛溪和句溪。④双桥：指宛溪上的凤凰、济川二桥。⑤人烟：村民居住地。

【译文】

江城如同在美妙的图画中，夕阳下远眺，青山镶嵌在万里晴空。两水如清澈的明镜夹城流淌；双桥横跨溪上，像是从天而降的彩虹。人烟稀少，橘柚林笼罩着阵阵寒意；秋色沉沉，梧桐树显得苍老深重。有谁知道我在这北楼上，对着秋风，怀念古人谢公？

【解读】

这首诗作于天宝十二载(753)秋，描写登临所见的山水景物。首联概括全景，说自己登上北楼，见到夕阳照着群山，一片明净，俯视江城，如在画中。这样开门见山，大笔皴染，为下具体描写做好准备。以下两联，便一写“江城如画”，一写“山晚晴空”。“两水夹明镜”，是实写，又描绘出秋水澄净，波光闪耀，切登高所见；桥如彩虹，用一“落”字，渲染气势，也是俯瞰的感觉，都比拟丰富形象。“人烟”一联，写山中，人烟稀少，秋风萧瑟,深碧的橘柚林、发黄的梧桐树映入眼中,诗人用“寒”“老”二字,不仅纵深地勾出秋景,也写出了沉沉秋意,用语极为凝练。尾联怀古,是登临诗惯套,但以“谁念”二字领句,就在怀古中加入自我,扩大了诗境。诗虽是写登临,但在绘景时不是满足于再现景物,而是融以丰富的想象,配以活泼空灵的笔墨,渗入独特的自我感受,使情与景完美结合,成为别具一格的山水诗。

临洞庭上张丞相①

孟浩然

八月湖水平,涵虚混太清②。气蒸云梦泽③,波撼岳阳城。欲济无舟楫④,端居耻圣明⑤。坐观垂钓者,徒有羡鱼情⑥。

【注释】

①洞庭:洞庭湖,在今湖南省北部。张丞相:张九龄,当时任丞相。②涵虚:包容元虚。元虚,即构成天地万物的元气。此指湖面水汽。太清:天空。③蒸:蒸腾。云梦泽:古泽名,包容今湖北南部、湖南北部。④济:渡过。舟楫:船与船桨。⑤端居:独处、闲居。圣明:圣明之时,太平无事之日。⑥“徒有”句:《淮南子·说林训》:“临河而羡鱼,不如归家织网。”比喻想出仕而愿对方不要让自己愿望落空。

【译文】

八月里湖水上涨满溢,水天相浑,包容了万物元气。水汽蒸腾,把广袤的云梦泽笼罩;波浪澎湃,将高高的岳阳城撼移。我想渡湖可是没有舟楫,闲居无事,有愧于这太平盛世。坐观湖边垂钓的人,空抱有得鱼的情思。

【解读】

这首诗正如题目所揭示,是一首干谒诗,希望对方援引自己。写洞庭湖景是兴,末联是全诗主旨所在。诗人在八月里秋水大涨时来到洞庭湖边,见到天光水色,浑融一气,水汽蒸腾,波浪滔天,因此想到人生,想到自己一事无成,要想有所作为,就如眼下没有舟楫难以渡湖一样,因而感到愧耻不安。于是他用《淮南子》典,把张九龄比作渔夫,希望他援引自己,让自己得到一官半职,建功立业。孟浩然虽然是个以隐逸出名的诗人,实际上正如沈德潜《唐诗别裁》所说“非甘于隐遁者”。诗的思想不足取,历来打动人心的是诗中写洞庭湖浩瀚激荡的景观的两联。诗由远及近,雄浑潇洒,气势开阔。尤其是“气蒸云梦泽”一联,历来为人击节赞赏,以为可与杜甫《登岳阳楼》“吴楚东南坼,乾坤日夜浮”比肩。方回《瀛奎律髓》云:“予登岳阳楼,此诗大书左序毬门壁间,右书杜诗,后人自不敢复题也。刘长卿有句云‘叠浪浮元气,中流没太阳’,世不甚传,他可知也。"

过香积寺[①]

王维

不知香积寺,数里入云峰。古木无人径[②],深山何处钟。泉声咽危石,日色冷青松。薄暮空潭曲[③],安禅制毒龙[④]。

【注释】

①香积寺:佛寺名,在长安南神禾原。②"古木"句:言古木丛生,人迹罕到。③空潭:空寂的水潭。曲:水湾。④安禅:身心安然入于清寂宁静的境界。毒龙:指危害人的种种机心妄想。《涅槃经》:"但我住处有一毒龙,其性暴急,恐相危害。"

【译文】

不知道香积寺坐落在何处,我已走了好几里路,进入了云雾缭绕的山峰。到处是古木丛生,没有人经过的痕迹,深山里不知何处传来了寺院的钟声。泉水流出耸立的岩石,声似呜咽;日光透入浓密的松林,寒意深浓。黄昏时才到达寺外空寂的潭水边,僧人已经禅定,制服了毒龙。

【解读】

诗从访寺入笔。首联点明不知寺在何处,已进入山中数里,爬上云雾缭绕的山峰,仍未找到香积寺。这样一写,便将寺所处的偏僻和盘托出。以下两联,全写山中的景物:眼前是莽莽丛林,不唯不见寺,连人迹也不见,忽然听到远处钟声,方知寺在前方。泉水从高耸的石头缝中流出,日光透进密集的松林。这一切,都使山林显得格外深僻、幽静。末尾才写到寺,由潭水想到龙,由水空想到龙被制服,妙用佛语,对僧人进行赞美。诗写香积寺,妙在重点不写寺,而写访寺的过程,通过侧面烘托,对环境的素描,层层逼近;及至写到寺,便一下煞住,给人以回味。俞陛云《诗境浅说》云:"常建过破山寺,咏寺中静趣,此诗咏寺外幽景,皆不从本寺落笔。游山寺者,可知所着想矣。""泉声"一联是名句,诗用倒装,突出泉声与日色,"咽"字及"冷"字下得极传神。赵殿成笺说:"下一'咽'字,则幽静之状恍然;著一'冷'字,则深僻之景若见。"

送郑侍御谪闽中[①]

高适

谪去君无恨,闽中我旧过[②]。大都秋雁少[③],只是夜猿多。东路云山合,南天瘴

疠和[4]。自当逢雨露[5],行矣慎风波。

【注释】

①郑侍御:名不详。侍御即殿中侍御使或监察御史。御史台属官。谪:贬官或外调。闽中:指今福建省。②过:到过。③大都:大约,大概。④瘴疠:指南方潮湿地区的瘴气与瘟疫。⑤雨露:指皇帝的恩惠,即谓当会遇赦。

【译文】

你不要对贬官到闽中过于悲恨,那地方我当年也曾到过。大致来说很少看到南飞的秋雁,只是夜间哀啼的猿猴特别地多。东去的道路山峰重叠、云雾环绕;就南国来说,那里的瘴疠总算温和。不久你就会沐浴皇恩赦免归来,出发吧,路上千万小心风波。

【解读】

这首诗是送友人贬官闽中的,诗人从勉慰出发,首先告诉朋友,那地方自己曾经到过,并不可怕,让对方放下心来,然后从"旧过"上生发,介绍闽中的情况。颔联写闽中雁少、猿多的特点,暗用鸿雁传书典说地处远僻、寄书不易及听猿下泪事寓游子思乡,在客观叙述中饱含同情之意。但诗以"大都""只是"领句,又冲淡了压抑与忧愁,使诗沉挚而不伤悲。颈联写闽中的地理与气候,云山缭绕,行路不易,气候潮湿,瘴疠为虐。但诗人仍从慰勉出发,说东南一带,山高路险,处处如此;而瘴疠在南方一带,闽中是最温和的地方,使朋友在担忧中略有宽解。这一切,又由于都是自己旧曾经历,便更有说服力。尾联切送行,但先说归来,给对方以宽解,然后谆谆嘱咐路上小心。诗全用叮咛叙述之笔,情深意长,充满亲切感。在内容上一气呵成,平淡自然,把自己对友人遭贬的伤感与竭力想平抚友人伤感这一矛盾心情恰到好处地表达了出来。

秦州杂诗[1]

杜甫

凤林戈未息[2],鱼海路常难[3]。候火云峰峻[4],悬军幕井干[5]。风连西极动[6],月过北庭寒[7]。故老思飞将[8],何时议筑坛[9]。

【注释】

①本诗是杜甫《秦州杂诗》二十首之十九。秦州,今甘肃省天水市。②凤林:故城在今甘肃省临夏县西南。境内有凤林关,是当时要塞。③鱼海:湖名,又名白亭海、休屠泽,在河州西吐蕃境内。④候火:亦作堠火。古代边陲建高土台。备人瞭望,如有警报,用烽火报警。⑤悬军:深入敌后的孤军。幕:井上的盖子。⑥西极:西方边远之地。

⑦北庭:唐建北庭都护府,治所在今新疆吉木萨尔县。⑧飞将:西汉名将李广。汉武帝时任右北平太守,屡败匈奴,匈奴称为飞将军。⑨筑坛:指筑坛拜将。萧何荐韩信,刘邦建坛拜为大将军。

【译文】

风林那儿的战争还没有平息,通往鱼海的道路常被阻断。通明的烽火映照着高峻的山峰;孤军深入,军中的水井已经汲干。寒风凛冽直到极西之地也被撼动,凄冷的月光照着北疆,一片寒冷苍茫。老人们都纷纷思念令敌人丧胆的飞将,不知什么时候朝廷才想到筑起拜将坛?

【解读】

唐肃宗乾元二年(759),杜甫弃官携家人漫游到秦州,作《秦州杂事》二十首,描述所见所闻,抒发对时事的感慨及胸中的不平。这首诗的主旨是因西部边塞屡遭吐蕃侵扰,战乱不止,因而思有良将,捍卫边防。诗前四句写战乱,通过凤林、鱼海两地名的点缀,说明战火蔓延之广;又通过烽火不息,军中水井干枯写出战争的残酷及军人生活的艰辛。第三联转以写景起兴,以凛冽寒风、凄冷寒月,烘托战争形势的险恶,从而引出对时事的忧伤,希望朝廷早日选授良将。末两句是全诗主旨,因此王夫之《唐诗选评》说是"因结二句生前六句,则情生文"。全诗一气贯注,就实见实感中提炼出富有地方特点的景物,构成寥廓凄凉的境界,饱和着诗人忧国忧时的情感。

禹庙[1]

杜甫

禹庙空山里,秋风落日斜。荒庭垂桔柚[2],古屋画龙蛇[3]。云气生虚壁[4],江声走白沙[5]。早知乘四载[6],疏凿控三巴[7]。

【注释】

①禹庙:指建在忠州临江县(今四川省忠县)临江山崖上的大禹庙。②桔柚:《尚书·禹贡》有"厥包桔柚"语,谓禹治洪水,人民安居乐业,东南岛夷之民也将丰收的桔柚包好进贡。这里是将典故与眼前实事交互而言。③龙蛇:指壁上所画大禹治水故事。《孟子·滕文公》载,大禹治水,在地上掘沟导水入海,把龙蛇放入草泽。④虚壁:空旷的墙壁。⑤江:指庙所在山下的长江。⑥乘四载:指大禹治水时乘坐的车、船、輴、樏(即轿)四种交通工具。⑦三巴:今四川省东部,刘璋分为巴东郡、巴郡、巴西郡。传此地原为大泽,禹疏凿三峡,排尽水,始成陆地。

【译文】

禹庙坐落在荒凉的空山里,秋风萧瑟,一轮夕阳西斜。荒芜的庭院中树上垂挂着桔柚,古老的殿壁上画着盘旋的龙蛇。云雾仿佛从空旷的墙上透出,崖下大江奔流淘洗着白沙。我早就听说大禹乘着车船輴樏治水,凿开三峡疏导洪水,造就了三巴。

【解读】

永泰元年(765),杜甫离蜀,乘舟东下,在忠州瞻仰禹庙,写了这首诗,被后人推为唐代祠观诗中压卷之作。诗首先便勾勒了一幅与禹庙及大禹功绩极不相称的萧条场面,荒凉的空山,寒冷的秋风,凄凉的落日,注情于景,使人怀古悲思油然而生。接着,诗进一步写寺的荒凉,"荒庭垂桔柚,古屋画龙蛇",是实景,又与大禹经历相合,似出于无意之间,因此极见其工。胡应麟《诗薮》评为"此老杜千古绝技,未易追也"。第三联写庙内云气腾蒸,山下江声震耳,写得很雄浑,又借景物暗示大禹治水的功劳。因此,尾联由禹庙拓开,缅怀大禹治水的丰功伟绩。全诗以强烈的感情,对禹庙遭到冷落表示不满,歌颂大禹。笔触沉郁有力,情感波澜起伏,意味十分深长。

望秦川[①]

李颀

秦川朝望迥,日出正东峰。远近山河净,逶迤城阙重[②]。秋声万户竹[③],寒色五陵松[④]。有客归欤叹[⑤],凄其霜露浓[⑥]。

【作者简介】

李颀,赵郡(今河北省赵县)人,寄籍颍川(今河南省登封市西)。唐玄宗开元二十三年(735)进士,官新乡尉。他是盛唐著名诗人,诗清秀而又不失雄浑,尤以七言见长。《全唐诗》录存其诗三卷。

【注释】

①秦川:今陕西渭水平原一带。②重:重叠。③万户竹:成片的竹林。《史记·货殖列传》:"渭川千亩竹,此其人皆与万户侯等。"此借"万户"字面,与下"五陵"对。④五陵:见前杜甫《秋兴》注。⑤归欤:回去吧。《论语·公冶长》:"子在陈曰:归欤归欤!"⑥凄其:凄凉、凄然。

【译文】

清晨我眺望着无边的秦川,太阳刚刚升起在东方的山峰。远远近近的山河一片洁净,曲折绵长的城阙层叠高耸。秋风摇动着成片的竹林,寒意笼罩着五陵的青松。我客游此地回乡的念头油然而起,面对着这凄凉霜露,秋意深浓。

【解读】

诗是旅途中即景抒怀之作,前三联写景,尾联抒情,是唐人律诗惯用手法。首联破题,写清晨眺望秦川,既点明时间、地点,又以“迥”字写明秦川的特点,为下放笔写景作衬垫。中两联承题,描述具体景色。诗将远近景色熔铸在一起,把秋天萧瑟之景以白描绘出,且暗用“万户竹”“五陵松”典句,切实秦川,使景物表现得肃穆悲壮,雄浑开阔,深合游子之心。且诗对联整饬,用字工稳,音节顿挫,一向为人称赞。尾联即望生情,结煞全诗,流露郁郁不得志、思乡盼归的感伤,写得悲思缠绵、浓郁沉重。诗在写景时用笔轩鬯宏畅,开阔明快,尾联急收,情意深致而不忘带景烘托,诗便显得沉着有力、意在言外,没有前后轻重不称的毛病。

同王征君湘中有怀[①]

张谓

八月洞庭秋,潇湘水北流[②]。还家万里梦,为客五更愁。不用开书帙[③],偏宜上酒楼。故人京洛满[④],何日复同游?

【作者简介】

张谓,字正言,河内(今河南省沁阳市)人。早年从军北征,唐玄宗天宝二年(743)举进士及第,历官尚书郎、潭州刺史、礼部侍郎。《全唐诗》编录其诗一卷。

【注释】

①王征君:不详。征君是对朝廷曾征召而未就官的人的称呼。湘中:指今湖南省一带。②潇湘:潇水与湘水,均在湖南。③书帙:装书用的套子。此代指书籍。④京洛:长安与东都洛阳。

【译文】

八月里洞庭湖秋色无限,潇湘向北滔滔奔流。家乡万里梦中才能与亲人聚首;独居他乡,五更醒来凄凉伤愁。心乱如麻,不再想翻阅书籍;秋思萦绕,最适宜的莫如登上酒楼。长安洛阳我有无数好友,什么时候再能与他们一起漫游?

【解读】

诗写“湘中有怀”,怀什么,诗首联不做正面点题,而着重写湘中时令景物。“悲哉秋之为气”,眼前无限秋色,滔滔流水,是实写,但隐喻自己伤秋之感,为全诗定调。由于是作客,这伤秋自然与思家有关,所以次联重点抒情。梦中回家是虚,家乡远隔万里,更增愁绪;五更难眠,思潮翻滚是实,又与梦中回家紧密呼应,殷殷之情,溢于言表。第三联是对愁而言。愁思萦绕,难以排遣,读书无用,唯有饮酒。“不用”“偏宜”二虚词在此有点睛作用,把情感表达得深婉有致。明茶陵派诗人李东阳《诗家直说》认为诗用实字易,用虚字难,虚字用得好,能使诗开合呼唤、悠扬委曲,这首诗正证明了这一点。

李东阳诗便专走这一路。尾联正说，道出思友，即想早日还乡，呼应题中“有怀”，再次将愁情渲染深透。全诗写得很淡，一句一句，自然流出，仿佛与人谈心，深挚回曲的心意，表现得很充分。

渡扬子江[1]

丁仙芝

桂楫中流望[2]，空波两畔明[3]。林开扬子驿[4]，山出润州城[5]。海尽边阴静[6]，江寒朔吹生[7]。更闻枫叶下，淅沥度秋声[8]。

【作者简介】

丁仙芝，字元祯，曲阿（今江苏省丹阳市）人。唐玄宗开元间进士，曾官余杭尉。《全唐诗》录存其诗十四首。

【注释】

①扬子江：今长江下游一段，因扬子津而得名。②桂楫：桂树制的船桨，是对船桨的美称。这里代指船。③空波：空旷浩渺的水波。两畔：两岸。④扬子驿：扬子津旁的驿站，在今江苏省江都市长江边。⑤润州：即今江苏省镇江市。⑥边阴：江南岸。此指江水。⑦朔吹：北风。⑧度：传送。

【译文】

我乘船渡江在中流极目四望，两岸的景物历历在眼，江面一片空旷。北边的扬子驿簇拥着茂盛的树林，南边的润州城掩映在重重青山。远远的海边水波十分平静，北风吹来江上阵阵生寒。这时候我又听见枫叶在随风飘落，那淅沥的秋声是那么的凄凉。

【解读】

诗写渡江时所见所闻，合成一幅江上秋景图。前六句全写见，故起首点“中流望”，并以“两畔明”作总写。以下一联，便先承“两畔明”，写北岸的扬子驿树木丛生，南岸的润州城掩映在青山中。第三联写“中流望”，一句远，说江流通海，幽暗静谧；一句近，说江面朔风吹起，一片寒意。诗题是“渡扬子江”，如一味写中流便偏题，所以尾联改写“望”为“闻”，说听到江边枫叶在风中飒飒飘落，完成对“渡”的描写，暗示已达彼岸。枫叶又与前“林开”二字合，秋声又应“朔风”，密合无缝，颇见诗人结撰之巧。全诗都是景句，生动逼真地写出江中景色。诗人在写景时又渗入自己的感觉，淡淡的羁旅秋思自然地从诗中流出，不言情而情自现。

幽州夜饮[1]

张说

凉风吹夜雨，萧瑟动寒林。正有高堂宴，能忘迟暮心[2]。军中宜剑舞[3]，塞上重笳音[4]。不作边城将[5]，谁知恩遇深。

【注释】

①幽州：治所在今北京市大兴区。时张说以右羽林将军检校幽州都督。②迟暮：岁晚。也指人年岁渐老。《离骚》有"恐美人之迟暮"句，以美人比君子，说恐君子年老而不为君主所重视。此暗用此意。③剑舞：舞剑。④笳：胡笳。古乐器，声悲壮．军中用以传布号令。⑤边城：边疆城池。

【译文】

凉风吹来了一阵夜雨，树林中响彻着萧瑟秋声。正当此时在高堂上设宴聚会，能使我暂时忘却迟暮忧心。军队中只宜拔剑起舞，边塞上人们看重的是胡笳悲音。如果不是作边城的将帅，谁又能体会到君王的深恩。

【解读】

诗写在幽州都督府的一次夜宴。诗先以萧瑟的景色物候拉开帷幕，隐示自己的秋愁，然后正式入题写夜饮，同时以"迟暮心"呼应秋景，暗借《离骚》语表明自己遭贬谪的悲伤，希望君王回心转意，及早重用自己。第三联是眼前风光，写宴席上的舞乐，以"宜""重"二字强调处境的不堪，深沉顿挫。尾联转入抒情，郑重而出，托意深婉。沈德潜《说诗晬语》举出三种结尾方法，一是收束或放开一步，一是宕出远神，一是本位收住，并举出这首诗，认为是"本位收住"的典范。确实，这首诗的结句牢牢擒题，以"边城"结"幽州"，以"恩遇"结"夜饮"，在冠冕堂皇的语句中，在感戴皇恩浩荡的颂祝后，极为含蓄地漏出隐藏于心中的悲哀与牢骚。

国学经典文库　图文珍藏版

蒙学经典

王书利⊙主编

线装书局

神童诗

[宋]汪洙

作者汪洙，字德温，宁波人。是北宋年间著名学者。汪洙出身于县吏家庭，自幼聪明好学，九岁便能写诗，有神童之称。他编纂的《神童诗》，是一篇影响广泛的启蒙读物。

【原文】

天子重英豪，文章教尔曹[①]。万般皆下品，唯有读书高。少小须勤学，文章可立身[②]。满朝朱紫贵[③]，尽是读书人。学向勤中得，萤窗万卷书[④]。三冬今足用[⑤]，谁笑腹空虚？自小多才学，平生志气高。别人怀宝剑，我有笔如刀。朝为田舍郎[⑥]，暮登天子堂。将相本无种[⑦]，男儿当自强。

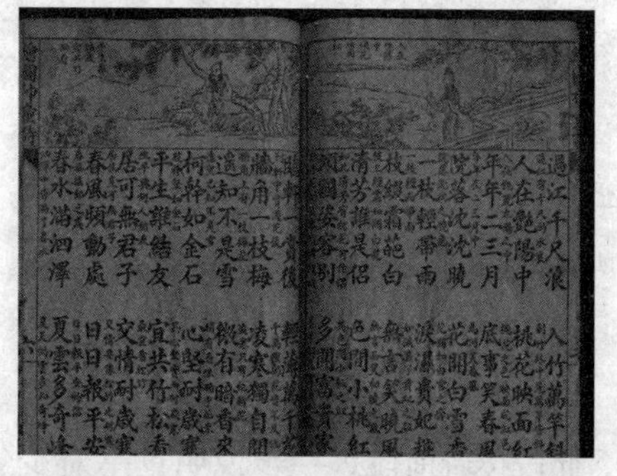

《神童诗》书影

【注释】

①尔曹：你们。在这儿指学童们。②立身：自立成人。③朱紫：这儿指达官显贵。唐代规定，官员五品以上穿红色的官服，三品以上穿紫色官服。故诗文中常以朱紫的服色来代指高官。④萤窗：晋人车胤，家贫无钱买灯油，就捕捉了许多萤火虫放在丝囊中，供夜读时照明。后世常以萤窗、萤案来比喻刻苦读书。⑤三冬：像三春、三秋一样，指三年。《汉书·东方朔传》："年十二学书，三冬，文史足用。"这句诗的意思是：苦读三年，所读文史就够用了。⑥田舍郎：农夫、村夫。⑦"将相"句：意谓将相之人并非生来就是。语本《史记·陈涉世家》："王侯将相宁有种乎！"

【解读】

这一段的主题思想在于：读书高于一切。旨在勉励学童从小立志，发奋读书，自强不息。在封建社会，提倡"学而优则仕"，也就是说书读得好，通过科举考试获得一个好名次，便能拥有一官半职，它是当时年轻人施展抱负的唯一途径，因此"万般皆下品，唯有读书高"在那时毋庸置疑的事实。而今，一个信息爆炸的时代，知识成为我们的力量。社会的进步与发展为人们提供了更为宽广的成才之路，读书只为做官的理念早已成为历史的遗迹。但读书对今天正处于学习阶段的少年儿童来说尤为重要，因为掌握前人积累下来的书本知识,可以增强我们生而为人的力量。

这一段的末两句提倡一种昂扬向上的精神,带有鼓舞士气的作用,非常具有教育意义。要知道那些独占鳌头的优秀人物绝非天生如此,后天的刻苦努力对于一个人来说尤为重要,所以奋斗拼搏要从小做起。

【原文】

学乃身之宝,儒为席上珍[①]。君看为宰相,必用读书人。莫道儒冠误[②],诗书不负人。达而相天下[③],穷亦善其身[④]。遗子满籯金,何如教一经[⑤]。姓名书锦轴[⑥],朱紫佐朝廷。古有《千文》义[⑦],须知后学通[⑧]。圣贤俱间出[⑨],以此发蒙童[⑩]。

【注释】

①席上珍:宴席上的珍品,比喻儒士具有美善的才德。语本《礼记·儒行》:"儒有席上之珍以待聘。"②儒冠,古代读书人所戴的一种帽子。在此借指以读书为业。③相天下:当宰相治理天下。④穷:事业不发达。善其身:使本身具有良好的修养。《孟子·尽心上》:"穷则独善其身,达则兼善天下。"⑤"遗子"二句,语出《汉书·韦贤传》:"遗子黄金满籯,不如一经。"籯:竹箱。一经:一部经书。⑥锦轴:用锦缎装饰的卷轴,指华丽的文书。古代书籍不分页,而用轴卷成一卷来展读。⑦千文:即南朝梁人周兴嗣所做的《千字文》,是现存的较早的启蒙读物。⑧后学通:即学后通。学后才能通晓。⑨间出:相间出现(在《千字文》中)。⑩发:启发。蒙童:智慧还没有得到开发的幼童。

【解读】

此段接着前段进一步说明读书对少年儿童的重要性以及钻研学问的珍贵价值。重视读书,拥有学问,大可以建设国家,造福于民;小可以独善其身,提升自我。这也就是为什么像《千字文》那样的启蒙性经典读物,要援引圣人、贤人作为少年儿童学习的榜样。

【原文】

神童衫子短,袖大惹春风[①]。未去朝天子,先来谒相公[②]。年纪虽然小,文章日渐多。待看十五六,一举便登科[③]。大比因自举[④],乡书以类升[⑤]。名题仙桂籍[⑥],天府快先登[⑦]。喜中青钱选[⑧],才高压俊英[⑨]。萤窗新脱迹[⑩],雁塔淡书名[⑪]。年少初登第,皇都得意回。禹门三汲浪[⑫],平地一声雷[⑬]。一举登科日,双亲未老时。锦衣归故里,端的是男儿[⑭]。玉殿传金榜[⑮],君恩赐状头[⑯]。英雄三百辈[⑰],随我步瀛洲[⑱]。

【注释】

①惹春风:引来春风。②谒:谒见。指先投名刺(类似现在的名片)的正式会见。相公:宰相。有关上述四句的传说,参看本书《前言》。③登科:也称登第,指在科举考试中考试及第。这儿指县试中考取秀才。④大比:明清两代,每隔三年,各县、州、府的

生员集中在省会考试,称乡试,亦称大比。考取者称举人。⑤乡书:周代制度,乡大夫等地方官每隔三年献当地贤明者的书给周王,供周王挑选授职。因此后代称乡试中选为登乡书或登贤书。⑥仙桂籍:即桂籍的美称。明清两代,举人在京城会试中选的,称进士,考中进士犹如月中折桂,所以进士的名册被称为桂籍。⑦天府:天官。这儿比喻皇官。明清两代,进士最后还得在皇官参加殿试,以定名次。快:喜悦。⑧青钱选:古时的铜钱以色青为贵,故人挑选铜钱都先选青钱。这里比喻科举考试时文章写得好,每次都被选中。⑨俊英:这儿指文才出众的人。⑩脱迹:超脱,摆脱。⑪雁塔:即大雁塔,在今陕西西安市东南四公里大慈恩寺内,唐代,每年新考中的进士都在大雁塔题上姓名:作为一种荣耀,故后世常称考中进士为雁塔题名。⑫禹门:即龙门。在今山西稷山县西北黄河流经处,相传是大禹在治水时开凿。此处水流湍急,相传鱼若逆水游上就能变成龙。唐代以后将科举考试中选比喻为登龙门。三汲浪:三次跃出波浪。比喻在乡试、会试、殿试中屡次中选。⑬"平地"句:比喻考取进士引起的震动。⑭端的:果然。⑮金榜:公布科举及第者姓名的布告。因例用黄纸,故有此称。⑯状头:即状元,进士中的第一名。⑰三百辈:三百人。明清科举制度,每次会试录取三百名进士。⑱瀛洲:传说中东海里神仙所栖之三座仙山之一。唐太宗设立文学馆,被延聘的人全国仰慕,称为登瀛洲。这儿将考中进士比喻为"步瀛洲"。

【解读】

前两段是议论,第三段由发表议论转入讲述具体事例。有一个神童,幼年时就颇具文采,受到宰相召见。十五、六岁时就在县试、乡试、会试中接连中选,殿试时又被皇帝点为第一名,也就是中了状元。于是,一举成名天下知,衣锦还乡众人晓。作者通过这一事例,引导少年儿童要努力读书。

【原文】

慷慨丈夫志,生当忠孝门。为官须作相,及第必争先。宫殿岧嶢耸[1],街衢竞物华[2]。风云今际会[3],千古帝王家[4]。日月光天德,山河壮帝居[5]。太平无以报,愿上万年书[6]。久旱逢甘雨,他乡遇故知。洞房花烛夜,金榜挂名时。

【注释】

①岧嶢:高大峻峭的样子。②衢;四通八达的街道。物华:万物之精华。这儿指各种各样精美的货物。③"风云"句:指明君贤臣会合的大好时机。语出王褒《圣主得贤臣颂》:"世必有圣知之君,而后有贤明之臣,故虎啸而风冽,龙兴而云致。"④帝王家,指皇帝所在的京都。⑤"日月"二句:这是陈后主《入隋侍宴应诏》中的诗句。⑥万年书:使国家能长治久安、永远兴盛的施政方案。

【解读】

这一段从神童少年得志的具体事例转入议论,指出人应当胸怀大志,争取尽快在科举考试中中选。接着想要充分表现中了进士之后在京城做官的喜悦,便通过京城壮观的宫殿、丰富的货物以及壮丽的山河来衬托;最后为了渲染考中进士后的快乐心情,接连使用久旱逢雨、异乡遇友、新婚之夜这三件令人欢喜的事来对比和映衬。

【原文】

土脉阳和动①,韶华满眼新②。一枝梅破腊③,万象渐回春;柳色侵衣绿④,桃花映酒红。长安游冶子⑤,日日醉春风。数点雨余雨⑥,一番寒食寒⑦。杜鹃花发处,血泪染成丹⑧。春到清明好,晴天锦绣纹⑨。年年当此节,底事雨纷纷⑩?风阁黄昏后⑪,开轩纳晚凉,月华当户白,何处芰荷香?一雨初收霁⑫,金风特送凉⑬。书窗应自爽,灯火夜偏长。庭下陈瓜果⑭,云端望彩车⑮。争如郝隆子,只晒腹中书⑯。九日龙山饮,黄花笑逐臣。醉看风落帽,舞爱月留人⑰。昨日登高罢,今朝再举觞。菊花何太苦,遭此两重阳⑱。北帝方行令⑲,天晴爱日和。农工新筑土,共庆纳嘉禾⑳。帘外三竿日,新添一线长㉑。登台观气象,云物喜呈祥㉒。冬去更筹尽㉓,春随斗柄回㉔。寒暄一夜隔㉕,客鬓两年催㉖。

【注释】

①土脉:土地的脉络。阳和,温暖和畅之气,即春气。全句意谓春天的气早使土地充满生机。②韶华:春光,春天的景象。③"一枝"句:梅花初放,冲破了寒冬腊月,迎来了新春正月。腊:本是古代岁末祭祀众神之名,汉代起于农历十二月腊祭众神,故称之为腊月。④侵:在这儿是染、映的意思。⑤长安:今陕西省西安市。西汉、唐代等朝,都建都于此。这儿被用作京都的代称。游冶,也作冶游,在春天外出游玩。⑥"数点"句:雨刚停不久,又飘洒下几点雨来。⑦寒食:古代的一种节日,在清明节前一天(又一说两天)。节日期间,家家熄灭火种,不得举火,故名寒食。⑧"杜鹃"二句:古代神话传说,蜀国国王杜宇,死后化为杜鹃,鸣声凄厉如泣,啼至血出乃止,故古人有"杜鹃泣血"的说法。杜鹃花在杜鹃鸣时开花,色红如血,相传是杜鹃的血泪染成的。⑨"晴天"句:此句形容薄有云彩的晴空像绣有花纹的锦缎一样美好。⑩底事:何事,为什么。⑪风阁:四面开窗,夏天用以纳凉的楼房。⑫霁:雨止放晴。⑬金风:秋风。⑭"庭下"句:农历七月七日是七夕节。相传每年的七夕夜晚,被隔离在银河两岸的牛郎星和织女星登上临时由喜鹊架成的桥在银河中相会。人们在庭院中陈列瓜果酒食祭祀牵牛、织女二星,谓之"乞巧"。⑮"云端"句:相传唐代的郭子仪初从军时,曾在七夕见仙女坐彩车从天而降,郭子仪知是织女,因向她祷求长寿富贵,后郭子仪果然寿至九十,官至太尉、尚书令。⑯"争如"二句:《世说新语·排调》载,七夕那天,人们都晒衣物,郝隆却仰卧庭中。人们问他干什么这样,他回答说:"我在晒肚子里的书。"郝隆子:郝隆是晋代名士,子在这里是尊称。⑰"九日"四句:这四句是唐诗人李白《九日龙山饮》诗。龙山在今湖北江陵西郊。农历九月九日是重阳节,古人习于那天登高饮酒。东晋时征西大将军桓

温曾在重阳节携孟嘉等佐吏登龙山饮酒,孟嘉的帽子被风吹落而不觉,一时传为佳话。“舞爱”句:在月下舞蹈,月光皓洁可爱,如在挽留游人。⑱“昨日”四句,这四句是李白《九月十日即事》诗。觞:盛着酒的酒杯。两重阳:唐代风俗,京城的人们常在重阳后的一天再次宴会赏菊,故九月十日有“小重阳”之称。⑲北帝:指主管冬季的天神。⑳纳嘉禾:庄稼丰收。㉑“新添”句:冬至节那天,太阳最为偏南,过后就一天比一天升高一些,所以诗中这样说。㉒云物:天上的云彩。古人以为云彩的颜色能预报天下的吉凶,在冬至那天有登上高台观察云色的礼仪。㉓更筹:古代在夜间用来计时的竹签,亦名更签。㉔斗柄:北斗七星状若斗杓,其第五至第七之三星似斗构之柄,被称为斗柄。北斗星随季节的推移在空中转动,周而复始,每年立春时,斗柄正指向东方;立秋时指西方。㉕暄:温暖。㉖“客鬓”句:除夕之夜隔开寒暖新旧两年,旅客离乡在外,过此一夜就经历了两个不同的年份,思乡之情更加急迫,催人老去。以上四句是宋人李福源《岭外守岁》诗。

【解读】

《神童诗》在鼓励少年儿童努力读书之外,更主要的是教导他们掌握基本的作诗方法,因此从这一段开始进行作诗基本功的训练。诸如吟咏一些基本的自然现象和有关的历史典故。

从具体形式来看,这段是以四句为一小节。就具体内容而言,这段是依照春、夏、秋、冬四季的次序吟咏了春节、立春、寒食、清明、夏至、立秋、七夕、重阳、小重阳、立冬、冬至、除夕等十二个主要节令的风俗及其典型景象。其间引用了李白等诗人的一些诗句。这些诗句富有代表性且通俗易懂。此外,由于按照季节次序排列,所以便于记忆,有利于少年儿童学习和掌握古诗。

【原文】

解落三秋叶①,能开二月花②。过江千尺浪,入竹万竿斜③。人在艳阳中,桃花映面红。年年二三月,底事笑春风④?院落沉沉晓,花开白雪香。一枝轻带雨,泪湿贵妃妆⑤。枝缀霜葩白⑥,无言笑晓风。清芳谁是侣?色间小桃红⑦。倾国姿容别⑧,多开富贵家。临轩一赏后,轻薄万千花⑨。墙角一枝梅,凌寒独自开。遥知不是雪,惟有暗香来⑩。柯干如金石,心坚耐岁寒。平生谁结友?宜共竹松看⑪。居可无君子?交情耐岁寒⑫。春风频动处,日日报平安⑬。

【注释】

①解:懂得,会。②二月花:这儿指经北风吹拂后变得像二月份的鲜花一样红的枫叶。典出唐诗人杜牧《山行》诗中的诗句:“停车坐爱枫林晚,霜叶红于二月花。”③以上四句描写风。④“人在”四句:出自唐诗人崔护《题都城南庄》诗:“去年今日此门中,人面桃花相映红。人面不知何处去,桃花依旧笑春风。”以上四句咏桃花。⑤“一枝”二

句:(带雨的梨花)像是正在哭泣的美人杨贵妃的脸。出自白居易《长恨歌》中诗句:“玉容寂寞泪阑干,梨花一枝春带雨。”白居易诗以花比喻人,这里用人来形容花。以上四句诗写梨花。⑥霜葩:色白如霜的花。⑦色间:花色间杂在一起,即承上句说李花与桃花结为伴侣。以上四句诗形容李花。⑧“倾国”句:(牡丹花)像倾国倾城的美人,其姿态、容貌与众不同。⑨轻薄:看轻,瞧不起。以上四句描写牡丹花。⑩“惟有”句:化用宋诗人林逋《咏梅诗》中诗句“暗香浮动月黄昏”。以上四句引用王安石《梅花》诗。王诗“一”作“数”,“惟”作“为”。⑪“宜共”句:谓梅花适宜与竹、松等量齐观。我国古代称松、竹、梅三种耐寒的观赏植物为“岁寒三友”,故这里以此暗示所咏者为梅。以上八句都是形容梅花的。⑫“居可”二句;谓居住的地方不可没有君子,故应种植松、竹、梅等像君子那样耐得住风霜寒冷的有节操的植物来作为长久相交的朋友。语出金代元好问《丐论》:“里无君子,则以松、竹为友。”⑬“日日”句:《酉阳杂俎》载李德裕言北都童子寺有竹一窠,每日报竹平安。诗本此典。

【解读】

这一段是对常被诗人吟咏的风和各种花卉进行描绘,主要采用摘取诗歌中的名句或惯用词语的方式。

具体来说,这一段第一至第二十八句依次描写了风、桃花、梨花、李花、牡丹花及梅花,最后四句泛写了松、竹、梅。为了富有含蓄婉约的艺术气息,在描绘时使用了暗示和影射的方法。由于摘取的都是著名的诗句或习用词语,所以精炼简洁,便于少年儿童对名句和习语的记忆。

【原文】

春水满泗泽[1],夏云多奇峰[2]。秋月扬明辉,冬岭秀孤松[3]。诗酒琴棋客[4],风花雪月天[5]。有名闲富贵,无事散神仙[6]。道院迎仙客[7],书堂隐相儒。庭栽栖凤竹[8],池养化龙[9]。春游芳草地,夏赏绿荷池。秋饮黄花酒[10],冬吟白雪诗。

【注释】

①泗泽:河流和沼泽。泗即泗河,在今江苏省北部。这儿用来泛指河流。②“夏云”句:夏天的云朵大多状如奇形怪状的山峰。③秀孤松:孤立的苍松一株独秀。④“诗酒”句:古代的文人以弹琴、下棋、作诗、饮酒为风雅高尚的娱乐活动。⑤风花雪月:古人以夏季的风、春季的花、冬季的雪、秋季的月作为四季风光的典型事物,故常以“风花雪月”来概括四季的景象。⑥“有名”二句:悠闲富贵又高名远扬。这常是古代文人心目中的理想境界。散神仙:道教传说中不在神仙世界担任官职的神仙。这里比喻像散仙那样悠闲自在。⑦道院:有道之士所居住的院落。仙客:像仙人一样高雅脱俗的宾客。⑧栖凤竹:形容高洁美好的竹林。相传凤凰以竹实为食物。⑨化龙鱼:形容硕大的鲤鱼。相传鲤鱼跃过龙门就变化为龙。⑩黄花:菊花。秋天对着菊花边赏花边饮

酒在古代被视为文人雅事。

【解读】

这一段第一至四句分别举出四季中各一典型事物来概括春、夏、秋、冬的美景；第五至八句写文人理想中的高雅人士在一年四季中所过的悠闲舒适的生活；第九至十二句描述那位高雅人士的家庭生活及居住环境，用来烘托其心性的清雅脱俗；第十三至十六句则分述那位衣食无忧、功成名就的高雅人士在不同季节里的娱乐活动，以此凸现高雅人士日常生活之特征。

因为作者描写的是理想中功成名就的高雅人士，所以在对他各方面的描写中都极尽所能地突出了生活的安适悠闲及心性的雅洁超脱，而不涉其余。此外，对人物的描写也不够具体生动，显得十分抽象。不过对于少年儿童来说，这种较为偏颇的概念化的写法比较容易被接受，因此也就无可厚非。

续神童诗

[近代]余治

余治，近代著名慈善家、戏曲作家。字翼廷，号莲村、晦斋、寄云山人，晚署木锋先生，江苏无锡人。早肄业于江阴县暨阳书院。撰《续神童诗》《续千家诗》。以"绝意进取，专以挽回风俗，救正人心为汲汲"。

【原文】

第一当知孝，原为百善先，谁人无父母，各自想当年。十月怀胎苦，三年乳哺勤。待儿身长大，费尽万般心。想到亲恩大，终身报不完。欲知生我德，试把养儿看。精血为儿尽，亲年不再还[①]。满头飘白发，红日已西山。乌有反哺义[②]，羊伸跪乳情[③]。人如忘父母，不及畜生身。奉养无多日，钱财勿较量。双亲同活佛，何必远烧香[④]？打骂低头顺，糟糠背自吞[⑤]。但求亲适意，吃苦也甘心。莫说万千差，爷娘总不差。你身谁养你？禽兽不如吗？父母同天地，良心各自扪。倘将亲忤逆，头上听雷声[⑥]。兄弟休推托，专心服事勤。譬如单养我，推托又何人？随父皆为母，何分晚与亲[⑦]。皇天终有眼，不负孝心人。孝子人人敬，天心最喜欢。一生灾晦免，到处得平安。人子原当孝，还须新妇同[⑧]。一门都孝顺，家道自兴隆。媳妇孝公婆，神明保护多。丈夫宜教训，最好一家和。

【注释】

①"亲年"句：双亲逝去的岁月不能再回返。②"乌有"句：乌鸦长大后会衔食哺喂母乌鸦，我国自古认为乌鸦是一种会反哺老鸟的孝鸟。③"羊伸"句：幼羊跪着吃奶，以此表达对母亲的感激之情。幼羊在吃奶时前足双膝着地，状如下跪，所以这么说。④"何必"句：何必远远地跑到庙里去烧香呢？意思是多供养双亲与烧香敬佛一样能修善积德，获得好报。⑤"糟糠"句：（在缺乏食物时，给双亲吃好的，）自己背着双亲吃酒糟、谷糠那样粗劣的食物。⑥"头上"句：以前迷信的说法，对双亲忤逆不孝的人会遭天雷击死。⑦晚：晚娘，继母。亲：生母。⑧新妇：新娘，媳妇。

【解读】

《续神童诗》是对《神童诗》的补充，主要是向少年儿童讲解道德准则，对其行为方式进行教导，因此诗句浅显易懂，朴实无华。

因为伦常是封建社会道德结构的核心，所以诗的第一段就开宗明义，阐发一个

"孝"字。

首先,作者说明人应该孝顺双亲的道理;其次,阐述孝顺的行为方式,用"头上听雷声"来警戒忤逆,再用"皇天终有眼"来勉励孝顺。

在说明人应该孝顺父母的道理时,作者将笔墨集中在父母养育儿女的辛劳上,这种循循善诱的方式,比较容易被少年儿童所接受。

诚然,由于社会的进步,科学的发展,道德观念也有所变化,但是一些与"孝"有关的基本道德准则仍然值得借鉴和提倡。

【原文】

兄弟最相亲,原来一本生。兄应爱其弟,弟必敬其兄。骨肉见天真[①],钱财勿计论。同胞看亲面,切戒勿伤情。式好亲兄弟[②],休将两耳偏[③]。至亲能有几,少听枕边言[④]。同气连枝重[⑤],休将姊妹轻。倘令情意薄,何以对双亲?伯叔须尊敬,同堂谊最亲[⑥]。居家推长上,相待贵殷勤。宗祖虽然远,逢时祭必诚。求安须入土[⑦],坟墓早留心。夫妇期偕老,平居贵在和。一家相忍耐,得福自然多。家有贤妻子,夫男少祸殃[⑧]。水真能克火[⑨],自有好名扬。宗族宜和睦,乡邻要让推。丝毫存刻薄,怨气一齐来。

【注释】

①天真:天然的直率性情。②式:语气助词。好:在这儿是彼此友爱的意思。③"休将"句:不要偏听偏信。④枕边言:(妻子)在枕头边所说(挑拨兄弟关系)的话。⑤同气连枝:同一气质,同一根本。形容兄弟姐妹间亲密的关系。⑥同堂:同一祖父的亲族。⑦入土:将棺木埋入土中。以前流行土葬时有"入土为安"的说法。⑧夫男:丈夫及儿子。⑨"水真"句:古代有金、木、水、火、土相克相生的五行说,认为水能克火。在这儿比喻妻子以柔和制服丈夫的刚烈。

【解读】

上文写到"孝"是子女对父母应有的行为规范,这一段指出弟兄间应有的行为准则称作"悌"。

在封建社会的人伦关系中,孝为首,悌为次。因此这一段开头就以十二句的篇幅指出少年儿童对兄弟应有的行为和态度。其次,各以四句相继的形式讲述对姐妹、叔伯和祖宗应有的行为和态度。接下来的八句讲夫妻之间应有的行为和态度,最末四句讲与同一宗族的人以及邻里的关系。这个次序是以封建人伦关系所规定的亲疏程度来排列的。

在所有这些人伦关系中,作者强调以克制和忍耐的方式达到和睦。不过,在今天看来,理解和宽容应该是通向和睦的更好途径。

【原文】

婚嫁宜从俭,虚花总不长[①]。明人暗中笑:何必大排场?娶妇求贤慧,何须论

嫁妆。且留余地步,日后过时光。酒肉非朋友[2],宜防入下流。时亲方正士[3],好样自家求。若到为官日,须知报国恩。倘令贪与酷,枉读圣贤文。一入公门里[4],当权正好修[5]。好开方便门,阴德子孙留。

【注释】

①虚花:假花。这句意谓在始嫁时铺张浪费所装点出来的光彩是不会长久的。②"酒肉"句:在一起吃吃喝喝所结交的朋友不是真正的朋友。③"时亲"句:时常亲近品行端正的人士。④公门:公府衙门。相当于现在的政府机关。⑤修:修善积德。

【解读】

这一段讲述的应该注意和遵守的行为准则涉及婚姻、交友和做官几个方面。结婚要提倡节俭,娶妻要看对方人品而不论钱财;交友要以品行方正为准则,做官要廉洁宽容。今天看来,这一切依然具有很强的现实意义。

【原文】

男女阴阳判[1],宜求廉耻全[2]。男须名是重[3],女以节为先[4]。戒尔休贪色,贪来性命伤。自家有妻女,谁愿臭名扬。淫乱奸邪事,原非人所为。守身如白玉,一点勿轻亏。暗地勿亏心,须防鉴察神[5]。念头方动处,天已早知闻。积德终昌盛,欺心越困穷。还金兼却色[6],第一大阴功[7]。戒尔勿贪财,贪财便有灾。此中原有数[8],何必苦求来。财物眼前花[9],来时且慢夸。细将天理想,勿使念头差。酒醉最伤人,胡涂误正经。况多成痼疾[10],贻患到双亲。闲气莫相争[11],徒然害自身。善人天保佑,何必闹纷纷。斗气真愚拙,甘将性命轻。忘身忘父母,不孝最无伦。口角细微事,何妨让几分?从来大灾难,多为小纷争。

【注释】

①"男女"句:男女间有阳和阴的区别。古代的阴阳说将世界上所有的事物分为阴阳两类,在性别上将男子归入阳类,女子属于阴类。②"宜求"句:应当立身廉洁清白,不做羞耻的事情。耻:懂得羞耻。③名是重:重视名誉。④节:贞节。⑤鉴察神:以前迷信的说法,每人头上都有神明在察看他的善恶功过。⑥还金:归还自己不应得的钱财。却色:拒绝女色的诱惑。⑦阴功:阴德,暗中积下的善行。⑧数:命中定数。⑨眼前花:这里用它来比喻好看而不耐久的东西。⑩痼疾:难以医治的疾病。⑪闲气:无关紧要的小矛盾。

【解读】

对于"酒、色、财、气"四字,前人这样界定:对人们普遍具有吸引力,常使人过度沉溺以至给自己带来危害的事物。具体而言,嗜酒贪杯、荒淫好色、贪求钱财、意气用事,是人们普遍易犯的四种过失。

这一段就是以色、财、酒、气为顺序,逐一说明这四种事物对人的危害,告诫少年儿童要洁身自好、清廉自控,避免“酒、色、财、气”的伤害。

【原文】

官法苦难熬①,相争手勿交②。倘然伤性命,谁肯代监牢?小怨狂争斗,旁人切勿帮。须知人命重,惹出大灾殃。莫说他人短,人人爱己名。枉将阴骘损③,况有是非生。田产休争夺,空将情义伤。区区身外物,谁保百年长。争讼宜和息④,官司切勿成。有钱行好事,乐得享安平。结讼最为愚,家财荡尽无。可怜忙碌碌,赢得也全输⑤。唆讼心肠坏⑥,明明不是人。暗中还取利,壁上看输赢⑦。

【注释】

①官法:法律所规定的刑罚。②手勿交:不要动手打架,③阴骘:即阴德。④争讼:为争夺财物而进行诉讼。⑤“赢得”句:即使打赢了官司,(由于在诉讼中花费了大量钱财)也得不偿失,等于输了。⑥唆讼:唆使他人诉讼。⑦壁上看:意思是任凭他人相争而袖手旁观。

【解读】

这一段告诫少年儿童不要打架,不要飞短流长,不要同他人争夺财产,尤其不要为财产纠纷进行诉讼。

在封建社会,打官司的根本在于诉讼双方以金钱进行较量,有理没理无妨,有钱没钱才是关键。因此,排斥诉讼是当时社会现实的写照。

不过,在今天,社会不断发展,人类不停进步,诉讼已成为人民群众依法维护自己利益的有效手段之一,所以不能一概排斥,要具体问题具体分析。

此外,这一段所宣扬的息事宁人,也未必是解决矛盾的最好方法。

【原文】

天道最公平,便宜勿占人。天宽并地阔,何弗让三分?谎话说连篇,难瞒头上天。倘令人看破,不值半文钱。度量须宽大,将心好比心。量宽终有福,何必学凶人。君子总虚心,轻狂是小人。回头不认错①,薄福少收成。财势难长靠,欺人勿太狂。请看为恶者,哪个好收场?一字千金值②,存心莫放刁。有才须善用,勿使笔如刀③。谁保常无事,平居勿笑人④。自家还照顾,看尔后来形⑤。

【注释】

①回头:吴方言,拒绝的意思。②“一字”句:即“一诺千金”的意思,指说话算数。③笔如刀:指用文字去伤害他人(如诉讼等)。④平居:平时,日常生活中。⑤“看尔”句:谓看人要看最终的结局,不能只看眼前。

【解读】

这一段讲在日常生活里作为一个人所应注意的地方:不要占小便宜,不要说谎骗人,要宽以待人,要虚心自省,不要仗势欺人,不要失信于人,要善用才学,要有忧患意识,不要幸灾乐祸,不要目光短浅。

这些做人的修养在今天也同样适用。

【原文】

花鼓滩簧戏[①],人生切莫看。忘廉并伤耻,受害万千般。淫戏休宜点[②],何人不动情?害人还自害,妻女败名声[③]。莫入赌钱场,如投陷马坑[④]。终身从此误,家业必消亡。火化烧棺事,儿孙太毒心。请君细心想,天理可该应。溺女最堪伤[⑤],心肠似虎狼。结冤终有报[⑥],灾难一身当。一样皆人命,何分女与男?母妻都是女,何以两般看[⑦]?善事诸般好,无如救命先。保婴能集会[⑧],功德大无边。万物总贪生,须存恻隐心[⑨]。放生堪积德,禄寿好培根[⑩]。滋味勿多贪,生灵害百般。

乍过三寸舌[⑪],谁更辨咸酸?禽鸟莫轻伤,轻伤痛断肠。杀生多减寿,利害细思量。牛犬与田蛙,功劳百倍加。一门能戒食,瘟疫免全家。

【注释】

①花鼓:花鼓戏。流行在湖北、湖南、安徽等地的一种民间戏曲。滩簧:清代流行在江苏南部和浙江北部的一种曲艺。即现在沪剧、甬剧、苏剧等等剧种的前身。②点:挑选。旧时戏班演戏,由观看者根据戏班提供的剧目单子来决定演出什么,称为“点戏”。③“妻女”句:指妻子和女儿(受到淫戏的影响)干出败坏名誉的事来。④陷马坑:过去打仗时掘来使敌方马匹陷落的土坑。坑上用稻草等遮盖,使敌人难以察觉,坑底插竹签、长枪等尖锐的东西,使马陷落后被刺死。⑤溺女:把初生的女婴溺死。⑥结冤:与枉死女婴结下的怨仇。过去迷信的说法,被杀者的鬼魂会在冥中报复杀害者。⑦“何以”句:为什么要(将自己的母亲、妻子与生下的女婴)两样看待?⑧集会:指集合人们一起来保护婴儿。⑨恻隐:同情心。⑩培根:培育根本,比喻得到更牢靠的保障。⑪“乍过”句:刚经过舌头,指咽下食物。

花鼓戏(剧照)

【解读】

这一段首先告诫少年儿童千万不能观看有色情内容的节目,以免自己和家人受到毒害。其次将赌博生动地喻为一旦陷下去就难以脱身的陷马坑,极言它的危害性。再次提倡生男生女没有分别,应该一视同仁,这一点直到今天依然具有现实价值。最后劝诫少杀生、多放生,虽然偏激一些,但其中提倡保护鸟类、保护青蛙等有益动物的观点与我们今天所提倡的环保理念不谋而合，所以十分必要。

【原文】

惜字一千千[①]，应增寿一年。功名终有分，更得子孙贤。俭朴最为良，奢华不久长。粗衣与淡饭，也好过时光。靡费真无益，十分体面装[②]。省来行善事，保尔子孙昌[③]。急难人人有，伤心可奈何[④]？此时为解救，阴德积多多。欲望后人贤，无如积善先。临终空手去，难带一文钱。生意经营客，钱财总在天。留心能积德，明去暗中添[⑤]。技艺随人学，营生到处寻[⑥]。一生勤与俭，免得去求人。

【注释】

①惜字：爱惜印着或写着文字的纸张。旧时认为，有文字的纸张不能随便毁弃，应当爱惜。②"十分"句：（靡费）十足是装点面子的。③昌：昌盛，繁多。旧时以多子多孙为福气。④"伤心"句：除了伤心之外无可奈何。⑤"明去"句：表面上（钱财）少了，实际上在不知不觉中（因积德带来好运使所得）反而增加了。⑥营生：谋生的方法。

【解读】

这一段主要是讲节俭勤劳、助人行善和善于学习对人生的意义。

具体来说，从爱惜有文字的纸张开始，生活要俭朴，切忌奢华靡费；从乐于助人做起，把节省下来的钱财用来做善事；要勤学技艺，有本事到哪里都可以谋生。

【原文】

步担肩挑子[①]，全家性命存。得钱能有几，何忍与他争。更劝上头人，休将婢仆轻。一般皮与肉，也是父娘生。强取人财物，良心坏十分。银钱虽到手，面目不留存[②]。何苦学凶人，谋财是黑心。青天来霹雳[③]，财去命难存。负义忘恩者，原来不是人。试从清夜里，细细想平生。搬是搬非者，冤家结最深。终须招恶报，拔去舌头根[④]。凡事随天断，何须太认真。不妨安我分，做个吃亏人。

【注释】

①"步担"句：指挑着担子穿街走巷的小贩和小手艺匠。②"面目"句：把脸面丢尽了。③"青天"句：旧时迷信的说法，认为暗中做坏事的人会被天雷打死。④"拔去"句：死后会堕入拔舌地狱的意思。佛教宣称，人生前如果对他人诽谤谗毁，死后将堕入拔舌地狱，受到拔去舌头的苦刑。

【解读】

这一段讲与他人相处时所应注意避免的恶劣行为。

第一至四句告诫不要欺负小本经营的小贩或工匠；第五至八句告诫不要欺凌婢女和仆人；第九至十六句告诫不要强夺巧取，谋人财物；第十七至二十句告诫不能忘恩负义；第二十一至二十四句告诫不要搬弄是非；第二十五至二十八句是对为人之道的总结，先否定上面几种恶劣行为，再正面提出为人应随和安分，宁可自己吃亏的观点。

应当指出，这里所提倡的安分守己、宁可吃亏，对培养美德、陶冶性情、构建良性循环的人际关系、稳定社会秩序有一定积极意义；但是如果将其绝对化，丧失了必要的竞争，便不利于社会的发展和人类的进步。

【原文】

少小须勤学，安心进学堂。书声宜响亮，字画必端方[①]。言语须和气，衣冠贵肃齐[②]。好将人品立，方可步云梯[③]。年少书生辈，淫书不可看。暗中多斫丧[④]，白璧恐难完[⑤]。过失须当改，人生几十秋。死生原大事，急速早回头。字纸弃灰堆，灾殃即刻来。好将勤拾取，危难更消灾。五谷休抛弃，须知活命根。时时能惜谷，得福更非轻。天地须知敬，清晨一炷香。亏心多少事，每日细思量。同享太平福，人须学善良。倘为邪教误[⑥]，何以对君王？王法宜知畏，奸刁勿逞凶。欺人心地坏，头上有天公。共把皇恩报，银漕须早完[⑦]。倘然久拖欠，四季不平安。作恶行凶者，便宜总占先。一朝灾难到，大错悔从前。第一伤人物，无如鸦片烟。此中关劫数[⑧]，明者避为先。

【注释】

①字画：写字的笔画。②肃齐：端庄整洁。③步云梯：凭借云彩升天。比喻在仕途上步步高升。④斫丧：伤害，损伤。⑤璧：圆形有孔的玉器。这里比喻美好的品格。⑥邪教：指被政府禁止的各种民间宗教组织，如白莲教、弥勒教等。⑦银漕：作为税赋交给政府的银钱和粮食。古代税粮都经河道运往京城及其他指定地点，故称为漕粮。⑧劫数：普遍降临到世界上的厄运、灾祸。

【解读】

这一段主要是总结归纳上述几段的内容，主要包括：读书要认真，仪态要重视，不看色情书，有错就改正，爱惜字纸，珍惜粮食，敬重天地，不入邪教，敬畏王法，不欠税赋，不吸鸦片等等。

取其精华、去其糟粕后可以发现，其所告诫的大部分内容至今仍有积极意义。

【原文】

诗句《神童》续[①]，良言值万金。善人终究好，天理弗亏人。畏寒时欲夏，苦热复思冬。妄想能消灭[②]，安身处处同。

【注释】

①“诗句”句：谓这首诗是《神童诗》的续诗。②妄想：不切实际的想法。在这里指人的欲望。

【解读】

这一段是总结全诗。

在最后四句，作者强调了为人处世应遵循的最根本点，就是抑制与客观不符的主观欲望，随遇而安。

在严寒的冬天怀念夏天，在酷热的夏天期望冬天，本是非常正常的欲想，在这里却被称为“妄想”。这是对欲望的一概否定，是受了明清理学“存天理，灭人欲”的思想影响，是传统道德准则中最为陈腐落后的观念，因此不可取。

不过作者在诗中所提倡的主观愿望与客观实际相符合的准则还是值得今人学习和借鉴的。

龙文鞭影

[明]萧良有

《龙文鞭影》一书,是以介绍人物掌故和历史知识为主要内容的韵语书,旨在巩固儿童读过《三字经》《百家姓》《千字文》之后的识字成果,使他们继续认识一些新字,并进一步接受思想、知识方面的教育。

《龙文鞭影》原名《蒙养故事》,明代万历时萧良有撰。萧良有,字以占,号汉中,汉阳人。他自幼聪慧异常,时人誉为"神童"。他于明万历八年(1580年)会试第一,进修撰,任国子监祭酒,在史局15年,声望很高。著有《蒙养故事》《玉堂遗稿》等。后来杨臣诤在授课之余,又对萧著《蒙养故事》大加补充订正,并改名为《龙文鞭影》。

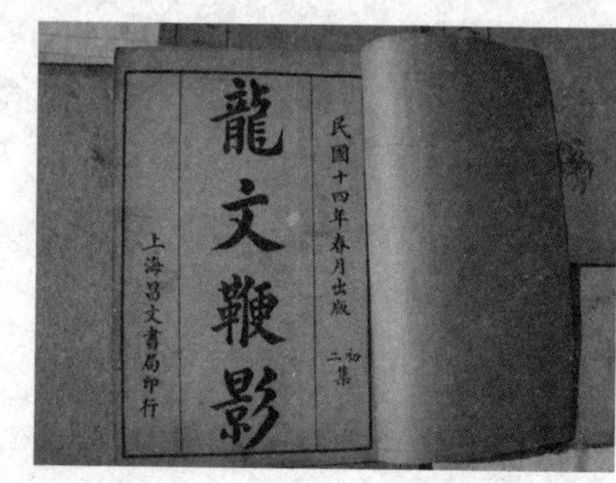

《龙文鞭影》书影

龙文,是古时良马的名字,见鞭影而疾驰,《龙文鞭影》这一书名形象地体现了其书在儿童教育中"逸而功倍"的特点。

书中内容多来自二十四史中的人物典故,同时又从《庄子》和古代神话、小说、笔记如《搜神记》《列仙传》《世说新语》《酉阳杂俎》《辍耕录》《鹤林玉露》等书中广泛吸取材料。内容涉及政治、军事、德行、文艺、儒林、方术、怪异、奸佞等等,这些方面的名人轶事,书中都广为辑录;我国历史上流传下来的许多著名故事,也大都能从书中找到。全书用四言体写成,按韵部排列,取古事之相类者摘而成偶,又各谐之以韵,读来琅琅上口。文字简明扼要,恰当地表明故事梗概。全书共收2000多条典故,可以说是一本典故大全。

卷之一

【原文】

粗成四字　诲尔童蒙[①]　经书暇日　子史须通[②]

【注释】

①童蒙:古人对儿童的称谓。②经书、子史:指经、史、子、集四部经典。

【解读】

以四字粗浅文字讲解百科知识，教诲儿童。诵读《四书》《五经》之余，对诸子百家的著作及二十四史，都须讲明。

【原文】

重华大孝[1]　武穆精忠[2]　尧眉八彩　舜目重瞳[3]

【注释】

①重华：指虞舜。②武穆：是岳飞谥号。③重：两个。

【解读】

相传虞舜的父亲顽固、凶暴，母亲愚蠢、奸诈，弟弟傲慢、无礼，但是虞舜仍能善事父母，友爱兄弟，后人称其为大孝。

南宋抗金名将岳飞，屡战皆捷。绍兴三年（1133年），高宗曾赐"精忠岳飞"的锦旗。后被朝廷以"莫须有"的罪名杀害。孝宗时追谥"武穆"。

相传古帝唐尧的眉毛有八种色彩，古帝虞舜眼中有两个瞳孔。

【原文】

商王祷雨　汉祖歌风　秀巡河北　策据江东

【解读】

相传商汤王时，连续七年遭天旱。汤王剪发断指，亲往桑林向神仙祈福，并以为政不明、百姓不安、宫室华丽、贿赂风气盛行和贪官污吏猖獗这五方面的过失自责。祈祷刚结束，喜降大雨，解除了旱情。

汉朝建立后，高祖刘邦过沛县，特意在沛宫设宴款待家乡父老。刘邦击筑（古代一种乐器）吟诗："大风起兮云飞扬，威加海内兮归故乡，安得猛士兮守四方！"

新莽末年（王莽年号），汉光武帝刘秀以"复高祖之业"为号举兵反莽。王莽政权覆灭后，刘秀为破虏将军，受命镇抚河北，废王莽苛政，复兴汉室。

孙策十八岁时与周瑜定计渡江转战，结交江淮世家大族，据有江东六郡。

【原文】

太宗怀鹞　恒典乘骢　嘉宾赋雪　圣祖吟虹

【解读】

唐太宗李世民喜爱一只鹞鹰。谏臣魏征请求朝见，太宗遂把鹞鹰藏入衣内。魏征奏事故意拖延时间，待完毕，鹞鹰已窒息死于太宗怀中。

东汉灵帝时，御史桓典经常骑乘青骢马，耀武扬威，招摇过市，百姓都既恨又怕说："行行且止，避骢马御史。"

一年岁末，大雪纷飞，梁孝王刘彻（继位后称汉武帝）设酒宴请嘉宾友人，邹阳、枚乘和司马相如等出席。司马相如作赋一首，邹阳也作《积雪之歌》《白雪之歌》。

明太祖朱元璋一次便装出行，路遇彭友信，随口念出《虹蜺》诗："谁把青红线两条，和风甘雨系天腰。"命彭友信续作。彭友信应声吟道："玉皇昨夜銮舆去，万里长空架彩桥。"明太祖非常高兴，次日召彭友信为布政使。

【原文】

邺仙秋水[1]　宣圣春风[2]　恺崇斗富　浑濬争功

【注释】

①邺。②宣圣：孔子谥号。

【解读】

唐代李泌七岁就能写文章，深受诗人张九龄喜爱，呼为"小友"，并说："此稚子目如秋水，必拜卿相。"李泌长大后，历仕肃宗、代宗、德宗三朝，官至宰相，封邺侯。

一次，汉武帝问大臣东方朔："孔子和颜回谁的品德更高尚？"东方朔回答说："颜渊（颜回）如桂花的芳香。孔子如春风，使万物萌生。"

晋后将军王恺、散骑常侍石崇以豪侈相矜，彼此斗富。王恺以糖稀洗锅，作紫丝布步障四十里。石崇以蜡代薪，作锦步障五十里。王恺虽得武帝暗中支持，仍不能获胜。一次，王恺用御赐二尺多高的珊瑚树向石崇炫耀，石崇随手用铁如意将之击碎。王恺痛惜，石崇搬出家中三四尺高的珊瑚树六七株赔偿。

晋王浑、王濬二人奉武帝之命伐吴。吴主孙皓有意向王浑投降，送来印节，但王浑迟迟不敢前进。王濬首先攻入建业（今江苏南京），接受孙皓的降表。第二天，王浑才过长江。王浑跟王濬争夺功劳，上奏指责王濬擅自行动，王濬不服据理力争。

【原文】

王伦使虏　魏绛和戎　恂留河内　何守关中

【解读】

南宋王伦多次出使北方，与金国和议。绍兴九年（1139年）再赴金，被兀术扣留，屈辱地死于北方。

春秋鲁襄公四年（前569年），戎族侵略晋国。悼公打算起兵讨伐，魏绛建议与戎族和好，并提出和戎五利：一、可以专心于对中原的争霸活动；二、可以使百姓安居乐业；三、令诸侯畏惧和归顺；四、可以恢复军队斗志；五、可以增强国力。晋悼公采纳魏绛的和戎策略，此后，八年之内，晋国九次会盟诸侯，问鼎中原，恢复霸业。

东汉光武帝刘秀北征。邓禹推荐寇恂镇守河内，负责转输军需。起初，光武帝担心寇恂不能胜任。后来寇恂大破绿林军苏茂等部的进攻。光武帝高兴地说："我这才相信寇恂可以担当此任呢！"

秦末楚汉战争，萧何荐韩信为大将，自己以丞相职留守关中，输送士卒粮饷。汉朝建立后，论功萧何为第一，封为酂侯。

【原文】

曾除丁谓　皓折贾充　田骄贫贱　赵别雌雄

【解读】

宋真宗天禧年间，朝议罢贬寇准，丞相王曾不同意，丁谓威胁说："居停主人不要为他讲话了。你自身也难保呢。"原来王曾曾把住宅借给寇准，故称他为居停主人。丁谓排挤寇准去位，自己升为宰相，独揽朝政。仁宗继位时，京城流传着一句话："欲得天下好，莫如召寇老；欲得天下宁，拔去眼中钉。"后来丁谓终于被贬为崖州司户参军，由王曾掌管丁谓的职权，人们对此拍手称快。

晋灭吴后，贾充责问原吴主孙皓："听说你为吴主时，有挖人双眼、剥人面皮的酷刑？"孙皓回敬道："我只对奸邪、弑君、不忠者动用此刑啊！"贾充被说得哑口无言。原来贾充就是这种人物。曹魏时他任大将军司马、廷尉，为司马氏所亲信，曾参与杀害魏帝曹髦。

战国时，魏文侯拜田子方为师。一次，太子子击在途中遇到田子方，忙将车停于路旁施礼，田子方态度冷淡，不予还礼。子击很生气，说："是我以富贵骄人，还是先生以贫贱骄人？"田子方答道："做国君的骄傲，会失掉国家，而贫贱者骄傲，此处站不住脚，还可以到别的地方去，损失不大，就如失掉一只鞋子。富贵者的骄傲和贫贱者的骄傲怎么会相同呢？"

汉京兆丞赵温，平素就立有大志，曾经感慨地说："大丈夫当雄飞，安能雌伏！"然后辞官而去。

【原文】

王戎简要　裴楷清通　子尼名士　少逸神童

【解读】

晋初吏部侍郎空缺。武帝问钟会有谁可以担当此任。钟会回答道："王戎说话简明扼要，裴楷说话明晰透彻。"于是武帝任命二人出任吏部侍郎。

晋王澄有一次途经陈留郡（今河南开封），打听本郡名士，官吏只列举了江应元（名统）、蔡子尼（名充）二人。王澄问："陈留郡居高官显位的人很多，为什么只提江蔡二人呢？"官吏回答说："你问我的是名士，没有问我本地的大官呀！"

宋刘少逸幼年聪明过人，老师潘阆带他去拜见王元之、罗思纯，王、罗二人作联考刘少逸。罗思纯出上联："无风烟焰直。"刘少逸随口对出："有月竹阴寒。"又出上联："日移竹影侵棋局。"刘少逸接联："风送花香入酒卮。"王元之出上句："风雨江城暮。"刘少逸应对："波涛海寺秋。"又出一上句："一回酒渴思吞海。"对曰："几度诗狂欲上天。"二人见其对答如流，惊服有奇才，极力向朝廷推荐。

【原文】

巨伯高谊　许叔阴功　代雨李靖　止雹王崇

【解读】

汉荀巨伯到远方探望病重的朋友，正好碰上匈奴军队攻打此地。朋友劝荀巨伯："我活不了多久了，你赶快离开这里吧！"荀巨伯说："我专程来探望你，现在却丢下你逃走，这不是我的行为准则。"匈奴军队攻进城，见荀巨伯，问道："全城的人都跑光了，你怎么还留在这里？"荀巨伯回答："我的朋友病重，我不忍丢下他逃走，宁愿代他死！"匈奴军官暗忖：若杀了他，那就是以无义害有义了，万万使不得。便命令军队撤退。全郡由此免遭了一场灾难。

南宋许叔微，博通经史，精于医术。高宗建炎初年，瘟疫流行。许叔微不辞辛劳，亲行闾巷，为百姓诊疗，救活了很多人。一天晚上，他梦见神仙对他说："上帝念你暗中施德，赐给你官做。"又说："药市收功，陈楼间阻。堂上呼卢，喝六作五。"后许叔微考中进士。

唐李靖常到山中打猎。一晚，他投宿到一大户人家。半夜，听有敲门声，忙穿衣开门，见一位老妇立门外说道："这里是龙宫。玉帝命我行雨，想麻烦先生代劳。"李靖答应。于是，老妇交给他一匹青骢马和一瓶水，说："马鸣，取瓶水一滴滴马鬃，则平地水深三尺。"李靖见本乡旱情严重，便一连滴下三十余滴水。返回后，如实相告。老妇叹道："唉！先生必定无家可归。"

汉代王崇，对父母很孝顺。父母去世后，他悲痛欲绝。有年盛夏，天降冰雹，禽兽草木和庄稼都被砸死了，而王崇的十顷菽麦却安然无恙。乡里的人都说这是上天对王崇大孝的奖励。后来，王崇官做到大司空，被封为扶平侯。

【原文】

和凝衣钵　仁杰药笼　义伦清节　展获和风

【解读】

五代时，和凝以第十三名考中进士。后来他主持科举考试，得知新科进士范质也是第十三名，便风趣地说："以传老夫衣钵。"后来，范质所历官位也与和凝相同。为此，和凝作诗云："从此届堂添故事，登庸衣钵亦相传。"

唐元澹，深得宰相狄仁杰器重。他曾劝狄仁杰留意储备人才，以供国家选用。狄仁杰很赞同元澹的主张，说："君正吾药笼中物，不可一日无也。"意思是说，国家需要储备人才，你正像我药笼中的药，一天也不能没有。

宋初大臣沈义伦，为政清明廉洁。太祖时随军入四川，独居一处，房屋简陋，粗茶淡饭。离川东时，箱中只装有几卷图书。太祖赞赏他的品行，任命他为枢密副史。

展获是春秋末期鲁国柳下屯（今山东西部）人。他逝世后，门人打算写祭文，以表哀悼，于是征求他家人的意见。其妻说道："夫子之不伐兮，夫子之不竭兮，夫子之诚信而与人无害兮。屈柔从俗，不强察兮。蒙耻救民，德弥大兮。虽遇三黜，终不蔽兮。岂弟君子，永能厉兮。吁嗟惜兮，乃下世兮。夫子之谥，宜为惠兮。"这是对展获一生的概括。孟子称他为柳下惠,就源于此。

【原文】

占风令尹　辨日儿童　敝履东郭　粗服张融

【解读】

春秋时尹喜曾为函谷关令,一次,他望见紫气东来,于是对风进行观测,推算一定有神仙经过此地。不久,老聃果然乘着青牛而至。

有次孔子看到两个小孩在争论,便问其缘由。一个小孩说:“我认为太阳刚升起时离人近,而到中午时离人远。”另一个认为太阳刚升起时离人远,而中午时离人近。前者说:“太阳刚升起时,大得像车盖;等到中午时,则像个盘盂。远小近大(近大远小),不对吗?”后者道:“太阳刚出来时凉飕飕的,等到中午时,就像开了锅的水一样。这不是近的热,远的凉吗?”孔子也无法决断。两个小孩笑道:“谁说你学识渊博呢?”

东郭先生很贫寒,穿的鞋子只有鞋面而无鞋底,冬天在雪中行走,赤脚踩在地上。

南朝萧齐时的大臣张融,两袖清风,上朝时也只身着粗布衣服。

【原文】

卢杞除患　彭宠言功　放歌渔者　鼓枻诗翁[①]

【注释】

①枻:桨。

【解读】

唐德宗时,卢杞为虢州(今河南西部)刺史。他上奏说:“虢州官府饲养的三千头猪,加重了百姓的负担,是一大隐患。”德宗于是下令把猪迁到沙苑(今陕西大荔南)。卢杞说:“迁到同州沙苑又要增加那里百姓的负担,依臣之见,不如把猪杀了吃方便。”德宗道:“守虢而忧他州,宰相之才也。”下诏把猪分给百姓吃。

东汉彭宠为渔阳(今北京密云西南)太守。光武帝讨伐王郎时,彭宠因负责转运粮草有功,居功自傲。朱浮开导他说:“辽东之猪,古来皆黑,生子白头,异而献之。行至河东,见群豕皆白,怀惭而退。你的功劳与别人相比,就如同辽东之猪一样。”

唐朝崔铉为江陵(今湖北中部)太守时,常见一个人,钓鱼换酒,无忧无虑,总是放声唱歌。崔铉好奇,便问:“你是一位隐者吧?”那人答道:“是的。人们皆以为姜子牙、严子陵是隐者,殊不知他们都是钓其名呀。”说完,不再理会崔铉,自顾离去。

宋朝卓彦恭乘船过洞庭湖,见月下一老翁独自划船,便问是否有鱼,老翁回答:“无鱼有诗。”又敲桨唱道:“八十沧浪一老翁,芦花江上水连空。世间多少乘除事,良夜月明收钓筒。”卓彦恭听罢忙问其姓字,老翁不答而去。

【原文】

韦文朱武　阳孝尊忠　倚闾贾母　投阁扬雄

【解读】

前秦皇帝符坚视察太学，博士卢壶对符坚说："太学里没有传授《周官礼注》的老师。太常韦逞的母亲宋氏，世传父业，可请她来教授。"于是，韦逞在家设讲堂，置生徒130人，由母亲宋氏在红色纱帐后授业。

东晋朱序镇守襄阳，前秦苻丕率军攻城。朱序母韩氏带领妇女预先在城内构筑新城，故又称夫人城。外城被攻破后，军民退入新城坚守。

汉王阳为益州刺史，行走到邛崃九折阪，叹息道："奉先人遗体，奈何乘此险道。"于是驾车返回。后王尊接任，行走到邛崃九折阪，得知前刺史王阳至此畏险不敢前进，乃大声呵斥驾车者说："往前走！王阳为孝子，王尊为忠臣！"

战国时，王孙贾为齐国湣王做事，楚国人淖齿在齐国造反，湣王去向不明。王孙贾回家告诉母亲，他母亲说："你晚归，我就靠在家门口等你回来，现在湣王出走，你竟然不知道他的去处，怎么能回来呢？"王孙贾感到很惭愧，于是率领国人杀了淖齿，立湣王之子为君，齐国才得以安定。

西汉末王莽专权，曾利用呈符命（叙述祥瑞征兆为帝王歌功颂德的文章）一事，排除异己。刘歆的儿子受业于扬雄门下，也遭流放。扬雄听到这一消息，恐受株连，从楼阁上跳下，差点摔死。在京城流行这样一句话："惟寂寞，自投阁；爰清静，作符命。"后王莽称帝，扬雄又出任大夫一职，世贬称之为"莽大夫"。

【原文】

梁姬值虎　冯后当熊　罗敷陌上　通德宫中

【解读】

南宋名将韩世忠的夫人梁红玉，曾是妓女。一次，梁红玉五更入韩府贺朔（阴历的每月初一），见走廊里蹲卧着一只老虎，惊恐万分。众人赶来仔细一看，原来是一个人躺在地上睡觉。梁红玉问他姓名，才知道此人就是韩世忠。后二人结为夫妻。

一次，傅妃和冯妃陪汉元帝去观虎。突然，熊跑了出来。傅妃夺路而逃，冯妃却径直上前挡住熊的去路。熊迟疑片刻，转身离开。事后，元帝问冯妃为什么要这样做。冯妃回答说："妾恐熊伤害皇上，故以身挡之。"傅妃听了很惭愧，冯妃因此受到元帝的宠爱。

汉代王仁在赵王手下作家令，他的妻子秦罗敷是出名的美女。有一次，赵王站在高台上望见秦罗敷正在田间采桑叶，顿起歹心，想把秦罗敷抢夺过来。秦罗敷作歌《陌上桑》，巧妙地拒绝了赵王，表达了对爱人的忠贞。

汉伶玄的妾樊通德是成帝皇后赵飞燕的女使，她把赵飞燕与其妹赵昭仪专宠宫中之事告诉了伶玄。伶玄听后据其所述撰写了《飞燕传》。后赵飞燕被废为庶人，自杀。

【原文】

汉称七制　唐羡三宗　枭卿断舌　高祖伤胸

【解读】

汉代有七位治平天下的皇帝，分别是：西汉高帝（刘邦）、文帝（刘恒）、武帝（刘彻）、宣帝（刘洵）、东汉光武帝（刘秀）、明帝（刘庄）、章帝（刘炟）。

唐代有三位创造盛世的皇帝。太宗李世民，在位23年，政治修明，经济繁荣，文化发达，开创“贞观之治”；玄宗李隆基，励精图治，有“开元之治”之誉；宪宗李纯，刚明果断，平定藩镇叛乱，唐室中兴。

唐玄宗时，颜杲卿为常山（今河北正定）太守。天宝十四年（755年）安禄山发动叛乱，颜杲卿起兵讨伐。次年，为安禄山部俘获，大骂乱贼，宁死不屈，最后被断舌而死。南宋爱国英雄文天祥在狱中作《正气歌》，有“为颜常山舌”一句，就是指颜杲卿坚贞不屈的精神，

在楚汉战争中，刘邦历数项羽十条罪名，项羽大怒，命令弓弩手放箭。刘邦的胸部受伤，但他却摸着脚大声说道：“敌人射中了我的脚趾。”刘邦忍着伤痛，安定军心，以迷惑敌人。

【原文】

魏公切直　师德宽容　祢衡一鹗　路斯九龙

【解读】

北宋大臣韩琦，敢于直言尽谏，仁宗时，厉声斥责曹太后干预朝政；英宗时，责备太后没有照顾好皇上身体。

唐代大臣娄师德，宽宏大量。他曾经对其弟说：“人唾汝面，俟其自干可耳。”他推荐狄仁杰为丞相，狄仁杰反而排挤他，后武则天把他写的推荐书给狄仁杰看，狄仁杰深感内疚地说：“娄公的品德真高尚呀，若不是他宽容待人，我哪有今天呢？”

汉末文学家祢衡，性格刚烈。孔融深爱其才，上疏曹操推荐道：“鸷鸟累百，不如一鹗。使衡立朝，必有可观。”

唐代宣城（今安徽长江以东）令张路斯，与夫人石氏生有九个儿子。有一次，他去焦氏台钓鱼，回到家里夫人见他浑身上下都湿透了。他说：“我是一条龙，郑祥远也是一条龙。今天他与我争夺钓台宝殿，约定明天决一雌雄，让九个儿子给我助战。”第二天，九个儿子协助父亲打败了郑祥远，然后化龙而去。

【原文】

纯仁助麦　丁固梦松　韩琦芍药　李固芙蓉

【解读】

北宋大臣范仲淹做开封知府时，派他的儿子范纯仁将五百斛小麦从水路运回苏州老家。路遇石延年。范纯仁得知石延年家境穷窘，便把全部小麦送给石延年。范纯仁回开封后，把这件事禀告了父亲，受到范仲淹赞许。

汉代丁固小时候做了一个梦，腹上长出了一棵松树，于是便去问算命先生。算命先生告诉他："松字由十八公构成，十八年后，你有可能当大官。"后来，丁固果然如算命先生所言做了大官。

北宋年间，韩琦为江都郡守，有四枝被称为金带围的芍药开放。韩琦在花园摆宴，当时，王珪为副郡守，王安石为幕官，陈升之为卫尉丞，各人插戴金带围一朵。据说，这就是后来四人相继晋升高位的吉兆。

唐李固有次出游，途中遇一老姥。老姥对他说："郎君明年芙蓉镜下及第。"来年果然中了状元，人称"人镜芙蓉"。

【原文】

乐羊七载　方朔三冬　郊祁并第　谭尚相攻

【解读】

东汉时乐羊子出外寻师求学，一年就回来了。妻子问他为什么这么快就回来了，他说："在外久了，想念家中。"妻子拿刀把织机上的织物剪断，说道："绸缎是一丝一丝地织出来的，一寸一寸地积累起来的，最后才成一匹衣料。现在将它一刀剪断，已经织好的部分也要前功尽弃。学习也要日积月累，如今你外出求学，半途而归，不就和我剪断机上的绸缎一样吗？"乐羊子感悟，便又出外学习，七年没有回家。

西汉时东方朔以善辞赋、性诙谐著称。武帝继位，征贤良文学之士，东方朔上书说："臣年十二，学书三冬（年），文史足用。十五学击剑。十六学《诗》《书》，诵二十二万言。十九学孙吴兵法，战阵之具，征鼓之教，亦诵二十二万言。若是，可以为天子大臣矣。"汉武帝认为东方朔是奇才，召他为常侍郎。

北宋宋郊与弟弟宋祁幼年时有一次外出，在路上遇到胡僧相面。胡僧说："宋祁他日当考取状元。"十年后，胡僧又给哥哥相面，说："你神采焕发，也一定会考中状元。"后来，兄弟两人一同参加科举考试。同时考中，都授为翰林院编修。

三国时，袁绍据有幽、冀、青、并四州，称雄北方。他的儿子袁谭、袁尚为争夺冀州，互相攻伐，先后为曹操所灭。

【原文】

陶违雾豹　韩比云龙　洗儿妃子　校士昭容

【解读】

周朝的陶答子治理陶（今山东定陶）三年，大肆搜刮民财，自己家产增加了两倍，却没有给当地百姓带来任何好处。妻子规劝他："能力小而官位高，这是祸害缠身；没有功劳而家庭昌盛，这是积累灾难。你现在贪图富贵，将后患无穷呢。"陶答子对妻子的规劝置若罔闻，后来果然被杀掉了。

孟郊，字东野，与韩愈为忘年交，都是唐代著名的文学家。韩愈曾在《醉留东野》诗中写道："吾愿身为云，东野变为龙。四方上下逐东野，虽有离别无由逢。"

安禄山很受唐玄宗宠信，逢其生日，皇上赏赐甚丰。因杨贵妃收安禄山为养子，三天后，安禄山进入皇宫，杨贵妃用锦绣裹安禄山，使宫人用彩车高高举起，称为"洗儿"。

唐朝上官婉儿的母亲刚怀上她的时候，曾梦见一巨人给一杆大秤，说："持此称量天下。"上官婉儿满月后，有一次母亲逗她："你果真能称量天下吗？"上官婉儿竟点头答应了。她从十四岁起，即为武则天草拟诏令。中宗（李显）当皇帝后，她做了昭容，曾主考天下文士。

【原文】

彩鸾书韵　琴操参宗　古帝凤阁　刺史鸡窗

【解读】

唐代吴猛的女儿吴彩鸾，拜文箫为师，学习道术。文箫的家很贫穷，吴彩鸾每天书写孙愐的《唐韵》出售，养活老师。

宋代文学家苏轼在杭州的时候，曾经携带一个名叫琴操的妓女游西湖。有一天，苏轼开玩笑说："我做长老，你试参禅。"于是，琴操发问道："何谓湖中景？"苏轼答："落霞与孤鹜齐飞，秋水共长天一色。"又问："何谓景中人？"答道："裙拖六幅潇湘水，鬓挽巫山一段云。"再问："何谓人中意？"答道："随他杨学士，鳖杀鲍参军。""如此究竟何如？""门前冷落车马稀，老大嫁作商人妇。"琴操大悟，遂削发为尼。

相传上古黄帝时代，凤凰巢居在四面有檐的楼阁上。黄帝向大臣天老询问凤凰的长相。天老作了详细描述，并说："凤出东方君子之国，翱翔四海之外，见则天下大安。"于是黄帝在宫殿中斋戒，祈祷凤凰飞来。凤凰被黄帝的诚意所感动，飞来栖息在宫中梧桐树上，食竹子所结之实。

相传晋朝兖州（今山东金乡西北）刺史宋宗有一只长鸣鸡，他很宠爱，养在窗前。后来，这只鸡竟然能像人一样说话，与宋宗谈论精妙义理，人们称这只长鸣鸡为"窗禽"。

【原文】

亡秦胡亥　兴汉刘邦　戴生独步　许子无双

【解读】

秦始皇统一中国后，卢生奏呈《箓图书》，预言："亡秦者，胡也。"秦始皇误认为是指北方匈奴，于是遣蒙恬率兵三十万出征，又修筑长城。后来，人们才知道，卢生所说"胡"是指胡亥。他在位仅三年，秦朝就灭亡了。

秦二世元年（公元前209年），刘邦在沛县起义，称沛公。公元前206年，刘邦的军队攻占秦都咸阳，接受秦王子婴投降，废除秦苛法，约法三章："杀人者死，伤人及盗抵罪。"深得人民拥护。又经过五年楚汉战争，终于击败项羽，建立汉王朝。

东汉隐士戴良，喜好惊世骇俗的高谈阔论，同郡谢季孝问道："天下谁能与你相比？"他回答说："我若仲尼长鲁东，大禹出西羌，独步天下，无人可与我相比。"

东汉经学家、文学家许慎，博通经籍，人称"五经无双许叔重"。著有《说文解字》，集古文经学训诂之大成。

【原文】

柳眠汉苑　枫落吴江　鱼山警植　鹿门隐庞

【解读】

相传汉代皇家园林中有一种柳树，状如人形，称为人柳。这种柳树一日三眠三起，即柳树枝条每天随风三起三伏，时刻不差。

唐代崔信明出生那天中午，有群雀鸣集庭树上。算命先生说，如果生儿子，长大能做文官，但职位不高。崔信明以后官至秦州令。长于诗，有"枫落吴江冷"等名句。

三国时，曹植有一次去东阿（今山东西部），途经鱼山，忽闻有诵经声，十分清亮，远谷流响，不禁肃然起敬，传说今天僧道唱经的方式就是曹植模仿创造的。

东汉末庞德公不愿入仕，多次拒绝荆州刺史刘表的邀请。后来，他携妻子隐居鹿门山（今湖北襄樊东）。

【原文】

浩从床匿　崧避杖撞　刘诗瓿覆　韩文鼎扛

【解读】

唐代诗人孟浩然40岁时才第一次游历京师长安。他与王维相友善。有一次王维私邀他入内署，碰巧玄宗驾到，孟浩然慌忙躲于床下。王维奏明孟浩然在这里。玄宗说道："朕久闻其名而未见过此人。"乃诏孟浩然吟诵诗作。吟至"不才明主弃"，玄宗打断他说道："卿不求仕，朕未尝弃卿，奈何诬我？"

汉明帝刘庄气量狭窄，常常诋毁谩骂公卿大臣，近臣尚书以下，多遭推搡掷击。有一次，他对大臣药崧大发雷霆，用手杖打药崧，药崧钻入床下藏身。明帝持杖追至床前，怒不可遏地喝道："你出来！"药崧在床下说，"天子穆穆，诸侯皇皇，未闻人君，自起撞郎。"

明代刘基的诗文秀雅，用小瓮就可以覆盖。

唐代韩愈的诗文有气势，能够把鼎举起来。

【原文】

愿归盘谷　杨忆石淙　弩名克敌　城筑受降

【解读】

唐代李愿在盘谷（今河南济源北）隐居不仕。

明代大臣杨一清辞官后，在镇江府城南丁卯桥侧创办石淙精舍，聚徒授业。

南宋名将韩世忠力主抗金。建炎初年,守镇江,以八千水军截击金兀术十万大军于黄天荡(今江苏南京附近),扭转了南宋一味逃窜的局势。绍兴年间,他制成克敌弓,弓力强劲,能射穿金兵铠甲。

汉太初元年(公元前 104 年),为了接受北方匈奴军队投降,汉武帝令将军公孙敖筑受降城。故址在今内蒙古自治区乌拉特中后联合旗阴山北。唐景龙二年(708 年),张仁愿于黄河以北筑三座受降城,用以防御突厥人的侵扰。

【原文】

韦曲杜曲　梦窗草窗　灵征刍狗　诗祸花龙

【解读】

韦曲即今陕西西安市长安区韦曲镇,因唐代名臣韦安石世居于此而得名。前有潏水,风景清丽。向东斜行五里是杜曲,因唐贵族杜氏世居于此,故名。

南宋词人吴文英,其词讲究字句工丽,音律和谐,作有《梦窗词》。南宋词人周密,其词讲究格律,作有《草窗词》,与吴文英并称"二窗"。

相传三国时的周宣占梦很灵验。一天,魏国太史梦见刍狗,问周宣。周宣说:"你要获得很多粮食呢。"过了几天,太史又梦见刍狗。周宣说:"你坐的马车要翻,脚也要被折断。"过了几天,太史再次梦见刍狗,周宣说:"你家要发生火灾。"周宣占的这三个梦都应验了。

明代诗人高启,与杨基、张羽、徐贲齐名,人称"吴中四杰"。洪武初年,召修《元史》,为翰林院国史编修。后题宫女图:"女奴扶醉踏苍苔,明月西园侍宴回。小犬隔花空吠影,夜深宫静有谁来。"太祖说该诗为讽刺诗,高启遂被腰斩。

【原文】

嘉贞絲幔　鲁直彩虹　王良策马　傅说骑箕

【解读】

唐郭元振才貌双全,很受宰相张嘉贞的喜爱,意欲招为女婿。张嘉贞把郭元振叫到家中告诉他:"我有五个女儿,在屏幕后各持一条丝带。你上前去牵出一条,牵出谁,谁就做你的妻子。"郭元振依言牵出一条红色丝带,得到张嘉贞美丽贤惠的第三个女儿,结为夫妻。

宋代黄鲁直的儿子向苏东坡的孙女求婚。行纳吉礼时,特地用红彩带缠缸,以表示诚意。

王良,星官名,共五星,即仙后座五星。其中四星名天驷,旁一星名王良。古人认为,天驷参差不列行,则天下安宁;天驷齐行,王良举策,则天下大乱。

傅说,星官名。传说殷王武丁举傅说为相,出现殷中兴的局面。他死后,其精神升天,跨于箕、尾二星之间,化为傅说星。

【原文】

伏羲画针　宣父删诗　高逢白帝　禹梦玄彝

【解读】

相传人类的始祖伏羲氏,创造了八卦记号,作为占卜及记事的工具。

据史书记载,春秋时孔子曾删定《诗经》。

传说汉高祖刘邦起兵反秦之初,有一天晚上喝醉了酒,走过一处沼泽地时,猛然看见一条大蛇挡住去路。刘邦拔出宝剑,斩杀大蛇,继续往前走,一个老太婆伤心地哭述道:"白帝的儿子,化为大蛇当道,刚才被赤帝杀死了。"说完飘然而去。

相传上古大禹治水至衡山,杀白马祭祀,梦见一个身着红色绣衣的男子,自称是玄彝苍水使者,要他在黄帝之宫斋戒三月。大禹依言斋戒三月,便得到神仙授给的金简之书。这样,大禹才知道治水的要领。

大禹治水

【原文】

寅陈七策　光进五规　鲁恭三异　杨震四知

【解读】

南宋高宗时,起居郎胡寅曾经进献"七策"要求抗金复国。由于投降派的阻挠,胡寅的"七策"没有送到高宗手中。

北宋仁宗时,知谏院司马光向皇帝进献"五规":一、保业。二、惜时。三、远谋。四、谨微。五、务实。被仁宗采纳。

东汉时,河南一带遭蝗灾,只有中牟(今河南中部)境域内平安无事。河南行政长官委派肥亲前去查访。肥亲与县令鲁恭到各处察看后,一同在桑阴下休息。这时,有只野鸡从一个小孩身旁走过,肥亲上前问小孩:"你为什么不捕捉野鸡?"小孩回答道:"它马上就要孵小鸡了。"肥亲辞别鲁恭时说:"你管辖的中牟县,蝗虫不侵入境内;以道德教化治理地方;童子有仁爱之心。这真是三件不同寻常的事情呀。"后来,鲁恭被拜荐为大司徒。

东汉杨震为官清廉,不受私谒。有一次,他赴东莱(今山东莱州)任太守,道经昌邑县(今山东巨野西南)。昌邑令王密是他过去推荐的荆州秀才,夜间前来拜见他,并拿来金十斤,杨震拒受。王密说:"夜深人静,无人知道。"杨震反驳道:"天知、神知、你知、我知,怎么说不知道道呢?"王密听了,羞愧地退了出来。

【原文】

邓攸弃子　郭巨埋儿　公瑜嫁婢　处道还姬

【解读】

传说晋朝邓攸,字伯道,因石勒之乱,携带儿子和侄儿逃难,途中屡次遇险,恐难两全,于是决定弃去自己的儿子,保全侄儿。后终无子,时人为他抱憾说:"天道无知,使邓伯道无儿。"

汉末河南林县人郭巨,是个大孝子,家中很穷。传说他的妻子生有一个儿子。郭巨担心儿子会分掉母亲的食物,于是和妻子商量活埋儿子,以养活老母。夫妻二人挖坑时,挖出来一釜黄金,上面写有:"孝子郭巨,黄金一釜,用以赐汝。"

宋代德化(今江西九江)县令钟离瑾,字公瑜,他的女儿即将出嫁。钟离瑾打算把服侍女儿的奴婢卖掉。女儿请求父亲让女婢同嫁,钟离瑾同意了女儿的这一请求。

南朝陈将亡时,驸马徐德言预料将和妻子乐昌公主离散,于是打破一面铜镜,各执一半,作为它日重见时的凭证,并约定正月十五卖镜于市,以相探讯。陈亡,乐昌公主为杨素(字处道)所有。徐德言至京城,正月十五日遇一人卖破镜,与所藏半镜相合,便题诗道:"镜与人俱去,镜去人不归;无复嫦娥影,空留明月辉。"公主见诗,悲泣不食。杨素知道后,使公主与德言重新团圆,偕归江南终老。

【原文】

允诛董卓　玠杀王夔　石虔趫捷　朱亥雄奇

【解读】

汉献帝时,司徒王允忿于董卓飞扬跋扈,专断朝政,定计收买董卓的义子吕布,刺杀了董卓。

宋四川利司都统王夔凶狠残忍,当地百姓深受其苦,怨声载道。四川宣谕司余玠,决定为民除害。密令手下人召王夔前来商议事情,王夔不知是计,没有防备,被斩于刀下。

晋朝的桓石虔,行动矫捷绝伦。有一次,随父亲到山中围猎。众将射中一只猛虎伏在地上,没有人敢上前拔箭。大家便鼓动他去。桓石虔每拔出一箭,猛虎就疼痛难忍地跳起很高想吃他,而他比猛虎跳得更高。待猛虎伏地时,他又拔出一箭,直到拔完为止。众将都很钦佩他。

春秋战国时,魏国的朱亥英勇无比。有一次,魏王派朱亥奉玉璧谢秦。朱亥到了秦国,秦王瞧见来的是个小人物,很生气,将他关进老虎笼里。朱亥怒发冲冠,怒目视虎,老虎也不敢前来吃他。秦王这才以礼相待。

【原文】

平叔傅粉　弘治凝脂　伯俞泣杖　墨翟悲丝

【解读】

三国时,魏国玄学家何晏,字平叔,面白皙。魏明帝以为他脸上涂了粉。

东晋杜乂,字弘治,他的祖父杜预、父亲杜锡都是西晋名人。人称杜乂"面如凝脂,眼如点漆"。

汉代韩伯俞孝顺父母。有一次,韩伯俞犯了错误,母亲用竹板打他时,他哭了。母亲问道:"过去打你从来不哭,今天为何哭呢?"韩伯俞回答道:"往昔打得痛,知道母亲身体还健康;今天打得不痛,知道母亲力气已衰了,因此孩儿悲伤。"

春秋时,墨家学派创始人墨翟,见到有人染丝,喟然感慨道:"染在青色的颜料里,丝就变成青色;染在黄色里,丝就变为黄色。人的自然本性如同素丝,在不同的环境中,就会形成不同的人性,不能不谨慎呀。"

【原文】

能文曹植　善辩张仪　温公警枕　董子下帷

【解读】

三国时,曹操的第三个儿子曹植,十多岁时诗文辞赋就写得很好,往往提笔就能写成。

战国时魏国的张仪,能言善辩。有一次,张仪受诬陷偷璧玉,被打得遍体鳞伤。回到家里,张仪马上问妻子说:"你看我的舌头还在不在?"张仪一生,以辩才纵横天下。

宋司马光,封温国公,勤奋好学,他曾经以圆木为枕头睡觉,这样就不致因贪睡而影响早起读书。

西汉董仲舒是一位很有名的学者。他专心治学,三年不进花园。

【原文】

会书张旭　善画王维　周兄无慧　济叔不痴

【解读】

唐书法家张旭,尤以草书最为知名,张旭草书与李白诗歌、裴旻剑舞,时称"三绝"。相传他往往在大醉后呼喊狂走,然后落笔,故称"张颠"。

唐诗人、画家王维,善写泼墨山水及松石,北宋苏轼称他"诗中有画,画中有诗"。

春秋时,晋悼公名周,继位后恢复了晋国的霸业。他的兄长不能辨认菽麦,有如白痴,无法立为国君。

晋王湛雅抱隐德,大智若愚,人称痴呆之人。侄儿王济前来看望王湛,偶然在床头发现一本《周易》,便向王湛请教,王湛对《周易》剖析入微。叔侄二人又一起骑马,王湛的骑术很高超,王济这才知道王湛是大才而深藏不露,感慨道:"家有名士,三十年而不知。"对王湛肃然起敬。

【原文】

杜畿国士[①]　郭泰人师　伊川传易　觉范论诗

【注释】

①畿:(jī)。

【解读】

东汉时,杜畿有一次拜见侍中耿纪,终夜长谈,邻居尚书令荀彧深夜听见杜畿说话,第二天便遣人对杜畿说:“有国士而不荐举,我还能算作称职吗?”便把杜畿推荐于朝廷。

东汉魏昭少年时代,拜著名学者郭泰为师,道:“经师易获,人师难逢。我愿以素丝一样的天性,接受老师高尚品行的熏染。”

北宋理学家程颐,称伊川先生,有一次游历成都,瞧见一位治篾箍桶的工匠挟着一本《周易》。于是程颐停下来与他探讨有关八卦的问题,从中受到很大启发。感慨道:“《易学》在蜀矣。”

宋代高僧彭觉范,擅作诗。他有一个弟子名叫超然,也善于创作和谈论诗,见解独到。超然曾经说:“诗贵在有自然情趣。”彭觉范问:“那么作诗怎样才能做到有自然的情趣呢?”超然回答道:“能领悟出萧何结识韩信的原因,作诗就可以达到有自然情趣了。”

【原文】

董昭救蚁　毛宝放龟　乘风宗悫[①]　立雪杨时

【注释】

①悫(què)。

【解读】

相传汉代董昭之有一次渡钱塘江,看见江中芦苇秆上有一只大蚂蚁在做垂死挣扎。董昭之把芦苇秆捞上岸,使蚂蚁得以生还。夜里,董昭之梦见乌衣人向他致谢说:“我是蚂蚁王,特前来感谢你的救命之恩。”后来,董昭之因受诬陷被关进余杭监狱,夜里,梦见乌衣人对他说:“你逃入山林中去吧。”董昭之从梦中惊醒,见众蚂蚁已啮掉木枷,打通地道。董昭之便钻入地道逃出监狱。

相传晋朝毛宝十二岁的时候,从渔夫那里买得一只白龟,放还江中。后来,毛宝守邾城(今湖北黄冈西北),与石虎战败投江,被一物托起游至对岸。一看,原来是他小时候放回江中的白龟。

宗悫,南朝宋国人,年少时叔父宗炳问他的志向是什么,宗悫回答道:“愿乘长风破万里浪。”后官豫州太守,仍说:“得一州如斗大,何足展吾志。”后屡建战功,封为洮阳侯。

南宋杨时曾在程颐、程颢门下受业。有一次,杨时和游酢去拜会程颐,程颐正在瞑目而坐,杨、游二人便侍立一旁,等了很长时间,直到程颐醒来,门外已雪深一尺。

【原文】

阮籍青眼　马良白眉　韩子孤愤　梁鸿五噫[1]

【注释】

①噫:(yī 衣)。

【解读】

魏晋之际的名士阮籍,不拘礼法,蔑视权贵,嗜酒弹琴,常与嵇康等七人,在竹林之下喝酒清谈,被称为“竹林七贤”。他有时在家里读书,数月不出门,有时出外游山玩水,几天都不回家,高兴到极点时,甚至忘记了自身的存在。阮籍能为青白眼,见凡夫俗子,以白眼对之,以表轻视。对雅人高士则用青眼。

三国蜀汉马良,兄弟五人皆用“常”为字,并有才名。马良眉际有白毛,才学尤为出众,乡里人称:“马氏五常,白眉最良。”

战国末期法家思想集大成者韩非,出身韩国贵族,与李斯同为荀子的学生,他看到韩国日益贫弱,曾上书韩王变法革新,未被采纳,于是便写下了《孤愤》《五蠹》《内外储》《说林》《说难》十余万言,系统阐述了自己的政治理论与主张。其书传至秦国,秦王嬴政读后极赏识,说:“能见此人,死不恨矣。”秦王虽悦其说,但因疑韩非,未信用,后终被李斯、姚贾谗死于狱中。

东汉文学家梁鸿,家贫博学,与妻孟光隐居霸陵山中,曾过洛阳,见宫室侈丽,作《五噫歌》加以讽刺,因而为朝廷所忌恨。

【原文】

钱昆嗜蟹[1]　**崔谌乞麋**[2]　**隐之卖犬　井伯烹雌**

【注释】

①嗜:喜欢,爱好。②谌。麋:麋鹿。

【解读】

宋代钱昆为通判时,有人曾经问他有什么愿望,他回答道:“只要有螃蟹吃,宁愿不做通判。”

北齐河西(今在山西)守崔谌,仗势欺人飞扬跋扈。他曾经向李绘讨要麋角鸽羽,李绘写信回绝说:“鸽有六羽,飞则冲天;麋有四足,走便入海。下官无能,实在不能捕获麋鸽来巴结你。”

晋代良吏吴隐之,操行清廉。女儿出嫁,男方使者前来迎亲,发现吴隐之的家仆正牵狗出去卖掉,没有办置任何嫁妆。

春秋时的百里奚,字井伯,出游不返,其妻流落到西方秦国为浣妇。后来,百里奚出为秦国大夫,妻子知道后不敢说出真相,便在一天走进堂中一边弹琴,一边歌唱。歌词是:“百里奚,五羊皮。忆别时,烹伏雌,炊扊扅,今日富贵忘我为?”百里奚这才知道浣妇就是自己离散多年的妻子，于是夫妻重新团圆。

【原文】

枚皋敏捷　司马淹迟　祖莹称圣　潘岳诚奇

【解读】

西汉枚皋，以下笔敏捷得名。扬雄评价说："军旅之际，戎马之间，飞书驰檄，则用枚皋。"

西汉司马相如，写作很慢，但文章质量高，尤以新作《上林》《子虚》二赋名动一时。扬雄评价说："庙廊之下，朝廷之上，高文典册，则用相如。"

南北朝祖莹，年幼好学，聪明过人，八岁能通《诗》《书》，被称为"圣小儿"。长大后，与袁翔齐名。当时流传一句话："京师楚楚袁与祖，洛中翩翩祖与袁。"

西晋潘岳，姿容秀美，才名冠世。青少年时，曾乘车外出，妇女们在野外相遇，纷纷向他投掷果品，使他满载而归。

【原文】

紫芝眉宇　思曼风姿　毓会窃饮　谌纪成糜[①]

【注释】

①糜：粥。

【解读】

唐元德秀，字紫芝，天宝年间任鲁山（今河南中部）县令，为政清廉。后来，隐居陆泽山中，以琴酒自娱。房琯评价说："见紫芝眉宇，使人名利之心都尽。"

南北朝张绪，字思曼，风姿潇洒，口不言利，官至国子祭酒。齐武帝时，益州刺史刘峻进献蜀柳，枝条甚长，状如丝缕，武帝植之于太昌灵和殿前。感叹道："此柳风流可爱，似张绪当年。"

三国时，魏钟繇的儿子钟毓、钟会，年幼时有一次乘父亲打盹，偷喝药酒。钟毓拜而后饮，钟会饮而不拜。后来，钟繇问钟毓为什么拜而后饮？钟毓回答道："酒以成礼，不敢不拜。"又问钟会为什么饮而不拜？钟会回答道："偷本非礼，所以不拜。"

东汉陈纪、陈谌两兄弟，与父亲陈寔并著高名，被称为"三君"。两兄弟年少时，有一天家里来了客人，父亲吩咐他们去做饭。过了很久，也没开饭，饭都煮成粥了。父亲责备道："我与客人的谈话，你们记住了多少呢？"二子跪述，言无遗失。父亲说："如此，喝粥也可以的。"

【原文】

韩康卖药　周术茹芝　刘公殿虎　庄子涂龟

【解读】

汉韩康在长安（今陕西西安）以卖药为生，达三十余年，从不二价。有一次，一个妇女来买药时,与他讨价还价,他坚持以原价出售。妇女很生气地说:“照这样看,你就是韩康吧?”韩康听后叹惜道:“我卖药本为隐姓埋名,现在连妇女也知道了。”从此隐居霸陵山中。

汉周术不愿为官,隐居太湖。他曾作《采芝歌》:“莫莫高山,深谷逶迤,烨烨紫芝,可以疗饥。唐虞世远,吾将何归?驷马高盖,其忧甚大。富贵之畏人兮,莫如贫贱之肆志。”

北宋刘安世,对皇帝敢于直言极谏,知无不言,言无不尽,往往使站在一旁的朝中大臣听得毛骨悚然,汗流浃背,号为“殿上虎”。

战国时,庄子有一次在濮水钓鱼,楚威王派了两个大夫去对他说:“愿将国内的政事委托先生!”庄子头也不回地说:“我听说楚国有只神龟,死了已经三千年了,国王把它藏在庙堂之上。请问,这只龟是死了让人看重好呢,还是愿意活着拖着尾巴在泥里爬呢?”两位大夫回答说:“宁愿活着在泥里爬。”庄子说:“那么请回吧!”表明自己心处无为,宁愿全生而远害,不以富贵损其真性,反映了对权势的厌恶和对自由的神往。

【原文】

唐举善相　扁鹊名医　韩琦焚疏　贾岛祭诗

【解读】

战国时梁国人唐举,善于给人看相算命。他能根据人的形状和颜色,知道吉凶。

战国时的秦越人,遍游各地行医,采用望、闻、问、切“四诊法”,用“针”“石”“熨”等医疗器械治疗,擅长各科,医名甚著,与传说中神医扁鹊相类,人称扁鹊。

北宋韩琦在任谏官三年期间,激切言事,曾一次奏罢宰相、参政四人。后来,他想把所存疏稿烧毁,以防不测。

唐诗人贾岛,初落拓为僧,后还俗,多次考进士都没被录取。他的诗爱写荒凉枯寂之境,颇多寒苦之辞。相传每岁除夕,贾岛都要挑选一年所作诗,祭以酒脯说:“势吾精神,以是补之。”

【原文】

康侯训侄　良弼课儿　颜狂莫及　山器难知

【解读】

宋胡安国,字康侯,有一个侄儿名寅,小时候桀骜不驯。胡安国将他禁闭于空闲的楼阁上,房里堆放有很多杂木。不到一年,胡寅把杂木都雕刻成了各种人物形象。胡安国又放入一千卷书籍。一年后,胡寅就把书籍全部读了一遍,且多能够背诵。后来,胡寅考中进士,累迁起居郎。

宋余良弼很重视对子女的教育。他曾作诗:“白发无凭吾老矣,青春不再汝知乎?年将弱冠非童子,学不成名岂丈夫!幸有明窗兼净儿,何劳凿壁与编蒲。功成欲自殊头角，记取韩公训阿符。”阿符，韩昶小字，韩愈儿子。韩愈曾以“诗书勤乃有，不勤腹空虚”劝子勤读。余良借此勉励儿子珍惜光阴，用功读书。

南北朝颜延之，文章冠世，性刚直，所言无忌讳。宋文帝问其诸子才能，他回答道：“竣得臣笔，测得臣文，毚得臣义，曜得臣酒。”何尚之忍不住问：“谁比得上你狂妄自大？”颜延之答道：“其狂不可及。”

西晋山涛，曾以“外宁必有内忧”劝阻晋武帝伐吴，人服其有远识。山涛的气度也很为当时的人景仰，王戎称之为：“璞玉浑金，人皆钦其宝，莫知名其器。”

【原文】

懒残煨芋　李泌烧梨　干椹杨沛④　焦饭陈遗

【注释】

①椹：同“葚”，桑树结的果实。

【解读】

唐高僧明瓒，号懒残，隐居衡山石窟中，曾作歌曰：“世事悠悠，不如山丘。卧藤萝下，块石枕头。”德宗闻其名，有意请他出山。使者至石窟，明瓒刚吃完在牛粪火中煨熟的芋头，寒涕流下垂至胸口，并说：“我岂有工夫为俗人拭泪耶？”

一天晚上，唐肃宗与三个弟弟闲谈，李泌也在座。李泌当时正在辟谷期间。肃宗于是烧了两个梨子赐给他吃。诸王联诗。颍王先吟：“先生年几许，颜色如童儿。”信王接口：“夜抱九仙骨，朝披一品衣。”汴王再接：“不食千钟粟，惟餐两颗梨。”肃宗道：“天生此间气，助我化无为。”

东汉末杨沛为新郑（今在河南）长，督促百姓采摘桑葚、豆豆（野豆），积蓄了千余斛。曹操为兖州刺史时，有一次，一行千余人干粮吃完了，杨沛送来葚豆解急。

晋吴郡（今江苏苏州）主簿陈遗的母亲喜欢吃饭锅巴。陈遗每次煮饭，就把锅巴贮存起来，回家孝敬母亲。有一次，陈遗带上平日积累的数斗锅巴从军。饿死了很多人，陈遗却靠着锅巴生存下来。人们都说这是陈遗纯孝得到的善报。后来，陈遗被举为孝廉。

【原文】

文舒戒子　安石求师　防年末减　严武称奇

【解读】

三国时，魏大夫王昶，字文舒，给他的子、侄起名字，用默、沈、浑、深等字，都有谦虚朴实的意思，并写信告诫说：“吾以数者为名，欲使汝曹顾名思义，不敢违越也。”

北宋王安石给儿子元泽挑选老师，要求必须是学识渊博、品德高尚之士。元泽问：“挑选启蒙的老师何必这么严格呢？”王安石说：“先入者为主。”

汉景帝时，防年因继母杀其父，于是杀死继母为父报仇。廷尉以大逆定罪，景帝一时拿不定主意，当时年仅十二岁的武帝站在一旁，对父景帝说："继母如母，缘父之故。今继母杀其父，下手之时，母道绝矣，是父仇也，不宜以大逆论。"景帝采纳了这个意见，防年得以减罪。

严武八岁时，因父亲严浚宠爱妾玄英，冷落母亲裴氏，乘玄英熟睡将其打死。家人为他开脱，称严武年幼无知，不慎失手打死人。严武正色道："天下有大朝人士偏宠侍妾，困辱儿之母这种事情的吗？我杀玄英，并非当作儿戏。"严浚听了严武说的话，连连称奇。

【原文】

邓云艾艾　周曰期期　周师猿鹄[①]　梁相鹓鸱[②]

【注释】

①鹄：天鹅。②鹓：鹓雏，传说中与鸾凤同类的鸟。鸱：鸱鸮，传说中像猫头鹰一类的鸟。

【解读】

三国时魏将邓艾，说话结巴，每次自称名时都说"艾艾"。有一次，晋文帝开玩笑说："卿云艾艾，有几个名叫艾的人呢？"邓艾答道："凤兮，凤兮，故是一凤。"

西汉周昌敢于直言进谏。汉高祖打算另立太子，周昌竭力反对，高祖问他的理由，周昌道："臣口不能言，然期期知其不可，陛下欲易太子，臣期期不奉诏。"高祖欣然而笑。

古代传说，周穆王带兵南征，结果全军覆没，当官的化为猿猴和野鹤，士兵化为虫和沙。

惠子做了梁惠王的宰相，有人对惠子说："庄子要来，是想代替你做宰相呢。"于是惠子害怕了，在城内搜查庄子，结果庄子自己跑上门来见惠子，说："南方有一种鸟，名字叫凤凰。它从南海出发，飞往北海，不是梧桐不栖，不是竹实不吃，不是甘泉不饮。这时候，有一只猫头鹰抓到一只腐烂的老鼠，恰好凤凰飞过，猫头鹰便仰起头来瞪眼看着它，喊道：'吓！你想来夺我的宝贝吗？'现在你也想用你的梁国来吓我吗？"

【原文】

临洮大汉　琼崖小儿　东阳巧对　汝锡奇诗

【解读】

传说秦始皇二十六年（公元前221年）临洮（治所在今甘肃岷县）出现十二个巨人，人以为祸。就在这一年，秦始皇消灭六国，建立了中国历史上第一个统一的中央集权的封建国家。人又以为吉，于是秦始皇把收缴的天下兵器加以销毁，在咸阳铸成十二个各重千石的钟鐻铜人。

宋太平兴国中，李守忠为承旨，奉使至琼州，遇杨避举，杨避举的父亲和几个叔叔年纪皆已超过一百二十岁，祖父宋卿已达一百九十五岁高龄。有一小儿是其祖祖，不语不食，也没有人知道他究竟有多少岁了，只是每月初一、十五日取下来，接受子孙列拜而已。

明诗人李东阳，年幼时聪明过人。举神童，入朝不能逾门限。皇帝口占："神童足短。"李东阳应对："天子门高。"皇帝赐座，李东阳的父亲却站在一旁。于是皇帝又出上联："子坐父立，礼乎？"应下联："嫂溺叔援，权也。"皇帝又出一句："螃蟹浑身甲胄。"对曰："蜘蛛满腹经纶。"

宋陈汝锡，幼颖悟，曾以其诗中一联示著名诗人黄庭坚，说："闲愁莫浪遣，留为痛饮资。"黄庭坚为之拍案叫绝。

【原文】

启期三乐　藏用五知　堕甑叔达①　发瓮钟离

【注释】

①甑：古代做饭的一种瓦器。

【解读】

春秋时孔子游泰山，遇见隐士荣启期身穿鹿裘皮，鼓琴而歌。孔子问："何事让先生这样快乐？"荣启期回答说："天生万物，人为贵，吾得为人，一乐也；男女之别，男尊女卑，吾得为男，二乐也；人生有不见日月不免襁褓者，吾行年九十矣，三乐也。"

宋李若拙，字藏用，历两浙运使。他总结自己官场沉浮经验，作《五知先生传》说，做官要五知：知时、知难、知命、知退、知足。

汉代有个名叫叔达的人，性格放达。有一次，他不小心打碎了一个甑，连看也不看一眼就走开了。郭泰问他何故，他回答："甑子已经打碎了，视之又有何益呢？"

汉代大臣钟离意出巨资，给孔䜣修建孔子庙。有一次，一个名叫张伯的人在孔庙除草，挖出七枚玉璧，私藏一枚，交给钟离意六枚。钟离意在发现玉璧处又挖出一个瓮，经孔䜣证实是孔子留下的瓮。瓮背刻有几行文字："后世修吾书，广川董仲舒。护吾车，拭吾履，发吾笥，会稽钟离意。璧有七，张伯怀其一。"看了瓮背上的文字，张伯不得不承认私藏了一枚玉璧。

【原文】

一钱诛吏　半臂怜姬　王胡索食　罗友乞祠

【解读】

宋张咏知崇阳县（今属湖北）时，有一天，看见一个官吏从银库里出来，鬓发上有一钱，张咏命重打，以示惩戒，官吏不服，说："一钱有什么大不了的事，总不能把我杀了吧。"张咏提笔判决道："一日一钱，千日千钱，绳锯木断，水滴石穿。"写完杀了那个官吏。

宋宋祁妻妾成群。有一天,设宴于锦江,天气微有寒意,宋祁令取一件短袖衣。诸姬各送来一件,共十多件。宋祁恐有厚薄之嫌,一件也不敢穿,乃忍冻而归。

晋王胡之隐居在东山,生活贫困。乌程(今浙江吴兴)令陶胡奴,送来一船米停泊在岸边,王胡之不肯接受,说:"我若肚子饿了,应当向谢尚讨饭吃,不需要你送米来。"

晋罗友年轻时嗜酒,随遇而安。并经常在别人的祠堂讨乞,并不感到羞辱。名将桓温责备他说:"你有才能,应该到官府谋个差事,何须各处讨饭呢?"罗友反驳道:"到官府做事同样是讨饭吃,而且今天有,明天说不定就没有了。"桓温大笑,后来上表推荐罗友为襄阳太守。

【原文】

召父杜母[①]　雍友杨师　直言解发　京兆画眉

【注释】

①召:姓。

【解读】

西汉召信臣和东汉杜诗,先后为南阳(今属河南)太守。都爱民如子,推行教化,发展生产,百姓称"前有召父,后有杜母"。

宋张浚在兴元(今陕西汉中)考察官吏,有一次问杨用中说:"你经常来往于梁州和洋州,有什么人值得结交吗?"杨用中回答道:"杨仲远可以为师,雍冲可以为友。"

唐贾直言与父亲一起被流放到南海(今广东广州)。临行前,贾直言与妻子董氏诀别说:"这次流放南海,生死难卜,你改嫁吧。"董氏剪断头发,用绸缎包裹好,交给贾直言,说:"非郎君的手不得打开。"二十年后,贾直言从南海返回,妻子用绸缎包裹的头发依然完好无损。

西汉宣帝时,京兆尹张敞为妻子画眉。有司上奏此事。张敞道:"我听说闺房之内,夫妻之私,更有过于画眉的。"皇上没有责备张敞。

【原文】

美姬工笛　老婢吹篪[①]　敬叔受饷　吴祐遗衣

【注释】

①篪:一种用竹管制成的乐器。

【解读】

晋石崇歌妓绿珠,善吹笛。赵王司马伦专权时,党羽孙秀指名向石崇索要绿珠,遭到拒绝。孙秀便怂恿赵王杀石崇。石崇被逮,绿珠跳楼自杀。

晋王琛有一个老仆人善吹篪。王琛为秦州(今甘肃天水)刺史时,西部少数民族叛乱,多次讨伐难平。王琛令老仆扮成老太婆,一边吹篪一边行乞,叛军听后流着眼泪说:"为什么要抛弃家园在山谷为寇呢?"于是放下武器投降了。当时流传一句话:"快马健儿,不如老婢吹篪。”

南北朝时,长城令何敬叔为政清廉,有一年,收成不好,百姓无粮交租。何敬叔用饷米共二千八百石代百姓交了租。

汉胶东国(今山东平度东南)丞相吴祐,以孝顺父母闻名。有一次,一个名叫孙性的乡官搜刮民财,买衣服孝敬父亲。父亲怒斥道:“有吴祐做榜样,你怎么能欺骗他呢?”孙性很愧惧,于是自首伏罪。吴祐说:“你这样做不是孝顺父亲,而是侮辱他老人家。”然后前去看望和感谢孙性的父亲,并把自己的衣服留下。

【原文】

淳于窃笑　司马微讥　子房辟谷　公信采薇

【解读】

齐威王八年(公元前348年),楚国攻打齐国。齐威王派淳于髡往赵国求救兵,带的礼物有一百斤黄金、十辆马车、四十匹马。淳于髡仰天大笑,连系帽子的带子都笑断了。齐威王说:“先生认为礼物少了吗?”淳于髡说:“我怎么敢说少呢?”齐威王说:“那么你为何大笑呢?”淳于髡说:“今天,我从东方来这里时,见路旁有一个人向神祈祷丰收。他提着一只猪蹄子,端着一碗酒,敬献给神。口里祈祷说:‘我希望那贫瘠的山地能收满笼粮食,平坦的田地能收满车粮食;我希望五谷丰登,粮食满仓。’我见他敬献的东西这么少而想要得到的东西却这么多,所以笑他。”齐威王听了很惭愧,于是增加了一千镒金、十双白璧、一百辆车和四百匹马。淳于髡带着这些礼物,辞别齐威王,到了赵国。赵王马上借给他十万精兵,一千乘战车。楚王知道后,趁着黑夜撤走了军队。

唐代卢藏用想入朝做官,就隐居在京城长安附近的终南山,希望皇帝注意,召他去做官。当时的人称他为随驾隐士。后来果然被召入仕。司马承祯隐居天台山也曾经被召,想归山,卢藏用指终南山说:“此中大有嘉处,何必返回天台山呢?”司马承祯讥讽道:“以我看来,那是一条达到做官目的的捷径。”

汉张良,字子房,刘邦的谋臣,运筹帷幄,决胜于千里之外,与萧何、韩信一起被誉为汉初三杰,封留侯。汉朝建立不久,张良对别人说:“现在天下已定,愿从此不再过问人间事,从赤松子(神农时雨师)游耳。”张良就此隐退,辟谷学道。

殷朝末年,孤竹国国君有两个儿子,一名伯夷,一名叔齐。国君死后,叔齐和伯夷互相推让,都不愿自立为君,最后两人都弃位逃往周地。周文王死后,周武王即位,开始伐殷纣。伯夷、叔齐听到这个消息后,拉住周武王的马进行劝谏,认为伐纣是不仁不孝。后来武王灭殷,天下归顺周朝。伯夷、叔齐引以为耻,不食周粟,隐居首阳山,采薇而食。

【原文】

卜商闻过　伯玉知非　仕治远志　伯约当归

【解读】

孔子的学生子夏名商,死了儿子,哭瞎了眼睛。曾参去安慰他。子夏哭着说:“天哪!我没有什么过错,为什么要这样惩罚我呢?”曾参便举了他的三个错误来问他说:“你怎么没有过错呢?”子夏听后丢掉拐杖,跪在地上对曾参说:“是呀,这些都是我的过错,我离群索居,一个人生活,已经很久了,因而听不到朋友的规劝,放松了自己的修养。”

春秋时,卫国大夫蘧瑗,字伯玉,善于改正自己过错。孔子在卫国时,曾经住过他家。据说他活了五十岁,能够反省自己在四十九年中所犯过的错误。

东晋谢安,有远大抱负,但因不满朝政昏暗,几次隐居会稽(今江苏苏州)东山,直至征西大将军桓温当政,他才出山任职,其时已四十多岁了。一天,有人给桓温送来草药,有一种名叫远志。桓温问谢安:“你知道远志为什么又称为小草吗?”谢安未答,这时,在座的郝隆(字仕治)说:“用它做药就叫作远志,不用它则称为小草。”

三国蜀姜维,字伯约,父亲早亡,由母亲抚养成人。姜维有建功立业的远大志向,跟随诸葛亮南征北战。母亲很想念他,写信叫他买当归药,意即让他回家。姜维回复说:“有良田百顷,不在乎一亩。家中有远志药,不需要买当归药。”

【原文】

商安鹑服[1]　章泣牛衣　蔡陈善谑[2]　王葛交讥

【注释】

①鹑服:破烂的衣服。②谑:戏谑,开玩笑。

【解读】

孔子的学生子夏,名商,生活非常贫困,穿的衣服有很多补丁。尽管如此,他仍然能够竭尽全力传播儒家学说。魏文侯尊他为师。相传《诗》《春秋》等儒家经典也是由他传授下来的。

西汉王章在长安求学时,贫病交迫,没有被子盖,就用给牛御寒遮雨用的牛蓑衣披裹在身上,与妻子相对而泣。妻子道:“凭你的才识,即使是京师的达官贵人也是比不上的。现在你不激励自己在困境中奋起,反而悲观失望,还算得上男子汉大丈夫吗?”后王章在朝廷做官,以正直敢言著称。

宋蔡襄、陈亚喜欢互相开玩笑。有一次,两人在金山僧舍喝醉了酒,蔡襄戏题于屏风道:“陈亚有心终是恶。”陈亚即索笔对曰:“蔡襄无口便成衰。”

晋尚书令诸葛恢、丞相王导为争姓族先后顺序,互相讥讽。王导说:“何不言葛王,而言王葛呢?”诸葛恢说:“当然不能言葛王,譬如言驴马,不言马驴,并不是因为驴比马强呀。”

【原文】

陶公运甓[1]　孟母断机　少帝坐膝　太子牵裾[2]

【注释】

①甓:砖。②裾:衣服的大襟,也指衣服的前后部分。

【解读】

东晋名将陶侃为广州刺史时,每天早晨搬运一百块砖到屋外,傍晚再搬回来,长期坚持不懈。人们问他原因,他说:"我有志于驰骋中原,如果现在贪图安逸悠闲的生活,恐怕将来就干不成大事。"

春秋战国时,孟母很重视对孟子的启蒙教育。有一天,孟子没有等到放学就回家来,孟母正在织布,便拿起剪刀来把已织的布剪断了,说:"你中途停学,和我中途断织是一回事,君子只有经过学和问才能有广博的知识呀!"

西晋末年,刘曜攻占长安后,元帝司马睿偏安江东,建立了东晋王朝。他对故都长安很有怀念感伤之情。他的儿子明帝司马绍数岁时,有一次坐在元帝的膝上,恰巧有人从长安来,元帝问道:"你说长安和太阳谁离我们远呀?"明帝回答说:"太阳远,从不见有人从日边来。"第二天,元帝宴请群臣,重问这个问题,明帝说:"太阳近。"元帝说:"为什么同昨天回答的不一样呢?"明帝说:"举目见日,不见长安。"

西晋愍怀太子年少聪慧。五岁时,有一次宫中夜晚失火,祖父武帝登楼观察火情,太子连忙牵着武帝的衣裾躲进暗处。武帝问为什么要这样做,太子回答说:"现在人们都在忙于救火,很混乱,要防备万一。因此,不宜亲近火光,被人看见。"

【原文】

卫懿好鹤　鲁隐观鱼　蔡伦造纸　刘向校书

【解读】

春秋时,卫懿公爱鹤,给鹤定有官俸和职位,配备有大夫乘坐的车子。闵公二年(公元前660年),狄人攻打卫国,卫懿公要国人披挂上阵。国人说道:"还是叫鹤去替你打仗吧,鹤有俸禄、爵位,我们哪能比得上鹤呢?"结果被狄人打败,亡国。

春秋时,鲁隐公有一天打算前往棠(今山东鱼台东)观鱼。臧喜伯进谏说:"国王在治理国家方面,要推行教化,把人民的行为习惯纳入伦理道德规范的轨道,不该做的事不要做。"鲁隐公不耐烦地说:"以后再说吧,我要上路了。"鲁隐公兴致勃勃地前去观鱼,而臧喜伯却装病没有随从前往。

东汉蔡伦,和帝时为中常侍,封龙亭侯。蔡伦总结西汉以来用麻织纤维造纸的经验,用树皮、麻头、敝布、破渔网等造纸,价格低廉,产量大,时称为"蔡侯纸",后世传为我国古代造纸术的发明人。

西汉刘向,成帝时任光禄大夫。曾校阅群书,撰成《别录》,为我国目录学之祖。

【原文】

朱云折槛　禽息击车　耿恭拜井　郑国穿渠

【解读】

汉成帝时,有一位耿直敢言的朱云,他对以丞相张禹为首的朝廷大臣尸位素餐、无所作为极为不满,向成帝提出要诛安昌侯张禹。张禹是成帝的老师,成帝大怒,欲斩朱云。朱云攀折殿槛,幸得左将军求情才免于一死。后来成帝命修槛时保持原样,以表彰朱云的直言。

春秋时,秦国大臣禽息向穆公推荐百里奚,秦穆公不以为然。穆公出去后,禽息以头击车门橛,鲜血直流,口中说道:"臣生无补于国,不如死也。"穆公这才有所醒悟,启用百里奚。

东汉光武帝时,耿恭为戊己校尉,率军攻打匈奴,占领了疏勒城(今新疆维吾尔自治区喀什),匈奴断绝了流经的水沟。耿恭便在城中打水井,直至挖了十五丈深,仍不见水。耿恭整理衣冠向井下拜祈祷,顷刻间,井水涌出。匈奴军见城中有了水,只得撤走,终于解了围。

战国末年,韩国为了消耗秦国的实力,派水利家郑国出使秦国,建议开凿修筑渠道。秦国识破了韩国的计谋,欲杀郑国。郑国说:"修渠虽然能使韩国勉强生存几年,但是渠道的建成对秦国却有万世之利呢。"于是,秦国用郑国在关中开渠,沟通泾、洛二水,渠长三百余里,使两岸二百八十万亩贫瘠的土地变成了富饶的良田,关中于是成为沃野。

【原文】

国华取印　添丁抹书　细侯竹马　宗孟银鱼

【解读】

宋初大将曹彬,字国华。在周岁抓周时,曹彬左手持干戈,右手执俎豆,然后又取一印。他长大后,为宋太祖东征西战,屡立战功,被封为鲁国公。

唐代诗人卢仝,自号玉川子,人称添丁。传说他幼年时,喜欢在诗书上涂墨汁。

汉郭伋,字细侯。在并州(今山西太原)时,为政以德,深受百姓爱戴。当他任颍川(今河南禹县)太守,走马上任,途经西河时,数百名儿童骑着竹马,夹道送行。

宋朝五品以上官员,按级别分别佩金、银、铜鱼。蒲宗孟,神宗朝为翰林学士。神宗说:"翰林职清地近,而官仪未宠,自今宜佩鱼。"翰林学士佩带银鱼,就始自蒲宗孟。

【原文】

管宁割席　和峤专车①　渭阳袁湛②　宅相魏舒

【注释】

①峤(qiáo)。②渭阳:《诗·秦风》篇名。原指对已逝母亲的怀念,在此比喻甥对舅的情谊。

【解读】

汉末管宁和华歆同席读书。一次,两人正在读书,有大官的车轿从门口经过,管宁照旧埋头读书,而华歆放下书本,跑出去观看。管宁感到两人志向不同,遂割席分坐,并说:"华歆不是我的朋友。"

晋朝中书监与中书令常同坐一车入朝,至和峤担任中书令时,因鄙视秘书监荀勖的为人,坚决不与他同车。于是只得让和峤乘坐专车入朝。

晋朝人谢绚曾在大庭广众之下对其舅袁湛无礼,袁湛说:"你父亲以往轻视他的舅舅,如今你也是这样,这世上真是没有渭阳之情。"

晋魏舒,少年时住在外婆宁氏家。宁氏起宅,请人预卜,相宅者说:"宁家要出一位显贵的外甥。"魏舒说:"当为外氏成此宅相。"意思是说自己要力争显贵,以证实外婆家当出贵甥的宅相。后来果然担任司徒。

【原文】

永和拥卷　次道藏书　镇周赠帛　虙子驱车[①]

【注释】

①虙:姓,亦作"伏""宓"。

【解读】

南北朝李谧,字永和。少年时勤奋好学,他曾经说:"丈夫拥书万卷,何暇南面百城?"后皇帝屡次征辟,他都辞却不就。

晋代宋次道,每次抄书都要校对三五遍,以求准确无误。士大夫多以次道家中藏书为善本,在他家附近租房居住,以求借书方便。

唐代张镇周,在唐高祖时自寿春(今安徽寿县)迁舒州任都督前回到故乡,招待亲朋好友,欢庆十日,又将金帛分给亲友,说:"今天我们能在一起欢饮,明天,我就是舒州都督,治理百姓,官民礼隔,我们就不能再互相往来了。"从此,张镇周专心治理舒州,境内井然有序,百姓安居乐业。

孔子的学生虙不齐,字子贱,要到单文县做县令。临行前,向阳昼请教治民的方法,阳昼说:"我见识浅陋,不懂治民之术,只能告诉你钓鱼的方法。按下鱼饵就上钩的,是阳桥鱼,这种鱼肉薄而味不美;绕着钓饵游来游去,欲食又止的是魴鱼,这种鱼肉肥味又美。"不齐到达单文后,前来迎接的达官贵人相拥于道,不齐催促手下说:"快赶车,这些人都是阳桥鱼"。他请出那些年高德重又有才能的人来,共同治理单文。

【原文】

廷尉罗雀　学士焚鱼　冥鉴季达　预识卢储

【解读】

汉代翟方进担任廷尉,门前宾客盈门。后来被免职,门庭冷落,可以张网捕鸟。过了一些时候,翟公复官,宾客们又纷纷上门。他深感世态炎凉,便在大门上写下一句话:"一死一生,乃知交情;一贫一富,乃知交态;一贵一贱,交情乃见。"

南北朝时，朝廷规定，御史不再供学士职。张褒说："碧山不会辜负我。"就焚毁御史佩带的银鱼，隐居山林。

宋代杨仲希，字季达。年轻时在成都朋友家做客，主人家的妾出来挑逗他，杨仲希正色拒绝。当晚，他的妻子梦见有人说："你丈夫独处他乡，不在暗处做亏心事，神明知道了，科考一定会得第一名。"后来果然如此。

唐代卢储考进士，投卷拜见尚书李翱。李翱的大女儿十五岁，看见卢储的诗文，说："此人必定会考中状元。"李翱于是招他为女婿。第二年，卢储果然中榜首。

【原文】

宋均渡虎　李白乘驴　仓颉造字　虞卿著书

【解读】

汉代宋均担任九江太守时，郡内多猛虎伤害百姓，设置了许多陷阱仍然不能避免。宋均说："这是因为官员贪暴，应该弹劾贪官污吏，选贤能的人为官，这样就不需要再设陷阱了。"后来，老虎果然向东渡江而去。

相传唐诗人李白曾经骑驴过华阴，被抓到官府。县令升堂审问，李白写供词道："曾使龙巾拭唾，御手调羹，贵妃捧砚，力士脱靴。想知县莫尊于天子，料此地莫大于皇都，天子殿前尚容吾走马，华容县里不许我骑驴。"县令看了供词，大惊失色，急忙向李白谢罪。

仓颉是传说中黄帝的史官，相传他观鸟迹虫文，创造发明了汉字。

战国虞氏是游说的士人，曾经向赵孝成王游说，被任命为上卿，故号虞卿。据《汉书·艺文志》载，虞卿著有《虞氏春秋》十五篇。

【原文】

班妃辞辇[①]　冯诞同舆　西山精卫　东海麻姑

【注释】

①辇：人推挽的车。

【解读】

汉成帝游后宫，想要班妃同车。班妃说："圣贤的国君，都有名臣在身边；亡国之君，才有嬖妃在侧。"成帝因此作罢。

南北朝时，冯诞与魏高祖同岁，幼年时曾伴侍高祖读书。后来，冯诞娶了高祖妹妹乐安公主，高祖常与他同乘车、同就食、同席而卧，形影不离。

《山海经》记载，炎帝的小女儿游东海时溺死，灵魂化为冤鸟，名叫"精卫"。每天到西山衔木石填东海，以免再发生类似悲剧。

传说麻姑为女仙，能掷米成珠。东汉桓帝时应王方平之召，降于蔡经家。自言曾见东海三次变为桑田，蓬莱之水也浅于旧时，或许又将变为平地。

【原文】

楚英信佛　秦政坑儒　曹公多智　颜子非愚

【解读】

汉代楚王刘英，明帝时派人到西域求佛，带来佛书，刘英最先信佛。

秦始皇，名政，讨厌儒生借经书发议论，于是采纳李斯的建议，下令将民间所藏《诗》《书》和诸子百家等书一律烧毁，将犯禁的四百六十多名方士和儒生活埋于咸阳，史称“焚书坑儒”。

曹操曾说：“你们想看看我吗？也是一个普通的人罢了，只是多智。”

颜回，字子渊，是孔子的学生。贫居陋巷，箪食瓢饮，而不改其乐。孔子很称道他的德行，常赞不绝口地说：“回也不愚。”

【原文】

伍员覆楚　勾践灭吴　君谟龙片　王肃酪奴

【解读】

春秋时，楚平王听信谗言，将伍子胥的父亲和哥哥杀害，伍子胥逃到吴国，说服吴王攻打楚国。攻破楚国国都后，平王已死，伍子胥掘开他的墓，鞭尸三百。

春秋时，越王勾践被吴王夫差打败，到吴国做奴仆。卧薪尝胆，立志要报仇雪恨。后用范蠡的计策，得以返国。经过十年休养生息，终于灭掉吴国。

宋代“龙凤团”为圆饼形，印有龙凤图纹，是茶中精品，专供皇帝饮用。这种制茶方法始于宋代丁谓，成于蔡君谟。蔡君谟担任福建转运使，开始制作小片龙茶，每一斤有二百余饼，每饼价值黄金二两，十分贵重。

南北朝王肃是南方人，来到北方，开始不吃羊肉及乳浆，常食鲫鱼羹。曾说：“羊好比齐鲁大邦，鱼好比邾莒小国，惟茗不中，与酪作奴。”后来人们便把茗饮称为酪奴。

【原文】

蔡衡辨凤　义府题乌　苏秦刺股　李勣焚须①

【注释】

①勣：“绩”的异体字。

【解读】

汉代辛缮隐居华阴（今属陕西），光武帝屡征不至。一天，有一只身高五尺，五色齐全而多青色的鸟，栖息他家门口的槐树上。太守报告说是凤。太史令蔡衡说：“像凤的鸟羽毛都有五种颜色，多赤色的是凤，多青色的是鸾，这只鸟的羽毛多青色，并不是凤而是鸾。”

唐代李义府初次见唐太宗时，被命以乌鸦作题目写诗，李义府曰：“日里扬朝彩，琴中伴夜啼。上林多少树，不借一枝栖。”太宗很欣赏他的才华，说：“将把全部树枝借给你，岂止一枝。”于是任命他为御史。

战国时苏秦游说秦国没有得到重用，狼狈地回到家中，妻子继续织布不理睬他，嫂子不给他做饭，父母不和他讲话。苏秦于是刻苦学习，读到困倦时，就用锥子刺大腿，使自己清醒。一年后，再次外出游说，终于成功，佩了六国的相印。

唐代徐世勣，太宗赐姓李，任命为仆射。一次，他的姐姐病了，李勣亲自煮粥，胡须都烧掉了。他姐姐说：“家里那么多仆人，你何必亲自动手呢？”李勣说：“你和我都老了，还能为姐姐煮几次粥呢？”

【原文】

介诚狂直　端不糊涂　关西孔子　江左夷吾

【解读】

宋代文学家石介，字守道，担任太子中允，十分忠直。曾作《怪说》等文，抨击宋初浮华的文风。当时人们都认为石介疏狂直率。

北宋时，太宗打算让吕端出任宰相。有人对太宗说：“吕端为人糊涂。”太宗道：“他小事糊涂，大事不糊涂。”后太宗驾崩，内侍王继恩忌恨太子英明，阴谋废立，被吕端发觉，将王继恩锁在书阁中，亲自扶助真宗即位。还揭帘审视，看清是真宗后才下拜。

东汉杨震是华阴人，通晓经书，讲学二十余年，弟子千人，人称“关西孔子”。

东晋王导，善于运用机谋。领导南迁士族，联合江南士族，稳定了东晋在南方的统治。人们把他比作振兴齐国的贤臣管夷吾。

【原文】

赵抃携鹤[1]　张翰思鲈　李佳国士　聂悯田夫

【注释】

①抃(biàn)。

【解读】

北宋赵抃，弹劾不避权贵，被称为铁面御史。到成都做官时，只带了一琴一鹤相随，传为佳话。

晋代张翰，担任齐王冏的大司马东曹掾。他预见到司马冏将要垮台，想避祸退隐。见秋风起，思念故乡吴中的鲈脍莼羹，叹息说：“人生贵心意合适，何必千里之外求名呢？”于是驾车回家。不久，齐王冏事败，人们都说他有先见之明。

汉代李元礼善于识别人才。他与聂季宝一见面后，断言说：“此人当作国士。”后来果然如李元礼所言。

唐诗人聂夷中，很同情种田人，他的诗多描绘农民的疾苦和豪族的淫奢。曾作诗《伤田家》：“二月卖新丝，五月粜新谷，医得眼前疮，剜却心头肉。我愿君王心，化作光明烛。不照绮罗筵，遍照逃亡屋。”

【原文】

善讴王豹[①]　直笔董狐　赵鼎倔强　朱穆专愚

【注释】

①讴:唱歌。

【解读】

春秋战国时,卫国人王豹,家住淇水岸边,歌唱得很好听。传说淇水一带的人,受他的影响,都善于唱歌。

董狐是春秋时史官,以直笔闻名。晋灵公要杀赵盾,赵盾逃走,后听说赵穿杀灵公,另立晋成公为君,未出晋境便回来了。太史董狐在史册上写道:"赵盾弑其君。"赵盾说:"这不是事实。"董狐说:"你身为正卿,逃奔不出国境,回来又不讨贼,不是你搞的阴谋又是谁!"

南宋赵鼎,曾两度为宰相,因不同意与金议和,被罢官。赵鼎上谢表说:"白首何归,怅余生之无几;丹心未泯,誓九死以不移。"秦桧见了说:"赵鼎虽然老了,却倔强如昔呢。"三年后,赵鼎得病不食而死。

汉代朱穆,小时候专心读书,经常不知自己的衣帽放在什么地方了。走路时常跌跤碰头,他的父亲说他过于专注读书,变得愚蠢了。

【原文】

张侯化石　孟守还珠　毛遂脱颖　终军弃繻[①]

【注释】

①繻:又读 xū,古代作通行证用的帛。

【解读】

汉代张颢担任梁相,一天雨后,见一只像山雀的鸟,坠地化为圆石。打开一看,里面有一金印,刻字"忠孝侯印"。张颢上奏皇帝,交出金印藏于秘府。后来,议郎樊夷上言,尧舜时有忠孝侯职官,今天降金印,宜从天意复置此官。

东汉合浦产珍珠,因前任太守太贪暴,珠蚌都移走了。孟尝担任合浦太守后,革除弊政,于是珠蚌复还。

毛遂是战国时平原君的门客,曾自荐去楚国做说客,平原君说:"有才能的人,就像锥子放在口袋里,锋芒会立即显露出来。你到我这里三年,却没有什么建树啊。"毛遂说:"现在你把我放口袋里,当脱颖而出,不只是露出锥尖。"后毛遂果然助平原君说服楚王,实现了赵楚联盟。

汉代人终军,十八岁徒步入关就学。官吏发给他返回的通行证,终军说:"大丈夫西游,不会再回来了。"于是丢掉凭证离去。后来,终军出使东方,持节出关。关吏认出,说:"此使者就是从前弃繻的人呢。"

【原文】

佐卿化鹤　次仲为乌　韦述杞梓[1]　卢植楷模

【注释】

①杞梓：指杞和梓两种优质木材，用以比喻优秀人才。

【解读】

唐代徐佐卿，是四川的道士。传说唐玄宗打猎时，射中一只孤鹤，孤鹤带箭向西南飞走。徐佐卿对弟子说："我出游时，被飞矢射中。"他拔出箭挂在墙壁上，说："等箭主来此就还给他。"后来，玄宗到四川，游观中，认出挂在墙上的箭，才明白先前的孤鹤，是徐佐卿所化。

传说秦朝王次仲，身上长有羽翼。曾依照仓颉的旧文，创造了隶书。秦始皇认为隶书文字简单实用，就召见他，让他担任官职，三请而不出。秦始皇于是下令用槛车把他押送入京。途中，王次仲变为一只大鸟，飞走了。

唐玄宗时，韦述担任史官，著作颇多。他的五个兄弟也分别为官。当时，人称赞道"韦家兄弟，人之杞梓"。

东汉卢植，刚毅有大节。任职时，董卓独揽朝政，废少帝，立献帝，众人唯唯诺诺，只有卢植敢于公开抗论。曹操称赞他是"士之楷模"。

【原文】

士衡黄耳　子寿飞奴　直笔吴竞　公议袁枢

【解读】

晋代文学家陆机，字士衡，长期宦游京都，与家人久不通音信，十分思念。家中有狗名黄耳，曾对黄耳说："在京城与吴中久绝消息，你能传送书信吗？"黄耳摇尾作声，带书信而去。一个月后带家书返回。

唐代张九龄，字子寿，喜欢饲养鸽子，给鸽取名为飞奴，让其往返送书信。

唐代吴竞撰写《武后实录》时，记录了张昌宗诱使张说诬陷魏元忠一事。张说任丞相后，屡次恳求更改，都遭到拒绝。人们称吴竞是春秋时晋国史官董狐。

宋代袁枢，担任史官，分修国史。章惇与他是同乡，请求他在传记中多夸赞自己。袁枢说："我身为史官，当作真实记录，宁可负乡人，也不能负天下后世公议。"

【原文】

陈胜辍锸[1]　介子弃觚[2]　谢名蝴蝶　郑号鹧鸪[3]

【注释】

①锸：铁锹。②觚：古代写字用的木简。③鹧鸪：鸟名。

【解读】

秦朝陈胜，曾替地主耕地。有一次，他对同伴说："将来哪天我富贵了，一定不会忘记你们。”同伴笑他：“帮人耕地，怎么会富贵。”陈胜叹息道：“燕雀怎么知道鸿鹄的志向啊！”后与吴广起兵反秦，自立为王。

西汉傅介子，少年时勤奋好学。一天，弃觚感叹道：“大丈夫当在异域立功，怎么能在屋子里做老儒生呢！”后来因功被封为义阳侯。

宋朝人谢逸，屡次考进士不第，作诗自娱，曾作蝴蝶诗三百首，多佳句，人称“谢蝴蝶”。

唐代郑谷，七岁能作诗，多写景咏物，其诗以《鹧鸪诗》最佳，人称“郑鹧鸪”。

【原文】

戴和书简　郑侠呈图　瑕邱卖药　邺令投巫

【解读】

汉代戴和，每结交到好友，都要焚香告于祖先，并写在竹简上，名为《金兰簿》。

北宋进士郑侠，反对王安石新法。借旱灾的机会，绘流民图献给神宗，把灾民的疾苦，归咎新法。

唐代瑕邱，卖药百余年，在一次地震中丧生，后变为神仙。

战国魏文侯时，邺（今河北临漳西南邺镇）地常发水灾。邺县风俗，每年将一女子投入河中，借口为河伯娶妻，榨取百姓钱财。后西门豹任邺县县令，至为河伯娶妇之日，巧设计谋，将巫婆投入水中，又开渠灌溉农田，从此百姓安居乐业。

【原文】

冰山右相　铜臭司徒　武陵渔父　闽越樵夫

【解读】

唐玄宗时，杨贵妃兄杨国忠为右丞相。新科进士张彖不愿拜见投靠他，说：“都说杨右相是泰山，我看他是冰山。一旦太阳升起，冰山融化，你们还有依靠吗？”

东汉崔烈用五百万钱买了个司徒官做，问儿子：“我担任三公，外面议论如何？”儿子回答说：“人们议论，说大人有铜臭味。”

东晋陶渊明在《桃花源记》中描述：武陵渔夫捕鱼时，遇见一片桃花林，穿过桃花林，进入一个小村庄，这里的人自给自足，怡然自乐。村民是秦时避乱者的后裔，不知有汉代，更不用说魏晋了，俨然一个世外桃源。后来，人们去找这个地方，却再也找不到了。

传说唐代樵夫蓝超打柴时，在山中遇白鹿，上前追赶，进入一豁然开朗的地带，生活在那里的人们，平和安乐，主人称是秦时来避乱的。蓝超想回家与亲人告别再来此，后来却找不到此地了。

【原文】

渔人鹬蚌[①]　田父毚卢[②]　郑家诗婢　郗氏文奴

【注释】

①鹬:鸟名。②㕙:狡兔名。

【解读】

战国时苏代给赵惠王讲故事:一只鹬鸟啄住河蚌,河蚌夹住鹬鸟的嘴,互不放松。鹬鸟说:"今天不下雨,明天不下雨,你就会晒死。"河蚌说:"今天不放你,明天不放你,你就会饿死。"谁也不让谁。一个渔夫看见了,不费吹灰之力就把它们捉住了。以此故事是劝说赵燕两国不能长期打仗,以免秦国坐收渔人之利。

战国时,齐国想攻打魏国,淳于髡对齐王说:"韩子卢是天下跑的最快的狗,东郭逡是海内最狡猾的兔子。韩子卢追东郭逡,绕山追了三圈,越过了五座山梁,都疲倦至极,农夫毫不费力就把它们收拾了。恐怕齐魏相争,也是如此。"齐宣王于是放弃了攻打魏国的念头。

东汉郑玄家中的奴婢都会读书。一次,一婢回答不出问题,于是郑玄把她拖入泥中。郑玄问另一婢:"胡为乎泥中。"奴婢回答:"薄言往诉,逢彼之怒。"主仆这一问一答,都引《诗经》句子。人称之为"诗婢"。

晋代郗愔有奴仆精于文章,王羲之喜爱他,经常夸他。人称之为"文奴"。

卷之二

【原文】

子晋牧豕[①]　仙翁祝鸡　武王归马　裴度还犀

【注释】

①豕:猪。

【解读】

相传汉代商丘的子晋爱好吹竽,靠食菖莆草根和饮水维持生活,独身不娶,年七十仍不显老,以牧猪为生。

晋代祝鸡翁,常饲养鸡千余只,每只都取有名字,朝放暮收,呼其名,即各在自己的地方栖息。相传今天呼鸡为"祝祝"即始于此。

周武王灭殷纣王后,偃武修文。在治理国家方面参考了殷代的可取之处,同时把过去征战用的马和牛放归于原野上,以示从此放弃武力。

唐代时,算命先生曾给裴度相面,说他将饿死。一天,裴度游香山寺,捡得一妇人丢失的犀带,几经周折才送还到失主手中。后来,那位算命先生再见到裴度,高兴地说:"你有阴德及物,将前程万里。"

【原文】

重耳霸晋　小白兴齐　景公禳彗[①]　窦俨占奎[②]

【注释】

①禳:古人祈祷消除灾祸的一种迷信活动。彗:星名,俗称“扫帚星”。②奎:奎星,二十八宿之一。

【解读】

公元前636年,流亡在外的晋公子重耳回国继位,任用有才干的赵衰、狐偃等人,使政权得到巩固,出现了“政平民阜,财用不匮”的良好局面。随后四年,晋联合秦、齐、宋,大败楚国,一跃而成为中原霸主。

齐桓公名小白,公元前685年继位,任用管仲进行改革,使国力富强。他从戎狄手里营救了邢、卫两国,以“尊王攘夷”为号召帮助燕国打败北戎;联合中原诸侯进攻蔡、楚;还安定了东周王室的内乱,多次大会诸侯,成为春秋时期的第一个霸主。

公元前526年,夜空中出现彗星。齐景公坐在柏寝上,叹息道:“唉,我堂堂齐国要遭灾祸了!”群臣皆哭,宰相晏婴却不以为然,齐景公命晏婴祭祷,晏婴说:“彗星是除秽的,君无秽德,又何必祭祷呢?”

北宋初,窦俨与卢多逊、杨徽之同在谏垣。一天,窦俨对二人说:“岁在丁卯,五星(金、木、水、火、土星)当聚于奎。奎主文明,又在鲁分,自此天下将要太平了。”宋太祖乾德丁卯年(967年),五星果然聚于奎。

【原文】

卓敬冯虎[①]　西巴释麑[②]　信陵捕鹞　祖逖闻鸡[③]

【注释】

①冯:古凭字,依靠,依据。②麑:幼鹿。③逖。

【解读】

相传明代卓敬,十五岁时在宝香山读书。有一天,风雨夜归,迷了路。途中遇上一动物,以为是牛,便跟着走,终于回到家,进门一看,原来是虎。

战国时秦国人西巴给孟孙当家庭教师。一天,孟孙外出打猎,捕获一只幼鹿,让西巴载着。回家的路上母鹿一路尾随。西巴不忍,放了幼鹿。孟孙很生气,把西巴赶了出来。三个月后,孟孙又召回西巴,说:“先生不忍于幼鹿,也一定会很好地教育我儿子。”

相传战国时魏公子信陵君,有一天正在吃午饭,突然一只斑鸠飞入房内避祸。当时有一只鹞鹰在屋外,信陵君刚赶走斑鸠,它就被鹞鹰捕杀了。信陵君内疚道:“鸠到我这里来是为了避祸,是我辜负了它。”于是,捕捉了三百多只鹞鹰,手按着剑问:“是谁杀了斑鸠?”其中一只低头服罪,信陵君便杀了它,其余放走。从此,信陵君美名远扬。

晋代名将祖逖,和刘琨是好朋友,二人同睡同起,同练武功。立志收复失地,振兴晋国。后来二人同做司州(今河南洛阳东北)主簿,夜间常同床共被而卧。一天深夜,闻鸡鸣声，祖逖便叫醒刘琨，道："半夜鸡叫，并没有什么不吉利，正好唤醒我们早点起来练习武艺。"二人立即起床，跑到空地上练习剑术。

【原文】

赵苍弃母　吴起杀妻　陈平多辙　李广成蹊[1]

【注释】

①蹊：小路。

【解读】

东汉赵苍为辽西（今辽宁义县西）太守。他的母亲、妻子赴辽西时，为鲜卑贵族劫持，载以进攻。他仍坚持抗击，其母亦遥勉以忠义，母、妻因此被害。破鲜卑后，他葬母事毕，呕血而死。

战国时，有次齐国准备进攻鲁国。鲁国打算拜卫国军事家吴起为将军，统兵打仗，但他的妻子是齐国人，因此犹豫不决。吴起便把妻子杀死，以示效忠鲁国之心。

汉初丞相陈平，早年家贫，居住在穷巷里。同里富人张负有个女儿先后嫁了五个丈夫，丈夫都死了。陈平请人前去说媒。张负说："陈平虽然贫穷，但门外多显贵者的车辙。"于是，答应了这桩婚事。

西汉名将李广不善言辞，与匈奴打过七十多次仗，屡建奇功。匈奴很怕他，称他为汉朝的"飞将军"。可是，汉武帝对这样的功臣寡恩薄情，李广始终没有被封侯。司马迁著《史记》时，深为李广抱不平，说："桃李不言，下自成蹊。"

【原文】

烈裔刻虎[1]　温峤燃犀[2]　梁公驯雀　茅容割鸡

【注释】

①裔(yì)。②峤(qiáo)。

【解读】

相传秦始皇二年，工匠烈裔雕刻了两只白玉虎，但没有点出眼睛。始皇命其他工匠连夜点出眼睛。天亮后，玉虎竟飞走了。第二年，南郡进献白虎两只，原来就是两只飞走的白玉虎，秦始皇便命去掉其双眼，这样白玉虎再也不能飞走了。

相传东晋大臣温峤，有一次途经牛渚矶，见水深不可测，传说水底是怪物的住址。温峤便点燃犀牛角，结果水族中奇形异状的怪物原形毕露。

唐代名臣狄仁杰，字怀英，以功封梁国公。相传他居母丧时，有白雀驯扰之祥兆。

汉代的茅容有一天正在耕地时，下起雨来，便在树下避雨。别人都随便蹲坐在地上，他却端坐在一旁。这引起了路过的郭林宗的好奇，便留宿他家。第二天茅容杀了一只鸡，郭林宗以为用来招待自己的。茅容却给母亲吃，剩下的半只装好，自己和客人一起只吃蔬菜而已。郭林宗说："你的品质真高尚啊！这才是我真正的朋友。"

【原文】

禹钧五桂　王祐三槐　同心向秀　肖貌伯偕

【解读】

宋代窦禹钧,生了五个儿子都很有才能,相继登科。冯道赠诗道:“燕山窦十郎,教子有义方,灵椿一株老,丹桂五枝芳。”灵椿:古代传说中的神树。

北宋王祐出使魏州(今河北大名东北),宋太祖许以官职,但王祐返回后,反而受诬陷被贬官。王祐亲手在庭院中植下三棵槐树,说:“我虽然没有做上高官,但我的子孙中必定有为三公者。”后来,王祐的二儿子王旦果然出任真宗朝丞相。

魏晋之际哲学家、文学家向秀,字子期,竹林七贤之一。他与嵇康、吕安友情很深,志同道合,在思想、学术、行为、举止上无不相同。他曾作《思旧赋》,追念亡友嵇康、吕安,情辞沉痛,颇为著名。

唐代张伯偕与弟仲偕,相貌酷似。仲偕办婚事这天,新娘子化妆完毕,见伯偕说:“你看妆化得好吗?”伯偕回答道:“我是伯偕。”新娘子回避了。过一会儿又见,告诉说:“刚才我犯了个错误,把你的哥哥认作郎君了。”伯偕说:“我仍是伯偕。”新娘子羞得满脸通红。后来,二人便穿着不同的衣服,以示区别。

【原文】

袁闳土室[①]　羊侃水斋[②]　敬之说好　郭讷言佳

【注释】

①闳(hóng)。②侃(kǎn)。

【解读】

东汉袁闳前往彭城国(今江苏徐州)迎父丧,不以财物助丧事,披麻戴孝亲扶灵柩回家乡,手足流血,见者莫不伤悼。陈蕃推荐他做三事大夫,桓帝亲自派车去接他,他不去,建土室隐居十八年,闭门谢客,早晚在室中向父母礼拜。儿子来看望他,也不开门,儿子只得向土室行礼然后离去。

南北朝羊侃力大无比,雅好文史,性豪侈。他在衡州(今湖南衡阳)时,曾在两艘船上建起三间通梁水斋,饰以绸缎、绘画,设帷屏,列女乐,乘潮解缆,临波置酒,令围观者羡慕不已。

唐朝项斯,中进士,授丹徒尉,为人清奇雅正,尤工于诗。杨敬之赠以诗云:“几度见君诗尽好,及观标格胜于诗。平生不解藏人善,到处逢人说项斯。”

晋代郭讷有一次在洛阳听伎人唱歌,赞不绝口。石季伦问唱的是什么曲子,他回答不知道。石季伦笑着说:“你既然不知道是什么曲子,怎么说好(言佳)呢?”郭讷回答道:“比如见西施,不必等到知道她的名字以后才认为她美丽呀。”

【原文】

陈瓘责己[①]　阮籍咏怀　初平起石　左慈掷杯

【注释】

①瓘(guàn)。

【解读】

宋朝陈瓘与范淳甫同舍。有一次,范淳甫对他说:“颜回有不迁怒、不二过的美德,伯淳却没有这种美德。”陈瓘问:“谁是伯淳?”范淳甫沉默良久,说:“你不知道有程伯淳吗?”陈瓘很惭愧,写文章责备自己孤陋寡闻。

魏晋之际,阮籍常与嵇康等七人在竹林之下喝酒清谈,被称为“竹林七贤”。他能诗善文,能吹会弹,傲视俗儒,放荡不羁。其诗专长五言,曾作《咏怀》诗八十余首。

晋代兰溪人皇初平,一号赤松子。相传他小时候有一次牧羊,一个道士把他引入石室中修道四十余年。后来,他的哥哥初起找到他,问:“放的羊在哪里?”初平说:“在山的东面。”初起去看,全是白石头。初平叱唤羊来,刹那间白石头变成了数万头羊。

汉末庐江人左慈,字元放,有仙术。相传有次曹操召见,关进房里断食近一年,颜色如常。曹操很想跟他学习仙术,他拒绝说:“学道当除杂念,清静无为。”曹操很生气,要杀他,于是设酒筵。左慈用筷子画断杯中的酒,只饮左边一半,另一半递给曹操,又用酒杯掷屋栋,似鸟飞之状,闭目静坐,不一会儿就无影无踪了。

【原文】

名高麟阁　功显云台　朱熹正学[①]　苏轼奇才

【注释】

①熹(xī)。

【解读】

西汉宣帝为了表彰辅助得力的臣子,命画人像,置上官爵姓名,列于麒麟阁,惟霍光不写名,署以“大司马大将军博陆侯姓霍氏”,其次有张安世、韩增、赵光国、魏相、丙吉、杜延年、刘德、梁丘贺、萧望之、苏武等十一人。

东汉明帝为了表彰汉室中兴功臣,命画二十八将像于南宫云台,以邓禹为首,依次为马成、吴汉、王良、贾复、陈俊、耿弇、杜茂、寇恂、傅俊、岑彭、坚镡、冯异、王霸、朱祐、任光、祭遵、李忠、景丹、万修、盖廷、邳彤、姚期、刘植、耿纯、臧宫、马武、刘隆。

南宋哲学家朱熹,字元晦,徽州婺源(今属江西)人,寓居建阳(今属福建)。他集理学之大成,建立了一个完整的客观唯心主义的理学体系,他提倡的理学,在明清两代被奉为正宗儒学,在思想领域居于统治地位。

北宋文学家苏轼,字子瞻,号东坡居士,眉山(今属四川)人,他在诗、文、词、书、画方面都有很深的造诣,与父洵、弟辙合称“三苏”,均入“唐宋八大家”之列。其文畅达,与欧阳修并称“欧苏”;其诗清晰,与黄庭坚并称“苏黄”;其词豪放,与辛弃疾并称“苏辛”;擅长行书、楷书,与黄庭坚、米芾、蔡襄并称“宋四家”。

【原文】

渊明赏菊　和靖观梅　鸡黍张范[①]　胶漆陈雷

【注释】

①鸡黍:招待客人用的饭菜。

【解读】

东晋陶渊明,对当时政治深为不满,辞官过躬耕生活,写下了著名的《桃花源记》。相传他隐居粟里(今江西九江南陶村西)时,种有菊花。有一次,因无钱连续九天滴酒未沾,便摘了一把菊花怅望着发呆。

宋代林逋,谥号和靖,隐居西湖二十年,在孤山上修筑住宅,周围皆种梅花,整日观梅不倦。他做了很多以梅花为题的诗。《咏梅》诗中"疏影横斜水清浅,暗香浮动月黄昏"更是脍炙人口的千古佳句。

东汉张劭和范式,在青少年时代曾同为太学学生,友情深厚。太学学业完成离别时,范式约定两年后到张劭家过拜尊亲。快到约定日期时,张劭张罗酒菜。其母说:"二年之别,千里结言,不一定会来吧?"张邵说:"范式是守信用的朋友,绝不会违约。"至期,范式果然前来张家,升堂拜母,尽欢而别。

东汉鄱阳(今江西波阳)人雷义与陈重是好朋友。顺帝朝,举茂才,让与陈重,刺史不听,雷义遂不应命。后二人同举孝廉,又同拜尚书郎。当时流传这样一句话:"胶漆自谓坚,不如陈与雷。"

【原文】

耿弇北道[①]　僧孺西台　建封受贶[②]　孝基还财

【注释】

①弇。②贶:赐予。

【解读】

东汉初年,地方豪强张步占据青州十二郡。刘秀派耿弇去攻打,连克三城。在战斗中,耿弇被流箭射伤,他拔出佩刀把箭砍断继续战斗,终于取得胜利。刘秀夸奖他是北道主人,说:"从前你请求平定张步,我以为你口气太大恐难成功,如今才知道有志者事竟成。"

唐大臣牛僧孺早年为伊阙(今河南伊川西南)县尉。当地传说:如果县城前面的水中露出金沙河滩,本县就有人当大官。一天,河滩露出水面,一位老吏说:"此人必分司御史,若是西台,当有一双五色水鸟飞来。"话刚说完,一双水鸟飞来栖息在河滩上。几天后,牛僧孺果然官拜西台御史。

唐朝尚书裴宽有一次乘船回汴州(今河南开封)。傍晚停船休息,见树下坐着一个衣服破旧不堪的人,便屈驾过去与他交谈,甚感惊奇地说:"以你的才识,不愁没有出人头地、荣华富贵之日。”于是，裴宽把船、钱、帛、奴婢，尽赐赠予他。登船后，凡傲慢无礼的奴婢，这人就用鞭子抽打。裴宽更加诧异，便问尊姓大名，原来是张建封。德宗朝时，张建封为徐州刺史十年，所得僚佐，如韩愈、李藩，皆当时名士。

宋代张孝基，娶同里富人家女子为妻，富人的独子因不肖被逐出家门。富人死后，张孝基继承了全部遗产。后来，富人的儿子沦为乞丐。张孝基同情地问他：“你能浇灌菜园吗？”回答：“能”。他干得很勤快。又问：“能管理仓库吗？”回答：“能”。他又干得很踏实。于是张孝基就把富人的家财送还给了他。

【原文】

准题华岳　绰赋天台　穆生决去　贾郁重来

【注释】

①绰(chuò)。

【解读】

相传宋丞相寇准八岁时曾吟华山诗云：“只有天在上，更无山与齐。”蒙师对寇准的父亲说：“贤郎长大后是宰相之材呢。”后果如其言。

东晋文学家孙绰，以文才著称于世。有一次，他写好一篇《游天台山赋》，自我感觉十分满意，拿给友人范荣期欣赏，并说：“你如果把它扔在地上，会发出金石声呢！”

汉代穆生曾与楚元王刘交、申公等在浮丘伯门下学《诗》，后出仕成了楚元王的中大夫。穆生不喜酒，楚元王置酒，都要为穆生准备甜酒。楚元王死后，他的儿子嗣位，起初也要准备甜酒，后来便忘了此事。穆生说：“不备甜酒，可见楚王有怠慢之意。”遂称病离开楚王。后来申公等人果然因劝谏楚王被杀害。

五代时，贾郁为仙游(今属福建)主簿，清廉严谨。他被撤职时，一个官吏喝醉了酒，贾郁怒斥：“我再上任必严惩。”官吏说：“你若再来，犹如铁船渡海。”但后来贾郁果然再任，那个官吏因盗窃库钱等，受罚甚严。

【原文】

台乌成兆　屏雀为媒　平仲无术　安道多才

【解读】

汉朱博升任御史大夫后，有数千只乌鸦栖息在府中柏树上。故后又称御史台为乌台，或称乌府。

唐高祖李渊的窦皇后，才貌过人。她的父亲窦毅为了选一个佳婿，在门屏上画了两只孔雀，前来求婚者，若能两箭射中孔雀眼睛，便把女儿嫁给他。前后来了几十个贵公子，没有一个射中的。李渊后到，两箭各中一目，窦毅就高兴地把女儿许配给他。

宋代的寇准与张咏友情深厚。寇准出任丞相时，张咏对属僚说：“寇公奇才，只可惜学术不足。”有一次，二人相见，临别时，寇准问：“有什么教导我的吗？”张咏说：“《霍光传》不可不读。”寇准回去,读至“不学无术,暗于大理”时,忍不住说:“原来张公是在说我呢!”

宋张方平,字安道,少颖悟绝伦,读书过目不忘。曾因家贫无书,借人三史(《史记》《汉书》《后汉书》)十天归还,说:“已经全部读懂记住了。”后以天下奇才被推荐给了朝廷。

【原文】

杨亿鹤蜕[1]　窦武蛇胎[2]　湘妃泣竹　鉏麑触槐[3]

【注释】

①蜕:脱去皮壳。②窦:姓。③鉏:姓。

【解读】

相传北宋文学家杨亿刚生下来时是一只鹤雏,然后蜕变为婴儿。

相传东汉名将窦武的母亲生他出来时同产有一条蛇。

相传尧的两个女儿娥皇、女英嫁给舜为妻。舜在南巡途中死于苍梧(今属广西),二妃从之,溺于长江和湘江,故世称为湘妃。二妃在听到丧夫的噩耗时,挥泪把竹子染上了斑纹,故斑竹又称为湘妃竹。

鉏麑是春秋时晋国力士。据《左传·宣公二年》的记载,晋灵公恨大臣赵盾多次进谏,便派鉏麑前去行刺。他清晨到后见赵盾穿着盛服准备入朝,尚早,坐在凳上打盹,不忍下手,退出后一头撞在槐树上,自杀身亡。

【原文】

阳雍五璧　温峤一台[1]　孔门十哲　殷室三仁

【注释】

①峤(qiáo)。

【解读】

汉阳雍伯乐善好施,煮粥接济过往百姓,三年间从不间断。一天,有一人喝完粥问:“怎么没有菜羹?”阳雍伯答道:“没有种菜。”这人便从怀中掏出菜籽一升给他,说:“种下此菜籽可生美玉,并能娶良妻。”后来,阳雍伯从地里挖出五双白璧为聘礼,娶北平徐氏的女儿为妻。

东晋大臣温峤博学能文,仪态秀整。其姑妈想招女婿,温峤说:“佳婿难得,侄儿这种条件的人可以吗?”姑妈说:“哪敢希求你这样好条件的呢?”过了一段时间,温峤告诉姑妈说:“找到一个合适的人选,论门第、人才,都不减侄儿。”说完送上一个玉镜台作为聘礼,又行婿礼,把姑妈给闹糊涂了,女儿却笑着说:“我早就猜到了。”

孔庙祭典,把孔子弟子颜渊、闵子骞、冉伯牛、仲弓、宰我、子贡、季路、子游、子夏十人列侍于侧,称为“十哲”。后颜渊地位高升和孔子一起被祭祀,升补曾参到“十哲”之列。后曾参地位高升和孔子一起被祭祀,升补子张到“十哲”之列。

殷纣王的同父异母兄微子,名启,因见商朝将亡,数谏纣王,不听,遂出走。纣王的叔父箕子,因劝谏纣王,被囚禁。纣王的叔父比干,因屡次劝谏纣王,被剖心而死。春秋时,孔子称颂他们为“殷室三仁”。

【原文】

晏能处己　鸿耻因人　文翁教士　朱邑爱民

【解读】

三国时,魏国的何晏年少聪明过人,深得魏武帝喜爱,欲认作干儿子。何晏知道后,画地为牢,自处其中,人们甚感奇怪。问时他说:“这就是我的寓所。”魏武帝便把何晏遣还回家。

东汉梁鸿为人孤傲。一次,邻居家做完饭,招呼梁鸿趁着热灶、热锅接着做饭。梁鸿却回答说:“子鸿不因人热者也。”然后自己重新生火做饭。

汉景帝时,文翁为蜀(今四川)郡守,选派司马相如、张叔等十人到京城博士门下求学。学成归来后,文翁重用他们。与此同时,文翁又在成都创立学校,实行青年入学可以免除徭役,成绩优良者可为郡县吏的制度。各县邑的青年争相求学。这些措施促进了当地文化的发展。

汉朝的朱邑,字仲卿,贤良方正,迁北海(今山东昌乐东南)太守后,治行第一,入为大司农。病重时对儿子说:“我从前是桐乡(今安徽桐城北)啬夫,当官后不忘热爱百姓,百姓也爱戴我,我死后就葬在桐乡。”朱邑去世后,天子很惋惜地说:“朱邑真是一个善良的人啊!”赐重金以奉祭祀。

【原文】

太公钓渭　伊尹耕莘[1]　皋惟团力[2]　泌反献身[3]

【注释】

①莘:古国名。②皋(gāo)。③泌(mì):亦读(bī)。

【解读】

殷末,东海人吕尚,又称姜子牙。家贫,曾宰牛卖肉,虽有才华,然怀才不遇。后听说周文王求贤,遂到渭水上钓鱼,果为文王所赏识。后为文王建奇功,封于齐。民间常称他为姜太公。

商初大臣伊尹,名挚。传说为奴隶出身,耕于莘国(今山东曹县西北)之野,为一名莘氏女嫁给商汤时的陪嫁男奴。然精通治国之道,汤曾派人三次往聘,用为“小臣”。后来果然协助商汤攻灭夏桀。

唐江西节度使曹王皋,用团力法操练士兵,几次打败乱将李希烈。

唐代宗时,有一年端午节,大臣都给皇帝献了礼物,唯独李泌没有。代宗问他原因，李泌说："我拥有的一切，都是陛下赐予的。只有身体是自己的，我就把身体献给陛下吧。"代宗说："我所求的正是这个啊。你既然以身相献，就应当忠心耿耿，死而后已了。"

【原文】

丧邦黄皓　误国章惇　鞅更秦法　普读鲁论

【解读】

蜀汉后主刘禅，昏庸无能。诸葛亮死后，他宠幸宦官黄皓，朝政日趋腐败。公元263年，邓艾大破蜀国，刘禅投降，蜀国灭亡。

北宋章惇，曾协助王安石推行新法。司马光废新法，复旧制后，被贬黜。

战国时代，商鞅在秦国实行变革。为取信于民，在国都南门立一根木头，并宣布谁能把它搬到北门，给十金报酬。开始时，老百姓都不敢相信。商鞅又宣布说："有能搬木头者给五十金。"有个人将木头搬到北门，商鞅立即赏给他五十金。从此，商鞅变革颁布的法令，人们都听服。

宋初大臣赵普，喜读《论语》，手不释卷。每天从朝中回到家中，必取《论语》反复研读。他曾经对太宗说："臣有《论语》一部，以半部辅助太祖定天下，以半部辅助陛下定天下。"

【原文】

吕诛华士[①]　孔戮闻人[②]　暴胜持斧　张纲埋轮

【注释】

①华：姓。②戮：斩杀。

【解读】

吕尚本姓姜，辅佐周文王、周武王灭商定天下后，分封齐国（今山东北部）。齐国有一位姓华的高士，据说很有才能，但不把天子和诸侯放在眼里，傲慢无礼。姜太公曾经三次召见他，都拒不前往，太公便下令把他杀掉。姜太公说："三次召见不至，是逆民。这种人又很有声望，往往成为人们的不良榜样，使一国效仿，这样能治理好国家吗？"

孔子任代理宰相后，执政七日便杀掉了扰乱国政的大夫少正卯。学生子贡说："少正卯是鲁国的名人，怎么可以诛杀呢？"孔子说："除了强盗之外，天下有五大罪恶：心逆而险，行僻而坚，言伪而辨，记丑而博，顺非而泽。这五条罪状少正卯都有，因此必须除掉。"

西汉天汉二年（前99年），泰山（今山东泰安东南）发生叛乱，汉武帝派遣暴胜之等衣绣持斧，分部逐捕，很快平息了叛乱。

东汉顺帝派遣八位使者考查各地官吏的政绩。使者之一御史张纲埋车轮于洛阳都亭，说："豺狼当道，安问狐狸？"遂上书揭露大将军梁冀等人的不法行径。

【原文】

孙非识面　韦岂呈身[1]　令公请税　长孺输缗[2]

【注释】

①呈身：毛遂自荐的意思。②缗：古代穿铜钱用的绳子。

【解读】

北宋孙抃，皇祐中为御史中丞，推荐唐介、吴敦复为御史。有人问他："你又不认识他们，为什么要推荐呢？"孙抃说："推荐他们为台官是因为他们品德高尚，才能出众，并不一定要相识呀。"

唐韦澳，武宗朝登第后十年都没有做官。高元裕说只要韦澳来拜见就愿意帮忙。韦澳说："恐无呈身御史。"不肯前去拜谒高元裕。

晋武帝时，裴楷为中书令，请梁王、赵王每年上交租钱百万，以接济国中贫困者。二王讥讽道："何必用讨乞得来的钱显示恩惠呢？"裴楷说："损有余以补不足呀！"

宋番禺（今属广东）县令杨长孺任满去职时，将自己的七千缗俸钱捐献出来，为佃户交租。他曾经说："士大夫清正廉洁，便有七分做人的资格了。"

【原文】

白州刺史　绛县老人[1]　景行莲幕　谨选花裀[2]

【注释】

①绛（jiàng）。②裀（yīn）：双层床垫。

【解读】

唐薛稷为笔封九锡，拜楮国公、白州（今广西博白）刺史，统领万字军。

春秋时，绛县（今山西曲沃西南）有一位老人已73岁高龄。晋悼公请他辅佐朝政，以年老辞却。便赐封他田地，用为主管君王衣服的官员。

南朝庾杲之字景行，很有才能，为王俭聘作长史官。萧缅写信给王俭，祝贺他找寻到理想的幕僚。信中说："庾景行泛绿水，依芙蓉，何其丽也。"当时人们把俭府比作莲花池，所以信中这样称赞庾杲之。旧称幕府为"莲幕"，本此。

唐许慎，字谨选，豪放不拘小节。有一次在花园中宴请亲友，不张幄设座，坐在僮仆拾聚的落花上，说："吾自有花裀，何须坐具。"

【原文】

郗超造宅[1]　季雅买邻　寿昌寻母　董永卖身

【注释】

①郗（xī）：旧读 chī，姓。

【解读】

相传东晋郗超，字嘉宾，每次听说有才能出众、品德高尚的人退隐，都要花巨资为其建造住宅。

南朝梁吕僧珍为梁武帝的开国功臣。有一位南康(今江西赣州)郡守宋季雅在罢职后,到京城花钱一千一百万买下一座紧靠着吕僧珍家的住宅,并说:“一百万买宅,一千万买邻。”

北宋朱寿昌七岁的时候,母亲易改,不知去了何方。朱寿昌长大成人后,弃官寻母,终于在四川找到了离别五十年的母亲。苏东坡作诗贺云:“嗟君七岁知念母,怜君壮大心愈苦。羡君临老得相逢,喜极无言泪如雨。”

相传汉代董永从小失母,长大后因无力葬父,卖身为奴,后与天上的织女结为夫妇。

【原文】

建安七子　大历十人　香山诗价　孙济酤缗[1]

【注释】

①酤缗:酒钱。

【解读】

东汉献帝建安年间,孔融、王粲、陈琳、徐幹、刘桢、应玚、阮瑀等七人的文学作品,以骏爽刚健的风格著称。曹丕《典论·论文》曾以此七人并举,史称“建安七子”。

唐朝代宗大历年间,卢纶、吉中孚、韩翃、钱起、司空曙、苗发、崔峒、耿沣、夏侯审、李端等十人擅长五言律诗,称为“大历十才子”。

唐代大诗人白居易为江州(今江西九江)司马时,筑草堂于香炉峰下,称香山居士。相传白居易在此写下了数千首诗,士人争相传写,更有商人以一金一诗的高价出售白居易的诗。

汉末孙权的叔父孙济嗜酒,经常喝得酩酊大醉,又屡次欠下酒钱,人们以此取笑他,孙济却不以为然,我行我素。

【原文】

令严孙武　法变张巡　更衣范冉　广被孟仁

【解读】

春秋时,孙武初见吴王阖闾,阖闾说:“你写的《兵法》十三篇,我都看过了。你可以实际操练一下吗?”孙武说:“可以。”阖闾又说:“可以用妇女试吗?”孙武说:“可以。”吴王从宫中选了180个美女,孙武把她们分为两队,让吴王心爱的两个妃子当队长,又三令五申军队的纪律和要求。当击鼓传令叫她们向左的时候,她们都大笑不止。孙武说:“规定不清楚,军令不熟悉,这是主将的罪过。”于是再一次交代纪律和要求,宫女们还是嘻嘻哈哈,满不在乎。孙武说:“不服从命令,不听从指挥,这是队长的罪过。”按照军法要把两个队长斩首。吴王在台上看见要杀他的爱妃,连忙派人下来阻止。孙武说："我既已受命为将，将在军，君命有所不受。"坚持按军法办事，把两个队长斩首示众。这样一来，再击鼓传令，宫女们没有一个敢出任何声音的，都规规矩矩地按要求做了。吴王知道孙武善于用兵，便用他为将。

《孙子兵法》书影

唐张巡用兵不照搬沿袭古法。有人问他为什么，张巡说："古人打仗布阵，形式单一，将军队分为左右前后，大将居中，以便统一指挥。今胡人进犯，多用骑兵，行动迅速，变化多端。因此，打仗必须适应这种快速多变的特点，出其不意，攻其不备，这样才能取得胜利。"

东汉范冉青少年时代生活贫困，在外求学与同乡尹包善共居一室，只有一件外衣，二人轮流穿上出门。

三国孟宗离家求学时，孟母给他做了一床宽大厚实的被褥。有人问这么大的被褥做何用，孟母说："我这样做，是因为担心儿子年龄幼小、品德不高，难以结交有学问、品德高尚的人。而德才兼备的人，大多很贫困。所以做一床大被子让儿子跟这些人一起盖，便于儿子向他们学习，受到好的熏染。"

【原文】

笔床茶灶　羽扇纶巾[①]　灌夫使酒　刘四骂人

【注释】

①纶巾：有青丝带的头巾。

【解读】

晚唐文学家陆龟蒙，退隐居甫里（今苏州用直镇）时，常乘小舟，携带书籍、笔床、茶灶、钓具等出游。

诸葛亮率军伐魏，与司马懿相拒于渭南。司马懿派人前去打探，见诸葛亮乘坐素车、头戴纶巾、手持羽扇指挥，三军随其进止，很是敬佩诸葛亮的指挥天才和儒雅风度。

西汉灌夫为人刚直，从不把权贵放在眼里。丞相田蚡娶妻，在结婚宴席上，灌夫向田蚡敬酒，田蚡不肯饮，灌夫便借酒发疯，痛骂田蚡。后被田蚡弹劾而被杀。

唐朝刘子翼德才兼备，性格直爽，朋友有过失，则当面批评，过后从不计较。

【原文】

以牛易马　改氏为民　圹先表圣[①]　灯候沈彬

【注释】

①圹：墓穴。

【解读】

魏晋之际,有牛代替马的图谶,故晋宣帝司马懿深忌牛氏,曾用毒酒杀害部将牛金。不料想,恭王妃夏侯氏与小吏牛氏私通,而生下东晋开国皇帝元帝。

相传民姓本为氏。三国时有氏仪。孔融说:“氏字民无止,可改为民。”

唐诗人司空图,字表圣,生前为自己预备了墓穴,有客人来访,便引入墓穴里,赋诗对酌。

唐诗人沈彬,字子文,隐居云阳山学仙道。相传家人从他临终前指定的葬地挖出三盏莲花灯和一块铜碑,碑上的文字说是专门留待沈彬死后用的。

【原文】

谢敷处士　宋景贤君　景宗险韵　刘煇奇文①

【注释】

①煇:“辉”的异体字。

【解读】

谢敷是晋代有才德而隐居不仕的人。

春秋时宋景公被称为治国有仁德的国君。

南北朝时曹景宗为梁朝大将。一次,魏军围攻钟离(今安徽凤阳东北),曹景宗率师解围凯旋。梁武帝设宴庆功,群臣联句,轮到曹景宗时,韵已用尽,仅剩“竞”“病”二字。曹景宗操笔写道:“去时儿女悲,归来笳鼓竞。借问行路人,何如霍去病?”群臣无不称赞。

宋刘几为文好用险语、发奇论,欧阳修不喜欢这类文章,对刘几存有偏见。曾用朱笔横抹刘几试卷。后又试《尧舜性仁赋》,刘煇论曰:“静以延年,独高帝之寿;动而有勇,刑为四罪之诛。”欧阳修将此文列为第一。等公布姓名,原来就是刘几,欧阳修惊诧不已。

【原文】

袁安卧雪　仁杰望云　貌疏宰相　腹负将军

【解读】

东汉大臣袁安发迹前很贫穷。有一次客居洛阳,竟昏倒在雪地中,幸亏被人及时救醒。

狄仁杰初为并州(今山西太原)法曹参军,父母亲在河阳(今河南孟州市)。一天,狄仁杰登太行山,遥望家乡,只见万里碧空,白云孤飞,说:“我的父母亲就住在那片白云下面。”怅望很久,待白云飘走,才依依离去。

俗话说,人不可貌相,海水不可斗量。历代任宰相的人有不少相貌却很丑陋,宋真宗时的王钦若就是这样的人。

将军们酒足饭饱后，常拍着大腹便便的肚子说，我没有亏待你呀，却不懂得“将军不负此腹，此腹必负将军”的道理。

【原文】

梁亭窃灌[1]　曾圃误耘　张巡军令　陈琳檄文

【注释】

①亭：在边疆用来观察敌情的建筑物。

【解读】

战国时期，梁与楚相邻。梁与楚的哨亭皆种瓜，梁人勤于浇水，瓜长得好；楚人很少浇水，瓜长得差。楚人就把梁人种的瓜连根拔起来。梁人发现后打算报复。梁国的宋就说：“我们去报复，并不能解决问题。不如晚上我们悄悄为楚人种的瓜浇水。”大家按照宋就的主意去做，结果楚亭的瓜也长得很好。楚人很奇怪，便暗中观察，发现原来是梁人在为他们浇水。楚王知道此事后说：“这是梁国在向我们表示友好呢！”从此，两国友好相处。

一次，曾参在瓜地里除草，误把瓜秧挖断了。父亲很生气，用大杖击打他。曾参被打得昏死过去，过了很久才苏醒过来。孔子听说此事后，说：“舜侍奉父母，小杖则受，大杖则走。你父亲在暴怒时，可能会把你打死。你死了，你的父亲就要落得个不义的罪名，而人们也会骂你不孝呢。”曾子很感激孔子的教诲。

唐大将张巡军令严明。相传一次令狐潮围攻雍丘（今河南杞县），张巡副将雷万春在城上与令狐潮答话，被射中面部，雷万春仍纹丝不动。令狐潮惊叹不已，敬佩地对张巡说：“从雷将军身上已知足下军令矣。”

汉末文学家陈琳，早年跟随袁绍，作过一篇声讨曹操的檄文，辱骂其祖宗三代。袁绍败，陈琳归顺曹操。曹操问：“你以前为袁绍写文章，骂我就行了，怎么把我的祖宗三代都牵连上了？”陈琳谢罪道：“箭在弦上，不得不发。”曹操爱慕其才，便没有再责备他。

【原文】

羊殖益上　宁越弥勤　蔡邕倒屣[1]　卫瓘披云

【注释】

①邕（yōng）。倒屣：古人家居，脱鞋席地而坐。客人来，急于出迎，把鞋子倒穿。

【解读】

晋国大夫赵简子问成抟说：“我听说羊殖是一个品德高尚、才能出众的人，是这样吗？”成抟说：“我不知道。”赵简子问：“你们友情深厚，怎么不知道呢？”成抟说：“羊殖一生中品行已多次变化，十五岁为人正直，不隐瞒过错；二十岁喜仁义；三十岁为中军尉，英勇无比，有仁爱之心；五十岁为戍边的将军，体恤百姓，与邻国友好相处。我们已有五年没有见面，故不敢说他现在怎么样了。”赵简子感叹道：“果然是贤大夫，每变益上。”

春秋战国时朝，赵国人宁越原为中牟（今河南鹤壁西）农民，因努力学习，十五年后成为周威公的老师。

“建安七子”之一的王粲，少年时即为蔡邕所器重。一次，蔡邕听说王粲来了，来不及穿好鞋子，“倒屣”相迎。

晋乐广善于谈论。相传尚书令卫瓘第一次见到乐广与当时名人们谈论，就很钦佩，说：“此人，人之水镜也，见之若披云雾，睹青天。”

【原文】

巨山龟息　遵彦龙文　傲倪昭谏　茂异简言

【解读】

唐李峤，字巨山，兄弟皆年三十而卒。母亲问算命先生李峤的寿数，算命先生说：“李峤神清气秀，恐不能活多久。”晚上算命先生与李峤连榻而寝，发现他用耳呼吸，又说：“李峤呼吸同乌龟一样，必能长寿。”后来果然应验。

南北朝杨愔，字遵彦，六岁受史书，十一岁习《诗》《易》。从兄杨景很器重他，说：“杨愔驹齿未落，已是家中龙文，再过十年，一定会大有成就。”杨愔长大后被梁武帝重用，为太子少保，封开国公。

唐文学家罗隐，字昭谏，性格傲倪，散文小品笔锋犀利，其诗也颇有讽刺现实之作。

宋吴简言，字若讷，以茂才异等登第，累官祠部郎中。

【原文】

金书梦珏[①]　纱护卜藩　童恢捕虎　古冶持鼋[②]

【注释】

①珏（jué）。②鼋（yuán）：鳖。

【解读】

唐李珏，开成中拜相。时广陵（今江苏扬州）也有一人名叫李珏，以贩籴为业，每斗唯求子钱二文，资奉父母。凡籴粜投入升斗，都让人自量。丞相李珏节制河南时，梦入洞府，见石壁金书姓名中有李珏，沾沾自喜，忽然有二童子说：“此是广陵的李珏。”

唐朝时，一个算命先生对李藩说：“你是纱笼中人呢。”李藩不解其意，后来有僧人解释说，凡位当宰相者，冥司必暗中以纱笼护其名姓，以防为异物所害。

童恢是汉代的良吏，执法公正廉明。相传他为不其（今山东崂山西北）县令时，有人被山中老虎吃掉。童恢捕捉二虎，对它们说：“按照王法杀人者死。若杀人者，垂头伏罪；不杀人者，当号诉。”说完，只见一虎低头瞑目，一虎注视童恢号鸣。于是，杀死低头瞑目的老虎，释放了另一只。

古冶子是春秋时的力士。齐景公有一次渡河时沉船，鼋衔着马车左边的马游走。

古冶子仗剑追赶，一直追到砥柱之下，左手持鼋头，右手挟马，燕跃鹄踊而出，仰天大呼，使河水逆流三百步，观看者把古冶子比作河伯。

【原文】

何奇韩信　香化陈元　徐斡中论　扬雄法言

【解读】

秦末楚汉相争，萧何为刘邦招揽天下英雄，极力推荐韩信。但韩信并未受到重用，离去。萧何听说韩信走了，亲自策马月下追赶。他对刘邦说："诸将易得，但韩信这种人才，国士无双。"刘邦遂筑坛，拜韩信为大将军。

汉仇览，一名香，为蒲亭长。曾有陈元的母亲告儿子不孝。仇览说："守寡养孤，何必一定要把自己的儿子绳之以法呢？"于是，前往陈家，耐心地对陈元进行教育，晓以大义。后来，陈元成了当地有名的孝子。

徐斡，东汉末哲学家、文学家，"建安七子"之一。著有《中论》上下两卷，共二十篇。阐明儒家思想，反对当时流行的训古章句之学。

扬雄，西汉文学家、哲学家、语言学家。仿《论语》作《法言》，认为"有生必有死，有始必有终，自然之道也"，驳斥神仙方术的迷信。提倡儒家思想，认为"人之性也善恶混，修其善则为善人，修其恶则为恶人"。

【原文】

力称乌获　勇尚孟贲[①]　八龙荀氏　五豸唐门[②]

【注释】

①贲(bēn)。②豸：本指长脊兽，如猫、虎之类，引申为无脚的虫。

【解读】

乌获是战国时力士，据说能举千钧之重。

孟贲是战国时的勇士，有生拔牛角的传说。

汉代荀淑，宇季和，有八个儿子：俭、绲、靖、焘、汪、爽、肃、专，皆以才德著称，号为八龙。

宋代唐炯、唐肃、唐询、唐介、唐叔问五兄弟，相继为御史，人称一门五豸。

【原文】

张瞻炊臼[①]　庄周鼓盆　疏脱士简[②]　博奥文元[③]

【注释】

①臼：舂米的器具，用石头制成，样子像盆。②疏脱：粗心，不精细。③博奥：学问渊博、精深。

【解读】

《酉阳杂俎》记载：商人张瞻，外出做生意，夜里梦见用臼做饭，便去问一个叫王生的算命先生。王生说:“你回家见不到妻子了。”臼中炊是无釜的意思,釜的去声为“妇”。张瞻回到家中,妻子果然已经去世了。

庄子的妻子死了,惠子去吊丧,见庄子击盆而歌。惠子说:“你这样做,岂不太过分了吗?”庄子说:“她刚死时,我怎能不悲伤呢?可是,当我觉悟到一个人起初没有生命、形体、气息,在若有若无之间,变而成气,气变而成形,形变而成生命。如今又变而为死,如此变化,就像春夏秋冬四季运行不止。现在她静静地安息在天地之间,而我还在哭哭啼啼,这是不通达生命的道理,因此我不哭了。”

南北朝张率,字士简,嗜酒疏脱。有一次派遣家僮装运米三千斛回家,耗失大半。张率问其原因,家僮说:“雀鼠吃掉的。”张率感叹了句:“壮哉鼠雀!”竟不深究。

唐代萧颖士,谥号文元,性严酷。萧颖士有个仆人,名杜亮,侍候主人已有十余年。萧颖士每次责罚他,动辄鞭打百余,苦不堪言。人们都劝杜亮离开萧颖士。杜亮说:“我也动过这个念头,之所以没有离开是因为主人有博大精深的学问。”

【原文】

敏修未娶　陈峤初婚　长公思过　定国平冤

【解读】

宋陈敏修,绍兴年间以第三名中进士。高宗问他年龄,回答:“七十三岁。”又问有几个儿子,回答:“未娶。”高宗便从宫中选了一个三十岁的宫女施氏嫁给他。当时流传着这样一句话:“新人若问郎年纪,五十年前二十三。”

宋陈峤,年近六十方及第,娶了一位书香门第女子为妻。新婚之夜,作诗云:“彭祖尚闻年八百,陈郎犹是小孩儿。”

西汉韩延寿,字长公,以治德闻名。一次,下高陵县巡视,遇见兄弟二人为争田地打官司。韩延寿为没有治理好辖区而深感内疚,说:“我不能宣明教化,致使人民百姓有骨肉争讼,罪过啊。”于是,韩延寿闭门思过。高陵县的官吏听说了,都自行来请罪。打官司的两兄弟也都很惭愧,主动认错,愿以田相让,再也没有发生纠纷。

西汉于定国,宣帝时任廷尉。决狱审慎,有疑者均从轻处理。时人称赞说:“张释之为廷尉,天下无冤民;于定国为廷尉,民自以为不冤。”

【原文】

陈遵投辖　魏勃扫门　孙琏织屦[①]　阮咸曝裈[②]

【注释】

①屦:麻、葛等制成的单鞋底。②曝裈:晒裤子。裈,有裆的裤子。

【解读】

西汉陈遵性情豪放好客,每当来客人了,便关上门,将客人的辖(车轴头上挡住轮子的小铁棍)投入井中,不让客人离去。

西汉魏勃欲见齐相曹参,因没钱通关节,便经常早起,打扫齐相舍人门。舍人感到很奇怪,问他原因。魏勃说明用意,于是舍人把他引见给了曹参。

宋孙琏,家贫,嗜读书,诗写得很好。他不应科举,靠耕田织屦为生,活了一百岁。

古代习俗,七月七日要晒衣服。晋代名士阮咸,家里很贫穷,没有什么衣服可晒,就用竹竿挂上一条布裤子晾在外面。

【原文】

晦堂无隐　沩山不言①　庄生蝴蝶　吕祖邯郸

【注释】

①沩(wéi)。

【解读】

北宋文学家黄庭坚,诠释"吾无隐乎尔"一句,再三思考不得其解,便去请教黄堂寺晦堂老子。正值秋季,秋风满院,晦堂不答,反问:"你闻到木樨花的香味了吗?"回答:"闻到了。"晦堂说:"吾无隐乎尔!"黄庭坚为之叹服。

唐香岩拜访禅师沩山。沩山说:"父母未生时,试道一句看。"香岩茫然不解,几次祈求沩山说明白,沩山不言。香岩只得辞去。路过南阳时,偶抛瓦砾,击在竹竿上发出声音,猛然省悟。于是沐浴焚香,向远方的沩山遥拜行礼,感激地说:"和尚大慈,恩愈父母,若为说破,今日何有!"

战国时的庄周有次做梦,梦到自己变成了一只蝴蝶,翩翩飞舞,而忘了自己原来是一个名叫庄周的人,醒来后才发现是做了一个梦。

吕岩是唐朝人,传说中的"八仙"之一,他云游四方时在邯郸城的旅店中遇见一个叫卢生的人因贫寒困厄欲求仕,于是给了对方一个枕头,让他躺在上面睡觉。卢生梦见自己当了大官,拥有享不尽的荣华富贵。等他一觉醒来,店主人刚刚蒸上的黄米饭还没熟。

【原文】

谢安折屐　贡禹弹冠　觊容王导　浚杀曲端

【注释】

①屐:木头鞋。

【解读】

谢安是东晋时的宰相,为人素来沉稳镇定。当时苻坚率领大军南下,号称百万,与晋军决战于淝水,这一战关系着东晋的生死存亡。最后晋军大胜,捷报传来时,谢安正在与客人下棋,他看完捷报后,若无其事地继续下棋。但是他下完之后回房,在跨过门槛的时候,高兴得竟把木屐上的齿给折断了,而自己因为沉浸在喜悦中,竟未察觉。

贡禹是西汉人,他的同乡兼好友王吉当了益州(今四川广汉)刺史,贡禹掸去帽子上的灰尘，庆贺自己马上就能当官。

东晋时大将军王敦起兵造反，他的兄弟王导及家族都因此受到牵连。周顗进宫的时候，王导请他帮忙求情，周顗表面上装得很冷淡，实际上却积极在皇帝面前为王导开脱，最后救了他。王导不知道这一切，对周顗怀恨在心。王敦攻下了首都建康（今江苏南京）后，向王导打听周顗该不该杀，王导故意不回答，王敦便杀了周顗。后来，王导知道了真相，懊悔不已，痛哭流涕说："我虽然没有亲手杀害伯仁（周顗的字），但伯仁却是因为我而死的。"

南宋初年的曲端英勇善战，是当时的抗金名将，但为人恃才傲物、刚愎自用，与川陕宣抚使张浚意见不合，于是后者以谋反的罪名将曲端逮捕入狱，最后以酷刑处死。

【原文】

休那题碣[1]　叔邵凭棺　如龙诸葛　似鬼曹瞒

【注释】

①碣：圆顶的碑石。

【解读】

明朝的姚康，字休那，性格恬静淡泊，从不追求荣华富贵。他刚过七十岁就写诗祭奠自己（祭文本应该由他人来写），还预先给自己的墓碑题写对联："吊有青蝇，几见礼成徐孺子；赋无白凤，免得书称莽大夫。"

明朝的叔邵性格豪放。有一天他突然觉得身体有些异样，于是穿戴整齐，坐进棺材里，并在棺材板上写了一段话："千百年之乡而不去，争此瞬息而奚为？无干戈剑戟之乡而不去，恋此枳棘而奚为？清风明月如常在，翠壁丹崖我尚归。笔砚携从棺里去，山前无事好吟诗。"写完之后躺下，平静地死去。

东汉末年，诸葛亮隐居隆中（今湖北襄阳西），号卧龙。刘备三顾茅庐才请得诸葛亮出山，在他的辅佐下建立了蜀国，形成魏、蜀、吴三国鼎立的局面。诸葛亮的哥哥诸葛谨和族弟诸葛诞分别是吴、魏两国的臣子，于是当时人说："蜀得龙，吴得虎，魏得狗。"

曹操，东汉末年人，小名阿瞒，机警狡猾，好玩弄权术。汉末许劭曾对曹操说过："君清平之能臣，乱世之英雄。"后人评他一生奸伪，"所以如鬼也"。

【原文】

爽欣御李　白愿识韩　黔娄布被　优孟衣冠

【解读】

东汉李膺个性孤傲，很少与人交往，唯独以经学家荀淑为师。由于他学问好，品行正直，名气很大，当时的人都以能与他交往为荣。荀淑的儿子荀爽非常仰慕李膺，经常向他请教，并曾为他赶马车，回来后逢人便说："我今天为李膺赶过马车了。"

韩会在唐玄宗时担任荆州刺史，善于选拔推荐人才。李白曾经给他写了一封《与韩荆州书》，其中有一句："生不用封万户侯，但愿一识韩荆州。"以表示对他的景仰之情。

黔娄是春秋时齐国的贤士。齐、鲁两国的国君都想请他出来做官，但他坚持不去。黔娄家里一贫如洗，他死后盖体的被子太短，盖住头，脚就露出来；盖住脚，头就露出来。他正是安贫乐道的隐士典范。

春秋时楚国有个著名的演员名叫孟，人称"优（优，古代表演歌舞、杂戏的艺人）孟"。楚国宰相孙叔敖死后，他的儿子生活十分困窘，根据父亲临死前的嘱咐去找优孟。优孟便穿上孙叔敖的衣物，扮作他的模样去见楚庄王。楚王大惊，以为孙叔敖复活，想请他再次担任宰相。优孟推说要与妻子商量。三天后，他对楚王说："我妻子说了，楚国的宰相做不得。孙叔敖做宰相时，尽心竭力为国家效劳，楚王因此才能称霸。可是，他死后，儿子却穷困至极，几无立锥之地。要是当孙叔敖那样的宰相，还不如自杀。"楚庄王恍然大悟，立刻召见孙叔敖的儿子，把寝丘这块地方封给了他。

【原文】

长歌宁戚　鼾睡陈抟[①]　曾参务益　庞德遗安

【注释】

①鼾：熟睡时粗重的鼻息声。抟。

【解读】

春秋时的宁戚，早年家境贫寒，给人放牛为生。一天夜里，宁戚给牛喂饲料，拍着牛角唱歌道："南山矸，白石烂，生不逢尧与舜禅。短布单衣适自骭，从昏饭牛薄夜半。长夜漫漫何时旦？"齐桓公听到歌声后非常惊奇，立刻将他找来，最后封他为大夫。

陈抟是五代末、宋初人，喜欢鼾睡，经常一睡百余天不醒，后人称他为"睡仙"。

曾参是孔子的学生，春秋时人。他生命垂危之际，还教育儿子说："不追逐权势富贵，耻辱就不会降临到身上！当了官就容易对人怠慢不敬；小病不治，病情就会加重；懈怠导致灾祸；对父母不孝多半是因为过分迁就妻子。"

东汉末年，荆州刺史刘表想请隐士庞德出来做官，遭到拒绝。刘表说："你隐居田园，不肯做官，将来哪有遗产留给子孙呢？"庞德回答道："别人给子孙交付的是危险，我却把平安馈赠给他们。虽然所赠不同，但不能说我没有馈赠。"

【原文】

穆亲杵臼[①]　商化芝兰　葛洪负笈[②]　高凤持竿

【注释】

①杵：舂米或捶衣的木棒。②笈：书箱。

【解读】

东汉时的公沙穆到京城太学（中国古代的大学）学习，因为没有钱，最后被一个叫吴祐的人雇去舂米。经过一番交谈，公沙穆的才学让吴祐既惊讶又佩服，于是二人结成朋友，称为“杵臼之交”。

春秋时的大圣人孔子对学生曾参说：“我死以后，商（字子夏）的名声将越来越大，而赐（字子贡）将会走下坡路。”曾参不解地问：“这是为什么呢？”孔子说：“商结交的都是比自己贤能的人，赐却喜欢同资质比不上自己的人来往。经常和品行高尚的人相处，就像沐浴在洒满芝兰香气的屋子里，时间长了就闻不到香味了，但本身已经与花香化为一体。和品行不好的人相处，就像进了卖鱼的店铺，时间长了同样闻不到臭味，也是被臭味同化了。”

东晋的葛洪学习勤奋，不懂就问，有时候甚至背着书箱到很远的地方去求学。

汉代的高凤，家里以种田为生。有一次妻子在庭院里面晾晒麦子，让高凤看着鸡（防止偷吃麦子）。后来下起了暴雨，高凤拿着竹竿读书，完全没有发觉麦子已经被雨水冲走了。直到妻子回来后觉得很奇怪，责问他，他才发觉了这件事。

【原文】

释之结袜　子夏更冠　捋须何点[①]　捉鼻谢安

【注释】

①捋：用手指顺着抹过去，使物体顺溜或干净。

【解读】

西汉的张释之当了管理刑狱的廷尉官，同王生很友好。有一次，张释之召集了一群王公大臣聚会，王生站在厅堂当中，正好他的袜子解开了，就转过头对张释之说：“你给我把袜子结上吧。”张释之就真的跪下替王生把袜子结好了。王生退出来后，有人问他：“你为什么要在大庭广众之下羞辱张廷尉呢？”王生说：“我老了，又很贫贱，对廷尉没什么帮助。用替我结袜这件事情羞辱他，人们更加了解他的为人和品德，就会更敬重他。”

汉代杜邺与杜钦的字同为“子夏”，又都以才学出众闻名。因为杜钦的眼睛高度近视，所以人们叫他“盲杜子夏”以示区别。但杜钦觉得这个称号带有侮辱性，便在头上戴了一项小帽子。于是人们称呼杜钦“小冠子夏”，相应地，杜邺就是“大冠子夏”。

南北朝时期的何点不愿出仕，梁武帝想让他当官，就在华林园召见他。何点用手捋着梁武帝的胡子说：“你想叫我当你的臣子对你卑躬屈膝吗？”最后推说身体有病回家去了。

东晋的谢安还是一介平民的时候，隐居在东山。当时他的兄弟已经有做官的了，家中常常宾客盈门。谢安的妻子刘夫人便开玩笑说：“大丈夫难道不应该像这样（指谢安的兄弟）吗？”谢安捏着她的鼻子说：“我将来只怕也免不了啊。”

【原文】

张华龙鲊[①]　闵贡猪肝　渊材五恨　郭奕三叹

【注释】

①鲊(zhǎ):经过加工的鱼类食品。

【解读】

相传西晋时,陆士衡曾请张华吃饭,张华揭开一个食器说:“这里面装的是龙肉。”大家虽然知道张华见闻广博,但这次却并不相信。张华就说:“用苦酒浇上去,肯定会出现异状。”一试验,那肉果然发出了五色光芒。陆士衡追问情况,做这道鲊的人说:“我在家里园子的茅草堆下得到了一条白鱼,肉质和形状都很特殊,加工后味道鲜美,因此才用这道菜来招待您和客人。”

东汉闵贡家境贫寒,客居安邑县(今山西夏县西北)时,每天买不起肉,只能买一片猪肝。安邑令知道后,便吩咐手下官吏经常买猪肝送给他。闵贡对此非常不安,感叹说:“我怎能因为自己的饮食而拖累安邑百姓呢。”于是悄悄搬到别的地方去了。

宋彭渊材曾经说自己平生有五件感到非常遗憾的事情:一是鲥鱼(鲫鱼)刺太多;二是金橘有酸味;三是莼菜性寒;四是海棠没有香味;五是曾子固(曾巩)竟然不会写诗。

西晋名将羊祜回洛阳时,中途要经过野王(今河南沁阳),县令郭奕三次拜见羊祜。第一次见面就感叹说:“羊祜并不比我郭奕差!”第二次回来后感叹道:“羊祜比一般人强太多了!”第三次郭奕送羊祜离开,一直走了几百里,最后因为擅自离开了管辖范围而被罢官,郭奕还在赞叹说:“羊祜比颜回也不差多少!”

【原文】

弘景作相[①]　延祖弃官　二疏供帐　四皓衣冠

【注释】

①弘(hóng)。

【解读】

南朝的陶弘景隐居茅山华阳洞,梁武帝即位后,国家大事都要前去向他请教,人们称他为“山中宰相”。

唐朝的元延祖立志不做官,四十多岁的时候被迫当了春陵丞,但很快就辞职回家了。

西汉名臣疏广和疏受是叔侄,疏广任太子太傅,疏受任太子少傅。但两个人并不贪恋权势,称病辞官,还把皇帝和太子赏赐的金子散发给当地穷人。

汉高祖刘邦晚年想改立戚夫人的儿子如意为太子。吕后很着急,去向张良求教。张良让刘盈请商山四皓出山做老师。刘邦很仰慕这四位贤人,曾想请他们出山,却没请动,此时看到他们竟然愿意辅佐刘盈,很吃惊,认为刘盈羽翼已经丰满,于是打消了废掉太子的念头。

【原文】

曼卿豪饮　廉颇雄餐　长康三绝　元方二难

【解读】

北宋石延年,字曼卿。相传他和客人畅饮美酒的时候,经常披发赤足,坐在刑具上喝酒,称为囚饮;或者坐在树枝上饮酒,称为巢饮;或者用枯树枝捆住自己,伸出头来饮酒,称为鳖饮。

相传战国时赵国名将廉颇食量惊人,每顿能吃一斗饭、十斤肉。

东晋大画家顾恺之,字长康,历史上有"三绝"的美称:画绝、才绝、痴绝。"画绝"是说他不仅有卓越的绘画技巧,还有精深的绘画理论;"才绝"是说他是一代绘画宗师,在诗文书法等方面同样有很深的造诣;"痴绝"是说他率性天真、诙谐幽默,有一种很可爱的憨傻气。

东汉陈寔的长子陈纪字元方,次子陈湛字季方,元方的儿子叫长文,季方的儿子叫孝先。有一天,两人为谁的父亲才德更好争执了起来,最后去问祖父陈寔。陈寔说:"元方难为兄,季方难为弟。"意思是,两兄弟才德都很优异,旗鼓相当。

【原文】

曾辞温饱　城忍饥寒　买臣怀绶　逄萌挂冠[①]

【注释】

①逄:姓,本作"逢"。

【解读】

北宋王曾志向非常远大。当初考取状元时,翰林院学士刘子仪戏谑道:"你中了状元,这一辈子都吃穿不愁了。"王曾则正色回答说:"我平生的志向并不仅仅在吃饱穿暖。"

唐朝的阳城家境贫困,无钱买书,便请求在集贤院当一个小官吏,借此机会刻苦攻读,中了进士后却不贪慕权势,隐居于中条山,慕名前来拜师的人络绎不绝。尽管生活清贫,阳城却从来没有停止给学生传授学问。

西汉朱买臣,早年家境贫寒,经常靠砍柴卖维持生计。后来朱买臣当了会稽(今江苏苏州)太守。上任时,朱买臣仍然穿着原来的旧衣服,怀里揣着系着绶带的官印,步行走到官邸。一开始没有任何官员理睬他,直到看见官印,才知道他就是新上任太守,于是大家的态度立刻变得恭敬起来。

西汉末年,王莽杀了自己的儿子,有一位名叫逄萌的官员听说了,意识到天下即将大乱,为了躲避战乱,他将官帽悬挂在长安城东外城城门上,辞官回乡,带着家属,乘船过海,到辽东居住去了。

【原文】

循良伏湛[①]　儒雅兒宽[②]　欧母画荻[③]　柳母和丸

【注释】

①湛(zhàn)。②兒(ní):同“倪”,姓。③荻(dí):一种多年生草本植物。

【解读】

东汉伏湛是一位遵纪守法、政绩卓著的官员。他担任平原(今山东省平原西南)太守时,捐出自己的俸禄来救济饥民,全郡百姓才得以平安度过饥荒。

西汉兒宽对人谦虚温和,而且清正廉洁,秉公办事,是一位风度儒雅的官吏。

北宋文学家欧阳修四岁的时候父亲去世了,他的母亲郑氏一心想让儿子读书,但家里很穷上不了学,于是她就拿芦苇秆在地上写字,代替纸笔,亲自教儿子认字。

唐朝柳仲郢的妻子韩氏教育孩子非常严格,相传她曾用苦参、黄连、熊胆研制成药丸,让孩子们夜晚读书时含在口中提神。

【原文】

韩屏题叶　燕姞梦兰[1]　漂母进食　浣妇分餐

【注释】

①姞(jí)。

【解读】

相传唐僖宗时,宫女韩翠屏不甘宫中孤独寂寞的生活,便在一片红叶上题写了一首小诗:“流水何太急,深宫尽日闲。殷勤谢红叶,好去到人间。”然后放入御沟里,让红叶顺水流出。恰好被学士于祐拾得,也在红叶上题了一首诗:“曾闻叶上题红怨,叶上题诗寄阿谁?”又放入御沟里,恰好当时风向转变,红叶顺水逆流进宫中,韩翠屏再次拾得这片红叶。后来皇帝放了宫女三千出宫嫁人,韩翠屏正好嫁给了于祐。

春秋时郑文公有个妾名叫燕姞,有次梦见天使给了她一支兰花,并对她说:“就将兰作为你的儿子吧!兰花有国香,别人将会像爱兰花一样爱你。”后来燕姞生了一个儿子,取名为兰,就是郑穆公。

汉初名将韩信从小父母双亡,无法养活自己,只能在淮阴城下钓鱼。有个漂洗衣服的老妇人看到他饥饿的样子,就每天给他饭吃。后来韩信被封为楚王,不忘漂母活命之恩,赠给她千金作为回馈。

春秋时,伍子胥在逃亡途中非常饥饿,正好遇见一个击绵女在岸边捣丝,便向她乞讨食物,击绵女就把自己的食物全部送给他。后来,伍子胥在吴国当了高官,想报答击绵女的恩德,但又不知道她家住何方,于是就把百金投入当时遇见击绵女的河中。

【原文】

令威华表　杜宇西山　范增举玦[1]　羊祜探环

【注释】

①玦:有缺口的环形佩玉。

【解读】

相传汉代的丁令威在灵墟山学道，成仙后化为仙鹤飞回故乡，落在一根华表柱上高声唱道："有鸟有鸟丁令威，去家千年今始归。城郭如故人民非，何不学仙冢累累。"

杜宇是传说中古蜀国的国王，号望帝，因为丞相鳖灵治理洪水有功，杜宇便主动将皇位禅让给鳖灵，自己隐居于西山，传说他死后化为杜鹃。

秦朝灭亡后，楚汉相争。但当时刘邦的力量弱小，于是他亲自率领着一百多人马到鸿门拜见项羽，项羽便设酒宴招待他。项羽的谋士范增极力主张趁刘邦赴宴的时候杀掉他以绝后患。在鸿门宴上，范增三次举起玉玦，暗示项羽下定决心，而项羽始终默不作声。最后刘邦借口上厕所得以逃脱。

西晋羊祜五岁的时候，乳母抱着他出去玩。羊祜从邻居李家庭院的树洞里掏出一只金环。李氏说："我死去的儿子曾经玩过这只金环，但不知道他后来弄到哪里去了。"请人推算后，发现邻居的儿子正是羊祜的前身。

【原文】

沈昭狂瘦　冯道痴顽　陈蕃下榻　郅恽拒关①

【注释】

①郅（zhì）：姓。

【解读】

南朝齐沈昭略为人狂放，有次喝醉了酒遇到王约，就瞪着眼睛盯着王约说："你就是王约吗？为什么长得又胖又呆？"王约回敬道："你就是沈昭略吗？为什么又瘦又狂？"沈昭略拍手大笑道："瘦比肥好，狂比呆强！"

五代时，契丹灭了后晋，宰相冯道去拜见辽太宗耶律德光。耶律德光先责骂他在后晋当大臣时昏庸无道，冯道无言以对。又问他为什么前来朝见。冯道说："没有城池和兵将守卫，所以前来投靠。"耶律德光讥讽他说："你到底是什么样的老东西？"冯道回答说："算是无才无德、愚蠢无知的人吧。"

东汉大臣陈蕃当豫章太守时，一般不接待客人，但他却特地在官署中为徐稚准备了一张床榻，徐稚离开后就把床收拾悬挂起来。

光武帝刘秀有一次外出打猎，深夜才回城，郅恽当时是看守城门的小官，他根据规定，坚决不开城门，拒绝听从刘秀的诏令。刘秀最后只得从其他城门入城。

【原文】

雪夜擒蔡　灯夕平蛮　郭家金穴　邓氏铜山

【解读】

唐朝大将李愬于元和十一年（816年）率军讨伐叛乱，他亲自抚慰士卒，优待俘虏，终于在第二年冬天乘雪夜奇袭蔡州，活捉了叛军首领吴元济。

北宋大将狄青于皇祐五年(1053年)率兵征讨壮族首领侬智高的叛乱。他故意在正月十五元宵节张灯结彩,使敌军放松警惕,最后大破侬军。

东汉光武帝时,郭皇后之弟郭况家中金银珠宝数亿,用珍宝装饰台榭,京师号郭况家为金穴。

西汉时,汉文帝宠幸邓通。一天,文帝叫善相者为邓通算命,说邓通当贫困饥饿而死。文帝说:"我偏要让邓通有享受不尽的荣华富贵。"于是特准邓通可以自己铸钱,"邓氏钱"通行天下,其富可敌国。文帝死,景帝立,邓通全部家财被没收,后来果然穷饿而死。

【原文】

比干受策　杨宝掌环　晏婴能俭　苏轼为悭[1]

【注释】

①悭:吝啬。

【解读】

西汉武帝时,廷尉何比干以仁恕治政,保住千人性命。一天,一位老妪登门拜访,给他九十九枚策赐,保佑他世代兴旺发达。

东汉杨宝,为人善良。九岁时,他捡拾一只受伤的山雀,回家为其疗伤并精心喂养。山雀伤愈后,不肯离去。一天傍晚,山雀变为黄衣童子,送给杨宝四只白玉环,以报恩德。光武帝时,杨宝被封为靖节先生,杨宝的儿孙都显贵于世。

春秋时,齐国宰相晏婴提倡勤俭,他本人和妻妾的衣食住行也都很节俭。晏婴的房子狭小低湿,临街喧闹,灰尘太重。齐景公要为他建造房子,晏婴不要,说自己的房子临街买东西方便,不劳民众来为自己盖房子。

苏轼曾在写给友人的信中说自己生活了五十年,才知道吝啬(勤俭节约)是人生大要。

【原文】

堂开洛水　社结香山　腊花齐放　春桂同攀

【解读】

北宋时,太尉文彦博留守西京洛阳,召集洛阳的士大夫共十三人,聚会作乐。时人谓之"洛阳耆英会"。后又修建耆英堂,将十三人的形象绘在堂中。

白居易晚年退居香山,与胡杲、吉皎、郑据、刘真、卢真、张浑、李元爽以及僧人如满等八人共结香山社。九人皆高年,时人称为"香山九老"。

相传天授二年(691年)腊月,卿相请武则天赏花。武则天怀疑他另有所图,便下诏说:"明朝游上苑,火速报春知,花须连夜发,莫待晓风吹"。第二天早晨,果然名花满园。

相传明代的蒋南金、王大用还没有做官的时候，他们同游某庙宇，各折桂花一枝。这时，一群小孩唱道："一布政，一知府，掇高魁，花到手。"后来二人都中了进士，蒋南金为知府，王大用官至布政。

卷之三

【原文】

飞凫叶令[①]　驾鹤缑仙　刘晨采药　茂叔观莲

【注释】

①凫：野鸭。

【解读】

东汉规定，县的长官每月要回朝廷述职。王乔任叶县县令时，每次回朝，都不见他乘坐车马，皇帝派太史察访发现，当他来朝时总有一对野鸭从东南方飞来，张网捕捉，却是一双明帝赐给尚书台属官穿的鞋。

周灵公的太子晋，在伊水洛水之间郊游，被道士浮邱公接上了嵩山，再也没有回朝廷。三十余年后，桓良偶遇太子晋，太子晋交代他："请告诉我家里人，七月七日在缑氏山相会。"到了那天，太子晋乘坐白鹤停于山头，众人可望而不可即。太子晋停留数日方才离去。缑氏山在河南偃师县境，又称缑岭。

东汉刘晨与友人阮肇进天台山采药，不幸迷路。他们在山中辗转，遇见两位姑娘，见面即称呼二人的姓名，并邀他们到家做客。只见其家陈设华丽，一群佳人到来，称："祝贺我家的女婿来了。"于是，刘晨与姑娘结为夫妇。在山中过了半年后，刘晨依依不舍地下山回家。令他吃惊的是，山下的人世间已过去了整整一百年。刘晨这才醒悟，自己在山中遇到的是神仙。

北宋周敦颐，字茂叔，别号濂溪先生，宋明理学的创始人之一。周敦颐喜爱莲花，每当莲花盛开，他都流连忘返。写下名篇《爱莲说》，极力赞赏莲花的高洁品质："香远益清，亭亭净植，可远观而不可亵玩。"周敦颐也用这种品格来要求自己。

【原文】

阳公麾日　武乙射天　唐宗三鉴[①]　刘宠一钱

【注释】

①鉴：镜子。

【解读】

《淮南子》记载：战国时，楚国的鲁阳公与韩构交战，战斗正激烈，太阳却要落山了。于是，鲁阳公挥戈阻止，太阳后退了九十里。

商代帝王武乙敢于蔑视天神。他用皮革袋子装满鲜血，高高地悬挂起来，然后用弓箭射击，称之为射天。

唐代魏征，以敢于直言唐太宗的过失著称。魏征病逝后，太宗悲痛不已，对近臣表示："用铜做镜子，可以正衣冠；用历史作镜子，可以知道治乱兴衰的规律；用人作镜子，可以知道自己的对错。现在魏征去了，我失去了一面镜子啊。"

东汉刘宠，为政清廉，深受百姓爱戴。他离任时，当地几位父老为他饯行，每位父老相赠一百文钱，称颂他："自从您到此后，盗贼绝迹，官不扰民，百姓们都能安居乐业。现在您要离开了，我们略备薄礼聊表谢意。"刘宠盛情难却，只好各取了一枚大钱。但他将离开辖境时，仍将所取大钱投入江中，分文未带走。

【原文】

叔武守国　李牧备边　少翁致鬼　栾大求仙

【解读】

晋文公伐卫，城濮之战后，卫成公逃到陈国避难，临行前命元咺辅佐叔武暂行国政。不久，有人向成公诬告："元咺已经拥立叔武为国君。"成公大怒，杀死了元咺之子元角。其实，元咺仍然谨守成公之命，辅佐叔武行理国政。后来，晋国同意成公回国。当时叔武正在洗头，听到成公回国的消息，就握着头发出门迎接，不料却被成公的部下射死。元咺逃到晋国告状，晋文公把成公幽禁起来。元咺回到卫国，拥立公子瑕为卫国国君。

战国时赵国名将李牧，长期镇守北部边疆，抵御匈奴。李牧积极训练兵士，匈奴大军来犯，他总是严戒部下不可轻易出战，据城坚守，避其兵锋。如此数年，李牧虽无赫赫战功，但却保全了赵国的北部疆域。赵王误认为李牧胆怯，于是派他人接替李牧。结果每次与匈奴作战，都惨遭失败，赵国北部边疆告急。赵王不得不再请李牧出山。李牧依然行使谨守自保的策略，又使边境稳定了下来。数年后，李牧兵强马壮，士气又足，这才精心挑选勇士、良马，大败匈奴，威震北疆，致使匈奴人十余年间都不敢再进犯。

李夫人死后，汉武帝思念不已。方士少翁表示：能召李夫人的灵魂来与武帝相会。他在夜晚点灯燃烛，陈列酒肉，并让武帝坐在幕帐之中。果然见一位与李夫人极为相像的美女围着幕帐缓行。

方士栾大向武帝鼓吹："臣曾在海上探仙，神仙们告诉我：黄金可以炼成；黄河决堤能够堵住；长生不老之药可以采炼；凡人也可修炼成仙。"汉武帝受他的蛊惑，就派他入海寻访神仙。

【原文】

彧臣曹操[①]　猛相苻坚[②]　汉家三杰　晋室七贤

【注释】

①彧(yù)。②苻:本作"蒲",今读 fú。

【解读】

曹魏时期的荀彧,字文若,颍川(今河南禹县)人,有王佐之才。曹操任命荀彧为奋武司马,为曹操谋划了统一黄河流域的大业。后因反对曹操进封魏王服毒自杀。

十六国时期的王猛,字景略,北海剧县(今山东昌乐)人。王猛年轻时虽家境贫寒,但心怀大志,喜爱兵书。他曾被晋大将桓温器重,后被前秦皇帝拜为宰相,功绩卓越。王猛临终前告诫苻坚万不可对东晋盲目用兵,但苻坚未遵猛言,果然大败,致使前秦灭亡。

汉高祖建立汉朝后,总结自己的经验,说道:"运筹帷幄,决胜千里,吾不如子房(张良);镇抚百姓、馈饷(军饷)不绝,吾不如萧何;连师百万,战胜攻取,吾不如韩信。三者皆人杰。吾能用之,所以取天下。项羽一范增而不能用,所以为我擒也。"

魏晋时期,嵇康、阮籍、阮咸、山涛、向秀、王戎、刘伶七人,藐视礼法、推崇玄学,经常于竹林之中纵情豪饮,故被称为竹林七贤。

【原文】

居易识字　童乌预玄　黄琬对日　秦宓论天

【解读】

相传,白居易七个月大时,便懂得读书识字,后来成为大诗人,为后世留下佳作上千篇。

西汉时期的大学者扬雄著《太玄》一书,被世人嘲讽玄妙难懂。但是,扬雄却在《法言》一文中称:我儿子子乌,九岁便能读懂《太玄》。

东汉时期的黄琬,字子琰。公元 147 年正月发生日食,但都城洛阳未见这一天象。黄琬的父亲黄琼时任魏郡太守,为上报一事一筹莫展。黄琬见状,说道:"何不言日食之余,形如月亮之初!"解决了父亲的难题。成人后,黄琬曾任豫州牧,被封阳泉乡侯。

三国时期蜀国大臣秦宓,字子敕,四川人。一次,秦宓参与诸葛亮为东吴使节张温举行的饯行宴会。宴会中,张温问道:"天有头吗?"秦宓应声道:"有,《诗经》有云'乃眷西顾'。"张温又问:"有耳吗?"秦宓答:"有,天高听卑。《诗经》云'鹤鸣于九皋,声闻于天'。"张温再问:"有脚吗?"秦宓说:"有。《诗经》云'天步艰难'。"张温见难不住他,又提问:"有姓吗?"秦宓从容回答:"有。"张温追问:"何姓?"答:"姓刘。"张温穷追不舍:"你怎么知道姓刘?"秦宓笑着答复:"当今天子姓刘。"张温惊叹不已,十分佩服。

【原文】

元龙湖海　司马山川　操诛吕布　膑杀庞涓

【解读】

东汉时的陈登,字元龙,下邳(今江苏睢宁)人。许汜曾经与刘备评论当时的人物,许汜认为陈元龙心怀博大,但豪气过盛。刘备追问根据,许汜解释说曾去拜访过陈登,但他只让作为客人的自己睡于他的床前。刘备反驳说:“您枉负国士之名,只顾游山玩水,这才是元龙所不耻的。换成是我,断不只有床上床下之别。”

西汉时期的司马迁,字子长。司马迁年轻时游遍祖国山河,考察大量名胜古迹,积累了丰富的一手资料,最终创作出史学绝唱《史记》。

三国前期,吕布据守下邳。曹操率大军围攻,久攻不克,于是采纳荀攸、郭嘉的计谋,掘开泗水、沂水河堤,用水围困下邳。一个月后,吕布的部将宋宪、魏续等擒吕布率众投降,曹操斩杀吕布。

《史记》书影

孙膑,战国时著名的军事家。与庞涓本是同学。庞涓忌妒孙膑,致使孙膑惨遭酷刑。后孙膑成了齐威王的老师。公元前342年,魏联合赵攻韩,孙膑与田忌率齐军救援。孙膑运用减灶的计谋诱庞涓中计,计算庞涓会在夜间途经马陵,在一株大树上写下“庞涓死此树下”六个大字。庞涓夜抵马陵时,燃火察观树上的字,齐军于是万箭齐发,魏军死伤殆尽。庞涓自刎而死。

【原文】

羽救巨鹿　准策澶渊　应融丸药　阎敞还钱

【解读】

秦朝大将王离率军将赵王君臣围困于巨鹿(今河北平乡),项羽率楚军救援。渡河之后,项羽下令破釜沉舟,以示必胜信念。抵达巨鹿后,楚军无不以一当十,勇盛异常,斩杀秦将苏角,生擒主将王离,终于解了巨鹿之围。战后,项羽威震四方。

公元1004年,契丹国围困宋朝要地澶州(今河南濮阳),北宋朝廷震动。宋真宗咨询宰相寇准的意见,寇准力排众议,劝说真宗亲自救援。宋真宗寇准君臣抵达澶州后,寇准与杨亿等在城头上欢歌博饮,真宗恐惧心理大减。守城将士见宰相如此从容,也都士气大振,每有斩获。后契丹大将肖挞览被流矢射死,军心振动,于是双方议和,签订了历史上有名的澶渊之盟。

祝恬是汉代的有才之士,在赶往朝廷任职的路上身染瘟疫。当途经汲县时,县令应融得知后认为:祝恬是国家的栋梁之材,自己虽与他素昧平生,但又岂能让他病故于旅途。于是亲自驾车将祝恬接到馆驿(官方的招待所),为他喂药治病。经过数十天精心照料,祝恬终于起死回生,完全康复。

汉代有个太守叫第五尝,被征召入京前,将自己多年的积蓄一百三十万钱托阎敞保管。阎敞将这些钱埋了起来。后来,第五尝全家只剩下年方九岁的孙子。多年后这位孤孙长大成人,前来求还钱,阎敞如数交还。这位孙子大吃一惊,说:“只听祖父说过是三十万,哪里有一百三十万!”阎敞笑着解释:“那是您祖父病重时记错了,您不用怀疑。”

【原文】

范居让水　吴饮贪泉　薛逢羸马[1]　刘胜寒蝉

【注释】

①羸:瘦马。

【解读】

南北朝刘宋大臣范柏年以清廉著称。他在第一次朝见时,君臣谈及广州有一贪泉。宋明帝问他的故乡是否也有此类泉,范柏年回答:“梁州只有文川武乡,廉泉让水。”明帝有意追问:“您住在哪里?”他毫不迟疑地回答:“臣家居廉泉让水之间。”袒露自己以廉洁礼法为本。宋明帝于是任命他为梁州刺史。

东晋吴隐之,操守高洁。当广州刺史后,他听说城外有一处贪泉,凡饮用之人都会变得贪得无厌。于是前往视察,饮水后赋诗一首:“古人云此水,一歃怀千金。试使夷齐饮,终当不易心。”后来他更加以清廉激励自己。离任时,发现夫人的行李中带有一片沉香,毫不犹豫地抛入江中。夷齐,即伯夷、叔齐,商王朝末年人,因不愿食周朝粟而饿死,历来被视为清廉有操守人的典范。

唐朝薛逢曾中进士。在任政期间,政绩显著,深受百姓爱戴。因他为官清廉,晚年穷困潦倒,在西赴长安时,只有一匹瘦弱的马。到长安后,刚巧碰上新科进士们游街夸耀。维持秩序的官吏见薛逢衣冠不整,坐骑瘦小,就呵斥他:“迅速回避新进士。”薛逢自嘲地回答:“莫要以衣冠取人,想当年本人年轻时,也曾东涂西抹过一番。”意思是说本人也曾中进士鲜服大马游过街的。

东汉杜密与同乡刘胜都曾在外做官。回乡后,杜密仍抨击宦官专权,并常向地方官提出建议。而刘胜则闭门谢客,足不出户。太守王昱对杜密说:“刘胜真是有识之士。”杜密明白太守是在讽刺自己好管闲事,于是反驳说:“刘胜官居大夫,然而却知善不荐,闻恶不批。极力保护自己以保全身家性命,如同寒蝉一般。”后来在官僚斗争中,杜密惨遭迫害。

【原文】

捉刀曹操　拂矢贾坚　晦肯负国　质愿亲贤

【解读】

三国崔琰身材高大,相貌堂堂,是位伟男子。而魏王曹操形象毫不起眼。因此在接见使者时,曹操为了威镇外夷,就请崔琰冒充魏王,而自己则提着刀充当侍卫。接见完毕曹操派人去问匈奴使者对魏王的印象,回答说:“魏王的确一表人才,然而他身旁提刀的那位,才是真正的英雄。"

十六国前燕大将贾坚,臂力过人,精于骑射。燕王慕容恪素闻其名,有心考校,就让他射杀立于百米之外的一头牛。只见第一箭紧贴牛背而过,第二箭又紧擦牛腹而过,两箭都仅射落若干牛毛而牛皮却毫厘不伤。慕客恪问:"第三箭能够射中牛身了吧?"贾坚从容回答:"射技的高明之处,就在于如此不中,若要直射牛身又有何难!"

唐朝杨凭与徐晦是好友。杨凭遭李夷简弹劾,贬官离京去做县尉,亲戚朋友都不敢相送,唯独徐晦念知遇之恩与朋友之情,赶来为他饯行。数日后,李夷简上奏推荐徐晦任御史,徐晦推辞道:"我们素无交往,您凭什么推荐我?"李夷简回答:"您连杨凭的私恩都不辜负,又怎会负国家对您的恩宠信任呢?"

南宋范希文被贬官去饶州,离京时,满朝文武都不敢相送,唯有王质抱病为他饯行。有位大臣责难王质:"您何苦陷于党派的勾心斗角之中?"王质回答:"范公是天下的贤士,我哪里敢与他相比?假若能与范公为伍,那是您抬举我了。"

【原文】

罗友逢鬼　潘谷称仙　茂弘練服①　子敬青毡

【注释】

①練:粗丝织成的布。

【解读】

东晋罗友少年大志,博学多才。一次,桓温为一位新任郡守的官送行,罗友晚到,桓温问何故,罗友回答:"路上碰见了鬼,并且鬼笑话我怎么只为当郡守的人送行,不见别人为我做郡守饯别。"借机公然伸手要官做。桓温满足了他的意图,上奏朝廷,封罗友为襄阳太守。

北宋潘谷是位制墨高手,其墨多为诗人画家珍藏。一次,他狂饮三日,狂奔中跌入枯井摔死。当人们下井相救时,只见他端坐井下,手握和尚的念珠,于是就都认为潘谷并未摔死,而是羽化成仙了。苏轼有一句诗"一朝入海寻李白,空看人间画墨仙",指的就是潘谷。

东晋初年,财政空虚,国库中仅存有練布数千匹。宰相王导(字茂弘)灵机一动,将練布做成衣服,朝中士大夫竞相购买,价格最后涨至每匹一金。朝廷由此度过财政危机。

东晋时某晚,有小偷潜入书法家王献之(字子敬)家中。此时献之正假寐。当小偷偷到一件青毡后,他才慢吞吞地开口:"哎,青毡是我家的传家之物,请您将它留下。"

【原文】

王奇雁字　韩浦鸾笺　安之画地　德裕筹边

【解读】

北宋王奇年轻时做过县衙小吏。县令在屏风上题写了雁字诗两句:"只只衔芦背晓霜，昼随鸳鹭入寒塘。”王奇见后，私下续题：“晚来渔棹惊飞去，书破遥天字一行。”

五代韩浦、韩洎兄弟，皆善作词。韩洎看不上韩浦的词，称自己的词像五凤楼一般富丽。韩浦听后，就让人给他捎去四川特产的彩色笺，并题诗说：“十样鸾笺出益州，新来寄至浣溪头。老兄得此全无用，助汝添修五凤楼。”

唐玄宗在五凤楼赐宴给德高望重的老者。消息传出，楼前人山人海，宴会无法进行。河南丞韩安之立即在地上画了一条线，宣布：“凡越此线者，死罪！”其令一出，再无人敢逾越。

唐武宗时的宰相李德裕曾贬官做川西节度使。到任后，他在成都西面修筑筹边楼，还把各少数民族的分布标记在图上，做到有备无患。

【原文】

平原十日　苏章二天　徐勉风月　弃疾云烟

【解读】

战国时赵国平原君，收留了秦相范雎的仇人魏齐。秦昭王写信给平原君，请他到秦畅饮十日，果然如约而至。后秦扣押平原君，赵国乃以魏齐之项上人头交换平原君。

汉冀州刺史苏章查出其友贪赃枉法。其友遂摆下酒席，宴请苏章，望能得他庇护。苏章则说：“今日与你同饮，乃私情；明日，我则要依法行事。”第二天，苏章治了友人贪腐之罪。

某夜，萧梁吏部尚书徐勉与门人闲聊。门人虞暠趁机向他求官做，徐勉回答：“今夜只谈清风明月，不要涉及公事。”

南宋抗金名将辛弃疾因壮志未酬，遂作《西江月》明志：“万事云烟已过，一身蒲柳先衰。而今何事最相宜？宜醉宜游宜睡。早起催科了办，更量出入收支，乃翁依旧管些儿：管竹管山管水。”

【原文】

舜钦斗酒　法主蒲鞯[①]　绕朝赠策　苻卤投鞭

【注释】

①鞯：衬托马鞍的坐垫。

【解读】

北宋诗人苏舜钦早年寄读于舅父家，且喜饮酒。一晚，舅舅见舜钦读《汉书》，每读到精彩处，舜钦都拍案叫绝，还端酒畅饮庆祝。舅舅看后说：“有如此下酒物，一斗不足多也。”

唐李密文武兼备，志远气雄。他未做官前，常骑一头黄牛，坐在蒲草编成的坐垫上，在牛角上挂一册《汉书》，一手牵着缰绳，一手翻书阅读。

春秋时晋国大夫士会投奔了秦国，后又想回归晋国。这时，秦王派士会使晋，大夫周绕朝很反对,但未能劝服秦王。果然不出绕朝所料,士会到晋后一去不复返。

东晋时,前秦皇帝苻坚南下攻晋。朝中大臣反对,但苻坚一意孤行:"我有大军百万,即使将马鞭投入江水之中,也足以断水,长江有什么好怕的!"

【原文】

豫让吞炭　苏武餐毡　金台招士　玉署贮贤

【解读】

晋大夫智伯被赵襄子杀死。家臣豫让决心报仇,又怕被赵襄子认出,于是用生漆涂身上,全身长满癞疮;又吞吃木炭,使声音嘶哑。后乔装打扮成乞丐,等待机会行刺。

西汉苏武出使匈奴被扣留,流放到苦寒之地。他备受艰难,以雪为水,以毡为食,始终手持汉节而不屈服。

战国时燕昭王为振兴国家,特意修筑黄金台,以重礼拜贤臣郭隗为师。不久就招来了乐毅、邹衍、剧辛等有才之士。

北宋苏易简很有才气。他是太宗朝的进士第一,太宗曾亲书"玉堂之署"四字赐给苏易简,以赞赏他文才出众。

【原文】

宋臣宗泽　汉使张骞　胡姬人种　名妓书仙

【解读】

北宋宗泽文武兼备,忠心为国。靖康之耻后,出任开封留守,金人对他颇为畏惧。因朝中奸臣当道,宗泽收复中原之计落空。临死前亦不忘国事,三呼"渡河杀敌"而终。

汉朝张骞奉武帝之命出使西域。他前后在西域十多年,开辟了著名的丝绸之路。

西晋阮咸与姑家的鲜卑女婢有染。当阮咸为母亲服丧时,其姑将女婢赶走。阮咸连丧服都未换,急忙骑着毛驴去追,最终载得情人还。

曹文姬是长安城的名妓,精通书法,被尊为关中第一,号称"书仙"。

【原文】

滕王蛱蝶[①]　摩诘芭蕉　却衣师道　投笔班超

【注释】

①蛱蝶:蝴蝶。

【解读】

唐高祖之子李元婴(封滕王)善于画蝶,作有《蝴蝶图》。画中蝴蝶品种繁多,五代王建曾作词"内中数日无呼唤,写得滕王蛱蝶图",对其所画蝴蝶甚为推崇。

王维(字摩诘)是唐代诗人兼画家。苏轼赞他"诗中有画,画中有诗"。其画《袁安卧雪图》中,画有雪中芭蕉,意到笔随,被誉为画中精品。

宋陈师道与赵挺之是连襟,但师道看不上赵的人品。一次,陈师道外出。当时天寒地冻,而他又没厚皮袄,妻子就向赵借了一件。师道知道后很生气,拿起家里的薄袄就走了。

东汉班超是史学家班固之弟,早年以抄书度日。一次,他抄书抄得劳累,乃投笔于地,决定去边疆从戎拜侯。后来他果然建功立业,还被封为定远侯。成语"投笔从戎"就出自此。

【原文】

冯官五代　季相三朝　刘蕡下第　卢肇夺标

【解读】

五代冯道,从任后唐翰林学士起,一共替四姓二十八位皇帝当过相,堪称不倒翁。

春秋季文子,历任鲁宣公、鲁成公、鲁襄公三朝上卿,主持朝政。

唐文宗时,刘蕡应进士科考试。因在时事论文中,极力声讨专权弄政的宦官,主考官不敢录取他,最终金榜落第。

唐代卢肇与同乡黄颇一起赴京赶考。太守势利,只为黄颇饯行而不理会卢肇。后卢肇考中状元还乡,太守却极尽逢迎,卢肇乃赋诗一首感叹:"向道是龙人不信,果然夺得锦标归。"

【原文】

陵甘降虏　蠋耻臣昭　隆贫晒腹　潜懒折腰

【解读】

李陵是西汉名将李广的孙子,汉武帝时任骑都尉。后因兵少箭尽被匈奴俘虏,不得已投降。武帝闻知,灭了李陵一家。

战国时齐国名士王蠋告老回家乡昼邑。不久燕将乐毅伐齐,攻至昼邑时,对他软硬兼施,望其事燕,王蠋不为所动,乃自刭而亡。

东晋郝隆家境贫寒。江南在七月七这天有晒东西的习俗,这天有钱人家纷纷晾晒衣物,而郝隆只晒太阳。别人不解其意,他坦然回答:"这是在晒腹中的书籍呀!"

东晋陶潜做彭泽县令时,有督邮来治所视察。别人都穿戴整齐去拜见去了,陶潜却说:"我岂能为五斗米折腰向乡里小儿!"

【原文】

韦绶蜀锦　元载鲛绡　捧檄毛义　绝裾温峤

【解读】

唐德宗时,韦绶为翰林学士。一年大寒,德宗与韦妃前往翰林院,碰巧韦绶正在睡觉。于是德宗让韦妃脱下蜀锦丝袍,盖在韦绶身上悄悄离去。

唐宰相元载有紫绡帐一顶,有夏日避暑、冬日挡风之功效。据说产自南海,是鲛人所织。

汉毛义以孝顺闻名。南阳张奉慕名前来,见毛义受朝廷封官且喜形于色,于是鄙薄他。后毛义丧母,他立即辞官为母服丧,张奉这才明白他做官是为赡养老母,不禁钦佩万分。

西晋末年,温峤携母追随平北大将军刘琨转战山西。后他要南行,乃撕断衣襟告别母亲。不久温母去世,温峤却不能奔丧尽孝,于是终身悔恨。

【原文】

郑虔贮柿　怀素种蕉　延祖鹤立　茂弘龙超

【解读】

唐郑虔年轻时热爱书法。因家贫无钱买纸,遂到慈恩寺收集柿树落叶,用来代替纸,练习隶书。

唐怀素少时家贫,买不起纸写字,遂在家的周围种了数万株芭蕉,以芭蕉叶代纸,练就一手绝妙的草书。

西晋嵇绍字延祖,身材高大,仪表堂堂,人人称他"昂昂若野鹤立于鸡群"。

王导字茂弘,于两晋之际出将入相。廷尉桓彝为他的气度折服,夸赞他说:"人言阿龙超,阿龙故自超。"是说王导能够自我超越。

【原文】

悬鱼羊续　留犊时苗　贵妃捧砚　弄玉吹箫

【解读】

汉庐江太守羊续为官清廉。下属赠送活鱼给他,羊续挂起来并不食用。当下属再送鱼来时,羊续就拿出挂着的鱼以谢绝。

东汉寿春县令时苗,赴任时坐着一辆由母牛驾的车。后母牛产下一头牛犊。离任时,时苗对属下说:"本人来时无此牛犊,它是在淮南生下的。"遂把牛犊留在了寿春。

一天,唐玄宗见宫内牡丹盛开,乃召翰林院供奉李白作诗助兴。不料李白大醉不醒,玄宗遂命杨贵妃为他端砚台,李白借着酒意,挥笔而就《清平调》三首。

相传春秋时萧史善于吹箫。秦穆公将爱女弄玉嫁给他。婚后萧史教弄玉吹箫,二人恩爱和谐。后来,弄玉、萧史夫妻双双成仙而去。

【原文】

栾巴救火　许逊除蛟　诗穷五际　易布三爻

【解读】

据传,东汉栾巴有道术。某年正月初一,栾巴在桓帝大宴群臣时突然含酒向西方喷去。数日后,成都府上奏说正月初一东门起火,却被一阵来自东北方带酒气的雨浇灭。

据说,西晋许逊曾际遇仙人,获得道术,四处斩蛇诛蛟,为民除害。

《汉书·翼奉传》上说,《诗》讲五际。五际就是卯、酉、午、戌、亥等年份。

三国东吴虞翻精通《周易》。传说他梦见一披头散发的道士,道士演示《周易》六爻给他看,还烧掉其中三爻让虞翻吞下。

【原文】

清时安石　奇计居鄛　湖循莺脰[①]　泉访虎跑

【注释】

①脰:脖子,颈。

【解读】

东晋谢安(字安石)曾隐居东山,与王羲之、许询、支遁结伴。谢安诸人动则像鱼一样游戏山水,静则咏诗作文、谈玄说道,可谓逍遥快活。

秦末范增隐居于居鄛。七十岁时,他投奔楚人项梁反秦。项梁死后,范增又辅佐项梁之侄项羽,被尊为亚父。

古代苏州郡多湖泊。最大者为太湖,其西南有一形似黄莺脖子的湖泊,被人称为莺脰。

据传,唐元和年间,有位性空大师路过杭州定慧寺。因寺内无泉水,准备离去。忽有神人派老虎将衡山的童子泉迁到寺院。于是就将该泉命名为虎跑泉。

【原文】

近游束晳　诡术尸佼　翱狂晞发[①]　嵇懒转胞

【注释】

①晞发:披散头发使其干。

【解读】

西晋阳平元城人束晳,颇有文采。他仿照屈原之作《远游》词,另撰《近游赋》。

战国鲁人尸佼曾做过商鞅的老师,是诸子百家中的杂家。唐代韩愈认为,尸佼以诡术著称于世。

南宋文天祥在福建组织抗元时,谢翱倾其家财支助。宋亡后,谢翱隐身民间,后又做了道士。他常把头发弄湿,自称晞发子。

西晋嵇康性格豪迈不群,性情懒散。据说,他每当小便前,总是先忍着让小便在腹中转上几圈,忍不住时才上厕所。

【原文】

西溪晏咏　北陇孔嘲　民皆字郑　羌愿姓包

【解读】

北宋晏殊于海陵(今江苏泰州)西溪为官时,曾种植牡丹一株,并作诗刻留。后范仲淹亦留赞美牡丹之诗于此。西溪牡丹遂身价百倍,繁盛异常,成为西溪一大奇观。

南北朝南齐孔稚珪著有《北山移文》,文中有“南岳献嘲,北陇腾笑”之句。

三国郑浑在魏国下蔡、邵陵做官时,收缴猎、渔之具,引导农民种桑、开稻田,并严禁弃婴之举。后来他所治之地仓廪盈余,百姓富足。人们为感激郑浑,所生子女皆以郑为字。

北宋包拯官至开封府尹、天章阁待制等职。其执法公允,铁面无私,威名享誉四海。后西羌首领俞龙珂率众归宋,慕包待制之名,恳请神宗赐以包姓。神宗准许,遂赐名包顺。

【原文】

骑鹏沈晦　射鸭孟郊　戴颙鼓吹[①]　贾岛推敲

【注释】

①颙(yóng)。

【解读】

北宋神宗朝沈晦梦骑大鹏,翱翔天空,乃作《大鹏赋》,以记其事。不久,沈晦高中状元。后人遂以大鹏喻指飞黄腾达。

据《建康志》记载:“射鸭堂在平陵城。元和初(806年),县郊孟郊建。”其名源于孟郊诗:“不知竹枝弓,射鸭无是非。”此乃喻指孟郊淡泊名利。

西晋戴颙曾携带两只柑子一斗酒外出春游,别人见了问他何往,他说是去听黄鹂鸣唱,以治俗气、动诗情。

唐贾岛以苦吟著称于诗坛。一日,他骑着毛驴琢磨诗句中的字该用“推”还是“敲”,不料冲撞了韩愈。韩愈闻故大为赞赏,建议用“敲”最妙,于是有了“僧敲月下门”的名句。

【原文】

禹承虞舜　说相殷高　韩侯敝袴　张禄绨袍

【解读】

夏大禹,姓姒,字高密,崇伯鲧之子,相传其母怀孕十四月,生禹于四川石泉县。大禹结婚仅四月,就继承父业,离家治理洪水。十余年间,大禹三过家门而不入,风餐露宿,历尽艰辛,终于治服洪水,造福于民。于是,虞舜就让位给了大禹。

商高宗武丁时,因道路为洪水破坏,调集囚徒罪犯整治。傅说贫苦无以度日,也就混杂于其中,修路以换口饭吃。高武夜梦上帝赐给他良相,占卜得知,良相就隐身于筑路的罪囚之中。于是武丁找到了傅说,交谈之下,果然见识不凡,因此就任命傅说为相。

战国时韩昭侯将自己穿旧的一件套裤收藏起来,内侍劝他赏赐给近臣。昭侯以微笑、皱眉都应有为而发的道理,说明恩赐只能留给有功之人。

战国范雎原是魏国使节须贾的副手。须贾因怀疑范雎卖国，遂告知魏王除掉他。后范雎逃到秦国做了宰相，改名张禄。适逢须贾使秦，张禄以范雎之名衣着破烂的去见他。须贾出于念旧赠他绨袍穿。后须贾得知真相，惶恐不已，张禄却念赠送绨袍之情宽恕了须贾。

【原文】

相如题柱　韩愈焚膏[①]　捐生纪信　争死孔褒

【注释】

①膏：灯油。

【解读】

西汉司马相如曾与妻卓文君在成都以卖酒为生。后相如西赴长安求功名，途经升仙桥时题写"不乘高车驷马，誓不过此桥"以为誓言。相如到长安后为武帝赏识，任为中郎将。后出使四川时，相如复过此桥，终于遂了愿。

唐韩愈七岁时便读书，每日背诵数千字，后做了国子监博士，依然广阅博览，常常挑灯夜读到天明。他于《进学解》一文中说自己"焚膏油以继晷，恒兀兀以穷年"，以形容学习勤奋。后韩愈终成一代大儒，也成为唐宋八大家之首。

楚汉相争时，刘邦被项羽困于荥阳。部将纪信遂假扮刘邦，助其脱困。汉朝建立后，刘邦乃建忠祐庙祭祀纪信，并诏告天下表彰其行。

东汉末张俭因得罪宦官，遂逃至孔褒家避难，孔褒之弟孔融将其隐藏起来。后事情败露，孔氏被抓，孔融、孔褒、孔母三人争相担罪。官府拿不定主意，朝廷遂查办了孔褒连坐之罪。

【原文】

孔璋文伯　梦得诗豪　马援矍铄[①]　巢父清高

【注释】

①矍(jué)。

【解读】

三国陈琳(字孔璋)读张纮之作《枬榴枕赋》，甚为拜服。后张纮亦读陈琳《武库赋》《应机论》，遂寄陈琳书信一封予以赞美。陈琳看后回信，谦虚说自己不及张纮。

唐刘禹锡乃关心国事之诗人，他参与永贞革新，反对宦官专权，因此屡遭迫害。但依然豪气不改，故白乐天推崇他为诗豪。

东汉马援追随光武帝平定天下，因功授伏波将军。年老时，马援壮志不减当年，时逢边患日蹙，马援请征。光武帝怜其年老，不准。于是他披甲上马，光武帝赞赏说："这个老头儿真是老而勇健啊！"

传说尧帝要把天下让给隐士巢父，他却说："您管理天下与我放牛没有两样，我要天下来作甚?"之后跑到清水边,边用水洗耳边说:"听见了贪心之话,把耳朵都玷污了。"

【原文】

伯伦鸡肋　超宗凤毛[1]　服虔赁作　车胤重劳

【注释】

①凤毛:指前辈遗留的风采。

【解读】

西晋刘伶一生愤世嫉俗。一次,他与一位俗夫发生口角,那人抡起拳头要揍他,刘伶说:"鸡肋岂足以当尊拳!"意即我这把瘦骨头怎能承受得了您的拳头呢。那人顿感无趣,遂去。

刘宋谢超宗好文学而有才。孝武帝之母病逝,他作了一篇悼文,孝武帝很是赏识,夸他"殊有凤毛,灵运复出。"意即谢超宗风度翩翩。

东汉服虔对《春秋》兴趣浓厚,他听说学者崔烈正讲授《春秋》,遂隐姓到崔家当佣人,趁机偷听,无意中与学生议论为崔烈听到。于是崔站在佣人房外高呼"子慎",服虔随口答应而暴露了身份。两人由此结为好友,共同切磋学问。

东晋车胤乃孝武帝的中书侍郎。一次,谢安、谢石与车胤、袁宏等人私下演习《孝经》,车胤总是寻根问底,因此内心不安地对袁宏讲:"不问则德音有遗,多问则重劳二谢。"意即他太劳累谢安、谢石两兄弟了。

【原文】

张仪折竹　任末燃蒿　贺循冰玉　公瑾醇醪

【解读】

战国张仪曾替别人抄书度日,每当抄到好文章时,因无绢帛另抄,就写在手掌和大腿上。晚上回家后,再折竹子制成竹简缮写下来,久而久之积累成册。

宋人任末十四岁起便勤学苦读。他住在树林中,以茅草盖屋,用荆条做笔。夜晚学习,有时凭借月光,若无则烧蒿草照明。他的学生钦佩老师的勤学精神,争相用干净的衣服去换老师写满字的衣裳。

东晋贺循精通儒学,深为时人推崇。他虽官任太常卿,但耿直而有骨气,清贫而又怡然自乐。晋元帝曾亲临贺家,感慨地称赞:"贺循冰清玉洁,位居上卿而居室刚能蔽风雨。"

三国周瑜因才兼文武被授予大都督之职。老将程普不服,多次羞辱周瑜。但周瑜从不计较。程普深为感动,对别人表示:"与公谨交结,如同饮美酒一样,会让人不知不觉地心醉。"

【原文】

庞公休畅　刘子高操　季札挂剑　吕虔赠刀

【解读】

东汉庞德公与司马德操居于汉水两岸。一日，司马德操渡江拜望庞德公而不遇，遂高声吩咐庞德公之妻立即治办饮食。不一会儿，庞德公回家，径直就座，也不知他俩谁是客人，谁是主人。

南北朝刘訏与刘歊是两位名隐士，其族人刘孝标说："刘訏超凡绝俗，如同半天云霞；刘歊超然出群，宛如云中白鹤。"后刘孝标作《高隐传》，将刘訏与刘歊载入传中。

春秋吴国季札出使鲁国。途经徐国时，国君很喜欢他的佩剑，但又不敢明言。季札心里明白，遂在出使完鲁国后再次来到徐国，不料其君已死。于是季札将佩剑解下，挂于墓前树上，以此凭吊。

三国曹魏吕虔有口佩刀，只有当宰相的人方可佩戴。吕虔因此对王祥讲："此刀若得非其主，恐成祸害。您有宰相气度，聊以相赠。"王祥辞让再三，吕虔却态度依然，只得收下。

【原文】

来护卓荦　梁竦矜高[1]　壮心处仲　操行陈陶

【注释】

①竦(sǒng)。

【解读】

隋朝名将来护儿，少时读《诗经》，当读到"击鼓其镗，踊跃用兵""羔裘豹饰，孔武有力"等诗句时，感慨说："大丈夫就应为国家平定祸乱，哪能终身于区区文字游戏之中呢？"后追随文帝率兵灭陈，被赐封为荣国公。

东汉梁竦十分自负。一次，他登山远眺很是感慨："大丈夫生当封侯，死当受祭。如若不然，也应居处养志，咏诗作文慰藉情怀。至于州郡一级的官位，只能给人平添烦恼与劳累。"后朝廷多次召他做官，都辞而不受。

东晋王敦（字处仲）做荆州刺史时，酒醉后一边用铁如意敲痰盂伴奏，一边高唱曹操诗歌《短歌行》，以至痰盂的边口全给敲缺了。

五代陈陶品行高洁。太守严撰有心考验，就让自己的小老婆莲花去引诱他。孰料陈陶竟将她拒之门外一整夜。经此一番，严撰方信陈陶果然品行高洁，于是更加敬重他。

【原文】

子荆爽迈　孝伯清操　李订六逸　石与三豪

【解读】

西晋孙楚（字子荆）少时打算隐居，对友人王武子表示要去枕石漱流，不料口误说成了漱石枕流。王武子奇怪地问："流水怎么可当枕头，石头又怎能漱口呢？"孙楚辩白道:“之所以用流水作枕,是为洗耳;至于用石漱口,则为磨励牙齿。”

东晋王恭(字孝伯)操守清高,他曾说:“只要心无牵挂,整日畅饮醇滔、熟读《离骚》,便可算着名士。”王恭还生得秀美,曾身着羽衣漫步于雪中。孟昶见后,自叹不如地赞美:“真是神仙中人!”

唐李白在山东与孔巢父、陶沔、韩准、裴政、张叔明号称竹溪六逸;于长安又与贺知章、李适之、李琎、崔宗之、苏晋、张旭、焦遂为友,被誉为饮中八仙。

北宋石曼卿诗句“乐意相关禽对语,生香不断玉交花”,为世人叹服。于是石介作三豪诗,认为欧阳修是文豪,石曼卿是诗豪,杜牧是歌豪。

【原文】

郑弘还箭　元性成刀　刘殷七业　何点三高

【解读】

东汉郑弘砍柴时拾得一箭。失主来寻,郑弘如实交还。失主打算报恩,问郑弘有何要求。他说:“我常苦于运柴的艰难,但愿早晨刮南风,黄昏又吹北风,以便顺风行舟。”果然如愿以偿。后郑弘步入仕途,官运亨通,做到太尉之职。

东汉蒲元性为诸葛明铸刀三千口,要求用蜀江水来淬火。水取来后,蒲元性发现掺杂有涪江水而不能用。后重新取水淬火后,钢刀锋利异常,被称为神刀。

西晋刘殷有七子,其中五子习《周易》《周礼》《诗经》《尚书》《春秋》,一子攻读《史记》,另一子研习《汉书》。一家之中,七门学问兴盛,成为北方有名的学问之家。

南北朝何点是游侠处士。宋、齐两朝多次聘他为官,辞而不受。梁武帝亲自在华林园召见他,他又以生病为由拒绝。其兄何求,其弟何胤,也隐居民间不愿为官,人们称兄弟仨为何氏三高。

【原文】

二使入蜀　五老游河　孙登坐啸　谭峭行歌

【解读】

东汉李郃熟知天文。汉和帝秘遣两位使者入蜀考察社会风俗,使者临近益州时遇上李郃,竟被其猜出身份。使者大吃一惊,李郃泰然说道:“我夜观天象,见有两颗使星降临蜀地,所以获知此事。”

帝尧视察黄河的江心洲时,见五位老人出现在江心洲。五老赠给尧一本河图。书前题刻有字迹:“请用金泥封好,盛入玉函,妥为保管。”后五老化为流星,飞入土星、昴星之间。

三国魏孙登迁隐于苏门山,阮籍慕名来访。孙登对其不置一词,阮籍对着他长啸,孙登依然不言语。阮籍意尽而归,忽闻山间之风鸣声,他立即醒悟,这是孙登独自长啸以回报。

唐谭峭一心向往成仙,他常唱歌道:“线作长江扇作天,靸鞋抛在海东边。蓬莱信道无多路,只在谭生拄杖前。”此后他隐居山野,炼丹服药,传说他于青城山羽化成仙。

【原文】

汉王封齿　齐王烹阿　丁兰刻木　王质烂柯④

【注释】

①柯:柄把。

【解读】

汉朝始立,高祖刘邦大封亲戚为诸侯王。功臣不满,密谋造反。刘邦问张良如何是好,张良建议封刘邦最憎恶的将领雍齿为什邡侯。诸将见此,都认为:“像雍齿那样的人,尚且封侯,咱们还愁没有高官厚禄吗?”于是都放弃了谋反的念头。

战国齐威王时,天天有人向他诽谤即墨大夫,称赞阿大夫。齐威王派人调查,而真实情况是即墨大夫勤政廉洁,阿大夫欺下媚上。齐威王立即下令:赏赐即墨大夫;当众烹死阿大夫及为他唱赞歌的人。

汉丁兰早年丧母,后雕刻一尊木质母像侍奉。一次,邻居张叔醉酒到他家谩骂、殴打木像。丁兰立即还手,结果被官府抓走。木像见状,伤心地流下了眼泪。郡守得知此事,钦佩丁兰至孝,于是上奏皇帝以示褒奖。

东晋王质进山砍柴,发现两个小孩在山洞下围棋,乃放下斧子观战。不知过了多久,王质低头看斧,手柄已经腐烂。下山回家,时间竟然已过去几百年。王质这才觉悟,山中所遇乃是神仙。

【原文】

霍光忠厚　黄霸宽和　桓谭非谶①　王商止讹

【注释】

①谶:古代预言吉凶得失的文字、图记。

【解读】

西汉武帝晚年,欲立幼子继承帝位。武帝见大臣霍光忠厚,遂让宫廷画师给了一幅西周周公背负成王见诸侯的图画赐给霍光。不久,霍光晋封为大司马,辅佐年幼的汉昭帝。

西汉黄霸宽厚平实。汉宣帝登基后,任命黄霸为廷尉,判决案件以公允著称。后因事贬为颍川太守。在任期间,郡内风调雨顺,祥和之事屡屡发生,皇帝特赐黄金百斤褒奖。

东汉桓谭耿直,反对光武帝修灵台搞迷信。刘秀大怒,认为他诽谤圣人,桓谭叩头认罪,以至鲜血长流,皇帝才勉强宽恕。

西汉成帝时,谣传洪水将淹没长安城。贵族、百姓惊慌失措,纷纷奔走逃避。左将军王商坚持反对。事实果如王商所言,谣言不攻自破。

【原文】

隐翁龚胜　刺客荆轲　老人结草　饿夫倒戈

【解读】

西汉谏议大夫龚胜在王莽专政时辞官隐居。王莽篡位建立新朝后,多次以高官征召龚胜,他皆闭门不出。他还对门人高晖说:“我岂能一身而事二姓!”于是绝食十四天而死。

战国燕太子丹为救燕国危难,派刺客荆轲行刺秦王政。临行前,高渐离击筑,荆轲慷慨悲歌:“风萧萧兮易水寒,壮士一去兮不复还!”到秦后,荆轲刺杀失败,以死报答了太子丹的知遇之恩。

春秋晋文公重臣魏武子弥留之时,吩咐杀掉小妾为自己陪葬。其子魏颗没有这么做,让她改了嫁。后来晋秦大战,魏颗见一位老人用草绳绊住秦将,致使秦军大败。事后,魏颗梦见老人相告:“我就是你父亲小妾的父亲,以此相报答。”

春秋晋国大夫赵盾打猎时遇见一位因三天颗粒未进而饿昏的穷人。赵盾便赐其食物。多年后,晋灵公与赵盾产生矛盾,埋伏卫士攻杀赵盾。危难之际,一位卫士突然倒戈,赵盾询问他为何保护自己,卫士回答:“我就是那个当年饿昏被您救活的人。”

【原文】

奕宽李纳　碑赚孙何　子猷啸咏[①]　斯立吟哦

【注释】

①猷(yóu)。

【解读】

唐李纳性情急躁而又酷爱下棋,每当下棋时,都极其舒缓慎重,判若两人。因此,每当李纳急躁发怒,下属就悄悄将棋具摆到他面前,李纳一见,情绪随之稳定,恼怒也解除。

宋臣孙何喜爱古碑文。孙何辖区的州县官吏深知其禀性癖好,故意收集一些字迹模糊的古碑文,挂在馆驿的墙上。孙何下州县巡视,一见古碑文,就忘情辨读钻研,将州县的政务,一股脑儿地抛到九霄云外。

东晋王徽之(字子猷)嗜竹如命。一次,他路过吴中,得知一位士大夫家中有翠竹,于是坐着轿子直奔竹林,对着翠竹长时间地歌咏。

唐兰田县丞崔立之(字斯立)衙院内有四行老槐树,南面墙旁大竹挺拔。崔立之不喜欢,遂种下两株松树,每日都于松下徘徊唱歌。

【原文】

奕世貂珥[①]　闾里鸣珂[②]　昙辍丝竹　裒废蓼莪[③]

【注释】

①貂珥：原本汉代宦官帽子的装饰，后比喻显贵家。貂，即貂尾。珥，即珥珰，帽子悬挂的珠子。②珂：玉佩。③裒（póu）。

【解读】

西汉金日磾本为休屠王子，入汉后被武帝赐姓金，官任车骑将军。后与霍光受命辅佐昭帝，晋封为秺侯。金日磾有二子，昭帝时均为侍中，恩准承袭侯爵。因汉代官帽饰有貂珥，故全家号称七叶貂珥。

唐张嘉贞历任监察御史、梁州、秦州都督、中书令。其弟张嘉祐，亦任金吾将军。每当上朝，兄弟俩住宅的街巷，侍从车骑充斥，身上的玉制佩带物叮当响成一片，故人称其家为鸣珂里。

东晋羊昙因舅舅谢安之死而悲痛，故从此再也不走安葬谢安时所经的西州门以表哀思。一次，他酒醉后毫无警觉地就走到了城门边，悔恨万分。一边用马鞭叩敲着城门，一边悲咏曹植的诗句："生存华屋处，零落归山丘。"

曹魏王仪被司马昭所杀。司马氏立晋后，其子王裒始终不予合作，并守在父母墓旁，以教书为业。每当他朗诵《诗经·蓼莪》篇至"哀哀父母，生我劬劳"时，无不再三悲怆痛哭。

【原文】

箕陈五福　华祝三多　万石秦氏　三戟崔家

【解读】

周武王灭商后向商代贤臣箕子征询为人治国之道。箕子向武王陈述了《洪范》所阐述的九大方面，其中第九是五福，即寿、富、康宁、攸好德、考终命。

相传尧帝时，华地的封人祝愿他"多福多寿多男子"。尧辞让说："多男子则多惧，多福则多事，多寿则多辱。"封人却认为"多男而赋予职责，有福而让人分享，多寿而行仁政"。

东汉秦彭祖上是俸禄为二千石的官员，所以关中一带称他家为万石秦氏。秦彭任山阳太守，政绩昭著，以至于出现麒麟、凤凰、嘉禾、甘露等祥瑞之物，因而受到皇上的褒奖。

唐玄宗时崔琳为中书令，其弟崔珪、崔瑶分别是太子詹事、光禄大夫，均为三品以上的高官，按规定崔家可在家门前陈列棨戟，故被称为三戟崔家。

【原文】

退之驱鳄　叔敖埋蛇　虞诩易服[①]　道济量沙

【注释】

①诩（xǔ）。

【解读】

唐韩愈(字退之)官任潮州刺史时,百姓反映说:"鳄溪中有怪鱼,将牲畜都吞食殆尽。"于是他作《祭鳄鱼文》,在鳄溪边诵读焚烧。据称感动神灵,当夜风雨交加,鳄鱼全部离开潮州。

春秋时孙叔敖于路上打死一条两头蛇,并将其埋起来。回家后,他害怕自己遭报应。母亲却高兴地安慰他:"有阴德的人必有阳报。你埋了蛇,就是阴德,老天爷一定不会让你死的!"

东汉时,羌人进犯武都郡,朝廷任命虞诩为武都太守。当时武都城兵不足三千,而羌人却多达万余人。虞诩灵机一动,命令兵士从东郭门出而从西郭门入,每转一次都换一次衣服。结果羌人弄不清城里究竟有多少军队,心中十分恐惧,因此而撤退。

刘宋文帝时檀道济进封司空,率兵北伐北魏,当他率军进抵历城时,军粮告竭被迫撤军。为稳定军心,迷惑敌人,檀道济让人在夜间以沙子充当粟米,魏军见檀道济军粮充足,未敢追击。

【原文】

伋辞馈肉[1]　琼却饷瓜　祭遵俎豆[2]　柴绍琵琶

【注释】

①伋(jí)。②祭(zhài);俎(zǔ)。

【解读】

孔子之孙伋(字子思),居于鲁邑。鲁国国君缪公屡次馈赠给他熟肉,子思疲于拜谢,便将送肉来的使者赶出大门,自己朝北面叩头作揖地拒绝了。

北齐苏琼从不接受馈赠。郡内有位退休官僚,自恃年老,亲自将两只鲜瓜赠给他,苏琼不便当面拒绝,收下后悬于梁上而不食用。下属听说苏琼接受馈赠,遂纷纷向他送瓜果。可是到苏家一打听,方知所赠的瓜依然挂在梁上,大家只好相顾无言,苦笑而返。

东汉祭遵追随刘秀转战河北,每每立功受赏都分与士兵。范升向汉光武帝称许他:"祭遵管理军队,选取人才,一概遵循儒家学说。即使与部下饮酒,玩投壶游戏,也都以雅乐伴奏。真是虽然身处军队战阵之中,而孜孜不忘礼仪!"

唐初,吐谷浑与党项时常进犯边境。驸马柴绍受命出征,敌人居高临下,以强弓射杀唐军,箭矢密如雨下。柴绍临危不惧,让两位少女弹奏琵琶,跳异族舞蹈。吐谷浑战士非常惊奇,都停射观舞。柴绍趁敌人松懈,派精锐骑兵从敌人背后发动攻击,终于将进犯敌军击溃。

【原文】

法常评酒　鸿渐论茶　陶怡松菊　田乐烟霞

【解读】

释法常嗜酒成性。他曾对人说："酒中天地，虚无缥缈，无边无际；酒中度日，安逸恬适，既不受君臣贵贱的约束，也不存在财产利益的争斗，更不用逃避刑律的惩罚，乐陶陶，荡悠悠，真是逍遥自在。酒醉后，还能像庄子梦蝶一般，体验到美妙的梦幻，飞腾于浩渺的苍穹之上，真是不愿苏醒。"

唐陆羽精通茶道，著有《茶经》一书。陆羽强调茶最适合精行俭德之人饮用，认为饮茶有深刻的哲理，可以荡涤昏寐。他特别强调饮茶应重在一个"品"字，将茶视为修身养性的重要手段。

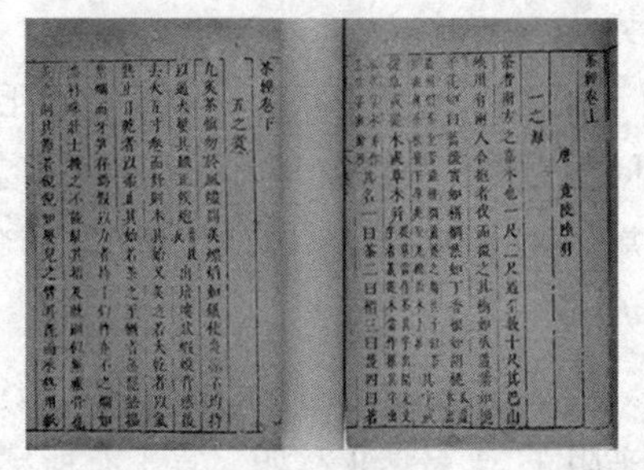

《茶经》书影

东晋陶潜，辞官归家后置身田园，流连于松菊之间，他作"三径就荒，松菊犹存""采菊东篱下，悠然见南山"等诗句，怡然自乐于松菊之中。

唐田游岩早年隐居，朝廷多次征聘，皆不理会。唐高宗游嵩山时，亲到他家，垂询田游岩的近况，他妙语答复："山石林泉已进入膏肓，早晚烟霞也酿成顽症。"

【原文】

孟郇九穗　郑珏一麻　颜回练马　乐广杯蛇

【解读】

北齐孟郇官任东郡太守。孟郇为政宽厚慈惠，注重感化教导。任职期间，郡内小麦出现了一茎结麦穗三到五个，甚至九个的新奇事，人们都认为是他宽惠爱民的结果。

五代后唐郑珏与李愚同为学士。一日，郑珏家门下突然长出一株麻，李愚说这是郑珏将要官封宰相的征兆。不久，郑珏果然被封为宰相。

一次，孔子与颜回登上泰山，遥望吴阊门外系着一匹白马。孔子询问颜回能否看见吴阊门，得到肯定后，又追问："门外有什么？"颜回回答："有匹练之状。"孔子说："噫！是匹白马呀。"颜回仔细再看，果如孔子所言。由此马称为匹。

晋人乐广与亲戚饮酒。几日后亲戚患病，并说饮酒时发现杯中有蛇影。乐广细细考察，原来是墙上之弓的影子投射在酒杯中所致。于是告知亲戚，乃恍然醒悟，病也随之痊愈。

【原文】

罗珦持节　王播笼纱　能言李泌　敢谏香车

【解读】

唐罗珦年幼家贫，寄食福泉寺。二十年后，罗珦做官返乡，在所住僧房题有"二十年来此布衣，鹿鸣西上虎符归。故时宾从追前事，到处松杉长旧围”诸诗句，借以表达对寺庙旧日恩德的感激。

唐人王播贫时寄居木兰寺。寺中僧人势利，他就在墙上题“上堂已了各西东，惭愧阇黎饭后钟”的诗句。后王播做了节度使，旧地重游来到木兰寺，只见过去所题诗句已罩上碧纱。于是续题“三十年前尘扑面，而今始得碧纱笼”，讽刺和尚们嫌贫爱富、趋炎附势。

唐肃宗时，皇室宗亲建宁王被处死。宰相李泌于某日请求辞官回家，肃宗很纳闷，就问他为何。李泌就拿出一首当年中宗皇帝写给武则天的诗念：“种瓜黄台下，瓜熟子离离，一摘使瓜好，两摘使瓜稀，三摘犹为可，四摘抱蔓归。”以此警惕肃宗不要残杀亲人。

战国齐宣王命令修造一座大宫殿。一天，大臣香车见宣王劳民伤财，且没有人站出来阻止，于是请求辞职。宣王有所感悟，急忙喊道：“香君请留步！”终于下令停止宫殿建筑。

【原文】

韩愈辟佛　傅奕除邪　春藏足垢　邕嗜疮痂①

【注释】

①邕（yōng）。

【解读】

唐宪宗迷信佛教，准备大张旗鼓地迎接佛祖的遗骨。韩愈极力反对，作《论迎佛骨表》，认为佛教不足信奉，佛书应该焚毁，僧侣应当还俗。为此，几乎丢掉性命。

唐太宗宠信一位西域和尚。该人自称能将活人咒死，傅奕不信，坚持认为这是邪术，表示愿意亲身验证。西域和尚念咒一番，傅奕安然无恙，反倒是和尚本人当场倒地而亡。

南北朝有个贪官叫阴子春。他官居刺史，却一身污垢，几年才洗一次脚，并声称，每洗一次脚都要失财。后贪污之事败露，他非但不深刻反省，反而认为这是他一年洗两次脚所致。

南北朝刘邕喜食生疮后结的疤皮。一次，刘邕去拜望孟灵休，孟灵休身染火疮，疤皮散落床垫。刘邕喜出望外，取而食之。后刘邕当上南康郡公，下属官吏二百余人。他不管这些人是否有罪，统统一顿鞭子，然后取食伤口愈合时的疤皮。

【原文】

薛笺成彩　江笔生花　班昭汉史　蔡琰胡笳

【解读】

四川成都有名胜地浣花溪，又名百花潭。诗圣杜甫草堂在百花潭西，名妓薛涛也住潭旁。她取潭水制成十种颜色的彩笺,深受文人墨客喜爱,被誉为薛涛笺。

南北朝江淹因一手好文章而闻名天下。相传,江淹任蒲城县令时,夜梦神仙以五彩笔相赠,醒后文采更加纤丽。

东汉班昭是史学家班固之妹。班固《汉书》未成而去世,班昭继承哥哥未竟之业,最终完成全书编撰。遂受皇帝恩宠,每次出入皇宫,皇后等贵人都以对老师的礼节对待她,尊称她为曹大家。

东汉蔡琰乃知名文学家蔡邕之女。幼年即懂音律,素有音乐天赋。十五岁时嫁卫仲道,不幸为匈奴掳走,后曹操以重金将蔡琰赎回。她根据自己身处异域二十年的经历,创作了著名乐曲《胡笳十八拍》。

【原文】

凤凰律吕　鹦鹉琵琶　渡传桃叶　村名杏花

【解读】

传说黄帝命伶人用嶰谷出产的竹子制作出一件乐器,吹奏出黄钟一样的声调。后进一步依据凤凰的鸣叫声,制作了十二件乐器。六件模仿雄凤凰的声调,称为六律;六件模仿雌凤凰的声调,称为六吕。从此创立了古代音乐的基本体系。

北宋蔡确有书童名琵琶。蔡确每敲响板召唤琵琶,家中鹦鹉立即应声呼唤琵琶之名。后琵琶死,蔡确无意中触动响板,鹦鹉依然呼唤。蔡确有感述怀:“鹦鹉言犹在,琵琶事已非。伤心漳江水,同渡不同归。”

东晋王献之曾到秦淮河渡口,为妾桃叶之妹桃根送行,还为她歌曰:“桃叶复桃叶,渡江不用楫,但渡无所苦,我自来迎接。桃叶复桃叶,桃树连桃根,相怜两乐事,独使我殷勤。”渡口从此就被称为桃叶渡。

唐代诗人杜牧任职池州时,曾在清明日写下了“清明时节雨纷纷,路上行人欲断魂,借问酒家何处有,牧童遥指杏花村”的诗句,从此杏花村就多了起来。

【原文】

君起盘古　人始亚当　明皇花萼　灵运池塘

【解读】

我国古代关于世界的起源说认为,远古时代天地一体,混沌不开,有位叫盘古的人,开天辟地使天地分离,万物生长,人类从而诞生。

西方人说,上帝创造了人,他用水土和成亚当,又用亚当的一根肋骨制造了夏娃。后来,亚当与夏娃婚配,繁衍出人类。

唐玄宗李隆基登上帝位后,十分优待各位兄弟。不仅赏赐府第,还跟诸位兄弟一起赏花听音乐,以表示兄弟一体,亲密无间。

南朝谢灵运很欣赏族弟谢惠连之文采。相传,谢灵运在永嘉夜梦谢惠连,遂有“池塘生春草”等妙语。谢灵运颇有感触地表示:“此语是有神助而获,非我才思所致。”

【原文】

神威翼德　义勇云长　羿雄射日　衍愤飞霜

【解读】

三国张飞(字翼德)在刘备败走荆州时,独自于霸陵桥抵挡曹军。他怒目横矛面对曹军怒吼:“本人张翼德! 可来决一死战!”曹军众将震畏,无一敢挺身而战。

三国关羽(字云长)以义勇见长。他与刘备同生死,为保护刘家妻室驻守下邳;为报答曹操知遇之恩,怒斩袁绍猛将颜良。蜀国建立后,关羽镇守荆州,水淹七军,威震华夏。

传说尧帝时天上有十个太阳,大地干涸,禾苗枯死,百姓无以为生。尧命羿去射日,解民于火热。羿不负所托,一连射落九日,大地又重新恢复生机。

战国邹衍深受燕昭公器重,待以老师之礼。后昭王死,燕惠王听信谗言,将他关进监狱。邹衍含冤难平,遂向天痛哭。不久六月暑天突降霜雪,后世遂以六月飞霜昭示冤屈。

【原文】

王祥求鲤　叔向埋羊　亮方管乐　勒比高光

【解读】

西晋王祥侍奉继母极为恭谨。冬月间,继母突然想吃鲜鱼,王祥无处寻得,就脱衣用体温化冰而捕鱼。突然冰层开裂,从中跳出一对鲤鱼,满足了王祥的孝心。

春秋时,一偷羊者将羊头给了晋国大夫叔向。其母不吃,叔向就将羊头掩埋。三年后,事情败露,叔向以实告,遂挖开掩埋处,羊舌却完好如生。人们都很惊异,叔向也干脆换姓为羊舌。

三国诸葛亮心怀大志,每每自比管仲、乐毅。时人不以为然,后刘备三顾茅庐,亮辅佐刘备建立蜀汉。

十六国后赵皇帝石勒很有自知之明:“我若生逢汉高祖,只能给他做臣子;如若生逢汉光武帝刘秀,则可与他逐鹿中原,一争天下。”

【原文】

世南书监　晁错智囊　昌囚羑里①　收遁首阳

【注释】

①羑(yǒu)。

【解读】

唐虞世南文章以旁征博引、内容丰富见长。有一次唐太宗外出巡幸,有关人员请带一些书籍,太宗认为:“有虞世南随行,就等于一个秘书监在侧,那里还用得着带书!”

西汉文帝时,汉文帝任命能言善辩而取得皇帝信任的晁错为太子家令。因此太子左右之人,称晁错为智囊。

商末纣王暴戾无道。西伯侯姬昌因受崇侯虎陷害被囚禁在羑里。相传,在囚禁期间,姬昌将伏羲发明的八卦推演为六十四卦,并对每卦做了新的解说,因此而撰写出《周易》一书。

隋末,李渊在太原起兵反隋,薛收闻知后,立即逃入首阳山聚众响应。加入李渊父子集团后,成为秦王李世民的主簿官。

【原文】

轼攻正叔　浚沮李纲　降金刘豫　顺虏邦昌

【解读】

北宋哲宗时,苏轼认为程颐(字正叔)待人过于严肃,不近人情,于是联合顾临等上书弹劾,哲宗被迫让程颐去暂管洛阳国子临,但他坚决推辞。

北宋钦宗时,侍御史张浚借口宰相李纲招兵买马而弹劾他,投降派大臣黄潜善、汪伯彦等又极力诋毁他,李纲仅仅当了七十七天的宰相,就被贬官。

北宋末年金人南下,河北提刑按察使刘豫不加抵抗,弃官而逃。后北宋灭亡,刘豫在山东降了金,被金人封为齐帝,成为名副其实的傀儡。

北宋灭亡后,宰相张邦昌接受金人的任命做了楚帝,替金人统治华北。宋高宗即位后,张邦昌遂被处死。

【原文】

瑜烧赤壁　轼谪黄岗　马融绛帐　李贺锦囊

【解读】

东汉末年,曹操率八十万大军南下攻吴,东吴大都督周瑜先行诈降之计,后用火攻之策,大败曹操,周瑜也因功晋封为偏将军。

北宋苏轼赴任杭州通判时,中丞李定、御史舒直摘录他部分诗文,诬陷他怨恨诽谤皇帝,因此被关进了监狱。后苏轼得以从轻发落,被贬到黄冈任团练副使。

东汉马融因得罪大将军梁冀被罢官,遂专心讲学。讲学时,堂前挂一项火红色纱帐,他端坐其中,对面前的学生授课,而对纱帐之后奏乐的女子,则教以音律。

唐李贺每日清晨外出,都让书僮身背锦囊紧随其后,他则坐在瘦马上苦苦思寻诗句,一旦有所得,立即写下来投入锦囊之中。

【原文】

昙迁营葬　脂习临丧　仁裕诗窖　刘式墨庄

【解读】

南北朝僧人昙迁与范蔚宗为友,感情深笃。后范蔚宗全家被诛杀,其知交挚友都不敢去范家收丧慰藉。昙迁却用卖掉衣物所得的金钱,将范家死者全部安葬。

三国脂习与孔融友善。孔融因指责曹操被诛杀,与孔融生前友好的文武百官,无一人敢为他收尸送丧。唯独脂习,却敢于抱着孔融遗体痛哭:"文举啊,你如今舍我而去,我还有何人可以相互交谈啊!"

五代后蜀王仁裕,是位高产诗人,一生创作诗歌上万首,世人称他为诗窖子。

北宋刘式执掌国家财政长达十多年。去世时,家境贫困,空无所有,唯有书籍数千卷。其妻陈氏指着这些书,教诲子女们:"这是你们父亲的墨庄,而今留给你们以安身立命。"

【原文】

刘琨啸月　伯奇履霜　塞翁失马　臧谷忘羊

【解读】

西晋刘琨被胡人困于晋阳。夜晚,他趁着月光登上城楼,对月长啸,声调凄婉悲怆,胡人听后,人人叹息。刘又在城楼上吹奏胡笳,胡人流泪思归。天亮后,胡人解围而去。

西周伊伯奇因父亲偏信后母所说的坏话被赶出家门,遂写了一首《履霜操》,天天吟唱,希望使父亲醒悟。

边塞上有位老人,他饲养的马跑到胡人那里去了,邻居都来安慰,他表示:"怎么知道这不是好事呢?"

一位姓臧的与一位姓谷的小孩一起放羊,同时都将羊丢失。查其原因,姓臧的小孩是因为在专心读书,而姓谷的小孩则是因为玩游戏。虽然两人行事不同,结果却一样,都丢了羊。

【原文】

寇公枯竹　召伯甘棠　匡衡凿壁　孙敬悬梁

【解读】

宋真宗时,宰相寇准因谗言诋毁而遭贬斥,到了雷州和公安。寇准离开公安时,在神祠前燃烛祷告:"我若没有做对不起朝廷之事,就请让枯竹重生。"祷告结束后,果然如他所愿,枯竹新生。

西周召公奭又称为召伯。召公曾巡视南国,在一株甘棠树下审理案件办理公务,各级官吏以及庶民百姓都能各得其所。召公去世后,人们怀念他,作《甘棠》赋寄托思念之情。

西汉匡衡幼年酷爱读书,可家里穷得连灯油都没有,因此夜晚无法读书。他隔壁是户有钱人家,每晚都灯烛辉煌。匡衡灵机一动,在墙中凿了一个洞,借着透过的烛光刻苦学习。

汉孙敬酷爱读书。夜晚读书时，孙敬担心自己打瞌睡，就将头发吊在房梁上。这样一来，只要一打瞌睡，头往下垂，就会立即扯动头皮，因疼痛而清醒。

【原文】

衣芦闵损　扇枕黄香　婴扶赵武　籍杀怀王

【解读】

春秋鲁人闵损早年丧母。后母在寒冬只给他穿用芦花填里的衣服。父亲知道后，打算赶走后母，闵损坚决阻止。后母知晓此事，深为感动，之后对闵损如同亲生儿子般慈爱。

东汉黄香九岁丧母，从此对父亲特别孝顺。夏天，他为父亲用扇子扇凉枕席；冬天，则用自己的身体为父亲暖被褥。

春秋时晋国内乱，屠岸贾诛杀赵朔家族。为保全赵氏遗孤，赵氏门客程婴带着刚出世的赵武隐姓埋名。后晋景公杀掉屠岸贾，找到了赵氏遗孤，恢复了赵氏家族的地位。

秦朝末年，项羽起兵反秦，并拥立怀王之孙心为楚怀王，尊为义帝。秦灭亡后，项羽自封西楚霸王，迁义帝于长沙，并密令九江王黥布将义帝杀害于长江之中。

【原文】

魏征妩媚　阮籍猖狂　雕龙刘勰①　愍骥应玚②

【注释】

①勰：(xié)；②愍(mǐn)：同悯。玚(chàng)。

【解读】

唐魏征以敢于直言闻名于世。凡是魏征认为正确的意见而未被唐太宗采纳，太宗同他说话，魏征都一概不理会。唐太宗大笑说："别人都说魏征旷达不守君臣礼法，但我却越看越觉着他妩媚！"

西晋阮籍放浪形骸。或闭门读书，数月足不出户；或登山玩水，整日忘归。阮籍时常独自随意驾车外出，任凭车行，从不择路，等到无路可走时，就痛哭一番，原路返回。

南北朝刘勰著有《文心雕龙》一书，共五十篇，纵论古今文体，是古代第一部文艺理论的专著。

东汉末人应玚乃建安七子之一。应玚壮年时，遭遇董卓之乱，无法施展抱负，因此创作《愍骥赋》，借怜悯良马不遇伯乐以抒发怀才不遇的悲哀。

【原文】

御车泰豆　习射纪昌　异人彦博　男子天祥

【解读】

相传造文向泰豆学习驾车技术，泰豆教导他："你应首先观察我如何走路，如果你能走得同我一样,那六根辔绳就可牢牢掌握,六匹马拉的车也就能驾驭了。”泰豆就在地上竖起许多木桩,在上面往返穿梭。造文照着老师的方法练习,三天之后弄懂了其中诀窍。

纪昌向飞卫学习射箭。初始他练习眼力,整天仰卧在织布机下,三年后练就了锥尖刺目亦不眨眼之能。后又悬挂虱子于窗户下,每天坐在南边望着它,三年后虱子在他眼里已大如车轮。纪昌取箭而射,正中虱子,于是箭术大成。

北宋文彦博以端重威严闻名。契丹使者耶律永昌朝见北宋皇帝时,遇见文彦博,吃惊地倒退数步,极为崇敬地问:“这就是潞公吗?真是天下异人呵!”

南宋文天祥抗蒙被俘。忽必烈打算招降文天祥,许以丞相高官。文天祥坚贞不屈,从容就义。临刑前,文天祥向南面跪拜两次,以示忠于故国。

【原文】

忠贞古弼　奇节任棠　何晏谈易　郭象注庄

【解读】

北魏古弼正直忠贞。一次,古弼求见太武帝,不巧皇帝正与大臣刘树对弈。古弼等了很久,仍无机会开口,就当着皇帝,揪住刘树的头发,将其拉下座位,一边揍一边声讨:“朝政得不到治理,实在是你的罪孽!”

汉任棠气节奇异。汉阳太守庞参前去拜访他,任棠并不与之交谈,只将一大株薤与一大盆清水放在屏风前,自己则抱着孙子而去。庞参细细思量很久,终于明白:“水,是暗示我要清廉;拔大株薤,是希望我抑制豪强大族;抱儿在门,则是要求我抚恤孤儿寡妇。”于是感叹而归。

魏晋人何晏阐述《周易》,词义精当,颇得精髓,但仍对其中九类问题不甚明了,就邀请管辂一起研讨。管辂对他剖析《周易》的宗旨要义,何晏所不明的问题全都豁然通晓。

魏晋时人向秀曾注释《庄子》一书,还未完成对《秋水》《至乐》两篇的注释就去世了。后郭象就将向秀的研究成果据为己有,其实他仅注释《秋水》和《至和》两篇。

【原文】

卧游宗子　坐隐王郎　盗酒毕卓　割肉东方

【解读】

东晋宗炳生性淡泊,隐居衡山。当他年老多病后,不得不返回江陵,遗憾地表示:“名山大川恐怕不能遍游了,只好效法心境清静的学道者那样,躺在家中心想神游了。”

东晋王坦之又被称为王中郎。《世说新语》上说他将围棋称为坐隐,而支遁将围棋视为手谈。

东晋吏部郎毕卓从小性格豁达,酷好饮酒。一日,邻居同僚家酿成新酒,毕卓趁着醉意,夜晚溜至其家偷酒喝,不料被管酒的人抓住。天亮,主人一看,原来却是同僚毕卓。

汉武帝时,一次祭社大典,汉武帝赏赐给参与祭典的官员们肉食。人还没来全,东方朔就割下一块肉。汉武帝很生气,东方朔却说:“接受皇帝赏赐立即行动,何其守礼!自己拔剑割肉,举止何其豪迈!割肉不多,行为何其廉洁!归家赠妻,用心何其仁义!”

【原文】

李膺破柱[①]　卫瓘抚床　营军细柳　校猎长杨

【注释】

①膺(yīng)。

【解读】

东汉桓帝时,野王令张朔贪残无道。太学士李膺下令抓他,遂逃入京城洛阳,藏在宦官张让家中的大柱内。李膺察知,率领吏卒前往张家,砸破柱子,将张朔抓获。

西晋惠帝还是太子时,朝臣们认为他不是当皇帝的料,大臣卫瓘也不例外。一次,武帝大宴群臣,卫瓘喝得酩酊大醉,用手抚摸着皇帝的座位,暗示说:“真可惜了这个座位啊。”

西汉文帝时,匈奴进犯云中,诸将授命出征。当文帝要到细柳军营视察时,军门都尉却回答:“军营之中,只听将军命令!”文帝无法进军营,只得让使者持皇帝的信符去见将军周亚夫,这才下令开门。

西汉汉成帝外出打猎,还将捕获的野兽,送到长杨的射熊馆,向匈奴人炫耀,并下令不准农民收拾野兽的尸体。扬雄亦随人参与,回家后,向皇帝进呈了一首《长杨赋》,借翰林与子墨的对答,再次讽喻成帝应以国事为重。

【原文】

忠武具奠　德玉居丧　敖曹雄异　元发疏狂

【解读】

南宋岳飞幼年拜周同为师,学习射箭。周同去世后,每逢初一、十五,岳飞都卖掉一些衣物,置办酒肉,在其墓前痛哭祭奠。祭毕还要用周同所赠硬弓,射箭三枝,以示不忘师恩。

唐顾德玉是俞观光的学生。后俞观光去世,因其无子,顾遂将老师的遗体收敛运回家中,身着丧服为老师服丧。第二年服丧期间,顾德玉又将老师安葬在自家祖坟旁,并按时祭祀。

南北朝高昂(字敖曹)长得龙鼻豹头,身体十分雄壮奇异。少年时,就不愿读书学习,而喜欢骑马射箭,时常说男子汉应当横行天下,博取富贵,后北齐神武帝任命高昂做了西南道大都督。

北宋滕达道(字元发)是范仲淹的学生,行为放荡疏狂。一晚,滕达道在外大醉而归。归家后见老师坐于屋内看书,就问老师读何书,范回答:"《汉书》。"又问汉高祖是怎么一个人,范仲淹一听这个问题,立即起身而去。

【原文】

寇却例薄　吕置夹囊　彦升白简　元鲁青箱

【解读】

寇准做宰相,选才不按部就班,同僚们很不满意。寇准说:"宰相用人在于提拔贤人,黜退不肖之徒,假若仅依照条例按部就班地提拔官员,只需要一个普通官吏就可以办理了。"

宋真宗的宰相吕蒙正常把一个本子装于口袋。每有官吏见他,他总要询问当地有人才否,并立即记录下来。

南北朝任昉(字彦升)擅长文章。梁朝时,任昉担任御史中丞,每次弹劾大臣,任昉的口头禅是:"臣谨奉白简以闻。"白简是用白纸书写的弹劾奏章,后世即将弹劾奏章称为白简。

南北朝王准之(字元鲁)对朝廷的各种礼节、仪式十分熟悉。遂将各种礼节仪式、江南地区的逸闻旧事收集整理成册,装在青箱里,因此别人都将王家的这一专长称为青箱业。

【原文】

孔融了了[①]　黄宪汪汪[②]　僧岩不测　赵壹非常

【注释】

①了了:聪明伶俐。②汪汪:深广的样子。

【解读】

东汉孔融十岁时去大臣李膺家赴宴,才学惊艳四座。宾客陈韪见状讥讽道:"小时了了,大未必佳!"孔融闻后反驳说:"想君小时必当了了!"

东汉有黄宪,时人郭泰说他的才学"汪汪如万顷之波,澄之不清,扰之不浊,其器深广,难测量也"。

南北朝赵僧岩举止不按常规。他与青州刺史刘善明是朋友,刘善明打算以秀才的名目推荐他,赵僧岩知道后,拂袖而去,与之断交。

东汉赵壹恃才傲世。一次,他拜见司徒袁逢,仅向袁逢作了一揖,袁逢怪他无礼。赵壹说:"过去郦食其见高祖时才作了一揖,现在我对您行此礼,有什么值得大惊小怪的呢?"

【原文】

沈思好客　颜驷为郎　申屠松屋　魏野草堂

【解读】

相传宋神宗时,湖州东老沈思以美酒款待吕洞宾。洞宾从中午喝到黄昏,尚无一点醉意,并于墙上题诗:“西邻已富忧不足,东老虽贫乐有余。白酒酿成缘好客,黄金散尽为收书。”

一次,汉武帝看见一个叫颜驷的郎官,年龄已经很大了,很是奇怪,颜驷回答说:“文帝时用文臣,而我是武将;景帝喜欢用貌美的人,而我长得很丑;您继位后,用的都是年轻人,而我却老了,所以三代都未能迁升。”

东汉申屠蟠贯通“五经”,却宁愿隐居。他多次拒绝朝廷的征召,始终住木屋,闭门谢客,修养自己高尚的气节。

北宋隐士魏野品质高洁。他的居住之所是个草堂,屋旁水清竹秀,十分幽静,于是自称草堂居士。

【原文】

戴渊西洛　祖逖南塘　倾城妲己　嫁虏王嫱

【解读】

西晋戴渊年轻时放荡不羁。一次名士陆机乘船到洛阳,戴渊率人前去抢劫。陆机见戴渊指挥手下人就像指挥打仗一样有序,就对他说:“有如此的才能,怎么会干这打家劫舍之事呢?”戴渊闻后感悟,登上陆机的乘船,于是两人结为好友。

东晋大将祖逖初到江南时,军士衣着很简陋,粮饷匮乏。后来为了北伐,他招募了一帮剽悍勇士,这些人常到南塘抢劫大户,筹集军饷。

商末有美女妲己,人人都被她的美貌倾倒。后商纣王纳其为妃子,她创炮烙之刑,残害忠臣,朝政日益黑暗,终致商朝灭亡。汉代李延年有诗曰:“北方有佳人,绝世而独立,一顾倾人城,再顾倾人国。宁不知倾城与倾国,佳人难再得。”

西汉元帝时,汉室与匈奴休战和好。匈奴王呼韩邪单于向汉朝求婚,元帝遂把宫女王嫱(即王昭君)许配给他。

【原文】

贵妃桃髻[①]　公主梅妆　吉了思汉　供奉忠唐

【注释】

①髻(jì)。

【解读】

唐玄宗宠爱贵妃杨玉环。一日,二人前去御花园赏桃花。玄宗指着桃花说:“不独萱草忘忧,此花亦能消恨。”遂折了一枝插在贵妃头上,说道:“此花亦能助娇态。”

南朝宋武帝时,正值正月初七那天,寿阳公主睡卧在含章殿的屋檐下,不料梅花飘落在她的额头上,更添公主的妩媚。后人争相效仿,用各种花的形状装饰额头,称之为寿阳妆。

秦吉了是一种产于四川、两广地区的鸟，耳聪心慧舌巧，能学说各种人话。相传，曾有夷人将它买去，吉了表示："我是汉鸟，不应该到夷人那儿居住。"于是绝食而死。

唐昭宗养了一只猴子，很是宠爱，还赐给它五品官的红色官服穿，称为供奉。朱温代唐后，这只猴子见了朱温，奋不顾身地抓咬，朱温只好将它杀死。

卷之四

【原文】

萧收图籍　孔惜繁缨[1]　卞庄刺虎　李白骑鲸

【注释】

①繁缨：诸侯专用的装饰马腹的大带子。

【解读】

秦朝末年，汉王刘邦率军进入秦都咸阳。入城后，部将大都忙着抢劫收罗金银财宝，唯独萧何不为动心，专门收集秦丞相府、御史府中的图书及法律文件等。

春秋时卫国大夫孙桓子为新筑人所救。为了报答，孙桓子答应新筑人在朝见时，可以使用诸侯的繁缨。孔子闻后，感慨地说："这样做真令人痛心啊！"

鲁国大夫卞庄勇猛过人。一天，他发现两只虎正争抢一头牛，便要上前刺虎，他的家臣劝阻说："牛被吃完后，两虎必然相斗，结果是两败俱伤。这时，你再去猎杀必然一举两得。"

传说，唐李白晚年游于采石矶。在船上饮酒大醉，便下水捞月，而后乘坐巨鲸升天而去。时有徐仲华作诗说："舟舣江干吊谪仙，吟风弄月笑当年。骑鲸直上天门去，诗在人间月在天。"

【原文】

王戎支骨　李密陈情　相如完璧　廉颇负荆

【解读】

西晋大臣王戎的母亲去世。王戎为母服丧，悲伤过度，以致骨瘦如柴，几乎不成人样。

西晋李密曾仕蜀汉。后西晋立朝，武帝聘他为官。李密向晋武帝上奏了一封《陈情表》，婉拒征召，请求皇上让他继续侍奉祖母。

战国中期，秦昭王说愿用十五座城市交换赵国的和氏璧。赵国知道此乃秦王诡计，遂派蔺相如前往。相如到秦后，见秦王无诚意，于是派人将璧偷偷送回越国，于是和氏璧完整无缺回归赵国。

蔺相如凭完璧归赵、渑池相会不辱其君等功劳,被封宰相。赵将廉颇不服,相如怕因将相不和导致国家内乱,遂避而远之。后廉颇知其用意,就背负荆条、袒露臂膀到相府请罪。

【原文】

从龙介子　飞雁苏卿　忠臣洪皓　义士田横

【解读】

春秋时,介子推曾为晋公子重耳割下大腿上的肉给他吃。后重耳即位为晋文公,介子推隐居起来。介子推的追随者不平,写了一首歌挂在宫殿门上:"有龙矫矫,天谴怒,三蛇从之,一蛇割股。二蛇入国,厚蒙爵士。余有一蛇,弃于草莽。"

汉武帝时,苏武出使匈奴被扣押。十九年后,汉昭帝派使者到匈奴,使者得知苏武事迹,遂向单于谎称,昭帝打猎时射得大雁一只,雁腿上有一封苏武写的信,说他受困于大湖之中。单于闻后大惊,遂释放苏武。

南宋大臣洪皓到金国探望被俘的徽、钦二帝时遭扣押。金人胁迫他,让他投靠金人傀儡齐王刘豫。洪皓激昂慷慨,拒不合作,金人也无可奈何,只好继续将其禁锢。

齐国贵族田横于秦末起兵,后败给刘邦,遂率部下五百余人逃入海岛。刘汉建立后,下诏赦免田横,但田横因杀过汉朝大将,觉得有愧,遂在去洛阳的路上自杀。

【原文】

李平鳞甲[①]　苟变干城[②]　景文饮鸩[③]　茅焦伏烹

【注释】

①鳞甲:比喻人心机峻深。②干城:比喻守城像盾牌一样坚固。③鸩:指毒酒。

【解读】

三国时蜀汉北伐,李平供给后勤。不巧遇上阴雨天,道路泥泞,军粮没能及时运到,李平就派人让诸葛亮撤军。回朝后,他推卸责任,说粮草充足并未要求撤军,结果被发配流放。

战国时,孔子之孙子思推荐苟变给卫国。卫君却以他不检点为由拒绝。子思开导卫君,让他应取其长,弃其短。这样卫君才用苟变做了干城之将。

刘宋明帝重病将逝,下诏将皇后的哥哥王景文赐死。诏书送到王家时已是深夜,王景文正与客人下棋。他看完后神情坦然,待下棋结束后端起所赐鸩酒一饮而尽,接着中毒身亡。

秦国太后与宰相吕不韦及嫪毒私通。后事情败露,秦始皇灭嫪毒三族,还将太后幽禁。此时客卿茅焦挺身劝阻,说这是暴君所为。说完后,就脱下衣服,准备被烹死。始皇深为震动,将他扶起,并封他为上卿。

【原文】

许丞耳重[①]　丁掾目盲[②]　佣书德润　卖卜君平

【注释】

①耳重:即耳聋。②掾(yuàn)。

【解读】

西汉许丞是颍川太守黄霸的助手,年老多病而且耳聋,监察官建议辞退他。黄霸说:"许丞是清廉的官吏,虽然年老,但是还能做一些送往迎来的事情,仅仅耳聋又有何妨!"

东汉丁仪很有才华,曹操想招他为婿。但儿子曹丕因他"瞎了一只眼睛"而反对,只好作罢。后曹操非常后悔,还责备曹丕使他犯了错。

东汉阚泽(字德润)无钱买书学习,就帮别人卖书。凡是所卖之书,他都认真阅读,卖完也就读完。这使他成为一个很有学问的人,对天文历法非常精通。

西汉严遵(字君平)曾在成都以占卜为生,每天赚够生活费就收摊关门,在家中专心研究《周易》,成为很有学问的大师。

【原文】

马当王勃　牛渚袁宏　谭天邹衍　稽古桓荣

【解读】

唐人王勃探望父亲时,乘船在南昌附近的马当山过夜,梦见水神告诉他:"我要帮助你一帆风顺。"后王勃抵达南昌,于滕王阁作诗序一篇,文采惊动四座。

东晋袁宏年轻时帮人运租,住在长江边的牛渚。夜晚,他一边吟诵自己所作之诗,一边赏月,悠闲自得。适逢征西将军谢尚路过听到,就将袁宏请到船上,从此袁宏名声大噪。

战国阴阳家邹衍特别喜欢谈论天。《战国策》上说:"邹衍大言天事,号称谭天衍。"西汉刘向在《别录》中也说:"邹衍讲五德始终,天地广大,尽言天事,故称谭天邹。"

东汉桓荣精通儒学,在光武帝时任议郎、太学博士,后皇帝又赏赐给他辎车乘马。获赏后桓荣指着皇帝的赏赐对学生说:"这些东西全是深入钻研古事的结果。你们能不努力学习吗?"

【原文】

岐曾贩饼　平得分羹　卧床逸少　升座延明

【解读】

东汉赵岐因遭宦官爪牙唐玹迫害,全家被诛杀,他也四处逃亡,最后隐居在北海,以卖饼为生。

郑平是唐玄宗宰相李林甫的女婿,头发胡须皆白。一天,玄宗皇帝派人赐甘露羹赏给李林甫,郑平也就私下沾光,吃到了甘露羹。一夜过后,郑平的头发胡须全都变黑了。

东晋时，大臣郗鉴派人到丞相王导家挑女婿。挑完后，回去禀报说："王家青年人都很端正，只有个光着肚子躺在东边床上吃饼子的不太文雅。"郗鉴当即说："此人正是我要的女婿。"一打听，原来是王羲之(字逸少)。

南北朝刘昞(字延明)是太学博士郭瑀的学生。一天，郭瑀特意单独设了一张座席，对学生说："我有个女儿，打算挑选一位称心如意的女婿，哪位来坐这张席，我就把女儿嫁给他。"刘昞立即坐到那张席子上，神情坦然地说："延明正是您所选的人。"

【原文】

王勃心织　贾逵舌耕　悬河郭子　缓颊郦生

【解读】

据说唐代诗人王勃六岁能写文章，九岁能指人错误。因他文笔精美，人们都纷纷请他写文章，所以金银绢帛收获很是丰富，于是有人就称他为心织笔耕。

东汉贾逵初以教书为业，收入可观，粮食堆了一仓库。有人说："贾逵的这些粮食，不是用劳力耕种得来的，而是靠不断讲解经书，用舌头耕种获得的。"

西晋郭象是著名玄学家。他很善于谈论玄学，太尉王衍说："每每听郭象谈玄学，就像激流倾泻，永远滔滔不绝。"成语"口若悬河"，就来自于此。

秦末楚汉战争时，汉王刘邦得知魏豹反叛，就派郦食其劝降。魏豹对郦食其的心意很感谢，但还是执意反叛。尽管郦食其没完成任务，但争取了时间，后韩信率军俘虏了魏豹。

【原文】

书成凤尾　画点龙睛　功臣图阁　学士登瀛

【解读】

南北朝肖锋是齐朝皇族，喜爱书法。在他五岁时，齐高帝让他学习写凤尾诺，一学就写得十分工整，高帝非常喜欢，赏赐给他玉麒麟，并说："这是用麒麟来补偿凤尾啦。"

萧梁张僧繇的绘画冠绝一时。相传，他在南京安乐寺的墙壁上画了两条龙，他怕龙飞走故不肯画龙眼。旁观者要他画，只得从命。谁知刚点上一条龙的眼睛，就见它破壁腾空而去。

唐太宗在贞观十七年，让画家阎立本将二十四位开国功臣的肖像，画在凌烟阁内。不仅表彰功臣，而且象征二十四节气，表示唐朝将像天时不断流转一样，永远兴盛强大。

唐高祖武德三年，秦王李世民因大功被封为天策上将，并特准配置部属。于是李世民就在皇宫西边建立文学馆，延揽各方人才，向他们咨询政务或一起讨论古代典籍，常常到半夜才就寝。

【原文】

卢携貌丑　卫玠神清　非熊再世　园泽三生

【解读】

唐人卢携相貌极丑,但文章写得好,很得韦宙赏识。韦宙说:“卢携虽然其貌不扬,但他的文章结构严谨,有头有尾,将来一定会显贵。”果然卢携在唐僖宗时当上了宰相。

西晋卫玠官任太子洗马。卫玠生得眉清目秀,风度高雅,人们都称赞他的仪容美如碧玉。卫玠的舅舅王武子曾赞叹地说:“与卫玠在一起,如同明珠在侧,让人自觉形秽。”

唐顾况晚年辞官隐居茅山。儿子非熊暴病而亡,他哀悼不已,还作诗怀念。阴官闻后同情,让非熊又重新投生在顾家。他长及二岁,就能向家人讲述投生之事。

唐和尚园泽与好友李源游于峨眉山,见一怀孕三年未生产的女子。园泽说他晚上圆寂,且会投胎到那女子身上,并与李源约在十三年后相会。后果然事情应验。

【原文】

志和耽钓　宗仪辍耕　卫鞅行诈　羊祜推诚

【解读】

唐张志和于唐肃宗时考中明经科,后因为亲人服丧而辞职。于是乘小舟荡漾于山水之中,自称烟波钓徒。他垂钓从不挂鱼饵,其志趣本不在得鱼,而是尽情享受自然的恬适宁静。

南宋陶宗仪于北宋亡后隐居华亭,以种田为生。他虽耕田种地,但从未放弃著书立说。每日下地耕种,他都带上笔墨纸砚,有什么心得,就立即记载下来。

战国时卫鞅(即商鞅)曾率秦军进攻魏国,魏国派公子卬统兵抵御。对峙之际,卫鞅写信邀卬叙旧。卬答应了,结果卬被预先埋伏的秦兵俘虏。魏军群龙无首,遂遭惨败。

西晋羊祜在镇守襄阳时,以慈惠治军安民,深得江淮地区的民心。与他对峙的是吴国大将陆抗,两人虽各为其主,羊祜却以诚相待,从不偷袭使诈,使晋吴边境长时间和平安定。

【原文】

林宗倾粥　文季争羹　茂贞苛税　阳城缓征

【解读】

汉郭林宗到陈国去,幼童魏德公为他服务。一次,林宗生病,半夜让德公熬粥。稀粥端来,郭林宗前后三次将碗摔在地上,德公不但不生气,还一直面带笑容。郭林宗深为钦佩,于是授他学问。

齐高帝肖道成为齐王设酒宴作乐,羹脍上席时,大臣崔祖思与沈文季就羹脍属于南方北方争论不已,后高帝做了裁判:“还是沈文季说得对。”

唐李茂贞任风翔节度使时,横征暴敛。为防止百姓用松脂一类的东西代替灯油照明,他竟下令,严禁将松树之类的柴火带进城。

唐阳城曾任谏议大夫,后贬官任道州刺史。阳城爱民如子,宽和为政,致使年终税收达不到定额标准。后弃官不做。

【原文】

北山学士　南郭先生　文人鹏举　名士道衡

【解读】

宋哲宗元祐年间,徐大正与苏轼结为好友。其后,徐大正在北山脚下修建住所,称为闻轩,秦观作文记叙,苏轼赋诗言情,人们就将徐大正称为北山学士。

北宋雍存隐居终身,每日以作文读史为乐。雍存家住全椒城南,故自称南郭先生。

北魏温子升(字鹏举)在孝庄皇帝时,曾任主客郎中。温学识广博,贯通百家,其文章以清丽婉约著称。傅标出使吐谷浑,见其国君案头上有温子升的书,可见其文章流传之广。

北朝薛道衡出使陈朝,作《人日》诗,刚写出"入春才七日,离家已二年",在场的陈朝士人嗤之以鼻;及"人归落雁后,思发在花前"写出后,无不叹服"果然名不虚传"。

【原文】

灌园陈定　为圃苏卿　融赋沧海　祖咏彭城

【解读】

春秋时,楚王以金百镒作聘礼聘请陈定出任相国。初时,陈定兴奋异常,但妻子劝他不要出仕,以免性命不保。陈定闻后醒悟,夫妻双双逃走,隐姓埋名,为别人当了种菜的雇工。

南宋苏云卿于绍兴年间隐居在豫章东湖旁,人称苏翁。苏翁整年身穿麻布衣,足登茅草鞋,开荒辟地,以种菜为生,还时常周济别人。

南北朝文学家张融写成《海赋》后,曾给徐凯之看过。徐凯之认为意境尚有欠缺,张融听后,当即挥笔添上"漉沙构白,熬波出素。积雪中春,飞霜暑路"等佳句。

北魏王肃为王元勰吟《悲平城》一诗,不料将"平城"口误为"彭城",王肃笑了一笑,元勰十分尴尬。祖莹刚好在场,即兴作了首《悲彭城》解围:"悲彭城,楚歌四面起。尸积石梁亭,血流淮水里。"

【原文】

温公万卷　沈约四声　许询胜具　谢客游情

【解读】

北宋司马光在家中收藏有上万卷文史方面的书籍。这些书籍他一早一晚,都要检索翻阅,然而数十年来,他始终对书籍珍惜有加,以至于这些书一新如初,似乎从未被手翻阅过似的。

南北朝文学家沈约藏书多达两万卷。撰有《四声韵谱》一书,并自称《四声韵谱》是入神传世的佳作。

晋许询酷爱登山涉水,而且体魄健壮,人们羡慕地说:"许询不仅仅只有喜山爱水的志趣,而且具有实现这一志趣的身体条件。"

南朝谢灵运喜欢登山并研究出一套登山方法。他常常穿木底鞋爬山:上山时,他将鞋底前端的木跟卸下来;下山时,则取掉鞋底后部的木跟。不仅容易着力,还保持了身体平衡。

【原文】

不齐宰单　子推相荆　仲淹复姓　潘阆藏名

【解读】

春秋宓不齐是孔子的学生。在治理鲁国单文时,拜当地五位才干胜过他的人为师,并请他们管理政事。所以宓不齐虽操劳不多,却轻而易举地就将单文治理得井井有条。

介子推担任楚相十五载。他手下有二十五位才智出众的人出谋划策,周围还有二十五位德高望重的老子辅佐,所以楚国能长治久安。

北宋范仲淹两岁时丧父,他随母改嫁到朱家,就改姓了朱。宋真宗大中祥符年间,他考中进士后,请求恢复本性,获得宋真宗批准。

宋潘阆自称逍遥子,好写诗,自称自己写诗"发任茎茎白,诗须字字精"。后潘阆受卢多逊的牵连,被官府缉拿,不得不逃到潜山山谷寺中打杂服奴。

【原文】

烹茶秀实　漉酒渊明①　善酿白堕　纵饮公荣

【注释】

①漉(lù):过滤。

【解读】

五代陶谷(字秀实)自小才智卓越,后做了翰林学士。陶谷买得一个在太尉党进家待过的歌伎,曾让她用手捧雪水烹茶。

东晋陶渊明生性淡泊,嗜酒如命。做县令时,下令用一半公田栽种造酒的高粱。有客人来访,渊明定以酒招待,若自己先醉,就毫不客气对客人说:"我醉了想睡觉,您自个儿走吧!"

西晋刘白堕精于酿酒。每到六月份,他就把酒装入大坛子中,于烈日下曝晒半月,酒不坏反而更醇香。

西晋刘公荣酒量颇大,逮着谁就跟谁喝,不讲究喝酒规矩。对此有人常讥笑他,刘公荣却不介怀,他自己解释说,两个人在一起,不论你的酒量大还是小,我总是要陪你喝的。

【原文】

仪狄造酒　德裕调羹　印屏王氏　前席贾生

【解读】

相传酒是大禹的女儿仪狄发明的。大禹喝了之后,感到非常甘醇,又担心后世的人会因为嗜饮而亡国,因此下令禁止酿造美酒。

唐代李德裕,生活既讲究又奢侈。他喝的水,是由专人从千里之外的无锡惠山寺运回的,被人们讥讽为"水递"。他喝的汤,要用珠宝、贝玉、雄黄、朱砂等熬制三次,而用过的珠宝贝玉等统统倒掉,喝一次汤的花费大约是三万钱。他是穷奢极欲的代表。

唐玄宗宠妃王氏,多次在梦中被请去陪酒,便说与玄宗。玄宗告诉她,如再这样,就想法取得物证。当晚,果又如此。她就在屏风上留下沾有墨汁的手印。天亮后,玄宗派人四处搜查,在东明观中发现王氏手印,但观中道士却已不在。

西汉贾谊,年轻而博学,被聘为太学博士。一次,汉文帝向贾谊询问关于鬼神方面的问题,贾谊侃侃而谈。汉文帝完全陶醉于贾谊所说,不知不觉地将自己的座席向前移动,以便更靠近贾谊。

【原文】

经传御史　偈僧提刑　士安正字　次仲谈经

【解读】

最初认为,《三字经》是宋元年间编撰的。后来却发现熊家所藏的大开本《三字经》,有明代梁应井绘的插图和侍御史傅光宅作的序言。同时还比民间书店刻印的版本多出"胡元盛、灭辽金,承宋统、十四君,大明兴、逐元帝,统华夷、传万世"等八句。由此可知,《三字经》是明代人编撰,但具体是何人,还不能肯定。

宋代舒州白云山上有座海会寺,因提刑按察使郭功甫前来拜山,该寺的端禅师说:"昨夜梦到感谢郭功甫的偈语。现在讲给你们听,并请你们向四方传播。"接着就宣读偈语,全文:"上大人,邱乙己(邱乙己,即孔子。)化三千,七十士。尔小生,八九子,佳作仁,可知礼。"

唐刘晏,字士安,曹州南华(今山东东明)人。唐玄宗在泰山祭祀天地时,八岁的刘晏向玄宗呈上自己所做的赞颂文章。玄宗非常惊奇,宰相张说认为:"此人的出世,是国家兴旺的好兆头。"玄宗当即任命刘晏为太子正字,并问他:"你做了正字官,然而能正多少字呀?"刘晏回答:"天下所有的字,都能正,唯独'朋'字还未正。"唐代宗时,刘晏做了宰相,兼任江淮常平使,整顿唐朝财政税收,很有成效。后被杨炎诬陷,惨遭杀害。遇害时,家中仅有书籍两车,米麦数石。

东汉戴凭,字次仲,以明经著称。汉光武帝刘秀,曾命大臣们各自发表对儒学经典的见解,要求大家互相提问诘难。还规定不能自圆其说的,就将其座席让给能够阐明经典义理的。戴凭以广博的学识与雄辩的口才,前后获得了五十余张座席,所以首都洛阳盛传“说经不穷戴侍中”的赞语。

【原文】

咸遵祖腊　宽识天星　景焕垂戒　班固勒铭

【解读】

西汉人陈咸在汉元帝时曾任尚书。王莽专政后,陈咸见他滥杀无辜,却无可奈何,于是辞官归乡。隐居后,仍不忘汉朝,每年腊月祭祖时,他都遵循汉朝的历法与规矩行事。有人问他原因,他说:“我的祖先只知道汉朝,哪里知道王莽的腊祀呢?”

汉武帝祭祀甘泉,途经渭河大桥时见一位乳房长达七尺的妇女,正在渭河中洗澡。汉武帝问她是什么人,妇女回答:“第七辆车中的侍中,知道我的来历。”张宽就坐在第七辆车中。他解释说:“这是天上执掌祭祀的星宿。如果祭祀前的斋戒不合规定,它便化为女人出现。”

北宋景焕,隐居于玉垒山,曾撰写《野人闲语》。书中载录了后蜀皇帝孟昶刻在戒石碑上的二十四句戒词,有“尔俸尔禄,民脂民膏,下民易虐,上苍难欺”等内容。

汉和帝时,大将窦宪与耿秉率军大败北匈奴,并一直向北追击其三千余里,抵达燕然山。班师回朝前,窦宪命班固撰写记功文章刻于石碑上。其铭文是:“铄王师兮征荒裔,剿凶虐兮截海外。爰其邈兮亘北界,封神兵兮建隆碣。熙帝载兮振万世。”

【原文】

能诗杜甫　嗜酒刘伶　张绰剪蝶　车胤囊萤

【解读】

唐代杜甫,博览群书,知识渊博,擅长作诗,人称“诗圣”。他的诗歌深广而多姿,真实地记录了当时众多的历史事件、政治变迁、民间疾苦,故被誉为“诗史”。据说,杜甫有位朋友害疟疾,杜甫对他说:“您只要朗诵我的诗歌,就可治愈。”病人当即背诵杜诗“子璋髑髅血模糊,手持掷还崔大夫”之句,疟疾果然痊愈。

西晋刘伶,竹林七贤之一。性情豁达,嗜酒如命。曾写过一篇《酒德颂》,赞美酒的好处。刘伶外出常身携酒壶,并吩咐随从:“本人醉死了,就地掩埋了事。”其妻劝他戒酒,刘伶表示:“我要对神发誓戒酒。”其妻准备好祭神的酒肉,刘伶发誓说:“天生刘伶,以酒为名。一饮一石,五斗解酲(chéng,喝醉了神志不清)。妇人之言,慎不可听。”说完,饮酒吃肉,大醉不醒。

相传唐懿宗时,进士张绰身怀道术。别人请他喝酒,假若意气相投,他就用纸剪二三十只蝴蝶,用气一吹,蝴蝶就会翩翩起舞。酒毕,蝴蝶又落回他手中,仍然是纸。有一次,张绰喝醉了,剪了一对白鹤,用水一喷,纸白鹤就飞走了,再也没飞回。

东晋车胤家境贫寒,因无钱买灯油,夜间无法学习。后来,小车胤捉来很多的萤火虫,将它们装在纱袋里,借着萤光读书。据说,车胤苦读的精神感动了上天,每当他夜读时,许多萤火虫就会聚在车胤窗前,供他借光攻读。车胤通过苦读,成了一位非常有学问的人。

【原文】

鸜鹆学语[1]　鹦鹉诵经　公远玩月　法喜观灯

【注释】

①鸜鹆:八哥。

【解读】

东晋司空桓豁部下有位参军,养了只八哥。参军修剪了八哥的舌头,教它学人讲话。一天,桓豁大宴宾客,让八哥模仿客人说话,八哥学得惟妙惟肖。有位客人说话瓮声瓮气,八哥便将头埋进坛子里,学他讲话。

《法苑珠林》记载:洛阳有人饲养了一只鹦鹉,善学人语,后来布施给了和尚。和尚教它说话,一学就会,甚至还能够背诵佛经。它经常站在案上,一动不动。有人问它为什么,它回答:"身心俱不动,为求无上道。"一副要修成正果的架势。鹦鹉死后,和尚将其焚化,有类似佛骨一样的遗骸。

相传唐代罗公远有道术。一年中秋,他侍奉唐玄宗赏月,将手杖临空一掷,出现一座银色天桥。他与玄宗登上天桥,走到一座城门前,门榜上写着"广寒清虚之府",罗公远说这是月宫之门。见有数十位素装少女乘着白色神鸟翩翩起舞。罗公远说,这就是霓裳羽衣舞。玄宗将其默记下来。观舞完毕,沿路返回,回头一望,走过的天桥已无踪影。后唐玄宗将默记的曲调,交给宫廷乐师们排练演奏。

相传在开元十八年(730年)正月十五日这天,唐玄宗问道教天师叶法善,今夜何处景色最佳,叶法善称广陵最佳。说完,架起了一道虹桥。唐玄宗带众人登上虹桥,俯身下视,见广陵寺庙道观林立,建筑宏丽。广陵的居民们见虹桥临空,桥上还有人影,都以为是神仙降临。后广陵尉向玄宗奏报了正月十五日之夜的事,所说与玄宗当晚经历丝毫不差。

【原文】

燕投张说　凤集徐陵　献之书练　夏竦题绫[1]

【注释】

①竦(sǒng)。

【解读】

唐张说,曾任宰相,并被封为燕国公。传说张说母亲夜梦玉燕入怀中,因而怀孕生下了他。

南北朝徐陵,字孝穆。相传其母亲臧氏夜梦五色彩云化为凤凰站在左肩上,从而怀孕生下徐陵。

东晋羊欣,擅长隶书,甚得书法家王献之喜爱。王献之拜访其父,见他身着衣裙在睡觉,便在其衣裙上写了几幅字。羊欣自得王献之真迹后,书法日新月异。梁朝文学家沈约评论:"羊欣精于隶书,王献之以后,可以独步天下。"

北宋夏竦,幼时聪慧。宋仁宗时,参加科考考中。一宦官认为夏竦是"贤良之才,日后必获重用",就请他在一块绫丝巾上题诗,夏竦题诗道:"殿上衮衣明日月,砚中旗影动龙蛇。纵横礼乐三千字,独对丹墀日未斜。"杨徽之读到此诗后,感叹:"真是宰相的人才呵!"后来,夏竦果然成为宰相。

【原文】

安石执拗　味道模棱　韩仇良复　汉纪备存

【解读】

北宋王安石性格异常固执,遇事不论可否,都只相信自己亲眼所见,主意一定,就绝不反悔,因此人们送给一个绰号"拗相公"。

唐苏味道,为人谨小慎微。武则天时期担任宰相数年,无所建树,凡事毫无主见,全看皇上的脸色而立。苏味道对此不以为羞,反而振振有词地说:"决定什么事,我根本不想弄明白,否则出了差错就会后悔。模棱两可,不置可否就行了。"当时人给他取了绰号"模棱手",以示讽刺。

西汉张良,本是战国时韩国公子。秦灭韩后,张良一心报仇复国,没有成功。后投靠刘邦,助其灭掉了秦国,韩国也随之复国。张良回到韩国做了相国。楚汉战争中,项羽杀掉韩王,张良再次投奔汉王刘邦,辅助刘邦打败项羽,再次为韩国报了仇。

刘备是东汉中山靖王刘胜的后裔。东汉末年,曹操掌握朝政,刘备受献帝密诏,起兵讨伐曹操,但未能成功。后曹丕代汉建立魏国,刘备也建立蜀汉国。所以紫阳作《纲目》一书,将刘备视为汉献帝的继承人,告诉后世刘备是正统,曹丕是叛逆。

【原文】

存鲁端木　救赵信陵　邵雍识乱　陵母知兴

【解读】

春秋后期,齐国率军攻打鲁国。孔子学生端木赐自告奋勇,拯救国难。他先到齐国,劝说田常改变主意,攻打吴国,但是齐军已经向鲁国进发了。他又赶往吴国,想说服吴国出兵攻齐救鲁,但吴国顾虑越国乘虚而入。端木赐便前往越国,说服越王与吴国共同出兵北上攻齐。经过一番游说,吴越打败了齐军,救了鲁国。

战国后期,赵国遭到秦军围困,向魏国求救。魏王担心秦国报复,按兵不动。魏国信陵君贿赂魏王的爱妾如姬偷出调兵符,后又命大力士朱亥用铁锥击杀了大将晋鄙,夺得兵权，率魏军前往救援。秦军见赵国的援军到来，也就解围撤退，赵国遂得以保全。

北宋邵雍，在洛阳天津桥上听到杜鹃的叫鸣声，说："天下将要安定，地气是从北而南流转的；天下将大乱，地气就会从南而北逆行。洛阳从未有杜鹃，现在却听到了它的叫声，证明地气已经从南而北逆行。朝廷一定会任用南方人做宰相，从此国家将不会安定了。"宋神宗熙宁元年，果然任命南方人王安石为相，实行变法，从此北宋朝政日趋败坏。

西汉王陵，跟随刘邦起兵反秦。楚汉战争中，项羽扣押了王陵的母亲，要挟他投降。王母对王陵说："你要好好替汉王做事。汉王是忠厚长者，将来一定会取得天下，千万别因为老母的缘故而三心二意。"交代完毕，自刎而死。

【原文】

琴高赤鲤　李耳青牛　明皇羯鼓　炀帝龙舟

【解读】

赵国人琴高，善弹琴。曾到涿水河，准备潜入水中寻找龙。潜水前，吩咐弟子们："建一所祭祀用的房屋，准备好祭品，在岸边等候。"琴高入水不久，就乘一尾红色鲤鱼游出水面。观者非常惊奇。他在岸上住了一个多月，再次潜入水中，就没了踪影。

西周李耳，学识渊博，贯通古今。西周衰亡后，李耳骑青牛，西出函谷关。守关官吏尹喜，遥望一团紫色向关而来，心知来者定是有道之人，就向李耳求教道术，李耳将五千多字的《道德经》传授给了他后，一直西行，渡过流沙河，就不知去向。

唐明皇，偏爱羯鼓。一次，乐队演奏琴曲，还未奏完，就被他呵斥离开，吩咐："立即召唤花奴前来演奏羯鼓，以便解除秽气。"又有一次，唐明皇用羯鼓敲奏《春光好》，演奏完毕，满园杏花全部盛开，唐明皇很得意："能够击鼓而使鲜花盛开，难道我不正是天公吗？"

隋炀帝，是位醉心游乐而又讲究排场的昏君。他乘坐大龙船游玩，命左武卫大将军郭衍率船队为前导，命右武卫大将军李景率船队为后卫；对五品以上官员，赐座大楼船，九品以上的官员，乘小船。船队浩浩荡荡，首尾二百余里。船队所到之处，鸡犬不宁。炀帝到江都后，乐而忘返，后在江都被杀，隋朝随之灭亡。

【原文】

羲叔正夏　宋玉悲秋　才压元白　气吞曹刘

【解读】

相传，尧命羲叔制作历法。羲叔通过验测日影的长短，得知夏至这天白天最长，而且初昏时心宿星座的主星大火星正处于天空中央。又通过进一步考察，对夏天的时间、节气、物候的变化等等，做了有序的安排，制定出夏天的历法，颁行天下，使百姓能据此安排生活与劳作。

宋玉，是屈原的弟子。悲叹屈原被流放，创作《九辩》寄托悲情，其中有："悲哉秋之为气也！萧索兮草木摇落而变衰。鸩邕（和谐的叫鸣声）而南游，鹍鸡啁哳（杂乱而细碎的声音）而悲鸣。独申旦而不寐，哀蟋蟀之宵征。"

唐代大臣杨嗣复，连续两次主持科举考试，门生故吏遍天下。他为父亲设宴接风时，元稹、白居易等也在席中。席间宾客即兴作诗，杨汝士诗最佳，其诗中有"文章旧价留鸾掖，桃李新阴在鲤庭"等佳句。元稹、白居易为之大惊失色。当日杨汝士大醉而归，对弟子们得意地讲："今日我压倒了元稹、白居易。"

唐代著名诗人元稹，平生最推崇杜甫。他认为杜诗："上薄风骚，下该屈宋，志夺苏李，气吞曹刘，掩颜谢之孤标，杂徐庾之纤丽。诗人以来，未有如子美者。"

【原文】

信擒梦泽　翻徙交州　曹参辅汉　周勃安刘

【解读】

刘邦建汉，封韩信为楚王。韩信到封地后，常率军出入往来，被人诬告谋反。刘邦为捉拿韩信，假意到云梦泽游玩，要韩信前往拜见。韩信不设防，被刘邦活捉，关在囚车中押回洛阳。后刘邦顾忌名声，赦免了韩信，降他为淮阴侯。

东汉虞翻，任孙权骑都尉。因性格耿直，触犯了孙权，被流放到交州。虞翻上书表示："我恨自己耿直而无媚骨，犯上获罪，罪当老死天涯海角。事到如今，有生之年已无话可说了，死后寂寞也只有青蝇为我凭吊。假若天下之人，有一人作为知己，我也就死而无憾了。"

西汉曹参，曾出任齐国的相国。在任期间，遵循黄老思想，清静无为，与民休息，使齐国获得安定。后接替萧何，担任西汉相国。其间严格遵循萧何订立的各种法律、法规办事，终日饮酒作乐，对朝政任其自然。因为他清静无为，百姓才得以安宁，国力得以恢复。当时的民歌唱道："萧何为法，讲若画一。曹参代之，守而勿失。载其清净，民以宁一。"

西汉刘邦死后，吕后家族制造内乱。绛侯周勃挺身而出，手持军符到禁军中宣布："凡拥护吕氏的人，请袒露出右肩；凡拥护刘氏的人，就请袒露出左肩。"结果，全军都左袒。周勃率领这支军队，抓获叛乱的吕氏贵族，斩首示众，平定叛乱，使刘姓的西汉王朝又重获稳定。

【原文】

太初日月　季野春秋　公超成市　长孺为楼

【解读】

东汉夏侯玄，字太初，担任过散骑黄门侍郎、太常卿等高级职务。他虽身为高官，但却心地清静，对人温和，人们称赞说：“夏侯玄心地坦荡，如同日月装在他心中。”

褚裒，字季野，东晋初年的著名大臣，不善言辞。但桓彝认为：“褚季野有皮里春秋。”意思是说，外表是看不出他对人对事的赞同与否的，但在内心，他却有自己的褒贬标准。东晋宰相谢安也认为：“褚裒虽然不说话，然而喜怒哀乐尽在其中。”

东汉张楷，字公超，因学问精深，全国各地的学子登门求教，络绎不绝，以至于他家周围旅店客满，很多人连住处都找不到。达官贵人，见有利可图，纷纷在张楷家附近修建旅馆，谋取大利。张楷对此很是不安，常常搬家回避。然而，张楷搬到哪儿，求学的人就追到哪儿。所到之处，都因为张楷的到来，而成为繁华的市场。

北宋孙长孺，一生醉心学习，收藏图书。在他家中，儒学经典，历史典籍，诸子百家的著作，无不齐备，并专门建造了藏书楼。因此他家获得一个“书楼孙氏”的别称。

【原文】

楚邱始壮　田豫乞休　向长损益　韩愈斗牛

【解读】

战国时人楚邱有一天去拜见孟尝君。孟尝君问道：“先生年岁很高了，还有什么可以教诲于我的呢？”楚邱不以为然，说：“如果让我练武或是追赶车马，我则老了；如果让我深谋远虑，思考解决疑难，那么我还健壮得很哪。”

三国田豫，官任魏国的卫尉卿。上了年纪后，请求让位。司马懿认为他身体还健壮，不同意。田豫说：“年过七十还在任上，就像天已经大亮还在夜行一样，是罪人啦。”于是，就以生病为由而退休。朝廷嘉奖他，特封为大中大夫，终身享受卿的俸禄。

西汉向长，性格中庸平和，终身隐居而不做官。他研究完《周易》中的“损”“益”两卦后说：“我已经懂得了富不如贫、贵不如贱的道理，却还不明白生与死有何不同。”于是，在完成嫁女、娶儿媳，并对家族事务安排妥当后，与好友禽庆一起，周游五岳名山，再也没有回家。

唐韩愈，在《三星行》中自述：“我生之初，日宿南斗，牛奋其角，箕张其口。牛不见服箱，斗不挹酒浆，箕独有神灵，无时停簸扬。”是说自己应斗牛星而出生。

【原文】

琎除酿部　玄拜隐侯　公孙东阁　庞统南州

【解读】

唐人李琎，封汝阳王。酷好饮酒，自称是酿王兼曲部尚书。他酒量相当大，杜甫在《饮中八仙歌》中称：“汝阳三斗始朝天。”且饮酒又别有一番富贵景象：他用云梦石砌成一条水渠，取名泛春渠，用来储存美酒，又用金银制作了许多龟、鱼，沉入泛春渠中，作为酌酒工具。

西汉王玄，长期隐居于山中。朝廷就王玄所居的山，封他为隐侯，山也因此得名侯山。唐代诗人宋之问有诗句“王玄拜隐侯”；王安石《草堂怀古》诗中有“周颙宅作阿兰若,娄约身归窣堵波。他日隐侯身亦老,为寻陈迹到烟萝”等等,用的都是这一典故。

西汉公孙弘,早年家境贫寒。汉武帝时,参加贤良方正科考试,所作时事论文夺得第一,被任命为博士。后又被任命为丞相,封平津侯。他在东阁建立相府,延揽各方贤才,让他们参议朝政。

三国庞统,是江南士子的佼佼者。刘备曾任命他为耒阳县令,庞统没有将耒阳治理好,被免职。为此,鲁肃对刘备说:“庞统不是管理小小一个县的人才。假若让他担任治中(州刺史的助理)别驾(州刺史的主要僚属)之类的职位,才会发挥他千里马似的才干。”刘备听从,任命庞统为治中从事,辅佐自己进军四川。

【原文】

袁耽掷帽　仁杰携裘　子将月旦　安国阳秋

【解读】

东晋袁耽,字彦道,英俊出众,多才多艺。他的朋友桓温好赌,一次欠下赌场老板一大笔赌债,就向袁耽求助。袁耽于是稍事化装,并将布帽藏在怀中,与桓温前往赌场。赌场老板素知袁耽多才多艺,但却不识其人,便问:“您不是在冒充袁彦道吧?”赌局开始后,袁耽一掷而赢,掏出布帽往地上一扔,对赌场老板说道:“你现在认得袁彦道了吗?”

武则天赏赐给张昌宗一件皮衣,又让狄仁杰与张昌宗以皮衣为赌注玩游戏。狄仁杰指着身穿的紫色丝袍说:“我就用此为注。”赌博进行后,张昌宗屡战屡败,狄仁杰获胜,向武则天谢恩后携皮衣而去。

东汉许劭,字子将,有识才的天赋,他从社会最底层发现了樊子昭;在旅馆中发现了虞承贤;在李叔才还默默无闻时就推荐了他;当郭子瑜仅仅是个小吏时就极力提拔他。他与堂兄许靖,喜欢品评周围人的品行才干,而且每月品评目标不同。因此,在他的故乡产生了“月旦评”的习俗。即每月的第一天,都由许劭评出一位新人物。

东晋孙盛,字安国。他撰写的《晋阳秋》,客观公允地记载和评论史实,被誉为良史。

【原文】

德舆西掖　庾亮南楼　梁吟傀儡　庄梦髑髅

【解读】

唐权德舆,为人含蓄宽容,曾在中书省任职长达八年,备受恩宠,却从不恃宠凌人。后来,权德舆退居江苏练湖。住所四周全是芦苇蒿草,权德舆却泰然处之。唐宪宗时,权德舆重被起用,任命为宰相。由于他德高望重,朝中大臣或名人去世,都要请他撰写墓志铭,俨然为一代宗师。

东晋庾亮，坐镇东晋重镇武昌。一年秋夜，其下属相聚在南楼，赏月咏诗。中途庾亮忽然到来，众人准备起身回避，庾亮挽留说："诸位请留步，我这个老头儿对此也兴趣不浅。"于是庾亮就与下属赏月咏诗，谈玄说理，一直到天明。

相传，傀儡是由陈平发明的。刘邦被匈奴围困在白登，陈平助其突围而去，后代人将它演变为傀儡戏。唐人梁锽有首《傀儡吟》，诗中描绘："刻木牵线作老翁，鸡皮鹤发与真同，须臾弄罢寂无事，还似人生一梦中。"在傀儡戏中，引导歌舞的被称为郭郎，秃顶而善于诙谐。

庄子赴楚国的途中发现一具髑髅。他一边用马鞭敲一边说着："您是因贪生怕死、丧失道理而变成这副模样的吗？还是干了亡国之事，被杀身而死呢？"问毕，就枕着它睡着了。半夜，庄子梦见髑髅告诉他；"您所说的全是人生的拖累，人死就不存在这些事了。人死后，既无君臣之分，更无四季劳作之苦，与天地永存，其中欢愉，君王也享受不到啊！"

【原文】

孟称清发　殷号风流　见讥子敬　犯忌杨修

【解读】

唐孟浩然，著名山水派诗人。他的诗文匠心独具，常常不守陈规。一年秋夜，秋月当空，才子们一起赋诗咏月，孟浩然吟咏道："微云淡河汉，疏雨滴梧桐。"在场的人都叹其诗的高洁。孟浩然作文不为当官，所以迟迟不能入仕途；他从不掩饰自己的行为，因而被认为举止怪诞；他交朋友不为谋利，因此常常贫困。陆士源称赞说："导漾挺灵，实生楚英，浩然清发，亦其自名。"

东晋殷浩，字深源，见识高远，不拘礼法。殷浩喜好《老子》《周易》，被崇尚清淡玄理的人推崇为宗师。殷浩隐居几十年，人视他为管仲、葛洪。东晋大臣王蒙、谢尚千方百计见到他，占卜东晋政权的治乱兴衰，得到的卜辞称："深源不起，当如苍生何！"即殷浩不出来当官，对天下的百姓将如何交代啊！

东晋王献之，字子敬。在他几岁时，看见父亲的门生玩赌博游戏，就批评说："南风不竞。"意思是，照这样下去，家道将会衰弱不振。门生反驳说："此郎于管中窥豹，特见一斑。"是说，你只见局部，未知全体，就乱发议论，未免太狭隘了。王献之十分生气，拂袖而去。

三国杨修，聪明而张扬。一次，他随曹操到江边观摩曹娥碑文。碑背面刻有"黄绢幼妇外孙齑臼"八个大字，曹操不懂，就问杨修："您明白吗？"杨修回答："明白。"曹操却说："您暂时别说，让我考虑考虑。"走过三十余里路后，曹操揣摩出了其中的含义，这才让杨修解释。杨修分析说："黄绢，指有颜色的丝，色与丝结合，就是'绝'字；幼妇，指少女，少与女结合，就是'妙'字；外孙，是女儿的孩子，女与子结合，就是'好'字；齑臼指受辛，授予辛结合就是辞字。所以，这句话实质是'绝妙好辞'。"曹操立即说："这正合我意。”此后，曹操就非常忌妒杨修的才学，最终借故将他杀了。

王献之

【原文】

荀息累卵　王基载舟　沙鸥可狎　蕉鹿难求

【解读】

春秋时代，晋灵公兴建九层高台，整整用了三年时间也未竣工，国家财政亏空，百姓疲惫。为此，荀息向晋灵公说：“我能将十二颗棋子叠起来，再在上面放九只鸡蛋。”晋灵公说：“这很危险！会倒塌的呀！”荀息于是进谏：“您兴建九层高台，费时三年未竣工，如今男人无法耕种，女人无法纺织，相比之下，哪个危险更大啊！”晋灵公猛然醒悟，下令停止建造高台。

三国曹魏王荃，担任过征南将军、中门侍郎等要职。魏文帝曹丕，征调劳力，一度大兴土木。王荃上书说：“古人认为百姓是水，水既能载舟，也能覆舟。颜渊也曾讲过，拉车的马若已经精疲力尽，还拼命让马驾车前进，这就要坏事了啊。目前，百姓苦于劳役，男女离散怨恨。望陛下深思东野驾车人的弊端，谨记水与舟的比喻。”

《列子》一书记载：海边有位热爱海鸥的人，每日都要与海鸥嬉戏玩耍。而海鸥也成百只地飞来与他嬉戏。他的父亲知道后，交代他：“听说海鸥都喜欢和你玩，可捉些来，我也玩一玩。”第二天，他来到海边，海鸥却再也不飞来与他玩耍了。所以说，至理之言就无言可言，最大的作为，就是无所作为。

《列子》一书还记载：郑国有位樵夫打死了一头鹿，担心被人瞧见，就将死鹿藏在干涸了的城壕中，并盖上蕉叶。在回家的路上，他一路念叨此事，被路旁的人听到，就按照他所说，找到了那头鹿。砍柴人回家后，做了一个梦，梦见白天取走鹿的人。天亮后，他找到此人，拉他到士师那里打官司。士师问明事情经过后，就将鹿一分为二，每人一半，了结了此事。

【原文】

黄联池上　杨咏楼头　曹兵迅速　李使迟留

【解读】

宋人黄联，长至七岁还不能说话。一天，祖父带他到水池边玩，即景生情，说道：“水马池中走。”黄联接出下句：“游鱼波上浮。”人们都说他有奇才。后黄联做了宰相一类的高官。

北宋杨亿，也是几岁了还不会讲话。一天，家人抱他登楼时不小心碰了他的头，他突然开口念诗：“危楼高百尺，手可摘星辰。不敢高声语，恐惊天上人。”他的叔祖杨徽之感慨：“能够光大我们家族的，就是他了。”后来，杨亿考中进士，两次担任翰林学士。

赤壁之战前，曹操曾率领三千精锐骑兵，一日狂奔三百余里，将刘备军击溃于长坂坡。诸葛亮欲说服东吴联合抗曹，说：“曹操的军队远来江南，已经疲惫不堪，就如射出的箭一样，太远了连薄薄的鲁缟也穿不透。曹军一日狂奔三百里，被兵法视为大忌，必会失败。”于是，孙权就命周瑜率领水军三万，与刘备合力抗曹。双方战于赤壁，周瑜用火攻之计，打败了数十万曹军。

东汉李郃，担任汉中太守的府吏时，遇上大将军窦宪娶妻。各地的官吏纷纷送礼巴结，汉中太守也打算送礼祝贺。李郃劝阻说：“窦将军骄横狂妄，杀身之祸就在眼下，此时不可与他交结。”太守不听，李郃于是前往洛阳。然而，却故意缓行，还没到，窦宪就畏罪自杀了。与他交结的官吏，都被免职，唯独汉中太守靠李郃的先见之明保住了官位。

【原文】

孔明流马　田单火牛　五侯奇膳　九婢珍馐[①]

【注】

①馐(xiū)。

【解读】

三国蜀汉丞相诸葛亮，字孔明，于建兴九年(231年)、建兴十二年(234年)，取道祁山、斜谷率军伐魏。孔明造木牛、流马运军粮解决军粮供给，屡败魏军。

战国田单，初为管理齐国都城临淄市场的小官。后在燕军大举攻齐时逃难至即墨，因机智勇猛被拥为将军。为破燕军包围，田单收集千头公牛，为牛披豹纹绸、挂浸油苇，并在牛角绑上尖刀，命人点燃牛尾上的芦苇。牛被烧痛，直奔燕军。燕军面对狂奔的火牛，惊恐万分，自相践踏，大败而去，齐国因此被保全。这就是历史上有名的火牛阵。

西汉楼护，字君卿，生于元帝时期。此人因能言善辩，往来于关系紧张的外戚五侯之间，备受宠信。每日清晨，五侯争相馈赠佳肴给他，楼护将这些食材与鲭鱼肉一齐烹煮，制成新品“五侯鲭”，被认为是天下第一奇馐。

唐代段文昌，字墨卿，官封邹平公。他精于烹饪，撰有《食经》五十卷，被世人称为“邹平公食宪章”。段家的烹调技艺由一位老年女仆掌管，她在考察上百位女仆后，只选中九人传授段家烹饪绝技。

【原文】

光安耕钓　方慕巢由　适嵇命驾　访戴操舟

【解读】

东汉严光，字子陵。他年轻时与刘秀为同窗好友，喜爱隐居。刘秀称帝后屡请严光辅佐不成。严光后来隐居富春山，前临桐江，山边设有钓鱼台，风景秀奇，号称锦峰绣岭。

西汉薛方，字子谷。王莽因仰慕薛方品行高洁，欲请其做官，而薛方崇尚尧舜时期守志隐居的巢父、许由而拒绝为官。王莽欣赏其德行，便没有勉强。

西晋人吕安，与嵇康是挚友。一次，吕安去探望嵇康，嵇康不在，他的哥哥嵇喜请吕安进门，但吕安因瞧不起嵇喜，只在门上写一"凤"字，转身离去。嵇喜误以为吕安称赞他，而待嵇康看过后，解释说"凤"的意思是凡鸟啊。

东晋王徽之，字子猷，因才气及不拘礼法著称当时。他曾隐居山阴。一夜大雪纷飞，王徽之心情愉悦，忽然思念好友戴安道，便立刻动身坐船前往。待经过一天一夜到达戴家门前，王徽之却不进其门。他认为："乘兴而来，兴尽即返，何必一定见到他！"于是调转船头，原路归返。

【原文】

篆推史籀[①]　隶善钟繇[②]　邵瓜五色　李橘千头

【注释】

①籀(zhòu)；②繇(yóu)。

【解读】

据《书断》记载：上古时期的文字，是黄帝时期的史官仓颉所创。大篆，是周宣王时期的太史籀所创。而另有记载称，秦代时期的卜者，根据禽爪的痕迹，将籀文演变为大篆，秦相李斯据此创小篆。

三国曹魏钟繇，字元常，长葛(今属河南)人，善写隶书。钟繇年轻时，向韦诞苦求其所藏书法家蔡邕之作，未果。直至韦诞去世后，钟繇掘其墓，终获。钟繇临终前，将所学传给其子钟会，说："我一生研习蔡邕的笔法艺术，在睡觉、如厕时，亦不忘练习书法，揣摩其奥义，以至于将世间万物都视为练习书法艺术的对象。"

秦代邵平，广陵(今江苏扬州)人，官封为东陵侯。秦朝灭亡后，邵平成为庶民，居于长安东门附近，以种瓜为生。邵平种的瓜因有五色、味道甜美，被称为东陵瓜，又因东门而称青门瓜。

东汉李衡，武陵(今湖南常德)人，任丹阳太守。因妻子习氏反对营建家业，李衡只好在龙阳洲秘密建住宅、种植橘树，每年收获橘果价值可达千匹绢帛。李衡在临终前才将此事告知儿子。

【原文】

芳留玉带　琳卜金瓯[①]　孙阳识马　丙吉问牛

【注释】

①金瓯：用黄金制成的盆、盂一类容器。

【解读】

宋代大家苏东坡，曾与镇江金山寺僧侣以玉带和僧衣互赠，成为千古佳话。明代李春芳，效仿东坡之举，任宰相后，将玉带赠予年轻时借住过的句容县崇明寺，并建楼保存，取名玉带楼。

唐代人崔琳，在玄宗时期任宰相。玄宗按照惯例，将宰相人选写出，放于金瓯中。此时太子来见玄宗，玄宗便问太子金瓯中所盛何人名。太子答到："难道不是崔琳、卢从愿吗？"玄宗说："正是。"因崔、卢二人有成为宰相之名望，所以太子一猜便中。

孙阳即世人常说的伯乐，以善于相马闻名。一次，伯乐经过虞坂时，看见一匹骐骥在拉运盐车，于是走到车前对着这匹千里马放声痛哭。这马也通人性似的一会儿低头喷气，一会儿又仰头嘶鸣，似表达偶遇知己的激动心情。

西汉丙吉，字少卿，又字子阳，是汉宣帝时期的宰相。一次，丙吉外出时偶遇百姓斗殴，他不询问死伤人数，却对路边一头喘粗气的牛关心切切。其他官员讥讽他，丙吉却认为："百姓斗殴为京兆尹管辖之事，而耕牛喘粗气可能是节气失调所致，调和阴阳正是宰相职责所在。"人们听了这番陈词，皆认为丙吉是知礼的典范。

【原文】

盖忘苏隙　聂报严仇　公艺百忍　孙昉四休

【解读】

东汉盖勋，字元固，敦煌（今属甘肃）人，生于官僚世家。盖勋素与苏正和不和。凉州刺史曾就处死苏正和一事向盖勋征求意见，而盖勋并没有乘人之危。苏家向盖勋表示感谢，他避而不见，称此举并非为苏着想，仅仅是为刺史提供意见。

东周聂政，轵（今河南济源）人。韩国大臣严仲子与相国侠累不和，他听说聂政勇猛果敢，与其结交以助他复仇。聂为保全亲人朋友，在母亲逝世之后才只身刺杀了侠累，并毁容、挖眼而后自杀。

唐代张公艺，寿张（今山东平东西南）人，其家族九世同堂。唐高宗李治向其询问家族和睦之道。张公艺并不直说，而是写下了百余个"忍"字。高宗非常赞同，于是赏赐了一百匹缣帛给他。

北宋孙昉，字景初，官任太医。他自称四休居士，使黄庭坚费解。孙昉解释道："粗茶淡饭饱即休，补破遮寒暖即休，三平二过满即休，不贪不妒老病休。"黄庭坚闻后，说道："这正是安乐生活的秘诀啊！"

【原文】

钱塘驿邸　燕子楼头　苏耽橘井　董奉杏林

【解读】

北宋陶谷，字秀实，新平(今陕西彬县)人。北宋初年，陶谷奉命出使南唐，夜宿于钱塘驿栈，与一扮成驿站官吏之女的歌妓缠绵一夜后，为其赋词《风光好》。南唐后主李煜在设宴款待陶谷时，命歌女们演唱这首《风光好》，陶谷无地自容，当日便返回开封。

唐代张建封在徐州任职时，与燕子楼的舞女盼盼相爱。他死后，盼盼誓不再嫁，并创作了三百首《燕子楼诗》。诗人白居易有感盼盼的深情，为其创作两首七言绝句："满窗明日满楼霜，被冷灯残拂卧床。燕子楼中霜月苦，秋宵只为一人长。""今春有客洛阳回，曾到尚书冢上来。见说白杨堪作柱，争教红粉不成灰。"盼盼读后痛苦万分，跳楼自杀了。

南北朝时期的苏耽，桂阳(今湖南郴州市)人，以孝顺其母闻名于世。相传，苏耽在成仙前，预知家乡将流行瘟疫，于是种橘挖井，叮嘱母亲，染瘟疫后食一橘叶，饮一杯井水即可。两年之后，瘟疫果然爆发，而其母遵其言，果然痊愈。

晋人董奉，字君异，侯官(今福建闽侯县)人，以道术闻名。董奉住在庐山，以治病为生，却从不收钱。只让症重者种杏树五株，症轻者种一株。董奉就用杏果来换取谷物，赈济穷人、供给食客。即便如此，董奉的粮库中每年仍有不少剩余。

【原文】

汉宣读令　夏禹惜阴　蒙恬造笔　太昊制琴

【解读】

西汉宣帝时，魏相请求皇帝继承汉高祖刘邦的做法，选拔四位通晓儒学、阴阳五行学说的学者，分掌春夏秋冬四个季节的节气、物候，以调和阴阳，使国家风调雨顺、国泰民安。汉宣帝采纳了他的建议。

大禹曾告诫人们，应珍惜时光。东晋名臣陶侃，官任荆州刺史时，对属下说："大禹是圣人，都珍惜每寸时光。何况我们这些凡夫俗子，怎可沉湎于酒色吃喝。一个人，若在有生之年无益于时代，死后没有闻名于后世，那么他就是自暴自弃！"

笔是秦朝大将蒙恬发明的。据说，他用木材做笔管，用鹿毛做笔柱，用羊毛做笔尖，与后代用竹做笔管、兔毛为笔尖不同。根据《尔雅》《博物志》等书记载，笔在上古时期就已经出现，有舜造笔的说法。而蒙恬大概是在前人的基础上，对笔进行了改进。

太昊，即伏羲，相传琴是他的发明。太昊用桐木做琴身，用丝做二十七根琴弦。陈旸在《乐书》中认为，琴的发明人一说为伏羲，一说为神农氏，一说是帝喾之子晏龙。但是，详细说明琴的结构与制作方法，则是在中古以后。由此可证，琴并非是伏羲发明的。

【原文】

敬微谢馈　明善辞金　睢阳嚼齿　金藏披心

【解读】

南北朝时的宗测，字敬微。老年时宗测携《老子》《庄子》等书籍登上庐山，住在祖少文住过的房子里。时任江州长官的鱼复人侯子响，以厚礼相赠，宗测推辞道："我因年轻时留下恶疾才进山采药。现在以野草为衣、松籽为食，我已满足，怎能接受这外来的馈赠呢！"

元朝人元明善曾作为使节的副手出使交趾。临走，交趾人以黄金馈赠，元朝正使接受了，但元明善将其拒绝，并回复交趾国王说："正使之所以接受，是为让你们放心；而我之所以不受，则是为维护我国的体面。"

唐代安史之乱时，张巡与太守许远共守睢阳，与叛军对战时张巡总是咬牙切齿怒讨叛贼，以致牙齿全咬碎。张巡战死后，他的牙齿仅剩下了三四颗。

唐代武则天时期，武则天命来俊臣审理太子谋反一案。当时，太常寺工人安金藏以刀剖腹，五脏流出，以证明太子清白。武则天闻之懊悔不已，即刻下令停止审案，太子因而躲过一劫。

【原文】

固言柳汁　玄德桑阴　姜桂敦复　松柏世林

【解读】

唐朝李固言，在未中进士前，曾遇柳神九烈君，君称已用柳树汁将李固言的衣服打染成蓝色，并请其做官后以枣糕祭祀他。之后，李固言果真考中状元，当上了穿蓝袍的官僚。

三国时期的刘备，字玄德，自小家境贫寒。刘备家东南角的篱笆墙边，长有一株五丈多高枝叶茂密的桑树，远远望去就同车顶篷一般。刘备常在其下乘阴。一次，他与同族小孩玩耍时指着桑树冠说："我将来定会乘坐像这个树冠一样用羽毛装饰车顶的大车。"而这种车正是帝王的专车。后来，刘备果然登上皇位，建立了蜀汉。

南宋时的晏敦复，在担任左司谏时敢于直言，朝臣都很惧怕他。丞相秦桧想拉拢他。晏敦复道："姜和桂的品性，是愈老愈辣。我怎么能为自己的利益而使社稷受损呢?"

三国时期的宗世林，与曹操共侍奉于汉献帝。他极度鄙夷曹操的为人，从不与其往来。即使在曹操总揽大权后，欲与他往来时，仍回复道：松柏之志犹存。宗世林因此被朝廷疏远。

【原文】

杜预传癖　刘峻书淫　钟会窃剑　不疑盗金

【解读】

西晋时期的杜预，字元凯，杜陵(今陕西西安东南)人。杜预费时几十年编撰了《春秋左氏经传集解》,但鲜有人阅读。当时的朝臣中,王济善于相马,和峤爱好敛财。杜预就称王济有马癖,和峤有钱癖。晋武帝听说后,问杜预有何癖好,他答道:"《左传》癖。"

南北朝时的刘峻,字孝标,著有《山栖志》。刘峻常常通宵达旦地学习。他嗜书如命,只要听闻珍贵的书籍,都必然前往借阅。因此崔慰祖称他为"书淫"。

西晋时的钟会是荀勖母亲的叔伯兄弟,但两人感情不好。钟会善于书法,就模仿荀勖笔迹,向其母骗取了一价值百万的宝剑。荀勖善于绘画。为复仇,他在钟会新建豪居的大门上偷偷画了一幅钟会已故父亲的像。钟会见此悲恸不已,再也不愿居住,致使豪宅荒废。

西汉时期的直不疑,南阳(今属河南)人,汉景帝时官任御史大夫。直不疑曾被同僚怀疑误拿其金子,他并未辩解并买来金子偿还。后来,真正拿金之人将金子送还。直不疑因此被尊为忠厚长者。

【原文】

桓伊弄笛　子昂碎琴　琴张礼意　苏轼文心

【解读】

晋时的桓伊,字叔夏,亳地人,是江南顶级的音乐家。一次,王子猷乘船泊于轻溪,听见笛声,从路人处得知是桓伊,便派人相邀。当时,桓伊已地位显贵,但听闻是王子猷之邀,便吹奏了三首笛曲。奏毕,上车离去。此地因此得名邀笛步。

唐代的陈子昂,字伯玉,梓州射洪(今属四川)人,官至右卫参军。一天,还未著名的他在长安街头遇见一位卖琴人,所卖胡琴价值百万但无人敢买。陈子昂用一千贯钱将它买下,并邀众人听琴。翌日,陈子昂对众人说道:"本人乃四川陈子昂,作有文章百卷却默默无闻。摆玩乐器是卑贱之人所为,我岂能用心于它!"说罢,将胡琴摔碎,将自己所写文章分赠给众人,并由此闻名京城。

周琴牢,字子张,与子桑户、孟之仅是挚交。子桑户去世后,孔子派子贡前去吊唁。周琴牢与孟之仅在悼念子桑户时弹琴高歌:"桑户呀!桑户呀!你已归自然,却留我们在人间!"子贡不解,问道:"吊丧而歌,合乎礼吗?"琴牢与孟之仅相视而笑,说道:"他根本不懂礼的真正含义!"子贡向孔子述明情况,孔子道:"此二人乃世外高人,而你只是一介凡夫啊!"

北宋大文豪苏轼,曾对刘景文说道:"我平生无称心之事,只喜爱作诗撰文。灵感所到,笔力曲折,无不尽抒胸臆。我认为世间喜悦之事,没有能超过它的!"

【原文】

公权隐谏　蕴古详箴　广平作赋　何逊行吟

【解读】

唐穆宗非常喜爱柳公权的字,询问他如何才能将字写得如此优美。当时唐穆宗纵情享乐荒废朝政,柳公权借此隐谏:"用笔在心,心正则笔正,笔正乃可法矣。"告知唐穆宗,只有用心正,才能效仿他的笔体。

唐代人张蕴古,在高祖末年进呈了一篇《太宝箴》,以古代昏君的行为,指明帝王之道在于治理天下,帝王之宫虽深但所居之地非常小、帝王之宴虽珍仅是用来满足口腹之欲的道理,劝诫皇帝聪耳、明目,切勿昏庸无道。

唐代宋璟,字广平。皮日休在为其文集所做的序中,写道:宋璟为宰相时为人刚毅,待人强硬,众人都以为他铁石心肠。但看他所作《梅花赋》后,却深感其文笔细腻,与他给人的印象大相径庭。

南北朝时的何逊,字仲言,剡(今浙江嵊州市)人。何逊任扬州法曹时,常在衙门内的一株梅花树下咏诗。后来,何逊调至洛阳为官,但因此地无梅而申请重回扬州。他重返扬州当天梅花盛开,于是何逊在东阁宴请文人、学士赏梅饮酒整整一天。

【原文】

荆山泣玉　梦穴唾金　孟嘉落帽　宋玉披襟

【解读】

楚国人卞和,寿春(今安徽寿县西南)人。卞和在荆山挖出一块玉石,先后将它献给两位国王,却皆被认为行骗先后被断双足。楚文王登基后,卞和再次献玉,并悲恸地哭诉道:"我并非可怜这双脚,而是因宝石无人识,忠者反遭疑!"文王派人打磨此石果然得到一块精美无比的玉璧。

南康武都县(今属江西陇南市武都区)西面临江的悬崖上,有一个山洞名为梦穴。一天,有位身穿黄衣、挑着一担黄纸的人,请船夫载自己渡江。行船至山崖下,黄衣人攀崖入山洞,临走前吐了一口痰在船上。船夫起初很生气,待再低头看时,那口痰竟变成了黄金。

东晋时期的孟嘉,字万年,江夏鄂(今湖北鄂城)人。孟嘉在年轻时就非常有名。他官任桓温参军时,桓温于一年重阳在龙山设宴。酒宴中,秋风将孟嘉的帽子吹落但他自己并没察觉。趁孟嘉如厕之机,桓温令孙盛作文嘲讽他。孟嘉归座后,桓温又立即要求其作文回敬。孟嘉所作文辞超凡,在座众人皆赞叹不已。

一天,宋玉、景差陪同楚襄王到兰台宫游乐。一阵大风吹过,楚襄王赞叹风之爽快,并觉此风与民同有。宋玉却议论道:"这风乃大王独有之雄风,庶民怎么可能有呢。风有两种,一种为清幽祛病的雄风,是大王专有;一种为扬尘阴冷的雌风,是庶民之风。"

【原文】

沫经三败　获被七擒　易牙调味　钟子聆音

【解读】

春秋鲁国人曹沫,因强健勇猛被封将。齐桓公出兵攻打鲁国,鲁庄公以结盟割地求得停战。会盟时,曹沫以匕首挟持齐桓公,最终将鲁国割给齐国的土地全部要回。

三国时期,蜀人雍闿叛蜀归吴,并派孟获鼓动各少数民族叛国。诸葛亮亲率大军七擒七纵孟获,最终使孟获等人心悦诚服,立言再不叛蜀。

易牙,名巫,雍(今河南沁阳、修武一带)人。易牙善于烹饪,被齐桓公夫人卫共姬所宠信。后来,为满足齐桓公的好奇之心,易牙将自己的幼子烹饪后进献给齐桓公,以此获得了齐桓公的宠爱。后来,易牙恃宠而骄,劝齐桓公将卫共姬的儿子立为继承人。

春秋时期的钟子期,楚国人。伯牙善琴,他弹琴时,钟子期在一旁聆听,能辨出他意向高山、流水的琴声。钟子期死后,伯牙因失去知音,自断琴弦,从此再不抚琴。

【原文】

令狐冰语　司马琴心　灭明毁璧　庞蕴投金

【解读】

晋国令狐策梦见自己立于冰上,与冰层下的人交谈。索紞为他解梦说:"冰上面属阳,冰下面是阴。为阳替阴说话,就是媒婚之事。"果然,不久之后,令狐策就成了太守田豹与张公征之女的媒人。因而,媒人又被称为冰人。

一次,汉代的司马相如路过临邛,与好友县令王吉善一起去富豪卓王孙家做客,酒席间,王吉善请司马相如弹琴助兴。卓王孙守寡的女儿亦喜爱音乐,两人互生爱慕,当晚便私奔跑回成都结为夫妻,以卖酒为生。

春秋时期的澹台灭明,字子羽,鲁国人。一次,灭明随身携带价值千金的玉璧渡河,河伯派蛟龙想以暴力夺取玉璧,但灭明称玉璧只可以礼相求,奋起搏斗。待他斩杀蛟龙,河面平静后,准备将玉璧送给河伯,但三次投璧入河玉璧都跳回手中。澹台灭明无奈,便将玉璧砸碎。

唐代庞蕴,字道玄,衡阳(今属湖南)人。庞蕴在家修道,世人称其为庞居士。据《金刚科仪》记载,他将家中所有财宝装在自造铁船内,沉入海底。并在临终前对刺史说道:"愿死后一无所有,万不要再给予我什么东西了。"

【原文】

左思三赋　程颐四箴　陶母截发　姜后脱簪

【解读】

西晋时的左思,字太冲。左思以吴都、蜀都、魏都三座城市为题材,创作完成了《三都赋》,后经皇甫谧作序,得以广泛传播。由于人们争相传抄,以至于洛阳的纸价大涨。成语"洛阳纸贵",便来源于此。

北宋程颐,人称伊川先生。程颐编著过视、听、言、动四篇箴(古代的一种文体,内容以规劝告诫为主)文,用来约束自己的言行。这四篇箴后被朱熹收录在他著的《论语集注》中。

东晋时的名臣陶侃母亲湛氏,新喻(今属江西)人。陶侃未封官时,家境极其贫寒。一个大雪天,范逵恰巧来陶家拜访。陶母于是卖掉被褥,并剪下自己的长发换回酒菜招待范逵。范逵得知后非常感动,认为陶侃的品行皆因其母而得,于是举荐陶侃为孝廉。

西周时的周宣王曾因贪睡而不上早朝,皇后姜氏摘除发簪,坐于狱中,将宣王之过揽于自身,称宣王沉于女色全因自己无才。周宣王听说后羞愧万分,从此勤于国政,最终使西周繁盛强大。

【原文】

达摩面壁　弥勒同龛[1]　龙逄极谏[2]　王衍清谈

【注释】

①龛:供奉神佛的小阁子。②逄(páng)。

【解读】

南北朝时,达摩大师上了嵩山少林寺。终日面对墙壁而坐,不言不语,别人都不知道他这是为什么,只好称为“壁观”。这样过了九年,达摩将佛法传给慧可,就在千圣寺病逝。

唐书法家褚遂良曾说:“法师道体安居,深以为慰耳。复闻久弃尘滓,与弥勒同龛,一食清斋,六时禅诵,得果已来,将无退转也。”尘滓,比喻人世;与弥勒同龛,暗喻已成为得道高僧。

夏桀是位暴虐无道的昏君,很多劝谏的大臣都被他杀掉了。关龙逄仍然劝诫桀说:“做国君的应当节约费用,爱护官吏。现在,您耗费财物就好像取之不竭,用之不尽似的,杀戮大臣唯恐不尽。这样做的结果,必定会失去民心,老天爷也都不保佑了,能不能稍有悔改呢?”桀却狂妄地将关龙逄囚禁起来杀掉了。

西晋王衍说话经常改口,世人送给他一个绰号“口中雌黄”。他在任元城县令时,终日清谈。王衍小时候,山涛曾见过他,感叹再三后评论:“是什么样的老太婆,生下了这样美好的孩儿!但是,贻误天下老百姓的,未必就不是此人呵。”后来,王衍果然误国,导致西晋灭亡,本人也被石勒杀死。

【原文】

青威漠北　彬下江南　遐福郭令[1]　上寿童参

【注释】

①遐福:久远之福。

【解读】

西汉卫青卑贱时,一个罪犯为他相面后说:“您是贵人呵,将来会封侯爵。”卫青笑着回答:“我是奴仆一生,只要不挨鞭子打,就心满意足了。”汉武帝时,卫青七次率军攻打匈奴,立下赫赫战功,威震漠北,果然被封为长平侯。

北宋初年,宋太祖任命曹彬为统帅,率兵攻取南唐。曹彬率大军缓缓而行,希望李煜自动投降,以免江南遭受战祸。当南唐京城金陵即将攻下时,曹彬忽然自称生病了,军中诸将都去慰问,曹彬对众将说:"我的病不是药所能治愈的,只要诸位诚心诚意地发誓,攻破金陵城后不乱杀一人,病就自然会好的。"众将军无不答应,并焚香起誓。第二天,攻破金陵城,李煜投降,受曹彬礼待。

唐郭子仪曾在七夕之夜看见一辆红色的车子从天而降,车上坐着一位美女。郭子仪跪拜祈祷。美女笑着说:"您将大富大贵,长寿善终。"说完冉冉而去。后来,郭子仪果然担任宰相达二十四年之久。他的不少部下也贵为王公。郭子仪家族有三千人,族人人才辈出,显赫一世。

北宋童参性情淳朴,终身农耕。宋仁宗初年,童参已有一百零三岁,宋仁宗特意下诏慰劳,还授予他承务郎的官职。第二年,童参就去世了。

【原文】

郗愔启箧[1]　殷羡投函　禹偁敏赡[2]　鲁直沉酣

【注释】

①愔(yīn)。箧(qiè):小箱子。②偁:与称同。

【解读】

东晋郗超是重臣桓温的僚属,深得信任。桓温专权时,郗超参与桓温废立皇帝的密谋。临终前,郗超交给门徒一口小箱子,并交代:"父亲假若因我死而悲哀,就将这口箱子交给他。"郗超死后,其父郗愔果然悲痛得饮食骤减。门徒就将小箱子交给了他,打开一看,里面全是密谋,郗愔大怒,诅咒说:"死得太晚了!"由此不再悲哀。

东晋殷羡在晋康帝时被任命为豫章太守。赴任时,京城中的许多豫章籍的官吏都请他捎带书信。殷羡刚走到城外长江边,就将百余封书信全给扔入江中,并且说:"该沉没的就沉没,该浮起来的就浮起来,我殷羡可不能为别人当邮差。"

宋代王禹偁非常有才智,九岁能文。其父以磨面为生。毕士安任知州的副手时,王禹偁曾代送面给他。王禹偁到毕家时,正碰上毕士安给儿子们出了一个上联"鹦鹉能言争似凤",王禹偁应声就对"蜘蛛虽巧不如蚕",深得毕士安赞赏。后来,王禹偁中进士后官至右拾遗,他向皇帝呈献的《端拱箴》与《御戎十策》都是当时独一无二的好文章,并因此荣升翰林学士。

北宋黄庭坚字鲁直,醉心于儒学与历史典籍,所作诗文与苏轼齐名。他曾说:士大夫只要三日不读书,头脑中就无义礼,对镜自照就感面目可憎,与人交谈就会言之无味。

【原文】

师徒布算　姑妇手谈　凤仪李揆　骨相吕岩

【解读】

唐代和尚僧一行四处访师求学,一天来到天台山国清寺。刚进门,就听见院内一位正在演算算术的和尚对其弟子说:"今日当有一位弟子,远道而来向我求教算法。"当完成一道题的演算后,又说:"门前溪水改向西方流去,那位弟子已经来了。"僧一行听到后立即走向前去,向那位高僧稽首请求传授算法,这时,门前溪水果真向西流去。

唐朝的王积薪因避安史之乱,一天借宿于一户仅有婆婆与媳妇两人的农家。当晚,王积薪听到婆婆对媳妇说:"夜晚没有什么可消遣的,我与你下围棋行不行?"屋内无灯,婆媳二人就用口说。过了一会儿,就听见婆婆对媳妇说:"你已经输了,我只赢了九子。"第二天清晨,王积薪向婆婆请教棋艺,棋艺由此而精进不少。

唐朝的李揆在唐肃宗时官任宰相,其仪表堂堂,善写奏章。皇上称赞他:"你的家族、仪表、文章,都是当今第一,的确是大臣们的表率。"所以,当时人对他有"头头第一"的赞词。唐德宗时李揆出使吐蕃,吐蕃诸位酋长都询问:"听说唐朝有位号称天下第一的李揆,您是否就是他?"李揆担心会被扣留,就骗说:"那个李揆怎么肯来!"

唐代的吕岩还在襁褓中时,马祖见后说:"这个孩子骨相不凡。请牢记长大后遇庐则居,见钟就叩。"吕岩成人后,考中进士,出任德化县令。他牢记马祖的话,偷偷跑上庐山,遇见钟离真人,就拜其为师,学得天仙剑法与九九算术,被称为纯阳子,最终得道成仙。

【原文】

魏牟尺縰[1]　裴度千缣[2]　孺子磨镜　麟士织帘

【注释】

①縰:黑色的丝织物。②缣:微黄色细绢。

【解读】

战国时魏牟去见赵王,赵王正让良工制作帽子,便向魏牟问治国之道。魏牟借此说:"假若赵王您重视国家的事情如同重视这二尺縰一样,国家就能得到治理。"赵王问他为何将国家大事比作区区二尺縰,魏牟说:"大王制作帽子,不使用亲近之人而一定要选用良工,难道不是为了不浪费縰而又作成帽子吗?治理国家若不任用贤臣良才,而只信任自己宠信的人,难道不是将国家看得比二尺縰还轻吗?"赵王无言以答。

唐朝裴度修建福先寺竣工后,准备请白居易撰写碑文。著名文人皇甫湜对他说:"身边就有我,您却舍近求远去请白居易,我请求辞职。"裴度于是就请皇甫湜撰写碑文,皇甫湜一挥而就。裴度酬谢他车马彩帛等,皇甫湜却十分生气地说:"自从我为《顾况集》撰写序言后,从未给别人写过文章。现所撰碑文一共三千字,每一个字要值三匹缣,您为何待我如此菲薄!"裴度笑着表示:"你真是豪放,确实应当如数酬谢。"

汉朝徐稚字孺子。师傅黄琼去世后,他无钱作盘缠去参加葬礼,于是买来磨镜的工具,一路为人磨制镜子作为路费,终于赶去了。徐稚前后多次被元老重臣聘请,虽然并未去为他们做事,但去世后,这些人都不远万里专程前往悼念祭奠。

南北朝沈麟士家境贫寒,以织帘为生,但勤学不倦。一天,沈麟士外出,邻居误将他穿的鞋当作自己丢失的鞋。沈麟士并不争辩,只是问了一句:"是您的鞋吗?"就将鞋脱给他,自己光着脚回家。后来,那位邻居找到了丢失的鞋,就将沈麟士的鞋归还给他,沈麟士则说:"不是您的鞋吗?"笑着收下了。

【原文】

华歆逃难[1]　叔子避嫌　盗知李涉　虏俱仲淹

【注释】

①歆(xīn)。

【解读】

东汉末年战乱,华歆与王朗一同乘船避难。有位男子请求同行,华歆面有难色,王朗表示:"船还宽,有何不可!"后贼人追来,王朗准备抛弃搭船之人,华歆却阻止说:"我先前所担心的,正是这一点。但现在既然已经答应别人,怎么可以因形势危急就抛弃呢!"于是依然带着那人一起逃难。

西周的颜叔子单身居住。一夜,狂风暴雨,隔壁邻居房屋倒塌,一位女子到颜叔子家躲避。颜叔子接纳了她,但为避嫌,却让她手拿灯烛照明,灯油燃尽后,又让她举着火把,直至天明。

唐朝李涉一次遭强盗抢劫。当强盗头儿获知是李涉时,就说:"既然是李博士,就不用抢东西了。素闻您诗写得好,请您赠诗一首就够了。"李涉就作了一首七绝:"风雨潇潇江上村,绿林豪客夜知闻。相逢不用相回避,世上而今半是君。"强盗们高兴地说:"真是实话啊!"于是都大笑而去。

北宋范仲淹在镇守延安时,西夏人都互相告诫:"千万别打延安的主意,小范老子胸中有数万甲兵,不像大范老子那样好欺负。"范仲淹与韩琦在镇守西北边疆时,都是威名卓著,并称为韩范,西北边境的民谣唱道:"军中有一韩,西贼闻之心胆寒;军中有一范,西贼闻之惊破胆。"小范指范仲淹,大范指范雍,也曾镇守过延安。

【原文】

尾生岂信　仲子非廉　由餐藜藿[1]　鬲贩鱼盐[2]

【注释】

①藜藿:都是野菜。②鬲(gé)。

【解读】

古代青年尾生与一位女子相约在桥下相会。尾生到后,那位女子却违约未到。在等候时,不料突发洪水,尾生为信守诺言,不肯离去,死死抱住桥柱子与洪水抗争,最终被洪水吞没。

陈仲子与齐王是同姓,他怨恨哥哥不守礼制,就避开哥哥,离开母亲,搬到於陵去住。当齐国使臣到赵国时,赵威后询问使者:"陈仲子还在吗?这个人啊,对上不为国君做事,对下不治理家族,其中间呢也不去各国诸侯交往,这种毫不用处的人,为何至今还不杀掉呢?"

仲由年轻时非常贫贱,以野菜为食,但却从百里之外背米供养父母。父母死后,仲由周游楚国,异常显贵,随从车辆多达百辆,吃饭时美味佳肴满桌。然而,仲由却叹息说:"我愿意吃野草,为父母背米,但是再不可能了。挂在绳子上的干鱼,还能长时间不腐败。我双亲的寿命,却快得像光阴的流逝。"孔子对此评论说:"仲由侍奉双亲,真可谓生时尽力供养,死后极尽哀思啊。"

商代人胶鬲,以贩卖鱼盐为生。周文王知道他是位贤士,就将他贡献给商纣王。后来,周武王攻伐商纣王,胶鬲到鲔水去等待武王的军队。武王告诉他,将向商朝国都进发。胶鬲追问:"预计何日到达?"武王回答:"将在甲子日那天抵达城外,您将这个日子报告给纣王吧。"周武王的军队在进发途中遭日夜不停的大雨,然而周武王却依然率军急行,他说:"我这样做是为按期抵达,以免胶鬲被处死。"

【原文】

五湖范蠡　三径陶潜　徐邈通介　崔郾宽严

【解读】

范蠡辅佐越王勾践灭掉吴国后,勾践准备分一些国土给他。他却推辞了。于是,就带着西施泛舟太湖,又从海路达到齐国,改名换姓,自称鸱夷子皮。他在齐国待了几年后,又辞去相位,将全部家产送人,去了陶地。到陶后,范蠡又自称陶朱公,做起生意来,不久大富。

陶潜的《归去来兮辞》中,有"三径就荒"之句。其来源于他在柴桑的旧居,野草长满了条条小路,就像张仲慰闭门潜心修养,致使屋前的三条小路都被野草掩盖住了一样。

三国时,人们都认为徐邈通达,但他从凉州返回京城后,却又孤独清高了,众人不解。卢钦解释说:"在魏武帝时,重视选用高洁朴素的人,徐邈本色如此,所以人们都认为他通达。而当他从凉州重返京城时,社会上刮起奢靡之风,而徐公却兴趣爱好一如往常,所以人们又都认为他孤傲清高。"

唐朝的崔郾在治理虢州时,为政宽大,每月连一个人都不处罚。而当他治理鄂州时,为政却严刑峻法,毫不宽恕。有人问其故,崔郾回答:"陕西土地贫瘠,百姓劳苦,我用安抚的方式治理,老百姓就容易信服;而鄂州土地肥沃,民风剽悍,并且还渗透一些夷人的风俗,不树立威严就不能够制服。为政者,贵在根据实际情况加以变通啊。"

【原文】

易操守剑　归罪遗缣　深情子野　神识阮咸

【解读】

汉朝的王烈以孝顺节义闻名。乡里有一位偷牛人被主人抓获,请罪说:"任何刑罚我都心甘情愿,但是千万不要让王烈知道此事。"但王烈还是听说了,于是送了一匹布给他。后来,有位老人将一柄剑遗失在路上,一位过路人守在剑旁,一直等到失主。原来,这位守剑人就是过去那位偷牛的人。

季札

汉朝的陈寔以公平正直闻名。乡里人发生争执或打官司,都去请他判定。一天夜里,一个小偷来陈家偷东西,藏在房梁上。陈寔早已知道,却将子弟们找来说:"偷盗的人,未必本性不好,不好的品性是由长期不良的习惯养成的,梁上呆着的那位就是这样。"小偷大吃一惊,下来叩头认罪,陈寔安慰他说这样做也是因为贫困,就送给他二匹绢,放他走了。

东晋桓伊,小名子野。精通音乐,演奏乐器都能淋漓尽致地表现乐器的特色以及乐曲的内涵,而每当他听见清唱时,都要摇头。谢安得知他这一举动后,评论说:"子野(对乐器)可谓一往有深情。"

西晋荀勖,自认为精通音律,因此改订了雅乐。然而阮咸听后,认为不合音律。荀勖很忌恨阮咸,借故将他调出京城去地方做官。后来,荀勖用标准乐器玉尺校对自己制作的乐器,结果发现全都低了一个调,这才佩服阮咸的神妙才识。

【原文】

公孙白纻①　司马青衫　狄梁被谮　杨亿蒙谗

【注释】

①纻:苎麻纤维织的布。

【解读】

春秋时期,吴国公子季札在出使鲁国后,又先后到过齐、晋、卫等国。当季札来到郑国时,与郑国大夫公孙侨相会,两人一见如故,季札向公孙侨赠送了用吴国珍贵的缟制作的腰带,而公孙侨赠送了用郑国珍贵的纻制成的衣服。

唐朝白居易被贬官做江州司马,他却高兴地表示可以和青山绿水为伴,做清风明月的主人。到江州后,一天夜里,他忽然听见旁边的船上有人弹琵琶,获知弹奏者是一位从长安来的老年歌妓，于是创作了《琵琶行》，长诗最后说："凄凄不似向前声，满座重闻皆掩泣。座中泣下谁最多？江州司马青衫湿。"

唐朝武则天曾对臣下狄仁杰说："你在汝南时，有人诬告你，想知道是谁吗？"狄仁杰感谢爱护之余却说："陛下您认为臣有过失，臣一定改正；您如果认为臣没有过失，臣下感到很幸运。至于那些说臣下坏话的人，臣不想知道。"

北宋杨亿，为当权者忌恨，屡遭攻击。于是他就在给皇上的辞职文书中悲愤地说："已落沟壑，犹下石而未休；方因蒺藜，尚弯弓而不已。"

【原文】

布重一诺　金慎三缄[1]　彦升非少　仲举不凡

【注释】

①缄：封的意思。

【解读】

汉朝的季布曾向窦长君诋毁曹邱生。曹邱生求见季布，对季布说："楚人的民谚说：得到黄金一百斤，不如得到季布的一句承诺。请想想，同为楚人，您何以在梁、楚一带获得这一声誉的呢？我周游四方时向天下人宣扬您的名声，难道您不看重吗？为何拒我于千里之外呢？"季布听后大悦，赠以厚礼，从此名声更加卓著。

孔子来到后稷庙，看见金人的嘴上贴着三张封条，而背上的铭文说："古之慎言人也。无多言，多言多败。无多事，多事多患。安乐必戒。无所行悔。勿谓何伤，其祸将长。勿谓何害，其祸将大。"孔子对子弟们说："此话至理，你们要牢记！"铭文的大意：这尊金人就是古代出口谨慎的人。人不应该说话太多，否则往往会坏事；不应该无事找事，否则会产生忧虑；应当力戒安乐享受；不后悔所做之事；不要揭别人的伤疤，否则将导致长久祸害；不说别人祸患，否则将导致大灾难。

南北朝任昉，字彦升，八岁能文。梁武帝时，曾任黄门侍郎，后离京任义兴新太守。为官清廉节俭，文章颇丰。褚彦回对其父任遥说："您有这样一位儿子，众人皆喜，可谓一百不为多，一个不算少。"于是任昉声誉更著。

汉代陈蕃，字仲举。十五岁的一天，他替父送书给汝南郡功曹薛勤。第二天，薛勤造访陈家，对其父说："您有一个不凡之子，我来拜访他，而不是拜访您。"见到庭院荒芜，薛勤就对陈蕃说："小孩儿你怎么也不打扫一番，以迎客宾呢？"陈蕃却说："大丈夫应当扫除天下，哪能仅考虑一家！"薛勤更加惊奇，于是两人交谈了一整天。

【原文】

古人万亿　不尽兹函

【解读】

古人有千万之众不可胜数，他们的所思、所言、所为是这本书记叙不完的。

颜氏家训

[北齐]颜之推

被陈振孙誉为“古今家训之祖”的《颜氏家训》,是我国南北朝时北齐文学家颜之推的传世代表作。他结合自己的人生经历、处世哲学,写成《颜氏家训》一书告诫子孙。《颜氏家训》是我国历史上第一部内容丰富、体系宏大的家训,也是一部学术著作。阐述立身治家的方法,其内容涉及许多领域,强调教育体系应以儒学为核心,尤其注重对孩子的早期教育,并对儒学、文学、佛学、历史、文字、民俗、社会、伦理等方面提出了自己独到的见解。

作为中国传统社会的典范教材,《颜氏家训》直接开后世“家训”的先河,是我国古代家庭教育理论宝库中的一份珍贵遗产。颜之推并无赫赫之功,也未列显官之位,却因一部《颜氏家训》而享千秋盛名,由此可见其家训的影响深远。

序致第一

【原文】

夫圣贤之书,教人诚孝、慎言、检迹①。立身扬名,亦已备②矣。魏、晋已来,所著诸子③,理重事复,递相模敩④,犹屋下架屋,床上施床耳。吾今所以复为此者,非敢轨物范世⑤也,业以⑥整齐门内,提撕⑦子孙。夫同言⑧而信,信其所亲⑨;同命而行,行其所服。禁童子之暴谑,则师友之诫不如傅婢之指挥;止凡人之斗阋⑩,则尧、舜之道不如寡妻之诲谕。吾望此书为汝曹之所信,犹贤于傅婢寡妻⑪耳。

吾家风教素为整密⑫。昔在龆龀⑬,便蒙诱诲。每从两兄,晓夕温凊⑭,规行矩步,安辞定色,锵锵翼翼⑮,若朝严君⑯焉。赐以优言,问所好尚,励短引长,莫不恳笃。年始九岁,便丁荼蓼⑰,家途离散,百口索然。慈兄鞠养,苦辛备至,有仁无威,导示不切。虽读《礼传》⑱,微爱属文,颇为凡人之所陶染,肆欲轻言,不修⑲边幅。年十八九,少知砥砺,习若自然,卒⑳难洗荡。二十已后,大过稀焉,每常心共口敌,性与情竞,夜觉晓非,今悔昨失,自怜无教,以至于斯。追思平昔之指㉑,铭肌镂骨,非徒古书之诫,经目过耳也。故留此二十篇,以为汝曹后车㉒尔。

【注释】

①“教人”句:诚孝,忠君孝亲。诚,为避隋文帝父杨忠之名讳,故改“忠”作“诚”。

检迹,检点行迹。②备:全。③所著诸子:有所著述的各家。指魏晋以来各有关德教论著。④斅:效法。《大戴礼记·礼察》:"夫用仁义礼仪为天下者,行五六百岁犹存;用法令为天下者,十余年即亡,是非明斅大验乎?"⑤轨物范世:做人的规矩处世的模范。物,指人或事。轨,车行的印迹,喻指规则。范,制物的模具,喻指原则。⑥业以:两个词经常连用,表示"用以"的意思。⑦提撕:提引,此处引申作"提醒"。⑧同言:相同的话。⑨亲:双亲,包括亲近的人。⑩凡人:另本作"兄弟",是。斗阋:兄弟相斗。《诗经·常棣》:"兄弟阋于墙,外御其务。"⑪寡妻:指嫡妻。⑫风教:门风家教。整密:严谨。⑬龆龀:垂髫换齿,指童年。龆,通"髫"。⑭温凊:温暖凉爽。《礼记·曲礼上》:"凡为人子之礼,冬温而夏凊。"温凊,"冬温夏凊"之省语。⑮锵锵翼翼:锵锵,通"跄跄",行走的声音。翼翼,小心谨慎的样子。⑯严君:威严的君主。⑰丁:遭遇。荼蓼:苦菜名,喻指凄苦的生活。⑱礼传:指传解《礼记》《礼经》之类的文章。⑲修:旧本作"备",形近而误。⑳卒:通"猝"。㉑指:心理意向。㉒后车:"后车之鉴"的省语。

【译文】

历史上的那些圣贤们所写的书,教导人们忠诚孝道、说话谨慎、检点行为。立身扬名,做到这些就足够了。魏晋以来,各家阐述儒学,道理反复讲,举例多雷同,传承模仿,如同屋下盖屋,床上叠床啊。我今天之所以还做同样的事,不敢以此来规范世事民风,不过想以此来整顿家族内的秩序,教育子孙后代而已。如果是同样的话而能使人相信,那人们一定相信自己亲人所讲的话;同样的命令而让人执行,那人们一定是执行他们信服的人的命令。禁止小孩子的捣蛋,老师朋友的劝诫不如使女下人的指挥灵验;制止兄弟之间家庭内的纠纷,尧、舜的大道理不如家中的女主人的劝导有用。我希望此书能为你们所相信,如同胜过使女主妇啊。

我们家的门风家教历来就细密严谨,过去在童年时代就蒙教诲。常常同两个哥哥早晚侍奉父母,行为依规矩,言语安稳,颜色和悦,小心翼翼,如同对待威严的君主。父母以好言相教导,问我们所好志向,让我们力诫所短,发扬所长,没有一次不是诚恳笃厚。我刚刚九岁,父母便去世了,家业中落,全家凄冷。我慈厚的哥哥养育着我,受尽辛苦,他有仁无威,对我教导不够严厉。虽读过《礼传》,也爱写写文章,很受凡俗的影响,常常放纵自己,随便乱说,不修边幅。十八九岁时,才稍稍知道磨炼自己,但习惯成自然,猝然难以尽改。二十岁以后,大的错误出现的少了,但常常心想的与口说的难以一致,本性与世情发生矛盾,夜里觉得白天做得不对,今天又后悔昨天的失误,自谅自己没有受过系统的教导,才到了这种地步。回想过去走过的路教训深刻,铭记于心;这并不单是古书上的一般劝诫,仅仅是随便听听看看就算了的。因此我写下这二十篇,作为你们的一个借鉴。

教子第二

【原文】

上智不教而成，下愚虽教无益，中庸之人，不教不知也。古者圣王有胎教[1]之法，怀子三月，出居别宫，目不邪视，耳不妄听，音声滋味，以礼节之。书之玉版，藏诸金匮[2]。子生咳喂[3]，师保固明，仁孝礼义，导习之矣。凡庶纵不能尔，当及婴稚，识人颜色，知人喜怒，便加教诲，使为则为，使止则止。比及数岁，可省笞罚。父母威严而有慈，则子女畏慎[4]而生孝矣。吾见世间无教而有爱，每不能然。饮食运为，恣其所欲，宜诫翻[5]奖，应诃[6]反笑，至有识知，谓法当尔。骄慢已习，方复制之，捶挞至死而无威，忿怒日隆而增怨，逮于成长，终为败德。孔子云"少成若天性，习惯如自然"是也。俗谚曰："教妇初来，教儿婴孩。"诚哉斯语！

凡人不能教子女者，亦非欲陷其罪恶，但重于诃怒[7]，伤其颜色，不忍楚挞，惨其肌肤尔。当以疾病为谕，安得不用汤药针艾救之哉？又宜思勤督训者，可愿[8]苛虐于骨肉乎？诚不得已也。

王大司马[9]母魏夫人，性甚严正。王在湓城[10]时，为三千人将，年逾四十，少不如意，犹捶挞之，故能成其勋业。梁元帝时，有一学士，聪敏有才，为父所宠，失于教义：一言之是，遍于行路，终年誉之；一行之非，掩藏文饰，冀其自改。年登婚宦[11]，暴慢日滋，竟以言语不择，为周逖抽肠衅鼓[12]云。

【注释】

①胎教：古人重视胎教之法，认为妇人在怀孕期间的言行，其善恶表现都会给胎儿留下心理印痕。②金匮：铁柜。指藏书之所在。③咳喂：幼儿之笑啼。一本作"孩提"。④畏慎：古人认为人惟知畏而明慎，才能产生孝敬之心。此即民间"娇养不是儿"的道理。⑤翻：反。⑥诃：诃责。⑦重于诃怒：以诃怒为难。重，难。⑧可愿：一本作"岂愿"，是。⑨王大司马：指王僧辩，南朝梁代大原祁人，字君才。萧绎称梁元帝后，曾任大司马。据《南史》载：其母魏夫人，"性甚严正"，并未依王家之功而骄人傲物。⑩湓城：故址在江西九江市，当时属军事要地，王僧辩曾以云骑将军司马驻守此地，"为三千人将"。⑪婚宦：成婚仕宦之岁，指成年。⑫衅鼓：原为一种祭祀活动，以牲血涂战鼓。此谓以人血衅鼓。

【原文】

父子之严，不可以狎；骨肉之爱，不可以简。简则慈孝不接，狎则怠慢生焉。由命士[13]以上，父子异宫[14]，此不狎之道也。抑搔痒痛，悬衾箧枕，此不简之教也。或问曰："陈亢[15]喜闻君子之远其子，何谓也？"对曰："有是也。盖君子之不亲教其子也,《诗》有讽刺之辞,《礼》有嫌疑之诫,《书》有悖乱之事,《春秋》有邪僻之讥,《易》有备物之象[16],皆非父子之可通言,故不亲授尔。"

齐武成帝[17]子琅邪王,太子[18]母弟也,生而聪慧,帝及后并笃爱之,衣服饮食,与东宫相准。帝每面称之曰:"此黠儿也,当有所成。"及太子即位,王居别宫,礼数优僭[19],不与诸王等。太后犹谓不足,常以为言。年十许岁,骄恣无节,器服玩好,必拟乘舆[20]。尝朝南殿,见典御[21]进新冰,钩盾[22]献早李,还索不得,遂大怒,询曰:"至尊已有,我何意无?"不知分齐[23],率皆如此。识者多有叔段、州吁之讥[24]。后嫌宰相,遂矫诏斩之,又惧有救,乃勒麾下军士,防守殿门。既无反心,受劳[25]而罢,后竟坐[26]此幽薨。

人之爱子,罕亦能均,自古及今,此弊多矣。贤俊者自可赏爱,顽鲁者亦当矜怜,有偏宠者,虽欲以厚之,更所以祸之。共叔之死,母实为之。赵王[27]之戮,父实使之。刘表[28]之倾宗覆族,袁绍[29]之地裂兵亡,可谓灵龟明鉴也[30]。

齐朝有一士大夫,尝谓吾曰:"我有一儿,年已十七,颇晓书疏,教其鲜卑[31]语及弹琵琶,稍欲通解,以此伏事[32]公卿,无不宠爱,亦要事也。"吾时俯而不答。异哉,此人之教子也!若由此业,自致卿相,亦不愿汝曹为之。

【注释】

⑬命士:受命封爵的士人。⑭异宫:不同的房间。宫,室。《礼记·内则》:"由命士以上,父子皆异宫。"⑮陈亢:孔子的学生,字子禽。《论语·季氏》载:孔子见"鲤趋而过庭",只问学诗、学礼,陈亢感慨道:"问一得三,闻《诗》,闻《礼》,又闻君子之远其子也。"⑯备物之象:全备万物以致效用之卦象。⑰齐武成帝:北齐第五位皇帝高湛,在位五年。其第三子高俨,即琅邪王。⑱太子:高纬,字仁纲。琅邪王之长兄。⑲优僭:超越身份。⑳乘舆:指帝王所乘之车。此代指皇帝。㉑典御:主管御膳房的官员。㉒钩盾:主管皇帝出猎、御园的官员。㉓分齐:分别。齐,辨别。《周易·系辞上》:"齐小大者存乎卦。"㉔叔段:共叔段。《左传·隐公元年》载:郑武公妻姜氏偏宠小儿子共叔段,为之争权。其长子郑庄公终于借机在鄢地驱逐共叔段。州吁:《左传·隐公三年》载:卫庄公之子州吁为争权位,杀死其兄长卫桓公自立,后也被杀死。㉕劳:辛劳。指琅邪王被捕事。㉖坐:因。㉗赵王:汉高祖之宠妃戚夫人所生之子,名刘如意。先已封为赵隐王。戚夫人恃宠邀功,贪心不已,极力让如意取代太子。刘邦死后,太子生母吕后专擅朝政,将如意毒死,并残害戚夫人为"人彘"。㉘刘表:字景生,山阳高平人。东汉远支皇族。为荆州牧时,据有两湖势力。其继室蔡氏偏宠己出刘琮而专权。刘表死后,幼子刘琮受诸家逼迫而投降曹操,终获"倾宗覆族"之骂名。㉙袁绍:字本初,汝南汝阳人。东汉末年,依靠家族势力,割据一方。其死后,长子刘谭与次子刘尚相互倾轧,终被曹操剿灭。㉚灵龟:古人以为龟甲通神,用来占卜,故曰灵龟。㉛鲜卑:东胡人的一

支。晋初已成为势力强盛的北方民族，后拓跋鲜卑建立魏国，是为北朝。直至北齐，高官显贵多是鲜卑人。㉜伏事：同“服事”。

【译文】

上等智慧的人，不教就能成才；下等愚昧之人，虽然教也没有益处，而中等智慧之人不教他就不能知礼。在古代，圣明的君王有胎教法，皇后妃子怀孕三个月，搬到别的室中居住，目不看邪恶之事，耳不听诞妄之声，声音、滋味，都要用礼来约束。这些规矩还书写在玉片上，收藏在铁柜中。在孩提时期，太师、太保就已分工明确，用仁、孝、礼义来教导他了。普通百姓虽然做不到这些，当小孩稚幼之时，认识别人的脸色，也知道别人的喜怒，这时便要加以教育，使其当作则做，该停止的就要停止。如此等他再长大几岁时便省得用鞭子打他了。父母威严而有慈爱之心，那么子女便敬畏谨慎而生孝心了。我见到世间那些没有教导而只有慈爱的，常常不认为这是对的。饮食行为，放任他所为，应当严诫反而鼓励，应当训斥的反而嬉笑，等到他知点事理后，以为本该就是这样。骄慢之习已养成，这时才想起来要制止，你就鞭打他至死也没有什么威力，愤怒日增而使他增加怨恨，直至长大成人，最终必定是个道德败坏的人。孔子说：“自小养成的习惯就如同天性，习惯成自然”，就是这个道理。俗语说：“要在媳妇初进门时就教导，要在儿子在婴孩时就教诲”，这话真对啊！

大凡人不能很好教育子女的，也不是想让子女成为罪恶的人，只是难以呵斥，怕伤子女脸面，不忍心责打，心疼孩子的皮肉啊。对此，应该以治疗疾病来晓喻他们，哪有不用汤药针灸就能把病治好的呢？又要想一想那些勤于督促教训子女的父母，难道他们愿意虐待自己的骨肉吗？这实在是不得已啊！

王大司马的母亲魏夫人，性情十分严肃端正。王大司马在湓城时，是统帅三千人的将领，他年过四十，母亲认为儿子稍有不对的时候，仍惩戒他，所以能成就他的功业。梁元帝时，有一个学士，聪明敏捷而有才华，被父亲所宠爱，失于礼义的教导：儿子一句话说得对，就讲给所有的人，一年到头夸奖他；一种行为非礼，就为他掩饰，希冀他能自己改正。直到该成婚、为官的年龄，凶暴傲慢日见滋长，最后竟因为说话不当，被周逖抽出肠子并用他的血涂鼓。

父子之间要严肃，不能喜欢过分；骨肉之间的爱，不可以不讲礼仪。不讲礼仪，长辈的慈和晚辈的孝就不会培养出来，对子女过分亲热子女就会产生怠慢不孝之心。已得到了官位的读书人，凡父子都不在一个居室，这就是防止过分亲昵的办法。晚辈的为长辈挠痒止痛，叠被放枕，伺候起居，这些都是教子女不怠慢的办法。有人问道：“陈亢喜欢听到君子疏远自己儿子的消息，这说的是什么呢？”回答说：“有这事。因为君子不独自教授他的儿子，《诗经》中有讽刺的诗句，《礼记》中有避嫌疑的告诫，《尚书》中有犯上作乱的记载，《春秋》中有对淫邪僻陋的讥讽，《易经》中备物而致用的卦象，指的都不是父亲对儿子可以直接通言，故而不独自教授。”

齐武成帝的儿子琅琊王高俨，与太子为同母所生，他生来聪明智慧，武成帝及帝后都十分喜爱他，衣服饮食与东宫太子一样。武成帝常常当面称誉他这个儿子说："这是个聪明的孩子，将来定能成大器。"及至太子即位，琅琊王移居别官，可礼制上的优越超过太子，与各位王爷不一样。太后还嫌不足，常常因此有怨言。长到十多岁时，他被娇惯得毫无礼节，器物珍玩，都是仿照皇帝的规制。曾在南殿朝见皇帝，见到典御进献新冰，钩盾官进献新鲜李子，他回府后便派人去索要，遭到拒绝，于是大发雷霆，骂道："皇上已经有了的，我为什么竟然没有？"不知高低尊卑，常常如此。看到这种情况的有识之人，常常以叔段、州吁等历史人物来相劝。后因厌恶宰相和士开，便假拟诏书斩了士开；又担心有人相救，便命令手下的军士，防守住殿门。他原本没有反朝廷之心，但出了此事他便被抓了起来，后来竟在幽禁中死去。

父母爱子，很少能有平等的，从古到今，这样的弊端真是太多了。贤德俊美的自然可以得到赞赏关爱，顽皮愚鲁的也应该同情爱怜，有偏向宠爱的，虽是想要以此来表示厚爱，结果反而是给他带来灾祸。共叔段之死，祸首其实是他母亲；赵王的被杀，实在是怨他父亲。刘表的倾倒宗室覆亡家族，袁绍的土地被割裂军队被消灭，可谓龟甲显示卦象和明镜返照景致那样值得鉴借啊。

齐朝有位士大夫，曾经对我说："我有一个儿子，已经十七岁，对文书信札之类挺明白，教给他鲜卑话以及弹琵琶，也逐渐学得很快，可凭借这些伺候公卿，这些公卿没有不宠爱他的，这也是件大事啊！"我当时低头没作回答。奇怪啊，这个样的教子！如果凭借这种技能，而得到卿相之位，那我也不愿意让你们去做这样的事。

兄弟第三

【原文】

夫有人民而后有夫妇，有夫妇而后有父子，有父子而后有兄弟，一家之亲，此三而已矣。自兹以往，至于九族[①]，皆本于三亲焉，故于人伦为重者也，不可不笃。兄弟者，分形连气[②]之人也。方其幼也，父母左提右挈，前襟后裾，食则同案，衣则传服，学则连业，游则共方，虽有悖乱之人，不能不相爱也。及其壮也，各妻其妻，各子其子，虽有笃厚之行，不能不少衰也。娣姒[③]之比兄弟，则疏薄矣。今使疏薄之人，而节量亲厚之恩，犹方底而圆盖，必不合矣。惟友悌[④]深至，不为旁人之所移者，免[⑤]夫！

二亲既殁，兄弟相顾，当如形之与影，声之与响。爱先人之遗体[⑥]，惜己身之分气，非兄弟何念哉！兄弟之际，异于他人，望深则易怨[⑦]，地亲则易弭[⑧]。譬犹居室，一穴则塞之，一隙则涂之，则无颓毁之虑。如雀鼠之不恤[⑨]，风雨之不防，壁陷楹沦，无可救矣。仆妾之为雀鼠，妻子之为风雨，甚哉！

兄弟不睦，则子侄不爱；子侄不爱，则群从疏薄[10]；群从疏薄，则僮仆为仇敌矣。如此，则行路皆踖其面而蹈其心[11]，谁救之哉？人或交天下之士，皆有欢笑，而失敬于兄者，何其能多而不能少也？人或将数万之师，得其死力，而失恩于弟者，何其能疏而不能亲也？

娣姒者，多争之地也。使骨肉居之[12]，亦不若各归四海[13]，感霜露[14]而相思，伫日月之相望也[15]。况以行路之人[16]，处多争之地，能无间者鲜矣[17]。所以然者，以其当公务而执私情，处重责而怀薄义也。若能恕己而行，换子而抚，则此患不生矣。

人之事兄，不可[18]同于事父，何怨爱弟不及爱子乎？是反照[19]而不明也。沛国刘琎[20]，尝与兄瓛连栋隔壁。瓛呼之数声不应，良久方应。瓛怪问之，乃云："向来未着衣帽故也。"以此事兄，可以免矣。

江陵[21]王玄绍，弟孝英、子敏，兄弟三人，特相爱友[22]，所得甘旨新异，非共聚食，必不先尝。孜孜色貌[23]，相见如不足者。及西台[24]陷没，玄绍以形体魁梧，为兵所围，二弟争共抱持，各求代死，终不得解，遂并命[25]尔。

【注释】

①九族：说法不一：以己为中心，上推父亲、祖父、曾祖、高祖；下推儿子、孙子、曾孙、玄孙。另一种说，父族四、母族三、妻族二。②气：指气质和血脉。③娣姒：弟妻为娣，兄妻为姒。即今之妯娌。④友悌：兄弟之间的礼仪规范。爱弟为友，敬兄为悌。⑤免：同"勉"，努力。⑥遗体：父母所遗之体，指兄弟。⑦望深则易怨：愿望深则容易产生怨恨。⑧地亲则易弭：住地近则容易产生隔阂。弭，忘，指忘记交流。⑨雀鼠：指雀在檐下结巢，鼠在壁底掏洞。不恤：不知忧患。⑩疏薄：感情疏远又淡薄。⑪行路：指行走在路上的陌生人。踖其面而蹈其心：骑在其头面之上，甚而踩踏其心口。踖，跨越。⑫之：代指"多争之地"。⑬四海：指各自的生活世界。⑭霜露：喻指生活中的艰难。⑮"伫日月"句：久居日月各自必生相望之情。⑯以行路之人：以行路之人的态度。⑰无间：无间隔，无隔阂。鲜：少。⑱可：可能。⑲反照：反观。⑳刘琎：字子璥，南齐沛国人（沛地在今安徽淮河以北一带）。其兄刘瓛，字子圭。㉑江陵：故址在今湖北荆门一带。㉒爱友：友爱。㉓孜孜色貌：脸上显示出勤勉的样子。㉔西台：即江陵。梁元帝于江陵登基，因江陵在西，故称西台。㉕并命：同时罹难。

【译文】

天下是先有了人类而后才有夫妇，有夫妇然后有父子，有父子然后有兄弟，一家中的亲人，也就这三种罢了。从此生发，直至九族，都是起源于这三种亲人，所以对人伦来说是很重要的，不能不予以看重。所谓兄弟，是形有分别而气血相连的人。当他们幼年时，父母左提右携，前边抱着后边扯襟跟着，吃饭同桌，衣服传着穿，课本传着用，游玩也同到一个地方，即便有违礼捣蛋的兄或弟，也不能不相亲爱。等到长大了，各自娶了妻子，各自养育自己的孩子，虽然有深深的兄弟情谊，但不能不有所减弱。妯娌同兄弟相比，则更疏远淡薄了。如今让疏远淡薄之人节制衡量亲密深厚的兄弟之情，这如同圆盖子去盖方形的器物，那一定是不合适的。要想兄友弟恭感情至深，不为别人所动摇的，只有勉力而行。

父母已经去世，兄弟相互照顾，应该象形与影、声与响那样。珍爱父母所遗留的兄弟个体，珍惜自己身上父母遗传的血气，若非兄弟之间谁会这样互相关爱呢？兄弟之间，又不同于别人，希望太高则容易产生抱怨；居地太近就容易忘却交流。这如同居室，如出了一个洞就堵上它，出了裂缝就涂抹它，那么就不会有败毁的忧虑了。如果对雀巢鼠洞的破坏置之不理，风吹雨淋不加防范，墙也塌了，柱子也倒了，到这地步就无可救药了。仆人和小妾就如同麻雀老鼠，妻子就如同风雨啊，危害很大呀！

兄弟之间不和睦，那么子侄之间就不会相互亲爱，子侄之间不亲爱，那么所有的亲戚就疏远淡薄，而僮仆之间更是视如仇敌了。如果这样，陌生的行路人都可以跨上他们的头脸，踩上他们的心口，谁去解救他们呢？有的人结交天下之士，都有欢笑，而唯独对他哥哥不尊敬，为什么能结交那么多而不能亲爱很少的兄长呢？有的人能统帅数万的军队，得到将士效死出力，而唯独对弟弟没有恩情，为什么能施恩于那么多而不能施恩于很少的弟弟呢？

妯娌之间是多纷争的地方。让亲骨肉生活在这样的地方，还不如让他们各有自己的生活世界，让他们感到岁月流逝或生活艰难而起兄弟思念之情，数着日子盼望相聚的时刻。更何况如果将来如同路人，处在这样的关系中，能亲密无间的太少了。之所以会这样，是因为当遇到家族事务时各打自己的小算盘，掌握重要的家族职责而缺少公义。如能够以宽恕之心行事，把别人的孩子视如己生，那么这种忧患就不会发生了。

人对待兄长不可能像对待父亲那样，又何必埋怨哥哥亲爱弟弟不如疼爱儿子呢？这样来反观就会知道自己的不明道理了。沛地的刘琎，曾经与哥哥刘瓛连屋隔壁而住。刘瓛招呼刘琎好几声弟弟都不答应，过了半天才答应。刘瓛奇怪，就问弟弟是怎么回事，弟弟说："方才是因为我还没有穿戴好衣帽。"以这样的态度对待兄长，上面说的埋怨之情就不会出现了。

江陵的王玄绍，有弟弟孝英、子敏，兄弟三人十分友爱，一旦得到甘甜新鲜好吃的，不是共同享用，一定是谁也不先动口。勤谨尽礼地互待，每次相见都感觉自己做得不够。及至西台陷落，玄绍虽身材魁梧有力，还是被敌兵包围，两位弟弟争相共同保护哥哥，各自都要代替哥哥去死，终于未能冲破包围，便同时罹难了。

后娶第四

【原文】

吉甫[①]，贤父也，伯奇[②]，孝子也，以贤父御[③]孝子，合得终于天性[④]，而后妻间

之，伯奇遂放[5]。曾参[6]妇死，谓其子曰："吾不及吉甫，汝不及伯奇。"王骏[7]丧妻，亦谓人曰："我不及曾参，子不如华、元[8]。"并终身不娶，此等足以为诫。其后，假继惨虐孤遗[9]，离间骨肉，伤心断肠者，何可胜数。慎之哉！慎之哉！

江左不讳庶孽[10]，丧室之后，多以妾媵[11]终家事，疥癣蚊虻，或不能免，限以大分[12]，故稀斗阋之耻。河北鄙于侧出，不预人流[13]，是以必须重娶，至于三四，母年有少于子者。后母之弟，与前妇之兄，衣服饮食，爰及婚宦，至于士庶贵贱之隔，俗以为常。身没[14]之后，辞讼盈公门，谤辱彰道路，子诬母为妾，弟黜[15]兄为佣，播扬先人之辞迹，暴露祖考之长短，以求直己者[16]，往往而有。悲夫！自古奸臣佞妾，以一言陷人者众矣。况夫妇之义，晓夕移之，婢仆求容，助相说引，积年累月，安有孝子乎？此不可不畏。

【注释】

①吉甫：尹吉甫。尹，官名，周宣王时大臣。本姓兮名甲。也称兮伯吉父。②伯奇：尹吉甫之长子。③御：驾御。古时长对幼、上对下之用命，都可称"御"。此指父对子之教导。④合：合该，应该。终于，终结在。天性：指父慈子爱的天性。⑤伯奇遂放：蔡邕《琴操·履霜操》载："尹吉甫子伯奇，母早亡。更娶后妻，乃谗之吉甫曰：'伯奇见妾美，有邪念。'吉甫曰：'伯奇慈心，岂有此也？'妻曰：'置妾空房中，君登楼察之。'乃取蜂置衣领，令伯奇掇之。于是吉甫大怒，放伯奇于野。"⑥曾参：字子舆。孔子学生，以孝道著称于世。⑦王骏：汉成帝时大臣。⑧华、元：曾参的两个儿子，华与元。⑨假继：代替与继续。指后母。属定语代替中心词。孤遗：孤独、遗留，指前妻遗留的儿子。属定语代替中心词。⑩江左：江东，指长江下游一带。庶孽，对妾所生子女的蔑称。⑪媵：陪嫁女。⑫大分：指名分。⑬预：参预，加入。人流：有名分人的行列。⑭没：通"殁"。⑮黜：贬损。⑯求直己者：寻求支持自己的人。直，使动词，直己，使自己获取正直的赞誉。

【原文】

凡庸[17]之性，后夫多宠前夫之孤，后妻必虐前妻之子；非唯妇人怀嫉妒之情，丈夫有沉惑之僻[18]，亦事势使之然也。前夫之孤，不敢与我子争家，提携鞠养，积习生爱，故宠之。前妻之子，每居己生之上，宦学婚嫁，莫不为防[19]焉，故虐之。异姓宠则父母被怨，继亲虐则兄弟为仇，家有此者，皆门户之祸也。

思鲁等从舅殷外臣[20]，博达之士也。有子基、谌，皆已成立，而再娶王氏。基每拜见后母，感慕[21]呜咽，不能自持，家人莫忍仰视。王亦凄怆，不知所容，旬月求退，便以礼遣[22]，此亦悔事也。

《后汉书》[23]曰："安帝时，汝南薛包孟尝[24]，好学笃行，丧母，以至孝闻。及父娶后妻而憎包，分出[25]之。包日夜号泣，不能去，至被殴杖。不得已，庐[26]于舍外，旦入而洒扫。父怒,又逐之,乃庐于里门,昏晨不废[27]。积岁余,父母惭而还之。后行六年服[28],丧过乎哀。既而弟子求分财异居,包不能止,乃中分其财。奴婢取其老者,曰:'与我共事久,若[29]不能使也。'田庐取其荒顿者,曰:'吾少时所理,意所恋也。'器物取其朽败者,曰:'我素所服食,身口所安也。'弟子数[30]破其产,还复赈给。建光[31]中,公车特征[32],至拜侍中[33]。包性恬虚,称疾不起,以死自乞。有诏赐告归也。"

【注释】

⑰凡庸:指普通人。⑱沉惑之僻:实在糊涂的毛病。僻,通"癖"。⑲为防:为之寻求准备。⑳思鲁:颜思鲁,颜之推的长子。从舅,母亲的堂兄弟。㉑感慕:感慨思念。㉒礼遣:重礼遣归。㉓后汉书:东汉史书。共一百二十卷:《本纪》十卷、《列传》八十卷,由南朝范晔撰写。《志》三十卷,由晋司马彪撰写。㉔汝南:汉郡名,故址在今河南省上蔡西南。薛包孟尝:姓薛名包,字孟尝。㉕分出:分居出去。㉖庐:名词活用作动词,结庐,建屋。下同。㉗废:废止,停止。其下承前省宾语"旦入而洒扫。"㉘六年服:六年服丧。古时父母过世,子女须守丧三年。此"六年服",故下文说"丧过于哀"。㉙若:你们。㉚数:多次。㉛建光:汉安帝年号。㉜公车特征:乘公车特别征召入京。㉝侍中:官职名,秦始设,两汉相沿。属皇帝侍从,外放往往为州郡高官。

【译文】

尹吉甫,是位贤德的父亲;伯奇,是个孝顺的儿子,让贤德的父亲教导孝顺的儿子,终将获得父慈子孝的天性结果,但因为后娶之妻的离间,伯奇被赶出去了。曾参的妻子死了,他对儿子说:"我赶不上吉甫,你也不如伯奇。"王骏丧妻之后,也曾对人说:"我赶不上曾参,儿子也不如曾参的儿子曾华、曾元。"二人都终身不再娶,这足以为戒。在这之后,后娘残酷虐待前妻之子,离间父子关系,那些伤心断肠的事,真是不胜枚举啊!要谨慎啊,要谨慎啊!

曾参

江东一带不太忌讳庶出之子,丈夫丧妻之后,多以小妾及陪嫁女料理家事,疥癣蚊虻这样的小纠纷不能避免,但受到名分的限制,因此家庭里败坏人伦的可耻事很少发生。河北一带歧视妾生之子,这样的男孩子长大之后不能进入有身份的男人的行列,因此丈夫丧妻之后必须再娶,以至于有接连三四次再娶的,后娘有的比儿子还年少。后娘所生之子与前妻所生之子在衣服饮食,以及在婚姻、为官方面,都有着士庶贵贱的区别,人们也习以为常。父亲去世之后,家庭中打官司闹纠纷的挤满了官府门前，诋毁侮辱的吵闹声响彻大路，儿子诬蔑继母为妾，弟弟贬损哥哥为佣，散布先人的言行隐私，暴露先人的长短以求为自己辩理，往往有之。可悲啊！自古奸臣佞妾用一句话陷害人的太多了。况且夫妇的恩义，在这种情况下早晚得变，婢女仆妇为求主欢心，从旁又添油加醋，年积月累，哪里还会出孝顺儿子呢？如此不能不使人感到可怕。

普通百姓的天性，后夫大多宠爱前夫的遗孤，后妻必然虐待前妻之子；不但妇人怀有嫉妒之心，男人也有老实糊涂的毛病，这也是情势使然啊！前夫的遗孤，不敢同后夫家的子女争这争那，然而他们也是从小被抱着领着养育，积久自然亲爱有加，所以受到后父宠爱。前妻的孩子，常常居于后母所生子女之上，出官与婚嫁，没有不为其预先准备的，因此产生虐待的猜疑。如果对异姓的子女好，那么亲生子女就会埋怨自己的父母，而后母虐待前妻的孩子，那么子女之间就会互相视为仇人，家庭有这样的情形的，这都是家庭的祸事啊。

思鲁等兄弟的堂舅殷外臣，是宽宏通达的人。他有儿子殷基、殷谌都已成人，他又因丧妻续娶王氏。殷基每次拜见后妈时，都因感念生母而呜咽悲泣，不能自控，家人见此都不忍抬头看。王氏也感到很凄凉悲伤，不知今后如何在这个家里立足，半月后请求退婚，殷外臣便依礼将王氏送回娘家，这也是件使人后悔的事啊！

《后汉书》上说："在安帝时，汝南的薛包，字孟尝，好学，品行端正，母亲去世，他以至孝名闻乡里。及至后来父亲又娶妻，憎恶薛包而让他分出去过。薛包日夜痛哭悲泣，不忍离开，直至被父亲杖打。不得已，在房外盖了间小屋，每天早晨来到父亲居处打扫尽孝。父亲发怒，又赶他走，于是他又在里闾村口建了间房子居住，早晚向父母请安尽孝，从不间断。过了一年多的时间，父母感到惭愧而让他回家住。父母去世后，他服丧六年，超过三年丧期一倍。不久兄弟要求分家析产，薛包不能制止，便将财产平均分配。对于奴仆他主动要老的，说：'同我共事很久了，你们不便于使唤。'对于田地房子他主动取贫瘠的、破旧的，说：'这是我小时候料理过的，对它们有感情。'对于器物他主动要残的旧的，说：'这是我平时用惯了的，用着很顺手。'他分了家的弟弟多次败尽了家产，薛包又多次援助。建光年间，朝廷特地征选他当官，直至让他做到侍中。薛包性情恬淡虚静，不恋仕途，便称自己病入膏肓，快要不行了。最后皇帝便下诏赐他告老还乡了。"

治家第五

【原文】

夫风化[①]者，自上而行于下者也，自先而施于后者也。是以父不慈则子不孝，兄不友则弟不恭，夫不义则妇不顺矣。父慈而子逆，兄友而弟傲，夫义而妇陵[②]，则天之凶民，乃刑戮之所摄[③]，非训导之所移也。笞怒废于家，则竖子之过立见[④]；刑罚不中，则民无所措手足[⑤]。治家之宽猛，亦犹国焉。孔子曰："奢则不孙，俭则固，与其不孙也，宁固[⑥]。"又云："如有周公之才之美，使骄且吝，其余不足观也已[⑦]。"然则可俭而不可吝已；俭者，省约为礼之谓也。吝者，穷急不恤[⑧]之谓也。今有施则奢[⑨]，俭则吝；如能施而不奢，俭而不吝，可矣。

生民之本，要当稼穑[⑩]而食，桑麻以衣。蔬果之畜[⑪]，园场之所产。鸡豚之善[⑫]，埘圈[⑬]之所生。爰及栋宇器械，樵苏脂烛，莫非种殖之物也。至能守其业者，闭门而为生之具以足，但家无盐井耳。今北土风俗，率能躬俭节用，以赡衣食；江南奢侈，多不逮焉。

梁孝元世，有中书舍人[⑭]，治家失度而过严刻，妻妾遂共货[⑮]刺客，伺醉而杀之。

【注释】

①风化：风习教化。②陵：欺侮。③摄：通"慑"，威慑。④见：同"现"。古今字。⑤"刑罚"二句：语出《论语·子路》。不中，不合，不合刑律。⑥"孔子曰"五句：引语出自《论语·述而》。孙，通"逊"，谦恭。固，固陋，寒酸。⑦"又云"四句：引语出自《论语·泰伯》。周公，周文王之子、周武王之弟。辅佐其侄周成王平治天下，成为历代辅弼之臣的师表，儒家推崇的圣人、圣君的榜样。不足观，不值一看。⑧不恤：不体恤贫民。⑨施则奢：旧本作"奢则施"，误。⑩稼穑：春种为稼秋收为穑。此二字用作动词。下句同。⑪畜：储藏。⑫善：同"膳"，古今字。膳食，指蛋与肉。⑬埘圈：鸡窝和猪圈。埘，古时常在墙壁凿洞作鸡窝。《尔雅·释宫》："鸡栖于弋为榤，凿垣而栖为埘。"⑭中书舍人：中书省的属官，主起草诏书。⑮货：以钱买通。

【原文】

世间名士，但务宽仁。至于饮食饷馈[⑯]，僮仆减损；施惠然诺[⑰]，妻子节量；狎侮宾客，侵耗乡党[⑱]，此亦为家之巨蠹矣。

齐吏部侍郎房文烈，未尝嗔怒[⑲]，经霖雨绝粮，遣婢籴米[⑳]，因尔[㉑]逃窜，三四许日，方复擒之。房徐曰："举家无食，汝何处来？"竟无捶挞。尝寄[㉒]人宅，奴仆彻[㉓]屋为薪略尽，闻之颦蹙[㉔]，卒无一言。

裴子野[㉕]有疏亲故属[㉖]饥寒不能自济者，皆收养之。家素清贫，时逢水旱，二石米为薄粥，仅得遍焉。躬自同之，常无厌色。邺下有一领军[㉗]，贪积已甚，家童八百，誓满千人，朝夕每人肴膳，以十五钱为率[㉘]，遇有客旅，便无以兼[㉙]。后坐事伏法，籍[㉚]其家产，麻鞋一屋，弊衣数库，其余财宝，不可胜言。南阳有人，为生奥博[㉛]，性殊俭吝。冬至后，女婿谒之，乃设一铜瓯[㉜]酒，数脔[㉝]獐肉，婿恨其草率[㉞]，一举尽之。主人愕然，俯仰命益[㉟]，如此者再，退而责其女曰："某郎好酒，故汝常贫。"及其死后，诸子争财，兄遂杀弟。

妇主中馈[36]，唯事酒食衣服之礼尔，国不可使预政，家不可使干蛊[37]。如有聪明才智，识达古今，正当辅佐君子[38]，助其不足，必无牝鸡晨鸣[39]，以致祸也。

【注释】

⑯饷馈：馈赠。⑰施惠然诺：应诺的施舍恩惠。⑱侵耗：侵吞耗损。⑲嗔怒：生气发怒。⑳籴米：买米。㉑因尔：凭借此事。㉒寄：借。《战国策·东周策》："齐王曰：'寡人将寄经于梁。'"陈亮《再上孝宗皇帝书》："若上有北方之志，则此直寄路焉耳。"㉓彻：通"撤"。㉔颦蹙：皱眉。㉕裴子野：南朝梁代文史学家，字几原，河东闻喜人，官至鸿胪卿。曾祖裴松之，祖裴骃，都是著名文史学家。㉖疏亲故属：远亲旧部。㉗邺下：北齐都城，故址在今河南临漳县。领军，官名，即领军大将军的简称。此指鲜卑人厍狄伏连。㉘率：限度。㉙无以兼：不能增钱数。㉚籍：籍没，没收财物造册入官。㉛奥博：深广。指深藏广蓄的敛财。㉜瓯：小盛酒器。㉝脔：小块肉。㉞草率：粗劣简单。㉟益：增加。㊱中馈：古时指妇女在家主持饮食家务诸事。㊲干蛊：主持父亲未竟之事业。《易经·蛊》："干父之蛊，有子，考无咎。"此句意谓女子不可主持家政。㊳君子：指丈夫。㊴牝鸡晨鸣：常写作"牝鸡司晨"，即母鸡报晓。《尚书·牧誓》："牝鸡无晨。牝鸡之晨，惟家之索。"

【原文】

江东妇女，略[40]无交游，其婚姻之家，或十数年间，未相识者，唯以信命赠遗[41]，致殷勤[42]焉。邺下风俗，专以妇持门户，争讼曲直，造请[43]逢迎，车乘填街衢，绮罗[44]盈府寺，代子求官，为夫诉屈。此乃恒、代之遗风[45]乎！南间贫素，皆事外饰，车乘衣服，必贵齐整，家人妻子，不免饥寒。河北人事[46]，多由内政[47]，绮罗金翠，不可废阙，羸马悴奴，仅充而已。唱和[48]之礼，或尔汝[49]之。

河北妇人，织纴组紃[50]之事，黼黻锦绣罗绮[51]之工，大优于江东也。太公[52]曰："养女太多，一费也。"陈蕃[53]曰："盗不过五女之门。"女之为累，亦以深矣。然天生蒸民[54]，先人遗体，其如之何？世人多不举[55]女，贼行[56]骨肉，岂当如此，而望福于天乎？吾有疏亲，家饶妓媵，诞育将及[57]，便遣阍竖[58]守之。体有不安，窥窗倚户，若生女者，辄持将去，母随号泣，莫敢救之，使人不忍闻也。

妇人之性，率宠子婿而虐儿妇。宠婿则兄弟之怨生焉，虐妇则姊妹之谗行[59]焉。然则女之行留，皆得罪于其家[60]者，母实为之。至有谚云："落索阿姑餐[61]。"此其相报也。家之常弊，可不诫哉！

婚姻素对[62]，靖侯[63]成规。近世嫁娶，遂有卖女纳财，买妇输绢，比量父祖[64]，计较锱铢[65]，责多还少，市井无异。或猥婿在门，或傲妇擅室，贪荣求利，反招羞耻，可不慎欤！

借人典籍，皆须爱护，先有缺坏，就为补治，此亦士大夫百行之一[66]也。济阳江禄[67]，读书未竟，虽有急速，必待卷束整齐，然后得起，故无损败，人不厌其求假[68]焉。或有狼籍几案，分散部秩[69]，多为童幼婢妾之所点污，风雨虫鼠之所毁伤，实为累德[70]。吾每读圣人之书，未尝不肃敬对之，其故纸有《五经》词义，及贤达姓名，不敢秽用也。

吾家巫觋祷请[71]，绝于言议，符书章醮[72]，亦无祈焉，并汝曹所见也。勿为妖妄之费。

【注释】

㊵略：大略，一般。㊶信命赠遗：传达口信或馈赠礼物。㊷殷勤：殷切的情意。㊸造请：造访请安。㊹绮罗：丝绸，指穿丝绸的妇女。㊺恒、代之遗风：北魏建都平城，鲜卑人多居近都之恒、代二州。故恒代之遗风，实指鲜卑之遗风。㊻人事：人际间应酬之事。㊼内政：此指主持"内政"的妇女。㊽唱和：夫唱妇和，此指唱和之人，即夫妇。㊾尔汝：第二人称代词，多用于长对幼或上对下。此活用作动词，称尔称汝。全句意谓没有尊卑贵贱之礼。㊿织纴组紃：编织缝纫宽边细带。用以镶衣物的边。51黼黻锦绣罗绮：在锦绸罗绮的衣物上绣花。52太公：姜太公，吕尚。以下引语出自《太平御览》四百八十五卷所引《六韬》。据考，《六韬》属战国晚期人之伪作，伪托之言故不可确信。53陈蕃：东汉臣。《后汉书·陈蕃传》载：陈蕃上疏说："谚云：'盗不过五女之门。'以女贫家也。今后宫之女，岂不贫国乎？" 54蒸民：众民。蒸，通"烝"。55举：推重。56贼行：杀害。57诞育将及：孩子将要诞生时。58阍竖：守门一类下人。阍，守门人。竖，僮仆之类人。59谗行：谗毁得行。60其家：指母家。61落索阿姑餐：冷落萧索婆母餐。意谓无人近前。62素对：清白配对。《南齐书·王思远传》："景素女废为庶人，思远分衣食以相资赡。年长，为备笄緫，访求素对，倾家送遣。"63靖侯：颜之推的九世祖颜含。据《晋书》载：其官至侍中，桓温欲与结亲，竟遭拒绝，辞官二十年未仕。又本书第五卷《止足》篇载："靖侯戒子侄曰：'婚姻勿贪势家。'"64比量父祖：比对衡量父亲祖父的财势。65锱铢：古代最小的重量单位。常用以指代点滴小事。66百行之一：百种品行中之一种。百行，指各种品行。67济阳：地名，故址在今河南省兰考县境。江禄，南朝梁代考城人，字彦遐。68求假：求借。69部秩：卷册与书套。秩，当作"帙"，用布帛或细竹片连缀而成的书套，又谓之书衣。70累德：拖累道德修养。71巫觋祷请：女巫男觋祷祈请神。72符书：即符箓，巫师或道士所画的图形线条，俗谓之符咒。据说可以役鬼神，除疾病。章醮：拜表设坛以祭，向鬼神祈求福禄寿考之类。

【译文】

风俗教化都是从上推行到下的，从前人传承到后人的。因此，父亲不慈爱，儿子就不孝顺；哥哥不友爱，弟弟就不恭敬；丈夫不讲义，妻子就不顺从。父亲慈爱而儿子忤逆，哥哥友爱而弟弟傲慢无礼，丈夫义气而妻子撒泼，那他们就是天生的刁顽之人，只有国家大刑乃至杀头才能威慑他们，而不是靠教育诱导所能改变的。家庭中如果没了笞杖之法,那么小孩子的坏毛病马上就会表现出来;大到国家,假如没有适当的法律约束,那么老百姓便无所适从。治理家庭的宽与严,也像治理国家一样。孔子说:"奢侈就易滋生傲慢,省俭就会显得寒酸,那么与其傲慢,还不如寒酸呢。"又说:"假如有周公那样的美妙的才能,而一旦骄横并吝啬,其他方面就用不着再考察了。"但是,治家可以俭朴却不可以吝啬;俭朴的意思是节约而遵行礼法;而吝啬呢,是对穷困有急难的人不予帮助的意思。如今进行施舍则导致奢侈,实行节俭就产生吝啬;如果能够施舍而不奢侈,节俭而不吝啬就妥当了。

老百姓生活的根本,应该是种田而收获粮食满足口福之需,种麻养蚕而获得布足衣服。蔬菜水果的积蓄,是果园菜地的产品。鸡与猪的肉与蛋,均为鸡窝、猪圈所产生的。引而伸之,房屋和日常用具,柴禾食油蜡烛,莫不是来源于种植养殖之物。至于能承守祖业的人,关起门来而维持生活的用品,都可以自给自足了,只是家中无法挖出盐井而已。如今北方的风俗,大多能够认真实行节俭度日,以此保障衣食用度;而江南大多奢侈,一般不及北方人会过日子。

梁朝的孝元帝时,有个中书舍人,治家有失法度而过于严厉刻薄,他的妻妾们便共同买通刺客,待主人酒醉时让刺客将主人杀死。

世上有名的人士,只求宽厚仁和。以至于人情往来中的馈赠和日常的饮食之物,仆人们从中扣留减损;答应赠送别人的物品,妻儿们从中截留;侮辱贵宾客人,鱼肉侵吞乡里族人,这也是家庭中的大蛀虫啊!

齐朝的吏部侍郎房文烈,不曾发过怒。有一次多日下雨断绝了粮食,他打发婢女去买米,这个婢女顺路逃跑了,过了三四天,才将这个婢女捉住。房文烈对这个婢女慢声细语地说:"全家没有吃的,你是从哪里来的?"竟然没有责打她。房文烈曾把自己的住宅借给别人,奴仆们把住宅的门窗等木料拆了当柴烧,都要把房子拆毁了,他听了后直皱眉头,但始终没说一句话。

南朝梁有个叫裴子野的,他的亲朋故旧有饥寒不能度日的,他都予以收养。他家向来清贫,当时又赶上旱涝灾害,用两石米熬稀粥,仅仅可以每个人都喝点。他也同众人一道喝粥,从未有不耐烦的意思。邺城有个领兵的大将,贪婪积财已很过分,他有家奴八百人,他发誓要凑足一千人,早晚每个人的饭菜,以十五钱作为标准,遇有客人过宿,也不肯增加一份饭菜。后来犯了案子被处死,家产被官府没收,这时发现他家有一屋子的麻鞋,旧衣服有几仓库,其他财物,不计其数。南阳有个人,爱财如命,但善于经营,广积财物又十分吝啬。冬至后,他的女婿来拜见他,他仅仅用一铜杯酒,几小块獐肉招待女婿,女婿嫌老丈人太简率,一下子全吃了。这个岳父十分惊讶,十分不情愿地又叫人添加一点,然后又加了一点。吃罢饭,这个吝啬鬼责备他的女儿说:"你丈夫好喝酒,因此你家总这样穷困。"待到这个人死后,他的几个儿子为争夺家产,哥哥便将弟弟杀了。

女主人主管家内做饭等家务，只负责酒饭衣服这方面礼法规定的事，如同一个国家不能由女人干预朝政，那么一个家庭中女人也不可主持家政。如果有聪明才智，又通晓古今，正应该辅助丈夫，弥补丈夫的不足，但一定不能出现母鸡打鸣报晓，干预家政的情况，以免出现祸端。

江东一带的妇女，基本上没有交游的习惯，就是联姻的两家亲属，也有十几年间不曾相识的，只是传达口信或礼物馈赠的方式表达亲属间的情感。而邺下这个地方的风俗，是专门让妇女主持门户，打官司论是非，迎来送往，坐车乘轿的女人满街都是，穿红着绿的贵妇遍布府衙，替儿子求官，为丈夫诉冤。这就是北魏鲜卑人的遗风吗！南方清贫的人家，都重视装饰打扮，乘坐的车轿，穿的衣服，必须华贵齐整，而家人和妻子则免不了受饥寒。河北一带的风俗，大凡送往迎来之事，大多女主人担当，所以穿着打扮，穿绫罗佩金玉之类必不缺少，而所使用的瘦马弱奴，不过充数而已，夫妻之间也不讲什么礼法，你我相称，随随便便。

河北一带的妇女，编织刺绣裁剪制衣之类的活儿，比江东一带妇女做得好。姜子牙曾说过："养女孩太多，可真是费钱啊！"陈蕃也说过："强盗不到有五个女儿的人家去偷东西。"女孩子成为家庭的累赘可见十分严重了。但是天生百姓，父母给的生命身体，有什么办法呢？世上的人大多不重视女孩，有的甚至残害自己的女儿，怎么能用这样的办法来指望上天降福呢？我有一门远亲，家里有很多女仆家妓，将要生孩子的时候，便派守门人候在门外。孕妇身体出现不安的临产征候，便倚门或扒窗户偷看，如果发现生的是女孩，就立即抱走，产妇又哭又号，也没人敢去救助，真让人不忍耳闻啊！

妇人的性情，大多宠爱女婿而虐待儿媳妇。宠爱女婿，那么他们兄弟之间就会产生怨气；虐待媳妇，那么她们姊妹之间的谗言就大行其道。然而，女儿不管是待嫁在家还是出嫁到夫家，都会获咎于家庭，母亲实在是罪魁祸首。以至有谚语说："最冷落萧索的就是婆婆吃饭。"这就是宠女婿虐待儿媳的报应啊。这些家庭中的弊端，难道不可以引为借鉴吗？

婚姻之事，素德相配，这是祖宗靖侯定下的规矩，近世的人们在嫁女娶妇时，便有卖女儿收财礼，买媳妇出钱物的事，还要比较双方父祖的门第财势，斤斤计较彩礼的多少，讨价还价，与市场交易没什么两样。结果，或是猥琐的女婿入门，或者骄横的泼妇主持家政，贪图荣誉，追求利益，反而招致耻辱，难道可以不慎重对待此事吗？

借了人家的书籍，都应该爱护，原先坏损处要立即修补好，这也是士大夫各种行为礼法的一个内容。济阳的江禄，只要书还没有读完，就是赶上有紧急事务要办，也要等认真把书整理好才去办别的事，因此他借来的书从无坏损，别人对他来借书从不厌烦。可是有的人就不是这样，把书胡乱放到几案上，同一部书散放到各处，多为小孩奴婢侍妾们弄脏了，有的被风吹雨淋，鼠咬虫蛀，这实在是不道德啊！我每当读圣贤之书，没有一次不是肃然起敬去读；假如有旧纸上写有《五经》词义以及先贤达人姓名的，我都不敢随便弄脏这些纸。

我们家对于请巫医神汉祈祷消灾之类的事，绝对不予讨论，道士画符求神免灾的事也从来不做，这都是你们所见到的。不要为了这些弄神弄鬼的事去花钱。

风操第六

【原文】

吾观《礼经》[①]，圣人之教，箕帚匕箸，咳唾唯诺，执烛沃盥，皆有节文[②]，亦为至矣。但既残缺，非复全书，其有所不载，及世事变改者，学达君子，自为节度[③]，相承行之，故世号士大夫风操。而家门颇有不同，所见互称长短，然其阡陌[④]，亦自可知。昔在江南，目能视而见之，耳能听而闻之，蓬生麻中[⑤]，不劳翰墨[⑥]。汝曹生于戎马之间，视听之所不晓，故聊记录以传示子孙。

《礼》云："见似目瞿，闻名心瞿[⑦]。"有所感触，恻怆心眼；若在从容[⑧]平常之地，幸须申[⑨]其情尔。必不可避，亦当忍之。犹如伯叔兄弟，酷类先人，可得终身肠断[⑩]，与之绝耶？又："临文不讳，庙中不讳，君所无私讳[⑪]。"盖知闻名，须有消息[⑫]，不必期于颠沛而走也[⑬]。梁世谢举[⑭]，甚有声誉，闻讳必哭，为世所讥。又臧逢世[⑮]，臧严之子也，笃学修行，不坠[⑯]门风。孝元经牧江州[⑰]，遣往建昌督事，郡县民庶，竞修笺书，朝夕辐辏[⑱]，几案盈积，书有称"严寒"者，必对之流涕，不省取记，多废公事，物情[⑲]怨骇，竟以不办而还。此并过事也。近在扬都[⑳]，有一士人讳审，而与沈氏交结周厚。沈与其书，名而不姓[㉑]，此非人情也。

凡避讳者，皆须得其同训[㉒]以代换之。桓公[㉓]名白，博有五皓之称[㉔]；厉王[㉕]名长，琴[㉖]有修短之目。不闻谓布帛为布皓，呼肾肠为肾修也。梁武小名阿练，子孙皆呼练为绢，乃谓销炼物[㉗]为销绢物，恐乖[㉘]其义。或有讳云者，呼纷纭为纷烟；有讳桐者，呼梧桐树为白铁树，便似戏笑尔。

【注释】

①礼经：此指《礼记》。秦汉以前有《儒家治礼》传世，所辑多有散佚，属解释和补充性传习资料。初无定本，至大戴及小戴之后，《礼记》始为定型。经东汉郑玄作《礼记注》，乃成定本。唐孔颖达作《礼记正义》，与郑注合刊于原文之下，是为当今通行本。②节文：礼节文字。此上细节：端簸箕、拿扫帚、持匙勺、用筷子、咳嗽、唾吐、应答、应诺、执烛、盥洗，都有礼仪规范的记述。③节度：礼节规则。④阡陌：道路。南北为阡，东西为陌。此指具体做法不同。⑤蓬生麻中：《荀子·劝学》："蓬生麻中，不扶而直。"比喻人在特定环境中其思想性格必受影响。⑥翰墨：当作"绳墨"，从王利器说。⑦"礼云"三句：语出《礼记·杂记下》。瞿，同"惧"，惊惧，惊诧。⑧从容：指宽松的环境。⑨

须：应。申：诉说。⑩肠断：形容极度悲伤。⑪“临文”三句：语出《礼记·曲礼上》。今本有异文：“君所无私讳，大夫之所有公讳。《诗》《书》不讳，临文不讳，庙中不讳。”讳，避讳，多指避讳称道先人或君上的名字或事情。临文，指面对文告时。庙中，指在祖庙祭祀时。君所，指在君王面前时，此上都可以直称父母之名。⑫消息：讯息。⑬期：要求。颠沛：仆倒，此指跪倒。走：逃走。⑭谢举：南朝梁代文人，字言扬，官至尚书令。⑮臧逢世：据本书《勉学篇》载：逢世东莞县人，以精《汉书》闻名于时。其父藏严，孤贫勤学，幼有至孝。⑯坠：沦落，丧失。⑰孝元：梁元帝萧绎，《梁书》本纪载：“大同六年，出为特使节都督江州诸军事、镇南将军、江州刺史。”经牧：经管。牧，主治。江州，故址在今江西省九江市。⑱辐辏：如车辐辏集于毂上。此有聚集义。⑲物情：人情。⑳扬都：即建康，故址在今江苏省南京市。㉑名而不姓：只写名而不写姓。名、姓，均用作动词。㉒同训：指同义词。二字可以互训，故称同训。㉓桓公：指齐桓公，春秋五霸之首。姓姜，名小白。㉔博：古代一种游戏，五个棋子，一面黑一面白。掷得五黑，称卢，全赢；掷得五白，称白，次赢。为避齐桓公名讳，改五白为“五皓”。㉕厉王：刘邦之少子淮南王刘长，其子刘安为避父之名讳，在所撰《淮南子》中“长”字都改作“修”。㉖琴：据王利器考证，此当作“胫”字，音近而讹。㉗销炼物：指熔铸冶炼之钢铁。㉘乖：乖误。

【原文】

周公名子曰禽[29]，孔子名儿曰鲤，止有其身，自可无禁。至若卫侯、魏公子[30]、楚太子，皆名虮虱，长卿[31]名犬子，王修[32]名狗子，上有连及[33]，理未为通，古之所行，今之所笑也。北土多有名儿为驴驹、豚子者，使其自称及兄弟所名，亦何忍哉？前汉有尹翁归[34]，后汉有郑翁归，梁家亦有孔翁归，又有顾翁宠，晋代有许思妣、孟少孤，如此名字，幸当避之。

今人避讳，更急[35]于古。凡名子者，当为孙地[36]。吾亲识中，有讳襄、讳友、讳同、讳清、讳和、讳禹、交疏造次[37]，一座百犯，闻者辛苦[38]，无憀赖[39]焉。

昔司马长卿慕蔺相如，故名相如。顾元叹慕蔡邕[40]，故名雍。而后汉有朱伥字孙卿，许暹字颜回，梁世有庾晏婴、祖孙登，连古人姓为名字，亦鄙事也。

昔刘文饶[41]不忍骂奴为畜产，今世愚人，遂以相戏，或有指名为豚犊者。有识傍观，犹欲掩耳，况当之者[42]乎？近在议曹[43]，共平章百官秩禄[44]，有一显贵，当世名臣，意嫌所议过厚[45]。齐朝有一两士族文学之人，谓此贵曰：“今日天下大同[46]，须为百代典式，岂得尚作关中旧意[47]？明公定是陶朱公[48]大儿耳？”彼此欢笑，不以为嫌。

昔侯霸[49]之子孙，称其祖父曰家公；陈思王[50]称其父曰家父，母为家母；潘尼[51]称其祖曰家祖。古人之所行，今人之所笑也。及南北风俗，言其祖及二亲，无云家者。田里猥人[52]，方有此言耳。凡与人言，言己世父[53]，以次第称之，不云家者，以尊于父[54]，不敢家也。凡言姑姊妹女子子[55]：已嫁则以夫氏称之，在室则以次第称之。言礼成他族，不得云家也。子孙不得称家者，轻略之也。蔡邕书集，呼其姑姊为家姑家姊；班固[56]书集，亦云家孙，今并不行也。凡与人言，称彼祖父母、世父母、父母及长姑，皆加尊字。自叔父母以下，则加贤字，尊卑之差也。王羲之书，称彼之母，与自称己母同，不云尊字，今所非也。

【注释】

㉙禽：周公姬旦的儿子名伯禽，封于鲁，为鲁国之始祖。㉚魏公子：当作"韩公子"。《史记·韩世家》载："襄公十二年，太子婴死，公子咎、公子虮虱争为太子。时虮虱质于楚。"《战国策·韩策》作"几瑟"，瑟，通"虱"。㉛长卿：司马相如字长卿，原名犬子，因慕蔺相如，故改名相如。㉜王修：晋太原人。字敬人，小字苟子。㉝上有连及：上又连及其父。意谓父也是狗类。㉞尹翁归：翁，有父祖之义，著者认为此名不妥。此下，后汉之郑翁归，梁代之孔翁归，梁代之顾翁宠，著者认为名字有辱先人。而晋代之许思妣，又有思母丧之嫌；晋代之孟少孤，如咒双亲丧亡之过，故"幸当避之"。㉟急：紧急，紧要。㊱孙地：孙辈的心理。地，心地，心理。意谓孙辈虽心欲避讳而为难。㊲造次：造访聚会。次，按顺序排列辈分。㊳辛苦：困苦。㊴憀赖：依托，依据。㊵蔡邕：东汉文学家、书法家。字伯喈，陈留围人。其学生顾元叹，蔡邕曾叹其聪敏好学，深知将有大用，故为之起名元叹。元叹又慕蔡师博学，为已更名"雍"。雍者，邕也。此下，后汉朱伥，字孙卿，即荀卿；许暹，字颜回；梁代的庾晏婴，陈代的祖孙登，都是连缀古人姓名为自己名字，著者也以为鄙陋之举。㊶刘文饶：《后汉书》本传载：刘宽，字文饶，华阴人。桓帝时为南阳太守，灵帝时官至太尉，为人温和宽厚。㊷当之者：指被戏骂的人。㊸议曹：官署名，商议政务之所在。㊹平章：评定。秩禄：官职俸禄。㊺过厚：按职俸禄过高。㊻天下大同：隋文帝于开皇九年灭陈，颜之推写作此书时，初入隋朝，故有"大同"之说。㊼关中旧意：指隋朝以前的旧体制。隋建都于大兴，属关中，故以地区代指朝代分界。㊽陶朱公：《史记·勾践世家》载：范蠡辅越王勾践灭吴，功成勇退，至陶地自称朱公，以经商致巨富。其二儿杀人被捕，大儿携千金往救，因吝财未能打通关节，二儿终于被处死。㊾侯霸：东汉初河南密人，字君房，官至大司徒。此下，"子""祖"二字，卢文弨认为是衍文，应删。愚按，误。㊿陈思王：曹植。其封于陈地，死后谥号思，故称。51潘尼：潘岳之侄，叔侄都以诗文名世。52田里猥人：田野俗民。53世父：伯父。54尊于父：长于父。55女子子：指女子的女儿。56班固：字孟坚，扶风安陵人。继承父志，续撰《汉书》。明帝曾诏为兰台令史。有《白虎通德论》《班兰台集》传世。

【原文】

南人冬至岁首，不诣丧家[57]，若不修书，则过节束带[58]以申慰。北人至岁之日，重行吊礼，礼无明文，则吾不取。南人宾至不迎，相见捧手而不揖[59]，送客下席而已。北人迎送并至门，相见则揖。皆古之道也，吾善其迎揖。

昔者，王侯自称孤、寡、不穀[60]，自兹以降，虽孔子圣师，与门人言，皆称名也。后虽有臣仆之称行者，盖亦寡焉。江南轻重[61]，各有谓号[62]，具诸《书仪》[63]；北人多称名者，乃古人之遗风，吾善其称名焉。

言及先人，理当感慕，古者之所易，今人之所难。江南人事不获已[64]，须言阀阅[65]，必以文翰，罕有面论者。北人无何[66]，便尔话说，及相访问。如此之事，不可加于人也。人加诸己，则当避之。名位未高，如为勋贵所逼，隐忍方便，速报取了，勿使烦重，感辱祖父。若没[67]，言须及者，则敛容肃坐，称大门中[68]，世父、叔父则称从兄弟门中，兄弟则称亡者子某门中，各以其尊卑轻重为容色之节，皆变于常。若与君言，虽变于色，犹云亡祖、亡伯、亡叔也。吾见名士，亦有呼其亡兄弟为兄子弟子门中者，亦未为安贴也。北土风俗，都不行此。太山羊侃[69]，梁初入南。吾近至邺，其兄子肃访侃委曲[70]，吾答之云："卿从门中在梁，如此如此。"肃曰："是我亲第七亡叔，非从也。"祖孝征[71]在坐，先知江南风俗，乃谓之云："贤从弟门中，何故不解？"古人皆呼伯父、叔父，而今世多单呼伯叔。从父[72]兄弟姊妹已孤，而对其前，呼其母为伯叔母，此不可避者也。兄弟之子已孤，与他人言，对孤者前，呼为兄子弟子，颇为不忍。北土人多呼为侄，案《尔雅》《丧服经》《左传》，侄名虽通男女，并是对姑之称。晋世已来，始呼叔侄；今呼为侄，于理为胜也。

【注释】

⑰诣：到。丧家：守丧的人家。⑱束带：泛指整饰衣带，以示敬意。⑲捧手：拱手。揖：拱手俯身施礼。⑳"王侯"句：孤，孤立。寡，寡德。不穀，五穀不生。此上都是王侯自勉修德之词，代自称，以作警示。㉑轻重：轻，指身份轻贱的人；重，指身份贵重的人。㉒谓号：称谓别号，都是名字之外的尊称。㉓书仪：有关书信格式、称谓、用语、书注等礼仪性著作。㉔不获已：不得已。㉕阀阅：门第家世。㉖无何：没什么避讳。㉗没：通"殁"。㉘大门中：对人说自家已故祖父或父亲，称大门中。说家族中已故者，称门中。㉙太山：即泰山。羊侃：《梁书》本传载：羊侃字祖忻，泰山梁甫人。归梁后，官至都官尚书。㉚委曲：原委。指详情。㉛祖孝征：《北齐书》有传，祖珽字孝征。范阳狄道人。㉜从父：伯父、叔父的通称。

【原文】

别易会难，古人所重。江南饯送，下泣言离。有王子侯[73]，梁武帝弟，出为东郡，与武帝别，帝曰："我年已老，与汝分张[74]，甚以恻怆。"数行泪下。侯遂密云[75]，赧然而出。坐此[76]被责，飘摇舟渚，一百许日，卒不得去。北间风俗，不屑此事，歧路言离，欢笑分首[77]。然人性自有少涕泪者，肠虽欲绝，目犹烂然[78]；如此之人，不可强责。

凡亲属名称，皆须粉墨[79]，不可滥也。无风教者，其父已孤，呼外祖父母与祖父母同，使人为其不喜闻也。虽质于面，皆当加外以别之；父母之世叔父[80]，皆当加其次第以别之；父母之世叔母，皆当加其姓以别之；父母之群从[81]世叔父母及从祖父母，皆当加其爵位若姓以别之。河北士人，皆呼外祖父母为家公、家母，江南田里间亦言之。以家代外，非吾所识。凡宗亲世数[82]，有从父，有从祖[83]，有族祖[84]。江南风俗，自兹已往，高秩者通呼为尊，同昭穆[85]者虽百世犹称兄弟，若对他人称之，皆云族人。河北士人，虽三二十世，犹呼为从伯从叔。梁武帝尝问一中土人曰："卿北人，何故不知有族？"答曰："骨肉易疏，不忍言族尔。"当时虽为敏对，于礼未通。吾尝问周弘让[86]曰："父母中外[87]姊妹，何以称之？"周曰："亦呼为丈人[88]。"自古未见丈人之称施于妇人也。吾亲表所行，若父属者，为某姓姑；母属者，为某姓姨。中外丈人之妇，猥俗呼为丈母[89]，士大夫谓之王母、谢母云。而《陆机集》有《与长沙顾母书》，乃其从叔母也，今所不行。齐朝士子，皆呼祖仆射[90]为祖公，全不嫌有所涉也，乃有对面以相戏者。

【注释】

(73)王子侯：梁朝王子，封为侯爵。(74)分张：分手。(75)密云：脸上布满阴云。喻指悲苦状。《易经·小畜》："密云不雨，自我西郊。"(76)坐此：因此。(77)分首：分别。(78)烂然：目光明亮的样子。(79)粉墨：本指以白粉和黑墨修饰脸谱。此指名称装饰，即在称谓前加词缀，以为限定。(80)世叔父：凡与父亲同辈的伯与叔，前加"世"字。(81)群从：指各子侄辈。(82)宗亲：同宗的亲属。世数：世系辈数。(83)从祖：父亲的堂伯叔。(84)族祖：祖父的堂伯叔。(85)昭穆：古代宗法制度，宗庙或墓地的辈分排列次序。始祖居中，二世、四世、六世，位于始祖之左，称昭；三世、五世、七世，位于右，称穆。此泛指家族辈分。(86)周弘让：《陈书·周弘正传》："弟弘让性简素，博学多通。天嘉初，以白衣领太常卿、光禄大夫，加金章紫绶。"(87)中外：即中表。(88)丈人：对亲戚长辈的通称，不分男女。自古而然。(89)丈母：此指父辈的妻子。与今义有别。(90)祖仆射：即祖珽。据《北齐书·后主纪》载：祖珽于武平三年二月任左仆射。

【原文】

古者，名以正体[91]，字以表德[92]，名终则讳之，字乃可以为孙氏。孔子弟子记事者，皆称仲尼。吕后微时，尝字高祖[93]为季。至汉爰种[94]，字其叔父曰丝。王丹[95]与侯霸子语，字霸[96]为君房。江南至今不讳字也。河北士人，全不辨之，名亦呼为字，字固呼为字。尚书王元景[97]兄弟，皆号名人，其父名云，字罗汉，一皆讳之，其余不足怪也。

《礼·间传》云："斩缞[98]之哭，若往而不反；齐缞[99]之哭，若往而反；大功[100]之哭、三曲而偯；小功缌麻[101]，哀容可也，此哀之发于声音也。"《孝经》云："哭不偯[102]。"皆论哭有轻重质文之声也。礼以哭有言者为号，然则哭亦有辞也。江南丧哭，时有哀诉之言尔。山东[103]重丧，则唯呼苍天，期功[104]以下，则唯呼痛深，便是号而不哭。

江南凡遭重丧[105]，若相知者，同在城邑，三日不吊则绝之。除丧，虽相遇则避之，怨其不己悯[106]也。有故及道遥者，致书可也，无书亦如之。北俗则不尔。江南凡吊者，主人之外，不识者不执手，识轻服而不识主人，则不于会所而吊，他日修名[107]诣其家。

阴阳说云："辰[108]为水墓，又为土墓，故不得哭。"王充[109]《论衡》云："辰日不哭，哭则重丧。"今无教者，辰日有丧，不问轻重，举家清谧，不敢发声，以辞吊客。道书又曰："晦歌朔哭[110]，皆当有罪，天夺其算[111]。"丧家朔望[112]，哀感弥深，宁当惜寿，又不哭也？亦不谕。

偏傍[113]之书，死有归杀[114]。子孙逃窜，莫肯在家；画瓦书符[115]，作诸厌胜[116]；丧出之日，门前然火，户外列灰，祓[117]送家鬼，章断注连[118]。凡如此比，不近有情，乃儒雅之罪人，弹议所当加也。

己孤，而履岁及长至之节[119]，无父，拜母、祖父母、世叔父母、姑、兄、姊，则皆泣；无母，拜父、外祖父母、舅、姨、兄、姊，亦如之。此人情也。

【注释】

⑨①正体：证明自身。故"名终则讳之"。⑨②表德：表示道德愿望。故字可以化为孙辈之氏。姓多产生于母系时代，与氏不同。氏是区别子孙之所产生的，有的以生地、官职、先祖谥号为字号，孙辈又往往以之为氏。汉魏之后，姓氏合一，通称姓氏。⑨③高祖：指汉高祖刘邦，因其行三，故称季。⑨④爰种：西汉爰盎的侄儿。《汉书·爰盎传》载：盎字丝，"徙为吴相。辞行，种谓盎曰：'吴王骄日久，国多奸。今丝欲刻治，彼不上书告君，则利剑刺君矣。'"⑨⑤王丹：字仲回，东汉下邽人。官至大司空，封辅国侯。⑨⑥字霸：称侯霸的字。古人交际，称名为卑视，称字表敬意。⑨⑦王元景：《北齐书》本传载：王昕，字元景，北海剧人。⑨⑧斩缞：五种丧服制式：斩缞、齐缞、大功、小功、缌麻。斩缞为最重孝礼，丧服用粗麻布制成，左右下摆不缝边。服日为三年。子和未嫁女为父母、媳为公婆、重孙为祖父母、妻妾为夫，都服斩缞。先秦时，诸侯为天子，以及臣为君也服斩缞。⑨⑨齐缞：次于斩缞的一种服制，丧服用粗麻布底边缝齐，故称齐缞。服日有一年的，如孙为祖父母，夫为妻。有五个月的，如重孙为曾祖父母。有三个月的，如玄孙为高祖父母。⑩⓪大功：五服的第三种服制，服用熟麻布制成，服日九个月，如堂兄弟、未嫁的堂姐妹、已嫁的姑姐妹。⑩①小功：五服中第四种服制，用较细的熟麻布制成，服日五个月，凡本宗曾祖父母、伯叔祖父母、堂伯叔祖父母、未嫁祖姑母、堂姑母、已嫁堂姐妹、兄弟之妻、从堂兄弟、未嫁从堂姐妹。或者，外亲为外祖父母、母舅、母姨，都服小功。缌麻：五服中最轻的一种服制，用细麻布制成，服日三个月。凡本宗为高祖父母、曾伯叔祖父母、族伯叔父母、族兄弟、未嫁族姐妹。或者，外姓中表兄弟、岳父母，都服缌麻。⑩②孝

经:今本十八章,作者各家说法不一。偯:指哭声之余音。《礼记》郑玄注三曲:"一举声而三折也。偯,声余从也。"⑩山东:此指太行山、恒山以东,相当于河北之地。⑭期功:期,一年的齐缞之丧。功,大小功之丧。⑮重丧:指斩缞之丧。⑯不己悯:不悯己。否定句宾语"己"前置。⑰名:指名刺。竹木片上写访者之名,先递名刺,应请而入。今改为纸制名片。⑱辰:一年十二个辰日。按农历每月交替之时的朔日,即每月初一日为辰日。⑲王充:东汉哲学大家。字仲任,会稽上虞人。其代表作《论衡》今存八十五篇。引语两句,出自《论衡·辨祟》。⑩晦:农历每月最后一天。朔:农历每月最初一天。⑪算:寿命。⑫望:农历每月十五日。⑬偏傍:偏邪不正,即旁门左道。⑭归杀:又作"归煞""煞回"。煞,俗"杀"字,凶神。此谓家人死后,有可能附以凶神,一旦"归煞",必将降祸。⑮画瓦书符:道人法师认为在屋瓦上画图、纸上书咒,可以驱邪避凶。⑯厌胜:镇压制胜。原书作"猒胜"。⑰被:古代一种驱灾求福的法事活动。⑱章断注连:以祈咒文断绝与死鬼的联系。⑲履岁:岁首,指元旦。长至:冬至。

【原文】

江左朝臣,子孙初释服[120],朝见二宫,皆当泣涕,二宫为之改容。颇有肤色充泽,无哀感者,梁武薄[121]其为人,多被抑退。裴政[122]出服,问讯武帝,贬瘦[123]枯槁,涕泗滂沱,武帝目送之曰:"裴之礼[124]不死也。"

二亲既殁,所居斋寝,子与妇弗忍入焉。北朝顿丘李构[125],母刘氏,夫人亡后,所住之堂,终身锁闭,弗忍开入也。夫人,宋广州刺史纂[126]之孙女,故构犹染江南风教。其父奖[127],为扬州刺史,镇寿春,遇害。尝与王松年[128]、祖孝征数人,同集谈宴。孝征善画,遇有纸笔,图写为人。顷之,因割鹿尾[129],戏截画人以示构,而无他意。构怆然动色,便起就马而去。举坐惊骇,莫测其情。祖君寻悟,方深反侧,当时罕有能感此者。吴郡陆襄[130],父闲被刑,襄终身布衣蔬饭,虽姜菜有切割,皆不忍食,居家唯以掐摘供厨。江陵姚子笃,母以烧死,终身不忍啖炙。豫章熊康,父以醉而为奴所杀,终身不复尝酒。然礼缘人情,恩由义断,亲以噎死,亦当不可绝食也。

《礼经》[131]:父之遗书,母之杯圈,感其手口之泽,不忍读用。政为[132]常所讲习,雠校缮写,及偏加服用,有迹可思者耳。若寻常坟典[133],为生什物[134],安可悉废之乎?既不读用,无容散逸,唯当缄保[135],以留后世耳。思鲁等第四舅母,亲吴郡张建女也,有第五妹,三岁丧母。灵床[136]上屏风,平生旧物,屋漏沾湿,出曝晒之,女子一见,伏床流涕。家人怪其不起,乃往抱持,荐席淹渍,精神伤怛,不能饮食。将以问医,医诊脉云:"肠断矣[137]!"因尔便吐血,数日而亡。中外[138]怜之,莫不悲叹。

【注释】

⑳释服:脱去丧服。指丧期届满。㉑薄:鄙薄。看不起。㉒裴政:《北史》本传载:字德表。入隋任襄阳总管,法纪严明,令行禁止,深得人心。㉓贬瘦:瘦弱。贬,减损,

减瘦。⑭裴之礼：裴政父亲。历任豫州刺史、黄门侍郎。为人至孝，深得梁武帝赞赏。⑮顿丘：郡名。故址在今河南省清丰西南。李构：字祖基，北朝齐代人，官至太府卿。⑯纂：刘纂。宋代广州刺史。⑰奖：李奖，李构之父，字遵穆，北朝后魏人。《北史》有传：自太尉参军累迁相州刺史。元颢入洛阳后，兼任尚书左仆射，其慰劳徐州羽林军时，被杀害。⑱王松年：北齐人，官至散骑常侍。⑲鹿尾：宴席珍品。⑳陆襄：南朝梁代人。十四岁时，其父陆闲遭刑杀，从此布衣蔬食，不用切割，远离娱乐。㉛礼经：指《礼记》。此下四句引文见《礼记·玉藻》，原文为："父没而不能读父之书，手泽存焉尔；母没而杯圈不能饮焉，口泽之气存焉尔。"㉜政为：只因为。政。通"正"，只。㉝若：指代词，这些。坟典：即三坟五典，三代之文五帝之典。我国传说中的远古典籍。此泛指远古书籍。㉞为生什物：生活所用的各种器物。㉟缄保：封存。㊱灵床：灵位。㊲肠断矣：此三字足见庸医，"肠断"乃文学夸张笔法，岂可用于医断。㊳中外：中表亲，即内亲外戚。

【原文】

《礼》云："忌日[139]不乐。"正以感慕罔极，恻怆无聊[140]，故不接外宾，不理众务耳。必能悲惨自居，何限于深藏也？世人或端坐奥室[141]，不妨言笑，盛营甘美，厚供斋食，迫有急卒[142]，密戚至交，尽无相见之理，盖不知礼意乎！魏世王修母以社日亡[143]，来岁社日，修感念哀甚，邻里闻之，为之罢社。今二亲丧亡，偶值伏腊分至之节[144]，及月小晦后[145]，忌之外，所经此日，犹应感慕，异于余辰，不预饮宴、闻声乐及行游也。

刘縚、缓、绥[146]，兄弟并为名器，其父名昭，一生不为照字[147]，唯依《尔雅》火傍作召耳。然凡文[148]与正讳相犯，当自可避，其有同音异字，不可悉然[149]。"劉"字之下，即有"昭"音。吕尚之儿，如不为上；赵壹[150]之子，傥不作一，便是下笔即妨，是书皆触也。尝有甲设宴席，请乙为宾，而旦于公庭见乙之子，问之曰："尊侯早晚顾[151]宅？"乙子称其父已往。时以为笑。如此比例[152]，触类慎之，不可陷于轻脱。

江南风俗，儿生一期，为制新衣，盥浴装饰，男则用弓矢纸笔，女则刀尺针缕，并加饮食之物，及珍宝服玩，置之儿前，观其发意所取，以验贪廉愚智，名之为试儿。亲表聚集，致宴享焉。自兹已后，二亲若在，每至此日，常有酒食之事耳。无教之徒，虽已孤露[153]，其日皆为供顿[154]，酣畅声乐，不知有所感伤。梁孝元年少之时，每八月六日载诞[155]之辰，常设斋讲[156]，自阮修容薨殁之后，此事亦绝。

【注释】

[139]忌日：指父母及其他亲人逝世之日。因有所禁忌，故称。[140]无聊：不欢乐。[141]奥室：隐蔽房间。[142]急卒：紧急突然。卒，通"猝"。[143]王修：《三国志·魏书》本传载：字叔治，北海营陵人，七岁丧母，少小有大志。社日：古时，春秋两次祭祀社神，都在立春或立秋后第五个戊日。[144]伏腊：伏祭和腊祭。分别在夏季和冬月。分至：指春分、秋分、

夏至、冬至之第一日。⑭月小晦后:指农历二十七、二十八、二十九,共三天。⑭“刘緌”句:《南史·刘昭传》载:刘昭只有二子,即刘緌、刘缓。未见名绥者。而据《世说新语·雅量》注,刘绥为东晋人。故疑“绥”为衍文,与上“缓”形近而误入。⑭照:与“昭”音同义近,故为避讳。⑭文:指文字。古人认为,独体为文,合体为字。⑭悉然:全部如此。⑮赵壹:《后汉书》本传载:东汉辞赋家,字元叔,汉阳西县人。文风犀利,敢于鞭挞权贵,为民请命。⑮顾:光顾,光临。⑮比例:同类事例。比,比并。⑮孤露:指失父或失母。⑮供顿:供食待客。⑮载诞:始诞。指出生当日。⑮斋讲:吃斋饭讲佛法。

【原文】

人有忧疾,则呼天地父母,自古而然。今世讳避,触途急切[157]。而江东士庶,痛则称祢[158]。祢是父之庙号,父在无容称庙,父殁何容辄呼?《苍颉篇》[159]有倄字,《训诂》云:“痛而呼也,音羽罪反[160]。”今北人痛则呼之。《声类》[161]音于耒反,今南人痛或呼之。此二音随其乡俗,并可行也。

梁世被系劾[162]者,子孙弟侄,皆诣阙[163]三日,露跣[164]陈谢,子孙有官,自陈解职。子则草屩[165]粗衣,蓬头垢面,周章[166]道路,要候[167]执事,叩头流血,申诉冤枉。若配徒隶,诸子并立草庵于所署门,不敢宁宅,动经旬日,官司驱遣,然后始退。江南诸宪司[168]弹人事,事虽不重,而以教义见辱者,或被轻系而身死狱户者,皆为怨仇,子孙三世不交通矣。到洽[169]为御史中丞,初欲弹刘孝绰[170],其兄溉先与刘善,苦谏不得,乃诣刘涕泣告别而去。

【注释】

⑮触途:各处。急切:紧急迫切。⑮祢:当是“妳”字。二字音同,著者耳误解异。妳,“母”之俗字。人至难处而呼母,顺理合情。⑮苍颉篇:古代法书,李斯书。⑯羽罪反:反,反切,古代注音方法。“羽”为反切上字,取其声母;“罪”为反切下字,取其韵母及声调,上下相拼,即为拼字之音。⑯声类:古韵书,魏李登撰,已失传。⑯系劾:系押问罪。⑯诣阙:到官门外。⑯露跣:露首跣足,即披发赤脚。《风俗通·愆礼》载:“长者、讼者,露首草舍。”⑯屩:鞋。⑯周章:无所措手足的样子。⑯要候:拦截等候。⑯宪司:御史的别称。⑯到洽:《梁书》本传载:字茂松,彭城武原人。在任御史中丞期间,为人正直,无论亲疏贵贱,秉公执法,无所顾忌。其少年孤贫,与兄到溉艰难度日,兄弟友善。⑰刘孝绰:《梁书》有传:彭城人,名冉字孝绰。任廷尉时,“携妾入官府,其母犹停私宅”,因不孝罪遭到洽弹劾,终被免官。

【原文】

兵凶战危[171],非安全之道。古者天子丧服以临师,将军凿凶门而出。父祖伯叔,若在军阵,贬损[172]自居,不宜奏乐宴会及婚冠[173]吉庆事也。若居围城之中,憔悴容色,除去饰玩,常为临深履薄[174]之状焉。父母疾笃,医虽贱虽少,则涕泣而拜之,以求哀也。梁孝元在江州[175]，尝有不豫[176]，世子方[177]等亲拜中兵参军李猷焉。

四海之人，结为兄弟，亦何容易？必有志均义敌[178]，令终如始者，方可议之。一尔[179]之后，命子拜伏，呼为丈人，申父友之敬，身事彼亲，亦宜加礼。比[180]见北人，甚轻此节，行路相逢，便定昆季，望年观貌，不择是非，至有结父为兄，托子为弟者。

昔者周公一沐三握发，一饭三吐餐，以接白屋[181]之士，一日所见七十余人。晋文公以沐辞竖头须[182]，致有图反之诮。门不停宾，古所贵也。失教之家，阍寺[183]无礼，或以主君寝食嗔怒，拒客未通，江南深以为耻。黄门侍郎裴之礼，号善为士大夫，有如此辈，对宾杖之；其门生[184]僮仆，接于他人，折旋俯仰[185]，辞色应对，莫不肃敬，与主无别也。

【注释】

⑰兵凶战危：《兵法》："兵者，凶器也；战者，危亡也。"⑰贬损：贬抑减损，此处有约束的意思。⑰冠：古时，男子二十岁行冠礼，结发束冠，标志成年，可以结婚。⑰临深履薄：《诗经·小雅·小旻》："如临深渊，如履薄冰。"⑰江州：地名，故址在今四川省江津。⑰不豫：天子有病的忌讳说法。即不参与朝政。⑰世子方：梁元帝长子萧方。中兵参军：皇子宫中的官吏。⑰志均义敌：志向均同，义气匹敌。⑰一尔：一旦如此。⑱比：近来。⑱白屋：平民之房，外不施彩，故称白屋。⑱竖：宫中小臣。头须：小臣名。《左传·僖公二十四年》载："晋侯之竖头须曰：'沐则心覆，心覆图反，宜吾不得见也。'"图反，意图相反。⑱阍寺：指守门人。⑱门生：六朝时，依附于门阀世族的求官者，平时供为驱使，称门生。⑱折旋俯仰：折旋曲行，俯仰躬请。

【译文】

我在读《礼记》时，看到上面说的圣人的教诲，日常生活中的为长辈打扫卫生，侍候饮食，咳唾应答，举灯照亮、服侍盥洗等等，都有明确的礼法规定，可以说很详尽了。但因书有残缺，不复原貌，其中必有漏载，以及随着时势的变更，学问通达的君子，自立法度，相沿承袭，因此被称为士大夫的风范操守。然而各家家风有很大不同，所显示出的见解也互有短长，然而各家培养风操的方式方法，也大体可知。过去在江南，眼睛能亲自看到，耳朵能亲自听到，如同蓬草生于麻中自然直挺，不用别人规诫，当然合于礼法。你们都生于战乱年代，看不到这些，也听不到这些，因此我姑且记录下一些培养风操的礼法传示给子孙。

《礼记》上说："见到与亲人相似的人就目露惊惧之光，听到与亲人相似的名字就心生惊悸。"意思是有所感触，就会心生哀伤。假如是日常的情况下，便可以倾诉一下自己的情怀。即使不可避免，在非常的情况下也该忍耐一下。比方说像伯叔兄弟，十分像故去的先人，难道说因此可以终身悲伤而拒绝与他们来往吗？《礼记》中又说："在草拟文告时不避讳父母等长辈名字，在举行庙祝时不避私讳，在面君陈奏时不避私讳。"

所以说，在遇到私讳的时候，要根据当时的情况，而不必做出慌忙避开或离开的举动。梁朝的谢举，在这方面很有声誉，他听到父母的名字就哭，结果被一些世人讥笑。还有一个叫臧逢世的，是臧严的儿子，好学而修德，不辱门风。在梁元帝时期，他在江州做官，他被派往建昌督察公务，郡县的百姓，争相向他上书言事，从早到晚公堂人满，公案上都堆满了文书，凡看到文书中写有"严寒"二字时，他必痛哭流涕，而文书中到底说了些什么事他却不记得了，因此误了公事，引起了众人的怨愤和不解，最终竟以公事未办而回到江州。这两件事都是讲避讳太过分的事例。近来在扬都，有一个读书人名叫审，他与一个姓沈的人交情深厚。姓沈的人给这个读书人写信只写名而不写姓，这也太不合人情了。

《礼记》书影

凡是名字避讳的，都应有一个与之意义相同的字来代替。齐桓公名为小白，因此将博戏中的五白称之为五皓；淮南厉王名长，他儿子刘安在《淮南子》一书中将琴的长短说成修短。没听说把布帛说成布皓，把肾肠说成肾修的。梁武帝小名阿练，子孙都把练字叫作绢，如果把销炼物叫作销绢物，恐怕就有违原义了。或者还有避讳"云"字的，把纷纭说成纷烟；有避讳"桐"字的，把梧桐树称作白铁树，便好像是开玩笑了。

周公为儿子取名叫禽，孔子给儿子取名叫鲤，只限在他们自身，自然可以不必禁忌。至于像卫侯、魏公子、楚太子，名都叫虮虱，司马相如小名犬子，王修名为狗子，再以此上推.于理不通，古时人们所施行的，正是今天人们所讥笑的。北方有许多给孩子取名为驴驹、猪崽之类的，假如自称这些名或让兄弟这样称呼，又于心何忍呢？前汉有个尹翁归，后汉有个郑翁归，梁朝也有个孔翁归，又有顾翁宠，晋代有个许思妣、孟少孤，这样的名字，还是该避讳的。

今人的避讳，更甚于古人。凡是为儿子取名的，都考虑到孙子。我的亲戚熟人中，有讳襄的，讳友的，讳清的，讳和的，讳禹的，仓促聚会，在座者多有忌讳，听的人辛酸困苦，众人也感到无据无聊。

过去司马长卿羡慕蔺相如，因此改名为相如。顾元叹羡慕蔡邕，因而更名为雍。然后，后汉有个朱伥，字孙卿，梁朝有叫庾晏婴、祖孙登的，将古人的姓名作为名字，这也是很低俗的事啊。

过去刘文饶不忍心骂奴仆为畜牲，今世的愚人，竟以此相戏，有的指着某某说他是小猪小牛犊的。有知识的人看到这种现象还是掩起耳朵，更何况那些被指着鼻子受侮辱的人呢？前些日子在官署评议商定官员们俸禄品级的事，有位显贵，是当代的名医，他本人的意见是已经议过的俸禄太丰厚。北齐有一两个在士族家从事文学教育的人对这位显贵说："如今天下大同，应该为今人后代做出榜样，怎么能固守从前的旧体制呢？先生您一定是陶朱公大儿子那样的吝啬鬼吧？"众人听罢相互大笑，并不把这话当回事。

过去侯霸的子孙，称呼其父其祖为家公；陈思王曹植称呼其父曹操为家父，母为家母；潘尼称呼其祖父为家祖。古人所行的这套礼节，是今人所嘲笑的。如今南北方的风俗，凡提到自己的祖辈和父母时，没有在前面加上"家"字的。村野粗人，才这样称呼自己的长辈。凡与人交谈，谈及自己的伯父，均按父辈中的排行称呼，不说"家"字，因为伯父比父亲为尊，故不称"家"字。凡是言及姑母、姊妹等女亲属时，已经出嫁的以她夫家的姓氏称呼，没出嫁的按照排行及辈分大小称呼。这意思是说，女子依礼嫁到夫家，故不能再称呼"家"。子孙不能称呼"家"的，那是因为这样称呼是对晚辈的轻视。蔡邕的书信中称呼其姑姑姐姐为家姑、家姊，班固的书信中，也有称呼家孙的，如今这些规矩都行不通了。凡与人交谈，称呼对方的祖父母、世父母、父母以及长姑，都在前面加上"尊"字，自叔父母以下，则加上"贤"字，这是表明尊卑的差别啊。王羲之在信中称呼别人的母亲与自己的母亲相同，不加"尊"字，今人认为这是不对的。

南方人在冬至、正月初一是不到有丧事的人家去吊唁的，如果不写吊唁信，一般是过了节日整装束带去表示慰问。北方人到这两个节日的时候，却大行吊问之礼，这种礼法没有明文记载，我认为不可取。南方人的风俗，宾客到来并不出去相迎，相见时也只是拱拱手而不作揖，送客也只是离开席位而已。北方人则迎送客人都到门口，相见时则作揖。这都是古来的礼法，我认为这是迎送的礼法。

在古代，王侯自称为孤、寡、不穀，自此而后，虽然是孔子那样的至圣先师，都以名相称。后来虽然臣、仆之类的称呼流行，但也是很少见的了。江南一带的人无论尊卑都各自以号相称，这些都记载在《书仪》之中；北方人大多以名自称，这是古代的遗风，我赞成以名自称的礼法。

提到先人，理当感激敬慕，这在古时是容易的事，在今天却成难事。江南人在不可避免的情况下须言及自家世系，一定用书面来表达，很少有当面谈论的。北方人不在乎这些，甚至主动上门谈论家世。这样的事是不能强加于人的。如果别人非要对自己谈及这事，就应该设法回避。名位不高，如果被权贵所迫，要隐忍变通，快些结束这种话题，不要任对方继续说下去，以致辱没祖辈父辈。如果长辈亲人已去世，而谈话又必须提及，则应该收敛笑容，正襟端坐，自称"大门中"，世父、叔父则可称为"从兄弟门中"，兄弟则称已亡故长辈的某个儿子"某某门中"，应各因其尊卑轻重而调整自己说话时的面部表情，都应与平常有区别。如果是对君主说话，虽然容色上有所改变，但仍应该说亡祖、亡伯、亡叔。我见到有的名士，也有称呼亡兄弟为"兄子弟子门中"的，也不见得妥当啊。北方的风俗都不这样。泰山的羊侃,在梁朝初期来到南方。我近来到邺地,他兄长的儿子羊肃来拜访,询问羊侃的具体情况,我回答他说:“你从门中在梁朝的情况,就是这样。”羊肃说:“他是我父辈中的第七亡叔,不是‘从’。”祖孝征当时在座,他早已知道江南的风俗,便对羊肃说:“指的就是贤从弟门中,您怎么不理解呢?”古人都称呼伯父、叔父,而如今大多单称为伯、叔。从父兄弟、姊妹的双亲去世后,当着他们的面称他们的母亲为伯母、叔母,这是不可回避的。兄弟的父母去世后,同别人谈话,面对这样的孤儿,称呼为“兄之子”或“弟之子”就十分不忍心。遇到这种情况,北方人多称呼为侄。据《尔雅》《丧服经》《左传》,侄这个称呼虽说是男女通用,但都是相对于姑而言的称谓。晋代以来,才称呼为叔侄;如今称谓为侄,还是很有道理的。

人生离别容易相会难,因此古人对此很是看重。江南人为人送行,说起分离就落泪。有个王子名侯的,是梁武帝的弟弟,将要到东郡去就职,与梁武帝告别。武帝说:“我已年老,今日与你分别,心中特别难受。”说罢流出了几行眼泪。而他弟弟却是密云无雨,不下泪,只好红着脸离开了。因为这件事他被指责,乘船在岸水之间徘徊了一百多天,终于没有离开。北方的风俗却是不在意这些事,在叉道口话别,欢笑着分手。不过人本来就有天生不爱流泪的,虽然肠子都悲愁得要断了,而眼睛却是阳光明媚,似这样的人就不能硬要指责他了。

凡是亲属的名称,都应加以称谓上的修饰,不可胡乱称呼,那是没有教养。他的祖父母去世后,称呼其外祖父母与祖父母相同,使人听了感到很不舒服。即使是当着外祖父母的面,也都应该加上“外”字以示区别。父母的伯父、叔父,也都应加上他的排行先后以示区别。父母的伯母、婶母,都应该加上她们的姓以示区别。父母的子侄辈的伯父、叔父、伯母、婶母以及他们的从祖父母,都应该加上他们的爵位或姓以示区别。河北一带的男子,都称呼外祖父母为家公、家母,江南的村屯里也是这样的称呼。用“家”字代替“外”字,这不是我所明白的。凡属于同宗的亲属的世系辈分,计有伯父、叔父,有从祖父、族祖父。江南一带的风俗是,从父辈上溯,对于在官场中当过高官的,一般在称呼前通通加个“尊”字,同宗而又辈分相同的,就算是过了百代,也依然互相以兄弟相称。假如是当着外姓人面前称呼与自己同宗的人,一般通称作族人。河北一带的人,即使已经过了二三十代,也还是称呼为从伯父、从叔父。梁武帝曾经问一个中原人道:“你是北方人,是如何知道有‘族’的称呼呢?”那个中原人回答说:“骨肉之间容易疏远,我不忍心称呼这个‘族’字啊。”这在当时虽说是机敏的回答,但是于礼不通。我曾问周弘让道:“对于父母的中表姐妹怎样称呼呢?”周弘让说:“也都称呼为丈人。”从古到今还没见过把丈人这个称呼加到女人身上的。我家的中表亲戚中,若属于父亲一族的,在姑姑前加上某某姓;属于母族的,称为某姓姨。中表亲中长辈的亲属,俚俗一般称呼为丈母,士大夫们称呼为王母、谢母等等。而《陆机集》中的《与长河顾母书》,顾母指的却是陆机的从叔母,如今不这样称呼了。齐朝的士大夫们都称呼祖仆射为祖公，一点也不在意这样称呼会与祖父的称谓相混淆，而且还有当着祖珽的面以这样的称呼相戏的。

古时候，用名证明自身，用字来表明道德愿望，名在身故后就应避讳，而字却可以由孙子辈的人用。孔子的弟子在记述孔子事迹的时候，都称孔子为仲尼。吕后在未显赫时，曾经称呼高祖的字为"季"。到了汉代的爰种，他直称他叔父的字"丝"。王丹与侯霸之子对话时，称呼侯霸的字"君房"。江南一带的人们直到今天也不避讳人的字。河北的士人全然不分辨这种情况，把名称为字，字更称为字。尚书王景元兄弟俩，都是当时的知名人士，他们的父亲名云，字罗汉，他们名、字一律避讳，其他的人胡乱称谓就不足为怪了。

《礼记·间传》上说："斩缞丧事的服丧人，在哭祭时，就如同一去不返那样，一直哭下去不间歇；而服齐缞之丧人的哭法，如同去而返之；服大功之丧的哭法，是高低声有起伏，在终了时有长音；服小功或缌麻孝服人的哭法，只要有悲哀的面容就可以了。这些就是不同丧祭的礼法在哭声上的不同体现。《孝经》上说："大哭而不拖长音。"这些都是论述哭有轻重、质朴、温文各种声音的区别的。礼法上以哭中带说的为号，然而哭泣者也可以夹带言辞啊。江南一带哭丧的，就在哭的时候时常有哀诉的言辞。山东一带办重丧时，哭祭的人只是大呼苍天，而服期功以下的丧祭时，则是只哀呼自己的悲痛有多么深，这便是号而不是哭。

江南一带凡是遇到重丧，如果是相知的人，都住在同一个城里，三天之内不去吊唁，丧家就会同相知者断绝来往。丧事完了，即便是走路相遇也会有意回避如同路人，这是怨恨相知的那人不同情自己。有事情以及道路遥远的，可以写信表示吊唁，不写吊唁信，也如同对待不来吊唁的同城相知者一样。北方的风俗则不是这样。江南一带凡是来吊丧的，除主人之外，不相识的人是不拉手的。只认识服丧者中丧服较轻的人而不认识丧主，则不到丧家去吊唁，而是改日备好名帖到丧家去表示慰问。

阴阳家认为："辰是水墓，又是土墓，所以辰日是不可以哭的。"王充在《论衡》中说："辰日不哭，哭便是有重丧。"今日不懂这个礼法的，辰日有丧事，也不问轻重，全家安安静静，不敢出声，并谢绝吊唁的人。道士的书上又说："阴历每月的最后一天唱歌，每月初一哭泣，都是有罪的，这样的人上天是要给他减寿的。"丧家在初一、十五，哀痛悲伤很深，难道说为了长寿，就可以不哭了吗？真是弄不明白。

旁门左道的书上说：人死之后魂灵会回家，所以相信这种说法的丧家，子孙都逃出家门，不肯在家；又有一说：说是画瓦书符可以镇邪；又说出丧那天，在门前点火，在门外撒灰，可以送走家鬼，再向天帝写奏章乞求，可以避免祸及家人。凡此种种，不近人情，是儒君雅士的罪人，应当对此进行批判。

自己的父亲或母亲去世了，到了元旦及冬至这两个节日时，失去父亲者拜望母亲、祖父母、世叔父母、姑母、兄长、姐姐时，都应哭泣；失去母亲者，在拜望父亲、外祖父母、舅父、姨母、哥哥、姐姐时也应如此。这是人之常情。

梁朝的大臣们，他们的子孙在服丧期已满后，朝见皇上与太子时，都应当哭泣，皇上太子这时也会面有哀色。不过，这些子孙中也有肤色光润，面无哀感的，梁武帝是很看不上这样的人的，多有被降职斥退的。裴政初释丧服来到朝中拜见武帝，面容枯槁，骨瘦如柴，涕泪如雨。拜见结束后，梁武帝目送裴政离开并自语道："裴之礼没有死啊！"

双亲已经去世，二老生前所住过的斋戒之室，儿子与儿媳不忍入内。北朝顿丘郡的李构，母亲刘氏，刘夫人死后，她住过的屋子，终日关闭，家人不忍心开门而入。刘夫人是宋代广州刺史刘纂的孙女，因此李构也受到了江南礼俗的影响。李构的父亲李奖，是扬州刺史，镇守寿春遇害。曾经与王松年、祖孝征等人，一同在宴会上交谈。祖孝征善于绘画，遇有纸笔，便画了个人像。不一会儿，他割宴上的鹿尾，又开玩笑地把画的人像也割了几截给李构看，并没有什么恶意。而李构立即凄然变脸，马上起身骑马而去。宴席上的人都十分惊诧，不知这是因为什么缘故。祖孝征这时忽然醒悟过来，知道了这是怎么回事，因而感到十分不安，而当时很少有人感悟到这一点。吴郡的陆襄，父亲陆闲遭大刑被杀，陆襄终身粗衣淡饭，即使是被刀切割过的姜菜也不忍心吃，日常家居只是以手掐摘蔬菜以供做菜时用。江陵的姚子笃，因母亲是被火烧死的，因而终身不忍吃烤肉。豫章的熊康，因父亲是酒醉后被奴仆杀死的，因而终身不再沾酒。然而礼法缘于人情，恩情依据义礼，如果亲人因噎而死，也不该绝食啊。

《礼记》上说："父亲所遗留的书、母亲喝水的杯子，因感念有双亲手口的遗泽，不忍读，不忍用。正是因为这些东西是生前所常用讲习、校勘抄写，或亲人使用的，又偏爱有加，这上面的遗迹更容易引起哀思之情。这些平常的典籍或生活用品，怎么可以全部弃之不顾呢？既然不读不用，又不能散失，只有把它们珍藏起来，以传留给后人了。思鲁弟兄们的四舅妈，是吴郡张建的女儿，她有个五妹，三岁时母亲去世。母亲灵床上的屏风，是生前的遗物，因屋子漏雨而弄湿了，拿出来在太阳下晾晒，这个五妹一见屏风，便伏在床上流涕。家人见她久哭不起甚为奇怪，便前去抱她，只见垫席被泪水浸湿，女孩精神哀痛，不能饮食。带她去看医生，医生诊脉后说："她已伤心到断肠的程度了！"随后她便吐血，几天后就死了。内外亲戚都很可怜她，没有不悲伤感叹的。

《礼记》上说："在忌日不进行娱乐活动。"正因为有无尽的思念与感慕，悲痛哀伤，所以不接待外宾，不处理各种事务。只要能够怀着哀思而独自居处，又何必局限于内室深藏呢？现在世上的人有的端坐在隐室之内，却不耽误他言谈说笑，享用甘美的饮食，供着很多的斋饭，遇有急迫之事，至亲密友都一概不能见面，这样的人也许是不知道"礼"的意思吧？魏朝王修的母亲是在"社日"那天去世的，第二年的社日，王修心情感念，哀痛心情很深，他的邻里们听说了，都为此而不举行社日活动。如今，父母故去的日子假如正好是伏祭、腊祭、春分、秋分、夏至、冬至这样的节日，乃至忌日的前三日、后三日、忌月晦日的前三天、后三天,除忌日之外,凡是在以上所述这些天里,都应该感怀思慕死去的双亲,与其他时间有所分别,那就应该做到不参加宴会,不听音乐以及不去外出旅游。

刘縚、刘缓两兄弟都是当时的名流,他们的父亲名叫刘昭,因此他们兄弟二人终其一生也不使用"照"字,而仅仅是比对着字书《尔雅》中的解释,把昭字去掉"日"旁而在"召"字加个"火"字旁而写成"炤"字来替代"昭"字。但是,按避讳的要求,凡是使用的文字与人名的正讳相犯,自然应该避讳,至于异字同音的就不一定非要避讳了。"劉"字的下部就是"钊",有"昭"的字音。吕尚的儿子如果不能使用"上"字,赵壹的儿子倘若不能使用"一"字,那在写字时便无从下笔了,也就是说下笔就可能犯讳。曾经有某甲设宴席,宴请某乙为上宾,而于清晨在官衙前见到某乙的儿子,就留某乙的儿子道:"令尊大人何时能够光临寒舍?"某乙的儿子回答说他父亲已经到府上去了。这事被一时传为笑柄。像这样的事情,今后遇到了自该慎重一些对待,不能草率从事。

江南一带的风俗,小孩出生满一岁时,就要为孩子缝制新衣服,沐浴打扮一番,男孩子用弓、箭、纸、笔之类,女孩则用剪刀、尺、针、线之类,再加饮食之物以及珍宝玩物等,放在孩子面前,观看他想抓取什么,以此检验孩子将来是贪是廉,是聪明还是愚蠢,这种仪式名之为"试儿"。这一天,内里亲戚都聚集一堂,摆宴庆贺。自此以后,只要双亲都在世,那么每年到了这一日都要设宴庆贺一番。有一些没有教养的人,虽然双亲已经不在世了,但到了这一日仍设宴相庆,纵情享受美酒佳肴与声乐,却一点不知道该对双亲去世有所感伤。梁孝元帝年轻时,每逢八月六日诞辰这一天,经常设斋讲经,自从他母亲阮修容过世后,这种祭祀活动就停止了。

在梁朝,法律规定凡是被拘禁问罪的官员,这些人的儿子、孙子、弟弟、侄子等人,都要到宫门外,在指定的地方等待整整三日,他们个个披头散发,赤脚,在那陈述父辈的罪行而请罪;这些人中的子孙如有为官的,则要主动请求朝廷免去自己的职务。这些人的子孙们都穿着草鞋、粗褴的衣裳,蓬头垢面,惶恐不安地等候于路上,等办案官吏到来时,向他们叩头,直至叩出血来,向他们申诉冤枉。如果这些人中有被判流徙之罪去服刑的,他的儿子就将和老子一块到官衙门口搭上临时的草舍安身,决不可以在家中安身,这样要住十多日,一直等官衙下了发配起身的令才能离开。在江南一带的御史衙门,如果有弹劾官员的事,即使事情不算严重,而用道德伦理予以斥责,有的在被拘留期间竟死在狱中,弹劾与被弹劾的两家必定成为仇家,子孙三世也不相交往。到洽做御史中丞,当时要弹劾刘孝绰,到洽的哥哥到溉此前曾与刘孝绰有交谊,便苦劝弟弟不要弹劾,但弟弟不听,于是到溉亲自到刘孝绰那痛哭流涕地与刘孝绰告别然后分手。

兵器是凶险之物,战争是危亡之举,这些都不是安命全身之道。在古时候,天子要穿着丧服视察出征的军队,将军们要凿开一个凶门,从此门出发,父亲、祖父、伯父、叔父如果有在军阵之中的，他们自身就会贬抑约束自己，不应该去参与奏乐、宴会以及婚礼、冠礼之类的吉庆之事。如果是居住于被围困的城中，他们自然应是面容憔悴，戒除各种饰物及玩好，常常是表现为如临深渊、如履薄冰之状。父母病重，那郎中即使是地位卑下的而又年少，儿子也应该痛哭流涕地礼拜以哀求之。梁孝元帝在江州时，曾得过病，他的长子萧方等人就曾亲自拜求过当时为中兵参军的李猷。

来自五湖四海的人，结成兄弟，那是多么不容易的事！必然是有共同的志向和相匹的义气，才可能结为兄弟。一旦结为兄弟，就该命自己的儿子向自己的结拜兄弟跪拜，呼其为大人，以申对父亲结拜之友的尊敬。同时，对自己结拜兄弟的双亲也应如自己的双亲那样对待。近来常见到一些北方人，十分轻视这个礼仪，在路上相逢，便结为兄弟，只是看看年龄相貌，也不衡量个是非，甚至有与父辈结为兄，将子侄辈结为弟的。

古时候，周公曾经一沐三握发，一饭三吐餐，以此表示对贤者的尊敬和渴求，这样周公一天接待的贤士有七十多人。晋文公以正在沐浴为由拒绝接见小臣头须，以致招来“心覆图反”的讥诮。不能让宾客停留在门口，这是古代重视贤人的人所看重的。失去家庭礼教的人家，连看门的人都没有礼貌，有的以主人正在吃饭、睡觉、生气为由对来访之人发号施令，拒绝宾客见主人，江南一带的人家都深以这种人家为耻。黄门侍郎裴之礼，被人们称为最善于做士大夫的人，如果有这样无礼的看门人，他就当着宾客的面杖责门人。所以他家的门生和仆人们，对于来访的宾客，都是非常客气地曲行引导客人，俯仰躬请客人，无论言辞、脸色、应对，没有不恭恭敬敬的，就如同对待主人一样。

慕贤第七

【原文】

古人云：“千载一圣，犹旦暮也；五百年一贤，犹比髆也[①]。”言圣贤之难得，疏阔[②]如此。傥遭不世明达君子，安可不攀附景仰之乎？吾生于乱世，长于戎马，流离播越[③]，闻见已多，所值名贤，未尝不心醉魂迷向慕之也。人在少年，神情未定，所与款狎[④]，熏渍陶染[⑤]，言笑举对，无心于学，潜移暗化，自然似之。何况操履艺能[⑥]，较明易习者也？是以与善人居，如入芝兰之室，久而自芳也；与恶人居，如入鲍鱼之肆，久而自臭也[⑦]。墨子悲于染丝[⑧]，是之谓矣。君子必慎交游焉。孔子曰：“无友不如己者[⑨]。”颜、闵[⑩]之徒，何可世得，但优于我，便足贵之。

世人多蔽[⑪]，贵耳贱目，重遥轻近。少长周旋[⑫]，如有贤哲，每相狎侮，不加礼敬；他乡异县，微藉风声，延颈企踵[⑬]，甚于饥渴。校其长短，核其精粗，或彼不能如此矣。所以鲁人谓孔子为东家丘[⑭]。昔虞国宫之奇[⑮]，少长于君，君狎之，不纳其谏，以至亡国，不可不留心也。

用其言，弃其身，古人所耻。凡有一言一行取于人者，皆显称之，不可窃人之美，以为己力；虽轻虽贱者，必归功焉。窃人之财，刑辟[16]之所处；窃人之美，鬼神之所责。

【注释】

①"千载"四句：《孟子外书·性善辩》："千载一圣，犹旦暮也。"喻圣人难得。比髆：比肩。髆，肩。②疏阔：稀疏宽阔。指稀少。③播越：播散逃亡。④款狎：诚恳亲近。⑤熏渍陶染：熏蒸而渍水，陶制而染色。即熏陶。⑥操履艺能：操行技能。《抱朴子·博喻》载："洁操履之拘苦者，所以全拔萃之业。"⑦"是以"六句：《说苑·杂言》载："孔子曰：'与善人居，如入芝兰之室，久而不闻其香，则与人化矣；与恶人居，如入鲍鱼之肆，久而不闻其臭，亦与之化矣。'"鲍鱼之肆，咸鱼店。⑧墨子：战国时思想家，墨家学派创始人。名翟，生于宋，长于鲁。《墨子》一书中，多为弟子记言："子墨子言：见染丝者而叹曰：'染于苍则苍，染于黄则黄。所人者变，其色亦变。'"⑨"无友"句：语出《论语·学而》。意谓不跟不如自己的人交友。⑩颜、闵：颜回、闵损，都是孔子学生。⑪蔽：自蔽。⑫少长周旋：从少至长只在周围盘旋。⑬延领企踵：伸长脖子抬高脚跟。极写渴望之状。⑭东家丘：《孔子家语》载：孔子西邻不识孔子，曾蔑称孔子为"东家丘"。后常用以讥讽无知识者，或感叹不遇之才。⑮宫之奇：春秋时虞国大夫。《左传·僖公五年》载：晋军"假道"虞国以攻虢，宫之奇力谏虞君，不听。晋灭虢后，回师借机灭虞。⑯刑辟：刑法。

【原文】

梁孝元前在荆州，有丁觇[17]者，洪亭民耳，颇善属文，殊工草隶，孝元书记[18]，一[19]皆使之。军府轻贱，多未之重，耻令子弟以为楷法，时云："丁君十纸，不敌王褒[20]数字。"吾雅爱其手迹，常所宝持。孝元尝遣典签惠编送文章示萧祭酒[21]，祭酒问云："君王比赐书翰，及写诗笔[22]，殊为佳手，姓名为谁？那得都无声问？"编以实答。子云叹曰："此人后生无比，遂不为世所称，亦是奇事。"于是闻者少复刮目。稍仕至尚书仪曹郎[23]，末为晋安王[24]侍读，随王东下。及西台陷殁，简牍湮散，丁亦寻卒于扬州[25]；前所轻者，后思一纸，不可得矣。

【注释】

⑰丁觇：南朝梁代洪亭人，善文章，工隶草，与智永齐名，世称"丁真永草"。⑱孝元书记：孝元帝时的书记官。⑲一：全。⑳王褒：字子渊，琅邪临沂人。著名文学家。也善隶草。㉑典签惠编：典签官，名惠编。萧祭酒：萧子云，字景乔，齐南兰陵人。官至国子祭酒，善隶草。㉒诗笔：诗，指韵文。笔，指散文。㉓尚书仪曹郎：官名。㉔晋安王：指萧纲，梁武帝第三子，天监五年封为晋安王。后登位，即梁简文帝。在位二年被侯景所杀。㉕扬州：此指扬州治所建康。

【原文】

侯景初入建业[26]，台门[27]虽闭，公私草扰，各不自全。太子左卫率羊侃坐东掖门，部分经略[28]，一宿皆办，遂得百余日抗拒凶逆。于时城内四万许人，王公朝士，不下一百，便是恃侃一人安之，其相去如此。古人云："巢父、许由[29]，让于天下；市道小人，争一钱之利。"亦已悬矣。

齐文宣帝[30]即位数年，便沉湎纵恣，略无纲纪，尚能委政尚书令杨遵彦[31]，内外清谧，朝野晏如[32]，各得其所，物无异议，终天保之朝。遵彦后为孝昭所戮，刑政于是衰矣。斛律明月[33]齐朝折冲之臣，无罪被诛，将士解体，周人始有吞齐之志，关中至今誉之。此人用兵，岂止万夫之望而已也！国之存亡，系其生死。

张延隽之为晋州行台[34]左丞，匡维[35]主将，镇抚疆埸[36]，储积器用，爱活黎民，隐若敌国[37]矣。群小不得行志，同力迁之。既代之后，公私扰乱，周师一举，此镇先平，齐国之亡，启于是矣。

【注释】

㉖侯景：《南史》有传：字万景，怀朔人。初为北魏部将，后降北齐，又投南朝梁国。此次举兵叛梁，攻破建康，梁武帝萧衍被困死城中。侯景拥兵自立为汉帝，终兵败出逃被杀。建业：即建康。㉗台门：台省城门。㉘部分经略：部署分配，经管略理。㉙巢父：传说中尧时隐士，以树为巢屋，故称巢父。许由：传说尧想禅位给他，许由逃至箕山，农耕而食，隐居不仕。㉚齐文宣帝：《北齐书·文宣帝纪》载：姓高名洋，字子建。东魏时封为齐王，后代魏自立，建国北齐。骄狂自恃，纵酒肆欲，昏邪残暴。㉛杨遵彦：名愔，字遵彦，弘农华阴人。《北齐书》有传："总摄机衡，百度修敕，以贤能为朝野所称"，官至北齐尚书令，拜任骠骑将军，封为开封王。后被齐孝昭帝所杀。㉜晏如：安然。㉝斛律明月：即斛律光，字明月。《北齐书》有传，北齐名将，因屡建奇功，谣言蜂起，后主高纬疑其拥兵反叛，借机杀害之。折冲：使敌方战车后退。冲，一种战车。㉞行台：晋之后，朝官称台官，军称台军。在地方代表朝廷行使尚书省政务的称行台。㉟匡维：辅助维护。㊱疆场：边疆。㊲隐若敌国：晋州隐蔽得有如敌国般，势力强大。指晋州潜力巨大，外部势力无法侵入。

【译文】

古人说："一千年出一个圣人，如同从早晨到晚上那么快；五百年出一个贤人，如同人挨着人那么多。"这是说圣人、贤人十分难得，千百年难遇。如果真的遇上了这难得一遇的贤明通达的君子，怎能不多产生企慕景仰之情？我生于乱世年代，长于戎马军旅之中，流离转徙，见闻已多，所遇到的名人贤人，没有不让我心醉神迷向往羡慕的。人在年少之时，性情未定，所与亲近交往之人，耳濡目染，言谈举止之中，虽没有刻意去学，但潜移默化之中，自然会受到熏染，更何况操守与技艺又是较明显的容易学到手的呢？所以说，与好人同处，如同进入开满芝兰的花室，时间久了自然芬芳；与坏人同处，就如同进入了卖鲍鱼的市场，时间久了自然也就臭味难闻。墨子叹惜于染丝之变色，其含义就是指的这个意思。所以说，君子对与人交游这个事是一定要慎重的。孔子说："不要交不如自己的朋友。"颜回、闵子骞这样的贤士，人一生能遇上一个吗？只要比我优秀的，便足可珍贵了。

世人多有偏见，重视耳闻的，忽视目睹的，看重远的，轻视近的。从小到大都在一起，这之中如果有贤哲的人，往往也被人戏弄，不去尊敬他；如果是外乡别县的，只要听到点风闻，说这个人是贤哲，那就会伸长脖子、踮起脚跟盼望，如饥似渴。比较一下身边的近贤与外来的远贤的长短，核考一下两人的优劣，也许远贤还不如近哲呢。所以鲁国有人把孔子称为"东家丘"。过去虞国的宫之奇，与国君从小到大在一起，国君轻视他，不听他的劝谏，以至于亡国，这不可不留心啊！

用了这个人的计谋却抛弃这个人，这是古人所厌恶的。但凡有一言一行是采用了别人的，都要明白地公布于众，不能掠人之美，以为这是自己的功劳，即使这个人是很低微很卑贱的，也要把功劳归于人家。偷人的财物，要受刑法制裁；窃人之美，要受鬼神的谴责。

梁孝元帝在荆州时，有个叫丁觇的，是洪亭人，十分善于写文章，草书、隶书写得尤为出色，凡有书写之事，孝元帝全都交给他办。军旅之中的官吏都瞧不起他，认为让自己的子弟去跟他学书法是件可耻的事。当时有这样的传说："丁觇写十张纸，不如王褒几个字。"我十分喜爱他写的字，常常作为墨宝珍藏。孝元帝曾派遣典签官惠编将文章送萧子云看。萧子云问道："君王近来所赐文章信札以及所作诗篇，那字写得太好了，一定是位书法高手，姓甚名谁，怎么会一点名声也没有呢？"惠编如实回答。萧子云叹道："这个丁觇，后生之中无人可比，之所以不为世人称道，也是件奇怪的事。"于是听到这话的人多了，才有些对丁觇刮目相看。稍后丁觇官至尚书仪曹郎，最后做晋安王的侍读，随安王东下。及至江陵陷落，文章书信全部散佚毁失，丁觇不久也死于扬州，以前轻视丁觇的人，此时想得到他写的片纸只字也办不到了。

侯景当初攻入建业时，台城之门虽然还关闭着，但公和私事都很纷乱，城中的人已是人心惶惶，人人自危。太子左卫率羊侃坐镇东掖门，部署守城，分配经管，防务的安排他一宿就办妥了，于是才有百余日的时间来抗击叛军。当时城内有四万多人，王公大臣也不下百人，全靠着羊侃一人得以稳定局势。古人说："巢父、许由，把天下让给别人；市井小人，却争一分钱的利。"这也相差太悬殊了。

北齐文宣帝即位才几年，便沉湎放纵，无纲无纪，但是他还能委托尚书令杨遵彦办理朝政，使得朝廷内外安定，朝野无恙，百官百姓各得其所，人们也没有什么异议，这样的局面一直保持到天保年间。杨遵彦后来被孝昭帝所杀，北齐的刑律朝政从此开始衰败了。斛律明月是齐朝的安邦定国的大臣，无罪被诛杀，将士们军心涣散，北周开始有了吞并齐的计划，关中一带的军民至今还称誉斛律明月。斛律明月用兵，岂止是万众所望而能形容的啊？国家的存亡，系于他的生死之间。

张延隽是晋州行台左丞，辅佐主将，镇守安定边疆，储备财物器用，爱护救助百姓，在敌国的眼中，这个边疆就如同一个敌国那样强大。一群卑鄙小人其私欲无法行得通，便纠集在一起一同排挤他。这些小人得逞之后，晋州下上一片混乱，北周的军队刚一进攻，晋州先被拿下，齐国的灭亡也就从这里开始了。

勉学第八

【原文】

自古明王圣帝，犹须勤学，况凡庶[①]乎！此事遍于经史，吾亦不能郑重[②]，聊举近世切要，以启寤汝[③]耳。士大夫子弟，数岁已上，莫不被教，多者或至《礼》《传》[④]，少者不失《诗》《论》[⑤]。及至冠婚，体性稍定，因此天机[⑥]，倍须训诱。有志尚者，遂能磨砺，以就素业；无履立[⑦]者，自兹堕慢[⑧]，便为凡人。人生在世，会当[⑨]有业，农民则计量耕稼，商贾则讨论货贿，工巧则致精器用，伎艺[⑩]则沉思法术，武夫则惯习弓马，文士则讲议经书。多见士大夫耻涉农商，羞务工伎[⑪]，射则不能穿札[⑫]，笔则才记姓名，饱食醉酒，忽忽无事，以此销日，以此终年。或因家世余绪[⑬]，得一阶半级，便自为足，全忘修学；及有吉凶大事，议论得失，蒙然[⑭]张口，如坐云雾；公私宴集，谈古赋诗，塞默低头，欠伸而已。有识旁观，代其入地。何惜数年勤学，长受一生愧辱哉！

梁朝全盛之时，贵游子弟，多无学术，至于谚云："上车不落则著作，体中何如则秘书[⑮]。"无不熏衣剃面，傅粉施朱，驾长檐车[⑯]，跟高齿屐，坐棋子方褥，凭斑丝隐囊[⑰]，列器玩于左右，从容出入，望若神仙。明经求第[⑱]，则顾[⑲]人答策，三九公宴，则假手[⑳]赋诗。当尔之时，亦快士也。及离乱之后，朝市迁革，铨衡[㉑]选举，非复曩者之亲；当路秉权，不见昔时之党。求诸身而无所得，施之世而无所用。被褐而丧珠[㉒]，失皮而露质[㉓]，兀[㉔]若枯木，泊[㉕]若穷流，鹿独戎马之间[㉖]，转死沟壑之际。当尔之时，诚驽材也。有学艺者，触地而安。自荒乱已来，诸见俘虏。虽百世小人[㉗]，知读《论语》《孝经》者，尚为人师；虽千载冠冕[㉘]，不晓书记者，莫不耕田养马。以此观之，安可不自勉耶？若能常保数百卷书，千载终不为小人也。

【注释】

①凡庶：凡夫庶子，指普通人。②郑重：殷勤重述。郑，殷勤。③寤汝：使你们了解。寤，通"悟"，使动词。④礼、传：礼，指《礼记》。传，指《春秋》三传。⑤诗、论：《诗经》、《论语》。⑥因：凭借。天机：天然机会。指年轻气盛时。⑦履立：踩踏与站立，指

实践的志向。⑧堕慢:懒惰轻慢。堕,通“惰”。⑨会当:应当。⑩伎艺:杂技把戏。⑪工伎:手艺。⑫札:铠甲上的叶片,用皮革、铁片制成。⑬余绪:指势家余荫。⑭蒙然:懵懵懂懂的样子。⑮“上车”二句:意谓只要上车不跌落就可以任尚书郎,只要会说“身体如何”都可以任秘书。著作,指著作郎,官名,执掌国史撰写。秘书,官名,管理典籍起草文书。⑯长檐车:宽篷彩幔车。⑰凭:依靠。斑丝:斑纹丝织品。隐囊:内隐棉絮的靠枕。⑱明经求第:以明经科试取及第。明经,六朝仍沿袭汉时的科举制度,实行九品中正制。科举分为明经科、明律令科等等,其中的答策是回答有关国政和经书的策问。⑲顾:通“雇”。⑳假手:借别人之手代笔。假,借。㉑铨衡:称量。此指考核。㉒“被褐”句:披上粗麻布的短衣,丢失原有的珠玉。被,同“披”。㉓“失皮”句:意谓失去浮华的外表露出无能的本质。㉔兀:茫然无知的样子。㉕泊:通“薄”,浅薄。㉖鹿独戎马之间:鹿独处于戎马之间。㉗小人:指寒门阶层。㉘冠冕:指门阀世族。

【原文】

夫明《六经》之指[29],涉百家之书,纵不能增益德行,敦厉[30]风俗,犹为一艺,得以自资[31]。父兄不可常依,乡国不可常保,一旦流离,无人庇荫,当自求诸身耳。谚曰:“积财千万,不如薄伎[32]在身。”伎之易习而可贵者,无过读书也。世人不问愚智,皆欲识人之多,见事之广,而不肯读书,是犹求饱而懒营馔[33],欲暖而惰裁衣也。夫读书之人,自羲、农已来[34],宇宙之下,凡识几人,凡见几事,生民之成败好恶,固不足论,天地所不能藏,鬼神所不能隐也。

有客难主人曰[35]:“吾见强弩长戟,诛罪安民,以取公侯者有矣;文义习吏[36],匡时富国[37],以取卿相者有矣;学备[38]古今,才兼文武,身无禄位,妻子饥寒者,不可胜数。安足贵学乎?”主人对曰:“夫命之穷达[39],犹金玉木石也。修以学艺,犹磨莹[40]雕刻也。金玉之磨莹,自美其矿璞[41];木石之段块[42],自丑其雕刻。安可言木石之雕刻,乃胜金玉之矿璞哉?不得以有学之贫贱,比于无学之富贵也。且负甲为兵,咋[43]笔为吏,身死名灭者如牛毛,角立[44]杰出者如芝草。握素披黄[45],吟道咏德,苦辛无益者如日蚀[46],逸乐名利者如秋荼[47],岂得同年而语矣。且又闻之,生而知之者上,学而知之者次。所以学者,欲其多知明达耳。必有天才,拔群出类,为将则暗与孙武、吴起[48]同术,执政则悬得管仲、子产[49]之教,虽未读书,吾亦谓之学矣。今子即不能然,不师古之踪迹,犹蒙被而卧耳。

人见邻里亲戚有佳快[50]者,使子弟慕而学之,不知使学古人,何其蔽也哉?世人但知跨马被甲,长矟强弓,便云我能为将,不知明乎天道,辨乎地利,比量逆顺,鉴达兴亡之妙也。但知承上接下[51],积财聚谷,便云我能为相;不知敬鬼事神,移风易俗,调节阴阳[52],荐举贤圣之至也。但知私财不入,公事夙办,便云我能治民;不知诚己刑物[53],执辔如组[54],反风灭火[55],化鸱为凤[56]之术也。但知抱令守律,早刑时舍[57]，便云我能平狱；不知同辕观罪[58]，分剑追财[59]，假言而奸露[60]，不问而情得之察也。爰及农商工贾，厮役奴隶，钓鱼屠肉，饭牛牧羊，皆有先达[61]，可为师表，博学求之，无不利于事也。

【注释】

㉙指：通“旨”，旨义。㉚敦厉：敦促激励。㉛自资：自我资助，自助。㉜伎：通“技”，技能。㉝营馔：做饭。㉞羲、农：伏羲、神农。都是传说中的远古部落领袖。已：同“以”。㉟难：诘难。主人：实指作者自己。此处采取赋作的虚拟手法。㊱文义习吏：修正义理学习吏道。文，文饰，修正。㊲匡时富国：匡复时势富强国家。匡、富，都是使动词。㊳备：全。㊴穷达：逆境、困境。㊵莹：通“蓥”，磨亮金属。㊶矿：开采下来的矿石。璞：未经剖磨的玉石。㊷段块：指原段原块。㊸咋：咬。㊹角立：挺拔直立。喻指人品端正。㊺握素披黄：握着素绢披开黄卷。纸产生之前，古人以素绢书写，为防虫蛀以黄素雌黄染之，故书称黄卷。㊻如日蚀：意谓如日之蚀，然后仍有日之辉煌。㊼如秋荼：意谓如秋荼花，然后必将凋零。荼，菅茅，花白色。暗：藏，指心里。㊽孙武：春秋时军事家，有《孙子兵法》传世。吴起：战国时军事家，有《吴子兵法》四十八篇，已佚。㊾悬：远。管仲：春秋时齐国政治家，名夷吾，字仲。子产：春秋时郑国政治家，即公孙侨，又称公孙成子。㊿佳快：既好又快捷。51承上接下：指官场中的上下交际手段。52阴阳：我国古代哲学中两个重要概念。此泛指社会自然处于矛盾运动中的种种现象。53诚己：使自己忠诚。诚，使动词。刑物：为外人做典型。形，通“型”，为动词。54执辔如组：《诗经·郑风·大叔于田》：“执辔如组，两骖如舞。”辔，马缰绳。组，丝带，用作动词，编织丝带。此处以善于驾驭马匹，喻指善于管理民众。55反风灭火：返转风向消灭火灾。反，同“返”。喻指平定政治环境，消灭动乱因素。56化鸱为凤：把猫头鹰变成凤凰。喻指把恶人坏事改造好。57时舍：按时大赦。舍，舍弃，赦免。58同辕观罪：把嫌疑人同囚一车，以观察罪犯。典出《左传·成公十七年》郤犨争田。59分剑追财：以剑判断案情，追讨全部财产。典出《风俗通》富人嫁女。60假言而奸露：说假话，终于露出奸相。典出《魏书·李崇传》苟泰寻子。61先达：先见先知之达人。

【原文】

夫所以读书学问，本欲开心明目，利于行耳。未知养亲者，欲其观古人之先意承颜[62]，怡声下气[63]，不惮劬劳，以致甘腝[64]。惕然惭惧，起而行之也。未知事君者，欲其观古人之守职无侵[65]，见危授命，不忘诚谏，以利社稷。恻然自念，思欲效之也。素骄奢者，欲其观古人之恭俭节用，卑以自牧[66]，礼为教本，敬者身基[67]。瞿然自失，敛容抑志也。素鄙吝者，欲其观古人之贵义轻财，少私寡欲，忌盈恶满，赒穷恤匮[68]。赧然悔耻，积而能散也。素暴悍者，欲其观古人之小心黜己[69]，齿弊舌存[70]，含垢藏疾[71]，尊贤容众。苶然[72]沮丧，若不胜衣也。素怯懦者，欲其观古人之达生委命，强毅正直，立言必信，求福不回。勃然奋厉，不可恐慑也。历兹以往，百行皆然。纵不能淳[73]，去泰去甚[74]，学之所知，施无不达。世人读书者，但能言之，不能行之，忠孝无闻，仁义不足。加以断一条讼，不必得其理；宰[75]千户县，不必理其民。问其造屋，不必知楣横而梲竖[76]也；问其为田，不必知稷早而黍迟也。吟啸谈谑，讽咏辞赋，事既优闲，材增迂诞，军国经纶，略无施用。故为武人俗吏所共嗤诋，良由是乎！

夫学者，所以求益耳。见人读数十卷书，便自高大，凌忽长者，轻慢同列。人疾之如仇敌，恶之如鸱枭。如此以学自损，不如无学也。古之学者为己，以补不足也；今之学者为人，但能说之也[77]。古之学者为人，行道以利世也；今之学者为己，修身以求进也。夫学者，犹种树也，春玩其华，秋登[78]其实。讲论文章，春华也；修身利行，秋实也。

【注释】

⑥②先意承颜：先揣摩双亲的心意，再顺承他们的脸色。《礼记·祭义》："君子之所谓孝者，先意承志，谕父母于道。"⑥③怡声下气：声音和悦态度恭顺。气，指态度。《礼记·内则》："下气怡声，问衣燠寒。"⑥④甘腝：甘甜软和的食物。⑥⑤无侵：不能侵权。⑥⑥卑以自牧：以谦卑的态度修养自己的道德。《易经·谦》："谦谦君子，卑以自牧也。"⑥⑦敬者身基：尊人敬事立身根基。《左传·成公十三年》："礼，身之干也；敬，身之基也。"⑥⑧赒穷恤匮：救济贫穷体恤困苦。匮，缺乏，困苦。⑥⑨黜己：处罚管束自己。⑦⓪齿弊舌存：《说苑·敬慎》："老子曰：'夫舌之存也，岂非以其柔耶？齿之亡也，岂非以其刚耶？，'"意谓刚者易毁，柔者常存。⑦①含垢藏疾：包含别人的垢议，隐藏自己的疾痛。⑦②苶然：疲惫的样子。⑦③淳：通"纯"，纯正。⑦④去泰去甚：除掉极端，除掉过激。⑦⑤宰：主管。⑦⑥楣横而梲竖：泛指房屋设计构筑。楣，屋顶上的横木。梲，梁上的支柱。⑦⑦"古之"四句：语出《论语·宪问》："古之学者为己，今之学者为人。"本此，著者化其义以劝学。⑦⑧登：熟。

【原文】

人生小幼，精神专利；长成已后，思虑散逸。固须早教，勿失机也。吾七岁时，诵《灵光殿赋》[79]，至于今日，十年一理[80]，犹不遗忘。二十之外，所诵经书，一月废置，便至荒芜矣。然人有坎壈[81]，失于盛年，犹当晚学，不可自弃。孔子云："五十以学《易》，可以无大过矣[82]。"魏武、袁遗[83]，老而弥笃，此皆少学而至老不倦也。曾子七十乃学[84]，名闻天下。荀卿五十始来游学，犹为硕儒。公孙弘四十余方读《春秋》[85]，以此遂登丞相。朱云[86]亦四十始学《易》《论语》。皇甫谧[87]二十始授《孝经》《论语》。皆终成大儒，此并早迷而晚寤[88]也。世人婚冠未学，便称迟暮，因循面墙[89]，亦为愚耳。幼而学者，如日出之光，老而学者，如秉烛夜行，犹贤乎瞑目而无见者也[90]。

学之兴废，随世轻重。汉时贤俊，皆以一经弘圣人之道，上明天时，下该[91]人事，用此致卿相者多矣。末俗[92]已来不复尔，空守章句[93]，但诵师言，施之世务，殆无一可。故士大夫子弟，皆以博涉为贵，不肯专儒。梁朝皇孙以下，总卯[94]之年，必先入学，观其志尚，出身[95]已后，便从文吏，略无卒业者。冠冕为此者，则有何胤、刘瓛、明山宾、周舍、朱异、周宏正、贺琛、贺革、萧子政、刘绍等[96]，兼通文史，不徒讲说也。洛阳亦闻崔浩、张伟、刘芳[97]，邺下又见邢子才[98]，此四儒者，虽好经术，亦以才博擅名。如此诸贤，故为上品。以外率多田野闲人，音辞鄙陋，风操蚩拙，相与专固，无所堪能，问一言辄酬数百，责其指归[99]，或无要会[100]。邺下谚云："博士买驴，书券三纸，未有'驴'字。"使汝以此为师，令人气塞。孔子曰："学也禄在其中矣[101]。"今勤无益之事，恐非业也。夫圣人之书所以设教，但明练经文，粗通注义，常使言行有得，亦足为人；何必"仲尼居"即须两纸疏义[102]，燕寝讲堂，亦复何在？以此得胜，宁有益乎？光阴可惜，譬诸逝水。当博览机要，以济功业；必能兼美，吾无间[103]焉。

【注释】

⑦灵光殿赋：东汉王延寿作。见萧统《文选》。⑧一理：温习一次。⑧坎壈：同"坎廪"，困顿不得意。⑧"五十"二句：语出《论语·述而》。⑧魏武：魏武帝曹操。袁遗：袁绍的堂兄。⑧曾子：名参字子舆，孔子弟子。七十：《类说》作"十七"，是。⑧公孙弘：《汉书》本传载：年四十余始学《公羊春秋传》，六十为博士。元朔年间被汉武帝任丞相，晚年封平津侯。⑧朱云：《汉书》有传：字游，平陵人。年四十始志于学，先从博士白子友学《周易》，再从萧望之学《论语》。⑧皇甫谧：字士安，号玄宴先生。生活于魏晋之间，一生坎坷。少年时游荡无度，无意学问，其叔母痛哭以劝，始从同乡席坦学《孝经》《论语》，终有大成。⑧寤：通"悟"。⑧面墙：面墙而立无所进取。《尚书·周官》："不学面墙。"孔安国注："人而不学，其犹墙面而立。"⑨"幼而"五句：《说苑·建本》："师旷曰：'少而好学，如日出之阳；壮而好学，如日中之光；老而好学，如秉烛之明。'"⑨该：包括。⑨末俗：末代时俗。⑨章句：分析古书的章节句读，只以训诂为学问，不涉世事。⑨总卯：古时儿童束发为两结，即总角。⑨出身：出仕。⑨"则有"句：何胤：南朝梁人，字子季。著有《周易注》《毛诗隐义》《礼记隐义》。刘瓛：南朝齐人，字子珪。深通五经。明山宾：南朝梁人，字孝若。任东宫学士、国子监祭酒。著有《吉礼仪注》《礼仪》《孝经丧礼服义》。朱异：南朝梁人，字彦和。著《礼讲疏》《易讲疏》。周弘正：南朝陈人，字思行。著有《周易讲疏》《论语疏》《老子疏》《庄子疏》。贺琛：南朝梁人，字国宝。著有《三礼讲疏》《五经滞义》。萧子政：南朝梁人。著有《周易义疏》《系辞义疏》。⑨崔浩：北朝魏人，字伯渊。著有《国书》。张伟：北朝魏人。通五经，讲学乡里。刘芳：北朝魏人，字伯文。官至太子庶子，兼散骑常侍。著有《尚书音义》《仪礼音义》《公羊传音义》《穀梁传音义》《后汉书音义》。⑨刑子才：北朝北齐人，名邵。有《刑邵集》三十

卷。⑲指归：意向。⑳要会：主旨。㉑"学也"句：语出《论语·卫灵公》。㉒疏义：注，即对经文的注解；疏，是对注解的释义。古代章句疏注学者，其所注疏，多旁征博引，繁琐考释，往往不得要领。后又各立学派，对峙驳难，遂成千年颓风。㉓无间：没有置评的间隙。此为著者对这种繁琐文风无可奈何的批评。

【原文】

俗间儒士，不涉群书，经纬[104]之外，义疏而已。吾初入邺，与博陵崔文彦交游，尝说《王粲集》中难郑玄《尚书》事[105]。崔转为诸儒道之，始将发口，悬见排蹙[106]，云："文集只有诗赋铭诔，岂当论经书事乎？且先儒之中，未闻有王粲也。"崔笑而退，竟不以粲集示之。魏收之在议曹[107]，与诸博士议宗庙事，引据《汉书》，博士笑曰："未闻《汉书》得证经术。"收便忿怒，都不复言，取《韦玄成传》[108]，掷之而起。博士一夜共披寻之，达明，乃来谢曰："不谓玄成如此学也。"

夫老、庄之书，盖全真养性[109]，不肯以物累己也。故藏名柱史，终蹈流沙[110]。匿迹漆园，卒辞楚相[111]。此任纵之徒尔。何晏、王弼[112]，祖述玄宗[113]，递相夸尚，景附草靡[114]，皆以农、黄[115]之化，在乎己身，周、孔之业，弃之度外。而平叔以党曹爽见诛[116]，触死权之网也；辅嗣以多笑人被疾[117]，陷好胜之阱也；山巨源以蓄积取讥[118]，背多藏厚亡之文也；夏侯玄[119]以才望被戮，无支离拥肿之鉴也[120]；荀奉倩丧妻，神伤而卒，非鼓缶之情也[121]；王夷甫悼子，悲不自胜，异东门之达[122]也；嵇叔夜排俗取祸[123]，岂和光同尘[124]之流也；郭子玄[125]以倾动专势，宁后身外己[126]之风也？阮嗣宗[127]沉酒荒迷，乖[128]畏途相诫之譬也；谢幼舆[129]赃贿黜削，违弃其余鱼之旨也[130]。彼诸人者，并其领袖，玄宗所归。其余桎梏尘滓之中，颠仆名利之下者，岂可备言[131]乎！直取其清谈雅论，剖玄[132]析微，宾主往复，娱心悦耳，非济世成俗之要也。洎于梁世，兹风复阐[133]，《庄》《老》《周易》，总谓《三玄》。武皇、简文[134]躬自讲论。周弘正奉赞大猷[135]，化行都邑，学徒千余，实为盛美。元帝在江、荆间[136]，复所爱习，召置学生，亲为教授，废寝忘食，以夜继朝，至乃倦剧愁愤，辄以讲自释。吾时颇预末筵，亲承音旨，性既顽鲁，亦所不好云。

【注释】

⑭纬：纬书。对《七经》而言，世传《七纬》，都是汉代人伪托孔子之所作。《七纬》有：《诗纬》《书纬》《礼纬》《易纬》《乐纬》《春秋纬》《孝经纬》。这些书都是以儒家经义为表，其实附会吉凶祸福，预言治乱兴衰，多是荒诞无稽之说。⑮王粲：汉代山阳高平人，建安七子之一，一代文学大家。有《王粲集》传世。难：诘难，置疑。郑玄：汉代北海高密人，字康成。经学大师，著述甚丰，汉学集大成者，世称郑学。⑯悬：悬空，凭空。见：表示被动的助词。排蹙：排斥。⑰魏收：北齐下曲阳地人，字伯起。先在北魏时任散骑常侍，编修国史。入北齐后任中书令兼著作郎，终迁至尚书右仆射，完成《魏书》。

议曹:官名。⑩⑧韦玄成传:即《汉书·韦玄成传》。据载:邹人,字少翁。以通六经,而官至丞相。⑩⑨全真养性:保全本性养护天性。⑩⑩"故藏名"二句:老子曾任周柱下史小吏,管理藏书。据《列仙传》,世人传说后与关令尹俱游流沙,不知所终。⑪⑪"匿迹"二句:庄子曾任漆园小吏。据《史记·老庄申韩列传》:楚王遣使请赴任楚相,庄子拒之。以上二例证明老庄不"以物累己",尽为任意纵性之人。⑪②何晏:三国时宛地人,字平叔。好老庄之学,开清谈风气,早期的玄学家。王弼:三国时山阳人,字辅嗣。著名玄学家,与何晏齐名。⑪③玄宗:玄学之宗。三国之后,称《老子》《庄子》《周易》三书为三玄。六朝玄学以之为本宗。⑪④景附草靡:影跟着走,草随风倒。喻指当时玄学之盛行。⑪⑤农、黄:指传说中的神农氏和黄帝。道家和玄学家都以神农及黄帝为宗祖。⑪⑥党曹爽:与曹爽结党。何晏官至侍中尚书,与曹魏氏交结甚厚。后与幼主曹芳同被司马氏所杀。⑪⑦被疾:遭人嫉恨。⑪⑧山巨源:即山涛。魏晋时河内怀县人。本为竹林七贤之一,入晋后仕路亨通,官至太子少傅、右仆射。欲引嵇康入仕,遭拒。嵇康有《与山巨源绝交书》传世。蓄积取讥:蓄积财物而取讥于人。以"蓄积"喻指官场得势,而受嵇康等老友讥讽,以致绝交。⑪⑨夏侯玄:三国时魏将。任征西将军期间,已预见司马氏野心,欲夺其权,事败被杀。⑫⑩支离:《庄子·人间世》中虚拟人物,因肢体残疾无所用,而能终竟天年。以宣示道家的虚无观念。拥:通"臃"。鉴:借鉴。前车之鉴。⑫①鼓缶:敲缶盆。《庄子·至乐论》载:庄子妻死,惠子去吊唁,见其鼓盆而歌。惠子责备庄子不通人情,庄子说:"察其死而本无生,非徒无生也,而本无形;非徒无形,而本无气。人且偃然寝于巨室,而我噭噭然随而哭之,自以为不通乎命,故止也。"⑫②东门之达:复姓东门,字之达。《列子·力命》中的虚拟人物。其子死而不忧,人异问之,东门之达说:"吾尝无子,无子之时不忧。今子死,乃与向无子同,臣奚忧焉?"⑫③嵇叔夜:嵇康,字叔夜。著名文学家,三国魏之中散大夫,竹林七贤之一。因反对司马集团,不与合作,而被司马昭杀害。有《嵇康集》传世。⑫④和光同尘:把光彩和尘浊同样看待。《老子》有"和其光同其尘"的万物一同,无所偏颇的思想。如此方可安命终老。⑫⑤郭子玄:晋代河南人,郭象,字子玄。官至黄门侍郎、太傅主簿,权倾朝野。又好老庄之学,著"碑论"十二篇,有郭象注《庄子》传世。⑫⑥后身外己:使自身处于后,使自己处于外。此谓保存自己之道。《老子》:"后其身而身先,外其身而身存。"后、外,使动词。⑫⑦阮嗣宗:三国魏人,阮籍,字嗣宗。竹林七贤之人,著名文学家。虽不满司马集团,但口不臧否人物,常以醉酒躲避迫害。⑫⑧乖:乖离,违背。⑫⑨谢幼舆:谢鲲,字幼舆。其僮仆偷窃官家乐杆,谢鲲受连累,因"赃贿"而被削职。⑬⓪"违弃"句:《淮南子·齐俗》载:惠子从车百乘以过孟诸,庄子往见欲谏之。认为财富过多必将生祸,于是把自己多余的鱼丢弃。著者举此典故说明谢幼舆有违贪财招灾之古训。⑬①备言:说全。⑬②玄:玄妙、深奥。⑬③阐:开创。⑬④武皇、简文:指梁武帝萧衍、梁简文帝萧纲。⑬⑤大猷:大法,指可以治国的玄学。⑬⑥江、荆间:江陵与荆州之间。

【原文】

齐孝昭帝[137]侍娄太后疾，容色憔悴，服膳减损。徐之才[138]为灸两穴，帝握拳代痛，爪入掌心，血流满手。后既痊愈，帝寻疾崩，遗诏恨不见太后山陵之事[139]。其天性至孝如彼，不识忌讳[140]如此，良由无学所为。若见古人之讥欲母早死而悲哭之，则不发此言也。孝为百行之首，犹须学以修饰之，况余事乎！

梁元帝尝为吾说："昔在会稽，年始十二，便已好学。时又患疥，手不得拳，膝不得屈。闲斋张葛帏[141]，避蝇独坐，银瓯贮山阴甜酒，时复进之，以自宽痛。率意自读史书，一日二十卷，既未师受，或不识一字，或不解一语，要自重[142]之，不知厌倦。"帝子之尊，童稚之逸，尚能如此，况其庶士，冀以自达者哉！

古人勤学，有握锥投斧[143]，照雪聚萤[144]，锄则带经[145]，牧则编简[146]，亦为勤笃。梁世彭城[147]刘绮，交州刺史勃之孙，早孤家贫，灯烛难办，常买荻尺寸折之，然[148]明夜读。孝元初出会稽，精选寮寀[149]，绮以才华，为国常侍兼记室，殊蒙礼遇，终于金紫光禄[150]。义阳[151]朱詹，世居江陵，后出扬都，好学，家贫无资，累日不爨，乃时吞纸以实腹。寒无毡被，抱犬而卧。犬亦饥虚，起行盗食，呼之不至，哀声动邻，犹不废业，卒成学士，官至镇南录事参军，为孝元所礼。此乃不可为之事，亦是勤学之一人。东莞[152]臧逢世，年二十余，欲读班固《汉书》，苦假借不久，乃就姊夫刘缓乞丐客刺书翰纸末[153]，手写一本，军府服其志尚，卒以《汉书》闻。

【注释】

⑬⑦齐孝昭帝：北齐昭帝高演。娄太后：北齐神武帝高欢之妻。⑬⑧徐之才：《北齐书》本传载：丹阳人，善医术。⑬⑨山陵之事：指死后之事。《尔雅·释丘》注："秦名天下冢曰山，汉曰陵；君王死，讳曰山陵崩。⑭⓪忌讳：指孝昭帝直言母死。⑭①张葛帏：张挂葛布帷帐。⑭②自重：自己重复阅读。⑭③握锥：《战国策·秦策一》载：苏秦未发迹时，读书欲睡，以锥刺腿，血流至足。投斧：《御览》六一一引《庐江七贤传》：西汉人文党入山伐木，对同伴说：我想去长安求学，不知能否成功，我现在把斧头投向高树以为测验。一投果中。⑭④照雪：《太平御览》十二引《宋齐语》：东晋人孙康少年家贫，在冬天常映雪取亮读书。聚萤：《晋书·车胤传》载：车胤，字武子。少年家贫，捉萤火虫置瓶中，每至夏夜，借光读书。⑭⑤锄则带经：《汉书·兒宽传》载：兒宽家贫，身常带经书，每至耕田休息时，即接续阅读。⑭⑥牧则编简：《汉书·路温舒传》载：路温舒年轻牧羊时，常采择水中蒲草，编成简牒，用以书写。⑭⑦彭城：地名，故址在今江苏省徐州市。⑭⑧然：同"燃"，古今字。⑭⑨寮寀：百官。《晋书·王戎传》："虽位总鼎司，而委事寮寀。"⑮⓪金紫光禄：魏晋以来，左右光禄大夫，都授予银章青绶。其中身显者，诏加金章紫绶，则谓之金紫光禄大夫。⑮①义阳：地名，故址在今河南省信阳市。⑮②东莞：地名，故址在今山东省莒县。⑮③乞丐：求取。客刺：名刺，名片。书翰：书信。纸末：纸片。

【原文】

齐有宦者内参[154]田鹏鸾，本蛮人也。年十四五，初为阍寺[155]，便知好学，怀袖握书，晓夕讽诵。所居卑末，使役苦辛，时伺间隙，周章询请。每至文林馆[156]，气喘汗流，问书之外，不暇他语。及睹古人节义之事，未尝不感激沉吟之久。吾甚怜爱，倍加开奖。后被赏遇，赐名敬宣，位至侍中开府。后主[157]之奔青州，遣其西出，参伺动静，为周军所获。问齐主何在，绐[158]云："已去，计当出境。"疑其不信，欧捶服之[159]，每折一支[160]，辞色愈厉[161]，竟断四体而卒。蛮夷童丱，犹能以学成忠，齐之将相，比敬宣之奴不若也。

邺平之后[162]，见徙入关。思鲁[163]尝谓吾曰："朝无禄位，家无积财，当肆筋力，以申供养。每被课笃[164]，勤劳经史，未知为子，可得安乎？"吾命之曰："子当以养为心，父当以学为教。使汝弃学徇财，丰吾衣食，食之安得甘，衣之安得暖？若务先王之道，绍[165]家世之业，藜羹缊褐[166]，我自欲之。"

【注释】

⑭内参：宦官。⑮阍寺：内宫守门宦官。⑯文林馆：存放图书、校理典籍之馆署。⑰后主：指北齐后主高纬。北周灭北齐时，后主先出奔青州，终于被捕。⑱绐：欺骗。⑲欧：通"殴"。服之：使之服。⑳支：通"肢"。㉑厉：激厉，愤激。㉒邺平之后：邺城攻陷之后。《北齐书·后主纪》载：公元577年，北齐君主被北周流逐到长安赐死。㉓思鲁：颜之推长子。㉔笃：通"督"，督促。㉕绍：承继。㉖缊褐：以乱麻为絮的粗布棉衣。

【原文】

《书》[167]曰："好问则裕。"《礼》[168]云："独学而无友，则孤陋而寡闻。"盖须切磋相起[169]，明也。见有闭门读书，师心[170]自是，稠人广坐，谬误差失者多矣。《穀梁传》[171]称公子友与莒挐相搏，左右呼曰"孟劳"。"孟劳"者，鲁之宝刀名，亦见《广雅》[172]。近在齐时，有姜仲岳谓："孟劳者，公子左右，姓孟名劳，多力之人，为国所宝。"与吾苦诤[173]。时清河郡守邢峙[174]，当世硕儒，助吾证之，赧然而伏。又《三辅决录》[175]云："灵帝殿柱题曰：堂堂乎张，京兆田郎[176]。"盖引《论语》，偶以四言，目[177]京兆人田凤也。有一才士，乃言："时张京兆及田郎二人，皆堂堂尔。"闻吾此说，初大惊骇，其后寻愧悔焉。江南有一权贵，读误本《蜀都赋》注，解"蹲鸱，芋也"，乃为"羊"字[178]。人馈羊肉，答书云："损惠蹲鸱。"举朝惊骇，不解事义，久后寻迹，方知如此。元氏之世[179]，在洛京时，有一才学重臣，新得《史记音》[180]，而颇纰缪，误反[181]"颛顼"字，"顼"当为许录反，错作许缘反，遂谓朝士言："从来谬音[182]'专旭'，当音'专翾'耳。"此人先有高名，翕然[183]信行。期年之后，更有硕儒，苦相究讨，方知误焉。《汉书·王莽赞》云："紫色蛙声[184]，余分闰位[185]。"谓以伪乱真耳。昔吾尝共人谈书，言及王莽形状，有一俊士，自许史学，名价甚高，乃云："王莽非直鸱目虎吻，亦紫色蛙声。"又

《礼乐志》[186]云:"给太官挏马酒[187]。"李奇注:"以马乳为酒也,揰挏乃成。"二字并从手。揰挏[188],此谓撞捣挺挏之,今为酪酒亦然。向学士又以为种桐时,太官酿马酒乃熟。其孤陋遂至于此。太山羊肃,亦称学问,读潘岳赋"周文弱枝之枣",为[189]杖策之"杖";《世本》[190]"容成造历",以历为碓磨之"磨"。

【注释】

⑯书:指《尚书·仲虺之诰》篇。裕,丰裕,学识广博。⑱礼:指《札记·学记》篇。⑲起:进步。⑳师心:以己心为师。师,意助词。⑰穀梁传:指《穀梁传·僖公元年》篇。⑰广雅:书名。三国时魏人张楫撰。⑰诤:通"争"。⑰清河:郡名,治所在今河北省清河县。邢峙:梁代古文家,精通《三礼》《左传》。⑰三辅决录:书名。汉代赵歧撰,挚虞注。此书记述汉朝三辅事。⑰"灵帝"三句:灵帝:东汉灵帝刘宏。堂堂乎张:《论语·子张》:"堂堂乎张也,难与并为仁矣。"田郎:指京兆人田凤,其仪表堂堂,名重京师。⑰目:品评。⑰"读误"三句:《蜀都赋》:晋左思著,赋中有"交让所植,蹲鸱所伏"句,刘逵注:"蹲鸱,芋也。"而"误本"认为"判"乃"羊"之讹字。"江南权贵"以讹传讹,认定羊古称蹲鸱,故有以下笑谈。⑰元氏之世:指北魏。北魏君王入主后,改拓跋氏为元氏。⑱史记音:南朝梁人邹诞生所撰有关《史记》音读的著作。⑱误反:误读。反,反切,古代注音方法:取反切上字的声母,与反切下字(如下文翻)的韵母及音调,相拼后,即新字之音读。⑱谬音:谬读。⑱翕然:同行的样子。⑱紫色蛙声:脸色发紫,声音淫荡。颜师古注曰:"蛙声,淫声也。"⑱余分闰位:农历数年积余时日分成闰月之位。闰位,后喻指不正当的权位。《汉书·王莽传赞》此处服虔注曰:"言莽不得正王之命,如岁月之余分为闰也。"⑱礼乐志:《汉书》篇名。⑱给:供应:供给。挏马:官名。汉武帝时有挏马令,掌管乳马。取马乳汁挏拌以制马酒。后误以为酒名。⑱揰挏:撞击搅拌。今本"揰",作"撞"。此处颜之推据李奇注而为文,未言官名之讹传,故有此考证。⑱为:作,解释作。"周文弱枝之枣",出自潘岳《闲居赋》,意谓周文王时,有"弱枝之刺",喻枣树之结果多。而羊肃把"枝"字解释为"杖",此为大误。⑲世本:书名,战国史官撰。书中所述"容成造历",是说黄帝时,大臣容成创造历法。而羊肃把"历"通作"厉",故有"磨砺"之"磨"义。

【原文】

谈说制文,援引古昔,必须眼学,勿信耳受。江南闾里间,士大夫或不学问,羞为鄙朴,道听途说,强事饰辞,呼征质为"周、郑"[191],谓霍乱为"博陆[192]",上荆州必称陕西[193],下扬都言去海郡[194],言食则糊口,道钱则孔方,问移则楚丘,论婚则宴尔[195],及王则无不仲宣[196],语刘则无不公干[197]。凡有一二百件,传相祖述,寻问莫知原由,施安时复失所[198]。庄生有"乘时鹊起"之说[199],故谢朓诗曰:"鹊起登吴台[200]。"吾有一亲表,作《七夕》诗云:"今夜吴台鹊,亦共往填河。"《罗浮山记》云:"望平地树如荠[201]。”故戴暠诗云:“长安树如荠。”又邺下有一人《咏树》诗云:“遥望长安荠。”又尝见谓“矜诞”为“夸毗”[202],呼“高年”为“富有春秋”[203],皆耳学之过也。

夫文字者,坟籍[204]根本。世之学徒,多不晓字,读《五经》者,是徐邈而非许慎[205];习赋诵者,信褚诠而忽吕忱[206];明《史记》者,专徐、邹[207]而废篆籀;学《汉书》者,悦应、苏而略《苍》《雅》[208]。不知书音是其枝叶,小学乃其宗系。至见服虔、张揖[209]音义则贵之,得《通俗》《广雅》而不屑。一手之中,向背如此,况异代各人乎?

夫学者,贵能博闻也。郡国山川,官位姓族,衣服饮食,器皿制度,皆欲根寻,得其原本。至于文字,忽[210]不经怀,己身姓名,多或乖舛,纵得不误,亦未知所由。近世有人为子制名,兄弟皆山傍立字,而有名峙[211]者;兄弟皆手傍立字,而有名机[212]者;兄弟皆水傍立字,而有名凝[213]者。名儒硕学,此例甚多。若有知吾钟之不调[214],一何可笑。

【注释】

⑲征质:征交抵押品。质,抵押品。周郑:《左传·隐公二年》载:周朝王室曾与郑庄公交换人质。意谓征交物品用周郑交质取代,意义不明。⑲霍乱为博陆:汉代霍光曾封博陆侯,后来汉宣帝以谋反罪户灭霍氏家族,史称霍氏之乱。某些士大夫竟称霍乱病,为博陆,真驴唇马嘴也。⑲陕西:周朝时,周公管辖陕东各诸侯,召公管辖陕西各诸侯。因荆州在西,故某些士大夫自显博通古今,称荆州为陕西。⑲海郡:扬州靠海,扬都虽不靠海,因都有“扬”字,故称扬都(今南京)为海郡。⑲宴尔:《诗经·谷风》有“宴尔新婚”句,因称婚姻为宴尔,以示风流。⑲仲宣:建安七子王粲的字,有人交游王姓者,即称仲宣,以附荣耀。⑲公干:建安七子刘桢的字,与刘姓者交游,即称公干,以显高雅。⑲施安:施用。失所:失误所在。⑲“庄生”句:《御览》卷九二一引《庄子》:“鹊之高,城之垝,而巢高榆之颠,城坏巢折,陵风而起。故君子之居世也,得时则蚁行,失时则鹊起也。”⑳鹊起登吴台:语出谢朓《和伏武昌登孙权故城》。此谓谢朓诗及《七夕》诗死用典故。㉑望平地树如荠:荠:一种矮小的野菜。此谓高处望树,故“如荠”。以下戴暠诗、《咏树》诗,都是遥望,岂能“如荠”?㉒矜诞:骄矜虚妄。夸毗:谄媚卑屈。㉓高年:年老。富春秋:富有春秋,指年轻。㉔坟籍:泛指古代典籍。㉕徐邈:晋代东莞姑幕人,官中书舍人,曾为皇帝讲释经义,著有《五经音训》。许慎:东汉汝南召陵人,官太尉南阁祭酒,著有《说文解字》《五经异义》。㉖褚诠:疑即诸诠之,梁代中书舍人,善辞赋。吕忱:晋朝人,著有《字林》。㉗徐、邹:指南朝宋代中散大夫徐野民、南朝宋代轻车都尉邹诞生。二人都曾为《史记》作注。㉘应:指应劭,东汉汝南南顿人,字仲瑗。官至泰山太守,曾为《汉书》作注。苏:指苏林,三国·魏陈留外黄人,字孝友。晚年封安成亭侯,曾为《汉书》作注。苍:即三苍,古老的《苍颉篇》、扬雄的《训纂编》、贾鲂的《滂喜篇》,三部字书合称三苍。雅:即第一部训诂书《尔雅》。㉙服虔:东汉荥阳人,字子慎。官至九江太守。著有《春秋左氏传解》《通俗文》,其中训释音义,贡献很大。张揖:

三国·魏清河人,字雅让。著《古今字诂》《广雅》,开创训诂学新天地,影响极为深远。⑩忽:轻忽,轻视。⑪峙:为"峙"的俗字,今作"峙",本义是直立。汉字偏旁只是表示字义归属的范围,故"峙",与"山"的意义较远。⑫机:形声字,从木幾声。当时此字俗作"扒"。扒者,机之误字。⑬凝:汉字义符,表示字义的归类;而声符,除表字音外,有时也表示字义。按《段注说文》"凝"是"以双声为声",其义本为冷冻。⑭吾:当为"晋"字。从沈揆说。钟之不调:钟音不协调。《淮南子·修务》载:晋平公制钟,师旷以为钟音不协调,而乐工却不以为然。师旷感叹道:"后无知音者则已,若有知音者,必知钟之不调。"此处作者以乐工不知音,讽刺"名儒硕学"竟不知起名之误。

【原文】

吾尝从齐王幸并州[215],自井陉关[216]入上艾县,东数十里,有猎闾村,后百官受马粮,在晋阳东百余里亢仇城侧。并不识二所本是何地,博求古今,皆未能晓。及检《字林》《韵集》,乃知猎闾是旧䝙余聚[217],亢仇旧是䜿䚪[218]亭,悉属上艾。时太原王劭[219]欲撰《乡邑记注》,因此二名闻之,大喜。

吾初读《庄子》"螝[220]二首",《韩非子》曰:"虫有螝者,一身两口,争食相龁,遂相杀也。"茫然不识此字何音,逢人辄问,了无解者。案《尔雅》诸书,蚕蛹名螝,又非二首两口贪害之物。后见《古今字诂》,此亦古之"虺"字,积年凝滞,豁然雾解。

尝游赵州,见柏人[221]城北有一小水,土人亦不知名。后读城西门徐整[222]碑云:"洦[223]流东指。"众皆不识。吾案《说文》,此字古"魄"字也。洦,浅水貌。此水汉来本无名矣,直以浅貌目之,或当即以洦为名乎?

世中书翰,多称"勿勿",相承如此,不知所由,或有妄言此"忽忽"之残缺耳。案《说文》:"勿者,州里所建之旗也,象其柄及三斿[224]之形,所以趣民事。故匆遽者称为'勿勿[225]'。"

吾在益州[226],与数人同坐,初晴日晃,见地上小光,问左右:"此是何物?"有一蜀竖[227],就视,答云:"是豆逼[228]耳。"相顾愕然,不知所谓。命取将来,乃小豆也。穷访蜀士,呼"粒"为"逼",时莫之解,吾云:"《三苍》《说文》,此字'白'下为'匕',皆训'粒',《通俗文》音方力反。"众皆欢悟。

愍楚友婿窦如同从河州来[229],得一青鸟,驯养爱玩,举俗呼之为"鹖"[230]。吾曰:"鹖出上党,数曾见之,色并黄黑,无驳杂也。故陈思王[231]《鹖赋》云:'扬玄黄之劲羽'。"试检《说文》鴧[232]雀似鹖而青,出羌中。《韵集》音介,此疑顿释。

【注释】

⑮齐王:指北齐文宣帝高洋。并州:故址在今山西省太原市。⑯井陉关:在今河北省井陉山。⑰䝙余:即"猎闾",字音相近。古今地名,多有音近变而字相异者。聚:村落。⑱䜿䚪:即"亢仇"。⑲王劭:南朝梁代太原人,字君懋。时为著作郎。⑳螝:同虺,

传说中的一身双口的怪蛇。㉑柏人：地名，故址在今河北省隆尧县尧山镇。㉒徐整：三国·吴豫章人，字文操。官至太常卿。㉓洦：同"泊"，古今字。《说文》作"洦"，隶书作"泊"。《段注》引文说："浅水易停，故泊又为停泊。"泊、魄，古音相近；落魄，又写作"落泊"。㉔斿：古代旗帜下垂的饰物。㉕勿勿：古时写信，书尾常用勿勿二字。《说文》解"勿"为象形字，象州里所立旗帜，如旗柄及三斿的形状。用以催促民事，由此"勿勿"用作催促义，后人又加点写作"匆匆"。㉖益州：地名，故址在今四川省成都市。㉗竖：年轻人。㉘豆逼：此为"蜀竖"对豆粒的读音，今浙东方音仍称"粒"作 bī。《说文》："皀，粒也。"㉙愍楚：颜之推第二个儿子。友婿：即连襟。河州：故址在今甘肃省临夏。㉚举俗：全俗，指一般人。鷃：属雉类，俗名鷃鸡。㉛陈思王：曹植，封于陈地，谥号思。㉜鴳：鴳雀，似鷃，形大而色青。

【原文】

梁世有蔡朗者讳"纯"，既不涉学，遂呼"莼"为"露葵"[233]。面墙之徒[234]，递相仿效。承圣[235]中，遣一士大夫聘齐[236]，齐主客郎李恕问梁使曰："江南有露葵否？"答曰："露葵是莼，水乡所出。卿今食者，绿葵菜耳。"李亦学问，但不测彼之深浅，乍闻无以核究。

思鲁等姨夫彭城[237]刘灵，尝与吾坐，诸子侍焉。吾问儒行、敏行曰："凡字与咨议[238]名同音者，其数多少，能尽识乎？"答曰："未之究也，请导示之。"吾曰："凡如此例，不预研检，忽见不识，误以问人，反为无赖所欺，不容易[239]也。"因为说之，得五十许字。诸刘叹曰："不意乃尔！"若遂不知，亦为异[240]事。

校定书籍，亦何容易！自扬雄、刘向，方称此职耳。观天下书未遍，不得妄下雌黄。或彼以为非，此以为是；或本同末异[241]；或两文皆欠：不可偏信一隅也。

【注释】

㉝莼：野菜名。露葵：菜名，又名滑菜。㉞面墙之徒：指无知识、无进取心的人。㉟承圣：梁元帝年号。㊱聘齐：出使北齐。聘，古时国与国之间的出访称作聘。㊲彭城：故址在今江苏省徐州市。㊳咨议：官名，咨议参军。当时刘灵任此职，古时常以官名代人名，故须避讳。㊴容易：轻易。指避讳的字。㊵异：怪异。㊶本同末异：根本相同末节有异。

【译文】

自古英明的君王圣哲的皇帝，仍须勤于学习，更何况普通人呢！此类事于经史之中，随处可见，我也不必一一列举，姑且举近世较重要的几例来启发你们吧！士大夫的子弟，几岁之后没有不接受教育的，学习多的有的要学《礼经》《春秋》的左氏传、公羊传、穀梁传，学的少的也要学《论语》。到了二十岁行冠婚之礼时，秉性稍定，应该趁着这个大好年华，多加教导。有志向的人，经过这段努力和磨砺，就能够成就事业；没有毅力的人,从此便懒于学习,最后只能成为一无所成之人。人生在世,应当有自己的事业,农民会考虑农田的耕种,商人就会讨论进货卖钱赢利,工匠人等就会琢磨制造精致的器物,耍手艺的人就会思考技术的长进,武人就会经常习练弓箭骑马,文人则会讲论经书。经常见到许多士大夫耻于参与农商,羞于从事手工技艺,射箭则不能穿透皮革叶片,拿起笔来只会写自己的姓名,吃饱喝足,整天无所事事,以此消磨时光,以了却一生。有的因为祖父辈的荫佑,得个一官半职,便以此为满足,把学习的事全丢在脑后;及至遇到吉凶大事,或需要议论得失之时,便晕头晕脑,如在五里雾中;在官宴私宴集会之时,人家谈古赋诗,他则默默低头,哈欠连连。有识之人从旁看到这种情形,恨不能替他钻到地里去。这等人为什么吝惜于几年的勤学苦读,而一生都要经常受这种羞辱呢?

梁朝在它的鼎盛之际,没有职务的贵族子弟,大多不学无术,因此当时有谚语这样说:“上车掉不下来便可当个著作郎,只要会说‘身体如何’就可做个秘书的官儿。”这些贵族子弟个个穿着熏香的衣服,胡子剃得光光的,头发理得齐齐的,然后再涂上脂粉;他们坐的是长檐车,穿的是高齿屐,坐在方格图案的丝绸褥上,倚靠在有斑纹的丝织靠枕上,古玩玉器摆列在身边,从从容容地出入,看上去如同仙人一般,可是一到科举考试,便请来三公九卿大排筵宴,请人替自己去当枪手。在这个时候,他们可真是快乐的人啊!及至兵荒马乱之后,改朝换代,要想求官选举,不再是过去的亲属;当政掌权的,也看不见过去的同党。求之于自身,一无所能;放到社会上一无所用。穿着破衣烂衫,也没有了往日的尊严光耀,失掉了华丽的外表,露出了无能的本相,痴呆得如同枯木,漂泊无依,走投无路,如孤鹿在戎马之间,辗转于即将丧生的沟壑之中。当此之时,这些人可真成了蠢材啊。有学问有技能的人,到哪都能安身。自从战乱以来,我见过一些俘虏。有些虽世代为贫寒之人,但尚知道读《论语》《孝经》,还可以为人当老师;即使是一千年都是豪门世族,但只要不读书的,没有不去耕田养马的。以此看来,人怎么可以不自勉呢?如果能经常坚持读数百卷书,就是过一千年也终究不会成为下等之人的。

明白六经的旨要,读诸子百家之书,即使不能使德行增益,移风易俗,但仍不失为一种才能,靠它就能对自己有所资助。父兄不可以常依靠,家乡故国也不一定永远保得住,一旦流离失所,没有人保护供养你,应当求助于自身。谚语有云“腰缠万贯,不如薄技在身。”技艺容易掌握而又可贵的原因,不过是靠读书。世上的人不论是聪明还是笨拙,都想认识的人多,见到的事广,但是若不肯读书,那如同要想吃饱却懒得用餐一样,如同想要暖体而又不肯穿衣服一样。只要是读书的人,自伏羲、神农以来,宇宙之内,凡是认识几个人,见过几件事的,对民众的成败好恶便看得清,固然不在话下,就是天地万事也瞒不过他们,鬼神之事也难以隐藏。

有客人诘难主人说:“我见到有人凭强弩长戟,诛暴安民,从而取得公侯之位的;有人凭刀笔之能而为吏,匡正时势而使国家富强,终取得卿相之位的;而学贯古今,才兼文武,却身无官禄、妻子儿女饥寒交迫,不可胜数。怎么能说学习读书是最可宝贵的呢?”主人回答说:“命运的通达与穷困,犹如金玉木石一样。读书学艺,如同雕琢磨砺一样。金玉的美观亮丽,自然超过矿石和璞石,未经加工的木石,自然丑于雕刻过的木石。怎么能说雕刻过的木石就胜过未经雕刻的矿石和璞呢?不能用有学问却贫贱,同没有学问却富贵去比。况且穿上铠甲做士兵,操起笔来为官吏,身死名没的如牛毛,出类拔萃的如同灵芝仙草;青灯苦读,修身养德,茹苦含辛的,如日蚀般少见,安逸于名利之中如同秋荼那样多,这怎么可以同日而语呢?况且我又听说,生而知之者为上,学而知之者次之。所以要读书求学,就是要多获取知识使自己知世达礼啊。一定要说生下来就有才能的人,这种人出类拔群,当将帅私下与孙武子、吴起谋略相同,为官则如同生下来就得到了管仲、子产的教诲,那么这样的人即便是未读过多少书,我也认为这是有学问的人。如今你既然做不到这些,不去学习古代先师们的典籍,就如同蒙头大睡,你会知道什么呢?

有的人见到邻里亲戚中有读书成才的,便让自己的子弟们去敬慕学习,而不知道让他们去学习古人的才德,这是多么的目光短浅啊!世上的人只知道跨战马披甲胄,用长稍使强弓,便自称我能做大将,却不知道明察天道,辨明地利,衡量逆顺,鉴察明了兴亡之道的奥妙。只知道应承上级、接待下属,积聚钱粮,便说我能做宰相,却不知道尊敬与侍奉鬼神,移风易俗,调节阴阳,举荐贤达圣哲的极端重要性。只知道不贪私财,勤勉公务,便说我能治理百姓,却不知道使自己成为忠诚守信之人并为别人做出榜样,像执辔如组那样善于牧民,如同“反风灭火”那样实施德政感化天地,也没有化鸱为凤那样的高明之术。只知道死抱固守着现成律令,及时判决犯人,按时赦免罪犯,便说我能够办理案件,却不知道同辕观罪,分剑追财,以假言使隐藏的奸恶暴露,不问案情而能明察的洞察力。至于农夫、商人、工匠、巨贾,仆役奴隶,钓鱼的、杀猪的、放牛的、牧羊的,他们之中都有贤达的先见之人,可作为老师和表率,广泛地向他们学习,使自己成为博学的人,没有不利于事业的。

人之所以要读书求学问,本来的目的是要开启心智以利于实践的。不知道奉养亲人的,应该观察古人是怎样事先揣摩双亲的意愿而使他们高兴,要和颜悦色,柔声温语,不辞辛劳,把最好的食物让父母亲用,还要时时使自己注意到对父母未尽心而有一种惭惧感,想到的有利于双亲的要立即实行起来。不知道如何侍奉君主的,应该观察古人的那种恪守臣子之道,绝不越分侵权,见君主有危困要敢于授命解危,不忘以忠诚之心去劝谏君主,以利于国家,并愧疚地自思己过,效忠君主。平素骄奢之人,要使他们知道古人是如何恭俭节用,修身养德,以礼教为本,以敬为立身之基,时刻发现自己的不足,引起警惕,谨慎谦虚地做人。平素鄙下吝啬的人,应该让他们看看古人的那种重义轻财,少私心寡欲望,忌盈恶满,周济穷人抚恤困苦,使贪吝之人感到脸红而认识到自己行为的可耻,从而对财物能积能散。平素暴戾凶悍的人,应该让他们看看古人的小心而能约束自己,懂得唇亡齿寒,宽容别人、尊重贤人、容纳大众的道理,使他们心生沮丧之情。愧悔得好像连衣服穿在身上也受不了。平素胆小懦弱的人,要让他们看看古人的洞达生命、顺其自然,刚毅正直,言出必信,求福不违先祖之道,发奋努力,不畏恐惧的精神品格。长此以往,百行皆善。纵然不能使风气淳化,也会去掉许多不良习气,学习所得到的,用起来无不见效。世上读书的人,只能用口说,不能付诸行动,忠孝不愿听,仁义也很不够。再加上让他断一个案子,不一定能审得合理;让他们管理一千户的县邑,不一定能治理好那里的百姓;问他们如何造房子,不一定会知道楣是横的,棁是竖的;问他们种田的事,不一定知道高粱播种的时令早而黍播种的时令晚。长吟短啸,海阔天空地胡侃,诵诗赋辞,无所事事,悠闲自在,徒增其迂腐荒诞,对于治国治军毫无用处。所以他们被武官衙役们嘲笑,这便是其中的原因吧!

学习,就是为了求得进步。我见到有的人读了十卷书便自高自大,凌驾于长辈,轻蔑同辈。人们鄙视这种人如仇敌,厌恶他们如同鸱鸮。像这样因学习而自损,还不如不学习呢。古时的学习知识是为了充实弥补自己的不足;如今学习的人是为了向别人炫耀自己,古时求知的人是为了推行道德以利于治世;如今学习的人是为了自己逞能以求仕进。学习如同种树,春天观赏它的花朵,秋天收获它的果实。讲论评价文章,如同观花;修身以利于行为,如同收获果实。

人生在幼年的阶段,精神专注思维敏捷;长大以后,思虑就会多起来,注意力就不太集中了。因此教育应从小时候抓起,不要失掉这个机会。我在七岁时就读过《灵光殿赋》,时至今日,十年温习一次,仍不会遗忘。二十岁以后,所诵读的经书,只要一个月不再温习,便达到荒废的地步。但是,人生多坎坷,在盛年之时失去的,在晚年时仍可以通过学习补回来,绝不可以自暴自弃。孔子曾说:"五十岁开始学习《周易》,可以不犯大错误了。"魏武帝、袁遗到了老年时学习劲头更大,精神更专注,这都是少年时学习而到了老年也孜孜不倦啊!曾子十七岁才开始学习,结果名闻天下;荀卿五十岁才开始出来游学,仍能成为大儒;公孙弘四十多岁时才开始读《春秋》,并因此而登上丞相之位;朱云也是四十岁开始学习《周易》《论语》;皇甫谧二十岁才开始学习《孝经》《论语》,结果都成为大儒,这些都是年轻时迷茫而晚年时才醒悟的例子。如今世上的二十岁左右没有学习便自称已是迟暮,面向墙壁,无所作为,这也够愚蠢的了。幼年而学习,如同日出之光;老年而学习,如同秉烛夜行,这仍比闭着眼睛一无所见的人要强得多啊!

学习的兴废,随着社会对学问的态度而发生轻重的变化。汉朝的贤才俊杰,都是以六经中的一经来弘扬圣人之道,上要明天时,下要详人事,以此来求得公卿丞相的人是很多的。汉末以来这种现象便不存在了,读书大多固守章句之学,而不肯专心儒道。梁朝自皇孙以下,童年之时,就一定要让孩子先入学,观察他的志向;出仕之后,便步入官场，充任文官，基本上没有坚持终身学习的。当了官仍坚持学习的，只有何胤、刘瓛、明山宾、周舍、朱异、周宏正、贺琛、贺革、萧子政、刘绍等人，他们兼通文史，不是空口说虚话的文人。听说洛阳还有崔浩、张伟、刘芳；邺下又见到有邢子才，这四个儒士，虽然擅长经术，但也以博学多才而闻名。像这样的诸位贤人，固然可称为上品，这以外还有许多田野闲人，言粗语俗，风度鄙下蠢笨，却又固执己见，没有任何真本领，问他一句他能回答数百句，但要问他根本、要害，却是一句也说不上来。邺下有句谚语说："博士买驴，写了三张纸，没见一个'驴'字。"假如让你拜这样的人为师，真能把人气死。孔子说："学习吧，俸禄就在这其中了。"如今士人勤于做无益的事，恐怕不是什么正业啊！圣贤所做的书，是用来教育人的，只要明白熟悉经文，粗通注疏的意思，便经常会使人在言行上有所获益，也足以做人了，何必对"仲尼居"三个字用两张纸的篇幅去繁琐考证，把"居"考证为居处，或考证为"讲堂"，又有什么实际意义呢？以此来论胜负，难道是有意义的吗？光阴珍贵，如同流动的水。应该博览群书，领会其精要，以求有益于事业；如能做到博览与精一的良好的结合，我再也没什么可论说的了。

老子

如今的儒士，不去博览群书，除经书和纬书之外，只是写点经书的注疏而已。我初到邺地时，同博陵的崔文彦交游，曾论及《王粲集》中驳难郑玄《尚书注》的事。之后，崔文彦又同几个儒士说起这件事，他刚一开口，就引来一片责问声，几个儒士说："文集中只有诗、赋、铭、诔这些文体，怎么能涉及经书的事呢？再说先贤大儒中也没听说有一个王粲啊！"崔文彦一笑而退，连王粲的文集也没有给他们看。魏收在议曹任上时，同几位博士论及宗庙之事，引证《汉书》，几位博士笑道："还没听说《汉书》能佐证经术。"魏收便十分恼怒，也不再同他们辩驳，拿出《韦玄成传》甩给他们。这几位博士用了一夜的时间共同阅读《韦玄成传》，到了天明，便来到魏收这儿道歉说："没想到韦玄成是这样有学问啊！"

老子、庄子的著述，都是讲全真养性的，即不肯以俗物牵累自己。因此老子屈就柱下史之任，隐姓埋名，终隐没于沙漠之中。庄子做了漆园小吏过隐居生活，最终也不肯出任楚国之相，这两位都属于任情纵性顺乎自然之人。这之后，何晏、王弼师法玄学，夸夸其谈一个赛过一个，如影随形，如草木随风，均以奉行神农、黄帝之教为己任，而将周公、孔子之业置于脑后，可是，何晏却因为依附曹爽为朋党而遭杀身之祸，这显然是犯了贪权恋势的错误而触动了法网；王弼却因为常常讥笑他人，惹了怨恨，掉入了自己设计的争强好胜的陷阱之中；山涛乃是因为贪势积物引来了纷纷议论，这无疑是印证了积财越多所失越大的千古箴言；夏侯玄因为名声太大而遭杀身之祸，这是因为他没有从支离疏以病全身之术那得到借鉴；荀粲在丧妻之后经受不住精神打击，哀伤过度终至亡身，这又同庄子在妻子死后鼓盆而歌的豁达之怀格格不入了；王衍因丧子之痛而不胜悲楚，这与东门之人同遭此痛却达观顺事又截然不同了；嵇康因鞭挞俗流而引祸身亡，他难道是"和其光，同其尘"这样的人吗？郭象倾心羡慕权势，恃势专权，他这样做还能够说有"后身外己"的风度吗？阮籍狂饮无度，疯疯癫癫，与"畏途相诫"之说根本相违；谢鲲贪赃枉法丢了乌纱帽，这便违背了清廉为官不贪不义之财的为官的宗旨。上述这些人以及他们崇拜的所谓圣贤，都应该归于玄学的鼻祖——老庄思想。至于其他的人，如身陷枷锁尘滓之中，劳碌奔波于名利场之辈，又怎么可以一一尽说呢？这些玄学中的高谈阔论，析其玄妙细微之点，宾主于谈论玄学之时相互作答，其作用也不过是悦耳快心而已，然而这并不是挽救社会颓势、树立良好社会风气的急务。到了梁朝，这种谈玄的风气又在社会上风行起来，在当时，《庄子》《老子》《周易》被统称之为"三玄"。梁武帝与简文帝这样的一国之主都亲自宣讲三玄。周弘正向帝王讲述玄学的妙处，说玄学能用于治理国家，结果玄学之风吹遍城乡，门徒有一千多，实为壮观。之后，元帝在江陵、荆州时，更好此道，并招收学生，亲自讲授，废寝忘食，夜以继日，以至于在十分疲惫愁苦之时，用讲授玄学来消除疲惫，解除愁苦。我当时无缘亲自聆听元帝的讲授，而且自认为秉性愚钝，也对玄学不感兴趣。

齐孝昭帝侍候有病的娄太后，容颜憔悴，饭也吃得少了。徐之才为娄太后针灸两穴位，孝昭帝握着拳痛心太后之痛，指甲都陷入掌心，满手流血。太后的病好了，孝昭帝不久却驾崩了，遗诏中有遗憾不能为太后操持后事之语。孝昭帝这样的至孝的天性，却如此地不知道忌讳说长辈的死，实在是由于他不爱学习造成的。如果见到古人讥笑别人希望母亲早死而悲痛大哭这种故事，他就不会说这样的话了。孝道为百行之首，这都须学习以便培养成习惯，更何况其他事呢？

梁元帝曾经对我说："过去在会稽时，我那时才十二岁，便已经很爱学习了。当时又患疥疮，手都握不住笔，膝也屈不了。我在书斋中张挂葛帐，避开苍蝇独坐，眼看着银盆中盛着的山阴好酒，时不时想喝上几口，以便缓解自身的疼痛。随便地自己阅读史书，一天读二十卷，既然没有老师传授，有时碰到不认识的字，有时遇到一句难解的话，都要反复揣摩，不知厌倦。"元帝身为九五之尊之子，又值孩童贪玩之际，尚且能够如此，又何况那些平常人家子弟而又想通过读书以求发达的人呢？

古人勤奋好学，有"悬梁刺股""投斧明志""映雪""聚萤"等典故，锄地时带着经书，放牧时编草叶作简用来写字，这是多么勤奋好学啊！梁朝彭城的刘绮，是交州刺史刘勃的孙子，早年孤苦家贫，没钱买灯烛，经常买来荻草，分成尺寸折断，燃着后用来夜间照明读书。孝元帝当初从会稽出来时，精选部分官员，刘绮因为有才华，被任命为国常侍兼记室，受特殊的礼遇，终于当上了金紫光禄大夫。义阳的朱詹，世代居住江陵，后来到了建业，勤奋好学，但因家贫无钱，连续几天吃不上饭，饥饿难耐时便吞吃纸来充饥。寒冷时没有毡被，便抱着狗睡觉。狗也饿得体虚，便起来到外面去偷吃食物，他便起身唤狗，唤也唤不来，哀痛之声惊动四邻，但就是这样他仍不废弃学业，终于成为大学士，官至镇南录事参军，被孝元帝所礼遇。朱詹所为之事，是一般人所不可能做到的，也是勤学的一个范例。东莞的臧逢世，年方二十多岁，想阅读班固的《汉书》，苦于借来的书不能长久在手，于是便要来姐夫刘缓的旧名片、书信在空白处抄写《汉书》一遍，军府的人都很佩服他的毅力，他最终因精通《汉书》而扬名于世。

北齐有个宦官叫田鹏鸾，本是个少数民族。在十四五岁时，他刚当上守门太监，便知道勤奋读书，随身带着书，早晚有空就读。他所处的地位低下，所服的差役又很辛苦，但他利用一切空隙学习，并不耻下问。每当到了文林馆，便气喘流汗地向人请教书中的疑难，除此之外，顾不上去说别的。及至看到古人的节义之类的事迹，未尝不感慨系之，沉吟良久。我十分喜欢他，对他加倍提携开导。后来他被君王赏识礼遇，赐名为敬宣，官至侍中开府。北齐后主逃奔青州时，派他到西边去探查北周军队的动静，被北周的军队俘获。问他北齐后主在什么地方，他骗他们说："已经逃走了，估计此时已逃出国境了。"北周怀疑他说假话，便用鞭子殴打他，打断了一肢后，他的言辞神色更加坚强严厉，最后四肢被打断而死亡。一个少数民族的少年，尚且能因为学习而成为忠勇之士，齐朝的将相同敬宣这个奴仆比起来真是相差太远了。

北周军队攻陷邺城后，北齐之君被流放关内。思鲁曾经对我说："我们颜家在朝中没有禄位，家中也没有积累的财物，应当尽力劳作，以尽人子供养之责，但我们这些孩子辈常常被您督促功课，忙着研习经史，人子之道尚未尽，心中如何能安稳学习啊？"我告诫他们说："为人子的当以修养为念，当父亲的应以教授学业为务。如果让你们放弃学业而去经商赚钱，以使丰衣足食，那么我吃得再好怎么会感到甘甜？穿得再好又怎么会感到温暖？如果你们致力于儒家先圣之学，继承我们祖传的事业，我就是喝野菜汤穿麻布衣也是心甘情愿啊！"

《尚书》上说："爱提问就会知识丰富。"《礼记》上说："独自一人学习而没有朋友，就会孤陋寡闻。"因此学习应该相互研讨，相互启发，这是很是明显的道理。我见到有的人闭门读书，自以为师固执己见，而在人多的场合说起话来便会出现许多谬误。《穀梁传》上说公子友同莒挐相互搏斗，左右有人呼叫"孟劳"。"孟劳"指的是鲁国的宝刀，此说也见于《广雅》一书中。近来在齐国，有个叫姜仲岳的说："孟劳是公子友左右的人，姓孟名劳，是个很有力气的人，被鲁国视为宝贝。"他同我苦苦争辩。当时清河郡太守邢峙，是当时的大儒，也帮我证明我说的是正确的，姜仲岳才红着脸认错了。还有一件事：《三辅决录》上说："东汉灵帝的大殿柱子上有这样的题字：堂堂乎张，京兆田郎。"原来这是引用《论语》中的话，以对偶的四言句品评京兆人田凤的。有一个才学之士，看了柱子上的话便解释说："当时的张京兆和田郎二人，都是相貌堂堂的人。"这个人在听到我的看法后，起初大感惊讶，不久弄明白了怎么回事，便又愧悔无及。江南有位权贵，读未经勘误的《蜀都赋》，其中的注解释"蹲鸱"，本应为"芋也"，结果刊刻成"羊也"。这时有人馈赠他羊肉，他写信答谢说："蒙您惠赠蹲鸱。"见了此信，满朝的人都十分惊骇，不解其中之义，事后慢慢寻究原因，方才知道这个原委。北魏时，在洛阳有一位很有学问的大臣，新近得到一本《史记音》，但此书错误很多，其中注音(反切)将"颛顼"的"顼"字误注成"许缘反"(当为许录反)，这位大臣便对同僚们说："以前一直都错误成'专旭'，原来是应该读成'专翾'啊！"因这位大臣才名很高，所以一听他这样说，便都信以为真，都跟读"专翾"。一年之后，又有一位大儒，对此苦苦研究探讨，方才知道这是误读。《汉书·王莽赞》上说："紫色蛙声，余分闰位。"本来说的是王莽篡权，以假乱真的意思。过去我曾经同人谈论史书，说到王莽的形状，有一位秀才自诩史学上有造诣，声名身价很高，便针对这句话解释说："王莽这个人不仅长着猫头鹰一样的眼睛，老虎一样的嘴，而且皮肤是紫色的，话音像青蛙一样。"又，《礼乐志》上说："给太官挏马酒。"李奇注："用马乳来造酒，经过推击搅拌后才能最终制成。"揰挏，这两个字都是提手旁。然而，揰挏，这是指将马奶装在桶中推击搅拌，如今制酪酒也是这样的做法。过去还有位秀才认为这句话的意思是：种桐时，太官酿造的马酒刚好熟了。孤陋寡闻达到了如此程度。泰山的羊肃，也号称是有学问的人，读潘岳赋中的"周文弱枝之枣"，将"枝"误讲为杖策的杖字；读《世本》中"容成造历"，将"历"误讲为碓磨的"磨"字。

讨论问题写文章，援引古代的典籍典故，一定要亲自看古书，不要听信道途之说。江南的闾里间，有的士大夫不学不问，又羞于人家说自己粗陋无知，因而道听途说，牵强附会硬装文雅，将"征质"呼为"周、郑"，称"霍乱"称为"博陆"，明明是上荆州，非要说成是上陕西，下扬都说成是去海郡；说到吃饭就说"糊口"，谈到钱就说"孔方"，问到迁徙之事，就说成"楚丘"，议论到婚姻之事，就说成是"宴尔"，涉及姓王的，就一律称作"仲宣"，谈及姓刘的，无不称作"公干"。凡此之类，有一二百件，他们相互因循传用，及至寻问到出处却说不出根由，使用起来时常出现谬误。《庄子》一书中有"乘时鹊起"的说法，所以谢朓的诗中有"鹊起登吴台"的句子。我有一个表亲，作了一首《七夕》诗，诗中有"今夜吴台鹊，亦去往填河"的句子。《罗浮山记》中说："望平地树如荠"，所以戴暠的诗中有"长安树如荠"的句子。邺下有个人写了首《咏树》诗，其中有"遥望长安荠"之句。还见到有的人把"矜诞"说成为"夸毗"，称"高年"为"富有春秋"，这些都是道听途说造成的过错。

文字记录是一切书籍的根本。世上的读书人，大多不懂得文字，读《五经》的人，只承认徐邈而否定许慎；学习诗词歌赋的，相信褚诠而忽视吕忱；明白《史记》的人，专注于徐野民、邹诞生的著述而废弃了对篆籀的研究；学习《汉书》的，喜欢应劭、苏林的《汉书》注而忽略《三苍》《尔雅》这些文字学书籍。不知道语音只是书籍的枝叶，文字学才是书籍根本。以至于见到服虔、张揖的"音义注"则认为可贵，而得到《通俗文》《广雅》这类文字学书籍却不屑一顾啊！同出于一手的著作尚且亲疏差别如此之大，更何况不同时代不同人的著述呢？

做学问这件事，贵在能够博学多闻。对于郡国山川历史地理、官职姓氏、谱牒之学，服制饮食制度、器皿沿革制度，都应该寻根追源，务求得其根本。至于文字之学，如果忽视而不放在心上，即使是自己的出身姓名，常因无知而出现差错，即便不出现差错，也不知道它的由来。近世有人为孩子取名，兄弟诸人都用"山"旁，其中就有个取名为"峙"的；兄弟诸人中都是提手旁立字，而其中却有一个取名为"机"的；兄弟诸人中都以"水"旁立字，而其中却有取名为"凝"的。即便是名儒硕学之人，也常出现此类错误。假如这些人懂得"晋钟之不调"这个典故，那会感到多么的可笑啊！

我曾经随从齐王到并州，从井陉关进入上艾县，县东几十里处有个猎闾村，后来百官接受马匹粮食，都在晋阳东一百多里的亢仇城旁，但并不知道这两个地方原来是什么地方，广泛地搜求古今材料也没有弄清楚。及至检阅《字林》《韵集》两书，才知道猎闾村本是旧时的𤜭余聚，亢仇本是原来的䜌䜣亭，都属于上艾县。当时太原的王劭要撰写《乡邑记注》，我把这两处地名的来历告诉了他，他十分高兴。

我当初读《庄子》一书，读到"螝二首"时，有《韩非子》注说："虫有叫螝的，一个身子长着两头两口，互相争吃而相咬，因而相互遭残杀。"当时很茫然，不知道这个"螝"字读什么音，逢人便问，无人能解。查阅《尔雅》等书，才知道蚕蛹名为螝，可它并不是两头两口贪吃相残杀的怪物。后来见到《古今字诂》，明白了这个"螝"字也是古代的"虺"字，这时多年的疑问才豁然如雾散。

曾经游赵州，见到柏人城北有条小河，当地人也不知道这条河叫什么名。后来读了城西门徐整碑，上面写道："洦流东指。"众人都不理解。我查阅《说文》，"洦"字本是古"魄"字。"洦"，是浅水的样子。这条小河自汉以来本就没有名字，人们一直以浅水之状来看它，也许是把"洦"作为这条小河的名字了吧？

世上书信中，常常见到"勿勿"的称谓，历代相承，却不知道它的由来，还有人武断地说这是"忽忽"没有写全。我查阅《说文》，上面说："勿者，是州里所树的旗，此字为象形字，像旗杆和旗子末端的三条飘带，它是用来催促民事的。"所以凡匆促之事便称之为"勿勿"。

我在益州时，与几个人同坐，当时天气初晴，见地上有些光点，便问身边的人："这是什么？"这时有个蜀地的小仆人走近瞧了一下，说："这是豆逼呀。"几人相视惊讶，不知道他说的是什么意思。命人取来,原来是小豆粒。遍访蜀人,原来蜀人称呼“粒”为“逼”,当时谁也解释不清为什么这样叫。我说:“《三苍》《说文》此字是‘白’下为‘匕’,都训作‘粒’字,《通俗文》上注明此字为‘方力反’。”众人这才欢然领悟。

愍楚的连襟窦如同从河州来,得到一只青鸟,驯养玩赏,人们都习惯地把这只青鸟叫作“鶡”。我说:“鶡产于上党,我曾见过多次,羽毛均为黑黄色,并没有杂色。因此陈思王曹植的《鶡武》说:“扬起黑黄色的强劲的羽翼。”试着查看《说文》,上面解释说:“鴶雀似鶡而色青,产于羌中。”《韵集》解释为“音介”,至此才顿释疑惑。

梁朝有个叫蔡朗的,避讳“纯”字,此人不读书,把“莼”叫作露葵,那些无知的人便转相效仿称呼。承圣年间,朝中派一个士大夫出使北齐,北齐的主客郎李恕问这位梁代使者说:“江南有露葵吗?”使者回答说:“露葵就是莼,是水乡所产。您今天所吃的,就是绿葵菜啊。”李恕也是个有学问的人,但不知道对方学问的深浅,猛一听他这样说,一时也弄不清对不对,无法核实细究。

思鲁等人的姨夫彭城的刘灵,曾与我同坐闲话,刘灵的几个孩子在旁侍坐。我问儒行、敏行说:“凡是同你们父亲官职姓名同音的字,共有多少个?你们都认识吗?”回答说:“没有深究,请您教导我们。”我说:“凡是此类字,若不先行查阅研究,忽然遇到了可能不认识,再问错了人,反而会被那些无赖之人所欺骗,不可忽视啊。”于是为他们解说,共得到五十多个字。这些孩子都叹道:“没想到会这么多!”如果他们始终不了解这事,也是件怪事。

校订古籍又是多么不容易啊!从扬雄、刘向这样的人开始,只有这样的大师才能担当此任。天下之书没有看遍,不能妄自下笔。有些这里认为是不对的,那里却以为是对;有的根本相同,枝节却有差异;有的却是两个版本都有欠缺,不能从一个方面下结论啊。

文章第九

【原文】

夫文章者,原出《五经》。诏命策檄[①],生于《书》者也。序述论议[②],生于《易》者也。歌咏赋诵[③],生于《诗》者也。祭祀哀诔[④],生于《礼》者也。书奏箴铭[⑤],生于《春秋》者也。朝廷宪章[⑥],军旅誓诰[⑦],敷显仁义,发明功德,牧民建国,施用多途。至于陶冶性灵,从容讽谏,入其滋味,亦乐事也。行有余力,则可习之。然而自古文人,多陷轻薄。屈原露才扬己,显暴君过[⑧];宋玉体貌容冶,见遇俳优[⑨];东方曼倩,滑稽不雅[⑩];司马长卿,窃赀无操[⑪];王褒过章《僮约》[⑫];扬雄德败《美新》[⑬];李陵降辱夷虏[⑭];刘歆反覆莽世[⑮];傅毅党附权门[⑯];班固盗窃父史[⑰];赵元叔抗竦过度[⑱];冯敬通浮华摈压[⑲];马季长佞媚获诮[⑳];蔡伯喈同恶受诛[㉑];吴质诋忤乡里[㉒];曹植悖慢犯法[23];杜笃乞假无厌[24];路粹隘狭已甚[25];陈琳实号粗疏[26];繁钦性无检格[27];刘桢屈强输作[28],王粲率躁见嫌[29];孔融、祢衡,诞傲致殒[30];杨修、丁廙,扇动取毙[31];阮籍无礼败俗[32];嵇康凌物凶终[33];傅玄忿斗免官[34];孙楚矜夸凌上[35];陆机犯顺履险[36];潘岳干没取危[37];颜延年负气摧黜[38];谢灵运空疏乱纪[39];王元长凶贼自诒[40];谢玄晖侮慢见及[41]。凡此诸人,皆其翘秀[42]者,不能悉纪[43],大较如此。至于帝王,亦或未免。自昔天子而有才华者,唯汉武、魏太祖、文帝、明帝、宋孝武帝,皆负世议,非懿德[44]之君也。自子游、子夏、荀况、孟轲、枚乘、贾谊、苏武、张衡、左思之俦[45],有盛名而免过患者,时复闻之,但其损败居多耳。每尝思之,原其所积[46]。文章之体,标举兴会[47],发引性灵,使人矜伐。故忽于持操[48],果于进取。今世文士,此患弥切,一事惬当[49],一句清巧,神厉[50]九霄,志凌千载,自吟自赏,不觉更有傍人。加以砂砾[51]所伤,惨于矛戟;讽刺之祸,速乎风尘,深宜防虑,以保元吉。

【注释】

①诏:秦之后的帝王发布称诏书。命:秦之前的国王文告。策:帝王封官赐爵的告示。檄:有关军事的征讨檄文。②序:诗文的序言,及赠别的序文。述:记人叙事的文章。论议:议论性的文章。③歌咏赋诵:包括诗歌、辞赋一类有韵的诗文体裁。《乐府古题序》载诗词带韵类体裁共分二十四种:“赋、颂、铭、赞、文、诔、箴、诗、行、咏、吟、题、怨、叹、章、篇、操、引、谣、讴、歌、曲、辞、调。”④祭:纪念祭文。祀:郊庙祀文。哀:悼念哀辞。诔:追悼诔文。⑤书:书信类。奏:奏章类。箴:规劝类。铭:铭刻类。⑥宪章:典章制度类。⑦誓:警告约束类。诰:训诫勉励类。⑧“屈原”二句:君:指楚怀王。班固《离骚序》载:“今若屈原,露才扬己,竞乎危国群小之间,以离谗贼。然数责怀王,怨恶椒兰,愁神苦思,强非其人,忿怼不容,沉江而死。”⑨“宋玉”二句:见:表示被动的词。遇:待遇,用作动词。俳优:戏曲艺人。宋玉《登徒子好色赋》载:“大夫登徒子侍于楚王,短宋王曰:‘玉为人体貌闲丽,口多微词,性又好色,愿王勿与出入后宫。’”⑩“东方”二句:滑稽:聪敏诙谐。《汉书·东方朔传》载:东方朔,字曼倩。武帝时“有幸倡郭舍人者,滑稽不穷,与朔为隐,应声即对,左右大惊。上以朔为常侍郎,尝至太中大夫。”东方朔有辞赋《答客难》传世。⑪“司马”二句:西汉人司马相如,字长卿。赀:通“资”。无操:无德。操,操行。《汉书·司马相如传》载:司马相如以琴音挑逗富人卓王孙之女卓文君,“文君夜奔相如,相如与驰归成都。家徒四壁,后俱之临邛,卖酒。卓王孙不得已,分与财物。乃归成都,买田宅,为富人。”⑫“王褒”句:西汉人王褒,字子渊。过章:过错彰显。章,同“彰”。王褒所作《僮约》,自述曾到寡妇杨惠家中,此行显违礼教,故言“过章”。⑬“扬雄”句:西汉人扬雄,字子云。兼善文学、小学。所著《剧秦美新》称颂秦政之美新,故时人认为其人“德败”。⑭“李陵”句:西汉人李陵,字少卿。夷虏:对匈奴人的蔑称。《史记·李将军列传》载:天汉二年,李陵率兵出征,被八万匈奴兵包围。矢尽粮绝,李广利不救,李陵假降。结果被夷灭三族,李陵悲愤不得南归。⑮“刘

歆"句：西汉人刘歆，字子骏。刘向之子，整理古代典籍，父子齐名。据《汉书·楚元王传》载：王莽专政时为右曹太中大夫，封红休侯。后欲谋杀王莽，事泄自杀。⑯"傅毅"句：东汉人傅毅，字武仲。党附：结党依附。《后汉书·文苑传》载：其与班固等依附大将军窦宪，任司马。⑰"班固"句：东汉人班固，字孟坚。其父班彪曾著《史记后传》，未成而逝。班固继父遗志，欲续写全书，改名《汉书》。有人告发其私修国史，被下狱。其弟班超上书陈情，获释。后经二十年辛苦，终于撰成一代名史。盗窃父史之说，乃六朝人的孝道偏见。⑱"赵元叔"句：东汉人赵壹，字元叔。抗竦：违抗竦立。《后汉书·文苑传》载：赵壹"恃才傲物，为乡党所指，屡抵罪，有人救，得免。作《穷鸟赋》，又作《刺世疾邪赋》，以纾其怒愤。"⑲"冯敬通"句：东汉人冯衍，字敬通。摈压：受到摈弃压抑。《后汉书·冯衍传》载：先在鲍永手下任立汉将军，后降汉光武帝，光武帝弃而不用。不久任为曲阳令有功，光武帝不予奖赏。"建武末，上疏自陈，犹以前过不用。显宗即位，人多短衍以文过其实，遂废于家。"⑳"马季长"句：东汉人马融，字季长。诮：耻笑。《后汉书·马融传》载：其为经学大家，一世通儒。但为人懦弱，佞媚世家。"作《大将军西第颂》，以此颇为正直所羞。"㉑"蔡伯喈"句：东汉人蔡邕，字伯喈。同恶：赞同恶人。《后汉书·蔡邕传》载："董卓为司徒，举高第。三日之间，周历三台。及卓被诛，邕在司徒王允座，殊不意，言之而叹，有动于色。允勃然叱之，收付廷尉治罪，死狱中。"㉒"吴质"句：三国魏人吴质，字季重。诋忤：诋毁违忤。《魏志·王粲传》注引《吴质别传》载：吴质为侍中，封列侯。"先以怙威肆行，谥丑侯。"乡人恨怨之。㉓"曹植"句：曹植封于陈地，谥号思，故称陈思王。悖慢：狂悖傲慢。《魏志·陈思王传》载："监国谒者灌均希旨，奏植醉酒悖慢，劫胁使者。"无视法规，被黜为安乡侯。㉔"杜笃"句：东汉人杜笃，字季雅。乞假：求借。厌：满足。《后汉书·文苑传》载："博学不修小节，不为乡人所礼。居美阳与令游，数从请托。不谐，颇相恨。令怨，收笃送京师。"㉕"路粹"句：三国·魏人路粹，字文蔚。《魏志·王粲传》注引《典略》载：路粹心胸狭隘，与孔融交恶，曾数次指证孔融罪。孔融受诛后，人见其所作所为，无不畏其笔。至十九年，从大军至汉中，因违禁收监伏法。㉖"陈琳"句：陈琳，字孔璋。三国时人，建安七子之一。《魏志》注引韦仲将："陈琳实自粗疏。"粗疏，粗心大意。㉗"繁钦"句：三国魏人繁钦，字休伯。《魏志》注引韦仲将："休伯都无检格。"检格：检正约束。㉘"刘桢"句：刘桢，字公干。三国时人，建安七子之一。输作：罚为苦工。《魏志·王粲传》载：刘桢曾任丞相掾属，因不敬罪，罚做苦工，令其磨石。㉙"王粲"句：王粲，字仲宣。三国时人，建安七子之一。《魏志·杜袭传》载："王粲性躁竞。"《文心雕龙·程器》载："仲宣轻脆以燥竞。"率燥见嫌：粗率急躁而被人嫌弃。㉚"孔融"二句：孔融：三国时人，字文举。建安七子之一。《后汉书·孔融传》载：融"见操雄诈渐著，数不能堪，故发辞偏宕，多致乖忤。"终被曹操所杀。祢衡：三国时人，字正平。《后汉书·文苑传》载：祢衡狂傲不羁，直言敢谏。轻慢曹操，后因事触怒江夏太守黄祖，被杀。㉛"杨修"二句：杨修：三国时人，字德祖。原为曹植谋士,后曹植失宠,曹操唯恐杨修置祸其间,以罪诛杀杨修。丁廙:与其弟丁仪同为曹植朋友,曾劝曹操立曹植为太子。及魏文帝曹丕即位,丁氏兄弟同时被杀。㉜"阮籍"句:三国时人阮籍,字嗣宗。竹林七贤之一。阮籍恃才傲物,世传有青白眼之誉,以青眼对友,以白眼对礼俗之士。常沉醉于酒,以避乱世刀斧。㉝"嵇康"句:三国时人嵇康,字叔夜。竹林七贤之一。其思想主张"非汤武而薄周孔",否定虚伪儒学。由于反对司马集团,终被司马昭杀害。凌物凶终:凌压世人招致凶杀。㉞"傅玄"句:西晋人傅玄,字体奕。官至侍中,因与皇甫陶苟且争斗,被免官。㉟"孙楚"句:西晋人孙楚,字子荆。《晋书·孙楚传》载:孙楚"爽迈不群,多所凌傲,缺乡曲之誉。"凌上:侵凌上司。㊱"陆机"句:西晋人陆机,字子衡。《晋书·陆机传》载:陆机文武全才,初依附成都王司马颖,任为后将军河北大都督。后于鹿苑战败,受人谮陷,遇害于军中。犯顺:侵犯官军。顺,"逆"之反。㊲"潘岳"句:西晋人潘岳,字安仁。《晋书·潘岳传》载:潘岳善于诗赋,与陆机齐名。然性情轻躁,得罪权贵。后被诬告参预谋反,遇害,且夷灭三族。干没:吞没财物。㊳"颜延年"句:南朝宋代人颜延年,名延之。《南史·颜延之传》载:官至金紫光禄大夫,受刘湛谗毁,贬为永嘉太守。延年怨愤,遂作《五君咏》,又遭罢黜,贬归闾里。摧黜:挫败贬官。㊴"谢灵运"句:南朝宋代人谢灵运,袭封康乐公。《南史·谢灵运传》载:谢灵运擅长山水诗。刘裕建宋后,降为侯,官至永嘉太守,临川内史。后因谋反,于广州受诛弃市。空疏:指腹中空疏,意谓无智无谋。㊵"王元长"句:南朝齐人王融,字元长。因矫诏立帝,事泄被杀。凶贼:凶杀。贼,杀害。自诒:自得。诒,通"贻"。㊶"谢玄晖"句:南朝齐代人谢朓,字玄晖。因贱视权者江祐之为人,被陷害入狱而死。见及:被抓住,意谓被害。㊷翘秀:高翘秀逸.指出类拔萃。㊸悉纪:全部记述。㊹懿德:美德。㊺"自子"句:子游:孔子弟子言偃。子夏:孔子弟子卜商。荀况:即荀子,荀卿,为避汉宣帝讳,又称孙卿。枚乘:西汉辞赋家,字叔。贾谊:西汉文学家,世誉才士。苏武:汉代著名使者。奉命出使匈奴,被扣留十九年,坚守汉节不屈。张衡:东汉著名学者,科学及文学方面都有杰出贡献。左思:西晋文学家,字太冲。㊻积:积累。指经历。㊼标举兴会:揭示真相,抒发感慨。㊽忽:忽视。持操:把持操守。㊾惬当:恰合心意。㊿厉:当作"历",经过。(51)砂砾:细小石粒。喻指细小的损伤。此处意谓细小损伤竟感巨大伤害;未知所作讽刺如风尘弥漫朝野。

【原文】

学问有利钝,文章有巧拙。钝学累功,不妨精熟;拙文研思,终归蚩鄙[52]。但成学士,自足为人。必乏天才,勿强操笔。吾见世人,至无才思,自谓清华,流布丑拙,亦以众矣,江南号为詅痴符[53]。近在并州,有一士族,好为可笑诗赋,誂擎邢、魏诸公[54]。众共嘲弄,虚相赞说,便击牛酾酒,招延声誉。其妻明鉴妇人也,泣而谏之。此人叹曰:"才华不为妻子所容,何况行路!"至死不觉。自见之谓明,此诚难也。

学为文章,先谋[55]亲友,得其评裁,知可施行,然后出手。慎勿师心自任,取笑

旁人也。自古执笔为文者,何可胜言。然至于宏丽精华,不过数十篇耳。但使不失体裁,辞意可观,便称才士。要须动俗盖世,亦俟河之清乎!

不屈二姓,夷、齐之节也[56]。何事非君?伊、箕之义也[57]。自春秋已来,家有奔亡,国有吞灭,君臣固无常分[58]矣。然而君子之交,绝无恶声,一旦屈膝而事人,岂以存亡而改虑?陈孔璋居袁裁书[59],则呼操为豺狼;在魏制檄,则目绍为蛇虺[60]。在时君所命,不得自专。然亦文人之巨患也,当务从容消息之[61]。

或问扬雄曰:"吾子[62]少而好赋?"雄曰:"然。童子雕虫篆刻,壮士不为也。"余窃非之曰:虞舜歌《南风》[63]之诗,周公作《鸱鸮》[64]之咏,吉甫、史克《雅》《颂》之美者[65],未闻皆在幼年累德[66]也。孔子曰:"不学《诗》,无以言[67]。""自卫返鲁,乐正,《雅》《颂》各得其所[68]"。大明孝道,引《诗》证之。扬雄安敢忽之也?若论"诗人之赋丽以则,辞人之赋丽以淫[69]",但知变之而已,又未知雄自为壮夫何如[70]也?著《剧秦美新》,妄投于阁[71]。周章怖慴[72],不达天命,童子之为耳。桓谭以胜老子,葛洪以方[73]仲尼,使人叹息!此人直以晓算术,解阴阳,故著《太玄经》,数子为所惑耳。其遗言余行,孙卿、屈原之不及,安敢望大圣之清尘[74]?且《太玄》今竟何用乎?不啻覆酱瓿而已。

【注释】

㊾蚩鄙:丑恶鄙陋。㊿詅痴符:当时方言,指无知却好卖弄的人。54誂撆:戏弄。邢:指邢邵,北魏人,字子才,文学家。魏:指魏收,字伯起,北朝著名学者,曾撰《魏书》。55谋:咨问。56"不屈"二句:不屈居于二姓王朝。《史记·伯夷列传》:武王灭商后,天下宗周。而伯夷、叔齐为守节不屈二姓,耻食周粟,隐于首阳山,不怕饿死。57"何事"句:为什么要否定君主。意谓君主都是至高无上的,否定君主就否定了一切。伊:即伊尹。商汤之臣,辅佐商汤讨伐暴君夏桀。为保护商汤法制,付出一生心血。箕:即箕子。商纣王之叔父。商纣暴虐无道,箕子谏而不听,又不肯离去,终被商纣囚禁。58常分:固定的名分。59孔璋:陈琳的字,建安七子之一。初从袁绍,为袁绍草拟书文。后投奔曹操,为曹操制定檄文。裁:裁度,草拟。60目:活用作动词,视为。虺毒蛇。61从容:调整。消息:止息。62吾子:第二人称代词,你。此处问答直接引自扬雄《法言·吾子》。雕虫篆刻:意谓赋作如雕虫篆刻一般小技,故言壮士不为。63南风:传说为虞舜所作。《孔子家语·辩乐解》载录其诗:"南风之薰兮,可以解民之愠兮;南风之时兮,可以阜吾民之财兮。"64鸱鸮:《诗经》篇名,传说周公所作。下录《诗经·豳风》两段:"鸱鸮鸱鸮,既取我子,无毁我室。恩斯勤斯,鬻子之闵斯。迨天之未阴雨,彻彼桑土,绸缪牖户。今女下民,或敢侮予!"65吉甫:尹吉甫,周宣王时大臣。传说《诗经·大雅》中的《嵩高》《烝民》《韩奕》,皆其所作。史克:鲁国史官。传说《诗经·大雅》中的《駉》为其所作。66累德:损德。累,损害。67"孔子"三句:语出《论语·子罕》。无以,没有什

么。㊳"自卫"三句：语出《论语·子罕》。乐正，订正乐曲。㊴"诗人"二句：引自《法言·吾子》。赋，指赋的词语。丽以则，华丽而不失于规则。则，规则或法度。淫，过分或繁冗。㊵自为壮夫何如：自己对壮夫如何看待。㊶"著剧"二句：《汉书·扬雄传》载：扬雄著《剧秦美新》后，继于天禄阁校书。此时刘棻获罪充军，扬雄恐被连及，于是从阁楼跳下，幸而未死。㊷周章：转辗不安。怖慴：惊恐。㊸方：比并。㊹清尘：车过之后尘。

【原文】

齐世有席毗者，清干[75]之士，官至行台尚书，嗤鄙文学，嘲刘逖[76]云："君辈辞藻，譬若荣华[77]，须臾之玩，非宏才也。岂比吾徒千丈松树，常有风霜，不可凋悴矣！"刘应之曰："既有寒木，又发春华[78]，何如也？"席笑曰："可哉！"

凡为文章，犹人乘骐骥，虽有逸气，当以衔勒制之，勿使流乱轨躅[79]，放意填坑岸也。

文章当以理致[80]为心肾，气调[81]为筋骨，事义[82]为皮肤，华丽为冠冕。今世相承，趋末弃本[83]，率多浮艳。辞与理竞，辞胜而理伏；事与才[84]争，事繁而才损。放逸者流宕而忘归[85]，穿凿[86]者补缀而不足。时俗如此，安能独违！但务去泰去甚耳[87]。必有盛才重誉，改革体裁者，实吾所希。

古人之文，宏材逸气[88]，体度风格[89]，去今实远。但缉缀疏朴[90]，未为密致耳。今世音律谐靡[91]，章句偶对，讳避精详，贤于往昔多矣。宜以古之制裁为本，今之辞调为末，并须两存，不可偏弃也。

吾家世[92]文章，甚为典正[93]，不从流俗。梁孝元在蕃邸[94]时，撰《西府新文》[95]，讫无一篇见录者，亦以不偶于世，无郑、卫之音[96]故也。有诗赋铭诔书表启疏二十卷，吾兄弟始在草土[97]，并未得编次，便遭火荡尽，竟不传于世。衔酷茹恨，彻于心髓！操行见于《梁史·文士传》及孝元《怀旧志》。

沈隐侯[98]曰："文章当从三易[99]：易见事，一也；易识字，二也；易读诵，三也。"邢子才[100]常曰："沈侯文章，用事不使人觉，若胸臆语也。"深以此服之。祖孝征[101]亦尝谓吾曰："沈诗云：'崖倾护石髓[102]。'此岂似用事耶？"

邢子才、魏收俱有重名，时俗准的[103]，以为师匠。邢赏服沈约而轻任昉[104]，魏爱慕任昉而毁沈约，每于谈谦，辞色[105]以之。邺下纷纭，各有朋党。祖孝征尝谓吾曰："任、沈之是非，乃邢、魏之优劣也。"

【注释】

㊺清干：清明干练。㊻刘逖：《北齐书·文苑传》载：刘逖字子长。发愤读书，留心文藻，尤善诗歌，官至中书侍郎。㊼荣华：朝菌的美名，又名舜英。㊽华：同"花"。㊾轨躅：轨迹。㊿理致：义理情致。(81)气调：气韵格调。(82)事义：指素材。(83)末：指尚未运用的"事义"和"华丽"的词语。本：指表达主题的"理致"和显示文章题旨的"气调"。(84)

才：指文采。㉟放逸者：指信笔由之的随意编写者。流宕：无边际的流荡。归：旨归，指主题或论点。㊱穿凿：穿凿附会，胡编滥造。㊲泰：指极度夸张。甚：指过繁的修饰文辞。《老子·二十九章》："圣人去甚，去奢，去泰。"㊳宏材逸气：宏重的题材超逸的气韵。㊴体度风格：指文章整体的风度风格。㊵缉缀：指文章结构的编排和词语组合的运用。疏朴：粗略朴拙。㊶谐靡：和谐华美。㊷家世：世家先祖。实指颜之推己父。㊸典正：典雅醇正。㊹蕃邸：指梁孝元帝萧绎即位前受封湘东王时的王府。㊺西府新文：封湘东王时，萧绎命萧淑编辑的臣属文集。其时颜之推父颜协任镇西府咨议参军。西府，指江陵。㊻郑、卫之音：春秋时郑卫二国的俗乐多男女情爱的描写，故有郑卫淫声之说。㊼草土：古时守丧孝子居于坟侧之草土之上，故此借代。㊽沈隐侯：南朝梁代著名学者沈约，字休文。曾辅佐梁武帝登基，官至尚书令，封建昌县侯，卒谥隐。㊾三易：沈约三易：一为典事易见明白。二为字词易通识畅达。三为诵读易显韵味。⑩邢子才：北齐文学家，名邵，字子才。⑩祖孝征：北齐文学家祖珽，字孝征。⑩石髓：钟乳石。古人误以为食之可以长寿。沈约诗"崖倾护石髓"句，典出《仙经》，其文载："神山五百年一开，石髓出，服之与天齐寿。"沈约还有咏石髓诗："朋来握石髓，宾至驾飞鸿。"下文著者之所以说"此岂似用事耶？"就在一个动词"护"字上，谁护？仙也。这就是不露痕迹的用典，"易见事"。⑩准的：楷模。⑩任昉：南朝著名学者，字彦升。官至新安太守。时人有"任笔沈诗"之说，可见任昉擅于文，沈约长于诗。⑩辞色：争辩的言语与脸色。

【原文】

《吴均集》[106]有《破镜赋》。昔者邑号"朝歌"，颜渊不舍[107]；里名"胜母"，曾参敛襟[108]：盖忌夫恶名之伤实也。破镜[109]乃凶逆之兽，事见《汉书》，为文幸避此名也。比世往往见有和人诗者，题云"敬同"。《孝经》云："资于事父以[110]事君而敬同。"不可轻言也。梁世费旭[111]诗云："不知是耶非。"殷沄[112]诗云："摇飏云母舟。"简文曰："旭既不识其父，沄又摇飏其母[113]。"此虽悉古事，不可用也。世人或有文章引《诗》"伐鼓渊渊[114]"者，《宋书》已有屡游之诮。如此流比[115]，幸须避之。北面事亲，别舅摛《渭阳》之咏[116]；堂上养老，送兄赋桓山之悲[117]，皆大失也。举此一隅，触途宜慎。

江南文制，欲人弹射[118]，知有病累，随即改之，陈王得之于丁廙也。山东风俗，不通击难[119]。吾初入邺，遂尝以此忤人，至今为悔，汝曹必无轻议也。

凡代人为文，皆作彼语，理宜然矣。至于哀伤凶祸之辞，不可辄代。蔡邕为胡金盈[120]作《母灵表颂》曰："悲母氏之不永，然委我而夙[121]丧。"又为胡颢作其父铭曰："葬我考议郎君[122]。"《袁三公颂》曰："猗欤我祖，出自有妫[123]。"王粲为潘文则《思亲诗》云："躬此劳悴，鞠予小人。庶我显妣，克保遐年[124]。"而并载乎邕、粲之集，此例甚众。古人之所行，今世以为讳。陈思王《武帝诔》，遂深"永蛰"之思[125]；潘岳《悼亡赋》，乃怆"手泽之遗"[126]，是方父于虫，匹妇于考也。蔡邕《杨秉碑》云："统大麓之重[127]。"潘尼《赠卢景宣诗》云:"九五思飞龙[128]。"孙楚《王骠骑诔》云:"奄忽登遐[129]。"陆机《父诔》云:"亿兆宅心,敦叙百揆[130]。"《姊诔》云:"伣天之和[131]。"今为此言,则朝廷之罪人也。王粲《赠杨德祖诗》云:"我君饯之,其乐泄泄[132]。"不可妄施人子,况储君乎!

挽歌辞者,或云古者《虞殡》[133]之歌,或云出自田横[134]之客,皆为生者悼往告哀之意。陆平原[135]多为死人自叹之言,诗格既无此例,又乖制作本意。

【注释】

⑩吴均集:吴均之诗文集,多已散佚,故《破镜集》今亦难知其详。吴均:南朝梁代诗人,兼通史学,尤以小品名世,时人称"吴均体"。⑩"昔者"二句:朝歌:地名。故址在今河南省淇县。不舍:不居留。因颜渊主张"非乐",故不舍居于此地。⑩"里名"二句:胜母:小地名,其处不详。敛襟:收敛衣襟。敛襟正坐之省语,古人以示尊敬的坐姿。因曾参力倡孝道,故闻地名而敛襟。⑩破镜:传说中的凶兽。《汉书·郊祀志》载:"祠黄帝,用一枭破镜。"⑩以:用法同"与"。⑪费旭:当为"费昶",南朝梁人。引语中"是耶非",即"是耶非耶"之省。⑫殷沄:当为殷芸,南朝梁人。⑬"简文曰"三句:此处是简文帝萧纲讽刺费、殷二人不会用词,竟伤及父母。耶:同"爷",都是指父亲。"耶非",伤其父。云母:音同"芸母"。云母而摇飏,殷芸自伤其母。⑭伐鼓渊渊:语出《诗经·小雅·采芑》。渊渊,《诗经》作象声词,表示鼓声。而《宋书》认为"渊渊"有水深广的意思。人或读之,词义难明,故有"屡游之诮"。颜之推认为引用事典,如语句诘屈,就可能产生歧义。⑮流比:顺次比照。⑯摛:引用。渭阳:谣歌名。《诗经·小序》:"渭阳,秦康公念母也。"此意谓母健在,只是与舅分别而引用渭阳曲辞,有背孝道。⑰桓山之悲:《孔子家语》载:颜回"闻桓山之鸟生四子焉,羽翼既成,将分于四海。其母悲鸣而送之,声有似于此,谓其往而不返也。"此句意谓老母尚在,送兄而赋桓山之悲,大不吉利,故曰"大失"。⑱弹射:指点斧正。⑲不通击难:不接受批评。通,达,接受。⑳胡金盈:东汉人,朝臣胡广之女。㉑夙:早。㉒胡颢:东汉人,胡广之孙。考:已逝之父称考,已逝之母称妣。郎议:官名。胡文曾任此职官。㉓"袁三公"三句:蔡邕所作《袁三公颂》今佚。猗欤:语首颂词。有妫:有,词头。妫,古姓。《左传·昭公八年》:"胡公满,遂之后也。事周武王,赐姓妫,封之陈。"故称胡姓"出自妫"。㉔"王粲"五句:劳悴:操劳而憔悴。鞠:培养。庶:副词,表示期望。显妣:对亡母的美称。克:能。遐年:永年。㉕永蛰之思:曹植《武帝诔》:"潜闷一扃,尊灵永蛰。"蛰,虫冬眠为蛰,以"永蛰"喻父死,故下文讥为"方父于虫"。㉖手泽之遗:潘岳悼念亡妻,赋中有"手泽之遗"句,意谓妻所用之遗物。手泽,手汗。多指先人之遗物,今潘岳用于亡妻,故下文讥为"匹妇于考"。㉗"蔡邕"二句:大麓:此词本有多义,其常用义即大山之麓。蔡邕据《尚书·舜典》:"纳于大麓,烈风雷雨弗迷。"而不知尚有另解,据应劭《风俗通·山泽》,大麓是天子禅让之地。如此则"统大麓之重",意义变为统领天子禅让之重位。故下文称"朝廷

罪人”。⑱“潘尼”二句:九五思飞龙:《周易·乾卦》:“九五,飞龙在天,利见大人。”乾卦九五,是君王的象征,故称天子为九五之尊。且龙居天位,为君王之化身。而潘尼以“九五思飞龙”赞卢景宣,有大逆之嫌。⑲“孙楚”二句:孙楚:晋人,《晋书》有传,字子荆。奄忽:迅急飘忽。登遐:原对人死之讳称,后来指帝王之逝。《梁书·元帝纪》:“外监陈莹之至,伏承先帝登遐,宫车晏驾,奉讳惊号,五内摧裂。”而孙楚《王骠骑诔》却用“奄忽登遐”,公然触犯帝王之讳。⑳“陆机”三句:亿兆:多指“全民”。宅心:归心。敦叙:敦顺和睦。百揆:百官。陆机以此夸语赞美乃父大司马陆抗,如颂天子。有违臣旨,故下文称“朝廷罪人”。㉑“姊诔”二句:陆机为其姊所作诔文。伣:如同。和:当作“妹”字。《诗经·大雅·大明》:“大邦有子,伣天之妹。”陆机以天女比姊,似犯天意。㉒“王粲”三句:其乐泄泄:语出《左传·隐公元年》记述郑庄公母子恩仇之事,“姜出而赋:‘大隧之外,其乐也泄泄。”’王粲诗中之“我君”指太子曹丕,而“其乐也泄泄”是庄公母姜氏从地下出来的心情,颜之推认为如此用典有辱太子曹植。㉓虞殡:古代送葬歌曲之一种,传说出于虞舜之时.故称。㉔田横:秦末起义领袖之一,后在楚汉战争中以古田氏号召天下,自立齐王,军败自杀。属下伤之,为作悲歌。㉕陆平原:即陆机。曾作《挽歌诗》三首,自叹自伤,别有新意。

【原文】

凡诗人之作,刺箴美颂[136],各有源流,未尝混杂、善恶同篇也。陆机为《齐讴篇》[137],前叙山川物产风教之盛,后章忽鄙山川之情[138],殊失厥体。其为《吴趋行》,何不陈子光、夫差乎[139]?《京洛行》[140],胡不述赧王、灵帝[141]乎?

自古宏才博学,用事[142]误者有矣;百家杂说,或有不同,书傥[143]湮灭,后人不见,故未敢轻议之。今指知决纰缪者,略举一两端以为诫。《诗》云:“有鷕雉鸣。”又曰:“雉鸣求其牡[144]。”毛《传》亦曰:“鷕,雌雉声。”又云:“雉之朝雊,尚求其雌[145]。”郑玄注《月令》[146]亦云:“雊,雄雉鸣。”潘岳赋曰:“雉鷕鷕以朝雊[147]。”是则混杂其雄雌矣。《诗》云:“孔怀兄弟[148]。”孔,甚也;怀,思也,言甚可思也。陆机《与长沙顾母书》,述从祖弟士璜死,乃言:“痛心拔恼[149],有如孔怀。”心既痛矣,即为甚思,何故方言[150]有如也?观其此意,当谓亲兄弟为孔怀。《诗》云:“父母孔迩[151]。”而呼二亲为孔迩,于义通乎?《异物志》云:“拥剑状如蟹,但一螯偏大尔[152]。”何逊[153]诗云:“跃鱼如拥剑。”是不分鱼蟹也。《汉书》:“御史府中列柏树,常有野鸟数千,栖宿其上,晨去暮来,号朝夕鸟。”而文士往往误作乌鸢[154]用之。《抱朴子》说项曼都[155]诈称得仙,自云:“仙人以流霞一杯,与我饮之,辄不饥渴。”则简文诗云:“霞流抱朴碗。”亦犹郭象以惠施之辨为庄周言也[156]。《后汉书》:“囚司徒崔烈以锒铛锁[157]。”锒铛,大锁也,世间多误作金银字。武烈太子[158]亦是数千卷学士,尝作诗云:“银锁三公脚,刀撞仆射头。”为俗所误。

【注释】

⑬⑥刺箴美颂:四种写作情绪:讽刺、针规、赞美、颂扬。⑬⑦齐讴篇:即《齐讴行》,乐府杂曲歌辞名。陆机所作《齐讴行》在《乐府诗集》六十四卷中。⑬⑧忽鄙山川之情:王利器认为,陆机《齐讴行》"鄙然牛山叹,未及至人情"句,乃鄙齐景公,而非山川,"齐景公登牛山,悲去其国而死。"颜之推于此有所误读。⑬⑨"其为"三句:吴趋行,亦古乐府杂曲名。陈:陈述。子光:指春秋时吴王阖庐。夫差:阖庐之子。《文选·吴趋行》刘良注:"此曲,吴人歌其土风也。"故不陈述吴越春秋事,何言二王?⑭⓪京洛行:今本《乐府诗集》无陆机所作《京洛行》。⑭①赧王:周赧王,东周亡国之君。灵帝:汉灵帝,东汉末代昏君。⑭②用事:用典。⑭③倘:如果。⑭④"诗云"四句:引语两句尽出于《诗经·邶风·匏有苦叶》。鷕:雌野鸡叫声。牡:雄性野鸡。⑭⑤"毛传"五句:《毛传》,即《毛诗故训传》,郑玄认为鲁人毛亨所作。鸲:雄性野鸡叫声。⑭⑥月令:《礼记》篇名。⑭⑦"潘岳"二句:赋:指潘岳的《射雉赋》。朝鸲:朝鸣。"鸲"本为雄雉叫声,潘岳此处似"混杂其雄雉矣"。⑭⑧"诗云"二句:《诗经·小雅·常棣》:"死丧之威,兄弟孔怀。"⑭⑨痛心拔恼:恼,疑作"脑"。极写痛苦之状。⑮⓪方言:拟测而言。⑮①"诗云"二句:《诗经·周南·汝坟》:"虽则如燬,父母孔迩。"孔迩,最亲近。有人以"孔迩"指代父母,岂有如此修辞,于义不通。⑮②"异物志"三句:汉人杨采撰写《异物志》。拥剑:海边小蟹名,常食泥土,双螯如钳,一螯偏大,似拥剑,故名。⑮③何逊:南朝梁代人,字仲言。《梁书》本传载:官至庐陵王记室。⑮④乌鸢:乌鸦和鹰。此上五句出自《汉书·朱博传》。所记"野鸟数千",岂是乌鸢?必水鸟或杂鸟类居一处。⑮⑤项曼都:人名,其遇神仙事,载于葛洪《抱朴子·祛惑》,又见于王充《论衡·道虚》。⑮⑥"亦犹"句:郭象:西晋学者,字子玄。有《庄子注》传世。惠施:战国时名家代表人物,庄周之友,二人常有论辩。⑮⑦"后汉书"二句:《后汉书·崔骃传附崔烈》载:崔烈以五百金买司徒一职,"董卓以是收烈付郿狱,锢之,银铛铁锁。"银铛,铁锁链。⑮⑧武烈太子:梁元帝长子萧方等,字实相。是读过数千卷的学士,还写出"银锁三公脚"的诗句,可见误识者众。

【原文】

文章地理,必须惬当[159]。梁简文《雁门[160]太守行》乃云:"鹅军攻日逐[161],燕骑荡康居[162]。大宛[163]归善马,小月[164]送降书。"萧子晖《陇头水》云:"天寒陇水急,散漫俱分泻。北注徂黄龙,东流会白马[165]。"此亦明珠之颣[166],美玉之瑕,宜慎之。

王籍《入若耶溪》诗云:"蝉噪林逾静,鸟鸣山更幽[167]。"江南以为文外断绝,物无异议。简文吟咏,不能忘之,孝元讽味,以为不可复得,至《怀旧志》载于籍传。范阳卢询祖[168],邺下才俊,乃言:"此不成语,何事于能?"魏收亦然其论。《诗》云:"萧萧马鸣,悠悠旆旌[169]。"毛《传》曰:"言不喧哗也。"吾每叹此解有情致,籍诗生于此耳。

兰陵萧悫[170]，梁室上黄侯之子，工于篇什。尝有《秋诗》云："芙蓉露下落，杨柳月中疏。"时人未之赏也。吾爱其萧散[171]，宛然在目。颍川荀仲举、琅邪诸葛汉[172]，亦以为尔。而卢思道[173]之徒，雅所不愜[174]。

何逊诗实为清巧，多形似[175]之言。扬都论者，恨其每病苦辛[176]，饶贫寒气，不及刘孝绰之雍容也。虽然，刘甚忌之，平生诵何诗，常云："'蘧车响北阙'，愊愊不道车[177]。"又撰《诗苑》[178]，止取何两篇，时人讥其不广。刘孝绰当时既有重名，无所与让，唯服谢朓，常以谢诗置几案间，动静辄讽味。简文爱陶渊明文，亦复如此。江南语曰："梁有三何，子朗最多。"三何者，逊及思澄、子朗[179]也。子朗信饶清巧，思澄游庐山，每有佳篇，亦为冠绝。

【注释】

⑲愜当：恰当。⑳雁门：郡名，秦置。故址在今山西省西北部至内蒙古南部。[161]鹅军：阵名。日逐：匈奴王号。[162]康居：古国名。《汉书·西域传》载："康居国与大月氏同俗，东羁事匈奴。"故址在巴尔喀什湖和咸海之间。[163]大宛：古国名，故址在中亚费尔干纳盆地。[164]小月：古氏族名，大月氏的一支，南进祁连山，与羌人杂居。[165]萧子晖：南朝梁代人，字景光。当时著名文人。陇：陇山。六盘山南段称陇山。黄龙：黄龙府，古城名。故址在今辽宁省朝阳市一带。白马：古渡口名，故址在今河南省滑县东北。[166]颣：瑕疵。[167]王籍：南朝梁代人，字文海。著名诗人。若耶溪：在浙江省绍兴市云门天柱山。以上两句引诗是千古名句。逾：越发。[168]卢询祖：北朝北齐人，当时学者。[169]"诗云"三句：《诗经·小雅·车攻》，此处极写战前可怖之寂静。[170]兰陵：地名，故址在山东省峄县东部。萧悫：北朝北齐人，字仁祖。官至太子洗马。[171]萧散：清幽散淡。[172]颍川：郡名，治所在今河南省许昌市。荀仲举：南朝梁代人，字士高。官至义宁太守。琅玡：郡名，治所在今山东省临沂市。诸葛汉：隋人，名颖。[173]卢思道：北朝人，隋初官至散骑侍郎，当时著名诗人。[174]雅：副词，很。不愜：不同意，不以为然。[175]形似：形象。[176]苦辛：寒酸。[177]"蘧车"二句：蘧，指蘧伯玉，春秋时卫国大夫，名瑗。《烈女传·仁智》载：蘧伯玉仁义聪明，敬心事上，每乘车过公侯门必缓行，以免噪声扰人。此处刘孝绰引用一句何逊诗"蘧车响北阙"。至北阙还敢于"车响"，刘孝绰接着自己补上一句，讽刺何逊乖戾愊愊且无礼不道。[178]诗苑：刘孝绰所辑《诗苑》，在《隋书·经籍志》上有著录，已佚。[179]思澄：即何思澄，南朝梁代人，官至东宫通事舍人、湘东王录事参军。子朗：即何子朗，南朝梁代人，字世明。官因山令。

【译文】

文章来源于《五经》。诏、命、策、檄，产生于《尚书》。序、述、论、议，产生于《周易》。歌、咏、赋、颂，产生于《诗经》。祭、祀、哀、诔，产生于《礼》。书、奏、箴、铭，产生于《春秋》。朝廷发布的宪章、军旅中的誓、诰，陈述彰显仁义，阐发标明功德，治理百姓、建立国家，用途很多。至于陶冶性情，从容讽谕劝谏，体会其中的韵味，也是一件乐事。若是行仁践义有多余的精力，也可以学学写文章。不过自古的文人，大多陷于轻薄。屈原显露才华突出自己，彰显暴露国君的罪过；宋玉体貌优美，与俳优成为朋友；东方朔，滑稽而不儒雅；司马相如，窃取卓王孙之资财，没有操守；王褒与寡妇相通的事，自我显示在《僮约》之中；扬雄的道德败坏表现在歌颂王莽的《剧秦美新文》中；李陵投降匈奴辱没人格；刘歆在王莽篡权时反复无常；傅毅依附权势成为党羽；班固剽窃父亲所撰史书；赵元叔骄傲过度；冯敬通因性情浮华遭压抑；马季长因献媚而受讥讽；蔡伯喈因与坏人一同作恶而受诛；吴质与乡里反目；曹植因悖逆傲慢而犯法；杜笃乞求资助不知满足；路粹特别隘狭；陈琳真是十足的粗疏；繁钦性格越礼不知检点，刘桢性情倔强被罚做苦工；王粲轻率浮躁遭人嫌弃；孔融、祢衡，因怪诞孤傲以致丧命；杨修、丁廙，因扇动拥立太子而招杀身之祸；阮籍无视礼仪伤风败俗；嵇康盛气凌人而不能善终；傅玄使勇斗气被罢了官；孙楚目中无人冒犯上级；陆机不走正道而冒险；潘岳贪利而自取危亡；颜延年负气用事，遭致废黜；谢灵运空虚粗疏乱了纲纪；王元长自取祸端凶灾；谢朓因倨傲不恭而引火烧身。所有这些人，都是出类拔萃的人，不能一一举例，但结果大致如此。至于帝王，有的也难于幸免。自古身为天子而又有才华的，只有汉武帝、魏太祖、文帝、明帝、宋孝武帝等人，但皆难免遭受世代的非议，都不是具有完美道德的君主。至于子游、子夏、荀况、孟轲、枚乘、贾谊、苏武、张衡、左思之辈，身负盛名而又没有上述过失的，时有耳闻，但还是遭挫败的居多。我常常思考这些人，寻找这其中所蕴含的道理，认为：写文章的本质，是为了阐释真理，抒发情怀的，所以就容易在不自觉中恃一己之才华而自夸其美，忽略了节操修养，执意于求名逐利的目的。今世的文人，这种毛病更突出，一个典故用得恰当，一句诗写得清雅巧妙，便神采飞扬，忘乎所以，自认凌驾于千载文人之上，自吟自赏，不知道世上还有旁人。特别是言语文字所造成的伤害，比矛、戟还厉害；讽刺引来的祸，比风尘飘得还快，真应深加防备，以保太平。

做学问有敏捷的有迟钝的，写文章也有新巧的，笨拙的。做学问迟钝的，只要不懈努力肯于用功，并不妨碍他达到学问精熟的程度；做文章笨拙的，就是用尽心思终归写出的还是笨拙的文章。但只要成为有学问的人，就足以自立于世而成为有用之人了。如果确实没有写作的天才，也不要强行操笔。我见到世上的人，有些根本就没有才思，却自我标榜写文章清新华美，其丑恶拙劣的文章到处流布，这样的人也很多了，江南称这号人为诊痴符。近来在并州，有一个士族出身的人，喜欢作可笑的诗赋，向邢邵、魏收等大学者炫耀，众人都嘲弄他，假意地说些浮言虚词夸奖他，他便杀牛买酒，请客吹嘘，以邀取名声。他的妻子是个通达事理的人，哭泣着劝他不要这样。这个人叹道："我的才华不能被妻子所容，更何况陌路之人呢？"这个人至死也没有醒悟。自知之明称得上聪明，这实在是难做到啊！

学习做文章，要先征求亲友的意见，得到亲友的品评和裁判，知道可以公开了，然后再出手。千万不要师心自任，被旁人笑话。自古操笔写文章的，如何能数得过来？但若是说将文章写得宏丽精华的，也不过几十篇而已。只要使文章合乎体裁的规范，文章的词意可观，便可称之为才学之士。非要想写出惊世骇俗超越千载的文章来，恐怕要等到黄河的水变清了。

不屈身事奉两姓王朝，伯夷、叔齐是有这样的气节的；为什么事要非议君主呢？伊尹、箕子便有这种忠君思想。自从春秋以来，王族有奔亡，国家有吞灭，君臣之间固然也就没有固定的名分了。然而作为君子之交，无论分合绝对不可以反目相向，一旦屈身而事奉他人，又怎能因为存亡而改变初衷呢？陈孔璋为袁绍写文章，称呼曹操为豺狼，而在曹魏写作檄文时，则把袁绍描写为毒蛇。在当时他只能听命于当时的君主，不能够由他自主。不过这也是文人的一大病患，应当认真地对待而加以避免。

有人问扬雄："您小的时候，就很喜欢赋吗？"扬雄回答说："是的。作赋一类的文章，那不过是雕虫小技，童子所为，而大人们是不屑做的。"我私下里却认为这种说法不对，我认为：虞舜所做的《南风》诗，周公所做的《鸱鸮》之篇，尹吉甫、史克所写的《雅》《颂》中的美好诗篇，并没有听说他们因写作这类东西而有损他们少年时的品德操守。孔子说："不学习《诗》就无从掌握运用辞令。"孔子又说："我从卫国返回鲁国，将《诗》中之乐予以校正，这样使得《雅》《颂》两部分诗歌各得其所。"为了大力弘扬孝道，孔子还引用《诗》的篇中之句作为佐证。诗赋这样的文体扬雄怎么敢如此轻视呢？如果论及"诗人的赋艳丽而规范，辞人的赋华丽而张扬"，扬雄也只是知道这两者的区别罢了，又不知道扬雄自己成为大人的时候如何选择了。写作了《剧秦美新》后，却因害怕而要投阁自杀，差点死了，辗转不安，惊恐万状，不懂天命，这才是童子的行为啊！桓谭认为扬雄胜过老子，葛洪将扬雄与孔子等同看待，真令人叹息！扬雄也只能算是明白占算之术，通晓阴阳之学，因而才写作了《太玄经》，那几个人就被他这些给迷惑住了。他留在世上的文字及其生平所作所为连荀子、屈原都赶不上，又怎么能同大圣大贤们相比呢？况且《太玄经》对当今之世又有何实际用处呢？也只配拿来盖盖酱缸而已。

齐朝有个叫席毗的人，是个清雅干练的士子，官至行台尚书之职，鄙视讥笑文学，曾嘲笑刘逖道："你们写文章只会用美丽词语，如同短命的朝菌，只供片刻的玩赏，并不是什么大才。怎能与我们千丈松树相比，即使常经风雨也永不凋谢枯萎！"刘逖回应道："你的文章既是如岁寒之松，又能发出春花，这又如何呢？"席毗笑道："这就可以了。"

凡是写文章，如同人骑良马，良马虽有超逸的品质，却应当以马嚼缰绳来控驭它，不要让它乱跑不走正道，若任它乱跑非掉进沟里不可。

做文章应当以义理情致当作心肾，气韵格调作为筋骨，事件素材作为皮肤，华丽的词语作为帽子。当今之世转相承袭，往往是舍本逐末，大多犯浮艳的毛病。文辞与义理相争，文辞往往胜过义理，事实与文采相争，往往是叙事繁琐而有损文采。为信笔由之的常常流于放任而忘了文章的主旨，穿凿拼凑而为文的，往往是补丁加补丁而终显文采不够。时俗就是这样，为文之人岂能免俗而独自违背？只有除去过分繁琐的东西而已。相信一定有大才而名望重的人来改革文章的体制，这实在是我所希望的。古人的文章，题材宏重，气度非凡，至于体式风格，今世与之相比所差甚远。只不过撰写得粗略朴拙不够细致而已。今世的文章音律和谐华丽，章句对偶工整，避讳也十分精详，比过去好多了。应该以古代的体制及为文的选材原则为基础，以今世的辞采音调为辅助，两者同存并用，不可偏废呀。

我先父的文章十分典雅纯正，不随流俗。梁孝元帝萧绎当藩王时，曾编撰《西府新文》，而先父的文章却一篇也没有被收录，因为不应和俗流，没有郑、卫之音也是其中的一个因素。先父有诗、赋、铭、诔、书、表、启、疏二十卷，我们兄弟几人当时正在服丧，还没有来得及编辑整理，便被一场大火给烧光了，因而竟没有流传于世。对此我感到万分的遗憾和悲苦，痛彻骨髓！先父的操守言行见于《梁史·文士传》及孝元帝的《怀旧志》。

沈约说："做文章当遵从'三易'的原则：第一是容易了解的事典，第二是容易认识畅达的文字，第三是容易诵读有韵味。邢子才经常这样说："沈约的文章，用典时使人不知不觉，像是从心中自然流露出来的。"对这一点我深深地佩服。祖孝征也曾经对我讲道："沈约诗云：'崖倾护石髓。'其中隐一个'仙'字，这哪里像是用典故啊？"

邢子才、魏收都有很高的名声，是当时文坛的标杆，文人都将他们视为大师。邢子才欣赏叹服沈约而轻视任昉，魏收爱慕任昉而诋毁沈约，每当饮宴交谈之时便激烈争论，面红耳赤。邺下文人众多，各自都有朋党。祖孝征曾经对我说："任昉、沈约的是非，就是邢子才、魏收的优劣啊！"

《吴均集》有篇《破镜赋》。古时候有座城市叫"朝歌"，颜渊不在这里驻足；有个村子名为"胜母"，曾参到此整饬衣襟：这大概都是因为忌讳恶名而伤害事物的实体了。破镜是一种凶恶的野兽，此事见于《汉书》，写文章时千万要避讳这个名称。然而近世常常见到有和别人诗的，题为"敬同"二字。《孝经》上说："资于事父以事君而敬同。"（意为恭敬地事奉父亲与恭敬地侍奉君主是一样的），这"敬同"二字是不可以随便使用的。梁朝的费旭有首诗中说："不知是耶非。"殷沄有首诗中说："摇飏云母舟。"简文帝嘲讽说："费旭已经不认识他的父亲，殷沄又让他的母亲到处流浪。"这些虽然都是古时的诗文，却是不可以随意引用的。今世的人有的在写文章时引用《诗经》中"伐鼓渊渊"的，对此《宋书》中已有多次讥讽。以此类推看来，这些纰漏是应该避免的。有的人还处在侍奉母亲时候，与舅舅告别时却咏唱《渭阳》诗；有的人父亲还活在世上，与兄长道别时却引用"桓山之鸟"的典故，这些均为很大的错误。举这些例子，是为了举一反三，在今后写文章时要慎重对待啊。

江南人写作文章，愿请别人指正，知道哪块有毛病，随即及时改正，陈思王这种写作的好心态得之于丁廙。山东的为文之风气，是自己写的文章不允许别人批评责难。我初到邺城时，曾因为这一点而冒犯了一些人，至今仍很悔恨，你们要吸取我的教训，不要轻易地评论人家的文章啊！

凡是代笔为别人写文章，都要用别人的口吻来写，这是理所当然的。至于写哀悼伤痛一类的文章，则不能够贸然为人代笔。蔡邕为胡金盈写作《母灵表颂》，其中有“悲痛母亲的寿命不能够永久，突然丢弃我而撒手人寰。”蔡邕又为胡颢的父亲写作铭文说：“安葬我先父议郎君。”又写作《袁三公颂》说：“我们的祖先‘被封于妫。”由王粲代笔为潘文则写的《思亲诗》这样说：“您老人家这般的勤苦憔悴，哺育我们这些儿女们，盼望我们死去的母亲，能够永久安眠。”如此之类，都记载在蔡邕、王粲的诗文集中，像这样的例子还有很多。古人是这样做的，今天就被认为是应该避讳的了。陈思王曹植的《武帝诔》以“永蛰”来表达对父亲的怀念；潘岳的《悼亡赋》用“手泽”来表现对已故妻子的遗物的见物思人之情，曹植如同将父亲与虫子相比，潘岳将亡妻与亡父相提并论了。蔡邕的《杨秉碑》上说：“总领天下之重位。”潘尼的《赠卢景宣诗》上说：“九五之尊思飞龙出现。”孙楚的《王骠骑诔》说：“飘忽之间登遐。”陆机的《父诔》上说：“万民归心，百官融洽。”《姊诔》上说：“姊如天女。”今人如果这样去写，那便会成为朝廷的罪人了。王粲的《赠杨德祖诗》说：‘我的君王亲自为我饯行，其乐也泄泄。’这样的话在普通人身上用都不行，更何况是东宫太子呢？”

挽歌辞，有人说是古时的《虞殡》歌，有人又认为出自田横的门客之手，都是用来对死去的人表示追悼缅怀之情的。陆机所写的挽歌，大多是死者的自我感叹之词，诗的体制中既无这种写法，又有违于做挽歌的本意。

大凡诗人写作，或是讽刺，或是规劝，或是赞美，或是歌颂，都各有源流，不曾混杂，以致善恶同处一篇的。陆机所做的《齐讴篇》，前部分叙写山川物产之盛，风俗教化之淳，而后部分却忽然抒发鄙视山川物产风俗之情，大失体制。他写的《吴趋行》，为何不陈述阖闾、夫差这段史实呢？《京洛行》中，为什么不述及赧王、灵帝之事呢？

自古博学宏才的人，使用典故出现失误的是有的；诸子百家之说，虽然各有不同，但有些书已散失，后人见不到，因此不敢轻易议论。我这里将已经被证明真正是错误的，略举出一两例以为借鉴。《诗经》上说：“有鷕雉鸣。”又说：“雉鸣求其牡。”《诗经》毛传也说：“鷕，是雌野鸡的叫声。”《诗经》上又说：“野鸡清晨鸲鸲鸣叫，还在寻求雌性。”郑玄在为《月令》作注时也说：“鸲，这是说雄野鸡在鸣叫。”而潘岳的赋中却说：“野鸡于清晨鷕鷕(雌性叫声)地鸣叫。”这显然是把雌雄野鸡的鸣声给弄混淆了。《诗经》中说：“孔怀兄弟。”孔，就是特别、十分的意思；怀，就是怀念的意思，说的是十分思念。而陆机的《与长沙顾母书》中，追述其从祖弟陆士璜之死时，却写道：“痛心揪脑，如同孔怀。”既然已经说十分悲痛，也就含有十分思念之义了，为什么还要加上“如同孔怀”呢？看这句话的意思，陆机是把“孔怀”当作亲兄弟的意思来理解了。《诗经》上说："父母很亲近。"（原文"父母孔迩"），可是你把父母用"孔迩"指代于词意上能讲得通吗？《异物志》上说："拥剑的形状好像蟹举螯一样，只是有一只螯稍大一点。"何逊有首诗说："跳跃着的鱼好像拥剑一样。"这显然是没有将鱼与蟹这两种动物区别开来。《汉书》上说："御史府中列植着柏树，经常有数千只野鸟在树上栖息，早晨离去，晚上归来，被称为朝夕鸟。"而文人们往往把"朝夕鸟"当作"乌鸢"来理解并运用。《抱朴子》上说："项曼都诈称遇到了神仙，并自我吹嘘说：'神仙将一杯流霞拿给我喝了，从此我不再饥渴。'然而梁简文帝有一首诗却说："流霞本为抱朴碗。"这也就像郭象的注释将惠施的论辩当成庄周的话一样。《后汉书》上说："囚禁司徒崔烈用银铛锁。"银铛就是大锁链的意思，世上的人多把银误作金银的"银"字。武烈太子也是个读了数千卷书的学者了，曾作诗说："银锁锁住三公脚，钢刀刀撞仆射头。"这里也是因世俗之误而误。

写文章时凡涉及地理知识的，一定要搞准确。梁简文帝的《雁门太守行》一诗中说："鹅军攻打日逐王，燕骑扫荡康居国。大宛送来汗血马，小月献上投降书。"肖子晖的一首《陇头水》中说："天寒陇水急，散漫皆分泻。北流注黄龙，东流汇白马。"有些是明珠中的污点，美玉上的微瑕，不过也应该慎重啊！

王籍的《入若耶溪》诗中说："蝉噪林逾静，鸟鸣山更幽。"江南文士认为这两句诗写得美极了，无人持异议。梁简文帝常常吟咏这两句诗，难以忘怀；梁孝元帝也时常玩味，以为这样的诗句无人再写得出来，乃至于在《怀旧志》中还把这两句诗写入《王籍传》中。范阳的卢询祖，乃是邺下的高才，他说道："这两句诗不成样子，怎么能说王籍有才学呢？"魏收也同意卢询祖的看法。《诗经》中说："萧萧马鸣，悠悠旆旌。"《诗经》毛传解释说："这里诗的意思是说安静而不喧哗。"我每当读到此诗时就叹服毛亨解释得很有情致，王籍的诗句就是由此受到启发而写成的。

兰陵人萧悫，是梁朝上黄侯萧晔的儿子，很善于写文作诗。他曾有一首《秋诗》，诗中有"芙蓉露下落，杨柳月中疏。"当时的文人们并没有欣赏这诗句的。我喜欢这两句诗清雅闲散的意境，所述之景仿佛就在眼前。颍川的荀仲举、琅邪的诸葛汉，也与我有同感。而卢思道一类的人都大不以为然。

何逊的诗确实是写得很清雅巧妙，有很多非常形象的句子。扬都的评论者们，都对他诗中常有寒酸的毛病而感到遗憾，并认为他诗中多有贫寒之气。不如刘孝绰的诗有雍容儒雅之气。虽然如此，但刘孝绰还是很不满意何逊的诗作，他常常说："何逊有句诗叫'蘧伯玉的车声响遍北阙'，这是辆有悖情理违背礼义的车啊！"他又编纂《诗苑》，只选了何逊的两首诗，当时的文人们讥笑他选篇不广泛。刘孝绰当时已经很有名气，又不太谦逊，不过他只佩服谢朓，常常把谢朓的诗放在几案上，一有空就诵读品味。梁简文帝喜爱陶渊明的文章，也如同刘孝绰一样爱不释手。江南的文人们说："梁朝有三位姓何的诗人，何子朗的诗最多。"三位姓何的，说的就是何逊、何思澄、何子朗。何子朗的诗句的确多清丽新巧；何思澄游览庐山，常常写出佳作，也是冠绝一时的。

名实第十

【原文】

名之与实[①]。犹形之与影也。德艺周厚[②]，则名必善焉；容色姝丽，则影必美焉。今不修身而求令名于世者，犹貌甚恶而责妍影于镜[③]也。上士忘名[④]，中士立名，下士窃名。忘名者，体道[⑤]合德，享鬼神之福祐，非所以求名也。立名者，修身慎行，惧荣观之不显，非所以让名也。窃名者，厚貌深奸，干[⑥]浮华之虚称，非所以得名也。

人足所履[⑦]，不过数寸，然而咫尺之途[⑧]，必颠蹶[⑨]于崖岸，拱把之梁[⑩]，每沉溺于川谷者，何哉？为其傍无余地故也。君子之立己，抑亦如之。至诚之言，人未能信，至洁之行，物或致疑，皆由言行声名无余地也。吾每为人所毁，常以此自责。若能开方轨之路[⑪]，广造舟之航，则仲由之言信，重于登坛之盟[⑫]，赵熹之降城，贤于折冲之将矣[⑬]。

【注释】

①名：名声。实：实体，实际。②德艺周厚：德艺兼备。周厚，周全深厚。③责妍影于镜：求美影于镜。④忘名：忘记求名。意谓无意于虚名。⑤体道：自身行为。道，所行之道。⑥干：求取。⑦所履：指所踩地方的宽度。⑧咫尺之途：一尺左右的路面。如下文“崖岸”就有许多狭窄处。⑨颠蹶：跌倒。⑩拱把之梁：两手合拢那么粗的独木桥。⑪方轨之路：两车并行之路。颜之推以宽路喻指广开言论，修身养德，且可增加交流渠道的透明度。只有政路畅达才会减少人与人之间的纠纷。⑫“则仲由”二句：仲由：即子路，孔子弟子。登坛之盟：古时两国结交，设坛以祭，登坛盟誓。⑬“赵熹”二句：汉光武时人，字伯阳。官至刺史，封节分侯。章帝时，晋为太傅。舞阳李氏反叛，天柱将军李宝讨而不降。后经赵熹规劝，主动请降。折冲：折毁战车。折，倒转。冲，战车。

【原文】

吾见世人，清名登而金贝[⑭]入，信誉显而然诺亏，不知后之矛戟，毁前之干橹[⑮]也。虑子贱云：“诚于此者形于彼[⑯]。”人之虚实真伪在乎心，无不见乎迹，但察之未熟耳。一为察之所鉴，巧伪不如拙诚，承[⑰]之以羞大矣。伯石让卿[⑱]，王莽辞政[⑲]，当于尔时，自以巧密。后人书之，留传万代，可为骨寒毛竖也。近有大贵，以孝著声，前后居丧，哀毁逾制，亦足以高于人矣。而尝于苫块[⑳]之中，以巴豆[㉑]涂脸，遂使成疮，表哭泣之过。左右童竖[㉒]，不能掩之，益使外人谓其居处饮食，皆为不信。以一伪丧百诚者，乃贪名不已故也。

有一士族，读书不过二三百卷，天才钝拙，而家世殷厚，雅自矜持，多以酒犊、珍玩，交诸名士，甘其饵[23]者，递共吹嘘。朝廷以为文华，亦尝出境聘[24]。东莱王韩晋明[25]，笃好文学，疑彼制作，多非机杼[26]，遂设宴言，面相讨试。竟日欢谐，辞人满席，属音赋韵，命笔为诗，彼造次[27]即成，了非向韵[28]。众客各自沉吟，遂无觉者。韩退叹曰："果如所量！"韩又尝问曰："玉珽杼上终葵首[29]，当作何形？"乃答云："珽头曲圜，势如葵叶耳。"韩即有学，忍笑为吾说之。

【注释】

⑭金贝：会钱。贝，远古时以贝为交易货币。⑮干橹：盾牌。⑯虑子贱：即宓子贱，名不齐，字子贱。鲁国人，孔子弟子。诚于此者形于彼：《孔子家语·屈节》形，作"型"。二字相通，有"模范"义。⑰承：受。⑱伯石让卿：《左传·襄公三十年》载：伯有将死，使太史请伯石为卿相，三请三辞，最后才受策入拜。其实伯石心怀鬼胎，意在篡弑。⑲王莽辞政：《汉书·王莽传》载：王莽几次假意辞任大司马，哀帝即位，王莽又上疏乞归，哀帝极力挽留，又派尚书、丞相斡旋，其实王莽意在夺位。后终于窃权摄政，建立新朝。⑳苫块："寝苫枕块"的省语。古时，父母去世，孝子必居坟侧，寝于草垫之中，枕于土块之上，以哀悼考妣埋在草土之下。㉑巴豆：一种毒性很大的草药。㉒童竖：僮仆。㉓甘其饵：以其诱饵为甘美。甘，意动词。饵，指上文之"酒犊珍玩"。㉔出境聘：出境为聘使。聘，聘问交好。㉕韩晋明：北齐人，袭父爵，后封东莱王。㉖机杼：织布梭子。借指文章命意构思。㉗造次：轻易。㉘了非向韵：完全不是原先的韵味。㉙玉珽：玉笏之一种，上朝时天子所执，亦称大笏，三尺长。杼：动词，刮削。终葵：齐人称椎为终葵。终葵首：椎头，指笏板手握处。此处意谓"士族"不明韩晋明所问何意，强作解人，把椎头说成"势如葵叶"。

【原文】

治点[30]子弟文章，以为声价[31]，大弊事也。一则不可常继，终露其情[32]；二则学者有凭，益不精励[33]。邺下有一少年，出为襄国令，颇自勉笃[34]，公事经怀，每加抚恤，以求声誉。凡遣兵役，握手送离，或赍梨枣饼饵，人人赠别，云："上命相烦，情所不忍。道路饥渴，以此见思。"民庶称之，不容于口。及迁为泗州别驾，此费日广，不可常周，一有伪情[35]，触涂[36]难继，功绩遂损败矣。

或问曰："夫神灭形消，遗声余价[37]，亦犹蝉壳蛇皮，兽远[38]鸟迹耳，何预于死者[39]，而圣人以为名教[40]乎？"对曰："劝[41]也，劝其立名，则获其实。且劝一伯夷[42]，而千万人立清风矣；劝一季札[43]，而千万人立仁风矣；劝一柳下惠[44]，而千万人立贞风矣；劝一史鱼[45]，而千万人立直风矣。故圣人欲其鱼鳞凤翼[46]，杂沓参差，不绝于世，岂不弘哉！四海悠悠，皆慕名者，盖因其情而致其善耳。抑又论之，祖考之嘉名美誉，亦子孙之冕服墙宇[47]也，自古及今，获其庇荫者亦众矣。夫修善立名者，亦犹筑室树果，生则获其利，死则遗其泽。世之汲汲[48]者，不达此意，若其与魂爽[49]俱升，松柏偕茂者，惑矣哉！

【注释】

㉚治点：修改润色。㉛为声价：抬高声誉身价。㉜露其情：使其实情暴露。㉝精励：精心励志。㉞勉笃：勤勉笃实。㉟伪情：虚假情况。㊱触涂：触处，随处。㊲遗声余价：遗留的声誉和身价。㊳远：足迹。㊴何预于死者：对于死者又有何关系。预，通“与”，干涉，干系。㊵名教：正名礼教。㊶劝：鼓励。下同。㊷伯夷：孤竹君之子，不食周粟而死，世称君子之典范。《孟子·万章下》：“故闻伯夷之风者，顽夫廉，懦夫有立志。”㊸季札：即公子札。春秋时吴君公子，屡次辞让君位，后封于延陵，世称延陵季子。㊹柳下惠：即展禽，春秋时鲁国大夫。封于柳下，谥惠，故名。《孟子·万章下》：“故闻柳下惠之风者，鄙夫宽，薄夫敦。”㊺史鱼：即史鳅，春秋时魏国大夫。《论语·卫灵公》：“子曰：‘直哉史鱼！邦有道如矢，邦无道如矢。’”㊻鱼鳞凤翼：如鱼的鳞片凤凰的翼毛一样。㊼冕服墙宇：礼帽礼服高墙屋宇，借指礼仪态度。㊽汲汲：急迫的样子。指急切追名逐利者。㊾魂爽：魂魄。

【译文】

名声与实质，如同身形与身影。德高才厚，那么必定有好的名声；姿色美丽，那么身影必定是美丽的。如今不修养自身而要求得好的名声留在世上，这如同形貌十分丑恶却去责怪镜子没有美好的影像。上等的士人忘却追求名声，中等的士人追求树立名声，下等的士人窃取名声。忘却了追求名声的，深谙道的真谛而言行合于德，享受鬼神的福佑，并非是有意去求得名声。追求树立名声的，修养自身，谨言慎行，很怕自己的好名声不彰显于世，并不会因此而推让名声。窃取名声的，表面上很敦厚，内心却深藏奸恶，极力去求取浮华的虚名，他们用这样的手法是得不到好名声的。

人们的脚所踩的不过是数寸宽，但是如果我们走在咫尺宽的崖岸上，则一定会跌落悬崖或河里；走在两手合握的独木桥上，人们常常会掉到川谷中，这是为什么呢？这是因为脚踩之处没有凭依的余地。君子立身于世，道理也是这样。最真诚的言语，人们未必能相信；最高洁的行为，人们往往产生疑问，这都是因为言行名声没留有余地。我常常被人所诋毁，就常常以此自责。如果能开设广宽的大道，加宽跨河的桥梁，那么子路的话被人们所相信的程度，就重于诸侯的登坛盟誓，赵熹的劲敌举城投降，就强于勇猛善战的将军了。

我见到世上的人，有了清廉的名声之后就聚敛钱财，有了信誉之后便不履行诺言，不知道后面的矛戟，正在摧毁自己前面的盾牌。虑子贱说：“诚信在此彰显而榜样显形于彼。人的虚实真假在于心，但无不从形迹上表现出来，只是人们没有认真考察而已。一旦认真考察便可以有所鉴别，巧伪不如拙诚，巧伪最终承受的羞辱是很大的。伯石推让卿位，王莽谦让大司马之职，在当时来说，他们很自以为做得周密巧妙。但后来人把他们真实的言行书写下来，流传万代，而今读来令人毛骨悚然。近来有位大贵人，以孝著称，先后几次居丧，哀伤超过了礼制，也完全超越其他人了。但他曾在睡草垫枕土块之时，用巴豆浆涂脸，使脸生疮，妄想以此证明哭泣哀伤过甚。但在他身边服侍的僮仆却不能掩盖事实真相，这就更使外人认为这位贵人守丧时的饮食居处都是虚假不可信的。用一次的伪作而丧失了百次的诚信，这是贪求名誉不已而造成的结果。

有一个士族子弟，他所读的书也不过是二三百卷，他又是个天生愚笨的人，但他家财丰厚，自己又以文雅骄人自诩，常用酒肉珍玩交结名士，贪图他这些东西的人都争相吹捧他。朝廷以为他有才华，也曾派他出使国外。北齐东莱王韩晋明，十分爱好文学，看了他的诗文后，怀疑他的作品大多不是出于自己的胸臆，便设宴与他交谈，当面试试真伪。众人欢宴整整一天，席上尽是诗人骚客，选韵赋诗，命笔斟酌；这位士族子弟却轻易将诗写成，但已完全不是先前作品的韵味。众位客人各自吟作自己的诗，没有人发觉这一点。韩晋明席散后叹道："果真如我怀疑的那样！"韩晋明又曾问他说："把玉珽向上削至终葵首后，该是个什么形状？"他却回答说："玉珽头曲而圆，样子如同葵花叶。"韩晋明是个有学问的人，听他这样回答后，忍笑同我说了这件事。

为子弟们修改文章，以使他们抬高身价，这是教子的最大弊病。一则是不可能经常这样做，最终会露出真情，二则是子弟们有了依靠，就更不会去自己努力上进。邺下有一个青年人，外任为襄国县县令，颇能自勉自励，笃厚诚实，办公事很认真，经常体恤属下，以求得好名声。凡是派遣兵役，总是同他们握手道别，或送些梨枣糕饼，并给每人留下赠别言语，说："这是上边的命令，相烦各位，情有不忍。一路上饥渴之时，见了这些东西可见我的思念之谊。"老百姓对他极口称誉。等到他升为泗州别驾，这类费用日见增加，他就不能像以前那样照顾周全了，一旦有了虚假情况，就常常难以为继，以前的功绩便败坏无遗了。

也许有人会说："人死了灵魂也灭了，身体也消失了，遗留下的名声和身价，也如同蝉蜕的壳，蛇蜕的皮，兽迹鸟迹一般，这与死去的人还有什么关系呢？而圣人为什么把这作为礼教的内容来教育活着的人呢？"我回答说："是为了鼓励后人，鼓励他们树立好的名声，鼓励他们名实相符。况且鼓励成一个伯夷，就会有千万个人形成清白立世的风气了；鼓励成一个季札，就会使千万个人像他那样以仁爱作为立世的准则；鼓励成一个柳下惠，就会使千万个人树立起忠贞的高风亮节；鼓励成一个史鱼，就会使千万个人树立起正直的风气。所以圣人想望世上的贤人像鱼鳞片凤翅毛一样日见增多，各展特色，世代不绝，这个愿望不宏大吗？四海无尽，人人都爱慕好名声，所以应因势利导，引导众多的人向善。再者也可以说，祖先们的美名荣誉，也会影响子孙的人生态度，从古到今，得到祖先美名庇佑的也很多了。那些修身立名的人，如同建房屋、栽果树，活着的时候得其利，死后也能泽被后人。可惜世上那些蝇营狗苟追名逐利的人，不懂得这层道理，这样的人却想要好名声与灵魂都升入天堂，像松柏那样常青，那真是令人难以想象的啊！"

涉务第十一

【原文】

士君子之处世，贵能有益于物耳，不徒高谈虚论，左琴右书，以费人君禄位也。国之用材，大较不过六事：一则朝廷之臣，取其鉴达治体[1]，经纶博雅[2]；二则文史之臣，取其著述宪章，不忘前古；三则军旅之臣，取其断决有谋，强干习事[3]；四则蕃屏[4]之臣，取其明练风俗，清白爱民；五则使命之臣，取其识变从宜，不辱君命；六则兴造之臣，取其程功[5]节费，开略有术。此则皆勤学守行者所能辨也。人性有长短，岂责具美于六途哉！但当皆晓指趣[6]，能守一职，便无愧耳。

吾见世中文学之士，品藻古今，若指诸掌，及有试用，多无所堪。居承平之世，不知有丧乱之祸；处庙堂[7]之下，不知有战陈[8]之急；保俸禄之资，不知有耕稼之苦；肆[9]吏民之上，不知有劳役之勤。故难可以应世经务也。晋朝南渡，优借士族，故江南冠带[10]，有才干者，擢为令、仆已下[11]，尚书郎、中书舍人已上[12]，典掌机要。其余文义之士，多迂诞浮华，不涉世务，纤微过失，又惜行捶楚[13]，所以处于清高，盖护其短也。至于台阁令史，主书监帅，诸王签省[14]，并晓习吏用，济办时须[15]，纵有小人之态，皆可鞭杖肃督，故多见委使，盖用其长也。人每不自量，举世怨梁武帝父子[16]爱小人而疏士大夫，此亦眼不能见其睫耳。

【注释】

①鉴达治体：鉴察通达治国方策。②经纶博雅：筹划管理各种事物。③强干习事：坚强干练熟习军事。④藩屏：指地方边疆。⑤程功：工程制造。⑥指趣：旨趣。⑦庙堂：祖庙明堂：庙祭时，向先祖祷告的地方。后代指朝廷。⑧战陈：战阵。陈，同"阵"。⑨肆：肆行。⑩冠带：指代士大夫。⑪令：尚书令。仆：仆射。⑫尚书郎：尚书省的属官。中书舍人：中书省属官。⑬捶楚：拷打。⑭台阁：尚书省。令史：尚书省属官。主书：尚书省属官。监帅：监督军务官。签省：朝廷派出的属官。⑮济办时须：协助办理一时急务。⑯梁武帝父子：指梁武帝萧衍及其子简文帝萧纲、梁元帝萧绎。

【原文】

梁世士大夫，皆尚褒衣博带[17]，大冠高履，出则车舆，入则扶侍，郊郭之内，无乘马者。周弘正为宣城王所爱[18]，给一果下马[19]，常服御之，举朝以为放达。至乃尚书郎乘马，则纠劾之。及侯景之乱，肤脆骨柔，不堪行步，体羸气弱，不耐寒暑，坐死仓猝者，往往而然。建康令王复，性既儒雅，未尝乘骑，见马嘶喷陆梁[20]，莫不震慑，乃谓人曰："正是虎，何故名为马乎？"其风俗至此。

古人欲知稼穑之艰难，斯盖贵谷务本之道也。夫食为民天，民非食不生矣，三

日不粒[21]，父子不能相存。耕种之，茠锄[22]之，刈获[23]之，载积之，打拂[24]之，簸扬之，凡几涉手而入仓廪，安可轻农事而贵末业[25]哉？江南朝士，因晋中兴，南渡江，卒为羁旅，至今八九世，未有力田，悉资俸禄而食耳。假令有者，皆信[26]僮仆为之，未尝目观起一坺土[27]，耘一株苗，不知几月当下，几月当收，安识世间余务乎？故治官则不了，营家则不办，皆优闲之过也。

【注释】

⑰褒衣博带：宽衣大带。⑱周弘正：字思行。梁太学博士，国子博士。善玄学，著名古籍注疏学者，著有《周易讲疏》《论语疏》《庄子疏》《老子疏》《孝经疏》。宣城王：指简文帝儿子萧太器。⑲果下马：一种宠物马，骑者可在树下行，故名。⑳嘶喷：嘶鸣喷鼻。陆梁：乱跳的样子。㉑不粒：不食。㉒茠锄：锄草。㉓刈获：收割。㉔打拂：敲打以使脱粒。㉕末业：古时称农业为本，商业为末。㉖信：听任。任凭。㉗坺土：土块。

【译文】

士人君子活在这个世界上，重要的是能够有益于社会，而不能只是高谈阔论，弹琴写字，以浪费国君所给予的职位俸禄。国家使用人才，大抵不过六种类型：一是朝廷治国之臣，取他们能够通晓政策，有治国安邦的学问；二是文史之臣，取他们能够著述典章，起草宪章制度，不忘前代的治国经验。三是治军统兵之臣，取他们能够决断有谋，治军能力强，熟悉战阵。四是地方边远之臣，取他们能够通晓当地的民俗风情，清正廉洁，爱护百姓。五是外交之臣，取他们能识察不断交化的情况，便宜行事，不辱使命。六是建筑之臣，取他们能使工程快速合格竣工，节约经费，有创新性的计划。这些都是要勤奋学习，有良好的操守的人能够认识到的。人各有长处短处，怎么能要求一个人具备这六种才能呢？只要人人都能够明白最主要的东西，能够做好一个方面的工作便问心无愧了。

我看见现在社会上的读书之人，品评古今，像是了若指掌，但一到试用于实际，便大多派不上用场。生活在太平之世，不知道会有国丧民乱之祸；身处朝中为官，不知道有战事紧急之务；有旱涝保收的俸禄享用，不知道有农夫耕耘的辛苦；恣意于吏民之上，不知道有劳役的艰难。因此这样的读书人是很难有用于社会事务的。晋朝廷南渡之后，优待读书人，所以江南的士人有些才干的，都被提拔为尚书令、仆射以下，尚书郎、中书舍人以上，执掌机要政事。其余的文人士子，大多迂腐怪诞浮华，不明白世务，又常有些小过失，朝廷怜惜他们受到杖责，因此安排他们在清高的职位上，以此来掩盖他们的短处。至于尚书省令史、主书、监帅，诸王左右的典签、省事，都能通晓熟悉吏治的事情，妥善处理应办的政务，即使犯有小人的言行，都可以鞭打杖责予以督促，因而这些人大多被任用，这是因为要用其所长。人常常不自量力，举世之人都怨恨梁武帝父子亲近小人而疏远士大夫，这也如同眼睛不能看到自己的睫毛一样啊！

梁朝的士大夫，都崇尚宽衣大带，高履大帽，出门则乘坐车驾，入门则有僮仆侍候，他们去郊外和城郭之内，竟然没有乘马的。周弘正被宣城王所喜爱，送给他一匹果下马，周弘正常骑着此马出入，满朝的人都认为他很放达。而按规定，尚书郎骑马出入，都要被纠察弹劾。及至到了侯景之乱（指北朝降将侯景于太清二年举兵叛乱，攻陷建康），那些士大夫们皮肤细嫩，体弱气虚，经不住寒暑，在这样的突发事变中，只能仓促坐而待毙，常常是这些人。建康令王复，性情儒雅，未曾骑过马，看见马嘶暴跳，莫不感到震惊害怕的，并对别人说："这真的是只老虎，为什么叫它马呢？"当时的风俗竟到了这样的地步。

古人要知道农夫耕种的艰难，这便是重视粮食，以农为根本的思想。民以食为天，百姓无粮食是无法生存的，三天不吃东西，父子之间都不能相保生存。耕种、锄草、收获、运送、脱壳、扬场，一般要经过很多工序、人手才能入仓收藏，因此怎么能轻视农业而重视非农之业呢？江南的士大夫，因为晋朝中兴，南渡长江，始终自以为寄居之人，到如今已有八九代了，却没有从事农耕的，而是全靠朝廷的俸禄而生存。即便有田土的，也都是任凭仆者耕种，未曾亲眼看到他们翻一寸土、种一棵苗；更不知道几月份该下种，几月份该收获，又怎么懂得社会的事务呢？因此，他们做官则不知怎样做，治家则不知道如何治，这都是因为他生活得太悠闲安逸造成的过错吧！

省事第十二

【原文】

铭金人云："无多言，多言多败；无多事，多事多患[①]。"至哉斯戒也！能走者夺其翼，善飞者减其指[②]，有角者无上齿，丰后者无前足，盖天道不使物有兼焉也。古人云："多为少善，不如执一[③]；鼯鼠五能[④]，不成伎术。"近世有两人[⑤]，朗悟士也，性多营综[⑥]，略无成名，经不足以待问[⑦]，史不足以讨论，文章无可传于集录，书迹未堪以留爱玩，卜筮[⑧]射六得三，医药治十差五，音乐在数十人下，弓矢在千百人中，天文、画绘、棋博、鲜卑语、胡书[⑨]，煎胡桃油，炼锡为银，如此之类，略得梗概，皆不通熟。惜乎，以彼神明，若省其异端，当精妙也。

上书陈事，起自战国，逮于两汉，风流弥广[⑩]。原其体度[⑪]，攻人主之长短，谏诤之徒也；讦[⑫]群臣之得失，讼诉之类也；陈国家之利害，对策之伍也；带私情之与夺[⑬]，游说之俦也。总此四途，贾诚[⑭]以求位，鬻言以干禄[⑮]。或无丝毫之益，而有不省之困。幸而感悟人主，为时所纳，初获不赀之赏，终陷不测之诛，则严助、朱买臣、吾丘寿王、主父偃之类甚众[⑯]。良史所书，盖取其狂狷一介，论政得失耳，非士君子守法度者所为也。今世所睹，怀瑾瑜而握兰桂者，悉耻为之。守门谒阙[⑰]，献书言计，率多空薄，高自矜夸，无经略之大体，咸秕糠之微事，十条之中，一不足采，纵合时务，已漏先觉[⑱]，非谓不知，但患知而不行耳。或被发[⑲]奸私，面相酬证，事途回穴，翻[20]惧愆尤。人主外护声教[21]，脱[22]加含养，此仍侥幸之徒，不足与比肩也。

【注释】

①铭金人：指周朝太庙里的青铜人，其背后铭刻有文字，故称。以下引文出自《说苑·敬慎》："孔子之周，观于太庙，右阶之前有金人焉，三缄其口。而铭其背曰：'古之慎言人也，戒之哉，戒之哉！无多言，多言多败；无多事，多事多患。'"②指：同"趾"，足趾。③执一：执于一，善于一技。④鼯鼠五能：鼯鼠，即飞鼠。当作"鼫鼠五能"。亦称石鼠、土鼠。其五能："飞不能上屋，缘不能穷树，游不能渡谷，穴不能掩身，走不能先人。"技能虽多，一技不成。⑤两人：据杭世骏《诸史然疑》两人，指祖珽和徐之才。⑥营综：指经营及综合能力。⑦待问：深问。待，通"特"。⑧卜筮：以龟甲为卜，以蓍管为筮。此即古人卜卦预测吉凶的两种方法。⑨胡书：胡人文字。胡，此指鲜卑族。⑩风流弥广：遗风流传越发宽广。⑪原：同"源"，探源。休度：休制。⑫讦：揭发。⑬与夺：定夺。⑭贾诚：出卖诚心。⑮干禄：求取俸禄。⑯严助：东汉人，本姓庄，为避汉明帝名讳改姓严。官至会稽太守，因与淮南王刘安谋反有关涉而被杀。朱买臣：西汉人，字翁子。官至主爵都尉、丞相长史。因告张汤事被杀。吾丘寿王：汉人，字子赣。官至光禄大夫侍中，因事被杀。主父偃：汉人，复姓主父，字偃。官齐相，因揭发齐王被杀。⑰守门谒阙：守候门侧，拜谒朝阙。⑱先觉：预先已觉察。⑲发：揭发。⑳翻：同"反"。㉑声教：声誉礼教。㉒脱：或者。

【原文】

谏诤之徒，以正人君之失尔，必在得言之地[23]，当尽匡赞[24]之规，不容苟免偷安，垂头塞耳。至于就养有方，思不出位，干非其任，斯则罪人。故《表记》云："事君，远而谏则谄也，近而不谏，则尸利也[25]。"《论语》曰："未信而谏，人以为谤己也。"

君子当守道崇德，蓄价待时，爵禄不登，信由天命。须求趋竞[26]，不顾羞惭，比较材能，斟量功伐，厉色扬声，东怨西怒。或有劫持[27]宰相瑕疵，而获酬谢，或有喧聒时人视听，求见发遣，以此得官，谓为才力，何异盗食致饱，窃衣取温哉！世见躁竞[28]得官者，便谓"弗索何获"，不知时运之来，不求亦至也。见静退[29]未遇者，便谓"弗为胡成"，不知风云不与，徒求无益也。凡不求而自得，求而不得者，焉可胜算乎！

齐之季世，多以财货托附外家[30]，喧动女谒[31]。拜守宰者，印组[32]光华，车骑辉赫，荣兼九族，取贵一时。而为执政所患，随而伺察，既以利得，必以利殆，微染风尘，便乖肃正[33]，坑阱殊深，疮痏[34]未复，纵得免死，莫不破家，然后噬脐[35]，亦复何及。吾自南及北，未尝一言与时人论身分也，不能通达，亦无尤焉。

王子晋云："佐饔得尝，佐斗得伤[36]。"此言为善则预[37]，为恶则去，不欲党人非义之事也。凡损于物，皆无与焉。然而穷鸟入怀，仁人所悯，况死士归我[38]，当弃之乎？伍员[39]之托渔舟，季布[40]之入广柳，孔融之藏张俭[41]，孙嵩之匿赵岐[42]，前代之所贵，而吾之所行也，以此得罪，甘心瞑目。至如郭解[43]之代人报仇，灌夫[44]之横怒求地，游侠之徒，非君子之所为也。如有逆乱之行，得罪于君亲者，又不足恤焉。亲友之迫危难也，家财己力，当无所吝。若横生图计，无理请谒，非吾教也。墨翟[45]之徒，世谓热腹，杨朱[46]之侣，世谓冷肠。肠不可冷，腹不可热，当以仁义为节文[47]尔。

【注释】

㉓得言之地：指可以劝谏的环境。㉔匡赞：匡正赞助。㉕表记：《礼记》中的篇名。远：指事件发生的时间很远。近：指事件发生的时间很近。尸利：如尸主一般，坐收利禄而不尽职责。㉖须求趋竞：意谓为了某种需求而奔走竞争。须，需。㉗劫持：胁迫。㉘躁竞：急躁竞争。㉙静退：安静退让。㉚外家：即外戚。㉛女谒：宫中得宠有权的女子。㉜印组：系印的绶带。㉝肃正：公正无私。㉞疮痏：创伤。㉟噬脐：咬断脐带，喻指悔之已晚。㊱王子晋：传说中的仙人，原为周灵王太子。《列仙传》载："王子乔者，太子晋也，道人浮丘公接以上嵩山。"佐饔：帮厨。㊲预：参与。㊳归我：投奔我。㊴伍员：字子胥。《史记·伍子胥传》载：其父伍奢被杀，楚兵又追杀子胥，一渔父以船救渡。伍子胥逃至吴国，帮阖闾夺取王位，并率吴军攻破楚国。㊵季布：《史记》载：季布原为项羽部将，多次围困刘邦。项羽兵败后，季布在周姓帮助下，乘送葬的广柳车中，逃至鲁地，自卖朱姓。后经夏侯婴向刘邦进言，季布被赦，终任河东太守。㊶"孔融"句：东汉人张俭因弹劾宦官侯览，遭致追杀，他投奔好友孔褒，孔褒不在，其弟孔融毅然藏匿张俭。事发，孔褒、孔融被捕入狱。㊷"孙嵩"句：东汉人赵岐，著名经学家，因疾恨宦官，家人被杀。赵岐逃亡北海，卖饼偷生。孙嵩知其为非常之人，于是共载归家，藏于复壁。直至赵岐得赦，不久升任太常卿。后赵岐上表荐孙嵩任青州刺史。㊸郭解：字翁伯。任侠使气，无所不为。常藏匿亡命，报复杀人，私铸钱币，终以叛逆被杀。㊹灌夫：西汉人，字仲孺，因功任中郎将，后累升至燕相。为人好酒任性，因友人魏其侯与丞相田蚡争田事，灌夫使酒骂座，遭田蚡所劾，以不敬罪族诛。㊺墨翟：即墨子，墨家学派创始人，主张"兼爱""非攻"，以"摩顶放踵，利天下"为己任。㊻杨朱：即杨子、阳子。其学说与墨子相反，主张"爱己"，不肯拔一毛以利天下。著述不传，断文散见于《孟子》《庄子》《荀子》中。《列子》有《杨朱篇》。㊼节文：节制文饰。

【原文】

前在修文令曹[48]，有山东学士与关中太史竞历[49]，凡十余人，纷纭累岁，内史牒付议官平之[50]。吾执论曰："大抵诸儒所争，四分并减分两家尔[51]。历象之要，可以晷景[52]测之。今验其分至薄蚀[53]，则四分疏而减分密。疏者则称政令有宽猛，运行致盈缩[54]，非算之失也；密者则云日月有迟速，以术[55]求之，预知其度[56]，无灾祥也。用疏则藏奸而不信，用密则任数而违经[57]。且议官所知，不能精于讼者，以浅裁深，安有肯服？既非格令[58]所司，幸勿当也。"举曹贵贱，咸以为然。有一礼官，耻为此让，苦欲留连，强加考核。机杼[59]既薄，无以测量，还复采访讼人，窥望长短，朝夕聚议，寒暑烦劳，背春涉冬，竟无予夺[60]，怨诮滋生，赧然[61]而退，终为内史所迫：此好名之辱也。

【注释】

㊽修文令曹：机构名。隋开皇年间所设的制定法令的机构。㊾太史：掌管天文、历史、历法，隋置太史监，专管天文、历法。竞历：争论历法的划定。㊿内史：掌管民政的官。牒：公文。平：评定。51四分并减分：古代两种制定历法的方法：四分法与减分法。52晷景：以日晷测定日影的方位。晷，测定时间及日月星宿方位的仪器。景，同"影"。53分：指春分、秋分。至：夏至、冬至。薄蚀：日月相掩为薄蚀。《吕氏春秋·明理》："其月有薄蚀。"注："日月激会相掩，名为薄蚀。"54盈缩：又称赢缩，古人认为岁星盈缩的自然现象是社会变化、人生祸福、甚而生老病死的征兆。55术：天象测定方法。56度：躔度。古人把周天分为三百六十度，是为躔度。然后再分割成几个区域，用以辨别日月星辰运行的方位。57任数：顺应天次。58格令：指律令。59机杼：织布机的梭子，喻指运筹能力。60予夺：给予或夺去。指判断结果。61赧然：羞愧的样子。

【译文】

周代太庙中的铜人铭文上说："不要多话，多话就会有更多的挫折；不要多事，多事就会有更多的磨难。"能跑的却剥夺了它的翅膀，会飞的却减少了它的脚趾，有角的却不长上齿，后腿长的却前足退化，这大概是大自然不让动物兼具各种长处的缘故所致。古人说："多做事往往不讨好，不如专心干好一件事；鼫鼠有五种技能，却没有一种技能顶用。"近世有两个人，都是聪明颖悟之士，生性善于经营综理，却没有多大的名气，他们的经学知识经不起深问，史学知识经不起讨论，他们写的文章没有可以选录文集留传后世的、书法手迹没有可以观赏珍存的，占卜六次只有三次是准确的，开药治病十次有五次会出现差错，音乐造诣在数十人之下，骑射技能在千百人里只能居于中等，在天文、绘画、棋艺、鲜卑语、胡人文字、煎胡桃油、炼锡成银诸如此类的事情上，只了解一些梗概，都不通晓熟悉。可惜呀，凭借他们的聪明，如果舍弃与儒学不同的学问，肯定能使他们自己的儒学知识达到精深绝妙的水平。

向人主上书陈述自己的政见这种事，起源于战国时期，到了两汉，此种风气非常流行。推源它的体削，指责人主的长短，是直言规劝的谏诤之臣；攻讦群臣得失的，是喜好诉讼之辈；陈说国家利害得失的，是善于对策的人；利用私人感情使人主做出给予或剥夺的，属于游说之士。总括这四类人的做法，都是以贩卖他们的忠诚来谋取官位，以卖出他们的言论来求取利禄。这些人的见解有没有丝毫益处，却可能使人主产生不省悟的困扰，即便侥幸感悟人主。被当时采纳，起初能获得不可估量的赏赐，但最终也会陷入不可预测的诛杀之祸，这是严助、朱买臣、吾丘寿王、主父偃这类人的下场。好的史家所记载的，大概只选录洁身自好、耿介不阿之士，以此来评说时政的得失而已，这绝不是谨慎守法的士人君子所做的。现在我们所看到的，如同身有美玉、佩带兰桂的有德有才之士，都耻于做这类事。而那些守候公门、趋赴朝廷，向人主献书言计之徒，大多空疏浅薄，高傲自夸，丝毫没有治国的方略，却条陈一些如秕糠之类的小事，十条建议之中，没有一条是值得采纳的，即使偶有切合时务的意见，却早已被人预先觉察了，不是说人们不知道，而是担心知道了却不能执行罢了。有的献书言计之徒被揭发包藏诡诈私心，当面对答取证，则所做事情邪僻不当，他们反会对所犯罪责痛加愧惧，即使人主为了对外维护朝廷的声威和教化，或对他们加以原谅宽宥，但他们仍是些侥幸之徒，不值得与之并肩为伍。

能直言规劝的人，是以匡正人主的过失为目的，这必须使自己处于能够说话规劝人主的地位，而且应当尽可能地提出匡助襄赞人主的谋划，决不可苟且偷安，或垂头塞耳，不问时政。至于侍奉人君，要万事适宜，不能越位侵权，如果做出干涉其职权范围以外的事，就会成为朝廷的罪人。所以《礼记·表记》上说："事奉人主，如果是时间远却去劝谏，就是谄媚，如果是时间近而不去劝谏，那就是不尽职责而徒取利禄了。"《论语》上说："未取得人主的信任而进行劝谏，人主会以为是在诽谤自己。"

君子应当坚持信仰尊崇道德，积累声誉等待时机，假若仍然不能获得晋官加禄的机会，这实在是上天的安排。为达到某种需求而奔走追逐，不顾羞耻惭愧，同别人攀比才能，较量功劳，声色俱厉，怨这恨那。有人甚至以宰相的缺点相要挟，以获取官禄作为酬劳，有的人游说聒噪，扰乱人们的视听，求得被分派官职。靠这些手段来求取官职，还声称自己有才干与能力，这与盗食致饱、窃衣取暖有什么分别呢！世人看到那些焦躁求进、奔走钻营而得官之徒，就认为不去追求怎么能够获得官职呢？却不知时运如果到来，即使不去奔走钻营官职也会到来。看到那些谦静退让而没有受到恩遇的人，就认为不追求怎么会成功呢？却不知人的际遇不到之时，徒劳地奔走是没有益处的。一般地说，人世间那些不去奔走钻营而有所得，而奔走钻营却无所得的人，怎么能够计算清楚呢？

北齐末年，很多人用钱财去请托依附外戚，鼓动得宠嫔妃弄权求官。那些被任命为地方官员的，印绶光艳华丽，车马辉煌显赫，荣耀兼及九族，富贵彰显一时。可是一旦被执政大臣所怨恨，随之对他们进行侦察，那些以利得官的，必定会咽利而遭遇危境，只要稍微浸染官场污秽，违背为官的严肃公正的条规，这里的陷阱是相当深的，创伤是不能平复的，即使能免除一死，也没有不家道败落的，如果到了这种程度才后悔已来不及了。我从南方走到北方，从未和时人谈论一句有关自己身份的话，虽然不能官运通达，但也绝无怨言。

王子晋说："帮助烹调菜肴的人，能尝到美味；帮助人打斗的人，可能会受伤。"这就是说别人做好事，应该参与；别人干坏事，便应离开，更不要与人结党做不仁不义之事。

凡是有损于世人的事,都不要参与。但是,走投无路的小鸟投入怀中,仁慈的人会怜悯它,更何况视死如归的勇士来投奔我,我能弃之不管吗?伍子胥将后半生寄托在渔船上,季布藏身于广柳车中,孔融藏匿张俭,孙嵩藏匿赵岐,所有这些都为前代的人所看重的品德,也是我所信奉执行的,即使因此获罪,我也十分愿意。至于像郭解替人报仇,灌夫愤怒地斥责田蚡争地,都是游侠行为,不是君子所为。如果有逆乱犯上的行为,得罪了人君和父母,是不值得同情的。亲戚朋友遇到危难,倾尽家财与自己的能力相救助,也不应当有所吝惜。假若有人横生心计、无理请托,都不是我所希望的。墨子这类人,世人称之为热心肠的人,杨朱这类人,世上称之为冷心肠的人。一个人生在世上,心肠不应该冷,腹不可以热,应当以仁义来节制整饬自己的行为。

从前我在修文令曹的时候,有些山东学士与关中太史争论历法,共十多个人,纷纷扰扰地争论了好几年,内史因此发文牒请求议官评议此事。我坚持认为:"大体上这些儒士所争论的,可分为四分历和减分历两家。历算天象的关键,可以通过日晷仪的影像加以测定。现在以此来检验二分、二至以及日蚀、月蚀的情况,可以发现四分历疏略而减分历周密。疏略者认为政治法令有严有松,日月运行也相应地有不足与超前,并非历法计算的误差;周密者则认为日月运行有快慢,用正确的方法来计算,可以预知日月运行的情况,没什么灾祸与吉祥的说法,使用简略的四分历,可能隐藏伪诈而失去真实,使用细密的减分历可能顺应了天象却违背了经义。而且议官所了解的,不可能比争论双方更加精深,用浅薄的知识去评判高深的学问,怎么能让人信服呢?这既然属于法律法令的范围,希望不要对谁是谁非下结论。"整个官署的人无论地位高低,都认为我的看法是正确的。有一位礼部官员却认为这样做是一种耻辱,说长道短,朝夕聚议此事,从寒到暑,劳顿烦苦,从春至冬,竟不能做出评判,使抱怨讥讽之声更加滋生,只得惭愧退场,最终被内史搞得十分窘迫:这是争夺名利而招来的耻辱。

止足第十三

【原文】

《礼》云:"欲不可纵,志不可满[①]。"宇宙可臻其极,情性不知其穷,唯在少欲知足,为立涯限尔。先祖靖侯[②]戒子侄曰:"汝家书生门户,世无富贵,自今仕宦,不可过二千石,婚姻勿贪势家[③]。"吾终身服膺,以为名言也。

天地鬼神之道,皆恶满盈[④]。谦虚冲损[⑤],可以免害。人生衣趣[⑥]以覆寒露,食趣以塞饥乏耳。形骸之内,尚不得奢靡,己身之外,而欲穷骄泰[⑦]耶?周穆主、秦始皇、汉武帝,富有四海,贵为天子,不知纪极[⑧],犹自败累,况士庶乎?常以二十口家,奴婢盛多,不可出二十人,良田十顷,堂室才蔽风雨,车马仅代杖策,蓄财数万,以拟吉凶急速,不啻此者,以义散之;不至此者,勿非道求之。

仕宦称泰，不过处在中品，前望五十人，后顾五十人，足以免耻辱，无倾危也。高此者，便当罢谢，偃仰私庭。吾近为黄门郎，已可收退，当时羁旅，惧罹谤讟[⑨]，思为此计，仅未暇尔。自丧乱已来，见因托[⑩]风云，侥幸富贵，旦执机权，夜填坑谷，朔欢卓、郑[⑪]，晦泣颜、原[⑫]者，非十人五人也。慎之哉！慎之哉！

【注释】

①"礼云"三句：引自《礼记·曲礼》。纵：放纵。②靖侯：颜之推九世祖，名颜含，字宏都。谥号靖侯。③婚姻勿贪势家：《景定建康志》四三引《右光禄大夫西平靖侯颜府君碑》载："自今仕宦不可过二千石，婚嫁勿贪世位家。"④"天地"二句：语出《周易·谦卦》彖曰："天道亏盈而益谦，地道变盈而流谦。鬼神害盈而福谦，人道恶盈而好谦。"⑤冲损：冲淡寡欲。⑥衣趣：穿衣的意趣。⑦骄泰：骄奢安泰。⑧纪极：终极，终年。⑨谤讟：诽谤。⑩因托：依托。⑪卓：指卓氏。秦汉间大业主。秦破赵后，移居蜀地临邛，以冶铁而成巨富。郑：指程郑。汉初大业主，也是以冶铁成首富。⑫颜：指颜回。原：指原思，字子思，同为孔子门人。

【译文】

《礼记·曲礼》说："欲望不能放纵，志向不能满足。"宇宙至大至极，人的性情却不知止境，只有寡欲知足，才能为自己确定一个界限。先祖靖侯告诫子侄们说："你们家是书香门第，世代不以富贵为重，从现在开始你们步入仕途，不可以担任俸禄超过二千石的官职，婚姻不能攀附权势之家。"我对这些训诫终生信奉，把它当作至理名言。

天地鬼神的观念都是憎恶盈满。谦虚淡泊少欲，可以免除灾害。人生在世，穿衣的意趣在于覆身御寒，饮食的意趣在于充饥饱食而已。对自己来说，尚且不能奢侈浪费，自己以外的事情，还要穷奢极欲吗？周穆王、秦始皇、汉武帝，他们富裕得拥有四海，尊贵为天子，却不知道终极之灾，尚且遭到失败，何况士人和百姓呢？我常常认为二十口人的家庭，奴婢很多，却不可以超过二十人，良田只需十顷，房屋只求能遮蔽风雨，车马只要可以代步，积蓄数万资财，以此来预备婚丧之用，越过此数，就应该仗义济贫；达不到此数，也不应用不正当的手段去奢求。

做官要做得平稳，就不要超过中等级的官吏，向前看有五十人，向后看有五十人，这就足以免除耻辱，又没有风险。超过这个级别，就应当予以推辞，安居家中。我近来任黄门侍从，已经可以告归了，当时因寄居客乡，担心贸然请归会受到怨谤，虽有这个想法，却找不到合适的时机。自从发生丧乱以来，我看到那些依托政治风云而起、侥幸富贵的人，白天还在执掌大权，晚上就尸填坑谷，月初还高兴自己与卓氏、郑氏一样富有，月底就伤心自己像颜渊、原思一样贫穷，这种人并非十个五个。要谨慎啊！要谨慎啊！

诫兵第十四

【原文】

颜氏之先，本乎邹、鲁[①]，或分入齐[②]，世以儒雅为业，遍在书记。仲尼门徒，升堂者七十有二，颜氏居八人焉[③]。秦、汉、魏、晋，下逮齐、梁，未有用兵以取达者。春秋世，颜高、颜鸣、颜息、颜羽之徒[④]，皆一斗夫耳。齐有颜涿聚[⑤]，赵有颜冣[⑥]，汉末有颜良[⑦]，宋有颜延之[⑧]，并处将军之任，竟以颠覆。汉郎颜驷[⑨]，自称好武，更无事迹。颜忠[⑩]以党楚王受诛，颜俊[⑪]以据武威见杀，得姓已来，无清操者，唯此二人，皆罹祸败。顷世乱离，衣冠之士，虽无身手，或聚徒众，违弃素业，微幸战功。吾既羸薄[⑫]，仰惟前代，故置心于此，子孙志之。孔子力翘门关[⑬]，不以力闻，此圣证[⑭]也。吾见今世士大夫，才有气干，便倚赖之，不能被甲执兵，以卫社稷，但微行险服[⑮]，逞弄拳腕，大则陷危亡，小则贻耻辱，遂无免者。

国之兴亡，兵之胜败，博学所至，幸讨论之。入帷幄[⑯]之中，参庙堂[⑰]之上，不能为主画规，以谋社稷，君子所耻也。然而每见文士，颇[⑱]读兵书，微有经略。若居承平之世，睥睨宫阃[⑲]，幸灾乐祸，首为逆乱，诖[⑳]误善良。如在兵革之时，构扇反覆，纵横说诱，不识存亡，强相扶戴：此皆陷身灭族之本也。诫之哉！诫之哉！

习五兵，便[㉑]乘骑，正可称武夫尔。今世士大夫，但不读书，即称武夫儿，乃饭囊酒瓮也。

【注释】

①邹：古代国名，战国时灭于楚。曹姓，建都于邾。故国包括今山东省之费、邹、滕、济宁、金乡等地。鲁：古代国名，春秋后期被其属封季孙氏、孟孙氏、叔孙氏三家分割。晚期灭于楚。②齐：古国名，吕尚封地，姜姓。后由田姓篡权，战国时为七雄之一。晚期灭于秦。③颜氏居八人：指颜回、颜无繇、颜高、颜祖、颜之仆、颜哙、颜何、颜幸。④颜鸣：鲁将。颜息：鲁将。颜羽：鲁将。⑤颜涿聚：又作颜烛趋、颜浊邹。春秋末年齐国人，《韩非子·十过》记其事。⑥颜冣：亦作颜聚，赵将。⑦颜良：三国时袁绍手下大将。据《三国志·袁绍传》载：颜良与曹操作战时，被关羽所杀。⑧颜延之：钱大昕说此处"之"字为衍文。愚按，据上文"之徒"，"之"下可能脱"辈"字。颜延，为东晋末年王恭手下将领。《宋书·刘敬宣传》载：颜延被刘牢之所杀。⑨颜驷：西汉人，武帝时任会稽都尉。⑩颜忠：东汉人，据《后汉书·楚王英传》载：明帝永平年间，有人告颜英参与楚王刘英谋叛事，颜忠被杀。⑪颜俊：三国人，据《三国志·魏志·张既传》载：汉末大乱，颜俊自号将军。乘武威城虚，举兵谋反，后被另一谋反者和鸾杀死。⑫羸薄：软弱单薄。⑬"孔子"句：据《吕氏春秋·慎火》载：孔子过城关之门，门闸突从上落下，孔子

力举之。翘，举。《列子·说符》亦载其事。⑭圣证：圣人之例证。⑮微行：私自出行。险服：即“服险”，做危险的事。王利器认为“险服”，异服。即衣后幅短之侠服。⑯帷幄：军中帐幕，指军事决策部门。⑰庙堂：祖庙前的厅堂，指朝廷议政的殿堂。⑱颇：《广雅》：“颇，少也。”⑲宫闱：后宫。⑳诖：欺骗。㉑便：熟习。

【译文】

颜氏的祖先出自郑国、鲁国一带，有的分居到齐国，世代都以儒家的思想为业，这全都记载在书籍中。孔子的门徒，学问精深的有七十二人，颜氏子孙占了8人。从秦、汉、魏、晋，向下到齐、梁两朝，颜氏子孙中没有依靠用兵而显达的。春秋时期，颜高、颜鸣、颜息、颜羽等人，都是一介武夫。齐国有颜涿聚、赵国有颜冣，汉朝末年有颜良，刘宋时有颜延，都处在将军的位置上，最终竟因此而倾败。汉朝的郎官颜驷，自称喜爱武术，更没有事迹流传下来。颜忠因党附楚王而被杀，颜俊因割据武威而被杀，自从有颜姓以来，没有高尚节操的只有这两个人，都招致了灾祸而败亡。近世遭逢战乱，士大夫虽没有武艺，但有的也聚集徒众，放弃历来所遵循的学业，去侥幸谋取战功。我的身体既然如此瘦弱单薄，又想起前人的教训，因此放弃一切习武的想法，子孙都应记住这一点。孔子的力气可以举起城门，但他不以力量闻名，这是从圣人方面得来的例证。我发现当今的士大夫，刚刚有点气力才干，就以此为依赖，又不能披甲执锐，来保卫江山社稷，只知道私自出行凭身弄险，逞己拳术，大的方面使自己陷于危亡，小的方面会给自己带来耻辱，竟没有一个可以幸免的。

对于国家的兴亡，军队的胜败，如果自己具有广博的知识，是可以参加讨论的。一旦进入军事的决策部门，或在朝廷上参与国政，却不能为君王尽规划之责，为国家谋求利益，这是作为君子所引以为耻的事情。然而我常常见到一些文士，略微读了一点兵书，有一点谋略，如果处在太平时代，他们便窥伺宫廷，幸宫廷之灾，乐宫廷之祸，带头反叛，欺骗贻误善良人士。如果在战争时期，他们便反复挑拨煽动，到处游说引诱，不了解存亡的大势所趋，竭力扶持拥戴别人称王：这些都是丧身灭族的祸根。警惕啊！警惕啊！

通晓五种兵器，熟习骑马，才可称为武夫。当今的士大夫，只要不读书，就自称为武夫，其实他们是些酒坛饭袋。

养生第十五

【原文】

神仙之事，未可全诬[1]，但性命在天，或难种植[2]。人生居世，触途牵絷。幼少之日，既有供养之勤；成立之年，便增妻孥[3]之累。衣食资须，公私驱役，而望遁迹山林，超然尘滓，千万不遇一尔。加以金玉之费，炉器[4]所须，益非贫士所办。学如

牛毛,成如麟角。华山之下,白骨如莽,何有可遂之理?考之内教[5],纵使得仙,终当有死,不能出世,不愿汝曹专精于此。若其爱养神明,调护气息,慎节起卧,均适寒暄,禁忌食饮,将饵药物,遂其所禀[6],不为夭折者,吾无间然[7]。诸药饵法,不废世务也。庾肩吾[8]常服槐实,年七十余,目看细字,须发犹黑。邺中朝士,有单服杏仁、枸杞、黄精、术、车前,得益者甚多,不能一一说尔。吾尝患齿,摇动欲落,饮食热冷,皆苦疼痛。见《抱朴子》牢齿之法[9],早朝叩齿三百下为良;行之数日,即便平愈,今恒持之。此辈小术,无损于事,亦可修也。凡欲饵药,陶隐居[10]《太清方》中总录甚备,但须精审,不可轻脱[11]。近有王爱州,在邺学服松脂[12],不得节度,肠塞而死,为药所误者甚多。

【注释】

①诬:否定。②或难种植:或者难以栽种繁殖。意谓对生命个体难以把握。植,同"殖"。③孥:儿女。④炉器:炼丹炉。六朝时,炼丹食药之风尤盛,中毒而死者更多。⑤内教:佛教徒自称本教为内教,其他教派为外教。⑥遂其所禀:达其所禀受的天年。⑦无间然:没有不同的意见。间,差别。⑧庾肩吾:字子慎,另字慎之。南朝梁代人,官至江州刺史。擅文学,明养生。⑨牢齿之法:《抱朴子·应难》:"或问坚齿之道,抱朴子曰:'能养以华池,浸以醴液,清晨建齿三百过者,永不动摇。'"⑩陶隐居:即陶弘景,字通明,号华阳隐居。南朝道教茅山派创始人。先仕于齐,任左卫殿将军,后隐居茅山学道。又通医学,著有《陶氏应验方》《太清方》《药总诀》。⑪脱:出,出用。⑫松脂:《本草纲目》认为松脂"久服轻身,不老延年"。

【原文】

夫养生者,先须虑祸,全身保性,有此生然后养之,勿徒养其无生[13]也。单豹养于内而丧外,张毅养于外而丧内[14],前贤所戒也。嵇康[15]著《养生》之论,而以傲物受刑;石崇冀服饵之征[16],而以贪溺取祸,往世之所迷也。

夫生不可不惜,不可苟惜[17]。涉险畏之途,干祸难之事,贪欲以伤生,谗慝而致死,此君子之所惜哉!行诚孝而见贼[18],履仁义而得罪,丧身以全家,泯躯而济国[19],君子不咎也。自乱离已来,吾见名臣贤士,临难求生,终为不救,徒取窘辱,令人愤懑。侯景之乱,王公将相,多被戮辱,妃主姬妾,略无全者。唯吴郡太守张嵊[20],建义不捷,为贼所害,辞色不挠;及鄱阳王世子[21]谢夫人,登屋诟怒,见射而毙。夫人,谢遭女也。何贤智操行若此之难?婢妾引决[22]若此之易?悲夫!

【注释】

⑬无生:不存在的生命。⑭"单豹"二句:《庄子·达生》载:单豹善养生,行年七十而有婴儿之色,却被饿虎所食。又有张毅体捷身健,行年四十却因内热之病而死。因此说"豹养其内而虎食其外,毅养其外而病攻其内。"⑮嵇康:嵇康崇尚老庄,讲求长生,

著有《养生论》。却“非汤武而薄周孔”,反对司马氏篡权,终被司马昭所杀。⑯“石崇”句:石崇因劫财而成巨富,敢与贵戚王恺、羊琇争强。生活奢华,多方求食长生丹药。后以猖狂取祸,被司马伦所杀。“之征”,一本作“延年”,是。⑰苟惜:苟且爱惜。⑱诚孝:忠孝。见贼:被害。⑲泯躯而济国:牺牲性命而济助国难。⑳张嵊:字四山。南朝梁代人,官至吴兴太守。侯景叛乱,张嵊密建义军,兴兵讨伐,终败被杀。㉑世子:诸侯之嫡长子称世子。此指鄱阳王萧恢之子萧嗣。㉒引决:自杀,自裁。亦作“引诀”。

【译文】

关于神仙的事迹,不能全盘否定。可是人的生命是由上天决定,或者说难以自我把握。人生在世,处处都有牵累。少年的时候,已有供养父母的辛苦;成年以后,便增加了妻子儿女的拖累。另有穿衣吃饭的费用,公事私事的役使,假若希望隐身山林,超脱于尘世之外,千万人中不能遇到一个。再加上修炼丹药所用金、玉的费用,置办炉子器具的钱财,更不是穷人所能办到的。学道的人多如牛毛,而真正成功的却凤毛麟角。华山之下,求仙未成的人的毛骨多如草芥,哪有那么多可以遂心如愿的情况呢?辑考佛教典籍的记载,即使成仙,最终还是会死掉的,不可能超脱尘世,我不希望你们把精力放在这上面。如果你们爱惜保养精神,调养护理身体,就要谨慎地调整作息时间,有效地适应天气的变化,注意饮食禁忌,服用养生药物,以达到上天所赋予的寿命,不致夭折,那我也就没有什么不同意见了。研究各种药物的服用方法,不致荒废自己所承担的任务。庾肩吾经常吃槐实,七十多岁还可以看清细字,头发胡须仍然是黑的。邺都中的朝臣,有人吃杏仁、枸杞、黄精、苍术、车前等,受益者很多,不能一一列举,我曾经患有牙病,牙齿晃动快要脱落,吃过冷过热的东西牙都相当痛。后来读了《抱朴子》中记载的固齿方法,早晨叩齿三百下为最好;我照此方法做了几天就好了,到现在我仍坚持这样做。这类治病的小办法,对我们的事业没有什么损害,也是可以学习的。大凡想要吃药,陶弘景的《太清方》记录得很详尽完备,只需仔细审察,不可轻率使用。最近有个叫王爱州的人,在邺下效法人家吃松脂,由于自己不能有所节制,结果致使肠道梗塞而死,这种被药物耽误的例子是非常多的。

养生的人,首先必须考虑人生出现的灾祸,以保全身心性命,有了生命,然后才有保养它的可能,不能徒劳地保养不存在的生命。单豹善于保养自己,却由于意外的灾祸而丧失生命;张毅善于驱凶避祸,却由于自己有病而早亡,这些都是前代贤人引以为戒的。嵇康著《养生论》,却由于为人倨傲而遭受刑罚;石崇希望服用药物而延年益寿,却因贪得无厌而遭杀身之祸,这些都是由于前人不懂得养生之道所致。

生命不能不爱惜,但不能苟且偷生。涉足险要可怕的路途,做了招惹灾难的事情,贪图欲望而伤及生命,受到谗佞之人的诬陷而被杀,推行仁义而获罪罚,舍身保全家族,捐躯保卫国家,君子对此是不会责备的。自从战乱以来,亲见许多有名的大臣和贤士,而临灾难而求生,结果并未得救,徒取羞辱,着实使人愤慨。侯景之乱时,王公将相,大多被杀或被污辱,公主姬妾,也很少有保全的。只有吴郡太守张嵊,树立义旗,虽然没有取得胜利,为叛军所杀,但他的言辞神色却没有被屈服的表现。另外,还有鄱阳王世子萧嗣的夫人谢氏,登上屋顶怒骂叛军,被叛军射杀而死。夫人是谢遵的女儿,至于说贤能智慧的王公将相保持操守为什么会如此之难呢?而奴婢妻妾从容赴死为什么会如此容易呢?可悲啊!

归心第十六

【原文】

三世[1]之事,信而有征,家世归心[2],勿轻慢也。其间妙旨,具诸经论[3],不复于此,少能赘述。但惧汝曹犹未牢固,略重劝诱尔。

原夫四尘五荫[4],剖析形有;六舟三驾[5],运载群生:万行归空,千门[6]入善,辩才智惠,岂徒《七经》、百氏[7]之博哉?明非尧、舜、周、孔所及也。内外两教,本为一体,渐极为异[8],深浅不同。内典初门[9],设五种禁[10],外典仁义礼智信,皆与之符。仁者,不杀之禁也。义者,不盗之禁也。礼者,不邪之禁也。智者,不淫之禁也。信者,不妄之禁也。至如畋狩军旅,燕享[11]刑罚,因民之性,不可卒除,就为之节,使不淫滥尔。归周、孔而背释宗[12],何其迷也!

俗之谤者,大抵有五:其一以世界外事及神化无方[13]为迂诞也,其二以吉凶祸福或未报应为欺诳也,其三以僧尼行业多不精纯为奸慝也,其四以糜费金宝减耗课役[14]为损国也,其五以纵有因缘[15]如报善恶,安能辛苦今日之甲,利益后世之乙乎?为异人也。今并释之于下云。

【注释】

①三世:佛教认为,过去、现在、未来,为三世。《续家训》载:“过去世中缘业所招,见在世中善恶须至未来世中偿报。”②归心:归依佛心。③经论:佛教以经、律、论,合称三藏。经,记载佛言。律,记载戒规、戒条。论,是对经义、条规的解释、论说。④四尘:指色尘、香尘、味尘、触尘。五荫:也作五阴、五蕴。指色蕴、受蕴、想蕴、行蕴、识蕴。⑤六舟:也称六度、六波罗蜜。波罗蜜,梵语,意谓由此岸到彼岸。六舟包括布施、持戒、忍辱、精进、禅定(静虑)、知慧(般若)。三驾:也称三乘、三车。羊车指声闻乘,牛车指菩萨乘、鹿车指缘觉乘。⑥千门:“千法名门”的省语。指修行的各种法门。⑦百氏:指诸子百家。⑧渐:指佛家的渐悟。极:儒家认为万事理归一极。⑨内典:内教之经典。初门:佛学的初级阶段。⑩五种禁:一不杀生,二不盗窃,三不邪鄙,四不虚妄,五不饮酒。⑪燕享:宴饮。⑫释宗:释家宗教。释,指佛祖释迦牟尼。⑬无方:无证验。⑭课役:课税徭役。⑮因缘:佛家语,指事情的因由或缘分。

【原文】

释一曰:夫遥大之物,宁可度量?今人所知,莫若天地。天为积气,地为积块,日为阳精,月为阴精,星为万物之精,儒家所安也。星有坠落,乃为石矣;精若是石,不得有光,性又质重,何所系属?一星之径,大者百里,一宿首尾,相去数万,百里之物,数万相连,阔狭从[16]斜,常不盈缩。又星与日月,形色同尔,但以大小为其等差。然而日月又当石也?石既牢密,乌兔[17]焉容?石在气中,岂能独运?日月星辰,若皆是气,气体轻浮,当与天合,往来环转,不得错违,其间迟疾,理宜一等[18]。何故日月五星二十八宿[19],各有度数,移动不均?宁当气坠,忽变为石?地既滓浊,法应沉厚,凿土得泉,乃浮水上;积水之下,复有何物?江河百谷,从何处生?东流到海,何为不溢?归塘尾闾[20],渫何所到?沃焦之石[21],何气所然?潮汐去还,谁所节度?天汉悬指,那不散落?水性就下,何故上腾?天地初开,便有星宿。九州[22]未划,列国未分,剪疆区野,若为躔次[23]?封建已来,谁所制割?国有增减,星无进退,灾祥祸福,就中不差。乾象之大,列星之夥,何为分野,止系中国?昴为旄头,匈奴之次,西胡、东越,雕题、交阯[24],独弃之乎?以此而求,迄无了者,岂得以人事寻常,抑必宇宙外也。

【注释】

⑯从:同"纵"。⑰乌兔:传说日中有三足乌,月中有嫦娥兔。⑱一等:同等,同样。⑲五星:指金、木、水、火、土,五大行星。二十八宿:古人认为二十八星宿排列四方。东方:角、亢、氐、房、心、尾、箕。北方:斗、牛、女、虚、危、室、壁。西方:奎、娄、胃、昴、毕、觜、参。南方:井、鬼、柳、星、张、翼、轸。⑳归塘:一名归墟,传说中的海中无底之谷。《列子·汤问》载:"渤海之东,不知几亿万里,有大壑焉,实惟无底之谷。其下无底,名曰归墟。"尾闾:传说中的海水下泄之处。《庄子·秋水》载:"天下之大,莫大于海,万川归之,不知何时止而不盈;尾闾泄之,不知何时已而不虚。"㉑沃焦之石:传说东海南部有沃焦山,其上有巨石,方圆四万里,厚四万里,海水沃之无不焦尽,故名。此句下文"然","燃"之本字。㉒九州:我国上古时期地分九州;冀、兖、青、徐、扬、荆、豫、梁、雍。㉓若:若何。缠次:日月星运行之轨道。㉔雕题:南方少数民族名,其俗额题及肢体多以雕墨纹饰,故名。交阯:南方少数民族名,其俗男女同浴。阯,同趾。故名。

【原文】

凡人之信[25],唯耳与目。耳目之外,咸致疑焉。儒家说天,自有数义:或浑或盖[26],乍宣乍安[27];斗极所周,管维[28]所属。若所亲见,不容不同;若所测量,宁足依据?何故信凡人之臆说,迷大圣[29]之妙旨,而欲必无恒沙[30]世界、微尘数劫也[31]?而邹衍[32]亦有九州之谈。山中人不信有鱼大如木,海上人不信有木大如鱼;汉武不信弦胶[33];魏文不信火布[34];胡人见锦,不信有虫食树吐丝所成;昔在江南,不信有千人毡帐;及来河北,不信有二万斛船:皆实验也。

世有祝师及诸幻术,犹能履火蹈刃,种瓜移井,倏忽之间,十变五化。人力所为,尚能如此,何况神通感应,不可思量,千里宝幢[35],百由旬座[36],化成净土,踊出妙塔[37]乎?

释二曰:夫信谤之征,有如影响[38],耳闻眼见,其事已多,或乃精诚不深,业缘[39]未感,时傥差阑[40],终当获报耳。善恶之行,祸福所归。九流百氏,皆同此论,岂独释典为虚妄乎?项橐、颜回之短折[41],原宪、伯夷之冻馁[42],盗跖、庄蹻之福寿[43],齐景、桓魋之富强[44],若引之先业,冀以后生,更为通耳。如以行善而偶钟[45]祸报,为恶而傥值福征,便生怨尤,即为欺诡,则亦尧、舜之云虚,周、孔之不实也,又欲安所依信而立身乎?

释三曰:开辟已来[46],不善人多而善人少,何由悉责其精絜[47]乎?见有名僧高行,弃而不说;若睹凡僧流俗,便生非毁。且学者之不勤,岂教者之为过?俗僧之学经律,何异士人之学《诗》《礼》?以《诗》《礼》之教,格[48]朝廷之人,略无全行者,以经律之禁,格出家之辈,而独责无犯哉?且阙行[49]之臣,犹求禄位,毁禁之侣,何惭供养[50]乎?其于戒行[51],自当有犯。一披法服,已堕僧数,岁中所计,斋讲诵持,比诸白衣,犹不啻山海也。

【注释】

㉕人之信:之,助词,放在主谓词组之间,取消句子的独立性。使"人之信"成为一个词组式的主语部分。㉖浑:指浑天说,古人认为天地形如鸟卵,天宇包裹大地。盖:指盖天说,古人又认为天宇如无柄之伞,覆盖大地。㉗乍:或。宣:指宣夜说,古人认为宇宙是无限的,众星飘浮在由气体组成的虚空中。安:指《安天论》,汉代虞喜依据宣夜说写成的有关天体构成的学说。㉘管维:也称斡维,天体运转的枢纽。㉙大圣:佛家对佛或菩萨的称呼。㉚恒沙:"恒河沙数"的省语。恒,恒河流经印度、孟加拉国而入海。《金刚经》说人生如恒河沙数,是佛的世界。㉛微尘:佛家语,指细微的物质。劫:佛教认为世界须经数劫,每从形成到毁灭为一劫。㉜邹衍:也作驺衍,战国末期阴阳家。据《史记·孟子荀卿列传》载邹衍九州说。中国赤县神州,内有九州。世界共有九九八十一州,每九州都有大海环绕。㉝弦胶:东方朔《十洲记》载:"仙家煮凤喙麟角,合煎为膏,名之续弦胶。"以之可以粘合一切器物。㉞火布:即火浣布。据《拾遗记》载:火浣布可用火烧,以除污垢。又据《搜神记》载:汉世西域献火浣布。魏文帝曹丕却认为火性炽烈,无含生之理,不以为然。㉟宝幢:刻写佛经的经幢,有圆筒形,有石柱形。其上刻写佛经佛典。㊱由旬:古印度计长单位。也译作"俞旬""俞缮那"。里程说法不一,军行一日之途程。㊲妙塔:传说中的可以通天的七宝塔。㊳影响:形而有影,声而有响。㊴业缘:佛教认为人的生死祸福,尽由前世业缘所定,包括身业、口业、意业。善业生善

果,恶业生恶果。㊵差阑:差误或阻断。㊶项橐:春秋时人。《战国策·秦策》载。项橐"生七岁而为孔子师"。颜回:《孔子家语·弟子》载:"颜回二十九而发白,三十早死。"㊷原宪:字子思,孔子门人。生活艰苦而不改其乐。㊸盗跖:春秋末年的大盗。《史记·伯夷列传》载盗跖"横行天下,竟以寿终。"庄蹻:战国时楚人,曾于楚怀王时兴兵反楚,竟称王于滇地。㊹齐景:指齐景公杵臼。好治宫室,聚狗马,厚赋重刑,在位五十八年。桓魋:春秋时宋国大夫。《礼记·檀弓上》载其生前治厚葬,一石椁,即用三年之功。㊺钟:遇上。㊻开辟:指远古开天辟地。已:同"以"。㊼精絜:精纯高洁的品德。㊽格:衡量。㊾阙行:缺乏修养。阙,通"缺"。㊿供养:僧尼每日诵经,只靠庙产及布施生活,故称供养。51戒行:戒守执行庙规。

【原文】

释四曰:内教多途,出家自是其一法耳。若能诚孝在心,仁惠为本,须达[52]、流水[53],不必剃落须发。岂令罄井田而起塔庙,穷编户[54]以为僧尼也?皆由为政不能节之,遂使非法之寺,妨民稼穑,无业之僧,失国赋算,非大觉[55]之本旨也。抑又论之,求道者,身计也;惜费者,国谋也。身计国谋,不可两遂。诚臣徇[56]主而弃亲,孝子安家而忘国,各有行也。儒有不屈王侯高尚其事,隐有让王辞相避世山林,安可计其赋役,以为罪人?若能偕化黔首,悉入道场[57],如妙乐之世[58],禳佉之国[59],则有自然稻米,无尽宝藏,安求田蚕之利乎?

释五曰:形体虽死,精神犹存。人生在世,望于后身[60],似不相属,及其殁后,则与前身似犹老少朝夕耳。世有神魂,示现梦想,或降僮妾,或感妻孥,求索饮食.征须[61]福祐,亦为不少矣。今人贫贱疾苦,莫不怨尤前世不修功业。以此而论,安可不为之作地[62]乎?夫有子孙,自是天地间一苍生耳,何预身事?而乃爱护,遗其基址,况于己之神爽[63],顿欲弃之哉?凡夫蒙蔽,不见未来,故言彼生与今非一体耳。若有天眼,鉴其念念[64]随灭,生生[65]不断,岂可不怖畏耶?又君子处世,贵能克己复礼,济时益物。治家者,欲一家之庆;治国者,欲一国之良。仆妾臣民,与身竟何亲也,而为勤苦修德乎?亦是尧、舜、周、孔虚失愉乐耳。一人修道,济度几许苍生?免脱几身罪累?幸熟思之!汝曹若顾俗计,树立门户,不弃妻子,未能出家,但当兼修戒行,留心诵读,以为来世津梁。人生难得,无虚过也。

【注释】

52须达:菩萨名。是舍卫国给孤独长者的本名。53流水:菩萨名。乐善好施,能普度众生。罄:尽,卖尽。54编户:指编户在册的各地人口。55大觉:佛家语,彻底的觉悟。56徇:通"殉",殉命。57道场:指佛寺。隋炀时改佛寺名为道场。58妙乐:印度古国名。59禳佉:印度传说中一国王名。60后身:佛教称人有三世,前世称前身,死后转世称后身。61须:求取。62作地:求福之地。63神爽:神魂。64念念:佛家语,犹"刹那”。㊅生生:佛家语。指轮回。

【原文】

儒家君子,尚离庖厨[66],见其生不忍其死,闻其声不食其肉。高柴、折像[67],未知内教,皆能不杀,此乃仁者自然用心。含生之徒,莫不爱命,去杀之事,必勉行之。好杀之人,临死报验,子孙殃祸,其数甚多,不能悉录耳,且示数条于末。

梁世有人,常以鸡卵白和沐,云使发光,每沐辄二三十枚。临死,发中但闻啾啾数千鸡雏声。

江陵刘氏,以卖鳝羹为业。后生一儿,头是鳝,自颈已下,方为人耳。

王克[68]为永嘉郡守,有人饷羊[69],集宾欲宴。而羊绳解,来投一客,先跪两拜,便入衣中。此客竟不言之,固无救请。须臾,宰羊为炙,先行至客。一脔[70]入口,便下皮内,周行遍体,痛楚号叫。方复说之,遂作羊鸣而死。

梁孝元在江州时,有人为望蔡县令,经刘敬躬乱[71],县廨被焚,寄寺而住。民将[72]牛酒作礼,县令以牛系刹柱[73],屏除形像[74],铺设床坐,于堂上接宾。未杀之顷,牛解,径来至阶而拜,县令大笑,命左右宰之。饮啖醉饱,便卧檐下。稍醒而觉体痒,爬搔隐疹,因尔成癞,十许年死。

【注释】

㊅庖厨:厨房。㊆高柴:字子羔,孔子门人,生性宽厚仁爱。折像:东汉人,字伯式。《后汉书·方术传》载:“折像幼有仁心,不杀昆虫,不折萌芽。”㊇王克:王彧曾孙。北周任大将军,后官至永嘉太守。㊈饷羊:杀羊宴请。㊉脔:块肉。㊀刘敬躬乱:梁武帝大同八年正月,刘敬躬号召安城一带民众谋反,攻占郡城后,相继夺取庐陵、豫章、新淦、柴桑,义民数万,几不可挡。二月,江州刺史湘东王派遣中兵曹子郢平叛,刘敬躬终遭俘获、被杀。㊁将:携来。㊂刹柱:幡柱,即佛塔顶上的饰柱。㊃屏除形像:遮掩佛像。

【原文】

杨思达为西阳郡守,值侯景乱,时复旱俭[75],饥民盗田中麦。思达遣一部曲守视,所得盗者,辄截手腕,凡戮十余人。部曲后生一男,自然无手。

齐有一奉朝请[76],家甚豪侈,非手杀牛,啖之不美。年三十许,病笃,大见牛来,举体如被刀刺,叫呼而终。

江陵高伟,随吾入齐,凡数年,向幽州淀中捕鱼。后病,每见群鱼啮之而死。

世有痴人,不识仁义,不知富贵并由天命。为子娶妇,恨其生资不足,倚作舅姑[77]之尊,蛇虺其性,毒口加诬,不识忌讳,骂辱妇之父母,却成教妇不孝己身,不顾他恨。但怜己之子女,不爱己之儿妇。如此之人,阴纪[78]其过,鬼夺其算[79]。慎不可与为邻?何况交结乎?避之哉!

【注释】

⑮旱俭：因大旱而歉收。⑯奉朝请：官名，资深者所任之闲职官员。⑰舅姑：即公婆。⑱阴纪：阴曹记册。⑲算：指寿命。

【译文】

佛教所说的“三世”的事情，确实是有证据的，我家世代皈依佛门，从不轻视怠慢。佛教中的精妙主旨，在各经、各论中均有记载，我就不再赞颂转述了。只是担心你们的信念还不坚定，因此再次略做劝勉与引导。

推究佛教的“四尘”“五荫”，即可以剖析世间的各种事物；借助佛教的“六舟”与“三驾”，就可以普度众生：人的万种行动都应该归入空门，千种法门千种都可以引人进至善良境界，佛学经论中的辩才与智慧，难道仅有儒家《七经》和诸子百家才是广博的吗？显然并不是尧、舜、周公、孔子所能赶上的。佛教与其他学说本来同为一体，只是渐觉与儒学的理归一极有所差异，各自的经义深浅不同而已。佛教经典的初级阶段，设有五种禁戒，其他学说的经典中所说的仁、义、礼、智、信，都与五禁相符。仁，是不杀生的禁戒。义，是不窃的禁戒。礼，是不邪鄙的禁戒。智，是不饮酒的禁戒。信是不虚妄的禁戒。至于狩猎征战、宴饮刑罚等等，均应顺应百姓的本性，不可以猝然废止，只应对它们进行节制，不可滥用。皈依周公、孔子而背离佛教的人，是多么糊涂啊！

世俗对佛教的诽谤，大体上有五种：第一种认为对世界以外的事物及神化了的没有验证的事物解释不明白，因而认为都是荒唐可笑的；第二种认为吉凶祸福有时没有报应，因而佛教是欺诈蒙骗；第三种认为和尚尼姑中有不少不清白的人，庙寺是藏奸纳污的地方；第四种认为寺庙浪费钱财，不交纳赋税，不服徭役，对国家利益有损；第五种认为即使有因缘，如善恶报应，怎能使今天的甲辛劳而使后世的乙获利呢？他们是两种不同的人啊！如今我对这些诽谤一并解释如下。

解释之一是：对那些极远极大的物体，怎样能够测量呢？现在的人所知道的，最大的物体莫过于天地。天是气体积聚而成的，地是块垒堆积而成的，太阳是阳刚之气的精华，月亮是阴柔之气的精华，星辰是世间万物的精华，这是儒家所确定的。星星有时坠落，到达地面就成为石头；这种万物的精华如果是石头，就不应该发光，石头的体质沉重，它们是靠什么悬挂在天空中呢？一颗星星的直径，大的有一百里，一个星座的首尾，相距数万里，直径百里的星星，几万个相连，宽窄纵横，竟然保持一定的距离而没有盈缩变化。另外，星辰与日月相较，形状、色泽是相同的，只是大小有别而已。既然这样，那么太阳和月亮也应该是石头吗？石头既然很坚固，那么乌鸟、白兔又如何能容身呢？石头飘浮在空气之中，怎样能自行运转呢？太阳、月亮、星辰，假若都是气体，而气体是轻浮的东西，应当与天空融为一体，来回运转，不能错位，这中间速度的快慢，按理应当一样。为什么太阳、月亮、五大行星、二十八星宿的运行，各有不同的度数，移运速度也不均匀呢？为什么气态中的星辰坠落到地面忽视变为石头呢？大地既然是浊气下沉的结果,按道理应该厚重结实,但向地下挖掘,就可挖出泉水,这即说明大地漂浮在水面上。积水的下面又是什么东西呢?江河山泉,是从哪里来的呢?它们东流入海,大海为什么不会满溢呢?海水流入归塘尾闾,又排泄到哪里去了呢?如果说海水被沃焦石烧干了,那么沃焦石又是被什么气体点燃的呢?潮汐的涨落,依靠谁来调整节制呢?银河悬在天上,为什么不会散落下来?水向低处流,为什么会上升到天空中去呢?开天辟地的时候,就有了星宿。那时九州尚未划分,列国尚未确立,疆域更未划定,为什么星宿有运行的轨迹呢?封邦建国以来,是谁在分封割据呢?诸侯国有增有减,天上的星星却没有改变,人世间的吉凶祸福,依旧很多。天地之大,星宿之多,用什么来划分区域呢?难道仅仅限于中原地区吗?对于上述问题的研究,至今没有人通晓,难道可以用人世间寻常的道理去解释吗?还是必须到宇宙之外去寻找答案?

大概人所相信的,只有依靠自己的耳朵与眼睛,对耳闻目睹以外的事物都会产生疑虑。儒家谈论上天,自有几种见解:有的认为天包着地,有的认为天盖着地,有的以为日月星辰飘浮在空中,有的认为天与大海相接,地在海水之中,有的则认为北斗七星围绕北极星,依靠斗枢支撑运行。所有这些,如果能亲见,便不容有别的看法;如果能进行测量,足可以作为判断是非的依据有哪些呢?为什么要相信普通人无根据的言论而怀疑佛与菩萨的精妙要旨,而认定没有恒河沙粒那样的世界,微小尘埃不经历数次劫难呢?邹衍有"九州说"。山里人不相信有像树一样大的鱼,海上的人不相信有像鱼一样大的树;汉武帝不相信有粘合断弦的胶,魏文帝不相信有能够经得住火烧的布;胡人看到锦缎,不相信它是一种虫吃了树叶吐出的丝织成的;我从前在长江以南地区,不相信有千人共住的毡帐,等到我来到黄河以北,又不相信有能装二万斛货物的船只,这些都得有实实在在的验证。

人世间有巫师和懂各种魔术的人,他们能踩大火,蹈刀刃,撒下籽种立即生出瓜来,水井任意移动,在转瞬之间,可以产生很多变化。人力所做的,尚且能够做到如此,何况神灵施展出的巨大本领!众生感动神灵,这样所发生的变化是不可思量的,它可使高达千里的宝幢,上百俞旬的莲花宝座,化作极乐世界,涌出七层宝塔。

解释之二是:诽谤佛教因果报应学说的那些证据,有如影之随形,响之应声。耳闻目睹的此类事情,已经很多,这也许是因为诚心不深,业缘还未产生感应,使其发生差误而没能及时到来,但终究是会有报应的。一个人的善恶行为,必定会有祸或福的报应。九流百家都认同此种观点,为什么唯独认为佛经是虚妄的呢?项橐、颜回短命夭折,原宪、伯夷遭冻饿而死,盗跖、庄蹻幸福长寿,齐景公、桓魋富足强大,对于这些现象,假如能用他们前代的善业或恶业把报应转托到后代子孙身上来解释,都可以说得通。如果因某人行善而偶遇祸患,某人行恶却意外得福,就产生怨恨,认为佛教的因果报应学说是一种欺骗理论,那么和指责尧、舜的事迹是虚假的,周公、孔子的言论不可信一样,那以后又靠什么信念去立身行事呢?

解释之三是：自从盘古开天辟地以来，不善良的人多而善良的人少，怎么能够苛求每个僧尼都清白高洁呢？有人看见名僧的高尚行为，就摈弃一旁不称道；如果见到平庸僧侣的粗俗举止，就指责诋毁。况且受学的人不勤勉，难道是教授者的过错吗？平庸的僧侣学习佛学经律，与世人学习《诗》《礼》有什么不同呢？用《诗》《礼》中的教义来衡量朝廷官员，大概没有完全合乎标准的，用佛学经律所设的条规来衡量所有出家人，怎么能要求他们都不犯错误呢？而且缺乏道德修养的官吏，仍在贪求高官厚禄，那么违背禁条的僧侣又何必因接受供养而自觉惭愧呢？他们对待戒律，可能有违犯的时候，只是他们一旦披上袈裟，就已进入了僧侣的行列，统计他们一年所为，都是吃斋念佛、讲经布道，比起那些世俗的人，他们的道德修养的差距不止高山深海那样巨大。

解释之四是：佛教修炼有很多途径，出家只是途径之一。如果心存忠孝，以仁惠作为立身根本，像须达菩萨、流水菩萨不必剃掉头发。难道要倾尽全部田地去建塔立庙，让所有编户百姓都成为僧尼吗？这都是执政者不能节制佛事，才使胡作非为的寺庙妨碍百姓的耕种，也使不事生计的僧尼耗费了朝廷的赋税，这并不是佛教救世的本旨。再者，追求道义是个人自身的打算。珍惜费用，是朝廷的谋划。个人打算与国家的谋划，两者不可能十全十美。忠臣以身殉主而抛弃奉养双亲的责任，孝子为了家庭的安乐而忘记了报效国家的职责，这是因为他们有各自的生命准则。儒士中有不为王侯所屈，清高自诩的人，隐士中也有让王辞相、远避尘世隐居山林的人，如何能够计算这些人应承担的赋税和徭役，而把他们看作逃避赋役的罪人吗？假如能感化所有的百姓，使他们都皈依佛教，那么这个世界就会像佛经中所描绘的妙乐国和禳佉国一样，有天然生长的稻米和无尽的宝藏，又何必去索求种田养蚕那一点利益呢？

解释之五是：人的形体即使消亡了，精神仍然存在。人生在世，看一看自己来世的"后身"，如像与生前毫无关系，等到死后，才能发现自己与"前身"的关系有如老人与孩子、清晨与傍晚一样近密。世间有死者的灵魂向亲友托梦的，或降梦给僮仆侍妾，或来感动妻儿，向他们索要食物，征求福祐，这样的事也是很多的。现在有的人处于贫贱疾苦之中，没有不怨恨前世不修功业的。就此说来，怎能不为来世预求福地呢？人的子孙，本来就是世间的黎民百姓，与各自的身事有什么关系呢？如果你爱护子孙，把房产基业留给他们，而对于自己神魂，如何可以立刻弃之不理呢？平庸的人冥顽不化，不清未来的事，因此说来世和今世不是同一个人。如果人有一双透视今世来世的天眼，能够看清自己在转瞬之间的诞生与灭亡，生生死死，不断轮回，难道不害怕吗？再者，君子生活在世上，最重要的在于能够克制自己，谨守礼节，挽救时艰，博施众人。治家的人，希望家族幸福，治国的人，希望国家昌盛。这些仆人、侍妾、臣僚、百姓，和自己有什么亲密关系而值得为他们操劳呢？这也不过是尧、舜、周公、孔子为别人的快乐而牺牲自己的幸福。一个人修身求道，到底可以救济超度多少百姓呢？能使多少百姓免除罪责呢？希望你们仔细思考此问题！你们如果能顾及世俗的生计，而要建立家庭，不抛弃妻儿，不能出家，但也应该同时遵守戒律，留心诵读佛教经律，作为通往来世的桥梁。人生是很难再得到的，千万不要虚度！

儒家的君子，尚且远离厨房，因为他们愿意看到禽兽活着的样子，不忍心看到他们的死亡，听到禽兽的叫声，不愿吃它们的肉。高柴、折像二人，虽不知道佛教经义，都能不杀生，这是仁慈的人用心自然的表现。有生命的东西，没有不珍惜生命的。不杀生这种事，你们必须勉力去做。喜好杀人的人，到临死时也会有报应，连子孙也会殃及祸害，这样的事例非常多，我还没有全部记录下来，暂且在本篇之末写几条给你们看。

梁朝有一个人，经常用鸡蛋清调和着洗发，认为这样可以使头发润泽，每洗一次头发需用二三十枚鸡蛋。到他临死时，头发里能听到有几千只鸡雏的叫声。

江陵有个姓刘的人，以卖鳝鱼为业。后来生了一个小孩，头是鳝鱼头，从脖颈以下，才是人形。

王克任永嘉太守的时候，有人杀羊宴请他，正邀集宾客准备开宴。拴羊的绳子解开了，这只羊来到一个客人身边，先跪下拜了两拜，接着就钻入这位客人的衣服里。这位客人竟然不作声，坚持不为羊求救。不一会儿，羊被杀死并烤好，选送到这位客人面前。他刚把一小块羊肉放入口中，肉块像似钻进他的皮肉内，在全身周转，使他痛得不停地喊叫。他正想把上述事情说出来，便发出羊一般的叫声死了。

梁孝元帝在江州的时候，有个人任望蔡县令，因经历了刘敬躬的叛乱，县衙被焚毁，他寄住在寺庙中。百姓带着牛和酒作为礼品送给他，县令把牛拴在幡柱上，然后遮住了佛像，还铺设座位，在佛堂上接待来访的客人。在要杀未杀的一瞬间，牛挣脱了绳子，径直来到阶前下拜，这位县令见此情景大笑，叫手下人把牛赶快杀了。县令吃饱喝足后便睡在屋檐下。渐渐醒来觉得身体发痒，便抓搔约略可见的小疙瘩，这些疙瘩渐渐变成黄癣，十多年后县令便死了。

杨思达担任西阳太守时，正值侯景之乱，再加上当时又由于旱灾歉收，饥民偷食田里的小麦。杨思达派遣一位部曲去看守，他抓到的偷麦子的人，就砍断他们的手腕，共计砍了十多个人的手腕。这位部曲后来生了一个儿子，生下来就没有手。

齐朝有一位奉朝请，家里非常豪华奢侈，不是自己亲手杀的牛，吃起来就觉得味道不好。三十多岁时，病得很重，看到一条牛向自己走来，他全身好像被刀刺割一样，叫喊着死掉了。

江陵的高伟，跟随我来到北齐，几年间，他都到幽州的湖泊里去捕鱼。后来病了，经常看到一群鱼来咬自己，终于死了。

世间有一种痴人，不懂得仁义，不知道富贵都是由天命决定的。替儿子娶媳妇，总憎恨媳妇的嫁妆不多，倚仗公公婆婆的尊严，怀有毒蛇一样的心肠，恶毒地侮辱儿媳，不懂忌讳，谩骂侮辱媳妇的父母，这促使儿媳不孝敬自己，也不顾及会产生的怨恨。他们只怜爱自己的儿女，不爱护自己的儿媳，这样的人，阴曹地府会记载他的罪过，鬼神会剥夺他的寿命。你们千万不要与这种人作邻居,更何况与他们交为朋友呢?一定要避开他们啊!

书证第十七

【原文】

《诗》云:"参差荇菜[①]。"《尔雅》云:"荇,接余也[②]。"字或为莕。先儒解释,皆云水草,圆叶细茎,随水浅深。今是水悉有之,黄花似莼[③],江南俗亦呼为猪莼,或呼为荇菜。刘芳[④]具有注释。而河北俗人多不识之,博士皆以参差者是苋菜[⑤],呼人苋为人荇,亦可笑之甚。

《诗》云:"谁谓荼苦[⑥]?"《尔雅》《毛诗传》并以荼,苦菜也。又《礼》云:"苦菜秀。"案[⑦]《易统通卦验玄图[⑧]》曰:"苦菜,生于寒秋,更冬历春,得夏乃成。"今中原苦菜则如此也。一名游冬,叶似苦苣而细,摘断有白汁,花黄似菊。江南别有苦菜,叶似酸浆,其花或紫或白,子大如珠,熟时或赤或黑,此菜可以释劳。案郭璞注《尔雅》[⑨],此乃蘵,黄蒢也。今河北谓之龙葵。梁世讲《礼》者,以此当苦菜,既无宿根,至春子方生耳;亦大误也。又高诱[⑩]注《吕氏春秋》曰:"荣而不实曰英。"苦菜当言英,益知非龙葵也。

《诗》云:"有杕之杜[⑪]。"江南本并木傍施大,《传》[⑫]曰:"杕,独貌也。"徐仙民[⑬]音徒计反。《说文》曰:"杕,树貌也。"在《木部》。《韵集》[⑭]音次第之第,而河北本皆为夷狄之狄,读亦如字,此大误也。

【注释】

①"诗云"二句:指《诗经·周南·关雎》。参差:参差不齐,高矮不一。荇菜:水菜名,多年生草本植物。②"尔雅"二句:指《尔雅·释草》,认为荇,俗名接余。字又写作莕,形异而音相近。③莼:野菜名,亦属水生植物,嫩叶可食。④刘芳:字伯文,北朝魏人。著有《毛诗笺音义证》。⑤博士:古代学官名。苋菜:野菜名,一年生草本植物,叶可食。⑥"诗云"二句:指《诗经·谷风》,荼:野菜名。因其味苦,故俗名苦菜。《尔雅》及《毛诗传》即作如是说。而《礼记·月令》却说:"荼,苦菜秀。"认为是苦菜之花。⑦案:颜之推所案,以下即其考论推断。⑧《易统通卦验玄图》:此图书研究《易经》名物典章部分,其中包括菜肴。其著录于《隋书·经籍志》中,作者不详。⑨郭璞:字景纯,东晋训诂学家。曾任王敦的记室参军,后因劝阻王谋叛而被杀。所注《尔雅》,影响深远。⑩高诱:东汉人。曾任东郡濮阳令,后迁监河东。其疏注典籍甚多,所注《吕氏春秋》影响很大。⑪"诗云"二句:指《诗经·唐风·杕杜》。杕:树木孤立的样子。杜:即杜梨、甘棠。⑫传:指《毛诗传》。⑬徐仙民:名邈,字仙民。东晋人。著有《毛诗音》及《穀梁

传注》。⑭韵集：晋人吕静所撰有关音韵的书。

【原文】

《诗》云："駉駉牡马[15]。"江南书皆作牝牡之牡，河北本悉为放牧之牧。邺下博士见难[16]云："《駉颂》既美僖公牧于坰野[17]之事，何限騲骘[18]乎？"余答曰："案《毛传》云：駉駉，良马，腹干肥张[19]也。其下又云：诸侯六闲四种：有良马，戎马，田马，驽马。若作放牧之意，通于牝牡，则不容限在良马独得駉駉之称。良马，天子以驾玉辂[20]，诸侯以充朝聘郊祀，必无騲也。《周礼·圉人职》：'良马，匹一人。驽马，丽[21]一人。'圉人所养，亦非騲也。颂人[22]举其强骏者言之，于义为得也。《易》曰：'良马逐逐[23]。'《左传》云：'以其良马二[24]。'亦精骏之称，非通语也。今以《诗传》良马，通于牧騲，恐失毛生[25]之意，且不见刘芳《义证》乎？"

《月令》云："荔挺出[26]。"郑玄注云："荔挺，马薤也。"《说文》云："荔，似蒲而小，根可为刷。"《广雅》云："马薤，荔也。"《通俗文》亦云马蔺。《易统通卦验玄图》云："荔挺不出，则国多火灾。"蔡邕《月令章句》云："荔似挺[27]。"高诱注《吕氏春秋》云："荔草挺出也。"然则《月令注》荔挺为草名，误矣。河北平泽率[28]生之。江东颇有此物，人或种于阶庭，但呼为旱蒲，故不识马薤。讲《礼》者乃以为马苋，马苋堪食，亦名豚耳，俗曰马齿。江陵尝有一僧，面形上广下狭，刘缓[29]幼子民誉，年始数岁，俊晤善体物，见此僧云："面似马苋。"其伯父绍[30]因呼为荔挺法师。綍亲讲《礼》名儒，尚误如此。

《诗》云："将其来施施[31]。"《毛传》云："施施，难进之意。"郑《笺》[32]云："施施，舒行貌也。"《韩诗》[33]亦重为"施施"，河北《毛诗》皆云"施施"。江南旧本，悉单为"施"，俗遂是之[34]，恐为少误。

《诗》云："有渰萋萋，兴云祁祁[35]。"毛《传》云："渰，阴云貌。萋萋，云行貌。祁祁，徐貌也。"《笺》云："古者阴阳和，风雨时，其来祁祁然，不暴疾也。"案渰已是阴云，何劳复云"兴云祁祁"耶？"云"当为"雨"，俗写误耳。班固《灵台诗》云："三光[36]宣精，五行[37]布序，习习祥风，祁祁甘雨。"此其证也。

【注释】

⑮"诗云"二句：指《诗经·鲁颂·駉》。駉駉：马高且壮的样子。牡马：雄马。⑯见难：被诘难。⑰坰野：远郊之野。⑱騲骘：雌马、雄马。⑲肥张：肥大。⑳玉辂：专供帝王乘坐的玉饰马车。㉑丽：双。㉒颂人：指诗人或文士。㉓"易曰"二句：指《周易·大畜》。逐逐：并驾齐驱的样子。㉔"左传"二句：指《左传·宣公十二年》。㉕毛生：指小毛公毛苌。西汉人，《毛诗传》的传授者。㉖"月令"二句：指《礼记·月令》篇。荔挺：蒲类植物名，多年生宿根，生于沼泽中。一名马薤。㉗荔似挺：蔡邕在注疏月令时也认为是荔草，且茎干挺拔，故曰"荔似挺"。㉘率：大多，处处。㉙刘缓：字舍度，南朝梁代

人。㉚绍：刘绍，字言明，时任尚书祠部，著名学者。㉛"诗云"二句：指《诗经·王风·丘中有麻》。将：希望，愿。施施：慢慢行走的样子。朱熹《诗集传》："喜悦之意。"㉜郑笺：指郑玄所著之《毛诗传笺》。㉝韩诗：指汉初人韩婴所著《韩诗内传》《韩诗外传》《韩故》《韩说》，此上多已散佚，今唯存《韩诗外传》。㉞是之：以之为是。㉟"诗云"三句：指《诗经·小雅·大田》。渰：云兴起的样子。萋萋：壮盛的样子。云：当作"雨"，今本作"雨"。前句已写阴云之状态，下句岂可复写"兴云"？祁祁：同"徐徐"，濛濛的样子。㊱三光：日、月、星之光。㊲五行：金木水火土，古人认为五行是构成各种物质或精神的五种基本元素。

【原文】

《礼》云："定犹豫，决嫌疑[38]。"《离骚》曰："心犹豫而狐疑。"先儒未有释者。案《尸子[39]》曰："五尺犬为犹。"《说文》云："陇西谓犬子为犹。"吾以为人将[40]犬行，犬好豫[41]在人前，待人不得，又来迎候，如此往还，至于终日，斯乃豫之所以为未定也，故称犹豫。或以《尔雅》曰："犹如麂，善登木。"犹，兽名也，既闻人声，乃豫缘木[42]，如此上下，故称犹豫。狐之为兽[43]，又多猜疑，故听河冰无流水声，然后敢渡。今俗云："狐疑，虎卜[44]。"则其义也。

《左传》曰："齐侯痎，遂痁[45]。"《说文》云："遂痎，二日一发之疟。遂痁，有热疟也。"案齐侯之病，本是间日一发，渐加重乎故[46]，为诸侯忧也。今北方犹呼痎疟，音皆。而世间传本多以痎为疥，杜征南[47]亦无解释，徐仙民音介，俗儒就为通云[48]："病疥，令人恶寒，变而成疟。"此臆说也。疥癣小疾，何足可论，宁有患疥转作疟乎？

《尚书》曰："惟景[49]响。"《周礼》云："土圭测景，景朝景夕[50]。"《孟子》曰："图景失形[51]。"《庄子》云："罔两问景[52]。"如此等字，皆当为光景之景。凡阴景者，因光而生，故即为景。《淮南子》呼为景柱[53]，《广雅》云："晷柱[54]挂景。"并是也。至晋世葛洪《字苑》，傍始加彡，音于景反。而世间辄改治《尚书》《周礼》《庄》《孟》从葛洪字，甚为失矣。

太公《六韬》[55]，有天陈、地陈、人陈、云鸟之陈[56]。《论语》曰："卫灵公问陈于孔子[57]。"《左传》："为鱼丽之陈[58]。"俗本多作阜傍[59]车乘之车。按诸陈队，并作陈、郑之陈。夫行陈之义，取于陈列耳，此六书为假借也[60]，《苍》、《雅》[61]及近世字书，皆无别字，唯王羲之《小学章》，独阜傍作车，纵复俗行，不宜追改《六韬》《论语》《左传》也。

【注释】

㊳"礼云"三句：指《礼记·曲礼上》。犹豫：此为双声词，因声取义，本无定字。故亦写作由与、犹夷、尤与、犹与。意谓迟疑不定。此下各种说非是。㊴尸子：书名。传说为战国时晋人尸佼所著。其原为秦相商鞅之宾客，商鞅被杀后，逃亡蜀国而著《尸

子》。㊵将：动词，领。㊶豫：预先。㊷缘木：爬树。㊸“狐之”句：传说狐性多疑，且有神算。晋郭缘生之《述征记》载：“冰始合，车马不敢过。要须狐行，云此物善听，冰下无水乃过，人见狐行方渡。”㊹虎卜：一种卜筮法。晋张华《博物志》载：“虎知冲破，又能画地卜。今人有画物上下者，推其奇偶，谓之虎卜。”㊺“左传”三句：指《左传·昭公二十年》。齐侯：指齐景侯。痎：隔日发作的间歇性疟疾。痁：因疟疾而生的热病。㊻重乎故：重于过去。乎，用法同“于”，介词，表示比较。㊼杜征南：字元凯。曾任征南大将军，故名。因灭吴有功，封当阳侯。杜甫多次自认为远祖，并赞其所撰《春秋左氏经传集解》。㊽就：近。通：通解。㊾“尚书”二句：指《尚书·大禹谟》。景响：影子和响声。景，《说文》：“景，光也。从日，京声。”段注：“光所在处，物皆有阴。”愚按：景为“影”之本字，“影”为后起字。据颜之推考，景而为“影”始于葛洪造字。㊿“周礼”三句：指《周礼·地官·大司徒》。土圭：古代用以测日影，正四时、量土地的仪器。(51)“孟子”二句：指《孟子外书·孝经》。图景：图画上的影像。(52)“庄子”二句：指《庄子·齐物论》网两：影子外面的淡影。(53)景柱：测日影、定四时的表柱。(54)晷柱：即晷表，测量日影的仪器。(55)太公：即姜太公。六韬：古兵书名，秦汉间人所作，托名姜尚撰。共分六章：文韬、武韬、龙韬、虎韬、豹韬、犬韬。其对后代影响很大，宋元丰时，为《武学七书》之一。(56)“有天陈”句：此为四种阵法。陈：古“阵”字，汉以后写作“阵”。(57)“论语”二句：指《论语·卫灵公》篇。(58)“左传”二句：指《左传·桓公五年》。鱼丽之陈：阵名。(59)阜傍：“阝”部在字左者谓阜部；在右者，谓邑部。(60)“六书”句：六书：六种造字之法。此处颜之推认为陈、阵二字，音同而成假借关系。实则“陈”的本义即是排列、行列之义，后经引申而产生新字“阵”。(61)苍：指《苍颉篇》，秦丞相李斯作。雅：指《尔雅》。

【原文】

《诗》云：“黄鸟于飞，集于灌木[62]。”《传》云：“灌木，丛木也。”此乃《尔雅》之文，故李巡[63]注曰：“木丛生曰灌。”《尔雅》末章又云：“木族生为灌[64]。”族亦丛聚也。所以江南《诗》古本皆为丛聚之丛，而古丛字似冣[65]字，近世儒生，因改为冣，解云：“木之冣高长者。”案众家《尔雅》及解《诗》无言此者，唯周续之[66]《毛诗注》，音为徂会反，刘昌宗[67]《诗注》，音为在公反，又祖会反，皆为穿凿，失《尔雅》训也。

也是语已及助句之辞[68]，文籍备有之矣。河北经传，悉略此字，其间字有不可得无者，至如“伯也执殳[69]”，“于旅也语[70]”，“回也屡空[71]”，“风，风也，教也”[72]，及《诗传》云：“不戢，戢也；不傩，傩也。”“不多，多也[73]。”如斯之类，傥削此文，颇成废阙[74]。《诗》言：“青青子衿[75]。”《传》曰：“青衿，青领也，学子之服。”按古者斜领下连于衿，故谓领为衿。孙炎[76]、郭璞注《尔雅》，曹大家[77]注《列女传》，并云“衿，交领也”。邺下《诗》本，既无“也”字，群儒因谬说云：“青衿、青领，是衣两处之名，皆以青为饰。”用释“青青”二字，其失大矣！又有俗学，闻经传中时须也字，辄以意加

之，每不得所，益成可笑。

《易》有蜀才[78]注，江南学士，遂不知是何人。王俭[79]《四部目录》，不言姓名，题云："王弼[80]后人。"谢炅、夏侯该[81]，并读数千卷书，皆疑是谯周[82]；而《李蜀书》[83]一名《汉之书》，云："姓范名长生，自称蜀才。"南方以晋家渡江后，北间传记，皆名为伪书，不贵省读[84]，故不见也。

【注释】

㉜"诗云"三句：指《诗经·葛覃》。黄鸟：即黄鹂。㉝李巡：东汉人。《后汉书·宦者列传》说李巡撰《尔雅注》。㉞木族生为灌：族：丛聚。此义后被"簇""蔟"所代替。㉟冣："最"的俗体写法。最与叢，甲文及篆写法形近似，故生错讹。㊱周续之：字道祖。《宋书·隐逸传》载：周续之曾开馆授徒，通五经及纖纬之学。㊲刘昌宗：晋人，通五经，所撰《诗经注》，为时人所重。㊳也：助词，多用于句末，或用句中。用于句末以表示判断语气，有时也表示陈述、祈使、命令、疑问、肯定等语气。用于句中以表示提顿、时间、并列等关系。语已：句末。助句二辞：助词，在句中表示某种语气或关系。㊴伯也执殳：语出《诗经·卫风·伯兮》。伯，长兄。殳：一种长兵器。也：表示提顿，以待陈述。㊵于旅也语：语出《仪礼·乡射礼》。旅：次序。唐贾公彦《仪礼注》："礼成乐备，乃可以言语。"语：对话，说话。也：表示提顿，以待解释。㊶回也屡空：语出《论语·先进》。回：指颜回。屡空：屡屡贫困。也：表示提顿，以待说明。㊷风，风也，教也：意谓国风，是讽谏，是教化。第二风字，通"讽"。也：结构助词，表示判断句型。㊸"及诗传"七句：《诗经·小雅·桑扈》："不戢不傩。"戢：通"濈"，平和。傩：即难，通戁，恭敬。而《诗传》认为两个"不"字，都是语气助词，无义。《诗经·大雅·卷阿》："矢诗不多。"矢诗，纪事诗。《诗传》同样认为"不多"，"不"是语气助词，无义。㊹废阙：残缺不通。意谓有些虚词不可删削，不然则语义难通不全。㊺"诗言"二句：指《诗经·郑风·子衿》。衿：古代上衣的交领称为衿。子衿，《毛传》："青衿，青领也，学生之所服。"㊻孙炎：字叔然，三国时魏人。郑玄弟子，所注《尔雅音义》，首用反切注音。尚有多种经书注释。㊼曹大家：即班昭，班固妹，名姬，字惠班。因嫁曹世叔，故称。班固死后，奉命续成《汉书》之《八表》《天文志》。所著有《东征赋》《女诫》。另注刘向所撰《列女传》。㊽蜀才：扬雄《法言·问明篇》载："蜀庄沉冥，蜀庄之才之珍也。"可见蜀才指严君平。范长生谓蜀才，乃自比严君平。严君平，蜀人，名尊字君平。精于易卜，著有《周易注》《道德真经指归》。㊾王俭：字仲宝。曾佐南朝齐高帝即位任镇南将军，封南昌县公。所著《四部书目》，即《宋元徽元年四部书目》。㊿王弼：字辅嗣。三国时魏人。《三国志·魏·钟会传》载：曾任魏尚书郎，与何晏、夏侯玄等开一代玄学之风。著有《周易注》《老子注》《老子指略》。[81]谢炅：曾撰《梁史》。唐人姚思廉、魏徵修《梁书》时采录其中部分内容。夏侯该：一说夏侯咏，咏为南朝梁人，撰《四声韵略》《汉书音》。[82]谯周：字允南。三国时任蜀国光禄大夫，后劝蜀后主降魏，魏封之为阳城亭侯。著有《法训》《古史

考》《五经论》。⑧③李蜀书:后改称《蜀李书》,蜀人常璩撰。⑧④省读:阅读。

【原文】

《礼·王制》云:"裸股肱[85]。"郑注云:"谓捋衣出其臂胫[86]。"今书皆作擐甲之擐[87],国子博士萧该[88]云:"擐当作捋,音宣,擐是穿著之名,非出臂之义。"案《字林》[89],萧读是。徐爰[90]音患,非也。

《汉书》:"田肎贺上[91]。"江南本皆作"宵"字。沛国刘显[92],博览经籍,偏精班《汉》[93],梁代谓之《汉》圣。显子臻[94],不坠家业。读班史,呼为田肎。梁元帝尝问之,答曰:"此无义可求,但臣家旧本,以雌黄[95]改'宵'为'肎'。"元帝无以难之。吾至江北,见本为"肎"。

《汉书·王莽赞》云:"紫色蛙声[96],余分闰位[97]。"盖谓非玄黄之色,不中律吕之音也。近有学士,名问甚高,遂云:"王莽非直鸢髆虎视[98],而复紫色蛙声。"亦为误矣。

简策[99]字,竹下施束,末代隶书,似杞、宋之宋,亦有竹下遂为夹者,犹如刺字之傍应为束,今亦作夹。徐仙民[100]《春秋》《礼音》,遂以筴为正字。以策为音,殊为颠倒。《史记》又作悉字,误而为述,作妬字,误而为姤,裴、徐、邹[101]皆以悉字音述,以妬字音始。既尔,则亦可以亥为豕字音,以帝为虎字音乎?

张揖云:"虙,今伏羲氏也[102]。"孟康[103]《汉书》古文注亦云:"虙,今伏。"而皇甫谧[104]云:"伏羲或谓之宓羲。"按诸经史纬候,遂无宓羲之号。虙字从虍,宓字从宀,下俱为必,末世传写,遂误以虙为宓,而《帝王世纪》因误更立名耳。何以验之?孔子弟子虙子贱[105]为单父宰,即虙羲之后,俗字亦为宓,或复加山。今兖州永昌郡城,旧单父地也,东门有《子贱碑》,汉世所立,乃云:"济南伏生[106],即子贱之后。"是虙之与伏,古来通字,误以为宓,较可知矣。

《太史公记》曰:"宁为鸡口,无为牛后[107]。"此是删《战国策》耳。案延笃[108]《战国策音义》曰:"尸,鸡中之王。从,牛子。"然则"口"当为"尸","后"当为"从"[109],俗写误也。

【注释】

⑧⑤股:大腿。肱:手臂。⑧⑥"郑注"二句:指郑玄《礼记注》。捋:通"揎",捲起衣袖。胫:小腿。⑧⑦擐甲之擐:《后汉书·蔡邕传》:"擐甲扬锋。"擐:披,穿。⑧⑧萧该:南朝梁代人,皇族。著有《汉书音义》《文选音义》。隋开皇初年,拜为国子学博士,封山阴县公。⑧⑨字林:辞书,晋人吕忱著。此书以补《说文》之缺漏,惜已佚。⑨⓪徐爰:字长玉,南朝宋代人。著有《礼记音》。⑨①"汉书"二句:指《汉书·高帝纪下》。肎:"肯"的异体字。⑨②刘显:字嗣芳,沛地人。《梁书》有传。⑨③班汉:指班固《汉书》。⑨④臻:刘显第三子刘臻,字宣挚,《北史》有传。梁时任中书舍人,周时任露门学士,隋文帝时,任仪同三司。⑨⑤

雌黄:一种橙黄色的矿物,研末加水而成雌黄。古人因以黄纸写字,写错时以之涂改。(96)紫色:南北朝以来,贵戚显宦多服紫色。此指王莽出身高贵,却非帝王“玄黄之色”,而后夺登王位,属大逆之人。蛙声:邪恶之音,故下文说“不中律吕”之正音。(97)余分闰位:岁月之余方分为闰,故闰位即非正统之帝位。(98)非直:不但。鸢髆:鹰的臂膀。髆,同“膊”。(99)简策:自战国至魏晋都以竹简、木片为书写材料,然后以皮条连成册,谓之简策。有时也用布帛。策:朿,木芒。此处“竹”为形符,“朿”为声符。(100)徐仙民:即徐邈,字仙民。著有《春秋左氏传音》《礼记音》等。(101)裴:指裴骃,字龙驹。南朝宋代大学者。徐:指徐广,字野民。徐邈之弟。邹:指邹诞。(102)张揖:字稚让,三国时魏人,著名学者。有《广雅》《古今字诂》传世。虙:姓氏。通“伏”。故伏羲,本当写作“虙羲”。后写作伏羲。虙,因与“宓”音近,又被后人误代。(103)孟康:字公休。三国时魏人。著有《汉书古文注》。(104)皇甫谧:字士安,魏晋间学者。著有《甲乙经》《帝王世纪》《高士传》。(105)虙子贱:即虙不齐。后写作“虑子贱”。鲁国人,孔子弟子。(106)伏生:即伏胜,本应写作“虙生”,秦代博士。(107)“太史”二句:《太史公记》:汉代之后学者,多称《史记》为《太史公记》。“宁为鸡口,无为牛后”,语出《史记·苏秦列传》。据《尔雅翼·释豵》:“宁为鸡尸,无为牛从。尸,主也,一群之主,所以将众者。从,从物者也,随群而往,制不在我也。”(108)延笃:字叔坚,东汉人。官至京兆尹。通经史,有著作多部,《后汉书》本传未曾言及延笃著有《战国策音义》。(109)“然则”二句:口与尸二字,后与从二字,其繁体篆字,形近而易讹倒,故“俗写误也”。

【原文】

应劭[110]《风俗通》云:“《太史公记》:‘高渐离[111]变名易姓,为人庸保,匿作于宋子[112],久之作苦,闻其家堂上有客击筑,伎[113]痒,不能无出言’。”案,伎痒者,怀其伎而腹痒也。是以潘岳[114]《射雉赋》亦云:“徒心烦而伎痒。”今《史记》并作“徘徊”,或作“徬徨,不能无出言[115]”,是为俗传写误耳。

太史公论英布[116]曰:“祸之兴自爱姬,生于妒媚,以至灭国。”又《汉书·外戚传》亦云:“成[117]结宠妾妒媚之诛。”此二“媚”并当作“媢[118]”,媢亦妒也,义见《礼记》《三苍》[119]。且《五宗世家》[120]亦云:“常山宪王后妒媢。”王充《论衡》云:“妒夫媢妇生,则忿怒斗讼[121]。”益知媢是妒之别名。原英布之诛为意贲赫[122]耳,不得言媚。

《史记·始皇本纪》:“二十八年[123],丞相隗林、丞相王绾等,议于海上。”诸本皆作山林之“林”。开皇二年[124]五月,长安民掘得秦时铁称权[125],旁有铜涂镌铭二所[126]。其一所曰:“廿六年,皇帝尽并兼天下诸侯,黔首[127]大安,立号为皇帝,乃诏丞相状、绾,法度量则不壹嫌疑者,皆明壹之。”凡四十字。其一所曰:“元年,制诏丞相斯、去疾[128],法度量,尽始皇帝为之,皆□[129]刻辞焉。今袭号而刻辞不称始皇帝,其于久远也,如后嗣为之者,不称成功盛德,刻此诏□[130]左,使毋疑。”凡五十八字,一字磨灭,见有五十七字,了了分明。其书兼为古隶[131]。余被敕写读之,与内史令李德林[132]对,见此称权,今在官库。其"丞相状"字,乃为状貌之"状",爿旁作犬,则知俗作"隗林",非也,当为"隗状"耳。

《汉书》云:"中外禔福[133]。"字当从示。禔,安也,音匙匕之匙,义见《雅》《方言》。河北学士,皆云如此。而江南书本,多误从手,属文者对耦[134],并为提挈之意,恐为误也。

【注释】

⑩应劭:字仲远,东汉人。著有《汉官仪》《风俗通》《汉书集解音义》等。《风俗通》又名《风俗通义》,以考释典章名物为写作主旨。⑪高渐离:战国末年燕国义士,善击筑。荆轲赴秦刺杀秦王,易水死别时,高渐离击筑乐辞行。秦朝建立后,高渐离又去刺秦,未遂被杀。⑫宋子:地名,故址在今河北省赵县东北部。⑬伎:通"技"。⑭潘岳:字安仁。晋人,官至给事黄门侍郎,著名诗人。所作《射雉赋》载于《昭明文选》。⑮出言:吟唱。⑯英布:又名黥布。秦末,率骊山刑徒起义,先归项羽部下,后降刘邦,封淮南王,曾从刘邦击项羽于垓下。汉初,因惧杀而反,战败被杀。⑰成:指汉成帝。皇后赵飞燕及其妹赵昭仪专宠十年,却无子。成帝死后,平帝即位,司隶解光以赵氏曾杀后宫新生诸子,被废为庶人,后自杀而死。⑱娼:嫉妒。⑲礼记:指《礼记·大学》中有"娼疾以恶之"句,郑玄注:"娼,妒也。"三苍:亦作《三仓》,指李斯之《苍颉篇》、扬雄之《训纂编》、贾鲂之《滂喜篇》,合称《三苍》。郭璞注《三苍》有"娼,丈夫妒也"句,指丈夫妻妾之间的嫉妒。⑳五宗世家:《史记》篇名。常山宪王:汉景帝少子刘舜,其宠姬甚多,王后愤怒嫉恨久之。刘舜死,王后废。㉑"干充"三句:《论衡·论死》:"妒夫娼妻,同室而处,淫乱失行,忿怒斗讼。"㉒贲赫:汉官,时任中大夫。英布怀疑贲赫与自己爱妾有奸,偶遇二人同饮于医家,故欲杀之。贲赫遂至长安告发英布谋反。㉓二十八年:秦始皇二十八年,即公元前219年。㉔开皇二年:隋文帝开皇二年,即公元582年。㉕铁称权:铁秤砣。称,通"秤"。㉖所:处。㉗黔首:秦时百姓以黑布缠头,故以代名之。㉘斯:指李斯。去疾:指冯去疾。㉙□:当为"有"字。王利器说是。㉚□:当为"于"字。即下文所谓"磨灭"者。⑬1古隶:秦汉以前隶书称古隶,此后隶者称今隶。⑬2李德林:字公辅。《隋书》有传,仕齐时与颜之推同在文林馆。入隋,任内史省内史令。⑬3"汉书"二句:指《汉书·司马相如传》。禔:《说文》:"从示是声,安福也。"⑬4耦:通"偶"。

荆轲刺秦

【原文】

或问："《汉书注》[135]：'为元后父名禁，改禁中为省中。'何故以'省'代'禁'？"答曰："案《周礼·宫正》：'掌王宫之戒令纠禁。'郑注[136]云：'纠，犹割也，察也。'李登[137]云：'省，察也。'张揖[138]云：'省，今省詧也。'然则小井、所领二反，并得训察。其处既常有禁卫省察，故以'省'代'禁'。詧，古察字也。"

《汉明帝纪》："为四姓小侯立学[139]。"按桓帝加元服[140]，又赐四姓及梁、邓小侯帛，是知皆外戚也。明帝[141]时，外戚有樊氏、郭氏、阴氏、马氏，为四姓。谓之小侯者，或以年小获封，故须立学耳。或以侍祠猥朝[142]，侯非列侯，故曰小侯。《礼》云："庶方小一侯。"则其义也。

《后汉书》云："鹳雀衔三鳝鱼[143]。"多假借为鳣鲔之鳣[144]。俗之学士，因谓之为鳣鱼。案魏武《四时食制》[145]："鳣鱼大如五斗奁，长一丈。"郭璞注《尔雅》："鳣长二三丈。"安有鹳雀能胜一者，况三乎？鳣又纯灰色，无文章也。鳝鱼长者不过三尺，大者[146]不过三指，黄地黑文，故都讲云："蛇鳝，卿大夫服之象[147]也。"《续汉书》及《搜神记》亦说此事，皆作"鳝"字。孙卿云："鱼鳖鳅鳣[148]。"及《韩非》《说苑》，皆曰："鳣似蛇，蚕似蠋[149]。"并作"鳣"字。假鳣为"鳝"，其来久矣。

【注释】

⑬汉书注：指《汉书·昭帝纪》颜师古注。其注引伏俨有关蔡邕之论："孝元皇后父名禁，避之，故曰省中。"⑬郑注：指郑玄之《周礼注》。⑬李登：三国时人，其所著《声类》有言"省，察也"。⑬张揖：三国时魏国博士，著述甚多，著有《广雅》《古今字诂》《埤仓》等。詧："察"的异体字。⑬"汉明"二句：指《后汉书·明帝纪》。小侯：指功臣及外戚之子弟所封的爵位。立学：设立专门学校。⑭桓帝：指东汉桓帝刘志。元服：冠。古代行冠礼时加元服。⑭明帝：指东汉明帝刘庄。⑭侍祠：侯爵名，侍祠侯位于九卿之下。猥朝：侯爵名，位于侍祠之下，多属下土小国，或近人宿亲，如公主子孙，以及奉先侯坟墓在京师者，因可随时会见，称猥朝侯。⑭"后汉"二句：指《后汉书·杨震传》。鹳雀：水鸟名，喙长且直，尾圆而短，羽翼长大。⑭鳣：形似鳝而巨大，大者长三丈。因其与鳝音近而形似，以致误读。⑭四时食制：书名，记述有关四季稀罕之食物。曹操撰。《隋书》《唐书》未见著录。⑭大者：指宽度。⑭"故都"句：都讲：学校中的主讲者。服之象：衣服之纹象。⑭"孙卿"句：孙卿：即荀卿。《荀子·富国》有"鱼鳖鳅鳣"语。⑭"及韩非"四句：《韩非子·内储说上》有"鳣似蛇"句。《说苑·谈丛》有"鳣欲类蛇"句。蠋：蛾类幼虫，色青，形如蚕。

【原文】

《后汉书》："酷吏樊晔为天水郡守，凉州为之歌曰：'宁见乳虎穴，不入冀府寺[150]。'"而江南书本"穴"皆误作"六"。学士因循，迷而不寤[151]。夫虎豹穴居，事之较[152]者，所以班超云："不探虎穴，安得虎子[153]？"宁当论其六七耶？

《后汉书·杨由传》云："风吹削肺[154]。"此是削札牍之柿耳。古者书误则削之，故《左传》云"削而投之"是也[155]。或即谓札为削，王褒《童约》曰："书削代牍[156]。"苏竟书云："昔以摩研编削之才[157]。"皆其证也。《诗》云："伐木许许[158]。"毛《传》云："许许，柿貌也。"史家假借为肝肺字，俗本因是悉作脯腊之脯[159]，或为反哺之哺。学士因解云："削哺，是屏障之名。"既无证据，亦为妄矣。此是风角占候耳。《风角书》[160]曰："庶人风者，拂地扬尘转削。"若是屏障，何由可转也？

《三辅决录》云："前队大夫范仲公，盐豉蒜果共一筒[161]。""果"当作魏颗[162]之"颗"。北土通呼物一凷[163]，改为一颗，蒜颗是俗间常语耳。故陈思王《鹞雀赋》曰："头如果蒜，目似擘椒。"又《道经》[164]云："合口诵经声璅璅，眼中泪出珠子磥。"其字虽异，其音与义颇同。江南但呼为蒜符，不知谓为颗。学士相承，读为裹结之裹，言盐与蒜共一苞裹，内筒中耳。《正史削繁》[165]音义又音蒜颗为苦戈反，皆失也。

【注释】

⑮⑩"后汉书"五句：指《后汉书·酷吏传》。樊晔：字仲华。历任河东都尉、扬州牧，天水郡守。为官污浊残酷，百姓谈虎色变。凉州：故址在今甘肃省陇县、张家川回族自治县一带。乳虎：哺乳期间的母虎，性极凶猛。冀府：即今冀州市。寺：官府办公处所。⑮①寤：通"悟"。⑮②较：明显。⑮③"所以"三句：班超：字仲升，班固弟。曾多次出征鄯善、莎车、龟兹、焉耆，屡建战功，闻名当世。《后汉书·班超传》：班超曾说"不探虎穴，安得虎子？"⑮④"后汉"二句：杨由：字哀侯，东汉人。时任文学掾。风吹削肺：肺，通柿，木片。削下的木片由于风吹而散掉。古时在竹木简上写字，如果写错则削去重写。⑮⑤"故左传"句：《左传·襄公二十七年》孔颖达疏："子罕削其字而投之于地也。"⑮⑥"王褒"二句：王褒：字子渊。著名文学家，善作诗赋。曾作《童约》一文。书削文牍：以书削代书约牍。⑮⑦"苏竟"二句：指《后汉书·苏竟传》。摩研编削之才：研究编辑删改之才。⑮⑧"诗云"二句：指《诗经·小雅·伐木》。许许：锯木之声。颜之推认为此锯之木用以做木简，故引《毛传》"许许，柿貌也"。⑮⑨脯：肉干。⑯⓪风角书：占候书名。《新唐书·艺文志》著录《风角》十卷，已佚。风角是根据四方四隅之风，以占卜吉凶。庶人之风，能吹地扬尘，使木片飘转，如果解作屏障，何谈可转？⑯①"三辅"三句：《三辅决录》汉赵岐著，晋挚虞注。记述京畿地所发生的事情。今已亡佚。范仲公：前队大夫，即南阳郡太守。盐豉蒜颗：盐水淹的蒜瓣熟豆。⑯②魏颗：春秋时晋国大夫。《左传·宣公十五年》记述其事。⑯③凷：通"块"，土块。块，与"颗"也是一声之转。⑯④"又《道经》"三句：《道经》：《老子》分两部分：《道经》与《德经》，通称《道德经》。此下二句载于敦煌出土唐写本《老子化胡经·老子十六变词》。璅璅：象声词。磥：同"颗"。⑯⑤正史削繁：书名，南朝梁人阮孝绪著。

【原文】

有人访吾曰："《魏志》蒋济上书云：'弊攰[166]之民。'是何字也？"余应之曰："意为攰即是㱿倦之㱿耳。张揖、吕忱[167]并云：'支傍作刀剑之刀，亦是剞字。'不知蒋氏自造支傍作筋力之力，或借剞字，终当音九伪反。"

《晋中兴书》："太山羊曼，常颓纵任侠，饮酒诞节，兖州号为䨲伯[168]。"此字皆无音训。梁孝元帝常谓吾曰："由来不识。唯张简宪见教，呼为嚃羹之嚃。自尔便遵承之，亦不知所出[169]。"简宪是湘州刺史张缵谥也，江南号为硕学。案，法盛世代殊近，当是耆老相传，俗间又有䨲䨲语，盖无所不见，无所不容之意也。顾野王[170]《玉篇》，误为黑傍沓，顾虽博物，犹出简宪、孝元之下，而二人皆云重边。吾所见数本，并无作黑者。重沓是多饶积厚之意，从黑更无义旨。

《古乐府》[171]歌词，先述三子，次及三妇，妇是对舅姑[172]之称。其末章云："丈人[173]且安坐，调弦未遽央。"古者子妇供事舅姑，旦夕在侧，与儿女无异，故有此言。丈人亦长老之目，今世俗犹呼其祖考为先亡丈人。又疑"丈"当为"大"，北间风俗，妇呼舅为大人公。"丈"之与"大"，易为误耳。近代文士，颇作《三妇诗》，乃为匹嫡并耦己之群妻之意，又加郑、卫之辞[174]，大雅君子，何其谬乎！

《古乐府》歌百里奚词曰："百里奚，五羊皮。忆别时，烹伏雌，吹扊扅，今日富贵忘我为[175]！""吹"当作炊煮之"炊"。案蔡邕《月令章句》曰："键，关牡也，所以止扉，或谓之剡移。"然则当时贫困，并以门牡木作薪炊耳。《声类》作扊，又或作扂。

《通俗文》，世间题云："河南服虔[176]字子慎造。"虔既是汉人，其《叙》乃引苏林、张揖。苏、张皆是魏人；且郑玄以前，全不解反语，《通俗》反音，甚会近俗。阮孝绪[177]又云李虔所造。河北此书，家藏一本，遂无作李虔者。《晋中经簿》及《七志》[178]，并无其目，竟不得知谁制。然其文义允惬，实是高才。殷仲堪[179]《常用字训》，亦引服虔《俗说》，今复无此书，未知即是《通俗文》，为当有异？近代或更有服虔乎？不能明也。

【注释】

⑯⑥攰：同"㱿"。《集韵·寘韵》："㱿，疲极也，或作攰。"⑯⑦吕忱：字伯雍，著有《字林》七卷。剞：原义为名词：雕刻曲刀。后常用作动词：刻镂。⑯⑧"晋中"五句：《晋中兴书》：南朝宋代人湘东太守何法盛著。羊曼：字祖延，太山人。官至晋陵太守，为中兴名士。《晋书·羊曼传》载：为人颓唐放纵，任侠仗义，然饮酒无节制，兖州有八伯，人称之为䨲伯。䨲：《广韵》："他合切，入合透。"放纵豁达。⑯⑨"梁孝元"六句：常：通"尝"，曾经。张简宪：名缵，字伯绪，卒谥简宪。《梁书·张缅传》载：南朝梁代人，官至平北将军，后被岳阳王陷杀。嚃羹：一种香甜易化的团羹。⑰⓪顾野王：字希冯。官至光禄卿。著名训诂学家，著有《玉篇》三十卷。⑰①古乐府：指《乐府·清调曲·相逢行》。⑰②舅姑：

公婆。⑬丈人：指公公。亦呼为大人公。⑭郑、卫之辞：春秋时郑卫两国民歌多有男女之情，且大胆放达。故有郑卫风淫之说。⑮"古乐府"五句：百里奚：春秋时，所谓五羖大夫，后归秦穆公为相，助秦以成霸业。五羊皮：百里奚原为虞国大夫，晋灭虞，其逃至楚国被擒，秦穆公闻其贤，以五张公羊皮赎回，故称"五羖大夫"。伏雌：孵蛋母鸡。扊扅：木门闩。又称作键、关牡、剡移、扂。此古乐府出自《风俗通》，据载：初，百里奚与妻分别时，其妻以木门闩为柴煮母鸡以食之。百里奚任秦相后，在一次相府宴会上，一洗衣妇演唱此《古乐府》，这才发现此妇即其妻，于是重结夫妇百年之好。吹：通"炊"。为：句末语助词。⑯服虔：字子慎。东汉河南蒙阳人，官至九江太守、尚书等职。《隋书·经籍志》著录《通俗文》为服虔所撰。《通俗文》本为训释经史之字书，北朝魏人李虔曾撰《续通俗文》二卷，估计服虔《通俗文》曾被后人引入反切语等笔记。⑰阮孝绪：字士宗，南朝梁代人。撰有《七录》。⑱晋中经簿：三国魏人荀勖著。《七志》：南朝宋代人王俭著。⑲殷仲堪：东晋人，官至荆州刺史，后与桓玄起兵叛乱，反对会稽王司马道子，兵败被俘自杀。著有《常用字训》。

【原文】

或问："《山海经》[180]，夏禹及益所记，而有长沙、零陵、桂阳、诸暨，如此郡县不少，以为何也？"答曰："史之阙文，为日久矣，加复秦人灭学[181]，董卓焚书[182]，典籍错乱，非止于此。譬犹《本草》[183]神农所述，而有豫章、朱崖、赵国、常山、奉高、真定、临淄、冯翊等郡县名，出诸药物；《尔雅》[184]周公所作，而云'张仲孝友'；仲尼修《春秋》，而经书[185]孔丘卒；《世本》[186]左丘明所书，而有燕王喜、汉高祖；《汲冢琐语》[187]，乃载《秦望碑》；《苍颉篇》[188]李斯所造，而云'汉兼天下，海内并厕，豨黥韩覆，畔讨灭残'；《列仙传》[189]刘向所造，而《赞》云七十四人出佛经；《列女传》[190]亦向所造，其子歆又作《颂》，终于赵悼后，而传有更始韩夫人、明德马后及梁夫人嫕：皆由后人所羼，非本文也。"

或问曰："《东宫旧事》[191]何以呼鸱尾为祠尾[192]？"答曰："张敞者，吴人，不甚稽古，随宜记注，逐乡俗讹谬，造作书字耳。吴人呼祠祀为鸱祀，故以祠代鸱字；呼绀为禁，故以系傍作禁代绀字；呼盏为竹简反，故以木傍作展代盏字；呼镬[193]字为霍字，故以金傍作霍代镬字；又金傍作患为镮[194]字，木傍作鬼为魁字，火傍作庶为炙字，既下作毛为髻字；金花则金傍作华，窗扇则木傍作扇。诸如此类，专辄[195]不少。

又问："《东宫旧事》'六色罽缋[196]'，是何等物？当作何音？"答曰："案《说文》云：'莙[197]，牛藻也，读若威。'《音隐》[198]：'坞瑰反。'即陆机所谓'聚藻，叶如蓬'者也。又郭璞注《三苍》亦云：'蕴[199]，藻之类也，细叶蓬茸生。'然今水中有此物，一节长数寸，细茸如丝，圆绕可爱，长者二三十节，犹呼为莙，又寸断五色丝，横著线股间绳之，以象著草，用以饰物，即名为着。于时当绀[200]六色罽，作此莙以饰绲带[201]，张敞因造系旁畏耳，宜作隈。”

【注释】

⑱山海经：古地理书，记述远古山川地理、民族风情、物产祭祀等等资料共十八篇的书籍。作者不详，传说为夏禹或伯益所作，其中却夹杂许多秦汉之后的地名。⑱秦人灭学：指秦始皇焚书坑儒事。⑱董卓焚书：指西汉末年董卓专政，烧焫观阁事。⑱本草：中草药书名，全称《神农本草经》，传说炎帝神农氏所撰，书中却有汉代郡县名。⑱尔雅：我国第一部辞书，传说周公作。书中却有《诗经·小雅·六月》：“侯谁在矣？张仲孝友。”张仲乃宣王时人，距周公晚百年之久。⑱经书：指《左氏春秋传》。此书却记有“哀公十六年，夏四月己丑孔子卒”。⑱世本：据皇甫谧《帝王世纪》载此书为左丘明撰，书中却有燕王喜及汉高祖事。⑱汲冢琐语：晋时汲郡人发魏襄王墓，得战国时卜梦志怪书《琐语》，然书中却有秦始皇纪念夏禹之《秦望碑》文。⑱苍颉篇：李斯撰，书中却有“汉兼天下”等语。⑱列仙传：传刘向所撰，记述赤松子等神仙事，当时佛教尚未东渐。⑲列女传：刘向撰，记有百零五名妇人事，终于赵悼后。书中却有东汉以后诸夫人事。⑲东宫旧事：书名。《旧唐书·经籍志》题为晋人张敞撰。《宋书·张茂度传》记述其事。张敞不善考察古事古物，往往以俗传记其物事，故多有错讹。⑲鸱尾：宫殿屋脊两端瓦楞等构件上的装饰物。应写作“祠尾”。⑲镬：无足鼎。⑲镮：同“环”。⑲专辄：独自认定。⑲六色罽緵：六种彩色的针织物。⑲碧：水藻名，一种大叶藻类。古读音近“威”。⑲音隐：书名，即《说文音隐》，作者不详。⑲蕴：水草名。即聚藻。⑳绀：天青色，深青透红。⑳绲带：编织长带。

【原文】

柏人[202]城东北有一孤山，古书无载者，唯阚骃《十三州志》以为舜纳于大麓[203]，即谓此山。其上今犹有尧祠焉，世俗或呼为宣务山，或呼为虚无山，莫知所出。赵郡士族有李穆叔、季节兄弟、李普济[204]，亦为学问，并不能定乡邑此山耳。余尝为赵州佐，共太原王邵读柏人城西门内碑。碑是汉桓帝时柏人县民为县令徐整所立，铭云：“山有巏嵍，王乔所仙[205]。”方知此巏嵍山也。巏字遂无所出。嵍字依诸字书，即旄丘之旄也。旄字，《字林》一音亡付反，今依附俗名，当音权务耳。入邺，为魏收说之，收大嘉叹。值其为《赵州庄严寺碑铭》，因云：“权务之精。”即用此也。

或问：“一夜何故五更？更何所训？”答曰：“汉、魏以来，谓为甲夜、乙夜、丙夜、丁夜、戊夜，又云鼓，一鼓、二鼓、三鼓、四鼓、五鼓，亦云一更、二更、三更、四更、五更，皆以五为节。《西都赋》亦云：‘卫以严更之署[206]。’所以尔者，假令正月建寅[207]，斗柄夕则指寅，晓则指午矣。自寅至午，凡历五辰[208]。冬夏之月，虽复长短参差，然辰间辽阔，盈不过六，缩不至四，进退常在五者之间。更，历也，经也，故曰五更尔。”

《尔雅》云：“术[209]，山蓟也。”郭璞注云：“今术似蓟而生山中。”案术叶其体似蓟，近世文士，遂读蓟为筋肉之筋，以耦地骨用之[210]，恐失其义。

或问："俗名傀儡子为郭秃[211]，有故实乎？"答曰："《风俗通》云：'诸郭皆讳秃。'当是前代人有姓郭而病秃者，滑稽戏调，故后人为其象，呼为郭秃，犹《文康》[212]象庾亮耳。"

【注释】

⑳柏人：县名。故址在今河北省隆尧西部。㉓阚骃：字玄阴，北朝后魏人。所著《十三州志》是地理学著作，其中也有些史事传说。舜纳于大麓：指尧使舜入大山而不迷失一事。㉔李穆叔：名公绪，字穆叔。《北史·李公绪传》载：魏末曾任冀州司马。著名学问家，著有《古今略记》《玄子》《典言》《质疑》《赵语》等。季节：名李概，附《李公绪传》后。著有《战国春秋》《音谱》。李普济：北齐人。其事迹附《北史·李雄传》后，也是当代学问家。㉕巏嵍：山名。王乔，即王子乔，传说中的得道仙人。《列仙传》载其事。㉖"西都"二句：《西都赋》：班固撰。卫：保卫。指保卫王宫。严更之署：严格监管更鼓的部门。㉗建寅：夏历以寅月立为一年的正月，故称建。㉘"斗柄"四句：斗柄：星名，指北斗七星中在尾部的玉衡、开阳、摇光三星，其形似斗柄，故名。自寅至午，共经历五个时辰，即寅、卯、辰、巳、午。故有五更、五夜、五鼓之说。㉙术：草名，山蓟，可入药。㉚耦：通"偶"，成双。地骨：药名，枸杞。㉛傀儡子：即傀儡戏、木偶戏，俗称郭秃。下文《风俗通》及颜氏的解释，纯属臆说，甚不可靠。㉜文康：乐舞名。据《隋书·经籍志》载：庾亮历仕晋元帝、明帝、成帝三朝，官至中书令，所历甚多。其死后，歌伎为了纪念他，加面具以舞，主人公即庾亮。庾亮死后谥号文康.故乐舞名《文康》。

【原文】

或问曰："何故名治狱参军为长流乎？"答曰："《帝王世纪》云：'帝少昊崩，其神降于长流之山，于祀主秋[213]。'案，《周礼·秋官》，'司寇主刑罚、长流之职，汉、魏捕贼掾耳。晋、宋以来，始为参军，上属司寇，故取秋帝所居为嘉名焉。"

客有难[214]主人曰："今之经典，子皆谓非，《说文》所言，子皆云是，然则许慎胜孔子乎？"主人拊掌大笑，应之曰："今之经典，皆孔子手迹耶？"客曰："今之《说文》，皆许慎手迹乎？"答曰："许慎检以六文[215]，贯以部分[216]，使不得误，误则觉之。孔子存其义而不论其文[217]也。先儒尚得改文从意，何况书写流传耶？必如《左传》止戈为武，反正为乏，皿虫为蛊，亥有二首六身之类[218]，后人自不得辄改也，安敢以《说文》校其是非哉？且余亦不专以《说文》为是也，其有援引经传，与今乖者，未之敢从。又相如《封禅书》曰：'导一茎六穗于庖，牺双觡共抵之兽[219]。'此导训择，光武诏云'非从有豫养导择之劳'是也。而《说文》云：'导是禾名。'引《封禅书》为证；无妨自当有禾名导，非相如所用也。'禾一茎六穗于庖'，岂成文乎？纵使相如天才鄙拙，强为此语，则下句当云'麟双觡共抵之兽'，不得云牺也。吾尝笑许纯儒[220]，不达文章之

体，如此之流，不足凭信。大抵服其为书，隐括[221]有条例，剖析穷根源，郑玄注书，往往引以为证，若不信其说，则冥冥不知一点一画，有何意焉。”

【注释】

㉑③“帝王”四句：晋皇甫谧《帝王世纪》准确回答了上述问题：少昊之神灵降至长流山，且主持秋祭。秋乃肃杀之时，故传统至秋行刑。而人间主持刑罚者即治狱参军，故以名之。《山海经·西山经》载：“长留之山，其名白帝，少昊居之。”㉑④难：诘难，洁问。㉑⑤检以六文：以六书检讨字的本义。㉑⑥贯以部分：以偏旁部首贯连全书。㉑⑦存其义而不论其文：只研究字的词义不讨论造字之法。存，思考，研究。㉑⑧“必如”四句：止戈为武：《左传·宣公十二年》：“夫文，止戈为武。”无论甲文、篆书，止与戈，二字会意是“武”字。意谓停止干戈之战，才是文功武道。反正为乏：《左传·宣公十五年》：“故文反正为乏。”无论篆书、六国古文，“正”字反写，则是“乏”字。意谓正道若反行之，则谓乏德。皿虫为蛊：《左传·昭公元年》“赵孟曰：‘何谓蛊？’对曰：‘淫溺惑乱之所生也。于文皿虫为蛊，谷之飞亦为蛊。’”皿虫为蛊：《说文》：“蛊，腹中虫也。”段玉裁注：“蛊于饮食器中，会意。”许多古籍都说器皿中有毒虫，可以杀人。今也有“病从口入”之说。更何况谷物中而生飞虫。亥有二首六身：《左传·襄公三十年》：“亥有二首六身，下二如身，是其日数也。”无论《说文》《金文》，其首都是“二字，二者，上也。”故言二首。其下似“六”“人”二字，故言“六身”。《春秋传》也说“亥有二首六身”，谓其乃会意字。其实亥字，同“豕”。正如吴其昌《金文名象疏证》所说：“亥字原始之初谊为豕之象形。”亥，处十二地支末位，与十天干相配，可以纪年、纪月、纪日、纪时。㉑⑨“又相如”三句：司马相如《封禅书》“寻一茎六穗于庖，牺双觡共抵之兽”二句，历来解者多误。导，通“稟”，二字繁体，形音俱近似，故可通。“稟”，选择禾穗，以为祭祀。牺，牺牲。双觡，双角。共抵之兽，指牛羊，以太牢为牺牲。抵，抵抗，抵对。一说，抵同底，误。㉒⓪纯儒：单纯儒者，即单纯研究文字训诂的学者。㉒①隐括：原指矫正竹木，使之平正的工具，此处用作引申义：订正。

【原文】

世间小学[222]者，不通古今，必依小篆，是正书记[223]，凡《尔雅》《三苍》《说文》，岂能悉得苍颉本指哉[224]？亦是随代损益[225]，互有同异。西晋已往字书，何可全非？但令体例成就，不为专辄耳。考校是非，特须消息[226]。至如“仲尼居”，三字之中，两字非体，《三苍》“尼”旁益“丘”[227]，《说文》“尸”下施“几”[228]，如此之类，何由可从。古无二字，又多假借，以中为仲，以说为悦，以召为邵，以间为闲，如此之徒，亦不劳改。自有讹谬，过成鄙俗，乱旁为舌，揖下无耳，鼋、鼍从龟，奋、夺从雚，席中加带，恶上安西，鼓外设皮，凿头生毁，离则配禹，壑乃施豁，巫混经旁，皋分泽片[229]，猎化为獦，宠变成宠，业左益片，灵底著器，率字自有律音，强改为别，单字自有善音，辄析成

异。如此之类,不可不治。吾昔初看《说文》,蚩薄世字,从正则惧人不识,随俗则意嫌其非,略是不得下笔也。所见渐广,更知通变,救前之执,将欲半焉。若文章著述,犹择微相影响者行之,官曹文书,世间尺牍,幸不违俗也。

【注释】

㉒小学:即文字、音韵、训诂学。㉓是正书记:考正典籍。㉔苍颉:传说中创造文字的人。此泛指远古创造文字的人。本指:文字的本义。指,通"旨"。㉕随代损益:指字形随时代的变化也会有所减损或增益。㉖特须消息:特别要注意字义的变化。消息,或原义消亡,或生息新义。㉗尼旁益丘:"尼",写作"屔"。益,增益。㉘尸下施几:"居",写作"凥"。㉙片:部分。

【原文】

案弥亘字从二间舟[230];《诗》云"亘之秬秠"是也[231]。今之隶书,转舟为日,而何法盛[232]《中兴书》乃以舟在二间为舟航字,谬也。《春秋说》[233]以人十四心为德,《诗说》[234]以二在天下为酉,《汉书》以货泉为白水真人[235],《新论》[236]以金昆为银,《国志》[237]以天上有口为吴,《晋书》以黄头小人为恭,《宋书》[238]以召刀为劭,《参同契》[239]以人负告为造。如此之例,盖数术谬语,假借依附,杂以戏笑耳。如犹转贡字为项,以叱为匕,安可用此定文字音读乎?潘、陆诸子《离合诗》《赋》《栻卜》《破字经》[240],及鲍昭《谜字》[241],皆取会流俗,不足以形声论之也。

河间邢芳语吾云:"《贾谊传》云:'日中必熭。'注:'熭,暴也[242]。'曾见人解云:'此是暴疾之意,正言日中不须臾,卒然便昃[243]尔。'此释为当乎?"吾谓邢曰:"此语本出太公《六韬》,案字书,古者暴晒字与暴疾字相似,唯下少异[244],后人专辄加傍日耳,言日中时,必须暴晒,不尔者,失其时也。晋灼[245]已有详释。"芳笑服而退。

【注释】

㉚弥亘:连绵无边。从二间舟:意谓"亘"字,原是会意字,写作"二"字之间是一"舟"字。㉛"诗云"二句:《诗经·大雅·生民》。亘之秬秠:连绵无边的黑黍。亘,今写作"亘",同"恒"。今本皆作"恒"。㉜何法盛:南朝宋代人,官至湘州太守。所著《中兴书》,凡七十八卷。㉝春秋说:讳书,已佚。㉞诗说:讳书,已佚。㉟货泉:指王莽擅政时货币名。㊱新论:书名,汉人桓谭著。已佚。㊲国志:即《三国志》。㊳宋书:南朝梁代人沈约撰。㊴参同契:道教经典书名,即《周易参同契》。㊵"潘、陆"句:潘:指潘岳,其所著《离合诗》,收《艺文类聚》中。陆:指陆机。《栻卜》:占卜书。《破字经》:以拆字、测字为占卜的书。㊶谜字:以测字为占卜的书。鲍照《谜字》收《艺文类聚》中。㊷"贾谊"四句:指《汉书·贾谊传》。熭:曝晒。㊸昃:"昃"的异体字。太阳将落于未时,如今下午两点左右。㊹唯下少异:古时暴晒的"暴",写作暴,以四字会意。后写作"曝"。暴疾的"暴"。㊺晋灼:晋人,著有《汉书音义》《汉书集注》。

【译文】

《诗经》上说："参差不齐的荇菜。"《尔雅》解释道："荇菜，就是接余。""荇"字有时写作莕。前代的儒家都解释为一种水草，叶圆茎细，随水的深浅而生长。如今凡是有水的地方都生长这种植物，黄色的花和莼菜花相同，江南民间也称为"猪莼"，或叫作"荇菜"。刘芳对这些都做了注释。但黄河以北的百姓大多不认识荇菜，连饱读诗书的博士都把这些高低不齐的荇菜当作"苋菜"，把"人苋"叫成"人荇"，这也太可笑了。

《诗经》上说："谁说荼菜是苦的？"《尔雅》《毛诗传》都认为"荼"是"苦菜"。另外，《礼记·月令》认为是苦菜开花而不结实。按，《易统通卦验玄图》解释为："苦菜，在寒冷的秋天生长，经过冬季和春季，到夏季才长成。"现在中原地区的苦菜就是这样生长的。苦菜又称"游冬"，叶子像苦苣菜但稍细，折断后有白汁溢出，花黄得像菊花一般。江南地区另外还有一种苦菜，叶子像酸浆草，花朵有的是紫色的，有的是白色的，果实像珠子一样大，成熟时有的是红色的，有的是黑色的，这种苦菜吃了可以解除疲劳。按，郭璞《尔雅注》认为：这种苦菜是蘵草，即黄蒢。如今黄河以北地区的人称之为"龙葵"。梁朝讲解《礼》的人，把它当成苦菜，说它没有根，到春天才能生长，这是一个极大的误解。另外，高诱注《吕氏春秋》里说："开花而不结果实的叫作英。"因此，苦菜应当称作"英"，更加确信它不是龙葵了。

《诗经》上说："有一棵孤立的棠梨树。"江南版的"杕"字都是"木"字旁加上一个"大"字，《毛诗传》解释说："杕，孤独貌。"徐仙民认为其音为徒计反。《说文解字》释为："杕，树木貌。"本字在《木部》。《韵集》此字音为"次第"的"第"，而黄河以北的版本都注为"夷狄"的"狄"，读音也和"狄"字相同，这是一个大错误。

《诗经》上说："肥壮的公马。"江南版《诗经》作"牝牡"的"牡"字，而黄河以北的版本则是"放牧"的"牧"字。邺都有位博士问我："《鲁颂·駉》既然是赞颂鲁僖公在郊外放牧的篇章，为何仅局限于公马、母马呢？"我回答说："根据《毛诗传》的解释：駉駉，良马腹部和躯干肥壮的样子。接着又说：诸侯有六个马厩，四种马：即有良马、戎马、田马、驽马之别。倘若解释为放牧的意思，公马母马都是可以说通的，这样就不应该局限于用駉駉来形容良马了。良马，周天子用它来驾玉车，诸侯用它来朝见周天子，到郊外祭祀天地，一定不会有母马。《周礼·圉人》说：良马，一个人只能饲养一匹。驽马，一个人可以饲养两匹。圉人所饲养的马，也都不是母马。诗人列举的是俊健的良马，这才能与文义相合。《易经》上说：两匹良马奔逐。《左传》上说：用两匹良马。这都是对精壮骏马的称呼，并不是对所有马的通称。如今用《毛诗传》上的良马等同于牧马和母马，恐怕是与毛公的本意相违背的，而且此种解释在刘芳《毛诗笺音义证》中很难见到。"

《礼记·月令》说："荔挺长出来了。"郑玄注释认为："荔挺是马薤。"《说文解字》上说："荔，似蒲而略小，其根可为刷子。"《广雅》上说："马薤即荔。"《通俗文》也称荔为马蔺。《易统通卦验玄图》认为:"荔草如果长不出来,国家就会多火灾。"蔡邕《月令章句》则说:"荔草的茎钻出地面。"高诱注《吕氏春秋》认为:"荔草的茎冒出来了。"然而《月令注》把荔挺当作草名,是错了。河北地区的沼泽里都生长有荔草。江东地区却很少见到这种植物,有人将它种在庭院里,只称其为旱蒲,所以不知道马薤这个名称。讲解《礼》的学士把它称为马苋,而马苋是可以吃的,也叫豚耳,俗称马齿苋。江陵曾有一僧人,脸形上宽下窄,刘缓的小儿子刘民誉,刚刚几岁却聪颖过人,善于描摹事物,他看到这位僧人便说:"你的脸像马苋。"他的伯父刘滔因此称此僧为荔挺法师。刘滔是讲解《礼》的著名儒士,倘且会出现这样的错误。

《诗经》上说:"请从从容容来。"《毛诗传》解释为"施施,难以行进之意。"郑玄的《毛诗传笺》认为:"施施,缓慢行走之意。"《韩诗外传》也重叠"施"为"施施"。黄河以北地区的《毛诗》也写作"施施"。江南地区的旧版本则都单写做一个"施",习俗上认同它,这恐怕仅是个小错误吧。

《诗经》上说:"有渰萋萋,兴云祁祁。"《毛诗传》解释说:"渰,阴云密布的样子。萋萋,云朵移动的样子。祁祁,舒缓的样子。"郑玄《诗经传笺》说:"古代,阴阳和谐,风雨及时,它们来时都是舒缓的,而不是猛烈迅速的。"按,渰已经是阴云之意,为什么还要重复使用"兴云祁祁"呢?可见"云"字当作"雨"字,流行的写法是错误的。班固的《灵台诗》说:"日月星辰三光宣泄着光芒,金木水火土五行安排着大自然的季节,习习的祥和之风,祁祁的及时之雨。"这即是云为雨的笔误的证据。

《礼记·曲礼》说:"定犹豫,决嫌疑。"《离骚》说:"心犹豫而狐疑。"前代儒士没有对这句话进行解释。按,《尸子》说:"身高五尺的狗称为犹。"《说文解字》则解释为:"陇西人称小狗为犹。"我认为人带着狗走,狗则喜欢跑到人的前面,等待主人不到,狗又来迎接等候,这样来回跑动,一直到一天的结束,这就是豫字解释为左右不定的缘故,因此把狗称为犹豫。有人则根据《尔雅》认为:"犹长得像麂,善于攀爬树木。"犹是一种野兽的名称,一听到人的声音,就预先爬到树上,这样爬上爬下,因此称作犹豫。狐狸这种野兽,其性本多疑,所以要听到河冰下面没有水声之后才敢过河。现在俗语中所说的"狐疑虎卜"就是这个意思。

《左传》记载:"齐侯痎,遂痁。"《说文解字》解释为:"痎,两天发作一次的疟疾。痁是发热的疟疾。"按,齐景侯的病,本来是两天发作一次,病情比过去逐渐加重,成为各诸侯担忧的事情。如今北方人仍称为痎疟,痎音作皆。但是世间的传本多把痎写作疥,杜预对此也未做解释,徐仙民认为痎音作介,浅薄的俗儒据此而疏通说:"患了疥疮,使人怕冷,逐渐变成疟疾。"这是毫无根据的说法。疥癣这种小病,不值得论说,难道有患上疥癣就能转为疟疾的吗?

《尚书》上说:"惟景响。"《周礼·大司徒》中有"土圭测景,景朝景夕。"《孟子》上讲:"图影失形。"《庄子》中亦有"罔两问景"之句。这些是影字,都是光景的景。凡是阴景,都是因为有了光而产生的,因此叫作景。《淮南子》把景称为景柱,《广雅》则说:“晷柱挂景。”都是此意。到晋朝葛洪的《字苑》,才在景字旁加彡,而且音为于景反。可是世上有一些人就把《尚书》《周礼》《庄子》《孟子》中的景字改从葛洪写的影字,这是十分错误的。

姜太公的《六韬》里有天陈、地陈、人陈、云鸟之陈。《论语》中说:“卫灵公向孔子问军陈之事。”《左传》中有:“布鱼丽陈。”通俗的本子通常把陈字多写作阜旁加车乘的车字。按,以上陈队的陈字,都写作陈国、郑国的陈字,排列阵势的含义,取义于陈列这个词,这在六书中是假借的用法,《苍颉篇》《尔雅》以及近代的字书,都没有写成其他字的,只有王羲之的《小学章》独为阜旁加车字,即使俗本再次流行,也不应该回过头去改《六韬》《论语》《左传》中的陈字为阵字。

《诗经》上说:“黄鸟于飞,集于灌木。”《毛诗传》解释为:“灌木就是丛生的树木。”这是《尔雅》中的注文,所以李巡注释说:“树木丛生称为灌。”《尔雅》末章又说:“树木族生的叫作灌。”族,也就是丛聚之意。所以江南地区的《诗经》古本中都是丛聚的丛,可是古丛字像冣字,所以近代的儒士,因此将其改作冣字,解释为:“树木中最高大的。”按各家研究《尔雅》和解释《诗经》的人,只有周道祖的《毛诗注》把此字的字音定为徂会反,刘昌宗的《诗注》字音为在公反或祖会反,这都是牵强附会的解释,违背了《尔雅》训此字的原意。

也字是语末词和语助词,文籍中都有此字。黄河以北版本的经传,全部省略了这个字,这中间有些“也”字是不能没有的,像“伯也执殳”,“于旅也语”,“回也屡空”,“风,风也,教也”,以及《诗传》中所载:“不戢,戢也。不傩,傩也。”“不多,多也。”像这类的语句,假如删去“也”字,就成了残缺的语句。《诗经》说:“青青子衿。”《毛诗传》解释为:“青衿,青色的衣领,学生穿的服装。”按,古代斜领向下与衣衿相连,因此衣领也称为衿。孙炎、郭璞的《尔雅注》,曹大家的《列女传注》中都说:“衿,交叠在胸前的衣领。”邺都版的《诗经》里由于无“也”字,儒士们因此荒谬地说:“青衿、青领,是衣服上两个地方的名称,都是用青色作为装饰。”用这种观点去解释青青二字,是极大的错误。还有一些平庸的儒士,听说经、传中常用“也”字,就随意添加,时常用得不当,更属可笑。

《易经》有蜀才作的注,江南地区的儒士,竟然不知道蜀才是什么人。王俭的《四部目录》中也未提及他的姓名,只是写作“王弼后人”。谢炅、夏侯该两人读了几千卷书,都怀疑蜀才就是蜀地的谯周;而《李蜀书》又称《汉之书》,其中有“此人姓范名长生,自称蜀才。”南方人士自从西晋渡江之后,北方的传记都被指斥为伪书,并不注重阅读这些传记,因此没有看到这段记载。

《礼记·王制》中有“裸股肱。”郑玄注释为:“这是说捲起衣服,露出手臂和腿。”现在的书都把捲字写成擐甲的擐字,国子学博士萧该则认为:“擐应是捲字,其音为宣,擐是穿着之意,无露出手臂的含义。依据《字林》,萧该的读音是正确的,徐爰把擐读为患,是错误的。

《汉书》上说:"田肎贺上。"江南版的《汉书》肎字都写作宵。沛国人刘显,博览经籍,尤其精通班固的《汉书》,梁朝的人称他为《汉书》圣。刘显的儿子刘臻,没有把家传儒业失传。他研读班固的《汉书》读作田肯。梁元帝曾向他问过些事,刘臻回答说:"这没有什么意思可以寻求,只是我家旧本中,用雌黄把'宵'字改为'肯'。"梁元帝没能难住他。我到江北以后,看到那里的本子本来就写为肯字。

《汉书·王莽赞》上说:"紫色蛙声,余分闰位。"其大意是说王莽的皇位,不是玄黄正色,不符合律吕正音。近来有位学士,名望甚高,却说:"王莽不但长有鹰的臂膀,老虎的眼睛,而且还有紫色的皮肤并能发出青蛙的叫声。"这也是不对的。

简策的"策"字,是竹字下面的一个朿字,后代的隶书中,写得像杞国、宋国的宋字,也有在竹字下放一个夹字的,好像刺字的偏旁应当是朿,如今也写作夹。徐仙民的《春秋左氏传音》《礼记音》就把筴字当作正确的字。以策作为读音,这完全是颠倒了。《史记》在写悉字时,又误作述字,写妬字,误写为姤字,裴骃、徐广、邹诞生都用悉字为述字注音,用妬字给姤字注音。既然如此,那么也可以用亥字为豕字注音,用帝字为虎字注音吗?

张揖说:"虙就是现在所说的伏羲氏。"孟康的《汉书》古文注也说:"虙,就是现在的'伏'字。"而皇甫谧却认为:"伏羲有人也叫作宓羲。"依据各种经、史、纬、候之类的书籍,却没有宓羲这个称谓。'虙'字从虍,'宓'字从'宀',虽然下面都是'必'字,但由于后来的传抄,误把'虙'字写成'宓'字,因此《帝王王纪》据此而另立了一个'宓羲'的称谓。用什么来验证呢?孔子的弟子虙子贱担任单父宰,他是虙羲的后人,他的姓俗写作'宓',有时在它的下面再加一个'山'字。现在兖州的永昌郡城,就是以前单父辖地的旧址,城东门有一块《子贱碑》,是汉朝建立的,上面铭文说:"济南人伏生,是子贱的后人。"由此可知,'虙'与'伏'自古以来就是相互通用的,后人误把'虙'写为'宓'的原因,大概就可以知道了。

《史记》中说:"宁为鸡口,无为牛后。"这是从《战国策》中抽取而来的话。依据延笃《战国策音义》的说法:"尸,鸡群中的头领。从,牛群中的幼牛。"那么"口"字当是"尸"字,"后"字应是"从"字,现在流行的写法是错误的。

应劭的《风俗通义》引《史记》记载:"高渐离改换姓名,给人做仆役,在宋子县藏身。日子久了,生活很辛苦,所到主人家的堂上有人击筑唱歌,他禁不住技痒,不能不跟着唱起来。"按,所谓技痒,就是身怀某种技艺,身体像发痒一样想表现出来。因此潘岳的《射雉赋》也说:"白白地心烦和技痒。"今本的《史记》都写作"徘徊",或者写成"彷徨,不能无出言。"这是被世俗人传抄生错的缘故。

太史公司马迁评论英布时说:"杀身之祸起于爱姬,源于妒媚,以致灭国。"另外,

《汉书·外戚传》也说:“汉成帝的皇后由于妒媚而遭到杀身之祸。”这两处的“媚”都应当是“媢”,媢也是妒嫉之义。这个含义在《礼记》《三苍》中可以见到。而且《五宗世家》中也说:“常山宪王的后妃妒媢。”王充的《论衡·论死》中说:“妒夫媢妇同处一室,就会相互愤怒斗讼。”由此更可确信媢是妒的另一种说法。推究英布被杀的原因,是由于他怀疑贲赫和他的妻子有奸的缘故,并不能说是“媢”。

《史记·秦始皇本纪》记载:“始皇二十八年,丞相隗林、丞相王绾等人,在东海之滨议事。”各种版本的《史记》都写作山林的“林”字。隋朝开皇二年五月,长安的百姓挖出了一个秦朝时的铁秤锤,旁边有镀铜的雕刻铭文两处,其中一处刻着:“廿六年,秦始皇兼并天下诸侯,百姓得以安定,故确立帝号为皇帝,于是下诏任隗状、王绾为丞相,度量衡不规范统一而存疑问的,都明确和统一。”共计四十个字。另一处刻着:“元年,制诏丞相李斯、冯去疾,规范度量衡,都是始皇帝做的,这些事迹都记载在刻辞中。现在袭号而刻辞却不称皇帝,已经很长时间了,这是后继者干的,不称颂始皇的功绩和恩德,因此刻此诏文于左边,使后人不产生怀疑。”共五十八字,有一个字已磨损了,现在只有五十七字,字字分明。其字体都是古隶书。我受皇命摹写、认读这些文字,与内史令李德林核对,发现这个秤锤,如今就在官库里。其刻文“丞相状”,是状貌的“状”字,即“爿”字旁加“犬”字,由此可知俗本写作“隗林”,是不对的,应当写作“隗状”。

《汉书》中有“中外禔福”一句,禔字应当从“示”。“禔”是“安”的意思,音为匙匕的匙,其含义见于《三苍》《尔雅》和《方言》。黄河以北的学者都是这样认为的。但江南版的《汉书》大多误从手,写文章的人写对偶句时,都把此字理解为提挈的意思,恐怕是不对的。

有人问:“《汉书注》的注文中说:‘因为孝元皇后的父亲名禁,因此把禁中改为省。’用‘省’代替‘禁’是什么原因?”我回答说:“按,《周礼·官正》载:‘掌管王宫的戒令纠禁。’郑玄注释为:‘纠,是割或察之义。’李登说:‘省,就是察的意思。’”张揖说:“省,现在是省察之义。”既然如此,那么小井反、所领反的“省”字都可以训释为“察”。禁中既然经常有禁卫军省察,所以用“省”代替“察”。詧,是古代“察”的异体字。

《后汉书·明帝纪》中说:“替四姓小侯设立学校。”按,汉桓帝行冠礼时,又赐给四姓以及梁氏、邓氏小侯丝绸,因此知道他们都是外戚。汉明帝时,外戚有樊氏、郭氏、阴氏、马氏四姓。称他们为小侯,或者是由于他们年纪小而获得封爵,因此必须设立学校以教育吧。或者由于他们属于侍祠侯、猥朝侯,这些侯都不是列侯,因此称为小侯。《礼记》中所说“各地小侯”,就是这个意思。

《后汉书》记载:“鹳雀口衔三条鳝鱼。”此“鳝”字多假借为鳣鲔的“鳣”。一些平庸的学者因此称其为鳣鱼。按,魏武帝的《四时食制》载:“鳣鱼大得像五头奁,长约为一丈。”郭璞《尔雅注》则认为:“鳣鱼长约二三丈。”哪里能有一只鹳雀可以衔动一条鳣鱼的,更何况三条鳣鱼呢?而且鳣鱼是纯灰色,没有花纹。鳝鱼长的也不会超过三尺,宽的大约不会超过三指，黄的底色，黑色的斑纹，所以人们都说："蛇蟮，是卿大夫衣服的纹象。"《续汉书》和《搜神记》也记述了这件事，都写成"鳝"字。荀子说："鱼鳖鳅鳣。"以及《韩非子》《说苑》都说："鳣鱼像蛇，蚕像蝎。"都写作"鳣"字。把"鳝"字假借为"鳣"字，由来已久了。

《后汉书》记载："酷吏樊晔担任天水太守时，凉州的百姓为他编的歌谣说：'宁见乳虎穴，不入冀府寺'。"但江南版的《后汉书》中，都把"穴"字误写作"六"字。学者们沿袭了这个错误，迷误而不觉。虎豹都是穴居的，这是明明白白的事情，所以班超说："不探虎穴，安得虎子？"难道班固谈论的是六七只虎吗？

《后汉书·杨由传》说："风吹削肺。"此"肺"字是削札牍的"柿"字。在古代，写错了字就把此字削掉，因此《左传》上说："削去错字，把它丢弃了。"即是这个意思。有人把"札"称作"削"字，王褒《童约》上说："书削代牍。"苏竟在信中说："以前靠切磋编纂书籍的才能。"这些都是"札"被称为"削"的证据。《诗经》中有"伐木许许"。《毛诗传》解释为："许许，砍削的样子。"史官假借柿为"肝肺"的肺字，世上所流行的版本因此全部都写成"脯腊"的"脯"字，或者写作"反哺"的"哺"字。学者们解释说："削哺，是屏障的名称。"这种解释既没有根据，那只能是胡说。这是风角占侯的办法。《风角书》说："百姓之风，能够掠过地面，扬起的灰尘，可以使木屑转动。"假如"削哺"是"屏障"，用什么才能转动呢？

《三辅决录》上说："南阳郡大夫范仲公，把盐、豉、蒜果放到一个筒里。""果"字应当是魏颗的"颗"字，北方人通常称一块东西为一颗，蒜颗就是民间的习语。因此陈思王的《鹞雀赋》说："头好像一颗蒜头，眼睛像分开的椒。"另外，《道经》说："合口诵经声琐琐，眼中泪出珠子碟。"此"碟"字虽然写法不同，但发音与含义却是相同的。江南的人只称蒜符，不知道叫颗。学者们相互承袭，将其读成裹结的裹，说范仲公把盐和蒜放到一个包裹里，再放进竹筒之中。《正史削繁》此字又音"颗"为苦戈反，这些都是不对的。

有人向我咨询道："《魏志》蒋济上疏中有：'弊攰之民'之语，此攰字是什么字呢？"我回答说："依据文意，攰就是'皶倦'的皶字。张揖、吕忱都认为：'支傍加上'刀剑'的'刀'，也就是'剞'字。'不知道蒋济自造的偏旁加'筋力'的'力'，或者是'剞'字的假借，攰，终归应读为九伪反。

《晋中兴书》记载："泰山人羊曼，经常颓唐放纵，仗义助人，饮酒毫无节制，兖州人把他称为䭴伯。"此"䭴"字，各书中均无音韵训诂。梁孝元帝曾经对我说："我从来不认识此字。只有张简宪教过，将其称为'嘿羹'的'嘿'字。从那以后，我就遵从承接了这个发音，也不知道它的出处。"简宪是湘州刺史张缵的谥号，江南人都把他当作学问很大的人。按，何法盛生活的年代距我们较近，此"䭴"字应是年老且有名望的人传下来的。世间又有"䭴䭴"一词，大概是无所不见，无所不容的含义。顾野王的《玉篇》却误写成“黑”字旁加“沓”，顾野王虽然有广博的知识，但在学问上还是在张缵和孝元帝之下，张氏、孝元帝二人都是“重”字边。我所看到过的几种本子，并没有写作“黑”字旁的。重沓是多饶积厚之意，从“黑”旁，就更没有什么含义了。

《古乐府》的歌词，首先讲述三子，然后再提及三妇，“妇”是公婆对儿媳的称呼。歌词的最后一章说：“丈人且安坐，调弦未遽央。”古代儿媳妇供养公婆，早晚都在身边，和儿女没有什么差别，所以歌词有此话语。丈人也是对长辈老者的尊称，现在习惯上仍称呼已故的祖父与父亲为先亡丈人。我又怀疑“丈”应当是“大”字，北方风俗，儿媳称公公为大人公。“丈”与“大”，是很容易写混的。近代文人，很多人写过《三妇诗》，描述妻妾与自己成双配对的艳事，再加入一些春秋时郑、卫两国那样的淫邪之言，这些号称是道德高尚、才华出众的君子，是多么荒谬啊！

《古乐府》歌颂百里奚的唱词中说：“百里奚，五羊皮！忆别时，烹伏雌，吹扊扅；今日富贵忘我为！”其中“吹”应当写为炊煮的“炊”。按，蔡邕《月令章句》说：“键，就是关牡，用用以拴门的，也有人把它说成剡移。”如此看来，百里奚当时家境贫穷，把门闩当成烧柴做饭了。《声类》中又把此字写作度，另外有些书又写作“扂”。

《通俗文》，世间传本题为“河南服虔字子慎撰。”服虔既然是汉朝人，他的《叙》却引用苏林和张揖的话。而苏、张二人都是三国时魏人，而且在郑玄以前，不时人们还不理解反切注音的方法，此文很合乎近代人的习尚。阮孝绪又认为是李虔所撰。此书在黄河以北地区，家家收藏，没有题作李虔的。《晋中经簿》和《七志》两书都没有此书的条目，最终也不知道此书为谁所撰。但此书的文辞精当妥帖，作者确应是位学识渊博的人。殷仲堪的《常用字训》也引用过服虔的《俗说》，如今已看不到此书了，不知它就是《通俗文》，还是另一本书？或者另有一位服虔？不能确定了。

有人问：“《山海经》是夏禹和伯益记述的，却有许多长沙、零陵、桂阳、诸暨诸如此类秦汉时的郡县地名，您认为这是为什么？”我回答道：“史书中的遗漏，已经很久了；再加上秦始皇毁灭学术，董卓焚毁书籍，使各种典籍发生了错乱，问题还不止这些。例如《本草》为神农氏所记，其中却有豫章、朱崖、赵国、常山、奉高、真定、临淄、冯翊等汉朝的郡县地名，并说这些地方出产各种药物；《尔雅》是周公撰写的，书中却说是张仲孝友所撰；孔子修订《春秋》，而《左传》里却记述了孔子死后的事；《世本》是左丘明撰写的，书里却记有燕王喜、汉高祖的名字；《汲冢琐语》是战国时的书籍，里面却记有《秦望碑》；《苍颉篇》为李斯所作，却说‘汉朝兼并天下，天下诸侯竞相参与，陈豨被黜，韩信败亡，叛臣被讨伐，残贼被诛杀’等话语；《列仙传》是刘向撰写的，书中的《赞》却说有七十四人出自佛经；《列女传》也是刘向所撰，其子刘歆又写了《列女传颂》，记事截止到赵悼后，而传中却有更始韩夫人、明德马皇后以及梁夫人嫕：这些都是后人掺杂进去的，不应是原文。”

有人问：“《东宫旧事》一书为什么把‘鸱尾’叫称‘祠尾’？”我回答说：“此书作者张

敞是吴郡人，不大查考古代的事情，随意记述注解，依从乡俗的谬误，造出了这类文辞。吴人把‘祠祀’称作‘鸱祀’，所以用‘祠’字代替‘鸱’字；把‘绀’称为‘禁’，因此用糸旁加禁代替‘绀’字；吴人音‘盏’为竹简反，所以把木旁加‘展’字替代‘盏’字；吴人把‘镬’字称为‘霍’，因此把金旁加‘霍’代替‘镬’字；又以金旁加‘患’代替‘镮’字，木旁加‘鬼’代替‘魁’字，火旁加‘庶’代替‘炙’字，‘既’字下加‘毛’当作‘髻’字；‘金花’用金旁加华来表示，‘窗扇’用木旁加‘扇’来表示。诸如此类，专断妄写的字是很多的。

还有人问：“《东宫旧事》里的‘六色罽緵’是什么东西？应当读作什么音？”我回答说：“按，《说文解字》说：‘莙就是牛藻，读作威音。’而《说文音隐》却注为‘坞瑰反。’就是陆机所说的“聚藻的叶子像蓬草’的那种藻。另外，郭璞注《二苍》也说：‘蕴，水藻一类的植物，叶子纤细长得蓬松柔密。’但是如今水中有这类植物，每节有几寸长，纤细柔密如丝，缠绕成圆形，甚是可爱，这种植物最长的有二三十节，依旧称为‘莙’。另外，把五色丝线剪成一寸长，横放在几股钱中间用绳子系住，作成莙草状，用它来做装饰物，此种饰品称为莙。当时应当捆六色罽，才能成这种莙来装饰绲带，张敞因此造了个系旁加‘畏’的字，应当读作隈。”

柏人城东北方有一座孤山，古书上没有此山的记载，只有阚骃的《十三州志》中认为舜所进入的大山林就是这座山。山上至今还有尧的祠堂，世人称呼它为宣务山，或称虚无山，但没有人知道此山名的来历。赵郡士族中有李穆叔、李季节兄弟和李普济，也是有学问的人，但都不知道家乡此山名称的来历。我曾担任赵州佐，与太原人王邵一起读过柏人城西门内的碑刻。此碑是汉桓帝时柏人县百姓为县令徐整竖立的，碑文上说：“群山中有座巏嵍山，是王乔成仙的地方。”我才知道此山就是巏嵍山。而“巏”字却找不到出处。“嵍”字依据各种字书，就是“旄丘”的旄字。旄字，《字林》其音为亡付反。现在根据通俗的称俗，巏嵍应读作“权务”。到邺城以后，我曾对魏收谈起过此事，魏收十分赞叹。恰巧他在撰著《赵州庄严寺碑铭》，因此写了“权务之精”之句，用的就是我所说的这个典故。

有人问：“一夜为什么分为五更？‘更’字又做何解释呢？”我回答说：“汉、魏以来，一夜可分为甲夜、乙夜、丙夜、丁夜和戊夜，也称为鼓，即一鼓、二鼓、三鼓、四鼓和五鼓，还有叫作一更、二更、三更、四更和五更，都是用五来划分时间的。《西都赋》中也说：‘以严密监督更鼓的郎署、保卫皇宫。’之所以如此，是因为把正月假定为寅月，北斗七星的斗柄晚时即指向寅时，黎明时就指向午时了，从寅时到午时，一共经历了五个时辰。冬季和夏季的月份虽然白天和黑夜的长短不一，但时辰之间，最长不会超过六个时辰，最短不会到四个时辰，上下通常在五个时辰之间。更，就是经历、经过的含义，所以称为五更。”

《尔雅》说：“术，就是山蓟。”郭璞的注释为：“现在术像蓟，生长在山中。”按，术的叶子形状像蓟，近代的文士，于是把“蓟”读作“筋肉”的“筋”，并且用“术”与“地骨”对偶使用，恐怕已失去了它的本义吧。

有人问："俗称傀儡戏为郭秃，有什么典故吗？"我回答说："《风俗通》说：'姓郭的都忌讳秃字。'这可能是前代姓郭的有人得过秃头病，又喜好滑稽开玩笑，所以后人就雕刻了他的像作傀儡，并称之为郭秃，这就像《文康》乐舞中有庾亮的像一样。"

有人问："称治狱参军叫长流是什么缘故呢？"我回答说："《帝王世纪》说：'少昊帝死后，他的神灵降到长流山上，在此主持秋祭。'按，《周礼·秋官》上说：'司寇主管刑罚，或长流处罚的职务，这就是汉、魏时期的捕贼掾。晋、宋以来，才开始称作参军，上归司寇管辖，所以取秋帝少昊所住的地方是最好的名称了。'"

有客人责问我说："现在的经典，您都说是错误的，《说文解字》所讲的，您都认为是正确的，这样看来，难道许慎还能胜过孔子吗？"我抚掌大笑，回答道："今天的经典，都是孔子的手迹吗？"客人说："今天的《说文解字》都是许慎的手迹吗？"我回答说："许慎用六书来检验文字，用部首贯穿全书，使全书不致出现错误，如果有错误就能发现。孔子思考文句的含义而不去探讨文字的本身。前辈儒士还能改动经典的文字来依从全文的含义，何况经过书写流传的文章呢？一定要像《左传》所说的止戈为武，反正为乏，皿虫为蛊，亥有二首六身这种情况，后人自然不能随意改动，怎么敢用《说文》来校订它们的是非呢？况且我也不是仅以《说文解字》所言为正确，其中有援引经传的文句，但却与今天的经意不相合的，我就不敢听从了。又如司马相如《封禅书》说：'导一茎六穗于庖，牺双觡共抵之兽。'说明'导'字可训为'择'。汉光武帝的诏书中说'非从有豫养导择之劳'的'导'字就是这个含义。而《说文解字》说：'导是禾名。'并引《封禅书》为证。我们不妨说本来就有一种禾名'导'，却不是司马相如在《封禅书》中所使用的'导'。不然，'禾一茎六穗于庖'，怎么能构成文句呢？即使司马相如的天资低劣，勉强写出这样的语句，那么下一句应当说'麟双觡共抵之兽'，而不能说'牺'。我曾经嘲笑许慎是一个单纯的儒者，不通晓文章的体制，像这类文字，就不足凭信了。但大体上我还是佩服许慎撰《说文》，对文字的剪裁、订正有条例，分析文义能穷尽根源，郑玄注解经书，常常引用《说文》为证。如果我们不相信《说文》中的解释，就会不知晓文字的一点一画，那有什么意义。"

世上研究文字音韵学的人，不通晓古今的变化，做什么都必须依据小篆，以此来订正书籍，凡是《尔雅》《三苍》《说文》上的文字，怎么能够全部找到仓颉造字时的最初字形字义呢？文字也是随着时代的发展而有增减的，并互有异同。西晋以来的字书，怎么可以全部否定呢？只要使它能体例完备，不任意专断就可以了。考校文字的是非，特别需要认真考虑，至于像"仲尼居"，三个字中有两个字不合正体，《三苍》中的"尼"字在"尼"旁加了"丘"，《说文解字》中的"居"字，是在尸字下面放"几"字，这样的例子，用什么标准来依从呢？在古代，一个字是不应有两种写法的，又多假借字，以"中"为"仲"，以"说"为"悦"，以"召"为"邵"，以"间"为"闲"，这类写法，也不需劳神去改，有的文字本身就有错误,而且恰恰形成了一种鄙陋的习俗,如"乱"旁边是"舌","揖"字下面无"耳","鼋""鼍"的下部从"龟","奋""夺"的下面是"雚"字,"席"字中间加"带","恶"字上面放"西","鼓"字的右面加"皮","凿"字头上多出个"毁"字,"离"字左面配上"禹","壑"字上面加"豁","巫"与"经"的"巠"相互混淆,"皋"字分"泽"的半边成"睪","猎"字变作"獦","宠"字变成"寵","业"字左面加上"片","灵"的下部写成"器"字,"率"字本来就有"律"的音,却勉强地改成别的字,"单"字本来有"善"字音,却分写成两个不同的字,这类写法,不可不加以改正。我以前阅读《说文解字》时,看不起俗字,想依从正体又怕别人不认识,想随从俗体又怕它不正确,这样就完全不能下笔为文了。随着见闻逐渐增广,我进一步懂得了变通的道理,以补救从前的固执,只得把从正和随俗二者结合起来。至于写文章做学问,仍要选择与《说文解字》的字体略微相近的字来使用,官府的文书或社会上的信函,希望不要违背世俗的习惯。

按:张亙的"亙"字是"二"字中间加"舟"字,《诗经》说的"亙之秬秠"就是这个"亙"字。现在的隶书,改"舟"为"日",而何法盛的《中兴书》以"舟"在"二"字间为"舟航"的"航"字,是错误的。《春秋说》以"人、十、四、心"组成"德"字,《诗说》以"二"在"天"的下部为"西"字,《汉书》以"货泉"二字拆开作"白、水、真、人"四字,《新论》以"金昆"为"银"字,《三国志》以"无"字上面加"口"为"吴"字,《晋书》以"黄"字头加"小、人"为"恭"字,《宋书》以"召、刀"合成"邵"字,《参同契》以"人负告"为"造"字,此类例子,都是玩弄术数的荒谬文辞,不过是假托附会,杂以游戏玩笑而已。例如,把"贡"字转变成"项"字,把"比"字写成"匕"字,怎么能用这种方法定文字的读音呢?潘岳、陆机等人的《离合诗》《赋》《栻卜》《破字经》,以及鲍昭的《谜字》,都是迎合流行的习俗,不足以用标准的字形字音来评论它们。

河间人邢芳对我说:"《贾谊传》说:'日中必熭。'注:'熭,暴也。'我曾经看到有人对此字解释说:'这是暴疾的意思,就是说太阳当顶不一会儿,突然西斜了。'这个解释恰当吗?"我对邢芳说:"此语本出自姜太公《六韬》,依据字书,古时'暴晒'的'暴'字与'暴疾'的'暴'字很相似,只有下部分略微不同,后人主观地在"暴"字旁加了个日旁,'日中必熭'的意思是,太阳当顶时,必须暴晒,不这样的话,就会失去其时。晋灼对此已有详尽解释。"邢芳听后,信服地微笑着告退而去。

音辞第十八

【原文】

夫九州之人,言语不同,生民已来,固常然矣。自《春秋》标齐言之传[①],《离骚》目楚词之经[②],此盖其较明之初也。后有扬雄著《方言》[③],其言大备。然皆考名物之同异,不显声读之是非也。逮郑玄注《六经》[④],高诱解《吕览》《淮南》[⑤],许慎造

《说文》[⑥]，刘熹制《释名》[⑦]，始有譬况[⑧]假借以证音字耳。而古语与今殊别，其间轻重清浊[⑨]，犹未可晓。加以内言外言[⑩]，急言徐言[⑪]，读若[⑫]之类，益使人疑。孙叔言创《尔雅音义》[⑬]，是汉末人独知反语。至于魏世，此事大行。高贵乡公[⑭]不解反语，以为怪异。自兹厥后，音韵锋出，各有土风，递相非笑，指马之谕[⑮]，未知孰是。共以帝王都邑，参校方俗，考核古今，为之折衷[⑯]。榷而量之，独金陵与洛下耳。南方水土和柔，其音清举而切诣[⑰]，失在浮浅，其辞多鄙俗。北方山川深厚，其音沉浊而鈋钝[⑱]，得其质直，其辞多古语。然冠冕君子，南方为优；闾里小人，北方为愈。易服而与之谈，南方士庶，数言可辩；隔垣而听其语，北方朝野，终日难分。而南染吴、越，北杂夷虏，皆有深弊，不可具论。其谬失轻微者，则南人以"钱"为"涎"，以"石"为"射"，以"贱"为"羡"，以"是"为"舐"。北人以"庶"为"戍"，以"如"为"儒"，以"紫"为"姊"，以"洽"为"狎"。如此之例，两失甚多。至邺已来，唯见崔子约、崔瞻叔侄、李祖仁、李蔚兄弟[⑲]，颇事言词，少为切正。李季节著《音韵决疑》[⑳]，时有错失。阳休之造《切韵》[㉑]，殊为疏野。吾家儿女，虽在孩稚，便渐督正之，一言讹替，以为己罪矣。云为品物，未考书记者，不敢辄名，汝曹所知也。

【注释】

①春秋：指《春秋公羊传》，其传已标明以齐地方言作为解释语言。标：标示，说明。②离骚：屈原代表作。借以楚地谣歌形式写作的长诗。目：被视为。③扬雄：字子云，西汉成都人。著名的文史家，仿《论语》作《法言》，仿《周易》作《太玄》。也是早期的贡献卓著的语言学家。其《方言》，记述西汉时期各地方言，《训纂编》至今影响巨大。④郑玄：字康成，北海高密人。东汉经学集大成者，著述颇富，影响深远，所注《六经》，就语言学、经学、史学等方面看，成绩是不可估量的。⑤高诱：汉末涿郡人。为《吕氏春秋》《淮南子》《战国策》作注。⑥许慎：字叔重，东汉古文训诂学大师，其所著《说文解字》，不但是历代学者学习研究的典籍，至今也是各大学府必读必研书目。还著有《五经异义》。⑦刘熹：即刘熙，汉末人。其所作语源学的重要著作《释名》，开辟了语言学的新天地。⑧譬况：古代注音方法之一，以描述性的语言来说明读音。⑨清：指轻音。重：指重音。清：清音，一分全清音，即不送气不带音的塞音、擦音、塞擦音；二分次清音，即送气不带音塞音、塞擦音。浊：指浊音，一分全浊音，即带音的塞音、擦音、塞擦音；二分次浊音，即带音的鼻音、边音、半元音。⑩内言外言：都是譬况注音用语。就二者相对而言，是指韵母的洪细。内言为洪音，发音时口腔共鸣的空隙大些；外言为细音，发音时口腔共鸣的空隙小些。⑪急言徐言：也是譬况注音用语。就二者发音状况说，急言读短音，徐言读长音。⑫读若：古代常用注音方法，即以同音字或近音字注音。⑬孙叔言：当作"孙叔然"。名炎，字叔然，三国魏人。郑玄弟子，训诂学家。以反切法作注，开一代注音新风，著有《尔雅音义》《诗经注》《礼记注》《春秋三传注》《周易春秋

例》。⑭高贵乡公：魏文帝曹丕之孙曹髦，封高贵乡公。著有《左传音》。其“不解反语”，未知何据？⑮指马之谕：战国时公孙龙提出“白马非马”的哲学命题，《庄子·齐物论》说：“以马喻马之非马，不若以非马喻马之非马也。”此喻指各个争辩是非，都有所分别。⑯折衷：折中。⑰清举而切诣：声音清脆婉转但语调急速。当时南方语音以金陵为中心。⑱沉浊而鈋钝：声音低沉浑厚但语调舒缓。当时北方语音以洛阳为中心。⑲“唯见”句：崔子豹：北朝北齐人。崔瞻：崔子豹之侄，字彦通。李祖仁：北朝北魏人，名岳，字祖仁。李蔚：李祖仁之弟。⑳李季节：名概，字季节。著有《音韵决疑》《音谱》。㉑阳休之：字子烈，北朝北齐人。著有《韵略》，今佚。

【原文】

古今言语，时俗不同。著述之人，楚、夏各异。《苍颉训诂》[22]，反“稗”为“逋卖”，反“娃”为“於乖”；《战国策》音“刎”为“免”，《穆天子传》[23]音“谏”为“间”；《说文》音“戛”为“棘”，读“皿”为“猛”；《字林》[24]音“看”为“口甘反”，音“伸”为“辛”；《韵集》以“成、仍、宏、登”合成两韵，“为、奇、益、石”分作四章；李登《声类》以“系”音“羿”；刘昌宗《周官音》读“乘”若“承”：此例甚广，必须考校。前世反语，又多不切，徐仙民《毛诗音》反“骤”为“在遘”，《左传音》切“椽”为“徒缘”，不可依信，亦为众矣。今之学士，语亦不正，古独何人，必应随其讹僻乎？《通俗文》曰：“入室求曰搜。”反为“兄侯”。然则“兄”当音“所荣反”。今北俗通行此音，亦古语之不可用者。玙璠[25]，鲁之宝玉，当音“余烦”，江南皆音“藩屏”之“藩”。岐山当音为“奇”，江南皆呼为“神祇”之“祇”。江陵陷没，此音被于关中，不知二者何所承案[26]。以吾浅学，未之前闻也。北人之音，多以“举、莒”为“矩”，唯李季节云：“齐桓公与管仲于台上谋伐莒，东郭牙[27]望见桓公口开而不闭，故知所言者莒也。然则‘莒、矩’必不同呼[28]。”此为知音矣。

【注释】

㉒仓颉训诂：书名，后汉人杜林撰。㉓穆天子传：晋时汲人不准，盗发魏襄王墓而得此书。内容为周穆王乘八骏周游巡狩天下，描述其田猎诸事。㉔字林：字典名，晋人吕忱著。多为补充《说文解字》遗漏，共收字一万二千八百二十四字。㉕玙璠：美玉名。㉖承案：依据。㉗东郭牙：齐国大臣。《管子·小问》载：据说东郭牙根据齐桓公的口型，即可知其字其音。㉘呼：古音韵学术语。等韵图分韵母为开口呼、合口呼。开口呼，凡没有韵头而韵腹又不是i、u、ü，称开口呼。合口呼，凡韵头或韵腹是u，称合口呼。

【原文】

夫物体自有精粗，精粗谓之好恶[29]；人心有所去取，去取谓之好恶[30]。此音见于葛洪、徐邈。而河北学士读《尚书》云好生恶杀[31]。是为一论物体，一就人情，殊不通矣。甫者，男子之美称，古书多假借为“父”字，北人遂无一人呼为甫者，亦所未

喻。唯管仲、范增之号[32]，须依字读耳。案诸字书，焉[33]者鸟名，或云语词，皆音“于愆反”。自葛洪《要用字苑》分“焉”字音训：若训“何”训“安”，当音“于愆反”，“于焉逍遥”，“于焉嘉客”，“焉用佞”，“焉得仁”之类是也。若送句[34]及助词，当音“矣愆反”，“故称龙焉”，“故称血焉”，“有民人焉”，“有社稷焉”，“托始焉尔”，“晋、郑焉依”之类是也。江南至今行此分别，昭然易晓，而河北混同一音，虽依古读，不可行于今也。邪者，未定之词。《左传》曰：“不知天之弃鲁邪？抑鲁君有罪于鬼神邪？”《庄子》云“天邪地邪？”《汉书》云“是邪非邪”之类是也。而北人即呼为“也”，亦为误矣。难者曰：“《系辞》云：‘乾坤，《易》之门户邪？’此又为未定辞乎？”答曰：“何为不尔！上先标问，下方列德以折之耳[35]。”江南学士读《左传》，口相传述，自为凡例，军自败曰败，打破人军曰败。诸记传未见“补败反”。徐仙民读《左传》，唯一处有此音，又不言“自败、败人”之别，此为穿凿耳。

古人云：“膏粱难整[36]。”以其为骄奢自足，不能克励[37]也。吾见王侯外戚，语多不正，亦由内染贱保傅[38]，外无良师友故耳。梁世有一侯，尝对元帝饮谑，自陈“痴钝”，乃成“飔段”[39]，元帝答之云：“飔异凉风，段非干木。”谓“郢州”为“永州”。元帝启报简文，简文云：“庚辰吴入，遂成司隶[40]。”如此之类，举口皆然。元帝手教诸子侍读，以此为诫。河北切“攻”字为“古琮”，与“工、公、功”三字不同，殊为僻也。比世[41]有人名“暹”，自称为“纤”；名“琨”，自称为“衮”；名“洸”，自称为“汪”；名“勬”，自称为“獡”，非唯音韵舛错，亦使其儿孙避讳纷纭矣。

【注释】

㉙好恶：好坏。精者称“好”，粗者称“坏”。㉚好恶：喜好厌恶。弃去称“厌恶”，选取称“喜好”。㉛“而河北”句：河北，指黄河以北。好生恶杀：河北人读作“好生恶杀”。正确读音是“好生恶杀”。㉜管仲：有功于齐桓公，桓公称之为仲父。范增：有功于项羽，项羽称之为亚父。甫：是对男子敬称。上述二父字，即甫字，都应读作 fù，不应读作 fǔ。㉝焉：其本义见《说文·鸟部》：“焉，鸟，黄色，出于江淮，象形。”后化为虚词，成为语气助词或疑问代词。㉞送句：尾句。指句末语气助词。㉟列德：阐列阴阳之德。一本作“效德”。折：裁折，裁断。㊱“古人”二句：《国语·晋书七》：“夫膏粱之性难正也。”膏粱：肥肉精米，此借指富贵者。难整：难正，难以正行。㊲克励：克制勉励。㊳内染贱保傅：内在污染而贱视师傅。㊴飔段：喻指口齿不清或无才学。飔，凉风。段，木节。“飔段”，可能是当时流行俗语，故有下文元帝戏答。㊵“简文”三句：简文帝的回答，寓意很深：庚辰吴人：《春秋·定公四年》：“庚辰，吴人入郢。”借历史上吴人得势，喻当下侯王受宠自重，不肯进学。遂成司隶：因侯王身份，遂成官吏。司隶：官名，司隶校尉。㊶比世：近世。

【译文】

全国各地人的言语是不同的，自从有了人类以来就是这样。《春秋公羊传》标明用齐国方言进行解释,《离骚》被看作是用楚人语词写的作品,这大概就是语言差异最初的明显例证。后来扬雄撰《方言》,他的论述大为完备。但都是考辨事物名称的异同,并不标明读音的正误。直到郑玄注解《六经》,高诱注解《吕氏春秋》和《淮南子》,许慎撰《说文解字》,刘熙著《释名》,才开始用譬况和假借的方法验证字音。但是古代语言与今天的语言有很大差别,这中间语言的轻、重、清、浊,仍然不能了解;再加上他们提出内言、外言、急言、徐言、读若等此类方法,更使人疑惑难解。孙炎著《尔雅音义》,这说明只有到汉末人才懂得使用反切的注音方法。到曹魏时代,这种方法非常盛行。有本书记载,高贵乡公曹髦不懂得反切法,人们认为这是一桩怪事。从那时以后,音韵方面的论著大量出现,各自带有方言色彩,相互非难嘲笑,争辩是非,不知谁对谁错。人们应共同以都城的语言为标准,参照比较各地方言,考核古今语言,做出恰当的论断,经过人们的商讨,独有金陵和洛阳的语音可以作为标准音。南方的水土柔和,其地的口音清脆婉转、快速急切,弱点在于浮浅,言辞大多鄙陋粗俗。北方的山川深邃宽广,所以北方的口音低沉浑厚,语调迟缓,表现出北方人的质朴劲直,言辞多古代语汇,但是官宦子弟的言语,仍以南方地区为优;乡野小民的言语,则以北方地区为胜。即使改换服装交谈,南方的官绅与百姓,只要几句话就可分辨出他们的身份;隔着墙听别人谈话,北方的官绅和百姓一天也难以区分出来。南方的语言已染上了吴越地区的方言,而北方地区的语言也杂糅了少数民族的词语,两者都有很大的弊端,是不能一一评说的。错误较轻的词语有:南方人把"钱"读成"涎",把"石"读成"射",把"贱"读作"羡",把"是"读成"舐";北方人把"庶"读作"戍",把"如"读作"儒",把"紫"读作"姊",把"洽"读作"狎"。像这类例子,二者的错误都是很多的。我到邺城以后,只看到崔子约、崔赡叔侄、李岳、李蔚兄弟对语言很有研究,略微作了一些切磋和补正。李概撰《音韵决疑》,经常出现差误;阳休所著《切韵》非常粗疏。我家的孩子还在幼童时,我就逐渐督促他们矫正;他们一个读音有错误,我都将其视为自己的罪过。所有物品,没有考证书籍记载的,我都不敢随意称呼它们的名字,这是你们所知晓的。

古今语言,随着时俗的变化而有所不同。著作讲述的人,因地处南方或北方而语言亦有差异。《苍颉训诂》把"稗"注释为"逋卖",把"娃"注释为"於乘";《战国策》音"刎"为"免",《穆天子传》音"谏"为"间";《说文》音"戛"为"棘",把"皿"读为"猛";《字林》音"看"为"口甘反",音"伸"为"辛";《韵集》把"成、仍"和"宏、登"分在两个韵中,把"为、奇、益、石"分成四个韵;李登的《声类》读"系"音为"羿";刘昌宗的《周官音》读"乘"为"承"。这类的例子非常多,必须进行考订校正方能使用。而且前人标注的反切,又有很多是不确切的,徐仙民《毛诗音》把"骤"字反切为"在遘",《左传音》把"椽"反切为"徒缘",这些都是不可依赖相信的,而且这种情况又是很多的。现在的学者,语音也有不正确的;古人是何许人,难道要随着他们读错吗?《通俗文》中说:"入室求曰搜"。服虔把"搜"反切为"兄侯"。如果是这样,那么"兄"的读音应为"所荣反"。

现在北方地区通行此读音，这也是不可沿用的古音。“玙璠”，是鲁国的宝玉，其音应当读为“余烦”，江南地区的人却都把此词的“璠”读成“藩屏”的“藩”。“岐山”的“岐”应当音“奇”，江南地区的人都把它读为“神祇”的“祇”。江陵被攻陷以后，这两个读音流传到关中地区，但不知道它们有什么传承的依据。凭我肤浅的学识，是从未听说过的。北方人发音，大多把“举、莒”两字读作“矩”，只有李季节说：“齐桓公和管仲在朝堂上商议攻伐莒国时，东郭牙看到齐桓公说话时嘴张开却不闭拢，因此知道齐桓公所说的是莒国。如此看来，‘莒、矩’二字一定有开口合口的区别。”这是一个通晓音韵的人。

物体有精细与粗糙的分别，这种精细与粗糙称之为好与恶；人对事物是有所取舍的，这种取舍也称之为好恶。后一种“好恶”的读音见于葛洪、徐邈的著作。而河北地区的士人读《尚书》时却读作“好(呼皓切)生恶(乌各切)杀。”前一个是评论器物的精细与粗糙，后一个是表达情理的取舍，是极不相通的。甫，是对男子的美称，古书中大多假借为“父”字；于是北方人没有把“父”读成“甫”字的，这也是有所不明白的地方。只有管仲号仲父、范曾号亚父，应依照“父”字的本音来读。考查各种字书，“焉”的本义是鸟的名称，而有的字书说“焉”是虚词，其音均为“于愆反”。从葛洪的《要用字苑》开始，才开始区分“焉”字的注音与释义；如果解释为“何”或为“安”，应当音为“于愆反”，如“于焉消遥”，“于焉嘉客”，“焉用佞”，“焉得仁”等此类的“焉”都当“此”“安”解释。如果是用作句尾语气词以及句中语气词，其音应当为“矣愆反”，如“故称龙焉”，“故称血焉”，“有民人焉”，“有社稷焉”，“托始焉尔”，“晋郑焉依”等此类的“焉”都是语气词。江南地区至今仍实行这种区别，明白易懂；而河北地区却把二者混同为一个音，虽然是依照古代的读法，却不可以在今天的社会中实行。邪，是疑问词。如《左传》说：“不知天之弃鲁邪？抑鲁君有罪于鬼神邪？”《庄子》说：“天邪地邪？”《汉书》说：“是邪非邪？”等此类“邪”都是这种用法。而北方人却把它读成“也”，也是不对的，责难我的人说：“《周易·系辞》：‘乾坤，《易》之门户邪？’此‘邪’也是疑问词吗？”我回答说：“为什么不是呢！前面已标明疑问，后面才能阐明阴阳之德的道理，并做出结论。”江南地区的儒士读《左传》，口耳相传，自有章法，凡自己的军队失败读为“败”音：“蒲迈反”，打败敌军则读为“补败反”的“败”。但各种传记中尚未见到注成“补败反”的“败”字。徐邈读《左传》，只有一处注了此音，但又没有说明“自败”与“败人”的区别，这是牵强附会了。

古人说：“富贵人家的子弟，其秉性难以行正。”是由于他们骄横奢侈、自我满足，不能克制私欲、力求上进的缘故。我看到不少王侯和外戚，语音大多不纯正，也是由于内受污染而贱视师傅，外无良师益友的教导。梁朝有一位侯王，曾与梁元帝一起饮酒戏谑，他说自己“痴钝”，却将其读成“飔段”，梁元帝戏谑地回答他说：“飔不同于凉风，段也不是干木。”他又把“郢州”读作“永州”，梁元帝将此事告诉简文帝，简文帝说：“如同庚辰日吴人攻入郢都，这些人便成了司隶校尉。”像这样的例子，这位侯王张口都是。

梁元帝亲自教导儿子们的侍读,应以这位侯王的错讹为戒。河北地区的人把"攻"字反切为"占琮",与"工、公、功"三字的读音不同,这是十分错误的。近代有人名字叫"暹",他自称为"纤";有人叫"琨",他却自称为"衮";有人叫"洸",他自称为"汪";有人名"敹",他却自称为"獡"。他们不仅把音韵弄错了,也使他们的儿孙们在避讳时杂乱纷纭,无所适从。

杂艺第十九

【原文】

真草书迹,微须留意。江南谚云:"尺牍书疏,千里面目也①。"承晋、宋余俗,相与事之,故无顿狼狈者②。吾幼承门业③,加性爱重,所见法书亦多,而玩习功夫颇至,遂④不能佳者,良由无分⑤故也。然而此艺,不须过精。夫巧者劳而智者忧,常为人所役使,更觉为累。韦仲将⑥遗戒,深有以⑦也。王逸少风流才士,萧散⑧名人,举世惟知其书,翻⑨以能自蔽也。萧子云⑩每叹曰:"吾著《齐书》⑪,勒成一典,文章弘义,自谓可观,唯以笔迹得名,亦异事也。"王褒地胄清华⑫,才学优敏,后虽入关,亦被礼遇。犹以书工,崎岖碑碣之间,辛苦笔砚之役,尝悔恨曰:"假使吾不知书,可不至今日邪?"以此观之,慎勿以书自命。虽然,厮猥之人⑬,以能书拔擢者多矣。故道不同,不相为谋也⑭。梁武秘阁散逸以来⑮,吾见二王⑯真草多矣,家中尝得十卷,方知陶隐居、阮交州、萧祭酒诸书⑰,莫不得羲之之体,故是书之渊源。萧晚节所变,乃是右军年少时法也。晋、宋以来,多能书者。故其时俗,递相染尚⑱,所有部帙,楷正可观,不无俗字,非为大损。至梁天监之间,斯风未变;大同⑲之末,讹替滋生。萧子云改易字体,邵陵王颇行伪字⑳。朝野翕然,以为楷式,画虎不成,多所伤败。至为一字,唯见数点,或妄斟酌㉑,逐便转移㉒。尔后坟籍,略不可看。北朝丧乱之余,书迹鄙陋,加以专辄造字,猥拙甚于江南。乃以"百念"为"忧","言反"为"变","不用"为"罢","追来"为"归","更生"为"苏","先人"为"老",如此非一,遍满经传。唯有姚元标㉓工于楷隶,留心小学,后生师之者众。洎于齐末,秘书缮写,贤于往日多矣。江南闾里间有《画书赋》,乃陶隐居弟子杜道士所为,其人未甚识字,轻为轨则㉔,托名贵师,世俗传信,后人颇为所误也。

【注释】

①"尺牍"二句:此前后句构成名词性词组的判断句,语尾词"也",表示判断。古文中多此类句型。②顿:困顿。狼狈:为难窘迫。③门业:家学。《梁书·颜协传》载:颜之推之父颜协"博涉群书,工于草隶"。④遂:终于。⑤无分:无天分。⑥韦仲将:即韦诞,字仲将,三国时魏书法家。《世说新语·巧艺》载:"魏明帝起殿,欲安榜。使仲将登

梯题之，既下，头鬓皓然，因敕儿孙无复学书。"⑦有以：有所以，有原因。⑧萧散：潇洒，无所拘束。⑨翻：反。⑩萧子云：字景乔，南朝梁代兰陵人。善草隶，师从钟繇、王羲之。著有《晋书》《东宫新记》，都已散佚。⑪齐书：当为《晋书》。《齐书》乃萧子显所著。⑫地胄清华：地位家世清明高贵。⑬厮猥之人：贫困卑贱的人。⑭道不同，不相为谋：语出《论语·卫灵公》。⑮秘阁：内府，宫中收藏图书处。梁武帝末年发生侯景之乱，秘阁图书被大量焚毁。⑯二王：指王羲之及其第七子王献之。⑰陶隐居：即陶弘景，字通明。后隐居于句曲山，故自号华阳隐居。阮交州：即阮研，字文几。官至交州刺史，故名。萧祭酒：即萧子云，官至国子祭酒，故名。⑱染尚：熏染于时尚。⑲大同：与上文"天监"，皆梁武帝年号。⑳邵陵王：梁武帝之子萧伦，封于邵陵。伪字：指不规范的字。㉑斟酌：指增减笔画。㉒逐便转移：随便窜改。逐，同"随"。㉓姚元标：北魏书法家，官左光禄大夫。㉔轨则：原则，法则。

【原文】

画绘之工，亦为妙矣，自古名士，多或能之。吾家尝有梁元帝手画蝉雀白团扇及马图，亦难及也。武烈太子，偏能写真[25]，坐[26]上宾客，随宜点染，即成数人，以问童孺，皆知姓名矣。萧贲、刘孝先、刘灵[27]，并文学已外，复佳此法。玩古知今，特可宝爱。若官未通显，每被公私使令，亦为猥役。吴县顾士端出身湘东王[28]国侍郎，后为镇南府刑狱参军，有子曰庭，西朝[29]中书舍人，父子并有琴书之艺，尤妙丹青，常被元帝所使，每怀羞恨。彭城刘岳，橐之子也，仕为骠骑府管记、平氏县令，才学快士，而画绝伦。后随武陵王[30]入蜀，下牢之败，遂为陆护军画支江寺壁，与诸工巧杂处。向使三贤都不晓画，直运素业[31]，岂见此耻乎？

弧矢之利[32]，以威天下，先王所以观德择贤，亦济身之急务也。江南谓世之常射，以为兵射，冠冕儒生，多不习此；别有博射[33]，弱弓[34]长箭，施于准的[35]，揖让升降[36]，以行礼焉。防御寇难，了无所益。乱离之后，此术遂亡。河北文士，率晓兵射，非直葛洪一箭[37]，已解追兵，三九[38]宴集，常縻[39]荣赐。虽然，要轻禽，截狡兽[40]，不愿汝辈为之。

【注释】

㉕写真：写生。㉖坐：同"座"。㉗萧贲：字文奂，书画名家。刘孝先：尤长于扇上山水。刘灵：彭城人，颜之推的姨妹夫。㉘湘东王：梁元帝萧绎登基前封于湘东。㉙西朝：即江陵，梁元帝时于此建都后，改名西朝。㉚武陵王：梁武帝第八子萧纪，先封于武陵，后入蜀任益州刺史。承圣二年在下牢关谋反篡位，遭陆法和护军击败被杀。㉛素业：指儒学事业。㉜弧矢之利：弓箭之锋利。此指武功。㉝博射：一种游戏性的射箭运动。㉞弱弓：射力较弱的弓。㉟准的：箭靶。㊱揖让升降：比赛博射时的四种礼节：拱手、礼让、升前、降后。㊲葛洪一箭：葛洪《抱朴子·自序》载："昔在军旅，曾手射追骑，

应声而倒。杀二贼一马,遂得免焉。"㊳三九:三公九卿,指高等官吏。㊴縻:分享。㊵要轻禽,截狡兽:曹丕《典论自序》:"要狡兽,截轻禽。"要,通"邀",邀击,迎候而击。

【原文】

卜筮者,圣人之业也,但近世无复佳师,多不能中。古者卜以决疑,今人生疑于卜。何者?守道信谋,欲行一事,卜得恶卦,反令忧忧[41],此之谓乎?且十中六七,以为上手,粗知大意,又不委曲[42]。凡射奇偶,自然半收[43],何足赖也!世传云:"解阴阳者,为鬼所嫉,坎壈[44]贫穷,多不称泰。"吾观近古以来,尤精妙者,唯京房、管辂、郭璞耳[45],皆无官位,多或罹灾,此言令人益信。傥值世网严密,强负此名,便有诖误,亦祸源也。及星文风气,率不劳为之。吾尝学《六壬式》[46],亦值世间好匠,聚得《龙首》《金匮》《玉軨变》《玉历》,十许种书,讨求无验,寻亦悔罢。凡阴阳之术,与天地俱生,其吉凶德刑,不可不信。但去圣既远,世传术书,皆出流俗,言辞鄙浅,验少妄多。至如反支[47]不行,竟以遇害,归忌[48]寄宿,不免凶终。拘而多忌,亦无益也。

算术亦是六艺[49]要事,自古儒士论天道、定律历者,皆学通之。然可以兼明,不可以专业。江南此学殊少,唯范阳祖暅[50]精之,位至南康[51]太守。河北多晓此术。

医方[52]之事,取妙极难,不劝汝曹以自命也。微解药性,小小和合[53],居家得以救急,亦为胜事。皇甫谧、殷仲堪[54]则其人也。

《礼》曰:"君子无故不彻[55]琴瑟。"古来名士,多所爱好。洎于梁初,衣冠子孙,不知琴者,号有所阙[56]。大同以末,斯风顿尽。然而此乐愔愔[57]雅致,有深味哉!今世曲解[58],虽变于古,犹足以畅神情也。唯不可令有称誉,见役勋贵[59],处之下坐,以取残杯冷炙之辱。戴安道[60]犹遭之,况尔曹乎!

【注释】

㊶忧忧:忧惧忐忑的样子。㊷委曲:底细。㊸半收:半得。㊹坎壈:同"坎廪",困顿不得志。㊺京房:汉代学者,东郡顿丘人。好《周易》,讲灾异,论时政。后与人争权而入狱死。管辂:三国时魏国学者,精易卦卜筮,官至少府丞。郭璞:东晋著名学者,著有《尔雅注》《山海经注》《穆天子传注》《方言注》等,又通阴阳八卦之学。㊻六壬式:书名。古时利用阴阳五行占卜吉凶的方法之一。六十甲子中有壬申、壬午、壬辰、壬寅、壬子、壬戌,称六壬。占法分六十四课,以刻干支的天盘、地盘以判别吉凶祸福。㊼反支:反支日即是凶灾日。㊽归忌:忌归,不能归家。㊾六艺:《周礼·地官·保氏》:"保氏掌谏王恶,而养国子以道。乃教之六艺:一曰五礼,二曰六乐,三曰五射,四曰五驭,五曰六书,六曰九数。"礼、乐、射、御、书、数,此六种科目,也是孔子教学内容。㊿祖暅:南朝梁代人,字景烁。祖冲之之子,当时著名的天文学家、数学家。㉛南康:地名,故址在今江西省赣州一带。㉜医方:医药方剂。㉝小小和合:稍懂调合。小,同"少",即

"稍"。54殷仲堪:东晋人,曾任荆州刺史,著有《殷荆州要方》。55彻:撤除。56阙:通"缺",缺失,缺憾。57愔愔:和悦,和谐。58曲解:乐曲。59见役勋贵:被勋爵权贵所役使。见,表示被动。60戴安道:戴逵,字安道,东晋人。著名学者,有《释疑论》传世,尤善弹琴。据《晋书·隐逸传》载:武陵王司马晞宴请宾客,召安道弹琴助兴而无礼。其当众摔琴,扬长而去。

【原文】

《家语》[61]曰:"君子不博[62],为其兼行恶道故也。"《论语》云:"不有博弈[63]者乎?为之,犹贤乎已。"然则圣人不用博弈为教,但以学者不可常精,有时疲倦,则傥为之,犹胜饱食昏睡,兀然[64]端坐耳。至如吴太子以为无益,命韦昭论之[65];王肃、葛洪、陶侃之徒,不许目观手执,此并勤笃[66]之志也。能尔为佳。古为大博则六箸[67],小博则二茕[68],今无晓者。比世所行,一茕十二棋,数术浅短,不足可玩。围棋有手谈、坐隐[69]之目,颇为雅戏,但令人耽愦,废丧实多,不可常也。

《孔子家语》书影

投壶[70]之礼,近世愈精。古者实以小豆,为其矢之跃也。今则唯欲其骁[71],益多益喜,乃有倚竿、带剑、狼壶、豹尾、龙首之名[72]。其尤妙者,有莲花骁[73]。汝南周璝[74],弘正之子,会稽贺徽[75],贺革之子,并能一箭四十余骁。贺又尝为小障,置壶其外,隔障投之,无所失也。至邺以来,亦见广宁、兰陵诸王,有此校具,举国遂无投得一骁者。弹棋[76]亦近世雅戏,消愁释愦,时可为之。

【注释】

61家语:指《孔子家语》。此书原本早佚,今十卷本是三国时王肃收集整理,其中多有伪托。62博:古代一种游戏。此处名词用作动词,参与博戏。63博弈:两种游戏。博,称六博,先掷采,再走棋。后只掷采以赌输赢,所以上文说"兼行恶道"。弈,即下围棋。64兀然:呆呆的样子。65"至如"二句:吴太子:三国吴国太子孙和,字子孝。孙权死后被孙峻赐死。后其子孙皓继末代帝位。韦昭:字弘嗣。吴国学者,领修国史,著有《吴书》《洞纪》。因直言敢谏,后被孙皓赐死。66勤笃:勤奋专注。67箸:博戏所用的竹筷。68茕:博戏所用的骰子。69手谈、坐隐:围棋的两种别称。70投壶:古人聚宴时的一种游戏。设特制之壶,宾主以投箭方式决胜负,少者负而罚饮。71骁:跳起。72倚竿:指投入的箭倚于壶口。带剑:指箭穿过壶耳而不落地。狼壶:指箭先在壶转圈,然后倚于壶口。豹尾:指箭倚于壶口,但箭羽正对投箭者。龙首:指箭倚于壶口,但箭首正对着投箭者。⑬莲花骁：指箭在壶口转数圈，然后跳起挂于壶耳。⑭周瓚：南朝陈代人。周弘正之子，官至吏部郎。为人谦和诚挚。⑮贺徽：南朝梁代人。贺革之子。善谈吐，早夭，其父亦伤痛而死。⑯弹棋：产生于汉代的一种博戏。《后汉书·梁统传》注引《艺经》载："弹棋，两人对局，白黑棋各六枚。先列棋相当，更先弹也。其局以石为之。"

【译文】

楷、草书法，只需稍微留意。江南地区的谚语说："一尺长的信函，就是在千里之外你给人看到的面目。"江南人上承晋、宋流传下来的习俗，都对书法十分信奉，因此不会感到困窘为难的。我从小继承家学，加上生性喜爱书法，所见到的各家书法范本也很多，研习书法的功夫颇深，始终书法技艺不高，的确是因我的天资不够的缘故，但对于此种技艺，没有必要过于精湛。技巧的人多劳，智能的人多忧，而写字好的人常被人使唤，更会感到劳累。韦仲将留下遗嘱，不许其子孙学习书法，是极有道理的。王羲之是位风流才子且不受拘束的名人，所有人都知道他的书法，他反而由于这一才能而使其他才能被掩盖。萧子云常常感叹说："我著《齐书》，编纂成一部典籍，书中的文采大义，我自己觉得十分可取。然而我却只以书法得名，也是一件怪事。"王褒门第高贵，学识渊博，才思敏捷，后来虽然被遣至长安，但他仍受到礼遇。仍然因为他工于书法，而在碑碣间艰难工作，在笔砚的差使中倍受辛苦，所以他曾悔恨地说："如果我不懂书法，能到今天这个样子吗？"由此看来，千万不要以善于书法自命。虽然如此，但是那些位卑才浅之徒，由于擅长书法而得到上级提拔的也非常多。因此说思想观念不同的人，是不能与他们同谋共事的。梁朝秘阁的图书散失以后，我见到二王的楷、草墨迹很多，家中还藏有十卷，这样我才知道陶弘景、阮研、萧子云的书法都是受王羲之书法影响的，所以王羲之的书法乃是书法的渊源。萧子云到晚年书法有所变化，变成王羲之少年时期的笔法。晋、宋以来，有很多擅长书法的人。因此当时重视书法的风气，相互传染影响，所有书籍，都用楷书正体来写，十分可观，虽然其中也有俗字，却也不算大的毛病。至梁朝天监年间，这种风气依然没有改变；大同末年，谬误的字才逐渐产生。萧子云改换字体，邵陵王使用不规范的字；朝野蔚然成风群而效仿，把他们的字当作楷模，其结果是画虎不成反类犬，给汉字的书法造成许多弊病。以致写一个字，有时只能看到几个点，或者胡乱增减笔画，随意改变字形。此后的文献典籍，不便于阅读。北朝在丧乱之后，汉字字体粗率鄙陋，再加上随意造字，比起江南地区的情况更加恶劣，竟然用"百、念"组成"忧"字，用"言、反"组成"变"字，用"不、用"组成"罢"字，用"追、来"组成"归"字，用"更、生"组成"苏"字，用"先、人"组成"老"字，这样的例子相当多，在经传典籍中到处都是。只有姚元标擅长楷书与隶书，且留心文字训诂，后辈拜他为师的人很多。到齐朝末年，秘书监缮写的各类文稿，比过去强多了。江南地区民间有本《画书赋》，是陶弘景的弟子杜道士所编。此人不大识字，却轻率地为绘画书法制定规则，而且假托名师，社会上的人轻易相信和传布，有不少后人被他贻误。

绘画的工夫，也是奇妙的。自古以来的名士，有很多人擅长这种技艺。我家曾有梁元帝亲手画的蝉雀白团扇和马图，也是普通人难以赶上的。武烈太子特别擅长画人物，座上的宾客，他随手勾勒描绘，就能画出几个人的画像，拿去问孩童，小孩都能说出画中人的姓名。萧贲、刘孝先、刘灵除文学修养外，亦擅长这种技法。他们从赏玩古画中认识现在的作品，特别值得珍爱。假如官职没有通达显赫，而经常为官府和私人画画，也是一种卑贱的差役。吴县顾士端曾做过湘东王国侍郎，后来担任镇南府刑狱参军，他的儿子顾庭，是梁朝的中书舍人，父子二人都会弹琴和书法，尤其有相当高的绘画技艺，经常被梁元帝召去画画，每每感到羞耻和愤恨。彭城的刘岳是刘橐的儿子，任过骠骑府管记和平氏县令，是一位有才学的豪爽之士，绘画水平也达到了极点。后来他跟随武陵王到了西蜀，当武陵王的军队打下牢失败以后，他被陆护军遣去画支江寺的壁画，和工匠们混在一起。如果以上三位贤人都不擅长绘画，而是专攻儒学，难道会蒙受这种耻辱吗？

锋利的弓箭，可以威慑天下，前代帝王之所以观察人的德行、选择贤才，也是保全自身的重要事情。江南地区的人们把习射称为兵射，仕宦之家的儒士，大多不练习它；另外有一种博射，用弹射力不大的弓和长箭，射到箭垛上，讲究揖让进退，以此行礼。但对于抵御敌寇入侵所带来的灾难，这种博射是毫无用处的。战乱以后，这种射术就失传了。河北地区的文人，大都通晓兵射，不但能够像葛洪那样一箭就可使追兵后退，而且在三公九卿出席的宴会上，经常靠它获得荣誉和赏赐。即使这样，但射杀轻捷的飞禽，截击狡猾的野兽，我是不希望你们去参与的。

卜筮，是圣人的事业，但是近代没有优秀的卜师，卜筮的结果大多不能应验。古人用占卜来解决疑惑，今人却对占卜产生疑惑。为什么呢？一个恪守道义、相信自己谋略的人，想要做一件事，却占卜得到一个恶卦，反而使自己忧惧不安，这就是所说的因占卜而产生疑惑的情况吧！况且今人占卜十次，有六七次能够应验的，就算是卜筮高手，其实这些人只是粗略知道一点卜术大意，却不了解卜筮的原委。凡是对吉凶祸福都进行占卜的，自然只有一半是能应验的，这种占卜凭什么值得信赖！社会上流传说："通晓阴阳之术的人，被鬼神所嫉妒，穷困潦倒，大多不得平安。"我发现近古以来特别精通占卜的人只有京房、管辂、郭璞三人而已，他们都没有官职，而且遭受很多灾难，这句话就使人更加信服了。如果遇到世网严密，而勉强负有一个善于占卜的名声，就会有连累，占卜也是招致灾祸的根源。至于依靠观测天象来预测吉凶的事，他们一概不会去做。我曾经研习过《六壬式》，也遇到过人世间的高明术士，并搜集到《龙首》《金匮》《玉軨变》《玉历》等十多种占卜之书，对它们进行过研究探讨，却没有什么效验，不久就后悔而作罢了。阴阳之术，是与天地一道产生的，它是可以昭示吉与凶、恩泽与惩罚的，不可不相信。但现在离圣人的时代已经很远了，世间流传的术数书籍，都出自平庸者之手，言辞粗鄙肤浅，应验者少，虚妄者多。至于反支日不出行，在家依旧遇害；不宜回家的忌日寄居在外，却有人不免惨死。拘泥此类说法而且禁忌多，也是没有益处的。

算术也是六艺中的重要项目，自古以来的儒士谈论天道、制定律历，都必须学习它、通晓它。但是只能附带去掌握，不可以将它作为主业去研习。江南地区通晓此学问的人极少，只有范阳的祖暅精通此门学问，此人官至南康太守。河北地区的人大多都通晓这门学问。

行医施药的事，要达到精妙的程度非常难，我不劝你们以此作为追求的目标。稍微懂一点药性，能配上一点药方，平日生活可以此救急，也就是一件非常好的事情了。皇甫谧、殷仲堪就是这样的人。

《礼记》上说："君子不无故撤除琴瑟。"自古以来的名士，对此多有爱好。到了梁朝初年，官绅之家的子孙，不懂得弹琴的，被看成是一种缺憾。大同末年，这种风气完全消失。然而这种音乐和悦典雅，有很深的韵味。而现在的乐曲，虽然与古代有不少变化，但还是可以用来抒发情感的。

只是不可因此而得名，以至被功臣权贵所役使，让你处于下座，遭受吃残菜冷饭的屈辱。这样的对待连戴安道都遭受过，何况你们呢！

《孔子家语》上说："君子不参与博戏，因为博戏会使人走上邪路。"《论语》说："不是有六博和下围棋的游戏吗？玩一玩，比什么都不做好。"尽管如此，圣人是不把博戏与下围棋作为教育内容的，只需读书不要专注此艺，有时疲倦了，偶尔一玩，比吃了饭整天睡觉，或呆坐着要强得多。至于吴太子认为下围棋是没有益处的，命韦昭写文章论述它的害处；王肃、葛洪、陶侃这些人不许自己观看棋盘，手摸棋子，这都是因为他们对自己的事业勤奋专心所致。能够这样做当然好。古时候，玩大博用六根竹棍，小博用两个骰子，现在已没人知道这种玩法了。现在流行的玩法，是用一个骰子和十二个棋子，其方法简单浅陋，不值一玩。围棋有手谈、坐隐等名目，是一种颇为高雅的游戏，但它会使人昏乱糊涂，荒废的正事确实很多，是不可以经常去玩的。

投壶的礼制，发展到近代更加精妙。古时候在壶里装上小豆，是担心箭弹出壶外。现在却只希望箭投进去又弹出来，弹出的次数越多越高兴，于是就有倚竿、带剑、狼壶、豹尾、龙首等名目。其中最为精妙的，要数莲花骁。汝南人周璝，是周弘正的儿子，会稽人贺徽，是贺革的儿子，他们两人都能一支箭反弹出四十余次。贺徽又曾做了一个小屏障，把壶放在屏障外面，隔着屏障投壶，没有不投中的。我到邺城以后，也看到广宁王、兰陵王有这类小屏障，但全国却没有一人能把箭投进去又反弹出来的。弹棋也是近代的一种雅戏，可以消除忧愁、解除烦乱，偶尔是可以一玩的。

终制第二十

【原文】

死者,人之常分[①],不可免也。吾年十九,值梁家[②]丧乱,其间与白刃为伍者,亦常数辈[③];幸承余福[④],得至于今。古人云:“五十不为夭[⑤]。”吾已六十余,故心坦然,不以残年为念。先有风气[⑥]之疾,常疑奄然[⑦],聊书素怀,以为汝诫。

先君先夫人皆未还建邺旧山[⑧],旅葬[⑨]江陵东郭。承圣末,已启求扬都,欲营还厝[⑩]。蒙诏赐银百两,已于扬州小郊北地烧砖。便值本朝沦没,流离如此[⑪],数十年间,绝于还望。今虽混一,家道罄穷,何由办此奉营资费?且扬都污毁[⑫],无复孑遗,还被下湿,未为得计。自咎自责,贯心刻髓。计吾兄弟,不当仕进;但以门衰,骨肉单弱,五服[⑬]之内,傍无一人,播越[⑭]他乡,无复资荫;使汝等沉沦厮役,以为先世之耻;故靦冒[⑮]人间,不敢坠失。兼以北方政教严切,全无隐退者故也。

【注释】

①常分:固定结果。②梁家:指梁朝。古时各个朝代都是一姓天下,故称。③常:通“尝”。数辈:数次。④余福:祖上积德所余下的福气。⑤“古人”二句:《诸葛亮集》载:“人五十不称夭。”夭,幼丧,早死。⑥风气:风湿一类疾病。《素问·太阴阳明论》:“故阳受风气,阴受湿气。”⑦奄然:病情严重的感觉。如“奄奄”。⑧先君先夫人:对逝去父母的敬称。建邺:亦称建业,即今南京。梁朝建都后,又称扬都或扬州。旧山:死者的故乡。⑨旅葬:葬于外乡。⑩还厝:还乡归葬。停棺或浅埋以待改葬称为厝。⑪如此:到此。⑫污毁:毁坏。隋灭陈后,曾下令焚毁扬都。⑬五服:古时以亲疏关系远近,丧服都有区分。五服指:斩衰、齐衰、大功、小功、缌麻。五服之内是至亲。⑭播越:播散流落。⑮靦冒:羞愧冒昧。

【原文】

今年老疾侵,傥然奄忽,岂求备礼[⑯]乎?一日放臂,沐浴而已,不劳复魄[⑰],殓以常衣。先夫人弃背之时,属世荒馑,家涂[⑱]空迫,兄弟幼弱,棺器率薄,藏内无砖。吾当松棺二寸,衣帽已外,一不得自随,床上唯施七星板[⑲];至如蜡弩牙、玉豚、锡人之属[⑳],并须停省;粮罂明器[㉑],故不得营,碑志旒旐[㉒],弥在言外。载以鳖甲车[㉓],衬土而下,平地无坟。若惧拜扫不知兆域,当筑一堵低墙于左右前后,随为私记耳。灵筵勿设枕几,朔望祥禫[㉔],唯下白粥清水干枣,不得有酒肉饼果之祭。亲友来餟酹[㉕]者,一皆拒之。汝曹若违吾心,有加先妣,则陷父不孝,在汝安乎?其内典[㉖]功德,随力所至,勿刳竭生资,使冻馁也。四时祭祀,周、孔[㉗]所教,欲人勿死其亲[㉘],不忘孝道也。求诸内典,则无益焉。杀生为之,翻增罪累。若报罔极之德,霜露之悲[29]，有时斋供[30]，及七月半盂兰盆[31]，望于汝也。

孔子之葬亲也，云："古者墓而不坟[32]。丘东西南北之人也，不可以弗识也。"于是封之崇四尺。然则君子应世行道[33]，亦有不守坟墓之时，况为事际[34]所逼也！吾今羁旅，身若浮云，竟未知何乡是吾葬地，唯当气绝便埋之耳。汝曹宜以传业扬名为务，不可顾恋朽壤，以取湮没也。

【注释】

⑯备礼：礼仪周备。⑰复魄：招魂。一种丧礼活动。⑱家涂：家途，家道。床：指棺材底。⑲七星板：钻有七孔的停尸板。⑳蜡弩牙：蜡塑的弓弩。玉豚：玉制的猪。锡人：锡制的人偶。㉑粮罂：装粮食的陶罂。明器：即冥器，陪葬等物。㉒旒旐：出殡时为灵柩引路的魂幡。㉓鳖甲车：即灵车，因车盖如鳖甲，故名。㉔祥禫：丧祭名。祥祭，父母丧后十三个月之祭为小祥，二十五个月之祭为大祥。禫祭：父母丧后二十七个月，丧服已除的祭祀，称为禫祭。㉕馁酹：连续祭奠，称馁。洒酒祭地，称酹。㉖内典：自称佛教经典为内典。㉗周、孔：指周公和孔子。㉘死其亲：消失其亲情。死，消失。㉙霜露之悲：悲念父母履霜湿露的辛苦。《礼记·祭义》："霜露既降，君子履之，必有凄怆之心，非其寒之谓也。"㉚有时斋供：有斋供时。㉛盂兰盆：梵语，意谓求佛救度。梁武帝始创此祭日。㉜墓而不坟：在地下筑墓室不在地上垒坟堆。坟，名词活用作动词。㉝应世行道：应对世事推行主张。㉞事际：情势际遇。

【译文】

死亡，是人的必然结果，是不可避免的。我十九岁时，正赶上梁朝发生兵乱，在此期间我与刀枪在一起做伴的日子，曾经有过很多次；幸而承祖上的余荫和福气，得以生存到现在。古人说："人五十岁死亡，就不算是夭折。"我现在已经六十多岁了，因此内心坦荡，不考虑自己处于风烛残年。我原先患过风气病，常常怀疑自己会突然死亡，姑且先写下我平生的愿望，以此作为对你们的嘱咐。

我的父亲母亲都没有归葬建邺故土，暂时安葬在江陵的东城。承圣末年，我已向朝廷提出请求，想要设法迁葬。承蒙皇上诏赐白银二百两，我在扬都北郊一块狭小的地方烧制墓砖，却正赶上梁朝灭亡，我流离到这，几十年来，迁葬父母还归故乡的希望已经绝望了。如今国家虽然统一，但家里的资财却已用完，还有什么办法来置办迁葬所需的费用呢？而且扬都已经被毁坏，不再有什么遗留，而且回到那低湿的地方，也不符合我的心意。我自咎自责，刻骨铭心。想来我的兄弟们，不应该步入仕途。仅仅因为门庭衰落，骨肉至亲孤单弱小，五服以内，没有一个人可以依托，只能流离他乡，再有门第的荫庇；使你们沦为奴仆的地位，已成为祖上的耻辱；所以我忍辱惭愧地生活在人间，不敢辞官归隐。加上，北朝的政教非常严厉，完全没有隐退的官员，这也是我不离开官位的缘故。

现在我已年老多病，一旦突然死去，难道会要求你们对我葬礼周全吗？我一旦死去，只要求你们为我沐浴遗体，不必烦劳你们为我举行“招魄”之礼，给我装殓上普通衣服就行了。当母亲弃我而去的时候，恰逢饥荒年景，家境困窘，兄弟幼弱，所以母亲的棺椁单薄，坟内无砖。我也只需要两寸厚的松棺，除穿戴的衣帽以外，一概不要其他随葬品，棺椁底部垫块七星板；至于像蜡弩牙、玉豚、锡人一类的东西，一律省去；粮罂和冥器，本来就不须办理，碑志和魂幡，更不必准备。用鳖甲灵车运载棺材，墓中衬些泥土就可安葬，坟上应为平地，不需垒成坟堆；如果担心扫墓时找不到墓地，可以在其前后筑一座矮墙，随便做一个标记就可以了。灵筵上不要设枕几，初一十五举行祥禫祭祀时，只要摆放一些白粥、清水和干枣，不要用酒、肉、饼、果作为祭品。亲友来祭奠的，要全部谢绝。如果你们违背了我的想法，超过了对我母亲的葬祭规格，那就会使你们的父亲陷入不孝的境地，你们能安心吗？至于诵经念佛等功德之事，也要量力而行，不要耗尽家财，使自己遭受挨饿受冻之苦。四季对先人进行祭祀，这是周公、孔子的教导，目的是希望人们不要失去亲情，不要忘记孝道。如果向佛经寻找其依据，就没有什么意义了。用杀生来祭祀先人，反而会加重死者的罪过。如果你们想要报答父母的无穷无量的恩德，悲痛父母风霜雨露的一生辛苦，必须按时供奉斋品，到七月半的盂兰盆节时，我也是盼望你们的斋供的。

孔子安葬双亲时说：“古时候只筑墓不垒坟。但我孔丘是漂泊不定的人，墓上不可以没有标记。”于是垒了一座四尺高的坟堆。如此看来，君子应对不同的世情来实践自己的主张，当然也有不遵守“墓而不坟”古制的时候，何况常被情势际遇所迫呢！我现在寄居他乡，自己像浮云一样，竟不知道何方乡土是我的葬身之所，只应断气后就地埋葬。你们应该以传承家业、宣扬佳名为己任，切不可顾恋先人坟墓，以致湮没了自己的前程。

国粹品鉴

中华民族国粹文化是世界艺术长廊中一颗璀璨的明珠，它独具特色、内容丰富、历史悠久，深受世界各国人民的喜爱。越是具有民族性的文化越具有国际性，祖国灿烂文化不但令中国人民引以为自豪，而且也为世界人民所景仰。国粹文化以其鲜明的个性和辉煌的成果，显示出无穷的生命力，富有永恒的魅力，是中华民族的精神之火，是炎黄子孙的生命之灯。本章收录趣味浓郁的经典故事，全面展现国粹艺术悠久历史的发展轨迹；赏心悦目，生动反映光辉灿烂的国粹艺术图片，立体凸显中华五千年民族艺术的非凡成果。珍重历史，才能把握现实；知我中华，才能爱我中华。认识祖国悠久而又辉煌灿烂的国粹文化，是华夏儿女自强不息的强大动力；汲取中华民族物质文明和精神文明的丰富营养，是炎黄子孙赖以生存的精神食粮。

一　民俗

旗袍

更漏子，翦鲛丝，量兽锦，宽窄灯前自审。
钿尺短，错刀残，晚来多少寒。

清·毛奇龄

旗袍源于是满族服装，由于女式旗袍妇女穿上显得秀美窈窕，因此便成为全国各族妇女普遍喜爱的一种民族文化服装，并且在国际上也享有盛名。这样优美漂亮的服装是谁设计的呢？又是怎样得以推广呢？这个满族人民中有个传说。

从前在镜泊湖畔有个渔家姑娘，由于她从小跟着阿妈在湖边打鱼，脸晒得红里透黑，人们都叫她黑姑娘。这个黑姑娘不光人长得俊俏，而且心灵手巧，炕上的针线活做得好，打鱼的本事更是百里挑一。那时候，满族的妇女都穿着古代传下来的肥大衣裙，可是黑姑娘打鱼常在湖边上转，树棵子常刮扯衣服，很不方便，她就剪裁了一种连衣裙的多扣袢长衫。这种长衫两侧开叉，下河捕鱼时可将衣襟起来夹在腰间，平时扣袢一直到腿弯儿，当裙子用，既合体又省布。这本来是件好事儿，哪曾想，这样的长衫却送了她的命。

有一年，皇上梦见先王告诉他，在北国故都有一位身骑土龙，头戴平顶卷沿乌盔，手托白玉方印，身穿十二扣锦袍的姑娘，能帮他治理天下。皇上就派钦差下去选妃。

因此,八旗姑娘都被招进渤海故都坍塌了的墙围子里候选。派来选娘娘的钦差,左挑右挑也没选中一个。正急得没法的时候,忽然看到一个脸蛋黑黑的姑娘,头顶泥盆,手托一块方豆腐,身穿多扣袢长衫,站在一垛土墙上。这姑娘正是黑姑娘。她上姥姥家串门,穿着自己做的那件长衫,给姥姥买豆腐,回来时路过这古城,见人山人海,不知出了什么事,也挤上前来,站在那土墙上看热闹。因是三伏天的日头晒得人头晕,黑姑娘就把豆腐托在手上,腾出泥扣在头上遮阴凉。钦差指着黑姑娘喊:“娘娘在这里!”

有人问钦差:“怎么说她是娘娘呢”钦差说:“你们看她站在那土墙不正是一条土龙吗?她头上顶的那小泥盆不就是平顶卷沿乌盔吗?她手托的那块豆腐不就是八角玉方印吗?她穿的那件十二个扣袢的长衫便是十二锦袍吗?”

说完,钦差大人就吩咐随从硬是把黑姑娘抬进北京。来到宫廷,皇上一看,这黑姑娘虽然黑一些,可长得很俊俏,又非常窈窕秀美。就土封她为黑娘娘。

黑娘娘是劳动妇女,过不惯这衣来伸手,饭来张口的生活。她想念家乡父老、更留恋那真山真水的渔猎生活,进宫后整天擦眼抹泪的,皇上为了安慰她,拿来她家乡产的人参、貂皮、鹿茸等,黑娘娘一见这“三宝”,想起了当初为了这些稀有的贡品,有多少家乡父老冒着危险到深山老林里去采集猎取,甚至有人丧了命,于是她起了很多办法使皇上把征收关东的“三宝”由珍贵稀有的人参、貂皮、鹿茸改为随手可得的草莓、湖鲫、烟袋草了。这一来可把关东的人民乐坏了,到处响起八角鼓,跳起满族舞,来歌颂黑娘娘的功德。

黑娘娘在皇宫里运用她的智慧,为穷人做了许多好事。后来见宫廷空的山河地理裙又肥大又长,在地上拖拉半截,脚踩、鞋蹬的,实在太可惜,她就动手把这裙子剪开,改制成她从前穿的那种既节约又方便的衣装。哪曾想这一来惹了大祸。那些娘娘、妃子们本来就很嫉妒她,这回一见她剪了裙子就一齐上殿向皇上告她的状,说黑娘娘剪掉山河地理裙,这是有意剪断我主一统江山。皇上听了就把黑娘娘叫上宫殿来,对她说“穿上这珍贵的丝绸,是做娘娘的福分,节俭二字,在宫廷里用不上。你擅自改变宫廷服装是有罪的我”。

黑娘娘不认罪,还提到她过不惯这宫廷生活,要求放她回家乡打鱼。皇上一听气得离开了龙墩,走到黑娘娘跟前,喊了一声:“你给我滚出宫去!”

黑娘娘自从进宫以来,对皇上没说过一个“谢”字。当她听到皇上让她出宫,她一高兴说了一句“谢谢皇上”。转身就要下金銮殿,皇上骂了一句“真是个贱人”,气不打一处来,上前就一脚,正好踢在黑娘娘的后心上。黑娘娘就这样死在皇宫里。

关东人听说黑娘娘惨死了,大哭了三天。旗人家的妇女为了纪念黑娘娘,都穿起她剪裁的那件连衣带裙的系扣长衫。后来,这种长衫就被称为“旗袍”了,非常神奇。凡是穿上旗袍的妇女,都变得十分苗条、秀美、漂亮,人们都说这是勤劳俭朴、心灵手巧的黑娘娘在暗中帮助打扮的。

旗袍是近代兴起的中国妇女的传统时装,而并非正式的传统民族服装。它既有沧桑变幻的往昔,更拥有焕然一新的现在。旗袍本身就具有一定的历史意义,加之可欣赏度比较高,因而富有一定收藏价值。

民国旗袍这些与西方服饰审美一致的特征,并非偶然产生。在当时,上海这个中西文化杂处的大都市是最具条件的诞生地。现在我们或许已经难以寻找民国旗袍在上海诞生的确凿证据,但我们还是可以断言,海派袍是民国旗袍的典型。如果我们再胆大一点,我们还可以进一步假设,现代旗袍,或狭义的旗袍,就是海派旗袍。因为,在一般人的心目中,旗袍两字所引发的联想或意象,就是 20 世纪三、四十年代的海派旗袍。

近代旗袍进入了立体造型时代,衣片上出现了省道,腰部更为合体并配上了西式的装袖、旗袍的衣长、袖长大大缩短、腰身也越为合体。

现代旗袍的外观特征一般要求全部或部分具有以下特征:右衽大襟的开襟或半开襟形式,立领盘纽,摆侧开衩,单片衣料,收腰,无袖或短袖等。开衩只是旗袍的很多特征之一,不是唯一的,也不是必要的。

刺绣

花随玉指添春色,鸟逐金针长羽毛。

唐·罗隐《绣》

南陌东城尽舞儿,画金刺绣满罗衣。

宋·姜夔《灯词》

刺绣,是中国优秀的民族传统工艺之一。根据近年中国各地古墓出土的帛画和刺绣等实物,可推知刺绣工艺在中国至少有两三千年以上的历史。如 1958 年从长沙楚墓中出土的绣品《龙凤图案》,是公元前 5 世纪春秋时代的作品,是在细密的丝绢上用连环针(苏绣称为辫子股)针法绣成的,针脚整齐,绣工精细,图案生动,反映了战国时代湖南刺绣已经有了较高的技艺水平。1972 年,在长沙马王堆的西汉古墓中又出土了四十件绣衣和一幅内棺外面装饰的铺绒绣饰。绣品的图案多达七十多种,绣线是未加捻的彩色散丝,色彩有深蓝、深绿、草绿、朱红、浅棕红、黄、绛、紫、灰等十八种。绣品的针法有手平针、接针以及打籽针等,针脚整齐,线条洒脱,绣工已较为成熟。1981 年,在江苏高邮的西汉广陵王刘胥夫人墓(约前 135~前 87)出土一件棺椁罩,以辫子股针法绣制流云、卷枝花草、鸟兽等图案,精细生动,线条流畅。

中国刺绣的著名品种有:苏州的苏绣、湖南的湘绣、四川的蜀绣、广东的粤绣,号称"四大名绣"。此外还有北京的京绣,温州的瓯绣,上海的顾绣,苗族的苗绣等,产地不同,风格各异。刺绣的技法有:错针绣、乱针绣、网绣、满地绣、锁丝、纳丝、纳锦、平金、影金、盘金、铺绒、刮绒、戳纱、洒线、挑花等,丰富多彩,各有特色。刺绣的用途包括生活服装,歌舞或戏曲服装,枕套、台布、靠垫等生活用品及屏风壁挂等陈设品。

苏、湘、蜀、粤四大名绣可以说异彩纷呈,各具特色。

苏绣以构图简练、主题突出、形象生动为主要特点。色彩文静典雅,艳而不俗,给人以柔和、清秀之感。在技艺上,绣工精巧、细腻,纤毫毕现,针法十分巧妙。苏绣的针法多种多样,变化无穷,主要针法有齐针、抢针、散套针、施针、接针、滚针等约九大类,近五十种针法。各种针法都有它不同的线条组织形式和独特的表现方法。如用施针、滚针刺绣的小猫,毛丝松软,双目有神,形态生动,呼之欲出。用散套针绣制的花卉,形态极妍,娇美鲜嫩。用虚实针绣制的金鱼,生动活泼,立体感强,鳞片闪闪发出五彩变幻的光泽。用打籽、纳丝、点彩等针法绣制的图案,具有浓郁的民族特色和装饰趣味。苏绣不仅在国内享有很高的盛誉,而且在国际文化交流中也声名显赫。新中国成立以来,苏绣的优秀作品先后参加过近百次的国际性展览,许多外国朋友称赞苏绣是“东方艺术的明珠”“艺术天才的结晶”“有生命的刺绣艺术杰作”。

湘绣比较注重写实,形象生动,设色鲜明,针法多变。特别是湘绣同国画融为一体,将国画的构图、布局、视点、用墨、题款等方面,准确地运用到湘绣中,使其个性更为鲜明。在表现技巧上,线条准确,层次分明。湘绣的针法多种多样,除了掺针外,还有游针、毛针、平针、网针、打籽针等几十种。在针法上强调“应物施针”,根据不同的题材和表现的对象,灵活地运用各种针法和线色。如牡丹雍容华贵,素有“国色天香”之誉,用细腻致密的掺针,不仅绣出牡丹娇嫩的质感,而且完美地表现了富丽堂皇的品格。运用毛针法则变化多端,对于走兽、鸟禽的翎毛具有特殊的表现力。以仕女为题材的人物绣品,历来重视神态的刻画。运用掺针、游针、齐针等,不但表现了仕女柔软蓬松的云鬓、轻纱薄罗的服装,而且将优雅、端庄的神情刻画得淋漓尽致,使绣品达到了很高的艺术效果。湘绣作品的题材广泛,有人物、山水、花草、飞鸟、走兽、虫鱼等。尤以狮、虎、松鼠作品最为有名。由于其手法注重写实,特别善于借鉴国画的长处,所以湘绣有“绣花能生香,绣鸟能听声,绣虎能奔跑,绣人能传神”的美誉。

蜀绣的艺术特点是构图优美,刻画细腻,形神兼备,气韵生动,色彩秀丽,以其独特的艺术风格著称,主要使用面料为:绸、缎、绢、纱、绉等。蜀绣的品种大致可分为两类:一类是艺术欣赏品,主要是条屏、座屏等;一类是名目繁多的日用品,有被面、枕套、靠垫、台布、床罩、头巾、手帕等,尤其以蜀绣龙凤软缎被面最为著名。蜀绣技艺讲究施针严谨,针脚整齐,掺色柔和,虚实得体。近几年,四川省工艺美术研究所对传统的刺绣针法进行了研究和整理,初步归纳为十二大类,有一百二十二种之多。常用针法数十种,如晕针、衣锦纹针、铺针、滚针、戳针、掺针、沙针、盖针等。

粤绣的特色是,构图富有图案装饰性,色彩浓郁鲜艳,绣线平整光亮,纹理清晰。在针法上用金银垫绣,立体感强,具有富丽堂皇的艺术特色。粤绣的品种很多,除了条屏、挂屏、屏风、座屏等艺术欣赏品以外,绝大部分是被面、枕套、靠垫、头巾、披肩、睡衣、绣花鞋、戏剧服装、床帷、寺庙佛堂的装饰品等。在题材上主要有人物、花果、龙、凤、百鸟、走兽等。如果说苏绣的传统题材是猫和金鱼为最佳,湘绣是狮、虎为最佳,蜀绣是鲤鱼、公鸡为最佳,那么粤绣的传统题材就是百鸟朝凤和龙、凤了。在构图上,粤绣的特点是丰满而又层次分明,多变而又和谐统一,具有浓厚的装饰趣味和南国民间的艺术风格。作品《百鸟朝凤》,画面上凤凰仰首,一百只鸟禽围着凤凰,形态各异,或飞翔、或啄食、或栖息,神态丰富多彩,令人目不暇接。粤绣的装饰趣味是与表现方法中善于运用"水路"的技法分不开的。就是刺绣时在物像的边缘留出空白的边线,如绣花瓣时,瓣与瓣之间均留有一条清晰而均齐的"水路",边线整齐而清楚。在用色上,和苏绣的典雅完全不同,粤绣的色彩对比强烈,多以红、橙、黄、绿、青、蓝、紫等七种颜色为主,并配以素色,艳而不俗,能出现既对比又柔和的好效果。特别是较多地运用金银丝和钉金垫绣的针法,同浓艳的色彩、装饰趣味的构图和物象互相衬托,使作品更具有金碧辉煌的艺术效果。

对刺绣艺术的研究,开始很早,但都是零零碎碎,没有形成系统的理论。直至清道光元年(1821)丁佩出版了我国刺绣史上第一部专著《绣谱》,对刺绣的制作、艺术特点、针法等方面进行比较系统的研究,中国刺绣才算建立起了系统的理论体系。《绣谱》共分择地、选样、取材、辨色、程工、论品等六章,共五十三节,约九千字,同时对刺绣工作环境、创作设计、材料、工具、色彩、工艺特点、艺术鉴赏等,进行了全面的论述。不朽的著作《绣谱》,是我国宝贵的文化遗产。

织锦

桃花日日觅新奇,有镜何曾及画眉。
只恐轻梭难作匹,岂辞纤手遍生胝。
合蝉巧间双盘带,联雁斜衔小折枝。
豪贵大堆酬曲彻,可怜辛苦一丝丝。

唐·秦韬玉《织锦妇》

中国织锦以其色彩瑰丽、工艺精湛而享誉世界,被誉为"东方艺术之花"。

织锦工艺大约产生于两千多年前的西周时期。长沙马王堆出土的丝织物中,有一种彩色提花锦,色彩花纹优美生动,说明西汉的织锦技术已达相当高的水平。据西汉人史游所著《急就篇》记载:"齐国给献素缯帛,飞龙凤凰相追逐。"可见当时织锦中已有龙凤等难度较大的图案。唐代,朝廷专设"织染署",织锦成了宫廷用品。到了宋代,江南一带的丝织品十分兴旺,产生了一些著名的丝绣艺人。他们仿名家书画于织锦,达到很高的成就。

在历史演进过程中,我国丝绸家族中形成了三大名锦,即云锦、宋锦和蜀锦。

云锦,是南京产的锦缎,精美鲜艳,如云似霞。云锦图案有龙凤、孔雀等灵禽瑞兽,过去专供皇室和达官贵人制作龙袍蟒服。如今发展有雨花锦、凹凸锦、双面锦等许多品种。除用云锦缝制高级华丽的服装外,还做成枕套、台毯、靠垫等日用工艺品,极为富丽高贵。

织锦

宋锦，是苏州、杭州生产，有宋代风格的锦缎。因宋代苏杭绸缎极富特色而得名。宋锦是中国织锦的典型代表。宋锦图案具有浓烈的民族风格，表示吉祥的动物形象有狮、鹤、孔雀、金鱼、鸳鸯等；表现优美风景的有秀水奇峰、苍松翠柏等；体现儒雅风尚的文物图像有琴棋书画、乐器等；象征福禄寿禧的图案有寿桃、牡丹等。宋锦的色彩特点是高雅清淡、古朴含蓄。一般都含灰色调，要求色度纯，色明度统一而和谐。运用“活色”，如四朵主花转轮的图案，采用五种色彩来调换，结果出现二十种不同的花色。宋锦的用途可分为两类：一是服装用料，如宋代“臣僚袄子锦”等；另一类是装饰欣赏，如“织锦床罩”“织锦台毯”“风景织锦”以及装裱书画等。周恩来总理生前访问非洲六国时，就曾把中国织锦台毯作为礼品赠送给六国元首。

蜀锦，是四川成都产的锦缎。蜀锦是三国时蜀国的经济支柱，诸葛亮曾说过：“决敌之资，惟仰锦耳。”蜀锦图案古雅，富有民族风格，品种有珍珠锦、芙蓉锦等。

除了以上三大名锦以外，较有名的还有鲁锦、土家族织锦和傣族织锦。它们风韵独特，各有千秋，是我国劳动人民聪明才智和艺术创造力的充分体现。

目前，我国许多省份都有丝织厂，其中杭州织锦厂作为全国最大的织锦生产企业，花色品种达一千多个，且主要是工艺品，其工艺水平已达到炉火纯青的地步。织锦艺术焕发出新的青春，闪烁出更加熠熠的光彩。

蜡染

用蜡绘花于布而染之，既去蜡，则花纹如绘。

《贵州通志》

优美素雅的蜡染，是中华民族绘染艺术的一枝鲜花，对人类染织工艺做出了特殊的贡献。蜡染，古代叫蜡缬。早在二千年前的秦汉时期，就有了“绘花于布，而后染之，去蜡则见花”的工艺出现。我国人民用蜂蜡、树脂作防染剂，用植物蓝靛作染料，印染麻质品与丝绸。我国西南、西北都曾有春秋、汉唐时代蜡染制品的考古发现。《后汉书》等史籍中，也有关于蜡染的记载。盛唐时，贵州的“点蜡幔”“顺水斑”已驰名全国。贵州省中部平坝区曾发现一套仿铜鼓鹭鸟纹彩色蜡染衣裙，是一千年前宋代遗物。唐宋以后，中原经济有了较大发展，新兴工艺代替了手工操作，蜡染技艺日渐衰败，以致失传。唯独边远的贵州由于交通闭塞，文化交流受滞，加之用作蜡染的自然资料蜂蜡与靛蓝十分丰富，传统工艺才得以通过口传手授的方式流传下来，特别在苗、瑶、布依等少数民族地区,更成为姑娘们传统的生活必需品。

所谓蜡染,就是蜡画与染色两种工艺的简称。传统的画蜡方法,是把蜂蜡加温熔化,用三至四寸长的竹竿或铜片制成的蜡刀,蘸上蜡液在白布上绘出各种图案。将画好的布浸进盛着蓝靛溶液的染缸,染成蓝色或靛青色,再把染好的布投入沸水中,漂去蜂蜡,最后放在冷水中漂清,即成蓝、白两色的蜡染。人们将这种蓝白分明的蜡染花纹,称作冰纹。冰纹的形成是布料在不断翻卷浸染中,蜡迹破裂,染液随着裂缝浸透在白布上所留下的人工难以摹绘的天然花纹。同样图案的蜡画布料,浸染之后冰纹绝不相同,韵味也不一样。这样,也就越发显出它不可捉摸的深邃。

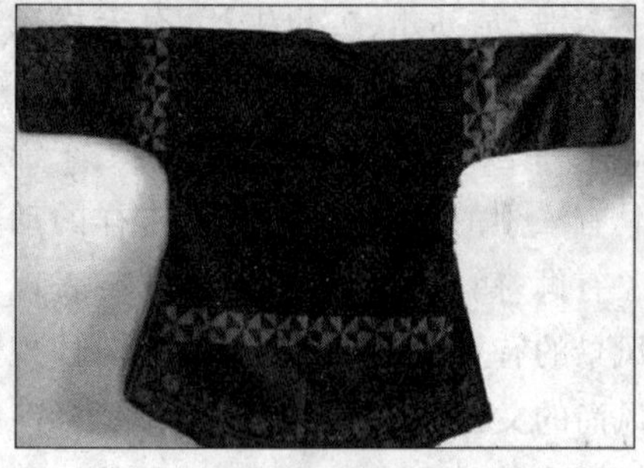

蜡染制品

蜡染工艺,在贵州少数民族地区流行极广,它世代相传,纹样独特,凝聚着兄弟民族的劳动智慧,是我国民间艺术的宝贵财富。

贵州中西部的安顺市,古有“滇之喉,黔之腹”的说法。这一带山川秀丽,坝子内田畴坦平,被游客誉为“三分桂林的姿态,两分江南的神韵”。生活在这里的汉、苗、布依、仡佬等十多个民族的人民世世代代用心血和智慧浇灌着蜡染这种古树奇葩。由于不同民族情趣和审美感受的相互渗透,使蜡染体现出十分鲜明的民族特色。安顺苗族蜡染的风格明丽活泼,图案以取材于自然花鸟虫鱼为主,对称中讲求灵动。特别是鸟和鱼的变化,极为丰富。如鸟的姿态有飞的、鸣叫的、舞的、啄食的、树荫下休憩的,还有在阳光下抖晒羽毛的,真是千姿百态,栩栩如生。鱼的变化也很多样,她们爱在鱼头、鱼尾、鱼鳍、鱼须、鱼眼、鱼嘴、鱼鳞、鱼肚上下功夫,利用蜡染特制的工具,创造出各种各样的鱼类。安顺布依族蜡染则以素雅清新为主要特色,图案多为抽象的螺旋纹,结构严谨,刚柔相间,对称统一,虚实相宜。色彩除蓝白两色外,又增添浅蓝色,使层次更为丰富。各民族的妇女之所以能创造出如此丰富、动人的图案,关键是她们扎根于自身生活,对大自然中的一草一木、一鱼一鸟,观察了又观察,对它们了如指掌,有深厚的感情,并从生活观察中提炼,经过艺术加工、创造,再经她们世代相传、千锤百炼,虽然寥寥几笔,但姿态动人,简练传神,生活气息十分浓厚。蜡染融入人们的生活,成为各民族人民生活的一部分。只要到了民族节日,无论是布依人的“六月六”,还是苗家的“四月八”,无论是迎亲嫁女,还是跳花对歌,只要群众聚会庆典,就是一场自然形成的民族蜡染服饰的大联展。历史悠久、五彩缤纷的蜡染文化会让每一位热爱民族艺术、向往美好生活的人流连忘返。

新中国成立以后,我国民族蜡染艺术有了新的发展。1973 年,我国第一家专业化蜡染工厂——安顺市蜡染总厂正式建立。这标志着我国古老的、民间的蜡染工艺开始走上了集科研、生产、销售为一体的现代化生产的道路。特别是改革开放以后,蜡染生产发展更快,仅安顺市内,就有蜡染厂家四十余个,另外贵州省内的贵阳、六盘水以及云南、四川、广西等地,也都有了蜡染厂家。蜡染,这株民族奇葩,在保持传统民族风格和冰纹玄奥的同时,正借助现代化的翅膀,沐浴着改革开放的春风,大踏步地跨出国门,走向世界。1997年,贵州省文化厅、轻纺厅、旅游局、国际文化交流中心、贵州师范大学联合主办了97中国贵州国际蜡染联展,共展出了由美、英、法、日、阿根廷、印度、印尼、荷兰、奥地利、比利时、澳大利亚等十二个国家三十多位艺术家和中国二十八位艺术家的二百余幅蜡染艺术品,展示了蜡染艺术的巨大魅力,也给各国蜡染艺术家提供了一个良好的学习交流机会。

扇子

藤缕雪光缠柄滑,篾铺银薄露花轻。
清风坐向罗衫起,明月看从玉手生。

唐·张祜《赋得福州白竹扇子》

扇子是引风用品,夏令必备之物。中国扇文化有着深厚的文化底蕴,是民族文化的一个组成部分,它与竹文化、佛教文化有着密切关系。历来中国有“制扇王国”之称。

扇子主要材料是:竹、木、纸、象牙、玳瑁、翡翠、飞禽翎毛,其他棕榈叶、槟榔叶、麦秆、蒲草等也能编成或制成各种千姿百态的日用工艺扇、造型优美,构造精致,经能工巧匠精心镂、雕、烫、钻或名人挥毫题诗作画,使扇子艺术身价百倍。中国扇文化起源于远古时代,我们的祖先在烈日炎炎的夏季,随手猎取植物叶或禽羽,进行简单加工,用来挡住太阳产生风,故扇子有障日之称,这便是扇子的初源。“以木曰扉,以苇曰扇”,最早的扇子是用苇做成的权力象征物,扇子起初的功能并不是用来纳凉,而是统治阶级为了彰显自己的地位与特权的仪仗扇。因扇子多见于皇宫中,所以扇子又叫“宫扇”。隋唐之后,羽扇与纨扇大量出现,而这时期的文人墨客喜爱把玩扇子,视其为“怀袖雅物”,一些诗人词人,除了饮酒作诗,经常边摇纨扇边吟诗作赋,在这一时期,与扇子有关的诗词大量出现,像李峤的《扇》、白居易的《白羽扇》、唐怡的《咏破扇》等等。古代文人墨客要是手中无扇,就像现在的小资不养宠物狗一样,显得有些没品位。到了清代,不光是文人墨客,就连踏入仕途的官员、账房先生,甚至是处于社会底层的各色人等也喜欢摇扇“摆造型”。

扇子史传上最初称为“五明扇”。据传是虞舜所制,晋代崔豹的《古今注·舆服》记:“五明扇,舜所作也。既受尧禅,广开视听,求人以自辅,故作五明扇焉。秦,汉公卿,士大夫,皆得用之。魏,晋非乘舆(皇帝)不得用。”也就是说舜为广开视听求贤自辅,曾制作五明扇。从秦至汉都在沿用,张打此扇是在向外界表明吸纳贤才的主张,但到了魏晋之时竟成为皇帝的专用。殷周时期已出现了一种“翟扇”,那是用五光十色的野鸡尾羽做成的，故有“羽扇”之说。《尔雅》中谈道：“以木曰扉，以苇曰扇。”从这可推测，早期的扇子可能是长方形的苇编物。早期的扇子并非用来纳凉，而是用作统治者礼仪之具，所以又叫“仪仗扇”。中国秦汉以后，扇子的形制主要有方、圆、六角等形，扇子的面料采用丝织的绢素，由于宫中用得多，故又称“宫扇”，隋唐两代，盛行于世的主要是纨扇和羽扇，以及少量的纸扇。宋以后，折扇渐渐流行。明清时期，浙江、苏州、四川等地盛产折扇，题字作画亦兴于此。这一精湛的技艺从明代开始传入欧洲，然后风行世界。

凉友，是扇子的一个别名。宋陶谷《青异录·器具》：“商山馆中窗颊上有八句诗云：‘净君扫浮尘，凉友招清风。’是帚与扇明矣。”

扇子综合了雕刻、编织、编结、书法、绘画、装裱、烙画、玉器、漆器、刺绣等多种艺术的技法。折扇两旁的2支扇柄，俗称大骨或大边，上面镌刻字画；中间众多的扇骨，俗称小骨或心子。扇骨的装饰技法很多，有的螺钿，有的髹漆，其中金星珊瑚是以珊瑚红漆为地，上洒银末，闪烁如星。扇子下端的扇头式样有竹节、梅花、小花瓶、大钩如意、荸荠圆头等约100多种。扇坠以玉石、桃核、橄榄核雕刻而成，或编结流苏，摇晃生姿。刺绣扇套，既美观，又耐磨、实用。在檀香扇、骨扇、象牙扇、贝壳扇的扇面上，镂空成精细的图案。葵扇、檀香扇扇面上的烙画，墨分浓淡，风格古雅。扇子的用途很多，它除了夏日纳凉外，还是评弹、戏曲、舞蹈、曲艺等表演的道具。

中国扇子的品种主要有折扇、羽扇、绢扇、葵扇、篾丝扇、麦秸编织扇、竹板扇、笋壳扇等。

折扇即古称折叠扇、聚头扇、撒扇。品种有纸折扇、象牙扇、贝壳扇、檀香扇、孔雀翠羽扇等，其中以纸折扇为最普及。纸折扇是以细长的竹片制成众多的扇骨，然后将扇骨叠起，其下端头部以钉铰固定，其余则展开为半圆形，上裱糊以纸，作扇面，并在扇面上题诗作画。扇骨料以棕竹、湘妃竹、乌木为佳，每把扇子少则7支，多达40支，一般多为14支或16支。40支扇骨的折扇，扇骨纤细，风格秀丽，古代专为妇女所执。象牙扇、贝壳扇、檀香扇则以象牙、贝壳、檀香木制成扇骨，直接以丝线将扇骨缀连为半圆形扇面，并在扇面上镂雕精巧、纤细的图案。檀香扇的扇面除镂空图案外，又饰以烙画，或裱糊薄绢，彩绘花鸟、仕女画面，风格艳丽，为妇女所喜爱。苏州折扇以水磨竹扇骨为著名，即以细砂纸、浸湿的木贼草和榆树叶等反复将竹扇骨打磨，然后上蜡，滋润细腻，如同白玉。

羽扇就是以孔雀、鹤、雕、鹅、雉等鸟禽类羽毛编织成扇面，再加扇柄而成。它不仅为纳凉、装饰、舞蹈所用，也是中国古代宫廷礼仪的陈列品。中国羽扇大多以3~4支鹅羽编织而成，呈上尖下圆的桃形，在扇面中央饰以五色绫缎剪镂或彩色丝线绣成的寿桃等图案。扇柄有的为木柄，有的将鹅羽管劈削成篾丝，编织成古钱等图案作为翎管柄。羽扇质轻，出风柔和。孔雀翠羽扇以象牙为扇骨，孔雀羽毛编织为扇面，色彩富丽，也是舞蹈的道具。

绢扇以竹篾、铅丝为骨架，并以素绢等丝绸绷裱于骨架之上，大多形似满月。又称团扇。绢扇古代以竹篾为骨架，20世纪初改以铅丝为骨架，请名人书画扇面；扇柄以湘妃竹、棕竹等名贵竹材制成，也有髹漆柄和象牙柄。更有以如同蝉翼的黑色薄纱为扇面，上以白粉画无数细竹，入手轻凉，人称蝉翼扇。绢扇的扇面除满月形外，还有腰圆、正六角等式样，上面彩绘仕女、山水、花鸟等，有的以五彩丝线绣制图案。

葵扇，俗称蒲扇。由蒲葵的叶、柄制成，质轻，价廉，是中国应用最为普及的扇子。广东新会的葵扇，葵叶圆正，葵柄细匀，生产工艺复杂，品种多。葵扇制作工艺是先选择柄长30多厘米、色泽浅碧的葵叶，摘后日晒约20天，干后，色泽变白；再以水洗、烘干，并以重物压平；然后随葵叶的大小，剪成不同规格的圆形，再以篾丝、丝线缘其边，仍用其葵柄为扇柄。葵扇的品种很多，除一般常用的葵扇外，还有玻璃白葵扇、漂白编织葵扇、烙画葵扇等。玻璃白葵扇是选择初发未舒的浅绿嫩叶，经过日晒，色泽晶莹洁白，再经水洗、硫黄熏蒸，色乃益白，如同玻璃，因而得名。漂白编织葵扇是将玻璃白葵叶剖成2~4mm细条，然后手工编织成杏仁形的葵扇，并在扇面上以金银线、彩色丝线绣成各种图案。烙画葵扇是在扇面上烙画人物、山水等，风格古雅。其中双面烙画葵扇是将两把形状、规格完全相同的玻璃白葵扇缝合为一把，然后在正反两面各烙画相同的画面，可以两面观赏。葵扇的扇面除了装饰以刺绣、烙画外，还有漆画，或用细针刺成各种图案。扇面的规格不一，大者长90多厘米，可以遮阳。扇面的边缘俗称细边，以金银线、绢、彩色丝线、篾丝、细长条藤皮等手工缠绕、缝制而成。葵扇的扇柄大多用原葵叶的柄，有的在葵柄外缠绕细长条的藤皮，或外面套上染色的竹管，执于手中柔滑而舒适。高级的扇柄则另饰以方竹、湘妃竹、佛肚竹等名贵竹材，或用象牙、玳瑁等制成扇柄。

篾丝扇，又称竹编扇。以篾丝编织成扇面。产于四川、浙江、湖南等地，以四川为最著名。四川篾丝扇在明代已很著名。清代光绪年间(1875~1908)，四川自贡匠师龚爵伍编织的篾丝扇，人称龚扇，所用篾丝，细如毫发，每根长400mm、宽1mm、薄0.2mm，在日光映照下透明晶莹，微风拂之，则丝丝飞扬。所编织的扇面，光滑无痕，宛如绫绢。扇柄多为牛骨制成，下坠以流苏。20世纪初，龚爵伍之子龚玉璋继承父业，能编织复杂的仕女、山水、花鸟等画面，清晰、美观。现在，龚扇已传至第三代，即龚玉璋之子龚长荣、龚玉文兄弟。他们编织的篾丝扇曾在美国、日本展出。

其他类扇子还有麦秸编织扇、鸭脚扇、竹板扇、笋壳扇等。麦秸编织扇主要产于浙江浦江。它是以麦秸编织成扁带，然后缠绕成圆形作为扇面；再以竹片下端为柄，上端劈削而为二，将麦秸编织扇面夹于其中，并在扇面中央贴以五色绫绢，上绣图案，作为装饰。鸭脚扇因扇面形如鸭脚而得名。产于浙江、广东、四川等省。它以长30cm左右的竹片制成，以其下端的三分之一为柄，其余三分之二则劈削成数十根篾丝，然后以细线将篾丝编结成鸭脚形扇面，再以纸糊扇面，以绢、锦缘其扇边而成。竹板扇产于浙江。它以长30cm、宽15cm左右的竹板为扇面，熨之使其平整。因竹板扇面色泽白润如玉,所以又名玉版扇。笋壳扇产于福建。它以巨笋壳压平而为扇面,长 30cm,宽 18cm 左右。扇的正面洁白光润,有的饰以烙画;背面为笋壳外皮赭色,如同槟榔,所以又名槟榔扇。笋壳扇执于手中,朴实而高雅。

随着科学技术的飞速发展和人民群众审美水平的提高,一些风格特异、材料新颖的塑料扇、袖珍扇、帽扇,自开扇、多功能光导工艺扇等相继问世。现代生活使用扇子纳凉驱暑的作用相对减小,但扇子作为精美的工艺品,将永远带给人们美的享受。

梳篦

画眉千度拭,梳头百遍撩。

北周·庾信《梦入堂内诗》

略约新梳洗,春衫小坐偏。
画眉长自好,今日镜台前。

明·汤显祖《新妇》

梳篦的历史,可以追溯到六千多年前的原始时代。考古出土较早的古梳,有江苏邳州市刘林遗址的骨梳,仅四五齿。山东泰安大汶口墓葬的象牙梳,十分精巧。梳体为长方形,梳背平列三个圆孔,握手部位有“S”形纹饰,其凹弯处还有“T”字纹。梳高十六点七厘米,宽八厘米,有十六个齿。

商周时期,出现了铜梳。山西石楼商代晚期的铜梳,高约十一厘米,十三个齿。梳背有鸟形饰,握手处饰回纹。这是目前所见年代最早的一件金属发梳。

春秋时期有了木梳。河南固始楚墓中一件合体梳篦,一端为梳,一端为篦,两者合为一体,在梳篦发展史上占重要位置。

战国时,长方形梳篦被箕形梳所取代,唐宋时期则转化为半月形梳。到明代中叶,开始流行长条形梳篦,奠定了今天梳篦的基础。

古时候,梳子除了作为梳理头发的工具外,妇女们还将它插于发际,作为一种装饰之物,所以梳子在古代又是我国的八大发饰之一。用梳子作发饰盛行于唐宋时期,至元明时仍保留这种风俗。古代的木梳子讲究工艺造型,非常精致。1986 年在广东省三水区高丰区的一座明代墓葬中,出土了一把精美的木梳,梳形呈半月状,背部包有一片模压花纹的银片,花纹非常精致,中间还压印了一朵绽开的牡丹,两边又各有两朵葵花相衬。

在我国最负盛名的是常州梳篦,又称“宫梳名篦”。据史书记载,清末的苏州织造府,每年农历七月要到常州定制六十把象牙、黄杨梳,另加六十把梅木象牙密齿篦箕,连同龙袍、绢花等进贡皇宫。常州梳篦曾两次在国际上获大奖,一次是 1915 年的巴拿马国际和平博览会,另一次是美国独立一百五十一周年费城博览会。从此,“宫梳名篦”名扬世界。

梳头,作为养生健脑之法,在我国由来已久。早在南北朝时,著名医学家陶弘景,就明确指出了梳头的益处:“头当数栉,血流不滞,发根常坚。”南宋爱国诗人陆放翁曾有诗为证:“觉来如见天窗白,经发萧萧起自梳”“客稀门每闭,意闷发垂梳”。到了老年,他依然“两目神光穿夜户,一头胎发入晨梳”。宋代郭尚贤,把“梳头浴脚”,当成“养生之大要”。无论在什么样情况下,他总是把梳头洗脚当成保养身体的大事来做,并说:“梳头浴脚长生事,临睡之时小太平。”

古人对梳头的益处曾做过许多解释。明代沈仕,在《摄生要录》中,曾引用安乐诗云:“发是血之余,一日一次,梳通血脉,散风湿。”《五杂俎》中有“每日清晨梳千下,则因发去风,容颜悦泽”。有趣的是,《晁氏客语》中说:“周天枯言冬至夜子时,梳头一千二百,以赞阳出滞,使五脏之气终岁流通,谓之神仙洗头法。”

祖国医学认为,人的头部,属于人体的主宰,为“诸阳所会,与百会相通。”头部有百会、太阳、玉枕、风池、通天、月窗、承炎、天冲、神庭诸多穴位。常梳头,可对这些穴位,起到良好的刺激与按摩作用。梳理头发,是文明社会人类日常美容活动之一,同时对人类健康也极为有益。据现代医学研究发现,多梳头可以增长寿命。为什么女性平均寿命比男性长五点八六岁,头皮运动多——梳头,是重要因素。脑是指挥和调节人体各种活动的中枢神经系统,大脑皮层两至三厘米厚,总面积约二千二百平方厘米,生长着约十亿根头发。保持头脑清醒,生命能得到延伸。梳头是脑部运动最理想的项目,男性往往忽视它的好处:刺激穴位,按摩经络,滋养气血,调节功能,增强分泌活动,改善血液循环,促进新陈代谢,传导思维通路,多梳头,是人们走向健康的一大捷径,也是人们保持健康应具备的一个基本功。因此,这“举手之劳”的小事,如能早晚长期坚持,于身体健康大有裨益。

筷子

殷勤问竹箸,甘苦乐先尝。

滋味他人好,乐空来去忙。

明·程良规《咏竹箸》

筷子,古时称“箸”,又叫“筋,亦称‘挟’”。李白《行路难》中就有“停杯投箸不能食,拔剑四顾心茫然”的诗句。陆容《菽园杂记》卷一对筷子有过这样的记载:“民间俗讳,各处有之,而吴中为甚。如舟行讳住讳翻,以箸为快儿,幡布为抹布。”这就是说,“箸”与“住”谐音,而“住”有停止之意,是船家一大忌,故船家改箸为“快”;又因它是竹制品,遂在“快”字上冠以竹字头,后面加一“子”字。久而久之,人们竟默认了这种叫法。

《礼记·曲礼上》曰:“饭黍毋以筋”,“羹之有菜者用挟”。而《史记·宋微子世家》还载有“纣始有象箸”一说,这说明三千五百多年前,商朝的纣王已使用象牙筷。1961

年，云南祥云县一座汉墓中发现了东周中期的铜筷实物。我国宋代在女儿出嫁时，还出现陪送筷子的礼仪。当时婚事议定后，女方父母一般都送一对灌水的坛子，内放活金鱼四尾，并附筷子两双，其含义为金鱼谐音为“金余”，祝愿今后生活中金钱有余。筷子取谐音“快子”，祝愿新婚夫妇早生贵子。我国白族人民对筷子的偏爱，不仅和其他民族一样在生活中离不开它，而且形成了独特的习俗和歌谣。不管是在婚丧嫁娶、喜庆宴席上，还是请客吃饭，首先都要双手敬筷给来宾以示尊敬，并要以筷为内容唱歌。白族人在婚礼上使用的筷子，一律都是用红颜色染就加工的竹筷子。有趣的是新媳妇吃饭要用十多双红筷子扎成一把吃饭，据说这是图多子的意思。目前，世界上用筷子的人大约有十三亿多。

筷子虽然只是两根小棍子，却能施展出来夹、挑、舀、撅等全套功能。尤其吃面条时，如单用一把叉子撅挑，是难以将食物送入口中的，还需勺子或刀子来帮忙，既麻烦又费劲。而用筷子只需要一只手就可随心所欲地挥舞交合，把食物毫不费力地夹起来。中国人使用筷子，在人类文明史上，确是一桩值得骄傲和推崇的科学发明。1984年春天，美籍华人、著名物理学家李政道博士在东京成田机场接受记者采访时，曾高度评价了中国古代的科技成就。他从中国人使用独有的筷子这一点论证：中华民族是一个优秀种族。他说：“如此简单的两根东西，却是高超绝伦地应用了物理学上的杠杆原理。筷子是人类手指的延伸，手指能做的事，它都能做，且不怕高热，不怕寒冻，真是高明极了。比较起来，西方人大概到十六七世纪才发现刀叉，但刀叉哪里能跟筷子相比呢？”美国前总统尼克松来华访问前，还专门用一个月的时间学习使用中国筷子。宴席上，他运用自如，得心应手，令在场的中外贵宾刮目相看，总统本人也颇以为荣。日本人对筷子的使用尤为重视：不仅开办“训练班”，有计划地训练孩子自幼学会用筷，还规定每年 8 月 4 日为“筷子节”。亚洲其他各国，则早在唐代以前就学会用筷子。

日本一些科学家对用筷子的人做了仪器测定，发现人们在运用筷子时，会牵动手指、手腕、手掌、胳膊、肩膀上三十多个关节和五十多条肌肉；而这些关节和肌肉，又和脑神经相通，对大脑皮层也是一种有益的锻炼。所以，生理学家认为，常用筷，手指灵，脑子活，有益身心。

筷子作为中华民族文化精品之一，起初只是一种夹取食物的用具，久而久之，它又成为一种艺术品，人们利用筷子仅有的细小空间，写诗作画，雕刻烙花，花鸟鱼虫，山川日月，尽在其中。而筷子被引入表演艺术，成为舞蹈道具，则以蒙古族民间流行的“筷子舞”为最。舞蹈者双手持筷束，频频敲击肩、腿各部，随着雄壮欢乐的舞步，束束筷子发出悦耳的“嚓嚓”声，很具东方特色。

各地的筷子用料、做工各具特色，有的加工十分精妙，既有实用性，又有观赏价值，于是有人以集筷为乐，我国以藏筷成家的蓝翔先生，目前就藏有古今中外的筷子五百多种，数量达千双之多。他所收藏的筷子，有的书联，题诗；有的绘画，雕刻，千姿百态，引人入迷。

布老虎

鸳鸯枕，龙凤帐，红绸子门帘绣凤凰。
布老虎，小猪娃，岁岁平安快长大。

《民谚》

布老虎，是中国民间艺术中的一个品种。大致可分为虎枕、虎鞋、虎帽、虎绊、老虎香囊等实用类和虎头壁挂、坐虎、卧虎、双头虎、四头虎等玩具观赏类。其中实用类既可实用又可作为玩具。

中国民间布老虎实际上是中国虎文化的组成部分。中国人尚虎，对虎的崇拜由来已久。远古时期，龙虎文化是并存的。中华民族的龙虎文化，始自远古女娲、伏羲时期，经由夏、商、周、秦、汉，一贯而下。龙是代表“阴”，虎是代表“阳”，这“阴阳二神”“混生俱生”。《易·乾》说：“伏羲姓风，女娲姓云”，“云从龙，风从虎”。这意味着，女娲是龙，伏羲是虎，一阴一阳相互依存。夏虎、商龙也是龙、虎相依，因而夏有“龙旗”“虎历”，商有“龙虎尊”。

布老虎

1987年6月，河南省考古工作者在濮阳西水坡，发掘了一处距今六千余年仰韶文化早期的遗址，其中有座大型墓葬，在男性墓主身边，首次出土了用蚌壳堆塑的龙和虎。它们的出土标志着我国发现了华夏的第一虎和第一龙。表明了原始社会晚期信仰中是龙虎两神并存的文化。虎位于墓主人的左边，龙居右，根据古代左为上，右次之，尊左的习惯，可以看出虎在当时人们心中的位置是何等重要。

商周时期的青铜器上，虎头纹样的大量出现，说明当时人们对虎的崇拜是很广泛的。虎纹样的形式一般分为两种，一是虎头纹样；二是“二虎争头”式纹样，既虎头居中，两侧有抽象的肢体。

布老虎是华夏民族虎文化的产物，是我国劳动人民创造的宝贵艺术财富，它流传于我国大部分地区，多系劳动妇女所创作。究其含义有三：一是根据老虎可以避邪消灾的民间传说祝愿子女吉祥。二是把儿童穿戴虎鞋、虎帽视为“虎子”，祝愿子女健壮吉利。三是儿童从小以虎为伴，布老虎可穿、可戴、可枕，可悬于空中，可挂于墙壁，可拖可拉，随意玩弄，能够培育儿童“初生牛犊不怕虎”的气质，体现了中华民族不怕困难、不畏强暴的民族精神。由于各地文化渊源和生活习俗的差异，故在其造型和风格上也千差万别，各具特色，具有浓厚的乡土气息。从风格上看，它们有的质朴，有的华丽,有的粗犷,有的精巧。从色彩上看,有黄虎、黑虎、红虎、花斑虎,五彩斑斓。从材料上看,有的在民间染织的土布上绘以传统图案,或在纯黑、纯红的色布上描绣花纹;有的巧妙地运用现代花布、毛巾的花色,再加上金、银及五色丝线的刺绣,配上色麻、小铃铛、兔毛边、各色丝穗、花边的装饰,缀上金、银、黑、白的纽扣作为虎眼,增添了虎的神采。

布老虎的品种很多,但最常见、流传也最广泛的要数虎头鞋、虎头帽和虎枕。

虎头鞋主要流传于我国北方的大部分地区,寄托着长辈对晚辈的美好祝愿。虎头鞋又拙又乖的样子十分逗人喜爱,鞋后面那个上翘的小尾巴,是集实用与形式完美的结合,小孩在玩的时候若脱落了鞋子,那虎尾巴就是他尽快将鞋穿起来的鞋拔。为了孩子初学步时不易摔跤,有的母亲在鞋底两侧加上四只虎脚,功能是加宽了鞋底,使孩子走路时更稳。小孩脚上的虎头鞋与孩子学步时张着的双臂,颠颠举步的表情,两者之间存在着一种微妙而有趣的烘托关系。至于有些鞋上绣着的"五毒",反映了母亲的制鞋艺术,既加固了鞋子,又像在说:"老虎镇五毒,毒虫被踩死了。"表达了母爱的诚挚,体现了人们对先人文化的眷恋之情。

虎头帽,我国北方农村小孩经常戴,样式千变万化。虽然个个都精描细绣、累丝嵌银,但仍保持了虎头的面貌,突出了圆睁的眼,呼啸的嘴,显得异常威武。再加上耳边的绒毛和钉在帽边的响铃,孩子戴上更是精神倍增。有的虎头帽上有蝴蝶采花装饰,寓意阴阳相交,人类新生命的诞生。

虎枕,是农家炕头上的常见之物。虎枕大多是双头虎,长一尺左右,它既是玩具又是实用品,白天它可以供孩子玩耍,晚上孩子困了头往老虎身上一倒便进入梦乡,而"老虎"却服服帖帖、虎视眈眈,守护着自己的小主人。有老虎的"神力"保护,还有什么东西敢来侵害孩子呢?

布老虎是中国虎文化的象征,它表明中华民族具有生龙活虎的精神面貌。同时,人们根据自己对"兽中之王"的独特感受,尽情抒发着自己的审美情趣,为生活增添了新的色彩。

中国杂技

楼前百戏竞争新,唯有长竿妙入神。
谁谓绮罗翻有力,犹自嫌轻更著人。

唐·刘晏《咏王大娘戴竿》

我国的杂技艺术已有两千多年的历史。早在春秋、战国时期,就已经有了杂技表演。《国语·晋语》记载有:"侏儒扶卢。"扶卢就是爬竿。《庄子·徐无鬼》注说,楚国勇士宜僚双手能同时抛接九个丸铃,八个在空中,一个在手中。到了汉代,杂技非常盛行。汉代的统治阶级上自皇帝下至一般地主,宴饮时多演杂技歌舞,以此寻欢取乐。

《史记·大宛列传》《汉书·西域记》都记载西汉初年，皇帝经常摆设酒宴，演出杂技，招待“四夷之客”。汉朝张衡在《西京赋》里描写了跳剑丸、走绳索、爬高竿的表演情景。

汉代称杂技为“百戏”。因当时杂技和歌舞一起表演，有乐器伴奏，所以后人多以“乐舞百戏”相称。汉代书籍中对杂技有详细的记载和生动的描写。辽宁、山东、江苏、河南、四川、内蒙古等地出土的汉代画像石刻、画像砖、壁画等，不少是以乐舞百戏为内容的。手倒立，唐代称为“掷倒伎”，清代称为“竖蜻蜓”，在我国西汉时期的角牴百戏中就已有了。山东无影山西汉墓出土的彩绘乐舞、杂技陶俑中，就有两个艺人在乐人的伴奏下做手倒立的表演。四川出土的汉画像砖百戏图中，有一种“五案手倒立”的表演，一个艺人在五张重叠的案子上做手倒立。河南南阳出土的汉画像石中有单手倒立。沂南汉画像石中有在绳子上做手倒立爬行等，反映了汉代手倒立已具有相当高的水平。汉代杂技节目内容丰富多彩，表演技巧水平很高。当时杂技节目有倒立、跳丸、飞剑、舞轮、舞盘、戴竿、走索、冲狭、耍坛子、耍折棍、吞刀、吐火、燕跃（翻跟头）、角牴、蹴鞠（足球）、马术、转石戏、鱼龙戏、豹戏、雀戏、猿戏、戏车及七盘舞、巾舞、长袖舞、折腰舞等。

到了隋、唐，杂技艺术又有了更大的发展。《隋书·音乐志》记载，隋炀帝为了炫耀自己的威势，大业二年（606）正月举行了一次盛会，把各地百戏集中东都（洛阳）演出，演出的节目有绳上舞蹈、扛鼎、跳弄车轮、石臼、大瓮、戴竿、幻人吐火等。从此成为定制，每年正月，都要举行百戏演出。唐玄宗常在兴庆宫勤政楼举行宴会。宴会时，楼下大道上百戏杂陈，走索、弄丸、舞剑、寻橦，无所不在。关于杂技，唐代许多著名诗人的诗中都有反映。如白居易的新乐府《西凉伎》中描写“舞双剑、跳七丸、袅巨索、掉长竿”的诗句。

至宋代，杂技艺术已有四十多个节目。那时有人能表演挑一担水在绳索上行走的绝技，可见当时杂技艺术水平之高。北宋时，每年正月十五元宵节，京城都举行杂技表演。皇宫正门宣德楼前搭山棚，“奇术异能，歌舞百戏，鳞鳞相切，乐声嘈杂十余里”，游人挤满御街两廊下，十分热闹。宋代孟元老所著《东京梦华录》中记述的一场为皇帝演出的马戏，从头至尾，详细生动。

明、清时期，杂技艺术又有了新的发展。从有关文献及当时绘制的一些反映宫廷和城市生活的图卷看，其中就有不少杂技表演的描写和场面。明人绘明《宪宗元宵行乐图卷》上的杂技表演，有魔术、钻圈、蹬人、倒立，有双脚蹬车轮、轮上立一儿童吹笛，有仰卧用双脚夹住高竿、竿上攀一小孩做表演。每个节目都有锣鼓伴奏，一些演员边表演边吹笛。清代，杂技与戏剧相融合，表演更重技巧。侧手翻向外转体九十度接空翻，在清代称“虎跳”，《清稗类钞》中记载一艺人的表演：“忽作虎跳，忽翻筋斗，起落如蜢跃。”清末民间戏法中的灯彩幻术“鱼化鳌、鳌再变龙”就是继承前代幻术表演的杂技节目。

我国杂技中的大多数节目，都是来自民间的游戏和传统的体育节目，也有些节目是从国外和国内少数民族那里传来的。如现在杂技中的幻术,就是汉武帝时从古代波斯传入的。在清代,皮条、杠子、多种坛子要法等节目则是从西北少数民族那里吸收来的。

杂技

新中国成立以后,祖国杂技艺术焕然一新。许多省、市成立了专业剧团,创造了许多新节目,增添了灯光、布景、乐队。许多杂技艺术团出国访问表演并在许多国际大赛中获最高奖,为祖国赢得了荣誉。特别是20世纪80年代以来,杂技艺术之花竞相开放,硕果累累;杂技群星灿烂,人才辈出。仅1997年,我国杂技健儿在世界各地杂技比赛中,就获得多项金奖:战旗杂技团的双人双秋千——《阿昌射日》在1997年1月第二十届法国巴黎"明日"杂技节上获法兰西共和国总统奖,被评为金奖第一,总分成绩遥遥领先,比第二名多出四十分;山东杂技团的《车技》,这个具有强烈时代感、反映20世纪90年代杂技健儿精神风貌的集体节目,在1997年2月荣获摩纳哥蒙特卡洛国际杂技节"金小丑"奖;沈阳杂技团的《双爬杆》荣获1997年1月法国第十一届"未来世界"杂技节金奖。外国人早有评论:"中国是杂技金牌储藏库。"中国杂技健儿用自己的辛勤劳动和汗水为祖国赢得了殊荣,争得了杂技强国的地位。

社会主义的经济改革为古老的中国杂技艺术增添了青春的活力,使它在国际赛场、对外文化艺术交流、商业演出中起到了重要作用。随着经济的发展、国力的强盛,杂技这枝我国古代文艺花坛中别具风格的花朵,必将日益走向世界,走向辉煌。

风筝

草长莺飞二月天,拂堤杨柳醉春烟。
儿童散学归来早,忙趁东风放纸鸢。

清·高鼎《村居》

风筝为中国人发明,相传墨翟以木头制成木鸟,研制三年而成,是人类最早的风筝起源,后来鲁班用竹子,改进墨翟的风筝材质,更而演进成为今日多线风筝。传《红楼梦》作者曹雪芹也是一位风筝制作大师。

风筝是一种玩具,在竹篾等的骨架上糊纸或绢,拉着系在上面的长线,趁着风势可以放上天空。风筝源于春秋时代,至今已2000余年。相传"墨子为木鹞,三年而成,飞一日而败。"到南北朝,风筝开始成为传递信息的工具。从隋唐开始,由于造纸业的发达，民间开始用纸来裱糊风筝。到了宋代，放风筝成为人们喜爱的户外活动。宋人周密的《武林旧事》写道："清明时节，人们到郊外放风鸢，日暮方归。""鸢"就指风筝。北宋张择端的《清明上河图》，宋苏汉臣的《百子图》里都有放风筝的生动景象。当今，中国放风筝活动，在对外文化交流，加强与世界各国人民友谊，发展经济和旅游事业中发挥着重要作用。

风筝是世界上最早的重于空气的飞行器，本质上风筝的飞行原理和现代飞机很相似，绳子的拉力，使其与空气产生相对运动，从而获得向上的升力。在一些国家的博物馆中至今还展示有中国风筝，如美国国家博物馆中的一块牌子醒目的写着："世界上最早的飞行器是中国的风筝和火箭"。英国博物馆也把中国的风筝称之为"中国的第五大发明"。据史料记载，中国的风筝大约在 14 世纪传入欧洲，这对后来的滑翔机和飞机的发明有着重要的作用。

中国的风筝已有二千多年的历史。从传统的中国风筝上到处可见吉祥寓意和吉祥图案的影子。在漫长的岁月里，我们的祖先不仅创造出优美的凝聚着中华民族智慧的文字和绘画，还创造了许多反映人们对美好生活向往和追求、寓意吉祥的图案。它通过图案形象，给人以喜庆、吉祥如意和祝福之意；它融合了群众的欣赏习惯，反映人们善良健康的思想感情，渗透着中国民族传统和民间习俗，因而在民间广泛流传，为人们喜闻乐见。

有着二千多年历史的风筝，一直融入在中国传统文化之中，受其熏陶，在传统的中国风筝中，随处可见这种吉祥寓意之处："福寿双全""龙凤呈祥""百蝶闹春""鲤鱼跳龙门""麻姑献寿""百鸟朝凤""连年有鱼""四季平安"等这些风筝无一不表现着人们对美好生活的向往和憧憬。

吉祥图案运用人物、走兽、花鸟、器物等形象和一些吉祥文字，以民间谚语、吉语及神话故事为题材，通过借喻、比拟、双关、象征及谐音等表现手法，构成"一句吉语一图案"的美术形式，赋予求吉呈祥、消灾免难之意，寄托人们对幸福、长寿、喜庆等愿望。它因物喻义、物吉图案，将情景物融为一体，因而主题鲜明突出，构思巧妙，趣味盎然，富有独特的格调和浓烈的民族色彩。例如一对凤鸟迎着太阳比翼飞翔的图案，称为"双凤朝阳"，它以丰富的寓意、变化多姿的图案，体现了人们健康向上的进取精神和对美好幸福的追求。

中国吉祥图案内容丰富，大体有"求福""长寿""喜庆""吉祥"等类型，其中以求福类图案为多。

广东阳江于一九九三年被国家体委授予"全国风筝之乡"，此后，阳江市把每年重阳节定为风筝节。

阳江市最有自已特色的风筝要算"灵芝"。这种风筝呈椭圆形，顶上是一片白云，下面是一只活蹦活现的小鹿，口含一灵芝草在不停跑动。风筝的顶端，用一根很薄的藤片涂上油，接在弓架上张开，在空中迎风"汪汪"作响，方圆数公里都能听到它的鸣叫声。它在飞行时类似硬翅风筝,可形成一对稍向下弯的"膀兜"呈弧形翼剖面。它的中间有一长杆,下扎鹿口灵芝的图案,造型别致精巧又独具特色,是传统中国风筝中一个可与北京"沙燕",南通"六角"媲美的独特的品种。而且灵芝风筝上带长弓,紧张藤弦,风吹弦鸣,声传天外,是名副其实的"风筝"。灵芝风筝还有很多变种,如"莲花荷叶"等。1990 年,在第七届国际风筝会上,阳江市取材于民间传说《白蛇传》扎制而成的"灵芝"风筝,被评为"世界十绝风筝"之一。除"灵芝""蜈蚣"外,阳江风筝的最大特色便是"花草鹞"。这种风筝的群众扎制基础最广,品种也最多。从花草鱼虫、鸟兽动物、人物图像一应俱全,常见的有双桃、双凤、石榴、百鸟归巢、孔雀开屏等。阳江市由此被称为"纸鹞城"。

开封风筝历史久远,种类繁多,扎工精细。开封风筝大体可分为 6 类:硬翅类风筝:如大脚燕、蝉、等;软翅类风筝:如鹰、蝴蝶等;串类风筝:如串雁、巨龙等;桶形类风筝(或称立体风筝):如龙亭、火箭;板子类风筝:如七星、八卦等。其中以龙亭风筝和巨龙风筝最有名气。"巨龙飞腾"大型风筝长 200 余米,头部重 20 千克,腾空后,气势恢宏,动人心魄。此外还有无骨架类风筝。近年开封又开发出精美的微型风筝,娇小精美,可放于掌上,令人爱不释手,可收藏,还可放飞。开封风筝已成为中外风筝爱好者收藏欣赏的佳品。

开封风筝之所以流行,是因为在开封民间延续着一个风俗,清明节这天把风筝放得高而远,然后有意将风筝线割断,让风筝随风飘去,意思是把一年来积下的"郁闷之气"彻底放了出去,可在一年中不生病。而且风筝寄托着希望,如在燕子风筝上画了鱼,隐含着年年有余的意思,如在风筝上画了蝙蝠、桃子、松树、仙鹤,意思是有福、有寿,松鹤延年。

开封人把放风筝视为一种投身于大自然的娱乐健身活动,四月春风放风筝,是开封市民家家户户喜爱的活动。这项活动也是十分有益的,而且老少皆宜,通过在田野郊外放风筝吸收了新鲜空气,锻炼了身体,陶冶了情操,增强了体质,使得我们身体更健康,心情更愉悦。

山东潍坊市被各国推崇为"世界风筝之都"。

潍坊是中国著名风筝产地,明代就已在民间出现扎制风筝的艺人。清代,随着放风筝习俗的流行,风筝艺术亦达到鼎盛阶段。道光年间,郭麟吟清明的一首竹枝词描绘道:"一百四日小寒食,冶游争上白浪河,纸鸢儿子秋千女,乱比新来春燕多。"郑板桥有诗曰:"纸花如雪满天飞,娇女秋千打四围,飞彩罗裙风摆动,好将蝴蝶斗春归。"

《潍县志》也记着:"清明,小儿女做纸鸢,秋千之戏,纸鸢其制不一,于鹤、燕、蝶、蝉各类之外,兼做种种人物,无不惟妙惟肖,奇巧百出。清末,潍坊已形成了固定的风筝市场,全国许多地方的商贾都来潍坊购买风筝,一时间花样翻新招主顾,双双蝴蝶鸢成行",涌现出了一大批手艺高超的风筝艺人。

潍坊风筝主要有三种基本造型:串、硬翅和筒形,其中以龙头蜈蚣最突出。据说是受了龙骨水车的启发而制造的。现在已发展成许多品种，小的可放在掌上，大的有几百米长，造型、色彩也各不相同，从很简单的白纸糊身，红纸糊头，不画一笔，不染一色的蜈蚣风筝，到色彩缤纷，绘金描银的九头神龙风筝。从构思奇妙的二龙戏珠到三条巨龙在空中呈“y”，字形飞行的“哪吒闹海”，真是千变万化，“奇巧百出”。

潍坊国际风筝节是一年一度的国际风筝盛会，每年四月二十日至二十五日在风筝都潍坊举行。自一九八四年开始，迄今已连续举办二十二届，吸引着大批中外风筝专家和爱好者及游人前来观赏、竞技和游览。

人们说春天最适合放风筝，因为放风筝需要不大不小的风，然而春天的风不大也不小，而且天气不会很冷也不会很热。所以在春天放风筝最好。在放风筝的时候，尽量不要选择阴天或雨天，因为光线太暗和视觉的集中会导致近视。

龙

天昏地黑蛟龙移，雷惊电激雄雌随。

清泉百丈化为土，鱼鳖枯死吁可悲。

唐·韩愈《龙移》

龙，是中华民族古代氏族社会的一种图腾崇拜。传说龙有神性，能镇恶驱邪，为祥瑞之物。《礼记·礼运篇》中载：“麟、凤、龟、龙谓之四灵。”龙作为一种灵异之物，在我国逐渐形成了一种文化现象而源远流长，并成为中华民族发祥和肇瑞的象征。

龙的形象是在漫长的历史过程中，因部落的兼并而产生的以蛇为主干的不同图腾组合而成的一种综合体。大蛇接受了兽类的四脚、马的头、鬣的尾、鹿的角、狗的爪、鱼的鳞和须……虚构成了既能在地面疾行，又能入水上天的神力无边的强大的动物，并命之为龙。

因为龙具有威严、神秘的特点，中国历代皇帝都把龙作为皇权的神威标记。封建统治者以“龙”为统治的象征，把自己打扮成龙的化身，皇帝是“龙种”，穿着“龙袍”，坐在“龙位”，住在“龙庭”，一切似乎都与龙有关。北京的紫禁城好像龙的世界，飞檐、屋脊、檐椽、门窗、金柱、华表、石栏、台阶、器皿等，无不刻画龙的身姿。其中有石雕龙、木刻龙、铜龙、铁龙、金龙、玉龙、陶龙、琉璃龙、彩绘龙……造型千变万化。汉朝高祖刘邦认龙作父，武帝生母刘媪梦与赤龙交而孕，生下刘彻。之后历代帝王都利用人们对龙的崇敬心理，借助龙的威严维持其统治。

在中华民族的历史长河中，作为我国独特文化现象之一的龙广泛地表现在文学、绘画、雕刻、建筑、语言、技艺活动等方面。甘肃武山西坪出土的仰韶文化彩陶器上就有龙的形象。古籍记载夏代的器物多以龙为饰。商周青铜器、战国楚墓出土的帛画、秦汉时宫殿建筑上的瓦当，以及汉朝画像石、画像砖上都有龙的身影。晋顾恺之著名的洛神赋图中，洛神乘六龙而行于洛水之上，龙态潇洒飘逸。唐朝盛世的敦煌壁画、瓷器、铜镜中的龙体更显富丽华美。到了明朝,建筑、礼器、金银器皿、玩具陈设、文房四宝等艺术品中更是皆饰龙纹。山西大同明代的九龙壁有九色不同姿态的游龙,后来清代北京故宫、北海之九龙壁师承前者又有所创新。延至清朝,百艺之中饰物更是惟龙为贵。

千姿百态的龙与传统民族文化艺术结下了不解之缘,给民俗以深厚的影响。在民间,从远古以来就一脉相承下来的舞龙灯、赛龙舟等民间游艺风俗,代代相传,积淀成为中华民族精神的象征。"鲤鱼跳龙门"成为经久不衰的年画题材。龙的传承还大大丰富了我国文学,《西游记》《白蛇传》中有关海龙王的情节,都是脍炙人口的佳篇;各少数民族、各地区涉及龙的传说不下百篇。如有名的大禹治水更是广为传诵。传说夏禹治水时,位于山西陕西交界处的一座山挡住了洪水的去路,禹借龙神之力劈开此山,人称龙门,民间剪纸也有类似的内容。与龙有关的汉语成语典故,寓意深刻,概括性强,诸如表现力量与雄威的龙腾虎跃、生龙活虎,含有寓意的攀龙附凤、车水马龙,等等。《神异记》载:南梁画家吴人张僧繇在金陵安乐寺上画龙而不点睛,待他点上眼睛,龙即破壁飞去,这就是有名的"画龙点睛"的典故。在人们的日常生活中,吃的龙虾,用的自来水龙头,喝的龙井茶,灌溉用的龙骨车,还有小孩玩的龙玩具等,无不受龙文化的影响。现实中从未有过真龙,但龙的影子可谓无所不在。中国是龙的故乡,炎黄子孙是"龙的传人"。龙的子孙也应该以龙的精神激励自己,生生不息,勇猛进取,为人类造福。

舞狮

前头百戏竞撩乱,丸剑跳踯霜雪浮。
狮子摇光毛彩竖,胡腾醉舞筋骨柔。

唐·元稹《西凉伎》

舞狮,是我国一项独具特色的民间传统体育娱乐活动。每逢喜庆节日,头头醒狮在街头巷尾、乡村农舍翻腾起舞,倍添欢乐热烈的气氛。

舞狮大约始于南北朝,距今已有一千多年的历史。汉代以后,舞狮逐渐兴盛。中国原不产狮子,《后汉书》载汉章帝时月氏国(西域的一个小国)贡狮子,当时叫"狻猊"。狮子虽然不是图腾崇拜之物,但它是百兽之王,又是民间传说中的瑞兽,有驱邪镇魔的功能,故深受民间欢迎。到了唐代,宫中已有盛大的舞狮表演活动,叫"太平乐"或"五方狮子舞"。明清时期,狮舞流行更为广泛,且花样更多,形成了许多流派。

新中国成立以后,舞狮这一民间体育娱乐活动得到了继承和发展。在乡间凡有武术队的地方,都有一头醒狮和锣鼓钗等器具。每当春节等重大节日,必有醒狮起舞贺庆。

舞狮在南北各地都很盛行,狮头狮身的制作和舞法,一般因地方风俗不同而各有差异。南方人舞的狮,也就是南狮,它与北方的狮不尽相同,更带有艺术夸张。南狮头的设计别具一格:凸眼、大口、粗眉、短须、顶生独角,威猛雄壮,形象独特、逼真。更有趣的是,南狮有人格化,其狮头绘彩一般以红、黑、黄三色,分别代表关公、张飞、刘备,不同的花式,有不同的寓意,并有公母之分,又有文狮武狮之别。

南方人舞狮十分讲究步伐和站马步。舞狮时要学猫步,有点南拳功夫,才能舞得活灵活现。舞狮的花样也多,尤以高台采青最为惊险、精彩、壮观。春节贺岁,有些人把利事(即是红包)、生菜(生财之意)扎在竹棍上,从二三层楼高处悬出来。这时,舞狮人要叠成罗汉,或站在竖起的高杆的顶端,在震耳欲聋的锣鼓声和鞭炮声中跃起,做各种姿态的表演,最后才把"青"采下来。此刻,锣鼓声、鞭炮声、掌声和笑声齐鸣,以示助兴。南方舞狮因有吃青、醉青等过程,有醉便有醒,因此,又把狮子称为醒狮,含有希望东方古国猛醒、再显神威的意思,表现了强烈的民族振兴意识。

随着时代的演变,生活的富裕,现在不仅贺岁舞狮,就连厂庆、校庆、商店开张或其他喜庆之日,也要请来一堂醒狮庆贺一番。舞狮以其特有的寓意,祝贺人们合家平安、五谷丰登、百业兴旺、生意兴隆。

据有关史料介绍,舞狮贺岁这项活动,不仅中国盛行,而且随着华侨传到了海外。东南亚国家以及美国、加拿大、澳大利亚等地的华人,在春节等重大节日之际,至今仍以舞狮这一独特的方式加以庆贺,并借以表达游子对祖国母亲的眷恋之情。

十二生肖

炉盖上有十二生肖,口俱张开,焚香则每一时烟从一肖口出。

清·东轩主人《述异记·十二时炉》

十二生肖,又称属相,是中国特有的民族风俗。

早在三千多年前殷商时代的甲骨文中就有十二地支的名称(子、丑、寅、卯、辰、巳、午、未、申、酉、戌、亥),并将它们与十天干(甲、乙、丙、丁、戊、己、庚、辛、壬、癸)相配而成六十甲子(甲子、乙丑、丙寅、丁卯……),用来记日。在稍后的先秦时代,已出现了十二地支中个别符号与动物相对应的记载。如《诗·小雅·吉日》"吉日庚午,既差我马",以"午"对"马";《左传·僖公五年》"龙尾伏辰",以"辰"对"龙"等。可以说,十二地支与十二种动物的对应关系在春秋时代就已初步确立了。这种对应关系与上古人们的动物崇拜有着密切的关系。

东汉时,人们开始用干支纪年。将与之对应的十二种动物作为年的代号,进而将这动物作为生于此年的属相,当也始于东汉。到南北朝时,将动物十二支用来与年、与人的生年相联系在一起,已相当普遍了。如介绍人物时,常称其属相。唐代时候,十二生肖已非常流行了。

十二生肖在很长的历史时期内,被涂上了浓重的迷信色彩。如男女婚配中,要注意不可使双方属相冲撞，有“鸡狗断头婚”“龙虎不相容”等说法。在算命先生手中，生肖更成了推算人的吉凶祸福的重要依据。其源流，当是战国时代阴阳五行学说兴起后，方士们将干支纪日与十二支所属动物相对应，并确立其属性。即“寅卯”属木，“巳午”属火，“申酉”属金，“亥子”属水，“辰未戌丑”属土，并以其“相生相克”说来解释自然现象，推算祸福灾异。随着时代的脚步，人们只把十二生肖作为计算年岁的一种代号，而其中的迷信意义已大为淡化了。

至于十二生肖为什么选这十二种动物而不是别的动物？为什么动物与地支如此相配而不是别的对应关系？大概是因为：这些动物绝大多数都是人们常见的、与人的日常生活密切相关的；龙则是中国古人的图腾崇拜。

动物与十二地支的搭配，则与以地支记时有关。其中有着颇具情趣的传说。

子鼠：据说天地生于子时（二十三点至一点），生之初没有缝隙，老鼠咬了一口后，才分出天、地，故子时为鼠。又传说：十二生肖系阎王钦定的，按报到早晚定次序。本来，牛最早，而鼠趴在牛头上，到阎王殿上后，鼠跳下牛头，跑在前面，排为第一。

丑牛：老鼠咬开天体缝隙，牛紧接着耕耘大地，于是丑时（一点至三点）为牛。

寅虎：传说人生于寅时（三点至五点），“寅”有敬畏之意，人怕虎，寅就是虎了。

卯兔：卯时（五点至七点）月亮还很圆，空中有“玉兔”，于是卯为兔。

辰龙：传说辰时（七点至九点）正是群龙行雨的时间，此时即是龙。

巳蛇：据说巳时（九点至十一点）蛇不在人行的路上爬行，不会伤人，所以巳为蛇。

午马：午时（十一点至十三点）阳气到了业限，而马属“阳类动物”，午即是马。

未羊：传说羊吃了未时（十三点至十五点）的草，不会影响草的再生，未就是羊了。

申猴：申时（十五点至十七点）的“申”，有“伸”的意思，而猴子善于伸屈攀援，所以申为猴。

酉鸡：酉时（十七点至十九点）鸡开始归窝，故酉为鸡。

戌狗：戌时（十九点至二十一点）为黄昏，天已经黑了，狗开始望门守夜、看家护院，戌就是狗。

亥猪：亥时（二十一点至二十三点）万籁俱寂，天地混沌，而猪和天地混沌在一起，除吃以外，一无所知，所以亥为猪。

与我们十二生肖相接近的，将十二种动物与年、日相配，还大同小异地存在于我国某些少数民族中和其他文明古国中。如我国云贵川的彝族中，就有与汉族完全相同的十二种动物；海南的黎族，以虫代鸡；新疆的维吾尔族以鱼代龙。印度的十二种动物除以狮代虎外，其余全与我国相同；元代时，真腊（即今柬埔寨）也用十二种动物纪年，且与中国相同，只是叫法有异；古巴比伦用十二种动物纪日，动物种类与中国差别较大。但是，把动物作为人的属相，则仅见于中国。

属相本是计算年岁的一种代号，并不存在什么特殊的含义，但是在实际生活中却人为地被涂上迷信的色彩。在某些地区，有人把休戚祸福与十二生肖扯在一起，如在婚配中也要注意不能使男女所属相冲撞，有所谓“龙虎不相容”“蛇鼠不成家”“鸡狗断头婚”等迷信说法，造成许多情投意合的恋人，仅因“属相不合”，难成眷属。在大力加强精神文明建设的今天，我们要坚决破除这种封建迷信观念，树立科学的婚姻观，还十二生肖以本来面目。

皮影

影戏纷牵丝，幻人巧寻橦。

清·黄遵宪《番客篇》

皮影戏是我国古老的民间戏曲艺术之一，亦称灯影戏、影子、照条儿等。它的表演特点是由演员操纵皮制影人，伴以音乐唱腔，借光影效果在屏幕（俗称亮子）上表演各种戏曲故事、神话传说。皮影的制作，最初是用厚纸雕刻，后来逐渐采用驴皮、羊皮或牛皮制作，把皮子硝制刮薄以后，再行雕刻，并施以彩绘和罩油。风格类似民间剪纸，但手、腿等关节是分别雕制后再用线连缀在一起的，表演时能够活动自如，表演的人用三支小杆以操纵其动作。

皮影在我国源远流长，最早可追溯至先秦时期，《墨经》里就已经记载了根据针孔成像原理的暗匣，《韩非子》也记载有在透明的豆荚的内膜上画些景物，用太阳光把景物映在屏壁上，这些都是影戏的先导。汉代时，影戏又有发展，汉武帝时有李少翁为武帝召李夫人魂的故事，就是利用光线在屏上造成影像。唐朝、五代时，皮影已较为普遍。此时，寺庙极盛，烟火缭绕，僧侣们在击钟钹颂经，焚香火超度亡魂时，以纸剪其魂影而供奉亡灵。在民间，人们效仿其法，继而说讲古今趣事，愉悦身心，教化后代，至此影戏才日趋完善。宋代影戏最为发达，艺人以兽皮雕成人形，操纵“影人”在光源与屏幕之间做出种种动作，屏幕上就见到影像在生动地表演，这就是所谓的“皮影戏”。南宋时就有了专门雕刻制作影人的行业。南宋关自牧《梦粱录》记载：“有弄影戏者，元汴京初以素纸雕簇，自后人巧工精，以羊皮雕形，用以彩色妆饰，不致损坏。杭城有贾四郎、王升、王闰卿等，熟于摆布，立讲无差。其话本与讲史书者颇同，大抵真假相半，公忠者雕以正貌，奸邪者刻以丑形，盖亦寓褒贬于其间耳。”自明清以后，皮影戏遍布全国大部分地区，13～14世纪已经流传到南亚、埃及、波斯，后更达到了欧洲。故我国有皮影戏故乡之称。1781年德国大文学家歌德曾主持过两次以德国故事为内容的皮影演出。

我国许多地区都有皮影戏的演出，尤以陕西皮影历史悠久，精巧美丽。史学家顾颉刚先生在《中国影戏略史及其现状》中得出“影戏必为中国固有艺术无疑”“且中国影戏之发源地为陕西，自周秦两汉及至隋唐以其地为最盛”的论断。我国著名皮影还有河北涿州皮影和滦州皮影等，另外北京、四川、山东、河南、湖北、山西、青海、甘肃等地的皮影也很有特色。由于制作材料、表演形式、音乐唱腔和流行地区的不同，形成若干剧种。如河北的滦州(今滦县)影戏(后称乐亭影戏),陕西的碗碗腔、遏宫腔、弦板腔、商洛道情,湖南的长沙皮影、浙江的海宁皮影、福建的皮猴戏等。所配音乐多源于当地民间音乐、民歌、说唱音乐和戏曲音乐等。

皮影造型艺术具有独特的风格,经过千锤百炼,逐步形成了包括戏曲音乐、美术、民间文学等丰富多彩的综合艺术表现形式。概括讲,皮影造型的艺术特色,一是光影造型。在白色的影屏上,透过光才能观赏出影和色的艺术效果。光、影、色三者的组合效果,形成了皮影雕刻艺术的观赏性。雕刻艺人充分把握和运用皮影"光影造型"这一特点,为了达到所刻的形体投影清楚,光影成形好看,雕刻大量采用镂空的表现手法,既装饰了形体,又创造了更富有装饰性的光影效果。根据不同的表现对象,镂空出不同形状极为丰富的露光面,形成了明线与暗线、光点与彩面的无穷变化,增强了形体装饰效果和黑白灰对比。花脸脸谱、服饰上的花纹装饰、宫殿的雕梁画栋、影窗、影壁、花卉树木、家具桌椅、帐幔上的纹样线网以及海水、彩云,无处不用镂刻的手法。二是平面造型。影人的表演在影屏上只能上下左右移动,根据影戏表演的特殊要求和光影造型的特点,雕刻艺人用平面构成重新序化所要表现的人和景。用平面造型代替立体造型,这也是继承了我们民族传统的东方艺术的表现手法,借鉴了我国古代汉画像石、民间剪纸以及传统壁画的艺术特色。突出物体的"剪影"形体,用正侧面或半侧面造像。例如影戏脸谱造型,在设计上不受透视、雕刻等限制,多取最能体现人物面部表情的正侧面,这种用五分侧面表达头部的造型,称之为"五分脸"。使形体特征单纯明显,外轮廓突出,视觉醒目。在场景的设计上,也是从平面造型的需要出发,"以少胜多,以一当十。一朵云代表天空和行云,一棵树代表山林,一块山石代表山峦起伏,力求减少透视,减少层次,减少重叠。在影屏画面上追求平面构成的形式美,求得影体与空间、疏与密、虚与实、动与静的对比和变化。三是意象造型。皮影艺术家们用我国传统的传神取意的表现手法,对塑造的形象加以艺术的夸张,以形表神。对这些泥、布、皮子等没有生命的材料,注入艺术的生命,赋予对象以情和神。表现手法上注意人物精神、性格的刻画。人物的性格特征如忠、奸、刁、善,在艺人的刀下,刻画生动,褒贬分明。忠者庄重、奸者阴险、刁者丑陋、善者俊秀。脸谱敷彩设计规范化、特征化,黑为忠,如包公;红为烈,如关公;花为勇,如张飞;白为奸,如秦桧。雕刻男角色:眼眉平,属忠诚;圆眼睛,性必凶;线线眼,性情柔;豹子眼,性情暴。刻画女性美:弯弯眉,线线眼,樱桃小口一点点;圆额头,下巴尖,不要忘记刻耳环。皮影中的马、牛不拘比例,头大身小,眼珠圆睁,形体圆浑饱满,雄健有力,这些影人在屏幕上活灵活现,形象生动感人。

我国皮影经历了漫长的发展道路,它不论作为表演艺术,还是装饰艺术,都需要在继承传统的基础上,不断加以改革和发展,使之在今后的社会主义建设中发挥更大的作用。

二　物产

牡丹

庭前芍药妖无格，池上芙蕖净少情。
唯有牡丹真国色，花开时节动京城。

唐·刘禹锡《赏牡丹》

牡丹，素有花王之称，是我国固有的一种名贵花卉。据《神农本草经》和《黄帝内经》的记载，牡丹的历史可追溯到距今五千年的炎帝、黄帝时期，它原生于巴山、秦岭、西藏高原，南北朝时期作为观赏植物实行人工栽培。在长期的栽培实践中，国人与牡丹情意日深，普及日广。

百花丛中，牡丹向以“国色天香”和“花中之王”的最高品位而雄居群芳之首。由于牡丹花色艳丽，花朵硕大，品种繁多，观赏价值极高，并且有极高的药用价值和经济价值，古往今来，从帝王将相到庶民百姓，对牡丹都倍加青睐。农人种牡丹，文人赏牡丹，画家画牡丹，诗人咏牡丹，艺人唱牡丹，友人赠牡丹。近年来，国人又以牡丹搭桥唱经贸大戏，牡丹还作为友好使者周游列国，架起与世界人民之间的友谊之桥。

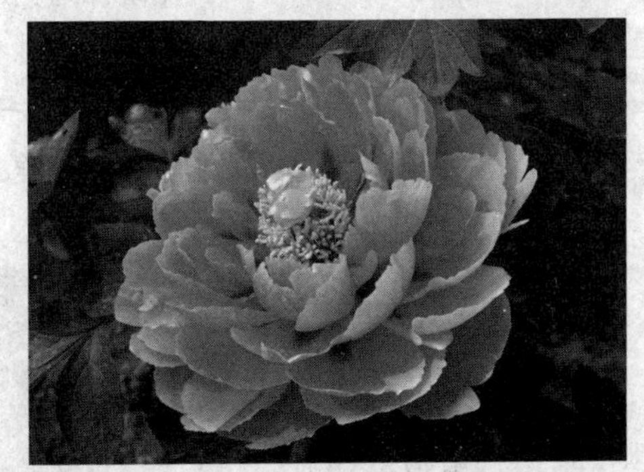

牡丹

牡丹的培育是在唐代迅速发展起来的。中唐以后，长安城中暮春看牡丹，已成为倾城的盛事。刘禹锡诗云“唯有牡丹真国色，花开时节动京城”，道出了当时人们对牡丹的狂热程度。起初，牡丹只有单层瓣的红色花，到了元和年间已培育出“重台花”，“花有面径八寸者”。这时长安兴善寺有一棵牡丹开花一千二百朵，其颜色有自浓渐淡的晕色和浅红、深紫、黄、白等色，蔚为奇观。北宋时洛阳牡丹最著名，有洛阳牡丹“甲天下”的美名。欧阳修著有《洛阳牡丹记》和《洛阳牡丹图》，是我国最早的牡丹专著。他曾遍游洛阳城中十九个花园，对姚家的千叶黄牡丹和魏家的千叶肉红色牡丹尤为推崇，即俗称“姚黄魏紫”。当时牡丹有一百多个品种，其中有不少引人入胜的名贵品种。新中国成立以后，是牡丹这一传统名花真正繁荣的时期。如今的洛阳牡丹已发展到近五百个品种，花色有红、黄、白、紫、粉、蓝、绿、墨之分；花形有单瓣、重瓣之别；香味有清香、浓香、幽香之异。特别是改革开放以来，洛阳牡丹更是步入了空前发展的黄金时期，牡丹被定为洛阳市的市花，并从 1983 年开始，每年 4 月 15 日至 25 日都要举行规模盛大的牡丹花会，花会期间，四海宾朋，纷至沓来，牡丹名花可谓香染万里，享誉世界。

除洛阳以外，山东菏泽是我国又一牡丹重要基地。今有百花园、牡丹园、古今园三大牡丹园，总面积一万多亩。如今，牡丹已遍布中华大地，全国各地著名的牡丹专类园地有：北京香山牡丹园，铜陵天井湖牡丹园，西安庆兴牡丹园，盐城枯枝牡丹园，四川峨眉山牡丹园等。牡丹处处天香袭人，国色竞艳。

花运连国运。牡丹历来被人们视为人间和平、幸福、繁荣、昌盛之象征，它的花姿、花色集中反映了中华民族的优秀传统和性格特征。其品富贵，其位崇高，以花喻国，唯有牡丹匹配。

梅花

驿外断桥边，寂寞开无主。
已是黄昏独自愁，更著风和雨。
无意苦争春，一任群芳妒。
零落成泥碾作尘，只有香如故。

宋·陆游《卜算子·咏梅》

梅花

梅是中国特有的传统花果，已有 3000 多年的应用历史。《书经》云："若作和羹，尔唯盐梅。"《礼记·内则》载："桃诸梅诸卵盐"。《诗经·周南》云："摽有梅，其实七兮！"在《秦风·终南》《陈风·墓门》《曹风·鸤鸠》等诗篇中，也都提到梅。上述古书的记载说明，古时梅子是代酪作为调味品的，系祭祀、烹调和馈赠等不可或缺东西至少在 2500 年前的春秋时代，就已开始引种驯化野梅使之成为家梅——果梅。1975 年，中国考古人员在安阳殷墟商代铜鼎中发现了梅核，这说明早在 3200 年前，梅已用作食品。

观赏梅花的兴起，大致始自汉初。《西京杂记》载："汉初修上林苑，远方各献名果异树，有朱梅，胭脂梅。"这时的梅花品种，当系既观花又结实的兼用品种，恐属江梅、官粉两型，而在梅子一边洒上红晕。西汉末年扬雄作《蜀都赋》云："被以樱、梅，树以木兰。"可见约在 2000 年前，梅已作为园林树木用于城市绿化了。

到了南北朝（公元 420～589 年），艺梅、赏梅、咏梅之风更盛，"梅于是时始以花闻天下"（南宋杨万里《和梅诗序》）。《金陵志》载：宋武帝（即刘裕，公元 420～422 年在位)女寿阳公主日卧于含章殿檐下、梅花落于额上,拂之不去,号梅花妆,宫人皆效之。"此时文人咏梅、写梅的甚多,如宋代的鲍照有《梅花落》诗,梁代的萧纲(简文帝)有《梅花赋》,何逊有《扬州法曹梅花盛开》等诗,阴铿有《咏雪里梅》等诗,陈代的苏子卿、北周的庾信,也都有咏梅之作。

隋(581~618年)、唐(618~907年)至五代(902~963年),是艺梅渐盛时期。

据说,在隋唐之际,浙江天台山国清寺主章安大师(561~632年)曾于寺前手植梅树。唐代名臣宋景作《梅花赋》有"独步早春,自全其天"等贷语。而李(白)、杜(甫)、柳(宗元)、白(居易)等,也多有咏梅名诗。根据诗文记载来看,隋、唐、五代时的梅花品种,主要属江梅型·官粉型。在四川,唐时始有朱砂型品种出现,当时称"红梅"。《全唐诗话》载:"蜀州郡阁有红梅数株"。今日崇庆县(即古蜀州)朱砂型品种既多且好,显然是有其历史根源的。宋,元400年(960~1368年),是中国古代艺梅的兴盛时期。除梅花诗词及梅文外,梅画·梅书也纷纷问世。同时,艺梅技艺大有提高,花色品种显著增多。宋代梅诗特多,故在宋代末年的方回《瀛奎律髓》中,别出"梅花"为一类。梅词也多佳作。名家如北宋林逋(和靖)隐居杭州孤山,植梅放鹤,号称"梅妻鹤子"。其梅花诗词甚多,而"疏影横斜水清浅,暗香浮动月黄昏"(《山园小梅》)的诗句,更是传神佳句。余如北宋的苏轼、秦观、王安石等,南宋的陆游、陈亮、范成大等,皆多梅花诗词传世。商宋范成大著《梅谱》(约1186年),搜集梅花品种12个,还介绍了繁殖栽培方法等,这是中国、也是全世界第一部艺梅专著。书中除介绍江梅型、宫粉型、朱砂型外,还介绍了前所未有的"玉碟型"(即"重叶梅")"绿萼型""单杏型"(属杏梅系杏梅类)、黄香型(即百叶湘梅,属黄香梅类)和早梅型(花期特早,国内已不多见),等等。此外,周叙《洛阳花木记》(1082年),记载了朱砂型(红梅)等品种。而张磁的(功甫)《梅品》(1185年)与宋伯仁《榜花喜神谱》(1239年)等,则为有关梅花欣赏与诗、画的专著。

元代有个爱梅、咏梅、画梅成癖的王冕,在九旦山植梅千株。其《墨梅》画、诗,皆远近闻名。赵孟頫、杨维桢、谢宗可、僧明本等,俱有名诗咏梅。现昆明温泉对岸的曹溪寺内有一株700多年前生的元梅,老态龙钟,虹曲万状,仍年年开花、结实。

明、清时,艺梅规模与水平续有进展,品种也不断增多。明王象晋的《群芳谱》(1621年),记载梅花品种达19个之多,并分成白梅、红梅、异品3大类。刘世儒的《梅诸》,汪怠孝的《梅史》,皆记梅花,资料甚丰。明代咏梅之风有增无减,杨慎、焦宏、高启、唐寅诸名家,俱有梅花诗;徐渭、姚涞、刘基等,则均有梅花文赋。清陈昊子的《花镇》(1688年),记有梅花品种21个,而其中的"台阁"梅、"照水"梅,均为前所未有的新品种。当时苏州、南京、杭州、成都等地,以植梅成林而闻名。龚自珍(1792~1841年)的《病梅馆记》云:"江宁之龙蟠、苏州之邓尉、杭州之西溪,皆产梅。"《重修成都县志》(1873年)记载'早梅'、白梅、官春梅、'照水'梅、'朱砂'梅、'绿萼'梅等甚详。当时,咏梅的书、文、画,争相出世,"扬州八怪"中咏梅、画梅的名家,如金农、李方膺,为世人知晓。

梅花蕴含着中华民族的审美趋向、情感脉络和道德标准。梅花是中华民族之魂，中华民国时期被尊为国花，理所当然。梅花自身的形态之美引起人们注意的首先是事物的外貌形态，梅花的色、香、形三方面，个性明显，具有很高的审美价值而中国美学又十分强调“以形写神”“神采为上”，因此总有浪漫的想象与精妙的比喻，使之神采活现。

南京梅花山梅园、上海淀山湖梅园、江苏无锡梅园和武汉东湖磨山梅园并称为“中国四大梅园”。

梅花山梅园：梅花山位于南京市中山门外的钟山南。始建于1929年，植梅面积400余亩，共有230个品种的13000余株梅树，有“梅花世界”之称，被称为“中国第一梅花山”和“天下第一梅花山”，为四大梅园之首。梅花山以品种奇特著称，“半重瓣跳枝”，一朵花上竟然有三四十片花瓣，仅为此山独有。一株“蹩脚晚秋”名梅，花色红中泛白。还有，“朱砂梅”满枝绯红，“玉蝶梅”素静雅洁，“宫粉梅”著花繁茂，“龙游梅”舒展飘逸。山上建有“观梅轩”，登轩观梅，一山梅花尽收眼底。

淀山湖梅园：淀山湖大观园梅园是上海市最大的赏梅胜地，占地190亩，植梅5000多株，有品种40来个，其中不少为百年以上的古梅。

无锡梅园：梅园在无锡市西南浒山上，面向太湖。始建于1912年，占地81亩，有梅树4000多株，盆梅2000余盆。园林设计者根据地形高低，结合梅树特点，以梅饰山，依山饰梅，别具特色。目前，梅园扩展面积为812亩，40多个品种。著名的有素白洁净的玉蝶梅，有花如碧玉萼如翡翠的绿萼梅，有红颜淡妆的宫粉梅，有胭脂滴滴的朱砂梅，有浓艳如墨的墨梅有枝杆盘曲矫若游龙的龙游梅等。还有造型幽雅、虬枝倒悬、枯树老干、疏影横斜的梅桩艺术盆景。

东湖梅园：武汉东湖磨山梅园是我国梅花研究中心所在地，创建于1956年，占地700多亩，有262个梅花品种，5000株梅树，建立了世界上品种最优最全的“中国梅花品种资源圃”，是梅品种国际登录的重要基地。另有全国唯一的梅文化馆——枝春馆。随着对梅花之美的发掘愈深，愈加体会到其与中国的哲学、伦理学、美学、文学和绘画等学科联系的紧密程度。审美是发动于客观存在，升华于主观创造的一个有机整体的流动过程。此文虽挂一漏万，但若能扩展审美之门，放飞我们的愿望、情感和理想，则这种认识意义得益的不仅是梅花，而且是一切艺术的了。

兰花

松竹翠萝寒，迟日江山暮。幽径无人独自芳，此恨凭谁诉。
似共梅花语，尚有寻芳侣，著意闻时不肯香，香在无心处。

宋·曹组《卜算子·兰》

兰花诞生在中国，已有两三千年的栽培历史。屈原在《离骚》里就写下了“余既滋兰之九畹兮,又树蕙之百亩”的诗句。兰花是地生植物,原野生于山谷、林间,广泛分布于我国的长江以南。

兰花是宿根性的多年生草本花卉,叶狭长常绿,姿态优美,花序有鞘状苞片,直立或倒垂,花多白色或米黄,结的蒴果含有许多细小的种子。经过人们的长期培育,兰花的品种很多。如果以花形来分,有梅花瓣、水仙瓣、荷花瓣、蝴蝶瓣等;以花梗苞壳来分,有赤壳、绿壳、赤绿壳等;以花色分,有白兰、紫兰等。

平常,人们一般以花期来分别兰花的品种。常见的有春兰,又叫草兰,约在 3 月下旬开花,花色黄绿,芳香袭人;报岁兰,又叫墨兰,春节前后开花,花色紫或白绿;蕙兰,又叫九节兰,花期 5 月,香味浓郁,又名夏兰;秋兰通称建兰,花期 7 月下旬至 10 月上旬,花开两次;寒兰花黄绿或绿带紫红,在 11 月至 12 月开花。

兰花由于其花叶的飘逸、苞萼的娟秀和气息的芬芳,在花卉界有着尊贵的地位。兰花之所以为人们所爱重,是与它有“冰霜之后,高洁自如”的特性分不开的。唐代诗人张九龄曾有过这样的诗句:“兰叶春葳蕤,桂华秋皎洁。欣欣此生意,自尔为佳节。谁知林栖者,闻风坐相悦?草木有本心,何求美人折。”正是以兰花来象征不谋名利的崇高品质和坚定不移的气节。

祖国宝岛台湾是世界兰花的著名产地。这里气候温暖湿润,适宜兰花的生长。其蝴蝶兰驰名世界,曾在第三届国际花卉展览会上,被评为群芳之首。

兰花除供观赏外,还可作药用。蕙兰全草可治妇科病,春兰全草可治神经衰弱、蛔虫等病。

竹

咬定青山不放松,立根原在破岩中。
千磨万击还坚劲,任尔东西南北风。

清·郑燮《竹石》

竹,在中国几千年文明史中占有特殊的位置。著名英国学者李约瑟在深入研究中国科技史后认为,东亚文明乃是“竹子文明”。

中国人的生活与竹密不可分。养竹、用竹在我国历史悠久。早在人类蒙昧时期,《弹歌》就曾唱道:“断竹、续竹、飞土、逐肉。”证明五千多年前,我国先人便将竹用于书写、衣着和娱乐。宋代苏轼曾云:“食者竹笋,庇者竹瓦,载者竹筏,炊者竹薪,衣者竹皮,书者竹纸,履者竹鞋,真可谓不可一日无此君也。”可见,中华民族的生活中深深浸透了竹的印痕。文字形成,科技发展,文艺创作,生活需用,竹无不发挥着巨大的作用。从五六千年前仰韶文化陶器上及其后甲骨文中象形的“竹”字,到战国、魏、晋在竹简上刻字或写字,中国以象形为特征的方块汉字正是依托竹才得以固定下来。

竹与我国科技的发展有着不解之缘。殷周时代,我国已使用竹钻。在两千多年前的四川都江堰水利工程中已大量使用竹子。在汉代,人们利用竹缆抗拉强度高的特点,打出深达四千八百尺的盐井。竹在古代军事中也起着重要作用,四川军队就曾以竹制作弓箭和长矛而遐迩闻名,南宋时已出现用竹管内装火药制成的突火枪。

竹

中国人的生活中更是离不开竹。由于竹具有坚、韧、柔、直、抗压、抗拉、抗腐等特性,所以实用性很强。南方产竹的地方,许多少数民族的住房就是用竹制作的。至今傣族人民仍居住竹楼。黎族渔民今天仍像他们的祖先一样乘竹筏,用竹篓捕鱼。竹床、竹椅、竹席、竹帘、竹笼、竹筐,是人们日常生活中的必需品。我国的竹编工艺是一朵奇葩,如浙江东阳的竹编屏风、提篮,上海嘉定的竹刻,四川自贡的龚扇,成都的竹编瓷胎等,都以其精致美观的造型,浓郁的民族特色而成为我国独特的出口产品,行销世界各地。中国人至少在三千年前已使用竹筷,至今仍是我国广大人民的主要餐具。竹在交通上用途很大,可用作造车、造船、造桥,如今在风景如画的桂林漓江上还横架着一座上千米长的竹桥。竹笋营养丰富,味道鲜美,早在唐以前就被视为食中珍品。竹能造纸,还可制酒。中国的音乐与竹关系密切。竹笛、芦笙、箜篌,这些用竹制成的乐器给人带来欢乐与享受。竹被尊为"岁寒三友"之一,与我国源远流长、丰富多彩的民族文化结下了不解之缘。历史上许多高人韵士无不与竹发生关系。魏晋时以嵇康、阮籍为首的"竹林七贤",因不满当时的政治,而佯狂佯醉,啸咏游息于竹林之中。五百年后,李白与孔巢父等六人在泰安徂徕山的竹溪结社,时号"竹溪六逸"。唐代诗画家王维在辋川别墅建竹里馆,终日陶醉在竹林之中。苏东坡流连"绿筠轩"景色,写下了"可使食无肉,不可居无竹。无肉令人瘦,无竹令人俗"的名句。扬州八怪之一的郑板桥,更是以爱竹、画竹、咏竹而著称于世,而成为风格独具、影响深远的艺术大师。

文人咏竹,从《诗经》开始,代代皆有佳作;画家写竹,也可谓历代不衰。画竹,竹画,在中国画发展史上占有很重要的地位。画史上被称为竹派之祖的文同嗜竹成癖,主张"画竹必先得成竹于胸","胸有成竹"的成语即由此而来。宋以后,文人画家几乎没有不画竹的。如元代的赵孟頫、倪云林、吴镇、柯九思、李衎,明代的宋克、王绂、夏昶,清代的扬州八怪等,都是画竹名家。近现代的画家中,吴昌硕、蒲作英、符铁年、白蕉也是善于画竹的。一百零四岁的上海画坛寿星朱屺瞻先生,可能是当代画家中画竹成就最大者。朱老画的竹,如狂飙突起,风急雨骤;如铁骑奔腾,金戈齐鸣,给人以神参造化、气吞六合之感,洋溢着一种高昂奋进的时代精神。

我国千百年来咏竹写竹的诗画,真是浩如烟海,不计其数。尽管抒写的角度千差万别,作品的风格各不相同,但凡是广为流传的精品佳作,都因为画家诗人"物我交融”,“其身与竹化”,借写竹、画竹抒发自己的感情,体现自己的人格志气。“未出土时便有节,及凌云处尚虚心”。竹的风韵,显示了中华民族独特的审美情趣。在许多诗人画家的笔下,竹子已成为我国人民的民族精神和崇高气节的形象体现了。

我国竹子品种,今天已达三百种,约占世界竹子种类的三分之一。最著名的有凤尾竹、紫竹、斑竹、方竹、金竹、花秆毛竹等。还有适合盆景的飞白竹、金刚竹、半竹、麒麟竹等,给人们的生活增添了无限情趣。我国作为世界上竹资源最丰富的国家,竹林面积、竹子种类、竹子年产量和蓄积量都居世界第一位。1997 年 9 月 8 日至 10 日,林业部和浙江省人民政府在浙江安吉县联合主办了“1997 中国竹文化节”,旨在弘扬竹文化,开发竹产业,发展竹经济,让中国竹乡走向世界。被誉为“中国竹乡”的安吉,竹子的年加工产值达到十二亿元,竹子每年为安吉的竹农带来丰厚的经济收入。

竹,体现着中华民族的品格和情操,竹的高风亮节,映照在中国几千年传统文化的历史长河中。源远流长的中国“竹文化”,必将在新的时代得到进一步的继承和发展。

菊花

秋丛绕舍似陶家,通绕篱边日渐斜。
不是花中偏爱菊,此花开尽更无花。

唐 · 元稹《菊花》

“季秋之月,鞠有黄华。”(《礼记》)每年深秋,菊花怒放,千姿百态,风韵高雅。菊花是多年生宿根草木花卉。品种繁多,花形各异。花色有黄、白、红、紫、绿等多种,琳琅满目,美不胜收。菊花以其清新高雅、仪态万千的神采和凌寒傲霜不随黄叶的风骨,给萧索的秋天增添了多少活力和色彩,故重阳赏菊的风俗自古而今不辍。

菊花

中国是菊花的故乡,已有近三千年的栽培史,《礼记 · 月令篇》即有“季秋之月,鞠有黄花”的记载。查《后汉书》注引《荆州记》详知菊花的故乡在南阳郦县菊水,即今河南省内乡县与西峡县交界处。后由汉太尉胡广将此地的野生菊移植到洛阳,又经历代劳动人民精心培育,才由单一的黄色发展成一千多个姿色各异的菊花品种。

直到唐宋,菊的主要用途为食用和药用,而非观赏。两千三百多年前战国时代的伟大诗人屈原在他的诗篇《离骚》中,就写下了“夕餐秋菊之落英”的诗句,可见当时已把菊花当作食物了。古代人民还把菊花当作重要的药物来使用,如我国最早的药物学著作《神农本草经》,就把菊花列入药物的"上品",认为常吃菊花可以使人长寿,并当做清热解毒的药广泛使用。菊花入酒大概始于汉代。西汉刘歆在《西京杂记》中说:"菊花舒时,并采茎叶,杂黍半酿之,到来年九月九日始熟……谓之菊花酒。"又说:"饮菊花酒,令人长寿。"古人视菊花为延年益寿的佳品,故菊花又名"更生""延寿客"。菊花确有较高的医疗养生价值,其花、根、茎皆可入药。秦汉时所辑《神农本草经》就把菊花列为"养命"的上品。李时珍《本草纲目》载:"其苗可蔬,叶可啜,花可饵,根实可入药,囊之可枕,酿之可饮,自本至末,罔不有功。"据现代医学研究,菊花含菊苷、氨基酸、胆碱及微量维生素等活性物质。其性微寒,入药能清肝醒目,散热祛风,降压医疮。捣敷外用可治疗、痈疽、无名肿毒等症。临床证明,菊花不仅对链球菌、大肠杆菌等有杀伤作用,而且在增强心脏功能和毛细血管弹性,增加冠脉流量诸方面也有显著效果。

吟菊赏菊,在我国由来已久,至唐宋日盛。晋代的陶渊明爱菊如命,每逢重阳佳节必以菊花当酒菜,"满手把菊",欣然就酌,大醉乃归。他写下了诸如"采菊东篱下,悠然见南山"等吟咏菊花的名句。唐代诗人李白以爱菊赏菊为乐,他写下的"携壶酌流觞,搴菊泛寒荣"的诗句就是明证。苏轼写菊"荷花已无擎雨盖,菊残犹如傲霜枝",赋予菊花一种精神。元稹咏菊"不是花中偏爱菊,此花开尽更无花",道出人生的一种追求。

唐代以后,爱好菊花的人逐渐增多,《辇下岁时记》说:"九月,宫掖间争插菊花,民俗尤甚。"由于人们有意培植,菊花的品种也日益增多。到了宋代,菊花的种类更多,培育菊花的技术也更先进了。同时,赏菊已形成一种风俗。那时,民间花市里已有了"扎菊",还有一年一度的"菊花赛会"来展览菊花。每当重阳时节,人们还要"饮酒赏菊",秋天简直成了菊花的季节。南宋史铸《百菊集谱》所收菊花品种已达一百六十三个。这些品种不仅五色缤纷,还产生了"莲蕊檀心""金盏银台"等名贵花形。经过人们的长期选育,菊花的品种越来越丰富。明代王象晋《群芳谱》中收了二百七十余种。

我国菊花在公元4世纪初传入日本,17世纪中传入荷兰,18世纪中传入英国,19世纪中传入美洲。全世界的菊花无不直接、间接传自我国。在古代,菊花为国际的文化交流做出了贡献;今天,菊花已成为名花在世界各地开放。

荔枝

罗浮山下四时春,卢橘杨梅次第新。
日啖荔枝三百颗,不辞长作岭南人。

宋·苏轼《食荔枝》

荔枝与香蕉、菠萝、龙眼一同号称"南国四大果品"。荔枝原产于我国,是我国岭南佳果,色、香、味皆美,驰名中外,有"果王"之称。荔枝是亚热带果树,常绿乔木,高可达20米,偶数羽状复叶,圆锥花序,花小,无花瓣,绿白或淡黄色,有芳香。果园形,果皮肯多数鳞斑状突起,鲜红,紫红。果肉产鲜时半透明凝脂状,味香美。属无患子科植物。

荔枝营养丰富，据分析，每一百毫升果汁中含有维生素C13.20~71.72毫克，含有可溶性固形物12.9~21%，为增进身体健康的营养品。据《本草纲目》载：荔枝可"止渴、益人颜色……，通神、益智、健气（补脑建身）、治瘰疬、瘤赘……"等病。

荔枝具有栽培粗放、寿命长的特点，经营荔枝有耗工少、成本低、收入大的好处。其产值在果树生产中占重要地位。鲜荔枝和荔枝干远销国内外。荔枝除鲜食、干制外，果肉还可罐制、渍制、酿酒和制成其他加工品，是发展食品工业的重要原料。荔枝核含有57%的淀粉，也可酿酒，每百斤可制酒十多斤。花芳香多蜜，为发展养蜂业提供了很好的蜜源。果皮、树皮、树根含有大量单宁，是制药的原料，种子亦可入药。荔枝树干细密坚实，耐潮防腐，是修建房屋、舟船、桥梁和制造家具的优良木材。枝叶可作燃料。所以，荔枝全身是宝，可以综合利用，是一种发展前途广阔、实用价值很高的果树。

到目前荔枝共有六十多个品种，其中被人们所熟知的有十几个。如桂味、妃子笑、糯米糍、三月红、白蜡、灵山香荔、南局红、宋家香等。

唐代诗人白居易爱吃荔枝，他赞美说："嚼疑天上味，嗅异世间香。"并在《荔枝图序》中对荔枝作了细致描写："朵如葡萄，核如枇杷，壳如红缯，膜如紫绡，瓤肉莹白如冰雪，浆液甘酸如醴酪。"

苏东坡认为荔枝是世上最鲜美的果品，非常爱吃，因此诗中说："日啖荔枝三百颗，不辞长作岭南人。"

更有趣的是唐代著名诗人杜牧在诗中描写了杨贵妃爱吃荔枝的诗句："长安回望绣成畦，山顶千门次第开，一骑红尘妃子笑，无人知是荔枝来。"因杨贵妃爱吃鲜荔枝，唐玄宗李隆基便命人在广东、四川乘驿马一刻不停把鲜荔枝运到长安。

荔枝虽然好吃，但不能多吃，否则可引发炎、上火和"荔枝病"，此病轻则恶心，四肢无力，重则头昏、眩晕。

现在科技发达，交通方便。在祖国神州大地，人们若要吃广东的新鲜荔枝，可用飞机即日运到，再不会像当年杨贵妃吃新鲜荔枝而苦死差官和驿马了。

桃

寻得桃源好避秦，桃红又是一年春。
花飞莫遣随流水，怕有渔郎来问津。

宋·谢枋得《庆全庵桃花》

我国是桃树的故乡。中国人对桃有一种异乎寻常的感情。"桃之夭夭，灼灼其华……"早在三千多年前，《诗经》里就有赞颂桃的诗歌。陶渊明《桃花源记》的幻想，唐代书生崔护"人面桃花相映红"的典故，《西游记》孙悟空饱餐蟠桃的形象，都赋予桃以美妙神奇的色彩。

桃原产于我国雨量较少而阳光充足的山区，以华北、华东、西北栽培最多，其栽培的历史不下三千余年。桃，果实甘甜，可以生吃；花朵艳丽，可供观赏；而且桃仁、桃花可以入药，有很高的药用价值。桃果品种荟萃，风味万千，通常分为水蜜桃、蟠桃、黄桃、硬肉桃和油桃等五种类型。

古人把桃看作世界上最鲜美的果品，因此把许多本来不属于桃类的果子也称作"桃"，如核桃、樱桃、猕猴桃、羊桃等。古代中国人种桃、吃桃、敬桃、供桃、爱桃，桃便成了一种象征喜庆、美满的吉祥物。古人在大年初一要喝"饮桃汤"，到寒食节要喝"桃花粥"。皇家宗庙里有"御桃"供奉，就是民间老百姓为长辈做生日，也要放上几只鲜桃，叫"寿桃"。

桃为中国人民所珍爱，也受到世界各地人民的欢迎。早在汉代，桃沿着"丝绸之路"经中亚传入波斯，又从波斯渐次西传欧美，即使古国印度的桃树也是从中国引进的。现在，属蔷薇科小乔木的桃树已遍布全球，约有八十多个国家种植。"桃李满天下"，可谓名副其实。

水杉

劲叶森利剑，孤茎挺端标。
才高四五尺，势若干青霄。
移栽东窗前，爱尔寒不凋。

唐·白居易《栽杉》

水杉是我国特产、世界稀有的古老植物之一。远在一点三亿年前的早白垩纪，水杉的祖先已生活在北极圈了。到晚白垩纪，遍及北半球各地。新生代以后，随着气候变化，地质南迁，第三纪时"搬家"到欧洲、美洲和亚洲的中纬度地带。第四纪冰川来临时，大片林地归于毁灭，几乎全成化石，仅有个别"逃跑"到川鄂境界的山谷里躲藏起来，悄悄地在那里繁殖，延续下一代。因此，从水杉的经历可以了解到古今气候的变化。

水杉最早是由我国的一位林学家在四川万县磨刀溪一座古庙旁发现的，只不过当时还叫不出名字来。到1945年，我国植物分类学家胡先骕教授和林木学家郑万钧教授根据前几年的线索，重访旧地，并在相邻的湖北利川市深山中找到了一千棵左右类似的树，其中约一百棵相当高大，已是古树，于是对它们的树干、树皮、树叶、花朵、果实等都进行了详细的观察和记录，并采集标本，带回室内进一步研究。结合日本植物学家1941年采自我国抚顺煤田始新统的植物化石，经对比研究鉴定并撰文命名，轰动了世界植物学界，水杉的发现被称为20世纪植物学上最大发现。

水杉是一种高大的落叶乔木，生长在温湿的气候环境里；一般高达三十～四十米；干茎挺拔，翠枝横伸，层层舒展，状如高耸入云的宝塔；树叶呈披针形，亦作对生；叶随季变色，春天成绿，夏季黛绿，秋日金黄，冬日棕红；球果的果鳞交互对生；到了冬季，叶和小枝一齐脱落。这些特征表明其介于杉和柏之间的过渡性质，因此，通过水杉研究松柏类植物的演变，具有重要意义。

水杉适应性强，成长迅速，特别是幼年时期，每年可长一米多高，枝叶又较茂盛，成为优良的风景树，公园、路旁、庭院最宜种植。木材可供建筑、造纸等用。水杉单性花，雌雄同株，一般生长三四十年才成为有繁殖力的母树。现存水杉母树几乎全在湖北利川，每年可产籽一千公斤左右，是世界珍品。目前，我国正在大力推广，普遍种植。至少有五十多个国家都从我国引种栽培。本来行将绝灭的活化石，现在又兴旺发达起来了。

水杉

大熊猫

轩辕乃修德振兵，治五气，蓺五种，抚万民，度四方，教熊罴貔貅（大熊猫）貙虎，以与炎帝战于阪泉之野。三战，然后得其志。

汉·司马迁《史记·五帝本纪第一》

大熊猫，亦称猫熊、熊猫，是我国特有的珍贵动物，也是国际上最负盛名的珍兽。

我国古代书籍中把大熊猫称作“貘”，《尔雅》一书中则称为“白熊”，这可能是世界上有关大熊猫的最早记载了。汉代著名文学家司马相如在其《上林赋》中列举当时咸阳上林苑中饲养的近四千种兽类中，大熊猫名列首位，可见它当时即被人们视为珍贵的名兽了。1965 年，我国的考古工作者在西安南陵西汉薄太后的墓葬中还发掘到一具保存相当完好的大熊猫头骨，也许薄太后在世时很喜欢大熊猫。

大熊猫生活在山区海拔两千～四千米的崇山峻岭、人迹罕至的森林地带。仅产于我国四川西部和北部、甘肃南部、西藏东部及陕西西南部。

从生物学角度记述大熊猫，始于 1869 年，但当时定名为熊。次年，1870 年才改称大熊猫。而第一只活的大熊猫，直到 1937 年才捕获到，1938 年出国以后，更是轰动世界，外国人才知道有这么个珍奇的活化石。

发育完成的大熊猫，全身长达一点五至一点八米，肩高约六十至七十厘米，体重达一百公斤以上。头部大而圆，吻部和鼻部较短，耳朵较小；四肢粗壮，脚底宽阔多肉，并密生厚毛；尾巴短小，约二十厘米长；体躯与四肢外貌像熊，而头部的外部又像猫，因此称为熊猫。由于眼周、耳、前后肢和肩部黑色，其余均为白色，所以动物学上正规的名字叫黑白大熊猫。

大熊猫最喜欢吃新鲜的竹子，食量很大，每昼夜至少可吃十五至二十公斤。虽然大熊猫主要是素食，但有时亦食小动物。大熊猫性情孤僻，除发情期雌雄暂时同居外，平常都单身独处。无固定巢穴，到处流浪，走到哪里，就吃到哪里，睡到哪里。它的听觉、视觉、嗅觉等感觉器官比一般食肉动物迟钝，所以当猎人追捕它靠近时，仍从容不迫地蹒跚而行。一旦受惊，则能迅速逃跑。

大熊猫的繁殖力很低，一般每胎产一仔，有时可产两仔，且不易成活。刚出胎的小熊猫体重只有九十至一百三十克，仅相当于父母体重的千分之一，但成长很快，以北京动物园的“明明”为例，生下三个月可达六公斤，一年以后，就有四十公斤了。大熊猫的寿命很短，人工饲养的只能活到十几岁，野生的恐怕也很难超过二十五岁。

由于大熊猫自身的特点，加之人类的频繁活动，使大熊猫的数量与活动范围日趋缩小，目前正处于绝灭的边缘。为保护这一珍贵动物，政府除颁布严禁狩猎的法令以外，还积极采取措施，进行人工饲养、繁殖，并摸索出了较为成熟的经验。

大熊猫是当今世界上最富魅力的动物明星，论其知名度，无论是美国的麝香牛、英国的白犀，还是日本的锦鲤，没有哪个国家的珍稀动物可与之匹敌。大熊猫成为中国与世界各国加强交流、增进友谊的法宝。早在 1961 年，世界野生动物基金会一成立就确定大熊猫作为该基金会会徽和会旗标志。中国政府曾向九个国家以礼品的形式赠送过大熊猫。1972 年中美建交，中国政府赠送给美国一对大熊猫“玲玲”和“兴兴”，美国人民欣喜若狂，称 1972 年为全美“熊猫年”，在华盛顿国家动物园展出的头一个月，观众就达一百一十万人次。1973 年，已故法国总统蓬皮杜访华，法国也获得一对大熊猫“黎黎”和“燕燕”，法兰西人民如获至宝，引得欧洲其他国家一片羡慕。大熊猫“宝宝”“甜甜”，当年抵达柏林机场时，享受的是接待国家元首的最高规格礼遇——红地毯迎宾。大熊猫在扩大对外开放，促进经济发展方面也发挥了重要作用。1993 年 9 月，成都首开以“人——动物——大自然”为主题的国际熊猫节，世界野生动物保护协会等组织特意在蓉举行了第五届国际大熊猫保护学术研讨会，专家齐聚，盛况空前。1997 年熊猫节再次举行，在“生命——环境——发展”严肃主题之下，美国、日本、法国、奥地利、加拿大、意大利、韩国等二十个国家的五十三个外国团队，以及来自香港、澳门、台湾地区的五十多个团队一千余人先后抵蓉，招商引资大大超过上届，商贸成交总额二十四亿元，投资项目达成七十七个，熊猫节又变成了招商引资的红娘。

中华鲟

江南仲秋天，鱏鼻大如船。

唐·沈仲昌《状东南·中秋》

中华鲟，古称鳣、鳇、鲟鳇鱼，是我国稀有的珍贵经济鱼类，有着一点三亿年的悠久历史，人称水中"活化石"，是国家重点保护的一类野生动物。以"中华"命名的鲟鱼，是鱼祖先古棘鱼类后裔的一支。外形保留着古代鱼的特征：梭状、头大吻长，口宽眼小，鼻孔、鳃孔大，尾鳍歪，躯体上有五行硬鳞骨板，行间皮肤裸露无鳞，背部呈青灰或灰褐色，腹部为乳白色。最大者长两到三丈，体重达五百公斤，洞庭湖渔民称其为"洞庭鱼王"。长江是中华鲟的主产区。

中华鲟是一种习性很特别的洄游鱼类，自古以来，它们在长江就有着固定不变的洄游古道。每年秋季，中华鲟由海洋聚于吴淞口，逆江而上，开始漫长而艰难的寻根旅行，至第二年秋季开始在金沙江一带产卵。有趣而又令人感叹的是，中华鲟进入长江后便开始绝食，直至产卵后返回海洋，其间长达两年左右。人们为此送了它一顶"耐饥饿冠军"的桂冠。

中华鲟是珍稀鱼类，肉厚味美，营养价值高。鱼鳍可制成"鱼翅"；鱼膘可制成风味食品"鱼肚"；脊骨和鼻骨等可制成"鱼皉"；鱼卵可制成闻名中外的佳肴"鱼子酱"。肉、鳔、脊索、卵、肝、胆等均可入药，是高级补品和名贵药材。中华鲟是我国的一种极为宝贵的资源，为世界级保护对象之一。

近年来，由于人为的水资源破坏，再加上葛洲坝工程的兴建，繁殖季节已不能上溯至金沙江，中华鲟无法找到最适宜的水城产卵，因此，数量急剧下降，人工繁殖中华鲟便显得十分迫切和重要了。葛洲坝工程兴建后，国家有关部门已在宜昌建立了研究所，中华鲟人工繁殖、放流已获得成功。同时，在我国湖南也已开始进行人工繁殖试养。

养蚕

辛勤得茧不盈筐，灯下缫丝恨更长。
著处不知来处苦，但贪衣上绣鸳鸯。

唐·蒋贻恭《蚕》

我国是栽桑、养蚕、制丝的发源地，距今六千多年的浙江河姆渡遗址出土的一牙雕小盅刻有蚕纹。约在新石器时代晚期，我国劳动人民已知道利用蚕丝，至商代蚕丝业已相当发达。在商代的甲骨文中，不仅有"桑""蚕""丝""帛"等字，而且从桑、从蚕、从丝的字多达一百零五个，可见与蚕丝相关联的方面之广。同时，在河南安阳大司空村

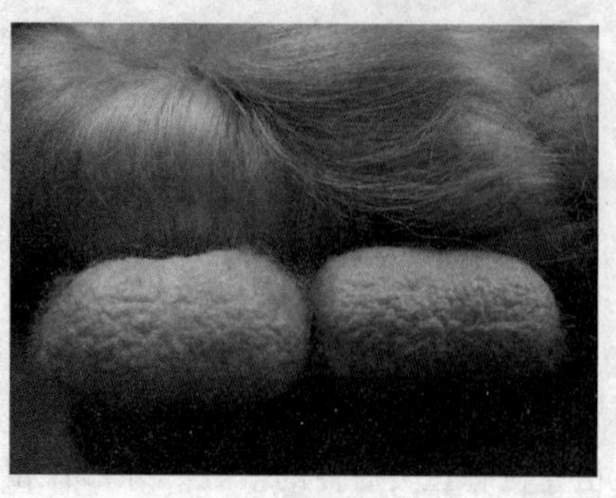
蚕丝

和山东益都苏埠屯商代大墓中均出土玉蚕。殷墟出土的青铜器上常常发现丝绢的印痕,其中不但有细密的平纹绢,还有织出菱形图案的织物。商、周时,丝织品已有罗、纱、绮、绫、绢、纨和锦等品种。

到了周代,栽桑养蚕已在我国南北广大地区蓬勃发展起来。据《诗经》《左传》《仪礼》等古书记载,当时已有专门的蚕室和养蚕器具,如蚕架、蚕箔等。《管子·山权数》有通过对民间养蚕能手进行奖励,以推广先进技术,促进蚕丝业的发展的记载。

秦汉时代,蚕丝业进一步发展,特别是山东一带最为发达。东汉以后,蚕丝生产在我国已具有全国性的规模。如甘肃嘉峪关魏晋墓所出画像砖中,就绘有茂密的桑林和妇女采桑的图景。同时我国的丝织物还通过"丝绸之路"源源外销,备受欧亚等国珍视。

宋元时代,蚕丝业的重心逐步由北方向南方转移。这主要是由于安史之乱以后,北方长期战乱,桑园大量遭到破坏,影响了养蚕的发展。但在我国南方,蚕丝业还是较为兴盛的。这时我国北方还多饲养一化性的三眠蚕(蚕在一年内发生一代的叫一化性蚕,二代的叫二化性蚕。蚕在幼虫期蜕皮三次的叫三眠蚕,四次的叫四眠蚕),在南方却主要是饲养一化性或二化性的四眠蚕了。四眠蚕个体肥大,较三眠蚕丝质更为优良。四眠蚕的育成和推广,是我国蚕丝业生产上的一大进步。这一时期,由于植棉业的蓬勃兴起,种桑养蚕在北方农业中的地位逐步下降。

至明清,柞蚕放养得到较快发展。柞蚕与桑蚕不同,以上说的以桑叶为饲料的,属于蚕蛾科的家蚕。而柞蚕属于天蛾科,它所结的茧,也能缫丝,但其丝质却不如桑蚕丝优质,缫织也不易。柞蚕得以发展,主要得益于柞林生长在山区,并不与粮、棉争地,加之其缫织技术的不断改进,所以自明代以来,柞蚕放养逐步拓展,康熙年间,柞蚕由山东传入辽宁、陕西,乾隆时又由山东传入贵州,以后先后推广到南北各地。

蚕与人们的生活息息相关,其精神更为人们所赞美。历代有不少咏蚕诗,有的还以蚕喻人,借蚕明志,颇能给人以教益和美的享受。《乐府诗集》里有一首南朝情歌,题为《作蚕丝》,作者为无名氏,诗曰:"春蚕不应老,昼夜常怀丝;何惜微躯尽,缠绵自有时。"诗中用"丝"与"思"谐音双关的手法,含蓄地表达相思之殷切,相当感人。晚唐诗人李商隐的《无题》诗,虽不是专门咏蚕,但其中"春蚕到死丝方尽",却是脍炙人口的咏蚕佳句。它以春蚕吐丝比喻爱情相思,生动形象,精美巧妙,因而千古流传,使人玩味不尽。这句诗,常被用来赞誉那些鞠躬尽瘁、无私奉献的人们,或用来自勉,表示对国家民族和人民事业的忠贞。还有咏蚕之诗,虽以"蚕"为起,其实是写养蚕的人。古代蒋贻恭的《咏蚕》,便是这样的诗,其诗曰:"辛勤得蚕不盈筐,灯下缫丝恨更长。著处不知来处苦,但贪衣上绣鸳鸯。”意思是说,养蚕人熬更守夜地辛勤劳动,收入不多,怨恨满腹;而穿着丝绸衣服的人,并不知道这丝绸得来之苦,还要在衣服上绣鸳鸯。短短几句,通过鲜明的对比,把养蚕人之苦之怨和穿衣人之乐之奢,表现得淋漓尽致。

我国养蚕织丝历史悠久,对世界文明的贡献是巨大的。现在世界各国的家蚕或柞蚕,都是从我国传入的。公元初年,我国的家蚕就由丝绸之路向西传播。公元7世纪,养蚕法传到了阿拉伯和埃及,公元10世纪传到西班牙,公元11世纪传到意大利,公元15世纪传到法国。朝鲜、日本、俄罗斯等国的柞蚕种,也都是由我国传入的。

三　饮食

茶

一椀喉吻润;两椀破孤闷;三椀搜枯肠,唯有文字五千卷;四椀发轻汗,平生不平事,尽向毛孔散;五椀肌骨清;六椀通仙灵;七椀吃不得也,唯觉两腋习习清风生。

唐·卢仝《走笔谢孟谏议寄新茶》

中国是茶的故乡。大约在四五千年前,中华民族的先人们就开始认识并利用这种植物了。茶最初被人们当作一种药材。后来,人们认识到茶不仅可以治病,而且可以清热解渴,又清香隽永,就逐渐养成了饮茶的习惯。

茶在我国称谓多种多样:如荼、葭萌、槚茶,茗等。定名为“茶”则是唐代的事,自陆羽《茶经》问世,推动了饮茶之风普及民间,刺激了茶叶生产的发展,带来了茶叶交易的繁荣。从此细煎慢品代替了以往解渴式的粗放饮法,对茶的要求才格外高了。《茶经》是我国第一部有关茶的专著,也是世界上最早的茶业专著。《茶经》共三卷,分十篇,约七千余字。它详细地论述了茶的起源、性状、种类、种植、采制加工、制茶工具、饮茶器皿、煮茶方法和水质品位、饮茶风俗、名茶产地,以及茶叶优劣等,并附有各种茶具的图样。这本书对后人研究茶史极有影响。

中国饮茶史上向有“茶兴于唐、盛于宋”的说法。唐代饮茶之风在民间日兴。一些城市里,已经有专门卖茶的茶馆。当时的茶叶产地,遍及四川、湖南、湖北、河南、浙江、安徽、江苏、江西、福建、广东、贵州等地。唐德宗贞元九年(793),朝廷开始征收茶税,每年收入有四十万贯之巨。唐代煎茶发展至宋代斗茶,已完全成为艺术化的品茶。所谓“斗茶”,又为茗战,参加斗茶的人,要献出所藏精制茶叶,轮流品尝,以决胜负。范仲淹有《斗茶歌》:“北苑将朝献天子,林下群豪先斗美。”宋代对斗茶所用的片茶质量要求之高,远非唐宋饼茶所能比拟。宋代自上而下皆以福建建安团茶(也为北苑茶)为上品,宋太宗为显示皇家尊贵,命令专门制成龙、凤团茶,以别于一般人饮用的茶;徽宗宣和年间,又用“银丝水芽”制作小团茶,名之为“龙团胜雪”,故当时人称:“盖茶之妙,至胜雪极矣!”除此之外,当时北苑所造的贡品茶,还有“御苑玉芽”“万寿龙井”“上林第一”“承平雅玩”等品种。

明代一改唐宋饮片茶、团茶风,代之以散条形茶,明清茶因而面貌一新。明代名茶,品目繁多,屠隆《考槃余事》列出了最为人们称道的六品,即“虎丘茶”“天池茶”“阳羡茶”“六安茶”“天目茶”“龙井茶”。其中,龙井茶即至今仍誉满中外的西湖龙井。这六大名品,可视作散条形茶的代表。

在明代,绿茶是人们主要的品饮对象,花茶则为文人隐士别出心裁的雅玩。到了清代,花茶才有了固定的产区和名品,并进入商品市场。同时还出现了红茶、乌龙茶、白茶,传统的紧压茶也得到进一步创新,从而形成了我国茶中结构的六大种类——绿茶、红茶、花茶、乌龙茶、白茶、紧压茶。时至今日,六大种类各有名品。绿茶有以“色翠、香郁、味醇、形美”四绝著称于世的西湖龙井,以及太湖碧螺春、蒙顶茶、庐山云雾茶、太平猴魁茶、君山银针、信阳毛尖等上品;红茶在国内外享有较高声誉的有安徽“祁红”、云南“滇红”以及广东“英红”,被誉为中国红茶中的三颗明珠;乌龙茶介于红绿茶之间,主要产在福建、广东和台湾,其中“武夷岩茶”“安溪铁观青”“凤凰单从”为乌龙茶的极品;白茶色白如银,茶汤颜色素雅、浅淡,主要产于福建的政和、福鼎、建阳、松溪等地,“白毫银针”和“白牡丹”被誉为白茶珍品;花茶又叫“熏花茶”或香片茶,因产地不同,常在花茶前面冠以地名,以福州“茉莉烘青”为最佳;紧压茶主要产地集中在湖南、湖北、四川、云南、广西等地,有普洱茶、六堡茶和青砖、黑砖、茯砖、康砖、花砖、米砖等品种。

茶作为一种独特的饮品,还具有非凡的医疗、防病养生的作用。纵览古今典籍,我国大量医书中都记录着茶在防病治病养生上的突出作用。唐代陈藏器在《本草拾遗》中指出:“诸药为各病之药,茶为万病之药。”我国第一部中药学专著《神农本草经》曰:茶“久服安心、益气、聪察、少卧、经身、耐老。”《神农食经》亦云:“茶茗久服,令人有力,悦志。”可见,饮茶不仅能清热解渴,而且能达到防病养生之目的。据现代医学研究证明,茶中含有茶碱、咖啡碱、茶多酚、脂多糖、黄酮类化合物、多种氨基酸、维生素E、维生素C和多种微量元素等,故而有明显的利尿,解毒,扩张血管,强心,缓解支气管痉挛,帮助消化,增强肌体免疫力,抗衰老等作用,国外有人把茶叶称为“超时代的高级饮料”。

茶自唐代传入日本,16世纪又传到欧洲。17世纪,茶传到俄国,18世纪又由英国人传入印度。在源远流长的中外文化交流中,茶曾经与丝绸一样,充当过文化使者的角色。现在,茶已与咖啡、可可一起成为世界三大饮料之一,随着国际文化交流的发展,博大精深的中国茶文化一定会更加丰富多彩。

酒

知章骑马似乘船,眼花落井水底眠。

汝阳三斗始朝天，道逢麴车口流涎，恨不移封向酒泉。

左相日兴费万钱，饮如长鲸吸百川，衔杯乐圣称避贤。

宗之潇洒美少年，举觞白眼望青天，皎如玉树临风前。

苏晋长斋绣佛前，醉中往往爱逃禅。

李白一斗诗百篇，长安市上酒家眠。天子呼来不上船，自称臣是酒中仙。

张旭三杯草圣传，脱帽露顶王公前，挥毫落纸如云烟。

焦遂五斗方卓然，高谈雄辩惊四筵。

唐·杜甫《饮中八仙歌》

酿酒在中国已有几千年的历史。酒是谁发明的？一种传说是夏朝大禹时代的仪狄发明的，还有一种传说是一个名叫杜康的人最早制作了酒。其实，根据考古发现，早在五六千年前的新石器时代晚期，我们的祖先就可能已会酿酒。到商代，饮酒之风很盛，考古工作者发现了许多那时候的精致酒器。周代时，我国已有专门管酒的官吏，叫“酒正”。《周礼》中还记述了酿酒的五个阶段。这说明当时酿酒已比较发达。

春秋战国时期，在各种祭祀、会盟、庆功、接待使者等场合中，酒已成了不可缺少的东西。1974 年，在河北平山的战国墓中，出土了距今天已有两千二百多年的古酒。出土时，酒装在两个铜壶里，打开壶盖，还能闻到酒香。据专家分析，这是一种曲酿酒，这表明当时的酿酒技术已相当先进。

用谷物做原料来酿酒，要比自然发酵的果酒，在技术上更加复杂。谷物的主要成分是淀粉，淀粉不能直接发酵成酒，必须先经过糖化，然后再酿造成酒。《尚书·说命篇》中记有：“若作酒醴，尔维曲蘖。”蘖就是麦芽或谷芽，醴即用蘖作为糖化剂酿造的酒。后来，到先秦时代，我国已经会用酒曲来酿酒，是世界上制曲酿酒的发源地。酒曲中含有大量混杂生成的霉菌和酵母。这两种东西分别起糖化和酒精发酵的作用。因此，曲能把糖化和酒化结合在一起，同时进行。这种酿酒法，叫“复式发酵法”，这是我国古代在酿酒技术上一项非常重要的发明。酒曲法后来传入日本、东南亚，到 19 世纪 90 年代，才传到欧洲。近代科学证明，酒曲上繁殖的酵母菌和各种霉菌，含大量的酶和抗生素，可治疗消化不良的疾病。

秦汉时期，制曲技术得到不断的发展，酿酒技术也更加完善。《礼记·月令》中记载了酿酒的六点注意事项，它要求造酒用的谷物要成熟，投放酒曲要及时，浸煮时要保持清洁，造酒用的水质要好，造酒要用优良的陶器。另外，火候要适宜。酒曲中的毛霉和酵母菌都是很敏感的微生物，稍遇杂质，就会影响菌类的活动，所以，水质和器皿必须清洁优良。

汉代葡萄从西域传入我国，大约在东汉时，我国已会制造葡萄酒。北魏贾思勰在《齐民要术》中，列举了几种造曲酿酒的方法和二十七种名酒。这说明当时酿酒技术已十分成熟。

唐宋时除酿造粮食酒外，还酿造果酒和药酒。大约到元代，就开始用蒸馏法制造烧酒了。

我国酿酒业经过几千年的发展,形成了许多风味独具、誉满天下的名酒。这些名酒以白酒居多。同是白酒,风格迥异。贵州仁怀的茅台,入口喷香,幽雅细腻,酒体醇厚,属酱香型;山西杏花村的汾酒,清香纯正,诸味协调,余味爽静,属清香型;广西桂林的三花酒,窖香清雅,入口柔绵,属米香型;四川泸州老窖,绵软醇厚,窖香浓郁,尾净余长,属浓香型。

酒与中国人的关系,恐怕无论怎样形容也不为过。酒的发明,使华夏文明的内涵变得更加淳厚,神采愈加飘逸。古人诗云:"彰文德于庙堂,协武义于三军,致子弟之孝养,纠骨肉之睦亲,成朋友之欢好,赞交往之主宾。"如此讴歌其功能,中国的酒大约当之无愧。因为,自那以后,社会经济和传统文化的方方面面,无不浸润着美酒的醇香:祭祖敬神、禳灾祈福、求雨择吉、祝年庆丰、迎逢饯别、尊宾敬友、养老奉亲、疗病祛邪、消忧遣愁、兴文举武,从日常应酬到军国大政,从平民百姓到帝王贵胄,从口福之欲到情感升华,从生活方式到文化行为,哪一样少得了酒的参与?尧饮千钟开太平盛世,孔子百斛发千古宏论;武松醉酒打虎名闻天下,李杜酒助诗兴彪炳青史……历数正史稗官,酒的踪迹可谓无处不在。

酒这东西自古为雅俗共赏,贫富咸宜。中国人喝酒不拘形式。一人可独酌,二人可对饮,三人五人就能猜拳行令,热闹非凡。有好菜好酒自然可一醉方休;无菜时,一碟茴香豆,几颗花生米,也能喝个痛快。"无酒不成礼","无酒不成席","无酒不成欢",中国人在各种场合,似乎都忘不了要用酒来助兴。我们说中华民族是个善饮的民族,并非提倡轻易买醉,更不苟同因酒误事。作为中华国粹之一的酒文化,其真正意蕴还在于饮必合礼,饮必合时,饮必有仪。倘若靠酒瓶累进身之阶、以酒宴兴奢靡之风、借酒醉度人生之旅,则更有悖于"文化"二字的本义了。

豆腐

磨砻流玉乳,蒸煮结清泉。
色比土酥净,香逾石髓坚。
味之有余美,玉食勿与传。

元·郑久端《豆腐赞》

豆腐是我国古代的一个发明。据考证,豆腐是两千一百年前西汉时期淮南王刘安发明的。刘安是西汉思想家、文学家。好读书鼓琴,善为文辞。他曾"招致宾客方术之士数千人",一方面著书立说,一方面炼制长生不老之药。刘安所处的西汉时期,民间已使用圆形两扇石磨,可以把大豆磨成豆浆。食盐和天然石膏这些做豆腐必需的凝固剂也早已有了。出于炼丹炼汞和对植物性、动物性药物研究的喜爱,他们在食用的豆浆中加入一些食盐和盐卤,无意中发明了豆腐。

我国现在豆腐的制作工艺与古时差不多。首先用纯净的天然水浸泡黄豆,浸泡到适当的时候,捞出放进石磨磨成豆浆,然后用纱布过滤除去豆渣。把滤过的豆浆烧开后煮两三分钟出锅,然后再点豆腐。在做豆腐的整个过程中,点豆腐是关键。点豆腐就是往豆浆中加入一定量的凝固剂,使溶胶状态的豆浆在短时间内变成凝冻状态的凝胶。自古以来,我国最常用的传统凝剂主要是盐卤水、石膏和食醋。制作豆腐的最后一道手续是压泔水。先把包布铺在豆腐箱里或木板上,然后用勺掏出凝冻状态的豆腐脑,包布包好后压出豆腐泔水。至此,价廉物美,营养丰富的豆腐就做成了。

豆腐自发明以后两千年来,经不断创造发展,其制品已形成了一个庞大的家族,足迹遍布大江南北的每一个角落。特别是近年来,我国豆腐食品的生产加工发展很快,品种增加到一百种以上,年产值六点五亿元。其中著名的有水豆腐、冻豆腐、豆腐脑、豆腐花、豆腐棍、豆腐干、豆腐皮、豆腐丝、豆腐卤、豆腐串、豆乳、豆浆、腐竹等。

豆腐是我国食文化的重要组成部分,与我国人民日常生活关系极为密切。它不仅是一年四季我国人民餐桌上不可缺少的菜肴,而且各地风味各异的素菜馆,都由豆腐和豆制品唱主角。

豆腐自元朝初年传入日本后,又相继传往各大洲。现在,全世界大多数国家都已经学会生产豆腐。可以说,现在"豆腐热"正从东方传向西方。美国《经济展望》杂志预言:"未来的十年中,最成功而且最有市场潜力的并非汽车、电视机或电子产品,而是中国豆腐。"美国烹饪学院院长梅茨强调:"中国豆腐比汉堡包流行得更广泛。"旧金山有人写了一本书叫《豆腐》,已销四十万册。美国政府还建议学校午餐中用豆腐作为蛋白质来源的主要食品。欧洲人也注意到了豆浆的营养价值,认为它有可能替代牛奶的位置。在日本、法国、美国除大豆外,还广泛采用花生、薏米、小麦及其他豆类作为制豆腐的原料,不仅改善了豆腐的韧性,而且便于携带。西方其他国家,现均采用现代科技制作豆腐,效率高、产量大。

豆腐

为弘扬我国豆腐文化,1994 年 9 月,商业部副部长张世尧在召开的首届中国豆腐文化节纪念研讨会上宣布:经有关部门批准,9 月 15 日定为中国豆腐文化节。从此,中国豆腐终于有了自己的节日,同时,它也将以更加崭新的姿态大踏步地走向世界。

川菜

金垒中坐,肴隔四陈,觞以清肺,鲜以紫鳞,羽爵执竞,丝竹及发,巴姬弹弦,汉女击节。

西汉 · 扬雄《蜀都赋》

川菜即四川菜，是中国著名的八大菜系之一，历史悠久，风味独特，驰名中外。四川古称巴蜀之地，号称“天府之国”，位于长江中上游，气候温和，雨量充沛，群山环抱，江河纵横，盛产粮、油、果、蔬、菌，家畜家禽品种繁多，山岳深丘特产熊、鹿、獐、狍、银耳、虫草、竹笋等山珍野味，江河湖泊又有江团、雅鱼、岩鲤、中华鲟。优越的自然环境，丰富的物产资源，都为四川菜的形成与发展提供了条件。唐代诗人杜甫有“青青竹笋迎船出，日日江鱼入馔来”的诗句。南宋诗人陆游有“新津韭黄天下无，色如鹅黄三尺余，东门彘肉更奇绝，肥美不减胡羊酥”的诗句，对四川的丰盛特产倍加赞扬。

川菜成为我国主要菜系之一，是经过广大劳动人民和历代名厨长期实践、积累、总结、发展而来。如“宫保鸡丁”，据传为清代四川总督丁宫保爱吃的菜而得名，先是以嫩鸡丁与小青椒合炒，咸鲜细嫩。后因受季节限制，改用干红辣椒、花椒代替小青椒，再加油酥花生米，鲜嫩酥香。继又在原咸鲜味的基础上加入糖、醋，使味带甜酸而微辣，成为现在流行的“小荔枝味”而脍炙人口。又如“麻婆豆腐”，是一百多年前，由成都北门外万福桥一个小饭店里面微麻的妇女、其夫姓陈所创制。制作方法是采用民间“熓”鱼的方法，成菜后有麻、辣、烫、酥、鲜、嫩、形整不烂的特点，久负盛名，流传国内外。再如“毛肚火锅”，其用料、调味、火锅都别有风味，独具特色，不仅麻辣烫鲜，而且一年四季，不论在数九寒冬或盛夏酷暑，均为人们所喜食，成为川菜中之一绝。

川菜讲究色、香、味、形、器，兼有南北之长，在味字上下功夫，以味多、味广、味厚著称。特点是突出麻、辣、香、鲜，重用“三椒”（辣椒、花椒、胡椒）和鲜姜。川菜口味的组成主要有“麻、辣、咸、甜、酸、苦、香”七种味道，巧妙搭配，灵活多变，创制出咸鲜、咸甜、鱼香、豆瓣、家常、红油、麻辣、椒麻、椒盐、怪味、姜汁、蒜泥、煳辣、酸辣、糖醋、香糟、芥末、荔枝、麻酱、葱油等二十多种各具特色的复合味，味别之多，调制之妙，堪称中外菜肴之首，从而赢得了“一菜一格，百菜百味”的称誉。

川菜在烹调方法上，讲究刀工、火候、千变万化。善于根据原料、气候和食者的要求，具体掌握，灵活运用。清代乾隆年间，四川省罗江县人李调元在《函海·醒圆录》中，总结川菜的烹饪方法就有三十八种之多，有的今已失传，但现在流行的仍有炒、煎、烧、炸、腌、卤、熏、泡、蒸、熘、煨、煮、炖、焖、卷、淖、爆、炝、煸、烩、糁、蒙、贴、酿、楂、酥、糟、风、熇、熓、醉、拌等三十多种。特别以小煎小炒、干烧干煸见长。

川菜中汤的烹制方法也十分讲究。所谓“川戏离不了帮腔，川菜少不了好汤”，确实如此。例如制作清汤，需微火久吊，特别讲求打沫、清汤的方法，成汤清澈见底，味极清鲜。制作奶汤，则需旺火急煮，色白如乳，味浓醇而不腻。不同特点的汤对制作不同特点的菜肴起着重要的作用。

川菜从高级筵席到普通筵席、民间小吃、家常风味等，菜品繁多，花式新颖，做工精细。高级筵席菜的特点是：选料严谨，制作精细，组合适时，调和清鲜，多用山珍海味，配以时令蔬鲜，品种极其丰富，味道变化极多。“红烧熊掌”“竹笋肝膏汤”“干烧鱼翅”“家常海参”“虫草鸭子”“清蒸江团”“开水白菜”“干贝菜心”“冰糖银耳”等，成菜后不仅色、香、味、形俱佳,而且营养极为丰富。普通筵席菜的特点则是:就地取材,菜重肥美,朴素而实惠,例如“清蒸杂烩”“粉蒸肉”“咸烧白”“甜烧白”八大碗、九斗碗是其代表。家常风味及民间小吃,则以烹制快速,经济方便,口味多变,适应性广泛为其特点,深受广大食者欢迎。

新中国成立以来,随着经济的发展和人民生活水平的提高,川菜烹饪技艺也有较大的发展,在继承传统的基础上,学习运用现代科学技术知识,不断改革菜肴的色、香、味、形,提高营养、食疗价值,改善膳食结构,丰富人民生活,增强人民体质。特别是十一届三中全会以后,川菜烹饪伴随改革开放的脚步,有了新的发展,川菜不仅在国内各省、市受到普遍欢迎,而且还走出亚洲,进入世界,在国际烹饪行业中,占有一席之地。“食在中国,味在四川”,川菜与四川风景名胜一样闻名于世,扬名天下。

粤菜

深广及溪峒人,不问鸟兽蛇虫,无不食之。其间野味,有好有丑。山有鳖名蛰,竹有鼠名猷。鸧鹳之足,猎而煮之;鲟鲁之唇,活而脔之,谓之鱼魂,此其珍也。至与遇蛇必捕,不问长短,遇鼠必捉,不问大小。蝙蝠之可恶,蛤蚧之可畏,蝗虫之微生,悉取而燎食之;蜂房之毒,麻虫之秽,悉炒而食之;蝗虫之卵,天虾之翼,悉炒而食之。

南宋·周去非《领外代答》

广东,简称“粤”,广东菜也叫“粤菜”,与鲁、川、苏并称中国“四大菜系”。

广东地处亚热带,濒临南海,雨量充沛,四季常青,物产富饶,商业发达,有机会广泛地吸取川、鲁、苏、浙等地方菜的烹调技术精华,自成一格,有“食在广州”的美誉。

粤菜的形成,有着悠久的历史。早在秦朝以前,南越人就以采集螺、蚌、蚬、牡蛎等水产品为生,善渔业。据《周礼》载,“交趾有不粒食者”,他们“煮蟹当粮哪识米”,而且有“生食之”的习惯。战国时成书的《山海经》就有南方人吃蛇的记载。到了汉代,随着汉越交往的频繁,烹调技术相应得到发展。至唐代,在中原饮食文化的影响下,粤菜烹饪起了质的变化。据唐昭宗曾任广州司马的刘恂所著《岭表录异》记载,当时粤菜使用的调味料有酱、醋、姜韭、椒桂等,品种较为多样,并且还能够针对原料的质地,恰如其分地运用煮、炙、炸、蒸、甑、炒、脍等烹制技法,因此,菜肴的品种很多,风味饶人。

明清时代,广州一带随着经济文化的繁荣,民众讲究饮食之风大盛,民间食谱丰富多彩,烹调技术日臻精良。据明末清初屈大均的《广东新语》载:“天下所有的食货,粤东几尽有之,粤东所有之食货,天下未必尽有也。”丰富的原材料使广东烹饪能做到“飞潜动植皆可口,蛇虫鼠鳖任烹调”。清末民初,广东各大中城市的食肆普遍兴隆,广州市更是万商云集,粤菜得以迅猛发展。加之西餐烹调技艺的传入,使粤菜在博采众长、用料广杂的传统特色基础上,更加广泛地运用当今世界各国的食物原料、调味料及烹调方法来变化菜品,向更高一层的发展迈进了一大步。

粤菜以用料广博而杂著称。据粗略估计,粤菜的用料达数千种,举凡各地菜系所用的家养禽畜,水泽鱼虾,粤菜无不用之;而各地所不用的蛇、鼠、猫、狗、山间野味,粤菜则视为上肴。粤菜杂食之风,常令一些外人瞠目结舌。唐代韩愈被贬至潮州时,见到当地群众嗜食鲎、蚝、蛇、章鱼、青蛙、江珧柱等几十种异物,大为惊异,害怕得"臊腥始发越,嘴吞面汗骍"。据现代科学化验证明,各种野味,常常含有一般家养禽畜所不具的人体必需的营养素。例如:蟒蛇肉含有大量人体必需的多种氨基酸,蛇油含有豆油酸、豆麻酸等非饱和脂肪酸 22 种之多,其中含量特别多的亚油酸,有保持血管不硬化的作用。所以,中医一直把蛇肉作为祛风活血,除寒去湿的重要药物。粤菜用料广博而杂这一特点能充分利用食物资源,造福人类。

烹调方法完善多样。各地方菜常用的炒、炸、蒸、煎、焗、烩、炖……等,粤菜均常用之;而许多地方菜不用或少用的焗、焗、软炒、软炸等,粤菜则有独到的造诣。因此,粤菜的品种繁多,1956 年"广州名菜美点展览会"介绍的就有五千四百四十七种。此外,尚有与菜肴有渊源关系的点心八百一十五款,小吃品种数百个。经过近几十年的发展,现在已远远超过此数了。

粤菜风味的特色是重清淡。讲究清中求鲜,淡中求美,注重菜质,讲究清、鲜、嫩、爽、滑、香,并且随季节时令的变化而变异。一般是夏秋力求清淡;冬春偏重浓郁,菜肴的质味重视配套,要求有香、酥、脆、肥、浓之分,具"五滋六味"之妙。这样的味型结构能随着原料和酱料的变化而变化,可适应各方人士的口味。

粤菜由广州菜、潮州菜、东江菜组成。而三支地方菜又有各自不同的特色。

广州菜是粤菜的主要组成部分,以味美色鲜、菜式丰盛而著称。广州菜有三大特点:一是鸟兽虫鱼均为原料,烹调成形态各异的野味佳肴;二是即焗、即烹和即席烹制,独具一格,吃起来新鲜火热;三是夏秋清淡、冬春香浓,深受大众的喜爱。

潮州菜在粤菜中占有重要的位置。潮菜主要以海味、河鲜和畜禽为原料,擅烹以蔬果为原料的素菜,制作精巧,加工多样。可分为炒、烹、炸、焖、炖、烧、烤、焗、卤、熏、扣、泡、滚、拌,刀工讲究,口味偏重香、浓、鲜、甜,汤菜、素菜、甜菜最具特点,其中汤菜功夫尤深。

东江菜又称客家菜,用料以肉类为主,原汁原味,讲求酥、软、香、浓。注重火功,以炖、烤、煲、焗见称,尤以砂锅菜见长。做法上仍保留一些奇巧的烹饪技艺,具有古代中原的风貌。

随着经济的发展和改革开放的深入,粤菜烹饪技术得到前所未有的发展。现在广州有大小饮食店上万家。它们相互竞争,共同发展,不断创新名肴美馔。随着社会主义市场经济的日益繁荣,粤菜必将更加尽善尽美,为人们的生活带来更多的享受和福音。

苏菜

扬州好,茶社客堪邀。加料干丝堆细缕,熟铜烟袋卧长苗,烧酒水晶肴。

清·惺庵居士《望江南》

苏菜即江苏菜。由淮扬(淮安、扬州)、金陵、苏锡(苏州、无锡)、徐海(徐州、海启)四个地方风味组成,其影响遍及长江中下游广大地区,在国内外享有盛誉。江苏菜的特点是:用料广泛,以江河湖海水鲜为主;刀工精细,烹调方法多样,擅长炖焖煨焐;追求本味,清鲜平和,适应性强;菜品风味雅丽,形质具美。

江苏的历代名厨造就了苏菜风格的传统佳肴,而古有"帝王洲"之称的南京、"天堂"美誉的苏州及被史家叹为"富甲天下"的扬州,则是名厨美馔的摇篮。江苏为鱼米之乡,物产丰饶,饮食资源十分丰富。著名的水产品有长江三鲜(鲥鱼、刀鱼、鮰鱼)、太湖银鱼、阳澄湖清水大闸蟹、南京龙池鲫鱼以及其他众多的海产品。优良佳蔬有太湖莼菜、淮安蒲菜、宝应藕、板栗、鸡头肉、茭白、冬笋、荸荠等。名特产品有南京湖熟鸭、南通狼山鸡、扬州鹅、高邮麻鸭、南京香肚、如皋火腿、靖江肉脯、无锡油面筋等。加之一些珍禽野味,林林总总,都为江苏菜提供了雄厚的物质基础。

江苏菜历史悠久。据出土文物表明,至迟在六千年以前,江苏先民已用陶器烹调。《楚辞·天问》记载了彭铿作雉羹事帝尧的传说。春秋、战国时期,江苏已有了金鱼炙、露鸡、吴羹和讲究刀功的鱼脍等。据《清异录》记载,扬州的缕子脍、建康七妙、苏州玲珑牡丹鲊等,有"东南佳味"之美誉,说明江苏菜在两宋时期已达到较高水平。至清代,江苏菜得到进一步发展,据《清稗类钞·各省特色之肴馔》一节载:"肴馔之各有特色者,如京师、山东、四川、广东、福建、江宁、苏州、镇江、扬州、淮安。"所列十地,江苏占其五,足见其影响之广。江苏历代名厨有:帝尧时的彭铿,春秋时的太和公(或作太湖公),明代的曹顶,以及中国第一位被立传的厨师王小余、仪征萧美人和号称"天厨星"的董桃楣。江苏著名的烹饪文献有:元代大画家倪瓒的《云林堂饮食制度集》、明代吴门韩奕的《易牙遗意》、清代袁枚的《随园食单》等,此外,历代史书、诗词等所记江苏名产名肴也是屡见不鲜。

苏菜按照自身风味可分为淮扬风味、金陵风味、苏锡风味和徐海风味四大流派。

淮扬风味以扬州、淮安为中心,肴馔以清淡见长。特点是讲究选料,注重火工,色调淡雅,造型清新,口味咸甜适中。历史上,扬州是我国南北交通枢纽,东南经济文化中心,饮食市场繁荣发达。"扬州三把刀"之一的厨刀著称于世,扬州名厨遍及海内外。周恩来总理在开国大典招待会上用的就是以淮扬风味为主的菜肴。名菜有"镇扬三头""镇江三鲜"、淮安"长鱼席"等。

金陵风味,以滋味平和、醇正适口为特色兼取四方之美,适应八方之需。尤擅烹制鸭馔,金陵叉烤鸭、桂花盐水鸭、南京板鸭以及鸭血汤等颇具盛名。清真菜在南京也颇具特色，名店马祥兴的四大名菜（松鼠鱼、蛋烧卖、美人肝、凤尾虾）为其代表。此外，夫子庙小吃品种繁多，风味各异，名传遐迩。

苏锡风味，以苏州、无锡为中心。苏锡菜原重视甜出头、咸收口，浓油赤酱，近代已向清新雅丽方向发展，甜味减轻，鲜咸清淡。苏锡近几年发展很快，在继承传统风味的基础上，大胆创新，即讲究食用以味为主，又讲究观赏，形成观食俱佳的格局。松鼠鳜鱼、母油船鸭、梁溪脆鳝、常熟叫花鸡、常州糟扣肉等均为脍炙人口的美味佳肴。此外，苏州糕团独树一帜，享誉海内外，苏州玄妙观、无锡崇安寺小吃亦很有名。

徐海风味，指徐州、连云港一带。徐海菜以鲜咸为主，五味兼蓄，风格淳朴，注重实惠，善用爊、煮、煎、炸，喜欢用葱、姜、蒜、辣椒调味，辣味尤重，名菜别具一格。霸王别姬、沛公狗肉、羊方藏鱼、红烧沙光鱼等名菜为其代表。

具体讲，苏菜的特点：

一是选料严谨，制作精细，因材施艺，按时治肴。烹制海味鱼虾，以鲜香酥嫩取胜；调理四季佳蔬，以清新雅淡见长。

二是口味清鲜，咸甜得宜，浓而不腻，淡而不薄。无论是江河湖鲜，还是禽畜时蔬，都强调突出本味的一个“鲜”字。调味也注意变化，巧用淮盐，擅用蕈、糟、醇酒、红曲、虾籽，调和五味，但不离清鲜本色。

三是重视火候，火工纯熟。尤擅炖焖煨焐，熟制菜肴滋味醇，兼有四方之美，适应八方口味。著名的“镇扬三头”（扒烧整猪头、清炖蟹粉狮子头、拆烩鲢鱼头）、“苏州三鸡”（叫花鸡、西瓜童鸡、早红橘酪鸡）以及“金陵三叉”（叉烤鸭、叉烤鳜鱼、叉烤乳猪）都是其代表之名品。

四是讲究刀工，刀法细腻。无论是工艺冷盘、花色热菜，还是瓜果雕刻、或脱骨浑制，或雕镂剔透，都显示了精湛的刀工技术。

苏菜组合亦颇有特色。除日常饮食和各类筵席讲究菜式搭配外，还有“三筵”具有独到之处。其一为船宴，见于太湖、瘦西湖、秦淮河；其二为斋席，见于镇江金山、焦山斋堂、苏州灵岩斋堂、扬州大明寺斋堂等；其三为全席，如全鱼席、全鸭席、鳝鱼席、全蟹席等。

近年来，随着烹饪文化交流的不断深入，苏菜在继承传统风味的基础上，勇于扬长避短，勤于学习兄弟菜系的精湛技艺和风味特色，使之日趋完美，进一步适应了人民群众生活的需要。

鲁菜

安徽甜，河北咸，福建浙江咸又甜；宁夏河南陕甘青，又辣又甜交加咸；山西醋，山东盐，东北三省咸带酸；黔赣两湖辣子蒜，又麻又辣数四川；广东鲜，江苏淡，少数民族不一般。

《各地口味歌》

鲁菜,又叫山东菜。是中国饮食文化的重要组成部分,也是黄河流域烹饪文化的代表。以其味鲜咸脆嫩,风味独特,制作精细享誉海内外。它由济南和胶东两个地方菜发展而成。

山东是华夏古文化的发祥地之一,伴随着文明的进化、饮食文化也逐步发展起来。"大汶口文化""龙山文化"出土的红陶、黑陶、蛋壳陶等饮食器皿、反映了新石器时代的烹饪文明。春秋战国时代齐桓公的宠臣易牙,就是"善和五味"的名厨。《临淄县志·人物志·术艺》称:"易牙,善和五味。渑淄之水,尝而知之。"儒家创始人孔子,有"食不厌精,脍不厌细"等对饮食要求的论述,对后世饮食观产生重大影响。北魏贾思勰《齐民要术》,对以齐鲁为主的北方烹调技艺,做了系统的理论总结,从原料选择、刀工处理、调味方法、烹饪技法,到菜肴和面点制作,都有系统的论述。唐代,鲁菜又达到了新的高度,山东人段文昌自编食经(即菜谱)五十卷,时称《邹平公食经》。宋代都城汴梁之"北食",成为当时鲁菜的代称。到明清时,鲁菜已经完善而自成体系。孔府菜又是鲁菜中的精品。明清两代衍圣公府食用的孔府菜,选料之珍贵,烹调之精细,技法之全面,器具之讲究,排场之奢华,令后人瞠目。许多孔府名馔还有寓意深刻的菜肴典故,如"诗礼银杏""怀抱鲤""一品豆腐""烧秦皇鱼骨""神仙鸭子""烧花兰鱼"……这些都是鲁菜中的名品。

山东古为齐鲁之邦,地处半岛,三面环海,腹地有丘陵平原,气候适宜,四季分明。海鲜水族、粮油畜牲、蔬菜果品、昆虫野味一应俱全,为烹饪提供了丰盛的物质条件。鲁菜烹调技法全面,巧于用料,注重调味,适应面广。其中尤以"爆、炒、烧、塌"等最有特色。正如清代袁枚称:"滚油炮(爆)炒,加料起锅,以极脆为佳,此北人法也。"成菜快速,瞬间完成,营养素保护好,食之清爽不腻。烧有红烧、白烧,著名的"九转大肠"是烧菜的代表。"塌"是山东独有的烹调方法,其主料要事先用调料腌渍入味或夹入馅心,再沾粉或挂糊,两面塌煎至金黄色。放入调料或清汤,以慢火煨尽汤汁,使之浸入主料,增加鲜味。山东广为流传的锅塌豆腐、锅塌菠菜等,都是久为人们所乐道的传统名菜。

鲁菜精于制汤。汤有"清汤""奶汤"之别。《齐民要术》中就有制作清汤的记载,是味精产生之前的提鲜佐料。俗称:"厨师的汤,唱戏的腔。"经过长期实践,现已演变为用肥鸡、肥鸭、猪肘子为主料,经沸煮、微煮、"清哨",使汤清澈见底,味道鲜美。奶汤则呈乳白色。用"清汤"和"奶汤"制作的数十种菜,多被列为高级宴席的珍馔美味。

尤善海鲜烹制。在山东、无论是参、翅、燕、贝,还是鳞、介、虾、蟹,一经厨师妙手烹制,都可能成为精彩鲜美的佳肴。宋代诗人苏东坡知登州时,曾作《鳆鱼行》,赞鲍鱼:"膳夫善治荐华堂,坐令雕俎生辉光。肉芝石耳不足数,醋芼鱼皮真倚墙。"其意是说有了鲍鱼,使宴席增光;吃了鲍鱼,一切珍馐都算不得什么了。清初名士王士祯可算是位美食家,他在《历下银丝鲊》诗中写道:"金盘错落雪花飞,细缕银丝妙入微。欲析朝醒香满席,虞家鲜鲊尚方稀。"丰盛的宴席其味入微,其香满席,令人神往。鲁菜中,以小海鲜烹制的“油爆双花”“红烧海螺”“炸蛎黄”以及用海珍品制作的“蟹黄鱼翅”“扒原壳鲍鱼”“绣球干贝”等，都是独具特色的海鲜珍品。

鲁菜可分为济南风味菜、胶东风味菜、孔府菜和其他地区风味菜，并以济南菜为典型。胶东风味亦称福山风味，包括烟台、青岛等胶东沿海地方风味菜。该菜精于海味，善做海鲜，珍馔佳品，肴多海味，且少用佐料提味。以烟台为代表，仅用海味制作的宴席就有全鱼席、鱼翅席、海参席、海蟹席、小鲜席等，在花色冷拼的拼制和花色热菜的烹制中，独具特色。孔府菜历史悠久，用料讲究，做工精细，烹调技法全面，尤以烧、炒、煨、炸、扒见长，而且制作过程复杂。以煨、烧、扒等技法烹制的菜肴，往往要经过三四道程序方能完成。“美食不如美器”，孔府历来十分讲究盛器，银、铜、玛瑙等名质餐具具备。此外，孔府菜的命名也极为讲究，寓意深远。

济南菜擅长爆、炒、烧、炸、焖等烹调方法，尤以清汤和奶汤见长，口味以清、鲜、脆、嫩著称，有“一菜一味，百菜不重”之称。在济南菜中，用爆、炒、烧、炸、煸、扒等技法烹制的名菜就达两三百种之多。

鲁菜是集山东各地烹调技艺之长，兼收各地风味之特点而又加以发展升华，经过长期的历史演化而形成的。其烹饪方法有煎炒、烹炸、烧烩蒸扒、煮汆熏拌、溜炝酱腌等五十多种。鲁菜既有独具特色的名菜，如油焖大虾、葱烧海参、烩乌鱼蛋、水晶肘子、九转大肠、锅煸蛎黄、汤爆双脆、清汤燕菜等，又有风味绝佳的名吃，如德州扒鸡、济宁玉堂酱菜、临清腐乳、泰安豆腐、烟台叉子火烧等，为山东饮食文化增添了斑斓的色彩。

鲁菜经历了漫长的发展历程，品种繁多，风味独特，以其浓郁的民族特色成为中国菜苑中的奇葩，并不断丰富着祖国饮食文化的内涵。

徽菜

数字菜名：一品锅、四喜肉、五味羹；

水果菜名：樱桃肉、石榴虾、荔枝带鱼；

人名菜名：宫保肉丁、东坡肉、麻婆豆腐；

动物菜名：鸳鸯蛋、蝴蝶肉、凤凰腿；

地名菜名：北京烤鸭、金陵丸子、西湖醋鱼；

物产菜名：琥珀核桃、翡翠银芽、珊瑚白菜；

喜庆菜名：全家福、长生果、八保如意菜；

乐器菜名：琵琶鸭、炸响铃、花鼓干贝；

花卉菜名：玫瑰锅炸、菊花火锅、牡丹鳜鱼。

《中国菜名拾趣》

徽菜是安徽菜的简称，又叫皖菜，历史悠久，源远流长，丰富多彩，技艺精湛，是中华民族烹饪文化宝库中一颗璀璨的明珠。

徽菜起源于世界闻名的旅游胜地黄山之麓——徽州(今安徽歙县)一带,向以烹制山珍野味、河鲜与讲究食补见长。它不仅继承和发扬了中国烹饪的优良传统,而且具有浓郁的地方风味特色。徽菜的起源与徽商的发展有着密不可分的联系。徽商史称“新安大贾”,起于东晋,唐宋时期日渐发达,明代晚期至清乾隆末期是徽商的黄金时代。其时,徽州营商人数之多,活动范围之广,资本之雄厚,皆居当时商帮之前列。宋朝著名理学家朱熹的外祖父祝确,就是当时徽商的典型代表,他所经营的商栈、邸舍(即旅店)、酒肆,曾占据歙州的一半,号称“祝半城”。明嘉靖至清乾隆年间,扬州著名商贾约八十人,其中徽商就占六十之多;十大盐商中,徽商竟居一半以上。徽商的发展,带动和促进了为商业交流服务的饮食业的发展,可以说哪里有徽商,哪里就有徽菜馆。明清时期,徽商在扬州、上海、武汉盛极一时,上海的徽菜馆一度曾达五百余家,到抗日战争初期,上海的徽菜馆仍有一百三十余家,武汉也有四十余家。经过长期的摸索创造、兼收并蓄,特别是新中国成立以后的继承发展、推陈出新,徽菜已逐渐从徽州地区的山乡风味脱颖而出,如今已集中了安徽各地风味特色、名馔佳肴,逐步形成了一个雅俗共赏、南北咸宜、独具一格、自成一体的著名菜系。

徽菜的形成与发展,是和安徽的地理环境、经济物产、风尚习俗密切相关的。安徽地处华东腹地,气候温和,雨量适中,四季分明,物产丰盈,皖南山区和大别山区盛产茶叶、竹笋、香菇、木耳、板栗、山药和石鸡、石鱼、石耳、甲鱼、鹰龟等山珍野味,著名的“祁红”“屯绿”是驰名于世的安徽特产;长江、淮河、巢湖是中国淡水鱼的重要产区,为徽菜提供了鱼、虾、蟹、鳖、菱、藕、莲、芡等丰富的水产资源,其中长江鲥鱼、巢湖银鱼、大闸蟹等都是久负盛名的席上珍品;辽阔的淮北平原、肥沃的江淮、江南圩区盛产各种粮、油、蔬果、禽畜、蛋品,例如砀山酥梨、萧县葡萄、涡阳苔干、太和椿芽、宣城蜜枣、安庆豆酱等都早已蜚声中外,给徽菜的形成与发展提供了良好的物质基础。

徽菜由皖南、沿江和沿淮三种地方风味所构成,其中以皖南菜为代表。皖南菜的主要特点是:擅长烧、炖,讲究火功,并习以火腿佐味,冰糖提鲜,善于保持原汁原味。不少菜肴都是用木炭火单炖、单㸆、原锅上桌,不仅体现了徽味的古朴典雅的风貌,而且香气四溢、诱人食欲。其代表菜有“红烧头尾”“清炖马蹄鳖”“黄山炖鸽”“腌鲜鳜鱼”等。沿江风味盛行于芜湖、安庆及巢湖地区,以烹调河鲜、家禽见长,讲究刀工,注重形色,善于用糖调味,擅长红烧、清蒸和烟熏技艺,其菜肴具有酥嫩、鲜醇、清爽、浓香的特色。代表菜有“毛峰熏鲥鱼”“清香砂焐鸡”和具有二百多年历史的“无为熏鸭”等。江淮风味主要盛行于蚌埠、宿县、阜阳等地。其风味特色是:质朴、酥脆、咸鲜、爽口。在烹调上长于烧、炸、熘等技法。善用芫荽、辣椒配色、佐味。代表菜有“符离集烧鸡”以及“葡萄鱼”“奶汁肥王鱼”“香炸琵琶虾”等。

三支徽菜各有千秋,丰富多彩。但归纳起来,徽菜的基本特征主要有以下四个方面:

一、就地取材,以鲜制胜。徽菜大多是就地取材,就地加工,从而充分发挥了以盛产山珍野味并以食补菜见长的特色。其选料立足于新鲜活嫩。如传统风味菜“腌鲜挂鱼”,是先将鱼用淡盐水腌制,再用油稍煎,最后用小火长时间烧,鲜味透骨,别具芳香;又如“烧青鱼”也与一般做法不同,不用油煎,而用旺火短时间烧炖,鱼肉水分损耗少,保持鲜味。为了保证菜品用料的质量,厨师们都亲自过问采购工作。这是徽菜厨师历来的优良传统。

二、善用火候,功夫独到。根据不同原料的质地特点、成品菜的风味要求,分别采用大火、中火、小火烹调。另外还经常运用几种不同的火候同时烹调一种菜肴。如“符离集烧鸡”先炸后烧;文武火交替使用,最终达到骨酥肉脱原型不变的质地;又如“徽式烧鱼”几分钟即能成菜,保持肉嫩味美、汁鲜色浓的风格,是巧用武火的典范;再如“黄山炖鸡”“问政山笋”经过风炉炭火的反复炖燶,成为清新适口酥嫩鲜醇的美味,是文火细炖的结晶。为使菜品质地达到更好的境地,厨师们还精心研究和创造了多种巧控火候的技艺,例如“熏中淋水”“火烤涂料”“中途焖火”等,使烹调的菜肴更为鲜美。

三、娴于烧炖,浓淡相宜。徽菜的品种繁多,绚丽多彩,常用的烹饪技法约有二十大类五十余种,除爆、炒、炸、熘、烩、煮、烤、炝、焐等技法各具特色外,尤为擅长的是烧、炖、熏、蒸。烧菜讲求软糯可口,余味隽永,炖菜要求汤醇味鲜,熟透酥嫩;熏菜重在色泽鲜艳,芳香馥郁;蒸菜做到原汁原味,爽口宜人。由此形成了徽菜酥、嫩、香、鲜的独特风格。如“火腿炖鞭笋”,是将火腿肉、火腿骨和鞭笋块同放在一个砂锅内,加上清汤和冰糖,用慢火炖两小时,再加精盐、熟猪油炖十分钟,取出火腿肉和火腿骨,将火腿肉切成片,盖在鞭笋上。此菜汤色乳白,鲜醇爽口,笋嫩腊香。又如“毛峰熏鲥鱼”,以黄山毛峰茶叶为熏料,将经过盐、葱、姜腌渍的鲥鱼置于锅中,先用慢火熏五分钟,再改用旺火熏三分钟,取出后切成长条装盘,淋上香油,配姜末和醋佐食。用毛峰茶熏制的鲥鱼金鳞玉脂,油光发亮,茶香四溢,别具风味。

四、注重天然,以食养身。徽菜继承了祖国医学的“医食同源,药食并重”的传统,历来讲究食补,以食养身。徽菜之特别重视烧、炖,并常以整鸡、整鳖煮汁熬汤亦源出于滋补养身之道。安徽合肥地区夏季喜食白老鸭炖汤,沿江一带产妇多食白煨猪肚,淮北地区以猪腰补肾补虚等,都是中医“以形补体”的传统。由此可见,徽菜注重食补,以食养身,但却不同于在菜肴中配以药材烹调的“药膳”。这是徽菜的又一特色。传统炖菜典型代表菜之一的“凤炖牡丹”,系鸡与猪肚同锅,以小火细炖,汤色奶白浓厚,鸡酥鲜而含汁,肚质软烂而醇香。在徽州与沿江江南一带不仅作为筵席大菜,而且是产妇常食的滋补佳品。又如“黄山炖鸽”这道名菜就是取材于黄山名产——黄山山药与黄山野鸽以隔水炖法烹制成菜,山药有滋阴补肾之功效,鸽肉能健体强身,历来被人们作为滋补延年的佳品。此菜汤清味鲜,鸽肉酥烂,山药清香爽口,是徽菜中传统名肴。

徽菜经过近千年的发展,佳肴无数,名厨辈出,名店如云。现在,乘改革的东风,徽菜进一步发扬光大祖国烹饪文化遗产,在中国烹饪大花苑里开放得更加绚丽多姿、璀璨夺目。

浙菜

北京　北京烤鸭、涮羊肉、仿膳宫廷菜
上海　五香豆、鸡血汤包、三黄鸡
天津　狗不理包子、十八街麻花、锅巴菜
西安　牛羊肉泡馍、炸酱面
太原　八珍饼干、八珍汤、刀削面
兰州　白兰瓜、拉面、高三酱肉
乌鲁木齐　烤羊肉串、葡萄、烤全羊
南京　板鸭、虎皮三鲜
杭州　幸福双、猫耳朵、葱包桧儿
武汉　老通城豆皮、热干面、凉面
广州　狗肉煲、烤鹅、沙河粉
桂林　鸳鸯马蹄、尼姑面、腐乳

《主要旅游城市风味小吃》

浙菜，即浙江菜，是由杭州、宁波、绍兴三个地方菜发展而成的，其中以杭州菜最负盛名。

浙江是江南的鱼米之乡。它东濒大海，海岸线上千里，盛产海味，如著名的舟山渔场的黄鱼、带鱼、石斑鱼、锦绣龙虾及蛎、蛤、虾、蟹，还有淡菜、象山青蟹、温州蛸蛑和近年发展的养殖虾等。浙北是“杭、嘉、湖”大平原，河道港汊遍布，著名的太湖南临湖州，淡水鱼名贵品种，如鳜鱼、鲫鱼、青虾、湖蟹等以及四大家鱼产量极盛。又是大米与蚕桑的主要产地。西南为崇山峻岭，山珍野味历来有名，像庆元的香菇、景宁的黑木耳。中部为浙江盆地，即金华大粮仓，闻名中外的金华火腿就是选用全国瘦肉型名猪之一的“金华两头乌”制成的。加上举世闻名的杭州龙井茶叶、绍兴老酒，都是烹饪中不可缺少的上乘原料。

浙菜烹饪历史悠久，可上溯到吴越春秋。越王勾践为复国，加紧军备，并在今绍兴市的稽山，过去称“鸡山”，办起了大型的养鸡场，为前线准备作战粮草用鸡。故浙菜中最古的菜要首推绍兴名菜“清汤越鸡”。其次是杭州的“宋嫂鱼羹”，出自“宋五嫂鱼羹”，至今也有八百八十年历史。从杭州近郊的良渚和浙东的余姚河姆渡两处人类活动的古遗址中发现，从猪、牛、羊、鸡、鸭等骨骸中证明，浙菜的烹饪原料在距今四五千年前已相当丰富。东坡肉、咸件儿、蜜汁火方、叫花童子鸡等传统名菜均离不开这些烹饪原料。

南宋建都杭州，北方大批名厨云集杭城，使杭菜和浙东菜系从萌芽状态进入发展状态，浙菜从此立于全国菜系之列。至今八百多年的南宋名菜蟹酿橙、鳖蒸羊、东坡脯、南炒鳝、群仙羹、两色腰子等,至今仍是高档筵席上的名菜。绍兴除了清汤越鸡外,鲞扣鸡、鲞冻肉、虾油鸡、蓑衣虾球;宁波的咸菜大汤黄鱼、苔菜小方烤、冰糖甲鱼、锅烧鳗,湖州的老法虾仁、五彩鳝丝、嘉兴的炒蟹粉、炒虾蟹等,都有数百年的历史。温州近闽,受闽菜影响,烹调上讲究清淡,以海产品为主,像三丝鱼卷、三片敲虾等菜也历史悠久。

民国后,杭菜首先推出了龙井虾仁等新菜。但以杭菜为主的浙江菜系,基本上分为三大派别,一派以烹调北方风味的"京邦"馆子,即烹饪界一致看重的大邦菜,以烹调高档原料为主,如鱼翅、海参、燕窝、熊掌以及烤乳猪、挂炉鸭子(北京烤鸭),此邦杭州最强。另一派以红烧为拿手的徽邦,主要分布于杭、湖(吴兴)、宁波等地,菜品以入味、重油、重芡、重色、经济实惠为主。另一邦即本地菜,真正的土生土长菜系。杭州规模较大的有西湖楼外楼,开设于清道光年间,以西湖醋鱼、龙井虾仁闻名。有城内清和坊的王润兴,人称"皇饭儿",以鱼头豆腐(人称木榔豆腐)、件儿肉、腌督笋拿手。绍兴有兰香馆,有蓑衣虾球,专门烹制头肚醋鱼等标准绍菜。浙东宁波有东福园,咸菜大汤黄鱼、冰糖甲鱼等名菜是正宗的宁波地方传统菜。

浙菜发展到现代,更是精品迭出,日臻完善,自成一体,有"佳肴美点三千种"之盛誉。归纳起来,浙菜有如下几大特征:一是用料广博,配伍严谨。主料注重时令和品种,配料、调料的选择旨在突出主料、增益鲜香、去除腥腻;二是刀工精细,形状别致;三是火候调味,最重适度;四是清鲜嫩爽,滋、味兼得;五是浙菜三支,风韵各具。

浙江菜主要由杭州、宁波、绍兴三支地方风味菜组成,携手联袂,并驾齐驱。杭州傍于钱塘江,又有西湖风景胜地,气候宜人,盛产淡水鱼虾,不少名菜来自民间。杭州菜制作精细,清秀隽美,擅长爆、炒、烩、炸等烹调技法,具有清鲜、爽嫩、精致、醇和等特点。如西湖醋鱼制作简单,鱼经宰杀,刀工处理,水煮后捞出加调料而成,但技术标准要求很高。像这样烹调方法全国名菜中绝无仅有。宁波菜鲜咸合一,尤善制海鲜,技法以炖、烤、蒸著称,讲究鲜嫩爽滑,注重本味,用鱼干制品烹调菜肴更有独到之处。宁波盛产黄鱼,将黄鱼与咸菜同煮,做出了汤浓味鲜清口的咸菜大汤黄鱼。绍兴菜擅长烹制河鲜、家禽,菜品香酥绵糯,汤浓味醇,富有水乡古城之淳朴风格。如绍兴名菜白鲞扣鸡,是把鸡与白鲞(咸味黄鱼干品)同放一只碗中,不加油,上笼用火蒸,使两味相互渗透,鲜美而咸香,具有浓郁的绍兴乡土气息。浙菜的代表菜有:西湖醋鱼、东坡肉、西湖莼菜汤、干炸响铃、毛峰熏鲥鱼、清蒸鹰龟、龙井虾仁、叫花童子鸡、荷叶粉蒸肉、宋嫂鱼羹、宁式鳝丝、冰糖甲鱼、绍式虾球、宁波汤团、芙蓉鲍脯、五味煎蟹等。

闽菜

上八珍:猩唇、驼峰、猴头、熊掌、燕窝、凫脯、鹿筋、黄唇胶。

中八珍:鱼翅、银耳、果子狸、鲥鱼、广肚、哈什蚂、鱼唇、鱼皮。

下八珍：海参、龙须菜、大口蘑、川竹笋、赤鳞鱼、干贝、蛎黄、乌鱼蛋。

《山珍海味》

闽菜是福建菜的简称，它是中国烹饪主要菜系之一。闽菜由福州、闽南、闽西三路菜组成。福州菜流行于闽东、闽中、闽北地区。福建菜清鲜、清爽，偏于甜酸，讲究调汤，善用红糟作配料，如炝糟、拉糟、煎糟、醉糟、爆糟等十多种，尤以传统名菜"淡糟炒香螺片""醉糟鸡""糟汁氽海蚌"等最为著名。闽南菜则广传于厦门、泉州、漳州、闽南金三角。闽南菜同样以清鲜、清爽见长，并且以善用甜辣调料而著称。使用的甜辣调料有辣椒酱、沙茶酱、芥末酱等，如"沙茶焖鸡块""芥辣鸡丝""东璧龙珠"等菜肴都属于闽南的特殊风味菜。闽西菜则盛行于闽西客家地区。闽西菜偏咸、辣，多以山珍野味为原料，具有浓厚的山乡风味，如"油焖石鳞""爆炒地猴"等为其代表菜。

闽菜素以制作细巧、色调美观、调味清鲜著称，其风味特色是"淡雅、鲜嫩、和醇、隽永"。概括起来讲，闽菜的特点主要有四个方面：

一、烹饪原料以海鲜和山珍为主。福建位于我国东南部，倚山面海，气候温和，雨量充沛，溪流江河纵横交错。苍茫的山区，盛产菇、笋、银耳、莲子和石鳞、河鳗、甲鱼等山珍野味；漫长的浅海滩涂，鱼、虾、蚌、鲟等海鲜佳品，常年不绝。平原丘陵地带则稻米、蔗糖、蔬菜、水果誉满中外。山海赐给的神品，给闽菜提供了丰富的原料资源，也造就了许多名厨和广大从事烹饪的劳动者，他们以擅长制作海鲜原料，并在蒸、氽、炒、煨、爆、炸、炖等方面独具特色，大大丰富了中国烹饪文化宝库。

二、刀工巧妙，一切服从于味。闽菜格外注重刀功，有"片薄如纸、切丝如发、剞花如荔"之美称。而且一切刀功均围绕着"味"下功夫，使原料通过刀功的技法，更体现出原料的本味和质地。闽菜崇尚自然，追求淳朴；反对矫揉造作，华而不实，提倡原料的自然美并达到滋味沁深融透，成型自然大方、火候表里如一的效果。"雀巢香螺片"就是典型的一菜，它通过刀功处理和恰当的火候使菜肴犹如盛开的牡丹花，让人赏心悦目又脆嫩可口。

三、汤菜考究，变化无穷。闽菜重视汤菜，与多烹制海鲜和传统食品有关。闽厨长期以来把烹饪和确保原料质鲜、味纯、滋补联系起来，从长期积累的经验认为，最能保持原料本质和原味的当属汤汁，故汤菜多而考究。闽菜对清汤的调制一般都以油鸡、火腿、蹄髈等熬出汤汁，并过滤；另将生鸡骨斩碎，加水和盐调和，放入汤内，继续用小温火边烧边搅匀（又称吊汤），然后再过滤一次，便成为莹洁鲜美的清汤，用来调制菜肴，对色、香、味均有帮助。闽菜汤汁各有特色，有的白如奶汁，甜润爽口；有的汤清如水，色鲜味美；有的金黄澄透，馥郁芳香；有的汤调色酽，味厚香浓。"鸡汤氽海蚌"就是有代表性的一菜，它的"鸡汤"不是单纯的"鸡"汤，而是经过精心制作的"三茸汤"，取料于母鸡、猪里脊、牛肉提炼而成，氽入闽产的海蚌后，让人心旷神怡，回味无穷。

四、烹调细腻，特别注重调味。闽菜的烹调细腻表现在选料精细、泡发恰当、调味精确、制汤考究、火候适当等方面。特别注意调味则表现在力求保持原汁原味上。闽菜口味咸、甜、酸、辣具备,咸的调味品有虾酱、虾油、豉油等;酸的有白醋、乔头等;甜的有红糖、冰糖等;辣的有胡椒、芥末等;香的有红糖、五香粉、八角、桂皮等。善用糖,甜去腥膻;巧用醋,酸能爽品,味清淡则可保持原味。因而有甜而不腻,酸而不涩,淡而不薄的盛名。

闽菜烹制方法有煎、炸、炻(如煮)、烤、炖、拌、醉、卤、扒、糟、煨、焗、扣、熘、炒、熏、焖、扛、腌、炝等,较为突出的是炒、煨、焗技术,其中最具特色的是糟,有扛糟、炝糟、爆糟、炸糟之分。其代表菜有佛跳墙、七星丸、沙茶鸡丁、生煎明虾、柴把鸭、荷包鲫鱼、菜干扣肉、全折瓜、炸红糟鳗、炝糟五花肉、红糟鲜竹蛏、五彩虾松、龙身凤尾虾等。

湘菜

沅溪夏晚足凉风,春酒相携就竹丛。

莫道弦歌愁远谪,青山明月不曾空。

唐·王昌龄《龙标野宴》

湘菜即湖南菜,是由湘江流域、洞庭湖区和湘西山区地方菜发展而成。

湘菜源远流长,在几千年的悠悠岁月中,经过历代的演变与进化,逐步发展成为颇负盛名的地方菜系,早在战国时期,伟大的爱国诗人屈原在其著名诗篇《招魂》中,就记载了当地的多种菜肴。西汉时期,湖南的菜肴品种就达一百零九个,烹调方法也有九大类,这从20世纪70年代初长沙马王堆汉墓出土的文物中可以得到印证。南宋以后,湘菜自成体系已初见端倪,一些佳肴和烹艺由官府衙门盛行,并逐渐步入民间。六朝以后,湖南的饮食文化更加丰富与活跃。明、清两代,是湘菜发展的黄金时期,此时海禁解除,门户开放,商旅云集,市场繁荣,烹饪技艺得到广泛的拓展和交流,其显著特征是茶楼酒馆遍及全省各地,湘菜的独特风格基本定局。清朝末叶,湖南美食之风盛行,一大批显赫的官僚权贵,竞相雇用名师主理湘菜供其独享,而豪商巨贾也群起仿效。这些都为湘菜烹饪技艺的提高与发展,客观上起到了推波助澜的作用。当时的长沙,先后出现了轩邦和堂邦两种湘菜馆。前者经营菜担至民家,承制酒宴;后者则以堂菜为主,于市场广招食客。到了民国初年,这些菜馆的烹饪技艺日渐提高,且各具特色。出现了著名的戴(杨明)派、盛(善斋)派、肖(麓松)派和祖庵派等多种烹饪流派,奠定了湘菜的历史地位。新中国成立以后,特别是改革开放以来,湘菜得到前所未有的发展:厨师队伍不断扩大,烹调技艺不断提高,菜肴风味不断丰富,为改善和丰富人民生活做出了新的贡献。

湘菜的三种地方风味是由于受地区物产、民风习俗和自然条件等诸多因素的影响而逐步形成的。湘江流域菜以长沙、衡阳、湘潭为中心,其中以长沙为主,是湘菜的主要代表。讲究菜肴内涵的精当和外形的美观,色、香、味、形、器、质和谐统一,制作精细,用料广泛,品种繁多,特点是油重色浓,讲究实惠;在风味上注重香鲜、酸辣、软嫩;

在制法上以煨、炖、蒸、炒等著称。洞庭湖区菜以常德、岳阳两地为主,以烹制河鲜和家禽见长,多用烧、炖、腊等烹调方法,特点是芡大油厚,咸辣香糯。湘西地区菜则由湘西、湘北的民族风味菜组成,以烹制山珍野味见长,擅长烟熏肉和各种腌肉,风味侧重于咸、香、酸、辣。常以柴炭作燃料,有浓厚的山乡风味。

以上三种地方风味,虽各具特色,但相互依存,彼此交流,构成湘菜以下五个共有的特点:

一是选料广泛。湖南地处长江中游南部,气候温和,雨量充沛,土质肥沃,物产丰富,素称"鱼米之乡"。优越的自然条件和富饶的物产,为千姿百态的湘菜在选料方面提供了源源不断的物质条件。无论是飞禽走兽,还是水产野味,都是湘菜的上好原料。至于各类瓜果、时令蔬菜和各地的土特产,更是取之不尽、用之不竭的饮食资源。

二是品味丰富。湘菜之所以能自立于国内烹坛之林,独树一帜,是与其丰富的品种和味别密不可分的。它品种繁多,门类齐全。就菜式而言,既有乡土风味的民间菜式,经济方便的大众菜式;也有讲究实惠的筵席菜式,格调高雅的宴会菜式;还有味道随意的家常菜式和疗疾健身的药膳菜式。据有关方面统计,湖南现有不同品位的地方菜和风味名菜达八百多个。湘菜以腴滑肥润为主,不仅有北方的咸,也有南方的甜,更有本地特色之辣与酸。香、嫩、清、脆是其特色。

三是刀工精妙。湘菜的基本刀法有十几种之多。厨师们在长期的实践中,手法娴熟,因料而异,具体运用,演化参合,切批斩剁,游刃有余。使菜肴千姿百态,变化无穷。整鸡剥皮,盛水不漏;瓜盅"载宝",形态逼真,常令人击掌叫绝,叹为观止。特别是那些由高级厨师精雕细刻出来的各种拼盘,更是神形兼备,栩栩如生,情趣高雅,意境深远,给人以文化的熏陶,艺术的享受。

四是擅长调味。湘菜历代重视原料互相搭配,滋味互相渗透,交汇融合,以达到去除异味、增加美味、丰富口味的目的。其特殊用料有豆豉、茶油、辣油、辣酱、花椒、茴香、桂皮等。调味工艺随原料质地而异,依菜肴要求不同,有的菜急火起味,有的菜文火浸味,有的菜先调味后制作,有的菜边入味边烹制,有的则分别在加热前或加热中和加热后调味,从而使每个菜品均有独特的风味。湘菜以辛辣著称,在烹制的多种单纯味和多种复合味的菜肴中,调味尤重酸辣。因地理位置的关系,湖南气候温和湿润,故人们多喜食辣椒,用以提神去湿。用酸泡菜作调料,佐以辣椒烹制出来的菜肴,开胃爽口,深受青睐,成为独具特色的地方饮食习俗。

五是技法多样。湘菜的烹调方法历史悠久,经过历代厨师的不断演化、总结和创新,到现在已经形成了几十种烹调方法,在热烹、冷制、甜调三大类烹调技法中,每类技法少则几种,多的有几十种。常见的烹法有煨、炖、腊、蒸、炒、熏、焖等,尤以"蒸"菜见长。最为精湛的是煨㸆,几乎达到炉火纯青的地步。煨,在色泽变化上可分为红煨、白煨,在调味方面有清汤煨、浓汤煨和奶汤煨。小火慢㸆,原汁原味。有的菜晶莹醇厚,有的菜汁纯滋养,有的菜软糯浓郁,有的菜酥烂鲜香,许多煨㸆出来的菜肴,成为湘菜中的名馔佳品。

湘菜名品很多,代表菜有:祖庵鱼翅、湘西酸肉、荷包肚、宝塔香腰、东安鸡、麻辣仔鸡、冰糖湘莲、腊味合蒸、金钱鱼等。

火锅

至于酧酢之具,则镂花绘果为茶,十锦火锅供馔。

清·潘荣陛《帝京岁时纪胜·元旦》

火锅,古时候称为"骨董羹"。是因投料进沸水时的响声而得名。火锅又名暖锅,是由金属或陶瓷制成的饮用食具,尤以铜质著称。

火锅起源于我国,历史悠久。据传,早在一千四百多年前的南北朝,我国就有了吃火锅的习俗。当时,是用一种小火炉,里面装上炭火,上面放置陶器砂锅,用来涮食羊肉或者鸡肉、鱼肉、兔肉等。到了唐朝火锅日渐兴盛。唐代大诗人白居易有诗云:"绿蚁新醅酒,红泥小火炉。晚来天欲雪,能饮一杯无?"诗中的"红泥小火炉"描写的就是火锅小灶的特征。到了宋代,人们吃火锅逐渐讲究起来,肉片要切得薄薄的,还要配人酒、酱、花椒等佐料。元代以后,又传入蒙古族涮羊肉、牛肉的方法。明、清时期,吃火锅进入了鼎盛时期,成了宫廷御膳的冬令佳肴。相传明朝嘉靖元年,新帝登基,耆老顾彦朝贺后,在宫中大摆火锅宴,共动用了一千五百五十只锅,成为历史上最盛大的火锅宴。也有一说,历史上的火锅盛宴,首推清朝嘉庆皇帝登基时在宫中所摆的"千叟宴",共用了一千五百多只火锅。在清宫御膳房里,则把山鸡、野鹿等野味作为佐料的"野味火锅"列为各种佳肴之首。18世纪来,乾隆皇帝下江南巡访时,因他习食火锅,喜欢伴锅饮酒赋诗,巡访所到之处,都备下火锅接风迎驾。自此,火锅便在全国大江南北流行开来。

到民国初年,火锅便在全国普及并不断有所创新,各式火锅,品种繁多,各具特色。如北京的羊肉涮锅,四川的毛肚火锅、鸳鸯火锅,辽宁的白肉酸菜火锅,广东的什锦火锅、生鱼火锅,上海的菊花火锅等风味俱佳。此外,国外也出现了火锅,如日本火锅、朝鲜火锅、泰国火锅、瑞士火锅等。

目前,我国火锅已进入普通百姓家,市面上火锅制品有不锈钢、铝合金、铜制、陶制几种。从燃料上分,有烧木炭的,烧酒精的,烧液化气的,还有一种是以电作热能的火锅。火锅根据不同的配料和操作方法,又分为一品火锅、三鲜火锅、什锦火锅、杂烩火锅、海鲜火锅等。火锅的吃法也愈来愈考究,如以甲鱼为底料的系列滋补火锅,以海鲜为底料,以各色菜系为底料,以肥牛为底料……可谓丰富多彩。从城市到农村,稍有档次的酒家餐馆现在都有了火锅菜。品种繁多的火锅,为百姓餐桌上平添了几分热烈的气氛。火锅不仅是美食,而且蕴藏着不少的饮食文化的内涵,为人们品尝时增添了不少雅趣。例如东北人招待贵宾时,火锅里的菜摆法颇有规矩:"前飞后走,左鱼右虾,四周轻撒菜花。”即飞禽类肉放在火锅对炉口的前方，走兽类肉放在火锅后边，左边是鱼类，右边是虾类，各种菜丝少许放一些。据说台湾客家人吃火锅时，有7样菜是不可少的，即芹菜、蒜、葱、芫荽、韭菜、鱼、肉，这分别寓意为“勤快、会算、聪明、有人缘、长久、有余、富裕”。可谓是吃火锅也“吃出人们的良好祝愿”。

花色各异、百锅千味的火锅，已构成一道中国食文化的独特风景线。随着经济的发展和人民生活水平的不断提高，火锅将会给人们带来更多的福气和欢乐。

粽子

灵均死波后，是节常浴兰。
彩缕碧筠粽，香梗白玉团。
逝者良自苦，今人反为欢。
哀哉徇名士，没命求所难。

唐·元稹《表夏十首》

粽子

粽子，晋周处《风土记》谓之“角黍”，北魏贾思勰《齐民要术》称之为“黏黍”。李时珍《本草纲目》云：“古人以菰、芦叶裹黍米煮成，尖角，以粽榈叶心之形，故曰粽，曰角黍。近世多用糯米矣。今俗五月五日以为节物相馈送。或云为祭屈原，作此投江，以饲蛟龙也。”如果从相传屈原投汨罗江殉国之日——公元前278年农历五月五日算起，端午食粽之俗至今已有两千二百多年了。此俗数千载不衰，风行长城内外、大江南北，甚至远播国外，起因固然是纪念伟大爱国诗人屈原，而粽子本身叶香馅美、鲜糯甜润，也是一个重要因素。

与我国许多传统食品一样，粽子也经历过长期发展的过程。南北朝时，粽子既可以在端午节这天吃，也可以在夏至这天吃。晋代习俗，粽子“于五月五日及夏至日啖之。”唐代，粽子已成为节日和民间四季出现在市场上的美味食品。长安有专门制作、经营粽子的店，且技艺很高。有一种九子粽，九个粽子用彩线扎在一起。唐明皇的“四时花竞巧，九子粽争新”、温庭筠的“盘斗九子粽，瓯擎五云浆”的诗句，便是证明。到了宋代，粽子名目渐多。《武林旧事》载：当时宫廷里的糖蜜巧粽，极其精巧，形态各异。祝穆在《事文类聚》也认为宋代“端午粽子，名品甚多，形制不一，有角粽、锥粽、菱粽、筒粽、秤钟粽、九子粽等名。”用艾叶浸米裹成的“艾香粽子”也出现在宋代。陆游的“盘中共解青菰粽，衰甚将簪艾一枝”指的就是“艾香粽子”。粽子有馅也似始于宋代。吴氏

《中馈录》"做粽子法"记云:"用糯米淘净,夹枣、栗、柿子、银杏、赤豆。以茭叶或箬叶裹之。"明弘治年间,用芦叶裹粽子,粽馅也多了,有蜜糖、豆沙、猪肉、松仁、枣子、胡桃等。清乾隆年间,林兰痴《邗上百吟》中有"火腿粽子"的记述,说:扬州人以火腿切碎,和米裹之,一经煮化,沉浸秾郁。

粽子制作发展到今天,至少也要有近百种,其中数浙江嘉兴的粽子花色最多。其著名的有:火腿粽、鸡蛋粽、白糖豆沙粽、鸡肉粽、腿肉鲜肉粽、蛋黄腿肉粽、金腿腿肉粽、血糯松子腿肉粽、莲心腿肉粽、一口蛋黄粽、味味粽、猪油夹沙粽、胡桃夹沙粽、八宝粽、赤豆粽、红枣粽、组合粽、宴席粽等。比较著名的粽子产地还有苏州、广东、北京、宁波等地,其制作的粽子,由于各地的饮食习惯不同,用料和风味也因地而异。

粽子作为我国的一种传统特色食品,品食也很有讲究。白水粽、豆沙粽、赤豆粽、豆瓣粽等,辅以绵白糖蘸食为佳,宜热食。如果是冰镇的话,则以蘸食蜂蜜为佳。咸味类的粽子,一般而言宜热食,不再加辅料,可冲一碗蛋花汤佐食。

粽子制作,需选上等糯米,取新鲜粽叶、新鲜粽馅,包裹越紧越好,入锅烧煮时,火候要恰到好处,才可使所制之粽柔软可口,咸甜适度。

1997 年 7 月 5 日,香港南区各界庆委会专门举办了"吉尼斯粽皇庆回归"活动,并为此特制了一只重一千英镑、约四百八十公斤的巨型粽子。这个定名为"爱国粽"的巨粽制作过程共用两小时,用了三百三十公斤糯米、五十公斤绿豆、五百多张粽叶,以及大量的素虾、素鲍鱼、素龙虾、素羊肉、素五花肉等;其中素蛋黄便用了九十七个,配合回归的主题。主办单位说,这个巨粽不单用来庆贺回归,亦希望被列入吉尼斯世界纪录大全。

饺子

一个扁食两头尖,下到锅里成万千。
金勺舀,银碗端,端到桌上敬老天。
天神见了心喜欢,一年四季保平安。

《民谚》

春节吃饺子,冬至吃饺子,在我国代代相传,已相演成俗。不过我国原来并无饺子,只有馄饨。汉代扬雄《方言》说:"饼谓之饨,……或谓之馄。"说明当时已经有了一种类似后代馄饨的食品。《齐民要术》中记有"水引馎饨法",这无异就是通常所说的那种馄饨了。馄饨之得名,据《资暇录》说是"以其浑沌之形"的缘故。将馄饨做成偃月形,就成为饺子了。此物起于隋。颜之推说:"今之馄饨,形如偃月,天下通食也。"但当时并不称饺子而称扁食,有的地方甚至称为煮饽饽。在新疆吐鲁番一座唐代墓葬出土的木碗中保存着完整的饺子,这不但是这类食品最早的实例,而且也说明在唐代吃饺子的习惯已经传到了我国的边远地区。饺子取代馄饨,是因为它恰与"交子"谐音,取除旧迎新,更岁交子,具有继往开来之意。

随着商业的进一步发展,饺子又交好运,当人们发现形如偃月的饺子形如元宝时,对这一食品欲加偏爱,吃饺子就如同吃元宝,招财进宝,新年大吉,于是饺子更成了年关必不可缺的食品。由于饺子的特殊风味,目前这一食品已风行世界,尤其是在东南亚和日本,饺子更是出尽风头。日本枥木县宇都宫市就是一个有名的"饺子城"。据该市政府官员介绍,该城共有二十一家饺子专店,另外还有四十家中国餐馆出售饺子。1994 年 10 月,该市竖起了一尊高一点七米的饺子石雕像。揭幕式上,一位红歌星还唱起了饺子歌。

饺子好吃馅难调。如今人们吃饺子十分讲究。饺子馅儿花样百出,丰富多彩。如"大肉馅""羊肉馅""三鲜馅"等,配菜则有白菜、韭菜、嫩韭黄、茴香菜、芹菜、白萝卜等。有人包饺子时,常常在馅心中加入一些特别成分,如糖球、花生、"如意"……含糖的则寓意新的一年生活甜甜蜜蜜;有花生的意味着健康长寿;有"如意"的象征来年万事如意。再说饺子皮也大有文章。用料除通常的面粉外,还有多种原料。据《孔府名馔》一书介绍,孔府家宴时,用豆腐做成饺子皮。方法是将豆腐搅拌成泥状,用细纱布平铺在小碗底部,抹平一层豆腐泥,再放一层肉馅,然后将纱布对折,捏成偃月形,上笼蒸熟,食之鲜嫩可口。河南郑州有用鸡蛋做饺子皮的。方法是将鸡蛋拌匀,在热锅底摊成圆形薄饼状,再放馅儿,然后将鸡蛋皮对折,用粉芡粘合,稍用油煎烩即可出锅(笼蒸亦可)。更值得一提的是,江苏无锡的"鲜鱼饺",饺子皮竟然用鳜鱼皮做成,味道鲜美至极。另外,还有的地方用鸡蛋黄、西红柿、菠菜、咖啡等和面,擀出不同颜色的面皮,包出"八彩饺子",谐音"发财饺子",祝愿大家发财,可谓别出心裁。

四　科技

造纸

剡溪剡纸生剡藤,喷水捣后为蕉叶。
欲写金人金口经,寄与山阴山里僧。

唐·顾况《剡纸歌》

造纸术为中国古代四大发明之一。纸的发明,对人类文化的发展和传播起了很大的作用,是中华民族对世界科学文化发展做出的一项重大贡献。

文字的使用标志着人类进入了文明社会,使用文字首要的一步是把它们记录下来。古人曾用龟甲、兽骨、金石、竹木简、缣帛等东西来充作书写材料,其中竹木简在先秦和秦汉时期是最主要的书写材料。约公元前一千年,人们发明了把竹子、木头削成片来记录文字。一根竹木条叫作"简"。简上一般只写一行字,一部书要用很多简。简用绳子编连起来就成“策”(册)。通常一策就是一篇文章。竹木简的最大缺点就是携带困难,翻阅不便。据说秦始皇每天批阅的简策公文,有六十多公斤重。西汉文学家东方朔给汉武帝写了一篇奏章,竟用了三千根竹简,由两个壮士很费劲地抬进宫去,汉武帝花了两个月才读完。

过去,一般认为纸是东汉的宦官蔡伦于公元105年发明的。20世纪30年代以来,几次重大的考古发现表明,早在公元前2世纪,我国就已经有了由植物纤维交织粘结而成的纸。1933年,我国考古工作者在新疆罗布泊的汉代烽燧遗址中,就发现了一片西汉宣帝时期的麻纸。1957年在陕西西安灞桥一座西汉墓葬里,发现了一叠麻纸,因出土于灞桥,故称“灞桥纸”。其年代为公元前2世纪。这是目前发现最早的植物纤维纸。此外,在古代文献中也有不少地方提到、在蔡伦以前已经有纸和纸书了。这表明,造纸术最迟在西汉初年(前2世纪中叶~前1世纪中叶)就已经发明和使用了。

当然,西汉早期的植物纤维纸,比较粗糙,不便书写,不能完全代替简帛的书写地位。随着造纸技术的不断改进,到了东汉和帝时,宦官蔡伦利用担任尚方令官职的机会,在总结了前人造纸经验的基础上,又改进了造纸术。《后汉书·蔡伦传》载:“自古书契,多编以竹简;其用缣帛者谓之为纸。缣贵而简重,并不便于人。伦乃造意,有树肤、麻头及敝布、渔网为纸。”和帝元兴元年(105)蔡伦将他用树皮、麻头、渔网等做成的纸和造纸经过、方法奏报了朝廷,受到赞赏。公元116年,蔡伦被封为龙亭侯,后人把他造的纸称为“蔡伦纸”。蔡伦在我国造纸发展史上的作用和贡献是不能抹杀的。他一方面创造性地扩大了造纸的原料来源;另一方面,改进了原有的造纸技术,总结了一套完整的造纸工艺,为大规模地生产和使用纸开辟了道路。蔡伦纸的制作过程,是先把原料切碎,然后煮烂,使之成为浆状;再滤出捶打,使所有的纤维都分离出来,然后加入黏合液,拌入水中,成为较薄的浆液;再用细帘慢慢捞出,使之分布细薄均匀;最后取下压平,晾干,纸就制成了。这种工艺过程,直到今天,仍然是现代造纸技术的基本环节。

造纸工艺流程图

纸在发明和推广使用后,逐渐取代了竹木简和缣帛,成为一种主要的书写工具。东汉后期,造纸业迅速发展,造纸质量不断提高。东汉末年,有一位叫左伯的造纸能手改进了造纸术,他的“左伯纸”被人们誉为“妙研辉光”。到晋代,造纸技术有了更大的进步，掌握了用稻草、麦秆、藤皮、楮树皮等植物纤维造纸，纸的质量更高，产量增加，纸已被人们广泛使用。

唐以后，造纸手工业遍及全国，特别是长江流域发展很快。有名的宣纸，就是唐代安徽宣州府出产的。宋代开始，竹纸的产量越来越大，造纸业的发展更加迅猛。明代科学家宋应星在他的《天工开物》中，讲到了用竹造纸的方法，并附有插图。元代江西的造纸业在全国占了很高地位，到明代已成为全国的造纸中心；福建、浙江、安徽、湖南等地的造纸业也十分兴旺。

我国发明的造纸法，在魏晋时首先传到朝鲜，公元610年又从朝鲜传到日本。唐玄宗天宝十年(751)向西传到了阿拉伯。公元1150年从阿拉伯传到欧洲。据可靠记载，西班牙和法国最早分别在1150年和1189年设立纸厂，意大利和德国分别在1276年和1391年设厂造纸。至16世纪纸才流行于全欧洲，从而结束了欧洲人用羊皮作书写工具的历史，为新教的传播及文艺复兴准备了普及知识的理想“载体”。16世纪后，由欧洲传到北美洲。此后，逐渐传遍了全世界。

火药

凡火药以硝石硫黄为主，草木灰为辅。硝性至阴，硫性至阳，阴阳两神物相遇于无隙可容之中，其出也，人物膺之，魂散警而魄齑粉。

明·宋应星《天工开物·火药》

火药是中国古代四大发明之一。最初的火药，是中国那些炼丹的方士们无意中发现的。在中国古代，封建皇帝为了能长生不老，经常命令一些人专门为自己炼制长生药，这就是“炼丹”。在炼丹过程中，有时需要加一些毒性比较大的药，如硫磺、硝石等。为了减小它们的毒性，炼丹家们就在使用以前对这些药烧灼一下，其中有一种就是用硫磺加硝石和木炭烧的。用这种配方操作，它们会发生猛然的燃烧和爆炸。所以，炼丹家们管这种药叫“火药”，意思是“容易着火的药”。火药的发明距今已有一千一百多年的历史。火药最初用于医疗，古代医书中说它能治疮、杀虫、避湿气、去瘟疫。同时还能造爆竹、烟花。后来，人们逐渐发现它在军事方面有独到之处，慢慢地，火药便与武器日益紧密地联系在一起了。

我国最早用火药来做武器，大约是在唐昭宗天祐元年(904)。当时，地方割据势力互相攻伐，在攻城时曾使用“飞火”。这“飞火”，其实就是在箭杆上绑一个火药团，点着引信后，用弓发射出去，火烧敌军。宋太祖开宝二年(969)，冯义昇、岳义方二人发明火箭法，并试验成功。《武功总要》(1044)说：“放火药箭者，加桦皮羽，以火药五两贯镞后，燔而发之。”可见那时火箭用的是慢性燃烧的火药。公元1000年，士兵出身的唐福和石晋先后发明了燃烧性的火药武器——火毬和火蒺藜。

宋代，是火药制造和使用大发展的时期。11世纪初编的《武经总要》一书中，记载了三种不同用途不同比例的火药配方。这些配方中硝的含量增加到一比二或一比三，而在唐代，硫与硝的比例一般是一比一，这与后世黑火药中硝占四分之三的比例已相当接近。同时，这些配方中还加入了一些辅助性配料，如巴豆、沥青、干漆、桐油和少量砒霜等，以达到易燃、易爆、有毒、有烟等效果。这说明，当时人们已经熟练地掌握了火药的性能。宋时朝廷设有“军器监”，下有十一个大作坊，雇用工人达万人之多，可见当时火药制造的规模之大。

北宋末年，在抗金战争中出现了“震天雷”“霹雳炮”等爆炸火器。这些火器是用生铁或烧陶制作外壳，内装火药，利用火药爆炸时的铁、陶碎片，杀伤敌人。据《金史》记载，震天雷威力巨大，“火药发作，声如雷震，热力达半亩之上，人与牛皮皆碎迸无迹，甲铁皆透”。

公元1132年，南宋的陈规守卫德安(今湖北安陆市)时发明了一种管状射击性武器，叫作火枪。这可能是我国最早的管状火器。1259年，寿春府(今安徽寿县)有人发明一种新的管状火器，叫“突火枪”。这种突火枪用巨竹作枪筒，内装火药和“子窠”，燃放时“子窠发出，如炮声，远闻百五十余步”。“突火枪”也许是现在所知最早能发射子弹的火枪。

到元代，出现了铜铸的火铳。中国历史博物馆收藏了一门元至顺三年(1332)铸造的铜火铳，它长三十五点五厘米，重六点九四公斤，铳口呈喇叭形，使用时从铳口向膛内填装火药、碎铁、石弹，尾部有火眼，用来点燃药捻。这门铜铳是目前世界上发现的最早的火炮。此后，军事用火器的记载日渐增多，在明代著名军事著作《武备志》中就有许多新发明的武器图说。

公元1225~1248年间，即南宋时期，中国的火药传到阿拉伯各国。这一时期阿拉伯人的兵书中有“契丹火轮”“契丹火箭”等名称，“契丹”即中国。以后火药又通过贸易和战争传到欧洲。到14世纪，英国和法国都开始制造火药武器。革命导师恩格斯在《反杜林论》中指出，火药和火器的使用“是一种工业的，也就是经济的进步”，“对统治和奴役的政治关系起了变革的作用”。可以说，火药的发明是中华民族对世界文明的一大贡献。

指南针

以薄铁叶剪裁；长二寸，阔五分，首尾锐如鱼形，置炭火中烧之，候通赤，以铁钤钤鱼首出火，以尾正对子位，蘸水盆中，没尾数分则止，以密器收之。

宋·曾公亮《武经总要》

指南针，是我国的四大发明之一，是中国对世界文明发展的一项重大贡献。

早在两千多年前的战国时期，我国已经有了利用磁石制作的指南工具。只不过当时还不叫指南针，而叫“司南”。据东汉王充的《论衡》记载：“司南之杓，投之于地，其柢指南。”20 世纪三四十年代，我国著名的文博学家和科技史家王振铎研究复原了司南，指出它是用天然磁石磨制杓状形，投置在光滑的地盘（或物制的盘子）之上，其柄就会指向南方。由于天然磁铁加工后易失磁，且本身又重，摩擦力大，转动不灵，指向难于准确，所以没能推广应用。但司南毕竟是最早的磁性指南仪器，被视为指南针的祖先。

指南针

到了宋代，我国劳动人民已会制造人工磁体。北宋著名的科学家沈括在其著作《梦溪笔谈》和《补笔谈》中明确指出指南针是方家（风水先生）首先发明和使用的，用的是“磁石磨针锋”的人工磁化法制成，并且详细地记述了水浮、置指甲上、置碗唇上和悬丝等 4 种指南针的装置方法，以及各种方法的长处和缺陷，使人们对当时的指南针有一清晰的认识。

我国发明了指南针，也是最早将指南针用于航海的国家。在这之前，虽然已经有了海上航运，但是，航行在茫茫大海上的船只，白天只能靠太阳来确定位置，夜晚要靠观察星星的位置才能判断该向什么方向前进。一旦遇上阴天，那就只好听天由命了。这种方法叫天文导航。指南针最初用于航海，仅被当作天文导航的辅助工具。朱彧在《萍洲可谈》卷二中谈到 1099～1102 年间的航海活动时说：“舟师识地理，夜则观星，昼则观日，阴晦观指南针。”1124 年，徐兢在《宣和奉使高丽图经》卷三十四中也讲到：“洋中不可住，维视星斗前迈。若晦冥，则用指南针，以揆南北。”随着人们对指南针性能和用途了解的深化，南宋以后指南针逐步成为主要的导航仪器，天文导航则降为辅助的地位。南宋淳祐年间朱继芳《静佳乙稿》的航海诗说：“浮针定四维。”正反映了指南针导航地位的提高。南宋的吴自牧在《梦粱录》卷十二“江海船舰条”中对指南针在航海中的重要作用讲得更为明确：“但海洋近山礁则水浅，撞礁必坏船，全凭南针。或有少差，即葬鱼腹。”到了元代，则不管昼夜或阴晴，指南针都被用于航海的定方向。至明代，航海中则更是“浮针于水，指向行舟”（巩珍《西洋番国志·自序》）。明代伟大的航海家郑和七次下西洋，显示了中国古代航海事业的兴旺发达，也反映了指南针在航海事业中的重要作用。

同时，指南针的应用促使航海技术从定性导航进入到定量导航的阶段，从而使航海者可以更正确地掌握航线上的情况。明代黄省曾在《西洋朝贡录·占城国》中说：“海行之法，以六十里为更，以托避礁浅，以针位取海道。”《松江府志》说：“进某澳，转某门，以至开洋，避礁避浅，皆以针定。”即由航程和指南针在航线上的指向，来测知航线上的具体情况，从而提供准确的导航指令。由于航线是由指南针帮助确定的，故航海者便称之为针路，并且根据针路来绘制航海图，或写成记录针路的专门著作，叫针经，或称针谱、针簿。我国的航海图和针经大约在宋代出现，可惜都已佚失。现存最早的航海图和针经是郑和下西洋留下的，著名的有《郑和航海图》和《两种海道针经》，详细记录了船舶从我国启航到东南亚、印度洋沿岸，以至横渡印度洋直达非洲的东南岸的各条航线的具体情况。指南针的使用，开创了人类的新纪元，为发展中国与世界各地的友好交往，促进世界经济发展做出了杰出的贡献。

我国古代人民发明的指南针在公元 12 世纪末前后由海路传到了阿拉伯国家，后来又传到欧洲，促进了世界航海事业的发展。尤其是在西方资本主义开始发展的时期，航海事业的发展对资本主义国家经济的飞速发展提供了相当重要的条件。马克思曾经说过，包括指南针内的我国三大发明"是资产阶级发展的必要的先决条件"。在人类社会的发展史上，作为中国古代四大发明之一的指南针，对促进世界文明的作用是难以估量的。

印刷术

隋文帝开皇十三年十二月，敕废像遗经，悉令雕造。

《河汾燕闲录》

印刷术是中国古代四大发明之一。它的发展大致经历了石刻摹拓、雕版印刷、活字印刷三个阶段。

刻石的传统在中国是很久远的。早在春秋战国时期，我国就有了石刻文字。东汉时，石刻更加流行，出现了刻字的石碑。东汉灵帝熹平四年(175)命蔡邕等把重要的儒家经典刻在四十六块石碑上，立于洛阳的太学门前，以为天下学子范本。蔡邕是东汉著名的文学家、书法家，他写的六经世誉为"熹平石经"。四方学人纷纷前来京师抄写石刻经文。为了免除从石碑上抄写的劳动，大约在 4 世纪左右，发明了用纸在石刻上捶拓的方法。后来又用木板刻字来传拓，这比在石碑上拓字更省力了。石碑上的字是阴文正写，拓印的方法是先在碑面铺上润湿的纸，然后用棉槌敲击，使纸在刻字的地方依字形凹下去，再在纸上拓墨。这样就能得到正写文字的复制品(黑地白字)。如果像印章一样，把碑文换成阳文反写字，加墨铺纸，就能印出正字的文字(白地黑字)。采用拓碑的方法，比抄写既便捷且保存了书法真迹。可以说，摹拓便是雕版印刷的萌芽。

但是，把文章刻在石碑上既笨重又费工钱，能刻上石碑的文章十分有限。随着社会、经济、文化的发展，对书籍的需要量大大增加，直接促进了雕版印刷术的发展。大约在公元 600 年前后开始出现了用木板代替石碑的刻字印刷，这就是雕版印刷。雕版印刷是在尺寸相等的木板上，刻出凸出来的反写文字或插图，涂墨铺纸在纸上轻轻一刷，就印出正写的字和图了。雕版比石刻廉价方便，使书籍的生产既快又多，流传更广，从而促进了文化的传播和发展。到了 9 世纪晚唐时期，雕版印刷已经广泛流行，遍及长江上下游和洛阳等地，人们用它来印刷诗文、佛经、日历和占卜书等各种书籍。现在世界上最早印有出版日期的印刷品是印于唐懿宗咸通九年(868)4月15日的《金刚经》，该经于1900年在甘肃敦煌石窟千佛洞中被发现。这部《金刚经》图文并茂，雕刻精美、刀法纯熟、墨色均匀。1907年帝国主义分子英国人斯坦因将之盗走，现存于伦敦博物馆。1944年在成都市内一座唐墓中发掘出来的肃宗至德二年(757)唐代成都府卞家刻印的《陀罗尼经咒》，也是相当完美的国内早期的雕版印刷品。

雕版印刷始于隋，兴于唐，完善于宋，一千多年间一直为人们所应用。到北宋时除木板刻字外，还出现了铜板雕刻。然而，雕版印刷也有它的缺点，费钱、费时、费工。五代监本经书刻了二十二年，宋刻《大藏经》刻了十二年。并且木板刻错了不便修改，一部书要刻许多块板，特别是大部头的书，要占用大量房屋来存放书版。所以在雕版技术的基础上，活字印刷应运而生。

到了宋代庆历年间(1041~1048)，平民毕昇发明了活字印刷术。沈括《梦溪笔谈》卷十八记载，毕昇用细胶泥刻成单个反体字，用火烧硬成为活字模。这些活字，按照字韵排在木格里。排字时，依照稿本拣出所需的字。在敷有松脂、黄蜡和纸灰等固着剂的铁板上，加热，蜡稍熔化，用平板压平字面，冷却后活字固定在铁板上，便可以像雕刻一样地印刷了。印刷后，将版在火上烘烤，取下活字，以备再用。这种活字印刷制版迅速、边排边印，不怕虫蛀、不会变形、易于保管。活字模也可多次使用。

毕昇发明的活字印刷方法，对后代印刷术产生了很大的影响。到了元代，农学家王桢对活字制作进行改良，用木料代替胶泥，克服了胶泥字易碎和上墨不匀的缺点，而且木字易制。当时王桢还创造了省力的轮盘拣字架，排版时转动轮盘，按文拣字，操作更为方便。王桢任旌旗县尹时用他的木活字板试印了他编著的《旌旗县志》，六万字的县志不到一个月就印成了一百部，与雕版印刷相比，功效大有提高。王桢还总结了关于活字、排版、装字、印刷的具体技术，写成《造活字印书法》，附列于他的《农书》中。这是世界上最早的关于活字印刷术的文献。

我国印刷术另一个巨大的成就，是彩色套印术的发明。自印刷术发明后，一般图书都是单色印刷，常见的是黑色，比较单调。为解决这一问题，后来又创造了彩色印刷。宋朝官方通行的纸币——钱引、交子，其版面制作已十分精美。公元1340年的元朝，用朱墨两色套印了《金刚般若波罗蜜多经》，这是世界上最古的套色版书籍。公元1581年，湖州人凌瀛初用四色套印了《世说新语》。公元1627~1644年间，明末安徽休宁人胡正言，有彩色印刷的《十竹斋画谱》《十竹斋笺谱》，颜色鲜明娇丽，浓淡和润，被称为画、刻、印三绝。最早的彩色印刷是套版，即将同一版面分成几块同样大小的木版，各涂一色，逐次加印在同一张纸上。起初是两色，后来发展到六七种颜色。不久发明了"短版"套印法。短版是将同一版面分割成若干大小不同的版块，每块代表版面的一部分，分别刷上不同的颜色。逐个拼集套印在同一张纸上，形成一幅五颜六色的图画。套版经常用以印刷文字书籍，短版则用以印刷彩色图画。

活字印刷术在公元1390年传到朝鲜。朝鲜发明了金属铸字。到了明朝中叶,我国出现了铜活字印刷。江苏无锡的华燧,在公元1490年、1495年分别印行的《宋诸臣奏议》和《容斋五笔》,是我国现存最早的铜活字印本。公元1726年,清政府曾刻制铜活字,印成《古今图书集成》十四部,每部五千零二十册。这是我国历史上最大的一部铜活字版印书。

公元14世纪末,我国的印刷术开始由西域传到欧洲。造纸术的掌握,加上印刷术的传播,为欧洲思想解放,乃至人类文明进步起了难以估量的作用。

算盘

不作翁商舞,休停饼氏歌。

执筹仍蔽簏,辛苦欲如何。

宋·刘因《算盘》

算盘是我国祖先的一大发明,从古至今有不少国家和地区使用它。日本的《珠算大事典》便称:"我们今天所使用的算盘,是中国所发明的。"国外许多专家学者强调,算盘应当和中国的印刷、造纸、火药、指南针四大发明相提并论。在高技术蓬勃发展的今天,科技已进入了计算机时代,但算盘并未被历史淘汰,它依然以自己不可替代的优势为人类服务。李政道把算盘称为"古老的计算机",美国学者把算盘称为"全世界儿童的算数辞典"。

《辞源》对算盘是这样解释的:算盘为"珠算所用之器。以木为之,四周作框,中植纵杆若干名曰档。每档贯术珠七枚,用横木隔为上二下五。横木名曰梁。梁下每珠作一,梁上每珠作五。其左档各珠为右档之十倍。用时,可依口诀,上下拨动算珠,进行计算。珠算计数简便迅捷,为我国商店普遍使用的计算工具"。那么,算盘最早出现在什么年代,是何人所发明创造的呢?对此,说法很多。传说吴越相争,范蠡隐居后经商,美女西施帮助其理财,使用黄泥捏成珠串于绳上,用木杠固定,便成为算盘的雏形。但传说仅仅只是传说。后来,人们发现东汉数学家徐岳所著《数术记遗》一书中有"珠算,控制器时,经纬三才"的记载,有不少数学家对此进行了考证,比较一致的看法认为这种算盘并不是现在使用的串档算盘,它只能是作加减法的简单算盘。在元、明、清的许多数学著作中,都没有发现发明算盘的记载,但专家们认为元朝时我国已广泛使用算盘。算盘的发明理应大大前移。后来,人们又有了新的发现:一是考古发现了一颗北宋大观二年(1108)的算盘珠,它和现在的算盘珠完全一样;二是在宋代画家张择端的名画《清明上河图》中竟发现一家药铺柜台上赫然放着一把和现代算盘形制类似的算盘。专家们分析认为,唐朝在历史上是盛世,文化、经济都比较发达,算盘可能是在唐朝发明的。

直到1997年珠算史考古研究才获得重大突破。经珠算史专家鉴定考证,陕西周原遗址岐山凤雏宫室建筑基址出土的八十六粒西周陶丸为算珠,由此珠算起源可追溯至西周。在鉴定中专家发现这些西周陶丸分别为青、黄、白三种颜色,专家认为此与典籍记载的古代珠算“三才算”有关;同时专家还从两粒黄色陶丸上发现了与计数有关的刻画符号。

目前我国文物部门尚无专门收藏算盘的博物馆,上海的陈宝定教授于1981年3月22日在家中开办了私人收藏馆,如今已藏有古今中外算盘八百多把。这里陈列的算盘令人大开眼界。戒指算盘的银珠如同小米一般,七档四十九珠,戴在手指上既可作戒指,又可运算,不过它不能用手拨珠,而必须用大头针才不会拨错。另一把雕花象牙算盘,大小和现在的名片盒相似,也十分精巧。算具藏宝还有四米长的“巨无霸”算盘、紫砂算盘、弹簧算盘等。在这些算盘中,有用铁、铜、木、瓷、塑料等多种材料制作框架的;有用树籽、核桃制作算珠的;还有用棕绳、布条作算档的。我国目前最大的算盘,当推台南城隍庙悬挂的大算盘。台南市的“台湾府城隍庙”建于明朝,至今已有四百多年的历史了,在庙的右侧悬挂着一具长四米、高一点二米的大算盘,有二十一排,每排七个算珠,每个算珠重零点五公斤。天津市达仁堂药店保存着一架长三点零六米、宽零点二六米,共一百一十七档的大算盘,据说已有二百多年的历史,它可能要算我国大陆上最大的一架算盘了。

中医

谚云儒学医,譬诸菜作齑。
世遂谓其易,人人愿学之。
学之苦不精,人命等儿嬉。

清·诸时栋《医说》

中医即中国传统的医学。

据记载,战国时代的名医扁鹊(秦越人)在总结了广大民间医生丰富的医疗实践经验的基础已系统地综合运用“切脉、望色、听声、写形”四种方法来诊断病情了。——距今已有两千多年的历史。其后,历代医家又在实践中不断丰富了它们的内容,从而形成并完善了中医独特的诊断方法,即:望、闻、问、切。

望诊,就是医生对病人有目的地观察,以了解病情,主要观察病人神、色、形、态及舌象的情况。中医认为,“神”是人体生命活动的主宰和外在表现,神的盛衰是人体健康与否的重要标志之一。因为五脏六腑的精气都上注于目,所以目光就是神的突出外在表现。“色”主要指面色,它更能反映人体内脏的生理、病理情况,观察面色的变化可辨别五脏气血盛衰,进而推断病情。由于舌通过经络气血与脏腑有密切的联系,所以中医对舌象的观察也非常重视。望舌主要包括舌苔和舌质两个方面,舌苔能反映邪气的深浅、胃气的存亡,舌质则可揭示脏腑气血的虚实。

闻诊，一般包括听声音、嗅气味两个方面。听声音指听病人的语音、呼吸、咳嗽、肠鸣等各种声响，嗅气味指嗅病人体内发出的各种气味及分泌物、排泄物的气味，从病人的声音、气味中推断病情。

问诊，指医生通过询问病人的病史、病因、主要症状、生活经历、饮食起居等情况，掌握必要的线索，进而诊断病情。

切诊，是医生用手指对病人体表进行摸、触、按、压，从而掌握病情资料的一种方法。切诊包括脉诊和按诊两个方面。脉诊以寸口诊法为主，从脉位、次数、节律、气势等方面来判断体内的病变。在长期的临床实践中，古代医家对脉象做了系统的总结，如《内经》提出了四十多种脉象；晋代王叔和所著《脉经》归纳了二十四种脉象，后人又据此总结成为二十八脉。脉诊已成了中医临床中的常规检查项目了。按诊是医生对病人手足、肌肤、脘腹及其他部位触摸按压、测知异常变化，从而推断病情的一种诊断方法。

望、闻、问、切四种方法，各有其独特的作用。中医医师通常是把它们结合起来运用，以便全面、系统地了解病情，做出正确的诊断。

中医治病，主要靠中草药。

我国现存最早的药物学专著，是成书于公元1~2世纪的《神农本草经》。全书记载了植物药、动物药、矿物药共三百六十五种，对药物的产地、性味、功效作了简要论述。本书还首次提出了最早的药物分类法——三品分类法，根据药物的性能功效，把三百六十五种药物分为上品(多属补养类药物)、中品(多为补养而兼有治病作用的药物)、下品(多系有治病作用的药物)。书中还概述了药物学的有关理论，如药物的主次配伍，制剂、剂量及服法等原则，这些都为后世药物学理论的发展奠定了基础。

唐代出现了我国医学史上最早的一部国家药典《新修本草》，是在政府支持下，以医学家苏敬为首的二十余人编撰的。本书载药八百四十四种，其中有不少外来药物第一次被记载。书中除记述了药物的性味特点、产地、采制、治疗作用外，还首创了图文对照的形式。根据药物的自然来源，本书将这些药物分为玉石、草、木、禽兽、虫鱼、果、菜等九类。《新修本草》成书后，被政府作为药典沿用了三百多年。它比欧洲的纽纶堡药典早了八百多年。

宋代是药物学长足发展的时期，出现了一大批著作。唐慎微编撰的《经史证类备急本草》可称代表作。该书收药物一千五百五十八种，对药物的性味、主治、鉴别、归经等，都做了详细阐述和考证，纠正了前人的一些错误。书中还附载了古今单方、验方三千多个，方论一千余首；保存了不少已亡佚的古代文献资料。本书被官府几次修订，作为药典颁行全国；流传五百余年，直至明代李时珍撰《本草纲目》时，仍以它为蓝本。

李时珍的《本草纲目》在中国药学史上占有最重要的地位。它对16世纪以前的中国药物学做了全面总结，是一部内容丰富、论述广泛、影响深远的药物学巨著。全书五十二卷，收药一千八百九十二种，分为水、火、土、金石、草、谷、菜、果、木、服器、虫、鳞、介、禽、兽、人等十六部共六十类，被认为是当时世界上最先进的药物分类法。书中对每种药物的记述，包括校正、释名、集解、正误、修治、气味、主治、发明、附录、附方等内容，还纠正了历代药物学书籍中的一些错误。《本草纲目》自 1596 年刻版印刷后，屡经再版，并被译成多种外文，在世界各地传播。

除中草药外，中医还用针灸治病。包括针刺和灸灼两种不同的治疗方法。

针刺的用具，开始是利用尖锐锋利的小石片，即砭石。后来，还曾用过骨针、竹针和陶针，冶金术发明后，逐渐出现了铜针、铁针和银针等。为了扩大针刺疗效，古人还设计制造出了各种用途与形状的针刺用具。

与针刺疗法相关的灸灼法疗法，最初是用普通的树枝、杂草灸灼，后来扩大利用竹筷、硫磺、雄黄、灯草、艾等物灸灼，其中使用最多的是用艾灸。

古人发现，在人体某个穴位针刺时，若手法得当，局部会产生酸、麻、胀、重的感觉，并可沿着一定的途径传导扩散；在灸灼时，由此产生的温热感也可沿一定的途径传导扩散。于是，逐渐产生了“经络”的概念。针灸正是通过人体纵横交错、内外贯通、遍布全身的经络系统，在某一穴位或几个穴位进行针刺、灸灼，从而达到治疗疾病的目的。

两千多年前的《黄帝内经》已对针灸做了详细的论述。此后，古代医家还把人体的穴位经络绘成了“明堂图”；宋代医学家王唯一还于 1027 年主持铸成了针灸铜人，这是中国古代对针灸教学、应用及穴位规范化做出的又一重要贡献。

几千年来，中国古代医学家在实践中积累了丰富的医疗经验，写出了卷帙浩繁的中医理论著述。其中，《黄帝内经》是最早全面阐述中医学的名著。

《黄帝内经》大约产生于战国时代，经秦、汉时期增补、修订，内容逐步充实丰富。全书含《素问》《灵枢》两大部分，各有八十一篇，主要论述人体解剖、生理、脉学、病因、病理、病状、诊断、治疗、预防、养生等方面的内容。书中论述的脏腑学说、经络学说、气血学说、阴阳五行学说、病因学说以及诊治法则等，都对中医学理论体系的形成，起到了重要的奠基作用。

《黄帝内经》认为：人体内部各部分之间、内部与外部环境之间处于协调和相对平衡状态时，就能维持正常的生理活动。如果上述协调与相对平衡的关系遭到破坏时，就会生病。其中，内部机能更重要，“正气存内，邪不可干”，即是说人体正常的机能与抵抗力旺盛的话，各种致病因素(邪)就难以引起疾病。而人体神经过度紧张，情绪剧烈变化，外部环境变异，饮食不合理等，会导致许多疾病发生。这个见解，对于在疾病成因问题上反对迷信鬼神思想有着重要意义。

《黄帝内经》对人体内部器官的生理功能已有不少正确的认识。如认为人脑是“精明之府”，认为“心主身之血脉”，“经脉流行不止，环周不休”。这是世界医学史上对神经和循环系统的最早正确记载。此外，本书对人类呼吸、消化、排泄等系统的论述，都有不少正确的见解。

贯穿《黄帝内经》全书的基本准则是，治疗方法必须因人、因病、因时、因地的不同而灵活运用。《黄帝内经》还强调预防和把疾病消灭在萌芽状态的重要性，认为重视预防和早期治疗的医生才是高明的医生。

《黄帝内经》对两千多年以来中医学的发展具有深远的、不可估量的影响，而且在世界医学史上也占有非常重要的地位。

据了解，近年来，中医药已为越来越多国家的人民所认识和接受，中医药对外科技与学术交流日益活跃，对外教育发展迅速，中药外贸和经济技术合作成效显著，取得了较好的社会和经济效益。据不完全统计，全世界大部分国家和地区已有了各种类型的中医诊所、中医学校、中药贸易公司、研究中心等；在一些国家还成立了中医药学术团体；来我国学习中医药的外国留学生不断增加，一直占学习自然科学留学生人数的第一位。我国已与四十多个国家和地区建立了政府间中医药交流与合作关系，为一百三十多个国家和地区培训了三万余名中医药技术人员。中药年出口贸易额达六亿美元，并呈现不断增长的趋势。

针灸

死生之穴，乃在分毫。人血脉相通如江河，针灸在思其要津。

《太平广记》卷八十三《治针道士》

针灸是祖国医学的重要组成部分。针灸疗法历史悠久，我们的祖先远在四五千年前就运用针灸疗法防病治病，几千年来积累了丰富的实践经验。

距今五千多年前的殷商时期我国就出现了金属针具，在此之前则用砭石为针，刺激穴位。砭石是一种锐利的石块，作为后世刀针的前身，可算是最早的医疗工具。它主要被用来破开痈肿，排脓放血，或用以刺激身体的某些部位，以消除病痛。考古发现的砭石呈各种形状，有剑形、刀形、针形等。多数出于新石器时代到春秋战国时期。后世金属针的出现，是在砭石治病的基础上发展而来的。针灸疗法在春秋战国时已经比较普遍地应用。先秦时期《黄帝内经》中有“九针”的记载。所谓九针，是指“圆针”“锋针”“圆利针”“馋针”“毫针”“鍉针”“铍针”“大针”“长针”。这九种长短、大小、形状各不相同的针，有的头部圆钝，有的状似小刀，可以根据不同的需要而灵活选用。其中的锋针，针身圆，针尖呈三棱形，可以用于放血，毫针细长似毫毛，可用来治疗各种内科疾病。这两种针具，至今仍是临床最常使用的。书中还有许多运用针灸防病治病的论述。如：“无用砭石，欲以微针，通其经络，调其血气。”“大风颈项痛，刺风府”，“上下刺其未生者也”等。

通过对身体的某一部分进行固定的温热刺激以治疗疾病，这就是灸法。灸法的出现，大约在原始人知道用火之后。原始人在烘火取暖的过程中，发现身体某些病痛能得到一些减轻或缓解；又用兽皮或树皮包上烧热的石块或沙土，贴附在身体的某一部位，用作局部取暖，也使某些病痛得到了解除，这就形成了原始的热熨法。随着时间的推移,加热疗法不断改进,人们采用树枝或干草作燃料,进行局部固定的温热刺激,治愈了更多的疾病,进而形成了灸法。

针灸之法,关键在于选择穴位。我国传统医学认为,穴位间的联系,以及体表与内脏间的联系都是通过“经络”实现的。“经”是直行的干,内属脏腑,外连肌肤;“络”是横行的支,起着横向沟通的作用。有关经络学说的最早记录,见于湖南长沙马王堆汉墓出土帛书中的《脉灸经》和《黄帝内经》中。

我国目前保存最早的针灸学专著,是西晋时期皇甫谧的《针灸甲乙经》。皇甫谧查阅当时古医书中有关针灸的阐述,将各种学说分析比较,并结合自己丰富的临床治疗经验,反复查对考证,寻找正确结论,于公元282年编成了针灸学名著《针灸甲乙经》,全名为《黄帝三部针灸甲乙经》。全书共有十二卷,一百二十八篇。此书纲目清晰,论述详备,问世以后备受医家推崇,被公认为针灸学的经典之作。它对于针灸的具体方法,有相当详细、切合临床实用的记录。书中对每一个穴位的针刺深度、留针时间等都有明确的规定。书中还强调,对病人的体质、身体胖瘦、病情状况、生活条件等具体表现,应采取不同的针刺法和灸法等。该书的许多论述,直到今天仍然被中医学界沿用。皇甫谧对我国医学的发展做出了重大贡献。由《针灸甲乙经》可见,到晋代,我国的针灸学已发展得相当完备。

唐代开始在太医院中设针灸科,有针博士、针助教进行针灸教学。这一时期有关针灸方面的论述,在孙思邈《千金要方》《千金翼方》中有若干篇。另有王焘所撰《外台秘要》卷三十九对灸法作了较多论述,着重介绍了明堂灸法。

宋代是针灸学大发展时期,不断发现新的穴位。公元1027年(宋仁宗天圣五年),翰林医官院医官王唯一科学地总结古代针灸学成就,整理成《新铸铜人腧穴针灸图经》一书,并铸造了两个人体铜模型,全身有穴孔。书中载腧穴六百五十七个,除去双穴则有腧穴三百五十四个,与皇甫谧《针灸甲乙经》相比,增加青灵、厥阳俞三个双穴和督脉的灵台、阳关两单穴。铜人穴位是当时的范本,铜人则被用来指导医官院针灸科学生学习和考试。据记载,凡针灸科学生考试,先在铜人体外裹上一层蜡,再将里面灌满水,学生按要求向指定的穴位进针,下针准确,就能将针刺入小孔内,则蜡破水出,否则只能刺破一层蜡皮。以此来检验学生的成绩。

元、明、清三代,针灸学继续有所发展,一些学者整理和编纂了不少针灸学专著,如《金兰循经》《十四经发挥》《徐氏针灸大全》《针灸问对》《针灸节要》《针灸聚英》《针灸大成》和《针灸逢源》等。历史上的针灸学著作对针灸学的总结和发展起过重要作用,但推动针灸学发展的主要动力是针灸医疗实践活动。东汉末名医华佗,运用针灸术为人治病,发现了“夹脊”穴。他的学生樊阿给病人针灸时,根据不同病情,打破常规,大胆尝试,取得了显著的疗效。北宋中叶,有一次,宋仁宗因病昏迷,御医束手无策,最后不得不找到一位民间医生来进行针灸。民医选择脑后一个不为人知的穴位进针;刚一出针,宋仁宗就苏醒过来,睁开双眼,连声称赞:好惺惺！惺惺是高明的意思,所以后来就把这个新穴位叫惺惺穴。古书中,类似这样的例子很多。这些都证明,针灸学的不断发展,源自群众性的医疗实践活动。

新中国成立后,根据党的中西医结合的方针,针灸学这门古老的科学焕发了青春,得到飞快发展。针灸不仅在治疗疾病上得到更大范围的应用,而且在康复、保健、减肥、美容等方面也得到更大的发展和运用。针灸学科目前已传至五大洲近一百二十个国家和地区,许多国家相继成立了针灸学术组织和研究机构,国际性的针灸学术活动日益频繁,世界范围内学习、运用和研究针灸的热潮正在兴起。1979 年世界卫生组织公布四十三种疾病可用针灸治疗,针灸成为世界医学的重要组成部分。1987 年 11 月,在世界卫生组织的关心与支持下,由各国针灸学会组成的非政府性国际团体——世界针联宣告成立,总部设在北京。目前,世界针联已有分布在五大洲的七十多个针灸学会作为团体会员,代表了四十多个国家和地区的五万多名针灸工作者。针灸正为人类医病强身发挥更大的作用。

中国药膳

食不厌精,脍不厌细。

《论语·乡党》

器具质而洁,瓦缶胜金玉。
饮食约而精,园蔬愈珍馐。

明·朱柏庐《治家格言》

药膳是在中国传统食疗的基础上发展而成的一门分支学科,是祖国医学的一部分。它以中医基础理论为指导,通过药物与食物的科学配合,采用中国传统的烹调技术加工制作成色、香、味、形齐全的食品,以达到养生治疗、治病健生的目的。药膳是中国传统的养生保健的重要手段之一。有着极大的养生价值和发展前景,是中国饮食文化的瑰宝。

药膳

自古以来,医食同源、药食同用。食物不但提供人体所需的各种营养素,还有保健、医疗作用。相传商朝宰相伊尹曾著《汤液论》,就是谈烹调饮食以治病的。周代已有专管宫廷贵族饮食营养的“食医”。长沙马王堆墓出土的十四种竹简医书中,就载有“火齐粥”,“青粱米粥”治疗肛门痛痒、蛇咬伤。《黄帝内经》则提出“药以祛之,食以随之”,“谷肉果菜,食养尽之”的治疗原则,提倡“毒药攻邪,五谷为养,五果为助,五菜为充,气味合而服之,以补精益气”的膳食配制原则。随着本草学、药膳学的发展,至唐代,药膳已成为一门专门的学科。就现存典籍看,唐代孟诜编撰的《食疗本草》是首次以“食疗”命名书的,也是我国早期食疗史上内容最为完备的一部专著。另外唐著名医学家、养生家,孟诜的老师孙思邈所著《千金方》中,则有《食治》《养老食治》专篇。宋、元、明、清,食疗学代有发展,著述不断。如宋代的《山家清供》,金代的《饮膳正要》,元代的《饮食须知》,明代的《救荒本草》,清代的《食鉴本草》等。除医家专著以外,还有诸多食疗文字散见于名家著作中,如李时珍的《本草纲目》载药用食物四百余种,所附的药粥就有四十余方,药酒七十六方。丰富多彩的研究成果,为中国饮食养生科学的进一步发展奠定了坚实的基础。

药膳是饮食和药物的结合。融美味佳肴和养生保健于一体,是中华烹调与中华医药综合的集中体现。药膳是一种特殊食品,是由药物、食物和调料三部分组成。取药物之性,借食物之味,食借药力,药助食功,相辅相成,相得益彰。药食配伍,须合中医机理,既考虑到药物之性味、功效,又结合食物之功用、偏性,通过科学调和,藉药膳之功效纠人体之偏颇,达到营养培元,蓄精益气,预防疾病,延年健身的目的。中国医学最基本的特色是整体观念和辨证论治。因此食疗药膳养生要根据服食者体质特点,季节、气候、地理环境等条件而有所选择,区别对待。如素体气虚之人,就应选择补气药膳,以补益肺气,健运脾胃,增强脏腑功能和抗病能力。常用药膳有人参粥、人参莲肉汤、芪杞炖乳鸽、芪参烧活鱼等。素体血虚之人,症见面色萎黄、头昏目眩、心慌心跳、疲倦乏力、手足麻木等,则益选用补血养肝,补心益脾之药膳,如归参炖母鸡,当归羊肉羹,蜜饯姜枣龙眼,何首乌煨鸡等。冬季严寒天气,则宜服食性温阳散寒之药膳,如田七炖鸡、党参炖牛肉、桂圆肉炖鸡汤,红枣煲猪蹄等。

中国烹调以其特有的色、香、味、形闻名于世,药膳常用的正是中国传统烹调技术对食物和药物进行加工。由于药膳组成上的特殊性,因此在制作过程中对配制有着特殊严格的要求,烹调也应根据药膳中食物和药物的特点而有所区别。药膳的烹调方法有煨、炖、炒、蒸、卤、煮、炸等,以炖、煮、煨为主,因为药膳中用于养生保健的中药多属甘、温、平之类滋补药物,须经过较长时间的加工方能最大限度地释放有效成分。以增强其滋补疗养效用。制作过程中以食物和药物的原汁为主,适当加以佐料。药膳食品的种类很多,可根据需要进行加工,如菜肴药膳,饭、粥、饼、糕、面等食品药膳,酒、汤、茶、汁、露等饮料药膳,还有药膳糖等。驰名世界的中国药都樟树的樟树药膳,以其集本草、食疗、养生于一体的精美烹调技艺而闻名遐迩。这里的著名厨师精心配调的传统药膳名品可谓尽善尽美。其中有代表性的药膳名肴有:益气补髓、主治高血压头痛的“天麻童子鸡”,利水消肿、主治腹部胀满的“参芪烧鲤鱼”,补肾壮腰、主治腰痛肾炎的“杜仲炒腰花”,补脾润肺、主治耳鸣遗精的“黄精煲瘦肉”,养血生精、主治血虚脱发的“首乌补血蛋”,补虚滋阴、主治病后体弱的“龙淮甲鱼块”,安神润燥、主治心悸失眠的“柏冬养心汤”,以及补心益智的“补益杞园酒”、清凉可口的“麦冬菊花茶”等。

药膳的保健功能很多,主要有聪耳、明目、生发、乌发、安神、美容、轻身、固齿、增力、增智、强筋、壮肾、强腰、壮阳、抗衰、防老等。药膳按功用大致可分为以下三类:一、养生保健抗衰老。主要选用一些性平和的补药,配以有滋补作用的食物,如鸡、甲鱼、鸭等,制成药膳食物或药酒等。该类药膳可滋补强身,抗衰老,益寿延年,增强机体抗病能力和免疫机能,如人参防风粥、桑仁粥、黄精粥、虫草鸭子、参杞酒等。二、补虚强体。主要适应体弱或病后康复之人。这类药膳重在调整加强脏腑功能,增强体质,恢复其正常功能活动。如十全大补汤,健脾抄手,茯苓包子等。三、治疗疾病。这类药膳主要针对病人具体体质及症候特点而选择药物和食物,以为治疗或辅助治疗之用。如凉拌马齿苋治痢疾,地黄米粥治晨起目赤,菊花乌龙茶治肝阳上亢型高血压等。

药膳之所以有防病强身的作用,在于其融合药物与食物功效于一体,所选药物多为人参、黄芪、当归、枸杞、山药等滋补之品,所选食物多为鸡、鸭、鱼、猪肉、羊肉、大枣等营养之物。融药于食物之中,不仅便于食用,更能为人体所吸收。俗话说,凡病三分治七分养。药膳寓治于养,寓养于食,变苦口良药为色香味形之佳肴,既可防病治病,又能养心保健、益寿强身,是中华传统医学的精粹,也是中华民族智慧的结晶和独创。药膳集中反映了具有鲜明特色的中国医药与中华烹调的结合。西方文明史中,没有类似于中国药膳的饮食文化和养生保健手段。中国药膳是独一无二的,正因为如此,它既是中国的,又是世界的。目前,药膳在我国方兴未艾,并以浓厚的东方文化特征而备受世界人民的青睐,并逐步走向世界。药膳的发展必将对促进人类健康做出更多贡献。

二十四节气

朝来暮去星霜换,阴惨阳舒气序牵。
万物秋霜能坏色,四时冬日最凋年。

唐·白居易《岁晚旅望》

像古埃及人根据尼罗河水的潮涨潮落来判断时间,确定农业栽培季节一样,我们的祖先早在以采集和渔猎为生的旧石器时代,就对暑往寒来的变化、昼夜的长短、月亮的圆缺、植物的生长和成熟等自然现象,有了逐步的认识。到了新石器时代,中国进入原始的农业社会。人们为了掌握耕作的季节,根据星象、月亮、昼夜等循环的规律,首先发现了春、夏、秋、冬四季交替的周期。据《史记·历书》记载:颛顼时曾设“火正”(官职名),帝尧时又设“羲和”(官职名),来“明时正度”,指导农业生产。夏代根据北斗星斗柄的指向和若干恒星的出没来定时间,并开始用天干纪年。商代又用干支(天干、地支)纪日,在安阳殷墟的甲骨文中已发现有十二个月的名称。

二十四节气的划分,起源于我国的黄河流域。至晚在春秋时代(前770~前476),已运用圭表测日影的方法定出春分、夏至、秋分、冬至四大节气,以后,经过农业生产实践,又逐渐充实完善,到秦汉间(前206年前后),二十四节气已完全确立,成为农事活动的主要依据。

二十四节气是根据太阳在黄道(地球上的人看太阳于一年内在恒星之间所走的视路径)上的位置(黄经)划分的。从冬至日起,太阳黄经每增加三十摄氏度,大约历时三十天,便开始过到另一个“中”气;从小寒日起,太阳黄经每增加三十摄氏度,也大约历时三十天,便开始过到另一个“节气”。这样,农历的一年共有十二个“中”气(冬至、大寒、雨水、春分、谷雨、小满、夏至、大暑、处暑、秋分、霜降、小雪)和十二个“节”气(小寒、立春、惊蛰、清明、立夏、芒种、小暑、立秋、白露、寒露、立冬、大雪),“中”气和“节”气相同排列,合称“二十四节气”。以节气的开始一日为节名,则各月的“中”气必在夏历该月出现(如雨水必在正月出现),没有“中”气的月作为闰月;“节”气则可在夏历本月或上一个月出现(如立春可在正月或十二月出现)。

由于二十四节气直接与农业生产有关,所以不少地方的二十四节气歌谣、谚语生动地记述了当地的气候变化、农事活动。如流传于辽宁的《二十四节气歌》:“打春阳气转,雨水沿河边。惊蛰乌鸦叫,春分地皮干。清明忙种麦,谷雨种大田。立夏鹅毛重(指风小),小满雀来全。芒种开了铲,夏至不纳棉。小暑不算热,大暑三伏天。立秋忙打靛,处暑动刀镰。白露忙割地,秋分无生田。寒露不算冷,霜降变了天。立冬交十月,小雪地封严。大雪河封上,冬至不行船。小寒杀年猪,大寒过后又一年。”再如流传很广的农谚“清明前后,种瓜种豆”“谷雨不冻,抓住就种”“芒种大忙多打粮”“秋分没生田,准备动刀镰”等,从中都可看到农事节日催人忙的景象。因为我国幅员广大,在同一节气各地气候变化不同,农事活动也不相同。

如上所述,二十四节气本是农事节日,但在长期的实践中,有些又演变成了综合性的节日。如立春,在古代又包含有一系列的祭祀礼仪活动,《礼记·月令》:“立春之日,天子亲帅之公、九卿、诸侯、大夫,以至迎春于东郊。”清明,历来有祭祖扫墓、远足踏青的习俗。冬至,人们吃“冬至团”,互相拜贺,互赠吃食,休息疗养,吴越一带尤为重视,有“冬至大如年”之说。

爆竹

夜半梅花添一岁,梦中爆竹报残更。

方知人喜天亦喜,作么钟鸣鸡未鸣。

宋·杨万里《己丑改元开禧元日》

爆竹,是我国传统的手工艺品,距今已有两千多年的历史。在《诗经》的《小雅·庭燎》篇中,就有“庭燎之火”的记载。所谓“庭燎”,就是当时用竹竿之类做成的火炬。竹竿燃烧后,竹节里的空气受热膨胀,竹腔爆裂,发出“噼啪”的炸裂声,以此驱鬼除邪。这就是最早的“爆竹”,也叫“爆竿”。大约到了唐代,我国发明了火药。唐《丹经》一书中说，有个姓李的人，发现火药装进竹筒里，点燃后能发出巨响，于是人们就开始用爆竹筒驱魔。到了宋代，“爆竹”改用纸制，名字也改为“爆仗”，最初的纸卷爆仗，响一声就完了。南宋时又出现“鞭炮”，周密的《武林旧事》载有“内藏药线，一发连百余响不绝”。宋代是我国爆竹大发展的时期，当时的汴京（今开封）和临安（今杭州）等地燃放爆竹的风气很盛。

明代，北京爆竹品种很多。《宛署杂记》说，有声响，称响炮；高起者，称起火；高起而又带响者，称三级浪。

至清代，爆竹以广东为最。《广东新语》载，康熙年间，每逢旧历三月初六，广东佛山镇约有几十万人参加真武庙的醮会，人们“多以大爆以享神，其纸炮大者经三四尺，高八尺”，以锦绮、绫罗、洋绒为饰，又以金箔、丝绸、珍珠等剪贴，点缀成花卉、图案，装饰其上。且有其“声如丛雷，震惊远近”之描述。又有椰炮，在直径二尺的陶器内密封火药，外裹以篾筐，以防破损，“载以香车，亦使彩童推挽，药引长六七丈，人离三百步外放之”，可见其威力之大。除佛山外，广东东莞也是爆竹的传统产区。东莞爆竹品种也很多，最大的称茶爆，稍大者称江爆；以药线连缀无数小爆者，称为串爆；大爆和小爆相间连缀，发声忽高忽低者，称为间子爆。

到了现代，我国爆竹的主要产地是湖南的浏阳、长沙的宜春、江西的萍乡、广东的佛山和广西的南宁等。由于现代科技的介入，药物配方和工艺流程得以改进，爆竹质量已与古代不可同日而语，花色品种也大大增加。除了单响、双响鞭炮外，还出现了排炮、婚礼爆竹等适应现代生活的新品。爆竹的烟雾同样大有改进，如今已不再硝烟呛人，而是芬芳扑鼻。

历史悠久的中国爆竹，给人们的生活增加多少喜庆气氛，它不仅在国内市场销路大开，成为节日庆典的必备品，而且远涉重洋，成为出口创汇的重要品种，在世界不少国家和地区享有盛誉。

历史在发展，时代在进步，虽然过节和喜庆活动燃放鞭炮是我们千百年来的传统习俗，但是，随着时间的推移，燃放烟花爆竹的危害性也被越来越多的人们认识到。燃放烟花爆竹造成严重的空气和噪声污染不说，每年引发的火灾和伤害事故给国家和人民生命财产造成了巨大损失，确实令人触目惊心。据统计，在没有实行任何限制的1990年，全国十大城市有二千一百一十五人因放鞭炮而致伤。对此，我们不应等闲视之。随着经济的发展和社会的进步，人们的观念和习俗也要改变。从1992年广州禁放爆竹，1993年北京禁放爆竹至今，已有一百多个城市禁放鞭炮。禁放鞭炮带给现代城市的是安静、温馨、祥和与轻松。当然即使我们今天在许多城市禁放了，也不能完全否定爆竹在历史上所起的作用，特别是它带给人们的那种热烈、欢快和喜庆，是不能否定的。

烟花

银汉星桥不动尘，斜飞火凤入勾陈。

一声雷起地中蛰，万树花开天上春。

清·允禧《圆明园召看烟火恭记》

据考证，我国施放烟火的习俗可溯源到公元前 2 世纪汉代的蜡烛。据《南部烟花记》载，宫中蜡烛燃至根处，烛心“皆以异屑制成，故燃之如同烟火”。隋炀帝曾以“法轮天上转，梵声天上来；灯树千光照，花焰七枝开”的诗句，描绘了五彩烟火在夜空回转，并伴有乐声的情景。唐代，京都长安(今西安)元夕烟火甚盛。宋代的烟火技艺日臻精巧，据《东京梦华录》《乾淳岁时记》记载，宋时京城欢度节日特别是春节，往往是焰火辉煌，不仅有平地小焰火，空中大焰火，还有搭架燃放的焰火，汴京宣德门外，至夜深三更时刻，“宣放烟火百余架，于是乐声四起，烛影纵横，轻烟弥漫，霏雾融融，皎如白昼”。民间则以枣肉掺和火药、炭屑为丸，系以铁丝而燃烧，称为火杨梅，与烟火争辉，由此可见当时节日烟火的繁盛情景。

明清两代，烟火技艺更胜一筹。这时燃放的烟火可施放出绶带鸟、葡萄架、珍珠帘、长明塔等五彩缤纷的图案，一时硝烟四起，光影五色，以致“月不得明”。《宛署杂记》也说，明代的烟火以铁丝、硝石、硫磺、石灰、火药等制成，由于构制不一，“因而有花草、人物等形者”达几百种之多。有的外面用泥封闭，称砂锅儿；以纸函之，称花筒，以篾筐函之，称花盒。明万历年间的《上元赋》，赞美烟火如同“朱雀夹桓”，“灿朱实之可摘，纷黛叶之鲜娇”。

清代，烟花品种更是丰富多彩，有线穿牡丹、水浇莲、金盘落月、飞天十响、五官闹判等。最著名的是花盒，每于夜晚月下燃放时，盒中的人物、花鸟等五彩烟火图像，历历分明，如同挂画。又有洋式烟火，“变幻百出，穷极精巧，不可名状”(《京都风俗志》)。光绪年间还专设机构花爆局，据《清朝野史大观》记载，宫廷曾在西苑设灯棚、烟火数百架，礼花弹腾空而起，只见飞星一道道直冲九霄，纵横驰骋如电掣空，月色天光俱为烟气所蔽。

到了现代，烟花形式不断发展变化，又出现了礼花弹、盆花、火轮、坦克炮、降落伞等许多新品种。这些烟花点燃后，喷射出千姿百态的焰火，呈现出五彩缤纷的色彩，幻化出光怪陆离的景象，确实让人叹为观止。

我国烟火不仅青史留名，至今仍驰誉世界。1987 年初，浏阳出口花炮厂在代表中国参加第二十一届摩纳哥国际焰火竞赛中，以产品的新颖、色彩的丰富，特别是燃放的节奏与同步，通过不到二十分钟五十多个烟花品种的燃放，那富有诗情画意的“中国宫灯”“钻石项链”“龙和凤”“火轮”，连同尾声“欢乐的摩纳哥”，由六百零五枚礼花弹组成，色彩鲜，颜色亮，造型美，变化多，凌霄怒放，花团锦簇，以有声有色有香的画面，折服了观众,撼动了人心,从而荣获了"中国第一"的最高奖。

燃放烟花爆竹这是中国人一种古老的传统,其意在驱邪消灾,保佑财源茂盛,万事如意,同时增加喜庆气氛。然而,随着时代的发展,人们观念的更新,燃放烟花爆竹的弊端也越来越清醒地被人们所认识。污染空气、伤害人身、引发火灾、浪费钱财,燃放烟花爆竹的种种危害已经引起人们的警惕,并采取行动有效地加以制止。如今,已有广州、深圳、北京、昆明等城市制定并颁布实施了关于禁止燃放烟花爆竹的地方性法规,并取得了很好的效果。虽然燃放烟花爆竹有其危害,目前,部分区域也已加以禁绝,但是我们仍然不能否认,它在中国商品文化中的确堪称一绝,同时在世界文明史上也理所当然地享有其独到的地位。

毛笔

纤端奉积润,弱质散芳烟。

南朝·徐摛《咏笔诗》

虽匪囊中物,何坚不可钻。
一朝操政柄,定使冠三端。

唐·杨牧《笔》

毛笔是我国传统的书写工具,在我国具有悠久的历史。毛笔产生于秦朝之前,当时诸侯各国对笔的称呼并不一致。楚国叫"聿",燕国则叫"弗"。秦统一六国后,采取楚国的"聿",再加意符"竹",统一命名为"笔",一直沿用至今。1954 年,在长沙一座战国晚期的木椁墓中,发掘出一支毛笔,它是用上好的兔毛制成的,笔杆为圆竹条,用丝缠绕,外面封漆固定,因属楚国文物,便命名为"楚笔"。这是我国出土文物中最早的毛笔实物之一。有关专家认为,楚笔仍不是最早的毛笔,从出土的新石器时代的器物来看,上面的图画得相当精细,没有毛笔是绘不出来的,据此认为,人类在新石器时代就懂得制造毛笔了。

最初,人们写字,是用竹毛蘸漆写在竹简上。在战国时期,人们开始用兔毛缠在竹竿上做笔。不过初期作的笔,相当粗糙。后来秦国大将蒙恬加以改进,采用鹿毛和羊毛混合制作,毛的硬度适中,制作精细,工艺提高了一步。所以才有"蒙恬秦笔"之说。随着我国的文化进步,制笔工艺不断改进和完善。于是,制笔者在采用兔毛、羊毛做原料的同时,还采用狐狸毛、狼毛、鼠须和鸡毛,制出软硬度适中,具有多种特色的毛笔,使其挥洒自如,得心应手。到了晋代,以宣城的紫毫为贵。它是采用中山紫毫、兔毛做原料,制出的笔,笔毫坚挺,制作精细,为文人倾慕,并成为向朝廷进贡的文房珍品。明清年代,以浙江湖州笔最为著名。它是以山羊毛和兔毛、狼尾毛配制而成,笔尖柔韧,弹性适度,较紫毫又胜一筹。笔的种类繁多,仅清代皇帝的御用笔,即有斑竹提笔、文檀髹漆提笔、万年青管、经天纬地、万年枝、云中鹤等多种多样。而且,笔杆多用象牙、犀牛角、紫檀、花梨等材料制作。这种笔,不仅是文具,而且也是珍贵的工艺品了。

笔的发展,对我国书法艺术的发展关系极大。现在,我们所看到的古代墨迹,或庄重峻峭、或风骨端凝,或浑厚雄健,或飘逸流畅,不同的风格,虽然与作者的表现手法有关,但也和用笔有着一定的联系。东晋著名书法家王羲之在所著的《笔经》中,对笔有详细的论述。

如今,虽然有钢笔、铅笔和圆珠笔,并产生出硬笔书法艺术,但因毛笔书法所具有的民族性和艺术性特征,毛笔是不可能被淘汰的。随着书法艺术的进一步发展和创新,毛笔将会更加显示出其独特的魅力,并在弘扬民族精神方面发挥更大的作用。

墨

上党碧松烟,夷陵丹砂末。
兰麝凝珍墨,精光乃堪掇。

唐·李白《酬张司马赠墨》

墨,与中国文化有着极为密切的关系。几千年来的文化典籍和书画艺术珍品,因为用墨书写而保存下来,流传至今。雕版印刷的发明,也与墨有着直接的关系。中国书法和绘画,更是由于中国特有的墨、纸、笔,在世界艺术发展史上独树一帜。

据考证,我国用墨的历史十分悠久。山东龙山文化遗址中,曾出土大量黑陶,专家们发现,这些黑陶上发亮的黑色,是当时的制陶人用烟熏和渗碳的方法取得的。这说明早在新石器时代,我国人民已能使用炭黑,在河南安阳殷墟,曾发现过商代在陶片和兽骨上用墨书写的文字。文献记载,上古时代没有用“烟”制成的墨,所用的墨是天然的“漆”“树汁”“墨菊汁”或乌贼鱼腹中的墨汁。春秋战国和秦汉时期,有的地方也用“石墨”,那其实是煤。目前所知道最早的烟墨,是从秦汉的墓葬中发现的,秦汉时期墨还未模制成锭,只做成小圆块,使用时必须用研石压住来研磨。东汉时,许慎在《说文解字》中写道:“墨者,黑也,松烟所成土也。”松烟造墨的出现,是我国制墨工艺史上的一个重大转折,从此,墨越做越精美。

东汉时,我国出现了规模较大的制墨作坊。当时隃麋(今陕西法汧阳东)盛行烧松烟制墨,隃麋墨质量很好,是中国最早出名的墨。三国时,大书法家韦诞总结前代制墨经验,制出了“一点如漆”的好墨。据说韦诞已用麝香、珍珠等贵重药物入墨,以防腐防蛀。三国时,制墨已开始用胶,这是制墨工艺上的又一次突破。

到东晋,墨已有了锭、挺、丸的固定形制,墨成为社会上层的馈赠厚礼。从南北朝时期到唐代,河北易水一带成为制造松烟墨的重要地区,奚廷珪的家族就是这一带制墨世家。

北魏的贾思勰曾在《齐民要求》中讲述了北方的制墨工艺。他说,制墨要用醇质松烟,用细绢筛去杂质,再配上好胶,加进朱砂、麝香等药料,然后放到铁臼中捣三万杵,才能成型为墨。

唐朝时，我国制墨工艺达到高峰。此时产于徽州（今安徽徽州地区）的“徽墨”被誉为中国墨的代表。“落纸如漆，万载存真”的徽墨，和宣纸、湖笔、端砚和歙砚并称“文房四宝”。而制作“徽墨”的奚超，则可说是“徽墨”的开山鼻祖。相传他原本就是墨工，因避战乱，携子廷珪由冀至皖。当时，安徽歙州是韩愈所述“江南居十九”的富庶之地，这一带黄山、白岳、松萝山古松茂密，清泉长流，制墨大有可为，父子俩便定居下来。他俩苦心钻研，改进炼松、和胶等技艺，制成“丰肌腻理，光泽如漆”的上佳墨品，深得喜好舞文弄墨的南唐后主李煜赏识，被封为墨务官，并赐以“国姓”，从此“李墨”闻名天下，口碑更盛。宋朝嘉祐年间，仁宗爱以“李墨”赏赐功臣，常侍徐铉得墨一锭，与弟徐锴共用，日书五千，十年方用完，质量可窥一斑。宋宣和三年（1121），徽宗下旨改“歙州”为“徽州”，“徽墨”遂而得名，且誉及海外，日本和东南亚各国那时均有了徽墨的销路。

奚超，廷珪之后，徽墨名手层出不穷：歙州墨工潘谷改进配方，更新造型，所制之墨有“神品”之称，苏轼尊其为“墨仙”。明嘉靖年间，制墨新秀罗小华名噪一时，他制的墨“坚如石，纹如犀，黑如漆，一螺值万钱”。至万历年间，程君房、方于鲁两家接踵而起，程君房在桐油烟中添加麝香、冰片、金箔、珍珠等配料，徽墨竟变成了医治喉疮的良药，被李时珍载入《本草纲目》。方于鲁所制“九玄三极”墨，当时也有“光可晰人，色不染手，清有余润，研无留迹”的佳评。1622年，汪中山、邹清丘首创“集锦墨”，刻成鸟兽、山水、花卉等成套模具，一套“黄山图”计十八锭，黄山三十峰布于两面，组合起来便是一幅完整的黄山风景，令集墨者们爱不释手。清代，曹素功、汪节庵、胡开文、汪近圣四大制墨名匠最具盛名，各擅其长，推助徽墨质量和艺术水平攀至新的高峰。

新中国成立以后，古老的制墨艺术，特别是徽墨艺术进一步焕发青春，运用领域也不断拓宽。现在，它不仅继续用于书画，而且被广泛运用于工业制图、商品装潢，以及印刷、陶瓷等诸多方面，加上连年出口创汇，从而在我国社会主义现代化建设事业中发挥出日益显著的作用。

宣纸

僧繇画山笔力雄，白纸尽处山无穷。
磨墨直倾东海水，放笔能写青天容。

清·袁枚《王景言镜岩图》

造纸术，是中国古代的伟大发明。宣纸，则是中国纸中珍品。

宣纸，最早产于唐代安徽宣州府（今安徽省泾县）。它“坚洁如玉，细薄光润，冠于一时”，被列为“贡品”。古宣纸的制作，以皖南山区的特产——青檀树枝的韧皮做原料，经水浸、蒸煮、发酵、漂白等工序，精工制成。青檀是一种属榆科的多年生木本。刚生产出来的宣纸，叫“生宣”，它吸附性能强，适宜书法及写意画。“生宣”用明矾水浸泡后即成为“熟宣”,最宜作工笔画用。总之,宣纸属一种皮纸范畴。用青檀树皮制的宣纸具有薄、软、轻、韧、细、白等特有效果,以吸附性强,纸张变形小,洁白度高,久贮不变色,不变质,便于长期存放为主要特点。古今中外没有一种书画用手工纸张堪与其相媲美。相传宣纸是蔡伦的徒弟孔丹发明的。蔡伦死后,徒弟孔丹欲为其师画像修谱,传留后世永为留念。无奈总没有称心如意的纸,孔丹决心制造一种理想的白纸,来了结这桩心愿。一次,他行至泾县山区,偶见一青檀树倾倒在山溪中,树皮被雨淋日晒变得洁白却并未朽坏,于是便产生了用檀树皮做原料造纸的念头。孔丹定居山中,经过几十个寒暑的反复实验,终于造出了宣纸,实现了夙愿。

自孔丹发明了宣纸以后,后人对造纸工艺又不断加以改进。宋元时期,宣纸的品种逐渐增多,产地不断扩大,质量较唐朝时有所提高。但在明代以前,宣纸生产主要采用百分之百的青檀树韧皮浆造纸。明以后,开始采用“全皮、半皮、七皮三草”等不同的配料方法。清代,宣纸进而改为檀皮和沙田稻草合制,即今天常用的特种净皮宣纸、净皮宣纸和棉料宣纸三大类品种。这是宣纸业发展的鼎盛时期,纸坊遍及皖南各地。1915 年在巴拿马万国博览会上,宣纸因品质全优而荣获国际金质奖章。新中国成立以后在人民政府的关怀下,宣纸业获得迅速发展,产品行销世界,被誉为“文房之宝,艺术之光”,“纸寿千年,墨韵万变”而妍妙辉光,驰名中外。

中国宣纸与中国书法和绘画珠联璧合,书法和绘画因宣纸而生辉。宣纸是书法和绘画的载体,没有宣纸的发明,历史上我国书法和绘画艺术取得那么大的成就,是难以想象的。

砚

端州石工巧如神,踏天磨刀割紫云。

佣刓抱水含满唇,暗洒苌弘冷血痕。

唐·李贺《杨生青花紫石砚歌》

砚(俗称砚台)是我国特有的书写绘画研磨色料的工具。过去人们把笔、墨、纸、砚叫作“文房四宝”,似乎读书人缺了哪一样都有失身份。

砚与文化、文明相伴相生。正如东汉李尤《墨砚铭》所说:“书契既造,砚、墨乃陈。”远在我国新石器时期,人们就使用不同的色彩在陶器上绘出多种多样的花纹,其颜料细腻,说明当时已有研磨颜料的工具。考古发现表明,砚的产生,早于黄帝时代。西安半坡遗址中出土有当时人们彩绘时磨颜色的石磨盘,并留有研磨的痕迹,这种距今六七千年的石质研磨器,应算是最早最原始的砚。1976 年,河南安阳殷墟妇好墓,出土一方形玉质调色器,三边有框,底部雕有一对鹦鹉,这是现存最早的艺术加工砚。湖北云梦睡虎地秦墓中出土的一方石砚,是目前所能见到的最早的石砚。

汉代的砚,石制、陶制的比较多,也有漆砚。石砚一般采用圆而扁的或长方的石料磨制加工而成,且都附有研石。陶砚,有圆形、三足、带盖的,有山形、龟形的。特别是龟形砚台,有单龟的,也有双龟的,砚盖为龟背,龟背刻有花纹,有的通体鎏金,有的镶嵌宝石,造型十分生动,制作十分精美。

砚的基本用途是研墨写字,但作为文人的案头之物,自然会讲究艺术性,追求美的造型。1956 年,在安徽太和县汉墓中发现一些圆形石砚,其中一副砚分盖和底两部分,砚盖外面隆起的提梁上雕有两条通体带鳞互相缠绕的长身兽;砚底鼎立三足,刻着三组熊状的花纹;砚身雕有各种美丽的纹饰,说明汉代制砚技术已达到很高水平。

魏、晋、南北朝时,除石砚外,有银砚、铜砚、铁砚,另外还出现了瓷砚。瓷砚多为圆形,有蹄形足,砚面无轴,以利研磨。这一时期,制砚技术已达到很高的水平。河南洛阳晋墓出土的一块石砚,圆形砚池四隅雕有龙头、卧虎、玄虎及圆形水池,砚底刻饰复莲一朵,是古砚中的精品。

到了隋、唐时代,砚材的种类及形制日趋多样化。唐代始烧制三彩砚、澄泥砚。澄泥砚出于山西绛州(今新绛),据说是用绢袋装上汾河泥加以漂洗淘澄出的细泥烧制而成。同时这一时期在石砚制作方面开始讲究石材。刘禹锡《送鸿举游江西》诗云:“使君滩头拣石砚,白帝城边寻野蔬。”广东高要的端溪石,安徽婺源的歙溪石,已被用来制砚。用端溪石制成的“端砚”最有名,历来为书法家所珍视。诗人李贺咏端砚说:“端州石工巧如神,踏天磨刀割紫云。”

宋代制砚以石材为多,且形式更趋多样。制砚工艺更为复杂,技术渐为成熟。宋朝时,鲁砚、端砚、龙尾砚、洮砚被称为四大名砚。由此可见,砚作为一种文化,经过千年流韵,已蔚为大观。北宋米芾总结前人制砚经验所著《砚史》,为我国研究制砚最早的专著。宋代大文学家欧阳修也著有《砚谱》一书。

明清两代,砚的制作进入了一个新的阶段。砚的造型丰富多样,制作工艺日臻完善,在砚材的种类、雕刻技术、花纹形式以及砚盒装潢等方面,都有许多新的创造。

作为“文房四宝”之一的砚台,同毛笔、纸、墨一样,在发展、传播我国古代文化中功不可没,时至今日仍是书法绘画使用的重要工具。我国制砚胜地安徽歙县所产歙砚石质坚润,纹理缜密,贮水不涸,发墨如油,至今畅销不衰。歙砚有罗纹、眉纹、金星、金晕、银星、鱼子、角浪、刷丝、青绿晕石和紫云等十大类。每一类又有许多种,比如眉纹就又分长眉、短眉、单眉、对眉以及阴阳眉等,自然之妙,简直不可穷尽。而在此基础上的造型图案,也是巧夺天工,显示了人类的智慧,星月河海,诗情画意,随心所欲,不拘一格,从中透出的是时代的大气。难怪蔡襄曾把歙砚比作和氏璧。看来并非夸大其词。可以相信,伴随着书法绘画艺术的发扬光大,带有浓重古文化色彩的砚台也一定会成为“长青之物”。

五　工艺

青铜器

金殿销香闭绮栊，玉壶传点咽铜龙。

唐·李商隐《深宫》

青铜是铜和锡的合金。用青铜制造的器具，在我国商代、西周，以及春秋战国时期，占有极其重要的地位。中国古代青铜器，许多都是精美绝伦的艺术珍品，作为中国几千年悠久历史的见证，具有深刻的认识价值和欣赏价值。

青铜器

根据人类制造的工具和武器所用的原料，人类社会的历史，可以分为石器时代、青铜时代和铁器时代。从考古发掘的实物看，相当于夏代的二里头文化，已经进入了青铜时代，这跟夏禹铸鼎的历史记载是相符的。商周两代的青铜器，主要是礼器、兵器、乐器等国家重器，品类繁多，工艺成熟，制作精美，在中国文化史上，写下了光辉灿烂的一页。青铜器的发明，是古代劳动人民长期实践的结果，极大地提高了生产力，人们有可能大规模地砍伐森林，开垦荒地，促进农业和手工业的发展，为提供更多的剩余产品创造了条件，这时战争俘虏也开始被留下来充当奴隶，这样，原始公社瓦解，奴隶制度就形成了。因此，青铜冶铸的发明，起了划时代的作用。从考古发现的大量商、周时期的青铜器来看，这一时期，是青铜器生产的极盛时期。如商代晚期的司母戊鼎，方形，四足，高一点三三米，重达八百七十五公斤；西周早期大盂鼎，高约一米，重一百五十三点五公斤，晚期大克鼎，重为二百零一公斤；湖南醴陵出土的商代铜象尊，用高举的象鼻作为注酒的口，象鼻尖端呈凤头状，凤头之上再伏一虎，象的四足敦实厚重，着地有力。象尊全身满布花纹，有兽面、夔龙、凤鸟和虎等图案，以繁缛细密的云雷纹衬托。象尊设计构思精巧，形象栩栩如生。能够制作这样庞大和精巧的青铜器，可见当时组织管理生产和冶铸工艺水平之高。

到了春秋战国时期，青铜器生产工艺有了新的发展。由于周王室的没落和地方诸侯势力的日渐强大，青铜器产品从宗庙祭器向日常生活用品发展，出现了供赏玩的“弄器”。青铜器的造型与纹饰由深沉凝重逐渐转向轻薄精巧。河北平山战国中山王𰯼墓出土的十五连枝灯，全形如树，灯柱上下八节，各以卯榫相接，十五分枝上各托着一盏灯盘，枝干上群猴嬉戏，柄鸟啼鸣，灯座上有两个裸身短裳男子抛食逗猴，下有三座虎。整座灯气韵生动，形象活泼。其制作工艺之精巧，令人拍案叫绝。

到了汉代，青铜器逐渐被漆器及陶瓷器所替代，这时的铜器多光素无纹饰。汉代以后，铜器生产数量日趋减少，逐渐走向衰落。

历代流传下来以及商周遗址出土的青铜器数量达几万件，其中带有铭文的铜器就有四千件以上。这些宝物特别是铭文，为我们研究商、周历史提供了珍贵的资料。铭文长短不一，最长的如西周晚期（周厉王）的《毛公鼎》，有四百九十七字。这些铭文中，有的反映了周朝奴隶制的情况，如现藏中国历史博物馆的西周初期的《大盂鼎》，记载了周康王一次就赏给了大奴隶主盂一千多个奴隶；另一件西周中期（孝王）的《曶鼎》，记载了一匹马一束丝就可以换得五个奴隶；有的反映了周与各民族的关系，如中国历史博物馆藏有一件《虢季子白盘》，记载了西周晚期（夷王）时，一个大奴隶主与少数民族玁狁打仗，一次就杀死五百多人，还抓住了五十个俘虏；有的反映了周代土地关系的变化，如西周晚期（厉王）时的《散氏盘》，记载了奴隶主之间田邑交换的事件。另外，商周青铜器铭文，其内容可作为文学作品欣赏，其书体一般称作钟鼎文或金文，是我国书法艺术的瑰宝，为书法家所珍视。铭文还保存了大量的文字学、音韵学、训诂学等方面的宝贵资料，可据以研究当时语言的语音、文字、词汇、语法等语言特点，并由此形成了一门独立的青铜器铭辞学。由于铭文反映的商周政治、经济、军事、文化等各方面的材料十分丰富，所以赋予了青铜器以更加深刻的内涵，而显得弥足珍贵。

中国玉器

乾坤有精物，至宝无文章。
雕琢为世器，真性一朝伤。

唐·韦应物《咏玉》

在中国文明史上，从七八千年前的新石器时代早期开始，玉器就脱离了生产工具的范畴，成为装饰品；自新石器时代晚期起，玉器便与权力、地位、等级制度联系在一起，成为礼器。新中国成立后，各地出土了大量的古代玉器。从出土的新石器时代的玉器看，最初，虽然也有玉制的生产工具，但主要是用于装饰。浙江余姚河姆渡遗址第四文化层发现的二十八件用玉和萤石制作的装饰品，是我国迄今发现最早的玉饰件，它们的年代距今约七千年。这一时期玉饰品的制作都还简陋，也不规整，玉料选择不严，玉质也差，器形只有坠、管、环、球、珠、璜、玦等。

随着青铜器的使用和金石并用，生产工具有了很大改进，社会生产力得到提高，物质财富的增殖和积累，促使了阶级的形成和国家的出现。中华人文始祖的轩辕黄帝，以玉分赐部族首领，作为享有权力的标志。商代奴隶制极其发达，制玉工艺已从石器制作中分离出来,成为独立的手工业部门。殷商玉器与原始社会玉器有明显变化,商代早期的二里头文化所出的玉戈、钺、铲、圭、琮、刀、璜形玉等,其造型、雕琢、钻孔、抛光等方面都达到相当高的水平。在玉雕工艺上,商代已掌握了阴刻、浮雕、圆雕、透雕等方法,并首创了立体玉雕人像和各种动物。玉工们已能巧用玉色。如殷墟出土的两只玉鳖,壳和肚的颜色黑白分明,其中一只,两只鼓鼓的眼珠是黑色,另一只,四爪上都留有黑爪尖,形象和颜色运用得惟妙惟肖,可见制作者艺术构思的精巧。周武王灭商时,“得旧宝玉万四千”。可见商代制玉发达的程度。最能反映商代后期制玉水平的是殷墟“妇好”墓出土的七百五十余件玉器。这批玉器,奇姿异态,种类多样,包括礼器、仪仗器、工具、生产用具、装饰品及艺术品等,其中的龙、凤、虎、熊、牛、鹿、狗、兔、鹤、鹦鹉等动物,形象生动,造型简练,运用了夸张、变形等艺术手法,十分精湛。所用玉料有白玉、青玉、墨玉和绿玉。其中所出的一件玉龙、两件玉虎、一件怪鸟都是上好的艺术品。

玉器

周代,重玉之风极盛。玉器除了用于装饰和仪仗、礼器外,还作为交换财产的等价物。由于玉器的世俗化、道德化,自天子以下,人人都佩玉。周代用玉范围之广、重视玉的程度、选用玉的要求和制玉的技术都超过以往。周代不断改进琢玉技法和造型设计,着意加工修整和抛光,使器物日趋美观。陕西宝鸡茹家庄西周的弜伯和他的妻妾两座墓,共出土玉器一千三百多件,其中有用红玛瑙或碧琉璃珠管加上佩玉串成的项饰,显示了当时装饰品的独特风格。

持续五百余年的春秋战国时代,由于铁器取代青铜工具,广泛用于生产,大大促进了生产力的发展,成为我国社会发展的一个重大转变时期,这一时期的玉器也反映出了承前启后的演变趋势,玉器制作精致非凡,在古代玉器史上写下了光辉一页。反映在玉器工艺上,还出现精雕细琢的崭新风格,各种硬玉石料也能加工雕造。春秋战国时期,人们更把玉和玉器与人的道德品质联系起来,“君子比德于玉”,对玉器的爱好已经达到了形影不离的地步。这种社会习俗对玉器工艺的发展产生了一定影响,这就是佩饰玉器的简便化、小型化,以及刀剑、革带用的玉器问世。刀剑用玉始见于春秋而盛行于战国和两汉,春秋战国常见的玉器有琮、璜、璧、镯、环、剑饰、佩饰等,其中以玉璧和龙形佩饰最多。此外还有玉带钩、玉玺以及各种葬玉等。

秦灭六国,建立了空前强大的中央集权的封建帝国。汉承秦制,进一步巩固和发展了统一强盛的封建制国家。此期出土玉器,件头硕大,雕饰豪放,品种繁多,技艺精湛。这时统治阶级在社会礼仪、日常生活中更加广泛地使用玉器,祭祀朝聘、礼仪大典，都非玉莫办。两汉玉器对以精致著称的春秋战国玉雕艺术是一次重大突破，对后世玉器有着重大影响。两汉时期，玉的神秘色彩大增。方术之士认为，玉可为生者避邪，为死者保尸。《后汉书·礼仪志》规定，皇帝死后用金缕玉衣，列侯、始封贵人、公主用银缕玉衣，大贵人、长公主用铜缕玉衣。新中国成立以后，在河北、安徽、江苏等地汉代墓葬里，先后发现了九套这样的玉衣。1968年，河北满城西汉中山靖王刘胜和其妻窦绾墓出土的两件金缕玉衣，保存完整。两套玉衣都是由二千多块形状不同的玉片、用金丝编缀而成。两套玉衣用的金丝约重一千八百克。玉片的大小和形状是根据人体各部的不同形状设计的，其中绝大多数呈长方形、方形，少数为三角形、梯形、四边形和多边形等。每块玉片都要磨光、钻孔。这两套玉衣制作的工艺水平之高令人惊叹，例如有的玉料切缝仅为零点三毫米左右，玉片上的小孔有的仅一毫米左右。制成这样一件玉衣，按今天的工艺水平推算，在两汉时约需一名玉工花费十余年的工夫。这两套金缕玉衣既是古代劳动人民智慧和血汗的结晶，又是封建统治阶级残酷剥削人民的罪证。魏晋南北朝时期，炼丹大盛于时，“食玉”以求长生之风也随之兴起，并延及隋唐。

隋、唐时代，经济繁荣，文化发达，对外交往密切，长安成为国际性都市。这时的手工业极其兴隆，手工艺品也是对外贸易的重要商品。这时的玉器，在造型和装饰方面创造了新的风格。佩饰出现了头戴的金、银镶玉的步摇、发钗，手戴的玉镯。唐代还流行玉带銙，它是用玉琢成方形的玉片，缀附在革带上，成为官场礼服的重要组成部分。同时玉器上还大量出现花鸟、人物饰纹，器物富有浓厚的生活气息。

宋代，徽宗嗜玉成癖，精巧仿古玉器层出不穷。北宋玉器，以龙凤呈祥图案为多，因受工笔画影响，所以非常重视神态。两夏、辽、金、元玉器则以花、鸟、虎、鹿和鱼水纹饰为主，而且以佩饰和嵌件较多。

明代的生产力有很大发展，商业繁荣，玉器制造也相当发达。此时玉器品种以佩戴和陈设用的工艺美术品为主，其刀法粗犷有力，出现“三层透雕法”，镂雕十分精细。北京、苏州、扬州是当时的三大玉琢中心。

清代是我国封建社会的最后一个王朝，它对多民族的统一国家的形成与巩固做出了很大贡献。这一时期是玉器发展的鼎盛期，形成了我国古代玉器史上的最高峰，在玉质之美，做工之精，器形之众，产量之多，使用之广等方面，都是历史上任何一个朝代的玉器所不能媲美的。这时的玉器有着鲜明的装饰性、欣赏性，其社会功能更趋广泛化，仿古玉和时作玉成为两大主流。仿古玉，一种是仿古彝，即仿商、周青铜器的造型、花纹；另一种是仿汉玉。时作玉器，其形制多种多样，图案、做工均极其丰富多彩。乾隆时代开始吸收痕都斯坦玉器（莫卧儿王朝玉器）器形、装饰与碾技，其特点是“水磨”，抛光强烈，器薄如纸，乾隆皇帝御制诗中有数十篇赞美痕都斯坦玉器的精湛做工。

玉在我国古代文化中起着重要作用。在山西侯马晋国的祭祀坑中，玉圭上留下不少朱书盟誓文字。孔子言：君子之心如玉。古书上说玉有“六德”，它“温润而泽比于仁;缜密以栗比于智;廉而不刿比于义;垂之如坠比于礼;扣之其声清越以长,比于乐;瑕瑜不掩比于忠;孚尹旁逵比于信”,玉德比君子,完善得无以复加,故有“君子无故,玉不去身”之说。凡国家祭祀、宴飨、朝礼、聘礼,无一不用玉;自天子至庶人,未有身不佩玉者;国家重典,社会礼仪,未有不以玉成之。真是无处不用其玉。一些美好事物总是与玉联系在一起,在一些词语中广泛地流传下来。例如称颂人才为“怀瑾握瑜”;颂扬一个人的操守,为“宁为玉碎,不为瓦全”等。

我国自古视玉为宝,西周金文中的“宝”字,就是室内藏有玉和贝,素有“金有价,玉无价”之说。历代许多帝王的“传国玉玺”,都是以玉刻制的。我国皇帝秦始皇,就是用“白”“玉”二字组成的“皇”字表示他拥有最高的权力,并用古代最有名的“和氏璧”制成传国玉玺。战国时,楚人的和氏璧价值连城,唐代的夜光杯,明代的“一捧雪”梅花玉杯,成为传诵千古脍炙人口的故事。陈列在北京故宫博物院珍宝馆的“大禹治水图”大玉雕,重五千三百公斤,是清代乾隆年间(1736~1795)雕琢而成的。这件玉雕是用整块巨型碧玉雕就,其上层峦叠嶂,古木苍森,众多人物在劈山开石,费时十年完成,是我国玉雕之冠,有“玉王”之誉,其雕琢之精美,有“鬼斧神工”之称,被列为一级国宝。

我国古代玉器以其历史悠久、用途广泛、形式繁多、质地莹润、碾琢精湛、风格独特而闻名遐迩,在世界玉器玉艺领域独树一帜,充分展现出我国劳动人民的聪明智慧和创造才能。我们中华民族的成长与玉器的发展休戚相关,紧密相连。我们古老而又年轻的国家,堪称“玉器之邦”。作为中华民族文化宝库中的珍贵遗产,我们因有这样光辉灿烂的古老玉器文明而倍感自豪。

瓷器

煮冰如煮石,泼茶如泼乳。
生香湛素瓷,白凤出吞吐。

清·胡虞选《敲冰煮茶》

瓷器是我国古代劳动人民的一项伟大发明。我国的瓷器历史悠久,品种繁多,质地精良。在历史上,中国瓷器大量出口,在国外享有极高的声誉,被誉为“瓷国”。英语中称中国为China,即“瓷器”之意。

瓷器是从陶器发展而来的,但又和陶器有很大的区别。一般地说,发明瓷器必须同时具备三个必要的条件:一是原料要用比较纯净的瓷土(高岭土),二是烧成温度要达到一千一百摄氏度以上,三是器物表面要涂敷釉料。尤其是前两条,也正是陶器和瓷器的主要区别。根据以上条件验证,在龙山文化晚期的遗址中就已经发现了瓷器碎片,因为它们胎骨青灰色,质地坚硬而较密;器表施青绿色薄釉,釉层较均匀,有光泽;火候较高,吸水率小,击之尚有铿锵声,与商周原始青瓷完全一致。所以说,中国创烧瓷器的年代距今已有四千多年的历史。

商代中期,郑州二里岗遗址出土过原始青瓷。1975年安阳殷墟就发现了青瓷豆、罐等,加之后来出土的西周及春秋战国时期的瓷器,都属我国的早期瓷器,史称“原始瓷”。到了东汉时期,我国就已经能够制造相当成熟的瓷器了。

瓷器

我国的瓷器在长期的发展过程中,经历了从青瓷到白瓷,又从白瓷到彩瓷的几个阶段,这也是我国制瓷技术不断提高的重要标志。

东汉瓷业是发展时期,浙江省上虞市有几十座东汉中晚期青瓷窑址,并发掘了其中的两处,出土了大量的瓷片和瓷器,证明当时青瓷的质量较高,已超过了商周及战国的青瓷器,与六朝青瓷相比也不逊色。所谓青瓷,是釉料中含有铁的成分、烧成后釉色青绿的瓷器。它是我国著名的传统瓷器之一。历代所称的缥瓷、千峰翠色、艾色、翠青、粉青等,都是指的这种瓷器。

到了魏晋南北朝,我国瓷器生产飞跃发展,制瓷区域由南方扩大到北方,烧造技术臻于成熟,瓷器质量提高,数量激增,种类很多,装饰丰富多彩。这一时期制瓷工艺的突出成就是:烧成了黄釉、酱釉、黑釉、黑褐釉、褐黄釉等瓷器,特别是北朝成功地烧出白瓷,是制瓷技术上的重大突破。这一时期还发明了釉下挂彩的技艺。东晋以后,南方青瓷普遍用褐色斑来装饰。北朝晚期,有了白釉或淡黄釉挂淡绿彩的瓷器。彩瓷的出现,预示着在瓷器装饰方面将发生重大变革。

隋唐时期,是我国瓷器生产的鼎盛时期。隋瓷的釉色和装饰都比南北朝复杂,并出现了彩绘。瓷器的硬度和釉色的洁净,都超越前代。烧造的白瓷,色调比较稳定,白度较高。到了唐代,制瓷业成为一个独立的生产部门,器形和装饰也形成了独特的风格。唐代的青瓷以越窑名声最大。越窑在浙江省余姚市,越窑青瓷胎质细薄、釉色晶莹、制作精美,当时人们以“美玉”“美冰”“千峰翠色”来形容和赞美它。与越窑相对的是北方的邢窑(今河北内邱附近)。邢窑主要是生产白瓷,这种瓷器胎釉洁白,如银似雪,而且产量很大。邢窑和越窑一北一南,一白一青,交相辉映,代表着唐代瓷器的主流。

宋代是我国制瓷技术发展的高峰时期,南北各地都涌现出许多生产优质瓷器的名窑。这一时期著名的瓷窑有:柴窑(河南郑州)、汝窑(河南汝州)、官窑(河南开封)、哥窑(浙江龙泉)、定窑(河北定县)、钧窑(河南禹州)、景德镇窑(江西景德镇)、磁州窑

(河北磁县)等,形成了各具特色的瓷窑体系。在以上八大窑系中,又按照各窑的工艺特点、装饰特征和宫廷的特殊需要,将"汝、钧、官、哥、定"列为全国五大名窑,并相继被宫廷垄断为官窑,专为宫廷烧制御用瓷器。由于汝、钧、官、哥、定窑产品独特,各具风韵,又被列为五大名瓷而闻名中外。

汝瓷:因产于河南汝州而得名,汝官窑已在宝丰清凉寺(宋代归汝州管辖)找到。以产青瓷著称,土质细腻、胎骨坚硬、釉色润泽,釉中和玛瑙末,其色卵白、天青、豆青、虾青,往往微带黄色,还有葱绿、天蓝等。尤以天青为贵,粉青为上,天蓝弥足珍贵,也有"雨过天晴云破处"之称。汁水莹厚,有如堆脂,视如碧玉,叩声如磬,汁中沙眼显露;蟹爪纹、鱼子纹和芝麻花,底上有细小支钉痕。汝瓷分为宫廷御用和民用两部分,民用瓷器表富于装饰,而宫廷用瓷讲究青色淡雅,制作精细,内掺玛瑙,釉色温润,开片密布之艺术效果。

钧瓷:因在河南禹州钧台设窑烧制得名。其特点:造型端庄、胎质细腻、坚实致密。叩之有声,圆润悦耳,清脆动听。釉色莹润,色彩缤纷,窑变美妙,万紫千红。造型除碗、盘器皿,多为宫廷盆景美术陈设品及其文房四宝等。钧窑的特色是首先采用了以铜为呈色剂的釉料,烧成了著名的紫红色釉瓷器,特别是独特的"窑变"工艺,使釉色变化万千,瑰丽绚烂,历来都被看作珍品,"窑变"本来是指在烧造过程中失去控制,偶然烧出一些有蓝、有红、有紫的釉色瓷,由于窑变是无法控制的,所以窑变瓷器不能复制,更显得珍贵。后来,钧窑的工人逐渐掌握了窑变的规律,能够有意识地烧造窑变瓷器了。这需要很严格地控制和变换窑中的氧化还原状态,的确是一项很出色的成就。

官瓷:据叶寘《坦斋笔衡》记载:"北宋大观间,汴京自置窑烧造,名为官窑。"其原料非常讲究,均选用上等瓷土、釉药。官窑产品胎骨有白、灰、红等色,白的含有铁质的黑釉护胎足,釉色以月白为上,粉青次之,又有天青、翠青、大绿等,其釉薄如纸,釉内呈现水裂、蟹爪、梅花和开片等纹样,也有作鳝血状的油斑者。其造型多炉、瓶、壶、尊、碗、盘、盒、洗、碟及文房用具等。

哥瓷:产自浙江龙泉,相传古代章生一、章生二兄弟二人都擅长烧制瓷器,但章生一烧得更为名贵,名哥瓷。其胎有黑、深灰、浅灰及土黄多种,黑灰胎有铁骨之称。其釉为火透的薄乳油釉。以灰者为主,也有炒半黄色、浅青色。器表纹片装饰,大小结合,有的大纹片呈黑色,小纹片呈黄色,有金丝铁线之称。常见的器形有碗、盘、碟、洗、炉、瓶、缸等。

定瓷:因产自河北定州而得名。宋代以产白瓷为主,兼烧酱釉、黑釉和绿釉,故有"紫定""黑定""绿定"之称。当时有"定州花瓷瓯,颜色天下白"的美称,其产品曾经作为宫廷御用的瓷器。定窑还突破了过去以青白二色为主的传统,开始烧造红釉、紫釉、黑釉等彩色瓷。不仅如此,定窑工人还创造性地发明了瓷器的刻花、印花、贴花、剔花、彩绘等装饰技术,开始有意识地把艺术与制瓷结合起来,对后世产生了深远的影响。

元代,瓷器烧造也取得了突出的成就。现在我们常见的青花瓷器,就是元代制瓷工艺的产物,青花瓷是在我国沿袭时间最久、产量最大的一个瓷器品种。

明、清两代,制瓷生产达到极盛。彩瓷技术取得了重要的进展,各种新品种层出不穷,争奇斗艳。

写中国瓷器,不能不提景德镇。景德镇早在唐初就开始烧造瓷器,自元代以后制瓷业迅速崛起,到明清时期成为全国最著名的瓷器产地,直到今天仍享有瓷都的盛誉。元代在景德镇设立了全国唯一的官方管理机构——瓷局,推动了当地瓷业的迅速发展。明代景德镇被誉为"天下窑器所聚"之地,"至精至美之瓷,莫不出于景德镇"。青花瓷器在明永乐、成化年间达到登峰造极的水平。清代仍然在景德镇设置御厂,专门生产宫廷用瓷。康熙时期的五彩,雍正时期的粉彩、珐琅彩都是富丽堂皇,技艺复杂,制作精细。所以有人评价说:"世界之瓷以吾华为最,吾华之瓷以康熙为最。"

制瓷技术是中国对世界的伟大贡献。早在隋唐时期,中国瓷器就开始流传到国外,此后历代都作为主要的商品行销世界。现代考古发掘已经证实,在伊朗、埃及、印度、摩洛哥、埃塞俄比亚等国,都发现了大批唐、宋、元、明历代中国瓷器残片。中国制瓷技术在唐宋时期首先传入朝鲜、日本、越南、泰国等邻近国家。大约在 11 世纪,传到了埃及,14 世纪传至意大利,大约在 18 世纪中叶,制瓷技术逐渐传遍了欧洲大陆。

新中国成立以后,我国制瓷业发展迅速,不仅恢复了许多失传的名贵品种,还创制了许多新的佳品名瓷。具有悠久历史传统的古老瓷国,正在焕发青春。中国瓷器在国际市场上以质地优良、工艺精湛、品种繁多,畅销不衰。目前,我国陶瓷年生产量约为三十八亿件,随着对外开放的不断扩大,出口量也在逐步增加。中国瓷器远销海外,使世界许多国家和地区对中国有了进一步了解,这些外销瓷器仿佛"形象大使",成为中外经济、文化交流的有力见证。

陶器

土坚瓦可陶,步近木易取。

宋·陆游《小葺村居》

陶人妙合阴阳机,冻壶顷刻回芳菲。

元·袁桷《濮阳张节妇瓶中杏枝著花因赋》

早在距今约一万年的新石器时代早期,我国先民逐渐发现了用火烧过的粘土变成了耐火防水的硬块,就开始有意识地把粘土加水和成泥,塑成器物的形状用火烧,这就出现了最早的陶器。

陶器的产生是和农业经济的发展联系在一起的。在人类进入新石器时代,由于农业和畜牧业的出现,开始了定居、半定居的生活,随着农业经济的发展和定居生活的需要,人们对于烹调、盛放和储存食物及汲水器皿的需要越来越迫切。从而促使人们在生活实践中,创造出与人类生活息息相关的陶器。陶器的产生和发展,是中国劳动人民几千年来在生产斗争中辛勤劳动的结果。与瓷器不同的是,陶器并不是中国独有的。在世界上一些其他国家,像古埃及、叙利亚、印度等,也都在新石器时代早期就出现了陶器。陶器的发明,大大改善了人类的生活条件,开辟了人类发展的新纪元。

原始社会制造陶器,开始是用手工捏制的方法制成一定器形,后来发展为将陶土搓成粗细一样的泥条,再把泥条盘筑成一定器形,将其内外用手抹平。到父系社会阶段出现了轮制法。进入封建社会后,又发明了模制法,即将陶泥填入模中,脱出器物的全形。人们推测,最原始的烧制方法是堆烧法,把晒干的陶坯放在露天柴草中烧。在六七千年前,开始使用陶窑烧制陶器。早期陶器有红陶、灰陶、黑陶、夹砂陶、彩陶等,以后又发展到建筑陶、艺术陶等。

陶器原料取用方便,一般粘土即可制成,烧造火候较低,烧造也较容易,器物有的不上釉,有的上釉或绘彩。历史上最有名的陶器除了原始社会的陶器外,还有汉代的铅绿釉陶、唐三彩陶器和明清宜兴、石湾等地区的陶器。

陶器生产在不同历史时期具有不同的文化特征。裴李岗文化,1977 年在河南省新郑市裴李岗村首先发现,是我国目前发现最早的新石器时代遗址。出土的陶器带有一定原始性,是目前中国发现最早的陶器。仰韶文化,彩陶为其主要特征,年代距今七千至五千年,陶器皿种类主要有盆、罐、钵和小口尖底瓶等,质地有泥质陶和夹砂陶。大汶口文化,年代距今六千至四千二百年左右,其陶器器型和纹饰也自成特点。龙山文化,年代距今约四千三百至三千八百年,黑陶是最具代表性的器物,尤以"蛋壳黑陶"最为精美。同时,龙山文化晚期还出现了用高岭土烧制的白陶,为后来原始瓷器的发明奠定了基础。商代,青铜器的制作成就辉煌,但普通人日常生活的主要用具仍以陶器为主。除烧制灰陶以外,后期,白陶和印纹硬陶有很大发展,尤以白陶工艺最精,纹饰采用青铜器的艺术特点,装饰华丽,弥足珍贵。同时,还出现了用高岭土做胎施青色釉的原始瓷器。西周以后,陶器种类繁多,除生活器皿之外,还有砖瓦、陶俑和建筑明器等。到战国、秦汉时期,用陶俑、陶兽、陶明器随葬已成习俗。因此,制陶业更加繁荣。如西安发现的秦始皇陵兵马俑,陕西咸阳、江苏徐州发现的西汉时期兵马俑,其造型之精,阵容之宏伟,为世界所罕有。汉代,由于社会稳定,农业、手工业发展较快,厚葬风气在民间普遍盛行,制陶业大量烧造陶明器用以随葬。这时,战国时期出现的彩绘陶器得到发展,釉陶也普遍应用,同时在陶明器上用白粉、墨书文字者也大量出现。到东汉晚期至三国,瓷器的烧造技术逐渐成熟,陶器才为瓷器所取代,而退居次要地位。

早期陶器当中,最能代表我国制陶艺术水平,最能真切地反映新石器时代晚期先民生活情景的艺术品当属彩陶。彩陶是仰韶文化的一项卓越成就,是以红泥做胎,用赭、红、黑和白等色绘饰的陶器。彩陶艺术,具有浓厚的生活气息和独特的艺术风格。它是在陶器未烧以前就画在陶坯上,烧成后彩纹固定在器物表面不易脱落。有的在彩绘之前,先涂上一层白色陶衣,使彩绘花纹更为鲜明。彩陶花纹主要是花卉图案和几何形图案,也有少数动物纹。几何形图案主要有:弦纹、网纹、锯齿纹、三角纹、方格纹、垂幛纹、旋涡纹、圆圈纹、波折纹、宽带纹、花叶纹,并有月亮、太阳、北斗星等纹样。动物纹样,常见的有鱼纹、鸟纹、蛙纹等。兽纹较多的是猪纹、狗纹和鹿纹,有的奔驰,有的站立。这些花纹和图样古拙精炼、鲜活贴切,生动而富有情趣,形象地记录了渔猎生活的图景,表达了原始人类的思想感情和美好思想。彩陶中人物纹样较少见,尤为珍贵。1973 年在青海大通县孙家寨古墓中出土的彩陶器中,有一只彩陶盆,其口沿内壁上描绘了三幅五人成组、假静而写动的优美舞蹈图画。她们手拉手,发辫一甩一甩,身后系着尾饰,一张轻歌曼舞的剪影轮廓,一派婆娑婀娜的诗情画意。这就是抒情柔美,富有节奏感和运动感的原始歌舞节目。从中可以想见原始人类载歌载舞的文化娱乐活动情景。姐妹们为了嘉禾与渔猎的丰收欢歌,为了家族兴盛而舞蹈,为了祖神的保佑而礼祭,这就是中华民族传统礼乐的先河。鱼游、鸟飞、兽奔、虫跳,所谓"百兽率舞,万千姿态"。人们正由于生活中的快事,引起情绪的激荡,于是便仿效动物那样,"手之舞之,足以蹈之"——原始舞蹈就这样产生了。您看,那五位女舞者,都系着兽样的尾饰,不正是模仿禽兽的装束和舞姿吗?彩陶是生活的反映,是历史的见证。其自身具备的真切表现力和超绝创造性是无与伦比的,正因为如此,它才理所当然地成为享誉世界的艺术珍品。

新石器时代的彩陶器,在黄河、长江流域和全国各地陆续都有发现,总数在三千处以上,是人类社会初步分工之后所创造的物质财富和精神财富,也是划时代的文化艺术创造。

漆器

舜造漆器,谏者十余人,此何足谏?

宋·司马光《资治通鉴·唐太宗贞观十七年》

山花野草插巾帽,竹筋漆椀兼瓷瓯。

明·刘基《题富好礼所畜村乐图》

中国是世界上最早发现并使用天然漆的国家,经过长期摸索和实践,把漆器发展成为一种专门的工艺并达到很高的水平,对全世界漆器工艺产生了很大影响。

天然漆的生产、应用,在我国有悠久的历史。天然漆是漆树上分泌的一种汁液,为制造漆器的主要原料,具有高度粘合性和耐酸耐碱的性能。漆的利用首先是天然漆,然后才有调颜色的色漆。我国用漆作为涂料,最早见于《韩非子·十过篇》。据《周礼·载师》记载,周代民间产漆,须向国家缴纳四分之一的赋税。《史记·老子韩非列传》还记载庄子做过宋国漆园吏,可见战国时期设有管理漆园的专官。

在木器上涂漆,是为了防腐。至于在漆器上彩画,则是为了美观。考古发掘表明,早在新石器时代就已经有了漆器。1976 年,考古工作者在浙江余姚河姆渡原始社会遗址,发现了距今七千年左右的木胎漆碗和漆筒。这是目前发现最早的漆器。彩绘漆器，是我国工艺美术品的重要品种。商周时代，已开始利用色漆和雕刻来装饰器物，并且以松石、螺钿、蚌泡等作镶嵌花纹。商代漆的生产水平相当高。1950年，在安阳武官村商代大墓发现了很多雕花木器的朱漆印痕，木器虽已腐朽无存，但印在土上的朱漆花纹，还很鲜艳。1973年，藁城台西商代墓葬发现了几十片漆器残片，这些漆片为朱红地、黑漆花纹，上下交错，构成多种美丽的图案。1958年，湖北蕲春毛家嘴出土一件西周早期的漆杯，在黑色和棕色的漆地上，绘有红彩纹饰，制作十分精美。周代贵族的车马饰物，甲胄弓矢，多用漆料涂饰。

春秋、战国时期是我国漆器发展史上一个极为重要的时期。本期漆物品种大增，髹饰技法也有很大的发展，生活用品大都用漆器。近年来，湖北江陵、随县、湖南长沙、河南信阳等地，都发现了大量春秋、战国时的漆家具、生活用器、乐器、兵器附件等，种类繁多，纹饰工细。例如，1965年湖北江陵望山楚墓出土的一件彩漆动物座屏，长方形外框中间透雕鹿、凤、雀、蛙、蛇、蟒等五十一个动物，周身黑漆为底，并有朱红、金银、灰绿等漆的彩绘。座屏的外框也用朱红、金银漆绘凤纹等图案。雕刻的动物互相搏斗，画面生动，形态逼真，栩栩如生，堪称艺术杰作。这充分说明了当时漆器手工业的高度成就。

汉代漆器产量之多、规模之大、传播之广是前所未有的。漆器的造型及装饰也呈现出新的面貌。其造型大小具备，新颖精巧；其装饰既继承了战国时期针划花纹技艺，又创造出用漆或油调灰堆出花纹，也即堆漆；在漆器上贴金箔花片，彩绘描漆相结合，成为一种华丽的漆器，不过这只流行于西汉中期至东汉初期。

唐代漆器工艺进一步发展，其中的螺钿漆器，是用贝壳制成人物、鸟兽、花草等形象，粘嵌在漆器上。这种螺钿技术源于商代青铜器镶嵌绿松石，发展至隋唐时期已达到了很高的水平。这时期，漆器制造技术开始传入日本等国。

宋元时期的漆器，在手工业商品生产中占有重要位置。宋代最流行的是一色漆器，主要是纯黑，其次是紫色、朱红。元代开始出现雕漆。雕漆又名剔红，是用红棕等色的漆，一层一层地在胎外涂厚，然后在表面雕刻花纹，十分精美。

明清时期是漆器发展史上的鼎盛期。明代髹饰工艺已大大完备，多种技法和不同纹地的结合，使明代漆器在工艺水平上达到了极高的成就。清代制漆业更加繁盛，制作规模也远远超过明代。工艺技法也有一些新的进展，尤其是在描金、螺钿、彩绘、镶嵌等方面，都有所突破。清朝后期，由于内忧外患，制漆业渐渐衰落下去。

新中国成立后，我国漆器手工业的生产，有了很大的发展，各类漆器的造型、纹饰，在传统的技法上有许多新的创造，成为我国著名的手工艺品种，行销世界各地。

景泰蓝

以铜作身，用药烧成五色花者与拂郎嵌相似，曾见香炉、花瓶、盒儿、盏子之类，但可妇人闺阁之用，非士夫文房清玩也，又谓之鬼国窑。

明·曹昭《格古要论》

景泰蓝也叫铜胎掐丝珐琅，它是北京著名传统工艺品之一，在世界享有盛名。由于初创之时只有蓝色，故称"景泰蓝"。后来虽然各种颜色的制品都有，但仍沿袭旧名，"景泰蓝"已成为一种工艺品的代名词了。

景泰是明代宣德皇帝之子的年号。宣德皇帝在位时十分重视铜器冶炼，景泰从小深受影响，对铜器铸造产生了浓厚的兴趣。因为铜器冶炼到宣德时已达到登峰造极的地步，制作工艺上很难再有新的突破，于是他就另辟蹊径，在颜色上大做文章，研制出了"景泰蓝"。之后他爱之倍加，宫内御用装饰多是景泰制品，种类繁多，精品迭出。成化继位，对"景泰蓝"烧制又有发展，历史上，景泰、成化两朝"景泰蓝"制作最盛，制品最精。以后明代历朝，虽然还继续烧造，但无论在质量还是数量上都不及景、成两朝。

景泰年间的器物，按釉料分，以天蓝、宝蓝、草绿、深绿和红色为主，同时也有新的釉色，为葡萄紫、翠蓝、玫瑰色等。在色调的调和上，除以天蓝作底色外，还有用宝蓝、翠蓝作底色的。如故宫所藏景泰年间制作的阳文四字款的三足炉，即为翠蓝底、紫色葡萄、深绿色叶子。这些多色调合的制品，色彩鲜亮夺目、其掐丝技艺之精巧，磨光之细润，镀金之匀实，无不达到炉火纯青的境界。

景泰蓝

到了清代，景泰蓝制品，无论造型、纹饰还是色彩基本继承了明代传统，只是到了乾隆时期，品种逐渐扩大到屏风、桌椅、床榻、文具、玩具等方面。釉色上又创制出粉红、翠玉、黑色等品种，底色也新增了绿底、白底两色，掐丝、磨光、镀金工艺进一步发展成熟，多有精品传世。

景泰蓝制品以其精湛的工艺、独特的造型在世界上赢得了声誉，成为世界人民珍爱的工艺品。在20世纪初，北京景泰蓝工艺品参展美国芝加哥世界博览会，一举夺得一等奖。新中国成立以后，在党和政府的重视、支持下，景泰蓝制作在继承传统的基础上，有了新的创新和发展，1981年在全国首届工艺美术百花奖评比中荣获金杯奖。

景泰蓝的制作工艺比较复杂，需要经过制胎、掐丝、点蓝、烧蓝、磨光、镀金等主要工序，其中最复杂细致的是掐丝和点蓝的技艺。

景泰蓝的造型是否美观，取决于制胎工艺。制胎是将选好的紫铜片按图裁剪成不同的料胚，然后用铁锤打成各种形状的铜胎。以瓶子为例，它由瓶嘴、瓶肚、瓶座三段锤接烧焊成型。明清时有铸胎、剔胎、钻胎工艺，发展至现代，开始采用车、压、滚、旋等机械制胎工艺。

掐丝是用镊子将柔软、扁细具有韧性的紫铜丝，按图案设计的要求，掐成各种纹样，蘸以白芨或浆糊，粘在铜胎上即成。掐丝工艺技艺精巧，难度较大。制作者只有具备纯熟的技艺，才能掐出神韵生动的画面。

完成了前两道工序，再经烧焊、酸洗、平活、正丝后，便进入点蓝工序。方法是用一种叫蓝铃的金属小锤子把碾细了的釉色填入丝工空隙处，经八百摄氏度火烧，如此反复三到四次才完成。新中国成立前，点色较为单调，新中国成立以后，运用渲染、罩染、烘染、衬染、剔染等技法，进一步拓展了景泰蓝艺术的表现力。

紫砂壶

寒梧垂荫日初晴，自泻供春蟹眼生。
疑是闭门风雨候，竹梢露重瓦沟鸣。
诗后自注：台湾郡人，茗皆自煮，最重供春小壶，一具用之数十年，则值金一笏。

清·周澍《台阳百咏》

紫砂壶是陶都江苏宜兴的特产，为历代品茗爱好者所推崇。风格独特，古色古香的宜兴紫砂壶，始于北宋，盛于明清，是我国杰出的陶瓷工艺品之一。它素以制作技艺精湛，造型典雅大方，色彩艳丽洁净而闻名于世。对此，古代文人多有赞誉。北宋诗人梅尧臣在诗中写道："小石泠泉留早味，紫泥新品泛春华。"苏东坡谪居宜兴，尤爱用紫砂壶泡茶，并说："铜腥缺涩不宜泉，爱此苍然深且宽。"他所设计的"提攀式紫砂壶"被称为"东坡壶"。清代李渔在《杂说》一文中指出："茗注莫妙于妙，壶之精者，又莫过于阳羡（宜兴古称）。"紫砂壶以其独特的实用功能和卓绝的工艺水平，赢得了"世间茶具称为首"的美誉。

紫砂陶的原料叫紫砂泥，当地人称之为"富贵土"。紫砂泥分朱砂泥、紫泥和团山泥三种。烧制时温度稍有高低，产品就会呈现出紫铜、葵黄、墨绿、铁青、棕黑、朱砂黄、海棠红等各种颜色。当然，其之所以受人欢迎，除了其古朴天然的色泽和别致清雅的造型，主要还是因为它独特的实用价值。因其表里不施釉彩，透气性能特佳，故以紫砂壶泡茶不仅色、香、味俱佳，而且三伏天盛茶隔夜不馊，更奇妙的是，其使用年代越久，经长期摩挲的壶身越发光润古雅，泡出来的茶味也愈加馥郁纯正，甚至仅仅在空壶里注入沸水，也会散发出淡淡的茶香，所以一直被人们誉为茶具中的上品。

紫砂壶有上千个品种，真可谓"方非一式，圆无一相"，造型千姿百态。一般地说，紫砂壶分自然物体造型、几何形态造型和筋纹器形造型三大类：前者取材于自然界中瓜果花木、虫鱼鸟兽等物体的形象，融自然之魂和艺术之魂于一体，如市场上常见的竹节壶、梅花壶、劲松壶、三友壶、松树葡萄壶等。几何形是从圆形、方形、六角形、椭圆形等演变而成的各式茶壶、线条秀丽,富有古朴典雅的艺术魅力,如:汉云壶、集玉壶、掇球壶、井栏壶……都是驰名中外的名壶。所谓筋纹形的紫砂壶,其造型讲究上下对仗,左右对称,用立体线条把壶体分成若干部分,给人以简洁、清逸、含蓄的美感。紫砂壶装饰独特,艺人以刀代笔,在壶身上雕刻花、鸟、山水、金石、书法,使茶壶成为集文学、书画、雕塑、金石、造型诸艺术于一体的艺术品。近年来,宜兴紫砂又成功地采用银丝镶嵌和绞泥装饰,更是清雅潇洒,别具风采。

紫砂壶既讲造型,又重茶理。壶有高矮之分,容量有大小之别。大的可以盛水一担,如特大供春壶、东坡提梁壶等,香港人士称之为“能盛天下水,可供万人饮”。小的仅能盛水一二两,这是喝“功夫茶”的佳具。用紫砂壶泡红茶,茶色深酽而味浓醇;若沏绿茶,则茶色碧翠而味清纯。但是,由于茶壶表面都不施釉,具有细微的透气性和吸附力,茶香容易被壶体吸收,所以同一把紫砂壶不要冲泡不同质地的红茶、绿茶、花茶等,这样才能品尝到纯正的茶汤。

雨花石

云溪纹石看无遗,幻出春风二月时。
仿佛莺声啼不住,涌金门外柳千丝。

清·王启焜《咏云溪纹石》

雨花石,因产自南京的雨花台而得名。相传公元6世纪梁武帝时,有高僧云光法师,在今南京中华门外的石子岗设台讲经,感动苍天,降花如雨,落地化作晶莹温润、色彩斑斓的五彩石子。北宋大观年间,吏部侍郎卢襄根据这一传说,正式给云光法师的讲经台命名为“雨花台”。到了明末,雨花台由“台号”演变成地名,人们遂将此处所产五彩石子称作“雨花石”。

近代科学已揭示了雨花石的奥秘。“雨花台砾石层”(包括六合、仪征等地),它的形成年代可追溯到距今一千二百万年至三百万年前的地质年代,那时古长江流经南京六合一带,奔腾的流水把中上游及周近山上风化的岩石和矿物碎块,搬运碰撞摩擦,逐渐磨光,成为卵石,沉积下来,形成砾石层,长期汇聚,组成一个大家族。这个家族的成员很多,就其成分而言,有玛瑙质、蛋白质、石英质、水晶质以及石髓、燧石等。凡是具有美学上观赏价值和收藏价值的,均称为“雨花石”。

雨花石完全是大自然鬼斧神工造化的产物,它的主要特色是自然美。聚天地之灵气,化日月之光华,孕万物之风采,成石中之神品,寓人间之情趣。雨花石独具的玲珑剔透,五彩缤纷,纹理奇巧,形象生动的品质神韵是其他观赏石所不可比拟的。在某些方面,雨花石甚至还可与宝石媲美。古人赞雨花石云:“有玉与玛瑙不能及,故足贵也。”就色彩、纹理和形象而言,雨花石不是宝石而胜似宝石,因而被誉为“天赐国宝”“中国一绝”是当之无愧的。

雨花石中的珍品，堪称天然艺术品。那奇妙律动的纹理和丰富绚烂的色彩，构成无穷无尽的图案和形象，日月山川，四时景色，花鸟虫鱼，人物风景，意象图案等，大千世界，无所不具，千姿百态，形神兼美。如果说，大自然是人类原始艺术馆，那么雨花石则是这个原始艺术馆的缩影。置身雨花石这一天然艺术馆，可观古今风物，可览中外胜迹，既省登临之劳，又穷遨游之趣，令人情志高远，心旷神怡。

自古以来，人们为雨花石高雅的品质所吸引，倍加珍爱，悉心收藏。据1955年在南京市内阴阳营出土的文物证明，早在五千年前的新石器时代，原始人就用雨花石作为装饰品并视其为财富了，死后还作为陪葬品。进入文明社会以后，凡是与雨花石有缘结识的人，尤其是文人雅士、无不成为雨花石的钟情人，并且为之著文、立谱、讴歌、绘画、传名。因此，雨花石早已超越了自然，作为一种独特的文化现象而成为中华民族文化的组成部分了。

新中国成立以后，南京玉雕艺人选雨花石中的精品为原料，因材施艺，充分利用石材的自然特点，琢磨成各种戒指、耳坠和欣赏饰品，产品光洁明净，色泽莹润，富有地方特色，取名“雨花玛瑙”，行销国外，深受欢迎，被誉为“玉雕中的新秀”。南京博物院举办的“雨花石收藏家珍品与雨花石艺术家作品联展”，以及由江苏古籍出版社和香港嘉宾出版社联合出版的大型艺术图集《雨花石珍品集》，引起中外人士注意，为研究雨花石文化开了个好头。

菊花石

陶潜酷似卧龙豪，万古浔阳松菊高。
莫信诗人竟平淡，二分梁甫一分骚。

清·龚自珍《己亥杂诗·舟中读陶诗》

菊花石又名石菊花。据湖南浏阳市志载：该石取之于浏阳永和大溪河底石丛之中，其花纹生成于两亿多年以前，是世界上独一无二的名贵石料。菊花石与石灰石相似，色呈青灰，中间却镶有一朵白色的菊花。奇妙的是，此种石不论从哪个方面敲碎，碎石中却仍有菊花栩栩如生，这不能不令人惊叹大自然之神奇了。

大自然孕育了菊花石。从大围山里流出来的大溪河水常年不歇地冲刷着、洗涤着这里的山岩石壁，融落花之神韵，聚落叶之精脉，也许是钟灵毓秀之故，抑或是天斧神镂之巧，于是便造就出这超凡脱俗、隽永高雅的带有几多灵性的菊花石。

石菊花像植物界的菊花一样，千姿百态，花形各异，花瓣伸展转折，婀娜多姿，以其变幻无穷的形态，不同凡响的效果和新颖独特的魅力，赢得了鉴赏家、收藏家和众多旅游者的青睐。将其置身案头，则独立成景，趣味盎然，顿觉满室生辉。菊花石为艺术家施展才华创造了条件。雕刻艺术家充分利用其天然石态，精雕细琢，经艺术造型，赋予天然石材以生命。20世纪初叶，一位叫戴清升的石雕艺人，居然雕刻出了九屏菊花石雕,在巴拿马万国博览会上获得金奖。从此,浏阳永和菊花石更是名声大振。

新中国成立以后,浏阳菊花石雕艺术得到新的发展。戴清升老人雕刻的《琼阁贵菊》,高一米多,其中有楼台亭阁、小桥流水、古人夜读、岁寒三友、山岚晨雾等景,周围环绕着七十多朵菊花,整个作品浑然一体,显示了高超的雕刻技艺。后继青年艺人也刻制出了《黄巢咏菊》,高一尺多,农民起义领袖黄巢挺立于菊花丛中,身旁刻有他的咏菊诗,作品形象逼真,人物呼之欲出。这些艺术珍品,达到了自然美与艺术美的完美结合,受到了国内外人士的高度赞誉。

菊花石

为进一步发扬光大菊花石雕刻艺术,浏阳市注重后继人才的培养,市菊花石工艺美术厂就涌现出不少青年雕刻艺人。1992 年初,一名青年艺人精心雕刻的《双龙戏珠》,曾被一日本商人看中,以高价买去。近几年,石雕艺术品更引起外商的兴趣,不少国外友人专程赶来,往往以数万元、数十万元购买菊花石工艺品收藏。精美的天然菊花石本身就是无比珍贵的,加上艺术的再创造,更是身价倍增。菊花石及其菊花石雕刻工艺品创造了神奇,并将进一步将人们引向神奇。

六 文学

汉字

古者,伏羲氏之王天下也,始画八卦,造书契,以代结绳之政,由是文明生焉。

汉·孔安国《尚书·序》

汉字是世界上最古老的文字之一,也是世界三大古老文字中唯一至今仍在使用的文字,是祖先留给我们的一笔无价的文化遗产。它从殷墟的甲骨文发展到今天的简化字,已经有三千多年历史了。在这漫长的历史长河中,汉字的形体曾经经历过几次重大的变革。而且每一次变革,都是在底层劳动者的推动下进行的,使汉字结构逐步由繁到简,从不统一到统一。

古文字学家高明先生指出:“汉字的起源绝不是只经一次试验即走向成功的,而是经过无数人的探索,若干次的试验,经过反复创造、使用、淘汰、再创造、再使用、再淘汰,不知经过了多少年,失败过多少次,最后才找到能适应汉语特点和要求的象形字体。"(《考古》1993.4)这是很精辟的见解。所谓象形字体,它的前源无疑是图画文字,图画文字不仅是汉字的真正源头,也是世界上其他文字的真正源头。汉字从图画到文字,从字无定形到整齐划一,这是时代的产物,集体的产物。汉字的形体变化,主要有甲骨文、钟鼎文、篆书、隶书、草书、楷书、行书等几种形式。

甲骨文是我国最早见到的一种文字。它发现于1899年河南省安阳县城西北五里的小屯村,这里原来是古代殷商王朝的首都。这种文字刻在龟甲和兽骨上面,故称它为甲骨文。甲骨文是公元前一千三百多年到公元前一千一百多年间的一种通行字体。这种文字又因为是用刀刻的而且多用于占卜方面,所以又叫作契(刻的意思)、刻辞、刻文或者卜辞。又因为是在殷墟遗址上发现的,所以也有人称它为殷墟文字、殷墟书契、殷墟卜辞。甲骨文因为是用刀刻的,所以笔画以直线居多、曲线较少。线条也相当细腻。文字刻得十分整齐而美观。甲骨文是汉民族最早具有完整体系的文字。经过后人如班固、许慎等的考察与研究,总结出象形、指事、会意、形声、转注、假借六种构字原则,即现在所说的"六书"。

钟鼎文又叫作金文,即专指殷周时期刻在青铜器上的文字。铜器之中以钟和鼎比较著名,因此又叫作钟鼎文。钟鼎文直接来源于甲骨文。它的形体结构与商代晚期的甲骨文非常接近。但因为周代的金文是用笔写在软坯上刻铸出来的,故笔画要比甲骨文丰满粗壮,屈曲圆浑,形体长圆,比较匀称。钟鼎文大部分是在人们制作王室和诸侯的器皿的时候,连同花纹图案从坯模上一起冶铸上去的。器皿制成之后,略微做些修饰琢磨,便成了一种称心如意的刻画。

篆书是中国文字发展史上的第一次规范化。"篆"就是用笔圆转写字的意思。篆书又叫篆字,为大篆和小篆的合称。大篆主要是指籀文。《说文解字·序》中说:"及宣王太史籀著大篆十五篇。"大概指太史籀编有《史籀篇》,是为儿童编纂的读本,同时也是中国的第一部字书。史籀是周元王时人,可能是他收集了春秋以来的古文并以西周秦国的文字为主加以整理而成。秦为宗周故地,秦文字继承了周文字,就有着一脉相承的关系。这样,后来又称籀文为秦系文字。等到秦统一了中国,因鉴于"田畴异亩,车途异轨,律令异法,衣冠异制,言语异声,文字异形",致使政令无法施行。因此,除对政治、经济等方面做了统一之外,对文字也采取了相应改革的措施。秦始皇采取李斯的建议,以大篆为基础,废除其他几国不与秦文相合的异体字,并且简化了字形,从而形成了统一的文字。这种统一了的文字,就叫作小篆。小篆,实际上也是对汉字过去长期自然发展的一次总结,使汉字能够进一步做到整齐划一和定型化,更有利于发挥它作为社会交际工具的职能作用,现在所说的篆书,均指小篆。

隶书也是与篆书相对而言。"篆书"是当时的"官书",而隶原有"微贱"的意思,说明隶书原来出于社会的底层,为徒隶即民间的创造。其实,隶书并非开始于秦朝,而在秦以前就有了。它盛行的时间倒是在汉朝,所以隶书又有“汉隶”之称。汉隶与秦篆的最大区别,是使汉字字体变圆形为方形,变弧线为直线,书写起来比篆书方便很多。因此,隶书的出现,就打破了古汉字象形的传统,变象形为方块汉字,是汉字发展史上的一个重要转折点。

草书,广义来说,是对历代正体写法的称呼。而到了汉代,则成了特定字体的一种名称。汉隶曾经向着草书和楷书两个方面发展。当时的草书,实际上是隶书的草写体。这在西汉时期就已经有了。到了东汉章帝时候非常流行,所以又有“章草”之称。

楷书又叫“真书”或“正书”。这是一种为纠正草书漫无标准和减省汉隶的“波磔”而写的字体。这种字体,四方端正,笔画平直,可以作为范字让人摹写,因此得名。现在我们所讲的汉字,都指的是楷书。

行书是介于草书和楷书之间的一种字体。如果说楷书是隶书的简化的话,那么行书更是楷书的简捷写法。在楷书流行的时候,虽然有了草书,但因草书过草,楷书过正,于是出现了为补救楷书的不便书写和草书的难于辨认而产生的一种手法通用的字体,这就是行书。

几千年的历史浪潮奔腾不息,其浪潮淘汰了许多和汉字同样古老的古文字体系(如巴比伦楔形文字、古埃及文字和古印度的象形文字),而汉字却历尽沧桑而长盛不衰,至今仍生机盎然。这是为什么?这是由于汉字对汉语和汉语社会有适应的一面。汉字的一些特征,其特殊的方块构形,其记义的字意性,其记音的标识功能,其记录语言手段的可塑性和灵活性,都使它能够长期适应我们这个历史悠久的古国和地域辽阔、方言众多的大国的国情,也适应汉民族在长期运用汉字过程中所形成的顽固的民族心理(望文生义的理解度和依形联想的审美观)。汉字多姿多态的结构美,使人得而不失,具有助记忆的功能。汉字单音节方块拼符和汉语单音节语素,十分契合,方块字对单音节孤立语非常适应。所有这些,是汉字生命不息的泉源。

汉字,在几千年的历史长河中对维护中华民族的统一和团结发挥了巨大的作用。中国的方言并不比欧洲少,但汉字的超方言性使不同方言以至不同民族间的交往得以顺利进行。随着时间的推移,汉字在推动社会的发展和进步方面,将会起到更大的作用。

中国汉字是一种奇异的人文景观,可以毫不夸张地这样讲,汉字和古典文学一样,体现了东方文明的精华,是中华民族拥有的足以自豪于世界的精神宝藏。

诗

屈平词赋悬日月,楚王台榭空山丘。
兴酣落笔摇五岳,诗成笑傲凌沧州。

唐·李白《江上吟》

中国是一个诗的国度。

我们的祖先创造了辉煌灿烂的古代文明,除石器、陶器等方面的美术创造外,还产生了音乐、舞蹈和诗歌。《吕氏春秋·淫辞》和《淮南子·道立训》等古代典藩都记载了古人在劳动中创作出最早的诗词的故事,中国古代文学最早的起源就是诗。

大约公元前6世纪中叶,我国第一部诗歌总集《诗经》诞生了,集中的三百零五篇作品,代表着距今两千五百年前约五百多年间的诗歌创作。《诗经》中的作品都是合乐的唱词,分属国风、大雅、小雅、颂四个部分。"风"是乐调,国风即各国土乐,很多是民间歌谣,是《诗经》的最重要部分;"雅"本是乐曲名,大雅、小雅之分和后世大曲、小曲相类似;"颂"是赞美歌,是祭乐。其中有武王灭商的史迹和传说,有揭露现实和反映丧乱之作,有关于婚恋和劳动的描写。《诗经》里大量运用了比、兴手法,独具特色,对后世文学产生了巨大的影响。

战国时期楚国人屈原,是我国文学史上第一个伟大诗人。他在采用当时民歌形式的基础上,创造了一种新的文学体裁——骚体。其代表作《离骚》,是我国古代最长的一首抒情诗,共三百七十三句,二千四百九十字,曲折尽情地写出了诗人大半生的思想和行事。在这首浪漫主义杰作中,诗人的崇高理想和炽热感情,迸发出了异常灿烂的光彩。此外,《九章》《九歌》和《天问》也是屈原的重要作品。

汉代从武帝时开始设立了一个专门掌管音乐的机构"乐府",具体任务是制定乐谱、训练乐工和收集歌辞,这些乐章、歌辞统称为"乐府诗"(简称"乐府")。乐府代表着两汉诗歌的最高成就,是继《诗经》《楚辞》之后的又一座诗歌高峰。《汉书·艺文志》收入一百三十八首乐府民歌目录(现存四十首左右);宋人郭茂倩所编《乐府诗集》是收罗乐府歌辞最完备的一部总集,其中相和曲辞、杂曲歌辞、鼓吹曲辞各类中都有汉代乐府民歌。乐府民歌内容十分广泛,或反映人民与统治者之间的矛盾,或描写农民与小工商业者的贫困,或揭露上层社会的腐朽,或歌唱爱情和婚姻。形式以五言为主,比、兴手法也常有运用。叙事长诗《孔雀东南飞》代表着汉代乐府民歌的最高峰。

汉魏之际,五言诗开始兴盛,七言诗也在这时奠定了基础。这时的诗人,以"三曹"和"七子"为代表。作为杰出的诗人,曹操的不少诗作表达了自己的政治理想、雄心壮志和积极进取的精神,常具有一种激昂慷慨的悲壮情调。曹丕比较出色的诗作是一些描写男女爱情和离愁别恨的作品,艺术风格以纤弱为主。曹植前期作品多是吐露自己志趣与抱负之作,情调开朗乐观;后期作品则以揭露统治者对他的迫害和抒写个人不幸为主要内容,也能注意到某些社会问题。曹植诗作艺术手法上富于独特的创造性:形式上趋向华美,注意辞藻、对仗和警句的安排。"七子"中成就最高的是王粲,其代表作为《七哀诗》。

魏末诗人阮籍的八十二首《咏怀诗》,历来为人传诵。其中有忧愤伤时,佯狂避世,也有对统治者的荒淫腐化的深刻揭露。他专力于五言诗,不刻意雕琢而自然壮丽,丰富了建安诗人的优秀传统。后来许多诗人如陶渊明、陈子昂、李白等,都显著地受到阮籍《咏怀诗》的影响。

晋武帝太康(280~289)前后,是西晋文坛比较繁荣的时代,出现了以陆机、左思为代表的太康诗人,文学成就最高的是左思,其《咏史诗》八首最为重要。

到唐代才逐渐得到较高评价的著名田园诗人陶渊明,把隐居田园与官场生活对立起来,在俭朴、恬静的生活中找到了乐趣,其诗作在一定程度上反映了劳动人民的思想感情和志趣。他的诗是有独创风格的,把写景和抒情紧密结合起来,每一首都富有真情实感而无矫揉造作之词;诗人善于抓住客观事物的最突出特征,传神地表达出其形象;深厚而和谐,简洁而含蓄,也是陶渊明诗作的重要特点。陶渊明对后世诗人的影响,除了思想上不愿与权贵同流合污的气节及乐天知命、逃避现实的出世思想外,更重要的是艺术上的积极方面,唐代诗人几乎都或多或少地受过他的影响,宋以后的诗人在反对雕琢的诗风时,常常举出陶渊明做榜样。

南朝中央政府也设置乐府机关收集民歌,但内容狭窄,几乎百分之九十以上是情歌,且哀愁之音多于欢娱之词;其余为娱神歌及写劳动、行旅、风土的诗。体制一般为短小的五言诗。晋、宋之际名声最大的诗人是谢灵运,其主要作品是山水诗,常常用自然景物创造一些意境来表达诗人的情绪。鲍照的贡献主要在乐府诗方面,尤其是他的七言乐府,更为后来的七言歌行奠定了基础。谢朓、沈约等诗人开创的"永明体",标志着我国诗歌从比较自由的"古体"走向格律严谨的"近体"的一个重要阶段。这些诗人的创作特点是注意声律和对仗,且体裁一般比较短小。

北朝乐府民歌现存数量不及南朝民歌,但题材范围远比南朝民歌广泛,所反映的社会面要大得多,其中有关战争的内容占有重要的地位,《木兰辞》是最杰出的作品。这首民间叙事诗,以北方游牧民族强悍尚武的社会风气作基础,连续运用复叠和排比的句式,造成活泼而谐适的音乐美。

唐代是中国五、七言古、今(近)体诗的高峰。

初唐时期,在当时封建秩序及道德规范、审美观念逐步恢复正常的基础上,"四杰"(王勃、杨炯、卢照邻、骆宾王)与沈佺期、宋之问、杜审言等人,继承了南朝诗人对于诗歌形体的研究,完成了五、七言律体,完善了七言古体,题材、风格也随着发生了重大变化。

盛唐诗可以说是中国诗高峰的顶点。安史之乱前,诗人们的创作都散发着强烈的浪漫气息。或表现为希冀隐逸,爱好自然;或表现为追求功名,向往边塞。前者田园诗人以孟浩然、王维为代表,极为成功地描绘了幽静的景色,借以反映他们宁谧的心境。尤其是王维,还将诗笔扩展到更为广阔的社会生活领域,反映了当时人们的进取精神和悲壮情怀;形式上,他兼有五、七言古、今体之长。后者边塞诗人以高适、岑参为代表,他们歌颂从军报国、建功立业,也反映了战争对广大人民和平生活的干扰和破坏,交织着英雄气概与儿女情肠,极悲凉慷慨、缠绵婉转之情。浪漫主义的最高成就首推李白。他年轻时爱好剑术,轻财任侠,通诗书,观百家。在道家愤世嫉俗、返于自然的思想和游侠精神的影响下,他不满社会现实,以叛逆精神冲击着封建社会的秩序和礼教,以傲岸的态度蔑视权贵,不倦地追求个性解放。李白的诗作,既以清新俊逸的风格表现大自然的明媚秀丽,更以豪放壮浪的风格表现它的雄伟阔大;既有对祖国的热爱、对人民的同情,又抒发了"济苍生""安社稷"的理想。在表现手法上,他继承并发展了浪漫主义的优秀传统,又富于创造性地运用幻想和夸张,来抒写美好理想和愿望以及强烈的爱情;他又是继屈原之后能认真而多方面地向民间诗歌汲取精华的大诗人,尤其是语言上的卓越成就,形成了他生动、明净、华美而自然的语言风格,为后代诗人难以企及。李白的成就,在我国古典诗歌的发展史上,达到了浪漫主义艺术的顶峰。

安史之乱是唐帝国由盛转衰的界标,也是唐代文学尤其是唐诗发展的一个转折点。残酷的战争、苦难的环境,使诗人们受到教育,使他们敢于正视惨淡的人生,站出来为国家的安危、人民的哀乐而歌唱。杜甫就是这些诗人的杰出代表。他青年时期读书壮游,后困守长安近十年,安史之乱起,又陷贼为官,晚年漂泊西南,死于湘江的一条小船里。杜甫的诗真实地反映了唐代社会由极盛到大衰这一历史转折过程中的种种景象,而被称为"诗史"。他继承和发展了从《诗经》以来中国文学的现实主义传统,达到了空前的高度;他那深沉凝重的创作风格,十分鲜明而独特;其诗作的语言特色,表现为精工、稳重、有力而又时有出人意料的神妙,且善于运用民间口语和方言俚语;他在诗歌创作艺术上的成就,还突出地表现在他卓越地掌握了中国语言的声韵及诗意形象的创造等方面。杜甫对晚唐、宋代及以后诗人的影响,随着时代的增长日益深入、广泛。

杜甫以后的唐代诗坛,主要有以白居易为首的白派诗人和以韩愈为首的韩派诗人。前者侧重继承杜甫敢于正视现实、抨击黑暗方面,且努力使语言通俗流畅;后者则继承了杜甫在艺术上刻意求新、富于创造性的精神。晚唐诗人,以李商隐、杜牧成就最高。

中国诗到唐代,诸体齐备,且都已走向成熟。其中最能代表汉语特色的诗当首推五、七言律、绝(即近体诗、今体诗)。其基本要素为:字句固定,讲究押韵和平仄,律诗又要求对仗。

字句固定,指五言律诗每首八句,每句五字;七言律诗每首八句,每句七字;五言绝句每首四句,每句五字;七言绝句每首四句,每句七字。这是毫无灵活余地的(长律除外)。

近体诗的押韵要求很严格:一般只押平声韵(个别有押仄声韵的);不论律、绝,都必须一韵到底;不许邻韵通押;而且一般只限使用"平水韵"。

平仄是近体诗最重要的格律因素,其作用是构成一种节奏。平(平声)上去入(仄声)四声存在于古代汉语中,诗人们根据其声调特点,安排一种高低长短互相交替的节奏,是他们长期创作所积累的艺术经验。到唐代的近体诗中固定下来,也更突出地表现了汉语的声律美。

根据平仄格式,五言律诗的句子只有四种类型。

仄仄仄平平　仄仄平平仄

平平仄仄平　平平平仄仄

七言律诗的句子也只有四种类型:

平平仄仄仄平平　平平仄仄平平仄

仄仄平平仄仄平　仄仄平平平仄仄

由这些句型的错综变化,五律和七律分别可以构成平起首句入韵、平起首句不入韵、仄起首句入韵、仄起首句不入韵四种平仄格式。

律诗的八句,分为四联:第一、二句为首联,第三、四句为颔联,第五、六句为颈联,第七、八句为尾联。每联的上句称为出句,下句称为对句。

律诗的句型安排,有"粘对"的要求。所谓"粘",指上联对句的第二、四、六字必须跟下联出句的第二、四、六字平仄相同,即两联之间须相粘;所谓"对",指每联出句的第二、四、六字必须与对句的第二、四、六字平仄相反,即一联之内须相对。不合乎这个规则的,就叫"失粘"或"失对"。讲究"粘对",能使整首诗的平仄既有变化,又有回环,节奏更加优美。

律诗关于对仗的格律,一般要求中间两联用对仗。首联也用对仗,相当常见,尤其是五律;尾联一般不要求对仗,但也有用对仗的。极少的情况是完全不用对仗、全首都用对仗。

绝句一般是截取律诗的首、尾两联,这就完全不用对仗。而截取律诗前四句的,则后一联用对仗;截取律诗后四句的,前一联用对仗;若截取中间两联,那么完全用对仗。

中国诗尤其是五、七言律诗、绝句,是汉字文化发展中,汉语文学历史上的精华,它严整对称的形式美、和谐流畅的音乐美、超凡脱俗的意境美及鲜明生动的形象美,在世界文坛上独树一帜。

词

花前承旨笔如飞,三阕新词万古稀。

被酒不忘规讽意,故将燕瘦比环肥。

清·沈树本《李白填词》

词是一种诗体,是为配乐而歌唱的一种抒情诗体,即配乐的歌同。它的兴起与音乐有密切的关系。一般认为,词产生于隋、唐的"新声"(燕乐);也有人认为,词产生于更早的汉魏乐府。这些说法,都是以词与音乐相关及其长短句的形式来推断的。比较一致的看法是:直到晚唐五代,词才逐渐摆脱按曲拍谱词的束缚,发展成为一种独立的新诗体。所以,它才有曲词、曲子词、诗余、歌曲、乐章、语业、长短句等名称。

早期的词以敦煌曲子词为代表。这些词绝大部分来自民间,风格以自然朴素为主,内容以表现男女爱情的为最多。

词的发展时期是在唐代。由于西域音乐(胡乐)的大量传入,从宫廷到民间,无不盛行音乐,这就促进了词的发展。诗人戴叔伦、韦应物、王建、刘禹锡、白居易、张志和等,都有词作流传下来,只是数量较少;一般都具有明朗、活泼的特色,语言朴素,形象新鲜。

词至晚唐,作者渐多,但内容狭窄,感情苍白;形式上则极力追求藻饰。最能代表这种创作倾向的是温庭筠和"花间派"词人。温庭筠是晚唐诗人中写词最多的一人,其内容几乎全是女人、相思之类,以浓艳的色彩、华丽的辞藻,构成他特有的"香而软"的风格。他对词的发展影响很大:一是在艺术上的力求精致;二是在诗风上的香软丽密。

在战乱的五代时期,偏安于江南的南唐小王国,由于自然条件优厚,又较少兵祸,其统治者尽情地享乐酣歌醉舞的生活。在这种环境中,适于歌唱弹奏的词获得了生存和发展的有利条件。中主李璟、后主李煜及重臣冯延巳都是当时重要的词人。李璟治国不力,却多才多艺,其词充满着颓靡、伤感的浓重色调。冯延巳创作较多且小有成就,不少作品写得清丽委婉。李煜是我国文学史上最杰出的词人之一。由皇帝而沦为囚徒,这个生活上的剧烈变化,使他的词表现为明显的两个时期:前期的词,主要是宫廷生活的反映,其特点为艳丽、慵倦和淫靡;也有一些抒写悲愁情绪的作品,格调稍高,但仍未超出"花间派"的局限。后期那些真切、沉痛而又凄恻动人的词,则充满了一个不幸者的悲伤,既短小明朗,又含义深邃,艺术境界阔远,语言自然流畅。李煜的词在整个中国文学史上占有不容忽视的地位,主要在于他的创作尤其是后期创作,从狭窄、虚浮的"花间派"中突破出来,扩展和提高了词的表现生活和抒发感情的能力,并且显示着词的发展潜力。他的词,在艺术结构和语言方面的成就,影响了宋代许多词人。至李煜而后,词争得了和古典诗歌一同发展、一同受到重视的地位。

宋代是词发展到最高峰的时期,这当然是由于它本身特定的历史背景和社会条件。赵宋王朝结束了五代十国割据混乱的局面,加强了中央集权,生产发展,经济繁荣,无数小商人和手工业者被吸引到工商业重地的大城市中,形成了广大的市民阶层。社会秩序的安定和大都市的繁华,为宋初士大夫提供了享乐生活的条件;加之统治者的倡导,许多达官显贵竞相填写新词,朝野上下,均以能词为荣。能词而得官爵,能词而受赏赐者,比比皆是。

宋初的词,主要沿袭五代的风气,以清新自然的小令和追求华丽香艳辞句的作品并行。

历史上的第一个专业词人是柳永。宋诗由于受道学的影响,“言理而不言情”,结果使描写男欢女爱题材成了词的专业。柳永恰逢号称“留意儒雅,务向本道”的宋仁帝,被认为“好为淫冶讴歌之曲”,只能去填词,而不配做官。从此,柳永便打出“奉圣旨填词柳三变”的招牌,无所顾忌地“纵游娼馆酒楼间”。他创作的慢词,风行天下,“凡有井水饮处,即能歌柳词”。其实,柳永词的主要内容是反映当时大部分知识分子在怀才不遇、官途潦倒后的悲愤和不满情绪;同时,又从一个失意文人的角度表示了对被迫卖身的妓女生活的同情。他还写了大量羁旅行役的作品,这是柳词中艺术成就最高的部分;他有不少描写当时城市繁荣情况的词作,在题材上是个新的开拓。柳永对词的发展起了一定的推动作用。这表现在他对传统的情景交融抒情手段的杰出运用、语言的进一步通俗化和口语化等方面。他的影响所及,不仅当时很多人学习柳词,直到金、元的话本、戏文、杂剧中还不乏以他的事迹为题材的作品。

北宋中叶的文坛领袖欧阳修,除诗、文的创作成就外,还擅长写词,且数量颇多,在宋代词坛上是受人重视的词家。其词作最显著的特色是,一改古文中所常表露的那种儒家的“庄重”面孔,而表现出风流蕴藉的情调。主要内容不外乎恋情相思、酣饮醉歌、惜春赏花之类,但他能写得清丽明媚,语浅情深;他还善于用清新疏淡的笔调描绘自然景物,具有一定的艺术感染力量。

苏轼的出现,如黄钟大吕,改变了文人词以柳永为主的状况,使词坛风气为之大变。苏轼的一生是在激烈的政治斗争中度过的。他参政早期,因追随司马光反对王安石的新法,请求外调;后因“乌台诗案”被贬;哲宗初年,一度回京担当重任,又在新旧两党中无法容身;新党执政,他被一贬再贬。苏轼具有多方面的文学才华,他在词史上有着特殊的地位。首先,他大大扩展了词的表现题材,走向社会人生的广阔天地,从咏史怀古、感旧吊亡,到纪游送别、谈禅论道,抒发慷慨的爱国激情和报国之志,表现淳朴的农村景象和山川风光,这是前所未有的巨大变化。其次,他创立了与传统的婉约派相对立的豪放派,为词的发展开辟了广阔的途径。他善于利用长短句的错落形式,造成节奏的舒卷变化,用字选词、驾驭语言方面也显示了高超的技艺。这些,使他的词作雄奇清旷,豪放杰出,独具一格,在当时及对后世,都有着巨大影响。

北宋后期,秦观和周邦彦的词较有成就。秦观的词只写了“情”和“愁”,但他能在千百词人歌唱过的题材中,创造出优美的艺术形象,传达出真挚的感情,并发展了词的技巧。其中最突出的是他那创造性的语言,流畅而不松散,典雅而不费解,被称为婉约派词人中的语言大师。周邦彦精通音律,善作词,主要内容是“玉艳珠鲜”的艳词,也有一些抒发旅愁、怀古和写景的作品。他在词学上的贡献是,不仅整理了一些在当时流传但还未定型的古调,而且创制了许多慢曲、引、近、犯等新调。这些新旧调子的法度,成为后人写词的规范。

北宋王朝覆没的惨痛现实,产生了一大批丧乱词和爱国词,也促成了一批有一定影响的词人。这些词人,当以抗金名将岳飞和力主抗战的重臣李刚为代表。

南宋词人李清照是人所公认的"婉约派"正宗词人,她曾提出"词别是一家"的重要原则。李清照前期词的主要内容仅限于男女情爱和赞美大自然两个方面;南渡以后的词作所反映的内容则不仅是个人的不幸,而且带有时代和社会的重要因素了。其词的艺术特点,在于用优美生动的文学语言,富有创造性地塑造鲜明的艺术形象,表现词人的强烈感情;她那婉约中带有豪放的风格,超出了当时及后来婉约派的所有词人。

辛弃疾以强烈的政治热情、豪爽的英雄本色和充沛的创作才力、多样的艺术风格,开拓了词的境界。他的词或驰骋奔放,具有横绝六合的气势;或绵丽蕴藉,有所寄寓;或生动活泼,反映农村风光。贯穿他全部词作的基本思想,就是恢复中原的坚定信念和磊落光明的高尚情操;辛词在豪放中富于浪漫主义色彩,在生动中富于绰约的韵味,又大量运用表现力很强的口语入词,使作品充满了新鲜活泼的气息。

南宋晚期的词,以姜夔、吴文英为代表。姜词以高雅峻峭、清妙秀远擅长;所表现的既有"不忘君国"的思想,又有对昔日繁华消逝的感叹。吴文英词重形式而轻内容,雕琢堆砌,刻意求工,表现范围狭窄,但也有境界较高的作品。

宋以后,词的创作逐渐走向衰落。

词的格律,包括词调、词韵、平仄和句式、对仗等方面的内容。

词调本来是指写词时所依据的乐谱,每种词调都有特定的名称,叫"词牌",每个词牌讲究调有定句、句有定字、字有定音、音分平仄。调名(词牌名)有的本是乐曲名称,如菩萨蛮、西江月等;有的本是词的题目,如渔歌子、更漏子等;有的原为乐府诗题,如乌夜啼、风入松等;但绝大多数调名和词的题目没有关系,所以宋人常在词的调名下写出词题或小序。大约从明代开始,人们把词分为小令、中调、长调三类,以五十八字以内为小令,五十九至九十字为中调,九十一字以上为长调。这种分法未免太拘泥,但已是约定俗成了。从分段情况看,词有单调、双调、三叠、四叠之别。词的一段叫阕,又叫片。单调的词只有一段,往往是小令,如渔歌子、如梦令等;双调的词分为上下(或前后)两阕、小令、中调、长调都有,如蝶恋花、满江红、雨霖铃等;三叠、四叠的词都是长调,三叠分三段,如兰陵王等;四叠分四段,只有莺啼序一调。

词韵,基本上就是诗韵,只是比诗韵更宽些、更自由些,清人戈载的《词林正韵》把词韵分为十九部。但是,词的押韵要求比诗复杂,主要有:有的规定押平韵,有的则押仄韵;有些词调一韵到底,中间不换韵;在仄声韵中,同韵部的上声韵和去声韵常通押;有些词调规定平仄互押;有些词调又规定平、仄换韵。

词句基本上是律句,但也有些不合平仄常规的拗句。词句最短的是一字句,最长的是十一字句。

一字句很少见,十六字令首句是一字句且入韵。另,一字豆(读)是词的句法特点之一,常用在四字句前构成五字句,也可以用在三字句前构成四字句、用在七字句前构成八字句。一字豆多用虚词,也有动词,大多是去声字。

二字句常见的是平仄、平平两式,且以入韵为常。

三字句一般是用五言律句或七言律句的三字尾,有平平仄、平仄仄、仄平平等式;结构为一二或二一式。

四字句是词的最基本句式之一,一般用七言律句的前四字,结构通常为二二式,也有一三式。四字句常连用,有的还配成对仗。

五字句的律句就是普通的五言律句,但有的句子第一字只限仄声,比诗律更严。其结构多为二三式,也有一四式、一二二式。

六字句是四字句的扩展,其中常见的第五字必用平声的格式,是一种特殊的句式。六字句常连用,有的并配成对仗。其结构形式一般是二四式,也有四二、三三、二二二式。

七字句的律句就是普通的七言律句,但有的句子第一、三字只限平声,比诗律更多。其结构多为四三式,也有三四式。

八字以上的词句往往是由两个短句复合而成的,其中包含的两个短句一般都符合固定的平仄格式。八字句常见结构形式多是三五式,也有一七、二六式。

九字句的结构形式,有三六、四五、六三等式。

十字句很罕见,结构为三七。

十一字句是词中最长的句子,其结构或六五,或四七。

关于词的平仄,每个词牌都有着严格、详细、明确的规定。和律诗相比,因句式较多,平仄规律也较复杂。

词的对仗与律诗的对仗有几点不同。一是不限于平仄相对,二是允许同字相对,三是很少有固定的位置。

词,作为一种独立的文学艺术形式,是世界上惟汉语所独具的。千百年来,为文人雅士及政治家以至老百姓所喜爱。

曲

闲来坐成花间奏,玉洞飞泉响岩溜。
古调多传关马词,新声似出康王授。

清·朱彝尊《将之永嘉曹侍郎饯予江上
吴客韦二丈为弹长亭之曲……》

这里的"曲"指元代散曲,是元代新兴的韵文样式,主要是在金代的"俗谣俚曲"的基础上成长起来的。它产生和发展的历史原因有二:一是由于以诗词为代表的传统韵文在上层知识分子那里逐渐僵化,不得不寻求革新的道路;二是"俗谣俚曲"自产生以来就在继承并发展着宋代以后民间歌曲的优良传统，这时条件成熟，便一跃而位于与诗词分庭抗礼的地位。

在元代短短的九十余年间，留下姓名的散曲作家有一百八十七人。

前期散曲作家以大都(今北京)为活动中心，卢挚最具代表性。卢挚官至翰林承旨，与同期作家相比，其创作态度和写作方法都很有特色。他的散曲作品以怀古题材为多，寓有深刻的兴衰感慨，但调子较低沉；不少作品通过眼前景抒发胸中情，自嘲自伤。描写农村风光的作品，则自然活泼，清新爽朗。著名作家张养浩，曾任礼部尚书，遭到不少风险，于是弃官归隐，写了较多思想感情相当深刻的散曲作品。其中以怀古而揭露现实及关怀人民疾苦之作，寓意深远。真正能代表这一时期散曲创作成就的，还是关汉卿、白朴、马致远等杂剧作家。关汉卿精通音律，是一位多产的作家，除六十三个剧本外，现存散曲约五十首。这些散曲作品中，以抒写离愁别恨、记叙爱情生活为主要内容，另有描绘自然景物、表现思想性格之作，语言风格多样，艺术感染力较强。白朴的散曲，或咏唱恋情闺怨，或感叹人生无常，或描写自然景物，思想境界较低沉，但文字清丽。马致远写有一百二十多首散曲，内容大致有三类，即感慨叹世、描写景物及表现男女恋情。其叹世之作，表现出他对人世间一切功名利禄的否定和远离红尘的处世思想；艺术技巧上，从运用形象、造句用字到声调的和谐，都是经过苦心推敲的。其写景之作，善于捕捉形象，既夸张，又真实，显出他的艺术功力。

后期散曲作家以张可久和乔吉最为活跃。张可久因做小吏不得志，便纵情山水，专写散曲，特别致力于小令。他作品的数量，在元代作家中首屈一指。他的散曲创作，专以炼句为工、对仗见巧，以诗词作法入曲，脱离了散曲的特有风格。乔吉一生潦倒，寄情诗酒，成为专业散曲作家。其作品内容消极厌世的情绪十分浓厚；艺术风格以清丽为主，讲究字斟句酌，但不刻意求工，雅俗兼备、以奇制胜是他的创作特点。

由于后期散曲作家大都思想消极，作品内容贫乏、格调低沉，虽见较深功力，但仍未能挽救散曲的未老先衰。

散曲包括套数、小令两种形式。小令相当于一首单调的词，体制短小，元人也叫它为“叶儿”，通常以一支曲子为独立单位(但也有例外)。套数则是由多种曲调按一定规则前后连缀起来，有头有尾的套曲。其组成特点一般有二：一是必须有两支以上同一宫调的曲子相联，若宫调不同，管色相同者也可互借入套；二是无论长短，首尾必须一韵。

散曲的格律，主要包括曲调和宫调、曲韵、曲字四声、衬字等方面的要求。

曲调的名称，又叫“曲牌”。每种曲牌有一定的调子、唱法；字数、句法、平仄、用韵各有基本定式，可据以填写新曲词。曲调的名称大都来自民间，一部分由词牌转变而来；有的一种曲调有几种异名，如“折桂令”又名“天香引”“蟾宫曲”“步蟾宫”“秋风第一枝”。曲调的选用是有一定限制性的，有的曲调只用于小令，如“山坡羊”等；有的曲调只用于套数,如“滚绣球”等;有的曲调小令、套数都能用,如“天净沙”“叨叨令”等。

每一种曲调都属于一定的宫调。我国古代音乐,乐律有十二律吕,即十二个半音节;乐音有七声,即宫、商、角、变徵、徵、羽、变宫。其中以任何一声为主,均可构成一种“调式”。凡以“宫”为主的调式称“宫”,以其他各声为主的调式则称为“调”,合称“宫调”。以七声配十二律,可得八十四宫调。但实际上,元代此曲只用六宫十一调,最常用的只有九个宫调(即五宫四调:正宫、中吕宫、南吕宫、仙吕宫、黄钟宫、大石调、双调、商调、越调)。不同的宫调可表现不同的“声情”,如据前人分析:正宫惆怅雄壮,南吕宫感叹伤悲,黄钟宫富贵缠绵,大石调风流蕴藉,小石调旖旎妩媚,双调健捷激袅等。

有些曲调,调名相同,但不属于同一宫调。如“正宫端正好”与“仙吕端正好”,“双调水仙子”“黄钟水仙子”与“商调水仙子”等。

小令本以一支为限,也可以两支或三支曲调为一个单位,但两个曲调间的音律必须衔接,这叫“带过曲”。如“雁儿落带过得胜令”。

曲韵和诗韵、词韵都不同。元曲作家是根据当时的实际语音用韵的,元人周德清据当时北曲作品押韵情况,编成《中原音韵》一书,反映了当时北方的实际语音系统。《中原音韵》把“平水韵”的一百零六个韵归并为十九个韵部,其最大特点是没有入声。

曲韵以平仄通押为常规,平仄不通押反而少见(平仄通押,实际上就是平上去三声通押);无论套数或小令,曲韵都是一韵到底的,中间不换韵;曲不忌重韵,即在一支曲子中可以出现相同的韵脚字;曲又可以有赘韵,即不必用韵的地方也可用韵。

曲字四声,即元代北方的新四声:阴平、阳平、上声、去声,这也体现了《中原音韵》的三大规律:平分阴阳,阳上作去,入派三声。

曲字的平仄比诗词更严。如曲韵以平仄通押为常规,并非每个韵脚都是可平可仄的。何处押平,何处押仄,要取决于曲调的规定。再如上声和去声,虽同属于仄声,但在元曲里上声比较接近于平声,故该用上声韵的地方偶然可以用平声韵,该用平声韵的地方偶然可以用上声韵;去声独立性很强,该用去声韵的地方不但不可以用平声韵,甚至不可以用上声韵。

周德清《中原音韵》指出:有些曲调,最后一句的平仄是固定的,其中某字该用上声、某字该用去声,也是不许改动的。如果一句最后两个字都是仄声,曲律则要求避免重复:句末是上声字,则其前面一字要用去声字;句末是去声字,则其前面一字要用上声字。有时甚至句中连用的两个仄声字也需回避声调上的重复。但是,有些地方只论平仄,仄声中不再细分上声、去声。

衬字,是在曲调规定的字数定额以外,句中增加的字。曲句可用衬字,是曲律的一个突出特点。衬字一般只用于补足语气或描摹情态,在歌唱时不占“重拍子”。衬字可加在句首,也可加在句中,但不能加在句末或停顿处。加在句首的,实字、虚字均可;加在句中的,以虚字为常见。衬字不拘平仄,不限字数(一句中,衬字可以多至一二十个,以六七字为最常见)。由于用了衬字,元曲就更加口语化了。有人说:由词到曲的演化,主要倾向就是衬字的增加。

有的曲调字、句可以增损,这种情况和衬字不同。衬字是曲调规定的正字以外的字,增损则是曲句、正字本身的或多或少。清人李玄玉的《北词广正谱》和近人吴梅的《南北词简谱》,罗列了同一曲调的各种变格,称为第一格、第二格等。这说明古人作曲有一定的灵活性。

赋

下笔成三赋,传觞对九秋。

南朝·江总《赋得一日成三赋应令诗》

"赋"的原义是"铺陈其事",为我国古代文学的表现方法之一。《诗·大序》所说《诗》有六义,"赋"即其中之一。后来,它成为一种独立的文学体制,形式介于诗歌与散文之间。

赋兴起于战国后期的楚国,最早以"赋"名篇的是荀子(荀子著书,终老于楚)。由于楚国的屈原从楚辞开始就以较长的篇幅和优美的辞藻来抒发感情,所以班固在《汉书·艺文志》中把屈原和荀子作为辞赋之祖。他们二人的作品又各具特色:屈赋重在抒情,荀赋重在说理。

西汉时,因五言诗尚未进入文人文学的领域,文士的创作主要在于散文和辞赋。加上帝王的赏玩和鼓励,作赋之风大行,作者日多。这时的赋较之楚辞,诗歌的成分逐渐减少,而散文的成分有所增加;内容上,除言志抒情外,多有状物叙事之作。由于汉赋是诗歌的衍变,所以当时人们多有读赋的习惯。据史籍记载,当时的人朗诵楚辞,是有特定的音律节奏的。正因为赋的文采与音节都在视听上能给人愉快,而赋的铺张手法又能激发人们的想象,因此它就很能适应当时统治者的兴趣和要求。汉大赋在不同程度上反映出汉帝国繁荣上升时期的气象和物质文化生活方面的盛况。

这个时期的重要作家有司马相如、扬雄等。司马相如在汉景帝时因病免官,到梁国写了《子虚赋》。汉武帝读后,大为叹赏,说:"朕独不得与此人同时哉!"经同乡推荐,他受汉武帝召见,写《上林赋》,得以在朝廷里任职。司马相如在文学上的成就主要是辞赋,而又以《子虚》《上林》二赋为代表。这两篇赋的主要内容实际是描写帝王贵族田猎之盛,描绘皇家苑囿之大,思想意义虽谈不上积极,但客观上也反映了当时劳动人民所创造的物质、文化生活的一个方面,而且还着力写出了自然景物之美,也是值得重视的。扬雄与司马相如同乡(均为成都人),有人说他的辞赋像司马相如,汉成帝便召见他。他跟随成帝游猎,写了《甘泉》《羽猎》等赋。扬雄的赋模拟司马相如,但有自己的特色,即力求写得"沉博绝丽"。扬雄还写有《解嘲》《解难》等抒发情怀的赋,并且对汉代盛行的赋有些评论。他把赋分为“诗人之赋”和“辞人之赋”，一些见解颇有影响，班固的《汉书·艺文志》多采用他的说法。

东汉时期主要辞赋作家有班固、张衡、赵壹等。班固是重要的历史学家和文学家，主要著作是《汉书》。他的《西都赋》和《东都赋》(合称“两都赋”)，都是鸿篇巨制，描写和记述了两都的建置、物产等。张衡的文学作品主要是辞赋和诗。辞赋的代表作是《西京赋》《东京赋》和《南都赋》，据《后汉书·张衡传》记载，“两京赋”“精思博会，十年乃成”。这两篇赋比班固的“两都赋”体制更宏大，且有自己的特色：除铺写东西南北所有及宫室、动植物以外，还写了许多风俗民情。张衡还有述志的《思玄赋》和《归田赋》。赵壹为汉末名士，其代表作品是《刺世疾邪赋》，表现了他对不合理的社会制度的强烈不满情绪。

东汉以后，赋家以原来对事物的描摹刻画，逐渐向思想感情的抒发方面发展，即“写志”多于“体物”，这就为赋增添了不少新异的色彩。也有的用赋来表达抽象观念，如陆机的《文赋》，直接来探讨文学理论，富有创造性。晋代左思的《三都赋》虽仍循汉人的旧路，但力求内容真实，作者对山川城邑、鸟兽草木、风谣歌舞等，都加以考订，避免了夸饰，因此传诵一时。

南北朝时，有了所谓“文”“笔”之分，而赋实际上代表了整个的“文”。在当时骈体文盛行的时代，赋的影响是深远的。南北朝末期的宫体赋，内容和形式都趋于艳冶和雕琢，可说是赋的没落。

赋的形式有几次大的演变，明代徐师曾在他的《文体明辨》中把赋分为古赋、俳赋、律赋和文赋四种，大体上概括了赋体的演变。

汉代的赋是古赋，又叫辞赋，篇幅一般较长，多采用问答的形式，韵文中夹杂有散文，如司马相如的《子虚赋》和《上林赋》。汉赋的句式以四言、六言为主，又有所变革。汉赋作家多喜欢用冷僻的字，成为当时的风尚。

六朝赋是俳赋，又叫骈赋，篇幅一般较短小，用韵与汉赋相同，但骈偶、用典是其突出的特点。与汉赋相比，六朝赋往往全篇都是四字对和六字句，且尽可能避免同字相对。汉赋较少用典，或堆砌一些历史故事；六朝赋则常把典故融于句中。后期的六朝赋，有明显的诗歌化趋势。

律赋是唐宋时代科举考试所采用的一种赋体，比骈赋更追求对仗工整，并注意平仄协调。其突出之处是押韵有严格限制，一般由考官命题，出八个韵字(甚至皇帝亲自命题限韵)，规定八类韵脚，故有“八韵律赋”之称。此外，押韵的次序、韵脚的平仄也有规定；字数也有一定限制，大致不超过四百字。

文赋是受古文运动的影响而产生的。中唐以后，古文家所做的赋，逐渐以散代骈，句式参差，押韵也较灵活，重视清新流畅，苏轼的《前赤壁赋》是典型的文赋作品。

赋的押韵，大约有以下几个特点：一是往往换韵，一韵到底的极少，只是有的换韵快，有的换韵慢。这是由于赋的篇幅较长，不像诗歌那样易于一韵到底。二是换韵往往与段落的内容相一致，几乎没有跨段押韵的。这在六朝以后的赋里，表现得更为明显。三是有的句句押韵，有的隔句押韵；而古赋和文赋常有散句，押与不押较自由。四是韵脚不一定在句末，尤其句末是虚词的时候；但句末虚词也有用来押韵的。五是韵脚以不重复为原则。

赋的结构，可以有三个部分：前面有序，中间是赋的正文，后面有"乱"或"讯"。序说明作赋的原因，"乱"或"讯"大多概括全文大意。西汉以前的赋没有序；从东汉开始，作者才写赋序。序与赋本身的差别，是赋用韵而序不用韵。"乱"或"讯"多见于汉赋中，这是骚体形式的沿用；六朝以后的赋很少见这种形式。有的汉赋假设主宾问答，开头和结尾多用散文，赋本身就分成三个部分。

谜语

谜面：

黑不是，白不是，红黄更不是；和狐狼猫狗仿佛，即非家畜，又非野兽。

诗不是，词不是，论语也不是；对东西南北模糊，虽为经品，也是妙文。

谜底：

猜谜。

清·纪晓岚《谜联》

谜语是汉语文化独有的一种文字游戏。古时称"廋辞"，又叫"廋语"，成书于春秋时期（前770~前476）的《国语》即有记载："有秦客廋辞于朝，大夫莫之能对也。"（《国语·晋语五》）是说秦国客人到晋国的朝廷中说谜语，而晋国朝中官员却猜不中。古代还称谜语为"隐语"，指不把本意直接说出而借别的词语来暗示的话。《汉书·东方朔传》："臣（郭舍人）愿复问朔隐语。"《文心雕龙·谐隐》："自魏代以来，颇非俳优，而君子嘲隐，化为谜语。"这时已成了文人间斗智的普遍游戏。后来，逐渐成为广大群众喜闻乐见的传统文娱活动。

"谜语"通常是个总称，人们又把它分为事物谜和文义谜两大类。事物谜主要着眼于事物的形态、性能、动作、色彩等特征，广泛联想，采用隐喻、暗示、夸张、拟人、形似等手法制谜（做出谜面），供人射猜，称之为"谜语"。文义谜主要着眼于汉字的音、形、义及其组合、变化、兼义等特点，运用会意、象形、增损、离合、别解、假借、用典等手法制谜，供人射猜，称之为"灯谜"，又叫"灯虎"。古时贴谜面于花灯供人猜，故名。

灯谜的谜格相传有二十四种，一说十八种，又有"广陵十二格"的说法。其中常用的有拆字格（把谜面的字拆破）、增损格（又称破损格、离合格，也是拆字，但有时拆得不完整，或谜面为自己造的字）、会意格（从揣想上领悟）、卷帘格（倒读）、白头格（第一个字读作别字)、徐妃格、秋千格、解铃格、系铃格、曹娥格、苏黄谐声格、皓头粉底格、正冠正履格、分心素心格、重门垂柳格等。

由于灯谜的取材范围很广,字词、诗文、典故、天文、地理、科技均可入迷,因而制谜和猜谜都以学识见功力。如以杜牧的一句诗"千里莺啼绿映红"作谜面,打《书经》一语,就要求猜谜者熟谙《书经》,方可猜中。此谜以"千里"对"不迩",以"莺啼"扣"声"字,以:"绿映红"扣"色"字,故谜底为"不迩声色"。猜谜,需有功底。有时,即使博学之人,也在灯谜面前颇费思量,抑或捉襟见肘,力不从心。

制谜要"外极其象,内极其意",百虑出奇,千思得巧。而猜谜要涵泳玩索,通权达变,顺蔓摸瓜,以求谜圆。因而,畅游谜苑是一种开动脑筋、启迪心智的智力竞赛。仅以《世说新语》记载的一则谜语故事为例,略见一斑。这个故事说的是,有一次曹操南行,见上虞曹娥碑阴有汉末蔡邕所题八个字:"黄绢幼妇,外孙齑臼。"随行的才子杨修马上会意,曹操却行了三十里才憬然悟出。原来这八个字可解作"绝妙好辞"四字。杨修解曰:"黄绢,色丝也,于字为绝。幼妇,少女也,于文为妙。外孙,女子也,于字为好。齑臼,受辛也,于字为辞,所谓绝妙好辞也。"真可谓制一谜而见学识,猜一谜而见才思。使人茅塞顿开,悟性跃然。

玩赏灯谜是一种比较高雅的艺术享受,老少皆宜,雅俗共赏,可针对不同对象选用不同谜面,可浅近,可深奥;或平白,或典雅。如"三八二十四",打一体育名词,谜底为"女子双打",连小学生也可应对。再如唐代李峤的诗谜:"解落三秋叶,能开二月花,过江千层浪,入竹万竿斜"。谜底为"风"。这一诗谜看似简单,但却启人遐思,耐人寻味。又如以贾岛的一句诗"共君今夜不须睡"为谜面,打《红楼梦》中人名一,谜底为"贾惜春"。以对春日的无限惜别之情,扣"惜春"二字,而"贾"字则落实到诗人的姓氏上。要猜中这一谜语,就要稍具才学。

谜语作为一种文艺形式和娱乐活动形式,千百年来,备受人民大众的喜爱。它既能陶冶情操,愉悦身心;又能启迪思维,锻炼智力;还可以开阔眼界,增长知识,可谓一举多得。每逢年节,许多地方都要组织规模不等的猜谜活动。其中我国历史上最大的一次灯谜盛会,是1979年国庆节在南京举行的包括南京、上海、厦门、苏州、南通、漳州、沈阳、长春、温州九城市参加的灯谜会,参加人次两万多,谜条万数以上。

楹联

大明湖畔趵突泉边故居在垂杨深处

漱玉集中金石录里文采有后主遗风

郭沫若题李清照纪念堂联《楹联》

楹联,俗称对联、对子,是中华民族一种独特的文学艺术形式。在我国浩如烟海的文化宝藏中，楹联以其历史悠久、基础浑厚和无与伦比的韵律美，显示出超越时空的旺盛生命力。它广泛地深入到社会生活的各个方面，或抒写壮志情怀，或记录人生沧桑，或描绘名胜古迹，或赞美锦绣河山，或志贺婚寿庆典，或吟咏四时节令，寓意万千，妙趣横生。楹联种类繁多，除春节张贴的对联称春联外，还有祝寿贴的对联叫寿联，婚嫁贴的对联叫喜联，追悼逝者的对联叫挽联，友人们相互题赠的对联叫馈赠联，装饰居室的对联叫家居联，各行各业对口适用的对联叫行业联，等等。

追根溯源，我国的对联已有一千多年的历史。最早的对联叫"桃符"，是古人在桃木板上刻的咒语，悬挂在房门两旁，以求除恶镇邪，消灾降福。清人梁章钜《楹联丛话》说："尝闻纪文达（即清代乾隆时学者纪昀）师言：楹贴始于桃符。蜀孟昶'长春'（即"新年纳余庆，佳节号长春"）一联最古。"可见，对联起源于五代时蜀主孟昶之桃符题词。到了宋代，对联的应用范围逐渐扩大。不仅春节时张贴对联，在书斋或寺庙等处题写对联，而且友人交际也广泛地应用对联。著名文学家苏轼、王安石和名儒朱熹等人，都写过不少对联。

至元代，由于种种原因，对联较之宋代则有些冷落，流传下来的不多。据载，当时的著名画家、书法家、诗人赵孟頫擅长写对联，他写下的"日月光天德；山河壮帝居"一联为历代封建统治者所喜爱。

到了明代初年，产生了"喜联"一词。据清人陈尚古《簪云楼杂说》记载："春联之设，自明太祖始。帝都金陵，除夕传旨：公卿士庶家门上须加春联一副。"朱元璋还亲自给修撰国史的谋士陶安题了一副"国朝谋略无双士，翰院文章第一家"的对联。由此，对联得以盛行。

到了清代康熙年间，对联艺术又有提高，而乾隆、嘉庆、道光三朝的对联则走向鼎盛时期。体例上，承继前人诗、词格调，讲究对仗工整，平仄协调，五雀六燕，铢两相称。数量和类别上，也较前大为增多。例如，乾隆皇帝本人就酷爱对联，当时紫禁城中的各个宫门题写对联达一百二十多副。再如，为历代游客所称道的云南滇池大观楼上长达一百八十字的对联，就是孙髯翁在这个时期撰写的。这三朝涌现出一大批对联妙手。如纪晓岚、郑板桥、梁章钜、翁方纲、林则徐、左宗棠、曾国藩等，写下了许多意味深长的佳联。特别值得一提的是，清人梁章钜不仅写了大量佳联，而且还从事对联的收集和研究工作，写下了我国第一部关于对联艺术的专著《楹联丛话》，给对联发展以不小的影响。到光绪年间，有关楹联的集子不下二十余种。

从辛亥革命到新中国成立以后，撰写对联这一古老而文明的习俗，被人们继承下来，并得到进一步完善。孙中山、章太炎、黄兴等资产阶级革命家和李大钊、毛泽东、周恩来、朱德、董必武、陈毅等老一辈无产阶级革命家以及郭沫若、齐白石、赵朴初、老舍、臧克家等文坛名将都写过不少好对联，而解名性的楹联创作与研究也更趋活跃。近年来，对联呈现大发展的态势。许多报刊、电台、电视台经常举办征集楹联活动，对联已深入社会生活的各个方面。自1984年11月中国楹联学会成立以来，全国已有二十多个省、直辖市、自治区成立了省级楹联组织，地、市、县级楹联组织有二百多家，会员数万人，创办的楹联报刊约五十种。对联如阳春三月的鲜花，开得满山遍野。

自从蜀后主孟昶所题第一副对联以来，一千多年间，人们究竟写了多少呢？恐怕只有用浩如烟海、难以计数来回答。仅新中国成立前上海广益书局出版的《楹联宝库》一书中，就收入对联一点三万副之多，可谓洋洋大观，可是也只是其中一小部分而已。

在长期的发展中，对联把中国古老文化传统中的辞赋诗文、书法雕刻、建筑艺术和园林设计融为一体，形成一种具有中国气派和东方风格的艺术珍品。对联作为中国人精神生活中一项不可缺少的组成部分，渗透着中华民族的美感意识和审美趣味。对联既是阳春白雪，登得上大雅之堂；又是下里巴人，到得了寻常巷陌。

对联的艺术形式，在于它的骈偶性和对仗性。骈偶又叫骈俪或偶句，要求并列的两个句子字数相等、词类相似、句法结构相同、容量语气相当，具有一种对称的形式美。对仗则更要求偶句声调相间，平仄互换，从而使语言铿锵，富于音乐性和节奏感。形式上讲求精湛乖巧的技法，常用的有流水对、回文对、顶针对等；文字上要求言简意赅，精粹含蓄，形象生动，常用的有嵌字联、叠字联、拆字联、数字联。例如，明代才子解缙八岁时游南京金水河玉栏杆，胡子祺出上联，命他对下联，解缙很快对出来了。这副对联即是顶针对：

金水河边金线柳，金线柳穿金鱼口

玉栏杆外玉簪花，玉簪花插玉人头

解缙不仅对得准确，而且巧妙自然，可以看出他的才思敏捷、聪慧过人。再如，据传明太祖朱元璋在进攻东吴之前，想出一句联语交给军师刘基。联云："天下口，天上口，志在吞吴。"刘基一看便知他有意出兵攻打东吴，便写出下联激励他大胆出兵，联曰："人中王，人边王，意图全任。"以"吞吴"和"全任"拆字联对，对仗贴切工整。又如，苏州网师园联：

风风雨雨，暖暖寒寒，处处寻寻觅觅

莺莺燕燕，花花叶叶，卿卿蓉蓉朝朝

此联是一字连用写成的叠字联，叠字的音和义都相同，叠词连用，纤巧柔媚，看似写景，实则抒情，又似写情人在花香鸟语中谈情说爱，描绘出清幽秀丽的南国风情。

七　艺术

书法

仓颉鸟迹既茫昧，字体变化如浮云。

陈仓石鼓又已讹，大小二篆生八分。
秦有李斯汉蔡邕，中间作者绝不闻。
峄山之碑野火焚，枣木传刻肥失真。
苦县光和尚骨立，书贵瘦硬方通神。

唐·杜甫《李潮八分小篆歌》

书法是我国独特的艺术。我国书法的历史源远流长。远古时代，人们在石块、树皮、骨头上刻画痕迹或图形，用来记事或传递消息。这种记事的图画，逐渐简化、整理、充实而成为有一定抽象意义的图画。这种图画就是最初的象形文字。中国象形文字不仅是记录、传达思想、语言的符号，也是人民群众劳动创造的一种原始优美艺术。所谓"书画同源"，其根据就在于此。

我国商周时期的许多甲骨文、金文，整齐而美观，可以说是原始的书法艺术品。但是，汉字在充当记事符号的同时又兼具审美性质，成为艺术品，始自春秋战国初期。湖北随县战国早期曾侯乙墓出土的铜器及乐器上的铭文，笔势劲秀，结体修长，俊丽清健。它是使文字有意识地发展到艺术化的早期作品之一。到了春秋末年，特别是在南方的吴、越、蔡、楚诸国，竟出现了与绘画同样的字体，或者在笔画上加些圆点，或者故作波折，或者在应有字画之外附加以鸟形之类以为装饰，这就是所谓的"鸟虫书"。

秦统一中国后，统一了文字，创造了秦篆，同时也使书法作为一门艺术，日渐取得独立地位。相传为李斯书写的《泰山刻石》《琅玡刻石》，字体谨严浑厚，平稳端凝，疏密匀停，法度森严，一丝不苟。唐代人称颂李斯的篆书是"画如铁石，字若飞动"，"骨气丰匀，方圆绝妙"。

汉代是我国书法艺术走向成熟的时期。汉隶是居于汉代书法主导地位的特有成就。它上承前代篆书的一些规则，下启魏、晋、南北朝、隋、唐书法的风范，演化派生其他书体。即使发展到现代，而隶书不废，说明汉隶有强大的艺术生命力和很高的美术价值。

魏、晋、南北朝，在我国书法发展史上占据着重要的位置。这一时期，楷、草、行、隶等各种书法同时发展，风格多样，各臻其妙。特别是产生在这一时期的中国书法史上的两个大书法家，钟繇、王羲之，为后世学书者所宗法。

钟繇，字元常，三国魏大臣，官至太傅。他能写隶、楷、行、草诸体，但主要是楷书和行书两书体。他把东汉以来民间流行的隶书中那些冲破规矩、方正平直、简省易写的成分集中起来，以楷书的模、捺取代了藏锋、翻笔的隶书的蚕头燕尾，参以篆书、草书的圆转笔画，促进了楷书的定型化。唐张瓘称他"真书绝妙""幽深无际，古雅有余"。后人将他与王羲之并论，世称为"钟王"。

王羲之，字逸少，东晋人，官至右军将军，人称"王右军"。工书法，博采汉、魏诸家之精华，集书法之大成，超脱于钟繇楷书的境界，自辟新径，使楷书完全摆脱隶书遗迹，成为独立的新体。他兼善隶、草、楷、行，“字势雄强，如龙跳天门，虎卧凤阁”，“飘若浮云，矫若惊龙”，有“右军书成而魏晋之风尽”的称誉，被尊为“书圣”。其子献之，亦工书法，成就不减其父，人称“小圣”，父子并称“二王”。

自东晋以来，北朝的石刻盛行。在书法史上把北朝的石刻叫作北碑，后世流传的很多。北碑最盛行的时代，是在北魏时候，所以也有魏碑之称。北碑的书体，独具风格，它承继汉隶的笔法，构体谨严，笔姿厚重，沉稳大方，雄健挺拔。这一时期的书法，为唐代书法的发展创造了条件。

唐代是我国书风极盛的时期。上至历朝皇帝及王公贵族，下至隶民百姓，都喜好书法。唐代书法传至日本，对扩大中外文化交流起到了积极的作用。唐代出现了许多有名的书法家，其中最有创造性的书法家是李邕、张旭、颜真卿、柳公权、怀素。

继唐以后的宋、元、明，在书法史上固然也有很大成就，但就楷书方面而言，则不如唐人。宋、元、明的书法重帖学，疏碑版，求意态，有影响的书法家包括：宋四大书家苏轼、黄庭坚、米芾、蔡襄，元朝赵孟頫、鲜于枢，明代有李东阳、文徵明、王铎等。清代书法风格由于严谨有余，生气不足，没有取得大的成就。

中国书法艺术博大精深。世界上有许多种语言文字，各个语种的文字也各有其自己的书写技法，但唯有汉字书法成为一门独特的艺术，而且日益成为世界性的艺术。我国已故著名美学家宗白华在《中国的书法艺术的性质》中说：“中国的书法是节奏化了的自然，表达着深一层的对生命形象的构思，成为反映生命的艺术，这也就是说，汉字形质本身原就是汉字创造者和书写者的聪明才智、精神情感的积淀。由于这种创造和书写的实践在整个民族历史中反复无数次地出现，它最终就成为整个民族精神的外现。”汉字书法艺术不仅是一种语言符号，而且更是一个伟大民族精神的象征。这才是汉字书法艺术的真髓。

篆刻

图书(印章)，古人皆以铜铸，至元末会稽王冕以花乳石刻之。今天下尽崇处州灯明石，果温润可爱也。

明·郎瑛《七修类稿》

篆刻，又称印学、治印，是我国优秀的传统艺术之一。篆刻艺术源远流长。治印大约始于春秋战国之时，这时的印章，主要是私印，官印不多。它所使用的文字，都是各国通行的“古文”，不易辨识。秦始皇统一六国后，印章上的文字也得到统一。所谓“秦书八体”，第五体叫“摹印篆”，就是专门用于印章上的书体，乃是小篆，秦丞相李斯所创。汉代是印章制作的极盛时期，其文字之精美，章法之变化，纽制之多种多样，在我国历史上首屈一指。唐、宋是印章衰落时期。到元代吾丘衍提倡汉法刻印，篆刻艺术得到复兴。元末画家王冕以浙江处州丽水县花乳石自刻印章,是文人刻印的先驱。到了明代嘉靖年间,长洲文彭,于书画之余自治印章,其篆书力矫宋、元以来的乖谬,出以方正,开创了文人治印的宗派。到了清代乾隆以后,刻印的风气大变,把篆刻艺术推进到一个崭新的阶段,中断了一千多年的汉印优秀传统,从此又得到了继承和发展。当时重要的篆刻家多集中于安徽、浙江两省,于是产生了"歙派","浙派"等不同派别。

"歙派"的开创者程邃,以大小篆文入印,自立门户。"浙派"以杭州丁敬为首,与蒋仁、黄易、奚冈并称"西泠四家"。"浙派"刻印,以汉印为宗,而又有所变革和发展,能自出新意,一扫纤巧柔媚的习气,对后代影响极大。清代后期,会稽赵之谦毅然崛起,力振古法,白文茂密深厚,朱文绮丽多姿,开一代新风。他是篆刻艺术的中兴功臣,对近百年印学产生了极大影响。清末民初,山阴人吴隐等创立"西泠印社"于杭州西湖孤山,推选吴昌硕为社长,研讨篆刻艺术,一时人才辈出,佳作如林。当吴昌硕的书画篆刻艺术风靡海内外之时,湖南湘潭齐白石渐露头角于北京,他从汉印的"急就章"中受到启发,大胆创新,善于单刀刻印,前无古人,独树一帜。

和我国的书法、绘画、雕刻一样,篆刻也有着独特的艺术风格。从制作过程讲,篆刻艺术是书法加雕刻的艺术,在一方小小的印章里,通过线条的变化,表现出书法豪壮、遒劲、飘逸、秀雅的笔势和优美完整的构图。并且具有刀法生动、运转自如的雕刻艺术特征。可以说是天地虽小,气象万千。这是篆刻艺术的特殊价值之所在,这也说明了篆刻与书法关系之密切。我国古今的篆刻大师,无一不是擅长书法、精通篆法的书法家。在印学中,强调以篆指挥刻,复以刻体现篆,这是治印的根本。一方好的印章,是篆法、章法、刀法的高度统一和协调的表现,三者缺一不可。而精通篆法,又是治印之灵魂。因此,爱好篆刻的青年一定要认真研究文字,学习篆书,做到博采兼收,这样才能学有所成。

中国画

相府徵墨妙,挥毫天地穷。
始知丹青笔,能夺造化功。
潇湘在帘间,庐壑横座中。
忽疑凤凰池,暗与江海通。
粉白湖上云,黛青天际峰。
昼日恒见月,孤帆如有风。
岩花不飞落,涧草无春冬。
担锡香炉缁,钓鱼沧浪翁。

唐·岑参《刘相公中书江山画障》

中国画是中华民族文化宝库中的一颗璀璨明珠。中国画历史悠久、遗产丰厚。用特别的纸、绢、笔、墨、彩等工具,以工笔、白描、写意、重彩形式绘制的人物画、山水画、花鸟画,独具民族风格,著称于世界。

中国画起源于奴隶制时代的石器和青铜器。据今五六千年前的新石器时代的陶器制作已有各种花纹图案的描绘。到了两三千多年前的夏、商、周直到春秋战国时代的青铜器也有各种精美的花纹装饰。因此,中国绘画史是应该从陶器和青铜器开始写起的。湖南长沙出土的楚国帛画,是我国最早的绘画作品。魏晋时代顾恺之的《女史箴图》是我国最早的卷轴绘画,在我国和世界绘画史上有着重要的意义。秦汉时代我国民族传统绘画艺术的风格已经形成,这主要体现在石刻艺术中形象的刻画和线条的运用上。魏晋南北朝时期,产生了曹不兴、卫协、顾恺之、陆探微、张僧繇等大画家,他们继承秦汉艺术的传统,并大大发扬创造。这一时期山水画已经开始独立成科,花鸟画也在兴起。唐代和宋代是中国画鼎盛时期。唐代绘画可谓大家辈出,繁星满天。如阎立本、李思训、吴道子、王维、韩干、周昉、边鸾在绘画艺术上都取得了杰出的成就,其人物、山水、花鸟、鞍马等各种形式和体裁的绘画,对后世产生了深远的影响。到了宋代,继承五代皇家画院而创立的翰林图画院,以图画开科取士,罗致天下的优秀画家,重写生、讲法理,以十分严谨的艺术创作态度,精工细写,为中国画的写实求真做出了很大的贡献。学画必言北宋,许多佳作成为后世的典范。以苏轼、米芾等人所提倡的文人画和水墨画派,称为文人墨戏,发展了中国民族绘画的笔墨功能和表现技法,对后世产生了重大的影响。元代在中国的绘画发展史上有转折的意义,如黄公望、王蒙、倪瓒、吴镇等,他们普遍用纸作画,充分发挥纸、墨、笔的性能,重墨韵意境,讲究诗书画的结合,技法上有新的创造。

明清以来,特别是明中叶开始,由于资本主义经济的萌芽,艺术思想趋于活跃。各种绘画流派繁衍,绘画作品中的个性表现和地方特色,竞秀比美,呈现出艺术形式和风格的多样化。浙派、院派、吴门画派,以及后来的新安画派、金陵八家、扬州八怪等;还有徐渭、陈淳,称为青藤白阳的水墨大写意画派;石涛、八大山人水墨山水花鸟画,都是自成风格、卓立于画坛的流派和画家。近代和现代的吴昌硕、任伯年、齐白石、黄宾虹、潘天寿等无不受他们的影响。中国民族绘画固然是我国各族人民的共同创造,但同时也是不断吸收外来影响,融化为我国民族的艺术。近代西洋绘画的进一步输入,新兴美术教育的兴起,使中国绘画又起着新的变化。新中国成立以后,在推陈出新,古为今用,洋为中用,百花齐放的文艺政策的指引下,中国画正方兴未艾、日新月异地发展着。

概括中国画的特色大致有以下几点:一是用水墨表现,熔诗、书、画、印于一炉。二是用线条表现为主,不受时空限制,如可将四季的花卉在一个画面上开放。三是散点透视的布局可自由施展。四是利用宣纸渗透力的特有效果,表现明暗远近。五是有和国画相适宜的一整套装裱技法,使其尽善尽美。中国画的技法风格分工笔和写意两大流派。工笔画趋于写实,逼真细腻,精致典雅,古朴优美。而写意画不打草稿,胸有成竹,一挥而就,它的艺术趣味是贵于传神,对物贵在似与不似之间,潇洒、泼辣、粗犷,笔墨韵味浓重。相濡的水墨,精湛的笔法,丰厚的内涵,浓烈的诗意,使中国画在咫尺之间可容天地,意境极为深邃。数点桃花能烘托出一片春色;几只水鸟昭示着大自然的无限生机;二三游鱼,别无所依,看去会使人顿觉满纸湖海,烟波浩渺;一帧竹兰,跃然纸上,风光月影,摇曳其间,欣赏时会觉得清香沁人,诗意无穷。漓江山水、黄山风云,望之如身临其境。中国画,清超绝俗,韵味无穷,确实是我国民族文化的瑰宝。

年画

画中要有戏,百看才不腻;出口要吉利,才能合人意。

《民谚》

年画是我国民间独创的一种艺术形式,历史悠久,为广大人民群众所喜闻乐见。每逢年节,不管是平民百姓,还是达官贵人,都纷纷购买年画来获得表达理想和愿望的机会和方式,有的通过赠送年画,互相表达良好祝愿,联络感情,增进友谊,也表达吉祥喜庆,托物寄意,赋予吉语,产生感情上共鸣。正如著名画家黄永玉所说:“它是一种特殊的文化,它在最底层,同时又是中国文化的重要代表。”

中国年画起源于门神,但又是发展了的门神,比门神更丰富多彩,更富有艺术气息。有关年画的起源,可以上溯到汉代,至宋代木版印刷术的发明使许多原来以手工绘制的书籍插图改作版画印制。传统的年画多用木版印刷,印刷技巧多种多样,有水墨印版、套色印版、着色法、笔彩法、油纸印法和手押板等。画面采用单纯的线条,鲜明的色彩,表现热闹、愉快、吉祥的生动场景,如五谷丰登、祝福长寿、吉祥如意或戏剧典故,神话人物等。

宋代称“年画”为“纸画”,明代改称“画贴”。清代是年画的全盛时期,各地名称不一:北京人称“画片”,江苏人称“画张”,浙江人称“花纸”,四川人称“斗方”。直到清道光二十九年(1849),河北人李光庭在《新年十事》中首次以“扫舍以后,便贴年画,稚子之戏耳”为文,“年画”一词才逐渐传播开来。

年画

年画艺术,在创新中发展,逐渐形成了我国博大精美各具特色的年画派系和技法,如天津杨柳青年画、山东潍坊年画、苏州桃花坞年画、武强年画、四川绵竹年画、高密扑灰年画、广东佛山年画等,都深受人民大众的喜爱。其中杨柳青年画、潍坊年画、桃花坞年画,画面尤其生动清新,不仅成为我国三大年画派系,而且在国际画坛也享有盛名。苏联各博物馆收藏中国年画就达五千多件,其中大部分是杨柳青和潍坊年画。

今天,这项深入民间的年画艺术依然是雅俗共赏的。有人形容年画是"巧画士农商,妙绘财神菩萨;尽收天下大事,兼图里巷所闻",年画题材不断推陈出新。在我国广大农村,今日还存有"不贴年画不过年"和"有钱没钱,买画过年"的传统习俗。

年画根植于千年文化的沃土之中,是老祖宗留给我们的无比丰富而又有价值的艺术珍品。但是,如何使年画走出传统,展现更加多姿多彩的时代风貌,却是年画创作者面临的一个重要课题。年画要发展,必须遵循传统的创作原则,挖掘新的创作题材,将人们各种美好的愿望和追求加以酿造纯化,使年画这株民族艺术之花开放得更加艳丽多姿。

壁画

图画天地,品类群生。杂物奇怪,山神海灵。写载其状,托之丹青。千变万化,事各缪形。随色象类,曲得其情。

东汉·王延寿《鲁灵光殿赋》

壁画在我国历史悠久。这种融建筑、雕塑、工艺、美术等为一体的独特艺术门类,在华夏文明史上闪烁着熠熠光彩。

我国古代壁画大体可分为地下壁画和地上壁画两种类型。地下壁画指的是墓葬壁画,这种类型的壁画唐代很多。20世纪50、70、80年代出土于武则天次子章怀太子李贤和她的孙女李仙蕙等墓中的壁画多达几十件,内容题材涉及四神、星象、宗教、建筑、仪卫、狩猎、生活、友好往来等八个方面,真实再现了李唐王朝的社会生活。壁画色彩分明,人物栩栩如生,场景十分壮观。《骑马侍卫图》的背景为青山松林,前面是一个胡人牵着一匹肥壮的千里马,马头向下弯曲,马嘴张开,像是在咆哮、嘶鸣。两条前腿直立,一条后腿抬起,亮出蹄子,像是在不安地踢动、焦急地等待遥远的征程。马后站着六个侍卫,他们个个身宽体健,神态庄重,或执兵器,或举旗帜,真是车辚辚,马啸啸。画面生动地再现了当时兵强马壮、无往不胜的情景。《侍女图》另有一番情致。画面上有九个侍女。她们一个个体态优美,身材匀称,面颊丰腴,以不规则队形走来。她们分别在打扇、端杯、招呼,似乎在为一个重大活动做准备。侍女们身穿长裙,领口开得较低,精神开朗,气质高雅,没有宋、元代绢画中女性"月明人倚楼"那种柔弱病态。这种健康、美好的形象正是当时蓬勃向上的社会环境的反映。《客使图》则再现了唐朝威震四海的盛世景象。画面的右边是三个亚洲国家官员来朝拜,他们恭恭敬敬,弯腰拱手在等着安排。左边三个唐朝官员,身着宽袍长袖,个个雍容大度,在商量着什么。

地上壁画也称建筑壁画。壁画与建筑相结合,二者相得益彰,既具实用功效,又富欣赏价值,具有独特的艺术审美效果。始建于明洪武二十五年(1392)的山西大同市内东大街高八米、长四十五点五米的九龙壁,是我国现存最早最大的此类壁画。这幅由特制的五彩琉璃砖镶砌而成的九条巨龙伸爪抱珠,捕风弄雨,盘雨回绕,栩栩如生,加之龙的颜色分别为黄、蓝、赭、紫、白,五彩缤纷,参差有致,充分反映了我国民族传统特有的庄严华贵的气派。北京紫禁城与北海中的九龙壁,全用五彩琉璃烧成,九龙神态飞舞,气韵流畅,雕刻精美,色彩绚丽,堪称壁画中的精品。她们或装饰皇家宫殿,或点缀皇家"御苑",使中国园林与建筑和环境巧妙地融为一体,至今仍是人们流连欣赏的游憩胜地。

我国早期的壁画大多用于府门的照壁,随着建筑和文化艺术的发展,壁画慢慢开始成为建筑物上不可缺少的艺术,得到越来越多的应用。设计师们在各种建筑物的内部和外部装饰上风格各异的壁画,以增加建筑物的层次,增强建筑艺术的美感。如北京东四十条地铁车站东西侧墙面上,两幅赫然醒目的巨型陶瓷镶嵌壁画《华夏雄风》和《走向世界》,将车站装点得绚丽多彩。前幅高三米、长六十二米,画面上近百名中华健儿挥刀劈杀、挺矛冲刺、跃马扬鞭;后幅高二点九九米、长七十米,分别为各类体操、游泳、射击等竞技画面和体态优美协调、色彩独特精美的图案,充分反映了当代中华体育健儿顽强拼搏、走向世界的雄姿,深刻表现了中华民族众志成城,阔步迈向新世纪的豪情壮志。

壁画,这一古老而又崭新的艺术,以其独具的诱惑力,日益广泛地走进人们的现代生活,并将随着生活的丰富而拓展开新的艺术空间。

书画装裱

前代书画,历传至今,未有不残脱者,苟欲改装,如病笃延医,医善则随手而起,医不善则随到而毙。

清·周嘉胄《装潢志》

书画装裱是我国一种特殊的民族工艺,有着悠久的历史。古代称装裱为"裱褙",亦称"装潢",又称"装池"。装裱实际也是我国特有的一种对书画保护的艺术手段。装裱艺术的重要地位,也就是人们常说的:"三分画,七分裱。"

唐人张彦远所著《历代名画记》说:"自晋代以前,装背不佳,宋时范晔始有装背。"即是说在我国晋代就有了装裱行当。史书《三国志》记载东吴画家曹不兴为孙权画屏风,屏风要能上挂,因此必须裱背。到了隋唐时代,我国纺织和造纸技术已经达到了很高的水准,绫、绵、绢帛、皮棉、竹纸都已具备,因此书画艺术和装裱艺术均达到较高水平,而且在防霉,防潮,防虫蛀等方面积累了一套科学的方法。到了宋代,皇家对于装裱工艺极为重视,设有专门职官主管装裱书画,社会上也就有了装裱行业。当时许多著名画家不仅能写善画,而且还能自己动手进行书画装裱。如宋代开封著名书法家米芾就精于装裱。他在《大会帖》后曾留下"龟辟虽多手屡洗,卷不生毛谁似米"的题诗,就是对他自己装裱技艺的生动写照。当时的书画评论家兼文艺理论家王世贞"家多诊秘,深究装潢",对装潢艺术进行了认真研究。而当时的装裱材料全用皮纸,镶料亦用花绫、古锦,装裱所用的浆糊是用提去面筋的小麦面粉打成,据说裱后不易发霉。装裱之前所有材料都经过伸缩处理,做到装裱以后缩性一致,表面平整,舒卷整齐。可见宋代书画和装裱艺术已臻于成熟和达到全盛时期,后人称之为"宋之裱"。元、明、清的装裱工艺,虽有一定程度的创新和发展,但毕竟受着历史社会、文化和传统审美情趣以及书画艺术的局限。将我国书画装裱艺术上升为理论并进行系统研究的是清朝的周嘉胄。他总结了前人和当时装裱书画的经验,编写了我国第一部关于装裱书画的专著《装潢志》,一直流传至今,为装裱工艺的发展奠定了基础。

通过长期的艺术实践和不断发展,装裱不仅成为一种专门的学问,还逐渐形成不同的风格和流派。书画装裱主要分为两大流派,大致以长江为界:南京、苏州、无锡等地为"南裱",又称之为"苏裱";长江以北叫"北裱",也有叫"京裱"。两大流派相互补充,各有所长。"南裱"典雅,小巧玲珑,书香味浓。"北裱"则奔放,气势磅礴,宜于大堂悬挂。南、北方装裱所用工具有所不同,所以装裱的艺术效果也不同。晚清至民国初年,装裱艺术的流派更为繁多,如配色素净的苏裱,颜色典雅;善于仿古的扬州裱;色彩艳丽的京裱;综合了苏州和扬州装潢艺术特长的杭裱;长沙流行的以湘绣代锦的湘裱;装潢轻巧的赣裱;喜用三色纸绢装裱而色彩华丽的岭南裱;集苏、扬、京裱之长的沪裱。随着书画作品式样和规格的多样化、装裱格式也不断丰富多彩,如中堂、对联、条幅、横披、条屏、立轴、扇面、手卷、册页、画片等,在装裱材料上有纸裱,纸裱绫边,半绫全绫,三色绫,控空绫等多种裱法。

新中国成立以后,我国书画艺术的内容、形式、风格进一步发展,进入空前繁荣的艺术新时代。装裱技艺更是异彩纷呈。那些高明的装裱师不仅继承传统的工艺操作方法,而且认真研究作品,准确生动地把握作品的意境,根据作品的"冷""暖"基调,辅之以合适的色彩和款式,使装裱设计和书画作品珠联璧合,浑然一体,形成一幅幅完美的艺术品。随着时代的发展,高科技的出现,今日又出现了用计算机控制的书画装裱(是一种类似不干胶的产品,用很短的时间来完成书画的装裱工艺)。在高科技时代,现代化的装裱手段,是对传统装裱的冲击,也是一种大胆的尝试。

中国戏曲

梨园旧乐三千部，苏州新谱十三腔。
假面胡头跳如虎，窄衫绣袴捶大鼓。
金蟒缠胸神鬼装，白衣合掌观音舞。
观者如山锦相属，杂沓谁分丝与肉。

明·袁宏道《迎春歌和江进之》

中国戏曲源远流长，品种繁多，是中华民族优秀的文化遗产之一，在中国文明史上和世界文化宝库中占有独特的位置。

唐代以前，中国戏曲有两大渊源，一是俳优演出，二是歌舞演出。俳优演出以诙谐嘲弄逗人笑乐为主，有讥讽时弊的传统。一般说来，俳优演出是在宫廷里进行的，但《左传·襄公二十年》有"圉人为优"和士兵观优的记载。当时连管马的、当兵的都可以作优戏、观优戏，由此可见它在民间也有一定的地位。

在歌舞演出方面，东汉的张衡在《西京赋》里描写了百戏中的歌舞小节目《东海黄公》，说的是一位叫东海黄公的法师，因年老酗酒，法术失灵，未能战胜白虎的故事。至唐代，这类演出被归入宴乐中的"鼓架部"。据唐代段安节《乐府杂录》称，当时鼓架部中有《代面》《钵头》《苏中郎》等节目。《代面》是说北齐兰陵王高长恭的故事。此人颇有胆勇，但面目秀丽，自嫌不足使敌人畏惧，所以上阵时戴上面具。

在俳优演出方面，唐代把它发展成为"参军戏"，又名"弄参军"。一般是两个演员表演，一个机智，绿衣秉简，叫"参军"，一个愚笨，鹑衣髽髻，叫"苍鹘"(或"苍头")。二人作诙谐的对话，颇似现代的相声。后来参军戏与歌舞相结合并配上乐器伴奏，进而开辟了俳优演出与歌舞演出相结合的方向。

到了宋代，参军戏演变为杂剧。在宋杂剧中，增加到五个，有末泥、引戏、副净、副末、装孤(装旦)，其中副净和副末是表演的主要角色。苍鹘这时叫"副末"，参军这时叫"副净"。副净的演出很吃重，陶宗仪《辍耕录》说："副净有散说，有道念，有筋斗，有科汎。"有时出场人物可根据剧情增减。同时，与剧情有关的物件这时也可以拿了出场，这是中国戏剧中使用"砌末"(即现代所说的道具)的开始。宋代民间演杂剧的地方叫"瓦子"，表演者统称"路歧人"。他们就地卖艺，则叫"作场"。

南宋时，在温州地区还产生了一种"南戏"。温州地方本来有一些具有故事性的歌谣小曲，路歧人用这种唱腔结合杂剧形式进行表演，就是南戏。宋南戏的角色又增加到七个，有生、旦、净、末、丑、贴、外。至此，中国戏曲艺术的角色门类已经基本构成。

宋杂剧和南戏的发展为元杂剧的出现准备了条件。自元杂剧往后，角色分工更为细密。元杂剧是一种成熟了的戏剧艺术，它剔除了宋杂剧中夹有的杂技、幻术等非戏剧成分。元杂剧一般分为四折(折的作用大致相当于现代话剧的幕),每折之内均有十个以上的成套小曲,一套小曲都属于同一宫调,押同一音韵,而且只由男女主角(正末、正旦)演唱,其他角色只有对话(宾白)和动作(科汎)。13世纪至14世纪初,是元杂剧的鼎盛时期,出现了像《窦娥冤》《陈州粜米》《救风尘》《西厢记》《赵氏孤儿》等长期流传的名作,涌现出以关汉卿为首的大批杰出的剧作家。关汉卿一生中写了六十多个杂剧,代表作《窦娥冤》通过一个善良的妇女窦娥屈死的故事,强烈地鞭挞了贪官污吏和流氓恶霸横行的元朝的黑暗统治。

元代中叶以后,杂剧渐趋衰落。到了元末明初,南戏又在以前"温州杂剧"的基础上发展起来,成为主导剧坛的剧种,并相继出现了《琵琶记》《荆钗记》《拜月亭》等著名的剧作,在以后的发展过程中,南戏形成了四大声腔系统:海盐、弋阳、余姚和昆山。其中弋阳腔流传最广,影响较大。昆山腔兴起最晚,起初只唱散曲,不上舞台。但随着梁辰鱼根据魏良辅的格律写成《浣纱记》,搬上舞台并获得成功,才使昆腔普及全国,渐趋红火。万历年间,昆腔极盛。这时出现了"临川派"剧作家汤显祖。他与莎士比亚是同时代人,是东西辉映的两颗剧坛巨星。他的名作《牡丹亭》数百年来流传不息。

当昆腔在明中叶取得正统地位以后,弋阳腔也在向外省发展,特别是向安徽发展的这一支,在安徽形成了"四平腔"和"青阳腔"。四平腔和二黄平板属于同一体系,在日后的中国戏曲史上发挥了很大的作用。

到了清代,昆腔被称为"雅部",弋阳腔与其他梆子腔、秦腔等称为"花部"或"乱弹"。由于封建统治者竭力推崇"雅部",贬低"花部",致使昆腔内容日益僵化,形式日益雅化,走上了脱离群众、脱离生活的道路,逐渐从剧坛的主导地位上降了下来。

在昆腔衰落的同时,却出现了一个地方戏空前繁荣的局面。这时川剧、湘剧、赣剧、陕西秦腔、同州梆子、山西梆子、河北梆子以及汉剧、徽剧、粤剧、滇剧等纷纷形成。各大剧种之下又分各种流派。此外,还产生了许多乡土气息较重的小剧种,如花鼓戏、花灯戏、秧歌、道情等,散布全国各地。伴随着地方戏的大发展,各种成熟的大型地方剧种不断向首都北京流动荟萃,这就在北京渐渐形成了一个新剧种——京剧,成为我国古典戏曲之集大成的剧种。

中国戏曲作为我国传统的戏剧形式,既具有戏剧的共同特征,又因不同的表现手段而区别于话剧等其他戏剧艺术,具有自己的特点。例如,在我国古典戏曲中,舞台采取上下场的分场方法,可以自由地处理舞台的空间和时间。舞台上的地点和时间随演员的表演而变动,演员离开舞台、地点和时间就不存在了。中国古老的戏曲舞台,提供给演员和观众一个完全不同于话剧、歌剧和舞剧等表现时空的形式。舞台上仅有一桌两椅,它不表示具体时空,但通过演员的表演,却呈现给观众一个千变万化活生生的人间世界。比如越剧《梁山伯与祝英台》中的"十八里相送",靠演员的咏唱和表演,就活脱脱地展示出十八里路的时空转换。中国戏曲艺术这种表现手法无疑与中国绘画的空间处理以及中国诗歌的表征意境是相通的，所谓“三五步行遍天下，六七人百万雄兵”。这种舞台时空观念的超脱性及其表现手法，是中国戏曲的主要特点之一。而通过演员的唱、做、念、打描摹出种种具体时空及其客观景象的虚拟表演，给观众留下广阔的想象余地，使观众在欣赏中国戏曲时更具审美的自由度。中国戏曲在发展中形成的程式，也是戏曲艺术的重要特点。特别是在古典戏曲中，上下场，唱、做、念、打和音乐伴奏，以及服装、化妆、布景、道具等，都有一定规范性的格式，这就叫作“程式”。我国古典戏曲表演中有许多程式动作，如甩发、抬须、投袖、台步等；武打也有许多固定的套子；对白有程式，唱腔有板式，舞也有程式。当代，在现代戏曲中，有些程式已被打破。

程式是与行当紧密联系的。行当是戏曲中艺术化、规范化的性格类型，是塑造各种人物时一系列动作的规格化。中国戏曲有着严格的角色分类。譬如京剧，最初角色分生、旦、净、丑、小生五行，此后吸取了昆曲、汉剧的分行办法，遂演成“十门角色”，即生、旦、末、外、净、丑、杂、上手、下手、流行。其中每一行当又能分得更细。行当是在戏曲表演中塑造各种人物时，将一系列动作规范化、化妆（脸谱）定型化的结果。脸谱和戏装具有象征意味。

戏曲脸谱有其特定的内涵，它对戏剧人物具有象征意义。脸谱一般用于净、丑角色扮演的各种人物，生、旦很少采用，但也有例外。脸谱中不同的图案加色彩能表现不同人物的身份和性格。中国戏曲脸谱多至几百，其本身也已构成一门独立的艺术，具有很高的审美价值。

戏服对于戏曲，早期并无定式，至清朝中叶后，戏曲服饰穿戴规制就相当细致和严谨了。根据剧中人物的不同身份、年龄、性格及生活环境等，都规定有程式性的着装规范。

中国戏曲具有丰富多彩的表演手段，戏曲演员应该掌握“四功五法”。四功是唱、念、做、打，五法即手、眼、身、法、步。演员应具有扎实的基本功，娴熟地运用眼睛、手势、身体和脚步来表现戏剧人物。

中国戏曲的生命属于中国土壤，戏曲的发展离不开戏曲的改革、创新。跟随着时代的脚步，中国戏曲这株古老的艺术之花必将焕发出新的生机与活力，绽开更加奇异绚烂的瑰葩。

京剧

生旦净丑兼末外，曼声阔口随分派。
有时主仆或倒呼，不然叔侄同交拜。
演之数月登高台，或夸邻境名班来。

清 · 潘际云《串客班》

京剧，旧称“皮簧戏”，20世纪初的上海报刊始称“京戏”，在京称“平剧”，因它集中继承了中国戏曲悠久的历史传统，源远流长，积累深厚，演艺高超，被国人尊称为“国剧”。它是直接在徽班进京的基础上逐渐演变形成的。

京剧的诞生，一般从四大徽班进京说起。公元1790年，为了给乾隆八十岁祝寿，征调了以高朗亭为首的三庆、四喜、和春、春台等四个徽剧班子进京。他们以徽调二黄为主要唱腔，进京后又兼收并蓄地吸取其他声腔——昆腔、梆子、罗罗腔等的优点，同时在表演动作、念白、武功等方面学习其他剧种的长处，造成“昆乱俱全，文武不挡”的全面发展的情况，使得北京大小剧场都请徽班演出。形成“嘉庆以还，梨园多皖人”的局面。及至道光八年(1828)以后，湖北王洪贵、李六、余三胜等名伶入京，带来了“汉调”。汉调以西皮为主要唱腔，但它和唱二黄的徽班能很好地合作，经常同台演出，取长补短，共同提高，因而形成了一个新剧种：皮黄戏，即京剧。

京剧艺术继承了民族戏曲综合、夸张和虚实相生、疏密相间的表现特点，借助唱念做打的综合手段，塑造形象，表现性格，追求形神统一，以传神、言情、写意为创作方法，诱发观众的想象和审美经验，达到艺术美的境界。因此，其被世界公认为东方最优美的戏剧艺术。

京剧优美动听的唱腔属板腔变化体，以二簧、西皮为主要声腔。二簧旋律平稳，节奏舒缓，唱腔较为凝重、深厚、稳健，适合于表现沉郁、肃穆、悲愤、激昂的情绪；西皮旋律起伏变化较大，节奏紧凑，唱腔较为流畅、轻快、明朗、活泼，适合于表现欢快、坚毅、愤懑的情绪。二簧、西皮有许多节奏不同、快慢缓急的板式，还吸收了吹腔、汉调、南梆子等地方曲调，形成中国戏曲中最富表现力的声腔。

京剧脸谱

京剧的装扮艺术是戏曲整体美的和谐的组成部分。京剧的服饰，以明代服饰为依归，参照唐宋元清的服饰变化创造而来，不但奇巧美观，庄严大方，且种类名目繁多。文服有蟒、帔、官衣、开氅、褶子、富贵衣等，武服有大靠、箭衣、抱衣、打衣等，又有女角和特殊角色专用的衣、裙、帔等。男戴盔、帽、巾、冠和髯口，女戴头饰、贴片，装饰点翠、水钻、银泡，精美绝伦。服饰均以五色金银线刺绣，图案色彩视人物的级别、类型各有一定，“宁可穿破，绝不穿错”。京剧的脸谱艺术是一种创造性的、有思想有理智的化妆术，以夸张、变形的手法，浓墨重彩，精巧庄美，图纹含睿智，颜色辨性格，深为世界戏剧家所赞赏。

京剧的表演艺术在世界戏剧中独具品格，魅力无穷，形成一种包容唱、念、做、打在内的综合表演艺术。唱腔甜美悠扬,字正腔圆,声情并茂。念白是经过音乐化的舞台语言,有旋律,讲节奏,音调铿锵,韵味十足。做功包括各种节奏化、舞蹈化的表情动作,也包括身段、功架,以及运用翎子、水发、帽翅、水袖、砌末等创造的种种特技和绝招。打是武艺、竞技和战斗场面的艺术表现,是传统武术和杂技的舞蹈化,有各种高超、惊险的筋斗、把子和毽子功。

京剧艺术经过历史的积累,在技艺表演、唱腔板式、场面音乐、装扮脸谱等方面,已形成一套互相制约、相得益彰的高度规范化的程式。

京剧是我们民族艺术的瑰宝。新中国成立以后,京剧这一脱胎于封建社会的传统民族艺术,在党和政府的关怀以及广大京剧工作者的辛勤培育下,继往开来,推陈出新,顺应时代的进步、社会的发展和人民的需要,焕发了新的活力。特别是梅兰芳、周信芳等京剧艺术家,为我们国家的京剧和戏曲艺术的发展做出了彪炳千秋的贡献,成为享誉世界的戏剧艺术大师。四十多年来,我国京剧艺术团体,曾先后出访了朝鲜、日本、苏联、波兰、捷克斯洛伐克、美国、法国、英国、智利、印度、印度尼西亚、缅甸、越南等几十个国家,足迹遍及五大洲。京剧艺术受到许多国家的高度评价,为世界和平与友谊,为中外文化交流,做出了重要的贡献,使具有鲜明民族风格和艺术特色的京剧艺术,在世界文化之林中大放异彩。

昆剧

竟指秦淮作战场,美人扇上写兴亡。
两朝应举侯公子,忍对桃花说李香。

清·张问陶《读〈桃花扇〉传奇偶题》

中国昆剧,因其历史悠久,艺术精妙,体系完备,及其对后起剧种的影响,在中国戏剧文化史上,占有很高的地位。

昆剧的形成,直接和元末明初的南戏有直接渊源。元明时期,我国戏剧得到蓬勃发展,特别是在温州地区,戏曲的声腔在不断创新中形成四大派系,这就是海盐腔、余姚腔、弋阳腔、昆山腔,其中昆山腔形成最晚。昆山腔原为流行于吴中苏州一带的一种清唱曲,据说为元人顾坚所创,到嘉靖年间,经过以魏良辅为首的一批民间艺术家的改造而形成一种新型声腔。隆庆年间,昆山梁辰鱼和郑思笠、唐小虞等又对昆腔进一步加以改进,梁辰鱼并按唱腔的特点和规律编写了《浣纱记》剧本,使昆腔开始进入勃兴时代。昆山腔流丽舒缓、轻柔婉转。演唱时,昆山腔最讲求“转喉押调”“字正腔圆”,要唱出“曲情理趣”。伴奏有笛、管、笙、琵琶等乐器,还用鼓板按节拍。

明天启初到清康熙末,是昆剧蓬勃发展的兴旺时期,新作不断涌现,戏班竞演,蔚然成风,技艺日精。乾隆中期以后,昆剧的演出已完成了以演折子戏为主的过渡。

1770年刊行的《缀白裘》选昆剧折子四百余出，基本反映了乾隆年间南方昆班演出剧目的概貌。

昆剧以载歌载舞为主要表演形式。昆剧表演中的身段动作，在舞蹈化的动作进程中，包含有点（起和结）、线（进程）、角（转折、顿挫）、面（场形）四要素，它们与词曲准确和巧妙的结合，才成为一个完整、优美的"体"，即外形结构之美的具体化。

昆剧的音乐继承了古曲的传统，它的结构体系是曲牌联套结构，分北套、南套和南北合套，选用曲牌既有谨严的格律守则，又有灵活运用的组合章法。唱腔分南曲和北曲。南曲唱五声音阶，旋律以级进为主，节奏舒缓，善于抒发佳人才子细腻的内在情感；北曲唱七声音阶，旋律以跳进为主，节奏紧凑，利于表达英雄豪杰感慨悲凉的思想活动。曲调讲究定词、定脸、定板、定调，相当严谨。无论南曲北曲都能产生委婉曲折、优美动听的艺术效果。

昆剧的文学成就达到了很高的地步。从《琵琶记》开始，名作如林，到汤显祖《牡丹亭》而达到高峰，昆剧文学继承了我国诗歌的抒情传统，写景言情重在表现意境。如《牡丹亭·游园》，杜丽娘一进花园，见如此美好春色，触景生情，由惊诧而引起哀怨，唱："原来姹紫嫣红开遍，似这般都付与断井残垣。良辰美景奈何天，赏心乐事谁家院？朝飞暮卷，云霞翠轩；雨丝风片，烟波画船。锦屏人忒看的这韶光贱！"如此细致微妙的心理描写，怨由景起，情景交融，一切景语皆情语。类似表现意境的段子在昆剧中比比皆是，这是其他剧种所难以比拟的。

昆剧对我国其他剧种的发展产生了深远的影响。无论是徽剧、京剧，还是川剧、湘剧、越剧、弹词、赣剧、桂戏等，都从昆剧中得到过有益的借鉴。新中国成立以后，在党和政府的关怀下，古老的昆剧艺术在保持传统优势的同时，进一步创新改进，取得了新的发展。昆剧作为我国戏剧艺术的精华，过去有过辉煌的历史，今后，也必将进一步走向更加辉煌。

越剧

软红十丈春尘酣，不重美女重美男。

宛转歌喉袅金缕，美男妆成如美女。

清·梁绍壬《梨园伶》

我国有三百多个剧种，越剧流传范围之广，仅次于京剧。它主要流传于浙江、上海、江苏一带，而在它的繁盛时期，北方的银川、兰州、北京、天津、西安等大城市都有越剧院团。越剧最突出的一个特点是基本由女演员演出，生、旦、净、末、丑大都是女演员扮演，因而独具魅力，当然，其形成有一个曲折而复杂的过程。

越剧，发源于浙江省嵊州市，萌芽于19世纪中叶"落地唱书"的田头演唱形式，起源于20世纪初分行当演唱的“的笃班”。只不过这时候角色全是由男演员扮演的。1922年,嵊州市男小歌班在上海“大世界”演出多场以反映婚姻家庭伦理的文戏剧,较当时绍兴大班(绍剧)在沪演出的武功戏、宫闱戏风格文静,而嵊州市又属绍地,故被称作“绍兴文戏”。1923年,女小歌班出现后,又分男子与女子绍兴文戏两种。1938年后,嵊州市大批女班先后赴沪演出,剧目内容日趋丰富,唱腔曲调较为完整,表演技巧更为熟练,观众日增,绍兴文戏声誉大振。因绍兴是春秋战国时越国之故地,人们便又将绍兴文戏称作“越剧”;由于女子宜演文戏,唱腔柔和优美,更受观众青睐,从此女班代替了男班,男子演员逐渐消失,直至新中国成立后才出现了男女合演与女子越剧并存的局面。新中国成立初,越剧呈现空前繁荣,全国拥有二百八十个越剧团,从业人员近两万人。1985年,全国有专业越剧团一百余个,分布于十五个省、市,其中仅浙江省就有专业越剧团三十九个。

越剧唱腔婉转、优美动听,颇能反映江南地区民间丝竹音乐的特色,基本曲调只有两句,经过艺人的变化运用,发展了慢板、中板、快板、散板,形成许多流派唱腔,似简而却繁。越剧一方面吸收了昆曲文戏中的身段、台步、形体动作等表演技巧,一方面又吸取了话剧从内心情感出发设计外形动作的特色,表演既形象逼真,又运用了一定的艺术夸张手法,有细腻精巧的特色。女小生的确立,决定了越剧走上演古装戏的道行,并以委婉柔美取胜。女小生的体态、嗓音、表演更适合市民的口味,使女子越剧颇受欢迎。从20世纪40年代始,越剧就讲究布景,运用灯光,化妆不打脸谱,而施以淡妆油彩,在场上呈现出演员自身的形体美,实属古装戏的一大改革,由此赢得了更多的观众。越剧最初演唱纯用嵊州市地方语言,至20世纪20年代在上海才开始运用浙江地方书面语言,使越剧的唱腔和道白别有特色,韵味无穷。直至今日,越剧著名的传统剧目《梁山伯与祝英台》《白蛇传》《西厢记》《红楼梦》《追鱼》《胭脂》《孔雀东南飞》《孟丽君》《碧玉簪》等,仍脍炙人口,广为传颂。越剧著名演员袁雪芬、范瑞娟、傅金香、徐玉兰、尹桂芳、戚雅仙、王文娟等,所创的流派唱腔,现在浙江与全国颇为流行。80年代后浙江涌现出一大批越剧新秀,被誉为越剧“小百花”。1983年浙江组建省小百花越剧团,上演剧目有《五女拜寿》《汉宫怨》《双玉蝉》《沙漠王子》等。演出时场场爆满,引起轰动。后“小百花”赴北京、香港及国外巡回演出,越剧开始走向世界。日本、菲律宾、美国等国家相继成立了越剧研究组织,有的还派专家到浙江考察。1994年9月20日至10月3日文化部、浙江省人民政府、人民日报社、中央电视台等在浙江杭州、绍兴、嵊州市联合主办了“94中国小百花越剧节”,全国有近两千名优秀青年演员和一大批老一辈越剧表演艺术家欢聚西子湖畔,会合越剧故里。与剧场艺术交相辉映的是群众戏曲展演活动,当时在武林广场和西湖环湖地带举办了越剧演出活动,全国各地的民间剧团纷纷献艺竞技,呈现一派百花争艳、群英荟萃的繁荣景象。

越剧的兴起、繁荣和发展,是一种独特的文化现象,它充满了我们东方民族独有的艺术情趣，无愧为中国剧坛乃至世界剧坛的一枝奇葩。

评剧

玉茗堂开春翠屏，新词传唱牡丹亭。
伤心拍遍无人会，自掐檀痕教小伶。

明·汤显祖《七夕醉答君东》

评剧是我国影响较大的一个地方剧种。流行于北京、天津和华北、东北各省。早期也叫"蹦蹦戏""落子"，于清末形成。

评剧的前身是流行在冀东(即河北东部)的一种比较简单的说唱歌舞，当地老百姓叫"莲花落"。清朝末年，冀东地区由于北靠长城，东临渤海，土地平坦，地处京沈走廊，又因鱼米富庶，交通方便，所以戏曲演出与民间艺术活动日渐活跃。除高腔、河北梆子(当时称秦腔)、京剧等外，还有乐亭大鼓、滦州皮影、唐山秧歌、渔鼓、什不闲、莲花落等。特别是莲花落，在农村中更为流行，是农民在农闲和春节"花会"(秧歌会)活动中，活跃自己文化生活的一种主要艺术形式。评剧的发展经历了单口莲花落、双口莲花落(彩扮)、唐山落子(俗称"蹦蹦戏"，又称平腔梆子戏)、奉天落子等阶段。评剧所以能够迅速地形成和发展，是因为有一大批敢于创造敢于革新的艺术家。他们有意识地吸收河北梆子、京剧、唐山秧歌、什不闲、皮影、乐亭大鼓等相近艺术品种的音乐、唱腔和形式，对"莲花落"进行了全面系统的艺术改革。删除旧剧目中的淫词滥调，编写新的剧本；建立乐队，采用河北梆子、京剧的打击乐。去掉竹板，改用底鼓、梆子控制节奏，创造新的唱腔，新的板式，采用板胡、横笛等乐器进行伴奏；学习戏曲的表演程式，发展角色行当，完成了向戏曲形成的全面转化。

说评剧，不能不提成兆才。成兆才是我国评剧艺术事业的开拓者和创始人之一。他以毕生的心血为人民大众创造了一个崭新的剧种——评剧；他以吹、拉、弹、唱全都会，生、旦、净、末、丑都能演的才能，活跃在舞台上；他以非凡的毅力和惊人的速度，创造、改编、整理了一百零二个剧目，从不同的侧面直接或间接地反映了社会的真实面貌和人民的心声；他以忠于艺术事业的责任感，培育了一批年轻的著名演员。成兆才为我国评剧的产生、发展做出了卓越的贡献。正如京剧艺术大师梅兰芳先生在世时给成兆才先生的题词中所说的："我们今天看到评剧这朵花开得如此茂盛，是和成先生的辛勤劳动分不开的。像成先生这样忠于艺术，有创造功绩的前辈，是值得尊敬的。"

随着评剧的产生和发展，先后涌现了一批出类拔萃的演员和一些优秀的剧目。如早期有月明珠、金开芳、张德礼、金钰波等，正是由于他们与成兆才的密切合作，才为评剧的产生提供了保证。到了20世纪30年代，评剧舞台上形成了以刘翠霞、爱莲君、白玉霜、李金顺为代表的"四大流派"。这一批女将的出现，扭转了乾坤，使评剧逐渐成了女演员的世界。这在我国整个戏曲史上也是罕见的(当时京剧四大名旦也都是男的)。这些女演员技艺超群,各有千秋。女演员白玉霜以她浑厚低深的嗓音和大哭大号的演唱风格,成功地塑造了众多下层妇女的典型形象,在评剧观众中赢得了很高的声誉。再如李金顺的唱腔高亢、粗犷、豪放,这种音调表现了对旧社会邪恶势力的反抗精神,从而赢得了劳苦大众的笑声、哭声和掌声。著名的评剧剧目有《珍珠衫》《杜十娘》《花为媒》《绣鞋记》《杨三姐告状》《枪毙驼龙》《冤怨缘》《爱国娇》等。

新中国成立以后,在"百花齐放、百家争鸣"方针的指导下,评剧以它前所未有的崭新面貌,出现在戏曲艺术的百花园中。从《小女婿》《刘巧儿》《秦香莲》《小二黑结婚》《评剧皇后》《邻居》等一系列优秀剧目的涌现,到一大批观众所热爱的评剧表演艺术家的产生,都标志着评剧艺术跨入了一个新的历史阶段。新凤霞是新中国成立以后优秀演员的代表,是一位杰出的戏曲艺术革新家。她创作了许多喜调新腔,还发展了许多旋律优美动听的板式曲牌。如"蜻蜓调""送子调""降香调"以及"反调大慢板""凡字大慢板"等。由于新派唱腔细腻优美动听,塑造了许多新的形象,为评剧争取了很多青年观众。

评剧在改革发展中遵循着一定的规律,有它自身的鲜明艺术特色。这主要表现在以下几个方面:

1.生活化。生活化的表现手法是评剧极其突出而重要的一个特征。评剧脱胎于"莲花落",这个带着泥土芳香的民间艺术形式,其艺术创造自冀东一带的乡土风情、生活习俗、文化传统。它根植于劳动人民当中,有着深厚的生活根底。评剧从古老的滦州影、高雅的乐亭大鼓、优美的唐山秧歌,以及渔鼓、什不闲、大量的地方民歌这些民间艺术形式中吸收了极为丰富的营养,使其以鲜明的地方特色和浓厚的乡土气息为劳动人民所喜闻乐见。评剧在反映乡土风情、生活习惯、语言特点等方面,也是比较鲜明的。如《小借年》的过年,《打狗劝夫》中的年关,《绣鞋记》中的"掷骰子",《保龙山》中的"扭秧歌",打"什不闲",都充满了北方农村的生活气息。在塑造人物方面,评剧都是按底层人民的生活方式进行的。如《花为媒》中的张五可、《王二姐思夫》中的王二姐,她们本来都是大家闺秀,但她们的思想感情和生活作风,都具有农民的朴素的特点。

2.人民性。多数评剧剧目是反映平民生活,没有什么帝王将相,它的主要创作倾向是为平民服务,不仅使他们能看得懂,而且想他们之所想,使他们受启发受教育,同时给予他们娱乐享受。评剧的产生是在"五四"运动之后,正是我国人民处于觉醒的时代。为反映现实生活,评剧在宣传"戒烟""放足""剪辫子"上做出了很大努力。其演出剧目有《大烟叹》《补汗褡》《花为媒》等。另外,除编演了一些文明戏,如《一瓶白兰地》《败子回头》《兄妹顶嘴》等外,还创造和改编了反映现实生活斗争的现代戏,如《杨三姐告状》《安重根刺伊藤博文》《枪毙驼龙》等戏。尤其值得一提的是《杨三姐告状》。该剧根据真人真事而创作,深刻揭露了旧社会官僚统治者的黑暗和腐朽;地主阶级的残酷和凶恶。满腔热情地歌颂了杨三姐勇敢顽强的斗争精神,对杨三姐的不幸遭遇给予了深切的同情。评剧在新中国成立初期,得到了迅速发展。《小女婿》《刘巧儿》《罗汉钱》《小二黑结婚》《志愿军未婚妻》《妇女代表》等的演出,反映的都是当时群众所需要迫切需要解决的大事,配合了国务院颁发的第一个法令《婚姻法》的宣传。这些节目正中时弊,给群众以深刻的启迪和教育,赢得了人们的喜爱。

3.通俗化。评剧的通俗化是因为它的语言也是从群众中来,而又经过艺术加工的,它非常平易、自然、朴素,没有一点矫揉造作痕迹,同样给人以美的享受。我们不妨试举《马寡妇开店》中狄仁杰的唱段为例。

唱词:

出了前店奔后院,
但只见——
高杆以上挂灯烛。
转过月亮门一座,
甬道俱是方砖铺。
两旁边,
盆清水秀生寄草,
就地池塘满莲蒲。
左边几棵芭蕉树,
右边丛丛是绿竹。
影壁墙上扇子面,
上边画,
达摩老祖渡江图。
……

这段唱词写得多么通俗,多么形象,多么美好,多么亲切,把狄仁杰见到的场景描绘得历历在目:过的是什么门,走的是什么道;左边的树,右边的竹……生动鲜活,让人真有身临其境之感。

评剧发展到今天,虽说已成为全国性的大剧种了,但因为时代变了,评剧艺术仍需要继续发展,不断吸收新的营养,服务于新的时代和新的观众,使这朵旺盛的艺术之花开放得更加绚丽多彩。

豫剧

胭脂井畔事如何,扇底桃花溅血多。
长坂桥头寻旧迹,零香断粉满青莎。

清·侯铨《题桃花扇传奇》

豫剧,即河南梆子。它是华夏民族传统文化的瑰宝,艺苑中的奇葩。豫剧与京剧、评剧、越剧并称为中国的“四大剧种”。

豫剧起源于明末清初,约有三百多年的历史。从清朝末年到民国初年,豫剧艺术从“梆罗卷”“靠山吼”的混沌状态中逐渐分离出来,并在发展的过程中呈现出鲜明的地域特色,形成了豫东调、豫西调、祥符调、沙河调四大地域流派。其中豫东调和豫西调是最主要的两大流派。豫东调以商丘为中心,唱腔多用假嗓,声高音细、音域较高。豫西调以洛阳为中心,唱腔发声多用真嗓,音区较低。豫东调易表现欢快活泼激昂紧张的情绪;豫西调易表现悲凉低沉、柔和深情的情感。随着时代的发展,如今根据剧情需要豫东调和豫西调经常混合使用,从而增强了它的艺术表现力。20 世纪 20 年代初到 40 年代中期,豫剧艺术的发展进入了一个兴盛的时期。它完成了由以生净角为主到旦角为主的过渡,并涌现出了常香玉、陈素真、崔兰田、马金凤、阎立品等一大批杰出的女演员;知识分子樊粹庭、王镇南等加入戏剧队伍中,极大地推动了豫剧在文学、表演、音乐、舞美等各方面的改革创新。50 年代至 60 年代中期,是豫剧艺术发展空前繁荣的时期。这一时期,豫剧艺术沿着社会主义文艺的发展方向,进行了大规模的戏曲改革,推出了《花木兰》《穆桂英挂帅》《秦香莲》等一大批优秀的传统剧目。豫剧在表现现代生活方面也取得了巨大成就,杨兰春创作的《朝阳沟》等剧目,为戏曲艺术表现现代生活提供了成功的经验。进入 80 年代以后,豫剧艺术步入了改革开放的新的历史时期,豫剧艺术家创作演出了《唐知县审诰命》《倒霉大叔的婚事》《风流才子》《能人百不成》《红果红了》等优秀剧目。

豫剧的音乐唱腔优美清新,高亢豪放,语言通俗易懂,地方色彩浓郁。许多著名演员演唱风格各异,创造了一大批享誉剧坛的优秀剧目。如陈素真的唱腔俏丽精巧,表演细腻秀美,被誉为“豫剧皇后”,她主演的《宇宙锋》,《梵王宫》《三上轿》等深受人们的喜爱。常香玉善于吸收,勇于创新,她编创的新唱腔,变化自如,优美动人,堪称戏剧艺术大师。她主演的《红娘》《花木兰》《白蛇传》等唱腔舒展奔放、吐字清晰,自成一派,深受人们的欢迎。马金凤的唱腔嗓音清脆、圆润、明亮、纯净,吐字真切、清晰,行腔自如刚健,韵味醇厚,她主演的《穆桂英挂帅》《对花枪》等驰名全国。崔兰田是豫西调的代表人物,她的唱腔淳朴深沉、悲切感人,风格独特,她主演的《三上轿》《桃花庵》等悲剧感人至深,被誉为豫剧界的“程砚秋”。阎立品擅长闺门旦,她的唱腔含蓄内在,耐人寻味,她主演的《秦雪梅》《藏舟》等戏受到观众的普遍赞扬。另外,还有唐喜成、牛得草、李斯忠、赵义庭等许多著名演员,不仅成功地演出了许多传统剧目,而且还成功地演出了不少现代剧目,他们都为豫剧艺术的发展做出了重大的贡献。1958 年《朝阳沟》赴京参加全国现代戏公演,受到热烈欢迎,并拍成电影在全国放映,影响极大。1965 年在广州举行的中南区现代戏会演中,《人欢马叫》《社长的女儿》《杏花营》等轰动羊城,继而《人欢马叫》赴京演出,誉满京华。1979 年牛得草和吴碧波演出的《唐知县审诰命》参加北京国庆三十周年献礼演出获一等奖。

豫剧不但在国内影响大，在国际上也有很高声誉。早在新中国成立初期，豫剧就曾多次赴朝慰问演出于战争前线。1952 年 12 月，著名演员常香玉赴奥地利参加在维也纳举行的《世界人民保卫和平大会》，于闭幕归国途经苏联时，也曾作清唱演出。50 年代中期，高洁、尚修甫等又把豫剧送到了挪威、瑞典。1990 年元月，台湾“豫剧皇后”王海玲荣获“亚洲杰出艺人奖”和“艺术家终身奖”，于次年赴美国林肯艺术中心领奖时，在纽约演出了《抬花轿》一剧。

进入 20 世纪 90 年代，豫剧又呈繁荣之势，各种大型综艺晚会大都有豫剧节目表演。1997 年 10 月 6 日至 14 日，文化部艺术局与河南省文化厅联合举办了 97 中国豫剧艺术节，计有湖北、山东、新疆、甘肃、陕西、安徽、河南等七个省区的约十六台优秀剧目参加。这次演出的剧目，较好地体现了戏曲传统戏、新编历史剧和现代戏“三并举”的方针。这些剧目风格各异，精彩纷呈，充分展示了豫剧艺术的风采和魅力。

目前，在全国二十个省、区有专业豫剧团二百多个，可谓足迹遍及全国。豫剧的传统剧目约有七百多个。豫剧作为中原文化的一个象征，以其众多的剧目、丰富的艺术表现手段、鲜明的地方特色和浓郁的生活气息，在中华民族艺术发展史上写下了灿烂的一页。

琴

蜀僧抱绿绮，西下峨眉峰。
为我一挥手，如听万壑松。
客心洗流水，余响入霜钟。
不觉碧山暮，秋云暗几重。

唐·李白《听蜀僧濬弹琴》

琴亦称瑶琴、玉琴、七弦琴，俗称古琴。是中国最古老的弦乐器之一，在中国古代文化生活中占有十分重要的地位。

琴的形制为木质狭长体，上施丝弦。琴的发音是利用按弦变更振动弦分，一般为 7 弦。在琴面外侧装有十三个徽，抚琴时左手依徽按弦，右手弹拨，所以产生了“屈伸低昂，十指如雨”的复杂手法。先秦文献中传说琴为远古“伏羲”“神农”所创，本五弦，文王武王加二弦，以后多用七弦。但随县曾侯乙墓出土的琴，有十弦、五弦，是早已失传的乐器。在周代琴的运用已很广泛，《诗经》等文献多有记载。大教育家孔子喜爱弹琴诵诗（弦歌），并把这列为一项不可缺少的教育内容。

琴在中国古代是十分名贵的乐器，备受士大夫阶层的推崇，所谓“众器之中，琴法最优”。古人认为诗和乐均可言志抒情，但诗是风雅，琴则是大雅，音乐是高于诗的。

《乐记》云:“乐者,天地之和也”。在诸多的乐器中,琴是“和”的集中体现者,博得了士大夫的喜爱。由于琴的独特的社会功效,中国历史上便有了许多关于古琴的说法,如伏羲的“龙吟”,黄帝的“清角”,齐桓公的“钟”,楚庄王的“绕梁”,司马相如的“绿绮”,白居易的“玉磬”等。古人寄情于琴,衍生出许多关于琴的故事,使琴具有高贵的属性,丰富的内涵。

先秦时期流传着一个动人的关于“知音”的故事。据《吕氏春秋》及《列子》等书记载,伯牙善于鼓琴,而钟子期则善于听音。据说当伯牙鼓琴时心驰神往而“志在高山”,与他素不相识的钟子期听后便说“巍巍乎,若泰山”;当伯牙“志在流水”时,仲子期也马上悟出曲中真义,指出“洋洋乎,若江海”。伯牙心有所念,子期都能心明。伯牙为子期与他能“心同”而万分高兴,两人建立了深厚的情谊。后来子期不幸早逝,伯牙为之绝弦,终身不再弹琴。今汉阳琴台,相传就是伯牙子期相遇听琴和伯牙为子期摔琴之处。如刘勰《文心雕龙》所叹:“逢其知音,千载其一乎!”“知音”的境界,一直被作为音乐欣赏的最高境界。

古人对以琴抒情言志有很深的体悟,他们认为,要以琴抒情必要心有所感,志有所托,情有所依。情真、情深才能琴妙。历史上,我国曾创造出许多千古不朽的琴曲。如相传为伯牙所做的琴曲《流水》(又名《高山流水》),作为琴曲中的精华而蜚声世界。1977 年 8 月 20 日,美国“旅行者”号太空船,由肯尼迪航天中心发射升空,踏上了访问太阳系之外的宇宙深处的漫长旅途。太空船肩负一项崇高的使命——科学家们希望它能够有机会遇到地球以外生存的高等智慧生物,并与地球人类建立联系,为此,太空船上携带了各种供地球人“自我介绍”的材料,有地球上男人、女人的形象,也有能够代表地球文明的各种资料。为介绍拥有十多亿人口和数千年悠久文明的中国,在一张十亿年以后也完好如新的喷金铜唱片上,录下了编码图解的中国万里长城,另外,则是一首选编者毫不犹疑就认定“足以代表中国”的乐曲——古琴曲《流水》。因为,选编者确信“中国古琴在耶稣降生前就有了”,而且,“自孔子时代起,《流水》一曲就是中国文化的组成部分”。

琴,作为中国文化的珍贵遗产,过去,现在,以至将来,都将为人类带来陶冶情操、净化心灵的美好享受。

中国古代建筑

层台耸翠,上出重霄;飞阁流丹,下临无地。

唐·王勃《秋日登洪府滕王阁饯别序》

人类大约在进入民族社会后才开始营建房屋。

据考古发掘,我国新石器时代的住房主要有两种。大体上说,北方是由洞穴而改为半地穴式房屋,以坑壁作墙,上面有用木柱支撑、草泥覆盖的屋顶。西安半坡遗址(距今约五千至六千年)可作为这一类型的代表。长江流域及其以南地区,则是桩上建筑(干栏式建筑),用竖立的木桩或竹桩作高出地面的底架,上面用竹木、茅草塔建房屋。浙江余姚的河姆渡遗址(距今约六千至七千年)可作为这一类型的代表。在当时仅有简单的骨器、石器的条件下,能制作出比较规整、精巧的卯榫构件,证明其时的建筑技术已达到了一定的水平。原始社会住房建筑的柱网结构和卯榫技术的使用,为我国独具风格的框架式房屋建筑的发展奠定了基础。

夏、商、周是我国的奴隶制社会阶段。商代已具备了成熟的夯土建筑技术,河北藁城台西村的商代遗址、河南偃师二里头商代宫殿遗址,主要都是夯土台基的木构建筑。西周时,已开始用瓦作屋顶,陕西岐山凤雏村西周早期宫殿(宗庙)遗址,全部以夯土为台基,且有明显的中轴线和左右对称整齐的厢房等,又有科学的排水设施,整个建筑群井然有序,结构谨严。

春秋战国时期建筑方面的突出成就,一是夯土技术和木构相结合的高台建筑,如豪华的宫室;二是以宫室为中心,围以夯土城墙的城市。

秦汉时期,由于国家的统一,各地的建筑技术得以交流,形成了丰富的建筑类型。尤其是出现了多层高楼(已达五层)和完整的廊院。汉代的建筑已广泛使用斗栱;屋顶结构呈多样化,中国古典屋顶的几种常见形式如硬山、悬山、歇山及庑殿顶等,汉代均已出现。西汉末年,因豪强地主的发展,逐渐有了坞堡式的庄园住宅。

六朝时期,因为佛教的传入和道教的兴起,出现了宗教建筑新类型,其中最突出的是佛塔。我国工匠继承秦汉高屋楼阁建筑技术,对这种外来建筑形式加以改造,形成了具有中国风格的佛塔。这个时期的建筑开始使用琉璃瓦件,代替以前在灰瓦上涂色的装饰手法。这在中国古代建筑技术与艺术的发展中,是一大创新。

隋唐时期是我国古代建筑的繁盛时期。各种建筑形式大量出现,烧制比六朝时大有进步的琉璃和石材雕饰更为多见,商代已具雏形的斗栱,这时已趋于成熟。各种建筑物构件的基本形式及用料标准已趋统一、定型。当时的城市建设,布局严整,区划分明,不但有设计图样,还出现了木制模型,这在我国建筑技术上是一大突破。

宋代是我国古代建筑技术和建筑艺术的成熟时期。建筑造型渐趋柔丽,布局上打破了完全对称的单调形式,出现了多种平面和立面;建造成功了完全用砖石发券构成的楼阁殿堂(无梁殿);出现了若干总结建筑经验的专著,其中以北宋李诫的《营造法式》最为著名,书中详细叙述了从测量、设计到施工、彩画等全部过程,在世界建筑史上也具有重要价值。

明清时代,我国木构建筑又有一些新的变化,如简化梁架结构和应用斜梁等。这一时期建筑的主要成就之一,是石刻、砖刻、木刻、彩画、装饰等的广泛应用。由于地方经济的发展,建筑形式的地域特色逐渐显著,并开始走向程式化;较富变化的建筑类型是园林建筑。

我国地域广阔，民族众多，各地因自然条件、建筑材料、生活需求和风俗习惯的不同，而出现了多种类型的住房。如西北地区的拱券及窑洞式住宅，新疆维吾尔族的土拱或木架平顶式住宅，蒙古、哈萨克等族的毡包式住宅等，多是因地制宜，就地取材，各具其独特布局和艺术造型，是中国古代建筑中最为生动活泼的部分。

中国古代建筑是一个丰富多彩而又有统一风格的独特建筑体系，无论在技术上还是艺术上都具有鲜明的民族特征。这主要表现在：

第一，以土木混合结构为主的建筑方式。这是由自然条件的影响所形成的。中国古代文化的发源地黄河流域和长江流域，有着厚重的土层和丰富的林木资源，当时人们因地制宜，以泥土和木材作为主要建筑材料。

第二，以木构架为主的结构方式。这种结构方式，早在原始社会末期就已基本形成，其后一脉相承。其构造方法是：在石础上立柱，上架横梁，组成基本构架；在平行的构架之间用横向的枋联络起来，组成整体框架。这种结构方式的优点：一是通过梁、枋的传递，立柱承载了房顶、屋面的重量，墙壁只起隔离空间的作用。这样，门窗的开设、空间的分隔及墙壁的材料都有很大的灵活性，可根据需要建筑不同的房屋；二是不仅可建造方形、平面的建筑物，还可建造圆形、扇形、多角形及各种特殊平面的建筑物。这种结构方式中大量使用斗栱，也是中国古代建筑所独有的。斗栱用于构架的交接处，不仅承重，还具有装饰作用。

第三，以单座建筑组成庭院，进而以庭院为单位组成各式组群的平面布局。其基本形式是，以主体建筑为中心，以均衡对称的方式布置若干次要建筑来陪衬，再用廊庑和围墙把它们联为一个整体。这种布局方式，适合中国古代社会的宗法和礼教制度，使一个大家庭中的尊卑、长幼、男女之间各得其所，又有明显区别。

长城

秦筑长城比铁牢，蕃戎不敢过临洮。

焉知万里连云色，不及尧阶三尺高。

唐·褚载《长城》

万里长城，是中华民族勤劳和智慧的象征，是我国古代灿烂的文化遗产。长城以其磅礴的雄姿、宏伟的建筑、浩大的工程和悠久的历史驰名中外，被誉为世界最伟大的奇迹之一。

长城始建于两千多年前的战国时期。当时我国北方处于民族纷争、诸侯争霸的局面。为外御强敌，各诸侯国如燕、赵、魏、齐等都在自己边境修筑卫护性长城，这是长城修筑之始。

公元前221年秦始皇统一中国后，把中原地区长城拆毁，于公元前215年派大将蒙恬率三十万大军北逐匈奴，占领河南地区四十四县。为了防御匈奴入侵，除强迫罪犯戍边，还召集民工壮丁，花费十多年时间，将原来秦、赵、燕北边长城连接起来，成为一条长五千多公里的万里长城。秦长城西起临洮，北达阴山，南到山西雁门，东到辽东，延袤万余里，故称"万里长城"。

秦以后，长城又经历北魏、北齐、北周、隋、唐以及明朝的修筑。北魏时，为了防御北方游牧民族的侵犯，北魏宣武帝曾下令修筑长城，起自赤城（今河北赤县），西至五原（内蒙古乌拉特旗），经今东方山脉北行，经张北、内蒙古武川、固原以北至阴山，长达两千余公里。北齐政权也曾多次修筑长城，起自山西临汾，中经汾阳、崞县、居庸，与今长城吻合。

隋朝初年，为防突厥入侵，隋文帝下令修筑燕蓟段长城，又在朔方、灵武一带筑城。大业四年（608）又发丁男二十万自榆林谷以东筑长城。隋长城主要沿袭北魏、北齐，但也新筑了河套以南和阴山一带长城。唐朝初期国力强盛，把突厥赶到漠北后，沿隋朝旧城址修复过长城。

今天为人们所见、保存比较完整的长城，基本上是明朝所修筑。从明太祖朱元璋始至明朝末年，一直没有停止筑长城，前后修筑达十八次之多，历一百多年方完成全部工程。明长城西起甘肃嘉峪关，东至鸭绿江，全长六千三百五十公里。明长城以山海关至嘉峪关一段建筑坚固，墙体增高加宽，条石为基，夯土为芯，大青砖包墙夹砌，方砖铺顶，用石灰拌糯米勾缝，十分牢固，大部分至今保存完好。为了便于防守，明朝政府沿长城设九个军事重镇，沿途碉堡、烽火台相望，十分雄伟威严。

长城由城墙、敌台、烽堠（烽火台）和关隘四部分组成。主体城墙一般建在高地、陡崖和山脊等险要地址上，尽量利用自然地势，沿山脊蜿蜒起伏，曲折迂回，连绵不断，墙顶部防御用的雉堞同时又丰富了墙体起伏的轮廓。在每隔三十至一百米处建有敌台，即驻兵的哨楼，每隔三里左右在山岭最高处还设有报警的烽堠，它和敌台都为墩台建筑。险要的交通要道则建选关隘，它们是由城堡、关城、密集的敌台、烽堠和重要城墙构成的防御组群，现存著名的关隘有山海关、嘉峪关、居庸关、雁门关等。如此使长城成为当时世界上最宏大、最严密的防御体系。

一部长城史，也是一部民族独立、自强不息的斗争史。从秦、汉大规模筑长城抗击匈奴，到20世纪三四十年代，中国军民在古北口、山海关一带奋勇抗击日本侵略军。长城脚下，几千年来演出一幕幕气吞山河的英雄悲剧。"用我们的血肉，筑成我们新的长城"，这是中华民族英勇不屈的民族精神的鲜明写照。长城，它无愧于"中国的脊梁""民族魂魄"的称号。

故宫

故宫铜狄西风泪，不为蛮夷大长流。

柳亚子《题芷畦燕游续草》

北京故宫是明清两代的皇家宫殿，旧称紫禁城，是我国现存最大最完整的古建筑群，也是世界上建筑面积最大的皇宫。它集中体现了我国古代建筑艺术的优秀传统和独特风格，在建筑史上具有十分重要的地位。故宫是全国重点文物保护单位之一，并被联合国教科文组织列入世界文化遗产保护项目。

故宫始建于明永乐四年(1406)，建成于明永乐十八年(1420)，用了约十五年时间。这座皇宫是按照封建统治者的政治意图修建的，整个宫殿的设计和布局都表现了封建君主的“尊严”和封建等级制度的森严。中国古代作为权力中心的象征的都城和皇宫，其构筑实际上是一种政治行为。故宫的组织方法、构图观念绝非是一个朝代的产物，无论在技术、艺术上都是继承了伟大的传统，加以程式化，从而成为完全成熟的典范。故宫建成后，明清两代的二十四个皇帝都先后住在这里，共达四百九十年之久。

故宫在明朝初建时，是参照南京明宫殿的规制，按《周礼·考工记》所载“左祖、右社、前朝、后市”的布局原则建造的，面积比现在的紫禁城大八倍多。现紫禁城前部左面的劳动人民文化宫，以前是皇帝祭祀祖宗的太庙；右面的中山公园，以前是祭祀土神、谷神的社稷坛；前面有朝臣办事的处所；后面有百姓进行交易的市场。景山矗立在紫禁城北，犹如天然屏障。紫禁城西部为皇家园林，东部是南内和诸多为宫廷服务的衙署。辛亥革命后，故宫管辖的地区逐渐被分割，只剩下了紫禁城城垣以内的范围。

故宫占地七十二万多平方米，共有宫殿八千多间，建筑面积约十五万平方米。四周围有高十米多的城墙，墙外一周是五十二米宽的护城河。城南北长约九百六十米，东西约七百五十米。城四角各有一座结城精巧，造型秀丽的角楼。城有四门：南面的正门关午门，北门叫神武门，东门叫东华门，西门叫西华门。

故宫建筑布局分为“外朝”和“内廷”两大部分。由午门到乾清门之间部分为“外朝”，以太和、中和、保和三大殿为中心，东西两侧有文华、武英二组宫殿，左右对称，构成“外朝”雄伟壮观的格局。三大殿前后排列在同一个庞大的“工”字型汉白玉石殿基上，殿基高八米，分为三层，每层有汉白玉石刻栏杆围绕。三台当中有三层石雕“御路”。太和殿(俗称金銮殿)是故宫最高大的一座建筑物，面阔十一间，深五间，通高三十五米多，用七十二根大柱支承梁架构成四面坡的屋面。这是国内最大的古代木构建筑。明清两朝，凡是皇帝即位、寿辰、年节和颁布诏令等大典都在此殿举行。朝清门以内为“内廷”。建筑布局也是左右对称。中部为乾清宫、交泰殿、坤宁宫，是封建皇帝居住和进行日常统治活动的地方。两侧的东、西六宫是嫔妃的住所，东西五所是皇子的住所。“内廷”还有为皇室游玩的三处花园：御花园、慈宁花园、寿宁花园。内金水河，沿“内廷”两边蜿蜒绕过武英殿、太和门、文华殿流出宫外。河上有白玉石桥，沿河西岸有曲折多姿的白玉石雕栏杆，形似玉带。故宫建筑多是木结构、黄琉璃瓦顶、青白石底座，饰以金碧辉煌的彩画，十分庄严美观。

故宫

故宫建筑群是在一条由南到北的中轴线上展开的，它所体现的虚实相济、变化无穷的建筑空间序列，常使中外建筑家们倾倒。从天安门入端门，到午门，一个门洞套着一个门洞，层层推进，这种笔直幽深的空间变化造成一种神秘而严肃的气氛。一过午门，顿觉开朗，再过太和门，空间更加开阔。这突然出现的占地二点五公顷的宽阔空间，给正面耸立在汉白玉台基上的太和殿，增添了一种宏大壮丽而又肃穆森然的气势，让人从精神上感到一种震惊和威慑。从天安门到太和殿，地平标高逐渐上升，建筑物形体越来越大，庭院面积逐渐开阔，这些逐步展开的空间变化，如同乐曲中的渐强音，充分烘托了太和殿这个辉煌的高潮。

明清封建统治者，为了修建这座皇宫，所耗费的人力物力难以统计。据《明史》记载：明初修建时，曾役使了十万工匠和百万夫役。明万历三十七年(1609)重修前三殿时，仅采木一项就费银九百三十余万两。建造时所用的木材，明代大多采自川、广、云、贵等地；清代大多取自东北；石料多采自房山。对这些采运、修建工程，当时的劳动人民付出了十分艰苦的劳动和巨大牺牲。

新中国成立后，党和人民政府十分注重这座祖国文化遗产的保护，投入大量资金对它进行了大规模的修整，陆续搜集了大量文物，在这里展出。昔日的皇宫成为广大人民和国际友人参观游览的场所。

英国著名学者李约瑟在巨著《中国的科学与文明》中论及紫禁城时感慨道：“中国建筑这种伟大的总体布局早已达到它的最高水平，将深沉的对自然的谦恭的情怀与崇高的诗意组合起来，形成任何文化都未能超越的有机的图案。”故宫确以宏大的构思和非凡的气势成为体现中国建筑精神的代表之作，是我国古代劳动人民的高度智慧和创造才能的集中反映。我们可以从它身上领略到中华民族悠久的历史和灿烂的文化。故宫不愧为享誉世界的祖国珍贵的文化遗产。

华表

行山表木,定高山大川。

汉·司马迁《史记·夏本纪》

华表,是我国古代宫殿、陵墓等大型建筑物前面作装饰用的巨大石柱,柱身多雕刻龙凤等图案,上部横插着雕花的石板。它是我国特有的一种建筑形式,具有独特的审美价值。

华表的起源较早。《尸子》说:"尧立诽谤之木。"三国时韦昭说,诽谤木是考虑到政治措施或有缺失,让人们把意见写在上面的。韦昭又说,诽谤木就是当时的"四柱木"。四柱又称"交午柱"(一纵一横叫午),它可以装在"亭传"顶上,用以"表识衢路"。在山东沂南汉画像石中,看到一种像阙一样的小房子,房顶上装着顶部有十字交叉的横木的柱子,即为交午柱。《汉书·尹赏传》注里面说它就是华表。除了装十字形横木的这一类之外,晋代崔豹《古今注》又说:"今之华表""形以桔槔"。桔槔上只装着一根斜木,可见只在顶部单插斜杆者是华表的另外一种形制。

华表除了装在"亭传"屋上以外,也可以直接立在地面上,这一类多用石制,也叫"石柱"或"表柱"。山东和北京等地都出土过实物,古代文献《水经注》上就有记载。南北朝时的这类石华表,在南京、丹阳等地的一些南朝陵墓前还保留着。这类华表一般不装十字交叉物,它的结构分三部分:基座、柱身(有的上部往往有石榜)、柱头(包括石盖和石盖顶部的立兽),与明、清的华表比较起来,多了一块石榜,少了柱身上部的一块云板。

华表上的云板是怎么来的呢?原来设置成对的表柱有时可以连成一座大门。宋代流行的"乌头门",门颊两侧的两根柱子远远高过门顶,完全可以把它看成是由两根表柱连成的大门,就如同汉代由双阙连成的大门一样。当然,表柱连成大门,原来的石榜就用不着了。而柱顶上部由桔槔形华表袭下来的斜插之杆,在"乌头门"上则被美化成一对用云朵捧戴的日月板。以后由"乌头门"中再游离出来的华表,则去掉了日月板上的日、月,只剩下贯柱而出的云板了。至于石盖顶上的立兽,汉、南朝多用辟邪。宋代因为有丁令威学道成仙、化鹤归来降于辽东华表上做歌的神话故事,所以往往在华表顶上做一对鹤。《清明上河图》上就画有这种华表。再晚一些,它又变成怪兽状,名犼犰,或名犼。这就是至今尚在北京等地见到的石华表造型的由来。

我国大连继承传统,在大连最大的公共广场——星海广场中心建成了高十九点九七米,直径一点九九七米的全国最大的汉白玉华表,寓意为纪念1997年香港回归而建。华表底座饰面雕有八条龙,柱身雕有一条巨龙,象征中国"九州"都是龙的传人。华表下边,九百九十九块红色大理石绕着华表成一个大圆面,圆面中央部分雕刻了九尊造型各异的大鼎,每鼎刻有一字,组成“中华民族大团结万岁”的口号。圆面边缘部分刻有天干地支、二十四节气和十二生肖。红色大理石圆面的外围是黄色大五角星,象征中华人民共和国的五星红旗。古代的华表建筑艺术在新的时代被赋予新的意义,并因了伟大的时代而闪烁出更加动人的光彩。

园林

竹影朦胧松影长,素琴清簟好风凉。
连春诗会烟花满,半夜酒醒兰蕙香。

唐·卢纶《题贾山人园林》

我国造园具有悠久的历史,在世界园林中风格独具,享有盛誉。特别是 20 世纪 80 年代以来,中国的古典园林艺术几度飞洋越海,移植到文化背景迥然不同的欧美国家,引起了各国人民的惊赞,称中国为世界园林之母。

中国古代园林大致可分为两类,一类是皇家园林。这类园林规模宏大,风格雄浑,常常以自然山水为基础改造而成;另一类是私家园林。这类园林占地不多,却朴素典雅,往往以人工开凿,建于城内或近郊。

园林自古以来就是我国城市的一个组成部分。历史上的名都大邑,多有皇家苑囿或私家园林,如汉唐的长安、洛阳,两宋的汴京、临安,元明清的北京,以及许多地方城市,像苏州、扬州、常州、南京、杭州、承德等。著名的皇家园林如秦汉的上林苑、清时的圆明园和颐和园,私家园林的拙政园、网师园、怡园等。

中国园林是由建筑、山水、花木等组合而成的一个综合艺术品,富有诗情画意。叠山理水讲究“虽由人作,宛自天开”。中国古代的造园匠师,在两千多年的造园实践中,口传手授,在创造和发展园林艺术方面,积累了丰富的技艺。不管是精巧优美的私家园林,还是宏伟豪华的皇家园林,虽然造园风格各异,但其所遵循的艺术法则却是相通的。在造景中,都巧妙地运用对比、衬托、尺度、层次、对景、借景等各种手法。

“巧于因借,精在体宜”,是中国园林艺术最基本的法则。造园必须充分利用自身和周围既有的自然条件,该借则借,该隔则隔,要因势利导,切不可削足适履,画蛇添足。造园就是造景,而造景贵在借景。明朝造园艺术家计成在《园冶》一书中对此有精辟的论述。他说:“夫借景,林园之最要者也,如远借、邻借、仰借、俯借、应时而借。然物情所逗,目寄心期,似意在笔先,庶几描写之近哉。”在计成看来,园林的布局造景与绘画的道理是一样的。

陈从周在《说园》中这样说:“园之佳者”是指:“园外有园,景外有景”,“园外有园妙在‘借’,景外有景在于‘时’,花影、树影、云影、水影、风声、水声、鸟语、花香,无形之景,有形之景交响成曲。”能做到园有大小之分,有静观动观之别,有郊园市园之异等,各臻其妙,方称"得体"。这些话里蕴藏着一种深刻的美学见解,即园林美在比较中区别而得,在因借中联系而立,妙在有综合、有意境的"得体"。把握了这中间的区别,又把握了这中间的联系,才懂得赏园,也才懂得造园。造园中与赏园中的静与动、露与藏、隐与显、隔与通、大与小、曲与直等,都与此理有关。造园借景,要因地制宜,突出重点,以山水为主题。或以山取胜,如无锡寄畅园为山麓园,景物皆面山而构,纳园外山景于园内;或以水见长,如苏州网师园以水为中心,殿春簃一院虽无水,西南角凿冷泉,贯通全园水脉,有此一眼,绝处逢生。而北京圆明园则山水共借,"因水成景,借景西山",园内景物皆因水而筑,招西山入园,终成"万园之园"。造园如同作文绘画一样,只有选好主题,巧于布局,突出重点,才能表达出预想的境界。

我国古典园林在创园景境界上,特别讲究景深和层次。中国绘画讲求"远山无脚,远树无根,远舟无身(只见帆)",造园艺术亦如是。造园强调幽深曲折,这是因为曲折的布局可以增加园景的深度和层次。"山重水复疑无路,柳暗花明又一村",就是为了避免一览无余的弊病。陈从周云:"园林的每个观赏点,看来皆一幅幅不同的画,要深远而有层次。'常倚曲阑贪看水,不安四壁怕遮山。'如能懂得这些道理,宜掩者掩之,宜屏者屏之,宜敝者敝之,宜隔者隔之,宜分者分之,等等,见其片段,不逞全形,图外有画,咫尺千里,余味无穷。"古典园林讲究景深和层次,特别注意组织对景。对景的基本方法主要是把握静观与动观之分,仰观与俯观之别。先说前者。动静二字,乃相对而言。然而在园林景观中,静寓动中,动由静出,才能使所造之景变化万千,层出不穷。静坐亭中,观行云流水,鸟飞花落,静中有动;舟游人行,看山石树木,竹篱茅舍,动中有静。故以静观动,以动观静,则景出。动观静观处理得法,确实是造园产生效果的关键之处。再说后者。中国园林艺术注意从古典诗词中汲取营养。"小红桥外小红亭,小红亭畔、高柳万蝉声。""绿杨影里,海棠亭畔,红杏梢头。"这些词句不但写出景物层次,有空间感和声感,同时高柳、杏梢,又都把人们的视线引向仰观。而"一丘藏曲折,缓步百跻攀",则又皆留心俯视所致。造园者在景物处理上,对仰观、俯观加以区别对待,不管是园林建筑物的顶,假山的脚,水口,树梢,都着意安排,所谓"山际安亭,山边留矶",就是引人仰观、俯视的造园方法。

我国古代园林多封闭,以有限面积,造无限空间,特别讲究"空灵"之美。花木重姿态,山石贵丘壑,以力胜多,耐人寻味。园林中栽植花木,不仅为了绿化,且要具有画意。一方园林要想独具个性,必须有其植物特色,如拙政园的枫杨,网师园的古柏,都是一园之胜;苏州留园的白皮松、怡园的松和梅、沧浪亭的箬竹等,都使其园各具风貌。园林花木,重体形松秀,株干古拙。故松、梅、杨、柳、竹、兰花、牡丹等在园林中多有种植。石无定形,山有定法。这里的"法"是指造假山要有脉络气势,贵在平处见高低,直中求曲折,大处着眼,小处入手。叠石重拙难,树古朴之峰尤难。创造石壁、石坡、石磴、石峰、石涧,都必须巧用心思,反复推敲,还其自然本色,显其拙朴之态。

园林叠山理水，密不可分，不能分割言之。园林之山水，若人体之骨肉。水随山转，山因水活，脉源贯通，全园生动。郭熙谓："水以石为面"，"水得山而媚"，自来模山范水，不能孤立而言。我国园林造景，多以水池为中心，辅以溪涧、水谷、瀑布等，配合山石花木和亭阁形成不同的景色。水曲因岸，水隔因堤，因势利导，自成佳趣。

建筑之于园林，不但在于使用，而且在于观赏。我国古代园林建筑，大多择幽静之境，使观者能信步盘桓，游目骋怀，园林建筑，宜隐不宜显，宜散不宜聚，宜低不宜高，宜麓（山麓）不宜顶（山顶），须变化多，朴素中有情趣，使建筑之美与天然之美交响成曲。园林建筑的院落组合，建筑构造，建筑类型，建筑装修以及家具陈设、墙壁、漏窗、洞门、铺地等方面都必须因地制宜，精心构造。园林建筑必功能与形式相结合，一亭一榭，几曲回廊，都要从实际需要出发。我国造园自古以来讲究"精葺屋宇"，"奇亭巧榭"，讲究建筑与山石花木有机结合，讲究建筑空间处理流通开敞，讲究色彩与环境和谐，装修朴素大方。这些，都值得我们今天造园时加以借鉴。

我国古代园林艺术是劳动人民长期劳动和智慧的结晶。我们要珍视祖先留下的这份宝贵遗产，从理论上加以总结，从实践上加以运用，在继承的基础上，不断地加以创造和发展，使之为我国社会主义园林建设服务。

盆景

木性本条达，山翁乃多事。
三春截附枝，屈作回蟠势。

清·盛枫《盆花》

盆景在我国具有悠久的历史。早在一千三百多年前，唐代章怀太子李贤墓甬道壁上就绘有侍女手托盆景的壁画。这说明在唐初甚至更早，在民间或宫廷就有了盆景。

盆景是一种高雅的艺术。创造一个好盆景，如同绘制一幅画一样，从取材构思到培育、制作，常常要花费一定的时间和动一番脑筋，方能达到如意的效果。盆景的形制虽小，但由于采取了小中见大，缩龙成寸的艺术手法，效仿大自然的风姿神采、秀山丽水，所以能给人"以咫尺之内而瞻万里之遥，方寸之中明辨千寻云峻"的艺术感受。

盆景实际上是植物的栽培艺术和园林艺术的巧妙结合。从取材和制作的不同，可分为树桩盆景和山水盆景两类。树桩盆景以植物的根干、叶、花为主，其造型特点是茎干粗矮、枝叶细小、根枝虬曲、姿态苍老优美。具有这种长势特点的树种有松、柏、榆、石榴、黄杨、银杏、梅花、黄荆、六月雪等。其形态常为单干式、合栽式、悬崖式、垂枝式、连根式等。培植时常采用整枝、扎缚或嫁接的方法，因材而就，使它充分显示树干的坚挺不屈、飘逸豪放的自然风采。山水盆景则以山石为主，常采用色泽优美、形态奇特、纹里清晰、易于雕琢、吸水性好、易长苔的石头，像太湖石，钟乳石、砂积石、珊瑚石等。

制作时，要根据石的特定质地和形状，加以雕琢、胶合、锯截和拼接，然后精心布置在贮水的浅盆中，缀以亭榭、小树、苔藓，构成美丽的山水景观，展现蜀中山川的雄奇、桂林山水的优美、云南石林的奇特、长江三峡的险峻等自然风貌。山水盆景的风格是“瘦峭、穿透、奇特、呼应”。制作常采用孤峰式、重叠式、疏密式等构图形式。

制作盆景还要选择好盆、钵、盂一类陶制的存具，考虑它们与景的形状、大小和色彩的协调。树桩盆景一般用有一定深度的各种花盆，以利于植物的生长。山水盆景多用石盘、磁盘或水磨石盘，以白色浅灰色为好，以衬托出山石的主体。

盆景给人精致、细巧、古雅、珍贵的感觉，所以陈设的几、架也很讲究。当然，也可以置于台、桌上或引人注目的地方。

盆景的设计和培制学问很大。要使制作的盆景达到“虽由人作，宛自天开”的艺术境界，给人以“一峰则太华千寻，一勺则江湖万里”的艺术感受，就需要制作者具有中国绘画和诗词的修养。同时还要经常注意素材的收集。每当外出旅游时，要留心野外的奇花异草、虬根怪石，取回好好琢磨，悉心擘造。制好的盆景，再根据其形状、特征或某种意境取个美名，就会使盆景更富于诗情画意。

盆景

我国盆景艺术历史悠久，熔园艺学、文学、美学于一炉，有“世界园林之母”的美称。由于盆景小中见大，古奇幽雅，野趣横生，历代诗人为其留下不少溢美的诗篇。三国时期陆逊，晋代的陆机、陆云，盛唐时期的韦应物、白居易、刘禹锡，晚唐的陆龟蒙、皮日休，都留下了吟咏盆景的诗作。唐代韩愈曾有“老翁真个是童儿，汲水埋盆作小池，一夜青蛙鸣到晓，恰如方寸钓鱼时”的盆景诗句。宋代吟咏盆景之风更盛。诗人陆游的“叠石作小山，理瓮成小潭，旁为负薪径，中开钓鱼庵。谷声应钟鼓，波影倒松楠。借问此何许？恐是庐山南”。把盆中的庐山之景描绘得淋漓尽致。苏东坡写下了：“试观烟云三峰外，都在灵仙一掌中。”痴爱盆景，其态可掬。元、明、清也有不少吟咏盆景的好诗，明清时期，还出现了许多有关盆景理论和制作的专著。近代文学家、园艺家周瘦鹃曾吟诗表达对盆景的喜爱以及抒写个人的情怀：“不事公卿不震身，悠然物外葆天真。长年甘作花奴隶，先为梅花忙一春。”

盆景不仅是艺术品，而且还是一种美的象征，一种美好人格的再现，因而被人们誉为"立体的画,无声的诗,有生命的艺雕"。

秦俑

经过此地无穷事,一望凄然感废兴。
渭水故都秦二世,咸原秋草汉诸陵。
天空绝塞闻边雁,叶尽孤村见夜灯。
风景苍苍多少恨,寒山半出白云层。

唐·刘沧《咸阳怀古》

俑,是指古时殉葬用的偶人、偶兽之类。秦以前及秦以后的木俑、陶俑、铅俑、铜俑等,一般形体及规模较小。而秦始皇的兵马俑群,其形体及规模之大、形象及神情之妙、气势及境界之博、工艺及手法之绝,均开创了我国雕塑史上纪念碑式的大型群雕之先河,是世界陶俑艺术史中之奇迹珍宝。

兵马俑发掘地在陕西临潼秦始皇陵东三里处。目前,兵马俑坑已发掘并开放三处。一号坑总面积达一点四万多平方米,共埋藏排列有序的兵马俑约六千余件。这是个以步兵为主的长方形军阵,有主体和侧翼,有前锋和后卫,步兵和车马相间,显示出秦军威武雄壮、锐不可当的阵容。二号坑六千平方米,除了近千件陶人和四百多件陶马外,还有八十九辆木制战车,这是个以战车、骑兵为主,诸兵种联合编组的军阵。三号坑五百多平方米,有髹漆彩绘驷马战车一乘,车后有武士俑四件,以及担任警卫的六十四个铠甲武士俑,可能是统帅部。

这种大型军事群塑,为世界上所罕见。数千件与真人、真马、真车、真兵器等相仿的陶俑及实器,构成了一个井然有序、蔚为壮观的方形军阵。其中前有前锋、后有后锋、翼有翼锋。有高级将领、中下级军吏、一般兵卒。兵卒中又有骑兵、御手、车士、弩兵等。将领们威风凛凛,稳若泰山;步兵们执戈列队,如箭在弦;弩兵们持弓待发,气宇轩昂;骑兵们牵随战马,严阵以待,御手们伸臂揽缰,凝神候令;战马群膘肥体壮,伫立待发,这种模拟军队、组织严密的宏伟构图,栩栩如生地再现了两千二百年前秦始皇军队兵强马壮、叱咤风云、横扫云合、北却匈奴、南平北越、统一中国的宏大业绩,为研究古代兵法、军事史,提供了难得的珍贵实物资料。

秦俑造型艺术形象逼真,形神兼备。他们身着不同的褐袍与铠甲,头扎不同形式的发髻或冠帽,面貌和神态毫不雷同,每人都各有特点。有的昂然挺立,双唇紧闭,圆睁大眼,凝视前方,表现出沉着勇猛、刚毅善战的性格;有的容光焕发,生机盎然,表现出满怀信心的神采,有的舒眉秀目,雅气可掬,表现出风雅稳健的气质;有的意气轩昂,若有所思,表现了足智多谋、身经百战的气概。陶俑中的服饰、甲衣、发髻、兵器等,不仅能酷似实物,而且也与人物的身份相融合。此外,那些挽着战车的陶马,宽阔的前胸,矫健的四蹄,粗放翕张的鼻孔,直竖的双耳,飞扬的尾巴鬃毛,跃跃欲驰,似乎行将腾空而起。整个场面静中寓动,在有限的空间中令人看到了宽阔无垠的意境,像这样把惊心动魄的军事阵势刻画得淋漓尽致,这是古代艺术家给我们留下的珍贵无比的艺术瑰宝。

秦俑在艺术表现手法上简洁明快,既略去了繁琐细节,又紧紧扣住关键,收到画龙点睛的效果。那紧系的浅履,牢扣的腰带,绾束的发髻,还有微凸的眼珠,高凸的颧骨,无不惟妙惟肖,仿佛鼙鼓咚咚,武士们只等一声令下,便虎跃而起,杀向敌人。透过坚硬的铁甲,锐利的兵器,韧实的皮带,飘曳的衣角,微动的髭须,衬托出气壮山河的姿态。制作者把不同的质感糅合在一个整体之中,是现实主义和浪漫主义相结合的光辉范例。

秦俑的制作技法,显示出当时高超的工艺水平。兵俑身高一点七五米至一点九米,马俑高约一点五米,这种和真人、真马相仿的大型陶制品至今未见开裂变形,其烧制功力实在令人惊异。能工巧匠们把圆雕、浮雕、台线雕融为一体,运用塑、堆、捏、贴、刻、画等六种民间画工常用的传统技法,来充分展示形象的体、量、形、神、色、质、意、理、情、趣。同时将写实、写意、装饰等手法有机结合,从而形成了我国民族雕塑的一整套工艺技巧程式格局。这也说明当时的雕塑工艺水平确实达到了炉火纯青的地步。此外,为秦俑所用的青铜剑之制作,其科技水平也高超惊人。长零点九米的青铜剑,八棱面,系铜锡合金,并含有十多种稀有金属,达到了中碳钢调质后的硬度,表层还经过了铬化处理,具有抗腐防锈功能,虽经两千多年泥土剥蚀,但至今仍寒光熠熠。

光辉夺目的秦俑艺术,享誉中华,震惊中外。1979 年法国前总理希拉克说:“不看金字塔不算真正到过埃及;不看秦俑坑不算真正到过中国。秦俑是世界奇迹。”1986 年 10 月 16 日,英国女王伊丽莎白二世步入秦俑博物馆大厅,惊讶道:“过去只是听说过,看到过照片,今天亲临现场,真惊人。这么多陶俑,神态各不相同,好像活人一样。”秦俑既是中国的,又是世界的,作为独一无二的珍贵文化遗产,随着时间的推移、研究的深入,它必将带给我们更多的启示,更多的发现,从而闪烁出更加熠熠的光彩。

敦煌莫高窟

敦煌的唐代彩塑,尤其是那些精美的观音塑像,形体丰满,曲线优美,神情妩媚,动作娴雅。尽管她们不是严格意义上的裸体形象,但也明显地透露女性特有的魅力。这里的宗教意味已经淡薄了,世俗趣味突破了宗教的樊篱而洋溢其中。那些轻倩柔美的女性形象,她们的神情、体态、肌肤和衣褶的塑造和处理,都并不亚于希腊的维纳斯。

陈醉《裸体艺术论》

敦煌莫高窟也叫千佛洞,位于甘肃敦煌市城东南二十公里的三危山与鸣沙山之间的峭壁上,南北长两公里,是我国规模最大、内容最丰富的石窟群。据唐代圣历元年(698)《李怀让重修莫高窟碑》记载,前秦建元二年(366),一个叫乐僔的和尚开始在这里开窟造像,到了唐代已有"窟龛千余",后经五代、宋、元的继续开凿,更加丰富完美了。由于鸣沙山是砾岩,不适宜雕刻,古代艺术家因地制宜地采用了壁画和泥塑的形式,创造了这座世界著名的艺术石窟。它是4世纪到14世纪我国佛教艺术繁荣发展时期,无数民间艺术家们集体创造出来的艺术宝库。现今的四百九十二个洞窟中,保存上述若干朝代的四点五万多平方米的壁画,二千四百个彩塑、一千多尊佛像、数万个飞天彩塑等艺术珍品。这些精美壮丽、栩栩如生的彩塑和壁画中,有高达三十三米的巨塑大佛,也有小巧玲珑的寸佛雕。如果将石窟全部壁画展开连接起来,可以伸展三十公里长;把二千四百多个彩塑排起队来,长度可达两到三华里。这些艺术珍品,以不同的时代风格和乡土色彩,描绘了古代丰富的佛教故事和神话传说,是研究我国古代政治、经济、军事、文化、宗教的宝贵文物资料。

莫高窟是史册上未具姓名的众多能工巧匠经过千余年间连续不断的努力,创造的具有时代风格和民族特色的艺术珍品。他们长年累月在阴冷的石窟里进行艰苦的创造性劳动。他们用汗水和智慧,把现实和想象、朴实和绚丽、外来艺术和华夏风格,巧妙地融合在一起,构建了古代绘画艺术的高峰,表现了我国古代人民的高度文明和卓越才能。壁画内容,包括佛经故事、供养人和建筑彩画、藻井图案等;彩色塑像有佛、菩萨、弟子、天王、力士等。

飞天在佛教艺术中称"香声神",是个能奏乐、善飞舞,满身香馥美丽的仙人。壁画中的飞天特别杰出,她们身上的飘带灵动飞舞,加上优美的姿势、花苞及彩云,都给人以凌空翱翔的感觉。充分表现出画工的艺术匠心。

在各时代的壁画中,既有打鱼、耕作的劳动场面,也有犁、纺车等工具造型,还有大量古代建筑形象以及各式各样的生活情景。这一幅幅精美的杰作,不管是场面宏大的经变图,还是一草一花的边饰,都惟妙惟肖,逼真生动。

由于千百年来的风雨侵蚀、流沙掩埋,特别是历代统治阶级的破坏和帝国主义的偷盗,使洞窟的数量逐渐减少。本世纪初,在石窟群中偶然发现了一个十尺见方的藏经洞。洞内的文物,包含了反映千百年间古代封建社会有关宗教、历史、文学、艺术、人民生活各方面的重要文献资料,是20世纪人类文化历史又一个空前的发现。但在昏庸的清朝政府与反动的国民党统治时期,美、英、法、日文化间谍曾从石窟中劫走了数以千万计的文书古画和壁画彩塑,几乎把整个藏经洞盗空。

隋唐之际,敦煌是"丝绸之路"上的交通之要塞,曾有人口八十万,十分繁荣。后来沙漠南侵,敦煌便成为孤城。新中国的诞生,赋予了敦煌艺术新的生命。国家专门成立了敦煌文物研究所,培养了一批敦煌学专家、画家,出版了大量的文物资料和学术论文,并拨专款对千佛洞进行了整修,建立了相关的设施。今日敦煌,以它崭新的面貌和古老的姿态，在我国河西走廊的西头闪烁着光辉，吸引着大量的中外游客，中国敦煌艺术不断向世界传播，获得更大更高的声望。

剪纸

暖水濯我足，“剪纸”招我魂。

唐·杜甫《彭衙行》

剪纸是我国广泛流传的民间艺术，具有悠久的历史。据典籍记载，“剪纸”二字初见于唐代大诗人杜甫《彭衙行》诗中“剪纸招我魂”之句。中国的出土文物证明，在河南出土的战国时期用银箔材料制作的镂空刻花以及新疆出土的汉代金箔剪成的虎、象、怪兽、鸟和云纹图案中，已具有了剪纸艺术造型的特点，这大概就是剪纸艺术的前身。

剪纸是中华原始文化和中国千百年文化历史积淀的产物，它是劳动群众的创造，体现了劳动人民的高度智慧和审美能力。剪纸的内容，反映了劳动人民对生活的热爱和对美好理想、愿望的追求。剪纸艺术，风格健康、朴实，代表着劳动人民的思想情操和我们民族的纯朴气质。它表现手法简练、夸张，既有浓厚的装饰趣味，也是很有魅力的欣赏品。剪纸在全国分布很广，我国的西北、华北、东北广大农村及江苏的扬州，广东的佛山、潮州，安徽的阜阳等地区的剪纸，都有很好的传统和独特的风格。我国北方剪纸的粗犷、浑厚和南方剪纸纤细、秀丽的风格虽迥然而异，但玲珑精巧、造型优美、结构严谨、刚柔兼备是其共同特色。

剪纸

剪纸，即用剪或刀刻纸。用一把剪刀或一把刻刀和纸就可以制作出一幅精美的作品。它将无限深远的空间压缩在一个平面上，充满着寓意性的艺术语言，显示出牵心动魂的艺术力量，形成独特的装饰风格，并体现出无穷的艺术趣味。先说剪纸，剪纸的用途最广，内容、形式也最丰富。作者握剪向纸（多以大红纸），不画稿样，放剪直铰，瞬即可观。单说花样剪纸就有数百种，数千个样式。如鞋花、帽花、衣领花、胸花、肚兜花、裤腿花、枕花、炕花、帐围花、门帘花、喜花、礼花、窗花、盆花、筐花、灯花等。在每一项品种中又有数不清的样式，千姿百态，变化无穷。再说刻纸，刻纸的主要工具是刻刀,剪纸的“刻”一方面是用圆圈形、水滴形、锯齿形等近乎符号的程式手法表现诸如动物的眼、衣饰的花、鸟雀的翎毛之类的“形”,更着重于各种程戈的点、线、面在平面布列错落中求得美的节奏关系。剪纸以单纯为美。细细品味那些优秀的作品,都是单纯中又包含冲突、矛盾和对立,以单纯求丰富,以对比求和谐。

传统剪纸包含许多程式,小小的圆圈可以代表动物的眼,梅花的心,头饰的珠,车船的钉。锯齿纹可以代表鸟兽的毛,璎珞的须,树的叶,鱼的鳍,以及衣纹等柔和的色阶。其基本程式虽然极为有限,但由这些有限的剪纸音符,却可以奏出无穷无尽优美的乐章来。剪纸内容丰富,题材广泛,人物、花鸟、虫鱼、兽类、历史故事、神话传说、山川风景、图案花纹等,无所不包。历史人物如岳飞、花木兰、王昭君、蔡文姬、关羽;花鸟如《丹凤朝阳》《孔雀开屏》《鸳鸯戏水》《鲤鱼跳龙门》《狮子滚绣球》等,历史故事《空城计》《武松打虎》《西厢记》《八仙过海》等;神话传说《牛郎织女》《嫦娥奔月》等;动物如鸡、狗、兔、猫、牛、羊、虎、狮、龙、凤、麒麟等;花卉中的牡丹、芍药、梅花、玉兰、月季、水仙、佛手、菊花等,都是作者们反复表现的传统主题。

剪纸大多是贴在窗子上,也有的贴在门上,或庭院墙壁上,供喜庆之日美化环境用,还有一种专门做刺绣纹样底稿。所以它既有装饰性和欣赏性,又有实用性。剪纸的色彩也非常强烈、单纯,大胆使用对比色及原色,给人以金碧辉煌、红火富丽的感觉。有的剪纸直接用大红纸剪刻,令人产生喜悦、热烈的情绪。此外,剪纸在布局、造型、剪刻技巧上,都有其独到之处。

在我国剪纸艺术发展过程中,曾涌现出无数民间艺术家,他们以剪纸为业,以剪纸为乐,以剪纸为荣,创作出大量不朽的作品。被誉为“剪龙巧女”的邵素云,系河南省济源市人,她很擅长剪纸,更善于剪龙。1997 年已五十四岁的她仅剪龙作品就有上万件。1996 年至 1997 年间,她又剪出三件惊世之作,被有关专家誉为剪纸艺术中心的“中华国宝”“中国之最”。其中第一件是“大型龙”。这条龙是白色,贴在一幅红布上,状若腾飞,分外壮观。龙身全长五十六米,象征着我国五十六个民族团结一心,共创社会主义大业。此龙被称为我国目前剪纸中最大的龙。第二件是“微型龙”。这是邵素云剪出的最小的龙。这条小龙呈黄色,盘卧在一片零点五平方厘米的纸上,龙头、龙眼、龙身、龙爪、龙尾,样样齐全,清晰可辨,形神兼备。第三件是“百龙图”。作者在零点一三平方米的纸上剪出一百条龙,它们腾、卧、盘、旋,形态各异,大小不一,栩栩如生。仔细看,这些龙横成排,竖成行,显示出无尽的活力。邵素云的剪龙作品先后到新加坡、马来西亚参加展出,有两幅作品还被吉尼斯总部收藏。

随着时代的前进,任何艺术都要不断地创新和发展。我国的剪纸艺术之花在继承传统的基础上一定会开得更加绚丽多彩。

八　体育

中国武术

偃闭武术、阐扬文令。庶士倾风，万流仰镜。

南朝·颜延之《皇太子释奠会作》

颇闻经律余，多亦谙武艺。

清·顾炎武《少林寺》

中国武术，是我国民族体育的主要内容之一，是几千年来我国人民用以锻炼身体和自卫的一种方法。运动形式有套路和对抗等。套路运动有拳术、刀、枪、剑、棍等单人套路练习和两人以上的对打套路练习，对抗运动有散手、推手、长兵、短兵。还有一些武术竞赛项目，如长拳、太极拳、南拳、剑术、刀术、枪术、棍术等。武术对增强体质、锻炼意志、丰富生活，能起到良好的作用。

研究中国体育发展史可知，先时武术并不是现代所说的“强身自卫的技击之术”的含义。中国武术起于宋，成于明，全面大发展于明末清初。兴于先秦的武勇，盛于汉唐的武艺，为宋代武术的形成打下了基础。但不能把武勇、武艺、武术混为一谈。武勇是在原始社会漫长的历史过程中形成的，是在劳动中产生，在御敌攻战中发展的，但从其内容、形式、目的、手段看，均与武术有本质区别。南朝梁昭明太子萧统所编的《文选》第二十卷中，有《皇太子释奠会作诗一首》，诗中说“国尚师立，家崇儒门，禀道毓德，讲艺立言……偃闭武术，阐扬文令”是偃武修文之意，这里的“武术”泛指军事。进入封建社会之后，武勇演变为武艺，但这也只是量的飞跃，尚未发展为武术。不管是拳社武棚，还是杂技戏曲，或是表演卖艺，都算是武艺的范畴。汉唐时，杂技艺术很发达，汉朝张衡在《西京赋》里描写了跳剑丸、走绳索、爬高竿的表演情景。唐代著名诗人白居易在新乐府《西凉伎》中有描写“舞双剑、跳七丸、袅巨索、掉长竿”的诗句，杂技里都包含有武艺的成分。

到了宋代，武术才真正有其独立的意义。宋代尚武之风不止于统治者军事目的之所需，亦为庶民百姓强身自卫娱乐长寿之所求。这种民间武艺，因平时更突出其强力健身娱心长寿之特定宗旨，比之过去为实战所需的武艺有了质的飞跃，而成为武术。宋代武术形成的一大标志是有关武术著作的陆续问世。这就使武术有了自己的初步理论与独特的技术技法结构，有了自己独特的练功方法与程式，而逐渐演化成系统的体系。宋代武术形成的另一标志是为娱乐表演所需的武术套路愈加增多，从而促成了武术与军兵脱离。宋代武术开始从武艺中脱胎出来而走上套路化与系列化体系的轨道，具有了中国武术特有的内容、形式与风格，为其后的成型与全面发展打下了良好的基础。

元明清，中国武术代有发展，既重理论，又重实践，著述不断，名家辈出。民国初期编写《清史稿》，在列传中设“艺术”一栏，兼收“技击”名家，其中专门为五位武林高手立了传。第一位王来咸，字征南，浙南鄞县人，从单思南学内家拳法，其法以静制动，应手即仆。善点穴，死穴、晕穴、哑穴，得心应手。第二位褚士宝，字复生，是上海人。精于枪法，名曰“四平枪”，旋转如风，人莫能近。也善于点穴。第三位甘凤池，江南江宁人。这人在清代的武林中名声特别大，轶事也特别多。有一则是说甘凤池是一位高明的气功师。同里有个姓谭的青年患了痨病，医治无效。甘凤池得知后，每夜与他背靠背静坐，四十九天后，谭的病就痊愈了。其余两位武林高手是曹竹斋和潘佩言，一位以拳闻名，一位以枪取胜。

中国武术内涵十分丰富，仅武术器械就有一百多种。如属长兵类器械的枪、戟、棍、棒、矛、铲等；属短兵类器械的刀、剑、拐、斧、鞭、锏、锤、镰、钩等；属佐助器类器械的匕首、点穴针、扭子、盾牌等；属暗器类器械的飞镖、弹弓、袖弩、流星、袖圈、飞刺、飞铙等；属射兵类器械的弓、弩、火枪等。再看一下中国武术中的拳术吧，它流派纵横，种类繁多，其名称五花八门，多达数十个。其中许多名称颇为形象有趣，有以数字为拳名的：二郎拳、六合拳、八卦拳、百合拳；有以人名为拳名的：太祖拳、燕青拳、孙膑拳、武松脱铐拳等；有以地名命名的：关东拳、关西拳、峨眉拳、龙门拳等；有以手法为拳名的：劈挂拳、翻子拳、练手拳、撩裆拳等；有以腿法为拳名的：弹腿、戳腿、连腿、练步拳等；有以动物命名的：虎拳、青虎拳、青龙拳、狮形拳、鸭形拳、鹰爪拳、猴拳、蛇拳、鹤拳、地犬拳、雁行拳、螳螂拳等；其他拳名有长寿拳、少林拳、南拳、罗汉拳等。

中国武术是东方的体育艺术。武术交织着阴阳二气结合的生命律动，它外取形态，内表心灵，在姿态和意趣里显示人物。武术创造超像虚灵的诗情画意，以动作的点线飞动、别致有韵为美的标准，充满着含蓄的象征的信息。中国武术博大精深、玄妙超绝，渗透着浓厚的文化色彩，浸润着深刻的民族精神，它是中华民族可引以为自豪和骄傲的宝贵财富。新的时代将为武术发挥作用提供更加广阔的舞台和无限的空间。

气功

虚其心，实其腹，弱其志，强其肾。

春秋·老子《道德经》

服药虽为长生之本，若能兼行气者，其益甚速。若不能得药，但行气而尽其理者，亦得数百岁。善行气者，内以养身，外以祛病恶。养生之尽理者，行气不懈。

晋·葛洪《抱朴子》

气功是中华民族传统医学的宝贵遗产,是我国人民在和疲劳、疾病、衰老进行抗争中逐渐积累和创造出来的一套防病治病、保健延年的自我身心锻炼的养生之法。气功是中华民族优秀传统文化的珍宝,千百年来,它对中华民族的繁衍昌盛,对古代文明的发展起到了重要的作用。

"气功"在古代并不叫气功。中医称为"导引""吐纳""按跻"等;儒家称为"静坐""敬坐""静观"等;佛教称为"坐禅""入定""参禅""禅定"等;道教称为"炼丹""服气"等。气功一词首见于晋朝许逊著之《宗教净明录》,其曰:"气功阐微。"从此,"气功"一词才逐渐被世人所沿用。

中华气功之道,渊源极为久远。据传早在商周以前,就有赤松子、彭祖等以气功养生名世,尤其是彭祖以"吹呴呼吸、吐故纳新、熊经鸟申"(《庄子·刻意》)之术,寿至800,成为养生延寿的代表人物。商初期的青铜器皿上,有些图案纹样就十分生动地描述了古人做"气功"的各种姿态。周朝王子乔,据传以气功养生而登仙。战国秦汉,各种气功相当发达。《老子》《庄子》《黄帝内经》等,论述了抱一、守静、专气、心斋、坐忘、内守真气等炼养之道。战国中期所镌"行气玉佩铭",扼要描述了内气在身中运行的轨迹;屈原《远游》,王船山释为内炼之谈,可谓后世内丹说的先声。

气功主要是通过调节姿势,锻炼呼吸,松弛身心,控制意识,有节律地活动肢体,通过练功者发挥主观能动作用,对身心进行医疗保健运动,使身心融为一体。可以说气功就是通过内向性的运用意识,使自身的意识活动和生命活动相结合,使机体的生命活动和机能活动都能得到增强,进而诱导和启发人体内在的潜能,起到养生保健、防病治病、延年益寿、开发智慧的作用。

几千年来,我国先人们竭其毕生精力多方探索、矻矻修炼,积累了正反两方面的大量气功实践经验,形成了多种气功流派,创立了系统的气功理论。总体来讲,我国气功大致分医、佛、道、儒、武五大流派。

中医气功。中医一直把气功作为健身治病的疗法之一。中医治病主张治本。气功正是以治本为原则,所以后世历代著名医典中几乎多少都提到了气功。如汉代张仲景在《金匮要略》中指出"导引吐纳"可"通利九窍",认为气功是一种防病治病的方法。华佗则在庄子的熊经、鸟伸、鸱视、虎顾、凫浴、蝯蠼之导引之法的基础上,创编五禽戏。即模仿虎、鹿、熊、猿、鹤五种动物的动作和姿态的一种气功。南北朝陶弘景的《导引养生图》一书,列出三十六种导引姿势,他还收集和论述了许多古老气功的理论和方法,提出了嘘、呵、呼、呬、吹、嘻六字吐气法,亦即后世所言吐气六字诀。特别是明代的李时珍明确提出了气功是中医的组成部分,是中医的必修科之一。中医气功在佛教传入中国之前即已形成,是我国土生土长的宝贵遗产之一。

佛教气功。西汉末、东汉初,佛教气功开始出现。东汉安世高译的佛经提到练功时呼吸的风、气、息、喘四种形态,至今仍为气功界用来核查调息程度的标准。据说在南北朝时，印度和尚达摩到过少林寺。他提出了一种禅定方法“壁观”，即面壁而坐，终日无语。这“壁观”显然是一种佛教的静功。相传达摩还传有《易筋经》《洗髓经》等。到了隋代，佛教天台宗创始人智顗和尚传授一种能引人入静的“止观法”，后世称之为“六妙法门”，是佛教气功的典型功法之一。

道教气功。早在我国春秋战国时代，老子、庄子等在其著作中就大量论述了气功。成书于公元前7世纪的老子的《道德经》中说到气功的练法为意守腹部，放松入静，呼吸绵绵。《庄子》一书记述的“坐忘”练功法是：“放松身体，什么也不想，意念离开了身体，使自己溶化于宇宙。”最早的道教经典《太平经》以合炼精气神三者为一、宝精惜气啬神为养寿之要。这一思想后来一直被奉为道教炼养学的宗要。魏晋南北朝时期问世的《养生论》和《答养生论》《存神炼气铭》等，都大量论及气功养生功法。晋代名医葛洪的巨著《抱朴子》一书，堪称道家气功代表作。道教气功学长期以来广泛流传，对儒佛二家及民间诸派气功，中医、武术、书画等都深有影响。今天国内流行的气功，以渊源于道教者为最多。《道藏》内外数千卷道书中，气功专著及含气功内容者不下两千卷，它们是我国传统气功学遗产中的主要组成部分。

儒家气功。孔子的得意门生颜回喜欢练“坐忘”功。儒家练的静功，其目的主要是为修身养性，陶冶情性，这也是儒家气功的突出的特点。在宋代，尊儒风气日盛。程颐、朱熹等儒家对静坐更为重视。为避免与佛教坐禅混同，程颐特意把“静坐”改为“敬坐”。朱熹则提倡“半日静坐、半日读书”，还注释过气功专著《周易参同契》，写有《调息箴》等练功著作。到了明代，大儒王阳明一边讲学，一边要学生静坐。其弟子王龙溪著有《调息法》，详细陈述静功的具体练法。清代颜元提倡“端坐功”，主张练静。

武术气功。武术界常说：“内练一口气，外练筋骨皮”，“练拳不练气，到头一场空”。这些话的意思是练武术不仅要学对打的“硬功”技巧，还要练激发人体潜在功能的“软功”技巧。我国著名的太极拳、少林武术等，都注重气功的运用，使力气合一，静中求动，最大限度地发挥武术的“神功异能”，达到健体防身的作用。

太极拳

闷来时造拳，忙来时耕地，趁余时，教下些弟子儿孙，成龙成虎任方便。

明·陈王廷《遗词》

驰名中外的太极拳起源于河南温县陈家沟，明朝洪武二年（1369）由陈王廷始创，武术代有传人。陈氏太极拳世家藏有家谱1册，陈王廷遗有长短句一首：“叹当年，披坚执锐，扫荡辟氛，几次颠险。蒙恩赐，枉徒然。到如今，年老残喘，只落得《黄庭》一卷随身伴。闲来时造拳，忙来时耕田。趁余闲，教下些弟子儿孙，成龙成虎任方便……”

陈氏太极拳拳法，有一些与明将戚继光《拳经》相同，但有了新的发展。陈王廷所创拳路原名长拳十三势,陈氏十四世(陈王廷为第九世)陈长兴把长拳十三势的架势与王宗岳的《太极拳论》的理论相结合,改定并命名为太极拳。

太极拳

太极拳属导引之术,导引者,"导气令和,引体令柔"。柔和同道,不可穷极,正体现了"太极"本意的内涵。据说最古老的太极图,本是道士的内丹修炼图,式成双鱼合形。至北宋年间,理学开山周敦颐著《太极图说》,把个中道理说得更明白了:"太极动而生阳,动极有静;静而生阴,静极复动;一动一静,互为其根,分阴分阳,两仪立焉。"太极拳正是以这一理论为依据的。讲求调理阴阳,协调动静,尤其注重"神意静以和,形体动以柔"。要领是意守内丹,以动启静,以静济动,以意衔气,运遍周身,如环无端,寓太极肇茎,周而复始之义。观拳路,亦以太极图形编组,手法的采、裂,步法的顾、盼,浑然一体,阴阳互发。其推手应用有掤、捋、挤、捺、踩、捌、肘、靠八法及定步法,还有进、退、顾、盼、定、大捋、铺地及花步法,并用站、连、粘、随、腾、闪、折、空、肩、肘、胯、靠、松、活、弹、抖、抓、拿、摔、化、打等法。

有一首《小话太极拳》的诗这样写道:"缚虎归真穴,牵龙渐益丹;性须柔似水,心欲静如山;调息收金鼎,宁神守玉关;导气引体柔,形动质自安;疏通血与脉,常令气绵绵;日能增黍米,鹤发复朱颜。"此诗不知出于何人之手,但语言明白晓达,概括写出了太极拳的特点功效。读了以后让人感觉回味无穷,对太极神功油然而生敬意。太极拳是以整体生命观为基础,有利人体生命活动的开发。太极拳的动作要点是柔和缓慢,并要求动作与意念、呼吸密切配合,节节贯串,周身相随,连绵不断,具有刚柔相济,快慢相间的特点。强调"调身""调息""调心"。"调身"是初级阶段,随之而"调息","调息"即吐纳。现在已知通过深长柔缓的呼吸运动,能加强肺泡的氧交换,激发心血管及全身各系统的功能,特别对大脑入静更有益处,达到这一步,即为"调心"。静意味着平衡,而"平衡是和运用分不开的"。调身养血脉,调息养气,调心养神,三调的层次由初级到高级,此可谓太极拳的个中三昧。据近年来研究表明,太极拳健身强体,延年益寿,对神经衰弱、神经病、高血压、心脏病、肠胃炎、肺病、关节炎等慢性病都有辅助疗效。

目前,太极拳已遍及全国,走向世界。1992 年及 1996 年河南温县已连续两次举办国际太极拳年会,吸引了几十个国家和地区的武术团体和太极拳好手前来参加,使太极拳的影响进一步扩大。被誉为"太极拳之乡"的河南温县陈家沟,每年都有众多的国内外人士前往切磋技艺、学拳习武、观光旅游。随着对外开放的深入,太极拳必将更加引起世人的瞩目。

少林拳

少林寺中,有唐太宗为秦王时赐寺僧教,其辞曰:“王世充叨窃非据,敢违天常,法师等并能深悟几变,早识妙因,擒被凶孽,廓兹净土,闻以欣尚,不可思议。今东都危急,旦夕殄除,并宜勉终茂功,以垂令范。”是时立功十有三人。裴漼《少林寺碑》所称志操、惠瑒、昙宗等,惟昙宗拜大将军,余不受官,赐地四十顷。此少林寺僧兵所起。

清·顾炎武《日知录·少林僧兵》

举世闻名的少林武术起源于嵩山少林寺,已有一千四百多年的历史。河南嵩山少林寺建于北魏太和十九年(495)。少林武术和其他名门拳术一样都来自民间,尤其是那些被官府通缉追捕的武士侠客来寺落发为僧后,就把民间各地的武术汇集起来,根据诵经活动、自卫防身需要和鸡鸟、兽、虫、鱼各种动作的观察,创造出心意拳雏形,后经僧侣反复演练、充实和提高,逐渐完善发展成为名扬四海的少林武术。唐初,少林武僧协助唐王李世民征战有功,少林寺得到李世民的表彰和支持,给少林寺赐封田地,谕立“僧兵”五百,赏以酒肉,开创了允许僧人公开习武和破除“五戒”的新局面,使少林武术的发展又推进了一大步。

少林拳内容丰富,风格独特,注重技击,立足实战,其套路短小精悍、严密紧凑。少林拳拳打一条线,曲而不曲,直而不直,站如钉、坐如钟、头如猴、身如龙、步如鸡、动如风,快速敏捷,精湛绝妙。少林棍法从隋唐以来就很有名气,由明朝起,少林拳法也风行起来了。少林器械有长、短、软、硬、单、双等各种各样,如单刀、双刀、双剑、大刀、长枪以及棍、铲、斧、钩、七节鞭、三节棍等。

少林拳是北方拳的典型拳种,分为许多拳路,如罗汉拳、大洪拳、小洪拳、炮拳、五形拳、金刚拳、通臂拳、柔化拳、梅花拳,十二路潭腿、醉八仙、七星拳、黑虎拳等。其特点是勇猛快速,刚健有力,朴实无华。有长拳有短打,有三十六招,七十二拿,一招一式非攻即防,有很强的技击性。其练功方法也很系统,要求首先练好基本功和基本动作。学器械时首先要学好拳术,拳术是器械的基础。在练拳时讲究循序渐进,步步提高,有的要求一趟长拳分四步练,即走拳、练拳、打拳、行拳。首习走拳,走于稳准;再习练拳,练于发力;三习打拳,打于神速;四习行拳,行于灵巧。少林武术博大精深,要想练好少林武术,绝非一朝一夕之功。

少林拳要求神形相随,内外合一,要手、眼、身、法步调一致;精神、气、力、功内外结合,动作快慢相间,刚柔相济。刚和柔都具有技击的特点,老拳师用“柔极能克刚,刚极柔不防”的歌诀来说明柔刚之间的辩证关系。少林武术的传播,对中华武术的发展起到了重要的作用。

1978 年,少林寺开放后,以武会友、广交天下,吸引了众多的中外人士前来观光旅游、研习武术。落成于1987年的少林武术馆，占地三万多平方米，建筑面积七千平方米，可容纳五百多人观看武术表演，并建有综合配套服务设施，举办有短、中、长期三种武术班，由武艺高超的少林僧人任教。另有塔沟等多所武术学校，传授少林武功。从1989年开始，河南连续举办了集武术、经贸、旅游观光为一体的中国郑州国际少林武术节，世界各国武术爱好者以及经济界人士纷纷前来参加，进一步扩大了少林武术的影响，使少林拳越来越被世人所瞩目，对促进改革开放和经济发展，对弘扬民族文化起到了积极的作用。

秘宗拳

见刚而回手，回手入偷手，
偷手而采手，采手而入手。

《秘宗拳诀》

秘宗拳又称燕青拳、迷踪拳、迷踪艺、猊猔拳。是我国一个影响大、技巧高的拳种。

关于秘宗拳的起源有许多传说，传说之一认为这个门派起源于唐末，传至宋代时由卢俊义在少林寺加以发展而成。许多人慕名来学，但作为富豪的卢俊义没有收取徒弟。燕青仰慕卢俊义之名，作为雇佣住进卢家，留心观察卢俊义练武，然后独自琢磨学习。后来卢俊义发现燕青是有志之士、有心之人，且有非凡的才能，遂正式收他为徒。不久，二人同上梁山，卢把真传传给了燕青，自己则主动引退。以后就由燕青传播这个拳法，故称“燕青拳”。有一次燕青被官兵追得往梁山跑时，一路上不知用了什么招儿使雪上未留足迹，官兵迷路，未抓住他，故人们又把燕青的武技称为“迷踪艺”。另有一说，即唐代有个少林寺和尚出去游历时，在某地高山看见猿状动物相斗，动作灵敏，自然柔顺，其中一只老猿轻轻摇动犹如跳舞，用劲刚柔相济，神气内藏。和尚见此情景心有所悟，遂创编了一种拳。后来得知这猿的种类是“猊”，便把自己创编的拳称为“猊猔拳”。据确切史载，清康熙末年一个叫孙通的人曾传授此拳。孙通是山东岱岳人，先从兖州张某学拳，后游历各地，晚年隐居河北沧县教拳。在沧县传授的弟子中，以陈善为中心的一派称此拳为“秘宗拳”，而从沧县移居到河北静海县的霍姓一族，则称此拳为“迷踪艺”，子孙代代相传，后出名手霍元甲，迷踪艺在全国遂名声大振。另外在河北和山东有许多人传播此拳，如山东青州就有“燕青神捶”一派，在河北、天津就有和八番拳结合的“燕青寸八番”一派。

清末至民国初年，河北沧县还出了一位著名的拳家，名叫张耀庭，他传授古老的质实刚健的“燕青拳”，但其传递系统不明。秘宗拳的特征是动作轻灵敏捷，步法复杂，多在对手眼前快步回转，或者由高姿势急剧转入低姿势。它在“蜘蛛巢状”的运动线路上，纵横回转，步行不止。如果是在沙地上练拳，则足迹会盖满整个沙地，所以也称“十面埋伏拳”。正因为此拳如此复杂,具有瞒敌眼目的独特步法,所以产生了“迷踪艺”这个名称。

谈秘宗拳,不能不说霍元甲。霍元甲是清末人。他生活在中国人民备受列强欺凌的时代,作为一个武术家,他以惊人的绝世武功,威震四海。在乡下时,他曾当着众人的面把两个数百斤重的石碌踢开,也曾在家门前先后击败几名远道上门“印证武功”的高手。在上海时,霍元甲曾与一名日本武师交手,并将其摔出天阶之下,臂骨折断;西洋力士奥皮音向我国人挑战,霍元甲一到,他则慌忙逃之夭夭。在天津,自称“世界第一大力士”的俄国拳师,闻其名而丧胆,临阵怯逃。霍元甲的威名引起了敌人的仇视。日本浪人利用他有咯血病之机前来送药,霍元甲服药后病情加剧。于1909年9月与世长辞。1919年,在霍派精武会创立十周年之际,孙中山先生曾为该会题了“尚武精神”四个大字,还为纪念画册《精武本纪》作序。可见他对霍元甲等人的尚武精神和英雄的民族气概,是奖誉有加的!霍元甲作为秘宗拳术的传人,不仅承继了秘宗拳的精华,而且发扬光大了中国武术,为中华民族武林史写下了光辉的一页。

围棋

对面不相见,用心同用兵。
算人常欲杀,顾己自贪生。
得势侵吞远,乘危打劫赢。
有时逢敌手,当局到深更。

唐·杜荀鹤《观棋》

围棋起源于中国,古称“弈”,大约产生于四千年前,是最具特色、最具国民性的古老棋种。它与琴、书、画共同构成中国的四大艺术,对中华文化的发展产生了广泛而深远的影响。

围棋的出现与古代战争有关,有人认为可能为古代军事家所创造。古代中国,掠夺土地和争夺人口的战争十分频繁;而围棋以围地为目的,对弈过程中互相攻掠,与战争有许多相似的地方。《左传·襄公二十五年》孔颖达疏:“以子围而相杀,故谓之围棋。”因此,围棋成为贵族教育子弟军事知识的有效手段,很快得以发展,春秋时代已经流行,并达到了较高的水平,出现了“通国之善弈”的围棋名手弈秋。

三国时期,经常举行围棋比赛,并且为棋手品定等级。当时分为九等,最高称“入神”,棋艺已达到“变化不测而能先知,精义入神”的地步;以下各等级分别为“坐照”“具体”“通幽”“用智”“小巧”“斗力”“若愚”“守拙”。

魏晋南北朝时,围棋达到全盛时期,高手辈出。梁武帝时评定棋手等级,并由柳恽编订《棋品》,入品的名棋手有二百七十八人。

围棋棋艺至唐代臻于完善。当时最负盛名的王积薪提出了著名的“围棋十诀”,成为围棋战略战术的指导原则,为后世一致推崇。随着中外交流的发展,围棋在唐代已传入日本,并在日本民间流传,至今长盛不衰。

宋代棋圣刘仲甫,著《棋诀》,是继北周《棋经》(我国最早的围棋论著,1899 年在甘肃敦煌石窟发现,后为伦敦不列颠博物馆收藏)以后最重要的围棋理论著作,阐述具体。南宋李逸民的《忘忧清乐集》,则是继隋代《棋势》《棋图》(均已亡佚)之后最古老的围棋棋谱。元代严德甫、晏天章所辑《玄玄棋经》,也是著名的古代围棋棋谱。

明末至清代咸丰、同治年间,围棋国手前后相继,如黄龙士、范西屏等,均有“棋圣”之名。他们不但棋艺高超,而且大都留下有著述,过百龄的《官子谱》、范西屏的《桃花泉棋谱》、施定庵的《弈理指归》等围棋棋谱,价值极高,当时均有很大影响。

早期围棋棋盘,有纵横各十一道、十三道、十五道、十七道几种,东汉、三国时代,以十七道围棋盘占主要地位。三国魏邯郸淳《艺经》:“棋局纵横各十七道,合二百八十九道(格),白黑棋子各一百五十枚。”其后,出现了如今天所用的十九道围棋盘,与十七道棋盘有一个长期并存的阶段。大约从唐代开始,十九道围棋盘被普遍使用。棋盘的扩大,意味着棋局的变化更加复杂,当然还是棋艺水平提高的重要标志。

围棋

作为中国最古老的棋种,围棋的产生本来就是智慧的结晶。在漫长的历史进程中,充满着神秘色彩和象征意义。古代论述围棋战略战术及棋中术语要义的理论性围棋著作《棋经十三篇》(作者为宋代张靖,一说张拟)认为:一副围棋,就是一个缩小了的宇宙,象征着人的生活空间。东汉史学家班固对围棋有这样的看法:“局必方正,象地则也;道必至真,神明德也;棋有黑白,阴阳分也;骈罗散布,效天文也。四象既陈,行之在于,盖王政也。”把围棋与天、地、神明、阴阳相联系,甚至与治国相联系。古代还有许多神话描述弈棋的活动,如流传极广的樵夫王乔入山伐薪,观仙人对弈,局终时斧柄已烂的故事,折射出古代哲人的时空观念,表现了思维活动的广阔空间。王乔悟道成仙的结局,也表达了古时人们弈棋是希望超脱尘世,远离纷争,超越个人恩怨得失的人生观。从某种意义上说,弈棋也是人生的一种有益探索。

一局围棋,可以折射出人情、世态。元代虞集在《玄玄棋经·序》中说:“夫棋之制也,有天地方圆之象,有阴阳动静之理,有星辰分布之序,有风雷变化之机,有春秋生杀之权,有山河表里之势。世道之升降,人事之盛衰,莫不寓是。惟达者能守之以仁,行之以义,秩之以礼,明之以智,钦可以寻常他艺忽之哉!”更有人从棋理中研讨治国平天下之理。汉代班固说:“抑从时有如设教,布子有如任人,量敌有如驳众,得地有如守国。其设教也在德致均。至于怠志而骄心,泄机而忘败,非止围棋,将国规焉。”宋代宋白也说:“草木一枰,小则小矣,可以见兴亡之基;枯棋三百,微则微矣,可以知成败之数。”

当然,也有人把弈棋作为一种心身消遣的闲情文化。明代画家唐寅《闲中歌》有句云:“眼前富贵一枰棋,身后功名半张纸。”在社会生活中的进退与得失,士人们认为总像是有一只无形的巨手在操纵,个人的力量则是极为渺小的。于是,人们便追求置身世外的境界,将人生当作一局围棋,从中获取大彻大悟。或者在棋枰上遍尝酸甜苦辣,悉心体验人生,将成败荣辱看得惯了,自然会举重若轻,有心身释然的感受。也就是说,围棋可使人胸襟开阔,清心寡欲,不计较生活中的得失。

象棋

大都博弈皆戏剧,象戏翻能学用兵。
车马尚存周车法,偏裨兼备汉官名。
中军八面将军重,河外尖斜步卒轻。
却凭纹楸聊自笑,雄如刘项亦闲争。

北宋·程颢《咏象戏》

象棋,中华民族文化伟大创造之一。象棋起名的缘由,是因以象骨为材料制作棋戏用子而称。我国古代河南因产“象之大者”而称豫,最早辞书《尔雅·释地》云:“河南曰豫州。”据气象学家考证,以河南为中心的中原地区,远古时气候炎热,河多林茂,热带动物亦多。20世纪30年代,山西榆社发掘到“更新纪”完整的象化石,在河南安阳发掘出大量象牙及象牙饰物。难怪在三千多年前的甲骨文中,人们多次见到了“象”字!另外在《诗》《左传》《韩非子》《吕氏春秋》等古代文献里也不乏“象”的记载。

自古以来,象与人民生活关系至密:出有象驾之象车,亦名象舆,寝有象床,食有象箸,饮有象尊,弓有象弭,笔有象管,因而玩也就有了象棋。

据考证,象棋的起源要追溯到春秋战国以前。1976年春我国考古学家于湖北云梦睡虎地发掘战国末期古墓棋局,棋子亦六颗,一大五小,均骨质。唐代象棋已有“将”“士”“象”“车”“马”“砲”“卒”等子。棋盘上有的没有河界,有的有河界。棋子是放在格内。到了宋代,我国象棋即定型为现在的棋制,棋子置于线上。1974年,在福建泉州湾发现的宋代沉船舱内,保存有二十枚木制象棋子,其中有阴刻楷书填红“马”一枚,墨书“将”“仕”“士”“象”“车”“炮”“砲”“兵”十枚,字迹不清的九枚。

中国象棋源于上古战事,是古人军事活动中战略战术思想原则的生动体现。正因为如此,才使得它具有一种独特的教育意义和科学内容。它虽然只有三十二个子,但是着法路数多样，布阵变化万千，不仅能培养人们坚强的毅力、果断的意志、分析和判断的能力，而且能使身体受到有益的影响，因此，长期受到人们的喜爱。历代都产生过一些著名的棋手，积累了丰富的对局经验，留下了数以千计的象棋书籍和棋谱。宋代学者陈元靓所著《事林广记》中，就辑录了当时许多出色的棋局，这是我国出版的第一部象棋谱。明代的《橘中密》是我国已发现的最早的一部系统化的棋书。《梅花谱》是清人王再越于康熙年间所著的一部专门研究象棋技艺的书。此书以高度的想象力，引人入胜的五十个棋局，以及可供参考的一百二多种不同的着法，展示了象棋对弈中相克相生、相准相制的变化规律；其中卷首屏风写着当头炮等八局棋谱，精妙异常，堪称绝技，为历代棋手所推崇。此书是一部闪烁着智慧火花的棋苑名著。此外，清代的三乐居士所著《韬略玄机》一书，后改名为《百局象棋谱》，对后世棋手也产生了较为重要的影响。此书集一百多个残局，其中以“七星聚会”最为精彩。有人曾下苦功，专门研究这个棋局数年，之后大发感慨：“失之毫厘，差之千里；决胜负于须臾之际，转死生于呼吸之间；尤为细心研究，庶得变化神明之道。”我国许多现代象棋高手，也都从这部棋著中汲取了不少的宝贵经验，并在自己的实践中不断加以创新。象棋的语言，也常被用于日常生活或其他方面，如“将军”“马后炮”“舍车保帅”等。

我国老一辈无产阶级革命家中，有不少人喜爱象棋。不管是在艰苦的革命战争年代，还是在和平年代、繁忙的工作时期，象棋都成了他们调节生活和身心的重要工具。象棋游戏，也充分体现了他们的革命乐观主义精神。周恩来同志在重庆工作期间，就曾和象棋名手对棋。董必武同志参加陕甘宁边区象棋比赛，得过冠军。党中央在河北平山县西柏坡时，毛泽东同志和朱德同时下过一局精彩的象棋，一直被传为佳话。

秋千

仙仙蝴蝶飞，窄窄檀香板。
纤体欲飞扬，只恨春风软。

清·宋琬《生查子·秋千》

秋千也作鞦韆。据《古今艺术图》记载：“鞦韆，北方山戎之戏，以习轻趫者。”山戎是我国古代北方的一个少数民族，荡秋千，是这个民族的一种游戏。山戎族人最早是在栗子树上借钩子攀枝爬行荡漾，由此而产生秋千。当时拴秋千的绳索结实耐用，多用兽皮制作，故秋千古为鞦韆，用“革”旁。

秋千在我国中原地区流传较早，传说齐桓公伐山戎，看到秋千便把这种游戏带了回来。南朝时宗懔著《荆楚岁时记》中有这样一段记载：“春时悬长绳于高木，士女衣彩服坐于其上而推引之，名曰打鞦韆。”用现代话说就是：春天把长绳拴在高大的树木上，士女穿上鲜艳的衣服坐在上面，而后轻轻推拉，使它荡漾在空中，这种游戏就叫打秋千。到唐代宫中每年寒食时节竞架鞦韆，嫔妃宫娥嬉笑为乐，唐玄宗呼为“半仙戏”。

开元际，宫廷内外都笼罩在一种艳靡浮华的气氛中，天子既启金口，长安市民们怎能不竞相仿效？由是秋千游戏风靡一时。诗人们触景生情，王维说“秋千竞出垂杨里”（《寒食城东即事》），杜甫走的地方广，就说“万里秋千习俗同”（《清明二首》）。自此以后，有关秋千的诗、词不可胜数。宋欧阳修《浣溪沙》“绿杨楼外出鞦韆”和南唐词人冯延巳《上行杯》中“柳外鞦韆出画墙”皆是咏秋千的名句。从下面两首诗中，更能窥见秋千活动影响之深广：“满街杨柳绿似烟，划出清明三月天，好似隔帘花树动，女郎撩乱送鞦韆。笙歌箫鼓沸春涛，耳回难禁应接劳。院落鞦韆谁氏女，彩绳掷起过墙高。”

到了宋代，还出现了水秋千。据《东京梦华录》载，玩水秋千的人属于表演者，不仅秋千要打得好，还要会跳水。秋千架是竖在画船上的，表演者秋千越打越高，将要与横梁齐平时，突然一个筋斗，翻身跃入水中，十分惊险有趣。

关于秋千，各种地方志上多有记载。《山东志书》载：“新城县：清明前一日墓祭，至日……出郊鞦韆蹴踘。堂邑县：清明士女戏鞦韆名摆疥。新河县：清明日，男女皆插柳枝各祭先茔。是月家置鞦韆为戏，谓之释闺闷。”《济南府·府志》载：“季春三月……清明插柳……妇女宁归作鞦韆戏，士女盛饰结伴游春。”可见清明前后荡秋千成为古代妇女传统的游戏。古人认为荡秋千可以“摆疥”，即去除疾病；还可以“释闺闷”，使深闺妇女能够得到消遣的机会。

秋千，在寒食清明时节最为风行，虽然历经几千年在形式上没有大变化，但它传入中原后，便世世相袭，融进了中华文化之中，构成一道独特亮丽的民俗文化风景线。

特别提示：

本书在编写过程中，借鉴和参考了大量文献和作品，谨向诸位专家、学者致以崇高的敬意。但由于部分作者的地址或姓名不详等原因，截至发稿之前，仍有部分作者没有联系上，但出版时间在即，只好贸然使用，不到之处，敬祈谅解，在此也敬启作者，见书后，将您的信息反馈与我，我们将按国家规定，第一时间对相关事宜做出妥善处理。

联系电话：010-80776121　　　　联系人：马老师